Asmus Trautsch

Der Umschlag von allem in nichts

―

Theorie tragischer Erfahrung

DE GRUYTER

ISBN 978-3-11-099683-8
e-ISBN (PDF) 978-3-11-055149-5
e-ISBN (EPUB) 978-3-11-055080-1
ISSN 1617-3325

Bibliografische Information der Deutschen Nationalbibliothek
Die Deutsche Nationalbibliothek verzeichnet diese Publikation in der Deutschen Nationalbibliografie; detaillierte bibliografische Daten sind im Internet über http://dnb.dnb.de abrufbar.

© 2023 Walter de Gruyter GmbH, Berlin/Boston
Dieser Band ist text- und seitenidentisch mit der 2020 erschienenen gebundenen Ausgabe.
Druck und Bindung: CPI books GmbH, Leck

www.degruyter.com

„Wie ist ein großer Segen durch einen einzigen Schlag
Zerstört" (Aischylos: *Die Perser*, V. 251f.).

„Denn Schickung trägt empor und Schickung stürzt
In Glück und Elend allzeit Hoch und Niedrig,
Und menschlicher Verhängnis ist kein Deuter." (Sophokles: *Antigone*, V. 1158–60)

„Wozu soll ich noch leben?" (Euripides: *Hekabe*, V. 349)

Vorwort

Als mir die Idee kam, philosophisch zur Tragödie zu arbeiten, hatte ich angesichts der an Philosophischen Instituten geläufigen *curricula* den Eindruck, auf ein abwegiges Sonderthema innerhalb der von vielen als Nebenbereich beurteilten Ästhetik gestoßen zu sein, das mit den großen Fragen der Philosophie kaum etwas zu tun haben würde. Doch Volker Gerhardt hat mich bestärkt, meiner Idee zu folgen. So war mir vergönnt, meinen ersten Eindruck zu korrigieren, großartige Literatur zu entdecken und durch den Blick in die Antike auch mehr Klarheit über ein Unbehagen zu gewinnen, das sich seit den 2000ern verstärkt hatte und mit dem Gedanken verbindet, dass nicht nur einzelne Akteure an sich selbst zu scheitern vermögen, sondern die globale Zivilisation zunehmend die Voraussetzungen ihrer eigenen Kontinuität und damit die Chancen auf verbesserte Lebensbedingungen für alle unterminiert.

Dieses Buch ist die aktualisierte, überarbeitete und erweiterte Form meiner im April 2014 an der Philosophischen Fakultät der Humboldt-Universität zu Berlin eingereichten Dissertation. Volker Gerhardt danke ich nicht nur für die Betreuung meiner Arbeit und für viele lehrreiche Hinweise und Gespräche, sondern auch für das fortgesetzte Vertrauen und für seine Ermutigung, eigenständig zu denken, die er mir nicht erst als Graduiertem, sondern bereits seit meinem ersten Semester entgegen gebracht hat. Julian Nida-Rümelin danke ich für das Angebot, das Zweitgutachten zu übernehmen. Sein Meisterkurs zur Verantwortung an der Humboldt-Universität und das von ihm, Volker Gerhardt und Detlev Ganten geleitete Human-Projekt an der Berlin-Brandenburgischen Akademie der Wissenschaften haben mir geholfen, leitende Gedanken für dieses Buch zu entwickeln. Lore Hühn sei nicht nur für die Einladung zu Konferenzen gedankt, auf denen ich Forschungsergebnisse vorstellen konnte, sondern auch für die spontane Übernahme des Drittgutachtens.

Für erhellenden und hilfreichen Austausch in der Entstehungsphase der Dissertation und dieses Buchs danke ich neben den Gutachtern auch Hartmut Böhme, Horst Bredekamp, Davide Deriu, Fabian Dorsch (†), Matthias Dreyer, Daniel Falb, Rochane Falsafi-Amin, Olivia Franke, Lydia Goehr, Thomas Gruber, Lucilla Guidi, Henning Hahn, Rahel Jaeggi, Ahmad Milad Karimi, Felix Koch, Christine Korsgaard, Michael Kress, John Michael Krois (†), Claus Langbehn, Bettina Lehmann, Mirjam Lewandowsky, Malte Lohmann, Nikolaos Loukidelis, Christoph Menke, Georg Mohr, Richard Moran, Frederick Neuhouser, Susanne und Jacob Rosen, Tobias Roth, Philipp Ruch, Steffi Schadow, Simon Springmann, Gyburg Uhlmann, Rahel Villinger und Katja Vogt sowie den Teilnehmerinnen und Teilnehmern des Doktorandenkolloquiums von Volker Gerhardt, die mir vielfach mit ihren Fragen und Einwänden geholfen haben, die Argumentation meiner Arbeit zu schärfen. Jonas Grethlein sei für die Lektüre des gesamten Manuskripts und wertvolle Hinweise aus gräzistischer Sicht gedankt. Schließlich danke ich auch den Kolleginnen und Kollegen, die meine auf Symposien in Berlin, Venedig, Ludwigshafen, Freiburg, Mainz, Essen, Bremen, Münster, Leuven, Pau, Innsbruck, Dresden und Heidelberg vorgetragenen Überlegungen mit mir diskutiert haben.

Die Studienstiftung des deutschen Volkes und die FAZIT-Stiftung ermöglichten mir mit Stipendien die Arbeit an der Dissertation. Ihnen sei herzlich für ihre finanzielle wie ideelle Unterstützung gedankt.

Dafür, dass sie mein Interesse an Philosophie und Tragödien früh zu nähren verstanden haben, danke ich auch meinen Lehrern in der Sekundarstufe II, Holger Nickisch und Ekkehard Prieß.

Im Lauf der Arbeit an diesem Buch habe ich nicht nur etwas über das Thema gelernt, sondern auch über den Prozess, in dem Einsicht durch Schreiben entsteht. Ganz gewiss würde ich das Buch, könnte ich es noch einmal schreiben, kürzer halten. Für Korrekturen und Anmerkungen zu einzelnen Kapiteln danke ich herzlich Ulrike Draesner, Carolin Müller, Günter Person, Viola van Beek und Merle Zeigerer.

Johanna Davids, Jana Habermann und Anne Hiller vom Verlag Walter de Gruyter danke ich sehr für ihre fortwährende Offenheit und Unterstützung sowie für die tapfere Nachsicht mit einem säumigen Autor.

Dieses Buch ist vor allem in Bibliotheken entstanden. Ohne die Menschen, die durch ihre Arbeit sicherstellen, dass solche stillen, reichen Orte für ihre Nutzer zu einer Art „Paradies" (Jorge Luis Borges) zu werden vermögen, wären meine Jahre am Schreibtisch gewiss anstrengender gewesen. Dafür danke ich allen, die diese öffentlichen Räume des Denkens, Lesens und Schreibens professionell am Leben erhalten: Universitätsbibliothek der Humboldt-Universität zu Berlin (Jacob-und-Wilhelm-Grimm-Zentrum), Staatsbibliothek zu Berlin, Kunstbibliothek der Staatlichen Museen zu Berlin, Sächsische Landesbibliothek – Staats- und Universitätsbibliothek Dresden, Bibliothek der Hochschule für Bildende Künste Dresden, Butler Library der Columbia University New York, Künstlerhaus Schloss Wiepersdorf, Akademie Schloss Solitude, Württembergische Landesbibliothek und Pelletier Library am Allegheny College.

Schließlich ist es mir ein Anliegen, den Menschen zu danken, die mich während der Lebensphase, in der die Dissertation und das Buch entstanden, begleitet und gestärkt haben. Jeder und jedem bin ich sehr dankbar. Besonders erwähnt seien Olivia Franke, Janika Gelinek, Lucilla Guidi, Thomas Gruber, Einav Katan-Schmid, Sunčica und Moritz Klaas, Anna und Sir Konstantin Jonas, Bettina Lehmann, Mirjam Lewandowsky, Malte Lohmann, Aurélie Maurin, Carolin Müller, Miriam Müller, Sybille Neumeyer, Tom Rojo Poller, Annika Elena Poppe, Susanne und Jacob Rosen, Tobias Roth, Steffi Schadow, Martin Schöne, Merle Zeigerer und meine Familie. Für ein Übermaß an Geduld während der Abfassung der Dissertation sei insbesondere Bettina Lehmann gedankt. Ebenso bin ich Carolin Müller und allen Erwähnten sehr für das zugewandte Erdulden der Bucherstellung dankbar.

Meinen Eltern, Ursula Brenneke-Trautsch und Uwe Trautsch, die nicht nur das Dissertationsmanuskript und Buch Korrektur gelesen haben, sondern mich auch in meinem Werdegang stets unterstützt haben, sei dieses Buch in großer Dankbarkeit gewidmet.

Berlin, im Juli 2020

Inhalt

Einleitung —— 1
1 Tragödie als Ort von Erfahrung —— 1
2 Theorie und theatrales Spiel —— 3
3 Das zentrale Thema des Buchs: tragische Erfahrung —— 8
4 Negative Methode —— 12
5 Ausgang von der Antike —— 15
6 Ausblick auf das Buch —— 20

1 Globale Karriere einer Ausnahme: die Entgrenzung des Tragödienbegriffs und das moderne Interesse an der antiken Form —— 24
1.1 Kulturelle, mediale und pragmatische Entgrenzung eines griechischen Begriffs —— 24
1.2 Das verlorene und neuerdings wiedergewonnene Interesse an der Tragödie —— 31
1.3 Das Moment des Umschlags – von der Tragödie bis in die aktuelle Zeitdiagnose —— 40

2 Die griechische Tragödie als Medium menschlicher Selbstverständigung —— 52
2.1 Die öffentliche Selbstbefragung der Poliskultur in der Tragödie —— 52
2.2 Das anthropologische Interesse der Tragödie —— 59
2.3 Zum Verhältnis von Tragödie und Philosophie —— 65

3 Der Umschlag als Gefahr —— 70
3.1 Die Fragilität menschlichen Lebens und plötzliche Veränderungen —— 70
3.2 Heraklits Denken ineinander umschlagender Gegensätze —— 78
3.3 Die *metabolē* als Zäsur —— 85
3.4 Die Gefahr des Umschlags in der Politik —— 90
3.5 Die existentielle Dimension der *metabolē* für die Menschheit bei Platon —— 97

4 Tragisches Handeln —— 105
4.1 Die Tragödie als Umschlag im individuellen Leben durch Handeln —— 105
4.2 Der Umschlag in Aristoteles' *Poetik* —— 113
4.3 Die Dialektik der Peripetie und der Anagnorisis —— 118
4.4 Dimensionen des Umschlags I: Richtung —— 132
4.5 Dimensionen des Umschlags II: Zeit —— 137
4.6 Die Kontingenz des Umschlags I: Fehler —— 143

4.7	Die Kontingenz des Umschlags II: Zufälle, Götter und Schicksal —— 160	
4.8	Das (üble) Mitspielen der Götter —— 178	
4.9	Gebundene Freiheit —— 187	

5 Die kulturellen Gründe tragischen Handelns —— 201
5.1 Verselbständigung der Mittel —— 201
5.2 Das fatale Feedback der eigenen Erzeugnisse: Prometheus —— 210
5.3 Rückwirkungen der Technik: Herakles und Hippolytos —— 222
5.4 Tragödie durch Kultur —— 230
5.5 Alles tragisch! —— 239
5.6 Tragödie der Kultur? —— 249
5.7 Die Tragödie der Kultur als Dramatisierung, Vereinseitigung und Verharmlosung —— 265
5.8 Die ästhetische Konzentration der Tragödie auf das Individuum —— 275

6 Die tragische Erfahrung des Leidens —— 296
6.1 Einführung: Das Leid der Tragödie —— 296
6.2 Leiden als negatives Widerfahrnis und sein Ausdruck —— 304
6.3 Das Verhältnis von Leiden und Handeln —— 313
6.4 Schmerz: Element und Zeichen des tragischen Leids —— 322
6.5 Die Rolle der Affekte —— 329
6.6 Die Interpretationsbedürftigkeit von Schmerzsensation und Affekten —— 337
6.7 Klage und Anklage —— 342

7 Dimensionen tragischer Erfahrung —— 362
7.1 Der Begriff der Erfahrung —— 362
7.2 Tragische Erfahrung als Selbstentzweiung —— 378
7.3 Verlust der Distanzregulation: die gestörte Selbstbestimmung —— 393
7.4 Scham und Selbst —— 398
7.5 Ausgesetztsein und Selbstverlust —— 415
7.6 Die existentielle Gesamtverfassung des tragischen Selbst als Entfremdung —— 426
7.7 Freiheits- und Machtverlust —— 447
7.8 Unglück auf Dauer —— 453

8 Die individuellen Voraussetzungen tragischer Erfahrung —— 465
8.1 Irreversibilität des Scheiterns —— 465
8.2 Das Unheilbare als Drohung und Wirklichkeit —— 474
8.3 Existentieller Zufall und Bedauern —— 485
8.4 Bedeutung oder das Gewicht der Werte —— 493

8.5	Unersetzbare Werte —— **505**	
8.6	Starke Wertungen —— **511**	
8.7	Die praktischen Funktionen des normativen Selbstverständnisses —— **524**	
8.8	Existentielle Werte und praktische Individualität —— **555**	
8.9	Tragische Individualität —— **574**	
8.10	Exkurs: Kann es überhaupt Individualität in der griechischen Tragödie geben? —— **584**	
8.11	Das antike Theater der Tragödie als exemplarische Anstalt nach Hegel —— **600**	
8.12	Reflexive Individualisierung im Widerstand —— **612**	
8.13	Dionysos: Turning life upside down —— **626**	
8.14	Pathosumkehr —— **635**	
9	**Erkenntnis und Kunst der Tragödie —— 644**	
9.1	Aufschluss über die tragische Disposition der Individualität —— **644**	
9.2	Die Kontingenz der Welt und das Risiko der Kultur: der philosophiehistorische Ort der Tragödie —— **650**	
9.3	Platons Sorge —— **661**	
9.4	Die Kunst der Tragödie: Distanzraum der Besonnenheit —— **676**	
9.5	Die Tragödie als Umschlag des Umschlags —— **686**	
10	**Rück- und Ausblick —— 716**	
10.1	Zusammenfassung —— **716**	
10.2	Auswege aus dem Tragischen? —— **718**	
10.3	Ausblick: Aufgaben einer zeitgenössischen Philosophie des Tragischen —— **735**	
11	**Epilog: Befinden wir uns auf der Schwelle zu einer globalen Tragik? —— 754**	
1	Die Gegenwart der Tragödie am Beginn eines neuen Erdzeitalters —— **754**	
2	Tragische Dynamik im Erdsystem —— **759**	
3	Die Dimensionen des Tragischen im Anthropozän —— **764**	
4	Unsichere Position in der Anthropozäntragik und die Notwendigkeit des Handelns —— **773**	
5	Für eine Praxis in tragischer Sensibilität —— **782**	
12	**Literaturverzeichnis —— 789**	

Personenregister —— 846

Sachregister —— 863

Einleitung

„Ein Wollen und Handeln muß im tragischen Helden sich verwirklichen. Nicht ein beliebiges Wollen und Handeln, sondern ein bedeutsames, die ganze Persönlichkeit des Helden erfüllendes. [...] Eben dieses Wollen und Handeln muß in der Tragödie zum Leiden hinführen. Es muß dasjenige sein, ‚wofür' oder ‚um dessen willen' der Held leidet."[1]

1 Tragödie als Ort von Erfahrung

Die griechische Tragödie widersteht jeder Diagnose ihres Endes. Sie stellt nicht nur den Beginn des europäischen Theaters dar, sondern auch eine bis in die Gegenwart unabgegoltene Herausforderung für das moderne Theater, das die Tragödie immer wieder neu bestimmt und transformiert – in den letzten fünfzig Jahren mehr als je seit der Antike.[2] Die griechische Tragödie ist zum Paradigma für das existentielle Scheitern des Menschen geworden und als dessen Darstellung auf beispiellose Weise erfolgreich.

Dieses Buch versucht auf die Frage nach den Gründen für die ästhetische und theoretische Faszination, die von der Tragödie ausgeht, eine philosophische Antwort zu geben. Zugleich versucht es, die Tragödie für philosophische Fragen der Gegenwart fruchtbar zu machen. Dafür werden die antiken Texte mit modernen Diskursen, die Aufführung mit der Reflexion, die Kunst mit wissenschaftlicher Erkenntnis in Beziehung gesetzt.

Es liegt in der energetischen Kraft künstlerischer Formen und ihres Fortlebens, keinem Gesetz zu folgen, das ihnen vorgegeben würde. Die Reflexion der Poetologie setzt wie die der Philosophie nachträglich ein. Der kulturelle Reichtum des Fortlebens griechischer Tragödien lässt sich daher auch nicht auf ein theoretisches Konto verbuchen, wie gerade die von neuen Argumenten und Perspektiven vielfach gewendete Geschichte der künstlerischen und wissenschaftlichen Tragödiendeutungen und Bestimmungen des Tragischen zu bezeugen vermag.

Eine philosophische Betrachtung, die stets nur eine Perspektive von vielen möglichen auf die Tragödie darstellen kann, vermag dennoch zu versuchen, in ihr ein universelles Moment theoretisch zu beschreiben. Nach der in diesem Buch leitenden Überzeugung liegt dieses Moment in der Darstellung einer *Erfahrung*. Was die Tragödie darstellt, ist eine Erfahrung, in der sich die Zukunftsoffenheit des Lebens mit einem Mal verschließt. Sie ist konstitutiv für das, was man ‚das Tragische' nennen kann, und ihr Ausdruck durch die Figuren ist das, was einen inszenierten Theatertext zur Tragödie im Theater macht. Es handelt sich um eine Erfahrung, auf deren Darstellung die

---

[1] Lipps 1891, S. 51.
[2] Vgl. Hall 2004; Dreyer 2014, S. 13 f. Simon Goldhill 2007, S. 2, spricht gar von einer „extraordinary explosion of performances of Greek tragedy in contemporary theatre."

ästhetische Erfahrung des Publikums aus künstlerisch erzeugter Distanz und Nähe reagiert, sodass sie an ihr reflektierend, empathisch und bewegt teilnimmt und sie im Lichte des eigenen Lebens interpretiert. Nur durch die ästhetische Erfahrung des emotional ergriffenen und ins Denken gezogenen Publikums wird die tragische Erfahrung, die im Theater zum Ausdruck kommt, greifbar. Wie es ist, eine tragische Erfahrung zu machen, führen Schauspieler durch ihre eigenen Körper und Stimmen dem Publikum vor, aus dessen Perspektive sie erkennbar werden muss. Es handelt sich demnach um eine doppelte Erfahrung: die des Publikums, die sich auf die von Schauspielern verkörperte Rollen – die tragischen Figuren – bezieht, und die der Figuren, die sich auf andere (anwesende oder abwesende) Figuren und dabei immer auch auf das Selbst der Erfahrung bezieht. Erstere ist die Erfahrung der Tragödie durch das Publikum – eine besondere Form der ästhetischen Erfahrung –, letztere ist die (gespielte) tragische Erfahrung der Figuren – eine besondere Form der existentiellen Erfahrung.

Das Publikum, das die tragische Erfahrung durch ihren Ausdruck körperlich-affektiv mitzufühlen und reflexiv zu verstehen versuchen kann, ist zum einen das jeweils bei einer bestimmten Aufführung präsente Publikum. Zum anderen gehören in einem weiteren Sinne dazu alle, die anhand der Tragödientexte und ihrer Interpretationen, theoretischer Diskurse, Erkenntnisse über historische Aufführungen und im Wissen um selbst erlebte Inszenierungen nach der Bedeutung der Tragödie fragen. Als Forscherin oder Forscher gehört man,[3] wenn man sich mit der antiken Tragödie überhaupt beschäftigt, zu diesem erweiterten Publikum. Die Einstellung der theoriebildenden Reflexion hat also selbst ihren Ort in einer aus dem Theater – als dem Ort der *theōria*, des betrachtenden Denkens – hinausführenden Publikumsperspektive, was notwendigerweise die jeweils einmalige ästhetische Erfahrung begrifflich transzendieren und ihre Gehalte ins allgemeine Medium begrifflicher Analyse überführen muss, um im Besonderen das Exemplarische zu erkennen und kommunikativ zu vermitteln. Damit folgt jedes diskursive Nachdenken über die Tragödie und das Tragische dem griechischen Verständnis von Theorie, das von der Erfahrung im Theater ausgeht und sie mit ihrer Kommunikation außerhalb des Theaters verbindet, wie Christoph Menke schreibt: „Die Theorie ist Zuschauen, passives, sinnliches Hingerissensein, *und* Berichten von diesem Zuschauen, aktive, diskursive Artikulation für andere, die nicht Zuschauer sind, sondern Teilnehmer an einem Austausch von Einsichten und Argumenten."[4]

Das philosophische Interesse an der Tragödie, das diese Arbeit fortschreibt, verbindet sich schon bei Platon und dann wieder seit dem späten 18. Jahrhundert mit

---

[3] In den Formulierungen dieses Buchs werden, wenn nicht auf besondere historische Rollen wie die attischen Tragödiendichter verwiesen wird, die meist nur einem Geschlecht zugehörten, stets alle möglichen Geschlechter gemeint. Grammatikalisch werden dazu weibliche und männliche Formen zusammen oder im losen Wechsel verwendet, in denen sich wiederzuerkennen alle Geschlechter eingeladen sind.
[4] Menke 2013, S. 123.

philosophischen Fragen nach der Freiheit des Menschen und der ihn bestimmenden Notwendigkeit, nach Normativität und Autonomie, nach Vernunft, Gefühl und Körper, nach dem Verhältnis von Individuum, sozialer Ordnung und Politik. Dabei überging die Philosophie des Tragischen oft die Literarizität und Theatralität der Tragödie: Das Tragische wurde zur Struktur, zum Prinzip, zum Ausdruck des Weltwillens oder Inbegriff des Lebens. Von Schelling über Schopenhauer und Hebbel führte so ein Weg zur unkritischen tragischen Metaphysik, die bis in kulturpessimistische Weltbilder des ausgehenden 19. und frühen 20. Jahrhunderts und ihre faschistischen Variationen reichte (Kap. 1.2; 5.5). Dabei löste sich die tragische Metaphysik immer mehr von den überlieferten Tragödien, die bei Schelling und Hegel noch Ausgangspunkt der Analyse gewesen waren (und bei Nietzsche wieder wurden). Dieser Weg war methodisch und epistemisch unglücklich, und von einer kritischen Philosophie des Tragischen kann er nicht mehr beschritten werden (Kap. 5.5 – 5.8). Um überhaupt beurteilen zu können, ob und was in welcher Weise an einem Vorgang sinnvollerweise ‚tragisch' genannt zu werden verdient, ist der Ausgangspunkt beim antiken Theater der Tragödie unerlässlich, dem der Begriff sich historisch und sachlich verdankt.[5] Daher stehen im Folgenden die griechischen Tragödien und ihre Wirkung auf das philosophische Denken im Zentrum der Analyse.

2 Theorie und theatrales Spiel

Die begriffliche Operation, die vom Besonderen abstrahiert, ist in der Moderne, namentlich in der Philosophie Adornos, systematisch in die Kritik geraten, weil sie, als Ausdruck einer auf instrumentelle Rationalität reduzierten Vernunft dem Individuellen, Besonderen, Einmaligen nicht gerecht werde, es durch Identifikation mit dem allem Einzelnen Gemeinen übergehe, verfehle und zurichte. Die These, dass philosophische Theorie im Verdacht steht, das ästhetisch Besondere, Inkommensurable, Individuelle in ihrer systematischen Begriffsarbeit zu unterschlagen, zu ignorieren oder abzurichten, wirkt auch im Hintergrund zeitgenössischer Theorien der Tragödie. So haben die Literatur- und Theaterwissenschaften – neuere Beispiele sind die Arbeiten von Karl Heinz Bohrer und Klaus-Thies Lehmann – die philosophischen Diskurse der Tragödie und des Tragischen kritisiert. Der Grundzug der Einwände lautet, dass die Analyse von Strukturen – etwa von Konflikten zwischen normativen Ordnungen – nur um den Preis der Abstraktion von den ästhetischen (literarischen, rhetorischen, performativen) Qualitäten gewonnen werden könne bzw. solch eine Analyse diese Qualitäten durch „Logifizierung"[6] übergehe oder verfehle, die aber

---

[5] Vgl. Albin Leskys Aussage: „Alle Problematik des Tragischen, mag sie auch noch so weite Räume umspannen, nimmt ihren Ausgang von dem Phänomen der attischen Tragödie und kehrt zu diesem zurück" (Lesky 1984, S. 11).
[6] Lehmann 2013, S. 36; siehe auch Bohrer 2009.

konstitutiv für die theatrale und textuelle Kunstform der Tragödie und das in ihr zur Erscheinung kommende Tragische seien.

Ich möchte diesem Typus von Einwand gegenüber die philosophische Entgrenzung des Begriffs des Tragischen, die bereits Platon einführte, verteidigen. Gegenüber dem Gros der Philosophie des Tragischen, gerade aus dem 19. Jahrhundert, ist den Kritikern Recht zu geben in der These, dass ein gehaltvoller Begriff von Tragik nur aus der Analyse der *Kunst* der Tragödie und der ästhetischen Einstellung ihr gegenüber gewonnen werden kann. Aus dieser Überzeugung folgt allerdings nicht die vor allem in den Theaterwissenschaften verbreitete Einstellung, von Tragik könne man *nur* mit Blick auf ein historisch bestimmtes Theater sprechen oder – in literaturwissenschaftlicher Perspektive – *nur* als Text. Gegen diese Auffassung, die den Gegenstand einer Disziplin umhegt und ihn reklamiert, werde ich im Gang der Untersuchung die Überzeugung zu verteidigen versuchen, dass eine Erfahrung, die im Theater erprobt, manifestiert und gelernt wird, auch für den Diskurs außerhalb des Theaters, der von ihm ausgeht und ihn als Bewegung in die argumentierende Theorie fortführt, eine philosophisch aufschlussreiche Rolle spielen kann. So wie es kein zeitloses, immer schon gegebenes „Phänomen des Tragischen"[7] in der Welt gibt, so ist es doch möglich, einen lebensweltlich gehaltvollen *formalen Begriff von Tragik* zu entwickeln, der sich einer historisch sensiblen Reflexion der ästhetischen Erfahrung der Tragödie auf dem Theater verdankt und zugleich der historischen Entgrenzung des Begriffs in die Praxis des Lebens gerecht zu werden versucht.

Eine aktuelle Philosophie des Tragischen muss zugleich dem erwähnten Einwand, sie vernachlässige das (ästhetisch) Besondere, Rechnung tragen. Diese Arbeit versucht ihm durch den textnahen Nachvollzug einer konkreten sinnlich-emotional-reflexiven Erfahrung zu begegnen, die in den attischen Tragödien zum ästhetischen Ausdruck durch Sprache und Körper kommt. Nach dem *linguistic turn* lag es nahe, die Forschung auf die Sprache in ihrer Textualität, Literarizität oder Poetizität als dem Material zu konzentrieren, das aus der Antike überliefert ist. Mit dem *performative turn* ist demgegenüber die theatrale Dimension der Tragödie als Theater in den Mittelpunkt der Forschung gerückt. Gegenüber beiden unverzichtbaren Ansätzen kann eine philosophische Untersuchung der *Erfahrung*, auf die durch sprachliche und theatrale Zeichen geschlossen wird, unzeitgemäß wirken. Nachdem aber die ästhetische Erfahrung in der internationalen Ästhetik wieder in den Vordergrund des Interesses gerückt ist und auch von den Literatur- und Theaterwissenshaften im Besonderen die ästhetische Erfahrung der Tragödie untersucht wird, halte ich es für ratsam, diesen Ansatz zu verfolgen, um in Verbindung mit aktuellen Fragestellungen neue theoretische Impulse zu gewinnen, die zu verstehen helfen, warum die Tragödie nach 2.500 Jahren die Menschen der Gegenwart nicht loslässt. Im internationalen Fortleben der Tragödie als Kunst scheint jedenfalls die ästhetische Erfahrung von etwas, das existentielle Bewandtnis hat, im Vordergrund zu stehen. Daher behandelt diese Studie die

---

7 Scheler 1972.

tragischen Figuren weniger als literarische und theatrale Effekte (was sie immer auch sind), sondern nimmt sie über ihre poetische Erscheinungsform als expressive Individuen ernst – in der Überzeugung, dass gerade im (theatralen) Spiel sich der Ernst zeigt und übt.[8] Sie reagiert mit theoretischem Nachdenken auf sie, wie ein Theaterpublikum in ästhetischer Erregung auf sie reagiert.

Dass eine Philosophie des Tragischen, die an einzelnen Stücken philosophische Erkenntnisse zu entwickeln versucht, überhaupt möglich ist und nicht, wie mit Blick auf das ästhetisch Einmalige vertreten wird, immer schon das Entscheidende verfehlen muss, wird durch das Theater selbst begründet. Denn es kommt als Form allgemeiner Reflexion entgegen. Etwas Allgemeines zu denken heißt, ein Phänomen nicht nur als das epistemisch eigene, sondern als das prinzipiell aller zu begreifen, denen es – im Medium des Begriffs – offensteht. Nur durch diese Transzendierung des Situativen und Konkreten wird begriffliche Kommunikation möglich. Eine strukturell ähnliche Operation führt das Theater vor: Schauspieler der antiken Tragödie (und Komödie) verkörpern eine Rolle, indem sie einen anderen Namen, eine andere Stimme und Sprechweise, ein anderes soziales Umfeld, ein anderes Schicksal annehmen. Nur so können sie die toten Heldinnen und Helden durch ihren Körper als Figuren wiederkehren lassen, sozusagen als lebendiges Zitat performen.[9] Die Situation der Aufführung ist immer auf die Gegenwart konzentriert, setzt jedoch die Transzendenzfähigkeit von textuell vorgeschriebenen Rollen voraus. Dadurch wird eine Rollenverkörperung, die eine Figur konstituiert, zu einer Analogie des jeweils individuellen und situativen Begriffsgebrauchs.

Die dramatischen Charaktere sind nicht im vollen Sinn einer empirischen Person anwesend, sondern erscheinen, durch die Schauspieler verkörpert, die wie ihre lebendigen Zeichen fungieren, in der Gegenwart der Aufführung als etwas Neues: als Figuren. Daher eignet jedem theatralen Spiel, in dem es um Verkörperung einer anderen (fiktiven) Person geht, eine Doppelrolle:[10] Die Körper der Schauspielerinnen und Schauspieler und ihr Ausdruck sind leibhaftig gegenwärtig, sie bewegen, erschüttern, berühren das Publikum und konzentrieren alle Aufmerksamkeit in der Gegenwart der Aufführung auf die verkörperten Figuren. Dieser *Abstand* vom konkreten Schauspielerindividuum mit seinen Werten, Gefühlen, Wünschen und Erfahrungen zur Figur ist ins Theater, zumal das antike der Tragödie mit seinen rituellen

---

8 Vgl. Gerhardt 2019, S. 185 ff.
9 Die Tragödie verlebendigt nach griechischem Verständnis Tote, sei es historische Personen (wie in Aischylos' *Persern*) oder mythische. Siehe Aristoteles: *Poetik*, 1451b16f., 1454a9–13. Aber sie erfindet auch Figuren und lässt fiktive Personen auftreten (1451b19–27). Die gesamte antike Literatur variiert und transformiert Mythen und behandelt sie nicht als empirisch authentische Zeugnisse historischer Biographik.
10 Erst in der Neuzeit, namentlich bei Denis Diderot, vor allem im *Pardoxe sur le Comédien* (1769–1778), wurde diese Doppelrolle des Schauspielers begrifflich gefasst; sie kann strukturell aber bereits für die antiken Schauspieler gelten, auch wenn deren maskiertes Spiel sich von den Rollen des bürgerlichen Theaters des 18. und 19. Jahrhunderts unterscheidet.

Elementen und dem Einsatz von Masken, eingebaut. In methodischer Distanz wird ästhetische Nähe erzeugt. Das Theater lässt die Toten – die mythisch-historischen Personen – nicht magisch, sondern technisch wiederkehren, indem sie von ihrem einmaligen Dasein abstrahiert, um sie hier und jetzt zu verkörpern und dadurch für alle erfahr- und erkennbar zu machen.[11]

Die Unterscheidung von dramatischer Rolle, die prinzipiell allen Menschen zur Interpretation als auftretender Figur offensteht, und historisch konkreter individueller Person mit spezifischen Eigenschaften und Fähigkeiten, die *nicht* von anderen performt werden kann und deren Interpretation ihr individuelles Selbstverhältnis vorauszusetzen hat, verdankt sich also einer künstlerischen Distanzierungs- und Transformationsleistung. Sie ist eine genuine Operation des Theaters, weshalb sich der neuzeitlich geschärfte Begriff einer individuellen, sich auf sich selbst aus reflexiver Distanz beziehenden Person ebenfalls dem Kontext des Theaters verdankt.[12] Diese ermöglicht es prinzipiell allen Individuen, eine Rolle anzunehmen und zu einer im theatralen Raum körperlich erscheinenden Figur zu werden, in die sie ihren Körper, ihre Gefühle und Ausdrucksmöglichkeiten zwar spielend investieren und dadurch eine erscheinende Individualität erschaffen können, mit der sie gleichwohl nie zur Identität verschmelzen. Die Distanz ermöglicht neben der schauspielerischen Arbeit so auch die prinzipiell demokratische Teilhabe an der Öffentlichkeit des Theaters, in der sich ebenfalls prinzipiell jeder Zuschauer und jede Zuschauerin in der Wahrnehmung und Interpretation der auftretenden Figur beteiligen kann. Die Hauptrolle der *Antigone* gehört prinzipiell allen, weil sie allen zum Gebrauch, d. h. zum dramatischen Spiel und zur ästhetischen Erfahrung wie zu ihrer Reflexion offensteht, so wie ein Begriff prinzipiell allen gehört, weil alle ihn verwenden und seine Verwendung durch andere rezipieren, reflektieren und deuten können. Eine historisch konkrete Person namens Antigone gehört dagegen – wie Menschen überhaupt – niemandem.[13]

---

[11] In diese Produktion einer Figur können freilich die eigenen Sinne, Gefühle und Ausdrucksmöglichkeiten des schauspielenden Individuums investiert werden. Die methodische Distanz ist eine begriffliche Explikation, aus ihr folgt nicht eine Ästhetik distanzierten Spiels.
[12] Etymologisch verweist der Begriff vermutlich auf die Theatermaske, vgl. Fuhrmann 1989, Sp. 269 f. Der moderne Begriff der Rolle hat im 15. und 16. Jahrhundert den Begriff der Person im Bereich des Theaters abgelöst, während dieser nun das selbstbewusste, rechtsfähige Individuum bezeichnet (Haß 2005). Ich verwende hier den Begriff ‚Rolle' in einem schwachen Sinn, um den in einem antiken Tragödientext vorgeschriebenen Part einer im Theater jeweils verkörperten Figur zu bezeichnen – der Schauspielerindividuum und Textrolle verbindenden Figur. Der Schauspieler versinnlicht die textlich entworfene Rolle für das Publikum und schafft aus Text „die Dreidimensionalität der Vollsinnlichkeit": die Figur (Simmel 2001b, S. 23).
[13] Die Distanzierungsleistung vom Besonderen, die im Denken auch Abstraktion genannt wird, funktioniert im Denken und theatralen Spiel freilich nicht in analoger Weise. Während ein Schauspieler eine (durch den Tragödientext) vorgeschriebene Rolle im Gebrauch und Ausdruck seines Körpers zur erscheinenden Figur konkretisiert, die wieder etwas Individuelles und sinnlich Konkretes bildet, auf den Eigennamen und deiktische Ausdrücke im Spiel verweisen können, bleibt der Begriff auch in seinem Gebrauch etwas Allgemeines. Dafür verbindet er sich aber immer dann mit dem konkret Sinnlichen, wenn er zu dessen Beschreibung und Erkenntnis kommunikativ verwendet wird.

Durch diese Operation der Darstellung werden nicht nur mythisch-historische Individuen im Modus des Spiels vergegenwärtigt, sondern auch neue ästhetische wie epistemische Möglichkeiten für die *Zukunft* eröffnet, und zwar in zweifacher Hinsicht. Zum einen ermöglicht die tragische Rolle die ästhetische Pluralität der Figuren, die zur Aufführungsgeschichte, zum Fortleben der Tragödie gehört. Jedes Drama kann unendlich vielfältig inszeniert, interpretiert und variiert werden, so wie jede einzelne Rolle jeweils anders zur von Schauspielerinnen und Schauspielern erzeugten Figur werden kann. Zum anderen stiftet die tragische Rolle eine praktische Vielfalt von Denkmöglichkeiten, da die Zuschauerinnen und Zuschauer in den theatralen Figuren Möglichkeiten des Menschlichen, die strukturell auch ihre eigenen sind, imaginativ und reflexiv durchzuspielen vermögen. Eine Rolle fungiert in dieser Hinsicht analog zum Begriff, dessen Einführung einerseits eine prinzipiell unabschließbare Geschichte seines Gebrauchs eröffnet, wie er zum anderen als Werkzeug der nach Hans Blumenberg spezifisch menschlichen *actio per distans* dient, des Handelns aus räumlichem und zeitlichem Abstand.[14] Aus Distanz zur akuten Handlungssituation lassen sich mögliche Situationen in der Zukunft antizipieren. Begriffe sind nach Blumenberg Instrumente des Vergegenwärtigens von Abwesendem und des Fernhandelns über das Hier und Jetzt hinaus. Durch die Unmittelbarkeit aufhebende Distanzregulation werden Planung und Entwurf, methodisches Vorgehen und Risikoprävention möglich. Entsprechend erlauben auch die Figuren der Tragödien ein Erleben und Nachdenken aus der theatral-ästhetischen Distanz, das dazu beitragen kann, künftige Risiken tragischen Schreckens in der Lebenswelt zu minimieren bzw. sich eher auf sie vorzubereiten, so wie ein Nachdenken über Gefahren helfen kann, diese zu umgehen bzw. ihnen gegenüber besser gewappnet zu sein. Wie die Theorie trainiert das Theater den Möglichkeitssinn.

In diesem Sinne ist eine ästhetisch einmalige Figur, die in der Tragödie zugleich exemplarisch für etwas steht, das alle angeht, strukturell analog zu den rationalen Leistungen des kommunikativ gebrauchten Begriffs. Idealerweise verschränkt sich in der ästhetischen Erfahrung Individualitäts- und Alteritätswahrnehmung mit der Erkenntnis eines Allgemeinen, das der theoretischen Reflexion entgegenkommt. Derart kann eine Philosophin Einmaliges betrachten und in diesem das Exemplarische begreifen, mit dem sie bei sich und ihresgleichen ist, wie ein Theaterzuschauer sowohl ästhetische Besonderheit zu erkennen vermag als auch „in dem, was ihm vorgestellt wird, vollkommen zu Hause ist und sich selbst spielen sieht."[15]

An das ästhetische Dispositiv der attischen Tragödie kann in diesem Sinne also die Theorie anschließen, die aufgrund ihrer Distanzierung von der Erfahrung selbst kein ästhetisches Erlebnis mehr ist und sein kann, durch eine Reflexion auf das Besondere einer Figur, eines Textes oder einer Aufführung jedoch Erkenntnisse zu ge-

---

14 Vgl. Blumenberg 2006, S. 550 ff., und 2007, S. 10 ff.
15 Georg Wilhelm Friedrich Hegel: *Phänomenologie des Geistes* (Theorie-Werkausgabe, Bd. III), S. 544.

winnen vermag, die auch über das ästhetisch Besondere hinaus Geltung beanspruchen können. Das Erkenntnisinteresse dieses Theorieangebots richtet sich auf die Erfahrung der Leidenden und auf die Bedingungen der Möglichkeit dieser Art von Erfahrung. Dafür wird die tragische Erfahrung der Personen, die auf der Bühne als Figuren verkörpert werden, anhand der antiken Tragödien und der Geschichte ihrer philosophischen Theoretisierung phänomenologisch rekonstruiert und analysiert. Die zuschauende und reflektierende Einstellung des Theaters evoziert ästhetische Lust und öffnet zugleich die *theōria*, die auf der erkennenden Sicht beruhende (wissenschaftliche) Betrachtung. Denn das ist Theater im griechischen Wortsinn von *theatron*: ein Ort der ästhetisch ergriffenen und begrifflich denkenden Betrachtung von Praxis – eines ästhetisch erfahrenden und reflexiven Sehens (*theōrein*) von Handlungen in Form ihrer Nachahmung (*mimēsis praxeōs*).[16]

Einer leidenden Person in der außerkünstlerischen Lebenswelt sollte man mit Verständnis und solidarischer Hilfe, nicht mit ästhetischer Faszination oder begrifflicher Distanzierung begegnen. Doch im Theater wie in der Theorie besteht kein unmittelbarer ethischer Handlungsdruck. Es sind Labore, in denen existentielle Fragen des Daseins reflektiert werden können. In der Transformation einer Erfahrung in den ästhetischen Ausdruck einer Figur und der Reflexion dieser Erfahrung kann indes auch ein praktisch-existentieller Gewinn *für* die Erfahrungssubjekte im Gang ihrer Lebensgeschichte liegen. Denn durch die ästhetische und begriffliche Distanz zu je konkret Einzelnen können Kunst und Philosophie Personen, die existentiell leiden, dabei helfen, sich selbst im Kontext prinzipiell aller anderen Individuen und in Relation ihrer Erfahrung zu der anderer besser zu verstehen. Philosophie und Kunst erlauben, sich von der je eigenen Situation ästhetisch und epistemisch zu distanzieren, um *zu* ihr ein freieres Verhältnis zu gewinnen. Sie verbinden existentielle Betroffenheit und epistemisch erforderliche Distanz durch ihre ästhetischen bzw. begrifflichen Formen.

3 Das zentrale Thema des Buchs: tragische Erfahrung

Der Begriff der tragischen Erfahrung ist bislang kein feststehender Terminus. In den meisten philosophischen und philologischen Theorien zur Tragödie kommt der Erfahrungsbegriff nicht oder kaum vor.[17] Oder unter ‚tragische Erfahrung' wird die Erfahrung der Zuschauerinnen und Zuschauer der Tragödie verstanden, d. h. eine für das Tragische spezifische Form ästhetischer Erfahrung.[18] Der Begriff tragischer Er-

---

[16] Aristoteles: *Poetik*, 1449b24. Wenn nicht anders ausgewiesen, beziehen sich die deutschen Zitate auf die Übersetzung von Arbogast Schmitt und die altgriechischen auf die Ausgabe von Manfred Fuhrmann). Vgl. Lehmann 2013, S. 57; Menke 2013, S. 120 ff.; Critchley 2019, S. 5.
[17] Eine der wenigen Ausnahmen bilden die Arbeiten von Christoph Menke, vor allem Menke 2005.
[18] Vgl. die umfassende Studie von Lehmann 2013. Für Lehmann bezeichnet der „Begriff ‚tragische Erfahrung' […] nicht die supponierte Erfahrung des tragischen Helden, sondern die Erfahrung derer,

fahrung, der im Zentrum des Hauptteils des Buchs (Kap. 6 bis 8) steht, auf den die vorangehenden Kapitel hinleiten, nimmt den textuellen und performativen Ausdruck des Leidens, des Schmerzes, der Angst und Scham, die exzessive Klage um Verlust, die Expressivität der Verzweiflung ernst. Unter ‚tragischer Erfahrung' wird die von großem Leid geprägte, expressiv im Spiel vermittelte Leiderfahrung der tragischen Figuren verstanden.

Die Zuschauererfahrung, die ästhetische Erfahrung der Tragödie, ist für ein Verständnis dessen, was ‚Tragödie' und ‚Tragik' bedeuten, ebenfalls unerlässlich. Wenn man jedoch zunächst fragt, was als eine Minimalbedingung für die ästhetische Erfahrung der Tragödie gelten kann, dann gilt es, den Gegenstand dieser Erfahrung zu beschreiben.

Die Existenz von schwerwiegendem Leid ist seit Aristoteles' *Poetik* die, wie es scheint, einzige bisher unbestrittene Voraussetzung dafür, eine künstlerische Form (und in der Moderne auch lebensweltliche Ereignisse) tragisch zu nennen.[19] Dennoch sind in der Tragödienforschung kaum Fragen nach der Art, Erscheinungsweise und Struktur des Leidens gestellt worden.[20] Es ist als notwendige Dimension von Tragödien so selbstverständlich und erscheint so evident, dass nicht nur im fraglosen Wortgebrauch der Lebenswelt, sondern auch in der Geschichte der poetologischen, philosophischen und kulturwissenschaftlichen Reflexion der Tragödie kaum systematisch betrachtet worden ist, worin das Leiden der Tragödie genau besteht, wie und warum es so massiv auf die Figuren wirkt und auf welche Weise man seine Prozessstruktur beschreiben könnte. Die Frage nach den Dimensionen und der Bedeutung des tragischen Leidens ist deshalb nicht trivial, weil es sich nicht auf universell bekannte Formen körperlichen Schmerzes oder eine bestimmte psychopathologische Symptomatik reduzieren lässt. Als genuin tragisches Leid, das die gesamte Figur erfasst, ist es explikationsbedürftig. In dieser Arbeit wird das Leid als phänomenale Qualität der tragischen Erfahrung verstanden, in der die Voraussetzungen selbstbestimmter Lebensführung radikal erschüttert werden und das Selbstverhältnis des Menschen seine Verletzlichkeit offenbart. Die Tragödie stellt dabei nicht nur auf ästhetische Weise etwas diskursiv Vertrautes dar, sondern bringt überhaupt erst zur öffentlich wahrnehmbaren Erscheinung, was es für Menschen bedeutet, auf diese – existentielle –

---

die den tragischen Vorgang als Zuschauer, Betrachter, Teilnehmer an seiner Darstellung rezipieren bzw. miterleben." (S. 26f.) Nach meiner Auffassung muss man, um die ästhetische Erfahrung der Tragödie – das, was Lehmann „tragische Erfahrung" nennt – verstehen zu können, die „supponierte Erfahrung" der Figuren verstehen, deren Ausdruck in der Tragödie im Zentrum steht.

19 Vgl. Port 2005, S. 11ff.; Fulda/Valk 2010a, S. 11: „Unproblematisch, auch in der Moderne, ist das ›große Leid‹ als Mindestbedingung. Was aber ist ›Größe‹?" Vgl. Lehmann 2013, S. 65f.

20 Ausnahmen bilden die philologischen Arbeiten, die sich der Klage widmen, allerdings erlauben ihre philologischen Methoden in der Regel keine phänomenologische Analyse der Erfahrung des Leidens. In letzter Zeit ist das Pathos als Grundmotiv der modernen Tragödientheorie in den Fokus getreten, etwa bei Port 2005; in Bezug auf die antike Tragödie untersucht es Bohrer 2009.

Weise zu leiden.[21] Die Fokussierung auf diese Erfahrung ist ein vornehmlicher Grund für die fortgesetzte, längst globale Gegenwärtigkeit der griechischen Tragödie.[22]

Das schwere Leid muss daher auch ein konstitutives Element für die ästhetische Erfahrung der Tragödie sein, insofern Zuschauerinnen und Zuschauer einer Tragödienaufführung, die mit Figuren in einer fiktiven bzw. mythischen Dramaturgie operiert, imaginativ in ein Spiel der Darstellung eintreten, in ein *game of make-believe*. Sie lassen sich auf das mimetische Spiel, das die theatrale Darstellung ihnen anbietet, ein, ohne dabei ernsthaft zu bezweifeln, dass es sich um eben dieses – ein darstellendes Spiel im Theater – handelt. Nur in diesem Einlassen auf die dargestellte Welt, die mit einer Entlastung von praktischem Handlungsdruck im ästhetischen Erleben einhergeht, können sie die tragische Erschütterung und den Erscheinungsschrecken erfahren, die zu evozieren in der Regel zu den Bedingungen des Gelingens von Tragödienaufführungen zählt.[23] Wie auch immer man die affektive Reaktion des Publikums auf die verkörperten Figuren begrifflich versteht – ob als wirkliche Emotionen oder wirklichen Affekten verwandte Quasi-Emotionen oder als imaginierte Emotionen, die phänomenal wirklichen entsprechen –[24], sie setzt voraus, dass es die Fähigkeit und die Bereitschaft hat, sich auf das mimetische Spiel der Vorführung gleichsam kooperativ einzulassen. Den Schauspielenden wird, wenn das mimetische Spiel gelingt, von den imaginationsfähigen Zuschauenden abgenommen, dass sie Figuren performativ produzieren, die nach Art tatsächlicher Personen unter ihrem Namen auftreten und denen kognitive, perzeptive, emotionale und volitive Eigenschaften von tatsächlichen Personen aufgrund ihrer Sprachakte und ihrer körperlichen Expression zuschreibbar sind. Figuren in der griechischen Tragödie fühlen, reden, wollen und leiden als konkretes Individuum und als *pars pro toto* des Menschen. Indem die Zuschauerinnen und Zuschauer mit den Figuren Tragödien mitfühlen, werden sie zu Erscheinungen der Potentialität aller Individuen außerhalb des Theaters. Mit der Schauspielerin der Antigone hat man in der Regel kein Mitleid, sondern

---

21 Bereits Homer schildert ausgiebig das Leiden der Figuren in seinen Epen, etwa in der Klage des Achill und der Briseis, der geliebten Sklavin Achills, über ihren getöteten Freund Patroklos (*Ilias* XVIII, 316–342; XIV, 282–339). Alice Oswald hat jüngst die homerischen Klagen, die die Tragödien vorbereiten, auf über 200 Nebenfiguren der *Ilias* in einer bewegenden Dichtung erweitert (Oswald 2011). In der Tragödie wird die Leiderfahrung verschärft, da das leidende Individuum vor einem Publikum verkörpert auftritt und es in seiner Leidartikulation einer theatralen Gegenwart ausgesetzt wird.
22 Vgl. bspw. Doerries 2015, S. 6f. Siehe dazu Kap. 1.1.
23 Zum Begriff des Erscheinungsschreckens siehe Bohrer 1991 und Bohrer 2009. Tragödien wie Aischylos' *Agamemnon*, Sophokles' *König Ödipus* oder Euripides' *Medea* geben schon als Text – durch ängstliche Beschreibung des hinter der Bühne geschehenen Unheils – den theatralen Effekt vor. Freilich kann es Ziel einer künstlerischen Inszenierung von Tragödientexten sein, diese affektiven Reaktionen zu vermeiden. Darin liegt aber immer eine Distanzierung zum Tragischen.
24 Zum *paradox of fiction* und der Debatte über emotionale Reaktionen gegenüber fiktiven Figuren seit Kendall Waltons *Mimesis as Make-Believe* (Walton 1990) und Richard Morans „The Expression of Feeling in Imagination" (Moran 1994) siehe die Diskussion bei Dorsch 2012, S. 41f., 340–364.

mit der von ihr verkörperten Figur.²⁵ Und zwar nicht weniger, weil sie bloß eine Fiktion ist, sondern vielmehr in lebendiger Intensität, weil sie ästhetisch als konkretes, expressives Individuum auftritt und ihr dadurch zugleich Beispielhaftigkeit eignet. Im Leid der Figur klingt symbolisch die Möglichkeit des Leidens zahlloser anderer mit.

Die ästhetische Erfahrung der Tragödie als theatrale Form wird notwendig geprägt durch das, was die Figuren im Theater von der Erfahrung darstellen und artikulieren.²⁶ Von diesem Verständnis geht die Arbeit aus: Ein Theater, in dem nichts passiert, das Leiden erzeugt, ein Theater, in dem es keine existentiellen Gründe gibt zu leiden, ist kein tragisches Theater.²⁷ Es ist insofern nicht allein eine Frage der Publikumsperspektive, ob die artikulierte Erfahrung tragisch ist oder nicht. Sie muss durch die künstlerische Form – die Sprache und die Performativität des Spiels – als Ausdruck schweren Leids glaubhaft vermittelt und erkennbar sein, um als solche zum konstitutiven Element einer Erfahrung der Tragödie für das Publikum werden zu können.

Aus diesen Erläuterungen des methodischen Ansatzes dieses Buchs mag auch einleuchten, dass das, was eine tragische Erfahrung ausmacht, mit jeder individuellen Figur, jeder individuellen Tragödie und jeder spezifischen Inszenierung variiert. Dementsprechend ist auch die ästhetische Erfahrung der Tragödie immer individuell, wie jede einzelne Aufführung einmalig ist. Eine der griechischen Tragödie gewidmete Untersuchung sollte daher der Vielfalt der überlieferten Tragödien möglichst Rechnung tragen. Ich beschränke mich daher nicht auf diejenigen Tragödien, die bisher den philosophischen Diskurs der Tragödie seit Schelling und Hegel nach Art von

---

25 Das postdramatische Theater (zu diesem Begriff siehe Lehmann 1999) bearbeitet und transzendiert die festen Grenzen des dramatischen (vor allem neuzeitlichen) Theaters und exponiert die Spielenden mit ihren Körpern und oft auch mit ihrem lebensgeschichtlichen Selbst dem Publikum. Es zeigt, wie affektive Reaktionen auch den Schauspielerinnen und Schauspielern bzw. Performerinnen und Performern selbst gelten können und wie sich gerade dadurch eine Gemeinschaft zwischen Spielenden und Zuschauenden, die auch zur Partizipation bewogen werden können, erzeugen lässt. Marina Abramovićs frühe Performances, insbesondere *Rhythm 0* von 1974, in denen sie sich bewusst willenlos dem Publikum aussetzte, zeigen, wie existentiell relevant es sogar für eine Performerin sein kann, dass ein Publikum mitfühlt und sie im Zweifelsfall vor Zumutungen schützt. Bei einer solchen postdramatischen Aufführung handelt es sich aber um ein anderes Mitgefühl als im mimetischen Spiel der Tragödie, weil sich die mit dem Mitgefühl verbundenen propositionalen Einstellungen ändern: Mit einer Schauspielerin oder Performerin unmittelbar mitzufühlen, weil sie etwa in einem exzessiven Spiel die Grenzen körperlicher Unversehrtheit und Balance übertritt, ist inhaltlich und mit Blick auf eine mögliche Intervention (wie bei Abramović) etwas anderes, als mit der Figur Antigone mitzufühlen, weil sie – nicht die Schauspielerin in ihrem das theatrale Spiel transzendierenden Leben – durch den Übertritt eines staatlichen Verbots ihr Leben verwirkt hat und in der Handlung des Dramas sterben wird.

26 Diese Erfahrungsartikulation ist wiederum nicht hinreichend für die ästhetische Erfahrung, denn ästhetisch geht die Tragödie darin nicht auf, sondern erfordert auch weitere spezifisch ästhetische Elemente wie die Lieder und Tänze des Chors, die Musik, die theatralen Effekte, die Kostüme oder die Masken (siehe Kap. 5.8, 9.4 und 9.5.).

27 Tragikomische Inszenierungen können mit dem Tragischen spielen, indem sie etwa das Leid in Komik kippen lassen. In diesem Moment verließe solch eine Inszenierung aber die Tragik der Tragödie griechischer Prägung.

Archetypen bestimmt haben: Aischylos' *Orestie* sowie Sophokles' *Antigone* und *König Ödipus*. Auch wenn die vorliegende Theorie stattdessen fast alle überlieferten Texte berücksichtigt und eine allgemeine philosophische Perspektive einnimmt, beansprucht sie nicht, *die* allen Stücken gemeinsamen Merkmale gefunden zu haben oder gar das Wesen des Tragischen auf den Begriff zu bringen. Schon die Annahme, dass allein im 5. Jahrhundert v. Chr. zwischen 1.200 und 1.250 Tragödien geschrieben worden sein dürften, allerdings nur 32 von drei Tragikern überliefert sind,[28] verurteilt alle im 19. und 20. Jahrhundert verbreiteten Versuche,[29] die Tragödie in einer für alle Beispiele dieses Genres gültigen Definition mit induktiven oder deduktiven Methoden zu bestimmen, dazu, in der endlosen „Tragikomödie eines Begriffsschicksals"[30] mitzuspielen. Im bewussten Verzicht auf eine allgemein gültige Definition dagegen aufzuzählen, was uns alles auch außerhalb des Theaters in der Zeitgeschichte als tragisch erscheinen kann,[31] ist philosophisch schon deshalb keine fruchtbare Alternative, weil sie in ihrer Entgrenzung des Begriffsgebrauchs seine epistemische Funktion erodiert. Wenn jedes Leid in der Geschichte tragisch ist, ist das Tragische nichts als das Leidvolle. Zudem entgeht einem weiten, unspezifischen Wortgebrauch gerade die Tiefendimension individueller tragischer Erfahrung, die die antike Tragödie vorführt.

Dieser Studie geht es, auch wenn sie die individuellen Quellen in den Blick nimmt, weniger um spezifische Fragen der Tragödieninterpretation und Aufführungstheorie, deren große Bedeutsamkeit sie ebenso anerkennt wie ihre Abhängigkeit von der fachwissenschaftlichen Forschung, insbesondere der Altphilologie, der Theaterwissenschaft und den Kulturwissenschaften.[32] Dieser Theorieentwurf versucht von den unterschiedlichen Tragödientexten ausgehend die in ihr dargestellte tragische Erfahrung und die Bedingungen ihrer Möglichkeit zu analysieren.

4 Negative Methode

Mit den Ursachen, der Struktur und Prozessualität sowie den begrifflich unterscheidbaren Dimensionen dieser Erfahrung und des tragischen Handelns, das in sie umschlägt, steht auch das in sozialen Beziehungen stehende menschliche Individuum als Akteur und Erfahrungssubjekt mit seinen evaluativen und propositionalen Einstellungen, mit seinen Empfindungen und Affekten im Zentrum. Daher geht die

---

[28] Vgl. Latacz 1993, S. 78f. Zur Überlieferungsgeschichte der griechischen Tragödientexte siehe Garland 2004; Liapis/Petrides 2018; zu den verlorenen Tragödien siehe Wright 2016/2018; zu weiteren Tragikern neben Aischylos, Sophokles und Euripides siehe Cropp 2019.
[29] Vgl. das bekannte Buch von Oscar Mandel: *A Definition of Tragedy* (Mandel 1961); zum Überblick siehe Eagleton 2003, S. 7ff.
[30] Pfeiffer 1986. Eagleton 2003, S. 1ff., spricht von einer „theory in ruins".
[31] Siehe Kap. 1.1.
[32] Daher geht es auch nicht um formale Differenzen zwischen den Stücken oder den drei großen Tragikern.

vorliegende Untersuchung davon aus, dass soziale oder rechtliche Konflikte, die Götter, die Kultur, die Gesellschaft, die Politik oder das Leben selbst – klassische Themen der Analyse des Tragischen – nur *aufgrund* ihrer Beziehung zum tragischen Umschlag und der durch ihn initiierten tragischen Erfahrung konkreter Individuen als Elemente der Tragödie bedeutsam werden. Mit der Darstellung und Wahrnehmung des Umschlags ins Leiden wird der Mensch primärer Gegenstand der philosophischen Fragen nach dem Tragischen. Daher gehört die hier vorliegende Philosophie des Tragischen sowohl zur Anthropologie als auch zur Praktischen Philosophie. Da sie zudem nach den kulturellen Bedingungen der tragischen Erfahrung fragt, ist sie auch Teil der Kulturphilosophie, wie sie in der Analyse der Kunst zur Ästhetik gehört.

Praktisch ist die Philosophie des Tragischen, weil die Erkenntnisse relevant sind für das Verständnis von Werten, Normativität, der Bedingungen von Handlungsfähigkeit, Freiheit und der Struktur von Selbstbestimmung. Praktisch ist sie zudem, weil es in der Tragödie um die fragilen Bedingungen eines guten Lebens geht. Die Diskurse der Gegenwart, die in diesem Buch aufgenommen werden, beschäftigen sich daher vornehmlich mit Fragen der Praktischen Philosophie.

Anthropologisch ist die Philosophie des Tragischen, weil sie fragt, was aus der Analyse der Tragödie mit Blick auf den Menschen als aktives, fühlendes, leibliches, endliches, verletzliches, bedürftiges, wollendes und urteilendes personales Wesen überhaupt zu lernen ist. Anthropologisch ist sie zudem, weil es in ihr um existentielle Selbst- und Weltverhältnisse von Menschen in Abgrenzung zu nicht-humanen Kräften wie Göttern geht.

Kulturphilosophisch ist sie schließlich, weil sie nach den konkreten kulturellen, sozialen und historischen Bedingungen tragischen Scheiterns fragt. Tragödien sind kein Ausdruck einer ahistorisch-metaphysischen Wahrheit, sondern historische Erscheinungen, die auf Probleme reagieren, die sich nur in Kontexten der kulturellen Existenz stellen.

Schließlich muss die Philosophie des Tragischen immer auch *ästhetisch* sein, da sie ihren Gegenstand der Kunst verdankt und die ästhetischen Dimensionen der Tragödie mitzudenken hat.

Dieses Vorgehen – von der Tragödie etwas über den Menschen und die Bedingungen seiner Praxis zu lernen – folgt insgesamt dem Motiv einer negativen Methode: Über das, was ist oder sein könnte, lernt man durch die Analyse der Negativität des Gegebenseins. Aus der Negation des scheinbar Evidenten wird seine Fragwürdigkeit und Bedingtheit erkennbar, die im alltäglichen Normalfall glückender Lebenskontinuität meist unauffällig und verdeckt bleibt. Die Philosophie hat seit den Fragen des Sokrates dieses scheinbar Selbstverständliche in die Bewegung grundsätzlicher Befragung und Erwägung gezogen. Das gilt für so unterschiedliche Theorien und Methoden wie Kants Transzendentalphilosophie, Nietzsches Genealogie, Wittgensteins Sprachphilosophie oder Heideggers Phänomenologie. Die philosophischen Theorien verhalten sich zwar nicht nur kritisch, sondern auch rekonstruierend zu dem selbstverständlich Vorläufigen der Lebenswelt. Aber sie verfremden es, rücken es auf Distanz und hinterfragen seine Funktionalität. Die vorliegende Untersuchung sieht in dieser Tradition philosophischen Selbstverständnisses auch die Tragödie als eine Form an, in der das alltäglich Unbefragte, das Selbstverständliche des Lebens infrage gestellt wird, in der seine kontingenten Bedingungen und ihre Fragilität ästhetisch zur Erscheinung kommen. Darin liegt eine charakteristische Nähe der Tragödie zur Philosophie (Kap. 2.3; 9).

Die negative Methode zeichnet sich genauer dadurch aus, ein Extrem an Abweichung vom Selbstverständlichen zu betrachten, um dieses von dort aus schärfer in den Blick zu nehmen. Darin ist sie das Komplement zu statistischen Methoden, die aus einer großen Zahl von Fällen *Durchschnitts-* bzw. *Mittelwerte* bestimmen, denen am ehesten der *Normalfall* entspricht. Die Tragödie erlaubt dagegen, Anthropologie am *Ausnahmefall* eines existentiellen *Extrems* zu betreiben.

Søren Kierkegaard war vermutlich der erste, der mit dieser Methode eine negative Anthropologie in *Die Krankheit zum Tode* entwickelte. Nicht ein durchschnittliches Lebensphänomen gilt ihm als epistemischer Ausgangspunkt, sondern gerade die nicht-alltäglichen Phänomene der Negativität. Kierkegaard geht, so Michael Theunissen,

> „nicht vom Selbst aus, sondern von der Verzweiflung. Er stellt nicht einen Begriff von Selbstsein auf, aus dem er dann die Verzweiflung deduzierte. Sein Forschungsmaterial ist vielmehr ausschließlich die vielgestaltige Fülle der Verzweiflungsphänomene, die ihm in existentieller Erfahrung zugänglich sind. Zu seinem Begriff von Selbstsein gelangt er, indem er die Bedingungen aufsucht, die gegeben sein müssen, soll die als wirklich erfahrene Verzweiflung in ihrer inneren Möglichkeit gedacht werden können. Seine Frage lautet: Wie muß das Selbst beschaffen sein, damit die Verzweiflung in den Formen auftreten kann, in denen sie sich tatsächlich zeigt?"[33]

Einen analogen Ansatz negativer Anthropologie verfolgt diese Arbeit. Sie versucht an den griechischen Tragödien einen Begriff tragischen Handelns und tragischer Erfahrung und ihrer phänomenologisch rekonstruierten Dimensionen zu entwickeln, um von dort aus zu fragen, welche Bedingungen der Möglichkeit einer tragischen Erfahrung angenommen werden müssen: Wie ist ein personales Selbst beschaffen, damit die tragische Erfahrung in den Formen, in denen sie sich in der Tragödie zeigt, auftreten kann (Kap. 8)?

Vom Extrem einer existentiellen Grenzsituation aus werden die in der vertrauten Praxis eines mehr oder minder gelingenden Lebens erfüllten Bedingungen deutlicher begreifbar. Grenzsituationen sind nach Karl Jaspers extreme Abweichungen vom

---

33 Theunissen 1991a, S. 353. Vgl. Theunissen 1991, S. 17f.: Kierkegaard habe die negative Methode gewählt, um aus „den ›negativen‹ Phänomenen, an denen er sich ausrichtet, […] gelingendes Menschsein zu erschliessen." Theunissen hat diese Methode mit Blick auf Phänomene wie Angst und Depression aufgenommen und weitergedacht. Den Erkenntniswert der extremen Situation negativer Erfahrung hat bereits Lukrez in *De rerum natura* formuliert: „Darum sollte man Menschen gerade dann beobachten, wenn sie im Zweifel sind und in Gefahr: Was tun sie angesichts widriger Lebenslagen? Dann erst wird die Wahrheit hervorgetrieben aus der Tiefe der Brust, die Maske fällt, und zutage tritt der wahre Kern." (Lukrez: *Über die Natur der Dinge* III, 55f.).

Normalen der lebensweltlichen Erfahrung. Konsistenz und Geschlossenheit des Daseins werden erschüttert. Die tragische Erfahrung ist deshalb eine Grenzsituation, weil aus ihr heraus kein Weg erkennbar wird, das Leiden aufzuheben (Kap. 7.8).[34] Als Grenzsituation, die die Konsistenz- und Kontinuitätsunterstellung lebensweltlicher Alltäglichkeit auflöst, stellt die tragische Erfahrung ein Extrem des Lebens dar, das für die Zuschauerinnen und Zuschauer den Blick auf die Voraussetzungen nicht-tragischer Lebensführung schärft. Von diesem Extrem geht auch nach Walter Benjamin die begriffliche Arbeit aus.[35]

Für die vorliegende Studie heißt das, die tragische Erfahrung als ein Kippen ins Extrem der Grenzsituation, als eine Zäsur in der Lebenskontinuität genau zu beschreiben. Der Blick ins Entsetzen, in den Abgrund der Verzweiflung, der die Zuschauerinnen und Zuschauer einer Tragödie zu ergreifen vermag, ist ein wahrheitserschließender Blick, weil die alltäglichen Konsistenz- und Kontinuitätsannahmen brüchig werden und damit die normale Transparenz der Voraussetzungen selbstbestimmter Lebensführung. Diesem Blick bietet sich das Selbst im Zustand der plötzlich erlittenen Verwandlung dar, dem Fall aus der selbstgewählten Form, bevor eine neue gefunden ist. Die Fülle des Lebens – das Handelnkönnen, das Praxisvertrauen, die Orientierung in der Welt, das soziale Eingebettetsein, die Zukunftsoffenheit der eigenen Lebensgeschichte – geht in der tragischen Erfahrung plötzlich verloren: In ihrer theatralen Darstellung – und nicht etwa in der rein physischer Gewalt – gründet der Erscheinungsschrecken der Tragödie. Es ist ein Umschlag von einem Leben, dem das Gelingen prinzipiell offensteht, in eins, dem das Glück sich verschlossen hat. Ein Umschlag von allem in nichts.

5 Ausgang von der Antike

Die antike Tragödie ist eine komplexe kulturelle Form, deren gelehrte Kommentare Legion sind. Sie hat seit ihrem Entstehen Anlass für eine schlicht nicht mehr überschaubare Fülle poetologischer, theater- und literaturwissenschaftlicher, philosophischer, historischer, ethnologischer, soziologischer, juristischer, politik-, kultur- und religionswissenschaftlicher und interdisziplinär orientierter Literatur geboten. Gegensätzliche Denkrichtungen – Metaphysikerinnen wie Postmetaphysiker, Gläubige wie Atheisten, Optimistinnen und Pessimistinnen, politisch Rechte wie Linke, Vertreter der Aufklärung und romantisierende Anti-Aufklärerinnen, Hermeneutiker und

---

[34] Vgl. Jaspers 1932b, S. 231: „In der Grenzsituation erst kann es das Leiden als unabwendbar geben."
[35] Nach Benjamin zeichnet sich der Blick auf das Extrem, durch den die Ideen sich darstellen lassen, durch Genauigkeit aus: „Das Allgemeine als ein Durchschnittliches darlegen zu wollen, ist verkehrt. Das Allgemeine ist die Idee." Diese wird durch Begriffe dargestellt, die sich am Extrem der Phänomene schärfen: „Das Empirische […] wird um so tiefer durchdrungen, je genauer es als ein Extremes eingesehen werden kann. Vom Extremen geht der Begriff aus." (*Ursprung des deutschen Trauerspiels*, in: *Gesammelte Schriften*, Bd. I, 1, S. 203–430, hier: S. 215).

Strukturalistinnen, kritische Theoretiker und Postmoderne – haben in der Tragödie etwas für ihre theoretischen, praktischen und ästhetischen Interessen Interessantes oder Bedeutsames erkannt (Kap. 1). Dieser Sachverhalt zeigt nicht nur, dass die griechische Tragödie in ihrer großartigen Komplexität eine Vielzahl von Erkenntnisinteressen und Perspektiven einlädt, sondern auch, dass sie sich mit ihren Deutungen fortwährend verändert und neue Inszenierungen, Interpretationen und Ideen generiert. Die Gattung, die die Ironie des Sprechens und Handelns offenlegt, zeitigt selbst eine bemerkenswerte Ironie: Wird den tragischen Figuren die Offenheit ihres Lebens verschlossen, erzeugt sie als Form der Darstellung dieses Verschließens eine unerhörte Offenheit für lebendiges Nachdenken und unabgeschlossene Produktivität. Es wirkt fast, als bildete die Transformationsgeschichte der Tragödie eine gelehrte und künstlerische Revolte gegen den abschließenden Charakter des tragischen Geschicks, in das sich die Heldinnen und Helden verstricken. Die Schwester von Polyneikes stirbt bei Sophokles, aber, als sollte sie gerettet werden, lebt sie ewig im Deuten und Neuformen ihres Scheiterns fort: Aus der Antigone werden die Antigonen.[36]

Warum sollte die Tragödie überhaupt ein Thema der Philosophie sein? Sicher nicht nur deswegen, weil sich schon Platon, Aristoteles, Schelling, Hegel, Schopenhauer, Nietzsche, Camus, Sartre, Jaspers, Benjamin, Adorno und andere mit ihr beschäftigt haben. Man könnte den Begriff der Tragödie aufgrund eines hoch variablen, mitunter ambigen Gebrauchs in der normalen Sprache und der erwähnten unüberschaubaren Transformationsgeschichte für die Philosophie aufgeben, philologische, religionswissenschaftliche oder theaterwissenschaftliche Spezialfragen verhandeln oder ihn philosophisch ausschließlich als Spezialthema der Ästhetik behandeln.[37]

Doch dazu ist die Tragödie zu irritierend, zu herausfordernd für die großen Themen der Philosophie. Eine Theorie des Selbst sollte sich auch mit Selbstverlust, eine Theorie des guten Lebens mit seinem Scheitern, eine Theorie der Freiheit mit Phänomenen der Unfreiheit beschäftigen. Die Tragödie ist die historisch erste und vielleicht wirkmächtigste Kunstform, die diese Gegensätze verhandelt. Philosophisch ist sie zudem interessant, weil sie sich – wie andere Fragen der Philosophie auch, etwa nach Freiheit, Bewusstsein, Gefühl, Leib oder Vernunft – nicht allein unter Absehung von den Fragenden verhandeln lässt. In der Philosophie sind die Denkenden von ihren akademischen Problemen selbst betroffen, weshalb eine methodische Herausforderung der Philosophie darin besteht, aus der Teilnehmerperspektive allgemein begründete Erkenntnisse über die Bedingungen der Möglichkeit dieser Perspektive zu gewinnen und darüber gemeinsame – und dabei stets vorläufige – Verständigung zu erwirken. Die Philosophie hat dafür die existentielle Involvierung mit der wissenschaftlichen Distanz reflexiv zu vermitteln. Insofern ist auch die altphilologische

---

36 Vgl. Steiner 1988.
37 Das ist in vielen philosophischen Instituten im angelsächsischen Raum der Fall, in denen primär die in David Humes Essay „Of Tragedy" (Hume 1992) exponierte Frage diskutiert wird, wie man ästhetische Lust angesichts von Inhalten empfinden kann, die eher geeignet sind, Unlust zu evozieren (das sogenannte *paradox of tragedy*); siehe dazu Kap. 9.5.

Diskussion über die Tragödie nicht selten mit philosophischen Ansprüchen verbunden gewesen. Nicht nur auf die komplexe Deutungsgeschichte des berühmten Tragödiensatzes aus der *Poetik* des Aristoteles (1449b24–28) trifft daher Wolfgang Schadewaldts Diagnose zu, beim Nachdenken über die Tragödie einige „man sich nicht leicht, weil man mit seiner ganzen Existenz beteiligt ist." Die Diskussion halte ohne beruhigenden Konsens an, weil das Thema „bis heute noch nicht gleichgültig und neutral ist, sondern uns angeht."[38] Das gilt für die meisten philosophischen Themen, zu denen, so das Plädoyer dieser Arbeit, die Tragödie wieder gezählt werden sollte.

Daher wird hier der Versuch unternommen, der Tragödie durch den Rückgang auf die Antike einen auch für Fragen gegenwärtiger Philosophie und der gesellschaftlichen Praxis der Selbstverständigung relevanten Sinn abzugewinnen. Das nämlich ist der letztlich *praktische Sinn* einer philosophischen Auslegung vergangener Zeugnisse der Kultur. Die Erkenntnisinteressen der Philosophie sind nicht allein rekonstruierend-deskriptiv, sondern auch evaluierend und normativ ausgerichtet, weil es um die Interessen und Ansprüche der Menschen geht, die sich philosophisch – in Bezug zu ihrer Geschichte – heute (und künftig) selbst reflektieren. Dabei muss die Philosophie transepochal lernfähig sein, um für die allgemeinen Fragen nach dem Menschen zwischen Historizität und Natur, Variabilität und Konstanz offen zu bleiben. Das Selbstverständigungsgespräch des Menschen über Zeit- und Kulturgrenzen hinweg in Gang zu halten, ist eine ihrer herausgehobenen Aufgaben, die auch den imaginierten Blick aus der Zukunft auf die Gegenwart umfasst.

Explizit geht es in dem hier vorliegenden anthropologisch-kulturphilosophischen Ansatz um eine gegenstrebige Methode: Die Arbeit versucht der Antike durch die Lektüre der Texte möglichst nahezukommen, um genau aus diesem kritischen Blick in das uns „nächste Fremde"[39] etwas an Aufklärung für die philosophischen Fragen und das Selbstverständnis der Gegenwart zu gewinnen. Dabei wird die in humanistischen Strömungen des 19. und 20. Jahrhunderts allzu leicht überblendete Distanz zwischen Antike und Moderne nicht geleugnet; ebenso wenig wird, wie im historistisch geprägten Denken verbreitet, die Antike als etwas ganz Anderes, historisch weit Entferntes gedeutet. Jahrtausende Abstand erzeugen nicht qua Zeitspanne und mehreren Epochenwechseln eine hermeneutisch nicht erschließbare Distanz, die als bestimmte Distanz zu ermessen einen gewissermaßen überhistorischen Vergleichsstandpunkt voraussetzte, den niemand einzunehmen vermag. Methodisch können wir nie sicher wissen, wie weit wir in welchen Dimensionen von der Erfahrung einer historischen Gegenwart entfernt sind. Wir blicken immer nur aus *unserer* Gegenwart zurück und voraus und müssen diese Distanz, aus der wir überhaupt nur Korrekturwissen über unsere von Vorurteilen vorgeprägte Gegenwart gewinnen können, mitreflektieren.[40]

---
38 Schadewaldt 1991, S. 10.
39 Zu der auf Uvo Hölscher zurückgehenden Formel siehe Meier 1973. Vgl. auch Hall 2004, S. 41: Es sei mittlerweile ein Gemeinplatz, dass die Griechen „supremely Other and also suprisingly Similar" seien.
40 Vgl. Gadamer 1990, S. 270 ff.

Jede Annahme einer nicht reflektionsbedürftigen Zeitgenossenschaft mit den antiken Stimmen ist fragwürdig, wie alle Thesen, dass sich etwa im frühgriechischen Bewusstsein die Menschen ganz anders mit Blick auf ihre Selbständigkeit und die Götter erfahren hätten, methodisch spekulativ sind. Wovon wir ausgehen können, sind die Quellen und unsere Interessen. Alles lebendige Interesse an Formen der Kultur setzt voraus, dass man es mit etwas zu tun hat, das nie gänzlich fremd sein kann, sonst würde es kein Interesse wecken.

Dieses Verhältnis von Nähe und Distanz, das sich selbst mit den Paradigmen und dem Kenntnisstand der historischen Forschung – etwa mit Blick auf die vom klassizistisch-humanistischen Hellenenbild ignorierte Dominanz von Gewalt und Schrecken in der griechischen Antike – ändert, kehrt im Theater selbst wieder, das als theatrale Aufführung alle Aufmerksamkeit auf die Gegenwart der ästhetischen Erfahrung in Kopräsenz von Spielenden und Zuschauenden fokussiert, zugleich jedoch den Abstand zwischen historischer Textgrundlage und Jetztzeit der Aufführung als Brüche oder Zäsuren mitreflektieren kann – wie verstärkt im Theater der Tragödie seit den späten 1960er Jahren.[41] In Tragödienaufführungen lässt sich Entfernung und Verbundenheit zum „nächsten Fremden" *zugleich* erkennen.[42]

Diese Arbeit erkennt den historischen Abstand zwischen antiker Tragödie und moderner Lebenswelt an. Mit Bernard Williams geht sie jedoch davon aus, dass die Gegenwart, verstanden als Gegenwart moderner Gesellschaften nicht nur im sogenannten Westen, in Bezug auf die eigene ethische Situation den Griechen der Tragödie in „vielen wichtigen Hinsichten" näher ist, „als es je ein Mensch des Westens in der Zwischenzeit gewesen ist"[43]. Daher vermag, „was wir über die Griechen lernen können, [...] viel unmittelbarer ein Teil unseres Selbstverständnisses"[44] zu werden, ohne das kritische Bewusstsein für die historische Differenz und die Sensibilität für Momente der Fremdheit zu verlieren. Die Minimalbedingung der Verbindung ist gegeben, wenn man zugesteht, dass es in der Tragödie angesichts ihres Klageexzesses offenbar um einen Ernst der Praxis geht, um gebrochene Existenzen und schweres Leiden. Das ist die einzige – bislang in der Forschung nicht angezweifelte – Unterstellung, die die hier vorliegende Theorie in der Lektüre der griechischen Tragödien macht.

Es geht mir also wie Williams nicht um eine historische oder philologisch ausdifferenzierte Rekonstruktion von Aspekten der griechischen Tragödie, sondern darum, zu verstehen, „welchen Sinn diese antiken Tragödien für uns haben"[45], insofern sie uns über uns selbst zu denken geben. Sie werden betrachtet, „um ein besseres Verständnis *unserer* ethischen Vorstellungen" zu gewinnen „und um das Ausmaß, in dem diese Vorstellungen von Ideen abhängen, die wir mit den antiken Griechen tei-

---

41 Siehe dazu die Studie von Dreyer 2014.
42 Vgl. Schadewaldt 1970.
43 Williams 2000, S. 192.
44 Ebd., S. 3.
45 Ebd., S. 192.

len"⁴⁶, zu erforschen. Wir können nur aus der Distanz von der Antike lernen, indem wir ihr mit unseren Erwartungen, unseren Interessen begegnen, indem wir den Toten vor 2.500 Jahren, von denen uns nur wenig überliefert ist, sozusagen unser Blut, unser eigenes Denken, Fühlen und Erfahren zur Verfügung stellen.⁴⁷ Dann ermöglicht die Antike einen erhellenden Umweg zum vertieften Verständnis von Gegenwart: „When revived, we will notice that when the ancients speak, they do not merely tell us about themselves. They tell us about us"⁴⁸, bemerkt Critchley und weist darauf hin, dass dieses „us" nicht einfach gegeben ist, sondern sich durch die Auseinandersetzung mit den Griechen verändert. Das Bewusstsein der historischen Unterschiede von globaler Jetztzeit und mediterraner Antike bietet dabei keinen prinzipiellen Einwand gegen einen Universalismus der Lebenswelt, welcher aufklärende Korrespondenzen auch über historische Distanzen für möglich erachtet. Desgleichen gibt es keine überzeugenden Gründe dafür, dass historisch simultane, aber in Praxen, Ausdrucksformen, Ritualen, Werten und anderem unterschiedliche Kulturen sich über ihren Abstand hinaus prinzipiell nicht sollten verständigen, verbinden und dabei die Gefahr kritikloser Aneignung vermeiden können. Hinter Distanzbekräftigungen und Behauptungen grundsätzlich divergenter Identitäten verbirgt sich nicht selten schlicht ein Mangel an Neugier und Lernwillen.⁴⁹

Weder steht dieses Buch also unter der Prämisse historisch undifferenzierter „Zeitlosigkeit" der antiken Schriften noch unter der ihrer unüberbrückbaren historischen Differenz und Fremdheit. Worum es vielmehr in philosophischer Reflexion auf die Selbstverständigung des historisch situierten Menschen gehen muss, sind die Gründe für die Wiederkehr und aktive Wiedergewinnung von Bedeutung aus der Tradition: Die Gegenwart erkennt sich in ihrer Selbstaufklärung von der Vergangenheit bereits angesprochen, sofern diese sie einlädt und herausfordert und ihr einen gebrochenen Spiegel vorhält. Daher gehört, so die Überzeugung dieser Arbeit, das Nachdenken über die Tragödie wieder ins Zentrum der Praktischen Philosophie.⁵⁰ Denn jedes Verständnis der modernen *conditio humana* und ihrer praktischen Probleme muss anerkennen, „daß die griechische Vergangenheit im besonderen Maße die Vergangenheit der Moderne ist."⁵¹

Auch das Interesse dieser Arbeit liegt in den philosophischen Fragen, die die Gegenwart als aus der Antike an sich gestellt erkennen kann. Um ihm zu folgen, kann es nicht genügen, die griechischen Quellen allein aus ihrem historischen Kontext und allein mit dem Vokabular ihrer Zeit zu verstehen. Bewusst wird das methodisch komparative Experiment eingegangen, eine Konstellation von antiker Tragödie und antiker Philosophie mit Begriffen und ihr fremden, neuen Theorien der zeitgenössi-

---

46 Ebd., S. X (Hervorh., A.T.).
47 Zu diesem Gedanken von Wilamowitz-Moellendorf und Nietzsche vgl. Critchley 2019, S. 6 f.
48 Ebd., S. 7.
49 Vgl. in diesem Sinn Jullien 2017.
50 Harris 2006, S. 2.
51 Williams 2000, S. 3. Vgl. ebenso Menke 1996 und 2005.

schen Philosophie zu entwerfen, in der von einer Seite ein explikatives Licht auf die je andere zu fallen vermag. Dabei ist philosophisches Nachdenken auch auf interdisziplinäre Kollaboration angewiesen. Sehr viel verdankt das Buch vor allem der gräzistischen, althistorischen, theaterwissenschaftlichen und literaturwissenschaftlichen Forschung nebst Erkenntnissen und Ideen aus anderen geistes- und sozialwissenschaftlichen und am Ende auch naturwissenschaftlichen Disziplinen – ihren Gegenstand und ihre Motivation verdankt sie der Kunst.

Die praktischen, theoretischen und ästhetischen Dimensionen der Tragödie müssen dabei in ihrer Interdependenz berücksichtigt werden. Es ist unfruchtbar, eine Perspektive gegenüber anderen auszuspielen; es sollte vielmehr darum gehen, sie in ihrem sich gegenseitig schärfenden und verstärkenden Verhältnis zu betrachten.[52] Die ästhetische Form der Tragödie, die der Klage Raum gibt, verweist auf ein existentielles Problem; die theoretische Irritation, die von der Tragödie für das Vertrauen auf die Kontinuität hinreichend erkennbarer Bedingungen des Handelns ausgeht, verweist auf praktische Fragen der Orientierung, diese wiederum führen zurück auf die ästhetische Faszination der Tragödie.

Die literarische Form und ihr Bezug zur Aufführung schließen für viele Philosophinnen und Philosophen eine Beschäftigung mit Tragödien als philosophisch relevanten Texten von vornherein aus. Dass aus Sicht der disziplinär organisierten universitären Philosophie der Gegenwart die antike Tragödie nicht zu den kanonischen Quellen der Philosophie zählt, ist für mich eher ein Grund mehr, sich philosophisch mit ihr zu beschäftigen. Sie bezeugt „ein denkerisches Dichten der Griechen"[53], so wie seit Platon als maßgebliche Beispiele dichterischen Denkens überliefert sind.

Ziel ist eine philosophische Theorie tragischen Handelns und tragischer Erfahrung, die an den historischen Quellen entwickelt wird, jedoch notwendigerweise über sie in eine allgemein-formale Reflexion hinausgehen muss, wenn die von ihr explizierten Begriffe nicht nur für Beschreibungen der überlieferten Tragödien, sondern auch für die Selbstverständigung von Personen in modernen Lebenswelten nutzbar sein sollen. Es geht, wenn es um die Tragödie geht, immer auch um den Selbst- und Weltbezug des Menschen.

6 Ausblick auf das Buch

Die Untersuchung beginnt in Kapitel 1 mit einem Überblick über die Entgrenzung des Tragödienbegriffs seit der Antike und einer kurzen Geschichte der Konjunktur der Tragödie in der modernen Theater- und Theoriegeschichte. Im Anschluss daran wird

---

52 Ein jüngeres Beispiel für eine theoretische Arbeit, in der der Kunstcharakter gegenüber dem der ethischen oder sozialen Problematik weitgehend aus dem Blick fällt, ist Butler 2001b; demgegenüber betont Bohrer 2009 die ästhetische Faszination der antiken Tragödie und wertet ihr gegenüber alles ethische und politische Interesse ab.
53 Heidegger 1983, S. 153.

das für die Arbeit zentrale Strukturmoment des Umschlags in der modernen Zeitdiagnose und Kulturkritik bis in die Gegenwart verfolgt, um zu zeigen, welches historisch, soziologisch und philosophisch weitreichende Echo eine erst durch die Tragödie in ihrer irritierenden Kraft wirksam gewordene dialektische Figur für die Handlungs- und Prozessinterpretation gezeitigt hat. Am Fortleben dieses Moments kann die Frage diskutiert werden, ob die Kultur im Allgemeinen oder die globale Zivilisation der Moderne im Besonderen tragische Strukturen ausbildet, in denen sie sich als ganze verstrickt (vgl. Kap. 5 und Epilog).

Nachdem in Kapitel 2 erläutert worden ist, inwiefern bereits für die Griechen des 5. und 4. vorchristlichen Jahrhunderts die Tragödie ein maßgebliches Medium philosophischer Selbstbefragung gewesen ist und warum die Legitimität einer Philosophie der Tragödie auch mit Blick auf die griechische Antike begründet erscheint, stellt das 3. Kapitel die Figur des Umschlags (*metabolē*) im philosophischen und politischen Kontext der Tragödie vor. Das Bewusstsein für die Kontingenz und Fragilität der menschlichen Dinge seit Homer und Heraklits Denken in umschlagenden Gegensätzen werden als Vorgeschichte der dialektischen Umschlagsfigur des Tragischen beschrieben. Zudem kommt die für das 5. und 4. Jahrhundert v. Chr. in Athen charakteristische Sorge um politische und kulturelle Stabilität als ein evaluativer Hintergrund für die Figur des Umschlags im griechischen Denken zur Sprache. In Bezug auf das von Christian Meier beschriebene „Könnensbewusstsein" der Athener zur Zeit der Tragödie lässt sich die Unheimlichkeit der plötzlichen Veränderung ins Konträre als ein Prozess beschreiben, den Akteure nicht als Handlung vollziehen, sondern der ihnen in ihrem Tun widerfährt und dieses Tun und seine Voraussetzungen selbst betrifft.

Im 4. Kapitel geht es in einer eingehenden Analyse der maßgeblichen Beobachtungen von Aristoteles um die Figur des Umschlags und ihre philosophisch aufschlussreichen Dimensionen in der Tragödie. In den Blick rücken seine beiden dramaturgischen Formen – die Peripetie und die Wiedererkennung – sowie die Faktoren, die systemisch zum fatalen Scheitern von Handlungen in der Tragödie beitragen: die Fehler der Akteure, das Verhalten der Götter und die Rolle des Zufalls. Dieses Kapitel ist auch der Ort, um die Interdependenzen der Gründe des tragischen Umschlagens zu erörtern und eine Konzeption der bedingten Freiheit zu verteidigen. Im Anschluss an ein gegenwärtiges Freiheitsverständnis soll diese einerseits die Einseitigkeiten der idealistischen Tragödieninterpretationen, die die Freiheit des Helden noch im Zugrundegehen gewährleistet sehen, und andererseits die der radikalen Freiheitsleugner vermeiden, die die Figuren als durch und durch fremdbestimmt beschreiben.

Im 5. Kapitel wird die Verselbständigung der Handlungsmittel und der kulturellen Leistungen von Werkzeugen bis zum Recht und zur Politik, die die Medien des tragischen Scheiterns darstellen, diskutiert. Die griechische Tragödie präsentiert in verschiedenen Formen kulturelle Gründe der Tragik, zu denen diese Medien und ihr Gebrauch gehören. Doch im Gegensatz zum modernen Theorem einer „Tragödie der Kultur" (Simmel), die aus dem tragischen Diskurs des 19. Jahrhunderts rekonstruiert und kritisiert wird, stellt die Tragödie *keine* notwendigen Prozesse kultureller Selbstverfehlung vor, sondern vielmehr Möglichkeiten individuellen Scheiterns mit den Mitteln der Kultur. Die Tragödie als dramatisch-theatrale Form richtet die Aufmerksamkeit auf das im Theater erscheinende und erklingende, vom Chor umgebene Individuum und die durch die Kultur selbst erzeugten kontingenten Bedingungen seines Scheiterns.

Im 6. und 7. Kapitel wird anhand der literarischen Textzeugnisse und in Bezug zu philosophischen Quellen eine phänomenologische Beschreibung der tragischen Erfahrung entworfen. Mit dem folgenden 8. Kapitel zusammen bilden sie das Kernstück der hier entwickelten Theorie. Der durch die ästhetische Wirkung der Tragödie methodisch begründete Versuch besteht darin, den tragischen Figuren aus ihren Selbstauskünften und theatralen Akten eine Erfahrung zu unterstellen, die phänomenologisch rekonstruier- und analysierbar ist. Sind der körperliche Schmerz und negative Affekte, insbesondere die Scham, bereits ein Gegenstand des antiken Nachdenkens, gehört, wie sich zeigt, auch die erst in der Moderne theoretisierte Entfremdung strukturell zur tragischen Erfahrung. Die Untersuchung zeigt Dimensionen der tragischen Erfahrung auf, ohne sie auf eine ihrer typischen Dimensionen zu reduzieren. Um ihrer transformativen und ästhetisch ergreifenden Kraft gerecht zu werden, wird ein Erfahrungsbegriff in Anlehnung an Gadamer, Foucault und andere entwickelt. Der Schwerpunkt dieser Arbeit liegt nicht zuletzt deswegen auf der in diesen Kapiteln unternommenen Analyse der tragischen Erfahrung, weil die für Tragödien notwendige Dimension des Leidens in den philosophischen Tragödientheorien seit Aristoteles fast immer vernachlässigt worden ist.

Das 8. Kapitel behandelt vor allem Probleme der gegenwärtigen Philosophie des Menschen mit Blick auf die Frage, welche Voraussetzungen für die tragische Erfahrung im Selbst- und Weltbezug des Individuums liegen. Es fragt nach den Bedingungen der Möglichkeit der zuvor explizierten tragischen Erfahrung. Tragisches Scheitern wird als ein selbst bewirkter und irreversibler Verlust unersetzbarer, für das individuelle Selbstverständnis der Personen wichtiger Werte begriffen. Dafür wird ein neuer Begriff existentieller Werte im Ausgang von Charles Taylor eingeführt. Der Blick fällt dann von den philosophischen Debatten über das praktisch-normative Selbstverständnis von freien, verantwortlichen Personen und über die Rolle, die Werte für dieses Selbstverständnis als Individuen spielen, zurück auf die tragische Individualität der Antike, die in einer Auseinandersetzung mit Hegels Tragödientheorie und durch Zeugnisse der antiken Tragödie zu erläutern versucht wird. Aus dieser Analyse heraus vermag die strukturelle Rolle des Theatergotts Dionysos für den plötzlichen Selbstverlust in der Tragödie sowie die Doppeldeutigkeit des Pathosbegriffs zwischen aktivischer und passivischer Dimension auf neue Weise erkennbar zu werden.

Im 9. Kapitel werden die philosophischen Erkenntnisse, die aus der Tragödie zu gewinnen sind, und die Leistungen der literarisch-theatralen *Kunst* der Tragödie diskutiert. Während Platon der erste ist, der die existentielle *Funktion* der Tragödie erkennt, kritisiert und durch die *Philosophie* zu ersetzen beansprucht, ist es erst Nietzsche, der eine Theorie der Funktion der Tragödie entwickelt, in der sie als *Kunst* zu einer beispiellosen Würdigung gelangt. Nietzsches Gedanke einer Rettung des

Lebens durch die tragische Kunst wird rekonstruiert, doch anders als bei Nietzsche begründet. Es zeigt sich, dass die Tragödie als Ausstellung ihrer eigenen ästhetischen Leistung wie eine Umkehrung der Umkehrung, wie ein ästhetischer Umschlag des ethischen Umschlags zu wirken vermag. Dadurch wird sie zu einem Modell für eine Funktion von einer Kunst überhaupt, die das Schreckliche, Problematische, Hässliche, Abgründige zur Erscheinung bringen kann, ohne sich und ihre Rezipienten ihm preiszugeben. Sie ermöglicht dem Publikum die für Kritik an den Bedingungen des tragischen Scheiterns nötige Distanz bei größtmöglicher Nähe zum Gegenstand.

Schließlich werden im 10. Kapitel nach einem zusammenfassenden Rückblick auf die vorangegangenen Kapitel Auswege aus dem Tragischen und mögliche Aufgaben einer aktuellen Philosophie des Tragischen erörtert. Der Epilog (11) öffnet die Theorie ins Kollektive und diskutiert die Frage, ob die Menschheit sich im Anthropozän auf der Schwelle zu einer globalen Tragik befindet.

1 Globale Karriere einer Ausnahme: die Entgrenzung des Tragödienbegriffs und das moderne Interesse an der antiken Form

„Unlust und Lust sind auch in Klagegedichten und Tragödien gemischt, nicht denen auf der Bühne nur, sondern auch in der gesamten Tragödie und Komödie des Lebens".[1]

„Before we were introduced to Antigone's story, we felt alone. [...] Then we realised these tragedies keep happening throughout history and it gave us the courage to speak out. Together we feel stronger and more confident."[2]

1.1 Kulturelle, mediale und pragmatische Entgrenzung eines griechischen Begriffs

Griechische Tragödien wurden seit dem 6. Jahrhundert v. Chr. für zunächst einmalige Aufführungen bei öffentlichen Festspielen in Athen geschrieben und inszeniert. Seit der Blütezeit der klassischen Tragödie im 5. Jahrhundert v. Chr. ist der Begriff der Tragödie in mindestens drei Dimensionen vom spezifischen rituellen Aufführungskontext im Theater entgrenzt worden.

Zum einen liegt eine *geographisch-kulturelle* Entgrenzung vor: Griechische Tragödien werden mittlerweile auf Bühnen weltweit inszeniert, nicht nur in Europa, sondern auch in Afrika, in Nord-, Mittel- und Südamerika, Asien und Ozeanien.[3] Historisch hat zum einen der europäische Kolonialismus zur Verbreitung der als paneuropäisch und überlegen apostrophierten Kunstform in Mittel- und Südamerika, Afrika und Asien beigetragen.[4] In postkolonialer Perspektive hat indessen längst – meist einhergehend mit der Unabhängigkeit der ehemaligen Kolonien – eine eigen-

---

[1] Platon: *Philebos* 50b (Übersetzung Schleiermachers leicht abgewandelt).
[2] Zitat von Fadwa (Nachname unbekannt), einer syrischen Geflüchteten, die in Beirut in der *Antigone of Shatila* von Mohammad Al Attar und Omar Abusaada 2015 mitspielte. Ihre Mitspielerin Muthanda sagt: „I lived this story. [...] My brother was detained, taken away by the regime in Syria. I think he is dead and I want to bury him but I can't. I don't know where his body is" (Lang 2015).
[3] Zur Aktualität der griechischen Tragödie in Aufführungen und Adaptionen bzw. Kreolisierungen des Begriffs siehe u. a. Hardwick 2004 sowie die Beiträge in Felski 2008. Insbesondere im postkolonialen Afrika wurde die griechische Tragödie produktiv – mit paradoxem Verhältnis zu ihrem europäischen (aber auch, über das antike Ägypten, afrikanisch beeinflusstem) Erbe – angeeignet und fortgeschrieben. Siehe zur Geschichte der afrikanischen Tragödienrezeption Asgill 1980; McDonald 2002; Wetmore 2002; Budelmann 2004; Weyenberg 2013; Dominik 2014; Balogun 2016; Goff 2016. Mit der afrikanischen Rezeption ist auch die in der Karibik verknüpft; vgl. Greenwold 2010; Hardwick 2014; Ford 2017. Zur Rezeption der griechischen Tragödie in Südamerika siehe Pascual 2014; Biglieri 2016. Zum Fortleben der Tragödie in der arabischen Welt siehe Etman 2014; Almohanna 2016. Zur stark adaptiven asiatischen Rezeption der griechischen Tragödie siehe Lin 2010; Chen 2014; Kimura 2014; Wetmore, Jr. 2016; Fusini 2020. Vgl. auch die komparatistische Studie von Minnema 2013.
[4] Hall 2004, S. 24f.

ständige Aneignung und Transformation dieser Kunstform in den einst weitgehend von europäischen Mächten beherrschten Kontinenten begonnen, und sowohl Übersetzungen und literarische Adaptionen als auch theatrale Inszenierungen eröffnen eine jeweils eigene Perspektive auf die griechische Tragödie in den nicht-europäischen Regionen. Entsprechend wird auch in der neueren Inszenierungs- und Bearbeitungsgeschichte in Europa kein paneuropäisch-klassizistisches Erbe mehr beschworen, sondern die Fremdheit und Archaik der antiken Tragödie gegenüber der eigenen Gegenwart hervorgehoben. Nicht ein Ideal historischer Aufführungspraxis, wie sie etwa die Potsdamer *Antigone*-Aufführung von 1841 im Geist des Historismus trotz nur (und bis heute) lückenhafter Kenntnis der antiken Aufführungsbedingungen auszeichnete,[5] oder die Optik des bürgerlichen Theaters der Neuzeit sind dabei maßgeblich, sondern Regisseurinnen und Regisseure setzen sich individuell mit dem Erbe der Tragödie auseinander. Dabei verhandeln die Aufführungen, Adaptionen und Reflexionen antiker Stücke aktuelle Themen, die im Selbstverständigungsprozess gegenwärtiger Gesellschaften eine zentrale Rolle spielen – insbesondere politische, soziale, ökonomische, kulturelle, geschlechtliche und symbolische Machtrelationen, Unterdrückung und Befreiungskämpfe, Krieg, Vertreibung, Flucht, Fremdheitserfahrungen und strukturelle Wert- und Identitätskonflikte zwischen sozialen Gruppen oder Institutionen und Einzelnen oder Familien und zwischen positivem Recht und individueller Selbstbestimmung.[6] Wie die Rezeption, Aneignung und Transformation der griechischen Tragödie seit den 1960er Jahren vor Augen führt, haben die an die Festspiele in Athen und an Theaterbauten, Sprachform, Masken und Kostüme gebundenen Tragödien von Aischylos, Sophokles und Euripides „nearly *all* boundaries, created by time, space, and cultural tradition"[7], überschritten, als sei der bei den Griechen überall erscheinende und alle Grenzen außer Kraft setzende Gott Dionysos tatsächlich ihr weltweit aktiver Patron. Die griechische Tragödie, deren Inszenierungen in Kamerun wie China, den Philippinen wie Kanada, Mexiko wie Jordanien, Südafrika wie der Türkei aktuelle Probleme verhandeln und ihre Zuschauerinnen und Zuschauer bewegen, ist so zu einer universell wirksamen, auf die jeweilige historisch und sozial besondere Situation bezugsoffenen Kunstform geworden. Diese transkulturelle Produktivität der antiken Tragödie, deren Universalität gegen ihre ehemals kolonialistische Vereinnahmung und rassistische Ideologien der Überlegenheit der europäischen ‚Rasse' und Kultur erstritten worden ist, ermöglicht ihr, Resonanzen, Brüche und verfremdende Spiegelungen zwischen den antiken und gegenwärtigen

---

[5] Vgl. Flashar 1991, S. 60–81; Boetius 2005.
[6] Diese Hauptthemen nach Hall/Macintosh/Wrigley 2004 sind mit Geschlechterkämpfen bzw. der sexuellen Revolution sowie mit politischen Konflikten nach 1968 verbunden; dazu fällt die anwachsende Popularität der Tragödie seit Ende der 1960er Jahre mit der performativen Wende im Theater und mit theoriegeschichtlichen Entwicklungen in der Erforschung des menschlichen Geistes (Psychoanalyse, Feminismus, Poststrukturalismus) sowie mit der Säkularisierung zusammen.
[7] Hall 2004, S. 2.

Erfahrungen zu verhandeln. Die Kunstform der zerreißenden Konflikte ist somit zu einem „globalem Medium"[8] transkulturell verbindender Reflexion geworden.

Die zweite moderne Entgrenzung des Tragödienbegriffs ist eine *formal-mediale*: Der gegenwärtigen „Explosion"[9] der Aufführung griechischer Tragödien nicht nur in Europa geht ihre schon länger sich vollziehende Transgression über die Grenzen der theatralen Kunstform voraus. Die Stoffe und Formen der antiken Tragödie sind seit der Antike auch in anderen literarischen Genres sowie in neuen Kunstformen wie der Oper oder dem Film fort- und umgeschrieben worden. Das Attribut ‚tragisch' wurde nach der Antike nicht mehr auf die theatrale Tragödie begrenzt. Diese seit 1800 zunehmende formale und mediale Erweiterung des Tragödienbegriffs ist in der antiken Geschichte der Gattung selbst vorgeprägt. Denn sie verändert sich formal – etwa in der Rolle des Chors – bereits innerhalb der klassischen Zeit zwischen dem frühen Aischylos und dem späten Euripides und gewinnt in der römischen Tragödie eine neue Gestalt.[10] Diese Transformationsgeschichte setzt sich nicht erst in der Neuzeit fort, etwa in der Auflösung des Chores in die Form bei William Shakespeare,[11] sondern bereits im Mittelalter, das Tragödien, an eine römische Tradition seit Vergil und Ovid anschließend, vor allem in Form von tragischen Geschichten kannte.[12] Die Tragödie des elisabethanischen Zeitalters, der französischen Klassik ebenso wie das bürgerliche Trauerspiel in Deutschland veränderten die antike Form weiter, sodass die neueren Gattungen, etwa wegen der nun marginalisierten oder getilgten Rolle des Chors, poetologisch von der griechischen Tragödie unterschieden wurden, von der und ihrer *Poetik* bei Aristoteles sich im *Querelle des Anciens et des Modernes* die Modernen bewusst abgrenzten.[13] Erst im 19. Jahrhundert wandert die Tragödie als bestimmende Kraft auch in andere literarische Gattungen wie die Lyrik oder in wissenschaftliche Disziplinen, insbesondere die Philosophie ein, die sich, vor allem bei

---

8 Ebd., S. 2ff. (Übersetzung von A.T.). Die Geschichte der Inszenierungen außerhalb des sogenannten Westens ist noch jung; griechische Tragödien werden immer noch vornehmlich in Europa und den USA aufgeführt, vor allem in den urbanen Zentren Berlin, Wien, London, Paris und New York.
9 Goldhill 2007, S. 2.
10 So wurden etwa seit dem 2. Jahrhundert v. Chr. Chorpartien reduziert, dagegen wurden individuelle Rezitationspartien (*cantica*) ausgebaut, Gewalt wurde auf der Bühne gezeigt, Chortänze waren dagegen nicht mehr zu sehen. Senecas Tragödien, die einzigen lateinischen Tragödien der Antike, die vollständig überliefert sind, wurden dagegen mehr für die Lektüre geschrieben als für die Bühne. Zur Entwicklung der römischen Tragödie siehe Boyle 2006 und Harrison 2015.
11 Siehe dazu die Überlegungen von Schleef 1997, S. 10f.
12 Zum Fortleben der Tragödie in den tragischen Stoffen der mittelalterlichen Literatur siehe Gildenhard/Revermann 2010, S. 315ff.; Toepfer 2013 und 2017. Zur epischen Rezeption der Tragödie in der römischen Literatur siehe Gildenhard/Revermann 2010, S. 153ff.; Bexley 2014. Auch diese römische Tradition schließt an eine griechische an, wurden doch schon von Aristoteles, für den der Mythos, die narrative Struktur der Tragödie, „gleichsam die Seele der Tragödie" ist, homerische Erzählungen als tragisch bezeichnet (*Poetik*, 1450a38; 1448b28–1449a2). Siehe dazu Kaufmann 1980, S. 153–181, und Primavesi 2009.
13 Vgl. Lurje 2004, S. 142–149.

Nietzsche, selbst als tragisch versteht.¹⁴ Die Oper war bereits während ihrer Erfindung in der Renaissance von der Florentiner Camerata als Fortsetzung der antiken Tragödie begriffen worden und nahm seitdem immer wieder tragische Mythen der Antike auf;¹⁵ doch erst im 19. Jahrhundert gewannen in der bürgerlichen Oper die tragischen Stoffe eine das Verständnis der Gattung bis heute prägende Rolle.¹⁶ Zudem galt die griechische Tragödie Richard Wagner und Friedrich Nietzsche als Vorbild für die Konzeption des Musikdramas als neuem Gesamtkunstwerk.¹⁷ Darüber hinaus wurde ab 1800 selbst reine Instrumentalmusik von Komponisten als ‚tragisch' ausgewiesen.¹⁸ Im 20. Jahrhundert öffnete sich dann das neue Medium des Films, das Narration, theatrales Darstellen, Musik und Sprache verbindet, für tragische Stoffe im Allgemeinen und Adaptionen griechischer Tragödien im Besonderen. Bis heute ist das Kino ein höchst produktives Medium für die Tragödie geblieben – nicht zuletzt in Griechenland selbst.¹⁹

Die dritte Dimension der Entgrenzung betrifft den *Wortgebrauch:* Die Verwendung der Wörter, mit denen die Griechen ihre wichtigste dramatische Form bezeichneten, hat sich seit dem Ende des 18. Jahrhunderts in den europäischen Sprachen nicht nur von der Form des Theaters, sondern überhaupt von Formen künstlerischer Darstellung gelöst. Als Substantiv („Tragödie") sowie als Adjektiv bzw. Adverb („tragisch" oder „tragödienartig") sind die poetischen Wörter in den Wortschatz der Sprachen der Welt gewandert und werden mittlerweile wie selbstverständlich im öffentlichen Diskurs verwendet, wenn es um die Interpretation unerwarteter und seltener fataler Zusammenhänge geht, in denen Menschen – unabhängig von ihrem sozialen Status – ernsthaft zu Schaden kommen, ohne dass dieser sich ihnen allein als Strafe für ein

---

14 Zur Transformation der griechischen Tragödie etwa in Charles Baudelaires Lyrik siehe Bohrer 2009, S. 35–175; zur Philosophie des Tragischen siehe Hühn/Schwab 2011.
15 Neben der Tragödie spielten auch das Satyrspiel und neuzeitliche Formen eine Rolle in der Herausbildung dieser hybriden Kunstform in der italienischen Renaissance, vgl. dazu Leopold 2004, S. 13–60 und S. 49–58.
16 Zu den tragödienartigen Opern und tragischen Melodramen des späten 19. und frühen 20. Jahrhunderts zählen neben vielen anderen die bekannten Werke: Gaetano Donizettis *Lucia di Lammermoor*, Georges Bizets *Carmen*, Giuseppe Verdis *Othello*, Giacomo Puccinis *Madame Butterfly*, dessen *Tosca* oder Richard Strauss' *Elektra*. Zur Fortwirkung der antiken Tragödie in der Oper siehe Solomon 2014, insbesondere S. 920 f., sowie Ewans 2016; zur jüngeren Präsenz der Tragödie in der Oper des späten 20. Jahrhunderts vgl. Brown 2004.
17 Vgl. Bremer 1987.
18 Beispiele sind – nach Ludwig van Beethovens Ouvertüren und Schauspielmusikern zu tragischen Dramen wie *Coriolan* op. 62 und *Egmont* op. 84 – explizit Franz Schuberts 4. Sinfonie, die *Tragische*, c-Moll D 417 oder Johannes Brahms' *Tragische Ouvertüre* d-Moll op. 81. Demgegenüber stammt der Beiname *Tragische* für Gustav Mahlers Sinfonie Nr. 6 a-Moll nicht von Mahler selbst, wurde aber von ihm in Programmheften akzeptiert. Felix Mendelssohn-Bartholdy komponierte 1841 mit seiner Schauspielmusik zu Sophokles' *Antigone* op. 55 die erste neuzeitliche Bühnenmusik für die Aufführung einer antiken Tragödie: der berühmten von Friedrich Wilhelm IV. beauftragten Aufführung des Stücks in Übersetzung von Johann Christian Donner im Neuen Palais in Potsdam am 28. Oktober 1841.
19 Vgl. Michelakis 2004; Michelakis 2013; Bakogianni 2014; MacKinnon 2016; Kyriakos 2018.

schuldhaftes Vergehen zurechnen ließe. Zugleich sind auch in diesem unspezifischen Wortgebrauch, wie er in den Medien zu beobachten ist, ‚Tragödien' oft mit Verantwortung oder Schuld von Menschen verbunden, sei es derjenigen, die zu Schaden gekommen sind, oder derjenigen, die sie zu Schaden kommen ließen – doch auch völlig schuldloses Zu-Schaden-Kommen wird als ‚Tragödie' tituliert.[20] In den Medien werden die Worte auch rhetorisch eingesetzt, um das meist unerwartete negative Geschehen auf die Opfer hin zu fokussieren und Anteilnahme zu erzeugen. Ob es um die bei einem Grubenunglück in China verschütteten Kumpel, die bei einem Flugzeugabsturz in Kolumbien umgekommenen Passagiere, um einen tödlichen Streit in einer dänischen Familie, den sehr hohen Anteil an Aborigines in australischen Gefängnissen, den tödlichen Angriff auf ein islamisches Kulturzentrum in Kanada oder die Rekrutierung und Abrichtung von Kindersoldaten im Kongo geht – die Begriffe ‚Tragödie' und ‚tragisch' werden wie semantisch evidente Vokabeln in der medialen Berichterstattung und dem lebensweltlichen Sprachgebrauch gebraucht, um ein Extrem an nicht oder nicht gänzlich verschuldetem Schrecken, Leid und Unglück zu bezeichnen – gerade wenn es um größere historische Zusammenhänge wie Kriege geht. Das gilt nicht nur für den Journalismus, sondern auch für die Geschichts-, Politik- und Sozialwissenschaften.[21] Zudem werden individuelle Lebens- oder Famili-

---

20 Dabei geht es meist um unausweichliche oder unwahrscheinliche Geschehnisse, vgl. Ellrich 2018, S. 379 ff. Ellrichs Einschätzung, dass die Schulddimension im medialen Tragik-Begriff marginalisiert oder aufgehoben werde, kann ich nach längerer Recherche nicht bestätigen. Eine quantitative empirische Untersuchung zur Begriffsverwendung in den Medien ist noch ein Desiderat.

21 Nach Ellrich geht es in den Sozialwissenschaften um Darstellungen „makro-sozialer Korrelationen", Erforschung von „Konfliktdynamiken", soziostruktureller „Widersprüche" und autodestruktiver „Mentalitäten", um Theorien gravierender Problemlagen und um „Untersuchungen von Situationen, die Individuen, Gruppen und sogar ganze Gesellschaften zu grausamen Entscheidungen zwingen" (ebd., S. 384). Das Spektrum scheint noch vielfältiger zu sein und alle Arten von schadenproduzierenden historischen Konstellationen zu umfassen, wenn man auch die Kultur- und Geschichtswissenschaften betrachtet: Raymond Williams etwa sieht in Tragödien „names of our own crisis" (1966, S. 80) und zählt unter anderem Orte und Länder gewaltsamer Umstürze wie Korea, den Kongo, Kuba und Vietnam auf. Patrick Duggan hat vor kurzem die Liste der Tragödien um „Iraq (twice), Afghanistan, Cambodia, Palestine/Israel and the Sudan" sowie die Terroranschläge in den USA, Großbritannien, Spanien und Indonesien ergänzt (2012, S. 34). Mittlerweile ist der Begriff der Tragödie ins geschichtswissenschaftliche und journalistische Vokabular eingegangen: Neben lokalen Einzelereignissen wie Terrorattacken oder Unglücken wie Schiffsuntergängen, Flugzeugabstürzen, Raumschiffexplosionen, Reaktorunfällen oder misslungenen Expeditionen sind vor allem historische Gewaltzusammenhänge wie Revolutionen, Genozide und Kriege primäre Kandidaten für die Klassifizierung als Tragödie in der historischen und politikwissenschaftlichen Forschung. Einige Beispiele: Der 30-jährige Krieg ist für den britischen Historiker Peter Hamish Wilson „Europe's Tragedy" (P. H. Wilson 2009); für seinen Fachkollegen und Landsmann Orlando Figes stellt die Oktoberevolution die Tragödie des russischen Volkes dar (Figes 1996), während der niederländische Historiker Frank Dikötter die kommunistische Revolution in China in ihrer Frühphase als Tragödie kritisch rekonstruiert (Dikötter 2013) – nachdem der US-amerikanische Journalist Harold Robert Isaacs den Nordfeldzug bzw. die zweite chinesische Revolution 1925–1927 als Tragödie bezeichnet hatte (Isaacs 1938). Der syrische Dissident Yassin al-Haj Saleh hat demgegenüber gerade die „unmögliche Revolution" gegen das mörderische

engeschichten oft nach dem Modell von Aufstieg und Fall als Tragödien bezeichnet,[22] was auch in zunehmender Trivialisierung auf Institutionen und Dinge übertragen wird.[23]

Dieser entgrenzte Wortgebrauch in den Medien und öffentlichen Diskursen, der „Tragik als Eigenschaft sozialer Phänomene, als Teil des individuellen und kollektiven Lebens"[24] betrachtet, ist nicht nur für die im Zuge des modernen Kolonialismus weltweit verbreiteten indoeuropäischen Sprachen, zu deren Lexik die griechischen Worte bereits seit dem Mittelalter gehörten, sondern auch für Sprachen, die die Begriffe der ‚Tragödie' oder der ‚Tragik' nicht aufgrund kolonialer Besatzung in ihr Vokabular und ihre öffentlichen Diskurse integriert haben.[25]

Assad-Regime in Syrien als Tragödie ausgewiesen (Saleh 2017). Nachdem die Shoa vom britischen Holocaust-Forscher Martin Gilbert als „jüdische Tragödie" bezeichnet wurde (Gilbert 1986), ist der Begriff der Tragödie auch für andere Genozide verwendet worden: so für den an den Armeniern 1915 – 1916 (siehe u. a. Gust 1993 und den Dokumentarfilm *Die armenische Frage existiert nicht mehr – Tragödie eines Volkes* von Ralph Giordanos aus dem Jahr 1986), an den Tscherkessen in Russland 1763 – 1864 (Quiring 2013) oder den angedrohten Genozid an den Ogoni in Nigeria (Saro-Wiwa 1992). Ebenso werden Kriege und Zeiten der Gewaltherrschaft als Tragödien klassifiziert, etwa die Geschichte Kambodschas seit 1945 (Chandler 1991), der Vietnamkrieg (Kaufmann 1980, S. 347 f.; Frey 2006; Hastings 2018) oder die Jugoslawienkriege (Woodward 1995). Diese Beispiele verweisen zwar auf die unbestreitbare Tatsache, dass historische Zusammenhänge, insbesondere Kriege, Völkermorde und gewaltsame Revolutionen, Zeiten des unvordenklichen Schreckens und Leidens sind, im 20. Jahrhundert in einem ungleich höheren Maß als in allen zuvor („Die Frage, ob die Tragödie in unseren Zeiten möglich ist, klingt paradox, weil die Zeiten tragisch *sind*. Wenn wir nicht Tragödien erlebt haben, wer dann!", so Kaufmann 1980, S. 339). Aber solche historischen Bezeichnungen setzen den Begriff der Tragödie voraus, analysieren ihn in der Regel nicht und entgrenzen ihn recht kriterienlos (zum Hiat zwischen entgrenztem Sprachgebrauch und historisch informierter Theorie siehe Williams 1966, S. 13 ff.; Domenach 1967, S. 25 ff.; Kaufmann 1980, S. 339 ff.; Lehmann 2013, S. 65 ff.).

22 Als eins von vielen Beispielen siehe Sherwin/Bird 2005.

23 Die aktuellen Gipfel der Trivialisierung des Tragödienbegriffs scheinen kaum überbietbar: So wird allen Ernstes die Deutsche Bank als „tragischer Held" und ihre Geschichte als „Tragödie" bezeichnet (Richter 2019). Wenn die *global players* des Kapitalismus tragische Helden sind, dann verwundert es kaum, dass auch von *global players* vertriebenen und fallen gelassenen Sachen ein tragisches Schicksal zuerkannt wird: „The rise and fall of FireWire – IEEE 1394, an interface standard boasting high-speed communications and isochronous real-time data transfer – is one of the most tragic tales in the history of computer technology." (Moss 2017).

24 Ellrich 2018, S. 386.

25 Der Gebrauch der Übersetzungen von τραγῳδία (*tragōdia*) – vor allem ‚Tragödie', engl. *tragedy*, franz. *tragédie*, italien./span. *tragedia*, port. *tragédia*, russ. трагéдия – für lebensweltliche Unglücke ist über Europa in der Presse und im öffentlichen Diskurs weit verbreitet, sofern wie in weiten Teilen Afrikas und in den Amerikas europäische Sprachen wie das Englische, Französische, Spanische oder Portugiesische in entsprechenden Varianten verwendet werden. Aber auch im öffentlichen Diskurs in nicht-europäischen Sprachen werden (phonetische) Übersetzungen des altgriechischen Worts *tragōdia* für schreckliche, leidvolle Ereignisse und Unheil, meist mit menschlichem Mitwirken, verwendet, etwa in China auf Mandarin – 悲剧 (*bei ju*: ‚Tragödie' bzw. wörtlich ‚trauriges Stück') und 悲剧性 (*bei ju xing*: ‚tragisch', ‚Tragik'). Im Japanischen wurden um 1860 die Begriffe 悲劇 (*higeki*: ‚Tragödie', ‚Trauerspiel', bzw. wörtlich ‚trauriges Stück') und 惨劇 (*sangeki*: ‚Tragödie', ‚tragische Begebenheit'; ‚schreckliches Ereignis'; ‚Katastrophe') zur Bezeichnung europäischer Tragödien (bzw. *hisogeki* speziell für die

Mittlerweile muss man aufgrund der globalen medialen Präsenz der Begriffe ‚Tragödie' und ‚Tragik' davon ausgehen, dass sich in den meisten Kulturen eine gewisse, wenn auch sehr rudimentäre Standardvorstellung von dem durchgesetzt hat, was Tragödien und tragische Ereignisse sind. Die unterstellte Universalität tragischer Katastrophen beruht dabei weniger auf einer genaueren Kenntnis der antiken oder neuzeitlichen Tragiker – wenngleich deren Popularisierung auch den lebensweltlichen Sprachgebrauch zu befördern scheint – als offenbar auf der Universalität des Schreckens und der menschlichen Leidensfähigkeit, die den allgemeinen Gebrauch der altgriechischen Begriffe, so divers die Ereignisse auch sind, zu rechtfertigen scheinen.

Dieser Sachverhalt ist keineswegs selbstverständlich, zumal die Griechen des 5. Jahrhunderts v. Chr., in dem sich die Tragödie zu ihrer bis heute maßgeblichen Gestalt in Athen entwickelte, diese Karriere der Begriffe gewiss nicht im Sinn gehabt hatten.[26] Tragödien waren eine lokal aus dem Kult zu Ehren des Gotts Dionysos entstandene dramatisch-theatrale Form, die von tragischen Dichtern verfasst und von Bürgern gemeinsam an kultisch organisierten Festspielen in Athen und später auch an anderen Orten in Griechenland aufgeführt wurden. Wer heute davon spricht, dass etwas tragisch sei, denkt dagegen selten an das Theater und sicher kaum an Dionysos, an in Verse gebundene Rede, die Rolle des Chors oder ein Spiel mit Masken.

Hat das, was heute unter dem Stichwort ‚Tragödie' firmiert, überhaupt noch in einem signifikanten Sinne etwas mit der antiken Herkunft des Begriffs zu tun? Die in diesem Buch leitende Überzeugung geht davon aus, dass in allen Wandlungen und Entgrenzungen des Begriffs einige zentrale Elemente, die eine Familienähnlichkeit der Begriffe durch die Geschichte ihrer Wandlungen und kreativen Neubestimmungen begründen, der antiken Tragödie entstammen, in der sie zum ersten Mal und in einer bis heute maßgeblichen Weise wirksam geworden sind. Ein Indikator dafür ist, dass sich die Tragödie als literarische Genrekategorie global als lebensweltlicher Begriff durchsetzen konnte und in der Regel nicht durch semantisch verwandte Vokabeln ausgetauscht wird. Die Tragödie hat keine Synonyme.[27]

‚griechische Tragödie') eingeführt. 悲劇 (*higeki*) (bzw. 惨劇 (*sangeki*), wenn es um ein gewalttätiges Stück geht) wird wie in Europa, Afrika oder den Amerikas ebenfalls für schreckliche Ereignisse und Unheil verwendet. Auf Hebräisch wird der phonetisch am Griechischen angelegte Begriff טרגדיה (*tragedya*: ‚Tragödie') ebenso für tragische Stücke wie für unheilvolle Ereignisse verwendet. Der europäische Sprachgebrauch, der die Kunstform in die Lebenswelt entgrenzt hat, scheint sich also global eingebürgert zu haben (vergleichende Untersuchungen sind aber ein Desiderat). Für Recherchehilfe danke ich Lea Schneider, Yoko Tawada und Yoav Pasovsky.

26 Die Entgrenzung des engeren Begriffsgebrauchs scheint schon mit Platon einzusetzen, siehe *Philebos* 50b-c.

27 Vgl. Brereton 1968, S. 336.

1.2 Das verlorene und neuerdings wiedergewonnene Interesse an der Tragödie

Vor einiger Zeit schien sich ein philosophisches oder kulturwissenschaftliches Interesse an der Tragödie noch erklären zu müssen. Offenbar wirkte die Tragödie so unmodern und unzeitgemäß, dass eine Beschäftigung außerhalb der für sie zuständigen Altphilologie extra zu rechtfertigen war oder selbstbewusst betont werden musste.[28] Heute ist die Betonung des Unzeitgemäßen selbst zu einem koketten Topos geworden, der angesichts der neueren Fülle an Literatur anachronistisch wirkt.[29]

Auch in der Philosophie ist das Thema in den letzten Dekaden populärer geworden, wenngleich es keinen zusammenhängenden Diskurs des Tragischen in seinen ästhetischen, ethischen, politischen *und* existentiellen Aspekten gibt. Demgegenüber lässt sich im 19. Jahrhundert eine regelrechte Philosophie des Tragischen seit Schelling beobachten, die zunächst auf den deutschsprachigen Raum konzentriert blieb.[30] Diese sprachlich-kulturelle Fokussierung kann für die neuere Philosophie, die sich Tragödie und dem Tragischen widmet, nicht gelten.[31] Vor allem in den USA, Großbritannien und Frankreich wurde vor allem seit den späten 1980er Jahren unter anderem von Walter Kaufmann, Paul Ricœur, Martha C. Nussbaum, Stanley Cavell, Bernard Williams, George W. Harris, Judith Butler und jüngst Simon Critchley und Ágnes Heller das philosophische Interesse an der Tragödie, das über die Fragen ästhetischer Lust ins Ethische hinausgeht, mit zum Teil umfangreichen Arbeiten wiederbelebt.[32] Nachdem Botho Strauß kurz nach der Deutschen Einheit medienwirksam den Verlust des Sinns für das Tragische beklagt hatte,[33] ist im deutschen Sprachraum vor allem Christoph Menkes Arbeiten eine neue, differenzierte Aufmerksamkeit für die Tragödie in der Philosophie zu verdanken. Seit Mitte der 1990er Jahre hat Menke die These der *Gegenwart der Tragödie* in mehreren Arbeiten gegen geschichtsphilosophische, ästhetische, ethische und politische Einwände verteidigt. Insbesondere in einer Rekonstruktion und Kritik Hegels als des einflussreichen Begründers der These einer posttragischen Moderne sowie in einer Kritik aller Vertreter eines Endes oder einer Auflösung der Tragödie von der Frühromantik über Nietzsche und Brecht bis zu George Steiner hat Menke die Aktualität der antiken Tragödie für die strukturellen

---

[28] Vgl. Eagleton 2003, S. IX.
[29] Vgl. Fulda/Valk 2010a, S.1 f.
[30] Vgl. Hühn/Schwab 2011; Schmidt 2001. Die umfassendste enzyklopädische Darstellung der modernen Geschichte der Begriffe des ‚Tragischen' bzw. der ‚Tragik' im Zusammenhang mit der Geschichte der ‚Tragödie' bietet Roland Galle 2005.
[31] Dennoch wiederholt diese These Günter Figal 2011, S. 442.
[32] Kaufmann 1980 (orig.: *Tragedy and Philosophy*. New York 1969); Nussbaum 1986, 1996 und 2001; Williams 2000 (orig. *Shame and Necessity*.University of California Press: Berkely 1993); Ricouer 1996 (orig. *Le Soi-même comme un autre*. Paris 1990); Cavell 1979. Vgl. zudem Schmidt 2001; Höffe 2001; Butler 2001a und 2001b; Harris 2006; Žižek 2009; Young 2013; Billings 2014; Gerhartz 2016; Critchley 2019; Heller 2020. Vgl. auch die Sammelbände: Beistegui/ Sparks 2000 und Hühn/Schwab 2011.
[33] Strauß 1995.

normativen Konflikte der Moderne wie den zwischen der gleichen Geltung des Rechts und der Freiheit individueller Selbstverwirklichung in einer Spannung zwischen Ästhetischem und Ethischem neu begründet.[34] Menkes Arbeiten verdankt dieses Buch viel.

Als wäre die „Gegenwart der Tragödie" zum Stichwort der Jahrtausendwende geworden, ist verstärkt seit den späten 1980er Jahren und insbesondere seit Ende der 1990er Jahre eine Fülle an historischen sowie literatur-, kultur-, religions- und politikwissenschaftlichen Arbeiten zur Tragödie und auch zur Philosophie des Tragischen erschienen, die – oft angeregt durch die ältere strukturalistische Tragödienforschung Jean-Pierre Vernants, Pierre Vidal-Naquets und anderer –[35] die Gattung in der Antike und der Moderne untersuchen.[36]

Mit Blick auf das Theater kann man geradezu von einer Renaissance der Wiederbelebung der Gattung sprechen. Antike Tragödien wurden seit Ende der 1960er Jahr verstärkt – zunächst in Europa und den USA – wieder aufgeführt.[37] Einflussreich waren hier insbesondere Inszenierungen Hansgünther Heymes (*Der Ödipus des So-*

---

34 Menke 1993, 1996a, 1996b, 1997, 2000a, 2000b, 2007a, 2007b.
35 Vernant/Vidal-Naquet 1990 (orig.: *Mythe et tragédie en Grèce ancienne*. Éditions Maspero: Paris 1972).
36 Diese bibliographische Auswahlliste führt nur Bücher mit allgemeinem Fokus auf die Tragödie und ihr Fortleben seit Ende der 1980er an; sie erhebt keinen Anspruch auf Vollständigkeit und beschränkt sich auf französisch-, englisch- und deutschsprachige Titel: Goldhill 1986; Meier 1988; Breuer 1988; Winkler/Zeitlin 1990; Garner 1990; Euben 1990; Lehmann 1991; Bierl 1991; Rehm 1992 (2., überarbeitete Neuauflage 2017); Zimmermann 1992; Latacz 1993; Alt 1994; Gelfert 1995; Menke 1996a; Silk 1996; Easterling 1997; Girshausen 1999; Morenilla/Zimmermann 2000; Beistegui/Sparks 2000; Wiles 2000; Zimmermann 2000; Seeck 2000; Schmidt 2001; Heuner 2001; Vidal-Naquet 2002; Thaler 2003; Lebow 2003; Eagleton 2003; Frick/Essen/Lampart 2003; Hall/Macintosh/Wrigley 2004; Menke 2005; Port 2005; Bushnell 200; Poole 2005; Pedrick/Oberhelman 2005; Gregory 2005; Goldhill 2007; Carter 2007; Csapo/Miller 2007; Le Guen 2007; Felski 2008; Rabinowitz 2008; Bushnell 2008; Bohrer 2009; Judet de La Combe 2010; Gildenhard/Revermann 2010; Hall 2010; Fulda/Valk 2010; Scodel 2010; Carter 2011; Bogner/Leber 2011; Ette 2011; Hühn/Schwab 2011; Goldhill 2012; Chou 2012; Lebow/Erskine 2012; Greiner 2012; Marx 2012; Canaris 2012; Lehmann 2013; Badger 2013; Strauss 2013; Buxton 2013; Smethurst 2013; Gagné/Hopman 2013; Minnema 2013; Dreyer 2014; Leonard 2015; Meinel 2015; Wohl 2015; Doerries 2015; Vial/Cremoux 2015; Kampourelli 2016; Ringer 2016; Swift 2016; Sistakou 2016; Allen-Hornblower 2016; Lamari 2017; Golden 2017; Farmer 2017; Raeburn 2017; Fountoulakis/Markantonatos/Vasilaros 2017; Calame Paris; Schlatter 2018; Markovits 2018; Weiss 2018; Liapis/Petrides 2018; Shipton 2018; Andújar/Coward/Hadjimichael 2018; Romilly 2018; Lechevalier 2019; Rivero 2020; Griffiths 2020; Martin 2020; Hirvonen 2020; Brands/Edel 2020; Felber/Hippesroither 2020. Zur Theaterwissenschaft im Besonderen siehe Fn. 38 und 40.
37 Das *Archive of Performances of Greek & Roman Drama* (http://www.apgrd.ox.ac.uk/research-collections/performance-database/productions) verzeichnet zwischen 1960 und 2020 insgesamt 5327 Produktionen (inkl. Opern, Verfilmungen, Radioarbeiten u.a.) von Aischylos, Sophokles und Euripides; von 1450 bis 1960 dagegen nur 3152 Produktionen. Eine weitere Datenbank stellt *The European Network of Research and Documentation of Performances of Ancient Greek Drama* (Arc-Net), allerdings nur für Europa, zur Verfügung (http://ancient-drama.net/). Siehe auch die bis Herbst 2003 reichende Aufführungsliste von Amanda Wrigleys in: Hall/Macintosh/Wridley 2004, S. 369–418, sowie die von Flashar 1991, S. 395–407.

phokles, Köln 1968), Richard Schechners und seiner New Yorker Performance Group (*Dionysus in 69*, New York 1968) sowie des Living Theatre (*The Women of Trachis*, in der Bearbeitung von Ezra Pound, New York 1960; *Antigone*, in der Bearbeitung von Bertold Brecht, Krefeld, Avignon, Paris, London, New York 1967/68/69; *Prometheus Bound*, London 1979), die Antikenprojekte an der Berliner Schaubühne am Halleschen Ufer von Peter Stein (*Übungen für Schauspieler*, 1974, *Orestie*, 1980) und von Klaus-Michael Grüber (*Bakchen*, 1974) sowie die Chorinszenierungen Einar Schleefs.[38] Seitdem sind antike Tragödien mehr und mehr inszeniert und bearbeitet worden, sodass ihre Aufführungen nicht mehr eine Ausnahme darstellen, sondern fast schon selbstverständlich zum europäischen Theaterbetrieb gehören.[39]

Mit Verspätung hat sich auch die Theaterkritik und -wissenschaft verstärkt mit dem Thema der Tragödie beschäftigt. Nach einflussreichen Studien des Theaterkritikers Siegfried Melchingers wie *Das Theater der Tragödie – Aischylos, Sophokles, Euripides auf der Bühne ihrer Zeit* von 1974 bildeten Werke wie Jan Kotts einflussreiche Studie *The Eating of the Gods* von 1973 oder Oliver Taplins Rekonstruktion der antiken Aufführungsbedingungen in *The Stagecraft of Aeschylus* von 1977 und *Greek Tragedy in Action* von 1978 Ausgangspunkte für eine theaterwissenschaftliche Beschäftigung mit der Tragödie, ihren modernen Inszenierungen und ihrem Fortleben in den Theatertexten zeitgenössischer Autoren. In den letzten Jahren sind mehrere Beiträge erschienen, von denen das Gros im Zeichen der performativen Wende steht und auch rituelle und theatrale Dimensionen der Tragödie als Aufführung untersucht.[40] Zudem

---

38 Vgl. Hall 2004; Zeitlin 2004; Schmidt 2010; Lehmann 2013; Dreyer 2014; Stobbe 2016; Fischer-Lichte 2017; Settimi 2018. Zur Aktualität der Tragödie als theatraler Kunst auf den Bühnen der Moderne vgl. auch Flashar 1991, vor allem S. 225–302; Vasseur-Legangneux 2004; Finney 2005; Šípová/Sarkissian 2007; Fischer-Lichte/Dreyer 2007.

39 Jüngere Beispiele für das Fortleben der Tragödie in neuen Theaterproduktionen (ohne Opern) allein im deutschsprachigen Raum um das Jahr 2017 sind: *Die Perser* von Michael Thalheimer (Wien 2017), die *Orestie* von Antú Romero Nunes (Wien 2017), von Johanna Wehner (Kassel 2017), von Simon Solberg (Düsseldorf 2017) und von Ersan Mondtag (Hamburg 2017), Mohammad Al Attars *Iphigenie* nach Euripides von Omar Abusaada (Berlin 2017, als Abschluss der Trilogie mit Al Attars und Abusaadas *Antigone of Shatila* nach Sophokles (Beirut 2014) und *Syria Trojan Women* nach Euripides zusammen mit geflüchteten syrischen Frauen (Amman 2013)), *Antigone* von David Gaitán (Heidelberg 2017) und von Babett Grube (Oberhausen 2017), *Die Bakchen* von Mark Zurmühle (Konstanz 2017), *Bacchae – Prelude to a Purge* nach Euripides von Marlene Monteiro Freitas (Graz 2017, zuerst Lissabon 2017), *Medea* von Thomas Ladwig (Lüneburg 2017), von Wihad Suleiman (Oberhausen 2017) und von Roger Vontobel (Düsseldorf 2017), *Orestes* von Niklaus Helbling (Mainz 2017), *Beute Frauen Krieg* unter Verwendung von *Die Troerinnen* von John von Düffel nach Euripides und *Iphigenie in Aulis* von Soeren Voima nach Euripides von Karin Henkel (Zürich 2017), *Iphigenie in Aulis* von Euripides/Soeren Voima (zusammen mit Stefano Massinis *Occident Express*) von Anna Badora (Wien 2017), *Die Frauen von Troja (Der Untergang)* von Hannes Hametner (Pforzheim 2017), *Die Schutzflehenden* von Volker Lösch (Mannheim 2016), das Tragödienfestival *Dionysien* (Salzburg 2017) und die 2015 in Berlin uraufgeführte und seitdem durch Europa und darüber hinaus tourende 24-stündige Performance *Mount Olympus: To glorify the cult of tragedy* von Jan Fabre.

40 Vgl. den Forschungsabriss bei Dreyer 2014, S. 34 ff. Einen wichtigen Bezugspunkt für die theaterwissenschaftliche Tragödienforschung bildet neben Kott 1975 auch Lehmann 1991. Siehe zudem

haben sich in den letzten Jahren mehrere internationale Konferenzen Themen wie den „Spuren des Tragischen im Theater der Gegenwart" gewidmet.⁴¹

Aber auch außerhalb einer wissenschaftlichen Beschäftigung mit der griechischen Tragödie sind die mit ihr verbundenen Konflikte in anderen Diskursen thematisch, etwa in der Praktischen Philosophie in der Diskussion unlösbarer Dilemmasituationen, die zu tragischen Entscheidungen führen. Jedoch werden tragische Kollisionen in jüngeren Beiträgen zu Problemen der Ethik meist nur in Gedankenexperimenten als eine fatale Form moralischer Konflikte erwähnt, die vielleicht nicht ganz verständlich zu machen ist.⁴² Das gilt auch für die politische Theorie des Liberalismus oder die Diskursethik.⁴³

Obwohl das Thema geradezu modisch geworden zu sein scheint, ist eine gegenseitige Diskussion über Fachgrenzen hinweg nicht gewährleistet. Oft bleiben Altphilologen, Literaturwissenschaftlerinnen, Theaterwissenschaftler, Kulturwissenschaftlerinnen, Religionswissenschaftler oder Philosophinnen eher unter sich.

Die erst seit Ende des 20. Jahrhunderts betonte Aktualität des Tragischen und der Tragödie ist – blickt man auf das 20. Jahrhundert als Ganzes – keine Selbstverständlichkeit. Wie zuerst Peter Szondi in seiner erst neuerdings breiter rezipierten Habilitationsschrift *Versuch über das Tragische* von 1961 systematisch erschlossen hat, wurde die seit Aristoteles zunächst nur poetologisch theoretisierte Tragödie bei Schelling, Hölderlin und Hegel zum Gegenstand einer philosophischen Auseinandersetzung als einem nicht nur ästhetischen, sondern auch ethisch-politischen Phänomen.⁴⁴ Zwar thematisierte Szondi nicht, was auch heute zugunsten einer sauberen Epochendistinktion meist ausgeblendet wird, dass bereits Platon in seiner Kritik an der Tragödie einen philosophischen Begriff des Tragischen unterstellt hatte.⁴⁵ Zur

---

McDonald 1992; Wiles 1997; Patsalidis/Sakellaridou 1999; Banu 2001; Hall/Macintosh/Wrigley 2004; Ley 2007; Šípová/Sarkissian 2007; Ley 2007, Fischer-Lichte/Dreyer 2007; Schmidt 2010; Canaris 2012; Lehmann 2013; Powers 2014; Ley 2015; Fischer-Lichte 2017; Raeburn 2017; Dunbar/Harrop 2018; Powers 2018; Felber/Hippesroither 2020. Zur Vorgeschichte der für die modernen Inszenierungen antiker Dramen folgenreichen Renaissance der griechischen Tragödie auf dem deutschen Theater seit der Aufführung der *Antigone* in Potsdam im Jahre 1841 vgl. Boetius 2005.

41 So beispielhaft der Titel einer von Silke Felber und Charlotte Gruber organisierten Tagung an der Universität Wien vom 08.-10.11.2017. Die Beiträge erscheinen in Felber/Hippesroither 2020.

42 Vgl. etwa Foot 1995; für einen Überblick über die philosophische Literatur zu moralischen und praktischen Konflikten siehe Betzler/Baumann 2004. Moralische Dilemmata im Besonderen sind nicht Gegenstand dieser Arbeit, denn sie stellen nicht notwendigerweise tragische Konflikte dar. Sofern die Verletzung von Geboten eine existentielle Dimension hat wie etwa in dem oft zitierten Fall von „Sophies Wahl", bei dem eine Frau bei Ankunft in Auschwitz vor die Wahl gestellt wird, welches ihrer beiden Kinder sofort in der Gaskammer sterben und welches im Lager weiterleben könne (Styron 1979), erscheinen moralische Konflikte als tiefenzerstörend und tragisch. Bei tragischen Dilemmasituationen handelt es sich in der einschlägigen Literatur meistens um Konflikte gleich wichtiger oder inkommensurabler Normen oder Werte.

43 Rawls 1992, S. 382f., Habermas 1991, S. 198.

44 Vgl. Szondi 1978, S. 149.

45 Halliwell 1996. Siehe dazu Kap. 8.3.

philosophischen Virulenz gelangte die Philosophie des Tragischen jedoch erst, wie Szondi betont, im 19. Jahrhundert. Schopenhauer, Kierkegaard, Nietzsche, Simmel, Weber, Scheler, Gehlen, Benjamin, Camus, Sartre, Jaspers und Goldmann sind Philosophen, um nur einige zu nennen, die der Erörterung des Tragischen nach Schelling und Hegel eine zuweilen zentrale Stellung in ihren Theorien einräumten.

Nach dem Ende des Zweiten Weltkriegs ist die philosophische Reflexion der Tragödie allerdings zunächst nicht fortgesetzt worden. Gleichzeitig gab es, nachdem die antike Tragödie neben dem Trauerspiel in der Dramatik der frühen Moderne bei Gerhart Hauptmann, Hugo von Hofmannsthal, Franz Werfel oder Paul Ernst großen Einfluss gehabt hatten,[46] wenige jüngere Dramatiker, die noch den Anspruch erhoben, eine Tragödie zu schreiben. Die Gattung erschien nach dem beispiellosen Schrecken der Shoa und der Weltkriege anachronistisch und apologetisch: Adorno kritisierte Tragik als überholt, weil sie Negativität und Leiden als Unabänderliches oder Sinnvolles überhöhe.[47] Stattdessen wurde in Anspielung auf Nietzsches frühe These vom Ende der Tragödie durch ästhetischen Sokratismus ein kulturhistorischer, nachmetaphysischer „Tod der Tragödie" (Steiner) nach Racine diagnostiziert. Diese These Steiners betraf das Ende einer nach Steiner für die Tragödie erforderlichen mythischen Weltanschauung, die durch eine zunächst christliche, dann rational-aufgeklärte Weltanschauung abgelöst worden sei.[48]

Zum anderen war die Tragödie als Dramentypus gattungsgeschichtlich schon durch das bürgerliche Trauerspiel im 18. und 19. Jahrhundert transformiert und aufgehoben worden,[49] theoretisch löste es aber erst Bertold Brecht durch das epische Theater ab. Mit ihm richtete er sich vor allem gegen die Ästhetik des bürgerlichen Trauerspiels und des tragikaffinen Sozialdramas des Realismus und Naturalismus. Brechts Anspruch lag darin, Tragödien, die die Illusion notwendiger Katastrophen zementierten und Einfühlung und Katharsis einforderten, durch ein aufgeklärtes antiillusionistisches Theater der Chancen, der Beherrschung der Wirklichkeit und des Lernens für Darsteller und Zuschauerinnen und Zuschauer abzulösen, in dem sie aus einer theatral erzeugten Distanz ihr Schicksal als historisch und gesellschaftlich erzeugt und daher als durch ihre eigene Praxis veränderbar begreifen sollten. Es ging Brecht darum, den noch im Naturalismus, etwa von Gerhart Hauptmanns *Webern*, evozierten tragischen Schicksalscharakter als gesellschaftlich produziert – statt als Natürlich-Ewiges – zu entlarven.[50] Diesem kam laut Brecht bereits in der Antike etwas „nicht Änderbares, für alle Menschen Bestehendes" und das „Gefühl der Ausweglosigkeit"[51] zu, deren Scheinhaftigkeit das atheistische epische Theater aus analytischer

---

46 Vgl. Thaler 2003; Horn 2008.
47 Adorno 1970, S. 49, 295–297, 505; Adorno 1981.
48 Steiner 1981. Doch selbst Steiner sieht am Ende seines Buches Beispiele für ein Fortleben der Tragödie, etwa in Brechts *Mutter Courage*, gespielt von Helene Weigel; vgl. Kap. 6.5.
49 Vgl. Guthke 1994, S. 101–122.
50 Siehe dazu Profitlich 1999, S. 256–267; Ette 2012, S. 115–118.
51 Brecht 1963/1964a, S. 311.

Distanz zerstören sollte, denn „die Ursachen dieser Tragödien sind menschliche"[52]. Damit werden durch Verfremdung jedoch auch die auf einzelne Heldinnen und Helden gerichteten tragischen Affekte als Ausdruck von Einfühlung gestört und ersetzt:[53] „Eine völlig freie, kritische, auf rein irdischen Lösungen von Schwierigkeiten bedachte Haltung des Zuschauers ist keine Basis für eine Katharsis."[54] Brechts Interesse lag dementsprechend darin, die gesellschaftliche Dimension des Theaters gegen die dramatische Konzentration auf das leidenschaftliche Individuum ins Spiel zu bringen. Zugleich erkannte er die Möglichkeit des Tragischen als Konstellation tatsächlicher praktischer Unentrinnbarkeit an, verneinte hingegen die Möglichkeit, dieses im historischen Wandel seiner Zeit als sozial Unveränderbares zu identifizieren. Die Tendenz des neuen Theaters ließ eine „Liquidierung der Tragödie"[55] zumindest wahrscheinlich werden. Brechts Kritik richtete sich dabei vor allem gegen moderne Trauerspiele und Tragödien, nicht so sehr gegen antike Dramen, die er im Fall von Sophokles' *Antigone*, die er „zu den größten Dichtungen des Abendlands" zählte, selbst als ein Modell für das Nachkriegstheater basierend auf Hölderlins Übersetzung bearbeitete.[56] Zudem sah er Parallelen zwischen antikem Theater der Tragödie und den Verfremdungseffekten des epischen Theaters, etwa im Gebrauch des Chors oder der Bedeutung der Fabel.[57]

Nach dem Ende des Zweiten Weltkriegs und sicher auch aufgrund Brechts kaum zu überschätzendem Einfluss wandten sich Theaterautoren – von Ausnahmen wie Heiner Müller abgesehen – erst später im 20. Jahrhundert wieder verstärkt tragischen Stoffen und tragischen Figuren zu.[58]

---

52 Brecht 1963/1964b, S. 526.
53 Brecht 1963/1964c, vor allem S. 301 ff.
54 Brecht 1963/1964d, S. 241.
55 Brecht 1963/1964a, S. 310. Auch Adorno 1970, S. 357, spricht von einer modernen „Liquidation des Tragischen".
56 Brecht 1967, S. 114. Eher wurde die Tragödie in den 1940er Jahren mit Bezug zur Résistance gegenüber Nazi-Deutschland in Frankreich aufgegriffen – bis heute prominent vor allem in der *Antigone* von Jean Anouilh (1944). Jean-Paul Sartre formulierte später Kritik am Algerienkrieg in seiner Euripides-Bearbeitung *Les Troyennes* (1965). Beide, Anouilh und Sartre, sahen gleichwohl in der Tragödie etwas Vergangenes, siehe Lehmann (2013), S. 565.
57 Brecht 1967, S. 67–77, insbesondere S. 68 f. Die Komödie war Brecht als Inspiration für Verfremdungseffekte allerdings wichtiger. Zur Kritik an Brecht in diesem Punkt siehe Ette 2012, S. 117.
58 Heiner Müllers *Philoktet* von 1958/1964 und seiner Sophokles-Bearbeitung *Oedipus Tyrann* von 1966 folgten weitere Stücke mit tragischen Konstellationen. Aber auch Brecht selbst hat die Tragödie nicht einfach nur verabschiedet, sondern in seinen Stücken wie *Mutter Courage* oder *Galileo Galilei* verarbeitet, die *Antigone* des Sophokles in Hölderlins Übersetzung hat er zudem selbst bearbeitet und 1948 mit einem eigenen Vorspiel zusammen mit Caspar Neher in Chur aufgeführt. Für das spätere 20. Jahrhundert ist u. a. Botho Strauß zu nennen, der tragische Stoffe etwa mit *Ithaka* von 1996 oder mit der *Schändung* von 2005 nach Shakespeares *Titus Andronicus* aufgegriffen hat. Müller und Strauß haben zudem – in der Sache aber durchaus sehr verschieden – essayistisch die Wiederkehr von Tragödien (Müller) oder die bedauernswerte Abwesenheit tragischer Größe im befriedeten Sozialstaat (Strauß) beschrieben. Vgl. Müller 1992; Strauß 1995. Siehe Ostheimer 2002; Huller 2007; Lehmann 2013,

Auch die akademische Thematisierung tragischer Konstellationen stand nach den politischen und moralischen Katastrophen des Faschismus und Nazismus zu Recht unter Ideologieverdacht. Vermeintlich notwendige Antagonismen, etwa von angeblichen „Rassen" oder staatlichen Akteuren, waren wie ein metaphysisches Schicksal propagiert worden, um sich vom Anspruch universalistisch begründeter Legitimität mit irrationaler Remythisierung loszukaufen. Der ideologische Rekurs auf die „Bestimmung des deutschen Volkes" und anderen fatalistischen Unsinn hatte in den Jahren zuvor die zeitgenössische Sensibilität für Dauerkrisen und ein bis in die 1930er Jahre auch in linken Kreisen prominentes *tragisches Lebensgefühl*[59] genutzt, um ungeheure Taten und so beispiellos destruktive wie zweckmäßig organisierte Einrichtungen als Notwendigkeit einer pantragischen Geschichte zu rechtfertigen. Hitlers wiederholte Aussage, dass das zuvor so vergötterte deutsche Volk gänzlich untergehen solle, wenn es nicht fähig sei zu siegen,[60] ist noch ein Reflex jener irrationalen Metaphysik tragischer Weltverfassung, die als Entsprechung zur wahnwitzigen Heroisierung einer „Rasse" gelten muss, an deren Ansprüchen „minderwertigere" notwendig zu zerbrechen hätten. Der „deutsche Genius," schrieb 1935 der Literat Werner Deubel, strebe „in der Tragödie der höchsten dichterischen Erfüllung seines Wesens" zu, „wie es sich seit grauer Vorzeit in mörderischen Selbstzerstörungen [...] dargelebt" habe. Deubel rief zum „Kampf um ein neues deutsches Weltbild und um eine tragische Philosophie" aus „einem wiedererwachten Blutgefühl" auf, der bislang von Huma-

---

S. 610–612. Peter Weiss hat, um noch einen herausragenden für tragische Konflikte sensiblen Autoren zu nennen, in seiner monumentalen *Ästhetik des Widerstands* von 1975 bis 1981 Herakles als tragischen Helden der Antike zur (kritisch bewerteten) Identifikationsfigur für die jungen Widerstandskämpfer im Dritten Reich gemacht, von deren Leben der Roman erzählt. Dass auch Stücke, die dem absurden Theater zugerechnet werden, vor allem Becketts *Warten auf Godot* oder *Endspiel*, und die Lehrstücke Brechts sowie Heiner Müllers, der seine Stücke *Philoktet*, *Der Horatier* und *Mauser* in dieser Tradition verstand, tragödienartig sein können, haben u. a. Worth 2004; Menke 2005, S. 188–202, Huller 2007, S. 49–102, und Canaris 2012, S. 153–166, gezeigt. Neuerdings beschäftigen sich mehrere deutschsprachige Dramatikerinnen und Dramatiker wie Dea Loher, Roland Schimmelpfennig, Albert Ostermaier oder Elfriede Jelinek wieder mit tragischen Stoffen und antiken Tragödien, siehe zuletzt Jelineks Verarbeitung von Aischylos in *Die Schutzbefohlenen* von 2013 (Uraufführung in Mannheim 2014). Für den anglophonen Raum ist neben Howard Barker Sarah Kane als Dramatikerin zu nennen, die tragische Themen und Figuren (*Phaedra's Love* von 1996) Ende des 20. Jahrhunderts verhandelte; siehe dazu Lehmann 2013, S. 573–575, 612–615. Lehmann führt als weitere Beispiele für zeitgenössische Tragödien u. a. Tadeuz Kantor und die Socìetas Raffaello Sanzio an (ebd., S. 600–602 und 605–609).
59 Den Ausdruck übernehme ich von Miguel de Unamunos gleichnamigem Essay von 1913 (Unamuno 1925), in dem Unamuno das Grundgefühl prinzipiell vergeblicher und daher sinnloser Handlungen im Bewusstsein der Endlichkeit beschreibt.
60 Siehe etwa Hitlers von Albert Speer referierte Aussage: „Wenn der Krieg verloren geht, wird auch das Volk verloren sein. Dieses Schicksal ist unabwendbar. Es sei nicht notwendig, auf die Grundlagen, die das Volk zu seinem primitivsten Weiterleben braucht, Rücksicht zu nehmen. Im Gegenteil sei es besser, selbst diese Dinge zu zerstören. Denn das Volk hätte sich als das schwächere erwiesen, und dem stärkeren Ostvolk gehöre dann ausschließlich die Zukunft" (Brief Albert Speers an Hitler vom 29. März 1945, in: Lautemann/Schlenke 1979, S. 543).

nismus, Christentum und Idealismus behindert worden sei.⁶¹ Das an Zerstörung und Selbstzerstörung nicht zu überbietenden Ergebnis solcher nationalsozialistischen Tragikophilie ist bekannt. Dem totalitären Machtapparat gelang es durch eine suggestive und doch paradoxe Selbstdarstellung als absolute Handlungsmacht *und* bloß reagierende Ausführungsinstanz, erfolgreich den Eindruck zu vermitteln, dass die Agenten des Staates gar nicht anders konnten, als gewaltige Vorgänge ihrer Bestimmung gemäß zu exekutieren und den tragischen Geschichtsverlauf, in dem ganze Völker zugunsten anderer untergehen müssten, voranzutreiben. In der puren Ausführung von Plänen des Führers bzw. Schicksals durch unmündige, unverantwortliche und charakterlose Personen zeigte sich eine typisch funktionale Einstellung von Nazi-Verbrechern, die Hannah Arendt symptomatisch in Adolf Eichmann erkannte.⁶² Kennzeichen tragischer Figuren aus der Antike wie Eigenständigkeit, Selbstverantwortlichkeit, individuelles Selbstverhältnis, Mitleidens- und Ausdrucksfähigkeit wurden im faschistischen Totalitarismus durch das Phantasma einer kollektiven Notwendigkeit getilgt, das Einzelne – so sehr sie sich auch militärisch den maskulinen Anstrich des Heroischen gaben – durch die Vorstellung nur mitwirkender oder ausführender Beteiligung am großen historischen Ganzen der nationalsozialistischen Volksgemeinschaftssache von ihrer eigenen Verantwortung entlastete.⁶³

Vor diesem politischen, historischen sowie ästhetischen Hintergrund ist die dramatische und theoretische, speziell philosophische Abkehr von der Tragödie als Form ideologischen Schicksalsglaubens in Europa nur allzu verständlich. Die Skepsis gegen jeden Heroismus und die Rede von großen Taten war durch die historischen Evidenzen des Unheils unter den aufgeklärten Denkern der Nachkriegsgesellschaft zu stark, um die Tragödie noch als eine mögliche oder gar ausgezeichnete Form der Selbstverständigung anerkennen zu können. Karl Jaspers war der erste und lange Zeit einzige, der nach dem Krieg die metaphysische Deutung des Tragischen scharf kritisierte und dagegen zugleich die historisch situierte Erscheinung des Tragischen verteidigte.⁶⁴ Danach gab es, von wichtigen Ausnahmen abgesehen, bis in die späten 1980er Jahre kaum grundsätzliche theoretische Beiträge über die Tragödie.⁶⁵ Auch die

---

61 Deubel 1935, S. 5–7.
62 Arendt 2011. Vgl. Kap. 8.12.
63 Hier sei nur die Parole der die nationalsozialistische Erziehung bestimmenden Propaganda eines Joseph Goebbels zitiert: „Du bist nichts, dein Volk ist alles!" Vgl. dazu Berg/Ellger-Rüttgardt 1991.
64 Jaspers 1952, S. 56–63.
65 Ausnahmen bilden – bemerkenswerterweise meist von außerhalb Deutschlands aus jüdischer bzw. politisch eher linker Richtung – in den 50er und 60er Jahren Goldmann 1955, Szondi 1978 [1961], Steiner 1981 (orig.: *Death of Tragedy*. New York 1961); Williams 1966, Domenach 1967 und Kaufmann 1980 (orig. 1969). Lucien Goldmann aus Rumänien, Peter Szondi aus Ungarn und George Steiner aus Frankreich hatten als Juden die Shoa überlebt und öffneten den literaturwissenschaftlichen Blick auf eine europäische Perspektive, in der sie Antike mit Neuzeit verknüpften; der Brite Raymond Williams, selbst Arbeiterkind, war erklärter Sozialist; der Franzose Jean-Marie Domenach war in der *résistance* aktiv gewesen, und der Amerikaner Walter Kaufmann war jüdischer Emigrant aus Deutschland, der in Princeton lehrte. Erst Ende der 1960er Jahre setzte auch das theatrale Interesse an der Tragödie wieder

1.2 Das verlorene und neuerdings wiedergewonnene Interesse an der Tragödie — 39

Dramatikerinnen und Dramatiker interessierten sich nur noch selten für sie. Friedrich Dürrenmatt und anderen erschien nur die Komödie oder das absurde Spiel gegenüber der Fragwürdigkeit hoher Ziele und tragischen Scheiterns für die Gegenwart noch angemessen. Wenn es das Tragische gab, dann nur als Folge des Absurden.[66] Für die sozialistischen Staaten waren aufgrund ihres marxistischen Geschichtsdenkens Tragödien ohnehin kein Gegenstand einer auf das Selbstverständnis ihrer Gegenwart gerichteten philosophischen Reflexion.[67]

Die fast einhellige Kritik[68] an einer Metaphysik tragischen Verhängnisses verhinderte allerdings nicht, dass sie zuweilen selbst tragische Züge erhielt. Während Heidegger der wissenschaftlich-technischen und demokratischen Verbesserung der Lebensverhältnisse nichts abzugewinnen vermochte und am Ende seines Lebens nur noch auf die Rettung durch einen Gott hoffen konnte,[69] wurde von Denkern marxistischer Provenienz, freilich mit anderen Argumenten, aber in der tragisch-schicksalhaften Färbung zuweilen nicht unähnlich, die eigene Zeit als Prozess eines scheinbar unvermeidbaren, weil durch die sozio-ökonomischen und politischen Strukturen erst hervorgebrachten Unheils gedeutet. Adorno und Horkheimer diagnostizierten den gesellschaftlichen Verblendungszusammenhang kapitalistisch organisierter Gesellschaften als so umfassend, dass in ihm Lebensformen bis ins Innerste als pathologisch zu begreifen seien. Aus eigener Kraft könne sich niemand gegen die objektiven, auch im Verborgenen unterdrückenden Mächte des Sozialen wehren, weil diese nicht nur zwängen, das gute Leben bis in die unbewussten Vorgänge hinein zu verfehlen, sondern bereits seine Erkennbarkeit verstellten. Adornos Satz „Kein Einzelner vermag etwas dagegen"[70] markiert die Überzeugung, einem Lebenskontext, an dem man, ihn selbst gesellschaftlich mit hervorbringend, entfremdet und seiner Möglichkeiten beschnitten leidet, nicht entkommen, ihn jedoch erst als Entkommener hinreichend durchschauen und ändern zu können.[71] Vor allem Horkheimers und Adornos *Dialektik*

---

ein, siehe Hall/Macintosh/Wrigley 2004; doch erst Mitte der 1980er Jahre stieg auch in der Theorie das grundsätzliche Interesse an der Tragödie wieder spürbar an.
66 Vgl. Dürrenmatt 1966. Ähnlich liest man es bei Eugène Ionesco, siehe dazu Lehmann 2013, S. 566.
67 Einen eher kuriosen, aber in der Sache erfolglosen Versuch, Tragödie und sozialistische Ideologie zu verbinden, bildet Wsewolod Wischnewskis Schauspiel *Optimistische Tragödie* von 1933.
68 Denker, die ihre Karriere im Nationalsozialismus vorantreiben konnten, standen der tragischen Metaphysik dagegen affirmativer gegenüber. Vgl. etwa Wiese 1948.
69 Heidegger 1976a.
70 Adorno 1951, S. 41.
71 Von einseitigen Kritikern des Verfalls unterscheidet sich Adorno durch die dialektische Feinheit der in der Logik Hegels ebenso wie in alltäglichen Praktiken ansetzenden Denkbewegungen. Auch bleibt bei ihm immer noch die Kunst der Ort, an dem in nicht-begrifflicher Weise das Versprechen des Glücks im Hier und Jetzt der spätkapitalistischen Welt aufzuscheinen vermag. Durch die künstlerische Produktion und die philosophische „Anstrengung, über den Begriff durch den Begriff hinauszugelangen" (2003, S. 27), erscheint der pathologische Lebenszusammenhang nicht als so unveränderbar tragisch, wie er bei ihm oft exponiert wird. Zu Adornos quasi-tragischer Kritik an der unter selbstgemachten sozialen Zwängen begrabenen bürgerlichen Freiheit in der Tradition Kants und Hegels vgl. Pippin 2005.

der Aufklärung gibt ein Beispiel für eine tragische Signatur, indem sie zeigt, durch welche die Moderne auszeichnenden rationalen Strukturen Menschen verarmen, ihre Natur, Affektivität und Expressivität beschneiden und sich in sozialen Herrschaftsverhältnissen zugrunde richten. Aufgeklärte Vernunft schlägt um in den vermeintlich prärationalen Mythos, in dessen moderner Variante der Einzelne gegenüber der faktischen Übermacht der Ökonomie „vollends annulliert" werde.[72] In solch tragisch erscheinenden Diagnosen[73] – nicht aber in ihrer historisch-soziologischen Begründung – steht die erste Generation der Kritischen Theorie der metaphysischen Tradition tragischer Kulturkritik nicht fern. Es gibt eine tragische Linie, die trotz der in Ansatz, Stil und Methode wesentlichen Differenzen von Rousseau über Schopenhauer, Nietzsche, Weber, Simmel und die konservative Kulturkritik der Weimarer Republik bis in die Kritische Theorie reicht und in der jüngeren pessimistischen, wenn nicht fatalistischen Zeitdiagnose wiederkehrt.

Ein Strukturmoment, das den Diskurs der Kritischen Theorie seit der *Dialektik der Aufklärung* geprägt hat und gegenwärtig auch in solchen sozialphilosophischen Zeitdiagnosen eine Rolle spielt, die nicht im Kontext der Kritischen Theorie stehen, ist das *Moment eines Umschlags* – einer dialektischen Verkehrung ins Gegenteil. Es ist *das* Strukturmoment der griechischen Tragödie, von Aristoteles als *metabolē* bezeichnet.

1.3 Das Moment des Umschlags – von der Tragödie bis in die aktuelle Zeitdiagnose

Das zentrale Strukturmoment des Umschlags bestimmt nach der vorliegenden Untersuchung die Tragödie und die in ihr zum Ausdruck kommende tragische Erfahrung. Es handelt sich dabei um die Beschreibung eines Handlungsprozesses, der im Verlauf der Bühnenhandlung vollzogen oder, weil er bereits geschehen ist, durch die Sprechhandlungen der Figuren rekonstruiert wird. Die tragische Erfahrung stellt sich dabei als die Erfahrung des Umschlags dar, insofern durch ihn die existentielle Situation der Erfahrungssubjekte schlagartig (weiter) ins Negative kippt. Das Subjekt des Umschlagens sind in der Tragödie einerseits die Handlungen der Figuren und andererseits ihre existentiellen Verfassungen. Dabei wird der Umschlag als solcher nicht von ihnen intendiert, sondern widerfährt ihnen aufgrund ihrer Handlungen oder Unterlassungen und deren kausalen Wirkungen. Tragisch ist der Umschlag, insofern

---

[72] Adorno/Horkheimer 1969, S. 4.
[73] Die Kritische Theorie wirkt zuweilen tragisch, ist es von ihrem kritischen Anspruch her aber gerade nicht. Anders als die konservative Kulturkritik, die häufig genug Verluste nur konstatiert und beklagt, analysiert die Kritische Theorie historische, kulturelle, soziale, politische und technische Zusammenhänge und verweist durch die Kritik auch auf positive Begriffe, die erst kritisch zu gewinnen sind, um die dialektischen Prozesse zu durchkreuzen. In der Kritischen Theorie gibt es, anders als in der tragischen Metaphysik, „immer einen Ausweg" (Kluge 2017, S. 74).

1.3 Das Moment des Umschlags – von der Tragödie bis in die aktuelle Zeitdiagnose

sich mit ihm die prinzipiell von Gelingenserwartung und Glück getragene Lebenspraxis ins Leiden ohne Aussicht auf einen Ausweg verwandelt.

Dieses Moment einer existentiellen Zäsur, der eine ästhetische Zäsur der Theaterzuschauer entspricht, wird bereits von Homer erzählt, den Dichtern besungen und formal von Heraklit gedacht (Kap. 3). Doch erst die Tragödie stellt diese Zäsur als erschreckendes Schockmoment theatral dar, in dem sich eine ganze Existenz umgeben vom Chor und betrachtet vom Publikum mit einem Mal ins tiefgreifende Unglück wendet, aus dem kein Ausweg mehr aufscheint. Der damit inszenatorisch verbundene Erscheinungsschrecken ist der ästhetische Ausdruck jener existentiellen Verkehrung, der er die Zuschauer – oft noch vor den Figuren – gewahr werden.[74]

Aristoteles war der erste Theoretiker des tragischen Umschlags, auch wenn er seiner ästhetischen Dimension theatraler Inszenierung ebenso wenig Beachtung schenkt wie der Explikation tragischer Erfahrung, die durch den Umschlag initiiert wird. Aber er erklärt das zentrale Strukturmoment komplexer Tragödien als „Umschlagen der Handlungen (unmittelbar) in das Gegenteil"[75] (*eis to enantion tōn prattomenōn metabolē*), das einerseits den Umschwung der Handlung gegen ihre Intention (Peripetie), andererseits auch die tragische Wiedererkennung (Anagnorisis) als Umschlag von Unkenntnis in Kenntnis und schließlich den von beiden Strukturmomenten bewirkten Umschwung von Glück in Unglück betrifft. Tragödien sind bereits für Aristoteles Prozessformen des Umschlagens von Gegensätzen (Kap. 4). Dieses Strukturmoment des tragischen Umschlags kehrt in Hegels Dialektik wieder, die den bis heute maßgeblichen Gebrauch dieser dialektischen Gedankenfigur bestimmt, und prägt einen Großteil der kulturkritischen Zeitdiagnose seit dem Ausgang des Deutschen Idealismus.[76]

Mit der erneuten Konjunktur der Tragödie im Theater und anderen Genres und ihrer Theoretisierung in den letzten 20 bis 30 Jahren wird auch dieses Motiv der Gegenwartsbeschreibung wieder stärker präsent. Das soll hier kursorisch beleuchtet werden, um deutlich zu machen, dass die Grundmotive und -figuren der antiken Tragödie bis in die Tiefenstruktur kritischer Selbstbeschreibung der Gegenwart wirken. Das erlaubt den Blick dafür zu schärfen., dass es auch in der Tragödie um eine Kritik geht, vor allem eine Kritik an den Mächten, die den Umschlag mit zu verantworten haben – inklusive der Handelnden, die schließlich unter ihnen leiden. Zugleich werden Motive tragikaffiner Kulturkritik der Moderne von der Analyse der griechischen Tragödie aus als Dramatisierungen und Verharmlosungen kritisierbar (Kap. 5).

An der Theatersituation, in der einzelne Personen mit ihren Körpern und Stimmen im Zentrum stehen, sind in der europäischen Kulturgeschichte Deutungsformen gewonnen worden, die in der Folge zum Vokabular für die Beschreibung lebensweltli-

---

74 Zum Erscheinungsschrecken siehe Bohrer 1991 und 2009.
75 Aristoteles: *Poetik*, 1452a22f.
76 Vgl. Hühn 2011. Auch Ironie – nicht als rhetorisches Mittel, sondern als Struktur von Prozessen – wurde zuerst auf die Tragödie bezogen, siehe Behler 1972.

cher Zusammenhänge wurden, etwa der der Rolle, der Person oder der des Vorspielens. Das gilt auch für die von Aristoteles wirkmächtig beschriebene Strukturform des theatralen Prozesses – des Mythos bzw. der Fabel –, die in der Moderne auf makroskopische Prozesse wie die Geschichte, den Fortschritt, die Kultur oder das Leben übertragen wurden.[77] Die Figur des Umschlags ist dabei dialektisch in einem basalen bzw. „schwachen" Sinn: Gemeint ist eine Modalität, die beschreibt, wie Prozesse, an denen Akteure intentional leitend beteiligt sind, ihr Gegenteil aus sich hervortreiben. Sie lässt sich einerseits – wie in der griechischen Tragödie – auf Handlungen von Individuen in einem sozialen Interaktionsraum (z. B. der Polis oder ihrer Nachahmung im Theater) beziehen, andererseits – wie in der modernen Geschichtsphilosophie und Zeitdiagnose – auf transsubjektive gesellschaftliche bzw. zivilisatorische Makroprozesse wie den technischen Fortschritt.[78]

Der Begriff des ‚Umschlags' kann demzufolge entweder auf intentional von Akteurinnen und Akteuren initiierte und gesteuerte Vorgänge, d. h. Handlungen, bezogen werden oder auf die historisch-gesellschaftlichen Prozesse, die als Verwirklichung von intendierten Funktionen interpretiert werden, etwa die modernen Prozesse zunehmender Verrechtlichung, emanzipatorische Befreiungsbewegungen oder die politisch gesteuerte und von gesellschaftlichen Systemen wie der Wirtschaft betriebene Zunahme von Wohlstand oder Sicherheit. Dabei muss diese Verwirklichung als historischer Prozess zumindest von den an ihm kausal beteiligten Individuen auch als Ausdruck ihrer (individuellen, institutionellen, gesellschaftlichen) Aktivität verstanden werden können.[79] Prozesse der Verrechtlichung oder der technischen Arbeit an der Natur wären demnach Kandidaten für die Interpretation spezifischer Umschlagsphänomene, die tektonische Bewegung der Lithosphärenplatten dagegen nicht.

Dass ein Vorgang wie eine Handlung oder ein historischer Prozess *umschlägt*, heißt demnach, dass er sich durch den Umschlag kausal *gegen* das richtet, *worauf* er (als Handlung) *zielt* oder (als kultureller, gesellschaftlicher bzw. historischer Prozess) in der Interpretation der an ihm teilnehmenden und ihn vorantreibenden Personen *angelegt* ist. Er untergräbt seinen Zweck oder seine – gesellschaftliche, kulturelle, ökonomische, politische – Funktion, indem er *sich* gegen seinen Sinn *verkehrt*, d. h.

---

[77] Schon Aristoteles bezieht die Einheit der von Anfang über die Mitte bis zum Ende durchgestalteten Tragödienhandlung auf das in sich einheitliche Leben (*Poetik*, 1459a18–22) und hat damit für Jahrtausende die Tragödie als in sich geschlossene Form festgeschrieben. Siehe dazu die Kritik von Ette 2011, S. 5 ff.; Ette 2012, S. 88 ff.

[78] Zu diesem Unterschied zwischen der Perspektive auf individuelle und kollektive Handlungen in der Antike und der auf transsubjektive historische Prozesse in der modernen Geschichtsphilosophie siehe Meier 1980.

[79] Handlungen können damit als ein von Absichten initiiertes und im Prozess geleitetes Tun verstanden werden, während demgegenüber kulturelle Makroprozesse eine Emergenz von vielen Handlungen sowie den kulturellen (gesellschaftlichen, technischen, symbolischen oder institutionellen) Strukturen darstellten, in die diese Einzelhandlungen sich einpassen und die sie produzieren und reproduzieren.

sich schrittweise oder plötzlich gegen die Absichten der ihn hervorbringenden oder an ihm mitwirkenden und ihn bewertenden Personen richtet. Erst im Licht dieser Absichten und Bewertungen kann solch ein Vorgang als Handlung oder als ein gesellschaftlich, politisch bzw. institutionell gesteuerter oder zumindest beeinflusster Prozess bzw. als in der Geschichtsphilosophie Kants oder Hegels die Entwicklung von Vernunft und Freiheit insgesamt vorantreibende Weltgeschichte interpretiert werden.[80] Der Umschlag ist das zeitliche Moment, an dem die Handlungen bzw. zivilisatorischen Prozesse wie der technische Fortschritt scheitern bzw. ins Negative kippen, weil sie ihren Zweck verfehlen oder ihrer erwarteten Funktion zuwiderlaufen. Dadurch enttäuscht der Umschlag die diese Handlungen und gesellschaftlichen Prozesse tragende Erwartung des Gelingens. Er kann solche negativen Konsequenzen zeitigen, dass die Voraussetzungen zerstört werden, unter denen der Vorgang überhaupt als zweckmäßig oder funktional sinnvoll interpretiert zu werden vermag. Die Figur des Umschlags ist daher an die Erfahrung der Enttäuschung bzw. Frustration (oder aber an die der Erleichterung beim Umschlag ins unerwartet Positive) gebunden, auch wenn die negative Bewertung zuweilen erst in nachträglicher Analyse erfolgen mag.[81]

Solch ein Vorgang des Umschlagens ist dann als dialektisch zu bezeichnen, wenn *er sich selbst in actu gegen seine Richtung verkehrt*, wenn er gleichsam aus der These von selbst die Antithese hervortreibt. Wenn in diesem Buch von Umschlagen die Rede ist, dann so, wie man davon spricht, dass man eine Seite umschlägt – also um 180 Grad – oder der Wind plötzlich in die andere Richtung umschlägt. Die Rede vom Umschlag ist im Weiteren so zu verstehen, dass weder eine dem Vorgang völlig äußere Kraft die Richtung des Vorgangs ins Gegenteil bewirkt noch eine diesen Wechsel erzielende Entscheidung, sondern dass er als Handlung (oder kollektiv getragener Prozess aus Handlungen und Ereignissen) sich aus jeweils im Einzelnen zu untersuchenden Ursachen gegen seine Zielsetzung oder Funktion verdreht. Solch ein Richtungswechsel unterläuft den Vorgang selbst, insofern er überhaupt nur als Handlung gewählt oder als kultureller (z. B. sozialer, politischer, historischer) Prozess wie der technische Fortschritt kollektiv durch Einzelhandlungen vorangetrieben wurde, *weil* er ein zweckmäßiges Ziel oder eine Funktion verwirklichen sollte. Im Umschlag wird etwas, das konstitutiv zum Handlungs- oder kulturellen Prozess gehört – etwa die

---

[80] Je umfassender der Prozess, desto mehr wird ihm wie bei Hegel zugemutet, dialektische Umschläge – schon Kant spricht von „Umkippungen" (*Idee zu einer allgemeinen Geschichte in weltbürgerlicher Absicht*, AA VIII, S. 15 – 32, hier: S. 24) – zu inkorporieren, ohne selbst als Ganzes umzuschlagen, solange insgesamt die Verwirklichung des Entwicklungsziels vorangetrieben wird.

[81] Beispiele für eine nachträgliche Umwertung eines zunächst normativ *in toto* bejahten Prozesses sind Horkheimers und Adornos *Dialektik der Aufklärung* und Reinhart Kosellecks ebenfalls dialektische (womöglich auf Horkheimer und Adorno reagierende, heute weitgehend zurückgewiesene) Kritik an den Utopien der Aufklärung (1973), deren Herrschaftskritik die friedenssichernde Macht des absolutistischen Staates nach den Religionskriegen des 17. Jahrhunderts unterminiert und mit Revolution und Gewaltherrschaft die Krise der Moderne erst ausgelöst habe.

Verwendung eines passenden Werkzeugs im Handeln – genau dadurch zur Ursache dafür, dass das Ziel verfehlt bzw. ein Handlungsergebnis oder Handlungsfolgen bewirkt werden, die dem intendierten Handlungsergebnis oder den Handlungsfolgen entgegengesetzt sind.[82] In Bezug auf Handlungen oder Prozesse der Kultur überhaupt kann also nur dann sinnvollerweise von einem Umschlagen die Rede sein, wenn ein Richtungssinn vorausgesetzt wird, der sich in einer (geteilten) normativen bzw. evaluativen Überzeugung manifestiert, in welche Richtung sich der jeweilige Prozess entwickeln *sollte* bzw. wozu er *gut* oder *sinnvoll* ist. Nur mit Blick auf diesen Richtungssinn können Handlungsziele und ihre Folgen intendiert und Handlungen retrospektiv als gelungen bzw. sinnvoll interpretiert werden. Daher hat die Figur der Umschläge von Handlungen oder kulturellen Prozessen, der negative Folgen auslöst, stets einen normativen Sinn, der in Vokabeln wie ‚Scheitern', ‚Fehlgehen' oder ‚Misslingen' zum Ausdruck kommt.

In der modernen Kultur- und Geschichtsdeutung wird die Verwendung dieser Denkfigur im Anschluss an Hegels Begriff der Dialektik aufgenommen, die nicht nur ein Vorgehen des denkenden Bewusstseins, sondern für Hegel das „Prinzip aller Bewegung, alles Lebens und aller Betätigung in der Wirklichkeit"[83] ist. Die Dialektik als Sich-Entgegensetzen ist ein alle Geschichte vorantreibendes Prinzip. Es liegt im dialektischen Materialismus von Marx und Engels sowie in der Kritischen Theorie der Analyse von sozialen, ökonomischen, kulturellen u. a. Prozessen in der Moderne und im sie beherrschenden Kapitalismus zugrunde.

Zu Beginn des 21. Jahrhunderts hat das Denken in Umschlagsphänomenen oder dialektischen Widerspruchsproduktionen offenbar wieder an Bedeutung zugenommen. Das versöhnende Moment der vernünftigen Synthesebildung, das bei Hegel die einander widersprechenden Momente und die dialektische Bewegung im Spekulativen aufhebt, fehlt meist in den kulturphilosophischen und zeitkritischen Beschreibungen, die gegenwärtig dieser Figur folgen. Der Rück-Umschlag ins Affirmative, der die Negation verdoppelt und dadurch in Hegels Sicht vollendet, bleibt wie schon bei

---

82 Ich halte Handlungsfolgen nicht für einen Teil der Definition von Handlungen, die im Sinne intentional initiierten und gesteuerten Tuns mit einem verwirklichten Zweck (oder seiner bewussten Aufgabe) abgeschlossen sind. Zugleich meine ich, dass Handlungsfolgen von Handlungen zwar definitorisch, nicht aber ethisch abzutrennen sind. Weder lassen sie sich kausal allein bloßen kontingenten Ereignisketten zuordnen, sofern die Handlung kausal notwendig für ihr Auftreten (gewesen) ist, noch kann der Akteur sie von seiner Rolle als Handlungsinitiator und -performer abtrennen, weil er für sie kausal relevant, d. h. ihr (Mit-)Urheber (gewesen) ist und sie zwar nicht seinen Intentionen, wohl aber seiner kausalen Verantwortung zugerechnet werden können müssen. Sie werden so zum Teil einer Beschreibung von Handlungen und ihren Konsequenzen als Zusammenhängen der Lebensführung, wie die Tragödien sie vorführen. Gerade umschlagende Handlungen belegen, dass „wir die Konsequenzen von Handlungen anders auffassen als die Konsequenzen anderer Ereignisse" (Davidson 1990, S. 89).
83 Georg Wilhelm Friedrich Hegel: *Enzyklopädie der philosophischen Wissenschaften im Grundrisse*, § 81 (Theorie-Werkausgabe, Bd. VIII), S. 173.

Adorno und Horkheimer aus. Die historische Wirklichkeit der Moderne treibt Widersprüche hervor, ohne sie aufzulösen.

Das Moment des Umschlags ist demnach nicht nur der frühen Kritischen Theorie, sondern auch den sozialphilosophischen Diagnosen der Dimensionen der Spätmoderne als Krisen und innere Paradoxien, Ironien, Pathologien, Widersprüche und Ambivalenzen verwandt, ohne auf eine von ihnen reduziert werden zu können.[84] Diese Begriffe sind Ausdruck einer für die sozialphilosophische Gegenwartsbeschreibung charakteristischen Spannung, die von den traditionellen geschichtsphilosophischen Prozessmodellen eines Abstiegs (Verfall) und eines Aufstiegs (Fortschritt) nicht mehr überzeugend beschrieben werden kann. Kein Modell scheint richtig, beide aber auch nicht falsch, so Axel Honneth:

> „Überall scheint eine wachsende Ratlosigkeit vorzuherrschen, auf welche untergründige Bewegung hin die gegenwärtigen Strukturveränderungen untersucht werden sollen, wenn weder der Begriff des ›Widerspruchs‹ noch der der ›Krise‹ zur Verfügung stehen; zwar mag insgesamt die Skepsis gegenüber solchen übergreifenden Verlaufsmodellen gestiegen sein, gleichzeitig existiert aber doch ein deutliches Bewusstsein für die Notwendigkeit, die mannigfaltigen Wandlungsprozesse auf ein Entwicklungsschema, einen einheitlichen Nenner bringen zu müssen. Einen Ausweg aus diesem Dilemma scheint häufig nur die Rückkehr zu einem ungetrübten Fortschrittsoptimismus oder einem katastrophischen Verfallsdenken darzustellen; und nicht wenige der soziologischen Zeitdiagnosen, die gegenwärtig in Umlauf sind, operieren daher untergründig mit einem der beiden Vorstellungsmodelle. Für jeden, der über ein hinreichendes Maß an soziologischem Alltagsverstand verfügt, kann darin allerdings kaum die Lösung bestehen; zu sehr scheinen normative Fortschritte in dem einen Bereich heute mit Rückschritten in anderen Sphären einherzugehen, scheint dem Mehr an Freiheit hier die wachsende Disziplinierung dort auf dem Fuß zu folgen, als dass sinnvoll von einer linearen Aufwärts- oder Abwärtsbewegung gesprochen werden könnte."[85]

In der zeitdiagnostischen Publizistik werden beide Narrative – das Aufstiegs- und das Verfallsparadigma – gleichwohl variiert, wobei die Stimmen, die eine lineare Entwicklung der globalen Zivilisation zum Besseren begründen, selten sind.[86] In der medialen Selbstverständigung nicht nur westlicher Gesellschaften nehmen katastrophische oder pessimistische Ausblicke spätestens seit dem 11. September 2001, vor allem mit dem verbreiteten Bewusstsein für den anthropogenen Klimawandel und der vertieften Skepsis gegenüber dem globalisierten Kapitalismus deutlich zu. Dabei gehen zumindest die theoretisch anspruchsvollen Ansätze nicht von einer klassischen Verfallstheorie aus, wie sie sich von Hesiods *Werken und Tage* bis in die konservative Kulturkritik der Moderne zieht, sondern verstehen historische Wandlungsprozesse als

---

84 Vgl. Hartmann 2002. Auch der medizinische Begriff der Pathologie gehört als Metapher in diese Reihe, da er von einem normativ ausgezeichneten Zustand – Gesundheit – ausgeht und eine schädliche Abweichung als Gegenstand von Kritik (Diagnose und Therapie) markiert, siehe Honneth 2000.
85 Honneth 2002, S. 8 f.
86 Beispiele bieten der Mediziner Hans Rosling und der Evolutionspsychologe Steven Pinker. Vgl. etwa Rosling/Rosling/Rosling Rönnlund 2018, sowie Pinkers These zur insgesamt abnehmenden Gewalt in der Geschichte der Zivilisation (Pinker 2011).

Phänomene einer Verkehrung oder gegenstrebigen Tendenz, die innerhalb eines Prozesses aufbricht, der zumindest *auch* materielle, politische, rechtliche, moralische oder soziale Verbesserungen von Lebensbedingungen und insofern Fortschrittsmomente zeitigt.

Wenn die Beobachtung, die hier nicht statistisch validiert werden kann, zutrifft, gewinnt dabei das Moment des Umschlags oder der Verkehrung in der neueren Zeitdiagnose und Zeitkritik zu Beginn des 21. Jahrhunderts an Prominenz. Das geschieht in dem Maße, in dem die Prozesse sozusagen aus dem Ruder laufen oder entgleisen,[87] also nicht mehr von Individuen oder Institutionen als produktive, gutartige Praxis gelebt und nicht mehr hinreichend verstanden und gesteuert werden.

Die Figur des Umschlags lässt sich dabei als eine Art dynamische Variante von Theorien der Gleichzeitigkeit von heterogenen Aspekten, von Positivem und Negativem, begreifen. Denn um die gegensätzlichen normativen Charakterisierungen zu verbinden, ist entweder eine theoretische Beschreibung der Simultaneität nötig, z. B. als Ambivalenz oder Paradoxie – x ist (in einigen Aspekten) berechtigt bzw. erwünscht und zugleich (in anderen Aspekten) illegitim bzw. unerwünscht –, oder eine Theorie, die eher die Dynamik betont wie die Figur der Ironie bzw. des Umschlags: x ist (in einigen Aspekten) berechtigt bzw. wünschenswert, untergräbt jedoch, ohne darauf angelegt zu sein, die eigenen Grundlagen und verkehrt sich in sein Gegenteil. Ambivalenz ist ein ausgezeichnetes Merkmal komplexer, pluraler und in sich widersprüchlicher Gesellschaften, wie sie zumal für die ausdifferenzierten Gesellschaften der Moderne typisch sind.[88] Die Figur des Umschlags oder der Ironie dynamisiert die Qualitäten der Ambivalenz und verschärft sie durch den Aufweis der Prozessualität einer nicht bei einem Gesetzten bleibenden, sondern sich in gegenstrebige Richtungen spaltenden Geschichtlichkeit. Der Begriff des Umschlags erlaubt, Verläufe von historischen – gesellschaftlichen, technologischen, ökonomischen und anderen – Prozessen zu beschreiben, die in keine disjunktive Logik passen, die weder insgesamt normativ abzulehnen noch geboten, weder nur hilfreich noch nur unproduktiv sind. Vielmehr entbergen diese Vorgänge erst im Laufe der Zeit ihre Negativität, die vor dem Umschlag nicht oder nicht in vollem Ausmaß absehbar gewesen ist. Der Umschlag markiert, ob plötzlich oder allmählich, die Grenze zwischen einer Perspektive *ex post* und *ex ante*, der meist konträre Bewertungen des infrage stehenden Wandels eignen. In der Beschreibung dieser Prozesse müssen daher einerseits ihre Berechtigung oder ihr Nutzen in Bezug auf ihre Funktion – wie technische Entwicklung, wissenschaftlichen Fortschritt, Verrechtlichung – und andererseits ihre negativen Rückwirkungen, die ihrer Funktion zuwiderlaufen, die sie aber aus sich hervortreiben wie die These die Antithese, deutlich werden.

---

[87] Vgl. Alexander Kluges erhellende Metapher vom „entgleisten Jahrhundert" durch den Zivilisationsbruch des Ersten Weltkriegs (Kluge 2010). Dessen Entstehung kann symptomatisch für einen nicht mehr hinreichend gesteuerten politischen Prozess verstanden werden.
[88] Baumann 1991.

1.3 Das Moment des Umschlags – von der Tragödie bis in die aktuelle Zeitdiagnose

Aktuelle Beispiele dafür sind Diagnosen, dass die moderne Sicherung rechtlicher Gleichheit und Freiheit in die Entlastung von politischer Verantwortung und die Festigung sozialer Herrschaft umschlägt,[89] dass Rationalisierung und Technisierung aufgrund der mit ihnen zunehmenden Beschleunigung gegen das Versprechen des Projekts der Moderne auf verwirklichte Freiheit in entfremdete Verhältnisse umschlagen,[90] dass eine zunehmende Flexibilisierung der Arbeitswelt nicht nur größere Freiheitsspielräume, sondern auch die Erosion verlässlicher Charaktereigenschaften befördert[91] und die damit einhergehende kompetitive Individualisierung zur Auflösung von Individualität führt,[92] dass zunehmende Freiheits- und Verantwortungsspielräume zu einer Überlastung des Individuums und somit zur psychopathologischen Reduktion seiner Freiheit führen[93] und die Dynamik einer sich selbst positiv verstehenden Leistungsgesellschaft tätiger Bürger in die Ermattung und Übermüdung umkippt,[94] dass die Digitalisierung die Intention der Internetpioniere, Menschen weltweit einander näher zu bringen und Freiheitsspielräume zu vergrößern, in immer effektivere Manipulations- und Überwachungsstrategien durch Konzerne und Staaten verkehrt hat,[95] dass die kapitalistische Wirtschaft trotz wachsender Produktivität nicht wie von ihren Proponenten erwartet die Ungleichheit verringert, sondern sie fast durchgehend durch eine gegenüber dem Wirtschaftswachstum höhere Kapitalrendite verschärft und so eine Refeudalisierung bewirkt hat, die die sie tragende Demokratie gefährdet,[96] oder dass die Wohlstandsvermehrung bereits zu einer enormen Ressourcenübernutzung der Erde geführt hat, sodass zivilisatorischer Fortschritt in Zerstörung der natürlichen Lebensgrundlagen umschlägt.[97] In solchen Deutungen werden Prozesse, die zunächst (in Grundzügen) begrüßenswert bzw. rational und legitim

---

89 Vgl. Menke 2015.
90 Vgl. Rosa 2005.
91 Vgl. Sennett 1998.
92 Diese dialektische These ist seit der frühen Kritischen Theorie bekannt, muss aber unter gegenwärtigen Bedingungen, insbesondere mit Blick auf die Digitalisierung, reformuliert werden. Vgl. auch die große Studie zur Singularisierung, der Erzeugung von Einzigartigkeitsgütern, durch kulturkapitalistischen Wettbewerb um Aufmerksamkeit von Reckwitz 2017: Das authentische Individuum der neuen gebildeten Mittelklasse wird durch diesen Wettbewerb genötigt, sich selbst – gerade auf Sozialen Medien – zu inszenieren, und treibt den Wettbewerb dadurch weiter, wodurch es an Freiheit verliert, die vom Authentizitätsideal vorausgesetzt wird. Eine ähnliche Ironie beschreibt Eva Illouz: Im gegenwärtigen Kapitalismus, der Beziehungen auch über Gefühle reguliert, besteht zwar die Hoffnung auf eine glückende nicht-strategische Paarliebe fort, aber die rationale Ökonomisierung der erotischen Beziehung – die das Pendant zur Emotionalisierung der kapitalistischen Lebenswelt bildet – lässt diese Hoffnung auf Liebe als das Andere des ökonomisch Marktförmigen umschlagen in die durch digitale Medien begünstigten Strategien der Optimierung von Partnerwahl und in den Konsum von Liebe nach Art einer Ware (Illouz 2003; vgl. Illouz 2006).
93 Vgl. Ehrenberg 2008.
94 Vgl. Han 2010.
95 Vgl. Lanier 2014.
96 Vgl. Piketty 2014.
97 Vgl. Welzer 2014.

erscheinen oder zumindest nicht *insgesamt* abzulehnen sind, in ihren negativen Auswirkungen erkannt, die den Grund ihrer Wünschbarkeit an erster Stelle unterminieren und ihr affirmatives Moment in Negativität umschlagen lassen. Aus Chancen werden Gefahren, Potentiale verkehren sich zu Verlusten, der Weg führt nicht zum Ziel, sondern zur Erosion seiner Voraussetzungen.

Zusammengefasst geht es bei den vielfältigen Umschlagsphänomenen um Prozesse der modernen Selbstgefährdung des Menschen. Sie werden als in seiner kulturellen Entwicklung angelegt begriffen[98] und zeigen sich in Instrumenten und Medien der Kultur, etwa der Politik, die ebenso Selbstsicherung wie Selbstgefährdung bedeuten kann.[99] Im Gegensatz zur früheren Kulturkritik des 19. und frühen 20. Jahrhunderts werden die Umschlagsphänomene in der Regel historisch spezifischer auf die Moderne und die eigene Gegenwart mit ihren hegemonialen Mächten wie dem neoliberalen Kapitalismus bezogen. Aus dem *Unbehagen in der Kultur* um 1930 ist das *Unbehagen an der Moderne* um die Jahrtausendwende geworden.[100] Geblieben ist das kritische Moment der Umschlags- bzw. Verkehrungsdiagnose, wobei die meisten Theoretikerinnen und Theoretiker keinen Ausblick in eine neue revolutionäre Synthese formulieren wie noch Marx und Engels.[101]

Die Gründe für die Prominenz der Figur des Umschlags oder der Verkehrung in sozialphilosophischen, historischen, kulturwissenschaftlichen und soziologischen Zeitdiagnosen haben vermutlich mit einer Verunsicherung historischer Selbstreflexion moderner Gesellschaften zumal in den westlichen Demokratien zu tun. Hielt sich nach Ende 1989 vorübergehend bei vielen die von Selbstsicherheit getragene Vorstellung, mit dem Zusammenbruch des Kommunismus sei das bereits in der Postmoderne ästhetisch zelebrierte „Ende der Geschichte" eingetreten und der Weltgemeinschaft öffne sich mit der nun mehr konkurrenzlosen Dominanz der freien Marktwirtschaft und liberalen Demokratie eine insgesamt stabile Kontinuität, in die sich tendenziell immer weitere Kulturen und Länder einfügen würden,[102] begann das neue Jahrhundert mit so überraschenden wie plötzlichen Umwendungen, die ein Kontinuitäts- und Entwicklungsgefühl nach dem Zusammenbruch der Sowjetunion und zumal den „liberalen Triumphalismus", der das Selbstbewusstsein der auf Fortschritt setzenden Moderne fortschrieb,[103] empfindlich irritierten.

---

98 Vgl. Eibl-Eibesfeld 1991, S. 9.
99 Vgl. Gerhardt 2007, S. 16 f.
100 Vgl. Freud 1994; Taylor 1995.
101 „In ihrer rationellen Gestalt ist sie [die Dialektik, A.T.] dem Bürgerthum und seinen doktrinären Wortführern ein Aergerniß und ein Greuel, weil sie in dem positiven Verständniß des Bestehenden zugleich auch das Verständniß seiner Negation, seines nothwendigen Untergangs einschließt, jede gewordne Form im Flusse der Bewegung, also auch nach ihrer vergänglichen Seite auffaßt, sich durch nichts imponiren läßt, ihrem Wesen nach kritisch und revolutionär ist." (Marx 1987, S. 709). Slavoj Žižek gehört zu den Marxisten, die unentwegt zum Denken von gesellschaftlichen Alternativen zur gegenwärtigen Ordnung aufrufen und selbst Vorschläge unterbreiten.
102 Vgl. Fukuyama 1992.
103 Zum „Glaube[n] der Moderne an sich selbst" siehe Beck 2007, S. 375 ff.

Entscheidend war dabei, dass man negative Ereignisse und ihre Folgen nicht mehr nur dem „Anderen", systemisch und geografisch Konträren zuschreiben konnte – ein Sachverhalt, der mindestens schon für die Reaktorkatastrophe von Tschernobyl im April 1986 zutraf. Am 11. September 2001 flogen US-amerikanische Verkehrsmaschinen, die in den USA gestartet und von in den USA ausgebildeten Terroristen gekapert worden waren, in die New Yorker Twin Towers und das Pentagon. Schnell drängte sich die Hypothese auf, dass es Al-Qaida nicht nur auf viele zivile Opfer, sondern auch auf das globale Einbrennen der medial von den US-Fernsehsendern in Echtzeit produzierten Bilder abgesehen hatte, die, wie die passende Metapher sagt, viral um die Welt gingen. Das Terrornetzwerk hatte folglich in seinem Angriff auf die Supermacht deren eigenen Techniken, Fähigkeiten, Artefakte und Medien gegen sie gewendet. Die unabsehbar fortwirkenden Verwerfungen in der Finanzindustrie machten einige Jahre später auch ihren neoliberalen Apostaten offenkundig, dass die freie Marktwirtschaft nicht die heilsbringende Alternative zur sozialistischen Planwirtschaft darstellt, als die sie sich nach dem Ende des Kalten Krieges feierte, sondern als global unzureichend regulierter Kapitalismus aus sich selber heraus seine Legitimation, Wohlstand und Entwicklung für viele zu erzeugen, untergräbt.

Zwei Entwicklungen haben dieses mittlerweile global verbreitete Selbstgefährdungswissen befördert: Einerseits ist nach dem Ende des Kalten Krieges und der bipolaren Weltordnung eine klare Freund-Feind-Distinktion weggefallen, mit der die gesamte Erde nach den Weltkriegen unterteilt wurde. Zwar gibt es immer noch politisch kurzsichtige Strategien, Freund-Feind-Achsen in der Geopolitik einzurichten, doch die Entlastungsfunktion, für Probleme, Krisen und Katastrophen jeweils die anderen verantwortlich zu machen, hat gesellschaftlich an Kraft eingebüßt. Längst ist die Welt zu einer globalen, technomorphen Funktionseinheit geworden, die ihre größten Herausforderungen längst nicht mehr allein in der Natur findet, sondern selbst produziert.[104] Die Erdbewohner leben bereits in einer „Weltrisikogesellschaft"[105], der nur unzureichende gesellschaftliche Verhandlungsprozesse und politische Organisationen auf globaler Ebene sowie eine „organisierte Unverantwortlichkeit"[106] entsprechen. Es ist der Hintergrund des sich in unterschiedlichen Teildiagnosen artikulierenden Krisenbewusstseins, dass die größten Probleme der modernen Zivilisation von dieser selbst erzeugt werden, und zwar nicht als kontingente Nebenfolgen oder punktuelle Fehlfunktionen, sondern als Umschlagsphänomene, die sich aus ihrer Prozessdynamik selbst ergeben wie das weltweite Müllproblem aus der Plastikproduktion und dem Massenkonsum oder die globale Erwärmung aus dem die globale Wirtschaft antreibenden Verbrennen fossiler Energieträger.

---

104 Vgl. Hobsbawm 1995.
105 Vgl. Beck 2007. Dass die Risiken und die Chancen, effektiv auf sie zu reagieren, global unterschiedlich verteilt sind, widerspricht nicht dem Begriff. Zur aktuellen Situation siehe den Überblick: World Economic Forum 2020; Bündnis Entwicklung Hilft 2019.
106 Beck 2007, S. 52.

Diese Herausforderungen sind heute aufgrund von Transport- und Informationstechnologien, insbesondere der Digitalisierung und der durch sie revolutionierten Pluralisierung der Wissensproduktion und sozialen Koordination zivilgesellschaftlicher Akteure sichtbarer als noch Mitte des 20. Jahrhunderts. Verursacher der Herausforderungen – etwa der immer noch vom Kolonialismus geprägten Ausbeutungsverhältnisse zwischen westlichen Endprodukthändlern und afrikanischen oder asiatischen Rohstofflieferanten – sind klarer und mit rascherer Visualisierung der kausalen Interdependenzen adressierbar. Im Verhältnis von Tätern und Opfern wirken geschichtliche Hegemonien strukturell weiter; zugleich setzt sich immer mehr ein Wissen von einem *allen* gemeinsamen Lebensraum Erde, global interdependenten Strukturen und einer daraus zu folgernden globalen Verantwortung durch, die *alle* zu tragen haben – ökonomisch insbesondere diejenigen, die lange genug von einer auf Ungleichheit basierten Weltordnung profitiert und die größten ökologischen Schäden verursacht haben. Die regressiven Formen der Abwehr dieses Wissens zivilisatorischer Selbstgefährdung, insbesondere die aktuellen Manifestationen von Isolationismus und Nationalismus, können die Geltung dieses Wissen nicht auflösen, nur seine nötigen politischen Konsequenzen einer engeren internationalen Kooperation abbremsen.

Methodisch ist Vorsicht gegenüber jedem Erkenntnisanspruch geboten, mit dem eine für mediale Dramatisierungen sensible Gegenwart sich selbst beschreibt. Doch es scheint immer mehr dafür zu sprechen, dass eine entscheidende Rolle im diffusen Unbehagen gegenüber der Gegenwart die Einsicht spielt, dass es sich bei vielen negativen Umschlagsprozessen letztlich um Formen einer zivilisatorischen *Selbstschädigung* handelt, die eventuell zu einer allmählichen Selbstzerstörung werden könnte. Nach dem Ende des Zweiten Weltkriegs und der Shoa als beispiellosem Zivilisationsbruch und angesichts der neuen globalen Bedrohung durch die Atombombe hatten Denker wie Karl Jaspers, Hannah Arendt oder Günter Anders in grundsätzlicher Perspektive ein kulturelles Selbstgefährdungswissen reflektiert, das sich nun allgemein verbreitet. Es scheint geradezu zum *common sense* zu werden, dass Menschen – und hier insbesondere die Bevölkerung des Westens und mächtiger asiatischer Länder – in der Lage sind, ihre natürlichen Ressourcen und damit ihre eigenen Lebensbedingungen zu zerstören und somit den Prozess der Zivilisation insgesamt umschlagen zu lassen.

Der Wandel von einem liberal-kapitalistischen Triumphgefühl in die Warnung vor selbst fabrizierten und womöglich irreversiblen Katastrophen der Zivilisation hat sich historisch jedenfalls äußerst rasch vollzogen. Nimmt man die Kassandrarufe beim nicht mehr prophetisch beglaubigten, sondern durch Big Data wissenschaftlich plausibilisierten Wort, ist nicht mehr eine geographisch oder historisch begrenzte Entwicklung, sondern der Prozess der kulturellen Evolution in der Moderne im Ganzen aus dem Ruder gelaufen und droht in den Kollaps umzuschlagen.[107]

---

[107] Siehe Kap 11. (Epilog).

Die hier vorliegende Untersuchung der Geschichte und Form des tragischen Wissens um menschliche Selbstgefährdung soll eine Antwort auf die Frage anbieten, inwieweit die Berufung auf das Strukturmoment des Umschlags und einiger weiterer zentraler Merkmale der Tragödie, die im Folgenden analysiert werden sollen, innerhalb der kulturkritischen Zeitdiagnose einer philosophischen Selbstverständigung der werdenden Weltgesellschaft und einer Revision bisheriger Praxen dienen kann. Die Rekonstruktion der existentiellen Dimension der griechischen Tragödie erlaubt, die verbindenden Elemente, aber auch die Unterschiede zwischen ihr und tragisch anmutender Kulturkritik der Moderne bis heute deutlich hervortreten zu lassen: Die tragische Verkehrung ist in der Antike kein Kennzeichen transsubjektiver Prozesse wie der Geschichte, sondern individueller Handlungen und individueller Lebensvollzüge, die nicht aus theoretischer Distanz diagnostiziert, sondern von den Figuren selbst *erfahren* und aus der ästhetischen Perspektive des wahrnehmenden, fühlenden, leibhaftig reagierenden und reflektierenden Publikums ästhetisch mitvollzogen und interpretiert werden. Die moderne Zivilisationskritik verlässt den theatralen Fokus auf Individuen in konkreten Situationen und verliert somit an existentieller Konkretion (Kap. 5). In ihr spielt zudem die das Tragische umbiegende *Kunst* der Tragödie kaum eine Rolle (Kap. 9). Aus dieser existentiellen und ästhetischen Konkretion von (aufgeführten) Tragödien lässt sich wiederum lernen, welchen Reflexionsbedarf auf ihre Selbstgefährdung die moderne Weltgesellschaft zeitigt. Deshalb soll es, bevor ich am Ende des Buchs noch einmal auf die akuten tragischen Risiken von globalem Ausmaß zu sprechen kommen werde, im Folgenden um die Rekonstruktion der griechischen Tragödie als dem Ort tragischer Erfahrung gehen: der Erfahrung, in der sich das Leben von Glück in Leid und Not wendet – in der alles in nichts umschlägt.

2 Die griechische Tragödie als Medium menschlicher Selbstverständigung

„Vielgestaltig ist das Ungeheure, und nichts ist ungeheurer/ als der Mensch"[1].

„Das tragische Wissen kann sich nicht vertiefen, ohne den Menschen größer zu sehen."[2]

2.1 Die öffentliche Selbstbefragung der Poliskultur in der Tragödie

Die Tragödie des 5. Jahrhunderts v. Chr. stand unter einem öffentlichen Wissensanspruch, den man philosophisch nennen kann. Sie wurde von den Dichtern und ihren Zuschauern als eine dichterische Form der Konfrontation mit Fragen über die Bedingungen menschlicher Lebensführung und gesellschaftlicher Selbstverständigung angesehen, die entsprechend auch inhaltlich bewertet und kritisiert wurde. Die strenge Unterscheidung von Dichtern und Denkern wurde erst von Platon für die gesamte Zukunft akademischer Forschung bis heute geprägt. Die für den modernen Anspruch der Autonomie von Kunst durchaus fragwürdigen Bewertungen der Tragödie etwa bei Platon reflektieren dagegen, welche epistemischen und ethisch-pädagogischen Ansprüche die Athener Bürgerschaft an die aufgeführten Dramen richtete. Mit dem professionellen Theaterwesen der Neuzeit und ihren auf eine bürgerliche Bildungsschicht fokussierten Aufführungen darf die *politische Kunst der antiken Tragödie* (Christian Meier) nicht verwechselt werden.[3]

Ihre Aufführung war ein öffentliches Ereignis für die Bürgerschaft, nicht für einen kleinen Teil von Kunstinteressierten. In Athen, wo die Tragödie entstand und im 5. Jahrhundert v. Chr. ihre bis heute exemplarische Form gewann, organisierten die Bürger die Aufführungen bei Festspielen der Ländlichen Dionysien (im Dezember/Januar), der Lenaien (im Januar/Februar), im 4. Jahrhundert auch bei den Anthesterien (im Februar/März) und vor allem bei den Großen bzw. Städtischen Dionysien (im März/April) selbst – für sich selbst. Als Choreuten (Tänzer und Sänger des Chors) und Choregen (Sponsoren der Aufführung), als Schauspieler, Regisseure/Dichter und nicht zuletzt als zufällig bestimmte Jury aus dem bis zu 17.000 Personen starken Publikum partizipierten die Athener an den dem Theatergott Dionysos gewidmeten Festspielen. Schon der Rahmen der Aufführungssituation vermag ein Bild davon zu vermitteln, welche Bedeutung die Tragödie für die auf Geist, Klugheit und Weisheit

---

1 Sophokles: *Antigone*, V. 332f. (Übersetzung von Norbert Zink).
2 Jaspers 1952, S. 28.
3 Meier 1988.

setzende Athener Gesellschaft hatte.⁴ In ihrer neuen und fragilen Staatsform, in der alle Bürger mitsprechen und -entscheiden durften und daher mitdenken mussten, bedurfte sie einer offenen Selbstreflexion und -verständigung über sich selbst, die das Theater ihnen bot: Die Aufführungen während der Festivals erlaubten „exploring and confirming but also questioning what it was to be a citizen of democracy, this brand-new form of popular self-government."⁵ Die heute überlieferten Tragödien standen im Zentrum des wichtigsten der Feste, der Großen Dionysien, an denen vermutlich die gesamte Bürgerschaft einschließlich auswärtiger Gäste, Metöken, Frauen und wohl auch Sklaven fünf Tage lang Anteil nahm.⁶ „Das entscheidende Kennzeichen" des tragischen Theaters in Athen war, so Gadamer, die politisch verstandene Versammlung, „in der der Zuschauer nicht weniger bestimmend ist als der Darsteller."⁷ Man kann sogar sagen, dass im Athener Theater, wie Simon Goldhill betont, alle Zuschauer zugleich prinzipiell Darsteller waren, weil „the city itself and its leading citizens were put on display."⁸ Das Publikum, dessen Teil die Bürger-Jury war, bildet somit erst die Bedingung der Möglichkeit der attischen Tragödien, die für die demokratische Öffentlichkeit der Polis geschrieben wurden. Ihr gesamter Entstehungsprozess bedurfte zudem der Mitwirkung großer Teile der Bürgerschaft, ihre Produktion war immer auch Partizipation.⁹

Im Laufe des 5. Jahrhunderts v. Chr. wurden die religiösen Ursprünge des Kults für den ursprünglich vermutlich thrakischen Gott Dionysos weitgehend in die zivile Ordnung der Stadt integriert und säkularisiert, womit nicht zuletzt eine breite Teilhabe an den Aufführungen und eine diskursive Kritik ermöglicht wurden.¹⁰ Das ästhetische Ereignis theatraler Aufführungen, das sich aus dem ursprünglich kultischen Zusammenhang des Dionysos-Ritus entwickelte, war trotz der rituellen Elemente in den Stücken (Flüche, Gebete, Opfer) und trotz des kultischen Rahmens der Festspiele kein rein religiöses Ritual, sondern vielmehr eine künstlerische Reflexionsform des Rituals. Ebenso wenig war die Tragödie ein von religiösen, philosophischen und politischen Fragen entkoppeltes ästhetisches Spiel ohne Interesse an Praxis. Die Tragödie verhandelte vielmehr als *öffentlicher Selbstverständigungsprozess* einer politisierten demokratischen Gesellschaft grundlegende Fragen nach der politischen Identität, den Machtverhältnissen in der nach Bürgerrechten klar segmentierten Gesellschaft, nach sozialen Anerkennungsverhältnissen, Kooperationen, Kommunikationsformen, nach

---

4 Zur Bedeutung geistiger Fähigkeiten für das Selbstverständnis der Griechen und der Athener insbesondere siehe etwa Meier 1980 und Vernant 1982.
5 Cartledge 1997, S. 5.
6 Neben den erwachsenen männlichen Bürgern waren bei den Großen Dionysien und Lenaien sehr wahrscheinlich auch Frauen, Kinder, Jugendliche, Sklaven, Metöken und Ausländer präsent; vgl. Bers 2014, S. 174 f. Eine sichere Quelle gibt es aber nicht; vgl. Goldhill 1997, S. 62.
7 Gadamer 1993a, S. 300. Vgl. ebenso Schmitt 1985, S. 37.
8 Goldhill 1997, S. 57.
9 Vgl. Rehm 1992, S. 20–30; Longo 1990; Cartledge 1997; Henderson 2007, S. 179–195. Siehe ausführlich Kap. 9.5.
10 Vgl. zu Form und Entwicklung der Festspiele siehe Latacz 1993, S. 29–45.

Gefühlen, Normen, Werten und nach den selbsterzeugten Risiken des Handelns für das gute Leben. Bereits Aristoteles' Definition, dass Tragödien „Mitleid und Furcht"[11] erzeugten, verweist darauf, dass Tragödien eine ethische Reaktion erzeugten. Es geht in ihnen um etwas, das für die Zuschauerinnen und Zuschauer von praktisch-evaluativer und theoretischer Bedeutung ist.[12]

Man kann davon ausgehen, dass die Tragödie noch vor den sophistischen Lehren und der sokratischen Dialektik mit einem sachlich gesehen philosophischen Erkenntnisanspruch in der theatralen Darstellung auftrat, den Platon wie selbstverständlich daher auch aus philosophischen – vor allem ethischen und politischen – Gründen kritisierte. Die von Platon vertretene, am wirkungsmächtigsten allerdings erst von Nietzsche akzentuierte Opposition von (sokratischer) Philosophie und tragischer Dichtung, die zu der seit dem 19. Jahrhundert zunehmenden funktionalen Trennung der Bereiche der Wissenschaft und der Kunst passt, muss in Bezug auf die Kunst und das Denken des 5. Jahrhunderts v. Chr. deutlich relativiert werden.

Die Tragödiendichter galten als Erzieher bzw. Lehrer (*didaskaloi*),[13] zugleich waren sie Schöpfer bzw. Dichter (*poiētai*), deren Arbeiten im Wettbewerb (*agōn*) bei den Großen Dionysien, zu denen sie in einer Vorauswahl überhaupt zugelassen werden mussten, von einer Jury aus zehn Athener Bürgern bewertet wurden. Diese Jury repräsentierte die gesamte Bürgerschaft inklusive der zehn Phylen, der Verwaltungsbezirke der Polis und ihrer Landgebiete nach Kleisthenes.[14] Die Auswahl von drei Dichtern für den Wettbewerb folgte dabei sicherlich zum einen ästhetisch-formalen Kriterien (z. B. der Form der Stücke nach Plot, Komposition, Sprachstil, lyrischer Gestaltung, Rhythmus und Figurenzeichnung), zum anderen aber politisch-philosophischen Kriterien der gedanklichen Verhandlung der gesellschaftlichen Lage und genereller Fragen nach der Bedeutung menschlicher Selbstverfügung in einer von Institutionen und Traditionen nicht sicher gestützten Lebenswelt, die das erste demokratische Experiment darstellte.

> „Das bedeutete für den Autor: er mußte nicht nur hervorragender Künstler, sondern auch hervorragender Denker sein. Er mußte in der politischen Problematik der Zeitsituation ebenso beschlagen sein wie in der wirtschaftlichen, in der philosophischen, in der pädagogischen, juristischen, religiösen usw. Der Autor mußte also, um in Betracht gezogen werden zu können, auf dem letzten Stand der intellektuellen Entwicklung stehen."[15]

Die Tragödie war also eine durch und durch öffentliche und geistig anspruchsvolle Angelegenheit. Sie reflektierte aus der Distanz zu ihren mythischen Stoffen Probleme und Fragen der eigenen Zeit, indem die von Bürgern verkörperten vergangenen Fi-

---

11 Aristoteles: *Poetik*, 1449b26 f., 1452b33, 1453b12 ff., 1456b1 f.
12 Vgl. Cairns 2005.
13 Als *didaskaloi* wurden auch die Trainer des Chors bzw. die Regisseure bezeichnet, die in der Regel die Tragödiendichter selbst waren; vgl. Marshall 2012, S. 188.
14 Vgl. Blume 1984, S. 30–45.
15 Latacz 1993, S. 26.

guren in die Gegenwart der Zuschauer sprachen.[16] Als politische Kunst reflektierte sie, wie vor allem der große französische Forscher Jean-Pierre Vernant mehrfach überzeugend zu argumentieren verstanden hat, jedoch weniger die soziale und politische Realität, als dass sie sie zum Problem machte.[17] Sie spielte eine bedeutende Rolle „in questioning of contemporary values that was such a feature oft he fifth-century intellectual space."[18]

Neben der mit Sokrates aufkommenden – vermutlich erst von Platon und Isokrates so bezeichneten – Philosophie und durch Herodot und Thukydides begründeten Historiographie, die sich beide gegenüber der Dichtung behaupten mussten, bestimmte daher die Tragödie wie auch die epische und lyrische Dichtung zu einem wesentlichen Teil die Selbstverständigungspraxis in der Aufklärungs- und Rationalisierungsbewegung des 5. Jahrhunderts v.Chr.[19] Viel stärker und bewegender als viele tagesaktuelle Reden oder die Unterrichtspraxis der Sophisten konnte die Tragödie im Dionysos-Theater auf eine sehr große Gruppe von Menschen wirken. Als theatrales Spiel war sie eine ästhetisch-öffentliche Form der „Selbsterfahrung der Polis"[20] und darüber hinaus der Selbstthematisierung des Menschen. Sie steht zwar in medialer und formaler Differenz zu den in Reden, Traktaten und Dialogen schreibenden Philosophen, insbesondere zu den zeitgleich wirksamen Sophisten (denen erst Platon den Titel der Philosophen absprach), aber nicht in einem inhaltlich fundierten Kontrast. Vielmehr wurden Dichter wie Denker als Intellektuelle (*sophoi*, *sophistai* oder *phrontistai*), als weise Erzieher (*didaskaloi*) des Volks verstanden. In der Tragödie konnte sich daher „die lange Tradition politischen Denkens fortsetzen in die attische Demokratie hinein."[21] Nur deshalb konnte sich im Zuge der Etablierung einer systematischen philosophischen Wissenschaft überhaupt eine ausdrückliche Konkurrenz

---

16 Zum politischen Zeitbezug der Tragödie und des Kults der großen Dionysien vgl. Meier 1988; Goldhill 1987; Winkler/Zeitlin 1990 (darin auch eine überarbeitete Fassung von Goldhills Aufsatz von 1987); Eastlering 1997, S. 3–126; Seaford 1994 und 2000; P. Wilson 2009, S. 8–29; McCoskey/Zakin 2009; Carter 2011; Rosenbloom/Davidson 2012.
17 Vgl. Vernant 1990a, S. 33.
18 Cairns 2005, S. 306.
19 Diese Zeit wird zuweilen mit einem neuzeitlichen Begriff als ‚attische' oder ‚griechische Aufklärung' verstanden, ein Begriff, der vermutlich auf Bruno Snell zurückgeht; siehe etwa Ette 2012, S. 98. Aber schon Hegel kennzeichnet das sophistische Denken als kritisches Selbstdenken und ausdrücklich als „Aufklärung", die der neuen Aufklärung entspreche (Georg Wilhelm Friedrich Hegel: *Vorlesungen über die Geschichte der Philosophie* I (Theorie-Werkausgabe, Bd. XVIII), S. 410, vgl. S. 420ff.). Aus begriffsgeschichtlichen Gründen wird heute vorsichtiger von „aufklärerische[n] Impulsen" gesprochen (Cancik-Lindemaier 2010, S. 66f.; dort auch weitere Literaturhinweise zum Verhältnis von Aufklärung und griechischer Antike im 5. und 4. Jahrhundert). Auch wenn es freilich historische Unterschiede zwischen der europäischen Aufklärung der Neuzeit und dem 5. Jahrhundert v.Chr. in Hellas gibt, ist der Begriff nicht unangebracht, um die große Zunahme der Bedeutung argumentativer Rede und sachlicher Begründung in der demokratischen Polis zu kennzeichnen, die mit religiösen Traditionen in Konflikt standen.
20 Meier 1980, S. 214.
21 Ebd., S. 157.

entwickeln, von der Platon als einem „alten Streit" spricht.[22] Zu ihr trug sicherlich bei, dass sowohl die Reden der Demagogen und der Rhetorik lehrenden Sophisten sowie die Befragungen des Sokrates als auch die publikumsstärkeren Festspiele jeweils *öffentliche* Prozesse waren.[23] Weil die Dichter als diejenigen Weisen angesehen wurden, die einen besonderen Zugang zur Wahrheit hatten, versuchten die neuen Intellektuellen in Athen sich in ihre Tradition bzw. die der Rhapsoden zu stellen. Sowohl Dichter als auch die Sophisten und andere Philosophen wie Anaxagoras (der Lehrer des Perikles) oder Sokrates (der Lehrer des Alkibiades) wurden mit dem Adjektiv *sophos* (weise, fähig, wissend, klug) bezeichnet, womit wesentlich eine praktische Klugheit in technischen, ethischen und existenziellen Fragen gemeint war.[24]

Als eine Quelle für die allgemeine Anerkennung der Tragödiendichter als Denker kann Aristophanes' Komödie *Die Frösche* von 405 v. Chr. gelten. In ihr wird ein Streit in der Unterwelt um den Ehrenplatz der Tragiker zwischen Aischylos, der ihn als Meister „einer schweren, edlen Kunst"[25] innehat, und Euripides, der gerade angekommen ist, dargestellt, wobei der Stil der Tragiker in ihrem Wettkampf von Aristophanes satirisch parodiert wird. Im Hades-Agon, dem Dionysos als Richter vorsteht und als dessen Zeugen die Musen angerufen werden, besteht jedoch kein Zweifel darüber, woran die Bedeutung der Tragödienautoren als „weisen Meistern" (V. 896) zu messen ist. So fragt Aischylos seinen Konkurrenten rhetorisch, was dem Dichter Bewunderung einbringe. Und Euripides antwortet nicht etwa, wie man es nach der Autonomisierung der Kunst im 19. Jahrhundert erwarten würde, primär mit ästhetischen, sondern – Friedrich Schillers Ideen einer ästhetischen Erziehung nicht fern – mit ethischen Funktionen: „Talent und Geschick und moralischen Zweck, begeisterter Eifer, die Menschen/ Im Staate zu bessern!" Hätte Euripides seinen Anspruch durch irreführende ästhetische Mittel wie Lumpenkostüme aber verfehlt und, wie Aischylos provokativ vermutet, stattdessen ehrenwerte Personen „in erbärmliche Wichte verwandelt", so hätte der (schon tote) Dichter nach Dionysos „den Tod" verdient (V. 1008–1012). Beide Dichter konkurrieren in der Darstellung ihres Kollegen aus dem komischen Fach auch noch in der Unterwelt darüber, mit ihren Stücken „grundedle Naturen" (V. 1019) als Vorbilder für die Zuschauer geschaffen zu haben. Auch andere Dichter wie Orpheus, Musaios, Hesiod und Homer hätten, so Aischylos, die Menschen Wichtiges für ihr Leben gelehrt

---

22 Platon: *Politeia* X, 607b.
23 Tragödien konnten, nicht nur von der Jury, den Schauspielern und Choreuten, auch ohne Aufführung als Texte gelesen werden (siehe Dionysos' Auskunft, er habe Euripides' *Andromeda* auf einem Schiff gelesen: Aristophanes: *Die Frösche*, V. 52–54; vgl. auch Aristoteles' theaterwissenschaftlich scharf kritisierte Abwertung der Inszenierung (*opsis*) und seinen Hinweis, dass die Tragödien ebenso gut gelesen wie aufgeführt ihre Wirkung entfalten könnten: *Poetik*, 1540b16–18; 1453b1–4; 1462a11–14). Gleichwohl wurden sie immer für die Aufführung geschrieben. Vgl. Di Marco 2009, S. 45 ff.
24 Vgl. Silk 2015, S. 514.
25 Aristophanes: *Die Frösche*, V. 762, vgl. 767 (Übersetzung von Ludwig Seeger). Im Folgenden werden die Verszahlen im Haupttext in Klammern angegeben. So wird fortan auch mit anderen, öfter nacheinander zitierten literarischen und philosophischen Texten verfahren werden, nachdem einmal die Ausgabe in einer Anmerkung angeführt worden ist.

und seien „nützlich [...] dem gemeinen Besten gewesen" (V. 1030–1036). Auffällig ist trotz aller Satire das intellektuelle Moment: So beansprucht Euripides wie ein Sophist, die Menschen „sprechen" gelehrt zu haben (V. 954) und „sich schulgerecht zu bilden, scharf die Reden auszuzirkeln,/ Verstehn, bemerken, denken, sehn, belisten, widerlegen" (V. 956 f.). Er habe nicht durch große Worte und durch die Kreation peinlicher Geschöpfe „das Verständnis hemmen und betäuben", sondern „Weisheit" und vernünftiges Denken lehren wollen (V. 962, 970, 975).[26] Entsprechend werden beide Dichter am Ende des postmortalen Agons vom Theatergott Dionysos um Rat gefragt, wie Athen sich in der aktuellen politischen Situation – Ende des Jahrhunderts erodierte der Attische Seebund zunehmend – gegenüber Alkibiades zu verhalten habe. Beide antworten dem Richter „verständig" darauf, wie die Stadt zu retten und „das Heil des Staates zu fördern" sei (V. 1434, 1436). Aischylos darf schließlich, „erprobt als Weiser", „der Geist,/ Kenntnis und Geschmack besitzt" (V. 1482–84), zurück in die Heimat, um die Stadt „mit besonnenem Rat" (V. 1503) zu retten, „weil ihn tiefe Einsicht schmückt" (V. 1490).[27] Was für die Knaben der sie bildende Lehrer sei, sei, so Aischylos, „für Erwachsene der Dichter" (V. 1055) – nach Stanley Cavell und Hilary Putnam wäre er genau deshalb auch ein Philosoph.[28]

Tragiker und Denker unterschieden sich zwar in dem Medium, der Form und Methode der Vermittlung von Wahrheit, nicht aber in ihrer Funktion, Bilder und Aufklärer der Bürger – nicht nur einer Elite – zu sein.[29] Diese antiken Intellektuellen konkurrierten in einem Wettbewerb um die beste Erziehung der Bürgerschaft.[30] Durch ihre Texte und deren Darbietung ermöglichen sie der Polisgesellschaft eine Verhandlung ihrer Normen, Werte, Wissensbestände, Praxen, ihrer offenen Fragen und ihrer politischen Krisen. Darin waren Tragiker und Denker verbunden: „The sophists and tragedians share the intellectual life of fifth-century not as proponents of high art and low rhetoric but as parallel investigators of the position of man in language and

---

[26] Wie diese Ansprüche den Tragikern aber misslingen, zelebriert ihr noch lebender Konkurrent Aristophanes mit genüsslicher Übertreibung, vgl. etwa Dionysos' köstliche Reaktion (V. 980–991).
[27] Die existentielle Rolle des Denkens, die trotz aller Satire hier den Dichtern als Denkern zugebilligt wird, betont abschließend nochmals der Chor, der die Götter bittet, auch der Polis, zu der Aischylos aus der Unterwelt hochfährt, „heilsame Gedanken" zu schenken, denn nur diese könnten die Bürger „von Jammer und Not" befreien (V. 1530 f.).
[28] Angesichts der ungeklärten Fragen der Philosophie erscheine diese als „education of grownups" (Cavell 1979, S. 125). Cavell meint freilich – anders als die Wissen beanspruchenden Tragiker bei Aristophanes –, dass man angesichts der offenen philosophischen Fragen lernfähig sein müsse. Philosophie ist also demnach „self-education of grownups". Ähnlich sokratisch sieht es Hilary Putnam: „Philosophers are, ideally, *educators* – not just educators of youth, but of themselves and their peers" (Putnam 1989, S. 90).
[29] Insbesondere die Dichtung wirkte auf alle Gesellschaftsschichten. Selbst für Arme, die kaum schreiben konnten, war die „exposure to poetry [...] intense and memorable" (Bers 2014, S. 177).
[30] Vgl. Nussbaum 2001. In Nussbaum 1986 behandelt die Autorin Tragiker und Philosophen gemeinsam als Denker in einem sachbezogenen philosophischen Diskurs.

society."[31] Erziehung (*paideia*) sollte freilich nicht im Sinne einer Katheder-Didaxe verstanden werden. Die tragischen Poeten schrieben keine Weisheitskompendien, sondern waren insofern Agenten der Selbstverständigung, als sie die Zuschauerinnen und Zuschauer zum Selbstdenken provozierten, indem sie Möglichkeiten des Menschlichen durchspielten und darin zugleich Normen der Polis auf den Prüfstand stellten. Nicht nur Normen der Polis wurden so befragt, sondern auch die Möglichkeiten und Risiken rationaler Lebensführung unter den Bedingungen der Kultur (Kap. 5) und der Fragilität menschlicher Werte und menschlicher Lebensführung (Kap. 8). Im Athen des 5. Jahrhunderts v. Chr. war die Frage, „what it meant to be a human being living in a city", etwas „(democratically) shared problematic"[32], das in Tragödien verhandelt wurde.

Die attische Tragödie ist also, so oft ihr auch in der Moderne Dunkelheit und Unverständlichkeit zugeschrieben worden ist, keine irrationale poetische Imagination, die der philosophischen Rationalität gegenüberstände, sondern „the rationality of the form of Greek tragedy only sets off the irrationality that it reveals just below the surface of myth, cult, and other social forms."[33] Die Tragödie befragt alles, was zur Bedingung des menschlichen Lebens unter den bekannten kulturellen Bedingungen wird, und damit auch die Ordnung der Polis. Doch befragt sie sie nicht aus einer Position kritischer Peripherie, sondern aus dem Zentrum der politischen Gemeinschaft heraus. Politisch war die Tragödie nicht (allein) im kritischen Widerstand gegen eine bestimmte Politik der Regierung oder das gesellschaftliche Establishment in dem Sinne, in dem heute landläufig Kunst als politisch verstanden wird. Die Tragödie und ihre Festspiele waren vielmehr selbst ein wesentlicher Teil der demokratischen Selbstherrschaft der Bürger, staatlich organisiert und von einflussreichen Personen finanziert. Gleichwohl bildete die Tragödie ein Forum für politische Selbstreflexion. Sie war gewissermaßen „a dramatic institution elevated by democracy to check democracy."[34] Sie irritierte die noch junge Demokratie durch beunruhigende Szenarien, zugleich festigte sie die demokratische Bürgerschaft durch das kommunale Ereignis der Bürgerperformance bei den Festspielen. Der Tragödie kommt daher eine bemerkenswerte Gegenstrebigkeit zu. Während sie im Zentrum der rituellen, dem Gott Dionysos gewidmeten Festspiele stand, erlaubte sie, das in dem aus der Fremde kommenden Gott Dionysos verkörperte Unerwartete, Unplanbare, Umschlagende und Zerstörerische wahrzunehmen und durch den rituell-ästhetischen Ausnahmecharakter der Festspiele zugleich apotropäisch abzuwehren (Kap. 9). Indem sie den Schrecken angesichts der Zerstörung gewachsener und doch in jedem Augenblick fragiler Identitäten – von Individuen, Familien und Staaten – künstlerisch inszenierte, be-

---

31 Goldhill 1986, S. 229. Zu den vorplatonischen Theorien zur intellektuellen Rolle der Tragödie siehe Richter 1983, S. 173–176.
32 Goldhill 1986, S. 243.
33 Segal 1986, S. 23.
34 Chou 2012, S. 19. Vgl. auch Cartledge 1997 und Carter 2007.

kräftige sie zugleich die Bürgerschaft im gemeinsamen Bewusstsein nicht-verdrängter Risiken und gemeinsamer Aufgaben.

2.2 Das anthropologische Interesse der Tragödie

Im Zuge der neuzeitlichen Aufklärung, spätestens in der nachidealistischen Philosophie Arthur Schopenhauers und Friedrich Nietzsches, ist das explizite Sich-zum-Problem-Werden des Menschen zu einer Aufmerksamkeit gelangt, die viele Denker dazu motiviert hat, eine Selbstproblematisierung des Menschen erst für die Moderne zu reklamieren.[35] Damit wird nicht nur die Radikalität etwa des sokratischen Fragens und überhaupt der hauptsächlich am Menschen interessierten antiken Philosophie seit den Sophisten unterschätzt. Schon die antike Tragödie ist ein große Kreise der Bevölkerung der Polis einbeziehendes Medium der Selbstbefragung und -problematisierung nicht nur der je anwesenden Bürger, sondern noch allgemeiner: des Menschen gewesen. Ihre künstlerische Kraft, die emotional ergreift *und* zu denken gibt, wird in Sokrates' offener Frage nach dem Menschen und seinem richtigen Leben *fortgesetzt*. Damit ist eine weitere, am Ende dieser Arbeit aufgenommene These bereits benannt: Die Philosophie, so wird argumentiert werden, ist nicht, wie Nietzsche meinte, das Andere der Tragödie, sie steht vielmehr trotz offenkundiger Unterschiede in einer kontinuierlichen Beziehung zu ihr und nimmt die Problematisierungen der Tragödie – nicht ohne scharfe Abgrenzung – wie ein Kommentar auf. Zur Zeit ihrer Blüte im 5. Jahrhundert v.Chr. in Athen war die griechische Tragödie das sicher wirksamste öffentlich-ästhetische Medium menschlicher Selbstverständigung. Damit war sie – nicht nur, aber auch – eine theatrale Form von Philosophie im Sinne einer Befragung und Reflexion der *conditio humana*, bevor nach dem fast zeitgleichen Tod der großen Tragiker Sophokles und Euripides (406/405 v.Chr.) und dem des Sokrates (399 v.Chr.) der platonische Dialog beanspruchte, die Tragödie als Medium der Frage des Menschen an und nach sich selbst in einer bewusst exponierten Konkurrenz abzulösen.[36] Er ist ebenfalls eine schriftliche Form mündlicher Auseinandersetzung, wie seine Sprache auch poetisch und rhetorisch, doch argumentativ-diskursiv ist. Er reduziert das Element des leibhaftigen Handelns und verzichtet zusammen mit der rituellen Aufführung zugleich auf den öffentlich wahrnehmbaren Ausdruck einer individuellen Leiderfahrung. In diesem Sinne ist Sokrates, der ohne Angst gelassen dem Tod entgegengeht, ein antitragischer Held.[37] Doch Platons Anspruch und seiner Rezeption in der Neuzeit darf nicht darüber hinwegtäuschen, dass die Tragödie als

---

35 Unter vielen Beispielen siehe etwa Max Scheler: „Wir sind in der ungefähr zehntausendjährigen Geschichte das erste Zeitalter, in dem sich der Mensch völlig und restlos „problematisch" geworden ist; in dem er nicht mehr weiß, was er ist, zugleich aber auch *weiß, daß* er es nicht weiß." (Scheler 1995, S. 120).
36 Vgl. Nussbaum 1986, S. 122 ff.
37 Siehe Kap. 9.3.

Text- und Theaterform neben der Philosophie fortbestand – nicht nur im 4. Jahrhundert v.Chr., sondern auch im Hellenismus und im Römischen Reich – und sich die Philosophie erst gegen den Anspruch der Dichter als Lehrer der ethischen Einsicht durchsetzen musste.[38]

Die Nähe von Tragödie und Philosophie zeigt sich vor allem in der Verhandlung dessen, was man *conditio humana* nennen kann. Die Tragödie kommentierte zugleich die aktuellen politischen und sozialen Probleme und befragte in einem allgemeinen Sinn die kulturellen Bedingungen des menschlichen Lebens. Indem sie in ihren Vorführungen bedenkenswert, ergreifend und irritierend erscheinen ließ, was die wahre Bedeutung von Handlungen ist, die sich gegen die Entscheidungen der Akteure verkehren, schuf sie erst ein Bewusstsein davon, wie konflikthaft, ambivalent und fragil Lebensformen und Identitäten sind. Das Kennzeichen der geistigen Kultur Athens zur Zeit der Tragödie war „the central importance of ‚the human', *to anthropion* in Thucydides' term. Human questions had always been the principle concern of Greek poetry."[39] Im Laufe des 5. Jahrhunderts v.Chr. wurden die Fragen nach dem Menschen systematisch von der Philosophie, den Dichtern, Ärzten, Politikern und Historikern gestellt. „Die „anthropologische Wende"[40] des griechischen Denkens ist somit nicht allein ein Signum der Sophistik oder Sokratik, sondern bereits der Tragödie, die theatralisch den Menschen ins Zentrum der Aufmerksamkeit rückt.

Die griechischen Dichter und Denker stellten die Fragen nach dem Menschen auch gezielt mit Blick auf andere, entfernte und fremde Ethnien und Staaten. Als Beispiel mag Thukydides' Hypothese gelten, an der innergriechischen Auseinandersetzung im Peloponnesischen Krieg lasse sich die Natur des Menschen ablesen: Parteikämpfe um Macht werde es mit entsprechenden schmerzhaften Folgen in der Verschiedenheit ihrer „Erscheinungsformen" immer wieder geben, „solange das Wesen der Menschen gleichbleibt"[41]. Reden über das, was Menschen wesentlich ausmacht, sind, auch wenn sie, anders als Thukydides, seine Geschichtlichkeit, Differenz und kulturelle Bedingtheit herausstellen, universelle Hypothesen, die implizit oder explizit kulturell andere Menschen einbeziehen. So stellt das älteste überlieferte Drama Europas, Aischylos' 472 v.Chr. uraufgeführte *Perser*,[42] die menschliche Erfahrung tragischen Scheiterns *aus der Perspektive* derjenigen dar, die kurz zuvor von den Athenern, zu denen Aischylos als Kämpfer selbst gehörte, besiegt worden waren. Das

---

38 Vgl. Garland 2004.
39 Wallace 2007, S. 219.
40 Müller 2003, S. 51.
41 Thukydides: *Der Peloponnesische Krieg* III, 82, 2. Diese Universalisierung der Machtpsychologie des Menschen, die Nietzsche so an Thukydides faszinierte, hat enge Verbindungen zur Grundlegung der hippokratischen Medizin als einer *technē*, die mit einer konstanten Funktionsweise und Form der menschlichen Natur rechnen zu können glaubt. Siehe dazu Rechenauer 1991. Mehr als Thukydides war der Geschichtsschreiber Herodot an Sitten und Lebensweisen anderer Kulturen außerhalb von Hellas interessiert.
42 Die Angaben zu Erstaufführungen der Tragödien folgen jeweils Beck 2008, S. 1–6.

Leiden der mit größter Empathie gezeichneten „Barbaren" ist zwar das der kulturell Anderen, die als Feinde negativ charakterisiert werden, aber damit nicht weniger menschlich als das mögliche eigene Leid der Zuschauer. Perser und Griechen erscheinen in dieser Tragödie, was das Humane des Bewertens, Wollens, Handelns und Leidens angeht, als prinzipiell verwandt.[43]

Die Darstellung des tragischen Menschen, der erst mit der Tragödie erschlossen wurde, von ihr aus allerdings auch in der frühgriechischen Literatur erkennbar ist,[44] formte die Einsicht, dass der Mensch nicht in gleicher Weise wie die Gegenstände, die er in seiner kulturellen Praxis erkennt, bestimmt und gebraucht, selbst zu bestimmen ist. Eine bis heute bemerkenswerte „Lehre" der Tragödie besteht gerade in der von der modernen philosophischen Anthropologie und Phänomenologie – Nietzsche, Plessner, Scheler, Gehlen, Heidegger, Cassirer u. a. – begründeten Einsicht, dass der Mensch sich selbst als eine *offene Frage* erfährt, deren Antwort sich nicht in einer Sammlung eindeutiger Propositionen erschöpft. Die Identitätsverluste und Irritationen des Selbstverständnisses der tragischen Figuren eröffneten dem Publikum einen Denkraum für die Frage, wer man angesichts erschütternder tragischer Katastrophen überhaupt *selbst* sei.[45]

---

43 Vgl. Critchley 2019, S. 4: „The first rule of war is sympathy with the enemy." Es ist zugleich gegen mögliche Idealisierungen der Empathiefähigkeit der Athener wichtig zu bemerken, dass mit der Selbstbezeichnung der Perser als „Barbaren" eine kulturelle Distinktion zwischen Europa und Asien – bzw. den Griechen und dem Rest der Menschheit – aufgebaut und damit der die europäische Imaginationsgeschichte prägende Orientalismus vorbereitet wird – die problematische Konstruktion eines imaginären Ostens aus westlicher Sicht. Die Griechen, insbesondere die Athener, exportierten gleichsam das Negativ ihrer eigenen Ideale in andere (ebenfalls hellenische) Poleis und andere Völker bzw. Ethnien und sind insofern auch Vorläufer der evaluativ geladenen kulturellen Distinktionen, die sich erst im Kolonialismus und Rassismus der Moderne fatal manifestierten (vgl. Hall 1989). Gleichwohl ist es bemerkenswert, dass sich die Imagination des Fremden in der Tragödie nie abfällig, sondern immer auch als Wahrnehmung des Humanen im Anderen entfaltet. Zudem unterlaufen die Tragiker die wertende Distinktion und führen auch Griechen, die sich „barbarisch" verhalten, oder „edle Barbaren" vor (vgl. Hall 1989, S. 201 ff.).
44 Vgl. Vernant 1990b, S. 240.
45 Vgl. Vernant 1990c, S. 121. Zur konstitutiven Offenheit des Selbstbegriffs des Menschen trotz zahlloser und überzeugender Definitionsversuche vgl. Blumenberg 2006, S. 478 ff. Bewusst wird hier von philosophischer (ohne Majuskel) Anthropologie gesprochen, um die Denkerinnen und Denker mit einzubeziehen, die nach der spezifischen Lebensform und Existenzweise des Menschen gefragt haben, ohne notwendigerweise vom Leib und dem Prozess des Lebendigen *auszugehen*. Es gibt Argumente dafür, genau darin das Forschungsprogramm der Philosophischen Anthropologie (Scheler, Gehlen, Plessner) zu erkennen und es von anderen abzugrenzen (so Fischer 2008). Von der Sache her – der Frage nach der Bestimmung des Menschen als Natur- und Kulturwesen – erscheinen die Argumente aber nicht sehr hilfreich, da das Erkenntnisinteresse am Menschen bei anderen Denkern durchaus ähnlich ist und die Theorien in vielfacher Hinsicht aneinander anschlussfähig sind. Zudem unterscheiden sich Scheler, Gehlen und Plessner selbst auch in Stil, Ansatz, Methode und Ergebnis. In dieser Arbeit wird jedenfalls ein *weiter Begriff philosophischer Anthropologie* vertreten, der auch Texte mit einbeziehen, die – wie die antiken – lange vor der Einführung des Worts und dem Forschungsprogramm geschrieben wurden (gleiches gilt für einen weiten Begriff der Kultur bzw. Kulturphilosophie). Dieser

Die tragischen Helden waren daher nicht nur Repräsentanten einer vergangenen und fremden Zeit – der der archaischen Heroen – und auch nicht nur Masken der Bürger dieser bestimmten ersten Demokratie in Athen, sondern komplexe und zu denken gebende Beispiele für die *conditio humana* selbst: „tragedy prompts the spectator to submit the human condition, limited and necessarily finite as it is, to a general interrogation."[46] Aus der Erklärungsgewissheit des Mythos wurde das gesteigerte Risikobewusstsein der Tragödie, aus der Fraglosigkeit erzählter Geschichten die Fragwürdigkeit des Leids, das ihre Personen erfahren und zum Ausdruck bringen. Dabei stellt die theatrale Tragödie Einzelne und ihre Erfahrung ästhetisch ins Zentrum öffentlicher Wahrnehmung.

In der Verhandlung politisch aktueller Fragen in diesem „inherently political genre"[47] hat die Tragödie zugleich eine anthropologische Allgemeinheit gewonnen, vor allem aus ihrer expressiven Darstellung menschlichen Leidens. Die bis heute schreckenerregende Weise der dramatischen Verhandlung menschlicher Schicksale, für die die Tragödie steht, lag in der sprachlichen und theatralen Inszenierung eines negativen Extrems. Das tragische Leid wurde rhetorisch und performativ bis in ein erschütterndes Maximum gesteigert, in dem die anthropologische Funktion der tragischen Darstellung zutage trat. Denn das Leid konnte, so führen die Stücke vor, buchstäblich jeden und jede treffen: Ausnahmehelden wie Verbrecher, Königinnen und Asylsuchende, Tyrannen und Boten, Männer und Frauen, vorsichtige wie stürmische Charaktere, junge wie alte Personen, arme wie reiche, Griechen wie Nicht-Griechen, selbst Titanen und Halbgötter. Die Gefahr, in einer Tragödienhandlung zu einer exzessiv leidenden Person zu werden, wurde dadurch als allgemeine Gefahr menschlichen Handelns erkennbar.

Der attischen Tragödie ist damit eine Widersprüchlichkeit eingeschrieben: Einerseits spielten in den von männlichen Bürgern geschriebenen Dramen ausschließlich männliche Bürger für Zuschauer, deren Mehrheit männliche Bürger waren. Es war eine im Privileg entwickelte Kunst. Andererseits war durch die Vielfalt an politischen, gesellschaftlichen und kulturellen Kontexten und unterschiedlichen normativen Orientierungen der Figuren eine Tendenz ins Universale eingeschrieben.

---

weite anthropologische Begriff gilt ebenfalls für die Arbeiten von Denkern wie Charles Taylor oder Ernst Tugendhat (Ch. Taylor 1985a; Tugendhat 2010a). Mit Volker Gerhardt soll unter diesem Begriff die „begriffliche Selbstauslegung des Menschen" (Gerhardt 1999, S. 187–192), durchaus also eine Hermeneutik der Existenz, verstanden werden. Es geht dabei um die Fragen nach denjenigen Bedingungen menschlichen Lebens, Handelns, Denkens und Fühlens, die nicht allein mit den Mitteln der Biologie, Chemie oder Physik zu verstehen sind, also gerade nicht um eine Definition des Menschen im Sinne eines Gegenstands (eines biologischen Systems), sondern um die Bedingungen, Formen und Auswirkungen seiner individuellen, reflexiv verstandenen und geformten sowie intersubjektiv geteilten Erfahrung des Lebens, Handelns, Denkens und Fühlens, die sein Selbstverständnis bedingt. Philosophische Anthropologie im weiten Sinn ist demnach die theoretische Form, die die Selbstverständigung von Menschen, wer sie überhaupt sind und sein können, annimmt.

46 Vernant 1990b, S. 247.
47 Goldhill 2007, S. 3.

Leiden, so zeigen die attischen Tragödien, ist nicht verlässlich externalisierbar auf besiegte und unterdrückte Menschen. Jede und jeder kann in es stürzen. Weil die Tragödie sich daher prinzipiell an alle Menschen richtet – was sich in ihrer mittlerweile globalen Wirkungsgeschichte bestätigt –, konnte sie auch verschiedene praktische Auseinandersetzungen auf mehreren Ebenen verhandeln. Dazu gehören die politische Auseinandersetzung zwischen der alten Ordnung, in der Adlige und reiche Grundbesitzer das Gros an Macht hatten, und der neuen der Demokratie, in der möglichst alle Bürger mit einbezogen wurden; die Auseinandersetzung mit gesellschaftlichen Gender-Rollen zwischen den politisch teilhabenden Männern und den gleichwohl nicht bloß passiven häuslichen Frauen, die in den Tragödien eigene existentielle Ansprüche mit Tatkraft verfolgen, selbst wenn sie damit – wie die Männer – scheitern; die religiöse Auseinandersetzung zwischen der überlieferten theologischen Ordnung der Zeusherrschaft und ihrer bei den Griechen immer wieder literarisch dargestellten Fragwürdigkeit; schließlich die philosophische Auseinandersetzung zwischen der Erfahrung der eigenen Handlungsmacht und der damit verbundenen Erhöhung des Risikos zu scheitern und zu leiden.

Als theatrales Spiel, das auf einer dramatischen Vielfalt von Stimmen beruhte, war die Tragödie ein Medium demokratischer Kommunikation. Anders als die den waffenfähigen männlichen Bürgern vorbehaltenen Räte, Gerichte und Volksversammlungen, erlaubte die Tragödie, auch die Stimmen von politisch marginalisierten Bevölkerungsgruppen wie Frauen, ansässigen Fremden (Metöken) und Sklaven vernehmbar zu machen. Hatten diese keine politischen Partizipationsrechte (wie die Frauen und Metöken) oder galten als nicht-rechtsfähiges Eigentum (Sklaven), unterlief die Tragödie – wie auch die Komödie – die patriarchale Exklusion bereits dadurch, dass sie ihnen Stimmen – als Individuen und im Chor – innerhalb der Polisöffentlichkeit verlieh und zumindest in den Frauen auch zu heroischen Protagonistinnen machte. So entziehen sich die weiblichen Figuren dem rituellen Frauentausch zwischen Männern, bei dem sie bloße Objekte darstellen, oder der passiven Befolgung männlicher Anweisungen und handeln nach eigenen Ansprüchen und Gründen wie Klytämnestra, Medea, Deianeira, Alkestis oder Antigone, auch wenn dies negativ auf sie zurückschlägt und schließlich misslingt.[48] Im Scheitern stehen sie aber nicht den Männern als den Erfolgreichen gegenüber, deren patriarchale Macht bestätigt würde, denn auch diese erfahren an sich das Scheitern der Praxis und der sie tragenden Ordnung sowie die Verwandlung ins Objekthafte.[49] Besonders für Frauen gilt das Zur-Sprache-Kommen in der Tragödie – anders als in der Polis –, weshalb bis heute tragische Frauengestalten zu Protagonistinnen feministischer Diskurse werden, insbesondere Antigone und Medea.[50] Mitunter gilt es jedoch auch für abhängige, politisch

---

[48] Vgl. dazu die Studien von Wohl 1998 und Foley 2001.
[49] Zur Struktur der Erfahrung dieser Verwandlung ins Passive – für männliche wie weibliche Figuren – siehe Kap. 6 und 7.
[50] Siehe Butler 2001a und 2001b; Stephan 2006; Söderbäck 2010. Man darf nicht vergessen, dass die Handlungsmacht von Frauen in der Tragödie nicht durch handelnde Schauspielerinnen performativ

gänzlich rechtlose Figuren wie etwa die handlungstragende Amme in Euripides' *Hippolytos*. Aus ihnen spricht zudem nicht selten etwas mehr praktische Rationalität als aus den Äußerungen der betont maskulinen Helden. In jedem Fall gibt die Tragödie Frauen laute Stimmen, die sie in der politischen Praxis Athens so nicht hatten.[51]

In der Tatsache, dass männliche Schauspieler diese Rolle maskiert spielten, hat man einen Einwand gegen die Reichweite der Tragödie als Institution experimenteller Anerkennungsverhältnisse gesehen. Doch kann sich aus dieser Beobachtung auch ein Argument *für* den allgemeinen Anspruch der Tragödie ableiten, denn der durch Masken und Kostüme ermöglichte Identitäts- und Genderwechsel der zwei bis drei Schauspieler pro Aufführung, die mehrere geschlechtlich und sozial differenzierte Rollen übernahmen, führt theatral vor, dass stereotype Rollenmuster eine Konstruktion sind, die man im Spiel (und für die Athener nur dort) ohne Probleme aufheben konnte – die typisierende Indikation einer anderen Physiognomie und Kleidung genügte. Letztlich, so zeigt die theatrale Technik der Tragödie für die schauspielenden Bürger, kann sich jeder Mensch in jeder Rolle wiederfinden – auch der stärkste maskuline Mann in der einer leidenden Königin, die zur Sklavin gemacht wurde. Und jeder Mensch, weiblich und männlich, alt und jung, kann um jeden klagen: Während in den homerischen Epen, die von klagenden und weinenden Figuren voll sind,[52] fast ausschließlich tote Männer von Männern beweint und beklagt werden, weinen und klagen in den Tragödien Frauen und Männer um Frauen und Männer, Eheleute und Freunde umeinander, Kinder um ihre Eltern und anders herum, Dienerinnen und Diener um die Leidenden und diese um sich selbst.[53] Die gesellschaftlichen Rollen sind nicht metaphysisch oder von Natur aus zugeteilt, sondern eine Konsequenz politischer Machtverhältnisse. Das tragische Leid jedoch kann alle treffen.

Die Tragödie bekräftigt als kommunales Erlebnis die soziale und politische Ordnung der Polis. Aber sie bildet auch eine performative Infragestellung des Sachverhalts, dass die Griechen als vielleicht erste ein Ideal individueller Selbstbestimmung im Kontext einer auf Rechtsgleichheit gründenden Demokratie formulierten, diese Selbstbestimmung und Freiheit jedoch dem größeren Teil der Bevölkerung, die das wirtschaftliche Überleben sicherte, nicht zubilligten. Verstörend ist dieses „Paradox der Griechen"[54] deshalb lange für Altertumsforscher gewesen, da die Griechen mit ihrer noch experimentellen Lebensform auf die legitimierende Kraft begründender

---

eingeholt wurde. Daher ist fraglich, inwieweit damit weibliches Empowerment in der patriarchalen Gesellschaft Athens verbunden sein konnte. Problemlos haben allerdings in der Moderne Frauen weibliche (und männliche) Rollen in der Tragödie übernommen, ebenso wie diese von Menschen unterschiedlicher ethnischer Zugehörigkeit übernommen werden (vgl. Hall 2004, S. 15). Die Tragödie ist für kulturell vielfältige Adaptionen bemerkenswert offen.
51 Vgl. Hall 2004, S. 9 f.
52 Vgl. Monsacré 1984. Zudem werden die männlichen Nebenfiguren nicht beklagt. Das holt eindrucksvoll Oswald 2011 nach.
53 Vgl. Merthen 2005, S. 69 f.
54 Knox 1989, S. 63–70, hier: S. 70 (Übersetzung von A.T.).

Rede setzten, indes – verständlicherweise – keine nach ihren eigenen Maßstäben überzeugende normative Theorie rechtlicher, sozialer und politischer Segmentierung entwickelten. In Bezug auf diese angesichts des intellektuellen Anspruchs der Athener bezeichnende Leerstelle wirkt die Tragödie zuweilen klüger als die Diskurse und Praktiken ihre Zeit.

In der Vielstimmigkeit des tragischen Spiels brachte diese theatrale Form unter ästhetischen Bedingungen individuelle Erfahrungen zu einem öffentlichen Ausdruck. Die als Aufführung sozial interaktive Form der Tragödie stellte somit eine ästhetische Einladung an ihre (meist männlichen, vermutlich aber auch weiblichen und sozial abhängigen) Zuschauer dar, der Problematisierung und Befragung des Menschlichen mit *eigenem* Urteil und mit *eigener* emotionalen Ergriffenheit zu folgen. Aufgrund des großen Erfolgs der geistig anspruchsvollen, für die europäische Literatur- und Theatergeschichte maßgebenden Stücke darf man vermuten, dass ein Großteil des attischen Publikums, das die Stücke aufzuführen und zu bewerten hatte, Aristoteles' Erklärung des Vergnügens an der Tragödie für zutreffend gehalten hätte. Aristoteles begründet die Lust, künstlerische Darstellungen des Negativen, das in der Lebenswelt abgewehrt wird, zu rezipieren, mit dem Argument, dass in der künstlerischen Mimesis die Erkenntniskräfte geübt würden und aus dem Gesehenen zu lernen sei. Etwas „zu erkennen" sei aber „nicht nur für Philosophen höchste Lust"[55]. Ergriffenheit vom tragischen Pathos und Erkenntnis erzeugen sicher nicht nur Lust, sondern auch Ambivalenz. Diese schließen sich jedoch auch nicht aus.

2.3 Zum Verhältnis von Tragödie und Philosophie

Die sachliche und von den Zeitgenossen ausdrücklich anerkannte Nähe zwischen Denkern und Dichtern im 5. Jahrhundert v.Chr. sollte ein deutliches *caveat* für die Abgrenzungsrituale der Moderne gegenüber dem bieten, was ihr vorherging. Seit Hegel und Nietzsche ist über Benjamin, Brecht, Lukács, Adorno und andere bis in die Gegenwart[56] immer wieder die Ansicht vertreten worden, die Tragödie sei ein Vergangenes. Insbesondere Nietzsches These erwies sich als wirkmächtig, dass der sokratische Rationalismus und die wissenschaftliche Prosa Platons die noch nicht selbstreflexive Kunst, die das Unbewusste, Rauschhafte und Dionysische, das Plötzliche, Schreckliche, den Kult und die Religion zu zelebrieren wusste, als eine Art Gegenteil (bewusst, um Klarheit bedacht, apollinisch, harmonisierend, vermittelnd, säkular) abgelöst hätten. Durch die Verabsolutierung von evidenten Differenzen – vor allem der zwischen ästhetischem und diskursivem Denken, zwischen Darstellung des Schreckens und theoretischer Distanz – wurde die intellektuelle Leistung der Tragödie abgewertet, selbst wenn man sie, wie Nietzsche, gegenüber der Philosophie aus-

---

[55] Aristoteles: *Poetik*, 1448b14.
[56] Bspw. Nancy 2008.

zeichnen wollte. Diese exklusive Gegenüberstellung ist bis heute in den philosophischen Institutionen vor allem im angelsächsischen Bereich wirksam, wo Philosophie prinzipiell keine Dichtersache ist und literarische Arbeiten selbst ausgewiesener Philosophen (etwa Rousseaus *Émile* oder Nietzsches *Also sprach Zarathustra*) oft ins Reich „bloßer Literatur" abgeschoben werden. Diese Selbstverbarrikadierung eines philosophischen Stils mit methodologisch exklusivem Erkenntnisanspruch ist ein Erbe der platonischen Abwertung der Dichtung, aber keine notwendige Folge der in den Wissenschaften vertieften Arbeitsteilung, da diese mit einer Pluralität von Denkquellen vereinbar ist. Die methodologischen Verengungen sind seit den 1980er Jahren von angelsächsischen Philosophinnen und Philosophen wie Martha C. Nussbaum, Stanley Cavell, Bernard Williams, Hilary Putnam oder Simon Critchley und in Deutschland von Denkern wie Christoph Menke, Axel Honneth, Volker Gerhardt, Rahel Jaeggi, Martin Seel, Michael Hampe oder Peter Sloterdijk wieder geweitet worden. Andere, vor allem Vertreter des Existentialismus, Strukturalismus und Poststrukturalismus aus Frankreich, sind der Literatur ohnehin gegenüber aufgeschlossen geblieben und denken auch heute mit ihr ebenso wie mit philosophischen Texten. Die historisch vielfachen Verbindungen von Literatur und Philosophie sind also keineswegs *ad acta* gelegt.[57]

Die Anerkennung ästhetischer Verhandlung philosophischer Probleme in der Kunst ist eine Voraussetzung dieser Arbeit, die die Tragödie als *ein* Medium praktischer und politischer Selbstreflexion interpretiert. Dabei soll die Differenz von dramatischer, zur Aufführung bestimmter Dichtung und dem philosophischen Metadiskurs in Prosa nicht verkürzt werden. Die Tragödientexte und andere Dichtungen bestehen nur selten in systematischen Argumentationen, wie Philosophie gerade in Zeiten normierter und möglichst in einem bestimmten Stil verfasster Aufsatzformen oft keinen ästhetischen Anspruch verfolgt und dadurch das Potential, dass die erfahrbare Form des Denkens in der Sprache seinen Gehalt mitprägt, unentfaltet lässt. Aber aus der Dichtung kann die Philosophie gerade ein Verständnis für das gewinnen, was sie zugunsten des platonischen und in der Neuzeit von Descartes hochgehaltenen Ideals klarer Logizität methodisch immer wieder aus dem Blick verloren hat: die nuancierten, nicht restlos transparenten, mitunter begrifflich kaum zu fassenden Dimensionen menschlicher Erfahrung. Bis heute werden sie immer wieder als irrational qualifiziert, als sei vernünftig nur das Wissen in Form von diskursiv klar begründbaren Urteilen. Zu diesen Dimensionen menschlicher Erfahrung gehören Wahrnehmungen wie Imaginationen, intensive Empfindungen ebenso wie ambivalente Gefühle; das Spektrum leiblicher Sensibilität ebenso wie große Leidenschaften; latentes Begehren ebenso wie Formen unnachgiebigen Wollens; Ahnungen und Intuitionen ebenso wie Gewissheiten; „dunkle" oder „verworrene Vorstellungen"[58]

---

[57] Vgl. dazu die Beiträge in Feger 2012.
[58] Siehe dazu Gottfried Wilhelm Leibniz: *Neue Abhandlungen über den menschlichen Verstand*, S. 244–255.

ebenso wie klare im Strom des denkenden Bewusstseins; Artikulationen, die auf das Unbewusste verweisen, ebenso wie die expressive Selbsterfahrung des aufmerksamen Bewusstseins.[59] Wenn man daher verstehen will, was etwa tragisches Leiden ist, muss man hören, sehen und lesen, wie dieses Leid sich artikuliert.

Die Verkürzung des literarischen Textes und seiner theatralen Aufführung zur philosophischen, soziologischen oder historischen Quelle soll dabei vermieden werden. Die Tragödie ist nicht erst aus heutiger Sicht ein Kunstprodukt, das von seiner *ästhetischen Inszenierung* im Theater lebt. Auch wenn die Tragödie aus dem Dionysos-Kult entstanden ist, ist die Form, in der sie uns durch die Stücke der drei großen Tragiker überliefert ist, kein religiöser Kult. Ihre welthistorisch unerhörte Funktion, zentraler Teil eines politisch eingesetzten Festes für alle Bürger zu sein, reduziert sie dabei nicht auf die Funktion politischer Symbolik oder ethisch relevanter Konfliktdarstellung. Die attische Tragödie begründet das europäische Theater als eine primär *ästhetische* Anstalt. Alles, was die Tragödie philosophisch, psychologisch, soziologisch und historisch vermittelt, vermittelt sie *als Kunst*. Nichtsdestoweniger kann ein im weiten Sinn anthropologischer Ansatz den Anspruch erheben, aus der Tragödie Erkenntnisse über den Menschen zu erhalten, die auch jenseits der ästhetischen Form, durch die sie überhaupt erst greifbar werden, Geltung haben, sofern sie diese Erkenntnisse aus der Reflexion *auf* die ästhetische Form und Kraft der Artefakte und ihrer performativen Darbietung gewinnt. Die Form der Darstellung ist dem Gegenstand nicht äußerlich und muss entsprechend mitgedacht werden. Nur so kann eine hinreichend behutsame und doch notwendigerweise die Form aufbrechende Lektüre als Übersetzung ästhetischen Denkens in philosophische Diskursivität gelingen. Damit werden die in der Tragödie aufgeführten Zusammenhänge auch argumentativ diskutier- und kritisierbar. Zudem wird eine philosophische Reflexion für die Beantwortung der ästhetischen Frage dienlich sein, warum die Tragödie über ihre 2.500-jährige Geschichte immer wieder in beispielloser Weise wirksam geworden ist und

---

59 Trotz des Ideals begrifflich klarer Distinktionen hat sich die Philosophie – wiederum zuerst bei Platon selbst, etwa in seinem dialogischen Nachdenken über die dichterische *mania*, die Lust oder den Eros – immer wieder den Fragen nach der Erfahrung inklusive ihrer nichtbegrifflichen Dimensionen genähert, etwa bei Leibniz und Kant oder im Deutschen Idealismus Schellings und Hegels sowie in der Philosophie des 19. Jahrhunderts, vor allem Schopenhauers und Nietzsches, deren Denken des Unbewussten wiederum die Psychoanalyse Freuds vorbereitete. Im 20. Jahrhundert war es die neue Begriffe und Beschreibungen erfindende Phänomenologie, die den Blick auf die pluralen Phänomene des Bewusstseins richtete, die Existenzphilosophie Jaspers', die späte Philosophie Wittgensteins, das Denken Benjamins oder die von Freud inspirierte Philosophie unbewusster Erfahrung, etwa bei Georges Bataille, der bislang philosophisch kaum bedachte Dimensionen etwa mystischer oder erotischer Erfahrung erkundete. Mittlerweile ist es auch für die analytische Denkrichtung eine Selbstverständlichkeit, nichtbegriffliche Perzeptionen, ästhetische Erfahrungen, Imaginationen oder Gefühle zu erforschen. Ein Philosoph, der aktuell über die „subsemantischen" bzw. „vorprädikativen" Bereiche menschlicher Erfahrung und ihre Anmutungs- und Gefühlsqualitäten nachdenkt, die für eine ursprünglich und stets vorgängig szenische Existenz des Menschen sprechen, ist Wolfram Hogrebe, siehe Hogrebe 1997, 2009, 2013. Vgl. auch Bromand/Kreis 2010.

auch heute (wieder) mit einer nicht gebrochenen, sondern kaum überbietbaren ästhetischen Macht fasziniert.

Die philosophischen und kultursoziologischen Theorien seit ca. 1800, in denen Tragödie und Tragik eine zentrale Rolle spielen, beschäftigen sich bereits mit kulturtheoretischen, geschichtsphilosophischen und politischen Problemen, für die durch die mit der Aufklärung und der Emanzipation des Bürgertums vom Adel einsetzenden Individualisierung eine größere Aufmerksamkeit entsteht. Theoriegeschichtlich auffällig ist der Befund, dass sich viele der tragödientheoretischen Entwürfe der Philosophie des Tragischen seit Schelling und Hegel mit den antiken Tragödien weitaus tiefer auseinandersetzten als mit der Geschichte ihrer poetologischen Reflexion, die seit der antiken Aristoteles-Rezeption im Mittelalter und der Renaissance vor allem an poetologischen Fragen und der Gültigkeit aristotelischer Grundsätze für die jeweils aktuelle Dramatik interessiert gewesen war.[60] Dadurch wuchs den antiken Tragödien im Denken moderner Autoren eine Bedeutung zu, die die Thesen vom Ende der Tragödie unterläuft.[61]

Der wichtigste Gewährsmann für eine philosophische Reflexion auf die Tragödie ist allerdings viel älter, er war noch Zeitgenosse der großen Tragiker in Athen: Platon. Er hat in seiner einerseits ethisch-existentiellen, andererseits ästhetischen Kritik der Tragödie diese als Medium einer in den Werken impliziten Theorie von Wertungen und Verlusterfahrungen, von Ansprüchen an die Welt und metaphysischen Enttäuschungen, von Handeln und Leidexpression, von grundlegenden Fragen des Selbst- und Weltverhältnisses anerkannt. Platon, der sich am schärfsten gegen den erzieherischen Anspruch der Dichter wehrt, nimmt die Tragödie als anerkannte Quelle ethischer Ideen und moralischer Weisheit und als Medium einer Idee tragischen Lebens ernst, das der philosophischen Evaluation bedarf.[62] Seine Philosophie, die die Tragödie zu überbieten beansprucht, steht für die rationale Polis als der „einzig wahre[n] Tragödie"[63]. Eine philosophische Auseinandersetzung mit dieser erstaunlich haltbaren Kunstform hat es demnach bereits in der Zeitgenossenschaft mit der antiken Tragödie gegeben.

Diese Arbeit nimmt diese Tradition auf und versucht zu zeigen, wie die spezifisch eigenständigen, kulturellen Leistungen des Menschen erst die Voraussetzungen dafür

---

60 Vgl. zur antiken und mittelalterlichen Poetik der Tragödie Kelly 1993; zur Poetik der Tragödie seit der Renaissance und des Klassizismus vgl. Gellrich 1988, S. 163–242. Zum Überblick über die Theorie der Tragödie seit dem Barock in Deutschland siehe die umfangreiche Textsammlung von Profitlich 1999 sowie Heuner 2006.
61 Beispielhaft ist hier die subtile Analyse der Tragödie mit und gegen Hegel von Menke 1996a. Zum Überblick über die Philosophie des Tragischen im 19. und frühen 20. Jahrhundert und die Thesen vom Ende der Tragödie siehe Szondi 1978; Galle 1976; Marcuse 1985 [1923]; Alt 1994, S. 290–322; Heidbrink 1999; Schmidt 2001; Frick/Essen/Lampart 2003; Thaler 2003; Galle 2005, S. 157–171; Galle 2007; Hühn/Schwab 2011; Young 2013; Billings 2014.
62 Das betont überzeugend Halliwell 1996 und 1997.
63 Platon: *Nomoi* VII, 817b. Siehe dazu Kap. 3.5 und 9.3. Für Platon ist „the tragic itself [...] a philosophy in embryo" (Halliwell 1996, S. 347).

erzeugen, dass sie in ihr Gegenteil umschlagen und den Menschen existentiell unerträglich belasten können. In dieser Perspektive, in der der Mensch an seine kulturelle Existenz gebunden ist, lässt sich die These der *kulturellen Gründe von Tragik*, die aus der Spannung von technisch verfasster Kultur und dem Unverfügbaren erwachsen, in einer philosophischen Sprache begründen (Kap. 5) und erörtern, wie die Kunst der Tragödie als Ausdruck von Kultur auf das in ihr zur Darstellung kommende Leiden reagiert (Kap. 9).

Das Interesse dieses Versuchs einer neuen anthropologisch-kulturphilosophisch orientierten Tragödientheorie ist letztlich ein praktisches: Wer weiß, was er handelnd riskiert, wird nicht notwendigerweise das Handeln unterlassen, sondern sich ihm womöglich reflektierter, besonnener und damit letztlich gestärkter widmen.

3 Der Umschlag als Gefahr

„Alles Plötzliche erscheint schlimmer."[1]

„Eine plötzliche Verkehrung des Sinnreichsten ins Sinnloseste."[2]

3.1 Die Fragilität menschlichen Lebens und plötzliche Veränderungen

Um die historische Funktion der griechischen Tragödie für das Selbst- und Weltbild der Griechen zu verstehen, ist es ratsam, die historischen und ideenhistorischen Hintergründe nicht nur in Athen zu ihrer Blütezeit, sondern auch davor, im archaischen Griechenland, sowie in den großen mediterranen und vorderasiatischen Reichen zu betrachten. Dazu sind interdisziplinäre Anstrengungen der Altertumswissenschaften nötig, die den Rahmen dieser auf die tragische Erfahrung fokussierten Arbeit aufheben würden.[3] Ein zentraler Gedanke, den dieses Kapitel entfalten soll, scheint zu sein, dass die Tragödie als eine Antwort auf die Fragwürdigkeit eines weit vor der Entstehung des griechischen Denkens etablierten Vorstellung verstanden werden kann. Dabei nimmt sie das bereits frühgriechische, bei Homer und Hesiod nachzuweisende Bewusstsein für die Fragilität menschlichen Lebens und menschlicher Kultur und die daraus resultierende Sorge um Kontinuität auf und verschärft sie theatralisch.

In den großen Reichen in Mesopotamien, der Levante und Ägypten herrschte für lange Zeit die altorientalische wie jüdische Vorstellung einer Gerechtigkeit als Weltordnung vor. Der Grundgedanke dieser Vorstellung war ein göttlich garantierter „Tun-Ergehen-Zusammenhang": der Mensch könne durch sein Handeln sein Wohlergehen im irdischen Leben selbst bestimmen oder zumindest beeinflussen.[4] Ob sich seine

---

[1] Marcus Tullius Cicero: *Tusculanae disputationes* III, 13, 28 (*videntur [enim] omnia repentina graviora*).
[2] Canetti 1986, S. 471.
[3] Dazu verweise ich auf die noch unveröffentlichten Ausführungen in Trautsch 2019.
[4] Der Tun-Ergehen-Zusammenhang wurde zuerst von Klaus Koch 1991 im Alten Testament identifiziert. Zum Hintergrund der für alle frühen Hochkulturen des Mittelmeerraums und Nahen Ostens maßgeblichen Idee einer Gerechtigkeit als Weltordnung und zu dem in ihr impliziten Tun-Ergehen-Zusammenhang siehe Assmann 1990a und 1992, S. 229–258, sowie den Band von Assmann/Janowski/Welker 1998. Jan Assman spricht auch von „konnektiver Gerechigkeit", einer Gerechtigkeit, die Handeln und seine Konsequenzen für das Ergehen gerecht verbindet. Den Tun-Ergehen-Zusammenhang findet man auch in östlicheren Kulturen, etwa im ebenfalls im 1. Jahrtausend v. Chr. entstandenen *Karma*-Konzept des Hinduismus, Buddhismus und Jainismus. Es besagt, dass jedes Handeln (inkl. Sprechen und Denken) an eine seiner ethischen Qualität entsprechende Rückwirkung auf die Handelnden gekoppelt ist, auch wenn diese erst in einer Zukunft weit nach der Handlung erfolgen mag – etwa in einem neuen Lebens nach der Wiedergeburt. Das *karma* (Pali: ‚Tat', ‚Wirken') entspricht

Lebensqualität in förderlicher Weise verändert, hat nach dieser in den alten Kulturen jeweils unterschiedlich, bei den Griechen am fragilsten ausgeprägten Vorstellung damit zu tun, *was* er tut. Um ein gutes Ergehen seiner selbst und seiner Nächsten zu sichern, muss er sich an die göttlichen Normen der Gerechtigkeit halten. Denn selbst wenn, wie Solon dichtet, das Ergehen nicht sofort auf das Handeln und seine Motive folgt, so entgeht „Zeus' Vergeltung" doch nie „auf die Dauer, wer eines Verbrechers/ Gesinnung hegt: am Ende kommt's gewißlich an den Tag!/ Nur zahlt der eine gleich, der andre später" – oder die Buße trifft erst „in Zukunft" die Nachfahren des Täters.[5]

In den griechischen Kulturentstehungslehren tritt eine neue Auffassung hinzu, die die Selbständigkeit des Menschen gegenüber der göttlichen Weltordnung akzentuiert: Die Menschen haben als natürliche Mängelwesen die Aufgabe, die natürliche Welt technisch zu bearbeiten und die soziale politisch zu formen, um Probleme, die bereits von der Natur gestellt werden, zu bewältigen und Chancen des Handelns und Zusammenlebens nutzen zu können.[6] Die daraus entwickelte technisch-pragmatische Lebensform, die bis in die Politik reicht, gründet auf dem Vertrauen in die eigene Fähigkeit zur *Veränderung* unter Bedingungen der Unverfügbarkeit von vielem. Die Valenz dieser Lebensform für das griechische Denken im 5. Jahrhundert v. Chr. zeigt sich unter anderem in der großen Bedeutung des *technē*-Begriffs für das Kultur- und Könnensbewusstsein.[7] Die Vorstellung einer anthropologisch zu erklärenden technisch-pragmatischen Lebensform löst dabei aber nicht das Bewusstsein einer Korrespondenz von Weltordnung, politischer Ordnung, Gesellschaft und individueller Existenz, wie es exemplarisch die kulturübergreifende Idee der Gerechtigkeit verkörpert, im Sinne eines Paradigmenwechsels ab. Vielmehr ergänzt das Könnensbewusstsein in der „heißen"[8] Kultur der kreativen gedanklichen und politischen Ver-

---

funktional der religiös gedeuteten Vergeltungslogik des alttestamentarischen Tun-Ergehen-Zusammenhangs.
5 Solon: Musen-Elegie (13 West), V. 25–32.
6 Vgl. Müller 2003, Trautsch 2019. Auch im Begriff *nomos* (oder *thesis*) drückt sich in Opposition zur *physis* ein Bewusstsein der von Menschen gemachten Kultur aus, siehe Heinimann 1945.
7 Den glücklichen Begriff des *Könnensbewusstseins*, der für die Bereitschaft, Neues zu wagen und das eigene Denken und technische Können so einzusetzen, dass unerwünschte Zustände vermieden und neue Handlungschancen gewonnen werden, hat für das demokratische Athen Christian Meier geprägt. Der griechische Begriff, der ihm am nächsten kommt, ist *auxēsis*: Meier 1980, S. 435 ff., besonders S. 469 ff. (zuerst in: Meier 1978, S. 265–316). Zur großen Bedeutung des *technē*-Begriffs im 5. und 4. Jahrhundert siehe Nussbaum 1986, S. 89 ff., und Löbl 2002.
8 Zu der auf Claude Lévi-Strauss zurückgehenden Unterscheidung von „heißen" und „kalten" Kulturen siehe Assmann 1992, S. 66 ff. Assmann hat gezeigt, dass man diese Differenz eher im Sinn von Polen verstehen sollte, zwischen denen es für Gesellschaften „kulturelle[] Optionen" (S. 69) dafür gibt, wie sehr sie auf Wandel und Innovation oder Gleichgewicht und Kontinuität mit entsprechenden Erinnerungsformen setzen. „Heiße" und „kalte" Elemente sind dabei in Kulturen oft gemischt, was sicher auch für Athen gilt, in dem z. B. weiterhin rituelle und religiöse Traditionen in Kraft waren. Dafür, dass in Griechenland vor allem eine „heiße" Kultur sich ausprägend konnte, kommen viele Gründe zusammen, etwa die hohe Mobilität der Griechen, die vielen Poleis, die agonale Gesellschaft und besonders die kritische Auseinandersetzung mit Traditionsbeständen, was in Hellas vor allem heißt: mit

änderung – der rhetorischen und demokratischen Auseinandersetzung, des kritischen Denkens und der entstehenden Wissenschaften, der künstlerischen Produktion, der ökonomischen Produktivität und der politischen Expansion –, wie sie sich in Griechenland, insbesondere in Athen, im 5. Jahrhundert v. Chr. nach dem Sieg über die Perser stärker ausprägte, die Vorstellung eines normativ gedachten Tun-Ergehen-Zusammenhangs, insofern es diesen im Bereich menschlicher Klugheit gegenüber den natürlichen und politischen Bedingungen der Existenz fortsetzt: Wie es dem Individuum und der politischen Gemeinschaft ergeht, kann es, kann sie durch eigene technisch-pragmatische Rationalität und die von ihr angeleitete Praxis, etwa geschickten Werkzeuggebrauch oder politisches Handeln, stark beeinflussen – und zwar prinzipiell umso mehr, je klüger, geschickter, handlungsmächtiger ein Individuum oder eine Gesellschaft vorgeht.

Es handelt sich daher um eine *Differenzierung des praktischen Weltverhältnisses*, die sich in den Unterscheidungen der prudentiellen und moralischen oder instrumentellen und kommunikativen Rationalität bis heute weiter erhält. Die Frage, die von der Tragödie für die kulturelle Existenz des Menschen ausgeht, betrifft nicht primär die seit Aristoteles bis in die Kritische Theorie diskutierte Rangordnung oder Entgegensetzung der Formen praktischer Vernunft, sondern vielmehr die Voraussetzung eines im Mittelmeerraum (und darüber hinaus auch in Asien) religiös verankerten Vertrauens in die Korrespondenz von Tat und Lebensqualität. Das menschliche Handeln führt zum Ergehen, das ihm aufgrund der einsehbaren Verfassung der Welt entsprechen soll. Diese einfache, kulturhistorisch jedoch nicht triviale Unterstellung lautet: Die Selbsterfahrung menschlichen Lebens ist kausal bzw. vergeltungslogisch (kurz- oder langfristig) an die bewusste Lebensführung gebunden. Wer gut handelt, hat Aussicht darauf, auch gut zu leben. Das betrifft sowohl den normativen Gehalt des Prädikats ‚gut' im Kontext einer gerechten Weltordnung, die sich die Griechen als Idee aus dem Osten aneigneten, als auch den prudentiellen Sinn in Bezug auf die zum gelingenden Leben beitragenden Handlungszwecke in einer technisch-pragmatischen Lebensform, die für die Griechen u. a. in Prometheus verkörpert war. Diese Annahme ist eine anthropologische Grundunterstellung, die der Distanzbewältigung von zukünftigen Zielen und Zwecken gegenüber dem Hier und Jetzt einen Sinn zuschreibt. Die Annahme des Tun-Ergehen-Zusammenhangs wurde schon früh theologisch überwölbt,[9] wirkte und wirkt allerdings auch unter säkularen Bedingungen fort.[10]

älteren Texten und Ritualen. Siehe zur Schriftkultur Griechenlands ebd., S. 259 ff. Zudem war das Selbstverständnis der Athener Kultur *in the making*. Ihre kollektive Identität musste sich erst konstituieren (vgl. ebd., S. 276).

9 Assmann 1992, S. 248 ff. geht für Mesopotamien und Ägypten von der Mitte des 2. Jahrtausends v. Chr. aus.

10 Vgl. ebd., S. 299 f., wo Assmann betont, dass die „Elemente ‚konnektiver Gerechtigkeit' und altorientalischer Weisheit" in Griechenland zwar eine weniger prominente Rolle gespielt hätten als in den östlichen Kulturen Ägyptens oder Israels, dass sie aber „alles andere als abwesend" gewesen seien.

Demgegenüber bestimmte, wie sich am Gilgamesch-Epos, den ägyptischen oder hebräischen Klageliedern nachvollziehen lässt, die frühen Hochkulturen des Mittelmeerraums auch ein Bewusstsein für Endlichkeit und Verletzlichkeit. Bei den immer wieder als pessimistisch ausgezeichneten Griechen war dieses Wissen um die Fragilität des Menschen und die Ausgesetztheit gegenüber der Kontingenz, die man nicht sinnvoll mit der Vergeltungslogik des Tun-Ergehen-Zusammenhangs interpretieren konnte, besonders ausgeprägt. So spricht, wie Jonas Grethlein gezeigt hat,[11] schon das Kontingenzbewusstsein der *Ilias* und ihrer Helden klar gegen die These, dass in älteren Kulturen Kontingenzerfahrung „verschwindet oder ihr zumindest die Spitze der Unvorhergesehenheit abgebrochen wird"[12]. Im Gegenteil, in der *Ilias*, etwa in der Genealogie des Glaukos oder den Selbstaussagen von Helden wie Idomeneus, Hektor, Sarpedon und besonders Achill, wird betont, wie unvorhersehbar die Zukunft und fragil das Leben aufgrund der einbrechenden Kontingenz sind, als deren Autoren oft die Göttern gelten.[13] Insbesondere der im Krieg jederzeit plötzlich und unerwartet, z. B. durch „Fehltreffer"[14] schießender Kämpfer, eintreffende Tod als „stärkste[r] Ausdruck" der „Fragilität menschlichen Lebens"[15] wird als Macht des Zufalls von den Helden wahrgenommen, deren Schicksal sich, wie sie als mit dem Sterben im Krieg konfrontierte Heroen wissen, jederzeit wenden kann. Da das Leben bei Homer als stets wandelbar und von unerwarteten Kräften beendbar aufgefasst wird, ist ein evolutionistisches Geschichtsbild, das Kontingenz wie in der Moderne in eine Entwicklung integriert, für die archaische Antike nach Grethlein kaum denkbar. Anstatt kontingenten Wandel auszuschließen, wird er als Schicksalskontingenz in der *Ilias* „besonders stark empfunden"[16], der Zufall bedroht in ihr das menschliche Leben und seine Zukunft.

Nicht nur in der *Ilias*, auch in den Abenteuern der *Odyssee* ist das Bewusstsein der Kontingenz und unerwarteten Veränderung groß, wie sie für die frühgriechische Dichtung im Nachdenken über den Menschen bestimmend gewesen ist. Den Göttern gegenüber erscheinen Menschen machtlos: Bei Homer werden sie wie „Blätter" am Baum der Gattung beschrieben, die mit einem Mal „auf die Erde"[17] geweht werden können, während Semonides von Amorgos, Pindar und andere sie „Eintagswesen" (*ephēmeroi*) oder „eines Schattens Traum" nennen.[18] Auf Kontinuität kann der Mensch

---

11 Grethlein 2006.
12 Rüsen 1994, S. 351. Vgl. weitere Quellen für diese These bei Grethlein 2006, S. 102 f.
13 Siehe Grethlein 2006, S. 78 ff. und 115 ff. Glaukons Genealogie, die das unerwartet unglücklich sich wendende Schicksal des Bellerophontes erzählt, dessen Kinder umkommen, findet ich in der *Ilias* VI, 145–211, hier: 196–205.
14 Grethlein 2006, S. 160.
15 Ebd., S. 154.
16 Ebd., S. 153, vgl. 330 ff.
17 Homer: *Ilias* VI, 146 f. Vgl. dazu und zu weiteren Naturmetaphern Grethlein 2006, S. 85 ff. Siehe auch Mimnermos: Frag. 2 (West), V. 1 f.
18 Semonides von Amorgos: Frag. 1 (West), V. 3: Menschen verbringen ihr Leben Tag für Tag wie „Weidevieh" (V. 4) – Semonides spielt auch auf Homers Blättergleichnis an (Frag. 2, V. 2); Pindar: *Pythia*

in Epik und Lyrik angesichts seines unverfügbaren Umfelds kaum setzen, denn „alsbaldig/ wirft der Gott alles um!"[19] Selbst der auf göttliche Gerechtigkeit setzende Solon weiß: „Auf allem, was man tut, liegt Gefahr, und keiner weiß ja,/ wie's ausgehn wird, wenn eine Sache angefangen ist."[20] Fragilität und Kontingenzbewusstsein bestimmen das frühgriechische Dichten und Denken zutiefst.[21]

Zugleich ist schon die Möglichkeit des praktischen Überlegens, strategischen und taktischen Denkens und vor allem des eigenen handelnden Bewirkens die Voraussetzung für archaisches Heldentum. Die homerischen Helden kämpfen und töten, sie verhandeln, erzählen und singen, sie fertigen Dinge an, navigieren Schiffe und Streitwagen und täuschen andere durch geschickte Taten wie der listige Odysseus. Wenn sie *exempla* oder Genealogien anführen, soll dies in der Regel das Handeln orientieren oder der Identitätsbildung dienen, die wieder zum Handeln führt.[22] Auch in der griechischen Wirklichkeit war, wie zum Teil Hesiod in den *Werken und Tagen* beschreibt, das eigene Planen und Tun stets unverzichtbar, etwa zur Bestellung des Landes, zur Gründung von Kolonien, zum ökonomischen Handel, zum Führen von Kriegen, für das erfolgreiche Durchführen von Wettkämpfen oder für die politische Praxis. Vermutlich aber erst im 5. Jahrhundert v.Chr., d. h. zur Blütezeit der Tragödie, scheint sich in Hellas, vor allem in der Polis Athen, nach dem Sieg über die Perser ein stärkeres Könnensbewusstsein und Praxisvertrauen bei gleichzeitiger Präsenz des frühgriechischen Fragilitätsbewusstseins ausgebildet zu haben. Es speiste sich, folgt man Christian Meiers Überlegungen, aus Erfahrungen der eigenen erfolgreichen Wirksamkeit in der politischen Selbstorganisation der Polis, die durchgehend politische Praxis erforderte, in der kulturellen Produktion, dem Erwerb von Kenntnissen, in wirtschaftlichen Beziehungen und vor allem im militärischen Erfolg, angefangen beim Sieg der Griechen gegen die Perser 480 v.Chr. (Salamis) und 479 v.Chr. (Plataiai). Nach Meiers Charakterisierung ging zur Zeit der Tragödie daher das „Geschehen der Zeit (und zumal wie die Zeit es sah) [...] wesentlich aus intentionalem politischem Handeln [...] hervor."[23] Die einzelnen Bürger hatten „ein Vermögen des Ausrichtens, das heute kaum vorstellbar ist. Sie hatten einen relativ unmittelbaren, konkreten, existentiellen Anteil am Entscheiden und Ausführen", der mit einem ausgeprägten „Bewußtsein menschlichen Könnens, das anscheinend in Athen besonders konzentriert war und an Athen Maß nahm"[24], einherging. Das Wesen der politischen Selbstbestimmung war

---

8, V. 95; Aischylos: *Promtheus Desmotes*, V. 83, vgl. V. 547; Platon: *Nomoi* XI, 923a; vgl. dazu Fränkel 1968. Aristophanes parodiert die Metaphern, die Menschen als „Blätter", „Schattengebilde" und als „Eintagswesen, flügellos" bezeichnen, in *Die Vögel*, V. 684–686. Vgl. auch Pindar: *Nemea* 6, V. 3, wo die Menschen als „ein Nichts" (*to men ouden*) gegenüber den Göttern zur Sprache kommen.

19 Simonides von Keos: Frag. 542 PMG, V. 17; Frag. 527 PMG, V. 2f.
20 Solon: Musen-Elegie (13 West), V. 65f.
21 Vgl. auch Theunissen 2000.
22 Siehe Grethlein 2006, S. 42ff., 63ff. Zur Aktivität der homerischen Akteure vgl. Schmitt 1990.
23 Meier 1980, S. 43f.
24 Ebd., S. 44f.

dabei nur ein, wenngleich ein zentraler Ausdruck der allgemeinen technisch-pragmatischen Selbstbestimmung: „Man hatte die Dinge in der Hand."²⁵

Die Dinge in der Hand zu haben wie das technische Feuer, das Prometheus den Menschen im Mythos übergeben hatte, heißt, selbst Autor der für das Leben relevanten Veränderungen zu sein. Dementsprechend charakterisiert Meier das Selbstverständnis der Athener Bürger als *Souveräne der Veränderung:* Sie empfinden auch tiefgreifende Veränderungen der Lebenswelt nicht so, als kämen diese wie ein „intransitiver Wandel" auf die Menschen, sondern „das Verändern wird als Handeln verstanden, seine Problematik bleibt der des Handelns eingebettet."²⁶ Wo der erst moderne Geschichtsbegriff Veränderung als Wandel deute, erkenne die Antike, so Meier, Veränderung als Handeln und Können innerhalb einer kontinuierlichen Lebenswelt.²⁷ Die Veränderung vollziehe man kontrolliert innerhalb des gleichbleibenden Zusammenhangs der Polisgesellschaft und der Identität als freier Bürger, die als das „Feste" gelte. Die „fortschreitende Weltbemächtigung" finde innerhalb einer kontinuierlichen Poliskultur statt.²⁸

Die historische Beschreibung Meiers provoziert zu einer philosophischen Überlegung: Mit der Macht aktiven Veränderns wächst im Tun-Ergehen-Zusammenhang notwendigerweise auch die Erfahrung des *Verändertwerdens*. Je höher die eigenen Ziele, je weitreichender die eigenen Handlungen, desto mehr wächst auch die Erwartung an die Veränderung im Ergehen, die auf jene folgt. Der Anspruch in der Praxis erhöht den Anspruch an Lebensqualität. Wie großer Erfolg das Wohlergehen spürbar stärkt, wächst im erhöhten Bewusstsein des Könnens zugleich *eo ipso* auch die Gefahr des Scheiterns – und vermutlich die Furcht davor, die sicher nicht erst seit Homer im Denken der Griechen verwurzelt war. Im Scheitern verändert sich das Ergehen so, dass der Handelnde es nicht als Entsprechung zur eigenen aktiven Veränderung erfährt, sondern als Prozess, in dem er wider seinen Willen durch etwas anderes als die eigene Handlungsmacht negativ *verändert wird*. Wenn die Veränderung (*metabolē*)²⁹ im 5. Jahrhundert durchaus transitiv als eigene Wirksamkeit erfahren wird, steigt mit dem Anspruchsniveau auch das Risiko, sie als gleichsam von außen kommenden Prozess zu erfahren wie die zufälligen und desaströsen Ereignisse in der *Ilias* oder die „Schicksalskontingenz" (Grethlein), mit der Odysseus und seine Gefährten in der *Odyssee* immer wieder konfrontiert werden. Meier, der in allem die Aktivität des Veränderns für die klassische griechische Antike betont, bemerkt selbst, dass die Griechen ihrem eigenen Handeln auch *ausgesetzt* waren.³⁰ Mit dem Handeln habe sich im 5. Jahrhundert v.Chr. nicht daher nur das gesteigerte Freiheits- und Könnensbe-

---

25 Ebd., S. 493.
26 Ebd., S. 319, 487.
27 Ebd., S. 285.
28 Ebd., S. 470, 235, 242f.
29 Ebd., S. 319.
30 Ebd., S. 44.

wusstsein, sondern auch „das volle Bewußtsein des ungeheuren menschlichen Leidens" verbunden.[31]

Die Veränderung, die ebenfalls ein Verändertwerden beinhalten kann, wird im Griechischen meist mit dem Wort *metabolē* gekennzeichnet. Generell bedeutet *metabolē* ‚Veränderung', ‚Umgestaltung', ‚Umschwung', ‚Umsturz', ‚Umschlag' oder ‚Wechsel'. In ökonomischen Kontexten kann das Wort auch Austausch und Umsatz von Waren bezeichnen. Das Substantiv stammt ab vom Verb *metaballein* (‚umwerfen', ‚umwenden', ‚sich umwenden', ‚verändern' oder ‚sich verändern') und wird oft synonym gebraucht mit dem Begriff des Übergangs oder der Wandlung (*metabasis*).[32] Die Kontexte des Begriffsgebrauchs im 5. und 4. Jahrhundert zeigen an, dass es sich bei ihm seltener um das aktive Verändern, wie Meier es deutet, sondern um ein Verändertwerden handelt, das in biologischen oder ontologischen Diskursen als neutral verstanden werden kann, politisch, kulturell und ethisch aber oft als *Gefahr* wahrgenommen wird. Als Ursache einer spürbaren Veränderung zählt daher nicht nur das eigene Tun, sondern auch die, einer Veränderung mehr oder minder passiv ausgeliefert zu sein.

Der Begriff der *metabolē* bezeichnet also ähnlich wie *kinēsis* oder *alloiōsis* im Griechischen zunächst generell Veränderungen aller Art. Neben der allmählichen und graduellen Veränderung einer Sache steht er jedoch meist für eine tiefreichende oder dramatische Wendung von einer Sache oder Eigenschaft in eine konträre Sache oder Eigenschaft – wie die von ‚Wasser' in ‚Feuer', von ‚lebendig' in ‚tot' oder von ‚weiß' in ‚schwarz'. Daher halte ich die Übersetzung mit ‚Umschlag', insbesondere mit Blick auf die Tragödie, für treffend. Wenn man sagt, dass etwas umschlägt, z. B. eine Klappe oder ein Segel im Wind[33] oder das Wetter, meint man in anschaulich-räumlichen Kontexten meist, dass in einem kurzfristigen Wechsel sich etwas um 180 Grad wendet. Das kann auch gesteuert geschehen, etwa beim Umschlagen einer Seite in einem Buch oder dem Umfalten der Lasche auf der Vorderseite eines Briefumschlags auf die Rückseite. Selbst das logistische Umschlagen von Waren enthält noch den Sinn eines Wechsels der Transportmittel, die in der Regel eine andere Richtung einschlagen. Schlagen ist ein punktueller Vorgang, der eine gewisse Plötzlichkeit und Schnelligkeit sowie den Einsatz von Kraft oder Gewalt erfordert. Beim Schlagen muss man ggf. bis zur Gegenrichtung ausholen und rasch auf eine Stelle mit der Hand oder einem Gegenstand treffen. Das Präfix ‚um' indiziert, dass mit dieser plötzlichen Bewegung etwas um eine Achse oder einen Punkt in die andere Richtung geschlagen wird, wie auch eine Buchseite von beiden Seiten bedruckt ist und eine Umwendung an der Bindung erfordert. Man liest die der zunächst gelesenen Seite entgegengesetzte, indem man die Buchseite umschlägt, oder sie schlägt gleichsam von selbst um, etwa durch eine Brise. Eine horizontal liegende oder vertikal hängende Klappe wird an

---

[31] Ebd., S. 46.
[32] Vgl. Hülsenwiesche 2001, Sp. 91–94.
[33] Siehe Pindar: *Pythia* 4, V. 292.

einem Scharnier auf die andere Seite geschlagen. Das Wetter schlägt von Sonnenschein kurzfristig in ein Gewitter um. Eins verändert sich plötzlich – ‚schlagartig' – in ein Konträres.

Die Bedeutung von *metaballein* als einer inversen Bewegung, einer Umdrehung, findet sich bereits in der *Ilias*, wenn etwa Diomedes Odysseus fragt: „Wohin fliehst du, den Rücken gewandt"[34]? Generell bezeichnet ab dem 5. Jahrhundert der Begriff *metabolē* (oder zuweilen auch *metabasis* bzw. Konjugationsformen von *metaballein*) seltener die graduelle Änderung einiger akzidenteller Eigenschaften einer Sache (wie etwa die allmähliche Vergrößerung einer Pflanze durch Wachstum),[35] sondern meist eine Inversion, eine Verkehrung – d. h. einen recht unmittelbaren Wechsel ins Gegenteil. Es geht dann um einen *Umschlag von Gegensätzen*, die eine Sache in einem relevanten Zustand qualifizieren, bspw. von ‚brennend' in ‚gelöscht'. Das diesem Substantiv verwandte Verb ist *metaballein* (‚verändern', auch ‚umwerfen', ‚umdrehen'), zusammengesetzt aus dem Präfix *meta* (u. a. ‚inmitten', ‚zwischen', ‚unter', ‚in', ‚bei', ‚zu' oder zeitlich ‚nach' bzw. ‚hinter') und dem meist in Bezug auf Wurf- und Schusswaffen gebrauchten *ballein* (‚werfen'. ‚schleudern' oder ‚schießen'). In diesem ist das Moment des Plötzlichen bereits enthalten, da Werfen wie Schießen punktuelle und relativ schnelle Handlungen sind. Werfen erfordert eine rasch auszuführende Armbewegung und eine plötzliche Öffnung des Griffs um den Wurfgegenstand ähnlich wie beim Schießen mit Pfeil und Bogen. Zu dieser semantischen Dimension des transitiv und intransitiv gebrauchten Verbs *metaballein* tritt noch die Konnotation des Richtungswechsels der Bewegung hinzu, den man sich im Hin- und Herwerfen etwa beim Ballspiel oder beim Schusswechsel leicht vor Augen führen kann.

Das ist der Sinn von *metaballein* und *metabolē*, der sich bereits bei Heraklit findet, dessen Fragmente die Bedeutungsdimension dieser Begriffsfamilie als ein plötzliches Umschlagen von Gegensätzen im philosophischen Denken begründen. Dem plötzlichen Umschlag ins Gegenteil (*hē enantia*) kommt mit Blick auf die Tragödie zwischen Heraklits Denken und Aristoteles' *Poetik* ein besonderes Interesse zu. Der Sinn des Begriffs wird im Folgenden historisch skizziert, weil die *metabolē* (oder *metabasis*)[36] nach Aristoteles' erhellender Theorie strukturell das Herz jeder Tragödie bildet. Die Tragödie ist die ästhetische Form, in der misslingendes Handeln als unfreiwillige Produktion eines negativen Verändertwerdens zum Ausdruck kommt. In ihr *wird* eine

---

[34] Homer: *Ilias* VIII, 94.
[35] Nach Aristoteles ist auch diese Art der (allmählichen) Veränderung, die der Quantität wie Wachstum (*auxēsis*) oder Schwinden (*phthisis*) eine *metabolē*. Dazu unterscheidet er nach dem Modell der Aktualisierung einer Disposition noch Veränderung der Qualität, des Bestehens bzw. Nicht-Bestehens und des Ortes. Das Wort *metabolē* wird in der *Physik* als Überbegriff aller Arten von Veränderung verwendet, während *kinēsis* in der Regel Prozess bzw. Bewegung im Sinne von Ortswechsel bezeichnet. Die Distinktionen sind allerdings nicht immer klar abgegrenzt: *Physik* III 1, 200b12–201a16.
[36] Die für die Umschlagsfigur relevanten Fundstellen für *metabolē* sind: 1452a22 und 31; für *metabasis*: 1452a16 f.; 1455b29; für *metaballein*: 1451a14; 1453a9 und 13.

aktive Veränderung plötzlich in ihr Gegenteil verkehrt, zur leidvollen Erfahrung eines *existentiellen Verändertwerdens*. Der Begriff des Umschlags bildet dabei die Funktion der zentralen Formelemente der *peripeteia* und der *anagnōrisis*, die laut Aristoteles' *Poetik* die Seele der Zuschauer am meisten zu ergreifen (*psychagōgein*) vermögen. Sie sind aus der ethisch-existentiellen Perspektive des tragisch Handelnden und Leidenden ebenso relevant wie aus der ästhetischen der Zuschauer. Nach Aristoteles bilden sie zusammen mit dem schweren Leid (*pathos*) die inneren Formelemente jeder verflochtenen Handlung (*mythos*), die die Tragödie als Nachahmung von Akteuren vorführt.[37] Jede Tragödie aber – sowohl die mit verflochtener als auch die mit einfacher Handlung – vollzieht einen existentiellen Umschlag, und zwar einen Umschlag von Glück in Unglück oder – seltener – von Unglück in Glück.[38] Bei Heraklit und späteren Denkern findet sich die Vorgeschichte für das tragödientheoretische Konzept des Umschlags.

3.2 Heraklits Denken ineinander umschlagender Gegensätze

Heraklit aus Ephesos gilt seit der Antike als *der* Denker nicht nur von Gegensätzen, sondern *in* Gegensätzen. Sein oft paradox anmutender Stil brachte ihm Beinamen wie „der Dunkle" oder „der in Rätseln Sprechende" ein.[39] Tatsächlich findet sich eine Reihe von Fragmenten, in denen Heraklit auf *prima facie* unverständliche Weise zu behaupten scheint, dass etwas immer auch sein Gegenteil sei. So heißt es etwa in einem Fragment, dass der „Weg hinauf hinab ein und derselbe"[40] sei, dass „Gut und Übel eins" seien, wie man an der schmerzhaften Behandlung der auf Heilung zielenden Ärzte erkenne (B58), dass aus dem Kalten das Warme und aus dem Warmen das Kalte hervorgehe (B126) oder dass „ein Haufen aufs Geratewohl hingeschütteter Dinge die schönste (Welt)ordnung (*kosmos*)" darstelle (B124). Besonders auffällig sind die Aussagen, in denen eine Sache mit ihrem Gegenteil oder eine Begriffsbestimmung mit ihrer Negation identifiziert zu werden scheint, als könne A zugleich auch −A sein: „Unsterbliche: Sterbliche, Sterbliche: Unsterbliche, denn das Leben dieser ist der Tod jener und das Leben jener der Tod dieser." (B62) Oder: „Gott ist Tag Nacht, Winter Sommer, Krieg Frieden, Sattheit Hunger [...]." (B67) Dieser scheinbare Einspruch gegen den Satz vom Widerspruch hat vielerlei Deutungen und besonders von Aristoteles Kritik erfahren.[41] Doch spricht Heraklit nicht von der logischen Identität des Kontra-

---

[37] Ebd., 1450a33–35, 1451a14 f., 1452a12–1452b13.
[38] Ebd., 1451a12–15; 1452b12–23, 1452b34–1453a18.
[39] DK 22 A 4.
[40] Heraklit: Fragment DK 22 B60. Im Folgenden werden die Fragmentnummern im Haupttext nach DK 22 angeführt (Diels/Kranz 1992, S. 139–182).
[41] Aristoteles: *Metaphysik*, 1005b24. Dort findet sich die klassische Formulierung des Satzes vom Widerspruch.

diktorischen, sondern von der Einheit des Gegensätzlichen.[42] Bedeutsam ist daher die Frage, *wie* diese Gegensätze als *zusammenhängend* zu denken sind.

Man kann die Gegensätze in den Fragmenten Heraklits typologisch ordnen, um sie zu klassifizieren.[43] Hans-Georg Gadamer hat über solche analytisch hilfreichen Typologien hinaus in einer morphologischen Untersuchung die Weise der Vermittlung dieser Gegensätze als für Heraklit und die philosophiegeschichtliche Wirkung bis in die Gegenwart wesentlich herausgearbeitet.[44] Nach Gadamer geht es Heraklit um die Erklärung von Gegensätzen, in Bezug auf die ein Zusammenhang erst dann verstanden wird, wenn der plötzliche *Umschlag* (*metabolē*) des einen in sein Gegenteil als die spekulative Einheit dieses Zusammenhangs begriffen wird. Es handelt sich dabei also vor allem um Prozesse, deren Einheit sich aus dem (wechselseitigen) Umschlagen des einander Entgegengesetzten bildet. Ihre „spekulative Einheit" liegt gerade „im Wechsel"[45]:

---

[42] Siehe dazu Rapp 1997, S. 83 ff.; Kirk/Raven/Schofield 1994, S. 203. Es geht in einigen Fragmenten offenkundig um die begreifbare – aber nicht erfahrbare – Einheit von empirisch Gegensätzlichem, etwa der von Tag und Nacht, die zusammen einen Zyklus bilden. Dass der Kosmos aus Gegensätzlichem wie Festem und Gasförmigem, Belebtem und Unbelebtem besteht, ist ja nicht erst eine moderne Erkenntnis, sondern schon mit unterschiedlichen Begründungen von anderen vorsokratischen Denkern wie Anaximander, Empedokles oder Anaxagoras betont worden. Uvo Hölscher 1968, S. 159–169, geht davon aus, dass Heraklits Gegensätze auf die philosophischen Theorien der Medizin wie die von Alkmaion und vor allem auf Parmenides zurückgehen, der erst später, von Hegel und anderen, als Heraklits Opponent gedeutet wurde.

[43] Christof Rapp folgend kann man sie in folgende Typen aufteilen: in Gegensätze aufgrund des Gebrauchs konträrer Aspekte derselben Sache (A), in Gegensätze, die aufgrund unterschiedlicher Perspektiven unterschiedlicher Subjekte auftreten (B), in Gegensätze, die die Kenntnis einer Sache durch die Kenntnis ihres Gegenteils begründen (C), in solche, bei denen es darum geht, Begriffe durch ihre Negation zu bestimmen (D), in die eines notwendigen Hervorgehens des einen aus dem anderen (E), in die, bei denen eins durchs andere ersetzt wird (F), in Gegensätze eines gleichzeitigen Auftretens zwei entgegengesetzter Eigenschaften an einer Sache (G) oder in solche, die erst gemeinsam einen Gegenstand ausmachen (H) (Rapp 1997, S. 80 ff.). Kirk/Raven/Schofield 1994, S. 206 ff., unterscheiden dagegen hilfreicher, weil übersichtlicher vier Gegensatztypen, die auf zwei Haupttypen zu reduzieren sind: „Gegensätze, die einem einzelnen Gegenstand anhaften und von ihm gleichzeitig hervorgebracht werden", und „Gegensätze, die dadurch verbunden sind, dass sie verschiedene Stufen in einem einzigen unveränderlichen Prozeß sind" (S. 207).

[44] Gadamer 1991, S. 43–82.

[45] Ebd., S. 63 (im Folgenden werden die Seitenangaben im Haupttext angegeben). Gadamers Beobachtung lässt sich m. E. auf alle Gegensätze anwenden (nicht nur auf die nach Rapp häufigsten Typen E und F), sofern zu ihrer Erklärung ein Wechsel ins Gegenteil notwendig ist: ein ontischer (z. B. ein Wechsel der Aggregatzustände oder die Ablösung konträrer Zustände wie den des Kriegs durch den des Friedens und *vice versa*), ein semantischer (etwa der Wechsel zu einer anderen Bedeutungsdimension desselben Worts) oder ein epistemischer (bspw. ein Perspektivwechsel, eine Betrachtung einer Sache unter einem besonderen Gesichtspunkt, aus der Position einer Spezies, unter einer anderen Beschreibungsoptik). Generell liegt es ja nahe, den Prozessdenker Heraklit, dessen sogenannten Flussfragmente (B12; B49a; B91) ihn berühmt gemacht haben, auch in seinen Gegensatzthesen zu finden. So versteht auch Thomas Buchheim 1994, S. 80f., Heraklit so, dass die von ihm angeführten Gegensätze sich nicht „wie zwei Heere vor der Schlacht" gegenüberstehen, sondern erst in einem Prozess zu

> „Das geheimnisvolle Problem, das sich hinter all diesen Gegensätzen zeigt, ist offenbar, daß dasselbe sich übergangslos als ein anderes zeigt. In all diesen Beispielen liegt das vor, was die Griechen ›Metabole‹ (μεταβολή) nannten, Umschlag. Ihn zeichnet Plötzlichkeit aus. Die hier zugrundeliegende Denkerfahrung scheint die der essentiellen Unzuverlässigkeit alles dessen, was sich bald so und bald anders zeigt." (48)

Unzuverlässig ist nach Heraklit sogar der höchste Gott, der „Krieg Frieden, Sattheit Hunger", d. h. Mangel und Vorhandensein, Gefahr und Sicherheit zusammen darstellt (B67). Er muss als der „Gewährende und der Versagende zugleich"[46] verstanden werden, dessen aus menschlicher Perspektive gegensätzliche Funktionen unerwartet und jäh ineinander umschlagen können. Heraklit spricht in einem Fragment davon, dass „Lebendes und Totes und Wachendes und Schlafendes und Junges und Altes" zusammen in den Menschen wohnten: „Denn dieses ist umschlagend (*metapesonta*) jenes und jenes umschlagend dieses." (B88) Der Umschlag der Gegensätze ist die plötzliche Vermittlung des Konträren, das, so Gadamer, spekulativ als ein *Zugleich*, als „Untrennbarkeit der Gegensätze" (61) gedacht werden muss:

> „Was Heraklit sagen will, ist offenbar, daß wir gegen unsere eigene Erfahrung, die eins vom anderen unterscheidet, eins dem anderen entgegensetzt, einsehen sollen, daß, was sich so verschieden darstellen mag, eine Art Identität im Gegensatz selber birgt. [...] In jedem Falle muß man zu der Einsicht gelangen, daß das andere schon immer mit da ist. Dafür ist die beste Aufweisung eben dies, daß das Entgegengesetzte plötzlich und unvermittelt hervorbricht. Mit einem Schlage wechselt das, was ist, seinen Anblick ganz und gar, und das Gegenteil tritt heraus. Das beweist, daß es schon vorher da war. So, meine ich, will Heraklit im Grunde für alles, was ist, das gleiche, das Eins-Sein des Verschiedenen, behaupten." (56; 64)

Zweifelhaft ist, ob ein plötzliches Umschlagen die vorgängige Präsenz des Gegenteils „beweist", wie Gadamer schreibt. Vielmehr *zeigt* es, dass begrifflich identifizierbare Zustände empirisch gesehen sich nicht nur graduell ändern können und dabei wesentlich dieselben bleiben, sondern dass es zu ihrer Wirklichkeit gehört, sich augenblicklich in ihr Gegenteil verkehren zu können. Das Umschlagen muss allerdings nicht notwendigerweise als Erscheinung plötzlich, sondern kann sich für uns als Beobachter in der Erscheinung auch graduell wie von Jugend zu Alter oder im Übergang von Tag und Nacht vollziehen. Gleichwohl zeigen die Begriffe konträre Phänomene an, die im Wechsel zusammengedacht werden müssen, denn schon im beginnenden Übergang (etwa der Dämmerung) von einem ins Gegenteil ist dieses präsent.[47] Ohne eine ontische U-Turn-Option kommt man nach Heraklit nicht zum vollständigen Begriff einer Sache, etwa dem der Lebensbahn oder temporaler Zyklen. Der Umschlag

---

Gegensätzen *werden:* Im Werden sind die Gegensätze wie in einem Streit (*polemos* oder *xynos*, B80) immer schon aufeinander bezogen und zusammengehalten: „So widerfahren sie einander, und das eine ‚kehrt sich' am andern." Etwas ist überhaupt erst „in der Gegenwirksamkeit oder im Streit der Umwandlung".
46 Volkmann-Schluck 1992, S. 125.
47 Vgl. Held 1980, S. 273–341.

als plötzliche Veränderung ins Gegenteil unterscheidet sich daher als *Prozess* des ontischen Umschlagens (der Phänomene) und des spekulativen Umschlagens (des Denkens) von einer *coincidentia oppositorum* als einem *Zugleich* des Konträren und Kontradiktorischen.[48]

Der schon von Parmenides erörterte logische Grund jeder Bestimmung, dass das Gegenteil der positiven Begriffsbestimmung ebenso aussagbar sein muss wie sie selbst, um ein gehaltvolles Urteil über den Begriffsumfang bilden zu können – das spinozistische *omnis determinatio est negatio* –, ist nach Heraklit also zu ergänzen. Es muss die ontologische Aussage hinzukommen, dass das Umschlagen des Gegensätzlichen ein Strukturmoment der – über die Zeit eben nicht logisch konsistenten, sondern kontingenten – Wirklichkeit bildet, in der man sich auf die Persistenz des logisch Bestimmten nicht verlassen kann, sondern sein Gegenteil stets als Möglichkeit derselben Sache *mitdenken* muss. Im logischen Raum ist jede Proposition, jedes prädikative Urteil mit seiner Entgegensetzung verbunden. In Urteilen über Sachverhalte in der kontingenten Welt der Erscheinung ist dagegen in der Regel eine Proposition begründeterweise zu einem Zeitpunkt wahr, ihr Gegenteil dagegen falsch. Die Atmung von Iokaste bildet einen hinreichenden *Prima-Facie*-Grund dafür, die Proposition „Iokaste lebt" für wahr zu halten. Heraklits unmittelbare Konjunktion von Gegensätzen schärft die Aufmerksamkeit dafür, dass sich jede Bestimmung plötzlich (wieder) ins Gegenteil ändern kann, was logisch als Option immer präsent ist. Das *empirische* Zugleich des Entgegengesetzten in *einer* Perspektive ist phänomenal nicht denkbar, denn es bildet keine erfahrbare Einheit, wie schon der auf haltbare Distinktionen professionell angewiesene Arzt Eryximachos in Platons *Symposion* kritisiert.[49] Aber nach Heraklit gehört die mögliche Inversion einer Sache oder Eigenschaft zu ihrem *Begriff*. Ohne die radikale Transformationsmöglichkeit verstünde man eine Sache nur so, wie sie sich gerade als dieses oder jenes zeigt und graduell abwandelt.[50] Kontingenz heißt also nicht nur, dass alles im Fluss des Möglichen, d. h. im nichtdeterministisch greifbaren Werden befindlich ist, sondern auch, dass etwas unversehens ins Gegenteil umschlagen und nur unter Berücksichtigung dieser Disposition ganz begriffen werden kann. Diese ontologisch triviale Tatsache ist für das an wie-

---

48 Nach Nikolaus von Kues ist die Einheit Gottes in der Welt in Gegensätze und Widersprüche ausgefaltet, die der Verstand (*ratio*) differenziere. Die Vernunft (*intellectus*) als spekulative Instanz könne aber die göttliche Einheit des Gegensätzlichen und Widersprüchlichen (*coincidentia oppositorum*) zu denken versuchen. Vgl. Flasch 1992, S. 221–261.
49 Platon: *Symposion* 187a-b. Dass Platon diese Kritik selbst karikiert und Heraklits Denken der Einheit von Gegensätzen gegenüber anderen Denkern im *Sophistes* auszeichnet, betont Gadamer (ebd., S. 47 f.). Allerdings gibt es in Heraklits Fragmenten auch Beispiele für genau dieses empirische Zugleich, für eine kontinuierlich vorliegende Mischung, die dem Modell des Umschlagens zu widersprechen scheint. Der Gerstentrank, ein Mischgetränk, „zersetzt sich, wenn man ihn nicht umrührt." (B125) Das Rühren aber ist kein plötzlicher Wechsel, sondern die kontinuierliche Produktion eines Ineinanders.
50 Zur Bedeutung der spekulativen Einheit der Gegensätze passt Heraklits Abwertung der Empirie, der die Ungebildeten nachhingen. Vgl. Diels 2010, S. 36.

dererkennbaren Eigenschaften und Dingen orientierte Bewusstsein lebensweltlich gesehen keineswegs trivial. Im Gegenteil: Wäre die *U-Turn*-Option von allem und jedem jederzeit mitlaufender Gegenstand der Aufmerksamkeit, würde das auf Kontinuität bauende Bewusstsein das Vertrauen in seine eigene Entwurfsfähigkeit womöglich verlieren.

Das Umschlagen selbst, das Gadamer in einem früheren Aufsatz noch als unbegreiflich bezeichnet hatte,[51] konstituiert demnach die *gedankliche* Einheit des Gegensätzlichen. Daher spricht Heraklit auch nicht nur von Wechsel, sondern in einem von Plotin überlieferten Satz von dem Ruhenden im Wechsel. Das Ausruhen lässt sich als der (ruhig erkennbare) Zusammenhalt des in ihm Umschlagenden verstehen: „Sich wandelnd ruht es aus (*metaballon anapauetai*)." (B 84a)

Heraklit meinte offenbar selbst, dass alle anderen nicht verstünden, „wie es auseinander getragen mit sich selbst im Sinn zusammen geht". Daher verwendet er ein anschauliches Bild für diese „gegenstrebige Vereinigung" (B 51), das des Bogens und der Leier. Gerade Gespanntes (die Saiten, die Sehne) hält das Gebogene (des Rahmens, des Holzes), das auseinanderstrebt, zusammen: Beide Kräfte konstituieren erst durch die gegenstrebige Fügung *ein* Instrument, eins der Musik und eins des Kampfes – selbst wieder gegensätzliche Praktiken. Die Kräfte wirken dabei *zugleich*, das linear Gespannte schlägt am identischen Ding *zugleich* um in Gebogenes und *vice versa*. Beim Bogen bzw. bei der Leier ist es der unmittelbare Wechsel der Erkenntnisperspektive auf konträre Eigenschaften, die innerhalb einer Sache an unterschiedlichen Formteilen zugleich zusammenwirken und gleichsam wie Bogenholz und Sehne ineinander übergehen. „Umschlagen" heißt dabei nicht temporärer Übergang in der Zeit, sondern ein Wechsel – relativ zur Dauer des Einen und Anderen gesehen – *in einem Augenblick*. Als Beleg dafür führt Gadamer unter anderem das Fragment B 26 an. Dort heißt es, dass der Mensch lebend an den Tod im Schlaf rührt, im Wachen aber an den Schlafenden. Anrühren (*apein [aptetai]*) bedeutet, dass die gegensätzlichen Zustände des Wachseins und Schlafens, die die Zustände *eines* lebenden Menschen sind, direkt und übergangslos ineinander wechseln: „Erwachen ist eine μεταβολή, um einen Begriff anzuwenden, den ich noch nicht bei Platon nachweisen kann, auch wenn er im Griechischen umgangssprachlich ganz gebräuchlich ist, z. B. für das Wetter (wie ›Umschlag‹ bei uns)" (76).[52]

Die Plötzlichkeit des Umschlags ist auch eine epistemische, die Plötzlichkeit des Verstehens: *Auf einmal* zeigt sich alles neu. „Es ist ganz plötzlich, daß alles völlig anders geworden ist, beim Angezündetwerden des Lichtes"[53], von dem B 26 spricht: „Der Mensch rührt (zündet sich) in der Nacht ein Licht an, wann sein Augenlicht erloschen. Lebend rührt er an den Toten im Schlaf; im Wachen rührt er an den Schlafenden." An etwas rühren im geometrischen Sinne einer Tangente indiziert eine un-

---

51 Gadamer 1985a, S. 241.
52 Dass der Begriff sehr wohl bei Platon nachweisbar ist, zeigt das folgende Kapitel.
53 Gadamer 1985a, S. 241.

mittelbare Nahtstelle, die mit dem Gegenteil verbindet, das übergangslos eintreten kann (Wachheit – Schlaf – Tod). Weil das Umschlagen plötzlich, ohne Übergangsphase sich vollzieht, rücken die Gegensätze, die Dimensionen derselben Sache sind, auch in Heraklits dichtem poetischen Stil eng aneinander. „Es kommt bei der Identitätsthese auf [...] die Plötzlichkeit [an], mit der sich der Anblick der Dinge verändert." Im „jähen Wechsel" (68) manifestiert sich dieser Umschlag. Symbol für das plötzliche, übergangslose Umschlagen, dem die Menschen ausgesetzt sind, ist bei Heraklit der Blitz, das Werkzeug des Gottes, der tatsächlich für das träge menschliche Auge wie ein visueller Schnitt durch den Himmel erscheint, dem keine eigene Dauer zukommt, der vielmehr zwei Dauern (die vor ihm und die nach ihm) für das menschliche Erkennen erst erschafft. Daher „steuert der Blitz" alles (B64), d. h. er steuert, indem er trennt und Gegensätze schafft. Dabei kommt er unerwartet und plötzlich wie ein vertikales Ereignis aus göttlicher Höhe, das sich als umgekehrte Feuerbewegung gegenüber der natürlichen Flammenausrichtung auf der Erde verstehen lässt. Der Blitz markiert die Verkehrung der Richtung in einem Augenblick.

Das plötzliche und unvermittelte Hervorbrechen des Entgegengesetzten zeigt sich nach Gadamer bei Heraklit auch im Wortspiel, das „auf dem plötzlichen Umschlagen einer schon eingeschlagenen Bedeutungs- und Verstehensrichtung in eine ganz andere" (53) beruht. Das vorzügliche Beispiel aus den Fragmenten Heraklits ist die vermutlich erste semantische Reflexion im europäischen Denken. Für den Epheser bezeichnend, hat sie eine existentielle Dimension: „Des Bogens (*biós*) Name also ist Leben (*bíos*), sein Werk (*ergon*) aber der Tod (*thanatos*)." (B48) Das Leben wird schon in einem Wort selbst auf seine Opposition, den Tod verwiesen, so wie bei jeder Geburt *eo ipso* ein Todeslos entsteht (B20).[54] Dabei bleibt die Form Homonyms graphisch und phonetisch ähnlich, es ändert sich jedoch, je nach Perspektive auf die lexikalische Bedeutung und einen weiteren Kontextrahmen des Wortes, mit einem Mal der Sinn.

Das Umschlagen bezeichnet bei Heraklit also einen plötzlichen Wechsel von als gegensätzlich beschreibbaren Zuständen (Schlaf vs. Wachen) oder von epistemischen Beschreibungen konträrer Eigenschaften, die an einer Sache zugleich auftreten. Als gestaltpsychologische Plausibilisierung kann man die bekannten Kippbilder – auch Umschlagfiguren genannt – anführen, die als eine feste Bildform etwa Hase und Ente darstellen, doch nur als eines zu einer Zeit erkennbar sind. Man erkennt jeweils mit einem Mal einen anderen Aspekt (Hase *oder* Ente) des in seiner graphischen Form identischen Bildes. Den *Zusammenhang* zwischen beiden begreift man erst *durch das Umschlagen* einer begrifflichen Wahrnehmung in die andere. Ludwig Wittgenstein hat diesen Wechsel als Wechsel des Aspektsehens[55] im Sinne eines plötzlichen Sprungs in der Wahrnehmung, eines Umschlagens eines Aspekts in einen anderen im „Seherlebnis" beschrieben.[56] Er unterscheidet dafür „zwischen dem ‚stetigen Sehen' eines

---

54 Zum Gegensatzpaar Leben-Tod vgl. auch B62 und B76.
55 Wittgenstein 2001, Teil 2, xi, S. 1024.
56 Ebd., S. 1053.

Aspekts und dem ‚Aufleuchten' eines Aspekts"[57], der sich plötzlich *als* etwas zeigenden Wahrnehmung: „Ich sehe *auf einmal* die Lösung des Vexierbildes."[58] Der Aspektwechsel ist folglich wie der heraklitische Umschlag ohne eigene Ausdehnung. Es kann sein, dass man nur einen Aspekt (z B. den Hasen) sieht, aber den anderen (z. B. die Ente) noch nicht gesehen hat. Dann fehlt etwas, um das Ganze der *einen* Zeichnung zu sehen, d. h. dieselbe Form *als* zwei (sich in einem Seherlebnis ausschließende) Möglichkeiten. Wittgenstein differenziert den Aspektwechsel damit wie Heraklit zwischen einem Vorher, dem plötzlichen Umschlag und einem Nachher. Auf jede Phase (des Sehens *als* etwas) kann man mit einem deiktischen Ausdruck „jetzt"[59] verweisen, d. h. perzeptiv sind wir *entweder* in der einen *oder* der anderen Dauer, niemals jedoch in beiden zugleich oder ausruhend im Umschlag. Das Ganze aus „Zustand 1 – Umschlag – Zustand 2" lässt sich, wie Heraklits Fragmente bereits nahelegen, nur *nacheinander erfahren* oder begrifflich als *dialektischen Zusammenhang denken*.[60] Wittgenstein spricht von dieser begrifflichen Einheit, die erst durch den Wechsel entsteht: „Wechselt der Aspekt, so sind Teile des Bildes zusammengehörig, die früher nicht zusammengehörig waren."[61]

Mit Blick auf Heraklit und Wittgenstein lässt sich daher sagen: Der Wechsel oder Umschlag separiert *und* ermöglicht zugleich, das Separierte, Gegensätzliche als Aspekte *einer* Sache zu erkennen. Es wird sich zeigen, dass genau das die Struktur der Tragödie ausmacht. Sie ist, wie Aristoteles mehrfach betont, eine Einheit,[62] die aber in sich durch den Umschlag zwei *gegensätzliche Dimensionen* erhält: Der Umschlag schneidet *und* verbindet sie. Erst durch ihn werden die Gegensätze vor ihm und nach ihm epistemisch als *aufeinander bezogen* erkennbar. Die Tragödie ist folglich die Durchführung einer *krisis* als Darstellung ihrer dialektischen Einheit.[63]

---

57 Ebd., S. 1026; vgl. S. 1046.
58 Ebd., S. 1028 (Hervorh., A.T.).
59 Ebd., S. 1028 ff., 1048 ff.
60 Wittgenstein sagt daher, das plötzliche Aufleuchten des Aspekts sei „halb Seherlebnis, halb ein Denken" (ebd., S. 1030) bzw. beides zugleich oder „eine Verschmelzung der beiden" (ebd., S. 1031). Ich würde sagen: Es ist ein Sehen (Erfahren), das durch den Wechsel sich (ins Andere oder Gegenteil) erweitert, diesen Wechsel aber retrospektiv nur durch Denken als Wechsel begreifen kann, der innerhalb einer epistemischen Einheit sich vollzieht.
61 Ebd., S. 1048.
62 Aristoteles: *Poetik*, 1450b23 ff.
63 Daher kann sie für Aristoteles folglich auch nicht *nur* die geschlossene Form eines in sich zweckmäßigen Lebewesens sein, wie Ette 2011, S. 5 ff., an Aristoteles kritisiert.

3.3 Die *metabolē* als Zäsur

Platon, der Heraklits Denken ausdrücklich gegenüber Naturphilosophen wie Empedokles auszeichnet,[64] verwendet eine ähnliche Terminologie wie Heraklit, wenn er den Wechsel von Gegensätzen mit *metaballein* bzw. *metabolē* bezeichnet.[65] Im *Parmenides* behandelt er die Frage, wie einem Gegenstand sowohl Sein als auch Nicht-Sein zukommen kann.[66] Da man von einer Sache nicht gleichzeitig sich widersprechende Existenzaussagen machen könne, müsse man davon ausgehen, dass etwas *zu einer Zeit* (*chronos*) existiert, zu einer anderen aber nicht, zu einer Zeit entsteht und zu einer anderen vergeht. Das Gleiche gilt für ähnlich sich ausschließende Eigenschaften wie ‚gleich' und ‚ungleich' oder ‚ruhend' und ‚bewegt'. Parmenides und der noch junge Sokrates diskutieren die Frage, wie der Übergang (*metabolē*) zwischen den Gegensätzen, die in einer Zeitspanne vorliegen, zu verstehen ist (156c). Da sich ausschließende Eigenschaften (wie heiß und kalt) nicht zugleich derselben Sache zukommen können, fällt der Übergang auch nicht in die Dauer des Vorliegens einer Eigenschaft. Vielmehr wechselt ein (statischer oder dynamischer) Zustand, so Parmenides, mit einem Mal in sein Gegenteil (*metaballein*) – in einem Augenblick, der selbst zwischen den Zeiten liege, „außer aller Zeit seiend" (156e). Platons Ausdruck für diesen Augenblick, in dem sich der Umschlag vollzieht, ist das Plötzliche (*exaiphnēs*). Die *metabolē* ist somit das Diskontinuierliche zwischen den Kontinuitäten des Konträren. Auch das Eins (*hēn*) vollzieht, so Parmenides, ein Umschlagen im Augenblick, um sowohl ruhen als auch sich bewegen zu können bzw. um in Bewegung kommen und anhalten zu können. Im Umschlagen selbst jedoch kommt dem Umschlagenden weder die Eigenschaft zu, aus der es in ihr Gegenteil umschlägt, noch die gegenteilige Eigenschaft, in die es umschlägt (157a-b). Daher ist das Moment des Umschlagens qualitativ weder der einen Zeit noch der anderen zuzuordnen.[67] Das Moment des Plötzlichen in der *metabolē* und das der Ganzheiten, die widersprüchliche Zustände erfahren, schließt direkt an Heraklit an. Der Umschlag ist eine „Zäsur"[68], ein Schnitt

---

[64] Platon: *Sophistes* 242cff. Dort ist von den ionischen Musen (also Heraklit) die Rede, die aufgrund ihrer These des Mischens des sich Sondernden strenger gewesen seien als die weicheren sizilianischen Musen (gemeint ist Empedokles), die behauptet hätten, Streit und Liebe wechselten sich ab. Siehe dazu Gadamer 1991, S. 47 ff.; zur folgenden Kritik an den Herakliteern dort vgl. Kolb 1997, S. 109–115. Weitere explizite Bezüge zu Heraklit und Herakliteern bei Platon in: *Symposion* 187a; *Theaitetos* 152e, 179eff.; *Kratylos* 401d, 402a-c, 440c-e. Aristoteles behauptet zudem, dass Platon zunächst vom Herakliteer Kratylos beeinflusst worden sei (*Metaphysik* I 6, 987a32-b12), ebenso Diogenes Laertius (*Leben und Lehre der Philosophen* III, 5). Guthrie 1975, S. 32–34, betont Heraklits – abgesehen von Sokrates und Parmenides – größten Einfluss auf Platon. Zur Wirkung Heraklits auf Platon siehe ferner Erler 2009 und Kahn 1986.
[65] Platon: *Sophistes* 255a.
[66] Platon: *Parmenides* 155e-157b.
[67] Zur den Interpretationsmöglichkeiten dieser Argumentation vgl. Strobach 1998, S. 20–47.
[68] Ziermann 2004, S. 364. Zur bedeutenden Rolle der *metabolē* im *Parmenides* vgl. die akribische Untersuchung ebd., S. 366–383.

zwischen einer Kontinuität vorher und einer nachher – eine Einsicht, die bereits Heraklit vertrat und die für die Phänomenologie der tragischen Erfahrung von zentraler Bedeutung sein wird.

Epistemologisch gesehen ist der Umschlag nötig, um überhaupt etwas zu erkennen, wie Platon im *Sophistes* argumentiert. Denn etwas kann nur erkannt werden, wenn es sich bewegt. Andererseits könne man nichts als mit sich Identisches erkennen, wenn es nur in Bewegung wäre.[69] Etwas muss also bewegt und unbewegt sein, um als veränderungsfähige Einheit erkannt zu werden, beide Gegensätze schlagen in der Erkenntnis als Hinsichten auf einen Gegenstand oder potentielle Aspekte dieses Gegenstands ineinander um.

Der bei Heraklit schärfste Gegensatz, der von Leben und Tod, wird bei Platon als Umschlag innerhalb der kontinuierlichen Seelenexistenz gedeutet: In der *Apologie*, in der Sokrates nach dem Urteilsspruch gegen die seiner Ansicht nach unbegründete Überzeugung argumentiert, der Tod sei notwendigerweise ein Übel, wird dieser irreversible Wechsel der Seele vom Leben in den Todeszustand ebenfalls als *metabolē*, also als Umschlag von Gegensätzen nach der Analogie von Wachsein und Schlaf, bezeichnet.[70]

Aristoteles versteht dagegen unter *metabolē* eine jeweils eine gewisse Dauer in Anspruch nehmende Veränderung an Dingen oder generell an einem der Veränderung Zugrundeliegenden (*hypokeimenon*) wie der Materie. Mit dem Verzicht auf die These einer zeitlosen Dimension des Augenblicks ist Aristoteles näher an der empirischen Wahrheit, da die vermeintlich verschwindende Dauer plötzlicher Übergänge, etwa beim Blitz, eine Frage physikalischer Messgenauigkeit ist. Faktische Zustandsumschläge weisen mehrere oder weniger minimal Übergänge auf, begriffliche dagegen keine. Doch auch Aristoteles geht davon aus, dass sich jede Veränderung der Bestimmung einer Sache zwischen Gegensätzen vollzieht, z. B. das Entstehen von Leben und Vergehen von Leben, Wandel von Gesundheit in Krankheit und *vice versa*. Alle wesentliche Veränderung ist Veränderung von einer Sache in ihr Konträres:

> „das Verhältnis ist notwendig immer dasselbe: Nichtgefügtes wird zu Gefügtem, Gefügtes zu Nichtgefügtem, und (wenn Gefügtes diese seine Bestimmtheit v e r l i e r t), gerät es in einen Zustand der Nichtgefügtheit, aber nicht in irgendeinen beliebigen, sondern in den, der dem Ausgangszustand entgegengesetzt ist. [...] Alles Werden, in dem ein Gegenstand eine Bestimmtheit erhält oder verliert, ist ein Übergang zur entgegengesetzten Bestimmtheit[...]: Alles Werden in der Natur ist Übergang entweder i n Gegensätze oder a u s Gegensätzen (*hē enantia hē enantiōn*)."[71]

---

69 Platon: *Sophistes* 248c-249d.
70 Platon: *Apologie des Sokrates* 40c. Sokrates spricht dort vom Tod ebenso als *metoikēsis*, der Umsetzung der Seele an einen anderen Ort, die Unterwelt. Vgl. ebenso: *Phaidon* 61e ff., 117c; *Kriton* 54b.
71 Aristoteles: *Physik* I 5, 188b12–14, 188b23–27; vgl. ebenso V 1, 224b12–225b9; *Über Werden und Vergehen* I 6, 322bff., 331b28, 337a11; *De Caelo* III, 305b27–29. Vgl. Föllinger 2005; Fischer 2011. Fischer betont, dass nur *kinēsis* (Prozess) als Unterfall der *metabolē* eine Bewegung zwischen konträren Gegensätzen darstellt. Die *metabolē* vollzieht sich zwischen konträren *und* kontradiktorischen Gegensätzen, wie etwa die substantielle Veränderung von Nicht-Sein in Sein. Allerdings werden die beiden

Alle Veränderungen, auch das hier paradigmatisch erörterte Werden (*ginōmai*), sind Formen von Veränderung (*metabolē*), die eine Sache ins Gegenteil verkehren, etwa einen lebendigen Körper in einen toten, eine Ordnung ins Chaos und *vice versa*. Diese radikale, weil wesentliche Veränderung eines Dings erzeugt dabei eine Zäsur, einen *Unterschied in der Zeit*. Der Umschlag teilt einen Prozess in ein Vorher und ein Nachher, wie Aristoteles betont, denn „schon das Wort μεταβολή bringt dieses Verhältnis zum Ausdruck: ein Zustand stellt sich nach dem anderen (μετά) ein und das Wort bringt diesen Gegensatz von Vorher und Nachher zum Ausdruck"[72].

Ein Umschlag ins Gegenteil stiftet demnach eine wahrnehmbare Diskontinuität, die ontologisch als Wechsel wesentlicher Bestimmungen interpretierbar ist. Es geht offenkundig um identitätskonstitutive Veränderungen, Veränderungen, die die Bestimmung eines Gegenstandes als dieser oder jener aufheben und ins Gegenteil verkehren. Das gilt auch für Wortbedeutungen: So behauptet Menealos in Euripides' *Iphigenie in Aulis*, dass die Bedeutung seiner früheren, kriegstreibenden Worte sich ins Gegenteil verkehren solle, weil er nicht schuldig an Iphigenies Tod werden wolle.[73]

Der plötzliche Wechsel von Gegensätzlichem oder Gegensätzen an einer Sache und die dabei *eo ipso* eintretende Diskontinuität haben indes auch eine existentielle Relevanz, die sich schon im Gebrauch der Wortfamilie außerhalb der Tragödie zeigen lässt. Selbst in den nüchternen Begriffsanalysen des Aristoteles wirken Heraklits existentielle Beispiele fort: Es geht zwar nicht immer, aber immerhin auch um so existentielle Umschläge wie den von Freundschaft in Feindschaft, von Liebe in Hass oder von Leben in Tod. Für Platon ist der Wechsel entweder einer vom Guten ins Schlechte und *vice versa* oder ausschließlich ein negativer, etwa in die Krankheit.[74] Konsequenterweise lässt für Aristoteles die *metabolē* das Wesen, an dem sie sich vollzieht, meist nicht ganz unbeschadet überstehen.[75] Bemerkenswerterweise gibt es drei Stellen, an denen er die angenehme Dimension des Wechsels in der Erfahrung ausgerechnet mit einem Vers aus einer Tragödie betont, dem *Orestes* des Euripides (V. 234).[76] Wenn man sich den Kontext dieses Verses anschaut, wird hingegen klar, dass es sich hier bei der *metabolē* nur um einen von der tröstenden Schwester Elektra verbal hervorgehobenen Wechsel in eine nur scheinbar angenehmere (Körper-)Haltung des

---

Begriffe meist synonym gebraucht und nur in *Physik* V 1, 225a34–225b6, unterschieden, wo Veränderungen als die Prozesse begriffen werden, an deren Anfang und Ende ein Gegenstand in gegensätzlicher Bestimmung zum Prozessbeginn steht. Eine Sache bleibt erhalten, ändert aber ihre Identität, ihre Bestimmung (vgl. ebd., S. 372, 376).

72 Aristoteles: *Physik* V 1, 225a2–3. Im 1. Kapitel des V. Buchs der *Physik* geht es um das, was Aristoteles unter Prozessen bzw. Bewegungen versteht. Bewegungen, bei denen im Gegensatz zu akzidentiellen das Sich-Bewegende benannt wird, *insofern* es sich bewegt, verlaufen stets zwischen Gegensätzen.

73 Euripides: *Iphigenie in Aulis*, V. 500.

74 Siehe etwa Platon: *Philebos* 35e; *Timaios* 82b.

75 Aristoteles: *Metaphysik* VII 7, 1033a22f.; vgl. Hübner 2002, S. 276.

76 Aristoteles: *Eudemische Ethik* VII, 1235a16f.; *Rhetorik* I, 11, 1371225–28; *Nikomachische Ethik* VIII, 1154b29.

arg geschwächten und gerade aus dem Schlaf erwachten Protagonisten handelt, der an seinem tragischen Geschick – von den Erinyen gepeinigter Muttermörder zu sein – nichts ändert.

Aristoteles diskutiert, bevor er seine eigene Konzeption von *eudaimonia* entwickelt, Solons offenbar allgemein verbreitete Ansicht, dass kein Leben insgesamt wahrhaft glücklich zu nennen sei, bevor es zu Ende sei, weil man nie wissen könne, ob es nicht noch Umschläge aus dem Glück ins Unglück erfahren werde.[77] Ein gutes Leben stand für die Griechen bis zu Platon und Aristoteles, die es gegen Kontingenz abzusichern versuchten, immer im Risiko eines unerwarteten und plötzlichen Wechsels ins Unglück. Das Wort *metabolē* kann daher im Griechischen auch selbst für seine negativen Folgen stehen, sodass es mit Unheil und Unglück übersetzt wird, nicht zuletzt bei Euripides in der Tragödie selbst.[78]

Für Aristoteles und Platon stellt die *metabolē* vor allem im Politischen eine Gefahr des Herrschafts- und Verfassungswechsels dar, die auch Thukydides als Schicksalsumschwung beschreibt.[79] Der Begriff des Umschlags der Gegensätze hat im griechischen Denken daher oft (wenn auch nicht immer) etwas Bedrohliches, das ihn bei Aristoteles zum zentralen Begriff für den tragischen Verlauf werden lässt.[80] Es ist die plötzliche Aufhebung einer Identität an ihr selbst. Sofern dieser Identität ein Wert oder normativer Gehalt zukommt, ist der Wechsel ins Gegenteil eine *Gefahr*. Die *metabolē* ist der unheimliche Riss durch die Zeit.

Eine solche Veränderung hat aufgrund der Plötzlichkeit und des Identitätswechsels etwas Gewaltsames, das im deutschen Wort ‚Um*schlag*' anklingt. Das gewaltsame Moment kommt primär im Wechsel von Leben und Tod zum Tragen – in der Tat eine Disjunktion, bei der sich auch heute noch schwerlich Kriterien für einen allmählichen Übergang bestimmen lassen.[81] Auch sterbend ist man noch nicht tot.

Offenkundig hat die Konnotation des Umschlags als etwas Bedrohliches mit den Ereignissen zu tun, die das auf Kontinuität angelegte Leben gleichsam ohne Vorwarnung von innen oder außen so rasch treffen, dass es sich *radikal* verändert –

---

[77] Aristoteles: *Nikomachische Ethik* I, 1100b2; siehe auch die *metabolai*, die die Nachfahren betreffen können: 1100a23.
[78] Siehe etwa Euripides: *Iphigenie bei den Taurern*, V. 722; Isokrates: *Reden* 7, 6.
[79] Thukydides: *Der Peloponnesische Krieg* VI, 20, 2; 59, 3; 76, 4; VII, 55, 2; VIII, 75, 2; 98, 1. Vgl. auch Isokrates: *Reden* 5, 45; 6, 43. Vgl. Kap. 3.4.
[80] Siehe unten. Zu Heraklit und der tragischen Dialektik vgl. auch Söring 1988, S. 38–42. Als rhetorisches Stilmittel wie auch als alltägliche Abwechslung (vor allem von unangenehmen Zuständen) ist die *metabolē* dagegen positiv konnotiert, kommt aber seltener vor (bspw.: Euripides: *Orestes*, V. 234); vgl. auch Ros 1938 zu Thukydides. Zu Belegstellen für unterschiedliche Verwendungen des Wortes siehe Stephanus: *Thesaurus Graecae Linguae*, Bd. 6, Sp. 847 f.
[81] Die Schwierigkeit ist mit genaueren Messmethoden und dem Fortschritt in der Medizin gestiegen. Sie zeigt sich auch darin, den exakten Todeszeitpunkt zu bemessen, u. a. weil erst Minuten nach dem leicht sichtbaren Todesmoment des Herz- und Atmungsstillstands, nach dem eine Reanimation prinzipiell noch möglich ist, der Hirntod eintritt und andere Organfunktionen noch später vollständig aussetzen.

entweder endet es oder es erfährt eine tiefgreifende, wenn nicht irreversible Veränderung, die negativ als Schädigung auftritt. So ist das Plötzliche aller kontinuierlichen Rhythmik von Lebensprozessen fremd, was man an den letalen Risiken plötzlich eintretender Veränderungen ersehen kann. Sie können im Inneren des Organismus gleichsam von selbst als Herzinfarkt, Schlaganfall oder epileptische Anfälle auftreten. Überhaupt stehen relativ zügige somatische Veränderungen bereits bei den Griechen im Verdacht, pathologische Symptome zu sein, wie die hippokratischen Schriften beschreiben.[82] Nicht weniger vertraut waren den fast durchgehend sich in Kriegen befindlichen Griechen die plötzlichen Veränderungen, bei denen äußere Kräfte radikal schädigend mit einem Mal auf den Körper einwirkten: Stiche, Hiebe und Einschläge von Fernwaffen, über einem zusammenbrechende Wassermassen oder Feuersbrünste.

Zugleich sind Veränderungen von einem Zustand in sein Gegenteil für das Leben konstitutiv. Sie erhalten es überhaupt erst. Man denke etwa an die auch mit *metabolē* bezeichneten zyklischen Wechsel von Tag und Nacht und die der unterschiedlichen Jahreszeiten, die aus der Erd- und Mondrotation sowie der (den Griechen noch unbekannten) elliptischen Umdrehung der Erde bei gegenüber der Umlaufebene gekippter Erdachse um die Sonne resultieren. Seit Homer und Hesiod wurden diese zyklischen Veränderungen von Zeiten in ihr Konträres wie Tag zu Nacht in der griechischen Dichtung immer wieder besungenen. Für den individuellen Organismus des Menschen zählen die täglichen organischen Veränderungen von Hunger, Verzehr, Verdauung, Ausscheidung dazu, d. h. alles, was den vom Begriff *metabolē* abstammenden Stoffwechsel (Metabolismus) ausmacht. Auch die Rhythmen von Ein- und Ausatmen, Schlafen und Wachen oder Kraft und Ermüdung zählen dazu. Auf diese *kontinuierlich* und *regelmäßig wiederkehrenden* Veränderungen des Organismus und der Umwelt kann sich der Mensch innerhalb des Lebens normalerweise verlassen oder aber auf sie mit entsprechenden *technai* wie der Medizin tätig reagieren, sich auf die zyklische Veränderung und den Prozess aus Entstehung, Verbrauch und Vergehen *rechtzeitig* einstellen. Das geschieht in den alltäglichen Gewohnheiten oder den von Hesiod in den *Werken und Tagen* noch erklärten agrarwirtschaftlichen Techniken, etwa indem man sät, pflegt, erntet und sammelt. Rechtzeitig einstellen kann man sich, wenn man den rechten Zeitpunkt, den *kairos*, stets bedenkt und ihn gleichsam

---

[82] In ihnen wird das Wort *metabolē* für krankhafte Veränderungen oder Veränderungen innerhalb von Krankheiten verwendet, aber auch für Schwankungen in der Umwelt, etwa der Jahreszeiten, die einen Einfluss auf die Gesundheit haben. Neben pathogenen Veränderungen kann das Wort aber auch salutogenetische bezeichnen, etwa die bis heute diskutierten Veränderungen der Lebensführung, z. B. durch Diäten. Kurz: „Change is bad for the healthy man or woman, and necessary for the sick." (Kosak 2004, S. 122). Interessanterweise gelten therapeutisch wirksame *metabolai* in den hippokratischen Schriften aber nicht als drastisch oder radikal, sondern nur als graduell und allmählich, sodass Patienten sich an sie gewöhnen könnten (ebd. S. 122 ff.).

am Schopfe *ergreift*.[83] Ist der günstige Augenblick eine Chance zum selbstbestimmten Handeln, wird die Plötzlichkeit maligner Ereignisse wie auch des tragischen Umschlags als Widerfahrnisse erlitten.

Man kann sagen, dass gutartige *metabolai* gleichsam bösartigen im natürlichen wie im kulturellen Leben gegenüberstehen. Handelt es sich bei den lebenstragenden Veränderungen um kontinuierlich und regelmäßig wiederkehrende Wechsel von einem in sein Gegenüber, die die Kontinuität des Lebens nicht zerbrechen, sondern stützen, ereignen sich die bösartigen Umschläge meist ohne Vorwarnung: plötzlich, unerwartet und radikal destruktiv.

Beide Dimensionen waren den Griechen bekannt. Wurden die natürlichen Zyklen schon etwa in der Chorlyrik besungen, schufen epische, lyrische und dann dramatische Dichtung ein Bewusstsein für die Gefahr der bösartigen, meist plötzlichen Wechsel.

3.4 Die Gefahr des Umschlags in der Politik

Von den bei Heraklit exponierten Gegensätzen ausgehend, spielt der radikale Umschlag im 5. und 4. Jahrhundert v. Chr. eine zentrale Rolle als existentielle Gefahr nicht nur im Leben des Einzelnen, sondern auch für die Kontinuität der Polis und in der Philosophie sogar für die kulturelle Existenz der Menschheit insgesamt (Kap. 3.5).

Der Begriff der *metabolē politeiōn* bezeichnet in der Staatstheorie der Sophisten, Platons und Aristoteles' die Änderung der Verfassungsform, nicht also die Revision einzelner Gesetze, sondern eine Art *Revolution*, die Umkehrung der *gesamten* Staatsform in eine andere.[84] Insbesondere wurde eine Umkehrung gefürchtet, die der Bürgerkrieg bzw. die innere Zwietracht der Herrschenden, die *stasis*,[85] mit sich brachte und die Kontinuität der kulturellen Existenz in einer Polis äußerst zu erschüttern vermochte.[86] Innere Konflikte kamen nicht allmählich, langfristig und „reformistisch" auf, sondern plötzlich in Form eines Coups.[87]

---

[83] Zur in der griechischen Lyrik existentiellen Bedeutung des *kairos* als dem angemessenen Augenblick im Unterschied zu den Dauern *aiōn* und *chronos* vgl. die große, tiefgreifende Studie von Theunissen (2000), die ich leider nicht im Detail berücksichtigen kann.
[84] Zur bereits mit Blick auf den Weltaltermythos anschauliche Deutung der *metabolē* als Revolution vgl. Steiner 1994. Dagegen einschränkend Ryffel 1949, S. 6.
[85] Vgl. Platon: *Politeia* VIII, 545d.
[86] Die Gefahr der *stasis* konnte im 5. und auch im 4. Jahrhundert nicht als gebannt gelten, innere Kriege waren vielmehr „ein wesentliches Phänomen der griechischen Geschichte" (Gehrke 1985, S. 266). Andererseits verdankte sich die Blüte Athens in klassischer Zeit vor allem einer schrittweisen, wenngleich sich mit starken Einschnitten vollziehenden Veränderung hin zur Demokratie, also einer großen Veränderung (siehe unten), aber keiner plötzlichen, alles umstürzenden, gewaltsamen Revolution mit Verfassungsänderung wie in den USA (1776) oder Frankreich (1789). Aufgrund der Problematik einer historischen Rückprojektion moderner Begriffe eröffnet Robin Osborne einen jüngeren

Mit der *metabolē politeiōn* ist der insbesondere den Athenern seit dem 6. Jahrhundert v. Chr. vertraute Umschlag oder Wandel der Verfassungen gemeint, den bereits Herodot mit dem Substantiv *metabolē* und dem Verb *metaballein* kritisch beschreibt[88] und dessen Phänomen die 154 verschiedenen Verfassungen bestätigen, die Aristoteles offenbar sammeln konnte.[89] Die Sophistik entwickelte den Begriff aus dem Denken Solons und beschrieb mit ihm die dramatischen Wandlungen der politischen Staatsformen. Die Verfassung (*politeia*) war nicht ein konstitutives Gründungsdokument unveräußerlicher Rechte, sondern bezeichnete die innere Struktur oder Form einer Polis, die Rechte, Institutionen und Praxen umfasste und sie erst zu einem *bestimmten* Staat inklusive Gesellschaftsform machte – etwa zur Oligarchie – und von anderen Formen unterschied, auch wenn es sich um dieselbe Stadt und dieselben Menschen handeln mochte.[90] Eine *metabolē politeiōn* änderte die Identität der Polis, ihre sie bestimmende Form, und damit *eo ipso* auch die Struktur der Gesellschaft, den Grad ihrer Rechtlichkeit, Gleichheit und Freiheit.

Tatsächlich änderte sich die Staatsform des seit dem 7. Jahrhundert v. Chr. aristokratisch regierten Athens mitunter so rasch wie dramatisch: Auf eine destabilisierende Krise durch die zunehmende Schuldknechtschaft und Versklavung von Kleinbauern, die den durch die zunehmende Kolonisation einbrechenden Umsatz der adligen Großgrundbesitzer zu kompensieren hatten, reagierte der Archon Solon nach 593 v. Chr. als politischer Vermittler (*diallaktēs*) mit einer Reihe von Reformen, die die Polis durch Aufhebung der Schuldknechtschaft, Annullierung der Schulden, Begrenzung des Besitzes und mehr politische Partizipationsmöglichkeiten signifikant in Richtung Demokratie veränderten. Dennoch folgte danach die über 50 Jahre währende Tyrannis des Peisistratos und seiner Söhne, bis der Tyrann Hippias 510 v. Chr. von den Spartanern vertrieben wurde, woraufhin 508/507 v. Chr. der Oligarch Isagoras und seine spartanische Front von den Athenern gestürzt und der Einfluss Spartas zurückgewiesen wurden. Kleisthenes schaffte mit den Gebiets- und Verwaltungsreformen die Grundlage zur gleichen politischen Teilhabe ohne Rücksicht auf Herkunft und Vermögen (Isonomie) und zur demokratischen Selbstregierung der (männlichen) Athener mit Bürgerstatus. Nach dieser „Athenian Revolution"[91] und dem so unerwarteten Sieg über die Perser 479 v. Chr. wurde schließlich 462 v. Chr. durch Ephialtes noch der Areopag als alter Adelsrat entmachtet, sodass die Demokratie sich voll

---

Band zu den griechischen Revolutionen mit dem fast enttäuschenden Satz: „The Greeks had no revolutions." (Osborne 2006, S. 1) Vgl. auch Ober 1996.
87 Gehrke 1985, S. 267. Thukydides analysierte die *stasis* in ihren pathologischen Dimensionen an Beispielen aus Kerkyra und Athen (Thukydides: *Der Peloponnesische Krieg* VIII, 3, 82–83 und 66, 2–5).
88 Herodot: *Historien* I, 65, 2 und 66, 1.
89 Zum großen Teil überliefert ist nur die Verfassung Athens: Aristoteles: *Der Staat der Athener*. Die Fragmente der übrigen Politien sind versammelt in Aristoteles: *Die historischen Fragmente*, S. 15–85.
90 Zum Begriff der *Politeia* als innerer Form des Staates vgl. Pohlenz 1923, S. 113. Sie, nicht das Territorium und auch nicht die empirische Bürgerschaft, konstituiert erst die Identität eines Staates aus griechischer Sicht: Aristoteles: *Politik* III, 1276a7–1276b15.
91 Ober 1996, S. 32–52.

etablieren konnte. Das waren alles große, einschneidende Veränderungen hin zur Eigenständigkeit des Demos und zu Athens Hegemonie im 478 v. Chr. gegründeten ersten Attischen Seebund. Außenpolitisch hatten sie im Attischen Seebund mit der Zeit die Position einer zuweilen tyrannischen Hegemonialmacht eingenommen und wie jede Tyrannis die Bedrohung durch die Feinde gefürchtet.[92] Nach der Zeit des Strategen Perikles bestanden die außen- und schließlich auch innenpolitisch destabilisierenden Folgen des desaströsen Peloponnesischen Krieges (431 bis 404 v. Chr.) in größeren Veränderungen, die die Form schwerwiegender Krisen annahmen: Nach der Niederlage Athens kam es zu kurzfristigen, durchaus tyrannisch agierenden Oligarchien (411/410 und 404/403 v. Chr.) sowie zur vorübergehenden Fremdherrschaft Spartas. Zwar erhielt sich die Athener Demokratie nach ihrer Wiedereinführung 403 v. Chr. bis zur makedonischen Herrschaft 322 v. Chr. relativ stabil, die existentiellen Gefahren, in die sie sich selbst begeben hatte, blieben den Polisbewohnern gleichwohl sicher bekannt, wie sie auch den Wechsel in anderen Poleis und in politischen Gemeinwesen außerhalb von Hellas wie dem Persischen Großreich beobachteten.[93]

Eine Sorge um eine nicht selbstverständliche *Kontinuität* äußert sich verstärkt zur Zeit des Peloponnesischen Krieges. Denn nicht zuletzt wurde die Demokratie als Abwehr von oligarchischen und tyrannischen Machtübernahmen verstanden; mehrere ihrer Institutionen, etwa die Losverfahren bei der Ämtervergabe, die Überprüfung von Personen vor der Übernahme eines Amtes oder der Ostrakismos, sollten der Prävention von Selbstgefährdung durch Machtmissbrauch im Inneren etwa durch geschickte Demagogen dienen.[94] Insgesamt führte das Bewusstsein der möglichen Verkehrung der Verhältnisse durch Machtauslassung Einzelner oder von Gruppen zu einer reichhaltigen „Erfindung institutioneller Schutzmaßregeln"[95], die das politische Gleichgewicht im Inneren sichern sollten. Zudem gab es öffentliche Kritik an demagogischen Rednern, die in der Volksversammlung zu falschen Entschlüssen mit z. T. fatalen Konsequenzen aufrufen wie Alkibiades zur Sizilienexpedition. Die zugenommene Freiheit und Macht in Athen bargen umso mehr Gefahren für das Zusam-

---

92 Perikles erinnert die Athener zu Beginn des Peloponnesischen Krieges bei Thukydides ausdrücklich daran, dass sie zu Tyrannen innerhalb des Attischen Seebundes geworden seien und es gefährlich sei, diese Machtposition wieder zu verlieren (*Der Peloponnesische Krieg* II, 63, 2–3). Entsprechend verhalten sich die Athener auch wie gewaltsame Machtpolitiker, die das Recht aus der Position der Stärke heraus missachten, siehe etwa den berühmten Melierdialog, in dem die Athener gegenüber den schwächeren Meliern unverblümt das Naturrecht des Überlegenen in Anspruch nehmen (V, 85–113) und die Stadt schließlich 416 v. Chr. erobern und die Bevölkerung abschlachten und versklaven (V, 116). Kurze Zeit später, nach dem misslungenen Sizilienfeldzug (415–413 v. Chr.), werden die Athener selbst tyrannisch beherrscht. Siehe dazu Trampedach 2006, S. 10 ff.
93 Zu den turbulenten Verfassungswechseln Ende des 5. Jahrhunderts siehe Shear 2011.
94 Zur Geschichte und Struktur der Demokratie in Athen vgl. Meier 1980 und 1993; Bleicken 1995; Welwei 1999; Funke 2007. Zur (Selbst-)Gefährdung und den Sicherungsverfahren der Demokratie siehe insbesondere Bleicken 1995, S. 265–286 und 530–538. Zum zunächst neutral verstandenen Begriff des Demagogen siehe ebd. S. 172–177.
95 Trampedach 2006, S. 3; siehe Friedrich Nietzsche: *Götzen-Dämmerung*. KSA 6, S. 157.

menleben, sodass man die Stabilität der Polis zu sichern hatte. Diese Stabilisierungsaufgabe sahen die Athener auch in ihrer Großmachtpolitik. Eine auf gleicher Mitbestimmung beruhende Ordnungsvorstellung mit Schutzmaßnahmen wie im modernen Völkerrecht gab es im Äußeren allerdings nicht. So versagte Athen darin, auch außenpolitisch Stabilität durch Kooperation und Friedenspolitik zu sichern, was schließlich fatal auf die Polis selbst zurückfiel.

Noch im 4. Jahrhundert v. Chr. warnten Platon und Aristoteles – beide wiewohl Kritiker der Demokratie und ihrer Risiken – daher vor tiefgreifenden Veränderungen, die eine Polis ruinieren können. Der Begriff der *metabolē* im Sinn der politischen Veränderung gewinnt in ihren politischen Schriften klar eine evaluative Dimension, die in der Tragödie auf das individuelle Handeln bezogen wiederkehrt. Platon war es wichtig, nach den Ursachen der Veränderung der Verfassungen zu fragen,[96] die er ausführlich in der *Politeia* und in den *Nomoi* beschrieben hat.[97] Aristoteles hat mit kritischem Blick auf seinen Lehrer diesem Thema das 5. Buch seiner *Politik* gewidmet, um zu verstehen, wie sich die Verfassungen wandeln, wie sich ihr Umschlag erklären lässt und – als praktische Konsequenz – wie man sie jeweils *erhalten* kann.[98] Der *metabolē* der Verfassungen, die Platon in einer idealtypischen Reihe analysiert, während Aristoteles' empirische Belege den Analysen der Historiker nahekommen, liegt, so die Diagnose von Aristoteles, meist eine ethische Defizienz der Herrschenden, eine innere Zerstrittenheit (*stasis*), zugrunde, die extrem destabilisierend wirkt und die man daher im Politischen mit dem Begriff der *metabolē* fast gleichsetzen kann.[99] Dazu kommen Rache aufgrund von Ehrverletzung, die andauernden Konflikte zwischen den Armen und Reichen und die Differenz der normativ leitenden Vorstellungen von Gleichheit bzw. Ungleichheit.[100] Obwohl vor allem Aristoteles auch mehr oder weniger große Veränderungen sowie institutionelle Wandlungen *innerhalb* einer bestimmten Verfassung diskutiert,[101] kommt der *metabolē* „grundsätzlich der Charakter einer tiefgreifenden, alle Bereiche der Polis umfassenden Umwälzung"[102] zu; es handelt sich um „massive, sozusagen letale Veränderungen (*metabolai*) der politischen Ordnung"[103].

---

[96] Vgl. Platon: *Nomoi* III, 676c, so auch Aristoteles: *Politik* V, 1301a.
[97] Platon: *Politeia* V, 449a; VIII, 545cff.; IX, 576c; III und IV. Buch der *Nomoi*. Dazu Ryffel 1949, S. 88–135, und Janke 1965, S. 251–260.
[98] Aristoteles: *Politik* V, 1–12. Das theoretische Programm findet sich gleich zu Beginn: 1301a19–24. Dazu Ryffel 1949, S. 136–169, und Geiger 2005; zur Einbindung der *metabolē*-Forschung in die Verfassungstheorie (Bücher IV-VI) vgl. Schütrumpf 1996, S. 109–185, zur *metabolē*-Theorie: S. 164–177. Zur Diskussion des Verfassungswandels im 3. Buch der *Politik* und im 8. Buch der *Nikomachischen Ethik* vgl. Ryffel 1949, S. 170–179.
[99] Vgl. Gehrke 2001, S. 137–150, hier: S. 137.
[100] Vgl. ebd., S. 123 ff.
[101] Siehe Aristoteles: *Politik* V, 1301b9–26.
[102] Ryffel 1949, S. 6.
[103] Gehrke 2001, S. 137.

Umso wichtiger ist allen Autoren – neben Platon und Aristoteles auch den Sophisten und den Historikern Herodot und Thukydides bis zu Polybios und Cicero –[104], dass die für gut erachteten Verfassungen gesichert und erhalten werden. Denn die Bewertung der *metabolē politeiōn* fällt eindeutig kritisch aus: Sie stellt die Folge der Erkrankung eines Gemeinwesens dar und bedeutet jeweils existentielle Gefahr für die Herrscher und die Beherrschten und damit für die gesamte Polis. Nur durch eine *stabile* Verfassung ist ein „glückliche[s] Leben [...] gemäß unbehinderter Tugend"[105] möglich, das der Staat zu ermöglichen hat. Dadurch wird das Gegenteil des Umschlags, die *Dauer*, zum Maßstab, an dem sich Verfassungen und ihre Gerechtigkeit zu bewähren haben. Die Fähigkeit zur *Abwendung des Umschlags ins Gegenteil* wird zum wichtigsten Kriterium dafür, wie ein Staat normativ zu bewerten ist.[106]

In Aischylos' *Eumeniden* gemahnt Athene, Tochter des Zeus, Patronin der Stadt und Verkörperung der *phronēsis*, den Chor der Erinyen, sie wollten zu wohlmeinenden Göttinnen werden, auf dass Ares nicht in der Mitte der Polis siedele und der Krieg (*polemos*) statt „vor den Toren" im Inneren entbrenne. Hader „in ihrer Mitte", wenn „einer sich im Jähzorn wider den anderen kehrt", soll als Selbstzerfleischung der Polis abgewendet werden.[107] Stabilität der Recht und Frieden sichernden Verfassung ist auch hier sowohl göttliches als auch menschliches Interesse an Kontinuität.

In der *Politeia* verwendet Platon das Bild der gleichmäßigen Kreisbewegung für die zu sichernde Kontinuität der Polis, die der Metaphorik des späteren *Politikos*-Mythos verwandt ist.[108] Die Polis bewegt sich idealerweise so gleichmäßig wie der kreisende Kosmos, denn die Kreisbewegung repräsentiert den höchsten Grad an Ordnung und Stabilität.[109] Wie im buchstäblichen Sinne existentiell wichtig Platon die Vermeidung des Umschlags ist, wird im weiteren Verlauf des Gesprächs deutlich, in dem Sokrates behauptet, dass nichts Wesentliches im Staat geändert werden dürfte. Um die zuvor beschriebene Kreisbewegung zu erhalten, müssten die dafür verantwortlichen Wächter in ihrer Erziehung nur den bereits genehmigten Gattungen des Gesangs ausgesetzt werden, denn

> „Gattungen der Musik neu einzuführen (*metaballein*), muß man scheuen, als wage man dabei alles; weil nirgends die Gesetze der Musik geändert werden, als nur zugleich mit den wichtigsten bürgerlichen Ordnungen (*politikōn nomōn tōn megistōn*), wie Damon sagt und ich auch gern glaube."[110]

---

104 Siehe Ryffel 1949, S. 22–87 und 180–228. Cicero gebraucht den lateinischen Begriff *conversio* für den Umschlag der Verfassung.
105 Aristoteles: *Politik* IV, 1295a36 f.
106 Vgl. Ryffel 1949, S. 2.
107 Aischylos: *Eumeniden*, V. 858–866.
108 Platon: *Politeia* IV, 424a-b. Siehe Kap. 3.5.
109 Platon: *Nomoi* X, 893c, 897b-898c; *Timaios* 34a.
110 Platon: *Politeia* IV, 424c; vgl. 400b.

Erlaubte man solch eine Gesetzwidrigkeit, setzte, so Sokrates, ein gesellschaftlich und politisch umfassender Wandlungsprozess ein, „bis sich endlich alles, das gemeinsame Leben und das besondere, *umgekehrt* hat."[111]

Es ist an Passagen wie diesen deutlich zu erkennen, welche Sorge um Destabilisierung im Sinne eines radikalen Wechsels in ein Gegenteil des Bestehenden die Denker des 5. und 4. Jahrhunderts v. Chr. hatten. Angesichts der existentiellen Gefahren, die nicht nur als von außen kommendes Widerfahrnis wie die Athener Pest, sondern von innen durch Umstürze, den destruktiven Ehrgeiz Einzelner wie des Strategen Alkibiades und die griechische Selbstzerfleischung im Peloponnesischen Krieg die griechischen Poleis bedrohten, kam den nachfolgenden Denkern, die die Umschläge zum Teil selbst miterlebt hatten, offenbar alles auf die Sicherung der politischen und gesellschaftlichen Kontinuität an.[112] Sie zeigen ein deutlich lädiertes Vertrauen in die Selbsterhaltungsfähigkeit der Demokratie.

Die Kultur der Polis benötigt im politischen Denken des 5. und 4. Jahrhunderts v. Chr. nachhaltig stabile, nicht im Ganzen ihrer Struktur umschlagende Verfassungen. Die *metabolē* stellt demgegenüber ihr existentielles Risiko dar. Das Verständnis dessen, was Erhaltung der *Politeia* gewährt, geht soweit, dass Aristoteles sogar die Gründe für die Erhaltung derjenigen Herrschaftsformen untersucht, die er selbst aus normativen Gründen ablehnt.[113] Die Bedingung der *Wendung ins Gute*, in den glücklichen Staat,[114] anhand der besten Verfassungsformen ist zugleich die *Ab*wendung des Umschlags ins Schlechtere, den Platon und Aristoteles für ein historisch gut belegtes und stets wieder mögliches Phänomen halten. Die Kurve des Abstiegs, die Platon auch als Kontrast zur technischen Fortentwicklung und ihrer einseitigen Affirmation in der Sophistik anhand der *metabloē*-Folge in der *Politeia* zeichnet, entspricht im Ganzen der *metabolē* ins Schlechtere.[115] Tatsächlich hat Platon im eigenen Leben den Umschlag der demokratischen Verfassung ins oligarchisch-tyrannische System der Dreißig und dann wieder in eine Demokratie als dramatische und existentielle Gefahr erlebt, die schließlich seinem Lehrer und Freund Sokrates das Leben kostete.[116]

---

111 Ebd., 424e (Hervorh., A. T.).
112 Aus moderner Perspektive der Vereinigten Staaten und Westeuropas, die sich seit ihrer Gründung bzw. spätestens nach dem Zweiten Weltkrieg an eine gewisse Krisenbeständigkeit ihrer Institutionen gewöhnt haben, müssen diese Sorge, die stark konservative, wenn nicht repressive Züge trägt, und ihre bei Platon zu Totalitarismus neigenden Folgerungen fragwürdig erscheinen (vgl. Popper 1957). Heute erzeugt im Gegenteil das nachlassende Vertrauen der Bevölkerung gegenüber den autoritären Regimen des Mittleren Ostens, aber auch der westlichen Bürgerinnen und Bürgern in ihre demokratischen Institutionen Wünsche nach mehr oder weniger tiefgreifenden Veränderungen. Zugleich gibt es seit den späten 2010er Jahren zunehmend die Sorge, dass die Errungenschaften des liberalen Rechtsstaates inklusive der Demokratie mehr oder weniger rasch verloren gehen könnten.
113 Vgl. Gehrke 2001, S. 145.
114 Vgl. Platon: *Nomoi* III, 676a; IV, 710d, I, 682b.
115 Vgl. Ryffel 1949, S. 120.
116 Die *metabolai* und ihre Folgen waren erst der Grund für Platon zu philosophieren, statt öffentliche Ämter auszuüben, siehe Platon: *VII. Brief*, 324b-326b. Platon geht zudem im III. Buch der *Nomoi* auf

Gegen fatale Prozesse des Umschlagens werden von Platon und Aristoteles Stabilitätsfaktoren wie die rechte Erziehung zur ethischen Lebensweise, das Maßhalten als alte delphische Tugend, Vermeidung von sozialen Konflikten und Kriegen, Einsicht und Besonnenheit der Herrscher und das Recht (*nomos*), das die politische Herrschaft zu regulieren hat.[117] Am ehesten kommt den Denkern der klassischen Zeit für diese Stabilität der Verfassung das gute Königtum mit einer Mischverfassung infrage, die, so Platon, „möglichst lange Bestand haben soll"[118], während etwa die dazu konträr, nämlich unrechtmäßig verfasste Tyrannis und auch die Oligarchie nach Aristoteles die „kurzlebigsten" Herrschaftsformen sind.[119] In einer bereits an die neuzeitliche Aufklärung gemahnenden Auffassung der Souveränität des Rechts, dem auch die Herrscher als Diener unterliegen sollen, behauptet der Athener in den *Nomoi*, dass nichts so sehr für die Erhaltung bzw. Rettung (*sōtēria*) des Staates und aller göttlich gestifteten Güter von Bedeutung sei wie die Herrschaft des Rechts, das auch Macht über die Regierenden haben solle.[120] Durch maßlose und rechtlose Herrscher dagegen würde wie durch jede Maßlosigkeit „alles verkehrt"[121].

Die gleiche Funktion hat die Balancetheorie der Staatserhaltung und die der Mischverfassung, die sich von Solon bis Platon und Aristoteles gebildet hat.[122] Sie begründet, warum die Kräfte innerhalb des Gemeinwesens wie diejenigen innerhalb des Menschen in ein beherrschbares Gleichgewicht zu bringen sind, um nicht umzukippen bzw. zwischen Gegensätzen umzuschlagen. Dementsprechend besteht auch die Aufgabe des Staatsmannes im *Politikos* darin, mit seiner *technē politikē* Ausgleich und Versöhnung der unterschiedlichen Naturen, bildlich gesehen ihre Verwobenheit, zu bewerkstelligen. Bedenkt man die in der *Politeia* entworfene Analogie von dreigeteilter Seele und den entsprechenden Lebensformen im Staat mit, lässt sich die Herrschaftstechnik mit Peter Steiner „als Kunst des Ausgleichs der gegensätzlichen (Seelen-)Kräfte der Bürger im Hinblick auf das ‚Angemessene' definieren."[123]

Die Bewegung der Kultur braucht in dieser Perspektive wie die der Seele eine kohärente Orientierung, um nicht zu verfallen bzw. sich hyperbolisch im Luxus aufzublähen. Dieses Maß gibt ihr, so Platon und Aristoteles, die im Leben und der Geschichte wirksame Vernunft, sie verleiht ihr und den praktischen Techniken damit eine *kontinuierliche Ausrichtung* auf rationale Ziele.[124]

---

historisch konkrete Veränderungen und Verfallsformen von Verfassungen in Argos, Messene, Sparta, Persien und Athen ein (vgl. Schöpsdau 2013).
117 Zu Platon siehe Schöpsdau 2013, vgl. auch Aristoteles: *Politik* V, 1307b30 ff.; 1310a2 ff.
118 Platon: *Nomoi* III, 692b. Aristoteles erkennt ebenso der Mischverfassung die längste Lebensdauer zu, denn sie sei „frei von Aufruhr": *Politik* IV, 1296a5 f.; vgl. 1297a6 f.
119 Aristoteles: *Politik* V, 1315b11 f.
120 Platon: *Nomoi* IV, 715c-d.
121 Ebd., 691c.
122 Vgl. Ryffel 1949, S. 14–22 und 133–135, zu Aristoteles siehe Gehrke 2001, S. 145 und 150, sowie Schütrumpf 1996, S. 118 f.
123 Steiner 1994, S. 47.
124 Vgl. ebd., S. 53 ff.

3.5 Die existentielle Dimension der *metabolē* für die Menschheit bei Platon

Im kulturphilosophischen Mythos aus Platons *Politikos* wird der Umschlag der kosmischen Bewegungen samt seiner Folgen für den Menschen als *metabolē* bezeichnet.[125] Platon präsentiert mit der Stimme des Fremden ein Szenario für den Umschlag der gesamten kulturellen Existenz in ihr Gegenteil. Es ist weder ein apokalyptisches Ende, nach dem nichts mehr folgte, noch eines, das durch Handlungen des Menschen abzuwenden wäre. Platon schildert das Gedankenexperiment eines an Dramatik nicht zu überbietenden Umschlags, mit dem jede menschliche Handlungsfähigkeit und Selbständigkeit endete.

Nach dem Mythos, den der Fremde dem jüngeren Sokrates, einem Namensvetter des Philosophen, erzählt, gehört eine bestimmte Existenzweise des Menschen – die akulturelle unter Kronos und die kulturelle unter Zeus – zu einer Umlaufrichtung des Kosmos. Nicht nur denkbar, sondern notwendig sei irgendwann der erneute Umschlag der Richtungen der Weltumdrehung. Was sind die Gründe für diese Umschläge des Ganzen in sein Gegenteil? Es gibt, so der Fremde, konkrete, dem Leben der Menschen äußere Ursachen dafür, dass die eine Zeit in ihr Gegenteil umschlägt. Was der Kosmos mit allem auf der Erde Lebenden teilt, ist die „körperliche Natur". Daher aber sei er notwendigerweise dazu angelegt, sich zu ändern, denn nur das Göttlichste könne sich immer auf dieselbe Weise verhalten und dasselbe sein (269d).[126] Dazu gehört die Welt freilich nicht, sie ist dezidiert selbst *nicht* göttlich. So ist es ihr unmöglich, „aller Veränderung schlechthin entledigt zu sein" (269e).[127] Die einzige Möglichkeit der Veränderung ihrer kreisenden Bewegung, die schon kleinstmöglich von der göttlichen Selbstbewegung abweicht, ist aber ihre *Richtung* des Kreisens. Und hier gibt es nur zwei Alternativen: Entweder die Welt dreht sich in die eine Richtung oder in die gegenteilige.[128] Daher *müsse* die Welt, so der Fremde, in kosmischen Zyklen ihre Richtung ändern (269c; 272d). Die Zeit der Kultur ist also *begrenzt*.

Die konkrete Ursache des Umschlags zu einem gewissen Zeitpunkt erfolgt aus einer Art innerer Notwendigkeit (272d), doch initiiert durch den göttlichen Steuermann, der entweder das Ruder fahren lässt und die Welt in ihre Selbstbewegung nach Art eines Lebewesens entlässt oder sie wieder führt und wie ein mechanisches Artefakt, etwa eine Uhr, gleichsam aufzieht. Er ist es, der schon früher alles ins Gegenteil „wendete" (*metabalen*) (269a). Der Kosmos ist demnach dasjenige, das eine Veränderung durch den aktiven Gott *erfährt*, sie erleidet und nicht selbst herstellt. Während der Steuermann die Kronos-Zeit durch Loslassen beendet, wenn die Zahl der Wie-

---
[125] Platon: *Politikos* 269e, 270b, 271c, 272d (Übersetzung von Ricken). Im Folgenden wird erneut die Stephanus-Paginierung im Haupttext angegeben.
[126] Vgl. die Unveränderlichkeit der Ideen und der auf sie schauenden vernünftigen Seele: *Phaidon* 78c-e.
[127] Vgl. *Timaios* 27d und 41a. Auch der Gott im *Timaios* lässt die Welt rotieren (34a).
[128] Vgl. *Politikos* 270b.

dergeburten für alle Seelen vollständig ist und sie sich aufgerieben haben,¹²⁹ hört die Zeus-Zeit durch die göttliche Übernahme des Steuers auf, wenn die Erde im Begriff ist, in zunehmender Verwirrung zu zertrümmern und „gänzlich aufgelöst in der Unähnlichkeit", quasi in chaotischer Entropie, in einem unergründlichen Meer zu versinken (273d-e).¹³⁰ Bevor der Kosmos ins Chaos kippt, aus dem er sich in Hesiods *Theogonie* mit Formen und Figuren entfaltet hat, erhält er also wieder neues Leben, ja Unsterblichkeit – durch die Übernahme göttlicher Verantwortung (270a). Der Gott als Steuermann fungiert hier wie ein anderer aus der Kultur bekannter Techniker: als ein kosmischer Arzt, der die krank gewordene Welt (273e) in die Genesung umlenkt.

Platon formuliert eine kulturpessimistische Aussicht: Die Kontinuität des Lebens ist nicht schon durch es selbst, sondern *sub specie aeternitatis* nur durch die Wiederholungen des Eingreifens des göttlichen Steuermanns gesichert. Der Umschlag der Weltrichtung vollzieht sich jeweils an einem für das Leben existentiellen Extrempunkt.¹³¹ Indem der Steuermann, der wie die übrigen Götter als gut und hilfreich gedeutet wird, die Richtung ändert, kann er die Menschen mit ihrer Welt auf die eine oder inverse Art *retten*. Es handelt sich um die Figur des Umschlags ins Gegenteil.

Die dramatische Umkehrung des bereits natürlich auf die Zukunft gerichteten Lebensprozesses – des Alterns – ist das anschauliche Zeichen der kosmischen Veränderung im *Politikos*, die der Fremde „von allen Umwendungen, welche sich am Himmel ereignen, für die größte und vollständigste" hält (270b-c).¹³² Er schildert, welche Veränderungen zuerst stattfinden, wenn die große Umwälzung sich ereigne, die zuerst den Kosmos als Ganzes und dann die einzelnen Gestirne und das Leben erfasse: Die lineare Zeitdimension des Lebens verkehre sich äußerlich so, dass die Alten immer jünger aussähen: Dass sich „die weißen Haare der Alten schwärzten" und die Männer zu kleinen Kindern würden (270e),¹³³ indiziert die unter den bekannten Lebensbedingungen unmögliche Umkehrung der Lebensbahn, die ebenfalls bedeuten müsste, dass die Neugeborenen mit der Erscheinung von Greisen aus der Erde hervorgingen (273e). Danach würden die Menschen aus der Erde geboren, gewissermaßen sind es die Leichname der Zeus-Zeit, die nun wieder leben (271a). Diese bizarre Phantasie wirkt, als hätten sich Platons Zuhörer 2.400 Jahre vor Erfindung des Films vorstellen können, wie biologische Vorgänge gleich einer umgedreht abgespielten Filmrolle rückwärts verlaufen. Doch sobald die Beschreibung der *conditio humana* der Weltläufe hinzukommt, wird klar, dass es sich nicht allein um eine visuell imagi-

---

129 Vgl. zur Periode der Wiedergeburten: *Phaidros* 248e-249b.
130 Unklar bleibt, welcher Gott das Steuer führt. Wechseln sich Zeus und Kronos ab oder ist der Steuermann ein Dritter, der Demiurg?
131 White 2007, S. 53, nennt sie treffend „omega and alpha points".
132 Platon unterscheidet die größte Umwendung *des* gesamten Kosmos selbst, die *metabolē*, von den Umdrehungen *innerhalb* des Kosmos, den Wenden der Gestirne und Sonnen innerhalb einer Bewegungsrichtung, sie nennt Platon *tropē* (270c), vgl. *Timaios* 39d.
133 Der Rückgang des Menschen – der Schwund an Wachstum und die Verkürzung der Zeit – ist in allen frühen Kulturen Zeichen des anbrechenden Weltuntergangs, vgl. Gatz 1967, S. 18 ff.

nierbare Rückläufigkeit aller (biologischen) Veränderungen handelt, sondern um eine schlechterdings dramatische Verkehrung der wesentlichen *Bedingungen* der kulturellen Lebensform des Menschen.[134]

Es ist die Umwendung *aus* der kulturellen Existenz *selbst heraus*, also das Ende des Lebens, wie es die Menschen kennen. Daher kann man diese *metabolē* als *existentiell* für das gesamte Leben bezeichnen. Ihre Dramatik, die „die größten Veränderungen [...] für uns" erzeugt, wird nicht abgemildert durch die angedeutete Zyklik von Kronos- und Zeusherrschaft (273d-e). Die Zerstörung, die mit der kolossalen Revolution einhergeht, ist nahezu total: Von den Menschen und den anderen Tieren bleibt durch die „größten Vernichtungen", die die Umwälzung zeitigt, „nur wenig übrig" (270c); denn der Umschwung versetzt der Erde solch einen Stoß, dass es zu großen Erschütterungen kommt, die „wieder anderes Verderben an unter allerlei Arten des Lebendigen" verursachen (273a).[135] Die Veränderung steigert die Katastrophenschilderungen in Platons Werk „ins kosmologische Extrem"[136]: Alles Leben in der Natur schlägt in Tod um, bis neues, gewissermaßen inverses Leben beginnt. Schon im *Theaitetos* bemerkt Sokrates, dass alles Leben von der Ordnung des Kosmos und der Bewegung der Gestirne getragen sei. Wenn, so Sokrates, „aber dieses einmal wie gebunden stillstände, so würden alle Dinge untergehen, und, wie man sagt, das Unterste zu oberst gekehrt werden"[137]. Die Ordnung des Lebens wäre in ihr Gegenteil *verkehrt*.

Temporales Kennzeichen des kosmischen Kataklysmus ist, dass er selbst im Gegensatz zu den beiden einander entgegengesetzten Zeiten steht, die er jeweils unterbricht. Der dramatische, lebensfeindliche Übergang hat eine grundlegend andere Zeitdimension als die der Zeitalter, die durch ihn erst erzeugt werden. Diese werden als kosmisches *aiōn*, als weit ausgedehnte Perioden beschrieben, die Myriaden von Weltumläufen anhalten (270a). In ihnen lässt sich auf unterschiedliche – nämlich sorgsame oder sorglose – Weise *leben*. Dagegen vollzieht sich die todbringende Umwälzung, anders als die ausgedehnten *Perioden*, in einem *Moment*, d. h. zu einem *Zeitpunkt* (*kata kairon*) (270a). Und zwar dann, wenn die Umläufe ihr angemessenes *Zeitmaß* erreicht haben (*metron eilēphōsin ēdē chronou*) (269c). Die *ausgedehnte* Zeit der Perioden steht der *plötzlichen*, dem Ablauf der kosmischen Fristen angemessenen Zeit ihrer Umschläge gegenüber. Beide Zeitformen gehören zur Metaordnung des Kosmos.[138]

---

134 Christoph Horn spricht von einer „*anthropologischen* Folgewirkung" und „*kulturgeschichtlich-politischen* Auswirkungen" (Horn 2002, S. 138).
135 Vgl. ähnliche Kataklysmen in Platons Werk: *Timaios* 22b-d (hier liegt der Grund auch in einer Abweichung der Himmelskörper von ihrer Bahn); *Kritias* 109d-111b; *Nomoi* III, 677a. Den kosmischen Umschlag der Kultur im Ganzen, also ein existentielles Drama der Menschheit schlechthin, formuliert allerdings nur der Mythos im *Politikos*.
136 Mesch 2009, S. 248.
137 Platon: *Theaitetos* 153d. Entsprechend geht auch Aristoteles davon aus, dass die Kreisbewegung des Kosmos unendlich ist: *De Caelo* I 9, 277b; II 3, 286a; *Physik* VIII, 8/9.
138 Vgl. White 2007, S. 48 f. Dabei spiegeln die kleineren Veränderungen am Himmel, die *tropai*, die große *metabolē*, aber ohne Schaden anzurichten. Sie haben wie „alle Umkehr etwas Plötzliches an sich

Wir haben hier also den Charakter der Zäsur, den Platons *Parmenides* ausführt, indem zwischen der Zeit des Vorliegens einer Eigenschaft (*chronos*) und dem Moment des Umschlagens (*metaballein*) dieser Eigenschaft in ihr Gegenteil in einem Augenblick unterschieden wurde. Die *metabolē* ist dabei das schlechthin Lebensfeindliche, weil sie fast alles Leben und die es tragenden Bedingungen in relativer Plötzlichkeit zerstört, d. h. die Kontinuität und Stabilität des entweder göttlich behüteten oder kulturell mit *technai* sich selbst bestimmenden Lebens der Menschen und aller Natur *durchbricht*.

Die wichtige philosophische Einsicht, die Platons Mythos anschaulich vorführt, liegt darin, dass die Kultur in ihren Formen, Ausdifferenzierungen und Funktionen von natürlichen bzw. kosmischen Faktoren abhängig ist, über die sie selbst nicht verfügt, die sie auch im Ganzen nicht zu verändern vermag. Die natürlichen Bedingungen, unter denen man zu handeln hat, liegen nicht in der eigenen Hand. Das entlastet die Menschen jedoch nicht davon, für ihre auf den *technai* beruhende Kontinuität der Lebensform „für sich Sorge [zu] tragen" und „sich selbst [zu] führen" (274d), *solange* diese Bedingungen gegeben sind. Werden sie mit einem Mal aufgehoben, bricht auch die Kultur in sich zusammen.[139]

Volker Gerhardt hat in dem plötzlichen Ende aller technischen und politischen Existenz des Menschen, wie ihn der Weltumdrehungsmythos des *Politikos* erzählt, ein Modell der Politik als Tragödie erkannt, die darin besteht, „dass alles politische Handeln, es mag noch so gut begründet sein, unabänderlich in der Katastrophe endet, selbst wenn der Mensch nach besten Kräften alles richtig macht."[140] In der Tat scheint Platon mit diesem Mythos eine an anschaulicher Dramatik sich mit jeder späteren literarischen Phantasie messen lassende Erklärung dafür zu geben, warum er in den *Nomoi* die Politik als die „einzig wahre Tragödie" (*tragōidian tēn alēthestatēn*) bezeichnet. Die Bürger, so der mit einem Bürger aus Knossos und einem aus Sparta über eine Staatsgründung sprechende Athener, seien selber ihre eigenen Dichter (*autoi poiētai*) und Darsteller (*antagōnistai*) und schüfen in ihrem politischen Leben die „denkbar schönste und zugleich beste" Tragödie, die jede theatrale Kunst „derselben Gattung", die wohl nur Gegenteiliges (*enantia*) zu dieser wahren Tragödie hervorvorbringen würde, als ungerechtfertigte Rivalin überflüssig mache.[141] Die Dichter im engere Sinn müssten sich den ästhetischen Vorgaben der Polis anpassen, denn

---

[...], wie das in dem griechischen Ausdruck τροπαί gelegen ist" (Gadamer 1991, S. 73; vgl. Heraklit: DK 22 B31).
139 In der Kronos-Zeit sind die Menschen behütet, jede Kultur, jede Selbstsorge und Eigenständigkeit des Menschen ist überflüssig. Ein ähnliches Bild zeichnet Kritias von der freiheitslosen mythischen Vorzeit der Athener, in der die Götter das Bewusstsein lenkten (Platon: *Kritias* 109b-c; siehe Kap. 4.7).
140 Gerhardt 2011, S. 105; vgl. auch Gerhardt 2007, S. 102 ff.
141 Platon: *Nomoi* VII, 817b-c. Eine Tragödie ist der Staat nach Platon auch deshalb, da er in den *Nomoi* im Gegensatz zur *Politeia* bestenfalls nur die Nachahmung der besten göttlichen Ordnung darstellt. Eine ideale Verfassung kann es für den nicht-göttlichen Menschen, der zu Übermut und Ungerechtigkeit neigt, nicht geben (IV, 713a-714a). Nachahmen (*mimeisthai*) ist aber das auszeichnende Merkmal auch der Tragödie nach Platon und Aristoteles.

schließlich war bereits die Polis Athen, so der Athener zuvor, durch eine Missachtung ästhetischer Normen seitens der Dichter in den Niedergang geraten.[142] Das politische Leben der Bürger wird für Platon durch die Identifikation der wahren Tragödie mit der Politik selbst zu einem Spiel (*paidia*),[143] sodass die Metapher der theatralen Mimesis zum Begriff des Politischen und die schauspielerische Darstellung zum autonomen Handeln wird: Politik ist für den Athener das wahre Spiel des Ernstes, das die Bürger gemeinsam dichten, *indem* sie in ihm nach den vernünftig begründeten – nicht dichterisch erfundenen – Gesetzen ihrer Verfassung auftreten, handeln und sprechen. Sie erzeugen („schreiben") ihr eigenes „Drama" als Akteure, das nicht weniger als ihre politisch stabilisierte Lebenswelt ist; ihre Gesetze sind dafür die quasi ästhetisch-theatralen Rahmenbedingungen, nicht aber der jede Handlung leitende Text eines Dichters wie Sophokles. Wenn diese Interpretation, die in den *Nomoi* die vermeintlich erst moderne Idee einer Autorschaft des eigenen Lebens entwickelt sieht, stimmig sein sollte, lässt sich auch sagen, dass Platon ebenfalls Ideen des partizipativen Theaters der Avantgarde und Beuys' Idee einer sozialen Plastik vorwegnimmt.[144] Er überschreitet die Grenze von Kunst und Leben und hebt von diesem aus jene in ihrer Eigenständigkeit *gegenüber* dem Leben auf: Das Leben selbst ist die wahre Kunst.[145]

Die Assoziation von der *metabolē* der Welt im *Politikos* und der wahren Tragödie der Politik in den *Nomoi* ist allerdings dadurch begrenzt, dass die kulturumstülpenden Veränderungen des *kosmischen* Richtungswechsels nur wenige Menschen selbst als Opfer erleben, während im Staat alle Bürger ihre eigenen Tragödie *selbst* machen und an sich selbst erfahren. Für die Lebenswelt spielt das *ferne* Ende aller Kultur, das in der Imagination des *Politikos* zur Sprache kommt, *praktisch* keine Rolle, so wie das Faktum der Sterblichkeit nicht die zur Selbsterhaltung nötige tägliche Selbstsorge während der Lebensspanne erübrigt. Das kosmische Ereignis der *metabolē* ist nach menschlichem Maßstab äußerst selten. Es tritt erst nach einer unabsehbaren Periode ein, deren Ende allein die Götter kennen, jede Umlaufperiode umfasst zahllose Generationen.[146] Das scheint ein Grund dafür zu sein, dass die Vorstellung des Umschlags im *Politikos* den Fremden, den jungen Sokrates und die beiden Mithörer nicht zu ängstigen scheint. Denn er betrifft eine Veränderung, die in unabsehbarer Zukunft für *alles* Leben stattfinden wird, das selbständige Leben der jetzigen *Individuen* wird dadurch indes nicht infrage gestellt.

---

142 Ebd. III, 700a-701c.
143 Vgl. ebd. III, 685a, zum Gespräch als Spiel.
144 Zum Kontext der Stelle aus den *Nomoi* und zum Anspruch Platons, Eigenschaften der Komödie und der Tragödie sittlich erstrebenswert als Mäßigung von Lust und Leid nach dem Kriterium philosophischer Wahrheit in seiner Konzeption der Politik als Tragödie zu verbinden, siehe Männlein-Robert 2013.
145 Siehe Kap. 9.3. Zugleich entspricht die Ersetzung Platons Kritik an der Schrift, auf der die Dramen beruhen.
146 Man kann, so der Fremde, die Erinnerung an den Wechsel überhaupt nur durch unvollständige alte Geschichten erhalten, die es daher nicht erlauben, sichere Aussagen über die Glücksfähigkeit der Menschen unter Kronos zu treffen (*Politikos* 272d).

Der Mythos lässt sich auf die wissenschaftliche Kosmologie und ihre Relevanz für die Lebenswelt übertragen. Das Wissen, dass die Erde in über 7 Milliarden Jahren von der sich zum „Roten Riesen" ausdehnenden Sonne womöglich zerstört werden wird, nachdem bereits weit früher, etwa in 900 Millionen Jahren, höheres Leben durch zu hohe Temperaturen auf ihr erloschen sein wird, hindert im 21. Jahrhundert niemanden an der tätigen Sorge für die Kontinuität seines Lebens und das künftiger Generationen, unabhängig davon, ob das Leben auf einem andern Planeten fortgesetzt werden könnte. Das kosmisch bedingte Ende der Menschheit ist *zu weit weg*, als dass es den Zweck kultureller Aktivität aufzuheben oder als Tragödie erscheinen zu lassen vermöchte. Im individuellen Leben verhält es sich analog: Wie das Wissen um die eigene Sterblichkeit zu jeder anthropologisch gehaltvollen Beschreibung gehört, so auch, dass erst das ausdrückliche Bewusstsein des *nahen* oder *jederzeit möglichen* Todes eine die Praxis insgesamt betreffende Angst erzeugt.[147] Aus diesem psychologischen Sachverhalt erhellt, dass die kulturelle Existenz, die auf Erhaltung und Verbesserung der menschlichen Lebensverhältnisse angelegt ist, keine Garantie des dauerhaften Lebens oder eine Sicherung der Unendlichkeit der Kultur leisten muss. Bei aller prometheischen Voraussicht, die auch die Verantwortung für kommende Generationen umfasst, geht es zunächst um das in der *Gegenwart* und der *praktisch relevanten Zukunft* der jetzt handelnden Individuen realisierte Gute *ihres* Lebens.

Gerhardt hat deshalb Platons These der Politik als wahrer Tragödie in einer zweiten Perspektive als „Tragödie der Freiheit"[148] gedeutet. Nur durch Freiheit werde, so Gerhardt, der Mensch zur „Teilnahme und Teilhabe an der Politik" fähig. Doch zugleich ist es die Freiheit,

> „die das Politische nicht nur erschwert und behindert, sondern es unablässig der Gefahr des Misslingens aussetzt. [...] Die Städte und Staaten werden aus Freiheit gegründet, und sie können sich nur unter der Berufung auf die freie Mitwirkung ihrer Bürger erhalten. Aber was sie schwächt und schließlich untergehen lässt, beruht nicht minder auf dem freien Handeln derjenigen, die das Interesse verlieren und sich abwenden – im Verein mit jenen, die sie von innen und von außen bekämpfen."[149]

Der Mensch ist für die Politik als Tragödie selbst verantwortlich, denn er stellt den Grund (*aitia*) der existentiellen Umschläge *innerhalb* des kulturellen Lebens dar. Die Urheberschaft (*aitia*) des Scheiterns ist nur ihm anzulasten, nicht (mehr nur) den Göttern.[150]

Somit ist Platons Erzählung eines schlechthin existentiellen Umschlags der Kultur keine Tragödie der Freiheit, weil er sich nicht von innen heraus als Folge eigenen Handelns ereignet. Die plötzliche Richtungsänderung des Kosmos verdankt sich sei-

---

147 Vgl. Aristoteles: *Rhetorik* II 5, 1382a25 – 27; Euripides: *Alkestis*, V. 669 – 672. Vgl. Tugendhat 2003, S. 99 ff.
148 Gerhardt 2011, S. 126.
149 Ebd., S. 126 f.
150 Vgl. ebd., S. 113 und 127.

ner endlichen Drehbewegung und dem Eingreifen Gottes, nicht der Wirksamkeit menschlichen Handelns. Während *Naturkatastrophen* oder kosmische *Kataklysmen* mit einem Mal eine bestimmte Region oder sogar die Erde insgesamt ohne Zutun des Menschen zerstören können, wird in *Tragödien* das Leben aufgrund seiner eigenen, im menschlichen Handeln zum Ausdruck kommenden Dynamik getroffen. Tragödien sind strukturähnlich zu plötzlichen Katastrophen, die gleichsam über die Menschen hereinbrechen. Die im *Politikos* geschilderte kosmische Katastrophe – der Umschlag der Lebensbedingungen insgesamt – erhellt die tiefgreifenden Veränderungen, die auch den tragischen Umschlag auszeichnen. Er ist aber als *malum physicum* kein menschliches Produkt. Zur Tragödie, wie sie die Griechen erfanden, gehört die Kultur. Tragödien gibt es ausschließlich in der Sphäre des zum selbstbestimmten Denken und Handeln fähigen, wertenden Menschen. Nicht-menschliche Katastrophen mögen schrecklich und verheerend sein, tragisch sind sie nicht.

Die denkbare existentielle *metabolē* der Kultur, die die menschliche Autonomie gattungsmäßig zerstörte, würde nach dem *Politikos*-Mythos aus einer spekulativ angenommenen, fernen kosmischen Katastrophe resultieren. Als solche ist sie der täglichen Lebenswelt so fremd, dass Hesiod sie in die Vorzeit des Menschen verlegt und die Tragiker sie gar nicht erst erwähnen.[151] Auch Platons Darstellung von Kataklysmen beschwört niemals die Furcht vor ihrem *aktuellen* Eintreten herauf. Es sind philosophische Gedankenexperimente, um die Grenze der Autonomie in der natürlichen und bereits kultivierten bzw. gesellschaftlichen Verfassung des Lebens *ex negativo* plausibel zu machen. *Im* sich bereits unter Kulturbedingungen entfaltenden Leben der Polis kann dagegen eine *metabolē* sie so verkehren, dass die Identität der Polis verloren geht. *Diese* im Vergleich zur kosmischen Inversion historisch mehr oder weniger wahrscheinliche Gefahr des Verfalls und des radikalen Umschlags ist *existentiell relevant*. Sie besteht, solange es Staaten gibt, deren beste Form nach Platon und Aristoteles zwar beständig zu sein vermag, nie aber göttlich gesichert ist.

Doch noch ein weiteres Kriterium neben dem des kulturellen Kontextes ist nötig, um Platons These der Politik als „wahrer Tragödie" einzuschätzen. Wie Gerhardt selbst betont, ist tragisch nur das, was selbst *erlebt* wird.[152] Zum existentiellen Problem für die handelnden Individuen wird eine *metabolē* also erst, wenn sie innerhalb ihres eigenen Lebens jäh, gewaltsam und alles umändernd wie der Umschlag des Kosmos einträte. Die Tragödie kann nicht nur ein *denkbarer* Umschlag sein, wie ihn Platon für den Kosmos imaginiert und für jeden noch so stabilen Staat als möglich ausweist. Der nach Aristoteles für die Tragödie konstitutive Umschlag (*metabolē* oder *metabasis*) vom Glück in sein Gegenteil (und selten umgekehrt) geht – in der fiktiven Welt des jeweiligen Stückes – mit der Erfahrung schweren Leidens (*pathos*) einer und

---

[151] Siehe etwa die den gesamten Kosmos radikal erschütternde Gigantomachie mit Fluten, Erdbeben und Vulkanismus in Hesiods *Theogonie*, V. 836–885. Zum Desinteresse der Tragiker an natürlichen Katastrophen vgl. Olshausen/Sonnabend 1998, S. 12f.
[152] Gerhardt 2011, S. 114.

wird von den Handelnden an Leib und Seele *erfahren*.¹⁵³ Die „Gefahr des Misslingens"¹⁵⁴, d. h. seine bloße Möglichkeit, ist eine tragische Disposition, allerdings noch keine Tragödie. Erst das eigenverantwortete tatsächliche Misslingen selbst, das an sich selbst als Leid *erfahren* wird, erfüllt den Begriff der Tragödie.

Alle herausgearbeiteten Strukturmerkmale der politischen und kosmischen *metabolai* – eine identitätsrelevante tiefgreifende Veränderung, die plötzlich eintritt und zwei Kontinuitäten scheidet, indem sie die wesentlichen Bestimmungen einer Sache mit existentiellen Effekten in ihr Gegenteil verkehrt – kommen auch der Tragödie zu. Geht man von dem von Aristoteles bestimmten Begriff der Tragödie als einer Nachahmung von *handelnden Menschen* (*drōntoi*) aus, die durch handelnde Menschen, d. h. leibhaftige Schauspieler, aufgeführt wird (*epei de prattontes poiountai tēn mimēsis*), vollzieht jede Tragödie in ihrem aus den nachgeahmten Einzelhandlungen (*mimēsis praxeōs*) der Figuren gewobenen Handlungsgeflecht (*mythos*) ein Umschlagen (*metaballontas*) vom Glück der handelnden Individuen in ihr Unglück.¹⁵⁵ Es ist also ein Umschlag *des* Handelns und zugleich ein Umschlag *durch* das Handeln. Diese tragische Inversion im Leben der Individuen entspricht *ceteris paribus* dem kosmischen und dem politischen Umschlag an Plötzlichkeit und existentieller Auswirkung: *Alles* verwandelt sich auf *entscheidende* Weise. Da auf das Handeln von einzelnen Menschen alles ankommt, auch die Persistenz gut verfasster Staaten, bildet erst die Tragödie, in der es um Individuen geht, das angemessene Modell, um die existentiellen Risiken der Praxis begreifbar zu machen.

---

153 Siehe Aristoteles: *Poetik*, 1452b9–13, vgl. als Gegenstück die Bestimmung der Komödie, deren Qualität der Lächerlichkeit „keinen Schmerz verursacht und nicht zerstörerisch ist" (1449a35–37).
154 Gerhardt 2011, S. 126.
155 Aristoteles: *Poetik*, 1449b26–1450a6. Zum Umschlag siehe 1451a12–15, 1452a12–1452b3, 1452b35–1453a3. Dramen, die auch Komödien umfassen und nach Aristoteles wohl auf das dorische *dran* (tun, handeln) zurückgehen, werden als Nachahmung handelnder Menschen ausdrücklich von dem berichtenden Epos unterschieden (1448a19–1448b2).

4 Tragisches Handeln

„Habt Mitleid! Ich bin kein Verbrecher!"[1]

„Wir wollen nicht mehr die Ursachen zu Sündern
und die Folgen zu Henkern machen."[2]

4.1 Die Tragödie als Umschlag im individuellen Leben durch Handeln

Der Begriff *metabolē* steht, wie gezeigt wurde, für den existentiell gefährlichen Umschlag auf staatspolitischer und globaler Ebene. Die *metabolē* kennzeichnet den Moment, in dem eine kontinuierliche Lebensform des Menschen oder eine Verfassungskontinuität für das Gemeinwesen abbrechen und sich in etwas anderes, Gegenteiliges verkehren. In der Tragödie bezeichnet der Begriff dagegen den Umschlag im *individuellen Leben*. Durch ihn kippt eine bestimmte Verfassung des Lebens in eine gegenteilige. Nicht also die globale Erschütterung durch kosmische Umschläge in einer fernen Zukunft, auch nicht der Umsturz einer Polisverfassung, sondern die *plötzliche Verkehrung des Lebens von Menschen ins Gegenteil* ist der Gegenstand der Tragödien von Aischylos, Sophokles und Euripides. Darin, so meine ich, liegt der wesentliche Grund dafür, warum sie beispiellose Erschütterung, Schrecken, Furcht und Mitleid bei den Zuschauern bewirken können. In der Tragödie vollzieht sich die Verkehrung der Funktion von Kultur im individuellen Fall. Dieser Umschlag wird vom Handeln des Menschen selbst bewirkt, ohne dass er ihn beabsichtigt, und oft auch ohne dass er es weiß, bevor die *metabolē* eingetreten ist. Es handelt sich um einen durch Handeln mitbewirkten Umschlag, der das vereitelt, was Handeln überhaupt ermöglichen soll: ein selbstbestimmtes, gutes Leben.

Durch die ethnologische und kulturanthropologische Forschung an den kultischen Ursprüngen und dem rituellen Kontext der Großen Dionysien ist das in der aristotelischen *Poetik* dominierende Moment des sprachlichen Handelns auf der Bühne relativiert worden. Die Genealogie der attischen Tragödie, die weitgehend im Dunkeln bleibt,[3] jedoch auf den Ritus verweist, ist in Bezug auf die Rolle des auch im

---

1 Ödipus in Sophokles: *Ödipus auf Kolonos*, V. 139.
2 Friedrich Nietzsche: *Morgenröthe* 208. KSA 3, S. 189.
3 Die wichtigste Quelle stellt noch immer Aristoteles dar (*Poetik*, 1449a9–30), vgl. dazu Stoessl 1987; Schadewaldt 1991, S. 34–52; Latacz 1993, S. 51–65. Die Frage des Ursprungs aus dem Kult ist mit vielen offenen Fragen und Spekulationen behaftet, etwa zur Rolle der ursprünglichen Tiermasken im Dionysos-Kult, die sich von den tragischen Masken deutlich unterscheiden, oder zur Transformation der Dithyramben-Chöre in tragische Chöre. Tragödien wurden etwa auch in anderen, nicht Dionysos gewidmeten Theatern in Griechenland aufgeführt, zudem kommt der Gott nur in 19 von ca. 500 als Titel heute bekannten Tragödien des 5. Jahrhunderts vor. Siehe sehr skeptisch hinsichtlich der Bedeutung des Kults und Rituals für die Tragödie Scullion 2002. Dagegen hat u. a. Richard Seaford mehrfach die

5. Jahrhundert v. Chr. zeremoniellen Festspielrahmens der Großen Dionysien wichtig. Doch handelt es sich bei der Tragödie des 5. Jahrhunderts v. Chr., die uns nur zu einem kleinen Teil textlich überliefert ist, nicht allein um eine tradierte rituelle Praxis, sondern um eine technisch gefertigte, umgesetzte und bewertete sprachlich-theatrale Kunstform. Die Tragödien von Aischylos bis Euripides sind *gedichtete*, von einem Bürgerteam aus Schauspielern, Regisseur und einer Art finanzierenden Produzenten (Choregen)[4] geprobte und *aufgeführte* und schließlich von einem kritischen Publikum *bewertete ästhetische Formen*, die in einem dramatisch-theatralen Dispositiv politische, soziale und philosophische Fragen verhandeln.[5] Trotz der fortgesetzten Tradition der vermutlich in der zweiten Hälfte des 6. Jahrhunderts v. Chr. zur Zeit des Tyrannen Peisistratos gegründeten kultischen Festspiele der Dionysien kann man mit Jean-Pierre Vernant die Tragödie als eine eigenständige „Erfindung" des 5. Jahrhunderts begreifen, in der es kaum mehr um den Gott Dionysos als um Menschen geht. Die Festspiele selbst wurden immer mehr zu einem Wettkampf von schreibenden und vor allem aufführenden Künstlern, den das Publikum selbst zu bewerten hatte. In den Tragödien, die wie die *Orestie* als Teile von Tragödientrilogien entstanden und mit einem Satyrspiel abgeschlossen wurden, agieren Schauspieler, indem sie vergangene Menschen – der heroischen Zeit – mimetisch vergegenwärtigen – bzw. sie wie ein Zitat im Spiel beschwören.[6]

Wenn aber die Tragödie spätestens seit Aischylos nicht allein Ritual und Kult ist, sondern über die gedichtete Sprache zu einer dramatisch-theatralen Kunst wird, welche Rolle spielt dann das im Begriff Drama und im Agieren der Schauspieler präsente *Handeln?*[7] Beide Formen von Praxis – das Spielen und das Tun der gespielten Figuren – kommen in Aristoteles' Bestimmung zum Tragen, dass die Tragödie eine Nachahmung von Handelnden (*mimēsis praxeōs*) sei – und zwar nicht „in Form des Berichts" wie im Epos durch den Erzähler, sondern „durch handelnde Charaktere"

Bedeutung des Dionysischen für die Tragödie betont, denn die Selbstzerstörung der Familie werde in einen dionysischen Kult der Gemeinschaft (*thiasos*) aufgehoben, der für die Athener die Polisgemeinschaft symbolisch sichere und erneue. Das Dionysische stehe für den Wechsel von der Bedeutung der *oikos*- zu der der *polis*-Gemeinschaft und von der Tyrannis zur Demokratie; vgl. Seaford 2006, S. 94 ff. Vgl. auch Easterling 1997b.

4 Vgl. Zimmermann 1997 und Kap. 9.5.
5 Zu den großen Dionysien siehe Kap. 9.5. Das Kompositum dramatisch-theatral soll hier nur die Bindung der theatralen Aufführung an einen Text, das Drama, betonen. Es ist Christoph Menkes Verdienst, gezeigt zu haben, dass die antike Tragödie diesen Zusammenhang voraussetzt, während die Moderne Ausgänge aus der Tragödie wie die romantische Auflösung ins Spiel bzw. die Lösung des Theatralischen von der Vorgabe des Texts ins Postdramatische geht. Vgl. Menke 2005, S. 110–157. Zum postdramatischen Theater der jüngeren Theatergeschichte siehe: Lehmann 1999.
6 Vgl. Vernant 1990d. Die Vergegenwärtigung betonen auch Fischer-Lichte 1990, S. 18f.; Lehmann 1991, S. 9ff., und Bohrer 2009, S. 14ff. Heiner Müller geht von einer Totenbeschwörung, einem Dialog mit den Toten in der Tragödie aus (Müller 2008, S. 24).
7 Aristoteles leitet so etymologisch den offenbar von Dichtern selbst benutzten Begriff ‚Drama' her, von dorisch *dran* (‚handeln'), dem im attischen Griechisch *prattein* entspreche (*Poetik*, 1448a28–1448b2).

(*prattontes*) selbst: die Schauspieler.[8] Der Unterschied zur narrativen Darstellung von Handelnden besteht für Aristoteles (wie auch schon für Platon)[9] darin, dass dort der Darsteller – der Erzähler – ein anderer sei als die, die handeln. Der homerische Erzähler erzählt aus einer Position über Achill, er stellt jedoch nicht Achill selbst dar. Das ist in der Tragödie (und Komödie) anders: „Die Nachahmenden ahmen handelnde Menschen nach."[10] Das heißt, Menschen *handeln selbst*, um (figürlich) *Handelnde darzustellen*. Sie schauspielen, indem sie das Handeln vergangener Personen durch ihr Handeln nachahmen. Dadurch aber erscheinen sie dem Publikum wie Handelnde selbst. Das Theater ist demnach ein Schauraum, in dem man Handelnden zusieht, insofern Schauspieler ihre Rolle übernehmen und so ihr Sprechen und Tun verkörpern.

Von Aristoteles bis ins 20. Jahrhundert ist die Tragödie daher fast durchgängig als Darstellung von Handelnden verstanden worden. Aus dieser Überzeugung wurde im Kontext des historischen Denkens die Idee einer evolutionären Bewegung „vom Mythos zum Logos"[11] entwickelt, an der die Tragödie entscheidenden Anteil haben sollte. Durch die ästhetisch inszenierte Darstellung sich entscheidender und ihre Entscheidung in Handlungen umsetzender Figuren habe die Tragödie die „Entdeckung des Geistes" bzw. „die *Geburt von Subjektivität*" vollzogen.[12] Diese klassische – und in ihrem eurozentristischen Entdeckungsanspruch problematische, von der Mythenforschung entkräftete –[13] Interpretation einer Art Fortschritt zur Tragödie als Drama, deren Ziel es schon bei Aischylos sei, „die Quintessenz des Handelns rein darzustellen"[14], ist von philosophischer, religionshistorischer, ritualitätstheoretischer und literaturwissenschaftlicher Seite kritisiert worden. Bereits Nietzsche erklärte das Moment des Handelns als Fehldeutung der Tragödie, in der es vielmehr um Pathoserregung in der symbolischen Vermittlung apollinischer und dionysischer Kräfte gehe.[15] Auch die Theaterwissenschaft hat sich nach der performativen Wende gegen die Überzeugung des Handelns als Gegenstand der Tragödie ausgesprochen. So

---

8 Aristoteles: *Poetik*, 1449b24–27, vgl. 144819–24.
9 Vgl. Platon: *Politeia* II, 392c-395d. Siehe Kap. 9.3.
10 Aristoteles: *Poetik*, 1448a1 (Übersetzung von Manfred Fuhrmann).
11 Vgl. Nestle 1940.
12 Vgl. zur Bestimmung des antiken Dramas als Handlungsrepräsentation Snell 1928, S. 13 f. Snell hebt heraus, „wie bedeutsungsvoll" die einen bewussten Entschluss umsetzende Handlung in der als Drama qualifizierten Tragödie „für die Entwicklung des griechischen, ja, des europäischen Geistes" gewesen sei (Snell 1975, S. 103). Adorno 1970, S. 344 f., formuliert dagegen eher fragend, aber insgesamt zustimmend, wie die attische Tragödie die „Geburt von Subjektivität" bezeuge.
13 Diese Entwicklungsidee lässt sich bis zu Herder zurückführen. Zweifel sind an ihr durch die Mythenforschung Kerényis, Cassirers, Blumenbergs, Burkerts und anderer angemeldet worden, die die Erkenntnis- und Weltbewältigungsfunktion des Mythos herausgearbeitet hat. Von einem einfachen linearen Progress vom Mythos in den Logos kann nicht die Rede sein. Differenzierter stellt die Entwicklung Vernant 1982 dar. Siehe auch Kap. 4.5 und 8.9.
14 Snell 1975, S. 106.
15 Friedrich Nietzsche: *Der Fall Wagner*. KSA 6, S. 32 (Anmerk.). Siehe Kap. 6.3.

argumentiert etwa Hans-Thies Lehmann, dass die Tragödie nicht, wie landläufig angenommen, die Darstellung eines geordneten Zusammenhangs von Handlungen, sondern vielmehr „Szene" sei: das theatralische Herausheben bestimmter Szenen zum Zweck der Schmerzartikulation.[16] Der Gegenstand der Tragödie sei daher nicht die Tat, sondern „das Vor und das Nach der Tat"[17]. Diese These ist angesichts der Dominanz der Leidartikulation in den überlieferten Stücken und der Schockwirkung, die einzelne Szenen erzielen, *prima facie* plausibel. Dennoch ist die These Lehmanns eher als ergänzende Korrektur, denn als Alternative zum Konzept der Tragödie als Drama zu verstehen. Für die These der Ergänzung, die in diesem und in Kap. 6.3 zu begründen ist, spricht vor allem die Erkenntnis, dass es in den Tragödien immer um die Darstellung einer Erfahrung geht, in der das *Wollen und Tun* der Figuren gegen sie selbst gewendet wird. Das Leiden der Figuren ereilt sie nicht völlig passiv, sondern *ergibt sich* kausal (unter anderem) *aus* ihrem *Handeln*. Die Tragödie stellt nicht das friedliche Sterben alter Menschen oder die teilnahmslose Erkrankung von Figuren dar, sondern das Leid, das für sie aus ihren Handlungen im Zusammenspiel mit den Handlungen anderer sowie bestimmter, oft zufällig wirkender Faktoren resultiert. Zwar ist es richtig, dass die Handlungen im Gegensatz schon zur römischen Tragödie, mehr noch aber zum neuzeitlichen Drama in der attischen Tragödie weniger dargestellt als im Botenbericht erzählt werden. Sie sind jedoch, wie in diesem Kapitel gezeigt werden soll, auch als erzählend, reflektierend und beklagend vergegenwärtigte konstitutiv für die tragische Spezifik des Leidens, das auf der Bühne so ergreifend zum Ausdruck kommt.

Dabei können die Handlungen vor dem Einsatz des Stücks stattgefunden haben wie etwa in Aischylos' *Persern* oder in Sophokles' *Aias*, meist werden die tragischen Handlungen jedoch in der Gegenwart der Vorführung entweder an einem anderen Ort oder hörbar (und zuweilen auch sichtbar) nahe der Bühne bzw. vor dem Bühnenhaus in der Zeit des Dramas vollzogen. Zu diesen Handlungen während der Aufführung zählen unter anderem der tödliche Bruderkampf in Aischylos' *Sieben gegen Theben*, die Tötungshandlungen Klytämnestras und Orests in dessen *Orestie*, die Selbsttötung des Aias auf offener Bühne, die Bestattungshandlung und das Regierungshandeln in Sophokles' *Antigone*, das Herstellen und Übermitteln des Nessos-Hemdes in seinen *Trachinierinnen*, das Überzeugen Philoktets durch Neoptolemos und die folgenreiche Übergabe seines Bogens an ihn in Sophokles' *Philoktet*, das Schmieden des Racheplans und seine Ausführung in Euripides' *Medea*, die Verstoßung des Hippolytos durch seinen Vater Theseus und seine dramatische Flucht in Euripides' *Hippolytos*, die Versklavung und Demütigung der trojanischen Frauen in den *Troerinnen* oder der *Hekuba* von Euripides, die Ermordung seiner Familie durch Herakles in Euripides' gleichnamigem Stück oder die so grausame wie perfide Vergeltung, die Dionysos an Pentheus in den *Bakchen* des Euripides übt. Viele dieser Handlungen können zum Teil

---

16 Lehmann 1991, S. 50 ff.
17 Ebd., S. 53.

in weitere punktuelle Handlungen unterteilt werden, die in der Tragödie inszeniert wurden.[18]

Dass diese Handlungen mit konstitutiv für die Tragödien sind, heißt nicht, dass man sie in voller Ausführung sieht. Die griechischen Tragödien sind denkbar weit von *Action*-Filmen entfernt, insofern dramatische Akte wie Kämpfe, Morde oder Wagenfahrten in der Regel nur berichtet oder gehört werden, während sie für das Publikum unsichtbar hinter der Bühne stattfinden. Entscheidend für die Darstellung in der *orchēstra* und vor der *skēnē* des Dionysos-Theaters sind die in den Szenen unterschiedlich inszenierten leidvollen Folgen der Handlung für die Figuren, die sich in ihren Klagen, den Auseinandersetzungen mit anderen Figuren und den kommentierenden und reflektierenden Liedern des Chors mitteilen.[19] Leiden ist in den Tragödien allerdings nicht einfach etwas Anderes, das neben dem Handeln, Überlegen, Entscheiden und Ausführen oder auch umnachteten Agieren stünde, sondern ist notwendig daran gebunden. Die Figuren handeln und werden genau dadurch zu (noch stärker) Leidenden. Die Tragödie präsentiert, wie Vernant schreibt, „individuals engaged in action. It places them at the crossroads of a choice in which they are totally committed; it shows them on the treshold of a decision, asking themselves what is the best course to take."[20] Zugleich zeigt die Tragödie, welche Probleme, Begrenzungen und Risiken mit dem Handeln zusammenhängen.

Außerdem muss an Aristoteles' zutreffende Beschreibung der Schauspieler als Akteure, die Handelnde nachahmen, erinnert werden, die das Drama als theatralische Form qualifiziert: Tatsächlich *bewegen* sich Menschen im Theater (Schauspieler treten z. B. auf und ab), stellen dabei einen Charakter als Figur dar und *handeln* in ihrer Rolle, selbst wenn die Handlungen zum größten Teil Sprechhandlungen sind. Die handelnde Darstellung von Handelnden ist dabei der Tragödie nicht äußerlich; es geht in ihr um selbstbewusst sprechende, ihre Sache vertretende, interagierende und expressive Individuen. Hegels Beschreibung trifft die tragischen Figuren:

> „Der Held ist selbst der sprechende, und die Vorstellung zeigt dem Zuhörer, der zugleich Zuschauer ist, *selbstbewußte* Menschen, die ihr Recht und ihren Zweck, die Macht und den Willen ihrer Bestimmtheit *wissen* und zu *sagen* wissen. Sie sind Künstler, die nicht, wie die das gemeine Tun im wirklichen Leben begleitende Sprache, bewußtlos, natürlich und naiv das *Äußere* ihres Entschlusses und Beginnens aussprechen, sondern das innre Wesen äußern, das Recht ihres Handelns beweisen, und das Pathos, dem sie angehören, frei von zufälligen Umständen und von der Besonderheit der Persönlichkeiten in seiner allgemeinen Individualität besonnen behaupten und bestimmt aussprechen. Das *Dasein* dieser Charaktere sind endlich *wirkliche* Menschen,

---

18 Vgl. zu einzelnen Beispielen Taplin 1978, S. 58–76.
19 Daher überzeugt auch Lehmanns These nicht, prinzipiell den ausdrucksvollen Monolog gegen den dramatischen Dialog auszuspielen, denn auch dieser hat einen prominenten Ort in den meisten Stücken und bietet in den Stichomythien viele Gelegenheiten für Argumentationen, Rechtfertigungen, Klagen und Anklagen. Lehmann räumt selbst ein, dass der Dialog zu den Szenen gehöre, nicht aber dominiere (ebd, S. 51). Zu einer anderen Einschätzung mit Belegen für die Vielfalt an Dialogizität und Reflexivität in den Stichomythien siehe Goldhill 2012, S. 56–80.
20 Vernant 1990a, S. 44.

welche die Personen der Helden anlegen, und diese in wirklichem nicht erzählendem, sondern eignem Sprechen darstellen."²¹

In der Tragödie wird das Sprechen und Handeln konkreter Individuen (als Figuren auf der Bühne), die eine ethische Position vertreten, auch mit einem ethischen und moralpsychologischen Vokabular nach Art lebensweltlicher Akteure bewertet, wie Platons und Aristoteles' Behandlungen der Tragödie belegen. Sie führt nach Aristoteles vor, wie Menschen nicht aufgrund ihres schlechten, sondern *trotz* ihres ernsthaften, prinzipiell guten Charakters einen Umschlag von Glück ins Unglück erfahren. Genau darin unterscheidet sie sich nach Aristoteles auch von der Komödie. Menschen sind für den Stagiriten nach ethischen Kriterien, d. h. nach der sittlichen Verfassung ihres Charakters zu unterscheiden: Sie sind entweder eher *spoudaios* (‚ehrenwert', ‚ernst', ‚hochgeschätzt', ‚bedeutend') oder eher *phaulos* (‚schlecht', ‚schwach', ‚untauglich', ‚unwichtig' oder ‚böse').²² Während die Komödie Charaktere nachahme, „die dem heutigen Durchschnitt unterlegen" seien, stelle die Tragödie in ihren Figuren genau umgekehrt ernste Charaktere dar, „die ihm überlegen sind."²³ Die verkörperten Charaktere erscheinen demnach nicht als Verbrecher, wie die selbst schuldig werdenden Menschen etwa bei Hesiod, Solon oder Platon, sondern als Charaktere sind sie aufgrund ihrer dianoetischen und ethischen Tugenden eher Vorbilder. Dadurch treten ihre individuellen idiosynkratischen Charakteristika zurück und das Beispielhafte, das Allgemeine im individuellen Handeln tritt hervor.

Die individuellen Charaktere und ihre jeweils unterschiedlich ausgeprägten Fähigkeiten sind eine Funktion des Plots, der den Umschlag im Handeln der Einzelnen (mehr oder weniger charakteristischen)²⁴ Figuren als zentrales Geschehen enthält. Darin aber zeigt sich das Beispielhafte ihres Handelns, das zum Erleiden verkehrt wird. Nicht aufgrund besonderer, nur ihnen zukommender Eigenschaften schlägt ihr Glück handelnd um ins Unglück, sondern aufgrund ihrer intellektuellen, emotionalen und menschlichen Fähigkeiten und Eigenschaften, die allgemeine Eigenschaften des Menschen sind. In Bezug auf diese Vermögen und Fähigkeiten sind sie den Zuschauern tendenziell überlegen: „das Beispielhafte muß ja die Wirklichkeit übertreffen" (*to gar paradeigma die hyperechein*).²⁵ Die Tragödie stellt also mit dem tragischen Heldenpersonal, den „major individuals"²⁶ der heroischen Tradition des Mythos, Menschen dar, „die das, was ein menschliches Individuum sein kann und

---

21 Georg Wilhelm Friedrich Hegel: *Phänomenologie des Geistes* (Theorie-Werkausgabe, Bd. III), S. 534f. Hegels Deutung der Individuen als Repräsentanten einer in sich entzweiten Sittlichkeit ist dagegen nicht ohne Weiteres an Aristoteles anschlussfähig.
22 Aristoteles: *Poetik*, 1448a1–4.
23 Ebd., 1448a16f.
24 Aristoteles geht davon aus, dass es sogar Tragödien ohne ausgeprägte Charaktere geben könne, nie aber ohne Handelnde: ebd., 1450a25f.
25 Ebd., 1461b13.
26 Halliwell 1986, S. 165.

vermag, in hoher Vollkommenheit verwirklichen."[27] In dieser kommentierenden Formulierung Schmitts wird deutlich, wie in ethischer und anthropologischer Hinsicht *exemplarisch* Aristoteles die in der Tragödie vorgeführten Charaktere deutet, die er ausdrücklich auf sich und seine Leser bezieht, wenn er von jenen als Personen spricht, „die besser sind als wir"[28]. Sie gehören zur Sage der Heroen, die in Hellas ohnehin für „größer, schöner, stärker"[29] als die Menschen in der jeweils eigenen Gegenwart gehalten wurden.

Die Figuren sollen nach Aristoteles dem normalen Zuschauer an Tugend und Fähigkeit zwar überlegen, ihm gleichwohl immer noch so ähnlich (*homoion*) sein, dass er mit ihnen mitfühlen und sich vor einem ähnlichen Schicksal fürchten kann. Daraus erwächst ihm die Option auf eine an den Figuren gespiegelte Selbsterkenntnis: Er vermag sich als ein von ihnen unterschiedenes, aber ihnen im Handeln, Streben, Fehlen und Leiden prinzipiell verwandtes menschliches Individuum zu erkennen.[30] Im Mitleid drückt sich eine moralische Emotion aus, die dem unverdient Leidenden gilt;[31] in der Furcht wird das Allgemeine des tragischen Scheiterns anerkannt, das jeden treffen *kann*. Der philosophische Rang von Dichtung gegenüber der auf das bloß Besondere bezogenen Geschichtsschreibung besteht für Aristoteles gerade darin, das Allgemeine mitzuteilen, nämlich das, „was geschehen könnte, d. h. das nach den Regeln der Wahrscheinlichkeit oder Notwendigkeit Mögliche."[32] Es ist das, was ein spezifisches Individuum, das sittlich anerkennenswert ist, „sagt oder tut"[33] und was ihm dadurch an Leid widerfährt. Geschichtsschreibung stellt nun offenkundig auch das Mögliche dar, insofern es bereits geschehen ist. Aristoteles' Bemerkung wird

---

27 Schmitt 2008b, S. 230.
28 Aristoteles: *Poetik*, 1454b9f. Für Aristoteles' Interpretation der charakterlichen Vorbildhaftigkeit der Figuren spricht auch eine durch wohl im späten 5. und 4. Jahrhundert als Klischee verbreitete Auszeichnung des Sophokles gegenüber Euripides, die Aristoteles erwähnt (*Poetik*, 1460b34). Dass Sophokles Menschen im Gegensatz zu Euripides dargestellt habe, wie sie sein sollten und nicht wie sie seien, wird durch Sophokles' in Plutarchs *De Profectibus in Virtute* überlieferte Aussage gestützt, er habe den „ganzen Reichtum des Aischylos, dann seine eigene schmerzvolle Erfindungskraft angewandt", bis er in der dritten, besten Phase seines Schaffens „dem Charakter am stärksten Ausdruck" (*ēthikōtaton*) verliehen habe (zit. nach Bowra 1967, S. 128/145).
29 Vernant 1995, S. 55.
30 Vgl. Aristoteles: *Poetik*, 1453a3–7. Schmitt betont, dass die Kategorie der Ähnlichkeit nach Aristoteles Gradualität zulässt. Es genügt, dass die Zuschauerinnen und Zuschauer den Helden mehr oder weniger ähnlich sind. Sie identifizieren sich nicht mit ihnen, sondern nehmen an ihrem Schicksal – aus der Distanz der Zuschauer, die ihnen zudem sittlich unterlegen sein sollen – erkennend und fühlend teil. Als von ihnen Unterschiedene verstehen sie aber anderes und mehr aus der Zuschauerposition und empfinden Mitleid und Furcht, Affekte also, deren intentionaler Gehalt ein Differenzbewusstsein erfordert (Schmitt 2008b, S. 479 ff.).
31 In der *Rhetorik* behauptet Aristoteles, dass Menschen nur dann Mitleid hätten, „wenn sie glauben, es handele sich um einen edlen Menschen" (*Rhetorik* II 8, 1385b33f.). Zur moralischen Dimension des Mitleids, das unverdientem Leiden gilt, siehe ebd., 1385b15–1386b14.
32 Aristoteles: *Poetik*, 1451a36–38.
33 Ebd., 1451b9f.

daher nur verständlich, wenn man der Tragödie einen paradigmatischen Charakter attestiert, durch den am Besonderen etwas allgemein erkennbar wird. Als „image of a possible reality"[34] muss sie die wesentlichen Elemente zusammentragen, die eine Handlung in Bezug auf das Wissen um wahrscheinliche oder notwendige Kausalzusammenhänge hinreichend kohärent zum Nachvollzug erscheinen lassen. Allgemein wird sie jedoch erst, indem sie etwas Exemplarisches an den Figuren und ihrer Handlung sichtbar macht.

Aus Aristoteles' Überlegungen folgt, wie an den Tragödientexten plausibilisiert werden soll, eine weitreichende (von Aristoteles allerdings nicht erwähnte) Einsicht: Die Tragödie führt das Scheitern solcher Menschen nämlich so vor, dass es problematisch ist, dieses allein als voraussehbare und angemessene Strafe der Götter für willentliches Fehlverhalten deuten zu können. Zwar machen die Figuren der Tragödie laut Aristoteles tatsächlich einen Fehler (*hamartia*), aufgrund dessen ein Umschlag eintritt.[35] Nur ist dieser in seinen Ausmaßen für die Betroffenen existentiell so gewaltig, dass er in keinem rationalisierbaren Verhältnis zum Streben, Handeln und zu der Art des Fehlers der Figuren steht.

Die Tragödie formuliert somit eine intellektuelle Herausforderung an die in der Lebensklugheit bis heute weitgehend gültige und für die Praxis gar nicht *in toto* verzichtbare Gleichung Hesiods, Solons und Platons, die die Stoa übernehmen und erst Kant radikal kritisieren wird: *Wer richtig (gut oder klug) handelt, der wird (oder ist) glücklich*. Die Herausforderung der Tragödie für dieses Denken, das den Tun-Ergehen-Zusammenhang (Kap. 3.1.) mit rationalen Argumenten reformuliert, besteht in der Vorführung sozialer Handlungskonstellationen, in denen *gerade die kultur- und damit lebenstragenden Leistungen des Menschen* kausal dazu beitragen, dass er das Ziel aller kulturellen Anstrengung – die Möglichkeit, ein gutes Leben zu verwirklichen – selbst vereitelt. Das eigene Denken, Unterscheiden, Erkennen, Entscheiden und Handeln, kurz: das epistemisch-praktische *Können* des Menschen wird selbst zur ernsthaften Gefährdung. Wer generell gut bzw. klug handelt, kann dennoch und gerade deswegen untergehen. Der Umschlag, die „transformation of fortune, [...] may to a great extend be independent of the exact ethical qualities of the agent."[36] Das ist die tragische Dialektik:[37] Die Handelnden bereiten sich selbst ihr leidvolles Schicksal, *indem* sie überhaupt handeln. Ihr Leid erwächst aus dem, was kulturell als das Abwehrmittel des Leidens verstanden wird: der eigenen ernsthaften Praxis.

Die These, die im Gang der nachfolgenden vier Kapitel plausibilisiert werden soll, lautet, dass die Tragödien an den tragisch Handelnden Umschläge der menschlichen Fähigkeiten, die überhaupt das gute Leben auszeichnen und ermöglichen, in ihr Gegenteil vorführen: Umschläge von Glück in Unglück sind letztlich auch Umschläge von Können in Ohnmacht, von Freiheit in Unfreiheit, von Orientierung in Orientierungs-

---

34 Halliwell 1986, S. 215.
35 Vgl. Aristoteles: *Poetik*, 1453a9–11.
36 Halliwell 1986, S. 164.
37 Zu diesen Begriffen siehe Kap. 3.2 und 3.6.

losigkeit, von Hoffnung in radikale Verzweiflung, von Selbstvertrauen in Selbstverlust, von Wiederholbarkeit des Handelns in sein irreversibles Scheitern (Kapitel 6–8). Der tragische Umschlag vom Handeln ins Leiden markiert auch den Fall aus der Selbstbestimmung. Für das Individuum ist es ein Umschlag von allem in nichts.

4.2 Der Umschlag in Aristoteles' *Poetik*

An Aristoteles' *Poetik*, der ersten und folgenreichsten Theorie der Tragödie, ist oft kritisiert worden, dass der Autor der Komplexität und Diversität der überlieferten Stücke nicht gerecht wird, dass er die Inszenierung, die Performativität des Spielens und die theatralen Qualitäten nicht analysiere, die Rolle des Chors übergehe, die Tragödie als geschlossen-einheitliche Form verfehle, die irrationalen und sinnlichen Dimensionen der Tragödie durch seine „Logifizierung des Ästhetischen"[38] unterschlage und den historischen, politischen und sozialen Kontext der attischen Tragödie nicht genügend beachte.[39] Die Kritik ist in vielem berechtigt, gerade mit Blick auf die von Aristoteles abgewertete visuell-sinnliche Dimension der theatralen Inszenierung oder seine fehlende Analyse des Chors. Zudem versäumt er, die ästhetische wie existentielle Dimension der tragischen Erfahrung zu explizieren, die mit dem Wort des *pathos* nur erwähnt wird (siehe Kap. 6). Dennoch ist die *Poetik*, gerade in ihrer höchsten Wertschätzung der Tragödie, eine unverzichtbare Quelle für die philosophische Reflexion Tragödie.

Insbesondere durch den neuen, umfassenden Kommentar der *Poetik* von Arbogast Schmitt, der die Schrift in den Kontext des gesamten philosophischen Werks von Aristoteles stellt und in Bezug auf die überlieferten Tragödien bewertet, ist die Kritik zum großen Teil zu relativieren. Schmitt zeigt, dass „das ganze Arsenal an Kritik [...] aus der unhinterfragten Hinnahme der neuzeitlichen Ausgangssituation der *Poetik*-Rezeption" stammt. Er weist dagegen nach, dass wir erst durch Aristoteles Wesentliches des Tragödienkonzeptes des 5. und 4. Jahrhunderts v. Chr. verstehen können,[40] und attestiert der *Poetik* gegen ihre Kritiker „eine große Aktualität"[41].

In jedem Fall kommt man um Aristoteles und Platon in der philosophischen Betrachtung der Tragödie nicht herum, da sie neben Gorgias die einzigen philosophischen Quellen aus der Zeit der attischen Tragödienproduktion und -aufführung

---

[38] Lehmann 2013, S. 36.
[39] Bereits Ulrich von Wilamowitz-Moellendorff schlug 1894 vor, die Interpretation der überlieferten Stücke von der Betrachtung der späteren normativen Poetik des Aristoteles zu trennen (Wilamowitz-Moellendorff 1959, S. 45–50 und S. 108–120). Zur Rezeption und Kritik der *Poetik* siehe Halliwell 1986, S. 286–323, und Kablitz 2009. Kritische Fragen hinsichtlich der Angemessenheit der aristotelischen Poetik diskutiert Flashar 1984; neben Lehmann 2013, S. 34–40, bietet auch Ette 2011, S. 11–14, eine aktuelle Kritik der *Poetik*. Vgl. auch Ette 2012, S. 88 f.
[40] Vgl. Schmitt 1991.
[41] Schmitt 2008a, S. XIV (Vorwort).

selbst sind.⁴² Anders als manchen, über künstlerische Arbeiten leicht hinweggehende Philosophinnen und Philosophen der Moderne kann man den griechischen Denkern keine mangelnde künstlerische Sachkenntnis unterstellen, wie die vielen Dichtungs- und speziell Tragödienzitate in ihren Schriften belegen. Platon hat offenbar selbst als junger Mann Tragödien verfasst;⁴³ er und sein Lehrer Sokrates verkehrten persönlich mit Tragödiendichtern wie mit Agathon, mit dem Platon befreundet war und den er im *Symposion* auftreten lässt. Aristoteles wiederum hat wahrscheinlich während seiner Erziehung Alexander des Großen in Pella reichhaltige Materialsammlungen angelegt und sich intensiv mit den Dramatikern sowie mit Hesiod und Homer beschäftigt, dessen *Ilias* er für Alexander revidierte, um dann in Athen mit umfassendem Textmaterial die vermutlich für den Gebrauch seiner Schüler bestimmte Abhandlung der *Poetik* zu verfassen. Er schrieb sie zwar vermutlich erst nach 335 v.Chr., also Jahrzehnte nach der Blütezeit der Tragödie im 5. Jahrhundert.⁴⁴ Aber die lange Zeit durch Hegel und Nietzsche beeinflusste These von ihrem Ende in Athen zur Jahrhundertwende⁴⁵ und somit von Aristoteles' historischer Distanz zur ästhetischen Gegenwart der Tragödie kann angesichts einer „Blüte von Bühnenproduktionen und Schauspielerwesen", von einer „Fortsetzung der staatlichen Pflege des Theaterbetriebes, die sich z. B. in der offiziellen Zulassung der Wiederaufführung alter Stücke oder dem Ausbau des Dionysos-Theaters unter Lykurg äußerte" , nicht die Rede sein. „In – fast – authentischem Kontext erlebte Aristoteles Wiederaufführungen klassischer Stücke"⁴⁶ seit der Zulassung der Wiederaufführungen alter Stücke im Jahr 386 bei den Großen Dionysien. Hier dürfte er auch viele der Stücke als Zuschauer kennengelernt haben, die in der Folgezeit verloren gingen. Zudem hat Aristoteles offenbar auch Tragödien als Texte gelesen, ohne auf die jährlichen Aufführungen für seine Analysen angewiesen zu sein.⁴⁷

---

42 Vgl. Flashar 2000, S. 192.
43 Vgl. Diogenes Laertius: *Leben und Lehre der Philosophen* III, 4–5.
44 Zur Datierung und zur Entstehungsgeschichte siehe Fuhrmann 1982, S. 150–155.
45 So etwa Snell 1937, S. 249.
46 Hose 1995, S. 184 f. Gleichwohl nahm die didaktische und politische Funktion nach dem Ende des Peloponnesischen Krieges und dem Verlust der Hegemonie Athens ab (ebd., S. 185 ff.). Zur politisch dramatischen Transformationsphase der überlieferten klassischen Tragödie und Komödie in der letzten Dekade des 5. Jahrhunderts siehe den ausführlichen Sammelband Markantonatos/Zimmermann 2012. Meines Erachtens stellt diese Transformationsphase, in der die Tragik des Umschlags ins Leid die Politik Athens mit der fatalen Sizilienexpedition ereilte, keinen generellen Einwand gegen die Adäquatheit der aristotelischen Theorie für die Tragödie des 5. Jahrhunderts dar; sie war dem in Athen lehrenden Philosophen, der viele der später verloren gegangenen Tragödien neben den heute noch überlieferten gekannt haben dürfte, sicherlich vertrauter als allen späteren Theoretikern. Dass man Aristoteles, gerade weil man seine Theorie mit keiner zeitgenössischen vergleichen kann, dennoch vorsichtig oder gar mit Misstrauen begegnen sollte, wurde immer wieder betont (siehe etwa Lesky 1999, S. 639 ff.). Doch sollte niemand, der die antike Tragödie im Ganzen verstehen will, Aristoteles' Theorie übergehen (vgl. Latacz 1993, S. 52 f.).
47 Vgl. Aristoteles: *Poetik*, 1462a11–14. Schon mehr als ein halbes Jahrhundert zuvor (405 v.Chr.) sagt in den *Fröschen* des Aristophanes niemand Geringeres als der Theatergott Dionysos selbst, er habe

Dem Text, der deskriptive Elemente und normative Setzungen immer wieder überkreuzt, muss man mit einem kritisch prüfenden Blick begegnen. Es kann auf jeden Fall nicht darum gehen, die für Jahrhunderte maßgebliche Autorität des Aristoteles als Richter über die Qualität von Tragödien zu erneuern; ein Unterfangen, das ohnehin für das gegenwärtige Theater absurd wäre.[48] Man muss umgekehrt fragen, ob Aristoteles' Theorie heute in Bezug auf den Stand der Forschung und in Bezug auf aktuelle Interessen hinsichtlich der griechischen Tragödie wertvolle Hinweise geben kann. Die folgenden Überlegungen stellen keine Reevaluation der aristotelischen *Poetik* oder eine Diskussion der Neuausgabe Schmitts dar. Sie gehen von der Annahme aus, dass in der aristotelischen Strukturbeschreibung der Tragödie wichtige Aufschlüsse für die ästhetische Wirkkraft der Tragödie zu gewinnen sind. Und nicht neben, über oder unter dieser ästhetischen Wirkkraft liegt die philosophische Brisanz der Tragödie, sondern *in* ihr. Die Strukturmomente, die Aristoteles hinsichtlich der ästhetischen (affektiven) Kraft als effektiv auszeichnet – die des Umschlags und des schweren Leids –, sind die Eigenschaften der Tragödie, die sie in dieser Arbeit zu einer philosophisch bedenkenswerten Institution machen.

Unabhängig von den schier endlosen Diskussionen über das rechte Verständnis der *katharsis* seit der Wiederentdeckung der *Poetik* in der Renaissance oder von der richtigen Kritik an Aristoteles' fehlender Würdigung der Inszenierung, haben die funktional wesentlichen Strukturmerkmale der Tragödienform, denen Aristoteles das größte Gewicht in seiner Schrift beimisst, eine bis heute starke Wirkung gehabt, ohne als tragödienkonstitutive Merkmale prinzipiell in Zweifel gezogen worden zu sein.[49] Tatsächlich haben auch die modernen Theorien des Tragischen das dialektische Umschlagen von Handlungen ins Gegenteil und das daraus resultierende Leid als wesentlich für das Verständnis des Tragischen und der Tragödie gehalten.[50] Die funktional wesentlichen Elemente der Handlung sind deshalb von größtem Interesse, da für Aristoteles die Tragödien*handlung* gegenüber den anderen qualitativen Elementen der Tragödie wie den Charakteren, der Sprache (Dialog), Erkenntnisfähigkeit, Inszenierung und Musik am wichtigsten ist,[51] so in den komplexen Handlungen neben dem Leid die Peripetie und die Wiedererkennung.

Der Terminus der *metabolē* bzw. der *metabasis* in Aristoteles' *Poetik* wird in dieser Arbeit als ein Zentralbegriff für das Verständnis der Tragödie gedeutet. Trotz seiner

---

Euripides' *Andromeda* auf einer Schiffsreise gelesen (V. 52f.). Die Etablierung einer auch die Dramen vervielfältigenden Buchkultur im 5. Jahrhundert dürfte ein Grund dafür sein, dass in der Poetik des Dramas bis ins 20. Jahrhundert der Text gegenüber den performativen Momenten der Aufführung Priorität erfuhr.
48 Der Bruch moderner Theaterpraxis mit der aristotelischen Wirkungspoetik bildet spätestens Bertold Brechts antiaristotelisches Theater und wird in aktuellen Spielformen des partizipativen und postdramatischen Theaters auf andere Weise erneuert.
49 Vgl. Flashar 2000, S. 190.
50 Siehe unten in diesem Kapitel und Kap. 6.1.
51 Vgl. Aristoteles: *Poetik*, 1450a8–38.

prominenten Rolle für die Strukturmomente und in der Kennzeichnung des narrativen Kerns der Tragödie scheint es bislang keine Arbeiten zu geben, die explizit den Begriff der *metabolē* in der *Poetik* zum Gegenstand haben. Ein Grund dafür mag darin liegen, dass fast immer von der berühmten Tragödiendefinition im 6. Kapitel ausgegangen wird, die weder das Moment des Umschlags noch das des Leidens erwähnt, das aber für das Verständnis dessen, was eine Tragödie bietet, bis heute konstitutiv ist.[52] Doch Aristoteles ist an dieser Stelle zunächst darum bemüht, die Tragödie als sowohl sprachliches Drama („Nachahmung einer bedeutenden Handlung" in „kunstgemäß geformter Sprache") als auch theatrale Vorführung (sie lässt „die Handelnden selbst auftreten") zu definieren. Nur über die Wirkung („Mitleid und Furcht") und das Adjektiv *spoudaias* (,bedeutsam', ,ernsthaft') für die Handlung kann man hier erahnen, dass der Gegenstand der Tragödie mit ernsten Dingen zu tun haben muss. Noch aber ist das, was die Tragödie etwa von der Komödie unterscheidet – modern gesagt ihre Tragik – und was ihre Spannung und Erschütterung ausmacht, noch gar nicht benannt. Zuvor bemerkt Aristoteles nur beiläufig, dass das für die Komödie wesentliche Lächerliche – anders als das Ernsthafte der Tragödie – „keinen Schmerz verursacht und nicht zerstörerisch ist."[53] Das Ergreifende der Tragödie, ihre Provokation, vergisst Aristoteles gleichsam unter der analytischen Strenge, die definitorisch die technischen Elemente versammelt. Dabei gründet sein eigenes ethisches Interesse – wie auch das Platons – darin, dass die Tragödie als Genre der Dichtung „a serious engagement with 'actions and life'"[54] auszeichnet.

Doch was ist das Ergreifende an Tragödien? Mehrfach betont Aristoteles, dass Menschen nicht im Sinne von gegebenen Eigenschaften, sondern aufgrund ihrer Handlungen glücklich oder unglücklich seien: „Glück (*eudaimonia*) und Unglück (*kakodaimonia*) beruhen auf Handlung (*en praxei estin*)"[55]. Aristoteles wechselt in analogen Zusammenhängen zwischen den Begriffen *eudaimonia* und *eutychia* für Glück sowie *kakodaimonia* und *dystychia* oder *atychia* für Unglück inklusive der mit diesen Substantiven verwandten Adjektive.[56] Bezeichnet *eudaimonia* nach der *Nikomachischen Ethik* das erfüllte Glück in der Ausübung der einer theoretischen oder politischen Lebensform gemäßen rationalen Tätigkeit, dem *ergon* des Menschen, verweisen *eutychia* und *a-* oder *dystychia*, die meistens in der *Poetik* zur Sprache kommen, eher auf die äußeren Güter, die zum Glück oder Unglück beitragen und die traditionellen Auffassungen von Glück und Unglück spiegeln, aber nicht selbst Aus-

---

52 Vgl. ebd., 1449b24–30.
53 Ebd., 1449a37.
54 Halliwell 1986, S. 202.
55 Aristoteles: *Poetik*, 1450a17 f. (Übersetzung von Fuhrmann).
56 Vgl. ebd., 1450a3 (*tygchanousi kai apotygchanousi*); 1450a17 f.; 1450a21; 1451a12–15; 1452b3; 1452b36–1453a4; 1453a9; 1453a14–16; 1453a26; 1455b28 f.

druck der für die Glückseligkeit nötigen intrinsisch motivierten Tätigkeiten sind.[57] Man kann sie mit einem weiten Begriff des *Gedeihens* oder des *In-Not-Seins* übersetzen. Da Aristoteles die erwähnten Begriffe in der *Poetik* aber in ähnlicher Weise verwendet, scheint es ihm auf diesen Unterschied hier nicht wesentlich anzukommen. Dass Glück und Unglück auch in der Dichtungslehre auf dem Handeln des Menschen beruhen, spricht für den Skopus von *eudaimonia* oder *kakodaimonia*. Dass sie mit den in der Tragödie exponierten Zufällen zu tun haben, die ins Handeln hineinspielen, spricht eher für *eutychia* und *dystychia* im Sinne von *good or bad luck*. Aristoteles nimmt aber keine Bestimmungen dessen vor, was er hier unter Glück und Unglück versteht, obwohl gerade sie im Zentrum der Tragödie stehen. Das geschieht nicht ohne Grund, wie sich noch zeigen wird. Aristoteles versäumt es zu analysieren, warum ein Unglück im Sinne von unglücklicher Fügung das auf Konstanz angelegte Glück im emphatischen Sinne von *eudaimonia* umkippen lassen kann. Das erkennt er ausdrücklich in der *Nikomachischen Ethik* an.[58] Sein Argument lautet dort, dass zum Glück die Lust an der ungehinderten Tätigkeit als oberster Wert gehört. Wer aber „von schwerem Mißgeschick" getroffen werde, der könne nicht glücklich genannt werden. Offenbar zerstört es das kontinuierliche Glück, das für Aristoteles „etwas Dauerhaftes" ist, das dem Glücklichen „in Beständigkeit [...] sein ganzes Leben"[59] zukommen soll. Man muss dieses Argument ergänzen, um es zu retten: Offenbar geht Aristoteles davon aus, dass ein schweres Unglück die Lust an eigener Tätigkeit rauben und damit die Dauer des Glücks nachhaltig zerstören kann. Warum und wie das passieren kann, wie stark oder langfristig dadurch Glück verhindert wird, lässt er offen. Die Antwort gibt die Tragödie, die ihrem späteren Theoretiker darin voraus ist.

Die Tragödie behandelt nicht mittlere Formen des Wohlergehens, sondern die Extreme: Glück und Unglück, erfülltes Leben und verzweifeltes Leiden überhaupt. Wie aber hängen die beiden zusammen? Sind einige Figuren glücklich, andere unglücklich, oder stellt die Tragödie unglückliche dar, die Komödie aber glückliche? Die Tragödie stellt nach Aristoteles beides, und zwar an denselben Personen, dar: das Glück und Unglück ihrer Charaktere. Offenkundig muss nun die Dimension eines Prozesses, eines Übergangs von Glück und Unglück ins Spiel kommen, der für Aristoteles das entscheidende Interesse an der Tragödie darstellt.[60] Albin Lesky hat allgemein von einem „Geschehensablauf von starker Dynamik"[61] für Tragödien gesprochen. Mit Blick auf die in Kapitel 3 herausgearbeiteten Bedeutungsdimensionen von *metabolē* heißt das genauer: Der Wechsel zwischen Glück und Unglück ereignet sich 1. plötzlich und 2. zwischen Extremen (Gegensätzen). Die beiden konträren Ge-

---

57 Vgl. zu beiden Glücksbegriffen Aristoteles: *Nikomachische Ethik* I; *Eudemische Ethik* I-II, 1; *Physik* II, 197a25-b6. Zum Verhältnis der Begriffe siehe Halliwell 1986, S. 204 ff.; zum Überblick über die mit Aristoteles' Glücksbegriff verbundenen Interpretationsprobleme vgl. Brüllmann 2011, S. 235 ff.
58 Vgl. Aristoteles: *Nikomachische Ethik* VII, 1153b18–24; vgl. I 110a5–110b25.
59 Ebd., 1100b4; 1100b18.
60 Vgl. Halliwell 1986, S. 182.
61 Lesky 1984, S. 22.

samtverfassungen des Lebens – sein Glück und sein Unglück – sind durch das Moment des Umschlagens (*metaballein*) vermittelt: Die Tragödienhandlung muss, so Aristoteles, derart verfasst sein, dass sie „einen Umschlag vom Unglück ins Glück oder vom Glück ins Unglück (*ex eutychias eis dystychian metaballein*)"[62] herbeiführt.

Oft wird der Umschlag als „Schicksalsumschwung" gedeutet.[63] Doch schwingt hier nicht das Schicksal das Glück der Menschen um die Achse des Rads der Fortuna ins Unglück. Das Ereignis selbst wird vielmehr kausal aus dem Zusammenwirken vieler Faktoren ersichtlich, zu denen auch das Handeln der Figuren gehört. Das „Schicksal", glücklich oder unglücklich zu sein, ist die Folge einer „tragic causation which operates in and through human agency"[64].

4.3 Die Dialektik der Peripetie und der Anagnorisis

In komplexen Handlungsverläufen wird der tragische Umschlag dramaturgisch durch zwei formale Umschlagsformen ausgelöst. Die *metabolē* bezeichnet nicht nur die Wende des Glücks, sondern auch die prozessuale Struktur der zentralen Formelemente der *peripeteia* und der *anagnōrisis*, die laut Aristoteles die Seele der Zuschauer am meisten zu ergreifen vermögen (*psychagōgein*).[65] Sie stellen zusammen mit dem schweren Leid (*pathos*) die inneren Formelemente oder „funktional wesentliche[n] Teile"[66] jeder verflochtenen Handlung (*mythos peplegmenos*) dar, die die Tragödie als Nachahmung von Akteuren vorführt.[67] Gegenüber diesen verflochtenen Handlungsverläufen liegt eine einfache (oder einsträngige) Handlung (*mythos haplōs*) vor,

> „wenn sie sich definitionsgemäß kontinuierlich und als eine Einheit entwickelt, der Umschlag [ins Unglück bzw. Glück] ohne Wendepunkt und ohne Wiedererkennung stattfindet; verflochten nenne ich die Handlung, aus der mit Wiedererkennung oder mit Wendepunkt oder mit beidem das Umschlagen erfolgt."[68]

---

62 Aristoteles: *Poetik*, 1451a14 (Übersetzung von Fuhrmann). Weitere Belegstellen für Formen des Verbs sind 1452b34f., 1453a9, 1453a13f. In 1453a2f. wird das Verb *metapiptein* verwendet, das ‚einen Umschlag erfahren' bezeichnet.
63 Halliwell 1986, S. 104, spricht von einer „critical transformation of fortune".
64 Ebd., S. 182.
65 Aristoteles: *Poetik*, 1450a33–35, 1456a19–21.
66 Ebd., 1452b14.
67 Ebd., 1450a33–35, 1451a14f., 1452a12–1452b13. Im 24. Kapitel der *Poetik* vergleicht Aristoteles Epen wie *Ilias* und *Odyssee* mit der Tragödie und führt viele Gemeinsamkeiten auf, zu denen auch die Peripetien, Wiedererkennungen und das schwere Leid gehören, die eine komplexe Handlung konstituieren (1459b10f.). Das Epos ist für ihn daher auch tragisch oder prototragisch, aber dennoch der Tragödie unterlegen, da diese durch ihre konzentrierte Form und ihre dramaturgische Einheit größere Wirkung beim Zuschauer oder Leser entfalte (1462a4–1462b15). Zum Verhältnis von Epos und Tragödie in der Poetik vgl. Halliwell 1986, S. 254–266; zur tragischen Struktur der *Ilias* siehe Rutherford 1982.
68 Aristoteles: *Poetik*, 1452a14–18.

Eine einfache Handlung liegt bspw. in Euripides' *Medea* vor: Die Protagonistin stürzt *aufgrund ihres eigenen Ziels*, der Wiedergutmachung des an ihr durch Iason begangenen Unrechts, in das noch tiefere Unglück, zur verzweifelten Kindsmörderin zu werden. Deianeira aus Sophokles' *Trachinierinnen* dagegen, die ihrem Ehemann Herakles ein mit einem Zaubermittel (*pharmakon*) bestrichenes Gewand schickt, um in ihm dadurch neue Liebe zu ihr zu entflammen, aber ungewollt seine physische Vernichtung und äußersten Hass auf sie erwirkt, stürzt aufgrund *der unfreiwilligen Verkehrung ihrer Handlungsabsicht* ins Unglück. Das ist nach Aristoteles ein Beispiel für eine verflochtene Handlung, die für eine möglichst gute Tragödie erforderlich ist.[69]

Jede Form der Tragödienhandlung aber – sowohl die mit verflochtener als auch die mit einfacher Handlung – vollzieht einen Übergang bzw. Umschlag,[70] und zwar einen Umschlag von Glück in Unglück oder seltener von Unglück in Glück.[71] Vollkommen tragisch ist dabei nur die Wendung vom Glück ins Unglück, wie Aristoteles betont und an Euripides lobt.[72] Tragödien, die den Umschlag ins Unglück vollziehen, machten in den dramatischen Wettkämpfen „den tragischsten Eindruck" (*tragikōtatai*), weil sie die Affekte am intensivsten zu erregen und so deren *katharsis* ebenfalls verstärken können. Ohne den Umschlag des Handelns, der nach Aristoteles *jeder* Tragödie eignet und, wenn er tragisch ist, ins Unglück führt, gäbe es kein affektives Bewegtwerden der Zuschauer in Furcht (*phobos*) und Mitleid (*eleos*) und somit keine *katharsis*, d. h. keine Reinigung dieser Affekte oder der Zuschauer und Zuschauerinnen *durch* diese Affekte bzw. *von* diesen Affekten. Die *katharsis* aber bestimmt Aristoteles als letzten Wirkungszweck der Tragödie – d. h. als ihr sie bestimmendes *ergon*.[73] Dem Umschlag kommt daher eine formal zentrale und für den tragischen Charakter des Dramas wesentliche Rolle zu.

Im Folgenden werden die beiden funktional wesentlichen Elemente der Tragödienhandlung, Peripetie und Wiedererkennung, als Formen und Ursachen von *metabolai* diskutiert. Der Handlungsumschwung (*peripeteia*), der die *metabolē* von Glück

---

69 Vgl. ebd., 1452b31–33.
70 Vgl. ebd., 1451a12–15, 1452a12–17, 1452a22ff.
71 Vgl. ebd., 1451a12–15; 1452a11–1452b3, 1452b12–23, 1452b31–1453a24.
72 Vgl. ebd., 1453a13–30, vgl. 1452b35; 1453a2 und a9.
73 Ebd., 1449b27f. Zum *ergon* als dem Definierenden einer Sache bei Platon und Aristoteles siehe Schmitt 2003. Zur weitflächigen Diskussion seit der Wiederentdeckung der *Poetik* in der Renaissance, wie die in ihr nur einmal erwähnte *katharsis* und der Genitiv (*tēn tōn toioutōn pathēmatōn*) – ob als *genitivus objectivus* (Reinigung der Affekte selbst), *subjectivus* (Reinigung durch die Affekte) oder als *separativus* (Reinigung der Zuschauerinnen und Zuschauer von den Affekten) – zu verstehen sind, die Aristoteles möglicherweise im verlorenen zweiten Buch der *Poetik* als Teil der Theorie der Komödie und des Epos behandelt haben könnte, siehe Halliwell 1986, S. 168–201 und 350–356 (Appendix 5); Rapp 2009, S. 87–104; Schmitt 2008b, S. 333–348 und 476–510. Schmitt betont, dass es unplausibel sei, eine medizinische Reinigung von den Affekten anzunehmen, da Aristoteles den Wert der als rational verstandenen Gefühle anerkenne und den guten Umgang mit ihnen auszeichne. Dieser Ansicht pflichte ich bei, wobei ich zugleich auch den *genitivus subjectivus* für bedenkenswert halte. Zur Vorgeschichte des Begriffs siehe Seidensticker/Vöhler 2007.

in Unglück auf der Ebene des Tragödiengeschehens auslöst, ist das erste tragödienkonstitutive Formelement.[74] Das Wort ist in der Bedeutung der Wendung des Schicksals schon bei Herodot belegt und wird noch heute als Gräzismus in den Diskussionen der Poetik und in der Rhetorik gelehrt.[75] Es hat zudem in den idealistischen und nachidealistischen, von Schelling und Hegel beeinflussten Philosophien des Tragischen, die Aristoteles' poetologische Fragen kaum mehr interessierten, als dialektische Figur fortgelebt, die das unheimliche und negative Moment, das dem Umschlag zukommt, durch eine Generalmethode für Prozessbeschreibungen umdeutet und ihr so die existentielle Dramatik nimmt (Kap. 5).[76]

Aristoteles definiert die Peripetie in einer nicht eindeutigen Weise:

> „Wendepunkt aber ist, wie gesagt, das Umschlagen der Handlungen [unmittelbar] in das Gegenteil [dessen, was intendiert war], und zwar wenn dies, wie wir sagen, gemäß dem Wahrscheinlichen oder Notwendigen geschieht."[77]

Die Einfügungen Arbogast Schmitts, mit denen er den für die nicht zur Veröffentlichung bestimmte akroamatische Schrift typischen, zuweilen elliptischen Stil des Autors ergänzt, entsprechen der Deutung vieler Interpreten, die die Peripetie als den Umschlag der eine Handlung leitenden Absichten in ihr Gegenteil begriffen haben.[78] Tatsächlich lassen sich auch die Beispiele, die Aristoteles anführt, derart verstehen. So erwähnt er etwa den Boten, der in Sophokles' *König Ödipus* zum König von Theben kommt, um ihn durch eine Botschaft über seine Mutter „von Furcht zu befreien, die er in Bezug auf seine Mutter hat, aber er erreicht gerade dadurch, dass er ihm offenbart, wer er ist, das Gegenteil"[79]. Er verstärkt nur die Angst des Königs, obwohl er ihn durch seine Handlung erleichtern wollte. Die Peripetie ist dabei mehrfach in den Einzelhandlungen der *dramatis personae* in den überlieferten Tragödien wiederzufinden; immer handelt es sich um die Verkehrung der Absicht einer Handlung ins Gegenteil durch eben diese Handlung selbst. Bernd Seidensticker hat von Aristoteles' Beispiel ausgehend für den *König Ödipus* gezeigt, dass „beinahe alle Handlungen aller Per-

---

74 Diesen kausalen Zusammenhang betont Aristoteles ausdrücklich: *Poetik*, 1452b2f. Die Peripetie hat bislang relativ wenig Aufmerksamkeit in der Forschung erhalten: vgl. Schrier 1980, S. 96–118; Belfiore 1988; S. 183 (mit Angaben zur geringen Forschung).
75 Vgl. Herodot: *Historien* VIII, 20. Vgl. Hülsenwiesche 2001, Sp. 93.
76 Vgl. auch Szondi 1978 und Hühn 2011, besonders S. 26 ff.
77 Aristoteles: *Poetik*, 1452a22–24.
78 Bis zu Johannes Vahlen 1914 [1867] und auch noch teilweise danach (etwa Else 1957, S. 344) wurde die Auffassung vertreten, dass die Peripetie nicht den Umschlag dessen, was die Akteure im Einzelnen tun, sondern den Umschwung der Gesamthandlung beschreibe. Dagegen hat Bernd Seidensticker 1992, S. 244–251, mit grammatikalischen und inhaltlichen Gründen überzeugend argumentiert. Vor allem Aristoteles' Beispiele stützen die Deutung des Umschlags einzelner Handlungen, *durch* die der Plot für den oder die Protagonisten ins Gegenteil (des Glücks oder Unglücks) umkippt.
79 Aristoteles: *Poetik*, 1452a25–27; andere Beispiele (Sisyphos): 1456a19–23. Dass der Bote im Stück nicht das Ziel angibt, Ödipus zu entlasten, deutet Belfiore 1988, S. 190f., als inhaltlich stimmige Kondensation des Plots durch Aristoteles.

sonen des Stücks" Peripetien erleiden: „Immer bewirken sie überraschend und doch zwingend das Gegenteil dessen, was sie bewirken sollten oder erwarten ließen."[80]

Es handelt sich bei der Peripetie also um ein Umschlagen freiwilliger *Handlungen* (*praxeis* oder *prattomena*) ins Gegenteil (*hē eis to enantion tōn prattomenōn metabolē*), „a complete swing in the direction of the action", wie Stephen Halliwell übersetzt.[81] Nicht zuletzt Aristoteles' Beispiele sprechen dafür, diese Definition so zu verstehen, dass die Handlung, die linear auf ein bestimmtes beabsichtigtes Ziel (*telos*) gerichtet ist, dieses so verfehlt, dass das Ziel im Zuge der Handlung trotz der Orientierung an ihm in etwas ihm Entgegengesetztes verkehrt wird. Die Handlung richtet sich somit faktisch gegen die Absicht der Akteurin: Das intendierte Ziel und das faktische Resultat der Handlung treten entgegengesetzt auseinander.

Handeln und Sich-Entscheiden für ein Ziel, das gegenüber einem anderen vorgezogen und demnach beabsichtigt wird, sind in Aristoteles' Handlungstheorie notwendig verbunden bzw. „dasselbe"[82]. Die *prohairesis* (Entscheidung, Absicht) stellt er als eine reflektierte Wahl eines personalen, selbstbewussten Akteurs mit einem durch Gewohnheiten geformten Charakter für einen durch das Handeln (etwa die Körperbewegung) zu erstrebenden Zweck dar, den man mit dem Handeln erreichen kann. Für seine Realisierung muss man die dafür nötigen Mittel und Wege wählen, die in einer Überlegung (*bouleusis*) abzuwägen sind, bis man zu einem Urteil (*krisis*) gelangt, das die Entscheidung begründet.[83] Absichtliches Handeln ist damit eine Art des freiwilligen Handelns.[84] Dass die Entscheidung insbesondere die Mittel betrifft, hat verschiedene Gründe: Einerseits sind individuelle Handlungsziele in alltäglichen Kontexten meist schon gegeben, z. B. durch eine individuelle *technē*, die wiederum dem guten Leben als Ganzem dient. Daher hat die Entscheidung ihren Platz vor allem im Bereich der *technē*, da diese (mit der *phronēsis*) die Sphäre all dessen betrifft, was durch menschliches Handeln verändert werden kann.[85] Die Entscheidung muss nach Aristoteles rationalen Kriterien entsprechen: Nur der auf einen Zweck gerichtete Wille bewegt, und eine Entscheidung für einen Zweck und die adäquaten Mittel gibt es nicht „ohne Vernunft und Denken". Dementsprechend definiert Aristoteles die *prohairesis*

---

80 Seidensticker 1992, S. 254.
81 Aristotle: *Poetics*, S. 42. Zu Aristoteles' Bestimmung einer freiwilligen Handlung als einer Handlung aus Kenntnis der Handlungsumstände, der Mittel und des Ziels siehe: *Eudemische Ethik* II 9, 1225b1–6, und *Nikomachische Ethik* III 1–3, 1109b30–1111b3. Dazu Belfiore 1988, S. 185 ff.: „the intended result of a voluntary action is an essential property of this action" (S. 186).
82 Aristoteles: *Metaphysik* VI 1, 1025a21–25, IX 6, 1048b22f. Vgl. Schmitt 2008b, S. 336 ff. Daher können auch nur Menschen im strikten Sinn handeln, da nur sie sich frei entscheiden können: *Eudemische Ethik* II 6, 1222b19. Zur aristotelischen Handlungstheorie siehe Charles 1984 und Kenny 1979 sowie mit explizitem Bezug zur Tragödie Cessi 1987.
83 Aristoteles: *Nikomachische Ethik* III 5, 1113a10–15.
84 Auch „plötzliche Handlungen" ohne Entscheidung können für Aristoteles freiwillig genannt werden: ebd. III 4, 1111b4–10. Zur Freiwilligkeit von und Verantwortlichkeit für Handlungen aus Entscheidung siehe Rapp 2006.
85 Aristoteles: *Nikomachische Ethik* III 5, 1112a30–1112b12; vgl. VI 4, 1139b36–1140a2.

als „strebende Vernunft (*oretikos nous*) oder vernünftiges Streben (*orexis dianoētikē*)". Sie ist das voluntativ-kognitive Prinzip (*archē*) des Handelns und des Hervorbringens.[86] Aufgabe für jeden Handelnden ist es, zu überlegen und zu wählen, „was man selbst zu vollbringen vermag"[87], bei dem man selbst „Ursprung des Handelns" ist.[88] Nur diese auf eigener Entscheidung beruhenden und freiwillig ausgeführten Handlungen sind einem Akteur zuschreibbar. Durch sie kann ein Mensch seinen Charakter (*ēthos*) in Richtung Tugend oder Laster formen, wobei das Erwerben eines tugendhaften Charakters wiederum tugendhafte Handlungen befördert, da man sich durch wiederholte gute Einzelhandlungen eine Disposition (*hexis*) für sie erwirbt.[89]

Mit der Entscheidung wählt man die Handlung für Aristoteles als ein Mittel zu einem Ziel. Die Handlung selbst ist damit als Mittel Gegenstand der praktischen Abwägung, während die Verwirklichung des Ziels von kontingenten Faktoren im Handlungskontext abhängt, für oder gegen die man sich nicht entscheiden kann. So kann Ödipus sich entscheiden, dem Schicksal, Mörder seines Vaters und Ehepartner seiner Mutter zu werden, zu entgehen, indem er von Korinth aufbricht, wo er seine Eltern vermutet.[90] Aber dass er das Ziel – und damit die Persistenz seines guten Lebens – durch diese Handlung als Werkzeug zur Zweckrealisierung wirklich erreicht, ist nicht allein Gegenstand seiner Entscheidung.

Eine in einer Peripetie umkippende freiwillige zweckgerichtete Handlung erreicht nach Aristoteles' *Poetik* unfreiwillig das Gegenteil dessen, worauf sie intentional aus ist: Statt Rettung wird Tötung, statt Heil Unheil, statt Liebeserneuerung wird Hass, statt ehrenhaften Siegs wird Schande bewirkt. Die Handlung dreht sich nicht physisch um wie ein rückwärts abgespulter Film bzw. wie die aus der Erde mit grauen Haaren Geborenen der Kronoszeit in Platons *Politikos*.[91] Auch ist nicht die Inversion einer körperlichen Aktion gemeint, wenn etwa ein Schauspieler sich nach seinem Auftritt um die eigene Achse drehte und in entgegengesetzter Richtung zurückliefe, da damit noch nichts über seine Absichten gesagt ist. Zudem scheint kein absichtliches und freiwilliges Wechseln der Handlungsziele nach einer revidierenden Deliberation gemeint zu sein, wenn etwa jemand nach einer neuen Erwägung bessere Gründe zu haben glaubt, das Gegenteil von dem zu tun, was er zuvor zu tun beabsichtigt hatte.[92]

---

86 Ebd. VI 2, 1139a33f.; 1139b4f.; 1139a17ff.; vgl. III 4, 11112a15; III 5, 1112b12ff.; III 5. Die Entscheidung für einen Zweck ist als Freiwilliges auch der Notwendigkeit und dem Zwang entgegengesetzt: *Metaphysik* V 5, 1015a26f.
87 Aristoteles: *Nikomachische Ethik* III 5, 1112b34. Daher ist auch die Tugend „ein Verhalten (*hexis*) der Entscheidung" für das Richtige: II 6, 1106b36–1107a5.
88 Ebd., III 5, 1113a5f.
89 Ebd., II 1, 1103a31-b2.
90 Ohne den Namen des Königs von Theben zu nennen, führt Aristoteles diese Handlung als Beispiel an: ebd. V 10, 1135a28–30.
91 Vgl. Kap. 3.5.
92 Fraglich ist, ob eine bewusste Änderung der Absichten ebenfalls als Peripetie zählen sollte, da dann der Wechsel aktiv (wenngleich aus Nötigung durch die Umstände) vollzogen wird. Aristoteles kritisiert jedenfalls ausdrücklich diesen Fall bei der *Iphigenie in Aulis* als Mangel an Konstanz des

Vielmehr geht es in den laut Aristoteles besten Tragödien um ein Umschlagen der Handlung, das der Handelnde gegen seinen Willen und gegen seine Absicht *erleidet*, und zwar nicht als leichte Abweichung, als akzidentelle Variation seiner Absicht, die mit modifizierten Mitteln immer noch erreicht werden könnte. Ein Umweg bestätigte die ursprüngliche Richtung der Handlung. Die Peripetie ist vielmehr eine relativ plötzliche[93] Richtungsänderung auf ein Handlungsergebnis hin, das dem intendierten Ziel *widerspricht*. Dabei ist das Gegenteil eine Frage der Interpretation des jeweiligen Handlungsziels. Es ist nicht allein die Negation der Verwirklichung, sondern die Verwirklichung des Gegenteils vom Ziel selbst. Ein Ziel nicht zu erreichen, könnte ja auch bedeuten, stattdessen ein anderes, vielleicht ähnliches zu erreichen. Das Gegenteil eines Ziels – nicht nur seine ausbleibende Realisierung –, in das das Handeln in der Peripetie umschlägt, besteht dagegen, wie die Tragödien vorführen, in der irreversiblen Läsion des mit dem Ziel zu erhaltenden oder zu realisierenden Werts. Wenn Herakles in Euripides' *Herakles* in einer göttlich induzierten Verblendung seine Familie umbringt, anstatt sie – seinem Selbstverständnis gemäß – zu schützen, verfehlt er nicht nur seine Aufgabe, sondern handelt ihr so zuwider, dass er das originale Ziel – den Schutz der Familie – nicht mehr erreichen kann.

Auffällig ist, dass der dadurch ausgelöste Umschlag des Glücks, der die Protagonisten der Tragödie trifft, auch durch die Peripetien der Handlungen anderer Figuren ausgelöst werden kann.[94] Darin zeigt sich die soziologische Dimension des tragischen Handelns im Drama als einem Geflecht von Handlungen. Auch wenn alles auf den oder die Protagonisten ausgerichtet ist, haben alle Handelnden am gesamten Umschlag ins Unglück mitverantwortlich Anteil.

Nicht nur die Tragödien, schon die mythischen Erzählungen bilden ein reiches Repertoire an geschilderten Peripetien. Eine anschauliche Version der Peripetie einer einfachsten Handlung, nämlich einer Basishandlung, bietet der Mythos des Tantalos, von dem die Tantaliden bzw. die Atriden (benannt nach Tantalos' Enkel Atreus, König von Mykene) abstammen, die über Pelops, Thyestes, Agamemnon, Menelaos, Aigisthos und anderen bis zu Elektra und Orestes einen Großteil des Personals der attischen Tragödie stellen. Tantalos, der – ähnlich wie Prometheus – die Klugheit der Götter testen wollte, hatte – wiederum Prometheus ähnlich – die göttlichen Speisen Nektar und Ambrosia gestohlen, um sie und die göttlichen Geheimnisse mit seinen

---

Charakters (*Poetik*, 1454a33f.). Euripides hat den dramatischen Wechsel der Absichten, etwa den der zunächst ängstlich-verzweifelten, dann plötzlich zum Opfer freiwillig bereiten Protagonistin seiner *Iphigenie auf Aulis*, in der Tragödie eingeführt. Das Wort dafür ist auch meist *metastasis gnōmē* (etwa Euripides: *Andromache*, V. 1003f.) oder *metabolē* (etwa im Fall des Meinungswechsels von Menelaos ebd., V. 500). Vgl. dazu Gilbert 1995.
93 Vgl. Janko 1987, S. 94.
94 Vgl. Belfiore 1988, S. 188. Daher kann es auch mehrere Peripetien in einem Stück oder Epos geben (Aristoteles: *Poetik*, 1459b10–13). Aus diesem Grund bestimmt Söffing 1981, S. 72–76, dass die Peripetie nicht hinsichtlich der Intention des Handelnden, sondern der Erwartungshaltung des Zuschauers, in Bezug auf die die gesamte Handlung des Dramas eine Wendung ins Entgegengesetzte nehme; vgl. ähnlich: Else 1957, S. 345–48; Schrier 1980.

sterblichen Genossen zu teilen. Den Göttern hatte er dafür seinen zerstückelten Sohn Pelops vorgesetzt, um zu sehen, ob sie auf seine listige Täuschung hereinfallen würden. Sie erkannten jedoch den Betrugsversuch, rekonstruierten den zerschnittenen Jungen und bestraften Tantalos so, dass er im Tartaros kontinuierlich Durst und Hunger litt, das für die Stillung dieser Bedürfnisse Nötige stets vor Augen hatte, es aber unfreiwillig selbst wieder auf Distanz rückte, wenn er ihm näherkommen wollte: Immer wenn er sich hinabbeugte, um vom Wasser, das ihm bis zum Hals stand, zu trinken, versiegte es wie durch seine Bewegung ausgelöst im Boden. Und immer wenn er die bis an seinen Scheitel ragenden Äste mit Früchten zu greifen versuchte, entschwanden diese – ebenfalls, so kann man es verstehen, *aufgrund* seiner Greifbewegung – bis zu den Wolken.[95] Jede Basishandlung (das Beugen des Körpers, das Heben eines Arms) bewirkt durch eine Art dämonischen Mechanismus damit gerade das Vereiteln ihres Ziels und Zwecks: den Kontakt mit dem Wasser zur Löschung des Dursts und das Ergreifen der Früchte zur Befriedigung des Hungers. Die zielgerichtete Handlung nähert sich nicht dem Ziel, sondern entfernt es und macht es unerreichbar: Statt das Wasser zum Trinken zu fassen, lässt die Handlung das Wasser versiegen, die Distanz wird nicht verringert, sondern gerade durch den Versuch dazu vergrößert.[96] Zudem verfluchen die Götter alle Nachfahren des Tantalos: Jeder würde ein Familienmitglied töten und weiter Schuld auf sich laden. Mit diesem Fluch werden gewissermaßen auch die Peripetien an die nachfolgenden Tragödienprotagonisten „vererbt", die in den Tantalosqualen eine Art mikrokosmische Präfiguration haben.

Ähnlich gibt Prometheus mit den Techniken und der Vernunft auch den Schaden, den sie bewirken, an die Menschen weiter. Erst weil diese in eine prinzipiell problemgenerierende Natur gestellt sind, wird ihre autonome technisch-pragmatische Lebensführung notwendig für ihr Überleben. Damit wird aber auch die Möglichkeit der Peripetie im Handeln erschaffen: Gerade durch ihre besten Fähigkeiten, mit denen sie praktisch wirksam werden, vermögen sich die Menschen – durch Peripetien ihres Handelns – *selbst zu schaden*. Durch die Peripetien werden sie Autoren ihres eigenen Verderbens.[97]

Was genau unter dem Widersprechen des faktisch erreichten Handlungsresultats und des ursprünglichen Ziels in komplexeren Handlungen zu verstehen ist, muss jeweils am einzelnen Beispiel rekonstruiert werden. Soviel lässt sich indes festhalten:

---

[95] Siehe Homer: *Odyssee* XI, 582–592; Pindar: *Olympia* 1, V. 37–66; Ovid: *Metamorphosen* IV, 458f.; VI, 172.
[96] Man könnte gegen die These, hier liege eine Illustration der Peripetie im Kleinen vor, einwenden, dass das Wasser und die Früchte für Tantalos aufgrund des von den Göttern installierten Mechanismus immer notwendig unerreichbar sind und seine Bewegungen somit das Ziel nicht erst unerreichbar machen. Doch als anschauliche Illustration der Peripetie sind die Tantalosqualen dennoch überzeugend, denn es ist gerade das Handeln, das dem Handelnden das Ziel nicht wie beabsichtigt näherbringt, sondern es bildlich unerreichbar von ihm entfernt. Seine unendlichen Qualen bestehen in der existentiell wirksamen Wiederholung der Mikroperipetien.
[97] Vgl. Lucas 1923, S. 102f.

Das Gegenteil eines Ziels vereitelt, entrückt oder zerstört ebendieses Ziel; es ist nicht bloß etwas anders gelagert, leicht abgewandelt oder nur unter anderer Optik zu betrachten. Vielmehr verkehrt sich das Handeln in das Gegenteil des mit ihm Beabsichtigten (*hē to enantion tōn prattomenōn metabolē*), es schlägt um *gegen* das Ziel, es wendet sich diametral vom Ziel ab. Das kann es nur in Bezug auf eine Absicht, in Bezug auf die das faktisch Bewirkte als Gegenteil des Intendierten erscheinen: Eine Gefahr soll abgewendet werden, doch durch das beabsichtigte Abwenden wird sie unfreiwillig erzeugt; etwas soll ermöglicht werden, durch den Versuch des Ermöglichens wird es aber unmöglich gemacht.

Schematisch lassen sich demnach zwei Grundmodelle aufstellen: Eine Peripetie beschreibt (i) den Umschlag dessen, was erhalten oder erreicht werden soll, in das Gegenteil seiner Vermeidung, Zerstörung oder Vereitlung. Oder sie beschreibt (ii) den Umschlag dessen, was verhindert oder abgewendet werden soll, in das Gegenteil seiner Hervorrufung oder Verstärkung. Für (i) können *Die Perser* des Aischylos als Beispiel gelten. Der König des Persischen Reiches, Xerxes, will die Griechen besiegen und in sein großes Reich eingliedern. Da er aber die List und Macht der Griechen unterschätzte, wird er mit seinem Heer bei Salamis von den Griechen unerwartet und plötzlich („an einem einzigen Tag") vernichtend geschlagen und muss sich gedemütigt nach Susa in Kleinasien zurückziehen. Aus dem Ziel des Herrschaftsgewinns wird Herrschaftsverlust, aus Machtzuwachs politische Ohnmacht: „[...] die Gewalt/ Des Königs ist gebrochen"; das „Große[...], gute[...],/ Städteordnende[...] Leben" der Perser ist in äußerstes Elend gewandelt, ihre „Gewalt [...] ist vertilgt."[98]

Für (ii) ist die Vorgeschichte des *König Ödipus* von Sophokles das prominenteste Beispiel. Der Protagonist will der Prophezeiung des Orakels entkommen, er werde seinen Vater ermorden und seine Mutter ehelichen. Nur weil er sich von seinen vermeintlichen Eltern Polybos und Merope aus Korinth aufmacht, um das Angekündigte zu vermeiden, erfüllt sich das Orakel: Er tötet unwissend seinen leiblichen Vater Laios bei einer Streitigkeit an einem Dreiweg und heiratet seine Mutter Iokaste, nachdem er Theben von der durch die Sphinx verhängten Plage befreit hat und König der Stadt geworden ist. Im Drama des Sophokles wird dieser Handlungsumschwung nach und nach von Ödipus selbst aufgeklärt und schließlich voll erkannt, sodass sein Glück und das seiner Familie in für alle unerträgliches Unglück umschlägt.

Die Peripetie im Drama beschreibt also immer eine relativ plötzliche Umwendung innerhalb der Kontinuität des Handelns, einen totalen Richtungswechsel des Handelns wider Willen. Dieser Umschlag ist nach Aristoteles am wirkungsvollsten, nämlich „tragisch und human"[99]. Vermutlich ist damit gemeint, dass er eine solidarische Ergriffenheit beim Publikum erzeugt. Dabei ist die Wirkung des Ergreifens (*psychagōgein*) nicht als irrationaler Vorgang zu verstehen. Wenn Affekte evoziert

---

[98] Aischylos: *Die Perser*, V. 431, 589 f., 852 f., 714.
[99] Aristoteles: *Poetik*, 1456a22. Vgl. zu dem in der *Poetik* singulären Begriff des Humanen (*philanthrōpon*) Höffe 2009a, S. 146 ff.

werden, handelt es sich nach Aristoteles dabei nicht nur um psycho-physiologische Phänomene, sondern immer auch um rational bewertbare Einstellungen.[100] Insbesondere die ästhetisch evozierten Gefühle bilden keine Sphäre diesseits vernünftiger Bewertung hinsichtlich ihrer Angemessenheit. Die Peripetie und die Wiedererkennung in Bezug auf das Tragische sind gerade deshalb so wirkungsvoll, weil sie für die Figuren und die Zuschauerinnen und Zuschauer *unerwartet* eintreten und sie so überraschen, dass ihre Erkenntniskräfte angeregt werden. Das heißt, Peripetie und Wiedererkennung unterlaufen, plötzlich eintretend, die Zielerwartung der Handelnden und – bedingt – die Erwartung der an ihrem Handeln teilnehmenden Zuschauer.[101] Sie lassen keine Zeit, eine gegenüber der ursprünglichen Erwartung veränderte Erwartung einzunehmen. Dadurch lösen sie einerseits Erschütterung und Furcht und Mitleid „im höchsten Maß" aus, „wenn sich die Ereignisse wider Erwarten (*para tēn doxan*) auseinander ergeben."[102] Peripetien und Wiedererkennung ergreifen die Zuschauer (*psychagōgein*) in stärkstem Maß.[103] Zum anderen ist mit unerwarteten, aber dennoch glaubwürdigen Ereignissen eine Änderung der epistemischen Wachsamkeit bei den Zuschauern verbunden, denn diese sind etwas Erstaunliches (*thaumaston*). Sie erregen, wie Wittgenstein bestätigt, Erstaunen und bewirken dadurch wiederum ein Erkenntnisinteresse, in welchem, so Aristoteles' anthropologische Annahme, das Vergnügen und der epistemische Gewinn der Tragödie für die Zuschauerin bestehen: in der Lust, etwas – selbst aus dem Scheitern noch – zu *lernen*.[104]

---

100 Vgl. Krewet 2011. Generell beschäftigt sich diese Arbeit nicht mit der Frage, wie Gefühle überhaupt zu verstehen sind und ob man Affekte, Emotionen und Gefühle voneinander unterscheiden sollte. Hier wird nur vorausgesetzt, dass Gefühle – anders als diffuse *feelings* oder Stimmungen – sich auf intentionale Objekte beziehen (ohne dass sie damit, wie kognitivistische Theorien behaupten, auf Urteile reduzierbar sind), dass sie evaluativ sind, also Wertungen der fühlenden Person anzeigen, und dass sie sich im phänomenalen Bewusstsein in bestimmter Weise anfühlen. Von „Affekten", die zu den Gefühlen gehören, ist dann die Rede, wenn es sich um kurzfristige emotionale Erregungszustände handelt, die allerdings ebenfalls intentionale Objekte haben. Zu der seit den 1980er Jahren vor allem im angelsächsischen Sprachraum fruchtbaren Diskussion der Philosophie der Gefühle, die sie zum großen Teil Gefühle nicht mehr als das „Andere der Vernunft", sondern als ihre Erweiterung ins Leibliche ansieht, vgl. Demmerling/Landweer 2007, S. 2ff. Zum Überblick über den Stand der Forschung siehe die Beiträge in Döhring 2009 und Goldie 2010.
101 Freilich kann das Publikum, das die tragische Ironie der Rede der Protagonisten und unheilvolle Zeichen aufgrund seines Mythenwissens zu deuten vermag, den Umschlag auch schon vor den Protagonisten erahnen oder konkret erwarten, sodass sein Eintritt diese Erwartung – oder „Erwartungsangst" (Bohrer 1991) – eher erfüllt.
102 Aristoteles: *Poetik*, 1452a3–5; vgl. 1456a20–22. Wider Erwarten sowohl für den Handelnden als auch für den Zuschauer, siehe Schrier 1980, S. 113ff.
103 Aristoteles: *Poetik*, 1450a33f.
104 Ebd., 1452a4–7; vgl. 1460a12 und 17f.; 1448b4–19. Entsprechend schreibt Aristoteles in der *Rhetorik*, dass „Lernen und Sich-Wundern [...] vielfach angenehm" seien. Und daher müssten auch die nachahmenden Künste Freude bereiten, „selbst dann, wenn ihr Gegenstand nicht zu den erfreulichen Dingen gehört." Er nennt als Beispiel auch Peripetien. (*Rhetorik* I, 11, 1371a30–1371b8). Vgl. Wittgensteins *Philosophische Untersuchungen* (Teil 2, xi), S. 1033, zum Umschlagen von einem Aspekt im Seherlebnis in einen anderen: „der Wechsel ruft ein Erstaunen hervor".

4.3 Die Dialektik der Peripetie und der Anagnorisis

Aristoteles betont, dass sich die Umschläge aus Notwendigkeit oder Wahrscheinlichkeit ergeben sollen, d. h. aus dem Handlungsverlauf selbst zu entwickeln sind.[105] Was den Akteuren auf einmal widerfährt, muss überraschend, aber dennoch einigermaßen plausibel erscheinen, d. h. den Erwartungshorizont des Möglichen seitens der Zuschauerinnen und Zuschauer nicht phantasmagorisch oder magisch sprengen. Auch wenn das eine den nicht unüblichen *Deus ex machina* einschränkende Forderung des Stagiriten ist,[106] bezieht er doch auch unglaubliche Zufälle als eine aus der Lebenswelt vertraute Ausnahme von der Regel mit ein: Dass jemand, der tapfer ist, dennoch unterliegt, und jemand, der klug ist, gleichwohl betrogen wird, „ist auch wahrscheinlich, wie Agathon sagt, denn es sei wahrscheinlich, dass vieles auch gegen die Wahrscheinlichkeit geschehe."[107]

Auch das zweite funktional wesentliche Formelement des komplexen Tragödienplots, die Wiedererkennung (*anagnōrisis*), vollzieht einen Umschlag. Während die Peripetie den *praktischen* Handlungsumschlag bildet, stellt die Wiedererkennung eine *epistemische* Wende dar, die ebenfalls einen Umschlag ins Unglück mit sich bringt:[108]

> „Wiedererkennung aber ist, wie schon der bloße Wortlaut sagt, ein Übergang aus dem Zustand der Unwissenheit in den des Wissens (*ex agnoias eis gnōsin metabolē*), der zu Freundschaft oder Feindschaft führt, bei Handelnden, die zu Glück oder Unglück bestimmt sind."[109]

In der Wiedererkennung von Objekten, Handlungen oder – vor allem – Personen[110] sind die beiden aus der vorhergehenden *metabolē*-Diskussion gewonnenen Eigenschaften des *Wechsels in das Entgegengesetzte* und der *Plötzlichkeit* des Umschlags

---

105 Vgl. Aristoteles: *Poetik*, 1451a9–15; 1451a37 ff.; 1452a18–24; 1454a33–1454b8; 1455a16–21.
106 Zu diesem Begriff siehe Melchinger 1974, S. 191–200; zur Theatertechnik ferner Blume 1984, S. 66–72.
107 Aristotles: *Poetik*, 1456a24 f.; vgl. 1460a19–1460b3 und 1461b9–15, wo Aristoteles selbst das Ungewöhnliche (*atopon*) und Unmögliche (*adynaton*) in der Tragödie verteidigt, solange es subjektiv dem Publikum als wahrscheinlich (*eikoton*) bzw. glaubwürdig (*pithanon*) erscheine. Arbogast Schmitt hat diese Aussage, die scheinbar im Widerspruch zu Aristoteles' Forderung steht, der tragische Dichter solle Handlungen nach den Regeln der Wahrscheinlichkeit oder Notwendigkeit nachahmen, mit Bezug zu Aristoteles' Praktischer Philosophie verteidigt. Es sei die „eigentümlich tragische Wahrscheinlichkeit", von der Aristoteles hier spreche: die Wahrscheinlichkeit, dass auch kluge und sittlich gute Charaktere einmal „einen in seinen Konsequenzen verhängnisvollen Fehler machen." (Schmitt 2008b, S. 567). Vgl. ebd. zu den das Unwahrscheinliche, das „wider Erwarten" komme, reflektierenden Chorsentenzen am Ende von Euripides' Tragödien *Andromache* (V. 1284–1288), *Alkestis* (V. 1159–1163), *Bakchen* (V. 1388–1392), *Helena* (V. 1788–1793) und *Medea* (V. 1415–1419).
108 Vgl. ebd., 1452a38–1452b3. Vgl. Fuhrmann 1973, S. 30. Michael Erler 2009b, S. 134, deutet die *anagnōrisis* als „das subjektive Pendant zum Handlungsumschlag", das wiederum eine „objektive Handlungsmetabole" bewirke. Vgl. zur Wiedererkennung ferner MacFarlane 2000.
109 Ebd., 1452a29–33.
110 Ebd., 1452a34–1452b3. Im 16. Kapitel analysiert und bewertet Aristoteles, worauf die Wiedererkennung beruhen kann: auf Zeichen, auf dichterischen Einfällen, die nicht den mythischen Quellen entstammen, auf Erinnerungen, Schlussfolgerungen und auf den Verwicklungen der Handlung selbst – diese Variante ist für Aristoteles die geeignetste (ebd., 1454b19–1455a21).

deutlich markiert: Denn Wissen (*gnōsis*) und Unwissenheit (*agnoia*) schließen sich in Bezug auf einen Sachverhalt gegenseitig aus; der Wechsel zwischen ihnen ist, wie an Platons *Parmenides* gezeigt wurde, nur plötzlich, nicht als langsamer Übergang denkbar. Wissen und Unwissen mögen aber – wie z. B. im Fall des *König Ödipus* – psychologische Zwischenstufen der Ahnung, Befürchtung oder Hoffnung haben, die das Wissen im Stand des Unwissens vorbereiten. Das wären subsemantische Veränderungen. Doch im Bereich der Prädikation ist nur eines – propositionales Wissen oder aber die Abwesenheit dieses Wissens – zu einem Zeitpunkt einer Person konsistenterweise zuschreibbar. Der Wechsel von Unkenntnis in Kenntnis geschieht im Modus des plötzlichen Umschlagens (*metaballein*) und zieht in den nach Aristoteles für die tragische Wirkung geeignetsten Tragödien den Umschlag ins Unglück nach sich.[111] Am besten ist es, so Aristoteles, daher, wenn wie im *König Ödipus*, in dem der Held seine wahre Identität, damit die tragische Ironie seines Handelns erkennt und ins Unglück stürzt, Handlungsumschwung und Wiedererkennung zusammen auftreten bzw. einander bedingen, sodass die Anteilnahme des Zuschauers am derart verursachten Umschwung von Glück in Unglück gesteigert wird.[112]

Welche Formen des Umschlagens besonders wirkungsvoll sind, erläutert Aristoteles im 13. Kapitel der *Poetik* und kommt zu dem Schluss, dass die beste, nämlich tragisch wirksamste Form des Umschlagens die vom Glück ins Unglück aufgrund eines Fehlers (*hamartia*) des Handelnden besteht. Dass die *metabolē* oder *metabasis* – ob in einfacher oder komplexer Handlung – konstitutiv für die Tragödie ist, zeigt auch Aristoteles' Überlegung zu einer Art Klimax, einem Schnitt in der Tragödienhandlung, der sie in eine vorhergehende Verwicklungsphase (*desis* bzw. *plokē*) und eine darauffolgende Lösungsphase (*lysis*) teilt. Dieser Schnitt durch die Handlung fällt mit dem Beginn des Umschlags zusammen:

---

111 Dass die Peripetie und die Wiedererkennung das Unglück bzw. Glück *auslösen*, dass es durch sie eintritt, sagt Aristoteles in 1452b2f. Schon Vahlen 1914, S. 7, betonte daher, dass die Peripetie „die Form oder das Mittel" des Umschlags von Glück ins Unglück oder *vice versa* eintrete. Mit „Form oder Mittel" ist aber noch keine Aussage über die Art des kausalen Zusammenhangs zwischen der *metabolē* (bzw. *metabasis*) des Glücks und den *metabolai* der Handlung und des Wissens getroffen: Folgt erst der Umschlag den Umschlägen der Peripetie und der Anagnorisis wie eine Wirkung der Ursache oder konstituieren sie ihn *ipso facto*, sind sie also eine nähere Bestimmung der Weise (der Form), in der sich der Umschlag in einer komplexen Handlung vollzieht? Viele Autoren vertreten die erste Auffassung, man kann das Verhältnis von Peripetie, Wiedererkennung und Umschlag des Glücks aber auch mit guten Gründen so deuten, dass die beiden Strukturmerkmale Umschläge der Handlung bzw. des Wissens *und* zugleich Umschläge des Glücks darstellen, so MacFarlane 2000, S. 367–383.
112 Vgl. ebd., 1452a32f.; 1454b29f. Statt des problematischen Terminus der Identifikation, der die für Reflexion und reaktive Affekte konstitutive Distanz einzieht, wähle ich für die Rezeptionshaltung des Publikums die der demokratischen Politik der Polis angemesseneren Begriffe der (An-)Teilnahme bzw. Partizipation oder des Involviertseins im Sinne vom griechischen Wort *sympatheia*.

„Die Verwicklung ist der Teil der Handlung, der von ihrem Anfang bis zu dem Punkt reicht, der die äußerste Steigerung bildet, von der aus der Übergang ins Glück bzw. ins Unglück stattfindet; die Auflösung ist der Teil der Handlung, der vom Anfang des Übergangs bis zum Schluss reicht."[113]

Die Lösung führt zum Ende im Unglück (oder seltener im Glück)[114]. Sie fällt zusammen mit dem Beginn der *metabolē* von Glück in Unglück.

Die Figur des Umschlags ins Gegenteil wurde in der Philosophie des 19. und 20. Jahrhunderts gleichsam *en passant* als Wesen der Dialektik des Tragischen wieder aufgenommen, ohne dass Aristoteles' *Poetik* dafür diskutiert worden wäre (Kap. 1.3). Erst Peter Szondi hat in seinem *Versuch über das Tragische* von 1961 in den modernen Theorien des Tragischen von Schelling bis Scheler und in Tragödien von Sophokles bis Büchner das Strukturmoment der Dialektik für das Tragische nachzuweisen versucht, das „die Basis für dessen generellen Begriff darstellt."[115] Die „Ubiquität des dialektischen Moments, die weder von historischen noch von methodischen Grenzen beeinträchtigt wird"[116], sieht Szondi zuerst bei Aristoteles vorgebildet, der noch nicht vom Tragischen spreche, in dessen Theorie der Peripetie aber das Dialektische bereits „faßbar wird"[117]. Voll entwickelt findet er sie bei Hegel vom Naturrechtsaufsatz bis zur *Phänomenologie des Geistes*, in denen Tragik und Dialektik als analog verstanden werden und den Gegensatz von Allgemeinem und Besonderem im Geist vermitteln.

---

113 Ebd., 1455b27–29.
114 Ein eher seltener Umschlag vom Unglück ins Glück in einer komplexen Handlung kann man bei Euripides finden, in den fragmentarisch erhaltenen Tragödien wie *Aigeius, Alkmeon in Korinth, Kresphontes, Alexandros* oder *Die gefesselte Melanippe* lässt sich aufgrund des mythischen Inhalts die Wende ins Glück durch Wiedererkennung vermuten. Offenkundig ist er in der von Aristoteles (1452b6–9; 1454a7 f.) angeführten *Iphigenie bei den Taurern* von Euripides. Iphigenie, die von der Göttin Artemis vor dem von dieser provozierten Opfer durch ihren Vater Agamemnon auf Aulis bewahrt wurde, indem Artemis sie nach Tauris entführte und zu ihrer Priesterin machte, soll dort, wie üblich, zwei gelandete Fremdlinge opfern. Die aber sind ihr tot geglaubter Bruder Orest und sein Freund Pylades, durch Apollons Auftrag nach Tauris gelangt. Nur weil sie und Orest durch Iphigenies Befragungen und einen verlesenen Brief, der Selbstauskünfte Iphigenies enthält, herausfinden, dass sie die jeweils tot geglaubten Geschwister sind, wird aus dem geplanten Opfer eine von der Göttin Athene begünstigte Flucht der drei über das Meer Richtung Heimat. Peripetie und Wiedererkennung fallen zusammen und bewirken so eine *metabolē*. Die Handlung schwingt mit der Wiedererkennung aus dem sich verschärfenden Unglück (dem greifbaren Risiko, dass die Schwester in scheinbar aussichtsloser Lage auch noch den lange ersehnten und bereits betrauerten Bruder unwissentlich töten könnte) ins Glück der Wiedererkennung und -vereinigung mit folgender Selbstbefreiung um: „[…] oft schon hat gerade allerhöchste Not (*dyspraxia*)/ sich umgewandelt (*metabolas*) in das allerhöchste Glück (*otan tychēi*)!" (V. 721 f.). Ähnlich verhält sich die Wende aus dem Unglück ins Glück in Euripides' *Helena* für die Protagonistin und ihren Gatten Menelaos, die, nachdem sie sich erkannt haben, aus dem unfreiwilligen Exil beim ägyptischen König Theoklymenos über das Meer entkommen können. Dazu, zum *Ion*, zur *Iphigenie in Aulis* und *Alkestis* siehe Kap. 8.2.
115 Szondi 1978, S. 205.
116 Vgl. ebd., S. 207.
117 Ebd., S. 205. Vgl. auch Albin Lesky, der mit Blick auf Hebbel vom „dialektischen Sinn des tragischen Geschehens" spricht (Lesky 1984, S. 40).

Tragik als Dialektik wird hier zur Selbstbewegung des Absoluten, das sich in der Geschichte vom natürlichen zum absoluten Wissen sich selbst entgegensetzt und jeweils nach dem Umschlag in den Gegensatz wieder zu sich selbst findet.[118] Szondi bindet diese Dialektik des historischen Seins, Hegels „Tragödie im Sittlichen", zurück an die tragischen Dramen seit der Antike, die für Hegel Beispiele einer Darstellung des Absoluten als sittlicher Substanz waren. Szondi begreift die Tragik als Dialektik des Scheiterns des Helden an sich selbst. Indem das eigene Scheitern *genau von dem auf das Gelingen gerichtete Tun* bewirkt wird und deshalb z. B. Liebe in Verderben umschlagen lässt, ist es tragisch. So wendet sich, wie Szondi Schellings Deutung des Tragischen zusammenfasst, für den Helden „der positive Wert seiner Haltung: der Wille zur Freiheit, die das Wesen seines Ichs ist, gegen ihn selbst."[119] Szondi bestimmt das im Konflikt zum Ausdruck kommende Tragische, das er in Tragödien von Sophokles bis Büchner nachweist, daher nicht als Zustand oder gar als metaphysische Essenz, sondern als „dialektische Modalität" von Prozessen: „Nur der Untergang ist tragisch, der aus der Einheit der Gegensätze, aus dem *Umschlag* des Einen in sein Gegenteil, aus der Selbstentzweiung erfolgt."[120]

Dialektik ist hier nicht mehr und nicht weniger als eine bestimmte Verlaufsform, in der *ein* Prozess sich so verändert, dass seine ursprüngliche Ausrichtung in etwas anderes, dieser Ausrichtung Entgegengesetztes wechselt. Der Gesamtprozess ist, wie Aristoteles schreibt, die Tragödienhandlung (*mythos*). Das ist eine offene Bestimmung dessen, was „dialektisch" bedeuten kann. Sie bleibt hier mit Szondi bewusst offen gegenüber dem Dreischritt des Begriffs der Dialektik, der auf Fichte und Hegel zurückgeht. Ihn zeichnet eine teleologische Form der Selbstentzweiung aus, die durch den Prozess der Auseinandersetzung in einer neuen, höheren Einheit des im dialektischen Prozess Entgegengesetzten mündet. Die Tragödie, die wie auch Heraklits Denken in umschlagenden Gegensätzen bereits für den frühen Hegel das Modell der

---

118 „Es ist dies nichts anders als die Aufführung der Tragödie im Sittlichen, welche das Absolute ewig mit sich selbst spielt, – daß es sich ewig in die Objektivität gebiert, in dieser seiner Gestalt hiermit sich dem Leiden und dem Tode übergibt und sich aus seiner Asche in die Herrlichkeit erhebt." (Georg Wilhelm Friedrich Hegel: *Über die wissenschaftlichen Behandlungsarten des Naturrechts, seine Stelle in der praktischen Philosophie und sein Verhältnis zu den positiven Rechtswissenschaften.* (Theorie-Werkausgabe, Bd. II), S. 434–530, hier: S. 495. Zur *Orestie* als Ausdruck dieser Tragik als Dialektik des Absoluten siehe ebd. S. 495 f. In der *Phänomenologie des Geistes* (Theorie-Werkausgabe, Bd. III) deutet Hegel in den Kapiteln „Der wahre Geist. Die Sittlichkeit" und „Das geistige Kunstwerk" an der *Antigone* und der *Orestie* die griechische Tragödie als eine dialektische Selbstentzweiung der sittlichen Substanz: „Die Handlung selbst ist diese Verkehrung des *Gewußten* in sein *Gegenteil*, das *Sein*, ist das Umschlagen des Rechts des Charakters und des Wissens in das Recht des Entgegengesetzten, mit dem jedes im Wesen der Substanz verknüpft ist" (S. 538).
119 Szondi 1978, S. 159.
120 Ebd., S. 209. Siehe auch Szondis Bestimmung von „dialektisch" als „Einheit der Gegensätze, Umschlag des einen in sein Gegenteil, Negativsetzen seiner selbst, Selbstentzweiung" (ebd., S. 159). Vgl. wörtlich analog Critchley 2019, S. 28: „Furthermore, tragedy is a *dialectical mode of experience.*" Zu Szondi siehe ebd., S. 79–83.

Dialektik abgab,¹²¹ vollzieht dagegen Prozesse, die nicht notwendigerweise in neuen reflektierten Einheiten oder Versöhnung münden. Sie sind gleichsam „abgebrochene" oder „aporetische" dialektische Prozesse ohne vermittelnden Dreischritt.¹²² Da der tragische Umschlag sich in dem und durch das Handeln der tragischen Figuren vollzieht, beschreiben die Tragödien einen dialektischen Verlauf: Das, was zu etwas Gutem dient, verkehrt sich – und zwar plötzlich und irreversibel – in einen Grund des Unglücks.

Entscheidend in Szondis Definition, der ich hier folge, während ich sie aber allgemeiner als *Umschlag von Handeln in Leid* verstehe, ist die Deutung des Tragischen als *Modus* eines Untergangs: als eine bestimmte Art und Weise, in der sich etwas in der Zeit in die Zerstörung hinein vollzieht.¹²³ Tragisch ist also keine Substanz, kein Ding oder Zustand, sondern ein *Prozess*. Dieser dialektische Prozess vollzieht sich nicht jenseits des Menschen, sondern Menschen vollziehen ihn selbst, indem sie etwas tun, das zum Umschlag kausal beiträgt. Nur durch dieses Handeln entsteht die tragische Modalität: Tragisches Handeln ist eines, dessen Umschlag die Handelnden zugrunde gehen lässt.

Bernd Seidensticker, Bernhard Zimmermann und andere Altphilologen haben wie Lore Hühn, Simon Critchley und andere Philosophen Peter Szondis Auszeichnung des dialektischen Moments in der Tragödie ausdrücklich zugestimmt, nachdem seine Habilitationsschrift zunächst bei Kollegen und Rezensenten auf Ablehnung gestoßen war, die ihren Hintergrund – die Dialektik der Aufklärung – nicht reflektiert hatten.¹²⁴ Aristoteles könne, so Seidensticker, in der Tat „als der erste Theoretiker der dramatischen Dialektik" gelten, seine Poetik sei „der erste theoretische Text, der der dialektischen Qualität des Tragischen Rechnung trägt." Und diese sei keine Rückprojektion aus hegelianisch geschulter Gegenwart, sondern tatsächlich „ein wesentlicher Aspekt der klassischen griechischen Tragödie"¹²⁵. So attestiert auch Zimmermann dem dialektischen Verständnis der Peripetie als Umschlag des Gewollten in sein Gegenteil, bereits von den Athenern des 5. Jahrhunderts „als typisch tragisch" angesehen worden zu sein, was sich nicht zuletzt darin zeige, dass Aristophanes seinen *Wolken*

---

121 Vgl. Gadamer 1987.
122 Valk/Fulda 2010, S. 17.
123 Rita Felski hat, ohne auf Szondi zu verweisen, ebenfalls das Tragische als „Modus" qualifiziert: „Introduction" in: Felski 2008, S. 14. Szondi wiederum beschreibt Tragisches „als eine bestimmte Form der Dialektik" (Szondi 1987, S. 208). Aktuell wird Szondi von Lothar Willms' Tragödientheorie aufgenommen (Willms 2014, S. 89–94). Willms weist auch auf Blaise Pascal hin, bei dem, wie er mit Lucien Goldmann bekräftigt, die Gegensätze allerdings statisch und paradox seien (ebd., S. 87f.). Willms zufolge sei das Motiv der ineinander umschlagenden Gegensätze allerdings eher „eine Verlegenheitslösung", die – anders als sein eigenes Konzept der Transgression – nicht geeignet sei, „die objektive Tiefenstruktur des Tragischen zu beschreiben" (ebd., S. 89 und 92). Der weitere Verlauf dieser Arbeit, in dem der Umschlag als Eröffnung der tragischen Erfahrung erkennbar wird, kann hoffentlich das Gegenteil zeigen.
124 Siehe Hühn 2011, S. 22f.
125 Seidensticker 1992, S. 244 und 241.

„eine tragische Struktur zugrunde gelegt habe", die „das Grundkonzept von Aischylos, Sophokles und Euripides enthält."[126] Der komische Held des Stücks von 423 v.Chr., der alte Strepsiades, erreiche genau das Gegenteil von dem, was er beabsichtigt. Auch in der Einleitung zu der aktuellen Sammlung von Texten zur Tragödie der Moderne machen die Herausgeber Daniel Fulda und Thorsten Valk Peter Szondis auf Aristoteles und die antike Tragödie zurückgehende Dialektik als möglicherweise „transhistorisches Prinzip" ausfindig.[127] Aristoteles' Dramentheorie und Szondis philosophische Dialektik des Tragischen sind nach Seidenstickers Auffassung trotz ihrer sachlichen und historischen Differenz durch „das Grundmodell eines paradoxzwingenden Umschlags einer Bewegung ins Gegenteil"[128] verbunden.[129]

Diese dialektische Bestimmung der *metabolē*, der sie formal konstituierenden oder kausal auslösenden poetischen Strukturmerkmale der Peripetie und der Wiedererkennung, können an die vorhergehende Diskussion der *metabolai* im griechischen Denken angeschlossen werden. Offenkundig haben die Erschütterung, das Ergriffenwerden und die reaktiven Gefühle wie Mitleid und Furcht zur Bedingung, dass der Umschlag plötzlich und unerwartet eintritt und als etwas Negatives wahrgenommen wird, das die Protagonisten ins Unglück stürzt. Die *metabolai* der Dramenhandlung – Peripetie und Wiedererkennung – initiieren den radikalen Umschlag der Lebensqualität oder bringen ihn erst mit sich hervor. Dadurch aber sind sie keine Veränderungen, die das Leben zu integrieren vermag, keine Veränderungen *innerhalb* der Lebensbahn, sondern Umschläge des handelnden Lebens ins Leiden. Diese Brüche seiner Kontinuität stellen sich in der Erfahrung als *Veränderungen im Extrem* dar.

4.4 Dimensionen des Umschlags I: Richtung

Denkt man die Veränderung räumlich, dann kann der Umschlag ins Gegenteil nach Art einer Richtungsänderung linearer Verläufe um 180 Grad oder als Umkehrung einer Kreisbewegung gedacht werden. Darin liegt die größtmögliche Abweichung von der originalen Bewegung, so wie es der Fremde im platonischen *Politikos* für die Umläufe des zirkulierenden Kosmos erläutert: Die Umkehrung seiner Kreisbewegung ist das

---

126 Zimmermann 2011, S. 140; vgl. dazu Zimmermann 2006.
127 Fulda/Valk 2010a, S. 16 f.
128 Seidensticker 1992, S. 252.
129 Allerdings erklärt Seidensticker Szondis zwei ausdrückliche Bezüge zur *Poetik* als Missverständnisse der von ihm zitierten Stellen und bezieht das dialektische Moment vielmehr auf die Struktur des Umschlags, nicht auf bestimmte Motive oder den Fehler (*hamartia*) wie Szondi. Die Verständnisschwierigkeit, den Handlungsumschwung (*peripeteia*) und den Umschlag (*metabasis* oder *metabolē*) ins Unglück bzw. Glück zu trennen, erläutert er mit Bezug zu Vahlen als Kausalnexus, den er gleichwohl nicht näher bestimmt: Die dramaturgischen Formelemente der Peripetie und der Wiedererkennung seien „Mittel oder Instrument" bzw. „Katalysator" des Umschlags ins Unglück (Seidensticker 1992, S. 250).

genaue Gegenteil der vorherigen Bewegungsrichtung.[130] Eine Stelle aus Aristoteles' *Physik* plausibilisiert, dass darin ein anschaulicher Bruch der Bewegungskontinuität liegt. Aristoteles beschreibt anhand der Bewegung entlang einer geraden Linie, dass die Rückwärtsbewegung nach einer Umkehrung als Unterbrechung der Bewegung zu verstehen ist. Es handelt sich nicht um eine Bewegung, die ihre Richtung graduell ändert, indem sie abweicht, ausweicht oder umgeht; vielmehr macht der Wechsel um 180 Grad aus einer zwei konträre Bewegungen. Diese vermögen keine Einheit zu bilden, weil sie nicht „in eine und dieselbe Zeit fallen können."[131] Die Strecke zwischen einem Punkt A und einem anderen Punkt B auf einer Strecke ist zwar dieselbe, doch die Bewegung eines Objekts auf dieser Strecke kann nur auf A oder auf B zulaufen. Die Bewegung auf A zu und die auf B zu schließen sich gegenseitig aus. Eine Bewegung, die an einem Punkt umkehrt und darauf in die entgegengesetzte Richtung zielt, nennt Aristoteles eine diskontinuierliche oder unterbrochene Bewegung.[132] Anders gesagt: Der Umschlag setzt nicht die Handlungsbewegung bloß modifiziert als leichte Abweichung fort, sondern er definiert sie aufgrund der umgekehrten Richtung, die sie nimmt, als eine *andere*, nämlich *konträre*.[133]

Der Umschlag im Bereich des Handelns erscheint somit paradox: Denn einerseits besteht ja eine diachrone Identität des Handelns, wenn man es mit bewusst gesteuerter, zielorientierter menschlicher Aktivität zu tun hat, einer aufgrund der Absichten des Akteurs begründeten Selbstbewegung auf etwas hin – etwa den Weg des Ödipus von Korinth zur Pythia nach Delphi; von dort, um die dort erhaltene Weissagung nicht wahr werden zu lassen, über die Begegnung am Dreiweg, wo er unwissentlich seinen Vater tötet, zur Sphinx; dann in die Stadt Theben, wo er ebenso unwissentlich seine Mutter ehelicht und vier Kinder mit ihr zeugt; bis zu seiner ebenfalls in Theben ihren Lauf nehmenden Aufklärung des Grunds der Blutschuld, die, wie er noch nicht weiß, seinetwegen die Stadt mit einer Pest belegt.

Zugleich aber erfüllt die Handlung – oder die Kette aus Handlungen – nicht mehr ihren Begriff, da sie nicht *wirklich* auf das gesetzte Ziel zusteuert, sondern sich faktisch von ihm wegbewegt. Es hat also als Prozess tatsächlich ein anderes Ergebnis als das vom Akteur erzielte. Das Handlungsresultat verselbständigt sich gewissermaßen zu einem Resultat, das zwar nicht intentional anvisiert, aber dennoch kausal durch die Handlung als Mittel verwirklicht wurde. Ein Umschlag des Handelns, das sich wider

---

130 Siehe Platon: *Politikos* 229e-270a.
131 Aristoteles: *Physik* VIII, 7–8, 261b31ff., 261b22. Vgl. Belfiore 1988, S. 187f.
132 Ebd., 264a7–22.
133 Das Prädikat „konträr" heißt hier in bewusster Offenheit „gegensätzlich". Es steht für das Verhältnis von empirischen Vorgängen oder Ereignissen, die in Bezug auf bestimmte Eigenschaften als gegenteilig oder sich faktisch ausschließend unterschieden werden. Dadurch ist „konträr" bzw. „gegensätzlich" vom Prädikat „kontradiktorisch" unterschieden, das einen logischen Widerspruch kennzeichnet. So ist $A \leftrightarrow B \wedge A \leftrightarrow -B$ eine kontradiktorische und somit stets falsche Aussage, während Ausdrücke wie „Ostwind" und „Westwind" (hinsichtlich der Richtung) konträre Phänomene derselben (meteorologischen) Art (Wind) bezeichnen.

die Absichten der Akteure verkehrt (Peripetie), ist nur unter der Annahme einer Differenz von Schein und Sein möglich. Das Handeln läuft gleichsam unter der Hand auf das Gegenteil seiner Zielbestimmung zu. Das Handeln wird darin zum *trügerischen Zeichen*. Vertraut dürfte das von einer oft variierten, geradezu archetypischen Filmszene sein, in der sich Menschen – Flüchtende, Gestrandete, Ausgesetzte – von einem Punkt A wegbewegen. Dabei interpretieren sie ihre eigene Lokomotion als lineares Entfernen von A auf ein imaginäres Ziel B hin, etwa einen Ausweg aus einem Wald, ein Zeichen der Zivilisation o. ä. Irgendwann stellen sie in einem Moment des Wiedererkennens fest, dass sie unfreiwillig an den Ausgangspunkt ihrer Bewegung zurückgekehrt sind. Eine ausgerichtete Bewegung (Sich-Entfernen) wird irgendwann zum Gegenteil (Zurückkehren), aber bis zum Moment der Anagnorisis immer noch als die ursprüngliche Bewegungsrichtung gedeutet.

Dabei handelt es sich nicht um ein neues Ziel oder einen anderen Zweck wie bei der freiwilligen Entscheidung für eine neue, konträre Handlung. In der Peripetie kann man nicht ohne Inkohärenz davon sprechen, dass das Handeln faktisch ein Ziel verfolgt, scheinbar aber ein anderes. Denn die Handelnde *setzt sich* dieses Ziel oder diesen Zweck nicht. Sie setzt sich andere Zwecke, arbeitet aber unbewusst an ihrer Destruktion. Statt auf das Ziel steuert sie auf ein diesem entgegengesetztes Resultat zu. Es handelt sich jedoch nicht um ein ungesteuertes Verhalten oder gar ein bloßes Bewegtwerden wie bei jemandem, der unfreiwillig fällt, weil er gestoßen wird. In diesem Fall resultierte die Unfreiwilligkeit daraus, dass der Körper allein kausales Mittelglied ist, nicht aber Ursache einer bewusst gesteuerten Handlung. Das nennt Aristoteles gewaltsam: „Gewaltsam ist, was seinen Ursprung außerhalb hat, und zwar so, daß der Handelnde oder Leidende keinen Einfluß darauf nehmen kann, etwa wenn der Sturm einen irgendwohin führt, oder die Menschen, die über einen herrschen."[134] In diesem Fall kann nicht von freiwilliger Handlung gesprochen werden.

Das tragische Handeln in der Peripetie ist dagegen immer noch ein Handeln, denn es ist eine bewusst kontrollierte, an einem Ziel orientierte und rational gewählte Mittel anwendende menschliche Aktivität – nur deshalb kann es in der Peripetie umschlagen. Beabsichtigter Zweck und faktisches Resultat treten im Handeln selbst auseinander, sie *entzweien* sich ins Extrem. Entzweiung ist die Erfahrung, die ein Individuum im tragischen Handeln macht: als Akteur auf A zu zielen und gleichzeitig, ja erst *genau darin* Ausführender einer Bewegung zu sein, die auf ein A gegenüber konträres Handlungsresultat zuläuft, sodass der Zweck der Handlung verfehlt wird. Der Moment der tragischen Erkenntnis ist derjenige, in dem der Handelnde sich dieser Entzweiung mit entsprechend existentiellen Konsequenzen bewusst wird.

Der sophokleische Aias etwa schlachtet in einer von Athene induzierten Umnachtung unbewusst eine Herde von Rindern und Schafen sowie ihre Hirten ab. Die Umnachtung bewirkt magischerweise, dass er während der Kampfhandlungen denkt, er morde die Anhänger des Odysseus und nehme ihn, seinen Rivalen und Beleidiger,

---

134 Aristoteles: *Nikomachische Ethik* III 1, 1109a1–4.

der Achills Waffen, wie Aias meint, zu Unrecht für sich reklamiert hatte, gefangen. Doch in Wahrheit schleppt er als Beute wehrlose Tiere in sein Zelt, als „wären's Menschen, nicht gehörntes Vieh."[135] Seine Handlung, die in dieser Peripetie umgeschlagen ist, hat den Status eines irreführenden Zeichens. Als Aias vor dem Zelt aus dem Wahnsinn erwacht, denkt er noch immer, er habe in der Nacht gegen seine Widersacher gekämpft (V. 96 ff.), dann aber, ins Zelt zurückgekehrt, verwandelt sich mit der Wiedererkennung sein gesamtes Schicksal: Er, der „Strahlende[...]" (V. 222), der „herrliche Aias" (V. 217), erkennt den Umschlag seines Handelns und bricht zusammen (V. 307–311). Einerseits sagt Athene treffend: „ins Unglück stürzt ich ihn." (V. 60) Ohne die manische Intoxikation hätte Aias sich in Bezug auf seine Handlung sicher nicht geirrt. Doch zugleich ist er nicht ein bloßes Opfer, sondern er schuf, gleichsam „mit verirrter Hand" (V. 228) und „verdrehte[m] Sinn" (V. 447), aufgrund des Racheeifers sich selbst und seiner Familie schweres Leid. Anstatt „mit den Göttern" (V. 765/767) zu siegen, ignorierte er sie stolz, erzürnte sie und fiel durch Athenes Übermacht.[136] Nun, bei Sinnen „anzuschaun das eigene Leid,/ Woran kein anderer wirkte, dehnt/ In großen Qualen die Seele." (V. 259–261) Die Plötzlichkeit des Umschlags kommt in den Metaphern des Stürzens und Schlagens zum Ausdruck (V. 60, 279, 323, 426). Diese Verkehrung einer punktuellen Handlung – des nächtlichen Kämpfens – gegen ihren Zweck – den ehrenhaften Sieg über den Rivalen – bewirkt ein Leiden in Schmach – dieses „dauert unvermindert" an (V. 276). Statt des Zwecks, sich zu rächen und Ruhm zu gewinnen, hat Aias das Gegenteil – Selbstschädigung und bleibende Schande – bewirkt. Aus dem „kühnen, beherzten Mann,/ Der nie gezagt in grimmiger Schlacht", ist mit einem Mal ein lachhafter Schrecken „dem schwachen Getier" geworden (V. 361–363). Ohne Aussicht, dass sich sein Leiden noch einmal „zum Guten wendet" (V. 474), stürzt er sich entgegen der Bitten seiner Familie und anderer Krieger selbst in sein Schwert und bestätigt damit symbolisch den Umschlag seines Lebens, „von eigner Hand" (V. 841) unfreiwillig bewirkt: „Er fiel durch eigne Kraft" (V. 906).

Mit der oben geführten Analogie einer visuell imaginierbaren Bewegung durch den Raum kann man das Paradox der scheinbaren Kontinuität und der faktischen Diskontinuität der Bewegung also nicht erklären. Der Umschlag des Handelns, wie er sich in der Peripetie vollzieht, ist nur als eine Bewegungsform, nämlich als intentionales Handeln, aufgrund der möglichen *Differenz von Handlungsresultat und Handlungsziel* zu verstehen. Erst durch die handlungstheoretischen Begriffe der Absicht, des Ziels und Zwecks einer Handlung sowie ihres Resultats und der daraus möglicherweise folgenden Konsequenzen wird die Dramatik des Umschlags in der Peripetie verständlich.

Gleichwohl ist die räumliche Vorstellung erhellend, denn sie ist anschlussfähig an die für die gesamte Antike leitende Metapher des rechten oder falschen Weges, eine

---

135 Sophokles: *Aias*, V. 64. Die Handlung und Wiedererkennung werden aus Sicht seiner Frau Tekmessa, die teilweise Zeugin des Geschehens war, geschildert (V. 285–327).
136 Vgl. Sophokles: *Aias*, V. 954.

absolute Metapher der praktischen Rationalität, weil sie das Prinzip der alternativen Handlungsoptionen ins Bild setzt und den Prozess zum Ziel hin visualisiert.[137] Im Bild des Weges treten nämlich die Momente der Zielorientierung und der Prozessualität einer Handlung zusammen. Die kulturübergreifende Metapher des rechten Weges für eine normativ gehaltvolle Ausrichtung von Handlungen, die bis in den Begriff der richtigen (wissenschaftlichen) Methode (von gr. *meta* – ‚nach' – und *hodos* – ‚Weg') reicht, wird in der Tragödie zum Zeichen einer erst zu spät sich aufklärenden Fehlinterpretation über eben diesen Weg. Die Richtung, die die tragischen Figuren einschlagen, entpuppt sich nicht als Königsweg, sondern als Weg ins Unheil. Das wird zuweilen theatralisch als geographische Bewegung konkret beschrieben und inszeniert. So kehrt im ersten Teil der aischyleischen *Orestie* der siegreiche Feldherr Agamemnon nach zehn Jahren Abwesenheit auf dem Schiff und dem Wagen von Troja bis in seine Heimat nach Argos zurück. Vor dem letzten Stück seines Weges in sein Haus versichert er sich seiner gottesfürchtigen Haltung, milder Herrschaft und der daraus gewonnenen Zuversicht in einen Lebensabend „in Wohlergehen".[138] Zuvor wird seine Heimkehr über 900 Verse kunstvoll angekündigt und die Erwartung seiner Ankunft in mannigfaltigen Bildern des Lichts gesteigert. Schon sie sind doppeldeutig, das erwartete Heil mutet dem Chor zuweilen wie Unheil an. Nun, da der König an seinem Haus angekommen ist, fehlt symbolisch nur noch der letzte Weg zu Fuß über den purpurnen Teppich an den Herd als zentralem Ort des Hauses (V. 929). Doch, wie die als Sklavin mitgeführte Seherin Kassandra errät, ist der Weg ins heimatliche Ziel nicht ein Weg ins Haus des Friedens nach zehn Jahren Krieg, sondern in ein „Menschenschlachthaus" (V. 1092). In ihm tötet Klytämnestra, wie man von außen hört, ihren dies nicht erwartenden Gemahl mit einer Doppelaxt. Die Jahre der Belagerung von Troja und die Rückkehr über die Ägäis und das Festland bis ins Zentrum des Hauses enden mit dem plötzlichen gewaltsamen Tod, dem Ereignis also, das Agamemnon auf dem militärischen Feldzug, wo es jederzeit drohte, zu vermeiden vermocht hatte. Der Weg ins heimatliche Wohlergehen und Licht ist in Wirklichkeit ein Weg ins dunkle Totenreich.[139]

Die kulturelle Existenz begünstigt durch Herausbildung praktischer Urteils- und Verhaltensmöglichkeiten rationale Richtungsentscheidungen; sie fördert, bereits anerkannte Wege – rationale Handlungsoptionen – selbständig zu erkennen und zu wählen. In der Tragödie brechen mit dem Umschlag der Richtung diese Wege ziellos ab. Weitere Wege sind nicht mehr zu erkennen und verschließen sich für das tragische Personal in der Regel mit der *metabolē*. Die Figuren bleiben im Leiden stecken.[140]

---

[137] Siehe dazu Trautsch 2019.
[138] Aischylos: *Agamemnon*, V. 914–930.
[139] Vgl. die eindringliche Analyse der ästhetischen Intensität dieser Szene durch Erwartungssteigerung und Erscheinungsschrecken von Bohrer 2009, S. 185 ff.
[140] Dazu mehr in Kapitel 6.

4.5 Dimensionen des Umschlags II: Zeit

Blicken wir auf die Zeitdimension! Auch in ihr findet sich die Diskontinuität des umschlagenden Handelns wieder, die zu der bereits in Bezug auf Heraklit und Platon herausgearbeiteten Begriffsbestimmung der *metabolē* gehört. Der Umschlag zerschneidet plötzlich die Kontinuität des gesamten Handlungsgeflechts in ein Vorher und Nachher. Er trennt sie so, dass der Umschlag selbst nicht als kontinuierliche Phase zwischen den Phasen davor und danach, sondern als Augenblick der Zäsur wahrgenommen wird. Tatsächlich sind auch die Peripetien des Handelns, die alles auf einmal von „glücklich" auf „unglücklich" umstellen, relativ plötzliche Ereignisse, vor allem wenn sie mit dem ebenfalls augenblicklichen Umschlag der Wiedererkennung (*anagnōrisis*) zusammenfallen.

So wird Ödipus in genau dem Moment Mörder seines Vaters, in dem er Laios unwissend im von diesem initiierten Handgemenge am Dreiweg durch einen Stoß trifft und ihn, der „augenblicklich" (V. 812) aus dem Wagen fällt, umbringt.[141] Wie der Übergang zwischen Leben und Tod nach Heraklit als ein übergangsloses Umschlagen der (eine spekulative Einheit bildenden) Gegensätze begriffen werden kann – jemand ist entweder tot oder lebendig –, so hat auch Ödipus' Handlung, die Prophezeiung des Orakels zu vermeiden und *nicht* Mörder seines Vaters zu werden, erst in dem Moment, in dem Laios tödlich von seinem Schlag getroffen wird, seine erste Peripetie. Die zweite folgt Jahre später, als der Herrscher von Theben im *König Ödipus* nach einer investigativen Aufklärungsbemühung diesen Sachverhalt zuletzt sicher erkennt (V. 1182–1185).[142] Mit der Wiedererkennung geht der instantane Umschlag von Glück in Unglück einher. Ebenso ist Ödipus – so die zweite Drohung aus Delphi – erst dann Geschlechtspartner und Ehemann seiner Mutter, als er sie heiratet, mit ihr schläft und Kinder zeugt. Im Vergleich zur Kontinuität des Lebens mit der Erwartung von Glückskontinuität vor und der Gewissheit sicheren Unglücks nach der Wiedererkennung sind die gewaltsamen, rituellen und sexuellen Akte, die die spätere Erkenntnis dieser tragischen Handlungen begründen, geradezu wie ihre Erkenntnis blitzhaft. Punktuelle Handlungen zerstören in einem Moment eine strukturelle Kontinuität.[143] Der abrupte Wechsel des Glücks kommt immer wieder in der Tragödie zur Sprache, wie er auch schon das Fragilitätsbewusstsein in Epos und Lyrik geprägt hat. In der *Ilias* ist es oft ein plötzlicher Windstoß, der alles ändern und ein ganzes Leben beenden kann.[144] In der Lyrik erklärt etwa Simonides, dass die Dauer des Glücks sich schneller als der Ortswechsel „bei der langgeflügelten Fliege"[145] ändere. Der Diener, der Iokastes

---

141 Sophokles: *König Ödipus*, V. 803 ff.
142 Das ist nur der Endpunkt seiner nachbohrenden Vergewisserung. Die von ihm noch nicht nachvollziehbare und abgewehrte Wahrheit der Peripetie verkündet bereits Teiresias in V. 328–462.
143 Zur Differenz von punktueller Handlung und Struktur als Funktionen praktischer Rationalität siehe Nida-Rümelin 2001; vgl. dazu auch Kap. 7.
144 Vgl. Grethlein 2006, S. 86 f., 90.
145 Simonides von Keos: Frag. 521 PMG.

Suizid und Ödipus' Selbstblendung dem entsetzten Chor berichtet, konstatiert: „Das alte Glück von einst war vormals wohl/ Ein Glück, mit Recht! doch *nun, an diesem Tag:*/ Stöhnen, Verwirrung, Tod, Schande – so viele/ Der Übel aller Namen sind, nicht einer fehlt!"[146]

Ähnlich steht es mit dem Nessosgewand, das Deianeira in Sophokles' *Trachinierinnen* ihrem Mann Herakles schickt. Erst als dieser es anlegt und ins Sonnenlicht tritt, wird aus der erhofften Wirkung des für das weitere Eheleben wirksamen Liebeszaubers die gegenteilige: Herakles wird chemisch unaufhaltsam zerfressen, er leidet qualvoll und hasst deshalb inbrünstig seine Frau, die er nie wieder sehen wird. Sie hatte ihm das Todeskleid geschickt, um das Gegenteil zu erreichen: Herakles' erneuerte und dauerhafte Liebe zu ihr. *Ein* Moment entscheidet hier alles, in ihm kippt die Handlung fatal mit endgültigen Folgen um.

Doch auch in den Tragödien mit den nach Aristoteles einfachen Handlungstypen geschieht der Übergang (*metabasis*) ins Unglück vergleichsweise plötzlich, etwa in der von Aristoteles angeführten *Medea* des Euripides. Solange Iason Medea, die ihre Heimat in Kolchis aus Liebe zu ihm verlassen hat, nicht verlassen und aus Korinth verstoßen hat, steht ihr Geschick in der Fremde noch unter einem guten Stern. Sie hat es gegen Widerstände und mit zum Teil zerstörerischen Taten, etwa der intriganten Tötung des Pelias, selbst gewollt und leidenschaftlich verfolgt. Es war ihre Wahl, Iason, den sie in Kolchis rettete, für den sie ihren „Vater und mein Haus" verließ, stets „überall zur Seite" zu sein. Darin bestand für sie „des Erdenlebens höchstes Glück"[147]. Doch in dem Moment, in dem Iason sie in ihrer neuen Heimat verrät, um sich für die Sicherung seiner politischen Macht und familiären Zukunft in Korinth stattdessen mit der Königstochter zu vermählen, ist für Medea „alles feindlich, selbst das Teuerste" (V. 16). Die starke, glückliche Frau wird plötzlich verwandelt in ein „leidendes, unglückseliges Weib" (V. 96). Es ist ein so unerwarteter wie *augenblicklicher* Übergang aus einer glücklichen Lage ins Unglück, der mit einer *anagnōrisis* einhergeht, einer Ent-Täuschung ihres illusionär hoffenden Herzens (V. 491): Sie erkennt den Geliebten als Verräter, den Grund ihres einstigen Glücks nunmehr als Grund ihres mit der Erkenntnis eingetretenen Unglücks:

> „Mich traf ein unerwartet Leid, das mein Gemüt
> Zum Tod verwundet. Hin bin ich, mein Sehnen Tod,
> Geliebte Frauen, mir erlosch des Lebens Reiz.
> Auf den ich all mein Hoffen setzt', mein ganzes Glück,
> Den Gatten hab ich als den schlechtesten Mann erkannt." (V. 228–232)

Den „wunderwürdigen / Und treuen Gatten" (V. 503 f.) erkennt sie aufgrund seiner punktuellen Handlung des Treuebruchs *auf einmal* als „den schlechten Mann" (V. 512) und schlechtesten Gatten (V. 675). Doch diese plötzliche Erkenntnis kommt zu spät, da

---

146 Sophokles: *König Ödipus*, V. 1282–1285 (Hervorh., A. T.).
147 Euripides: *Medea*, V. 476; 13 f.

sie bereits früher für ihn getötet und die Heimat verlassen hat, um eine dauerhafte Lebensform mit ihm einzugehen. Die Liebe zu Iason *wendet* sich von Segen in Fluch (V. 332f.).

Medeas Leid wird noch durch ein „andres neues Ungemach" (V. 690) gesteigert, das ebenfalls plötzlich und von Medea unerwartet eintritt. Der Vater der neuen Braut Iasons, König Kreon, teilt ihr seinen Entschluss mit, sie mit ihren Kindern sofort ins unsichere Exil zu verbannen. Sie soll nicht säumen (V. 277) und schleunigst (V. 323) ihre Lebenswelt hinter sich lassen. Auch in diesem narrativen Strang schlägt die vertraute Erwartung von glücklicher Kontinuität plötzlich in die Erwartung dauerhaften Unglücks um, das ein einsames Exil für sie als verlassene Ehefrau bedeuten muss. Als praktisch nutzbare Abfederung dieser Plötzlichkeit, erbittet Medea (die sich insgeheim an Iason rächen will), nur noch einen Tag in Korinth bleiben zu dürfen, um ihre Flucht *planend vorzubereiten*.[148] Dazu bedarf es wenigstens eines Minimums an Dauer. Das Planen, Ausdruck prometheischer Voraussicht, erfordert eine gewisse Zeitspanne, die auf die zukünftige Kontinuitätssicherung, die Lebensbahn der Kinder, zu zielen scheint:

> „Den einen Tag nur gönne mir zu bleiben noch
> Um auszusinnen, welchen Weg ich fliehen soll,
> Wo meinen Kindern eine Bahn sich öffne [...]" (V. 342–344).

Das Vorausplanen, das Kreon Medea gewährt, wird aber nicht – wie scheinbar intendiert – dem Wohl der Kinder dienen, sondern in Wirklichkeit der Rache an Iason, an seiner Braut und ihrem Vater Kreon gelten. Nur für sich selbst organisiert sie ein schützendes Exil. Der mit technischer Akkuratesse entwickelte „Racheplan" (V. 753) kehrt das geäußerte und ursprünglich auch beabsichtigte Ziel, Schutz für die Zukunft der Kinder ausfindig zu machen, um ins von ihr selbst so verstandene Gegenteil, „das Gräßlichste" des Infantizids (V. 781). Sie gibt damit gleichsam das unerwartete, plötzliche und extreme Leid an die Ursachen dieses Leids, die Akteure Iason, Glauke und Kreon, für diese ebenfalls plötzlich und unerwartet weiter und steigert es dabei ins Kolossale, ohne selbst ihr eigenes Leid dadurch mildern zu können. Im Gegenteil: „Ein bittres Leid" (V. 401) schafft sie ihnen in einem Moment und wird *ipso facto* „selbst der Frauen unglückseligste" (V. 803, vgl. V. 1224) – eine Frau die ihre Kinder ermordet und damit alle Sorge und Liebe seit der Geburt – also eine Fülle von Jahren – in einem Moment zur vergeblichen Lebensinvestition macht, die allein noch der Rache dient: „Was frommt das Leben? Fahr es hin!" (V. 783)

Auch dieser Umschlag aus Rache, den Medeas Adressaten trifft, hat alle Zeichen des Plötzlichen, das die Dramatik und Ausweglosigkeit im Botenbericht steigert (V. 1110–1204). Zunächst stirbt die Königstochter Glauke qualvoll, kurz nachdem sie das von Medea gesandte giftgetränkte „feingewebte[...] Festkleid" (V. 926) angezogen hat: Nachdem sie voller Freude zunächst mit dem Kleid und dem Kranz im Haar in der

---

148 Ägeus, König von Athen, attestiert ihr „große Vorsicht" (V. 726).

Halle umhergewandelt war, bot sich – so die wie ein Filmschnitt wechselnde Erzählung des Boten – „nun aber" ein „furchtbar Anblick dar" (V. 1141): Sie wechselt „schnell" ihre Farbe, sie verliert an Kraft, stürzt und verbrennt durch den mit ihrem Haar verbundenen Kranz auch noch am eigenen Leibe. Indem sie ihn abzuschütteln versucht, verdoppelt sie nur die Flammen (V. 1167f.), bis das Fleisch ihr von den Knochen tropft und sie entstellt kaum noch erkennbar ist (V. 1170–1175). Der herbeigestürzte Kreon, der den entstellten Leichnam seiner Tochter im Schock angesichts ihres so plötzlichen wie grauenhaften Tods umfasst hält, ruft verzweifelt: „Ja, welche Gottheit hat so schmachvoll dich gefällt" (bzw. ‚zu Grunde gerichtet'; *apōlesen*) (V. 1182). Kreon stirbt ebenfalls umgehend und in qualvoller Agonie, weil die toxische Wirkung des Kleids auch seinen Körper trifft: Wie in einer Miniatur-*metabolē* wird er durch das Umarmen der Toten von ihrem Gift kontaminiert, sodass er, genau *indem* er sich von ihrem Leichnam emporzuziehen versucht, sich das Fleisch von seinen Knochen reißt (V. 1190f.) und „nicht mehr [...] seines Leidens Herr" (V. 1193) wird, bis beide „im Tod vereint" (V. 1195) da liegen, wo das glückliche Leben gerade eine neue Stufe erreichen sollte.

Auch diese *metabasis* von Glück in Unglück geschieht in zwei Stufen, aber jedes Mal in einem Moment, und entfaltet darin über das Medium des erzählenden Berichts (V. 1110–1195) oder der akustischen Teilnahme eines Geschehens hinter der Bühne (V. 1245–1252) die den Tragödien eigentümliche Schockkraft.[149] Es ist der durch die Funktion des Botenberichts nicht gemilderte, sondern in der Imagination der Zuschauerinnen und Zuschauer verstärkte Erscheinungsschrecken, von dem Karl Heinz Bohrer als Signum der attischen Tragödie spricht.[150] Solange Kreons Tochter das ihr von Medea mit Zaubermitteln vergiftete Gewand nicht anzieht, verbleiben sie und ihr Bräutigam in Erwartung der Kontinuität des auch in Zukunft durch den Eheschluss gesicherten Glücks: „Glückselig wird sie tausendfach, nicht einmal nur", die Iason heiratet, so Medeas ironische Prognose. Dann aber trifft die junge Frau, bis dato „des Glückes Fülle" teilhaftig (V. 943), *mit einem Mal* das „unheilbare[] Leid" (V. 286), das Medea für sie ausgedacht hat, und sie stirbt qualvoll, ebenso rasch wie daraufhin ihr Vater. Durch diesen Umschlag stürzt Iason ebenfalls plötzlich und unerwartet in ein Unglück, aus dem man sich keinen Ausweg denken mag. Kreon verliert sein Leben durch leibhaftige Teilhabe am Schicksal seiner Tochter; Iasons unheilbares Leid besteht im Verlust all dessen, was ihm künftig für sein Leben wertvoll sein sollte. Das wird, wie in einer Spiegelung des zweistufigen Unglücks von Medea – des Verrats und der Verbannung –, durch eine weitere plötzliche Tat ins Unerträgliche geschraubt: Mit einem Hieb erschlägt Medea ihre eigenen Kinder, um Iason für sein restliches Leben wirklich nichts an Glücksgründen zu lassen. In einem geradezu verschwindenden Moment ist das Glück der Mächtigen und seine Zukunftserwartung umgeschlagen in

---

[149] Diese durchaus auch physiologische Schockwirkung war für Wolfgang Schadewaldt ein Grund, *phobos* mit Schaudern zu übersetzen (Schadewaldt 1960, S. 207f.).
[150] Bohrer 1991.

äußerstes, ohnmächtiges Leid: Es hätte, so der entsetzte Chor der korinthischen Frauen, nichts „Grauenvolleres" geschehen können (V. 1264).

Damit vollendet Medea auch aus eigenen Stücken ihr eigenes Unglück. Solange sie nämlich ihre Kinder als Vergeltung für Iasons Untreue noch nicht getötet hat, bleibt ihr immerhin das für sie ebenfalls wesentliche Gut, Mutter gedeihender Kinder zu sein. Dass die Mutterschaft für sie einen hohen Wert, ein Glücksgrund, darstellt, wird in zwei Szenen offenbar, als sie tief traurig bedenkt, dass ihre Kinder aufgrund ihres Tötungsplans nicht die blühende Zukunft haben werden, die Iason ihnen verspricht.[151] Sie wollte sie glücklich sehen und im Alter von ihnen noch gepflegt und begraben werden. Doch mit einer Armbewegung ruiniert sie nicht nur Iasons, sondern auch ihre gesamte bereits durch Entschlüsse von Männern zerstörte Existenz endgültig. Einen verschwindend kleinen Augenblick dauert der entscheidende *cut* durchs Leben. Am Ende der Tragödie weiß man kaum, was ihr im Exil bei Ägeus überhaupt noch bleiben wird. Ihr „erlosch" schon bei Iasons Verrat „des Lebens Reiz" (V. 230). Sie selbst prognostiziert sich „ein qualvoll Leben, mir zur Trauer nur" (V. 1012). Sicher ist allein, dass auch Iasons Unglück – ohne Frau, ohne Kinder, ohne gesicherte Zukunft – dauerhaft und total sein wird: Er ist in einem Moment vernichtet (V. 1284), das „wonnig Leben" (V. 1329) ist durch ihn selbst und Medea ins heillose Verderben *verkehrt* worden.

Mit einem Mal, plötzlich, ohne Übergangsphasen, wie die Umkehrung des Kosmos in Platons Mythos, wird in der Tragödie alles existentiell anders, als wechsle die gesamte Beleuchtung und Farbgebung des Lebens. Das gilt, wie die Analyse der Medea zeigen sollte, auch für Tragödien ohne die *metabolai* der Peripetie und Wiedererkennung. Das zweifache Leid, das Medea Iason und damit ausdrücklich auch sich selbst zufügt (V. 1021f.), schneidet in eine Kontinuität, die von der Ankunft der Argonauten bis zur Zeit des im Stück vorgeführten Geschehens reicht. Und es zerschneidet zugleich die für die Zukunft erwartete Kontinuität des Handelns. Alle Zeiger waren für Iason, Kreon und seine Tochter auf Glück gestellt, auch die Söhne Medeas hätten gedeihen können, eine intergenerationelle Kette von Wohlergehen war die Intention der allgemeinen Erwartung. Doch Medea dreht, nachdem sich ihr eigenes Leben durch Iasons Verrat verkehrt hatte, in einem Moment alles um und invertiert das Glück der anderen plötzlich in den Tod und für Iason in die Aussicht auf ein anhaltendes Leiden. Die Möglichkeit eigenen Trosts mit den Söhnen im Exil wird ihr

---

151 Euripides: *Medea*, V. 891–907. Medea spricht Iason gegenüber dabei in ironischer Rede, deren hintergründigen Sinn zwar das Publikum, aber dieser (noch) nicht verstehen kann: Sie zweifele nicht an seinen Worten, dass die Kinder bei ihm glücklich gedeihen würden, doch weine sie dennoch schmerzlich, „jammernd, ob es auch geschehen wird./Schwach sind die Frauen und zu Tränen stets geneigt." (V. 906 f.) Sie weint in Wirklichkeit, weil sie weiß, dass sie selbst ihnen diese Zukunft nehmen wird. Die andere Szene ereignet sich nach dem Bericht des Hofmeisters, das Brautkleid abgeliefert zu haben: V. 979–991. Danach beklagt Medea antizipierend ihr ultimatives Unglück, ihre eigenen Kinder zu töten, sie schaudert vor dem Entschluss, ringt sich aber schließlich zu ihm durch (V. 996–1053; 1210–1224).

durch den Handstreich der Rache zur Gewissheit eines qualvollen, unglücklichen Lebens allein.

Die Plötzlichkeit, mit der sich der Umschlag vollzieht, ist nicht *allein* ein theatralischer Effekt.[152] Der mit dieser einschneidenden Zeitdimension verbundene Schrecken resultiert aus dem Umschlag, der sich im Handeln mit einem Mal ereignet oder der mit einer ebenso plötzlichen Erkenntnis einhergeht. Eine punktuelle Handlung, eine punktuelle Erkenntnis trennt blitzhaft Lebensstrukturen in ein Vorher und ein Nachher. Darauf verweist bereits die Ästhetik des Dionysos-Dithyrambos, aus dem die Tragödie entstanden ist. Archilochos charakterisiert die Sinne oder den Geist (*phrenas*), in dem dieser gesungen wird, als vom Wein wie von einem Blitz betäubt.[153] Wie das Rauschmittel des Theatergotts kann auch ein Ereignis in kürzester Zeit die Seele insgesamt in Mitleidenschaft ziehen, sodass sie orientierungslos wird. Es ließe sich auch an die Blitze als Herrschaftsinstrumente des Zeus denken, Insignien einer sich plötzlich artikulierenden Übermacht, der gegenüber die tragischen Figuren sich, ebenso plötzlich getroffen, als ohnmächtig erfahren.[154] Plötzlich ist dabei nicht nur eine zeitliche, sondern auch eine ästhetische Kategorie: Nicht alles, was mit einem Mal wie etwa der Auftritt einer Figur passiert, ist tragisch. Nur der Schrecken, der überraschend oder mit Angst erwartet eintritt und die Lebensrichtung der Figuren ins Gegenteil verkehrt, ist von ästhetisch erfahrbarer, tragischer Plötzlichkeit.

Die Plötzlichkeit des Umschlags, den Peripetie und Wiedererkennung beschreiben, und die des Glückswechsels, entsprechen der diskontinuierlichen Bewegung, die an einem Punkt unterbrochen wird. Es ist keine als Dauer erfahrbare Ruhephase, die als eigenständige Zwischenzeit Reflexion erlaubte. Zwar wird der Umschlag durch antizipierende Klagen, Ängste und bange Hoffnung ästhetisch antizipiert, sodass die Erwartungsangst steigt, etwa wenn Medea ihr Schicksal der Kindsmörderin gedanklich vorwegnimmt. Der Schrecken des Umschlags ins Unglück vollzieht sich aber erst mit der tragischen Handlung der Akteure selbst, aufgrund der die Wechsel von Glück in Unglück besiegelt werden. Dabei vollzieht sich der Übergang mit der Handlung entweder entsprechend den Handlungsabsichten wie im Fall Medeas, Antigones oder

---

152 So Bohrer 2009, der notorisch jede Art von philosophischen Überlegungen für die Deutung der Tragödie als ästhetisches Phänomen ablehnt. Doch es sind gerade die existentiellen Dimensionen, die theatralen und poetischen Effekten die lebensweltliche Bedeutsamkeit verleihen und zu einer Steigerung und Vertiefung der ästhetischen Intensitätserfahrung führen.

153 Archilochos: Frag. W 120 (*Tetrametri*). Ähnlich ist der Blitz in Indien ein Zeichen der aufwachenden Natur im Frühling, die auch im Dionysoskult bis zu den Großen Dionysien gefeiert wurde. Vgl. Haas 2007, S. 80 f.

154 Haas 2007, S. 81 f. Das Symbol der Blitze in der Tragödie müsste systematisch untersucht werden, um zu erkennen, ob die Tragiker wirklich einen signifikanten Gebrauch dieses Bildes gemacht haben. Auffällig ist immerhin die Identifikation der unerwarteten Willkür mit Zeus, der zugleich Träger der archaischen Übermacht ist. Diese ultimative Übermacht der Wirklichkeit mag in animistischen Weltbildern vor allem mit den plötzlich alles erhellenden Blitzen assoziiert gewesen sein. In den Tragödienhandlungen selbst tritt Zeus nie als Blitze schleudernder Gott in Erscheinung. Diese treffen die Heldinnen und Helden in der *metabolē* also nur symbolisch.

des Agamemnons der *Iphigenie auf Aulis*, die das Leid und das Risiko des Umschlags ihres Glücks bewusst handelnd in Kauf nehmen, oder aber als Peripetie entgegen den Handlungsabsichten wie im Fall von Deianeira, Ödipus, Xerxes oder dem euripideischen Herakles. Die Handlung beginnt, wie Aristoteles schreibt, schon mit der Entscheidung, doch erst die Ausführung verursacht den von der Entscheidung initiierten Umschlag so, dass er nicht mehr zu revidieren ist. Das aber, die *Irreversibilität des Umschlags in ein unheilbares Leid*, ist wesentliches Kriterium tragischen Scheiterns.[155] Bevor es näher untersucht wird, soll zunächst danach gefragt werden, aus welchen Gründen überhaupt Handlungen tragisch scheitern. Durch wen und was werden die Peripetien, Wiedererkennungen und Glückswechsel bewirkt?

4.6 Die Kontingenz des Umschlags I: Fehler

In der neuzeitlichen Rezeption der antiken Tragödie und der *Poetik* des Aristoteles standen lange Zeit moralphilosophische Erwägungen im Zentrum, um das tragische Schicksal der Helden als sittlich nachvollziehbare Konsequenz ihres Handelns zu deuten. Nach Art ethischer *exempla*, wie sie der für die Neuzeit lange Zeit einflussreichste Tragiker und Stoiker Seneca geschrieben hatte, erschien das tragische Schicksal in moralischer Perspektive als eine Art Strafe für ein Fehlverhalten, sodass die Tragödienhandlung als Prozess der Wiederherstellung einer höheren sittlichen Gerechtigkeit gelesen werden konnte. Dafür musste das die Protagonisten ereilende Leid ihnen moralisch zuschreibbar sein, es musste als moralisch gerechtfertigte Folge ihres falschen Handelns, ihrer Leidenschaften und Laster interpretiert werden können. So ließ sich der Tun-Ergehen-Zusammenhang durch die Tragödie als moralisches Exemplum wieder bekräftigen. Einiges an ihrem traditionell hohen Rang in Dichtungstheorie und Rhetorik der Neuzeit dürfte mit dieser stoizistisch beeinflussten und christlich weitergeführten Deutung zusammenhängen.[156] Zugleich war man sich aber bewusst, dass die Tragödie der Antike keine Verbrecher auf die Bühne brachte, sondern ausgezeichnete Personen wie Könige oder aristokratische Helden. In der christlichen Perspektive einer vorbürgerlichen feudalen Ordnung galten sie immer noch als herausragende Gestalten. Man musste also eine Bestimmung dessen finden, was Aristoteles mit dem Wort *hamartia* bezeichnet: den Fehler der Figur, auf den ihr Scheitern kausal zurückzuführen sein sollte.

Welche Art dieser Fehler sei, ist seit langem diskutiert worden und gibt auch heute noch Anlass zu großen Disputen in der gräzistischen Forschung, die sich an der Frage der Schuld oder Unschuld insbesondere des sophokleischen Ödipus entzünden. Dabei stehen Vertreter einer Diagnose der (partiellen) Verantwortung des Ödipus für seine Taten aufgrund von kognitiv einschränkender Leidenschaft – vor allem Zorn

---

[155] Zur Irreversibilität siehe Kap. 8.1 und 8.2.
[156] Vgl. Von Fritz 1962a, S. 21 ff.

und unbedingtem Erkenntnisdrang –, die auf eine charakterliche Disposition dazu zurückgeführt wird, solchen Auffassungen gegenüber, die es, wie schon Wilamowitz-Moellendorf und andere nach ihm, für schlechthin verfehlt halten, Ödipus eine wie auch immer auszubuchstabierende Schuld zu attestieren, und die daher den Versuch, Tragödien mit dem aristotelischen Begriff der *hamartia* zu deuten, generell für abwegig befinden. Anstatt diese Diskussion hier erneut *en détail* aufzurollen und im Einzelnen zu bewerten,[157] schicke ich als kleinen Leitfaden für die folgenden Überlegungen die Bemerkung voraus, dass ich die (von der ersten Gruppe vertretene) These einer Mitverantwortung des Ödipus (und anderer tragischer Figuren) für den Umschlag für plausibel, ja, als kausale Verantwortung begrifflich unverzichtbar halte und dazu Aristoteles heranziehe, aber die Pointe der Tragödie nicht in der Diagnose einer (jeweils unterschiedlich gewichtigen) sittlichen Schuld der Figuren sehe, zumal in vielen Tragödien darüber wenig gesagt wird. Vielmehr liegt ihre Pointe in der Darstellung kontingenter Handlungsbedingungen, d. h. einer systemischen Pluralität von kausal für die *metabolē* relevanten Faktoren, zum anderen einer ebenso kontingenten und fragwürdigen, weil sittlich nicht nachvollziehbaren Disproportion zwischen dem punktuell fehlerhaften, kausal wirksamen Handeln und dem dadurch ausgelösten, auf Dauer existentiellen Leiden der Figuren. Darin zeigt sich ein religions-, gesellschafts- und politikkritisches Potential der Tragödie.[158]

Mit der Wiederentdeckung von Aristoteles' *Poetik* in der italienischen Renaissance[159] und den ersten Wiederaufführungen antiker Tragödien nach der Antike[160] begann eine schier endlose Debatte nicht nur um das adäquate Verständnis der *katharsis*,[161] sondern auch um das Verständnis des Fehlers, dessen sich die tragischen Figuren *vor* ihrem Unglück schuldig machen.[162] Dabei wurde die *hamartia* in der Regel entweder mehr als moralischer oder als intellektueller Fehler, also als ein sittliches

---

[157] Es handelt sich um eine Debatte, die in letzter Zeit vor allem auf Lurje 2004 zurückzuführen ist. In diesem Buch verteidigt er eine spätestens mit Ulrich von Wilamowitz-Moellendorf über Karl Reinhardt, Eric R. Dodds, Albin Lesky, Hans Diller, Albrecht Dihle u. a. in der Altphilologie sich durchsetzende Auffassung von König Ödipus' sittlicher Unschuld nicht ohne Polemik gegen vor allem drei Autoren, die, so Lurje, die Interpretation „ins 17. Jahrhundert zurückversetzt" (S. 254) hätten: Lefèvre 1987; Schmitt 1988; sowie seine Schülerin Cessi 1987. Auf Lurjes teils überzogene Kritik haben wiederum polemisch Lefèvre in einer Rezension Lurjes (Lefèvre 2007) und Schmitt (in seinem Kommentar zu Aristoteles' *Poetik*) reagiert. Siehe die Rekonstruktion der Debatte bei Gerhartz 2016, S. 119–139, der an Lurje anschließend eigene Interpretationen zur tragischen Schuld des Ödipus als *miasma* entwickelt (ebd., S. 141ff.).
[158] Siehe dazu die späteren Kapitel, vor allem 6.6 und 9.2.
[159] Zur Rezeption der *Poetik* seit der Renaissance zwischen philologischer Angemessenheit und Interpretationen nach eigenen poetologischen Interessen siehe Bremer 1969, S. 67–98; Lurje 2004, S. 278–387; Kappl 2006; vgl. Schmitt 2008a, S. 53ff.
[160] Zur Wiederaufnahme der antiken Tragödie in der Neuzeit und verstärkt seit dem 19. Jahrhundert vgl. Flashar 1991, Boetius 2005 und Fischer-Lichte/Dreyer 2007.
[161] Vgl. Schadewaldt 1970 und 1991, S. 9–18. Zur modernen Katharsis-Diskussion vgl. Luserke 1991. Zu den Katharsis-Formen im antiken Kontext der *Poetik* siehe Seidensticker/Vöhler 2007.
[162] Vgl. Radt 1976.

Vergehen oder als ein Mangel an Erkenntnis gedeutet: „On a donné à *hamartia* toutes les valeurs possibles [...]. On en a fait un terme moral ou un mot intellectuel ; on y a vu une allusion à un acte précis du héros ou à un trait permanent de son caractère."[163]

Dabei ist schon die Gegenüberstellung von sittlichen und epistemischen Fehlern („mistakes of fact") problematisch, denn auch Irrtümer können ethisch bewertet werden; zudem fallen ethisch falsche Entscheidungen in klassischer Zeit ebenfalls unter den Begriff der *hamartia*.[164] Die Deutung als moralisches Versagen, dem das Leid wie eine Strafe folgt, wurde in der neuzeitlichen *Poetik*-Deutung durch die Sprache des Neuen Testaments unterstützt, in der *hamartia* und das dazu gehörige Verb *hamartein* für die Begriffe Sünde und Sündigen, also moraltheologisch gesehen falsches Verhalten verwendet werden. Vor allem Paulus gebraucht die Begriffe in dieser moralischen und theologischen Dimension.[165] Die *hamartia* wäre dann entweder eine moralisch fragwürdige Charakterdisposition bzw. -schwäche oder eine konkrete moralisch inakzeptabel motivierte Handlung. Noch heute wird der Begriff als „*schuldhafte Verfehlung*"[166] übersetzt.

Mittlerweile hat die Aristotelesforschung deutlich gemacht, dass eine einseitige moralische Deutung des Fehlers als ein Handeln aus einem Laster heraus oder aber aus Indifferenz gegenüber moralischen Geboten weder mit Aristoteles' Überlegungen noch mit dem Textbefund der griechischen Literatur zusammenpasst.[167] Die Wortgruppe um *hamartia* hat allein bei Aristoteles einen Begriffsumfang, der vom verurteilenswerten moralischen Fehler bis zum völlig unschuldigen Irrtum reicht.[168] Die Deutung des Fehlers als Sünde oder moralisches Defizit ist eindeutig der stoisch und christlich gefärbten Antikenrezeption seit der Renaissance zuzuschreiben.[169] Sie hat die Tragödie dadurch zwar moralisch aufgeladen, aber *eo ipso* verharmlost, denn in

---

163 Saïd 1978, S. 10 f. Zur Geschichte der Deutungen der *hamartia* siehe ebd.; Bremer 1969, S. 65–98, und ausführlich Lurje 2004, S. 278–387.
164 T. C W. Stinton 1975 hat gezeigt, dass man den Begriff bei Aristoteles nicht einseitig auf einen epistemischen oder moralischen Fehler einschränken kann. Vgl. Schmitt 1988, der von Verantwortung für den Gebrauch spricht, „den der Mensch von seiner Vernunft macht" (S. 19). Für Viviana Cessi ist die *hamartia* daher ein „charakterbedingter und sittlich relevanter Denkfehler" (1987, S. 262). Diese Bestimmung lässt offen, wie bzw. wie sehr er charakterlich bedingt und sittlich relevant ist.
165 Siehe zur Worthäufigkeit und Bedeutung: *New Testament Greek Lexicon – New American Standard*, auf: http://www.biblestudytools.com/lexicons/greek/nas/hamartia.html.
166 Gelfert 1995, S. 19.
167 Das hat zuerst Kurt von Fritz 1962a herausgearbeitet; maßgeblich ist bis heute Bremers Untersuchung von 1969, die die Deutung der *hamartia* als „tragic flaw" oder „tragic guilt" überzeugend durch den Textbefund zurückweist. Zur neueren Literatur und einer umfassende Diskussion siehe Lurje 2004, S. 319–387; vgl. auch die Bibliographie bei Schmitt 2008, S. 510.
168 Vgl. Halliwell 1986, S. 220–222.
169 Vgl. Bremer 1969, S. 97; ausführlich rekonstruiert das Lurje 2004, S. 13–254, an der *Poetik*-Rezeption der Renaissance, die versuchte, Aristoteles, Platon, die Tragödien und die Ansprüche einer christlich verstandenen Gerechtigkeitsvorstellung zu verknüpfen, und so die moralisierende *hamartia*-Interpretation begründete, die im *Querelle des Anciens et des Modernes* von André Dacier für die Neuzeit bis zu Wilamowitz-Moellendorf folgenreich aufgenommen wurde.

ihr wird das tragische Geschehen, der Umschlag ins Leid, allein als göttlich sanktionierte Strafe, also nach dem Muster gedeutet, dass Leid ein ethisch adäquates Zeichen für und eine vergeltungslogisch legitime Folge von Schuld, nämlich Strafe, sei. Auch wenn diese Deutung nicht gänzlich abwegig ist, da mehrere tragische Figuren ethisch kritikwürdig handeln und Normen mit Überheblichkeit oder aus Affekt überschreiten, sodass die Götter sie bestrafen, erscheint mir das Modell ungeeignet, um die existentielle Leiddimension tragischer Erfahrung und ihre ästhetische Wirkung zu erhellen. Die zentrale These dabei ist, dass ihr *existentielles Ausmaß* einfach *zu enorm* ist, um als *rationale Entsprechung* im Sinne einer theologisch-juristisch oder moralisch interpretierbaren Strafe überzeugen zu können.[170]

Die Handlung, so Aristoteles, müsse, um als wahrhaft tragisch zu wirken, „vom Glück ins Unglück"[171] umschlagen. Fast beiläufig wird nun der Typ an Ursache benannt, auf den das Umschlagen zurückzuführen sei. Nicht aufgrund einer charakterlichen Schlechtigkeit oder Bösartigkeit (*dia kakian kai mochtērian*), also einer verwerflichen moralischen Disposition, kommt der zuvor glückliche und gesellschaftlich hoch angesehene Held „zu Fall", sondern „wegen eines bestimmten Fehlers" (*alla di' hamartian tina*).[172] Da niemand rationalerweise freiwillig und absichtlich nach wohl erwogenen Gründen mit seinen Zielen scheitert und damit schweres Leid auf sich zieht, muss Aristoteles die Entscheidung, die zum Sturz ins Leid führt, als einen Fehler, also eine Abweichung vom Kurs rationalen Handelns, qualifizieren. Er lässt aber – und dies vielleicht durchaus absichtlich – offen, welche Art Fehler er meint, da eine allgemeingültige Spezifikation durch die Pluralität der Charaktere und ihrer Fehlentscheidungen bzw. der sich als Fehler erweisenden Handlungen im Korpus der attischen Tragödie eine definitorische Festlegung unterlaufen würde. Jedenfalls scheint es Aristoteles wenig zu interessieren, worin genau der Fehler jeweils besteht.[173] In einfachen Plots scheint er gar nicht notwendig zu sein.[174] Zudem kann der Fehler nicht in einem normativ nachvollziehbaren Verhältnis zu dem Leiden stehen, das der durch ihn mitverursachte Umschlag für die Handelnden erzeugt. Eine freiwillige Handlung, die kontingenterweise zu Ergebnissen führt, die eine Akteurin nicht (so) intendierte, ist für Aristoteles ausdrücklich ein Missgeschick (*atychia*) oder eben ein (entschuldbarer) Fehler (*hamartia*).[175] Entscheidend ist, folgt man Aristoteles, mit Blick auf die Tragödie allein die Einsicht, dass der Fehler nicht zu einem diesem vergeltungslogisch entsprechenden Leiden führt, da dadurch die Wirkung der Tragödie, in der für Aristoteles letztlich ihr *ergon* liegt, geschwächt oder gar außer Kraft gesetzt würde. Am Verständnis des Fehlers hängt für ihn die wirkungspoetische

---

170 Siehe Kap. 6.7.
171 Aristoteles: *Poetik*, 1453a15.
172 Ebd., 1453a8–13.
173 So Dawe 1968, S. 90f.
174 Vgl. Halliwell 1986, S. 216. Die genaue Art des jeweiligen Fehlers ist durchaus nicht essentiell für die affektive Wirksamkeit der Tragödie: Dafür argumentiert Smithson 1983, S. 12f.
175 Siehe Aristoteles: *Nikomachische Ethik* V, 1135b11–19.

Funktionalität des jeweiligen Stücks, denn den tragödienkonstitutiven Affekt des Mitleids empfinden wir, wie Aristoteles noch einmal direkt vor der Erwähnung der *hamartia* betont, nur „mit dem, der unverdient (*anaxios*) ‹leidet›"[176].

Der Fehler kann für Aristoteles also kein Ausdruck eines ethisch prinzipiell tadelnswerten Charakters oder eines vorsätzlichen Verbrechens und insofern einer Ungerechtigkeit sein.[177] Die „gerechte Strafe" für die Schurken, die in so vielen Hollywoodfilmen gegen Ende für psychologische Entschärfung sorgt, ist kein Modell für die attische Tragödie, die daher kein klares moralisches Erziehungsmittel bietet, als das sie lange Zeit in der christlichen Tradition verstanden wurde. Für Aristoteles steht vielmehr außer Frage, dass der Charakter der tragischen Figuren, der sich in ihrem moralischen Entscheiden und Handeln ausdrückt, gegenüber dem durchschnittlichen Bürger – dem Zuschauer also – sittlich ausgezeichnet sei.[178] Gerade darin – in der sittlich relevanten Entscheidung – zeigt sich erst ein Charakter, nicht etwa in idiosynkratischen Präferenzen oder einem inneren Prozess, der als innerer Monolog Einblicke in die Persönlichkeit bieten könnte, aber zu keiner Entscheidung führte, also praktisch unwirksam bliebe.[179] Daher gerät in einer gelungenen Tragödie laut Aristoteles ein Charakter nicht „durch Schlechtigkeit und Bösartigkeit ins Unglück [...], sondern wegen eines bestimmten Fehlers"[180]. Kurz darauf variiert er diese These, indem er postuliert, dass das „Glück ins Unglück [...] nicht durch ein vorsätzliches Verbrechen, sondern wegen eines schweren Fehlers"[181] umschlage. Gute Charaktere verkörpern eine Disposition zum guten Handeln und zur Vermeidung von schlechtem Handeln. Sie schließen jedoch epistemische und sittliche Fehler mit schwerwiegenden Konsequenzen nicht prinzipiell aus, die sie kontingenterweise vor allem in affektgeladenen Lagen begehen können. Schmitt erläutert die *hamartia* daher als einen „*verständlichen* Fehler", aufgrund dessen ein „ernsthaftes Handeln" eines „grundsätzlich guten Charakter[s]" scheitert.[182]

Als Fehler eines guten Charakters bildet der Begriff der *hamartia* eine ambige Verbindung aus Negativität und Positivität. Er markiert auch in anderen Kontexten eine mehrdeutige Zone, die sich zwischen den Polen einer vollen moralischen Verantwortung – einem Fehler als Ausdruck böser Absicht – einerseits und andererseits einer vom Handeln des Akteurs fast unabhängigen Kausalität – dem Fehler als einem puren Zufall – erstreckt. Dementsprechend bewegen sich alle Interpretationen zwi-

---

176 Aristoteles: *Poetik*, 1453a6.
177 Zu freiwilligen Handlungen als Ausdruck von Ungerechtigkeit (*adikēma*) siehe Aristoteles: *Nikomachische Ethik* V, 1135a15–23; 1135b20–25.
178 Ebd., 1451a16–19. Vgl. Fisher 1992, S. 506–511, der betont, dass eine Bestrafung (für eine kritikwürdige *hybris*) für Aristoteles nicht tragisch sei.
179 Zur Differenz des Charakterbegriffs bei Aristoteles und in der Moderne siehe Halliwell 1986, S. 138–167.
180 Aristoteles: *Poetik*, 1453a9f.
181 Ebd., 1453a15–17.
182 Schmitt 2008a, S. 123.

schen diesen Extremen, die beide mit *hamartia* nicht gemeint sind. Entscheidend ist für die Tragödie, dass es plausibel erscheint, dass Menschen in einer bestimmten Lage mit einer bestimmten kognitiven und ethischen Verfassung etwas ohne böse Absicht entscheiden und tun können, das sich nachträglich als fataler Fehler herausstellt, aufgrund dessen sich ein Umschlag ins Unglück vollzieht.

Der Fehler kann ein epistemischer, der auf Unwissen oder falscher Überzeugung beruht, oder auch ein ethischer sein, wenn etwa ein Übermaß an Affekten, Selbstüberschätzung und Fahrlässigkeit zu einem schädlichen Handeln führen. Er kann einen Fehler im Können (*technē*) oder auch in der Klugheit (*phronēsis*) darstellen.[183] Ein *Fehler*, den man dem Akteur zuschreiben kann, ist das irrtümliche Entscheiden und Handeln aus begrifflichen Gründen deshalb, weil eine Person auch für ihren Wissenshaushalt und den Gebrauch ihrer epistemischen Fähigkeiten soweit verantwortlich ist, wie sie dafür Gründe hat.[184] Eine „Leid bringende Handlung" mag in der Tragödie aus Gründen erfolgen, die moralisch (oder rechtlich) unbedenklich oder gar lobenswert sind. Aber die auf epistemische Annahmen gegründete Wahl des Zeitpunktes, der Handlungsmittel, der Strategien und Wege zum Ziel kann, wenn es zum Umschlag ins Unglück kommt, fahrlässig oder gar unbeherrscht vollzogen worden sein. So sind die Akteure auch für ihre epistemischen Fehler und die ethisch relevanten Folgen verantwortlich, sofern *ex post* glaubhaft gemacht werden kann, dass der Akteur sich das Wissen, das ein Scheitern seiner Handlung verhindert hätte, doch hätte aneignen können und wenn er zudem Anlass gehabt hätte, diesen Aneignungsprozess auch als praktisch relevant zu beurteilen.[185]

Darin zumindest kann man einen begrifflichen Grund dafür sehen, dass Aristoteles für eine gelungene Tragödie den Fall von Umschlag ausschließt, in dem moralisch vollkommene Männer (*epieikeis andras*) ins Unglück stürzen. Diesen Fall weist Aristoteles deshalb als Option zurück, weil er nicht tragisch, sondern abscheulich (*miaron*) sei. Es erzeuge nicht die tragödienspezifischen Affekte der Furcht und des Mitleids, sondern stelle eine emotionale wie sittliche Zumutung dar.[186] Einerseits wird in dieser poetologischen Forderung das *ethische und metaphysische Gewicht* deutlich, das Aristoteles wie vor ihm Platon der Tragödie attestiert: Es wäre ein fundamentaler Einspruch gegenüber einer vernünftigen Weltordnung, wenn Menschen trotz sittlicher

---

183 Aristoteles: *Nikomachische Ethik* VI, 1140b22–25.
184 Vgl. Nida-Rümelin 2011, S. 33 ff.
185 Eine Analyse des kommunikativen und epistemischen Fehlverhaltens des für seine Intelligenz in der europäischen Kulturgeschichte höchst berühmten König Ödipus hat Flaig 1997 vorgelegt. Christoph Menke hat dagegen argumentiert, dass Ödipus keinen normativen Grund gehabt hätte, anders zu handeln, aufmerksamer oder umsichtiger zu sein: Menke 2005, S. 84 f. Zur Diskussion der rechtlichen Bewertung der Laiostötung in Bezug auf beide Ödipusdramen und die Rechtspraxis der Demokratie vgl. Harris 2010. Harris' für die Debatte symptomatische Antwort auf die titelgebende Frage lautet: „both yes and no" (S. 139).
186 Aristoteles: *Poetik*, 1452b34–36.

Vollkommenheit zufällig ins Unglück stürzen könnten.[187] Andererseits ergibt sich der Ausschluss dieser Option bereits aus dem Begriff der Vollkommenheit selbst, wenn damit ethische Fallibilität ausgeschlossen sein soll. Wenn mit dem Begriff des Makellosen oder vollkommen Integren bzw. des Heiligen die Utopie eines immer vollkommenen, notwendig schuldlosen Handelns bezeichnet wäre, würde eine Wendung ins Unglück ausschließlich von außen kommen wie ein Zufall *out of the blue* und in keiner – auch keiner kausalen – Beziehung zum Handeln stehen. Ob die Figuren handelten oder nicht, wäre gleichgültig. Sie wären allein Opfer, passiv, ausgesetzt; ihr Handeln hätte keinerlei Einfluss auf ihr Geschick.

Der Fehler ist als Abgrenzung vom Makellosen allerdings nicht gleichzusetzen mit dem in Aristoteles' *Poetik* gar nicht vorkommenden, aber das moderne Tragödienverständnis landläufig prägenden Begriff der *hybris*. Ein *hybristēs* (Frevler) ist nämlich ein nach allgemein anerkannten normativen Maßstäben ungerechtfertigt handelnder Mensch, jemand, der überheblich ist, der Grenzen illegitimerweise überschreitet, der gewaltsam, wenn nicht gar tyrannisch agiert, sich unverständig Lüsten hingibt oder maßlos seine Ansprüche gegenüber Göttern und anderen Personen verfolgt wie etwa die Freier der Penelope in der *Odyssee*.[188] In solch transgressiver Anmaßung aber unterläuft dem Frevler kein kontingenter Fehler, da er absichtlich und bewusst handelt, wie etwa der persische König Xerxes, der in Selbstüberschätzung die Griechen in die Knie zwingen zu können glaubt, stattdessen aber, wie ihm sein Vater Dareios vorwirft, einen tränenreichen Sommer genährt habe.[189] Der Fehler folgt hier einer

---

187 Vgl. Fuhrmann 1982, S. 117. Überhaupt ist Aristoteles' *Poetik* in Bezug auf seine Praktische Philosophie zu begreifen, alles Tragische wird vor einem ethischen Hintergrund bewertet. Siehe dazu Halliwell 1986. Zur Kritik an dieser rationalistischen Unterstellung hinsichtlich der Tragödie siehe Kap. 5.6.
188 Homer: *Odyssee* I, 368; IV, 321, 627. Siehe MacDowell 1976. Zum Begriff der Hybris in der griechischen Kultur überhaupt siehe die immer noch umfassendste Studie von Fisher 1992. Willms Tragödientheorie (Willms 2014) nimmt an mehreren Stellen den Begriff im Sinne einer transgressiven Verletzung der sozialen Integrität auf, der sich, so Willms (S. 40), bereits bei Homer finden lässt. Zum Verständnis der Hybris im jüdisch-christlichen Kontext ließe sich unter anderem das Beispiel des Herrschers von Babylon als Weltherrscher anführen. Im Buch *Jesaja* (14,12–15) wird vom Hochmut des Königs berichtet, der eine Überschreitung der menschlichen Sphäre beschlossen habe: „Ich will in den Himmel steigen und meinen Thron über die Sterne Gottes erhöhen [...]. Ich will auffahren über die hohen Wolken und gleich sein dem Allerhöchsten." Stattdessen aber fuhr er „hinunter zu den Toten [...], zur tiefsten Grube" und wurde „hingeworfen ohne Grab wie ein verachteter Zweig" (Jes 14,19). Die Geschichte über das Verhältnis des Menschen zu Gott bildet eine moraltheologisch aufgeladene Entsprechung zum eher technischen Mythos von Ikaros, dem Sohn des mythischen Erfinders Daidalos. Aus Übermut kam jener auf der Flucht aus Kreta der Sonne in seinem Flug zu nahe, sodass er dadurch seine mit Wachs befestigten künstlichen Flügel verlor (Ovid schildert den technischen Vorgang des Flügelbaus und der Zerstörung genau: *Metamorphosen* VIII, 183–235, ebenso *Ars amatoria* II, 33–96; siehe den erläuternden Kommentar: Ovid 2017, S. 88–106). Hybris kann also – sei sie eine moralisch-theologische oder eine prudentielle Transgression – als eine Art von Höhensturzkrankheit aufgrund von Übermut und Selbstüberschätzung beschrieben werden.
189 Aischylos: *Die Perser*, V. 821 f.

moralisch fragwürdigen Charakterdisposition zur Hybris. Selbst Hybris aber ist als eine selbstbewusste, prinzipiell zur Transgression von Normen bereite Haltung, wenn sie denn einer Figur attestiert wird, nicht notwendigerweise die punktuelle Ursache des Scheiterns einer bestimmten Handlung. Sie kann in Aristoteles' Terminologie als eine Haltung (*hexis*) der Schlechtigkeit (*kakia*) verstanden werden, die zu bestimmten Affekten (*pathē*) und ethisch ungerechtfertigten Handlungen und also zum Begehen eines ethisch relevanten Fehlers disponiert.[190] Der konkrete Grund des Scheiterns einer konkreten Handlung ist dagegen ein bestimmter punktueller Fehler, der den Handelnden in der Tragödie mal mehr zufällig, mal mehr aus ihrer charakterlichen Disposition heraus unterläuft, aber in der konkreten Handlungssituation nicht notwendigerweise unterlaufen *muss*. Er kann retrospektiv als Ausdruck von *hybris* gedeutet und somit als moralisches Vergehen zugeschrieben werden, das im Mythos eine negative Konsequenz als disziplinierende Bestrafung des egozentrisch überzogenen Willens fordert. Es ist jedoch keine Tragödienfigur allein aufgrund ihres Status als Heros auch ein *hybristēs*. Die Überschreitung des normativ Anerkennenswerten geht über den Stolz heroischer Ansprüche, die dem griechischen Publikum prinzipiell gerechtfertigt und bewundernswert erschienen, in etwas Unnachsichtiges und Gewaltsames hinaus.[191] Die *hybris* ist eine Art evaluative Demarkationslinie zwischen Helden und Tyrannen und verweist im Extremfall auf übermäßiges, selbstherrliches und rücksichtsloses Handeln, wie etwa dem Tyrannen Kreon in Sophokles' *Antigone*[192], dem Tyrannen Xerxes in den *Persern* oder dem Tyrannenherausforderer Prometheus bei Aischylos unterstellt wird.[193] Die meisten tragischen Figuren weisen diesen Charakterzug aber nicht auf und werden auch an keiner Stelle als *hybristēs* charakterisiert.[194] Selbst der sture, geradezu exzessiv egozentrische Held Herakles zieht sich in Sophokles' *Trachinierinnen* das Prädikat nicht zu.[195]

Eine Form von *hamartia* dagegen kann man den Figuren sicherlich zuschreiben. Dass alle tragischen Akteure etwas falsch machen, kann dabei, muss aber nicht durch eine charakterliche Tendenz zur Hybris wahrscheinlich werden. So lässt sich das Verhältnis von *hybris* und *hamartia* bestimmen: Die ungerechtfertigte Anmaßung etwa eines Kreon oder eines Pentheus kann als Faktor verstanden werden, der die Wahrscheinlichkeit eines fatalen, normativ von anderen Figuren, dem Chor und den Zuschauern negativ bewerteten Fehlers erhöht.[196] Doch erst der ethische und/oder

---

190 Vgl. Aristoteles: *Nikomachische Ethik* II, 4, 1105b29–1106a12, vgl. 5, 1106b2.
191 Siehe Kaufmann 1980, S. 74.
192 Entsprechend dürfte die Haltung des Athener Publikums gegenüber Kreon kritisch gewesen sein, auch wenn dieser glaubte, im Recht zu sein, vgl. Rösler 1980.
193 Vgl. Föllinger 2009, S.59ff.
194 Vgl. Kaufmann 1980, S. 72ff.
195 Vgl. Fisher 1992, S. 304–308.
196 Auch für den König Pentheus, den Dionysos in Euripides' *Bakchen* des hybriden Vergehens, ihn nicht wie ein Gott behandelt zu haben, bezichtigt, gilt, dass er einen konkreten Fehler in einer spezifischen Situation macht, aufgrund dessen er in der Folge zugrunde geht. Vgl. Radke (jetzt: Uhlmann) 2003, S. 36.

epistemische Fehler in einer bestimmten Situation selbst ist die konkrete, nicht-dispositionelle Ursache dafür, dass ein Handeln ins Unglück umschlägt.

Beispiele militärischer Aggression wie die der Perser unter Xerxes, krasser Rache wie die der Medea oder der Hekabe in den *Troerinnen* oder die gezielte Verblendung der Frauen durch Dionysos in den *Bakchen* lassen, so psychologisch verständlich oder rituell nachvollziehbar sie auch sein mögen, ebenfalls Schmitts These fragwürdig erscheinen, es gebe „niemals eine direkte böse oder gar verbrecherische Absicht"[197] in der Tragödie. Auch wenn tragische Figuren keine Verbrecher *sind*, gibt es in den Stücken wegen ihrer Handlungen ethisch als fragwürdig porträtierte Figuren wie der hinterhältig täuschende Odysseus im *Philoktet*, Menelaos in der *Andromache* oder Klytämnestra und Aigisthos in der *Orestie*, deren Kennzeichen es bezeichnenderweise ist, die Verantwortung für ihre Taten gänzlich abzustreiten oder im Sinne des bewussten Mords stolz vorzubringen.[198] Das könnte darauf verweisen, dass sie – zumindest Figuren wie Odysseus oder Aigisthos – zwar in den Zusammenhang der tragischen Kausalität der *Orestie* gehören, selbst aber weniger tragische Figuren als eher Übeltäter sind. Die dabei für die juristische und moralische Bewertung der Tat wesentliche Beobachtung richtet sich auf die Motive der Figuren: Medea bringt nicht aus Lust oder Sadismus ihre Kinder um, sondern in der verzweifelten Enge einer Verratenen; Orest tötet seine Mutter nicht aus Machtmotiven oder gar Lust, sondern – nach Zweifeln und Zögern – als von Apollon als rechtmäßig begründete Vergeltung für den illegitimen Gattenmord. Dennoch bleibt das Monströse ihrer Taten, ihre objektive Schuld, die die Figuren selbst trifft.

Wenn also ein Akteur sich in einer ethisch bedeutsamen Situation ohne verbrecherischen Willen falsch entscheidet und aufgrund dieser falschen Wahl ins Unglück stürzt, dann ist er weder makellos noch verbrecherisch oder unmoralisch, sondern eine tragische Figur. Im Begriff des Fehlers ist also bereits der der Verantwortlichkeit der Person vorausgesetzt, die aus der *ex-post*-Beurteilung prinzipiell auch so *hätte* entscheiden und handeln *können*, dass sie nicht zum Grund ihres Scheiterns geworden wäre.

Für die Fehler nehmen die Figuren daher in der Regel unabhängig von Zu- und Abschreibungen der Verantwortung durch andere *selbst* die Verantwortung auf sich. Sie erklären sich auch dann für verantwortlich (*aitios*), wenn sie ohne Vorsatz gehandelt haben, die Handlung aber auf sie als freiwillige Ursache zurückzuführen

---

[197] Schmitt 1997, S. 42.
[198] Vgl. Aischylos: *Choephoren*, V. 910: Klytämnestra: „An all dem ist das Schicksal schuldig, o mein Kind." Der Chor, der sie unmittelbar nach dem Mord anklagt, geht aber auch von einem Fluch- bzw. Rachegeist (*alastōr*) als „Helfer" aus (*Agamemnon*, V. 1509). Dieser erklärt allerdings nicht Klytämnestras Verantwortung hinweg: Sie führte den Mord eigenhändig aus, den sie „seit langem" plante, und wertet ihn als „Sieg" (V. 1377 f.), der sie jauchzen lässt (V. 1394). Aigisthos steht dagegen zu seinem bewussten Vorsatz: „Anstifter dieses Mords bin ich mit vollem Recht." (V. 1604) Vgl. seine entsprechend harsche Charakterisierung als Verbrecher durch den Chorführer (V. 1612–1616).

ist.[199] Eine kausale Verantwortung wird übernommen, auch wenn keine moralische oder juristische klar identifiziert werden kann und selbst wenn keine subjektive Schuld im Sinne böswilliger Vorsätze oder grober Fahrlässigkeit vorliegt.[200] Ein Fehler, dessen Begriff die Möglichkeit seiner Vermeidung beinhaltet, ist ihnen als verantwortlichen Akteuren im Gegensatz zu solchen Irrtümern zuschreibbar, die im Lebenskontext der Person gar nicht als Irrtümer erkannt werden könnten, oder Irrtümern, zu deren Aufklärung *ex ante* kein Anlass bestand.[201]

Die Griechen des 5. Und 4. Jahrhunderts v. Chr. berücksichtigten in ihrer moralischen und rechtlichen Urteilspraxis die Motivlage, die Intentionen der Akteure in der

---

199 Das gilt bereits bei Homer, siehe Williams 2000, S. 58 ff.
200 Vgl. Sophokles: *König Ödipus*, V. 1330–1336 und 1369–1418; Sophokles: *Ödipus auf Kolonos*, V. 269–278; 526–528; 533–567; 1002–1037. Vgl. bereits Agamemnon in der *Ilias* (XIX, 134–138) und Aristoteles' Anspielung auf Ödipus, der dessen Taten als unfreiwillig und damit nicht tadelnswert einstuft (*Nikomachische Ethik* V 10, 1135a23–32). Die Unterscheidung von kausaler und moralischer Verantwortung hält sich in der Antike durch. Vgl. etwa Apollons Aussage in Ovids *Metamorphosen* X, 196-201, er sei unseliger Verursacher (*auctor*) der Untat (*crimen*) von Hyazinths Tod durch eigene Hand, doch weil dieser versehentlich beim Diskusspiel eingetreten sei, treffe ihn keine Schuld (*culpa*).
201 Mit individuell unerkennbaren Irrtümern sind alle falschen Überzeugungen gemeint, für deren Revision die kulturellen, wissenschaftlichen und technischen Bedingungen (noch) nicht gegeben sind. So kann man bspw. Aristoteles nicht vorwerfen, in seinen biologischen Schriften das Leben ohne Bezug zur Evolution und zur Genetik erklärt zu haben. Er hätte im 4. vorchristlichen Jahrhundert wissenschafts- und technikgeschichtlich gar nicht die Option gehabt, den Bauplan der DNA oder den Zusammenhang von Mutation und Selektion erkennen zu können. Davon zu unterscheiden sind die Irrtümer, zu deren Aufklärung kein Anlass besteht. Sie können all das betreffen, was normalerweise in einer Handlungssituation aufgrund von Erfahrungswissen und eingeübter Erwartungsdispositionen vernünftigerweise fraglos bleibt. Es wäre etwa unsinnig, erst die materielle Beschaffenheit eines Stegs experimentell zu überprüfen, bevor man auf diesem auf jemanden zugeht, um ihn zu begrüßen, sofern nicht auffällige Gründe dazu wie Glätte oder sichtbare Bauschäden vorliegen. Passierte dann ein Unglück und jemand stürzte wegen loser Planken, würde man sagen, dass der Akteur es ‚nicht hat wissen können', obwohl er oder sie Möglichkeiten gehabt hätte, die Stabilität des Untergrunds zu überprüfen. Das aber würde man von ihnen nicht erwarten. Stattdessen erwartet man von Behörden oder Besitzern, denen in diesem Beispiel die Aufgabe zukommt, den Steg intakt zu halten, eine Sorge für *verlässliche Erwartbarkeit* für den individuellen Gebrauch. Man kann die prinzipielle Entschuldbarkeit von Irrtümern in diesem Fall auch ausdehnen auf die Lebenswelt im Ganzen: Wollte man alle Bedingungen des Handelns immer überprüfen, um sicherzugehen, nichts irrtümlich zu unterstellen, käme man gar nicht mehr zum Handeln. Nur teilweise kann die Lebenswelt daher situativ fraglich werden, da sie insgesamt den Hintergrund der Bedeutungen, Evaluationen, Überzeugungen und normativen Erwartungen darstellt, mit der auch Handelnde jeweils verlässlich zu rechnen haben (vgl. Nida-Rümelin 2009, S. 14–24). Außerdem erforderte die Überprüfung selbst wieder eine Praxis, deren Bedingungen zu examinieren wären usw., der infinite Regress unterbände jede Praxis. Man kommt also als Akteur nicht darum herum, den meisten Bedingungen eines Handlungskontextes nach erstem Augenschein, der eigenen Erfahrung, die in Gefühlen aufbewahrt ist, und seinen Instinkten als unbewusster Sensibilität zu *vertrauen*, auch wenn man sich damit immer wieder Fehler einhandelt. Das ist auch laut Jan Bremer der Sinn von *hamartia* in den meisten altgriechischen Textbefunden: „all man make mistakes, but there is no point in blaming them, for such is life." (Bremer 1969, S. 62) Dabei ist es in praktischen Situationen, in denen Fehler eine Rolle spielen, nicht immer klar, ob es wirklich keinen Anlass gab, Irrtümer vor dem Handeln aufzuklären, oder man zu leichtfertig seinem Urteil vertraute.

ethischen und rechtlichen Beurteilung von Taten sehr wohl, zugleich gab es bei eine Objektivität des Verschuldens, von der man sich nicht mit Verweis auf die Abwesenheit einer Intention freisprechen konnte. Dafür steht vor allem der alte Begriff der Befleckung (*miasma*), die auch dann gegeben sein konnte, wenn der Tötende den Tod der Person nicht intendierte oder er wie im Krieg gerechtfertigt erscheint.[202] Ein *miasma* kann in der griechischen Antike unabhängig von subjektiver Schuld vorliegen, etwa als intergenerationell wirksamer Fluch oder Krankheit; es ist aber immer negativ – unrein, ansteckend und gefährlich.[203] Daher gilt es, sich von ihr zu reinigen und sozusagen die objektive Schuld (ökonomischen Schulden analog) bzw. die eine ganze Gemeinschaft gefährdende Verunreinigung wieder loszuwerden. Die tragischen Figuren übernehmen in solch einem Fall Verantwortung,[204] um den zugefügten Schaden an einer als göttlich verstandenen Ordnung wenn möglich rituell durch Sühne oder durch symbolische Vergeltung wieder auszugleichen und etwa wie Ödipus eine Polis von einer Seuche zu befreien.[205] Die Übernahme der Verantwortung geschieht also aus praktischen Gründen einer prophylaktischen oder restituierenden sozialen Ordnungsstiftung.

Man darf die Verantwortung in der Tragödie also nicht nur aus strafrechtlicher oder moralischer Perspektive deuten, sondern muss darin auch eine religionsgeschichtlich entstandene und rechtlich – heute etwa im Zivilrecht – fortlebende Regelung des Ausgleichs von Schäden sehen, die nicht unbedingt absichtlich herbeigeführt wurden, aber für die man dennoch qua Verursachung durch Handlungen kausal mit verantwortlich ist.[206]

Von einem Fehler – auch mit Blick auf die von ihm ausgelöste Befleckung – zu sprechen, für den man Verantwortung übernimmt, ist begriffslogisch nur dann sinnvoll, wenn man der Auffassung ist, dass dieser Fehler durch besseres Nachdenken, umfassenderes Wissen oder ein sensibleres Gespür zumindest prinzipiell hätte vermieden werden können. Fehler passieren allein im Möglichkeit- und Verfügungsbereich freiwilliger menschlicher Praxis, in dem allein die Zuschreibung von Verantwortung gerechtfertigt ist.[207] Auch die Rede von *hamartia*, die ohne Vorsatz und somit ohne bösen Willen begangen wird, setzt begrifflich also den Bereich *menschlicher* Möglichkeiten voraus,[208] unabhängig davon, wie man die Bedeutungsebenen der

---

[202] Vgl. Von Fritz 1962a, S. 67 f.; zum religionsgeschichtlichen Kontext siehe Parker 1983, S. 104–190; zur frühen Forschungsliteratur seit Erwin Rhode vgl. Lurje 2004, S. 252 f. Eine am Begriff des *miasma* entwickelte Konzeption tragischer Schuld findet sich bei Gerhartz 2016, S. 160 ff.
[203] Parker 1996, S. 4.
[204] Zu Miasmen in der Tragödie siehe Parker 1983, S. 308–321, und Gerhartz 2016, S. 156 f.
[205] Siehe Sophokles: *König Ödipus*, V. 1367–1415.
[206] Diese Verantwortung übernehmen stellvertretend Haftpflichtversicherungen. Vgl. dazu Williams 2000, S. 72 ff. „Sofern wir es noch mit Verantwortung zu tun haben, benutzen wir die gleichen Elemente wie die Griechen" (ebd., S. 77).
[207] Vgl. Aristoteles: *Nikomachische Ethik* V 10, 1135b9 – 25. Siehe Vernant 1990e, S. 63 ff.
[208] Entsprechend betont Schmitt 2008a, dass nach Aristoteles ein „Handeln im Sinn des selbständigen Verfolgens eines subjektiven Guts […] nur vorliegen [kann], wenn das Erreichen oder Verfehlen

hamartia als Verfehlen (eines Ziels), als Irren oder als Vergehen jeweils im Kontext einzeln deuten mag. Ohne die Unterstellung der Freiwilligkeit von und Verantwortung für Taten wären auch für die Griechen Verantwortung bzw. Schuld Akteuren nicht zuzuschreiben.[209]

Die mehr oder weniger nachvollziehbaren Fehler sind also in der Regel Fehler, deren Gewicht sich erst *ex post* erkennen lassen.[210] Solche „menschlichen Fehler" sind Ausdruck einer lebensweltlich mehr oder weniger *wahrscheinlichen Möglichkeit falschen Entscheidens unter konkreten Handlungsbedingungen*. Aristoteles bemerkt in der *Nikomachischen Ethik* entsprechend, dass es leicht sei, „das Ziel zu verfehlen, schwierig aber, es zu treffen." Fehler könne man wegen der Fülle an Möglichkeiten zu handeln „auf vielfache Weise"[211] machen. Schon Homer kennt eine Bandbreite von Fehlermöglichkeiten für „schlechte Resultate, die unbeabsichtigt hervorgebracht wurden."[212] Das Verb *tychanein* (‚ein Ziel treffen'), in dem der Zufall sprachlich vorhanden ist, steht für den Erfolg, den man kontingenterweise erzielen oder verfehlen kann. Dieser Fehler hat also primär mit den Phänomenen zu tun, die die Akteure nicht im Blick haben, nicht bedenken oder über die sie nicht souverän verfügen können: einen Mangel an Aufmerksamkeit für und Kontrolle über die für den Erfolg einer Handlung relevanten Bedingungen des Handlungskontextes. Solche Fehler kann eine Person, die begründet handelt, nicht nur machen, sondern sie macht sie qua menschlicher Fallibilität und Fragilität dauernd.[213]

Zwei Abgrenzungen sind hier nötig: (i) die Bedingungen der Fallibilität und Fragilität betreffen menschliches Handeln insgesamt. Alles menschliche Tun ist irrtumsanfällig und durch die limitierte Macht der Handelnden begrenzt. Das Zufällige, Unabsichtliche spielt in alles Handeln mal mehr, mal weniger stark hinein. Im Normalfall lebensweltlicher Praxis ist das kein Problem, oft ist das Unverfügbare sogar im Gegenteil etwas positiv Überraschendes. Im Vorgang des Glückens von Handlungen stärkt es die Verbindung zwischen Akteur und Welt, denn das Gelingen verdankt man sich kaum je komplett selbst. Kontingenz von außen und Absichtlichkeit von innen wirken gleichsam produktiv zusammen. Das ist der Grund, warum Aristoteles in der *Nikomachischen Ethik* den Tragödiendichter Agathon mit einer ungewöhnlichen Sentenz zitiert, das Können (*technē*) liebe den Zufall (*tychē*), dieser wiederum das

---

dieses Guts im Bereich eigener Möglichkeiten liegt" (S. 123). Eine ausführliche Diskussion des Begriffs und seiner Deutung in der gegenwärtigen Aristoteles-Forschung liefert Schmitts Kommentar (ebd., S. 443–476). Zum unauflöslichen Zusammenhang von Freiheit und Verantwortung siehe Nida-Rümelin 2005, S. 79–105.
209 Das gilt gleichfalls für die Zuschreibung von Schuld (Verantwortung für falsches Handeln) und für Bestrafung (als Ausgleich für Schuld).
210 Formen des absichtslosen Unterlaufens von Fehlern sind lebensweltlich heute nicht weniger vertraut als im 5. Jahrhundert v.Chr. (siehe Williams 2000, S. 63).
211 Aristoteles: *Nikomachische Ethik* II 5, 1106b28f., 1160b32f.
212 Williams 2000, S. 61; vgl. S. 58.
213 Siehe Kap. 4.6 und 4.8.

Können.²¹⁴ Normalerweise wurde *technē* gerade als rational gesteuerte Abwehr und Begrenzung der Macht des Zufalls verstanden, doch beides – intentionales Handeln und kontingente Bedingungen – müssen für eine gelingende Handlung zusammentreten. Das ist nicht erst ein Gedanke von Aristoteles, sondern bereits im früheren Verständnis von *technē* bewusst: Sie und der Zufall bedingen sich; sie kann ihn abwehren, muss aber auch auf ihn setzen. Die *technē* als Inbegriff kontrollierter rationaler Praxis ist daher keine Ersetzung der Kontingenz, sondern eher „a good management of chance"²¹⁵.

Der eudaimonistische Mehrwert gegenüber intentionaler Steuerung liegt darüber hinaus in dem unbestimmten Bereich, der den kleinen Fokus intentionaler Aufmerksamkeit auf Ziel und Mittel umgibt. Die Erfahrung der Praxis wird, spielt das Unverfügbare spürbar hinein, reicher, das Leben schöner durch den unerwarteten Anteil an Kontingenz im Alltäglichen. Das unvermittelt hinter einer Ecke „auftauchende" Café auf dem Weg von A nach B unterbricht den linearen Verlauf einer durchgeplanten Passage durch die Stadtlandschaft, verführt die Wandernden dazu, ihren Plan auszusetzen und bleibt als schöne Sonnenstunde im Gedächtnis; der verpasste Zug ermöglicht eine Bekanntschaft, die das Leben auf Dauer bereichert. Dieser unverfügbare Beitrag der Kontingenz zum schmalen Bereich dessen, was gemäß Absicht passiert, ist also nicht nur problematisch, sondern ornamentiert Handlungen auch, variiert sie oder führt zum Aufgeben einer Absicht zugunsten einer Handlungspause oder einer neuen Absicht, weil das Zufällige neue Handlungsgründe aufschließen kann (z.B. sich ins Café zu setzen, das vorher in der Abwägung von Handlungsgründen keine Rolle spielte). Problematisch wird dieser Beitrag erst dann, wenn aufgrund negativer Konsequenzen eine Entscheidung samt ihrer Bedingungen *rückblickend* als Begehen eines schweren Fehlers interpretiert wird. Das wiederum kann so lange noch als (langfristig) produktiv gelten, solange der Fehler keine schwerwiegenden Folgen hat, sondern rasche Korrekturen und Optimierungen durch Lernen erlaubt oder eine bessere Entscheidung durch den Fehler überhaupt erst ermöglicht wird. Es ist der lebensweltlich vertraute Normalfall, dass ein alltäglich wahrscheinlicher Fehler in technisch-pragmatischer und in ethischer Hinsicht nicht zu existentiell tiefgreifenden Folgen führt.

(ii) Der Unterschied der alltäglichen Lebenswelt zur Tragödie besteht nun darin, dass *die „kleinen Fehler", die man unabsichtlich macht, durch ihre Konsequenzen erst zu „großen" werden.* Der tragische Fehler hat gegenüber dem alltäglichen die Struktur des Umschlags (*metabolē*) ins Gegenteil (*eis to enantion*), was nicht nur für die Peripetie und die Wiedererkennung, sondern auch für den Wechsel des Glücks kennzeichnend ist: Die *hamartia* fügt nicht zu einer prinzipiell erfolgreichen Handlung etwas Falsches im Sinne eines nicht-optimalen Zusatzes hinzu, so wie man bspw. erfolgreich für eine Prüfung lernen kann, sich nachträglich aber herausstellt, dass die

---

214 Aristoteles: *Nikomachische Ethik* VI, 1140a20.
215 Cuomo 2007, S. 22, vgl. S. 18 ff.

Beschäftigung mit bestimmten Lehrinhalten unnötig gewesen ist.[216] Solch ein Fehler läuft beim Gelingen gleichsam mit. Er schattiert es, belastet es graduell unterschiedlich, verhindert aber nicht seinen Fortgang. Ein tragischer Fehler hingegen bedeutet, dass ich entweder unabsichtlich oder zwar absichtlich, dann aber nicht aus guten, mit meinem Selbstbegriff kohärenten Gründen, sondern z. B. aus Verzweiflung, das *Gegenteil von dem tue, was ich eigentlich will*, und mir dadurch *schwerwiegende Konsequenzen* für mein weiteres Handeln und Leben insgesamt auflade.

Der tragische Fehler hat somit eine der Willensschwäche (*akrasia*) analoge Struktur.[217] Er ist aber in der Regel kein klarer Fall von Willensschwäche, da entweder die besseren Gründe, eine Handlung zu vollziehen oder zu unterlassen, nicht bekannt sind[218] oder es starke Gründe gibt, die nur deshalb stark sind (wie im Fall der das Unglück verschärfenden Rache der Medea oder der Hekabe), weil ein kohärentes auf strukturelle Kontinuität angelegtes Leben bereits zerstört wurde und die verletzten Personen tatsächlich nur noch wollen, dass das Leid auch diejenigen trifft, denen sie es an erster Stelle verdanken, ohne dass damit das eigene Leben besser würde.[219] Sie erliegen also nicht bloß unreflektierten Impulsen wider besseres Wissen wie der willensschwache Mensch. Adäquater als das Modell der Akrasie ist daher für alle Fälle des sich verkehrenden Handelns das einer vom Akteur nicht zu verhindernden Selbstentzweiung: Mit dem tragischen Fehler macht jemand – aus der Perspektive objektiver Handlungsbeschreibung – etwas existenziell schwerwiegend Falsches, ohne aber – aus der Perspektive der performativen Ausführung der Handlung – notwendigerweise wissentlich falsch zu handeln.[220]

Den Fehler sollte man in der griechischen Tragödie also generell weniger als Schuld oder Schwäche, denn als einen für den tragischen Verlauf des Dramas nötigen „Auslösungsmechanismus in kompliziertem Geschehensverlauf"[221] verstehen. Wie Halliwell von „tragic causation" spricht, erwähnen Galle und Vernant das Bild des „Mechanismus", durch den ein Individuum, „however excellent he may be, is brought to his downfall, not as the result of external constraints or his own perversity or vices, but because of an error, a mistake such as anyone might make."[222] Die technische Metapher für die Gesamthandlung zeigt, dass es sich um vom Publikum nachvollziehbare Vorgänge der Verflechtung mehrerer Kausal- und Handlungsketten, statt um

---

216 Ob es sich bei einem Übersoll im Bereich des Lernens überhaupt um einen Fehler handeln kann, muss mit Blick auf die durch dieses Übersoll verhinderten Möglichkeiten bzw. angefallene Opportunitätskosten bewertet werden.
217 Dagegen Cessi 1987. Vgl. zur Deutung der *hamartia* als *akrasia* die kritische Diskussion bei Lurje 2004, S. 337 ff.
218 Der Willensschwache (*akratēs*) handelt nach Aristoteles freiwillig im Wissen und trotz des Wissens um bessere Gründe (*Nikomachische Ethik* VII, 1152a15 f.).
219 Aristoteles würde diese Handlungen aus Zorn und Verletzung zwar als ungerecht, aber nicht als Ausdruck von Schlechtigkeit oder Bösartigkeit werten (vgl. *Nikomachische Ethik* V, 1135b20 – 26).
220 Vgl. Menke 2005, S. 82.
221 Galle 2005, S. 122.
222 Vernant 1990b, S. 247.

juristische oder moralische *exempla* handelt, die Schuld mit Schicksal verrechnen. In dem Streben nach Glück oder nach Verhinderung des Unglücks, das die tragischen Heldinnen und Helden antreibt, liegt demnach „in keinem Fall der Grund ihres Scheiterns. Sie scheitern vielmehr – wenn sie scheitern – aus Gründen, die angesichts der großen Herausforderungen, vor die sie gestellt sind, sehr verständlich erscheinen, ja es sind meistens Gründe, von denen man sich auch in der kleineren Dimension des eigenen Lebens betroffen fühlt."[223] Ob Ödipus' fahrlässige Tötung am Dreiweg just nach dem Erhalt der pythischen Weissagung, er würde seinen Vater töten, oder aber Medeas Kindermord „sehr verständlich" erscheinen, mag fraglich bleiben.[224]

Entscheidend ist hier die These, dass aus der Diskussion der *hamartia* weniger moralische, als vielmehr anthropologisch-existentielle Erkenntnisse zu gewinnen sind.[225] Die philosophische Pointe des Begriffs liegt darin, nicht Personen als Schuldige zu porträtieren, sondern die Bedingungen lebensweltlicher Praxis zu erhellen: dass eine Figur in einer Situation nicht alle praktisch relevanten Faktoren beurteilen und auch nicht immer moralisch einwandfreie Entscheidungen treffen kann und dass diese Tatsache wesentlich zu den Bedingungen unvollständigen Wissens und begrenzter Verfügungsmacht des Menschen in seiner Praxis gehört. Wissen ist prinzipiell fallibel, wie Kraft und Selbstbeherrschung prinzipiell fragil sind. Beides gehört zur Kontingenz menschlicher Praxis und damit zu den von der Tragödie exemplifizierten „universals of human existence."[226]

Eine „Lehre" der Tragödie auch für das heutige Selbstverständnis lautet daher: Wer unter den alternativlosen Voraussetzungen einer kontingenten und komplexen Welt mit einem prinzipiell fallibel Geist urteilt, wer die Praxis des Urteilens über Sachverhalte mit eigenem Verstand ausübt, kommt gar nicht umhin, immer wieder etwas falsch zu beurteilen und fehlerhaft zu handeln. Der Mensch macht erst Fehler, *weil* er überhaupt urteilt und seinen Interessen praktisch folgt. Enthielte sich etwa Ödipus jedes Urteils und jeder begründeten Handlung, würde er nichts tun und nichts erkennen und dadurch auch nicht das Risiko eingehen, tatsächlich versehentlich seinen Vater zu töten, seine Mutter zu heiraten und das dann auch noch in Form eines juristischen Prozesses aufzuklären.[227] Die Option zu scheitern hat er erst, *insofern* er urteilt und handelt – d. h. insofern er an der kulturellen (und damit sozialen) Existenz des Menschen praktisch und theoretisch Anteil nimmt. Er lässt sich auf die Kontingenz der Welt ein und nimmt damit das Risiko in Kauf, Fehler zu machen, deren Wahrscheinlichkeit außerhalb von Laborbedingungen, d. h. inmitten der lebensweltlichen Verknüpfung von Ereignissen und Handlungen aber nicht immer ausrei-

---

[223] Schmitt 2011, S. 135.
[224] Schmitt führt selbst (1988) das Handeln von Ödipus auch auf dessen von Lefèvre (1987) identifizierten charakteristischen Schwächen zurück. Auch sie, mag man sagen, sind ‚verständlich', weil schlicht menschlich. So gäbe es außer dem grotesk Bösen sowieso nichts Unverständliches.
[225] Vgl. Schmitt 2008a, S. 124.
[226] Halliwell 1986, S. 215; siehe ebenso Von Fritz 1962a, S. 14.
[227] Vgl. Menke 2005, S. 11–101; vgl. auch Schmitt 1988.

chend zu kalkulieren ist. Kommt er in die Situation zu handeln, ist ihm je nach seinen Intentionen und Vorsichtsmaßnahmen ggf. auch ethische Schuld bzw. Fahrlässigkeit zu attestieren, aber auch sie könnte er nur dann sicher vermeiden, wenn er überhaupt nicht handelte.[228]

Dass ein Mensch überhaupt urteilt, besagt, dass er prinzipiell einwilligt, die normativen Voraussetzungen der Deliberation zu erfüllen. Er nimmt an der Praxis der Feststellung von handlungsrelevanten Sachverhalten, der Abwägung von Möglichkeiten und der Bewertung von Gründen teil. Aus der Aktivität des praktischen Urteilens, die den Griechen schon vor dem 5. Jahrhundert v. Chr. gegenüber allen Formen mythischer, ritueller und anderer traditioneller Praktiken aus politischen Gründen ausgezeichnet erschien,[229] folgt logisch notwendigerweise die Möglichkeit und empirisch eine gewisse Wahrscheinlichkeit des Fehlers im Handeln. Denn ohne evaluative und praktische Urteile lassen sich gar keine Gründe erkennen und abwägen, nach denen man zu handeln für richtig halten könnte. Gründe lassen sich erst in propositionaler Sprache, der Sprache des Urteilens, als reflektierte und begrifflich gefasste Motive, artikulieren, weil sie etwas Bestimmtes gegenüber etwas anderem Bestimmten in einer auch öffentlich mitteilbaren Weise auszeichnen. In diesem Sinne beginnt auch für Aristoteles mit dem Urteilen (oder „Meinen") „das eigentlich Menschliche am Menschen. Erst wer über die Fähigkeit zum Meinen verfügt, hat auch die Fähigkeit zum Handeln im prägnanten Sinn."[230] Damit wird *eo ipso* auch die Möglichkeit der *hamartia* als Fehler im theoretischen wie praktischen Urteilen und im Handeln zum jederzeit aktualisierbaren Grundrepertoire der technisch-pragmatischen Lebensform des Kulturwesens Mensch. Im Fall der tragischen Akteure stellt sich heraus, dass die Bedingungen des Handelns überhaupt ins Scheitern führen könnten: „Tun als solches ist hier das Falsche."[231] Nur die Suspension des Handelns überhaupt könnte das tragische Risiko tilgen – freilich indem man damit neue Risiken, die aus reiner Passivität resultierten, erzeugte.[232]

Neben dem unabsichtlichen Fehler, der bislang vor allem diskutiert wurde, gibt es in der attischen Tragödie, wenngleich seltener, auch den bewusst und absichtlich begangenen Fehler. Es handelt sich dann entweder – wie in Aischylos' *Orestie* oder Euripides *Medea* oder *Hekabe* – um ein Handeln aus Vergeltung, das das eigene oder Familienangehörigen zugefügte Leid gleichsam an die Verursacher zurückgibt. Die Handlung, obschon sie eine objektive Schuld erzeugt, wird von einem Affekt gegenüber den früheren Aggressoren getragen. Daneben gibt es zum anderen das Modell des bewussten Fehlverhaltens, das nur in den Augen anderer, Mächtigerer ein Fehler ist,

---

228 Es leuchtet ein, dass solch ein praktischer Quietismus selbst wieder Gegenstand einer auch das Unterlassen bewertenden ethischen und politischen Beurteilung werden könnte.
229 Vgl. Vernant 1982, S. 44 ff.
230 Schmitt 2008a, S. 107.
231 Menke 2005, S. 85.
232 Zu dieser Konsequenz, die Schopenhauer aus der Tragödie zog, und zu ihrer Kritik siehe Trautsch 2009.

von den Handelnden selbst aber als *Ausdruck von Legitimität* gewertet wird, ohne dass es sich dabei um Vergeltung wie im ersten Fall handelte. Das prominenteste Beispiel für diesen Fall ist Sophokles' *Antigone*, in der sich die Protagonistin bewusst und freiwillig dem staatlichen Bestattungsverbot widersetzt und genau darin eine Konkordanz zu einem göttlichen alten Recht beansprucht.[233] Sie folgt der Gerechtigkeit der Dike gegen das positive Recht und handelt trotz des staatlichen Verbotes im Angesicht fataler Bestrafungsaussicht.

Ein nicht weniger eindrucksvoller Fall ist der „Frevel" des Kulturstifters Prometheus im *Prometheus Desmotes* (meist unter dem lateinischen Titel *Prometheus Vinctus* zitiert). An ihm lässt sich mit existentieller Konsequenz erkennen, dass ein tragischer Fehler, als solcher ausdrücklich vom Verantwortlichen anerkannt, dennoch normativ richtig sein kann. Auch wenn Prometheus im Prolog (V. 1–87) von *anderen* Akteuren, nämlich Bia, Krates und Hephaistos, den Agenten des Zeus, in dessen Auftrag angekettet wird, so geschieht das doch auch aufgrund seines frevelhaften Fehlers (*hamartias*, 9), d. h. seiner eigenen, freiwilligen und bewusst beabsichtigten Handlung, bei der er sich ihrer möglichen oder zumindest wahrscheinlichen Konsequenzen vollkommen bewusst war. Die Chorführerin, der mit den anderen Okeaniden Prometheus zuvor seine verbotenen Gaben an die Menschen – Wegnahme des Vorauswissens des Todes, dafür Gabe der Hoffnung und des Feuers als Lehrmeisterin der Künste – dargelegt hatte, fragt ihn: „Was sollt' es? Worauf hoffst du? Siehst du nicht, daß du/ Gefehlt hast? Wie du fehltest, ist zu sagen mir/ Erfreulich nicht und dir ein Schmerz." (V. 259–261) Doch anstatt, wie von ihr empfohlen, lieber über die ganze Geschichte zu schweigen, bekennt Prometheus: „das alles hab ich ja gewußt./ Gefehlt hab ich mit Willen (*hekōn hekōn hēmarton*), werd es leugnen nicht!/ Den Menschen helfend lud ich mir die Mühsal auf" (V. 265–267). Das ist der von Prometheus selbst eingeräumte Fehler, seine *hamartia*.[234] Er setzt voraus, dass der göttliche Humanist, wie er mit dem Wort *hekōn* beansprucht, frei war in dem, was er tat: Schon sein Entschluss, in der Gigantomachie sich auf die Seite von Zeus zu stellen, war ein *freiwilliger* Entschluss, den Zeus ebenso *freiwillig* annahm (V. 218). Prometheus hatte gehofft, dass dieser seine Ordnung auf geistige Leistungen, Kooperation und Kommunikation setzen würde im Gegensatz zu den Titanen, bei denen Prometheus, obwohl er genealogisch selbst zu ihnen gehört, „kein Gehör" fand und seine Rede „keines Blickes wert" war (V. 205, 215). Ebenfalls ohne fremde Gewalteinwirkung handelte Prometheus, als er die Menschenrettung alleine gegen Zeus' Willen mithilfe seiner Klugheit durchsetzte und den Sterblichen das Feuer und damit symbolisch die kognitiven und praktischen Leistungen ermöglichte. Zudem war es allein sein eigener, individueller Entschluss: „Und niemand stellte sich dem entgegen außer mir./ Ich aber wagt' es, rettete die Sterblichen (*egō d' etolmēs'*)" (V. 234 f.).

---

[233] Sophokles: *Antigone*, V. 443–470.
[234] Vgl. Lefèvre 2003, S. 108 f.

Handlungs- und Willensfreiheit sind im Wort *hekōn* in diesem Fall gebündelt. Bereits bei Homer funktioniert, wie Bernard Williams gezeigt hat, das Wort „wie ein Adverb und ist mit Handlungsverben verbunden. Schon das reicht aus, um die Bedeutung des Wortes auf die Intention hin zu zentrieren."[235] Ihm gegenüber steht das Wort *aekōn* bzw. *akōn*, das ‚unfreiwillig', ‚aufgezwungen' und ‚unabsichtlich' bedeutet und sich meist auf das bezieht, „was den Menschen [...] oder einer Handlung zustößt"[236]. Es wird im Stück zur Kennzeichnung der Opponenten von Prometheus (Zeus, Hephaistos) sowie für Io und ihren Vater eingesetzt.[237] Wie Io ist auch Prometheus, einst frei, nun unfrei *geworden*. Prometheus' ausdrücklich freiwilliges Handeln, an das im Bericht erinnert wird, schlägt allerdings schon im Prolog in das unfreiwillige Gefesseltsein am Felsen um.

Damit erscheint sein Leiden als Konsequenz seines freien und absichtlichen Handelns, für die er ausdrücklich Verantwortung übernimmt. Wie Antigone, die sich bewusst gegen eine von Kreon bzw. dem Magistrat der Stadt Theben erlassene Verfügung hinwegsetzt und dafür die mögliche Strafe bewusst in Kauf nimmt, erkennt der prognostische Könner Prometheus das Leid, in das seine stolze Handlung umkippen wird, im Voraus. Dennoch begeht er sie, weil er normativen Gründen folgt und die Menschen zu retten beansprucht.

Ein Fehler, der erst tragisch durch seine Konsequenzen *wird*, kann also den Handelnden *unterlaufen*, sei es rein zufällig, sei es durch Fahrlässigkeit, und er kann bewusst als Fehler *begangen* werden. Das folgende Kapitel wirft ein Licht auf die Faktoren, die zum Fehler hinzutreten. Zusammen rufen sie den tragischen Umschlag hervor.

4.7 Die Kontingenz des Umschlags II: Zufälle, Götter und Schicksal

Da Aristoteles die Tragödie als eine Nachahmung von Handelnden definiert und alles in ihr auf die Darstellung zielorientierter menschlicher Praxis bezieht, selbst das Leid, das den Figuren *widerfährt*, als ein aus Handlung folgendes Leiden bestimmt,[238] leuchtet es ein, dass für ihn auch der Grund des Scheiterns beim Handelnden selbst liegen muss.

---

235 Williams 2000, S. 59f. Daher kann man auch die modernisierende Übersetzung „mit Willen" von Walther Kraus gelten lassen. Vernant 1990e, S. 56, argumentiert gegen einen intentionalen Sinn des Worts, weil auch Tiere sich *hekōn* verhalten könnten. Doch offenkundig hat das Wort beim Menschen einen weiterführenden Sinn, der nicht nur die ungehinderte Aktivität aus eigenem Impuls, sondern auch die begründete Absicht mit einbezieht. Vernant gelingt es nicht, dieses Moment in den Beispielen zu eliminieren.
236 Williams 2000, S. 60.
237 Vgl. Lefèvre 2003, S. 102f.
238 Aristoteles: *Poetik*, 1452b12. Siehe dazu Kap. 5.3.

Tatsächlich tragen die Heldinnen und Helden kausal durch ihr Handeln zu ihrem Scheitern bei. Zugleich wirken andere Kräfte in unterschiedlich starker Weise beim Umschlag mit, die Gegenstand einer Interpretation des tragischen Schicksals als Ausdruck von Notwendigkeit oder Zufälligkeit werden. Anders gesagt: Das (fehlerhafte) Handeln ist eine notwendige Bedingung des Umschlags, aber keine hinreichende. Viel angemessener ist es, von einer „Mitverantwortung"[239] der tragischen Figuren zu sprechen, anstatt ihnen alle Tätigkeiten samt ihrer Folgen anzulasten oder aber sie *in toto* von jeder kausalen Verantwortung zu entbinden und alles allein auf externe Instanzen wie den Zufall oder das Schicksal zu schieben. Aristoteles ersetzt aus ethischem Interesse die bereits in den Tragödien fragwürdige und unbestimmte Rolle religiöser Faktoren und des Zufalls durch die alleinige Verantwortung der Figuren. Darin liegt eine Schwäche seiner ausschließlich ethisch-ästhetisch ausgerichteten Tragödientheorie, weil sie die Faktoren, die nicht vom Handeln der Figuren abhängen, zu übergehen tendiert und die für die nachvollziehbare Kohärenz und Einheitlichkeit der Handlung kontingenten Ereignisse und Entwicklungen eher ausschließen möchte. Hier wird die attische Tragödie mit ihren unwirklichen Elementen wie Göttern, mythischen Gewalten und magischen Wirkungen kurioserweise der komplexen Wirklichkeit von Praxis gerechter als ihre erste *prima facie* viel rationalere Theorie. Aristoteles säkularisiert gleichsam nach der Aufklärungsbewegung der Sophistik den göttlichen Faktor im tragischen Mythos,[240] wobei er aber auch den Zufall in ein teleologisches Verständnis der Natur einbaut und so seine Macht theoretisch relativiert. Seine Logifizierung des Tragischen führt dazu, dass die Rolle kontingenter Einflussfaktoren in der *Poetik* weitgehend unthematisiert bleibt.

Fehler und externe Ursachen sind nicht notwendigerweise Elemente sich ausschließender Erklärungen für einen Umschlag ins Unglück (oder Glück). Das sich im Umschlag ironisch verwirklichende Scheitern ist nicht nur auf *eine* Ursache, sondern auf einen *Komplex* von Ursachen zurückzuführen, zu denen neben den Handlungen der Akteure auch Dispositionen und Ereignisse im Handlungskontext gehören, die einerseits gesetzmäßig oder wahrscheinlich und andererseits auch unwahrscheinlich eintreten können, sodass sie als Zufall erscheinen. Unter Zufall soll hier ein auffälliges, den Menschen angehendes, kontingentes Ereignis verstanden werden. Aristoteles selbst konzediert die Möglichkeit unwahrscheinlicher Ereignisse, deren seltener und unerwarteter Eintritt doch auch wieder einer gewissen Wahrscheinlichkeit entspräche.[241] Den Zufall (*tychē*) im Sinne einer probabilistisch nicht kalkulierbaren Kontingenz systemisch zusammenwirkender Ursachen, die zum Umschlag führen, schließt Aristoteles deshalb aus, weil in seinem Denken Zufall den Typus von Ereignissen bezeichnet, die, wie das Wachsen der *physis*, nicht Gegenstand von Intentionen des Menschen sind und die *von selbst* (*dia to automaton*), jedoch – anders als die

---

[239] Höffe 2009a, S. 150.
[240] Vgl. Halliwell 1986, S. 233, mit weiterer Literatur; zur Kritik siehe ebd. 215 ff. und 231 ff.
[241] Aristoteles: *Poetik*, 1456a24 f.

Prozesse der *physis* – unregelmäßig und spontan durch besondere Umstände eintreten. Der Begriff ist eng mit dem modernen Begriff der Kontingenz verwandt.[242] Während Kontingenz als modale Qualität ein Bereich von Vorkommnissen, Prozessen und Ereignissen markiert, die weder notwendig noch unmöglich sind, bezeichnet der Zufall als *tychē* oder *automaton* für Aristoteles und die griechische Literatur und Philosophie seit Hesiod alles nicht-notwendige Geschehen, das kein Gegenstand von Handlung ist, das aber Menschen als Widerfahrnis gleichsam von außen trifft und „dem planenden und handelnden Menschen sich *nicht* oder *nicht mehr* fügen will." *Tychē* markiert für die intentional gesteuerte Praxis daher den „Bereich des Unberechenbaren"[243], eine Grenze für rational steuerbare Praxis. In der Regel wird das Wort *tychē* im Kontext der Tragödie, wie meist bei Euripides, mit ,Schicksal' übersetzt; man sollte es aber eher mit ,Zufall' (englisch: ,luck') übertragen, während *automaton* den Zufall auch außerhalb menschlicher Praxis im Sinne vom englischen *change* bezeichnet, also ein Ereignis, das „von selbst" eintritt wie die Spontaneität natürlichen Wachstums.[244]

Die Rede von Zufällen hat ihren Ort in Beschreibungen von Ereignissen, die als Abweichung von einer Erwartung der Regelmäßigkeit eintreffen und insofern für die Beschreibenden *auffällig* sind und nach einer Erklärung oder Deutung verlangen.[245] Auffällig werden solche Ereignisse immer dann, wenn die Wahrnehmung von Konstanz oder Regelmäßigkeit nicht nur der Routine entspricht, sondern selbst von theoretischer oder praktischer Bedeutung ist. Das gilt theoretisch in der methodischen Beobachtung der empirischen Wissenschaften, die regelmäßige bzw. gesetzmäßige Prozesse zu erklären beanspruchen, praktisch gilt es in Handlungskontexten, die für Akteure als verlässlich und vertraut eingeschätzt werden. Zwar kommen Zufälle allenthalben vor, schon ein über den Gehsteig wehender Pappbecher fällt einer Spaziergängerin auf, wenn es sich um eine normalerweise saubere Stadt wie Ulm handelt. Relevant werden Zufälle aber erst da, wo sie eine Herausforderung für menschliche Intentionalität darstellen, wenn sie etwa zum Grund für die Falsifikation einer Theorie werden oder menschliche Absichten zur Korrektur zwingen bzw. sie vereiteln.[246] Da-

---

242 Vgl. Wetz 1998. Siehe Aristoteles: *Erste Analytik* I 13, 32a18–20.
243 Müri 1947, S. 254. Vgl. Nusbaum 1986, S. 3f., 89ff.; Bernhard 2010, S. 34–37. Bernhard identifiziert bei Aristoteles *tychē* als Fall von *automaton*, also allem, was von selbst (*kath auto*) ohne Regel geschieht, ihm entspricht auch der Begriff *endechomenon*. Gleichwohl wurde später *tychē* als menschlich relevantes Zufallsereignis oder als Ursache zufälliger Ereignisse auch mit dem Begriff *contingentia* übersetzt und hat somit die allgemeine Bedeutung nicht-notwendiger Ereignisse erhalten.
244 Vgl. Kranz 2004.
245 Vgl. Hampe 2006.
246 Den letzten Fall betont mit Verweis auf Beispiele aus Aristoteles' *Metaphysik* Odo Marquard 1986, S. 119. Es handelt sich um Vorkommnisse der negativen Rolle des Zufalls im Sinne von Störung oder Behinderung. Interessanterweise erzeugen Zufälle in positiver Rolle – etwa beim unerwarteten Glück, jemanden *en passant* kennenzulernen – nicht so schnell eine hohe Auffälligkeit. Die Schwelle für kontingente Ereignisse, als Zufälle wahrgenommen und in Beschreibungen hervorgehoben zu werden,

her ist es adäquat, wenn Aristoteles den Zufall zwar dem Handeln gegenüberstellt, da sein Ursprung nicht in der Absicht des Handelnden liegt, ihn aber im Bereich menschlichen Handelns verortet, denn dort ist die zufällige Abweichung erst wirklich als spontane Ursache für eine Abzweigung vom Handlungsweg relevant, die man nicht selbst eingeschlagen hat.[247] Zugespitzt lässt sich sagen, dass es in der Praxis Zufälle erst aufgrund von konkreten Interessen, Zwecksetzungen und Erwartungen sowie Kontinuitätsannahmen gibt. Intentionalität im Sinne von Absichtlichkeit ist die Voraussetzung der Identifikation und Deutung von nicht-prognostizierbaren, überraschenden Ereignissen *als* Zufällen, die der Akteurin, die auf etwas zielt, gleichsam plötzlich in die Quere kommen.

Die Genese einer Situation, aufgrund der man dazu kommt, einen Fehler zu machen oder seine normative Überzeugung gegen Widerstände zu behaupten, ist trivialerweise zum großen Teil kontingent. Insofern kommen die Bedingungen, die zu einer tragischen Situation führen, auch von außen, nicht allein aus dem zielorientierten Handeln.[248] Ödipus ist erst dazu in der Lage, seinen Vater ohne entsprechende Intention umzubringen, weil er ihm als einem fremden Mann mit fünf Begleitern an einem Dreiweg begegnet und, von diesen initiiert, Streit ausbricht. Beides, der Zufall von nur wenigen Minuten Verzögerung oder aber ein rigoroser Vorsatz, auf Vergeltung zu verzichten und niemanden selbst trotz Provokation jemals zu töten, hätten den fatalen Riss in seinem Leben verhindert.[249] Aber mehr noch, eine in der Forschung selten zur Sprache gebrachte systemisch zusammenwirkende Fülle an kontingenten Ereignissen muss eintreten, damit Ödipus zum Mörder seines Vaters und – erst dadurch – zum Gatten seiner Mutter werden kann: Laios täuscht Pelops, um dessen Sohn Chrysippos zu entführen, daher verflucht Pelops ihn, und das Orakel spricht Laios die Prophezeiung aus, sein Sohn werde ihn töten; Laios und Iokaste entscheiden daraufhin, dass ihrem neugeborenen Sohn die Füße durchbohrt und zusammengebunden werden und er in der unzugänglichen Wildnis des Kithairon ausgesetzt umkommen soll; sie setzen ihn aber nicht selbst aus, sondern übergeben ihn einem Hirten; dieser aber führt den Plan aus Mitleid nicht aus, sondern übergibt das Kind einem anderen Hirten aus Korinth, über den es an den Hof der korinthischen Könige Polybos und Merope gelangt, die kinderlos geblieben sind. Diese adoptieren ihn und nennen ihn Ödipus; beide Eltern klären ihn nicht über seinen Status auf; auf einem

---

ist im Guten offenbar höher. Vor allem bei hohen Gefühlsintensitäten wie beim Verlieben wird der Zufall bedeutsam und daher eher auffällig.

247 Vgl. Aristoteles: *Physik* II, 4–6. Diese Einsicht ist seit Aristoteles – und nicht zuletzt durch ihn – auch auf andere Bereiche, vor allem auf die Wissenschaft, übertragen worden, die systematisch Regelmäßigkeiten, Gesetzmäßigkeiten und Abweichungen untersucht und ein besonderes Sensorium für Zufälle entwickelt hat.

248 Dass sie „immer von außen" kommen, wie Kurt von Fritz 1962a, S. 15, meint, ist ebenfalls zu einseitig gedacht. Handlungskontext und Akteur konstituieren zusammen die kontingente Lage, in der es zum tragischen Umschlag kommt.

249 Die mangelnde Vorsicht des Königs hat schon Gottsched kritisch bemerkt, siehe Flaig 1997, S. 120 f.

Fest hört er von einem betrunkenen Mann Andeutungen zu seiner Adoption; nervös macht er sich auf zum Orakel, das ihm sein Schicksal voraussagt; er flieht, um dieses zu vermeiden, von Korinth weg in Richtung Phokis und trifft am Dreiweg aus Daulia auf Laios, den er im Handgemenge umbringt – und zwar selbst wieder als Endpunkt einer geradezu wie eine Filmsequenz erzählten Miniaturkette aus Handlungen, Gegenhandlungen und Zufällen, in der das Tun durch die Reaktion des Gegenübers jeweils auf den Akteur zurückschlägt: Laios und sein Herold wollen den wandernden Ödipus vom Weg vertreiben, darauf versetzt Ödipus dem Herold, der ihn weggedrängt hatte, „einen Hieb im Ärger" (V. 806), woraufhin Laios Ödipus in dem Moment, in dem dieser seinen Wagen passiert, mit dem Doppelstachel auf den Kopf schlägt, weswegen Ödipus ihm wiederum als Vergeltung mit einem eigenen Stoß antwortet, aufgrund dessen Laios vom Wagen fällt und stirbt.[250]

Schon in der Vorgeschichte des sophokleischen Dramas, die darin zum großen Teil rekonstruiert wird – wofür selbst wiederum eine Fülle von relevanten Zufällen nötig ist, etwa dass die Hirten noch leben und als Zeugen erscheinen oder gefunden werden können –, spielen mehrere kontingente Ereignisse ins Planen und Handeln der Personen ein, die es zum Teil gegen ihren (Laios' und Iokastes) Vorsatz verkehren. Ödipus selbst spricht in Bezug auf die Bemerkung des Betrunkenen von einem „Zufall" (*tychē*), der es wert gewesen sei, „sich zu verwundern" (*thaumasai*) (V. 776 f.). Und Iokaste bemerkt, dass alle Voraussicht (*pronoia*) nichts nütze, da über den Menschen „der Zufall herrscht" (*tēs tychēs kratei*) (V. 977 f.). Das Handeln in der attischen Tragödie findet nicht unter Laborbedingungen statt, die Nebenursachen und unerwartete Effekte ausschlössen; daher ist auch nicht Ödipus' Handeln allein kausal für den Umschlag relevant. Zufall und Intention wirken *durch* den und *in* dem Akteur sowie *durch* die und *in* den Handlungsbedingungen systemisch bzw. komplex zusammen, ohne dass auf dieses Zusammenwirken wieder eine höhere Steuerungsinstanz kontrollierend Zugriff hätte, sofern man nicht eine göttliche oder schicksalhafte Providenz annimmt.

Zu der Ambivalenz der Gründe des Scheiterns im und gewissermaßen neben dem Handeln gehört ebenfalls die untrennbare Verwicklung von Bewusstem und Unbewusstem: Das bewusste, absichtliche und freiwillige Handeln scheitert in den Tragödien nämlich aufgrund nicht-bewusster Faktoren, die mit dem Handeln einhergehen, es motivieren oder ihm unterlaufen – und *es* dabei im Umschlag unterlaufen. Als nicht-bewusst kann dabei prinzipiell (i) alles zählen, was die handelnde Figur sich prinzipiell nicht (oder nicht ohne wissenschaftliche Verfahren) bewusst machen kann, aber im Handeln in Anspruch nehmen muss (autopoietische Mikroprozesse in ihrem Organismus, die chemische Beschaffenheit ihrer Umgebung oder Intentionen nicht präsenter, erst künftig im Handlungsverlauf relevanter Akteure); (ii) zudem all

---

[250] Sophokles: *König Ödipus*, V. 800–813. Ich halte es nicht für klar zu entscheiden, ob Laios, wie es scheint, durch diesen Sturz vom Wagen umkommt, also durch Ödipus' reaktive Gewaltanwendung mit nicht-beabsichtigter Todesfolge, oder ob auch er mit gemeint ist, wenn Ödipus im nächsten Vers davon spricht, daraufhin alle erschlagen zu haben (V. 813).

das, was prinzipiell von ihr erkennbar ist, sie aber kontingenterweise nicht weiß, Sachverhalte also, auf die sie epistemisch zu einem gegebenen Zeitpunkt keinen Bezug nimmt bzw. nehmen kann wie Ödipus auf sein genealogisches Verhältnis zum Kontrahenten am Dreiweg. Die Gründe für das Nichtwissen oder Nichtbeherrschen können ebenso gut zufällige Koinzidenzen von Kausalreihen sein wie auch psychische Fehlleistungen, die wie Zufälle wirken, aber mitunter als Verdrängungsmechanismen rational erklärbar sind.[251] Zum Nicht- oder nur partiell Bewussten zählen daher (iii) auch die mit dem Unbewussten verbundenen, prinzipiell nicht restlos transparent zu machenden Affekte, Triebe und unartikulierten Motive wie die Macht des Eros, die die tragischen Heldinnen und Helden von innen antreiben oder zur Flucht nötigen.[252] Alle drei Formen kommen in der Tragödie vor, als Faktoren thematisch werden aber nur (ii) und (iii).

Wie Nicht-Bewusstes als das (notwendig oder kontingent) Unbekannte und als das affektiv-triebhaft Unbewusste in der Handlungssituation verquickt sein können, zeigt etwa das Beispiel der Deianeira aus Sophokles' *Trachinierinnen*. Die Frau des Herakles setzt *zu sehr* auf die Annahme des Gelingens ihres Plans. Der Grund dafür ist einerseits im Handlungskontext eine nötige Eile, weil der Bote Lichas zu Herakles zurück muss, andererseits subjektiv ein Übermaß an Hoffnung aus erotischem Begehren. Beschleunigt von emotional gesteigerter und unbewusst angetriebener Hoffnung, unterläuft ihr ein epistemischer Fehler: Sie unterstellt die Wirksamkeit eines psychochemischen Mechanismus, obwohl in diesem Fall, wie der Chor betont,[253] eine vorherige experimentelle Prüfung geboten gewesen wäre – Deianeira irrt sich mit gewaltigen Folgen für sie, ihren Mann Herakles, ihren gemeinsamen Sohn Hyllos und ganz Trachis.

Unerwartete Ereignisse im Handlungskontext und nicht transparente bzw. partiell unverfügbare Kräfte im Inneren haben also eine kausale Relevanz für das Scheitern in der Tragödie. Wie aber verhält es sich mit den Göttern? Während Aristoteles kaum Aufhebens von göttlicher Macht in der *Poetik* macht, sind weder die göttlichen Mitspieler noch ihr von menschlichen Figuren attestierter Einfluss auf das Geschehen in den Texten der Tragiker zu leugnen. Hier muss man nun differenzieren und fragen, welche kausale Rolle die Götter für den Umschlag überhaupt haben *können*. Zwei aus der philosophischen Debatte um die Willensfreiheit vertraute grundlegende Möglichkeiten ergeben sich aus begrifflichen Gründen: Entweder die Götter bzw. ein mit ihnen assoziiertes Schicksal *determinieren* das Handeln und seinen Umschlag (i) oder sie *üben* einen mehr oder minder großen *Einfluss* darauf aus (ii). Im Fall (i) bestimmen

---

[251] Siehe etwa die Beispiele von Fehlleistungen bei Freud 1983. In diesem Sinne ist Freuds nach König Ödipus benannter Komplex ein Phänomen nicht-bewusster Wirksamkeit.
[252] Vgl. Lehmann 1991, S. 183 ff.; Bittrich 2005; Thumiger 2013. Eros sei für die Helden „a unilateral, bewildering emotion that threatens the boundaries of their identity and endangers the community" (Thumiger 2013, S. 39). In der Tragödie wirke Eros nicht begeisternd und versöhnend, sondern irritierend und isolierend. Er zerstöre „the very sense of individual subjectivity" (S. 40).
[253] Sophokles: *Trachinierinnen*, V. 588–597.

sie das Geschehen *vollständig*, sodass Selbstbestimmung als Ausdruck der Freiheit der Figuren ausgeschlossen ist. Im Fall (ii) stehen die Götter für Faktoren, die das Geschehen *teilweise* (mit-)bestimmen, aber nicht vollständig determinieren, sodass Raum für Freiheit bleibt. Auf den ersten Blick scheinen beide Typen in den Tragödien vorzukommen, was im Folgenden überprüft werden soll.

Für (i) steht etwa das eben erwähnte Beispiel der Deianeira, deren Umschlag ins Unglück vom Chor auf etwas ganz anderes als ihr Begehren und ihren Fehler zurückgeführt wird. Die weibliche Protagonistin scheint von den Trachinierinnen durch die Zuschreibung der Verantwortung für das Gesamtgeschehen an eine Göttin entlastet zu werden: „Doch die geschäftige Aphrodita/ Hat sich lautlos offenbart/ Als Anstifterin dieser Dinge."[254] Schon früh hatte ebenfalls die Liebesgöttin dafür gesorgt, dass Herakles im Wettkampf um Deianeira, seine unfreiwillige spätere Mörderin, siegen würde. Als er mit Acheloos, dem Flussgott, um seine zukünftige Frau kämpfte, war Aphrodite dabei und „führte den Stab" (V. 518). Es scheint also, als folge das gesamte Leben von Herakles und Deianeira bis ins Unglück einem kyprischen Plan.

Ähnliche Diagnosen, die vom Chor oder den Figuren kommen und ausnahmsweise auch von auftretenden Göttern selbst geäußert werden, finden sich bei allen drei Tragikern. So sei Apollon für ihr Schicksal als todgeweihte Sklavin verantwortlich, klagt Kassandra im *Agamemnon* des Aischylos, er führe sie ins Haus, in dem sie geschlachtet werde.[255] Dass Ödipus' Söhne, Polyneikes und Eteokles, sich in Aischylos' *Sieben gegen Theben* vor der Stadt bis auf den Tod bekämpfen, sei, so Eteokles im Vorfeld, Folge des Fluchs seines Vaters, den aber bereits die Götter über das gesamte Geschlecht der Atriden verhängt hätten.[256] Der sophokleische Ödipus wiederum ist überzeugt, dass Apollon „diese meine schlimmen, schlimmen/ Vollbracht hat, diese meine Leiden!"[257] Denn das pythische Orakel, aus dem Apollon sprach, hatte ihm selbst einst das Schicksal prophezeit, er *müsse* sich mit der Mutter paaren, schreckliche Nachkommen haben und zum Vatermörder werden.[258] Später, im *Ödipus auf Kolonos*, deutet der ehemalige König aus der Distanz sein tragisches Geschick als Werk der Götter, nach deren Ratschluss er alles ohne Schuld erlitten habe.[259] Euripides lässt gleich zu Beginn des *Hippolytos* Aphrodite selbst auftreten und verkünden, sie habe das sich nun entfaltende Geschick von Phaidra und Hippolytos selbst angelegt.[260] Die hier exponierte Determination des Gesamtgeschehens scheint bereits die *Ilias* zu bestimmen, in der Zeus, der überlegt, „in Frieden beiderlei Völker [zu] versöhnen", auf

---

254 Sophokles: *Trachinierinnen*, V. 863 f.
255 Aischylos: *Agamemnon*, V. 1073–1087.
256 Aischylos: *Sieben gegen Theben*, V. 653–655, vgl. 709–711.
257 Sophokles: *König Ödipus*, V. 1331 f.
258 Ebd., V. 794–797.
259 Sophokles: *Ödipus auf Kolonos*, V. 270–278; 1002–1041.
260 Euripides: *Hippolytos*, V. 1–55, besonders die Prophezeiung, als handelte es sich um eine rückblickende Inhaltsangabe des erst folgenden Geschehens: V. 41–48. Aphrodite präsentiert sich gleichsam als Regisseurin der nach dem Prolog sich entfaltenden Tragödie.

Druck von Hera doch noch „unwilligen Herzens" beschließt, Troja untergehen zu lassen.²⁶¹

Diese Zeugnisse scheinen die vorangegangene Diskussion der *hamartia* obsolet zu machen. Wenn alles Handeln durch die Götter determiniert ist, gibt es keinen gehaltvollen Begriff menschlicher Freiheit und *eo ipso* auch keine kausal wirksame praktische Rationalität mehr. Die Rede von Fehlern, Verantwortung und Schuld wäre eine illusionäre Rede. Die determinierende Kraft der Götter und die Lebenswelt des Handelns und ihr Vokabular praktischer Vernunft stünden sich so hierarchisch wie unvermittelt gegenüber. Die erwähnten Stellen scheinen für einen Determinismus zu sprechen, der in der jüngeren Debatte um die Willensfreiheit säkular als Determinismus des Gehirns reformuliert wurde.²⁶² Nach dieser für einige Jahre populären Auffassung *glauben* Menschen nur, frei zu handeln, *in Wirklichkeit* sind ihre Entscheidungen und Handlungen aber durch Naturgesetze determiniert, sodass man von „Entscheidungen" und „Handlungen" nur in Anführungszeichen sprechen bzw. schreiben kann. Was heute neuronale Mechanismen sind, wären demnach in der frühen und noch klassischen Antike die bis in die Seele wirksamen Götter gewesen. Nach einem Bild aus Platons *Kritias* steuerten sie gleichsam hinter dem Bewusstsein die Deliberationen und Aktionen der Menschen, ohne dass diese die interne Totalbehütung erkannt hätten, ähnlich wie heute angeblich Gehirne das Bewusstsein steuern sollen, ohne dass dieses das durchgehende Bestimmtsein bemerke.²⁶³ Nach Platon ist aber die Idee einer bloß illusionären Freiheit mit der unter gegebenen Naturbedingungen notwendigen Selbständigkeit des Menschen unvereinbar.²⁶⁴

---

261 Homer: *Ilias* IV, 16 und 43. Vgl. die gesamte Passage (7–73).
262 Zum Überblick dazu siehe Kane 2002; Pauen 2004; Geyer 2004; Keil 2009.
263 Kritias erzählt von einer Vorzeit der Athener vor mehr als 9.000 Jahren (also etwa zu Beginn der Neolithischen Revolution), in der die Götter die Welt durch Losentscheid untereinander aufteilten und die Menschen „als ihren Besitz und ihre Zucht" ansahen „wie die Hirten ihre Herden". Der im *Politikos* kritisierte Hirten-Herden-Vergleich wird nun mit derselben Metaphorik des Steuermanns in seiner Problematik offenbar. Kritias' Erklärung zeigt, wie fremd die gehüteten Menschen den jetzigen Menschen sein müssen, die sich selbst zu bestimmen haben: Nicht durch Körperkraft wie die schlagenden Hirten wirkten die Götter auf die damaligen Menschen ein, „sondern – wie sich ein Geschöpf am besten lenken läßt – indem sie vom Heck aus steuerten und durch Überredung wie durch ein Steuerruder in ihrem Sinn auf die Seele einwirkten" (Platon: *Kritias* 109b-c). Die frühen Götter verursachen also Verhalten hinter dem Rücken des menschlichen Bewusstseins, sie lenken die Menschen nicht als Gegenüber, sondern von innen, durch direkte Einwirkung auf die Seele, sodass von menschlicher Selbstbestimmung, Freiheit und Verantwortung kaum die Rede sein kann. Wenn Neurowissenschaftlerinnen und -wissenschaftler davon sprechen, dass das Gehirn entscheide, das Bewusstsein dieses, seinen Produzenten, aber leugne (ja, gar nicht ohne sie, die Neurowissenschaftler, verstünde), rufen sie die alten mythischen Götter der Vorzeit wieder auf (vgl. als ein Beispiel Roth 2003). Deren Vorstellung stellte bereits Platon in scharfem Kontrast zur kulturellen Existenz dar, in der niemand hinter dem Bewusstsein entscheidet, sondern der Mensch selbst. Vgl. für eine aktuelle Entkräftung der deterministischen Position Gabriel 2015.
264 Siehe Kap. 3.5.

Entsprechend beruht gegenwärtig eins der stärksten philosophischen Argumente gegen die jede Freiheit zur Illusion erklärende Rolle des physikalischen Determinismus auf seiner Unvereinbarkeit mit der *in toto* gar nicht aufgebbaren Praxis der Lebenswelt.[265] Nähme man die These einer illusionären Willensfreiheit in einer inkompatibilistischen Lesart ernst, müsste man nicht nur das bisherige Strafrecht außer Kraft setzen, sondern eine gänzlich andere Haltung zur Welt entwickeln, die alle Prozesse – auch die vermeintlichen Handlungen – als vorbestimmtes Geschehen auffasst. Die vertrauten Praxen der Lebenswelt von der Kindererziehung bis zur Weltpolitik, in denen Menschen einander Verantwortung unterstellen und Gründe mitteilen, die die Wahl zwischen alternativen Handlungsmöglichkeiten rechtfertigen sollen, wären nicht mehr haltbar. Man müsste Überlegungen, Entscheidungen und Tätigkeiten als Schein begreifen und dürfte Gründen jenseits psychologischer Rationalisierungen keine Bedeutung mehr beimessen. Freilich könnte man dann auch nicht mehr theoretische Gründe ernst nehmen, aufgrund derer man etwa die These eines universalen Determinismus für plausibel hielte. Platon hat bereits 2.500 Jahre vor dieser Debatte erkannt, dass ohne diese sich in Selbstsorge und ihren Techniken äußernde Freiheit des Menschen „gar nicht würde zu leben sein."[266] Man müsste sich schon eine komplett andere Welt samt verkehrter Naturbedingungen denken, wie den kosmischen Umlauf unter Kronos, in der Kultur, Gedächtnis, Vernunft, Begehren, Wollen, Können und Handeln unnötig wären. Selbst wenn es ein komplett determinierendes Schicksal gäbe, könnten die Menschen also schlechterdings nicht aufhören, mit Selbstsorge aus Gründen heraus zu handeln bzw. begründeterweise bestimmte Handlungen zu unterlassen.[267] Denn die Lebenswelt der kulturellen Existenz des Menschen ist strukturell gefestigt gegenüber metaphysischen Gesamtdeutungen, die ihren Praktiken insgesamt widersprechen.

Für die Vermutung, die Götter hätten in der Tragödie alles zu verantworten, heißt das: Es kann sich nur um eine nicht-falsifizierbare metaphysische These über die (Theater-)Welt im Ganzen handeln, die nichts an der lebensweltlichen (Theater-) Praxis änderte, die die Tragödie auf der Bühne in Sprechhandlungen vorführt. Die Perspektive eines allwissenden und allbestimmenden Gottes wäre für die auf ihre politische Freiheit und Unabhängigkeit stolzen Athener praktisch nicht nachvollziehbar gewesen. Die Figuren haben immer die Freiheit der Stellungnahme zu den Faktoren, die sie im Gang ihrer Handlungen *nolens volens* bestimmen mögen. Sehen sie sich bewusst mit einer (fast immer als politisch zu begreifenden) Übermacht

---

265 In der lebhaften, hier nicht wiederzugebenden Debatte handelt es sich nicht nur um den Streit zwischen Determinismus versus Libertarismus als sich gegenseitig ausschließender Positionen. Zu dieser inkompatibilistischen Alternative gibt es auch die Alternative des Kompatibilismus, der mit unterschiedlichen Argumenten für eine Vereinbarkeit von naturalistischem Determinismus und Freiheitshypothese plädiert; siehe Keil 2009.
266 Platon: *Politikos* 299e. Siehe Kap. 3.5.
267 Beides, Tun und Unterlassen, ist Gegenstand menschlicher Verantwortung und Freiheit; vgl. Birnbacher 1995.

konfrontiert wie in Aischylos' *Hiketiden* (Die Schutzflehenden) oder *Prometheus*, in Sophokles' *Antigone* oder in Euripides' *Troerinnen* oder seiner *Hekabe*, können sie immer noch sich selbst in ein protestierendes oder akzeptierendes, hinnehmendes oder strategisch planendes Verhältnis dazu setzen. Ihnen bleiben stets Alternativen des eigenen Verhaltens zu den Mächten der Beeinflussung, somit immer auch Freiheit und Verantwortung, wenngleich in engen Banden.[268]

Es spricht wenig dafür, dass die Griechen im 5. Jahrhundert v. Chr. oder auch davor überhaupt einen strengen Determinismus vertraten, der erst mit der Stoa den Rang einer metaphysischen These erhielt und seitdem bis in die Gegenwart in unterschiedlichen Perspektiven vorgetragen worden ist, zuletzt von Neurowissenschaftlern im Anschluss an die Experimente Benjamin Libets.[269] Es wäre eine für die auf ihr Denkvermögen stolzen Athener einigermaßen absurde These, sie hätten ihr höchstes Fest jährlich unter einem kolossalen Aufwand inszeniert und sich, statt der Ironie des Handelns bestimmter Individuen, die *allgemeine Illusion jeglichen* Handelns vorführen lassen, nur um gleich danach in der noch zu den Festspielen gehörenden Volksversammlung diese Illusion selbst wieder politisch in Anspruch zu nehmen.

Tragisches Handeln, so die These, folgt nicht ausschließlich einer Notwendigkeit wie dem Schicksal im Sinne eines stoizistisch gedeuteten Fatums (*heimarmenē*), mit dem die Tragödie in der Neuzeit unter dem paradigmatischen Einfluss Senecas meist in verzerrender Weise assoziiert wurde. Dieser Schicksalsbegriff, an den direkt das heilsgeschichtliche Dogma der Providenz anschließt,[270] geht wie der zeitgenössische Determinismus davon aus, dass alle Ereignisse in der Welt kausal gesetzmäßig verbunden oder göttlich organisiert sind und in ihrem Verlauf systemisch feststehen. Aus einer Regelmäßigkeit in einem Bereich wird auf die Notwendigkeit der nomologisch oder theologisch verstandenen Prozesse in der Welt insgesamt geschlossen. Dabei handelt es sich nicht um eine empirisch validierbare induktive Verallgemeinerung, sondern um einen methodischen Wechsel von Einzelbeobachtungen in eine metaphysische Annahme hinsichtlich des komplexen Verhaltens der Welt (oder natürlicher Systeme) insgesamt.

Tragödien wurden dennoch in der Neuzeit vielfach als Ausdruck solch einer pandeterministischen Providenz im Sinne einer kosmischen Gerechtigkeit gedeutet, der die moralisch fehlerhaften Figuren, selbst wenn sie alles versuchten, nicht entkommen können.[271] Statt den Menschen eine fallible Voraussichtskompetenz für ihr Handeln zu attestieren, wurde alles als infallibel – vom Schicksal oder von Gott – vorausgesehen und gelenkt. Für diese Entlastung und radikale Depotenzierung der Person nach Art der Providenz und der Erbsünde musste die Relevanz menschlichen

---

[268] Dafür argumentiert auch Schmitt 1998.
[269] Vgl. Schmitt 1988. Siehe zu der von den Libet-Experimenten ausgelösten Debatte Geyer 2004.
[270] Von Fritz 1962a, S. 27, betont, dass die stoische *heimarmenē* auch göttliche *pronoia* ist.
[271] So etwa in der romantischen Schicksalstragödie. Diesen Irrtum nimmt auch noch der junge Nietzsche auf: *Die Geburt der Tragödie* 9, KSA 1, S. 68. Zu dem für die Neuzeit paradigmatischen Schicksalsbegriff der Stoa vgl. Kranz 1992, Sp. 1275–1277.

Handelns preisgegeben werden. So konnte man die Tragödie entweder als Modell und Bestätigung für den eigenen Schicksalsglauben oder später auch als überwundene Vorstufe einer auf Rationalisierung setzenden Moderne deuten.[272]

Die ontologische Position des Determinismus wird nicht nur dem Handlungsbewusstsein der tragischen Figuren nicht gerecht, sondern verfälscht auch das anthropomorphe Bild der griechischen Götter. Die im zeitgenössischen Physikalismus reformulierte Position ist nicht zufällig aus der stoischen Konzeption eines allbestimmenden *logos* und der monotheistischen Idee eines allmächtigen, gütigen und allwissenden Gottes heraus entstanden. Der nomologische Determinismus, nach dem alles gesetzmäßig festgelegt ist, funktioniert nur unter Bedingungen einer umfassenden Gleichmäßigkeit und Verlässlichkeit, wie sie der monotheistische Gottesbegriff und – ohne jede personale Dimension – der moderne Naturgesetzbegriff unterstellen. Die griechischen Götter sind dagegen alles, nur nicht verlässlich. Sie ändern ihre Einstellungen mitunter plötzlich und oft ohne nachvollziehbare Gründe, sie tauchen an verschiedenen Orten auf, interagieren oder bleiben trotz menschlichen Ersuchens fern, handeln willkürlich, affektgetrieben und nicht selten unverständlich, unterstützen unterschiedliche Personen, denen gegenüber sie aber auch nicht immer treu bleiben.[273] Zudem ist das Pantheon zwar mit Zeus an der Spitze hierarchisch geordnet, aber selbst der mächtigste Gott kann nicht alles erkennen und tun, wie bereits Hesiod am Beispiel von Zeus' Konkurrenz mit Prometheus vor Augen führt.[274] Die Götter sind zwar unsterblich und weitgehend leidfrei, aber in ihrer Kontingenz viel zu menschlich gedacht, um als an Wissen und Macht unbegrenzt oder gleichbleibend verstanden werden zu können.

Dazu passt der plurale Antagonismus der Götter, der mythisch gleich am Anfang im Verhältnis von Uranos zu Gaia und ihren Kindern aufbricht und sich bis zur Gigantenschlacht steigert.[275] Selbst die als Schicksalsgöttinnen apostrophierten Moiren kommen, wenn überhaupt, fast nur im Plural vor.[276] Sie teilen sich schon im Bestimmen des Geschicks die Arbeit und sprechen insofern nicht mit einer Stimme. Ebenso treten in den Tragödien die Götter in eine Bestimmungskonkurrenz, die nur dann konsistent als Determinismus denkbar wäre, wenn sie untereinander ein kohärentes, aufeinander genau abgestimmtes Wirkungssystem darstellten. Davon kann keine Rede sein, wie bereits bei Homer die miteinander im Streit liegenden Götter beim Kampf um Troja zu verstehen geben, die rasch ihre Pläne ändern und allzu mensch-

---

272 Während bspw. die Dichter des 19. und frühen 20. Jahrhunderts wie Hebbel, Grillparzer oder Hauptmann für die erste Fraktion stehen, vertreten Dichter wie Bertold Brecht oder Friedrich Dürrenmatt die zweite. Siehe Kap. 5.5.
273 Siehe Kap. 9.2.
274 Hesiod: *Theogonie*, V. 535–616; *Werke und Tage*, V. 47–89.
275 Vgl. Hesiod: *Theogonie*, V. 116–728. Die Kosmogonie beginnt nicht mit der für das christliche Denken folgenreichen plotinischen Emanation aus einer Einheit, sondern mit dem Chaos, dem die Erde und Eros folgen (V. 116f.).
276 Vgl. Dodds 1991, S. 6.

liche Willkür walten lassen können. Man hat es also bereits innerhalb der Götterwelt mit einer Vielzahl von jeweils unterschiedlich starken Mächten zu tun, die gegeneinander wirken, sich aufheben, sich steigern und unterlaufen. So wird in den oben erwähnten *Trachinierinnen* nicht nur Aphrodite, sondern ebenso Eros und schließlich auch Zeus neben weiteren Göttern für das Unheil verantwortlich gemacht.[277] Im *Hippolytos* ist Aphrodite nicht die bestimmende Göttin überhaupt, sondern tritt nur als Konkurrentin von Artemis auf, die ihr in ihrer Patronage des Protagonisten feindlich gegenübersteht.[278]

Aus diesen Überlegungen erscheint die lange Zeit populäre Annahme, die Götter bzw. das Schicksal bestimmten schlichtweg alles nach einem vorab feststehenden Metaplan, kaum plausibel, auch wenn die in der Neuzeit bis heute hartnäckig wirksame These einer angeblich schon antiken Schicksalstragödie immer wieder vertreten wurde, wobei man Kategorien eines romantischen Modells auf die Antike projizierte.[279] Die Pluralität an Instanzen, denen das Widerfahrende zugeschrieben wird, sind vielmehr Ausdruck einer methodischen Verlegenheit, das zufällig Geschehene, das enorme Auswirkungen haben kann, als Abweichung von Regeln und Erwartungen nicht auf den Begriff bringen zu können, es aber – als Stärke des Mythos – erzählen zu können. Das lässt sich an der Deutung von Ereignissen als Zufällen erkennen. Während bei Aischylos mitunter die Notwendigkeit (*anankē*) das Geschick bestimmt oder die Götter generell für verantwortlich erklärt werden,[280] sind es bei Sophokles vor allem bestimmte Götter wie Apollon, Athene und Zeus, die Menschen ins Verderben rennen lassen. Aber auch der Zufall (*tychē*) ist zuweilen dafür verantwortlich, Menschen „in Glück und Elend" aus dem jeweiligen Gegenteil zu stürzen.[281] Häufiger wird *tychē* dann bei Euripides als konkrete Ursache von negativen Ereignissen und Handlungsverstrickungen angeführt,[282] wobei eine klare Unterscheidung zwischen der unpersönlichen Wirksamkeit kontingenter Ereignisse und einer personifizierten Göttin nicht leicht möglich ist. Nach dem 5. Jahrhundert v. Chr. wurde in dem zunächst abstrakt als Zufall gedachten Begriff *tychē* auch verstärkt eine Göttin gesehen. Dieser Schritt ist nur konsequent, denn die Götter wirken selbst nach Art auffälliger, aber unkalkulierbarer Ereignisse, die wie Gegenmächte, natürliche oder soziale Gegenkräfte, aufgefasst werden.[283] Sie stürzen und erheben Menschen gleichsam wie der

---

277 Sophokles: *Trachinierinnen*, V. 441–444; 1278.
278 Euripides: *Hippolytos*, V. 1–48; 1126–1141.
279 Diese These bildet auch eine der Strategien moderner Selbstabgrenzung gegenüber der Antike, wie sie seit der *Querelle des Anciens et des Modernes* gepflegt wurde. Zur modernen Idee einer Schicksalstragödie, in der der Zufall keine Rolle spielen darf und selbst zum Ausdruck des Schicksals wird, siehe Balhar 2004, besonders S. 31 ff.
280 Bspw. Aischylos: *Prometheus Desmotes*, V. 511–516.
281 Sophokles: *Antigone*, V. 1158 f.
282 Bspw. Euripides: *Ion*, V. 1512–1514.
283 Dass die polytheistischen Götter der Griechen nicht als Götter im von den monotheistischen Religionen geprägten Sinn verstanden werden dürfen, sondern vielmehr als hypostasierte Mächte, ist oft betont worden, siehe etwa Kitto 1966, S. 134 f.; Schadewaldt 1978, S. 88 f.

Zufall nach Art eines übermächtigen Gegners oder Konkurrenten. Kontingente Widerfahrnisse wurden so im Mythos auf eine konkrete Ursache nach Art eines Akteurs zurückgeführt und dadurch adressierbar.[284] So verdankt sich noch die Rede von der „Rolle des Zufalls", der ihn wie eine theatrale Figur auftreten lässt, der Funktion des Mythos, die Welt durch Benennung vertrauter zu machen und Widerfahrnisse deutend der Unheimlichkeit abzutrotzen.[285] An diesem Transit eines Unpersönlichen ins Personifizierte erkennt man exemplarisch, wie die mythische Funktion, die Welt menschlicher zu machen, in einigen Hinsichten erst nach und mit der griechischen Entwicklung zur rationalen Welterklärung stärker wurde, anstatt von ihr abgelöst zu werden. In der Tragödie findet man meist noch die ambivalente Schwebe zwischen der unpersönlichen Kontingenz und einem göttlichen Adressaten als intentionaler Ursache eines unglückbringenden Ereignisses.

Was dem Menschen in seinem Handeln zustößt, ohne dass er es selbst intentional bewirkt, wird zum Gegenstand einer *Interpretation*, deren Bestandteil eine kausale Erklärung ist. Das Zustoßen, das jemand erfährt wie z. B. den Aufprall eines herabfallenden Steines, ist das empirische Ereignis. Nach seinem Eintreffen wird es, um eine eventuell existenziell nötige praktische Reaktion zu ermöglichen, als Wirkung eines anderen Akteurs entweder rasch erkannt oder, wenn kein Akteur ausfindig zu machen ist, als Folge einer (im Mythos als Akteur imaginierten) Ursache gedeutet. Womöglich stand für die Etablierung dieses Deutungsmusters genetisch die lebensweltlich relevante Praxis der Interpretation der (Sprech-)Akte anderer Personen Pate und wurde im Götter-, Zufalls- und Schicksalsglauben auf intensiver erfahrene Widerfahrnisse verschiedener Art übertragen, bei denen die Zuordnung zu einer agierenden Instanz nicht (mehr) erkannt, sondern nur unterstellt werden konnte. Das trifft wohl auch für den abstrakten Begriff der Notwendigkeit (*anankē*) zu, der im griechischen Diskurs die Bedeutung von Zwang durch Gewalt (*bia*) oder Kraft (*kratos*) beibehält,[286] also auch als Abstraktum noch die soziale Interdependenz enthält. Als unfreier Mensch, als Sklave, war der Mensch Subjekt eines unglücklichen Zwanges, der *anangkaia tychē*.[287] Dieser Zwang war nicht notwendig im modallogischen Sinn, den das Wort im Determinismus hat, sondern ein mögliches Unglück, das politisch Stärkere über Schwächere mit Übermacht nach einem Sieg verhängen konnten wie die Athener über die Frauen und Kinder der Melier.[288]

Was einen *spürbar traf* (*tychanein* heißt ‚treffen', ‚zuteil werden'), erschien in mythischer oder religiöser Optik wie eine Handlung in Form einer übermächtigen Geste, deren Urheber man aus reaktivem bzw. für die Zukunft prophylaktischem

---

284 Zur Entwicklung von einer den Göttern beigeordneten positiven Fügung zu einer neben den Göttern nach Art einer eigenen Göttin wirkenden Zufallsmacht vgl. Johannsen 2002.
285 Vgl. dazu Blumenberg 1979a.
286 Vgl. die Eröffnung des *Prometheus Desmotes*, V. 1–87. Als personalisierte Instanzen tauchen sie zum ersten Mal in Hesiods Theogonie, V. 385, auf.
287 Zu diesem sozialen Hintergrund von „Notwendigkeit" als Zwang vgl. Williams 2000, S. 120–149.
288 Siehe Thukydides: *Der Peloponnesische Krieg* V, 116.

Selbstschutz zu bestimmen versuchte. Doch wie die Griechen durchaus erkannten, gibt es da oft niemanden zu erkennen. Die Götter, so plastisch sie in ihrer Dichtung und bildenden Kunst sind, sind *de facto* als soziale Akteure in der Regel abwesend. Der Ausweg besteht in einer interpretierenden Bildgebung, in der man akteurartige Instanzen wie Götter, Dämonen, Geister, Schicksalsmächte oder eben die vor allem in Rom einflussreiche Göttin Tyche bzw. Fortuna verantwortlich macht und darin nach dem Muster mythischer Heimatgewinnung kontingente Ereignisse in der Welt zu Handlungen potentieller (skulptural, theatral durch Masken oder textuell imaginierter) Akteure hypostasiert. Dadurch sind sie wie Gegner zu benennen, ins Bild zu setzen, anzusprechen, anzuflehen und in ihrer möglichen Wirkung zu berücksichtigen. Durch die Interpretation nach Art personaler Instanzen wird die Kontingenz ein Stück weit näher an den Bereich menschlicher Intentionalität gerückt. Die Tragiker nahmen diese Funktion des Mythos auf, aber sie erlauben nicht, die Götter zu begreifen, die in ihrer Willkür Ausdruck von Zufälligkeit bleiben.

Man sollte vorsichtig sein, die mythische Interpretation von existentiell relevanten Ereignissen nur einem vermeintlich anachronistischen, vor-empirischen Weltbild zuzuschreiben, denn sie bereitet, wie Hans Blumenberg vielseitig gezeigt hat, die rational beobachtende Welterklärung vor. Zudem ist die mythische Praxis nach wie vor in unserem modernen Alltag aktuell, indem wir Dingen und Ereignissen, wenn auch meist nur im Sprachgebrauch, eine Quasi-Handlungsmacht attestieren. Dabei machen wir sie zur *Figur* und erkennen dabei ihre Handlungsmacht an, wie es Bruno Latour in seiner Akteur-Netzwerk-Theorie beschrieben hat.[289] Das betrifft vor allem zwei Phänomene, die ein erklärendes Licht auf die Vielzahl der Einflussfaktoren im griechischen Mythos und der Tragödie werfen. Einmal geht es um auffällige und unregelmäßige Ereignisse (i), dann um ihre interpretationsbedürftige Häufung (ii).

Man spricht zuweilen in anthropomorphisierender Redeweise davon, dass ein Gegenstand in einer Kette technischer Abläufe für einen Defekt „verantwortlich" sei (i).[290] Erst wenn explizit nach der Verantwortung *und* den ihr entsprechenden Konsequenzen nach Art einer (strafrechtlichen) Sanktion oder (zivilrechtlichen) Schadensabwicklung gefragt wird, fahndet man nach Personen oder Institutionen, denen das ungewöhnliche Ereignis als Tat zuzuschreiben ist. Die Redeweise vermengt eine deskriptiv-diagnostische mit einer normativen Redeweise: Dinge handeln nicht *von sich aus*, sie können nicht auf Kritik *antworten* und Gründe *artikulieren*.[291] Darin aber

---

[289] Latour unterscheidet Aktanten, zu denen auch Artefakte gehören, von Akteuren mit *agency*, zu denen Aktanten durch Figuration in Handlungsbeschreibungen werden können. Figurationen können dabei konkret-anthropomorphistisch wie abstrakt-ideographisch sein. Vgl. Latour 1996 und 2005, S. 43–86.
[290] Zur lebensweltlich vertrauten Praxis des „Verantwortlichmachens" von Gegenständen (Ursachen) siehe Nida-Rümelin 2011, S. 19 ff.
[291] Latour billigt ihnen aber zu, Akteure zu sein, weil sie mit Personen hybrid in Netzwerken verknüpft sind. Doch auch dann „handeln" sie nur, insofern sie figuriert werden und mit verkörperten Personen in Verbindung stehen. In indoeuropäischen Sprachen wie den romanischen oder dem

erhellt sie den handlungstheoretischen Hintergrund einer Identifikation von Ursachen bei Unregelmäßigkeiten, die erst dann bemerkt werden, wenn sie mit den Gewohnheiten, vor allem mit den Erwartungen und Ansprüchen menschlicher Praxis und Wahrnehmung konfligieren. Ursachen werden dann als Gründe aufgefasst und kontingente Defekte mit intentionalen Fehlern verwechselt, sofern das durch sie induzierte Misslingen eines vertrauten Vorgangs aus menschlicher Perspektive *bedeutsam* ist. Diese Praxis verrät ein insgesamt robustes Vertrauen in eine Kohärenz von normativen Erwartungen und dem Zusammenwirken von Menschen mit Dingen und Prozessen in der Welt. Man erwartet Gleichmäßigkeit und Verlässlichkeit von ihr, Misslingen von Abläufen führt man aber, vor allem in fatalen Fällen, auf Intentionen als deliberative Abweichung von normativen Standards zurück. Der pragmatische Sinn dieser Kausalerklärung entspricht dem der mythischen Weltdeutung: Sobald die Ursache für einen überraschenden und ungewohnten Verlauf der Dinge gefunden ist, sozusagen „verantwortlich" gemacht ist, wird man „das Ereignis nicht mehr überraschend finden."[292] Es ist in die menschliche Welt intentionaler Aktivität eingemeindet.

Dieses vor allem in religiösen Weltanschauungen virulente Phänomen ist noch verbreiteter, wenn es sich um eine auffällige *Häufung* kontingenter Unregelmäßigkeiten handelt (ii). Sobald in einem zusammenhängend überschaubaren Zeitraum, der Jahre umfassen kann, mehrere Ereignisse unerwartet als Abweichung von kausaler Gleichmäßigkeit in der Lebenswelt eintreten bzw. als solche in ihr auffällig werden, können Menschen sich oft des Eindrucks einer gleichsam intentionalen Streuung dieser Ereignisse kaum erwehren, sofern sie zusammen für tiefgreifende Veränderungen kausal relevant werden. In dieser Hinsicht sind Ödipus' Vermutungen über Apollon als Drahtzieher hinter seinem Geschick durchaus modern. Wie er, würden die meisten Menschen es aufgrund des narrativen Habitus, das eigene Lebens als mehr oder minder zusammenhängende Geschichte zu deuten, nicht für möglich halten, dass so viele Zufälle zusammentreffen und sich ein befürchtetes Unheil gleichsam unterhalb des Wissens der Person durch ihr eigenes Zutun erfüllt. Man sagt dann Sätze wie: „Das kann doch kein Zufall sein!" Denn die Zufälle wirken – ähnlich wie in der Tragödie des Sophokles – gleichsam „wunderbar aufeinander zukomponiert[]"[293], als seien sie der Intentionalität eines (göttlichen) Autors oder Regisseurs geschuldet.

Die Häufung kontingenter Ereignisse, die einen Lebenslauf umkippen lassen, drängt das soziale Interaktionstier Mensch zu Interpretationen, die eine Deutung der Form „Intentionalität aus dem Verborgenen" annehmen. Vor dem Hintergrund dieser anthropologischen Einsicht wird verständlich, wie die Formeln von der „Ironie des

---

Deutschen und Englischen ist der Zusammenhang von Antwort (*la réponse, the response*) auf die Frage nach Gründen und Verantwortung (*responsabilité, responsibility*) für Handlungen direkt hörbar. Das Tun des Individuums und das soziale Sprachspiel sind in der Verantwortung notwendig verbunden (vgl. Nida-Rümelin 2011, S. 12 ff. und S. 23).

292 Ebd., S. 21.
293 Schmitt 1997, S. 7.

Schicksals" oder der „tragischen Ironie" auf das Leben nach Art eines Dramas bzw. einer Tragödie angewendet werden: Einer faktisch nicht-intentionalen Welt im Ganzen – den unüberschaubaren Kontingenzen der jeweiligen Handlungskontexte vor bestimmten Sinnhorizonten – wird eine Intention nach Art der Verkehrung des Gemeinten wie im rhetorischen Tropus der bewussten Verkehrung des Sinns einer Äußerung attestiert, als folge das Leben im Ganzen dem Skript einer ironisch täuschenden Autorin, die den Text im Buch des Lebens schon vorgeschrieben habe. Nicht ein Redner täuscht dann mit bewusst kaschierter Absicht situativ seinen Interaktionspartner, sondern das Integral aller für einen Lebenslauf kausal relevanten Ereignisse „täuscht" gleichsam den Akteur in seiner auf Weltvertrauen basierenden Erwartung intentionaler Geradlinigkeit. Wenn sein Handeln folgenreich misslingt, hat ihm die Welt übel mitgespielt. Somit ist Ironie in Bezug auf nicht-intentionale Zusammenhänge der Wirklichkeit eine absolute Metapher im Sinne Blumenbergs. Sie vermittelt den kontingenten Zusammenhang von Akteur und Handlungskontext im anschaulichen Bild eines *in puncto* Macht und Wissen asymmetrischen Verhältnisses, in dem der Akteur das Nachsehen hat.

Dieses Phänomen wurde von der attischen Tragödie maßgeblich geprägt, da sie diese Ironie als Festlegung und Inszenierung des Sprechens und Handelns der Figuren durch den Autor des Textes, den sie nachsprechen, schon in ihrer ästhetischen Form ausstellt.[294] Die Tragödie ist, wie Jennifer Wise, Charles Segal und Christoph Menke herausgestellt haben, dramatisch, insofern ihre Performance einem geschriebenen Text folgt, sodass die dramatischen Figuren ihr buchstäblich vorgeschriebenes Schicksal gleichsam selbst aussprechen.[295] Damit wird der Tragödienautor sozusagen zur unsichtbaren Instanz des ansonsten metaphysisch unterstellten Schicksals, denn die Figuren sprechen den Text nach, den jener geschrieben hat. Sie agieren gegenüber dem Autor und den mythenbewanderten Zuschauern in einem Wissensdefizit, das sich erst mit dem Umschlag der Wiedererkennung ausgleicht. Zugleich liegt darin eine Form der Subjektivität der Figuren, denn sie sprechen und handeln *selbst* im Theater: „Die Tragödie ist bereits durch ihre Form, vor allem Inhalt, eine Erfahrung von Selbsttätigkeit"[296], wie Menke schreibt. Es gibt also ein textliches Bestimmtsein *vor* und *in* der performativen Selbstbestimmung. Diese im dramatischen Theater unlösbare (aber in der ästhetischen Erfahrung durch die Dominanz der Aufführung gegenüber dem unsichtbaren Text nicht explizit werdende) Spannung wird lebensweltlich in der figurativen Rede von „tragischer Ironie" oder einer „Ironie des

---

[294] Zum Begriff tragischer Ironie, der auf Adam Müller und August Wilhelm Schlegel zurückgeht und von Connop Thirlwall in *The Irony of Sophocles* von 1833 und von Arnold Hug auf den Text des Autors bezogen wurde, durch welchen den Figuren ihr Schicksal buchstäblich vorgeschrieben ist, sodass sie unbewusst sprechen und tun, was Autor und Zuschauer bewusst ist, siehe Behler 1972, Menke 2005, S. 52–66, und Menke 2007.
[295] Vgl. Wise 1998, S. 15–70; Segal 1986, S. 75–109; Menke 2005, S. 52–66; Menke 2007b. Vgl. dazu Vernant 1990b, S. 243f. Ich folge hier insbesondere Menkes präziser Analyse.
[296] Menke 2005, S. 59.

Schicksals" in den Prozess des Handelns und den seiner Deutung aufgelöst. Handeln Personen selbstbestimmt, erfahren aber danach (im Sinne einer Wiedererkennung), dass ihr Handeln die der Intention entgegengesetzten Folgen gezeitigt hat, interpretieren sie mit der Formel der „(tragischen) Ironie des Schicksals" ihr Handeln aus dem *ex post* gewonnenen Wissen nach dem dramatischen Modell. Sie haben zuvor gehandelt und gesprochen, *als ob* eine höhere Instanz ihnen diese im Geist der Selbstbestimmung vollzogene Selbstschädigung vorgeschrieben hätte, sodass sie erst im Rückblick den Sinn ihrer Handlungen erkennen und gleichsam das Implizite durch den Wechsel in die autorgleiche Selbst-Zuschauerperspektive explizit machen können wie Ödipus nach der Anagnorisis. Dieser Wechsel der Perspektive ist der vom involvierten Akteur in die des Erzählers seiner eigenen Lebensgeschichte, dem sich immer erst retrospektiv die wahre Bedeutung seiner Handlungen *für* diese Lebensgeschichte offenbart.[297] Diese Bedeutung ist umso auffälliger, wenn Handlungsfolgen sich als Vereitlung von Handlungsabsichten herausstellen. Aufgrund dieses *retrospektiven Zeigecharakters sich (gegen die Intention der Akteure) verkehrender Handlungen* hat sich die absolute Metapher einer nicht-menschlichen Ironie vom dramatischen Kontext lösen und Eingang in die Lebenswelt nehmen können. Die Einsicht in den retrospektiven Zeigecharakter sich verkehrender Handlungen besagt, dass erst aufgrund von Handlungsergebnissen oder ihrer Folgen[298] die wahren Bedingungen des Handelns für die Akteure erkennbar werden, über die sie sich während der Deliberation und während der Ausführung der Handlung noch täuschten – entweder weil sie die der Handlung vorausgehenden Bedingungen nicht hinreichend kannten oder weil diese sich während des Handelns von den Akteuren unbemerkt veränderten. Erst in Kenntnis des Handlungsergebnisses oder seiner Folgen können diese (wie Agamemnon, Klytämnestra, Ödipus, Deianeira, Kreon, Iason, Theseus und andere tragische Figuren) ihre Handlung in einem neuen, diese Tatsachen berücksichtigenden Licht sehen und interpretieren.

Die Selbsterfahrung des selbstbestimmten Handelns bleibt dabei für die Tragödie gültig und kann nicht durch einen Autor-Schicksals-Determinismus entkräftet werden – schon deswegen nicht, weil die Einbildungskraft des Autors selbst auf einem Wissen vom Handeln und seinen Geschichten beruht. Der Dichter kann nur dramatische

---

[297] Diesen Gedanken hat Hannah Arendt 2005, S. 240f. und 298, herausgehoben.
[298] Mit Georg Hendrik von Wright 1974, S. 69ff., unterscheide ich Ergebnisse oder Resultate von Handlungen, die als realisierte Ziele durch die Handlung direkt bewirkt werden und noch zu ihr gehören, von Handlungsfolgen, die von den Handlungsergebnissen oder dem Handlungsvollzug verursacht werden und erst (lange) nach dem Abschluss der Handlung eintreten können. So ist Antigones Begräbnis ihres Bruders das Ergebnis ihrer Bestattungshandlung, die Bestrafung durch Kreon dagegen die Folge dieser Handlung. Anders als von Wright, der in diesem Fall von Handlungsfolgen spricht (ebd., S. 68f.), übernehme ich aber diese Differenzierung auch für die Handlungen, deren Ergebnis nicht intendiert wurde, weil es sich *in actu* gegen die Akteure verkehrt. So lassen sich Folgen, die erst aufgrund des Abschlusses der Handlung entstehen (z. B. die Heimsuchung Thebens mit einer Seuche aufgrund von Ödipus' früherer Tötung des Laios) von der Handlung (dem Schlagen) und ihrem Ergebnis (der Tötung des Laios) selbst unterscheiden.

Handlungszusammenhänge vorschreiben, weil er und andere handelnd bereits solche produziert haben, auf die er (imaginär variierend) zurückblicken kann. Den heroischen König Ödipus *vergegenwärtigt* er, indem er der Tragödienfigur Ödipus eine Rolle dichtet, d. h. er ist auf dessen vorgängige Erfahrung angewiesen, die der Mythos als Gewesenes berichtet. Die im Mythos erzählte Erfahrung geht der Ironie der Tragiker voraus.

Auch wenn der Topos der Welt als Bühne bzw. Theater bereits antik ist und vermutlich von Platon erfunden wurde,[299] wurden erst in den theatralen Diskursen der Neuzeit – prominent bei Shakespeare und Calderón – Personen als göttlich vollständig determinierte Figuren imaginiert.[300] Das Unentrinnbar-dem-Schicksal-Ausgesetzt-Sein ist entgegen einer alten und im populären Denken immer noch landläufigen Ansicht eher ein Phantasma der Neuzeit als ein Gemeinplatz der Antike.[301] In den Vorstellungen totaler Fremdbestimmung bleibt einem entweder nichts anderes übrig, als sie (wie in der Schicksalskonzeption der tragischen Metaphysik des 19. Jahrhunderts) fatalistisch zu ertragen, oder man bekommt nichts von ihr mit – wie die meisten Menschen im Science-Fiction-Szenario der *Matrix*-Trilogie von Lana und Andrew Wachowski.[302]

---

299 Siehe etwa Platon: *Philebos* 50c. Siehe zu den antiken Quellen Christian 1987, S. 1–11.
300 Vgl. William Shakespeare: *As you Like It* (Akt II, 7. Auftritt): Der Herzog spricht – wie in einem metadramatischen Kommentar – von der Welt als einem „wide and universal theatre", worauf Jaques mit den berühmten Versen antwortet: „All the world's a stage,/ And all the men and women are merely players;/ They have their exits and their entrances;/And one man in his time plays many parts[]". Der spanische Dichter Calderón de la Barca hat diese theatrale Metapher etwa ein halbes Jahrhundert später in seinem Mysterienspiel *El gran teatro del mundo* (*Das große Welttheater*) von 1655 wie in einer theatralen Parabel durchgeführt, in der Autor bzw. Regisseur und Schöpfer sowie Welt und Bühne miteinander identifiziert werden. Die Weltgeschichte seit der Genesis wird wie ein Bühnengeschehen von einer allegorischen Welt berichtet (V. 79–228). Danach treten weitere allegorische Figuren auf, die Länge ihres Auftritts entspricht ihrer Lebensdauer. Die Existenz der als Repräsentanten von Typen auftretenden Personen besteht in der bloßen Ausführung ihrer vom Schöpfer im Drehbuch des Gesamtlebens vorgeschriebenen Rolle, denn in Gottes „Sinn verbunden/ Sind die Menschen, eh' sie sind" (V. 234 f.). Im Gegensatz zur *tragischen* Ironie des durch den dramatischen Text gleichsam vorbereiteten Schicksals in der Antike kommt Calderóns Stück ein geradezu unverschämter *Optimismus* zu, der alles Geschehen – auch den äußerst frühen Tod eines Kindes (V. 541–548) – durch die Interpretation eines göttlichen Vorgeschriebenseins als theatrale Theodizee rechtfertigt und dadurch alles Leiden und jede Klage zum bloßen Bühnenphänomen relativiert. Zur Geschichte der Metapher von der Welt als Theater oder Bühne siehe: Langbehn 2007; González García/ Konersmann 1998. Das Verständnis der Person als Schauspielerin – das lateinische *persona* heißt Maske und auch Rolle (Weihe 2004, S. 181 f.) – hat sich in der Soziologie erhalten, die Interaktionen und Identitätsbildungen bzw. -wechsel nach dem Dispositiv des Theatralischen beschreibt. Prominentestes Beispiel ist immer noch Goffman 1959.
301 So bereits schon Wilamowitz 1931/1932, S. 344 ff. Vgl. Lurje 2004, 244 ff.
302 Es handelt sich um die Filme *Matrix* (1999), *Matrix reloaded* (2003) und *Matrix Revolutions* (2005). Die Nähe zu Gedankenexperimenten wie dem der „Gehirne im Tank" und den Phantasmen der Künstlichen-Intelligenz-Forschung ist offenkundig. Wie der Verweis auf Platons *Kritias* 109b-c zeigte (siehe oben Fn. 263), ist das Gedankenexperiment einer unbemerkten Fremdsteuerung schon alt.

4.8 Das (üble) Mitspielen der Götter

Durch diese Überlegungen lässt sich das anthropomorphe Bild der griechischen Götter in der Tragödie besser erkennen. Sie erscheinen als verborgene Agenten, willkürlich, parteiisch, hilfreich und schädigend – wie willkürliche Menschen (gerade Tyrannen), nur ungleich mächtiger. Für die rhetorische und zuweilen auch performative Präsenz von Göttern in attischen Tragödien heißt dies, dass sie nicht Determinanten allen Geschehens, sondern vielmehr *Mitspieler* sind. Aischylos spricht von den Göttern ausdrücklich als Mitspielern oder Mitwirkenden beim Geschehen, sodass sie – wie Apoll – auch *mit* den menschlichen Akteuren für den Umschlag ins Leid schuldig werden.[303] Wenn die Handelnden eine „Mitverantwortung"[304] für ihr Geschick haben, tragen die Götter ebenfalls Mitverantwortung, sofern sie „mitbeteiligt an menschlichen Handlungen"[305] sind.

Mitverantwortlich sind sie in einigen der überlieferten Tragödien auf unterschiedliche Weise. Das ist der Fall der *partiellen* Einflussnahme von Göttern auf die Figuren und das Geschehen. Arbogast Schmitt hat verschiedene Formen dieser Einflussnahme systematisch erfasst. Das Spektrum reicht absteigend von direkter Gewaltausübung, über Drohungen als Druckmittel, Warnungen, etwa in Form von Orakeln, Verführungen und Unterstützungen bis hin zu bloßen Bitten und Ratschlägen.[306] Für die selbst bei massiven Drohungen bloß partielle Einflussnahme der Götter auf die Menschen spricht, so Schmitt, dass der Mensch göttliche Befehle und Prophezeiungen missachten *kann*, ohne selbst notwendigerweise bestraft zu werden. Denn in der attischen Tragödie sei „nie" klar, „ob der Mensch dem Gott überhaupt folgen soll, im Gegenteil, oft ist es eindeutig klar, daß er es nicht soll"[307]. Schon die *Ilias* gibt außerdem zu verstehen, dass einigen Göttern zu folgen bedeutet, anderen nicht zu folgen, ja, gegen ihren Willen zu agieren. Weder ein Achaier noch ein Trojaner hätte es jemals dem gesamten Pantheon rechtmachen können.

Für die Unsicherheit und Kontingenz in der göttlichen Befehlsumsetzung kann der anscheinend ausweglose Fall des Orests in der *Choephoren* des Aischylos als Beispiel herangezogen werden. Apollons Befehl an Orest, den Gattenmord an seiner Mutter Klytämnestra und ihrem neuen Gemahl Aighistos zu vergelten, ist zwar mit einer massiven Drohung verbunden, doch entgegen Apollons Zusage nicht objektiv entlastend. Orest müsse, so warnt ihn Apollon, wenn er seine Mutter nicht töte, eine „eisige Winterqual" im Herzen erleben, eine Seuche würde seinen Leib befallen, die Erinyen würden ihn verfolgen, bis er vereinsamt, „ruhmlos ganz und ungeliebt/ Von

---

303 Aischylos: *Agamemnon*, V. 810–854, 1508f.; *Eumeniden*, V. 465, 609ff.
304 Höffe 2009a, S. 150. Tatsächlich gibt es auch schon im Griechischen Begriffe wie ‚mitverantwortlich' (*metaitios*) oder Mitverantwortung (*xunaitia*) bzw. partielle Verantwortung (*paraitios*): Vgl. Vernant 1990e, S. 75.
305 Schmitt 1997, S. 11.
306 Vgl. ebd., S. 13f.
307 Ebd., S. 11f., vgl. S. 17.

seinem martervollen Schicksal aufgezehrt" sterben würde.[308] Vollbrächte er aber seine Tat, sei er „ohne Schuld und Pein" (V. 1031). Es ist nicht klar, ob Apollon wirklich diese grauenvollen Dinge über Orest verhängen würde oder es überhaupt könnte. *Ex post* zeigt sich dagegen, dass Orest, der schließlich den Befehl befolgt, nicht einfach nur aus Zwang das von Apollon als einzig richtig Ausgewiesene getan hat, auch wenn zudem seine Schwester Elektra und selbst der Chor die Vergeltung als Ausdruck der Gerechtigkeit deuten und sich geradezu nach dem Jubel der Rache sehnen.[309] Denn unmittelbar nach der Tötung der Usurpatoren wird Orest, wie Apollon ihm für das Gegenteil seines Tuns prognostiziert hatte, von den Erinyen befallen, verfolgt, von Ängsten heimgesucht, wird einsam, gehetzt, verzweifelt und kraftlos.[310] Genau das Geschick tritt also ein, mit dem ihm für den Fall der entgegengesetzten Entscheidung gedroht wurde. Objektiv entlastend war Apollons Warnung demnach nicht, die Pein ist da. Apollon ist maximal unzuverlässig. Allein die neue Institution des Gerichts und Athenes Intervention kann Orest schließlich vom Leid in Form der Rachegeister und das gesamte Geschlecht der Atriden vom „Rasen des Unheils" (V. 1076) befreien.[311] Es ist offensichtlich, dass Orest selbst in dieser existentiellen Extremsituation, an der sein eigenes Schicksal, das seiner Schwester Elektra wie das des gesamten Herrscherhauses hängen, die Freiheit hat, sich zum Instrument der Vergeltung zu machen – oder nicht. Dass Orest vor einem offenen Handlungsraum steht, macht sein ergebnisoffenes Überlegen, Abwägen und Sich-Rechtfertigen vor der Tat deutlich, das zuweilen verzweifelt vor Unschlüssigkeit ist: „Wohin sich wenden, o Zeus, wohin?" (V. 409).[312]

---

308 Aischylos: *Choephoren*, V. 269–296, hier: V. 272 und 296.
309 Vgl. ebd., V. 61–73, 117–123, 143–149, 307–315, 328–331, 386–403, 462, 639–651, 783–837, 855–869, 931–976.
310 Vgl. ebd., V. 1021–1062.
311 Den Prozess stellen Aischylos' *Eumeniden* dar (V. 566–1047).
312 Orest ist hin- und hergerissen. Einen Moment später erscheint er wieder entschlossen (V. 433–437); immer wieder erbittet er Beistand von Zeus, der Dike oder seinem verstorbenen Vater (V. 246 ff., 382–385, 404–409, 455, 479 f., 489, 491, 495, 497–499), später hofft er auf Helios als möglichen Entlastungszeugen (V. 984–989). Vgl. auch seine Abwägungen der Motive und Gründe (V. 297–305) und das Zögern angesichts der möglichen Reue seiner Mutter (V. 514–522) sowie die Unschlüssigkeit in der Konfrontation (V. 899), in der er sich erneut an andere, nun an seinen Freund Pylades, wendet, der ihn auch zur Tat auffordert. Auch nachträglich plagen ihn Zweifel (V. 1010–1017). Offenkundig besteht Orests dilemmatische Lage darin, den Vater als dessen Repräsentant rächen zu sollen, aber die Rolle des Repräsentanten auferlegt zu bekommen, ohne ihr als Sohn gerecht werden zu können. Er wünscht sich seinen Vater als Rächer selbst herbei, erwartet sogar, dass er aus dem Grab erwache (V. 495 ff.). Damit spiegelt er Elektras und der Mägde Hoffnung wider, dass er ihre eigene Tatenlosigkeit als männlicher Rächer kompensieren möge. Als er schließlich wirklich handelt, will der Chor, der ihn zur Tat antrieb, keine „Mitschuld" tragen (V. 872–874). Orests Tragik liegt darin, die grauenvolle Handlung, die ihn in Verzweiflung stürzt, eher zu erleiden, als aus voller Überzeugung zu tun. Seine Mutter umzubringen ist nichts, das er aus seinem Selbstverständnis heraus tun *will*. Das bedeutet aber nicht, dass er diese Handlung mit Notwendigkeit vollziehen muss und gar keine Wahl hätte. Er selbst entlastet sich durch die Befehle und Aufforderungen anderer und die Deutung eines Traums seiner Mutter,

Das Rechenschaftgeben als Artikulation praktischer Gründe (*logon didonai*) ist ein konstitutives Element nicht nur der *Orestie*, sondern der attischen Tragödie insgesamt, ebenso wie reflexives Argumentieren, Kritisieren, und Rechtfertigen, wobei die Spannungen, Mehrdeutigkeiten und Probleme des zivilen Diskurses zutage treten.[313] Anders als ihre von Seneca beeinflussten Transformationen in der Neuzeit setzt die griechische Tragödie fast nie auf die Effekte von physischer Interaktion und Gewalt auf der Bühne, sondern lässt fast alle Handlungen, ihre Berichte, Begründungen und Evaluationen im Medium des Diskurses auf der Bühne darstellen. Darin ist sie dem demokratischen Diskurs der Athener Öffentlichkeit wie auch der sophistischen Dialogpraxis auf das Engste verbunden.[314] Die Figuren *begründen* vor sich und anderen ihre Handlungen und ihr Unterlassen, ohne sichergehen zu können, stets die besseren Argumente zu haben und das Richtige hinsichtlich der Konsequenzen ihrer Taten zu tun. Die Tragödie ist eine demokratische Kunstform, die die kommunikative Vernunft demokratischer Diskursivität in Anspruch nimmt, auch wenn sie zeigt, dass Begründungen in Dialogen nicht notwendigerweise zur Verständigung und zum Ausgleich von Interessen führen. Die Vernunft löst die Tragik nicht auf. Es ist aber irreführend, demgegenüber die tragischen Figuren als prämodern schicksalsverhaftet zu verstehen, zumal ihre Schauspieler und Zuschauer geradezu täglich die verbale Auseinandersetzung mit Gründen, die politische Wirkung hatte, praktizierten.[315]

Der aischyleische Orest handelt unter massiven sozialen Erwartungen und göttlichen Drohungen. Dennoch ist er für sein Tun, über das er *nachdenkt*, verantwortlich. Seine Tat kann angesichts der extremen Bedingungen, unter denen er von Apollon und den in seinem Umfeld geteilten normativen Erwartungen zu ihr genötigt wurde, anders beurteilt werden als etwa das Handeln des Aighistos, dem es nur um seine eigene Macht ging, als er mit Klytämnestra kooperierte, um das Herrscherhaus des Agamemnon vorsätzlich an sich zu reißen. Orest bekommt ihm gegenüber vom Athener Gericht mildernde Umstände. Diese betreffen aber das Strafmaß oder einen

---

nach der er selbst zum Drachen und Rächer an ihr werden müsse (V. 540–550). Doch sowohl für diese Deutung und ihre orientierende Funktion als auch schließlich zur Tat *entscheidet* er sich, wenngleich widerwillig. Er lässt sich von anderen zum Deuter des Traums wie zum Rächer bestimmen (V. 551f.), nimmt diese Rolle aber schließlich selbst an und verfolgt seinen eigenen technisch versierten Mordplan (V. 554ff.). Keine andere Hand führt ihn bei seinen Schlägen gegen Aighistos und Klytämnestra. Die *Choephoren* stellen den Prozess der Vorbereitung der Tat als offenen Prozess dar, der die Spannung beim Publikum über das Stück kunstvoll erhält. Wäre Orests Muttermord durch Apollons Dirigat zwangsläufig, hätte das Stück keine plausible Funktion mehr, die Aufforderungen, Befürchtungen, Ermunterungen des Chors und Elektras wären sinnlos und zudem Apollons Drohungen überflüssig. In den *Eumeniden* rechtfertigt Orest gegenüber Athene seine Tat, aber überlässt sich ganz ihrer Rechtsprechung (V. 443–469): Auch da ist er wieder unsicher, ob er mit Apollon dem Recht diente oder selbst ein Unrecht beging.

313 Vgl. Lesky 1984, S. 23; Goldhill 1986 und 2012, S. 56–80; Vernant/Vidal-Naquet 1990.
314 Vgl. Burian 2011; Critchley 2019, S. 91–120.
315 Siehe ebenso Critchley 2019, S. 119, der die Tragödie als Ausdruck des „linguistic turn" des 5. Jahrhunderts v. Chr. versteht, in dem Rationalität, Argumentation und Überzeugung ein enormer Wert beigemessen wurde: „Reason is essential to the experience of tragedy".

möglichen Freispruch, nicht dagegen die Frage, ob er *überhaupt verantwortlich* für seine Tat war. Auch wenn man unter Zwang steht, hat man die Alternative, ihm zu widerstehen oder nachzugeben, sich mit ihm auseinanderzusetzen oder ihn fraglos anzuerkennen. Orest hatte, wie er unmissverständlich selbst deutlich macht, *ex ante* unterscheid- und wählbare Handlungsalternativen und damit Freiheit und Verantwortung.

Wie er haben alle Akteure der antiken Tragödie prinzipiell die Freiheit, zu den Faktoren, die auf ihr Leben einwirken, Stellung zu beziehen.[316] Selbst wenn ein übermächtiger Zwang offensichtlich vorliegt, wie im *Prometheus Desmotes*, haben sie die Entscheidung, nachzugeben oder sich ihm zu widersetzen. Allerdings stellt der Typus der direkten übergriffigen Einwirkung durch göttliche oder dämonische Agenten demgegenüber einen Grenzfall dar, bei dem die Unterstellung von Freiheit in der Tat problematisch wird. Er tritt bei direkter göttlicher Einflussnahme auf, die nicht physisch im Sinne einer leiblichen Gegenkraft ist, sondern auf das Bewusstsein der Person einwirkt, ohne dass diese es merkte. Eine solche Verblendung (*atē*) oder ein Wahn (*mania* oder *lyssa*) trifft bereits den König Agamemnon in der *Ilias* und ist bis in die Tragödie ein verbreitetes Motiv des Einbruchs des Irrationalen in die Selbstverfügung der Figuren.[317] Mit ihr können Götter „selbst die verständigsten Menschen in unverständige wandeln"[318].

Drei Beispiele solcher Einwirkung aus der attischen Tragödie sollen hier diskutiert werden, um zu erkennen, bis zu welchem Grad auch hier Verantwortung zu unterstellen ist: (1.) Athene belegt in Sophokles' *Aias* den Helden mit einem Wahn, der ihn nicht sehen lässt, dass er statt seiner Feinde eine Viehherde schlachtet.[319] Es ist nicht einfach, diese Verblendung zu verstehen, denn sie stammt aus dem magischen Denken. Offenbar handelt es sich um eine Art telepathischer Kausalität, die die propositionale Wahrnehmungsfähigkeit – das Sehen und Hören von etwas oder jemandem *als* diese Sache und Person – sowie partiell die Zurechnungsfähigkeit der Figur ausschaltet. Analoge Situationen gibt es (2.) in Euripides' *Herakles*, in dem die Göttin Lyssa auf Befehl von Hera den Helden mit einer Verblendung belegt, aus der heraus er seine eigene Familie umbringt im Wahn, er sei in Mykene und würde die Kinder seines Erzfeindes Eurystheus töten.[320] In Euripides' *Bakchen* (3.) verzaubert Dionysos die Königsmutter Agaue und andere Frauen Thebens mit einem Wahn, der sie zu physisch besonders starken Mänaden werden lässt. Sie plündern, kämpfen und zerfleischen

---

316 Vgl. Schmitt 1997.
317 Vgl. Homer: *Ilias* XIX, 86–94 und 137 f. Vgl. zur Geschichte und Rolle der Verblendung im frühgriechischen Denken Dodds 1991, S. 1–16, dem die Stellen entnommen sind (ähnlich Williams 2000, S. 61–64); zur positiven Konnotation des prophetischen, rituellen, poetischen und erotischen Wahnsinns siehe ebd., S. 38–54. Zum Fortleben der archaischen Idee der Verblendung (*atē*) und des Wahnsinns (*mania*) in der attischen Tragödie siehe Padel 1995.
318 Homer: *Odyssee* XXIII, 12.
319 Sophokles: *Aias*, V. 39–133, 214–245, 283–306.
320 Euripides: *Herakles*, V. 822–1015.

zuerst Vieh, dann, „wahnsinnsgehetzt" als lebendige Werkzeuge des rächenden Dionysos, Agaues eigenen Sohn Pentheus, den ebenfalls vom Wahn getroffenen König der Stadt – „nicht ohne Hilfe eines Gotts!"[321]

Kennzeichen dieser magischen Einwirkungen auf den Geist der Akteure ist zum einen, dass sie zwar von außen – den Göttern – kommen, aber innen – im Bewusstsein – wirksam sind. Vernant hat daher den Begriff des *daimōn* als zentral für die Formen des wahnhaften Ergriffenseins als *atē*, *lyssa*, *mania*, *ara* oder *miasma* betont. Die göttliche Macht individualisiere sich als dämonische Macht, die dem Individuum fremd bleibe, aber „both within a man's soul and outside him"[322] wirke und das Individuum gleichsam von innen übernehme.[323] Das Ich ist plötzlich und temporär nicht mehr Herr im eigenen Seelenhaus. Noch heute hält sich dieser Charakter des Dämonischen als Besessensein in religiösen Traditionen und ihren Reflexen im Horrorfilm: Eine fremde Macht wirkt *in* einem und *durch* einen hindurch; sie befällt einen von innen wie eine als Monster oder als Teufel personifizierte „Krankheit" dergestalt, dass eine distanzierende Stellungnahme nicht mehr möglich ist. Das Bewusstsein wird von ihr gewaltsam kolonisiert.[324]

Damit ist das zweite Kennzeichen des Wahns verbunden, nämlich dass er die Erkenntnisfähigkeit temporär außer Kraft setzt. Es handelt sich um eine „zeitweilige Trübung oder Verwirrung des normalen Bewußtseins"[325]. Er suspendiert mit dem vernünftigen Erkenntnisvermögen zugleich auch die Fähigkeit zur reflexiven Änderung des eigenen Verhaltens. Die Möglichkeit zur *Distanzierung* von einem Impuls, zur *Unterbrechung* des eigenen Tuns und zur bewussten Stellungnahme seinen Motiven gegenüber ist allerdings eine notwendige Bedingung von Freiheit und Verantwortung. Wie extrem von Alkohol oder anderen Drogen Berauschte „handeln" Aias, Herakles und die Frauen von Theben also nicht mehr im strengen Sinn von auf Freiwilligkeit beruhendem „Handeln", da sie keine Verfügungsgewalt über die Impulsivität ihres Verhaltens haben. Sie scheinen es offenkundig weder hemmen, aufhalten noch überhaupt Gründe bewusst wirksam werden lassen zu können. In Harry Frankfurts

---

[321] Euripides: *Die Bakchen*, V. 1229, 764. Vgl. zur Induktion des Wahns und seiner Folgen: V. 26–38, 326 f., 359, 677–768, 847–861, 882–892, 912–1022, 1043–1215, 1233–1243, 1251–1258. Die *anagnōrisis* fällt mit Agaues Erwachen aus dem Wahn zusammen: Sie erkennt, was sie getan hat, ihren eigenen Sohn hat sie zerfleischt und das Haupt abgetrennt, das nun in ihren Armen ist: V. 1280–1302. Dann erst sieht sie ihr „größtes Leid" (V. 1282).
[322] Vernant 1990a, S. 35 f.
[323] Vernant 1990e, S. 62.
[324] Deshalb benötigt ein solch Befallener nach katholischer Lehre (*Rituale Romanum* von 1614), die antiken Aberglauben transportiert, nicht Reue und Umkehr – Funktionen der selbstreflexiven Praxis –, sondern einen Exorzisten als gleichsam apotropäischen Arzt, der von außen nach innen antisatanisch zu wirken vermag. Die Verblendung in der Tragödie ist dagegen viel exoterischer und nachvollziehbarer. Die Götter, die telepathisch die temporäre Umnachtung aus oft allzu menschlichen Motiven als Machtmittel indizieren, sieht man in der Regel auf der Bühne als Schauspieler, wodurch die kausale Wirkung ihres (magischen) Einflusses im Sinne einer Handlung plausibler wird.
[325] Dodds 1991, S. 4.

Sinne sind sie Getriebene.³²⁶ Einleuchtend ist mit Blick auf die griechische Sicht der Kultur als technisch-pragmatische und symbolisch-kommunikative Selbstbestimmung daher Segals Bemerkung, dass Wahnsinn, wie er die tragischen Figuren trifft, für die Griechen „a reduction of man to the status of a wild beast" darstellt: „the madman rejects the implements of culture and reverts to a state of feral nature."³²⁷ Die Formen der Umnachtung sind also weit mehr als eine leichte Intoxikation, sondern stellen eine plötzliche, nicht-kontrollierbare und völlige Verwandlung dar – haben also die charakteristischen Kennzeichen eines Umschlags.³²⁸ Vom euripideischen Herakles berichtet der Diener, er sei in dem schlagartig eintretenden Zustand nicht mehr er selbst gewesen.³²⁹

Wie kann man dieses Erbe der alten Religion so deuten, dass es nicht nur an den schon bei Aristoteles säkularen Rahmen einer rationalen Handlungstheorie, sondern auch an die technisch-pragmatische Lebenswelt, die schon in der Antike weitgehend adämonisch funktionierte, anschlussfähig ist? Die Analogie zu starken Rauschmitteln scheint hier nahezuliegen, zumal in den *Bakchen* der – magisch angereicherte – Wein des Dionysos ausdrücklich als Mittel der Verwandlung der Frauen Thebens in Mänaden erwähnt wird:³³⁰ Rauschmittel wirken, ähnlich der Belegung mit Wahn, in der Tragödie vorübergehend und unterminieren zu einem mitunter fatalen Grad die Zurechnungsfähigkeit, sodass jemand Schreckenstaten ohne Klarsicht im Rausch begehen kann, an die er sich danach womöglich kaum zu erinnern vermag. Er tut dann etwas, ohne sich von abgewogenen Gründen leiten zu lassen und eine Risikofolgenabschätzung vorzunehmen. Vielmehr scheinen Impulse aus dem Unbewussten das Verhalten mit einer mehr oder weniger machtlosen Restkontrolle des Bewusstseins zu steuern. Ähnlich scheint es in einigen Fällen der Hypnose zu stehen, in der die Schwelle der Autonomie des Menschen vorübergehend von einer Hypnotiseurin oder einem Hypnotiseur gesenkt werden kann, sodass Hyptnotisanden ihren Aufforderungen ohne rationale Abwägung von Gründen mit gleichsam in der Trance sediertem Willen nachzukommen tendieren. Dadurch ist das Risiko der Tatanstiftung durch die Hypnotiseure gegeben.³³¹

---

326 Das kritiklose Folgen von Wünschen ist ein Kennzeichen des Triebhaften (*wanton*) nach Harry Frankfurt, eines Wesens, das zu keiner reflexiven Stellungnahme zu seinen eigenen Wünschen und Impulsen fähig ist. Der *wanton* ist im Gegensatz zu Personen, die reflexiv zu ihren Wünschen Stellung nehmen, nicht frei (Frankfurt 2001a). Im Fall der Verblendung ist die selbstreflexive Kontrolle wie ausgeschaltet.
327 Segal 1997, S. 62.
328 Vgl. Padel 1995, S. 241.
329 Euripides: *Herakles*, V. 931 f.
330 Euripides: *Die Bakchen*, V. 687. Die Verblendung wird schon in der Odyssee mit Weingenuss assoziiert, ist aber auf übernatürliche Ursachen zurückzuführen (Dodds 1991, S. 4 f.).
331 Zur Geschichte und den Erklärungshypothesen von (öffentlichen) Anstiftungen Hypnotisierter zu kriminellen und beschämenden Handlungen siehe Revenstorf 2011. Revenstorf beschreibt den Zustand Hypnotisierter durch eingeengte Aufmerksamkeit auf das Jetzt bei Erhaltung kognitiver Klarheit, das Überlassen der Handlungsplanung an den Hypnotiseur und einen sehr eingeschränkten Zugang zu

Doch auch hier bleibt insofern ein Moment der Selbständigkeit vorhanden, als die Verblendeten und Berauschten nicht gänzlich fremdgesteuerte Körper wie laut Platon die Menschen unter Kronos sind oder, um ein gegenwärtiges Beispiel anzuführen, der Schauspieler John Malkovich in Spike Jonzes phantastischer Filmkomödie *Being John Malkovich*, in der eine andere Person vorübergehend die komplette Führung von Malkovich aus dem Innenraum seines Bewusstseins übernimmt und ihn wie eine von innen bewegte Marionette bewegen kann.[332] In der Regel nimmt die Zurechnungs- und damit Schuldfähigkeit graduell ab. Je nachdem, wie stark die Einsichtsfähigkeit und der praktische Kontrollverlust im Drogenrausch ausfallen, attestiert die (bundesdeutsche) Rechtspraxis eine Minderung oder sogar den Verlust der Zurechnungs- und damit der Schuldfähigkeit (§§ 20 und 21 StGB). Es liegt jedoch (meist) in der eigenen Verantwortung, die Zufuhr entsprechender Substanzen von Anfang an oder in einer kritisch werdenden Phase zu unterbinden, sodass nach § 323a StGB ein zu verantwortender Rauschzustand, in dem eine Straftat begangen wird, mindestens als fahrlässig zu beurteilen ist und mit Freiheitsstrafe bis zu fünf Jahren bestraft werden kann; zudem können Täter auch aufgrund des intendierten Herbeiführens von Schuldunfähigkeitszuständen nach §§ 20 und 21 StGB belangt werden.[333] Des Weiteren ist nach dem Prinzip der *actio libera in causa* ein späteres, aber noch vor dem Sich-Versetzen in einen Vollrausch geplantes vorsätzliches oder aber fahrlässig herbeigeführtes Vergehen strafbar, als sei es in vollem Bewusstsein begangen worden. Diesen Differenzierungen der Schuldfähigkeit und des Straftatbestands im modernen Recht gegenüber können die tragischen Figuren situativ nichts für den plötzlich über sie von göttlicher Seite hereinbrechenden Wahn, weil sie ihn, wie der Trinker die Flasche, nicht vermeiden oder graduell in ein Mehr oder Weniger der Zurechnungs- und damit Schuldfähigkeit regulieren können.[334] Allerdings wird der Verblendungszustand von den Göttern durchaus auch als Strafe oder Rache präsentiert, sodass es dem Publikum überlassen bleibt, darin eine gerechtfertigte Vergeltungsreaktion für frühere Schuld zu erkennen oder nicht.[335]

Erfahrungen, Gefühlen wie Scham und zu rational-moralischen Bewertungen, was sich an partiellen Hemmungen des Frontalhirns zeigt.
332 *Being John Malkovich*. R.: Spike Jonze. USA 1999.
333 Vgl. das *Fachlexikon Recht* 2005, S. 42f.
334 Vgl. Aristoteles' Qualifizierung von Handlungen *aus* Trunkenheit oder Affekt und *in* dadurch induzierter temporärer Unwissenheit als nicht-freiwillig, was allerdings die Akteure nicht vor Strafe schützt, sofern die Trunkenheit und die daraus resultierende Unwissenheit freiwillig eingegangen worden sind (*Nikomachische Ethik* III 1, 1110b24–27; 5, vgl. 1113b23–25 und 30–34).
335 Im Fall des Aias kann man eine vorherige *hybris* gegenüber den Göttern annehmen (Sophokles: *Aias*, V. 127–133). Zumindest in den *Bakchen* aber wird offenkundig, dass Umnachtung durch Götter auch jenseits der Logik individueller Vergeltung induziert wird. Agaue und die Thebanerinnen werden von Dionysos mit Wahnsinn ohne eigenes Verschulden geschlagen. Dieser will Pentheus' Unfrömmigkeit ihm gegenüber bestrafen, nutzt aber Unschuldige wie die Frauen als Mittel, um ganz Theben in Mitleidenschaft zu ziehen. Dionysos reagiert hier willkürlich-tyrannisch.

Aus dem Ausgeführten folgt, dass die Verblendung mehr als dem Rausch einer kurzen psychotischen Phase, einer extremen, wenngleich atypischen Pathologie entspricht, die von außen induziert wird.[336] Die Figuren behalten in der Verblendung ihre physische Kraft und ihr Tatvermögen oder gewinnen – wie die Mänaden der *Bakchen* – sogar noch unerhörte Kraft hinzu. Ihre propositionale Wahrnehmung aber täuscht sie, wie die Sprecher in der tragischen Ironie sich über die wahre Bedeutung ihrer Aussage täuschen: Sie erkennen Tiere nicht als Tiere, Menschen nicht als Menschen und die eigene Familie nicht als die eigene Familie.[337] Aias und Herakles agieren dabei im Wahn so, wie sie es aus ihrem eigenen Selbstverständnis heraus gewohnt sind: Aias begeht selbst seine kämpferische Tat aus ungebremstem Zorn, während er sich in epistemischer Verdeckung darüber irrt, wen er als vermeintliche Feinde tötet.[338] Herakles wird ebenso als zorniger und aus Zorn übereilter Kämpfer *par excellence* präsentiert, täuscht sich aber darüber, wen er im entscheidenden Moment bekämpft.[339]

Darin dürfte der Grund liegen, warum selbst in diesen Fällen direkter göttlicher Gewalteinwirkung die Figuren sich nicht nur wie Opfer einer fremdinduzierten Befleckung verhalten, sondern sich in ihren Taten als Täter wiedererkennen und Verantwortung schon dadurch für sie übernehmen, dass sie ihre subjektive Schuldlosigkeit trotz ihrer kausalen Verantwortung für die objektive Schuld explizit zu rekonstruieren und zu begründen versuchen.[340] Die Verblendung hat nicht zu einem ihnen völlig fremden Verhalten geführt. Sie wird vielmehr als eine Art magisch induzierte Steigerung ihres eigenen impulsiven Affektes verständlich, den nun keine rationale Besonnenheit mehr zurückhält. Herakles etwa scheut nicht vor der grauenvollen Tat zurück, kleine unschuldige Kinder zu töten; diese Monstrosität ist sein Werk. Dass es seine eigenen Kinder waren, nicht die seines Feindes, ist ein Irrtum, für den er nichts kann. Doch die eigene Mitverantwortung liegt im Impuls, den Typus an Handlung – das Ermorden hilfloser Kinder – überhaupt zu vollbringen. Die Tat wird

---

336 Vgl. Dodds 1991, S. 4. Es handelt sich freilich um ein dämonisches Phänomen, das aufgrund seiner Eigenschaften – epistemische Totalverblendung, sehr kurzzeitige Wirkung – nicht auf Phänomene wie psychotischer Schübe, Intoxikationen o. a. reduzierbar ist. Das scheint aber in der Deutung der *Bakchen* der Regelfall zu sein: Vgl. Radke 2003, S. 80, Fn. 140 mit Literaturangaben.
337 Offenbar gibt es dieses Phänomen auch in der Hypnose, siehe Revenstorf 2011.
338 Athene verhüllt seinen „scharfen Blick" (Sophokles: *Aias*, V. 85), sie nimmt ihm nicht sein Handlungsvermögen.
339 Agaue in den *Bakchen* wirkt dagegen wie ein schuldloses Opfer des dionysischen Wahns, man kann nicht erkennen, ob sie auch sonst gewalttätig gewesen ist. Das Gegenteil ist mit Blick auf die Rolle der Frauen in Hellas anzunehmen.
340 Vgl. Sophokles: *Aias*, V. 373–376, 450–453, 840 f.; Euripides: *Herakles*, V. 1146–1162, 1279 f., 1367–1374. Ein fehlerhaftes Handeln, für das er Verantwortung trägt, ist auch Pentheus in den *Bakchen* aufgrund seiner Behandlung des Dionysos und seines Kontrollbegehrens trotz der Induktion mit Wahn zu attestieren (Radke 2003, S. 82 ff.), nicht aber seiner Mutter und den anderen Frauen, die im Wahn zwar jagdbegierig erscheinen, aber völlig unfreiwillig zu Mörderinnen an Menschen werden.

nicht passiv hingenommen, sondern leidenschaftlich vollzogen. Darin liegt die Verantwortung der Umnachteten wie der physisch oder psychisch Genötigten.[341]

Hier liegt eine Parallele zu den biochemisch, neurologisch und psychologisch rekonstruierbaren Fällen von Quasi-Handlungen im Rausch oder suggierten Verhaltensweisen unter Hypnose. Entgegen einem weit verbreiteten Vorurteil begehen Menschen in einer unter Bedingungen des Vertrauens von einer Hypnotiseurin induzierten Trance zumindest in der Regel keine Handlungen, die ihrem Selbstverständnis gänzlich widersprechen bzw. entwürdigend sind. Die Personen werden nicht einfach zu willenlosen Instrumenten des Hypnotiseurs, es sei denn, eine entsprechende psychologische Disposition kommt diesem gleichsam komplizenhaft entgegen.[342] Auch unter Drogeneinfluss tun Menschen in der Regel nur solche Dinge, zu denen sie ohnehin eine Anlage haben, deren Artikulation sie aber womöglich im Zustand bewusster Kontrolle hemmen, um etwa soziale Normierungen nicht zu verletzen. Im Rausch ist bekanntlich die Schamschwelle mit der Reflexionsfähigkeit und der Ansprechbarkeit auf Gründe gesenkt, aber auch dann ist es sehr unwahrscheinlich, dass jemand, der charakterlich stets friedfertig ist, urplötzlich zum aggressiven Mörder wird.[343]

Selbst also in den Zuständen radikaler Fremdbestimmung durch mysteriöse oder naturwissenschaftlich nachvollziehbare Beeinflussung bleibt ein Rest an gebundener Freiheit, Dinge nicht zu tun, die dem eigenen Selbstverständnis gänzlich widersprechen. Die tragischen Figuren bleiben also sich selbst und ihrer Verantwortung (fast) immer verbunden, selbst in Fällen temporär von außen induzierter Umnachtung.

Insgesamt gilt eine je nach Drama unterschiedliche starke Mitwirkung der (mehr oder weniger vertrauenswürdigen) Götter: „Der Mensch handelt zwar frei und selbständig, jedoch nicht alleine, sondern zusammen mit und neben den ebenso frei handelnden Göttern, in einer Welt, die zugleich auch göttlichen Wirkens voll ist."[344] Diese Beschreibung gilt auch für andere kontingente Einflussfaktoren, die als Zufall

---

341 Vgl. zu Agamemnon: Vernant 1990e, S. 72.
342 Einige wenige Gegenbeispiele bereits aus dem 19. Jahrhundert haben die Annahme genährt, man würde als Somnambuler oder Hypnotisierter zu einem willenlosen Instrument. Bei der sogenannten Bühnenhypnose, deren Faszination offenbar mit der Möglichkeit ich-fremder Handlungen zu tun hat, gibt es einen durch Publikum erhöhten Druck, den Anweisungen des Hypnotiseurs zu folgen. Aber auch hier gilt wie in der therapeutischen Hypnose, dass die Probanden bzw. Patienten sich freiwillig zur Hypnose bereiterklärt haben und ggf. unbewusst danach streben, Hemmungen zu suspendieren und sich durch die Hypnose von der Verantwortung freizumachen. Zur bisherigen Diskussion über Beeinflussbarkeit und Machtlosigkeit in der Hypnoseforschung vgl. neben Revenstorf 2011 auch Revenstorf/Burkhard 2009, vor allem S. 135 ff.
343 Nida-Rümelin 2011, S. 26 ff., geht davon aus, dass sich Personen unter Alkoholeinfluss oft charakterlich ändern und keine strukturelle Kohärenz in ihrem Verhalten aufweisen. Das ist eine empirische Frage, die mir nicht eindeutig geklärt zu sein scheint. Eher ist m. E. davon auszugehen, dass nur die Hemmschwelle sinkt, Dinge zu tun, für die bereits eine charakterliche Disposition vorhanden ist.
344 Lurje 2004, S. 246.

auffällig sind und nicht unbedingt auf die Götter zurückgeführt werden. Was aber ist das für eine (Un-)Freiheit, in der Menschen neben und mit Göttern wirken?

4.9 Gebundene Freiheit

Göttliche Faktoren, Zufall und menschliche Freiheit schließen sich also nicht logisch aus. Statt einander ausschließender Handlungserklärungen geht es in den griechischen Epen und Tragödien um nachvollziehbare *systemische viele Faktoren verbindende Konstellationen*, bei denen Einflüsse das Handeln und Erfahren der Personen mitbestimmen, ihre Freiheit und Verantwortung aber nicht suspendieren. Alle Faktoren lassen sich jeweils in einer Handlungsdarstellung zusammenführen. Wie das gelingt, demonstrieren – freilich nicht in theoretischer, sondern dichterischer Sprache – die antiken Texte selbst. Tragödien sind Darstellungen kontingenter, systemisch verbundener Faktoren für Umschläge ins Leid, bei denen das Handeln der Figuren unverzichtbar, aber nicht allein ausschlaggebend ist. Die Faktoren zusammenzudenken, heißt, eine grundlegende Ambivalenz anzuerkennen, die Situationen wie den tragischen Umschlag im Spannungsfeld von freiem Handeln und kontingenten Widerfahrnissen, von eigener Entscheidung und göttlichem Einfluss, von Bewusstem und Unbewusstem, Klarsicht und Verblendung prägt.

Diese Ambivalenz liegt schon im Begriff des tragischen Fehlers, der die dianoetischen wie ethischen Tugenden oder Fähigkeiten der Akteure betrifft, der ihnen zuschreibbar ist, aber doch nicht als Gegenstand einer moralischen Verurteilung passen will. In den philosophischen Reflexionen zur Tragödie seit Schelling, als man begann, sich für die Probleme, die sich aus der mit der Aufklärung hochgehobenen Freiheit ergaben, zu interessieren, hat diese Ambivalenz zu paradoxen Formulierungen geführt, die tragischen Akteure seien „ebenso schuldig als unschuldig"[345] bzw. „ohne wahre Schuld [...] schuldig"[346]. Die Denkfiguren des Idealismus, die im Anschluss an Kant und Spinoza Freiheit und Notwendigkeit vermitteln sollten, wurden von Schelling und Hegel als bereits in der antiken Tragödie wirksam verstanden. Die tragische *hamartia* erschien als ein ambiges Fehlverhalten eigener Art, aufgrund dessen dem Akteur weder volle Verantwortlichkeit noch bloße Passivität zu attestieren war. Schelling versuchte diese Ambivalenz als Verbindung aus Notwendigkeit und Freiheit durch ein Zwei-Ebenen-Modell aufzulösen, indem er – entgegen Aristoteles' Theorie, dass Handlungen in der Tragödie freiwillig und aus Überlegungen bewusst begangen werden[347] – die These entwickelte, der Akteur würde zwar eigenständig handeln, aber aus Perspektive eines übergeordneten Schicksals *notwendig* schuldig werden, weil der Irrtum (*hamartia*) sich nicht zufällig, sondern notwendig aus dem Handeln ergebe.

---

[345] Georg Wilhelm Friedrich Hegel: *Ästhetik* III (Theorie-Werkausgabe, Bd. XV), S. 545.
[346] Friedrich Wilhelm Joseph Schelling: *Philosophie der Kunst* (1859), S. 695.
[347] Zur aristotelischen Handlungstheorie, die auch der Tragödientheorie zugrunde liegt, siehe zusammenfassend Schmitt 2008a, S. 105–117.

Erst in der späteren Erkenntnis dieser Notwendigkeit und der bewussten Annahme bzw. Internalisierung des Schicksals manifestiere sich – wie beispielhaft Ödipus beweise – die Freiheit; ihr erhabener Triumph in einem Moment.[348]

Heute wird diese Ambivalenz meist als juristische Differenz von subjektiver Unschuld und objektiver Schuld gefasst, sodass von „Tragik ohne subjektive Schuld"[349] die Rede ist. Ödipus begeht objektiv schlimme Taten, subjektiv aber ist ihm kein Vorsatz anzulasten. Doch diese Entlastungsversuche schlagen das Pendel nur auf die andere Seite, um den für die Tragödie weitgehend irreführenden Begriff der Schuld (im Englischen ist dagegen oft von *flaw* und heute meist von *mistake* die Rede) zu retten. Erklärt man die Tragödie gleichsam gegen die lange Tradition moralischer Hamartia-Interpretationen als „das Reich der *Schuldlosigkeit*"[350] und deutet die tragischen Figuren ausschließlich als Opfer übermächtiger Faktoren, übergeht man die politischen, ethischen und technisch-praktischen (mehr oder minder „verständlichen") Fehler und Charakterschwächen noch so exzeptioneller Helden.[351]

Wie aber ist diese Ambivalenz oder Ambiguität von Selbstbestimmung und Bestimmtsein, von Schuld und Schuldlosigkeit für ein nicht nur historisch beschreibendes, sondern auch normativ gehaltvolles Verständnis der Tragödie als ästhetischer Erkenntnisform fruchtbar zu machen? Historisch ist die Spannung zwischen Verantwortlichkeit und Ohnmacht, Aktivität und Passivität, Wissen und Nicht-Wissen auf die Übergangsphase eines mythisch-religiösen und eines moralisch-juristischen Schuldverständnisses im 5. Jahrhundert v. Chr. zurückzuführen, in der beide Paradigmen in einer Spannung zueinander standen. Der archaisch-religiösen Vorstellung einer seelischen Verblendung durch die Götter als Fluch oder der Schuld einer Befleckung (*miasma*) stand andererseits die moralisch-rechtliche Eigenverantwortung der Akteure gegenüber, denen in der politischen Kultur und der sich herausbildenden Rechtspraxis Athens eine freiwillige, also ungezwungene Tat aufgrund bewusster Entscheidung zugeschrieben werden können musste.[352] Die Tragödie erscheine, so

---

348 Vgl. Schelling 1859, S. 695 ff. Zugleich erscheint für Schelling das Handeln der Figur als freies, die – wie im Fall von Ödipus – erst retrospektiv selbst die Notwendigkeit des Schicksals, in die sie sich verstrickt hat, erkennt. Zu Schellings Verständnis des Schicksals, der Freiheit und der aristotelischen *hamartia* siehe Hay 2012, S. 61–100. Nach Loraux 1993 sind es eher die Frauen, deren Freiheit in der Tragödie nur im (männlichen) Sterben bestehe.
349 Manuwald 1992, S. 7; vgl. Von Fritz 1962a, S. 8. Siehe die ausführliche Diskussion der Frage, ob und wie von tragischer Schuld die Rede sein kann, bei Lurje 2004 und Gerhartz 2016.
350 Lehmann 1991, S. 104.
351 Völlig schuldlos wirkende Figuren gibt es selten, etwa die sich heroisch opfernde Herakles-Tochter Makaria aus Euripides' *Herakleiden* oder Haimon aus Sophokles' *Antigone*. Es handelt sich meist um Nebenfiguren, die ins tragische Schicksal mit hineingezogen werden. Zudem sind sich opfernde oder geopfert werdende Jungfrauen wie Makaria, Polyxena oder Iphigenie zwielichtige Phantasmen des männlichen Blicks. Vgl. dazu Loraux 1993, besonders S. 52 ff. Zu Haimons Motiven, die ihn zum Opfer machen, vgl. Von Fritz 1962b. Eine unschuldige Hauptfigur gibt es vielleicht nur in Euripides' *Andromache*. Sie ist Witwe, entführte Sklavin und wird noch verfolgt und mit dem Tod ihrer selbst und ihres Sohns bedroht. Sie handelt abgesehen von Sprechhandlungen nicht, sondern ist vor allem Opfer.
352 Siehe dazu Vernant 1990a S. 43 ff. und Vernant 1990e.

Jean-Pierre Vernant, in einer historischen Übergangszone, in der göttlicher Einfluss und menschliche Selbständigkeit zwar unterschieden, aber (noch) nicht klar trennbar seien.[353] Damit würde sie zur Reflexionsform einer noch experimentellen Praxis, die in den Bürgern freie und eigenverantwortliche Akteure sieht und zugleich die schicksalsbestimmende Rolle der Götter weiterhin annimmt und, wie Ingo Werner Gerhartz gezeigt hat, als mantische Praxis in der Athener Politik eine nach wie vor wichtige Rolle spielte.[354] Mit der Tragödie beginne demnach im 5. Jahrhundert v. Chr. die Geschichte der Autonomie am Ende einer religiös-mythischen Vorstellungswelt, in der Menschen selbst in ihrem Handeln von den Göttern bestimmt würden. Die Tragödie wäre eine Übergangsform mit einem bereits sich in der Rechtspraxis der Polis herausbildenden juristischen Vokabular, das Handeln den Individuen je nach Absicht gänzlich zuspricht. Diese Reflexion über die Fähigkeiten und Grenzen des Menschen als selbständigem Wesen fasst Vernant so zusammen, dass er auch den kulturkonstitutiven Gegensatz von *technē* und *tychē* oder *technē* und *physis* im griechischen Denken als historischen Wechsel von einer alten religiösen Vorstellung in ein rechtlich-reflexives Denken charakterisiert. Die Tragödie operiere dabei als Experimentalform für die noch neue Vermittlung der Autonomie und der alten (göttlichen/natürlichen) Fremdbestimmung:

> „man himself is beginning to experiment as an agent who is more or less autonomous in relation to the religious forces that govern the universe, more or less master of his own actions and, through his *gnōmē*, his *phronēsis*, more or less in control of his own political and personal destiny. This experimentation [...] is expressed in tragedy in the form of an anxious questioning concerning the relation of the agent to his actions".[355]

In der Tragödie entwickelten sich schon Subjektivität, Handlungs- und Willensfreiheit sowie Verantwortung, seien aber noch untrennbar vom religiösen Erbe, das dem Menschen unabhängig von seinen Absichten und Gründen Schuld zugesprochen habe. Als Beispiel führt Vernant unter anderem den Bedeutungswandel von *hamartia* an: Während damit zuerst eine geistige Krankheit als moralische Schwäche und intellektuelles Versagen gemeint war, die als Wahn das Individuum von innen befällt, trennen sich später, als der Fehler juristisch an die Absichten und Freiwilligkeit der Handelnden gebunden wird, die Begriffe der *hamartia* und *atē*.[356] Die Tragödie

---

[353] Hegel deutet in seiner Rechtsphilosophie die Tragödie geschichtsphilosophisch noch tiefer in der alten mythischen Vorstellung verhaftet: Das heroische Selbstbewusstsein der Tragödie sei „noch nicht zur Reflexion des Unterschieds von Tat und Handlung, der äußeren Begebenheit und dem Vorsatze und Wissen der Umstände [...] fortgegangen" und übernehme deshalb „die Schuld im ganzen Umfange der Tat." (Georg Wilhelm Friedrich Hegel: *Grundlinien der Philosophie des Rechts*, § 118. (Theorie-Werkausgabe, Bd. VII), S. 219) Tatsächlich zeigen die Quellen etwas anderes: In der Tragödie wird sehr wohl zwischen diesen Faktoren unterschieden, nur wird zugleich gezeigt, dass dieser Unterschied für die tragischen Konsequenzen unerheblich ist.
[354] Vgl. Gerhartz 2016, S. 143.
[355] Vernant 1990a, S. 46.
[356] Vgl. Vernant 1990e, S. 62–64.

changiere oder oszilliere zwischen einem heteronomen Verständnis von Handlung, bei dem der Handelnde nicht Autor seiner Handlung, vielmehr in ihr gefangen sei und sich Flüche intergenerationell auf Unbeteiligte vererbten, und einem autonomen Handlungsverständnis, in dem der Akteur zum Herrn (*kyrios*) bzw. Vater seiner Taten werde und nur für das verantwortlich sei, was er auch freiwillig getan habe. Die tragische Entscheidung habe daher zwei Quellen: den Charakter der Helden (*ēthos*) und die göttliche Macht (*daimōn*).[357] Diese konstitutive Ambiguität erkläre auch ihre begrenzte Blütephase als Zwischenstation in der Entwicklung des Denkens von Homer bis Aristoteles.

Egon Flaig hat in einer scharfen Kritik Vernants einflussreiche Diagnose der Tragödie als *Beginn* der Herausbildung einer selbstverantwortlichen Subjektivität relativiert.[358] Nicht nur beruhe das anhand von Quellen kaum plausibel durchführbare Projekt einer mit der Tragödie beginnenden Subjektivitätsgeschichte auf fragwürdigen evolutionistischen Annahmen, auch ignoriere es in eurozentristischer Manier das kulturelle Umfeld der Griechen. So sei in der älteren altorientalischen Literatur bereits der Wille als frei anerkannt gewesen, der, so Flaig weiter, auch da im Handeln und Verantwortung-Übernehmen der Akteure erkannt werden könne, wo eine theoretische Sprache noch keine Terminus für ihn gefunden habe. Er weist auf die Selbständigkeit der unter göttlichen Einflüssen agierenden homerischen Helden hin, die von ihrem Umfeld für ihre Taten im Guten wie im Schlechten zur Rechenschaft gezogen werden würden.[359] Überhaupt habe der Hinweis, eine Tat sei unter göttlichem Einfluss geschehen, im 5. Jahrhundert v. Chr. kaum entschuldigend vorgebracht werden können, da der Einfluss wiederum als eine angemessene Sanktion der Götter etwa auf die Hybris des Akteurs gedeutet worden sei, die wiederum in dessen Verantwortung gelegen habe. Flaig plädiert daher für einen ethnologischen Blick, der das „selbstverantwortliche moralische Subjekt" nicht als etwas „kulturell Singuläres" ansieht, das sich in Europa erst ab dem 5. Jahrhundert v. Chr. auf die Moderne zu entwickelt habe. Die schon aufgrund ihres Festspielrahmens eminent „politische Kunst der griechischen Tragödie" (Meier) verhandle gerade deshalb normative Konflikte, weil in der jungen, raschem Strukturwandel und außenpolitischem Wechsel unterworfenen Demokratie keine theologisch fundierte Religion (wie etwa in Israel) und keine traditionell unbefragt gültige Ethik (wie die Adelsethik) sichere normative Orientierung boten. Die tragisch Handelnden spiegelten daher in mythischer, historischer, geographischer und theatraler Distanz die erhöhten Handlungsrisiken der institutionell kaum entlasteten Entscheidungssituationen der Athener wider.[360]

Flaigs Kritik ist angesichts Vernants Betonung des aufkommenden Autonomiebewusstseins im 5. Jahrhundert v. Chr. übertrieben, denn Vernant verneint keineswegs die Verantwortlichkeit in der Tragödie, sondern betont viel mehr die multiplen Am-

---

357 Vgl. ebd., S. 77, 81 f.
358 Vgl. Flaig 1997, S. 32–39.
359 Vgl. ebenso Schmitt 1990.
360 Vgl. Flaig 1997, S. 49 ff. Dazu siehe bereits Meier 1988 S. 236.

bivalenzen, die die Tragödie auf der Schwelle zwischen religiösem Geschehen und rechtlich-moralischer Selbstverantwortlichkeit erzeuge. Er selbst kritisiert Forscher wie André Rivier, die die These vertreten, in der Tragödie gebe es keine Freiheit und Entscheidung, sondern nur den Zwang der Notwendigkeit, auch wenn er – anders als Flaig – bekräftigt, dass es bei den Griechen keinen „Willen" als Instanz einer freien Entscheidung gegeben habe.[361] Rivier wiederum bezieht sich kritisch auf Bruno Snells Analyse der freien Entscheidung bei Aischylos[362] und auf die von Vernant modifizierte These einer doppelten, nämlich einerseits menschlichen, andererseits göttlichen Motivation, die nach Albin Lesky bereits die Menschen bei Homer kennzeichne.[363] Lesky spricht von einer „Spannung zwischen dem von den Göttern verhängten und dem aus menschlichem Wollen entspringenden Übel" und stimmt seltsamerweise wiederum den Arbeiten Riviers weitgehend zu.[364]

Diese altphilologisch-philosophischen Dispute, die sich oft an konkreten Szenen abarbeiten – vor allem der Deutung des Ödipus, der Opferung Iphigenies im *Agamemnon* und dem Entschluss des Pelagus, die Danaiden zu schützen, in den *Hiketiden* des Aischylos –, erzeugen entgegen dem selbst erweckten Anschein aus philosophischer Sicht keinen allzu großen Dissens in der Frage nach Freiheit und Verantwortung in der Tragödie. Das bezeugen nicht nur die ähnliche Einschätzung der Verantwortung der Tragödienhelden von Vernant und Flaig, Snell und Schmitt, sondern auch eine geradezu libertaristische These zum Handeln in der Tragödie des Snell-Kritikers und Willens-Leugners Rivier, der heute wohl die meisten Freiheitstheoretikerinnen und -theoretiker zustimmen könnten: „Certes, la décision du personnage eschyléen est aussi l'œuvre de sa volonté [...]. Mais c'est une volonté liée et une liberté sous conditions."[365] Nun, etwas anderes als eine „Freiheit unter Bedingungen" gibt es für Menschen gar nicht! Eine unbedingte intelligible Instanz anzunehmen – etwa den freien Willen der Augustinischen Tradition oder eine vom Körper getrennte Seele –, die gegenüber den sozialen und natürlichen Einbindungen des endlichen Lebewesens Mensch allein frei machte, ist Ausdruck des erst durch stoischen und christlichen Einfluss entwickelten subjektivitätstheoretischen Paradigmas neuzeitlichen Denkens,

---

361 Vgl. Vernant 1990e, S. 51–79. Vernant relativiert André Riviers These, die tragischen Helden bei Aischylos würden unabhängig von ihrem Willen und ihren Intentionen schuldig, weil alles mit Notwendigkeit geschehe (Riviers 1968). Ein jüngerer Vertreter der These menschlicher Ohnmacht und Entscheidungsunfähigkeit in der Tragödie ist Lehmann 1991. Zur Frage, inwieweit die Antike bereits *avant la lettre* über eine Konzeption des Willens verfügte, vgl. Dihle 1985. Bekanntlich gibt es den „Willen" nicht im griechischen Vokabular, doch dafür eine Fülle von Ausdrücken, die das bezeichnen, was man dem Willen als Instanz zurechnet: unter anderem das ‚Verlangen' (*orexis*), die Verben ‚begehren' (*epithymein*), ‚erstreben' (*spoudazein*), ‚zu einer Handlung bereit sein' (*ethelein*), ‚beabsichtigen' (*boulesthai*) oder die ‚Entscheidung' als bewusste Vorzugswahl von Handlungsalternativen (*prohairesis*).
362 Vgl. Snell 1975, S. 95–110. vor allem 101 ff.
363 Vgl. Lesky 1961.
364 Lesky 1972, S. 162–168, hier: S. 164; zu Rivier mit weiterer Literatur: S. 166 f.
365 Rivier 1968, S. 39.

das lange Zeit (bis zu Kant) mit einem ontologischen Dualismus einherging. Bezeichnenderweise beziehen sich diejenigen, die den Willen des Menschen in der Antike oder überhaupt leugnen, fast immer auf den Vater des modernen Dualismus, René Descartes.[366] Der cartesisch geprägte Dualismus hat zumal in der Schulphilosophie zur Etablierung des Willens-Begriffs als einer vom endlichen Wesen des Menschen irgendwie gelösten Instanz nach Art eines eigenen Akteurs („cartesisches Theater") geführt. Doch dieser von einigen Altphilologen wie zeitgenössischen Neurowissenschaftlern durchaus mit guten Gründen abgelehnte Begriff ist bereits von Kant als theologisches Erbe identifiziert, entkräftet und neu begründet worden. Worum es bei der Rede vom Willen geht, ist zunächst nichts anderes als *die Fähigkeit des lebensweltlich situierten Menschen, etwas mit Gründen zu wollen* (Willensfreiheit) und *es von sich aus nach eigener Einsicht zu tun* (Handlungsfreiheit).[367]

Diese Freiheiten, ihre Hindernisse und Grenzen wurden bereits in der attischen Tragödie verhandelt, und zwar nicht als Nebenschauplatz, sondern als ihr wesentliches Sujet. Dass Antigone etwas gegen alle übermächtigen Widerstände und noch gegen die Klugheit der Selbsterhaltung unbedingt will und bereit ist, sich sogar gegen ihre nächsten Menschen – ihre Schwester Ismene und ihren Verlobten Haimon – mit diesem Willen zu behaupten, ist kein Aufweis einer noch nicht entwickelten Freiheit und Verantwortung im 5. Jahrhundert v.Chr., sondern gerade der Beweis ihrer vollgültigen Relevanz. Dass Antigone ausdrücklich nach normativen Gründen – der Übereinstimmung mit göttlicher Gerechtigkeit – handelt, reduziert ihre Freiheit mitnichten, sondern realisiert sie erst. Freiheit muss nicht zunächst negative Freiheit sein und sich dann *out of the blue* festlegen.[368] Dass Antigone ihren Bruder Polyneikes gegen das staatliche Verbot aus Gründen der Familienpietät beerdigt, ist eine existentielle Beweisführung im öffentlichen Raum des Theaters dafür, dass die Tragödie Handlungsfreiheit gerade unter den Bedingungen der politischen und sozialen Beschränkung, der opponierenden Kräfte bis hin zum Zwang ausstellt.

Prometheus ist in Aischylos' nach ihm benannter Tragödie das gesamte Stück über an den Fels gekettet. Mehr Einschränkung der Handlungsfreiheit kann es – auch theatralisch – kaum geben. Und doch widerspricht der Protagonist allen prudentiellen

---

[366] Vgl. etwa Vernant 1990e, S. 50; siehe beispielhaft für die Neurowissenschaften Damasio 1997.
[367] Ich gehe davon aus, dass Gründe dabei nicht nur in teleologischen Handlungserklärungen eine Rolle spielen, sondern auch kausal für freiwillige Handlungen relevant sind. Wenn eine Person (ohne sich aus psychologischen Motiven selbst zu täuschen) Gründe angibt, *aus* denen sie etwas getan hat, hat sie *prima facie* Anspruch darauf, dass diese Gründe als kausale Faktoren ihrer Handlung angesehen werden. Der Grund, dass die Person sich intentional für einen Zweck entschied und ihn handelnd verfolgte, ist demnach kausal relevant für die tatsächliche Handlung gewesen, insofern er ein Grund war, *für* den sich die Person als *ihren* Grund bewusst entschied und dem sie durch ihre Handlung zu entsprechen versuchte. Wie sich die Kausalität der Gründe zur natürlichen Kausalität im Gehirn und im Nervensystem verhält, ist eine nach wie vor offene Frage, die hier nicht erörtert werden kann.
[368] Solch ein verkürzter Freiheitsbegriff liegt auch den Interpretationen zugrunde, die aus den Libet-Experimenten auf eine Illusion der Willensfreiheit schließen.

Ratschlägen von Okeanos und Hermes, gegenüber dem unrechtmäßigen Tyrannen Zeus klein beizugeben und zum Opportunisten zu werden. Gemartert und leidend widersteht er dessen Zwangsherrschaft, auch wenn ihm ein noch kolossaleres Maß an Leiden als Vergeltung für seine Widerständigkeit prophezeit wird. So behauptet der Kulturstifter eindrucksvoll seine Willensfreiheit durch eigenen Entschluss. Es ist absurd zu behaupten, solche tragischen Figuren (auch in diesem Fall ein Titan) seien noch nicht „the center of the decision"[369], da angeblich menschliche Handlungen für die Griechen nur durch Götter verwirklicht werden konnten.[370] Die metaphorische Redeweise von einem räumlichen Zentrum belegt die Verlegenheit in der Unterstellung, man müsste gleichsam noch tiefer nach innen gehen, um dort endlich den modernen Willen zu finden, der erst wirklich frei sei.[371]

Für die Freiheit, die wir meinen – und die nur unter bestimmten Bedingungen in der Praxis wirksam werden kann –, reicht es vollkommen, von Personen – zum rationalen Überlegen und Entscheiden sowie Handeln fähigen Menschen – auszugehen. Es genügt, in der Rede von Freiheit und Verantwortlichkeit den Willen als vermeintliche Akteursinstanz im Binnenraum des Bewusstseins oder gar im körperlosen Geist durch den intentionalen und praktisch überlegungsfähigen Menschen zu ersetzen. Dadurch wird Freiheit erst existentiell verständlich: Das Interesse, das wir an der Freiheit haben, ist kein Interesse an der Freiheit einer intelligiblen voluntaristischen Funktionsstelle in unserem Inneren, sondern ein Interesse an der Freiheit konkreter Personen. Es geht um die Freiheit, sich von Gründen affizieren zu lassen und eigene Absichten auch gegen Widerstand durchzusetzen. Gerade dazu ist Welt- wie Leibverbundenheit, also ein verkörperter Geist nötig. Keine gegenüber der eigenen Körperlichkeit, Affektivität und den Einflüssen der Welt gleichsam immune Instanz anderer Art ist für freies Wollen und Tun nötig, sondern vielmehr die mit der propositionalen Sprache und der Reflexionsfähigkeit, kurz: durch Vernunft ermöglichte Fähigkeit, Distanz zu seinen Wünschen und den Anforderungen der Welt einzunehmen, Gründe zu unterscheiden, sie abzuwägen, daraufhin Entscheidungen zu treffen und ihnen gemäß auf ein Ziel hin zu handeln.

Das konnten – man sollte sich eigentlich nicht wundern – bereits die Figuren in den Dichtungen Homers und Hesiods: „Die Homerischen Dichtungen sprechen von Menschen, die Entscheidungen fällen und die auf der Grundlage dieser Entschei-

---

369 Vernant 1990e, S. 82.
370 Vgl. ebd., S. 83. Vernant nimmt das von Christian Meier identifizierte Könnensbewusstsein des 5. Jahrhunderts und die Alltäglichkeit wie Wirksamkeit des politischen Handelns, die Meier 1980 beschreibt, nicht zur Kenntnis.
371 Hier passt Nietzsches Diktum exakt: „Diese Griechen waren oberflächlich – aus T i e f e " (Friedrich Nietzsche: *Die fröhliche Wissenschaft* (Vorrede zur zweiten Auflage). KSA 3, S. 352; Ders: *Nietzsche contra Wagner*. KSA 6, S. 439). Auch Williams 2000, S. 10, nimmt diese Sentenz als Leitspruch für sein Tragödienbuch.

dungen handeln,"[372] so Bernard Williams. Nicht weniger gilt dies für die attische Tragödie. Das Gros an Argumenten gegen die Freiheit in der (archaischen) Antike oder gegen die Freiheit überhaupt beruht einerseits auf einer zutiefst kontraintuitiven, erst typisch modernen Trennung von künstlerischen Darstellungen und lebensweltlicher Praxis, andererseits auf fragwürdigen Vorannahmen aus meist theologischer oder cartesianischer Verabsolutierung und Immunisierung menschlicher Freiheit gegenüber den natürlichen und kulturellen Bedingungen, ohne die sie aber überhaupt keine wirksame Freiheit sein könnte.

Die Verneinung eines modernen (theologisch inspirierten) Willensbegriffs für die Antike kann also nicht das letzte Wort zur Frage sein, ob wir auch unabhängig von den mit diesem Begriff verbundenen problematischen Konsequenzen Akteuren die Fähigkeit zur Begründung ihres Handelns, also Rationalität, Freiheit und Verantwortlichkeit zuschreiben. Diese Praxis ist nicht erst aufgrund einer Theorie in einer spezifischen Epoche oder Kultur anzunehmen; vielmehr stellt sie eine lebensweltlich tief verankerte kulturelle und soziale Lebensform dar, die für das Selbstverständnis des Menschen als Handelnden und Schuldfähigen wie auch Lobenswerten schlechterdings konstitutiv ist. Diese Praxis ist nicht nur älter als der Willensbegriff, sondern auch älter als die Tragödie und wurde vermutlich auch vor den alten Reichen Mesopotamiens und Ägyptens gelebt.[373]

Die in die natürlichen Anlagen des Menschen eingelassene Freiheit zeigt sich umso mehr, wenn sich das Wollen und Tun des Menschen sich auch gegen Widerstände durchsetzt, selbst wenn es damit scheitert. Die Ambiguität von Macht und Ohnmacht, Freiheit und Unfreiheit ist ein Mittel, um beides unterscheiden zu *lernen*. Das betont Schmitt für die Tragödie: „[E]rst durch die Erkenntnis und Darstellung der Grenzen, die die freien Möglichkeiten des Einzelnen einschränken, wird gewissermaßen ein Ausleuchten des Bereichs möglich, in dem der Mensch wirklich von sich aus handeln kann."[374] Die Tragödie ist als dramatische Form der Aufführung von

---

[372] Williams 2000, S. 23. Schmitt 1990 hat die bis heute einflussreiche Auffassung Bruno Snells, die homerischen Menschen hätten noch keine freie Entscheidung und keine Handlungskompetenz gehabt und mithin noch kein Selbstbewusstsein entwickelt, in eingehenden Analysen überzeugend entkräftet und im Gegenzug die Selbständigkeit der Helden, ihr Entscheidungs- und Handlungsvermögen mit Blick auf eine Analyse der Person bei Homer belegt. Vgl. zeitgleich ebenfalls Gaskin 1990 sowie Williams 2000, S. 23–87, der leider Schmitts Arbeiten übersehen hat. Snells Thesen finden sich in Snell 1975, 1982, 1966a und 1966b. Extremer noch als Snell leugnet der Psychologe Jaynes 1976 nicht nur die Freiheit homerischer Menschen, sondern auch ihr Bewusstsein, stattdessen sie eine bikamerale Psyche besessen hätten.

[373] Julian Nida-Rümelin hat in einer philosophischen Trilogie 2001, 2005 und 2011 für den unauflösbaren Zusammenhang von Rationalität als dem Vermögen, Handlungen oder Überzeugungen zu begründen, der menschlichen Freiheit und der Verantwortung plädiert. Dieser Zusammenhang ist spätestens dann in Kraft, wenn die Lebenswelt von Menschen kulturell konstituiert wird und Handlungen und Gründe Relevanz erhalten. Wann das in der Geschichte der Menschheit beginnt, ist deshalb kaum zu sagen, weil die schriftlichen Quellen etwa aus dem alten Ägypten diese lebensweltliche Praxis bereits in Anspruch nehmen (vgl. Assmann 1990a).

[374] Schmitt 1997, S. 14, vgl. S. 19.

Interaktionen und Interdependenzen sowohl offensichtlicher als auch opaker Art eine *Schule des Freiheitsverstehens*.

Freiheit ist im tragischen Diskurs nicht rechtlich oder metaphysisch garantiert, sondern zeigt sich darin nur *als* Praxis unter Bedingungen systemischer Einflüsse. Es geht um eine *in actu* vielfach bedingte Freiheit; eine Freiheit, die Selbstbestimmung erst auf der Grundlage unterschiedlicher Abhängigkeiten ermöglicht. Dabei variiert je nach Figur und Stück der *Grad*, in dem äußere Faktoren wie Götter oder innere wie psychische Tendenzen und Dispositionen wie die Neigung zu Zorn das Handeln punktuell (negativ) beeinflussen. Sie „darzustellen, ist nur dann sinnvoll, wenn man auch entsprechende Grade menschlicher Selbstbestimmung annimmt"[375]. Die tragische Selbständigkeit der Figuren beinhaltet das „Wissen um diese Abhängigkeit"[376]. Es ist eine graduelle, variable und partielle Abhängigkeit des Akteurs von den Menschen, mit denen man lebt, von der Familie, der eigenen Herkunft, den Affekten und dem unbewussten Begehren, den Zufällen, den Göttern und dem makroskopischen Zusammenhang aller dieser Interdependenzen. So spricht Schmitt in Bezug auf die Freiheit der tragischen Menschen von einer „Mittelstellung [...] zwischen den Extremen einer völligen Selbst- und völligen Fremdbestimmung"[377]. Diese idealtypischen Extreme existieren lebensweltlich nicht, sondern ausschließlich eine je nach Situation unterschiedlich einzuschätzende Mittelposition. Vernant, der in der Tragödie als „particular stage in the development of the categories of action and of the agent"[378] in einem „moment of strictly limited duration"[379] nur die Präludien einer modernen Willens- und Autonomievorstellung erkennt, bleibt wie andere bei der Historisierung nach evolutionärem Modell stehen und bringt sich *eo ipso* um die Möglichkeit einer anthropologisch fruchtbaren Erkenntnis: In der Tragödie und überhaupt in der frühen und klassischen Antike wird ein Freiheitsverständnis artikuliert und in individuellen Szenarien vorgeführt, das den Irrtümern einer modernen Absolutisierung der Freiheit wie bei Fichte oder Sartre ebenso korrigierend gegenübergestellt werden sollte wie der Leugnung von Freiheit im konservativen Schicksalsglauben nach der Aufklärung oder in der radikalen poststrukturalistischen Subjektkritik und ihrer Fortsetzung in Teilen der Neurowissenschaft.

In anthropologischer Perspektive, die dieser historischen Situation einer Erkundung der Reichweite und der Grenzen menschlicher Praxis abgewonnen werden muss, verweisen das tragische Handeln und der tragische Fehler auf die allgemeine Ambiguität, als Mensch einerseits Akteur zu sein und zu handeln, andererseits aber als endliches, leibliches, kognitiv wie kratisch begrenztes Wesen nicht nur externen Einflüssen, sondern immer auch den Rückwirkungen des eigenen Handelns unverfügbar ausgesetzt zu sein und mitunter das eigene Handeln gleichsam aus der Hand

---

[375] Ebd., S. 14, vgl. S. 37.
[376] Ebd., S. 9, vgl. S. 20 und 44 f. Vgl. Schmitt 1998.
[377] Ebd., S. 45.
[378] Vernant 1990e, S. 71.
[379] Ebd., S. 79.

geschlagen zu bekommen. Die Tragödien der griechischen Antike stellen exemplarisch dar, dass Menschen nicht sicher erkennen können, *wie* frei sie jeweils sind. Sie müssen sich dennoch auf ihre Erkenntnisse, Gefühle, auf ihr Vertrauen in die Welt und die anderen und die Hoffnung verlassen, um überhaupt zu handeln. Die metaphysische Frage, *ob* Menschen *überhaupt frei sind* oder nicht, wird in der Tragödie nicht verhandelt oder gar beantwortet, sondern die phänomenologische, *wie graduell frei* ein unter spezifischen Bedingungen stehendes Individuum in einer bestimmten Verfassung seiner selbst und der Handlungskontexte wirklich ist. Darauf nämlich kommt es in der Praxis, in der es um Bedeutsames geht, an. Dieser Frage sollte sich auch die Philosophie in interdisziplinärer Anstrengung stärker widmen.[380]

Aus diesen Überlegungen zur *gebundenen*, systemisch *bedingten Freiheit* folgt auch die angesichts einer Jahrhunderte alten Alternativdeutung immer noch kontroverse These, dass tragisches Scheitern *nicht notwendig* ist. Nicht nur ein alles bestimmendes Schicksal im Sinne totaler Providenz ist angesichts der antiken Quellen unplausibel; auch eine politische oder normative Reformulierung des Schicksalsbegriffs als Wiederkehr der Notwendigkeit unter den selbstgemachten Bedingungen der (modernen) Kultur erzeugt kein notwendiges Scheitern.[381] Denn ein normativ notwendiger Konflikt – wie der zwischen den allgemeinen Normen der Gerechtigkeit und den individuellen Ansprüchen der Selbstverwirklichung – erzeugt nicht notwendigerweise, sondern kontingenterweise ein tragisches Konfligieren.[382] Es ist nicht so,

---

[380] Die Diskussion kompatibilistischer oder inkompatibilistischer Positionen zwischen Determinismus und Libertarismus ist von den nicht weniger wichtigen philosophischen Fragen nach den leiblichen, seelischen, sozialen und politischen Bedingungen und dem je variablen Grad der Freiheit zu unterscheiden. Fragt die ontologische Diskussion danach, *ob* wir überhaupt frei sind, erforscht die Untersuchung der leiblichen, emotionalen, seelischen, sozialen oder politischen Voraussetzungen der Freiheit und ihren Erfahrungsweisen, *wie* und *unter welchen Bedingungen* wir uns als *wie* frei *erfahren*. Während die ontologische Frage auf eine Ja-Nein-Antwort zielt, sucht die Frage nach konkreten intra- und interpersonalen Bedingungen von Freiheit nach (graduellen) Differenzierungen.
[381] Zu dieser Transformation des Schicksals in der Neuzeit in Bezug auf Napoleons Diktum Goethe gegenüber, die Politik sei zum Schicksal geworden, siehe Menke 1996a, S. 9 f.
[382] Entgegen Menke, der mit Hegel von *notwendigerweise* konfligierenden Mächten ausgeht, deren tragisches Zusammentreffen *notwendig* sei, erkenne ich keinen Grund, warum eine tragische Kollision selbst notwendig konfliktuöser normativer Einstellungen auch im adverbialen Sinne notwendig eintreten müsse (Menke 1996a, S. 25–36). Aus der adjektivisch notwendigen Kollision unvereinbarer Werte folgt nicht die adverbiale Notwendigkeit, dass sie in einer Situation auch wirklich zu einem tragischen Scheitern führen. Diese These schreibt unter nach-metaphysischen Bedingungen das Fatum normativ fort. In den Stücken müssen aber viele kontingente Faktoren zusammentreten, damit ein Konflikt auch wirklich zustande kommt und bis zum Ende weiter in den irreversiblen Umschlag getrieben wird. Zwei normative Ansprüche können zwar notwendigerweise konfligieren. Zu einem wirklichen Konflikt mit potentiell tragischem Ausmaß kommt es aber erst, wenn zwei Personen oder Parteien in einer kontingenten Situation der Nähe oder Interdependenz diese Rechte mit unnachgiebigem Willen simultan gegeneinander durchzusetzen versuchen. Das kann eine Tragödie wie *Antigone* zeigen. Dass es historisch mit bestimmten praktischen Konstellationen überhaupt zu der Situation in Theben kommt, ist aber keineswegs notwendig, unterstellt man nicht einen Determinismus, der den

dass, wie Alasdair MacIntyre annimmt, die Situation von Personen, die sich in einer Sittlichkeit mit widerstreitenden Ansprüchen befinden, deshalb „tragisch" *ist*, weil sie „die Autorität beider Ansprüche anerkennen *müssen*"[383], sondern sie *wird* erst tragisch, *wenn* die konfligierenden Ansprüche in der Praxis durch das konkrete Handeln der Personen dazu führen, dass sie sich ernsthaft selbst schädigen. Ansonsten wäre zwischen (tragischer) Potentialität und Aktualität nicht sinnvoll zu unterscheiden.

Die seit der Spätantike bis in die Gegenwart immer wieder variierte These von der Notwendigkeit oder Schicksalhaftigkeit der Tragödie und der „unbedingte[n] Ausweglosigkeit des tragischen Konflikts"[384] beruht, so meine These, einerseits auf einer Verwechslung von *ex-ante-* und *ex-post*-Urteilen über Handlungsalternativen, andererseits auf einem falschen Schluss von normativ konfligierenden Überzeugungen oder Werten auf die Notwendigkeit ihres tatsächlichen situativen Aufeinandertreffens, bei dem zwei Personen oder Parteien sie bis zum Aneinander-Zerbrechen handelnd gegeneinander vertreten.

Als *fait accompli*, als bereits erfolgter Umschlag, *erscheint* die Tragödie wie ein Ausdruck von Notwendigkeit. Sie ist aber als ästhetisches Gebilde vielmehr eine Form, in der *Möglichkeiten* der Lebenswelt in mythischer Distanz exemplarisch durchgespielt werden. Der Begriff der *hamartia* und der moderne der Kontingenz des Handelns widerstreiten daher nicht. Erst *retrospektiv*, aus der Kenntnis des Umschlags heraus, erscheinen ein praktischer Konflikt, eine falsche Entscheidung oder ein Irrtum situativ unausweichlich. Aus der Optik *ex post* wirkt der Fehler wie ein bereits *ex ante* offensichtlicher Fehler: Xerxes hätte die Griechen nicht angreifen, Kreon das Bestattungsverbot nicht rigoros durchhalten, Deianeira nicht das vermeintliche Liebesmittel benutzen sollen.[385] Man hätte es doch wissen können. Tatsächlich finden sich rückblickend oft normative Gründe, eine Handlung als Fehler im technisch-instrumentellen (prudentiellen) oder ethischen (moralischen) Sinn zu charakterisieren. Gleichzeitig empfiehlt sich die Gegenprobe: In den meisten Fällen wäre dieselbe Entscheidung retrospektiv weder als technisch-pragmatischer noch als sittlicher Fehler identifiziert worden, *wenn* daraus kein Leid, sondern stattdessen (weiterhin) Erfolg entstanden wäre. Xerxes' zahlenmäßig überlegene Perser hätten die tapferen, aber militärisch eigentlich weit unterlegenen Griechen auch besiegen können.[386]

Weltlauf insgesamt für festgelegt erachtet. Nach Ette 2011, S. 5 ff., beginnt das Denken der Tragödie als notwendigem Verlauf mit Aristoteles' Auszeichnung der Form als lebendige Einheit.

383 MacIntyre 1995, S. 192. Konsequenterweise meint MacIntyre daher auch, dass es „bei Sophokles nicht einfach um das Schicksal von Einzelpersonen geht" (S. 194). Dass MacIntyre – je nachdem, wie man „einfach" hier versteht – damit falsch liegt, wird der weitere Gang der Untersuchung zu zeigen versuchen.

384 Lesky 1984, S. 24; zur Relativierung ebd., S. 24 ff.

385 Die *Trachinierinnen* werden häufig angeführt, um zu zeigen, wie begrenzt das moralische Gewicht des Fehlers ist. Vgl. Stinton 1975, S. 237; Schmitt 2008, S. 453 ff.

386 Jahrzehnte später, 413 v. Chr., wurden die Athener selbst vor Sizilien nach erfolgloser Belagerung der Stadt Syrakus in einer harschen Niederlage bezwungen (zur Sizilienexpedition siehe Thukydides: *Der Peloponnesische Krieg* VI und VII).

Kreons tyrannische Härte als Hüter des Gesetztes hätte Antigone, wäre sie ihrer Schwester Ismene ähnlicher gewesen, zum Einlenken bewegen können. Deianeira hätte, würde es sich wirklich um ein Liebesmittel gehandelt haben, Herakles' Liebe gewonnen, ohne dass es ihm und ihr ans Leben gegangen wäre. Das ist aber nur die Optik der *nachträglich* reflektierenden Zuschauerinnen und Zuschauer, zu denen auch die Leser und Theoretikerinnen gehören. Sobald der Umschlag vollzogen ist, ist er trivialerweise notwendig, weil er als Vergangener nicht mehr zu ändern und irreversibel ist: Man kann nicht noch einmal handeln und den Fehler korrigieren. Die sich in der Irreversibilität artikulierende Post-fact-Notwendigkeit ist aber eine ganz andere als die deterministisch interpretierte Ex-ante-Notwendigkeit.

Das überlieferte Korpus antiker Tragödien zeigt, dass der Umschlag ins Unglück sich mit dem Schein von göttlich induzierter Unausweichlichkeit vollziehen kann, doch die Spekulationen über die Notwendigkeit oder Zufälligkeit, über personale Schuld oder göttliche Entscheidung kommen vom Chor oder den Figuren des Stücks und stellen Interpretationen aus der Innenwelt des Dramas dar, die prinzipiell der argumentativen Konkurrenz durch Positionen anderer Figuren und dem eigenen Urteil des Publikums ausgesetzt sind. Die tragischen Dichter sprechen in einer Vielzahl von Stimmen und man kann daher nicht einfach eine Sentenz als die interpretatorische Wahrheit des Autors werten. Der tragische Diskurs ist notwendigerweise vielstimmig. Zudem steht ein Stück immer im Kontext anderer Stücke. Fällen, die den Eindruck eines mehr oder weniger unausweichlichen Scheiterns insinuieren, stehen gleichberechtigt Fälle gegenüber, in denen im letzten Moment – wie in Euripides' *Ion* oder seiner *Iphigenie bei den Taurern* – der Umschlag zufällig verhindert oder aber die Kette weiterer Umschläge wie in Aischylos' *Eumeniden* durch institutionelle Intervention Athenas beendet wird.

Flüche, Orakel, Weisungen und andere Formen göttlicher Einwirkung könnten noch weiter in den Blick genommen werden. Es genügt hier aber der Aufweis, dass man es in der Tragödie nicht mit einem unserer Lebenswelt völlig fremden Terrain zu tun hat, in der Menschen ohne eigene Verantwortung zum Spielball der Götter würden. Aus diesen Überlegungen folgt meines Erachtens, dass es nicht unbedingt, wie Bernard Williams glaubt, einen beträchtlichen Aufwand erfordert, das in der Tragödie eröffnete „game with supernatural forces, not knowing whether, as they join with one, they will bring success or doom"[387], säkular zu deuten. Williams plädiert dafür, aus dieser Formulierung Vernants das „Übernatürliche" zu streichen, um so zum Tragischen zu kommen. Das Dämonische und Übernatürliche erforderten eine „große strukturelle Substitution[]"[388]. Diese Ersetzung ist genau dann, so möchte ich vorschlagen, unproblematisch, wenn man das deterministische Verhältnis von Göttern und Menschen begründeterweise schon für die Griechen ablehnt und sich klar macht, dass die Götter in der Tragödie nachweislich nur begrenzte Einflussfaktoren darstel-

---

[387] Vernant 1990a, S. 45.
[388] Williams 2000, S. 22.

len, die entweder faktisch mächtige Mitspieler sind oder aber symbolische Deutungen für zufällige, aber in ihrer Macht über menschliche Einsicht und Kraft hinausgehende Ereignisse darstellen. Sind sie physisch-psychische Wahninduzierer, setzen sie zwar wie ein Vollrausch oder tiefe Hypnose die Zurechnungsfähigkeit der Figuren herab, aber nur vorübergehend und nicht über deren Charakter hinweg; sind sie Mitspieler, kann man sie sich – wie Zeus und seine Agenten im *Prometheus Desmotes* – als physisch, psychisch oder politisch übermächtige Akteure menschlicher Provenienz denken, gegen die man immerhin Widerstand zu leisten vermag.[389]

Zusammenfassend gesagt, ist für den tragischen Verlauf die nachvollziehbare Kausalität der Gesamthandlung, an der mehrere Faktoren mitwirken, entscheidend. In jeder Aktivität von Figuren spielt eine Pluralität von nicht verfügbaren Faktoren neben der eigenen intentionalen Steuerung eine für Erfolg oder Scheitern der Handlung konstitutive Rolle: All das, was die Akteure gleichsam von außen, also außerhalb ihrer bewussten Selbststeuerung, begünstigt oder aber schädigt, hat im Gegensatz zur Handlung seinen Ursprung (*archē*) und Grund (*aitia*) nicht im Akteur, sondern in einem für ihn mehr oder weniger opak Gegenüberstehenden. Dies kann zwar jeweils unterschiedlich als Kontingenz, Schicksal oder personale Instanz gedeutet werden, strukturell lässt es sich aber als Antonym von ‚Handeln' begreifen: Es ist kein Tun, sondern ein *Widerfahrendes*. Es liegt also nicht in der Absicht der Akteure begründet, sondern tritt ihm gleichsam im und beim Handeln mal beiläufig, mal direkt konfrontierend nach Art der Wirkung eines Mit- bzw. Gegenspielers *gegenüber*. Daher gilt auch: Tragisches Scheitern ist erst *post factum* irreversibel, *vor* dem Beginn der *metabolai* ist noch alles möglich. Umso schmerzhafter ist das Bewusstsein des Leidens danach, wenn erkannt wird, dass es durch eine andere Handlung oder Unterlassen hätte vermieden werden können. Tragödien führen die kontingente Verwirklichung *möglichen* Scheiterns vor. Sie offenbaren die vielfältigen Formen menschlicher Fallibilität und Fragilität und ihre möglichen unumkehrbaren existentiellen Konsequenzen.

Die Tragödie als dramatische Gattung, die ein Spiel mehrerer Figuren theatral aufführt, ist dieser Einsicht gegenüber nicht neutral. Im Gegenteil – ihre Form führt die Interdependenz von Kräften nach Art einer sozialen Interaktion in einem systemischen Zusammenhang von Faktoren vor. Diese Interaktion, in der Menschen mit ihren unbewussten Antrieben, ihren Motiven und ihren reflexiv eingeholten Gründen einerseits und andererseits mit Göttern, numinosen Kräften und Zufällen kausal

---

[389] Man kann das Pantheon der Götter auch aktualisiert als Symbol für die emergenten Kräfte eines umfassenden Machtsystems wie das der nur bedingt regulierten kapitalistischen Weltwirtschaft verstehen. Gegen ihre übermächtige Kontingenz hat der Einzelne in konkreten Situationen oft das Nachsehen, ohne aber dadurch handlungsunfähig zu sein: Das System ist als Ganzes ungreifbar und in seinen einzelnen Mächten heterogen und letztlich radikal unverantwortlich wie der antike Götterhimmel. Vgl. Milo Raus Deutung der globalen kapitalistischen Organisation: „Wir sollten lernen, das als Schicksal, als Fatum zu begreifen, gegen das man mit völlig antiken Mitteln ankämpfen muss." (Bossart/Rau 2013, S. 30).

verknüpft sind, konstituiert eine mehr oder weniger komplexe tragische Kausalität, die von den Zuschauern nachvollzogen und interpretiert werden kann.

Zu dieser Kausalität gehören auch Dinge: Objekte, Werkzeuge und technische Mittel des Handelns. Sie sind ebenfalls für das Scheitern kausal relevant, insofern sie sich vom Akteur unterscheiden und zu Medien des Umschlags werden können. Im folgenden Kapitel soll der Beitrag von kulturell erzeugten Handlungsmitteln zum tragischen Umschlag die Analyse des Begriffs tragischen Handelns vervollständigen und ihn in eine kulturphilosophische Perspektive stellen.

5 Die kulturellen Gründe tragischen Handelns

„Getroffen vom Geschoß des Bogens sprach der Aar,
Als er die Vorrichtung der Federn sah am Pfeil:
So – nicht von andern – durch die eignen Federn werd
Ich überwältigt …"[1]

„Groß in Gesängen rühmten die Alten den Schaffer Prometheus,
Weil er das Feuer uns gab; wir heute schlucken den Rauch."[2]

5.1 Verselbständigung der Mittel

Der tragische Umschlag von Glück in Unglück, so wurde gezeigt, beruht auf den Verkehrungen der Handlungen gegen die sie leitenden Absichten und gegen die eigene Vorstellung von gelingendem Leben als dem Horizont aller Partikularhandlungen. Diese möglichen Verkehrungen gehören, so gibt die Tragödie zu denken, notwendigerweise zum Handlungsbegriff: Handelnde können, je nach Komplexitätsgrad der Handlung und je nach charakterlicher Verfassung und praktischer Erfahrung, weder die Verfügung über den Handlungsprozess bis zu ihrem Resultat noch über dessen Konsequenzen garantieren. Denn Handlungen sind zum einen Ausdruck ihres affektiv-leiblichen, praktisch prinzipiell fragilen und epistemisch prinzipiell fallibilen Selbst, zum anderen sind sie in soziale und natürliche (und im Mythos auch in göttlich oder dämonisch bestimmte) Kontexte eingebettet, in denen vieles mit den Akteuren für diese in einer nicht immer hinreichend zu durchschauenden oder zu steuernden Weise zusammenhängt und -wirkt. Nicht nur sind die Handlungs*konsequenzen* trotz besten Wissens und Gewissens nur partiell voraussehe- und steuerbar. Das unbestimmte Terrain der graduellen Unverfügbarkeit beginnt bereits mit dem Anfang des Handelns selbst, sobald die Entscheidung in eine leibhaftige Aktion umgesetzt wird. Dann beruht Handeln auf dem Zusammenspiel intellektueller, affektiver, leiblicher Kräfte sowie sozialer Interaktion und auf natürlichen Bedingungen. Jedes Handeln manövriert durch eine Pluralität von Interdependenzen und vernetzten Bedingungen und muss mit kausalen und sozialen Verhältnissen der Menschen, Tiere, Dinge und Götter umgehen. Kurz: Handlungserfolge sind vom glücklichen Zusammenspiel miteinander vernetzter Aktivitäten und Prozesse abhängig. Die Tragödie zeigt, wie dieses Zusammenspiel aus Sicht der Akteure misslingt und sie der Erfahrung eines existentiellen Umschlags aussetzt.

Diese Einsicht in die Verflechtung von Intentionalität und Kontingenz ist besonders von Hannah Arendt mit dem Aufweis einer prinzipiellen Unabsehbarkeit von Handlungsfolgen reflektiert worden.[3] Da nach Arendt nicht isoliert gehandelt werden

---
1 Aischylos: Frag. 231 (aus: *Die Myrmidonen*), in: Aischylos 1966, S. 249.
2 Kirsch 1988, S. 13.
3 Vgl. Arendt 2005, vor allem S. 234–317. Vgl. dazu auch Weber 1988b.

kann, weil Handlungen immer schon im sozialen, interpersonalen Raum begonnen werden, schlagen auch Handlungsfolgen „in das Medium des unendlichen Gewebes menschlicher Angelegenheiten [...], wo jede Reaktion gleichsam automatisch zu einer Kettenreaktion wird und jeder Vorgang sofort andere Vorgänge veranlaßt."[4] Diese Beschreibung stellt für den Normalfall des kommunikativen und sozialen Handelns sicher eine Übertreibung dar, gerade weil es eine unabsehbare Menge von Handlungen gibt, sodass viele ohne weitreichende Reaktionen bleiben müssen und ohne fortlaufende Reaktionsketten abbrechen. Doch Arendts Einwände gegen die Möglichkeit souveräner Einhegung von Handlungsfolgen sind prinzipieller Natur. Schon kleine Faktoren – „ein einziges Wort oder eine einzige Geste"[5] – können von der Handlung ausgelöste Folgen zeitigen, für die man nicht intentional verantwortlich ist, weil man andere Personen und die Komplexität der in einem Handlungskontext potentiell relevanten Sachverhalte weder vollständig erkennen noch vollständig kontrollieren kann (und im Fall anderer Personen auch nicht soll). Menschliche Souveränität erscheint Arendt aufgrund der Unvorhersehbarkeit der Handlungsfolgen, die sich über Jahrtausende erstrecken könnten, so fragil, dass jeder Handelnde „weit eher das Opfer und der Erleider seiner eigenen Tat zu sein scheint als ihr Schöpfer und Täter."[6] In der Universalität dieser These liegt eine Überzeichnung, doch Arendt bezieht sich insbesondere auf das Handeln in Wort und Tat, das sich nicht in einem hergestellten Ding stabilisiert, sondern in Kommunikationsverhältnissen permanent fortwirkt und daher nur am Anfang dem Akteur zugehört, bevor es bereits mit anderen (und anderem) vernetzt ist. Gleichwohl macht Arendt nicht ersichtlich, warum jemand nur durch die Tatsache, dass sein Handeln in Reaktionen anderer fortwirkt und sein Einfluss darauf sehr begrenzt ist, dieses Handeln eher erleiden sollte, es sei denn, sie meint eben die Abwesenheit von aktiver Steuerung. Im emphatischen Sinn erleidet man sein eigenes Handeln jedoch nur, wenn es von *anderen und anderem* so auf einen zurückschlägt, dass die eigene Handlungsfähigkeit tangiert wird.

Die Formulierung ‚von anderen und anderem' verweist auf die in diesem Kapitel begründete These, dass die „Zerbrechlichkeit menschlicher Angelegenheiten" (Arendt) in der Tragödie nicht nur das soziale bzw. politische Handeln, sondern jede Art von zweckgerichtetem Handeln betrifft, das sich in der Welt realisiert und sich dazu eines oder mehrerer Mittel bedient und mit der materiellen Welt der Dinge verbindet. Diese Zerbrechlichkeit kommt insofern jeder Form von Praxis zu, als ihre Verbindung zu den Handelnden nicht mit dem einmaligen Handlungsresultat aufgehoben ist, sondern selbst nach Jahren wieder in Erscheinung treten kann. Das geschieht nicht nur im politischen und kommunikativen Handeln in Arendts Sinne, sondern durchaus auch im Herstellen und in der Arbeit, insofern die Produkte und

---

[4] Arendt 2005, S. 237.
[5] Ebd., S. 238.
[6] Ebd., S. 298.

Mittel des Tuns auf den Handelnden auch nach der punktuellen Handlung zurückwirken.

Hannah Arendts Überlegungen zur zeitlich und räumlich unabsehbar vernetzten menschlichen Praxis entstanden auch vor dem Hintergrund eines Bewusstseins erhöhter Selbstgefährdung der Zivilisation, die insbesondere Arendt angesichts des Umschlags von Demokratie in totalitäre Herrschaft in *Elemente und Ursprünge totaler Herrschaft* (engl. 1951) analysiert hatte und in *Vita activa* (engl. 1958) philosophisch weiterdachte.[7] Nach dem Zweiten Weltkrieg wurde auch von anderen Denkern wie Anders, Jaspers, Adorno oder Horkheimer die Selbstgefährdung des Menschen nicht auf den Mangel an kultureller Entwicklung, sondern gerade auf seine vermeintliche zivilisatorische Souveränität und die moderne Rationalisierung der Lebensverhältnisse zurückgeführt. Erst die massenhafte Zerstörung von menschlichem Leben und von Kultur durch die sich zuvor in arroganter kolonialistischer Attitüde von den „Primitiven" distinguierenden Europäer rückte das Bewusstsein fataler Selbstgefährdung ins Zentrum zumindest der westlichen Aufmerksamkeit. Just durch seine wissenschaftlichen und technologischen Fortschritte war der ökonomisch mächtige Mensch (d. h. vor allem der weiße, männliche Europäer) fähig geworden, in kurzer Zeit Millionen von Mitmenschen umzubringen. Das zeigte zum einen der historisch beispiellose industriell und technisch betriebene sowie administrativ organisierte Massenmord an den europäischen Juden und anderen Bevölkerungsgruppen durch das Deutsche Reich. Dazu kam das durch den Abwurf von Atombomben auf Hiroshima und Nagasaki am 06. und 09. August 1945 bestätigte Wissen, dass die gerade entwickelten Nuklearwaffen binnen Sekunden Massen von Menschen töten und ganze Städte zerstören konnten. Mit der Aufrüstung im Kalten Krieg wurde diese Option zum globalen Risiko für West und Ost, wenn nicht gar für die gesamte Spezies. Die durch die technischen Möglichkeiten der modernen Kriegführung seit dem Ersten Weltkrieg und noch einmal durch die Optionen nuklearer Massenvernichtungswaffen im Kalten Krieg verankerte sich nach dem Ende des Zweiten Weltkrieges ein Selbstgefährdungswissen im kollektiven Bewusstsein einer zunehmend globalisierten Öffentlichkeit.

Die Selbstgefährdung des Menschen durch seine eigenen Erzeugnisse wurde – mal mehr analytisch, mal mehr kulturkritisch gefärbt – gerade in den Jahren nach dem Krieg und im Zuge der technischen, speziell der nuklearen Aufrüstung reflektiert.[8] Hannah Arendt befürchtete, dass die Menschen der Moderne selbst in die Falle ihres Könnens gehen und sich als Kreaturen herausstellen könnten, „die sich hilflos

---

[7] Vgl. Arendt 1986.
[8] Als Beispiele wären Adornos und Horkheimers *Dialektik der Aufklärung* (1944), Günther Anders' *Die Antiquiertheit des Menschen* (1956), Karl Jaspers' *Die Atombombe und die Zukunft des Menschen* (1958) und Hanna Arendts *Vita activa* (1958) zu nennen. In der Literatur der 1950er Jahre wird das Thema ebenfalls verhandelt, bspw. in Max Frischs Roman *Homo faber* (1957) oder Friedrich Dürrenmatts Drama *Die Physiker* (1961). Siehe dazu Müller 2010.

jedem Apparat ausgeliefert sehen, den sie überhaupt nur herstellen können"[9]. In der Verabsolutierung des technischen Herstellens und seiner unwiderruflichen Folgen sah sie die Gefahr, dass die menschliche Macht „anfängt, nicht einmal so sehr den Menschen zu überwältigen, wie die Bedingungen zu zerstören, unter denen diesem mächtigsten aller irdischen Wesen das Leben überhaupt gegeben ist."[10] Die Selbstgefährdung fasste Arendt als Gefahr eines dialektischen Umschlags menschlicher Produktion gegen ihre Voraussetzungen auf. Im selben Geist und in kulturphilosophisch bezeichnender Weise sprach Günther Anders von einer „prometheischen Scham," die sich dem Wissen um die eigenen technischen Möglichkeiten verdanke und das stolze Selbstbewusstsein des Kulturstifters umkehre in eine hilflose Sehnsucht, selbst etwas Hergestelltes zu werden. Der prometheische Trotz und Stolz, „sich selbst [alles, A. T.] zu verdanken", habe nun

> „einen wirklich dialektischen Umschlag erfahren. Prometheus hat gewissermaßen zu triumphal gesiegt, so triumphal, daß er nun, konfrontiert mit seinem eigenen Werke, den Stolz, der ihm noch im vorigen Jahrhundert so selbstverständlich gewesen war, abzutun beginnt, um ihn durch das Gefühl einer Minderwertigkeit und Jämmerlichkeit zu ersetzen. ‚Wer *bin* ich schon?' fragt der Prometheus von heute, Hofzwerg seines eigenen Maschinenparks, ‚wer bin *ich* schon?'"[11]

Das bei Anders zur Selbstdemütigung Anlass gebende Selbstgefährdungswissen der Moderne ist deshalb singulär, weil es die bis dahin unvordenkliche Möglichkeit einer Selbstzerstörung der Gattung enthält. Als die Bedrohung durch einen Atomkrieg der Supermächte in den 1980er Jahren zurückgegangen war, erneuerte die Reaktorkatastrophe von Tschernobyl das Bewusstsein, in einer Welt der vom Menschen technisch produzierten Risiken zu leben.[12]

Das *moderne* Wissen um die Option einer *kollektiven* Selbstbedrohung unter Bedingungen einer durch und durch technomorphen *Zivilisation* hat einen Vorläufer in der Selbstgefährdung des menschlichen *Individuums und seiner Nahverbände* durch seine eigenen *Handlungen*, die zuerst in der griechischen Tragödie thematisch geworden ist. In ihr wird Selbstgefährdung unter den Bedingungen der Kultur als ein anthropologisch-kulturphilosophisches Phänomen erkennbar, das sich historisch und kulturell unterschiedlich ausprägt. Zwischen der frühen Technik der Schneide- und Stichwerkzeuge, die sich nicht nur gegen Raubtiere oder Beutetiere, sondern auch gegen den Menschen selbst richten können, und der globalen Selbstgefährdung des Menschen nach der Industriellen Revolution und der Beschleunigung technischer Produktion, Energiegewinnung und Ressourcennutzung im 20. und 21. Jahrhundert besteht ein struktureller Zusammenhang, der sich in seinen jeweiligen historischen Auswirkungen bis ins gesamte Erdsystem radikal verschärft.

---

[9] Arendt 2005, S. 11.
[10] Ebd., S. 304.
[11] Anders 1994, S. 24 f.
[12] Vgl. Beck 1986, S. 7 ff.

Was bereits die attische Tragödie zeigt und in diesem Kapitel nachgewiesen werden soll, ist die Beobachtung, dass Handlungsmittel, die bereits beim Leib beginnen, den der Mensch praktisch nach Art von Werkzeugen gebraucht, und die heute bis zu komplexen computergestützten Prozessen reichen, von (scheinbar rein passiven) Instrumenten der Verfügung in unverfügbare, selbst aktive Größen umschlagen können, *während* und *indem* man mit ihnen handelt. Dieses Phänomen lässt sich als *Verselbständigung der Handlungsmittel* beschreiben. Die Rede von einer Verselbständigung verweist darauf, dass ihre Ursachen nicht in der Intention der Akteurin liegen, denn sie hat ja das Interesse, diese Handlungsmittel als eben dies zu gebrauchen: Medien *ihrer* Selbständigkeit. Verselbständigen sie sich dagegen, gewinnen sie ihr *gegenüber* eine Eigenständigkeit, mit der sie sich seiner Verfügung gleichsam von selbst entziehen. Nicht sie ist *mit* ihnen selbständig, sondern diese werden ihr *gegenüber* selbständig. Gleichsam *unter* der Hand – nicht *in* ihr – gewinnen sie einen naturartigen Charakter, denn sie erscheinen aus Akteursperspektive wie ein Quasi-*automaton*, ein von selbst Wirkendes, auch wenn sie physikalisch betrachtet Artefakte und keine lebendigen (oder robotischen) Akteure sind, die zu einem Impuls aus sich selbst heraus in der Lage wären. Die im Folgenden zu erläuternde Rede von der „Verselbständigung der Handlungsmittel" verweist auf das prinzipielle Risiko, dass die Mittel nicht nur der Verfügung entgleiten, sondern sich auch gegen sie wenden. Die Tragödie führt das vor: In ihr werden Handlungsmittel nicht nur *gegenüber* den Handelnden, sondern auch *gegen sie* selbständig.

Die Rede von einer Verselbständigung der Handlungsmittel ist metaphorisch. Sie betrifft im Sprachgebrauch meistens materielle oder symbolische Mittel, die einer handelnden Person nach dem Modell materieller Werkzeuge zur Verfügung stehen und ihnen als passiv zu gebrauchende Dinge gegenüberstehen. Damit sind Tiere in der Regel ausgeschlossen, vor allem andere Menschen, obwohl sich Menschen *auch* gegenseitig als Mittel benutzen, etwa indem jemand eine andere Person dafür bezahlt, eine Dienstleistung auszuführen. Dabei wird von Anfang an eine gewisse Eigenständigkeit der anderen Person unterstellt.[13] Nutzt man Menschen *nur* als Mittel wie in der Sklaverei, *muss* man ihre Eigenständigkeit umgehen, betäuben oder gewaltsam unterdrücken – oder man ersetzt sie nach Art von austauschbaren Werkzeugen etwa durch Roboter wie heute. Dagegen ist der Gebrauch von leblosen Dingen zu normativ akzeptablen Zwecken pragmatisch, moralisch und rechtlich in der Regel unproblematisch, mehr noch, er ist eine Konsequenz aus der instrumentellen Rationalität selbst, die geeignete Wege und Mittel zu wählen hat, die zur Verwirklichung eines

---

[13] Kants Kategorischer Imperativ, Personen niemals nur als Mittel, sondern immer auch zugleich als Zweck zu behandeln (Immanuel Kant: *Grundlegung zur Metaphysik der Sitten*, AA, Bd. IV, S. 428 f.), hat diesen anthropologischen Hintergrund. Es ist nicht nur moralisch verboten, sondern auch anthropologisch nur unter Disziplinierung, Zwang, Demütigung, Betäubung usw. möglich, Menschen konsequent wie ein Mittel zu verwenden. Werkzeuge ohne lebendige Aktivität kommen, so sie dazu hergestellt worden sind, dagegen einem reinen, effektiven Gebrauch (ohne Behandlung als Zweck) durchaus entgegen, etwa durch einen ergonomischen Griff oder ein benutzerfreundliches Design.

Zwecks geeignet sind. Ohne reflektierten Gebrauch von Dingen in der Welt gibt es kein Handeln. Das gilt auch noch für das kommunikative Handeln, das sich unterschiedlicher Zeichen und Medien bedient. Da Gegenstände – nicht-lebendige Naturobjekte oder kulturell produzierte (nicht-automatische) Artefakte – als Dinge in der Regel nicht zur Bewegung aus eigenem Impuls fähig sind, kann der Ausdruck ‚Verselbständigung der Handlungsmittel' nur bedeuten, dass entweder andere Akteure diese Mittel gegen den Handelnden und seinen Willen verwenden oder aber dass sie durch den Handelnden und kontingente Nebenursachen selbst unfreiwillig gegen ihre beabsichtigte Funktion verwendet werden. Wie das genau zu verstehen ist und welche „aktive Rolle" die Dinge dabei spielen, wird zu untersuchen sein. Theorien im Kontext des *material turn*, die Objekten und nicht-humanen Akteuren aktive Rollen zuschreiben, unterlaufen die von Platon eingeführte Distinktion von aktiven humanen Gebrauchenden und dem (passiv) Gebrauchten und stellen eine Kritik des handlungsfixierten Anthropozentrismus dar. Allerdings ist in der Tragödie – als einem ästhetischen Medium der Darstellung von Handlungen mit bestimmten Mitteln und den damit verbundenen Erfahrungen – die Rede von der „Verselbständigung der Handlungsmittel" insofern heuristisch sinnvoll, weil hier die Dinge nicht ontologisch wie in der *object-centered ontology* oder techno-soziologisch wie in der Akteur-Netzwerk-Theorie beschrieben werden, sondern immer schon aus Sicht der humanen Akteure für die Verwirklichung ihrer Handlungsziele eine spezifische Bedeutung als dafür in Gebrauch genommene Handlungsmittel und -medien gewinnen. Wenn also im Folgenden von einer „Verselbständigung der Dinge" die Rede ist, dann immer *sub specie praxis*.

Einen Zugang zu diesem für die Tragödie bezeichnenden Phänomen, das im Zuge des *material turn* mehr Aufmerksamkeit erhalten sollte, kann man aus der Moderne, dem Zeitalter der Industriellen Revolution und der immer weiter ausgreifenden Technisierung der Lebenswelt gewinnen. Denn erst in der Moderne schärft sich das allgemeine Bewusstsein dafür, dass Menschen – offenbar proportional zur technologischen Entwicklung – die Kontrolle über ihre eigenen Mittel zu verlieren Gefahr laufen. Goethe hat dieses Phänomen 1797 in seiner Ballade *Der Zauberlehrling*, in der ein Adept der Magie über einen Besen als Träger Wassermassen in sein Haus transportieren lässt, sie jedoch nicht mehr zu steuern vermag, sodass alles überflutet wird, mit einer für die Moderne paradigmatischen Wirkung phantasmagorisch gestaltet. Für die Rückwirkung der eigenen Produkte als Schädigung und Gefahr hat sich seit Ende des 19. Jahrhunderts die ebenfalls literarisch inspirierte Formel „Tücke des Objekts" im alltäglichen Sprachgebrauch eingebürgert. Sie geht auf den Roman *Auch Einer* von Friedrich Theodor Vischer aus dem Jahr 1879 zurück. In ihm wird geschildert, wie ein zunächst anonym bleibender Mann, den der Erzähler A. E. nennt, darunter leidet, dass in seinem Leben häufig die Gegenstände des Gebrauchs diesen Gebrauch stören und Handlungen verhindern, anstatt sie zu ermöglichen. Lauter Zufälle führen nach Ansicht des Mannes dazu, dass sich die Gegenstände seiner Verfügung entziehen, weil sie z. B. unauffindbar oder defekt sind, oder seine Praxis stören, weil sie z. B. im Weg liegen. So kommt es A. E. vor, als würden diese Dinge ihn sogar mit einer bösen Absicht, einer Tücke, quälen und er müsste sie dafür mit dem Tode bestrafen.¹⁴

Ludwig Wittgenstein hat die von Vischers Roman entnommene Rede von einer „Tücke des Objekts" als einen „Anthropomorphismus" kritisiert.¹⁵ Ohne Zweifel indiziert die Rede eine Übertragung menschlicher Intentionalität und Handlungsfähigkeit auf Dinge. Fraglich ist an Wittgensteins Kritik aber, ob dieser Anthropomorphismus, wie er meint, auch ein „unnötiger" und „dummer" ist. Denn Vischers metaphorischer Formel liegt ein durch die Kultur selbst hervorgebrachtes quasi-kooperatives Verhältnis von Menschen und Dingen zugrunde, das ein Risiko der kontingenten Störung dieses Verhältnisses impliziert. Sie erscheint den Handelnden dann wie eine Auflösung des impliziten Kooperations- bzw. Kollaborationsverhältnisses, als würden die Dinge sich nicht so verhalten wie ihre Funktionalität es erwarten lässt. In einem nicht-animistischen Grundverständnis des Mensch-Ding-Verhältnisses gibt es keine Zweifel daran, dass die Zuschreibung von Intentionalität gegenüber Dingen wie z. B. Schraubenziehern ein Fehlschluss ist. Das phänomenologisch Interessante ist jedoch, dass oft trotz dieses allgemein geteilten Wissens Metaphern wie die der „Tücke des Objekts" verwendet oder stumme Geräte wie Toaster im Fall von Störungen zu Adressaten von Kommunikationsakten werden. Diese Praxis der Zuschreibung von *agency* und Intentionalität an Dinge, die es bereits bei Homer gibt,¹⁶ verweist auf die Form des lebensweltlich erwarteten Zusammenstimmens von Handlungsmitteln und Handlungssteuerungsinstanzen, auf ein nach Art einer Kollaboration erfahrenes rationales Verhältnis von Akteuren und ihren Mitteln. Im Störfall neigen Akteure daher instinktiv dazu, sich bei der anderen Seite zu beschweren oder sie zu bestrafen, als habe sie die Enttäuschung der (Kollaborations-)Erwartung zu verantworten.

Das Risiko der Störung im Sinne einer Verselbständigung der Dinge ist historisch unterschiedlich weitreichend und in der urbanen technomorphen Moderne andersartig als im ländlichen Mittelalter. Je weitreichender und differenzierter der technische Gebrauch der Dinge entwickelt ist, desto stärker steigt auch das Risiko der unerwarteten Störung, gleichzeitig werden allerdings auch Maßnahmen der Risikominimierung – etwa durch internationale Standards der Qualitätssicherung – virulenter. Die Gefahr der Verselbständigung der Dinge für Akteure ist demzufolge historisch sehr unterschiedlich zu bewerten und heute eine weitaus andere als in der Antike. Aber strukturell gehört diese Gefahr nicht nur zur Kontingenz von Handlungsbedingungen, sondern auch zu der in die Dinge als Werkzeuge implementierten Normativität. Im

---

14 Siehe Vischer 1987. Die „Tücke des Objekts" (ebd., S. 24) erscheint allerdings in ihrer Häufung dummer Zufälle eher eine Rationalisierung unbewusster Motive zu sein, denn ein Ausdruck frei flottierender Kontingenz (vgl. dazu Martínez 1996, S. 125–150). Vischers Anthropomorphismus lässt sich analog zum mythischen Denken als Kontingenzreduktion beschreiben: Werden die Dinge nach Art von Akteuren als beseelt oder intentional figuriert, können ihre negativen Effekte normativ im Kontext menschlicher Praxis beurteilt werden (vgl. dazu Ajouri 2007, S. 212 ff.)
15 Wittgenstein 1990, S. 551.
16 Vgl. Bielfeldt 2014a; Canevaro 2018.

Gebrauch oder versuchten Gebrauch werden natürliche Dinge und kulturelle Artefakte wie Faustkeile, Wörter oder Interfaces zu Werkzeugen im weitesten Sinn. Entspricht die unterstellte oder schon erprobte Funktionalität dieser Werkzeuge nicht der Erwartung, kann es so erscheinen, als bekämen die Gegenstände, Zeichen oder Programme ein Eigenleben, das den Menschen unerwartet einen Strich durch die Rechnung macht: Statt sich entsprechend ihrer Funktion, ihrem *ergon*, gebrauchen zu lassen, setzen sie dem Akteur eine Grenze nach Art eines interaktiven Widerstands. Diese Grenze ist kontingent, sie kann in einem Defekt, in einem inadäquaten Gebrauch oder in einer unvollständigen Vorbereitung des Gebrauchs begründet sein, etwa wenn man kein Ladegerät für ein Smartphone zur Hand hat. Dann handelt es sich um kontingente Grenzen, die durch technische Optimierung leicht aufzuheben sind.

Doch die Grenze des Gebrauchs gründet auch in der funktionalen Struktur der Sachen selbst, d. h. der ihnen von ihren Produzenten zugedachten Normativität, weil die Selbständigkeit der Dinge durch die Praxis ermöglicht und von ihr erfordert wird. Denn nicht nur Defekte können zu einer Störung des Gebrauchs führen, sondern die Funktion des Gegenstands, die ihn definiert, vermag selbst Grund dafür zu sein, dass er seinen lebensdienlichen Gebrauch unterläuft, als sei er ein Akteur, der dem Verwender gegen dessen Kooperationserwartung – metaphorisch mit „Tücke" – schadet. Plausibel lässt sich dieses Phänomen an einem der ältesten Artefakte der Menschheit machen: dem Messer. Dient das Schneide- und Stichwerkzeug idealerweise der es gebrauchenden Person zum Zerteilen von Nahrung oder zur Verteidigung und damit zur Selbsterhaltung, kann es sie durch unabsichtlich falschen bzw. zufällig abweichenden Gebrauch, externe Kräfte oder aufgrund einer unfreiwilligen Entwendung durch einen Gegner auch verletzen oder töten. Nicht nur etwas dem Messer zufällig Zukommendes wie bspw. heimlich appliziertes Gift am Griff kann dem es Gebrauchenden schaden, sondern die normative Funktion des Objekts selbst kann sich gegen ihn richten. Das (möglichst effiziente) Schneiden- und Stechenkönnen, das erst den Grund dafür bietet, das Messer zu gebrauchen, ist erst die Voraussetzung dafür, dass es sich gleichsam im beiläufigen Handumdrehen schädigend gegen den richten kann, der es bewusst in die Hand nimmt, um anderes (oder andere) damit zu stechen oder zu schneiden. Entsprechend kann auch die kritische Kunst des Schneidens im Medium des Geistes – die Analyse – ebenso unbeabsichtigt ins epistemische Fleisch des Analytikers eindringen, indem er zu falschen Distinktionen kommt, die ihm auf dem weiteren Erkenntnisweg schaden.

In der Metaphorik der malignen Intentionalität von Objekten kommt eine technische Normativität – gut ist, was eine Funktion gut erfüllt – zum Ausdruck, die in das technische Verhältnis des Menschen zur Welt eingebaut ist und in der Metapher anthropomorphisiert bzw. moralisiert wird. Die Dinge stehen, insofern sie in Handlungen in Anspruch genommen werden, in einer soziomorphen Erwartungsperspektive der Akteure, in der sie als *Quasi*-Akteure adressiert werden, wenn sie den Fluss des Gebrauchs hemmen, die Erwartung enttäuschen und nach Art von Interaktionspartnern die Kooperation zu verweigern scheinen, die mit ihrem *ergon* normativ vorgezeichnet ist. Aus dem Umgang mit der Ausnahme überraschender und entnervender Funktionsabsenz lässt sich auf das grundlegende Verhältnis von Mensch und Ding *als Werkzeug* schließen. Personen projizieren eine Zweck-Mittel-Relation nicht nur in dieses Verhältnis, sondern modellieren die Dinge nach funktionalen Relationen und bilden sie nach der intentionalen Form ihres eigenen Bewusstseins.

Die Möglichkeit der Verselbständigung der vom Menschen gemachten und gebrauchten Dinge wird in kulturphilosophischer Perspektive notwendig durch die Kultur selbst erzeugt: Der gesamte Tausch und Verkehr von Wissen und Techniken, die den horizontalen und den intergenerationellen Zusammenhang der Kultur bestimmen, werden erst dadurch ermöglicht, dass Artefakte – wie Prometheus' Narthexrohr, in dem er den Menschen das Feuer der Erkenntnis und der Techniken übergab – und das mit ihnen verbundene Wissen aus einer Hand in andere Hände und vom Bewusstsein einer Person über die Medien und symbolischen Formen des Geistes in das anderer Personen transferiert werden.[17] Ohne solch eine „Freistellung des Objekts gibt es keine Tradition; ohne dieses Wagnis der Diskontinuität gelingt, paradox gesagt, keine Kontinuität"[18], wie Martin Scharfe betont. Das Getrenntwerden der Artefakte von ihren Produzenten und Verwendern ist somit kulturkonstitutiv. Die intersubjektive Zirkulation der Dinge wie der epistemischen Gehalte ist für die kulturelle Existenz des Menschen so notwendig, wie sie riskant ist, weil erst sie die Gefahr erzeugt, dass die Dinge und epistemischen Gehalte die Zwecke des Menschen vereiteln, statt zu befördern: „nichts ist von Nutzen, was nicht schädigen könnte zugleich."[19] Das gilt auch für die moderne Beschleunigung ihrer *in toto* ungesteuerten und wildwüchsigen Verbreitung in der kulturellen Entwicklung auf der gesamten Erde.[20]

Das Phänomen der Verselbständigung der Handlungsmittel ist also kein alleiniges Merkmal der Moderne, die sie seit dem 18. Jahrhundert und besonders in der Kulturanalyse und -kritik des 20. und 21. Jahrhunderts reflektierte. Es dürfte als Möglichkeit und Erfahrung des Menschen so alt sein wie die frühesten Chopper. Doch als existentielles Risiko ist es offenbar erst in antiken Tragödien vorgeführt und wiederholt problematisiert worden. In ihr zeigt es sich nicht als primär epochenspezifisches, sondern als anthropologisches Phänomen selbstproduzierter Gefahren durch kulturell ermöglichte Praxis. Sie führt vor, wie Handlungen unter Bedingungen der graduell unterschiedlich hohen Ungewissheit hinsichtlich der Handlungsbedingungen dem Risiko ausgesetzt sind, an dem, was für sie in Anspruch genommen wird, zu misslingen. Sie zeigt dabei nicht nur, wie man gegenüber so übermächtigen wie ungreifbaren Gegenmächten wie den Göttern zugrunde gehen kann, sondern gerade an dem

---
17 Siehe zu diesem bereits im griechischen Denken entwickelten Kulturverständnis Trautsch 2019.
18 Scharfe 2005, S. 100. Vgl. Scharfe 2002, S. 253 ff.
19 Ovid: *Tristia* II, V. 266 (*nil prodest, quod non laedere possit idem*).
20 Für ein philosophisches Verständnis der kulturellen Evolution in der Gegenwart siehe Falb 2019, S. 99 ff. Zur Dialektik der Kultur im planetarischen Maßstab siehe Kap. 11 (Epilog).

Eigenen: den eigenen Handlungen und ihren Mitteln, mit denen der Mensch erst seine kulturelle Existenz konstituiert.[21]

Die Dimension der Verselbständigung von Handlungsmitteln soll an drei Beispielen aus dem Korpus der attischen Tragödie erläutert werden, um zu klären, was *tragisch* an dieser Verselbständigung ist. Paradigmatisch wird dabei die Figur des Kulturstifters Prometheus behandelt, der im griechischen Mythos den Menschen mit dem Feuer und den verschiedenen *technai* überhaupt die nötigen (Überlebens-)Mittel zum eigenständigen Handeln an die Hand gegeben hat.

5.2 Das fatale Feedback der eigenen Erzeugnisse: Prometheus

Prometheus ist der Gründer der Kultur im griechischen Mythos, als der er von Hesiod über Aischylos, Protagoras und Platon bis zu Ovid vielfach porträtiert wurde. Dadurch ist er zu einem der wirkmächtigsten antiken Mythen überhaupt geworden.[22] Exemplarisch verkörpert er als Patron und Repräsentant des Menschen schon bei Hesiod die menschliche Selbstbehauptung durch Kultur und die Ambivalenz der Emanzipation von den Göttern und der Natur.[23] Mit den Bearbeitungen fanden die Griechen einen symbolischen Ausdruck für die ihnen staunenswert erschienene Leistung der (eigenen) Kultur als zusammenhängendem Ensemble von technischen und symbolischen Leistungen des Menschen. In seinen unterschiedlichen antiken Varianten – und in verwandten Mythen wie denen der Erfinder Palamedes und Daidalos oder des Zivilisierers Herakles – artikuliert sich das Selbstbewusstsein einer kulturellen Existenz, die auf Wissen und Können beruht und, gerade in Athen, darauf stolz ist,[24] ebenso wie der Schrecken über den Abgrund, der sich mit dieser Existenzform auftut. Die Be-

---

[21] In der gräzistischen Forschung zur attischen Tragödie sind die Mittel und Medien des Handelns – abgesehen von der Materialität der poetischen Sprache selbst – lange Zeit eher nur als Ausnahmen in den Blick geraten. Im Zug des *material turn* sind in den letzten Jahren aber verstärkt Forschungsbeiträge zur Materialität von Texten und Zeichen und zur Rolle von Dingen in der griechischen Antike und speziell in der Tragödie als Medien und Requisiten erschienen. Für eine allgemeine Perspektive zur in den Altertumswissenschaften (vernachlässigten) Rolle von Artefakten in der Antike verweise ich auf Porter 2003, S. 64–74, und Bielfeldt 2014. Vgl. auch den Überblick zu neuesten Publikationen von Canevaro 2019. Zur Tragödie sei insbesondere auf die Forschungen von Mueller 2016 und Telò/Mueller 2018 verwiesen, die für eine Intertextualität plädieren, die visuelle Dinge wie Requisiten der Sprache nicht nachordnet. Vgl. auch bereits Taplin 1978, S. 77–100. Bei aller zu Recht gestiegenen Aufmerksamkeit für die Dinge auch in der Tragödie ist aber an den Kontrast zwischen modernem Theater mit zum Teil reicher Ausstattung und griechischem Theater zu erinnern, in dem es kaum Requisiten gab (Goodhill 2007, S. 82–94).
[22] Vgl. Dougherty 2006, S. 11.
[23] Auch wenn der Begriff der Kultur als geistiger Leistung des Menschen erst bei Cicero gefasst wird, geht es in allen antiken Versionen des Mythos um die Autonomisierung des Menschen durch seine Erzeugnisse und damit um seine praktische Chance „to improve the human condition" (Ferrarin 2000, S. 297).
[24] Zur großen kultischen Verehrung des Prometheus in Athen vgl. Dougherty 2006, S. 46–64.

freiung des Menschen zur Selbständigkeit mithilfe seines sich in Formen rationaler Könnerschaft ausdrückenden Geistes eröffnet ungeheure Chancen eigenständiger Praxis und erzeugt zugleich den Druck der Selbstverantwortlichkeit im technisch-pragmatischen und sozial-kommunikativen Bereich der Kultur. In der Aischylos zugeschriebenen Tragödie *Prometheus Desmotes* (*Der gefesselte Prometheus*)[25] wird Prometheus' Leistung der Autonomisierung des Menschen zudem zum Grund einer Tragik, in der das Leid den Kulturstifter als Repräsentanten der Menschen einholt. Die tragische Figur des Prometheus steht damit exemplarisch für das kulturelle Risiko, mit rationalem und technisch versiertem Handeln zu scheitern.

Die Rückwirkung der kulturellen Leistungen, die Aischylos' Tragödie thematisiert, ist in der Philosophie und Soziologie seit Ende des 18. Jahrhunderts unter modernen Bedingungen anhand der Gestalt des Prometheus weitergedacht worden. Sie steht besonders in der Moderne nicht nur stellvertretend für die kulturelle Emanzipation des Menschen von den Göttern einerseits und der Natur andererseits, sondern auch für die Einsicht, dass der Mensch sich mit seiner kulturellen Existenz zugleich ein genuin anthropogenes Risiko, eine technische Selbstgefährdung geschaffen hat. Im Freiraum der Kultur als der Handlungssphäre des Menschen scheint die Bedrohung des Menschen noch über das Maß hinauszuwachsen, in dem er sich gegen die Bedrohung durch die nicht-menschliche Natur zivilisatorisch zu immunisieren versucht hat.[26]

---

25 Über die Echtheit des Stücks wird seit dem Beginn des 19. Jahrhunderts, vor allem aber seit Wilhelm Schmids Zweifel an der Autorschaft des Aischylos (Schmid 1929) ausführlich diskutiert. Zur bisherigen und aktuellen Diskussion siehe Bees 1993 und Lefèvre 2003, besonders S. 11–19. Eine große Reihe von Forschern hält die Tragödie aber für echt und legt die Verbindung mit den anderen überlieferten Tragödien des Aischylos frei. Zudem wurde in der Antike Aischylos' Autorschaft nicht in Zweifel gezogen. Ich folge dieser Einschätzung, auch wenn für die folgende Argumentation nichts an der Autorschaft des großen Tragikers hängt. Zumindest gilt als sicher, dass das Stück zwischen 479 und 430 v. Chr. in Athen aufgeführt worden sein muss (vgl. Bees 1993, Lefèvre 2003). Der *Prometheus Desmotes* (oder *Prometheus Vinctus*) ist vermutlich Teil der Trilogie mit dem Titel *Promethie* gewesen, von deren 2. und 3. (oder aber 1. und 3.) Teil, dem *Prometheus Lyomenos* (*Der entfesselte Prometheus*) und dem *Prometheus Pyrphoros* (*Prometheus, der Feuerträger*), nur Fragmente überliefert sind (auch wird die Reihenfolge *Pyrphoros*, *Desmotes*, *Lyomenos* vorgeschlagen, vgl. Griffith 1983, S. 281–283, und Griffith 1977).

26 Prometheus steht dabei für einen anthropologisch weiten Kulturbegriff, der seit Herder und Kant medientheoretisch, symboltheoretisch, kommunikationstheoretisch, systemtheoretisch, historisch, ethnologisch etc. erweitert oder relativiert wurde und dessen nationalistische und rassistische Assoziationen kritisiert wurden. Er umfasst alle Formen und Weisen, in denen Menschen etwas tun, herstellen, begreifen, symbolisch ausdrücken und miteinander kommunizieren. Diese kulturellen Tätigkeiten, die in einer sozialen Interaktionssphäre gelernt, vermittelt und ausgeübt werden, umfassen damit auch alle Formen der Sinnproduktion, an der sie und die von ihnen geschaffenen kulturellen Einheiten wie Institutionen aktiv durch symbolische Kommunikation beteiligt sind. Maßgeblich für die philosophische Rekonstruktion des Fortlebens des Prometheus-Mythos bis in die Moderne ist Hans Blumenbergs große Monographie 1979a. Zur Fortwirkung des Prometheus-Mythos in der europäischen Kulturgeschichte siehe vor allem ebd., S. 382–689; Kerényi 1959; Ziolkowski 2000, S. 110–148; Séchan

Die aischyleische *Promethie* bringt den „Grundmythos der Zivilisation, der Technik, des listigen Geistes"[27] theatralisch zur Selbstreflexion. An der spekulativen Gründergestalt der Kultur führt Aischylos exemplarisch vor, dass die durch Vernunft und praktisch-technische Fähigkeiten emanzipierten Menschen diesem nicht bloß einen akzeptablen Zugewinn zu ihrer Lage zu verdanken haben, sondern das, was sie überhaupt erst zu reflexiven Personen macht: dass sie *selbst* mit distanzbildenden Techniken und Methoden der Praxis in einem nicht definierten *Freiraum* rationaler Eigenständigkeit etwas aus ihrer Umwelt und aus sich selbst *machen* können.

Prometheus, der „Vorausdenkende"[28], wird in der Tragödie vom als Figur abwesenden, hingegen klar als Tyrannen charakterisierten Zeus, dem er mit Intelligenz und Erfindungsgabe geholfen hatte, seine Herrschaft aufzurichten und die des Kronos, seines Vaters, und der Titanen endgültig abzulösen, dafür bestraft, gegen dessen Willen verstoßen und die noch hilflosen, troglodytenhaften Menschen vor der Vernichtung durch Zeus bewahrt zu haben (V. 232f.).[29] Prometheus bewusste *hamartia* besteht darin, Widerstand gegen die tyrannische Herrschaft durch die Vermittlung der Fähigkeit zur Selbstermächtigung an die Menschen geleistet zu haben. Diese „Wende aller Not" (V. 111) für die Menschen fällt in die Vorgeschichte der Tragödie, wird jedoch von Prometheus selbst erzählt: Seine für die Menschheit schlechthin existentielle Handlung bestand darin, den Menschen das Feuer (V. 7–11, 82f., 107–110, 252, 265f.) und *sämtliche* Techniken (*pasai ekmathēsontai technai*, V. 506) zu vermitteln und sie damit von hilflosen, orientierungslosen Wesen zu selbständigen Akteuren zu machen, die sich gegenüber Gefahren kulturell zu behaupten lernen können. Dabei steht das im Werkzeug übergebene Feuer nicht nur für die eine Technik der Feuerbeherrschung, sondern für gewonnene Fähigkeit des Menschen, überhaupt Techniken zu erlernen (V. 109f.) und Wissen zu erwerben: „Was Menschen wissen, von Prometheus haben sie's." (V. 506). Dementsprechend machte Prometheus die Menschen auch „gedankenvoll" (*ennous*, V. 444) und „mächtig der Vernunft" (*phrenōn epēbolous*, V. 444), denn nur mit Geist können sie die Kulturtechniken lernen, anwenden und untereinander weitergeben, nur mit Vernunft können sie etwas erkennen und Wissen wie Prometheus selbst vermitteln. Prometheus ist selbst die Verkörperung der Fähigkeiten, die er den Menschen beibringt. Schon Hesiod nennt „den gewandten, listigen Prometheus"[30] „klüger als alle"[31], der Zeus in der Kunst zu täuschen ebenbürtig sei. Bei Aischylos erscheint Prometheus noch schärfer als Verkörperung des Geistes und

---

1951; Trousson 1964; Duchemin 2000; Kaplanian 2011; Pankow/Peters 1999; Storch/Damerau 2001; Dougherty 2006, S. 89–141; Trautsch 2019.
27 Ottmann 2001, S. 43.
28 Zu den etymologischen Herleitungen, vor allem von *pro* (‚vor') und *mētis* (‚Klugheit', ‚Einsicht'), siehe Dougherty 2006, S. 4.
29 Im Folgenden wird unter Angabe der Versnummer im Haupttext die Übersetzung von Kraus zitiert.
30 Hesiod: *Theogonie*, V. 511.
31 Hesiod: *Werke und Tage*, V. 54.

als „der Kulturbringer schlechthin"[32]. In einer eindrucksvollen Rede gegenüber dem mit ihm solidarischen Chor der Okeaniden (V. 442–506) zählt er die Leistungen auf, die er zusammen mit dem Feuer den Menschen vermittelt habe: Nach Navigationskunst und Astronomie, Zeitberechnung, Naturerkenntnis, Arithmetik und Schrift waren es die Agrar- und Fahrzeugtechniken (auf Wagen und Schiffen), die Medizin, diverse mantische Techniken und schließlich die Feuerbeherrschung inklusive der Metallurgie, kurz: das ganze *Know-how* der kulturellen Existenz. Diese miteinander verbundenen Leistungen stellen die zentralen Funktionen einer Dynamik kultureller Entwicklung dar, die aus „der Menschen Not" (V. 442) in, so Gadamer, „den Beginn eines ins Unabsehbare hinausstrebenden menschlichen Schaffens"[33] führt.

Zugleich aber erzeugt Prometheus damit erst die Bedingung der Möglichkeit einer neuen Not, die viele Denker erst für eine moderne halten: der leidvergrößernden Rückwirkung der kulturellen Leistungen auf diejenigen, die sie geistig und praktisch in Anspruch nehmen. Der technische, soziale und politische Umgang mit einer zu großen Teilen unbestimmten, unkalkulierbaren, gleichwohl mächtigen Wirklichkeit, für die die tyrannische Herrschaft des unsichtbaren Zeus steht, ist, so die These, ebenso wenig aus souverän tarierter Distanz kontrollierbar wie die distanzierende und zugleich distanzüberbrückende Technik selbst, der schon im primitivsten Werkzeug die Chance lebensdienlicher *und* die Gefahr lebenszerstörender Effekte zukommt.

Mitnichten ist das aischyleische Drama des Kulturstifters daher eine bloße Affirmation der Macht des Kulturstifters und Rebellen, die vorführt, welche großen kulturellen Leistungen möglich sind und wie sie sich darin der Macht widersetzen. Es handelt sich nicht um eine Romanze, als die Mikael Hård und Andrew Jamison die Tragödie gegenüber dem tragischen *Prometheus Unbound* von Percy Bussy Shelly im Anschluss an Hayden Whites Klassifizierung der narrativen Muster von Geschichtsschreibung kennzeichnen.[34] Prometheus' Kulturstiftung ist nicht nur nicht als pure Erfolgsgeschichte zu verbuchen, die eine grundlegende *Ambivalenz* des bewussten Kulturwesens Mensch erzeugt, die bereits bei Hesiod zu bemerken ist, der die Vorzüge und mehr noch die Nachteile des prometheischen Frevels gegenüber Zeus benennt. Die *Tragik* des Prometheus entsteht vielmehr erst durch die *Dialektik*, in der sich Prometheus' Handeln auf für ihn fatale Weise verfängt. In zwei inhaltlichen Dimensionen wird sie von dem Stück vorgeführt. Die kulturell ermöglichte Wende *aus* der Not kann durch Kultur unversehens zur Wendung *in* die Not werden. Wie es mit dem punktuellen Feuerraub eine *metabolē* aus dem Unglück drohender Vernichtung durch Zeus und dem Unwissen blinder Tierexistenz in das Glück einer Kontinuität und Entwicklungsdynamik des selbständigen menschlichen Lebens gab, so kann diese Wende unter den nun entstandenen Bedingungen der Kultur in jedem Moment angesichts übergroßer Widerstände oder mangelnden Vorauswissens genau durch die

---

[32] Bees 1993, S. 79.
[33] Gadamer 1993b, S. 155.
[34] Vgl. Hård/Jamison 2005, S. 2f.

Mittel der Kultur wieder umschlagen in die nicht mehr nur punktuelle, sondern dauerhafte existentielle Not. Darin liegt der ironische Doppelsinn des deutschen Wortes ‚Not-wendigkeit' (*anankē*), das die Bedeutung des Unveränderlichen hat, aber vom Gegenteil, der Wendigkeit, zu sprechen scheint.

Das Risiko der Verselbständigung von Handlungsmitteln ist bereits im symbolischen Feuer präfiguriert, das jederzeit von seiner Einhegung als Fackel oder Herdfeuer überschlagen und seinen Verwender gefährden kann. Alles instrumentelle Handeln mit technischen Artefakten und Methoden kann sich wie die metallischen, im Feuer fabrizierten Werkzeuge gegen denjenigen richten, der sie – wie Prometheus – in ihrer soteriologischen und praktischen Funktion erkennt, beherrscht und anderen tradiert. Die *distanzbildenden* Fähigkeiten der *technai*, das Integral der Wissensformen und Fähigkeiten der kulturellen Existenz, schlagen gewissermaßen in die *leibdurchdringende* Zerstörung um. Distanzlosigkeit und Kulturlosigkeit gehen hier ineinander. Prometheus' Selbstbewusstsein als Akteur und seine Einsicht in seine Fehler machen deutlich, dass es – trotz der sich in der Vergeltung unmissverständlich offenbarenden Tyrannis des Göttervaters – seine Handlungen der Kulturstiftung selbst sind, die sein stolzes, göttliches Leben ins Leiden umschlagen lassen, dessen Intensität und Dauer er auch gegenüber Hermes mit Trotz ins Auge sieht.[35] Der Titan wird nun zwar über die Maßen vom Willkürherrscher Zeus bestraft, doch auf eine seine eignen Leistungen gegen ihn richtenden Weise. Denn womit er getroffen wird und dem er sich nicht entwinden kann, ist dasjenige, in dem er *selbst* Meister ist und das er den Menschen samt Vernunft tradiert: *technē* (V. 87).[36] Die Eröffnung des *Prometheus Desmotes*, in der der Titan, während er theatralisch, nämlich visuell und akustisch effektiv an den Fels geschlagen wird, unter für das Publikum offenkundigen Schmerzen schweigt, zelebriert auf qualvolle Weise den Vorgang, dessen die Menschen durch Prometheus erst fähig geworden sind: die *Verwendung von Technik*. Die Art der Fesselung, die in Wahrheit eine *Verkettung* ist, beruht auf der Schmiedekunst des Hephaistos, die sich exakt der Technik verdankt, die Prometheus später im Katalog der Kulturtechniken als letzte im Sinne einer Klimax erwähnt: Es sind die Produkte der bereits entwickelten, differenzierten und die Technikentwicklung weiter antreibenden Metallurgie (V. 500 – 504). Sie rauben Prometheus nun den leiblichen Schutz und jeden Spielraum für körperliche Handlungsfreiheit, die zu sichern er das Feuer den Menschen überhaupt vermittelt hatte. Zwar ist die *technē* selbst nicht der *Grund* der Bestrafung des Prometheus, wie Kratos als Gehilfe von Zeus behauptet (V. 46 f.), aber sie ist ihr *Mittel*. Daher verflucht der Prometheus eigentlich wohlgesonnene, sich vor Zeus' Macht gleichwohl duckende Hephaistos seine eigenen *Hände* (V. 45), das erste Werkzeug, dessen Verlängerung die metallischen Geräte sind, die Prometheus in den Fels zwingen. Sie bedürfen des geistigen Befehls, den Hephaistos hier ohne Widerstand

---

[35] Aischylos: *Prometheus Desmotes*, V. 907–1095.
[36] Die Dimension einer Ironie der Technik ist der Forschung zum *Prometheus Desmotes* bislang offenbar gänzlich entgangen.

von Zeus' Schergen Kratos empfängt und an seine Hände und via Hände an die Werkzeuge und via Werkzeuge an Prometheus' Körper und via Prometheus' Körper weitergibt, wodurch er dessen existentielle Gesamtverfassung trifft.

Die tragische Ironie wird dadurch symbolisch akzentuiert: Gleich zu Anfang kündigt Kratos an, Prometheus „in stahlgeschmiedeten Banden, unzerreißbaren" (V. 6) für die Entwendung des Feuers an die Felswand zu ketten. Erst das handwerklich genutzte Eisen ermöglicht die effektive und dauerhafte Bindung, das wirksame Gegenmittel gegen Prometheus' Freiheit. Und erst das Feuer ermöglicht dem Schmiedegott Hephaistos, Werkzeuge wie Hämmer zu schaffen und mit ihnen diese Ketten als technisches Instrument des Freiheitsentzugs als Schmied herzustellen. Aufschlussreich ist die gleich zu Anfang des Stücks exponierte Nähe von Strafe (für die metonymisch die geschmiedeten Eisenketten stehen) und ihrem Grund (dem Raub des Feuers): Prometheus soll an den Felsen geschlagen werden „in *stahlgeschmiedeten Banden, unzerreißbaren./ Das dir Erblühende, allesschaffenden Feuers Glast,/ Hat er entwendet, hingegeben den Sterblichen.*" (V. 6–8, Hervorh. A. T.) Die Mittel der Handlung (im Feuer geschmiedete Werkzeuge) und das Handlungsziel (Bestrafung für den Feuerraub) bilden eine rhetorische Inversion der soteriologischen Handlung des Prometheus, der zuerst das Feuer des Hephaistos stahl, damit die Menschen künftig durch es und mit ihm Techniken wie die Metallgewinnung und -verarbeitung würden lernen und entwickeln können.[37] Das lebendige pantechnische Feuer hat Produkte ermöglicht, die der Lebhaftigkeit seiner Flammen als starre, feste und unzerreißbare Instrumente gleichsam gegenüberstehen. So wird das Medium der Selbständigkeit zum Mittel existentieller Gefangenschaft.

Der alte, aus orientalischen Quellen tradierte Schmiedegott Hephaistos ist es demnach auch, der, obschon widerwillig, Prometheus, welcher seinen technischen „Schatz den Menschen preisgegeben hat" (V. 38), in *Ketten*, *Eisenbanden*, *Ringen* und *Fußschellen* an den Fels mit einem Hammer *festnagelt* (V. 20, 52, 54, 55, 58, 71, 74, 76).[38] Die Stabilität der metallenen Produkte konstituiert die Hartnäckigkeit der Bindung, die jede weichere Fessel aus Naturmaterial derart überbietet, dass selbst Prometheus als Meister der List, Kunst und Technik sie nicht zu lösen vermag. Drastisch wie in den

---

[37] Das Futur in Vers 254 (*polllas ekmathēsonthai technas*) verweist auf die bereits bei Xenophanes (DK 21 B 18) unterstellte Entwicklungsdynamik des Wissens und der Technik. Siehe Müller 2003, S. 42ff., und Trautsch 2019.

[38] Vgl. Prometheus' spätere Auskunft gegenüber Io, Zeus habe die Ankettung beschlossen, Hephaistos sie ausgeführt (V. 619). Der Prolog besteht keineswegs aus „entbehrliche[n]" Versatzstücken, die nur zur Sympathieerregung angelegt sind, wie Schmid 1929, S. 32f., und neuerdings Lefèvre 2003, S. 43, meinen. Schmid spricht von einem „innerlich so undramatischen Prolog" (ebd., S. 33), der nicht die folgende Handlung vorbereite. Diese These wirkt angesichts des symbolischen wie theatralisch gewalttätigen Umschlags aus Prometheus' mythischer, den Zuschauern sehr vertrauter Handlungsfähigkeit in die Ohnmacht und mit Blick auf den damit eingeleiteten Wechsel zur reinen Sprachhandlung des Protagonisten geradezu kurios. Gleiches gilt für Lefèvres unplausible Abwertung des angeblich bloß auf äußere Spannung angelegten Endes, ja Aufbaus des gesamten Stücks (Lefèvre 2003, S. 43–55).

späteren bildlichen Kreuzigungsszenen oder den Gewaltdarstellungen der römischen und elisabethanischen Tragödie wird in der Eröffnung des Stücks das technische Handeln, das der zuvor aktive Prometheus nun als dessen passives Material erleidet, für den Zuschauer, der dem im Zentrum oder oberhalb der *skēnē* hängenden Kulturstifter gegenübersitzt, sichtbar.[39] Zudem wird das theatrale Geschehen durch den Dialog von Kratos und Hephaistos performativ gedoppelt und dadurch ästhetisch – den eisernen Nägeln entsprechend – zugespitzt, wobei immer wieder die im Feuer geschmiedeten Werkzeuge wie Metaphern des tragischen Umschlags aufgerufen werden, durch die Prometheus sein Leid empfängt: „stählernen Keiles unbarmherz'gen Zahn/ Mit allen Kräften treib ihm mitten durch die Brust!" (V. 64 f.).

Der Einzug des Chores der Okeaniden von oben folgt ihrem Erschrecken, als sie – wie das Publikum – metallene Geräusche vernehmen: „Hallender Schlag Hammers von Stahl" dringt zu ihnen (V. 133 f.), sodass sie herbeieilen. Als sie auf die *orchēstra* kommen und den Helden nun auch – wie das Publikum bereits zuvor – erblicken, ist es der freiheitsraubende Stahl, der ihnen zuerst auffällt. Auf ihn dirigieren sie auch die Aufmerksamkeit des Publikums. Prometheus ruft ihnen seine Aufforderung zum Hinsehen zu: „Schaut her, seht an, wie ich,/ mit was für Banden festgemacht" (V. 141 f.), worauf der Chor sein Erschrecken schildert: Er weine, „da deinen Leib/ Ich am Felsen verdorren seh,/ Stahlgebunden, in Fesseln schmachvoll." (V. 146–148) Immer wieder wird im Stück in einer Metonymie das Leid des schmerzhaften Freiheitsraubs an den Ketten als den Instrumenten der Unfreiheit festgemacht (V. 156, 168, 513, 525, 770, 991, 1005 f.). Auch das Leiden im Allgemeinen wird mit metallenen Artefakten, einem „zweischneidigen Schwert" (V. 690 f., 863) und einer zweischneidigen „Feuerglocke" (V. 1044), verglichen. Das Leid drückt sich in der Umkehrung des technischen Handelns, in einer Verkehrung der technischen Produkte gegen den Akteur aus: Aus der Souveränität der gesteuerten Umwandlung von Naturstoffen (gefundenen Erzen) durch das in Rennöfen eingesetzte Feuer in der Metallurgie werden feste, kalte Produkte aus Eisen, die in den Händen von Zeus' Handlangern erst den leidvollen Souveränitätsverlust des Prometheus ermöglichen.

Die Tragik des Prometheus wirft damit ein existentielles, keineswegs nur dramaturgisch erforderliches Licht auf den sicher prominentesten griechischen Gründungsmythos der menschlichen Zivilisation. Was Aischylos vorführt, ist, dass selbst die titanische Ausnahmegestalt als Gründungsinstanz der Kultur nicht garantieren kann, mit den von ihr an den Menschen weitergeleiteten Funktionen auch über ihr *eigenes* Leben so verfügen zu können, dass großes Leid und existentielle Bedrohung von ihr abgewendet werden. Prometheus, die „Inkarnation der Klugheit, der Intelligenz, des Geistes" und das „Prinzip der ewig dynamischen, rastlosen Kreativität"[40], kann sich nicht *selbst* von der Übermacht und Gewalt befreien, die ihn zuvor im-

---

[39] Hinweise zur Aufführungssituation bei Taplin 1977, S. 240–245; Melchinger 1974, S. 110 f.; Wiles 1997, S. 81 f.
[40] Latacz 1993, S. 149.

merhin nicht davon abzuhalten vermochte, für die Menschen gegen den Willen des mächtigsten Gottes zu verstoßen. Es zeigt sich, dass Zeus in seiner Vergeltung mindestens ebenso erfinderisch gewesen ist (V. 62) und Prometheus sich, gegen ihn für das Existenzrecht der Menschen rebellierend (V. 234–236),[41] nicht genug um sich selbst gesorgt hat (V. 507 f.). Er selbst braucht nun einen *anderen* „Vordenkenden,/ Zu finden, wie du dich entwindest dieser Kunst!" (V. 86 f.) – der *technē*, deren exemplarischer Repräsentant er ist. Er kann die *technai* nicht auf sich selbst anwenden (V. 469–471), die ihn in den Händen anderer zugrunde richten. Dass Prometheus sich mit den rettenden Künsten und seiner Vernunft nicht selbst zu einem guten Leben befreien kann, liegt weder an seiner individuellen Unfähigkeit noch an seiner Kühnheit (*tolma*) bzw. an seinem Eigensinn (*authadia*), den Okeanos, der Chor und Hermes ihm im Stück mehrfach vorwerfen (V. 541 f., 1012 f., 1034 f., 1036–38), was er allerdings zurückweist (V. 435).[42] Es liegt vielmehr in der beschränkten Macht der *technē* und der praktischen Vernunft selbst. Zum einen hat das praktische Wissen und Können variierende Grenzen im Anwendungsbereich, der dem die *technai* Gebrauchenden gegenübersteht, klassischerweise der *physis*, so wie Schiffe nicht jedem Sturm und medizinische Maßnahmen nicht jeder Krankheit gewachsen sind. Die entscheidende, tragisch relevante Grenze finden die rationalen Künste aber in der *Selbstanwendung*, in der Akteur und sein Objekt sich wie Nägel und Fleisch verbinden. Eine Distanznahme mit den Dingen zu Dingen verkehrt sich in eine lädierende Penetration des Körpers durch die Dinge.

Der symbolische Sinn des immer wieder zur Sprache gebrachten Metalls der Ketten, Ringe, Schellen und Nägel ist bereits durch das Feuer gewonnen. Es ermöglicht, dass Eisen in Öfen vom Erz getrennt und in der Schmiede mit anderen Werkzeugen gehärtet und geformt wird. Die derart pyrotechnisch hergestellten Werkzeuge können nicht erneut durch das Feuer auf Distanz gerückt und transformiert werden; die technische Bearbeitung hat zu einem Produkt geführt, das nun, vom Produzenten und Gebrauchenden wie alle Werke der Kultur getrennt, schmerzvoll auf ihn zurückwirkt: Es hat sich mit dem Leib und dem Felsen unlösbar verbunden, die für alle technische und zumal pyrotechnische Bearbeitung von Material nötige Distanz ist nicht mehr gegeben. Das ist die technomorphe Dimension von Prometheus' tragischem Schicksal.

Um dies theatralisch erkennbar zu machen, werden die zuerst von Prometheus entdeckten „verborgne[n] Nutzbarkeiten" der metallenen Erze aus „der Erde Innerem" (V. 500 f.) akustisch, visuell und körperlich effektvoll in den Fokus der Sichtbarkeit gerückt. Natürlich, d. h. menschlichen Körpern entsprechend, bleibt der Leib des Prometheus trotz seiner Göttlichkeit deshalb geschunden, weil er Schmerzen empfindet und sich aus der technisch induzierten Ohnmacht nicht befreien kann: Das

---

[41] Vgl. auch Kott 1975, S. 11–49.
[42] Zu kritischen Einschätzungen der Prometheus-Figur siehe Bees 1993, S. 244 f., und Lefèvre 2003, S. 99 f.

inszenierte Bild des Gottes, der zuvor die Menschen theomorph machte, schlägt um ins anthropomorphe Ikon des leidenden und klagenden Körpers.[43]

Der Sichtbarkeit des technisch induzierten Leidens steht die Unsichtbarkeit der Übermacht gegenüber. Im Topokosmos der mythischen Ordnung ist Zeus oben, die Spitze bilden die Moiren, von ihnen aus bis in die Unterwelt erstreckt sich die *axis mundi*, in deren Mitte Prometheus hängt.[44] Weder die Moiren noch der eigentliche Tyrann Zeus treten im Stück auf, nur seine Stellvertreter: Bia (Gewalt), Kratos (Macht), Hephaistos, der Ausführer, und Hermes, der opportunistische Diplomat. Anders als die technisch-praktisch zu verändernde Welt ist die mythische Übermacht, gegen die sich der Inbegriff des Humanen zu behaupten versucht, ungreifbar. Durch ihre sinnliche Abwesenheit im Theater wird ihre unheimliche Macht der theatral inszenierten Ohnmacht des Prometheus gegenübergestellt. Die Moiren und auch Zeus sind keine Mitspieler, sondern (noch) technisch-pragmatisch unbezwingbare Gegenmächte, die aus der für die technomorphe Praxis nicht einholbaren (vertikalen) Distanz auf eine unerkennbare und nur vermittelte Weise wirken. Daher ist „Kunst (*technē*) [...] um vieles schwächer als Notwendigkeit (*anankē*)" (V. 514); mit ihr kann man nicht streiten (V. 105).

Das Medium, in dem die von den Moiren selbst noch über Zeus verhängte Notwendigkeit (V. 515–520)[45] Prometheus' Ohnmacht bestimmt, ist indes die *technē* bzw. *mechanē* selbst, die ihm in Verbindung mit ihrem Ursprung und ihrem Gegenüber, der *physis*, zum Unheil wird. Aus einem quasi-kooperativen Verhältnis von Körper und Technik wird eines der Quasi-Feindschaft. Ohne Hephaistos' Schmiedekunst könnte der Titan nicht mit „Ketten, die mich schänden" (V. 991) an den „menschenfernen Fels" in der „Wüstenei" (V. 2), gewissermaßen der kulturell nicht erschlossenen Natur, *dauerhaft angeschlagen* werden.[46] Prometheus ist zwar Figur eines Dramas, das

---

43 Wegen dieser Dialektik vermag die Spekulation, Prometheus sei als Puppe angenagelt worden, nicht zu überzeugen (vgl. zur Puppentheorie Stoessl 1988, S. 28 f., und kritisch Taplin 1977, S. 243 ff.). Zumindest muss die klagende Stimme des Prometheus für das Publikum direkt mit dem gemarterten Leib verbunden gewesen sein. Wiles 1997, S. 81 f., plädiert mit plausiblen Argumenten für Prometheus' Position im Zentrum, der Mitte der *orchēstra*.
44 Vgl. dazu Kott 1975, S. 11 ff., vor allem S. 19 f.
45 Mit ihr macht sich Zeus, *solange* er herrscht, gemein. Diese temporale Bedingung, die in der Ankündigung von Zeus' Sturz durch Prometheus mehrfach zur Sprache kommt, relativiert Adornos These „der *dem Schicksal verbündeten Herrschaft*" in der attischen Tragödie (Adorno 1970, S. 345). Herrschaft erscheint in Zeus' unsichtbarer Übermacht zwar tatsächlich *wie* das Schicksal; doch die in der Tragödie nicht nur bei Aischylos' vielfach bezeichnete Differenz zwischen Herrschaftsinstanzen ist die Voraussetzung sowohl der Kritik an der Herrschaft als auch des Widerstands gegen sie. Die Herrschaft *muss* nicht sein, sie ist kontingent und selbst der Notwendigkeit (oder Kontingenz) ausgesetzt. Kritik und Widerstand war den Begründern der Athener Demokratie aus eigener Erfahrung gegenüber den Persern und den Tyrannen zuhause bekannt, wie auch die späteren Bürger als dominante Kräfte im Attischen Seebund die Erfahrung machten, von *anderen* als Herrschaftsinstanz und Schicksalsmacht erfahren zu werden.
46 Dass die im Katalog zum Abschluss genannte Kunst der Metallurgie nun den Stifter selbst festsetzt und ihm jede Souveränität außer der Sprache nimmt, erscheint auch deshalb nicht zufällig, da Pro-

Handelnde darstellt, aber der Zuschauer sieht vom ersten Moment bis zum Untergang am Ende diesen Patron seiner eigenen, vor allem in Athen zum Glanz gekommenen technisch-pragmatischen Lebensform unbeweglich leidend am Felsen hängen.[47] Der *Umschlag* des Freiheitsbringers in die Unfreiheit erfolgt theatralisch sicht-, hör- und empathisch nachvollziehbar in Form eines technischen *Anschlagens*. Dieser „Erscheinungsschrecken" (Bohrer) wird das teilnehmende Bewusstsein der Zuschauerinnen und Zuschauer ergriffen haben, zumal Prometheus nach dem Prolog vermutlich eine gewisse Dauer stumm am Felsen gehangen haben durfte, bevor er mit Klagen anhebt (V. 88 ff.).[48]

Darin besteht die über Fremdeinfluss (Zeus, Bia, Kratos, Hephaistos) vermittelte Peripetie seiner Handlung, denn die Konsequenz aus Prometheus' Handeln ist die Verkehrung dessen, was er erzielte: *Freiheit* durch Technik und rationale Welterkenntnis wird durch die Mittel der Technik in Unfreiheit verkehrt. Prometheus wird damit zu dem, was technisch *behandelt wird*. Sein im Begriff der *technai*-Vermittlung liegendes Machen (*poiein*) und Lehren (*didaskein*) wird zum Leiden (*paschein*). In einem von Cicero überlieferten Fragment aus dem vermutlich dritten Stück der aischyleischen *Promethie* vergleicht Prometheus seinen gefesselten Zustand mit dem eines Schiffs, das ein geängstigter Fischer festbindet.[49] Die Handhabung von Kähnen, Booten und Schiffen aber habe, so Prometheus im *Desmotes*, „niemand außer mir" (V. 467 f.) erfunden. Nun ist er selbst durchbohrtes und gebundenes Opfer „grausamer Kunst"[50]. Trägt der Kulturinitiator, wie Hannelore Schlaffer erläutert, als Inkarnation des Feuers das Symbol, aus dem er hervorgegangen ist, in seinen Händen,[51] hat nun das Metall, das aus dem Feuer hervorging, seinen Händen die Funktion des Haltens geraubt. Die Technik verkehrt sich durch die Übermacht seiner Feinde vom Instrument der Weltveränderung ins Mittel der Akteursveränderung: Nicht mehr seine Umwelt wird von ihm bearbeitet, sondern er wird, sozusagen durch Verselbständigung seiner Handlungsmittel, zur bearbeiteten Umwelt der Gegenmächte.

---

metheus gegenüber Okeanos den Wechsel von Naturreich zur Sphäre der Kultur durch den Hinweis auf das Eisen formuliert, das offenbar aus dieser Einöde stammt, in die er mit geformtem Eisen zurückverdammt wird. Der Meergott habe, so Prometheus, mit dem „Felsgewölb/ Von selbst entstandener Grotten" die Sphäre der autopoietischen Natur verlassen und sei zu ihm „ins Mutterland/ des Eisens" gekommen (V. 300–302).
[47] Vermutlich wurde das Bühnenhaus (*skenē*) als Berghang verwendet (Seeck 2000, S. 76). Die geografische Lage, die in späterer Zeit im Kaukasus in der Nähe des Schwarzen Meers verortet wird, ist im Stück nicht genau benannt. Föllinger 2009, S. 166, geht von europäischen Grenzgebieten des Ozeans aus. Doch kommt die kaukasische Peripherie griechischen Einflussbereichs im 1. Standlied des Chors zur Sprache (V. 397–434), ebenso ausdrücklich aus Prometheus' Mund in Frag. 324, Vers 28 (Aischylos 1966, S. 208).
[48] Vgl. Prometheus' ausdrücklich mit herzzerreißenden Gedanken begründetes Schweigen (V. 435 f.) nach dem Standlied des Chors (V. 397–434). Zum typischen Schweigen bei Aischylos vgl. Taplin 1972.
[49] Frag. 324 (Aischylos 1966, S. 208).
[50] Frag. 324 (ebd.).
[51] Vgl. Schlaffer 1999.

Oft ist bemerkt worden, dass dieses Drama das einzige aus der Antike und womöglich auch bis zu Becketts *Endspiel* und *Glückliche Tage* das einzige Stück der europäischen Theatergeschichte ist, bei dem der Protagonist sich die gesamte dramatische Zeit über unbeweglich auf der Bühne befindet.[52] Das ist keine Schwäche, wie immer wieder bemängelt wird, sondern eine ästhetische Zuspitzung des Umschlags der Freiheit in Unfreiheit. Theatralisch eindrucksvoller hätte Aischylos die Handlungen und Bewegungen, Auftritte und Abtritte erwartenden Zuschauer in Athen nicht überraschen können.

Nicht allein das „[h]errliche ‚Können' des grossen Genius, [...] der herbe Stolz des Künstlers" ist also, wie Nietzsche meint, „Inhalt und Seele der aeschyleischen Dichtung"[53], sondern vielmehr die Erfahrung des Umschlags, durch den Können sich in Ohnmacht und mutiger Stolz in schwächendes Leiden verkehrt. Der Freiheitsverlust äußert sich in der Suspension der Leistungen, die Prometheus, wie alle Athener Zuschauerinnen und Zuschauer aus dem Mythos wussten, *zuvor* verkörpert hat. Die Werke des Feuers wenden sich gegen, ja *in* seinen Leib. Die Penetration seines Körpers steht wiederum als Metonymie für das sein gesamtes Selbst bis in die Tiefe treffende Leiden, das für ihn, so Prometheus, noch schlimmer als der Tod sei (V. 752 ff., 934).

Später kommt im Mythos noch die von Hermes angekündigte Pein des Adlers hinzu, der tagsüber Prometheus' nachts nachwachsende Leber abfressen wird.[54] „Zeus'/ Geflügelter Hund, der blutig braune Adler", wird „große Fetzen" von Prometheus' Leib „voll Gier zerfleischen" (V. 1021–1023). Auch hier ist eine ironische Dimension eingebaut: Im Katalog seiner Leistungen verweist Prometheus auf seine Lehre des Opfers und der Kunst, die Eingeweide gottgefällig zu unterscheiden (V. 493–499). Seine tragische Erfahrung wird durch eine auf die Leber als Metonymie für die Lebenskraft konzentrierte *metabolē* ausgezeichnet: Prometheus' Souveränität, „der Leber mannigfaltige Wohlgestalt" (V. 495) zu lehren, kehrt sich um in das Leiden an der eigenen Leber in zerfetzter Form, die täglich – ebenfalls als Metonymie für das Gesamtleiden des Protagonisten – für die Zerstörung erneuert wird. Galt die dunkle Leber als Organ der Nacht und in der mantischen Technik der Leberschau als Quelle für Zukunftsdeutungen, wird sie nun verkehrt in das Symbol der puren gegenwärtigen Kraft- und Orientierungslosigkeit: Prometheus kann einsam am Felsen hängend aus seiner eigenen geöffneten Leber keine Zukunft lesbar machen. Das nun zerhackte

---

[52] Kott 1975, S. 48 f. Man kann nun auch Christoph Schlingensiefs *Kunst & Gemüse, A. Hipler* von 2004 in diese Reihe setzen. Dabei verhält sich die Intention von Schlingensiefs Stück genau anders herum: Durch die Projektionen der Schrift der durch die Krankheit ALS (Amyotrophe Lateralsklerose) zur Unbeweglichkeit gezwungenen Angela Jansen wird ihre technisch-medial vermittelte Handlungsfähigkeit visuell in Szene gesetzt und kontrastiert mit ihrem physischen „Gefesseltsein" an den unbeweglichen Körper im Bett. Freilich lebt auch Aischylos' Tragödie davon, dass Prometheus bis zum Sturz in den Abgrund am Ende seine Sprache und damit seine Artikulationsfähigkeit behält. Ohne sie könnte es keine Tragödie als dramatische Handlungsdarstellung geben – das gilt *eo ipso* auch für Beckett.
[53] Friedrich Nietzsche: *Die Geburt der Tragödie*. KSA 1, S. 68.
[54] Von dieser Strafe berichtet bereits Hesiod: *Theogonie*, V. 521–525.

Organ steht vielmehr für das zirkuläre, täglich wiederkehrende und absurde Leid, das auf keine Zukunft verweist, dunkel wie die Nacht, in der jene sich nur notdürftig regeneriert. Dass der Adler Prometheus' Körper täglich fressen wird, symbolisiert zudem den Umschlag von technisch gesteigerter Handlungskraft in ihr Gegenteil, die Ohnmacht. Denn die Leber gilt als Sitz der Kraft und der Leidenschaft und scheint von den Griechen vermutlich auch in ihren erstaunlichen regenerativen Funktionen bekannt gewesen zu sein.[55] Täglich wird dem Kulturstifter also weiter Kraft aus dem Zentrum seines Leibs genommen werden. Symbolisch wiederholt das Tier dabei den technischen Effekt des Hephaistos: Es trifft mit seinem spitzen Schnabel gewaltsam in das lebendige Kraftzentrum des anthropomorph gebildeten Gottes und nimmt ihm damit die Chance, *technē* – etwa in Form eines Schwertes zur Verteidigung – in Gebrauch zu nehmen. Mit Prometheus' Fähigkeiten schwindet auch noch seine Kraft. Darin zeigt sich ein in fast allen Tragödien zum Ausdruck gebrachter *Verlust an Kraft* als das Gegenteil der Kraftsteigerung, die im Handeln und seiner Optimierung als *technē* liegt. Die für die Menschen „alimentäre Funktion des Ritus"[56] des Opfers, das Prometheus ebenfalls als *technē* den Menschen vermittelte, und des gemeinsamen Mahls wird im Prometheus-Mythos ironisch verkehrt: Der Umschlag von Prometheus als Handelndem in eine leidende Kreatur findet ein starkes Bild darin, dass der Patron feuerbasierter Opferpraxis und Kochkunst und damit auch der sozialen Tischgesellschaft in eine rohe und einsame Speise für ein grauenvolles Tier verwandelt wird. Die Distanz, die Prometheus durch die Vielzahl der Techniken gewinnt, wird eingezogen, seine Verfassung als auf kluger Voraussicht beruhender Praktiker wird in ihr Gegenteil eines unfreien, distanzlos leidenden, körperlich und seelisch gedemütigten Gefangenen verkehrt. Als Emblem des menschlichen Lebens ist auch er – wenngleich unfreiwillig – hier nicht nur punktuelles Opfer, sondern durch das Nachwachsen der Leber auch selbst Ursache für sein fortgesetztes Leiden: „So mäste ich selbst", erklärt Prometheus in Ciceros Überlieferung einer Passage aus dem *Lyomenos* über den Adler, „diesen Wächter grimmiger Peinigung,/ Der mich stets Lebenden mit stetem Elend quält."[57] Revolutionäre Stärke in der Bewegung vom Himmel zu den Menschen schlägt um in absolute Erschlaffung am Felsen. Der Überbrücker der Distanz zwischen olympischem Himmelsreich und Erde hängt distanzlos am kaukasischen Berg in der vertikalen Mitte

---

[55] Power/Rasko 2008. Die Autoren betonen die griechische Ansicht, dass die Leber Sitz der Lebenskraft und der Leidenschaft sei (ebd. S. 424 f.). Zur Interpretation des Adlers und der Leber als Sitz der Kraft vgl. bereits Jastrow 1907; siehe vor allem die anthropologisch-strukturalistische Untersuchung von Vernant 1989a. Bereits Sigmund Freud 1999 weist auf die lebenszersetzende Strafe hin. Seine Interpretation des Prometheus-Mythos krankt allerdings an der den psychosexuellen Axiomen der Psychoanalyse geschuldeten, hier reichlich abstrus erscheinenden Interpretation des Feuerraubs im Fenchelrohr als unbewusster Inversion einer homosexuellen Harnstrahlphantasie und der Leberspeisung als Strafe „für einen triebhaften Verbrecher", der aber in Wirklichkeit Triebverzicht lehrte (S. 5 f.).
[56] Vernant 1995, S. 68, 76.
[57] Aischylos: Frag. 324, Vers 18 f. (Aischylos 1966, S. 208) Werners Übersetzung aus dem Lateinischen wurde leicht abgewandelt.

des Topokosmos und zugleich in größter horizontaler Distanz zur zivilisierten Welt, die er erst ermöglichte.

Diese Erfahrung der Ironie der (technischen) Handlungsmittel macht Prometheus auf paradigmatische Weise. Er steht darin exemplarisch für das existentielle Risiko, das erst mit der kulturellen Existenz des Menschen virulent wird. Gewonnene Fähigkeiten zum erweiterbaren Können, für das die *technai* stehen, und verschärftes Bewusstsein der Gebundenheit an die Verselbständigung der eigenen Erzeugnisse und an die eigene Natur zeichnen eine *Dialektik* der Emanzipation von Natur und Göttermacht aus, die schon im narrativen Mythos selbst greifbar ist. In *diesem* Sinn kann man Prometheus daher, mehr noch als Odysseus, mit dem Theodor W. Adorno und Max Horkheimer ihre *Dialektik der Aufklärung* eröffnen,[58] die „Urgestalt einer Dialektik der Aufklärung"[59] nennen.

5.3 Rückwirkungen der Technik: Herakles und Hippolytos

Die Verselbständigung der Kulturleistungen des Menschen ist nicht auf die exemplarische Gestalt des mythischen Kulturstifters beschränkt, sondern für den tragischen Umschlag des Handelns mehrerer Figuren kausal relevant.

Herakles, der panhellenische Ausnahmeheld und wie Bellerophon, Perseus und Theseus ein waffenfähiger Helfer, Monstertöter und Zivilisierer unwirtlicher Natur, befreit im Mythos (und vermutlich im letzten Drama der aischyleischen *Promethie*) Prometheus mit der paradigmatischen Fernwaffentechnik des Bogens vom leberfressenden Adler. Er ist der andere Vordenker und Praktiker einer technischen Lebensform, den Prometheus zu seiner Befreiung braucht (V. 86 f.) und dessen Kommen er selbst ankündigt (V. 771–774). Herakles setzt als Kulturheros Prometheus' technische Leistungen ein und damit die Kulturleistungen fort. Was der Titan stiftete, bringt Herakles als „menschlicher Gott" (*hērōs theos*) zur Blüte.[60] Zu seinen selbst für Helden schlechthin exzeptionellen Leistungen benötigt Herakles die kluge Voraussicht und brillant beherrschte Werkzeuge, vor allem seine Keule und seinen Bogen. Mit ihm erlegt er den Adler, der Prometheus quält, und befreit ihn danach vermutlich von seinen Fesseln, wie ein Fragment aus dem *Prometheus Lyomenos* und viele Vasenmalereien indizieren.[61] Prometheus dürfte ihm dafür seine kommenden Wege und

---

58 Die spezifisch moderne Dynamik, die Adorno/Horkheimer 1969 z. B. durch den Begriff der Kulturindustrie beschreiben, ist natürlich im dialektischen Mythos des Prometheus noch nicht enthalten, doch die Schärfe der Kosten, die durch eine partielle Befreiung von einer zuvor unverfügbaren Wirklichkeit sowie durch ihre Aneignung und Verwandlung für den Menschen entstehen, zeigt unmissverständlich, wie klar die Griechen die Möglichkeit der Dialektik zivilisatorischer Prozesse erkannten.
59 Peters 1999, S. 27.
60 Pindar: *Nemea* 3, V. 22.
61 Aischylos: Frag. 332 (Aischylos 1966, S. 209); vgl. Theison 2008, S. 607 f.; Meier 1988, S. 167.

Kämpfe prophezeit haben.⁶² Ist dieser der göttliche Kulturstifter, so ist Herakles der menschliche Kulturverbreiter, der die für Menschen immer noch bedrohliche Welt zivilisiert. Daher machen erst die legendären Waffen des panhellenischen Helden Herakles zu einem Kulturheros und Zivilisierer: Sie sind die „Trophäen seiner kulturstiftenden Tätigkeit"⁶³. Als Sieger im Kampf mit zivilisationsfeindlichen Untieren, als Beschützer der Menschen und Gründer sowie Verteidiger von Städten ist er wie Prometheus ein Retter (*sotēr*), auf den in ganz Griechenland Herrschende ihre Abstammung zurückführten.⁶⁴ Er galt in Hellas als „a living example of the indomitable human spirit and of a humanity engaged in the never-ending struggle to rise above its own limitations."⁶⁵

Es ist für die tragische Einsicht in das Risiko kulturell ermöglichter Praxis bezeichnend, dass der schlechthinnige Superheld Herakles bei Sophokles und Euripides nicht durch einen seiner unzähligen Feinde, zu denen selbst der schreckliche Hadeswächter Kerberos gehört, zugrunde geht, sondern genau durch seine ihn auszeichnenden technischen Werkzeuge zum tragischen Helden wird. In Sophokles' *Trachinierinnen* (vermutlich zwischen 440 und 430 v.Chr.) kehrt das Gift der Wasserschlange Hydra, die Herakles einst mit Bogen, Keule und einer Fackel getötet hatte, über seine damit gezielt optimierten Waffen mit letaler Wirkung auf ihn zurück. Jahre später setzt Deianeira das Blut des Kentauren Nessos leichtfertig in der Annahme ein, es sei ein Liebesmittel. Doch das vermeintliche Liebesmittel, mit dem sie ein Kleidungsstück (*chiton*), das sogenannte Nessoshemd, benetzt, zersetzt Herakles' Leib. Es dient nicht Eros, sondern Thanatos. Herakles hatte das tödliche *pharmakon* einst selbst in Gebrauch genommen, indem er seine Pfeile in das Gift der von ihm erlegten Schlange tauchte, um somit ein effizienteres Tötungswerkzeug zu besitzen. Damit traf er den Kentauren Nessos, mit dessen Blut sich das Gift vermischte, bevor dieser es sterbend Deianeira angeblich als Liebesmittel weitergab.⁶⁶ Nun tötet es Herakles selbst: Der präparierte Pfeil als Element seiner Waffenkunst ist verwandelt in ein Kleid – ein technisches Werk als Liebesgabe seiner Gattin – auf ihn zurückgekommen und zerfrisst qualvoll seinen Leib. Das Werkzeug der Effektivitätssteigerung seiner Fernwaffe hat sich verselbständigt und kehrt über Deianeira aus zeitlich und räumlich viel größerer Distanz, als sein Bogen und seine Pfeile je durchmessen könnten, so zu ihm zurück, dass er es nicht mehr gebrauchen kann, sondern es ihm unentrinnbar zusetzt, wie er mit ihm einst seinen Feinden zusetzte.⁶⁷ Während Deianeira im Haus weint,

---

62 Vgl. Aischylos: Frag. 326, 327, 329, 338 (Aischylos 1966, S. 208f.).
63 Radke (jetzt: Uhlmann) 2007, S. 136. Zur Gestalt des Herakles als Zivilisationsheld und tragische Figur siehe Galinsky 1972, S. 40–80; Silk 1985; Effe 1980; Nesselrath 1997.
64 Vgl. Huttner 1997.
65 Galinsky 1972, S. 6.
66 Sophokles: *Trachinierinnen*, V. 552–587, 672–722, 831–840.
67 Als er den kausalen Zusammenhang dieser „Zirkulation der Gifte" (Kott 1975, S. 101–125) erkennt, versteht er die einstige Weissagung seines Vaters Zeus, dass er von einem Toten vernichtet würde (V. 359–363). Es ist der Kentaur Nessos, den er selbst vor vielen Jahren mit demselben Mittel tötete. Zu-

„wenn/ Sie irgend eins berührte der Geräte,/ Die sie gebraucht hatte" (V. 906 f.), und sich dann mit einem anderen Gerät, dem männlich konnotierten Schwert, selbst tötet (V. 930 f.), beauftragt Herakles seinen Sohn Hyllos, ihn auf dem Berg Oita zu verbrennen (V. 1193–1202), nachdem ihm klar geworden ist, dass kein Arzt ihn heilen und niemand ihm mutig den Kopf abschlagen wird (V. 1000 f., 1016 f., 1036 f.). Er selbst kann nichts mehr mit seinen Händen und ihren Werkzeugen tun, sein eigener Sohn muss seinen Tod als Sterbehelfer vollenden. Die tragische Kausalität der *Trachinierinnen* lässt sich als Verselbständigung der technischen Mittel beschreiben: Deianeira ruiniert ihre Existenz unfreiwillig durch eine Chemikalie und ein Kleid, die das Gegenteil, was sie beabsichtigte, verursachen, woraufhin sie sich mit der Waffe ihres Mannes tötet, während der ansonsten unbesiegbare Held der Griechen an der unfreiwilligen Rückwirkung seiner Waffen auf ihn selbst jämmerlich zugrunde geht – durch eine Frau getötet und wie eine ohnmächtig leidend und weinend (V. 1063 f., 1071–1075), sodass er das seiner zu Hause passiv gebundenen Frau Deianeira einst zugefügte Leid in einem unfreiwilligen Gender-Tausch invers spiegelt wie sie das seine – ohne dass sich beide je auf der Bühne begegnen, bevor sie sterben.

Auch in Euripides' Tragödie *Herakles* (*Herakles Mainomenos* oder *Hercules Furens*, kurz vor 415 v.Chr.) bereitet sich der legendäre Held mithilfe seiner Waffen sein eigenes tragisches Schicksal. Sie werden, zwar in seinen Händen, aber gegen seinen Willen zum Medium der Zerstörung seiner Familie. Er kehrt nach Theben als Beschützer seiner Familie zurück, wird jedoch durch die von der Göttin Lyssa induzierte temporäre Verblendung zum unfreiwilligen Mörder an seinen Kindern und seiner Frau. Mit Pfeil und Bogen sowie seiner Keule tötet er im Wahn seine eigene wehrlose Familie und schießt gleichsam eigenhändig mit den Werkzeugen des Kampfes sein Leben ins tragische Leid, das er erst erkennt, als er aus der Umnachtung erwacht und es bereits zu spät ist.[68] Als Herakles wieder zu Bewusstsein gekommen ist und das schreckliche Szenario der Leichen seiner Familie erblickt, fragt er seinen Stiefvater Amphitryon, wer die Kinder erschlagen habe. Die Antwort des greisen Mannes, die Herakles' *anagnōrisis* auslöst und ihm die Tragik des kolossalen Unglücks vor Augen führt, fasst die drei Dimensionen der tragischen Kausalität – den Handelnden, seine sich verselbständigenden Mittel und Götter (Notwendigkeit oder Zufall) – gleichsam in einem Satz zusammen: „Du und dein Bogen – und der Gott, der das verhängte." (V. 1135) Der Akteur und seine Werkzeuge sind in ihrem tragischen, göttlich induzierten Effekt nicht zu trennen.

Als der unglückliche Herakles, schließlich von seinem Freund Theseus zum Weiterleben trotz allem überredet, den Ort des selbstproduzierten Schreckens verlässt, richtet er sein Wort noch einmal an die erschlagenen Kinder und die erschlagene Gattin Megara. Die Klage um den Verlust der Küsse mit ihr wechselt umgehend in die

---

gleich wirkte unfreiwillig Deianeira dabei mit, im Moment von Herakles' Wiedererkennung ist sie bereits ebenfalls tot.
68 Siehe Euripides: *Herakles*, V. 965–1001; 1130–1162.

Klage über „die vertraute Last der Waffen" (V. 1377). Sie stehen für das tragische Geschick, an das sie ihn in Zukunft, metonymisch für seine Handlungsmacht überhaupt, erinnern werden, als seien sie selbständige Akteure: „Mit uns hast du getötet Weib und Kind, in uns/ trägst du die Mörder deiner Knaben." (V. 1380 f.)[69] Sie erinnern ihn zugleich auch daran, dass er mit ihnen „das Rühmlichste vollbracht in Hellas" (V. 1383). Will er als Herakles weiterleben, kann er nicht auf seine Waffen verzichten. Für seine zukünftige Praxis wird er *wieder* auf sie angewiesen sein, ohne sie würde er zum leichten Opfer für seine Feinde und bald selbst „schmachvoll" sterben (V. 1384). Herakles kommt zu einem Schluss, der die Ambivalenz der Werkzeuge ausstellt, die in der Tragödie zu Medien des Umschlags von Nützlichkeit in Destruktivität werden: Lässt er mit den Waffen als Metonymie von Handlungsmitteln überhaupt die Praxis sein, kann er – zumindest als derjenige, zu dem er in seiner Lebensgeschichte bereits geworden ist und als den ihn andere (seine Feinde und Freunde) wahrnehmen und behandeln – nicht weiter existieren. Entschließt er sich aber zur weiteren Existenz, ist er eben auf die Mittel angewiesen, die sich in seinen eigenen Händen – quasi verselbständigt – gegen ihn und das, was ihm wichtig ist, gerichtet haben und jederzeit wieder richten können. Das ist seine schwere Entscheidung: „Nicht lassen darf ich sie, muß sie, im Elend, hüten." (V. 1385)

Die *Trachinierinnen* des Sophokles setzen gleichsam die Tragik des euripideischen Stücks am Ende von Herakles' Leben fort. Zerstört der göttliche Held zuerst seine Liebsten, zerstört er sich später – mithilfe von ihnen (Deianeira) – selbst. In beiden Fällen wirken seine Handlungsmittel, die ihn als das heroische Ausnahmeindividuum auszeichnen, gegen seinen Willen auf das, das ihn ausmacht, existentiell zurück.

An mehreren Tragödien ließe sich die Form der Verselbständigung der Handlungsmittel rekonstruieren. Ähnlich wie in Euripides' *Herakles*, ist es im *Aias* des Sophokles (zweite Hälfte der 450er Jahre v. Chr.) die den Protagonisten metonymisch auszeichnende Waffe des Schwerts, die ihn erst tragisch scheitern lässt, weil er mit ihr umnachtet aus Rache, dass Odysseus die Waffen des getöteten Achills zugesprochen wurden, eine Schafsherde mit seinem Schwert bekämpft und sein heroisches Selbstbild so ins Lächerliche kippen lässt. Folglich tötet er sich auch eben mit dieser von seinem Feind Hektor erhaltenen Waffe selbst, die er phallisch aufrecht vor sich in den Boden gräbt, damit „freundlich es zum raschen Tode helfe." (V. 821)[70]

Die Waffen stehen metonymisch für die Handlungsfähigkeit, das Können und mitunter für die Überlebensfähigkeit der Figuren. *Wie* die Individuen ihre Mittel verwenden, zeichnet sie in ihren eigenen und den Augen anderer aus. Ihre Werkzeuge werden zu Attributen, die den Helden wie externalisierte Identitätsmerkmale zukommen. Daraus resultiert ein Dilemma: Einerseits ist die Distinktion von Individuum und Werkzeug kulturkonstitutiv. Als Handlungsmittel sind Sachen nur verwendbar, wenn sie auch (wieder) vom Körper des Individuums lösbar sind. Ansonsten gehören

---

[69] Zu den bereits bei Homer aktiv aufgefassten Waffen siehe Canevaro 2018, S. 220–222.
[70] Zur Rolle der Waffen in beiden Stücken siehe Weinberg 2018.

sie zu den organischen Werkzeugen des individuellen Körpers, den natürlichen Werkzeugen, die auch Tiere besitzen.[71] Die kulturell erforderliche Trennung begünstigt nicht nur, sondern provoziert kontingenterweise das Phänomen der schädlichen Verselbständigung der Handlungsmittel. Anderseits können die Individuen die Techniken und Werkzeuge nicht aufgeben, weil sie sie für die Praxis benötigen.

Die Unverzichtbarkeit der Mittel, die ebenso zum fatalen Feedback taugen, wird an Sophokles' *Philoktet* (409 v. Chr.) offenkundig: Der Held harrt, am Fuß ernsthaft und chronisch verletzt, einsam auf der Insel Lemnos aus. Der einzige Grund, allein in der Wildnis bislang überlebt zu haben, ist sein Bogen, mit dem er, durch seine Verletzung gebrechlich, immerhin jagen und sich gegen wilde Tiere und mögliche Feinde verteidigen kann. Odysseus, der ihn einst auf der Insel aussetzte, kehrt heimlich zurück und lässt Achills Sohn Neoptolemos in einer Täuschung Vertrauen zu Philoktet aufbauen, um des Bogens habhaft werden zu können, den die Griechen zum Sieg über Troja benötigen. Philoktet übergibt ihn, seine existentielle Versicherung, schließlich im falschen Vertrauen auf Hilfe an den Boten seines Feindes und erkennt seinen Fehler zu spät. Verzweifelt bittet er darum, den Bogen als unverzichtbares Überlebenswerkzeug zurückzuerhalten, das er aus der gemeinsamen Kultur in der Zivilisationsferne noch besitzt:[72] „Mein Leben nimmst du mit dem Bogen fort!/ Gib her, ich bitte! Gib, ich flehe, Kind! Bei deinen Göttern! Gib mein Leben her!" (V. 953–955) Auch hier wird das Werkzeug als Metonymie für die gesamte Existenz gedeutet und figuriert. Später singt Philoktet den verlorenen Bogen selbst nach Art einer Person an, als könne dieser mit eigenem „Geist" (V. 1154) auf seinen einstigen Besitzer schauen, der ohne ihn am Ende sei. Die schon in der *Ilias* legendäre und für Apollon metonymisch stehende Distanzwaffe des Bogens ermöglicht das Überleben seines Verwenders. Und sie zerstört es wie im Fall des Herakles, von dem Philoktet den Bogen als Geschenk erhielt.

Die Verselbständigung betrifft dabei nicht nur Waffen, sondern *Artefakte aller Art*, deren Distanzfunktion im tragischen Umschlag auch ins Gegenteil einer bedrohlichen Einwirkung auf die Akteure verkehrt wird. In Euripides' *Hippolytos* ist es ein Wagen, der zum Instrument des Unheils wird – das bereits bei Homer gefeierte und im Mythos von Göttern wie Zeus, Poseidon, Hades, Helios, Apollon, Aphrodite, Dionysos, Artemis verwendete Mittel der Mobilität als rascher Distanzüberbrückung. Theseus, der Vater des Protagonisten, ist außer sich vor Zorn, weil er – fälschlicherweise, wie er zunächst noch nicht weiß – meint, sein Sohn hätte ihn mit seiner Frau Phaidra betrogen. Ohne Zögern will er Hippolytos aus seinem Land jagen. Um „schleunigst" (V. 973), „so schnell wie möglich" (V. 1065) aus dem Land zu reisen, nimmt dieser seinen Wagen,

---

[71] Mit den modernen, in Körper integrierbaren Werkzeugen wie Herzschrittmachern, künstlichen Gelenken oder futuristischen Techniken des Enhancements, die direkt ins Gehirn integriert werden könnten, wird diese Trennbarkeit von Körperwerkzeug und artifiziellem Werkzeug aufgehoben. Der Cyborg beruht historisch aber auf einer langen technologischen Entwicklung, die zur Optimierung und Pluralisierung von Techniken eben diese Trennung voraussetzte.

[72] Zur Distanz von der Zivilisation und Wildheit in diesem Stück siehe Segal 1981, S. 328–361. Zum Bogen in diesem Stück siehe Harsh 1960.

den er mit Erfahrung und professionellem Können geschickt zu lenken weiß (V. 1219 f.) und mit dem er immer in Anbetung seiner liebsten Göttin Artemis (V. 1092) auf die Jagd gegangen ist. Dieser Wagen, der rasch Abstand zur verlorenen Heimat schaffen soll, wird nun zum Vehikel seines Todes. Hippolytos stürzt mit ihm, weil die Pferde aus Angst vor einem von Poseidon gesandten Stier nicht mehr „auf die Hand des Lenkers" (V. 1225) reagieren. Mit ihnen wird das gesamte Gefährt gleichsam selbständig und der Kontrolle des Gebrauchenden entzogen, bis ein Rad und die Achse brechen, das Fahrzeug umfällt und der junge Mann, „verstrickt in seine Zügel,/ von Banden, unauflöslichen gefesselt" (V. 1236 f.), mitgeschleift wird. Er verletzt sich tödlich, weil sein Kopf dabei an einen Felsen geschmettert wird. Als der Bote die schreckliche Nachricht von Hippolytos' Todesszenario übermittelt, antwortet er auf Theseus' Frage nach ihrer Ursache: „Der eigne Wagen wurde sein Verhängnis – und/ der Fluch aus deinem Mund" (V. 1166 f.). Als Hippolytos sterbend auf die Bühne gebracht wird, klagt er entsprechend nicht zuerst seinen Vater, sondern sein eigenes Fahrzeug und die es ziehenden Pferde an: „Verhaßtes Rossegespann,/ gefüttert von meiner Hand,/ du hast mich vernichtet" (V. 1354–1356).[73] Auch hier wird das Mittel des Freiheitsgewinns im Sinne souveränen Managements von Distanzen im Gebrauch zum Vehikel des Freiheits- und Souveränitätsverlusts mit tödlichen Folgen.

Ohne die unzuverlässigen *technai*, ohne Werkzeuge, kurz: ohne die prometheische Kultur gäbe es die Tragödienfiguren als kulturelle Größen nicht. Selbst raue archaische Helden wie Aias und Herakles gewinnen ihre Identität und ihren Ruhm erst durch den Gebrauch von Kulturleistungen: Waffen, Werkzeugen ebenso wie Reden und politischer Kunst.[74] Das gilt allerdings nicht minder für die Frauen der griechischen Tragödie: Klytämnestra kann Agamemnon in der *Orestie* durch die Doppelaxt töten, so wie er Iphigenie durch das Messer opfern ließ. Beide erreichen so – freilich nur vorübergehend – ihr Ziel und herrschen, bis beide durch eben diese Mittel wieder fallen: Wie Agamemnon durch eine Hiebwaffe durch seine Frau getötet wird, fällt diese durch einen Schwertschlag ihres Sohns Orestes, der ihre Verdammungswürdigkeit wiederum unter anderem auf die Verwendung eines Tuchs bezieht, mit dem sie den getöteten Vater eingehüllt habe: „Jägernetz magst du/ Es nennen, Stellgarn, fußumschlingendes Gewand."[75] Die sophokleische Deianeira präpariert in einer

---

[73] Ein Pferdewagen ist freilich nicht nur ein Artefakt, sondern ein Hybrid aus Natur und Technik. Allerdings gehört die Domestikation, die Abrichtung auf bestimmte Tätigkeiten, und der kontrollierte Einsatz von Nutztieren für die Griechen zu den *technai* und somit zur Kultur. Im *Hippolytos* rebelliert nicht romantisch die tierische Natur gegen ihre technische Nutzbarmachung, sondern das technische Mittel insgesamt – das Fahrzeug mit seinen Pferden – wird durch die von Poseidon künstlich provozierte Panik der Pferde zu einem unkontrollierten Ding mit *agency*, das den Führer tödlich an sich bindet. Auch andere Tiere wie die Hydra, deren Gift Herakles' Waffen und das Nessoshemd tödlich macht, oder der Adler, der Prometheus' Leber frisst, spielen in der Tragödie als Faktoren des Umschlags eine Rolle.
[74] Der homerische Held soll „wohlberedet in Worten" und „rüstig in Taten", also sowohl rhetorisch als auch technisch-pragmatisch erfolgreich sein (*Ilias* IX, 443).
[75] Aischylos: *Choephoren*, V. 999 f.

technischen Handlung das Nessoshemd, ebenso – freilich mit größerer Expertise – die euripideische Medea, die für ihre chemischen Zaubertechniken berühmt ist. Beide stürzen sich dadurch (noch mehr) ins Unglück. Während Deianeira sich durch ein Schwert umbringt, flieht Medea auf einem von Helios zur Verfügung gestellten Drachenwagen vor Iason – in ein unglückliches Leben als vertriebene Kindesmörderin. Hekabe schließlich verwendet in Euripides' gleichnamiger Tragödie nicht nur Requisiten wie einen Spiegel, sondern auch geschickt die Mittel der rhetorischen Täuschung, um den Verräter und Mörder ihres Sohns Polymestor zu bestrafen, der sie zuvor in ähnlicher Weise rhetorisch täuschte, als sie ihm ihren Sohn zur Obhut anvertraute.

Diese Beispiele demonstrieren, wie die attische Tragödie darstellt, dass Handlungsmittel negativ eingesetzt werden und auch auf ihre Verwender zurückwirken können. Sie scheint jedoch nicht die Botschaft nahezulegen, dass die Existenz von Techniken und Handlungsmitteln insgesamt infrage gestellt werden müsse. Aus dem Phänomen einer Verselbständigung der Mittel wird nicht auf deren Verzichtbarkeit geschlossen, der Verzicht kann ebenso ins Unheil führen, wie exemplarisch Sophokles' *Philoktet* und Herakles' Reflexion über seine Waffen bei Euripides zeigen. In Bezug auf die metaphorische Autonomisierung von Technik ist die attische Tragödie daher ein Medium der Verhandlung von *Ambivalenzen*. Die griechische Kulturreflexion, deren von Hesiod maßgeblich beeinflusste Tradition die Tragödie fortschreibt, ist komplexer als die moderne Neigung zu sich gegenseitig ausschließenden Alternativen, die viele philosophische und kulturelle Debatten bis heute prägt. Wie zu sehen war, entwerfen die Tragödien Szenarien, in denen die Menschen mit gebundener Freiheit zwischen den idealtypischen Polen völliger Selbst- und völliger Fremdbestimmung operieren. Ebenso changieren sie zwischen den Gegensätzen von Technisierung und Technikferne, die beide problematisch erscheinen. Die Tragödie kritisiert nicht auf breiter Linie – gleichsam als Vorreiter moderner Technikkritik – den Einsatz von technischen Handlungsmitteln *per se*; aber sie setzt in ihn auch nicht einseitige Hoffnungen wie die moderne Technophilie, etwa bei den italienischen Futuristen oder den Transhumanisten, die auch noch die Sterblichkeit technisch zu überwinden hoffen.[76]

Wie Hesiod bereits die kulturelle Existenz als strukturell ambivalent, nämlich als Mischung aus Gutem und Schlimmem, Leid und Glück, Chance und Gefahr beschrieb, bekräftigt auch die Tragödie die strukturelle Ambivalenz der Kulturleistungen: Sie ermöglichen Selbsterhaltung und die Erweiterung der Freiheit, und sie töten und fesseln diejenigen, die sie verwenden. Sie tragen in höchste Höhen und stürzen ins Verderben. Hans Blumenbergs These, dass technische Artefakte und Theorien allemal zuverlässiger seien als die Natur selbst, auf die sie sich beziehen,[77] kann man in

---

[76] Siehe etwa Kurzweil 2005.
[77] Vgl. Blumenberg 1986, S. 65: „Natur wird eher zum Störfaktor durch Ungewöhnlichkeit als die auf Schaffung von Vertrautheitsmomenten angelegten Technizitäten." Ebenso die Wissenschaft ziele, so

Anbetracht der tragischen Verselbständigung von Handlungsmitteln und technischer Artefakte wohl kaum *in toto* unterstreichen. Doch sagt die Tragödie nicht bloß – wie Hesiod – aus, dass die *conditio humana* ambivalent, nämlich gemischt sei aus positiven und negativen Aspekten. Diese Kontinuität des griechischen Kulturbewusstseins kann die Dialektik der Tragödie verdecken. In ihr ist nämlich nicht die Mischung aus Negativem und Positivem, das ambivalente Sowohl-als-Auch wie im frühgriechischen Denken das leitende Modell für existentiell relevante Distinktionen, sondern, wie auch bei Heraklit, der dialektische Modus des Umschlagens: Das Gute selbst kann zum Bösen werden, das kluge Mittel sich zum Hindernis verkehren, das nützliche Werkzeug zur Bedrohung verselbständigen. Nur der dialektische Modus dieser Inversionen macht aus einer ambivalenten Disposition einen tragischen Prozess, der ins dauerhafte Unheil führt.

Das gleich gilt, *mutas mutandis*, für die ebenso erst unter Bedingungen der Kultur möglichen epistemischen Gehalte – das kommunizierbare Wissen in propositionaler Sprache. Auch sie liegen qua Medium Sprache nicht in der alleinigen Verfügung der sie Gebrauchenden, selbst wenn diese das Wissen erst gewonnen haben wie Ödipus in seiner kriminologischen Aufklärungsarbeit. In ihrem Gebrauch können sich die öffentlichen, gegenüber den Subjekten selbständigen Gehalte in ihrer Materialität gegen die Sprecher verkehren: Die wahre Bedeutung der Zeichen (analog zum wahren Effekt der Dinge) ist *in* der Zeit des Gebrauchs, d. h. der Zeit der Äußerung, den Gebrauchenden nicht bewusst, so wie Herakles, Deianeira und Aias nicht bewusst ist, was das Ding, das sie verwenden, für Effeke hat, d. h. welche wahre Bedeutung in ihrem Gebrauch liegt. Sie verwenden Zeichen und Werkzeuge so, dass diese sie später im Moment der Wiedererkennung als Vehikel der Wahrheit aufklären. Nicht zufälligerweise sind es neben Sprachäußerungen daher auch Dinge, die in der antiken Tragödie die Wiedererkennung auslösen.[78]

Wer spricht, wird auch gesprochen; wer mit Mitteln handelt, der wird auch von ihnen behandelt. Das sind die verwandten linguistischen und materiellen Dimensionen der tragischen Ironie. Als mit (von uns hergestellten) Objekten Handelnde und Sprechende begeben wir uns *eo ipso* in das Risiko der Kultur. Die griechische Tragödie

---

Blumenberg, ursprünglich auf die Genese eines Bewusstseins von „Sicherheit und Weltbehagen" (ebd., S. 55), sie nehme der Welt ihre Fremdheit und mache Ereignisse erklärbar und vorhersehbar. Die Tragödie erhellt dagegen die Unzuverlässigkit der technischen und epistemischen Humanisierung der Welt. Sie generiert ein Bewusstsein der Scheinhaftigkeit der technogenen Vertrautheitsmomente und der epistemischen Sicherheit im Weltbehagen.

78 Etwa der abgetrennte Kopf des Pentheus in den *Bakchen*, der Agaue erkennen lässt, dass sie ihren Sohn zerfleischt hat (V. 1277–1284); ein von Iphigenie verlesener Brief auf einer Tafel in Euripides' *Iphigenie bei den Taurern* sowie Orests und Iphigenies geteilte Erinnerung an Szenen auf von Iphigenie gewebten Stoffen – als Symbol für den hier glücklichen Umschlag ist ein Bild das des Umschwungs der Sonne (*hēliou metastasin*, 816) –, das Bad ihrer Mutter, eine Locke ihres Haars und den Speer des Pelops, den sie in ihrem Schlafzimmer aufbewahrt hatte (V. 769–826); oder ein Korb mit spezifischem Inhalt in Euripides' *Ion*, der Kreusa und daraufhin Ion erkennen lässt, dass sie, die sich zuvor noch mit Gift und Schwert töten wollten, Mutter und einst in diesem Korb ausgesetzter Sohn sind (V. 1337–1442).

zeigt, was der Philosophie lange entging: dass die Macht, die auf klaren Dichotomien wie der zwischen handelndem Menschen und behandeltem Ding oder der zwischen Sprecher und benutzter Sprache beruht, irreführend ist, weil sie die Distinktion schlechterdings nicht garantieren kann. Diese manifestiert sich an den Dingen selbst – etwa durch die sinnvolle Unterscheidung von Griff und Klinge, die nicht verhindern kann, dass letztere den Greifenden selbst verletzt.[79]

Die Verselbständigung der Dinge und epistemischen Gehalte als Handlungsmittel ist kulturell notwendig. Statt begriffliche und praktische Separation führt die Tragödie vor, wie komplex und dynamisch die Vernetzung zwischen den Akteuren und ihren Werkzeugen und Medien ist, denen eine eigene *agency* zukommt. Sie bildet demnach eine Kritik der in der kulturellen Entwicklung Europas leitenden Dichotomien, die als wissenschaftliche Methodik erst in der modernen Theoriebildung, etwa in der durch Bruno Latour, Michel Callon, John Law und anderen entwickelten Akteur-Netzwerk-Theorie, formuliert wurde. Zugleich zeigt die Tragödie, dass diese Vernetzung komplex, selbst für intellektuelle und kratische Ausnahmeheldinnen und -helden nicht hinreichend durchschaubar und steuerbar ist. Dadurch wird sie als existentielles Risiko denkbar, das darin liegt, dass die Erzeugnisse menschlicher Kultur jederzeit zu Medien des Umschlags von Handeln in Leid werden können.

5.4 Tragödie durch Kultur

Was bedeutet die von der attischen Tragödie in Szene gesetzte tragische Ironie des Handelns, die die Handlungsmittel mit einschließt, für das Verständnis menschlicher Kultur? Ist die Kultur als Sphäre menschlicher Praxis selbst eine fortgesetzte Tragödie, weil in ihr sich die Absichten ins Gegenteil verkehren, indem die Handlungsmittel sich gegen die Akteure verselbständigen? Ist das menschliche Leben unter den Bedingungen der Zivilisation tragisch?

Die Zeugnisse der attischen Tragöde scheinen zunächst diese These zu bekräftigen, gerade weil ihre implizite Technikkritik nicht – wie etwa später in der Kulturkritik der Kyniker – auf die Verzichtbarkeit von Kultur und Technik verweist. Wie die bisherigen Analysen gezeigt haben, werden zwei Formen der Rückwirkung in den Stücken vorgeführt. Beide sind zwei unterschiedliche interpretatorische Ansätze derselben Dialektik einer negativen Feedbackbewegung der in Anspruch genommenen Kulturleistung auf die Handelnden, und beide Dimensionen sind erst möglich durch Kultur. Einerseits handelt es sich um die *soziale* Rückwirkung durch Vergeltung und andererseits um die *technische* aufgrund von Kausalität. Ist Vergeltung dem Bereich des Moralisch-Rechtlichen und dem diese Dimension theologisch überwölbenden Religiösen zuzuordnen, verweist die kausale Rückwirkung auf die technisch-prag-

---

[79] „Wenn Sie eine Waffe anwenden, kontaminiert sie Sie ebenso sehr wie den Gegner", bemerkt Alexander Kluge 2014 treffend.

matische Lebensform. Beide Dimensionen, die in der Tragödie verhandelt werden, beschreiben eine vom Akteur nicht erzielte, für ihn negative Rückwirkung des eigenen Handelns auf ihn selbst: Während die Heldinnen und Helden nach der das Alte Ägypten, Israel, die Reiche des Vorderen Orients und noch die griechische Kultur prägenden Idee einer „Weltordnung als Gerechtigkeit"[80] wegen ihrer *Schuld* als rechtsförmiger Konsequenz ihres Handelns leiden, so leiden sie in der technisch-wissenschaftlichen Perspektive einer kausalen Erklärung, die sich im griechischen Denken spätestens seit dem 6. Jahrhundert v.Chr. etablierte, aufgrund der *Verselbständigung der Mittel*, die eine technische Konsequenz ihres Handeln ist. Einmal erscheint Leiden also moralisch-rechtlich als soziale Reaktion (z. B. Strafe), einmal als Verkettung von kausal relevanten Zufällen im vernetzten Zusammenhang von Kulturleistungen und ihren Urhebern bzw. Nutzern. Die ethisch-rechtliche und die pragmatisch-instrumentelle Dimension der Rationalität sind innerhalb der tragischen Handlung miteinander verflochten und dienen bis heute den Interpreten zu unterschiedlichen, sich ausschließenden Deutungen der Gründe tragischen Scheiterns. Denn ein Scheitern als kontingente und kausal nachvollziehbare Folge eigenen Tuns oder als gerechte Strafe für Fehlverhalten zu verstehen, sind keine miteinander kohärenten Deutungen. Doch die Tragödie, so meine These, unterläuft eine eindeutige Disjunktion, weil sie die Welt (oder den Sinnbereich) humanen Handelns und Bewertens mit der kontingenten Kausalität einer von Menschen, Tieren, Dingen, Göttern und weiteren Wesen bevölkerten Welt systemisch verschränkt. Diverse Kräfte wirken jeweils für einen Umschlag zusammen, der kausal multifaktoriell erklärbar ist. Die intentionalen Akteure sind qua ihrer Intention sowie durch Tätigkeiten, die sie nicht intendieren oder intentional steuern, mitverantwortlich. Doch auch weitere Faktoren spielen je nach überliefertem Stück in unterschiedlicher Stärke und unterschiedlicher Weise vor und während der Bühnenhandlung eine kausale Rolle für die *metabolē*: andere Menschen von Sklaven bis Königinnen, Tiere und Kreaturen wie die lernäische Hydra oder Kentauren, Götter, Titanen und Dämonen und auch Institutionen, soziale Praktiken und Artefakte, die als figurierte laut Latour zu „Akteuren" in einem interdependenten Netzwerk werden.[81] Zudem erzeugen jeder Text durch seine unterschiedliche Behandlung des Chors und der Schauspieler, der Versmaße, Formelemente und rhetorischen Mittel und jede Inszenierung Unterschiede, die wiederum zu unterschiedlichen Interpretationen Anlass geben. So erscheinen mal moralische Schwächen der Figuren, mal verzeihliche Fehler, mal göttliche Einflüsse, mal List und Tücke von Opponenten, mal Zufälle oder sich verselbständigende Dinge im Verlauf der Tragödie als kausal auffälligste Faktoren, die den Umschlag initiieren. Dementsprechend kann auch nicht *eine* Lesart für die attische Tragödie richtig, alle anderen dagegen falsch sein, sondern sie verbinden sich je nach Drama zu einer mehr oder

---

80 Vgl. Assmann/Janowski/Welker 1998.
81 Vgl. dazu Latour 1996 und 2005, S. 43–86.

weniger großen Komplexität von Handlungserklärungen in einer Pluralität von Deutungsszenarien.

Die mitverantwortlichen Faktoren für den Umschlag der Handlung ins Unheil sind Belege für den Sachverhalt, dass Handlungen in der Tragödie weder für die Handelnden selbst noch für die intradramatischen Beobachter – etwa den Chor – und oft auch das Publikum transparent und in ihren Verflechtungen mit anderen Faktoren nachvollziehbar sind. Meist wird erst *nach* dem Umschlag (und oft auch erst nach mehrfacher Lektüre und Aufführung) rekonstruierbar, wer und was wie wann zusammengewirkt hat. Die tragische Ironie, dass sich das Sagen und Machen als etwas anderes, nämlich das Gegenteil des Gemeinten und Gesagten herausstellt, ist die schärfste Form, in der sich die unzureichende Transparenz der Handlungsbedingungen für die Figuren (und oft auch den Chor) manifestiert. Sie wird vom Dispositiv des Theaters vorgebildet, denn der Schauspieler von Hekabe scheint auf der Ebene des Spiels Hekabe zu sein, ist aber nicht die Königin von Troja. Handlungen in Tragödien sind daher wie die Identitäten von Handelnden in vielerlei Hinsicht – wie Latour vom Theater ausgehend Handlungen generell charakterisiert – „not a coherent, controlled, well-rounded, and clean-edged affair."[82]

Fassen wir die unterschiedlichen Typen an kulturellen Erzeugnissen, die in der griechischen Tragödie zu Medien einer tragischen Verkehrung der lebensförderlichen und befreienden Funktion von Kultur werden, zusammen und nehmen dazu folgende Unterscheidungen aus dem kulturphilosophisch-anthropologischen Diskurs der Griechen auf:[83] Es sind (i) Artefakte als Werkzeuge der Selbstbehauptung gegenüber der natürlichen Wirklichkeit; (ii) normative und soziale Institutionen wie das Recht und die Politik als Kulturtechniken zur Selbstbehauptung der Menschen gegenüber ihresgleichen; und schließlich (iii) die epistemischen Leistungen des menschlichen Geistes, der die Praxis von (i) und (ii) anleitet und sich in (i) und (ii) objektiviert.

Die Verselbständigung der Instrumente und Handlungsmittel (i) als Element in der Kausalität des Scheiterns ist an den Beispielen in den letzten beiden Teilkapiteln nachvollzogen worden. Die technischen Artefakte erscheinen dem mythisch-moralischen Interpretationsmuster dabei als Medien, durch die sich die Strafe der Götter – gleichsam als „Dikes Keulenschlag"[84] – verwirklicht. Wenn sich in den Tragödien Artefakte nicht mehr vom Körper *trennen*, sondern ihn wie die Zügel Hippolytos oder die Ketten Prometheus so binden, dass Freiheit und Leben ins Gegenteil verkehrt werden, bedingen sie die tragische Erfahrung mit. Verschärft wird diese Rückwirkung der Artefakte *auf* die Handelnden, wenn sie auch *in* ihre Körper dringen und dabei das

---

[82] Latour 2005, S. 46. Tatsächlich bietet sich die Tragödie für Untersuchungen mit der Akteur-Netzwerk-Theorie als Methodologie an, denn in ihr sind es oft „other agencies over which we have no control [that] make us do things" (S. 50). Der plötzliche Umschlag in der Tragödie könnte sich dabei als ein paradigmatischer Fall sichtbarer *agency* von Objekten erweisen: „all of a sudden, completely silent intermediaries become full-blown mediators" (S. 81).
[83] Vgl. Müller 2003 und Trautsch 2019.
[84] Euripides: *Hippolytos*, V. 1072.

Leben organisch schädigen. Das ist bei den Nägeln der Fall, die Hephaistos durch Prometheus' Glieder schlägt, bei den Schwertern, mit denen sich Aias und Deianeira selbst töten, bei den Pfeilen, die Herakles in seine Kinder und Gattin schießt, oder bei den vergifteten Kleidungsstücken in den *Trachinierinnen* und der *Medea*, die sich in das Fleisch derjenigen fressen, die sie anlegen und nicht mehr auszuziehen vermögen. In diesem qualvollen, meist letalen Prozess der irreparablen Vermischung von technischem Artefakt (Waffen, chemisch präparierter Kleidung) und Leib vollendet sich das tragische Scheitern in einem theatral erschütternden Bild.[85] Es zeigt sich als Umschlag praktisch-technischer Distanzverfügung in die Ohnmacht gegenüber einem fatalen Zuleiberücken der Dinge. Die Fähigkeit zur Distanzierung geht dabei eben durch die Mittel der Distanzregulation selbst verloren.[86]

Zur Rückwirkung von Werkzeugen des Handelns kommt (ii) die Rückwirkung der kulturellen Leistungen, die das Zusammenleben, die Distanz im Sozialen regulieren: das an der Dike orientierte Recht und die Politik. Mehrfach vollzieht sich der tragische Umschlag als Ironie des Rechts, das auf die Figuren destruktiv zurückwirkt, die es für sich in Anspruch nehmen. So stirbt Klytämnestra in Aischylos' *Orestie* aus demselben Grund der Verletzung göttlich sanktionierten Rechts durch Blutschuld, aus dem sie für die Opferung ihrer Tochter Iphigenie an ihrem Mann Agamemnon Rache verübt. Orest wendet diese Form der Vergeltung wiederum auf sie an, sodass er sagen kann, „du selber bist es, die den Tod dir bringt": „Wie du/ Getötet hast wider das Gesetz, so leide nun."[87] Analog wird Klytämnestras Ende in Sophokles' *Elektra* vom Chor gedeutet, für den Orests tötende Hand nur ein Werkzeug der Vergeltung darstellt, die die Getöteten an ihren Mördern üben: „Denn sühnend fließendes Blut/ Entziehen ihren Mördern/ Die lang schon Gestorbenen!"[88] Und in der *Elektra* des Euripides bringt die Hauptfigur gegenüber ihrer Mutter, die sich mit Verweis auf die gleichen Vergehen des Agamemnon für ihre Tat rechtfertigt, diese Ironie der Vergeltung auf die Formel: „Recht hast du; aber Schande bringt dies Recht."[89]

Die Wendung des Rechts gegen die, die es in Anspruch nehmen, betrifft dabei nicht nur das alte Recht der Blutrache, das die Schuld intergenerationell weitergibt und das in den *Eumeniden* durch das Prozessrecht des Areopags abgelöst und insofern für die Zukunft entkräftet wird. Die Disposition zum unerwünschten Feedback auf den

---

85 Man denke vor allem an den Prolog des *Prometheus Desmotes* und an Herakles' Selbstpräsentation auf der Bühne (eine sogenannte Ecce-Szene) in den *Trachinierinnen* (V. 1078 f.). Aber auch auf der Bühne erzählte Gewalt wie im *Hippolytos* oder der *Medea* vermag als sprachlich evozierte Imagination des Schreckens zu erschüttern.
86 Kleidung schafft Distanz des Körpers zur Umwelt, sie schützt vor klimatisch zudringlichen Temperaturen und Wetterphänomenen und bietet eine Schutzhülle vor den Blicken der anderen. Das Zerfressenwerden der Leiber durch ihre Kleidung verkehrt zudem deren Funktion, die Betrachtenden ästhetisch und erotisch zu affizieren, in ein *tremendum* des entstellten Körpers, vor dem die Betrachter schaudernd zurückschrecken.
87 Aischylos: *Choephoren*, V. 923, 929 f.
88 Sophokles: *Elektra*, V. 1419–22.
89 Euripides: *Elektra*, V. 1051.

Anwender kommt auch der modernen Form des Gesetzes zu, das als ein für alle gleichermaßen und dauerhaft gültiges Recht zugleich einen Schutz gegen die willkürlichen Rechtsprechung durch Könige (*basileis*) und andere Machthaber darstellen soll.[90] Kreon, der König von Theben, beharrt in Sophokles' *Antigone* auf eben dieser *allgemeinen* Geltung des staatlichen Gesetzes, das auch vor der künftigen Schwiegertochter keine Ausnahme macht. Damit verteidigt er, wenngleich mit unnötiger Härte, einen Grundsatz der gleichen Geltung des Rechts für alle, auf die sich heute der Rechtsstaat gründet. Antigone wird nach Maßgabe des Gesetzes für ihr unerlaubtes Bestatten des Staatsfeindes bestraft und lebendig eingemauert. Sie stürzt „tief/ Vor den ragenden Stufen des Rechtes"[91], das sie aber zugleich in Form eines alten göttlichen Rechts der Familie für sich ausdrücklich in Anspruch nimmt (V. 450 ff.). Beide kollidieren aufgrund konfligierender normativer Ansprüche, deren Tragik, in Hegels Deutung, gerade darin liegt, dass beide legitim und Ausdruck *einer* Sittlichkeit sind.[92] Nicht nur auf Antigone, auch auf Kreon schlägt daher das Recht tragisch zurück, das sich in Sophokles' Tragödie unversöhnlich in den beiden Antagonisten differenziert: Kreon büßt gleichsam mit seinem eigenen Sohn Haimon „Tod und Tod" (V. 1067), der sich im Zorn über Kreons Tat, der gnadenlosen Anwendung des Gesetzes, selber vor den Augen seines Vaters umbringt. Auf diese Nachricht hin tötet sich aus Verzweiflung ebenfalls Eurydike, seine Mutter und Ehefrau Kreons. Der Gesetzgeber und Richter setzt sich selbst den für ihn existentiellen Folgen des Rechts aus, indem er es als staatliche Instanz auf jemand anderen anwendet. Er wird Opfer seiner eigenen Rechtspraxis und erkennt in ihrer rigorosen Anwendung seine Schuld: „Ach, auf andrer Menschen keinen/ Wälz ich von mir diese Schuld!/ Ich, ja ich, Mörder, bin's!" (V. 1317–1319)

Ebenfalls König Ödipus zeigt sich in Sophokles' Tragödie gegenüber alten religiösen Vorstellungen ausgleichender Gerechtigkeit als fortschrittlich, wenn er, statt einen Sündenbock zu opfern, den wirklichen Mörder des Laios aufspüren will. Er strengt eine Aufklärung nach Art eines juristischen Prozesses an, in dem Indizien gesammelt und Zeugen befragt werden, bis gewiss ist, dass die legislative und exekutive Instanz des staatlichen Rechts, der König selbst, nach sich selbst gefahndet und sich selbst als präemptive Bestrafung verflucht hat. Das Recht schlägt auf ihn zurück in Form einer Selbstbestrafung.[93]

Auch kann das Recht wie das des Asyls in der Anwendung die Sicherheiten, die es in seiner universellen Geltung bietet, aufheben und existentielle Risiken erst erzeugen.[94] In Aischylos' *Hiketiden* ist sich Pelagus, König von Argos, im Klaren darüber, dass die Bitte der von den Ägyptern verfolgten Danaiden um Asyl seine Polis einen

---

90 Vgl. Vernant 1982, S. 48 f.
91 Sophokles: *Antigone*, V. 852 f.
92 Vgl. dazu Menke 1996a.
93 Siehe dazu die subtile Analyse der Ironie des Rechts von Menke 2005, S. 13–101.
94 Zur identitätskonstitutiven (und von der Tragik distanzierenden) Bedeutung des Asyls für Athen, das meist als rettende Macht auftritt, siehe Grethlein 2003; zu den *Hiketiden* siehe ebd., S. 45–107.

„neuen Krieg [...] kosten kann"[95]. Pelagos und die von ihm überzeugte Volksversammlung der in diesem Konflikt noch neutralen Stadt beschließen dennoch einstimmig, den verfolgten Frauen und ihrem Vater Danaos Asyl und damit Schutz zu gewähren. Sie sollen, so berichtet es Danaos seinen Töchtern, „Mitbewohner ihres Landes sein,/ Frei, unberührbar, jeder Schädigung entrückt." (V. 609f.) Dadurch aber nimmt Argos die ernste Bedrohung durch die Ägypter bewusst in Kauf: „auf uns zu nehmen großen Krieg/ Ist unumgänglich" (V. 439f.). Das Volk wird als „Schirmherr" (V. 963) für die Danaiden kämpfen, sodass um der fremden Frauen willen eigenes „Männerblut" fließen (V. 477) und „manch verzuckend Leben" (V. 937) zu beklagen sein wird. Es sind existentielle Folgen, die sich in der Lage der Bedrohung aus der Natur des Rechts selbst ergeben. Denn das Recht ist keine freundliche Geste, die in dem Moment neu verhandelt bzw. aufgegeben werden könnte, in dem sie für den Akteur selbst zum Problem wird. Das Recht ist vielmehr eine *Institution*, sein Beschluss gilt *dauerhaft*, auch wenn es auf Widerstand stößt wie in Aischylos' Stück. „In fester Ordnung" kann „ein Gesetz [nur] bestehn", wenn es stets befolgt wird, auch wenn Gegengründe vorliegen, erklärt Agamemnon daher in Sophokles' *Aias*.[96] Damit entspricht das Recht strukturell der Stabilität von Werkzeugen, die auch gegen harte Widerstände ihre Funktion auf Dauer bewahren können müssen. Entsprechend verkündet Pelagos dem ägyptischen Herold, das Gesetz sei mit „ehrnem Nagel" festgeheftet, es bleibe auch gegen Widerstand „unverrückt" (V. 945). Diese Festigkeit indes ist die Voraussetzung dafür, dass das Recht denjenigen existentiell zu schaden vermag, die es sprechen und tatkräftig verteidigen. Das Recht ist hier nicht nur ein Instrument der Konfliktabwehr, des Schutzes und der Friedenssicherung, sondern auch eins der – freilich unbeabsichtigten – Konfliktproduktion und Provokation von Gefahr. Ähnliche Selbstgefährdungen durch Beistand und Schutz führen auch Euripides' *Herakleiden* und *Hiketiden* vor, in denen Athen jeweils Krieg droht, weil sie Flüchtenden gegen ihre Verfolger Asyl gewähren.[97]

Offenkundig selbstzerstörerisch ist vor allen anderen politischen Mitteln aber der *Krieg*, der zur Zeit der Tragödie von den griechischen Poleis, allen voran von Athen, fast dauernd geführt wurde und an dem die Athener, wenngleich hegemoniale Macht, selbst litten. Er bildet nicht nur den allgegenwärtigen Hintergrund der Tragödien mit

---

[95] Aischylos: *Hiketiden*, V. 338. Vgl. die Einlösung dieser Prognose: V. 950.
[96] Sophokles: *Aias*, V. 1247f. Das ist der Grund, warum Odysseus schließlich den Heerführer überzeugen kann, Aias trotz seiner Schandtat zu bestatten; denn das sei „das Gesetz der Götter", ihr „Recht mit Füßen" zu treten, sei falsch (V. 1335/1343). Ähnlich argumentiert Antigone.
[97] Dass die Volksversammlung von Argos trotz der drohenden Kriegsgefahr den Verfolgten das Asylrecht gewährt, zeigt eine Ernsthaftigkeit dem Recht gegenüber, die in der Gegenwart Europas vielen schon aufgrund von (meist irrigen) Befürchtungen abgeht, es könnten ihre materiellen Privilegien in Gefahr sein, wenn man internationalem Recht folgt. Nicht ohne Grund sind aktuelle Entwicklungen in der sogenannten Flüchtlingskrise durch Aischylos' und Euripides' *Hiketiden* oder Bearbeitungen wie Elfriede Jelineks *Die Schutzbefohlenen* (2013) auf den Bühnen Europas verhandelt worden. In dieser Perspektive ist der Rechtspopulismus nicht nur unmoralisch, sondern er hat auch keinen Sinn für das Tragische.

zeitgenössischen Stoffen wie Aischylos' *Persern* oder Phrynichos' *Der Fall Milets*, sondern auch der Dramen des Trojanischen und des Thebanischen Sagenkreises. Wenige Tragödien haben nicht direkt oder zumindest indirekt mit Krieg und der ihm eigenen Gewalt zu tun. Zudem war Athen fast immer und ab 431 v. Chr. bis zur Niederlage 404 v. Chr. sogar ununterbrochen im Krieg. Vor diesem Hintergrund wurden die Tragödien bei den Großen Dionysien aufgeführt, nachdem während des Peloponnesischen Krieges die Kriegswaisen ins Theater gezogen waren, die im letzten Jahr ihren Vater verloren hatten. Der Krieg, der existentielle Ernstfall des agonalen Wettstreits, wurde zum Normalfall. Einerseits war der Kampf ein erfolgreiches Mittel der politischen Selbstbehauptung etwa gegen eine Übermacht von außen, die Perser, gewesen. Andererseits diente er der Ausübung und Erweiterung von Macht zwischen den mächtigen griechischen Poleis und ihren Allianzen, allen voran Athen und Sparta. Der Peloponnesische Krieg, den die Athener selbst mit zu verantworten hatten und in dessen Zeit (431 bis 404 v.Chr.) ein Großteil der Tragödienaufführungen von Sophokles und Euripides fiel, führte allerdings zur bitteren Niederlage und stellte eine existentielle Selbstgefährdung der außenpolitisch machtorientierten Athener Demokratie dar, die sich am Ende des Kriegs zuspitzte, bis die Demokratie von einer (kurzen) Oligarchie abgelöst wurde. Schon die *Ilias* ist in dieser Hinsicht eine Tragödie des Krieges, in der fast alle aufgrund ihrer Kampffähigkeiten ausgezeichneten Helden durch eben diese Kampffähigkeiten gegenseitig zugrunde gehen und beklagt werden. Nicht nur die Trojaner, auch die letztlich siegreichen Griechen verlieren ihre größten Helden auf dem Schlachtfeld oder durch Streit im eigenen Lager; selbst die nach Hause kommenden Sieger wie Agamemnon erwartet noch der Sturz ins Unglück.[98] Die Tragödien des Trojanischen Sagenkreises, von denen nur wenige überliefert sind wie Sophokles' *Aias* oder *Philoktet*, Euripides' *Hekabe* oder seine *Troerinnen*, ergänzen die selbstzerstörerische Dynamik der *Ilias*, indem sie Einzelschicksalen Raum zur klagenden Artikulation geben und dabei vor allem die leidenden Frauen zu Wort kommen lassen. Die von Euripides vor allem in der *Hekabe* und den *Troerinnen* zum Ausdruck gebrachte Demütigung, Hilflosigkeit und Verzweiflung der Witwen von Troja, deren Männer und Angehörigen im Krieg fielen und deren Kinder von ihnen getrennt, versklavt oder vor ihren Augen getötet werden, ist von einer Antikriegsevidenz, die im 20. und 21. Jahrhundert wieder als höchst aktuell erfahren worden ist.[99]

---

[98] Die *Odyssee* schildert für ihren Haupthelden dagegen eine glückliche Heimkehr, doch nach durchaus leidvollen Jahren. Und alle Gefährten des klugen Odysseus kommen auf der Reise um.
[99] Jean-Paul Sartre adaptierte das Stück 1965 (*Les Troyennes*), Walter Jens schrieb eine Bearbeitung 1982 (*Der Untergang. Nach den Troerinnen des Euripides*) und Michael Cacoyannis verfilmte es 1971 (*The Trojan Women*); alle drei Bearbeitungen akzentuieren die Kritik am Krieg durch die Darstellung seiner Folgen auf die leidenden Frauen. 2014 führten es 48 syrische Frauen, die vom Bürgerkrieg nach Amman geflüchtet waren, dort im National Centre for Culture and Arts in der Regie von Omar Abusaada auf (vgl. dazu Tran 2013). Zu Euripides' Stücken, die das Leiden der Kriegsopfer in den Vordergrund stellen, gehören außerdem die *Andromache* und *Hekabe*. Die *Troerinnen* führen die Konsequenzen des Krieges aus Perspektive der Besiegten drastisch vor Augen und exemplifizieren die Ironie des Krieges am markantesten. Der Meeresgott Poseidon formuliert sie im Prolog: „Töricht der Mensch, der Städte

Diese Tragödien des Euripides konfrontierten die Athener und überhaupt alle Griechen mit der Barbarei, die sie selbst anderen und einander durch den Krieg antaten. Als die *Troerinnen*, in denen das grauenvolle Schicksal der versklavten Frauen von Troja dargestellt wird, 415 v. Chr. in Athen aufgeführt wurden, war Athens rücksichtslose Eroberung von Melos, deren Männer die Athener exekutiert und deren Frauen sie versklavt hatten, gerade ein Jahr her. Kurze Zeit später erfuhren die Athener selbst enorme Verluste und Gefangenschaften auf ihrem Sizilienfeldzug (415–413 v. Chr.), der schließlich zur Niederlage im Peloponnesischen Krieg führte.[100]

Selbst aber die rechtmäßige Verteidigung einer Stadt wie in Aischylos' *Sieben gegen Theben* trifft immer auch die eigenen Kämpfer, sodass sich in die Freude über den Sieg gleichfalls Weinen und Wehklagen mischt.[101] Dieses Sich-selbst-Schädigen im Schädigen anderer ist jeweils Ergebnis des Krieges als Werkzeug der Politik, sei es im Dienste der Verteidigung oder der Expansion: „Tot sind die Helden, einer von des andern Hand." (V. 804) Der Kriegsgott Ares war verständlicherweise der am wenigsten geachtete Gott der Griechen, die dennoch seine Techniken fortwährend einsetzten, um sich gegen ihresgleichen zu behaupten – und sich dadurch gegenseitig und selbst brutal zusetzten.[102]

Schließlich (iii) scheitern die Charaktere der attischen Tragödie, indem sie auf epistemische Leistungen setzen, die ebenso Ausdruck der kulturellen Existenz sind wie die materiellen und gesellschaftlich-politischen Techniken. Tragisch ist der Gebrauch der Fähigkeiten der Erkenntnis und des Denkens, wenn er den Umschlags ins Unglück mit erzeugt. Das kann einmal auf das Wissen selbst zurückgeführt werden, aufgrund dessen das Leiden die Wissenden trifft, und einmal auf den Mangel an Wissen, aufgrund dessen der Umschlag eintritt.

Für den ersten Fall lässt sich der Kulturstifter selbst anführen: Nur weil der verständige Prometheus das Wissen besitzt, dass die Menschen gegen Zeus' Willkür allein durch die Gaben der Kultur werden bestehen können, frevelt er und schenkt ihnen mit dem Feuer die Möglichkeit, selbst zu wissen (Verstand), dieses Wissen durch Zeichen zu vermitteln und mit Techniken zu handeln. Das aber ist, wie er schon vorher

---

schleift,/ Tempel und Gräber, heilige Ruhestätten der Toten,/ verheert und selber später zugrunde geht" (V. 95–97). Diese Auskunft bezieht sich durchaus auch prognostisch auf die in Troja siegreichen Griechen. Auch Aischylos' *Perser* schildern bereits das grenzenlose Leid des Krieges aus der Sicht der Besiegten. Das Ende des Stücks ist ein einziger Klageexzess der besiegten Perserinnen und Perser (V. 908–1077).
100 In Reaktion auf die langen kriegsbedingten Abwesenheiten der Männer und vor allem der großen Verluste, die sicher so gut wie alle Familien und Freundeskreise betrafen, führte Aristophanes 411 v. Chr. seine für Frieden plädierende Komödie *Lysistrata* auf. Bezeichnenderweise sind es in ihr die Frauen, die die Männer durch Widerstand qua Sexverweigerung nötigen und in ihrer Finanzmacht beschneiden müssen, um sie zu einem Friedensschluss zu bewegen.
101 Aischylos: *Sieben gegen Theben*, V. 813 f.
102 Für Zeus ist Ares „ganz verhaßt [....] vor allen olympischen Göttern" (*Ilias* V, 890), er verkörperte für die Griechen die „widerwärtigsten Aspekte des Krieges" (Schachter 1996, Sp. 1047). Zur Omnipräsenz des Krieges für die griechischen Poleis siehe Burkert 1995.

weiß, genau das Fehlverhalten in den Augen des Zeus, für das er Jahrtausende an den Felsen gefesselt werden wird.

Für den zweiten Fall ist König Ödipus das prominenteste Beispiel. Als Mensch hat er gegenüber Prometheus nur eine begrenzte Kompetenz zur vorausschauenden Erkenntnis. Seine nach menschlichen Maßstäben herausragende Intelligenz ist es jedoch, die ihn erst berühmt und zum glücklichen König Thebens macht. Er wird als der Beste unter allen Männern angesehen im Umgang mit dem Zufall und den Göttern;[103] er löst das Rätsel der Sphinx und befreit so die Stadt von dem Ungeheuer. Daher flehen die von einer Seuche heimgesuchten Thebaner ihn als das „Haupt vor allen stärkstes" (V. 42) an, eine Lösung für ihr Problem zu finden. Als das Stück einsetzt, hat er bereits viel nachgedacht, „gut Umschau haltend" (V. 68), und Kreon zum Orakel von Delphi geschickt, um Rat zu holen. Die Tragödie, die sich nun entfaltet, ist der Prozess seiner Erkenntnisanstrengung, um den Grund der Seuche zu finden, der sich laut Orakel als Befleckung herausstellt, die die Anwesenheit des Mörders vom früheren König Laios fortwährend erzeugt (V. 97–107). Dieser Prozess der hartnäckigen Erkenntnisbemühung des Ödipus resultiert schließlich in der tragischen Erkenntnis, dass er selbst der Grund des Übels ist. Ödipus' Handeln und Erkennen sind notwendige kausale Faktoren für den Umschlag vom glücklichen Herrscher in die verstoßene leidende Kreatur.[104] Wie er stürzt in der *Antigone* auch sein Cousin Kreon ins Unglück, der seines „Verstandes Unverstand" beklagt, denn seine „Klugheit" erscheint ihm nicht mehr als auszeichnende Qualität seiner politischen Herrschaft, sondern als „Fluch"[105]. Sophokles problematisiert die Souveränität der epistemischen Fähigkeiten des sprechenden Kulturwesens Mensch: Seine „Leidenschaft der Erkenntniß kann ein t r a gisches Ende nehmen"[106].

Zusammenfassend lässt sich konstatieren, dass diese Beispiele allesamt *kulturelle Gründe der Tragik* präsentieren. Nicht allein die Natur oder die Götter, sondern erst die Leistungen, mit denen der Mensch seine Eigenständigkeit geistig und praktisch behauptet, bilden die Dispositionen seines Scheiterns. Liest man die attischen Tragödien mit Blick auf die Voraussetzungen des Scheiterns, kann man in jedem tragischen Geschick eine Verkehrung oder ein Versagen kultureller Leistungen konstatieren. Nur unter kulturellen Bedingungen (die auf die Götter projiziert werden) gibt es die Rationalität und Normativität nach Maßgabe der Gerechtigkeit (des Rechts und des moralisch Guten) sowie Rationalität und Normativität nach Maßgabe der (technisch-pragmatischen) Klugheit. Die sozial-rechtlich-politische und die technisch-pragmatische Dimension menschlicher Praxis als Sphäre der Kultur ermöglichen die orientierte Führung, Stabilisierung und Erweiterung des Lebens zum Guten – und sie zerstören es. Werkzeuge, Handlungstechniken, Recht, Politik und Wissen sind Medien

---

[103] Sophokles: *König Ödipus*, V. 34 f.
[104] Deshalb möchte seine Frau Iokaste, die Unheil ahnt, ihn von seinen epistemischen Bemühungen abbringen (V. 978–985; 1060–1072).
[105] Sophokles: *Antigone*, V. 1261–1265.
[106] Friedrich Nietzsche: *Nachgelassene Fragmente 1880–1882*, Ende 1880 7[302]. KSA 9, S. 381.

menschlicher Selbstverfügung und zugleich menschlichen Zugrundegehens. Indem die Figuren Können und Wissen in Anspruch nehmen, schaffen sie eine neue Disposition für den Umschlag ins Leiden, das gegenüber den ursprünglich natürlichen Leidensdimensionen – dem Hunger, den Zumutungen eines rauen Klimas oder Krankheiten – eine spezifische, nämlich kulturelle Verschärfung darstellt. Die tragische *metabolē* kehrt dabei die Funktion der Technik, Distanz zu ermöglichen, in eine zerstörerische Verquickung von Akteur und Welt um. Ebenso wird die Funktion der Sozialtechniken, Frieden, Ordnung und Vertrauen zu konstituieren, in Konflikte, Zerstörung und Zerbrechen der Gemeinschaft invertiert.

Kulturell ermöglichte Handlungsfähigkeit ist, wie der prometheische Leistungskatalog zeigt, zunächst ein Erkennen und Nutzen sowie ein Überbrücken von Distanzen. Kultur, so lässt sich aus der Perspektive der prometheischen Lebensform sagen, ist der Freiraum der selbständigen Distanzregulation. Der tragische Umschlag, der erst aufgrund dieser Lebensform der Praxis möglich wird, hebt aber mit dem Freiraum auch die Handlungsfähigkeit auf: Die Distanzräume brechen in Ohnmacht zusammen und mit der Freiheit, Selbständigkeit und Praxis geht auch die Chance auf ein gutes Leben verloren.

5.5 Alles tragisch!

Diese Befunde scheinen dafür zu sprechen, dass es sich in der antiken Tragödie um eine Form von tiefgreifender Kulturkritik, ja gar von Kulturpessimismus handelt. Der Mensch bringt in seiner kulturellen Existenz Leistungen hervor, die ihm zum Leben, mehr noch: zur Steigerung und Verbesserung des Lebens dienen sollen, doch sie verselbständigen sich gegen ihn und zerstören seine Existenz. Ist die Tragödie womöglich die erste Reflexionsform einer radikalen Kritik an Kultur überhaupt, wie sie seit Jean-Jacques Rousseau in der Neuzeit virulent wurde? Alle Dimensionen der Kultur führen ja, wie die Stücke demonstrieren, selbst und gerade bei den maßgeblichen Menschen, den Meistern an Kraft, Verstand und *technē*, ins Verderben, also das Gegenteil dessen, wofür sie nach den Kulturentstehungslehren erfunden und entwickelt wurden. Ist sie selbst schon Beispiel „einer tiefsinnigen und pessimistischen Weltbetrachtung"[107], wie Nietzsche ihr zuschrieb?

In einer modernen Lesart liegt eine positive Antwort nahe. Denn die antike Tragödie fungiert als das Modell für den erst in der Moderne entwickelten Gedanken einer „Tragödie der Kultur", der sich im philosophischen, literarischen, soziologischen und kulturtheoretischen Diskurs nach 1800 herausbildete. Der Sache nach steht er bereits am Anfang des Wechsels der Kategorie der Tragödie zum Tragischen, am Übergang

---

[107] Friedrich Nietzsche: *Die Geburt der Tragödie*. KSA 1, S. 73.

von der Dramatik und ihrer Poetologie in die Philosophie.[108] Er bündelt die Gedanken, mit denen sich das moderne Selbstverständnis in der antiken Tragödie wiederzufinden meinte. Im folgenden Teilkapitel 5.6 werde ich den von Georg Simmel geprägten Begriff einer „Tragödie der Kultur" historisch rekonstruieren, der schon als Formel Antike und Moderne, die altgriechische Kunstform und den lateinischen, seit dem 18. Jahrhundert philosophisch diskutierten Begriff verbindet. Daraufhin wird er in 5.7 mit Blick auf das, was die antike Tragödie nach der hier vorgelegten Analyse vorführt, einer Kritik unterzogen. Zuvor soll in diesem Kapitel die metaphysische Tradition tragischer Kulturkritik skizziert werden, die aus der Dialektik der Kultur auf die Tragik des Daseins insgesamt schließt. Vor ihrem Hintergrund kann schärfer erkennbar werden, was gegenüber dem metaphysischen Tragismus die von der Antike inspirierte Idee einer „Tragödie der Kultur" bedeuten kann.

Seit dem 18. Jahrhundert wurde die vom Menschen gemachte Welt unter dem Begriff „Kultur" philosophisch thematisiert – und zugleich kritisiert.[109] Die Anfang des 20. Jahrhunderts geprägte Formel einer „Tragödie der Kultur" kann als eine Verschärfung der modernen Kulturkritik gelesen werden, als deren einflussreichster früher Vertreter Jean-Jacques Rousseau gilt. In seinem ersten zivilisationskritischen *Discours*, der Abhandlung über die Wissenschaften und Künste von 1750, zitiert Rousseau bezeichnenderweise die Gestalt des Prometheus als Stifter nicht primär der Leistungen, sondern vor allem der Gefahren, die von seiner Kulturstiftung für die Menschen ausgehen. Gemeint ist hier *pars pro toto* das prometheische Feuer, das „brennt, wenn man es anrührt."[110] Rousseau skizziert zuvor einen sittlichen Verfall Ägyptens, Griechenlands, Roms, Byzanz' und des modernen Europas. Zum Beginn des zweiten Teils seiner Abhandlung führt er eine aus Ägypten nach Griechenland gekommene Sage an, „daß ein der Ruhe der Menschen feindseliger Gott der Erfinder der Wissenschaften gewesen sei." In einer Anmerkung assoziiert Rousseau die Sage direkt mit dem Prometheus-Mythos. Er geht davon aus, dass ihn „die Griechen, welche ihn an den Kaukasus geschmiedet vorstellten,"[111] nicht günstig einschätzten. Mit diesem für die Griechen, insbesondere die Athener, unzutreffenden Urteil beklagt der Genfer Philosoph im Folgenden, dass alle Wissenschaften und Künste – d. h. die prometheischen *technai* – aus negativen Zuständen entstanden seien und wiederum negative Folgen – Sittenverfall und Schwächung durch Luxus – zeitigten. Damit nimmt er die Schilderung des sittlichen Verfalls einer luxurierenden Gesellschaft aus Platons *Politeia* auf und deutet sie als modern um. Wie zentral Rousseau dabei das mythische Symbol des prometheischen Feuers einschätzte, belegt das Frontispiz der Erstausgabe

---

108 Dieser Wechsel vollzieht sich um 1800, siehe Szondis berühmte These: „Seit Aristoteles gibt es eine Poetik der Tragödie, seit Schelling erst eine Philosophie des Tragischen" (Szondi 1978, S. 151). Vgl. Hühn/Schwab 2011a, S. 6 ff.
109 Vgl. Konersmann 2012a; Bollenbeck 2007.
110 Jean-Jacques Rousseau: *Abhandlung über die Wissenschaften und Künste* (Rousseau 1988, S. 45; alle folgenden Zitate ebd.).
111 Rousseau bezieht sich auf Platon und Plutarch (vgl. Recki 2008, S. 270).

seiner Abhandlung, auf dem ein Satyr zu sehen ist, der in einer Bewegung zur Bildmitte Gefahr läuft, sich an Prometheus' Fackel, mit der dieser einen jungen Mann inspiriert, zu verbrennen.[112]

Diese für die Moderne maßgebliche Kulturkritik wurde im 19. Jahrhundert verschärft und dabei gleichsam tragisch und metaphysisch aufgeladen. Im Hintergrund stand dabei oft die Prometheus-Gestalt, an der sich die Deutung der Kultur zwischen heroischer Eigenständigkeit und unheimlicher Produktion von Monstern à la Frankenstein symbolhaft reflektieren ließ, während sie im 18. Jahrhundert – bei Herder, Goethe und Schlegel – noch weniger tragisch als heroisch oder auch satirisch gedeutet worden war.[113] Nach den Schrecken der modernen Geschichte, dem Terreur der Französischen Revolution, den Napoleonischen Kriegen und der Restauration nach dem Wiener Kongress sowie im Zuge der Industriellen Revolution und des aggressiven europäischen Kolonialismus zeichnete viele eher pessimistische Denker eine ambivalente, wenn nicht negative Einschätzung der Zivilisation und ihrer Produkte aus, die sich in der kommunistischen Kritik am Kapitalismus verschärfte. Dieser modernen Zivilisation gegenüber hatte Rousseau das Gegenbild eines ursprünglichen Naturzustands entworfen, das nun vor allem in romantischen Eskapismen fortlebte.

Der wertende und deutende Bezug zur Tragödie ist dabei ein Indikator für das Selbstverhältnis, das sich mit ihr als Modell für die Kultur, wenn nicht des Lebens insgesamt zu artikulieren beginnt. Das bürgerliche Drama des Jungen Deutschland, das als „Waffe im Kampf um die Emanzipation des Bürgertums" mit „fortschrittsgläubige[r] Tendenz"[114] verstanden wurde, beanspruchte das bürgerliche Trauerspiel des 18. Jahrhunderts abzulösen, das freilich selbst von aufklärerischen Impulsen getragen war.[115] Im 19. Jahrhundert allerdings kehrte man sich in breiter Front vom Erbe der Aufklärung und der Poetik Lessings ab. Das bürgerliche Trauerspiel war als Verhandlung spezifischer sozialer Konflikte gleichsam zu harmlos, weder diente es revolutionären Hoffnungen noch stellte es die Tragik der Welt dar. Zeitgleich zum Vormärz und den frühen sozialistischen Ideen und zum beginnenden Fortschrittsoptimismus des wissenschaftlichen Positivismus verbreitete sich das Gegenmodell einer tragischen Weltanschauung, die nicht allein aus dem literarischen, sondern primär aus dem philosophischen Diskurs stammte. In polemischer Abkehr von Hegels Philosophie hatte zuerst Arthur Schopenhauer dessen Ausgriff auf einen dialektischen Fortschritt der Geschichte, in dem die „Tragödie im Sittlichen" historisch als Entwicklungsphase der Sittlichkeit begriffen wurde,[116] umgekehrt. Dabei

---

112 Vgl. Ritter 1988, S. 601. Die Radierung von Charles Baquoy (1756), die die Bildunterschrift „Satyre, tu ne le conais pas" trägt, befindet sich in der Bibliothèque nationale de France (abgebildet in Konersmann 2008, S. 78).
113 Siehe Peters 2002, S. 116 ff. Vgl. Blumenberg 1979a, S. 438 ff.
114 Guthke 1994, S. 106.
115 Vgl. ebd., S. 1–38; Alt 1994.
116 Zu Hegels einflussreicher Tragödientheorie siehe Kap. 8.11. Zur allgemeinen Sicht auf das Tragische zwischen Schelling und Wagner siehe Goldhill 2012, S. 146 ff. und 166–200.

übernahm Schopenhauer die Wertschätzung der Tragödie als höchste Kunstform durch Schelling und Hegel sowie die Klassiker und folgte ihnen auch in der Einsicht, die Tragödie nicht bloß als eine literarische Form, sondern auch und primär als Medium für eine Erkenntnis lebensweltlicher und metaphysischer Zusammenhänge zu verstehen.[117] Allerdings tilgte Schopenhauer das historische Moment der Versöhnung, das die Idealisten als Aufhebung der Tragik durch die Reflexivität der Helden und die Vermittlung von normativen Gegensätzen durch das Recht entworfen hatten, und ersetzte es durch den Geist der Resignation und Gelassenheit gegenüber der Welt, in den man als Zuschauerin einer Tragödie versetzt werde.[118] Beides freilich, Versöhnung in einer neuen Form der Sittlichkeit oder Weltentsagung, ließ die konkreten Ansprüche des sich auf der Bühne artikulierenden Individuums in den Hintergrund treten.[119] Was bei der Tragödie seit Schelling, Hegel und Schopenhauer primär zählt, ist der übergeordnete Zusammenhang – die Prozesslogik der Geschichte oder die metaphysische Weltverfassung –, den sie symbolisiert vorführt und auf den sich auch die Reaktion der Rezipienten bezieht. Diese theoretische Optik, die gleichsam durch die verkörperte Figur auf der Bühne auf das Transsubjektiv-Metaphysische hindurchsieht, zieht sich durch alle nachpoetologischen Theorien des Tragischen.

Nach Schopenhauer, der für die tragische Metaphysik maßgeblich wurde, kann die Tragödie nicht durch eine kulturelle Veränderung historisch überwunden werden. War sie nach der von Hegel selbst verteidigten Lesart ein Vergangenes,[120] attestierte Schopenhauer ihr eine durchgehende Aktualität, die diesseits der Geschichte begründet sein sollte. Die Tragödie sei deswegen „Gipfel aller Kunst"[121], da sie die „vollkommenste Abspiegelung des menschlichen Daseyns"[122] biete. Im Trauerspiel, „der höchsten poetischen Leistung"[123], sei die Aufgabe der Kunst, Aufschluss über die Welt zu vermitteln, am mustergültigsten erreicht.[124] Denn die Tragödie biete Einsicht in die fragwürdigen und leidvollen Objektivationen des metaphysischen Willens. Sie vermittle keine Illusionen über eine vermeintlich wertzuschätzende Welt, sondern nähre eine pessimistische – für Schopenhauer damit philosophisch realistische – Haltung, denn „die Nichtigkeit alles menschlichen Strebens ist hier das letzte Ergebniß."[125] Während Schelling die Auffassung vertreten hatte, dass der tragische Held

---

117 Siehe etwa Friedrich Schlegels Aussicht auf eine Renaissance der antiken Tragödie im „Gespräch über die Poesie" (Schlegel 1988, S. 222). Vgl. Menke 1996a, S. 17.
118 Arthur Schopenhauer: *Die Welt als Wille und Vorstellung* I, § 51, in: *Werke*, Bd. 1, S. 335.
119 Vgl. Alt 1994, S. 301.
120 Diese Lesart rekonstruiert Menke 1996a, der sie zugleich mit Hegel gegen ihn ins Feld führt, um die Gegenwart der Tragödie in der Moderne zu begründen.
121 Arthur Schopenhauer: *Der handschriftliche Nachlaß*, Bd. 1, S. 437. Zu Schopenhauers Philosophie des Tragischen vgl. Neymeyr 1996, S. 387–408, Trautsch 2009 und 2011; Gloy 2014, S. 150–173.
122 Arthur Schopenhauer: *Parerga und Paralipomena*, Bd. II, in: *Werke*, Bd. 5, S. 387.
123 Arthur Schopenhauer: *Der handschriftliche Nachlaß*, S. 356.
124 Die Musik überbietet die Tragödie nur dadurch, dass sie im Gegensatz zu dieser weltlos ist und den Willen direkt erkennbar zu machen vermag.
125 Arthur Schopenhauer: *Parerga und Paralipomena*, Bd. II, in: *Werke*, Bd. 5, S. 387.

handelnd notwendig schuldig werde, sich in der Anerkennung dessen aber seine Freiheit manifestiere, gibt es für Schopenhauer nur noch die Einsicht in die Absurdität menschlicher Praxis. Denn die Idee, die das Trauerspiel verkörpert, ist „der Widerstreit des Willens mit sich selbst"[126]: eine notwendige innere Konflikthaftigkeit der Welt, in der alles nur Materialisierung eines allbestimmenden und unerkennbaren Willens ist, dessen Marionetten die Menschen in ihrem jeweiligen Wollen darstellen. „Indem es die Vereitelung des menschlichen Strebens und die Nichtigkeit dieses ganzen Daseyns an einem großen und frappanten Beispiel lebhaft veranschaulicht", schließt das Trauerspiel nach Schopenhauer „den tiefsten Sinn des Lebens"[127] auf. Man tue daher gut daran, durch die Tragödie zu lernen und sich vom Willen zum Leben zu lösen. Die Tragödie, so lässt sich zuspitzen, ist für Schopenhauer die künstlerisch-philosophische Kronzeugin für die tatsächliche Wertlosigkeit des nur scheinbar wert- und sinnvollen Lebens.

Im Bezug zu Schellings, Hegels und Schopenhauers Philosophie des Tragischen nahmen so unterschiedliche Köpfe wie die Dramatiker Franz Grillparzer, Georg Büchner, Heinrich von Kleist, Friedrich Hebbel, Gerhart Hauptmann und Hugo von Hofmannsthal sowie die Denker Sören Kierkegaard, Friedrich Nietzsche, Karl Marx, Eduard von Hartmann, Julius Bahnsen, Philipp Mainländer und Johannes Volkelt die Loslösung des Tragischen als Phänomen vom Theater auf.[128] Während linke Hegelianer das Krisenbewusstsein einer in sich konfligierenden Moderne ausgehend von Hegel mit der Tragödie verbanden und sie als Modell für historische Konstellationen fruchtbar machten,[129] rückte sie für die Denker des Pessimismus ins Zentrum metaphysischer und lebensphilosophischer Überlegungen. In einem verabsolutierenden Blick wurde das Dasein selbst als tragisch gedeutet und die im Deutschen Idealismus noch anvisierte Synthese tragischer Gegensätze als Versöhnung verneint. So entstand im 19. Jahrhundert bei einigen Autoren eine Art pantragische Weltanschauung, die von Nihilismus und Pessimismus getragen war: Schopenhauer, Hebbel, von Hartmann oder – kaum zu überbieten – Bahnsen und Mainländer hingen Ideen von einer so umfassenden wie tiefgründigen Tragödie des Lebens selbst an, der nur Askese und Suizid angemessen sei.[130] Die tragische Verfassung des Daseins oder tragische Konflikte ihrer Zeit bildeten auch den Hintergrund dramatischer Produktionen des 19. Jahrhunderts etwa von Kleist, Büchner, Hebbel, Hauptmann, Ibsen, Strindberg, Tolstoi und Tschechow und des 20. Jahrhunderts, z. B. bei Paul Ernst, T. S. Eliot, Eugene O'Neill, Arthur Miller oder Boris Pasternak.[131]

---

[126] Arthur Schopenhauer: *Die Welt als Wille und Vorstellung* I, § 51, in: *Werke*, Bd. 1, S. 335.
[127] Arthur Schopenhauer: *Die Welt als Wille und Vorstellung* II, Kap. 37, in: *Werke*, Bd. 2, S. 739.
[128] Vgl. zum maßgeblichen Einfluss Schopenhauers auf die Dramatik siehe Reinhardt 2005; vgl. auch Wellbery 1998.
[129] Karl Marx: *Der achtzehnte Brumaire des Louis Bonaparte* (Marx 2007, S. 9 f.). Siehe dazu Iber 2011.
[130] Vgl. Bahnsen 1931 [1877]; Mainländer 1876.
[131] Vgl. Szondi 1978; Marcuse 1985, S. 85 ff., 129 ff., 135 ff., Williams 1966, S. 87–189; Eagleton 2003.

Für die Gründe der Konjunktur dieses metaphysischen Tragismus seit der Restaurationszeit lässt sich ein Zusammenhang zwischen Zeitgeschichte und Systementwürfen annehmen. So kann man die pantragischen Deutungen der Geschichte, der Kultur und des Lebens als Reaktion auf die enttäuschten Emanzipationsversprechen begreifen, mit denen die Aufklärung und die Französische Revolution 1789 eingesetzt hatten. Was für Friedrich Schillers Beschäftigung mit der (antiken) Tragödie in den 1790er Jahren angesichts des Umschlags von Befreiung in den Terror gilt, wird bei näherem Hinsehen im 19. Jahrhundert fraglich. Michael Pauen hat jedenfalls Zweifel an der „Krisenhypothese" mit Verweis auf nicht korrelierte Koinzidenzen von historischen Krisen oder Wohlstandszeiten und der Virulenz bestimmter Weltanschauungen artikuliert.[132] Diskurse spiegeln nicht einfach soziale und politische Situationen wider, sondern verlaufen auch neben ihnen und formen sie wiederum selbst mit. Und ganz sicher kann man von einer Philosophie des Tragischen nicht auf tragische Lebensbedingungen ihrer Autoren schließen. In der Regel sind es bürgerlich situierte weiße Männer, die Privilegierten der Welt, gewesen, die eine tragische Weltanschauung entwarfen, nicht die Entrechteten und Unterdrückten, die unter der patriarchal, kapitalistisch und kolonialistisch verfassten Organisation des Lebens am meisten zu leiden hatten. Überzeugender für eine genealogische Erklärung der tragischen Weltauffassung ist wohl eine multifaktorielle Hypothese, die Probleme der Aneignung der komplexen Prozesse der Industrialisierung, der bürokratischen Rationalisierung, der zunehmenden Technisierung und professionellen Differenzierung benennt, Diskursgeschichte nachvollzieht und analysiert, wie sie sich lebensweltlich bis ins vermeintlich bloß Private fortsetzten.

Das kann hier nicht in gebotener Ausführlichkeit geschehen. Ich folge daher Pauens plausibler Annahme, dass die Denker nicht mehr bereit waren, das Leiden der Individuen zugunsten einer höheren Idee oder eines Ganzen im Sinne der Theodizee zu relativieren. Mit der „Steigerung des ›Anspruchsniveaus‹"[133] wurde es legitim, der Negativität theoretisch Gewicht zu geben. Geht man von dieser Hypothese aus, lässt sich die moderne Philosophie des Tragischen als Konsequenz, nicht als Opposition zu der Aufwertung individueller Selbstbestimmung und Metaphysikkritik in der Aufklärung verstehen, die den Humanismus der Renaissance fortsetzt, der wiederum eine Erinnerung an den Humanismus der Antike darstellt.[134] Damit entspräche die Konstellation „Aufklärung – tragische Philosophie" derjenigen Dynamik, die in dieser Arbeit für die antike Tragödie angenommen wird. Sie lässt sich im Laufe des 5. Jahrhunderts v.Chr., in dem sie sich als Kunst vom Kult löste, zumindest auch als eine Reaktion auf das sich verbreitende „Könnensbewusstsein" und die Rolle individueller Freiheit in der Athener Demokratie verstehen.

---

132 Pauen 1997.
133 Ebd., S. 12.
134 Vgl. die Diskussion bei Galle 1976, 2005 und 2007 sowie Trautsch 2016.

Die zunehmende Sensibilität für das Negative verbleibt im tragischen Pessimismus allerdings im unhistorischen metaphysischen Rahmen. Ludwig Marcuse hat die darin postulierte Tragik daher treffend als „absolute Tragik", als „Leid ohne Sinn" bezeichnet.[135] Entsprechend gehe es in ihr nicht um eine Entwicklung, sondern eine „Tragödie des Zustands"[136]. Die moderne Tragik stellt demnach eine Art Umkehr der weltbejahenden Metaphysik von Platon bis Leibniz nach ihrer aufgeklärten Kritik dar und verabsolutiert die Einwände gegen Theodizee und Sinngewissheiten, die schon Voltaire oder Kant formulierten, ins Negative.[137] Es scheint, als hätten die tragischen Philosophen die Metaphysik als Schutz vor der Tragik fortschreiben wollen, indem sie die Welt auf ein Prinzip zurückführten und insinuierten, dass *alles* tragisch sein müsse, weil *etwas* tragisch sein kann. So schützen sie sich mit einem Allquantor wenigstens vor der Zumutung unübersichtlicher und kontingenter Komplexität. Der Prozess des Umschlagens, der nach der in dieser Arbeit entwickelten Interpretation für die antike Tragödie konstitutiv ist, wurde durch eine deskriptive Diagnose der Wirklichkeit insgesamt ersetzt. So avancierte die Tragödie im Zuge des Pessimismus, Nihilismus und apokalyptischer Kulturdeutungen zum weltanschaulichen Modell, das sich ebenso gegen den mit dem wissenschaftlich-technischen Fortschritt einhergehenden Optimismus wie gegen Vorstellungen revolutionärer Utopien richtete.[138]

Den holistischen Tragikhypothesen kommt somit eine unfreiwillige Ironie zu, die darin liegt, dass der „*Perspektivwechsel* zugunsten des Subjekts"[139], der für Tragik und Pessimismus im 19. Jahrhundert überhaupt erst sensibilisierte, durch die Theoretisierung gerade das aus dem Blick verlor, was in der Tragödie das Tragische ausmacht: den Umschlag von *kulturell* ermöglichter *Praxis* in eine *konkrete individuelle Erfahrung* von Negativität.

---

135 Marcuse 1985, S. 17 f. George Steiner hat – ohne Bezug zu Marcuse, aber im selben Gedanken – bereits in Shakespeares *Timon von Athen* eine „absolute Tragik" entdeckt (Steiner 1996).
136 Ebd., S. 20.
137 Die Philosophie des Tragischen steht damit dem Diskurs des Bösen nahe, das sich spätestens nach dem Erdbeben von Lissabon der modernen Philosophie als Problem für die Rechtfertigung einer Welt stellte, in der immer noch die Erwartung eines „Tun-Ergehen-Zusammenhangs" und also einer göttlichen oder vernünftigen Gerechtigkeit wirkte. Zur Geschichte der modernen Philosophie als Auseinandersetzung mit dem Bösen siehe Neiman 2004.
138 Vgl. Hühn/Schwab 2011a. Zur Geschichte des Pessimismus als Begriff im Ausgang vom 18. Jahrhundert siehe Pauen 1997 und Gerhardt 1989. Zur modernen Kulturkritik siehe Konersmann 2001 und 2008. Auch nach dem Krieg wurde diese Kulturkritik fortgesetzt. Während ein konservativer Diskurs, etwa in Heideggers Technikkritik und in Sedlmeyers *Verlust der Mitte* von 1948, an bekannte Topoi der Moderne- und Kulturkritik anschließen konnte, meinten von links Max Horkheimer und Theodor W. Adorno die kulturellen Verbindungen zwischen dem Unheil des Nazismus und Faschismus und der kapitalistischen Moderne aufzeigen und sie bis zu Homer rückdatieren zu können. Mit Blick auf die erfahrenen Schrecken der Weltkriege, der Shoa, des Totalitarismus und der Massenzerstörung durch Nuklearwaffen war die Kulturkritik der 1950er Jahre, gerade bei den Denkern der Kritischen Theorie und Arendt, Jaspers oder Anders, historisch und diagnostisch aufmerksamer als die der Vorkriegszeit.
139 Pauen 1997, S. 14.

In dem schillernden Diskurs des Tragischen blieb immer das für die Moderne charakteristische krisenhafte Kulturbewusstsein wirksam, auch wenn das Dasein, die Welt oder das Leben selbst als tragisch gedeutet bzw. in einem „tragischen Lebensgefühl" (Unamuno) empfunden wurden.[140] Nicht nämlich die biologische Anlage des Organismus oder seine Einbettung in eine Umwelt erschien den erwähnten Theoretikern als primärer Grund aller Tragik, sondern die Existenz des Menschen unter den Bedingungen der Kultur.

Der objektive Geist der Kultur in der Geschichte fungierte dabei jeweils unterschiedlich als Medium tragischer Schicksalhaftigkeit, ohne als solcher analysiert zu werden. Zwar boten kulturelle und historische Befunde wie Werkzeuge und Techniken, Handel und seine kolonialistische Expansion, die restaurative Politik und staatliche Unterdrückung, die Dummheit des Bürgertums und der dekadente Verfall der oberen Klassen, die egalitäre Gleichmachung und die schuldbeladene Individualisierung den Autoren jeweils Gründe, die für die Diagnose einer pantragischen Welt sprechen sollten, doch wurden historisch und sozial konkrete Phänomene meist umgehend zu einer Metaphysik des Tragischen verklärt, die das gesamte Dasein betreffen sollte. Anstatt die spezifischen historischen und kulturellen Faktoren jeweiliger Tragik zu untersuchen, wurde von einzelnen Phänomenen und Ereignissen auf die Struktur des Ganzen der Wirklichkeit geschlossen, die so immer schon über alle Kulturleistungen wie die Moral triumphieren musste. Für Gerhart Hauptmann und Hugo von Hofmannsthal ist „das Tragische das Resultat eines grausamen Lebenskampfes"[141], den keine Zivilisation befriede. Nach Julius Bahnsen liegt im Tragischen als einem metaphysischen „Weltgesetz" und einer „Universalnothwendigkeit" keine historisch spezifische Konstellation, sondern „der physiognomische Ausdruck des sichtbar werdenden Weltwesens". Jeder könne daher handeln oder es unterlassen, „wie er wolle, im Unrecht ist er immer"[142]. Nach Eduard von Hartmann steigert sich die Sinnlosigkeit des Lebens sogar noch mit der Kultur, die die Unlustbilanz zur Sinnlosigkeit steigere.[143] Und Philipp Mainländer zog aus der Einsicht in die Pantragik die praktische Konsequenz und erhängte sich am Tag nach Erscheinen seines zweibändigen Buchs *Die Philosophie der Erlösung*, in welchem er den individuellen (und kollektiven) Suizid als Ausweg aus dem tragischen Leben empfohlen hatte.[144]

---

140 Unamuno 1925. Unamuno schildert das Lebensgefühl der Moderne nach der Aufklärung und sucht auf einem Weg der Passion religiöse Erneuerung mit einem christlichen Gott, der selbst als tragisch verstanden wird.
141 Alt 1994, S. 317.
142 Bahnsen 1931, S. 48, 84, 51.
143 Siehe Wolf 2006, S. 29 f. Zu Hartmanns Pessimismus siehe Pauen 1997, S. 122–131.
144 Zu Mainländer siehe Pauen 1997, S. 132–138. Die Ideen des tragischen Pessimismus, der sich mit einer Ablehnung und Radikalkritik des Menschen verbindet, wirken auch im Pessimismus nach dem Zweiten Weltkrieg fort, etwa in Emil Ciorans pessimistisch-nihilistischem Werk oder bei Horstmann 1983.

Durch radikale Entgrenzungen eines Begriffs wird seine Funktion, Unterscheidungen zu ermöglichen, entkräftet. Dieser Vorgang betrifft die abschleifende Konjunktur des Krisenbegriffs in der Moderne[145] ebenso wie die metaphysischen Entgrenzungen des Begriffs der Tragik und Tragödie im Kontext vom Pessimismus und Nihilismus zwischen Mitte des 19. und Mitte des 20. Jahrhunderts, die ironischerweise den Begriff durch Dramatisierung entkräften. Deutlich lässt sich das an einem Zitat Friedrich Hebbels vorführen, der das Tragische – in einer „unmittelbar ins Leben selbst verlegte[n] Dialektik" – „als ein von vornherein mit Notwendigkeit Bedingtes, als ein, wie der Tod, mit dem Leben selbst Gesetztes und gar nicht zu Umgehendes" begreift, in dem jeder Konjunktiv als Ahnung von Alternativen unangebracht sei. Denn aufgrund des Weltwillens löse sich ohnehin „alles Handeln [...] in ein Leiden auf, und gerade dies wird in der Tragödie veranschaulicht"[146]. Ihre Aufgabe wie die der Kunst überhaupt bestehe darin, das, was der Idee der Einheit des Lebens „in der Erscheinungswelt widerspricht, zu vernichten." Und das, was ihr nach Schopenhauer wie Hebbel widerspricht, ist das Individuum in seiner Freiheit und Eigenständigkeit. Dessen Leben begreift Hebbel als tragische Schuld, genauer: als eine metaphysische Erbschuld der Vereinzelung von der Natur durch Geburt, der man daher nicht ausweichen könne, denn „sie ist mit dem Leben selbst gesetzt."[147] Alle Individuen sind also qua Individualität immer schon auf dem Weg in den metaphysisch verdienten tragischen Untergang. Tatsächlich ist der Tod mit jeder Geburt eines individuellen Menschen schon notwendig gesetzt. Wenn nun aber die Tatsache der Endlichkeit individuierten Lebens, zu der es zumindest in der uns bekannten Welt keine Alternative zu geben scheint, selbst tragisch ist, ist in der Tat alles immer schon und durchgehend tragisch, auch die Geburt eines Hamsters als unausweichliche Ankündigung seines Todes, die Produktion von Taschentüchern oder unser Sonnensystem, dessen Fanal mit der endlichen Sonne notwendig auf uns zukommt. So würde die seit der antiken Tragödie und Aristoteles gestellte Frage, was jeweils zum tragischen Umschlag führt, müßig werden; überflüssig wäre es auch, mögliche Strategien der Abwehr tragischen Scheiterns zu entwickeln. Selbstredend würde zudem jede Kritik an tragischen Figuren oder der Übermacht, an denen sie scheitern, sinnlos. Alles Leben wäre überall und immer schon tragisch.

Warum wurde diese metaphysische Pantragik trotz der impliziten Absurditäten so ernst genommen? Die metaphysisch konstruierte Kritikabwehr aus dem Geist des notwendigen Verhängnisses mag als verdeckte Intention hinter den fatalistischen Interpretationen des Tragischen als einer Notwendigkeit des Lebens gestanden haben: Demnach wäre die tragische Metaphysik eine theoretische Entlastung von der unmöglichen Erkenntnis des Ganzen unter Bedingungen zunehmender historischer

---
[145] Vgl. Koselleck 1982; Pauen 1997, S. 18 ff.
[146] Friedrich Hebbel: „Vorwort zu ‚Maria Magdalena'", in: *Sämtliche Werke*, Bd. 2, S. 614–634, hier: S. 620, 632, 624.
[147] Friedrich Hebbel: „Mein Wort über das Drama", in: *Sämtliche Werke*, Bd. 2, S. 645–673, hier: S. 665.

Sensibilität im 19. Jahrhundert und der gleichzeitigen Erfahrung beschleunigter kultureller Dynamik, deren Tempo und Komplexitätszunahme man sich offenbar geschichtsphilosophisch nach dem Bedeutungsverlust religiöser Metaphysik nicht gewachsen fühlte. So wurde der geschichtsphilosophische Optimismus ins Gegenteil gewendet, in dem alle historische Entwicklung und alle Praxis vor dem gleichen dunklen Horizont erschien. In der pantragischen Weltanschauung als pessimistischer Erbschaftsverwalterin der nun mehr dunkel gefärbten Metaphysik ging man jedenfalls von einem notwendigen und schicksalhaften Prozess aus, der auf ein schlimmes „Ende [...] unwiderruflich"[148] zusteuere. Offenkundig erfüllte der tragische Diskurs damit außerdem eine apologetische Funktion, das Gegebene hinzunehmen und von einer praktisch relevanten Analyse historischer Lagen zu entlasten, die ein kritisches Handlungspotential zur Veränderung der sozialen, politischen und kulturellen Lebensbedingungen hätten erkennbar werden lassen können. In dieser Perspektive kann die tragische Metaphysik auch wie eine paradoxe Projektion der Schuld der Europäer gegenüber den Kolonisierten und Unterdrückten ins Schicksal wirken. Dazu passt, dass sie – vor allem bei Schopenhauer und Mainländer – vom ethischen Motiv eines umfassenden Mitleids getragen ist.

Alles Geschehen konnte für die Pantragiker als Ausdruck eines notwendigen Verhängnisses gedeutet werden, mit dem gerade die Moderne als Verfallsphänomen abwertend identifiziert wurde.[149] Was blieb, waren das tragische Wissen und die Ruhe der Resignation, bis die technisierte Kriegführung der Weltkriege für eine fatale Aktivität der Massen sorgte, in der der Pessimismus von der Geschichte als dem wahren Schrecken überholt wurde.

Doch geht die Sensibilität für das Tragische im 19. und frühen 20. Jahrhundert über die konservative Apologetik hinaus und ist auch ein diskursgeschichtlicher Seismograph für die mit der Moderne und zumal den Weltkriegen exponentiell gewachsene Aufmerksamkeit für das Potential der kulturellen Selbstgefährdung des Menschen und der selbsterzeugten Entwertung seiner Welt. 1930 resümiert Karl Jaspers, ein früher Kritiker tragischer Weltanschauungen, die Geschichte des aufkommenden Pessimismus im 19. Jahrhundert, durch welches „die *Stimmung der Gefahr*" gegangen sei, in der sich der Mensch verstärkt durch seine eigenen Leistungen „bedroht" gefühlt habe. Im 20. Jahrhundert sei dieses Krisenbewusstsein nicht verschwunden, im Gegenteil, es habe sich nur noch verschärft: „alles versagt; es gibt nichts, das nicht fragwürdig wäre"[150]. Und diese Zeilen wissen noch gar nichts von dem beispiellosen Schrecken der Shoa und des 2. Weltkrieges!

Diese kursorischen Bemerkungen dürften deutlich machen, vor welchem Hintergrund Friedrich Nietzsche mit zeitdiagnostischer wie prognostischer Kraft die Phänomene des Nihilismus und Pessimismus unter tragischer Optik nicht nur

---

148 Spengler 1990 [1918/1922], S. 43 (zit. nach Bollenbeck 2007, S. 221).
149 Entsprechend kritisierte Max Horkheimer sie als Form traditioneller – d. h. metaphysischer und apologetischer – Theorie (Horkheimer 1988). Vgl. dazu Menke 1996a, S. 19 ff., und Menke 1997.
150 Jaspers 1932a, S. 15f.

durchdachte und kulturhistorisch begründete, sondern warum er in ihnen auch eine existentielle Gefahr für die Selbstbewertung der Kultur und damit des menschlichen Lebens insgesamt erkannte. Sein Projekt war es, die tragische Erkenntnis des Lebens zu verteidigen, die philosophische Diagnose jedoch vor der Verzweiflung an der kulturellen Existenz zu bewahren und in Daseinsbejahung umzukehren.[151]

Zu einer Rekonstruktion des (pan-)tragischen Diskurses des 19. und 20. Jahrhunderts und seiner Motive als Ausdruck und Reaktion auf die sozialen, administrativen, wissenschaftlichen, technischen, industriellen, ökonomischen, militärischen, politischen und künstlerischen Prozesse der Moderne ist an dieser Stelle ebenso wenig Gelegenheit wie zu einer entsprechenden Kritik, die die Metaphysik des Tragischen und ihre katastrophale Erbschaft in den fatalistischen Ideologien des Faschismus zu sezieren hätte.[152] Eine ausführliche Geschichte des tragischen Diskurses der Moderne, der vermutlich schon als Reaktion auf die menschliche Selbstbehauptung in der Neuzeit mit der theologischen Selbstreflexion bei Blaise Pascal und Jean Racine beginnt und in den letzten Jahren eine neue Konjunktur erlebt, ist zwar ein Desiderat, doch gibt es bereits eine größere Zahl eindrucksvoller Forschungsarbeiten mit unterschiedlichen Methoden und Schwerpunkten, auf die hier stellvertretend verwiesen sei.[153]

5.6 Tragödie der Kultur?

Stattdessen soll eine anspruchsvollere Theoriebildung mit Blick auf die Frage diskutiert werden, wie menschliche Kultur und das Tragische zusammenhängen. Die Frage, ob bereits die *antike* Tragödie die moderne philosophische Position eines tragischen Kulturpessimismus ausstellt und begründet, kann angesichts der Vielschichtigkeit des tragischen Diskurses der Moderne nur mit einem philosophischen Blick auf die *kulturellen* Lebensbedingungen angegangen werden, der ihre Verklärungen im Sinne einer metaphysischen „Quelle der Tragik"[154] umgeht. Diese Leistung ist dem Erfinder der Formel von der „Tragödie der Kultur" zuzuschreiben, der freilich in vielem von Nietzsche ausgeht. Der Philosoph und Soziologe Georg Simmel führte den (pan-)tragischen Diskurs des 19. Jahrhunderts ausdrücklich auf seine kulturellen Grundlagen

---

151 Siehe Kap. 9.5.
152 Kritik an der geschichtsvergessenen Metaphysik des Tragischen übten neben Brecht (siehe Kap. 1.2) bereits Karl Jaspers 1952 und Benjamin 1974 [1928].
153 Siehe Goldmann 1955; Szondi 1978; Galle 1976, 2005 und 2007; Marcuse 1985; Alt 1994; Guthke 1994; Menke 1996a; Port 2005; Pauen 1997; Thaler 2003; Eagleton 2003; Young 2013; sowie Beiträge in Beistegui/Sparks 2000; Frick/Essen/Lampart 2003; Felski 2008; Valk/Fulda 2010; Hühn/Schwab 2011; Gloy 2014.
154 Schmitt 1985, S. 33 ff. Schmitt selbst plädiert für eine historische Kontextualisierung von Tragödien, doch geht er dann wieder metaphysisch von einem nicht erfindbaren „unumstößlichen", „erhabenen", objektiven, geschichtlichen „Wirklichkeitskern einer tragischen Handlung" als „Quelle tiefster Tragik" (S. 47,54) aus.

zurück, die in jenem – aber meist metaphysisch verdeckt – vorgängig wirksam gewesen waren, ohne explizit *als* Kultur erörtert zu werden. Dabei hatte bereits Friedrich Schiller, dessen poetologischen und kulturphilosophischen Abhandlungen zur Tragödie die Philosophie des Tragischen neben Schelling und Hegel die wichtigsten Anregungen verdankt, die Kultur als die Produktionssphäre dessen verstanden, das Benjamin und Adorno später als Barbarei bezeichneten.[155]

Simmel verbindet die von Schiller und bereits schon von Kant formulierte, jedoch erst von Nietzsche scharf beobachtete Selbstschädigung der Kultur mit der Philosophie des Tragischen, indem er nach Nietzsche die vielleicht erste ausdrückliche Kulturphilosophie entwirft. Sie steht in der Tradition der Lebensphilosophie Wilhelm Diltheys und reformuliert Hebbels poetologische Forderung, die Tragödie solle die „unmittelbar ins Leben selbst verlegte Dialektik" darstellen, unter kulturphilosophischen Vorzeichen. Auf das Krisenbewusstsein der Moderne am Beginn des 20. Jahrhunderts reagiert Simmel mit der Formel einer „Tragödie der Kultur", die seitdem in der deutschen Soziologie und Kulturphilosophie vielfach rezipiert worden ist und in vielen kulturphilosophischen Zeitdiagnosen des frühen 20. Jahrhunderts fortlebt.[156] Mit ihr ist – im Sinne des *Genitivus subjectivus* – eine Tragik gemeint, die *von* der Kultur aus ihr selbst heraus immer wieder erzeugt wird. Dieser Gedanke taucht in mehreren Werken Simmels auf, ausdrücklich wird er in dem Essay „Der Begriff und die Tragödie der Kultur"[157] von 1911 behandelt.

Kultur ist für Simmel schon seit seinen ersten Veröffentlichungen der Prozess, in dem die geistige Tätigkeit des Menschen sich in Formen objektiviert, in denen sie erst „zu sich selbst kommt" (195).[158] Der Berliner Philosoph reformuliert Hegels Modell der Bewegung des Geistes aus der ruhigen unmittelbaren Einheit mit sich selbst in die Veräußerung seiner selbst als Selbstentzweiung bis zur vermittelten Rückkehr in sich selbst symboltheoretisch bzw. kulturphilosophisch. Der Mensch habe die Kultur, um sich über die von ihm hervorgebrachten Formen des Könnens und Wissens zu einer „undefinierbaren personalen Einheit" (196) zu bilden. In ihr löse sich der Geist „von sich selbst", trete sich „gestaltend, erkennend, wertend" „wie einem Dritten gegenüber" und gewinne angesichts seiner eigenen Symbolisierung erst „das Bewußtsein seiner selbst" (221). Die Kultur ist damit das Medium der Entfaltung der subjektiven Kultur einer Person bis zur „individuellen Vollendung" (204). Sie „ist der Weg von der

---

[155] Schiller spricht im 4. und 5. Brief aus *Über die ästhetische Erziehung des Menschen in einer Reihe von Briefen* von einer „Depravation des Charakters, die desto mehr empört, weil die Kultur selbst die Quelle ist." Der Mensch könne seinem kultivierten Selbst nicht nur als „Wilder", sondern auch als „Barbar" entgegengesetzt sein, dann nämlich, „wenn seine Grundsätze seine Gefühle zerstören." (Schiller 1999c, S. 259 f.) Die Virulenz des Begriffs „Barbarei" in Adornos kritischer Philosophie geht vermutlich weniger auf Schiller als auf Walter Benjamins Diktum zurück: „Es ist niemals ein Dokument der Kultur, ohne zugleich ein solches der Barbarei zu sein" (Benjamin 1990a, S. 696).
[156] Zum frühen Einfluss siehe Lenk 1964.
[157] Simmel 2001a. Im Folgenden werden die Seitenzahlen im Haupttext angeführt.
[158] Zu diesem frühen Grundgedanken Simmels vgl. Geßner 2012.

geschlossenen Einheit durch die entfaltete Vielheit zur entfalteten Einheit." (196) Mit Blumenbergs Bestimmung der Kultur als „Umweg"[159] lässt sich auch für Simmel sagen, dass Kultur eine Vielzahl von Umwegen des Selbst über seine Produkte zu sich selbst und der Welt bietet. Der Mensch als Kulturwesen ist daher „das indirekte Wesen"[160]. Diese unabsehbare Topografie an Umwegen ist keine bloße Option, sondern kulturelle Lebensbedingung des menschlichen Geistes, dessen dialektischer Weg über seine kulturellen Produkte zu sich selbst notwendig ist.

Kultur ist also das Erzeugnis und Medium des menschlichen Geistes. Sie entsteht, wenn Subjekte sich in ihren objektiven Erzeugnissen vergegenständlichen und sich in diesen Werken als manifestierter „Geist" erkennen (199). Dieses Sich-selbst-Erkennen in der eigenen kulturellen Verkörperung vollzieht sich nicht von selbst als indifferenter Vorgang, sondern wird vom Menschen aktiv hervorgebracht und als etwas „Bedeutsames" (200) erfahren, denn in den selbstgemachten Gebilden sind die eigenen „seelischen Kräfte und Werte ja gerade schon investiert" (203). So erkennt der Mensch in ihnen seinen nach außen vermittelten eigenen Wert, den er der Kultur zuschreibt und selbst dann in Anspruch nehmen muss, wenn er kulturkritisch oder -feindlich auftritt.[161] Funktion der objektiven Kultur ist dabei eine Steigerung der subjektiven Kultur der Individuen, die Simmel in humanistischer Tradition auch als „Kultivierung" und „Bildung" begreift.[162] Im Dienst an der Perfektibilität und Lebendigkeit der subjektiven Kultur des Individuums erkennt er den „Endzweck"[163] der objektiven Kultur. Nicht nur einen begrenzten Wert kann der Mensch daher in seiner Kultur erkennen, sondern vielmehr werden erst unter Bedingungen der Kultur alle einzelnen Werte möglich. Indem sie sich als das eigene Produkt des Menschen zeigt, kann sie eine Freude und einen Stolz über das Erreichte und somit eine „Wertsteigerung des Daseins überhaupt" (203) bewirken.

Doch für Simmel ist dieser Kulturprozess gleichwohl *tragisch*, da er seinen Erfolg nicht nur „nicht gewährleistet" (211), sondern dieser sogar notwendig dazu führt, dass die kulturell vermittelte Rückkehr des Subjekts in sich selbst *misslingt*. Hatte Hegel genau in dieser Bewegung den dialektischen Dreischritt des Geistes begriffen, der sich in der Geschichte zu höheren Formen weiterentwickle und darin erst verwirkliche, erkennt Simmel ein grundsätzliches Problem, das als Verselbständigung der Objekte gegen die Subjekte beschrieben werden kann und die Synthese im Sinne der Dialektik Hegels verhindert. Anders als die fatale Rückwirkung der auf Stabilität und Persistenz angelegten kulturellen Mittel auf den Menschen aus seinen bestimmten Handlungen

---

159 „Kultur besteht in der Auffindung und Anlage, der Beschreibung und Empfehlung, der Aufwertung und Prämierung der Umwege." Durch die Umwege hat die „Kultur die Funktion der Humanisierung des Lebens" (Blumenberg 1987, S. 137). Simmel selbst verstand die Kultur als notwendigen „Umweg" für das Leben (Simmel 1999b).
160 Simmel 1989, S. 265.
161 Vgl. Simmel 2001a, S. 205 ff.
162 Simmel 1989, S. 617 ff.
163 Simmel 1993, S. 372.

heraus, wie an antiken Tragödien untersucht wurde,[164] sieht Simmel in der Tradition Diltheys und der Lebensphilosophie[165] eine strukturelle „Fremdheit", ja „Feindschaft" (199) zwischen dem Menschen und seinen Erzeugnissen am Werke. Diesen „Dualismus" (194, 211, 213) begründet er mit dem Gegensatz zwischen der stabilen Festigkeit der Produkte, dem Gesetz ihrer Form, einerseits und der fluktuierenden Lebendigkeit des seelisch bewegten Menschen auf der anderen Seite. Geld als Kommunikationsmittel bspw. verkörpert nach Simmel Tauschhandlungen des Menschen, ist aber selbst keine lebendige Handlung mehr, sondern – zumal als Münze – stabiles Objekt, das sich als symbolischer Tauschwert gegenüber den Menschen verselbständigt und sich in einen intrinsischen Wert verkehrt.[166]

Simmel formuliert den Gegensatz zwischen gefügter Form und Kontinuität des Lebens, der in der Lebensphilosophie und Kunsttheorie um 1900 vielfach zum Thema wird,[167] auch bewusstseinsphilosophisch als „Spannung zwischen Prozeß und Inhalt des Bewußtseins" (200). Doch um zutage zu treten, ist der Weg vom individuellen Bewusstsein in die von allen geteilte öffentliche Welt der Kultur nötig. Erst über das leibhaftige In-der-Welt-Sein-und-Handeln entfaltet er sich und wird zum Problem. Die Kultur als Objektivierung des Geistes beginnt für Simmel bereits mit dem sich sprachlich äußernden Selbstbewusstsein, in dem der Mensch sich mit sich selbst konfrontiert. Die Kultur setzt mit der Selbstreflexion und dem Vermögen, etwas von sich selbst zu unterscheiden, kurz: mit der Rationalität ein. „Seitdem der Mensch zu sich Ich sagt, sich zum Objekt, über und gegenüber sich selbst, geworden ist" (212), sind die kulturelle Existenz und ihre tragische Spannung sein Schicksal. Dabei erklärt Simmel nicht, ob rationales Selbstbewusstsein und materielle Kultur in einem Fundierungsverhältnis stehen. Da bereits jede symbolische Aktivität wie das Ich-Sagen zur Kultur gehört, muss man davon ausgehen, dass beide gleichursprünglich sind. Eine geistige Tätigkeit ohne Objektivierung bzw. Verkörperung gibt es für Simmel ebenso wenig wie Artefakte ohne den Geist, der in ihnen symbolisch zum Ausdruck kommt. Gleichwohl können sie, sind sie erst einmal (nach dem Modell der aristotelischen *poiēsis*) geschaffen, ohne ihn existieren und sich im Gebrauch gegen ihn wenden.

Schon die Techniken des Geistes wie die Sprache zeitigen nach Simmel *feste* Produkte wie Worte, die in Kontrast zum fließenden Bewusstseinsprozess stehen. Das gilt auch für Begriffe, Kategorien und Wissen als den Werkzeugen des Geistes.[168] Auf sie aber ist der Mensch zur Selbstartikulation und Selbsterkenntnis angewiesen, die wiederum unter kulturellen Bedingungen unverzichtbar für ein sich kultivierendes

---

164 Siehe Kap. 5.2–5.4.
165 Vgl. Szondi 1978, S. 196.
166 Vgl. Simmel 1989.
167 Jürgen Thaler skizziert den theoretischen Kontext Simmels, zu dem Wilhelm Worringers *Abstraktion und Einfühlung* sowie Paul Ernsts und Georg Lukács' Schriften zur Tragödie gehörten (Thaler 2003, S. 19 ff.).
168 Vgl. zu diesen im Spätwerk Simmels entwickelten Aspekt: Geßner 2012, S. 105 ff.

und damit lebenswertes Leben sind. In ihnen erhält sich Kultur auch im intergenerationellen Zusammenhang, denn nur durch die Loslösung der Produkte vom Individuum werden diese auch von anderen Individuen nutzbar.

Man hat es laut Simmel bei der Kultur demnach mit einer selbstverhindernden, selbsthemmenden Struktur zu tun, die auf der Differenz zweier Logiken basiert – der des lebendigen Menschen und der seiner toten Dinge, die eine „erhebliche Selbständigkeit"[169] gegenüber dem Menschen gewinnen. Diese Struktur im Herzen der Kultur ist dialektisch, da die Funktion der Kultur – der individuellen Selbstverwirklichung zu dienen – sich aus sich selbst heraus immer wieder ins Gegenteil verkehrt. Simmel bezeichnet diese prozessuale Struktur mal als „Paradoxie" (211, 217), mal als „Tragödie" (194, 211, 219), wobei der dialektische Tragödienbegriff Schellings und Hegels im Hintergrund steht:

> „Dies ist die eigentliche Tragödie der Kultur. Denn als ein tragisches Verhältnis – im Unterschied gegen ein trauriges oder von außen her zerstörendes – bezeichnen wir doch wohl dies: daß die gegen ein Wesen gerichteten vernichtenden Kräfte aus den tiefsten Schichten eben dieses Wesens selbst entspringen; daß sich mit seiner Zerstörung ein Schicksal vollzieht, das in ihm selbst angelegt und sozusagen die logische Entwicklung eben der Struktur ist, mit der das Wesen seine eigene Positivität aufgebaut hat." (219)

Notwendig schädigt ein auf etwas Gutes gerichteter Prozess den Menschen selbst. Darin erkennt Simmel das „Wesen des Tragischen": Ein aus einer Existenz selbst hervorgehendes Schicksal ist „gegen den Lebenswillen, die Natur, den Sinn und Wert" eben dieser „Existenz gerichtet"[170]. *Notwendig* ist die Tragödie der Kultur, da der Mensch auf die objektive Kultur, die ihm entstammt, jedoch ihm fremd wird, angewiesen ist, denn nur in ihr kann er sich erhalten, steigern und artikulieren. Er hätte also nur die Wahl zwischen Existenzverzicht und struktureller Selbstschädigung. „Dieser Widerspruch ist die eigentliche und durchgehende Tragödie der Kultur."[171]

Was aber ist hier genau *tragisch*, was wird auf welche Weise durch die Kultur beschädigt, gar *zerstört*? Simmel erwähnt keines der antiken Beispiele, auch keine neuzeitliche Tragödie kommt bei ihm zur Sprache. Ebenfalls sagt er an keiner Stelle, was auf welche Weise wirklich zerstört würde: ein Mensch, eine Gesellschaft, eine bestimmte Kultur, die menschliche Kultur im Ganzen? Zerstört wird nach Simmel zunächst die Möglichkeit der Vollendung der individuellen Persönlichkeit. Die Phänomene der „Entfremdung" und „Isolierung" (214) sind dabei Ausdruck dieser Tragik: Statt uns in unseren Produkten wie erhofft wiederzuerkennen, empfinden wir sie, selbst die Sprache, mitunter „wie eine fremde Naturmacht, die nicht nur unsere Äußerungen, sondern auch unsere innersten Gerichtetheiten verbiegt und verstümmelt." (212) Dadurch entzieht sich die objektive Kultur ihrer „Bedeutung für das Subjekt" und

---

[169] Simmel 1993, S. 372.
[170] Simmel 2004, S. 290.
[171] Simmel 1999a, S. 42.

fungiert nicht mehr als Medium intersubjektiver Kommunikation. Was zerstört wird, ist folglich die Kultur als das von allen geteilte Medium des menschlichen *Ausdrucks*.

Doch auch die *praktische* Dimension der Kultur wird getroffen, wenn der Gebrauch der Dinge als Handlungsmittel nicht „in die Eigenrichtung unserer zentralen Entwicklung mündet." (211) Dann wird der Mensch vom *Akteur*, der seine Mittel herstellt und gebraucht, zum *Medium* für die Eigenlogik der Dinge: Er „wird jetzt der bloße Träger des Zwanges, mit dem diese Logik die Entwicklungen beherrscht" (218). Die Emanzipation von der Naturgebundenheit schlägt in eine Wiederkehr der Gebundenheit unter den Bedingungen der Kultur um: Die Befreiung von den Zumutungen der Natur wird zur Abhängigkeit von der Kultur als zweiter Natur, von der man sich wiederum nicht befreien kann, weil man sie dafür bereits in Anspruch nehmen müsste.

Die Gründe für dieses Auseinandertreten des Subjekts und seiner Objekte sowie ihrer Rückwirkung auf den einzelnen Menschen sind bei Simmel einerseits allgemein, andererseits spezifisch modern. Dafür dass Simmel keine Theorie der Kultur im Allgemeinen, sondern eine Theorie nur der modernen Kultur geschrieben haben könnte, sprechen seine Argumente, die die Dynamik der Industriellen Revolution, der modernen Arbeitsteilung und Bürokratisierung – Elemente des Kapitalismus – sowie der Herausbildung des bürgerlichen Rechts betreffen. So führt er die Spannung zwischen sich selbst verwirklichender Individualität und rechtlichem Bürgersubjekt als Beispiel an (213), die kooperative Arbeitsteilung in der Fabrikproduktion (214) und die so ermöglichte massenhafte Herstellung von Dingen, die ihre Selbständigkeit gegenüber dem Menschen als Verdinglichung noch verstärkt (214, 217), die industrielle Pluralisierung von „Nebenprodukten", die „künstliche und [...] sinnlose Bedürfnisse wachrufen" (217), die Akkumulation nicht nur von Waren, sondern auch der Produzenten, die neue Waren ohne „Quantitätsgrenze" (219) produzieren, schließlich auch die ubiquitäre Beschleunigung all dieser Prozesse (222f.). Viele dieser Diagnosen sind bereits aus der Marxschen Analyse der Warenproduktion und der entfremdeten Arbeit bekannt.[172] Ebenso sind sie dem Gros der aktuellen Gegenwartsdiagnose vertraut. So ist etwa Hartmut Rosas Theorie der Moderne als Beschleunigung, die strukturell schädliche Auswirkungen auf die Chancen zu einem guten Leben der Individuen hat,[173] bereits ein Beispiel Simmels für die „Tragödie der Kultur": Der subjektive Geist müsse mit seinem Sinn- und Erfüllungsanspruch „in einem rapid wachsenden Abstand" hinter dem „Entwicklungstempo" des industriell objektivierten Geistes „zurückbleiben" (222).

---

[172] Simmel beruft sich ausdrücklich auf Marx und den „Fetischcharakter" der Ware (ebd., S. 217). Zu Marx' ähnlicher Entfremdungsdiagnose zwischen dem Menschen und seinen industriell produzierten und im ökonomischen Tausch verdinglichten Objekten siehe Jaeggi 2005, S. 29–35. Simmels Beiträge zum Entfremdungsphänomen bestimmten in der Folge selbst die Diskussion des Phänomens (Geßner 2012, S. 101). Zur Dimension der Technik in der „Tragödie der Kultur" siehe Solies 1998, S. 109–123.
[173] Siehe Rosa 2005 und 2013.

Doch zugleich behauptet Simmel mit der Formel einer „Tragödie der Kultur" etwas philosophisch Grundsätzlicheres: dass dieser Prozess bereits mit der Kultur selbst von Anfang an gesetzt sei, denn die Verkehrung der Zwecke der Kultur gegen den Menschen ereile sie nicht irgendwann von außen, sondern sei bereits in ihr selbst angelegt (219). Die dialektische Struktur komme der Kultur „schon in ihrem ersten Daseinsmomente" (223), also seit der Selbstobjektivierung des Geistes, zu. Seitdem habe es „unzählige Tragödien" (194) durch den Hiat von Leben und objektiver Kultur, Bewusstseinsprozess und Form gegeben. Die Kultur ist gleichsam immer schon auf dem Weg in die „Dissonanzen"[174]. Marx' Analyse ist daher für Simmel nur „ein besonders modifizierter Fall dieses allgemeinen Schicksals unserer Kulturinhalte." (217) Entsprechend führt er auch *allgemeine* Gründe für die „Tragödie der Kultur" an, einerseits die Kontingenz, die sich im „nicht Vorherzusehende[n]" zeigt, sowie die „eigene Logik" (211) der Dinge, mit der sie sich gegenüber dem Subjekt immer schon verselbständigen bzw. emanzipieren (223) und gleichsam eigene „Ansprüche" an es stellen (220). Sobald Dinge geschaffen sind, „haben wir es garnicht mehr in der Hand, zu welchen einzelnen Gebilden sie sich entfalten" (212). Die Logik der Verselbständigung dramatisiert Simmel als „verhängnisvolle[n] innere[n] Zwangstrieb aller ›Technik‹", als sei die Technik selbst etwas Lebendiges und Intentionales. Er attestiert der Spezialisierung in der Arbeitswelt eine „dämonische[] Unerbittlichkeit" (218) und neigt – wie in Vischers Rede von der „Tücke des Objekts – zu Anthropomorphismen, die das Bedrohungsszenario stark dramatisieren – ein Jahrhundert vor den mal dystopischen, mal utopischen Szenarien der Verselbständigung von Künstlicher Intelligenz.[175] Die Inhalte des Bewusstseins „wollen" ihre Zentrierung „um das Ich zerbrechen, um sie vielmehr nach *ihren* Ansprüchen zu formen." (213) Der Subjekttausch zwischen Individuum und Artefakt ist offenkundig. Die anthropomorphischen Beschreibungen indizieren den strukturellen Kontrollverlust, der bereits für die frühesten Werkzeuge gelten dürfte und, so Simmel, die Synthese von Subjekt und Objekt verhindert. Nach der eigenen Logik der Objekte *biegen sie von der Richtung ab*, „mit der sie sich der personalen Entwicklung menschlicher Seelen einfügen könnten." (218) Kultur entsteht durch den Menschen, der über sie zu sich selbst kommen will. Doch ist sie gleichzeitig geradezu bestimmt, den „*Weg* der Seele" zu sich selbst „*abzulenken*" (223, Hervorh., A. T.).

Ohne antike Tragödien studiert zu haben, erkannte Simmel offenbar intuitiv das Moment der Verkehrung der *Richtung* der Kultur, ihres Weges, das die antiken Tragödien vorführen, und übertrug es in die diskursive Beschreibung von Kultur überhaupt als eines dialektischen Prozesses, in dem sich eine erstrebte Funktion in eine Funktion verkehrt, die das Gegenteil bewirkt. Sollte „die Dialektik bei Hegel vom

---

[174] Simmel 1993, S. 372. Vermutlich wäre die Entwicklung der Neuen Musik in der Zweiten Wiener Schule für Simmel, hätte er sie noch miterlebt, ein Beleg für die „Tragödie der Kultur" gewesen.
[175] Zu einer utopischen Deutung der Transhumanisten siehe Kurzweil 2005; für eine kritische Sicht auf die Ersetzbarkeit und Kontrollierbarkeit des Menschen durch KI vgl. Harari 2015, vor allem S. 307 ff.

Dualismus"[176] befreien, so führt die Dialektik der Kultur bei Simmel just wieder in den Dualismus von Mensch und Ding, von Subjekt und Objekt, hinein.[177]

Simmels Diagnose traf zu Beginn des 20. Jahrhunderts und zumal nach den Materialschlachten des Ersten Weltkriegs einen freigelegten Nerv des gesteigerten Unbehagens, der auf die moderne Kultur selbst bezogen wurde.[178] Dieses Unbehagen kulminierte in dem schon vor den Weltkriegen ausgerechnet vom altphilologischen Tragödienforscher Ulrich von Wilamowitz-Moellendorff geäußerten Gedanken, dass die Kultur insgesamt zugrunde gehen könne.[179] Simmels Theorie wurde daher, wie ein kursorischer Blick indizieren soll, immer wieder aufgegriffen, umformuliert und neu gedeutet, selbst wenn viele Autoren Simmel gar nicht erwähnen.[180]

Georg Lukács, der Simmels Kolloquium an der Berliner Universität besuchte,[181] versucht, die Tragödie gerade gegen die Paradoxien der Kultur ins Spiel zu bringen, und hofft – in Umkehrung Simmels, dafür mit Paul Ernst –, dass gerade durch die Tragödie als Form der entfremdete Geist der Epoche erschüttert und zur Umkehr in die authentische Freiheit ermächtigt werde. Lukács steht selbst mit Stil und Argumentation ganz in der Tradition tragischer Metaphysik, wenn er schreibt, dass es in der Tragödie um nicht weniger gehe als „die Frage nach dem Sein und dem Wesen." Zugleich attestiert er der Tragödie eine befreiende Kraft: Ihr metaphysischer Grund sei „die Sehnsucht des Menschen nach seiner Selbstheit". Diese Sehnsucht – nach Simmel ist es die nach der Funktion der Kultur selbst – erfülle die Tragödie als ein „Erwachen der Seele", ein Zu-sich-Kommen in der ästhetisch ermöglichten Erschütterung. Lukács variiert freilich nur Schellings Interpretation des tragischen Selbstverhältnisses als freie Annahme des notwendigen Schicksals, wenn er ausgerechnet im Tod des Helden das „Zurückkehren der Seele aus dem fremden Leben zu sich selbst" zu erkennen meint.[182]

Andere Denker nahmen Simmels Gedanken einer selbstproduzierten Schädigung der Kultur ohne Versöhnungs- oder Umkehroption auf und reformulierten ihn in ihrem eigenen theoretischen Vokabular. Max Weber, ein Freund und Förderer Simmels, entwickelte parallel zu ihm ein eigenes tragisches Denken der Moderne, das Simmels

---

176 Szondi 1978, S. 204.
177 Auch wenn ein Versuch, ihn etwa durch dionysische Steigerung des Lebens zu umgehen, gelinge, würde das die kulturellen Formen angreifen und damit „zur Selbstzerstörung führen" (Simmel 2004, S. 290).
178 Vgl. Konersmann 2003, S. 66–78. Angesichts des Ersten Weltkrieges, den Simmel zunächst begrüßt hatte, sieht er seine Diagnose bestätigt: Der Krieg „zeigt, daß all diese Herrlichkeiten, die uns das Leben so bequem, genußreich und sicher gemacht haben, jetzt genau so gut seiner fürchterlichen Zerstörung, Gefährdung, Folterung dienen" (Simmel 2004, S. 295).
179 Vgl. ebd., S. 69f.
180 Vgl. Thaler 2003, S. 31ff.; Konersmann 1996.
181 Vgl. Jung 1990, S. 18f.
182 Lucács 1971, S. 223, 233, 232, 245f. Zu Paul Ernst vgl. Thaler 2003, S. 81ff., und Profitlich 1999, S. 230–237.

Diagnose strukturell verwandt ist.[183] Webers Zeitdiagnose ist gleichsam eine Konkretisierung der dialektischen Entwicklungslogik Simmels, die Weber als ein spezifisches Phänomen der Moderne als Entzauberung deutet, deren Kosten tragisch anmuten. Durch die zunehmende Bürokratisierung und arbeitsteilige Organisation moderner kapitalistischer Gesellschaften – die „Entzauberung der Welt"[184] – werden nach Weber Sinnerwartungen enttäuscht; das aufklärerische Glücksversprechen sei nicht einzulösen, statt Freiheit zu vergrößern, gehe Freiheit verloren.[185] Der lebensphilosophische Dualismus von Seele und Form, Geist und Produkt konstituiert auch hier eine unüberwindliche Spannung. Nach Weber sind die moderne Bürokratisierung und Spezialisierung nach Art eines technischen Artefaktes *„geronnener Geist"*. Sie bilden eine *„lebende Maschine"*, die zusammen mit den vom Menschen produzierten Artefakten ein „Gehäuse jener Hörigkeit" aufbaut, dem Menschen sich „ohnmächtig zu fügen gezwungen sein werden."[186] Von der für Weber notwendigen Dynamik moderner Trennungen zwischen Menschen und ihren technischen, ökonomischen und bürokratischen Erzeugnissen fällt so ein Licht auf die Eigenlogik der Kultur überhaupt: Der Mensch schafft sich eigene Lebensbedingungen, an die er sich wiederum anpasst, ohne darin seine Freiheit verwirklichen oder Sinn finden zu können. Die Natur eines Artefakts wie einer Maschine als verkörperter Geist „gibt ihr die Macht, die Menschen in ihren Dienst zu zwingen"[187]. Gemäß seinem Ideal wissenschaftlicher Wertfreiheit konstatiert Weber diese dialektische Entwicklung und beklagt sie nicht mit tragischem Pathos. Doch auch wenn er auf den Terminus einer „Tragödie der (modernen) Kultur" verzichtet, ist Webers Beunruhigung angesichts der Vervielfältigung von Sachzwängen offensichtlich. So ruft er die mythologischen Vokabeln auf, mit denen die tragische Philosophie die antike Tragödie gedeutet hatte. Mehrfach spricht Weber von einem „Schicksal unserer Kultur", das sie aus sich selbst heraus produziere und in dem sie gefangen sei. In dem zeitgenössischen Wertepluralismus und -relativismus herrsche das „Schicksal" „eines Kampfes der Götter der einzelnen Ordnungen und Werte." Diese Götter seien „entzaubert [...] in Gestalt unpersönlicher Mächte", die „nach Gewalt über unser Leben"[188] strebten. Ähnlich hatte es schon Hegel in seiner Tragödientheorie formuliert: Die tragischen Konflikte der antiken Sittlichkeit hätten ihren Grund im „einfachen Kampf und Ausgang der wesentlichen Lebensmächte"[189], für die die Götter stünden. Von der philosophischen Tragödientheorie bei Hegel aus wird die Moderne für Weber als Wiederkehr der Antike deutbar. Das Schicksal der modernen Bürokratisierung ist nach Weber durch eine *„Unent-*

---

[183] Vgl. Diggins 1996; Breuer 2006.
[184] Weber 1995, S. 44.
[185] Vgl. Lenk 1964, S. 270 ff., dort auch die Kritik an Webers methodischem Individualismus, der dazu führe, dass makrosoziologische Einheiten als übermenschliche „Mächte" gedeutet würden, S. 275 f.
[186] Weber 1988a, S. 332.
[187] Ebd.
[188] Weber 1995, S. 33 f.
[189] Georg Wilhelm Friedrich Hegel: Ästhetik I (Theorie-Werkausgabe, Bd. XIII), S. 536.

rinnbarkeit" ausgezeichnet: „Alle Bürokratien der Erde gehen diesen Weg."[190] Die als notwendig apostrophierte Entwicklungslogik der modernen westlichen Kultur, die die Bürokratisierung der altägyptischen Kultur wieder aufleben lasse, ist nach Weber dialektisch, denn sie produziert das Gegenteil dessen, was man einst von ihr erhoffte, und führt immer wieder zu „ethischen Paradoxien"[191] und tragischen Konflikten, in denen die Mittel und die Folgen des Handelns mit den Werten konfligieren, an denen sich praktische Zwecken orientieren.[192]

Wie Simmel und ähnlich Weber deutet auch Sigmund Freud die Kultur als *generell* tragisch.[193] Bereits in seiner *Traumdeutung* von 1900 versucht Freud durch die prominente Funktionalisierung des tragischen Helden Ödipus für die Psychoanalyse eine tragische Struktur im psychischen Leben des Menschen zu beschreiben. Er steht im Zeichen der Entgrenzung des Tragischen seit 1800, da er es durch das anthropologisch-psychologisch gedeutete Schicksal des Ödipus gleichsam naturalisiert.[194] 1930 wendet er sich in seinem Essay *Das Unbehagen in der Kultur* dagegen der Frage zu, was die Kultur für den Menschen leiste. Mit Blick auf Freuds Interesse am tragischen Mythos ist es kaum verwunderlich, dass er auch in der Kultur eine tragische Dialektik im Sinne Simmels entdeckt. Durch die Kultur nämlich erzeuge sich der Mensch nicht nur Lebensmöglichkeiten und Abwehr des Leidens, sondern schränke auch seine Libido strukturell ein. Vieles an natürlicher Triebregung müsse aufgrund sozialer Erwartungen der Kultur verdrängt und rationalisiert werden, idealerweise sublimiere sie sich in künstlerischen und wissenschaftlichen Kulturleistungen, die zwar eigenen Lustgewinn versprächen, aber nicht die Leiblichkeit erreichten. Die Kultur ist für Freud das historisch alternativlos gewordene Lebensmedium des Menschen, zugleich aber produziere sie genau die Mechanismen, mit denen die vorrationalen Energien des Lebens und eine ursprüngliche Freiheit gehemmt, gezähmt und ihre Phantasien ins Unbewusste verdrängt würden. Daher sei die kulturelle Existenz zwar für das Überleben des Menschen wichtig, in ihr könne er sein Triebleben jedoch nur ungenügend erfüllen. Auch die neueren technischen Fortschritte der Kultur hätten zwar die „Gottähnlichkeit" des Menschen gesteigert, seine Lustbefriedigung allerdings „nicht erhöht"[195]. Freuds ultimatives Urteil über eine Tragödie nicht nur der Kultur, sondern des Daseins überhaupt lautet: Zwar bestehe der Anspruch des Menschen darin, glücklich zu werden und es zu bleiben, das sei sein „Lebenszweck". Doch dieser Zweck „ist überhaupt nicht durchführbar, alle Einrichtungen des Alls widerstreben

---

190 Weber 1988a, S. 330, 331. Daher kann Weber selbst als Beispiel der seit Hegel maßgeblichen Auffassung gelten, tragische Kollisionen seien Ausdruck einer Notwendigkeit. Vgl. dagegen Menke 1996a, S. 33–36.
191 Weber 1988a, S. 557.
192 Aus ähnlichen Gründen deutete Max Webers Bruder Alfred Weber die Geschichte als tragisch (Weber 1992).
193 Vgl. Politzer 2004.
194 Vgl. Galle 2005, S. 169.
195 Freud 1994, S. 58, 54.

ihm"¹⁹⁶. Die Realität selbst sei „die Quelle alles Leids [...], mit der sich nicht leben läßt", will der Mensch glücklich sein. Die „Wirklichkeit ist zu stark für ihn."¹⁹⁷ Die ominöse Rede von „Einrichtungen des Alls" verbirgt, dass auch für Freud die menschliche „Realität" durch und durch kulturell geformt ist. Dem Menschen setzt nicht nur seine eigene Natur zu, er verhindert auch über seine Kultur, die ihn vor der Natur schützt und sein soziales Leben organisiert, selbst die Verwirklichung seines Lebenszwecks – genau darin besteht bereits für Simmel die „Tragödie der Kultur". Diese kulturphilosophische wie naturphilosophische Überzeugung Freuds wurde auch von späteren Vertretern der Psychoanalyse und der von Freud geprägten Sozialpsychologie fortgeschrieben.¹⁹⁸ Aus ihr erhellt zudem ein Hintergrund aller Philosophie des Tragischen im 19. Jahrhundert. Denn nicht nur misslingt dem Bewusstsein die Rückkehr zu sich selbst über die Dinge, von denen es sich notwendig entfremdet, auch der Selbstbezug des Subjekts wird mit der Entdeckung, Erforschung und Würdigung des Unbewussten von Schelling über Schopenhauer, Nietzsche und andere Vertreter einer Philosophie des Tragischen bis zu Freud problematisch. Dass „das Ich nicht Herr sei in seinem eigenen Haus"¹⁹⁹, wie Freud 1917 die Kränkung der Menschheit durch die von ihm entwickelte Psychoanalyse beschreibt, ist eine Erkenntnis, die sich bereits an der tragischen Ironie der antiken Figuren nachvollziehen lässt, die unbewusst das sprechen, was sie erst mithilfe anderer später zu erkennen lernen. Mit dem Verlust des Vertrauens in die historisch-kulturelle Aktivität des Menschen wird im 19. Jahrhundert auch das Selbstvertrauen, sich kennen und steuern zu können, brüchig. Ödipus, der erkennen muss, wie wenig er Herr im eigenen Seelenhaus gewesen ist, steht daher nicht nur als Name für einen bestimmten freudianischen Komplex, sondern vielmehr als Symbolfigur für die Rolle des Unbewussten insgesamt.

Max Scheler, ein Kritiker Simmels, denkt bereits 1915 ebenfalls über das Tragische nach und überträgt es in seine eigene Wertphilosophie. Nach Scheler sind es gleich-

---

196 Ebd., S. 42, vgl. ebenso S. 50.
197 Ebd., S. 47f.
198 Jacques Lacan ist Freud in der Diagnose einer kulturellen Tragik gefolgt. Er fokussiert sie auf den Riss zwischen Mensch und Sprache bzw. Signifikanten, durch den sich sein Begehren nie erfüllen könne. Für Lacan ist die Psychoanalyse selbst eine Tragödie (Lacan 1995. Vgl. dazu die Rezension von Seifert 1996). Von Lacan sind wiederum aktuell Slavoj Žižeks Überlegungen zum Tragischen angeregt (vgl. Young 2013, S. 254–262). Der Psychoanalytiker und Sozialphilosoph Erich Fromm hat 1937 Freud und Marx mit Weber und Simmel in seiner Einschätzung der kulturellen Dialektik der Moderne verbunden: Der bürgerliche Mensch der Moderne sei ein historisch beispielloser „Meister der materiellen Welt", er produziere „eine Welt der großartigsten und wunderbarsten Dinge; aber diese seine eigenen Geschöpfe stehen ihm fremd und drohend gegenüber; sind sie geschaffen, so fühlt er sich nicht mehr als ihr Herr, sondern als ihr Diener. Die ganze materielle Welt wird zum Monstrum einer Riesenmaschine, die ihm Richtung und Tempo seines Lebens vorschreibt. Aus dem Werk seiner Hände, bestimmt, ihm zu dienen und ihn zu beglücken, wird eine ihm entfremdete Welt, der er demütig und ohnmächtig gehorcht." (Fromm 1980, S. 189).
199 Freud 1998, S. 11.

rangige hohe positiven Werte, die miteinander konfligieren und sich tragischerweise selbst zerstören. Tragisch ist auch für Scheler der dialektische, nicht auf eine moralische oder rechtliche Schuld zurückzuführende Umschlag ins Gegenteil, den er allerdings weder so bezeichnet noch analysiert, sondern als Verlaufsform unbestimmt lässt: „Im ausgesprochensten Sinn tragisch ist es [...], wenn ein und dieselbe Kraft, die ein Ding zur Realisierung eines hohen positiven Wertes (seiner selbst oder eines anderen Dinges) gelangen läßt, auch im Verlaufe dieses Wirkens selbst die Ursache für die Vernichtung eben dieses Dinges als Wertträger wird."[200] Die umständliche und problematische Rede vom werttragenden Ding ist in Schelers materialer Wertphilosophie begründet, die Werte als eigenen objektiven Gegenstandsbereich qualifiziert. Gegen Schelers Urteil in metaphysischer Tradition, dass das Tragische keine Deutung der Welt, sondern „ein *wesentliches Element im Universum selbst*"[201] sei, ist der kulturelle Hintergrund seiner Überlegungen aufzudecken. Schelers These, dass es Tragisches nur „in der Sphäre von *Werten und Wertverhältnissen*"[202] und nicht in einem bloß physikalischen Universum gebe, ist wahr; nur ist die Rede von Werten allein unter Bedingungen menschlicher Kultur sinnvoll. Simmel hatte bereits begründet, warum die kulturelle Produktion den Menschen eine positive Wertung abverlangt, da sie sich in ihr selbst bestätigen. Gegenüber ihrer selbstgestalteten Welt können sie nicht neutral bleiben wie gegenüber Formen der Natur. Mehr noch, Werte, überhaupt evaluative und normative Einstellungen, entstehen erst unter Bedingungen der Kultur, die die für Wertungen notwendigen Unterscheidungen durch Symbole erkennbar macht und die Mittel der Artikulation solcher Evaluationen bereitstellt. In diesem Sinn formuliert demzufolge auch Max Scheler, ohne sie so zu nennen, nichts anderes als eine „Tragödie der Kultur": Kultur zerstört mit einer „*Unabwendbarkeit*"[203] die Werte, die sie hervorbringt. Dass Scheler in Wirklichkeit die These einer „Tragödie der Kultur" formuliert, macht ebenfalls ein technisches Beispiel deutlich, das dafür sprechen soll, Tragik auch jenseits „menschlicher Verhältnisse" auffinden zu können: „Eine Bildergalerie werde zerstört durch das Feuer, das aus einer Heizungsvorrichtung entsprang, die zur Erhaltung eben dieser Bilder gemacht war"[204]. Das Offensichtliche ist hier gegen Schelers Intention der Begriffsentgrenzung einzuwenden: *Menschen* müssen die Heizung zuerst hergestellt und eingerichtet, die Bilder gemalt und ausgestellt und mit ihnen eine besondere Bedeutung verbunden haben, bevor dieses Unglück – für sie und nur für sie – unter den Bedingungen der Kultur als tragisch begreifbar werden kann. Tragisch ist es auch nur für die Menschen, nicht für die Bilder oder die Heizung selbst. Es sind technische und künstlerische Produkte der Kultur, die in diesem Beispiel genau gegen die Funktion arbeiten, zu der sie *von Menschen für*

---

200 Scheler 1972, S. 158.
201 Ebd., S. 151.
202 Ebd., S. 153.
203 Ebd., S. 156, 157.
204 Ebd., S. 159.

Menschen geschaffen wurden.[205] Neben der technischen betont Scheler auch die soziale Dimension der Kultur im Sinne Hegels, wenn er es tragisch nennt, dass „die Idee des ‹Rechtes› selbst es ist, die in die Vernichtung des höheren Wertes führt"[206]. Scheler hat, wie sich zeigen wird, zwar Recht, dass es Tragödien nur in Bezug auf Werte und Normen gibt, denn nur wo Bedeutsames auf dem Spiel steht, kann man auch tragisch scheitern. Aber er verkennt die kulturellen und speziell die handlungstheoretischen Voraussetzungen des Tragischen, die er selbst als bloße Beispiele anführt. Eine nachmetaphysische Theorie der Werte setzt die Leistungen der Kultur voraus, die reflexives Werten als urteilende Tätigkeit ermöglichen.

Dieses Manko teilt er freilich mit vielen Denkern des Tragischen. Weitere Beispiele könnten für die Ubiquität des tragischen Gedankens in der kulturellen Selbstreflexion seit 1800 bis zum Ende des Zweiten Weltkrieges angeführt werden, etwa Alfred Weber, Ludwig Marcuse oder Walter Hasenclever. Sowohl linke Denker wie Siegfried Krakauer, Ernst Bloch, Georg Lukács oder Walter Benjamin sahen in der Tragödie ein wichtiges Modell für das Selbstverständnis ihrer Gegenwart (oder einer – bei Benjamin oder Hermann Bahr – posttragischen Moderne)[207] als auch die metaphysisch aufgeladene Kulturkritik des konservativen Diskurses, der sich über Oswald Spenglers *Untergang des Abendlandes* bis zur nationalsozialistischen Geschichtsdeutung in einen unheilvollen Fatalismus steigerte.[208]

Selbst Arnold Gehlen, der wie vor ihm bereits Theodor Lipps und Theodor Lessing[209] eine metaphysische Philosophie des Tragischen „als einem Wirklichen" jenseits der künstlerischen Tragödie als theatralem Spiel ablehnt,[210] verwendet gleichwohl das Modell des bei Simmel und anderen formulierten Subjekttauschs. Das Tragische, so meint Gehlen 1934, sei dadurch gekennzeichnet, dass das objektiv Gestaltete über die Individuen ohne ihre Erkenntnis und ihre Tat bestimme. Der „tiefsinnige Kern der Tragödie" bestehe darin, „daß keine der Personen ein Wissen um das, was geschieht, haben soll, sondern daß das Geschehen sich selbst ausspricht und begreift, indem es sich als Katastrophe verklärt. Der Tod reinigt die verworrenen Schicksale." Ein Geschehen – nicht Menschen – spricht und begreift sich selbst. Es

---

205 Die tragische Verkehrung von Kulturerzeugnissen gegen ihre vom Menschen beigelegte Funktion erkennt Scheler auch in der Antike: Ikaros' Flug sei tragisch, da er selbst seine künstlichen Flügel zerstöre, indem er näher an die Sonne fliege und das Wachs schmelze, mit dem sein Vater Daidalos die Flügel am Leib befestigt habe (ebd.).
206 Ebd., S. 164.
207 Für Benjamin ist die Tragödie an die ästhetische-politische Funktion des Opfers der stummen, auf eine neue sittliche Zeit verweisenden Helden gebunden, daher ist die Tragödie antik, während das Trauerspiel eine auf das Traurige reflexive theatrale Form der Neuzeit sei (Benjamin 1974, S. 279–299). Nach Bahr (der Stimme des „Meisters" in seinem *Dialog vom Tragischen*) ist das Tragische in der modernen Gegenwart – wie das Ich – nicht mehr zu retten, es zähle nun vielmehr der Schauspieler als das Modell der Verwandlungsfähigkeit (Bahr 1904).
208 Vgl. Bollenbeck 2007, S. 215 ff.
209 Vgl. Lipps 1891; Lessing 1912. Vgl. dazu die Kommentare von Profitlich 1999, S. 228 ff. und 243 ff.
210 Siehe Gehlen 1980.

verklärt sich und lässt den Tod das ordnen, was die Menschen nicht verstehen. Die Handelnden haben nur noch die Funktion, „versteinert bloßer tragischer Raum" zu sein, den der Zuschauer anschauen darf; die Erleuchtung der Verklärung dürfe „kein Handelnder mit seinem Bewußtsein stören"[211]. Metaphysischer lässt sich die Simmelsche Deutung einer tragischen Entfremdung des Menschen von dem, was er hervorbringt, wohl kaum zuspitzen. Gehlens Text wirkt, 1934 in Deutschland geschrieben, wie eine unheimliche Prognose der kommenden Menschheitsverbrechen, in denen Millionen von Menschen nur noch als Objekte eines vermeintlich notwendigen Schicksals behandelt und ermordet wurden.

Diese bis weit in die Herrschaft des Nationalsozialismus virulenten Theorien des Tragischen,[212] die nach dem Zweiten Weltkrieg in der Kulturkritik einerseits kritisiert werden, andererseits fortleben,[213] beerben die bereits im 19. Jahrhundert zu spürende Enttäuschung, dass Europa den eigenen Aufklärungs- und Kultivierungsansprüchen nicht gerecht geworden ist. Dabei wird eine aus der Antike geerbte bürgerliche Literaturgattung gegen die bürgerlich bestimmte Moderne selbst ins Spiel gebracht – ein Motiv, das 1993 von Botho Strauß in seinem SPIEGEL-Essay „Anschwellender Bocksgesang" wieder aufgenommen wurde und noch heute die feuilletonistische Kritik, die sich über Strauß echauffierte, zu Teilen bestimmt.[214] Der Diskurs des Tragischen – von links und von rechts – ist als Ausdruck einer enttäuschten „eschatologische[n] Utopie des authentischen Lebens", die er im Tragischen beschwört, oft „antidemokratisch und illiberal"[215], antimodern und antikapitalistisch, selbst antiamerikanisch.[216] Er wird gleichsam von Wiedergängern jenes Zauberlehrlings von Goethe getragen, der das Bild des modernen Menschen verkörpert: Er leidet an den Geistern der Kultur, die er selbst herbeirief. Kultur bedeutet für ihre moderne Selbstreflexion in Europa, vor allem in der „verspäteten Nation" (Plessner) Deutschland, dass man daran leidet und darüber klagt, die eigenen Produkte – wie die Gaben des Prometheus – nicht mehr loszuwerden.

Simmels bedrohliche Phantasie einer „verhängnisvolle[n] Selbständigkeit, mit der das Reich der Kultur wächst und wächst" (217), erinnert nicht nur an Goethes paradigmatische Parabel der Moderne im magischen Gewand, in der das Wasser

---

211 Ebd., S. 206 f.
212 Zur nationalsozialistischen Tragödientheorie vgl. Profitlich 1999, S. 208 ff. und 267–282, sowie (dort den Hinweis auf) Ketelsen 1968, S. 83 ff.
213 Vgl. die kommentierte Textsammlung in Profitlich 1999, S. 283–333.
214 Siehe Strauß 1995. Zum bürgerlich-antibürgerlichen „Tragizismus der Moderne" vgl. Heidbrink 1999, S. 219 ff.
215 Heidbrink 1999, S. 225.
216 Siehe etwa den 1946 anonym veröffentlichten Leitartikel „Untragic, America", der – offenbar von einer Amerikanerin oder einem Amerikaner geschrieben – den mangelnden Sinn für das Tragische in der amerikanischen Demokratie beklagt, der auf ein fehlendes Bewusstsein für die zum Scheitern disponierte Größe zurückgehe. Siehe dazu Gelfert 1995, S. 144 ff. Vgl. auch Drumm 1963, S. 183: Der Amerikaner halte „tragische Erfahrung" nicht für ein notwendiges Schicksal des Menschen. Aktuell siehe ähnlich Brands/Edel 2020.

immer weiter steigt und zur Gefahr wird, sondern weist auch auf die Metaphern einer „Bilder-" und digitalen „Datenflut" voraus, die seit der Revolution des Internets die kritischen Selbstdiagnosen der Gegenwart fast selbst flutartig anleiten. Was Vischer noch tragikomisch als „Tücke des Objekts" im Roman illustrierte, wird im 20. Jahrhundert und noch mehr heute als ernsthaftes Problem der Kultur insgesamt gedeutet. Stets geht es darum, dass die Menschen sich selbst in ihren lebenstragenden Intentionen mit dem, was sie hervorbringen, treffen und schädigen.

Dieser Grundgedanke wird auch von analytischen Köpfen wie Wittgenstein vertreten. Seine Kritik an der anthropomorphistischen Fiktion einer „Tücke des Objekts" besteht nicht in der bloßen Diagnose, dass sie eine Fiktion ist, nämlich ein außerhalb magischen Denkens gar nicht begreifbarer Subjekttausch, mit dem die nicht-lebendige Dinge dämonisch aufgeladen würden. Wittgensteins Kritik ist existentieller: Er hält es für viel eher vorstellbar, dass nicht die Dinge sich ab und an als gleichsam tückisch erweisen, sondern dass sie in Übereinstimmung mit den Naturgesetzen strukturell so angelegt sind, dass sie „zerbrechen, rutschen, alles mögliche Unheil anstiften." Die „Wahrheit", so Wittgenstein, „ist viel ernster als diese Fiktion."[217]

Wittgenstein schließt wie viele Denker von einer „Tragödie der Kultur" auf eine Tragödie der Welt selbst, in der sich Gegenstände aufgrund ihrer Natur gegen den Menschen richten (müssen), obwohl sie doch von Menschen für Menschen gemacht wurden. Seit Schopenhauer lebt das düstere metaphysische Szenario in der kulturellen Selbstreflexion fort, auch wenn es postmodern in seiner Bewertung mitunter verkehrt wird wie etwa beim späten Jean Baudrillard. Dort wird die kulturkritische Verzweiflung angesichts der sich gegen den Menschen verselbständigenden Artefakte zur romantisch-revolutionären „Hoffnung, daß die Dinge zu revoltieren beginnen und sich ihrer Beherrschung und Durchdringung entziehen", dass sie „selbst zu handeln beginnen"[218] und die Kontrolle des Subjekts außer Kraft setzen. Baudrillard schwankt zwischen einer unentschlossenen Zeitdiagnose und einer faszinierten Beschwörung des „bösen Geists des Objekts", das sich der Beschlagnahme durch wissenschaftliche Experimente und technische Nutzung mit „siegreiche[r] List" widersetze. Es sei in seiner „Verderbtheit" und „Heimtücke" „niemals unschuldig", sondern wolle „sich amüsieren oder rächen" und das Subjekt mit parodistischer „Strategie" zu seiner „Beute" machen. Baudrillard weiß, wer sich letztlich als Sieger im „Duell [...] auf Leben und Tod" zwischen Subjekt und Objekt erweisen wird: Letzteres. Und das ist für Baudrillard nicht tragisch, sondern gut so, denn „Selbstbestimmung ist ein häßliches Gebot."[219]

Man sieht deutlich, dass die tragische Deutung der Kultur nicht nur in Deutschland dazu tendiert, eine Resignation zu erzeugen, die von Weltfremdheit in Schicksalsergebenheit, von Verzweiflung in heitere Selbstleugnung umschlagen kann, ohne

---

217 Wittgenstein 1990, S. 551.
218 Rötzer 2001, S. 250, 252.
219 Baudrillard 1991, S. 98f., 100, 102f., 112f., 118.

die Diagnose einer selbstproduzierten Ohnmacht gegenüber der Kultur damit zu entkräften.[220] Mal handelt es sich um metaphysische Spekulationen, um antibürgerliche Kulturkritik, mal um von anthropomorphistischen Fiktionen gesättigte geschichtsphilosophische Thesen aus dem Geist der Selbstaufgabe, die sich leicht als pessimistisch gewendete Reformulierung von Hegels Herr-Knecht-Kapitel der *Phänomenologie des Geistes* erkennen lassen.[221] Man sollte die tragische Kulturkritik allerdings ernst nehmen und nicht als deutsche Befindlichkeit (mit internationalen Folgen) abtun. Sie hat ihre Ursachen vielmehr in einer historischen Entwicklung, die keineswegs auf Deutschland, Europa oder den Westen beschränkt ist.

Gegenwärtig verbreitet sich das *Unbehagen an der Moderne* (Charles Taylor) aus der Enttäuschung nach der posthistorischen Euphorie um 1989/1990 und durch die Furcht vor dem Terror, durch die Wiederkehr von Kriegen und Völkerrechtsbrüchen, die globale Finanzkrise und die Coronapandemie. Vor allem ist das durch den Klimawandel globalisierte ökologische Gefahrenbewusstsein in den Diskursen der meisten Gesellschaften verbreitet. Dialektische Verständnisse von Kultur werden wieder diskutiert, auch wenn die pathetische Assoziation mit dem antiken Erbe meist vermieden wird. In der gegenwärtigen Systemkritik (die nicht immer tragisch verfasst ist) setzt sich die Kulturkritik der Moderne als Gedanke einer Selbstschädigung des Menschen fort.[222]

Angesichts der geradezu massiven Bedenken des modernen Menschen gegenüber seinen eigenen Erzeugnissen muss man fragen, ob das vor allem im 21. Jahrhundert enorm angewachsene Interesse an der antiken Tragödie nicht das Interesse an unserer eigenen Tragödie der Kultur ist. Ist ihre moderne Verschärfung vielleicht der Grund dafür, dass seit dem Ende der Aufklärung und verstärkt auch wieder nach der Epochenschwelle um 1990 die Tragödie und das Tragische immer wieder befragt, thematisiert und für eine Selbstbeschreibung in Anschlag gebracht werden und dass – gegen George Steiners Annahme vom Tod der Tragödie von 1961 – die Tragödie auf den Bühnen nicht nur Europas seit eben den späten 1960er und vor allem den 1990er Jahren alles andere als tot ist, sondern mehr Aufführungen genießt als je zuvor?

---

220 In diesen Zusammenhang gehört auch die Frage nach der modernen Melancholie als sozialem Phänomen einer Abkehr vom gesellschaftlichen Handeln. Vgl. Lepenies 1998.
221 Offenkundig wird das, wenn Baudrillard den Widerstand des Objekts gegen Verdinglichung mit dem des Sklaven gegen „seinen Dienst" assoziiert und von einer kommenden „Revolution" spricht (1991, S. 115). Ihr begegnen können die Menschen nur, indem sie nichts mehr „wollen, wissen und begehren" (S. 117). Ob das Baudrillard wirklich hofft oder ob er nicht eher verzweifelt provoziert, sei dahingestellt.
222 Zur neuen Bedeutung der tragischen Kritik im Anthropozän siehe den Epilog.

5.7 Die Tragödie der Kultur als Dramatisierung, Vereinseitigung und Verharmlosung

Ist die Tragödie der Kultur demnach immer schon unser Schicksal gewesen, das wir in der Antike, die es bereits kannte, spätestens seit Simmel wiedererkennen können? Eine Antwort darauf sollte zunächst die Stärken und Schwächen der Theorien einer „Tragödie der Kultur" differenzieren, die weitgehend den Stärken und Schwächen der benachbarten Theorien kulturphilosophischer Zeitdiagnose bis heute entsprechen. Eine Kritik an Simmels These einer „Tragödie der Kultur" kann aus der modernen Philosophie bei Ernst Cassirer und aus der antiken Tragödie selbst gewonnen werden.

Die *Stärke* liegt offenkundig in der bis heute diagnostischen Kraft von Simmels Formel, der Rückführung einer vom pantragischen Diskurs des 19. Jahrhunderts unterstellten Tragik des Lebens oder Seins auf die jeweils historischen, gesellschaftlich bedingten Prozesse der Kultur. Zudem trifft sie die bereits in der antiken Tragödie exponierte Dialektik, in der etwas vom Menschen für ihn selbst erzeugt wird, das sich aber gegen ihn richtet. Peter Szondi hat entsprechend die an Hegel geschulte „tragische Dialektik" bei Simmel am eindringlichsten gelobt. Simmel habe gültiger als alle anderen Denker „das Tragische unter dessen eigenem Gesichtspunkt gesehen". Daher sei Simmels Bestimmung des Tragischen auch *die* Brücke zwischen Dichtung und philosophischer Theorie, „die einzige" gar, „auf die sich eine Interpretation stützen darf, die in den Tragödien Gestaltungen des Tragischen [...] antreffen will."[223]

Während man nach Szondi erst mit Simmel die (antiken) Tragödien in ihrer tragischen Dimension zu erfassen vermag, kann man laut Gadamer Simmels These bereits in den antiken Stücken gültig finden. Der Prometheus-Stoff, den Aischylos bearbeitet hat, sei selbst schon eine Deutung der „Tragödie der Kultur" „in mythischer Form". Aischylos habe mit „zum Denken entschlossenen Geiste" in seiner Tragödie den Kulturstifter Prometheus „ins Licht der Tragödie der Kultur gestellt". Mit der Kultur als der „Fähigkeit zur *Selbsthilfe*"[224] des Menschen beginne auch die Verstrickung in sie, die mit Leiden zu bezahlen sei. Anders als Simmel, der von einer durchgehenden Widerständigkeit der Produkte des Menschen gegen ihn ausgeht, sieht Gadamer allerdings die Tragödie der Kultur im bloßen Faktum der Sterblichkeit begründet, das die Kultur nicht aufheben könne. Diese These kann angesichts der Analyse des tragischen Umschlags freilich nicht überzeugen, da sie zurückfällt in die Erklärungen der tragischen Metaphysik. Als tragisch kann nur der dialektische Prozess des Umschlags von einer Handlung oder Handlungsfolge ins Gegenteil gelten. Diesen Umschlag aber stellt die antike Tragödie aus, und auf ihn stützt sich auch Simmels maßgebliche Formel von einer „Tragödie der Kultur", die ihre analytische Kraft der „Gestalt der Tragödie abgewinnt"[225].

---

[223] Szondi 1978, S. 196, 198.
[224] Gadamer 1993b, S. 150–161, hier: S. 151, 155, 156.
[225] Galle 2005, S. 168.

Kommt der philosophische Diskurs Europas also etwa 2.400 Jahre zu spät bei dem an, was die antike Tragödie bereits als tragische Verfassung der kulturellen Existenz ausstellte? Nach den Stärken seien die Probleme von Simmels Theorie und ihrer Nachfolger in den Blick genommen.

Ernst Cassirer hat in einem Essay von 1942 Simmels Theorie mit der für Cassirer charakteristischen Anerkennung der Leistung der von ihm behandelten Denker kritisiert.[226] Seine Kritik kann *pars pro toto* auf alle tragisierenden Kultur- und Lebenstheorien seit Schopenhauer bezogen werden. Cassirers Argumentation ist von der Kritik einer Dramatisierung und Verabsolutierung geleitet, denen er die Strategien der *Entschärfung* einerseits und der *Umdeutung* andererseits entgegensetzt. An Cassirers Überlegungen wiederum kann die Frage nach der Rolle, die die antike Tragödie für die These einer Tragödie der Kultur spielt, direkt anschließen.

Cassirer bestätigt zunächst die von Simmel angeführten Phänomene, die gegenüber Rousseaus Kulturkritik eine Vertiefung und Verschärfung darstellten (465). Tatsächlich ist es auch für Cassirer tragisch, wenn der Mensch „aus der Kultur nicht mehr das Bewußtsein seiner Macht, sondern nur die Gewißheit seiner Ohnmacht" (464) schöpft. Dann erfüllt die Kultur ihre Funktion nicht, die Verwirklichung der Freiheit des Menschen zu ermöglichen; mehr noch, gegen dieses Versagen gibt es kein Mittel, weil es aus dem Wesen der Kultur selbst stammt. Die Beschwerung des Menschen durch das, was er hervorbringt, die Entfremdung von seinen Erzeugnissen, die „unheimliche [...] Rückwirkung" (464) sprechen auch laut Cassirer gegen jedes harmonistische Kulturverständnis. Alles, was die Kultur „aufgebaut hat, droht ihr immer wieder unter den Händen zu zerbrechen" (467f.), ja, das menschliche Subjekt läuft selbst Gefahr, schließlich an ihr kaputt zugehen.[227] Cassirer räumt ein, dass es vergeblich wäre, „diese Tragödien leugnen oder sich mit irgendeinem oberflächlichen Trostmittel über sie hinwegsetzen zu wollen" (468).

Dennoch widerspricht er der These einer „Tragödie *der* Kultur". Das entscheidende Argument lautet, dass das „Spannungsverhältnis" zwischen geistiger Kultur und individueller seelischer Disposition nicht das letzte Wort hat. Denn nicht das Werk, das dem Selbst in ein antithetisches Verhältnis bis zu seiner Dämonisierung zu entgleiten droht, ist das Telos der kulturellen Aktivität, sondern vielmehr die intersubjektive Kommunikation *über* die Werke. In dem Du des Gegenübers, das die Werke in sein Leben integriert, sieht Simmel die „Lösung" der „Tragödie der Kultur" (468f.).

---

[226] Cassirer 2007. Im Folgenden sind die Seitenzahlen im Haupttext in Klammern angeführt. Vgl. dazu Peters 2002, S. 131–136; Recki 2004, S. 172–181; Recki 2008, S. 286–292.

[227] Später hat Cassirer in *The Myth of the State* (1946) selbst die kulturell produzierten Mythen analysiert, die im Faschismus fatalerweise eine bestimmende Kraft über das Denken und Handeln der Menschen gewannen. Er hat als Erster darauf hingewiesen, dass sich das „Übergewicht mythischen Denkens über rationales Denken" erst nach dem Ersten Weltkrieg ergeben habe (Cassirer 2002, S. 7), womit sich die bittere Einsicht für den Autor verband, dass der moderne Mensch „den Stand des unzivilisierten Lebens nicht wirklich überwunden hat" (ebd., S. 373). Zum kulturellen Problembewusstsein Cassirers vgl. Recki 2004, S. 175 ff.

Die Entfremdung zwischen Seele und Form ist nämlich solange nicht endgültig, solange die Form „als Brücke", als „Vermittler zwischen Ich und Du" (469) fungiert. Cassirer erweitert den Dualismus von Seele und Form, Subjekt und Objekt, Mensch und Produkt in eine triadische Struktur, indem er die soziale bzw. symbolisch-kommunikative Dimension der Kultur ins Spiel bringt. Der Prozess der intersubjektiven Mitteilung wird über die Werke der Kultur entgrenzt und betrifft alle Formen intergenerationeller Tradierung, für die Cassirer als Beispiel die produktive Aneignung der Antike durch die Renaissance anführt. Dabei verwandelt die Kommunikation die Werke als Medien auch, wie Cassirer exemplarisch am Bedeutungswandel der Sprache exemplifiziert. Vor allem die Kunst zeige, dass „Bestand" und „Wandel", „Konsistenz" und „eine gewisse Modifikation" durch Gebrauch stets zusammengehören (476 f.) und somit die Kommunikation nicht gegenüber den kulturellen Gebilden ohnmächtig bleibt. Kultur ist für Cassirer die unabschließbare Selbsttransformation zum Zweck der Mitteilung. Sie ist ein Prozess unter der Optik lebendiger Kommunikation als symbolischer Interaktion.

Suggerieren die tragischen Kulturtheorien das jeweils notwendige Scheitern des Kulturprozesses, betont Cassirer seine Kontinuität: Dieser sei „unerschöpflich, er setzt immer wieder von neuem ein" als „nie abbrechende Auseinandersetzung" (471): „Der Wettstreit und Widerstreit zwischen den beiden Kräften" der Erhaltung und Erneuerung der Kulturerzeugnisse „hört niemals auf" (482). Er führt „zu immer neuen Schöpfungen weiter." (486) Aus dieser Beobachtung einer kontinuierlichen Kommunikation via Kultur folgt die *Entschärfung* der Theorie Simmels. Auch für Cassirer ist „die dialektische Struktur des Kulturbewußtseins" offenkundig, nicht jedoch seine tragische. Die Spannungen und Gegensätze, die Fremdheiten und Entzweiungen belegen für ihn, dass die Kultur ‚›dialektisch‹" ist, „so wahr sie dramatisch ist" (467). Doch dieses „Drama der Kultur" wird „nicht schlechthin zu einer ›Tragödie der Kultur‹". Denn der Prozess der Auseinandersetzung führt nicht in eine endgültige Niederlage, sondern hält an und beginnt immer wieder neu. Der Kultur ist wie dem Menschen selbst eine „Plastizität"[228] zu eigen. In einer schönen Pointe formuliert Cassirer, dass die Bewegung des Geistes sich „immer wieder an ihren Gebilden bricht", aber nicht an ihnen „zerbricht" (482).

Statt tragischer Dialektik, die das Handeln lähmt, sollte man von einer dialektischen Struktur der Kultur sprechen, die Probleme als praktische Aufgaben erkennbar macht, statt von der Tragödie der Kultur von ihrem Drama sprechen, das seinen letzten Akt jeweils nicht erreicht haben wird. Mit dieser anthropologischen wie kulturphilosophischen Einsicht in die Kontinuität der Kultur, die der jüdische Emigrant Cassirer trotz und gegen die zeitgleiche Zerstörung Europas durch das Land, aus dem er flüchtete, bekräftigt,[229] verbindet sich nicht nur eine Entschärfung der dramati-

---

228 Recki 2004, S. 180.
229 Darin zeigt sich bereits eine Nähe zu Platons Anthropologie und Kultur- bzw. Politikverständnis: Vgl. Rudolph 2003, S. 232–242.

sierenden Rede Simmels, sondern auch eine *Umdeutung*. Denn Simmels Theorie und die ihre verwandten Ansätze verabsolutieren einseitig die negativen Momente des Kulturprozesses.[230] Anders als die über die Individuen hereinbrechenden Naturmächte *bleiben*, so Cassirer, kulturelle Werke aber Verkörperungen menschlicher Aktivität, als die sie auch Simmel, Weber, Freud und Scheler erkennen. Dadurch dass sie, was „die Individuen fühlen, wollen, denken", objektivieren, werden die Formen der Kultur deshalb nicht nur zu einem Entfremdung generierenden Gegenüber, sondern bilden auch die Voraussetzung der Selbst- und Welterkenntnis und bieten darin eine „unvergleichliche K r a f t q u e l l e " (471).

Cassirers Einwänden gegen die Tragödie der Kultur, die selbst zu einer tätigen Annahme der *Kultur als Praxis* ermutigen und als Grundlegung einer Ethik gelesen werden können,[231] kann man auch eine andere jüdische Emigrantin in die USA, nämlich Hannah Arendt, zur Seite stellen. Neun Jahre später als Cassirer veröffentlichte sie die Rekonstruktion und Analyse totalitärer Herrschaft, die kurz zuvor Europas Kultur – aus ihr selbst heraus – beispiellos zerstört hatte.[232] Doch auch für Arendt ist trotz dieser massiven Selbstzerstörung Europas die Kontinuität des Kulturprozesses als Verwirklichung von Freiheit eine vertrauenswürdige Annahme, da jedes Individuum schon durch seine Geburt immer wieder etwas Neues beginne. Verbürgt für Cassirer die schöpferische Aneignung die Kontinuität der stets krisenproduzierenden Kultur, ist es für Arendt die in der Natalität gründende Fähigkeit jedes Menschen, ein Anfang zu sein und handelnd etwas Neues aus sich zu beginnen.[233] Für beide Denker erzeugt Kultur also nicht nur die Gefahr des ärgsten Freiheitsverlusts, sondern bleibt auch darin Medium einer prinzipiell nicht terminierten kommunikativen Freiheit. Der Kulturprozess ist so lange nicht zum Scheitern verurteilt, solange Menschen geboren werden und sich selbsttätig – miteinander sich über ihre Erzeugnisse und Formen politisch verständigend – an ihm beteiligen.

Aus der historischen Perspektive spricht viel dafür, Cassirers Korrekturen an Simmel zuzustimmen. Die Kultur nicht nur dialektisch, sondern tragisch zu nennen, ignoriert sowohl ihre Kontinuität und ihr jeweils zukünftiges Potential als auch ihre Spannbreite zwischen lebenssteigernder Exzellenz und destruktiver Energie. Offenkundig produziert die Kultur entfremdete Verhältnisse zwischen dem Menschen und seinen Erzeugnissen und ermöglicht erst fatale Rückwirkungen auf ihn. Ebenso eröffnet sie allerdings auch erst die Möglichkeit des Sich-Erkennens-im-Anderen und der Kommunikation über große historische Zeiträume und interkulturelle Barrieren hinweg. Ihre Funktion kann ins Gegenteil umschlagen, wie aus einer Entfremdung auch neue Freiheit gewonnen, aus Destruktion der Tradition eine „schöpferische Zerstörung" (Schumpeter) werden kann, aus der etwas Neues entsteht. Der Kulturprozess der Produktion und Kommunikation hält trotz größter von ihm produzierter

---

[230] Vgl. Peters 2002, S. 132.
[231] Vgl. Recki 2004, S. 172–188; Recki 2008, S. 291f.
[232] Siehe Arendt 1986.
[233] Vgl. Arendt 2005, S. 213ff.

5.7 Die Tragödie der Kultur als Dramatisierung, Vereinseitigung und Verharmlosung — 269

Katastrophen und unzähliger Menetekel vom Ende der Menschheit weiterhin an. Dass die Menschheitsverbrechen von Hitler, Stalin und Mao zusammen den Kulturprozess der Produktion, Kommunikation und Erkenntnis nicht zum Einhalten gebracht haben, könnte viel eher skandalös erscheinen.[234] Offenbar geht die Kultur nach jeder Phase beispielloser Selbstzerstörung wieder weiter – solange jeder Mensch in Hannah Arendts Sinn einen neuen Anfang bildet.

Mit Blick auf die in den Kulturwissenschaften seit längerem differenziert praktizierte Selbstreflexion der Kultur in ihren pluralen Erscheinungsweisen kann man sich in der Tat wie Willfried Geßner wundern, wie man die Beobachtungen Simmels damals „derart dramatisieren"[235] konnte. Schaut man weiter zurück auf den Anfang der modernen Kulturkritik bei Rousseau wird deutlich, dass trotz der bereits bei Rousseau erkennbaren Dramatisierung schon die Einsicht gewonnen ist, dass die Probleme der Kultur nicht ins ultimative Ende führen und nur durch eine Rückkehr zur Natur abzuwenden sind, sondern durch die Kultur selbst gelöst werden müssen. Bezeichnenderweise identifizierte sich Rousseau ausgerechnet mit dem anscheinend gering geschätzten Kulturstifter Prometheus selbst, der in seiner Sicht nicht nur mit der Kultur das Unheil bringt, sondern auch die Funktion hat, über die Gefahren der Kultur aufzuklären.[236]

In Bezug auf die modernen Auseinandersetzungen mit und in der Kultur überzeugen also eher Cassirers Korrekturen als Simmels Dramatisierung. Dafür spricht auch die antike Tragödie selbst. Die Argumentation dieser Arbeit hat bislang nachvollziehbar zu machen versucht, dass die moderne Einsicht in die dialektische Modalität des Tragischen seit Schelling zwar nicht aus einer behutsamen Strukturanalyse antiker Tragödien gewonnen wurde. Selbst Hegel und Nietzsche, die sich direkt und mit geschulter Lektüre auf die griechischen Stücke beziehen, bleiben eine eingehende Analyse des Umschlags schuldig. Gleichwohl ist die These einer tragischen Dialektik als Umschlag ins Gegenteil keine Rückprojektion, sondern in der Tat originär griechisch. Es hat sich gezeigt, dass vielmehr die Moderne ihr dialektisches Denken der antiken Tragödie verdankt. Gerade die Prozessform der Tragödie hat die Einsicht in die plötzliche Verkehrung ins Gegenteil überhaupt erst erkennbar gemacht, die in der Form des Urteils wie bei Heraklit noch dunkel bleibt.

Die Differenz der dramatisch-theatralen Form der Tragödie und der diskursiv-argumentativen Philosophie des Tragischen macht dagegen fraglich, ob es sich bei beiden jeweils um die gleiche These tragischen Umschlagens handelt. Die idealistischen und nachidealistischen Theorien des Tragischen formulieren gleichermaßen

---

234 „Dass es ‚so weiter' geht, *ist* die Katastrophe." (Benjamin 1990b, S. 683).
235 Geßner 2012, S. 105.
236 Vgl. Rousseau 1988a. Rousseau erklärt hier das Titelkupfer seiner Abhandlung: „die Fackel des Prometheus" sei „die Fackel der Wissenschaften", und Prometheus, der die Satyrn, die für „die gemeinen Menschen" stehen, vor dem Verbrennen warne, sei niemand anderes als „der Bürger von Genf", d. i. Rousseau selbst (ebd., S. 144).

den Begriff des Tragischen in substantiellem Bezug zu dem der *Notwendigkeit*.[237] Zwar unterscheiden sich die Theorien des Tragischen darin, worin genau das Notwendige am tragischen Konflikt oder Scheitern bestehe, aber fast alle folgen Hegel darin, Tragödien als Ausdruck einer Notwendigkeit zu bestimmen, sei es eines normativ unauflöslichen Konflikts, einer Eigenlogik der Kultur bzw. der Moderne oder eines unabwendbaren Schicksals. Diese Vorannahme wird auch in den Varianten des Theorems der „Tragödie der Kultur" stillschweigend getroffen.

Das Theater der antike Tragödie behauptet allerdings an keiner Stelle die Notwendigkeit der sie konstituierenden Struktur für *alle* normativ bestimmten Handlungen des Menschen. Sie führt vielmehr jeweils ästhetisch konkretisierte *Möglichkeiten* des Umschlags ins Unglück vor, wie bereits Aristoteles in der *Poetik* betont.[238] Die jeweils individuell geformten Stücke präsentieren künstlerische *Beispiele* für die Rückwirkung einer kulturellen Leistung – einer Verwirklichung des Geistes in Handlung, Artefakt und Symbol – auf ein Individuum, das sie in Anspruch nimmt, ohne damit *eo ipso* die prinzipielle Alternativlosigkeit des Umschlags für sämtliche Praxis zu behaupten. Folglich gehen auch nicht alle Menschen wie Herakles an ihren Werkzeugen zugrunde. Manchen, wie Odysseus und Penelope, gelingt schließlich mit ihrem technisch-pragmatischen Wissen und Können das glückliche Finale, manchen, wie Iphigenie in Euripides' *Iphigenie bei den Taurern* oder Kreusa, der Königin von Athen, und ihrem Sohn Ion in Euripides' *Ion*, wird die Ironie ihres Handelns zufälligerweise so rechtzeitig klar, sodass der tragische Umschlag noch vermieden werden kann. Ebenso zeigt die Tragödie nicht nur die Gefahren der kulturellen Leistungen, sondern führt – wie am Beispiel der Waffen und Werkzeuge, der Politik und des Rechts zu sehen war – auch ihre Bedeutung, ja, ihre Unverzichtbarkeit vor Augen, von denen der Chor im berühmten Stasimon aus der *Antigone* singt.[239]

Eine Tragödie der Kultur wäre der attischen Tragödie nur dann zu entnehmen, wenn sie vorführte, wie die Mittel der Selbstbefreiung – die Techniken als Objektivationen des Geistes – durch zunehmende Entfremdung oder strukturelle Verkehrung *notwendig* zu Ursachen und Medien des Scheiterns der kulturellen Anstrengungen des Menschen würden. Das Moment des Umschlags von einer kulturellen Leistung in ihr Gegenteil müsste sie als alternativlos ausweisen. Doch das ist in der attischen Tragödie nicht der Fall, weil es in ihr nicht um die Kultur insgesamt, sondern um *be-*

---

[237] Konflikte von sittlichen Mächten oder Werten, von Gegensätzen wie Freiheit und Schicksal, Individuum und Gesellschaft, Freiheit und Gleichheit, von Geist und seinen Produkten, vom Menschen und seiner Kultur seien notwendig: unentrinnbar, zwingend, alternativlos. Im Tragischen ist der Mensch, so Hegel, einer höheren Notwendigkeit, der „Gewalt des Anundfürsichseienden" ausgesetzt (Georg Wilhelm Friedrich Hegel: Ästhetik III (Theorie-Werkausgabe Bd. XV), S. 525). Vgl. dazu Menke 1996a, S. 25–36, der Hegel folgt und Kontingenz von der Tragödie fernhalten will: Notwendig sei das tragische Kollidieren notwendiger, weil normativ wesentlicher Mächte. Tragisch, so fasst Menke Hegel zusammen, „ist das ›notwendige‹ Konfligieren von ›Notwendigem‹" (ebd., S. 29).
[238] Anders als der Geschichtsschreiber teilt der Dichter nicht Fakten mit, sondern Möglichkeiten, genau darin liegt für Aristoteles ihre Allgemeinheit (Aristoteles: *Poetik*, 1451a37–1451b12).
[239] Sophokles: *Antigone*, V. 332–375. Siehe Kap. 9.5 und 11.

stimmte Individuen geht, die kulturelle Leistungen (Techniken, Dinge, Institutionen, Medien) praktisch in Anspruch nehmen und genau darin punktuell (nicht immer wieder) scheitern. Dies zeigt jede Tragödie auf individuelle Weise, genau darin liegt der künstlerische Charakter, der keine bloße Illustration eines allgemeinen Theorems bildet. Der Sinn der Tragödien ist, wie Jaspers – im Geist von Kants Ästhetik – als Kritik sämtlicher tragischer Metaphysik betont, schlichtweg nicht „auf eine einzige Formel" oder „einen einzigen begrifflichen Nenner zu bringen"[240]. Jaspers kritisiert die Transformationen der Metaphysik, die absurderweise Wissen über bestimmte Phänomene verabsolutiert. Er stellt klar, dass Tragik immer unter Bedingungen der „Geschichtlichkeit" als einmalige „Erscheinung in der Zeit"[241] auftrete. Eine tragische Konstellation steht unter Bedingungen der Kontingenz und der geschichtlichen Kultur und ist selbst individuell wie ihr Gegenstand. Wahre Tragik gebe es nicht als universale Weltdeutung, sondern nur als „Tragik des *Menschen*"[242]. Tragödien sind, so lässt sich ergänzen, vielfältig, wie die Welt der in ihr dargestellten Individuen plural ist.

Gerade im Wieder- und Anders-Darstellen tragischer Prozesse in der antiken Tragödie zeigt sich die Bedeutung der konkreten individuellen Tragödienhandlung (*mythos*), in die die individuellen Handlungen (*pragmata*) der Figuren jeweils in den Stücken auf individuelle Weise verflochten sind. Wenn daraus eine Botschaft abzuleiten wäre, müsste sie heißen: Um das Tragische zu verstehen, muss man regelmäßig neu und anders erzählen, komponieren und aufführen. Wenn es ein tragisches Bewusstsein gibt, das in der Dichtung „die Verleiblichung seines Denkens"[243] findet, muss es immer wieder neue Formen annehmen, um zu begreifen, wie es zum Umschlag ins Unglück jeweils kommt und was das für unterschiedliche Individuen jeweils zu bedeuten hat. Viele griechische Tragiker haben die bekannten Mythen mehrfach als Tragödienstoff behandelt. Dieser Sachverhalt selbst legt nahe, dass es den Athenern darauf ankam, die jeweilige tragische Kausalität, das Wie des tragischen Handelns bestimmter Figuren mit ihren Charakterdispositionen, ihren Intentionen und ihren Handlungsumständen nachzuvollziehen. Andernfalls wäre die Behandlung derselben Stoffe vermutlich als bloße Nachahmung desselben Plots schon bei der Auswahl der Stücke für den Wettbewerb abgelehnt worden.

Mit dem idealistischen Missverständnis der antiken Tragödie, tragisch sei *nur* eine notwendige Kollision, verbindet sich auch die ebenfalls irreführende Annahme, Tragödien stellten *immer* Kollisionen dar – Konflikte zwischen normativen Orientierungen und Werten, die unvereinbar oder inkohärent miteinander seien.[244] Die Be-

---

240 Jaspers 1952, S. 19, 58.
241 Ebd., S. 12, 63.
242 Ebd., S. 56 f.
243 Ebd., S. 20.
244 Dieses Verständnis von Tragik prägt auch die gegenwärtige Praktische Philosophie, in der tragische Konflikte als besondere Fälle normativer Kollisionen verstanden werden. Auch die Arbeiten Menkes zur Tragödie widmen sich den für die Moderne grundlegenden normativen Konflikten: zwischen dem Rechten und dem Guten bzw. der Freiheit als Selbstbestimmung innerhalb öffentlicher

schränkung des Tragischen auf Normen-, Rechts-, Wert- oder Pflichtenkonflikte geht auf Hegels einflussreiche These zurück, dass in der Tragödie Mächte kollidierten, die „beide gleiches Recht und darum in ihrem Gegensatz, den das Handeln hervorbringt, gleiches Unrecht haben."[245] Hegel bezog dieses gewalttätig sich vollziehende normative Gleichgewicht nur auf Menschen, die sittliche miteinander konfligierende Positionen in Anspruch nehmen und in ihnen vollkommen aufgehen. Modell stand für diese erst neuzeitliche Ansicht neben der *Orestie* insbesondere Sophokles' *Antigone*, die in der philosophischen Reflexion nach Hegel in den letzten beiden Jahrhunderten geradezu die Karriere eines dramatischen Paradigmas gemacht hat.[246]

Doch der Umschlag von Handeln ins Leid *muss* nicht aus einem Konflikt gleichberechtigter Mächte resultieren wie in der *Antigone*. Er kann ebenso die tragische Ironie des Handelns darstellen, an der außer dem Akteur nur der Zufall oder Ko-Akteure wie Götter, Kentauren oder Menschen mitwirken. Man kann zwar jede Inversion einer Handlung als Konflikt beschreiben, in den sie als intentionale Praxis mit der empirischen Wirklichkeit tritt, an der sie sich als leibhaftiges Handeln verkehrt, doch in solch einem weiten Konfliktbegriff, der auch den Theorien der „Tragödie der Kultur" zugrunde liegt, geht das Moment des existentiellen Normen- oder Wertkonflikts verloren. Hekabes erschütterndes Leid, nicht nur Gatten und Stadt, sondern nacheinander auch alle Kinder zu verlieren, ist kein Ausdruck einer Wertkollision; und Herakles' unfreiwilliger wie grauenvoller Mord an seiner Familie ist nicht auf einen normativen Agon mit der Göttin Lyssa zurückzuführen, die ihn im Auftrag der allzu willkürlichen und eifersüchtigen Hera in den Zustand der Umnachtung versetzt, in dem sich seine Waffen in seiner Hand gegen die Seinen und damit ihn selbst richten.

Die antike Tragödie bekundet kein allgemeines tragisches Kulturbewusstsein, sondern vielmehr ein Problem- und Ambivalenzbewusstsein: Tragisches Handeln, so zeigt sie exemplarisch, ist aufgrund der eigenen Leistungen des Menschen ebenso möglich wie das Gelingen des in der *technē* verkörperten Wissens und Könnens. Eine selbstreflexive Kultur kann ebenso in ein Könnensbewusstsein, an dem die Tragödie im 5. Jahrhundert v. Chr. teilhat, führen, wie sie die Voraussetzung dafür bieten kann, dass Menschen an ihr leidend zugrunde gehen. Eine Wertkollision ist dafür eine weder hinreichende noch notwendige Bedingung. Wie die an den Großen Dionysien oder Lenaien aufgeführten Tragödien im Lauf des Jahres eine *Ausnahme* darstellen, ist auch

---

Gerechtigkeit und der Freiheit als individuelle Selbstverwirklichung (Menke 1996a). Zum potentiell tragischen Konflikt zwischen Gleichheit und Individualität – den die antitragische Moderne mit ihrer These vom Vorrang der Gerechtigkeit vor der individuellen Freiheit abwehrt – siehe auch Menke 2004, S. 226 ff. Menke geht es vor allem um die Wiederkehr aporetischer Konflikte in den dialektischen Figuren der Vermittlung, die zum Selbstverständnis einer entzweiten Moderne nach Hegel gehören, die die in ihr aufbrechenden Konflikte politisch, rechtlich, ethisch und ästhetisch aufzulösen beansprucht, aber dadurch das Konfligieren iteriert.

245 Georg Wilhelm Friedrich Hegel: *Phänomenologie des Geistes*. (Theorie-Werkausgabe, Bd. III), S. 539.
246 Vgl. Steiner 1994; siehe aktuell etwa Butler 2001b.

5.7 Die Tragödie der Kultur als Dramatisierung, Vereinseitigung und Verharmlosung — 273

das tragische Scheitern an und mit Kulturprojekten nicht alltäglich, sondern stellt in jeder Hinsicht eine Verschärfung der Praxis in ihrer schmerzvollsten Ironie dar. Die Tragödie stellt, wie Jaspers betont hat, mitnichten eine „totale Weltdeutung"[247] aus, sondern erkennt schon in ihrer Funktion bei den Festspielen, in denen es ebenfalls Satyrspiele, die die Tragödientrilogien beenden, Komödien, Chorlyrik und nicht zuletzt eine auf Erfolg angelegte Volksversammlung zum Abschluss gibt, an, dass „das tragische Wissen [...] seine Grenze"[248] hat.

Ist die Botschaft der antiken Tragödie demnach nur die schwache und gar nicht zu bezweifelnde These, dass ein Wechsel ins Unglück *möglich* ist? Sagt sie nicht mehr, als dass kontingenterweise Handlungen auch misslingen können? Dann hätte sie gegenüber der Epik Homers und der frühgriechischen Lyrik außer ihrer theatralen Form nichts wesentlich Neues zu bieten und ihre Wahrheit läge in einem allenfalls historisch interessanten Kampf mit den bereits defekten Windmühlen der pessimistischen Metaphysik. Man könnte mit Bertold Brecht und vielen nach ihm wie Friedrich Dürrenmatt von ihr abrücken, weil sie notwendiges, in Wahrheit aber kontingentes Scheitern suggeriere, und stattdessen die Zeit und Energie investieren, um den möglichen Umschlag ins Unglück durch technische Optimierung, soziale Veränderung, Verrechtlichung und politische Reformen immer unwahrscheinlicher zu machen. Ein Großteil des posttragischen Selbstverständnisses der Moderne folgt genau dieser Annahme.[249] Obwohl Ernst Cassirer und Hannah Arendt bewusst die Möglichkeit und historische Realität der Tragödie und der „unheimliche[n] Rückwirkung"[250] der Kultur offenhalten, suggeriert die Transzendierung der Produktions- durch eine Kommunikationstheorie der Kultur, dass die Kontinuität des Kulturprozesses durch kommunikativ-politisches Handeln gesichert werden kann und die Probleme durch intersubjektive Verflüssigung, zu der eine Ethik anleiten kann, zu lösen sind. Darin steht ihnen auch Habermas' Diskursethik nahe.[251] Ebenfalls Karl Jaspers sieht ausdrücklich in der Kommunikation, in der die „existentielle Aufgabe des Menschseins" zur Sprache kommt, eine Chance zur „Überwindung des Tragischen"[252].

Im kommunikativen, sozialen und politischen Handeln allerdings ein *generelles* Mittel gegen Tragik zu erkennen, wäre ein Irrtum. Denn das kommunikative, soziale und politische Handeln kann zwar die Folgen der Tragik abmildern, jedoch anderes Handeln, das auf Zwecke diesseits intersubjektiver Verständigung zielt und sich der

---

247 Jaspers 1952, S. 60.
248 Ebd., S. 60.
249 Vgl. zum posttragischen Selbstverständnis seit Hegel und im Liberalismus Trautsch 2008.
250 Cassirer 2007, S. 464.
251 Jürgen Habermas hat die Nähe zu Cassirer – offenbar auf Hinweise von John Michael Krois – ausdrücklich betont (Habermas 1997, S. 9–40). Cassirer habe mit der Philosophie der symbolischen Formen, die das „intersubjektiv geteilte Zwischenreich" der Sprache kenntlich gemacht habe, „die Architektonik der Bewußtseinsphilosophie im ganzen" gesprengt. „Die symbolische Form überwindet den Gegensatz von Subjekt und Objekt." (ebd., S. 25).
252 Jaspers 1952, S. 32.

für ironische Verkehrungen anfällige Mittel und Medien angewiesen ist, nicht *in toto* ersetzen. Zudem bedarf auch das kommunikative und politische Handeln der Medien – der Formen und Medien der Sprachlichkeit –, die es ebenfalls gegen die eigene Absicht verkehren können, wie gerade die Analyse tragischer Ironie für die antiken Stücke offenbart. Es ist in der attischen Tragödie ja oft das kommunikative Handeln selbst, das – wie z. B. in der *Antigone* – misslingt oder aber – wie in den *Hiketiden* des Aischylos – zu einer Solidarität führt, die neue Gefahren birgt. Die Vielfalt der Formen praktischer Rationalität und ihren Handlungsformen selbst bedingt, dass die Tragik nicht prinzipiell durch eine andere Form aufgehoben werden kann.[253]

Die Tragödie lässt sich nicht überwinden, nur weil sie eine kontingente Erscheinung ist, sondern *als* kontingente Erscheinung ist ihr sich ereignender Umschlag ins Leid irreversibel. Wenn es also *trotz* der symbolisch-kommunikativen Funktion der materiellen Kultur, trotz verständiger Dialogizität, gleichwohl Tragödien gibt, die erst kulturell erzeugt werden und über die nicht hinwegzutrösten sei – worin besteht dann das Denkwürdige des möglichen Wechsels ins Unglück? Die Antwort, die man mit der antiken Tragödie geben kann, ist so knapp wie entscheidend: in einer konkreten *individuellen Erfahrung*. Sie ist nicht die Erfahrung *jeder* Dissoziation zwischen Akteur und kulturellem Produkt, nicht die *jedes* möglichen Wechsels von einer besseren in eine schlechtere Lebenssituation, sondern ihre Spezifizität liegt in dem plötzlichen, jede weitere Gelingensaussicht tilgenden Umschlag aus der Erfahrung des Handelns in die Erfahrung eines existentiellen Leidens. Der durch das eigene Handeln selbst bewirkte Umschlag und seine irreversiblen Folgen sind der Gegenstand des Leidens. Es ist die *Erfahrung, dass aus einem selbstbestimmen Leben mit einem Mal die Bedingungen eben dieses Lebens verloren gehen* können. Für die Leidenden ist es die Erfahrung eines Umschlags von allem in nichts.

Bislang war im modernen Diskurs des Tragischen von Strukturen, der Kultur, der Moderne, den Werten und Normen die Rede, doch selten ausdrücklich davon, was einzelne Menschen in der Tragödie denn konkret *erfahren*. Solche Erfahrung bringt die Philosophie des Tragischen, auch als Theorie der Tragödie der Kultur, nicht oder nur distanziert beschreibend zum Ausdruck. Simmel selbst erwähnt in seinem Tagebuch den wichtigen Gedanken, dass sich „in der Tragödie ein allgemein-menschliches Schicksal an individuellen Charakteren"[254] vollziehe. Doch er selbst spricht – wie seine Mitstreiter und seine Kritiker – fast nur von der allgemeinen Tragik bzw. Dialektik der Kultur, nicht von individuellen Charakteren und ihrem Erfahrungsprozess. Simmel stellt zwar die Philosophie des Tragischen auf ihre kulturellen Füße, aber die „individuelle, tragische Erfahrung"[255], die damit laut Thaler verbunden ist, holt er gerade *nicht* in der Theorie ein.

---

[253] Zur Gegenwart des Tragischen siehe Menke 1996a und 2005 sowie den Fortgang dieser Arbeit inklusive der Überlegungen in Kap. 10.2–3. und im Epilog.
[254] Simmel 2004, S. 291.
[255] Thaler 2003, S. 30.

Die antike Tragödie stellt den ästhetischen Ausdruck einer individuellen tragischen Erfahrung unter Bedingungen der Öffentlichkeit dar. Und sie stellt, so soll sich im Fortgang der Untersuchung erweisen, nicht zufällig individuelle Erfahrungen dar, sondern eben diese Darstellung individueller Erfahrungen bedingt Form, Inhalt und Aufführungsrahmen der Tragödie. Eine Tragödie ist, so meine These, erst dann gegeben, wenn ein Individuum oder einige Individuen die ironische Potentialität der Kultur, dass eine Funktion, ein Mittel, ein eigenes Produkt sich verselbständigt und die es in Anspruch nehmende Praxis ins Gegenteil umschlägt, *selbst* handelnd und erleidend am eigenen Leib *erfährt* bzw. *erfahren* und dass diese Erfahrung das *Leben im Ganzen* katastrophal betrifft. Jaspers erkennt gerade darin, im Umfang des Leidens und seinen vielfältigen Erscheinungsformen in der Tragödie, den Grund, warum das tragische Wissen „keine totale Weltdeutung"[256] vollziehen kann. Sie ist nämlich immer eine Darstellung einer allgemeinen Möglichkeit in individueller Selbstpräsentation. Eine Tragödie gibt es niemals nur als tragische Struktur des dialektischen Umschlagens, sondern immer nur als *tragische Erfahrung*, die erst in ihrer Artikulation mitteilbar und allgemein erkennbar wird. Tragödien führen mit einem kleinen Ensemble an Choreuten und Schauspielern jeweils unterschiedlich vor, wie *bestimmte Individuen in spezifischen Handlungskonstellationen und in nachvollziehbaren sozialen Beziehungen mit individuellen Handlungen scheitern und was das für sie bedeutet. Die theatrale Inszenierung *einzelner Menschen, die von anderen Menschen – allen voran dem Chor – umgeben sind*, vor einem selbst unter modernen Stadienbedingungen kolossalen Kollektiv von Zuschauern ermöglicht erst die öffentliche wie ästhetische Artikulation einer individuellen Erfahrung. Die Tragödie lässt die kulturellen Gründe des Umschlags erkennen und sie kritisiert den Umgang mit dem Risiko kultureller Praxis, das die Figuren unterschätzen, ignorieren oder trotz besten Wissens nicht vermeiden können. Die Erfahrung des Umschlags, der sie trifft, ist allerdings keine Illustration einer immer schon tragischen Kultur, sondern der wesentliche Gehalt der Tragödie selbst. Tragödien sind demnach künstlerische Risikofolgenabschätzungen, in deren Zentrum ästhetisch der Mensch als Handelnder und Leidender erscheint. Dass es in der Entwicklung der antiken Tragödie aus dem kollektivistischen Dionysos-Kult vor allem *darauf* ankam, zeigt sie als vielleicht weltgeschichtlich erste Form einer *ästhetischen Konzentration* auf ein in einer demokratischen Öffentlichkeit sich selbst präsentierendes Individuum.

5.8 Die ästhetische Konzentration der Tragödie auf das Individuum

Die theatrale Form der attischen Tragödie, wie sie uns überliefert ist, ist auf einzelne Körper im Schauraum des Theaters fokussiert: die Rollen der einzelnen Figuren und

---
[256] Jaspers 1952, S. 60.

des Chors. Sie erscheinen als durch Kostüm und Maske weit sichtbar gekennzeichnete Körper im begrenzten Raum des Tanzplatzes, der Bühne und des Bühnenhauses, der von den in Halbkreisen angeordneten Rängen des Theaters aus gut einsehbar ist. Die sich um die Vorderseite des runden Tanzplatzes des Chors (*orchēstra*) erhebenden Ränge der griechischen Theater waren auf ihr Zentrum hin angelegt, wobei alle Bereiche von der Vorderseite der *orchēstra* über die Zugangswege (*eisodoi* oder *parodoi*), die Bühne und das dahinter befindliche Bühnenhaus (*skēnē*) bis zum Dach des Bühnenhauses, auf dem meist Götter erschienen,[257] problemlos einsehbar und auch akustisch vernehmbar waren. Der Blick der Zuschauerinnen und Zuschauer wurde somit schon architektonisch auf das Spiel der miteinander im selben Raum interagierenden Choreuten und Figuren *fokussiert*. Vermutlich war der wichtigste Ort für die Schauspieler daher das Zentrum der runden *orchēstra*, von der aus sie auch am besten gehört werden konnten, sowie die Achse zwischen der Tür des Bühnenhauses und diesem Mittelpunkt. Einzelne Menschen rückten somit sinnlich-körperlich ins Zentrum der gesamten Polisöffentlichkeit und symbolisch ins Zentrum der Welt.[258]

Die auftretenden Körper zwischen der Peripherie des Tanzplatzes inklusive Bühnenhaus und seinem Zentrum erscheinen dabei fast immer in einem jeweils doppelten Blick: in dem des Publikums und dem der Mitspieler.[259] Als Körper *gesehen* zu werden und durch die Maske als Stimme *gehört* zu werden, ist für den Schauspieler der Tragödie essentiell, denn nur zuweilen wird über die Figur von anderen auch in Abwesenheit berichtet: Der entscheidende und für das theatrale Dispositiv unverzichtbare Modus der Darstellung ist das *Sich-Aussprechen* und *Sich-Zeigen* der Figur selbst.[260] „Der Schauspieler zeigte sich nun als der Held in ‚eigener Person', der Held war nicht mehr in den Stoff der Erzählung gleichsam eingewoben wie eine Figur im Wandteppich, sondern wurde das sinnlich sichtbare Zentrum der Erfahrung."[261], wie Lehmann schreibt. Dadurch kommt sie dem Publikum viel näher. Die Figur *wird* als

---

[257] Vgl. Taplin 1978, S. 9–21; Wiles 1997, S. 23–62. Ob es vor dem Bühnenhaus wirklich eine Bühne gab, ist umstritten, vielleicht waren es nur Treppen zum Bühnenhaus. Zudem muss man davon ausgehen, dass es keine strikte räumliche Trennung gab: Chor und Figuren nutzten den Raum vor dem Bühnenhaus gemeinsam (vgl. Wiles 1997, S. 63 ff.).
[258] Vgl. hierzu Wiles 1997, S. 63–86, mit ausführlicher Diskussion der Forschungsliteratur. Wiles betont für die griechischen Theater: „focus is the *sine qua non* of a satisfactory performance space" (S. 67). Das Zentrum des Tanzplatzes, die *thymelē*, ist in den Theatern von Epidauros, Aigai und Dodona durch einen Grundstein ausgewiesen, auf dem ein Altar hätte stehen können, was die einst kultische Bedeutung des Zentrums betont. Wiles hebt auch die kosmologische Bedeutung des Zentrums im geozentrischen Weltbild, die Rolle vom Zentrum griechischer Poleis sowie die zentrale Stelle des Herds hervor, mit dem *thymelē* verbunden und das lateinische *focus* etymologisch verwandt ist. Dieser Ort verbindet das Göttliche und Öffentliche der Polis mit der Erde. Da der Mikrokosmos des Körpers schon bei Homer und im griechischen Denken den Makrokosmos spiegelt, schauen die Theaterzuschauer also gleichsam ins Zentrum der Welt (vgl. S. 71 ff.).
[259] Nur in wenigen Szenen ist der Chor abwesend. Am prominentesten ist der Monolog des sich alleine auf der Bühne befindlichen Aias vor seinem Suizid.
[260] Vgl. Lehmann 1991, S. 33–62; Menke 2005.
[261] Lehmann 2013, S. 39.

auftretende in der empathischen, konzentrierten Wahrnehmung der Mitspieler und Zuschauer im öffentlichen Raum des Theaters zum konkreten Individuum, das sich in seinen (Sprach-)Handlungen als *dieses bestimmte* erweist. Dabei spiegelt sich das Verhältnis von Publikum (im *theatron*) und Figur auch in dem von Chor und Figur. Die fast durchgehende Präsenz des aus zwölf (bei Aischylos) bis zu fünfzehn Personen (bei Sophokles) bestehenden Chores nach seinem Einzug hebt als ästhetischen Kontrast die einzelnen Figuren hervor, die nicht in den Chor eingehen, sondern von ihm im Laufe des Spiels immer wieder visuell (durch Maske, Kostüme und Tanz), akustisch (durch meist andere Versmaße) und in der Regel praktisch (durch fehlende direkte Intervention) unterscheidbar bleiben.

Die als Individuum exponierte Figur bildet damit nicht nur etymologisch ein Modell der im gesellschaftlichen Raum als Individuum agierenden *Person*.[262] Die Darstellung einer Figur als individueller Person ist – um ein typisch modernes, noch heute verbreitetes Missverständnis zu adressieren – nicht so gemeint, als würde ein konkretes, empirisches Individuum der eigenen historischen Jetztzeit im Bühnenraum nachgeahmt. Das passiert in der attischen Komödie, die Figuren mit Namen – wie etwa den einflussreichen, impulsiven und kriegstreibenden Demagogen Kleon in Aristophanes' *Babyloniern* und *Rittern* – auftreten lässt, die selbst dabei im Publikum sitzen. In der griechischen Tragödie geht es auch nicht darum, ein historisches oder fiktives Individuum (womöglich gar mit modernem Individualisierungsbegehren) in der Vielfalt seiner Details als Figur zu portraitieren wie im modernen Roman. Individuelle Personen überhaupt dazustellen, heißt für die Tragödie, einzelne Menschen vorzuführen, die sich reflexiv auf andere und auf sich beziehen, Entscheidungen treffen, handeln und sich dafür verantwortlich wissen können – und die *darüber* für andere empathisch und reflexiv als Besondere, d. h. als Personen mit Individualität, erkenn- und bewertbar werden. Ob eine Figur fiktiv oder historisch ist, ändert das nichts an ihrem Status der Verkörperung einer individuellen Person. Wie die gräzistische Forschung betont hat, unterscheidet sich die antike Charakteristik, vor allem in der Tragödie, von der modernen, für die ausführliche Erzählungen des Innenlebens, aber auch der äußeren Verhältnisse von Figuren im modernen Roman paradigmatisch geworden sind.[263] In der Antike geht es dagegen eher um Typisierungen, etwa die des politischen Regenten, als um eine Tiefensicht auf ausdifferenzierte individuelle Lebensgeschichten. Doch diese Typen, so meine These, werden in der Tragödie immer als individuelle Personen *durch* die Artikulation eigener Vorstellungen, Gefühle, Begehrungen, Wertungen und Ansprüchen ästhetisch nachvollziehbar – oder durch ihre Reaktionen auf das, was ihnen widerfährt. Die Figuren der Tragödie sind keine schematischen Generalisierungen, sondern *konkrete* Personen, die expressiv eine

---

[262] Dieser lateinische Begriff unserer Selbstbeschreibung *persona* bezeichnet ursprünglich die Maske und die mit ihr indizierte Rolle (die oft behauptete Ableitung von *personare* (durchtönen) ist trotz der Plausibilität hingegen bloße Volksetymologie). Im Griechischen bezeichnet das Wort *prosopon* sowohl die Maske als auch das Gesicht (vgl. Melchinger 1974, S. 201 ff.).
[263] Vgl etwa die Beiträge in Pelling 1990.

Individualität als fühlende, denkende, wollende Personen gewinnen, die sich von der anderer Figuren innerhalb derselben Tragödie und aus anderen Tragödien unterscheiden. Kreon, Ödipus, Agamemnon, Xuthos oder Admet mögen einige ähnliche, typisierungsfähige Merkmale als Könige haben, sie sind aber in den Tragödien zugleich jeweils unterschiedliche Charaktere mit unterschiedlichen Willen, Wünschen, Gedanken, Gefühlen und Wertungen.[264] Der individuelle Schauspieler, der eine Rolle verkörpert, ist im antiken Theater immer schon durch die Anwesenheit anderer Schauspieler mitbestimmt. Figuren stehen in sozialen Verhältnissen und erscheinen im öffentlichen Raum als Sich-Zeigende und Gesehen-Werdende, Sich-Aussprechende und Gehört-Werdende. Jede Figur ist daher im sozialen Zusammenhang, den das Personal der Tragödien darstellt, zu verstehen, erst in ihm wird ihr Handeln und Sprechen zum Medium expressiver Selbstdarstellung. Man kann also davon ausgehen, dass der Begriff der Person genealogisch dem antiken Theaterdispositiv entstammt: Personen sind demnach Menschen, die in sozialen Kontexten handeln und von anderen sinnlich wahrgenommen werden, mit denen sie (über ihre Empfindungen, Gefühle, Vorstellungen und vor allem Gründe und Werte) kommunizieren, sich genau dadurch voreinander als bestimmte Individuen (mit bestimmten Empfindungen, Gefühlen, Vorstellungen, Gründen und Werten) präsentieren und auf Anerkennung und Verständnis durch die anderen Anspruch erheben.

Im Gegensatz zu neuzeitlichen Theaterbauten sind die griechischen Theater offen. Der Himmel, das sich hinter dem Theater zeigende Meer und die Götter, deren Tempel sich in Athen auf der Akropolis oberhalb des Dionysos-Theaters befanden, sind nicht von den Zuschauern durch visuell und auditiv isolierende Architektur getrennt.[265] Theater sind zwar architektonisch vom Rest der Stadt zu unterscheiden, zugleich gegenüber der Stadt und der Natur offene Räume. Die in ihnen auftretende Figur hatte ideell gesehen ein unbegrenztes Publikum: Es trat auf im öffentlichen Raum der Stadt, der in ihr zwar als Theater ausgezeichnet, nicht aber von ihr und den anderen Orten öffentlichen Auftretens wie der *agora* atmosphärisch isoliert war. Der sich auf der Bühne zeigende Körper und die sich weit zu Gehör bringende Stimme des Individuums erreichten je nach Übung der Schauspieler *sinnlich* alle Zuschauer. *Gedanklich* reichten sie mit ihren Fragen und Klagen weiter bis in den Himmel und über die Grenzen der Polis und ihrer Phylen hinaus. So demonstriert der Theaterbau zugleich die *politische* und die *kosmisch-göttliche* Dimension der künstlerischen Aufführungen

---

[264] Siehe dazu Kap. 8, vor allem 8.9. Goldhill 2007, S. 112, spricht daher von einer „creative tension" zwischen Generalisierung und Psychologisierung, für die gelte: „tragedy is always interested in why people behave the way they do" (ebd., S. 115).
[265] In der ersten Phase der Baugeschichte des Theaters im 6. Jahrhundert v.Chr. gab es nur eine *orchēstra* oberhalb des Dionysostempels; die Zuschauer saßen direkt am und im südlichen Hang der Akropolis, also im zugleich natürlichen wie politisch-kulturellen Raum. Das änderte sich prinzipiell nicht mit den Phasen der Theaterbaugeschichte in Athen und in Griechenland überhaupt. Das neue Dionysos-Theater mit ausgebauten Sitzreihen im Südhang wurde unter Perikles errichtet. Siehe Burmeister 2006, S. 19 ff.; Blume 1984, S. 45 ff.

während der Großen Dionysien und vergleichbarer Feste in anderen Poleis. Was auf der Bühne zu sehen war, war nicht nur eine Performance für die *happy few* des bürgerlichen Kulturbetriebs, sondern ein ästhetisch transformiertes Ritual für prinzipiell die gesamte Bürgerschaft und im allgemeinen Anspruch für alle Menschen und Götter, ja sogar die Natur, wie viele Chorlieder demonstrieren, in denen die Natur zum Mitleid und Mitverstehen aufgefordert wird. Die für die Antike offenbar historisch beispiellose Sichtbarkeit und Hörbarkeit der theatralisch inszenierten Figuren setzen das leibhaftige Individuum in einer herausgehobenen Weise ins Zentrum des Wahrnehmungskegels, den die Blicke aus dem Theater, der sich über diesem erhebenden Akropolis und virtuell aus der ans Theater anschließenden Welt bis vom Olymp herab auf ihn bilden. Einzelne Menschen standen währen der Großen Dionysien durch ihre zentrale Position im Fokus der politisch-öffentlichen Betrachtung (*theōria*) im Theater und rückten damit symbolisch gar ins Zentrum einer „Weltöffentlichkeit", nämlich der des göttlich beseelten, geozentrischen Kosmos.[266]

Für diese politische und philosophische Allgemeinheit spricht auch die Entwicklungsgeschichte der Gattung. Zuerst fanden Vorführungen nämlich auf der Agora statt, dem öffentlichen Debattenort der sich etwas später herausbildenden Demokratie. Nur weil dort vermutlich um 500 v.Chr. die Zuschauertribünen zusammenbrachen, baute man an der Akropolis das Theater in den natürlichen Hang des Berges hinein. Auch dieses Theater fungierte wie der erste Ort der Dionysos gewidmeten Festspiele als Ort für die *ekklesia*, die Volksversammlung, bei der am letzten Tag der Festspiele alle Beteiligten Rechenschaft ablegten und etwaige Übertretungen während der Festtage geahndet wurden. Das Theater der Griechen war also institutionell, ästhetisch und architektonisch eine eminent öffentliche und als öffentliche immer auch eine politische Institution.

In den Aufführungen der Tragödie war alles auf die schauspielenden Körper und über sie auf das Handeln und die Erfahrungen der individuellen Figuren und die Lieder und Kommentare des Chores fokussiert. Ihre dialogischen Auseinandersetzungen, ihre Deliberationen, ihre Handlungen, ihr Ausgesetztsein im Leiden, ihre Klagen und ihr Ende vollzogen sich vor den Augen und Ohren tausender Zuschauer. Das einzig vergleichbare Szenario war eine Rede vor einer Volksversammlung, wobei man davon ausgehen muss, dass die expressive Freiheit im Theater noch größer erscheinen musste, zum einen wegen der ästhetischen Mittel, die etwa durch die Architektur das Zuhören und durch die Masken und Kostüme die Erkennbarkeit einzelner aus großer Entfernung erlaubten, zum andern jedoch, weil im Theater auch Figuren (wenngleich von männlichen Bürgern gespielt) zur Sprache und Handlung

---

[266] Vgl. Wiles 1997, S. 95: „the *raison d'être* of tragedy was to give political issues a divine or cosmic perspective." Wiles weist auch darauf hin, dass nicht nur die Kreisform des Tanzplatzes mit ihrem Zentrum eine Analogie zur Position der Erde in einem sphärischen Kosmos darstellt, sondern auch die symbolisch für den runden Kosmos stehende Zahl 12 in der Form der Tragödie präsent ist, etwa in der ursprünglichen Zahl der Choreuten und der Anzahl der bei den Großen Dionysien aufgeführten Tragödien.

kamen, die als Personen außerhalb des Theaters an der Demokratie politisch nicht partizipieren durften: vor allem Frauen, alle Fremden inklusive Angereister und Asylsuchender sowie Sklaven.

Der Blick und das Gehör wurden im Theater nicht nur erweitert, sondern auch innerhalb des theatralen Dispositivs mit inszeniert. So schaute und hörte der Chor nach seinem Einzug während des gesamten Stückes den einzelnen Schauspielern zu, die mit dem Chor in der *orchēstra* agierten oder später auch erhöht vor dem Bühnenhaus (*skēnē*) gegenüber ihm und dem Publikum spielten. Der Chor ist dabei immer Mitakteur und in seiner Reflexion des Geschehens zugleich Paradigma der zwar nicht verbal, aber affektiv und reflexiv involvierten Zuschauer. Alle blicken das handelnde und klagende Individuum an und hören ihm zu, und alle – so jedenfalls darf man den Anspruch des Theaters rekonstruieren – fühlen und denken in *einem* gemeinsam geteilten Raum mit.

Dieses theatrale Dispositiv hat sich historisch als Prozess einer zunehmenden ästhetischen Individuation entwickelt, die eine soziale flankiert. Die meisten Forscher stimmen der zuerst von Aristoteles geäußerten Hypothese der Entstehung der Tragödie aus dem Dithyrambos zu.[267] Dieser wurde im Kult zu Ehren des Dionysos von einem als Satyrn verkleideten Chor aufgeführt, das heißt vermutlich improvisierend gesungen und mit stilisierten Masken und Kostümen erregt in unterschiedlichen Formen getanzt.[268] Doch die Tragödie als Schauspiel begann erst, als sich *eine Figur* vom Chor – zuerst eine Art Chorführer (*koryphaios*) – *absonderte* und mit diesem in ein antwortendes *Verhältnis* trat. Thespis, der in der Antike bereits als Gründer der Tragödie galt,[269] trennte einen Schauspieler (*hypokritēs*) vom Chor, setzte also Gruppe und Individuum auseinander, wobei der Schauspieler im Prolog sowohl auf den Chorauftritt vorausdeutete als auch ihm antwortete (beides kann unter *hypokrinesthai* verstanden werden).[270] In der weiteren Entwicklung der Tragödie im 5. Jahrhundert v. Chr. trat der Chor immer weiter zurück und zugleich die einzelnen Schauspieler mehr in den Vordergrund. Aischylos führte gegenüber Thespis einen zweiten Schauspieler und damit die Möglichkeit des Dialogs und des Konflikts einzelner Figuren ein. Die Konzentration auf das handelnde, nicht nur antwortende Individuum nahm zu; schließlich ließ Sophokles einen dritten Schauspieler einführen, sodass der Fokus noch mehr auf den Einzelnen und ihrer Interaktion als auf dem Chor lag, der in Euripides' Stücken gegenüber den Figuren schließlich meist in den Hintergrund tritt. Die Tragödie entwickelte sich demzufolge immer mehr vom kultischen Ritual zu einer

---

[267] Vgl. Aristoteles: *Poetik*, 1449a9–31. Dazu Stoessl 1987; Schadewaldt 1991, S. 34–52; Latacz 1993, S. 56–65.
[268] Zur Diskussion der möglichen Tanzformen (*schēmata* nach Aristoteles, *schēmata*, *phora* und *deixis* nach Plutarch) und Tanz-Gesangskombinationen siehe Wiles 1997, S. 87–113. Zur rituellen Vorgeschichte der Chortänze der Tragödie besonders im Komos siehe die Beiträge in Csapo/Miller 2007, S. 41–117.
[269] Vgl. Horaz: *Ars poetica*, V. 275f.
[270] Vgl. Latacz 1993, S. 81f.

Vorführung sozialer Interaktion. Entsprechend verringerten sich auch die Menge und die entscheidenden Funktionsstellen der Chöre von Aischylos bis zu Euripides, während die Partien der Figuren tendenziell zunahmen. Zugleich, so Aristoteles, gingen die lyrischen Versmaße, vor allem die trochäischen Tetrameter des Dithyrambos zurück, während sich in der Rhesis, den Redepassagen, das dem Sprechen adäquateste Versmaß, der trimetrische Iambos, durchsetzte.[271]

Die Rede aber ist ein Medium der Selbstdarstellung und -erklärung der Individuen, das sich im Dialog vertieft. Mit der ästhetischen Form individuellen Sprechens als Differenz zur berauscht singenden Gruppe entwickelte sich ebenfalls die Rede als Aussage, Frage, Antwort im Dialog (vor allem in Stichomythien) weiter, ohne die lyrischen Chorgesänge zu ersetzen. Das zeigt sich auch an der Individualisierung des Chors: Denn von dem reinen Satyrn-Chor wurde der Chor im Laufe der Tragödiengeschichte zu einem jeweils an Geschlecht, Alter, Herkunft, Vermögen und Funktion individuellen Chor im jeweiligen Stück; er konnte sogar – wie in den *Hiketiden* des Aischylos – selbst zum zentralen tragischen Charakter werden. Er ist daher schon bei Aischylos keine bloß rituell agierende Gruppe mehr, sondern behauptet sich – etwa wie die Okeaniden im *Prometheus Desmotes* – eigenständig als Spieler gegenüber anderen Mitspielern. Schon Aristoteles fordert, dass der Chor als ein Mitspieler verstanden werde, der „an der Handlung beteiligt"[272] ist. Der kollektive Mitspieler Chor erhält in den Stücken – und vermutlich auch in den Inszenierungen – vor allem bei Aischylos und Sophokles den Charakter einer spezifischen Gruppe. Denn er nimmt jeweils ein individuelles – reflektierendes, befragendes, kommentierendes, allgemein einordnendes, kritisierendes, protestierendes oder unterstützendes und mitfühlendes – Verhältnis zu den Einzelfiguren ein und ist selbst sozial, geschlechtlich und altersmäßig als spezifische Gruppe bestimmt: Meist bilden die Choreuten, die somit selbst Figuren sind, ein Kollektiv aus politisch und sozial in Athen marginalisierten oder schwachen gesellschaftlichen Rollen: vor allem Frauen, doch auch Sklaven, Fremden und Greisen.[273] Der Chor agiert in der Tragödie somit wie die Einzelfiguren und im Verhältnis zu ihnen in jeweils individueller, nicht-standardisierter Weise, und er ist selbst ein kollektiver Mitspieler mit einer konkreten sozialen, geschlechtlichen Identität. So lässt sich sagen, dass sich sowohl die aus einzelnen Menschen bestehende Gruppe (Chor) als auch die mit Namen herausgehobenen Individuen (Figuren) im Ausgang der Tragödie aus dem Dithyrambos des Dionysos-Kults und der rituellen Chorpraxis während des 5. Jahrhunderts v. Chr. individualisieren und differenzieren.[274]

---

[271] Vgl. Aristoteles: *Poetik*, 1449a21–28.
[272] Ebd., 1456a26f.
[273] Das betont Goldhill 2007, S. 51.
[274] Aus diesem Grund ist es problematisch, gerade im Chor das gegenüber moderner Dramatik Wesentliche der Tragödie zu erkennen oder gar den Chor zu ihrem Zentrum zu erklären (gleichsam als Reaktion auf die Marginalisierung des Chors in der Dramatik und Tragödientheorie der Neuzeit). Die antike Tragödie besteht gerade aus dem dramaturgisch ausdifferenzierten *Spannungsfeld* von Gruppe

Dieser Individualisierungsprozess in der theatralen Form der Tragödie schließt an einen bereits in archaischer Zeit zu findenden Individualisierungsprozess an, der sich in der Übernahme der Verantwortung in Versammlungen, in der Veränderung der Kampftechniken und anderen gemeinsamen Tätigkeiten innerhalb der Poleis artikuliert. Wie Peter Spahn gezeigt hat, findet sich die konkrete Ansprache von eigenständigen Individuen durch Individuen im Medium der begründenden und klagenden Rede bereits bei Homer und wird in den folgenden Jahrhunderten im Zuge der politischen (und militärisch notwendigen) Einbeziehung unterschiedlicher sozialer Gruppen bis zur Athener Demokratie vertieft.[275] In der Tragödie wird diese *Individualisierung durch Wort und Tat* ästhetisch auf eine neue Stufe gehoben. Sie korrespondiert in aufschlussreicher Weise mit einer allmählichen Herausbildung des rotfigurigen Stils der Vasenmalereitechnik in Athen ab etwa 530 v. Chr. bis in die 480er Jahre v. Chr.[276] Technisch war dieser eine Art Inversion des seit dem 7. Jahrhundert v. Chr. dominanten schwarzfigurigen Stils in Bezug auf Vorder- und Hintergrund. Statt die Figuren schwarz oder bei Frauen hell gegen den Hintergrund durch einen Glanzton abzusetzen, der beim Brennen dunkel wurde, trug man nun zuerst die Figuren mit Umrisslinien auf den Ton auf, bis die Künstler vor dem Brennen den Zwischenraum dunkel mit Glanzton abdeckten. Waren im schwarzfigurigen Stil Körper-Silhouetten und mimische Ausdrucksformen sowie Gesten nur durch Ritzungen und nachträgliche Einfärbungen auf der dunklen Fläche darzustellen, konnten im rotfigurigen Stil durch unterschiedliche Linienstärken und Farbnuancen diese weitaus besser differenziert werden. Neben der Profilansicht, die den schwarzfigurigen Stil beherrschte, waren nun auch Portraits von vorn, Dreiviertelportraits und Rückansichten möglich. Die Figur auf der Vase wurde also zugleich wendiger – gleichsam aktiver –, differenzierter und damit individueller. Die in sich formal detaillierte Figur konnte gegenüber ihrer Umgebung in ihrer Körperlichkeit und ihrem Ausdruck hervorgehoben und in verschiedenen Perspektiven und Nuancierungen studiert werden.[277] Der rotfigurige Stil erweiterte den schwarzfigurigen und erlaubte so ein größeres Spektrum an Ambiguität, Detaillierung und Differenzierung – u. a. auch in Selbstportraits der Künstler.[278]

In der Vasenmalerei des 4. Jahrhunderts v.Chr., die den Tragödien zugeordnet werden kann, werden nicht zufällig gerade die zentralen Szenen der Bedrohung tra-

---

und Einzelnen. Dass die Fokussierung des Chores (statt der Individuen) gleichwohl für das Theater produktiv sein kann, haben z. B. Einar Schleefs Chor-Stücke gezeigt. Siehe dazu Schmidt 2010.
275 Vgl. Spahn 1993.
276 Zu den technischen, künstlerischen, sozialen und politischen Bedingungen eines allmählichen Übergangs vom schwarzfigurigen zum rotfigurigen „naturalistischen" Stil, die vor allem in der Fragmentierung der Bildfläche und der Erzeugung einer Spannung zwischen Repräsentation und Materialität in der „Pionierzeit" Ende des 6. Jahrhunderts v. Chr. bestehen, siehe Neer 2002.
277 Mannack 2012, S. 136 ff. „Charakteristika der Pinonierbilder sind Experimente mit verschiedenen Ansichten von komplex arrangierten Körpern und ein nahezu fanatisches Interesse an der männlichen Anatomie." (ebd., S. 138).
278 Vgl. dazu Neer 2002, S. 27–134.

gischer Figuren fokussiert: Sie werden mit individuellen Zügen gemalt, und nicht nur Figuren, auch Schauspieler, die ihre Maske in der Hand tragen, werden *offstage* dargestellt.[279] Ähnlich wurden in Reliefs und Skulpturen im Klassischen Stil auch die Erfahrungen der Figuren, ihr *ēthos* und soziale bzw. politische Beziehungen zwischen ihnen über die Oberflächengestaltung erkennbar, sodass man den Skulpturen des 5. Jahrhunderts sogar eine ähnliche affektive Wirkung auf die Betrachter zuschreiben kann wie den von Schauspielern verkörperten Figuren des tragischen Schauspiels.[280]

Die Fokussierung des Zuschauerblicks auf die ästhetische Erscheinung einzelner Körper im Bühnenraum ist also etwas kulturell Neues, das mit der technischen Ausdifferenzierung von Figuren im Bildraum korrespondiert. Nach Hans-Thies Lehmann ist dieser Sachverhalt für die „Konstitution des Subjekts im Diskurs der antiken Tragödie" entscheidend. Im visuellen Ausgesetztsein des zuvor nur in der Narration beschriebenen Individuums sieht Lehmann seine These der Dominanz ohnmächtigen Leidens in der Tragödie bekräftigt: Das Subjekt ist ein ohnmächtiges, dem Blick ausgesetztes. Das theatrale Modell verweise, so Lehmann mit Lacan, „auf eine fundamentale *Passivität*."[281] Ich meine, dass darin ein Missverständnis liegt: Die Reduktion des theatralen Auftritts auf die passive Dimension des Gesehen*werdens*, das mit der Ohnmacht im Leiden korrespondiert, ist nicht überzeugend, denn zugleich sind die Figuren der attischen Tragödie auch dramatische Akteure, sie bewegen sich, sie sprechen und im Sprechen handeln sie; sie versuchen sich gegenseitig von ihrer Position zu überzeugen, sie täuschen sich, halten etwas voreinander zurück und bezeugen die phänomenale Qualität ihrer Erfahrung durch ein hoch differenziertes Vokabular der Selbstexpression. Zudem stehen sie als mythische Heoren wie Aias, Agamemnon, Herakles geradezu für den Inbegriff des Handelnkönnens, der im Vorverständnis bei den Athener Zuschauern vorausgesetzt werden muss, damit seine Geltung überhaupt im Zuge des Umschlags und der Artikulation einer tragischen Erfahrung durch die Tragödie infrage gestellt werden kann. Das Individuum wird durch den öffentlichen Auftritt im Theater nicht nur zum Objekt des Blicks, sondern notwendigerweise zum Akteur, auch wenn im Verlauf der Tragödie die praktischen und kognitiven Schwächen und in der Artikulation des Leidens seine Ohnmacht offenkundig werden. Selbst im Leid können diese Figuren noch etwas tun, und wenn es nur das ist, Anweisungen zu geben wie der sophokleische Herakles, der seinen Sohn Hyllos seine Verbrennung vorbereiten lässt. Vor dem Umkippen in die tragische Erfahrung durch Peripetie und Wiedererkennung agieren sie aber selbstbewusst und werden dafür auch der *hybris* bezichtigt; der einzelne Mensch tritt auf – buchstäblich ins (Sonnen-)Licht der theatralen Öffentlichkeit –, spricht, handelt, gestikuliert, vollzieht Gebärden und beklagt sein Leiden im Angesicht zahlloser Betrachter. Das Individuum macht in der Tragödie daher immer schon performativ einen Anspruch

---

279 Vgl. Taplin 2007, S. 10 ff. und 30 ff.
280 Vgl. Neer 2010, S. 178 ff.
281 Lehmann 1991, S. 130, vgl. S. 58.

auf Anerkennung seiner Motive, seiner Gründe, Handlungen und seines Leidens – einen Anspruch auf Anerkennung seiner selbst als fühlendes, wollendes und denkendes Individuum. Gerald Else betont diese aktive Dimension des Auftritts als konstitutives Merkmal der Tragödie, wenn er schreibt, dass die Tragödie „as a self-presentation of a single epic hero" begann.[282] Da die Tragödie das Verhältnis von Aktivität und Passivität verhandelt, den Umschlag von Handeln in Leid, muss man das *Sich*-Aussprechen und *Sich*-Zeigen ebenso wie das Gesehen- und Gehört*werden* im öffentlichen Raum *zusammen* für das theatrale Dispositiv in Anschlag bringen.

Die ästhetische Individualisierung als das entscheidende Novum des antiken Theaters ist epistemisch auf die *notwendige Anschaulichkeit des Individuellen* gegründet. Denn die „Individualität aller Vorkommnisse" lässt sich, so Volker Gerhardt, nicht allein begrifflich, sondern

> „nur durch ihre Lage in Situationen fassen. Man muss zu einem bestimmten Augenblick auf etwas Bestimmtes verweisen können, um die Individualität hervortreten zu lassen. Also ist es der leibunmittelbare Situationsbezug, in dem die Singularität des Begriffenen anschaulich wird. Das Individuum ist hier und jetzt. Es muss selbst Körper unter Körpern sein, wenn ihm die Individualität eines Dinges oder eines Ereignisses bewusst werden können soll. Diese Kondition gilt auch für es selbst."[283]

Folglich wird im Bezug zum Individuum auf der Bühne, der Nähe und Differenz involviert, auch die Zuschauerin in der Kopräsenz der individuellen Körper auf ihre eigene Individualität aufmerksam: „Die Wahrnehmung von Individualität ist also selbst schon ein *Akt der Individuierung*, der die Individualität jeweils aus Nicht-Individuellem hervortreten lässt."[284]

Das von Hans Blumenberg hervorgehobene Bewusstsein des Menschen von seiner eigenen Sichtbarkeit als Leib für seinesgleichen und die daraus resultierende „Sichtbarkeitssorge"[285] sowie die dem Ausgesetztsein der Blicke kompensierenden Verhaltensweisen der Umsicht, der Voraussicht und der Verstellung werden im Labor des Theaters durch unterschiedliche Situationen vorgeführt. Das Individuum wird gleichsam im ästhetischen Dispositiv des Theaters über die Fremderfahrung des Gesehen- und Gehörtwerdens innerhalb des Stücks zur Selbstartikulation motiviert, die freilich durch das Drama vorgeschrieben, in ihrer theatralen Inszenierung aber für den Schauspieler bis zu einem gewissen Grad disponibel ist. Im Blick der anderen, auf die hin Autor und Regisseur in Personalunion das Stück entwerfen und inszenieren, kann das Individuum sich als diese bestimmte Person behaupten, seine Differenz deutlich machen und sich von allen anderen im Handeln und im Leiden abgrenzen. Daher gibt

---

[282] Else 1965, S. 65. Zum Status der Heroen siehe Knox 1964; Goldhill 1986, S. 138–167.
[283] Gerhardt 2000, S. 50.
[284] Ebd., S. 53.
[285] Blumenberg 1989, S. 795.

es – anders als im neuzeitlichen Theater – in der attischen Tragödie abgesehen von einigen Prologen auch kaum Monologe ohne Chor- oder Figurenpräsenz.[286]

Blumenberg hat die theatrale Selbstdarstellung, die zum ersten Mal in der attischen Tragödie ästhetisch vollzogen wurde, auf den sichtbaren Leib gegründet. Erst der Leib, die situative Anschaulichkeit des Menschen für seinesgleichen, bilde die „vor aller theatralischen Ausdrucksform liegende elementare Fähigkeit, überhaupt ‚darzustellen'"[287]. Blumenberg spricht auch von einer „Urszene" oder „Lebensszene" der Sichtbarkeit.[288] Nach ihm geht diese quasi-theatrale Existenzweise anthropologisch der historischen Genese des Theaters voraus, was mit Blick auf die Geschichte der Hominisation durchaus plausibel ist: Der Übergang in den aufrechten Gang stellt die Hände und den Blick frei – und dürfte das Bewusstsein erzeugt haben, nicht nur andere besser sehen zu können, sondern auch von ihnen besser gesehen werden zu können. Man kann davon ausgehen, dass entsprechend aus diesem Bewusstsein in der sozialen Interaktion mimische, spielende, täuschende Verhaltensweisen früh erprobt und weitervermittelt wurden – sie greift das Theater mit dem gezielt imitierenden, täuschenden Schauspielen (*hypokrinesthai*) auf, auf das sich das Publikum wie in einem Spiel einlässt.

Das Publikum im Theater – selbst nicht im Zentrum der Aufmerksamkeit – kann auf der Bühne mit reflexiver Distanz erkennen, wie Individuen diese Szene aufführen, wie sie sich selbst im Angesicht der anderen zu erkennen geben und dafür – sei es für wahrhaftige Artikulationen oder für gezielte Verstellungen – sich selbst erkennen müssen. Mit der im Bezug des intentionalen Bewusstseins auf seinen sichtbaren Leib gegründeten Fähigkeit zur Selbstdarstellung wird nach Blumenberg auch die Selbsterkenntnis des Menschen als „Differenz zwischen seiner Selbstdarstellung und seiner Selbsterfahrung"[289] möglich. Dafür, so muss man hier ergänzen, hat sich die Selbsterkenntnis sozial zu öffnen, denn die anderen zeigen durch ihre Reaktion, wie sie die Selbstdarstellung erfahren und lassen das Selbst dadurch eine Differenz bemerken, an der es seine Selbsterfahrung wiederum messen kann. Selbsterkenntnis funktioniert über den Umweg der Fremderfahrung, symbolisch bei Platon über den Blick des anderen.[290] Man kann die Situation im Theater als eine inszenierte *Intensivierung* des

---

[286] Eine berühmte Ausnahme ist der Monolog des Aias, bevor er sich in sein Schwert stürzt (Sophokles: *Aias*, V. 815–865). Dass auch diese Rede zugleich eine Selbstdarstellung vor einem imaginären Publikum ist, machen Aias' mehrfache Anrufe an die Götter als sein Publikum deutlich. So spricht er nicht nur selbstreflexiv vor sich selbst, sondern adressiert in 50 Versen zunächst Zeus, dann Hermes, die Erinyen, Helios, Thanatos, das Licht, Salamis, Athen und schließlich die Quellen und Flüsse um Troja als Zuschauer seiner Leiden – und dabei wird freilich stets das Athener Publikum mit angesprochen.
[287] Blumenberg 2006, S. 148. Vgl. dazu Müller 2011, S. 32ff. Müller betont, dass das Theater für Blumenberg „von großer anthropologischer Bedeutung" sei; das Theatrale sei „ein fundamentales Moment seiner Anthropologie" (S. 32f.).
[288] Blumenberg 2006, S. 777.
[289] Ebd., S. 282.
[290] Siehe Platon: *Alkibiades I* 133b.

Verhältnisses von Fremderfahrung und Selbsterkenntnis verstehen. Reflexiv teilen die dort auftretenden Individuen ihre Gründe mit, treffen auch gegen den Rat der anderen Figuren und des Chors Entscheidungen, reklamieren Verantwortung oder weisen sie von sich, erheben in ihren Klagen Anspruch auf Mitleid und unterscheiden sich in allem, was sie tun und erleiden, von den Mitspielern.

Das Theater, das in Athen erfunden wurde, macht damit ein Individualisierungsverhältnis ästhetisch explizit, das bereits lebensweltlich vorgängig in Kraft ist und nicht mit dem modernen soziologisch beschreibbaren Individualisierungsschub verwechselt werden sollte.

Nach Hannah Arendt ist die kommunikative Funktion der propositionalen Sprache und des Handelns überhaupt nur nötig, um die „Verschiedenheit, das absolute Unterschiedensein jeder Person von jeder anderen, die ist, war oder sein wird"[291], zum Ausdruck zu bringen. Die in dieser Formulierung implizite phylogenetische These – dass sich Sprache und Handeln überhaupt wegen der Kommunikationsbedürftigkeit von Individualität herausgebildet haben – ist empirisch fraglich, stehen doch zunächst kooperative, interaktiv koordinierende und verständigungsorientierte Funktionen der Kommunikation bei der Entstehung der menschlichen Sprache im Vordergrund.[292] Man darf allerdings davon ausgehen, dass Sprechen und Handeln der Individualität überhaupt erst zur Geltung verholfen haben, die infolgedessen wiederum weitere differenzierende Beschreibungs- und Handlungsmöglichkeiten erforderte. Entscheidend ist hier jedoch nicht die Entstehungsgeschichte des Sprechens, sondern Arendts *funktionale* Bestimmung von Handeln und (propositionalem) Sprechen seit den antiken Kulturen als Sich-Artikulieren eines Individuums, das sich *in* dieser Artikulation von anderen unterscheidet und ihnen diese Differenz auch mitteilt: „Sprechen und Handeln sind die Tätigkeiten, in denen diese Einzigartigkeit sich darstellt. Sprechend und handelnd unterscheiden sich Menschen aktiv voneinander, anstatt lediglich verschieden zu sein; sie sind die Modi, in denen sich das Menschsein selbst offenbart."[293] Damit eine Person sich performativ im eigenen Tun von ihresgleichen abheben kann, ist ein öffentlicher Raum als Sphäre und Medium dieser Aktivität und ihrer Wahrnehmung nötig. Hannah Arendt beschreibt diese politische Sphäre nach dem Modell des Theaters als dem Ort des eigenen In-Erscheinung-Tretens: „Handelnd und sprechend offenbaren die Menschen jeweils, wer sie sind, zeigen aktiv die personale Einzigartigkeit ihres Wesens, treten gleichsam auf die Bühne der Welt"[294]. Weil das Theater der antiken Tragödie nach Arendt diese Struktur der Lebenswelt aufnahm, konnte es zum ästhetischen Modell der intersubjektiven Individualisierung und wiederum zur Quelle theatraler Metaphorik für die soziale Realität werden: „Was sich in der Aufführung zur Geltung bringt, ist dabei nicht so sehr der Gang der Handlung, der sich auch im reinen Erzählen wiedergeben ließe, als das So-

---

291 Arendt 2005, S. 213.
292 Vgl. Tomasello 2009.
293 Arendt 2005, S. 214.
294 Ebd., S. 219.

und-nicht-anders-Sein der handelnden Personen, die der Schauspieler unmittelbar in ihrem eigensten Medium darstellt." Wegen dieser öffentlichen Selbstartikulation als öffentlicher Konturierung von Individualität ist das antike Theater für Arendt „die politische Kunst par excellence"[295].

Öffentlichkeit und Individualisierung stehen also in einem wechselseitigen Bedingungsverhältnis. Das Individuum ist als personale Individualität nicht einfach schon gegeben, sondern muss sich erst im intersubjektiven Raum der Öffentlichkeit durch eigene Aktivität zeigen und in dieser Aktivität als ein bestimmtes, das sich von anderen Individuen im Sich-Artikulieren unterscheidet, konstituieren. In solch einer Öffentlichkeit etabliert sich dann zugleich auch der Selbstbezug des Individuums zu sich als bestimmter Individualität. Die Öffentlichkeit ermöglicht und erzeugt demnach Individualitätskonstitution durch praktisches und expressives In-Erscheinung-Treten von Personen. Volker Gerhardt hat den Menschen daher als *homo publicus* definiert, der in der Welt wirkt, als wäre er im Theater: Als Person stellt er sich in einem theatromorphen Zusammenhang der Gesellschaft dar und gibt gleichsam immer auch „*eine Vorstellung von sich selber*"[296]. Seine von ihm geformte Welt „wird ihm zur Bühne, auf der er sich selbst ein Beispiel gibt. Dabei setzt er im Prinzip alle Menschen als Zuschauer voraus und denkt sich, wenn er das ganze Schauspiel ernst nimmt, auch einen Regisseur hinzu, der alles kritisch prüft."[297] Die Selbst-Präsentation vollzieht sich also immer im Horizont einer Öffentlichkeit, in der das Individuum nie bloß allgemeiner Typ und nie bloß individuell ist, sondern im geteilten Blick und Urteil der anderen als diese bestimmte Person allgemein erkennbar und dadurch auch erst anerkennbar werden kann.[298]

In der kulturellen Institution des Theaters, das Europa Athen verdankt, wird dieser Zusammenhang von bewusster Individualisierung durch Wort und Tat und der drameninternen (Mitspieler) wie dramenexternen Öffentlichkeit (Zuschauer) ausgestellt und je individuell in den Tragödien vorgeführt. Die ästhetisch formale Individualisierung – die theatrale durch Sicht- und Hörbarkeit und die dramatische durch Rede und Handlung – deutet daher bereits auf die tragische Erfahrung als einem Prozess der Formung eines individuellen Schicksals, das die Figuren in der Tragödie zum Ausdruck bringen. Sie stellt eine Intensivierung der Selbst- und Fremdwahrnehmung des Individuums dar. Phänomenologisch ist das tragische Leid – der plötzliche Verlust der Orientierung, das Schwinden der Kraft, die Verkehrung von Macht in Ohnmacht – eine in der Klage objektivierte Individualisierung, da nur der Leidende, der für die Folgen seines Tuns verantwortlich ist, diese Erfahrung macht

---

[295] Ebd., S. 233.
[296] Gerhardt 1999, S. 336.
[297] Gerhardt 2008a, S. 10; Gerhardt 2008b und 2007, S. 51. In seinem Buch *Öffentlichkeit: Die politische Form des Bewusstseins* von 2012 hat Gerhardt diesen Gedanken systematisch ausgearbeitet und eine Theorie des immer schon öffentlichen Geistes des Menschen vorgelegt. Vgl. zum *Homo publicus* auch Gerhardt 2019, S. 203–239.
[298] Siehe Kap. 8.11.

und sie zu tragen hat. Im Leid erreichen sie ein Ultimum an Unterscheidung von anderen: Sie erfahren sich nicht nur selbst als eben diese Erfahrungssubjekte, sondern auch durch ihre individualisierende Erfahrung getrennt von allen anderen, einschließlich der mitleidenden Nächsten, der *philoi*. So bekunden auch die Zeugen, vor allem der Chor, einen Unterschied, der zur sozialen Trennung, ja zur Isolation wie im Fall des Philoktet oder Ödipus führen kann. Hier transzendiert die exzessive Qualität der Leiderfahrung die Individualisierung in eine a-soziale Isolation, die von Scham begleitet wird. Sie spiegelt sich auch in den Reaktionen der anderen Mitspieler, die teilweise vor den tragischen Helden zurückschrecken. Zugleich drängt das exzeptionelle Leid gerade wegen seiner begrifflichen Unfassbarkeit immer wieder zum Ausdruck, der wiederum Zuschauer und Zuhörerinnen voraussetzen muss. In diesem Spannungsfeld von Scham/Verstoßung und Klage/Mitleid bewegen sich Figuren und ihre Zeugen auf der Bühne.[299]

Die theatralisch in Szene gesetzte Individualisierung wird durch literarische und theatrale Mittel im Verhältnis von Chor und Einzelfigur akzentuiert und zugleich konterkariert. Die formalen Differenzen von Protagonisten und Chor zeigen sich den Zuschauern als erstes: Nach dem Prolog wechseln sich Lieder des Chores und Sprechpartien der Figuren (*epeisodia*) ab. Während die Partien der Figuren in den Episodien in der Regel iambische Sprechpartien ohne Tanz sind, singt der Chor, musikalisch vom Aulos, einem Rohrblattinstrument mit zweifachem Schallrohr, begleitet, in gegenstrebigen Tanzbewegungen und Ruhepositionen während der in Strophen, Gegenstrophen und Epoden unterteilten Chorlieder – dem Einzugslied (Parodos) und den Standliedern (Stasimoi) bis zum Auszug (Exodos) – in lyrischen Versmaßen (vor allem Marsch- und melischen bzw. Klageanapästen). In Bezug auf die Formteile der Tragödie, auf Tanz, Musik und Versmaße sind also Chor- und Figurenpartien ästhetisch leicht zu unterscheiden. Zudem unterschieden sich die Gehalte des Sprechens: Meist ist der Chor reflektierender, abwägender und vorsichtiger als die Figuren, die ihren Willen mit Passion durchsetzen wollen.[300]

Dazu kommt der Gebrauch der Masken und Kostüme. Sie verbergen von Anfang an den Körper und vor allem das Gesicht des Schauspielers. Das reichste Ausdrucksrepertoire mimischer Expressivität blieb im attischen Theater ungenutzt, der differenzierte Ausdruck und die individuelle Charakterisierung mussten allein durch die Sprache und die Intonation erreicht werden. Das ist ein zunächst erstaunlicher Sachverhalt, der aber ästhetisch plausibel wird, wenn man sich die Größe der Theater vor Augen führt. Mimische Nuancen hätten im Gegensatz zu den expressiven Maskenformen von den höheren Rängen schlicht nicht erkannt werden können.[301] Daher

---

[299] Siehe ausführlich die folgenden Kapitel 6 und 7.
[300] Dennoch sind diese Unterschiede unterschiedlich groß und spezifisch für jedes Stück. Von „fundamentally different ways of seeing the world" zwischen Chor und Figur selbst nur bei Sophokles zu sprechen (Kitzinger 2008, S. 10), scheint mir konkrete Differenzen zu stark zu generalisieren.
[301] Die Bearbeitung der Sichtdistanz zum Publikum ist noch heute zentral für die (meist kosmetische) Maske im Theater.

waren die Masken, die Geschlecht, Alter und Stand indizierten, weniger eine Verdeckung der Figur als ein Werkzeug ihrer Erkennbarkeit über weite Entfernungen.[302] Folglich betonen die Masken und Kostüme den Unterschied zwischen den Figuren und dem Chor einerseits und den Figuren und dem Publikum andererseits. Während das Publikum unmaskiert und unbewegt auf den Rängen sitzt, hat der Chor standardisierte gleiche Masken und vollzieht in den Tanzfiguren (*schēmata*) kollektive Bewegungen. Ihm gegenüber ist die Figur als Individuum schon durch den Verzicht auf kollektive Tänze und schematische Bewegungsformen erkennbar; zudem unterscheidet sie sich nicht allein sprachlich *durch* ihre Maske von den anderen, sondern auch *mit ihrer Maske selbst:* Die „individualized mask sets him [the actor, A.T.] apart from the anonymous group of the chorus." Auch wenn durch diese Maske laut Vernant keine subjektive Individualisierung, sondern eher eine Einordnung in die Gruppe der archaischen Helden vollzogen werde, die der Gemeinschaft, die der Chor verkörpert, gegenüberstehe, vollzieht sich hier doch eine ästhetisch wahrnehmbare Individualisierung im Kontrast des Einzelnen zur Gruppe. Dem Chor, der die zuschauenden Bürger der Polis repräsentiere, stehe dieser somit bereits als „individualized figure" gegenüber, „whose action forms the center of the drama"[303]. Diese visuell-performative Absetzung unterstützt die Fokussierung auf die expressiven Sprachhandlungen der einzelnen Figuren im Verhältnis zu denen der Gruppe des Chores.

Die Maske macht nicht nur die individuelle Figur und die Chorsänger im Kontrast über den gesamten Theaterraum erkennbar, sondern erzeugt auch eine Distanz zwischen emotional reagierenden Zuschauern und statischer Gesichtsform der Figuren. Dadurch werden die Zuschauerinnen und Zuschauer von der Nähe zu bestimmten Bürgern, den Schauspielern und Choreuten, die vermutlich einem nicht geringen Teil des Publikums persönlich bekannt waren, befreit und können ihre eigene Reaktion auf die chorischen und individuellen Figuren besser reflektieren. Zudem „distanziert" die Maske auch den Schauspieler von der heroischen Rolle.[304] Dabei ist sie, die aus dem Dionysos-Kult übernommen wurde, ein Zeichen für die Theatralität des Theaters selbst. Wie der Gott Dionysos sich blitzschnell verwandeln und seinen Ort wechseln konnte, so verwandeln sich auch die Schauspieler hinter der Maske des Theatergotts unmittelbar in vergangene Heroen, die einerseits einer vergangenen Zeit angehören, andererseits hier und jetzt vor den Augen der Zuschauerinnen und Zuschauer agieren. Dabei verkörpern sie in jeder Aufführung mehrere Rollen, wechseln also wie ein theatrales Werkzeug innerhalb des fiktiven Personals. Diese toten Heroen theatral zu vergegenwärtigen, heißt, sie aus der historisch unüberbrückbaren Distanz auf der Bühne in gegenwärtig agierende Körper zu verwandeln. Doch nicht nur holen die Schauspieler vergangene Figuren ins Theater, in dem sie sich rituell-ästhetisch in sie

---

[302] Vgl. Blume 1984, S. 89. Sie ermöglichten ferner, dass ein Schauspieler mehrere Rollen spielte. Zur Form der Masken siehe ebd., S. 90ff. und Froning 2002.
[303] Vernant 1990g, S. 24. Zur Herkunft der Masken aus der Religion am Beispiel der Gorgo, der Artemis und des Dionysos vgl. Vernant/Frontisi-Ducroux 1990; siehe auch Melchinger 1974, S. 203–216.
[304] Lehmann 1991, S. 36.

verwandeln, sondern sie holen auch die aus dem sozialen Gefüge der eigenen Gegenwart im politischen Raum Abwesenden auf die Bühne: die Frauen und die Fremden oder Sklaven ohne Bürgerrechte. Indem zwei bis drei Schauspieler alle Rollen übernehmen, performen sie vertikale und horizontale Identitätstauschhandlungen über die Grenzen von Geschlecht, Rechtsstatus, sozialem Stratum und geschichtlicher Zeit hinweg. Die kultisch-magische Verwandlung wird hier eine künstlerisch-technische, die vom Publikum als gemachte nachvollzogen werden kann und gleichwohl ästhetische Plausibilität erzeugt. Die tragische Figur changiert daher im Lauf der Tragödienhandlung ambivalent und quasi dionysisch zwischen anwesend und abwesend,[305] zwischen Mann und Frau, König und Sklave sowie zwischen dem Typus der archaischen, der Poliskultur eher fremden Heldinnen und Helden und einem emotional und kognitiv präsenten menschlichen Individuum, an dessen Erfahrungen die Zuschauerinnen und Zuschauer intensiven Anteil nehmen und in dem sie auch etwas von sich selbst wiederzuerkennen vermögen. Während die Maske dabei die mythische Distanz zur Gegenwart visuell akzentuiert, bringt die Stimme, die durch sie klingt, eine authentische Erfahrung im Hier und Jetzt ästhetisch zur Geltung und erzeugt partizipierende Affekte, Empathie und Nähe.

Ähnlich fungieren die Kostüme der Vorführung, die nicht zuletzt die Funktion hatten, Status, Alter und Geschlecht schematisch zu indizieren, denn die Schauspieler waren männlich und mussten mehrere, zum Teil gegensätzliche Rollen spielen. Gesehen wurde demnach weniger der Körper in seiner leiblichen Konkretion als „der generalisierte, gleichsam prinzipielle oder symbolische Körper."[306] Die Kostüme sind abstrahierende Hüllen für die leibhaftige Individualität der Auftretenden, zugleich sind sie wie die Masken selbst Zeichen und Bedeutungsträger und mitunter wichtige Mittel der Handlung, die sich tragisch verselbständigen oder zu Waffen wie in der *Orestie*, den *Trachinierinnen* oder der *Medea* werden können.[307] Den Kostümen, Masken und Schauspielern kommt also eine strukturelle Ambivalenz zwischen Direktheit und Indirektheit, Zeigen und Verbergen, Distanz und Nähe zu. In diesem Changieren aber verweisen sie stets auf das tragische Individuum und seine irreduzible eigene, sprachlich artikulierte Erfahrung, die sich gleichsam durch Maske und Kostüm hindurch schärfer zeigt, ebenso wie auf den Chor, der an dieser Erfahrung teilhat.

Aus der distanzierenden ästhetischen Form der Maske und der Kostüme und der affektiv nahe rückenden individuellen Erfahrung in Wort und Stimme entsteht die theatralische Person. Sie ist einerseits Beispiel für einen Typus, eine exzeptionelle Frau oder einen paradigmatischen Mann aus vergangener, aus mythischer Zeit; zugleich ist sie als ausgesetztes Individuum auf der Bühne in einer Weise individualisiert, die den Helden des Epos nicht zukam.

---

305 Vgl. Vernant 1990b, S. 243.
306 Lehmann 1990, S. 101.
307 Zu den semiotischen Funktionen der tragischen Kostüme siehe Wyles 2011.

Wichtig ist bei dieser Betrachtung der ästhetischen Fokussierung, die formal-ästhetischen Unterschiede zwischen Chor und den von Schauspielern verkörperten Figuren nicht holzschnittartig, sondern differenziert zu sehen – denn auch Verbindungen zwischen beiden werden von den Tragikern genutzt. So weisen die Tragödien gerade des Sophokles auch prominente lyrische Gesangspartien der Figuren auf, die iambische Metren verlassen.[308] Ebenso wird der Chor auch in gesprochene Dialoge mit den Figuren in iambischen Versmaßen einbezogen.[309] Beide, Sprech- und besonders Gesangspartien, sind von einem umfangreichen „Formenreichtum"[310] und einer poetischen Vielfalt des Ausdrucks ausgezeichnet, die jede generalisierende Schematik unterlaufen. Schließlich teilen Chor und Figuren sich den gesamten Bühnenraum der *orchēstra* bis zum Bühnenhaus, eine strikte räumliche Separation ist nicht anzunehmen.[311] Die klare und eindeutige Distinktion von Einzelnem versus Gruppe wird folglich nicht nur akzentuiert, sondern auch konterkariert. Dieses doppelte Verhältnis zeigt sich auch dramaturgisch: Denn zum einen *trennen* die Chorlieder die handlungsrelevanten Dialoge der Figuren, indem sie die Handlung nicht kommentieren oder einordnen, sondern allgemeine mythische Bilder und philosophische Reflexionen entwickeln. Dadurch betonen sie noch die durch die Lieder geschaffene Trennung der Episoden und größerer Einheiten, die später Akte genannt wurden.[312] Zugleich *verbinden* die Chorgesänge oft die Handlungsmomente, indem sie auf sie zurück- und vorausweisen, sie kommentieren und in einen größeren mythischen Kontext integrieren. Goldhill beschreibt sie daher als „Gelenke" (*hinges*).[313]

Wie ist dieses Verhältnis zwischen Chor und einzelner Figur inhaltlich zu verstehen? In der Forschung sind seit dem späten 18. Jahrhundert unterschiedliche Thesen zur Funktion des Chors in der Tragödie diskutiert worden. Zur Debatte über die für das moderne Theaterverständnis und ebenso die moderne Theaterpraxis notorisch schwierige Rolle des Chors lässt sich summarisch sagen, dass jede Generalisierung, die den Chor mit *einer* Funktion in der Tragödie assoziiert, problematisch ist.[314] Die durch Friedrich Schiller und August Wilhelm Schlegel ins Spiel gebrachten Vorschläge, den Chor als Stimme des Dichters oder idealisierten Zuschauer zu begreifen, sind mittlerweile weitgehend abgelehnt worden; zu divers, zuweilen irrtümlich und

---

308 Vgl. Hall 1999; Nooter 2012. Zum Einfluss der altgriechischen Lyrik siehe Andújar/Coward/Hadjimichael 2018.
309 Vgl. Goldhill 2012, S. 81–108, vor allem S. 90 ff.; Reitze 2017, S. 45 ff.
310 Reitze 2017, S. 45. Vgl. Goldhill 2012, S. 109–133. Goldhill bemerkt, dass die Chorlieder der Tragödie auch Formelemente anderer Chorlyrik übernehmen und transformieren (S. 84). Siehe zu dieser „generic interaction" Swift 2010.
311 Vgl. Wiles 1997.
312 Vgl. Reitze 2017, S. 47 f.
313 Goldhill 2007, S. 50.
314 Vgl. Goldhill 2012, S. 166–200, zur Geschichte des „Generalizing About the Chorus" seit Schiller und Schlegel und dem Verhältnis vom Tragödienchor zum Opernchor und -orchester im 19. Jahrhundert. Willms 2014, S. 291, spricht daher von einer „chamäleongleiche[n] Multifunktionalität" des Chors im attischen Drama.

unsicher sind die Urteile des Chors, als dass aus ihnen eine auktoriale Stimme oder stets die eines weisen Kollektivs sprechen könnte. Zudem schaut der Chor nicht bloß zu, sondern interagiert dialogisch mit den individuellen Figuren und handelt als Mitspieler selbst auf vielfältige Weise. Ferner erscheinen solche Generalisierungen harmonisierend, indem sie einen normativen Konsens oder eine mythische Weisheit annehmen, vor deren Hintergrund das tragische Scheitern sich leicht nur Abweichung Einzelner von der Norm, sei es als Hybris oder Transgression, abhebt. Der Chor steht jedoch selbst voller Entsetzen vor dem tragischen Prozess und vermag ihn nicht in einen harmonisierenden Sinn einzubinden.[315]

Seit Vernant wird der Chor meist als kollektive Stimme verstanden, die den Demos repräsentiert und in Spannung zu den archaischen Helden steht, die historisch in die Poliskultur hineinragen, aber in ihr nur schwer integriert werden können. Demnach ist der Chor weniger ein idealisierter Zuschauer, sondern eher ein Bindeglied zum tatsächlichen Zuschauer. So plausibel diese historische Deutung ist, so fraglich bleibt dabei doch, mit welcher Autorität der Chor im Theater ästhetisch wahrgenommen wurde. Gewiss wird der Chor eine aufgrund der Bedeutung chorischer Kultur und Bildung für die Zuschauerinnen und Zuschauer vertraute Form des simultanen kollektiven Sprechens gewesen sein.[316] Es wäre plausibel, wenn er sie an ihre eigene Chorpraxis erinnerte und an ihre Mehrheitsbildungen und gemeinsame Abstimmungen in der Volksversammlung denken ließ. Der Chor mobilisiert die „voice of the community", die Stimme der Gruppe, der demokratischen Gemeinschaft und damit ihre Weisheit und ihr Gedächtnis, wie Goldhill betont.[317] Und doch lässt sich daraus nicht die Gewissheit folgern, dass die Zuschauerinnen und Zuschauer sich eher mit den Mitgliedern des Chors als mit den einzelnen Figuren identifiziert haben bzw. ihnen mit zustimmenden Urteilen und sympathischen Gefühlen gefolgt sind. Zum einen stehen im Handlungsverlauf der Episoden vor allem die namentlich, praktisch und ästhetisch herausgehobenen Einzelfiguren im Zentrum; zum anderen sind auch die Zuschauer nicht nur demokratisches Kollektiv, sondern treten auch selbst als sprechende und handelnde Individuen im öffentlichen Raum auf (sprechen z. B. vor Gericht oder mit anderen Bürgern wie Sokrates auf der Agora nicht als Chor, sondern als einzelne Sprecher). Zudem haben sie wie die Figuren ihnen bedeutsame je individuelle Beziehungen zu ihren *philoi*, den Familienmitgliedern und Freunden, vielleicht auch zu ihren (in der Regel wenigen) Sklaven, die im Haus eine wichtige Rolle spielen konnten. Um individuelle Nahbeziehungen geht es indes vor allem im tragischen

---

315 Siehe die pointierte Bemerkung Goldhills 2007, S. 51: „The chorus struggles, like an audience, to deal with the exceptional disruptions of tragedy, and the day-to-day understanding of the community is one of the first casualties of the world of tragedy. Mundane wisdom is an easy place to retreat to, especially in desperation, but it is scarcely adequate to the horror enacted before the chorus."
316 Vgl. ebd., S. 48; Reitze 2017, S. 31–33, der die „*song-and-dance-culture*" der Griechen betont. Zu diesem Begriff siehe Gruber 2009, S. 28 ff.
317 Goldhill 2007, S. 50, 53.

Umschlag der Handlungen der Figuren.[318] Außerdem muss man bedenken, dass der Chor selbst einen Abstand zum Publikum erzeugt, wenn er in seinen Einschätzungen unzuverlässig wird und die Lage zunächst nicht erkennt (anders als das bereits mit dem mythischen Narrativ vertraute Publikum) oder wenn er nicht interveniert, obwohl das die Zuschauerinnen und Zuschauer in ihrem Schrecken gehofft haben mögen (etwa in die Tötung Agamemnons in der *Orestie*, während der Chor darüber nachdenkt, einzuschreiten, jedoch zaudert).[319] Wichtig ist auch Goldhills Verweis auf die Differenz zwischen den vor allem politisch partizipationsfähigen männlichen Zuschauern und den sozialen Gruppen, aus denen sich der Chor bildet. Die meisten Chöre sind weiblich, zudem gibt es Fremde und Greise, die aufgrund ihres Alters weniger für die politische Aktivität stehen mochten. Der Chor verkörpert eher Alterität als kommunale Entsprechung.[320]

Es hieße jedenfalls, die *Distanz* der einzelnen Figuren – als tote mythische Heroen aus einer vordemokratischen Epoche – gegenüber den ästhetisch-emotionalen Effekten der *Nähe* und der *verbindenden* tragischen Einsicht ins *allgemeine* Risikos negativer Feedbacks von Praxis überzubewerten, wenn man davon ausginge, dass die tragischen Individuen aufgrund ihrer mythischen, sozialen, geschlechtlichen und anderer Differenzen den Zuschauern prinzipiell ferner gestanden haben müssen als die (ja ebenso mythisch, sozial und geschlechtlich differenten) kollektiv auftretenden Chöre.[321]

Zusammenfassend lässt sich sagen, dass jeder Chor wie jede Figur differenziert und individuell von den Tragikern gestaltet worden sind und daher auch ihr Verhältnis jeweils als Besonderes erscheint. Der Chor reflektiert und fühlt, mahnt, beurteilt und interveniert jeweils unterschiedlich im Bezug auf die Figuren. Das Verhältnis Chor-Figur verhandelt daher nicht nur das von demokratischer Gemeinschaft und selbständigem Individuum, sondern auch grundlegender das von Mensch und Mitwelt: Die Figuren handeln und leiden in sozialer Vernetzung. Keine Handlung ist isoliert, nicht mal der Suizid des Aias. Für die folgenden Kapitel liegt darin ein entscheidender Gesichtspunkt: Wenn von individuellem Handeln, Scheitern und Leiden gesprochen wird, dann *niemals* im Sinne eines romantischen Subjektivismus oder Solipsismus, der das Individuum aus der Gesellschaft in eine heroische Inselposition rückt, sondern *immer* im Kontext sozialer Verbindung und Anteilnahme. Figur und Chor sind vernetzt, sodass die tragische Erfahrung nicht nur ein Individuum betrifft, sondern die Gemeinschaft mit ins Leid nimmt. Das heißt allerdings: Die existentielle Erfahrung ist kein heroisches Privatgeschick, sondern geht *als* individuelle *alle* an. Die Tragödie stellt eine individuelle Erfahrung von Hoffnung und Freude bis ins existentielle Extrem eines herzzerreißenden, erschütternden Leidens in eine *doppelte Öffentlichkeit*:

---

[318] Siehe dazu Kap. 8.
[319] Aischylos: *Agamemnon*, V. 1343–1371.
[320] Vgl. Goldhill 2007, S. 51. Vgl. Goldhill 2012, S. 87 ff., der den Chor sowohl als Autorität der Gemeinschaft als auch als situativ spezifischen Charakter auffasst.
[321] Vgl. Goldhill 2012, S. 86.

die des Chores, der direkt singend und sprechend an der Erfahrung teilnimmt, von der er oft selbst getroffen ist, und die des Theaterpublikums, das wie ein pluraler demokratischer Massenchor ebenfalls die Erfahrung (und ihre Spiegelung und Brechung im Chor) fühlend und denkend mit- und nachvollzieht. Diese doppelte Öffentlichkeit erlaubt ein einerseits distanziertes, andererseits unmittelbar nahes, wenn nicht solidarisches Bei-der-Sache-Sein: der des jeweils einzelnen Lebens, das auch noch im größten Leid mit anderen Leben in Beziehung steht, die am Unglück teilhaben, die das Leben der Einzelnen aber zugleich – auch wenn das nicht im Sinne eines Trosts gelingen mag – in die Gemeinschaft emotional einbezogen halten.[322]

In den Erfahrungen der Figuren und des Chors zeigen sich somit Möglichkeiten der Erfahrung, die gerade in der Demokratie prinzipiell für alle einsichtig zu werden vermögen, weil die Gewalt der sozialen Strata schwächer wird und als fragwürdig erscheinen kann, sodass sich das Bewusstsein des Verbundenseins und der Gleichheit von Möglichkeiten nicht nur innerhalb einer Schicht zu entwickeln vermag.[323] Diese Fokussierung der Öffentlichkeit auf die existentielle Situation Einzelner im Theater der Polis kann als Vorgeschichte der Emanzipationsbewegungen in modernen Demokratien verstanden werden, in denen nicht allein Massenbewegungen und kollektive Handlungen wie Demonstrationen und Streiks, sondern immer auch – verstärkt durch die modernen Kommunikationstechnologien – Zeugnisse individueller Handlungen und Leiderfahrungen anteilnehmend von der Gemeinschaft aufgenommen wurden und weiter werden, sodass sie als exemplarische Erfahrungen von Einzelnen allgemeine Bedeutung gewinnen können. Freilich sind es in der attischen Tragödie nicht (nur) die gesellschaftlich Marginalisierten, die ihre Stimme vernehmbar machen, sondern auch und gerade die gesellschaftlich Privilegierten der Heroenzeit. Und doch zeigt gerade ihr Fall aus der Macht des sozialen Status in einen Zustand der Verzweiflung, dass diese jenen in dem, worauf es existentiell ankommt, nicht überlegen sind, dass vielmehr alle, wären sie gleichermaßen zur Freiheit, Praxis in Selbstbestimmung und zum eigenen Glück ermächtigt, ebenfalls im Risiko lebten, tragisch zugrunde zu gehen. In der Einsicht, dass das größte Leiden selbst die Erfolgreichsten und Mächtigsten treffen kann, liegt ein kritisches Potential der Tragödie für die Anerkennung universeller Vulnerabilität und ihres Gegenstücks: der universellen (politischen) Handlungsfähigkeit.

Die ästhetische Konzentration auf das Individuum schließt die auf den Chor nicht aus. Alle Figuren, die sich im Raum zwischen Vorderkante der *orchēstra* und dem oberen Rand des Bühnenhauses befinden, geraten in den Fokus, der in der Mitte des runden Tanzplatzes seine größte Schärfe erhält. Symbolisch, so wurde oben mit Wiles gesagt, tritt der Blick der gesamten Öffentlichkeit damit die Körper im Zentrum der Polis und des Kosmos. Überträgt man das Verhältnis von Peripherie und Mitte auf die Körper selbst, lässt sich ebenfalls sagen, dass die Wahrnehmung der Öffentlichkeit

---

[322] Vgl. ebd., S. 130 f., für die durch das Chor-Heros-Verhältnis aufgeschlossenen Denkmöglichkeiten.
[323] Das tragische Theater ist hier der patriarchalen Gesellschaftsordnung Athens voraus.

sich symbolisch auch auf die Mitte der Körper richtet, in der nach griechischer Vorstellung die Organe liegen, die Sitz des Fühlens und Denkens sind – und damit auch dessen, was im Folgenden als tragische Erfahrung expliziert werden wird.[324]

In der antiken Tragödie geht es also allein schon aus medial-formalen Gründen der theatralen und dramatischen Darstellung immer auch und vor allem um handelnde und expressive Individuen, die aus dem Chor herausgetreten sind, ihm aber verbunden bleiben. Die Tragödien bieten vielfältige Beispiele für Tragik, die erst aus der Kultur resultiert. Die dialektische Struktur, die in der Moderne als Kennzeichen des Kulturprozesses begriffen wurde, führt die Tragödie als Umschlags von Handeln anhand kultureller Medien vor. Doch sie führt den Umschlag immer an, mit und durch Individuen vor, die diese dialektische Struktur und die Verselbständigung der Handlungsmittel an sich selbst als Wechsel von Handeln in Leid, von Macht in Ohnmacht, von Freiheit in Unfreiheit und von Glück in Unglück *erfahren*. Nicht eine „Tragödie der Kultur" wird in Athen inszeniert, sondern Tragödien der Individuen mit den Mitteln der Kultur.

Wurden zunächst nach einer Rekonstruktion des *metabolē*-Begriffs im griechischen Denken (Kap. 2) die Struktur des tragischen Handelns als Umschlag (Kap. 3) und die vernetzten pluralen Ursachen der Umschläge (Kap. 4) sowie die kulturellen Mittel und Medien des Umschlagens (Kap. 5) analysiert, muss nun (an Kap 5.8 anschließend) das *Verhältnis* der Figuren zum Umschlag untersucht werden. Das Verhältnis, in dem die Akteure zum Umschlag ihres Handelns stehen, drückt sich in einer *tragischen Erfahrung* aus. Ihrer Analyse sind die kommenden drei Kapitel des zweiten Teils dieses Buchs gewidmet. Sie sollen erhellen, warum sich in der Tragödie für die Figuren alles, was ihnen am Leben liegt, in nichts verkehrt.

---

[324] Zu den Organen wie *cholos* (die für Emotionen wie Zorn zuständige Galle), *phrēnes* (Geist), *kardia* (Herz), *thymos* (so etwas wie der emotional angespannte Wille), *hēpar* (Leber als Sitz von Gefühlen) und allen Eingeweiden zusammen, den *splancha*, siehe Wiles 1997, S. 77: „One thinks and feels, in other words, with the centre of one's body."

6 Die tragische Erfahrung des Leidens

„Selbst dies ist Musik für die Unglücklichen,
hinauszuschreien das Unheil, das Tänze nicht zuläßt."[1]

„Du hast mir das Herz meines Lebens durchbohrt, du hast mir den Glauben an mich selbst entrissen – Fahr hin, Mut und Hoffnung. Fahrt hin, du frohe Zuversicht zu mir selbst! Freude! Vertrauen und Glaube! –/ In einer Lüge bin ich befangen,/ Zerfallen bin ich mit mir selbst!"[2]

6.1 Einführung: Das Leid der Tragödie

In den strukturalistischen, soziologisch und historisch kontextualisierenden, ebenso wie in den klassischen philologischen Theorien der Tragödie hat das zentrale Element des Leidens kaum eine analytische Untersuchung erfahren. Dabei bildet das bereits bei Aristoteles ausgeführte *pathos*, das schwere Leiden, den semantischen Kern des globaler immer vertrauteren Begriffs der Tragödie bzw. des Tragischen in der Lebenswelt. Die Rede davon, dass sich „tragische Unfälle" oder „Tragödien" ereignen, geht immer mit der Annahme einher, dass Menschen extreme Leiderfahrungen machen, dass sie mit Tod, großen Verletzungen, Schmerz, Verlusten und Demütigungen konfrontiert sind.

Platon ist der erste Denker gewesen, der die Darstellung des Leids als zentral für die Tragödie erkannt – und zugleich kritisiert hat.[3] Sein Schüler Aristoteles, der erste Systematiker der Tragödie, hat das Leid ins Zentrum der Tragödie gerückt und den Begriff des *pathos* als konstitutive Bedingung der Tragödie theoretisch eingeführt. Neben der Peripetie und der Wiederkennung gehört „das schwere Leid"[4] ebenfalls als wesentliches Strukturelement zur komplexen Tragödienhandlung. Anders als die Peripetie und die Wiedererkennung aber ist es auch Element jeder einfachen Tragödienhandlung. Mit dem Umschlag von Glück und Unglück zeichnet es demnach *jede* Tragödie aus: Leid ist „das Grundelement, ohne das eine Handlung völlig des Tragischen entbehren würde"[5]. Darin sind sich nicht nur alle Theoretikerinnen und

---

1 Euripides: *Troerinnen*, V. 120f.
2 Friedrich Schiller: *Demetrius* (Nachlass zu Akt III), S. 107.
3 Vgl. Platon: *Politeia* III, 387b-388a, 395b-396e; X, 603c-606b. Dazu siehe Kap. 8.3.
4 Aristoteles: *Poetik*, 1452b11 (Übersetzung von Fuhrmann).
5 Schmitt 2008b, S. 427, vgl. S. 432f. (mit seltsamem Widerspruch dazu: S. 558). Schon Lessing betonte das konstitutive Moment des Leids für die Tragödie, das noch zentraler als Peripetie und Wiedererkennung sei: „Ohne das dritte hingegen läßt sich gar keine tragische Handlung denken; Arten des Leidens, πάθη, muß jedes Trauerspiel haben, die Fabel desselben mag einfach oder verwickelt sein" (Lessing: *Hamburgische Dramaturgie*, 38. Stück, S. 350). Siehe auch Else 1965, S. 88: „The one thing absolutely essential to a tragedy was a *pathos* of heroic quality and scope." Und siehe Rees 1972, S. 5: „Every tragedy has a *pathos: pathos* is essential to tragedy" (vgl. S. 11). Vittorio Hösle behauptet eine unterschiedliche Funktion des Leids für die drei Tragiker: Während es für Aischylos nur ein Mittel zur

Theoretiker des Tragischen einig; im Moment des großen Leids konvergieren auch die philologischen, soziologischen und philosophischen Theorien der Tragödie bzw. des Tragischen mit dem lebensweltlichen Gebrauch dieser Begriffe. In einem aktuellen Sammelband zur Tragödie der Moderne etwa sehen die in Bezug auf Verallgemeinerungen sehr skrupulösen Beobachter der modernen Tragödienverständnisse gleichwohl im Moment des Leids *den* gemeinsamen Nenner aller divergierenden Konzeptionen des Tragischen und der Tragödie. Das „große Leid" sei auch in der Moderne die „Mindestbedingung".[6] Gleichfalls hebt Edith Hall in ihrer großen Monographie zur antiken Tragödie mit dem Titel *Greek Tragedy. Suffering under the Sun* die zentrale Stellung des Leidens als transhistorisches Kriterium für die Gattung der Tragödie überhaupt heraus:

> „The representation of specific instances of suffering is one of the very few things that will always be central to the historically mutable medium of tragic drama. The suffering can take many forms, and the sufferers react to it in diverse ways. But suffer they do, or the play would not be a tragedy."[7]

Tatsächlich haben alle überlieferten Stücke – auch die, in denen das Unglück der Figuren im letzten Moment noch abgewendet wird wie in Euripides' *Ion* oder seiner *Iphigenie bei den Tauern* – die Artikulation des drohenden, sich verschärfenden und erfahrenen Leids zum Gegenstand. Es ist genau das Element, das bereits für Aristoteles die Tragödie von der Komödie unterscheidet.[8]

Dass das Leiden der tragischen Figuren in den Publikationen zur antiken Tragödie dennoch keine eingehende phänomenologische Analyse erfahren hat, dürfte vor allem auf zwei Gründe zurückzuführen sein: Das Leid erscheint als Element jeder Tragödie so selbstverständlich, dass es – wie die Tatsache, dass es sich bei der attischen Tragödie um eine theatrale kulturelle Form handelt – weder im 5. und 4. Jahrhundert v. Chr. noch in der Moderne für ausdrücklich reflexionsbedürftig angesehen wurde. Seit Aristoteles *pathos* auch als poetologische und vor allem rhetorische Kategorie eingeführt hat, mit der die Gemütsbewegung des Redners, des Publikums und in der Folge auch ein bestimmter Stil der Rede bezeichnet wurde, ist der Begriff mit einer

---

Erkenntnis sei, sei es bei Sophokles die Folge des guten Handelns. Bei Euripides werde es dagegen „ästhetischer Selbstzweck"; Euripides rühre durch „Schwäche" und stelle Kinder leidend dar (Hösle 1984, S. 64–67). Anders als diese in mehreren Hinsichten problematischen Unterscheidungen vertrete ich die These, dass bei allen drei Tragikern zuallererst der Umschlag *ins Leid* oder der Übergang *in tiefere Leiderfahrungen* wesentlich für die Tragik ist. Der ästhetisch ergreifende Exzess des Leidens und seiner Bezeugung in der Klage ist bei Aischylos oder Sophokles keineswegs geringer als bei Euripides, auch wenn bei ihm – wie in den *Troerinnen* – das exzessive Leiden selbst gegenüber Handlungsmomenten noch mehr ins Zentrum rückt.

6 Fulda/Valk 2010a, S. 13.
7 Hall 2010, S. 4.
8 Die Masken der Komödie drücken, so Aristoteles, anders als die schreckerfüllten der Tragödie keinen Schmerz aus (*Poetik*, 1449a34–37).

Wirkung bis in die moderne Rhetorik als rhetorisches *Mittel* neben den *ēthos* des Redners und den Sachbezug der Rede gestellt worden.⁹ Seine Dimension als Leid*erfahrung* trat dabei in den Hintergrund. Von dieser rhetorischen Tradition des *pathos*-Begriffs ausgehend wurde im 18. Jahrhundert der mit ‚Leidenschaft', ‚Erschütterung' oder ‚Gemütsbewegung' übersetzte Begriff wieder ästhetisch interessant.¹⁰ In den erregungsintensiven Pathosdarstellungen lebte die widerspenstige, dunkle, vehemente Antike im vermeintlich ruhigen und einfachen Ideal des von Winckelmann und Lessing exponierten antibarocken Klassizismus fort und stellte eine Herausforderung ans Antikenverständnis der Weimarer Klassik dar. Pathos als Affekterregung durch die bewegte Darstellung heftiger Leidenschaften war einer der wichtigsten ästhetischen Effekte, mit der sich das 18. Jahrhundert auch die heftige Erregungsgewalt der antiken Tragödien anzueignen und umzuwandeln versuchte.¹¹ Insbesondere das Trauerspiel als bürgerliche Nachfolgerin der antiken Tragödie avancierte zu dem ästhetischen Ort, an dem die Affektbilder und Pathosformeln der Moderne entwickelt, befragt und inszeniert wurden.¹² Pathos ist eine der ambivalentesten Kategorien, die vom späten 18. Jahrhundert bis heute verschiedene Diskurse über Literatur, Theater, Musik und Kunst geprägt hat.¹³

Während die Theatralität, Performativität und Ritualität der Tragödie erst im 20. Jahrhundert eingehender in den Blick genommen wurde,¹⁴ hat zwar die Philosophie des Tragischen seit Schelling das Leid ausdrücklich hervorgehoben, ohne aber systematisch zu untersuchen, was tragisches Leiden von rein somatischem Schmerz oder anderen Formen von Leid unterscheidet. Überhaupt ist das Leiden selten in den Fokus der Philosophie bis zu Nietzsche und Adorno gerückt.¹⁵ Die Formen des Weiterlebens der Antike in der Neuzeit, vor allem seit der Aufklärung, denen sich seit einigen Jahren ein großer Teil der Forschung widmet,¹⁶ sind hier allerdings nicht

---

9 Vgl. Meyer-Kalkus 1989, Sp. 193 f.
10 Vgl. Dachselt 2003, S. 17 ff. und 167 ff.
11 Vgl. Dönike 2005.
12 Vgl. Port 2005. Zu der im Diskurs oft nicht berücksichtigten Unterscheidung von modernem Trauerspiel und antiker Tragödie siehe Benjamin 1974, S. 279–299; dazu der Band von Menke/Menke 2007. Dabei wurde in der klassischen Moderne das Pathos – ähnlich wie das tragische Schicksal – weniger als Erfahrung verstanden, denn als ästhetisches Geschehen aufgefasst, das das Subjekt und seinen Ausdruck übersteigt; siehe Port 2001.
13 Vgl. Zumbusch 2010.
14 Zur Performativität und Theatralität vgl. die frühen Arbeiten von Taplin 1977 und 1978 sowie Melchinger 1974 und in der Folge u. a. Lehmann 1991; Wiles 1997; Ley 2007 und 2015; Powers 2014. Der Visualität und Ritualität gehen die Beiträge in Kraus/Goldhill/Foley/Elsner 2007 nach. Zur Religion und Ritualität der Tragödie siehe ebd. sowie Vernant/Vidal-Naquet 1990; Girard 1994a; Seaford 1994 und 1996; Sourvinou-Inwood 2003; Yatromanolakis/Panagiotis 2004.
15 Vgl. dazu Angehrn 2006, der selbst verschiedene Formen des Leidens philosophisch differenziert. Vgl. auch Angehrn 2003.
16 Siehe etwa die am Sonderforschungsbereich „Transformationen der Antike" der Humboldt-Universität zu Berlin entstandenen Forschungen zur Wandlung der Gefühls-Begriffe von der Antike in die Moderne: Harbsmeier/Möckel 2009.

Gegenstand der Untersuchung, ebenso wenig das lange vernachlässigte Thema des Pathos in der Poetik.[17] Vielmehr soll in dieser philosophischen Untersuchung anhand der Artikulation und Begründung von *Leiderfahrungen* in den antiken Tragödien mit Blick auf Platon und Aristoteles ein Aufschluss über die *existentielle Dimension des tragischen Leids* gewonnen werden.

Der zweite Grund für die spärlichen Leiddiskussionen der klassischen, idealistischen, strukturalistischen und sozialhistorischen Tragödienliteratur liegt sicherlich darin, dass die überlieferten Stücke Texte sind, d. h. rhetorische Inszenierungen von Leid als einem ästhetischen Phänomen, nicht aber Zeugnisse wirklichen, leibhaftigen Leidens. Was also direkt interpretierbar ist, sind die rhetorischen und teilweise auch die theatralen *Ausdrucksformen* des Leids, etwa die tragischen Masken, die rituellen Äußerungen des Chors oder die Klagen der Figuren.[18] Über die *Erfahrung* des Leids, seine phänomenale Qualität, ist mit Blick auf fiktive, theatral vorgeführte und von Schauspielern gespielte Figuren freilich nichts Nachweisbares zu sagen. Die Tragödie kann Leiden in ihren verbalen, visuellen und akustischen Medien zum Ausdruck bringen, ohne dass eine Person im Theater wirklich solch eine Leiderfahrung machte. Es ist damit ein Laboratorium und eine Schule der negativen Erfahrungen, deren enorme Macht ausgelotet werden kann, ohne dass man ihr in der Praxis erliegt. Das *pathos* klingt durch die Maske der Schauspieler, die derart zu Figuren des Leids werden, ohne es als empirische Personen wirklich zu sein.[19] Die durch die Maske

---

17 Vgl. Dachselt 2003.

18 Die Diskussion dieser ästhetischen Formen der Leidexpression ist vor allem in der Moderne geführt worden und hat ihr fruchtbarstes Resultat in Aby Warburgs Begriff der Pathosformel gefunden. Vgl. Port 2005.

19 Vgl. die Einleitung. Wir wissen nicht viel über die Psychologie in der Schauspielkunst des 5. Jahrhunderts v.Chr. (zum Schauspiel- und Theaterwesen der Griechen siehe Pickard-Cambridge 1968, S. 126 ff. und 279 ff.). Man kann daher wohl kaum starke Thesen darüber aufstellen, ob die Schauspieler, die sich erst nach und nach professionalisierten, eher distanziert und technisch oder eher einfühlend im Sinne des *method acting* gespielt haben. Aristoteles meint, die Dichter müssten beim Schreiben „die Art, wie Gefühle zum Ausdruck kommen, mitberücksichtigen." Dazu müssten sie „selbst [...] die dargestellten Gefühle empfinden", denn „wer selbst die Verletzung fühlt, stellt die Verletzung, wer selbst empört ist, stellt den Zorn am wahrhaftesten dar." (*Poetik*, 1455a29–35; zur griechischen Tradition, Dichtung und Dichter als enthusiastisch bzw. manisch zu verstehen, siehe Schmitt 2008b, S. 552 f.) Ob das in Athen schon vor Aristoteles auch für die Schauspieler galt, wissen wir nicht. In jedem Fall waren Schauspieler zum Teil sehr bekannt, bekannter als mancher Dichter, und ab 449 v.Chr. gab es ebenfalls einen Schauspielerwettbewerb (Blume 1984, S. 79; Latacz 1993, S. 385). Doch selbst wenn sie in sich selbst eine schmerzhafte Erregung erzeugt haben sollten, war es eine gespielte Erregung, keine tragische Erfahrung. Ein Schauspieler steht selbst in Momenten der rauschhaften Identifikation strukturell in reflexiver Distanz zu der verkörperten Rolle, deren Schicksal nicht seines ist; ansonsten könnte er sie gar nicht – gemäß dem Drama – *spielen*. Erst die neuzeitliche Schauspielertheorie vertritt konkrete Methoden, die sich zwischen einer ‚kalten', distanzierten und einer ‚warmen', einfühlenden Methode bewegen. Für eher ‚kalte', technisch operierende Methoden stehen etwa Denis Diderot, Antonio Francesco Riccoboni, Johann Wolfgang von Goethe, Vsevolod E. Meyerhold und Bertold Brecht mit der Theorie des Epischen Theaters und des V-Effekts, während die

akzentuierte Distanz zwischen Bürger und verkörperter Figur erlaubt also keine Phänomenologie des Bewusstseinszustandes der Person, die sich zwischen dramatisch sprechender und theatralisch auftretender Figur einerseits und dem sie verkörpernden Schauspieler andererseits aufspannt.

Eine theoretische Reflexion der Tragödie muss sich daher entweder einer Beschreibung des Leidens und daher auch den Formen tragischer Erfahrung enthalten – oder sie bewegt sich methodisch am Text über ihn und die (spärlichen) Aufführungszeugnisse hinaus und rekonstruiert phänomenologisch, worin die Erfahrung der (gespielt) Leidenden überhaupt sinnvollerweise bestehen *kann*. Welche Art von Erfahrung darf man den tragischen Figuren unterstellen, wenn man dem expressiven Potential ihrer Sprache Rechnung tragen will? Eine philosophische Befragung dessen, was tragisches Leid, was eine tragische Erfahrung aus der Perspektive der 1. Person – des Akteurs bzw. des Erfahrungssubjekts – sein kann, muss im theatralen Dispositiv keinen Grund für ein methodisches Verbot erkennen, vom Wortlaut und seinen sozialhistorischen, kultischen, mythischen, politischen und philosophischen Kontexten ausgehend eine Erfahrung zu rekonstruieren. Denn die künstlerische Form der Tragödie als Theater fordert auch die Zuschauerinnen und Zuschauer heraus, aus den Zeichen des dramatischen Textes sowie den visuellen und akustischen der Aufführung Erfahrungen der Figuren zu deuten und mit ihnen mitzufühlen. Die Begründungen des Leidens und die Selbstartikulation der Leidenden in den Tragödien kann daher auch eine theoretische Betrachtung nach Art einer sprachlich und körperlich zum Ausdruck gebrachten Erfahrung in der Lebenswelt ernst nehmen und phänomenologisch zu rekonstruieren versuchen. Dabei muss sie notwendigerweise weiter, gewissermaßen hinter den Text und die Maske, fragen, da in den Dramen zwar Erfahrungen zum *Ausdruck* kommen, aber keine *Analyse* der Erfahrung entwickelt wird. Eine solche Theorie sollte wie ein phänomenologisches *close reading* an der Artikulation dieser Erfahrung entwickelt werden, um nicht ein weiteres Beispiel für eine Erörterung des Tragischen *unabhängig* von seiner ästhetischen Konstitution zu liefern.

Der hier vorliegende Versuch einer Theorie tragischer Erfahrung versucht die Bedingungen der Möglichkeit eines Leidens, das innerhalb der ästhetischen Fiktion zum Ausdruck kommt, plausibel zu rekonstruieren. Sie geht davon aus, dass die in der Fiktion des Dramatischen artikulierten Erfahrungen als mögliche menschliche Erfahrungen von den Beteiligten wie vom Publikum als *ihre eigenen Möglichkeiten* erkannt werden. Nur mit dieser philosophisch von Platon und Aristoteles gestützten Annahme vermag die ästhetische Form des Erfahrungsausdrucks in der Tragödie die erschütternde, erschreckende und beängstigende Wirkung bei den Rezipienten zu entfalten. Ohne sie wäre die Tragödie vielleicht ein Genuss an einem komplexen Spiel mit Zeichen, sie würde aber kaum ergreifen, erschüttern und bewegen, wie Aristoteles fordert, das Gesehene wäre existentiell irrelevant. Aus der Tragödie wäre nichts an

---

‚warme', empathische Schauspielertheorie von Pierre Rémond de Sainte-Albine bis zu Konstantin S. Stanislavskij vertreten wird.

Fragen, Irritationen und Problematisierungen der Lebenswelt zu gewinnen. Ihr bloßes *Jeu d'esprit* hätte freilich nicht die Frage aufkommen lassen, die in der Poetik und Ästhetik der Tragödie als *Paradox of Tragedy* verhandelt wird: Wie man negative Affekte – Angst, Schrecken und Mitleid –, deren Gründe man in der Praxis eher zu vermeiden sucht, durch die Handlung der Tragödie durchleben und zugleich an der Tragödie als Kunst ästhetisches Vergnügen finden könne.[20]

Eine philosophische Erörterung der tragischen Erfahrung, die aus der Perspektive des leidenden Menschen zu reflektieren versucht und sich nicht ausschließlich auf die Zeichen des Textes beruft, sondern immer auch anthropologische Selbstreflexion ist, erscheint auch aus wirkungsästhetischer Perspektive gerechtfertigt. Vieles spricht dafür, dass die Zuschauerinnen und Zuschauer der attischen Tragödie stark emotional involviert waren. Auch wenn die Quellen zur griechischen Publikumsreaktion für starke Hypothesen unzureichend sind, kann man davon ausgehen, dass die Zuschauer zum Teil protestierten, Aufführungen sogar durch empörte Reaktionen unterbrechen konnten oder mit eigenen Leid- und Schreckensbekundungen an dem Geschehen teilnahmen.[21] Kann man der sophistischen Verteidigungsschrift Helenas, dem *Enkomion auf Helena*, als Zeugnis der Wirkkraft mündlich dargebrachter Rede im späten 5. Jahrhundert Glauben schenken, hat die dichterische Rede für die Athener so viel Macht wie eine direkte physische Einwirkung, der nicht zu widerstehen ist. Sie verhalte sich, so Gorgias, zur Seele wie ein *pharmakon* zum Körper: Einige Reden „betrüben […], andere erfreuen, andere scheuchen auf, andere verleihen den Zuhörern Mut."[22] Die vom Sophisten ausdrücklich als magisch verstandene Wirkkraft der Rede vermag „Furcht zu beenden, Trauer zu nehmen, Freude zu bereiten und Mitleid zu vergrößern."[23] Die unscheinbare und doch „große Bewirkerin"[24] mit Namen *logos* ist noch kraftvoller, wenn es sich um dichterische, metrisch gebundene Rede handelt, zu der vornehmlich die Tragödie sowohl in den Chorliedern als auch in den Epeisodien zählt: „Von dieser her beschleicht die Zuhörer angstvoller Schauder und tränenreiches

---

[20] Bereits Aristoteles spricht von einem spezifischen, der Tragödie zukommenden Vergnügen (*hēdonē*), das gerade in der Evokation von Mitleid (*eleos*) und Schrecken (*phobos*) bestehe (*Poetik*, 1453b11–14). Das Vergnügen gründet für ihn im Lernen an der mimetischen Darstellung in der Kunst, die, auch wenn sie etwas darstellt, das „wir selbst nur mit Widerwillen anschauen", gleichwohl die „höchste Lust" (*hēdiston*) darstelle (1448b4–17). Seit Humes Essay „Of Tragedy" (Hume 1992) ist in der philosophischen Ästhetik wieder darüber nachgedacht worden, wie die paradoxale Erfahrung der Tragödie, negative Affekte als Lust zu empfinden, zu erklären ist. Hume geht von einer Duplizität aus: Die negativen Gefühle seien auf den Inhalt der Darstellung, die positive Lusterfahrung auf die künstlerische Form des Inhalts bezogen, die jene überwiegen. Siehe Kap. 9.5. Vgl. zum Überblick über die Diskussion im späteren 20. Jahrhundert Neill 1992.
[21] Siehe etwa Platon: *Politeia* VI, 492b-c; *Nomoi* III, 700c-701a; *Ion* 533d, 535e. Zu den Quellen über das griechische Publikum und den kulturhistorischen Kontext des Theaters siehe Segal 1996 und 2004; vgl. auch Seeck 2000, S. 67–72, sowie LaCourse Munteanu 2012, S. 29–36.
[22] Gorgias: *Enkomion auf Helena* (14) (Diels/Kranz B11).
[23] Ebd. (8).
[24] Ebd.

Mitleid und schmerzenfrohes Verlangen."²⁵ Gorgias betont hier die ästhetischen Affekte angesichts des fiktionalen, von einem selbst distanzierten Spiels der Tragödie: „Wegen *fremder* Sachen und Körper Glück und Unglück leidet die Seele ein eigentümliches Widerfahrnis (*pathēma*) vermittels der Reden."²⁶

Mit Blick auf die ästhetische Wirkung der Tragödien auf das zeitgenössische Publikum ist zudem bezeichnend, dass, wie Herodot berichtet,²⁷ der alte Tragödiendichter Phrynichos eine Strafzahlung von 1.000 Drachmen abzuführen hatte, weil er mit seiner zeitgeschichtlichen Tragödie *Die Eroberung Milets* (oder *Der Fall Milets*) aus dem Jahr 492 v. Chr., die die Zerstörung der ionischen Stadt in Kleinasien durch die Perser zwei Jahre zuvor zum Thema hatte, den Athenern in Erinnerung an die griechische Niederlage offenbar emotional so nahegerückt war, dass die politische Führung eine Gefährdung der politischen Willensbildung zu erkennen meinte. Herodots Bericht, der die gespielten Leiden als *oikēia kaka* schildert, als gehörten sie zu Athen und ihren Bürgern, vermag Gorgias' Postulat der extremen emotionalen Wirkungsfähigkeit von Dichtung beispielhaft zu bestätigen. Überhaupt muss man sich auch schon angesichts der homerischen Totenklagen, des Threnos in der altgriechischen Lyrik bei Simonides oder Pindar, vor allem aber mit Blick auf die Klageexzesse bei Aischylos, Sophokles und Euripides die für moderne Menschen befremdliche Haltung der Griechen vor Augen führen, extreme Affektregungen angesichts von gespieltem Unheil zu zeigen. Im Fall der Tragödie des Phrynichos sei, so Herodot, das gesamte Publikum in Tränen ausgebrochen. Offenbar war die Erregung so gewaltig, dass fortan die Aufführung des Stücks und die Bearbeitung des Stoffs verboten wurden.²⁸

Rechnet man zu diesen Aussagen zur bewegenden Kraft gebundener Rede auch die bei Aristoteles kaum reflektierten visuellen und akustischen Aspekte der Aufführung hinzu, kann man von der Möglichkeit einer äußerst intensiven ästhetischen Erfahrung des Athener Tragödienpublikums ausgehen. In ihr blieb das künstliche Dispositiv des Theaters zwar augenscheinlich erhalten und wurde nicht rauschhaft wie eventuell noch im Dionysoskult überspielt; die affektiven Reaktionen und wertenden Stellungnahmen aber dürften über das konsumistische Verhalten der meisten modernen Theaterbesucher weit hinausgegangen sein. Man kann wohl von einem

---

25 Ebd. (9).
26 Ebd. (Hervorh., A. T.).
27 Herodot: *Historien* VI, 21, 2.
28 Siehe Mülke 2000. Zwar gab es noch Stücke mit historischem Inhalt wie Phrynichos' *Phönizierinnen* und Aischylos' *Perser*, die die zeitgenössischen Stoffe allerdings aus der Perspektive der von den Griechen Besiegten behandelten, also in kulturelle und räumliche Distanz zum Publikum rückten (vgl. Vernant 1990b, S. 244 f.). Zunehmend wurde die Tragödie im ersten Viertel des 5. Jahrhundert v.Chr. thematisch zur Transformation des Mythos; Aischylos' *Perser* (472 v.Chr.) – für uns die früheste Tragödie – markieren daher das Ende zeitgeschichtlicher Sujets. Durch die Bearbeitung des Mythos war die Distanz zu einem unbestimmt fernen Heroenzeitalter, einer den Bürgern Athens eher fremden und doch vertrauten und bekannten Welt gesichert.

„Volkstheater"²⁹ sprechen, das in der Geschichte des europäischen Theaterwesens keine Parallele kennt. Gegenüber der neuzeitlichen Arbeitsteilung des Theaters, die erst im 20. Jahrhundert in verschiedenen performativen Experimenten überspielt und aufgehoben wurde,³⁰ ist es „a vital principle", dass „the 'audience' of Greek tragedy was, socially speaking, inseparable from its creative personnel."³¹ Die Athener spielten *sich* die Tragödien *selbst* vor, konnten sich also vermutlich gegenseitig auf die Fiktion einer ästhetischen Erfahrungssuggestion besonders gut einlassen. Ohne die Unterstellung einer möglichen, hier und jetzt ästhetisch gegenwärtigen tragischen Erfahrung des tragischen Personals sind die affektiven Reaktionen des Publikums jedenfalls nicht zu erklären. Dieser Ernst ist gleichsam durch theatrale Selbstreflexion „nicht verspielbar"³² und nimmt die Zuschauenden daher mit – sie werden berührt, ergriffen, starke Affekte werden erregt.³³

Für die folgende phänomenologische Beschreibung und strukturelle Analyse des tragischen Leids genügt die gut begründete Hypothese der ästhetischen Wirklichkeit von gelebter Erfahrung in der Fiktion. Auf die tragische Erfahrung wird aus dem sprachlichen Ausdruck der Figuren geschlossen, wobei eine Theorie zu entwickeln ist, mit der eine Erfahrung begreifbar wird, die man den Figuren zuschreiben kann und die auch diesseits ihrer ästhetischen Formung in der Kunst als unsere eigene Möglichkeit verstanden werden kann. Die Texte bieten demnach nur einen ersten Zugang; das Ziel ist, ein Verständnis dessen zu gewinnen, was es für Handelnde als Erfahrungssubjekte heißt, tragisch zu scheitern. Es geht weniger um eine Poetik der Tragödie als um eine existentielle Phänomenologie. Unter Phänomenologie soll hier grundlegend eine Strukturbeschreibung von Erfahrung verstanden werden, die ausdrücklich von der Perspektive der Erfahrungssubjekte ausgeht und die Erfahrung immer auch aus der Perspektive der 1. Person zu verstehen versucht. Die Methoden der Phänomenologie Husserls wie die Einklammerung werden bewusst nicht verwendet. Einsicht in das phänomenale Bewusstsein, *wie* es ist, eine solche Erfahrung zu machen, ist Ziel der phänomenologischen Rekonstruktion. Zugleich unterscheidet sie sich als Theorie durch Metasprache und die begriffliche Analyse der Erfahrungsstruktur von Formen des (literarischen) Ausdrucks dieser Erfahrung.

In der Analyse wird eine Antwort auf die Frage zu geben versucht, warum das Leid existentiell ist. Leitend ist dabei die These, dass das Leid die Bedingungen von Praxis

---

29 Zimmermann 2000, S. 161. Dieser Begriff ist hier freilich mit Vorsicht zu gebrauchen. Es spricht zwar viel dafür, dass nicht nur männliche Bürger, sondern auch Frauen und sogar Sklaven und Kinder das Theater besuchten (vgl. Pickard-Cambridge 1968, S. 263 ff.; Spineto 2005; Bers 2014, S. 174 f.), doch sichere Zeugnisse dafür gibt es nicht (vgl. Goldhill 1997, S. 62). Das griechische Theater wurde von Männern des Demos (Choregen, Dichtern, Schauspielern, Musikern und Choreuten) für zumindest hauptsächlich männliche Zuschauer gemacht. Ich gehe davon aus, dass Frauen ebenfalls zuschauten. Zum Fassungsvermögen des Dionysos-Theaters siehe Blume 1984, S. 50 f.
30 Siehe die Beispiele in Fischer-Lichte 2004; vgl. auch Lehmann 1999 und Bishop 2006.
31 Hall 2010, S. 14.
32 Schmitt 1985, S. 47.
33 Vgl. Zierl 1994, S. 29 ff.

überhaupt und die Konstitution von Individualität und Selbstbestimmung betrifft. Dafür sollen verschiedene Erfahrungsdimensionen des Leidens in den Blick geraten. Begonnen wird mit der Analyse des Verhältnisses von Leid und Widerfahrnis (Kap. 6.2) und von Handeln und Leid (Kap. 6.3), um im Anschluss die Rolle von Schmerzempfindungen (Kap. 6.4) und negativen Gefühlen (Kap. 6.5) zu untersuchen und schließlich die Interpretationen des Leids mit Blick auf das Weltverhältnis der Figuren zu analysieren (Kap. 6.6 und 6.7).

6.2 Leiden als negatives Widerfahrnis und sein Ausdruck

Leiden wird in der griechischen Tragödie mit einem reichhaltigen Vokabular bezeichnet. Leid, Schmerz und erfahrenes Unheil kommen nicht nur durch das Wort *pathos*, sondern auch in Begriffen wie *to kakon* (‚Übel', ‚Unheil', ‚Unglück', ‚Not', ‚Schaden', ‚Verlust', ‚Verderben', ‚Leiden'), *dystychia* (‚Unglück', ‚Unfall', ‚Missgeschick'), *atychia* (‚Unglück'), *ponos* (‚Schmerz', ‚Mühsal', ‚Not', ‚Pein', ‚Kummer', ‚Unglück'), *pēna* (‚Leid', ‚Unglück', ‚Unheil', ‚Schaden'), *lypē* (‚Trauer', ‚Leid', ‚Schmerz', ‚Sorge', ‚Kummer'), *algos* (‚Leid', ‚Schmerz', ‚Kummer'), *penthos* (‚Trauer', ‚Kummer', ‚Leid', ‚Klage') oder *odynē* (‚Schmerz', ‚Leid') zum Ausdruck. Man sollte sich also nicht auf Wortgeschichte allein stützen, um die Sache des tragischen Leids zu erhellen. Allerdings ist es für eine Theorie tragischer Erfahrung weiterführend, den von Aristoteles als Terminus für „schweres Leid" eingeführten Begriff des *pathos*, der die Diskurse über tragische Affekte und Leiden bestimmt, in seinem Werk zu verfolgen, da sich dadurch bestimmte systematische Überlegungen ergeben, die auch phänomenologisch weiterführen.

Auffällig ist zunächst, dass Aristoteles der Analyse des Begriffs *pathos* in der *Poetik* keinen Raum gewährt, weshalb auch seine Interpreten diesen Begriff kaum weiter in seinem Werk verfolgt haben, obwohl sie ihn als wesentlich für die aristotelische Bestimmung der Tragödie ansehen.[34] Mit Blick auf das 18. Kapitel kann der Eindruck entstehen, als sei der Begriff nur für eine von vier inhaltlich unterschiedlichen Arten der Tragödie reserviert.[35] Doch das Leid macht für Aristoteles Dramen

---

34 Siehe exemplarisch Halliwell 1986, S. 145 f.; Rees 1972, S. 1 f.
35 Aristoteles unterscheidet an dieser Stelle seiner *Poetik* (1455b33 – 1456a3) vier Arten der Tragödie nach ihrem *mythos*, eine davon sei die, „in der das Moment des Leids vorherrscht", etwa die Aias- und Ixion-Tragödien (von letzterem Typ ist keine überliefert. Ixion wurde von Zeus als Strafe für missbrauchte Gastfreundschaft auf ein brennendes, sich ewig drehendes Rad gefesselt) oder entsprechende Epen wie die *Ilias* (1459b13 – 15). Daneben gebe es noch komplizierte Plotformen sowie Charakter- und Unterwelttragödien. Es kommt bei den vier Arten, von denen die *pathētikē* eine ist, eher auf Schwerpunkte in der Gestaltung, nicht auf Ausschluss an (vgl. Schmitt 2008b, S. 558). Das Leid (*pathos*) gehört für Aristoteles jedenfalls zu jeder Tragödie, selbst wenn andere Elemente des *mythos* wie Peripetien im Zentrum der Aufmerksamkeit stehen oder wenn die Handlung vom Unglück ins Glück umschlägt. Vgl. auch Kap. 24: 1459b7 – 13. Dort behauptet Aristoteles, dass nicht nur die im 18. Kapitel angeführten Leid-Tragödien bzw. -Epen, sondern jedes der Tragödie analoge Epos immer auch des

überhaupt erst zu Tragödien im Unterschied zu Komödien.³⁶ Ansätze zu einer Erhellung des Leids sucht man gleichwohl vergeblich – wie auch in den übrigen Werken von Aristoteles *pathos* selten als Verletzung des guten Lebens und als *Erfahrung* des Leidens näher reflektiert wird.³⁷ Es wirkt, als hätte der Schüler Platons in seinem Versuch, die Tragödie als künstlerische Darstellung sozialer Praxis und nicht als religiösen Kult darzustellen,³⁸ vor lauter Betonung der Handlungen (*pragmata*) der Figuren und der Gesamthandlung des Stücks (*mythos*) übersehen, die von ihm selbst terminologisch eingeführten Formen der *metabolē* dieser Handlungen in ihr Gegenteil konsequent weiterzudenken. Zwar betont Aristoteles, dass eine leidbringende Tat beabsichtigt werden kann, ohne dass sie wirklich ausgeführt wird,³⁹ aber was dieses mögliche oder wirklich eintretende *pathos* für den Handelnden und die von den Handlungen betroffenen Figuren *bedeutet* und wie es sich für die Zuschauerinnen und Zuschauer ästhetisch *darstellt*, wird nicht thematisiert. Auch die affektiven Reaktionen des Publikums auf dieses Leid sind erst in der Rezeptionsgeschichte der *Poetik* zum wesentlichen Diskussionsgegenstand avanciert, während sie in der *Poetik* vergleichsweise wenig Raum einnehmen.⁴⁰ Das kann auch ein Indiz dafür sein, dass der Ausdruck eines extremen *pathos* den Lesern des Stagiriten durch die regelmäßigen Tragödienaufführungen so selbstverständlich erschien, dass er nicht extra thematisiert werden musste. In jedem Fall vermag die semantische Beschränkung des Begriffs *pathos* auf physisches Leiden oder sichtbar inszenierte Unglücksfälle, als welche das vielschichtige Wort in der *Poetik* von Kommentatoren mitunter reduziert wird,⁴¹ angesichts der komplexen Ausdrucksformen des Leidens in den Tragödien nicht zu überzeugen. Außerdem wäre angesichts der eher selten auf der Bühne *sichtbaren* Unglücksfälle die für Tragödien essentielle Rolle des *pathos* als ihrem zentralen Gegenstand nicht begründbar.⁴² Ich gehe davon aus, dass Aristoteles die bis in die So-

---

pathēmatōn, des schweren Leids, als drittem konstitutiven Merkmal neben der *peripeteia* und der *anagnōrisis* bedürfe. Offensichtlich liegen hier unterschiedliche Begriffe von *pathos* vor: einmal ein äußerer im Sinne von „Unglück" oder „Katastrophe", die einem zustößt (vgl. Fuhrmann 1982, S. 116), einmal ein innerer im Sinne einer durch das Handeln bewirkten Leid*erfahrung*, deren Struktur allerdings von Aristoteles nicht expliziert wird.

36 Vgl. Aristoteles: *Poetik*, 1449a34–37.
37 Vgl. Oele 2007. Zum *pathos* als Leiden siehe ebd., S. 190–213.
38 Vgl. Halliwell 1986, S. 148 ff.; Zierl 1994, S. 13.
39 Vgl. Aristoteles: *Poetik*, 1453b28 f. und 34 f.
40 Dafür schließen sie an den Begriff des *pathos* in der *Rhetorik* an. Dort ist *pathos* ein Überzeugungsmittel der Rede neben dem *ethos* des Redners und den Argumenten des *logos*. Eine pathetische Rede soll die Zuhörer bewegen und ihr Urteil beeinflussen (*Rhetorik* I 2, 1356a1 ff.). Entsprechend bewegt auch das *pathos* der Tragödie die Zuschauerinnen und Zuschauer zu ihren reaktiven Emotionen (*pathē*) und Urteilen.
41 Vgl. den Überblick bei Rapp 2005, S. 435. Siehe bspw. Bremer 1969, S. 6 f., über *pathos* als „scene of suffering, a destructive or painful action": „Aristotle evidently thinks of instances like the agonizing Heracles in Sophocles' *Trachiniae*, the wounds and pain of Oedipus in *Oedipus Tyrannus*, the sad plight of Euripides' *Trojan Women*, or the imminent fratricide in the latter's *IT*."
42 Vgl. Rees 1972, S. 7 f.

phistik dominante Bedeutung von *pathos* als „Erleiden von Not und Mißgeschick aller Art"[43] in seiner Rede über die Tragödie, die diesen Sinn noch aufweist, voraussetzt.

Ein Blick auf die Rede von *pathos* in anderen Schriften des Aristoteles ist hilfreich, um seinem Sinn in der Poetik näherzukommen. Das Substantiv *pathos* (bzw. meist werden *pathēma* oder das den Vorgang betonende *pathēsis* synonym gebraucht) ist abgeleitet aus dem Verb *paschein* (leiden, erleiden) und bezeichnet zunächst allgemein alles, was einem von außen widerfährt.[44] Aristoteles differenziert den schillernden und bis heute äquivok gebrauchten Begriff in verschiedene semantische Dimensionen, die auf den ersten Blick nicht viel miteinander zu tun zu haben scheinen, sich aber auf das Moment des für *den Menschen abträglichen* Passierens oder „Angegangenwerden[s]"[45] hin zuspitzen: In der *Metaphysik* wird unter *pathos* 1. eine Eigenschaft des der Möglichkeit nach eine qualitative Veränderung Erfahrenden und 2. die Aktualität des Erleidens von Veränderungen wie im Fall der Wahrnehmung verstanden. Zudem kann das Wort 3. die „schädlichen Qualitätsveränderungen und Bewegungen", vor allem die „schmerzhaft schädlichen", sowie 4. übergroße Unglücksfälle bezeichnen, auf die sich die Verwendung von *pathos* in der *Poetik* allein zu stützen scheint.[46] Nur die schädlichen Veränderungen aber, die man auch *spürbar erleidet*, kommen für eine Beschreibung des tragischen Leids überhaupt infrage. Denn Leiden als aktual erlebte schädliche Qualitätsveränderung kann auch in Aristoteles' Verständnis als eine *Erfahrung* beschrieben werden, an der neben Affekten auch Gedanken beteiligt sind.[47]

Andere Stellen aus Aristoteles' Werk lassen den Zusammenhang von Aktion und Widerfahrnis plausibel erscheinen: Aristoteles erklärt das Verb *paschein* als das Erleiden einer *Veränderung*. Es ist für ihn eine Kategorie der Veränderung, die der Kategorie des *poiein*, des hervorbringenden Tuns, das diese Veränderung bewirkt, entgegengesetzt ist.[48] Beide Kategorien sind Antonyme, zugleich aber voneinander abhängig.[49] Ebenso ist das neutralere *kinein* (‚bewegen') dem *paschein* entgegenge-

---

43 Dörrie 1956, S. 9. Zum Wandel der Bedeutung im 4. Jahrhundert v.Chr. siehe ebd., S. 28 ff.
44 Rapp 2002, S. 543–545.
45 Heidegger 2002, S. 195, 208. Zur Kategorie der Passivität in Bezug auf andere Kategorien vgl. Stoellger 2010, S. 39 ff.
46 Aristoteles: *Metaphysik* V 21, 1022b15–21. Vgl. Rapp 2005; Oele 2007, S. 137–143. Auch Gefühle werden als *pathē* bezeichnet. Vgl. dazu Rapp 2002, S. 545–554.
47 Gefühle sind für Aristoteles immer mit Lust oder mit Schmerz verbunden, stellen also Erfahrungsweisen des Angenehmen oder des Unangenehmen bzw. Leidvollen dar; siehe *Nikomachische Ethik* II 4, 1105b21–24; *Eudemische Ethik* II 2, 1220b12–14; II 4, 1221b36 f.; *Rhetorik* II 1, 1378a20–23; *De Anima* I 1, 403a16–18. Zum Leid als Erfahrung in der Tragödie siehe Dörrie 1956, S. 22 ff.
48 Zur Erläuterung der Bedeutungsunterschiede siehe Rapp 2005, S. 427–436, und Oele 2012a. Zum *pathos*-Begriff bei Aristoteles siehe auch Stoellger 2010, S. 38–47; Newmark 2008, S. 26–52; Wörner 1981.
49 Vgl. ebenfalls Platon: *Phaidros* 245c; *Nomoi* IX, 876d. In Platons *Parmenides* werden verschiedene Gegensatzpaare wie Grenze und Grenzenlosigkeit, Berührung und Distanz oder Ungleichheit und Gleichheit *pathē* genannt (137c-166c). Die Formen des Erleidens sind bei Platon also an die Existenz von

setzt. Es handelt sich beim Erleiden als Widerfahrnis um einen von außen induzierten Prozess an einer Sache, der grammatikalisch meist (aber nicht immer) im Passiv dargestellt wird, während das Tun bzw. jede Form einer selbsttätigen Bewegung meist aktivisch formuliert wird.[50] Aristoteles spricht z. B. von „schneiden" als Beispiel für Tun *versus* „geschnitten werden" für Erleiden.[51] Beide Kategorien erlauben Kontrarietät und Gradualität, d. h. sie betreffen auch jeweils gegensätzliche Bewegungen wie das Sichfreuen einerseits und das Sichbetrüben andererseits, die wiederum jeweils graduell in ein Mehr oder Weniger differenziert werden können.[52] Das Erleiden als analytische Bestimmung des passiven Prozesses kommt der Materie bzw. dem Stoff (*hylē*) zu, während die Form (*eidos*) aktivisch die Möglichkeit (*dynamis*) der Materie in eine Wirklichkeit (*energeia*) transformiert. Damit sind Formen des Erleidens ohne Körper nicht denkbar, was auch für die Gefühle der Seele gilt, die für Aristoteles eine körperliche Dimension haben, während demgegenüber der bestimmende, also aktive Verstand (*nous*) weitgehend *apathēs* ist.[53] Die Einsicht, dass Leiden und die Tätigkeiten des Geistes wie Lernen als gegensätzlich zu verstehen sind, bildete sich – mit historisch weitreichenden Folgen bis ins moderne Denken – in der Philosophie von Xenophon, Platon und Aristoteles heraus.[54]

Passieren oder Erleiden (*paschein*) gehört als Kategorie für Aristoteles trotzdem auch zu jedem Wahrnehmungsvorgang. Wahrnehmung ist für ihn eine Form von Veränderung, bei der die Seele des Wahrnehmenden eine Veränderung durch einen Stimulus erfährt: Das wahrnehmende Bewusstsein wird von Sinneseindrücken affiziert.[55] Das Erleiden ist hier aber allgemein ein kognitives Verändert*werden* des Subjekts durch das Wahrnehmungsobjekt, nicht schon eine phänomenologisch beschreibbare *Erfahrung von Leid* im Sinne eines bewussten Erlebens spürbarer Negativität, wie sie im seelischen oder körperlichen Schmerz vorliegt.

Zum Begriff Erleiden im anthropologischen Sinn des Wortes *paschein* zählen im Denken der klassischen griechischen Philosophie alle Vorgänge am und im Menschen, deren Ursache er als intentionaler Akteur *nicht* ist. Unproblematisch erscheint es, dieser Kategorie körperliche Vorgänge, die vom Organismus selbsttätig über das Zentrale Nervensystem gesteuert werden, etwa den Herzschlag oder die Verdauung, zuzuordnen. Das Bewusstsein kann sich diese Prozesse zwar teilweise durch Aufmerksamkeit auf die Propriozeption bewusst machen, aber es steuert sie nicht nach

---

Gegensätzen gebunden, die einander ausschließen. Ein Begriff erleidet seine Grenze an seinem Antonym.
50 Als aktives Verb kann z. B. das Hören gelten, auch wenn es ein Erleiden ist, denn der Hörende verändert sich durch das Gehörte. Vgl. Jansen 2005b, S. 468 f.
51 Aristoteles: *Kategorien* 4, 2a3 f. Vgl. Oele 2007, S. 8–94.
52 Vgl. ebd., 9, 11b1–9.
53 Vgl. Aristoteles: *De Anima* I, 1, 403a16–19.
54 Vgl. Dörrie 1956, S. 30 ff.
55 Vgl. Aristoteles: *De Anima* II 5, 416b32–418a6; III 2, 425b26–426a12; *Metaphysik* IV 5, 1010b19–1011a2. Aristoteles hatte damit einen großen Einfluss auf die Wahrnehmungstheorie des Empirismus bis zu Kant.

Art einer Handlung. Nach der von Kant systematisch entwickelten Einsicht in die kognitive Eigenleistung des Geistes in der Erfassung von Gegenständen ist es heute dagegen problematisch, die Wahrnehmung allein der Kategorie des Passiven zuordnen. Heuristisch hilfreich ist Aristoteles' Differenzierung gleichwohl für die Beurteilung der *funktionalen* Distinktion von Tun und Erleiden. Funktionstheoretisch kann man Vorgänge oder Prozesse innerhalb größerer Vorgänge, an denen Menschen teilhaben, differenzieren, wenn man sich jeweils fragt, ob ein mit dem Menschen direkt assoziierter Vorgang von handlungsleitenden Intentionen begleitet und gesteuert wird oder nicht. Ist in diesem Sinne der Mensch als Teilnehmer seiner Lebenspraxis *nicht* ein bestimmender Akteur, also (Mit-)Ursache des Vorgangs im Sinne einer Handlung, *widerfährt* dieser ihm, sei es die Blutzirkulation oder ein von außen einbrechendes Unglück. Der Begriff *paschein* wird in näherer Hinsicht in der Biologie relevant, denn Tieren mit zentralem Nervensystem können in vielfältiger (u. a. thermischer, mechanischer, chemischer) Weise Reize aufgrund von Umweltveränderungen als Empfindung widerfahren. Der funktionale Begriff des *pathos* ist also in der Sensibilität und Irritabilität des Lebendigen begründet, von dem er auf Sachen, die weder aktiv noch empfindungsfähig sind, übertragen wird. Daher zeichnet er sich in seinem weiten Begriffsumfang durch evaluative Neutralität aus: Die Feststellung, dass ein Tier oder eine Person eine Veränderung erleidet, ist ohne weitere inhaltliche Qualifikation dieses Erleidens weder negativ noch positiv zu bewerten. Die Wertung erfolgt erst mit einer Interpretation der Veränderung in Bezug auf die Lebensfunktionen des Organismus bzw. seine Bedürfnisse und Interessen.

Diese funktionstheoretische Gegenüberstellung schließt nicht aus, dass das Erfahrungssubjekt auch bei Widerfahrnissen im weiten semantischen Sinn nicht vollkommen passiv, also unbeteiligt ist, sondern erlaubt, dass es den Vorgang empfinden, fühlen, wahrnehmen, beurteilen und auf ihn reagieren kann. Vollkommen passiv wären nur unbelebte oder tote Gegenstände, für die Erleiden nur im übertragenen Sinne gelten kann. Funktionstheoretisch entscheidend für den Begriff des *pathos* in Bezug auf den Menschen ist vielmehr die Steuerungsinstanz: Ist es der Mensch mit seinem intentionalen Bewusstsein selbst, der einen Prozess initiiert, ausführt und im Verlauf steuert, oder ist es eine andere innere bzw. äußere Instanz wie ein krankhaft verselbständigtes Organ des Körpers oder ein aus der Umwelt kommender Stimulus?

Widerfahrnis als weiter Oberbegriff für verschiedenartig im und am Menschen Passierendes ist demnach analytisch der Gegenbegriff zu *Handlung*, wie Wilhelm Kamlah in seiner Anthropologie herausgestellt hat. Widerfahrnisse, die im Unterschied zu Ereignissen durch zweistellige Prädikate (*etwas* widerfährt *jemandem*) ausgedrückt werden, sind nach Kamlah entscheidend für die Frage nach dem, was Menschen in ihrem Leben als gut oder schlecht einschätzen, und für das „Selbstverständnis den Handlungen mindestens ebenbürtig." Die moderne Kultur habe den „Widerfahrnischarakter des menschlichen Lebens" unterschätzt, den es in der Philosophischen Anthropologie wiederzuentdecken gelte.[56] Mit Kamlahs Vorschlag ist man gleichsam im anthropologischen Herzen der Tragödie, die das Verhältnis von Handeln und Widerfahren am Individuum darstellt.

Thomas Rentsch hat gegen Kamlah die Fruchtbarkeit des Gegensatzes von Widerfahrnis und Handeln bezweifelt und eine Anthropologie des Menschen in Situationen entwickelt, in denen Handlungen und Widerfahrnisse immer schon ineinandergreifen.[57] Das ist zumal bei Wahrnehmungen, auch bei Gefühlen und dem Sich-Vorfinden-in-der-Welt sicher der Fall. Es erscheint zutreffend, dass solch ein Gegensatzpaar nicht geeignet ist, die nuancierten Phänomene des In-der-Welt-Seins immer *entweder* auf die eine *oder* auf die andere Seite zu verbuchen. Vieles ist, wie Rentsch deutlich macht, zugleich aktivisch als auch als widerfahrendes Geschehen, anstatt nur als Handlung oder nur als ein Zustoßen zu verstehen. Grammatikalisch gewendet könnte man (für Sprachen mit drei Diathesen) sagen: Je nach Fall ist das (im Altgriechischen vorhandene) Medium, das Aktiv oder Passiv für eine Beschreibung angemessen.

Allerdings ist es wenig plausibel, die Unterscheidung immer in etwas Gemischtem und Verbindendem wie Geschehnissen oder Situationen aufzuheben, denn ein Handeln aus eigenem Impuls ist trotz der Aspekte des Widerfahrens beim Handeln phänomenologisch etwas *grundsätzlich anderes* als ein Widerfahrnis, das man nicht initiiert, zumal wenn man es als leidvolle Zumutung erfährt. In Situationen können sich die Erfahrungen des Tuns und die des Erleidens zuweilen so extrem unterscheiden, dass es fragwürdig erscheint, darin nur unterschiedliche Aspekte derselben Sache zu erkennen. Handeln und Widerfahrnis greifen in der Tragödie ineinander, nicht aber als „Zugleich" (Rentsch), sondern, wie zu zeigen sein wird, in einem dialektischen Prozess, bei dem die zeitliche Struktur eine wichtige Rolle spielt.

Weder ein weiter Begriff von Widerfahrnis wie bei Kamlah noch Mischformen wie bei Rentsch können allein ausreichen, um zu erklären, was bei einer tragischen Erfahrung vor sich geht. Zweifellos kann man nicht jede Veränderung als Ursache einer tragischen Erfahrung begreifen. Auch scheinen selbst dramatische, schmerzhafte Veränderungen an anderen Lebewesen als dem Menschen bisher nicht für eine Beschreibung Anlass zu geben, die mit dem Vokabular des Tragischen operiert. Eine tragische Erfahrung betrifft offenbar bestimmte leidhafte Veränderungen an *Menschen*. Leidhafte Veränderungen, also als Leid erfahrene Veränderungen, haben

---

56 Kamlah 1973, S. 34–40.
57 Vgl. Rentsch 2003. Rentschs Konzeption der Situation ist gegenüber dem puren Gegensatzpaar weiterführend, aber die Unterschiede zwischen phänomenologisch je nach Fall sogar extrem widerstreitenden Erfahrungen wie denen zwischen Handeln und Leiden in der Tragödie drohen zu verwischen, wenn man sie nur als zusammenhängende Aspekte derselben Sache begreift. So wird der mitunter existentiellen Differenz von Tun und Erleiden nicht mehr Rechnung getragen: „Handlungen und Widerfahrnisse sind gleichermaßen Geschehnisse. Auch meine eigenen Handlungen *geschehen* mir, indem ich sie ausführe, so wie sie anderen widerfahren, weil sie geschehen" (ebd., S. 84); diesen Hinweis verdanke ich Lucilla Guidi.

nämlich in der Tragödie immer einen evaluativen Index: Sie betreffen Veränderungen, die man aufgrund des Leidens nicht erstrebt, sondern vermeiden möchte. Die Figuren der Tragödie wünschen sich die Negativität des Leids nicht, sondern protestieren gegen sie, klagen über sie und verzweifeln an ihr. Sie sind mit der tragischen Erfahrung nicht einverstanden. Nur wo evaluative Urteile eine Leiderfahrung zum Ausdruck bringen, sie begleiten und verstärken, ist der Raum tragischer Erfahrung eröffnet. Ohne Ansprüche, ohne Wertungen und ohne Normativität ist ein tragisches Leid als *negative* Veränderung des Menschen nicht denkbar.

Man kann also zwischen einem weiten, evaluativ neutralen Begriff und einem engeren Begriff des Widerfahrens als eines negativen Erleidens unterscheiden. Martin Heidegger hat den Übergang zwischen beiden durch das Wort des ‚Betroffenseins' markiert: *paschein* und *pathos* charakterisierten bei Aristoteles „das Seiende als etwas", „das gewissermaßen *betroffen werden* kann von etwas. Es kann mit dem so Seienden etwas *passieren*. ‚Passieren' trifft im eigentlichen Sinne das, was mit πάσχειν und πάθος gemeint ist."[58] Heideggers in den sentimentalen Diskursen der 1980er und 1990er Jahre banalisierter Ausdruck ‚betroffen' zeigt an, dass der weite Begriff im Sprachgebrauch zum engeren tendiert: Sagt man, man sei von etwas ‚betroffen', geht es vor allem um Veränderungen, die als schädlich, unerwünscht, traurig oder schmerzhaft erfahren werden. Schon in der Antike wird daher *pathos* vor allem als das spezifiziert, was der als Gesundheit und Norm betrachteten Spontaneität des Lebendigen abnorm, dysfunktional und lädierend gegenübersteht und daher zu seiner medizinischen Erforschung (Pathologie) nötigt, die in der Moderne durch sozialphilosophische und kulturphilosophische Forschungen zu gesellschaftlichen oder politischen Fehlentwicklungen ergänzt worden ist.[59]

Die für heutige Ohren kaum erträglich wirkenden Klagerufe und -gesten in der attischen Tragödie bieten eine ästhetische Evidenz dafür, dass das Unglück der tragischen Protagonisten, in das sich (oder aus dem sich) das Glück wendet, nicht nur irgendwie für sie unangenehm ist, sondern als ein *negatives Widerfahrnis im Extrem* bewusst erfahren wird. Das Leid stellt eine phänomenal erfahrene dramatische Veränderung der Handelnden dar, die öffentlich zum Ausdruck gebracht wird.

In unzähligen Anläufen wird immer wieder das Leid metaphorisch umschrieben, durch Interjektionen beschworen und befragt.[60] Ein einmaliges Konstatieren reicht

---

[58] Heidegger 2002, S. 194. Zur Deutung des aristotelischen *pathos*-Begriffs durch Heidegger siehe Oele 2012b.

[59] Vgl. Glatzel/Probst/Seidler 1989.

[60] Zu dem wesentlichen Aspekt der Klage in der Tragödie siehe Bohrer 2009, S. 336–380; zur literarischen Gestalt der Klage und ihrem kompositorischen Ort und ihrer Rolle in den Tragödien siehe Schauer 2002; vgl. ebenso Loraux 2002 sowie Dué 2006 zur insbesondere weiblichen Klage. Zum ‚tragischen Verstummen' einiger Protagonisten (Seeck 2000, S. 231) als Ausdruck ihrer tragischen, sie vom Gemeinwesen isolierenden Erfahrung siehe mit Bezug zu Franz Rosenzweigs *Der Stern der Erlösung* Benjamins Ausführungen im *Ursprung des deutschen Trauerspiels* (Benjamin 1974, S. 286f.) sowie Lehmann 1991, S. 127 ff.

nicht aus, denn über das Leid soll nicht nur informiert werden, es soll auch zum *Ausdruck* kommen. Dabei wird das Sehen und Hören des Leidens in den Tragödien mitunter metatheatralisch thematisiert, denn auch die Mitspieler sowie der Chor sind Zuschauer der leidenden Heldinnen und Helden. „Schreck-, schreckliche Übel, neu-ergrimmt/ Vernichtende!"[61] sind es, die die Perser in Aischylos' nach ihnen benannter Tragödie bewegen. Das lange Ende dieses ältesten überlieferten europäischen Theaterstücks ist ein einziger Klageexzess (V. 909–1077). „Ein Weh,/ In Rede nicht zu beweinen"[62], durchzieht in *Sieben gegen Theben* die Stadt nach der gegenseitigen Tötung der beiden Brüder, von denen jeder für sich die Herrschaft beanspruchte. Nicht nur die Bürger, ihre Lebenswelt selbst scheint zu klagen: „Ein Stöhnen durchdringt" die gesamte „Stadt. Es stöhnt/ Die Wehr, es stöhnt der Boden"[63]. „Des Hauses heulender Schrei/ Geleitet sie, herzzerreißender Jammer./ Nichts als Klage, als Leiden,/ Das kränkt das Gemüt. Der Freude feind,/ Aufrichtig schluchzende von innen/ Verzehre ich mich im Weinen/ Um beide Gebieter."[64] Der verzweifelte König Adrastos von Argos stimmt in Euripides' *Hiketiden* in die Klage der Mütter der getöteten Thebaner Kämpfer ein, die ihr „Liebstes" verloren haben und nun „den grausamsten Schmerz" erleiden: „Schaut auf das Meer der Leiden,/ unselige Mütter,/ die ihr Söhne geboren!"[65]

Die Natur der Klage als Form der Leidartikulation wird dabei immer wieder reflexiv eingeholt: „Derlei Leiden klag ich in Weisen,/ Hellen, dumpfen und tränenschweren./ Wehe, wehe!"[66], singt der Chor der Danaiden. „O Schauspiel, schmerzenreichstes aller, die/ Ich je mit meinen Augen angesehn!"[67], ruft Teukros, der Sohn des toten Aias, bei Sophokles aus. Der Chor der Bürger will den mit ausgestochenen Augen auf die Bühne tretenden Ödipus fragen, wie er in solches Leid hat stürzen können: „Weh! weh! Unglücklicher! Doch nicht einmal ansehn kann ich dich,/ Und will vieles fragen, viel erfahren doch/ Und vieles sehn!/ Solch einen Schauer erregst du mir!"[68] Der Erscheinungsschrecken lässt das Leid auch bei den Anwesenden so anwachsen, dass sie hin- und hergerissen sind zwischen erschrockener Abwehr und größtem Mitgefühl. Dabei intensiviert das Mitgefühl durch das Mitklagen das Leid, es potenziert gleichsam seinen individuellen Ausdruck in der Mitwelt und transportiert so die Selbstartikulation der Heldinnen und Helden in die Sphäre öffentlicher Teilnahme durch solidarische Empathie. Die Mitklagenden in der *orchēstra* sprechen damit ihr Urteil, mit dem sie das Leid der Figuren auch selbst als exzessiv einordnen, stellvertretend für das Publikum mit aus. „Weh mir, welch großer Schatz von Übeln

---

61 Aischylos: *Die Perser*, V. 257 f.
62 Aischylos: *Sieben gegen Theben*, V. 846 f.
63 Ebd., V. 900–903.
64 Ebd., V. 915–921.
65 Euripides: *Hitetiden* (*Die Schutzflehenden*) V. 506, 507, 824 f.
66 Aischylos: *Hiketiden*, V. 111–113.
67 Sophokles: *Aias*, V. 992.
68 Sophokles: *König Ödipus*, V. 1304–1308.

öffnet sich,/ bei denen jeder wohl in Tränen ausbricht!", klagen die Dienerinnen der Königin Kreusa angesichts des Leids ihrer Herrin in Euripides' *Ion*. Und der anwesende Greis nimmt diese Spiegelung auf und setzt sie unmittelbar fort: „Wenn ich dein Antlitz sehe, Tochter, bin ich/ erfüllt von Jammer, bin ganz außer mir./ Gerade schöpft mein Sinn die Unglückswoge aus,/ da trifft am Heck die nächste mich aus deinem Wort,/ mit dem du dich vom gegenwärt'gen Leid/ begibst auf schlimme Pfade neuer Schmerzen."[69] Diese Potentialisierung des Leids, für das die Bilder der Wellen, Meere und Stürme bei allen Tragikern wiederkehren, kann auch kritisch vom Chor thematisiert werden, wenn etwa die Frauen von Mykene Sophokles' Elektra den Grund ihrer Klage – unter ihren Vatermördern zu leben, ohne dass das Unrecht gebüßt würde – zwar teilen, ihr aber den Exzess des Leidens ohne jede Aussicht vorwerfen: „Gebäre du nicht Unheil über Unheil!"[70] Doch auch in der Mahnung an das Maßhalten im Leiden wird dieses thematisiert und weiter getragen, ebenso im Verstummen vor Schmerz: „So bleib auch ich vor meinen vielen Leiden/ stumm und laß das Reden sein:/ denn mich bezwingt die gottgesandte Unglücksflut."[71]

Alle drei Tragiker bieten den Klagen und den Spiegelungen des Leidens einen unerhört großen Raum und wenden eine Fülle dichterischer Ausdrucksmittel auf, um eine Vielfalt im Bekunden des Unheils zu erreichen, die das Ergriffensein vom Leiden in die Öffentlichkeit verlängert und steigert, ohne es in Trost oder Milderung umzulenken.

„Gemeinsames Leid,
Alle Bürger der Stadt
Trafs ungeahnt,
So fließet, o fließt,
Ihr Ströme der Tränen!
Wo Große sterben,
Da greift die Botschaft
Tief in die Herzen,
Weit in die Zeit."[72]

Die Funktion der wiederkehrenden Leidartikulation ist die Erzeugung eines kollektiv im Theater resonierenden Klageraums. In ihm kann erst das ganze Gewicht des individuellen Leidens zur Geltung kommen und zugleich vielfach gespiegelt und verstärkt werden, sodass es sich ins Publikum und gleichsam in den gesamten belebten Kosmos fortsetzt, der immer wieder zum Mitfühlen aufgefordert wird.

Das Leid wird in so vielfältigen Interjektionen, Schreien, Seufzern und Trauergesten zum Ausdruck gebracht, dass dafür in modernen Sprachen nicht genügend Entsprechungen zu finden sind. Die „Ekstase des Leidens und der Selbstzerflei-

---

69 Euripides: *Ion*, V. 923–930.
70 Sophokles: *Elektra*, V. 234.
71 Euripides: *Troerinnen*, V. 694–696.
72 Euripides: *Hippolytos*, V. 1459–1466.

schung" kommt, so Wolfgang Schadewaldt, in einer „reich gegliederte[n] Stufenleiter" von Klagerufen und stilisierten Schmerzensschreien wie etwa *pheu, ē, iō, oi, oi moi, ai ai, ee, otototoi* oder *i-hu*, „dem Ausdruck der größten Verzweiflung, stärksten Qual" zum Ausdruck.[73] Karl Heinz Bohrer hat daher treffend von dem „in ekstatischen Reden" und Klagen zur Erscheinung kommenden Helden als der „Pathos-Säule der Tragödie" gesprochen.[74]

Der Ausdruck der Angst, des Schreckens, des Schmerzes, kurz: des Leids ist das kardinale Moment der Tragödie. Vielleicht liegt in ihrer exzessiven Artikulation der heute als privat verstandenen Leidenserfahrung ihre größte Provokation für die Gegenwart. Was die Leidenserfahrung aus Sicht der Erfahrungssubjekte ausmacht, soll im Ausgang von dieser ästhetischen Evidenz untersucht werden.

6.3 Das Verhältnis von Leiden und Handeln

Aristoteles' Begriff für das tragische Leid (*pathos*) wurde aufgrund der Kontextualisierung im 11. Kapitel der *Poetik* von vielen Interpreten als schweres *physisches* Leid aufgrund von Unglücken gedeutet, das zudem noch auf der Bühne *sichtbar* wird wie „Todesfälle, [...] Peinigungen, Verwundungen"[75]. Schmitts Übersetzung von *pathos* mit „das Leid [bringende Tun]" macht gegenüber einer Festlegung auf körperliches Geschehen jedoch deutlich, dass das Leiden in der Tragödie *aus dem Handeln selbst zu folgen* hat. Es ist ein Leiden, dessen notwendige Bedingung das Handeln ist. Daher tritt es nicht *neben* dem Handeln wie ein davon unabhängiges Element der Tragödie auf. Es ist auch nicht bloß ein theatrales Mittel, um die effektvollsten Einzelszenen zu gestalten, das *neben* der Peripetie und der Wiedererkennung als den besten Mitteln für die Gestaltung einer idealen Tragödie stünde.[76] Der Begriff *pathos* verweist – wie die anderen qualitativen Formteile, die *peripeteia* und die *anagnōrisis* – vielmehr auf eine Prozessform, in die sich das Handeln während der Tragödie verwandelt. Das tragische Leid ist ein Leid, *in* das Handeln gegen seine Absicht umschlägt. Tragisches Handeln ist ein Handeln, das sich ins tragische Leiden verkehrt. Nicht also ist es ein spezifischer Schmerz, der das Handeln *begleitet*, es womöglich sogar als reizvoller Widerstand *stärkt*. Das tragische Leid erscheint vielmehr als die Gegenseite des Handelns,

---

73 Schadewaldt 1969, S. 25f.
74 Bohrer 2009, S. 22. Der ästhetisch zentrale Exzess der Klage angesichts des erfahrenen Leids gilt nicht erst für Euripides, wie Vittorio Hösle (1984, S. 56ff.) zu meinen scheint. Schon bei Aischylos nehmen die Klagepassagen einen äußerst großen Raum ein, mehr als bei Sophokles und Euripides. Siehe die Aufstellung bei Schauer 2002, S. 190–198.
75 Aristoteles: *Poetik*, 1452b13f. Auf die Sichtbarkeit verweist die Formulierung *en tō phanerō*.
76 So Söffing 1981, S. 78f., 125–129, der das *pathos* nur als ein Mittel der szenischen Handlungsgestaltung versteht, das nicht das Leiden der Figuren meine. Da Aristoteles in der *Poetik* zu wenig über das als Tragödienmerkmal bestimmte *pathos* sagt, ist diese Interpretation, die auf jener Leerstelle beruht, zwar denkbar, aber, wie hier gezeigt werden soll, unplausibel.

die ihm nicht unverbunden gegenübersteht, sondern vom Handeln selbst vorbereitet und initiiert wird.

Nietzsche bekräftigt mit einer für die Philosophiegeschichte ungewöhnlich großen Sensibilität für das Leid in der Tragödie den tragischen Sinn der lyrischen Ausdrucksszenen des Pathos gegen das Primat des sukzessiven Erzählens von Handlungen im Epos; aber er suggeriert eine unvermittelte Disjunktion von Handlung und Leiden, wenn er schreibt, dass „[z]um Pathos, nicht zur Handlung" alles vorbereite.[77] Diese sei sogar in der Tragödie abwesend, worüber – außer Nietzsche selbst – „alle Welt [...] noch im Irrthum" sei: „Das antike Drama hatte grosse P a t h o s s c e n e n im Auge – es schloss gerade die Handlung aus."[78] Nietzsche verschärft damit eine Tradition der Tragödiendeutung seit der Klassik und Frühromantik. Schon Friedrich Schlegel konstatiert, dass *nicht* „die Handlung, die Fabel, der Mythos", *sondern* das „Pathos" als „höchste Intensität und Kraft der Leidenschaft" die „Hauptsache" an der griechischen Tragödie ausmache.[79] Gerhard Nebel verschärft diese These im 20. Jahrhundert und erklärte die völlige Ohnmacht des Menschen zum Sujet der Tragödie.[80] Auch andere Theoretiker wie Hans-Thies Lehmann und Karl Heinz Bohrer sind neuerdings Nietzsche darin gefolgt, für die Tragödie *ausschließlich* Schrecken, Angst und ohnmächtiges Leiden zu veranschlagen und das Moment der Handlung zu marginalisieren oder gar zu tilgen. Der tragische Diskurs zeige, so Lehmann, „den menschlichen Körper als Objekt", wie er auch die Perspektive des Opfers akzentuiere. Die Tragödie zeichne sich durch eine „Sensibilität für das Passive" aus, das „Objektsein" und „die Unterworfenheit unter einen überlegenen Standpunkt."[81] Daher sei „das Tragische unabhängig von erstens einer Handlungsgestalt und zweitens von der Idee einer Schuld"[82].

Es ist sicher zutreffend, dass in der Tragödie bzw. im tragischen Diskurs der Mythos zum „Inbegriff *erlittener Macht*" wird, einer Macht, die mythisch wie metaphysisch, natürlich wie sozial erscheint.[83] Doch das Leid trifft die Figuren nicht einfach als rein passive Empfänger; die Erfahrung der Ohnmacht, die im Zentrum der

---

77 Friedrich Nietzsche: *Die Geburt der Tragödie*. KSA 1, S. 85.
78 Friedrich Nietzsche: *Der Fall Wagner*. KSA 6, S. 32 (Anmerk.). Im frühen Vortrag „Das griechische Musikdrama" von 1870 hatte Nietzsche noch historisch treffender formuliert: „Die alte Tragödie war, verglichen mit ihr [der neuen attischen Komödie, A.T.] arm an Handlung und Spannung: man kann sogar sagen, daß es auf ihren frühen Entwicklungsstufen gar nicht auf das Handeln das δρᾶμα absehn war, sondern auf das Leiden das πάθος . Die Handlung trat erst hinzu als der Dialog entstand: und alles wahrhafte und ernste Thun wurde auch in der Blüthezeit des Dramas nicht auf offner Scene vorgeführt." (KSA 1, S. 527).
79 Friedrich Schlegel: *Geschichte der europäischen Literatur*, S. 74. Siehe Port 2005, S. 20, zum „Pathos-Primat" der Tragödientheorie seit Ende des 18. Jahrhunderts.
80 Vgl. Nebel 1951. Der Mensch der Tragödie „ist ganz auf Gott oder auf die Götter angewiesen, er kann aus eigener Kraft nichts beitragen, er ist schwach bis zur Nichtigkeit" (S. 5).
81 Lehmann 1991, S. 63.
82 Lehmann 2013, S. 83.
83 Lehmann 1991, S. 63, vgl. S. 69. Siehe dazu Kap. 6.7 und 9.2.

Tragödie steht, ist nicht immer schon gegeben, wie es die Rede vom „Mythos als Machtordnung" (Lehmann) suggeriert. Nicht aufgrund ihres *Status* als Sterbliche sind die Menschen in der Tragödie gegenüber mythischer Übermacht ohnmächtig, sondern weil sich ihre eigene Praxis gegen sie *verkehrt* und diese Verkehrung mythisch interpretiert wird. Die Figuren erfahren sich als passiv darin, dass ihnen der Umschlag des Handelns oder des Lebens in ihrem Tun widerfährt und sie in die Ohnmacht des kontinuierlichen Unglücks drückt. Sie *werden* also erst durch die tragischen Handlungen in der tragischen Erfahrung passiv.

In der tragischen Erfahrung des Umschlags erfährt der Mensch sich als Täter *und* Erleidender zugleich, nicht allein als Opfer einer mythischen Übermacht oder eines sozialen Südenbockrituals. Daher geht den Figuren auch nicht *per se* das Bewusstsein der Verantwortlichkeit und die Möglichkeit des freien Wollens ab, wie Lehmann meint,[84] für den die tragischen Figuren – entgegen der *hamartia*-Lehre – unschuldig und ausschließlich Opfer der mythischen Macht sind.[85] Ähnlich einseitig schreibt Gerald Else, die Tragödie thematisiere nicht, „what the hero does but what he suffers"[86].

Doch die disjunktive Formel „Leiden [...] statt Handlung"[87] überzeugt selbst in Nietzsches und Lehmanns eigener Argumentation nicht, da Nietzsche zuerst das heroische große Individuum in der Tragödie dargestellt sieht, das dann im Prozess der Tragödie zerbreche. Lehmann wiederum schreibt ebenso, dass es bei aller Zentralität des Leids im tragischen Diskurs „um *das Verhältnis des Menschen zu seinem Tun*"[88] gehe und die „innerste Thematik" der Tragödie neben der Frage nach Ordnung und Macht in der „Beurteilung von Taten" liege.[89] Für das Überschreitungsmodell der Tragödie, für das Lehmann plädiert, ist dementsprechend immer „die Thematisierung eines in der einen oder anderen Weise maßlosen, exzessiven Verhaltens"[90] erforderlich, mit dem der Menschen Grenzen überschreite. Lehmann grenzt aber Verhalten nicht begrifflich von Handlung ab. Wenn er Ikarus „gleichsam zur exemplarischen Gestalt des Tragischen"[91] erklärt, fragt man sich, inwiefern Ikarus' technische Flugbewegungen, die ihn sein Vater lehrt, seine Navigation über die Ägäis und seine bewusste Höhenveränderung Richtung Sonne *nicht* als Handlung, ja geradezu als Ausschluss von Handeln zu verstehen wären. Bohrer wiederum marginalisiert die Dimension des Handelns als irrelevant für das Tragische, obwohl er sie bspw. in der Tötungsszene aus Aischylos' *Agamemnon*, in der Klytämnestra im Bühnenhaus alles

---

[84] Vgl. ebd., S. 92 ff., S. 98 ff., 129 ff. Zur Diskussion siehe Kap. 4.7 und 4.8.
[85] Vgl. ebd., S. 104, 85, 127.
[86] Else 1965, S. 65.
[87] Lehmann 1991, S. 123.
[88] Ebd., S. 58.
[89] Ebd., S. 159.
[90] Lehmann 2013, S. 85.
[91] Ebd., S. 86.

andere als untätig ist, eingehend analysiert.⁹² Bei allen Vertretern der These des *bloßen* Leidens oder *reinen* Pathos in der Tragödie wie Nietzsche, Nebel, Lehmann und Bohrer bleibt die Relation von Handeln und Leiden ungeklärt und führt zu einer unplausiblen Dichotomie: Es gibt eine Welt der (dramatischen) Praxis und das Tragische, in dem Praxis keine Bedeutung hat. Doch damit wären die Handlungen der Figuren, die vom Reden bis zum Töten reichen, rätselhafte Vorgänge, für die man eine zusätzliche Erklärung jenseits unserer Vorstellungen von Verantwortung, Freiheit und selbstgesteuertem Verhalten bräuchte.

Die in diesem Buch entwickelte These versucht diesem theoretischen Defizit zu begegnen. Die Tragödie kann nur „die Idee des Handelns selbst zum Problem [...] machen"⁹³, wenn sie es nicht ausschließt, sondern seine *Verwandlung* in Nicht-Handeln vorführt. Der im Weiteren zu begründenden These zufolge sind *Handeln und Leiden durch das Moment des plötzlichen Umschlags vermittelt*. Diese Vermittlung und ihre Wirkung auf die Figuren sind Thema und Struktur der Tragödie. Der Wechsel von Handeln in Leiden vollzieht sich dialektisch als *metabolē*. Das Bewusstwerden des Ausgesetztseins ist zu unterscheiden vom Bewusstsein, souveräner Akteur zu sein. Dieses Bewusstsein des freien Handelnkönnens haben die Figuren in der Tragödie keineswegs *noch nicht* – im Sinne einer funktionsgeschichtlichen Deutung der Tragödie als Zwischenstufe zwischen Mythos und Philosophie –, sondern sie *verlieren* es vielmehr im Prozess der tragischen Erfahrung: Sie haben es *nicht mehr*. Vor dem Umschlag kann man nur vom kommenden Leid sprechen, das die Tätigen treffen (oder noch stärker treffen) wird: „Der Täter *wird* leiden."⁹⁴ Das Handelnkönnen der tragischen Personen und ihre Gelingenserwartung, in denen das gute Leben seine Grundlage hat, *geht* mit dem Umschlag erst *verloren*. Dazu muss nicht unbedingt eine Folge von Handlungen performativ gezeigt werden. Sie können auch vor dem Geschehen, hinter der Bühne oder im bloßen Dialog vollzogen werden, dann werden sie aber *als Handlungen* berichtet und bewertet. Entscheidend ist nicht die theatrale Präsenz effektreicher Aktivität, sondern der konstitutive Bezug des artikulierten Leidens (Pathos) auf das ihn präludierende Handeln und die mit ihm verbundene Erfahrung des *Handelnkönnens*.⁹⁵ Die Tragödie zeichnet also nicht *allein* ein „Bild der *Passivität*"⁹⁶, sondern führt einen *Wechsel* zwischen Aktivität und Passivität performativ auf: Statt eines homogenen *Bildes* zeigt sie dialektisch *bewegte* Bilder tiefgreifender Veränderung.

Den narrativ erzählbaren und dramatisch dargestellten Wechsel ins Leid erfährt ein Individuum nur deshalb als besonders tief und ohnmächtig, weil es seiner bereits

---

92 Vgl. Bohrer 2009, S. 191 ff.
93 Lehmann 2013, S. 74 f.
94 Aischylos: *Agamemnon*, V. 1564 (Hervorh., A.T.).
95 In der sprachlichen Darstellung von Handlung liegt daher kein Argument gegen die Bedeutung von Handlung in der Tragödie überhaupt, wie Bohrer und Nietzsche meinen. Es geht um das Verständnis von tragischen Handlungen, die ins Leid kippen und dadurch von ihm unablösbar werden.
96 Lehmann 1991, S. 129.

erworbenen Erfahrung des Handelnkönnens *gegenübersteht*. Gerade deshalb kann aus der Perspektive des Leids auch die mythische wie soziale Weltordnung als Ort der sich praktisch artikulierenden Kultur infrage gestellt und problematisiert werden. Wären die Menschen nicht prinzipiell Akteure, könnten sie auch nicht den Anspruch auf die Möglichkeit erheben, Leid durch Handeln abzuwehren und ein gutes Leben zu erwirken. Selbst die große Leidensgestalt der Hekabe in Euripides' *Troerinnen*, die oft als Beispiel für eine Figur in ohnmächtiger Lage angeführt wird, leidet deshalb tragisch, weil sie *zuvor* freie Königin von Troja sowie glückliche Ehefrau und Mutter war. Im *Alexandros*, dem ersten Stück der 415 v. Chr. aufgeführten Trilogie, deren Abschluss die *Troerinnen* bilden, hatte Hekabe trotz Warnungen Kassandras Paris wieder in Troja aufgenommen und damit kausal, wenn auch nicht absichtlich den Heereszug gegen die kleinasiatische Stadt mitprovoziert, an deren Ende sie zum Pendant dessen wird, als was sie sich vorher verstand. War, wie es in den *Troerinnen* heißt, ein „mächtiger Ahnenstolz" einst Zeichen ihrer politischen Handlungsmacht, sind Hekabe nun „die Heimat dahin und Kinder und Gatte". Die Stadt und ihr Haus sind verwüstet, die einstige Königin muss als „Sklavin" ihr Leid ertragen.[97] Der tragische Wandel ihres Schicksals ist ein Umschlag von einer auch in der sozial determinierten Rolle der Frau als Mutter durchaus handlungsfähigen, einflussreichen und gesellschaftlich herausgehobenen Existenz ins nachgerade Gegenteil des unheilbaren Unglücks im einsamen, demütigenden Exil, in das sie „kopfüber stürzte" (V. 137) – es ist die Erfahrung ohnmächtiger Passivität:

> „Ich war Königin und heiratete in ein Königshaus,
> und hier gebar ich Kinder, die alle überragten,
> nicht bloße Zahlen, sondern die Trefflichsten der Phryger:
> keine Frau, Troerin, Griechin oder Barbarin,
> könnte je sich rühmen, solchen Kindern das Leben geschenkt zu haben.
> Doch sah ich sie fallen unter dem Griechenspeer,
> und die Haare hier schnitt ich mir ab an den Gräbern der Toten,
> und um ihren Vater Priamos weinte ich, nicht auf
> fremde Kunde hin, nein, mit eignen Augen sah ich
> selber, wie er hingeschlachtet lag am Hausaltar,
> und Troia fiel. Und meine Töchter, die ich aufzog
> für Bräutigame auserlesnen Ranges,
> für andere zog ich sie auf: man entriß sie meinen Armen.
> Keine Hoffnung gibt's, daß sie mich wiedersehn,
> und ich selber werde sie nie mehr wiedersehn.
> Zuletzt, der Gipfel der grausamen Leiden:
> als Sklavin, Greisin werde ich nach Griechenland gelangen.
> [...] eine Schande für Leute, die an Glück gewöhnt." (V. 474–497)

Die Tragödie des Euripides ist eine grausame Ausbuchstabierung ihrer Leiden, die sich durch die Tötung ihrer Kinder und die Einäscherung ihrer Stadt immer weiter

---

97 Euripides: *Troerinnen*, V. 107 f., 140.

steigern: „Auf Leiden türmt sich Leiden" (V. 596), „Leiden quälen mich ohne Maß und Zahl: denn ein Übel sucht das andere zu überbieten" (V. 620 f.), bis der „Gipfel aller meiner Leiden" (V. 1273) erreicht ist, sie ihre Heimat verlässt und die Stadt niedergebrannt wird. Das Leben Hekabes, allem, was sie glücklich machte, als „allerunglücklichste Frau" (V. 1269) beraubt, ist ins Gegenteil verkehrt, ein Sturz aus sozialer Höhe ins Stratum der Ohnmacht. Dabei ist die vorherige Situation auch kausal Voraussetzung des Leids, wie ihre Tochter Andromache, deren Sohn getötet wird, betont, denn es ist der Status der Feindschaft, der in der Niederlage zum Leid für sich, ihren Sohn, ihre Mutter und ihre Schwestern Kassandra und Polyxena führt (V. 740 ff.). Auch Hekabe weiß, dass es die Erlaubnis war, Helena in die Stadt aufzunehmen, die zur qualvollen Niederlage geführt hat. Laut Andromache war es ihr Bruder, der wegen Helena „Trojas Burgberg den Untergang brachte." (V. 598) Kausal sind die Frauen mit den bereits getöteten Brüdern, Männern oder Söhnen mitverantwortlich für die Demütigung, die sie nun von den gnadenlosen Griechen erleiden. Von der privilegierten handlungsfähigen Familie sind die Königin und Mutter an der Spitze der Stadt sowie ihr Töchter nun zu hilflosen Sklavinnen geworden, die im Lager der Griechen auf dem Boden liegen, an ihre Feinde verlost werden und auch künftig im Exil ohnmächtig liegen werden (V. 98 ff.; 494 f.): „Adel/ verkam zum Sklaventum nach ungeheurem Umsturz" (V. 614 f.).

Diese Nötigung zum sozialen Rollentausch ist auch eine Chiffre für die formale Struktur der Erfahrung, aus der Machtdisposition der Handlungsfreiheit in den Zustand der Unfreiheit und Abhängigkeit zu kippen. Es geht, so meine These, in der Tragödie generell nicht primär um die soziale Rolle selbst, sondern um die Möglichkeiten, für die sie häufig steht: Handlungsfähigkeit und Glücksmöglichkeit. In Aischylos' *Hiketiden* beklagt der Chor die Fallhöhe, die nichts mit dem Theorem der Fallhöhe aufgrund des sozialen Standes wie in der neuzeitlichen höfischen Tragödie, sondern mit der eigenen Erfahrung, den eigenen Ansprüchen und Hoffnungen zu tun hat: Zeus, so heißt es bei Aischylos, „stürzt von Hoffnungen,/ Hochgetürmten, verderbend die Sterblichen."[98] Nur, so klagt Herakles bei Euripides, „für einen Menschen, der einst glücklich galt, sind schmerzlich/ des Schicksals Wandlungen."[99]

Die Handlung steht in der Tragödie, selbst in einer Ohnmachtstragödie wie den *Troerinnen*, also nicht unverbunden neben dem Leiden. Sie ist für dieses vielmehr

---

98 Aischylos: *Hiketiden*, V. 96 f. In der neuzeitlichen Rezeption der aristotelischen Poetik nach 1600 wurde die Tragödie und ihr erhabener Stil mit dem Adel assoziiert. Die sogenannte Ständeklausel interpretierte die Fallhöhe soziologisch in Bezug auf die feudale Gesellschaft, sodass nur Aristokraten tief fallen konnten, da nur sie sozial hierarchisch hoch standen (Vgl. dazu Köhler 2006). Mit der antiken Fallhöhe hat das freilich wenig zu tun, auch wenn die meisten Figuren des Tragödienpersonals zum alten Adel gehören, was sich aus den vergangenen mythischen Stoffen ergibt. Zwar stehen diese aristokratischen Figuren für eine tradierte Ordnung, die in der Polis noch wirksam, aber institutionell abgelöst war. Doch die Schauspieler und Zuschauer der Tragödie waren demokratische Bürger, deren aristokratische Herkunft kein Privileg mehr bedeutete. In den Figuren erkannten sie nicht nur die Ferne einer abgelösten Gesellschaftsordnung, sondern auch eine eigene Möglichkeit, ins Leid zu stürzen.
99 Euripides: *Herakles*, V. 1292.

notwendig in dem Sinne, dass die sich in ihr manifestierende Handlungsfähigkeit auf einmal ins Gegenteil der Ohnmacht *kippt*. Tragisches Leid ohne kontrastive Möglichkeit des vorausgehenden Handelnkönnens gibt es nicht. So zeigt sich auch erst in der Erfahrung des Gegensatzes die exzessive Qualität des Leids, der Kontrast erzeugt erst die Weite des Leids, wie Andromache in Euripides' *Hekabe* ihrer Mutter sagt: „[D]er Glückliche aber, der ins Unglück stürzte,/ vermißt in seiner Seele das verschwundene Glück" (V. 639 f.). Bitter kann die derart gefallene Hekabe nur noch den Rat geben, den die Athener von Solon kannten: „[...] Von den Glückverwöhnten/ haltet keinen für glücklich, eher er gestorben ist." (V. 509 f.) Die Handelnden bereiten sich das Leid also selbst, indem sie – wie Hekabe als Troerin gegen die Griechen – handeln und den Umschlag ihres Handelns erleiden. Erst dieser wandelt die tragische Potentialität in Aktualität.[100]

In einem Satz des 11. Kapitels der *Poetik* spricht Aristoteles dementsprechend davon, dass *pathos* selbst eine Handlung sei. Das scheint dem Verständnis von *pathos* und *paschein* als Gegenteil von *praxis* und *prattein* bei Aristoteles zu widersprechen. Der Widerspruch wird entkräftet, wenn man unter *pathos* den Zusammenhang von tragischem Handeln und seinem Umschlag ins Leid bezeichnet. Schmitts Übersetzung „Leid aber ist eine Handlung, die Verderben oder Schmerz bringt"[101], ist näher am Original (*pathos de esti praxis phtartikē hē odynēra*) als Manfred Fuhrmanns Version, der *praxis* mit „Geschehen" übersetzt. Sie macht kenntlich, dass das die tragische Erfahrung prägende *Leid* nicht ohne das tragische *Handeln* gedacht werden kann, das sich selbst in Leiden verkehrt. Daher gibt es für Aristoteles Tragisches ebenso wenig ohne Leid wie ohne Handlungen und deren Geflecht zum *mythos*. Entsprechend heißt es im 14. Kapitel, dass es nicht tragisch sei, wenn eine beabsichtigte Tat nicht umgesetzt würde, „weil es zu keinem Leid kommt."[102] Daher würden nur die mythischen Figuren von den Tragikern zu Protagonisten ihrer Stücke gemacht, „denen derartige schwere Fälle von Leid zugestoßen sind."[103]

Es handelt sich also um ein Erleiden im doppelten Sinn: Einerseits widerfährt der Umschlag den Handelnden, sie erleiden ihn – wie die Peripetie oder die Wiedererkennung – in dem Sinne, dass sie ihn nicht intentional herbeiführen, sondern er ihnen ungewollt zustößt. Sie erfahren sich als freiwillige Agenten einer unfreiwilligen Verkehrung ihrer vitalen Interessen. Das Erleiden im ersten Sinne ist ein Leid an diesem Sachverhalt: dass die Figuren *durch sich selbst* gegen sich gehandelt haben und damit in ihr eigenes Unglück gestürzt sind.

An diesem Unglück selbst leiden sie in einer zweiten Hinsicht so, wie man auch an einem Unglück leidet, das einem ohne jedes eigene Zutun zustößt wie Missgeschicke,

---

100 Vgl. Else 1957, S. 420.
101 Aristoteles: *Poetik*, 1452b11 ff.; vgl. die Beschreibung des schweren Leids, das Personen, die einander lieben, sich antun: 1453b19–23.
102 Aristoteles: *Poetik*, 1453b39. Als Ausnahme nennt Aristoteles Haimon aus Sophokles' *Antigone*, der seinen Vater Kreon nicht wie geplant umbringt, sondern nach einem Streit mit diesem sich selbst.
103 Ebd., 1454a12f. (Übersetzung von Fuhrmann).

Unfälle, Verluste oder Schmerzen. Beide Leiddimensionen sind nicht zu trennen: Nur was einem durch das eigene Handeln – gleichsam *unter* der Hand – widerfährt und was dabei ein leidvoll erfahrenes Unglück bewirkt, kann als tragisches *pathos* gelten.[104]

Die oft für ihre exemplarische Handlungsmacht panhellenisch berühmten Helden – wie Aias, Ödipus, Herakles oder Medea – werden mit ihrer tragischen Erfahrung *passiv* in dem Sinne, dass sie sich, erstens, nicht zu dem Leid wie zu freiwilligen Handlungen, aus deren Umschlag es erst erwächst, *entscheiden* und, zweitens, dass das Leid sie insgesamt wie ein Unglück *trifft* und sie fortan im Handeln *hemmt*.[105]

Zusammenfassend gesagt ist für das Verständnis der tragischen Erfahrung die anthropologische Bedeutung von *pathos* interessant, denn bestimmte Formen des Erleidens wie das in der Tragödie kommen Menschen zu, insofern sie seine Wertungen und normativen Einstellungen voraussetzen. *Pathos* (bzw. das eher prozessuale *pathēsis*)[106] als Erleiden einer Veränderung ist nach Aristoteles den beiden Handlungsarten des Menschen, die Veränderungen in der Welt bewirken, entgegengesetzt: sowohl der *praxis*, die ihr Ziel in sich selbst hat, als auch der *poiēsis*, die sich auf Ziele richtet, die unabhängig vom Handeln Bestand haben.[107] Damit ist zudem die *Erfahrung* des Leids als eines negativen Widerfahrnisses den die *praxis* und die *poiēsis* aktiv anleitenden Vermögen der praktischen Rationalität – der *phronēsis* und der *technē* – entgegengesetzt. Während sie *in actu* als die eigenen kognitiven und kognitiv-praktischen Fähigkeiten erfahren werden, gehört zur Erfahrung des Leids die Erfahrung, mit diesen Fähigkeiten nicht weiterzukommen. Tragisches Leid zeigt sich als das Gegenteil der Leistungen des Menschen, mit denen er seine Kultur aufbaut und nutzt. Das tragische Leid zeigt die Grenze der kulturellen Selbstverfügung des Menschen an, insofern es seine Fähigkeit, selbstbestimmt zu leben, untergräbt.

Diese Prozessualität der Tragödie, in der Handlungen und Leiden ineinandergreifen, dürfte ein Grund dafür sein, warum im neuzeitlichen Fortleben der Tragödie

---

104 Ein Umschlag ins Glück, der sich ausnahmsweise auch über das Handeln gegen oder unabhängig von seinen Intentionen ereignen kann, etwa in Euripides' *Iphigenie bei den Taurern* oder seiner *Helena*, wird stattdessen positiv erfahren, auch wenn er handlungstheoretisch gesehen erlitten, weil nicht intendiert vollzogen wurde. Vgl. zum tragischen Charakter dieser Tragödien Kap. 8.2.
105 Dieses Unglück kann daher bereits eintreten, *bevor* die Figur sich dessen bewusst wird und insofern bevor sie daran subjektiv *leidet*. Das ist vor allem in Sophokles' Tragödien der Fall, im *Aias*, dessen Protagonist erst *ex post* bemerkt, wie sein Handeln – das wilde Schlachten einer Schafsherde – ins Unglück der Schmach umgeschlagen ist, oder im *König Ödipus*, dessen Held sein (dem Publikum bekanntes) Unglück nur allmählich aufklärt, bis es ihm plötzlich vor Augen steht und er im Moment des Wiedererkennens erst ins äußerste Leid stürzt.
106 Der Begriff *pathos* wird auch für den Vorgang des Leidens verwendet, vgl. Rapp 2005, S. 427.
107 Vgl. Aristoteles: *Nikomachische Ethik* I 1, 1094a1–26; VI 4–5, 1139b36–1140b30. Praxis kann aber auch nach Aristoteles zu Resultaten führen, die nach dem Handeln Bestand haben, ebenso kann herstellendes Handeln ein intrinsischer Zweck sein, wenn es dem Herstellenden um den Prozess des Machens selbst geht. Zur aspektuellen, nicht extensionalen Differenz zwischen *poiēsis* und *praxis* vgl. Ebert 1976.

vom Elisabethanischen Theater über die französische Klassik und das Theater der Aufklärung die tragischen Stoffe weiterhin hauptsächlich auf der Bühne verbleiben, verstärkt in die Oper und im 20. Jahrhundert zusätzlich ins Musical wandern und neben Roman und Lyrik auch durch das neue Medium des Films aufgenommen werden, das Handlungen und ihren Umschlag ins Leid als Folge darzustellen vermag.[108] Es ließe sich eine Geschichte der Wiederkehr der Tragödie im Kino schreiben, die einen beträchtlichen Umfang haben müsste. Nur ein Teil von ihr würde den großen filmischen Adaptionen von antiken Tragödien durch Regisseure wie Michael Cacoyannis, Pier Paolo Pasolini oder Philip Saville gelten,[109] denn die meisten tragischen Stoffe der Filmgeschichte kommen nicht direkt aus antiken oder auch neuzeitlichen Tragödientexten. Aus der Gegenwart seien hier nur die Filme des mexikanischen Regisseurs Alejandro González Iñárritu genannt, die Geschichten erzählen, in denen ein beiläufiger Fehler, ganz im Sinne der aristotelischen *hamartia*, desaströse Folgen für die Figuren, ihre Familien oder Anvertrauten hat und sie in ein Leid stößt, das sich nicht mehr auflöst.[110]

---

108 Bohrer 2009, S. 33–175, deutet Baudelaires Lyrik als tragisch und betont, dass das Tragische im Erscheinungscharakter in verschiedenen Epochen und Gattungen vergleichbar ist (S. 32). Gleichwohl bleiben Tragödie am wirksamsten in Formen des zeitlichen interpersonalen Darstellens, weshalb neben dem Drama und dem Roman heute vor allem der Film zum Medium des Tragischen geworden ist. Rudolf Harms' frühe *Philosophie des Films* von 1926 sieht den Film allerdings noch als unpassendes Medium für die Vermittlung einer tragischen Erfahrung: „Aus der subjektiven Haltung der tragischen Person gegenüber ihrem Leiden ist für den Film also nur wenig herauszuholen". Der Film könne die „Beeinflussung des ganzen Innenlebens des tragischen Menschen durch Leid und Untergang" nämlich „überhaupt nicht" darstellen (2009, S. 153). Diese Argumente sind durch die Entwicklung des Tonfilms, der Schnitt- und Kameratechnik relativiert worden. Der Film ist zur Erkundung und Darstellung subjektiver Erfahrung durch eigene Techniken wie *close-ups* nicht schlechter geeignet als das Theater. Dass auch unbewegte Bilder aus der Dynamik des Theaters heraus gedacht worden sind, zeigt Ivan Nagel 2009 anhand seiner Genealogie der Renaissance-Malerei aus dem antiken Drama.
109 *Electra*. R.: Michael Cacoyannis. Griechenland 1962; *The Trojan Women*. R.: Michael Cacoyannis. USA/Großbritannien/Griechenland 1971; *Ιφιγένεια*. R.: Michael Cacoyannis. Griechenland 1977; *Edipo Re*. R.: Pier Paolo Pasolini. Italien 1967; *Medea*. R.: Pier Paolo Pasolini. Italien/Deutschland/Frankreich 1969; *Oedipus the King*. R: Philip Saville. Großbritannien 1968. Vgl. zu einzelnen Analysen den Band *Bewegte Antike. Antike Themen im modernen Film*, hrsg. von Ulrich Eigler. Metzler: Stuttgart/Weimar 2002.
110 Etwa *Babel*. R.: Alejandro González Iñárritu. Frankreich/USA/Mexiko 2006. *Biutiful*. R.: Alejandro González Iñárritu. Mexio/Spanien 2010. Es gibt auch Filmregisseure, die sich Sokrates' Forderung an den Dichter, „Komödien und Tragödien dichten zu können" (Platon: *Symposion* 223d), zu eigen gemacht haben. Siehe etwa den Meister der Komik Woody Allen, der auch die Filmtragödie *Cassandra's Dream* (USA/Großbritannien Frankreich 2007) drehte und in seinen Filmen antike Elemente wie den Chor aufgenommen hat.

6.4 Schmerz: Element und Zeichen des tragischen Leids

Wie lässt sich das tragische Leiden phänomenologisch näher bestimmen? Kann es auf eine bestimmte Form negativer Erfahrung, die allen Menschen vertraut ist, wie körperlichen Schmerz oder Angst reduziert werden?

Betrachten wir zunächst den körperlichen Schmerz, der tatsächlich in einigen Tragödien im Mittelpunkt zu stehen scheint. Im Gegensatz zum Epos und zum oral tradierten Mythos *sehen* die Zuschauer, dass jetzt wirklich „ein lebendes Wesen vor ihnen steht"[111]. Geistig-symbolische Prozesse der Mitteilung sind im theatralischen Dispositiv also stets an die Gegenwart des individuellen Körpers unter anderen Körpern gebunden, die ästhetisch durch die Sprache der Klage, Ausrufe, durch Gestik und Tanz ins Zentrum gerückt werden. Daher stellt sich die Frage nach der physiologisch-somatischen Seite des Leidens allein schon aus Gründen des theatralen Dispositivs von Anfang an.

In Sophokles' *Philoktet* leidet der Protagonist an einer Wunde, die ihm ein Schlangenbiss einst in einem heiligen Hain, den er zu kühn betreten hatte, an seinem Fuß zufügte. Aufgrund dieser Wunde wurde er während der Überfahrt an die kleinasiatische Küste aus der Gemeinschaft der Krieger ausgeschlossen, auf Lemnos ausgesetzt und muss seitdem dort allein für sein Überleben sorgen. In der Mitte des Stücks erleidet Philoktet einen seiner immer wiederkehrenden Schmerzanfälle, der sich von seinem Fuß wie die Schlange, die ihn einst biss, der Mitte seiner selbst nähert:

> „Ach! O Weh!
> O Schreckensfuß, was hast du mir getan!
> Es schleicht heran,
> Da ist es schon ganz nah, ich ärmster Mann!
> Nun habt ihr es vor Augen!"[112]

Philoktet gelingt es nicht, das somatische Leiden auf den Fuß als Extremität zu beschränken, der von den *phrēnes* (Zwerchfell) als Sitz des Denkens (*phronein*) am weitesten entfernt ist.[113] Der Schmerz ergreift ihn wie eine Wiederholung der eindringenden Zähne von außen nach innen und vom Fuß ausgehend *ganz*. Phänomenal lässt sich die Schmerzsensation nicht auf einen Teil des Körpers reduzieren, der als Leib eine integrierte Erfahrungseinheit bildet. Philoktets Schmerzempfindung ist ein somatosensorisches Erlebnis, das sich wie Qualia generell nicht vom Gesamtbewusstsein in ein distanziert beobachtbares Erfahrungssegment abspalten lässt. Sein

---

111 Budelmann 2006, S. 136. Vgl. Lehmann 1991, S. 102: „Der Körper *erscheint*. Er wird gesehen und verstanden [...] als Basis-Realität. Der Körper wird zum lebendigen Zeichen dafür, daß das menschliche Subjekt vor allem problematischen Tun in einer außermoralischen Gegebenheit existiert, über die es nicht verfügt." (Vgl. ebd., S. 33–62).
112 Sophokles: *Philoktet*, V. 799–802 (Übersetzung von Buschor).
113 Vgl. Aubenque 2007, S. 149 f.; Padel 1995.

Fuß ist die lokale Sensationsquelle, deren Auswirkungen den verkörperten Geist *in toto* betreffen.

Diese phänomenologische Einsicht hat auch eine ästhetische Funktion in Sophokles' Tragödie. Philoktet ist als tragischer Charakter im narrativen Kontext des Dramas mit der Wunde untrennbar verbunden, sodass die von ihr erzeugten Schmerzen theatralisch wie verbal als sein Kennzeichen inszeniert werden können. Die schmerzende Wunde ist zwar nicht alleiniger Gegenstand seines viel komplexeren tragischen Leidens, kann dafür aber eine ästhetisch effektive Evidenz bieten: Der einstige König Philoktet, stark und Meister im Kampf mit dem Bogen, ist nun gebrechlich wie ein Opfertier, dem überlegenen und abwesenden Odysseus ausgeliefert. Sein aufrechter Gang – Ausdruck seiner Selbstverfügung und Handlungsfähigkeit – ist in seiner Fragilität offenbar geworden. Philoktet kann seine Haltung als Akteur nicht mehr kontrollieren, wozu auch ein Verlust kontrollierter Stimme gehört: Der Schmerz treibt ihn in ein Verhalten. Erschrocken wenden sich alle von ihm ab, als er zum ersten Mal stolpernd, strauchelnd und schreiend auf die Bühne kommt (209–225).[114] Er spricht nicht nur zum Chor und zu Neoptolemos, sondern auch zum Publikum, wenn er angesichts seines Schmerzes ruft: „Nun habt ihr es vor Augen!" Die Sichtbarkeit der physiologischen Leidquelle und Hörbarkeit der von ihr ausgehenden Empfindung sind die theatralischen Zeichen für Philoktets Gesamtzustand. Der Schmerz ergreift von einem Teil (dem Fuß) das gesamte im phänomenalen Bewusstsein mit sich selbst verbundene Individuum und seine öffentliche Expressivität. Philoktet erfährt sich in seinem an der Wunde neu entzündenden Schmerz (somatisches Bewusstsein), seiner schwachen, gebrochenen Haltung (kinästhetisches Bewusstsein), seinen negativen Gefühlen (affektives Bewusstsein) und seiner gesellschaftlichen und existentiellen Situation (reflexives Bewusstsein). Der körperliche Schmerz steht im Theater der Tragödie für eine integrierte phänomenale Selbsterfahrung.

---

[114] Philoktet wurde zuvor auch von Aischylos, Euripides und anderen Tragikern zur Zentralgestalt einer Tragödie gemacht, offenbar litt er auch in den nicht überlieferten Stücken körperlich auf der Bühne (Flashar 1999). Ansonsten sind Gewalt- und physische Leiddarstellungen zumindest in den überlieferten attischen Tragödien selten. In der Regel werden physische Gewaltakte und Verletzungen oder auch Bestattungen im Bericht von Boten bzw. Zeugen geschildert, wodurch sie in der Imagination des Zuschauers um so plastischer zu werden vermögen – anders die Alte Komödie, in der Prügeleien u. a. stattfinden, und anders als die römische Tragödie eines Seneca, die Gewaltexzesse visuell inszeniert und einen großen Einfluss auf die physischen Gewaltdarstellungen im Elisabethanischen Theater hatte. Auch die *próthesis*, die Aufbahrung einer Leiche, wird ebenso wie die *ekphora*, der Trauerzug zum Begräbnis, und die Bestattung selbst in den Tragödien nicht gezeigt. Von geplanten oder erfolgten Bestattungen wird nur berichtet. Siehe Merthen 2005, S. 43, 49, 56. Zur Gewalt und physischen Verletzung in der griechischen Tragödie siehe Seidensticker 2006. Seidensticker differenziert *physische, psychische, strukturelle* und *göttliche* Gewalt (ebd., S. 98 f.), analysiert aber nur Beispiele für physische Gewalt. Siehe zur Gewalt auf bzw. hinter der Bühne ebenfalls Goldhill 2006, vor allem S. 154 ff. Goldhill und Seidensticker betonen ähnlich wie Bohrer 2006, dass die Gewalt durch sprachliche Vermittlung und Imagination der Zuschauerinnen und Zuschauer erst zum ästhetischen Ereignis wird, das nicht im Mythos oder im Ritual aufgeht.

Dadurch aber isoliert der Schmerz ihn ironischer Weise von seiner Umwelt: Philoktet wird ganz vom Schmerz ergriffen, der alles in die Gegenwart der imperativischen Empfindung zusammenzieht und ihn von den gesunden Fremden durch seinen immer wieder mit Schreien und Klagen artikulierten Zustand trennt, so wie er schon als verletzlicher Einzelner der gefährlichen Natur auf Lemnos gegenübersteht. Diese phänomenale Isolationserfahrung im Schmerz ist in der Vorgeschichte des Dramas zugleich kausal bestimmend für die soziale Isolation gewesen, an der Philoktet als unglücklicher Robinson Crusoe nun leidet, denn nur wegen seiner Verletzung und seines für die anderen auf ihre Handlungsstärke angewiesenen Krieger unerträglichen Schmerzausdrucks wurde er einst auf der Insel zurückgelassen (V. 1–11).

Der Gesamtzustand Philoktets ist weniger eine Folge punktueller Schmerzanfälle, sondern ergibt sich aus der Bedeutung des körperlichen Schmerzes im Kontext, in dem sich der mythische König befindet: Dieser übergibt dem Sohn Achills, Neoptolemos, an der Küste von Lemnos schließlich seinen Bogen, nachdem dieser sein Vertrauen gewonnen und ihn, angeblich wie Philoktet selbst ein gezeichneter und unrecht behandelter Feind der Atriden, zum Freund gemacht hat, um dessen Bogen für den Kampf in Troja zu erhalten. Er verspricht Philoktet, ihn mitzunehmen, sodass er Heilung finden und in eine neue Gemeinschaft integriert werden könne. Der Bogen des Herakles ist für Philoktet auf Lemnos die einzige Garantie des Überlebens durch Jagd und Verteidigung gewesen, die er nun im Vertrauen abgegeben hat. Als er aufgrund der plötzlich spürbaren Unsicherheit des Neoptolemos, der sich für seinen schändlichen, von Odysseus befohlenen Betrug schämt, das Unglück, ihm fälschlicherweise vertraut zu haben, erkennt, ist es zu spät.[115] Das gerade aufkeimende Glück, einen neuen Freund gefunden zu haben, der sein Leid mitträgt und ihn aus dem existentiellen Unheil auf der Insel zu befreien verspricht, schlägt unmittelbar um in die Verschärfung seines ohnehin kaum erträglichen Leids. Als er wieder verlassen wird von seinem vermeintlichen Retter, ruft er voller Verzweiflung:

„Ganz von den Schmerzen verzehrt,
Keines Sterblichen Nachbar,
Soll ich all meine Tage hier
Elend vergehen?" (V. 1125–1228)

Ein unüberbietbares Elend in Schmerzen, so weiß der verlassene und nun mehr schutz-, weil werkzeuglose Philoktet, wird der Rest seines vermutlich bald endenden Lebens sein (V. 1151–1163; 1218–1122).

Philoktets tragisches Leid besteht also auf einer ersten Stufe in seinem dauernd wiederkehrenden physischen Schmerz und seiner ebenso dauerhaften sozialen Iso-

---

115 Vgl. Lefèvre 2001, S. 194 ff. Odysseus erscheint hier gleichsam als problematische Wiederkehr des homerischen Helden, der dem Publikum durch seine Kunst, sich zu verstecken und zu verkleiden, also nicht sichtbar zu sein, und durch seine Bogenkunst aus der *Odyssee* bekannt war.

lation als physisch Behinderter, die wiederum auf den Schmerz und seinen Ausdruck zurückgeht. Dort heilt seine Wunde nicht, weil es keine Gemeinschaft und somit auch keine heilenden *technai* gibt. Auf einer zweiten Stufe – der des in der Tragödie verhandelten Geschehens – besteht das Leid in dem verlorenen und im Verlauf der Tragödie erneut missbrauchten Vertrauen in seine Landsleute sowie in der mangelnden Aussicht auf eine signifikante Verbesserung seines unglücklichen Lebens, das buchstäblich am Faden – der Sehne seines Bogens – hängt, seinem unverzichtbaren Überlebenswerkzeug, das er aus der gemeinsamen Kultur in dieser Zivilisationsferne noch besitzt. Der Schmerz der Wunde ist, weil er zyklisch wiederkehrt und die aussichtslose Lage im Exil hervorgerufen hat, Ausdruck der Dauerhaftigkeit seiner Gesamtlage, an der er in einem existentiellen Sinne leidet. Der körperliche Schmerz ist daher nicht gleichbedeutend mit dem tragischen Leiden Philoktets; vielmehr ist der vom Fuß hochschießende Schmerz ein theatralisch wirksames Zeichen dafür, dass er sich allein nicht mehr aus dem Leid wegbewegen kann. Dieses psycho-physische Gesamtphänomen ist für Philoktet wie für fast alle tragischen Figuren so unerträglich, dass er sich den Tod als das Ende seiner Erfahrung herbeiwünscht (V. 811ff.).

Körperlicher Schmerz hat an der Erfahrung des tragischen *pathos* teil und kann deshalb wie eine theatrale Metonymie für das Leid stehen. Das wird ebenfalls an den Leiden des früheren Bogenbesitzers offenbar, die paradigmatisch für die somatisch-existentielle Dimension tragischen Leids stehen kann. Sophokles hatte vor dem späten *Philoktet* Herakles in den *Trachinierinnen* als Schmerzensfigur gezeichnet. Dem panhellenischen Kraftmenschen, der nach langer Abwesenheit auf dem Rückweg zu seinem Zuhause in Trachis ist, wird das Nessos-Gewand von seiner Frau in der Absicht nach Kap Kenaion entgegengeschickt, seine brüchig gewordene Liebe zu ihr mit einem Liebesmittel zu erneuern. Wie sich rasch nach dem Anlegen des Kleidungsstücks zeigt, ist das *pharmakon* aber in Wahrheit ein zersetzendes Gift, das sich in den Körper des Ausnahmehelden frisst, ihm seine legendäre Kraft raubt und seine tragisch gescheiterte Gattin in den Suizid treibt.

In der zweiten Hälfte der Tragödie wird erst von seinem Sohn Hyllos berichtet, dann von dem auf die Bühne getragenen Herakles selbst zum Ausdruck gebracht, wie umfassend der Körper des Helden durch den physischen Schmerz vernichtet wird. Zuerst, so Hyllos, brach ihm, als das Gewand dem Licht der Opferflamme ausgesetzt wurde, der Schweiß aus, mit dem sich das giftgetränkte Kleid vermengte, sodass es nicht mehr vom Körper zu entfernen war: „Und es kam/ Beißend ein Schmerz, der riß an seinen Knochen. Dann/ Fraß es an ihm, so wie das Gift/ Von einer mörderischen, feindseligen Natter."[116] Es ist tatsächlich das Gift einer Schlange, das von der schrecklichen Hydra von Lerna stammt, die Herakles einst mit Schwert und Feuer, Emblemen seiner beispiellos effektiven *technē*, besiegt hatte, und das nun ironisch über das Blut des Nessos, einer seiner besiegten Gegner, wie ein chemischer Bume-

---

116 Sophokles: *Trachinierinnen*, V. 786–771; vgl. V. 987.

rang auf ihn zurückwirkt und ihn sich wie eine Schlange winden lässt:[117] „[...] es riß ihn/ Zu Boden und dann wieder hoch hinauf" (V. 786f.). Nachdem er auf der Bühne aufgewacht ist, schreit Herakles, der große Dulder aller Heroen, immer wieder vor Schmerz in vielfältigen Klagerufen auf. Das Gift reißt ihn in konvulsivische Schmerzattacken, vergeblich versucht er es durch Ansprache zu objektivieren und auf Distanz zu rücken:

> „Wie faßt du mich an? Wohin beugst du mich?
> Du bringst mich um! Bringst mich um!" (V. 1007f.)
> „Und wieder springt sie, springt sie mich an,
> Die widerwärtige, die mich zerstört,
> Die unnahbare, wilde Krankheit!" (V. 1028–1030)

Wie im Philoktet kolonisiert auch hier der Schmerz das gesamte verkörperte Bewusstsein. Dringt er im Philoktet von der unteren Körpergrenze – dem Fuß – bis ins Zentrum, frisst er sich nun von außen über das Kleidungsstück – *ergon* einer *technē* – und die Haut bis ins Handlungs- und Lebenszentrum seines Leibs. Das Gift, so fühlt es sich für Herakles an, zerfrisst ihm „bis in das Innerste mein Fleisch, es schlürft,/ Mir einwohnend, der Lunge Röhren aus/ Und hat mein frisches Blut schon ausgetrunken,/ Und durch und durch zerstört bin ich am ganzen Leib,/ Niedergemacht von dieser unsäglichen Fessel!" (V. 1053–1057)

Immer wieder wird die Zerstörung des Leibes bis in die letzte Faser performativ durch Worte und theatralische Gesten wie Herakles' Entblößung seines geschundenen Leibs in Szene gesetzt (V. 1076–1080).[118] Der Held ist selbst zu einem der Untiere geworden, die er zuvor aus praktisch notwendiger Distanz mit Artefakten wie der Fernwaffe des Bogens bekämpft hatte. Der für seine körperliche Athletik und exzeptionelle Kraft ebenso wie seine souveräne Waffenführung berühmte Herakles, „des unter allen besten Mannes" (V. 177), geht aus nächster Nähe vom eigenen Handlungsmittel getroffen jämmerlich zugrunde. Anstatt „mit siegbringender Kraft" (V. 186), wie am Anfang angekündigt, erscheint Herakles, der traditionelle Idealtyp des *kalos kagathos*, eines so schönen wie tugendhaften Helden, zerschunden und erbärmlich. Er hat nicht nur überall am Leib Schmerzen, sondern all das, was ihn ausmachte, seine gesamte individuelle Existenz ist „ganz und gar verwüstet" (V. 1104).

Die Schilderung des exzessiven körperlichen Leids, das alle übrigen Darstellungen körperlichen Schmerzes in den überlieferten Tragödien an Drastik aussticht, kann in den *Trachinierinnen* nicht nur deshalb als Symbol für die existentielle Dimension des tragischen Leids aufgefasst werden, weil das Gift Herakles tatsächlich in den Tod treibt, sondern vor allem, weil Herakles erst durch seine körperliche Kraft und die technische Beherrschung der Distanz gegenüber der wilden Natur zu dem Zivilisati-

---

117 Siehe ebd., V. 572–581; 831–840; 1091–1103.
118 Vgl. dagegen das Verhüllen des Leichnams von Aias (Sophokles: *Aias*, V. 915–919). Zu den sogenannten *Ecce*-Szenen, in denen Opfer – hier Herakles durch sich selbst – präsentiert werden vgl. Kremer 1971.

onshelden geworden ist, als welcher er in ganz Hellas verehrt wurde.[119] Nun aber kommt das Zerstörerische der Natur – über die Technik des Kleids aus der zeitlichen und räumlichen Distanz – ins Zentrum seiner Existenz zurück: Er leidet selbst wie eins der Tiere, die er getötet hat, um Menschen zu schützen. Seine qualvollen Bewegungen sind keine Handlungen mehr, sondern kaum steuerbare Reaktionen auf die undistanzierbare somatische Qual.[120] Das Gift *verwandelt* ihn vom tätigen Mann in eine, so seine patriarchale Sicht, leidende Frau bzw. vom leistungsfähigen Heros in eine Art ohnmächtig und krampfartig sterbendes Opfertier.[121]

Der körperliche Schmerz ist also eine mögliche (aber weder notwendige noch hinreichende) Dimension des tragischen Leidens selbst. Der Akzent auf körperlichem Leid in der Erwähnung von *pathos* in der *Poetik* hat eine von Aristoteles selbst nicht formulierte philosophische Pointe: Das tragische Leid ist ein *Gesamtzustand* des Organismus; es wirkt sich, selbst wenn keine physischen Verletzungen vorliegen, immer auch auf den als Erfahrungseinheit integrierten Leib wie den gesamten verkörperten Geist aus. Das Leid geht nicht im rein somatischen Schmerz auf und belässt das Bewusstsein als sein Anderes intakt, sondern zieht es selbst unausweichlich und buchstäblich in Mitleidenschaft.

Der körperliche Schmerz, der in einigen Szenen der attischen Tragödie anders als im Epos Homers, in dem er keine nennenswerte Rolle spielt,[122] sprachlich und theatral in Szene gesetzt wird, ist also phänomenologisch als *Zeichen* eines umfassenden Leids zu deuten. Er steht für folgende Eigenschaften des tragischen Leids, die diesem auch zukommen, wenn kein körperlicher Schmerz vorliegt: 1. *Umfassendes Betroffensein* – der Schmerz füllt das phänomenale Bewusstsein des Individuums *ganz* aus, weil er als

---

119 Vgl. Galinsky 1972; Effe 1980.
120 Sie stehen damit im Gegensatz zum intentionalen Handeln, aber ästhetisch könnten sie auch Korrespondenzen zum Tanz des Chores aufgewiesen haben. Vgl. Kassandras Beschreibung ihrer Erfahrung in der *Orestie*, als sei sie befallen von der Wirkung ihrer eigenen Seherkunst: „Ah! Ah! Auf reißt ein ungeheurer Krampf der Wahrsagung/ Mich abermals und wirbelt mich im Vortanz hin" (Aischylos: *Agamemnon*, V. 1215f.). Tanz kann hier als ein Medium der Ambivalenz zwischen gesteuerter Bewegung und schmerzinduziertem Bewegtwerden gedacht werden, buchstäblich als das Medium zwischen Aktiv und Passiv.
121 In der Verkehrung ins Leidwesen liegt auch eine Genderperspektive, Herakles' Schicksalsumschwung macht ihn, so klagt er, zu einem „Mädchen" und „Weib" (V. 1072, 1075), während Deianeira, die ihm symbolisch das Todesgewandt anlegte, das männliche Schwert gebrauchte und das Klischee männlicher Tatkraft an sich selbst erprobt (vgl. Loraux 1993 zur Form der Männlichkeit als Bedingung weiblichen Heldentums). Hatte Herakles zuvor patriarchalisch über Frauen wie Deianeira und Iole als passive Größen verfügt, wird er nun selbst in eine dem Weiblichen gesellschaftlich zugemutete Passivität gedrängt und erleidet, wie er zuvor Frauen erleiden machte. Im Mythos hatte Herakles schon früher, als Sklave von Omphale, weibliche Züge (etwa durch Kleidertausch) angenommen, nun aber handelt es sich – auf der Ebene der im Drama dargestellten Tragik – nicht um eine spielerische Travestie, sondern um einen existentiellen, in den Tod mündenden Umschlag (vgl. die Analyse von Cawthorn 2008, S. 79–111).
122 Vgl. Budelmann 2006, S. 123f.

extremer Schmerz imperativisch ist und keine Ablenkung zulässt.¹²³ 2. *Dauerhaftigkeit* – als zyklisch wiederkehrender Schmerz steht er für die Kontinuität des tragischen Leids, das keine Aussicht auf Besserung gewährt. 3. *Inversion der Souveränität:* Da er als imperativische Empfindung das Bewusstsein bestimmt und den ganzen Menschen ins passive Ertragen zwingt, bildet er ein phänomenales Gegenstück zur Souveränität der Selbstbestimmung, die gleichsam von der Macht negativer Sensation unterdrückt wird. 4. *Verlust der Distanz:* An Philoktets Beschreibung seines Schmerzes war eine Art performative Metonymie zu erkennen, denn der Grund seiner Empfindung ist lokal begrenzt (Fuß), aber die Empfindung „befällt" gleichsam den verkörperten Geist und ist als Macht im phänomenalen Bewusstsein nicht auf Distanz zu bringen. Die anatomischen Distanzverhältnisse entsprechen keinen Abstandsrelationen im Leibempfinden, das im exaltierten Schmerz plötzlich gegenüber allen anderen differenzierten Funktionen des Bewusstseins Dominanz gewinnt. Das Gift frisst sich über die Kleidung als Werk der *technē*, die man als Kunst aus dem Abstand zur Umwelt und für den Schutz vor ihr deuten kann, in die Körper von Herakles, Glauke oder Kreon, wie die Schwerter, Äxte, Pfeile und Nägel in die Körper von Eteokles, Polyneikes, Agamemnon, Klytämnestra, Aighistos, Prometheus, Aias, Deianeira, Haimon, Ödipus, Herakles' Familie, die Kinder Hekabes und andere Figuren dringen. Diese in die Körper dringenden Artefakte zeigen sichtbar das Phänomen des Abstandsverlusts im Leiden an, das nicht (mehr) vom Leidenden auf Distanz gebracht werden kann.

Die ästhetische Intensität des sichtbaren und hörbaren (oder im Botenbericht imaginierten) körperlichen Schmerzes aufgrund von Gewaltanwendung dürfte vermutlich noch stärker als heute gewesen sein, da die männlichen Athener zwar körperliche Verletzungen aus den dauernden Kriegen kannten, aber die Verletzung als Strafe in der Polis ablehnten und vermieden. Sie verletzten sich nicht mutwillig selbst. So durfte in der Regel kein Athener Bürger durch physische Maßnahmen wie Peitschen bestraft werden.¹²⁴ Die ästhetische Wirkung des zur Schau getragenen Schmerzes kann zudem als Zeichen für Leid besonders wirksam sein, da er im Sinne einer ästhetischen Übertragung bereits wirkt, bevor er im Kontext des tragischen Schicksals interpretiert und begriffen wird. Trotz der individuellen Empfindungsvarianz erlaubt die Inszenierung starker körperlicher Schmerzen einen allgemeinen Effekt: Sie kön-

---

123 Hans Ebeling beschreibt die bereits von Freud konstatierte imperativische Gewalt des (physischen) Schmerzes in einer subjektivierenden Weise, die phänomenologisch der empfundenen Macht des Schmerzes nach Art eines zwingenden Souveräns gerecht wird: Der Schmerz „verbrennt alles Interesse und zieht, falls dies nicht gelingt, jedenfalls von ihm ab. Der Schmerz pocht auf seinen Alleinvertretungsanspruch. Er will das ganze Dasein besetzen und alle Existenz sein. Der Schmerz kontrahiert. Er ist Brennpunkt des Geschehens. Das Dasein des Menschen verbeißt sich entsprechend. [...] Der drückende Schmerz ist Daseinslast, der [sic!] schneidende Daseinszerreißung." (Ebeling 2004, S. 16).
124 Vgl. Allen 2000, S. 197 ff. Den entscheidenden Unterschied zwischen der Verletzung der Feinde und durch die Feinde und der ungewollten Verletzung der Freunde (*philoi*) für Sophokles betont Blundell 1989. Siehe ebenfalls Goldhill 1986, S. 79–106, zu Sophokles; Belfiore 2000. Zur Bedeutung der Verletzung von *philoi* vgl. Kap. 8.9.

nen von den meisten Menschen schon präreflexiv auf die Möglichkeit eigener Schmerzen bezogen werden und durch die ästhetische Konzentration aufs leidende Individuum intensiv auf mitleidende Zuschauer wirken.[125] Die direkte empathische Reaktion gründet in der universalen Vertrautheit mit den Schmerzempfindungen und ihrer kortikalen Spiegelung im Gehirn. Wenn jemand anderes Schmerz empfindet, hat die mitfühlende Person selbst ohne physische Schmerzquelle eine schmerzliche Empfindung.[126] Sie partizipiert gleichsam an der emotionalen Verfassung des Gegenübers, indem sie sich dessen phänomenalen Standpunkt mit emotionaler Urteilskraft anpasst. Dadurch gerade kann der schmerzende Körper, dessen Schmerz zwar wegen der Maske nicht mimisch, aber durch Gebärden und die Stimme zur Erscheinung kommt, zum Zeichen der nicht nur sensorischen, sondern auch seelischen und geistigen Verfassung des Individuums werden. Mit Wittgenstein lässt sich sagen, dass er zu einem ästhetisch herausgestellten „Bild der menschlichen Seele"[127] wird.

Im theatralischen Ausdruck des körperlichen Leids kann man daher den Sinn der von Aristoteles nur als Beispiel angeführten Formel *en tō phanerō* erkennen – „im Sichtbaren"[128] ist das Leid, weil es durch körperlich-theatrale Zeichen für die Zuschauerinnen und Zuschauer zum ästhetisch erfahrbaren Ausdruck gebracht wird. Es ist kein bloß inneres Leid, das im Subjekt ausdrucks- und zeichenlos verschlossen bliebe, sondern muss in einer Inszenierung für zum Teil räumlich weit entfernte Zuschauer ästhetisch zur Erscheinung kommen. Die phänomenale Erfahrung des Individuums wird durch ihre Verkörperung und das Ausdruckrepertoire der Schauspieler zum von allen erkennbaren *Bild*, das ästhetisch von der Bühne als lebendiger Bildakt auf die affektive und mentale Verfassung der Zuschauer und Zuschauerinnen wirkt.[129] So wird im Theater eine zutiefst individuelle Erfahrung öffentlich.

6.5 Die Rolle der Affekte

Aus den Überlegungen zum metonymischen Charakter des körperlichen Schmerzes lässt sich bereits die Hypothese bilden, dass das tragische Leid auch nicht auf bestimmte Affekte bzw. Emotionen reduzierbar ist. Zugleich kann es keinen Zweifel daran geben, dass tragisches Leiden notwendig mit Gefühlen verbunden ist, denn der Modus, in dem tragisches Leiden zum (phänomenalen) Bewusstsein kommt, ist ein

---

125 Vgl. Eagleton 2003, S. XIV; Budelmann 2006.
126 Zur Aktivierung der sogenannten Spiegelneuronen und der Affektivität des phänomenalen Bewusstseins im Mitgefühl siehe Singer et al. 2004; vgl. Budelmann 2006, S. 129.
127 Wittgenstein 2001, Teil 2, iv, S. 1002. Der Körper, schreibt Wittgenstein, „ist das beste Bild der menschlichen Seele."
128 Aristoteles: *Poetik*, 1452b13f.
129 Zu diesem Begriff der Eigenmacht der Bilder siehe Bredekamp 2010 und 2018. „Der ‚Bildakt' bezeichnet die Wirkung auf das Empfinden, Denken und Handeln, die aus der Eigenkraft des Bildes und der Resonanz mit dem Gegenüber entsteht." (Bredekamp 2018, S. 25).

Fühlen, nicht ein bloßes Denken oder ausschließlich leibliches Spüren. Das wird am Vokabular der Affekte in der Tragödie und ihrer Poetik seit Aristoteles offensichtlich, aber auch an der Kontinuität des Sprachgebrauchs. So sagt jemand, der leidet, in der Regel, dass er sich schlecht, unwohl, verletzt, niedergeschlagen oder schrecklich *fühle*; im Englischen heißt es entsprechend ‚to feel bad', ‚terrible' oder ‚devastated'. Dieses Gefühl, das von einer negativen Gestimmtheit bis zur extrem bedrückenden Erfahrung reichen kann, betrifft das gesamten Selbstgefühl, was ebenfalls im Sprachgebrauch zutage tritt, insofern man in vielen Sprachen sagt, was man sei, wenn man ausdrücken will, wie man sich fühlt, etwa im Englischen (‚I am bad') oder im Italienischen (‚io sto male').

Zugleich wäre es eine Verkürzung, aufgrund des Fühlens als Modus des Zu-Bewusstsein-Kommens von Leiden das tragische als ein bestimmtes temporäres Gefühl neben anderen zu beschreiben. Schon die Vielzahl der reaktiven Gefühle des Publikums – Aristoteles spricht von Furcht, Mitleid, Zorn und anderen Emotionen[130] – wäre eine unplausible Annahme, wenn nur an einem konkreten und temporären Gefühl der Figur Anteil genommen würde. Es spricht nicht viel dafür, den leidenden Protagonisten allein einen bestimmten Affekt wie Neid oder Affekte zuzuschreiben, um darin das Ausmaß ihres Leids zu erkennen. Medea wird nicht allein aus einem kurzzeitigen Affekt der Eifersucht zur Kindsmörderin, sondern weil sie aus ihrem Unglück keinen Ausweg sieht und sich für diesen Sachverhalt an Iason, der es ihr zugefügt hat, rächen will. Ebenso bringt Aias sich nicht aus punktuell gesteigertem Selbsthass um, sondern aus der Einsicht heraus, dass er seine zuvor selbst zerstörte Ehre als Krieger nie wieder wird herstellen können.

Zugleich gibt es konkrete Affekte, vor allem Angst und Erschrecken, die visuell als theatrale Erscheinung inszeniert werden. Als ästhetische Effekte durch Mittel der Rhetorik, Maskierung und der von Bewegungen und Requisiten geprägten Szenerie stecken sie das Publikum an und lassen es in einer Intensität den ästhetisch erzeugten Schrecken erleben.[131] Diese ästhetischen Effekte sind nicht so etwas wie die Essenz der tragischen, als werde im Zuschauer durch die gespielte Angst einer Figur unabhängig von bewusster Interpretation und Bewertung ihrer Lage ausschließlich eine spontane affektive Reaktion wie etwa ein plötzliches Erschrecken ausgelöst. Dann würde der ästhetische Affekt temporäre Angsterregungen der Figuren nur kurz akzentuieren und mit dem Abflauen der physiologischen Reaktion rasch verschwinden.

---

130 Vgl. Aristoteles: *Poetik*, 1456a37–1456b2; vgl. 1455a29–34.
131 Vgl. hierzu Bohrer 1991 und 2009, S. 179 ff. Bohrer reduziert das Pathos der Tragödie allerdings auf den ästhetischen Intensitätseffekt. In seiner notorischen Abwehr jeder philosophischen, psychologischen, soziologischen oder anderer nicht primär ästhetischer Untersuchungen entgeht ihm gerade der ästhetisch faszinierende Effekt des nachhaltigen Schreckens und der nicht nach dem Ende der Aufführung abgegoltenen Beunruhigung, die die Tragödie für den sich seiner Kräfte und seines Verstandes gewissen Bürger darstellt. Die Wirkung des dargestellten Pathos verbleibt als wirkmächtiger Schatten nach dem plötzlich eintretenden Erscheinungsschrecken, sofern das vorgeführte Schicksal der tragischen Protagonisten *zu denken* gibt. Zum Einwand gegen Bohrer siehe die folgende Passage oben.

Es handelt sich vielmehr, wie Karl Heinz Bohrer überzeugend argumentiert hat, um eine *ästhetisch* vermittelte, transsubjektive Angst, die den Zuschauer noch unmittelbarer ergreift als eine reflektierte, empathische Mit-Angst. Doch zugleich kann die Angst- oder Schreckenswirkung nur intensiv wirken *und* über den plötzlichen Schrecken hinaus als Affekt anhalten, ja, an beunruhigender Intensität jenseits der plötzlichen Erregung noch zunehmen und eine genuine Herausforderung für die Selbsterkenntnis der Zuschauer und Zuschauerinnen werden, wenn sie sich mit einer *Reflexion auf die existentielle Möglichkeit des vorgeführten Schicksals* verbindet. Wenn die Figur auf der Bühne etwa nur an einer neurotischen Ängstlichkeit, also an einer irrationalen, nämlich unbegründeten Angst litte, könnte wohl auch eine ästhetisch angstinduzierende Inszenierung nur eine punktuell starke, dafür aber kurzlebige Affekterregung ohne nachwirkende Beunruhigung erzeugen.

Die Idee einer nachhaltigen Erschütterung ist Aristoteles' Theorie tragischer Gefühle bereits eingeschrieben. Emotionen (*pathē*) sind für ihn ebenfalls Widerfahrnisse, von denen die Seele in ihrem sensitiven Vermögen unmittelbar ergriffen wird, die sie mit Lust oder Schmerz empfindet, die ihre Urteile verändern und also die Herrschaft des vernunftbegabten Teils der Seele herausfordern.[132] Sie haben, erstens, eine Empfindungsqualität – ihre leibliche Dimension –, zweitens involvieren sie Urteile über das, worauf sie sich intentional richten – ihre rationale Dimension –, drittens kommen ihnen Tendenzen zum Handeln zu – ihre voluntative oder motivationale Dimension.[133] Das *pathos* der Tragödie ist als affektiv erfahrenes Leid so gesehen ein emotional durchformter phänomenaler Zustand, der über die leibhaftigen wie symbolischen Ausdrucksformen der Tragödie die Zuschauerinnen und Zuschauer gewissermaßen ansteckt, wobei die voluntative Dimension sich nicht in unmittelbaren Handlungsimpulsen äußert, da das Wissen um die Theatralität, also das Spiel einer als gegenwärtig aufgeführten (fiktiven) Handlung, stets die reaktiven Affekte im Hintergrund begleitet. Die Erregung von Affekten wie Furcht (*phobos*), Mitleid (*eleos*) oder Zorn (*orgē*) hat also die sich in Klagen ausdrückende affektive Erfahrung des Leidens der Figuren, auf die sie reagieren, zur Voraussetzung.[134] Zugleich sind Affekte mentale Zustände, die durch Kognition erhalten, verstärkt, umgewandelt oder aufgelöst werden. Die reaktiven Gefühle der Zuschauer setzen aus diesem Grund als ästhetisch transformierte Affekte voraus, dass die Figuren ihr Unglück selbst emotional als Leid erleben. Denn das Mitleid (*eleos*) als bewusste negativ empfundene Emotion mit intentionalem Objekt muss dem ebenso bewusst empfundenen Leid ei-

---

132 Vgl. Aristoteles: *Rhetorik* I, 1378a21; *Nikomachische Ethik* II 4, 1105b22–1106a6; *Politik* I 5, 1254b8 f. Zur Theorie der tragischen Affekte bzw. Emotionen bei Aristoteles siehe Zierl 1994, S. 18–93; Konstan 2005; LaCourse Munteanu 2012, S. 70–138. Zum Überblick über Emotionen bei Aristoteles und in der antiken Philosophie überhaupt siehe Krajczynski/Rapp 2009.
133 Alle drei Dimensionen, vor allem die voluntative des Handlungsantriebs, können bereits bei Homer am legendären Zorn (*mēnis*) Achills als Triebkraft seiner Handlungen ausgewiesen werden, die wiederum den Gegenstand der *Ilias* ausmachen (*Ilias* I, 1 f.). Vgl. Harbsmeier/Möckel 2009a, S. 9–24.
134 Vgl. Aristoteles: *Poetik*, 1449b27 f., 1452a2–4; 1452a38–1452b3; 1453b1 ff.; 1456a38–1456b2.

nes anderen und dessen objektiv beschreibbarer Lage, in die man sich hineinversetzen kann, gelten.[135] Ebenso setzt die Furcht als zweite wirkungspoetisch wesentliche Emotion voraus, dass die Lage der Figur auf der Bühne auch – im Rahmen der Fiktion – erschreckend für diese selbst ist. An der Ermordungsszene Agamemnons und Kassandras durch Klytämnestra im *Agamemnon* etwa wird durch Kassandras Furchtrufe im Wechsel mit dem Chor und den Sterbeschreien Agamemnons aus dem Inneren des Hauses der Todesschrecken der Figuren wie ein Kälteschock spürbar. Der Schrecken ist nicht nur durch seine ästhetische Erscheinung wirksam, sondern auch, weil das Geschehen auf der Bühne für die betroffenen Figuren objektiv erschreckend ist und sie sich verständlicherweise selbst stark fürchten.[136]

Die reaktiven Emotionen, die nach Aristoteles in der *katharsis* gereinigt werden sollen, bedürfen, um mit Intensität den Zuschauer zu befallen, daher der selbstreflexiven Vergewisserung des Leidens durch die Figur selbst.[137] Im Fall zur Schau gestellter Abwesenheit von Leiderfahrung würden leicht Zweifel darüber entstehen, ob die reaktiven Gefühle dem Schicksal der Figur gegenüber überhaupt angemessen sind, der Erscheinungsschrecken wäre milde und kurz. Mitleid für ein Schicksal, an dem die Figur gar nichts auszusetzen hat, geriete unmittelbar in den Verdacht, unbegründet zu sein. Die intentionalen und evaluativen Zuschreibungen sind im für Mitspieler und Zuschauer der Tragödie wesentlichen Mitleid schon impliziert, sofern Mitleid, wie Wittgenstein schreibt, „eine Form der Überzeugung [ist], daß ein Andrer Schmerzen hat."[138]

Wenn der ästhetisch wesentliche, aber zugleich die Verfassung der handelnden und leidenden Figuren zum Ausdruck bringende Erscheinungsschrecken also nichts wäre als ein ästhetisch-theatraler und rhetorischer Effekt, der „keiner weiteren Erklärung"[139] bedürfte, könnte man die Ästhetik der Erscheinung der attischen Tragödie von der einer Geisterbahn, eines Horrorfilms oder eines wirkungsvoll inszenierten Thrillers kaum mit typologischer Stichhaltigkeit unterscheiden. Vielmehr müssten etwa die Formen extremen Erscheinungsschreckens und ekstatischer Angstexpressionen in Horrorfilmen gegenüber denen der Tragödie als ästhetisch weitaus effektiver beurteilt werden. Auch sie erzeugen eine ästhetische Faszination, in der Lust und Schrecken gemischt sind. Das Interesse am Erscheinungsschrecken der Tragödie wäre dann vermutlich nur ein Symptom bildungsbürgerlicher Traditionsbindung, die das Alte wahrt und die Horrorgenres der Populärkultur abwertet. Den visuell und akus-

---

[135] Mitleid ist – wie Furcht – eine Art von Schmerzgefühl für Aristoteles, siehe *Rhetorik* II 5, 1382a21–33; II 8, 1385b13–19.
[136] Vgl. Aischylos: *Agamemnon*, V. 1072–1345; siehe Bohrer 1991 und 2009, S.189 ff.
[137] Wenn Zuschauer – z. B. gegenüber Ödipus – durch ihre mythologische Kenntnis und die Ironie des dramatischen Sprechens einen Wissensvorsprung haben, so können die reaktiven Emotionen möglicherweise das erlebte Leid der Figur antizipieren; dann verstärken sie sich, wenn es – nach der *anagnōrisis* des Königs – auch auf der Bühne eintritt und wirksam in Klagen inszeniert wird.
[138] Wittgenstein 2001, Teil 1, §287, S. 886 (Spätfassung).
[139] Bohrer 2009, S. 27.

tisch erscheinenden Schrecken allein, den Aristoteles das Monströse oder Grauenvolle (*teratōdes*) nennt, lehnt dieser jedoch bezeichnenderweise für die Tragödie ab: „Mit den Mitteln der Aufführung nicht etwas Furchterregendes, sondern nur noch Monströses zu bewerkstelligen, hat mit <den Zielen> der Tragödie nichts mehr gemeinsam."[140] Solch ein Schrecken würde nicht dem für die Publikumsreaktion nötigen *pathos* im Sinne eines existentiellen Leidens der Figur gelten.

In der Kritik an philosophischen Interpretationen der Tragödie bei Bohrer, die ihrer ästhetischen Intensität gerecht zu werden beansprucht, wird ironischerweise gerade die ästhetische Intensität zurückgenommen, wenn die reflexive Interpretation keine oder nur eine marginale Rolle spielen soll. Denn es ist nicht der Erscheinungsschrecken selbst, den die Tragödie effektiv in Szene setzt, sondern die Reaktion der Figuren, ihre Hilf- und „Fassungslosigkeit" als „Zusammenbruch der sprachlichen und mentalen Bewältigung des Horrors"[141]. Zu der Intensität der ästhetischen Erfahrung gehört nicht nur die punktuelle Erregung, sondern auch das anhaltende Ergriffensein, das Wahrnehmung, Empfindung, Gefühle und beurteilende Reflexion intergiert. In diesem Zusammenhang muss auch die charakteristische Differenz zwischen der ästhetisch vermittelten Partizipation der Zuschauerinnen und Zuschauer und der darin unterstellten Selbsterfahrung der Figuren gewahrt bleiben, denn nur aus der Distanz zu den Figuren empfinden sie *Mit*leid, das Urteile über ihre für sie nachvollziehbare Lage beinhaltet, wie schon Priamos in der *Ilias* Achill, er seinen Sohn Hektor getötet hat, zum Mitleid durch Nähe bewegt. Er bringt ihm seinen eigenen Vater und den Verlust eines geliebten Menschen zu Bewusstsein, sodass dieser aus Distanz (des betrachtenden Siegers) und Nähe (der Analogie humaner Bindungserfahrung) mit Priamos mitfühlen kann und ihm den Leichnam seines Sohns überlässt.[142] Gegenüber dem Mitleid, in dem Achill handlungsfähig bleibt (er reguliert auch erfolgreich seinen Zorn), versinken die tragischen Figuren geradezu in ihrem eigenen Leid. Mitleid – den Affekt des Chors und der Zuschauer – kann man nach Aristoteles nur bei hinreichender Distanz empfinden; eine Nähe im Sinne eines Bewusstseins, in derselben Lage sein zu können, ist nötig, eine zu große Nähe (wie bei Verwandten oder Freunden) bewirke jedoch, dass man bei ihrem Leiden sich im selben Zustand wie sie befinde: in dem des Schrecklichen. Die Reaktion, die – im Gegensatz zum Mitleidigen – dann ausbleibe, sei etwa das Weinen.[143] Aristoteles sagt

---

140 Aristoteles: *Poetik*, 1453b8–10.
141 Lehmann 2013, S. 80f.
142 Siehe Homer: *Ilias* XXIV, 485–670. Vgl. Rutherford 1982, S. 159.
143 Vgl. Aristoteles: *Rhetorik* II 8, 1386a17–23. Aristoteles spielt hier auf eine Geschichte an, die Herodot überliefert hat: Der ägyptische König Amasis habe den Kopf gesenkt, als sein eigener Sohn Psammetichos an ihm vorbei zur Hinrichtung geführt worden sei. Dagegen habe er laut geweint, als er einen alten Freund betteln sah. Seine eigene Erklärung für diese unterschiedliche Reaktion lautet: „die Leiden meines Hauses sind zu groß, als daß ich darüber noch weinen könnte" (*Historien* III 14, 10–11). Siehe Rapp 2002, S. 655. Zu den physiologischen Reaktionen des Mitleids (Weinen, übermäßige Feuchtigkeit) und der Furcht (Schaudern, Zittern, erhöhter Puls, das Aufrichten der Haare, Zunahme der Kälte) im antiken Wissen vgl. Flashar 1989. Vgl. Platon: *Ion* 535e.

über das Schreckliche und der mit ihm verbundenen Furcht davor nur etwas in Abgrenzung vom Mitleid, in dem Nähe und Distanz balanciert sind,[144] und seinem Ausdruck, doch über das phänomenale Bewusstsein oder über die Ausdrucksmöglichkeiten einer solchen Erfahrung, „wenn einem das Schreckliche nahe ist"[145], erfährt man von ihm nichts. Die Erfahrung des Schrecklichen aus nächster Nähe ohne durch Abstand ermöglichtes Differenzbewusstsein schließt somit nicht nur Mitleid, sondern auch Selbstmitleid aus. Die Klage der tragischen Figuren, die in der fürchterlichen Erfahrung des Schrecklichen sind, sollte also trotz der Tendenz, im Leid nur das eigene Leid zu sehen, prinzipiell nicht als Larmoyanz verstanden werden, sondern als Ausdruck einer Erfahrung, die keinen Abstand zum Leid mehr erlaubt.

Es ist der öffentliche Ausdruck existentieller Erschütterung, der bei dem im ästhetischen Dispositiv des Theaters sowohl räumlich als auch praktisch distanzierten Publikum reaktive Affekte wie „tränenreiches Mitleid"[146], Angst, Schrecken oder Zorn zu erzeugen vermag, die sich auch auf die negativen Gefühle der Figuren beziehen. Aus diesem Grund kommt Walter Benjamins Aufnahme der These Franz Rosenzweigs, die Helden der Tragödie würden verstummen,[147] auch ohne Benjamins geschichtsphilosophische Deutung eine ästhetische und phänomenologische Plausibilität zu: Manche – vor allem weibliche – Figuren wirken angesichts des von ihnen (mit-)bewirkten Schreckens so bis ins Mark erschüttert, dass ihre Handlungsohnmacht sogar das Sprachvermögen außer Kraft setzt und sie stumm verharren lässt wie die am Grab sitzende Niobe in der gleichnamigen Tragödie von Aischylos, die wortlose Eurydike in der *Antigone*, die gerade vom Suizid ihres Sohns erfahren hat, oder die schweigende Deianeira in den *Trachinierinnen*, die sich aus der Gemeinschaft emotional desolat zurückzieht, um sich wie Eurydike in der *Antigone* oder Iokaste im *König Ödipus* umzubringen. Ein klagender Ausdruck kann umso wirkungsvoller sein, wenn dem Menschen die Sprache verschlagen ist, das bekunden auch Chorführer und der Bote in der *Antigone*: „tiefes Schweigen" sei „um nichts geheurer als zu lauter Schrei", „Verstummen habe sein Schreckliches."[148] Beides – Schrei und Verstummen – kann sich in einem Ausdruck verbinden: George Steiner hat im erschütternd schweigenden Schrei der von Helene Weigel verkörperten Mutter Courage angesichts ihres toten Sohns Schweizerkas im Ostberliner Ensemble gegen seine eigene These vom „Tod der Tragödie" die Kontinuität des Tragischen zu vernehmen vermeint.[149] In den meisten

---

144 Vgl. Grethlein 2003.
145 Aristoteles: *Rhetorik* II 8, 1386a23.
146 Gorgias: *Enkomion auf Helena* (9) (DK B11).
147 Vgl. Benjamin 1974, S. 285 ff. In ihrem Schweigen töne bereits eine neue, in der Sprache der dramatischen Gegenwart noch nicht artikulierbare Zeit eines neuen Gottes an, dessen erstes Opfer sie bildeten.
148 Sophokles: *Antigone*, V. 1251 f., 1256
149 „Als der Leichnam weggetragen wurde, blickte die Weigel nach der andern Seite und riß den Mund weit auf. Die Gestalt dieser Geste war die des schreienden Pferdes in Picassos *Guernica*. Der Ton, der aus ihrem Mund kam, war heiser und über alle Beschreibung schrecklich. Doch in Wirklichkeit war da gar kein Ton. Nichts. Der Klang war völliges Schweigen. Es war das Schweigen, das schrie und schrie

Fällen der überlieferten Stücke drängt das Bewusstwerden des tragischen Scheiterns allerdings zur ausführlichen und meist reflexiv auch den Grund des Leids wiederholt bezeugenden Klage. Das Ausdrucksverhalten angesichts der existentiellen Erschütterung ist je nach Figur unterschiedlich. Während Deianeira oder Niobe verstummen, klagen Antigone oder Hekabe beredt.[150]

Anders als rein körperlicher Schmerz und anders als ein reflexionsloser ästhetisch induzierter Intensitätsaffekt ist das *pathos* der Tragödie also offenbar eine komplexe kognitiv-emotional-leibliche Erfahrung, die eine Reflexion auf die Gründe des Leids und der eigenen Verfassung sowie ihrer zu erwartenden Persistenz integriert. Auf die ästhetische Artikulation dieser Erfahrung nimmt wiederum das Publikum mitfühlend und ebenso bewertend Bezug. In diesem Bezug, so hebt Andreas Zierl hervor, ist das reflexiv-evaluative Moment entscheidend: „Nicht das Faktum als solches [das bloße Leid im Sinne einer Verletzung bzw. eines Gewaltaktes, A. T.] wirkt, sondern *seine Bedeutung für die Betroffenen*, mit denen sich der Zuschauer im Falle der Furcht identifiziert – dafür ist die Ähnlichkeit wichtig [...] –, im Falle des Mitleids sympathetisch solidarisiert – dafür ist seine Unschuld wichtig [...]."[151] Zierls Ausdrücke einer „seelischen Qualifikation des Gewaltakts" bzw. eines „emotional qualifizierte[n] Leiden[s]"[152] erscheinen klärungsbedürftig. Denn das Leid ist nicht erst da und dann, zusätzlich, emotional gefärbt oder qualifiziert; vielmehr wird die gefühlte Schwere des Leids – sei es körperlich oder seelisch – überhaupt erst durch die *Bedeutung für die Betroffenen* erzeugt. Diese zeigt sich im Gefühlscharakter der tragischen Erfahrung, wenngleich das tragische Leid nicht auf bestimmte negative Gefühle reduzierbar ist. Fühlen nämlich „bedeutet, in etwas involviert [zu] sein"[153]; es zeigt an, dass etwas wichtig genommen wird und für die fühlende Person von herausragender Bedeutung ist. Die dargestellten emotionalen Zustände der Figuren muss man als intentional, als auf einen Sachverhalt – ein Geschehen auf oder hinter der Bühne – bezogen, und als evaluierend, als auf Werte der Figur bezogen, verstehen. Sie haben einen evaluativ-repräsentationalen Inhalt, der sich in der Verbindung eines propositionalen Urteils wie „Ich weiß, dass ich meinen Mann vergiftet habe" mit einem Werturteil wie „Mein Mann und meine Beziehung zu ihm sind höchst wertvoll für mich" artikulieren lässt. Als intentionale Zustände sind Gefühle auch als Ausdruck

---

– durch das ganze Theater, so daß das Publikum die Köpfe senkte wie vor einem heftigen Windstoß. Und dieser Schrei im Innern des Schweigens schien mir der gleiche zu sein, wie der der Kassandra, als sie den Geruch des Blutes im Haus Atreus wahrsagte. Es war der gleiche wilde Schrei, mit dem die tragische Imagination zum erstenmal unser Lebensgefühl prägte. Die gleiche wilde und reine Klage über die Unmenschlichkeit des Menschen und über die Verschwendung des Menschen. Vielleicht ist die Kurve der Tragödie doch ungebrochen." (Steiner 1981, S. 274 f.).
150 Daher kann Benjamins bzw. Rosenzweigs These nicht als generelle Aussage für das Verhalten der Heldinnen und Heden in der griechischen Tragödie überzeugen. Zur Kritik siehe auch Bohrer 2009, S. 21 ff.
151 Zierl 1994, S. 40 (Hervorh., A. T.).
152 Ebd., S. 40, 41.
153 Ammicht-Quinn 2006, S. 65.

von Werturteilen zu verstehen, d. h. als Urteile darüber, was die Sachverhalte, auf die die Gefühle sich richten, jeweils für die Figuren bedeuten. Die Schwere des Leids in der Tragödie entsteht erst mit der reflexiven Beurteilung der Erfahrung dieser Sachverhalte in Bezug auf die Werte, die das *Selbstverhältnis der Leidenden* wesentlich betreffen.[154]

Die existentielle Relevanz ist demzufolge nicht etwas, das zu den Affekten wie eine nähere Qualifikation neben anderen hinzukommt, sondern für ihr Verständnis als Ausdruck von Werturteilen notwendig ist. Dafür muss man annehmen, dass die Emotionen in der Tragödie den Werten, auf die sie sich beziehen, generell angemessen sind: Sie zeigen für das tragische Selbst und im Ausdruck auch für seine Zuschauer an, wie wichtig die Werte für es sind.[155] Die existentielle Relevanz tritt in der Tragödie im *logos* der Werturteile der Figuren zutage, wird aber auch in alogischen, d. h. nichtpropositionalen Klageausdrucksformen – etwa in den vielfältigen Klage-Interjektionen wie *pheu, ē, iō, oi, oi moi, ai ai, ee* oder *otototoi* – hörbar, die das Unfassbare des in negativen Affekten kulminierenden Leidens spürbar werden lassen. Logisch begründende Rede und Pathos-Exklamationen sollten nicht als Gegensätze verstanden werden, sie zeigen vielmehr auf unterschiedliche Weise, dass es um existentiell Bedeutsames geht. Diese durchdringende Relevanz muss angenommen werden, um die starken Emotionen und ihren Ausdruck als angemessene Reaktion auf ein entsprechend großes Leiden zu deuten. Dass es sich bei den Klagen um einen gesteigerten Ausdruck handelt, der herausragender Bedeutung angemessen ist, zeigt sich auch darin, dass die Klage – in der Regel vom Aulos begleitet – *gesungen* wird. Mit ihren musikalischen Wiederholungsfiguren stellt sie eine Expressionssteigerung der Stimme dar, die in den Klage-Interjektionen einen Ausdruck zwischen Geräusch und reinem Gesang (*melos*) annehmen kann.[156] Sowohl die auf rituelle Chorlyrik und die

---

154 Siehe dazu Kap. 8.
155 Inwieweit Bewertungen der Figuren Werte mit-konstituieren, wird in Kap. 8 näher untersucht. Prinzipiell können Emotionen auch irrational, also unbegründet, oder in Bezug auf Werte unangemessen sein. Daher können etwa dekonstruktive oder psychoanalytische Perspektiven auf die Tragödie den emotionalen Ausdruck der Figuren als irrelevant, irrational oder als Zeichen eines ganz anderen Verlangens und Bewertens deuten, das den Figuren vielleicht nicht bewusst ist. Ich möchte hier allerdings konsequent eine Lesart verfolgen, in der die Äußerungen und Reaktionen der Figuren als Ausdruck einer angemessenen Bewertung eines für sie wichtigen Werts ernst genommen werden – nicht weil dadurch bestimmte Interpretationen als unplausibel oder künstlerisch unproduktiv zurückgewiesen werden sollen, sondern allein um die theoretische Rekonstruktion dessen, was wir tragische Erfahrung nennen können, durchzuführen. Die vorliegende Abhandlung schließt keineswegs die Möglichkeit aus, dass es eine Vielzahl von plausiblen und ästhetisch reizvollen Interpretationen und Inszenierungen antiker Tragödien geben kann, die den Figuren irrige, neurotische oder paranoide Affektreaktionen unterstellen oder die die Darstellung einer authentischen tragischen Erfahrung und die Anteilnahme des Publikums daran gezielt vermeiden. So hat z. B. Slavoj Žižek 2015 die *Antigone* zu einem Brechtschen Lehrstück in drei Versionen umgeformt, in dem die Heldin mit ihrer Erfahrung gerade nicht mehr im Zentrum einer einfühlenden Wahrnehmung durch das Publikum steht, sondern zusammen mit Kreon vom Chor kritisiert und auf Abstand gebracht wird.
156 Vgl. Weiss 2017 und 2018.

bereits bei Homer auftretende Totenklage, dem von den Nächsten, vor allem Frauen,[157] gesungenen *góos* und dem von Außenstehenden gesungenen *thrēnos*, zurückgehenden Chorlieder als auch – insbesondere bei Sophokles – lyrische Gesangspassagen der Figuren erlauben davon auszugehen, dass Klage im Theater durch Gesang zur herausgehobenen, gleichsam erhöhten Sprache wurde, der ein ästhetisch gesteigerter Affektausdruck zukam.[158] Zudem kommt der tragischen Klage der Figuren eine neue individuell-expressive Dimension zu, für die, so darf man vermuten, performativ nicht nur die rituellen Trauer- und Klagegesten wiederholt wurden.

Die existentielle Bedeutung des Geschehens, die in der Klage semantisch und musikalisch zum Ausdruck kommt, gehört, wie im weiteren Verlauf des Buchs näher analysiert werden wird, notwendig zum Begriff des tragischen Leids. Alle Gefühle, plötzlichen Affekte, alle somatischen Sensationen und alle Gedanken sind also in ihrer Rolle für das tragische Leid nur zu begreifen, wenn man sie auf die Relevanz bezieht, die der Umschlag des Handelns für besondere Werte derjenigen Person hat, der er widerfährt. Analog muss wirkungsästhetisch die empathisch teilnehmende Reaktion des Publikums im aristotelischen Sinn ebenfalls auf das Verstehen dieser Bedeutung, die der Umschlag für das theatralische Individuum hat, bezogen werden. Die emotionale Erfahrung der Tragödie durch die Zuschauerinnen (und immer auch musikalisch sensibilisierte Zuhörer) ist eine ästhetische Erfahrung, die über die existentielle Signifikanz, die in der affektiv hoch aufgeladenen Klage der Figuren zum Ausdruck kommt, vermittelt wird.

6.6 Die Interpretationsbedürftigkeit von Schmerzsensation und Affekten

Es wurde gezeigt, dass tragisches Leid weder auf Schmerz noch auf negative Affekte allein zurückführbar ist. Vielmehr wird es erst ein Leiden in einem umfassenden Sinn aufgrund der Bedeutung, die das gescheiterte Handeln für die Personen hat. Folglich

---

157 In Athen kommt die Klage vor allem von Frauen, die dem männlichen *logos* gegenübergestellt wird, siehe Loraux 1986. Da aber in der Tragödie auch Männer klagen und Frauen diskursiv argumentieren, kann eine strukturalistische Gegenüberstellung von *logos* (männlich) versus alogischer Klage (weiblich) nur bedingt für einzelne Stücke wie die *Troerinnen* überzeugen; siehe dazu auch Weiss 2017, S. 250 f.

158 Siehe dazu Nooter 2012. Die Prominenz der Klage ist in den Tragödien auch im Vergleich zu den Klagen der altgriechischen Dichtung auffällig. Zugleich steht sie in ihrer Tradition, der wiederum ältere Beispiele der Klageliteratur aus dem östlichen mediterranen Raum vorangehen, etwa das altägyptische *Gespräch eines Lebensmüden mit seiner Seele* aus dem 19. Jahrhundert v. Chr. sowie andere Texte aus der altägyptischen Klageliteratur, der sogenannte *Sumerische Hiob* aus dem 18. Jahrhundert v. Chr., der sogenannte *Babylonische Hiob* aus dem 12. Jahrhundert v. Chr., ein *Babylonische Theodizee* genannter akkadischer Klagedialog Klage aus dem 8. Jahrhundert v. Chr. und andere Beispiele altorientalischer Klageliteratur sowie im Tenach die Klagelieder des Jeremias, klagende Psalmen und Klage-Passagen aus der Tora und den Nevi'im.

muss man die reflexive Dimension in den Blick nehmen, um zu einem Begriff tragischer Erfahrung zu kommen, in der das Leid kein *factum brutum* ist, sondern auf seine Gründe bezogen und entsprechend bewertet wird. Die Klage als Ausdruck von Leid hat Gründe, die für die tragische Dramatik des Leids konstitutiv sind. Sie begründen das Leid, indem sie kenntlich machen, „‚wofür' oder ‚um dessen willen' der Held leidet."[159] Wie hängen Schmerz, negative Gefühle und die reflexive Vergewisserung der Gründe des Leids zusammen?

Felix Budelmann betont, dass der physische Schmerz in der griechischen Tragödie, wie bereits die mal eher somatische, mal eher seelisch-geistige Semantik von Worten wie *algos, ponos* oder *odynē* nahelegt, zwar durch und durch körperlich ist, aber ebenfalls eine irreduzible geistige Dimension hat. Schmerz entsteht immer „*im Zusammenspiel von Körper und Geist.*"[160] In der Antike konnte es daher den „Mythos der Zwei Schmerzen" nicht geben, der nach David B. Morris erst mit der medizinischen Reduktion des Schmerzphänomens auf einen sensorischen Reiz im späten 19. Jahrhundert einsetzte.[161] Morris versteht darunter die Trennung des Schmerzes in die Kategorien eines biochemisch zu erklärenden und zu behandelnden physischen Schmerzes auf der einen Seite und eines psychotherapeutisch zu behandelnden seelischen Schmerzes auf der anderen. Ein wichtiges Argument gegen diesen nach Morris typisch modernen Mythos bietet für ihn das Phänomen, dass der körperliche Schmerz auch die seelisch-geistige Verfassung des Menschen radikal verändern kann und für das Bewusstsein des Menschen immer eine interpretatorische Herausforderung darstellt. Morris postuliert eine nicht bloß kontingente „Verbindung von Schmerz und Sinn"[162], die sich darin zeige, dass Schmerzen immer nach einer Deutung oder Erklärung verlangten – und sei es wenigstens die naturalistische einer rein biochemischen Signalverarbeitung. Der Schmerz ist niemals nur eine von der Gesamtverfassung der Person abtrennbare Sensation, sondern wirkt als sensorischer Imperativ auf den deutungsbedürftigen Geist ein, der nach einer Antwort auf das Ereignis des Risses „in unserer Welt" sucht: „Wir wollen wissen, wohin die ganze Qual in unseren Knochen, die Unordnung in unserem persönlichen Kosmos führt. Was bedeutet das alles?"[163] Morris widmet ein Kapitel seiner systematisch orientierten Kulturgeschichte dem tragischen Schmerz und erkennt in der Tragödie *die* kulturelle Form der Leidreflexion. Ihre „wichtigste gesellschaftliche Funktion" besteht „im umfassenden Nachdenken über Schmerzen und Leiden des Menschen"[164].

Die phänomenologisch und empirisch gut nachweisbare Verbindung von Schmerzsensation und Interpretationsbedürfnissen verweist auf einen für die Tragödie wesentlichen Sachverhalt: Schmerz ist eine Negativität, die unmittelbar auf Auf-

---

159 Lipps 1891, S. 51.
160 Budelmann 2006, S. 129, 132.
161 Vgl. Morris 1994.
162 Ebd., S. 31, ausführlich: S. 49 ff.
163 Ebd., S. 49.
164 Ebd., S. 340.

hebung drängt. Kann er nicht unmittelbar aufgehoben werden, z. B. durch Distanzierung der Reizquelle, kompensiert eine interpretative Handlung die situative Unmöglichkeit, ihn auf Distanz zu rücken.[165] Entsprechend wird in den tragischen Klagen das teilweise somatische, in jedem Fall aber affektive Leiden, von dem es keinen Ausweg zu geben scheint, sowohl expressiv durch Klageformeln und -ausdrücke, insbesondere in lyrischen Gesangspartien, artikuliert als auch reflexiv zu begreifen versucht. Um es zu begreifen, werden von den Figuren und vom Chor Gründe angeführt, Ursachen benannt und Überlegungen angestellt, wer dafür aus welchen Gründen verantwortlich ist, ob es als gerechtfertigt oder ungerechtfertigt zu gelten hat und als wie exzessiv es zu bewerten ist.

Es handelt sich um den schon in den frühen Hochkulturen wirksamen Versuch der Kultur, das Leid entweder abzuwehren und seine Quelle auf Distanz zu rücken oder es zu deuten und damit symbolisch zu verwandeln.[166] Es sind beides Techniken der konkreten und symbolischen Distanznahme zum Schmerz, der das Bewusstsein zu kolonisieren und ihm die Souveränität des Führens zu rauben droht. Das mit Schmerzen und Entbehrungen verbundene Leid etwa moralisch, theologisch oder rechtlich als Folge des eigenen Handelns zu deuten, stellt *eine* Möglichkeit dar, das akute Leiden zu verkleinern, indem man es auf zukünftige Leidvermeidungsaktivität hin relativiert. Die Tragödie nimmt die altorientalische wie frühgriechische Deutung des Leidens im Sinne dieser kulturellen Abwehr auf, fragt aber durch die Selbstauskunft der Gepeinigten und durch die in den Stücken mitleidenden Figuren kritisch, ob dieses Leid durch entsprechende Verhaltensmodifikation vermeidbar gewesen wäre,

---

165 Da sich das phänomenale Bewusstsein einer Empfindung von Schmerz und die Frage nach seiner Einordnung in ein insgesamt sinnvolles, also innerlich sowie kulturell funktional organisiertes Leben kaum trennen lassen, kann man die wissenschaftlichen Lager der Biologen und Kulturalisten auch nicht gleichsam auf Sensation und Interpretation, auf Körperempfindung und symbolische Deutung aufteilen. Die biologische Fraktion beruft sich wie Paul Ekman in der Regel auf Darwins *The Expression of the Emotions in Man and Animals* von 1872, die Kulturalisten kritisieren dagegen den evolutionären Universalismus mit den bekannten Argumenten aus der Ethnologie, die für kulturelle Prägung sprechen (siehe dazu Konstan 2009). Wie Menschen Empfindungen und Emotionen – einerseits durch evolutionäre Anlage, andererseits durch soziale und kulturelle Praktiken – lernen, bleibt in dieser Arbeit eine bewusst offene Frage, ebenso wie die nach Reichweite und Grad ihrer kulturellen Differenzierung. Es genügt hier die kaum bezweifelbare Einsicht, dass Schmerz und Gefühle aufgrund analoger Physiologien und der Tatsache, dass Menschen überhaupt emotional wertende Wesen sind, *prinzipiell* allgemein nachvollziehbar sind, während die Interpretationen dieser phänomenalen Zustände zuweilen auf kulturell bedingtes Unverständnis stoßen können.
166 Siehe Trautsch 2019. Ovids *Metamorphosen* sind vielleicht das eindrucksvollste Zeugnis für die Fähigkeit des Menschen, Schmerz und Leid in der Imagination in etwas anderes zu verwandeln. Die Beobachtung aus dem tragischen Diskurs, der nach Deutung für Schmerz und Leid fragt, schließt an das Verständnis von Leidensdruck in der Psychoanalyse an. Nur wenn sich Personen durch Leiden genötigt fühlen, therapeutische Leidabwehr im Sinne von Heilung und Deutung zu suchen, kann eine Therapie nach Freud Erfolg haben, da sie auf die bewusste Mitwirkung des Patienten angewiesen ist. Doch die vorgängige Deutung des eigenen Leids kann den Druck auch umleiten in neurotische Symptome und insofern die Therapiemotivation schwächen. Vgl. Blankenburg 1980.

ob es nach Art einer Strafe gerechtfertigt und ob es im Sinnhorizont des Lebens verständlich ist. Das Leid provoziert eine Reflexion, mit der Figuren und Choreuten (und mit ihnen die Zuschauer) versuchen, es besser verstehen zu lernen.

Dass man (nur) durch Leiden lernen könne, wie der Chor im *Agamemnon* singt,[167] ist nur eine Möglichkeit der Deutung des Leids als letztlich produktive Erfahrung. Im Gegensatz zu den Leidensätiologien der Ägypter, Assyrer oder des Alten und Neuen Testaments, die in der Regel das Leid als Konsequenz von Sünde und also als theologisch gerechtfertigt deuten, wird in den Tragödien die Frage aufgeworfen, wie das Leid nach menschlichen Maßstäben in den Gesamtverlauf des Lebens einzuordnen ist. Zwar wird wie schon bei Homer die Antwort gegeben, dass die Götter es verhängen, aber das Kontingenzbewusstsein ist dabei viel größer: Warum tragisches Leiden die Figuren trifft, ist nicht nachvollziehbar. Eine Erlösungshoffnung im eschatologischen Sinn der monotheistischen Religionen, mit der diese auf das Leid als der schwerwiegendsten Herausforderung für den Anspruch, das Leben als prinzipiell gutes zu bejahen, reagieren, ist in der Tragödie nicht gegeben. Das „rationale Bedürfnis nach der Theodizee der Leiden", auf das die Weltreligionen nach Max Weber antworten,[168] sodass das Leid in seiner existentiellen Last relativiert werden kann, erfüllt die Tragödie nicht. Der Kausalnexus, der die Handlungen umschlagen lässt, wird zwar retrospektiv mitunter wie im *König Ödipus* als Werk sowohl der Götter bzw. der Notwendigkeit wie auch der eigenen Handlungen gedeutet,[169] durch die textimmanente Deutung aber *nicht* als sinnvoll erklärt oder in Bezug auf eine transzendente Ordnung relativiert und von seiner unerträglichen Negativität entmachtet. Die tragischen Helden vermögen nicht, aus dem exzessiven Leid heraus dennoch auf einen höheren Sinn des göttlichen Ratschlusses zu vertrauen, auf den hin das Leid einen Sinn gewinnt, sodass ihm in der Deutung seine absolute Macht genommen wird. Sie können sich nicht wie der spätmittelalterliche Ackermann aus Böhmen durch den Gedanken einer Inklusion des Tods in die göttliche Ordnung in ihrem Leid trösten lassen.[170] Ist das griechische Pantheon auch anthropomorph, so sind doch die Motive für göttliche Akte, die tragisches Leid auslösen oder zumindest nicht verhindern, für die Erwartungen der Menschen immer wieder unverständlich.

Ebenfalls wird von den tragischen Figuren das Leid nicht in einer Art masochistischen Umkehrung willkommen geheißen. In der Regel bleibt es, aus dem heraus alle Zukunft verdunkelt wirkt, am Ende der Stücke ohne Lösung stehen und mit ihm die unbeantwortete Frage nach seinem Sinn. Der Aufweis, es handele sich um Strafe oder eine adäquate Reaktion auf das eigene Tun, ist keine zur Abschwächung des Leids hinreichende Erklärung. Mit diesem Problem adressiert die Tragödie über das Publikum zum ersten Mal politische und soziale Strukturen, die das Leiden provozieren

---

167 Aischylos: *Agamemnon*, V. 177.
168 Weber 1989, S. 95, zur Prägung der Weltreligionen durch ihre Versuche einer „Theodizee des Leidens" vgl. die Einleitung, vor allem S. 89 ff.
169 Siehe Kap. 4.6–4.8.
170 Vgl. Johannes Tepl: *Der Ackermann und der Tod*.

(wie Kreons rigide Rechtsprechung oder Iasons patriarchales Machtstreben), und darüber hinaus die Weltordnung im Ganzen als dem Hintergrund der Gelingenserwartung menschlichen Lebens. Als einziger Ausweg aus dem Leid, das die kulturellen Techniken der Medizin, des Kampfes oder der deutenden Religion nicht auf Distanz zu rücken oder gar aufzuheben vermögen, erscheint der Tod, der aber das Erfahrungssubjekt auslöscht und damit gerade keinen Ausweg aus dem Leiden darstellt.[171]

Darin ist eine für das Altertum und später wieder für das christlich geprägte Europa ungeheure metaphysische Einsicht ästhetisch ins Werk gesetzt: Das existentielle Leiden lässt in seinem Widerspruch zur Idee eines guten Lebens die Frage nach seiner Angemessenheit und seiner Berechtigung überhaupt erst aufkommen. Es nötigt zur *menschlichen* Perspektive auf das Dasein, in der Negatives auf die eigene Praxis und ihre Normativität bezogen wird. Andere Tiere mit zentralem Nervensystem empfinden Schmerz vermutlich nicht weniger, aber er scheint nicht die Frage seiner Berechtigung und seines Ortes im Weltgefüge nach sich zu ziehen, so viel wir zumindest ahnen. Menschliches Leid aber beinhaltet immer eine auch normativ-evaluative Interpretation angesichts schwerer Belastungen der psychophysischen Einheit. Es muss in den Sinnhorizont des eigenen Lebens und des menschlichen Daseins überhaupt integriert werden können, um erträglich zu bleiben. Im Deutschen verweist darauf die Etymologie von ‚Leid‘, das mittelhochdeutsch (‚leit‘) ‚Abwendung‘, ‚Beleidigung‘ und ‚Unrecht‘ bedeutet, also bereits normativ aufgeladen ist.[172]

Wenn die Kulturtechnik der Deutung des Leids gelingt, ist es als phänomenal negativer Zustand zwar nicht aufgehoben, aber über die reflexive Einordnung relativiert, insofern es *akzeptiert* werden kann. Das ist der praktische Nutzen der Leidinterpretation als Selbsttechnik. Wenn die Deutung aber das Erfahrungssubjekt nicht zu überzeugen und die Empfindung nicht zu beruhigen vermag, *verstärkt* sich das Leiden. Das scheint der Preis für die über Jahrtausende eingeübte Kulturtechnik der Leidreduktion durch Interpretation zu sein. Deshalb ist die „Sinnlosigkeit des Leidens, n i c h t das Leiden"[173] selbst nach Nietzsche das größte Problem des Menschen, denn

---

171 Ein Beispiel für dieses Begehren nach Auslöschung des Leidenssubjekts: „Totsein aber ist besser als ein qualvolles Leben./ Denn nach den Leiden des Lebens fühlt der Tote keinen Schmerz" (Euripides: *Troerinnen*, V. 637 f.). Nur ausnahmsweise wird den Leidenden in den Stücken ein möglicher Ausweg aus ihrem Zustand aufgezeigt, der aber nicht ohne Ambivalenz bleibt. In den *Eumeniden* ist es der Weg der Rechtsprechung für Orest, im *Herakles* ist es die Option eines Duldens und Aushaltens des unfreiwilligen Familienmörders Herakles in freundschaftlicher Solidarität von Theseus. In beiden Fällen bleibt aufgrund des Abbruchs der Aufführung offen, ob dieser Weg tatsächlich zu einer Überwindung des tragischen Leids führen kann. Zudem *haben* bereits in der *Orestie* viele tragisch gelitten und *sind* zugrunde gegangen: „All der Glanz des Triumphes am Ende der *Eumeniden* kann Kassandras Schreie nicht verstummen machen; sie sind unvergeßlich wie Prometheus' Trotz und Qual" (Kaufmann 1980, S. 202).
172 Fr. Kluge 2001, S. 567.
173 Friedrich Nietzsche: *Die Genealogie der Moral* III, 28. KSA 4, S. 411. In der Reaktion auf das Leid erkennt Nietzsche die Funktion des *asketischen Ideals*: „[...] n i c h t das Leiden selbst war sein Problem, sondern dass die Antwort fehlte für den Schrei der Frage „w o z u leiden?" Der Mensch, das tapferste

es belastet ihn über die somatisch-emotionale Erfahrung im Hier und Jetzt hinaus noch als denkendes Wesen, das seine Gründe hat: „Was eigentlich gegen das Leiden empört, ist nicht das Leiden an sich, sondern das Sinnlose des Leidens"[174]. Zur Last der negativen phänomenalen Erfahrung kommt die Schwere der interpretatorischen Nichtrelativierbarkeit durch Sinnannahmen noch hinzu. Lässt es sich nicht als Ausdruck einer symbolischen Äquivalenz, einer rationalen Entsprechung von Leben und Leiden deuten und geistig auf Abstand bringen, intensiviert sich die Ohnmacht gegenüber seiner quasi autoritären, weil als willkürlich erfahrenen Macht noch.

Das tragische Leid, für das kein Sinn und somit keine Abschwächung gefunden wird, ist also notwendig an das denkende Bewusstsein gebunden, denn der unmittelbare phänomenale Zustand wird in der Deutung begrifflich über die gegenwärtige Situation hinaus auf die eigene Zukunft und die Welt, in der man lebt, bezogen. Die Schmerzempfindung als bloß sensorischen Reiz oder die einzelne, kurzfristige Erregung von bestimmten Affekten gibt es nicht im Tragischen. Sobald ein physiologisch bedingter Schmerz oder ein Affekt in der Tragödie begrifflich auf den Lebenskontext und seine Funktion in ihm bezogen wird, wird deutlich, dass Empfindung und Affekt auf einen Gesamtzustand verweisen. Die Empfindung oder der Affekt sind Dimensionen eines Leids, das sie in Bezug zu seinen Gründen, seiner Ausdehnung und seinem möglichen Sinn setzt. Aus dem organischen Vermeidungsreflex, der der Schmerzempfindung unmittelbar folgt, entsteht eine intellektuelle Interpretationsbedürftigkeit. Wenn keine befriedigende Deutung gefunden wird, wird das Bedürfnis geweckt, die Quelle des Leids normativ zu verurteilen und die Welt, die solches Leid hervorbringt, abzuwerten.

6.7 Klage und Anklage

Das exzessive Leid ist für alle, die auf der Bühne oder im *theatron* empathisch und urteilend daran partizipieren, *problematisch*. Denn eine mögliche Legitimierung als mythischer Schuldzusammenhang überzeugt in der auf Isonomie gegründeten Rechtspraxis und dem auf gemeinsame Anstrengungen gegründeten Ethos politischer Selbstbestimmung nicht mehr: Das Leid, dessen pathetischen Ausdruck die drei Tragiker in einer für moderne Ohren fast penetranten Weise steigern, kann als göttlich gerecht verhängte Strafe aufgrund des Missverhältnisses von Leid und oft ohne Schuld oder nur fahrlässig ausgeführten Tat nicht mehr so zu überzeugen, dass das Leid als Schicksal akzeptiert wird. Dementsprechend werden die tragisch Scheiternden, sieht man von dem prominenten Fall der *Eumeniden* ab,[175] nicht strafrechtlich zur Re-

---

und leidgewohnteste Thier, verneint an sich n i c h t das Leiden: er w i l l es, er sucht es selbst auf, vorausgesetzt, dass man ihm einen S i n n dafür aufzeigt, ein D a z u des Leidens" (ebd.).
174 Ebd. II, 7. KSA 4, S. 304.
175 Bezeichnenderweise widmen sich Darstellungen der politischen Identität der Athener und ihrer Kompetenz, Konflikte gemeinsam in demokratischen Institutionen und Verfahren zu lösen, vor allem

chenschaft gezogen. Sie werden vielmehr als Unglückliche bemitleidet und beklagt;[176] zuweilen versuchen andere Figuren sogar, die von den Helden an sich selbst erfahrenen Konsequenzen abzumildern und sie zum Weiterleben zu ermahnen wie die sophokleische Tekmessa ihren Mann Aias oder der euripideische Theseus seinen Freund Herakles.[177]

Immer wieder wird für das eigene Leiden eine klare Verantwortlichkeit gesucht, die Rolle der Götter und des Schicksals befragt, ohne dass eine Antwort so überzeugte, dass die Erfahrung als Strafe demütig angenommen und rationalisiert werden würde. Dass der antiken Trauer in der Tragödie im Gegensatz zum modernen Schmerz die Reflexion abgehe, wie Kierkegaard schreibt, ist durch die fragenden, begründenden und reflexiv (sich be-)klagenden Stimmen in den antiken Quellen nicht zu belegen.[178]

---

oder gar allein den *Eumeniden* als Exempel aus dem Tragödienkorpus, so Meier 1980, S. 144–246, oder Stahl 2003, S. 121–162. Die Zeus-Theologie von Aischylos und der friedliche Ausgang der *Eumeniden* werden immer wieder als Einschränkung der These einer metaphysischen Irritation der Tragödie verstanden. Doch steht der *Orestie* nicht nur eine viel größere Gruppe trostloser Tragödien gegenüber; vor allem aber entsteht die vertrauenswürdige Lebenswelt einer Rechtsordnung in Athen erst zum Ende der aischyleischen *Trilogie*. Ihre ganze Dramatik und Form erhält sie nur aufgrund der befleckenden Vergeltungsmorde, die selbst innerhalb einer Familie Angst, Misstrauen, Unordnung und Schrecken erzeugen. Erst zum Schluss wird diese unheilvolle Kette von einer klugen Athene als Exponentin einer gerechten Zeus-Ordnung *gestoppt*, aber nicht in ihrem geschehenen Unheil aufgehoben. Der Passzusammenhang von eigenem Tun und reaktiver Welt ist bereits längst verloren gegangen und muss neu gestiftet werden. Zu Aischylos' Kritik an der vermeintlichen göttlichen Ordnung siehe Lehmann 1991, S. 116 ff.

176 Vgl. dazu Johnson 2016. Johnson unterscheidet *pity* als Mitleid mit Überlegenheitsgefühl von *compassion* als ein Mitgefühl auf Augenhöhe. Mitleiden in der Tragödie heißt, Mitgefühl als *compassion* zu zeigen.

177 Siehe Kap. 4. In René Girards ritualistischer Entstehungstheorie von Gewalt und Heiligem (Girard 1994a) wird dagegen hinsichtlich der antiken Tragödie die These vertreten, die Gemeinschaft reinige sich von einem inneren Konflikt, der das Zusammenleben bedroht, durch den gewaltsamen Ausschluss des im tragischen Helden symbolisierten Sündenbocks. Gegen diesen Vorgang *im* Rahmen der Stücke sprechen die Formen solidarischer und empathischer Behandlungen tragisch Leidender durch den Chor und andere Figuren sowie die bewusste Inklusion der Helden bzw. Opfer und ihre Anerkennung als Teil des rechtlichen und religiös-kultischen Gesellschaftszusammenhangs in den *Eumeniden* und dem *Ödipus auf Kolonos*. Der Ausschluss der Antigone etwa wird schließlich sogar vom Ausschließenden (Kreon) bereut und schon zuvor von anderen Figuren kritisiert. Wenn es sich bei der Tragödie um ein Erbe des Sühneopfers handelt, stellt sie es zumindest gleichzeitig radikal infrage, denn der Ausschluss stiftet in der Regel keinen sozialen Frieden, sondern vielmehr weitere Zerrüttung der sozialen Institutionen des Zusammenlebens, des *oikos* und der Polis. Man könnte die Schule der Gefühle und der Empathie, die die Tragödie den Zuschauern bietet, geradezu als Schutzmittel gegen die gewaltsame Exklusion verstehen (auch als ihre Kompensation im definierten Rahmen des Theaters).

178 Søren Kierkegaard: *Entweder – Oder* I (III. Der Reflex des antiken Tragischen in dem modernen Tragischen), S. 175 ff. Kierkegaards These wird nicht richtiger, wenn man sie als „kategoriale Klarstellung[]" apodiktisch bekräftigt (Bohrer 2009, S. 19). Dabei überlegt Kierkegaard vorsichtiger und spricht davon, dass in der antiken Tragödie die Trauer graduell „tiefer" sei, in der modernen aber der Schmerz „größer" (ebd., S. 175). Um eine epochenspezifische Disjunktion kann es also nicht gehen.

Die Asymmetrie zwischen dem menschlichen Anteil an der Ursache des Umschlags ins Leid – der *hamartia* zwischen allzu menschlichem Fehler und Fahrlässigkeit aus Hybris – und den existentiellen Wirkungen eines imperativischen Leidens, das das gesamte Leben umfängt, erfüllt aus moralisch-rechtlicher Perspektive, deutet man die Wirkungen nach dem Modell der Strafe, den Sachverhalt der *Unverhältnismäßigkeit*. In modernen Rechtsstaaten soll ein Übermaß staatlicher Eingriffe in Rechte der Bürger als normative Disproportionalität zwischen Rechtsgütern durch den Verhältnismäßigkeitsgrundsatz abgewehrt werden. Eingriffe wie Sanktionen sind nur dann verhältnismäßig, wenn legitime, geeignete, erforderliche und angemessene Mittel für einen legitimen Zweck nach Abwägungsverfahren eingesetzt werden.[179] Im Strafrecht muss z. B. die Strafe der Schwere der Tat und somit der Schuld des Täters angemessen sein. In der griechischen Rechtspraxis, in deren Verfahren unterschiedliche Strafmaße je nach Vergehen und Absicht des Delinquenten verhängt wurden, scheint man dem Prinzip zumindest implizit ebenfalls gefolgt zu sein, da verschiedene Vergehen gegen das Gesetz unterschiedlich gewertet und bestraft wurden, je nachdem, was oder wer (Bürger, Frauen, Sklaven) geschädigt wurde und ob ein Vergehen auf Fahrlässigkeit oder Absicht zurückzuführen war. Auch folgt aus dem Umstand, dass Recht nicht in einem systematischen Korpus kodifiziert und nicht von professionell ausgebildeten Juristen, sondern von den Bürgern selbst gesprochen wurde, die größere Bedeutung des jeweiligen kontextsensitiven Urteilsprozesses im individuellen Fall, der nicht nur privilegierten Rednern, sondern auch armen, unausgebildeten Bürgern Gelegenheit bot, abwägende Begründungen in ihre Plädoyers einzufügen.[180] Ein entsprechend abwägendes Überlegen, das für jedes verhältnismäßige Urteil nach Ermessen nötig ist, zeichnet ebenso das ethische Denken der Griechen und ihre Praxis aus, Verantwortung zu- oder abzuschreiben.[181]

Sind nun die Götter, wie Figuren und Chöre in der attischen Tragödie immer wieder behaupten, für das tragische Schicksal zumindest mitverantwortlich,[182] dann muss ihnen als anthropomorphen Mächten auch ein unverhältnismäßiges Verhalten attestiert werden, für das es nach menschlichem Ermessen keine Rechtfertigung gibt.[183] Das folgt aus der Funktion der göttlich garantierten Gerechtigkeit, die seit

---

179 Vgl. Wienbracke 2013.
180 Vgl. Lanni 2006. Lanni spricht vom „case-by-case decision making" der Athener Rechtspraxis und erkennt ihr Ziel darin, „to resolve disputes justly, taking into account the circumstances of each case." (S. 176 f.). Jeder Bürger konnte seine Perspektive vor einer Jury darlegen, für die Abwägung durch „contextual information und argumentation" zentral war (ebd., S. 179). Zum Überblick über die attische Rechtspraxis mit Quellenangaben siehe Schlemann 2001.
181 Lanni 2006, S. 25 ff., betont zudem die hohe Anerkennung von ausgleichenden Normen der Kooperation und Moderation im klassischen Athen.
182 Siehe Kap. 4.8.
183 Es kann vor dem gestiegenen Begründungsanspruch der Griechen nicht mehr einleuchten, dass Leiden ein nachvollziehbarer Preis für Befleckung ist, wie Gerhartz 2016, S. 158 f., mit Ricœur suggeriert. Die ganze Idee der Tragödie als theatral-akustisch-visueller Darstellung kaum erträglicher Leiden vor den Augen der Polisöffentlichkeit spricht gegen die Vorstellung einer religiös motivierten legitimen

Homers und Hesiods herausragender Auszeichnung der Gerechtigkeit (Dike) auch im griechischen Denken eine maßgebliche normative Orientierung für die Lebenswelt innerhalb der Poleis darstellt.[184]

In der attischen Tragödie aber erscheint die Ableitung menschlicher Gerechtigkeitsvorstellungen von einer angeblich göttlich gestifteten Gerechtigkeit höchst fraglich geworden zu sein. Die Tragödie erzählt zwar nicht wie die Prosa der Sophisten eine andere Geschichte über den Ursprung der Gerechtigkeit, aber sie *führt* an einem Individuum oder einigen Individuen öffentlich *vor, wie* jemand nicht nur trotz, sondern auch wegen der Götter unverdient und exzessiv leidet, und entlässt das Publikum mit der Frage, was für die Anerkennung der Götter bzw. ihrer traditionellen Geltung in einer Gesellschaft, die auf rationale Selbstorganisation angewiesen ist, daraus folgt. Dabei gleicht der öffentliche Ort des Theaters dem neben der Agora für die Athener Polis nicht weniger bedeutsamen öffentlichen Ort des Gerichts, nur dass sich in der Tragödie der (Mit-)Angeklagte nicht als einer unter der Rechtsordnung stehender Mitakteur den Klagen stellt, sondern entweder gar nicht erst auftaucht oder sich wie der Entfernungen magisch überspringende Dionysos so mitleid- wie mühelos entzieht. Daher wirken die klagenden Chorlieder und Rheseis, Stichomythien, Amoibaia und Monodien, in denen die Götter angerufen, ihr Verhalten zu deuten versucht und sie entweder verteidigt oder aber angeklagt und kritisiert werden, wie Plädoyers in einer prinzipiell unendlichen, wenngleich sanktionstheoretisch der Macht entbehrenden Sphäre normativer Öffentlichkeit. Der Kosmos ist auch ein menschliches Weltgericht; er fängt zwischen *orchēstra* und *skēnē* an und erstreckt sich über das *theatron* in die Welt.

Die tragische Erfahrung ist also gerade die, deren Leid interpretationsbedürftig ist, aber zu keiner relativierenden, tröstenden oder versöhnenden Interpretation findet, selbst wenn die kausale und zu gewissem Grad ethische Verantwortung für den Umschlag *auch* bei den Akteuren liegt. Da ihnen ihre massive Leiderfahrung auf Dauer gestellt zu sein scheint, sehen sie keine Chance auf eine Aufhebung des Leids in einem entlastenden Verständnis, etwa als Chance für Lernen oder als Sühne. Daher wendet sich die Kritik auch gegen die Welt als den Bedingungen und Kontexten ihres Handelns: zum einen gegen die menschliche als soziale und kulturelle Einrichtung der Polis, zum anderen gegen die gesamte Wirklichkeit als transzendenten Horizont aller menschlichen Praxis, für den symbolisch die Götter stehen. Sie können durch Verblendung Einfluss auf die Entscheidungen von Menschen nehmen und wirken als

---

Begleichung einer Befleckung. Sie müsste vielmehr vor den Augen anderer verborgen werden, um nicht auch noch die anderen (das Publikum womöglich) anzustecken. Dass das Bild der mythischen Götter nach dem Modell des Menschen mythopoetisch erschaffen wurde, ist bereits Xenophanes bewusst (DK 21 B11–16).

184 Siehe Lloyd-Jones 1971. Vgl. Burkert 1994, S. 35: „Auch die kapriziösen Griechengötter sind gerade in ihrer Überlegenheit Garanten des menschlichen, ihnen untergeordneten Rechts, schon als Wahrer der Eide." Eine größere Bedeutung der Gerechtigkeitsidee auch innerhalb der Poleis bis zu Platon bezweifelt Flaig 1998.

Instanzen der Kontingenz, die unheilvolle Konstellationen wie die Begegnung von Ödipus und Laios am Dreiweg nicht verhindern oder sogar arrangieren. Zuweilen erscheinen sie in den Tragödien explizit als Steuerer von tragikogenen Naturphänomenen wie Artemis in der *Iphigenie in Aulis*, die den griechischen Verbänden den Wind zum Segeln nach Troja vorenthält, Poseidon, der im *Hippolytos* eine Riesenwelle und einen Stier an die Küste des Saronischen Golfs schickt, sodass Hippolytos mit seinem Wagen tödlich stürzt, oder Zeus als Erderschütterer am Ende vom *Prometheus Desmotes*. Über kausale Einzelereignisse hinaus stehen die Götter, die laut Thales überall sind,[185] daher auch für die metaphysische Ordnung im Verhältnis von Handeln und seinen Konsequenzen. Daher werden sie auch in den Tragödien feierlich besungen, die am Fest des Gottes Dionysos aufgeführt wurden; auch im demokratischen Athen gab es weiterhin religiöse Kulte, für deren Prominenz nicht nur die Tempelanlagen auf der Akropolis stehen. Dass das Verhältnis von Tun und Ergehen gerecht ist, sollen die Götter nach altorientalischer und auch in Hellas wirksamer Weisheit eigentlich garantieren. Doch offenkundig tun sie das in der Tragödie aber aufgrund der Asymmetrie von Tat und Folge nicht oder nur zufällig. Bei allen Tragikern ist die Grundlage der metaphysischen Kritik die Erfahrung der Irrationalität und Willkür der Wirklichkeit, in der man handelt. Gerade weil es begründete Kritik an den tragischen Figuren und den politischen Machtverhältnissen geben kann, kann sich die Kritik auch gegen die Verfassung der Welt insgesamt richten, in der hohe menschliche Ziele und Ansprüche aufgrund kleiner Fehler und Zufälle im Desaster enden, das die Götter weder verhindern noch abmildern, sondern zuweilen sogar zu induzieren scheinen. Daher wird Klage leicht zur Anklage.[186]

Die Frage ist dann freilich, an *wen* genau sich die klagende Kritik richtet. Einerseits kann es sich dabei um prinzipiell verantwortliche Instanzen in der Lebenswelt handeln, d. h. um Menschen in bestimmten sozialen und politischen Machtpositionen wie Xerxes in den *Persern*, Kreon in der *Antigone* und im *Ödipus auf Kolonos*, den Machttaktiker Iason in der *Medea* oder die siegreichen Achaier in Euripides' *Troerinnen* und *Hekabe*. Andererseits kommen für eine Kritik an der Inkohärenz der Welt mit den eigenen Ansprüchen insofern Götter infrage, als sie mythisch das Ganze der Mächte der Wirklichkeit repräsentieren, denen die Menschen mehr oder weniger kontingent ausgesetzt sind. Die Götter sind sozusagen metaphysisch hochgerechnete politische Machtinstanzen, anders als diese in der Demokratie und der Öffentlichkeit der Agora aber weder zu erkennen noch praktisch zu kontrollieren. Sie sind agentielle Figurationen, die, was Hans Blumenberg den „Absolutismus der Wirklichkeit" nennt, so deuten, das man mit ihm umgehen kann, d. h. mit der Annahme, „daß der Mensch die Bedingungen seiner Existenz annähernd nicht in der Hand hatte und, was wich-

---

[185] Nach Thales ist „alles von Göttern voll": Die Natur ist mit göttlichem Sinn durchzogen (DK 11 A 22).
[186] Nach Nietzsche ist eine Klage ohne vergeltungslogische Komponente kaum zu denken: „Es ist unmöglich, zu leiden, ohne irgendwen es entgelten zu lassen; schon jede Klage enthält Rache." (*Nachgelassene Fragmente* 1882–1884, NF-1882,5[1]. KSA 10, S. 190).

tiger ist, schlechthin nicht in seiner Hand glaubte."[187] Die Tragödie treibt das Problembewusstsein der menschlichen Ausgesetztheit gegenüber der Kontingenz der Wirklichkeit innerhalb der mythischen Ordnung neu und schärfer hervor.

Da die Athener des 5. Jahrhunderts v. Chr. bereits ein skeptisches und zuweilen in intellektuellen Kreisen stark religionskritisches Verhältnis zu ihrem gleichwohl kultisch immer noch wirksamen Pantheon unterhielten und da sie keineswegs sicher sein konnten, dass ihre Götter eine gerechte Weltordnung garantieren, ist bei ihnen die Grenze zwischen konkret adressierter politischer Kritik und einer grundlegenden existentiellen Verunsicherung im Weltverhältnis fließend. Sich am Recht ausrichtende gesellschaftliche Ordnung und kontingente Weltordnung fallen auseinander. In den Tragödien scheint oft implizit die Frage im Raum des Theaters stehen zu bleiben, ob angesichts des gerade Gesehenen die Welt als Ort des auf Erfolg setzenden Handelns überhaupt akzeptabel sei. Diese Unsicherheit, die zwischen Beschwörung der mythischen Ordnung und radikaler Kritik an ihr changiert, ist *pars pro toto* an einzelne Götter adressiert: „unsere Leiden, unwürdig/ Dardanos' Geschlecht, siehst du sie?"[188], fragt Hekabe Zeus, der offensichtlich nicht reagiert. „Gern, ja gern wüßt ich, ob dir diese Not ans Herz greift, o Herr" (V. 1077), singt der Chor der trojanischen Frauen, ebenfalls ohne Antwort. Diese unbeantworteten Fragen, Klagen und Anklagen weisen schon voraus auf eine von Göttern entvölkerte Welt der Moderne, die gleichsam Adressaten für Klage und Anklage im Metaphysischen schuldig bleibt, sie dafür aber umso mehr in der menschlichen Welt erkennt.[189]

„Leiden Sterbliche zu masslos, um dem Kommen der Unsterblichen zu trauen?", fragt Friedrich Kittler mit Blick auf die Tragödie und gibt zumindest mit Blick auf Sophokles eine negative Antwort.[190] Doch auch wenn es in der Tragödie das traditionelle Zutrauen und Hoffen gerade auf der Seite des Chors immer wieder gibt, kann mit Blick auf den Ausgang der Tragödien weniger von Zutrauen auf göttliches Wirken als von Fragwürdigkeit der in der Regel teilnahmslos zusehenden oder das Leiden sogar erwirkenden Götter die Rede sein. Dass sich in ihrem Verhalten die Unsicherheit der Welt als Lebensort manifestiert, soll an einigen Passagen deutlich werden, zumal in der Philosophiegeschichte immer noch die Auffassung vorherrscht, erst die Sophisten und Sokrates hätten eine kritische Distanz zum mythischen Pantheon eingenommen.

---

[187] Blumenberg 1979a, S. 9.
[188] Euripides: *Troerinnen*, V. 1289 f.
[189] Das 22. Epigramm aus Brechts *Kriegsfibel* bringt den Zusammenhang von Säkularisierung und moralisch-juristischer Kritik als Kommentar zu einem Foto einer in Kriegstrümmern ihres zerbombten Hauses umherirrenden Frau auf den Punkt: „Such nicht mehr Frau: du wirst sie nicht mehr finden./ Doch auch das Schicksal, Frau, beschuldige nicht!/ Die dunklen Mächte, Frau, die dich da schinden/ Sie haben Name, Anschrift und Gesicht." (Brecht 2008, S. 22).
[190] Kittler 2006, S. 170.

Wie eine Mischung aus antizipierter Angstphantasie und Anklage gegen die Willkür eines Gotts wirkt etwa das Standlied aus Aischylos' *Sieben gegen Theben* vor dem Sturm des argivischen Heeres auf die Stadt:

> „Welch Elend, eine so hocherhabene Stadt
> In den Hades zu stürzen, Beute, vom Speer erjagt,
> Zu knechten, in Asche zermahlen, schmählich zerstört,
> Von achäischen Männern, weil es ein Gott so will."[191]

Dies ist ein bei allen Tragikern wiederkehrendes Motiv: Das mögliche Elend kommt, weil und wenn ein Gott es so will, selbst wenn, wie in Kapitel 4 argumentiert wurde, von göttlicher Determination des Handelns nicht die Rede sein kann. Es ist also aus menschlicher Perspektive rational nicht kalkulierbar, sondern völlig willkürlich, da der Wille der Götter selbst eine Instanz der Kontingenz ist. Menschliche Rationalität in einer technisch-pragmatischen und ethisch reflektierten Lebensform und die undurchdringliche Irrationalität offenbar willkürlich agierender Götter, die für die Griechen alle Lebensbereiche wie kontingente Mächte durchziehen,[192] stehen sich in den Tragödien oft harsch gegenüber.

An Zeus richtet sich der Chor in Aischylos' *Hiketiden* mit der Bitte um Beistand. Doch die Annahme, Zeus vertrete die Interessen der Danaiden, entbehrt jeder Evidenz und ist daher spekulativ: Zeus' Wille ist, wie sie selbst sagen, „undurchdringlich" (V. 1049), in seinen Abgrund könne niemand „hinabsehn" (V. 1057). Der oberste Gott bleibt – und das gilt ebenso, wenn nicht noch mehr für die übrigen Götter – in seinen Absichten unerkennbar. Zeus, „der alles bewirkt und alles vollbringt"[193], ist ein Heer von Gegensätzen: gerechte Ordnung und undurchsichtiges Weltgeschehen, Heilbringer und Donnergott; nach Heraklit die Einheit der Gegensätze: „Tag Nacht, Winter Sommer, Krieg Frieden, Sattheit Hunger".[194] Zwar fügt sich, so Sophokles, dem „Sinn der Götter [...] alles"[195], doch kann man nie davon ausgehen, diesen Sinn, der dauernd wechselt wie das vom archaischen Zeus initiierte Unwetter, als Mensch rational nachzuvollziehen. Zeus als oberster Gott ist so wohltätig wie unheilsfördernd, es gibt kein Mittel, um sein Wirken analog menschlicher Motivation vorherzusehen: „Dicht und beschattet hinziehen die Straßen/ Seiner Gedanken. Sie einsehen – unmöglich!"[196], singt der Chor der *Hiketiden* des Aischylos über den Göttervater, den der Chor der argivischen Greise im *Agamemnon* anruft als „Zeus, wer er auch sei"[197].

---

191 Aischylos: *Sieben gegen Theben*, V. 321–324. Die verbreitete These, dass erst Euripides im Unterschied zum Theologen Aischylos religionskritisch geschrieben habe, erscheint mit, nicht nur angesichts des *Prometheus Desmotes*, wenig plausibel.
192 Vgl. Vegetti 2004.
193 Aischylos: *Agamemnon*, V. 1486.
194 Heraklit: DK 22 B67.
195 Sophokles: *Aias*, V. 86.
196 Aischylos: *Hiketiden*, V. 92f.
197 Aischylos: *Agamemnon*, V. 160. Vgl. Euripides: *Troerinnen*, V. 885.

Wirkt Zeus in den *Eumeniden* schließlich als wohlmeinender „Herr/ Des Rats"[198], der die Polisordnung zum Guten wendet und in der Polis als „Nothelfer" das Unglück abwendet,[199] so müssen im *Prometheus Desmotes* der Kulturstifter und die Sterbliche Io durch Zeus als rücksichtslosem Tyrannen derart leiden, dass Io am liebsten sterben würde.[200] Bei Sophokles ist Zeus nicht nur der Schutzherr und Ratgeber, der „alles weise gefügt hat"[201], sondern ebenfalls bietet er „große Tode [...]/ und viele Leiden und nie zuvor/ erlittene"[202].

Gleiches gilt für andere Götter: Nur exemplarisch seien Athene, die Stadtpatronin Athens, und der vielfache Schutzgott Apollon genannt. Spricht Athene in den *Eumeniden* des Aischylos mit der Stimme der *phronēsis*, als deren Personifikation sie noch in der Stoa verhandelt wird,[203] zerstört sie in Sophokles' *Aias* die Existenz des Protagonisten, sodass es selbst seinem Erzfeind Odysseus unheimlich wird: „Ich aber reizte den von krankem Rasen/ gehetzten, und ins Unheil stürzt ich ihn"[204], brüstet sie sich. Ebenso gegensätzlich kann Apollon wirken, der über zwanzig, zum Teil konträre Bedeutungsdimensionen in seinem Namen verbindet: So ist er bereits bei Homer nicht nur als Phöbos ein strahlender Lichtgott, sondern auch ein brutaler Schinder und der Gott der Rache, zugleich Unheilabwehrer wie Vernichter.[205] Ruft Kassandra ihn in der *Orestie* kurz vor ihrer Ermordung als ihren „Verderber" an,[206] verteidigt er später wiederum Orest, den Mörder ihrer Mörder: „Ich helfe und beschütze ihn, der zu mir fleht."[207] Während Ödipus angesichts der Pest in Theben auf eine rettende Lösung Apollons hofft, den der Priester „als Retter [...] und der Krankheit Arzt" und der Chor als „Todwehrenden" anrufen, macht der König nach der Erkenntnis seiner unwissentlich und ungewollt begangenen Taten gerade Apollon für seine Selbstblendung und sein maßloses Leiden und also auch für den Tod seines Vaters und die Selbsttötung seiner Mutter und Gattin verantwortlich.[208]

Euripides, der seit Hegel als Kritiker der göttlichen Weltordnung und Figur des Abschieds von den Göttern (und der Tragödie) verstanden wird, lässt die willkürlich agierenden Götter von seinen Figuren ausdrücklich kritisieren. Hippolytos und

---

198 Aischylos: *Eumeniden*, V, 973 f.
199 Aischylos: *Sieben gegen Theben*, V. 8.
200 Siehe Aischylos: *Prometheus Desmotes*, V. 759, ebd., V. 750 f.
201 Sophokles: *Philoktet*, V. 1520.
202 Sophokles: *Trachinierinnen*, V. 1276.
203 Zur identitäts- und gerechtigkeitsstiftenden, durchaus aber ambivalenten Funktion Athenas im klassischen Athen vgl. Kennedy 2009; Deacy 2008, S. 74–121.
204 Sophokles: *Aias*, V. 59 f.
205 Das gilt schon bei Homer, vgl. Graf 2008, S. 14 ff.
206 Aischylos: *Agamemnon*, V. 1073 ff., 1257 ff.
207 Aischylos: *Eumeniden*, V. 232.; vgl. V. 576 ff.
208 Sophokles: *König Ödipus*, V. 80 f.; 150 ff.; 1330–1332, 1450–1454. Apollons oder generell der Götter Mitverantwortung kehrt auch im *Ödipus auf Kolonos* wieder: V. 453 f., 1003 f., 1036 f., ebenso seine Anrufung als Retter, etwa V. 1141 ff.

Phaidra sterben, weil „die böse Kypris"[209] es verhängt habe – sagt die Göttin Artemis, die angesichts des Leids ihres menschlichen Freundes ein tränen- und somit mitleidloses Publikum darstellt, wie überhaupt Götter, wenn sie in der antiken Tragödie auftreten, kein Mitgefühl zeigen oder klagen. Herakles, der sogar seinen Namen der eifersüchtigen Gattin des Zeus verdankt, schreibt ihr sein tragisches Leid zu, da sie ihn in die Umnachtung stürzen ließ, in der er unbewusst seine Familie tötete: „Erfüllt hat sie den Wunsch, den sie gehegt, sie hat/ den ersten Mann von Griechenland an seinen Wurzeln/ gerissen und zerschmettert – wer noch könnte beten/ zu solcher Gottheit?"[210] Der Chor ruft angesichts von Herakles' Leid dagegen – ebenso antwortlos – Heras Mann an, als hätte er das Leid zu verantworten: „Warum, Zeus, hast du solchen Groll auf deinen Sohn/ gefaßt, in solch ein Meer des Jammers ihn getrieben?"[211] Die für die Atriden folgenreiche Entscheidung Agamemnons, seine Tochter in der *Iphigenie auf Aulis* zu opfern, um mit der griechischen Flotte von Böotien Richtung Troja ablegen zu können, kommt erst aufgrund von Artemis' Forderung zustande, die junge unschuldige Frau als Gabe für den für die griechische Flotte nötigen Wind zu töten. Das Motiv für diese monströse Rache ist unterschiedlich; es heißt bei Euripides, der griechische Feldherr habe Artemis einst „die schönste Frucht des Jahrs" versprochen;[212] das aus der Epik bekannte Motiv ist eine früher von Agamemnon getötete Hirschkuh, die der Göttin geweiht gewesen war.[213] In jedem Fall bleibt die Forderung der bei den Griechen verpönten Menschenopferung auch in der nachträglichen Rationalisierung bei Euripides monströs und wird ausgiebig von Klytämnestra, Achill und Iphigenie selbst beklagt. Statt zu schaden, sollten, so Ion, die Götter das Gute wollen, sonst riskierten sie die Areligiosität, in der sich die Tempel leerten: Denn wie wäre es „gerecht (*dikaion*), daß ihr den Menschen/ Gesetze vorschreibt und euch selber schuldig macht?"[214]

Der am stärksten von den drei großen Tragikern unter dem Einfluss von Sophisten stehende Euripides stellt die Götter in ihren Motiven als extrem sowie meist unerkennbar dar[215] und formuliert angesichts unverdienten Leidens markante Zweifel an ihrer Geltung,[216] sogar an ihrer Existenz selbst, gerade *weil* sie nicht – wie traditionell angenommen – für Gerechtigkeit sorgen. In einem Fragment, das Euripides' verlorener Tragödie *Bellerophontes* zugeordnet wird, wird Hesiods Assoziation von Zeusordnung und Gerechtigkeit im Sinne eines verlässlichen Tun-Ergehen-Zusammen-

---

209 Euripides: *Hippolytos*, V. 1400.
210 Euripides: *Herakles*, V. 1305–1308.
211 Ebd., V. 1087 f.
212 Euripides: *Iphigenie bei den Tauern*, V 20.
213 Siehe Euripides: *Iphigenie in Aulis*, V. 87–93. Dazu kommt mitunter noch das Motiv der *hybris* Agamemnons, sich für einen besseren Jäger als Artemis zu halten.
214 Euripides: *Ion*, 443 f., vgl. 437–452.
215 Vgl. Euripides: *Troerinnen*, V. 884–888; *Iphigenie bei den Tauern*, V. 476–478.
216 Vgl. Euripides: *Troerinnen*, V. 1060–1080; *Iphigenie in Aulis*, V. 1403; *Herakles*, V. 1345 f.

hangs zum Grund, die Götterexistenz als historisch überholten Glauben insgesamt abzulehnen:

> Und da behauptet man, im Himmel lebten Götter?
> Dort leben keine, keine – wenn man nicht, aus Dummheit,
> den Märchen aus der alten Zeit noch Glauben schenkt!
> Fällt euer Urteil selbst, ihr braucht euch nicht nach mir
> zu richten! Ich behaupte: Die Tyrannis mordet
> sehr viele Menschen und beraubt sie ihrer Habe;
> Eidbrecher reißen Staaten in den Untergang.
> Trotz dieser Greuel leben die Verbrecher doch
> weit glücklicher als die beständig Friedlich-Frommen!"[217]

Die Götter sind deshalb Gegenstand der Kritik, weil sie zum Umschlag entscheidend beitragen: „Alles kehrt sie [die Gottheit, die „schwer verständlich", sei, A.T.] kraftvoll um,/ hebt's auf nach hier, nach dort. Der eine quält sich ab –/ der andre quält sich nicht und geht dann doch zugrunde,"[218], lautet die bittere Auskunft des Boten. „Nichts lag also den Götter im Sinne als mein Leid/ und Troias Untergang"[219], klagt Hekabe. Schon auf den Chor der thebanischen Jungfrauen, die die „allmächtige[n] Götter" anrufen, die Stadt als „Wächter über den Türmen des Lands"[220] zu schützen, reagieren die Götter nicht und die Schlacht führt die Brüder in dern Tod. Die sich wandelnden Willen der Götter und ihre spontanen Affekte werden in der Gestalt des Theatergottes Dionysos ultimativ gesteigert, der sich jederzeit verwandeln, seinen Ort und seine Identität wechseln, die Menschen trösten, berauschen, ihre Ängste lösen, aber sie ebenso auch zerstören, in ihrer Identität auflösen und von den Mänaden zerreißen lassen kann. Der gepeinigte alte Kadmos, einst Gründer von Theben, der seine Herrschaft an seinen Enkel Pentheus übertragen hatte, adressiert den jeder menschlichen Verfügung entzogenen übermächtigen Dionysos in Euripides' *Bakchen* direkt auf der Bühne und sagt ihm ins Gesicht: „du bestrafst uns allzu hart."[221] Er belehrt ihn zudem, sein menschlicher Zorn würde ihm als Gott schlecht anstehen.

Der sophokleische Philoktet, der angesichts seines tragischen Schicksals über die Götter nachdenkt, ist sich sicher, dass die Götter das Schlechte „mit Sorgfalt" pflegen und „ihre Freude dran" haben, während sie das, „was gerecht und redlich ist", hinwegschicken. Philoktet schließt: „die Götter, sie sind schlecht!"[222] Auch in den *Trachinierinnen* wird der tragische Umschlag ins Leid zum Gegenstand einer bitteren Anklage. Hyllos, der seine unfreiwillig durch sich selbst zugrunde gegangenen Eltern überlebt, formuliert am Ende eine Klage, die sich an niemandem im Theater richtet, wenn nicht an die ebenfalls zuschauenden Götter selbst. Während die Menschen

---

217 Euripides: Frag. 259 (*Bellerophontes*).
218 Euripides: *Helena*, V. 711–715.
219 Euripides: *Troerinnen*, V. 1240 f.
220 Aischylos: *Sieben gegen Theben*, V. 165, 168.
221 Euripides: *Die Bakchen*, V. 1346 ff. Siehe Kap. 8.13.
222 Sophokles: *Philoktet*, V. 453–459.

einander im Mitgefühl verstünden, stünden die Götter weder verstehend noch verstanden im Abseits:

> „Hebt ihn auf Gefährten, und gewährt
> Dafür mir ein großes Mit-Verstehen,
> Erkennt aber auch das große Un-Verstehen
> Der Götter für die Taten, die vollbracht sind!
> Da zeugten sie und rühmen sich
> Als Väter, und sehen doch solchen Leiden zu!
> Zwar das, was kommt, sieht keiner voraus,
> Doch was jetzt eintrat, ist Jammer für uns
> Und Schande für sie" (V. 1265–1272).

Abschließend bestätigt die Chorführerin gegenüber dem Chor und dem Publikum, dass in den vielen Leiden und großen Todesfällen nichts sei, „was nicht Zeus ist" (V. 1278). Wer soll da noch auf Zeus vertrauen?

Die Tragiker stellen aus der Erfahrung des Leidens heraus also nicht nur die Vorhersehbarkeit oder genaue Bestimmbarkeit der Götter infrage, die Göttern in allen Religionen, die das Heilige als Grenze des menschlichen Erkennens und Könnens anerkennen, schlecht anstehen. Viel bedeutender ist, dass die den Göttern unterstellten Wirkungen aus menschlicher, nämlich rational rekonstruierender und mit Bezug zu Gerechtigkeitsvorstellungen normativ urteilender Perspektive *unverständlich* und *normativ abzulehnen* sind. Das Leid, das sie allein verhindern könnten, ist sinnlos. Götter sind nur über ihre mythisch berichteten, tragisch gezeigten oder bloß postulierten Wirkungen *erzählbar*, ihre Absichten selbst sind aus der rechtlich-ethischen Perspektive nicht nachvollziehbar. Sie sind – wie die göttlichen Orakel – hochgradig deutungsbedürftig, wobei ihr willkürlich erscheinendes Verhalten die Zuverlässigkeit jeder Deutung unterläuft. Es mag sein, dass es daran liegt, dass selbst Zeus nicht weiß, was gut für die Menschen ist.[223] Oft genug zeigt er sich ihnen gegenüber in den Tragödien der drei Tragiker indifferent, wenn nicht feindlich eingestellt.

Das heißt, die nach dem Bild des Menschen mythopoetisch geformten Götter der Griechen sind in ihrer Funktion, die Natur und alle Welt zu durchwalten, gerade nicht menschlich, wenn darunter eine aus menschlicher Perspektive nachvollziehbare Rationalität und Humanität zu verstehen ist. Die anthropomorphen Instanzen handeln in der Tragödie zu oft irrational, als dass man sie als Wesen, die gute Gründe haben, begreifen könnte. Die Grenze der abwägenden Vernunft, an die man in der tragischen Erfahrung stößt, ist auch eine Grenze zwischen menschlicher Lebenswelt und dem sie nach altem Glauben durchwirkenden, aber zugleich ihr fernen Pantheon, die in der

---

[223] Das unterstellt Sommerstein 2010, S. 164–170, besonders S. 169: „what we are shown in *Agamemnon* is a totten, stupid world", von Zeus unverständlich regiert und geprägt.

Tragödie, so Hölderlin in seinen „Sophokles-Anmerkungen", aufbricht.²²⁴ Die Differenz zwischen der Sphäre menschlicher Praxis, die das menschliche Leben im Verband schützen soll, und der unsterblichen, sorgenfreien und arbiträr und affektiv agierenden Göttern vergrößert sich zum existentiellen Riss. Problematisch an der gegenüber menschlicher Willkür radikalisierten Kontingenz der Naturkräfte wird erst die den Göttern zugeschriebene Übermacht, mit der der Mensch in der Tragödie bis zur rhetorisch unüberbietbaren Klimax an Leid konfrontiert wird.

Einerseits stellt die Tragödie also eine Anerkennung dieser göttlichen Macht dar, stellt sie sie doch im Dionysos gewidmeten Theater aus und lässt vor allem die Chöre zu den Göttern flehen. Zugleich öffnet sie zum ersten Mal die göttliche Macht und damit die Weltordnung insgesamt der öffentlichen Kritik. Die Götter sind traditionell im Kult als Mächte des Kosmos anerkannt, werden jedoch dem in der auf Handeln setzenden Poliskultur gewachsenen Anspruch an eine rationale Lebensführung und Welterklärung nicht mehr gerecht. Auch wenn die Tragödien nur in Ausnahmefällen die Götter oder den affirmativen Bezug zu ihnen wie einige Sophisten insgesamt zurückweisen, ist ihre wichtigste Funktion offenbar nicht, die Polisreligion zu bekräftigen;²²⁵ sie nehmen vielmehr Abschied vom Vertrauen in eine gottgewirkte Ordnung und öffnen den Blick für die Geschichte als dem Feld eigener kultureller und politischer Ordnungsleistung des Menschen.

In dieser *Öffnung einer kritischen Perspektive*, die in Nachfolge Platons die Philosophie traditionell für sich reklamiert hat, liegt gegenüber dem inhaltlichen Vorbild des Epos und der expressiven Dimension der frühgriechischen Lyrik etwas unerhört Neues, das mit der theatralen *Form* der Tragödie in Verbindung steht. Denn Götter der Tragödie können von ihr kritisiert werden, *weil* sie als gleichsam metaphysisches Publikum konzipiert werden können. Die Athener Zuschauer wurden als kritische Betrachter angesprochen, die – nicht nur in der Bürger-Jury – das Gesehene selbst nach eigenem Ermessen ästhetisch, ethisch und politisch zu bewerten hatten.²²⁶ Indem die Bürger zusammen das gemeinschaftsstiftende Ereignis der Großen Dionysien im Theater erlebten, konturierte sich diese Gemeinschaft von Individuen mit eigener Urteilsinstanz auch im Urteilen gegen die numinosen Mitzuschauer, deren zu feiernde Präsenz kultisch vorausgesetzt wurde. Man kann sich dabei die *Off-stage*-Präsenz der Götter nach dem Modell des als Statue im Theater gegenwärtigen Dionysos vorstellen. Am Tag vor dem eigentlichen Beginn der Großen Dionysien wurde aus einem Tempel

---

224 Nach Hölderlin scheidet sich im tragischen Leid Göttliches vom Menschlichen, weil die Götter ihr Gedächtnis unter den Menschen durch Untreue bewahren wollen. Denn „göttliche Untreue ist am besten zu behalten" („Anmerkungen zum Oedipus", S. 101). Insofern wird in der Anklage *eo ipso* die Annahme einer göttlich durchwirkten und also prinzipiell gerechtigkeitsfähigen Welt anerkannt und erneuert. Darin liegt die Ambivalenz der Tragödie, die die griechische Religion nicht aufhebt, sondern in ihrer Erschütterung auch bekräftigt. Vgl. zu dieser Übergangsposition Vernant/Vidal-Naquet 1990.
225 Vgl. Sourvinou-Inwood 2003.
226 Burian 2011 betont, dass im Theater ein eigenes Urteil und ein Streit der Perspektiven wie im Gericht oder der Volksversammlung gefragt war.

außerhalb der Stadt (nahe der späteren Akademie) eine Skulptur des Dionysos in einer feierlichen Prozession in die Stadt gebracht und von jungen Männern im *theatron* aufgestellt.[227] Der Theatergott war damit als Bild gleichsam der erste Zuschauer. Er vermochte so *pars pro toto* den gesamten Götterzirkel des Olymp, der bereits bei Homer als (immer wieder intervenierendes) Publikum der Kämpfe um Troja auftritt, zu vertreten und die unsichtbare Macht des Göttlichen als Bild in sich zu vereinen.[228] Die Anklage gegen Zeus und andere Götter, die symbolisch durch Dionysos als Zuschauer kopräsent waren, folgt nur konsequent Hesiods Idee eines Gerichtspanoptikums des „allsehende[n], alles gewahrende[n] Auge[s] des Zeus"[229], dreht aber die Richtung der juridischen Machtdirektive um. Nun adressieren Menschen die seit alters her als Zuschauerinnen und Zuschauer konzipierten Götter, die nicht als Ankläger, Richter und Strafvollzieher normativ über den Menschen stehen, denen sie Orientierung bieten, sondern als Beschuldigte befragt oder angeklagt werden. Die akustische Tragkraft der Stimmen wird zum Rand des *theatron* hin schwächer geworden sein; die semantische Perspektive der Klage aber, in der Anklage implizit oder explizit stets mitschwingt, setzte sich vom Dionysos-Theater imaginär bis zur Spitze des Olymps fort.

Das fragende und anklagende Gegenübertreten, das das Theater zuweilen zu einer Art Weltgericht der mythischen Ordnung macht, betrifft eine bei Aischylos noch vorsichtige, wenngleich im *Prometheus Desmotes* tiefgreifende, bei Sophokles und zumal Euripides immer schärfere Kritik an den Göttern.[230] Schon früher wurden die Götter als vielfältige und punktuell äußerst wirksame Mächte innerhalb dieser Ordnung verstanden.[231] Die Tragödie diagnostiziert demgegenüber in aller existentiellen Schärfe, dass die Götter *unzuverlässig*, *unberechenbar* und *ungerecht* sind. Damit erscheinen sie geradezu als ein *Konträres* der kulturellen Leistungen, zu denen seit Hesiod und verstärkt im Denken des 5. Jahrhunderts v.Chr. immer auch die Orientierung an normativen Idealen wie der Scheu (*aidōs*) und der Gerechtigkeit (*dikē*) gehört.

Die Konfrontation von theologisch-normativem Anspruch an die Kosmosordnung und den Möglichkeiten tragischen Scheiterns wird auf der Bühne durch den Kontrast zwischen der immer wieder auf die Götter und ihre Macht verweisenden Rede einerseits und dem unermesslichen, in exaltierter Weise besungenen Leid der Figuren andererseits vor Augen und Ohren und zugleich vor die Vernunft als Urteilsinstanz

---

227 Vgl. Easterling 1997b, S. 51; Lehmann 1991, S. 131 f. Als lebender Repräsentant des Dionysos hatte der oberste Priester des Kults im Theater einen herausgehobenen Ehrenplatz.
228 Zu einer aktuellen Theorie der Kraft von Bildern, die wie lebende Instanzen nach Art einer Handlung auf ihre Betrachter zu wirken vermögen, siehe Bredekamp 2010. Dionysos wirkt im Theater als Bildakt, auf dessen Macht die Tragödie antwortet.
229 Hesiod: *Werke und Tage*, V. 266.
230 Zu Sophokles vgl. etwa Lurje 2004, S. 251 f.; zu Euripides vgl. etwa Matthiessen 2004, S. 54 ff.
231 Siehe Kap. 4.6–4.8. Vgl. Lehmann 1991, S. 110: „Das Übermaß an Rache, Strafe und grausamem Leiden, durch das hindurch in der Tragödie das ‚Recht', oder besser: die göttliche Machtordnung eine Affirmation erfährt, ähnelt eher einem Mechanismus der Desintegration als einer religiös-ästhetischen Affirmation."

geführt. Die Tragödie setzt die Zuschauerinnen und Zuschauer in eine kritische Urteilshaltung. Im Theater des unverdienten, weil äußerst unverhältnismäßigen existentiellen Leidens ist die Gerichtsposition, die in der Philosophiegeschichte erst Kant der Vernunft zuweist, bereits angelegt.[232] Zugleich bleiben die Götter als Zeichen für die Mächte des Unverfügbaren in Kraft. Die Konsequenz, aufgrund der radikalen Kontingenz des Geschehens ihre Existenz anzuzweifeln – wie Hans Blumenberg es für die Säkularisierung der Neuzeit zeigt –[233], wird, wie gezeigt, in wenigen Fällen von Euripides gezogen. An diese Kritik der kontingenten polytheistischen Mächte schließt die philosophische Theologie des einen guten Gottes bei Platon an. Damit wird der Pessimismus der Griechen, wie Nietzsche ihn verstand, und zugleich die tragische Einsicht in die radikale Kontingenz und Unsicherheit, die menschliches Handeln gefährden, abgewehrt.

Die Tragödie ist zwar kaum als Widerlegung einer Theodizee zu interpretieren, aber eine von anbetungswürdigen Göttern sinnvoll geordnete Welt wird zweifellos in den Stücken der drei Tragiker infrage gestellt – nach George Steiner ein Kennzeichen der Tragödie überhaupt.[234] Die traditionelle Macht der Götter und ihre Verantwortungslosigkeit gegenüber dem Menschen, die alte Gerechtigkeitsordnung der Zeusherrschaft und die in der Tragödie inszenierte Willkür der Olympier ergeben zusammen ein Bild der bedrohlichen Ambivalenz und Unerkennbarkeit des Göttlichen: Die Lebenswelt ist in der Tragödie ein kontingenter, unzuverlässiger Ort für die fragile, unkalkulierbaren Risiken ausgesetzte menschliche Praxis, der nicht (mehr) metaphysisch stabilisiert ist.

Wenn es um Leiden und die Klage und Anklage gegenüber Göttern geht, ist ein kurzer Blick auf einen für die jüdische und christliche Tradition maßgeblichen Text angebracht, das hebräische Buch *Hiob* (אִיּוֹב) der Ketuvim des Tanach, Teil der Weisheitsbücher des Alten Testaments, das vermutlich zu einer ähnlichen Zeit wie die attische Tragödie im Nahen Osten nach dem Babylonischen Exil entstanden sein dürfte.[235] Ähnlich wie die tragischen Figuren verliert der zuvor vom Glück gesegnete Mann Hiob mit einem Mal für sein Glück essentielle Werte: seine Töchter, Söhne, Knechte und sein zahlreiches Vieh kommen, wie ihm zeitgleich Boten berichten, um, kurz darauf wird er auch mit Krankheit geschlagen, seiner Frau entfremdet und

---

232 Odo Marquard 1986b spricht von einer „Tribunalisierung der modernen Lebenswirklichkeit" als Theodizeemotiv der Neuzeit. Der sich darin ausdrückende Anspruch der menschlichen Vernunft an ihre Welt ist allerdings nicht erst neuzeitlich, wie Marquard einräumt (S. 14); aber er bindet die Befragung Gottes und der Welt deshalb an die Neuzeit, weil erst in ihr „Ohnmacht und Leiden nicht mehr das Selbstverständliche und Normale" seien (S. 15). Durch diese kühne Annahme entgeht Marquard die Dimension der Tragödie, denn die reflexive Distanz ist in ihr als Kunst, die Leiden artikuliert und befragt, offenkundig. Sie zeigt Ohnmacht und Leid gerade *nicht* als das Selbstverständliche, sondern als Grund einer Frage an das Leben unter Ägide der Götter.
233 Siehe Blumenberg 1966.
234 Steiner 1996, S. 137.
235 Es wird meist ein Zeitraum nach 500 bis vermutlich 200 oder 100 v. Chr. angenommen, siehe Schwienhorst-Schönberger 2016.

schließlich von seiner Mitwelt verachtet (Hi 2,7–10; 30). Er ist allem beraubt, was ihn glücklich machte, symbolisch „nackt".[236] Anders als die tragischen Heldinnen und Helden aber fügt sich Hiob zunächst dem Verlust seiner Werte ohne jede Klage und lobpreist seinen Gott (Hi 1,20–22; Hi 2,10). Doch dann, nachdem er schweigend sein Leid kontempliert hat, fängt er an zu klagen und aus seiner Klage, die der tragischer Figuren in der Verfluchung der eigenen Geburt an vielen Stellen ähnelt, wird Anklage an Gott, der ihn leiden und „auf den Tod warten" lasse (Hi 3,1–26). Wie die tragischen Figuren kann er das Leid nicht dulden in dem Sinne, dass Dulden bedeuten würde, davon auszugehen, dass diese Leiderfahrung sich weiter fortsetzt und in ihrem Licht das Leben gefristet werden muss. In den folgenden Dialogen zwischen Hiob und drei angereisten Freunden (Hi 4–28), die ihm sein Leid zu verstehen helfen wollen, kommt Hiobs Klage wieder mehrfach auf und er fordert Gott im Wissen um seine Unschuld heraus (Hi 9,12–35; 30–31). Keine der Erklärungen der Freunde, die sein Leid im Sinne der Weisheitslehre vergeltungslogisch rationalisieren wollen, scheint für Hiob plausibel, da er keine Entsprechung seines Leids zu seinem früheren gerechten Leben erkennen kann. Gott selbst, so wissen die Leser, hatte anfangs im Dialog mit Satan Hiob als beispiellos Gerechten beschrieben, der fromm, rechtschaffen und gottesfürchtig sei und das Böse meide (Hi 1,8; 2,3). Nachdem plötzlich ein vierter, jüngerer Mann, Elihu, aufgetreten ist, der auf Gottes Allmacht und Güte, die Menschen nicht beurteilen könnten, verweist und eine Erklärung von Hiobs Leiden aufgrund eines pädagogischen Zwecks Gottes ins Spiel gebracht hat (Hi 32–37), erscheint Jhwh Hiob selbst und weist seine Anklage mit einem ausführlichen Panorama der kosmischen und irdischen Existenz zurück, das Hiob weder intellektuell durchdringe noch kontrollieren könne (Hi 38–41). Hiob lässt in Demut von seiner Klage und Anklage ab (Hi 40,3–5; 42,1–6) und wird am Ende von Gott wieder mit Glücksgütern in doppelter Zahl und mit zehn Kindern gesegnet, bis er, wieder in Gemeinschaft mit seinen Nächsten glücklich lebend, in hohem Alter „lebenssatt" stirbt (Hi 42,17).

Anders als die altorientalische Weisheit haben die Griechen weniger auf die Verlässlichkeit des in göttlicher Gerechtigkeit gründenden Zusammenhangs von Handeln und Glück, also auf eine „konnektive Gerechtigkeit" (Jan Assmann) vertraut. Die homerischen Helden wissen sich großer Kontingenz ausgesetzt, die *Ilias* schildert die Götter als nicht-verlässliche Mächte, die ins Geschehen intervenieren, und Hesiod beklagt in den *Werken und Tagen* ausführlich seine Lebenswelt, in der es Ungerechten gut gehe, während tugendhafte Menschen litten. Ebenso besingen die altgriechischen Dichter wie Semonides, Mimnermos, Theognis, Simonides oder Pindar die Abhängigkeit des Menschen von den mehr oder weniger willkürlichen Göttern und die Unwägbarkeit des Glücks, die selbst in Epinikien, Preisgesängen auf Sieger in Wettkämpfen, zum Ausdruck kommt. Zugleich aber betonen Homer, Hesiod und Solon auch die Gerechtigkeit Gottes und im Volksglauben setzten ebenfalls die Griechen auf eine für ihr Dasein gutartige Konsequenz ihrer frommen Handlungen wie dem Opfer

---

236 Hi 1,21 (im Folgenden finden sich die Nachweise aus dem Alten Testament im Haupttext).

und anderer Riten. Die Tragödie verschärft demgegenüber die bei den früheren Dichtern thematisierte Kontingenzerfahrung, indem sie die Unverhältnismäßigkeit und Irrationalität im Verhältnis von Handeln und Leiden rhetorisch-performativ exponiert und die Leiderfahrung in expressiver Drastik theatral vor Augen führt. Im Buch *Hiob* erscheinen vergeltungslogische Erklärungen nach dem Modell des Tun-Ergehen-Zusammenhangs, von denen Hiobs Freunde ihn überzeugen wollen, ebenfalls als fragwürdig.[237] Hiob leidet nicht als Strafe und auch alle weiteren Erklärungen der Freunde und Elihus sind nicht hinreichend, um sein exzessives Unheil als sinnvoll zu deuten. Selbst Gott gibt keine Erklärung des Sinns an, sondern verweist Hiob auf die Totalität der Schöpfung, die dieser nicht verstehe, sodass man Hiobs Leid auch als Prüfungs- oder Zeugnisleid für einen Glauben *quia absurdum* verstehen könnte, wettet der Herr doch mit Satan zu Beginn, ob Hiob auch im Unglück fromm bleibe (Hi 1,9–12; 2,2–6). Gott räumt jedoch selbst gegenüber Satan ein, von diesem „bewogen" worden zu sein, Hiob „ohne Grund zu verderben" (Hi 2,3) – und stimmt dennoch in die weitere Qual Hiobs durch Satan ein. Daher erkennt er womöglich Hiobs Klage kurz – aber ohne Erklärung – als rechtmäßig an (Hi 42,7), der wie die tragischen Figuren ausführlich sein Leid zum Ausdruck bringt: Er will seinem „Munde nicht wehren. Ich will reden in der Angst meines Herzens und will klagen in der Betrübnis meiner Seele." (Hi 7,11) Sein „Harfenspiel ist zur Klage geworden, und mein Flötenspiel zum Trauerlied." (Hi 30,31) Aufgrund der mangelnden Legitimierung des Unheils ist das Buch *Hiob* als Einspruch gegen Vergeltungslogik, Äquivalenzprinzip und religiöse Sinnstiftung existentiellen Leidens gelesen worden; Hiob leidet im wahrsten Sinne umsonst.[238] In dieser Hinsicht stellt es vor einem kulturell anderen Hintergrund als dem der polytheistischen Griechen eine ebenfalls in die von Karl Jaspers beschriebene Achsenzeit fallende Reflexion auf die Sinnlosigkeit des Leids dar, die eine vertrauenswürdige Weltordnung infrage stellt.[239]

---

[237] Gott geht auf die Deutungen von Hiobs Leiden durch seine Freunde nicht ein, tadelt aber ihre Erklärungsversuche, während der klagende und anklagende Hiob „recht" von ihm geredet habe (Hi 42,7–8). Diethelm Michel 1990 spricht mit Blick auf die Bücher Hiob und Kohelet daher von einer „Krise der Weisheit".

[238] So Türcke 2017, S. 115 ff.; vgl. auch Žižek 2018, der – ohne die Tragiker zu erwähnen – in Hiob den vielleicht „erste[n] beispielhafte[n] Fall von Ideologiekritik in der Geschichte der Menschheit" erkennt, dessen „ureigene ethische Würde" darin bestehe, „dass er sich hartnäckig weigert, anzuerkennen, dass sein Leiden einen Sinn haben könnte".

[239] Zur Achsenzeit, in der ähnliche Entwicklungen in Ost und West stattgefunden haben, siehe Jaspers 1949. Arie de Wilde geht sogar von einem Einfluss der Tragödie auf die Entstehung des Buchs *Hiob* aufgrund regen Austauschs zwischen Hellas und Palästina und der anzunehmenden Vertrautheit jüdischer Gelehrter mit griechischer Literatur aus. Das Buch *Hiob* sei die „verwandte Antwort" auf die von der Tragödie ausgehende Bewegung (Wilde 1981, S. 25 ff). Ein Einfluss ist erst recht denkbar, wenn man das Buch näher an der jüdischen Apokalyptik auf einen Zeitpunkt an der Wende zum 1. Jahrhundert v. Chr. datiert, wie Türcke 2017, S. 49, vorschlägt. Eine detaillierte komparatistische Studie zum Buch *Hiob* und einzelnen griechischen Tragödien ist, soweit ich sehe, noch ein Desiderat. Für eine vergleichende Perspektive auf Hiob und die Anklage Gottes im Islam im *Buch der Leiden* (*Musibatname*) von Fariduddin Attar sowie auf die moderne Gotteskritik siehe Kermani 2005.

Doch im Vergleich erscheint die Herausforderung der Tragödie für das Weltverhältnis des Menschen als einem Akteur eine andere zu sein. Die tragischen Figuren und die Chöre rufen ihre klagend-anklagenden Fragen in die empathische Öffentlichkeit der Polis, die Götter aber bleiben abwesend und antworten nicht, wie es Jhwh im Tenach tut, der aus einem „Wettersturm" plötzlich in die menschliche Szenerie tritt (Hi 38,1). Dass sie überhaupt an ihrem Leid interessiert sein könnten, ist für die Figuren und Choreuten wie für das Publikum ungewiss. Zudem finden die tragisch Gescheiterten keinen Ausgleich für ihr Leid, das sie wie Hiob nicht ertragen können. Während am Ende des Buchs Gott das Geschick Hiobs durch eine neue Beglückung „wandte" (Hi 42,10), also eine Erfahrung des sinnlosen Unheils durch eine des Glücks in Fülle symbolisch ausgleicht, enden die Tragödien, die einen Umschlag von Glück in Unglück vorführen, mit unversöhnlichem Klagegesang: Kein *happy end* ist in Sicht. Im Gegenteil, zuweilen brüsten sich Götter noch mit ihrem Verderben, das sie auf die Figuren gesandt haben. Der wichtigste Unterschied aber liegt im dialektischen Moment: Hiob stürzt aus großem Glück, das er retrospektiv beschreibt (Hi 29), zwar auch wie die tragischen Figuren plötzlich (Hi 1,13–19), aber tatenlos in existenzielles Leid: Sein Besitz, seine Kinder, seine Gesundheit, seine Gemeinschaft werden ihm durch externe Kräfte – fremde Räuber, ein „Feuer Gottes", Sturm, Krankheiten (Hi 1,13–19; 2,7) – genommen, er trägt dazu praktisch nichts bei. Die tragischen Figuren kippen stattdessen handelnd ins Leid, in das ihr von Macht geprägtes Leben plötzlich umschlägt. Doch ihre Taten sind mit der pathologischen Folge nicht sinnvoll verknüpft wie im mythischen Volksglauben oder im Weisheitsdenken des Ostens, das die Freunde Hiobs trägt. Aus einem kleinen Fehler oder einem Zufall entsteht mit einem Mal radikales Leiden – kontingent verursacht, jedoch nicht als Strafe, Prüfung oder Zeugnis wie bei einem Märtyrer deutbar. Das aber heißt, dass weder Gottvertrauen wie in den Monotheismen noch Selbstvertrauen des Menschen als geschichtlichem, praktischem Wesen weltanschauliche Einstellungen darstellen, die das Leiden entweder *ex ante* abwehren oder *ex post* deuten, abmildern und aufheben könnten. Die tragischen Figuren können sich wie Hiob nicht einmal als schuldig und gerecht bestraft erkennen. Sie sind ihrem kontingenten Leid ohne metaphysischen und ohne praktischen Rettungsanker ausgesetzt. Sollte es Götter geben, verdienen diese eine harsche Anklage, sofern ihnen Macht, wenn nicht sogar eine kausale Mittäterschaft attestiert wird.[240] Sicher ist nur, dass der Mensch sein Leben ohne Sicherheit führt – bis ihn seine Handlungsfolgen aus der Lebensführung reißen.

---

240 Anders als die mythischen Götter der Tragödie, die sich zuweilen wie Athena im *Aias* mit ihren zerstörerischen Akten brüsten, offenbart Gott Hiob nicht, dass er ihn durch Satan gezielt mit Unheil schlagen ließ. Diese Kenntnis hätte, so Türckes Spekulation über einen für die Kanonisierung des Buchs redaktionell entfernten Teil der märchenhaften Rahmenhandlung, in die die Dialogdichtung gesetzt wurde, aus dem frommen Hiob einen zornigen Mann gemacht, der „aus allzu berechtigter Empörung" über seine Behandlung als „Versuchskaninchen" dem bloßgestellten Jhwh ins Angesicht geflucht hätte. Jhwh müsse daher seine Verantwortung als *„Deus absconditus"* im Himmel kaschieren (Türcke 2017, S. 55, 57, 60).

Dabei sind die tragischen Figuren nicht einfach Vorbilder der Tugend, die voller Unschuld berechtigt sind, die Götter schuldig sprechen. Auch sie tragen kausal und auch durch Verfehlungen zum Unheil bei.[241] Daher können zuweilen auch Götter die Menschen anklagen und ihnen ihre Verstrickung ins Unglück vor Augen führen. Das gilt insbesondere für den menschengemachten Krieg, gegen den Euripides anschreibt. Im Prolog der *Troerinnen* bringt Poseidon die absurde tragische Dialektik auf den Punkt: „Töricht der Sterbliche, der Städte schleift,/ Tempel und Gräber, heilige Ruhestätten der Toten,/ verheert und selber später zugrunde geht."[242]

Die tragische Klage und Anklage gegen die Götter koinzidiert mit der ästhetischen Situation des vom Schauspieler verkörperten Individuums: Es steht im Zentrum der *orchēstra*, er ist in der Erfahrung tragischen Leidens einer diffusen, weil versteckten und nicht in kommunikativen Verhältnissen verhandlungsoffenen Übermacht ausgesetzt, die er zwar mit dem Bildrepertoire des Mythos adressieren kann, von der er aber keine Antwort erhält. Die Klagen, mit denen die Tragödien in der Regel enden, sind durch Wiederholungsfiguren gekennzeichnet, die in keiner den biblischen Trostmotiven oder den Theodizeen vergleichbaren Deutung Ruhe finden. Die Klagegesänge führen nicht aus der Klage und ihrem Grund, dem Leiden, hinaus, sie könnten sich im Narrativ der Handlung nach dem Ende der Aufführung fortsetzen. Man darf vermuten, dass sie in den Köpfen der attischen Zuschauerinnen und Zuschauer weiter resonierten. Das tragische Leid widersteht somit einer Interpretation, die dem leidenden Individuum die Anschlussfähigkeit an einen Sinn, in den sein Leben kommunikativ-praktisch integriert ist, gewähre. Die Klage gegenüber der Willkür der Götter, die die Welt durchdringen, ist die Klage über ein Leid, das die Kontingenz der Welt erst aufschließt. Die Gerechtigkeit ist, so zeigt die tragische Erfahrung, keine Eigenschaft der (von den Göttern durchwirkten) Welt. Die Unverhältnismäßigkeit zwischen Tun und Ergehen zerstört das Vertrauen in eine dem eigenen Handeln entgegenkommende Ordnung des Kosmos.

Damit wird aber auch die kulturell gestaltete Lebenswelt als Ort menschlicher Praxis in der tragischen Erfahrung problematisch, die Kohärenz von Handlungen und natürlichem, sozialem, symbolischem und technischem Handlungskontext bricht im tragischen Umschlag plötzlich auf. Die tragische Erfahrung ist die Erfahrung einer existentiellen Inkohärenz von Selbst und Welt.

Was sich in den Tragödien für die Figuren vollzieht, ist offenkundig ein Wechsel des *gesamten Erfahrungszusammenhangs*. Dieser Wechsel ist selbst exzeptionell, da normalerweise punktuelle Erfahrungen des Misslingens und Leidens nicht das Selbst-Welt-Verhältnis im Ganzen betreffen und Anlass zu exzessiven Klagen bieten. Im tragischen Leid vollzieht sich aber der plötzliche Übergang in eine Verfassung, in der, so Dieter Henrich, „in letzter Deutlichkeit die Vergeblichkeit alles Lebens" als

---

241 Siehe Kap. 4.6.
242 Euripides: *Troerinnen*, V. 95–97.

„plötzlich aufkommende[] Einsicht"[243] erfasst wird. Henrich hat solch eine Erfahrung als „Not" bezeichnet: In ihr – wie ihrem Gegenteil, dem Glück – ist das gesamte Bewusstsein „von Evidenzen für eine Deutung der Welt beherrscht", von denen ein Licht auf „alles Leben"[244] fällt. Es handelt sich um ein verschobenes Verständnis des In-der-Welt-Seins überhaupt, das nur für denkende und sich selbst wie ihr Weltverhältnis interpretierende Wesen möglich ist. Dieser Zustand ist, so Henrich, nicht irrational oder pathologisch, sondern einer „transzendentalen"[245] Erfahrung analog, vor deren Hintergrund erst einzelne Ereignisse und Erfahrungen in eine evaluative Weltdeutung integriert werden. Das passiert ebenso im lebensweltlichen Normalzustand einer prinzipiellen Gelingensaussicht und Sinnunterstellung, dessen Grundverständnis den Hintergrund für punktuelle (positive wie negative) Erfahrungen bildet, ohne selbst von ihnen infrage gestellt zu werden. Die tragische Verfassung, in die die existentielle Wende des Umschlags führt, stellt sich ihm gegenüber als Gegenteil dar. In ihr ist das Leid als transzendentale Erfahrung für „alles Leben" *bestimmend*. In ihrem Schatten erscheint nichts mehr als sinnvoll aufeinander bezogen.

In einer nachgelassenen Bemerkung schreibt Immanuel Kant, der Mensch mache angesichts des Naturschönen die Erfahrung, dass er „in die Welt passe"[246]. Bezeichnend an dieser Beobachtung Kants ist der Ort dieser Erfahrung: Die sich von selbst einstellende Einpassung erfährt der Mensch in der schönen Natur, die ihm wie von selbst friedlich entgegenzukommen scheint. Dort befindet er sich in einer zur tragischen Erfahrung kontrastiven Sphäre, die eine Erfahrung der Zerstörung dieser Einpassung durch kulturelle Praxis ist. Die tragische Erfahrung ist daher gerade nicht die ästhetische Erfahrung des zwanglosen und freien Zusammenspiels der Erkenntniskräfte im Schönen, in dem die Welt und der eigene Ort darin als zweckmäßig erscheinen.[247] Kants Notat ist nicht nur aufschlussreich für die ästhetische Erfahrung der Natur, sie steht *in nuce* auch für die Intention der Auffassung vom glücklichen Leben, die den nachkantischen Denkern des Deutschen Idealismus gemeinsam ist, nämlich die einer „Übereinstimmung mit der Wirklichkeit überhaupt"[248]. Es ist kein Zufall, dass es neben Fichte eben jene Denker sind – Schelling und Hegel –, die zugleich nach über 2.000 Jahren erstmals in der Tragödie wieder eine existentielle Herausforderung für die Selbstbestimmung des Menschen erkannten. Man kann die Philosophie des Absoluten nicht nur als prozessuale Theodizee, sondern auch als den Versuch einer sich gegenüber der Tragik behauptenden Theorie des gelingenden Weltbezugs begreifen. Die tragische Erfahrung ist dagegen die Erfahrung, dass zur Wirklichkeit, die mit dem tragischen Umschlag in ein existentiellen Leiden zwingt, keine glückende Übereinstimmung mehr möglich ist. Im Licht dieser alles verschlie-

---

243 Henrich 2007a, S. 72.
244 Henrich 1982, S. 134, 136.
245 Ebd., S. 136.
246 Immanuel Kant: Reflexion 1820a, AA XVI,1, S. 127.
247 Siehe Immanuel Kant: *Kritik der Urteilskraft* (Analytik des Schönen, §9-§12), AA V, S. 216–222.
248 Das ist die überzeugende These von Olivia Mitscherlich-Schönherr 2011, S. 188.

ßenden Not wird, paradox formuliert, die Vielfalt des Sinns für die Leidenden eigentümlich verdunkelt.

Von „Übereinstimmung mit der Wirklichkeit überhaupt" zu sprechen, legt einen Kontext der klingenden Harmonie nahe wie bereits in Platons Seelenlehre. Selbst und Welt stimmen demnach zusammen wie miteinander schwingende Klangkörper, die sich synchron in ein Verhältnis der Entsprechung setzen. Hartmut Rosa beschreibt daher gelingende, produktive Weltbeziehungen als Resonanzbeziehungen: Die Wirklichkeit klingt vielfältig im Selbst wider und das Eigene gewinnt Widerklang im Wirklichen.[249] In der Tragik wird das reziproke Schwingungsverhältnis demnach grundlegend gestört, als brächen die Resonanzachsen und rissen die Klangkörper unversehens ein. Das Verhältnis gerät aus der wechselseitigen Korrespondenz. In der Erfahrung der Not, dass das Leiden grundlegend ist, wird die Annahme, Leben und Ergehen könnten überhaupt auf Übereinstimmung, Resonanz, Gerechtigkeit setzen, für die Subjekte radikal fraglich. Die Dialektik dieser Erfahrung besteht darin, dass die Leidenden keinen Abstand mehr zur imperativen Macht des Wirklichen zu gewinnen vermögen, zugleich ihm aber genau deshalb ohne Verbindung gegenüberstehen, wie es ihnen fremd und stumm gegenübersteht. Die tragische Erfahrung ist umstellt von den Bruchstücken der Beziehung zum Wirklichen, die kein schwingfähiges System mehr bilden. In der Not des tragischen Leidens werden die Resonanzkörper zur stummen Ruinenlandschaft.

Die in diesem Kapitel erarbeitete These lautet also: Die Tragödie ist die Kunstform, in der eine somatisch-emotional-reflexive Erfahrung zum Ausdruck kommt – die Erfahrung einer mitverantworteten Zerstörung jener Übereinstimmung von Selbst und Welt, die als Voraussetzung für die Kontinuität freiheitlicher Praxis aus der Handlungserfahrung vertraut ist. Tragisches Leiden führt in der attischen Tragödie ausgehend von Schmerz und quälenden Gefühlen durch die Schleifen der ziellosen Interpretation, der ohnmächtigen Anklage gegen Welt und Götter nur zur Wiederholung und Verstärkung seiner selbst und zur Einsicht in die praktische wie theoretische Unauflöslichkeit der tragischen Erfahrung *aus* ihr selbst heraus. Es ist eine „transzendentale" Erfahrung der Not im Sinne Henrichs, dass die tragische Erfahrung unauflöslich erscheint. Sie besagt: Ich passe nicht mehr in die Welt.

---

[249] Vgl. Rosa 2016.

7 Dimensionen tragischer Erfahrung

„Die Begierde hat Feuer, unbändige Freude, Leichtsinn, Furcht, Erniedrigung, aber der Kummer enthält Schlimmeres, nämlich Siechtum, Marter, Pein, Gräßlichkeit, er zerreißt und zerfrißt die Seele und zerstört sie völlig."[1]

„Wer über gewisse Dinge den Verstand nicht verlieret, der hat keinen zu verlieren."[2]

7.1 Der Begriff der Erfahrung

Im letzten Kapitel wurde gezeigt, dass das tragische Leid ein komplexes Phänomen ist, das nicht auf körperlichen Schmerz, negative Affekte oder eine bestimmte mythische Deutungsperspektive reduzierbar ist. Nun soll das *pathos* der Tragödie positiv und genauer als Form der *Erfahrung* bestimmt werden: Das tragische Leid wird physisch gespürt, seelisch gefühlt, geistig reflektiert und in all diesen Weisen *existentiell erfahren*. Mit dieser Erfahrung, die eine Erfahrung des Verlusts der Bedingungen von Selbstbestimmung ist, verbinden sich einige aufschlussreiche Dimensionen, die in diesem Kapitel analysiert werden sollen. Die These, dass tragisches Leiden eine existentielle Erfahrung ist, heißt: Es betrifft den ganzen Menschen in Bezug auf das Gelingen oder Scheitern seiner Lebensführung. In seiner Erfahrung ändert sich die Gesamtverfassung des Lebens.

Was aber ist nun eine tragische *Erfahrung*? In der Literatur zur Tragödie wird dieser Begriff kaum oder nicht terminologisch verwendet.[3] In strukturalistischen und poststrukturalistischen Studien, die die Zeichenstruktur der Texte, nicht aber phänomenale Bewusstseinsprozesse untersuchen, spielt er ohnehin keine Rolle. Ich halte den Begriff der Erfahrung aber für unverzichtbar, um die Schwere des Leids und von ihr aus letztlich das Tragische der Tragödie verständlich zu machen. Nur wenn es Individuen gibt, die eine tragische Erfahrung machen, wird ein Handlungszusammenhang als Tragödie darstellbar.

Der philosophische Begriff der Erfahrung (lat.: *experientia*, engl.: *experience*) geht auf den griechischen Begriff *empeiria* (‚Erfahrung', ‚Kenntnis', ‚Übung', ‚Geschicklichkeit') bzw. *peira* (‚Erprobung', ‚Versuch', ‚Erfahrung', ‚Bekanntschaft') zurück, der für eine Kenntnis aus eigener Anschauung und probender Untersuchung steht. Erfahrung verbindet daher für die Griechen eine durch Beobachtung erworbene Sachkenntnis mit dem persönlichen Vertrautsein mit der Sache.[4] Von ihm aus entwickelt

---

1 Cicero: *Tusculanae disputationes* III,13,27.
2 Gotthold Ephraim Lessing: *Emilia Galotti* (4. Aufzug, 7. Auftritt).
3 Menke 2005 beschreibt den Prozess der tragischen Erfahrung des König Ödipus. Lehmann 2013, S. 20 f., versteht tragische Erfahrung dagegen als eine spezifische Form ästhetischer Erfahrung, der eine Zäsur, eine „Unterbrechung des Ästhetischen" eignet. Es ist für ihn die Erfahrung, die wir als Zuschauende im Theater machen.
4 Siehe dazu Kambartel 1972.

sich der moderne Begriff der Empirie. Im Lateinischen bedeutet daran anschließend *experientia* Erfahrung sowie Probe und Versuch, was auf den modernen Sinn einer in Experimenten gewonnenen empirischen Erfahrung vorausweist.[5] In der Neuzeit bildet sich unter Einfluss Francis Bacons ein Erfahrungsbegriff heraus, den in Abgrenzung zum Rationalismus zunächst der Empirismus Lockes, Berkeleys oder Humes und dann die Transzendentalphilosophie Kants aufnehmen. Er bezeichnet weniger das eigene praktisch im Lebensprozess erworbene Vertrautsein mit etwas, als einen Wahrnehmungsakt und sein epistemisches Resultat. Der empirische Erfahrungsbegriff, der bei Hume kommunizierbare Wahrnehmungen (*perceptions*) aufgrund von sinnlichen Eindrücken (*impressions*) oder von ihnen abgeleiteten Vorstellungen bzw. Gedanken (*ideas*) umfasst und zu unterschiedlichen Überlegungen (*reasonings*) führt, ist auch Ausgangspunkt für Kants Erfahrungsbegriff, der Anschauungen der Sinnlichkeit mit begrifflichen Urteilen des Verstandes verknüpft. Dieses moderne Verständnis von Erfahrung, das eine sinnliche Beobachtung mit einer rational-symbolischen Form verbindet, ist maßgeblich für einen weiten Begriff (natur-) wissenschaftlicher Erfahrung geworden, deren in mathematischen Zeichen oder sprachlichen Formen symbolisierte Ergebnisse prinzipiell von allen Teilnehmern an einem wissenschaftlichen Diskurs methodisch nachvollziehbar und durch kontrollierte Wiederholung in Experimenten nachprüfbar sein sollten.[6]

Demgegenüber lässt sich ein Erfahrungsbegriff konturieren, dessen wesentliche Kennzeichen nicht das symbolisierbare und allgemein nachprüfbare Resultat, sondern der jeweilige *individuell leiblich, sinnlich, affektiv und reflexiv erlebte Prozess* und die Rückwirkung des Erfahrungsprozesses auf das Subjekt der Erfahrung sind. Charakteristisch für diesen hier zu konturierenden, auf die Person des Erfahrenden fokussierten Begriff individueller Erfahrung ist neben ihrer leiblich wie geistig, unbewusst wie bewusst erlebten Prozessualität ihre *Reflexivität:* Der Erfahrungsprozess ist nie allein unbewusst bzw. für das Erfahrungssubjekt transparent, sondern es macht die Erfahrung bewusst *selbst*, auch wenn jeder andere Mensch eine ähnliche mit denselben epistemischen oder praktischen Resultaten machen kann. Auch wenn die Reflexion erst einsetzt, wenn man sich bereits in der Erfahrung befindet, so muss sie doch das Selbst zu dem, was dieses erfährt, in ein Verhältnis setzen. Das kann schon durch eine Frage wie „Was geschieht mit mir?" initiiert werden, die anzeigt, dass Erfahrungen erst im Prozess reflexiv eingeholt werden mögen. Ist der individuelle

---

5 Besonders der französische Begriff *expérience* und der italienische *esperienza* können auch für wissenschaftliche Experimente stehen, siehe Jay 2005, S. 10.
6 Dass auch dieser Erfahrungsbegriff nicht nur methodisch klar, planbar und geordnet ist, sondern in Wirklichkeit auch von unbewussten Strukturen, kreativen Prozessen, historischen und diskursiven Ordnungen, Medien und technischen Instrumenten bestimmt ist, die den Erkenntnisgegenstand mitkonstituieren, und er insofern gegenüber dem im Folgenden konturierten individuelleren Erfahrungsbegriff nicht als klarer Grenzbegriff gelten kann, hat die wissenschaftsgeschichtliche Forschung im Kontext der historischen Epistemologie gezeigt, etwa von Gaston Bachelard, Georges Canguilhem oder Michel Foucault.

Vollzug der Erfahrung im Kontext naturwissenschaftlicher Erfahrung durch Beobachtung häufig nebensächlich und unthematisch,[7] steht er hier im Vordergrund: Erfahrung in diesem Sinn ist ein unbewusster und ein reflexiv und narrativ erschließbarer Prozess bewussten Lebens. Als dieser Prozess ist die sensorisch-affektive-reflexive Erfahrung immer in einem *Austausch* mit der Umwelt, mit der physischen, atmosphärischen und sozialen Umgebung verbunden, in die das Erfahrungssubjekt als verkörperter Geist eingebettet ist. Eine solipsistische Erfahrung eines isolierten Intellekts kann es in diesem Begriff nicht geben. Etwas zu erfahren heißt immer schon, ganzheitlich mit der Welt verbunden zu sein (also gerade nicht wie in empiristischen Erfahrungsbegriffen aus kognitiver Distanz auf passiv erhaltene Erfahrungsinhalte zuzugreifen).

Ein weiteres Merkmal der Erfahrung ist ihr *transformativer Charakter:* Man wird durch sie in seinem Selbst- und Weltverhältnis verändert. Es handelt sich nicht um einen für das eigene Selbst mehr oder weniger folgenlosen Prozess, der heute oft mit dem Begriff ‚Erlebnis' gefasst wird,[8] sondern um einen Vorgang, in dem das Selbst bewusst einen Prozess vollzieht, dem es sich zugleich als einer es verändernden Macht aussetzt. Das „Machen" der Erfahrung ist zugleich ein „Von-ihr-Gemachtwerden". Trotz der linguistisch aktiven Betonung handelt es sich um einen transitiven wie intransitiven Vorgang, der im Englischen durch das Begriffspaar *making* versus *undergoing* fassbar wird. Wer eine Erfahrung macht, vollzieht sie bewusst selbsttätig und unterzieht sich ihr zugleich als einem nicht kontrollierten Prozess. Man bewegt und wird bewegt, ergreift und wird ergriffen, vollzieht eine Handlung und erleidet sie. In diesem Begriff der Erfahrung verbinden sich ursprünglich das aktive Moment der Tätigkeit und das passive Moment des Sichveränderlassens durch ein Zukommendes: In der Erfahrung fällt oder stößt einem etwas zu, das einen verändert. Die Erfahrung verschränkt Tätigkeit und Widerfahrnis, die im Tun-Ergehen-Zusammenhang und im Drama als Aufeinanderfolge erörtert wurden.

---

[7] Auch das gilt nur für Standardfälle gezielter Experimente, insbesondere für Kontrollstudien. Für neue Erkenntnisse ist auch im wissenschaftlichen Experiment der offene Prozess und die individuelle Reaktion auf Anordnungen, Unerwartetes oder scheinbar Nebensächliches in ihm wichtig, vgl. Rheinberger 1992.

[8] Eine klare terminologische Abgrenzung von Erfahrung im hier ausgeführten Sinn von Erlebnis ist aufgrund des vagen Sprachgebrauchs wenig sinnvoll. Da das Wort ‚Erlebnis' aber gegenwärtig vor allem für eine Fülle an kommerzialisierbaren, meist kurzfristigen, sozial geteilten Erfahrungen aller Art in der sogenannten Erlebnisgesellschaft bezogen wird, die die sogenannte Erlebnisökonomie nicht zufällig mit theatraler Metaphorik zu Geld macht (vgl. Pine/Gilmore 1999) – und die vermutlich nichts als eine heillose quantitative Überkompensation des von Benjamin, Adorno, Agamben und anderen beklagten Verlusts an Erfahrung in der Moderne darstellt –, soll im Folgenden nicht von Erlebnissen, sondern von Erfahrungen gesprochen werden. Ihre Individualität, Reflexivität und das bewusste Leben insgesamt betreffende Transformativität unterscheiden sie deutlich von erlebten Verzehraktivitäten im Bordbistro. Dass jemand aber auch im Erlebnispark Tripsdrill existentiell transformiert werden kann, sei damit nicht prinzipiell ausgeschlossen.

Die Veränderung durch Erfahrung in dem hier erörterten Sinne ist ein Verändert*werden*, das bewusst erlebt und mit dem das eigene Selbst- und Weltverhältnis
reflexiv konfrontiert wird. Die passive Dimension des Verändertwerdens, die jeder
Erfahrung eignet, wird durch die aktive Dimension der reflexiven Integration dieser
Veränderung in das – ebenfalls durch Erfahrung gewordene – Selbst- und Weltverhältnis begleitet. Passives Ausgesetztsein dem Prozess gegenüber und reflexive Bewertung dieses Prozesses in Bezug auf die Weise, wie man sich selbst und die Welt
sieht, sind in diesem Begriff einer Erfahrung notwendig verbunden.

Als erlebte und reflektierte Selbsttransformation durch das Verarbeiten von Umwelteinflüssen beruht die Möglichkeit solch einer Erfahrung wie von Erfahrung
überhaupt biologisch auf der Sensibilität des Organismus, seiner somatischen und
psychischen Erfahrungsfähigkeit, und geistig auf der konstitutiven Offenheit des
menschlichen Selbstbewusstseins, das sich stets in seinem Welt- und Selbstbezug
verändern kann. Es ist, wie seine materielle Grundlage, das Gehirn, plastisch. Ein
weiter Begriff der Erfahrung umfasst somit alle Weisen, in denen ein Subjekt von
seinem Erfahrungsgegenstand – einem Menschen, einem Bild, einer Landschaft, einem Musikstück, einer Idee, einer Atmosphäre – angesprochen, ergriffen, bewegt oder
erschüttert und dabei verändert wird. Diese transformierende Erfahrung geht genealogisch vermutlich weniger auf Wahrnehmungen von Objekten, als vielmehr auf intersubjektive Erfahrungen zurück, in der das Gegenüber eine Eigenständigkeit gegenüber der eigenen Erfahrung bewahrt und diese immer wieder unvorhersehbar
prägt.

Wie das Handeln nur vom individuellen Akteur selbst ausgehen kann, so ist auch
das transitive-intransitive „Machen" einer Erfahrung ein individueller Prozess, er ist
konkret und lebensgeschichtlich situiert. Zwar können Erfahrungen unabhängig von
ihrem „Machen" nachvollzogen und verstanden werden, das durch sie gewonnene
Wissen – als propositionales *Know-that* und operatives *Know-how* – kann unabhängig
von dieser Erfahrung als Wissen gelehrt, demonstriert und weitergegeben werden.
Aber der Prozesscharakter der Erfahrung ist nicht auf ihre epistemischen Resultate
reduzierbar wie in den Formen methodisch angeleiteter Erfahrung, auf die sich na-
turwissenschaftliche Experimente stützen. Die Kenntnisse, die einer durch eigene
Erfahrung gewinnt, unterscheiden sich daher von ausschließlich symbolisch gelern-
ten Kenntnissen wie angelesenem Fachwissen.[9] Der Unterschied zwischen einem erfahrenen Menschen und einem unerfahrenen, aber möglicherweise an propositionalem Wissen reichen Menschen fällt besonders in den Situationen auf, in denen etwa
sensomotorische Faktoren für die Ausübung von Handlungen eine wichtige Rolle

---

[9] Dabei ist offenkundig, dass auch ein symbolischer Erwerb von Kenntnissen eine Erfahrung darstellt
wie jede sinnliche Wahrnehmung und jeder Verstehensprozess. Doch der Unterschied liegt hier in der
Bedeutung des passiven Moments eines Lernens, das sich nicht nur aktiv, etwa durch Memorieren und
logische Verknüpfung, vollzieht, sondern sich dem Gegenstand der Erfahrung so öffnet, dass dieser
den Erfahrenden im Prozess durch neue überraschende oder irritierende Eindrücke tiefgreifend verändert.

spielen, ohne die das verkörperte *Know-how* einer *technē* nicht gewonnen werden kann. Man denke an die Rede von erfahrenen Ärztinnen, Tänzern, Handwerkerinnen oder Musikern. Sie sind erst im Prozess wiederholter Erfahrung zu dem geworden, was sie beruflich sind. Entsprechend ist jemand, der *empeiros* im griechischen Sinn ist, ‚erfahren' im Sinne von ‚kundig', ‚erprobt' und ‚bewährt'. Ein in einem bestimmten Gebiet erfahrener Mensch ist also jemand, der sich von Erfahrungen in seinem Wissen wiederholt bestätigen, aber auch überraschen, enttäuschen und vor allem korrigieren lassen hat. Erfahrungen machen heißt also: etwas zu lernen als Sich-Verändern am Gegenstand der Erfahrung. Die Art dieses Erfahrungsprozesses reicht von mehr plan- und steuerbaren Erfahrungen wie dem Üben und Trainieren bis zu überraschenden und überwältigenden Erfahrungen, etwa im Religiösen, Erotischen oder Ästhetischen.

Das reflexive Moment selbst gemachter Erfahrung in dem hier erörterten Erfahrungsbegriff bedeutet nicht, dass es sich dabei notwendigerweise um innere Erfahrung – Erfahrung eigener innerer Zustände – handeln müsste, während die wissenschaftliche Erfahrung eine Erfahrung äußerer, öffentlich beobachtbarer Vorgänge sei. Strukturell umfasst der hier erörterte Erfahrungsbegriff innere und äußere Erfahrung. Er attestiert nur dem Echo der Erfahrung auf das Erfahrungssubjekt mehr Gewicht als ein empiristischer Erfahrungsbegriff, auch wenn dieser logisch eine – kognitive – Veränderung des Erfahrungssubjekts durch den Erfahrungsprozess, d. h. einen Wissensgewinn, impliziert. Inhaltlich kann es sich um alltägliche, künstlerische, erotische, religiöse oder auch philosophische Erfahrung handeln. Was diesen Erfahrungsbegriff etwa vom Erfahrungsbegriff in der Tradition des Empirismus unterscheidet, ist nicht der Bezugspunkt in der Welt, an dem die Erfahrung sich vollzieht, sondern die Bedeutung des untilgbaren individuellen und reflexiven Moments im Erfahrungsprozess sowie die bis ins Existenzielle gehende Reichweite von dessen transformativer Kraft für das Erfahrungssubjekt.[10] Die Erfahrung macht man gleichsam immer mit einem Gegenstand *und* mit sich selbst. Sie ist ein prozessuales Weltverhältnis mit transformierender Kraft. Hans-Georg Gadamer nennt sie passenderweise eine „Erfahrung im ganzen", „die stets selber erworben sein muß und niemandem erspart werden kann."[11]

Offenkundig wird das am gewöhnlichen Sprachgebrauch: Etwas zu erfahren, heißt, selbst dabei zu sein, etwas persönlich wahrzunehmen, zu fühlen und zu den-

---

10 Es handelt sich hierbei um begriffliche Kriterien, um die unterschiedlichen Dimensionen eines oft holistisch verwendeten Begriffs zu differenzieren. Die Unterscheidungen sind heuristisch. Auch eine empirische Erfahrung wird von Individuen selbst gemacht und auch sie trägt zu dem bei, was sie sind bzw. wie sie sich durch diese Erfahrung verändern. Erfahrungsbegriffe, die über den, der vor allem kognitives Lernen eines Wahrnehmungssubjekts meint, hinausgehen, haben so unterschiedliche Denkschulen wie die Phänomenologie, auf die ich mich hier besonders beziehe, ohne den Husserlschen Fokus auf Wahrnehmungserklärungen zu übernehmen, der Amerikanische Pragmatismus, die Kritische Theorie und der Poststrukturalismus entwickelt. Siehe zur verwickelten, komplexen Geschichte des Erfahrungsbegriffs in der Neuzeit die Studie von Martin Jay 2005.
11 Gadamer 1990, S. 361.

ken. Man ist nicht nur wie ein Beobachter oder randständiger Zeuge dabei, sondern selbst gleichsam *in* der Erfahrung, so wie auch die Erfahrung sich *im* eigenen Leib und Bewusstsein vollzieht. Beim Machen solch einer Erfahrung handelt es sich folglich nicht um eine gezielte intentionale Selbsteinwirkung, in der man sich poietisch formt, wie beim Sich-Schminken, sondern um eine Veränderung, die man nicht (nur) aktiv vollzieht, sondern die sich auch von selbst an einem vollzieht. Heidegger hat diesen dialektischen Charakter der Erfahrung – dass Machen zum Gemachtwerden wird – so beschrieben:

> „Mit etwas, sei es ein Ding, ein Mensch, ein Gott, eine Erfahrung machen heißt, daß es uns widerfährt, daß es uns trifft, über uns kommt und verwandelt. Die Rede von ‚machen' meint in dieser Wendung gerade nicht, daß wir die Erfahrung durch uns bewerkstelligen; machen heißt hier: durchmachen, erleiden, das uns Treffende vernehmend empfangen, annehmen, insofern wir uns ihm fügen."[12]

Diese von Heidegger auf die Erfahrung mit der Sprache bezogene Erläuterung besagt, dass in der hier gemeinten Erfahrung das Aktive und Passive so zusammenwirken, dass beide den Menschen durch Annahme des Erfahrungsgehalts verändern. Michel Foucault hat diese Erfahrung des Menschen als eines „Erfahrungstiers"[13] wie Heidegger als Transformiertwerden gedacht; sie sei „so beschaffen [...], dass das Subjekt im Zuge dieser Erfahrung verändert wird"[14].

Die Erfahrung ist in diesem emphatischen Sinn ein leiblich gespürtes, gefühltes, das Denken herausforderndes Widerfahrnis, das das phänomenologische Komplement zum aktiv-voluntativen Aspekt des Menschen darstellt. Ebenso sind Erfahrungen nicht *bloße* Widerfahrnisse, die einem als tätigem Wesen wie etwas Fremdem gegenüberstünden. Sie sind aufgrund ihrer transformierenden Wirkung für selbstreflexive Personen keine *bloßen* Zustöße: Nur eine reflektierte und bewusst auf das Leben des Selbst bezogene Erfahrung kann dieses mit bleibender Wirkung verändern. Erfahrungen, die nicht bewusst als Teil der eigenen Lebensgeschichte angesehen werden, sind keine Erfahrungen im substantiellen Sinn des hier skizzierten Begriffs. In solchen veritablen Erfahrungen greifen beide Aspekte derart ineinander, dass man

---

12 Heidegger 1959, S. 149. Vgl. Heidegger 1994, S. 160f., 165.
13 Foucault 2005, S. 51–119 (zuerst 1996). Foucaults später Erfahrungsbegriff ist nah an dem hier entwickelten. Allerdings analysiert Foucault den Begriff nicht, sondern gibt nur Beispiele, etwa „den Wahnsinn, den Tod, das Verbrechen" oder „Sexualität" (72, 83, 108), vor allem aber die veränderte Sicht auf Dinge nach der Erfahrung des Schreibens und der Lektüre seiner Bücher. Eindrucksvoll sind dagegen die Berichte einer existentiellen Erfahrung 1968 in Tunesien (97ff.). Interessanterweise ist der Erfahrungsbegriff für die Frage nach der Selbstkonstitution des Menschen bei Foucault von zentraler Bedeutung (vgl. 70f., 93f.), ohne dass ihm eines der aktuellen Foucault-Lexika ein eigenes Lemma widmen würde. Zu Foucaults Nachdenken über Erfahrung zwischen Abkehr von der Phänomenologie in der *Archäologie des Wissens* und dem späteren Interesse an einer Erfahrung, die der Reduktion des Erfahrungssubjekts auf historische Diskursformationen und Machtapparate widersteht, siehe Jay 2005, S. 390–400.
14 Ebd., S. 68.

ihre Funktionen als spannungsreichen Prozess von Widerfahrnis und bewusstem Aneignen verstehen muss, der eine anhaltende Wirkung auf die Person und ihr biographisches Gedächtnis hat.

Erfahrungen zu machen, bedeutet also, selbst Gegenstand einer Metamorphose zu werden und aus ihr *verwandelt* hervorzugehen. Die Erfahrung verwehrt einem, „derselbe zu bleiben wie bisher"[15]. Erfahrungen wirken dabei *graduell* unterschiedlich stark. Jede Erfahrung, selbst die bloße sinnliche Wahrnehmung, verändert den Menschen in seinem Selbst- und Weltverhältnis subliminal bis sehr bewusst – das gilt auch für die Physiologie, wie die Neurowissenschaften durch die Erforschung der neuronalen Plastizität nachweisen konnten. Man bleibt gleichsam nicht derselbe, wenn man nur die Augen öffnet. Doch nur Erfahrungen, die als nicht autonom initiierter Prozess gefühlt, als besonders erlebt und bewusst reflektiert werden, weil sie nicht unauffällig in den Erwartungshorizont integriert werden können, sind emphatische Erfahrungen im hier gemeinten Sinn.[16] Daher eignet einer Erfahrung als graduell unterschiedlich weit ausgreifendem Transformationsprozess immer das (ebenso jeweils graduell unterschiedliche) Moment des Neuen. Das kommt zwar auch alltäglichen Erfahrungen zu wie der eines Blickkontakts in der U-Bahn, eines ungewohnten Geschmacks beim Abendessen oder einer aufwühlenden Nachricht im Fernsehen. Doch auch wenn diese das Selbst bewegen mögen, verändern sie es oft nicht tiefgreifend und dauerhaft. Extreme transgressive Erfahrungen, die nach Foucault die Kontrolle des Subjekts außer Kraft setzen und es „von sich selbst" losreißen,[17] stellen demgegenüber meist einen punktuellen Extremfall solch eines Erfahrens dar, ohne dass dadurch das Subjekt in seinem bewussten Selbstverständnis existentiell verändert würde. Das wird am Beispiel von chemisch induzierten Rauscherfahrungen deutlich, die stark ent-subjektivierend wirken, aber als bloß punktuelle Extremerfahrungen (noch diesseits destruktiver Süchte) in der Regel keine bleibende Veränderung im bewussten Selbstverhältnis des Subjekts, keinen „Wandel in unserem Verhältnis zu uns selbst und zur Welt"[18], bewirken. Nach dem Rausch ist vor dem Rausch.

---

15 Ebd., S. 59.
16 Vgl. Jay 2005, S. 7: „something worthy of the name 'experience' cannot leave you where you began."
17 Foucault 2005, S. 54.
18 Ebd., S. 57. Daher ist ein kategorischer Unterschied zwischen einer lebensweltlich vertrauteren Erfahrung, die die Phänomenologie untersucht, und der extremen, transgressiven Grenzerfahrung der Ent-Subjektivierung, die Foucault mit Nietzsche, Blanchot und vor allem Bataille verbindet, für die begriffliche Klärung des hier intendierten Erfahrungsbegriffs wenig ergiebig. Beide sind mehr oder weniger disruptiv und reichen an das „Unmögliche". Es geht mir hier um eine dauerhafte transformative Kraft der Erfahrung, die positiv nicht nur zu weiterer Bildung führt, sondern gar ein neues Selbst konstituieren kann und negativ gesehen einen Selbstverlust bedeutet, wie in der Tragödie vorgeführt wird. Foucault selbst hat auch in den feste Identitäten auflösenden extremen, wenngleich punktuellen Grenzerfahrungen, etwa sexuellen und Drogenerfahrungen, ein utopisches Potential für eine andere, aus Erfahrungen entstehende Politik, also eine dauerhafte Wirkung, gesehen. Vgl. Jay 2005, S. 394.

Die tragische Erfahrung erweist sich dagegen als eine der Grenzerfahrungen, die das Subjekt radikal und auf Dauer verändern. Die bisherige Beschreibung dieses individuellen Erfahrungsbegriffs legt nahe, tragische Erfahrung als einen Fall dieser konkreten, transformierenden Erfahrung zu deuten. Offenkundig treten ja die Momente des Umschlags vom Aktiven ins Passive, von Handeln und Leid in ihm zusammen und müssen in der Erfahrung reflexiv aufeinander bezogen werden. Das Verändern der Welt durch den Akteur wird zum Verändertwerden des Akteurs durch die Welt. Erfahrung ist hier der Prozess der unfreiwilligen Selbstveränderung in Konfrontation mit der plötzlich und schrecklich auftretenden Macht des Wirklichen, die (in vielen Tragödien) erst das eigene Tun aufgerufen hat. Tragische Erfahrung zeigt sich demnach als extremer Fall der individuellen Erfahrung, deren Begriff hier konturiert wurde.

Was unterscheidet tragische Erfahrung nun von anderen Formen der transitiv-intransitiven Erfahrung, in der das Erfahrungssubjekt im Machen der Erfahrung durch sie verändert wird? Das Kriterium *dauerhafter Veränderung* reicht nicht aus, um tragische Erfahrung von anderen Erfahrungsweisen zu unterscheiden. Denn jede Erfahrung im emphatischen Sinn stellt ein bewusstes Lernen, ein neues Vertrautwerden und damit Sich-selber-Ändern her. Im Gegensatz zu einer bewegenden ästhetischen Erfahrung, in der etwas als Überraschung aufgenommen wird und das Subjekt gleichsam mitnimmt, scheint die tragische Erfahrung vor allem *negativ* zu sein: sie ist eine Erfahrung des Leidens. Aber auch das scheint sie zumindest graduell mit jeder Erfahrung im weiten Sinn gemein zu haben. Ausgerechnet am Beispiel der vermutlich berühmtesten Formel aus dem Korpus antiker Tragödien hat Gadamer zu zeigen versucht, was es mit der nachhaltig verändernden Kraft des individuellen und geschichtlichen Erfahrungsbegriffs auf sich hat. In Aischylos' Wort vom *pathei mathos* („durch Leiden lernen")[19] sei „die innere Geschichtlichkeit der Erfahrung" erkannt worden. Erfahrung nämlich ist, so Gadamer, vor allem negativ: Nur durch „mannigfache Enttäuschung von Erwartungen [...] wird Erfahrung erworben."[20] Was der Mensch durch Erfahrung lernt, ist daher die Grenze seiner Verfügung und seines Wissens: „Erfahren im eigentlichen Sinne ist, wer ihrer inne ist, wer weiß, daß er der Zeit und der Zukunft nicht Herr ist. Der Erfahrene nämlich kennt die Grenze alles Voraussehens und die Unsicherheit aller Pläne. [...] Die Erfahrung lehrt, Wirkliches anzuerkennen." In der Erfahrung werde „sich der Mensch seiner Endlichkeit bewußt". „An ihr findet das Machenkönnen und das Selbstbewußtsein seiner planenden Vernunft seine Grenze."[21]

Diese Ausführungen Gadamers klingen in der Tat, als stehe die attische Tragödie im Hintergrund seines Begriffs von Erfahrung, an den die vorliegende Konzeption tragischer Erfahrung anschließt. Wäre somit die tragische Erfahrung eine Art Modell

---

19 Aischylos: *Agamemnon*, V. 177.
20 Gadamer 1990. S. 362.
21 Ebd., S. 363.

für einen allgemeinen Erfahrungsbegriff, so etwas wie ein Paradigma für Erfahrung? Der Mensch erfährt schließlich im Umschlag seines Handelns und der Verkehrung von Glück (Erwartung) in Unglück (Enttäuschung) offenkundig eine Grenze seiner prometheischen Macht, die in der tragischen Erfahrung zur Ohnmacht wird.

Wenn diese Vermutung zu erhärten wäre, könnte man folgende These aufstellen: Die Tragödie führte in dramatischer Zuspitzung den anthropologisch unverzichtbaren Lernprozess vor, dass dem Menschen nicht alles nach Wunsch und Willen geht. Sie formulierte im Medium theatraler Aufführung erneut Hesiods Einsicht, dass die Welt keine dem Menschen und seinen Bedürfnissen, Wünschen und Ansprüchen von sich aus entgegenkommende Lebenswelt ist. Solch eine prähistorische Lebenswelt, wie sie Hesiod für das goldene Geschlecht oder Platon für die Kronosherrschaft imaginierten, wäre der idealen Lebenswelt analog, die Hans Blumenberg in Rekonstruktion von Husserl als „Prototyp" des phänomenologischen Lebensweltbegriffs imaginiert hat. Diese wäre „eine idealisierte Einpassungsform des Subjekts in seine Welt", eine Art „Erlebnispark", in dem es „eine genaue Entsprechung zwischen der Weckung von Erwartungen und der Herbeiführung von deren Erfüllungen" gibt. Enttäuschungen blieben aus, Bedürfnisse und die „Bedingungen ihrer Befriedigung" passten verlässlich zusammen. Es wäre „eine Welt, die hält, was sie verspricht, was auch immer es sein mag; was sie nicht halten kann, verspricht sie nicht."[22] Alles wäre und bliebe in solch einer Lebenswelt vertraut. Es gäbe also auch keine individuell-reflexiven und transformativen Erfahrungen, zumal keine tragischen.

Doch diese Imagination ist nach Blumenberg nur ein „theoretischer Grenzwert" bzw. „Grenzbegriff"[23], der sich in den Phantasmen einer prähistorischen (goldene Zeit, Paradies) oder einer posthistorischen Lebenswelt (Utopien, eschatologische Vorstellungen) als jener Ort zeigt, an den sich die Bedürfnisnatur des Menschen sehnt, weil es dort keine Enttäuschungen, keine Fragen, keine Probleme und daher auch keine Negation gäbe.[24] Blumenbergs überzeugende These ist, dass diese ideale Lebenswelt immer schon durch das Faktum des Bewusstseins verlassen ist. Nur in reflexionsloser Naivität eines in seine wohlmeinende Umwelt eingebetteten Reiz-Reaktions-Wesens vermöchte man in solch einer distanz-, geist- und techniklosen Lebenswelt zu existieren. Die Tatsache der Selbstbehauptung des Menschen „als Vernunft" heißt aber: Dieses garantierte Passverhältnis ist mit der Kultur immer schon verlassen, man muss nicht erst durch die Tragödie lernen, dass Erwartungen kontingenterweise enttäuscht werden können, davon erzählt bereits die *Ilias*.[25] Der in

---

22 Blumenberg 1986, S. 48, 76, vgl. S. 65f.
23 Ebd., S. 49, 63. Zum Begriff der Lebenswelt (und des Lebens) siehe auch die nachgelassenen Texte in Blumenberg 2010.
24 Vgl. Blumenberg 1986, S. 49–68.
25 Siehe dazu Grethlein 2006.

Mythen erzählte Ausstieg ist, so Blumenberg, nichts weniger als „der Preis für das Bewußtsein selbst"[26].

Die Tragödie inszeniert vielmehr ästhetisch effektvoll einen plötzlichen und *extrem großen Riss* zwischen Erwartung und Erfüllung als *Erfahrung* exzessiven Leids. Unterrichtet sie damit den Menschen darüber, dass er ein historisches und kulturelles Wesen ist, dass er mit der „Gleichgültigkeit der Welt gegen ihn"[27] ebenso fertig zu werden hat wie mit seiner Endlichkeit und dem Mangel an Allmacht seiner Vernunft? Es passte zur dialektischen Struktur des tragischen Umschlags, dass aus „der ‚Lebenswelt' selbst [...] der Gedanke auf[steigt], der sie zerstört."[28] Die Erfahrung der Tragödie, die aus Distanz die tragische Erfahrung mitvollzieht und reflektiert, wäre dann symbolisch das Zu-Bewusstsein-Kommen des Menschen unter Bedingungen der Kultur und Geschichte.[29]

An der tragischen Erfahrung lernte er, dass das Leben bedeutet, Erfahrungen zu machen, also die Diskrepanz zwischen Erwartung und Erfüllung zu spüren. Die Einsicht Blumenbergs, dass ein erfahrungsfreier Raum der Erfüllung von Ansprüchen schon durch das unterscheidende Bewusstsein selbst immer schon verlassen ist, hätte für die tragische Erfahrung als Erfahrung *par excellence* zur Konsequenz, dass sie als eine Form der schmerzhaften Selbstvergewisserung des Bewusstseins über sich selbst anzusehen wäre. Sie wäre die Erinnerung des Bewusstseins an das, was es als notwendigerweise geschichtlich situiertes Bewusstsein individueller Personen immer schon weiß: Der kindliche Narzissmus ist unrealistisch, das Leben ist endlich, Wünsche lassen sich zuweilen trotz bester praktischer Bemühungen nicht erfüllen, der Mensch ist ein „Erfahrungstier", weil Erwartungen aufgrund der strukturellen Differenz zwischen Ansprüchen und Wirklichkeit immer wieder enttäuscht werden. Der Fuß wird doch nicht geheilt, der König lässt sich nicht in seiner Gesetzgebung erweichen, die siegreichen Griechen sind tatsächlich gnadenlos: *pathei mathos*.

Wenn man die Tragödie als eine solche Lehrstunde in Kontingenz-, Endlichkeits- und Grenzbewusstsein versteht, bietet sich eine Lesart an, die in der tragischen Erfahrung eine Art von Erfahrung erkennt, die das neuzeitliche Subjekt erst nach der letzten Jahrhundertmitte unter dem Einfluss Nietzsches, Heideggers und der Psychoanalyse in Frankreich theoretisch einholte. Es wäre die Erfahrung, dass es nicht allmächtig, nicht Herr seiner selbst, nicht sich selbst transparent ist und sein pro-

---

26 Blumenberg 2010, S. 76. Der amerikanische Technikphilosoph Don Ihde hat Blumenbergs These ähnlich und nur etwas später ebenfalls durch die Imagination eines techniklosen Szenarios in einer Art neuem Garten Eden unterstützt. Diesen aber haben Menschen, so der Titel *From Garden to Earth*, immer schon verlassen in Richtung Erde als dem physischen Ort der empirisch-historischen Lebenswelt, in der das Bewusstsein und die mit ihm entwickelten Techniken unverzichtbar für die den Ist-Zustand natürlicher Gegebenheit transzendierende Selbstbehauptung sind (Ihde 1990, S. 11ff.)
27 Blumenberg 1986, S. 75.
28 Ebd., S. 76.
29 Geschichte ereignet sich – wie das Geschehen, das den Akteuren in ihrem Handeln widerfährt – auch über die Köpfe der Akteure und ihre intentionalen Handlungen hinweg: ebd., S. 77.

metheischer Anspruch auf Selbsterkenntnis und -verfügung hypertroph ist. Die poststrukturalistische Subjektkritik hat mit solch einer Vehemenz die Ansprüche an eine über sich verfügende Selbstbestimmung und Selbstverwirklichung bestritten, dass sie in der tragischen Erfahrung gleichsam ihre Vorläuferin erkennen müsste. Das Subjekt ist für sie in der Regel nur ein Effekt der Machtdispositive und Diskurse, in denen es sich befindet, auf jeden Fall keine von ihnen unabhängige autonome, souveräne Instanz.[30] Die tragische Erfahrung schlösse in dieser Perspektive die Erkenntnis auf, dass man selbst eben bloß *sub-jectum* ist: ein durch Mächte – die der Kultur, Gesellschaft und Politik – Gemachtes, Gewordenes, Bestimmtes. Man müsste zumindest aus theoretischen Gründen als tragisches Subjekt sogar über die Selbsterkenntnis froh sein, die mit dieser Erfahrung als *pathei mathos* möglich wird. Kreon spräche gewissermaßen im *König Ödipus* die *avant la lettre* nach-cartesianische Lehre vom intransparenten, über sich selbst nicht verfügenden Subjekt der Psychoanalyse und des Poststrukturalismus aus: „Wolle nicht Herr in allem sein!/ Auch was du beherrscht hast, ist dir nicht durchs Leben nachgefolgt."[31]

Das Leiden der tragischen Figuren in der attischen Tragödie wäre dann ein Korrektiv der Anthropologie, die trotz der Tragödie (noch) prometheisch ist und die Abdankung des souveränen Subjekts für etwa 2400 Jahre theoretisch nicht zu vollziehen vermochte. Bereits von Schopenhauers metaphysischer Philosophie des Tragischen, die den Sinn in der Tragödie darin erkennt, vom Wollen und Handeln als Souveränität des Subjekts wegzuführen,[32] ließe sich zur nachmetaphysischen Subjektkritik des Poststrukturalismus und den postmodernen Empfehlungen, die „überkommene Handlungsethik"[33] zu überwinden, eine verschlungene, aber markante Gedankenlinie ziehen. Freilich müsste ein Erfahrungssubjekt oder, in Foucaults Worten, ein „Erfahrungstier" vorausgesetzt werden, um zu begründen, dass diese epistemologische und bewusstseinsphilosophische Enttäuschungserfahrung als Lernprozess wirksam ist.[34]

Doch wäre, so meine ich, solch ein Verständnis der Tragödie als Erwachen des Bewusstseins nicht nur der Kontingenz und Endlichkeit, sondern auch der Selbstintransparenz und des sozialen, politischen bzw. kulturellen Bestimmt- bzw. Konstruiertseins nicht hinreichend, um dem Ausdruck des exzessiven Leids in der Tragödie gerecht zu werden. Man muss als Theoretiker das Leiden der Figuren aus ihrer Perspektive in seinem existentiellen – nicht nur epistemologischen – Gewicht für sie als konkrete Menschen ernst nehmen, will man die Tragödie selbst ernst nehmen und verstehen, was ihr die Relevanz gab, sich in der europäischen und mittlerweile glo-

---

[30] Zur Geschichte des modernen und postmodernen Subjektbegriffs bis zu Roland Barthes siehe Bürger 1998.
[31] Sophokles: *König Ödipus*, V. 1522f.
[32] Vgl. Trautsch 2009.
[33] Schönherr-Mann 1997, S. 140.
[34] Siehe zu dieser Spannung des poststrukturalistischen Denkens zwischen Erfahrungsoffenheit und Skepsis gegenüber der Autorität der individuellen Erfahrung nach dem *linguistic turn* Jay 2005, S. 5ff.

balen Kulturgeschichte immer wieder zu transformieren und in verschiedene Genres zu wandern. Denn der Ausdruck des Leids ist zweifellos der prominenteste Aspekt an den antiken Stücken und sicherlich mit dafür verantwortlich, dass die 2.500 Jahre alten Dramen noch heute bewegen.

Dieses Ernstnehmen der existentiellen Dimension von leidvoller Erfahrung in der Tragödie schließt an die Emanzipationsbewegungen der letzten Jahrzehnte an, die dafür kämpfen, zuvor nicht oder kaum gehörten gesellschaftlichen Gruppen von Menschen Gehör und Sichtbarkeit zu verschaffen. Dabei geht es stets auch um Selbstrepräsentation von Personen, die selbst bestimmte Erfahrungen, etwa der Diskriminierung, gemacht haben, die zum öffentlichen Ausdruck kommen müssen, um ernst genommen, anerkannt und in zivilgesellschaftlichen und politischen Entscheidungsprozessen berücksichtigt zu werden. Für dieses hör- und sichtbare Sich-Aussprechen von Menschen, die im traditionell vor allem männlich und weiß bestimmten öffentlichen Diskurs der westlichen Gesellschaften noch nicht angemessene Präsenz und Anerkennung zu reklamieren vermochten, ist der Rekurs auf eigene Erfahrungen unverzichtbar, die sie als ein bestimmtes Individuum (als Teil einer bestimmten sozialen Gruppe) reflexiv (sich ihrer selbst wohl bewusst) und transformativ (sie in ihrer Identität z. B. als Frau, *person of colour* oder *queer* bestimmend) gemacht haben. Der konkrete, individuelle, reflexive und transformative Erfahrungsprozess kann dabei – wie entsprechend auch der von Personen privilegierter Gruppen – nicht problemlos verallgemeinert werden wie ein methodisch beschriebener und daher von anderen wiederholbarer Erfahrungsprozess in einem kontrollierten Versuchsaufbau im Labor. Er bleibt individuell, auch wenn er als für Erfahrungen anderer Menschen in der sozialen Gruppe symptomatisch gelten kann. Zugleich widerstreiten, so meine ich, identitätspolitische Verweise darauf, dass solch eine individuelle Erfahrung ohnehin nur von Personen, die zu bestimmten Gruppen gehören, verstanden werden könne, gerade ihrem berechtigten Kampf für Sicht- und Hörbarkeit in den öffentlichen Diskursen, insofern dieser fordert, dass der Ausdruck von Erfahrungen als Selbstzeugnis ernst genommen wird. Dazu müssen die Erfahrungen kommuniziert werden und bis zu einem gewissen Grad nachvollzogen werden. Dem hier vorausgesetzten reichen oder emphatischen Erfahrungsbegriff eignet immer ein Moment des unhintergehbar Individuellen und damit Ineffablen, was sich in der Vereinzelung der tragischen Figuren, d. h. in ihrer sozial isolierenden Erfahrung, zuspitzt. Daraus folgt aber noch nicht, dass diese Erfahrung nicht bis in somatisch-affektive Nuancen prinzipiell von anderen Menschen auch außerhalb der Bezugsgruppe nachvollziehbar sein kann. Gerade ihr reflexives Moment drängt zum Ausdruck, weil die Erfahrung bewusst ins Verhältnis zur eigenen Lebensgeschichte gesetzt wird, ein Verhältnis, das sich öffentlich erzählen und wahrnehmen lässt. Eine rein innerlich bleibende, symbolisch nicht – wie in den Klagen der tragischen Figuren – veräußerte Erfahrung ist nicht authentischer, sondern allenfalls traumatischer als eine zum Ausdruck und zu Gehör gebrachte Erfahrung. Es geht ja normativ gerade um eine Pluralität von Aufmerksamkeit und Präsenz, zu der gehört, dass Menschen unterschiedlicher Identitäten bereit sind, gegenseitig ein Bewusstsein für ihre unterschiedlichen Erfahrungen als spezifisch individuelle zu entwickeln und sie zugleich als kommunizier- und nachvollzieh- bzw. verstehbare anzuerkennen.[35] Beides ist nötig für das Empowerment der Erfahrungssubjekte. Am Theater der Tragödie lässt sich ein Modell erkennen, das Erfahrung als individuelle, reflexive und transformative so zum Ausdruck bringt, dass sich das Differenzbewusstsein für die individuelle Besonderheit der Erfahrung mit einer empathisch mitvollziehenden Wahrnehmung in einem Spannungsverhältnis verbinden können. Diese Spannung aus empathischer Nähe und bewusster Distanz der Zuschauer gegenüber dem sich aussprechenden Erfahrungstier auf der Bühne prägt schon die Wirkungsästhetik der aristotelischen *Poetik*.

Man kann nun methodologisch wieder einwenden, dass ein Sich-Aussprechen von (leidvollen) Erfahrungen, das gegenwärtig politisch wichtig ist, historisch nicht für die theatrale Kunstform der Tragödie geeignet sei, zumal die Griechen mit *empeiria* oder *peira* etwas anderes meinten und der hier entworfene Erfahrungsbegriff in der Antike nicht vorkommt. Diesem Einwand möchte ich dadurch antworten, dass ich in Erinnerung rufe, dass es mir in der Analyse wie schon eingangs erwähnt nicht auf eine Analyse ankommt, die zu behaupten beansprucht, die antiken Tragödien aus dem Blick ihrer Zeit und entsprechend nur mit den Begriffen ihrer Zeit zu konzeptualisieren, sondern auf eine, die bewusst auch ein modernes Vokabular wie Dialektik, Erfahrung oder Entfremdung verwendet, um es in eine epistemisch aufschlussreiche Beziehung zu antiken Begriffen wie *metabolē* oder *pathos* zu setzen. Es geht mir darum, wie wir mit Rücksicht auf antike Quellen heute die griechische Tragödie in einer philosophischen Theorie für uns fruchtbar machen können.

Dass der Begriff der Erfahrung dafür zufällig gewählt ist, um das Leid der tragischen Figuren verständlich zu machen, wird auch daran ersichtlich, dass neben *empeiria* ebenfalls *pathos* als Vorläufer des modernen Erfahrungsbegriffs gilt:

> „It basically means 'something that happens' in the sense of what one suffers or endures. When experience suggests an experiment, its more active or practical dimensions are activated, but when it is linked to pathos, its passive moment – the acknowledgement that experiences can befall one without being sought or desired – comes to the fore."[36]

Auch lässt sich darauf verweisen, dass Erfahrung in den antiken Sprachen auch außerhalb des Tragödienkontextes mit Gefahr und Negativität verbunden ist.[37] Etwas zu

---

[35] Vgl. Jay 2005, S. 6f.: „'Experience,' we might say, is at the nodal point of the intersection between public language and private subjectivity, between expressible commonalities and the infeffability of the individual interior."
[36] Ebd., S. 11. Zum überheblichen und sachlich irregehenden Gestus der Abgrenzung der erfahrungsoffenen Moderne von der angeblich erfahrungsfeindlichen, rein abstrakten und universalistischen Gedankenwelt der Griechen siehe ebd., S. 12–19.
[37] So bedeutet das Wort *peira* auch ‚Wagnis', ‚Anschlag' oder ‚Überfall', lässt also erahnen, dass eine Erfahrung auch für den in ihr verwickelten riskant ist. Jay 2005, S. 10, weist auch auf die Verbindung zum lateinischen *periculum* (‚Gefahr') hin. Die indoeuropäische Silbe ‚per' ist u. a. in den griechischen Worten *empeiria, peira, peiran* (‚versuchen') sowie den lateinischen *experi* und *experimentum* ebenso

erfahren, kann demnach sowohl bedeuten, zu neuem Wissen und neuen Fertigkeiten zu kommen als auch das eigene Glück und Leben zu riskieren.

Die Eigenart der tragischen Leiderfahrung, die im weiteren Verlauf des Buchs weiter ausbuchstabiert werden soll, erzeugt einen Unterschied zur geschichtlichen und konkreten Erfahrung, die ebenfalls negativ als Enttäuschung zu verstehen ist. Gadamer und Heidegger interessiert an dem individuellen Erfahrungsbegriff, der auf einer „grundsätzliche[n] Negation"[38] des Erwarteten basiert, letztlich das erfreuliche Moment der *Offenheit* des Erkennens als Genese *neuer* Lernmöglichkeiten, in denen das Bewusstsein in einem Prozess der Erfahrung immer wieder zu sich selbst komme: „In der Erfahrung, die das Bewußtsein mit sich selbst macht, wird es ein anderes; aber gerade dieses Sichanderswerden ist ein Zusichselbstkommen."[39] Nach Gadamer liegt in diesem dialektischen Prozess die genuine Offenheit der Erfahrung als Enttäuschung von Erwartungen: Der Erfahrene sei jemand, der „gerade besonders befähigt ist, aufs neue Erfahrungen zu machen und aus Erfahrungen zu lernen. Die Dialektik der Erfahrung hat ihre eigene Vollendung nicht in einem abschließenden Wissen, sondern in jener Offenheit für Erfahrung, die durch die Erfahrung selbst freigespielt wird."[40] Die Einsicht in die Kontingenz und den strukturellen Hiat zwischen Erwartung und Erfüllung, der durchaus auch die positive „Enttäuschung", d. h. die überraschende Überbietung der Erwartung, impliziert, schließt neue Denk-, Handlungs- und Erfahrungsmöglichkeiten auf. Daher kann man vor allem aus Erfahrung *lernen*. Sie ist eine Enttäuschung, die neue, andere Erwartungen ermöglicht.

Doch die tragische Erfahrung verschließt diese Möglichkeiten im Leid. Sie öffnet keinen Horizont für den aus Erfahrung kontingenz- und frustrationstoleranten Connaisseur der Wirklichkeit, der sich spielerisch durch Machtverhältnisse Richtung Zukunft bewegt. Die Charaktere in der attischen Tragödie gehen alle nach dem Umschlag ins Leid vielmehr davon aus, dass dieses nun auf Dauer gestellt sein wird und die Möglichkeiten eines guten Lebens und damit der Ort neuer Erfahrungen dahin sind. „Subjektive Lebenserwartung und objektiver Lebensbefund"[41] fallen im Moment tragischen Scheiterns wie für immer auseinander.

Solch eine Erfahrung ist offenkundig keine produktive Reaktion auf das Misslingen einer Handlung und mündet nicht „in jener Offenheit für Erfahrung", die nach Gadamer durch sie selbst „freigespielt" würde. Wenn Erwartungen enttäuscht werden,

---

enthalten wie in gr. *peiratēs* (‚Pirat'), *peirein* (‚durchbohren') und *peiratērion* (‚Gefahr') oder lateinisch *pirata* und *periculum*. Selbst mit dem deutschen Wort ‚Erfahrung' kann man das Wort ‚Gefahr' als verbunden hören (ebd., S. 11).
38 Gadamer 1990, S. 362.
39 Heidegger 1980, S. 32, bezogen auf den Erfahrungsbegriff Hegels.
40 Gadamer 1990, S. 361. Auch Hegels Erfahrungsbegriff gründet in der Enttäuschung eines Wissens über den Erfahrungsgegenstand, der ein neues Wissen und ein neuer Gegenstand, nämlich das vorherige Wissen, entspringen. Die Erfahrung ist für Hegel daher ein dialektischer Prozess der „*Umkehrung des Bewußtseins*" (*Phänomenologie des Geistes* (Theorie-Werkausgabe, Bd. III), S. 78 ff.).
41 Blumenberg 2006, S. 683.

setzt unter normalen Bedingungen ein Lernprozess ein, der sowohl die Welt als auch das Selbst betrifft. Entweder lernt der Handelnde, dass er selbst seine Erwartungen zukünftig ändern muss, damit sie der (gesellschaftlichen und natürlichen) Welt adäquater sind (Realismusgewinn); oder der Imperativ zur Veränderung wird an die Welt gestellt, da die Erwartungen als legitim und im Bereich des Möglichen liegend bewertet werden (Möglichkeitsgewinn). Die Alternative lässt sich mit der jeweils unterschiedlichen *direction of fit* von Welt und Akteur beschreiben, mit der in der Philosophie des Geistes die Wahrheitstendenz von Wahrnehmungen oder Überzeugungen (den kognitiven Einstellungen) und die Erfüllungstendenz von Intentionen oder Wünschen bzw. Hoffnungen (den konativen Einstellungen) unterschieden werden. Während im Fall von Wünschen oder Intentionen die Welt zu den eigenen Wünschen passen soll, damit sie erfüllt werden (*world-to-mind direction of fit*), müssen Überzeugungen und Wahrnehmungen zur Welt passen, um zutreffend oder wahr sein zu können und Kandidaten für Wissen darzustellen (*mind-to-world direction of fit*). Ist die Passung nicht vorhanden, soll der Intention folgend die Welt so verändert werden, dass sie zu ihr passt, also die Verwirklichung der Absicht ermöglicht, während demgegenüber Überzeugungen verändert werden müssen, bis sie zur Welt passen, also ermöglichen, einen Sachverhalt wahrheitsgemäß zu beurteilen.

Wenn es bei der Tragödie um die Wirkung ginge, aus der tragischen Erfahrung der Figuren einen Lernprozess zu gewinnen, müsste man entweder davon ausgehen, dass jeweils die Welt geändert werden muss, damit sie zu den Ansprüchen der Figuren passt, oder dass die Akteure ihre Ansprüche ändern müssen, damit sie zur Welt passen. Beide Konsequenzen hat die Tragödieninterpretation gezogen und beide Konsequenzen beschreiben den Weg, den bereits die griechische Philosophie seit Platon und den seit der Aufklärung die Moderne genommen hat, um tragisches Leid als vermeid- und aufhebbar zu erklären. Der erste Weg, der sich mit der christlichen Tragödiendeutung ebenso verbindet wie mit Hegel und Brecht und ihren Nachfolgern, führt aus der Tragödie heraus. Durch eine Religion der Versöhnung oder durch zunehmende Verrechtlichung, durch eine Verbesserung der Verhältnisse, einen Ausgleich der Interessen und eine Ermächtigung der Leidenden wird die antike Tragödie als Modell der Sittlichkeit historisch obsolet. Diese Kritik kommt in Judith Butlers Imagination einer Welt zum Ausdruck, „in der Antigone am Leben geblieben wäre"[42]. Diese politische, rechtliche und ethische Arbeit an den Voraussetzungen der Tragödie ist, so meine These, geboten. Doch es wäre falsch anzunehmen, mit ihr könne man die Bedingungen tragischen Scheiterns historisch, technisch, politisch, rechtlich oder moralisch überwinden. Die Verbesserung der Lebensverhältnisse ist normativ zu wünschen, unabhängig davon, dass dadurch nicht die Möglichkeit der Tragik aufgehoben wird.[43]

---

42 Butler 2001b.
43 Siehe dazu Kap. 10.2.

Der zweite Weg ist der einer ethischen, im Christentum moraltheologischen und in der Moderne auch politischen Kritik an den tragischen Akteuren, die sich in ihren Geltungsansprüchen nicht zu mäßigen wissen und deshalb tragisch zugrunde gehen. Man könnte sie die delphische Kritik nennen, weil das Orakel von Delphi als Instanz für eine Mäßigung und ein Bewusstsein der eigenen Begrenzung gegenüber den unbegrenzten Möglichkeiten der Götter galt. Tatsächlich kann die Tragödie mit Blick auf die in ihr fortlebenden delphischen Mahnungen zum Maßhalten und Grenzwissen so gelesen werden. Sie hat dann einen dezidiert pädagogischen und ethischen Sinn, indem sie die Zuschauerinnen und Zuschauer an der Erfahrung der Figuren teilnehmen lässt, dass *zu viel* Selbstvertrauen – wie das des Xerxes, Eteokles, Ödipus, Iason oder Pentheus –, dass *zu viel* Liebeshoffnung wie die Deianeiras oder Phaidras oder dass *zu viel* Vergeltungsdrang wie der Klytämnestras und Medeas zu großem Leiden führen können und man daher tunlichst *weniger* erstreben und wollen sollte. Weniger heißt dann vor allem: nur etwas in Konsistenz mit der gesellschaftlichen Struktur und der politischen Organisation zu wollen und von sich intensivierenden individuellen Motiven, die mit ihr kollidieren, abzusehen. In dieser pädagogischen Funktion dient die Tragödie den sozialen Kohäsionskräften der Polis: Jeder individuelle Sonderweg führt, zumal wenn er mit solchem Interesse verfolgt wird, ins tragische Risiko, deshalb ist es ein Zeichen praktischer Vernunft, dieses Risiko durch Mäßigung und Absehung von den eigenen Ansprüchen, durch reflexive Dezentrierung zu vermeiden. Dieses delphische Erbe wirkt über Hegel und Schopenhauer, die das Problem des Tragischen jeweils in der Extremität oder Einseitigkeit der Ansprüche der Helden sahen, bis in den Liberalismus weiter, der den Bürgerinnen und Bürgern eine dem Recht entsprechende Distanz zu eigenen Interessen zumutet.[44] Wolfram Ette hat gezeigt, dass die Tragödie hier nicht nur als Stichwortgeberin für eine ethische, theologische oder moralische Kritik von außen fungiert, sondern dass sie selbst durch ihre Darstellung Kritik an überzogenen Handlungsansprüchen formuliert.[45]

So zutreffend diese Kritik an einzelnen Figuren und ihrer Hybris ist – man denke an Xerxes' Heereszug gegen Hellas –, so wenig ist ebenfalls sie in der Lage, die Bedingungen tragischen Scheiterns aufzuheben. Sie macht es sich zu einfach, weil sie das Tragische am Scheitern auf ein ethisches Defizit zurückführt, so wie der erste Weg die Tragödie auf ein ethisches oder rechtliches Defizit der Welt zurückführt. Beide Formen der Kritik, so die These, sind, ohne sich gegenseitig auszuschließen, in Bezug auf einzelne technische, ethische, politische oder rechtliche Fragen richtig. Zugleich sind beide ungeeignet, das Spezifische an tragischem Scheitern begreifbar zu machen, weil es nicht bloß ein technisches, ethisches, rechtliches oder politisches Phänomen ist. Mehr noch: Es gibt historisch spezifische Formen von Tragik, die erst

---

44 Vgl. Menke 1996a, Trautsch 2008.
45 Vgl. Ette 2011.

durch eine Modernisierung und Verrechtlichung erzeugt werden, die tragische Konflikte zu vermitteln verspricht.⁴⁶

Jedenfalls gibt es für die Figuren der attischen Tragödie offenbar weder eine Abwehr des Schreckens noch eine abmildernde Interpretation, die ihnen ihr Leid zu reduzieren oder gar zu überwinden ermöglichte. Ihre Glücksaussicht als Horizont neuer Handlungsmöglichkeiten und neuer Erfahrungen scheint mit der *metabolē* getilgt. Die tragische Erfahrung bricht die Kette immer neuer Erfahrungen ab, darin unterscheidet sie sich von allen anderen Formen der Erfahrung. Sie bricht sie ab, denn das Selbst kehrt in der tragischen Erfahrung nicht zu sich, sondern wird von sich entzweit und entfremdet.

Im folgenden Gang der Untersuchung soll eine Antwort auf die Frage gegeben werden, was eine tragische Erfahrung von anderen negativen Erfahrungen unterscheidet.

7.2 Tragische Erfahrung als Selbstentzweiung

Die in diesem Teilkapitel phänomenologisch zu plausibilisierende These lautet, dass sich die tragische Erfahrung als Erfahrung einer Selbstentzweiung verstehen lässt. Das Erfahrungssubjekt erleidet (*paschein*) den Umschlag (*metabolē*) in ein dauerhaftes Leid als Resultat seiner Handlung. Dabei entzweit es sich in Akteur vor dem Umschlag und ohnmächtigen Empfänger des Schicksals, ohne beides wie in einer gutartigen Erfahrung, die neue Erfahrungen ermöglicht, produktiv aufeinander beziehen zu können. In der Unfähigkeit, das passiv Erlittene zum Gegenstand einer aktiven Integration in die eigene fortsetzungsoffene Lebensgeschichte zu machen, zeigt sich eine anhaltende Selbstentzweiung, die die tragischen Figuren nicht nur von der Welt, sondern auch von sich selbst entfremdet.

In der neuzeitlichen Philosophie des Tragischen wurde die Tragödie bereits von Hegel, Schopenhauer, Simmel und anderen als Erfahrung einer Selbstentzweiung gedeutet. Während Hegel darunter die Selbstentzweiung der schönen Sittlichkeit der griechischen Polis versteht,⁴⁷ sieht Schopenhauer in ihr den „Widerstreit des Willens mit sich selbst"⁴⁸, der sich in seinen Objektivationen – den tragischen Figuren – selbst bekämpfe. Für Simmel ist wiederum die Selbstentzweiung des Menschen durch seine sich von ihm entfremdenden Erzeugnisse tragisch. Peter Szondi hat aus diesen und anderen Positionen aus der Philosophie des Tragischen einen Tragödienbegriff entwickelt, der den dialektischen Umschlag als Selbstentzweiung begreift. Tragische „Selbstentzweiung" heißt für Szondi, dass der „*Umschlag* des Einen in sein Gegenteil" „aus der Einheit der Gegensätze" erfolge.⁴⁹

---

46 Vgl. Menke 1996a. Siehe Kap. 10.2 und 10.3.
47 Vgl. Menke 1996a, S. 42ff.
48 Arthur Schopenhauer: *Die Welt als Wille und Vorstellung* I, § 51, S. 335.
49 Szondi 1978, S. 209.

7.2 Tragische Erfahrung als Selbstentzweiung

Was aber heißt es genau, eine tragische Selbstentzweiung zu erfahren? Für eine phänomenologische Antwort soll zunächst Aristoteles' Konzeption einer *Einheit* von Tun und Erleiden betrachtet werden, die in der Selbstentzweiung zerbricht. Sie findet sich in seiner ontologischen Prozessanalyse, die er unabhängig von einer Phänomenologie der bewussten Erfahrung entwickelt hat. In der *Physikvorlesung* differenziert Aristoteles Prozesse allgemein in eine Ursache, die einen Prozess verwirklicht, und das Prozessobjekt, das seiner Möglichkeit nach prozessual ist und im Prozess bewegt wird.[50] Die Prozessursache wirkt bei einem Prozess (als Aktualisierung der eigenen Möglichkeit, Prozesse zu initiieren) auf den Prozessgegenstand ein, der die Disposition hat, prozessierendes Objekt zu sein. Dadurch kann die Prozessursache als das (aktiv) Bewirkende und das Prozessobjekt als dasjenige verstanden werden, das ihren Einfluss (passiv) erleidet. Wie können aber, fragt Aristoteles, beide – Prozessursache und Prozessgegenstand – zugleich prozessieren, so wie der handelnde Mensch sowohl der Ursprung des Handlungsprozesses ist als sich auch zugleich – inklusive der „werkzeughaften Teile" (*organika merē*) seines Körpers – als Prozessgegenstand bewegt?[51] Die aktivierende Ursache der Bewegung darf nämlich nicht ebenfalls als das einen Prozess passiv Erleidende angesehen werden, ansonsten müsste, so Aristoteles' Beispiel des Unterrichtens, ein Lehrer selbst alles lernen, indem er es dem Schüler beibringt. Als Lösung des Problems lokalisiert er die Ursache einer Bewegung in einem Glied einer prozessierenden Sache, während ein anderes Glied derselben Sache den (passiv erleidenden) Prozessgegenstand, also die sich bewegende Sache, darstellt. Als Beispiel führt Aristoteles das Lehrer-Schüler-Verhältnis an: „so ist das Lehren die Verwirklichung der Möglichkeit des Lehrers, auszubilden, aber [...] an einer anderen Person (am Schüler)". Beide – Schüler und Lehrer – müssen also „nicht in Isolation", sondern als zwei Glieder *eines* Prozesses gedeutet werden, der einen aktiven (lehren) und einen passiven Aspekt (belehrt werden) umfasst. Die Eigenschaften des Lehrens (Bewirkens) *am* Schüler und seines Lernens (Erleidens) *durch* den Lehrer sind konträre Eigenschaften eines mit sich identischen Gesamtvorgangs: „Überhaupt besteht im wirklichen Sinn keine Identität zwischen [...] Aktivität und Passivität; eines und dasselbe ist nur dasjenige, woran sie die beiden Seiten darstellen, der Prozeß selbst."[52]

Nicht zufällig ist hier von Aristoteles ein sozialer Kommunikationsprozess – der kulturkonstitutive Vorgang der Wissensvermittlung – als Beispiel herangezogen worden, an dem (mindestens) zwei Personen in unterschiedlicher Funktion beteiligt sind. Die nun interessante Frage ist, wie sich die interpersonale Aufteilung als Prozess an einem einzigen Individuum verstehen lässt. Nach Aristoteles' kausaler Bewegungstheorie kann man den Prozess der Selbstbewegung funktional in drei Elemente differenzieren: in einen unbewegt bewegenden Teil – den Geist, der ein wahrge-

---
50 Vgl. Aristoteles: *Physik* III 1–3.
51 Aristoteles: *Nikomachische Ethik* III 1, 1110a15–17; 1110b1–4; III 5, 1113a5–7.
52 Aristoteles: *Physik* III 3, 202a21–202b14.

nommenes oder vorgestelltes, selbst aber unbewegtes Bewegungsziel begehrt oder aber vermeiden will –, einen diese Bewegung in Mechanik übertragenden Teil – ein körperliches Organ – und einen die Bewegungsinitiation erfahrenden Teil – das sich körperlich bewegende Lebewesen.[53] Dieses kausale Übertragungsmodell, das sich in aktive und passive Momente differenziert, hat die Form einer Kommunikation, bei der ein Glied etwas *tätig mitteilt*, während das andere diese Mitteilung *empfängt*. Es verweist auf eine Art interne Kommunikation des Organismus und auf ein Selbstverhältnis von Personen im Handeln.[54]

Im Handeln, das einen dem Menschen vorbehaltenen Spezialfall der Selbstbewegung darstellt, unterscheidet Aristoteles dementsprechend das (aktiv) Anleitende des vernünftigen Strebens, das sich auf einen Zweck, „das Gute oder scheinbar Gute"[55], mit hinreichendem praktischen Wissen richtet und sich dafür entscheidet, und den davon (passiv) bewegten Menschen samt seiner organischen Werkzeuge.[56] Zwar kann diese dichotomische Differenzierung mit Blick auf die Verkörperung des Geistes nicht überzeugen, da sie dem Körper als passiven Teil einen ganz anderen aktiven Pol (den Geist) entgegensetzt, der aber, um wirksam zu werden, topologisch Teil des passiven Teils sein müsste.[57] Diese bereits von Platon ausgeführte Differenzierung

---

53 Vgl. Aristoteles: *De Anima* III 3 9–10, 432a15–433b30. Zur Bewegungstheorie von Aristoteles siehe Corcilius 2008.
54 Diese Art der internen Kommunikation verweist auf die soziomorphe Struktur des Geistes, siehe Gerhardt 1999, S. 219 ff., der auch von der „*implizite[n] Publicität des Selbstbewußtseins*" spricht (ebd., S. 256), sowie Gerhardt (2012).
55 Aristoteles: *De Anima* III 10, 433a28; vgl. *Nikomachische Ethik* III 6, 1113a20 ff.
56 Vgl. Aristoteles: *Nikomachische Ethik* III 2, 1111a1–5; III 3, 1111a21–24.
57 Gegenwärtig entwickelt die bei einigen Vertretern an der Phänomenologie orientierte und die Philosophische Anthropologie anschließende vielstimmige Philosophie der Verkörperung unterschiedliche (sich zum Teil gegenseitig widersprechende) Konzeptionen des leiblich wirksamen und vom Körper mitkonstituierten Geistes, der nicht dem Körper wie eine kognitive Schaltzentrale vor- oder gar gegenübersteht. Er ist vielmehr in ihm – nicht nur seinen neuronalen Teilen – verkörpert (*embodiment*), dehnt sich über ihn auch in die Umwelt, etwa Artefakte, aus, in denen sich mentale Zustände realisieren (*extended mind*), ist stets eingebettet in seine natürliche und kulturelle Umgebung, wenngleich nicht nur angepasst an sie (*embeddedness*), und erzeugt ihre Bedeutung und seine innere Struktur mit (*enactivism*). Der verkörperte Geist des menschlichen Organismus ist hier immer schon vielfach – sensomotorisch, affektiv, kognitiv – bezogen auf die Welt und alles, was für seine Selbsterhaltung und sein Wohlergehen relevant ist. Körperliche Fähigkeiten und Strukturen, die Verfassung und Position des Körpers, sein propriozeptives Feedback, die affektive Situation und die Struktur der natürlichen und kulturellen Umwelt, etwa Artefakte, sowie die Rückkopplungsschleifen mit ihr müssen zusammengedacht werden, um zu beschreiben, was es heißt, eine einfache Handlung wie Gehen zu vollziehen. Der Geist steuert den Körper nicht *top down*, sondern der ganze Körper mit seinem in ihm und in die Umgebung ausgedehnten Geist agiert. Siehe zu dieser aktuellen Debatte Fingerhut/Hufendiek/Wild 2013. Zu nennen sind hier auch die Arbeiten von John Michael Krois, dessen Verdienst es unter anderen ist, Cassirers Denken und die Theorie der Verkörperung aufeinander so bezogen zu haben, dass mehrere Dimensionen geistiger Vorgänge, Körperempfindungen und Wahrnehmungen neben der begrifflichen Erkenntnis aufeinander bezogen werden können. Vgl. etwa seinen Begriff des „propriozeptiven Selbst" und des Körperschemas in Krois 2009 und 2011. Ich schließe an

sollte man nicht als Argument für einen ontologischen Leib-Seele-Dualismus,[58] sondern als *funktionale* Unterscheidung verstehen, die die Funktionsweise von mentaler Steuerung des Körpers zu beschreiben erlaubt: Der bloße Arm als materielles Objekt bewegt sich in einer teleologischen Handlung nicht von selbst, als wäre er ein separates Teil, sondern *der Mensch bewegt* ihn mit seiner Kraft auf ein vorgestelltes Ziel hin und *wird* also *ipso facto* durch sich selbst *bewegt*.[59] Der Arm ist dabei ein Teil des sich bewegenden und bewegten Menschen mit einem verkörperten Geist; er bewegt sich nicht – wie etwa in Krämpfen oder bei neurologisch bedingtem Tremor – von selbst, sondern wird, wenn er Mittel einer Handlung ist, von der ganzen Person auf ein Ziel hin als Mittel in eine mit dem gesamten Körper und seiner kognitiv-affektiven Steuerung integrierte sowie auf seine Umwelt bezogene Bewegung versetzt. Wenn also vom aktiven oder aktivierenden „Teil" und einem empfangenden, passiven „Teil" des Menschen die Rede ist, darf man diese Redeweise nicht topologisch verstehen, als dirigiere der aktive Kopf, d. h. bewusstseinstheoretisch der Geist bzw. neurowissenschaftlich das Gehirn, den prinzipiell passiven Körper bzw. seine „extra-neuronalen Teile"[60]. Vielmehr ist Aktivität im ganzen Körper, verbunden mit seiner Umwelt, zu verorten ebenso wie Passivität. Beide Zustände sind auch in der Erfahrung meistens gemischt, etwa dem Sitzen, bei dem man sensomotorisch zum Teil ruht, aber zugleich aktiv denken, sprechen und gestikulieren kann. Es kann aber auch temporär eine hohe Konzentration auf einen Zustand geben: Wer etwa in einem Kampf um sein Leben kämpft, ist sensomotorisch, affektiv und gedanklich höchst wach und aktiv; wer dagegen sehr erschöpft ist, zeigt das an seiner Körperhaltung, seinen Gliedern, seinen Emotionen und seinen Gedanken. Die Rede von ‚Teilen' ist also als eine topisch-mechanische Metapher für Zustände zu verstehen, die prinzipiell den ganzen phänomenal integrierten Leib, d. h. sensomotorisch und affektiv unbewusste wie sensomotorisch, affektiv und reflexiv bewusste Prozesse, umfassen, auch wenn dabei bestimmte Regionen passiver, andere aktiver sein können. Im Fall einer bewusst durch Gründe gesteuerten Selbstaktivierung für ein Handeln aus einem eher passiven Zustand heraus kommt das Signal aus dem Selbstbewusstsein, aber der ganze Körper

---

Motive der Philosophie des verkörperten Geistes in meiner eher phänomenologischen Erörterung tragischer Erfahrung an und lese Aristoteles hier gegen dualistische Interpretationen so, dass die Inadäquatheit einer scharfen Dichotomie zwischen aktivem Geist (bzw. materialistisch: Gehirn) und passivem (Rest-)Körper auch phänomenologisch deutlich wird.

58 Siehe sein Hinweis in Aristoteles: *De Anima* I 4, 408b14: „Denn statt zu sagen, die Seele empfinde Mitleid, lerne oder denke, wäre es wohl besser zu sagen, der Mensch tue dies mit der Seele." Zu dem leider lange Zeit weit verbreiteten historischen Missverständnis, in der antiken Rationalität nur eine Art defizitäre oder nicht zureichend selbstreflexive Vorstufe der modernen Rationalität zu sehen und diese gegenüber jener immer schon im Recht zu erkennen, siehe die grundlegende Monographie von Schmitt 2003, in der der Autor das antike, von Platon und Aristoteles entwickelte Verständnis von Rationalität kritisch einem modernen, vom Cartesianismus geprägten Paradigma gegenüberstellt.

59 Vgl. etwa Platon: *Alkibiades I (maior)* 129b-130a, wo das planvoll Gebrauchende der Seele und das Gebrauchte des Leibs nach Art von Handwerker und Werkzeug unterschieden werden.

60 Fingerhut 2018, S. 186.

samt seiner affektiven Verfassung muss *mit* aktiv werden – sozusagen in die Aktivierung einstimmen, damit diese gelingt und sensomotorische Steuerungen, affektive Motivationen und handlungsleitende sowie -begleitende Intentionen das Handeln auf ein Ziel hin im Prozess erhalten.

Vor diesem skizzierten handlungstheoretischen Hintergrund ist im Begriff der Selbstentzweiung einerseits ein aktiver und andererseits ein passiver Sinn enthalten, je nachdem, ob das „Selbst" als Subjekt der Entzweiung oder als ihr Objekt gelesen wird. Die tragische Erfahrung verschränkt beide semantischen Dimensionen, denn es ist der Handelnde, dessen Handeln das Leiden erst erzeugt: *Er* entzweit sich spürbar in denjenigen, der eine Tat vollbringt, und denjenigen, der sie auf *sich* zurückschlagend erfährt. Die existentielle Dramatik des Leids der tragischen Erfahrung besteht darin, dass es nicht als auf den passiven Teil des Menschen beschränkt verstanden werden kann, über den der handelnde Teil weiterhin Verfügung hat. Die Figuren der attischen Tragödie zeigen sich nämlich gerade als Personen, die, während sie vor dem Umschlag ins Leid in ihrem Handeln als außergewöhnlich fähig gelten konnten, nun *nicht mehr* souverän handeln können. Das zeigt sich auch an den typischen Klagegesten, die schon vor der Tragödie auf der griechischen Sepulkralkeramik zu finden sind: Die Arme sind oft unwillkürlich-affektreich wirkend und mit offenen Händen erhoben, über dem Kopf zusammengeschlagen oder berühren bzw. verdecken das Gesicht, in Trauergesten liegen sie auch eng am Körper. In der Tragödie raufen sich die Klagenden zudem die Haare, zerreißen sich die Kleidung, zerkratzen sich die Wangen oder schlagen sich an den Kopf und die Brust[61] – Gesten, die wie eine konzentrierte Mimesis tragischer Selbstverletzung wirken. In den griechischen (nicht nur rituellen) Gesten des Klageausdrucks werden also die Glieder sozialer und technischer Praxis ihrer Funktionalität für eben diese Praxis enthoben: Arme und Hände verkehren sich von Emblemen der Handlungsfähigkeit in die schmerzvoller Expressivität.

Die praktisch lähmende Wirkung des tragischen Umschlags liegt darin, dass die Tat über ihre Konsequenzen auf den Täter *extrem* zurückwirkt. Das Handeln der tragisch Scheiternden schlägt zu sehr und auf einmal auf sie selbst zurück. Diese exzessive und zeitversetze Rückwirkung des Handelns auf den diese Wirkung empfangenden Handelnden hat die Form einer nicht beabsichtigten indirekten *Selbstverletzung* mit der Folge einer radikalen *Selbstschwächung*. Die Entzweiung in Handelnden und danach Leidenden wird demnach als ein sich in gegenteilige Richtungen spannendes Extrem erfahren, während das Erfahrungssubjekt sich trotz des Entzweitseins im Leiden weiter als leibliche und selbstbewusste Einheit erhält. Die Per-

---

61 Vgl. Merthen 2005, 7 ff., 63 ff. Das Sich-Schlagen und Kratzen der Wangen treten fast ausschließlich bei weiblichen Klagenden auf. Daneben gibt es weitere visuell und oder akustisch vernehmbare Klageausdrücke wie das Verhüllen des Haupts, Schreien, Jammern und Stöhnen und vor allem Weinen sowie rituelle Trauergesten wie das Abschneiden einer Locke oder der Haare. Merthen weist auch darauf hin, dass in der Totenklage der Tragödie die Kleidung der Hinterbliebenen – sowohl der Nächsten als auch der im Chor repräsentierten Bürger oder Fremder – schwarz gewesen sei (ebd., S. 31 f.).

son ist zwar weiterhin eine körperlich-sensomotorisch-affektiv-kognitive Einheit, sonst könnte es die tragische Erfahrung nicht selbst machen, aber sie erfährt sich nicht mehr im Selbstbezug als integrierter Akteur. Diese Erfahrung, sich als Leidender auf sich selbst als urteilender, wollender, entscheidender Akteur nach dem Umschlag nicht mehr souverän beziehen zu können, erzeugt einen anhaltenden Kraftverlust. Die Stärke im Handeln, die die Figuren zuvor – innerhalb des Stücks oder in der mythischen Vorgeschichte – unter Beweis stellten, verlieren sie mit einem Mal. Sie werden leidend von dem entzweit, was sie waren und weiter zu sein wünschten, aber nicht mehr sein können.

Die indirekte Selbsteinwirkung über das – in komplexen Tragödienformen zeitversetzte – Feedback des umschlagenden Handelns ist so massiv, dass der Akteur sich im Leiden nicht mehr wie zuvor steuern kann. Das tragische Feedback des umschlagenden Handelns trifft den Menschen so, dass es ihn gewissermaßen im Kern seiner aktiven Instanz schwächt, nennt man diese verkörperte Kraft nun traditionell Seele, Geist, Vernunft, Spontaneität, Selbstbewusstsein, Subjekt oder in bewusst historische Konnotationen vermeidender Diktion „Aktivitätspol"[62] (*agency*) oder „Zentrum des Handelns"[63]. Am umfassendsten ist immer noch der Begriff des *Selbst*, der jeder Aufteilung in Subjektivität und Leiblichkeit, Geist und Sinn vorausgeht und Körper und Geist immer schon als integriert zu verstehen erlaubt. Im tragischen Leid versagt die Selbststeuerung als kommunikative Form der Selbstbezugnahme des verkörperten Geistes. Damit ist auch die Souveränität der Selbstführung empfindlich gestört. Ein offenkundiges Kennzeichen ist die Unfähigkeit der tragischen Erfahrungssubjekte, die eigene Zukunft vorauszuplanen. Die Funktion des aktivierenden Teils kann, wie die Tragödie vorführt, zwar in dem Sinne erhalten bleiben, dass die Figuren nicht notwendigerweise in einen Stupor oder völlige Ohnmacht fallen. Oft sind sie im Bewusstsein ihres Scheiterns noch zu punktuell kraftaufwändigen Verletzungs- und Tötungshandlungen fähig wie Aias, Deinaneira, Ödipus, Haimon, Medea oder Phaidra.[64] Doch ihr Aktivitätspol wird durch eine gegenüber dem Standardfall des Handelns weitaus *dramatischere Rückkopplung* so geschwächt, dass eine *langfristige Kontinuität lebensweltlicher Praxis* aus Sicht der Figuren unmöglich erscheint. Die Heldinnen und Helden können nicht mehr langfristig in Bezug auf einen Entwurf des guten Lebens denken. Zwar sind sie weiterhin Personen, die prinzipiell die Disposition für Antizipation, Zwecksetzung und Handeln haben, aber sie sehen keine Möglichkeit, sich auf eine Zukunft hin zu entwerfen und entsprechend zu handeln. Ihre prometheische Kompetenz erscheint gleichsam gebrochen.

---

[62] Henrich 2007b, S. 5.
[63] Williams 2000, S. 23 ff.
[64] Charles Darwin bemerkt, dass Personen „suffering from excessive grief often seek relief by violent and almost frantic movements" (1989, S. 134). Diese Beschreibung trifft sehr gut auf die spastischen Krampfbewegungen des Herakles in den *Trachinierinnen* zu. Demgegenüber sind Rachehandlungen wie die Medeas in den Tragödien nicht spontan-reflexhaft, aber sie sind ebenfalls relativ kurz und gewalttätig, während langfristig eine Handlungsschwäche im Leiden auftritt.

Diese Erfahrung der Selbstentzweiung kann durch einen Vergleich mit einem Standardfall alltäglicher Handlungserfahrung plausibilisiert werden: Unter Normalbedingungen der Lebenswelt ist eine gewisse Funktionsunterscheidung zwischen der bestimmenden und diese Bestimmungen empfangenden Dimension des Selbst vertraut und phänomenologisch nachvollziehbar, denn der Erkennende wird vom Erkannten normalerweise nicht in eine das Erkennen selbst angreifende Mitleidenschaft gezogen. Die Selbst-Aktivierung des Menschen als verkörperter Geist verläuft in der Regel unterhalb der Schwelle auffälliger Propriozeption ab. Deshalb wird man auf die aktivierende Selbstbezugnahme nur dann aufmerksam, wenn besonderer Kraftaufwand und eine gezielte Selbstaktivierung nötig werden, etwa beim Aufstehen in müder Verfassung, das einem dann bewusst schwer fällt. Ebenso hat der Normalfall des Handelns in der Lebenswelt kein Feedbackproblem, sondern ist im Gegenteil auf vielfaches Feedback angewiesen. Die Rückwirkung des Handelns über den eigenen Körper und seine Umwelt, mit der verbunden er interagiert, auf das praktisch als wirksam erfahrene Selbst läuft in der Regel unterhalb der Schwelle des Leidens ab. Es ist in mehrfacher Hinsicht notwendig, um Handeln in der Welt überhaupt zu erklären, und reicht von permanenten perzeptiven und sensomotorischen Rückkopplungsprozessen bis zu symbolischer Kommunikation in der Gesellschaft. Selbstwirksamkeit im Spazierengehen ist nur möglich, wenn der Organismus mit der Materialität, Struktur und den Naturkräften – insbesondere der Gravitation – sowie den Signalen in seiner Umgebung in einem fortgesetzten Kontakt umgeht und sich seiner Lage und Bewegungen in seiner Umgebung propriozeptiv versichert. Selbstwirksamkeit im Gespräch ist nur möglich, wenn die andere Person prinzipiell zuhört und reagiert wie man selbst zuhören und reagieren muss. Direktes Feedback des Handelns im Sinne permanenter Rückkopplung mit der Umwelt und indirektes Feedback, das zeitversetzt z. B. über die Wahrnehmung der Handlungsergebnisse oder der sozialen Anerkennung für das eigene Tun, vom Akteur erfahren wird, sind für das Handeln wichtig, insofern sie Orientierung und Kraft stiften. Unter alltäglichen Bedingungen bewirkt Handeln eine allmähliche Schwächung des (funktional) empfangenden Teils des Handelnden daher nur bei langer Dauer oder häufiger Wiederholung, sodass Erholungspausen aufgrund von Erschöpfung nötig werden, nach denen das Handeln wieder mit neuer Kraft fortfahren kann. Der Grund dafür liegt schlicht darin, dass Menschen als Organismen endliche Kraftressourcen haben, die zyklisch etwa durch Schlaf oder Nahrungsaufnahme erneuert werden müssen. Sobald Widerstände wie Lustlosigkeit, Schmerzen, Müdigkeit, hemmende Gefühle oder Enttäuschungen die Selbst-Aktivierung behindern, muss man mehr aktivierende Energie investieren, und sei es, um einen Katalysator wie einen Kaffee verfügbar zu machen. Diese graduell variablen Phänomene der Selbstaktivierung, um etwas überhaupt bzw. auf eine besondere Weise zu tun, sind allgemein vertraut, etwa wenn man „sich einen Ruck gibt", „seine Kräfte zusammennimmt" oder „die Zähne zusammenbeißt".[65]

---

65 Vgl. die Beschreibungen in Tugendhat 2003, S. 48 ff.

Eine Analogie aus dem Bereich der auf den Körper einwirkenden Basishandlungen kann die Struktur und die Differenz zwischen einem alltäglichen und dem bis zur Tragik intensivierten Feedback konkretisieren: Eine leichte Selbstberührung, die im Alltag oft unbewusst mit den Händen oder auch mit Armen, Füßen und Beinen alle paar Sekunden vollzogen wird, kann man ebenfalls in einen aktiven „Teil" (eine sich durch Nervenimpulse aus dem Rückenmark bewegende Hand) und einen passiven „Teil" (etwa die Stirn mit ihren peripheren Nervenzellen) unterscheiden. Der passive Teil „erleidet" in aristotelischer Terminologie die Berührung des aktiven Teils. Doch damit ist, sofern nicht ein neurotisches oder gar autoaggressives Verhalten vorliegt, das mit einem Leidensdruck einhergeht, keine negative Erfahrung verbunden. Im Gegenteil wird die Selbsteinwirkung als eher angenehm empfunden, sie dient der Stabilisierung des körperlichen Selbstgefühls. Wenn die Berührung allerdings mit großem Druck oder rasch und mit chemisch, thermisch oder von Material und Form her für den Körper des Menschen unverträglichen Werkzeugen erfolgt, wird aus dem funktional erleidenden Teil auch ein *phänomenal spürbar erleidender* Teil: der schmerzhafte Körper. Erfolgt eine Selbstberührung (oder eine Fremdeinwirkung) äußerst stark und plötzlich, kann das Erleiden so extrem sein, dass der aktive Teil des sich selbst steuernden Organismus seine Kraft und Handlungsfähigkeit verliert. Körperlicher Schmerz kann je nach Intensität auf kurze oder längere Dauer die körperliche Kraft sehr verringern. Dabei handelt es sich vermutlich um einen evolutionär entstandenen Feedbackmechanismus, der den Organismus nach einer reflexartigen Vermeidungsreaktion fortan davor schützt, sich schädlichen Schmerzquellen wiederholt auszusetzen und sich stattdessen auszuruhen, um der Verletzung Zeit zur Heilung zu geben. Denn der äußerste Grad solch einer Selbstverletzung bewirkt den Tod, mit dem die aktive Kraft und der passive Teil ein irreversibles Ende finden.

Dafür, dass diese Basishandlungen exemplarisch auch für die Struktur komplexerer handelnder Selbsteinwirkungen im Sinne tragischer Ironie stehen können, sprechen die umgangssprachlichen Redeweisen für unfreiwillige Selbsteinwirkung mit der Konsequenz der Einschränkung von Handlungsfähigkeit: Ausdrücke wie „sich ins eigene Fleisch schneiden", „sich selbst ein Bein stellen", „sich ins eigene Knie schießen" oder auch dass „etwas jemandem auf die Füße fällt" werden häufig als Metaphern für unfreiwillige Selbstbehinderungen verwendet, bei denen keine somatische Läsion vorliegt. Bezeichnenderweise referieren sie auf den Körper und speziell auf die Gliedmaßen der Bewegungsfreiheit und des aufrechten Gangs, die symbolisch für die Handlungsfähigkeit des verkörperten Geistes stehen können. Auch das „Eigentor", das für eine nicht-intendierte, dem praktischen Interesse des Akteurs widersprechende Handlungskonsequenz steht, wird mit dem Fuß geschossen oder mit der – ebenfalls menschliche Handlungsfreiheit manifestierenden – Hand geworfen, die ebenso den „Bumerang" wirft, der für die Handlung steht, die den Handelnden unfreiwillig einholt.

Im tragischen Erleiden eines in solchen Redeweisen erfassten Feedbacks schlägt das Handeln so *intensiv* und so *plötzlich* auf den Handelnden zurück, dass die aktive Instanz selbst in eine dauerhafte Mitleidenschaft gezogen wird. Bezeichnenderweise erfahren die tragisch Leidenden keine Erholung durch Schlaf oder Rückzug.[66] Das Leid ist offenbar zu umfassend, um sich davon durch die vertrauten Entlastungsphasen zu erholen. Im Leiden überhaupt fällt man, wenn der Grund des Leidens anhält, „into a state of low spirits."[67] Charles Darwin hat die physischen und psychischen Folgen von dauerhaftem Leiden (*suffering*) sensibel beschrieben. Die leidenden Menschen hätten „no longer wish for action, but remain motionless and passive"[68], ihre Kraftlosigkeit zeige sich an langen Gesichtern, schweren Augenlidern und hängenden Mundwinkeln. Demgegenüber sind nach Darwin Zustände der „high spirits"[69] durch das gerade Gegenteil einer Energiefülle gekennzeichnet: „The whole expression of a man in good spirits is exactly the opposite of that of one suffering from sorrow." In Erfahrungen der Kraftfülle halte ein Mensch „his body erect, his head upright, and his eyes open."[70]

Die tragischen Figuren machen dagegen häufig die Erfahrung tiefer Scham, deren Zeichen just das Gegenteil des Zustands der Kraftfülle belegen: ein Sich-Krümmen, Gesicht-Verbergen und Augen-Niederschlagen, alles Ausdrucksweisen der Kraftreduktion und Ohnmachtstendenz.[71] In der tragischen Erkenntnis des selbstbewirkten Unheils (oder in der Angst vor ihr) kommt den Figuren die Kraft abhanden, das Leiden gelassen auszuhalten und gegenüber den Mitfiguren eine Haltung an den Tag zu legen, in der das Leiden integriert wäre. Xerxes, der einst an Macht unüberbietbar scheinende Herrscher des zu seiner Zeit größten Weltreiches, konstatiert angesichts des Leidens der besiegten Perser, die er selbst in den fatalen Feldzug gegen die Griechen führte: „Grausam! Was erdulde ich Ärmster! Gelöst/ Ist meiner Gebeine Kraft"[72]. Auch Orests „Glieder versagen", denn die Erinyen, die die tragische Erfahrung antreiben, „schwächen" „auch den Mächtigen"[73]. Den Schutzflehenden nimmt die Angst im Leid „alle meine Kraft dahin"[74]. Peleus, König von Phthia und Vater Achills, der sich erst seiner Kraft rühmt, verliert sie instantan und stürzt, als er hört, dass sein Enkel Neoptolemos getötet worden ist: „Dahin! Verloren! Meine Stimme/ ist fort, fort sind auch meine Glieder, in den Hades!"[75] Phaidras erster Auftritt in Euripides' *Hippolytos* beginnt ebenfalls mit der Artikulation eines Kraftmangels: „Hebt

---

66 Bspw. Herakles in den *Trachinierinnen* (V. 983 ff.) oder Niobe aus Aischylos' nur fragmentarisch überlieferter Tragödie, die schweigend tagelang ruhig am Grab ihrer Kinder saß, ohne dadurch zu Kräften zu kommen: „Den dritten Tag am Grab hier sitzt sie, brütet ob/ Den Kindern, sie, die lebt, ob den Gestorbenen,/ Hinschmelzend des unseligen Leibes Wohlgestalt./ Ein Mensch im Leid – nichts ist er als ein Schatten nur." (Aischylos: *Niobe*, Frag. 273–279, hier Frag. 152 (Aischylos 1966, S. 265–267).
67 Darwin 1989, S. 134.
68 Ebd.
69 Ebd., S. 151.
70 Ebd., S. 163.
71 Siehe Kap. 7.4.
72 Aischylos: *Die Perser*, V. 912 f.
73 Aischylos: *Eumeniden*, V. 374, 358.
74 Aischylos: *Hiketiden*, V. 788.
75 Euripides: *Andromache*, V. 1078 f.

hoch meinen Leib, richtet auf mein Haupt!/ Gelöst ist das Band meiner Glieder./ Ergreift meine Arme, die schönen, ihr Mägde!/ Mir lastet das Tuch auf dem Kopf."[76] Hekabe verlässt die letzte Kraft, als ihre Tochter Polyxena in den Tod geht: „O weh! Ich wanke! Meine Glieder lösen sich./ Fass deine Mutter, Kind, streck aus die Hand, gib her!"[77] Danach liegt sie „als Sklavin" ihres Leids „auf/ dem Boden"[78]. Ebenfalls in den *Troerinnen* kann sie sich vor Leid nicht mehr halten: „hinfallen muß ich,/ wenn ich sehe, was ich leide, litt und noch leiden werde."[79] Philoktet ist von durchdringender Schwäche gezeichnet, die der Chor bemerkt: „Einsam liegt er da, entfernt von andern,/ Unter buntgescheckten und zottigem/ Getier, in Schmerzen zugleich und Hunger,/ Erbärmlich, und ist mit unheilbaren/ Schweren Sorgen behaftet."[80] Er fleht zur Erde, ihn aufzunehmen: „Denn dieses Leiden,/ Es läßt mich nicht mehr aufrecht stehen."[81] Selbst Herakles, der stärkste aller Helden, ist durch die Rückwirkung seines Handelns in den *Trachinierinnen* des Sophokles nur noch ein schwacher Schmerzensleib. Auch bei Euripides kann zwar direkt kein Feind, kein Untier, dafür aber die Erkenntnis seiner eigenen tragischen Handlung – der umnachteten Tötung seiner Familie – dem halbgöttlichen Heros die Kraft rauben. Als sein Freund Theseus ihn auffordert, aufzustehen, antwortet der Inbegriff der Stärke: „Ich kann es nicht. Denn meine Glieder sind erstarrt." Theseus entgegnet darauf: „Ja, auch den Starken reißen Schicksalsschläge nieder!"[82] In der tragischen Erfahrung wird die Kraftquelle des Menschen wie vom Schlag getroffen. Selbst Zeugen der Tragik kann die Kraft abhanden kommen.[83]

Mit der phänomenologischen Beobachtung, dass die Rückwirkung des eigenen Handelns nicht nur die emotional genährte Kraft des Körpers, sondern selbst das Zentrum des Erkennens, Wollens und Handelns in äußerste Mitleidenschaft zieht und damit die Selbstbestimmung unterminiert, wird Aristoteles' These, der erkennende und denkende Teil der Seele (*nous* bzw. *dianoia*)[84] sei vom potentiell leidenden Teil der Seele „dem Begriff nach" und auch sachlich abtrennbar,[85] phänomenal höchst frag-

---

[76] Euripides: *Hippolytos*, V. 198–201. Jean Racine hat dieses Moment des Kraftverlusts in seiner Euripides-Adaption beim ersten Auftritt der Phèdre in Szene gesetzt: „Gehn wir nicht weiter, ruhn wir hier, Oenone,/ Ich halte mich nicht mehr, die Kräfte schwinden;/ Mich schmerzt des Tages ungewohnter Glanz,/ Und meine Knie zittern unter mir./ Ach! (*Sie setzt sich.*)" (Racine: *Phädra*, S. 10). Vgl. dazu Steiner 1981, S. 75: „der Geist beugt sich der rohen Tyrannei des Körpers."
[77] Euripides: *Hekabe*, V. 438 f.
[78] Ebd., V. 495 f.
[79] Euripides: *Troerinnen*, V. 468 f.
[80] Sophokles: *Philoktet*, V. 182–187.
[81] Ebd., V. 820 f.
[82] Euripides: *Herakles*, V. 1405 f.
[83] So verliert etwa in Aischylos' *Eumeniden* die delphische Priesterin ihre Kraft am Eingang zum Tempel Apollons, in dem Orest, umlagert von Erinyen sein tragisches Geschick fristet: „Mich aufrecht noch zu halten, schwindet mir die Kraft./ Die Hände, nicht die raschen Füße tasten vor." (V. 36 f.).
[84] Zur Relation von *nous* und *dianoia* vgl. Jansen 2005a, S. 122.
[85] Aristoteles: *De Anima* II 2, 413b11–27; III 4, 429a10 f.

würdig. Aristoteles nimmt mit dieser These Anaxagoras' Lehre auf, der herrschende und erkennende Verstand sei unvermischt,[86] und erklärt ihn als leitende Instanz des Denkens und Handelns für unaffiziert bzw. leidlos (*apathēs*).[87] Diese in der Metaphysikgeschichte zumeist ontologisch interpretierte Aussage ist in Wirklichkeit überhaupt nur funktional plausibel. Bereits Platon (der auch einen Dualismus vertritt) bezieht die Distinktion von Seele und Körper auf das funktionale Verhältnis des handlungsfähigen Menschen zu seinem Körper, den und dessen Glieder jener wie ein Werkzeug verwendet.[88] Kant hat die Bedeutung der Aktivität der Vernunft als „Selbstdenken" ethisch und epistemisch begründet und die „Maxime einer niemals p a s s i v e n Vernunft"[89] aufgestellt. Das Organ der Erkenntnis und Selbstbestimmung kann also nach Aristoteles und Platon und darf nach Kant nicht in die Passivität gedrängt werden.

Doch die tragische Erfahrung steht für die Möglichkeit, dass das jederzeit passieren kann. In ihr sind Geist/Vernunft und Körper/Gefühle nicht wie im theoretischen Armstuhl funktional aufteilbar. Bei der Rede von einem Geist, der nur aktiv ausführt, nicht aber erleidet, handelt es sich in Aristoteles' Beispiel um eine theoretische Kontemplation wie mathematisches Operieren, die von den Möglichkeiten praktischen Scheiterns in einer konkreten Lebenswelt geschützt ist und die Freiheit hat, allein in den Kategorien wahr oder richtig und falsch denken zu können. Vor dieser Voraussetzung der Sicherheit der Theorie gegenüber ihren Gegenständen kann man Ludwig Wittgensteins Bemerkung verstehen, die das Tragische als Fehler eliminiert: „Eine Tragik gibt es in dieser Welt (der meinen) nicht, und damit all das Unendliche nicht, was eben die Tragik (als Ergebnis) hervorbringt." Der Grund dafür ist, so Wittgenstein, dass Härte und Konflikt „zu einem *Fehler*"[90] werden, also etwas, das sich mit richtigem Denken und Handeln auflösen lässt. Die Distanz, Härten als Fehler zu behandeln, und die Binnendifferenzierung nach Tun und Erleiden aufrechtzuerhalten, ist im Regelfall nicht nur des wissenschaftlichen Forschens und philosophi-

---

86 Vgl. Anaxagoras: DK 59 B 12.
87 Aristoteles: *De Anima* III 4, 429a15f. Als Argument für seine These führt er die Beobachtung an, dass unsere Wahrnehmung bei „heftigen Sinneseindrücken" (*sphodra aisthētou*) wie starkem Lärm oder sehr kräftigen Farben und Gerüchen versage, nicht aber unser Geist: „Wenn sich hingegen der Geist mit einem schweren Gedankenproblem beschäftigt hat, so denkt er deswegen das Leichtere nicht weniger gut, sondern sogar noch besser. Denn das Sinnenvermögen funktioniert nicht ohne Körper, der Geist aber ist von ihm getrennt" (ebd., 429a31–429b5). In der Nikomachischen Ethik hingegen räumt Aristoteles die Möglichkeit ein, dass zwar nicht der erkennende Geist, aber die praktische Klugheit (*phronēsis*), die das Handeln anleitet, so „durch Lust oder Schmerz verdorben" sein könne, dass sie „sofort das Prinzip nicht mehr" erkenne, nach dem sie Entscheidungen trifft, und somit ihre praktische Leitungskompetenz einbüße (VI, 1140b12–19).
88 Vgl. Platon: *Alkibiades I* 129c-130c.
89 Immanuel Kant: *Kritik der Urteilskraft*, AA V, S. 294.
90 Wittgenstein 1990, S. 463. Vgl. auch Horace Walpoles holzschnitthafte Bemerkung, dass „this world is a comedy to those that think, a tragedy to those that feel", die er aber umgehend relativiert mit Verweis auf seine melancholische Stimmung und seinen Zweifel, ob er nicht bislang doch „in a system of errors" gelebt habe (Walpole 1906, S. 366).

schen Denkens, sondern auch des lebensweltlichen Handelns in Kraft. Sie unterliegt aber bereits als reine Kontemplation lebensweltlichen, emotionalen und körperlich-leiblichen Bedingungen, die in der Ironie existentiell riskanter Praxis verloren gehen können.[91] Das tragische Erleiden angesichts des Umschlags des eigenen Handelns überschreitet die Grenze zwischen dem, was bewegt wird, und dem, was die Bewegung steuert, es setzt ihre Funktion außer Kraft. Das Selbst vermag nicht mehr eine vor dem emotional-existentiellen Involviertsein in die kontingente Welt hinreichend geschützte intelligible Instanz zu erhalten, die souveräne Distanz zum Widerfahrenen einnimmt:[92] „In the world of Greek tragedy, thinking is indisserverable from feeling"[93], so Wiles, was insbesondere für die tragische Erfahrung gilt. Die Unterscheidung zwischen denkendem Akteur und fühlend Leidendem wird an einem Menschen, der eine tragische Erfahrung macht, im phänomenalen Bewusstsein für die funktionale Selbststeuerung wirkungslos. Die souveräne Aktivität der Vernunft wird im tragischen Umschlag selbst ins Passiv-Kraftlose gezogen.

Man muss den Begriff des tragischen Handelns als Umschlag ins Leid also auch auf die geistigen Funktionen der Selbstbestimmung übertragen. Zwar haben mentale Handlungen nicht dieselben Eigenschaften wie leibhaftige, aber phänomenologisch reicht die „Aktivitätserfahrung des Denkens"[94] aus, um von einem Handeln sprechen zu können, das in der tragischen Erfahrung in eine Passivitätserfahrung umschlägt. Die Lust des Denkens wird in der Tragödie in eine reflexive Leiderfahrung verwandelt. Die tragische Figur ist im Prozess der Handlung zugleich das Bewirkende und extrem Erleidende mit der Konsequenz, dass eine Distanznahme eines aktiven Teils zum passiven versagt. Das Denken, Wollen und Entscheiden operiert phänomenologisch gesehen nicht mehr subliminal, sondern nährt selbst die Leiderfahrung durch die Vergewisserung ihres Grundes, dass man selbst es war, der den Umschlag ins Unglück handelnd herbeigeführt hat. Kann man sich gegenüber verletzender Fremdeinwirkung durch die Techniken der Abwehr oder Flucht aktiv verhalten, wird in der tragi-

---

91 Die interne Distanz von den kognitiven Funktionen zu den Empfindungen und Gefühlen ist ein alltägliches Phänomen. Im Denken tritt die Körpererfahrung nur am meisten bis zur Körpervergessenheit zurück, doch bleibt selbst der mathematisch operierende Intellekt auf die Selbstwahrnehmung seines Körpers angewiesen. Die Disposition des verkörperten Geistes, *apathēs* zu sein, ist eine graduelle Kategorie für phänomenologische Beschreibungen, nicht aber eine der ontologischen Differenz.
92 Nochmals soll betont werden, dass diese schon bei Platon vertraute Redeweise (*Alkibiades I* 129c), die Aristoteles aufnimmt, nur noch in einer phänomenologischen Perspektive funktionstheoretisch verstanden werden kann, ohne in einen Dualismus zurückzufallen. Ein Steuerndes (Geist, Vernunft) wirkt auf etwas Zu-Steuerndes ein, wobei das Steuernde im Zu-Steuernden des Körpers selbst wirkt und mit ihm verbunden wirkt. Eine aktive zerebrale Steuerungsinstanz anzunehmen, die einem bloß passiven Muskelgewebe gegenübergestellt würde, ist keine adäquate Beschreibungsweise gelingender menschlicher Handlungserfahrung, die jeweils eine integrierte leiblich.geistige Erfahrung ist. Dennoch ist das Bewegende in ihr nicht differenzlos gleichzusetzen mit dem gesamten Körper, denn ohne die funktionale und phänomenal erfahrene Differenz ist Handeln als bewusste Selbstaktivierung nach Gründen nicht zu begreifen.
93 Wiles 1997, S. 77.
94 Gerhardt 1999, S. 228.

schen Ironie das eigene Verhalten zum Grund der Selbstverletzung, sodass eine aktive Distanzierung ihre Funktionalität verliert. Der Umschlag aus der Praxis ins Selbst kann nicht auf Distanz gebracht und produktiv verarbeitet werden, das frühere Selbst lässt sich nicht fortsetzen, das neue steht ihm entzweit und hilflos gegenüber: Es ist eine zu disruptive, traumatische Erfahrung, in der die handelnde Instanz des Menschen sich nicht gegen etwas wie eine Schmerzquelle oder eine von außen kommende Bedrohung wehren kann, denn dieses etwas ist sie selbst als (Mit-)Ursache des Leidens. Die Folge ist eine Erschütterung des Geistes: Intellektuelles Vermögen schlägt in kognitive Ohnmacht um, Kraft in Schwäche, Orientierung in Orientierungslosigkeit.[95]

Einige Beispiele aus der an Selbstauskünften der Leidenden überaus reichen Tragödienliteratur seien zur Plausibilisierung dieser Erfahrung, die Denken, Kraft, Wollen und Handeln lähmt, angeführt: Atossa, die leidende Königin der Perser, ist in Aischylos' Tragödie vom „Übermaß der Übel"[96], dem großen „Meer von Not" (V. 433) so betroffen, dass ihr Verstand in Mitleidenschaft gezogen wird; „verstört" ist sie „von all dem Unheil" (V. 290 f.) und wechselt zwischen Schweigen und Klagen: „Derart verstört Unheilsbestürzung unseren Sinn" (V. 606). Ihr Mann, der König Xerxes, der den Umschlag von Macht in Niederlage provozierte – „verstümmelt wurde die Stärke" (V. 1035) –, versinkt angesichts der „verhaßten, entsetzlichen/ Urübel" nicht minder orientierungslos im Leid: „Es schreit, es schreit/ Das Herz im Innern der Glieder" (V. 989–991). Die tragische Erfahrung setzt dem Begreifen eine Grenze: „dies Schicksal ragt zu hoch,/ Um zu erfragen, um zu sagen, was uns traf" (V. 291 f.). In Aischylos' *Sieben gegen Theben* klagt der Chor der thebanischen Jungfrauen angesichts der Selbstzerstörung der herrschenden Bürger: „Der Jammer verstört das Gemüt." Und die Schwester der getöteten Brüder ergänzt: „Es ächzt das Herz mir im Innern."[97]

Die titelgebende Figur der *Orestie* wird, kaum dass die eigene Mutter getötet ist, von schrecklichen Erinyen verfolgt. Die Menschen um Orest herum können sie nicht sehen und halten sie für Wahngebilde aus dem frischen Blut, das „verwirrend auf in

---

[95] Mit Orientierungsverlust ist keine kurzfristige Verwirrung etwa über die eigene Position im Raum, sondern eine Irritation gemeint, die die normativen Grundorientierungen des Lebens betrifft (auch wenn diese Irritation dazu führen mag, hier und jetzt nicht weiter zu wissen und selbst räumlich keinen Weg zu erkennen). Der Begriff „Orientierung" wird also weit gefasst und meint nicht nur eine Form vor-propositionalen Wissens (so Gabriel 2005), sondern alle praktisch relevanten Bezugnahmen auf Vorstellungen, Werte oder normative Gesetze, auf die hin sich die Willensbildung ausrichtet. Orientierungswissen erfordert daher auch Unterscheidungswissen (vgl. ebd., S. 328). Orientiert zu sein, soll somit heißen, generell zu wissen, welche Ziele für das eigene Handeln infrage kommen, von welchen Gründen man sich im eigenen Leben leiten lässt und wie diese kohärenterweise eine rationale Lebensform bilden (vgl. Nida-Rümelin 2002 und 2009, S. 177–193). Im übertragenen Sinne weiß also jemand, der Orientierung für sein Leben besitzt, ‚wo es langgeht' in seiner Lebensführung. Die „letzten Orientierungspunkte", gleichsam der Horizont aller partikularen Orientierungen an Zielvorstellungen, sind dann die eigenen Vorstellungen von Glück oder Sinn (Steinfath 2001, S. 344 ff.).
[96] Aischylos: *Die Perser*, V. 331.
[97] Aischylos: *Sieben gegen Theben*, V. 967 f.

deinen Geist"⁹⁸ gestiegen sei. Diese inneren Bilder sind aber eine faktische Gewalt seiner Erfahrung, die ihn aus der geistigen Souveränität reißt, einer Erfahrung, die die übrigen Personen *nicht* machen, da sie nicht für das Geschehene kausal verantwortlich sind. Orest, der zuvor als einziger kühl kalkulierte und handelte, wird nun ebenfalls als einziger rasend, während ihm der Chor weiterhin zuschaut: „Von dannen jagt's mich" (V. 1062). Die Erinyen selbst als im Inneren wirksame Kräfte singen über Orests Erfahrung: „Irrsal! Wirrsal! Wahnsinn!/ So tönt es aus den Erinyen, bar/ Der Leier, und schlägt in Fesseln den Geist/ Und dörrt die Glieder der Menschen."⁹⁹ Ihr „greuliches Irrsal" (V. 375/384) stürzt auf die Leidenden „herab", er ist verwirrt „ohne Sonne, im Dunkel" (V. 377, 396).

Auch die Hiketiden fragen desorientiert und „von Angst umdüstert": „Wohin soll ich mich wenden? Wohin fliehn,/ Wenn irgendwo ein Dunkel, mich zu bergen, ist?"¹⁰⁰ Prometheus sei, so der ihm wohlgesonnene Chor, „vor ungeahntem Leiden [...] die Besinnung [...]/ Abhanden gekommen"¹⁰¹; vollends trifft diese Einschätzung erst für die menschliche Io zu, die, von einer unsichtbaren Bremse der Hera über den Erdball gejagt, Prometheus' Schicksal invers spiegelt: „Irrung, wo führt sie ins/ Ferne mich treibend hin?" (V. 575 f.), fragt sie und zieht verstört später ins Unbekannte: „Das Herz voll Angst schlägt gegen die Brust,/ Die Augen im Kreis gleich Rädern sich drehn,/ Mich trägt aus der Bahn der geile Hauch/ Des Irrsinns" (V. 881–884).

Auch der sophokleische Aias leidet „Irrsal"¹⁰² und ruft die Dunkelheit als sein Licht an. Auf Hyllos, dem Sohn Deianeiras und Herakles', lastet der Schmerz und „verstört ist mein Sinn."¹⁰³ Er erbt gleichsam das tragische Leid der Eltern, in das er ohne Distanz hineingerissen wird: „Ich habe nicht die Kraft,/ Dies Leiden gelassen zu schauen"¹⁰⁴. Kreon, der seiner Sache im Urteilen und Handeln so sicher war, verliert in der tragischen Erfahrung gleichfalls mit einem Mal die existentielle Orientierung: „Wohin?/ Weiß nicht ein noch aus, in lauter/ Leeres greift die Hand, aufs Haupt/ Traf mich würgend mein Geschick."¹⁰⁵ Der erblindete Ödipus ist auch nach Jahren des Leidens nicht nur geographisch orientierungslos und fragt gleich zu Anfang vom *Ödipus auf Kolonos* seine Tochter, wo sie seien, kurz darauf, was er tun, wohin sein Sinn sich „wenden" solle.¹⁰⁶

Hippolytos' Klage ist ebenso „ratlos", wie der Sinn seines Vaters Theseus „verwirrt"¹⁰⁷ ist. Talthybios sieht, wie verstörend Hekabes Verzweiflung wirkt: „Deine

---

98 Aischylos: *Choephoren*, V. 1056.
99 Aischylos: *Eumeniden*, V. 330–334/342–346.
100 Aischylos: *Hiketiden*, V. 785, 778.
101 Aischylos: *Prometheus Desmotes*, V. 472 f.
102 Sophokles: *Aias*, V. 332, 393 ff.
103 Sophokles: *Trachinierinnen*, V. 982.
104 Ebd., V. 991 f.
105 Sophokles: *Antigone*, V. 1341–1345.
106 Sophokles: *Ödipus auf Kolonos*, V. 1 f., 165 f.
107 Euripides: *Hippolytos*, V. 1386, 1414.

Leiden, Unglückliche, haben dich um den Verstand gebracht."[108] Die trojanische Königin, aller Werte ihres Lebens mit einem Mal ohne Aussicht beraubt, weiß buchstäblich wie existentiell keine Richtung mehr einzuschlagen: „Welchen Pfad soll ich gehen,/ diesen jenen? Wohin mich retten?"[109] Das Orientierungswissen, der ethische Kompass für die Praxis, ist nicht mehr vorhanden.

Zusammengefasst ist dies die Erfahrung, die man als Zuschauerin den Figuren implizit zuschreiben kann: Die handelnde Person erfährt sich *zunächst* als bewirkende und verändernde Kraft. Sie ist aus dem Mythos als ein handelndes und damit prinzipiell verantwortliches Individuum bekannt. Tatsächlich stellt die antike Tragödie – anders als manche Tragödien der Neuzeit – keine Menschen vor, denen man nicht oder noch nicht Verantwortung zuschreiben könnte. Im tragischen Personal kommen kaum Kinder und keine prinzipiell geistig eingeschränkten Personen vor. Wenn es allein um die theatrale Inszenierung herzzerreißenden, zumal ungerechten Leidens ginge, wäre wohl auch in Athen nichts angebrachter gewesen, als kleine leidende Kinder zu zeigen.[110] Was die Tragödie aber vorführt, ist eine radikale *Metamorphose von Handelnden*, die durch den plötzlichen Umschlag zum leidenden Opfer des eigenen Bewirkens und Veränderns werden. Sie entzweien sich paradoxerweise genau durch den Verlust einer inneren Differenzierung von sich selbst.

Was in der tragischen Erfahrung gefährdet ist, ist also offenbar nicht direkt die organische Selbsterhaltung – sie ist, solange die Leidenden nicht per Suizid aus dem Leid fliehen, vielmehr Voraussetzung für die immer auch leibliche Erfahrung des Leidens und die punktuellen destruktiven Handlungen. Was auf dem Spiel steht, ist vielmehr die Selbsterhaltung der epistemisch und pragmatisch-technisch souveränen Person. Im Kraft-, Orientierungs-, Macht- und Freiheitsverlust, den die Figuren aus dem Leid heraus konstatieren, liegt eine Bedrohung ihres Status als Akteure, die selbstbestimmt ihr Leben führen. Sie sind, anders gesagt, existentiell betroffen.

---

108 Euripides: *Troerinnen*, V. 1284.
109 Euripides: *Hekabe*, V. 162f.
110 In den Tragödien kommen zuweilen junge, noch nicht im Vollsinn handlungsfähige Kinder vor, doch nur als in der Regel stumme Statisten, nicht als Figuren, die selbst handeln (vgl. Hall 2004, S. 17). Sie werden Opfer oder Zeugen des Schicksals ihrer Eltern, etwa die Kinder des Herakles im *Herakles*, die Kinder der Medea in der *Medea* oder die Kinder von Alkestis und Admet in der *Alkestis* oder die noch jungen Kinder des Ödipus im *König Ödipus*. In den *Troerinnen* wird Andromache (bewegend dargestellt von Vanessa Redgrave in Michael Cacoyannis' *The Trojan Women*) ihr junger Sohn Astyanax, den sie an sich klammert, von den Griechen entrissen und getötet. In Euripides' *Andromache* spricht der vom Tode bedrohte Molossos, Sohn der Protagonistin und des Neoptolemos, ausnahmsweise selbst (V. 503-536). Kinder sind also Opfer in der Tragödie, aber ihr eigenes Leid kommt kaum zum sprachlichen Ausdruck, sondern das ihrer Eltern und anderer Erwachsener, die aber auch für sie ihr Leid aussprechen können wie der Chor der gefangenen Trojanerinnen (Euripides: *Troerinnen*, V. 1090ff.). Ob Kinder wirklich (immer) auf der Bühne als Statisten zu sehen waren, ist nicht erwiesen. Vgl. dazu Blume 1984, S. 87f.; Seeck 2000, S. 217f. Zu Kindern in der griechischen Tragödie siehe auch den gerade erschienenen Forschungsbeitrag von Griffiths 2020.

7.3 Verlust der Distanzregulation: die gestörte Selbstbestimmung

Die Analyse der tragischen Erfahrung hat gezeigt, dass sich tragische Erfahrungen gegenüber Erfahrungen unter Normalbedingungen der Lebenswelt durch eine für die funktionale Teilung von aktiven und passiven Dimensionen zu starke Rückwirkung des Handelns auf das Erfahrungssubjekt auszeichnen. Das Feedback des eigenen Tuns zieht das Zentrum des Handelns, des Wollens, Entscheidens und Sich-Orientierens selbst in Mitleidenschaft. Die Diagnose der Selbstentzweiung besagt darüber hinaus, dass eine womöglich entlastende Trennung zwischen aktivem und erleidendem Teil unter Bedingungen eines immer schon verkörperten Geistes nicht denkbar ist. Der nach Gründen sich zum Handeln aktivierende Mensch steht in einem Selbstverhältnis, das stets auch eine empfangende Dimension hat: Der Akteur ist nicht rein schwebender Gedanke, sondern bewegt *sich* selbst – seinen Leib mit seinen Empfindungen und Gefühlen – unter kontingenten Bedingungen auf ein Ziel hin. Diese Selbstbeziehung in der Selbstbestimmung setzt wiederum die Fähigkeit zur Distanznahme *und* Distanzüberbrückung voraus, die in der tragischen Erfahrung angegriffen wird. Ohne funktionale Unterscheidung von Bestimmendem und dem zu Bestimmenden, zu dem das Bestimmende, wenn nötig, Distanz einnehmen kann, ist eine aktivierende Selbstbezugnahme ebenso wenig möglich wie im Fall einer pathologischen Zementierung des Abstands zwischen Aktivem und Passivem, in der beide Dimensionen einander fremd werden und die Bezugnahme misslingt.[111] Im Zusammenbruch der Distanzbewältigung einerseits und dem Zerreißen existentieller Weltbezüge andererseits liegt ein entscheidender Aufschluss darüber, was tragische Erfahrungen für die Betroffenen so dramatisch macht.

Die Fähigkeit zur Distanznahme und Distanzüberbrückung ist ein Charakteristikum der menschlichen Fähigkeit zur intentionalen Bezugnahme auf etwas, das nicht in unmittelbarer Nähe präsent ist. Alle kulturelle Praxis beruht, zugespitzt gesagt, auf der Fähigkeit zur Distanzregulation.[112] Die Distanz zu etwas *und* die Beziehung zu ihm über diese Distanz sind nun nicht nur ein Merkmal der äußeren Weltbeziehung des Menschen, sondern auch seiner Selbstbeziehung. Die Fähigkeit zur Distanzregulation gehört zu seiner äußeren wie zu seiner inneren Kultur. Ohne reflexive Distanz wäre alles, was aus der Welt auf einen stößt, in gleicher Weise bestimmend, denn man

---

[111] Zu solch einer gestörten Selbstbezugnahme gehören Fälle wie die, wenn jemand nur ‚verkopft' ohne Rücksicht auf den Körper lebt, sich von Wünschen und Interessen entfernt oder ‚niedere Triebe' sich ohne reflexive Bezugnahme des evaluativen Geistes gleichsam von selbst ausleben. Freilich lässt sich eine Trennung, mit der das Problem verschwände, innerhalb der Einheit des Organismus und des Selbstbewusstseins nicht durchführen. Für Menschen als nicht-cartesianische Geister gilt, dass selbst die Unverbundenheit noch eine Beziehung, wenngleich keine aktiv gestaltete, darstellt. Siehe zu den neuronalen und emotionalen Voraussetzungen von aktivierender Selbstbezugnahme Damasio 1997. Zum Phänomen der Entfremdung siehe Kap. 7.6.
[112] Vgl. Blumenberg 2007, S. 10 ff.

könnte für die Selbstbestimmung keine Gründe gegeneinander abwägen und keine Ziele bewusst auswählen, priorisieren und handelnd verfolgen. Menschen wären immer schon von einer Überfülle an Individuellem in zu vielen Sinndimensionen bestimmt und könnten sich allein auf ihre Instinkte bzw. unbewusste Selektionsmechanismen verlassen. Jede praktische Überlegung, jede Entscheidung als bewusste Selbstfestlegung auf eine Option setzt voraus, zu individuellen Möglichkeiten reflexiv Distanz einnehmen und sie aus der Distanz unterscheiden, bewerten und praktisch nutzbar machen zu können.

Harry Frankfurt ist die in den letzten Dekaden vermutlich einflussreichste Theorie dieser reflexiven Struktur im Kontext eines humeanischen Motivationsmodells zu verdanken. Nach Frankfurt haben Menschen als Personen nicht nur Wünsche, sondern können sich auf diese Wünsche auch aus reflexiver Distanz beziehen. Mit diesen Wünschen zweiter Ordnung kann der Mensch auf die ihm gegebenen Wünsche und Affekte Einfluss nehmen, ihr Gegenstand ist also nicht das Objekt, das den Wunsch erster Stufe erfüllte, sondern dieser Wunsch selbst. Personen sind nach Frankfurt in der Lage, Wünsche erster Stufe, je nachdem wie sie sie bewerten, handlungswirksam zu machen oder sie zu hemmen. Höherstufige Wünsche, die Wünsche erster Stufe reflexiv handlungswirksam machen, nennt Frankfurt Volitionen. Ohne sie gibt es keine Willensfreiheit der Person.[113] Jemand, der seinen Impulsen ohne jede Distanz der Bewertung immer Folge leistete, wäre kein reflexiv-evaluatives Wesen und somit keine Person, der Freiheit zukommt. Mit Kant gesprochen, könnte er gar nicht autonom sein, sondern wäre ausschließlich heteronom bestimmt. Frankfurt nennt solch ein (fiktives) Wesen *wanton*.[114] Plausibler als im humeanischen Motivationsmodel von *Wünschen* zweiter Ordnung zu sprechen, ist es, die aus reflexiver Selbstdistanz bewerteten Motive *Gründe* zu nennen.[115] Gründe sind bewusst angeeignete und rational anerkannte Motive.[116] Auch um Gründe zu haben, muss man also zur Welt wie zu sich selbst in Distanz treten können. Denn Aneignung, Reflexion, Abwägung und bewertende Stellungnahme erfordern eine Freiheit, nicht von den Eindrücken der Welt oder den Impulsen aus der eigenen Psyche immer schon durch und durch bestimmt zu sein, sondern sich bewusst durch Zustimmung und Ablehnung frei zu ihnen verhalten zu können.

Ebenso wie die Fähigkeit zur Distanzierung ist also auch die konstante Fähigkeit zur Distanzüberbrückung für selbstbestimmtes Handeln unverzichtbar. Beides muss für gelingende Selbstbestimmung zusammen beschrieben werden. Die reflexive Distanz ist nämlich nur deshalb *funktional* für die Selbstbestimmung von Personen, weil sie durch Identifikationen mit Wünschen, Aneignungen von Werten sowie Urteile und Entscheidungen wieder überbrückt wird. Derjenige, der gleichsam nur aus Distanz Gründe abwägt, aber kein praktisch wirksames Urteil über angemessene Gründe fällt,

---

113 Vgl. Frankfurt 2001a.
114 Ebd., S. 72.
115 Vgl. Nida-Rümelin 2005, S. 79 ff.
116 Vgl. Gerhardt 1999, S. 294.

der Optionen vor dem inneren Auge auftreten lässt, aber keine Absicht formt, die die anderen Optionen (zunächst) hinter sich lässt, und zu einer Entscheidung als abschließendem Moment der Distanzüberbrückung kommt, findet nicht ins Handeln. Er ist ebenso wenig als im vollen Sinne selbstbestimmter Akteur zu beschreiben wie jemand, der sich stets vom erstbesten Eindruck bestimmen lässt.[117]

Dieser Gedanke einer Notwendigkeit des Zusammenhangs von reflexiver Distanz *und* Distanzüberbrückung durch Selbstfestlegung behält seine Gültigkeit auch dann, wenn man, wie in der Philosophiegeschichte selten geschehen, die Bedeutung des Bestimmtseins – des Passiven – gegenüber der des Bestimmens – des Aktiven – betont, wie Martin Seel das in seiner Verteidigung des Sich-bestimmen-Lassens tut. Gegenüber einem aus seiner Sicht zu hohen Anspruch an Selbstbestimmung, die „stets von neuem scheitern"[118] könne, konzipiert Seel einen Begriff der Selbstbestimmung „unter angemessener Berücksichtigung ihrer passiven Leistungen"[119]. Mit Heidegger und Frankfurt erläutert er die Aspekte des Bestimmtseins durch die gegebenen Lebensverhältnisse, in die man eingelassen ist, und die teilweise unbewussten Motive, die einen überhaupt Interesse an bestimmten Handlungsmöglichkeiten entwickeln lassen. Auch für Seel ist das Sich-bestimmen-Lassen trotz der eigenwilligen Betonung auf *Lassen* allerdings ein *Akt* der Selbstbestimmung. Sich-bestimmen-Lassen beruht zwar auf „Fähigkeiten der Rezeptivität"[120]. Es handelt sich dabei aber um „eine umfassende Fähigkeit"[121], die zur Selbstbestimmung als „Möglichkeit der aktiven Festlegung"[122] auf das, wovon ich mich bestimmen lasse, gehört. Sie erfordert ebenfalls Distanz, aus der durch zustimmende oder ablehnende Stellungnahme das Sich-bestimmen-Lassen erfolgt. Für diesen Akt des Lassens, der selbst ein „*Verfahren* von Selbstbestimmung"[123] ist, benötigt man also gleichfalls eine funktionale Distanz zu den Medien, den Materien und den eigenen vorgängigen Motiven. Ansonsten würde man einfach *nur* bestimmt werden, anstatt *selbst zuzulassen*, bestimmt zu werden.

In jeder Variante des anthropologischen Begriffs der Selbstbestimmung, der allen ihren spezifischen Begriffen etwa in der Politik zugrunde liegt,[124] ist also eine funktionale Distanz in der Beziehung auf das, wovon man sich in seiner Praxis und in seinem Selbstverhältnis leiten lässt, vorausgesetzt. Zugleich muss diese Distanz als

---

[117] Es scheint, dass damit ein mittlerweile oft beschriebener soziologischer Typus der Gegenwart getroffen ist: der Mensch, der fortwährend optimiert und seine Möglichkeiten vervielfältigt, ohne sich festzulegen. Diese Sorge um die Offenheit des eigenen Horizonts durch Unbestimmtheit erzeugt Paradoxien fortwährender Selbsthemmung durch strukturelle Präferenz für die Potentialität gegenüber der Aktualität. Daneben gibt es neuronale Schädigungen, die die Brückenbildung von distanzierter Reflexion zum tätigen Handeln behindern, vgl. dazu etwa Damasio 1997.
[118] Seel 2002, S. 280
[119] Ebd., S. 289.
[120] Ebd.
[121] Ebd., S. 296.
[122] Ebd., S. 290.
[123] Ebd., S. 289.
[124] Vgl. ebd., S. 288.

Bedingung der Bezugnahme *genutzt* und daher wieder eingezogen werden. Das Aktive des Bestimmens und das Passive des Bestimmtseins, die im Begriff der Selbstbestimmung verbunden sind, erfordern für ihre Vermittlung gleichermaßen die Fähigkeit zur Distanzierung wie zur Abstandsüberbrückung.

Der Distanzverlust in der tragischen Erfahrung ist, wie bereits beschrieben wurde, dramatisch: In ihr ist die in Erfahrungsprozessen und Handlungen funktionale Distanz zwischen Aktivität und Passivität zusammengebrochen und erscheint zugleich aus der Perspektive der Erfahrungssubjekte nicht wieder restituierbar. Das Verhältnis von Aktivem und Passivem, das in produktiven Erfahrungen wie im Handeln in ein lebendiges Verhältnis tritt, ist lädiert. Die Rückwirkung der die Akteure wie Zuschauer erschreckenden eigenen Handlung unterminiert eine gestaltende und aktivierende Bezugnahme auf sich als „Erleidendem" dieser Rückwirkung, wie sie ebenso eine Transformation der aktivierenden Instanz durch das Bestimmtwerden anhand neuer Erfahrungen verhindert. Es war zu sehen, dass Erfahrungen im oben (Kap. 7.1) konturierten Sinn immer eine Interaktion von Machen und Unterzogen-Werden, von Widerfahren und bewusster Bewertung dieses Widerfahrenden darstellen. In der tragischen Erfahrung kommt dem passiven Moment des Bestimmt-Werdens eine Suprematie zu, die eine aktive Bezugnahme darauf nur in Form der Klage erlaubt, die wiederum von der Anerkennung getragen ist, selbst die Erfahrung nicht ändern zu können. Die Klage ist die Artikulation einer Ohnmachts- und Verzweiflungserfahrung, ohne das Übergewicht des Erleidens gegenüber dem Tun normativ anzuerkennen.

Die erleidende Dimension kann der tragische Mensch als bewusstes Wesen nicht von sich abtrennen, wie eine lokal begrenzte physiologische Läsion etwa durch eine Operation bzw. Amputation vom restlichen Körper getrennt zu werden vermag. Eine spontane psychische Dissoziation, die die Erfahrung innerlich abzuspalten versuchte, wäre ebenfalls keine Lösung, mit der die Erfahrung produktiv überwunden werden könnte. Es handelt sich also um ein „Nicht-abgezogen-werden-Können"[125] von Seele und Leib *in* der Erfahrung des tragischen *pathos*.

Der Distanzverlust ist daher zugleich ein *Selbstverlust*, da die aktivierende Bezugnahme auf sich als Bedingung gelingender Lebensführung misslingt. Das tragische Handeln nimmt nicht nur das Zentrum des Handelns mit, dem Kraft, Orientierung und Willen verloren gehen, sondern auch den passiven Aspekt des fühlenden und empfindenden Menschen, der seine Funktionalität ebenso einbüßt und gleichsam vom Leiden betäubt wird.[126] Den tragischen Heldinnen und Helden geht die Orientierung, zumal die langfristige, verloren; sie wissen nicht mehr, wohin sie sich wenden sollen, es scheint, als hätten sie keine guten Gründe mehr.[127] Die tragischen Personen können im abstandlosen Leiden nicht mehr in lebendiger und zukunftsoffener Weise „*mit sich selbst umgehen*"[128], sie werden von Spielern zu Spielbällen.[129] Sie

---

[125] Heidegger 2002, S. 206.
[126] Zum Phänomen der (Selbst-)Betäubung siehe Trautsch 2004.
[127] Warum dieser Eindruck zutrifft, wird im folgenden Kapitel begründet.
[128] Jaeggi 2005, S. 160.

verlieren ihre Freiheit nicht durch eine bereits vorläufige Unfähigkeit, sich bestimmen zu lassen und sich zu bestimmen, sondern durch den Umschlag, der einen Fall *aus* der Selbstbestimmung darstellt.

Tragische Erfahrung verkehrt also das Verhältnis von Distanz und Nähe ins Gegenteil: Aus reflexiver Distanz wird abstandloses Leiden, aus bewusst praktizierter Distanzüberbrückung im sozialen Handeln wird isolierende Entfernung von der vertrauten sozialen Lebenswelt. Diese Verkehrung ist Ausdruck eines durch den tragischen Umschlag gestörten Selbst- und Weltverhältnisses.

Da schon die Griechen selbstbestimmte Lebensführung als Voraussetzung ihrer Lebensform ansahen,[130] kann man auch darüber hinaus die These vertreten, dass das Dasein in seiner kulturellen Existenz in den Tragödien selbst auf dem Spiel steht. Tatsächlich deuten die Verwandlungen der Leidenden nach Art getriebener Tiere, unkontrollierter Dämonen oder – wie im Fall des Herakles – nach Art der Ungeheuer, die der Zivilisation bedrohlich gegenüberstehen, auf den Einbruch einer urtümlichen Natur in die kulturelle Selbstbehauptung.[131] Das Können, das sich in den aus dem Mythos allen Athenern bekannten Helden beispielhaft verdichtet und in der *technē* als kognitiv-kratischer Fähigkeit kulturkonstitutive Bedeutung erhält, schlägt in tragischer Verkehrung in eine gleichsam wild-chaotische Ohnmacht um.

Die Erfahrung, mit eigenem Handeln das eigene Zugrundegehen zu befördern, raubt die für das Handeln nötige Energie der Gelingenserwartung. Das tragische Leiden steht dem Geist nicht als Affektion des Leibs *gegenüber*, sondern *trifft ihn* plötzlich. Der amerikanische Philosoph George Harris hat die intellektuelle Dimension des tragischen Leids daher treffend mit dem Begriff einer „Trauer der Vernunft" (*Reason's Grief*) gefasst, einem schmerzvollen Kummer, der die Rationalität selbst betrifft.[132] Die „Grenze der Vernunft"[133], die die Tragödie zur Erfahrung bringt, ist nicht ihr ganz Anderes, dem sie unverbunden gegenüberstände – etwas rein Somatisches, irrational Affektives oder das alogisch Unbewusste. Vielmehr wird die Begrenzung der Vernunft von eben dieser Vernunft als verkörperter Instanz der Selbstführung selbst erfahren: Nicht nur ein „Aussetzer des Vernunftprogramms", vielmehr ein „Sturz"[134]

---

129 Vgl. zu dieser Unterscheidung Seel 2002, S. 295.
130 Siehe Kap. 3.4 und 3.5. Vgl. Müller 2003; Trautsch 2019.
131 Das aus der strukturalistischen Kulturanthropologie vertraute Gegensatzpaar von Kultur und Natur bzw. Ordnung und Chaos ist vor allem in den Arbeiten von Charles Segal in der antiken Tragödie untersucht worden, vgl etwa Segal 1981 und Segal 1986.
132 Harris 2006. Für Harris ist „Reason's Grief" allerdings kein Bedauern im individuellen Fall (reason's regret) sondern die tragische Einsicht, dass Entscheidungen und Handlungen in Bezug auf Werte oft nicht nur inkommensurabel, sondern auch unvergleichbar sind und eine Form des guten Lebens, die diese zu integrieren vermag, unerreichbar erscheint. Ich stimme hier mit Harris nicht überein, doch seine Formel ist für die tragische Erfahrung passend.
133 Menke 1996a, S. 19: Die „Erfahrung des Tragischen *ist* die Erfahrung der Grenze der Vernunft". Vgl. Critchley 2019, S. 35, der von „reason's terminus" spricht.
134 Lehmann 2013, S. 53.

der Vernunft im Bewusstsein ihrer Machtbegrenzung prägt das tragische Leid, das auch ein Leiden der Vernunft ist. Es ergreift die *ganze* Person.

In den folgenden Kapiteln soll die Macht der tragischen Erfahrung für das Personsein in verschiedenen Dimensionen näher untersucht werden und die Antwort auf die Frage präzisiert werden, inwiefern die Existenzweise der selbstbestimmten Lebensführung in der tragischen Erfahrung zerstört zu werden droht.

7.4 Scham und Selbst

Der Verlust der Fähigkeit zur Distanzierung wie zur aktiven Weltverbindung im tragischen Leid hat stets eine soziale Dimension, die in der Form der Tragödie als theatralem Spiel selbst angelegt ist. Denn die Tragödie bringt durch die Artikulation der Figuren Erfahrungen *immer vor anderen* zum Ausdruck. In der Aufführung werden die Stimmen und Körper mehrerer Figuren und des Chors kommunikativ verflochten und selbst seltene Monologe allein auftretender Figuren in den Fokus der Publikums-Öffentlichkeit gesetzt. Eine Art romantische Innerlichkeit, die das Leiden reflektierend in sich selbst beließe und schweigend reines Für-sich-Sein bliebe, widerstritte der theatralen und sprachlichen Form der Tragödie als interaktiver, theatraler Verhandlung sozialer Realität vor den Augen eines drameninternen und -externen Publikums. Alle Anwesenden stehen „in psychologischer und soziologischer Wechselbeziehung [...] einer gemeinsamen Öffentlichkeit"[135]; die Bedingung für die aufschlussgebende Funktion des Selbstausdrucks der Individuen ist die Öffentlichkeit des Theaters. Nur eine Klage, die gehört wird, kann ihr expressives Potential zur Mitteilung über die Person des Klagenden und den Grund der Klage entfalten. Öffentlichkeit und Wahrnehmung von Individualität sind im antiken Theater unauflöslich verbunden.[136]

---

[135] Schmitt 1985, S. 37.
[136] Da die Tragödie auf eine technisch nicht verstärkte Wirkung in einem großen architektonisch zur Umgebung offenen Raum angewiesen ist, kann sie ebenfalls nicht auf die mimischen oder akustischen Feinheiten des Ausdrucks setzen, die die Kamera im Film durch *Close-ups* oder das Mikrophon wahrnehmbar machen (während Aischylos als Schauspieler mit lauter Stimme alles Publikum erreicht haben soll, hatte Sophokles eine leise Stimme und ließ drei Schauspieler für ihn sprechen, vgl. Kittler 2006, S. 170 f.). Der Zuschauer im Dionysos-Theater kann nur aufgrund des weitaus sicht- und hörbaren sprachlichen sowie gestisch-tänzerischen Ausdrucks auf die innere Erfahrung der Figuren schließen. Das ist aus heutiger Sicht ein Vorteil, weil sehr viel an Selbstausdruck in die Sprache gelegt wird, die in den Texten überliefert ist. Tanz und Musik dagegen können nur bedingt rekonstruiert werden und bleiben in dieser Arbeit daher eine bewusste Aussparung, die der Imagination überlassen wird. Nach den überlieferten Texten, die selbst kaum Bezug auf Tanzbewegungen oder Gesangsmodi nehmen, und der Tragödienreflexion bei den Sophisten, Platon und Aristoteles stehen Tanz und Musik zumindest nicht im Verdacht, die Antworten auf die Fragen nach tragischem Handeln und tragischer Erfahrung, die in dieser Arbeit verhandelt werden, falsifizieren zu können. Vielmehr dürften sie die tragische Wirkung noch unterstützt haben.

Da sich der Distanzverlust im tragischen Leid wie das gleichzeitige Aufreißen der sozialen Distanz im Theater in der öffentlichen Sphäre der Mitteilung vollziehen, verwundert es nicht, dass auch das soziale Gefühl der Scham für die tragische Erfahrung in mehreren Fällen der überlieferten Tragödienliteratur charakteristisch ist.[137] Denn Scham setzt die wirkliche oder gedachte Gegenwart anderer Menschen voraus, indiziert also stets eine Erfahrung unter Konditionen vergesellschafteten Lebens. Scham ist ein Gefühl, das ein potentiell kritisches Publikum voraussetzt, wobei dieses verinnerlicht sein kann. Für die Erhellung der Struktur tragischer Erfahrung ist die Scham deshalb besonders aufschlussreich, weil sie, an der das Schamsubjekt leidet, ein höchst individueller leiblich-affektiver Ausdruck einer evaluativen Selbstbewertung im Medium der Öffentlichkeit darstellt.

In der Kultur der Griechen ist Scham (*aidōs*) ein hoch differenziertes Gefühl und tritt nicht erst bei den Tragikern, sondern schon in den homerischen Epen als ein allgemein verbreitetes ethisch aufgeladenes Gefühl auf, das prohibitiv als Scheu, adhortativ als Wertgefühl für die eigene Ehre wie reaktiv als Scham über etwas Begangenes verstanden wird.[138] Eric R. Dodds' durchaus mit Vorsicht aufgestellte These einer Transformation der frühen homerischen Schamkultur in eine Schuldkultur zur klassischen Zeit kann dabei nur noch bedingt überzeugen, denn in der Moralpsychologie der Griechen werden Scham und Schuld nicht klar getrennt und auch heute wird die Abgrenzung eher weich aufgefasst.[139] Insbesondere in der Tragödie ist Scham insofern umfassender, als sie auch dort auftritt, wo subjektive Schuld wie im Fall des göttlich induzierten Wahnsinns ausgeschlossen wird.[140] Dieser Befund ist umso erstaunlicher, als in der neuzeitlichen Tragödientheorie stets die Ambivalenz der Schuld

---

137 Scham kommt in Aischylos' *Hiketiden*, in der *Orestie* und in nahezu allen Tragödien des Sophokles und Euripides vor. Vgl. Cairns 1993, S. 178–342.
138 Vgl. Williams 2000, S. 88 ff. Im Altgriechischen gibt es „die weitestgehenden und feinsten Differenzierungen des Begriffs" (Ruhnau 1992, Sp. 1208 ff.); auf sie kann ich hier nicht in dem Maße eingehen, in dem es die Scham als Element der tragischen Erfahrung verdiente. Zur Scham (*aidōs* oder *aischynē*, ähnlich auch *sebas*) in der frühgriechischen Kultur und der Tragödie siehe die begriffshistorische Studie von Erffa 1937 (zu den Tragikern, S. 86–171); Adkins 1960, S. 46 ff.; Cairns 1993; Steger 1997; Williams 2000, S. 88–119; Stenger 2008; Meyer 2011.
139 Vgl. Dodds 1991, S. 17–37. In der Ethnologie sind seit Ruth Benedicts von Dodds für sein 1950 erstmalig erschienenes Buch direkt rezipierter und bereits früh umstrittener Unterscheidung zwischen Scham- und Schuldkulturen (Benedict 1946) beide Begriffe voneinander abgegrenzt worden. Meist wurden seitdem die frühe Antike und der Osten als Schamkultur, der Westen dagegen als Schuldkultur gedeutet, wobei man Schuldkulturen als moderner ansah, weil Schuld die Bedeutung der individuellen Intention und der Selbstbewertung voraussetze, Scham dagegen das Handeln nach sozialen Erwartungen bewerte. Unabhängig von der Kritik an der pejorativen Schlagseite der Unterscheidung, die bereits Benedicts Forschung in Japan nach dem Krieg prägte, scheinen sich tatsächlich die Phänomene der Scham und des Schuldbewusstseins in der Regel zu verbinden, wenngleich es Fälle von Scham ohne Schuld (die Scham des körperlichen Entblößtseins z. B.) und Schuldbewusstsein ohne Scham gibt (etwa im Wissen, bewusst aus einem Wertkonflikt heraus Schuld auf sich geladen zu haben, für die man sich nicht zu schämen braucht). Zur Kritik an Dodds historischer These vgl. Cairns 1993, S. 27–47.
140 Vgl. Padel 1995, S. 155 f.

im Fokus stand, Scham hingegen kaum erwähnt worden ist. Stattdessen fokussierte man sich neben der Schuld allein rezeptionsästhetisch auf die beiden aristotelischen Schwerpunktaffekte Mitleid und Furcht.

Nach Nietzsches psychologischen Beobachtungen zur Scham waren es zuerst die wie Nietzsche ebenfalls für das Tragische sensiblen Denker Georg Simmel und Max Scheler, die das Gefühl für eine soziologische und philosophische Erörterung erschlossen haben.[141] So wurde es auch erst spät mit der Tragödie in Verbindung gebracht: Bernard Williams hat in seinem Tragödienbuch überzeugend geltend gemacht, dass *aidōs* sowohl Scham als auch Schuld meinen kann und die Griechen „so etwas wie Schuld einem weiteren Verständnis von Scham eingegliedert" hätten.[142] Es wird sich in diesem Kapitel zeigen, dass ein wichtiges Abgrenzungskriterium zwischen Scham und Schuld – das der versuchten Wiedergutmachung – gerade in der tragischen Erfahrung nicht greift.

In vier Aspekten ist die Scham aufschlussreich für die Struktur der tragischen Erfahrung: 1. kommt beiden Erfahrungen eine Spannung zwischen Aktivem und Passivem zu; 2. sind Plötzlichkeit und Abtrennung vom sozialen Umfeld bei gleichzeitiger Kontinuität der Bezogenheit Kennzeichen beider Erfahrungsmodi; 3. ist Scham ein Gefühl, das – mehr als andere Gefühle – eine Erfahrung des Machtverlusts darstellt; 4. ist die Erfahrung der Scham reflexiv: Sie verweist das Schamsubjekt auf sich selbst. Im Folgenden sollen soziale, anthropologisch-kulturphilosophische, normative, leibliche und existentielle Dimensionen der Scham zur Sprache kommen, um vor diesem Hintergrund Scham als Dimension tragischer Erfahrung erkennbar werden zu lassen.

Scham ist als sowohl prohibitives wie auch reaktives Gefühl immer ein soziales Gefühl, das geteilte normative Einstellungen nicht nur widerspiegelt, sondern erst aufgrund dieser Einstellungen entsteht. Es tritt als reaktives Gefühl in Situationen auf, in denen Menschen einen bewertenden Bezug auf ihr eigenes Erscheinen im Blick der anderen einnehmen, das den normativen Erwartungen, die diese und sie selbst an sich haben, *nicht* entspricht. Als prohibitives Gefühl versucht es solche Situationen im Sinne einer imaginären Antizipation der möglichen reaktiven Scham zu vermeiden. Als normativ gewirktes Gefühl hat die Scham daher eine *ex-ante-* und eine *ex-post-*Funktion: Einerseits hemmt sie – im Sinne von Scheu – mögliche Impulse, die zu beschämendem Verhalten führen würden, oder begünstigt Impulse, beschämendes Verhalten zu vermeiden;[143] als integratives Gefühl für soziale Erwartungen liefert sie

---

[141] Vgl. Simmel 1999c; Scheler 1986. Eine Bibliographie zur neueren Schamforschung bietet Lotter 2012, S. 73, Fn. 14; vgl. dazu auch den Band von Bauk/Meyer 2011.
[142] Williams 2000, S. 104–119 und S. 195–198, hier: S. 108. Williams' Motiv ist die Aufwertung der Scham als ethisches Gefühl gegenüber dem Primat der Schuld in der modernen Moralphilosophie.
[143] Das ist die wichtigste Funktion der Scham in den homerischen Epen, in denen die Vermeidung von Scham aufgrund von Feigheit als Motivation dient, um in den Kampf zu ziehen (siehe etwa *Ilias* V, 529–532; VI, 441–443 und 459–463). Ehre (*timē*) und (Nach-)Ruhm (*kleos*) zu erwerben sowie Scham

also vor allem Gründe dafür, bestimmte Handlungen *nicht* auszuführen. Andererseits ist sie eine emotional-kognitive Anerkennung eines bereits vollzogenen Fehlverhaltens durch die Akteure selbst, bietet also Gründe für positives Handeln, das die Beschämung symbolisch tilgt im Sinne von Sühne, Entschädigung, Korrektur und Wandel der Lebensführung.[144] In diesem Sinne ist Scham eine Motivationsquelle, Verletzungen normativer Standards zu vermeiden oder die Verletzung bzw. Schande symbolisch auszugleichen und sie dadurch gleichsam zu heilen.

Die Tatsache, sich reaktiv zu schämen, impliziert die Anerkennung, „sich im weitesten Sinne falsch verhalten zu haben."[145] Beschämt zu sein ist also ein dreistelliges Prädikat: Man schämt sich *über* sich selbst *für* das, was man ist bzw. was man getan (oder unterlassen) hat, *vor* anderen. Gegenüber dem Zorn, dem Pendant der Scham im Bereich negativ evaluierender Gefühle, ist sie durch Reflexivität gekennzeichnet. Richtet der Zorn eine negative Bewertung auf eine andere Person und ihr Verhalten, ist die Scham ein emotionaler Ausdruck einer negativen *Selbst*bewertung. Motiviert der Zorn ähnlich wie Empörung, Entrüstung oder Groll zu unmittelbarem Handeln wie sprachlichem Tadeln, unterbindet die Scham eine Reaktion nach außen. Das positive Gegenstück zur Scham als reflexiv-evaluativem Gefühl ist die Selbstachtung, in der Menschen sich begründeterweise selbst als Personen achten, die sich autonom den von ihnen anerkannten normativen Ansprüchen gemäß verhalten. Zur Psychologie achtender Selbstbeziehung gehört zudem die Einsicht, dass sie sich, werden moralische oder auch andere Selbsterwartungen erfüllt und übertroffen, zum Gefühl des Stolzes zu steigern vermag. Stolz und Selbstachtung stehen also im Gegensatz zur Scham, in die sie umschlagen können.[146]

---

zu vermeiden, sind komplementäre Motivationen archaischer Helden, die fast immer maskulin sind. Vgl. Meyer 2011, S. 37–40.
144 Bei dem Phänomen, sich anstelle eines anderen zu schämen, das umgangssprachlich als Fremdscham (engl.: *empathic embarrassment*) bezeichnet wird, fehlt diese praktische Reaktionsmöglichkeit abgesehen von Versuchen, denjenigen, für den man sich schämt, von der beschämenden Qualität seines Verhaltens zu überzeugen. Zur sympathischen Dimension der Scham als Mitscham vgl. Landweer 1999, S. 134 ff. In vielen Fällen ist auch die Scham nicht durch ausgleichende Tätigkeiten aufzuheben, sondern bleibt in der Tragödie als Verschmutzung aufgrund eines Miasmas bestehen (Padel 1995, S. 155). Allerdings halte ich es für falsch, davon auszugehen, dass man Scham – außerhalb tragischer Kontexte – nie praktisch ausgleichen kann. Diese These (vgl. Landweer 1999, S. 46 ff.) beruht meines Erachtens auf einer Verwechslung von akutem handlungshemmendem Schamgefühl und der beurteilenden Anerkennung des Schamgrunds, den man, flaut das Gefühl ab, ggf. auch symbolisch ausgleichen kann, indem man etwa ehrenwertes Handeln dagegen setzt und somit zur Umwandlung der Scham in Selbstachtung beiträgt.
145 Landweer 1999, S. 37.
146 Zur Normativität der Selbstachtung in der Gerechtigkeitstheorie im Anschluss an John Rawls, der begründet, warum es ein Ziel gerechter Gesellschaften sein sollte, Personen diese ihre eigene Autonomie anerkennende Selbstbeziehung zu ermöglichen (1999, vor allem S. 386 ff.), siehe Hahn 2008. Zum Stolz als Gegensatz zur Scham vgl. G. Taylor 1985 und Demmerling/Landweer 2007, S. 258: „Dasjenige, worauf man stolz ist, dafür kann man sich nicht schämen; dasjenige, wofür man sich schämt, darauf kann man nicht stolz sein – zumindest nicht gleichzeitig." Vgl. auch Ze'ev 2000, S. 59 ff.

Man kann parallel zur Schuld eine objektive und eine subjektive Dimension der Scham unterscheiden. Während die objektive Dimension das beschämende Verhalten meint, das im Englischen durch Formulierungen wie ‚it's a shame' zum Ausdruck gebracht und im Deutschen mit deutlich verurteilender Konnotation als ‚Schande' bezeichnet wird, ist die in der Regel gemeinte subjektive Dimension das Scham-*Gefühl*. Dies kann auftreten, wenn der eigene Körper oder das eigene Verhalten nicht einer von Schamsubjekt und Beobachtern – den Scham-Zeugen[147] – geteilten Norm entspricht, wobei sich mindestens sexuelle Scham (in Bezug auf die eigene Nacktheit) und soziale Scham (in Bezug auf das eigene Verhalten) unterscheiden lassen, die sich wiederum in moralische und andere Formen von sozialer Scham differenzieren lassen.[148]

Anthropologisch beruht die Scham auf der strukturellen Verschränkung von Selbst- und Fremderfahrung. Menschen nehmen sich schon aufgrund der Einbettung ihrer Sehorgane in die Augenhöhlen nie als ganze direkt, sondern immer nur vermittelt über andere bzw. Medien wie Spiegel wahr. Oft ist daher in der Erforschung der Scham vom Blick der anderen die Rede, mit dem man auf sich selbst schaue. Der Blick anderer Menschen ist tatsächlich genealogisch das erste, aufgrund dessen die Scham der Nacktheit entsteht, denn entwicklungsgeschichtlich erfährt jeder Mensch zuerst die Blicke der Eltern und anderer Menschen, bevor sich eine Selbstwahrnehmung als besonderes Individuum oder gar reflexive Selbsterkenntnis herausbilden kann, die Perspektivenübernahme und begriffliche Kompetenz sowie Urteilskraft voraussetzt.[149] Jede Inanspruchnahme des Blicks anderer Menschen, das Mit-anderen-Augen-auf-sich-selbst-Schauen ist daher metaphorisch und bezeichnet bereits einen *evaluativen Blick*, der nicht (nur) die körperliche Gestalt wahrnimmt und ästhetisch bewertet, sondern (auch) den Charakter bzw. das handelnde Selbst in wertender Perspektive beurteilt. Beim Blick der anderen handelt es sich also gleichsam um unverfügbare Spiegel mit eigener normativer Urteilskraft.

Anders als der Affekt unmittelbarer Furcht ist das anspruchsvollere Gefühl der Scham ohne gesellschaftliche Interaktion, Anerkennungsverhältnisse und die intersubjektiv kommunizierbare Bewertung von Handlungen und Akteuren nicht denkbar. Scham setzt eine Selbstdistanz im Sozialen und ein evaluatives Bewusstsein voraus, das das eigene Selbst, die eigenen Handlungen und die Urteile derjenigen betrifft, denen man „Bedeutung beimißt."[150] Die Anerkennung *der anderen* als kompetente

---

[147] Vgl. Landweer 1999, S. 92–125.
[148] Vgl. Tugendhat 1993, S. 58 f.
[149] Nach Platon (*Alkibiades I* 132b-133c) braucht man zur ausgebildeten Selbsterkenntnis als rationale Person notwendig das beseelte Gegenüber. Nur in den Augen eines anderen, die eine maieutische Funktion haben, vermag man seine eigene Seele und das wahre Selbst (*auto to auto*: 129b, 130d) zu erkennen, das sich in Weisheit vollendet. Zur Stufenleiter der über den Spiegel des anderen Menschen, der anderen Seele und Gottes sich erweiternden Selbsterkenntnis von Leiblichkeit über die Seele zum Intellekt als wahrem Selbst siehe Pietsch 2008.
[150] Aristoteles: *Rhetorik* II, 6, 1385b27.

Urteilsinstanzen und die Anerkennung *durch die anderen* sind in der Schamerfahrung notwendigerweise verknüpft. Die Scham gehört somit zur exzentrischen Positionalität des Menschen (Plessner), der sich auf sich selbst aus einem Abstand zu sich bezieht, sein Selbst sich vor-stellt und seine Selbsterkenntnis und -schätzung nur über die bereits evaluativ perspektivierten Umwege der Kultur gewinnt.[151] Es ist die im Bewusstsein eingenommene positionale Distanz zum eigenen Körper und seiner Innenwelt, aus der heraus reflexive Beurteilung und Bewertung möglich sind. Dabei ist die exzentrische Position, aus der heraus die Freiheit im Selbst- und Weltbezug gewonnen wird, in ihrer Relation zur Mitte des Individuums nicht gefestigt, sondern notwendigerweise offen für Irritationen, sodass man mit Anja Lietzmann sagen kann, die exzentrische Lebensweise bringe die Scham notwendigerweise hervor.[152] Insofern ist die Scham auch ein Gefühlszeichen für die kulturelle Existenz des Menschen.[153] Den Griechen war das bewusst: Bereits für Hesiod gehört die Scham (mit der Gerechtigkeit) ausdrücklich zu dem, was Menschen von Tieren unterscheidet. Auch in Platons Variante des Prometheus-Mythos ist sie ausdrücklich eine Voraussetzung des eigenständigen Lebens der menschlichen Art.[154]

Das Gefühl der Scham indiziert einen *Mangel* am eigenen Handeln und ist Ausdruck einer negativen Selbstbeziehung des Akteurs, der sich das, was er tat, nicht als Element seines Selbstbildes aneignen kann und will.[155] Die Schamzeugen können durchaus internalisierte bzw. imaginäre Beobachter des eigenen Tuns sein, wofür schon Darwin mit dem Hinweis auf von Geburt an blinde Kinder, die in Selbstbewertung rot werden, einen empirischen Beleg geliefert hat.[156] Man kann sich ohne Anwesenheit von Beobachtern vor sich selber schämen, wenn die normativen Erwartungen Teil des eigenen Selbstbegriffs sind und man sie auch unabhängig von

---

151 Vgl. Plessner 1975, S. 288–346; Plessner 1982a, S. 160 f.
152 Vgl. Lietzmann 2007, S, 51 f.
153 Darin zumindest sind sich Norbert Elias und sein Kritiker Hans Peter Duerr einig. Vgl. zur Rolle der Scham in der Kultur die Kontroverse zwischen Elias' These vom „Vorrücken der Schamgrenze" als Zivilisationsprozess, in dem soziale Erwartungen internalisiert werden (Elias 1992), und Duerrs Gegenthese von der Universalität der sexuellen Scham und der ausgebildeten Kultur im Falle niedriger Schamgrenzen (Duerr 1988).
154 Hesiod: *Werke und Tage*, V. 196–199; vgl. die Parallele des Prometheus-Mythos bei Platon: *Protagoras* 322c: „Scham und Recht" (*aidō te kai dikēn*) habe Zeus den Menschen nach Prometheus' Übermittlung des technischen Feuers noch gegeben, damit sie selbständig untereinander existieren können. Aristoteles bemerkt, dass man sich nicht vor Kindern oder Tieren schäme, sondern nur vor Menschen, an deren Achtung einem gelegen ist (*Rhetorik* II 6, 1384b23 f.). Man muss Grund haben, den Beobachtern des eigenen Verhaltens eine legitime und angemessene Fähigkeit zur Bewertung zuzuschreiben. Schamähnliches Verhalten bei in Rudeln lebenden Säugetieren erfüllt die Funktion der Unterwerfung gegenüber Rudelführern, kann aber aus den dargelegten Gründen nicht selbst als Scham verstanden werden. Vgl. Lietzmann 2007, S. 89–93.
155 Deswegen zählt Aristoteles die Scham trotz positiver Bewertung auch nicht zu den Tugenden, denn der Tugendhafte müsse sich nicht schämen: *Nikomachische Ethik* IV, 15, 1128b27–33.
156 Siehe Darwin 1989, S. 245.

anderen an sich selbst richtet.[157] Der Selbstwahrnehmung reflexiver Personen kommt in der sozialen oder moralischen Scham ein *Primat* zu, denn ein wertender Blick von außen allein, der nicht bereits vom Schamsubjekt für sich selbst anerkannte Normen und vollzogene Wertungen anspräche, stieße eher auf Abwehr und hätte kaum die Macht, das Selbst in die Erfahrung der Scham zu versetzen.[158] Die mächtigste Schaminstanz ist immer das Selbst, das gegenüber dem verurteilenden oder aber entlastenden Blick von außen mehr oder weniger sensitiv ist. Ohne Empfänglichkeit für und Responsivität gegenüber normativen Wertungen wird sich ein Mensch weder vor sich noch vor anderen schämen. Das unterscheidet die Scham in normativen Kontexten, die in einer entwickelten Persönlichkeit Selbstbewertung und Fremdbewertung verknüpfen, ohne dass eine Perspektive gänzlich autonom gegenüber der anderen wäre, von der Scham der Nacktheit, die vermutlich nur dann eintritt, wenn Beobachter zugegen sind.[159]

Nun sollen die Parallelen der Scham zur tragischen Erfahrung aufgezeigt werden. Die Scham hat phänomenologisch gesehen eine aktivisch-passivische Spannung, die sie mit dem Komplex der tragischen Erfahrung verbindet. Zwar kommt diese Spannung allen Affekten zu, in der Scham ist der Gegensatz von aktivem Selbstbezug und Machtlosigkeit aber wie in der Angst extrem. Diese Spannung ist bereits linguistisch vorhanden, denn das griechische Wort für Scham *aidōs* stammt vom medialen Verb *aideomai* ab. Mediale Verben drücken generell eine Spannung zwischen Aktivität und Passivität aus: Das Sich-Schämen ist ebenso Tätigkeit wie Widerfahrnis – es ist also eine *Erfahrung*.[160] Die Gründe, aufgrund derer man sich schämen kann, sind normativ, sodass man auch von falscher Scham sprechen kann, wenn keine guten Gründe vorliegen. Dann sollten rationale Personen versuchen, die Scham zu verändern bzw. wie irrationale Furcht abzulegen. Doch ist ein rationaler Einfluss auf die eigenen Gefühle nicht nach Art einer direkten technischen Veränderung zu denken, die ziel-

---

157 Vgl. Scheler 1986, S. 78; Williams 2000, S. 95 ff. und 196 f.; Tugendhat 1993, S. 57. G. Taylor 1985, S. 66 ff., geht so weit, im Blick der anderen nur eine Metapher für den distanzierten Blick auf sich selbst zu sehen. Das trifft sicher nicht auf alle Schamerfahrungen zu, vor allem nicht auf die in der Kindheit beginnende Schamgeschichte (dazu: Landweer 1999, S. 88 ff.), aber tatsächlich tritt die tragische Scham auch unabhängig vom Blick der anderen auf, wie etwa am sophokleischen *Aias* deutlich wird. Sie ist Ausdruck einer Selbstbewertung.
158 Vgl. die Argumentation von Wollheim 1999, S. 167 ff.
159 Offenbar fühlen Menschen normalerweise keine Scham, wenn sie sich alleine nackt sehen (schon der Spiegel als technisches Substitut für andere Blicke senkt die Schamschwelle). Dennoch sind die Scham der Nacktheit und die des Bloßgestelltseins angesichts von Fehlverhalten eng verwandt und treten am Anfang der jüdisch-christlichen Erzählung vom Beginn der eigenständigen menschlichen Lebensweise zusammen auf, als Eva und Adam nach der Kost vom Baum der Erkenntnis gewahr werden, dass sie nackt sind und gegenüber Gottes Gebot gefehlt haben (Gen 3,6–11). Die Relevanz eines tatsächlich präsenten Beobachters scheint mir aber ein wichtiges Kriterium zu sein, um die sexuelle Scham von der Scham als Gefühl der normativen Selbstverfehlung zu unterscheiden. In der psychoanalytischen Literatur wird dagegen meist jede Schamform auf die sexuelle Scham zurückgeführt. Dazu kritisch Landweer 1999, S. 37.
160 Vgl. Meyer 2011, S. 37; siehe Kap. 7.1.

gerichtet und rasch gewünschte Ergebnisse zu zeitigen vermag. Denn die Gefühle, zumal die Scham, sind zugleich teilweise selbständige psychologische Mechanismen, die Unbewusstes und Bewusstsein verbinden. Menschen sind ihnen immer auch ausgesetzt, insofern sie – wie Erfahrungen im emphatischen Sinn überhaupt – weder *aufgrund* von Willensentscheidungen eintreten noch unmittelbar durch praktische Selbsteinwirkung zu steuern sind. Richard Wollheim hat diese gleichsam aktive Autorität der moralischen Emotionen wie Scham gegenüber den Erfahrungssubjekten in das Bild gefasst: „They speak to us, however ready listeners we may be."[161]

Diese Spannung zwischen Aktivem und Passivem ist in den Funktionen, die die Scham bei den Griechen hatte, gleichsam verteilt: Ist die handlungsmotivierende prohibitive oder adhortative Scheu, wie sie die homerischen Helden antreibt, motivierend, ist die Scham als reaktive Erfahrung auf das eigene Handeln in der Tragödie lähmend.[162] Dieser Umschlag aus einer motivierenden in eine handlungshemmende Scham vollzieht sich gemäß der antiken Bestimmung von *metabolē plötzlich*. Der Wechsel in die Scham ist wie der tragische Umschlag kein allmählicher Vorgang, sondern geschieht mit einem Mal.[163] Die Scham ist auch in nicht-tragischen Fällen durch eine *„Plötzlichkeit des Perspektivenwechsels"* gekennzeichnet, durch den dem Schamsubjekt *„schlagartig"*[164] eine Normverletzung bewusst wird, während es zuvor im Handeln dieses Bewusstsein *nicht* hatte. Während des Handelns wissen die Handelnden in der Tragödie in der Regel noch nicht, dass sie ihr Handeln später als Grund unendlicher Scham erkennen werden. Diese schamauslösende Erkenntnis ist die der *anagnōrisis* als plötzlichem Wechsel von Unwissen in Wissen. Es ist gleichsam der augenblicklich erfolgende Schlag der tragischen Erkenntnis, der ebenso jäh in die Erfahrung der Scham stößt. Diese *metabolē* in die schamvolle tragische Erfahrung bedeutet, „daß ich mir in diesem Augenblick, zuerst körperlich, dann reflektierend, meiner Existenz bewusst werde und dessen, daß ich es bin, der etwas getan oder unterlassen hat."[165]

In Bezug auf den plötzlichen Umschlag steht die tragische Scham im polaren Gegensatz zur tragischen Angst als einem der zentralen Affekte der Tragödie.[166] Denn die Angst, die auch eine Angst vor der beschämenden Situation (Scham-Angst bzw. Furcht-Scham) sein kann,[167] kann die Zeit *vor* dem Eintritt bzw. der Erkenntnis eines Umschlags bestimmen, während die Scham ihm folgt. Nicht nur das Publikum kann

---

161 Wollheim 1999, S. 154.
162 Laut Steger 1997, S. 63, tritt die reaktive Scham zum ersten Mal bei Solon auf, bis Sophokles und Euripides sie thematisieren. Diese historische Gegenüberstellung ist problematisch, denn bereits Homer und Hesiod imaginieren den beschämten Zustand, den es zu vermeiden gelte.
163 Vgl. schon Immanuel Kant: *Anthropologie in pragmatischer Hinsicht* § 73, AA 7, S. 260.
164 Landweer 1999, S. 111 (dort auch der Hinweis auf Kant).
165 Stenger 2008, S. 225.
166 Angst bzw. Furcht (*phobos*) ist ein Publikumsaffekt, der die Zuschauerinnen und Zuschauer ereilt, weil sie sich vor dem tragischen Schicksal fürchten, das auch ihnen widerfahren könnte, weil sie den Figuren hinreichend ähnlich (*homoion*) sind (*Poetik*, 1453a 7–12).
167 Siehe Steger 1997, S. 64f.

sich ängstigen, das etwa im *König Ödipus* bereits die tragische Ironie erkennt, die dem Helden noch verborgen ist, auch wenn er sie irgendwann ängstlich zu ahnen scheint, sondern auch auf der Bühne haben die Figuren zum Teil entsetzliche Angst: Sie ängstigen sich diffus, ohne zu wissen, wovor genau – wie der Wächter oder der Chor in Aischylos' *Agamemnon*, schließlich auch Agamemnon selbst und Kassandra, die das Unheil des Getötetwerdens voraussieht. Oder die Angst ist eine konkrete, inhaltlich bestimmte Furcht, wenn bspw. die Chöre in *Sieben gegen Theben* vor dem Unheil des Falls der Stadt oder in den *Hiketiden* vor der Eroberung durch die Ägypter durch und durch von ihr bestimmt sind. Vor allem Aischylos hat die Angst der Figuren effektvoll in Szene gesetzt.[168] Ähnlich befällt aber auch die Figuren des Sophokles Angst, wenn sie zu ahnen beginnen, dass sie mit dem Umschlag ins Unheil konfrontiert werden wie Deianeira, König Ödipus oder Iokaste. Gleiches gilt für Iphigenie, Phaidra, Pentheus oder Alkestis des Euripides. Alle ängstigen sich aber, *bevor* der drohende Umschlag ins Leid vollendet ist. Erkennen sie das selbstfabrizierte Unheil als gewiss und selbstverantwortet an wie Aias, Ödipus, Deianeira oder Phaidra, ist nicht mehr Angst das dominierende Gefühl, das im Schrecken über das Unheil kulminiert, sondern Scham. Das beschämte Leiden am Umschlag und seinen Konsequenzen, das dann von Scham begleitet wird, wenn die Akteure unfreiwillig und unbewusst gegen sich selbst gehandelt haben und andere diese Verfehlung bemerken, ist die Mündung der Angst.

Die reaktive Scham der tragisch Gescheiterten raubt ihnen mit einem Mal das Selbstvertrauen und jede Initiative. Euripides' Orest, Phaidra oder Herakles bedürfen des Rats sowie der körperlichen, seelischen und geistigen Unterstützung anderer, weil sie selbst, gefangen in Scham, vollkommen passiv und hilflos sind.[169] Während die Selbstachtung das Subjekt *stärkt*, *schwächt* die Scham es und nimmt ihm seine Handlungsstärke.[170] Sie macht machtlos, die sich schämende Person zieht sich duckend, schrumpfend und versinkend in sich zusammen.[171] Diesen Zusammenhang konstatiert bereits Hesiod, der die Ambivalenz der Scham bemerkt, die den schwachen, Mangel leidenden Menschen weiter entkräfte, während der kühne Mut (*tharsos*) denjenigen stärke, der keinen Mangel leide.[172] Fühlt man sich groß im Stolz, ist das Selbstgefühl in der Scham klein.

Phänomenologisch ist das Gefühl der Scham daher von Leiberfahrungen geprägt, deren Auffälligkeit darin besteht, das Schamsubjekt gleichsam zu überfallen und es handlungsunfähig zu machen. Das (aufgrund der Masken in der attischen Tragödie

---

[168] Vgl. Romilly 1971; Schnyder 1995.
[169] Vgl. Stenger 2008, S. 228 f.
[170] Vgl. G. Taylor 1985, S. 81.
[171] Vgl. Landweer 1999, S. 40; Lietzmann 2007, S. 134 f.; Mariauzouls 1996, S. 27 f. Daher ist die Scham als Sanktion auch in Fragen politischer Herrschaft und Macht von großer Bedeutung, siehe Landweer 1999, S. 160–216.
[172] Vgl. Hesiod: *Werke und Tage*, V. 317–319. Auch hier zeigt sich eine Verbindung Hesiods zu Platon, dessen Sokrates die Scham ambivalent sieht, weil nicht jede Scham berechtigt ist und Scham selbst nicht erstrebenswert erscheint (Platon: *Charmides* 160e-161a).

unthematisierte) Phänomen des Errötens ist offenbar eine körperliche Erregung (erhöhte Pulsfrequenz), deren Kennzeichen es ist, sich nicht in Bewegung umzusetzen.[173] Die Scham drängt, wie bereits hippokratische Texte schildern,[174] zu einem Sich-Verstecken vor den Blicken der anderen, das, wenn diese situativ nicht zu meiden sind, sich bis zum Wunsch steigert, ‚im Erdboden zu versinken' oder ‚sich in Luft aufzulösen'. Doch diese praktische Tendenz, die Selbstpräsentation in der sozialen Öffentlichkeit zurückzunehmen, verwirklicht sich in der Regel nur symbolisch durch Ersatzhandlungen für die situativ oft nicht mögliche Flucht vor den Blicken der anderen wie etwa durch das typische Senken des Blicks.

Die Beispiele aus der Tragödienliteratur für Verhaltensweisen, in denen Distanz sozial aufreißt – das Fliehen vor den Blicken der anderen, das Sich-Zurückziehen aus dem sozialen Raum, das Schweigen oder Stöhnen, das Sterben-Wollen –, indizieren, dass es sich, selbst wo das Wort nicht verwendet wird, bei der tragischen Erfahrung meist auch um eine Schamerfahrung handelt. Herakles birgt in einem Mantel sein Haupt, denn, wie Amphitryon erklärt, „schämt [er] sich vor deinem Antlitz,/ vor den stammesverwandten Freunden,/ vor dem Blut seiner Kinder."[175] Auch tragisch Getötete können also im Gedächtnis zu internalisierten Schamzeugen werden. Der euripideische Orest will sich, als der alte Tyndareos kommt, der ihn großgezogen hat, aus Scham angesichts seiner Tat in Nacht oder eine Wolke „vor des alten Mannes Blick verbergen"[176]; auch Phaidra bittet ihre Amme: „Verhülle mir wieder das Haupt, liebes Mütterchen!/ Ich schäme mich dessen, was ich gesagt./ Verhülle!"[177] Agaue verbirgt nach der Tötung ihres Sohns in Umnachtung ihr Gesicht und will nicht mehr gesehen werden.[178] Ödipus sticht sich die Augen aus, um nicht mehr zu sehen, wie er in seiner untilgbaren Schmach gesehen wird.[179] Xerxes, der einst machtbewusste und im Zentrum imperialer Sichtbarkeit stehende König, der sich angesichts der kolossalen Vernichtung seiner Armee nur noch als Übel für sein Land empfindet, wünscht, auch ihn hätte mit seinen Männern „verhüllt des Todes Schicksal!"[180] Das Erschrecken der Mitspieler ist die reaktive Seite des Umfelds, die mit der Scham der Figuren als unfreiwilliger Distanzraumvergrößerung korrespondiert. Die Scham reißt den sozialen Raum emotional auf und treibt das Schamsubjekt in die Isolation, die *aus* der Scham

---

173 Vgl. Platon: *Charmides* 158c; siehe auch Aristoteles: *Nikomachische Ethik* IV, 15, 1128b13. Zur Physiologie des Errötens vgl. Lietzmann 2007, S. 132f.
174 Vgl. Padel 1995, S. 154ff.
175 Euripides: *Herakles*, V. 1199–1201.
176 Euripides: *Orestes*, V. 469.
177 Euripides: *Hippolytos*, V. 243–245.
178 Siehe Euripides: *Die Bakchen*, V. 1300–1302; 1381–1386.
179 Siehe Sophokles: *König Ödipus*, V. 1369–1373.
180 Aischylos: *Die Perser*, V. 917, 932f. Andere ausgewählte Stellen von Schamreaktionen listet Stenger 2008, S. 220, Fn. 14 auf: Sophokles: *König Ödipus*, V. 831–833, 1409–1412; Euripides: *Hippolytos*, V. 300, 415–418; *Herakles*, V. 1155–1162, 1198–1201; Agathon: Frag. 22 in: *TrGF*. Vgl. Cairns 1993, S. 178–342.

heraus für es unüberbrückbar ist. „Shame separates."[181] Sie ist, wie Stanley Cavell bemerkt, „the most isolating of feelings"[182].

In der gefühlten Trennung von Schamsubjekt und erschreckten Scham-Zeugen, die die soziale Desintegration des Schamsubjekts verschärft, tritt die passive Dimension der *unfreiwilligen* Gebundenheit an die Schamerfahrung hervor, aus der man sich nicht lösen kann, weil sie Bewegung inhibiert:

> „Typisch für die Art der Passivität, die das Schamgefühl ausmacht, sind undurchführbare oder sich gegenseitig blockierende Bewegungsimpulse. Wer sich schämt, will sich am liebsten vor sich selbst verstecken, vor sich fortlaufen, in Staub und Nichts oder im Boden versinken. Statt dessen findet man sich an seinem Ort in der Situation festgebannt, Flucht ist allenfalls aus der Situation möglich, nicht aber aus dem Gefühl."[183]

In dieser Symptomatik entspricht die Scham strukturell der tragischen Erfahrung als unfreiwilligem Widerfahrnis, die keinen Ausweg, keine praktische Auflösung für die Figuren erlaubt. Die versuchte symbolische Flucht aus der Gesellschaft vor dem *unfreiwilligen* Wahrgenommenwerden ist als Erfahrung des passiven Ausgeliefertseins daher von der *freiwillig* aufgesuchten Einsamkeit des Eremiten oder des naturverbundenen Gesellschaftsskeptikers, wie sie etwa Henry David Thoreau in *Walden* von 1854 beschreibt, gänzlich verschieden. Die tragischen Figuren verbergen sich nicht nur in ihrer Scham und isolieren sich weiter von ihrer Gemeinschaft, sie verlieren in ihrer Passivität auch die Handlungsfähigkeit. So sind der aischyleische und der euripideische Orest nach der Tötung der Mutter keine aktiven Helden mehr, als die sie zuvor angesehen – und von Apoll angeredet – wurden. Elektra und andere richteten gerade auf Orests vergeltendes Eingreifen alle Hoffnungen. Nun aber flieht Orest bei Aischylos vor den Blicken der anderen, die seine Schmacherfahrung nicht verstehen, und bleibt geschwächt im Schutz eines Tempels liegen; der Orest aus Euripides' gleichnamiger Tragödie ist sogar vollkommen passiv und auf die Hilfe anderer angewiesen.[184] Ähnlich verhalten sich Phaidra und der euripideische Herakles, *für die andere* – Phaidras Amme und Herakles' Freund Theseus – die Initiative übernehmen müssen.

Alle Reaktionen, die die Scham auslöst, sind, wie Hilge Landweer betont hat, zentripetal.[185] Sie lassen das Individuum nicht nach außen streben, nicht sich bewegen und handeln, sondern fesseln es gleichsam an seine eigene Mitte. Mit der Scham gehen „Passivität, Handlungshemmung, Macht und Hilflosigkeit"[186] einher. Die soziale Scham ist eine Erfahrung, die die eigene Anerkennung von Normen und ihrer Verfehlung impliziert; genau deshalb geht die Reaktion der Selbstverbergung ins

---

181 Padel 1995, S. 155.
182 Cavell 1976, S. 286.
183 Landweer 1999, S. 40. Vgl. Stenger 2008, S. 229.
184 Vgl. Stenger 2008, S. 228 f.
185 Vgl. Landweer 1999, S. 125.
186 Stenger 2008, S. 229.

Leere bzw. kehrt sich zirkulär auf das eigene Selbst zurück, vor dem man sich selbst nicht verstecken kann.[187] Die Folge ist eine Verstärkung der sozialen Isolationserfahrung im Medium der Selbstwahrnehmung, denn die anderen erhalten und vertiefen (auch ohne entsprechende Absicht) in ihrem normativ geladenen Blick die Scham.

Entgegen der These Hilge Landweers, Scham habe eine relativ „*kurze Dauer*"[188], ist einzuwenden, dass tragische Scham sich in einer zirkulären Struktur erhält. Sie reagiert nicht nur auf das erlittene Aufreißen der Distanz durch den Blick von außen, sie betreibt ihn zugleich mit, denn das sich schämende Individuum macht sich durch die körperlichen Reaktionen wie das Erröten noch weiter auffällig für die Blicke der anderen, die nun auch das Schämen des Schamsubjekts wahrnehmen und entsprechend schamsteigernd auf es wirken. Da Scham Handlungen zu hemmen tendiert, erzeugt sie zudem selbst weitere Gründe für eine negative Selbstbewertung: Schämen als Erfahrungsprozess gibt keinen Grund zur Abkehr von der Scham, sondern nährt sich selbst.

In der Art der Reaktion der Mitspieler zeigt sich eine Spezifik der Scham im Kontext des Tragischen. Wenn es nämlich um Verhaltensweisen geht, die ethisch verächtlich sind, weil sie durch eine prohibitive Scheu hätten vermieden werden können, ist die eigene Reaktion wie die der anderen bereits bei Homer in der Regel eine Form von *nemesis*, nämlich „Schock, Verachtung, Groll oder [...] Zorn und Empörung"[189]. Das verbindet die Scham als moralisches Gefühl mit der Schuld, auf die die von ihr Betroffenen mit entsprechender Empörung tadelnd reagieren.[190] Diesen Fall gibt es zwar auch in den überlieferten Tragödien, allerdings betrifft er nicht die tragische Hauptfigur, nach der das Drama benannt ist, sondern eine – wiewohl zentrale – Nebenfigur: Neoptolemos lässt sich in Sophokles' *Philoktet* gegen seine ethische Überzeugung von Odysseus zum Betrug an Philoktet überreden. Schließlich aber umfängt ihn die Scham, die er zuvor dezidiert ablegte. Beschämt gibt er dem einsamen König, der ihm grollt, seinen Vertrauensmissbrauch zu und versucht diesen durch Rückgabe des Bogens wieder wettzumachen.[191] Neoptolemos ist es möglich, die

---

187 Beide Dimensionen vermischen sich in der biblischen *Genesis* (Gen 3,7–11): Adam und Eva gelingt es, ihre Genitalien zu verbergen, aber vor Gott als normativer Instanz (die als Stimme überallhin dringt) ist ihr Versteck im Garten Eden nutzlos. Auch hier verbinden sich ursprünglich die meist mit der Visualität konnotierte Scham und die mit der auditiven Wahrnehmung assoziierte Schuld (diese dichotomische Aufteilung halte ich für falsch). Zur griechischen Vorstellung der Scham in den Augen siehe Steger 2007, S. 66.
188 Landweer 1999, S. 42.
189 Williams 2000, S. 93; vgl. Ruhnau 1992, Sp. 1209.
190 Vgl. Tugendhat 1993, S. 58 f. Die These, dass Tadel, Empörung, Entrüstung, Groll, Übelnehmen wie auch Scham nicht hinreichend sind, um von einer spezifisch moralischen Reaktion auszugehen, vertritt Wildt 1993, S. 195 ff. Diese These ist allerdings schon unter einer modernen moralphilosophischen Optik formuliert, die für die Analyse der Gefühle und Erfahrungen tragischer Subjekte zu eng ist.
191 Sophokles: *Philoktet*, V. 122: „So laß ich jede Scham und trete bei." Später trifft ihn unfreiwillig die Konsequenz dieser freiwillig eingegangenen Schamlosigkeit.

Scham durch Korrektur seines Verhaltens abzumildern und symbolisch auszugleichen. Dieser Fall demonstriert, dass es nicht sinnvoll ist, Scham und Schuld in der Tragödie nach dem Kriterium der versuchten Wiedergutmachung zu unterscheiden. Schuld ist durch den Impuls charakterisiert, die Schädigung eines anderen wieder rückgängig machen zu wollen. Das gilt auch dann, wenn nicht absichtlich Schuld auf sich geladen wurde (nicht-moralische Schuld) oder wenn die Wiedergutmachung nicht gelingen kann.[192] Mit Blick auf die Scham wird dagegen in phänomenologischer Beobachtung von der Unfähigkeit geredet, die Scham selbst aufzuheben. Scham hat keinen motivational-voluntativen Anteil.[193] In Neoptolemos' Fall wird aber die normativ unerlaubte Schädigung eines anderen (Philoktet) – dies als die spezifische Bestimmung von Schuld – zugleich als extrem leidvolle Scham gegenüber dem eigenen normativen Selbstverständnis empfunden. Neoptolemos ist *schuldig*, insofern er nach Wildts Bestimmung „*daran leidet, daß [...] er für die Schädigung des anderen kausal verantwortlich ist [...] und dabei Impulse zur Wiedergutmachung erfährt*"[194], und er *schämt* sich zugleich vor sich selbst, weil er seiner noblen Natur, d. h. seinem Selbstverständnis gegenüber, gefehlt hat.[195] Die Scham, an der er offenkundig sehr leidet,[196] ist für ihn aber ausgleichbar, enthält also eine Motivation zur Restitution seines früheren Selbst. Der Sohn Achills *kann* in Sophokles' Tragödie durch das Eingeständnis der eigenen Schuld und die Übergabe des Bogens gutzumachen versuchen, was er Philoktet durch Lüge und Vertrauensbruch angetan hat und wofür er sich so schämt, dass er selbst den Forderungen des mächtigen Befehlshabers Odysseus widersteht: „Schimpflich war die Tat./ Nach besten Kräften sei sie ausgelöscht."[197] Gegenüber Philoktet bereut er sie und macht sie durch die Aushändigung des geraubten Bogens symbolisch rückgängig: „O fluche mir nicht mehr/ Und nimm die Waffe hier aus meiner Hand" (V. 1329 f.).

Ansonsten aber verbinden sich Scham und Schuld in einer für die Tragödie charakteristischen Ambivalenz: Zwar haben die Akteure gehandelt und erst durch das Handeln objektive Schuld bzw. etwas objektiv Beschämendes bewirkt; zugleich trifft sie aber keine subjektive Schuld und kein gerechtfertigter Vorwurf intentionaler Schamlosigkeit, die in angemessener Proportion zu dem Bewirkten stünde. Nicht *weil* die Akteure vorsätzlich schamlos (im Sinne einer bewussten Missachtung prohibitiver

---

192 Vgl. Wildt 1993, S. 205–210.
193 Vgl. Landweer 1999, S. 16.
194 Wildt 1993, S. 206.
195 Gegenüber Philoktet gibt Neoptolemos den Grund seines Schamleidens an: „Alles ist widerwärtig, wenn die eigne Art/ Einer verläßt und Dinge tut, die ihm nicht anstehn!" (Sophokles: *Philoktet*, V. 902 f. (Übersetzung von Schadewaldt). Vgl. dazu Belfiore 2000, S. 76 ff.).
196 Sophokles: *Philoktet*, V. 921: „Ich stecke mitten drin in diesem Leid." (Übersetzung von Buschor). Und V. 928: „Zum Schurken werd ich: das ist meine Qual."
197 Ebd., V. 1290 f. Die Motivation, die beschämende Tat *ex post* rückgängig zu machen, ist so stark, dass Neoptolemos sich auch gegen Odysseus, der ihm droht, durchsetzt. Er behauptet sich gegen dessen Macht, um „das Schlechte gut zu machen, das ich tat" (V. 1266).

Scheu) handelten,[198] haben sie dieses Handlungsergebnis – etwa die geschlachtete Viehherde – bewirkt, sondern dieses umschlagende Handeln ist ihnen handelnd widerfahren. Scham und Schuld verbinden sich in der tragischen Erfahrung als Asymmetrie zwischen subjektiver Erfahrung und objektivem Befund.[199] Wenn man Scham als strukturell egozentrische und Schuld als allozentrische evaluative Einstellungen begreift,[200] muss man sagen, dass ihr gemeinsames Auftreten in der Tragödie gerade darauf verweist, dass Selbst- und Fremdbezug nicht zu trennen sind. Die Tötung seiner eigenen Familie ist für den euripideischen Herakles sowohl kausal verschuldete Fremdschädigung wie beschämende Selbstverletzung.

Scham und Schuldbewusstsein belegen jeweils, dass die Akteure sich als frei und verantwortlich einschätzen. Wäre der Mensch vollständig determiniert, wäre nicht nur die Zuschreibung von Schuld, sondern auch jede von negativen Werturteilen getragene Scham irrational. Scham stellt sich nur bei freiwilligen Taten ein.[201] Tragische Schuld und Scham im Sinne einer Anerkennung eigener Verfehlung normativer Standards können nicht wiedergutgemacht und aufgehoben werden, weil sie nicht ausschließlich die Schädigung anderer betreffen, *denen* man Reue, Ausgleichsangebote oder Bitte um Vergebung entgegenbringt und die einem verzeihen können, sondern immer auch den *eigenen Anspruch an sich selbst*. Dieser Selbstanspruch ist zwar Gegenstand intersubjektiver Anerkennung, wird durch diese Anerkennung aber nicht erst erzeugt (im Gegensatz etwa zu dem Anspruch, einer auf Konvention beruhenden Etikette zu genügen). Die Scham als Urteil über das eigene Selbst bedarf daher auch keiner Sanktion von anderer Seite wie beim Vorliegen moralischer oder juristischer Schuld, sondern ist gegenüber Entlastungen von außen auffällig unempfänglich.[202]

In den meisten Fällen der Scham, in denen es – anders als bei Neoptolemos im *Philoktet* – um die (titelgebenden) tragischen Figuren selbst geht, scheint weder ein Ausgleich möglich zu sein, noch grollen die anderen Figuren den tragischen Helden wie Philoktet dem Neoptolemos. In der Regel klagen die anderen Personen mit den

---

198 Sie sind *per definitionem* gerade nicht schamlos. Schamlosigkeit (*anaischyntia*) weist nach Aristoteles gerade eine Unempfindlichkeit (*apatheia*) gegenüber der Verletzung normativer Ideale auf (*Rhetorik* II, 6, 1383b15). Die tragischen Figuren würden also gerade nicht an ihrer Scham leiden.
199 Siehe zu diesem Phänomen in der neuzeitlichen Tragödie Benthien 2011.
200 So Lotter 2012, S. 105.
201 Vgl. Aristoteles: *Nikomachische Ethik* IV 15, 1128b28f.; siehe Stenger 2008, S. 230f.; Wildt 1993, S. 214.
202 Eine Ausnahme bilden die *Eumeniden* und in gewisser Weise das Ende von Euripides' *Herakles*, wobei unsicher ist, ob die anderen – hier das Gericht, dort der Freund Theseus – die tragischen Figuren tatsächlich vom Leiden an ihrem Scham-Schuld-Komplex zu befreien vermögen. Beide Tragödien lassen das offen. Uneindeutig bleibt auch, ob Herakles am Ende der euripideischen *Alkestis* wirklich die tote und von Admet beweinte Ehefrau aus dem Hades zurückgeholt hat und die Tragödie sich in eine schamlösende Komödie wie bei Shakespeares *Wintermärchen* wandelt, an dem zum Schluss die tot geglaubte Gattin Hermione sich mit ihrem Gatten Leontes und ihrer gemeinsamen, ebenfalls für tot gehaltenen Tochter vereint.

tragischen Protagonisten über ihr unverdientes Schicksal und sind viel eher erschrocken und voller Bedauern als empört.[203] Selbst die Feinde (wie Odysseus für Aias) fühlen Mitleid, wie auch die Griechen als Zuschauer der *Perser* Mitleid mit den Gescheiterten aus dem Osten gehabt haben dürften, deren Darstellung Gegenstand der frühen Tragödie des Aischylos ist. Der Anblick eines tragisch Leidenden ist derart bejammernswert, „daß selbst, wer ihn verabscheut, sich erbarmt."[204]

Wenn Scham in der tragischen Erfahrung ausschließlich eine Reaktion auf die von anderen wahrgenommene Verletzung sozialer Erwartungen wäre, ließe sich nicht erhellen, warum sich diejenigen, die sich schämen, gleichsam zu Tode schämen, obwohl andere sie nicht zu der Scham nötigen, sondern, im Gegenteil, die Scham zu relativieren versuchen.[205] Wäre sie alleine eine Reaktion auf die *faktische* normative Missbilligung oder auch nur Wahrnehmung durch andere, wäre sie von anderen durch Takt, durch Ablenkung, Relativierung, Vergebung oder richterlichen Entscheid aufhebbar.[206] Sie ist aber offenbar als Dimension der tragischen Erfahrung gegenüber Relativierungen robust und motiviert auch gegen den Willen der sozialen *peer-group* bzw. der schamrelativen *honour-group*[207] zu autoaggressiven Taten, die von den Mitspielern nicht als Ausdruck einer berechtigten ethischen Scham begrüßt, sondern gefürchtet und missbilligt werden. Theseus etwa weist in ausdauerndem freundschaftlichem Zuspruch, der deutlich Kritik enthält, Herakles' Wunsch zurück, sich angesichts seiner tragischen Familientötung zu töten.[208] Aias wird von seiner Frau Tekmessa und Gefährten gestützt, die ihn von seinem Suizid, über die er sie in seiner Trugrede täuscht, abhalten wollen. Stenger führt nur Beispiele von Scham in Tragödien als Reaktion auf äußere (wenngleich internalisierte) Erwartungen an.[209] Auffällig ist aber, dass die Figuren auch dann beschämt reagieren, wenn ihr Verhalten aus der

---

203 Vgl. die Aspekte der Reaktion auf die Klagen der Leidenden bei Schauer 2002, S. 291 ff.
204 Sophokles: *König Ödipus*, V. 1297.
205 Lotter 2012 erwähnt Kulturen in Afrika, in denen eine Schamvermeidung selbst bei eigentlich beschämenden Handlungen gelingt, sofern die anderen Menschen schaminduzierende Handlungen wie Verunglimpfungen oder böse Blicke meiden. Die Aufgabe der Schamvermeidung liegt auch in westlichen Gesellschaften zu einem großen Teil bei den Wahrnehmungssubjekten, denen die Aufgabe einer nicht-beschämenden „Kultivierung des Blickens" obliegt (Lotter 2012, S. 92). Siehe auch Kap. 10.3.
206 Das ist der Fall in den *Eumeniden*. Wie es Orest mit der juristischen Entlastung aber ergehen wird, bleibt offen, weil er gleich nach dem Freispruch die Bühne verlässt und Athen Schutz und Segen wünscht (V. 754–777). Die Verwandlung der Erinyen in Eumeniden kann nicht überzeugend plausibilisieren, dass Orest nun fortan mit dem, was er getan hat, gut leben können soll. Ausgeschlossen ist es freilich auch nicht, denn er weiß sich nun rechtlich schuldfrei; und es spräche einiges für eine Interpretation, die in Orests Erfahrung nach der Tötung seiner Mutter ein (noch) ungelöstes Schuldbewusstsein verortet, das nicht mit Scham verbunden ist. Dann wäre er seine Erfahrung mit dem Urteil des Gerichts los. Ob durch den Freispruch wirklich Leiden und Scham aufgehoben und ab nun die „Einheit von Recht und Glück" erreicht werden, wie Zierl 1994, S. 211, meint, lässt Aischylos offen.
207 Vgl. G. Taylor 1985, S. 54 ff., 79 ff.
208 Euripides: *Herakles*, V. 1214–1339. Vgl. zur kritischen Bewertung von Ödipus' Selbstblendung durch den Chor Flaig 1997, S. 133 ff.
209 Vgl. Stenger 2008, S. 232 f.

Perspektive anderer akzeptabel ist. Selbst die extrem um ihr Ansehen besorgte Phaidra findet in ihrer Amme, ihrer zuerst einzigen Schamzeugin, jemanden, der ihr den Grund zur Scham beredt auszureden versucht: „Nichts Unerhörtes, nichts, was unsrem Denken fremd,/ ist widerfahren dir; dich traf der Zorn der Göttin./ Du liebst. Was Wunder? Tust es ja mit vielen Menschen./ [...] Nicht allzu peinlich soll der Mensch das Leben nehmen./ [....] Hab Mut zur Liebe: Eine Gottheit will es so!"[210] Doch anstatt die Scham durch das Urteil ihrer Vertrauten abzubauen, wischt Phaidra den Rat der Amme entsetzt weg und befürchtet nichts weniger als den Untergang in einem beschämenden „Sumpf".[211]

Ist diese tragische Scham also schlichtweg irrational? Bemerkenswert ist, dass die Scham als Kennzeichen der tragischen Erfahrung vieler Figuren selbst die Struktur des normativ irrationalen Verhältnisses aufweist, das zwischen der Handlung und der durch ihren Umschlag erzeugten Folge besteht. Stanley Cavell hält die Scham deshalb als Tragödienmotiv für besonders geeignet, „because it is the emotion whose effect is most precipitate and out of proportion to its cause. [...] Shame itself is exactly arbitrary, inflexible and extreme in its effect."[212] Diese Beobachtung sollte allerdings nicht dazu führen, in der tragischen Scham einen irrationalen Affekt zu erkennen. Vielmehr hat die Scham eine *expressive Funktion*, die durchaus rational ist, insofern sie den anderen Menschen anzeigt, was die Erfahrung des Umschlags für das Individuum *bedeutet*. Sie hat die paradoxe Struktur, die Verfassung des Individuums durch Verdeckung öffentlich wahrnehmbar zu machen. In der Tragödie zeigt sie an, dass etwas mit dem Individuum passiert ist, das es in seiner Identität betrifft und aus seiner Lebensführung schlägt. Ein begründeter Ausweg aus der tragischen Scham als Bewusstsein des Getanen ist dann nicht oder nicht durch Abfederung von außen möglich, wenn die Verfehlung irreversibel ist und sie das Selbst in dem betrifft, was es ausmacht.[213] Scham „is related to everything we would like to hide and that we cannot bury or cover up", so Emmanuel Levinas. Ihre tiefsten Manifestationen lägen daher nicht im sozialen Aspekt der Scham, sondern seien „an entirely personal matter. [...] The necessity of fleeing, in order to hide onself, is put in check by the impossibility of fleeing oneself."[214] Die einzige Alternative zum leidenden Leben in Scham scheint daher für die tragischen Subjekte im Freitod zu liegen – geplant von den aischyleischen Hiketiden, durchgeführt von Aias, Deianeira oder Phaidra – oder in symbolischen Ersatzhandlungen wie Selbstverstümmelung – so bei Ödipus. Für diese Figuren gibt nämlich nur „der unbescholtene, gerechte Sinn", eine allgemein anerkannte In-

---

210 Euripides: *Hippolytos*, V. 437–439, 467, 476.
211 Ebd., V. 486–489, 498 f., 506.
212 Cavell 1976, S. 286. Cavell bezieht sich allerdings auf Shakespeares Tragödien, speziell den *King Lear*.
213 Dazu siehe Kap. 7. Vgl. auch G. Taylor 1985, S. 89. Beispiele aus andern Kulturen bringt Benthien 2006.
214 Levinas 2003, S. 64.

tegrität, „dem Leben erst den Wert"²¹⁵. Da Phaidra – ähnlich wie Aias, Deianeira oder Ödipus – keine Lösung auf ihre Frage „Wie entgeh ich meinem Schicksal?/ Wie die Schmach verbergen?" (V. 673 f.) findet, ist für sie der rasche Tod der „einzge Stern in dunkler Nacht" (V. 600).²¹⁶ Mit dem Suizid verbindet sie womöglich bewusst oder unbewusst die Hoffnung, dass nach altem Kriegerethos ihre Ehre durch das Beenden des beschämten Lebens zurückgewonnen wird.²¹⁷ Das kann dann aber nur eine Ehre im Blick der anderen sein, die weiterleben und das ehrenwerte Ansehen bzw. die Integrität (*timē*) im Sinne einer Restitution und eines Fortlebens der Anerkennung pflegen. Das war bereits das Ziel homerischer Unsterblichkeit. Nicht nur scheitert dieses Vorhaben aber – denn aufgrund des Suizids werden Aias, Deianeira oder Phaidra nicht posthum anerkannt –, es heißt natürlich auch, dass der Suizid für die tragischen Figuren selbst keinen Weg aus ihrer Erfahrung in eine neue Erfahrung sein kann, in der ein positives Selbstverhältnis das Leben trüge. Der Suizid kann den Grund der Scham – das tragische Scheitern – nicht tilgen, mit ihm hört nur die Erfahrung der Scham als Bewusstsein der Selbstverfehlung auf, weil es das Erfahrungssubjekt nicht mehr gibt. „Nur der Tod ist frei von des Elends Zwang"²¹⁸, weil nur er das Ende der tragischen Erfahrung markiert, nicht aber ist er ihre Lösung. Er steht gerade für die Unmöglichkeit, vor sich zu fliehen, da fliehen eine Aktivität ist, die nur im Leben Sinn ergibt.²¹⁹

Weil die Scham der tragischen Figuren auch unabhängig von der Bewertung durch andere aufrechterhalten wird, kann sie nicht Ausdruck einer bloß heteronomen Bestimmung durch den Blick anderer sein. Die tragischen Figuren schämen sich nicht allein, weil es der sozialen Norm entspricht. Dann wäre die Scham bloß ein Mittel zum Zweck sozialer Anerkennung, die sich strategisch inszenieren ließe, und nicht ein Ausdruck für eine existentielle Erfahrung, aus der man sich nicht zu befreien vermag, ohne sein Selbst aufzugeben.²²⁰ Die tragischen Figuren finden keinen Ausweg aus

---

215 Euripides: *Hippolytos*, V. 426.
216 Phaidra sagt das, nachdem die Amme Hippolytos zu seiner Empörung von der Liebe seiner Stiefmutter berichtet hat, sodass sie zur Scham vor sich selbst noch die Scham der Öffentlichkeit zu fürchten hat.
217 Siehe etwa Euripides: *Hippolytos*, V. 402 f. Dazu Garrison 1995, S. 45 ff.
218 Aischylos: *Hiketiden*, V. 802.
219 Vgl. Levinas 2003, S. 64. Es lohnt, immer wieder darauf hinzuweisen, dass für die Griechen alles, was nach dem Tod im Hades für das Individuum kommen mochte, keine irgendwie erlösende oder auch nur wünschbare Angelegenheit war. Wenn es etwas Positives *post mortem* geben sollte, musste es ausschließlich in der empirischen Welt zu finden sein, vor allem der Ruhm (*kleos*), der gute Ruf (*timē*) oder das Gedächtnis in der Nachwelt über die Nachkommen oder in der Dichtung. Diese Einsicht gilt bis zu den Orphikern und dem platonischen Sokrates. Das griechische Todesverständnis, das man auch bei der Tragödie mitdenken muss, ist daher grundsätzlich von dem der monotheistischen Religionen verschieden. Wer sich in Hellas tötet, hat keinerlei Erlösungshoffnung.
220 Im *Hippolytos* wird diese Möglichkeit mitgedacht, Phaidra spricht von einer falschen, gleichsam sozial oktroyierten, und von einer guten Scham, aufgrund der sie, wie sie meint, ihre Liebesleidenschaft – „die schwerste Schmach" (V. 405) – bis zum Suizid bekämpft (V. 385–388). Dafür, dass sie selbst aber eher an dem öffentlichen Ruf im Sinne der falschen Scham hängt wie Hippolytos an seinem

dem beschämenden Sachverhalt, dass sie es sind, die die Erwartungen irreversibel verletzten, denn es sind Erwartungen, die in einer grundlegenden Weise, die im 8. Kapitel zu klären sein wird, das Verständnis betreffen, das die Individuen von sich selbst haben. Deshalb ist die Scham in der tragischen Erfahrung auch eine Scham über die Wahrheit der Tragik – die Scham, dass die Lebenswelt und die eigenen Ansprüche unversöhnlich auseinandergetreten sind.

7.5 Ausgesetztsein und Selbstverlust

In diesem Teilkapitel werde ich ausgehend von der Analyse der Scham im Kontext der Tragödie die These vertreten, dass die Scham in der tragischen Erfahrung nicht heteronom im Sinne der klassischen Ansicht von Schamkulturen ist, sondern vielmehr den Ausdruck einer *existentiellen Selbstbeziehung* darstellt. Die Erklärung der Hartnäckigkeit, mit der tragische Figuren eine durchdringende Scham empfinden, liegt im *Primat des evaluativen Selbstbezugs in der tragischen Scham*.

Die Selbstbezüglichkeit als Quelle der Scham war im 5. Jahrhundert v. Chr. nicht nur den Tragikern bekannt, sondern wurde zeitgleich auch philosophisch gefordert. Demokrit erwähnt mehrfach, dass man sich vor sich selbst am meisten schämen solle.[221] In diesem Primat des evaluativen Selbstbezugs liegt eine Voraussetzung der ethischen Autonomie, die noch vor ihrer Grundlegung bei Sokrates und Platon die Tragiker an Figuren vorzuführen vermochten.[222] Die Scham ist gleichsam das Gegenstück zu ihrer selbstbewussten Selbstbestimmung: Wie sie – etwa Prometheus, Antigone, Aias oder Elektra – sich im Handeln gegenüber der Erwartung anderer aus der vor sich selbst vertretenen Überzeugung, das Richtige zu tun, durchzusetzen vermögen, so können sie sich auch im Leiden *vor sich selbst* am meisten schämen. Wie sie ihren eigenen praktischen Gründen folgen, folgt ihre Scham nicht erst aus den Blicken anderer.

Die rekursive Wendung der Erfahrung auf das Schamsubjekt stellt in der tragischen Erfahrung allerdings keine Form von Selbstvergewisserung dar. Zwar wendet das Selbst sich als Handlungsinstanz und Erfahrungssubjekt reflexiv auf sich selbst zurück, aber darin erfährt es sich zugleich als gefährdet. In der Konjunktion von

---

narzisstischen Selbstbild, argumentiert Williams 2000, S. 111–114. Vgl. ebenso Segal 1970, auf den sich Williams' Deutung bezieht. Anne Carson hat demgegenüber Euripides in den Mund gelegt, dass Phaidra gegenüber ihrer Lebenswelt, in der ihr Begehren desaströse Folgen hat, Scham empfinde: „She was ashamed *at the core*." (Carson 2006a, S. 310).
221 Vgl. Demokrit: Fragmente DK 68 B 84, 244 und 264.
222 Williams 2000, S. 115 f., stellt den Bezug zur Diskussion des Gerechten in Platons *Politeia* her, in der Glaukon den Gerechten als die Person bezeichnet, die nicht wegen der Konsequenzen, sondern aus Selbstachtung gerecht ist, insofern sie „nicht gut scheinen, sondern sein will" (Platon: *Politeia* II, 361b). Diese Auszeichnung ist bei Platon ein explizites Zitat aus Aischylos' *Sieben gegen Theben* (V. 592). Dementsprechend müsste sich der Gerechte auch vor sich selbst schämen, ohne dass andere erst seine Ungerechtigkeit zu erkennen hätten.

Scham und Selbsterkenntnis liegt eine gegenstrebige Spannung, die bereits Georg Simmel bemerkt hat und die generell für die Selbstreflexion und das Selbstgefühl in der tragischen Erfahrung bezeichnend ist: Die Scham exponiert und reduziert das Individuum zugleich. Die „Betonung des Ichgefühls" geht, so Simmel, in der Scham „mit einer Herabdrückung desselben Hand in Hand"[223]. Die Scham lenkt die Konzentration auf das eigene Selbst – und genau dadurch verkleinert sie es.

Diese paradoxale Struktur ist erklärungsbedürftig. Wie soll man ein simultanes Heraushehen und Herabziehen denken? Man hat es bei der tragischen Scham mit einer Verschärfung derjenigen Struktur zu tun, die in jeder Form des selbstreflexiven Gefühls der Scham angelegt ist. Diese macht sie als affektiv-physiologische Entsprechung zur theatralen Konzentration auf das Individuum in der Tragödie deutbar. Die Scham löst das Selbst aus seiner interaktiven Bindung an andere Menschen und macht das im sozialen Raum für andere durch Handlungshemmung, Erröten oder Sich-Verbergen erst besonders sichtbar. Wenn jemand sich verhüllt wie Herakles, wird er in einer Kultur, in der man sich – zumal als *kalokagathos* – normalerweise nicht verhüllt, auffällig. Die Blicke von außen richten sich – ob imaginär oder faktisch – auf das Schamsubjekt, das sich dadurch sozial auf sich zurückgeworfen erfährt, ohne adäquat reagieren zu können. Dabei rückt nicht nur *etwas* an der Person, eine bestimmte punktuelle Abweichung von einer Norm, ins Zentrum der eigenen und fremden Aufmerksamkeit, sondern offenbar greift die Scham vom Besonderen auf das Ganze über: Die tatsächliche oder imaginäre Fremdbewertung im beschämenden Blick und die Selbstbewertung im Schamgefühl betreffen, anders als das Schuldbewusstsein, nicht allein konkrete Handlungen, sondern das ganze Selbst, was sich ebenfalls in physiologischen Reaktionen zeigt, da nicht nur ein Glied des Körpers reagiert, sondern der gesamte Leib betroffen ist.[224] Daher scheinen auch das evaluative Selbstbild und das Bewusstsein körperlicher Integrität im Gefühl der Scham direkt verknüpft zu sein, weshalb sich im negativen Selbstbezug aller Schamformen so leicht ästhetisch-körperbezogene mit ethisch-verhaltensbezogenen Aspekten vermischen.

Diese sichtbare, gefühlte und reflexiv erschlossene Konzentration auf die Integrität des Individuums bildet in der tragischen Scham – im Gegensatz zur Selbstachtung, zur Selbstliebe oder zum Stolz – ein leibhaftig kommunikatives Zeichen für eine bewusste und zugleich *negative Selbstbeziehung*. Aufgrund ihres entgrenzenden Urteils, das von Handlungen auf den Handelnden schließt, ist die Scham weniger eine Sensibilität für gerichtete Kritik als vielmehr, wie Tugendhat schreibt, „ein Gefühl des Selbstwertverlustes"[225]. Das Schamgefühl ist nämlich nicht auf eine konkrete Kritik an einer bestimmten Handlung begrenzt, es geht vielmehr mit einem Urteil über die ei-

---

[223] Simmel 1999c, S. 433, vgl. auch S. 436.
[224] Darwin bemerkte als erster hinsichtlich der Hitzeempfindung beim Erröten, dass die Merkmale der Scham trotz der Begrenzung des Erröten auf die Partien oberhalb der Brust auf eine Affektion des ganzen Körpers und seiner gesamten Oberfläche verweisen (Darwin 1989, S. 246 f.).
[225] Tugendhat 1993, S. 237.

gene Person einher.²²⁶ Daher kann das Schamgefühl nicht nur schützend, sondern ebenso bedrohlich sein. Entsprechend fungiert die Scham als prohibitive Scheu wie ein „*Schutzgefühl des Individuums*"²²⁷, das es vor Situationen bewahrt, in denen es Urteilen über seinen Körper, seine Fähigkeiten und seinen Charakter ausgesetzt wäre. Kommt es zu solchen Situationen, sind die Reflexe der Flucht aus der Öffentlichkeit zugleich eine Schutzmaßnahme, um die handlungsblockierende Situation abzufedern und das Selbst aus dem schamerhaltenden sozialen Bewertungskonnex zu befreien.

Andererseits ist in der Erfahrung der Fokussierung auf das ganze Selbst eine existentielle Gefahr enthalten, da die Scham den evaluativen Selbstbezug insgesamt betrifft und zumal in Kontexten des Tragischen zur sozialen Isolation wie zur Selbstzerstörung führen kann. Richard Wollheim spricht in Bezug auf die Scham von der Gefahr eines Falls, der den *sense of self* bedrohe. Unter diesem versteht Wollheim „that awareness which a person has of himself as an ongoing creature, related to his past, to his present, and to his future"²²⁸. Zwar gefährdet die Scham offenbar primär – wie auch das tragische Scheitern – nicht die organische Selbsterhaltung des Körpers. Die Physiologie der Scham bezeugt ja sogar die Funktionalität einer gewissen körperlichen Vitalität. Die Scham gefährdet – wie die tragische Erfahrung überhaupt – vielmehr das Selbst des Menschen in der Stabilität seines Selbstvertrauens als Akteur.

Hektor schämt sich in der *Ilias* über seine Unbesonnenheit, dem Rat des Polydamas zum Rückzug aufgrund seines kompetitiven Ehrgeizes nicht gefolgt zu ein, und imaginiert, dass er von den Trojanern in Zukunft getadelt werden wird, weil er „auf eigene Stärke vertrauend" viele Menschenleben riskierte.²²⁹ Gerade deshalb – aus Schamabwehr – will er sich daraufhin Achill im Sinne eines korrektiven Verhaltens stellen. In der tragischen Erfahrung dagegen lähmt die reaktive Scham nach der erschreckenden Erkenntnis „Ich war's!" jedes weitere Handeln, weil das Selbstvertrauen von der Scham unmittelbar infrage gestellt wird. Sie sagt gleichsam: Du bist nicht wert, dass du dir praktisch vertraust. Daher weist die Rückwendung des Selbst auf sich in der Scham die Zeichen einer Desorganisation und Krise auf, in der eine existentielle Orientierung verloren geht.²³⁰ Mit Werner Stegmeier kann man diesen Umschlag in Orientierungslosigkeit, den die Scham indiziert, als eine „existentielle Desorientierung" begreifen, in der „die Orientierung im ganzen" gefährdet ist. In solch einer Verzweiflung wisse man „nicht mehr, was man tun soll", weil man „Zweifel an der

---

226 Diese Formulierung scheint mir den Sachverhalt zu treffen, dass das Gefühl weder durch ein vorgängiges Urteil induziert wird noch das Urteil ein bloßes Epiphänomen zum vorgängigen Gefühl ist. Beide treten zusammen auf, auch wenn das Urteil, das man implizit bereits über sich gefällt hat, einem meist erst kurz nach dem Gefühl der Scham bewusst werden mag.
227 Scheler 1986, S. 80. Ich übernehme Schelers These, die Scham sei „ein individuelles Selbstschutzgefühl", ohne seine wertphilosophische Begründung zu teilen (ebd., S. 81). Vgl. dazu auch Lotter 2012, S. 83–87.
228 Wollheim 1999, S. 200. Weniger überzeugend sind Wollheims Überlegungen, was kontingenterweise diesen *sense of self* erzeuge (ebd. S. 150 f.).
229 Homer: *Ilias* XXII, 104–110.
230 Vgl. Lietzmann 2007, S. 138 ff.

Orientierungs- und Handlungsfähigkeit überhaupt" hat.[231] Darwin hat bereits die „disturbance" und „*confusion of mind*" als ein Charakteristikum der Schamsymptomatik ausgemacht und die erhellende, epistemisch präzise Metapher zitiert: „she was covered with confusion."[232]

In der modernen Philosophie ist das Interesse an der Scham und ihrer charakteristischen Herabsetzung des Individuums meist ein Interesse an moralischer Scham.[233] Doch die für die existentielle Wirkung der Scham charakteristische Lähmung der Souveränität beginnt bereits bei der sexuellen Scham, auch sie ist eine situative Erfahrung der Machtlosigkeit. In ihr hat das Schamsubjekt den Eindruck, nur (noch) körperliches Objekt zu sein oder als solches, anstatt als selbstbestimmter Akteur, wahrgenommen zu werden. [234]

Die Passivität der Scham als Macht- und Hilflosigkeit ist noch verschärfter dort zu erkennen, wo die Schamzeugen sich zutiefst beschämend verhalten. Avishai Margalit hat in seiner Untersuchung zu den Bedingungen anständiger Gesellschaften die Rolle von Demütigungen als Verletzungen der Selbstachtung untersucht.[235] Das von Margalit so genannte „Paradox der Entwürdigung" ist auch für die Scham und die tragische Erfahrung aufschlussreich. Darunter versteht der israelische Philosoph die Erfahrung, dass Menschen, die zu extrem demütigenden Verhaltensweisen genötigt werden, dabei selber eine tiefe Demütigung und Scham erfahren. Das Paradoxe daran ist, dass etwa im Falle von Vergewaltigungen oder entwürdigenden Handlungen unter Zwang allein die Täter sich moralisch unwürdig verhalten und aus der Perspektive rationaler Beobachter Grund hätten, sich zu schämen. Doch gefallen sich in der Regel die unwürdigen Täter selbst, während die Opfer in ihrer Selbstachtung massiv gefährdet sind. Margalits Auflösung des Paradoxes erklärt den Verlust der Selbstachtung in der tiefgreifenden Scham damit, dass die Täter mit ihrer überlegenen Gewalt bei den Opfern einen Verlust an Selbstkontrolle erzwingen. Zwar handeln gedemütigte Menschen noch – etwa indem sie sexuelle Handlungen an ihren Peinigern vollziehen –, aber diese Handlungen sind keine Handlungen aus Selbstbestimmung heraus. Sie haben nicht die Chance, sich in ihren Handlungen „von rationalen Gründen leiten [zu]

---

231 Stegmaier 2008, S. 318.
232 Darwin 1989, S. 253–255.
233 Siehe etwa Rawls 1999, S. 388 ff.; Wildt 1993.
234 Max Schelers Beispiel führt für die Geschlechtsscham das aufschlussreiche (wenngleich in seiner Genderspezifik historisch zu relativierende) Beispiel einer Frau an, die sich problemlos als Aktmodell einem Maler nackt zeige. Sobald der Maler sie aber nicht mehr als Beispiel für humane Körperformen, sondern als potentielles Sexualobjekt anblicke, setze eine heftige Scham ein (Scheler 1986, S. 79). Man kann das Beispiel so verstehen, dass die Frau sich aus freien Stücken einverstanden erklärt, an dem Projekt der Entstehung von Aktbildern als Modell und nur als Modell kooperativ mitzuwirken. Der lüsterne Blick des Malers kündigt diese Vereinbarung einseitig auf und zwingt die Frau im Moment des asymmetrischen Ausgesetztseins (er ist angezogen und als Maler aktiv; sie ist nackt und als Modell passiv) in einen beschämenden Zustand beschränkter Selbstbestimmung.
235 Margalit 1999. Eine anständige Gesellschaft (*a decent society*) ist nach Margalit eine Gesellschaft, deren Institutionen Menschen nicht demütigen (ebd., S. 15).

lassen."²³⁶ Vielmehr werden sie zum Verlust der Selbstkontrolle genötigt. Dadurch aber werden sie aus der Gemeinschaft selbstbestimmter Akteure ausgestoßen und nicht mehr als Menschen, sondern als Dinge behandelt. Einem Individuum durch solche in der Tat entwürdigenden Gewalthandlungen „die Fähigkeit zur Freiheit abzusprechen heißt, sein Menschsein zu leugnen." In der von außen durch Zwang oktroyierten Scham hat man es daher mit einer „Demütigung als Freiheitsentzug"²³⁷ zu tun. Sie ist für die Beschämten eine „existentielle Bedrohung", weil sie einer fremden Macht ausgeliefert sind und unter schwersten Bedingungen ihre Selbstachtung erhalten müssen, obwohl sie so behandelt werden, als hätten sie keine Würde.²³⁸

Die Erfahrung der tragischen Scham ist eine Form von existentieller Scham, obwohl bei ihr in der Regel ein externer Peiniger wie bei der von Margalit beschriebenen Demütigung fehlt. Margalit selbst geht allerdings davon aus, dass die Erfahrung der Demütigung nicht voraussetzt, „daß es einen konkreten Menschen gibt, der uns demütigt"²³⁹; daher sind für ihn auch nicht-personale Wirkungskräfte wie Institutionen potentiell demütigend.

Die tragische Erfahrung zeigt, dass auch das Feedback des eigenen Handelns demütigend und beschämend wirken kann. Ist das eine irrationale Reaktion? Offenkundig handelt es sich nicht um eine Reaktion auf intentionale Gewalt, sodass man vielleicht vom Begriff der Demütigung im Kontext des Tragischen Abstand nehmen sollte. Doch die Erfahrung des Ausgesetztseins im Zustand der Machtlosigkeit ist eine der Demütigung strukturell verwandte Erfahrung des tragischen Subjekts, dessen Scham den selbstvollzogenen Ausschluss aus der menschlichen Gesellschaft markiert. Zur Scham gehört nach Margalit dann eine Demütigung, „wenn man sich für eine für das eigene Selbstverständnis konstitutive Eigenschaft schämt"²⁴⁰. In der tragischen Erfahrung schämt man sich nun in der Tat für den *Verlust* einer für das eigene Selbstverständnis konstitutiven Eigenschaft, den man kausal selbst mit zu verantworten hat. Auch auf ein – durch die Scham wiederum verstärktes – Versagen

---

236 Ebd., S. 144. Vgl. dazu Lotter 2012, S. 106–113.
237 Ebd., S. 146f.
238 Ebd., S. 150. Zum Verhältnis von Würde, Integrität und Selbstachtung siehe ebd., S. 64–75.
239 Ebd., S. 157. Julian Nida-Rümelin hat diese These kritisiert. Ihm zufolge können nur intentionale Handlungen von Individuen demütigen (Nida-Rümelin 2005, S. 131ff.). Offenbar gibt es aber phänomenologisch beschreibbare Erfahrungen von Demütigung, aus denen heraus eine intentionale Handlung (von Institutionen oder numinosen Mächten im Mythos) unterstellt werden kann, auch wenn es *de facto* keinen Akteur gibt, der gezielt die betreffenden Subjekte demütigt. Es spricht viel dafür, solche Erfahrungen *nach Art* einer moralisch und rechtlich relevanten Demütigung zu betrachten, um ihren Effekt auf das Subjekt zu begreifen. Es erfährt sich, *als ob* eine demütigende Instanz es zum Objekt degradiert hätte. Diese Instanz gibt es in der hier beschriebenen Demütigung nicht, es ist vielmehr der Sachverhalt, *dass* das eigene Handeln so auf das Subjekt zurückwirken kann, in dem man den Grund der Demütigung erkennen kann. Die Erkenntnis dieses Sachverhalts verstärkt die Feedbackerfahrung zum Gefühl der Demütigung, die die Selbstachtung der Person als freier Akteurin tangiert.
240 Ebd., S. 163.

des Könnens und des Denkens, der intelligiblen und voluntativen Funktionalität des Individuums, kann man ebenso mit Scham reagieren wie auf im engeren Sinn moralische oder konventionell-normative Erwartungen des sozialen Umfelds.[241] Das gilt generell für die Erfahrung der Scham in der Demütigung, insofern sie strukturell als „Offenlegung eines *Nichtkönnens*, einer *Unfähigkeit*, sich zu verteidigen", erlebt wird. Man macht die Erfahrung, „etwas *nicht* ändern, über etwas *nicht* verfügen zu können."[242] Die existentielle Scham in der Tragik ist Ausdruck eines Verlusts der Funktionen der Selbstbestimmung.

Der Unterschied zur Scham angesichts beschämender Demütigung von anderen liegt in der Tragödie darin, dass hier die Figuren selbst handeln und dadurch den Umschlag ins Leid initiieren. Der tragische Held selbst wird durch sein Tun zum passiven Zuschauer seiner selbst und damit „zum Zeugen seiner Hilflosigkeit und seines Kontrollverlustes, ohne von sich selbst loszukommen."[243] Das unterscheidet diese im übertragenen Sinn „selbstdemütigende" Handlung sowohl von einer kriminellen Demütigung anderer als auch von einer internen, produktiven Selbstdemütigung, bei der die Selbstbestimmung erhalten bleibt oder sich vielmehr erst gegenüber heteronomen Mächten behauptet. In der von Kant dramatisch apostrophierten Demütigung der Neigung durch die Vernunft oder der Demütigung, die die kritische Vernunft sich selbst zufüge, liegt für ihn ein Fall von gelungener praktischer und theoretischer Selbstbestimmung. In der *Kritik der praktischen Vernunft* bestimmt Kant die „Demütigung" durch die Achtung für das Gesetz als „negative Wirkung", die aber nur eine „Demüthigung auf der sinnlichen Seite" bedeutet und von einer „Erhebung der moralischen" ausgeglichen wird. Weil die „Demüthigung" der eigenen Neigungen selbst „der Thätigkeit des Subjects" entstammt, ist sie daher letztlich ein „positives Gefühl" und also gerade keine Erfahrung der Schwäche.[244] Demgegenüber ist es, wie Kant in der *Kritik der reinen Vernunft* schreibt, für die Vernunft selbst „demüthigend", „daß sie in ihrem reinen Gebrauche nichts ausrichtet, und sogar noch einer Disciplin bedarf, um ihre Ausschweifungen zu bändigen". Doch auch diese für die Vernunft demütigende Erfahrung der Grenze ihrer Erkenntnismacht ist letztlich wieder stärkend, weil *sie selbst es ist*, die „diese Disciplin selbst ausüben kann und muß, ohne eine andere Censur über sich zu gestatten". Die schwächende Erfahrung wird also instantan umgekehrt, weil die rationale Selbstführung in Kraft bleibt. Darin liegt nach Kant sogar der größte Nutzen der vernunftkritischen Philosophie, diese „Disziplin" der Vernunft als „Grenzbestimmung" *durch* die Vernunft zu erweisen.[245]

Die Erfahrung der tragischen Scham als Selbstdemütigung führt dem Selbst dagegen seine eigene Machtlosigkeit gegenüber dem Geschehen und dem dadurch induzierten Leiden vor und erhält diese Machtlosigkeit eben dadurch unfreiwillig,

---

241 Williams 2000, S. 107.
242 Lotter 2012, S. 112f.
243 Stenger 2008, S. 230.
244 Immanuel Kant: *Kritik der praktischen Vernunft*, AA V, S. 78f., vgl. ebd., S. 71–89.
245 Immanuel Kant: *Kritik der reinen Vernunft*, B 823.

sodass die Vernunft, weil sie nicht die freiwillige Autorin der Selbstdemütigung ist, auch kein neues „Zutrauen zu sich selbst"[246] gewinnen kann. Das Bewusstsein dieses unfreiwilligen Zirkels treibt noch weiter in die Scham; die Schamsubjekte werden gleichsam in „eine[r] Art Entsubjektivierung"[247] zum puren Pathos-Objekt, als welches sie sich wie hilflose Zeugen ihrer Selbst erfahren.

Der Grund, warum es sich bei der tragischen Selbstentzweiung nicht um eine Trennung, sondern um eine interne Diskrepanz unter Bedingungen unaufgebbarer Einheit handelt, ist auch für die Beschreibung der tragischen Scham von Bedeutung. In der Machtlosigkeit, wie sie die Tragödie vorführt, ist das Problem nämlich nicht die bloße Tatsache von Machtlosigkeit überhaupt. Es gibt Zustände, in denen die Machtlosigkeit unproblematisch – wie im Schlaf – oder sogar wünschenswert ist – wie in der Hingabe an ergreifende, gleichsam von außen wie von innen ergreifende Genüsse, zu denen auch tragische Figuren wie Herakles oder Helena fähig sind, wie man aus dem Mythos weiß. Problematisch ist die Erfahrung der Machtlosigkeit nur, sofern sie mit der Selbstbestimmung des Menschen konfligiert. Eine tragisch Leidende erkennt in der Ironie ihres Handelns keine produktive Erfahrung, von der sie sich bestimmen lassen *möchte*. Genau darin tritt die Scham hervor, die erst entsteht, weil das Können und Handeln der Person so gehemmt sind, dass sie ihr Leben nicht mehr selbstbestimmt zu führen und zu formen vermag: Herakles, der erwacht und erkennt, dass er, der Held der Abwehr, seine eigene Familie, die er hatte schützen wollen, unfreiwillig getötet hat, hat nicht die Möglichkeit, sich in dieser Erfahrung auf sein Können und Handeln zu verlassen, weil eben dieses – sein Können und Handeln – sein Leben ruiniert haben. Er ist der Erfahrung hilflos ausgesetzt, die sich seiner annimmt. Die Scham wie auch die Angst drücken die Passivität aus, in der man, in seiner Selbstbestimmung wie von außen beschnitten, auch die Erfahrung macht, die in marxistischer Tradition den Titel Verdinglichung (Lukács) trägt und im 21. Jahrhundert wieder philosophische Aufmerksamkeit auf sich gezogen hat.[248]

In der tragischen Erfahrung wird man dagegen nicht nach Art einer Sache *von anderen* oder strukturell vom ökonomischen System behandelt, sondern durch das Feedback der eigenen Tat emotional versteinert. Das Subjekt wird zum Pathos-Objekt. Die tragische Erfahrung vollzieht sich im sozialen Raum, gewinnt ihre Macht aber daraus, dass sie nicht durch normativ gebotene Korrekturen des Handelns anderer Personen aufzulösen ist. Die lange Tradition der Interpretation tragischer Verstrickung als Ironie des Schicksals resultiert auch aus der Verlegenheit, bei Handlungen, die aufgrund komplexer Faktoren unfreiwillig auf den Akteur zurückwirken, einen konkreten Adressaten für eine verdinglichende, beschämende oder demütigende Handlung ausfindig zu machen, aufgrund der das Erfahrungssubjekt sich entspre-

---

246 Ebd.
247 Stenger 2008, S. 229.
248 Siehe zur sozialphilosophischen Aktualität dieser Kategorie Honneth 2005.

chend verdinglicht, beschämt und gedemütigt – nämlich unfrei, nicht bei sich selbst, gebannt im Leid – fühlt.[249]

In diesem Sinne müsste man auch in Margalits Beschreibung der Demütigungen durch andere ergänzen: Erfahrungen der Demütigung sind nicht allein für die Opfer beschämend, weil sie ihrer Selbstkontrolle beraubt werden, sondern weil sie dieser (temporären) Suspension ihrer Selbstkontrolle nicht zustimmen.[250] Das heißt aber, dass sie fortgesetzt daran leiden, keine selbstbestimmten Akteure zu sein und sich dennoch die unter Zwang erpressten Handlungen zuschreiben, da es nicht möglich ist, die demütigenden Handlungen bloß als mechanische Wirkungen aufzufassen, denen gegenüber man passiv ist wie der Badende gegenüber dem Tsunami. Selbst im erzwungenen Brechen eines inneren Widerstands will der Mensch offenbar eher noch (mit-)verantwortlich als bloßer Gegenstand sein. Personen leiden so sehr am Freiheitsverlust, weil sie als Personen nicht akzeptieren können, ein bloß unfreies Wesen geworden zu sein. Menschen bleiben Personen mit Freiheitsanspruch bis in den exzessivsten Schmerz hinein.[251]

Warum aber vermag die gegenüber solchen gewaltsamen Demütigungen fast harmlos wirkende tragische Scham gleichwohl schlechthin *existentiell* zu wirken? Zu vielen Formen der Scham gehört das lösende Moment, relativ rasch wieder abzuflauen.[252] Aber die Tragödie falsifiziert die These, dass Scham immer „nach wenigen Sekunden ebenso rasch", wie sie gekommen ist, wieder abebbe und „nicht auf Dauer gestellt werden"[253] könne. Das Beispiel der tragischen Figuren, die sich in die Scham steigern und schließlich hilflos umbringen, steht gegen solch eine These. Viele Beispiele aus der Lebenswelt sogenannter Schamkulturen ließen sich zudem als empi-

---

[249] Eine an Connop Thirlwall anschließende Erklärung für die tragische Ironie erkennt das determinierende Moment im dramatischen Text, den die Figuren nachsprechen, so bei Menke 2007a. Aber durch sie wird nicht begreifbar, wie das verzweifelte Leiden der Figuren zu verstehen ist.

[250] Das mag der Grund sein, warum psychologisch gesehen eine Option der Leidensminimierung darin besteht, dem Ausgesetztsein nachträglich doch noch zuzustimmen (vgl. das sogenannte Stockholm-Syndrom).

[251] Darin erkennt David Sussman 2005 die Perfidie der Folter. Sie ist nicht nur eine grausame Praktik, sondern bricht die Menschen dadurch, dass sie sie dazu bringt, etwas – etwa eine belastende Aussage – *selbst* zu tätigen: Ihre Autonomie wird getroffen, nicht allein ihr Körper, sie sind nicht nur passiv, sondern werden zu einer eigenen Sprechhandlung gezwungen. Trotz des physischen Zwangs bleiben sie Akteure, die schließlich gegen den eigenen Vorsatz etwas tun. Die moralische Entlastung, unter Zwang gehandelt zu haben, befreit nicht von der Demütigung, dass der eigene Wille gebrochen wurde.

[252] Vgl. Landweer 1999, S. 42.

[253] Lietzmann 2007, S. 135. Die Autorin grenzt Scham von der Disposition zur Scham, der Schamhaftigkeit, ebenso ab wie von psychopathologischen Zuständen der Depersonalisierung, denen Dauer zukommen könne. Ich halte es aber für unangemessen, im Kriterium der Dauer den entscheidenden Unterschied zwischen normaler und pathologischer Scham zu sehen. Durch die Verbindung von Gefühl und Urteil ist gerade in der nicht-psychopathologischen Scham von der Möglichkeit der Dauer auszugehen, denn schaminduzierende Urteile heben sich nicht nach Sekunden mit einem Rückgang der Pulsfrequenz auf.

rische Beispiele anfügen.²⁵⁴ Die zirkuläre Struktur der Scham, die – als Erfahrung der Machtlosigkeit – wieder neue Scham erzeugt, ist jedoch keine hinreichende Begründung für eine (relativ) dauerhafte und insbesondere tiefgreifende Scham, mit der man es in der Tragödie zu tun hat. Die Voraussetzung dafür, dass Scham nicht nur ein situativer und kurzlebiger Affekt ist, sondern eine massive Belastung im Selbstbezug des Individuums werden kann, liegt in der Unmöglichkeit, den Grund der Scham von sich abzutrennen.

Warum aber können sie sich nicht von ihren Taten lösen, die eine tiefe Spur im Selbstbewusstsein der Individuen hinterlassen? Diese Assoziation von Handlung und Folgen für das Ergehen der Akteure müsste doch gerade über die Frage nach den Absichten auflösbar sein, denn alles, was man weder beabsichtigt noch als wahrscheinliche Folge in Kauf nimmt, liegt nicht in der rationalen Kontrolle der Handelnden und ist ihnen daher auch nicht mit guten Gründen vorwerfbar. Liegt es daran, wie Hegel meint, dass die tragischen Subjekte einfach noch nicht die Stufe der Selbstreflexion erreicht haben, in der man wie in der modernen Moral und Strafjustiz streng zwischen Absicht und Ausführung der Handlung unterscheidet?²⁵⁵ Ist der Mensch der Tragödie in vormoderner Subjektivität also „(wie in den Tragödien der Alten, Ödipus usf.) [...] aus seiner Gediegenheit noch nicht zur Reflexion des Unterschiedes von *Tat* und *Handlung*, der äußerlichen Begebenheit und dem Vorsatze und Wissen der Umstände, sowie zur Zersplitterung der Folgen fortgegangen, sondern übernimmt die Schuld im ganzen Umfange der Tat"²⁵⁶? Und mit der Schuld die Scham?

Die Antwort, die das 8. Kapitel *en détail* entwickeln wird, liegt in der Bedeutung, die die Handlungen und das mit ihnen Misslungene, Verlorene und Zerstörte für die Individuen haben. Die Bedingungen dafür, die eigene Tat von sich abzutrennen, liegen nicht nur in einer Moral und einem Recht, die dem Individuum dies zugestehen. Die existentielle Voraussetzung liegt darin, dass das Individuum die Tat von sich abtrennen *will* und *kann*, weil es sie nicht wesentlich zu sich gehörig versteht. In der Scham angesichts einer misslungen Handlung zeigen sich aber gerade die stärksten Selbstansprüche und *„Erwartungen der individuellen Person an sich selbst"*²⁵⁷. Diese

---

254 Lotter 2012, S. 96 ff., berichtet von ethnologischen Forschungen aus Afrika und Asien, die Suizide als Reaktion auf öffentliche Beschämung belegen. Im Westen ist das ebenfalls aus allen Schichten der Gesellschaft bekannt, und es wäre einigermaßen absurd anzunehmen, jemand töte sich allein aufgrund eines einige Sekunden anhaltenden Gefühls. Vgl. dazu Marks 2007.
255 In Hegels *Grundlinien der Philosophie des Rechts* (Theorie-Werkausgabe, Bd. VII) heißt es: „Die Folgen, als die *Gestalt*, die den *Zweck* der Handlung zur *Seele* hat, sind das Ihrige (das der Handlung Angehörige), – zugleich aber ist sie, als der *Äußerlichkeit* gesetzte Zweck, den äußerlichen Mächten preisgegeben, welche ganz anderes daran knüpfen, als sie für sich ist, und sie in entfernte, fremde Folgen fortwälzen. Es ist [...] das Recht des Willens, sich nur das erstere *zuzurechnen*, weil nur sie in seinem *Vorsatze* liegen." Daher sei es auch sein Recht, „von sich so viel wie möglich ab[zu]wälzen" (S. 218, 221).
256 Ebd., S. 219.
257 Lotter 2012, S. 103.

These gilt nur mit der Ergänzung, dass es sich nicht um beliebige Erwartungen, sondern um *wesentliche Erwartungen an sich selbst* handelt, aufgrund derer eine Abtrennung von der Handlung und ihren Folgen unmittelbar einen Widerspruch zu sich selbst erzeugen würde. Jede alltägliche Erfahrung von kurzlebiger Scham, jeder punktuelle Ärger über etwas, das einem misslungen ist, setzt logisch eigene Erwartungen an sich selbst voraus, die man nicht erfüllt hat – und sei es, dass man trotz Vorsatz wieder die Packung Milch beim Einkauf vergisst und das seiner Partnerin eingestehen muss. Es kommt in der Tragödie demgegenüber offenkundig auf *bestimmte* Erwartungen an sich selbst an, für deren Verfehlungen das tragisches Selbst sich auch dann schämt, wenn es sich die Verfehlung nicht aufgrund von Absicht moralisch zuschreiben kann.

Die Tiefe der Scham im tragischen Scheitern zeigt an, dass, wie Simmel bemerkt, die Erfahrung nicht „nur ein localisiertes Interesse", sondern „den ganzen Menschen" in „der vollständigen und normativen Idee seiner selbst" betrifft.[258] Diese vollständige und normative Idee gilt sicher nicht in Bezug auf alle normativen Vorstellungen, die man für befolgenswert hält, sondern für bestimmte Werte und Normvorstellungen, die einen als dieses bestimmte Individuum vor sich selbst in besonderer Weise auszeichnen. Die Rolle des Gesichts in der Scham ist dabei höchst aufschlussreich. „Das Gesicht", schreibt Simmel, „ist die Ausprägung der Individualität", daher versuche man es in der Scham zu verdecken, denn die Individualität des Menschen sei die Voraussetzung der Scham.[259] Simmels Beobachtung ist entscheidend: Die Reaktionen der Scham – das Erröten als körpereigene Verhüllung,[260] das Senken des Blicks und das Verdecken des Gesichts, vor allem der Augen – zeigen an, dass die eigene Individualität als lädierte der Welt ausgesetzt ist. Sie kann es nur sein, wenn etwas, das für die Individualität, auf die man im Selbstbezug normativ ausgreift, von höchster Bedeutung ist, empfindlich getroffen worden ist.

Gegenstand der Scham in der tragischen Erfahrung, ist, so meine These, die *Selbstverletzung des individuellen normativen Selbstverständnisses der Person*. Auf sie reagiert die Scham als Erfahrung, die mit einer Selbstbeurteilung der Form einhergeht: „Ich selbst habe das, was mich ausmacht, zerstört!" Die tragischen Figuren leiden demnach an zweierlei: an ihrem tragischen *Schicksal*, das sie von sich selbst trennt, insofern es die Verletzung bzw. Zerstörung eines normativen Selbstverständnisses darstellt; und daran, sich dieses Schicksal *selbst (mit) bereitet zu haben*.

Das Primat des Selbstbezugs, in dem die „normative Idee seiner selbst" (Simmel) verhandelt wird, impliziert dabei nicht, dass Scham in der Tragödie als Zeichen eines lädierten Selbstverhältnisses gänzlich unabhängig von anderen Menschen und ihren

---

[258] Simmel 1999c, S. 434f.
[259] Ebd., S. 438f.
[260] Einen kulturell erzeugten symbolischen Verhüllungsmechanismus des in den meisten Kulturen unbedeckten Gesichts als Schutz der Individualität anzunehmen, erscheint mir plausibler als Darwins These, nur das Gesicht (bis zum Hals und zur Brust) erröte, weil es immer der Luft ohne Kleidung ausgesetzt und daher leichter zu durchbluten sei (Darwin 1989, S. 247).

Erwartungen aufträte. Vielmehr enthält die Scham den Gedanken, dass andere einen selbst als dasjenige Individuum, das man vor sich selbst zu sein beansprucht, bereits anerkannt haben. Selbstverständnis und Einschätzung durch andere sind korreliert, wobei das Selbstverständnis, das nur im Sozialen *entstehen* kann, hier die für die Praxis und Selbsteinschätzung des Individuums *begründende* Funktion hat. Das, was die anderen anerkennen, ist das, was ich selbst sein will, wobei das, was ich selbst sein will, überhaupt erst innerhalb sozialer Anerkennungsverhältnisse geformt werden kann.[261] Daher liegt der Grund, warum etwa Aias nicht weiterleben will, wie Bernard Williams es formuliert, „an dem Verhältnis zwischen dem, was er von der Welt erwartet und dem, was die Welt von einem Mann erwartet, der das von ihr erwartet." Für ihn sind seine sozialen Beziehungen weggebrochen, weil er sich nicht mehr als er selbst in ihnen erkennen kann. Nachdem Aias so gescheitert ist, dass er seine Erwartungen an sich und die Erwartungen, die andere aus seiner Sicht gegenüber ihm haben *sollten*, in Zukunft nicht mehr erfüllen zu können meint, findet er „keinen Weg des Lebens mehr, den irgend jemand, den er respektiert, respektieren könnte – was heißt, daß er nicht länger in Selbstachtung leben kann."[262] Für Aias gibt es nur eine Alternative: „In Würde leben oder würdig sterben/ Geziemt dem Edlen."[263] Da ihm die erste Option, wie er meint, nicht mehr gelingen wird, entscheidet er sich gegen den Willen aller anderen und seine Schutzverpflichtung gegenüber seiner Familie für ein Verlassen seines Lebens, ein Verlassen, zu dem es, wie er meint, keine Alternative gibt: „Ich gehe nun, wohin ich wandeln muß."[264]

Die tragische Selbstentzweiung wird in dem Moment erlitten, in dem die tragische Lage für die Akteure evident ist und sie erkennen, wie sie gescheitert sind. Darin liegt die zeitliche Koinzidenz des plötzlichen Wechsels ins Unglück in der tragischen *metabolē* und des überfallartigen Eintretens der Scham. Mit einem Mal werden die Sich-Schämenden gleichsam Zuschauerinnen und Zuschauer ihrer selbst, die die gegenwärtige Situation in Bezug auf das frühere Selbst und dessen Ansprüche an seine Lebensführung bewerten. Die tragische Akteurin erfährt sich in der Scham als Einheit von individuellem Dasein und eigenem Handeln, „das man nicht leugnen, mit dem man sich aber auch nicht identifizieren kann."[265] Das tragische Selbst ist zugleich Subjekt und Objekt der Scham, es bezieht sich auf sich selbst in Form eines bewertenden Beobachters.

Sich selbst in der Scham leidend wahrzunehmen, das eigene Leben gleichsam als hilfloser Zuschauer seiner selbst zu bewerten und sich ein Tun zuzuschreiben, mit

---

261 Immer noch maßgeblich für die sozialpsychologische Identitätsbildung durch Perspektivenübernahmen ist Mead 1968, S. 177–271.
262 Williams 2000, S. 100.
263 Sophokles: *Aias*, V. 479f.
264 Ebd., V. 690. Dieser Satz ist Teil der sogenannten Trugrede des Aias (V. 646–692): Die andern Figuren verstehen noch nicht, was Aias mit dem Satz wirklich meint und nehmen voller Entzücken an, er habe seinen Gram überwunden (V. 693–716). Er geht aber in den einsamen Suizid (V. 815–865).
265 Lotter 2012, S. 106.

dem man sich aber nicht identifizieren kann, heißt auch, *sich selbst fremd geworden zu sein*. Die Untersuchung der Schamsituation der tragisch Gescheiterten in den letzten beiden Kapiteln leitet daher zu einer anderen wichtigen Dimension der tragischen Erfahrung, die normalerweise nicht mit der Scham und der antiken Tragödie in Verbindung gebracht wird. Es ist die Dimension der *Entfremdung*, die in der tragischen Erfahrung aufbricht – die Entfremdung von sich selbst und der Welt.

Die folgenden Teilkapitel werden diese Dimension der tragischen Erfahrung analysieren. Im 8. Kapitel wird dann die phänomenologische Analyse der Dimensionen tragischer Erfahrung auf die anthropologischen bzw. personentheoretischen Voraussetzungen dieser Erfahrung bezogen werden.

7.6 Die existentielle Gesamtverfassung des tragischen Selbst als Entfremdung

Die Phänomenologie der Selbstentzweiung hat gezeigt, dass die tragische Erfahrung als eine Erfahrung verstanden werden muss, die die Person als ganze ergreift. Sie hat körperliche, emotionale und gedankliche Dimensionen, die keinen kurzen affektiven Zustand des Subjekts charakterisieren, sondern den Umschlag in eine anhaltende *Gesamtverfassung* markieren. So lässt die Selbsteinwirkung über den Umschlag des Handelns den in alltäglichen Kontexten kurzlebigen Schamaffekt zu einem Ausdruck eines negativen Urteils über das eigene Selbst und seine praktische Beziehung zur Welt werden. Das tragische *pathos* hat darin seine existentielle Macht: Der ganze Mensch leidet haltlos, weil die aktive Instanz der Selbstbestimmung selbst umgeschlagen ist ins Erleiden.

Die existentielle Dimension des Leids im Sinne eines Betroffenseins des ganzen Menschen ist im griechischen Begriff *pathos* bereits vorgebildet. In seiner Aristoteles-Interpretation betont Heidegger, dass es sich bei den *pathē* „nicht um ‚seelische Zustände' mit ‚körperlichen Begleiterscheinungen'"[266], also nicht um jeweils spezielle episodische Erregungen mit spezifischen somatischen Symptomen handelt, „sondern die πάθη charakterisieren den ganzen Menschen in seiner *Befindlichkeit in der Welt*."[267] Seelischer Zustand, leibliches Erleben und physiologische Verfassung sind im *pathos*-Zustand „keine Begleiterscheinungen, sondern gehören mit zum charakteristischen Sein [...] des Menschen"[268]. Die Interpretation des Leids als ein „Mitge-

---

[266] Heidegger 2002, S. 192.
[267] Ebd. Offenkundig steht hier Heideggers eigener Begriff der Stimmung aus *Sein und Zeit* im Hintergrund. Ob Heideggers Deutung bereits für die *pathē* im Sinne einzelner Affekte und auch für intelligible seelische Vorgänge als Widerfahrnisse in gleicher Weise gilt, bleibt fraglich. Siehe Aristoteles: *De Anima* A 1, 403a3 ff. Die *tragische* Erfahrung aber ist auf jeden Fall existentiell: Sie schlägt ins Personsein selbst ein.
[268] Heidegger 2002, S. 198. Auch Aristoteles beobachtet, dass alle seelischen Affekte mit einem Erleiden des Körpers verbunden sind: *De Anima* A 1, 403b16 ff.

nommenwerden des Menschen in seinem vollen In-der-Welt-sein"[269] ist zu allgemein; dieses kann eine Grundstimmung oder Befindlichkeit ebenso betreffen wie die Schärfe einer plötzlichen, aber dauerhaft einschneidenden Erfahrung, die das Selbst aus der Bahn wirft und damit gerade keine Grundstimmung ist. Im totalisierenden Ergriffensein durch das tragische *pathos* ist dem Leidenden seine aussichtslose Gesamtlage vermittelt.

Die in den vorhergegangenen Kapiteln erarbeiteten Befunde der Passivität, Orientierungslosigkeit, Kraftlosigkeit, des Ausgesetztseins gegenüber einer überlegenen Macht und der dadurch suspendierten Selbstbestimmung erlauben, das tragische Leid mit dem Phänomen der Entfremdung in Verbindung zu bringen, das erst im Zuge von Rousseaus Kulturkritik als – vermeintlich (nur) – modernes Phänomen reflektiert worden ist. Es gleicht der tragischen Erfahrung in funktional für die Selbstbestimmung wesentlichen Hinsichten, die in diesem Teilkapitel zu untersuchen sind.

Die Rede von der Entfremdung fand – wie auch der Begriff des Tragischen – um 1800 Eingang in den deutschsprachigen philosophischen Diskurs.[270] In der Regel ist mit dem Begriff ein negatives, unerwünschtes und tendenziell pathologisches Verhältnis des Menschen zur Welt gemeint, in welchem ihm seine Tätigkeiten, seine sozialen Rollen, seine Mitmenschen, seine Lebenswelt und sein Leben fremd werden und er in keiner lebendigen, erfüllenden Beziehung mehr zu ihnen steht. Am Beginn der Kulturphilosophie der Moderne steht Entfremdung als Entzauberung, die mit den für die Moderne konstitutiven Prozessen der Rationalisierung, Säkularisierung, Industrialisierung und kapitalistischen Arbeitsorganisation notwendig einhergeht. Das Phänomen wurde von verschiedenen Autoren dabei mit der Tragödie in Verbindung gebracht. Simmel etwa begründet im Anschluss an Marx' Entfremdungskritik, die wiederum über Hegel auf Rousseaus Kulturkritik aufbaut,[271] die tragische Ironie der Kultur durch das Phänomen der Entfremdung: Der Mensch schaffe sich in der Kultur eine Welt eigener Erzeugnisse, die ihm aber fremd würden und sich gegen ihn verselbständigten. Ähnlich klingt es bei Weber, Scheler und anderen Denkern, die Simmels Diagnose der „Tragödie der Kultur" eine eigene Prägung gegeben haben.[272] Entfremdung und Tragödie gehören seit 1800 gleichsam zur selben Währung kritischer Kulturphilosophie. Mal begründet das eine Phänomen das andere, mal erscheinen beide als austauschbar.

Wie nun bereits die generelle These einer „Tragödie der Kultur" in Hinblick auf die individuelle Erfahrungsdimension zurückgewiesen wurde, die in der Tragödie unverzichtbar ist,[273] muss auch die These einer generellen, kulturell produzierten Entfremdung des Menschen von seiner Welt kritisch betrachtet werden. Offenkundig stehen die in der modernen Kulturkritik zitierten Entfremdungsphänomene in kau-

---

269 Ebd., S. 197.
270 Vgl. Ritz 1972.
271 Vgl. Jaeggi 2005, S. 24–35.
272 Siehe Kap. 5.6.
273 Siehe Kap. 5.7.

salem Zusammenhang zu sozialen, politischen, ökonomischen und technischen Verhältnissen im 19. und 20. Jahrhundert, die nicht qua Zivilisation das Schicksal entfremdungsproduktiver Großfaktoren bilden, sondern konkrete, historische und damit prinzipiell auch änderbare Zustände markieren. Helmuth Plessner hat in einer klaren Analyse vorgeführt, wie insbesondere in Deutschland, das als noch nicht konsolidierter Nationalstaat die sozialen und lebensweltlichen Transformationen der Industriellen Revolution schlechter als andere europäische Staaten abzufedern vermochte, die Konjunktur des Entfremdungsbegriffs mit einer tiefen Skepsis gegenüber der Öffentlichkeit und den normativen Begriffen des politischen Humanismus der Aufklärung zusammentraf.[274] Doch auch wenn die Konjunktur der kulturkritischen Großformeln und -begriffe im Zuge der Konsolidierung von Demokratie und Emanzipation in der Bundesrepublik abnahm, ist philosophisch das Potential des Entfremdungsbegriffs ebenso wenig abgegolten wie das des Tragödienbegriffs. Man kann die holistische These einer kulturell notwendigen Entfremdung des (modernen) Menschen von seiner Welt zurückweisen, ohne damit zugleich die Frage nach der Bedeutung individueller, als Phänomen nicht zu leugnender Entfremdungszustände in anthropologischer Perspektive aufgeben zu müssen. Ihre Problematik ist, wie Rahel Jaeggi in ihrer Analyse des Entfremdungsbegriffs gezeigt hat, keineswegs mit dem Abklingen der Mode des Begriffsgebrauchs für Individuen bedeutungslos geworden.[275]

Ich werde im Folgenden näher auf Jaeggis Studie eingehen, da aus ihr wertvolle Parallelen zwischen tragischer Erfahrung und Entfremdung zu gewinnen sind, die, so die These, das Problematische der tragischen Erfahrung weiter zu klären erlauben, die aber gleichwohl nicht die Identität der beiden Phänomene begründen. Jaeggis Werk ist deshalb für eine Theorie tragischer Erfahrung besonders anschlussfähig, weil sie keine Voraussetzungen über die (ursprüngliche) Natur des Menschen und sein harmonisches Bei-sich-selbst-Sein (in der Natur) macht, von dem der Mensch (der Moderne) sich (weiter) entfremde. Das ist seit Rousseau der prominenteste kulturkritische Zug in der modernen Diskussion über Entfremdung gewesen, der bis in die Gegenwart vor allem im Topos der Entfremdung des Menschen von der Natur anhält. Gegen diese im Kern so mystische wie romantische Idee, dass der Mensch einerseits die Wahrheit nur in seinem Inneren – durch Rückzug in die innere Zitadelle –[276] finde und alles

---

274 Siehe Plessner 1960.
275 Vgl. Jaeggi 2005, S. 45–61. Im Folgenden finden sich die Seitenangaben der Zitate im Haupttext.
276 Das von Jaeggi mehrfach verwendete Bild ist nicht erst modern; die Vorstellung eines geschützten Innenraums geht auf ein viel älteres Bildrepertoire des inneren Menschen, des Herzens, der inneren Wohnung oder des Glaubens als fester Burg zurück, das den Rückzug in sich selbst umschreibt, den die mystische Tradition und die Patristik, vor allem Augustinus, für die Christen als Abwendung von der heidnischen Welt durch eine Einkehr bei sich selbst als dem Ort des Glaubens forderten. Dabei bauten auch sie auf eine viel ältere, bereits jüdische und altägyptische Vorstellung vom Herzen und inneren Menschen auf, die auch im Islam und in der indischen Philosophie zu finden ist. Siehe dazu Assmann 1993.

Produzieren und Verändern der Welt ihn von ihr als Natur entfremde und kalt und einsam mache, anstatt in ursprünglicher Gemeinschaft mit den anderen in der Natur zu leben, haben sich zuerst Hegel und in seiner Folge anthropologisch wie kulturphilosophisch und soziologisch ausgerichtete Denker, etwa Plessner, Gehlen, Cassirer oder Benjamin, gewandt, die die Angewiesenheit des Menschen auf Selbstentäußerung, Sich-selber-fremd-Werden und Selbstvermittlung über kulturelle Formen wie soziale Rollen verteidigten. Ohne Selbstentfremdung als geistige und praktische Auseinandersetzung mit der Welt gibt es für sie keine Selbsterkenntnis und keine Freiheit. Das gilt auch für Entfremdungskritiker wie Marx und Adorno, die davon ausgehen, dass der Mensch nur in tätiger Arbeit innerhalb sozialer Beziehungen leben könne. Ihre Kritik an der Entfremdung richtet sich auf die Art der auf Ausbeutung beruhenden Arbeit und der sozialen, künstlerischen, natürlichen Beziehungen zur Welt im modernen Kapitalismus.[277]

Jaeggi teilt die Auffassung eines notwendigerweise weltverbundenen Selbst, das ohne eine Entfremdung im Sinne des Sich-Entäußerns und Sich-von-sich-Distanzierens ebenso wenig denkbar ist wie außerhalb jeder sozialen Rolle. Ein welt-, d. h. gesellschafts-, technik- und kulturabgewandtes Bei-sich-Bleiben und reines Für-sich-Sein konstituiert gerade kein authentisches Selbst, das dem Entfremdungsproblem entkäme, sondern würde einen zum Scheitern verurteilten Eskapismus darstellen. Jaeggi argumentiert in ihrer Studie jedoch dafür, den Begriff der Entfremdung trotzdem nicht *ad acta* zu legen, sondern zwischen einer für die Welterfahrung notwendigen Entfremdung als Prozess des Geistes und einer individuellen Erfahrung von Entfremdung als einem konkreten Leiden zu unterscheiden. Ist die erste Form des Fremdwerdens als Selbstverwirklichung in der und durch die Welt für die *Verwirklichung der Freiheit* des Menschen unter Bedingungen seiner kulturellen Existenz unentbehrlich, führt die emphatische Entfremdungserfahrung in die andauernde *Störung seiner Freiheit*. Ist die eine Entfremdungsweise also erforderlich, um sich durch einen offenen Prozess von Erfahrungen produktiv mit der Welt zu verbinden, ist die andere Entfremdungsweise eine Erfahrung, deren Kennzeichen es gerade ist, weitere Erfahrungen zu unterbinden. Beide verhalten sich also konträr zueinander.

Jaeggi fragt nach diesen phänomenologisch beschreibbaren (und empirisch belegbaren) *leidvollen* Entfremdungszuständen als Zuständen der Indifferenz und Machtlosigkeit und analysiert sie formal in Bezug auf das Selbstverständnis der Individuen, auf ihre eigenen Ansprüche und Beziehungen zur Welt.[278] Mit Jaeggis Studie teilt die hier vorliegende Studie die Skepsis gegenüber geschichts- wie kulturphilosophischen Theoremen wie dem der „Tragödie der Kultur", weil sie sich meist eine Untersuchung der individuellen Erfahrungsperspektive sparen und genau damit in die Falle generalisierter Zuschreibungen von Begriffen laufen, die allein aus der Erfah-

---

277 Für einen Überblick siehe Zimmer/Regenbogen 2010.
278 Phänomenologische Beschreibungen der Entfremdung finden sich bereits in Heideggers *Sein und Zeit* und Sartres *Das Sein und das Nichts*. Siehe Jaeggi 2005, S. 35 ff.; Zimmer/Regenbogen 2010, S. 534 f.

rungsperspektive sinnvoll zu verstehen sind. Eine konkret beschreibbare Entfremdungserfahrung macht nicht jedes Individuum zu jeder Zeit; sie ist an konkrete Bedingungen gebunden, die Aufschluss über die Voraussetzungen von Selbstbestimmung und Selbstverwirklichung bieten.[279]

Es handelt sich also um Phänomene, die Menschen an und mit sich in Relation zur Welt *erleben*. Sie machen auch in Entfremdungszuständen eine Erfahrung, die als mehrschichtiges Unwohlsein des Sich-fremd-in-der-Welt-Fühlens subsemantische Empfindungsqualitäten, Eindrücke, Gefühle, quälendes Leiden und evaluative Urteile über das eigene Selbst- und Weltverhältnis umfasst.[280] Entfremdungsdiagnose und -kritik sind daher als immanent anzusehen: Sie beurteilen ein Subjekt in seiner Lebensform nach Maßstäben und Ansprüchen, die von ihm selbst aufgestellt wurden.[281] In Bezug auf diese individuellen Ansprüche muss man methodisch auch tragisches Handeln und tragische Erfahrung begründen.

Wie ist es also, entfremdet zu sein? In der Entfremdung steht dem Menschen, so Jaeggi, etwas gegenüber, das einerseits Macht über ihn ausübt, andererseits gegenüber dem Selbst indifferent ist, also diese Macht nicht intentional gegen ihn richtet. Es handelt sich dabei weder um etwas Vertrautes noch allein um etwas Fremdes, das man in seinem Fremdsein belassen oder sich aneignen könnte,[282] sondern um etwas, das *zugleich* fremd und eigen ist. Beispiele dafür sind nach Jaeggi uneigentliche Verhaltensweisen, angeordnete oder versachlichte Sozialverhältnisse; der Mangel an sozialer Einbettung, etwa in die Familie; ein verdinglichender Blick auf die Welt und sich selbst, in dem man sich als etwas Vorhandenes neben anderem Vorhandenen vorkommt, ohne in praktisch funktionierenden Bezügen zu stehen; eine soziale Rolle,

---

[279] Das grundlegende Lebensgefühl der Kälte und Fremdheit gegenüber sich und der Welt, das unübertroffen Albert Camus' Roman *Der Fremde* (*L'Étranger*) von 1942 erfahrbar macht und das offenbar schon weite Teile des gesellschaftlichen Klimas nach dem Ersten Weltkrieg prägte (vgl Lethen 1994), ist, obwohl in der Gleichgültigkeit von Camus' Hauptfigur Meursault die Phänomene der Entfremdung verkörpert zu sein scheinen, gleichwohl nicht Gegenstand der folgenden Analyse. Denn zwar kommt hier eine individuelle Erfahrungsweise zum Ausdruck, nur ist sie keine *Ausnahmeerfahrung* innerhalb der diachronen Identität des Lebens, die die Freiheit des Individuums massiv bedrohte, sondern eine grundsätzlich distanziert-fremde Haltung zum Leben (die Camus im *Mythos von Sisyphos* auch Absurdität nennt). Im Gegensatz zur tragischen Entfremdung wird in dieser Fremdheit und Kälte nach Camus gerade eine neue Freiheit gegenüber überholten Bindungen etwa an religiöse Gehalte gewonnen (vgl. dazu Lethen 1994, S. 43ff.). Bohrer 2009, S. 397ff., erkennt in der „Kälte" des Lebensgefühls nach dem Ersten Weltkrieg bei vielen Denkern allerdings eine „tragische Affinität" (S. 400); vgl. zur Ubiquität des Tragischen in der Kultur Anfang des 20. Jahrhunderts Kap. 5.6.
[280] Diese Verschränkung von sensorischen, affektiven und reflexiven Dimensionen findet sich in Jaeggis Entfremdungsanalyse nicht, allerdings wird aus ihrem phänomenologisch entworfenen Verständnis nachvollziehbar, dass es sich um eine Form von Erfahrung handeln muss, die mit Gefühlen, Stimmungen und Gedanken verbunden ist. Jaeggi gibt einige Beispiele für die erlebten Symptome der Entfremdung, etwa die Verschlossenheit gegenüber eigenen Gefühlen (S. 157f.).
[281] Vgl. Jaeggi 2005, S. 59ff.
[282] Ignorieren oder Bekämpfen müsste man als Modi der Bezugnahme auf Fremdes in der Erfahrung auch noch anführen.

die nicht die Ausbildung der eigenen Identität befördert, sondern behindert, weil man sich nicht mit ihr identifizieren kann; der Konflikt von miteinander inkohärenten Wünschen, die einem nicht zugänglich und insofern nicht veränderbar sind; eine zunehmende Indifferenz der Welt und sich selbst gegenüber. In all diesen Phänomenen lässt sich eine „Verkümmerung menschlicher Potentiale und Ausdrucksmöglichkeiten" (22) konstatieren.

Die strukturelle Verwandtschaft zwischen Entfremdung und tragischer Erfahrung besteht nun zum einen darin, dass sich beide als zugleich *selbst hervorgerufen* und *erlitten* beschreiben lassen. Sie sind Folge einer Verselbständigung von Handlungen, ihrer Mittel oder der sie motivierenden Wünsche – also aktiv *hervorgebracht* durch den Menschen – und Ergebnis einer abstrahierenden Verdinglichung sozialer Verhältnisse, an denen der Mensch *passiv leidet*. Das also, was zur Erfüllung des Handelns und Kommunizierens dient, unterminiert in einer Eigenlogik seine Funktion für den Menschen. Daher ähneln die Beschreibungen der Entfremdung den Beschreibungen der dialektischen Struktur tragischer Erfahrung: „Was wir selber geschaffen haben, wirkt auf uns zurück als etwas Fremdes" (40), heißt es über soziale Verhältnisse, für die und in denen niemand mehr verantwortlich ist: „Soziale Institutionen, die uns erstarrt und fremd gegenüberstehen, sind gleichzeitig von uns geschaffen" (42). Was für soziale Institutionen gilt, gilt auch für die Entfremdung vom „Zuhandenen" (Heidegger): Vom Menschen für Menschen gemachte Dinge werden nicht mehr unter dem Blickwinkel ihres Gebrauchs wahrgenommen, stattdessen erfährt man sich selbst wie ein Ding unter Dingen, wird somit ein „hilfloser, passiver Beobachter"[283] der Macht, die man doch selbst als Akteur sein könnte.[284] Das Gefühl des Machtverlusts in fremd gewordenen Sozialverhältnissen folgt dabei der dialektischen Modalität, die das tragische Handeln als Umschlag auszeichnet: Es resultiere, so Jaeggi, aus einer „*Verkehrung* von Macht in Ohnmacht" (41; Hervorh., A. T.). In der Entfremdung sei man „auf komplizierte Weise immer zugleich *Opfer und Täter*" (42; Hervorh., A. T.). Wie in der tragischen Erfahrung verschränken sich in der Entfremdung aktiv und passiv. Die Opposition zwischen beiden fällt in einer negativen Erfahrung zusammen, in der sie nicht mehr vom Selbst reguliert werden können, sich aber auch nicht auflösen.

---

283 Frankfurt 2001a, S. 80 (zitiert von Jaeggi, S. 126).
284 Vgl. Jaeggi 2005, S. 35 ff. Jaeggi macht die Entfremdung von der technisch-pragmatischen Weltbeziehung durch sich gegen die Akteure verselbständigende Werkzeuge für ihre Theorie nicht fruchtbar. In ihrer Heideggerinterpretation kommt das praktische Verhältnis im Technischen zumindest zur Sprache (ebd., S. 35). Auch darin lässt sich eine Entfremdungsdimension erkennen, etwa wenn Herakles seine Waffen, die „Trophäen seiner kulturstiftenden Tätigkeit" (Radke (jetzt: Uhlmann) 2007, S. 136) und Attribute seiner Identität, nach dem unbewussten Familienmassaker wie fremde Dinge betrachtet, die sein Leben zerstört haben. In der Formulierung „vertraute Last der Waffen" (Euripides: *Herakles*, V. 1377) kommt die für die Entfremdung typische Verquickung von Eigenem und Fremdem zum Ausdruck. Die Erfahrung der Entfremdung von den selbst hergestellten bzw. verwendeten Werkzeugen ist nur *eine* Dimension, in der für die tragischen Figuren etwas fremd wird, das sie zuvor als ihnen zugehörig einschätzten. Siehe Kap. 5.1–5.4.

Die auffälligste Analogie zwischen Entfremdung und tragischer Erfahrung besteht demnach in der *Ironie* der Entfremdung als eines durch menschliche Praxis selbstproduzierten Umschlagphänomens. Durch die Kultur bzw. die Gesellschaft, Wirtschaft und Technik selbst wird eine Erfahrung produziert, die die Funktion der Kultur, den Menschen zu emanzipieren und Praxis in Orientierung an der Idee eines guten Lebens zu ermöglichen, unterläuft und behindert: „Der Skandal der Entfremdung ist", so Jaeggi, „dass es sich um eine Entfremdung von Selbstgemachtem handelt. Es sind unsere *eigenen* Tätigkeiten und Produkte, die sozialen Institutionen und Verhältnisse, die wir *selbst* erzeugt haben, die hier zur *fremden Macht* geworden sind" (30). Jaeggi spricht wie Max Weber von einem „stählerne[n] Gehäuse" (80), das man sich selbst unfreiwillig gebaut habe, und nennt die Erstarrung des selbst Produzierten mit Charles Taylor bezeichnenderweise die „prometheische Wendung" des Entfremdungsproblems (34): Die eigenen Erzeugnisse werden fremd, anstatt *Ausdrucksmöglichkeiten* für das eigene Selbstsein zu bieten. Wie die tragische Erfahrung betrifft auch das Gefühl der Entfremdung nicht nur die produzierende oder nur die soziale Interaktionspraxis, sondern die menschliche Praxis überhaupt durch die „Verselbständigung eigener Handlungen" (71). Die dialektische Struktur der Entfremdung entspricht der tragischer Ironie: Handlungen und die notwendigerweise nicht *in toto* absehbaren Handlungsfolgen (und deren Konsequenzen) können sich „gegenüber ihrem Urheber verselbstständigen" (80), sich also gegen das, was er mit ihnen wollte, richten. Darin liegt eine anthropologische wie kulturphilosophische Einsicht.[285]

Es scheint geradezu, dass die Entfremdungserfahrung *avant la lettre* in der antiken Tragödie zum Ausdruck gekommen ist. Eine hervorstechende Eigenschaft der tragischen Erfahrung ist es, dass die Figuren selbst den ihnen vertrautesten Menschen fremd werden und sich im Leid von ihren Nächsten abwenden, wie in der Analyse der Scham als Motor sozialer Isolation gezeigt wurde, die die isolierende Individuation durch Leid ins Gesellschaftliche überträgt. Die Leidenden treten aus der gemeinsamen Erfahrungssphäre heraus und erscheinen auch den sie umgebenden Menschen mitunter als unheimlich, fremd und unverständlich. Sie werden als nicht bei sich selbst seiend verstanden, weil ihr Wille mit ihnen nicht übereinstimmt. „Nimmer mehr aus Eigenem irrtest du so/ ins Linkische", befindet der Chor der Krieger von Salamis gegenüber Aias; er sei in seiner tragischen Handlung jemand, der „im eigenen Wollen nicht/ Besteht und wohnet außer sich."[286] Aias ist, wie sein sich mit ihm solidarisch zeigender Erzfeind Odysseus konzediert, in der Selbstverfehlung zu einer Art „Scheingestalt" (V. 125) geworden. Seine späterhin rigide Weigerung, im Leid auf seine Familie, vor allem seine Frau Tekmessa, die sich um ihn bemüht, zuzugehen und auf Argumente der Abfederung seiner isolierenden Erfahrung zu hören, ähnelt der Rigidität und Abschottung, die Jaeggi als Phänomene der Entfremdung beschrieben hat.

---

285 Vgl. Jaeggi 2005, S. 83–87. Siehe auch Plessner 1960, S. 15: „Menschlichem Tun ist es eigentümlich, Produkte hervorzubringen, die seiner Verfügungsgewalt entgleiten und sich gegen sie wenden" (zitiert bei Jaeggi 2005, S. 84).
286 Sophokles: *Aias*, V. 634 f.

Der „unzugängliche Aias"[287] ist charakteristisch verbohrt, ist im Leid von allen, auch seinen Nächsten, distanziert und tötet sich schließlich in aufgesuchter Abgeschiedenheit selbst. Das tragische Handeln, so scheint es, entfremdet ihn von sich selbst und seinem sozialen Umfeld, in dem er erst zu dem geworden ist, als der er sich durch seine unheroische Tat nicht mehr zu verstehen vermag: ein von allen anerkannter exzeptioneller Kämpfer. Ähnlich fremd wird ein anderer Held sich selbst und den Seinen, als er – ebenfalls durch göttlichen Einfluss verblendet – tragisch handelt: Der Diener, der in Euripides' *Herakles* den Familienmord des Protagonisten im Zustand der Umnachtung verkündet, beschreibt ihn als „ganz verändert" und „furchtbar verstört", sodass seine Kinder diese Fremdheit sofort wahrgenommen hätten.[288] Ödipus blendet sich in verzweifelter Spannung zwischen aufklärender Erkenntnis seines bisherigen Lebens und Entfremdung von ihm selbst, wird von seinen Kindern und der Stadt, die er regiert, getrennt und seinem einsamen Schicksal überlassen. Aus aktivem Eingelassensein in die soziale Welt wird passiv erlittene Abtrennung von ihr, wie auch Prometheus von der Zivilisation, die er ermöglichte, durch Zeus' Schergen in eine unwirtliche Fremde gebannt wird, aus der heraus er keinen wirksamen Bezug mehr zur menschlichen Welt eingehen kann. Die tragische Erfahrung scheint offenbar die erst in der Moderne für theoriefähig erachteten Symptome einer *verschärften Entfremdung* aufzuweisen.

Vor allem scheinen die Figuren in der tragischen Erfahrung sich selbst fremd zu werden. Selbst- und Weltentfremdung sind nach Jaeggi gleichursprünglich und daher gar nicht zu trennen: Ich kann mir nämlich nur *über meine Beziehungen zur Welt selbst fremd* werden; diese Beziehungen sind dann insofern entfremdet, als ich mich in dem, was mich praktisch, emotional und epistemisch mit der Welt verbindet, nicht wiederzuerkennen vermag.[289] Jaeggi spricht von der Entfremdung als einer gestörten *Aneignung:* Die entfremdete Person kann sich mit nichts identifizieren, da sie unfähig ist, sich etwas Fremdes zu eigen zu machen. Daher bleibt ihr fremd, womit sie – etwa eine soziale Rolle oder ein Wunsch – zugleich doch verbunden ist.[290] Das zeigt sich auch an der tragischen Erfahrung, in der die praktischen Verknüpfungen von Individuum und Welt, in denen es sich wiederzuerkennen in der Lage sein sollte, ihm so

---

287 Ebd., V. 611; vgl. Jaeggi 2005, S. 156f. Schon Paulus ruft das Bild der gleichsam isolierenden Abschottung als Entfremdung auf, wenn er im *Brief an die Epheser* die „alten Menschen", die Heiden, gerade dadurch qualifiziert, dass diese nicht fähig seien, die Botschaft Jesu zu verstehen und sich durch sie zu „neuen Menschen" machen zu lassen: „Ihr Sinn ist verfinstert. Sie sind dem Leben, das Gott schenkt, entfremdet (*apēllotriōmenoi*) durch die Unwissenheit, in der sie befangen sind, und durch die Verhärtung ihres Herzens." (Eph 4,18) Diesen „alten Menschen", der offenbar Aias gleicht, solle der Christ „ablegen", sein Leben ändern und „Geist und Sinn" erneuern, indem er auf die Botschaft Christi hört (Eph 4,21–24).
288 Euripides: *Herakles*, V. 930–932.
289 Selbstentfremdung ist daher kein Phänomen eines (theoretisch gar nicht überzeugend begründbaren) Solipsismus, sondern zeigt gerade im phänomenalen Bewusstsein an, dass Tendenz zum Solipsismus für das Individuum selbst entfremdend wirkt.
290 Vgl. Jaeggi 2005, S. 54ff.; 121f.; 183–220, 256f.

fremd werden, dass es ihm nicht gelingt, darin einen Ausdruck seines eigenen Lebens zu erkennen: Es ist „sozusagen nicht bei sich"[291]. Die eigenen Handlungen, Worte, Wertungen und Gefühle erscheinen nicht mehr als verlässliche Formen einer vormals vertrauenswürdigen Selbst-Welt-Konjunktion.

Für die Zuschauerinnen und Zuschauer wird dieses befremdende Verhältnis des Subjekts zu seinen Handlungen mitunter als Erscheinungsschrecken in Szene gesetzt, etwa wenn Agaue in der Schlussszene von Euripides' *Bakchen* auf die Bühne kommt und voller Jubel ihre Beute präsentiert, die sie als Wildbret zu verspeisen gedenkt, bis sie – wieder aus der Verblendung erwacht – realisiert, dass es nicht ein junger Berglöwe, sondern ihr eigener Sohn Pentheus ist, dem sie, von Dionysos zur Mänade verwandelt, den Kopf abgerissen hat. Was in Euripides' später Tragödie vorgeführt wird, ist höchst aufschlussreich für die Frage, was an der tragischen Erfahrung für die Menschen entfremdend ist. Daher soll die erwähnte Szene exemplarisch daraufhin analysiert werden.

Beim Eintritt der tragischen Erkenntnis handelt es sich wie bei der Scham um einen plötzlichen Perspektivwechsel, als den bereits Aristoteles die Wiedererkennung beschrieben hat.[292] Agaue erkennt mit einem Mal, dass das vermeintliche Tier ihr eigener Sohn ist. Ihre Wahrnehmung *vor* diesem Zeitpunkt wird ihr daher retrospektiv fremd. Es war offenkundig ihr Blick, an dem sie, als sie die Beute zerriss, nicht zweifelte, und genau deshalb zweifelt sie nun generell an ihrem Blick. Was sie zu sehen glaubte und vermutlich aus der dionysisch verdrehten Perspektive heraus auch tatsächlich in ihrem Sehsinn repräsentiert hatte, war, wie sie nun erkennt, nicht die Wahrheit, die sie hätte sehen sollen: „Ha, was erblick ich? Was trag ich in Händen da?" Kadmos: „Blick nur drauf hin; erkenne deutlich, was es ist!"[293] Die Erfahrung der schlechthin krassen Korrektur von Beutetier zu eigenem Kind muss dazu führen, der eigenen Wahrnehmungsfähigkeit radikal zu misstrauen. Nicht der Blick ihres Vaters, der das Leid zuerst erkannte, war, wie sie kurz zuvor noch meint, „finster" (V. 1251), sondern ihr eigener – nämlich so irreführend verdunkelt, dass ihr vom ihm mit gesteuertes Jagdhandeln in einer *metabolē* das Gegenteil von dem hervorrief, was sie als Mutter, der es um ihr Kind geht, in Bezug auf dieses bewirken wollen würde. Sie würde es um jeden Preis schützen, statt es zu zerfleischen. Folglich verhüllt Agaue, unmittelbar nachdem sie den zerstückelten Leib gesehen hat, entsetzt ihr Haupt. Diese Scham über das selbst Angerichtete wird im weiteren Leben anhalten, denn auch in Zukunft will sie nicht da sein, wo sie den Berg Kithairon, den Ort des tragischen Handelns, erblicken kann oder wo sie von ihm erblickt wird (V. 1383–1386). Der plötzliche Schrecken angesichts der selbstbewirkten Zerstörung greift von einem punktuellen, aber gravierenden Scheitern auf die eigene Fähigkeit zur Wahrnehmung und Erkenntnis über.

---

[291] Stenger 2008, S. 233.
[292] Siehe Kap. 4.2.
[293] Euripides: *Die Bakchen*, V. 1280f.

7.6 Die existentielle Gesamtverfassung des tragischen Selbst als Entfremdung — 435

Zugleich ist mit der tragischen Erkenntnis ein *Umschlag der Bewertung ihrer Handlung* ins Gegenteil verbunden: Der Chor fragt sie, als sie selbstbewusst die Beute präsentiert, ob sie frohlocke. Agaue bejaht das in einer bereits für das Publikum, noch aber nicht für sie begreifbaren bitteren Ironie ihrer Rede: „Ich freu mich;/ Denn Großes, Großes und/ Weit Sichtbares war durch diese Jagd vollbracht!" (V. 1197–1199) Sie rechnet sich diese Tat, die sie mit ihrer eigenen „Hände Kraft" (V. 1107) vollbrachte, problemlos als Akteurin selber zu und ist ausgesprochen stolz darauf, die Beute selbst getötet und zerstückelt zu haben (V. 1179; 1209–1215, 1334–1237, 1241). Sie bewertet ihre Handlung und über diese sich selbst also eindeutig positiv und erhebt Anspruch auf die Anerkennung ihrer (weithin sichtbaren) Handlung. Die Folge der Tat ist, wie sie meint, ein Glück für sie und die Ihren. Doch auf das Wort „glückselig" (*makarios*), mit der sie die Wirkung ihrer Tat zu erfassen meint, folgt im nächsten Vers die Aufklärung durch ihren Vater Kadmos, die das exakte Gegenteil von Glück als Wahrheit kundgibt: „O Leid, unmeßbar und unübersehbar groß"![294] Agaue begreift diesen Wechsel zuerst nicht und will – noch eine unbewusste Ironie – ihren Sohn sehen. Als Kadmos ihr hilft, die Verstörung ihres Sinns zu bemerken, erkennt sie schließlich mit einem Mal ihr Unheil: „Ich sehe größtes Leid, ich Unglückselige!" (V. 1282) Aus Stolz wird augenblicklich Scham, aus Freude unüberbietbares Unheil. Agaue macht zugleich ebenso plötzlich die Erfahrung, dass sie sich in ihrem Wahrnehmen, Handeln und Urteilen radikal verschätzt hat. Sie erkennt das zu spät, Korrekturen sind nicht mehr möglich. Wie der Schock des existentiellen Scheiterns des Erkennens auf die Erkenntnisfähigkeit ausgreift, so muss Agaue auch an ihrer evaluativen Urteilskraft zweifeln, was ihr ihr eigenes Selbst fremd werden lässt. Sie hat jede Orientierung, jeden Halt mit Familie und Heimat verloren: „Wo wend ich hin mich" (V. 1366)? Unsicher und verstört scheidet sie von allem, was für sie Bedeutung hatte, „in Not" (V. 1369).

In der tragischen Erkenntnis, so lässt sich Agaues Erfahrung formal fassen, wird einem das Eigene – die Handlungen, das Wissen, die Worte, die begleitenden Gefühle, die Wertzuschreibungen – fremd, weil sie als die Voraussetzungen praktisch und theoretisch funktionierender Weltbeziehung versagt haben. Agaue erscheinen ihre Handlungen, Gefühle, Worte und Werte zuvor ganz als die ihren; sie hegt keine Zweifel daran, dass sie ihr als die eigenen zugehören und Formen ihres Selbstausdrucks sind. Es hilft ihr daher auch nach der Anagnorisis nicht zu sehen, dass Dionysos für die Verblendung verantwortlich ist (V. 1296), denn die schreckliche Tat, die falsche Erkenntnis und die verfehlte Bewertung bleiben Agaue als Person zuschreibbar: *Sie* handelte, schaute, fühlte und bewertete ja offenkundig als diese bestimmte Person und nicht als unbewusst-passives Werkzeug einer anderen Instanz, mit der sie nicht im Selbstbewusstsein verbunden wäre. Das wäre auch gar nicht denkbar, kann doch

---

294 Das Leid (*penthos*) ist schon vom Klang her die Ankündigung und das Schicksal ihres Sohnes Pentheus. Zum Verdacht der Unechtheit dieses Verses siehe den Kommentar von Richard Seaford in Euripides 1996, S. 246.

die Ausübung von personalen Fähigkeiten niemals rein passiv und unbewusst sein.[295] Doch dann wird ihr eben all dies in dem einen Moment fremd, in dem ihre verfremdende Geistesstörung aufgehoben wird und sie klar sieht, wie sie sich über die Welt und ihre eigenen Wahrnehmungen, Gefühle und Gedanken getäuscht hat. Kadmos hilft ihr aus dem Zustand, in dem „die Seele dir verstört ist" (V. 1268), heraus, aber genau dadurch wird paradoxerweise die Entfremdung erst erzeugt. Ihr Vater erkennt zuvor, dass Agaue, verbliebe sie auf immer in dem Verblendungszustand, zwar nicht objektiv glücklich wäre, aber sich immerhin weiter selbst so einschätzen könnte, weil das Leid von ihr unerkannt bliebe (V. 1259–1262). Ihre Entfremdung von sich beginnt, als sie klarsichtig wird und den Riss zwischen eben noch und jetzt bemerkt: „gegen früher anders wird mein Sinn" (V. 1270). Trotz des Wissens, dass sie zuvor nicht sie selbst war, kann sie ihren Zustand, in dem sie sich offenbar bei sich fühlte, nicht im Rückblick als etwas ihr *bloß* Fremdes erkennen wie ggf. die Handlungen, Worte, Gefühle oder Werte anderer Menschen. Sie bleiben in ihren bitteren Konsequenzen ihre Erfahrungen und sind doch nicht ihre im Sinne einer nicht-entfremdeten Bezugnahme auf sie, die Jaeggi als Aneignung bezeichnet. Agaue muss sich ihre Handlungen selbst nicht nur als blinde kausale Wirkungen, sondern auch als bewusste Handlungen ihrer Person zuschreiben, kann sich aber nicht in ihnen als dieses Individuum wiedererkennen, das in ihnen eine adäquate Ausdrucksform hätte. Anders gesagt: Die Handlungen, Gefühle, Worte und Bewertungen sind *faktisch* Ausdruck ihrer selbst, können für sie aber nicht als Ausdruck ihres freien Selbst-Welt-Verhältnisses gelten.

In dieser Spannung von Eigenem und zugleich Fremdem gründet die Erfahrung von Entfremdung als einer gestörten Aneignungsdynamik. Verschärft ist diese Erfahrung in der Tragödie, denn den tragischen Individuen ist es nicht möglich, auf ihre Handlungen, ihre Wahrnehmungen, ihr Wissen und ihre Werte weiterhin so Bezug zu nehmen, dass sie darin sich selbst ohne Entfremdung erkennen könnten. Diese Erfahrung der anhaltenden Spannung zwischen fremd und eigen erzeugt eine „Beeinträchtigung des Wollens"[296], eine Störung der Ausbildung eines eigenen Willens, der in seiner Dynamik des Sich-zu-eigen-Machens gleichsam gehemmt ist. Die Entfremdung ist nach Jaeggi wie die tragische Erfahrung durch einen „*Machtverlust*[]" (40) bzw. „Kontrollverlust[]" (85) gekennzeichnet. In der Eigenlogik der Verselbständigung scheinen sich in der Entfremdung und der Tragödie Handlungen „›von selbst‹ zu ergeben." (76)[297] Man wird von etwas *getrieben*, anstatt sich selbst zu *führen*. Es ist die existentielle Erfahrung eines *Freiheitsverlusts*. Das unterscheidet sie gerade von der gesellschaftlich bedingten Entfremdung der Moderne etwa bei Weber oder Lukács, die nicht nur den Verlust an Einfügung in die religiös gedeutete Welt und unter das transzendentale Obdach beschreiben, sondern auch die Ermächtigung und den Freiheitsgewinn, die im Umgang mit der Entfremdung durch ihre Bejahung und durch

---

295 Siehe oben die Diskussion in Kap. 4.8–4.9.
296 Jaeggi 2005, S. 10.
297 Vgl. ebd., S. 74–80.

Formgestaltung liegen. So schreibt Rüdiger Campe über die aktivische Konversion, die im Anschluss an Max Weber als Reaktion auf die Entfremdung möglich wird: Das „gesellschaftliche Subjekt" schaue „auf sein bloß dahingelebtes Leben als vergangenes zurück, es bricht damit und setzt sich selbst als bestimmte und bestimmende, handelnde Figur – als ‚Person' oder ‚Akteur' – an den Anfang dessen, was von jetzt an Leben heißen soll."[298]

Im tragischen Leid ist genau das nicht möglich. Es saugt gleichsam die Freiheit des Handelns und Bestimmens in sich ein, das *pathos* wird zur imperativischen Macht, die das Leben von jedem neuen Anfang trennt. Aus Handelnden, die praktisch überlegen, Entscheidungen treffen und sie verfolgen, werden passive, ängstliche, schamerfüllte und unglückselige Kreaturen, die das, was leidend mit ihnen geschieht, beobachten, aber nicht aktiv gestalten. Sie werden ihrer selbst mit der tragischen Erfahrung inne, aber nur, um *eo ipso* in eine Haltung einer Selbstbeobachtung genötigt zu werden, die die eigene Leiderfahrung nicht mehr in einer für selbstbestimmte Lebensführung hinreichenden Weise produktiv machen kann. Die tragischen Individuen bleiben in einer machtlosen Distanz zu sich selbst. Sie sind entfremdet, weil sie sich nicht mehr selbstbestimmt zu ihren eigenen Voraussetzungen verhalten können.[299]

Diese Situation der passiven Selbstbeobachtung kommt in der Tragödie immer wieder zur Sprache: Wenn Ödipus verzweifelt nach der tragischen Erkenntnis ruft „Wohin auf Erden trägt es mich in Armen?/ Wohin entfliegt mir die Stimme, davongetragen?/ Io! Daimon! wohin sprangst du hinaus?"[300], dann ist er sich als Handelnder, der selbst sein Leben bestimmt, fremd geworden und erkennt sich nur noch als passiv Leidender, der anderen Kräften ausgesetzt ist: Nun braucht der einstige starke Führer, wie sein Diener weiß, selbst von außen Kraft und Führung (V. 1293 f.). Ähnlich klingt die Verzweiflung der Schutzsuchenden bei Aischylos, die ihre Angst- und Leiderfahrung wie eine Naturkraft empfinden, die sie ohne ihr Zutun bewegt: „Weh', welch unauflöslich Leiden!/ Wohin trägt mich die Welle?"[301] In der Beschreibung der krampfartigen Schmerzattacken des Philoktet und zumal des sophokleischen Herakles zeigt sich ebenfalls, wie die Figuren nur noch durch eine praktisch machtlose Selbstbeobachtung auf sich selbst Bezug zu nehmen vermögen.[302] Hekabe zieht als Sklavin aus Troja unter dem Eindruck fort, nicht sie gehe selbst fort, sondern die Asche „wie Rauch" entrücke das Haus ihren Blicken. Ihre eigene Bewegung ist weniger eine Handlung als ein Vorgang, dem sie distanziert gegenübersteht, wenn sie ihren Körper wie eine andere Instanz anspricht, die ihre kraftlosen Gehwerkzeuge

---

[298] Campe 2018, S. 55.
[299] Vgl. Jaeggi 2005, S. 258.
[300] Sophokles: *König Ödipus*, V. 1309–1313.
[301] Aischylos: *Hiketiden*, V. 126 f.
[302] Siehe Kap. 6.4.

bewegen möge: „O weh!/ Ihr zitternden, zitternden Glieder, schleppt mei-/nen Fuß"³⁰³.

Die Wahrnehmung, dass etwas mit einem über den Körper als Leidensmedium passiert, nicht dass man es selbst tut, legt zugleich nahe, Dämonen oder Götter zu imaginieren, die das Selbst gleichsam in der Hand haben. Der Chor attestiert der verzweifelten Hekabe dementsprechend: „Zur größten Leidfrau auf der Welt hat, Ärmste, dich/ gemacht ein Daimon – wer's auch sei –, der auf dir lastet."³⁰⁴ Es handelt sich dabei um einen „Subjekttausch", der ein auffälliges Merkmal der Selbstwahrnehmung tragischer Figuren ist.³⁰⁵ Nicht sie vollziehen etwas, sondern etwas, das sie an sich als fremde Kraft wahrnehmen, wird zum Quasi-Akteur. Sie nehmen dabei die Position ein, die auch die Mitspieler, der Chor und die Zuschauer im Theater innehaben und thematisieren ihr eigenes Leiden aus der ambivalenten Position, zugleich immersives und beobachtendes Subjekt zu sein, selbst völlig im Leiden aufzugehen und aus einer ohnmächtigen Distanz zuzuschauen, wie dieses sich der eigenen Selbstbestimmung bemächtigt.³⁰⁶ Oft kommen auch Bilder ins Spiel, in denen das Selbst zum Objekt wird und von anderen Naturkräften bewegt wird. „Wie eine Wolke treibe umher ich,/ gejagt von schrecklichen Stürmen"³⁰⁷, beschreiben die Mütter der getöteten Thebaner ihr sinnlos gewordenes Leben. Im Leid wird das Zuschauen, die Haltung des Publikums, dominant, während zugleich durch die individuelle Gebundenheit des Leidens an das eigene praktische Leben die Distanz zwischen Figur und allen anderen weiter aufreißt.

Die theatrale Darstellung tragischer Erfahrung vollzieht selbst diese gegenstrebige Fügung. Trägt etwa im *König Ödipus* zunächst eine Differenz zwischen wissenden Zuschauern und noch unwissenden Figuren die tragische Ironie des Stücks, wird im Moment der tragischen Erkenntnis Ödipus selbst zum entsetzten Zuschauer seines eigenen Lebens. Nun erfährt er selbst den Schrecken, den die Theaterzuschauerin bereits antizipierte. Dadurch gerät er in ihre Position: Er tritt aus seiner nach Aufklärung und Befreiung von Unwissenheit und der die Stadt plagenden Seuche strebenden Handlungsposition heraus und *erblickt* das Ganze der Tragödie, in der er gespielt hat:

„Iu! Iu! – Das Ganze wäre klar heraus! –
O Licht! Zum letzten Male hätte ich dich jetzt erblickt,
Der ich zu Tage trat: entstammt, von wem

---

303 Euripides: *Troerinnen*, V. 1320 f., 1328 f.
304 Euripides: *Hekabe*, V. 721 f.
305 Klaus Heinrich verwendet diesen Begriff in seiner subtilen Betrachtung der Rolle des Staubs in der *Antigone* (Heinrich 2011, S. 162).
306 Diese Symptome lassen sich in der modernen Psychopathologie, d. h. in der Symptomatik von Depressionen und depersonalisierenden Erfahrungen, wie auch in den von der zeitgenössischen Neurowissenschaft erklärten Fällen notorischer Handlungsunfähigkeit wiederfinden: vgl. Fuchs 2004; Damasio 1997.
307 Euripides: *Andromache*, V. 963 f.

Ich nicht gesollt – mit wem ich nicht gesollt
Zusammenleb – und wen ich nicht gedurft, erschlug! –"[308]

Zugleich aber reißt mit dem Umschlag der Anagnorisis eine neue Differenz auf, denn die empathischen Zuschauer müssen ihre eigene Differenz zu Ödipus klarer erkennen, für den die tragische Erkenntnis eine andere, nämlich viel existentiellere Relevanz hat als für sie, die die Tragödie bereits überblicken. Sie, die sich nicht in der Position des Akteurs, der den Umschlag erfährt, befinden, erkennen mit einem Mal verschärft die Individualität des Königs, der anders als sie ins Bodenlose stürzt. Der Chor macht das nach Ödipus' tragischer Erkenntnis deutlich, in dem er seine unvergleichliche Position herausstellt und rhetorisch fragt, wer „mehr/ Des Glücks" davongetragen habe und wer dafür jetzt „elender" sei.[309] Niemand. Ödipus ist im Leid hier und jetzt singulär. Die geschockten Zeugen fühlen und klagen mit, doch sie können letztlich „Ruhe" für ihr „Auge"[310] finden, während Ödipus es sich ausstiert. Zugleich aber wirkt die Tragödie der Funktion des Mythos entgegengesetzt, indem sie dem Publikum die Welt nicht vertrauter macht, sondern sie ihm „entfremdet"[311]. Die Welt ist ein Ort des unvordenklichen Schreckens der Tragik, nicht der harmonischen Weltbeziehung, in der Tun und Ergehen zusammenstimmen.

Die theatrale Darstellung verteilt also Zuschauer und Schiffbrüchige nicht stabil auf Ufer und Meer, sondern inszeniert sie gleichsam auf demselben fragilen Schiff – dem *theatron* als Ort der Selbst- und Fremdbeobachtung –, auf dem die Verbundenheit *und* die individuell unterschiedlichen Positionen zutage treten.[312]

Die hilflose Beobachtung dessen, was man selbst erfährt, ist nicht nur ein Symptom, sondern auch ein Grund für (weitere) Entfremdung. Der amerikanische Philosoph Richard Moran hat überzeugend dafür argumentiert, Haltungen der Selbstbeobachtung der Haltung des Akteurs funktional gegenüberzustellen. Da Morans Theorie die Form der Selbstwahrnehmung im tragischen Leid besser zu verstehen hilft, soll sie hier in einem kurzen Exkurs referiert und kommentiert werden, um sie danach auf die Zeugnisse aus der Tragödie zu beziehen.

Moran kritisiert in seinem Buch *Authority and Estrangement* cartesianische und auch gegenwärtig oft vertretene Auffassungen der Selbsterkenntnis als Introspektion. Diese Auffassungen, die Moran „observational model" oder „perceptual picture of the mind" nennt, behaupten, dass man sich seiner selbst dann bewusst ist, wenn man wahrnimmt, dass man eine Überzeugung oder einen Wunsch hat.[313] Damit bean-

---

[308] Sophokles: *König Ödipus*, V. 1182–1186.
[309] Ebd., V. 1187–1220.
[310] Ebd., V. 1220.
[311] Lehmann 2013, S. 47. Zur Funktion des Mythos siehe Blumenberg 1979a.
[312] Zur Geschichte dieser existentiellen Metaphorik eines stärker oder weniger involvierten Zuschauens des Leidens anderer siehe Blumenberg 1979b.
[313] Moran 2001, Kap. 1, S. 1–35 (im Folgenden finden sich die Seitenangaben von Morans Buch im Haupttext).

sprucht diese Auffassung eine privilegierte Rolle für das Selbst, denn nach ihr kann eine Person am besten selbst an sich durch Zeugenschaft ihrer mentalen Zustände wahrnehmen, ob sie eine Überzeugung oder einen Wunsch hat. Diese Auffassung fordert nach Moran den Skeptizismus heraus, weil man sich das Problem einhandelt, wie dieses aus Selbstwahrnehmung gewonnene Wissen denn auch für andere Personen verfügbar sein könne. Morans originelle Überlegung besteht nun darin, dieses Modell weder non-kognitivistisch zu reformulieren noch es gegen den Skeptizismus zu verteidigen, sondern es dadurch zu kritisieren, dass er es in Verbindung mit „a class of pathologies of self-regard" (153) bringt.

Die auch für Moran offenkundige Asymmetrie zwischen der Perspektive des Selbst und derjenigen anderer Personen auf dieses Selbst privilegiere nicht eine Position, sondern zeige sich nur in unterschiedlichen Weisen, den Bezug von Selbst und Überzeugung oder Wunsch zu interpretieren. Morans Ziel ist es, ähnlich etwa dem von Thomas Nagel,[314] die Perspektive des Selbst und aller anderen sowie die theoretische (beobachtende) und die praktische (entscheidende) Einstellung in einem Modell zu verbinden, ohne, erstens, einer von beiden Dominanz über die andere zuzuschreiben (wie etwa im Physikalismus oder im Solipsismus) und ohne, zweitens, dafür die Unterschiede zu leugnen. Moran schlägt vor, für das Selbst, dessen Selbsterkenntnis infrage steht, eine normative Transparenzbedingung (*Transparency Condition*) anzunehmen (60–83).[315] Mit ihr ist gemeint, dass es für eine Person A, die eine Überzeugung der Form „A glaubt, dass p" hat, transparent zu sein hat, dass sie selbst sie hat. „A glaubt, dass p" bedeutet also nicht „A nimmt wahr, dass A glaubt, dass p", sondern A weiß immer schon, dass A glaubt, dass p. Sie ist mit der Tatsache, selbst eine Überzeugung zu haben, unmittelbar vertraut, sofern die Überzeugung *Ausdruck* ihrer mentalen Verfassung ist.[316] Um eine Überzeugung zu haben, ist eine Kenntnis der für sie relevanten Sachverhalte in der Welt vonnöten, nicht aber die zusätzlich erst zu erwerbende Kenntnis, dass ich es bin, der die Überzeugung hat. Mit anderen Worten: Überzeugungen wie auch Entscheidungen sollen sich auf die Welt richten. Diese Ar-

---

[314] Vgl. Moran 2001, S. 142–147, 158 f. Thomas Nagel hat mehrfach Überlegungen dazu angestellt, wie man die subjektive und objektive Perspektive kohärenterweise aufeinander beziehen kann, ohne eine von beiden auf die andere zu reduzieren oder eine für dominant zu erklären. Vgl. etwa 1979b sowie 1986. Diese grundlegende Intention von Nagels Philosophie durchzieht seine frühe Begründung der Irreduzibilität des phänomenalen Bewusstseins (Nagel 1979c) ebenso wie die jüngste Kritik an der Berechtigung einer naturalistischen Welterklärung, die das menschliche Bewusstsein nur als Epiphänomen einer geistlosen materiellen Entwicklung begreift und damit die subjektive Perspektive gegenüber der objektiven unzulässig relativiert (Nagel 2012). Eine Theorie, die beide Perspektiven verbindet, indem sie die öffentliche Form des Geistes begründet und deutlich macht, dass das individuelle Bewusstsein immer schon bei der Welt und in Kommunikation mit seinesgleichen ist, wenn es bei sich ist, hat Volker Gerhardt vorgelegt. Für ihn ist der Mensch bereits durch seinen *bewussten* Bezug zur Welt und sich selbst ein *homo publicus:* Gerhardt 2008b, 2012 und 2019, S. 203 ff.
[315] Vgl. Korsgaard 1996a, S. 17.
[316] Diese Unmittelbarkeit (*immediacy*) bedeutet nicht, dass dieses Wissen infallibel oder vollständig wäre (ebd., S. xxix).

gumentation ist aus Kants Theorie des Selbstbewusstseins vertraut: Dass das „Ich denke [...] alle meine Vorstellungen begleiten können"[317] muss, heißt nicht, dass das „Ich denke" immer explizit mitgedacht werden muss. Es ist vielmehr *im* Denken ein unmittelbares Wissen, dass ich es bin, der denkt. Es ist nicht nötig (wenngleich möglich), dass das Selbstbewusstsein erst noch das Mit-sich-Vertrautsein des „Ich denke" als Vordergrund beobachten muss, bevor es den Inhalt seines Denkens gewissermaßen dahinter prüfen könnte. Das ist offenkundig eine für die Funktion von Selbsterkenntnis unzutreffende Verdopplung, die einen infiniten Regress generiert. Diese Verdopplung – das Beobachten, dass ich denke, dass p – würde ebenfalls der Tatsache nicht gerecht, dass Meinungen, die man über sich selbst hat, transformativ und performativ sind: Indem ich etwas über mich denke, forme ich meine Selbst-Interpretation gemäß dieser Überzeugung.[318] Damit setze ich aber schon voraus, dass das Denken *meine* Aktivität ist, die nur deshalb für mein Selbstverständnis transformativ zu sein vermag.

Die Transparenzbedingung ist nach Moran kein logisches, sondern ein praktisches Erfordernis, denn das *psychologische* Phänomen, wahrzunehmen, was mit einem vor sich geht, existiert offenkundig für handlungsfähige und reflexive Personen. Es ist fast alltäglich: Man stellt mitunter verwundert fest, dass man selbst gerade dies oder jenes denkt, als sei man nur Medium eines selbständigen Gedankeninhalts. Man kann also im Selbstbewusstsein auf sein beiläufiges, nicht selbstbewusst gesteuertes Wahrnehmen, Fühlen oder Denken aufmerksam werden und es beobachten. Dieser Umschlag in Aufmerksamkeit ist Voraussetzung für Selbstreflexion. Relevant für die Frage nach einer *entfremdeten* Form des aufmerksamen Selbstbezugs ist allein, welche Rolle dieser Vorgang für die Selbstbestimmung spielt. Sie zeigt sich daran, so Moran, wie wichtig die Autorität (*authority*) ist, die man mit der Perspektive der 1. Person verbindet. Wenn man zusätzlich beobachte, dass man die Person sei, die eine bestimmte Überzeugung oder bestimmte Wünsche habe, sei man in einer Perspektive der Selbstbeobachtung, die nicht vereinbar mit der Perspektive der Entscheidung ist, die sich wiederum für Handelnde als unverzichtbar erweist. Für diesen „practical point of view" ist entscheidend, dass man *selbst* entscheidet und diese Entscheidung niemandem überlässt. Die Entscheidung als Zustimmung zu meinen Gründen führt zu einem Bekenntnis (*avowal*), das meinen mentalen Zustand ausdrückt (*express*), nicht zu einer Selbstzuschreibung (*attribution*), die man als Information über meine empirisch beschreibbare Verfassung (sich selbst) berichtet (*report*). Der Entdeckung (*discovery*) von Sachverhalten, die mein Selbst betreffen, steht die Entschlusskraft (*resolution*) der Verantwortung in meiner Entscheidung gegenüber (83–107).[319]

---

317 Immanuel Kant: *Kritik der reinen Vernunft*, B 132.
318 Vgl. Ch. Taylor 1985b.
319 In ähnlicher Weise hat bereits Elizabeth Anscombe zwischen epistemischen Annahmen über künftige Ereignisse in Voraussagen und praktischem Wissen über künftige Ereignisse, die man intendiert, unterschieden. Letztere bringt man durch eigenes Tun hervor, während erstere unabhängig von eigenen Handlungen eintreten und sich als solche beobachten lassen können. Intentionales

Aufschlussreich ist Morans Überlegung nun, weil er begründet, dass die deliberative Perspektive die Person nicht nur prinzipiell nicht an ihre Selbstwahrnehmung bindet, sondern dass die Haltung der Selbstwahrnehmung sogar die deliberative Perspektive behindert. Diese These Morans kann offenkundig nur dann plausibel sein, wenn sie nicht impliziert, dass man die Wahrnehmung der eigenen mentalen Zustände und Wünsche oder die empirisch beschreibbare Lebensgeschichte generell als Handelnder ignorieren solle. Doch Moran behauptet nur, dass diese Selbstwahrnehmung nicht darüber entscheidet, was zu tun ist, sondern unter abwägender Berücksichtigung dieser Selbstwahrnehmung man selbst in praktischer Einstellung.

Analog kann man Begründungen von Entscheidungen verstehen. Es wäre verfehlt, praktische Überlegungen, die zu Entscheidungen führen, so zu erklären, als müsste man Gründe-Token, die gleichsam in der „Welt der Gründe"[320] bereits parat liegen, nur aufsuchen, damit diese Gründe die Entscheidung für einen treffen. Auch Gründe sind nur dann *meine* Gründe, so objektiv gute Gründe es sein mögen, wenn *ich* sie mir im Prozess der Deliberation *zu eigen mache*. Anders gesagt: Den Prozess der Abwägung von Gründen muss ich selbst mit meiner Entscheidung eigenständig abbrechen, die Gründe brechen ihn nicht von selbst ab. *Ich* wäge Gründe ab und entscheide mich daraufhin; die Gründe steigen nicht selbst auf eine Waage und lassen die Entscheidung in eine Richtung rutschen.[321]

Wenn das nicht gelingt, hat man es mit einer Situation zu tun, die Moran Entfremdung (*estrangement*, *alienation*) nennt. Sie ist eng verwandt mit der Willensschwäche als einer Unfähigkeit, den eigenen Willen in Bezug auf Gründe zu begreifen und ihn als etwas zu beobachten, das von anderem als seiner Ansprechbarkeit auf Gründe bestimmt ist. Julian Nida-Rümelins Kritik an Harry Frankfurts Modell zweier Wunschebenen bestimmt die Willensschwäche in analoger Weise als Form einer internen Selbstdistanz: Wer zunächst auf seine Wünsche durch die Ausbildung höherstufiger Wünsche (Volitionen) Bezug nehmen muss, sei gerade kein Beispiel für eine

---

Handeln beruht für Anscombe entsprechend auf einem „knowledge without observation": Handelnde benötigen keine Selbstbeobachtung, um zu wissen, dass sie handeln, damit etwas beabsichtigen und in der Zukunft verwirklichen können (Anscombe 1963, S. 13 ff.).

320 Diese den „logischen Raum der Gründe" (Wilfrid Sellars) lebensweltlich erweiternde Formulierung entlehne ich dem von Julian Nida-Rümelin veranstalteten XXII. Kongress der „Deutschen Gesellschaft für Philosophie" an der Ludwig-Maximilians-Universität in München (11.-15. 09. 2011).

321 Daher lässt sich eine objektivistische Theorie praktischer Gründe mit einer individuellen Bezugnahme auf sie verbinden. Es bedarf keiner Annahme subjektiver Gründe, es kommt vielmehr darauf an, *wie* allgemeingültige Gründe in der Weise, wie ich sie mir zu eigen mache, zu meinen werden. Der Subjektivismus der Gründe beruht m. E. auf einer Vermischung zwischen dem Was (den Gründen) und dem Wie (der Annahme, Akzeptanz, Aneignung) des Begründens. Vgl. die ähnlich Argumentation Nida-Rümelins 2001, S. 73 ff., und Kap. 8.4. Zu Morans ähnlicher Auffassung von Gründen vgl. Reginster 2004, S. 433: „According to Moran, the touchstone of the contrast between the first-person and the third-person perspectives *is* responsibility [...], responsibility in terms *of responsiveness to* reasons". Ansprechbarkeit reicht aber noch nicht hin, es kommt drauf an, die Gründe in einer Entscheidung zu den eigenen Gründen zu machen. Das ist ein aktives Sich-Bestimmen, keine bloße Reaktion auf Gründe.

freie, willensstarke Person, sondern nehme den *Umweg* über eine distanzierte Selbsteinflussnahme, anstatt *direkt* ihren Gründen zu folgen.[322]

Von diesen Zuständen einer gestörten Willensfreiheit lässt sich auch auf eine formale Theorie der Therapiebedürftigkeit kommen. Denn in einer Psychotherapie wird die Haltung der Selbstbeobachtung durch den Therapeuten geteilt und dadurch gestützt, nur aber, um die zu Therapierenden (wieder) in die Position einer authentischen Expressivität ihrer Emotionen sowie des deliberativen Bekenntnisses zu ihren Gründen zu bringen, in der die Therapie als Selbstbeobachtung überflüssig geworden sein wird.[323]

Zurück zur Tragödie: Die Einsicht in die Inkompatibilität[324] von deliberativen mit empirisch selbstregistrierenden Einstellungen in der Zeit des Entscheidens und Handelns lässt sich in der antiken Tragödie wiederfinden. Die Überlegungen Morans sind für die Interpretation der tragischen Erfahrung deshalb aufschlussreich, weil sie die in den Stücken offenkundige Haltung der Selbstbeobachtung im Leiden als Gegenteil der deliberativen Perspektive und somit den Umschlag von Freiheit in Unfreiheit zu explizieren helfen. Die Figuren nehmen Vorgänge an sich selbst wahr, sind aber, wie die Analyse der tragischen Scham gezeigt hat, von der Haltung einer eigenen Entscheidung und des Handelns entfernt.[325] Die hier vertretene These lautet, dass die tragischen Selbste nicht schon dadurch auszuweisen sind, dass sie überhaupt eine beobachtende Haltung zu sich einnehmen, sondern dass ihr Leid sie dazu nötigt, in dieser Haltung zu *verharren*. Sie haben gewissermaßen nur noch das Nachsehen und werden *eo ipso* in eine Art Selbstzuschauerrolle genötigt. Die selbstbeobachtende Haltung ist nämlich so lange nicht problematisch, je nach Situation sogar rational geboten, so lange man aus ihr wieder in die Haltung der Entscheidung und Verantwortung für seinen Willen *wechseln* kann. Es gibt viele Situationen, in denen es zur Selbsterkenntnis gehört, sich selbst wahrzunehmen und zu erkennen, was man überhaupt fühlt. Das Reflexivpronomen verweist dabei fast immer auf die eigenen körperlichen Bedürfnisse und die eigenen Gefühle in einem komplexen inneren

---

322 Vgl. Nida-Rümelin 2005, S. 90 f.
323 Siehe Moran 2001, S. 85–94. Jonathan Lear hat allerdings in einer erhellenden Kritik Morans gezeigt, dass es nicht reicht, die therapeutische Situation so zu beschreiben, weil gerade der Glaube, sich zu einem Gefühl oder einem vermeintlich guten Grund zu bekennen, ein Symptom einer verdeckenden Rationalisierung sein kann. Hier handelt es sich offenkundig um so etwas wie eine unglückliche List der Vernunft, die gerade durch das Begründen-Können die Möglichkeit einer adäquateren Selbst-Interpretation mit besseren Gründen verhindert. Therapie müsse das aufklären als eine „extended deliberation" (Lear 2004, S. 448 ff.).
324 Ich halte die Annahme für sinnvoll, dass sich unter Normalbedingungen lebensweltlicher Praxis diese Standpunkte durch Übung auch zugleich bzw. im raschen Wechsel einnehmen lassen. Man entscheidet und handelt und beobachtet sich dabei aus einer von innen eingenommenen Distanz, ohne dadurch die praktische Einstellung zu schwächen. Was durch Übung unter Normalbedingungen möglich sein mag, gilt aber nicht für das tragische Leid.
325 Siehe Kap. 7.4–7.5.

Echoraum, der nicht transparent ist.[326] Die eigenen, oft nur verworren oder indirekt wahrnehmbaren Eindrücke, Gefühle, Motive, Neigungen und Wünsche einfach nicht wahrzunehmen, wäre hochgradig irrational und gerade ein Rezept für Entfremdung, statt für Resonanz und Autonomie.[327] Man muss sie kennen, um ihnen situativ vertrauen zu können. Entscheidend für eine funktionierende Selbstbestimmung ist aber, dass man im Abwägen von Gründen, im Entscheiden und Handeln die Position der Selbstbeobachtung *wieder verlässt*. Man kann nicht aufmerksam hinhörender Zeuge seiner eigenen Entscheidung sein. Gelingende Autonomie besteht im Wechselspiel von beobachtend-theoretischer und deliberativ-praktischer Einstellung. Gelingt die Konzentration auf die *eigene* Entscheidung nicht – das also, was einem, anders als die Beobachtung der eigenen Verfassung, niemand abnehmen kann –, stellt das eine wirksame Störung der Selbstbestimmung dar. Man hat dann nur noch eine verarmte Freiheit, die sich auf das betrachtende und bewertende Rückwenden auf sich beschränkt, nicht aber etwas in der Welt eigenständig zu tun erlaubt. Eine Distanz zum eigenen praktischen Standpunkt als „mere bystander"[328], ist, sofern sie nicht wieder überbrückt werden kann, ein Zeichen für eine ernste Entfremdung, wie sie mit der tragischen Erkenntnis in der Regel einsetzt.[329]

Tragische Akteure unterscheiden sich von notorisch willensschwachen und psychisch kranken Menschen dadurch, dass sie sich in einer geradezu exzeptionellen

---

326 Das wird meist durch auditive Metaphern deutlich gemacht, etwa wenn man sagt, man solle besser auf sich hören. Diese Metaphorik ist bezeichnend, da der Blick den Körper – auch über Spiegel oder Blicke anderer – nur von außen erfasst. Der ontogenetisch ältere, schon vorgeburtlich aktive Hörsinn richtet sich dagegen auch auf von innen kommende Klänge, etwa die eigene Atmung oder den Herzschlag, und somit im weiteren Sinn auf die Propriozeption und die sich immer auch physiologisch artikulierenden Emotionen.
327 Vgl. Rosa 2013 und 2016. Es wäre zudem nicht zu begründen, warum man die Erkenntnis der eigenen psychischen Prozesse auszuklammern hätte, während die Moral gerade die Einnahme des unparteiischen Standpunkts fordert, von dem aus man andere in ihren Gefühlen, Neigungen und Motiven zu berücksichtigen hat. Vgl. die Diskussion bei Moran 2001, S. 152–194.
328 Nagel 1996, S. 201.
329 Aus diesen Überlegungen folgt nicht zuletzt für die Theorie praktischer Rationalität, dass das humeanische Modell praktischer Rationalität unzureichend ist. Es besagt in seiner klassischen Variante, dass Menschen dann rational handeln, wenn sie ihren Wünschen folgen. Dafür müssen sie allerdings ihre Wünsche zunächst an sich selbst wahrnehmen. Wenn das Modell – wie bei Hume, der der Vernunft als „slave of the passions" keine motivierende Kraft zuerkennt und ihre einzige Aufgabe darin sieht, „to serve and obey them" (*A Treatise of Human Nature*. Book II, Sec. III, S. 415) – so verstanden wird, dass das Ergebnis der Selbstbeobachtung – die Wahrnehmung eines Wunsches – kausal wirksam ist für das Handeln, wird Handeln als Folge einer Entscheidung nicht erklärt, sondern weg-erklärt. Verhalten im Sinne einer instinktiven oder unwillkürlichen Reaktion auf Reize, Gefühle oder Wünsche, die man beobachtet, und Handeln fallen dann zusammen. In einer autonomen Entscheidung, die eine Deliberation abschließt, muss ich mich aber ernsthaft zu meinen Gründen *bekennen können*, sodass mein Handeln Ausdruck meiner Entscheidung zu sein vermag, die wiederum Ausdruck meines Verständnisses davon ist, was als guter Grund zählt. Aus der tendenziell passiven Selbstbeobachtung der Wünsche kommt man nicht heraus, indem man sich nur ihrer Wirkung überlässt.

Weise fähig erweisen, Entscheidungen zu treffen und diese umzusetzen.[330] Xerxes ist kein mit sich hadernder Hamlet, sondern ein geradezu unverschämt selbstbewusster Herrscher, der einen großen Krieg beginnt. Antigone erzeugt ihr Leid nicht dadurch, dass sie akratisch in Untätigkeit verharrt, sondern gerade dadurch, dass sie unter riskanten Bedingungen handelt. Erst durch den Umschlag ins tragische Leid *werden* viele Figuren zu Pathos-Säulen, die den praktischen Standpunkt nicht mehr einzunehmen vermögen. Von Akteuren werden sie gleichsam zur „Beute"[331] ihres Leids. Das Moment des Umschlags besteht darin, aus der Fähigkeit zur Deliberation in die Unfähigkeit zur Deliberation zu fallen. Tragisches Leid nimmt die Fähigkeit zur *aktiven* Distanzierung und Distanzüberbrückung; es zwingt in ein Leiden, das den Menschen zugleich gänzlich einnimmt und ihn in eine hilflos-distanzierte Beobachtungshaltung gegenüber seinem Leid nötigt, aus der heraus er nicht in die deliberative Perspektive wechseln kann. Die Orientierungsinstanzen selbst sind geschwächt und fraglich geworden, sodass eine Desorientierung entsteht, die sich in der Unfähigkeit zur eigenen Entscheidung artikuliert.[332] Hekabe, die einstige handlungsmächtige Königin des großen Troja, nun mehr Leidensgestalt und Sklavin, deren „Qualen", wie ihr sogar ihr Feind attestiert, „jedes Maß" sprengen, spricht nur noch aus beobachtender Distanz zu sich selber, als könnte eine andere, die aber zugleich sie selbst ist, ihr einen Weg ins Handeln weisen „Du Arme – sag ich *du*, so mein ich, Hekabe,/ *mich* selbst –, was soll ich tun?"[333]

Trotz der engen Verwandtschaft der Phänomene ist daher auch Rahel Jaeggis These, Entfremdung bestehe in der Beziehung zu etwas, dem man fremd, nämlich distanziert, verschlossen oder gleichgültig gegenüberstehe, für die Beschreibung tragischer Entfremdung anders zu fassen. Der entscheidende Unterschied zwischen ihr und den von Jaeggi beschriebenen Formen des Phänomens besteht darin, dass die tragischen Figuren sich nicht *allmählich* in eine Situation *hineinleben*, in der sie ohne eigenen Willen, ohne Identifikation mit ihren Weltbezügen und in einer gleichgültigen Haltung gegenüber sich und der Welt gleichsam dahinleben, sondern sie werden *plötzlich* aus ihrer praktischen Verbindung mit der Welt *herausgerissen*, und zwar durch das negative Feedback ihres eigenen Handelns: Indem sie erkennen, dass es ihre Selbstbestimmung war, die sie grandios hat scheitern lassen, wird ihnen ihre Selbstbestimmung, das eigene Handeln und *ipso facto* die Welt, in der sie zu handeln

---

[330] Ebenso unterscheiden sie sich von moralischen Narzissten und Eskapisten, die *freiwillig* in die Haltung der Selbstbeobachtung wechseln, *um sich* von negativen Beurteilungen ihrer selbst wie in der Scham zu *entlasten*. Vgl. dazu Moran 2001, S. 177 ff.
[331] Sophokles: *Ödipus auf Kolonos*, V. 1798.
[332] Vgl. zu einer ähnlichen Beschreibung von „Desorientierung aufgrund von Unsicherheit" Luckner 2005, besonders S. 230–235.
[333] Euripides: *Hekabe*, V. 783, 736 f. Hekabe trifft tatsächlich nach langem Abwägen eine Entscheidung, Agamemnons Hilfe zu ersuchen, um den Mord an ihrem Kind zu rächen, aber dies ist eine Entscheidung aus der Lage der Hilflosigkeit heraus, gewissermaßen ein letzter Schritt vor der gänzlichen Passivität. Nach dieser Handlung bleibt ihr allein ein Leben in Unfreiheit.

gewohnt sind, fremd. Darin liegt auch der Grund, warum es verkürzt ist, die Darstellung von „Seelenzuständen", die „der Person als ein Fremdes" zukommen, als rein ästhetische „*Erscheinung*" zu verstehen, für die Handlungen in der Tragödie bloß „ausgenutzt" würden.[334] Die emotionale Reaktion der plötzlichen schockhaften Entfernung von sich und die Scham sind Reaktionen auf die tragische Erkenntnis, ein Schicksal als Handelnder mitzuverantworten, das man nicht als Ausdruck des eigenen Selbstverständnisses deuten kann. Die nicht-tragische Entfremdung ist daher auch nicht notwendig mit Scham verbunden, sie treibt vielmehr allmählich in eine notorische Distanz gegenüber der Welt und erzeugt dadurch das Gefühl des Fremdseins, ohne dass damit eine durch punktuelles Handeln erzeugte Verfehlung des Selbstanspruchs verbunden sein müsste.[335] Zudem kann es für an Entfremdung leidende Personen eine Entlastung und sogar Befreiung von dieser Erfahrung darstellen, wenn sie sich aus dem gesellschaftlichen Kontext und seinen Anforderungen und Rollenerwartungen in die einsame Natur zurückziehen – ein Motiv, das bereits beim frühen Diagnostiker der modernen Entfremdung, Rousseau, zu erkennen ist, der den entfremdeten Zustand dem Naturzustand entgegensetzt, in dem die Menschen, noch nicht gesellschaftlich organisiert, in Einklang mit sich selbst frei und gleich gewesen seien. Tragisch Gescheiterte ziehen sich zwar auch aus der Gesellschaft in die Natur jenseits der Polis zurück wie Ödipus, aber nicht als Befreiung von ihrer Entfremdung, sondern als ihre Konsequenz. Entfremdung trennt die tragischen Subjekte schmerzhaft aus ihrem sozialen Gefüge: Sie werden unfreiwillig ungleich. In der Natur außerhalb der Stadtmauern wird die Entfremdung von der Gesellschaft bestätigt, nicht aufgehoben.

Ist in der von Jaeggi beschriebenen Entfremdung *strukturell* die Dynamik der Selbst- und Weltaneignung *gestört*, wird in der tragischen Erfahrung *punktuell* die gelungene Selbst- und Weltaneignung *zerstört*. Daher ist nicht-tragische Entfremdung auch eine in der Regel längerfristige Störung, die aber mit ihrer Erkenntnis und der Kritik ihrer sozialen, ökonomischen und politischen Voraussetzungen als praktisches Problem erkennbar und also prinzipiell lösbar ist, während die Tragik als plötzliches Misslingen demgegenüber unauflöslich ist, weil sie kein praktisches Problem, sondern ein Problem der Praxis ist.[336] Die Tragik ist keine Folge von Entfremdung, sondern erzeugt erst ein Phänomen der Entfremdung des Akteurs von sich und der Welt

---

334 Bohrer 2009, S. 290.
335 Es kann, versteht man Entfremdung mit Jaeggi als gestörte Dynamik der Aneignung, sogar sein, dass einem gerade das, was man von sich erwartet, in der Erfüllung fremd wird, weil man es sich nicht mehr aktiv als Teil des eigenen Selbst anzueignen vermag. Es ist gleichsam Sediment geworden, eine leblose Form, die man weiter verfolgt. Setzt die Scham ein In-Kraft-Sein des aktiv bewertenden Selbstverhältnisses voraus, ist dieses in der Entfremdung strukturell durch Teilnahmslosigkeit gekennzeichnet.
336 Vgl. Jaeggi 2005, S. 185. Jaeggi sieht in Bezug auf tragische Konflikte den Unterschied zur Entfremdung gerade darin, dass in tragischen Konflikten etwa zwischen unvereinbaren Wünschen, diese Wünsche „zuerst überhaupt eigene Wünsche sein" müssen. „Der Indifferente kennt keine tragischen Konflikte, der von ›fremden Wünschen‹ Getriebene auch nicht" (S. 129).

angesichts des eigenen Scheiterns. In ihr bricht die Fähigkeit zur Selbstbestimmung mit einem Mal ein.

7.7 Freiheits- und Machtverlust

Die bedrohliche Erfahrung der Entfremdung in der Tragödie stellt sich als das Gegenteil des ursprünglich positiven Sinns von Entfremdung dar. In der juristischen, vertragstheoretischen Bedeutung des Worts als *alienatio juris* war bis ins 19. Jahrhundert mit Entfremdung eine Entäußerung bzw. die Übertragung von natürlichen Rechten gemeint, durch die erst eine positive Rechtsordnung ermöglicht werden konnte, die wiederum positive Freiheitsrechte unter Bedingungen staatlicher Organisation zu garantieren in der Lage sein sollte.[337] Die individuelle Erfahrung der Entfremdung verschärft sich dagegen in der tragischen Erfahrung zu einem Verlust an Freiheit. Die befremdliche Erfahrung, seinem Leiden nur noch zuzuschauen, ist keine mehr oder weniger verworrene Befindlichkeit, sondern ein Extrem an Negativität, weil der Umschlag des Handelns die Funktionalität der Selbst- und Weltbezüge mit einem Mal außer Kraft setzt. Die existenzielle Dimension der Entfremdung, die im Tragischen gleichsam zusammenschießt, besteht im Freiheitsverlust als der „Verkehrung von Macht in Ohnmacht"[338].

Freiheitsverlust im Tragischen ist nicht ein Verlust, überhaupt Optionen zu haben, sondern ein Verlust des Könnens bzw. der Macht, diese Optionen als eigene praktische Möglichkeiten zu wählen. Die These vom Freiheitsverlust ist also nicht so zu verstehen, als bedeutete Entfremdung, überhaupt jegliche Handlungsmacht zu verlieren. Entfremdung und tragische Erfahrung stehen vielmehr für eine konkrete Erfahrung, in der die Macht, *überhaupt* zu handeln und dadurch in der Welt wirksam zu werden, getroffen wird. Daher ist mit diesen Erfahrungen keine graduelle Reduktion von *Handlungsfreiheit*, sondern vielmehr eine tiefgreifende Störung der *Willensfreiheit* gemeint.

Genau darin liegt die Antwort auf die Frage, warum die Entfremdung denn überhaupt – sei es als Erstarrung gegenüber praktischen Herausforderungen, Wunschinkohärenzen, als Rollenzwang oder Gleichgültigkeit gegenüber der Welt – *problematisch* bzw. was *ceteris paribus* praktisch so gravierend an der ironischen Verkehrung von Handlungen ist. Das Problematische an den Formen der Entfremdung ist nach Jaeggi, dass sie eine „Beeinträchtigung unseres Wollens" (10) darstellen. Die gleiche Antwort kann man noch schärfer auf die Frage nach dem Tragischen der Tragödie entgegnen. Bei der tragischen Erfahrung geht es nicht um einen graduellen Machtverlust, sondern vielmehr um einen Machtverlust, der die Voraussetzungen der

---

[337] Vgl. Zimmer/Regenbogen 2010, S. 532.
[338] Jaeggi 2005, S. 41 (im Folgenden beziehen sich wieder die Seitenangaben im Haupttext auf Jaeggis Buch).

Lebensführung betrifft. „Ein Leben zu führen", so bemerkt Dieter Henrich über die zentrale Rolle entwerfender, aktiver und partizipativer Selbstbestimmung, „heißt anderes, als ein Leben zu haben, das sich als Geschehen vollzieht. Es heißt, von diesem Leben und von dem, was es angeht, zu wissen und aus diesem Wissen heraus einen Gang für es auszulegen oder zumindest doch in den Gang, in dem es gehalten ist, überlegt einzugreifen."[339] Alle beschriebenen Zeichen einer tragischen Erfahrung demonstrieren, dass sie einen Gang der plötzlichen Veränderung (*metabolē*) darstellt, der sich über die Köpfe der Menschen und doch zugleich in ihrer leibhaftigen Selbsterfahrung vollzieht. Überlegt in ihn einzugreifen scheinen sie nicht mehr zu können.

Die Analyse einer Selbstentzweiung durch Zusammenbruch der praxiskonstitutiven Differenz zwischen aktivierenden und empfangenden Funktionen des Selbst hatte eine strukturelle Beschreibung zum Ergebnis, die erläutern sollte, warum die praktische Lebensführung der Vernunft im tragischen Rückschlag des Handelns auf die Handelnden versagt. Eine ähnliche Diagnose stellt Jaeggi für die Entfremdung auf. In einem an der Funktionsfähigkeit von Organen orientierten Vergleich spricht Ernst Tugendhat, auf den Jaeggi sich bezieht, von der „Funktionsfähigkeit des Wollens"[340], die im Fall psychischer Gesundheit gegeben sei. Nicht ein *bestimmter Inhalt* des Wollens, der sozial als das Normale anerkannt ist, sondern die *Fähigkeit*, einen Willen auszubilden, Entscheidungen zu treffen und Intentionen handelnd zu folgen, ist kennzeichnend für einen formalen Begriff psychischer Gesundheit, wie Tugendhat ihn konzipiert. Nicht das Was, sondern das Wie des Wollens ist daher wesentlich für die Frage, ob man einen Menschen als selbstbestimmte Person einzuschätzen Grund hat.[341] Gleiches gilt, so Tugendhat später, für die auf propositionaler Sprache beruhende Vernunft: Sie sei die „Fähigkeit, nach Gründen fragen zu können"[342]. Fähigkeit und Funktionstüchtigkeit kann man hier im griechischen Sinn von *technē* und *aretē* durchaus zusammendenken. Funktional fähig wie ein gesunder organischer Zusammenhang oder eine intakte Maschine ist ein Mensch hinsichtlich seines Wollens also, wenn ihm die Ausbildung eines Willens, das begründete Setzen von Zielen und die praktische Orientierung an Wertvollem gelingt.[343]

Was nun in der Entfremdung wie bei einer „Krankheit"[344] beeinträchtigt wird, ist eben diese Funktionsfähigkeit. Anders aber als eine Krankheit, trifft die Beeinträch-

---

339 Henrich 1999a, S. 13.
340 Tugendhat 1984a, S. 55. Vgl. Jaeggis Diskussion von Tugendhat ebd., S. 51 ff.
341 Tugendhat hat später diese Unterscheidung in der Distinktion des adverbiell Guten (Wie mache ich etwas?) und des adjektivisch Guten (Was mache ich?), das in das moralisch und das prudentiell Gute geteilt wird, weitergedacht (Tugendhat 2003, S. 65 ff.). Vgl. auch schon Tugendhat 1993, S. 50, 56.
342 Tugendhat 2010a, S. 43. Man muss ergänzen, dass Gründe zu erkennen sowie die eigenen vermitteln zu können, ebenso zu dieser Fähigkeit gehören.
343 Volker Gerhardt hat den Gedanken einer Funktionsfähigkeit des Geistes nach dem Modell lebendiger Selbstorganisation in einer Theorie der Selbstbestimmung als *Prinzip* (nicht als Tatsache) systematisch entfaltet (Gerhardt 1999, vor allem S. 148 ff., 219 ff.).
344 Tugendhat 1984a, S. 53.

tigung uns nicht *jenseits* unseres Handelns, sondern *folgt* aus ihm. Sie resultiert also nicht aus einem äußeren Störfaktor (z. B. Pathogenen)[345] oder einem sozialen Widerstand, der uns als ein fremdes Hindernis oder ein zwingendes Gegenüber an der Formung unseres Willens hinderte. Es handelt sich vielmehr um das Modell unbeabsichtigter Verkehrung, das auch der tragischen Ironie zugrunde liegt: Die „Obstruktionen des Wollens" (53) sind in der Entfremdung durch einen selbst *mitbewirkt*, *ohne* intendiertes Ziel einer Selbstschädigung zu sein. Die Entfremdung widerfährt einem, *indem* man handelnd an der eigenen Lebenspraxis teilnimmt. Diese Beeinträchtigung des Wollens ist je nach Entfremdungssituation unterschiedlich stark, in ihr geht es jedoch um nicht weniger als „die Bedingungen dafür, sich als Subjekt, als Herr seiner eigenen Handlungen begreifen zu können" (41).

Was in der Entfremdung – und als Extrem in der Tragödie – auf dem Spiel steht, ist die Freiheit als „Fähigkeit zur Verwirklichung von wertvollen Zielen", die Funktion des „Übersichverfügenkönnens" (53). Mit dieser Formulierung schließt Jaeggi an Isaiah Berlins Beschreibung dessen an, was er gegenüber der negativen Freiheit *von* Bevormundung oder Einschränkungen als positive Freiheit *zu* eigenen Zielen versteht. Berlins Sätze über die personale Freiheit formulieren gleichsam das Gegenstück zur tragischen Erfahrung. Als Erfahrung von Unfreiheit schwingt diese wiederum in Berlins kontrastiven Negationen mit, die anzeigen sollen, was (positive) Freiheit *nicht* ist:

„Ich will, daß mein Leben und meine Entscheidungen von mir abhängen und nicht von irgendwelchen äußeren Mächten. Ich will das Werkzeug meiner eigenen, nicht fremder Willensakte sein. Ich will Subjekt, nicht Objekt sein; will von Gründen, von bewußten Absichten, die zu mir gehören, bewegt werden, nicht von Ursachen, die gleichsam von außen auf mich einwirken. Ich will jemand sein, nicht niemand; ein Handelnder – einer, der Entscheidungen trifft, nicht einer, über den entschieden wird, ich will selbstbestimmt sein, nicht Gegenstand des Wirkens der äußeren Natur oder anderer Menschen"[346].

---

345 Bei psychischen Krankheiten lässt sich freilich eine klare Dichotomie nicht aufrechterhalten, die schon bei organischen Krankheiten problematisch ist, da z. B. ein Befall mit Viren über Schleimhäute bereits einen Konnex von Innen und Außen darstellt, insofern sich die Viren in den Körperzellen vermehren und nicht sofort vom Immunsystem abgewehrt werden. Eine rein von außen kommende Krankheit gibt es also streng genommen nicht, nur von außen zugefügte Verletzungen. Gleichwohl ist in der Psychopathologie die Trennung von innen (z. B. traumatisierte Seele) und außen (z. B. Aggressoren) noch viel schwieriger, da immer die eigene Reaktion auf Impulse von außen an der Krankheit konstitutiv mit beteiligt ist. Das wird an dem Sachverhalt ersichtlich, dass Menschen auf die gleichen Ereignisse unterschiedlich reagieren können, auch wenn sie ähnliche Lebenshintergründe haben. Von den aus dem Einsatz zurückgekehrten Soldaten, die zusammen in denselben Einheiten kämpften und mit denselben Ereignissen konfrontiert wurden, können einige in den Alltag zurückfinden, andere entwickeln posttraumatische Belastungsstörungen, Angstneurosen oder Depressionen. Die Sensibilität als Disposition, zu der wiederum biographische Prägungen seit der frühsten Kindheit beitragen, und der eigene Umgang mit dem Erlebten sind kausal relevant für Entstehung und Verlauf solcher Störungen.
346 Berlin 1995, S. 211. Vgl. Jaeggi 2005, S. 55f.

Nach Berlin ist diese Freiheit von der Vernunft des Menschen untrennbar: „All das meine ich zumindest *auch*, wenn ich sage, daß ich vernunftbegabt bin"[347]. Beide gehören mit der Verantwortung zum Begriff des Menschen als Person. Freiheit als Könnensbewusstsein, Verantwortung und Rationalität stehen also in einem Funktionszusammenhang.[348]

In der tragischen Erfahrung wird dieser Zusammenhang in eine Spannung zwischen der beanspruchten Freiheit und der mit dem Umschlag einsetzenden Unfreiheit verwandelt. Die Unfreiheit folgt der Verantwortungsübernahme im Leiden. Die Figuren verzweifeln an ihrem Handeln, da sie, *indem* sie ihre Freiheit handelnd in Anspruch genommen haben, zugleich auch „Gegenstand des Wirkens" (der Götter, der numinosen Notwendigkeit, des Zufalls, anderer Menschen oder innerer Mächte wie Affekten) geworden sind. Im Leiden werden sie unfreiwillig zum Objekt von Effekten, die sie nicht kontrollieren können. Sie sind *durch und durch von Leid bestimmt*, d. h. sie erkennen sich gleichsam als von seiner Massivität „versklavt"[349] an.

Aus der Einsicht in den Freiheitsverlust wird auch der konstatierte Kraftverlust der tragischen Figuren phänomenologisch einsichtig. Bewusstes Wollen wirkt wie schon das aus dem Unbewussten kommende Begehren als Auslassung von Energie. Anders als dieses ist jenes aber eine reflexive „*Selbstaffektion*", in der sich ein Lebensimpuls konkretisiert und den Organismus auch über die aktuelle Situation hinaus *stärkt:* Der Wille, so Volker Gerhardt, „wirkt wie aus einem Zentrum, dessen Präsenz er verstärkt; er ist *zentriert und zugleich zentrierend.*"[350] Mit dem Freiheitsverlust im tragischen Leid schwindet entsprechend auch die Kraft, die durch eine von Erfolgsaussicht getragene Aktivität des Willens freigesetzt wird. Die Orientierungslosigkeit der tragischen Figuren zeigt an, dass ihnen diese Selbstaktivierung auf etwas hin nicht mehr gelingt. Das Könnensbewusstsein wechselt mit einem Mal in ein Ohnmachtsgefühl, die Gelingensaussicht und die durch sie freigesetzten Energien schlagen um in die lähmende Gewissheit des Gescheitertseins. Alle Möglichkeiten werden den tragischen Erfahrungsobjekten fremd, sie sind (in einem noch zu klärenden Sinne) nicht mehr eigene Möglichkeiten – d. h. keine Handlungsoptionen mehr, die, verwirklicht, zum Gelingen des Lebens beitragen würden.

Dieser Umschlag in Unfreiheit ist allein mit einem negativen Begriff der Freiheit, der Freiheit von äußeren (natürlichen oder politisch-rechtlichen) Behinderungen, wie sie Hobbes oder Bentham verstehen, nicht erklärbar. Es gibt Beispiele, in denen tragische Figuren von anderen gezwungen werden, etwas zu tun oder nicht zu tun, weshalb sie in ihrer Handlungsfreiheit extrem beschnitten werden. Das betrifft alle Fälle, in denen erst diese Nötigung der politischen Übermacht das Individuum in eine

---

[347] Ebd.
[348] Zu diesem unauflöslichen Zusammenhang vgl. ebenso die Trilogie von Nida-Rümelin 2001, 2005 und 2011. Zum Könnensbewusstsein als Ausdruck der nutzbaren Fähigkeit zum Handeln siehe Ricœur 2006.
[349] Berlin 1995, S. 211.
[350] Gerhardt 1999, S. 270.

tragische Erfahrung zwingt: Aischylos' *Hiketiden* und *Prometheus*, Sophokles' *Antigone* oder die Kriegstragödien des Euripides zählen dazu. Allerdings bedingt hier nicht die Einschränkung der negativen Freiheit selbst die tragische Erfahrung, sondern die Tatsache, dass sie aufgrund der Einschränkung genötigt sind, gegen diese zu handeln, um ihre positive Freiheit zu behaupten, und dafür die Konsequenzen zu spüren bekommen. Prometheus hätte seinem Leid problemlos durch Anpassung an Zeus und Unterlassung seiner Menschenrettung entkommen können, aber er zieht es vor im Wissen um die Qual, die ihn treffen wird, für das Recht der Menschen zu kämpfen; die Danaiden könnten sich den Ägyptern einfach hingeben, anstatt vor ihnen zu fliehen, doch sie nehmen Lebensgefahr in Kauf, um unabhängig und jungfräulich zu bleiben; Antigone hätte es wie ihre Schwester Ismene vorziehen können, auf das Verbot Kreons zu hören und ihren Bruder nicht zu bestatten, das aber wäre für sie aus Liebespflicht nicht akzeptabel. Eine tragische Erfahrung, in der Handlungsfähigkeit in Unfähigkeit umschlägt, folgt für die Figuren nur aus der Verletzung einer positiv begriffenen Freiheit als der Freiheit, die sich in bestimmten Handlungen erst verwirklicht.

Berlins von Jaeggi zitierte Charakterisierung spricht dafür, einen positiven Freiheitsbegriff als Gegenbegriff zur Unfreiheit in der Entfremdung und der tragischen Erfahrung anzunehmen. Denn ein negativer Freiheitsbegriff bezieht sich nur auf die Möglichkeiten, die einem Akteur offen stehen (sollten), nicht aber auf die Frage, ob er bestimmte davon auch als *eigene* Möglichkeiten in seinem Handeln ergreifen kann und will. Der positive Freiheitsbegriff kennzeichnet dagegen eine in Anspruch genommene Freiheit, in der „wir tatsächlich über uns selbst und die Form unseres Lebens bestimmen." Der positive Freiheitsbegriff ist, so Charles Taylor, „ein Verwirklichungsbegriff."[351] Nur die praktisch verwirklichte Fähigkeit, selbst zu entscheiden und zu handeln, realisiert die positive Freiheit. Dieser Freiheitsbegriff erlaubt, Bedingungen von Autonomie als verwirklichter Freiheit anzugeben. Versteht man Willensfreiheit als *Fähigkeit* zur Selbstlenkung und Selbstherrschaft, also als Selbstbestimmung,[352] muss man mit dieser Fähigkeit auch scheitern können. Das Können, das im Könnensbewusstsein zur expliziten Freiheitserfahrung wird, kann in ein Bewusstsein des Nicht-mehr-Könnens umkippen. Die Verwirklichung der Fähigkeit zur individuellen Selbstbestimmung hat also selbst Bedingungen, die nicht schon allein durch die Abwesenheit von Zwang oder stark beeinträchtigenden natürlichen, sozialen oder ökonomischen Kontexten erfüllt sind. Zu ihnen gehört die Freiheit der Bezugnahme auf eigene, als wertvoll erkannte Ziele und Lebensentwürfe. Unter Voraussetzungen einer prinzipiell vorhandenen Fähigkeit können sie vorübergehend wie

---

[351] Taylor 1988b, S. 121.
[352] Zur Deutung von Willensfreiheit als Fähigkeit siehe Keil 2007, besonders S. 118 ff. Die Deutung von Freiheit als Fähigkeit ist bereits durch die „Übersetzung von Freiheit in ‚Selbstbestimmung'" gegeben (Pauen 2005, S. 230). Freiheit und Selbstbestimmung sind also in einem relevanten Sinne gleichbedeutend. Vgl. auch Gerhardt 1999.

in der tragischen Erfahrung brüchig und lädiert werden und so zum Verfehlen der Freiheit *aus* Freiheit führen.

Diese Bedingungen liegen zum einen in der Funktionstüchtigkeit des Organismus und zum anderen in der Funktionsfähigkeit der für die Personalität grundlegenden Vermögen des Denkens, Urteilens und Fühlens. Wie gezeigt wurde, ist die tragische Erfahrung nicht darauf zurückzuführen, dass diese Bedingungen organisch lädiert werden wie bei medizinisch relevanten Unfällen.[353] Aus der tragischen Erfahrung kann vielmehr eine weitere Bedingung der Freiheitsverwirklichung im Sinne gelingender Autonomie erschlossen werden. Sie zeigt sich erst *ex negativo* in der Rolle, die bestimmte Werte in der Verwirklichung der Freiheit spielen. Im positiven Sinne frei sind wir nämlich nicht bereits durch die bloße Möglichkeit, irgendetwas zu wollen, also nicht durch die bloße Tatsache, dass wir dazu einen Freiraum durch staatlich gesichertes Recht haben, sondern erst dann, wenn, so Taylor, „das, was wir wollen, nicht unseren grundlegenden Zielen oder unserer Selbstverwirklichung zuwiderläuft."[354] Mit Blick auf die Tragödie heißt das: Frei im Sinne einer verwirklichten Praxis der Freiheit das zu tun, „was wir *wirklich* wollen"[355], sind wir nur dann, wenn der intentionale Bezug unseres eigenen Handelns auf diese grundlegenden Ziele und damit die eigene Selbstverwirklichung wirksam ist. Nicht jede Einschränkung der negativen Freiheit führt also zur *Erfahrung* des Freiheitsverlusts, sondern nur die, die ein Hindernis „für bedeutsame Handlungen, für das, was für den Menschen wesentlich ist"[356], darstellen.

Damit ist ein vorläufiger Begriff für die tragische Erfahrung als Erfahrung eines Freiheitsverlustes gegeben: In der tragischen Erfahrung geht nicht Freiheit überhaupt im Sinne einer Behinderung von jeder möglichen Willensäußerung verloren, sondern eine positive Freiheit, da die Bedingung, sich auf für einen selbst Wesentliches zu beziehen, lädiert wurde. Tragisches Handeln, so die These, zerstört die Möglichkeit, sich praktisch mit seiner Freiheit auf etwas für einen selbst Bedeutsames zu beziehen, weil es dieses Bedeutsame selbst irreversibel aufhebt. Mit der Läsion der positiven Freiheit als Verwirklichung bedeutsamer Ziele geht zugleich die Aussicht auf ein gutes Leben verloren, da diese Aussicht notwendig an die Funktionalität einer Freiheit als

---

[353] Damasio 1997, S. 25–63, schildert und analysiert den Fall des durch einen Unfall ernsthaft im Gehirn verletzten Phineas P. Gage, der mit der neuronalen Läsion anscheinend normal weiterleben konnte, sich allerdings nicht als fähig erwies, Entscheidungen zu treffen und Zwecke handelnd zu verfolgen. Von diesem Beispiel ausgehend fragt Damasio nach den Bedingungen von Willensfreiheit im Gehirn: „Gages Beispiel zeigte, daß Teile des Gehirns für spezifisch menschliche Eigenschaften zuständig sind, unter anderem für die Fähigkeit, die Zukunft vorwegzunehmen und sie in einem komplexen sozialen Umfeld angemessen zu planen, für das Verantwortungsgefühl sich selbst und anderen gegenüber und für das Vermögen, das eigene Überleben nach Maßgabe des freien Willens zu organisieren" (ebd., S. 34). Die tragischen Figuren der Antike zeigen Verluste dieser Fähigkeit auch ohne neuronale Läsionen.
[354] Taylor 1988b, S. 125.
[355] Ebd., S. 126 (Hervorh., A. T.).
[356] Ebd., S. 129.

Selbstverwirklichung geknüpft ist. Für diese These ist im 8. Kapitel zu begründen, wie das Bedeutsame verstanden werden kann, welche Rolle es für die Praxis der Freiheit spielt und inwiefern es irreversibel zerstört werden kann.

Die „Beeinträchtigung der Funktionstüchtigkeit des Wollens"[357], die die tragische Erfahrung in ihren Dimensionen prägt, ist ein existentielles Problem für den Modus menschlichen Existierens überhaupt. Denn der Grund dafür, warum Menschen *überhaupt* etwas wollen, sich die Welt aneignen und handeln, und somit der Grund dafür, warum die empfindliche Schädigung der Funktion dieses Wollens eine existentielle Bewandtnis für jeden Menschen hätte, der eine strukturanaloge Erfahrung machte,[358] ist seine Angewiesenheit auf Kultur. Menschen haben als selbstbewusste Personen gar nicht die Alternative, langfristig ohne Willen, ohne Reflexion, ohne Werte und ohne Praxis zu leben. Sie sind längst aus einem ursprünglich instinktiven Bezug zur natürlichen Umwelt in die kulturelle Existenz und damit ins Handeln entlassen. Die Kultur erzeugt je nach Ausdifferenzierung eine Fülle an Möglichkeiten – ihr „Preis" liegt in der Notwendigkeit, uns als Akteure zu verstehen. Wir können frei entscheiden und handeln, aber entscheiden und handeln müssen wir.[359] Eine Schädigung der Funktionstüchtigkeit des Wollens ist für Personen deshalb ein ernsthaftes Problem: Sie gefährdet nicht nur das Wohlbefinden, sondern die Möglichkeit einer Teilnahme am gesellschaftlichen Leben und der Kultur als Praxis überhaupt.

7.8 Unglück auf Dauer

In den homerischen Epen bedroht die Einsicht in die Schicksalskontingenz – das jederzeit mögliche, unerwartete und plötzliche Sich-Wandeln des Lebens – die Handlungsfreiheit. Die Zukunft als historische Zeit scheint für die Helden der *Ilias* kaum planbar; sie stellt sich nicht als Möglichkeit dar, „neue Handlungshorizonte zu erschießen".[360] In der Tragödie ist dagegen nicht nur die Handlungsfreiheit jederzeit

---

[357] Jaeggi 2005, S. 159.
[358] Mit dieser Formulierung ist die Entsprechung der Strukturmomente tragischen Handelns – Umschlag von Handeln in sein Gegenteil (*peripeteia*), von Unwissen in Wissen (*anagnōrisis*), von Freiheit in Unfreiheit als plötzlicher Wechsel ins Leid (*pathos*) – gemeint, die konkrete Handlung, ihr Ziel, die damit verbundenen Werte und die Gründe des Umschlagens können individuell variieren.
[359] Vgl. Korsgaard 2009. Diese anthropologische These besagt nicht, dass wir permanent handeln müssen, sondern dass wir von unserer Angewiesenheit auf Handeln und bewusste Lebensführung prinzipiell nicht absehen können. Die kulturelle Existenz hat keine Exit-Option. Diese These ist schwächer als die radikale Jean-Paul Sartres, dass der Mensch „verurteilt [ist], frei zu sein", da er „für alles verantwortlich ist, was er tut" (Sartre 1971, S. 16). Selbst wenn er nicht für jede seiner Handlungen, die nach gesellschaftlichem Status und Situation auf der Welt unterschiedlich mit Kontingenz und einschränkenden Faktoren (wie Armut) verwickelt sind, in gleichem Maße verantwortlich ist, kommt er doch nicht umhin, überhaupt zu entscheiden, zu handeln und Verantwortung auf sich zu nehmen. In diesem Sinne sind Menschen notwendig frei.
[360] Grethlein 2006, S. 102, vgl. 84, 104 f.

bedroht – was der kontingente Umschlag auf das Schärfste belegt –, sondern für die tragischen Helden in der tragischen Erfahrung zerstört, da ihr willentliches Handelnkönnen selbst getroffen ist. Die Zukunft ist damit nicht nur nicht bzw. nicht so gut planbar, es ergibt für sie keinen Sinn mehr, überhaupt die Zukunft als einen Raum des praktischen Planens anzusehen. Neue Handlungsmöglichkeiten aufzuschließen, erscheint nicht bloß unsicher wie im Epos, sondern unmöglich. Die Beeinträchtigung des Wollens ist in der tragischen Erfahrung kein episodisches Phänomen, sondern erscheint den Leidenden wie ein düsteres Versprechen auf eine Zukunft ohne Licht.

Dieses eigentümliche Verschließen des praktischen Horizonts ist charakteristisch für die Selbstartikulation der Figuren im Prozess tragischer Erfahrung. „Kein Glaube, keine Hoffnung blieben uns und gaben Kraft,/ dass jemals ich noch glücklich leben sollte"[361], klagt Hekabe, die alles verloren hat. „Allein und kinderlos und ohne Ziel des Leides/ muß ich mein Elend schleppen – bis zum Hades"[362], fasst Peleus sein Schicksal zusammen; und die Mütter der getöteten Thebaner konstatieren ebenso ohne jede Zuversicht: „Ich bin keine glückliche Mutter mehr,/ genieße nicht mehr den Segen der Kinder./ [...] Sinnlos ist mein Leben." (*dysaiōn d' ho bios*)[363] Elektra wird, „vom Furchtbaren umgeben", immer weiter klagen und anklagen, „solange das Leben mich behält!"[364] Für Kreon ist „zerronnen alles"[365] und Philoktet hat nur noch ein „verhaßtes Leben"[366]. Das Leiden hat für die Figuren „kein Ende"[367]. Keine einzige drückt eine Hoffnung oder eine Relativierung des Unglücks aus. Allein der Tod erscheint als bittere Alternative zum Unglück auf Dauer: „Besser sterben auf einmal/ Als Leid erdulden alle Tage, die man lebt."[368] Aus der tragischen Erfahrung heraus wird keine reflexive Distanz zu sich und den eigenen Möglichkeiten gewonnen, die hinreichend wäre, um mit der Praxis der Freiheit zukunftsorientiert und minimal zuversichtlich fortzufahren. Keine griechische Heldin sagt etwas davon, dass bald alles wieder etwas besser würde oder das Unglück „halb so schlimm" sei. Offenbar ist das für die Lebenspraxis entscheidende Kriterium der Annahme einer Kontinuität von Gelingensmöglichkeiten nicht gegeben. Das Leid ist die ultimative Disruption, die den Figuren die Freiheit nimmt, auf Hoffnung zu setzen und einen Ausweg zu ersinnen. Ein neues Gedeihen, die Möglichkeit erfüllter Zeit, wird nicht angenommen. Der Umschlag von Glück in Unglück scheint ein terminierendes Ereignis zu sein.

Diese Selbstartikulation der tragischen Figuren, die nicht in der Tragödie in den Tod gehen, scheint keine Täuschung im Moment des exaltierten *pathos* zu sein. Es gibt in der Tragödie keinen ersichtlichen Grund für Hoffnung, dass sich das Leben nach

---

361 Euripides, *Hekabe*, V. 370 f.
362 Euripides: *Andromache*, V. 1215 f.
363 Euripides: *Hiketiden*, V. 955 f., 960.
364 Sophokles: *Elektra*, V. 222, 224
365 Sophokles: *Antigone*, V. 1165.
366 Sophokles: *Philoktet*, V. 1347.
367 Euripides: *Die Bakchen*, V. 1360.
368 Aischylos: *Prometheus Desmotes*, V. 750 f.

dieser Erfahrung aus ihr selbst herauswinden würde.[369] Mit Sophokles' letzter Tragödie *Ödipus auf Kolonos* ist ein Beispiel aus der altgriechischen Tragödienliteratur überliefert, in dem eine tragische Figur nicht nur in der kurzen dramatischen Zeit einer Tragödie auf seine Existenz nach dem Umschlag zurück- und vorausblickt, sondern auch aus dem Abstand von vielen Jahren. Sophokles hatte die tragische Erfahrung, die aus einem glücklichen König eine Leidensfigur machte, über zwanzig Jahre zuvor im *König Ödipus* dargestellt. Sein erst 401 v. Chr. posthum uraufgeführter *Ödipus auf Kolonos* zeigt, wie dauerhaft diese Erfahrung Ödipus' Leben fortan bestimmt hat. Der ehemalige König, der zu Beginn des Dramas mit seiner ihm helfenden Tochter Antigone in einem den Eumeniden geweihten Hain am Hügel Kolonos nahe Athen ankommt, hat sich über den Gang seines Lebens hinweg von seinem Schicksal nicht erholt. Sein Unglück ist seit seiner tragischen Erkenntnis und seiner Selbstblendung nicht wieder ins Glück umgeschlagen und hat sich auch nicht in milde Gelassenheit verwandelt. Zwar berichtet Ödipus rückblickend, dass nach „so langer Zeit" der Todessehnsucht angesichts seines tragischen Scheiterns „die größte Qual" irgendwann vorüberging und sein „Herz das Übermaß begriff,/ Mit dem es alte Fehler ahndete"[370], doch, verstoßen aus seiner Heimat, hörte das Leid nie auf: „Wer jung versank, wird alt nicht auferstehn" (V. 395), bekundet der ehemalige König, seit langem aber „Bettler Oidipus" (V. 4): „Ihn lehrt sein Leid, ihn lehrt die lange Zeit." (V. 7). Was lehrt sie ihn? Dass er seinem Schicksal nicht entkommen, dass er durch eigenes Tun nicht mehr das Leben in eine ganz andere, nämlich gute Bahn zu lenken vermag.

---

369 Eine Ausnahme scheinen die *Eumeniden* zu sein, in denen Orest immerhin von Blutschuld freigesprochen wird. Doch ob er, zurückgekehrt in seine Heimat (V. 756), ein gutes Leben ohne Leid angesichts seines Matrizids führen wird, ist nicht gesagt. Orest artikuliert jedenfalls keine Glücksaussicht. Der euripideische Herakles wird nach der umnachteten Tötung seiner Familie, was er freilich im Stück nicht wissen kann, laut Mythos noch eine Heldengeschichte vor sich haben und, was die *Trachinierinnen* des Sophokles zeigen, später selbst tragisch an seiner zweiten Frau zugrunde gehen, wie seine erste an ihm zugrunde ging. Er ist also ein doppelt tragisch Scheiternder. Nur selten gibt es eine vage Aussicht auf wiederzugewinnende Lebensqualität: Philoktet darf am Ende von Sophokles' gleichnamiger Tragödie unerwartet auf Heilung und Reintegration in die Kämpfergemeinschaft hoffen – dazu ist aber ein *Deus ex machina* nötig, als der wiederum der doppelt tragische Halbgott Herakles erscheint. Er ist extra vom Himmel gekommen, um Philoktet anzuweisen, mit nach Troja zu fahren. Philoktet ist bis dahin allerdings äußerst pessimistisch und meint eine schwere Zeit mit den „Atreus-Söhnen", „die mich vernichtet haben", „vorauszusehen"; er will einsam und verlassen „das dulden, was ich dulden muß" (V. 1356 f., 1359, 1497). Herakles' Epiphanie ist eine plötzliche zweite *metabolé* in die unverhoffte Richtung auf Besserung, ermöglicht aber nur durch göttliche Intervention, der gegenüber Philoktet „nicht ungehorsam sein" wird (V. 1446). Selbst aber ist er aus seiner Erfahrung „nie zu solcher Hoffnung gelangt" (V. 1463), sie bleibt seiner Situation fremd. Eine Zukunft einiger tragischer Figuren können allenfalls die Zuschauerinnen und Zuschauer mit ihrem mythischen Wissen imaginieren. Die Figuren selbst äußern keine Aussicht auf einen Ausweg ins gute Leben, sie sind ganz und gar hoffnungslos. Die euripideischen Tragödien, in denen sich (im letzten Moment) Unglück in Glück wendet, widersprechen dem Kriterium des dauerhaften Unglücks als Kennzeichen der tragischen Erfahrung nicht. Siehe dazu Kap. 8.2.
370 Sophokles: *Ödipus auf Kolonos*, V. 437–440. Im Folgenden finden sich die Verszahlen im Haupttext.

Als Ismene ihm vom drohenden Bruderkrieg um Theben berichtet, kann sie nicht erkennen, „wie je die Götter enden deine Qual" (V. 384). Der „alte[] Knecht des höchsten Menschenleids" (V. 104) antwortet ihr mit einer rhetorischen Frage: „Hast jemals du gehofft, daß noch ein Gott/ Sich um mich kümmert, mich erretten will?" (V. 385f.) Denn das lebensgeschichtlich früher Getane bleibt untilgbar, bleibt stets von ihm und allen erinnert,[371] selbst wenn es, wie Ödipus sich verteidigt, „eher gelitten als getan" (V. 271) und nicht „selber verschuldet" (V. 529) war. Nachdem ihm aufgrund der Rettung seiner von Kreon entführten Töchter, den einzigen Stützen des greisen Blinden, durch Theseus eine finale Kulmination seines Leids erspart geblieben ist, stirbt er, nur von Theseus begleitet, allein im heiligen Hain. Dieser Tod soll nach Apollons Weisung Heil über die Ortsansässigen bringen (daher wollten ihn die Thebaner auch zurückholen). Aufgrund dieser magisch-gutartigen Wirkung des Tods des Ödipus hat die Forschung diese Tragödie oft als Heldengeschichte verstanden, die das tragische Schicksal des König Ödipus umkehrt und aus dem Gezeichneten einen Helden macht. Doch diese harmonisierende Interpretation verkennt, dass Ödipus dauerhaft ein Leidender geblieben ist. Noch kurz vorm Tod, der ihn zum kultisch verehrten Heros macht, duldet er „Leid und Leid um Leid" (V. 614). Nicht er selbst kann seinen Tod zum Guten für *sich* und seine *philoi* wenden – Ödipus will vielmehr seinen Lebensrest im Totenreich verbergen (V. 1616f.) –, sondern ein Gott wendet diesen in „ein unvergänglich Glück" (V. 1584) für *andere* – Theseus und seine Polis Athen –, die Ödipus zu Beginn des Stücks noch fremd waren. Wessen Tod magisch zum dauerhaften Segen wird, dem ist im umgeschlagenen Leben dauerhaft der Segen verwehrt geblieben. „Für endlose, endlose Leiden" (V. 1630) findet Ödipus daher erst als Gestorbener „zu neuem Glanz" (V. 1632), erst der Weg ins Totenreich entrückt ihn aus der pathischen Existenz „ganz ohne Qual und Krankheit" (V. 1728), das heißt aber: sein tragisches Leiden wird er im Leben nicht mehr los. So endet das Stück auch nicht mit Jubel, sondern mit der klagenden Trauer von Ödipus' Töchtern, mit denen er noch vor seinem Tod zusammen weint (V. 1686f.). Für sie ist der Tod des Vaters kein Ende des Leids, sondern dessen Fortsetzung: „Wir irren durch Länder und Meere/ Und fristen/ Elendes Leben!", klagt Antigone (V. 1752–54): „Keine Hoffnung" gibt es, stimmt Ismene ein (V. 1755). Ihre abschließende Aussicht, mit Theseus' Geleit nach Theben zurückzukehren, wird sich als Weg ins neue Unheil erweisen. Der Wechselgesang am Schluss weist somit voraus auf die im Mythos erst noch folgenden Tragödien: den von Ödipus prophezeiten gegenseitigen Brudertod des Polyneikes und Eteokles und den Tod Antigones, die Polyneikes wie ihrem Vater im Unheil die Treue halten wird, sowie in der Folge die Tode Haimons und Euridykes und das Unglück aller Hinterbliebenen. Ödipus treibt am Ende seines Lebens noch größeres Unglück hervor, als er seit seiner *metabolē* im Leben ertragen hat.[372] Es gibt kein Licht am Ende des tragischen Tunnels.

---

[371] Ödipus: „Ich litt, was keiner vergißt!" (V. 550).
[372] Siehe die überzeugende Interpretation von Bernard 2001. Ödipus' tragisches Unglück im Sinne der aristotelischen Peripetie des Umschlags ins Gegenteil liegt nach Bernard darin, dass er „nicht nur

Hölderlins These, dass das Tragische formal durch eine „Cäsur"[373] markiert sei, hat einen ästhetischen Sinn als Unterbrechung im Rhythmus und in der dramaturgischen Komposition.[374] Man muss sie aber auch existentiell verstehen: Das Leben wird mit der Zäsur des Umschlags gleichsam in zwei unvereinbare Hälften geteilt. Nach Hölderlin ist es die Naturmacht, die „den Menschen seiner Lebenssphäre, dem Mittelpuncte seines inneren Lebens in eine andere Welt entrükt und in die exzentrische Sphäre der Todten reißt."[375] Leben nach dem Umschlag heißt, am Leben zu sein, als wäre man bereits tot.[376] „In der äußersten Gränze des Leidens", an der nur noch „die Bedingungen der Zeit oder des Raums" bestehen und die Gegenwart des Leids alles Leben kolonisiert, wendet sich nach Hölderlin die Zeit kategorisch: „Anfang und Ende" lassen „sich in ihr schlechterdings nicht reimen". Diesem Riss der Zeit, ihrer „kategorischen Umkehr", muss der Mensch folgen, sodass er „im Folgenden schlechterdings nicht dem Anfänglichen gleichen kann."[377] Er vermag also seine Zukunft nicht auf seine Vergangenheit zu beziehen, beide stehen wie reimlose Worte unverbunden nebeneinander. Die Zeit des Umschlags bzw. der Umkehr reißt das Leben in disparate Teile, doch nicht so, dass daraus wie in einer glücklichen Revolution neue befreiende Möglichkeiten entstünden, sondern Möglichkeiten gelingender Lebensführung werden gerade verschlossen.[378]

Diese radikale Diskontinuität ist, auch wenn man Hölderlins schwierigen Gedanken zum Verhältnis von Gott und Mensch, Natur und Geist nicht folgt, klärungsbedürftig, denn es versteht sich nicht von selbst, dass aus dem Umschlag der handlungsermöglichenden Fähigkeiten in ihr Gegenteil keine Rückwendung in diese mehr möglich sein soll. Anders gesagt: Wir müssen verstehen, warum die radikale Zäsur der Tragödie, die der Umschlag markiert, nicht eine kurze Unterbrechung im Gang des Lebens bedeutet, sondern eine existentielle Diskontinuität: ein Riss der Zeit.

Die Erfahrung dieses Risses lässt sich mit Dieter Henrich als transzendentale Grunderfahrung der Not verstehen, die der des Glücks entgegengesetzt ist:

> „In der Not ist das Glück nicht wie dem nur entzogen, der sich unglücklich nennt und der sich nach Glück sehnt, entzogen also wie unerfülltem Verlangen die Befriedigung. Das Glück ist

---

die Gehaßten, sondern auch die von ihm Geliebten ins Unglück gestürzt hat." Es ist „das einzige noch größere Unglück, in das der alte und unglückliche Mann noch stürzen konnte: ein unglücklicher Tod, der das Unheil auf die gesamte nachfolgende Generation seines Geschlechts überträgt." (S. 168).
373 Friedrich Hölderlin: „Sophokles-Anmerkungen", S. 95, 102.
374 Siehe dazu Lehmann 2013, S. 459 ff.; Dreyer 2014, besonders S. 27 ff.
375 Hölderlin: „Sophokles-Anmerkungen", S. 96.
376 Siehe Kap. 8.1.
377 Hölderlin: „Sophokles-Anmerkungen", S. 101.
378 Im Ausgang von Hegel, Hölderlin und Benjamin ist mit der tragischen Zäsur und der „gegenrhythmische[n] Unterbrechung" (ebd., S. 102) immer wieder die Möglichkeit eines Neuen, einer geschichtlichen Möglichkeit verbunden worden (siehe Dreyer 2014, S, 29 ff.). Doch dies ist, wenn überhaupt, dann immer nur eine Möglichkeit für die anderen, mithin das ästhetische und interpretierende Publikum, nicht für die tragischen Figuren selbst.

vielmehr *verschlossen*, wie etwas, von dem man nur weiß, ohne es noch als eine eigene Möglichkeit auffassen zu können."[379]

Diese Beschreibung Henrichs erlaubt vor dem Hintergrund des griechischen Verständnisses von erstrebenswertem Leben das Schicksal der tragischen Erfahrung, die keine Lebensperspektive eröffnet, als Not zu beschreiben.

Die Suche nach dem guten Leben ist für die Griechen bis zu Platon zugleich mit einer von Kontingenz gefährdeten Kontinuität der Lebensführung verbunden gewesen. Die Griechen verstanden Glück nicht als punktuelles Empfindungsglück oder als durchgehendes Zufriedenheitsgefühl, als das heute das euphorische Glücksgefühl in der Philosophie meist verstanden wird. Vielmehr war damit eine objektive Qualität des Lebens verbunden, die jederzeit der Kontingenz ausgesetzt ist und daher erst retrospektiv, am Ende des Lebens, diesem als Ganzem zugeschrieben werden kann.[380] Die dafür nötigen Güter und Voraussetzungen wie Gesundheit, eine Abwesenheit materieller Not und die Selbständigkeit im Erkennen und Handeln zeigen an,[381] dass nicht *eine bestimmte* Erfahrung – etwa eine Siegerehrung in Olympia oder eine orgiastische Lust – hinreichend zum guten Leben ist, sondern vielmehr die fortgesetzte Offenheit für Erfahrungen und die Fähigkeit, weiter zu handeln. Die schon in der frühgriechischen Lyrik allenthalben offensichtliche Furcht vor ernster Krankheit, Gebrechlichkeit im Alter und sozialer Isolation spricht dafür, dass offenbar das Gut fortgesetzter Selbstbestimmung leitend gewesen ist, die selbst mit Gefahren, wie sie sich den seefahrenden und permanent kriegsführenden Griechen dauernd stellten, umzugehen vermag. Dieser Wert zeigt sich zur Zeit der Tragödie nicht zuletzt in der Hochschätzung

---

379 Henrich 1982, S. 134.
380 Die Idee eines guten, segensreichen oder glücklichen Lebens entsteht nicht erst in der klassischen Philosophie, wenngleich dort zum ersten Mal Lebensformen in Bezug auf die Güte des Lebens begrifflich unterschieden werden. Befriedigung der natürlichen Bedürfnisse gehört traditionell in Hellas ebenso zum Glück wie das Eingebettetsein in soziale Verbände und eine Form von Anerkennung der eigenen Person aufgrund ihres Handelns – sei es kriegerischen, intellektuellen oder politischen Handelns. Glück bzw. ein gutes Leben heißt traditionell zunächst also nichts anderes, als dieses in Ausrichtung an Normen mit relativ großer Sicherheit, Gesundheit, Kraft, gelungenen menschlichen Beziehungen und im Wohlstand sowie ohne schändlichen Frevel bis zum Tod im hohen Alter führen zu können. Daneben hält sich auch das Adelsideal nach dem Schicksal Achills, früh und ruhmvoll zu sterben, statt lange und unbekannt zu leben (*Ilias* IX, 410–416). Aber schon Odysseus präsentiert den Typus Mensch, der heroische Erfahrungen zu machen vermag und doch eine langfristige Perspektive in seinem Leben verfolgt. Siehe zum antiken Glücksverständnis Horn 1998. Pierre Hadot hat für die hellenistische Ethik des Epikureismus und Stoizismus gezeigt, dass der erfüllte Augenblick erlebter Gegenwart „einem immerwährenden Glück gleichkommt" und „das Glück sogleich, ohne Verzug und auf der Stelle, gefunden werden kann und soll." (Hadot 1991, S. 105 f.) Dem guten Leben, das in der Tragödie auf dem Spiel steht, liegt dagegen ein Verständnis der *gelingenden Lebensbahn im Ganzen* zugrunde. In Bezug auf das Augenblicksglück ließe sich die tragische Erfahrung als eine Erfahrung verstehen, die die Bedingung künftiger Glückspräsenzen aufhebt.
381 Das Ideal der eigenständigen Erkenntnis und der Selbstbestimmung vertritt bereits Hesiod: *Werke und Tage*, V. 286–296. Zu Homer siehe Schmitt 1990 und Williams 2000, S. 23–87.

der politischen Freiheit der Bürger Athens (*eleutheria*), die dem Sklavenstatus und seiner Fremdbestimmung entgegengesetzt ist.[382] Die positive Gestaltungsfreiheit in der Politik erweiterte sich zu einer umfassenderen positiven Freiheit, „zu leben, wie man wollte"[383]. Die von Perikles in der sogenannten Leichenrede[384] als Kennzeichen Athens erwähnte Selbständigkeit und Freiheit im Denken und Handeln umfassten somit sowohl die negative Freiheit von der Sklaverei, der Fremdherrschaft und der tyrannischen Willkür eines Rechts des Stärkeren als auch die positive Freiheit politischer Teilnahme, zu der das Recht zur Anrufung von Gerichten, die Meinungs- und Redefreiheit, das Wahlrecht in der Volksversammlung und die Möglichkeit, in Ämter gewählt zu werden, gehörten. Sie war wesentliches Element des Selbstverständnisses der Athener Demokratie und erweiterte sich im 5. Jahrhundert v. Chr. zur Freiheit individueller Selbstverwirklichung, der Freiheit jedes Einzelnen zu tun, „was er will"[385], im Sinne einer Realisation *eigener* Ziele. Daher konnte Perikles sagen, dass „das wahre Glück in der Freiheit"[386] liegt. Vor allen anderen Gütern erstrebenswert erscheint im griechischen Denken das Glück also, insofern es eine Verfassung kennzeichnet, die nicht ohnmächtig gegenüber den negativen Tatsachen des Lebens bleibt, sondern ihnen selbstbestimmt begegnet, sodass das Leben praktisch gedeihen und auch als glücklich erfahren werden kann.[387]

In der tragischen Erfahrung bricht die alltägliche Kontinuitätserwartung mit der Selbstsorge der Individuen zusammen. Die Wende ins Unglück und Leid scheint un-

---

382 Wörtlich bestimmt Aristoteles die Freiheit (*eleutheria*) in der Demokratie durch den Satz, „daß man leben kann, wie man will." (*Politik* VI, 1317b11f.). Selbstbestimmung ist Bedingung dafür, ein Leben als gewollt zu erkennen. Und nur das selbst gewollte Leben kann unter Bedingungen einer Hochschätzung von Freiheit ein gutes sein.
383 Meier 1980, S. 297. Eine umfassende Geschichte des für die Herausbildung der klassischen griechischen Kultur konstitutiven Freiheitsbegriffs bietet Raaflaub 1985. Siehe auch Meier 2009, S. 16 ff., 73 ff. Zu den politischen, sozialen und wirtschaftlichen Aspekten der Freiheit siehe Finley 1977, S. 21, 70 ff.
384 Thukydides: *Der Peloponnesische Krieg* II, 35–46, vor allem 37 und 40. Die Betonung der Freiheit hinderte die Athener nicht daran, sie außenpolitisch anderen vorzuenthalten.
385 Aristoteles: *Politik* V, 1310a32. Aristoteles kritisiert eine individualistisch verstandene Freiheit, insofern sie Willkürfreiheit ohne Berücksichtigung der Werte einer guten Verfassung ist. Die Anerkennung des gemeinsam Bindenden gehörte zum positiven Freiheitsverständnis der Bürger in der Athener Demokratie, die nicht mit einem auf negative Freiheitsrechte gründenden Liberalismus der Moderne verwechselt werden sollte.
386 Thukydides: *Der Peloponnesische Krieg* II, 43, 4.
387 Hesiods *Werke und Tage* formulieren bereits diesen Begründungszusammenhang. Formal gesehen, heißt ein gutes Leben zu führen schon da, es aus der strukturellen Ambivalenz, der Mischung von Glückbringendem (*esthla*) und Glückhinderndem (*kakoi*) (V. 178) mit der Zeit praktisch ins Gute, ins Glück durch eigenständiges Handeln zu wenden (V. 825–827). Ein gutes Leben ohne eigenständiges Handeln ist nicht zu erstreben und unter den Bedingungen kultureller Existenz auch gar nicht denkbar. Vgl. dazu Trautsch (2019).

umkehrbar. Die tragischen Figuren sind in ihrer Erfahrung offenbar nicht mehr in der Lage, wie Perikles' Athener „im sicheren Vertrauen auf unsere Freiheit"[388] zu handeln.

Mit der Phänomenologie tragischer Erfahrung, die eine Störung der positiven Freiheit als Selbstbestimmung offengelegt hat, ist nun eine Präzisierung der aristotelischen Auffassung des die Tragödie auszeichnenden Umschlags von Glück in Unglück möglich, der dem Umschlag des Handelns ins Gegenteil folgt.[389] In den Beschreibungen der tragischen Ironie fiel bereits auf, dass der Umschlag selten aus einem Zustand objektiv erfüllten und subjektiv erlebten Glücks im Sinne von *eudaimonia* erfolgt. Meist sind die Akteure vor dem Umschlag sogar schon unglücklich, vor allem aber – insbesondere bei Aischylos – ängstlich.[390] Agamemnon und vor allem Kassandra spüren wie bereits zuvor der Wächter im ersten Teil der *Orestie* die Atmosphäre der Angst und Unsicherheit, bis wirklich der Umschlag ins Unglück eintritt und sie von Klytämnestra regelrecht geschlachtet werden, so wie diese und Aighistos mit der Furcht vor dem Rächer Orest umgehen müssen, der schließlich kommt, aber keineswegs einen glücklich Handelnden abgibt, als er seine Mutter erschlägt. Der Chor in *Sieben gegen Theben* malt den Schrecken des Bruderkrieges schon aus, bevor Eteokles und Polyneikes in ihm durch die Hand des jeweils anderen fallen.[391] Auch die sophokleische Deianeira ist unglücklich, weil sie seit über einem Jahr auf ihren Ehemann wartet, ohne Kenntnis zu haben, wie es um ihn steht und wann er zu einem gemeinsamen Lebensabend zurückkehrt, und wird noch verzagter, als sie Herakles' junge Kriegsbeute Iole als erotische Konkurrentin erblickt. Antigone ist keineswegs glücklich im Wissen, mit der Bestattung ihres Bruders gegen ein Gesetz zu verstoßen und die Todesstrafe zu provozieren. Ödipus wird zwar ausdrücklich als „bester [...] der Sterblichen" sowie erfahrener „Geist" und „Retter"[392] angerufen, aber schon am Anfang des Stücks lebt er nicht wie zuvor in glücklicher Regentschaft, sondern Sorgen um das Wohl seiner von einer Seuche heimgesuchten Stadt plagen ihn. Die euripideische Phaidra ist unglücklich, weil sie weiß, dass ihre Liebe zu ihrem Stiefsohn sich nicht erfüllen kann; doch erst als er es erfährt, ist der Umschlag ins ultimative Unglück nicht mehr abzuwenden.

Irrte Aristoteles also und die tragischen Figuren sind schon längst vor dem Umschlag unglücklich? Mit der *eutychia* in die *a-* oder *dystychia* schlagen für Aristoteles keine vollendeten Glückszustände ineinander um. Vielmehr, so meine These, sollte man Aristoteles so lesen, dass der Wechsel einen Umschlag von der glücklichen Lage einigermaßen erfüllter *Bedingungen* des Handelns in die unglückliche Lage der nicht mehr erfüllten Bedingungen bedeutet. Die Dramatik des Umschlags von Glück in Unglück hat Aristoteles trotz seiner dafür geeigneten Anthropologie nicht näher

---

[388] Thukydides: *Der Peloponnesische Krieg* II, 40, 4.
[389] Vgl. Aristoteles: *Poetik*, 1452a22f. Siehe Kap. 4.2–4.3.
[390] Vgl. Romilly 1971, Schnyder 1995.
[391] In Sophokles' letzter Tragödie *Ödipus auf Kolonos* wird diese Zukunft des Brudermords ebenfalls durch Ödipus' Fluch antizipiert (V. 1403–1445).
[392] Sophokles: *König Ödipus*, V. 48–51.

qualifiziert. Statt von einem Glückswechsel im Sinne des Rads der Fortuna zu sprechen, so als hänge die existentielle Verfassung allein nur vom Zufallsglück ab, sollte man davon sprechen, dass kontingente Faktoren kausal zu einem Umschlag aus *Freiheit als der Voraussetzung dafür, selbstbestimmt auf ein gutes Leben hin zu handeln*, in ihr Gegenteil beitragen. Der Wechsel von Glück in Unglück ist der Wechsel von der gegebenen Funktionsfähigkeit des Handelns in den Verlust dieser Fähigkeit.[393] Indem die praktische Glücksmöglichkeit durch das Rückschlagen der eigenen Handlung angegriffen wird, wird das Unglück nicht nur ärgerlich oder bedauernswert, sondern zu exzessivem Leid.

Für die Menschen gibt es nach griechischer Auffassung „kein größer Übel" als Unfreiheit im Sinne von „gezwungen sein"[394], wie es die Griechen von (ihren) Sklaven her kannten, deren Status sie ökonomisch ausnutzten, ohne ihn legitimieren zu können.[395] Diese *politische* Dimension der Unfreiheit, in die man von *anderen* gestoßen wird, wird in der Tragödie zur *individuellen* Erfahrung von Unfreiheit, in die man sich selbst stößt: Wenn die Königin Hekabe jäh nach dem Fall von Troja ins Sklavendasein stürzt, macht sie die Erfahrung von Ohnmacht im Leid.[396] Sie erfährt, was Sieger – wie die Athener – anderen antun. Ein starkes Bild hat Sophokles für diesen Wechsel gefunden, der Ödipus nach langem Leiden von sich sagen lässt, er sei ein „alter Knecht des höchsten Menschenleids"[397].

Das Gegenteil des tragischen Leids ist demnach nicht das erfüllte Glück, sondern die praktische Möglichkeit dazu. So lässt sich Perikles' auf die soziale Stellung der freien und kampffähigen Bürger bezogene Aussage mit Blick auf die Tragödie verallgemeinern: Einen Grund, sein Leben handelnd einzusetzen, hat nicht derjenige, „der im Elend lebt und keinen Wandel zum Guten erwarten darf", sondern der, dem „der gegenteilige Umschwung im Leben noch droht und für wen der Unterschied gewaltig ist, falls er einmal stürzt."[398] Die tragischen Figuren sind bereits gewaltig gestürzt und sehen sich in der Situation der Not, in der kein Handeln mehr von ihnen zu erwarten ist.

---

393 Umgekehrt ist der seltene Fall eines Umschlags von Unglück in Glück wie in Euripides' *Helena* oder *Iphigenie bei den Taurern* mit einem Gewinn an Handlungsfähigkeit verbunden (siehe Kap. 8.2). Es stellt sich die Frage, ob diese euripideischen Tragödien, die den Umschlag ins Glück vorführen, im vollgültigen Sinn als „tragisch" zu bezeichnen sind. Es mag Gattungsbezeichnungen von Dramen als „Tragödie" geben, die selbst das Merkmal des tragischen Umschlags ins Unheil durch Inversion zwar thematisieren, durch finale Abwendung dieser Inversion aber als Eigenschaft verlieren. Eine ähnliche Unterscheidung trifft Steiner 1981 in Bezug auf neuzeitliche und schon antike Tragödien.
394 Sophokles: *Aias*, V. 485f.
395 Siehe zu diesem Problem Williams 2000, S. 122–136. Aristoteles beschreibt die Unfreiheit der Sklaven als das Gegenteil der Selbstbestimmung, denn, so zitiert er die Verfechter der Demokratie, „nicht zu leben, wie man wolle, sei charakteristisch für Sklaven" (*Politik* VI, 1317b12f.).
396 Euripides: *Troerinnen*, V. 495f.: „Zuletzt, der Gipfel der grausamen Leiden:/ als Sklavin, Greisin werde ich nach Griechenland gelangen"; siehe Kap. 5.3.
397 Sophokles: *Ödipus auf Kolonos*, V. 104.
398 Thukydides: *Der Peloponnesische Krieg* II, 43, 5.

Mit der tragischen Erfahrung gehen – ähnlich wie in der Entfremdung, aber offenbar noch tiefgreifender – „die Voraussetzungen des guten menschlichen Lebens"[399], nämlich Selbstbestimmung und Gelingensaussicht, verloren. Im tragischen Abbruch der Zukunftsoffenheit wird der Prozess der Aneignung von Welt als ein „Lern- und Erfahrungsprozess"[400] unterbrochen. Die Funktionsstörungen der praktischen Selbst- und Weltbezüge artikulieren sich folglich auch im Abbruch der Kontinuität von Praxis. Aus der Analyse des Erfahrungsbegriffs wurde deutlich, dass sich tragische Erfahrung von anderen Erfahrungen im emphatischen Sinn dadurch unterscheidet, dass das tragische Subjekt gerade nicht fähig ist, „neue Erfahrungen zu machen und aus Erfahrungen zu lernen"; ihm kommt mit der tragischen Erfahrung die Offenheit abhanden, die sonst „durch die Erfahrung selbst freigespielt wird."[401] Offenbar ist die wechselseitig fruchtbare Dynamik aus Sich-bestimmen-Lassen durch Erfahrungen und Sich-selbst-Bestimmen im Handeln für die tragischen Subjekte tiefgreifend gestört.[402]

Das Bewusstsein, dass einem der „Möglichkeitsraum" praktisch nach eigener Fähigkeit bzw. Funktionalität offensteht und man in ihm wirksam zu werden vermag, kann man *Könnensbewusstsein* nennen, wie Christian Meier das Freiheits- und Machtbewusstsein der Athener im 5. Jahrhundert v. Chr. nennt. Es umschreibt die selbstreflexive Vergewisserung der eigenen Möglichkeiten selbstbestimmter Praxis, die man zu wollen, zu wählen und zu verwirklichen *vermag*. Freiheit heißt, das Bewusstsein und Gefühl einer hinreichend intakten menschlichen Fähigkeit zu haben: Ich *kann* überlegen, entscheiden und handeln, ich *kann* meine Fähigkeiten und Funktionen in Gebrauch nehmen und praktisch wirksam werden lassen – und bin mir dessen bewusst. Die positive Freiheit der Selbstbestimmung ist das Bewusstsein des Handelnkönnens nach eigenen Gründen auf eigene Ziele hin. In dieser selbstbestimmten Praxis habe ich gute Gründe, den prinzipiellen Erfolg meines Handelns im Sinne (partiell) verwirklichter Zwecke anzunehmen. Die Welt und mein Handeln passen für eine effektive Wirksamkeit generell in hinreichender Weise zusammen. Meine Praxis unter Bedingungen der Kultur ist von einer stets nachwachsenden Gelingens*aussicht* getragen, die sich in den Erfahrungen des Gelingens bestätigt. Ich bin nicht ernsthaft am praktischen Gedeihen behindert. Das lässt sich durchaus unter *eutychia* verstehen.

---

[399] Jaeggi 2005, S. 15. Vgl. S. 51: „Das nichtentfremdete ist dann nicht das versöhnte, nicht das glückliche, vielleicht noch nicht einmal das gute Leben. Nicht entfremdet zu sein bezeichnet eine bestimmte Weise des *Vollzugs* des eigenen Lebens".
[400] Ebd., S. 87. Symptome dieser Diskontinuität sind „Erstarrung" (S. 80f.) und „Starrheit" (S. 157f.). Entfremdet sind die Verhältnisse zu sich und zur Welt, „die sich nicht als Möglichkeitsraum und Versuchsanordnung begreifen lassen" (S. 88). Die Entfremdung besteht daher auch „in verschiedenen Formen von Handlungshemmnissen" (S. 155).
[401] Gadamer 1990, S. 361. Siehe Kap. 7.1.
[402] Die Entfremdung besteht nach Jaeggi ebenfalls in einer „Stillstellung von Erfahrungsprozessen" (Jaeggi 2005, S. 185).

Demgegenüber stellt die tragische Erfahrung das Extrem einer *atychia* oder *dystychia* dar. Sie ist eine Grenzsituation im Sinne von Karl Jaspers. Grenzsituationen sind für Jaspers Erfahrungen – ein bewusstes Sich-Vorfinden-in-Situationen –, die „das vorher selbstverständliche Gehäuse zur Auflösung" bringen und damit die „unmittelbare Selbstverständlichkeit" der „Einigkeit zwischen Individuum und dem Gehäuse der Objektivitäten" aufheben.[403] In ihnen kann das Leid eine existentielle Dimension gewinnen, „einen neuen Charakter, wenn es als Letztes, als Grenze, als Unabwendbares begriffen wird. Das Leiden ist nichts Einzelnes mehr, sondern gehört zur Totalität."[404] Die tragische Grenzsituation – die der Not im Sinne Henrichs – geht noch darüber hinaus. In ihr wird nicht nur die hinreichend kohärente und produktive Beziehung zwischen Individuum und Wirklichkeit – die „Einigkeit zwischen Individuum und dem Gehäuse der Objektivitäten" – aufgehoben, sondern auch die hinreichend kohärente und produktive Einigkeit mit sich selbst bricht auf. Nicht nur in der Welt-, sondern auch in der Selbstbeziehung ist nichts mehr kohärent, produktiv und selbstverständlich:[405] Freiheit schlägt um in Unfreiheit, Kraft in Ohnmacht, Orientierung in Orientierungslosigkeit, Gelingensaussicht in hoffnungsloses Unglück.

Wenn die Beschreibung von positiver Freiheit als eine im Könnensbewusstsein in Anspruch genommene Fähigkeit, die tragisch umschlägt ins Gegenteil, zutreffend ist, ist die entscheidende Frage noch ungeklärt: Was an dem punktuellen Umschlag des Handelns vermag die Subjekte derartig in ein Leid zu stoßen, das als Not im Sinne Henrichs die gesamte Weltinterpretation transzendental als Hintergrund prägt? Was macht aus den Umschlägen der personalen Fähigkeiten nicht nur temporäre Irritationen, sondern ein Unglück auf Dauer? Es ist ganz offensichtlich *nicht* notwendig, dass ein unfreiwilliges Umschlagen der eigenen Handlung gegen ihr Ziel die Konsequenzen einer tragischen Erfahrung zeitigt, ansonsten wären tragische Erfahrungen Legion. Zudem ist nicht jeder Schmerz, jede Angst, jede körperliche Kraftlosigkeit, jede Orientierungskrise, jedes Gefühl der Unfreiheit, jeder Schamaffekt oder jeder Entfremdungszustand ein Indiz tragischer Verfassung. Die Störung der Kontinuität von Erfahrung und Handeln in der Tragödie hat, so die aus der Argumentation dieses Kapitels gewonnene These, wesentlich damit zu tun, wie Personen ihr Leben an einem normativen Selbstverhältnis ausrichten, wie dieses Selbstverständnis durch das tragische Handeln betroffen ist und was daraus für ihre Lebensführung folgt. Die Gründe, warum die tragische Erfahrung so gravierend wirkt, bilden den Schlussstein der hier vorgelegten Theorie. Sie werden im folgenden Kapitel 8 behandelt. Mit ihm wendet sich die Arbeit Problemen der gegenwärtigen Philosophie und den Fragen nach Werten, Personen und Identitäten zu. Ich verstehe das Gespräch zwischen aktuellen Theorien und der antiken Form als Angebot einer anthropologischen Be-

---

[403] Jaspers 1922, S. 280 f.
[404] Ebd., S. 251.
[405] Zur nicht nur tragischen Auflösung scheinbarer Evidenzen und der Konsistenzgewissheiten des Subjekts siehe Steinweg 2015.

gründung dafür, dass sich die Tragödie in ihren Transformationen bis heute als so erschütternde wie denkwürdige Kunstform erhält und gegen alle modernen Überwindungs- und Ablösefiguren als Modell unserer Selbstbeschreibung aktuell ist.

Im folgenden Kapitel werden die folgenden Thesen begründet: Das tragische Handeln verletzt handlungsleitende Werte *irreversibel*. Diese Werte sind von *existentieller Bedeutung für das Selbstverständnis des Individuums*.

8 Die individuellen Voraussetzungen tragischer Erfahrung

„Ach, wie trag ichs nur,/ Dich zu verlieren!"[1]

„Jeder ist selbst nur ein Individuum und kann sich auch eigentlich nur fürs Individuelle interessieren. [...] Wir lieben nur das Individuelle"[2].

8.1 Irreversibilität des Scheiterns

Der Begriff der tragischen Erfahrung wurde in der bisherigen Untersuchung durch folgende Qualitäten ausgezeichnet: Es handelt sich um eine Erfahrung als *Prozess*, in der Handeln plötzlich in ein intensives Leiden umschlägt (i), das körperliches Empfinden und Gefühle (ii) sowie die reflexive Erkenntnis der eigenen Lage ohne leidmildernde metaphysische Deutung umfasst (iii). Das tragische Leid wird erfahren als eine Selbstentzweiung durch eine tiefgreifende Rückwirkung des Handelns auf den Akteur, die ihn in eine nicht mehr praktisch zu regulierende Distanz zu sich selbst und seiner Lebenswelt stößt (iv). Erfahrungsdimensionen dieses Umschlags aus Freiheit in Unfreiheit und Können in Unfähigkeit sind Orientierungsverlust und Kraftlosigkeit, Scham und Entfremdung, in der die Leidenserfahrung zur dominanten Macht wird, der gegenüber die Figuren sich als nur mehr passive Beobachter vorkommen (v). Die tragische Erfahrung transformiert das Erfahrungssubjekt existentiell, weil das Leiden nicht mehr auf Distanz gebracht werden kann und zum Grund eines Verlusts an Vertrauen und Hoffnung in Bezug auf zukünftige Möglichkeiten gelingender Lebensführung wird. Die tragische Erfahrung ist daher eine Erfahrung, die sich nicht für neue Erfahrungen öffnet und insofern den für die kulturelle Existenz wesentlichen Prozess einer zukunftsgerichteten Selbstbestimmung suspendiert (vi).

Daher ist die tragische Erfahrung eine Form des Todes *im* Leben. Mehrfach bekunden die Figuren, in einer unerträglichen Art Zwischenraum zwischen Tod und Leben zu sein. Den Danaiden kommt es vor, als wehklagten sie am Grab, obwohl sie doch leben.[3] Orest erscheint der Chorführerin der Erinyen als „Schatten, blutlos, von Dämonen ausgesaugt."[4] Der euripideische Orest bestätigt den Eindruck des Menelaos, der meint, in ihm einen „Toten" zu sehen: „Recht hast du! Tot bin ich vor Leid, wenn ich auch lebe."[5] Ödipus, nach langem Leid als Greis ausgezehrt, beschreibt sich im Modus der Entfremdung vom Leben als eine Art Proto-Toten: „Habt Mitleid mit dem

---

[1] Sophokles: *Ödipus auf Kolonos*, V. 1491f.
[2] Johann Wolfgang von Goethe: „Aus meinem Leben" (Fragmentarisches), S. 935.
[3] Aischylos: *Hiketiden*, V. 115f.
[4] Aischylos: *Eumeniden*, V. 302.
[5] Euripides: *Orestes*, V. 385f.

armen Schattenbild/ Des Oidipus; er selber lebt nicht mehr!"⁶ Hekabe bemerkt angesichts des Umschlags ihres Lebens: „Ich bin schon tot durch meine Leiden, eh ich sterbe"⁷. Auch Philoktet erfährt sich als „ein Toter unter Lebenden"⁸, ähnlich wie es in der *Antigone* über Kreon heißt: „Und jetzt – zerronnen alles. Hat ein Mensch/ Das Freuende vertan, so heiß ich ihn/ Nicht lebend mehr, sondern lebendigen Toten." Damit ergeht es ihm wie seiner Kontrahentin, die sich „von Lebendigen und Toten" gleichermaßen ausgestoßen fühlt, „weder Mensch noch Gebein".⁹ Die *Hiketiden* des Euripides benennen den tragischen Umschlag als Grund für den Eintritt in diese Zwischenzone: „Weder den Lebenden noch den Toten/ gehöre ich an,/ mein Schicksal trennt mich von ihnen."¹⁰

Aus dieser ambivalenten Lage zwischen Leben und Tod heraus töten sich einige tragisch Leidende – Haupt- und Nebenfiguren der Tragödien – selbst: Aias wie Deianeira, Iokaste wie Haimon, Eurydike wie Phädra. Alle aber wünschen sich den Tod als „Erlösung von den Leiden"¹¹. Damit wird auch immer wieder der schlechthin pessimistische Gedanke der Griechen bestätigt: „Nie geboren zu sein:/ Höheres denkt kein Geist!"¹², singt der Chor angesichts von Ödipus' Schicksal. Das Nichtgeborensein hätte die Sehnsucht nach dem Tod gar nicht erst aufkommen lassen. Der Tod aber ist die zweitbeste Wahl. Er erscheint wie die terminierende Erfüllung des Nichts, in das die tragischen Figuren bereits im Leben gestürzt sind.

Warum, so bleibt angesichts dieser schlechthin dramatischen Verschiebung der existentiellen Grundsituation – dem Umschlag von allem in nichts – zu klären, kann es denn überhaupt zu dieser ernsthaften Beeinträchtigung kommen, die in nur einem Moment offenbar den gesamten praktischen Weltbezug des Menschen außer Kraft zu setzen und jede Zukunftsaussicht zu verdunkeln vermag? Was genau qualifiziert eine tragische Handlung dazu, solche *lebensbestimmenden* Auswirkungen zu haben?

Diese Fragen sind für ein tragfähiges, formales Verständnis der Tragödie und des Tragischen entscheidend, da bislang kein beschriebenes Merkmal für sich, aber auch nicht die Verbindung aller dieser Merkmale zusammen notwendig und hinreichend ist, um von Tragik zu sprechen. Für den Begriff der Erfahrung wurde gezeigt, dass die Momente der Enttäuschung der Erwartung sowie der Veränderung des Erfahrungssubjekts durch die Erfahrung überhaupt für alle veritablen Lebenserfahrungen zutreffen. Offenkundig sind aber nicht alle erfahrenen Menschen, die so manche herbe Enttäuschung haben annehmen müssen, tragische Figuren. Dass nicht jeder leibumgreifende Schmerz, jede physische Läsion, jede Angst oder Scham und jede Entfremdung tragisch sind, wurde ebenfalls begründet. Desgleichen kommt die dialek-

---

6 Sophokles: *Ödipus auf Kolonos*, V. 108f.
7 Euripides: *Hekabe*, V. 431.
8 Sophokles: *Philoktet*, V. 1018 (*en zōsin nekron*).
9 Sophokles: *Antigone*, V. 1165–67, vgl. 850–852.
10 Euripides: *Hiketiden*, V. 969f.
11 Aischylos: *Prometheus Desmotes*, V. 754.
12 Sophokles: *Ödipus auf Kolonos*, V. 1275f.

tische Modalität, die sich im Begriff des Umschlags ins Gegenteil von Heraklit und Platon bis in Aristoteles' *Poetik* als Strukturmerkmal ausmachen lässt, nicht nur tragischen Handlungen, sondern auch alltäglichen Handlungen zu, ohne dass sie deswegen als tragisch aufgefasst würden. Immer wieder verkehrt sich Handeln gegen die es leitenden Intentionen: Das Glas fällt um, weil ich danach greife, um zu trinken, sodass ich *eo ipso* meinen Handlungszweck, Durst zu stillen, vereitle; eine Maschine, mit der ich einen Gegenstand säubern will, ruiniert ihn. Solche Missgeschicke, Tücken des Objekts und Ironien des Handelns sind lebensweltlich vermutlich allen Menschen vertraut. Gerade die Dialektik des Handelns mit technischen Artefakten ist durch die globale Ausweitung der Technosphäre und die Digitalisierung wahrscheinlicher geworden und spart niemanden aus. Diese Formen des Scheiterns sind oft ärgerlich, zuweilen bedauerlich, mitunter aber auch komisch. Als sprichwörtliches „Über-die-eigenen-Beine-Stolpern" werden sie von Clowns bewusst inszeniert.[13] Zu einem großen Teil verdankt sich die Meisterschaft in der Komik gerade der Inszenierung solcher umschlagender Handlungen, die ihr Ziel nicht nur knapp verfehlen, sondern gerade das Gegenteil des Ziels produzieren. So meint in einem Sketch von Loriot ein wohlwollender Gast, ein Bild über dem Sofa in einer fremden Wohnung geraderücken zu müssen, weil es offenbar seinen Ordnungssinn stört, erzeugt damit aber eine Kette von Missgeschicken, die das ansonsten adrette Zimmer ins völlige Chaos verwandeln.[14]

Nicht der plötzliche Umschlag ins Gegenteil allein, der durchaus Grund von Komik sein kann, reicht also hin, um die Tragik von Handlungen und ihren Erfahrungen zu verstehen. Rolf Breuer vertritt in seiner kommunikationstheoretischen Analyse, in der er die Eskalationsstruktur des ironischen Handelns und die Struktur des konfligierenden Handelns als zwei Grundtypen tragischen Handelns ausweist, die These, dass solche Handlungstypen durch die *Konzentration* auf sie in der Tragödie tragisch würden.[15] Ihr gegenüber stünden sie in der Komödie nicht im Zentrum. Diese These kann aus zwei Gründen nicht überzeugen. Zum einen steht in der Tat die ironische – und auch die Konfliktstruktur in der Komik sehr wohl im Zentrum. Die Komik besteht gerade darin, dass jemand mit dem, was ihn charakterisiert, sein Ziel nicht erreicht oder dass Auseinandersetzungen mit wortreichem Aufwand geführt werden, ohne dass sich der Dialog zur Lösung bewegt. Schon in der attischen Komödie des Aristophanes streiten sich Parteien ohne Aussicht auf Lösung, es geht vielmehr um die komischen Pointen der Auseinandersetzung. Ebenso finden sich dialektische Strukturen des Handelns in der alte Komödie.[16] Diese Strukturen kann man ebenfalls im

---

[13] Vgl. Menke 2005, S. 149 f.: „Der Clown will nur eins: seinem Körper die Gelegenheit zu geben, sein Wollen und Tun zu durchkreuzen." Menke beschreibt den Clown als ebenso lernunfähig wie den tragischen Helden, doch im Gegensatz zu diesem *will* er nicht lernen. Sein glückliches Geschick ist das Über-sich-selbst-Fallen, das er immer wiederholen kann – womit ihm sein Ziel, andere zum Lachen zu bringen, immer wieder gelingen kann.
[14] *Zimmerverwüstung*. R.: Loriot (Vicco von Bühlow). Deutschland 1976.
[15] Siehe Breuer 1988, S. 56 ff., 158 f.
[16] Vgl. Zimmermann 2006 und 2011.

Herzen der modernen Komik entdecken, die oft nach dem Modell des jiddischen Sprichworts „Mensch tracht, Gott lacht" funktioniert, wobei das Publikum in die göttliche Rolle schlüpfen darf. Das Ingenium von Loriot etwa lässt in kurzen Sketchen die Grundformen der Komik exemplarisch erkennen. Neben den Ironien des Handelns, köstlich unfruchtbaren Aktionen, sind es konfliktreiche, aber erfolglose Dialoge, die seine Sketche und Filme zu Meisterwerken der Komik machen.[17] Das „Ministry of Silly Walks" des gleichnamigen Sketchs von 1970 aus der nicht minder meisterhaften Enzyklopädie der Komik, *Monty Python's Flying Circus*, fördert staatlich absurde Fortbewegungsformen, die gerade keinem pragmatischen Ziel dienlich sein *können*. Mit *silly walks* lässt sich noch nicht mal Kaffee servieren, will man ihn denn trinken. Sie stellen die Ironie des Gehens schlechthin dar und bilden eine Parodie auf den aufrechten Gang des Menschen. In der Sendung *Dittsche – Das wirklich wahre Leben* des WDR Fernsehens (seit 2004) spitzen sich immer wieder dialogische Konflikte zwischen dem arbeitslosen Dittsche (Olli Dittrich) und dem Imbisswirt Ingo (Jon Flemming Olsen) zu, ohne dass je eine der von Dittsche entwickelten „Weltideen" irgendwo in der Welt erfolgreich umgesetzt werden würde. Jede Sendung scheitert Dittsche wieder mit seinen hochfliegenden wie absurden Vorschlägen durch allzu offensichtliche Schwächen – darin liegt seine zwar auch traurige, aber zugleich wundervoll komische Größe: Er macht einfach weiter.

Konfligierendes und ironisches Handeln, die ins (wiederholte) Scheitern führen, stehen in der Komik ebenso wie in der Tragik im Zentrum. Auch Breuers These einer *graduell* höheren Relevanz der Dialektik des Handelns in Tragödien vermag den *spezifischen* Sinn des existentiellen Leids, in dem seit Aristoteles ihr Gegensatz zu Komödien liegt, nicht zu begründen.

Lässt die Komik das *wiederholte* Scheitern genießen, erschüttert die Tragödie mit *einem* fatalen Scheitern, das seine Wiederholung wie auch seine Korrektur vereitelt. Die *bestimmte Form* dialektischen Umschlagens von Praxis in der Tragödie wird, so die leitende These dieses Kapitels, durch die *Bedeutung* bestimmt, die das Umschlagen *für die Handelnden* hat. Das tragische Leid entzündet sich an einem selbstproduzierten *Verlust*, der *irreversibel und unheilbar* ist. Verloren geht ein Wert, der für die individuelle Existenz maßgeblich gewesen ist.

In der attischen Tragödie geht es wie auch der neuzeitlichen stets um etwas, das nach dem Scheitern nicht wieder erneuert, geheilt oder ersetzt werden kann. Aristoteles verwendet in der Erörterung der tragischen Wirkung unterschiedlicher Handlungsverläufe einen Begriff, der die Irreversibilität des tragischen Leids metaphorisch erfasst: Das schwere Leid und damit das Tragische (*tragikon*) träten erst dann ein,

---

[17] So etwa über die Plastikente in der Badewanne von Herrn Müller-Lüdenscheidt und Herrn Dr. Klöbner (*Herren im Bad*. R.: Loriot (Vicco von Bülow). Deutschland 1978). In vielen von Loriots Sketchen und Filmen ist die gesamte Handlung auf diese Strukturen hin konzentriert.

wenn jemand beabsichtigte, „etwas Unheilbares (*anēkestōn*) zu tun"[18]. Das Adjektiv *anēkestos* bezeichnet eine irreversible Verletzung; zwischen medizinischer, religiöser und moralisch-rechtlicher Bedeutung schwankend, bedeutet es so viel wie ‚unheilbar', ‚heillos', ‚unsühnbar' oder ‚unverzeihlich'. Dass ein unheilbares Leid aus dem tragischen Handeln folgt, ist eine seiner wesentlichen Bestimmungen. Es ist kein Leid, das in Analogie zu einer heilbaren Verletzung des Körpers wieder aufgehoben werden könnte und daher auch die Erwartung der Heilung und die Möglichkeit neuen Glücks einschlösse.

Peter Szondi hat in seiner Theorie des Tragischen, die er auf die dialektische Modalität der Selbstentzweiung gründet, eine weitere, nicht weniger wichtige Bestimmung des Tragischen zur Dialektik hinzugefügt, die er allerdings nicht weiter theoretisch expliziert hat: Tragisch sei, so Szondi, ein Untergang oder die Vernichtung von etwas nur dann, wenn nach seinem Verlust „die Wunde sich nicht schließt."[19] Durch die Heilung der Wunde oder das Aufgehobensein des Widerspruchs wäre die Tragik bereits in Humor, Ironie oder religiösen Glauben aufgelöst. Szondi steht mit seiner These in der Tragödientheorie weitgehend allein; sie hat auch in der Rezeption seiner Theorie kaum eine Rolle gespielt. Sie soll nun philosophisch zu begründen versucht werden. Zum Begriff des Tragischen, so die These, gehört das *irreversible* Unglück, in das Handeln und Leben umschlagen. Sie reißt die „Wunde" auf, die „sich nicht schließt".

Die Rede vom „Unheilbaren" (Aristoteles) oder von der nicht heilenden Wunde (Szondi) ist deshalb metaphorisch, weil der Gehalt der überlieferten griechischen Tragödie keine unheilbaren Verletzungen des Körpers als primären Gegenstand für die affektive und reflexive Partizipation des Publikums vorführt.[20] Wie gezeigt wurde, sind unheilbare Wunden am Körper wie die geblendeten Augen des Ödipus ein theatralisch und symbolisch wirksamer *Ausdruck* eines irreversiblen Unheils, nicht das Unheil selbst.[21] Statt sich selbst bestraft der thebanische König metonymisch seine Augen, die nicht die drohende Tragik rechtzeitig zu erkennen vermochten. Entsprechend verwirklichen die autoaggressiven Handlungen anderer Figuren physisch, was sie sich bereits unfreiwillig als Akteure zugemutet haben: ein irreversibles Unheil. Was praktisch misslang, wird gleichsam in einer expressiven Verzweiflungstat symbolisch eingeholt.

Mit der *Plötzlichkeit* des Umschlags geht die *Irreversibilität* des Handlungsergebnisses einher. Was aber heißt irreversibel? Ontisch ist jeder Prozess irreversibel, sofern durch ihn eine Situation erzeugt wird, die nicht erlaubt, alle Bedingungen wieder in

---

[18] Aristoteles: *Poetik*, 1453b35–38. Die vom Publikum mitvollzogene Absicht ist das Entscheidende für die erschütternde Wirkung, auch wenn noch vor der Verwirklichung der Akteur Einsicht erlangt und das Unheilbare doch nicht wie geplant verursacht.
[19] Szondi 1978, S. 209.
[20] Vgl. Kap. 6.4.
[21] Daher wird es sich auch in der Unterwelt für Ödipus fortsetzen (Sophokles: *König Ödipus*, V. 1369–1372).

die Anfangssituation zurückzuführen. Das gilt physikalisch für alle (makroskopischen) Prozesse, die Entropie erzeugen. Man kann nicht zweimal in denselben Fluss steigen. Eine Umkehrung der Zeitrichtung ist, zumal in der menschlichen Lebenswelt, insofern unmöglich, sodass jedes Ereignis und jede Handlung notwendigerweise ein singuläres Ereignis und eine singuläre Handlung sind. Kein Atemzug, kein Wort ist daher streng genommen in der Zeit reversibel.

Doch diese ontologische Einsicht ist nicht die, die für den Sinn von Handlungsbeschreibungen in der Lebenswelt relevant ist. In ihnen geht es, nennt man eine Handlung reversibel, eher um eine qualitative Reversibilität im Sinne einer praktischen Umkehrbarkeit eines bestimmten Typs von Handlungen, sodass ein Zweck neu angestrebt werden kann. Reversibel im praxeologischen Sinn ist also eine Handlung, sofern ich ohne bleibende Folgen für die Lebenswelt auf die *Ex-ante*-Bedingungen zurückgehen und den Handlungstyp mit einem anderen Resultat wiederholen kann, sodass das frühere Resultat umgekehrt wird. Unter Handlungstyp soll hier ein intentionales Verhalten verstanden werden, das auf eine Art von Ziel mit strukturell analogen Mitteln gerichtet ist.[22] Ich kann z. B. beim Aufschlagen eines Buchs dieses versehentlich vom Tisch stoßen, es dann aber aufheben, auf dieselbe Stelle legen und es wieder aufschlagen, ohne dass es mir herunterfällt. Reversible Handlungen sind also *umkehrbar*, sie sind – nicht ontologisch, aber praktisch – rückgängig zu machen, insofern ein anderes Resultat erreicht wird, das das frühere symbolisch ersetzt. Dadurch wird das Handeln gewissermaßen repariert. Eine irreversible Handlung ist demnach eine irreparable Handlung.

Die meisten Handlungen des Menschen sind der Struktur nach wiederholbar und in der Wiederholung variierbar (Wiederholung und die kontingenterweise oder intentional erzielte Differenz gehören in der Lebenswelt zusammen). Es ist der Regelfall, etwas noch einmal oder mehrfach machen zu können, vom morgendlichen Kaffeekochen bis zur Lösung einer mathematischen Aufgabe, vom Stellen einer Frage bis zur Begleitung einer hilfsbedürftigen Person bei Arztbesuchen. Wiederholbar ist hier der Typ von Handlung („Kaffee kochen"), aber ebenso der Kontext: Ich koche hunderte Male am Morgen für mich in derselben Espressomaschine dieselbe Kaffeesorte und trinke das Ergebnis aus demselben Becher. Wir leben täglich in Potenzen von Wiederholbarkeit, anders wäre ein habitueller und koordinierter Alltag nicht denkbar. Die meisten Handlungen müssen aufgrund nachwachsender Bedürfnisse oder koordinierter Produktionsprozesse vertraut und problemlos wiederholbar bzw. leicht variierbar sein und ein experimentelles Ausprobieren unnötig machen, damit eine soziale Koordination in einer arbeitsteiligen Welt und eine stabile Lebensform über die Zeit hinweg funktionieren.

Die Frage, ob Handlungen überhaupt reversibel und damit reparabel sind, stellt sich erst bei Handlungen, deren Wiederholungsmöglichkeit fraglich geworden ist. Es

---

[22] Das Ziel kann dabei aus einer Klasse analoger Ziele stammen (*ein* Fußballspiel besuchen) oder selbst individuell sein (*den* Mount Everest besteigen).

handelt sich um Handlungen, deren verfehltes Ziel man nicht durch erneutes Handeln erreichen kann. Dabei geht es nicht um die Tatsache der Wiederholung und kontingenten Abweichung selbst, sondern um eine mehr oder weniger tiefgreifende Korrektur des Resultats. Das betrifft gleichermaßen Handlungen, die man durch technische Korrektur zum verpassten, nun aber erneut anvisierten Erfolg führen will, wie Handlungen, die man durch rechtliche oder moralische Korrektur im Sinne eines Ausgleichs „wiedergutmachen" will. Dafür mag in einigen Fällen weniger eine instrumentelle Korrektur des Handlungstyps im Sinne einer optimierten Mittelverwendung nötig sein, als eine Handlung anderen Typs, z. B. die Bitte um Entschuldigung oder das Ausführen einer Versöhnungsgeste bzw. rituellen Sühnehandlung. Reversibel sind (partiell) misslungene Handlungen dann, wenn es einer Person möglich ist, das entweder gesetzte, zunächst aber verfehlte Ziel oder aber das unmoralische erzielte oder fahrlässig erwirkte Resultat dieser Handlung durch eine andere, verbesserte Handlung gleichen Typs oder durch eine Handlung anderen Typs zu erreichen. Wenn ich etwa mit dem Auto wegen eines Schadens nicht von Zagreb nach Ljubljana gelange, kann ich stattdessen auf den Bus umsteigen und damit an mein slowenisches Ziel kommen. Wenn eine Äußerung absichtlich oder versehentlich jemanden getroffen hat, kann ich in entsprechender Weise um Entschuldigung bitten und die ausgelöste Irritation damit rückgängig zu machen versuchen. Diese Möglichkeiten zur Revision bzw. Reversibilität von Handlungen im Sinne einer Reparatur mit Blick auf ihr Resultat und ihre Folgen sind von nicht überschätzbarer Bedeutung für die menschliche Praxis, denn ohne sie geriete man immer wieder in Sackgassen, die künftige Handlungsmöglichkeiten in einem bestimmten Kontext unterbänden. Man könnte nicht durch Fehler lernen und sein Können erweitern; soziale Beziehungen wären jederzeit durch die fehleranfällige Praxis bedroht. Insgesamt wäre das Leben in viel höherem Maße durch punktuelle Handlungen geprägt und Sozialverhältnise verlören durch nicht ausgleichbare Enttäuschungen oder Verletzungen rasch an Stabilität.

Was sind nun irreversibel scheiternde, d. h. irreparable Handlungen unter den Bedingungen einer zumindest prinzipiell korrekturoffenen Lebenswelt?[23] Zum einen könnte damit gemeint sein, dass der Akteur bei oder nach einer missglückten Handlung umkommt, sodass er sie – wie auch jede andere Handlung – in Zukunft trivialerweise nicht mehr erneut beginnen und optimieren kann. Oder die Verfassung seiner Handlungsfähigkeit ändert sich so sehr, dass er eine Handlung z. B. wegen einer irreversiblen Querschnittslähmung nicht mehr ausüben kann. In einer weitere Bedeutung bezieht sich der Begriff nicht primär auf die Handelnden selbst, sondern auf die Ziele oder Zwecke ihrer Handlungen, die nach der Handlung nicht mehr zu Verfügung stehen, um erneut einen Versuch zu beginnen, sie zu verwirklichen.

---

[23] Hier sind freilich kulturelle Unterschiede relevant. Eine Gesellschaft kann ihre Mitglieder zur Korrektur ermutigen, wie sie durch Sanktionen für Fehler die Furcht vor Misslingen und vor der Scham darüber schüren kann. Man spricht diesbezüglich von unterschiedlich großer Fehlertoleranz.

Jeder Versuch eines Torschusses beim Fußballtraining ist ein singuläres Ereignis. Aber es ist für die Trainierenden unproblematisch, es nach einem misslungenen Torschuss einfach ein weiteres Mal zu probieren und den Misserfolg auszugleichen; das gilt auch für Spiele im Turnier, in dem jeder entscheidende Treffer frühere Fehlschüsse sozusagen vergessen machen kann. Jeder einzelne Torschuss erlaubt also eine Optimierung hinsichtlich des Resultats, sofern nicht die Handlungsbedingungen wegfallen (etwa durch das Ende der Spielzeit). Wenn eine Handlung dagegen irreversibel scheitert, der Akteur aber weiterhin eine prinzipiell handlungsfähige Person bleibt, muss etwas mit der Handlung zerstört worden sein, das nicht mehr instand zu setzen, zu restituieren, zu heilen ist. Mit anderen Worten: Das Ziel steht nicht mehr für einen neuen Versuch zur Verfügung. Irreversible Handlungen sind insofern irreparable Handlungen, man kann sie weder optimieren noch das durch sie Beschädigte reparieren.

Was ist nicht wieder zu restituieren? Irreparabel und unheilbar kann offenbar nur Individuell-Endliches sein. Dabei kann es sich, erstens, um die Mittel, zweitens, das Ziel bzw. den Zweck einer Handlung handeln oder, drittens, um den Wert, in dessen Licht Ziel und Zweck gewählt werden.

Der erste Fall einer Beschädigung unersetzbarer Mittel ist lebensweltlich schon deshalb unwahrscheinlich, weil sich in der Lebenswelt selten Handlungssituationen ergeben, in denen zu einer punktuellen Handlung ein individuelles Mittel vonnöten ist, zu dem es keinen analogen Ersatz gäbe. Zwar mag situativ kein anderes Auto, kein anderer Schraubenzieher oder kein anderer Computer zur Verfügung stehen, aber irreversibel ist eine Handlung nur, wenn aus einem weiteren Grund die Voraussetzungen des Handelns nicht änderbar sind und tatsächlich situativ nur ein singuläres Exemplar des Mittels zur Verfügung steht – etwa ein Boot, mit dem man als Schiffbrüchiger eine einsame Insel verlassen möchte, das aber beim Versuch an einem Felsen zerbricht. Oder ein Brunnen in einem Dorf in der Sahelzone, der beschädigt wurde und den die Dorfbewohner nicht wieder benutzen können. In den meisten Fällen lassen sich aber andere Mittel finden, um Handlungen mit bestimmten Zielen und Zwecken erneut auszuführen.

Viel wahrscheinlicher ist die irreversible Vereitlung eines Ziels, an das ein bestimmter Zweck gebunden ist. Wer das letzte Ei im Kühlschrank brät, um damit sein sonntägliches Frühstück zu bestreiten, muss, wenn er die Pfanne zu lang aus den Augen lässt, auf das Ziel einer optimierten Wiederholung der Kochhandlung und auf den Zweck eines Eigenusses verzichten. Wer es verpasst, eine aufregende Bekanntschaft auf einem Konzert um Namen und Kontaktdaten zu bitten oder die eigenen mitzuteilen, muss eventuell auf das mögliche Ziel, in ihr einen Partner gefunden zu haben, verzichten. Und wer zum zweiten Mal das erste juristische Staatsexamen nicht besteht, kann sein Ziel, Jurist zu werden, und den Zweck, mit diesem Beruf seinen Lebensunterhalt zu bestreiten und als Richter auf die Rechtsprechung positiven Einfluss zu nehmen, nicht mehr erreichen. Ein individuelles Ziel wird im Verfolgen so verfehlt, dass ein weiterer Versuch, es zu verwirklichen, unmöglich wird.

Diese Beispiele unterscheiden sich offenkundig in wesentlicher Hinsicht: Sind im ersten Beispiel das Ziel des gebratenen Eies und der Zweck des schmackhaften Frühstücks nur situativ unersetzbar (weil keine Eier mehr vorhanden und sonntags auch nicht zu kaufen sind) und betreffen sie ein naturgemäß nur situatives und nicht besonders bedeutsames Interesse, nämlich eine kurze kulinarische Lustempfindung, erzeugt die Vereitlung von Ziel und Zweck in den anderen Beispielen eine *Veränderung des gesamten Lebens*. Während die verpasste Fortsetzung eines Flirts Bedauern über eine spontan aufleuchtende, aber noch unwahrscheinliche Möglichkeit künftigen Lebens auslösen mag, verschließt das verpasste Examen eine womöglich über Jahre anvisierte Lebensform und kann Kummer über die Unterbrechung der eigenen Lebensbahn evozieren.

Die irreversible Vereitlung eines Ziels und Zwecks ist dann für dieses gesamte Leben *von großer Bedeutung*, wenn mit dem Ziel und Zweck ein Wert verbunden gewesen ist, der nun durch das Misslingen selbst nicht mehr die Funktion ausüben kann, die er zuvor für das Leben der Akteure hatte. Nehmen wir an, dass eine Studentin dem Beruf des Juristen eine hohe Bedeutung für ihren Lebensplan beigemessen hat und nicht aus Faulheit, sondern wegen Lernschwierigkeiten angesichts einer persönlichen Krise das Examen zum zweiten Mal knapp verfehlte, dann verliert *ipso facto* der lebensbestimmende Wert des Juristenberufs für das Individuum seine Funktion, eine diachrone Quelle von Handlungsgründen zu sein. Ein Wert, so meine Annahme, ist dadurch ausgezeichnet, dass er praktische Gründe nahelegt und den Horizont bildet, vor dem punktuelle Ziele und Zwecke gewählt werden, die dem Wert Rechnung tragen, ihn erhalten und fördern. Wer etwas wertschätzt, wird sich an diesem Wert in seiner Abwägung der besten Handlungsgründe und der Wahl geeigneter Handlungsziele und -zwecke, die diesen Wert verwirklichen und erhalten (oder ihm zumindest nicht widersprechen), strukturell über sein Leben oder eine Lebensphase hinweg orientieren. Handlungen, deren Gründe sich an Werten orientieren, haben ihre Bewahrung, Förderung oder Verwirklichung zur Funktion, dazu muss der Wert aber nicht selbst – wie im Fall einer Lebensrettung – direkter Zweck der Handlung sein. Werte als Quelle von Handlungsgründen zu verstehen, besagt vielmehr, dass die Zwecke, für die man gute Gründe mit Blick auf die eigenen Wertungen hat, diesen entsprechen sollen, sofern es sich nicht um eine Handlung handelt, deren Zwecke ihnen gegenüber neutral ist.[24]

Werte haben eine orientierende und für die Praxis im Ganzen kohärenzstiftende Funktion, weil sie über einen längeren Zeitraum als Quelle von Gründen für Handlungen unterschiedlichen Typs fungieren. Der Wert, den ich mit einem Dasein als Jurist verbinde, generiert eine Fülle praktischer Gründe in unterschiedlichen Situa-

---

24 Im Lebensalltag gibt es stets eine Vielzahl von Handlungen, Zwecken und Gründen, die nicht nur auf einen Wert bezogen sind, den man als wichtig anerkennt, sondern ihm gegenüber neutral sind, weil sie sich auf andere Werte oder aktuelle Wünsche beziehen. Es ist für die Rationalität dieser Handlungen hinsichtlich des Wertes hinreichend, wenn sie ihn nicht schädigen. Andernfalls liegt ein Wert- oder Wert-Wunsch-Konflikt vor.

tionen, die zur Verwirklichung des Werts und zu seinem Erhalt als normative Quelle beitragen. Metaphorisch lässt sich das durch die Formulierung ausdrücken, man entscheide sich für Handlungen aufgrund bestimmter Gründe *im Lichte* eines Wertes. Freilich gilt das nur, wenn der Wert den Handelnden auch wirklich *wichtig* ist. Eine normative Quelle können Werte nur dann sein, wenn man sie *ernst nimmt*.

Eine Einzelhandlung kann nun eine diachron wirksame Handlungsstruktur, deren Ausdruck sie ist, mit einem Mal auflösen. Handlungen, die die lebensorientierende Funktion eines Wertes punktuell und irreversibel außer Kraft setzen, sind diejenigen Handlungen, um die es in der Tragödie geht. Tragisches Scheitern zerstört irreparabel die Bedingungen, sich praktisch weiterhin an einem für das Leben bedeutsamen Wert zu orientieren.

8.2 Das Unheilbare als Drohung und Wirklichkeit

Das Moment des Unheilbaren ist in der Geschichte der Tragödiendeutung mehrfach mit der Beobachtung verbunden worden, dass die Tragödie durch den unwiederbringlichen Verlust von etwas Bedeutsamem ausgewiesen ist. Für Karl Jaspers macht überhaupt erst ein großer Verlust eine Erfahrung tragisch: „Wo das tragische Bewußtsein auftritt, da ist etwas Außerordentliches verloren"[25]. Tatsächlich geht in den meisten überlieferten Tragödien der Griechen etwas unersetzbar Wertvolles jeweils unwiederbringlich durch eigenes Handeln verloren oder ist in Gefahr, sodass gehandelt wird und dadurch das eigene Leben – ebenfalls etwas unersetzbar Wertvolles – zugrunde geht oder droht, zugrunde zu gehen. Der letzte Fall betrifft diejenigen, die bewusst das tragische Risiko eines Umschlags ihres Lebens ins Leiden in Kauf nehmen, um eine Möglichkeit durch Handeln zu verwirklichen, die ansonsten irreversibel verloren ginge, und die dadurch ihre eigene Freiheit und Handlungsfähigkeit riskieren oder verlieren. Das gilt für Prometheus, der bewusst handelnd Zeus' Vergeltung in Kauf nimmt, um das Menschengeschlecht vor der unmittelbar drohenden Vernichtung zu bewahren – dies ist der unerhörteste Verlust, der in einer attischen Tragödie droht. Eben dadurch aber schlägt sein eigenes, von selbständigem Handeln geprägtes Leben in Isolation, Unfreiheit, Ohnmacht und kolossale Leiden am Kaukasus um.[26] In ver-

---

[25] Jaspers 1952, S. 12. Auch Goethe begreift das „Grundmotiv aller tragischen Situationen" in einem gewaltsamen „Scheiden aus einem gewohnten, geliebten, rechtlichen Zustand" (zit. nach Szondi 1978, S. 178).
[26] Als Einwand gegen die Tragik seines Umschlags könnte man anführen, dass Prometheus einst von Herakles von seinem Schicksal der Handlungsunfähigkeit und Qual befreit werden wird. Doch bis zu dreizehn Generationen (Aischylos: *Prometheus Desmotes*, V. 772–774) – im *Pyrphoros* ist sogar von 30.000 Jahren die Rede (Lefèvre 2003, S. 59) – müssen vergehen, bis Herakles kommen und ihn, der als Gott nicht sterben *kann*, befreien wird. Das ist in menschlicher Imagination geradezu eine Ewigkeit. Prometheus spricht selbst davon, seine Qualen seien unendlich (*myrietēs*, V. 94). Gegen diesen Einwand ließe sich also fragen, ob Prometheus nicht ein viel grauenvolleres Schicksal hat als alle

gleichbarer Weise setzt sich die Antigone des Sophokles bewusst prospektiv dem tragischen Risiko des Selbstverlustes aus, weil sonst die unwiederbringliche Chance, ihren Bruder göttlichem Recht gemäß zu bestatten, verloren ginge. Dadurch aber verliert sie nicht nur die Aussicht auf ein weiteres Leben in glücklicher Ehe mit Haimon, sondern ihre Freiheit und Selbständigkeit überhaupt, die sie gerade unter Beweis gestellt hatte, denn sie wird auf Befehl von Kreon lebendig eingemauert und erhängt sich im verschlossenen Grabhügel, buchstäblich jeglicher Aussicht auf Lebenspraxis beraubt.

Für die Schutzsuchenden des Aischylos, die vor den ägyptischen Verfolgern fliehen und in Argos Asyl suchen, droht etwas für sie Bedeutsames unwiederbringlich verloren zu gehen. Sie versuchen nicht „aus eigenem Trieb"[27] den Ägyptern zu entkommen, sondern weil sie von ihnen in die Lebensform der Zwangsehe genötigt würden, die fortan mit dem Geschlechtsakt beginnend ihre Existenz bestimmen würde, die sie für ihr Leben aber nicht akzeptieren wollen. Die Töchter des Danaos hoffen, durch menschliche und göttliche Hilfe werde der „Sieg den Frauen" verliehen (V. 1069), da ansonsten ihre Jungfräulichkeit und Unabhängigkeit irreversibel verloren gingen. Diese Werte sind ihnen so wichtig, dass sie bereit sind zu sterben, „bevor/ Ein verwünschter Mann diesen Leib berührt" (V. 786 f.).[28] Das Risiko eines Krieges und des damit verbundenen Leids nehmen sehendes Auges Pelasgos, der König von Argos, und seine Bürger in Kauf, um den Wert des Asylrechts zu schützen.

Oft geht auch das Leben der Menschen, die den Handelnden nahestehen bzw. für die sie Verantwortung haben, mit dem tragischen Handeln verloren. Medea verschärft ihr Leid durch den Mord an ihren Kindern, um sich an Iason zu rächen. Gerade dadurch aber verliert sie das Einzige, was ihr noch für eine erträgliche Lebensaussicht blieb. Deianeira tötet unbeabsichtigt ihren Mann, mit dem sie ihr weiteres Leben in einer geteilten Lebensform verbringen wollte. Der euripideische Herakles tötet unfreiwillig seine Familie, die er doch schützen wollte; Agamemnon opfert widerwillig seine eigene Tochter, um den Griechen ihren Trojafeldzug zu ermöglichen; Theseus vertreibt auf immer seinen Sohn Hippolytos, weil er glaubt, er habe ihn betrügen wollen; als er seinen Irrtum erkennt, ist Hippolytos bereits tot; Orest tötet – von Elektra unterstützt – seine und ihre Mutter, die sie geboren und aufgezogen hat, um ihrer beider Vater zu rächen; Agaue zerreißt ihren eigenen Sohn; Andromache und Hekabe haben bereits alle Nächsten verloren und fristen ein Leben in Sklaverei. In den *Persern* hat Xerxes seine Armee in die Niederlage getrieben, die ein gebrochenes Imperium, eine große Zahl an toten persischen Männern, trauernden Witwen und

---

menschlichen Tragödienfiguren, deren Leid mit dem Leben immerhin endlich ist. Er selbst sagt, dass der ihm unmögliche Tod eine Erlösung bedeuten würde (V. 752–754).
27 Aischylos: *Hiketiden*, V. 9.
28 Es ist nicht sicher, welchen Platz die *Hiketiden* (um 463 v.Chr.) in der Tetralogie einnahmen. Vermutlich sind sie das erste Stück, in den weiteren werden sie offenbar doch mit den ägyptischen Männern verheiratet, die sie (mit einer Ausnahme) in der Hochzeitsnacht auf Weisung ihres Vaters umbringen. Vgl. Föllinger 2009, S. 101 ff.

Waisen sowie einen Herrscher hinterlässt, der in den Augen seiner Eltern und seiner Untertanen alle Macht und Anerkennung als Heerführer eingebüßt hat. Er ist ein ehemals Mächtiger, „der alles verloren hat, was sein Leben ausmachte."[29]

Was zugleich verloren geht, ist die existentielle Funktion des normativen Selbstverständnisses, das die Handelnden haben und in dem sie anerkannt sein wollen. Deshalb kann es auch einen irreversiblen Verlust geben, ohne dass jemand stirbt, wie im Fall des Aias, dessen Ehre als Krieger er durch seine entwürdigende Schlachtung von Vieh unwiederbringlich verletzt sieht. Sie liegt im Zentrum seines Selbstbegriffs und ist unersetzbar, sozusagen verkörpert, weshalb er die verletzte Ehre nicht einfach ablegen kann wie eine soziale berufliche Rolle.[30] Ebenfalls geht Ödipus' Begriff von sich selbst als kluger Herrscher verloren, als er erfährt, dass er etwas Irreversibles getan hat, das diesen Begriff auf ihn unanwendbar macht: Die Tötung seines Vaters ist aus natürlichen Gründen nicht wieder aufzuheben, die Ehe mit seiner Mutter kann zwar als kulturelle Institution wieder aufgehoben werden, dadurch wären aber die vergangenen Handlungen und ihre Auswirkungen auf die Figuren nicht getilgt. Er hat mit ihr geschlafen, mit ihr Kinder gezeugt und mit ihr Theben regiert. Die Institution der Scheidung böte keine Möglichkeit, dies ungeschehen zu machen. Iokaste erhängt sich, Ödipus blendet sich. Diese unwiederbringlichen Verluste bestimmen ebenso die neuzeitliche Tragödie und das bürgerliche Trauerspiel.[31]

---

29 Feichtinger 1999, S. 124.
30 Zur zentralen Bedeutung der Ehre als Wert in der Antike seit Homer siehe Ruch 2017.
31 Nur einige Beispiele seien – in erforderlicher, aber freilich unzureichender Knappheit – erwähnt: In Shakespeares *Othello* (1603/1604) tötet der gleichnamige Venezianer seine geliebte Frau Desdemona aus – wie sich zu spät herausstellt – unbegründeter Eifersucht und hat damit das ihm Wichtigste zerstört, sodass er gebrochen auch sich selbst tötet; in *Romeo and Juliet* (1596/97) nehmen sich die Liebenden jeweils ihr Leben, weil sie wie Pyramus und Thisbe in Ovids *Metamorphosen* glauben, dass der jeweils andere tot sei; in *King Lear* (1605/1606) verliert der König sein Selbstbild als geachteter Herrscher durch den Verrat seiner Töchter und ihrer Gatten sowie schließlich auch seine ihn einzig liebende Tochter Cordelia; in *Anthony and Cleopatra* (1607/1608) töten sich die sich liebenden Protagonisten in aussichtsloser Lage. Die Titelfigur aus Jean Racines *Phèdre* (1677) zerstört ihr Leben wie das ihres Geliebten, den ihre Amme Oenoe zum Schutz Phèdres verleumdet, sodass sein Vater Theseus ihn verflucht und in den Tod treibt. Racines *Bérénice* (1670) stellt die Geschichte des römischen Kaisers Titus dar, der seine geliebte Bérénice aus dem Römischen Imperium schicken muss, weil die Staatsräson eine Ehe mit einer Jüdin nicht erlaubt. In Lessings *Emilia Galotti* (1772) ersticht der Vater der Hauptfigur auf verzweifelte Bitte und eigene Mitwirkung seine Tochter Emilia, damit sie dem mörderischen Prinzen nicht in die Hände fällt. Friedrich Schillers *Kabale und Liebe* (1784) endet damit, dass die Liebenden Ferdinand und Luise einer Intrige zum Opfer fallen und Ferdinand aus unbegründeter Eifersucht sich und Luise vergiftet, bevor er die Wahrheit erfährt. In Schillers unvollendetem *Demetrius* (1804/1805) verliert die gleichnamige Hauptfigur nach Übernahme der Herrschaft in Russland mithilfe Polens mit einem Mal seine Legitimität als Zar und somit seine Identität, auf die er alles gesetzt hatte, als er erfährt, dass er in Wirklichkeit nicht Sohn Iwans IV. ist und nur als Mittel für die Feinde des Regenten Boris Godunov fungierte. In Kleists *Familie Schroffenstein* (1803) töten unwissentlich zwei verfeindete Väter ihre eigenen Kinder, die sie aufgrund getauschter Kleidung verwechselt hatten. Die Amazonenkönigin Penthesilea tötet und zerreißt in Kleists gleichnamigem Drama (1808) im Wahnzustand ihren Geliebten Achill und folgt ihm nach der tragischen Erkenntnis in den Tod. In Büchners

Das tragische Leid ist also an Handlungen gebunden, die nicht reversibel sind, insofern aus natürlichen oder kulturellen Gründen ihre Resultate nicht wieder aufzuheben und durch korrigierende Handlungen zu reparieren sind. Sie sind nicht zu annullieren, nicht rückgängig zu machen (im Englischen gibt es den treffenden Ausdruck *to undo* für reversible, reparable Handlungen). Natürliche Gründe sind letale Verletzungen wie die des sophokleischen Herakles oder die des euripideischen Hippolytos oder der Tod selbst. Kulturelle Gründe sind die der Anerkennung eines bestimmten Selbstverständnisses, das mit dem Handeln inkompatibel und durch Korrekturen nicht mehr herstellbar ist. Wie solch ein Selbstverständnis und die Möglichkeit seiner Läsion nach Art eines Organismus zu verstehen ist, sollen die nächsten Teilkapitel klären.

Zuvor soll die These des irreversiblen Verlusts von etwas existentiell Wertvollem noch an scheinbaren Gegenbeispielen aus der Tragödienliteratur geprüft werden. Denn in der Tragödie kann es auch vorkommen, dass objektiver Sachverhalt und subjektive Einschätzung auseinanderliegen und eine Figur bloß urteilt, ein für sie bedeutsamer Wert sei unersetzbar verloren gegangen, während er in Wahrheit bewahrt ist oder wiederkehren kann, so in Sophokles' *Ödipus auf Kolonos*, in Euripides' *Iphigenie in Aulis* oder in seiner *Alkestis*. Ebenso kann ein irreversibles Unglück für die Figuren unmittelbar drohen, ohne dass es schließlich in der Tragödie auch wirklich eintritt wie in Euripides' *Iphigenie bei den Tauern*, seiner *Helena* oder seinem *Ion*. Die These der notwendigen Irreversibilität und Unheilbarkeit des tragischen Leidens erweist sich, so möchte ich zeigen, aber auch an diesen Stücken, die durch den finalen Umschlag ins Glück dieser These zunächst zu widerstreiten scheinen. In Sophokles letzter Tragödie scheint sich das tragische Leid des erbarmungswürdigen Ödipus noch ein letztes Mal zu verschärfen, als Kreon, erbost über Ödipus' Worte, ihm seine Töchter entführt, die er liebt und von denen Antigone ihn als blinden Greis überhaupt zu überleben geholfen hat, sodass er nun „noch seines letzten zarten Augs beraubt"[32] ist. Doch durch die Intervention des Athener Königs Theseus können die entführten Töchter zu Ödipus zurückgebracht werden. Der finale Umschlag in Ödipus' tragischem Leben kann noch rückgängig gemacht werden. Doch dieser Handlungsstrang zeigt, wie sehr es Ödipus auf seine Töchter ankommt, die sein „Liebstes"[33] sind und die er kurz davor war zu verlieren. Bis auf sie ist ihm bereits alles, was ihm wertvoll war, verloren gegangen.

Dantons Tod (1835) gehen Danton, seine Anhänger und seine Frau Julie an ihrem eigenen Projekt, der Revolution, zugrunde und verlieren nach dem politischen Einfluss und der Zuversicht auch ihr Leben durch die Guillotine. Danton erliegt „dem revolutionäre Sieg, den er selbst schon errungen hat" (Szondi 1978, S. 256). Weitere Beispiele auch aus jüngerer Zeit ließen sich anführen. Zur Tragik (und zum tragischen Verlust) in modernen Stücken, Romanen und Gedichten vgl. Williams 1966; Szondi 1978; Marcuse 1985; Guthke 1994; Alt 1994; Eagleton 2003; Bohrer 2009.
32 Sophokles: *Ödipus auf Kolonos*, V. 878.
33 Ebd., V. 1161.

Bei Euripides dagegen wenden sich einige Tragödien – im letzten Moment – noch ins Glück. Bezeichnenderweise lobt Aristoteles Euripides trotz der Umschläge ins Glück als tragischsten aller Dichter (*tragikōtatos ge tōn poiētōn*), da sich bei ihm der Umschlag in der Regel aus dem Glück ins Unglück vollziehe.[34] Für die Wirkungsabsicht der Tragödie, die tragischen Affekte zu erregen, reicht es nach Aristoteles nämlich aus, wenn das irreversible Unglück für die Imagination der Zuschauerinnen und Zuschauer sich überzeugend ankündigt, auch wenn es dann unerwartet durch ein zufälliges Wiedererkennen oder durch einen *deus ex machina* doch noch ins Glück zurückpendelt. Solch ein glückbringender „final turn is directly preceded by a prospective catastrophe." Die gerade noch abgewendete tragische Konsequenz folgt in diesen Fällen „the course of the tragedy of actual catastrophe until the moment of irreversible suffering itself"[35]. Es handelt sich also um Tragödien, die ästhetisch wie eine Tragödie auf das Publikum wirken, im letzten Moment, bevor der tragische Umschlag sich verwirklichte und eine tragische Erfahrung auslöste, aber abgebrochen werden – und dadurch gerade zeigen, dass sie in die Katastrophe hätten münden können. Ein Zufall, der gerade noch die Katastrophe abwendet, ist nicht vertrauenswürdig.[36]

Man könnte diese wenigen Beispiele aus der Tragödienliteratur unter die Kategorie einer *tragoedia interrupta* stellen. Rezeptionsästhetisch ist Aristoteles' lobende Interpretation der entsprechenden Stücke plausibel, da die tragischen Affekte wie Angst aus Perspektive des Publikums selbst prospektiv sind: Was gefürchtet wird, ist die Bedrohung des tragischen Umschwungs von Glück in Unglück, deren baldiges Eintreten wahrscheinlich ist. Ebenso wird Mitgefühl durch zeitlich nahe Ereignisse evoziert, die entweder „als bevorstehend oder als [gerade] vergangen"[37] erscheinen. Das Publikum reagiert also auf die *Imagination* der *möglichen* und in ästhetischer Spannungsverdichtung befürchteten Katastrophe des selbstverursachten irreversiblen Leids, auch wenn es am Ende nicht zur Verwirklichung der Tragödie kommt.[38]

In der posthum im Jahr 406 v. Chr. uraufgeführten *Iphigenie in Aulis*[39] plant Agamemnon schweren Herzens, seine Tochter Iphigenie für Artemis, die die Überfahrt des griechischen Heeres nach Kleinasien behindert, in Aulis zu opfern. Nur so, verspricht die Göttin, werde Wind aufkommen, ohne den der gesamte Trojafeldzug abgebrochen

---

34 Aristoteles: *Poetik*, 1453a23–30.
35 Halliwell 1986, S. 180.
36 Freilich muss man manchmal auf ihn hoffen. Davon erzählen mehrere Geschichten Alexander Kluges.
37 Aristoteles: *Rhetorik* II, 7, 1386a29.
38 Walter Kaufmann bekräftigt die Präsenz des Leidens für den Zuschauer als hinreichendes Kriterium: „Entscheidend ist nicht das Ende, sondern ob wir an ungeheuren, erschreckenden Leiden teilnehmen" (Kaufmann 1980, S. 201).
39 Der Dichter starb schon, bevor er das Stück beendete. Vermutlich hat sein gleichnamiger Sohn die Tragödie vollendet und den überraschenden Schlussbericht gedichtet. Zudem muss man Interpolationen von Schauspielern und anderen Autoren seit dem 5. Jahrhundert v. Chr. annehmen (siehe Hall 2010, S. 290 f.).

werden müsste. Die aufgebrachten Griechen würden ihn und seine Familie, selbst Achill, der seine ihm zugesprochene Verlobte Iphigenie retten will, töten: „Hellas zwingt mich", so Agamemnon über die Tat, die er selbst „entsetzlich" [40] findet und vor der er zuerst zurückschreckt. Achill, der wegen seines Eintretens für Iphigenie „fast gesteinigt wurde" (V. 51), schmerzt sein Unvermögen, sie zu retten, „tief" (V. 54); ihre Mutter Klytämnestra klagt in äußerster Verzweiflung und will ihre Tochter nicht gehen lassen, auch Iphigenie selbst fleht herzzerreißend ihren Vater an, sie zu verschonen. Die tragischen Affekte sind dramatisch zugespitzt; allen, denen an Iphigenie als unersetzbarem Individuum liegt, leiden und erwarten ihr gefürchtetes Ende, das sie bis zuletzt erfolglos abzuwenden versuchen. Nachdem Iphigenie auf einmal bereit ist, freiwillig für Hellas' Erfolg in den Tod zu gehen,[41] kommt es zum Opfer, das – wie fast immer in der attischen Tragödie – nicht gezeigt, sondern von einem Boten berichtet wird. Wie die Zuschauer sehen auch die anwesenden Krieger, die den Blick von der Opferstelle abwenden, den Todesstoß nicht, sondern hören ihn nur, wie der Bote berichtet. Doch dann zeigt sich ihnen ein unglaubliches Bild: Statt der Tochter des Fürsten liegt eine Hirschkuh am Boden. Der Bote spekuliert, dass Iphigenie „zum Sitz der Götter [...] entschwebt" (V. 60) sei. Wie das Athener Publikum weiß und bereits durch Euripides' vermutlich einige Jahre früher aufgeführte Tragödie *Iphigenie bei den Tauern* hatte sehen können,[42] ist Iphigenie aber, was die Protagonistin dort im Prolog selbst berichtet, von Artemis, bevor sie vom Priester getroffen wurde, im letzten Moment entführt und als ihre Priesterin nach Tauris auf der Krim gebracht worden, von wo sie später mit ihrem Bruder Orest über das Meer fliehen können wird.

Die Hirschkuh als Ersatzopfer ist das Symbol, dass durch den Tausch mit etwas aus opferpraktischer Sicht Ersetzbarem – einer (beliebigen) Hirschkuh – das Unersetzbare des menschlichen Individuums bewahrt bleibt. Dieses Symbol wird aufgrund der irrealen Überraschung eher geahnt, denn als eindeutiger Beleg verstanden, dass die Tragik im letzten Moment ausgeblieben ist – in jedem Fall ist Iphigenie nicht mehr unter ihren Liebsten. Das Moment des unersetzbaren Verlusts bestimmt daher auch in der *Iphigenie auf Aulis* die Tragik. Denn dieser droht in der gesamten Tragödie bis zum letzten Augenblick und erzeugt in einer zunehmenden Erwartungsspannung bei den Figuren und ihren Zuschauern die von Aristoteles postulierten Affekte, auch wenn der gefürchtete irreversible Verlust sich später als bloß subjektiv erwarteter, aber nicht objektiv eingetretener erweist.

Ähnlich liegt der Fall in Euripides' vom Stoff her späteren Tragödie *Iphigenie bei den Tauern*, in der die Handlung darauf zuläuft, dass Iphigenie, deren „grause

---

[40] Euripides: *Iphigenie in Aulis*, V. 48 (Übersetzung von J. J. Donner). Im Folgenden finden sich die Verszahlen im Haupttext.
[41] Aristoteles kritisiert Euripides deswegen für den „ungleichmäßigen Charakter" der Iphigenie (*Poetik*, 1454a32f.).
[42] Die Tragödie ist nicht sicher datierbar, dürfte aber vor Euripides' Tod und insofern auch vor der späten *Iphigenie in Aulis* (406 v.Chr.) mit der mythologisch früheren Handlung aufgeführt worden sein, vermutlich um 412 v.Chr. Vgl. Beck 2008, S. 5; Hose 2008, S. 138 ff.; Hall 2010, S. 272 ff., 288 ff.

Pflicht"[43] es ist, alle Fremden am Altar der Artemis zu opfern, die Tötung zweier über die See gekommener Männer vorbereitet, die aber ihr unerkannter Bruder Orest und sein Freund Pylades sind. Erst die Wiedererkennung zwischen ihr und Orest erlaubt eine Wende aus dem sich zuspitzenden Unglück, unerkannt den eigenen ersehnten Bruder schlachten zu lassen und damit erst das Unglück herbeizuführen, über das sie nach dem Einzugslied des Chores in Fehldeutung eines Traums klagt: „Ich jammre um ihn, der in Argos mir starb,/ Um den Bruder allein" (V. 230 f.). Vor der *anagnōrisis* wird die Erwartung der drohenden Tötung als verschärftes Unglück der Geschwister wiederholt sprachlich in Monologen und Dialogen der beiden genährt, wobei dem Publikum deutlich wird, dass Iphigenie Gefahr läuft, unbewusst ihre verhasste Pflicht auszuführen und ihren ersehnten Retter tragisch zu töten, was sie schon im Prolog ironisch zu prophezeien scheint: „Orestes starb, ich weihte selbst zum Opfer ihn" (V. 56). Später fragt Orest seine noch unerkannte Schwester: „Wer opfert mich? Wer wagt die grauenvolle Tat?", worauf sie antwortet: „Ich selbst; die Göttin übertrug mir diesen Dienst" (V. 617 f.). Nach der unverhofften Wiedererkennung (V. 769–830) gelingt den Dreien mit einem von Iphigenie klug umgesetzten Plan die Flucht über das Meer, während Athene den Taurischen König Thaos davon abhält, sie zu verfolgen und hinzurichten (V. 1422–1489). Die für das Publikum sich in der dramaturgischen Anlage des Stücks verschärfende Gefahr, dass Iphigenie ihr im Traum befürchtetes tragisches Schicksal und damit ihr schweres Leid tatsächlich selbst unwissend noch herbeiführen wird, wendet sich erst in der Mitte des Stücks. In ähnlicher Weise lassen sich Euripides' *Helena*[44] und *Ion*[45] beschreiben. Es wird in diesen Tragödien gerade im

---

43 Euripides: *Iphigenie bei den Taurern*, V. 41. Im Folgenden finden sich die Verszahlen im Haupttext.
44 Formal analog ist die Handlungskomposition in Euripides' *Helena* (um 412 v.Chr.), in der die verschleppte Griechin ihren in Ägypten gestrandeten Mann Menelaos wiedererkennt, bevor er vom griechenfeindlichen König Theoklymenos getötet werden kann. Bevor das irreversible Leid – Menelaos' Tod und die Verletzung der Integrität Helenas durch Ehebruch in der erzwungenen Vermählung mit Theoklymenos oder aber ihr geplanter Suizid – eintreten kann, fliehen beide glücklich vereint über das Meer in die Heimat.
45 Die Wende aus dem Leid des anbrechenden irreversiblen Unglücks in eine glückverheißende Wiedererkennung verhält sich ähnlich in Euripides' *Ion* (um 412-408 v. Chr.). In dieser Tragödie soll der gleichnamige Stammvater der Ionier von seiner sich durch ihn bedroht fühlenden Stiefmutter Kreusa mit vergiftetem Wein getötet werden. Sie will sich damit an ihrem Gemahl Xythos, König von Athen, der den unbekannten Sohn als Thronfolger aufnahm, und an Apollon rächen. Dieser nämlich, glaubt Kreusa, habe ihr gemeinsam aus seiner Vergewaltigung (V. 10 f.) hervorgegangenes Kind nicht gerettet (V. 859–1047), während er ihren Gatten belohnt habe, der, so nimmt sie ebenso irrtümlicherweise an, sie jahrelang mit Blick auf seinen heimlich gezeugten Sohn Ion betrogen habe. Sie leidet, Medea ähnlich, sehr an ihrem Unglück, nun verraten, kinderlos und verwaist bleiben zu müssen (V. 789–791). Ion, der von seinem vermeintlichen Vater Xythos in Athen täuschend als Gast eingeführt wurde, entdeckt, bevor er trinkt, zufällig den vergifteten Wein und sucht Kreusa auf, der nun eine Verurteilung zum Tode droht (V. 1177–1319). Doch bevor Xythos seine nun mehr als „Feindin" (V. 1272) erachtete Gattin dem Gericht und dem Sturz vom Felsen ausliefern kann, erkennen sie an einem Körbchen, in dem einst Pythia Ion als Baby fand, die gemeinsame familiäre Bindung: Kreusa ist in Wahrheit Ions ersehnte Mutter. Beide hatten sich gesucht und erkennen sich nun spät, aber – im Gegensatz zu vielen

Kontrast zur Abwendung der ultimativen tragischen Erfahrung im letzten Moment deutlich, worum es beim tragischen Handeln und Leiden geht: um den selbstbewirkten und irreparablen Verlust von etwas unersetzbar Wertvollem.

In Euripides früher Tragödie *Alkestis* tritt dagegen das Unglück bereits ein, an dem die Figuren bis ins Mark leiden; allerdings wird es im letzten Moment des Stücks zurückgenommen. Dies mag der Grund sein, warum die *Alkestis* im Agon des Jahres 438 v. Chr. als vierter, eigentlich dem Satyrspiel vorbehaltener Teil einer Tetralogie aufgeführt und bereits in der Antike wegen seines Ausgangs auch als komödiantisch aufgefasst wurde.[46]

Die Titelfigur hat sich bereit erklärt, für ihren noch jungen Mann Ademt, König von Thessalien, in den Tod zu gehen. Er kann nämlich, nach einer Intervention Apollons bei den Moiren, noch am Leben bleiben, wenn sich jemand anderes für ihn opfert. Alkestis geht zwar freiwillig in den Tod für ihn, doch ist das Verlassen ihres Lebens, ihrer Kinder und ihres Mannes ein Leid, dessen sprachlicher und physischer Ausdruck bereits im Bericht ihrer Dienerin mitreißend ist (V. 163–195, 203–205) und sich in ihrer eigenen Rede gegenüber ihrem Mann und den Kindern während ihres Sterbens noch steigert (V. 244–325). Tragisch ist ihr Handeln, weil sie das, was sie vermeiden wollte, durch ihren Entschluss selbst ironisch verursacht und sogar ver-

---

Tragödien mit letalem Ausgang – nicht *zu* spät. Zufällig wird der intrigant geplante Infantizid verhindert und zufällig erkennen sie einander vor dem Muttermord wieder. Ion ruft daher *Tychē* als Lenkerin des Geschicks an (V. 1512–1515). Doch das tragische Schicksal der beiden und mit ihm das irreversible schwere Leid drohen im Stück bis zur zögerlichen detektivischen Wiedererkennung (V. 1385–1444) am Ende. Dramaturgisch eindrucksvoll hat Euripides die unerwartete *metabasis* des tragisch sich zu verschärfen drohenden Unglücks ins Glück gestaltet: Sie kommt im dramatischen Moment durch das Auftreten der Pythia so unerwartet, dass im Jubel über die Wiedererkennung Kreusa „noch vor Furcht" zittert (*eti phobō tremō*) (V. 1452). Die späte, schon anfangs bei der ersten Begegnung Ions mit Kreusa denkbare *anagnōrisis* (V. 237–380) spiegelt die in einem Amoibaion geformte Pseudo-Wiedererkennung zwischen Ion und dem vermeintlichen Vater Xuthos vor dem Apollon-Tempel in Delphi (V. 510–562). Kreusa, die „fast" durch ihren Sohn starb (V. 1500), hat gemäß Apollons Plan *nicht* durch den Mord ihr zuvor eindrucksvoll besungenes „Leiden [...] durch Leid" (*pathesi pathea*) (V. 1066) tragisch besiegelt. Die entscheidende Wende tritt ein, bevor beide den von ihnen unwissend geteilten Schmerz über die gegenseitige Entfernung (V. 359; 1378f.) unwissend und unabsichtlich in die irreversible Trennung durch den Tod verwandeln können. Der glückliche Ion, der nun seine Herkunft kennt, entkam seiner tragischen Handlung und damit „eignem schlimmem Leid" (V. 1515); Kreusa ereilt statt des tragischen Leids unverhofft „glücklichste Seligkeit" (V. 1461). Dass die Tragödie ihren Lauf zu nehmen drohte und nur ein zufälliges Detail die Katastrophe verhinderte, ist alles andere als eine Versicherung der Stabilität des Lebens. Hinter dem glücklichen Ausgang bleibt die existentielle Irritation bestehen, alles, auch das Wertvollste, durch den kleinsten Zufall verlieren zu können. Karl Philipp Moritz hat diese Irritation aufgenommen und offensichtlich in Anlehnung an den *Ion* mit dem Drama *Blunt oder der Gast* von 1780/1781 ein Diptychon verfasst, das Scheitern und Gelingen in zwei Versionen nebeneinanderstellt, als könnten sie beliebig wechseln. Einmal kommt es nicht zum tragischen Kindermord, einmal ja; in beiden Fällen „entscheidet" der Zufall. Vgl. dazu Lohmann 2006.
46 Vgl. Steinmann 1981, S. 133 ff. Bereits Phrynichos hatte früher denselben Stoff offenbar ebenfalls burlesk mit einem *happy end* bearbeitet (ebd., S. 142 f.; siehe auch Hose 2008, S. 42).

schlimmert: „Ich wollte nicht leben, getrennt von dir,/ mit Waisenkindern" (V. 287f.).[47] Nun wird sie jedoch – offenkundige Ironie – im Hades dauerhaft getrennt von ihm und ihren Kindern sein, die sie zu Waisen macht.

Admet wiederum trauert darüber, dass seine Gattin für ihn sterben soll, obwohl er es selbst zugelassen hat, und will sie nun nicht gehen lassen oder aber mit ihr zusammen sterben (V. 328–391). Anscheinend irreversibel tritt mit ihrem Tod das schwere Leid, „das Unglück im Haus Admets" (V. 196) ein, das der König, der Sohn (V. 939–415), die Diener und der Chor der Greise in immer neuen Formen und Anläufen beklagen. Die Tragödie umspielt zum großen Teil die Einsicht, dass durch die Selbstopferung Alkestis' zwar Admets Selbsterhaltung möglich, aber das gute und glückliche Leben für ihn unmöglich wurde. Das Opfer der Gattin bringt „nichts an Glück" und „nichts an Leben […], das zu leben Sinn hätte"[48]. Doch dieses Wissen kommt zu spät (V. 935–940). Admet leidet einen „so gewaltigen Schmerz, daß er ihn – nie vergessen wird" (V. 198), wie bereits Alkestis' Dienerin vor dem Tod der edlen Frau prophezeit. Der verlassene Gatte verspricht der sterbenden Alkestis, sein Leben lang Trauer zu tragen und keine Frau mehr zu heiraten (V. 328–374). Später muss er, dem „die Lebensfreude weggenommen" (V. 347) wurde, sich von seinem Vater vorhalten lassen, an Alkestis zum Mörder aus Feigheit vor dem Tod geworden zu sein (V. 694–730), ein schlimmer Ruf, der sein zu spät erkanntes Unglück noch beschwert (V. 954–961): „Ich Unseliger bin vernichtet" (V. 391). Das Stück ist von der – nicht immer überzeugenden[49] – Leidexpression Admets gezeichnet, bis Herakles, den der König aus Gastfreundschaft aufgenommen hat, Alkestis für den Freund aus den Fängen von Thanatos befreit und sie am Ende des Stücks wieder zu Admet bringt (V. 1006–1163). Das Leid angesichts der irreversiblen *metabolē* ins dauerhaft erachtete Unglück, die ausdrücklich konstatiert wird (V. 912f.), ist für Admet, die Kinder, alle Bediensteten

---

47 Es ist der einzige nicht-gewaltsame Tod in den überlieferten Tragödien der Griechen. Zugleich ist es ein tragischer, da Alkestis bewusst in ihn einwilligt. Sie müsste noch nicht sterben.
48 Lesky 1964, S. 214.
49 Admet hat in der Forschung zu diesem Stück zu Recht viel Kritik auf sich gezogen (siehe mit angeführter Literatur Steinmann 1981, S. 146ff.), die Euripides durch die Stimme des Vaters Pheres bereits artikuliert: Admet hätte selbst den Tod wählen können, hat aber Alkestis' Opfer ohne Zwang angenommen (V. 694ff.). Admets teilweise sehr egozentrische Klage (etwa V. 880–888) überzeugt daher viele Interpreten nicht, ebenso wenig, dass er den Tod seiner Frau vor Herakles aus Sorge, sein Ruf großer Gastfreundschaft könnte leiden, verleugnet (V. 518–541), wie bereits im Stück der Chor der Greise ihm vorwirft (V. 551–567; dagegen die Rücknahme des Vorwurfs: V. 597–605, und Herakles' Lob des edlen Gastfreundes: V. 855–860). Dass er später die zunächst unbekannte Frau, die Herakles dem Tod abgerungen hat, doch auf Herakles' Drängen widerwillig in Alkestis' Gemächern schlafen lassen will, bevor er sie als seine Gattin erkennt, haben manche gar als Verrat gedeutet (etwa Smith 1960; über die Ambivalenzen und Doppeldeutigkeiten des Stücks, das als Tragödie und Komödie gelesen werden kann, vgl. Kott 1975, S. 167–197). Doch ist solche Kritik nur teilweise berechtigt, denn Admets durch keinen Einwand zu stillenden Klagen um seine durch ihren eigenen Entschluss verlorene Frau haben einen existentiellen Kern, der durch die Ambivalenzen nicht tangiert wird, sondern sich das gesamte Stück über durchhält: „Ihr Tod hat mich zerbrochen, mehr als ich sagen kann." (V. 1082) Umso größer ist sein Erstaunen und Glück nach der Wiederkunft seiner Gattin.

des Hauses und natürlich für Alkestis selbst nun dank des märchenhaften Eingreifens des griechischen Ausnahmehelden einer unerwarteten Rückwende ins Glück gewichen:[50] „[...] jetzt haben wir ein anderes, besseres Leben/ als früher: ich bin glücklich, ich will es nicht leugnen" (V. 1157 f.).

Die *Alkestis* vollzieht mit dieser märchenhaft unrealistischen Wendung ein für die Analyse der tragischen Erfahrung aufschlussreiches Experiment: Admet befindet sich bereits in der tragischen Erfahrung, er erfährt sich als am Tod seiner Frau unheilbar Leidenden, zu dem er durch Unterlassung seines eigenen Sterbens beigetragen hat. Dass er dadurch nur das Leben, nicht aber die Glücksmöglichkeit des gemeinsamen Lebens mit seiner Frau mehr besitzt, erkennt er erstaunlicherweise erst, als Alkestis bereits im Sterben liegt und es zu spät ist: „Ich aber, dem nicht bestimmt war zu leben, entrann dem Verhängnis,/ um hinfort ein klägliches Leben zu fristen: jetzt weiß ich es." (V. 939 f.) Offenbar hatte er aus Angst vor dem Tod die Antizipation der Konsequenzen seiner Unterlassung versäumt. Das „Zu spät!" ist als Ausdruck der Irreversibilität Kennzeichen des tragischen Bewusstseins vieler Helden, insbesondere bei Sophokles. Der sagenhafte Ausnahmeheld Herakles mit dem Vermögen eines *deus ex machina*, der zuvor noch für einen Carpe-Diem-Hedonismus angesichts der Endlichkeit des Lebens plädiert hatte (V. 782–789), schiebt durch seinen schlichtweg sagenhaften Sieg über den aus menschlicher Perspektive niemals bezwingbaren Thanatos[51] die Tragik „einfach beiseite" und erspart seinem leidenden Freund die

---

50 Die Wiedererkennung der verschleierten und rituell (noch drei Tage) schweigenden Frau, die Admet zunächst nur an Alkestis erinnert (V. 1061–1069), wird von Euripides virtuos abgebremst und durch Alkestis' rituell nötiges Schweigen in einer letzten Ungewissheit gelassen (V. 1061–1151). Ein Freudenduett der Wiedererkennung und des Wiederfindens wie in der *Helena*, der *Iphigenie bei den Taurern* oder im *Ion* gibt es daher nicht, das Stück entlässt die Zuschauerinnen und Zuschauer mit einem suspensiven Ende. Doch werden „zum Dank für die glückliche Fügung" (1155) Reigen in der Stadt von Admet angekündigt und der Imagination des Zuschauers überlassen (vgl. auch die Betonung des glücklichen Endes in der antiken Hypothesis: in Euripides (1981), S. 6 f.). Die Wiedervereinigung der Liebenden bleibt durch Alkestis' verordnete Stummheit zwar nicht ohne letzte Unsicherheit, doch hat Herakles, der einzige, der es wissen kann, sie ihm ausdrücklich als seine Gattin zugeführt (V. 1126). Nur aufgrund der eindringlichen Bitten von Herakles lässt sich Admet erweichen, der Frau seine Gastfreundschaft nicht zu verweigern. Dennoch von einer klaren Untreue Admets zu sprechen, vereindeutigt die Ambivalenz und legt gegen den Wortlaut und den ästhetischen Verblüffungseffekt der Schleierlüftung Admets objektive Schuld fest (Smith 1960; Kott 1975). Die offene Frage am Schluss des Stücks ist vielmehr, ob und wie die beiden nach den Verfehlungen und nach ihrer tragischen Erfahrung, die irreal umgekehrt wurde, „normal" und vor allem glücklich weiterleben können. Gegen die Aussicht möglichen Glücks argumentiert scharf und überzeugend Kurt von Fritz 1962c.

51 Thanatos galt – angesichts des unumkehrbaren Eintritts des Todes – als unbeeinflussbar, hatte vermutlich daher auch keine Kultstätten (siehe Ambühl/Walde 2002). Der Chor in der *Alkestis* besingt im 4. Stasimon (V. 962–1005) die altar- und bildlose Göttin der Notwendigkeit (*anankē*). Gegen ihre „unentrinnbaren Fesseln" gibt es kein Mittel (*pharmakon*): „dein schroffer Wille/ kennt keine Rücksicht." Das alles gilt ebenso für Thanatos' Macht, irreversible Ereignisse – den Tod – eintreten zu lassen. In der Tragödie tritt er im Prolog sogar auf und erweist sich im Dialog mit Apollon eher burlesk als preußischer Verwalter seines Amtes (V. 28–76). Er gehört als Gestalt zum komödiantischen mythischen Rahmen, seine unbezwingbare Gewalt ist hier eher in der Göttin Ananke symbolisiert.

Fortsetzung der „tragischen Konsequenzen seines verfehlten Handelns." Doch die „offenkundige Irrealität der Lösung verweist den Betrachter auf die tragische Realität seiner Erfahrung: die Unausweichlichkeit und Endgültigkeit des Todes."[52]

Der selbst mitbewirkte Tod einer nahen Person, der in der *Alkestis* wie in einem Experimentalaufbau prototypisch für den Grund tragischen Leids in seiner Wirkung auf die Überlebenden vorgeführt wird, ist als Synekdoche zu verstehen: Er steht durch das biologisch begründete Faktum der Endgültigkeit exemplarisch für alles Unheilbare, dafür, wie etwas Wertvolles nicht durch Handlungen wieder repariert, wieder zum Leben erweckt werden kann – nur ein Halbgott im Märchen mit komischen Zügen mag das tun. Orpheus wiederum, der selbst wie Herakles, nicht aber wegen göttlicher Kraft, sondern wegen seines göttlichen Gesangs die sagenhafte Chance erhält, auch eine Frau – nämlich seine geliebte Gattin Eurydike – aus der Unterwelt wieder ins Leben zu führen, scheitert tragisch: nämlich durch eigene Handlung (sein Zurückblicken) und endgültig, denn eine zweite Chance erhält er nicht. Er ist über „den zweifachen Tod seiner Gattin […] so entsetzt", als wenn „sein Leib zu Stein wurde".[53] Entscheidend für das *tragisch Unheilbare* ist weder allein die Tatsache der Endlichkeit noch der Sachverhalt des Endes eines konkreten menschlichen Lebens. Tragisch unheilbar ist ein Verlust erst dann, wenn etwas unersetzbar Wertvolles irreversibel zu Schaden kommt und dies ursächlich (mit) auf eine eigene Handlung zurückgeht.[54]

Die angeführten Beispiele eines nicht-endgültigen Unglücks, in das die eigene Existenz umschlägt, vermögen zu zeigen, dass für den Begriff einer tragischen Erfahrung eine Überzeugung in der Leiderfahrung der Subjekte notwendig ist: Es ist die Überzeugung, dass sie in Zukunft ein Leben führen werden, das sich nie mehr ins Glück wenden wird, weil es fortan mit einem existenziellen Verlust umgehen muss, der weder reparabel noch ersetzbar und insofern unumkehrbar ist. Das ist das für sie und alle sozial relevanten Personen im Umfeld, die von außen dieses Leben wahrnehmen, bewerten und anerkennen, *Unheilbare*. Euripides führt in seinen *tragoediae interruptae* vor, dass man sich in der Überzeugung irren kann, es trete ein oder sei schon eingetreten. Sie widersprechen der Bestimmung des Tragischen aber deshalb nicht,

---

52 Seidensticker 1982, S. 151f.

53 Ovid: *Metamorphosen* X, 1–85, hier: 64, 67. Auf Orpheus' musische Fähigkeit spielt Admet an, der sie nicht hat und das Leben seiner Geliebte nicht wieder „ans Licht" bringen könne (*Alkestis*, V. 356–362). Orpheus kam auch in verlorenen attischen Tragödien vor, so in Aischylos' *Bassariden*, die Teil der *Lykourgeia* waren. In der Neuzeit, insbesondere in der Oper, wurde er zum tragischen Helden *par excellence*.

54 Daher ist auch Alkestis' (vorläufiger) Tod, obwohl er sich auf der Bühne nicht gewaltsam ereignet, nicht wirklich „natürlich", wie oft behauptet worden ist. Nur weil Alkestis sich angesichts der von Apollon eröffneten Wahlmöglichkeit für den Tod zugunsten des guten Lebens ihres Gatten *entscheidet*, doch aber dadurch das Gelingen ihres eigenen Lebens vereitelt, ist ihr auf der Bühne im Dialog mitvollzogenes Sterben tragisch im Sinne einer zerstörerischen und Schmerz verursachenden Handlung (Aristoteles: *Poetik*, 1452b12: *praxis phthartikē ē odunēra*). Und nur weil Admet für ihren Tod, der ihm die Aussicht, je wieder glücklich zu sein, raubt, selbst mit verantwortlich ist, weil er ihre Entscheidung angenommen hat, anstatt selbst zu sterben, ist auch sein Schicksal tragisch.

weil sie ihr erst ihre Wirkung bis zum unwahrscheinlichen Eintritt des glücklichen Zufalls verdanken und umso deutlicher erkennbar machen, worum es in der tragischen Erfahrung geht.[55] Wie Szondi schreibt, ist das Tragische „eine Weise drohender oder vollzogener Vernichtung"[56]. Beispiele drohenden Untergangs lassen alle Tragödien des vollzogenen noch schärfer in ihrer Tragik hervortreten.

8.3 Existentieller Zufall und Bedauern

Die für das Tragische konstitutive Funktion (drohender) irreversibler Verluste kann erklären, warum auch Reue als ein existentielles Bedauern des Getanen in einem nicht oder nicht allein moralischen und juristischen Sinn Kennzeichen tragischer Erfahrung ist. Es geht nicht wie bei der moralischen und juristisch relevanten Reue darum, ein absichtliches Fehlverhalten gegenüber dadurch Geschädigten als Fehlverhalten hinsichtlich der zum Zeitpunkt der Entscheidung bekannten und anerkannten Normen zu bereuen und zu sühnen. Denn die Handlungsabsicht ist zum Zeitpunkt der Entscheidung in der Tragödie meist nicht wissentlich auf etwas moralisch Verurteilenswertes gerichtet:[57] Entweder die Figuren handeln und scheitern sehenden Auges, weil sie bewusst einen normativen Anspruch gegen Gegengründe und -mächte vertreten – etwa Pelasgos, Prometheus oder Antigone – oder sich in einem Wertkonflikt zu einer Entscheidung genötigt fühlen – etwa Orest oder Agamemnon aus der *Iphigenie in Aulis*. Oder sie bemerken erst mit der Wiedererkennung ihr unfreiwilliges Verfehlen, das zugleich ein Schädigen anderer wie ein Schädigen des eigenen Selbstverständnisses ist. In beiden Fällen – dem Konflikt- und dem Ironiemodell – erscheint die Angemessenheit von Reue oder Bedauern (*agent regret*), bewusst moralisch oder rechtlich wider besseres Wissen oder gegen bessere Gründe gehandelt zu haben und dafür nun entsprechende Konsequenzen nach dem Modell der Sanktion tragen zu müssen, infrage zu stehen. Im ersten Fall fehlt ein entsprechendes Schuldbewusstsein, weil die Personen glauben, im Recht gehandelt zu haben. Sie wissen schon in der Handlungssituation, dass sie in einem Werte- (Prometheus) oder Normenkonflikt (Antigone) stehen und verstoßen bewusst gegen ein einmal autoritär-willkürliches Gebot (von Zeus), einmal gegen ein staatlich begründetes (von Kreon). Die Wahl der

---

55 Deshalb sehe ich keinen Grund, davon auszugehen, dass erst die Schulkanonbildung im 3. Jahrhundert wesentlich zu einem Verständnis der Tragödie mit tragischem Ausgang geführt habe, während es in Wirklichkeit vielleicht mehr Stücke mit glücklichem Ausgang gegeben habe, wie Marx 2012 annimmt. Selbst wenn dem so sein sollte, läge darin meines Erachtens kein Einwand gegen die hier entfaltete Theorie. Es ist nicht hilfreich, alles Wissen um die Tragödie aufzugeben und sie als „mystère" neu – ohne das Tragische – zu entdecken (ebd., S. 10 ff.).
56 Szondi 1978, S. 209.
57 Freilich ist diese Interpretation diskussionswürdig. Xerxes' Feldzug etwa lässt sich durchaus als Hybris und Verbrechen deuten, zumindest aber das leidvolle Ergebnis für die Perser hat der König nicht beabsichtigt. Siehe dazu Kap. 4.6. Ausgenommen seien hier auch die „Verzweiflungstaten" aus Rache etwa von Medea oder Hekabe. Aber auch sie vergelten ihnen ungerecht zugefügtes Leid.

Handlungsalternative folgt jedoch der Einsicht, in der konfligierenden Situation die besseren Gründe zu haben: Die Menschenrettung hielt Prometheus *vor* seiner Handlung der Feuer- und Technikweitergabe für wichtiger als den Gehorsam gegen den Usurpator, und das göttliche Gebot der Familienwürde und die Liebe zu ihrem Bruder wogen für Antigone *vor* dem Bestattungsakt schwerer als die straffreie Befolgung eines ordnungsstabilisierenden Gesetzes nach dem Krieg um Theben. Oder die Figuren fühlten sich *vor* der Handlung genötigt, in einem Wertkonflikt eine Entscheidung zu fällen, die sie auch negativ trifft wie der Matrizid den von Apollon dazu aufgeforderten Orest oder der Infantizid den vom griechischen Heer dazu aufgeforderten Agamemnon. Im zweiten Fall der unbewussten Ironie des Handelns – wie bei Ödipus oder Deianeira – gibt es keine Intention, *für* die man *gegenüber* den Geschädigten Reue als Anerkennung eines schuldhaften Handelns empfinden könnte. Die Akteure beabsichtigten und wollten nicht, dass ihre Handlungen so desaströse Konsequenzen haben, die sie mit ins Leid stürzen.[58]

Was es in diesen Fällen stattdessen gibt, ist eine Art *existentielle Reue*, die nicht den Wunsch einer normativen Korrektur, sondern den Wunsch nach Ungeschehen-Machen vergangener Handlungssituationen erzeugt. Da sie nicht mehr zu korrigieren sind, ist die Reue in der Tragödie praktisch funktionslos, erhält jedoch eine Ausdrucksfunktion.

Die rationale Funktion der Gefühle der Reue oder des Bedauerns für Akteure ist nicht ohne Weiteres verständlich, da es reaktive Gefühle sind, die vergangene Handlungen betreffen. In der Philosophie seit der Antike ist daher die Reue selten geschätzt, wenn nicht als irrational bekämpft worden; erst im Christentum ist sie zur Tugend geworden, deren Rationalität darin besteht, ein korrektives Verhalten zu motivieren.[59] Bis in die gegenwärtige Theorie praktischer Rationalität hat sich diese Auffassung zur vernünftigen Begründung dieser negativen Gefühle gehalten. Das korrektive Verhalten kann sich einerseits in der Tilgung oder dem Ausgleich der durch das eigene Handeln bewirkten Schädigung einer anderen Person, andererseits in einem Lernerfolg für künftiges Handeln ausdrücken. Reue oder Bedauern dienen also entsprechend der Reparation von Störungen im sozialen Zusammenhalt (Tauschverhältnissicherung) als emotionale Trigger zur Optimierung der eigenen Urteils- und Handlungsfähigkeit für sozialisierte Personen. Reue verbindet damit die vergangene

---

58 Das prinzipielle Problem psychoanalytisch inspirierter Interpretationen, die eine unfreiwillige Handlung als Erfüllung eines unbewussten Motivs oder Triebs verstehen – etwa Antigones Handlung als Begehren nach dem Tod –, liegt in ihrer Tendenz zu Rationalisierung von Kontingenz. Angenommen etwa Deianeira wäre es unbewusst um Rache an Herakles, der sie warten ließ und im Begriff ist, ihr eine Jüngere vorzuziehen, gegangen wie Medea gegenüber Iason, wären ihr beklagtes Leid und ihr Suizid nicht mehr als Ausdruck einer genuin auf die eigenen Werte bezogenen Erschütterung zu verstehen. Leid wäre dann eine Art gesellschaftlich bedingtes Beiprodukt der Erfüllung eines unbewussten Begehrens.
59 Siehe Hödl 1992.

Zeit des fehlgehenden Handelns mit der Zukunft eines ausgleichenden Handelns und schafft somit Kontinuität im Bruch.

Diese korrektive Funktion von Reue bzw. Bedauern ist aber nach dem tragischen Umschlag nicht möglich, weil dieser weder einen adäquaten Ausgleich für die Geschädigten noch ein gehaltvolles praktisches Lernen für eine Optimierung des Handlungstyps zulässt. Das folgt aus dem Merkmal der Irreversibilität, die Irreparabilität involviert: Die tragischen Personen haben sich bereits ihr Schicksal unumkehrbar selbst bereitet: Ödipus kann nicht an den Dreiweg zurück, Xerxes nicht mehr seine Armee vom Hellespont zurückbeordern, wie Admet seine für ihn gestorbene Frau Alkestis nicht mehr lebendig machen kann. Den Griechen war diese *Notwendigkeit der Richtung von Zeit* als Existenz- und Handlungsbedingung ohne jede Illusion schon in der *Ilias* bewusst. Pindar konstatiert in einer die Macht der Zeitrichtung erhellenden Formulierung, dass selbst Chronos, „der Vater aller Dinge", nicht ungeschehen machen könne, was bereits geschehen sei.[60] Das sagt auch Apollon in den *Eumeniden*, der Zeus' Machtbegrenzung in dieser Sache konstatieren muss:

> „Doch hat der Staub getrunken eines Mannes Blut,
> Und ist er tot, so gibt es keine Wiederkehr.
> Für solches hat mein Vater keinen Zauberspruch
> Geschaffen, der doch aufwärts, abwärts alles sonst
> Im Kreise lenkt und braucht die Kraft des Atems kaum."[61]

Ähnlich hat es der Tragödiendichter Agathon formuliert, den Aristoteles in der *Nikomachischen Ethik* zitiert: „Denn dies allein bleibt auch Gott versagt: ungeschehen zu machen, was geschehen ist."[62] Aristoteles nimmt das Zitat als Bestätigung seiner Bemerkung, dass praktische Überlegungen und Willensentscheidungen des Menschen ausschließlich „Zukünftiges und Mögliches"[63] betreffen, niemals aber Vergangenes, das man nicht mehr *ex post* negieren könne. Anders gesagt: Die Gegenwart ist die logische Grenze des Willens, der sich von ihr aus nur auf unmittelbar wie distanziert Zukünftiges beziehen kann. Daher ist diese ultimative Grenze des Wollens, die in der tragischen Erfahrung gleichsam durch das individuelle Leben schlägt, die größte Herausforderung für jede Form menschlicher Praxis, die – als Arbeiten, Herstellen, Handeln, Sprechen – immer auf das Mögliche als Künftiges gerichtet ist."[64]

---

[60] Pindar: *Olympia* 2, V. 15–17.
[61] Aischylos *Eumniden*, V. 647–651.
[62] Aristoteles: *Nikomachische Ethik* VI 1139b9f.
[63] Ebd., 1139b7f.
[64] Nietzsches Zarathustra führt auf diese Herausforderung den „Geist der Rache" zurück, mit dem der Wille auf die Unfähigkeit zur Umkehrung der Zeit reagiert: „Dass die Zeit nicht zurückläuft, das ist sein Ingrimm. ‚Das, was war' – so heisst der Stein, den er nicht wälzen kann." (*Also sprach Zarathustra* (Von der Erlösung). KSA 4, S. 180). In der Tragödie gibt es dieses Rachephänomen aus Hilflosigkeit gegenüber dem Unabänderlichen auch wie bei Hekabe gegenüber Polymestor. Es geht in der tragischen Reue aber allgemeiner um eine Verzweiflung angesichts der Unumkehrbarkeit der Zeit nach dem irreparablen Verlust.

Die Psychologin Janet Landman hat in ihrer großen Monographie über die Reue anhand moderner Literatur einen „tragischen Modus der Reue" analysiert und ihn treffend als so brennend (*burning*) wie nicht mehr gutzumachen (*irremediable*) bezeichnet. Die Reue (*regret* bzw. *remorse*) sei in Kontexten des Tragischen unheilbar (*incurable*).[65] Das verbindet sie mit der Art von Bedauern, die vielen Rationalitätstheoretikern irrational erscheint, weil sie sich nicht auf die eigene, nicht hinreichend gut begründete Intention bezieht. Eine Reue ohne ein entsprechend gerechtfertigtes normatives Urteil über die eigene Handlungsintention erscheint praktisch irrational. Wenn es keinen Grund gibt, sich vorzuwerfen, nach eigenem Wissen und Können suboptimale Handlungsalternativen gewählt zu haben, scheint es weder einen Grund für Reue bzw. Bedauern noch für Schuld zu geben.

Dennoch ist das Bedauern, etwas ungeschehen machen zu wollen, ein Motiv der tragischen Klage, das nicht mit dem Maßstab moralischen Bedauerns als irrational bewertet werden sollte. Dabei handelt es sich nicht nur um ein Zuschauerbedauern, das etwa der Chor vertreten kann, sondern vor allem um ein Täter-Bedauern der Figuren, das sich nicht als reuige Einsicht in eine fehlgeleitete praktische Überlegung vor der Handlung erklären lässt. Zwar wäre mitunter auch eine moralische Reue bei einem Verhalten, das aus *hybris* vollzogen wird – etwa Xerxes' Feldzug gegen Hellas –, in den Tragödien angemessen. Doch die Reue oder das Bedauern in den Klagen artikulieren weniger eine Anerkennung problematischer Intentionen und entsprechender moralischer Schuld als die Reaktion auf die ungewollten und *ex ante* unabsehbaren Konsequenzen des Handelns, die – wie in Kap. 4 gezeigt wurde – in keinem rationalen Verhältnis zu den zuweilen durchaus kritikfähigen Entscheidungen der Akteure stehen. Tragisches Bedauern wird nicht durch die Tatsache, dass das Leiden unverdient ist, entkräftet, sondern entsteht erst aufgrund dieses Leidens. Agaue in Euripides' *Bakchen* etwa könnte sich vorwerfen, überhaupt jagen gegangen zu sein. Doch dass sie – aufgrund der von Dionysos induzierten Verblendung – ihren eigenen Sohn zerrissen hat, kann sie nicht moralisch bereuen, weil sie während der Handlungssituation (und noch danach) keinen Grund hatte, anzunehmen, es könne sich um etwas anderes als ein in den Bergen lebendes Beutetier handeln.

Diese in der Tragödie besonders tiefgreifend ausgeprägte Form des Bedauerns ist als Phänomen menschlicher Praxis heute nicht weniger vertraut. Bernard Williams hat die Rationalität solch eines Bedauerns, das nicht der tadelnswerten Intention des eigenen Handelns gilt, verteidigt. Dieses Bedauern (*regret*) gelte zwar nicht den Gründen der eigenen Entscheidung, aber den Konsequenzen, für die man kausal verantwortlich ist, auch wenn man sie nicht beabsichtigte oder auch nur bewusst in Kauf nahm. Selbst wenn man die zum Bedauern Anlass gebenden Konsequenzen *ex ante* kenne, könne ein moralischer oder tragischer Konflikt, der bereits die Wahl des

---

[65] Landman 1993, S. 74–82. Ähnlich plastische Adjektive, die das Phänomen treffen, sind ‚verbrühend' (*scalding*) und ‚unauslöschlich' (*unextinguishable*). Landman betont zu Recht die Bedeutung dieses unlösbaren Bedauerns für die Tragödie: „To reject the possibilty of irremediable regret is to reject the tragic expectation of disastrously unhappy endings" (ebd., S. 265).

Handelns bestimmt, zu einem tiefen Bedauern führen. Williams trifft den entscheidenden Unterschied zwischen moralischer und tragischer Form von Reue, wenn er bemerkt, dass man bei dieser Form von Bedauern das Getane nicht wegen Zweifeln an der Entscheidung, „sondern wegen einer Gewißheit" bedaure.[66] Es handelt sich nicht um eine Reue gegenüber einer in einem normativ unzureichend begründeten Resultat mündenden Deliberation, der die Alternative besserer Gründe offengestanden hätte, sondern gegenüber dem nicht zur Wahl stehenden Sachverhalt, dass man so gehandelt hat, wie man gehandelt hat. Das gilt sowohl für die Situationen, in denen eine tragische Wahl bewusst getroffen wird, als auch für die, in denen die tragische Ironie sich erst mit der Handlung entpuppt. Agamemnon, so darf man unterstellen, will sich nicht in der praktischen Entscheidungssituation befinden, seine Tochter Iphigenie für den griechischen Feldzug gegen Troja opfern zu sollen. Die Tatsache, dass er zu dieser Wahl vom griechischen Heer und der Göttin Artemis genötigt wird, wäre Grund genug für ein tiefes Bedauern, das nicht der Deliberation, sondern den lebensgeschichtlich konkreten Bedingungen dieser ungewollten Deliberation zu gelten hätte. Nach Williams ist der Grundgedanke des Bedauerns: „Um wieviel besser, wenn es anders gewesen wäre."[67] Eine ernsthafte Reue kann sich negativ bewertend zu eine Handlung verhalten, die zu bedauerlichen Ergebnissen führte, auch wenn es keinen besseren Grund gab, sich anders zu entscheiden. Diese Form von Täter-Bedauern, zu der auch das tragische Bedauern gehört, erlaubt gegenüber der moralischen oder juristischen Reue nicht, dass man sein Leben „in die Geschehnisse zerlegen kann, die man gewollt hat, und in die, die einem bloß zugestoßen sind."[68]

Aus der Unmöglichkeit des korrektiven Bedauerns in der Tragödie lässt sich das, was seit Ende der 1970er Jahre als „Moralischer Zufall" in der praktischen Philosophie diskutiert wird und eng mit der Frage der Rationalität von Bedauern verknüpft ist, besser in seiner akteurrelevanten Dimension verstehen.[69] Die ursprüngliche Hypothese des moralischen Zufalls besagt, dass der Zufall moralisch relevant sei, weil ein kontingentes Ereignis zu einer moralischen Verurteilung und zum Bedauern eines kritikwürdigen Handelns führen kann, das ohne dieses zufällige Ereignis keine Verurteilung und kein Bedauern ausgelöst hätte. So kann eine verbotene, kurzfristige Erhöhung der Geschwindigkeit durch einen Lokführer, der begründeterweise glaubt, die Kontrolle über den Zug zu behalten, unbemerkt und unkritisiert bleiben oder sogar ein Lob von Fahrgästen aufgrund einer dadurch reduzierten Verspätung erhalten. Kommt aber durch Zufall ein Faktor (wie ein Hindernis auf den Schienen) hinzu, aufgrund dessen zusammen mit der Tempoerhöhung der Zug entgleist und es Verletzte und Tote gibt, erhält die Geschwindigkeitserhöhung ein unvergleichlich

---

[66] Williams 1978, S. 276; vgl. seine Interpretation zur Tragödie: Williams 2000, S. 80 ff.
[67] Williams 1984a, S. 37.
[68] Williams 2000, S. 82.
[69] Die Debatte um den Moralischen Zufall (*moral luck*) wurde eröffnet von Williams 1984a (zuerst engl.: „Moral luck", in: *Proceedings of the Aristotelian Society*, supplementary volume L (1976), S. 115– 135) und Thomas Nagel 1979a.

schwereres Gewicht. Moralität scheint also gegenüber dem Zufall nicht immun zu sein.[70] So formuliert, erscheint die These vom moralischen Zufall allerdings fragwürdig, denn nur für das, was man bewusst intendiert und was man zum Zeitpunkt der Entscheidung hätte wissen und in Erfahrung bringen können, kann man moralisch zur Rechenschaft gezogen werden. Die Geschwindigkeitsübertretung ist in jedem Fall als bewusste Tat kritikwürdig, die vom Lokführer nicht abgeschätzte zufällige Entgleisung ist ihm jedoch nicht in gleichem Maße (vielmehr als Fahrlässigkeit) anzulasten. Zufälle entscheiden nicht über das Gewicht einer moralischen Beurteilung von Absichten.[71]

Gleichwohl gibt es einen nicht zu leugnenden, extremen Unterschied in der Relevanz, die einer Entscheidung wie der des Lokführers je nach Auswirkung zukommt. Bleiben negative Konsequenzen aus, mag (und sollte) er dennoch bereuen, zu schnell gefahren zu sein, denn der Sinn des Verbots liegt gerade in der Gewährleistung von Sicherheit, die er durch sein Verhalten aufs Spiel setzte. Ist die Geschwindigkeitserhöhung aber kontingenter- und unerwarteterweise für einen fatalen Unfall kausal mit relevant, hätte der Unfall ohne die Geschwindigkeitserhöhung also vermieden werden können, ist es eine unzumutbare Abstraktion, nur die unter anderen Umständen harmlose erhöhte Geschwindigkeit zu bedauern. Mehr noch: Selbst die akkurat eingehaltene Höchstgeschwindigkeit würde das Bedauern des Lokführers, dessen Zug entgleiste, nicht aufheben, denn das Bedauern gilt nicht in erster Linie der Wahl der Geschwindigkeit, sondern der Tatsache, dass „man ursächlich verantwortlich ist auf Grund von etwas, das man absichtlich getan hat."[72] So gesehen geht es nicht um die Frage, ob dem Akteur moralisch ein Vorwurf zu machen ist, sondern um die Frage, was das aktiv Bewirkte für den Akteur und andere Menschen bedeutet. Phänomenologisch verhält es sich so, dass das selbst mitbewirkte, wenn auch ungewollte Ereignis ein tiefes und anhaltendes Bedauern auslöst. Das gilt auch dann, wenn ein Fehlverhalten im moralischen oder juristischen Sinn gar nicht vorliegt. Irrational erscheint diese Reaktion nur vor dem Standardmodell rationalen Täter-Bedauerns. Das tragische Bedauern ist aber kein praktisches, sondern ein *expressives* Bedauern. Es motiviert nicht zur Korrektur, sondern *drückt die Bindung an Werte aus*, die durch das Handeln verletzt wurden, auch wenn man ihnen *nicht mehr* im Handeln gerecht werden kann.

Dass ein kleiner Zufall, der zu einer irreversiblen Schädigung wider Willen führte, massiv auf eine Person einwirkt, hat, wie in den kommenden Teilkapiteln begründet werden wird, mit der Rolle der Werte zu tun, an denen sie sich in ihrem Leben orientiert. Sie bereut also nicht oder nicht primär, bessere Gründe ignoriert zu haben,

---

70 Das ist Williams' Pointe, die er gegen Kantianismus und das Modell des Lebensplans von Rawls wendet. Nach Nagel beeinflussen ebenfalls zufällige Ereignisse, die den Handlungsverlauf bestimmen, ohne dass der Akteur Kontrolle über sie hätte, unser moralisches Urteil. Sie gehören zu den „ordinary conditions of moral judgement." (Nagel 1979a, S. 25).
71 Siehe die Kritik von Nida-Rümelin 2005, S. 107–126.
72 Williams 1984a, S. 37.

sondern sie bereut die Tatsache, *so gehandelt zu haben, weil* durch das Handeln und den unkalkulierbaren Mitspieler Zufall (in Form von Göttern o. ä.) etwas für sie eminent Wichtiges irreversibel verloren ging. Das „Problem retrospektiver Rechtfertigung"[73], dass Scheitern oder Erfolg über das Urteil hinsichtlich der Entscheidung bestimmen, stellt sich also nicht im moralischen oder rechtlichen, sondern im existentiellen Sinn. Tatsächlich stellt erst die mit einem unkontrollierbaren Netz kontingenter Faktoren durchmischte Handlung aufgrund ihres Ergebnisses die Kriterien bereit, mit denen sie und ihre Konsequenzen adäquat bewertet werden. Erst *ex post* kann das Bedauern mit dem charakteristischen Konjunktiv Irrealis „Hätte ich doch nur ..." einsetzen. Dabei sind die Konsequenzen selbst moralisch relevant in dem Sinne, dass sie Gegenstand moralischer Handlungen sein *könnten* (man empfindet nicht Täter-Bedauern, wenn man unabsichtlich einen beliebigen Stock im Wald durch Auftreten zerbricht, man würde aber auch die Intaktheit des Stocks nicht moralisch relevant finden). Doch das Bedauern betrifft nicht die moralische Qualität der Entscheidung, sondern den Wert dessen, was die moralische oder rechtliche Relevanz der Handlung erst begründet.

In der Tragödie ergibt das Zusammenspiel zwischen den Instanzen der Kontingenz und dem „kleinen" Fehler (*hamartia*) des Akteurs eine disproportional extreme Folge, die wichtige Werte im Leben des Handelnden betrifft. Die tragische Reue bzw. das tragische Bedauern ist daher Ausdruck einer ohnmächtigen Rebellion gegen die Notwendigkeit bereits vollzogener Handlungen mit unheilbaren Konsequenzen und bringt die *existentielle Bedeutung zum Ausdruck*, die diese Konsequenzen für den Akteur haben. Das Phänomen bleibt gleichwohl ein Täter-Bedauern, weil es freiwillige Handlungen betrifft; der Akteur kann retrospektiv imaginieren, wie es gewesen wäre, hätte er eine andere Entscheidung getroffen und anders gehandelt. Das unterscheidet sein Bedauern von dem Bedauern angesichts von Unglücksfällen, an denen seine Selbstbestimmung kausal unbeteiligt ist.

Mit dem tragischen Umschlag tritt die expressive Rationalität gegenüber der praktischen hervor. Das Unwahrscheinliche als Zufall kann aus einem allzu menschlichen Fehler den Grund einer persönlichen Katastrophe machen. Statt von einem moralischen, sollte man in der Tragik daher vielmehr von einem *existentiellen Zufall* sprechen.

Wie ist diese expressive Rationalität in der tragischen Reue zu verstehen? Die tragischen Klagen angesichts irreversibler Verluste als Bedauern über das, was man zu spät erkennt und ändern wollen würde, aber nicht mehr ändern kann, sind zwar praktisch irrational, insofern praktisch nichts mehr geändert werden kann und die handlungsleitenden Intentionen nicht in Entsprechung zu ihren unabsehbaren Konsequenzen kritikwürdig sind. Aber das Bedauern der Klage gehorcht einer expressiven

---

[73] Ebd., S. 35. Williams hat Recht, in einer Moral, die das Existentielle so von sich ausklammert, eine dünne Angelegenheit zu erkennen (ebd., S. 47). Die systematische Beziehung und Kohärenz von Moralischem und Existentiellem kann an dieser Stelle nicht theoretisch ausgearbeitet werden; vgl. aber zum Verhältnis von moralischen und existentiellen Werten die folgenden Teilkapitel 8.4–8.8.

Rationalität, insofern sie mit der Bedeutung der Handlungsfolgen auch die eigenen evaluativen Einstellungen und mit ihnen die eigene Individualität zum Ausdruck bringt, *nachdem* dem Akteur die Möglichkeit verloren gegangen ist, sich über einen praktischen Bezug zu den ihn leitenden Werten im Handeln auszudrücken. Was wertvoll war, Handlungsgründe lieferte und der Lebenspraxis einen Sinn gab, ist nun durch ebendiese Lebenspraxis zerstört worden. Da dieser Umschlag irreversibel ist, *ersetzt* die Klage als expressives Verhalten die praktische Möglichkeit, handelnd (oder unterlassend) zum Ausdruck zu bringen, was einem wichtig ist.[74] Dieser Widerstand des Gefühls, die Weigerung, einen irreversiblen Verlust hinzunehmen und sich instantan als neues Element der eigenen Lebensgeschichte anzueignen, ist ein Fall expressiver Rationalität. Sie bringt, wie in der tragischen Klage, die Individualität des Bedauernden zum Ausdruck, indem sie erkennbar macht, was das Individuum für sich als so bedeutend ansieht, dass es nicht bereit ist, in seiner Lebensführung darauf zu verzichten. Freilich *muss* es darauf in der Tragödie verzichten, gerade deshalb hat die Klage eine so prominente Rolle in ihr. Der irreversible Verlust *macht* leiden; dessen Ausdruck ist die Anerkennung der Kontinuität der evaluativen Einstellungen, die praktisch von Bedeutung, aber nicht mehr praktisch zu erfüllen sind. Daher löst die expressive Rationalität die praktische nicht als etwas ab, das im Gegensatz zu ihr stünde. Sie erwächst vielmehr aus der praktischen, die selbst bereits über Handlungen expressiv ist. Das Sich-zum-Ausdruck-Bringen wechselt das Medium vom Handeln in die ästhetisch wahrnehmbare Sprache des klagenden Bedauerns. Der tragische Umschlag von der praktischen in die expressive Rationalität zeigt nach der tragischen Zäsur eine Treue zu dem an, worum es einem als handelnde Person geht. Es ist eine Treue, die performativ in der Expression bekräftigt und im sozialen Raum für andere bezeugt wird. Die Klage oder das Bedauern stellen ein Ausweichen in einen anderen Aktivitätsmodus dar, um die Beständigkeit von Wertschätzungen zum Ausdruck zu bringen, die nicht länger praktische Gründe für andere Formen von Handlungen generieren.[75]

Diese Deutung des tragischen Bedauerns angesichts eines existentiellen Zufalls wirft ein Licht auf die Natur von Täter-Bedauern überhaupt. Das Bedauern, entweder nicht den besten Gründen gefolgt zu sein (als Mangel in Bezug auf das attributive Gute) oder sich nicht genug im Entscheidungsprozess oder der ihm folgenden Handlung bemüht zu haben (als Mangel in Bezug auf das adverbielle Gute), stellen Standardfälle rationalen Bedauerns dar. Es ist aber die Frage, ob diese Formen von

---

[74] Hekabe, die ihren Sohn verlieren wird, artikuliert den Übergang von Handeln, das einen Wert schützt, in expressives Klage-Handeln angesichts seines (drohenden) Verlusts: „Was soll ich für dich,/ Unglücklicher, tun? Das kann ich dir geben:/ ich schlage mein Haupt, zerhämmre meine Brust:/ drüber allein gebiete ich noch!" (Euripides: *Troerinnen*, V. 792–795).
[75] Auch das praktische Bedauern bringt Haltungen des Wertens zum Ausdruck, etwa die eigene Anerkennung einer Verpflichtung, der man nicht nachzukommen in der Lage war, indem man dafür um Entschuldigung bittet. Der Wert ihrer Erfüllung bleibt bestehen, auch wenn sie keine praktischen Gründe zur Erfüllung mehr erzeugen kann.

Bedauern lebensweltlich am häufigsten vorkommen. Das in seiner Macht oft tiefer greifende Bedauern, kausal für etwas Negatives verantwortlich zu sein, das man sich moralisch nicht vorwerfen kann, ist zumindest eine größere Herausforderung für die praktische Vernunft, weil hier die korrektive Funktion des Lernens und des Schadensausgleichs durch das Handeln selbst schwieriger bis unmöglich geworden sein kann. Monika Betzler hat vorgeschlagen, das nicht auf falsche Entscheidungen gerichtete, aber doch ernsthaft begründete Bedauern von Akteuren – sie spricht hier von „substantive regret"[76] – deshalb als rational zu verstehen, weil es sich auf Wertungen bezieht, die einen entscheidenden Einfluss auf das Handeln und die Lebensführung haben. Diese generieren Haltungen der Wertschätzung, zu denen auch das Bedauern gehört. Die Vereitelung der Möglichkeit, dem Wertvollen handelnd gerecht zu werden, hebe daher, so Betzler, nicht das Bedauern auf, da dies bedeutete, das Werten ebenso aufzuheben. Daher wäre es nicht rational, vielmehr fragwürdig, bedauerte eine Person *nicht*, durch das eigene Handeln die Kontinuität praktischer Bezugnahme auf Wertvolles verhindert zu haben: „Regret is an evaluative attitude responsive to what we still have reason to value in light of the fact that we cannot appropriately act on it any longer."[77] Nicht eine falsche Entscheidung wird also im Konfliktfall, in dem man nach besten Gründen handelte, bedauert, sondern eine Unfähigkeit der *weiteren praktischen Bezugnahme* auf das, was nicht aufhört, wertvoll zu sein und Handlungsgründe zu erzeugen: „You regret not responding to the reasons that your valuable pursuits and relationships continue to generate."[78]

Betzlers These trifft, wie ich meine, auch auf das Phänomen der tragischen Reue bzw. des tragischen Bedauerns zu. Es lässt eine evaluative und zugleich expressive Einstellung erkennen, die damit die Kontinuität des Wertbezugs erkennbar macht. Das substantielle Bedauern richtet sich dabei nach der *Funktion*, die das, was unfreiwillig verloren ging, für das Leben der Handelnden hatte. Zu fragen ist daher nun nach ihr: nach der *Rolle* des Wertvollen für das Leben der tragischen Akteure, die mit seiner irreversiblen Zerstörung konfrontiert sind.

8.4 Bedeutung oder das Gewicht der Werte

In den folgenden sechs Teilkapiteln soll von der Einsicht in die Irreversibilität der Verluste her die These begründet werden, dass tragisches Handeln die Zerstörung eines seiner endlichen Natur nach *unersetzbaren Wertes* betrifft, der für die Lebensführung des Individuums bestimmend gewesen ist. Für den *Selbstbegriff* der tragischen Akteure als *Individuen* und ihre normative wie emotionale Verflechtung mit der Welt ist er *von existentieller Bedeutung*.

---

[76] Betzler 2004, S. 202.
[77] Ebd.
[78] Ebd., S. 210. Zur Differenzierung der Gründe des Bedauerns siehe ebd., S. 215.

Zunächst sollen einige Bestimmungen des Wertbegriffs erläutert werden, die für den Begriff der existentiellen Werte, den ich im nächsten Kapitel einführen möchte, relevant sind. Dann wird es um die Untersuchung der unersetzbaren Werte gehen, die, wie ich glaube, die Voraussetzung dafür bilden, dass Scheitern, wie im vorherigen Kapitel gezeigt wurde, in der Tragödie irreversibel ist.

Vorab ist der Einwand gegen jede weitere Argumentation zu entkräften, dass der Begriff des Wertes im griechischen Denken des 5. und 4. Jahrhunderts v.Chr. längst nicht die Rolle spiele, die ihm in der modernen Beschreibung von Personen und ihrer Lebenspraxis zukomme. Tatsächlich hat der Begriff sich erst aus der Nationalökonomie mit der Industriellen Revolution verbreitet und wurde seit Kant und verstärkt durch Nietzsche und den Neukantianismus in die Philosophie mit ethischer, ästhetischer und kulturphilosophischer Bedeutung eingeführt.[79] In den attischen Tragödien ist daher noch nicht die Rede davon, dass Werte (*axiai*) verloren gingen. Gerade die Fremdheit des Begriffs kann aber helfen, die Sache aus der historischen Distanz genauer zu fassen, zumal die Tragödien nicht selbst ein theoretisches Vokabular zu ihrer eigenen Beschreibung in metatragischen Theorieabschnitten bereitstellen und Platons sowie Aristoteles' Ausführungen zur Tragödie in Bezug auf die Analyse der Tiefenstruktur tragischer Erfahrung keine hilfreiche Vorlage bieten. Die Modernität eines Begriffs impliziert nicht, dass die Sache, die er begreifbar macht, ebenfalls nur modern sein muss. Das gilt für den Wertbegriff ebenso wie für den mit ihm verwandten Begriff des Sinns, der sich zeitgleich seit Ende des 18. Jahrhunderts verbreitet, als auch die Tragödie in den philosophischen Diskurs Eingang findet, sachlich aber bis in die Antike zurückgeht.[80] Dass für die tragischen Figuren etwas von hohem Wert, *von großer Bedeutung oder* besonderer Wichtigkeit ist, lässt sich angesichts der Texte kaum bestreiten.

Die Rede von einem unersetzbaren Wert, der in der Tragödie verloren geht, ist klärungsbedürftig. Zunächst ist zu bemerken, dass nur Individuelles unersetzbar sein kann, insofern es endlich ist. Abstrakt Allgemeines wie Begriffe oder Naturgesetze kann nicht irreversibel verletzt werden. Auch wenn man ein moralisches oder staatliches Gesetz „verletzt" oder „bricht", wird ggf. nur Individuelles irreparabel geschädigt oder gebrochen, das vom Gesetz geschützt wurde. Das Gesetz selbst wäre nur dann unersetzbar geschädigt, wenn die Gesetzesübertretung dieses Gesetz für immer außer Kraft setzen würde. Die Natur von Gesetzen ist es aber gerade, dass auch sie weiter gelten, wenn sie verletzt werden. Zwar können sie aufgehoben werden, doch dann würde man nicht von einem unersetzbaren Wert sprechen, der verloren ge-

---

79 Vgl. Schlotter 2005.
80 Vgl. Gerhardt 1995. Zur Verbindung von antikem Denken des Guts und des modernen des Werts vgl. Hügli 2005 und Galewicz 1990.

gangen sei. Menschenrechte gelten auch dann, wenn sie aus kodifiziertem Recht gestrichen werden sollten. In diesem Sinne sind sie unverletzlich.[81]

Die These, dass unersetzbare Werte individuell sein müssen, soll nicht besagen, dass sie damit bloß subjektiv seien – also nur für bestimmte Individuen einen Wert darstellen können. Solche Werte wie auch rein subjektive Gründe scheint es nicht zu geben, sofern Wertorientierungen von Menschen mitteilbar, öffentlich nachvollziehbar und rational kritisierbar sind.[82] Um einen bloß subjektiven Wert anzunehmen, müsste man zunächst begründen, warum kein anderes Individuum sich diesen Wert zu eigen machen könnte und niemand ihn mit allgemeinen Kriterien kritisieren dürfte. Das ist unplausibel und gilt ganz sicher nicht für die Tragödie, denn das Publikum wäre gar nicht in der Lage, am Schicksal einer Figur in lebhafter Empathie zu partizipieren, wenn es nicht dessen irreversiblen Verlust von etwas Wertvollem nachvollziehen und prinzipiell teilen könnte. Die Behauptung, es gebe akteurrelative Gründe, die subjektiv nur einem Akteur zu eigen sind, verwechselt die je individuelle Bezugnahme auf Gründe mit einem vermeintlichen Privateigentum an Gründen. Das gilt *ceteris paribus* auch für die Rede von subjektiven Werten. Gründe und Werte sind niemals privativ und bloß subjektiv, sondern immer prinzipiell öffentlich mitteilbar und daher allgemein. Indem bestimmte Werte und Gründe aber für mein *eigenes Leben in besonderer Weise relevant* werden und ich sie in Bezug auf meine Interessen zu *meinen* Gründen *mache*, d. h. mich aus freien Stücken *zu* ihnen *bekenne*, zeichne ich sie für mein Leben gegenüber anderen Gründen aus. Dieses Auszeichnen von bestimmten Gründen als „meinen" konstituiert eine besondere *Beziehung* zu diesen Gründen, resultiert aber nicht in einer Art deliberativem Privateigentum. Es kann sein, dass nur ich diese Gründe hier und jetzt vertrete und etwas nur mir hier und jetzt als wertvoll erscheint; dieser (unwahrscheinliche) Sachverhalt jedoch impliziert logisch nicht die Behauptung, andere könnten diese Werte und Gründe nicht prinzipiell auch teilen.

Um der Rolle von Werten für die Frage nach der Tragik näher zu kommen, muss man zwischen dem Werten oder Wertschätzen als Aktivität des Wichtignehmens (engl. *valuing*) und den Werten als den mehr oder weniger stabilen Bezugsgrößen dieses Wichtignehmens (engl. *values*) unterscheiden. Das Werten als eine Aktivität konstituiert den Zusammenhang von Person und Wert. Es erzeugt, erhält und verändert die Beziehung zu Werten. Dafür reflektiert die Person auf bereits von ihr anerkannte Werte und kommt zu begründeten Urteilen, dass etwas nützlich, gut, erfreulich oder jemand hilfsbereit, schön, bewundernswert sei. Das Werten erfordert immer eine Person mit Bedürfnissen und Interessen, der diese beziehungsstiftende Aktivität zugeschrieben werden kann, sowie meist schon sozial anerkannte Kandidaten für Werte, auf die sich

---

81 Siehe etwa das *Grundgesetz der Bundesrepublik Deutschland* Art. 1, Abs. 2: „Das Deutsche Volk bekennt sich darum zu unverletzlichen und unveräußerlichen Menschenrechten als Grundlage jeder menschlichen Gemeinschaft, des Friedens und der Gerechtigkeit in der Welt."
82 Vgl. die Argumente für den Externalismus und die Objektivität von Gründen bei Nida-Rümelin 2001, S. 21 ff. und 73 ff.

diese produktive, stabilisierende und transformierende Tätigkeit bezieht. Wertschätzen als aktiven Vollzug gibt es aus diesem Grund nur mit wertenden Subjekten *und* mit Wertungen bzw. Werten als den intentionalen Gegenständen bzw. Relata ihres Wertens. Werten sollte daher nicht als ein willkürlicher, dezisionistischer oder bloß affektiver Akt angesehen werden, sondern als eine rationale beziehungsstiftende Tätigkeit des Geistes, die in der Regel Kohärenz mit anderen Werten und bereits akzeptierten Gründen anstrebt. Wertungen setzen „in jedem Fall *die tätige Vernunft des lebendigen Wesens*" Mensch voraus.[83] Das schließt nicht aus, sondern macht vielmehr plausibel, dass auch Gefühle im Werten beteiligt sind, die Werte dem Subjekt erschließen.

Der Prozess des Wertens (d. h. des Hochschätzens, aber auch Geringschätzens oder des Umwertens) erkennt einem Gegenstand einen Wert zu, der in Werturteilen der Art „x ist gut" oder „x ist wertvoll" zum Ausdruck kommt. Zu den Werten können konkrete Gegenstände wie Personen, Tiere, Dinge, Gemeinschaften oder abstrakte wie Integrität, Freiheit, Wohlstand gehören. Durch das Werten können Werte zu praxisbestimmenden Orientierungsgrößen in der Zeit werden. Praxisbestimmend sind sie dabei in der Regel nicht unmittelbar, sondern als Quelle von Handlungsgründen. Gründe, so könnte man sagen, vermitteln zwischen Werten und Handlungen. Sie beziehen diachron gültige Wertungen auf konkrete Handlungssituationen.

Werte zu „haben" heißt, sie als stabile Orientierungsgrößen für die eigene Lebensführung anzuerkennen. Eine in einer Handlungssituation Gründe abwägende Person berücksichtigt daher in der Regel die Werte, die sie bereits anerkennt. Sie gewinnen die Funktion der Orientierung für die Praxis als zur *Form gewordene Tätigkeit des Wertens.* Wie eine symbolische Form kann solch ein Wert dann unabhängig vom je aktuellen Vollzug des Wertens Bestand haben und genau dadurch über die Zeit verbindliche Wertbezüge erlauben, so wie ein aus einem praktischen Interesse entwickeltes Werkzeug als Materialisierung einer Funktion unabhängig von diesem Interesse Bestand hat, sodass es dem interessierten Gebrauch wiederholt entgegenkommen kann. Eine objektivistische Werttheorie wie die Schelers, die Werte nicht praxeologisch auf das Vermögen und die Aktivität des Wertschätzens zurückführt, erscheint mir schwer begründbar zu sein. Es genügt, wenn man davon ausgeht, dass der Aktivität des Wertens Wertkandidaten aus dem sozialen Leben entgegenkommen. Die Rede von feststehenden Werten hat nur dann einen Sinn, wenn damit gemeint ist, dass Personen zu diesen Werten in einer stabilen wertenden Beziehung stehen und sie sich verselbständigen als kulturell bereits allgemein anerkannte Werte. Aufgrund dieser kulturell ermöglichten Eigenständigkeit von Werten, die gleichwohl an das Wertschätzen des Menschen zurückgebunden bleiben, kann man auch von „Objektwerten" sprechen, die Bedürfnissen und Interessen von Personen entgegenkommen, auch wenn diese (noch) keinen wertenden Bezug zu ihnen eingegangen sind. Sie werden ihnen wie etwa ästhetische Werte etablierter Kunst *angeboten.* Moralische

---

[83] Gerhardt 1999, S. 423.

Werte, deren Gültigkeit für alle Menschen von wertenden Personen beansprucht werden, *fordern* die wertende Bezugnahme dagegen von jedem Einzelnen.

Werte haben die Disposition, Relata eines wertenden Bezugs durch Menschen zu werden, weil sie bereits in einer bestimmten Kultur als Werte fungieren und dem Individuum durch entsprechende Wertschätzungen in einer Gesellschaft vermittelt werden. Geteilte Wertungen objektivieren sich in kommunikativen Handlungen, die wie alle symbolischen Formen der Kultur eine eigenständige Geltung und Funktion bewahren und zu festen Orientierungsgrößen werden, auch wenn sie sich ursprünglich der kreativen Tätigkeit des Schätzens verdanken. Dieser Tätigkeit müssen wiederum bereits Wertkandidaten entgegengekommen sein, die mit den Bedürfnissen, Interessen, Gefühlen und Wünschen von Personen korrespondieren. Die konstruktive Tätigkeit des Wertens ist also nicht willkürlich, geht aber in allen Kulturen über die schon organisch naheliegenden Werte, die das Leben erhalten, hinaus. Wertungen sind prinzipiell diversitätsaffin; es gibt vermutlich weniges, das nicht Gegenstand einer menschlichen Hoch- oder Geringschätzung werden könnte. Das Spektrum allgemein verbindlicher moralischer Werte ist dagegen geringer, weil es in vielem einen breiten kulturübergreifenden Konsens über Wertvolles wie Hilfe für Hilfsbedürftige und Verachtenswertes wie Folter gibt. Individuell unterschiedliche Wertungen gibt es in den unterschiedlichen kulturellen und sozialen Milieus, bzw. sie können nur in relativer Offenheit der Gesellschaft als individuelle Differenz entstehen und praktisch auf Anerkennung zielen. Die bereits aus individuellen Wertungen hervorgegangenen Werte vermögen sich dann zu stabilisieren und von gesellschaftlicher Anerkennung getragen zu werden.

Die meist konservative Rede von Werten und dem Werteverfall erkennt diesen Sachverhalt oft nicht an, als seien Werte wie Naturrechte unabhängig von jeder Wertung durch Menschen immer schon (göttlich) gegeben.[84] Ähnlich, wenngleich mit anderer Intention, ist in ökonomischen Kontexten von Werten zuweilen in einer Weise die Rede, die zu verschleiern tendiert, dass diese Werte – wie etwa der des Geldes oder auch der von Edelmetallen – nur deshalb Werte sind, weil Menschen sie als solche behandeln und ihnen vertrauen.[85] Hörten hinreichend viele Personen mit der Aktivität

---

[84] In der kulturkritisch gefärbten Rede vom Werteverfall wirken Werte oft wie transzendental gefestigte Bollwerke gegen die evaluativen Pluralisierungen der Moderne, so etwa in der Relativismus-Kritik von Papst Benedikt XVI. (Ratzinger 2005). Zur konservativen, aber auch links-progressiven Inanspruchnahme des Wertbegriff siehe Joas 1999, S. 10 ff.

[85] Vgl. zur ökonomischen, bereits von Marx kritisierten Dominanz des modernen Wertbegriffs die Kritik von Straub 2010. Der ökonomische Wertdiskurs nimmt die Funktion der Werte als Quelle von Handlungsgründen in Anspruch und schränkt die Pluralität von Werten auf ökonomische ein. Das Unbehagen besteht, so meine Vermutung, allein in der Produktion eines äquivoken Begriffsgebrauchs, der ersetzbare Tauschwerte mit unersetzbaren existentiellen bzw. moralischen Werten vermengt. Daher rührt vermutlich auch das erstaunlich vage Gerede von Werten, zu denen sich ökonomische Player wie Konzerne bekennen. Kant hat bereits in aller gebotenen Klarheit den verhandelbaren Preis einer Sache von einem unverhandelbaren inneren Wert (Würde) des Menschen unterschieden (*Grundlegung zur Metaphysik der Sitten*, AA, Bd. IV, S. 434 f.).

des Wertens (selbst ihrer eigenen Arbeit als Gegenwert) auf, verlören die entsprechenden ökonomischen „Werte" ihren Wert, denn sie büßten ihre Funktion ein, Quelle von Handlungsgründen zu sein. Insbesondere der Wert von Papiergeld, aber auch von Aktien, Anleihen und Versicherungen beruht auf einer sozialen Übereinkunft, dass diesen gegenüber ästhetisch plausibleren Wertevidenzen (wie Goldschmuck) zunächst wertlos erscheinenden Produkten (Scheinen aus Papier) eine Vielzahl anderer wertvoller Dinge in Tauschverhältnissen entsprechen *kann*. Geht dieser Wertekonsens etwa durch eine Hyperinflation verloren, gibt es keinen Grund mehr, sich um sie bemühen.[86]

Die philosophische Rede von Werten muss freilich nicht dem ökonomischen oder dem konservativ-weltanschaulichen Wertediskurs folgen, der vor allem in den Krisenzeiten der Moderne gesellschaftlich an Einfluss gewinnt.[87] Unter Werten sollen formal also die Relata von wertenden Einstellungen verstanden werden, die sich gegenüber diesen wertenden Einstellungen verselbstständigen können, aber immer wieder durch bewusste Wertbezüge bestätigt werden müssen, um ihre Funktion, Quelle von Handlungsgründen zu sein, erfüllen zu können. Das gilt sowohl interpersonell für gesellschaftlich relevante Werte als auch intrapersonell für die Werte, die für das je individuelle Leben Orientierung bieten. Nur aufgrund der Abhängigkeit der Werte vom menschlichen Werten als bewusstem Beimessen von Bedeutung hat etwa die soziologische Rede vom „Wertewandel"[88] oder Nietzsches „Umwerthung der Werthe"[89] einen Sinn: Werte und ihre menschliche Umwertung sieht Nietzsche als Ausdruck des „Willens zur Macht", der sich in der wertenden Aktivität auslässt und die Wertungen gezielt zu ändern, ja, umzukehren vermag. Durch ein verändertes Werten können für unverrückbar gültig anerkannte Werte ihren Wert mit der Zeit einbüßen, wie auch bislang Wertneutrales oder gar Geringgeschätztes zum Wert werden kann. Genau aus diesem Grund der Variabilität von Werten dürfen wichtige, allgemein verbindliche

---

86 Ähnliches gilt übrigens vom nicht-evaluativen Begriffsgebrauch in den Naturwissenschaften. Bestimmte quantitative Größen wie Leberwerte sind deshalb von Bedeutung, weil sie in Beziehung zum übergeordneten Wert der Gesundheit stehen und medizinisches Handeln anleiten; Werte in Experimenten stellen entsprechend Orientierungsgrößen für Theoriebildung und neue Experimente, also für wissenschaftliches Handeln, dar.
87 Herbert Schnädelbach hat darauf aufmerksam gemacht, dass in der modernen Rede von Werten meist bestimmte, „höhere" Werte gemeint sind, mit denen die Gegenwart (des Werteverfalls) kritisiert wird (Schnädelbach 2012, S. 165f.).
88 Zum von der Soziologie empirisch untersuchten „Wertewandel" siehe den Überblick bei Berthold 2005.
89 Friedrich Nietzsche: *Nachgelassene Fragmente 1884–1885*, Sommer-Herbst 1884 26[259]. KSA 11, S. 218. Nietzsche verband mit dieser Formel den Willen, die christlichen und platonischen Wertmaßstäbe der europäischen Kultur umzukehren und die Werte des Vornehmen zu etablieren. Die Werte der Sklavenmoral sollten umgemünzt werden in Werte der Herrenmoral. Zu dem geplanten Buch mit dem Titel „Umwerthung aller Werthe" (oder Untertitel zu „Willen zur Macht") kam es aber nicht mehr, der erste Teil ist *Der Antichrist* geworden (Vgl. Friedrich Nietzsche: *Nachgelassene Fragmente 1885–1887*, Herbst 1885-Herbst 1886 2[100]. KSA 12, S. 109, und *Nachgelassene Fragmente 1887–1889*, Juli-August 1888 18[17] und September 1888 19[8]. KSA 13, S. 537, 545).

Normen wie die Achtung fordernden Menschenrechte gerade nicht *nur* als Wert aufgefasst werden, weil sie damit abhängig von der Aktivität des Wertens wären, die individuell und gesellschaftlich einem historischen Wandel ausgesetzt ist. Jederzeit könnte sich die Haltung der Wertschätzung aus kontingenten Gründen ändern. Doch moralische und rechtliche Normen müssen im Verständnis des modernen Rechtsstaats wie der modernen Moral kantischer Prägung unabhängig von Wertungen ihre Geltung bewahren können, weil sie gerade die Funktion haben, das Handeln der Menschen so aufeinander abzustimmen bzw. möglichst friedlich und in gegenseitiger Rücksichtnahme zu koordinieren, dass in diesem rechtlich und moralisch hinreichend gesicherten Leben die Möglichkeit individueller Wertungen (und Umwertungen) erhalten bleibt. Diese Funktion der Normativität ist selbst zugleich ein hoher und, wie das Umkippen von Demokratien in den Faschismus zeigt, fragiler Wert. Man kann daher die kulturell etwa im Verfassungsrecht gesicherte Geltung von Rechten oder die rationale Begründung moralischer Prinzipien als Absicherung des existentiellen Werts von Recht und Moral angesichts historisch variabler Wertschätzungen in der Bevölkerung begreifen.

Werte verstehe ich als Orientierungsgrößen, in Bezug auf die Handlungsgründe akzeptiert, Wünsche ausgebildet, Strebungen entwickelt und Neigungen geformt werden. Man kann sie in dem Sinne als Quellen von Gründen bezeichnen; sie bieten Maßstäbe dafür, was als guter Grund akzeptabel ist. Das gilt nicht nur für die Praxis, um die es hier geht, sondern auch für die wissenschaftliche Theoriebildung, die nicht wertneutral operiert, sondern sich immer auch an Wertmaßstäben orientiert.[90]

Zum allgemeinen Begriff des Werts gehört seine Funktion, langfristig, also strukturell handlungsleitend zu sein, als formaler Begriff liegt er somit allen inhaltlichen (ethischen, politischen, ästhetischen, ökonomischen oder religiösen) Wertbestimmungen voraus. Gegenüber dem intransitiven Wertewandel in einer Gesellschaft, der nicht Ergebnis einer intentionalen Tätigkeit, sondern ein soziologisch beschreibbarer Makroprozess ist, ändert eine Person in der Regel nur mit guten Gründen ihre handlungsleitenden Werte, weil diese ihre Praxis langfristig, also strukturell ausrichten: Sie verleihen dem Leben eine strukturelle Kohärenz.[91] Damit funktionieren sie strukturell wie Tugenden nach Aristoteles. Nur wer durch Gewöhnung, Erziehung und Übung einen Habitus (*hexis*) entwickelt, muss sich nicht punktuell zu jeder tugendhaften Handlung motivieren, sondern kann tugendhaftes Handeln als Ausdruck seines ethischen Charakters verstehen. Die in Tugenden inkorporierten Wert-

---

[90] Deshalb ist auch eine klare Unterscheidung von Tatsachen und Werten nicht durchzuführen. Hier folge ich Hilary Putnam 1982, S. 185 ff.

[91] Hier stütze ich mich auf die Theorie struktureller Rationalität von Nida-Rümelin 2001, der begründet, dass eine rationale Person nicht bei jeder punktuellen Handlung optimiert und jeweils neue Handlungsgründe ausfindig macht, sondern für die punktuelle Handlungen in der Regel Ausdruck einer strukturellen, längerfristigen Intention sind. Personen bilden rationale und möglichst kohärente Strukturen aus, in die jeweils situative Intentionen eingebettet sind, sodass es zu einer langfristig kohärenten Lebensform der Person kommen kann.

vorstellungen sind also zu einem Charakterzug geworden. Aristoteles macht das deutlich, wenn er die Qualität der Haltung (*hexis*) im engeren Sinn von der einer Disposition oder eines Zustands (*diathesis*) nach dem Gesichtspunkt der *Dauerhaftigkeit* unterscheidet: Die Haltung, die eine Untergruppe der Dispositionen oder Zustände bildet, ist „dadurch von Zustand unterschieden, daß dieser leicht veränderlich, jene dauerhafter und schwerer veränderlich ist."[92] Werte, die in rationalen Strukturen und Tugenddispositionen beständig werden, haben insofern ein größeres Gewicht als bloße wunschbasierte Präferenzen, die situativ recht variabel sind.

Überhaupt Werte zu haben, ist für eine strukturelle Praxis ebenso unverzichtbar wie Gründe, die zwischen Wert und Praxis vermitteln. Ansonsten wäre Handeln immer nur von Moment zu Moment möglich, weil man sich nicht auf die bereits objektiv gewordene Form des eigenen Wertens verlassen könnte und jedes Mal überlegen müsste, was einem eigentlich im Leben von Bedeutung ist.

Von Bedeutung sein – das ist ein äquivalenter Ausdruck dafür, dass man etwas auf eine *besondere Weise* wertschätzt. Über Werte, die man aus allen funktionalen und weniger relevanten Werten heraushebt, sagt man meist explizit: „Dies ist ein Wert für mich." Oder auch: „Dies hat Bedeutung für mich." Indem ich etwas als wertvoll qualifiziere, hebe ich es aus der Menge aller leichten Werte heraus und qualifiziere damit auch meine Beziehung zu dem Gewerteten.[93] Ebenfalls kann man dann sagen, dass einem *etwas wichtig ist*, dass es *Bewandtnis* für das eigene Leben hat oder dass einem an dieser Sache, dieser Person *viel liegt*. In der englischsprachigen Philosophie redet man, spätestens seit Harry Frankfurts Essay „The importance of what we care about", auch von *caring*, einem Begriff, der im Deutschen mal mit „Sorge", mal mit „dem, woran einem liegt" übersetzt wird.[94] In analoger Weise kann man auch davon sprechen, etwas *ernst* zu nehmen.[95] Einen paradigmatischen Ausdruck findet *caring* als ernsthafte Wertschätzung für Frankfurt in der *Liebe*.[96]

---

92 Aristoteles: *Kategorien* 8, 9a9f., siehe 8b35–9a13.
93 Vgl. Nozick 1991, der die Beziehung des Wertenden zum Wert als Teil der „relationale[n] Aktivität des Wertens" betont (S. 184).
94 Frankfurt 2001b (engl.: „The Importance of What We Care About", in: Ders. 1988, S. 80–94).
95 Vgl. Frankfurt 2007 (engl.: *Taking ourselves seriously,* hrsg. von Debra Satz. Stanford University Press: Stanford 2006). Vermutlich war es Søren Kierkegaard, der den Begriff des Ernstes in einem existentiellen Sinn philosophisch einführte (siehe Theunissen 1958). Vor Frankfurt haben auch bereits Tugendhat 1984b und Gerhardt 1999, S. 381f., 406f., den Begriff des Ernstes bzw. des Ernstnehmens in der praktischen Philosophie produktiv gemacht. Tugendhat begründet die Moralität in einem Sich-Ernstnehmen der Person („Verhalte dich zu deinem Leben im Modus der Ernsthaftigkeit", ebd., S. 173). Leider hält Tugendhat seinen Text und den in ihm behandelten Ernst mittlerweile für obsolet (Mitteilung in einem persönlichen Gespräch am 26. April 2006).
96 Vgl. Frankfurt 2005. Für Frankfurt ist die Liebe weniger ein erotisches Begehren als ein ausgezeichneter Modus des Sich-Sorgens, in dem evident wird, was der Person im Leben wichtig ist. (Bewusst soll hier nicht weiter auf die möglichen Unterschiede zwischen den erwähnten Wertungsausdrücken eingegangen werden, da sie alle auf die *Funktion* existentieller Werte hin perspektiviert werden und insofern alle in die gleiche Richtung zielen).

Aufschlussreich für die Rolle, die Werte für die Praxis des Menschen spielen, ist vor allem der Ausdruck, etwas *habe für jemanden Bedeutung*. Diese Redeweise legt nahe, Werte als eine praktische Form der Intentionalität des Geistes zu verstehen. *Intentionalität* als Begriff für die Bezogenheit des Bewusstseins auf Gegenstände hat sich seit Franz Brentanos Einführung des Begriffs in der Phänomenologie durchgesetzt und wurde bereits von Brentano auch auf konative Einstellungen des Menschen bezogen.[97] Dass menschliches Bewusstsein intentional ist, heißt, dass es immer schon auf Gegenstände bzw. Sachverhalte als den Inhalten des Bewusstseins bezogen ist. Entsprechend ist der Mensch aufgrund seiner Bedürfnisse und Interessen auch immer schon wertend auf etwas bezogen, das ihm diese Bedürfnisse und seine Interessen erfüllt bzw. ihnen entspricht. Wird die intentionale Bezugnahme *praktisch*, indem ich etwas beabsichtige (intendiere), ist man notwendigerweise zugleich auch auf einen Horizont von Werten bezogen, in dessen Licht Zwecke gesetzt werden, die den Werten *entsprechen* sollten. Diese Werte müssen nicht explizit gemacht werden, um Quelle von Gründen zu sein, etwa der der Selbsterhaltung, der Quelle einer Fülle von Handlungsgründen ist, ohne als Handlungszweck gesetzt zu werden.

Wie die Bedeutung von Ausdrücken durch intentionale (z. B. experimentellkünstlerische) Umdeutung verändert werden kann, so kann auch ein Wert durch Umdeutung seine evaluative Relevanz ändern. Für diese Umdeutungen und Umwertungen bedarf es allerdings – und das ist entscheidend für die Kontinuität menschlicher Praxis – guter Gründe, denn nicht ohne Grund werden Wertungen über die Zeit geprüft und anerkannt, ohne ihre Werthaftigkeit immer wieder punktuell infrage zu stellen. Ähnlich wie Wertungen lassen sich auch die Bedeutungen innerhalb einer historisch gewachsenen und von vielen gebrauchten Sprache nicht leicht ändern, weshalb zuweilen Worte, die historisch belastet sind, bewusst fallengelassen und durch neue ersetzt werden. Auch Werte bleiben in der Regel interpersonell (bei geteilten Werten) stabil, selbst wenn sie der Möglichkeit relativ rascher Umwertungen ausgesetzt sind, wie das 20. Jahrhundert auf erfreuliche Weise im sich verbreitenden Delta der Emanzipationsbewegungen und in beispiellos erschreckender Weise im raschen Machtgewinn des Nationalsozialismus demonstriert hat.[98]

‚Wert' ist also ein Begriff dafür, dass Menschen unter allen Bezügen ihres intentionalen Geistes in einem Akt bewusster Zustimmung etwas Bestimmtes *wichtig* nehmen können, das für sie praktisch *von Bedeutung* ist und eine verlässliche Orientierung bei ihren praktischen Überlegungen und Entscheidungen bietet. Damit liegt ein allgemeiner Begriff von Werten der spezielleren moralischen Bedeutung des Begriffs voraus. Wer etwa französische Bronzeskulpturen des 17. Jahrhunderts wert-

---

97 Vgl. Hügli 2005, Sp. 564f.
98 Man denke an die Selbstverständlichkeit des Wertes der Geschlechtergerechtigkeit, den heute im Gegensatz zu nur wenigen Dekaden zuvor offenbar die Mehrheit der Deutschen anerkennt. Dieser Wertewandel folgte der bereits vorgängigen Anerkennung des Rechtsgleichheit im Grundgesetz, wurde aber dadurch nicht *eo ipso* erzeugt. Rechte werden nicht durch Werte begründet, können aber einen ihnen gemäßen Wertewandel begünstigen.

schätzt, hat einen guten Grund, ist er in New York, die entsprechende Abteilung des Metropolitan Museum of Art aufzusuchen. Und wer in der Bekämpfung der Malaria einen hohen Wert erkennt, hat gute Gründe, entsprechende Initiativen finanziell zu unterstützen oder selbst als Ärztin in betroffene Gebiete zu reisen und Prophylaxe wie Medikation zu verbreiten. Entscheidend für die regulative Funktion der Werte für die menschliche Praxis ist, dass sie nicht wie schwache Präferenzen jederzeit beliebig wechseln. Es ist rational, sich im letzten Moment vor dem Kauf doch für einen Apfel anstelle eines Schokoriegels zu entscheiden. Doch es wäre nicht rational, kurz vor dem Museumseintritt auf einmal die hohe Wertschätzung von Barockskulpturen auf mongolische Schafzucht oder am Schalter des Flughafens den Wert der Malariabekämpfung auf den von Beachvolleyball zu verschieben und daraufhin radikal andere Entscheidungen zu treffen.[99]

Die Stabilität und Verlässlichkeit von Werten zeigt sich in Analogie zur Sprache. Wir haben gesehen, dass man sowohl die Semantik von Zeichen als auch die Werthaftigkeit von Gegenständen durch den Ausdruck *Bedeutung* erfasst.[100] Bedeutungstragende Zeichen und bedeutsame Werte haben beide die Funktion, Praxis anzuleiten: Werte bieten eine unverzichtbare Orientierung für die Praxis; semantisch gehaltvolle Zeichen organisieren die Kommunikationspraxis, in der sie gemäß ihrer Bedeutung verwendet werden. Doch die Redeweise offenbart auch wichtige Unterschiede: Dass ein sprachliches Zeichen Bedeutung hat, heißt, dass es auf etwas verweist, das es selbst nicht ist, und damit zum Medium für einen Sprecher werden kann, der einer anderen Person etwas darüber mitteilen oder sie zu einer Tätigkeit auffordern will. Ein Zeichen kann je nach Kontext verschiedene Bedeutungen haben, die trotz Ähnlichkeit voneinander und von den Bedeutungen anderer Zeichen unterscheidbar sind. Zeichen haben also *bestimmte* Bedeutungen, die sie zu jeweils unterschiedlichen Werkzeugen in pragmatischen Kontexten machen. Wie Werkzeuge sind Bedeutungen daher *relativ fest*. Will ich ein Croissant kaufen, werde ich in der entsprechenden Bitte an den Verkäufer das Wort „Croissant" verwenden und nicht etwa „Dampfturbine". Beide Bedeutungen sind distinkt und spezifisch voneinander zu unterscheiden, wie man in diesem Fall auch graphisch und phonetisch die Substantive „Croissant" und „Dampfturbine" als Einheiten voneinander unterscheiden kann.[101]

---

[99] Selbstverständlich kann es mehrere stark orientierende Werte im Leben, auch nebeneinander, geben. Hier wurde nur der extrem unwahrscheinliche Fall konstruiert, dass auf einmal andere Werte die handlungsleitende Funktion in einer Situation übernehmen und die vorherigen Werte unwichtig werden. Dieser bizarr anmutende Fall zeigt, dass Werte, anders als eher situativ gültige Präferenzen, eine diachrone Orientierung bieten. Sie lassen sich auch durch Methoden wie Nudging nicht leicht ändern, während schwache Präferenzen und Gewohnheiten dadurch adressierbar sind.

[100] In der Linguistik wiederum wird die Bedeutung von Zeichen auch als Wert (*valeur*) bezeichnet (Adler 2005).

[101] Dass diese distinkten Unterscheidungen nicht notwendig sind, sondern durch Iteration erzeugt werden, Worte mehrdeutig sind, das Schriftbild andere Distinktionen erzeugt als der Klang und somit ein Identitätsdenken entlang der Einheiten der Sprache problematisch ist, sind Ansatzpunkte für

Anders verhält es sich mit Werten. Werte haben nicht diese oder jene Bedeutung, sondern *mehr oder weniger* Bedeutung. Ein Wert ist kein Zeichen, das für alle Mitglieder einer Sprachgemeinschaft etwas Bestimmtes bedeutet, sondern er bedeutet *mir sehr viel* oder *nicht so viel* oder *gar nichts*. Sind die Unterschiede der Bedeutungen von Zeichen distinkt, sind Bedeutungen von Werten graduell. Das wird auch daran offenkundig, dass man Werten – wie Gründen, die im Licht dieser Werte vom Individuum akzeptiert werden – ein unterschiedliches *Gewicht* beimisst. Es wäre unsinnig zu sagen, die sprachliche Bedeutung von „Flaschenhals" habe mehr Gewicht als die von „Amsel". Doch es ist eine vertraute Metaphorik, wenn man sagt, ein Wert habe ein großes *Gewicht* für das eigene Leben oder für eine Handlung habe man im Licht bestimmter Werte *schwerwiegende* Gründe.[102] Die Metaphorik des Gewichts zeigt an, dass es aus Sicht des abwägenden Individuums um etwas Wichtiges geht. Im Abwägen von Gründen hat das, was von Gewicht bzw. Bedeutung ist, eine herausgehobene Rolle. Vom Abwägen praktischer Gründe kann man daher auch das Abwägen theoretischer Gründe begreifen, sodass selbst das Denken sich in Bezug auf die Rolle des Gewichts beschreiben lassen kann, die ihm zufällt, wenn es sich auf seine Gegenstände einlässt und durch sie sozusagen beschwert wird.[103] Man kann angesichts der Gewichtsmetaphorik der praktischen und theoretischen Rationalität auch sagen, dass die mit den Gefühlen verbundene Vernunft eine Waage ist. Sie zeigt an, wie schwer ein Wert wiegt. Je gewichtiger der Wert, desto höher veranschlagt sie ihn.

Die Gewichtmetapher offenbart das *Kontinuum* der Werte als den jeweils unterschiedlich „schweren" Relata der evaluativen Aktivität des Menschen. Die Gradualität der „Bedeutung" in evaluativem Kontext ist auch gut mit der Beobachtung vereinbar, dass die Wertaktivität bei natürlichen, auch von Tieren geteilten Bedürfnissen als *Auswahl von etwas gegenüber anderem* beginnt und sich in den historisch geformten Werten der menschlichen Kultur bis zu höchsten, ja, unbedingten Werten steigern

---

Jacques Derridas Philosophie der *différance*. Hier geht es aber nur um den lebensweltlichen Sprachgebrauch und seine in der Regel praktisch hilfreichen Unterscheidungen.
102 Nach Joseph Raz 2006, S. 29 ff., darf man nicht die phänomenologische Stärke von Wertungen, um die es hier geht, und die normative Stärke (bzw. das Gewicht) von Gründen gleichsetzen, denn gewichtige normative Gründe können in einer Entscheidungssituation für eine Handlung sprechen, ohne dass sie dem Gewicht der eigenen Werte entsprechen. Das ist sicher besonders bei Konflikten zwischen moralischen Forderungen und eigenen Wertorientierungen zutreffend. Allerdings sind praktische Gründe, die aus starken Wertungen erzeugt werden, für eine Person in der Regel auch normativ gewichtige Gründe. Übrigens verwende ich hier bewusst die miteinander nicht in einem konsistenten Bild vereinbaren Metaphern des Lichts (der Werte), der Quelle (für Handlungsgründe) und des Gewichts (der Werte und Gründe). Bei allem, was Menschen wichtig ist, setzen sich verschiedene Metaphern durch. Man denke an die vielseitige Metaphorik der Liebe von der Antike über Petrarca bis in die Moderne.
103 Vgl. Nancy 1995, S. 17–31. Nancy weist auf die etymologische Nähe im Französischen zwischen Gedanken (*la pensée*) und Gewicht (*la pesée*) hin (ebd., S. 17). Ihm entgeht aber die metaphorische Nähe zum Gründe-Abwägen und zu Wertgewichten.

kann.¹⁰⁴ Die mögliche, immer dynamische Hierarchie von unwichtig bis unbedingt wertvoll zeigt sich auch in der Motivationskraft, die Werte als Quelle von Handlungsgründen entfalten können. Je wertvoller eine Person etwas findet, desto mehr überwiegen je nach Situation die sich auf diesen Wert beziehenden Gründe andere Handlungsgründe und desto mehr ist sie motiviert, ihnen auch gegen Widerstände zu folgen. Die Skalarität der Bedeutung verweist also auf ihre Steigerungsfähigkeit in Bezug auf die Rolle, die Werte für das Individuum spielen. Spezifisch ausgezeichnete Werte werden erst im Laufe der kulturellen Entwicklung so aus dem Kontinuum herausgehoben, dass sie unbedingte normative Geltung erhalten wie die Grundrechte, die genau deshalb nicht primär als Wert beschrieben werden. Die seit der schriftlichen Niederlegung von Gesetzen in der griechischen Antike zuerst von Platon hervorgehobene Dauerhaftigkeit von Normen ist Ausdruck einer hohen Wertschätzung, die gegenüber Werteänderungen, wie man sie von willkürlichen Herrschern kannte, beständig gemacht wurde. So ist das Primat der Normativität kulturgeschichtlich zu verstehen. Mit ihm verbunden ist ebenso die Wertschätzung einer Sache oder Person um ihrer selbst willen. Diese intrinsischen Werte werden nicht aufgrund ihres funktionalen Bezugs zu anderen Werten, sondern an sich selbst hoch gewertet.¹⁰⁵

Wertungen sind performativ, indem sie den Werten eine jeweils bestimmte Bedeutung für das individuelle Leben beimessen. Durch die jeweilige Wertung erhält ein Wert erst seinen *Grad* an Bedeutung für das Leben des Individuums: Dem einen bedeutet Mozart gar nichts, dem anderen etwas und dem dritten alles. Dabei können alle drei anerkennen, dass Mozarts Werke allgemein als objektiver kultureller Wert angesehen werden, den die meisten Gesellschaften auf der Welt für schützenswert halten; nur divergiert ihre individuelle Relation zu diesem Wert aus der Perspektive ihres je eigenen Lebens. Für den einen bietet Mozarts Musik keinen Grund, eine Konzertkarte zu kaufen, während der zweite öfter Mozart-Aufnahmen hört und die dritte Person den größten Teil ihres Einkommens darin investiert, bei möglichst vielen Aufführungen der grandiosen Opern von *Mitridate* bis *La clemenza di Tito* dabei zu sein.

Die Metapher des jeweiligen Gewichts der Werte ist phänomenologisch aufschlussreich, weil sie die Kontinuität emotionaler Verbundenheit mit Werten erfasst. Je wichtiger etwas für eine Person ist, desto mehr sind auch ihre affirmativen Gefühle mit diesem Wert verbunden. Das zeigt sich zum Beispiel bei moralisch relevanten Werten, deren Berücksichtigung ein hohes Maß an positiven und deren Verletzung ein hohes Maß an negativen reaktiven Gefühlen hervorruft. Eine Person bewundert eine andere Person oder empört sich über sie nur für ihr Handeln in Bezug auf Werte, die nicht nur ihr selbst, sondern allgemein auch anderen Menschen von besonderer Bedeutung sind oder sein sollten. Die Alltagssprache verweist vielfältig auf die Assoziation emotionaler Verbundenheit mit skalaren Wertverhältnissen. Ein „hoher Wert"

---

104 Für die ursprüngliche Naturverbundenheit von Werten haben William James und John Dewey argumentiert. Vgl. Rust 2005.
105 Eine Theorie intrinsischer Werte bietet Noah M. Lemos 1994.

kann mit „Ehrfurcht erfüllen"; bei einem anderen „rührt man keine Miene"; einer kann einen „kalt lassen", während man für einen anderen „brennt". Die Disposition, in Bezug auf Werte situativ Gefühle aktivieren zu können, ist ein Gradmesser für deren Gewicht – und das heißt: für ihre motivationale Kraft. Gefühle erschließen Werte und zeigen sie an. Je mehr Gefühle in die Wertung investiert sind, desto größer ist häufig der Wert als Quelle starker Gründe. Man könnte auch von der *Kraft* reden, die Werte für das Handeln des Individuums bereitstellen, die variiert und von seiner bewussten evaluativen Aktivität insoweit abhängig ist, als Werte, entzieht man ihnen die positive Wertschätzung – weil z. B. universalistische Gründe gegen ihre Validität sprechen –, zwar nicht immer *ad hoc*, doch aber langfristig für die Praxis eben diese Kraft einbüßen. Aus diesem Grund kann es auch keine von den Individuen unabhängigen festen Werthierarchien und objektiven Axiologien geben, wie Scheler sie entwickelt hat.[106]

Die unterschiedlichen Verwendungsweisen von ‚Bedeutung' zeigen, dass Personen ihre Werte nicht wie Lemmata eines Lexikons in Listen nebeneinander stellen, die sich aufgrund ihrer Semantik klar voneinander unterscheiden lassen, sondern dass sich Wertungen durch die graduelle emotionale Intensität bzw. ihr Gewicht unterscheiden, mit denen ein Individuum sich auf sie bezieht. Offenkundig indizieren dann Ausdrücke wie ‚Bedeutung' und ‚Gewicht', dass es sich um *ausgezeichnete* Werte des Individuums handelt, die gegenüber anderen, die nicht *so* wichtig sind, hervorstehen. Man kann sie *hohe* Werte nennen, also Werte, die eine *besondere* Bedeutung haben bzw. ein *großes* Gewicht. Nur diese Werte sind überhaupt Kandidaten, um die Tiefe des Leidens in der tragischen Erfahrung erhellen zu können. Welche Werte spielen nun in der Tragödie eine leitende Rolle?

8.5 Unersetzbare Werte

Tragisches Handeln, so wurde gesagt, betrifft die irreversible Zerstörung eines seiner endlichen Natur nach unersetzbaren Wertes, der für die Lebensführung des Individuums bestimmend gewesen ist. Wie aber kann die *Unersetzbarkeit* eines Wertes verstanden werden? Offenbar muss der Wert an etwas Endliches gebunden sein, das fragil ist und zerstört werden kann. Nur dann stellt sich überhaupt die Frage nach einer möglichen Ersetzung. Der Wert der Erhaltung der Natur z. B., ist an etwas Endliches und Verletzliches, nämlich an die Natur gebunden, deren Fortbestand auf spezifische Bedingungen angewiesen ist, die im Universum offenbar nur selten gegeben sind. Doch *die Natur* wird, so lange es Menschen gibt, nicht *in toto* verloren gehen können, und mit größter Wahrscheinlichkeit würde die Natur das (selbstproduzierte) Ende des Menschen überleben. Die Ausrottung von Arten und die Zerstörung von Landschaften werden all diejenigen, die in der Erhaltung von Biodiversität einen

---

[106] Vgl. Scheler 2000. Siehe dazu Joas 1999, S. 133–161.

hohen Wert sehen, bitter treffen, aber der Wert kann für sie als Orientierung weiterhin in Kraft bleiben, denn zwar ist ein Teil der Biosphäre (Arten, Landschaften) zerstört worden, nicht aber diese im Ganzen, sodass sie weiterhin Gegenstand des Wertens sein kann, das entsprechende Gründe für ökologischen Handeln liefert.

Anders verhält es sich mit Werten, die an Endliches gebunden sind, das *individuell* und als solches *unersetzbar* ist. Das Prädikat ‚unersetzbar' macht kenntlich, dass mit dem Individuellen des Werts nicht nur etwas gemeint ist, das individuiert und ontologisch als Einzelnes unterschieden werden kann. Offenbar kommt es hier auf die spezifische Beziehung von Selbst und Wert an, deren Kontinuität auf der Kontinuität eben dieser individuellen Größen beruht. Ist ein Wert unersetzbar, ist er in dieser Wertung für dieses Selbst nicht durch einen anderen Wert austauschbar. Wesentlich dafür, einen Wert für unersetzbar zu halten, ist also, dass er für die wertende Beziehung konstitutiv ist: Er hat ihr gegenüber ein Primat, gerade das macht auch die Beziehung selbst unersetzbar. Daher erfahren sich oft Liebende, deren Geliebte oder Geliebter ihnen verloren geht, zumindest für eine Zeit nicht mehr in der Lage, weiter bzw. wieder zu lieben. Ihre wertende Aktivität hat selbst mit dem Wert Schaden genommen. Begehrt jemand dagegen primär die wertende Aktivität des Liebens und braucht für sie und die mit ihr verbundene Energie ein geeignetes Relatum, das er oder sie aber bereit ist, bei Problemen gegen ein anderes – in psychoanalytischer Diktion: ein anderes Objekt – auszutauschen, hat der Wert der wertenden Aktivität – des Liebens – gegenüber dem Wert der geliebten Person ein Primat. Man sucht sich für jene ggf. zügig ein neues Relatum.

Aufschlussreich, weil kontextsensitiv, ist daher für den Sinn von ‚ersetzbar' bzw. ‚unersetzbar' in Bezug auf Werte der sprachliche Vorgang der Ersetzung eines Ausdrucks in einer Aussage durch einen andern Ausdruck. Solch eine Substitution ist *salva veritate* nur möglich, wenn beide Ausdrücke bedeutungsgleich sind. Das Prädikat ‚bedeutungsgleich' muss dafür aber präzisiert werden, denn es kann sein, dass der Wahrheitswert nur in extensionalen Kontexten erhalten bleibt. Bei wahrheitswerterhaltenden Substitutionen von Ausdrücken muss daher nicht nur die Extension eines Begriffs, seinen Begriffsumfang, sondern auch seine Intension, also den Sinn, berücksichtigen, den Sprecher mit dem Ausdruck verbinden. Überträgt man diese sprachlogische Argumentation *per analogiam* auf praktische Werte, kann man zwei Hypothesen zu den Bedingungen für die Ersetzung von Werten ersichtlich:

1. Die Frage, ob Werte durch andere (nicht) ersetzbar sind, ist allein in Bezug auf einen Kontext sinnvoll, in dem sie – wie der sprachliche Ausdruck in einer Aussage – eine unterscheidende Rolle spielen *können*. Ein sprachlicher Ausdruck ist nur ersetzbar, wenn der ihn ersetzende Ausdruck im Kontext des Satzes den Wahrheitswert des Satzes erhält, also dieselbe logisch-semantische Funktion ausübt wie der ursprüngliche Ausdruck. Einen *Wert* kann man, so die These, dementsprechend nur ersetzen, wenn ein anderer seine Funktion im Lebenskontext des Individuums zu übernehmen in der Lage ist.

2. Werte können die gleiche Funktion ausüben, sodass sie ersetzbar zu sein scheinen, ohne es notwendigerweise zu sein (in Parallelität zu extensional gleichen,

aber intensional unterschiedlichen Ausdrücken). Ahmet mag dieselbe Funktion für die ihn liebende Sophie haben wie ihr früherer Geliebter Markus (nämlich eine Quelle von praktischen Gründen, die viele andere Gründe in der Lebensplanung überwiegen, vor allem an Wochenenden); aber daraus folgt nicht logisch zwingend, dass Markus einen ersetzbaren Wert dargestellt hat, der nun von Ahmet ersetzt wurde. Es kommt darauf an, ob Sophie mit Markus und mit Ahmet einen Sinn bzw. Wert verbindet, der nicht allein an ihre *Funktion* als Geliebter, sondern auch an ihre jeweilige *Individualität* gebunden ist.

Wenn man sagt, etwas oder jemand sei von ‚unersetzbarem' Wert, verbindet man damit offenbar einen bestimmten Sinn, der bereits eine *heraushebende Evaluation* impliziert. Etwas oder jemand ist dann für einen Wertenden unersetzbar, wenn die wertende Beziehung nicht durch den Austausch des Werts durch einen anderen erhalten werden kann. Unersetzbar sind Werte nur dann, wenn sie an etwas Individuelles gebunden sind, das einmalig, endlich und fragil ist und dessen Austritt aus der wertenden Beziehung diese selbst aufhebt. Diese wertenden Beziehungen sind also selbst individuell, weil sie sich nicht *über* ein Individuelles auf etwas Allgemeines richten, dem gegenüber das Individuum sich etwa wie *token* zu *type* verhält, sondern auf ein konkretes Individuum selbst beziehen. So ist offenkundig eine nach dem Kauf in den Dreck gefallene Waffel mit Eiscreme kein Verlust eines unersetzbaren Werts, selbst für jemanden, für den der Konsum von Speiseeis ein großes Vergnügen ist, das er sich täglich gönnt. Problemlos lässt sich unter normalen Bedingungen (weiterhin vorhandenes Geld und Angebot) für ihn die individuelle Waffel durch eine andere individuelle Waffel ersetzen, weil er in der nun ungenießbar gewordenen Eiswaffel keinen Wert erkennt, der ihre Individualität als diese bestimmte Eiswaffel betrifft. Sie ist ein austauschbares Medium für den Eisgenuss, der selbst wiederum vermutlich gut durch einen anderen Wert, z. B. einen Tortengenuss, ersetzbar sein wird.

Welche individuellen Entitäten können als unersetzbar gelten? Hat nicht jeder an Individuelles geknüpfte Wert zumindest hinreichend ähnliche Entsprechungen? Als *unersetzbar* wichtig geschätzte Individuen, die einmalig, endlich und fragil sind, kommen offenkundig vor allem Lebewesen infrage. Dass Lebewesen einen unersetzbaren Wert für Menschen haben können, erkennt man zuweilen schon an der Sorge um einen bestimmten vegetabilen Organismus (meistens einen Baum) und häufig an der verbreiteten Wertschätzung von (Haus-)Tieren, die nicht als bloßes Exemplar ihrer Art, sondern schon durch Namensgebung als einmalige Individuen wertgeschätzt und entsprechend behandelt werden. Als Lebewesen sind sie nicht nur endlich wie alle Gegenstände auf der Welt, sondern auch verletzlich und werden damit zu einem *fragilen* individuellen Wert, der leicht zerstört werden kann. In dem Fall wird man die Position des Tieres, die z. B. als „Hund im Haus" gekennzeichnet werden kann, vielleicht durch ein neues Exemplar ersetzen können, aber nicht die Bedeutung, die es als konkretes Individuum für die Menschen gehabt hat. Das zeigt sich schon daran, dass Haustiere, die auf verstorbene Haustiere folgen, in der Regel einen anderen Eigennamen erhalten.

Umso mehr gilt das für die Wertschätzung von Menschen. Sie bilden evolutionsgeschichtlich das Paradigma individueller Wertschätzung, die sicher zuerst innerhalb familiärer und tribaler Nahverhältnisse entstand. Vermutlich ist sie erst mit der Kultur der Sesshaftigkeit auch auf andere Besitztümer übertragen worden. Die in differenzierten Gesellschaften der Hochkulturen institutionell ermöglichte *funktionale Ersetzung* von Menschen durch andere in Bezug auf ihre politische, rituelle, berufliche und teils auch familiäre Rolle demonstriert im Kontrast die individuelle Relevanz derjenigen Individuen, die man *nicht* innerhalb eines wertenden Bezugs zu ersetzen bereit ist. Hier unterscheidet sich die Funktion der Werte nach gesellschaftlichem Kontext: In Arbeitsverhältnissen ist es nicht nur normal, sondern für den Fortbestand von Arbeitspositionen in funktional differenzierten Gesellschaften sogar erforderlich, Arbeitskräfte zu gegebener Zeit (etwa wegen Pensionierung) durch andere zu ersetzen. Für öffentliche Ämter gilt das nicht weniger. Es ist für Ämter und Arbeitsstellen sogar geboten, die Personen, die sie erfüllen, als prinzipiell funktional ersetzbar anzusehen. Davon lebt im Besonderen die Demokratie. Das gilt aber in dynastischer oder wahlmonarchischer Tradition nicht weniger für Päpste und Könige nach der Heroldsformel „Der König ist tot, es lebe der König!"

Einen *unersetzbaren* Wert hat jemand demgegenüber als Individuum dann, wenn die Bedeutung, die er für die Wertenden hat, nicht auf seiner Funktionsstelle beruht. Dabei kann die besonders gute Ausübung einer Funktion bzw. die Exzellenz einer Tätigkeit durchaus ein Grund sein, weshalb man überhaupt eine Person hochschätzt. Ihr einen unersetzbaren Wert zuzuschreiben, sagt aber etwas über die Art der Beziehung des Wertenden zu ihr aus und ist insofern nicht auf eine Tätigkeit, die zufälligerweise gerade kein anderer ebenso gut ausführen kann, reduzierbar. Ein hochgeschätzter Freund ist nicht ersetzbar durch andere Freunde, die ihm ähnlich sind oder bspw. ähnlich gut diskutieren können; eine geliebte Tochter nicht durch gleichaltrige Mädchen, auch nicht durch andere Töchter, die sich ähnlich liebevoll zu den Eltern verhalten. Michel de Montaigne macht diese unersetzbare Bedeutung einer bestimmten Person in seiner Trauer um seinen engsten Freund mit einer tautologischen Bemerkung kenntlich, die indiziert, dass es hier gerade nicht um Eigenschaften geht, aufgrund derer man ein Individuum im Verlustfall durch ein anderes mit den gleichen Eigenschaften ersetzen könnte, sondern nur um genau dieses singuläre Individuum (daher spricht Montaigne auch nicht von propositional erfassbaren Eigenschaften, sondern beruft sich auf sein *Gefühl* der nahen Bindung, das man als eine Evidenz für den wertenden Bezug einer *gesamten* Person zu einer anderen *gesamten* Person auffassen kann): „Wenn man in mich dringt zu sagen, warum ich Étienne de La Boétie liebte, fühle ich, daß nur eine Antwort dies ausdrücken kann: ›Weil er er war, weil ich ich war.‹" Dadurch wird auch die Beziehung der sich als unersetzbar individuell wertenden Freunde selbst einzigartig: Sie „hatte kein andres Vorbild als sich selber, nur an sich selber ließ sie sich messen." [107]

---

[107] Michel de Montaigne: „Über die Freundschaft" (Montaigne 1998, S. 101).

Von unersetzbarem Wert ist ein Individuum für einen Menschen also genau dann, wenn es in seiner Individualität für ihn einen intrinsischen Wert hat, der nicht auf anderen Werten (etwa der professionellen Funktionalität) beruht und der ohne Substitutionsmöglichkeit an die Existenz dieses bestimmten Individuums gebunden ist. Die Beziehung von Wertschätzendem zum singulären Wertgeschätzten konstituiert eine singuläre Relation.

Diese Beschreibung gilt auf den ersten Blick auch für die moralische Achtung von Personen, denen nach Kant Selbstzweckhaftigkeit zukommt. Man kann nach dem Prinzip gleicher moralischer Achtung für Personen nicht ein Individuum *statt* eines anderen achten. Wie am Beispiel der Würde und der Grundrechte offenkundig wird, ist auch für die rechtliche Beziehung zwischen Menschen jedes Individuum intrinsisch wertvoll. Genau aus der normativ gebotenen Gleichheit der moralischen Achtung, die den unparteiischen Standpunkt fordert, vom dem aus jemand nicht wegen seiner konkreten spezifischen Beziehung zum Achtenden anders behandelt werden soll als alle anderen,[108] folgt nun aber, dass sie als lebensbestimmende Wertung für ein Individuum nicht zerstört werden kann, wenn einzelne Individuen kontingenterweise durch Tod nicht mehr – oder als Tote nur in anderer Weise – Relatum dieser achtenden Bezugnahme sein können.[109] Der universelle Wert der normativ gebotenen Achtung vor Personen als unersetzbaren Individuen wird nicht selbst lädiert, wenn einzelne Personen aus natürlichen Gründen (den moralisch einzig akzeptablen Gründen) nicht mehr als lebendige Wesen in dieser wertenden Beziehung – der Achtung – stehen können. Die lebensbestimmende Wertung der moralischen Achtung vor Personen bleibt auch bei individuellen Verlusten erhalten, so wichtig einem persönlich ein Individuum auch gewesen sein mag. Daher kann man die gleiche Achtung vor Personen auch universell fordern, unabhängig davon, ob bestimmte Individuen dieser Achtung zur Verfügung stehen. Das unterscheidet die *allgemeinen* Forderungen des Rechts und der Moral von den *partikularen* Bindungen und ihrer auf sie beschränkten Normativität.

Offenbar kommt es bei unersetzbar individuellen Werten auf die Bedeutung an, die die konkreten Individuen für die wertenden Personen haben. Die *Art* der Wertung konstituiert die Unersetzbarkeit des Werts für den Wertenden und zeigt damit eine *Steigerung der Bedeutung von Individualität* an. Es geht um die Art von Bindungen an etwas oder jemanden, die man *partikular* nennt im Unterschied zu den universellen

---

108 Habermas spricht daher treffend von einer „Abstraktionsleistung", die „den kulturspezifischen lebensweltlichen Horizont" sprenge und „die Beteiligten nötigt, den sozialen und geschichtlichen Kontext ihrer je besonderen Lebensform und partikularen Gemeinschaft zu *überschreiten* und die Perspektive aller möglicherweise Betroffenen einzunehmen" (Habermas 1991, S. 124).
109 Moralische Prinzipien der Achtung gelten in veränderter Weise auch über den Tod hinaus. Dafür gibt Antigone schon in der Tragödie ein maßgebliches Beispiel. Offenkundig ist es jedoch eine andere Art von Achtung, denn man kann nur ihr Andenken, ihr Gedächtnis, ihren Namen, ihre Leistung, ihren Willen über den Tod hinaus pflegen und anerkennen sowie ihre Leiche und ihren Besitz mit Respekt behandeln, nicht mehr aber sie selbst als selbstbestimmte, handlungsfähige Akteure.

Beziehungen zwischen Menschen, wie sie die *allgemeinen* Menschenrechte und die Moral *gleicher* Achtung fordern. Diese partikularen Wertungen sind auf bestimmte Individuen bezogen.

Solch unersetzbare individuelle Werte sind daher vor allem Personen, mit denen man sich in besonderen Beziehungen befindet, die durch besondere Wertungen ausgezeichnet sind. Paradigma dafür sind Liebesbeziehungen, Freundschaften, Familien- oder Gruppenzugehörigkeit, letztlich jede Form solidarischer Verbände. Die Existenz erotischer, karitativer, familiärer, freundschaftlicher oder politischer Beziehungen ist nicht hinreichend für die Unterstellung unersetzbarer individueller Wertungen, denn, wie man zur Genüge weiß, bieten gerade diese sozialen Bindungsformen mehr oder weniger intimer persönlicher Verhältnisse den Raum zu Verhaltensweisen, die einer hohen Wertung nicht nur nicht entsprechen, sondern ihr geradezu zuwiderlaufen (Gewalt, Missbrauch, Verrat). Aber diese persönlichen Verhältnisse bieten auch einen sozialen Raum für den Bezug zu unersetzbaren individuellen Werten, die sich mit den Geliebten, Eltern, Kindern, Freunden oder Mitstreitern wesentlich verbinden.

Unersetzbare Werte sind nicht notwendigerweise an Menschen bzw. die endliche und fragile Individualität von Lebewesen gebunden, auch wenn sie schon im antiken Denken der Tragödie das Paradigma für unersetzbare Wertungen bieten.[110] Ein unersetzbarer Wert ist immer dann gegeben, wenn es sich um etwas Individuelles handelt, das ernsthaft verletzt bzw. zerstört werden kann und von dessen Existenz die Wertbeziehung abhängig ist. Handelt es sich nicht um Lebewesen, ist von „Verletzung" in einem übertragenen Sinn die Rede. Dabei kann es sich um einen Wert handeln, der mit dem individuellen Leib in Verbindung steht, etwa die eigene körperliche Integrität wie im Fall des sophokleischen Herakles oder ein irreversibel aufhebbarer Zustand wie den der Jungfräulichkeit und Selbständigkeit wie im Fall der *Hiketiden* des Aischylos. Ebenso zählt eine Gesundheit der individuellen Psyche offenkundig als hoher Wert, der durch schwere Traumata geschädigt und nicht durch eine andere Psyche oder andere Werte wie Geld oder körperliches Wohlgefühl ersetzt werden kann.

Nicht ersetzbar wichtig ist aber auch das, was nicht mit dem offenkundig einmaligen, individuellen, endlichen und verletzlichen Körper oder der psychischen Verfassung allein zu tun hat, sondern mit der *Vorstellung*, die eine Person von sich hat. Diese kann auch dann „verletzt" werden, wenn keine körperliche oder seelische Veränderung induziert wird. So verletzt, wie man sagt, ein demütigendes Verhalten die Würde des Menschen, auch wenn die körperliche Integrität intakt bleiben und die Seele keinen irreparablen Schaden nehmen mag. Man kann nicht sagen, dass eine verletzte Würde durch eine andere ersetzt werden kann. Sie ist an die Selbstachtung

---

110 Vgl. Nussbaum 1986, S. 23–84; siehe Kap. 8.9.

des selbstbestimmten Individuums gebunden,[111] die nicht durch eine andere Art Selbstbezug – etwa Selbstzufriedenheit – und auch nicht durch die Achtung, die andere Menschen der in ihrer Würde verletzten Person entgegenbringen, ersetzbar ist.

Unersetzbare Werte gibt es darüber hinaus in dem, was man die eigenen Projekte nennen kann. Wer hartnäckig sein Leben für eine politische Verbesserung seines Landes einsetzt, wird in dieser Wertung beschädigt, sollte die Verbesserung – etwa die Überwindung von systemischem Rassismus – dauerhaft verhindert werden, sofern ihm die Wendung seines Landes ins Bessere von unersetzbarer Wichtigkeit ist. Für wen es ein hoher Wert ist, philosophisch zu arbeiten, lässt sich diesen Wert nicht durch eine andere Arbeit ersetzen. Folglich kann jeder individuelle Wert über die körperliche und seelische Integrität hinaus von einem Individuum als unersetzbar erachtet werden. Diese Wertungen sind *eo ipso* hohe Wertungen, denn die Rede von den eigenen ‚unersetzbaren Werten' ist immer schon *expressiv*. Sie zeigt bereits eine vertiefte Individualisierung an. Indem ich etwas Individuelles als unersetzbar wichtig anerkenne, drücke ich aus, dass es für mich so bedeutend ist, dass es nicht ausgetauscht werden kann, obwohl es aus der Perspektive anderer als austauschbar angenommen werden könnte.[112] Solch eine besondere Wertung zeichnet etwas Individuelles in einer individuellen Perspektive aus und ist damit ein Ausdruck für das evaluative Welt- und Selbstverhältnis, das eine Person hat. Darin ist es, wie in den folgenden vier Teilkapiteln gezeigt werden soll, Ausdruck für die *praktische Individualität* eines Menschen, die in der Tragödie auf dem Spiel steht. Alle Wertungen von etwas Individuellem als etwas nicht austauschbar Wichtigem sind, so die These, zugleich Ausdruck einer Vorstellung, die eine Person von sich selbst als diese bestimmte Person hat. Denn erst diese Wertungen machen sie zu diesem konkreten Individuum, das sich selbst grundsätzlich als auf diese Wertungen hin orientierter Akteur begreift.

8.6 Starke Wertungen

Die Gradualität und Variabilität des Wertens, die sich in der Metapher des Gewichts zeigt, widerspricht, wie argumentiert wurde, nicht der lebensweltlich vertrauten Rede von Werten, die unabhängig von je individuellen Wertungen in Geltung sind. Im Gegenteil, die Produktivität des Wertens bietet gerade einen Grund dafür, dass in der

---

111 Diese These ist gerade von theologischer Seite aus umstritten. Zur Begründung siehe Nida-Rümelin 2005, S. 127–159.
112 In Analogie zu Freges sprachphilosophischer Unterscheidung von Sinn und Bedeutung in „Über Sinn und Bedeutung" (Frege 1962) könnte man sagen, dass die anderen nur die Bedeutung und also die Austauschbarkeit des Werts durch einen bedeutungsgleichen Wert sehen, während der Wertende den unterschiedlichen Sinn erkennt, der einen Austausch nicht ohne Weiteres erlaubt. Dieser Sinn, den der Wertende mit dem Wert verbindet, lässt sich anderen vermitteln, so wie tragische Figuren wie Antigone ihren Sinn für das ihnen Wertvolle den Mitspielern und dem Publikum sprachlich und praktisch zu vermitteln vermögen.

ethischen und rechtlichen Tradition der Hochkulturen einige Werte als unverhandelbar anerkannt sind, die unbedingte Geltung beanspruchen. Durch diese aus dem Reich prinzipiell schwankender Wertungen gleichsam normativ kristallisierten Werte wird der gesellschaftliche Raum des Handelns erweitert, weil bestimmte Wertanerkennungen auf Dauer gestellt werden und man sich auf ihre gesellschaftlich anerkannte Geltung verlassen kann. Solche Werte sind meist moralische, die das Zusammenleben regulieren, oder religiöse, die das Zusammenleben über den Bezug zu einer Transzendenz bestimmen. Sie stehen innerhalb von Gesellschaften oder Kulturen – und über die Menschenrechte mittlerweile auch global – nicht mehr zur Disposition für normative Ersetzungen bzw. Um- und Abwertungen. Somit bilden sie feste evaluative und normative Bezugsgrößen, an denen sich das Zusammenleben in Gesellschaften orientieren kann.[113] Kants Unterscheidung der unbedingten Geltung des Werts eines Menschen – seiner Würde – gegenüber dem variablen und funktional bestimmten Preis steht in der Tradition dieser Differenz und begründet sie mit Rekurs auf die praktische Vernunft neu.[114] Denn der Selbstwert des Menschen als vernünftigem Lebewesen, das werten kann, ist Voraussetzung dafür, dass der Mensch anderes als Menschen wertschätzen kann. Stünde er zur Disposition, unterliefe sich die auf Wertungen gründende Praxis selbst. Man hätte keinen Grund, eine Begründung einer Handlung überhaupt für sinnvoll anzusehen, weil zweifelhaft wäre, ob der Freiheit, Handlungsfähigkeit und Verantwortung überhaupt eine Bedeutung zukäme. Solche Beliebigkeit ist unter den Bedingungen einer Kultur als Praxis gar nicht möglich. Der Selbstwert des Menschen als wertender, Zwecke setzender und begründender Akteur ist strukturell nicht durch einen anderen Wert zu ersetzen, will man menschliche Praxis überhaupt erhalten.

Die geteilte Anerkennung ethisch relevanter Werte und ihr Schutz durch das Recht schränken nun zwar die Freiheit ein, diese Werte umzuwerten und ihnen zuwiderzuhandeln. Doch dadurch eröffnen sie zugleich einen viel größeren Freiraum praktischer Möglichkeiten, weil sie eine Basis für interpersonelle und intrapersonelle Verlässlichkeit schaffen, die von der Sorge um diese Werte entlastet. Wer etwa aufgrund systemischen Rassismus stets Angst haben muss, in seiner Würde von anderen verletzt zu werden und keinen Schutz zu genießen, weil der Respekt vor der Würde des Menschen und seiner körperlichen wie psychischen Integrität nicht als allgemeiner Wert anerkannt wird oder vom Recht nicht hinreichend effektiv geschützt ist, wird viel Energie darauf verwenden müssen, sich selbst vor demütigendem Verhalten und möglicher Gewalt in Schutz zu bringen. In analoger Weise gibt es auch eine intrapersonelle Entlastungsfunktion durch Werte, die nicht zur Disposition stehen, denn als diachron stabile Relata eines wertenden Bezuges ermöglichen sie Kohärenz zwi-

---

[113] Wie gesagt sind diese unverhandelbaren Werte und Normen nicht immun gegenüber Umwertungsversuchen, wie sie von faschistischer, rechtsextremer Seite wiederholt vorgenommen werden. Auch rechtsstaatliche Verfassungen können autoritär umgebaut werden, wie sich aktuell auch in Ländern der Europäischen Union zeigt.
[114] Immanuel Kant: *Grundlegung zur Metaphysik der Sitten*, AA, Bd. IV, S. 434 f.

schen weiteren Wertungen, die mit ihnen zusammenpassen müssen, und der Konstanz des Individuums als Akteur. *Eo ipso* wertschätzt eine Person mit den unverhandelbaren Werten auch das Handeln, durch das sie diese Wertungen ausdrückt, und die Sprache, durch die sie sie und die ihnen entsprechenden Handlungsgründe artikuliert. Stabile Wertungen haben daher nicht nur als ethische oder rechtliche Werte eine interpersonelle, soziale Funktion, sondern auch eine intrapersonell-individuelle: Sie ermöglichen ein prinzipiell affirmatives Selbst- und Weltverhältnis, das Voraussetzung dafür ist, überhaupt in der Praxis handelnd zu bestehen, wie wiederum das handelnde Zum-Ausdruck-Bringen dieser Wertungen das Selbst- und Weltverhältnis erfüllt und erhält.

Um sich als eine konkrete Individualität zu erkennen, bedürfen Personen Wertungen, die von Umwertungen ausgenommen sind oder bei denen mögliche Umwertungen sehr gewichtige Gründe haben müssen. Einige davon konstituieren den Kernbestand des Verständnisses, das ein Individuum von sich als einer sich im Handeln zum Ausdruck bringenden Individualität hat. Ohne dieses Selbstverständnis aufgrund von solch ausgezeichneten Wertungen ist, so glaube ich, die tragische Erfahrung nicht zu erklären. Diese individualitätskonstitutiven Wertungen sind in sich transformierbar, aber nicht austauschbar oder aufgebbar. Ich schlage vor, sie *existentiell* zu nennen.[115]

Der Begriff *existentieller Werte* ist eng verwandt mit dem Begriff *starker Wertungen* von Charles Taylor, enthält allerdings diesem gegenüber einige Änderungen, die den Begriff des Werts auf den der Individualität fokussieren. Zunächst soll Taylors Konzeption vorgestellt werden, um danach den Begriff existentieller Werte zu bestimmen.

Charles Taylor hat als einer der ersten den seit der Phänomenologie und dem amerikanischen Pragmatismus der 1930er Jahre eher versiegten Diskurs über Werte und ihre Entstehung systematisch aufgenommen und eine mittlerweile viel diskutierte Unterscheidung vorgenommen, die die bisherigen Überlegungen auf die Frage nach der Relevanz von Werten für das Selbstverständnis einer Person bezieht.[116] In seinem Aufsatz „Was ist menschliches Handeln?" geht Taylor von Harry Frankfurts topologischem Modell autonomer Personen aus, die die Fähigkeit zur reflexiven Bewertung ihrer eigenen Wünsche haben und genau dadurch auf die unmittelbar gegebenen Impulse einwirken können.[117] Taylor nimmt Frankfurts Modell auf, reagiert aber auf seine Schwäche, dass darin offen bleibt, mit welcher Art Bewertungen man sich auf die eigenen Wünsche bezieht. Offenkundig, so Taylor, macht es einen Unterschied, ob man die Wünsche selbst als Beurteilungskriterium ansieht, etwa ihre Intensität, oder ob man die Wünsche und ihre motivationale Kraft nach normativen Wertmaßstäben bewertet. Begründungstheoretisch reformuliert fragt Taylor also da-

---

115 Siehe dazu Kap. 8.8.
116 Zur Diskussion von Taylors Begriff starker Wertungen und der mit ihnen verbundenen Selbstinterpretation des Menschen als Element seiner philosophischen Anthropologie vgl. Honneth 1988; Rosa 1998; Joas 1999, S. 195–226, zur Diskursgeschichte: S. 195 f.; Laitinen 2008.
117 Vgl. Frankfurt 2001a, siehe Kap. 7.3.

nach, welche Arten von Bewertungen es für die eigenen handlungswirksamen Motive gibt. Es macht ihm zufolge einen spezifischen Unterschied, ob man einen Wunsch, ein bestimmtes Gebäckstück zu verzehren, dem nach einem anderen Gebäckstück vorzieht oder ob man ein Motiv für tugendhaft, edel, niedrig oder unwürdig hält. Handelt es sich im ersten Fall um eine Präferenz, die Taylor „schwache Wertung" (*weak evaluation*) nennt, handelt es sich im zweiten Fall um die Anerkennung von Werten im emphatischen Sinne, von Taylor „starke Wertung" (*strong evaluation*) genannt.[118] Während eine Entscheidung, die sich auf schwache Wertungen gründet, reflektiert, was man gerade bevorzugt, sind starke Wertungen Ausdruck eines qualitativen Unterschieds, der nicht durch quantitative Abwägung bestimmbar ist. Diese können daher schwache Wertungen, d. h. bloße Präferenzen, bewerten. Taylor geht es darum, gegen die utilitaristische Tradition dafür zu argumentieren, dass Menschen „keine Wesen sind, deren einzige authentische Wertungen nicht-qualitativer Natur sind" (21). Im Fall der schwachen Wertung genügt der bloße Wunsch, um sein Handeln danach zu orientieren; qualitative Unterschiede zwischen den Wünschen sind nicht entscheidend für die Frage, welchen Wunsch man in der reflexiven Bewertung für handlungswirksam erklärt. Im Fall der starken Wertung bezieht sich die Wertung dagegen immer auf qualitative Unterschiede, die nach Taylor in einer kontrastiven Sprache zum Ausdruck kommen, etwa durch Gegenüberstellungen von guten und schlechten, ehrenwerten und niederträchtigen, plumpen oder verfeinerten Motiven. Die Sprache ist hier gleichsam von Wertungen aufgeladen und signalisiert nicht austauschbare Differenzen.[119]

Folgt man im Fall schwacher Wertung einem Wert und vernachlässigt einen anderen, liegt die Unvereinbarkeit allein an kontingenten Gründen. Möchte jemand etwa nach Island und Israel reisen, muss er sich womöglich aus Zeit- oder Geldmangel für die Insel oder den Mittleren Osten entscheiden, ohne dass ihm das die Reise verleiden wird. Eine schwache Wertung kann durch eine andere ersetzt werden, ohne dass die Wertung selbst Schaden nimmt. Anders verhält es sich mit starken Wertungen, die Handlungsweisen, die ihnen nicht entsprechen, bereits aufgrund ihres Gehalts, also diesseits kontingenter Gründe wie zeitlicher Unvereinbarkeit ausschließen. Jemand kann sich nicht, anstatt in Zivilcourage mutig handeln zu wollen, heute mal dazu entscheiden, doch lieber feige zu sein, sofern er mutiges Handeln stark wertet. Wenn er doch feige handelt, dann lebt er nicht seinem starken Wert entsprechend. Nicht die graduelle Stärke des Wunsches entscheidet hier, sondern ein Wert als qualitativer Maßstab für Wünsche bzw. in der hier vorgeschlagenen Redeweise: als Quelle für Handlungsgründe. Der Grund für diesen Unterschied ist, so Taylor, die konstitutive

---

[118] Taylor 1988c, S. 11 (engl.: „What is human agency?", in: Ch. Taylor (1985), S. 15–44). Im Folgenden befinden sich die Seitenzahlen der deutschen Ausgabe im Haupttext.
[119] Bernard Williams, mit Taylor in der Kritik des Utilitarismus weitgehend einig, nennt später solche beschreibenden, zugleich evaluativ aufgeladenen Begriffe, die die Distinktion von deskriptiver und normativer Sprache unterlaufen, „dichte ethische Begriffe" (*thick ethical concepts*); vgl. Williams 1999.

Rolle, die starke Wertungen für die jeweilige „Lebensform" (*mode of life*) spielen, in der man sich selbst sehen will:

> „ich will eine bestimmte Art von Person sein. Dies würde kompromittiert, wenn ich diesem feigen Impuls nachgäbe. Hierin besteht die Inkompatibilität. Aber diese Inkompatibilität ist nicht länger kontingent. Es handelt sich nicht mehr um eine Frage der Umstände, die es unmöglich machen, dem Impuls zur Flucht nachzugeben und dennoch an einer mutigen, aufrechten Lebensweise festzuhalten. Eine solche Lebensweise besteht nämlich unter anderem darin, solchen ›feigen‹ Impulsen nicht nachzugeben." (15)

Starke Wertungen spielen also eine konstitutive Rolle für eine Vorstellung, die man von sich selbst hat. Sie sind notwendig dafür, dass Menschen „eine bestimmte Art von Person" sein können, nämlich die, die sie sein wollen. Solch ein stark wertendes Subjekt hat nach Taylor notwendigerweise eine reichere Sprache, in der diese Wertungen zum Ausdruck kommen, und damit mehr „Tiefe" (21. 24 f.), „da es seine Motivation auf einer tieferen Ebene beschreibt" (23). Mit „Tiefe" oder „Größe"[120] – weiteren graduellen Metaphern für Werte – ist der *zusätzliche* Subjektbezug der starken Wertungen gemeint. In starken Wertungen geht es jemandem um die entsprechend bewertete Sache und darin *eo ipso* auch um sich selbst. Die sokratische Frage „Was soll ich tun?" ist für stark wertende Personen immer auch mit der Frage verknüpft, wer sie sind und sein wollen. Sie führt „direkt ins Zentrum unserer Existenz als Handelnde" (24). Dieser existentielle Bezug der Wertungen ist es nach Taylor, der „dem üblichen Gebrauch der Metapher der Tiefe in Bezug auf Menschen zugrunde liegt" (24). „Tiefe" ist daher auch eine Metapher des Philosophierens als Reflexion über tieferliegende Werte und die Frage nach dem eigenen Selbst, die auf keinen festen Grund führt.[121] In Bezug auf Werte zeigt diese Metapher wie die des Gewichts an, wie „tief" etwas im intelligiblen Innenraum des Selbst verankert ist bzw. wie gleichsam bis in die lebenserhaltenden, tief unter der Haut liegenden Organe, mit denen – vor allem dem Herzen – man evaluative Bedeutsamkeit assoziiert, die Wertungen verkörpert sind, sodass man von ihnen „tief bewegt" oder „tief berührt", aber auch „tief verletzt" werden kann. Es handelt sich um eine intrikate Verbundenheit von Selbst und Wert. Entsprechend sind Haare, Hautzellen oder Schorf leicht von der Oberfläche des Körpers abtrennbar, tief liegendes Gewebe der Eingeweide dagegen nicht, es gehört biologisch in einem stärkeren Sinne zu uns als unsere Haare. Starke Wertungen werden daher auch vom *common sense* als „tief" ausgezeichnet, die mit einer „unverbindlichen Oberflächlichkeit" kontrastieren.[122]

Menschen sind nun allerdings nicht erst zuerst eine pure Oberfläche und werden irgendwann tief. Sie sind vielmehr immer schon auf Wertungen verschiedener Art bezogen, allein schon dadurch, dass sie als Lebewesen aus ihrer Umwelt das aus-

---

120 Einmal spricht Taylor etwas unglücklich davon, jemand, der stark werte, sei „a bigger person" (Ch. Taylor 1985b, S. 45–76).
121 Vgl. Rolf 2007, 458 ff.
122 Ebd., S. 461.

wählen, was der Befriedigung ihrer Bedürfnisse entgegenkommt. Darüber hinaus leben Menschen seit Beginn ihrer Sozialisierung in Wertungen, die ihnen durch von anderen geschätzte Werte nahegelegt werden. Als wertende Wesen sind wir immer schon im gesellschaftlichen, kulturell jeweils spezifischen Raum von allgemein akzeptierten Wertorientierungen, wie wir mit unserem Handeln immer schon den öffentlichen Raum der Begründungen betreten haben. Wir befinden uns dauernd in Wertungsprozessen, weil wir ohne das Abschätzen von Werten gar nicht in der orientierungsbedürftigen Lebenspraxis überleben könnten.[123] Daher beginnen wir unsere Selbstinterpretation bereits aus der spielend erworbenen Position eines sich selbst interpretierenden Wesens heraus.

Diese nur scheinbar zirkuläre Struktur, in der eine bereits vorgängig wirksame Wertung bewusst und als Teil meiner Selbst implementiert wird, beruht, so muss Taylor ergänzt werden, auf der immer schon vorgängigen Selbstbezüglichkeit des Menschen, die für sein Wertschätzen wie für sein Wissen gilt. Wissen von sich geht nämlich jeder Art des Erwerbs von neuem Wissen voraus. Das Prädikat „weiß von sich" ist, so hat Dieter Henrich argumentiert, nicht eines, das einem Subjekt wie andere Wissensprädikate zu- oder abgeschrieben werden kann, sondern es *macht* die vorgängige Selbstbezüglichkeit dieses Von-sich-Wissens *aus*.[124] Erst im Ausgang des epistemischen Mit-sich-Vertrautseins gewinnt (oder verliert) man weiteres Wissen über Gegenstände, das allein kraft des vorausgehenden Selbstwissens gewonnen werden (oder verloren gehen) kann. So verhält es sich auch mit dem Wertschätzen: Nur weil man immer schon mit sich selbst als wertendem Lebewesen unbewusst und bewusst verbunden ist, kann man weitere Wertungen zum Teil seiner selbst machen. Gäbe es keine (schon bei Kleinkindern offensichtliche) vorgängige Selbstschätzung des Lebendigseins – die Evidenz, dass aus der Optik des eigenen Lebens ein auswählender Bezug zur Welt selbst sich als wertvoll, weil lebensförderlich darstellt –, wäre jede weitere Wertung grundlos.

Taylor macht die Vorgängigkeit von Wertungen für Entscheidungen in einer Diskussion der radikalen Wahl im Sinne Sartres deutlich. Die Wahl der Werte sei gerade keine radikale Wahl, die mich selbst erschafft bzw. „erfindet"[125], da jede Wahl bereits Wertungen voraussetzt, die eine wählende Person als Teil ihrer Identität ansieht. Anders gesagt, sind alle Begründungen für Entscheidungen mit Werten und Gründen vernetzt; es gibt keine begründete Wahl *ex nihilo*. „Der Akteur der radikalen Wahl hätte im Augenblick der Wahl *ex hypothesi* keinen Werthorizont. Er wäre völlig ohne Identität. Er wäre eine Art ausdehnungsloser Punkt, ein bloßer Sprung ins Leere" (38). Sartres Theorie der radikalen Wahl, die einen cartesianischen Begriff eines transzendentalen Subjekts ohne vorgängige Weltverknüpfung fortschreibt, ist also gerade keine Entscheidung, die zu mir selbst führt, sondern im Gegenteil eine Form „der

---

[123] Vgl. Herrnstein Smith 1988, S. 42ff.; vgl. Ch. Taylor 1985b, S. 75.
[124] Vgl. Henrich 1999b, S. 58f.
[125] Sartre 1971, S. 17.

allerschrecklichsten Entfremdung" (38). Ebenso kritisiert Taylor das Modell der Selbsterschaffung ohne vorausgehenden Werthorizont: „Self-choice as an ideal makes sense only because some *issues* are more significant than others." Nur auf bereits vorausgehende, bestimmte Wertungen hin kann man das nietzscheanische oder sartrische Projekt des „self-making" verfolgen. Ohne „issues of importance" gäbe es dazu gar keinen Anlass, denn „self-making" ist „significant"[126] nur in Bezug auf diese. Dabei muss jede Selbstbestimmung als Selbstbearbeitung nicht nur Wertungen, sondern vielerlei vorgängige Bedingungen berücksichtigen.[127] Ein demgegenüber authentisches, nicht-entfremdetes Selbst gründet seine Entscheidungen und sein Handeln auf die starken Wertungen, die seine Selbstinterpretation ausmachen.[128] Es berücksichtigt in seinem Selbstverständnis und der Integration neuer Wertungen in dieses immer „the horizons against which things take on significance for us."[129]

Sich starke Wertungen anzueignen, heißt nach Taylor also, sich als wertschätzendes Wesen *selbst zu interpretieren*. Der Mensch ist für ihn wesentlich ein „sich selbst interpretierendes Wesen" (49).[130] Im Gegensatz zur szientistischen Epistemologie heißt Selbstinterpretation für Taylor nicht Erkenntnis bereits vorgängig gegebener, subjektunabhängiger Sachverhalte, die ich an und in mir nur richtig wahrzunehmen hätte.[131] Der Prozess der Selbstinterpretation ist zum einen produktiv und zum anderen stets welt- *und* selbstbezogen. Produktiv ist er, weil er einerseits von etwas ausgeht, das bereits als Gefühl oder sozialisierte Wertung vorgängig ist, andererseits aber im Prozess der Deutung dieses Vorgängigen dieses in eine sprachliche Form bringt und dadurch transformiert. In Fällen, in denen noch keine starke Wertung explizit ist, wir aber auf Sachverhalte evaluierend reagieren, wird zunächst ein „innerstes Gefühl [...] für das, was wichtig ist, das bis jetzt unentfaltet ist und das ich näher zu bestimmen versuche" (47), wahrgenommen. Hier spielt die Metaphorik der Tiefe als der Unvordenklichkeit des sich zunächst als Selbstgefühl artikulierenden Selbstbewusstseins eine wesentliche Rolle. Gefühlten Wertungen, die sich in spezifischen Reaktionen zu Sachverhalten zeigen (das Gefühl ist bekanntlich in der Regel schneller als die explizite Urteilskraft), gilt es nun in einer expressiven Sprache mitteilbar zu machen. Diese für eine Selbstinterpretation unverzichtbare Tätigkeit nennt Taylor Artikulation bzw. explizites Bewusstmachen. Es ist eine Aktivität des Zur-Sprache-Bringens, die im Repräsentationsmodell der Sprache vernachlässigt wird.[132] Sie erfordert nach Taylor eine expressive, den Wertungen möglichst angemessene

---

[126] Taylor 1991, S. 39f.
[127] Vgl. Gerhardt 1999, S. 146.
[128] Taylor 1991, S. 66.
[129] Ebd., S. 37.
[130] Vgl. Taylor 1985b.
[131] Ebd., S. 45–47. Taylor müsste sich mit Moran in der Diagnose einer strukturellen Selbstentfremdung durch pure empirische Selbstbeobachtung einig sein.
[132] Vgl. Taylor 1988a, S. 63f.

Sprache, die für die Selbstdeutung unverzichtbar, weil irreduzibel ist.[133] Es gilt in ihr einen adäquaten Ausdruck zu finden und mehr Klarheit in sein Selbstbild zu bekommen, um überhaupt starke Wertungen, die sich auch in kritischer Reflexion bewähren, für sich artikulieren und öffentlich mitteilbar machen zu können.[134] Der Ausgang von bereits wirksamen Wertungen, seien sie dem Selbst auch nur verworren als Gefühl angezeigt, ist nun nach Taylor nicht so zu verstehen, als finde man etwas bereits Gegebenes nur noch auf und bringe es gleichsam wie einen unterdrückten Trieb symbolisch zu Bewusstsein. Vielmehr ist der Prozess der Selbstinterpretation eine transformative Tätigkeit, in der das Wertgefühl reflexiv durch Artikulation zu etwas anderem wird, als es zuvor war. Durch das Explizit-Machen und Vor-sich-selbst-zum-Ausdruck-Bringen wird eine durch emotionale Reaktionen erfahrene Wertung, die „wir zuvor nur implizit empfinden"[135], zu einer bewussten, im Handeln und einer expressiven Sprache zum Ausdruck kommenden Wertung, in der die Person ihre eigene Einsicht zu einem öffentlich artikulierbaren und für sie selbst reflexiv bewertbaren Ausdruck bringt und somit wertindizierende Gefühle zu einer belastbaren Werteinstellung geformt werden.[136]

Die aktive Formierung der Wertung ist ein expressiver Vorgang, der vom Undefinierten zum Artikulierten, vom Diffusen zur Form führt. Taylor beschreibt einen Prozess der Selbstinterpretation, den man mit Cassirers Begriff der symbolischen Form auf die Dynamik der kulturellen Produktion menschlichen Geistes überhaupt beziehen kann. In symbolischen Formen erzeugt der menschliche Geist durch Transformation seiner Eindrücke etwas, mit dem er umgehen und in dem er sich selbst als er selbst finden kann. Ohne die symbolische Form kann nach Cassirer kein Eindruck zu einem Ausdruck des Menschen werden, in dem er sich wiedererkennt und sich selbst bestimmt.[137] Entsprechend ist auch für Taylor, der keine Notiz von Cassirer nimmt, die Interpretation als sprachlich artikulierte Form „constitutive of the feeling"[138], insofern das artikulierte Gefühl eine Wertung nicht widerspiegelt, sondern zuallererst erschließt. Ohne sprachliche Form könnte man keine wertende Einstellung konturieren und von einer anderen unterscheiden, man könnte nicht zwischen

---

133 Vgl. Taylor 1985b, S. 57.
134 Vgl. Taylor 1988a, S. 67 ff.
135 Ebd., S. 64.
136 Zur differenzierten Funktion von Gefühlen, Wertungen anzuzeigen, d. h. zu ihrem Wertungscharakter und ihrer Auslegungsbedürftigkeit siehe Steinfath 2001, S. 149–196. Zur Debatte, wie Gefühle Werte wahrnehmen oder erschließen und Bewertungen angemessen machen können, siehe Döhring 2009a, S. 49 ff., sowie die Beiträge von Döhring, Anja Berninger, Christine Tappolet, Kevin Mulligan und David Wiggens ebd., S. 433–510.
137 Vgl. Cassirer 2002, S. 60 ff. Es geht um eine Transformation, „einen radikalen Wechsel", bei dem „ein passiver Zustand" des Geistes „ein aktiver Prozeß" wird (ebd., S. 60). Die klassische Formulierung findet sich in der älteren *Philosophie der symbolischen Formen*: Alle Formen der Kultur dienen nach Cassirer dem einen Ziel, „die passive Welt der bloßen Eindrücke, in denen der Geist zunächst befangen scheint, zu einer Welt des reinen geistigen Ausdrucks umzubilden." (Cassirer 1994, S. 12).
138 Ch. Taylor 1985b, S. 63, vgl. S. 74.

wertvoll und unwert, gut und schlecht oder auch weniger hilfreich und hilfreicher differenzieren.[139] Ebenfalls könnte man nichts Umwerten, denn man wäre nicht in der Lage, Gründe zu artikulieren, die für diese Umwertung sprechen.[140] Starke Wertungen sind also im Gegensatz zu spontanen Wünschen eine kulturelle, nämlich sprachliche Form von Expressivität und Reflexivität.

Diese Selbst-Interpretation nimmt, so Taylor, „mein gesamtes Selbst [...] in Anspruch" (47), denn es betrifft schließlich das Selbst als ein durch seine starken Wertungen ausgezeichnetes Individuum und sein praktisches Verhältnis zur Welt. Das, was zur Sprache kommt, ist nämlich stets welt- *und* selbstbezogen. Was in der Artikulation starker Wertungen bewusst wird, sind einerseits Bedeutungen in der Welt, die sich auf uns auswirken („imports that impinge on us")[141] – etwa ein bewunderungswürdiges Handeln, das uns anspricht – und zugleich subjektrelative Eigenschaften.[142] Sie betreffen das Subjekt der Wertung, das in dieser Wertung sich selbst zum Ausdruck bringt. Die Artikulation der eigenen starken Wertungen bzw. Bestrebungen (*aspirations*) ist es nach Taylor, die den Menschen überhaupt in besonderer Weise auszeichnet. Offenbar ziehen auch Tiere das eine dem anderen in der Suche nach Nahrung, Paarungspartnern, Sicherheit oder Brutplätzen vor. Nur Menschen besitzen dagegen eine expressive Sprache, mit der sie vor sich und anderen Unterschiede festhalten und zum Ausdruck bringen können, „what matters to us as human subjects."[143] Dass Menschen sich selbst deutende Tiere sind, bedeutet also nicht nur, dass sie prinzipiell zur Selbstreflexion fähig, sondern auch, dass sie stets „partly constituted by self-interpretation" sind: Die Selbstauslegung über Wertungen ist also eine Art Sich-Verstehen als „Seinsmodus"[144], d. h. als Daseinsmodus: Es macht durch Artikulation das kenntlich, was für die Person bedeutend ist, und gibt darin auch ihren Gefühlen eine Form.

Die Entstehung starker Wertungen und ihre Wirksamkeit vereinen also aktive und passive Dimensionen. Starke Werte werden, so ließe sich von Taylor ausgehend sagen, in einem Prozess der *Erfahrung* zu einer konstitutiven Funktion des Selbst.[145] Der emphatische Erfahrungsbegriff, der in Kapitel 7 entwickelt wurde, verbindet Aktivität, das „Machen" einer Erfahrung, mit dem „Gemachtwerden", dem Sich-Verändern-Lassen durch eine Erfahrung. Dieser transitive wie intransitive Vorgang ist transformativ, weil er in der reflexiven Vergewisserung der Erfahrung das in ihr Erschlossene, von dem das Individuum ergriffen wird, erst zu einem Teil des Selbst macht und dadurch sowohl den Erfahrungsgehalt als auch das Subjekt der Erfahrung nachhaltig zusammenschließt und in diesem Zusammenschluss existentiell verändert. In der

---

139 Vgl. ebd., S. 64.
140 Vgl. ebd., S. 69 ff.
141 Ebd., S. 72.
142 Vgl. ebd., S. 54.
143 Ebd., S. 60.
144 Ebd., S. 72 (im Original deutsch).
145 Explizit nennt auch Taylor diesen Prozess Erfahrung (*experience*), vgl. Taylor 1988a, S. 48 ff.

Erfahrung der Genese starker Wertungen *widerfährt* einem etwas, weil die Wertungen einen *ergreifen*.[146] Zugleich lässt man, soll es eine genuine Erfahrung sein, dieses Ergreifen nicht bloß passiv geschehen, sondern man verhält sich aktiv zu ihm, indem man den Erfahrungsgehalt artikuliert, ihn sich reflexiv zu eigen macht und mit kohärentistischen Erwägungen in das eigene Selbstverständnis integriert, was mehr oder weniger einfach gelingt. Es kann bei starken Wertungen also weder um bloße Präferenzen noch um (sei es moralische, sei es ästhetische) Werte gehen, die unbewusst oder ungeprüft von anderen übernommen werden, sondern um herausgehobene, starke, hohe Wertungen, die nur Ausdruck der Selbstbestimmung des Menschen sein können, wenn er tief von ihnen ergriffen wird *und* sich reflexiv zu dem Bestimmenlassen im Erfahrungsprozess verhält, sodass er die Wertung zum Teil seiner selbst werden lässt. Starke Wertungen müssen reflexiv eingeholt, hinsichtlich anderer Wertungen auf Kohärenz geprüft werden und sich in Bezug auf das Leben, was ich führen will, begründen lassen; anderenfalls wären Wertungen bloße Widerfahrnisse. Das können sie aber nicht bloß sein, sofern sie zum *Ausdruck* der Selbstbestimmung einer konkreten Person werden, d. h. zum Ausdruck einer Wertung, zu der sie sich bekennt, die ausdrückt, wer sie sein will. Aufgrund dieses Erfahrungscharakters der Wertgenese kann man im Englischen neben ‚*evaluation*' auch den im Deutschen nicht adäquat wiederzugebenden Ausdruck ‚*commitment*' verwenden, denn er vereint sowohl das affektiv-passivische Moment der *Hingabe* als auch die bewusste normative *Verpflichtung*, die aus dem *commitment* erwächst.

Paradigmatisch lässt sich das am Verlieben als Prozess der Genese einer starken Wertung plausibilisieren. Seit der frühen Antike ist es ein Gemeinplatz, dass man sich nicht aktiv durch Entschluss verlieben kann. Verlieben ist keine Handlung, sondern ein metaphorisches Getroffen-Werden von Amors Pfeil. Zugleich ist es aber kein gewalttätiges Widerfahrnis, das einem passiv zustößt, wie ein Pfeil aus Holz, der den Körper durchbohrt. Vielmehr wird ein Verlieben erst relevant und zu einer starken Wertung wirklicher Liebe, wenn diese Erfahrung auch in einer *bewussten willentlichen Stellungnahme* zu dieser Liebe angenommen, für wertvoll erachtet, artikuliert und in Handlungen zum Ausdruck gebracht wird. Diese Stellungnahme ist eine reflexivsprachliche Tätigkeit, insofern sie Urteile darüber enthält, ob man die andere Person durch die eigenen Liebe beglückt oder bedrängt, ob sie der eigenen Liebe entgegenkommt, sie spiegelt und beide die einander gewidmeten Handlungen aus Liebe, nicht aus Nützlichkeitskalkülen vollziehen.[147] Das unterscheidet Lieben als Erfahrung sowohl von einem reinen *pathein* als auch von einem reinen *prattein* oder *poiein*. Wer-

---

[146] Vgl. zum aktiven-passiven Doppelcharakter von Wertungsgenesen auch Hans Joas' Theorie der Wertentstehung, die er soziologisch und philosophisch u. a. mit Bezug zu Taylor entwickelt (1999, S. 195 ff. und 260 ff.).

[147] Jemanden zu lieben, ohne die Liebe reflexiv als starke Wertung für die Lebensführung ins eigene Selbstverständnis integrieren zu können (weil sie etwa gesellschaftlich nicht lebbar ist oder sich die geliebte Person der Liebe unwürdig verhält), heißt dann, unglücklich zu lieben.

tungen eignet man sich im Modus der Erfahrung an, als Prozess, der Passivität und Aktivität verschränkt.[148]

Die Veränderung durch eine werterschließende Erfahrung ist ein tiefes Verändert*werden*, weil es reflexiv das eigene Selbst- und Weltverhältnis betrifft, das sich auf die gewonnene starke Wertung hin orientiert. Erfahrungen machen heißt auch hier, sich selbst am Gegenstand der Erfahrung durch seine bewusste Inkorporation zu verändern. Der bewusste Selbstbezug zu dieser Veränderung, d. h. das Anerkennen der starken Wertung als konstitutiven Teil meiner Selbst, ist für Taylor eine Form der Authentizität, in der ich meine Wertungen und die sie indizierenden Gefühle durch eine angemessene expressive Sprache zu artikulieren verstehe.[149] Taylor steht damit in der expressiven Sprachtradition Humboldts, Herders und Hamanns wie in der von Hegel geprägten hermeneutischen Tradition Heideggers und Gadamers,[150] die einen nicht-empiristischen Erfahrungsbegriff an die Reflexivität der Erfahrung binden, in der das Selbst zu sich kommt: „In der Erfahrung, die das Bewußtsein mit sich selbst macht," schreibt Heidegger, „wird es ein anderes; aber gerade dieses Sichanderswerden ist ein Zusichselbstkommen."[151]

Für die Genese starker Wertungen als Erfahrungsprozess, die wie Werte in *graduell* unterschiedlicher Stärke das Erfahrungssubjekt betrifft, spricht die Bedeutung des untilgbaren individuellen und reflexiven Moments im Erfahrungsprozess sowie dessen transformative Kraft für das Erfahrungssubjekt. Eine werterschließende Erfahrung verwandelt das Selbstverhältnis der Person, indem es ihr eine neue Quelle von Handlungsgründen aufschließt, die vorher nicht von Bedeutung oder gar nicht vorhanden war. Ebenso spielt jede genuine Erfahrung der Werterschließung neue Erfahrungsmöglichkeiten frei.[152] Erfahrungen und Wertungen als angeeignete und praktisch ausgerichtete Erfahrungen sind also auf zukünftige Möglichkeiten des Menschen gerichtet. Erfahrungen zu machen und etwas als starke Wertung zu begreifen, heißt immer auch, sich auf zukünftige Handlungsmöglichkeiten hin zu orientieren. Etwas besonders zu werten, heißt, seinen Horizont in erweiterte und neue Lebenspraxen zu öffnen. Jede herausgehobene Wertung öffnet eine Tür zu einem neuen Reich an Handlungs- und Lebensmöglichkeiten, die, indem sie auf diese hohe oder starke Wertung bezogen sind, zur möglichen Erfüllung dieses Lebens im Sinne einer Übereinstimmung von Dasein und starken Wertungen beitragen können. Werte und Erfahrungen sind also funktional für die Kontinuität der Lebensform als Handelnder im Sinne einer bewussten Offenheit für eine Zukunft, auf die man – handelnd seinen eigenen Werten treu – zugehen *will*.

---

[148] Siehe Kap. 7.1.
[149] Vgl. Taylor 1991.
[150] Auf beide Traditionen bezieht sich Taylor mehrfach in Taylor 1996. Vgl. auch Taylor 1988a, S. 63 ff.; Ch. Taylor 1985b, S. 45.
[151] Heidegger 1980, S. 32.
[152] Vgl. Gadamer 1990, S. 361.

Ohne ein Zur-Sprache-Bringen der eigenen Wertungen wäre also weder gegenseitige Anerkennung evaluativ unterschiedlicher Personen noch eine ernsthafte Sorge um diese und das eigene Selbstverständnis in der Zukunft möglich. Personen sind durch die Fähigkeit ausgezeichnet, Wertungen einzugehen und zu unterhalten und in ihrem Licht Entscheidungen zu treffen, die einen Lebensplan im Ganzen betreffen. Nur im Raum von starken Wertungen, Gründen und ihrer Artikulation nehmen sich Menschen dialogisch als Personen wahr, die in ihrer Selbstinterpretation einen eigenen Standpunkt (*own point of view*) entwickeln, der sich primär darin zeigt, was ihnen wichtig ist und weshalb die Zukunft ein Raum potentieller Bedeutsamkeit ist.[153]

Aus dem Zusammenhang von starken Wertungen und Selbstinterpretation ergibt sich nun ein Argument für die Bedeutung des positiven Freiheitsbegriffs, der für die Tragödie als grundlegend behauptet wurde.[154] Wäre nämlich der negative Freiheitsbegriff für die Bestimmung menschlicher Freiheit hinreichend, gäbe es keinen Unterschied zwischen einer Personen, die ihren je gegebenen Wünschen im Sinne schwacher Wertungen folgt, und einer Person, die reflexiv ihre Motive bewertet und ihr Selbstbild auf ihre starken Wertungen bezieht. Die Beschreibung negativer Freiheit, in der man nicht daran gehindert wird, seinen Wünschen zu folgen, wird der Fähigkeit zur Selbstinterpretation und Wertschätzung als Elementen der Selbstbestimmung des Menschen als konkrete Person nicht gerecht; sie kann nur als Voraussetzung für sie gelten. Es wäre ansonsten in Bezug auf die Freiheit der Unterschied bedeutungslos, ob man an der Ausübung einer Handlung auf eine schwache Präferenz hin oder an einer Handlung, die auf höchste Ziele gerichtet ist, behindert wird. Das macht aber offenkundig einen entscheidenden Unterschied.[155] Zugleich wäre es unangemessen, erst Personen mit starken Wertungen Freiheit überhaupt zuzuschreiben. Die Freiheit ist als eine aus der natürlichen Existenz des Menschen entstandene Fähigkeit nur zu verstehen, wenn man bereits grundlegende Formen des ungehinderten Sich-Bewegens des Lebendigen als Artikulation von Freiheit ansieht. In diesem Sinne begreift Thomas Hobbes Freiheit negativ als eine „Abwesenheit äußerlicher Hindernisse bei einer Bewegung", die sowohl vernünftigen als auch „unvernünftigen und leblosen Dingen"[156] zukomme. Diese Auffassung benennt die natürliche Dimension

---

153 Vgl. Ch. Taylor 1985c, S. 97, 99. Volker Gerhardt hat die Selbstdeutung noch grundlegender gefasst und ihre Bedeutung für alles Wissen reklamiert, das Menschen über sich zu gewinnen vermögen. Denn ohne vorgängiges Wissen von sich als wertschätzendem Wesen wüsste man auch in den Wissenschaften vom Menschen nicht, was man untersuchen und wonach man fragen sollte. Die Aufgabe der je individuellen Selbstdeutung muss also auch die Wissenschaft vom Menschen in ihre Forschung einbeziehen. Auch eine objektivierende Perspektive des Menschen auf den Menschen setzt immer ein auf sich selbst gerichtetes Verständnis voraus. Anthropologie ist daher für Gerhardt – wie für Taylor – immer eine Form der „Selbstauslegung des Menschen" (Gerhardt 1999, S. 187 ff.). Zu dieser anthropologischen Form des Selbstverständnisses in der modernen Philosophie vgl. Langbehn 2013, S. 202 ff.
154 Siehe Kap. 7.7.
155 Taylor benutzt den Vergleich der Freiheitseinschränkung durch viele Ampeln im Kontrast zur Freiheitseinschränkung durch Gesetze, die die Religionsfreiheit aufheben. Vgl. Taylor 1988b, S. 129 f.
156 Thomas Hobbes: *Leviathan*, 21. Kap, S. 187.

der Handlungsfreiheit als Bewegungsfreiheit und überträgt sie noch auf die Bewegungsbahn physikalischer Körper. Im lebensweltlichen Sprachgebrauch lässt sich Lebewesen eine Bewegungs- oder Verhaltensfreiheit unterstellen, wenn sie sich *von selbst* so bewegen und leben können, ohne – etwa durch nicht artgerechte Haltung – daran gehindert zu werden. Würde man jeden Sprachgebrauch diesseits starker bewusster Wertungen ausschließen, wären kleine Kinder schlicht unfreie Wesen und die Rede von Tieren, die in freier Wildbahn leben, hätte keinen Sinn. Diesen natürlichen Hintergrund negativer Freiheit berücksichtigt Taylor in seiner Kritik am negativen Freiheitsbegriff zu wenig. Für einen vollständigen menschlichen Freiheitsbegriffs muss man aber über ihn hinausgehen. Denn es lässt sich kaum bestreiten, dass Menschen als Personen, die langfristig ernsthaften Zielen durch eigenes Handeln folgen, in einem weiteren, man mag mit Taylor sagen: tieferen Sinne frei sind, weil diese Freiheit eine bewusste und reflektierte Selbstbestimmung mit Blick auf die Frage nach dem eigenen Selbstsein beinhaltet.[157]

Es ist daher ratsam, Freiheit und Autonomie als Selbstbestimmung anhand ihrer Verwirklichungsbedingungen als *weniger oder mehr realisiert* zu begreifen. Freiheit und Selbstbestimmung enthalten offenbar das Moment der Steigerung in Bezug auf starke Wertungen: „Freiheit ist uns wichtig, weil wir zielorientierte Wesen sind. Dann jedoch muß es Unterschiede in der Bedeutung verschiedener Arten von Freiheit geben, die auf der unterschiedlichen Bedeutung verschiedener Ziele basieren."[158] Die Relevanz starker Wertungen für die Selbstinterpretation geht mit einer Stufung von Freiheit und Autonomie einher. Man ist schon frei, dies oder jenes zu tun, ohne diese Motive auf sich selbst zu beziehen. Doch man muss erst ein „Selbstverständnis wirklich ausbilden, um wahrhaft und in vollem Sinne frei zu sein."[159]

Der Zusammenhang von starken Wertungen, Selbstauslegung und Freiheitssteigerung als gehaltvoller Selbstbestimmung erzeugt nun eine für die Personalität grundlegende Ambivalenz. Denn einerseits sind nur durch diese Steigerung an Freiheit eine Vertiefung unserer selbst und ein entfaltetes Individualitätsbewusstsein sowie Erfahrungen gesteigerter Erfüllung von Freiheit denkbar.[160] Zum anderen aber wird die Option des Scheiterns nicht nur dramatisch vergrößert, sondern erhält eine neue Qualität. Genügt es dem negativen Freiheitsbegriff in seiner klassischen Variante, die auch der Abwehrfunktion von Individualrechten gegenüber staatlichen Zu-

---

157 Die wichtige Unterscheidung dieser Freiheitsebenen findet sich schon bei Kant und im Deutschen Idealismus. Sie leitet Kants Freiheitsbegriff als moralische Selbstbestimmung, die sich in grundlegender Hinsicht gegenüber der Freiheit, einem Neigungsimpuls zu folgen, auszeichnet, und Hegels Begriff einer verwirklichten Freiheit, die gegenüber bloßer Willkürfreiheit erst als eigentliche Freiheit des Menschen erscheint.
158 Taylor 1988b, S. 130.
159 Ebd., S. 144.
160 Vgl. Martin Seels erhellenden Aufsatz „Paradoxien der Erfüllung" (Seel 2006): „Denn nur diejenigen, denen in ihrem Leben an etwas – und an ihrer Leidenschaft hierfür – liegt, sind fähig, Augenblicke einer herausragenden episodischen Erfüllung zu erfahren, in denen sich diese ihre Einstellung zum Leben auf überraschende Weise bestätigt oder verändert" (S. 39).

griffen zugrunde liegt, jemanden frei zu nennen, wenn man ihn nicht behindert, ist zur vollen positiven Freiheit auch der Erfolg von Selbstverwirklichung nötig. Die „Frage von Freiheit und Unfreiheit", so Taylor, „ist verknüpft mit der Enttäuschung oder der Erfüllung unserer Ziele."[161] Nicht nur andere können die eigene Freiheitsausübung durch Widerstand verhindern, sondern auch der Akteur selbst kann es, indem er sich über die Bedeutung seiner Wertungen täuscht,[162] ihnen punktuell entgegen handelt (Affekthandlungen, Fahrlässigkeit, Willensschwäche), sich von ihnen entfremdet oder indem er kontingenterweise radikal scheitert und diese Werte verletzt. Nur aufgrund von positiver, an starken Wertungen orientierter Freiheit gerät man in die Lage, sich unfreiwillig existentiell selbst zu schädigen. Zur Beschränkung, Vereitelung und Verletzung der eigenen Freiheit durch *andere* kommt das Risiko der *Selbstverletzung* hinzu. Schon deshalb ist die Tragödie ein wichtiges Studienobjekt für jede Freiheitstheorie.

8.7 Die praktischen Funktionen des normativen Selbstverständnisses

Die Selbstbestimmung als Selbstinterpretation baut nach Taylor ein Selbstverständnis auf, für das wir – als stets vorläufiges Ergebnis unserer Tätigkeit der Selbstinterpretation – auch verantwortlich sind, weil „unsere Wertungen der Tätigkeit des Wertens entstammen und in diesem Sinne unserer Verantwortung"[163]. Das Gleiche gilt für Gründe, die im Lichte von Wertungen Handeln anleiten. Taylor bleibt Frankfurts humeanischen Modell praktischer Rationalität treu, wenn er von Wünschen und ihrer Abwägung redet, und vernachlässigt dadurch die Relevanz von Gründen. Gründe sind bereits artikulationsfähige Beurteilungen von Motiven und Wünschen, sie stehen in einem Kohärenzverhältnis zu den eigenen starken Wertungen, in Bezug auf die sie als gute Gründe einsichtig sind. Freilich sind starke Wertungen der Person nicht die alleinige Quelle von guten Handlungsgründen. Gründe sind, anders als bloße Wünsche, schon immer als artikulierbare öffentlich einforder- und kritisierbar. So erzeugen allgemeine Werte wie der der Gerechtigkeit normative Gründe, die auch dann für ein Individuum gelten, wenn sie (noch) nicht Folge und Ausdruck seiner eigenen starken Wertung sind. Es kann sie zwar moralisch apathisch ignorieren und ablehnen, nicht aber aus normativen Gründen, und muss dann mit den Sanktionen der moralischen Gemeinschaft rechnen. Als gründe-sensitive moralische Person jedoch steht sie unter dem eigenen Anspruch, sich die Wertungen, die hinter den allgemeinen normativen

---

161 Taylor 1988b, S. 141.
162 Die Möglichkeit der Selbsttäuschung und nicht hinreichend begründeten Wertung ergibt sich aus der sprachlichen und somit kulturellen Vermittlung der Wertungen, die nicht einfach unmittelbar ein Gefühl oder einen Wunsch ausdrücken. Damit bleiben sie auch „kritisierbare Zielsetzungen", an denen man nur „begründet festhalten" will (ebd., S. 141). Vgl. ebd., S. 131 ff.
163 Taylor 1988c, S. 28. Vgl. Taylor 1982.

Gründen stehen, etwa die der Gleichheit und Gerechtigkeit, selbst zu eigen zu machen oder zu erkennen, dass die an sie herangetragenen normativen Gründe Ausdruck einer bereits eigenen starken Wertung sind. Als Beispiel für den letzteren Fall kann man etwa Gründe für bestimmte Formen anti-rassistisches Verhaltens nennen, die in ihrer Relevanz für den bereits anerkannten Wert einer *racial justice* oder *equality* von (weißen) Personen mitunter erst eingesehen werden müssen.

Ohne Abstriche lässt sich Taylors Argumentation aber auch auf die Welt praktischer Gründe beziehen. Wir machen einander nicht nur für Handlungen, sondern auch dafür verantwortlich, welche Gründe wir als gute Gründe akzeptieren, um uns von ihnen leiten zu lassen. Das gilt ebenso für Wertungen als den Quellen von Handlungsgründen. Wie aber lässt sich eine eigene Identität, die in der Tragödie gefährdet wird, als Form einer an Wertungen orientierten Selbstinterpretation verstehen?

In der zeitgenössischen Philosophie hat sich in der jüngeren Zeit diesseits und jenseits des Atlantiks, zumal angesichts neuer biotechnologischer Möglichkeiten der Erweiterung und Transformation von menschlichen Organismen, in unterschiedlichen, ja für gegensätzlich gehaltenen Denkrichtungen ein gemeinsames Problembewusstsein dafür entwickelt, dass die Identität von Personen nicht allein durch die Kriterien körperlicher Konstanz oder psychologischer Verbundenheit von Wahrnehmungen und Erinnerungen befriedigend zu erklären ist, mit der die empiristisch orientierte Philosophie im Ausgang von John Locke und David Hume die Frage nach der personalen Identität postsubstantialistisch zu erklären versucht hat.[164] Bei mehreren Philosophinnen und Philosophen aus unterschiedlichen Kontinenten besteht ein Unbehagen gegenüber Beschreibungen der Identität oder der Selbstheit nach Art eines beobachtbaren Gegenstands, weil diese Beschreibungen aus der Perspektive der dritten Person nicht wirklich verständlich machen können, warum eine Person sich um den Erhalt ihrer selbst auch in (ferner) Zukunft sorgen sollte, warum die Persistenz ihrer eigenen individuellen Identität für sie von Bedeutung sein sollte. Dass es einen Grund zu Selbstsorge, zur Bewahrung von einem konkreten Selbstverständnis geben sollte, leugnen einige Vertreter der empiristischen Tradition daher.[165] Auf der anderen

---

[164] Vgl. bspw. Ayer 1990, S. 133: „to say anything about the self is to say something about sense-experiences" (S. 136), das Selbst sei lediglich „a logical construction out of sense-experiences which constitute the actual and possible sense-history of a self." Nach dem Selbst zu fragen, hieße daher zu fragen, „what is the relationship that must obtain between sense-experiences for them to belong to the sense-history of the same self" (ebd.). Das Selbst sei daher „reducible to sense-experiences" (ebd., S. 136).

[165] Vgl. etwa Derek Parfit, nach dem es auf unsere Identität gar nicht ankommen solle, sondern nur auf die relative Kontinuität und Verbindung psychologischer Zustände. Wir täten gut daran, so Parfit, unser zukünftiges Selbst deshalb wie eine uns mehr oder weniger ähnliche Person, anstatt als ein mit uns identisches Selbst anzusehen. Tatsachen darüber, wer mit wem identisch sei, hätten keine praktische Bedeutung. Von identischen Personen zu sprechen, sei vielmehr eine grammatische Bequemlichkeit und auch moralische Erwägungen bekämen mehr Plausibilität, wenn man die Identität vernachlässige und auf die einzelnen Bewusstseinszustände schaue: „We should focus less on subjects of

Seite hat für die aktuellen Verteidiger einer Konzeption von Identität und Einheit des Selbst auch die substantialistische Tradition des Rationalismus nicht mehr überzeugende Argumente, zumal es kaum noch cartesianische Dualisten gibt, die die personale Identität auf die sich selbst gegebene Einheit der Seele zurückführen. Dieses Erbe der Metaphysik steht zudem im Verdacht, die teilweise überzogen wirkenden Einsprüche gegen jede Art von personaler Identität oder Einheit des Selbst von Nietzsche über Heidegger bis in den Poststrukturalismus und Radikalen Konstruktivismus erst provoziert zu haben. Offenkundig erkennen Menschen sich, wie es die Subjektkritik nach Nietzsche, Heidegger und Freud bis heute immer wieder akzentuiert, hinsichtlich ihrer selektiven Wahrnehmung, ihrer unverlässlichen und konstruierenden Erinnerung, ihren *in toto* unverfügbaren und undurchschaubaren Gefühlen, ihrem intransparenten Begehren, ihrem Unbewussten, ihrer Subjektivierung durch Diskurse und Machtdispositive und angesichts der Unvordenklichkeit der Entstehung ihres Selbstbewusstseins, das keinen festen Grund hat, niemals auch nur annähernd vollständig. Eine personale Identität, eine für sie selbst hinreichend einsichtige Einheit ihrer selbst kann sich deshalb nicht allein auf diese Phänomene stützen.

Gleichwohl muss aus praktischen Gründen eine Einheit unterstellt werden, will man nicht mit der Zeit von unterschiedlichen Personen sprechen, die jeweils weder für einander noch für ihre Handlungen verantwortlich zu machen sind.[166] Zudem müssen Personen, wie Jürgen Habermas in einer an Mead, Tugendhat und Henrich anschließenden sprachphilosophischen Analyse deiktischer Ausdrücke gezeigt hat, ein reflexives Verständnis von sich als konkrete individuelle Personen entwickeln, um darüber als personale Teilnehmer an Interaktionspraxen wie kommunikativem Handeln letztlich als konkrete Individuen identifizier- und verstehbar zu sein. Es reicht nicht, dass sie mit dem singulären Terminus „Ich" auf sich als sprechende Körper verweisen, auf die bestimmte von außen validierbare Daten zutreffen. Man muss auch wissen, wie sie sich selbst verstehen, um sie nicht nur als Entität zu identifizieren, sondern auch im Lebenszusammenhang als „diese bestimmte Person" begreifen zu

---

experience, and more on the experiences themselves" (Parfit 1984, S. 341). Parfits Plädoyer für die Sorglosigkeit gegenüber seinem Selbst wird noch überboten von Susan Blackmore. Die Autorin hält die Idee eines Selbst, seine Freiheit und Verantwortung schlicht für eine überflüssige Illusion, deshalb auch jedes Selbstverhältnis, jede Wertung und jede Identitätssorge: „Wenn es kein Selbst gibt, dann ist es sinnlos, Dinge um einer Sache willen zu erhoffen oder zu erwünschen, die nicht existiert. All diese Dinge sind in einem anderen Augenblick, nicht jetzt. Sie spielen keine Rolle, wenn es niemanden gibt, für den sie eine Rolle spielen könnten. Leben ist tatsächlich ohne Hoffnung möglich" (Blackmore 2000, S. 383). Für Parfit und Blackmore ist es wie auch für Vertreter aus den Neurowissenschaften schlicht eine falsche Annahme, dass Personen den Anspruch haben, „bewahrt zu bleiben", und dass „keiner wünscht[,] ein anderer zu werden" (Aristoteles: *Nikomachische Ethik* IX, 4,1666a17 und 20f.). Für sie existieren prinzipiell kein Problem und kein Wert eines kontinuierlichen Verhältnisses von Personen zu sich selbst.

166 Zur Übersicht über die Argumente in der Frage nach der personalen Identität vgl. Quante 1999 und 2007.

können.¹⁶⁷ Ein empiristisch reduktionistisches Verständnis des Selbst als Assemblage von mentalen und körperlichen Zuständen kollidiert also nicht nur mit unseren „tiefsten Intuitionen"¹⁶⁸, sondern auch mit der praktischen Perspektive der Person, die nicht nur für einzelne Handlungen, sondern in gewissem Maß auch dafür verantwortlich ist, als *wer* sie in sozialen Interaktionen auftritt und als wer sie für andere verstehbar ist.

Die Theorieansätze, die in Bezug auf diese Problemkonstellation von einer ausdifferenzierten personalen oder Ich-Identität entwickelt wurden, bauen auf eine Tradition des Nachdenkens über einen Komplex von Themen wie Individualität, Charakter, Selbst, Person und Persönlichkeit auf, der, mit Blick auf die Diskussion der Seele und des Charakters in der Philosophie schon vor Platon, so alt sein dürfte wie die Philosophie selbst. In der Frage, wie Personen selbst ihre Identität über die Zeit ausbilden und wozu sie das machen, verbinden sich in der zeitgenössischen Debatte vor allem die hermeneutische Tradition, die Identität vom Sichverstehen sowie vom Sicherzählen her denkt, und die kantianische Tradition, die für die Identität einen praktischen Selbstbegriff zu konzipieren unternimmt. Beide treffen sich in der Betonung einer Produktivität der Person, die ihre eigene lebensgeschichtliche Identität erst erzeugt. Damit stehen sie der empiristischen Tradition gegenüber, die nach Selbst und Person nach Art von beobachtbaren Tatsachen fragt und dabei das transformative wie produktive Moment der unumgänglichen Selbstdeutung von Personen vernachlässigt.

Worin besteht das Problem, auf das diese Ansätze reagieren? Welche Funktionen hat eine Identität? Welche Bedingungen hat sie? Diese Fragen sollen nun mit Verweis auf die gegenwärtige Debatte in den Blick genommen werden, weil ihr Verständnis, so glaube ich, für die Beantwortung der Frage, was tragisches Leiden ausmacht, unentbehrlich ist.

Um eine Begriffsverwirrung zu vermeiden, muss man zunächst begrifflich zwischen einer Identität des Selbstbewusstseins und einer spezifischen, sprachlich artikulierbaren und praktisch ausdrückbaren sowie für andere erkennbaren Identität einer bestimmten, sozial, kulturell und historisch situierten Person unterscheiden. Die Einheit des Selbstbewusstseins ist die funktionale Einheit des Subjekts als Instanz aller Akte und an ihm erfahrenen Prozesse muss bei allen seinen intelligiblen und praktischen Vollzügen mitgedacht werden, denn ohne ein immer schon vorgängiges, wenngleich nicht vollständig zu verstehendes „Wissen von sich"¹⁶⁹, wie Dieter Henrich Subjektivität theoretisch beschrieben hat, könnte es keine Erfahrung, kein Denken, kein Handeln und auch keine soziale Prägung einer bestimmten, kulturell variablen Identität geben. Diese im Prozess des Bewusstseins konstituierte Einheit der Subjektivität als Vertrautsein mit sich, aufgrund dessen alle bewussten Erfahrungen als ei-

---
167 Habermas 1981, Bd. 2: *Zur Kritik der funktionalistischen Vernunft*, S. 155–161, hier: S. 160.
168 Metzinger 2017, S. 177.
169 Henrich 1999a, S. 16f.: Das Subjekt ist „in einer Aktivität der ständigen und vielgestaltigen Einheitsstiftung begriffen", die sich „auf dem Untergrund eines Wissens davon [vollzieht], daß das Subjekt keine außer Frage stehenden Gewißheiten über sein eigenes Wesen und über seinen Ursprung hat."

gene aufgefasst werden können, ist das, was auch in destabilisierenden und entgrenzenden Erfahrungen der Krise oder des transgressiven Rausches vorauszusetzen ist, denn ohne diese Voraussetzung gäbe es weder ein (mehr oder weniger leidvolles) Krisenbewusstsein noch eine Lust an der dionysischen Entsubjektivierung, die immer Erfahrungen von *jemandem* bleiben und dadurch erst ihre Problematik oder ihren Reiz für eben diese Person gewinnen, auch wenn sie im Moment des größten Schmerzes oder des ekstatischen Genusses „sich selbst vergisst". Jede Erfahrung, jedes Wissen, jede Wertung, jede Deliberation gründet in dem vorgängigen Wissen, dass ich es bin, der etwas fühlt, weiß, wertet und überlegt, selbst wenn ich mir passiv vorkomme oder mich von mir entfremdet fühle und nicht weiß, was mein „Ich" ausmacht, d. h. als wen ich mich konkret im sozialen Kontext zu verstehen habe.[170] Dieses vorgängige Wissen von sich und Vertrautsein mit sich als *einem* Selbstbewusstsein ist nicht das Gleiche wie eine qualitative, lebensgeschichtlich situierte Identität einer konkreten Individualität, sondern die Bedingung ihrer Möglichkeit. Die vorgängige Einheit des bewussten Lebens ermöglicht erst die Herausbildung eines jeweils weltverbundenen, sich in seinem Verhalten konkretisierenden Selbst. Die in diesem Wissen von sich mitgehende Einheit ist eine transzendentale Voraussetzung jeder Aktivität und Erfahrung, kann also nicht durch eine Konzeption von erworbener Identität erst begründet werden, um die es sich bei der Rede von personaler Identität handelt. Sie lässt sich auch nicht nach Art einer wiedererkennbaren numerischen oder quantitativen Identität von Gegenständen denken.[171]

---

170 Der Aufwand, der von der Romantik, Nietzsche, Freud und Heidegger bis in die poststrukturalistischen Denkrichtungen betrieben wurde, um das cartesianische Subjekt für nichtig zu erklären, hat in der auf die rhetorische Figur der *aemulatio* besonderen Anspruch machenden Postmoderne dazu geführt, gleichsam das Kind mit dem Bade auszuschütten. Aus dem *Cogito* folgt tatsächlich kein *ergo sum*, wenn mit dem (im *sum* implizierten) *ego* ein sich selbst ganz begreifendes, transparentes, präsentes und voll über sich verfügendes Subjekt gemeint ist. Die Tatsache, dass ich denke, konstituiert noch kein substantiell bestimmbares „Ich" als Souverän der Welt. Aus dieser mittlerweile zum *common sense* gehörenden Einsicht folgt allerdings nur, dass eine Ontologie des Gegenstandsbezugs für die Philosophie des Selbstbewusstseins inadäquat ist, nicht aber, dass aus mentaler Aktivität auf *keine* Art Wissen von sich geschlossen werden kann. Dieses geht in der Dynamik des Lebens stets mit und ihrer expliziten Vergewisserung voraus. Sogar Musils Satz „Ich bin nichts" kann, wie Paul Ricœur bemerkt hat, nur etwas bedeuten, wenn dieses leere Wort „nichts" sich auf mich bezieht und ich damit einen Sinn verbinde (Ricœur 2007, S. 224). Die zuweilen polemische Dekonstruktion des Subjektbegriffs in der Nachfolge Heideggers läuft in ihrer mittlerweile veralteten kulturwissenschaftlichen Mode nicht selten Gefahr, zu absurden Schlüssen zu kommen und nicht nur die lebensweltliche Bedeutung von Handeln und Verantwortung für Fiktion zu erklären, sondern auch Phänomene drastischen Leidens zu verharmlosen. Wenn es nicht ein Subjekt gäbe, das Erfahrungen von heroischer Aktivitätserfahrung bis zu exzessivem Schmerz, von zentriertem Selbstgefühl bis zur psychotischen Krise durchlebte, stellten negative Erfahrungen kein Problem dar, dem man sich als besorgtes Individuum zu stellen hätte. Auch ein dekonstruiertes Subjekt bleibt so weit Subjekt einer Person, die lebendige oder destruktive Erfahrungen *etwas angehen*.
171 Nur über seine Bestimmungen bzw. Prädikate wird dieses Wissen von sich als Voraussetzung jeder Selbstbildung begreifbar, aber nicht als Objekt erkennbar. Aus der Tatsache, dass es unmöglich ist, sich vorzustellen, dass es unser bewusstes Selbst nicht gibt, folgt weder, dass es ein bewusstes

8.7 Die praktischen Funktionen des normativen Selbstverständnisses — 529

Ein wichtiger Unterschied zwischen dem in jedem bewussten Vorgang wirksamen Vertrautsein mit sich und der gesellschaftlich artikulierten Identität einer Person ist, dass die Instanz der Einheit aller Akte zwar die individuelle Identitätsbildung einer Person ermöglicht, selbst aber nicht schon durch konkrete Bestimmungen individualisiert wird. Das Wissen von sich ist die transzendentale Voraussetzung, überhaupt „ich" denken und sagen zu können – ein auf sich verweisender Sprechakt, bei dem man sich nicht irren kann. Aber als diese transzendentale Bedingung aller mentalen Zustände ist sie allgemein und kommt allen Menschen qua Selbstbewusstsein zu. Dagegen kann man unter personaler Identität die jeweils gewordene eines *konkreten, verkörperten, lebensweltlich situierten* Individuums mit einer je eigenen Lebensgeschichte verstehen, das zu sich und der Welt, in der es wirkt und von der es geprägt wird, einen bewussten Bezug aufbaut. Personale Identität gibt es nur für individuelle Akteure, die durch ihren je eigenen praktischen Umgang mit der Welt, mit der sie lebensgeschichtlich seit ihrer Geburt sozial verflochten sind, immer schon in einer Dynamik der Identitätsbildung und Individualisierung stehen.[172] Mit Ihrer personalen Identität zeigen sie nicht an, was sie sind – eine Person überhaupt –, sondern wer sie sind bzw. was für eine Person sie in der Gesellschaft sind und zu sein beanspruchen.

Selbst nach Art eines empirischen Gegenstands geben muss, noch, dass andernfalls ein Anti-Realismus des Selbstbewusstseins wahr ist und der Begriff eliminiert gehört. Siehe zu den anti-realistischen Argumenten Metzinger 2017. Nach Kant ist es ein transzendentaler Paralogismus, der Einheit des Selbstbewusstseins in der Zeit, die man in der Natur nirgends beobachten kann, die wir vielmehr an uns selbst im Prozess des bewussten Lebens erfahren, Teilbarkeit oder andere Eigenschaften wie Wandelbarkeit zuzuschreiben, die man in Erkenntnisurteilen Gegenständen zuschreibt. Über die Einheit des Selbstbewusstseins können wir nichts nach Art beschreibbarer Erkenntnisobjekte behaupten. Gleichwohl müssen wir sie als Selbst unterstellen, da sie in jedem bewussten Vorgang der fraglos als meiner sich darstellt, präsent ist. Es handelt sich beim Selbstbewusstsein um „eine formale Bedingung meiner Gedanken und ihres Zusammenhangs" in der Zeit (Immanuel Kant: *Kritik der reinen Vernunft*, A 361 ff.).

172 Hier ist nicht der Vorgang der Individualisierung als soziologisches Phänomen der Neuzeit gemeint, das sich im Zuge der Modernisierung aufgrund gesellschaftlicher Ausdifferenzierung eingestellt hat. Nach Niklas Luhmann entsteht erst mit dem Prozess der Ausdifferenzierung gesellschaftlicher Funktionsbereiche ein Konzept der Individualität, das das Individuum *gegenüber* den Teilsystemen, in denen es als Funktionsstelle eingebunden ist, also exklusiv, in sozialer Abgrenzung, definiert. Dieser moderne Begriff der Individualität setzt die systemisch vervielfältigte Distinktion von (freiem) Selbst und (in Abhängigkeit setzender) Gesellschaft voraus, deren Auswirkungen auf das Individuum er gleichsam kompensiert (Luhmann 1989. Für einen Überblick über die Literatur zur „Individualisierungsthese" und aktuelle soziologische Theorien der Individualisierung vgl. Kron/Horáček 2009). Der hier skizzierte Begriff einer *Individualisierung als Phänomen der Kultur überhaupt* betrifft dagegen den in jeder Zivilisation unausweichlichen Sachverhalt, dass Menschen als individuelle Akteure niemals exakt das gleiche Leben führen, sondern allenfalls sehr ähnliche Erfahrungsgeschichten haben. Selbst in Kulturen, die normativ stark auf die Vermeidung individueller Abgrenzungen achten, lässt sich eine für Unterscheidungen zwischen Personen hinreichende Individualisierung gar nicht vermeiden. Sie fängt vermutlich schon pränatal durch das Wechselspiel zwischen genetisch gesteuerter Ontogenese und den jeweils besonderen akustischen und thermischen Wahrnehmungen im Uterus an.

Aus praktischen Gründen also muss es eine Art Identität der Person als einem weltverbundenen gesellschaftlich eingebetteten Akteur geben.[173] Anders als die ihr vorgängige innere Einheit des Selbstbewusstseins und anders als die ebenfalls *gegebene* Identität als biologisches Exemplar der Spezies *homo sapiens* mit individuellem Erbgut und in phänotypischer Variation und auch anders die Identität der Person als körperliches Einzelding mit personalen Eigenschaften wie Rationalität, muss *diese* personale Identität bewusst konturiert – oder auch konstruiert –, bewertet und praktisch in Anspruch genommen werden, um überhaupt als Identität zu entstehen. Anders als die numerische Identität eines Exemplars und anders als die generische einer Person überhaupt ist diese Identität *Ausdruck eines Selbstbezugs*. Es reicht daher nicht, die Person aus der Perspektive Dritter identifizieren zu können. Bei dem praktisch relevanten Identitätsbegriff geht es immer um eigene Ansprüche einer Person an sich selbst, auf die hin sie reflexiv eine konkrete Identität ausbildet, in der sie sich selbst versteht und praktisch zur Erscheinung bringt, sodass sie auch von anderen als diese verstanden und über die Zeit wiedererkannt werden kann. Das aber heißt, dass sie – und hier liegt für die Tragödie das Entscheidende – bestimmten *Bedingungen* unterliegt, die, erstens, ermöglichen, dass sie sich verändert, und zweitens, dass sie verloren geht. Solch eine Identität der Person *entsteht* erst im und mit einem reflexiven, interpretierenden und wertenden Bezug zu sich selbst und ist in diesem prinzipiell *fragil*. Die psychosoziale Bildung dieser Identität beginnt in der Kindheit, wenngleich die reflexive Bildung einer Ich-Identität erst in der Jugend einsetzt und bis ins höchste Alter nicht als abgeschlossen gelten kann. In keiner Phase ist sie, wie Erik H. und Joane Erikson dargelegt haben, vor pathologischen Fixierungen oder, wie die Tragödie zeigt, existentiellen Brüchen gefeit.[174]

Warum aber spricht man von ‚Identität', sofern sie nicht zur Identifizierung einer Person gegeben ist wie die Identität einer DNA? Der Begriff der Identität ist notorisch (und ironischerweise) mehrdeutig, er wird in diversen Kontexten in unterschiedlichen Hinsichten gebraucht und hat keine alle Verwendungsweisen umfassende Extension.[175] Doch es gibt einen guten Grund, hier dennoch von Identität zu sprechen.

Als logische Beziehung mit den Eigenschaften der Reflexivität, der Symmetrie und der Transitivität ist die Identität in der formalen Aussagenlogik *per se* nicht problematisch. Wenn es aber um eine ontologische Beziehung geht, fangen unmittelbar die Probleme an, wenn man nach Kriterien sucht, um die *numerische Identität*

---

[173] Siehe Henrich 1999a, S. 21f.
[174] Vgl. die von Habermas, Tugendhat, Joas und anderen aufgenommene Theorie der psychosozialen Entwicklung der Ich-Identität in acht Stadien von Erik H. Erikson 1973.
[175] So kann man etwa von personalen, kollektiven, kulturellen, nationalen, politischen, religiösen, geschlechtlichen, sexuellen Identitäten neben weiteren sprechen. Alle Identitätsbegriffe, die immer auch einzelne Personen und ihre Zugehörigkeit zu (z. B. systemisch benachteiligten) Gruppen betreffen, setzen einen verstehenden und formgebenden Selbstbezug voraus: So kann ich mich einer kollektiven Identität nur dann zugehörig fühlen, wenn ich mich überhaupt eine Identität im Modus des Zu-mir-selbst-Verhaltens aufbauen kann.

als Relation eines Gegenstandes zu sich selbst in der Zeit feststellen zu können. Dazu muss man zusätzlich von einer *qualitativen Identität* sprechen, die die Selbigkeit einer Sache anhand von Eigenschaften bezeichnet, die diese Sache oder Person gegenüber anderen derselben Art über die Zeit ausweisen.[176] Ein Grund für die notorischen Probleme bei Identitätsbehauptungen in der empirischen Welt der Erscheinungen liegt in der Bedingung, die im Raum der Logik nicht gegeben ist: das Sein in der Zeit. Die raumzeitliche Position einer Sache individuiert sie als eine mit sich identische Entität. Die Bedingungen der Identitätszuschreibung müssen allerdings weitere Eigenschaften einbeziehen, wenn die Position in Raum und Zeit sich verändert. Mit dieser lokalen und temporalen Veränderung verändert sich zudem meistens die Form, Struktur oder Erscheinungsweise einer Sache durch eine Vielzahl von auf sie von außen und innen einwirkenden Kräften. Diese Veränderbarkeit ist im Fall von Lebewesen zudem ein *internes Prinzip*. Unterliegen anorganische Gegenstände allein einer Veränderung von außen,[177] verändern lebende Systeme sich notwendig auch von selbst und durch sich selbst. Während kausale Wechselwirkungen und Interaktionen alle Arten von Dingen verändern, verändern Organismen sich zusätzlich auch durch Selbstorganisation, die sie wiederum vor beliebiger und potentiell schädlicher Veränderung schützt. Ohne intern gesteuerte, mit der Umwelt interagierende Selbstveränderung durch Stoffwechsel, Wachstum oder Reproduktion wäre Leben in Form individueller Organismen nicht möglich. Daher stellt sich die Identität als *Problem* auch erst lebendigen Wesen, denen es um ihren Lebensprozess geht. Lebewesen, denen es bewusst um ihr Leben und darin auch um ihr Verständnis von sich geht, sind Personen.[178] Zu behaupten, dass es Personen, denen es um etwas geht, auch um ihre Identität geht, indiziert, dass diese Art von Identität nicht einfach nur von außen zugeschrieben werden kann, sondern notwendigerweise einen Bezug zu sich involviert, ohne den diese Art von Identität nicht zu denken ist.

Was macht nun Personen mit sich identisch? Einerseits sind Personen über die Identität ihres Körpers eine Einheit, bei der man akzidentielle und variable Qualitäten wie Haarlänge, Größe und Gewicht von essentiellen Qualitäten des menschlichen Organismus wie der Abgrenzung von der Umwelt durch die Haut oder der individuellen DNA unterscheiden kann, die jede Zelle ein Leben lang als Element dieses einen

---

176 Vgl. Tugendhat 1979, S. 284 ff.; Habermas 1981, S. 155.
177 Das ist freilich recht generalisierend gesagt. Gemeint ist nicht, dass anorganische Gegenstände nur von einer Kraft außerhalb ihrer Grenze verändert werden können; die Elementarteilchenphysik zeigt, wie „bewegt" jeder im Mesokosmos noch so statisch wirkende Gegenstand ist, wenn man auf die Ebene der Atome blickt. Die Materie ist aktiv. Doch gibt es einen Unterschied zwischen den im Inneren etwa eines Gesteins wirkenden Prozessen – bspw. radioaktivem Zerfall – und einem internen Organisationsprinzip, das ein Lebewesen erst als ein differenziertes Innen mit einer Membran von ihrem Außen definiert.
178 Vgl. Heideggers bekannte Bestimmung des Daseins als eines Seienden, dem es „in seinem Sein *um* dieses Sein selbst geht" (*Sein und Zeit*, § 4: Heidegger 1993, S. 12). Zu Heideggers Begriff vom Selbstverständnis, das an den der Identität anschlussfähig ist, siehe Langbehn 2013, S. 192 ff.

Lebewesens qualifiziert.[179] Die Identität der Person geht aber nicht in der numerischen Identität des menschlichen Organismus auf; man muss noch personale Eigenschaften wie Selbstbewusstsein, Rationalität und Sprachfähigkeit, Gefühle sowie soziale Anerkennungsverhältnisse hinzunehmen, um von rationalen, freien und verantwortlichen Personen reden zu können, die als soziale Wesen in einem gesellschaftlichen Zusammenhang existieren. Solche Kataloge von Kriterien können zwar bestimmen, was man generisch unter der Identität der Person überhaupt zu verstehen hat, nicht aber, inwiefern sie mit sich selbst als konkrete Einzelne identisch bleiben. Für personales Sich-selbst-gleich-Bleiben reicht es, so die Kritikerinnen und Kritiker der empiristischen Tradition, insbesondere nicht aus, Identität durch die Kriterien körperlicher Konstanz oder psychologischer Verbundenheit zu bestimmen, mithin als bloßen „Ort von Erfahrung"[180], an dem Bündel von Eindrücken und Erfahrungen auftreten und teilweise in der Erinnerung hängen bleiben.[181] Wie an Jaeggis und Morans Theorien der Entfremdung gezeigt wurde, würde die Beschränkung auf ein solches Verständnis von Identität als Ort für zusammenhängende Zustände eher einen entfremdeten Zustand einsichtig machen, nicht aber eine Form des freien reflexiven Sichzusichverhaltens. Bei der Identität, die Personen in Bezug zu sich erwerben, handelt es sich um den Prozess einer sozialpsychologischen Identitätsbildung, der sich nicht von allein im intransitiven Sinne vollzieht, sondern immer auch eine bewusste Leistung der Person darstellt.[182]

Eine personale Identität ist demnach keine emergente Eigenschaft, die durch natürliche und psychologische Eigenschaften mit der Zeit erzeugt wird, sondern eine Arbeit der Person an einer eigenen Form. Dass diese Arbeit anthropologisch möglich und nötig ist, ergibt sich aus dem, was Plessner die exzentrische Positionalität des Menschen genannt hat, der durch sein reflexives Bewusstsein im Medium des Geistes

---

179 Die Qualität, eine DNA zu haben, ist ein sicheres Identifikationskriterium für einen menschlichen Organismus, selbst wenn die meisten Körperzellen innerhalb kurzer Zeit durch neue mithilfe adulter Stammzellen ersetzt werden. Streng genommen bleibt er schon an einem Tag nicht mit sich numerisch identisch. Doch trotz der sich lebenslang wiederholenden Zellerneuerung sprechen wir davon, dass die numerische Identität dieses einen, durch die äußeren Membranen von der Umwelt abgegrenzten Organismus erhalten bleibt und sogar lange nach dem Tod durch die DNA identifizierbar ist.
180 So kritisch Korsgaard 1999, S. 234. Sidney Shoemaker 1963 hat argumentiert, dass beide Kriterien allein weder notwendig noch hinreichend für personale Identität sind.
181 Vgl. Humes berühmte These, dass Menschen nichts seien als „a bundle or collection of different perceptions, which succeed each other with an inconceivable rapidity, and are in a perpetual flux and movement" (David Hume: *A Treatise of Human Nature*. Book I, Part IV, Sec. VI., S. 252). Diese antisubstantialistische Tradition des Empirismus korrespondiert mit Bündeltheorien des Buddhismus, die das Selbst auf einzelne Eigenschaften zurückführen bzw. es als leer oder nicht-existent ausweisen. Zur Korrespondenz dieser Ansätze siehe Hanner 2018.
182 Bereits für Kant ist die Bildung des Charakters eine *Aufgabe* des Subjekts. Vgl. Willaschek 1992, S. 281. Auch Novalis, auf den vermutlich der Begriff des Selbstverständnisses zurückgeht, Schiller und Fichte sehen im Bilden eines Charakters bzw. Selbstverständnisses eine Aufgabe und ein Ideal: siehe Langbehn 2013, S. 185. Den Charakter der Aufgabe der Identität betont auch Gerhardt 1999, S. 390 ff., und 2000, S. 114 ff.

nicht allein in seiner Mitte verbleibt, sondern sich selbst immer auch mit dem von anderen verkörperten Blick von außen betrachtet und so erst unter Maßstäbe stellen kann, die ihn über sich hinausführen. Der Mensch befindet sich in der praktischen Herausforderung, „sich zu dem erst machen zu müssen, was er schon ist, das Leben zu führen, welches er lebt."[183] Soziologisch ist die Arbeit nötig und möglich, da Individuen die an sie herangetragenen gesellschaftlichen Rollenerwartungen, Werte und Normen auf sich beziehen müssen, um mit ihnen umzugehen, d. h. sie sich anzueignen oder sich von ihnen zu distanzieren, wobei konkurrierende Erwartungen, Wertungen und Normen eine kritische Stellungnahme für die eigene Identitätsbildung erfordern wie sie sie auch ermöglichen.

Bei der praktisch relevanten personalen Identität, so die geteilte Überzeugung aller Vertreter einer Konzeption von einer *praktisch* relevanten Identität, darf man unser *Interesse* daran, dass *wir uns hinreichend gleich bleiben*, nicht außer Acht lassen. Es geht immer auch um die Fähigkeit und das Anliegen der Person, „der eigenen Lebensgeschichte Kontinuität zu geben"[184] und dadurch als diese Person wiedererkennbar zu sein. Mit anderen Worten: Es geht um die hinreichend stabile Form, die eine Person selbst zum Kriterium ihrer diachronen Kohärenz und sozialen Rekognition machen und erhalten *will*. Aus diesem Grund ist die Verwendung des Begriffs der (selbst gegebenen) Identität sinnvoll. Sie setzt eine Identitätskonzeption voraus, die erlaubt, davon auszugehen, dass wir selbst mit für unsere Identität verantwortlich sind, insofern wir einen relevanten Einfluss auf sie ausüben, was wir bei unserer DNA, unserer Hautfarbe, unserer Herkunft und kulturellen Einbettung sowie weiteren natürlich und sozial gegebenen Dispositionen nicht tun.[185]

In der Tradition Kants hat sich daher bei einigen Denkern seit den 1990er Jahren in Abgrenzung zur bisherigen Debatte um personale Identität der Begriff einer *praktischen Identität* etabliert. Er soll zur Erklärung dessen dienen, was an personaler Identität nicht bereits gegeben ist, sondern erst im Vorgang einer Selbstbewertung und -interpretation wirksam wird. Die praktische Identität einer Person ist, mit an-

---

[183] Plessner 1982b, S. 17.
[184] Habermas 1981, S. 150.
[185] Diese Unterscheidung ist selbst zum Teil historisch und kulturell variabel. Denn einerseits erweitert sich mit technologischem Fortschritt der Spielraum des Menschen, auch auf gegebene Dispositionen wie physiologische oder psychologische Merkmale (z. B. durch Chirurgie und Psychotherapie) einzuwirken und sie in den Bereich des für die aktive Identitätsbildung der Person Verfügbaren zu bringen. Andererseits hat die moderne und postmoderne Kritik die vermeintlich natürlichen Distinktionen als teilweise oder gänzlich sozial gemachte und insofern auch veränder- bzw. dekonstruierbare zu erkennen erlaubt. Man könnte sagen, dass die Emanzipationsbewegungen den gesellschaftlich vorstrukturierten Spielraum für die eigene Identitätsbildung erweitern, etwa durch die Unterscheidung von *sex* und *gender*. Gerade darin zeigt sich, wie die individuelle Identitätsbildung der Person von vorgängigen Norm- und Rollenerwartungen und diskursiven Praktiken abhängig ist. Zugleich können diese kollektiven Erwartungen und Praktiken überhaupt nur zum Problem werden, weil Einzelne sich nicht (mehr) in ihnen wiederfinden. Zum Verhältnis von individuellen und kollektiven Identitäten siehe Emcke 2000.

deren Worten, diejenige diachrone Identität, für die sie *selbst* zu sorgen hat. Christine M. Korsgaard hat den bereits in Harry Frankfurts Philosophie verwendeten Begriff der praktischen Identität in der englischen und deutschsprachigen Diskussion der personalen Identität popularisiert.[186] Was ist damit gemeint? Um einheitliche Akteure zu sein, müssen wir uns, so Korsgaard, mit dem Prinzip, nach welchem wir einen guten Grund finden, *identifizieren* können, sodass wir unsere Entscheidung wirklich als *unsere* begreifen können, „because you regard the principle of choice as expressive, or representative, of yourself – of your own causality."[187] Gäbe es im strikten Sinne nur individuell gültige, also subjektive Gründe (wogegen bereits in Kap. 8.4 argumentiert wurde), müsste sich eine Person stets nur mit der Partikularität ihres jeweils vorliegenden Motivs identifizieren. Das bedeutete aber, dass es keinen Unterschied mehr gäbe zwischen der Person und ihrem Motiv oder ihrer Triebregung, die Aufgabe einer aus reflexiver Distanz vollzogenen Identifikation wäre gar nicht nötig. Ohne diese reflexive Distanz wären Menschen, so Frankfurt und Korsgaard, keine Personen und würden sich nicht wesentlich von Tieren unterscheiden. Personen bewerten aber ihre eigenen Motive und Wünsche; sie finden Gründe dafür, warum sie nicht nur spontan jetzt, sondern in vergleichbaren Fällen (immer) wieder so handeln sollten. Sie sind nicht allein punktuelle Optimierer, sondern beziehen eine individuelle Entscheidungssituation in der Deliberation auf eine höhere Einheit ihrer selbst. Genau diese höhere Einheit, auf die man sich in der Bewertung seiner Handlungsgründe bezieht, wird *praktische Identität* genannt. Mit ihr müssen nach Korsgaards kantianischer Interpretation die Maximen, verstanden als allgemeine Gesetze, nach denen man Gründe beurteilt, kohärent sein. Sie sind Ausdruck der praktischen Identität, die somit, so Korsgaard, als *Quelle der Normativität* eines Individuums fungiert. Als diese Quelle weist sie die je eigene Lebensführung überhaupt als wertvoll aus: „a description under which you value yourself, a description under which you find your life to be worth undertaking."[188] Korsgaard fokussiert ihre Bestimmung auf die Moralität als einer Normativität, die „in a deep way" unsere Identität, „our sense of who we are"[189] ansprechen muss.

Praktische Identitäten sind in der Regel komplex; in sie können persönliche Wünsche wie die normativen Ansprüche bestimmter sozialer Rollen, Normen aus kultureller Einbettung, rechtliche und moralische Forderungen sowie Verpflichtungen

---

186 Zum Begriff der praktischen Identität siehe die erwähnten Arbeiten von Harry Frankfurt und Charles Taylor sowie dessen Buch 2006 (orig.: *Sources of the Self*, 1989); Korsgaard 1996a: Willaschek 2009. Zum Zusammenhang zwischen Fichte und den Theorien Frankfurts und Taylors vgl. Klotz 2002, S. 169 ff. Zum jüngeren Stand der Diskussion siehe den Sammelband Atkins/Mackenzie 2008.
187 Korsgaard 1996a, S. 101.
188 Ebd. Der kantianische Hintergrund ihrer Konzeption, den kategorischen Imperativ als Bewertung sämtlicher (nicht nur moralischer) Maximen anzusehen, kann hier nicht rekonstruiert werden. Dazu siehe die Aufsätze in: Korsgaard 1996b sowie Korsgaard 1999b und 2009.
189 Ebd., S. 17.

eingehen, die sich aus individuellen Bindungen ergeben.[190] Daher ist zu ergänzen, dass für die Identitätsbildung ebenso wichtig wie reflexive Distanz zu den subjektiven Impulsen die zu Rollen-, Wertungs- und Normvorgaben der Gesellschaft ist. Personen mit einer reflexiv erworbenen praktischen Identität sind ebenso wenig rein instinkthaft agierende Tiere wie gedankenlose Opportunisten.

Der Begriff der praktischen Identität ist in gewissem Sinn vergleichbar mit dem psychoanalytischen Begriff des Ich-Ideals; allerdings betreffen praktische Identitäten weniger das mehr oder weniger realistische, libidinös besetzte und nach Freud zum Teil unbewusste Bild, das jemand von sich selbst als Wunschvorstellung macht, als die Relevanz, die eine Person bestimmten Prinzipien, Wertungen und Gründen als Orientierung für ihre Lebensführung bewusst zuerkennt. *Über* diese weltverbundenen Bedeutungen erzeugt die Person in reflexiver Bewertung ein normatives Bild von sich selbst, das sich nicht durch Phantasien, sondern nur im eigenen Handeln einlösen lässt, für das es einen Bewertungsmaßstab bereitstellt. Daher kann man eher von einem *praktischen Ideal* und einer für uns höherwertigen *Lebensform* sprechen.[191] Es lässt sich leicht ersehen, dass sich somit auch der Begriff der persönlichen Integrität ohne so etwas wie praktische Identität nicht denken lässt, ohne eine normative Form also, auf die hin man auch in Situationen der Gefahr und der Verführung orientiert *bleibt*.[192]

Entscheidend für die Konzeption einer praktischen Identität ist, dass *ich selbst* es bin, der meine eigene praktische Identität entwickelt und sich in ihr selbst achtet und wertschätzt. Sie dient dem Menschen nicht als vage *ad-hoc*-Orientierung, sondern bildet *ein für den Menschen als individuelle Person wesentliches Selbstverständnis*, das Quelle der Gründe ist, die für ihn in der zukunftsgerichteten Praxis von ausgezeichneter Relevanz sind. Der Begriff der praktischen Identität ist somit ein *normativer Identitätsbegriff*. Er drückt den *begründeten Selbstanspruch* einer Person aus, wer sie aufgrund ihrer starken Wertungen (Taylor), ihrer Maximen (Korsgaard) oder ihrer als eigene anerkannten Gründe (Gerhardt) in ihrer Praxis sein und in ihrer Lebensbahn bleiben *will*. Daher liegt dieser normative Identitätsbegriff auch dem Begriff der narrativen Identität voraus, mit dem sie viel teilt. Denn ich kann nur Autor meines Lebens sein und meine Erfahrungsgeschichte in eine narrative Form bringen, wenn ich weiß, was zu erzählen mir besonders wichtig ist. Wer Lebenserfahrungen nicht auch in Bezug auf seine bewegenden Erfahrungen, auf seine Prinzipien, Gründe und Wertungen zu organisieren vermag, verliert sich im Erzählen von allem Möglichen; es wäre nicht klar, was es hieße, sich selbst zu erzählen.[193]

---

190 Siehe dazu Mead 1968. Vgl. Lotter 2012, S. 54–64, die von „normativer Identität" spricht.
191 Joas 1999, 203; Gerhardt 2000, S. 14 f.
192 Zum Begriff der Integrität siehe Pollmann 2005, besonders S. 77 ff.
193 Diese These soll selbstredend nicht behaupten, Erzähler sollten *stets* oder *nur* in Bezug auf ihre eigenen Wertungen erzählen. Das gilt ohnehin für literarische Erzähler nicht. Sie erfinden, denken um, erzählen (zum Glück!) nicht nur ihre eigenen Lebensgeschichte und können durch das Erzählen des scheinbar Nebensächlichen (wie besonders Adalbert Stifter, W. G. Sebald oder Peter Kurzeck) dieses mit

Die Konzeption der praktischen Identität trifft sich in wesentlichen Punkten mit Kants Begriff des Charakters der Denkungsart. Beide sind normative Begriffe und stellen für Personen „eine Funktion des Zusammenhangs ihrer Handlungen"[194] über die Vernetzung von Gründen bzw. Maximen dar, anhand derer sie als handelnde Individuen erkennbar werden. Kant betont noch stärker das produktive Moment, das er nicht mit dem Begriff der Identität, sondern einem anderen Terminus personaler Konstanz verknüpft: dem des Charakters. Der Charakter, begriffsgeschichtlich ursprünglich sowohl das sich einprägende als auch das eingeprägte Zeichen, das ein Individuum dauerhaft erkennbar macht, ist das *„principium individuationis* der Person"[195]. Kant unterscheidet die gegebenen Charakteristika einer Person wie Naturell oder Temperament, gegebene und erworbene Charakterzüge, die zu ihrer von außen beobachtbaren Identität, ihrer charakterlichen Disposition, zählen, von ihrem bestimmten praktischen Charakter, zu dem Maximen erforderlich sind:[196]

> „Einen Charakter aber schlechthin zu haben, bedeutet diejenige Eigenschaft des Willens, nach welcher das Subjekt *sich selbst an bestimmte praktische Principien* bindet, die er sich durch seine eigene Vernunft unabänderlich vorgeschrieben hat. Ob nun zwar diese Grundsätze auch bisweilen falsch und fehlerhaft sein dürften, so hat doch das Formelle des Wollens überhaupt, nach festen Grundsätzen zu handeln (nicht wie in einem Mückenschwarm bald hiehin bald dahin abzuspringen), etwas Schätzbares und Bewundernswürdiges in sich; wie es denn auch etwas Seltenes ist.
>
> Es kommt hiebei nicht auf das an, was die Natur aus dem Menschen, sondern was dieser a u s s i c h s e l b s t m a c h t , denn das erstere gehört zum Temperament (wobei das Subject großenteils passiv ist), und nur das letztere giebt zu erkennen, daß er einen Charakter habe."[197]

Wenn Kant vom Charakter als etwas Seltenem spricht, dann meint er, wie etwas später deutlich wird, die praktisch erst zu leistende Einlösung des normativen Selbstent-

---

einer in der flüchtigen Praxis der alltäglichen Lebenswelt gar nicht gegebenen Bedeutung versehen. Das Modell der narrativen oder auch biographischen Identität von Personen ist daher nicht geeignet, um der phantastisch überbordenden Vielfalt literarischen Erzählens näher zu kommen. Wenigstens scheint das Modell der einigermaßen kohärenten Lebensgeschichte *regulativ* wichtig zu sein, um sich vor sich und anderen auf einen Zusammenhang der eigenen Vergangenheit, der Gegenwart und der anvisierten Zukunft öffentlich beziehen zu können. Dazu muss dieser Zusammenhang in einer symbolischen Form wie der Sprache erst als allgemein kommunizierbarer Zusammenhang konstituiert werden. Die Übergänge zwischen Phasen und Erfahrungen, die im Leben oft unelegant und brüchig verlaufen, sollen, erzählt man etwas von seiner Lebensgeschichte, einen ästhetisch und ethisch plausiblen Zusammenhang ergeben, der wiederum orientierend für die weitere eigene Lebensführung wirkt. Erzählen ist also auswählende, kreative Arbeit am eigenen Leben, eine mehr oder weniger wahrhaftige Komplexitätsreduktion in pragmatischer Absicht. Zum Thema der narrativen Identität, das komplexer und differenzierter ist, als hier dargestellt werden kann vgl. Arendt 2005, S. 222 ff., Meuter 1995 und kritisch Thomä 1998.
194 Willaschek 1992, S. 282.
195 Ebd., S. 275.
196 Immanuel Kant: *Anthropologie in pragmatischer Hinsicht*. AA VII, S. 293.
197 Ebd., 292 (erste Hervorh., A. T.).

wurfs im Handeln, die leicht misslingen kann. Doch eine praktische Identität als *Vorstellung* davon, welchen Prinzipien man im Handeln folgen will, überhaupt zu konzipieren bzw. einen intelligiblen Charakter im Sinne Kants zu gründen, ist „absolute Einheit des innern Prinzips des Lebenswandels überhaupt"[198]. Ohne sie könnte es keine praktisch über die Zeit zu verwirklichende Übereinstimmung mit sich selbst geben. Wer es schafft, aus sich einen Charakter zu machen, d. h. eine im Sinne Kants „praktische consequente Denkungsart nach unveränderlichen Maximen"[199] oder konsistenten Wertungen anzunehmen, gewinnt sich selbst als kontinuierliche Einheit in der Dynamik des Lebens. Die Turbulenzen der Kontingenz sorgen dafür, dass dies ein praktisches Ideal bleibt, dass durchgehend wohl niemand erreichen dürfte; als Ideal des eigenen Selbstseins behält es aber eine orientierende und kontinuitätsstiftende Kraft. Der normative Charakterbegriff fungiert als eine Art Kombination aus Hauptruder und Kompass für die Navigation der Lebensführung.

Für den Begriff einer praktischen Identität wie den eines selbstbestimmten intelligiblen Charakters spricht, dass es hier wirklich um Kriterien geht, wie eine Person in ihren praktischen Ansprüchen von sich selbst und anderen diachron wiedererkannt werden kann. Diese Funktion ist entscheidend, will man so handeln, dass man im Handeln auch in die nicht nur unmittelbar folgende Zukunft ausgreift, insofern die Vorstellung von dem, der man ist, „auf mein Leben im ganzen"[200] vorausweist. Mit der Entscheidung für und Arbeit an einer solchen Identität ist ein Zeitvektor verbunden: Sie ist Ausdruck einer Wahl, eines „entschlossenen Aufbruch[s] in eine Lebensbahn"[201], in der das individuelle Dasein einen Begriff von sich als Ganzem über die Zeit zu entwickeln vermag, insofern einzelne Erfahrungen und Handlungen sowohl *ex ante* als auch *ex post* dieser Lebensbahn zugeordnet werden.

Gäbe es keinen solchen praktisch relevanten, kontinuitätsstiftenden Begriff von einem Selbst, das sich in seinem Verhalten durchhält, sollte niemand Ehen und Verträge schließen oder Versprechen geben, niemand wäre verlässlich in einer professionellen oder auch privaten Rolle, deren Ausübung bestimmte in Geltung bleibende Maßstäbe von ihm erwartet.[202] Das Selbst benötigt eine praktische Identität, damit es in der kontingenten Veränderungen unterworfenen Lebenspraxis erkennbar bleibt und sich als dasjenige erweist, das vor Stunden, Tagen, Wochen, Monaten oder Jahren einen Ausgriff auf seine eigene Zukunft durch eine entsprechende Zwecksetzung und ihre Mitteilung machte, dem die Möglichkeit eignen können muss, sich in der Zukunft als wirksam und zutreffend zu erweisen.

Die von Kant ausgehende Tradition beschränkt den Begriff einer normativen Form, die man sich selbst gibt, auf den Bereich der Moralität. Das ist aufgrund der Institutionen der Selbstbindung an Prinzipien, Maximen, Gesetze und Verträge oder

---

[198] Ebd., 295.
[199] Immanuel Kant: *Kritik der praktischen Vernunft*, AA V, S. 152.
[200] Tugendhat 1979, S. 194.
[201] Henrich 2007a, S. 343. Zum Lebensentwurf siehe ebd. 240 ff.
[202] Vgl. Gerhardt 1999, S. 286 und 376 ff.

an Versprechen sehr einleuchtend. Gäbe es andere Personen nicht, für die man als Kooperationspartner verlässlich, wiedererkennbar und vertrauenswürdig sein will und von denen man wiedererkannt, anerkannt und als Kooperationspartner wertgeschätzt werden möchte, wäre man nicht aufgefordert, danach zu streben, in normativ hinreichender Weise derselbe zu bleiben. Da Personen immer unter sozialen Bedingungen leben, erzeugt dieser „*Impuls zur Moralität*"[203] eine Sorge um Identität als eigene Aufgabe. Eine Fokussierung auf Moralität der Person allein versäumt aber, die anthropologische und handlungstheoretische Funktion der praktischen Identität bzw. des Charakters freizulegen. Es ist auch auf eine für andere als moralische Handlungen grundlegende Weise erforderlich, dass Personen eine Vorstellung von dem bilden, wer sie sein wollen. Ohne solch ein diachron hinreichend verlässliches Selbstverständnis könnten sie weder für ihr Wohlergehen noch das anderer vorausschauend planen und handeln, selbst wenn es nur um egoistische Dinge ginge. Vorausschauendes Planen und Handeln gehört nicht nur zu besonderen moralischen Institutionen wie dem zwar häufig als Beispiel zitierten, doch aber wohl nur selten ausdrücklich gegebenen Versprechen, sondern ist bereits „ein selbstverständlicher Bestandteil alltagspraktischer Vernunft."[204]

Diese Selbstverfügung auf die Zukunft hin ist immer auch ein Vorgriff auf die Kontinuität meiner eigenen Verfassung. Ich muss als rationaler Akteur einen Begriff bzw. ein Verständnis von mir haben, das ich selbst im Handeln durchzuhalten gedenke, um nicht auf diachron wirksame und synchron in Konfliktsituationen belastbare und orientierungsstiftende Maßstäbe und damit meine positive Freiheit zu verzichten. Heidegger nennt diesen Vorgriff auf die je eigene Verfassung Entwurf;[205] er ist als selbst akzeptierte und angeeignete Form Ausdruck einer Person und muss daher zum Teil der Identifikationskriterien werden, mit denen sie über die Zeit erkennbar ist. Die Konzeption einer praktischen Identität erlaubt also, das normative Selbstverständnis, das eine Person von sich hat, in die Bedingungen der Identifikation und Beschreibung dieser Person zu integrieren. Indem eine Person sich solch eine Identität, einen Charakter (Kant) oder eine Persönlichkeit[206] durch Dispositionen als Ergebnisse eines Prozesses der Aneignung und Kultivierung von Gefühlen, Wertungen, Gründen und Prinzipien erwirbt, werden diese Dispositionen auch zu Kriterien für die

---

[203] Gerhardt 1999, S. 286.
[204] Nida-Rümelin 2001, S. 33.
[205] Im Entwurf richtet sich das Dasein mit seiner eigenen Vergangenheit auf das Kommende aus, indem es die Praktiken, in denen es steht, auslegt. Vgl. die Interpretation von Bertram 2013.
[206] Zum Begriff der Persönlichkeit als eines bestimmten Charakters vgl. Goldie 2004. Michael Quante sieht in der *Persönlichkeit* die Lebensform, die Personen sich aneignen. Es ist somit die „individuelle Ausgestaltung der Personalität" (Quante 2007, S. 155). Sie ist – wie die praktische Identität, der erworbene Charakter oder das normative Selbstverständnis – daher eine praktische Aufgabe (vgl. ebd., S. 135 ff.). Diese Begriffe sind hinsichtlich der von ihnen gefassten Funktion für das Leben von Personen verwandt.

Identifikation dieser Person als Akteurin aus der Perspektive anderer Akteure.[207] Man *wird* erst zu einem auch praktisch erkennbaren Individuum, wenn man, so Bernard Williams, „eine Reihe von Wünschen, Sorgen oder [...] Vorhaben hat, die dazu beitragen, einen *Charakter* zu bilden."[208] Dann macht die Person ihr Handeln zum Zeichen ihrer selbst, das ihren selbst gebildeten Charakter bzw. den strukturell angelegten Selbstbegriff jeweils punktuell exemplifiziert. Deskriptive Aussagen über eine Person werden somit ihre praktischen Gründe enthalten, weil der Identitätsbegriff eine doppelte Funktion hat: Einerseits beschreibt er, an welchen Prinzipien und Werten eine Person sich orientiert und als welche sie anerkannt sein *will*, andererseits erlaubt er daher anderen, die Person in ihrem Handeln als eben diese Person wiederzuerkennen. Dabei muss dem Umstand Rechnung getragen werden, dass die erworbene praktische Identität nicht konstitutiv für die Persistenz der Person überhaupt und also für ihre Identifizierbarkeit als körperlicher, bedürftiger, prinzipiell rationaler, wertungsfähiger, emotionaler und sozialer Mensch ist, da jene diese voraussetzt, die auch dann prinzipiell in ihren Dispositionen erhalten bleibt, wenn die praktische Identität (der erworbene Charakter/die Persönlichkeit) sich ändert oder gewaltsam zerbricht.

Die lebensweltlich vertraute Identifikation von Personen qua ihrer normativ und evaluativ bestimmten praktischen Identität (ihres Selbstbegriffs) gilt sowohl im Fall des mit ihr kohärenten Verhaltens als auch dem der punktuellen Abweichung von ihr: Idealerweise kann eine einzelne Handlung aufgrund der Gründe bzw. Regeln, die mit der eigenen praktischen Identität kohärent sind, als *Ausdruck* der Wirksamkeit dieser Identität gelten und insofern eine entsprechende Selbstbeschreibung validieren. Dabei zeigt sich – in Entsprechung zur Gradualität der Wertungen bzw. der existentiellen Bedeutsamkeit – die handlungsleitende Kraft der praktischen Identität erst vollgültig, wenn, erstens, Ihr verschiedene Handlungen wiederholt über die Zeit entsprechen und, zweitens, auch angesichts von Konfliktsituationen und Widerständen mit ihr kohärent sind. Denn wer nur einmal eine bestimmte Handlung ausführt, macht in der Regel noch nicht kenntlich, dass ihre Gründe ein Ausdruck einer strukturellen Festlegung sind, auf die man sich praktisch *immer wieder* beziehen wird. Und wer angesichts von Handlungskonflikten oder Widerständen sich rasch dazu hinreißen lässt, eine Handlung nicht auszuführen, falsifiziert gleichsam die Annahme, die Unterlassung könne auf starken Wertungen beruhenden und Ausdruck einer strukturellen Orientierung sein.[209] Eine praktische Identität stiftet also nachwachsende motivatio-

---

207 Das zeigt sich u. a. in der Strafverfolgung, in der Zeugenaussagen zur Persönlichkeit des Angeklagten eine gewisse Rolle spielen. Es geht dabei offenkundig darum, eine Einschätzung zu gewinnen, ob eine Tat dem Charakter einer Person entspricht, sie also in Bezug auf seine erworbene Identität mehr oder weniger wahrscheinlich ist. Dabei wird unterstellt, dass Personen in der Regel ihrer Charakteristik treu bleiben.
208 Williams 1984b, S. 14.
209 Die punktuelle Handlung kann auch mit einer strukturell angelegten praktischen Identität konfligieren; dann handelt es sich oft um Willensschwäche, die selbst punktuelle Gründe haben kann,

nale Kraft für Handlungen, deren Gründe nicht nur kompatibel mit den die Identität tragenden Wertungen, sondern als deren Ausdruck zu verstehen sind, insofern diese die Quelle der Gründe darstellen. Sie erlaubt einen selbständigen und mündigen Umgang mit gesellschaftlichen Erwartungen von Anpassung bis Widerstand bzw. „Unterordnung" bis „Selbstbehauptung"[210]. Nach Erikson ist die psychosoziale Entstehung der „Ich-Identität" seit der frühen Kindheit daher auch mit einem „Zuwachs an Ichstärke"[211] verbunden.

Gegen die Valenz des Begriffs der praktischen Identität wie den des Charakters spricht allerdings die fast rigoros anmutende Statik. Sowohl der Identitätsbegriff als auch der des Charakters sind auf die Festigkeit von Gegenständen in der Welt gemünzt. Charakter meinte ursprünglich einen Prägestempel, dann das vom Prägenden dauerhaft Geprägte, etwa ein in Tierhaut als Besitzindex eingeritztes Zeichen. Auch heute wird das Wort ‚Charakter' meist wie noch bei Platon verwendet, um eine Festigkeit, ein *in toto* unflexibles So-Seins einer Person – konstante Dispositionen als „Charakterzüge" – zu kennzeichnen.[212] Diese Bedeutung als festes, wiedererkennbares Zeichen hat sich im Englischen erhalten, in dem mit *character* nicht nur die Eigenart einer Person, sondern auch der Buchstabe bezeichnet wird. Damit ein Buchstabe in Texten funktionieren kann, muss er sich gleich bleiben und über die Zeit in einem digitalen Zeichensystem wie dem Alphabet wiedererkennbar sein. Doch anders als theoretisch beschreibbare Identitätskriterien von Menschen wie ihre DNA, deren Paare aus Nukleobasen – ebenfalls mit Buchstaben – bezeichnet wiedererkennbar bleiben, und anders als einmal in Stein gemeißelte Schriftzeichen, muss eine praktische Identität für Revisionen, Erweiterungen und Umwertungen prinzipiell offen bleiben, um der Lebensdynamik und dem stets Neues erschließenden Prozess der Erfahrungen gerecht zu werden. Darin liegt gerade der Sinn der eigenen Identität als Aufgabe, die so lange eine dynamisch zu bewältigende Herausforderung bleibt, so lange ein Mensch er selbst sein und als dieser handeln will.

Man kann also nicht einmal seinen Charakter prägen und es damit für immer bewenden lassen. Das gilt für alle intelligiblen Leistungen – weil sie mit der dynamischen Lebenseinheit und dem fortlaufenden Prozess der Sozialisation und kulturellen Einbettung verbunden sind, gibt es also praktische Identität nur als Prozess, wie

---

so wie viele irrationale Momente punktuell begünstigt werden – durch plötzliche Affekte, Müdigkeit oder Überlastung. Zur Erklärung der Willensschwäche als Inkohärenz von punktuellen und strukturellen Intentionen siehe Nida-Rümelin 2001, S. 136–150.

210 Mead 1968, S. 237.
211 Erikson 1973, S. 109.
212 Vgl. Bremer 2000. Ursprünglich kommt das Griechische *charaktēr* von ‚aufreißen', ‚einritzen' (ebd, S. 776). Deshalb kann von Sennett 1998 der Begriff auch als Gegenbegriff zur durch neoliberale Arbeitsorganisation und Prekarisierung erzeugten Flexibilisierung von (beruflichen) Lebensläufen und ihren gesellschaftlichen Folgen in Stellung gebracht werden. *The Corrosion of Character* (so der originale Titel von 1998) beruht nach Sennett vor allem auf schwachen, flüchtigen, flexiblen Bindungen, die durch die Veränderung der Arbeitswelt dominant werden.

es „Subjektivität nur als Prozeß"[213] gibt. Außerdem ist jede konkrete praktische Identität schon aufgrund ihrer Genese eine in der Zeit entstandene und also auch sich in ihr verändernde Form und darin der Variabilität des Lebendigen ausgesetzt, die es zugleich im Handeln in Anspruch nimmt und sich zu eigen macht. In diesem Sinne ist der Begriff der praktischen Identität oder auch der des Charakters nicht unproblematisch: Die „gesamte menschliche Erfahrung [widerspricht] dieser Unveränderlichkeit eines konstitutiven Elements der Person."[214] Wir ändern uns dauernd mit dem Leben und sind darauf mit einem plastischen Gehirn gut eingestellt. Niemand wird vermutlich als 80-jährige Person in allen Wertungen, Prinzipien und Charakterdispositionen exakt die Person sein, als die sie sich mit 18 Jahren verstanden hat. Von diesem internen wie externen Eingelassensein in Prozesse des Lebens, der Gesellschaft, Kultur und Geschichte rührt auch die begründete Veränderung aufgrund neuer Einsichten und Revisionen der eigenen Einstellungen sowie die Möglichkeit des Lernens und das Sich-bestimmen-Lassen durch die Wahrnehmung, Beurteilung und Anerkennung anderer Personen.

Eine praktische Identität als Ergebnis einer Selbstdeutung muss also in gewissem Maß plastisch bleiben, und zwar aus moralischen wie eudämonistischen Gründen: Ein erworbener Charakter stiftet nicht notwendigerweise eine ethisch gerechtfertigte Orientierung, er garantiert nicht *per se* Kohärenz aller ihn konstituierenden Einstellungen. Man kann auch bei einigen Verbrechern eine praktische Identität unterstellen, zumal wenn sie nicht einmalig etwa aus Affektüberschuss gegen Gesetze bzw. Rechte verstoßen, sondern den Verstoß vorsätzlich ausführen oder gar zum politischen Programm machen wie in totalitären Systemen. Ansprechbarkeit auf kritische Gründe aus der Gesellschaft ist daher unverzichtbar für einen moralisch anspruchsvollen Begriff von praktischer Identität, soll er sich von ideologischer Verkapselung unterscheiden.[215] Zudem kann ein starrer praktischer Selbstbegriff sich ironischerweise just als Grund erweisen, ein gutes Leben zu verpassen, weil man in falschen Vorstellungen von sich selbst befangen bleibt, die der eigenen Selbstverwirklichung nicht zuträglich sind. Anstatt neue, einem fremde, in einem guten Sinn transformative Erfahrungen zu machen, kapselt man sich in der Deutungshoheit über sich selbst ab.[216]

---

213 Henrich 1999a, S. 16 ff.
214 Ricœur 2007, S. 210.
215 Die Notwendigkeit der Kritikoffenheit betonen u. a. Taylor 1988c, S. 43 ff., und 1988b, S. 140 ff.; Jaeggi 2005, S. 240 ff.; Willascheck 2009, S. 104 ff.; Laitinen 2008, S. 153 ff.
216 So ein Argument Hans Blumenbergs gegen das Selbstverständnis (1997, S. 9 f.), vgl. Langbehn 2013, S. 200. Man denke auch an den aus der Psychoanalyse bekannten Begriff der Rationalisierung, die gerade ein dem Patienten unbewusstes Mittel darstellt, seine eigenen Affekte, Phantasien und sein Begehren durch eine begründete Identitätsvorstellung zu verdrängen. In der bewussten Verweigerung der Identitätsanpassung kann auch ein komisches Moment liegen, weshalb der Charakterbegriff in der Komödientheorie eine wichtige Rolle spielt: Wenn jemand zu keinerlei Adaptionsleistungen bereit ist, irritierende Sachverhalte seine praktische Selbstkonzeption nicht zu tangieren vermögen und er eine spezifische Rollenidentität beibehält, obwohl ihre gesellschaftliche und politische Relevanz obsolet ist und sie auf Unverständnis, Widerstand und Spott trifft, kann seine praktische Identität eher komisch-

Mit der prinzipiellen Offenheit für Kritik und Revision, die solch einer normativen Vorstellung von sich selbst aus moralischen und politischen Gründen zukommen soll, sind aber auch die produktiven Erfahrungen verbunden, die intrinsisch anschlussfähig an weitere sind, weil – um noch einmal Gadamers schöne Formulierung aufzunehmen – die „Offenheit für Erfahrung [...] durch die Erfahrung selbst freigespielt wird."[217] Diesen Prozess der Selbsttransformation durch reflexiv sich zu eigen gemachte Erfahrungen, die zu neuen Wertungen und anderen Interessen führen, kann man, wenn er die Person reifer, tiefer und klüger macht, auch Bildung nennen. Deskriptive und normative Kriterien sprechen also dafür, die Form, die Personen sich als wiedererkennbare geben, nicht isoliert von Prozessen zu deuten, die Anlass und Grund bieten, diese Form zu transformieren, etwa indem man die bisher anerkannten normativen Maßstäbe als unzureichend erkennt und sie daraufhin ändert.

Daher muss die praktische Identität sowohl – gegenüber den eigenen inneren Impulsen wie auch den womöglich unberechtigten, fast immer aber überfordernden Erwartungen der Gesellschaft – hinreichend fest als auch – gegenüber den eigenen Bedürfnissen und Wünschen als auch den berechtigten kritischen Erwartungen der Gesellschaft – hinreichend variabel sein. Man hat es mit zwei konträren Ansprüchen zu tun, die in einer praktischen Identität bzw. einem normativen Selbstverständnis reflexiv und kommunikativ vermittelt werden müssen – den der Berücksichtigung lebensgeschichtlicher Veränderung und begründeter Transformierbarkeit und den auf Konstanz, Verlässlichkeit, Verbindlichkeit und ein Sich-selbst-Wiedererkennen über die Zeit. Für beide Ansprüche gilt, dass kein Extrem – vollkommene Stabilität oder vollkommene Veränderbarkeit – für Personen erstrebenswert ist. Auch wären sie schwierig durchzuhalten: Einerseits können niemals alle Ansprüche, Prinzipien und Wertungen *in toto* gewechselt oder aufgegeben werden, will man als individuell konkrete Person, die mit sich selbst in Übereinstimmung zu leben vermag, erhalten bleiben. Es wird kaum vorkommen, dass eine Person mit einem Mal alle ihre starken Wertungen oder Prinzipien aufgibt bzw. wechselt. Sollte es so sein, verlöre sie ihre praktische Identität. Sie hätte keinen Maßstab, um anzuzeigen, dass etwas zu ihr passt oder nicht, ob sie sie selbst ist oder sich von sich entfernt. Sie wäre fundamental variabel. Man darf annehmen, dass diese Person ein reines Gedankenexperiment ist. Selbst Verwandlungskünstlerinnen und -künstler wie Giacomo Casanova bleiben sich in für sie wesentlichen Hinsichten treu. Umwertung und Änderungen der Orientierung in der Zeit müssen daher ebenso wie Ausnahmen von der Kohärenz mit dem normativen Selbstverständnis begründet werden.[218] Andererseits ist eine *in toto* invariante Konzeption praktischer Identität selbst in konstanten Lebensverhältnissen weder realistisch noch rational geboten, weil sie keine Öffnung für Kritik, Revision, Um-

---

sympathisch wirken wie die Don Quijotes, der unter den sich verändernden Bedingungen der frühen Neuzeit ein edler Ritter zu sein versucht, als wäre er im Hochmittelalter.
217 Gadamer 1990, S. 361.
218 Vgl. Nida-Rümelin 2001 und 2011, S. 75.

wertungen und neue werterschließende Erfahrungen erlaubt und gleichsam die Person vor ihrem eigenen Leben buchstäblich konservativ verschließt.

Paul Ricœur hat aufgrund dieser Dialektik von Beharrung und Veränderung personaler Identität dafür plädiert, in der Rede von der Identität von Personen zwischen zwei Aspekten zu unterscheiden: dem *idem* (‚dasselbe') als der konstanten, invarianten Selbigkeit einer Sache und dem *ipse* (‚selbst') als der Selbstheit von Personen, die keinen invarianten Kern voraussetzt und damit offen für Veränderungen, Pluralität und auch die negativen Anteile des Selbst ist, aber zugleich dem Anspruch an eine z. B. im Versprechen ausgedrückte Dauerhaftigkeit des Selbst Rechnung trägt. Antwortet die Selbigkeit auf die Frage nach dem *Was*, das diachron als dieses erkennbar bleibt, bietet die Ipseität eine Antwort auf die Frage, *wer* erkennbar bleibt. Ricœur entwickelt diese Unterscheidung vor dem Hintergrund seiner eigenen Konzeption narrativer Identität, deren Kennzeichen es nach dem Modell der Erzählung ist, Permanenz und Variabilität bzw. in Ricœurs Begrifflichkeit Konkordanz und Diskonkordanz zu verbinden und Veränderung als Teil der eigenen prozessualen Identität anzunehmen.[219] Ihre Stärke liegt darin, auch die lebensgeschichtlichen Elemente in die eigene personale Identität zu integrieren, die nicht den eigenen Wertungen, der eigenen Integrität und der Normativität der praktischen Identität entsprechen.

Ohne diese Konzeption Ricœurs weiter zu verfolgen, kann man den Bogen zu Korsgaards Konzeption und Taylors zuvor rekonstruiertem Begriff einer Selbstinterpretation über Wertungen spannen, die für korrigierende Gründe offen bleibt, da die Erschließung von strukturell gültigen Wertungen selbst dynamisch ist.[220] Auch Taylor spricht zwar zuweilen von „Identität", die nicht auf einem Bündel an Eigenschaften beruhe, sondern „durch unsere fundamentalen Wertungen definiert"[221] sei: „Was ich als Selbst bin – meine Identität –, ist wesentlich durch die Art und Weise definiert, in der mir die Dinge bedeutsam erscheinen"[222]. Der von ihm favorisierte Begriff der „Selbstinterpretation" hat den Vorteil, die Dynamik und Reflexivität zur Sprache zu bringen. Neben dem Begriff der Selbstinterpretation oder Selbstdeutung und dem der praktischen Identität wird auch in sachlich analoger Weise von einem „Selbstbegriff"[223] als einer „Verfassung" gesprochen, „die sich das Individuum selbst zu geben

---

[219] Vgl. Ricœur 1996, vor allem S. 141–206, und 2007. Die Pointe der am Modell der Erzählung konzipierten narrativen Identität ist ihre zwischen Permanenz und Selbstheit im Lebensprozess vermittelnde Funktion, die darin zum Ausdruck kommt, dass sich nach Ricœur das Subjekt „als Leser und Schreiber zugleich seines eigenen Lebens" konstituiert (Ricœur 1986, S. 396). Die Identität der Person ist ein refiguriertes Selbst, das sich seine eigene Lebensgeschichte aneignet. Vgl. zu Ricœurs „Hermeneutik des Selbst" Meuter 1995; Mattern 1996, S. 151–210; Liebsch 1999.
[220] Ricœur versteht seine eigene Konzeption als Bereicherung der Taylors: Ricœur 1996, S. 219. Eine Darstellung der Themen praktischer personaler Identität im Vergleich der hermeneutischen Modelle Taylors und Ricœurs bietet Laitinen 2008, S. 130–158.
[221] Taylor 1988c, S. 36
[222] Tayor 1996, S. 67.
[223] Gerhardt 1999, S. 311–361.

und zu bewahren sucht"[224]; in dieser selbst gewählten normativen Identität drückte sich der „Selbstanspruch der Person"[225] aus. Auch von einem „normativen Selbstbild"[226] der Person ist die Rede wie von der „Persönlichkeit als Lebensform"[227] oder oft auch einfach vom „Selbst" (*self*)[228] als reflexiver „Ich-Identität"[229]. Ebenso wird von einem „evaluativen"[230] oder „voluntativen Selbstverständnis"[231] bzw. einem „reflektierten Selbstverhältnis"[232] gesprochen. Um die bewusste „Aktivität einer ständigen und vielgestaltigen Einheitsstiftung"[233] und die epistemischen Leistungen des sich im Ausdruck eigener Gründe und Wertungen artikulierende Verstehens seiner selbst kenntlich werden zu lassen, ist wohl der Begriff eines *praktisch-normativen Selbstverständnisses* am besten geeignet,[234] weil das untilgbar reflexive Moment im „Selbst" und das immer nur vorläufige, nie endgültige Moment des „Verständnisses", in dem der Prozess des Verstehens enthalten ist, darin mit dem Bereich des Handelns und dem Anspruch des Normativen zusammentreten.

Aber vielleicht kommt es weniger auf den exakten Begriff an, wenn die Sache in Grundzügen, die sich in den begrifflichen Varianten finden, einsichtig ist. Es geht allen diesen Konzeptionen *formal* um eine kontinuierliche und reflexiv angenommene Struktur im eigenen Leben über diachron als wichtig bzw. verwirklichungswert anerkannte Wertungen, Normen und Gründe. *Inhaltlich* ist eine weitere wichtige Binnendifferenzierung des Begriffs der praktischen Identität bzw. des normativen Selbstverständnisses anzuführen: Zu ihm gehört *Selbstbestimmung*, bei der es um die gleiche Autonomie im Sinne von moralisch und rechtlich gesicherter Handlungsfä-

---

[224] Gerhardt 2000, S. 187f.
[225] Ebd., S. 298.
[226] Siep 2002, S. 33.
[227] Quante 2007, S. 135ff.
[228] So etwa im von Tugendhat und Habermas diskutierten sozialphilosophischen Identitätsbegriff von Mead, der unter dem Selbst (*self*) das erworbene Selbstbild versteht, das die eigene Perspektive (*I*) und die Selbstwahrnehmung über die Perspektive anderer auf die eigene Person (*me*) integriert (Mead 1968, S. 217ff.). Meads Begriff *self* ist in der deutschen Übersetzung mit „Identität" wiedergegeben worden, was Tugendhat (1979, S. 247) kritisiert, weil dadurch das Reflexive des Selbst, das Subjekt und Objekt sein könne, getilgt sei. Mittlerweile wird im Begriff der praktischen Identität etwa von Korsgaard das von Tugendhat in seiner Diskussion Heideggers betonte reflexive und prozessuale Moment des Sichzusichverhaltens mitthematisiert. Der Identitätsbegriff wurde, ähnlich wie der des Selbstbilds und Selbstbegriffs, im Diskurs von seiner nicht-reflexiven Statik teilweise befreit, die sich nicht aus der Begriffsgeschichte tilgen lässt. Es scheint aber, dass die Begriffskonstruktionen mit Identität und Selbst weiter nebeneinander in Gebrauch sind.
[229] Erikson 1973; Habermas 1981, S. 149.
[230] Pollmann 2005, S. 88; Quante 2007, S. 136.
[231] So mit Bezug zu Rawls Emcke 2000, S. 46f.
[232] Den Begriff eines „reflektierten Selbstverständnisses" verwendet offenbar zuerst Tugendhat 1979, S. 282, 296. Vgl. auch Habermas 1981, S. 151.
[233] Henrich 1999a, S. 16.
[234] Der Begriff „normatives Selbstverständnis" hat sich mit der Zeit allgemein eingebürgert, siehe dazu Langbehn 2013, S. 200ff.

higkeit geht, ebenso wie *Selbstverwirklichung*, bei der es um eine erfüllte und unverwechselbare Lebensgeschichte geht.[235] In die Formung der praktischen Identität können sowohl moralische – auf allgemeine Gerechtigkeit und Achtung zielende – als auch ethische – auf das eigene gute Leben zielende – Werte und Normen eingehen, zu denen politische, religiöse oder ästhetische gehören können. Das aber heißt, dass formal und inhaltlich das praktisch-normative Selbstverständnis *Ausdruck negativer und positiver Freiheit* ist. *Von* welchen Impulsen und Wünschen einerseits und sozialen Erwartungen und Normvorstellungen andererseits ich mich frei und unabhängig mache, ist ebenso Teil meiner Verantwortung wie die Frage, welche Gefühle, Bedürfnisse und Wünsche sowie Erwartungen und Normen ich *für* meine praktische Identität berücksichtige, d. h. *zu* welchen Werten und Normen ich mich bekenne. Wie sehr Wertungen auch an mich in meiner psychosozialen Entwicklung herangetragen werden durch familiäre Prägungen, gesellschaftliche Forderungen oder ergreifende, etwa religiöse Erfahrungen, in jedem Fall müssen die Werte und Normen von mir selbst reflexiv angeeignet und bewusst als für mich wichtig und maßgeblich verstanden werden, wenn ich nicht nur einer Ansammlung von Rollen, heteronomen Normen und Gewohnheiten folgen, sondern ein praktisch wie expressiv fungierendes praktisches Selbstverständnis aufbauen will. Freiheit wird mit Blick auf das praktisch-normative Selbstverständnis weniger in spontanen Entscheidungen zu unterschiedlichen Handlungen realisiert als vielmehr im Verhältnis zu dem, was Henrich eine stabile „Handlungs*art*" nennt, die diesem Verständnis entspricht und ihm zur Wirksamkeit sowie zum intersubjektiven Ausdruck verhilft. Frei ist, so Henrich, „somit nicht die Entscheidung, dies oder jenes, was gerade ansteht, zu tun oder zu unterlassen, sondern sich über solches Tun eine bestimmte Handlungsweise anzueignen und in ihr zu leben, also in Beziehung auf sie *ein solcher oder ein anderer zu sein*. Eine Entscheidung aus Freiheit versetzt also in eine Lebensperspektive."[236] Die Ausbildung eines praktisch-normativen Selbstverständnisses, das die Lebensperspektive des Individuums in *bestimmter* Weise ausrichtet, ist demnach Voraussetzung für eine nicht nur punktuelle Freiheit-in-Situationen, sondern eine mit dem eigenen Selbstsein notwendig verknüpfte positive Freiheit, die sich im Verhältnis zum Ganzen der Lebensführung realisiert. „Freiheit ist eine Eigenschaft, die unmittelbar in der Bildung eines Charakters und nur vermittelt über ihn im Vollzug von Handlungen resultiert."[237] Sie erfüllt sich, wenn es mir gelingt, bewusst im produktiven Bezug auf meine praktische Identität mein Leben zu führen.

Mit Blick auf die mythische Bildwelt der griechischen Tragödie lässt sich sagen, dass praktisch-normative Selbstverständnisse die personalen Elemente einer prometheischen Existenz sind. Prometheus, als Sohn der Erdmutter, muss, um sein Leben entwerfen und die Zukunft antizipieren zu können, ein Wissen von sich und der Welt

---

[235] Vgl. Habermas 1981, S. 150 f.
[236] Henrich 2007a, S. 352 (Hervorh., A.T.).
[237] Ebd., S. 353.

sammeln und es erzählen können. Zugleich ist er der Repräsentant der Kultur, die sich ihre eigenen Lebensbedingungen in Bezug auf die Zukunft des eigenen Lebens formt. Die prometheische Existenz des Menschen kann sich nicht allein auf das theoretische Wissen der Prognose oder gar auf das religiöse der Prophetie verlassen, sondern ist eine praktisch antizipierende Lebensform. Deshalb lehrt Prometheus den Menschen in Aischylos' Tragödie ihre Kultur über Techniken, Künste und Fähigkeiten, für die das Feuer steht, und gibt ihnen ein Beispiel für ein auch gegen stärkste opponierende Kräfte widerstandsfähiges normatives Selbstverständnis.

Die Begriffe, die wie der des praktisch-normativen Selbstverständnisses die Form meinen, die bewusstes Leben in Freiheit auszubilden vermag, konvergieren, so meine ich, in ihrem *ergon*, der praktischen *Funktion*, die die mit ihnen bezeichnete Form für die Person hat. Diese Funktion lässt sich in Dimensionen differenzieren, die sich nicht trennscharf unterscheiden lassen, aber zusammen Aspekte einer benignen Funktionalität des praktisch-normativen Selbstverständnisses darstellen: Es ermöglicht der Person eine Stabilisierung und Vertrauensbildung (1), eine Zentrierung (2), eine Selbstorganisation in der Zeitlichkeit des Lebens (3), eine kommunikative Expressivität (4) und eine praktische Individualisierung (5).

(1) Das normative Selbstverständnis stellt eine *Selbststabilisierung* dar, indem es einen intern *gefestigten* Maßstab schafft, nach dem einzelne Situationen und das, was in ihnen zu tun ist, jeweils in Bezug auf diesen Maßstab beurteilt werden können.[238] Insofern wirkt ein normatives Selbstverständnis, in dem mich ehrlich mit mir konsistent verhalte, auch entlastend, weil man nicht in jeder Handlungslage überlegen muss, was man denn eigentlich will und überhaupt vom Leben erwartet. Es reduziert dadurch für die Person selbst und ihr soziales Umfeld Komplexität, denn es reduziert die Zahl Handlungsgründe, die für die Person infrage kommen. Daher wirkt ein praktisch-normatives Selbstverständnis prinzipiell *vertrauensbildend*,[239] weil eine Person sich in der Kohärenz mit ihrem Selbstverständnis handelnd selbst vertrauen kann und nicht immer wieder von Zweifeln angesichts konfligierender Handlungsoptionen geplagt wird. Entsprechend fördert ein praktisch-normatives Selbstverständnis idealerweise auch das Vertrauen anderer in die sich von diesem leiten lassende Person. Wer z. B. überhaupt situativ in Erwägung zieht, anderen bei Auseinandersetzungen körperlich Gewalt anzutun, wird auf kommunikative Interaktionspartner weniger vertrauenswürdig wirken als jemand, dessen praktisch-normatives Selbstverständnis solche Handlungsmöglichkeiten von vornherein ausschließt –

---

[238] In der hilfreichen Unterscheidung Nida-Rümelins kann man sagen: Punktuelle Handlungen lassen sich in die strukturelle Rationalität eines normativen Selbstverständnisses einbetten, mit der die jeweils situativ leitenden Handlungsgründe kohärent zu sein haben, siehe Nida-Rümelin 2001, vor allem Kap. 3, 4 und 9. Vgl. auch seine entsprechende Konzeption personaler Identität: „Personale Identität beruht auf der Stabilität akzeptierter Gründe, der Stabilität praktischer wie theoretischer Deliberationen angesichts unterschiedlicher Herausforderungen *intra*temporal und im Zeitverlauf eines Lebens *inter*temporal" (Nida-Rümelin 2011, S. 77).
[239] Vgl. auch Velleman 2006.

was, da man an sein praktisch-normatives Selbstverständnis nicht zwanghaft gefesselt ist, sondern *freiwillig* gebunden bleibt, nicht die unwahrscheinliche Möglichkeit eliminiert, dass man sich aus außergewöhnlichen Gründen doch für solche identitätsfremden Handlungen entscheidet oder sie einem aus Willensschwäche, im Affekt oder Rausch doch unterlaufen können. Einzelne Handlungen (und bewusste Unterlassungen) tragen wiederum zur Konstanz und Kohärenz des normativen Selbstbilds bei, denn nur praktisch wird seine Wirksamkeit und Relevanz für die Lebensführung bezeugt und erneuert. Stabilisierung und Vertrauensbildung setzen sich also in der Praxis durch Treue zur eigenen praktischen Identität fort. In diesem Sinne kann man Nietzsches Satz verstehen: „Jede Handlung schafft uns selber weiter"[240].

(2) Zudem *zentriert* ein normatives Selbstverständnis eine Person: Sie kann sich somit langfristig, ausdauernd und auch gegen Widerstände praktisch um eine Lebensführung bemühen, die ihrem Selbstbegriff als Individuum entspricht, und die eigene positive Freiheit im Fall des Gelingens steigern. Man kann sich auf ausgezeichnete Ziele, die einem wesentlich sind, *fokussieren* und wird *eo ipso* von der Orientierung an zu vielen Zielen entlastet. Dabei ist eine dialektische Struktur des normativen Selbstverständnisses in Kraft, die auch schon die moralische Autonomie im kantischen Sinne auszeichnet: Es selbst wird durch reflexive Zustimmung zu Wertungen, Normen und Gründen gebildet, es verdankt sich also einer *freiwilligen Aktivität*, insofern „wir zu bestimmen vermögen, was uns wichtig ist"[241]; dadurch aber bildet es einen Maßstab, der die Person normativ *bindet* und ihre Willkürfreiheit *einschränkt*; nur so aber kann inhaltlich deren auf Bestimmtes, das uns wichtig ist, gerichtete positive Freiheit *gesteigert* werden. Martin Luthers berühmte Aussage am Ende seines Bekenntnisrufs, die nach einer Legende am 18. April 1521 auf dem Reichstag zu Worms fiel – „Hier stehe ich. Ich kann nicht anders" –, lässt sich als Ausdruck dieser freiheitseinschränkenden wie dialektisch wiederum freiheitssteigernden Selbstbindung verstehen. Denn die Aussage indiziert ein nicht-deterministisches Nicht-Können, das ein neues positives Können erst stiftet: Zwar konnte Luther seine Thesen nicht einfach widerrufen, um damit der Aufforderung des Kaisers zu folgen, aber dafür vermochte er sie, in Treue zu seinem Gewissen, zur Vernunft und zur Heiligen Schrift, gegen den geballten Widerstand von Kaiser und Kirche zu verteidigen und dafür die Todesgefahr der Reichsacht in Kauf zu nehmen.[242] Korrekt

---

240 Friedrich Nietzsche: *Nachgelassene Fragmente 1882–1884*, November 1882-Februar 1883 5[1] 208. KSA 10, S. 211. Vgl. bereits Aristoteles: „Wie nämlich einer jeweils tätig ist, so wird er selber" (*Nikomachische Ethik* III 7, 1114a6).
241 Taylor 1996, S. 60.
242 Luther selbst verweist nicht nur auf das Nicht-Können durch Gebundensein – er sei mit seinem „Gewissen gefangen in Gottes Worten" –, sondern auch auf seinen im Gewissen zwar gebundenen, aber darin zugleich freien Willen: Er „*kann und will* [...] nicht irgendetwas widerrufen, weil gegen das Gewissen zu handeln weder sicher noch lauter ist." (Hervorh., A. T.) Zu den überlieferten Aussagen Luthers in Worms siehe Knape 2017, S. 203 ff. (Zitate: S. 204, 206). Dass Luthers Verweis auf sein Gewissen Ausdruck seiner praktischen Identität gewesen ist, kann man angesichts seiner autonomen und existentiell folgenreichen Handlungen annehmen. Prinzipiell kann es auch eine weniger autonome als

müsste die Aussage, sofern sie Luthers Gewissen als praktische Identität ausdrücken sollte, daher so ergänzt werden: „Ich kann nicht anders, weil ich nicht ich selbst wäre, würde ich anders können wollen." Diese Interpretation steht im Einklang mit der Phänomenologie der für praktisch-normative Selbstverständnisse konstitutiven Wertbindung: Wir erleben, so Hans Joas im Anschluss an Harry Frankfurt, „das ‚Ich kann nicht anders' einer starken Wertbindung nicht als Einschränkung, sondern als höchsten Ausdruck unserer Freiwilligkeit."[243]

Die in Anspruch genommene positive Freiheit ist die Verwirklichung seiner selbst als einer praktischen Idee, die man im Handeln bekräftigt. Ohne normatives Selbstverständnis, für dessen Werte und Normen man seine positive Freiheit einsetzt, wäre zwar mehr an spontaner Willkürfreiheit gegeben, aber der bereits bei Pindar formulierte und von Nietzsche aufgenommene Imperativ „Werde, der du bist" sinnlos.[244] Es gäbe kein Kriterium dafür, praktisch man selbst zu sein – oder eben nicht man selbst zu sein wie in den Erfahrungen tiefgreifender Entfremdung, Scham und Fremdbestimmung, die als Kennzeichen der tragischen Erfahrung analysiert wurden. Eine Person ohne zentrierendes praktisch-normatives Selbstverständnis kann zwar leichter jederzeit ihre Lebensbahn ändern, ist aber auch weniger autonom, insofern sie sich von inneren Impulsen oder Einflüssen aus der Gesellschaft, die als Über-Ich internalisiert sein können, ohne Prüfung der Kohärenz mit dem eigenen Selbstbegriff schneller beeinflussen lassen kann. Die Schwelle zum heteronomen Bestimmt-Werden ist niedriger. Ein normatives Selbstverständnis eröffnet demgegenüber die Perspektive einer langfristigen Autokonkordanz. Man kann in Übereinstimmung mit sich leben, wenn man den evaluativen Selbstbegriff performativ immer wieder einlöst und in der Einlösung aufgrund zu denken gebender Erfahrungen auch potentiell reformiert. Besonders gewichtige Ziele erlauben eine Ordnung, in der bloß beitragende Zwecke (extrinsische Werte/Ziele) und höchste oder letzte Zwecke (intrinsische Werte/Ziele)

---

heteronome „*Autokratie des Gewissens*" als „Residium der einstigen Unterlegenheit des Kindes gegenüber seinen Eltern" geben, *gegen* die die Ich-Identität dann ein „Bollwerk" zu sein vermag (Erikson 1973, S. 112f.).

243 Joas 1999, S. 16.

244 Pindar: *Pythia* 2, V. 72: „Beginne zu erkennen, wer du bist" (*genoi' hoios essi mathōn*); Friedrich Nietzsche hat diesen Imperativ als kreative Selbstschöpfungsnorm seiner Individualethik aufgenommen und ihn von allen moralischen Implikationen frei zu halten versucht: „Du sollst der werden, der du bist" (*Die fröhliche Wissenschaft* III, 270. KSA 5, S. 519). Vgl. ebd. IV, 335, S. 563: „Wir aber wollen Die werden, die wir sind". Vgl. auch den Untertitel von *Ecce homo*: „Wie man wird, was man ist" (KSA 6, S. 255). Nietzsches amoralisches Pathos beruht auf der Annahme, dass individuell wertendes Selbstsein und universelle Moralität unvereinbar seien. Das sind sie aber nur, weil Nietzsche die Moral verkürzt allein als heteronome Bestimmung des Selbst durch eine – in seinen Augen lebensfeindlich – moralisierte Gesellschaft versteht. Zu einer Ethik individueller Selbstwerdung siehe Gerhardt 2000, S. 182ff., und Gerhardt 1999, S. 397: „*Sei du selbst! Das ist der kategorische Imperativ einer Moral der Individualität*".

funktional aufeinander bezogen werden. Diese funktionale Ordnung richtet gleichsam die Person aus und gibt ihr so ein höheres Maß an interner Einheit.[245]

(3) Das praktisch-normative Selbstverständnis ist eine selbstgebildete Form, in der man sich nicht nur sammelt und zentriert, sondern auch zugleich sich selbst *voraus* ist. Durch sie erzählt man, wer man geworden ist, und bestimmt, wer man in Zukunft sein will. Diese Struktur einer Beziehung von Selbst zu einer Form von sich über Werte, Normen und Gründe hat also zugleich rekonstruktiven *und* Entwurfscharakter, weil sie einerseits eine Interpretation bereits gemachter Erfahrungen und an sich selbst wahrgenommener Gefühle darstellt, die sich als Lebensgeschichte narrativ erzählen lässt, andererseits auf reflektierte Weise eine Form betrifft, auf die hin man sich handelnd auch in Zukunft beziehen will.[246] Die Zeitlichkeit ist dabei zwischen der narrativen und praktischen Dimension solch eines einheitsstiftenden Selbstbegriffs verschränkt: Lebensgeschichtliche Erfahrungen, zu denen auch prägende, weil werterschließende Erfahrungen und an Werten orientierte Handlungen gehören, werden intersubjektiv durch kulturelle Formen wie Sprache artikuliert und auf an Werten orientierte Ziele, die künftige Praxiserfahrungen ermöglichen, hin erzählt. Dabei ist die Gegenwart jeweils das Scharnier des bewussten Lebens, von dem aus in Antizipation einer gewollten Zukunft nicht nur vergangene Erfahrungen in einer offene Lebensgeschichte integriert, sondern auch eine sie problematisierende Distanz gewonnen und das praktisch-normative Selbstverständnis auf die weitere Lebensbahn hin umgebaut werden kann.[247] Nicht nur Zentrierung qua Selbstbindung (vgl. 2), sondern auch „Selbsttranszendenz"[248] zeichnet die an Wertungen orientierte praktische Identität aus, die das Selbst auf anderes in der Zeit ausrichtet. Die imaginative Perspektive des Futur II erlaubt dabei, diese vergangenheitsorientierte *und* zukunftsorientierte narrativ-praktische Organisation der eigenen Erfahrungsbestände und evaluativen Orientierungen zusammenzudenken, insofern ich mich frage, welches praktisch-normative Selbstverständnis ich einst rückblickend als meines erkannt haben wollen werde.

Derart sein Selbstverständnis zu bilden, ist formal offen für unterschiedliche Grade an Transparenz und Wahrhaftigkeit sich selbst und anderen gegenüber. Sich selbst zu erzählen und zu entwerfen, schließt Selbsttäuschung und Täuschung anderer nicht aus, doch beides unterminiert die stabilisierenden und vertrauensbildenden (1) sowie die Freiheit zentrierenden (2) und expressiven (4) Funktionen des Selbstverständnisses, sodass es im wohlverstandenen Interesse der praktischen

---

[245] Vgl. Frankfurt 2001c. Auch Velleman 2006, S. 274, spricht davon, dass ein Selbst mit langfristigen Intentionen, denen es ehrlich entspricht, „better centered or better grounded" sei.
[246] Vgl. Gerhardt 1999, S. 350, der betont, dass in die „*Selbstbeschreibung des Menschen*" immer auch „die Entschlüsse einzubeziehen" sind, mit denen die Vernunft „auf Kommendes ausgreift." Siehe zum Folgenden ebd., S. 356 ff.
[247] Vgl. Habermas 1981, S. 162; Joas 1999, 207 f.
[248] Joas 1999, S. 255, 257.

Identität liegen muss, sich selbst und anderen gegenüber möglichst wahrhaftig zu sein.

(4) Die Ausrichtung durch das normative Selbstverständnis auf das Selbstsein leistet keinem Solipsismus oder einer egozentrischen Ethik à la Max Stirner Vorschub. Zunächst kann ein solches Selbstverständnis überhaupt nur in sozialen Kontexten entstehen, insofern die Person die Perspektive anderer einzunehmen und ihre Stimmen inklusive der „Stimmen der Vergangenheit und der Zukunft"[249] als denen der Kultur zu berücksichtigen sowie vorgängig gültige Rollenvorstellungen, Normen und Werte eigenständig zu prüfen und zu ihnen Stellung zu nehmen in der Lage ist. Die Herausbildung des praktisch-normativen Selbstverständnisses, in der man Haltungen, Normen und Werte übernimmt und sich aneignet, aber auch abstößt und überwindet, ist also ein sowohl gesellschaftlicher als auch subjektiv-reflexiver Prozess des Individuums. Kommunikation ist dafür nötig, denn die Selbstinterpretation einer Person, die Deutung und reflexive Bewertung ihrer Gefühle und Erfahrungen, ist, so hat Taylor geltend gemacht und haben bereits Mead und Cassirer gezeigt, auf sprachliche Artikulation und insofern auf Symbole angewiesen. Aufgrund dieser Artikulationsbedürftigkeit der eigenen werterschließenden Erfahrungen „ist es ausgeschlossen, allein ein Selbst zu sein."[250] Zum anderen ermöglicht die Ausbildung einer orientierungsstarken praktischen Identität der Person auch eine *expressive Kommunikation* gegenüber anderen in unterschiedlichen Nuancen. Soweit sie in gesellschaftliche Interaktionsverhältnisse eingelassen ist, kann sie gar nicht umhin, im Handeln und Sprechen ihren Selbstbezug zu dem, was für sie von Bewandtnis ist, anderen gegenüber geltend zu machen.[251] Sie hat dafür die „diskussionsfähige Gestalt"[252] ihrer identitätskonstitutiven Wertungen und Normen mit den Symbolisierungsformen der Kultur zum Ausdruck zu bringen, z. B. in artikulierten deliberativen Überlegungen, alltäglichen Erzählungen oder künstlerischen Ausdrucksformen. Expressiv-kommunikativ zu handeln ist schon deswegen für sie erforderlich, weil es je nach Handlungssituation für sie konkurrierende Ansprüche – etwa universelle der Moral oder des Rechts und partikulare des jeweils für sie Guten – geben kann, die sie reflexiv und kommunikativ zu vermitteln hat.[253]

Dafür kann es zum einen nötig sein, dass sie sich ihre eigenen konkurrierenden Orientierungen durch sprachliche (oder auch bildliche, tänzerische oder musikalische) Artikulation klarer macht und andere dialogisch um Rat bittet. Zum anderen wird die Person immer wieder auf Situationen treffen, in der sie andere in ihrem expressiv-kommunikativem Handeln intersubjektiv verstehen muss, um deren praktisch-normative Selbstverständnisse moralisch berücksichtigen zu können, so wie sie

---

[249] Mead 1968, S. 211.
[250] Taylor 1996, S. 71.
[251] Siehe Kap. 5.8 zu Hannah Arendt und dem Theater als öffentlichem Ort.
[252] Joas 1999, S. 207, über Taylor.
[253] Vgl. ebd., S. 263 ff. und 274 ff., die Diskussion von Taylor, Dewey und der Diskursethik von Habermas.

sich ihnen gegenüber in ihrem eigenen Selbstverständnis zum Ausdruck zu bringen hat, um auf ihr Verständnis und ihre Berücksichtigung hoffen zu können. Ein Selbstverständnis intersubjektiv artikulierend auszubilden, ist also weniger ein Medium der Abschottung als Voraussetzung empathischen Verstehens anderer als lebensgeschichtlich konkreter Personen. Dabei ist dieses Zum-Ausdruck-Bringen nicht nur auf bewusst expressive und konkret adressierte Handlungen beschränkt; auch indem sie zweckorientiert handelt und für sich selbst dem folgt, was für sie wichtig ist, zeigt eine Person an, wer sie ist. Indem sie ihr normatives Selbstverständnis durch einzelne Handlungen wiederholt zum Ausdruck bringt, bekräftigt sie es performativ und bezeugt es in der Gesellschaft. Dabei sind die anderen keineswegs auf eine Zuschauerrolle festgelegt, vielmehr öffnet eine mündige Person ihr ausgebildetes praktisch-normatives Selbstverständnis idealerweise auch der Erkenntnis, Einschätzung und Kritik von anderen, transformiert es also weiter, was eine entfremdete, fremdbestimmte und im Schmerz gefangene Person meist nicht zu tun vermag. Im öffentlichen Dialog über normative Standpunkte der jeweiligen praktischen Identitäten verändert sich auch eine Gesellschaft weiter.

(5) Schließlich liegt im praktisch-normativen Selbstverständnis ein unhintergehbares Moment von *Individualität*. Denn indem ich mich an ein für mich synchron und diachron gegenüber konkurrierenden Selbstverhältnissen gültiges Selbstverständnis binde, drücke ich meine Individualität praktisch-normativ aus.[254] Indem ich mir Wertungen, Prinzipien und Gründe als qualitative Identitätskonstituenten zu eigen mache, schaffe ich einen Rahmen, in dem ich mich als ein spezifisches Selbst zum Ausdruck bringen kann, das auch über diese angeeigneten Wertungen, Prinzipien und Gründe als konkrete Individualität verstanden werden will. Diese normative Dimension von Individualität in menschlicher Praxis ist eine reflexive Verstärkung und Vertiefung des Prinzips der Individualisierung des Lebendigen durch Verhalten, die bereits auf bakterieller Ebene beginnt.[255] Die Identifikation einer Person als dieses bestimmte Individuum aus der Perspektive Dritter ist zwar auch über psychologisch beschreibbare Eigenschaften oder über körperliche Individualitätsmerkmale möglich, mit denen man auch noch Leichen individuieren kann. Gerade dieser Sachverhalt zeigt aber, dass darin eine für Personen nur beschränkte Individualitätswahrnehmung liegen kann, die der selbstreflexiven Identität allein nicht gerecht wird. Personen identifiziert man nur unvollständig ohne Inklusion ihres zum Ausdruck gebrachten Selbstbezugs. Die gängige Wahrnehmung von Individualität *durch abgrenzenden Vergleich mit anderen Individuen* favorisiert dabei die Außenwahrnehmung und entsprechend auch die nach außen zum Zweck der Individualitätsperzeption gerichtete ästhetische Selbstinszenierung über eine Fülle von Eigenschaften wie Lifestyle, Kleidung, Statussymbolen oder Gewohnheiten. Das ist ein in der von der westlichen Moderne geprägten Lebenswelt romantisch aufgeladenes und durch die Dynamik der

---

254 Hier folge ich weitgehend Gerhardt 1999 und 2000.
255 Vgl. Zimmer 2008.

Emanzipation verstärktes gesellschaftliches Phänomen, das in der neuen Mittelklasse der Spätmoderne zu einer „Gesellschaft der Singularitäten" (Andreas Reckwitz) geführt hat.[256] Es erzeugt und vertieft soziale Distinktionen, da die Sorge um genügend wahrnehmbare Individualitätsmerkmale, zumal wenn sie der Dynamik der sich permanent ändernden Mode genügen sollen, durchaus kostspielig sein kann. Daher ist Individualisierung von einigen Theoretikern des praktisch-normativen Selbstverständnisses wie Taylor eher kritisch gesehen worden.[257]

Die moderne Selbstauszeichnung im Modus der Abgrenzung von anderen hat freilich viel ältere Wurzeln: Sie ist bereits in der agonalen Kultur der archaischen griechischen Antike konstitutiv für die Idee des Wettbewerbs und Wettkampfes und dürfte vermutlich so alt sein wie die bewusste Formung von ikonischen Differenzen in frühgeschichtlichen Artefakten.[258] Gleichwohl besteht in seiner gesellschaftlich betriebenen Steigerungsdynamik eine Ironie, insofern die Sorge um das Anderssein gerade von der Individualisierung ablenken kann, die im praktisch zu exemplifizierenden Bekenntnis zu einem konkreten normativen Selbstbegriff liegt. Dieser zielt nämlich nicht auf Individualisierung im Sinne von Distinktionsvermehrung gegenüber anderen, sondern er individualisiert *in actu*. Er wird also nicht *um* der sozialen Individualisierung *willen* aufgebaut, sondern um der Sache – des Wertes – wegen und individualisiert die Person durch ihre im emphatischen Sinne *eigenen* Werte, Normen, Gründe und die ihnen entsprechenden Handlungen, da sie zum Kriterium ihrer selbstgewählten Identität werden. Sie ist dieses aufgrund der Art der Performanz ihres Selbstbegriffs unverwechselbare Individuum. Das gilt *unabhängig* davon, ob ihre Werte, Normen, Gründe und Handlungen denen anderer ähneln oder nicht.[259] *Meine*

---

256 Zur soziologischen Individualisierung seit dem 18. Jahrhundert siehe Luhmann 1989, der den Terminus vermeidet, Kron/Horáček 2009; Taylor 1996; Sonntag 1999; Eberlein 2000. Zur Kultur der Hervorbringung von Einzigartigkeiten in der Spätmoderne siehe Reckwitz 2017.

257 Taylors Kritik am modernen Individualismus mag auf den ersten Blick verdecken, dass seine eigene Konzeption trotz kommunitaristischem und katholischem Einschlag eine Theorie der praktisch-evaluativen Individualisierung darstellt. Der Individualismus, den Taylor kritisch sieht, ist eigentlich ein Narzissmus (Taylor 1991, S 2ff.). Denn die praktische Individualisierung ist zunächst neutral gegenüber der ethischen Qualität der Wertungen, die man sich aneignet. Auch ein moralisch vollkommener Akteur, der das Rechte als sein Gutes wertet, kann in diesem Sinne eine praktisch individualisierte Person sein.

258 Vgl. dazu die Überlegungen von Horst Bredekamp 2013.

259 Diese Bestimmung des normativen Selbstverständnisses ist also gerade nicht eine Strategie romantischer Individualisierung, der es darum geht, im *Vergleich zu anderen* einzigartig zu *erscheinen*. Für Richard Rorty kann man (in seiner Interpretation eines Gedichts von Philip Larkin) ein „eigenes Ich" nur dann ausbilden, wenn man etwas vollbringt, das *anders* ist als das, was andere vollbringen. Analog zum Dichter muss daher für Rorty auch ein romantisch inspiriertes Selbst nach Harold Blooms These Angst haben, „nur eine Kopie oder eine Replik" zu sein (Bloom 1973, S. 80, zit. nach Rorty 1989, S. 53). Dagegen empfiehlt Rorty zu erkennen, „worin der Unterschied zwischen der eigenen Inventarliste und der anderer Menschen" besteht (Rorty 1989, S. 54). Dieses Projekt der Sorge um Selbstunterscheidung ist für das praktisch individualisierende normative Selbstverständnis uninteressant – es sei denn, es handelt sich um das einer Person, der es wie einigen Angehörigen heutiger urbaner

Wertungen werden zum Inbegriff einer evaluativen Individualität, denn *ich* will *diesen* – und nicht anderen – Wertungen eine für mich über die Zeit gültige normative Kraft zubilligen.

Weil die Individualisierung eine emergente Eigenschaft der expressiv-praktischen Lebensführung ist und nicht erzieltes Resultat der Bindung an ein praktisch-normatives Selbstverständnis, braucht eine Person für ihre evaluative Orientierung nicht erst zu prüfen, ob auch andere Personen aufgrund ähnlicher Wertungen ihr praktisch-normatives Selbstverständnis ähnlich aufbauen. Zwar kann es sich von anderen mit ähnlichen Wertungen in seiner praktischen Identität bestärken lassen, was insbesondere für Wertungen, die mit hegemonialen Normen einer Gesellschaft in Konflikt stehen, motivational von Bedeutung sein kann, die durch solidarische Verbindung mit anderen an Stabilität im Selbstverständnis gewinnen können. Doch auch dann arbeitet eine mündige Person nicht an ihrem praktisch-normativen Selbstverständnis – etwa als Kämpferin gegen Benachteiligung von Minderheiten –, um sich von einer Gruppe abzugrenzen und einer anderen anzugehören. Vielmehr folgt die Gruppenzugehörigkeit und die Abgrenzung politisch aus dem Bekenntnis zur Gerechtigkeit. Das gilt für alle inhaltlich unterschiedlichen Elemente des praktisch-normativen Selbstverständnisses, auch die des persönlich Wichtigen: Wenn jemand sich selbst als ein Individuum vor allen Dingen in seiner glühenden Liebe zum Tanz wiedererkennt – sodass die Person wahrhaftig sagen kann, Tanzen sei ihr „Leben" –, dann ist diese Selbstidentifikation weder positiv noch negativ davon abhängig, ob bzw. wer und wie viele andere Personen dieses Kriterium des Sich-selbst-Wiedererkennens ebenfalls in Anspruch nehmen. Durch die Art, wie sie in Übereinstimmung mit sich leben wird, wird sie von sich und anderen als einzigartig und unverwechselbar wahrgenommen werden. Die positive oder negative Schätzung der Seltenheit (wenn nicht gar Einzigartigkeit) oder aber Häufigkeit von Wertungen in einer Gesellschaft kann noch zu diesen dazukommen, ist aber für die evaluative Orientierung eher „sachfremd" und bleibt daher idealerweise eine nachträglich hinzukommende Schätzung.[260] Die Individualisierung, die im normativen Selbstbegriff liegt, ist also nicht erklärter Zweck des Selbstbegriffs, sondern eine emergente Folge des Handelns in Kohärenz mit diesem. Entscheidend ist, dass die Person sich selbst in ihren ausgezeichneten Wertungen als sie selbst wiedererkennt und fühlt. Die Individualisierung ergibt sich auch für andere aus der Tatsache, dass mir Bestimmtes von großer Bedeutung ist und insofern als

---

Milieus eben am meisten um ihr Unterschiedensein von anderen geht. Ebenso gut individualisiert aber ein ernst genommener Selbstbegriff die Person, die ganz andere Wertungen verfolgt, die von vielen geteilt werden können, etwa die Sorge um die eigenen Kinder. Zu dieser Differenz siehe Trautsch 2017.
260 So ähnlich sieht es Tugendhat 1979 S. 289 f., der Heideggers These der Uneigentlichkeit der sich abgrenzenden „Abständigkeit" für die Frage des reflektierten Selbstverständnisses zustimmt: „Wer die qualitative Identitätsfrage ‚was für ein Mensch bin ich und was für ein Mensch will ich sein?' selbständig stellt, wird *faktisch* zu Ergebnissen kommen, die ihn als einzigartigen erscheinen lassen, aber wer die Einzigartigkeit zum Problem macht und auf sie *abzielt*, bringt einen sachfremden Faktor in die Wahrheitsfrage".

tragendes Element meines normativen Selbstverständnisses zählt, in dem ich mich nicht nur als ein „Subjekttypus" oder eine „Art von Existenz" bzw. „Art von Person"[261], sondern als *eine konkrete Individualität* verwirkliche und als solche öffentlich erkennbar werde.[262]

Diese praktisch-performative Individualisierung ist daher nicht auf Kulturen, die Individualisierung hochschätzen und politisch (wie der westliche Liberalismus) stützen, beschränkt, sondern äußert sich auch in Kulturen, in denen Intentionen auf demonstrative Auffälligkeit und Einzigartigkeit zwar eher negativ besetzt sind, aber existentielle Bedeutsamkeiten lebensweltlich in Kraft sind. Sie ist folglich auch nicht an die moderne Dynamik einer individuellen Selbstverwirklichung gebunden, die als gesellschaftliches Phänomen mit der zunehmenden Pluralisierung von Lebensformen in der Postmoderne einhergeht und aufgrund der Tendenz zur Priorisierung idiosynkratischer oder egoistischer Interessen gegenüber universellen Normen und gemeinschaftstragenden Werten von konservativer wie marxistischer Seite kritisiert wird. Die praktisch-performative Individualisierung ist mit einem Begriff *allgemeiner* Selbstverwirklichung als einem ethischen Postulat vereinbar.[263] Ebenso unterliegt sie nicht der Tendenz zur sozialen Distinktion und Verstärkung von Klassen- oder Schichtenunterschieden. Eine mittellose Frau in einer brasilianischen Favela kann sich prinzipiell ebenso durch ein wertungsbasiertes praktisches Selbstverständnis individualisieren wie eine Brokerin in der City of London, auch wenn diese aufgrund des ökonomischen Ungleichgewichts weitaus mehr Wahl- und Handlungsoptionen sowie Chancen auf Sichtbarkeit hat als jene. Doch ihre Privilegien bedeuten nicht, dass sie notwendigerweise fähiger ist, sich wertend selbst zu verstehen. In dieser Perspektive ist es ein Irrtum anzunehmen, eine Person sei erst dann besonders individuell, wenn sie in bestimmten gesellschaftlichen Zusammenhängen – vornehmlich den Informationsmedien – aufgrund sichtbar distinguierender Merkmale auffällt.

Die praktische Identität bildet aus der Binnenperspektive des Handelnden *den* Maßstab, als welche Person er sich gegenüber *anderen Möglichkeiten seiner selbst* in der Praxis erweisen will. Er individualisiert sich somit über die Zeit *vor sich selbst* gegenüber anderen Möglichkeiten seiner selbst und artikuliert das durch seine Lebensführung, weshalb er auch als für andere in seinen Orientierungen als besondere Individualität erscheinen kann. Daher kann man statt von praktischer Identität oder praktischem Selbstverständnis auch von einer *praktischen Individualität* sprechen, die

---

[261] Taylor 1988c, S. 15, 24.
[262] Rahel Jaeggi, die das romantische Individualisierungskonzept als weltlos kritisiert, nennt die Individualisierung treffend „ein Nebenprodukt selbstbestimmter Verwirklichung in der Welt" (2005, S. 248). Individualität bilde sich „nur an etwas bzw. in Auseinandersetzung mit etwas" (ebd., S. 250).
[263] Vgl. Theunissen 1981. Theunissen verteidigt gegenüber einem hedonistisch-egoistischen Konzept von Selbstverwirklichung die These, dass Selbstverwirklichung auch gegenwärtig unter dem Anspruch stehe, „Allgemeinheit zu realisieren". Nur als solche habe sie „ethische Verbindlichkeit" (ebd., S. 13). Auch für Theunissen ist diese Verwirklichung von Allgemeinheit aber nicht gegen, sondern nur *mit* dem „Willen zur Individualisierung" durchzusetzen (ebd., S. 48).

die individualisierende Form und die individualisierende Dynamik in einer Formel verbindet. Die positive Freiheit, die *eigenen* Gründe in Entsprechung zu den *eigenen* starken Wertungen kontinuierlich handlungswirksam zu machen, verwirklicht sich als praktische Individualität.[264]

Aus diesen Überlegungen lässt sich das, was man mit praktischer Identität, Charakter, Selbstbegriff, Selbstverständnis und anderen Begriffen bezeichnet, zusammenfassend als eine stabile, wenngleich nicht unveränderbare „*selbstgegebene*[] *Form*"[265] begreifen, in der ein Individuum sich erkennen und gegenüber anderen zum Ausdruck bringen kann und die es praktisch zu nutzen vermag, ohne dass sie beliebig von ihm veränderbar wäre. Sie gewinnt eine Eigenständigkeit gegenüber dem punktuellen Handeln des Individuums, wenn es sich auf sie in einer über die Zeit ausdauernden Weise beziehen können will. Diese Selbstbindung hat eine interne Dialektik, weil sie eine *Umwendung* vollzieht:[266] Die Selbstdeutung muss als Ergebnis einer produktiven Aktivität zu einer belastbar stabilen Instanz werden, an die man sich im Handeln *halten* kann. Die formende Aktivität *aus freier* Aneignung von Wertungen, Prinzipien und Gründen wird also in die Bedingung einer stabilen Orientierung *für die Freiheit* umgewandelt. Diese Form des Selbst ist Bedingung für eine erfüllte Autonomie, denn nur *durch* sie und *in* ihr vermag eine Person ihre positive Freiheit zu verwirklichen.

8.8 Existentielle Werte und praktische Individualität

In diesem Kapitel beschäftige ich mich, an die beiden vorangehenden anschließend, mit einem neuen Begriff von Werten, der einerseits eine starke Konzeption eines normativen Selbstverständnisses zu begründen erlaubt und andererseits die Voraussetzung für die an den antiken Tragödien erarbeitete These zu explizieren ermöglicht, dass die tragische Erfahrung ein besonders tiefes, freiheitsraubendes und zukunftstilgendes Leiden darstellt. Die in die folgende Argumentation aufgenommenen Gedanken der zuvor diskutierten Autoren wie Charles Taylor, Christine Korsgaard oder Bernard Williams eröffnen eine theoretische Perspektive, von der aus sich die Be-

---

[264] Damit ist auch ein Einwand gegen konsequentialistische Ethiken wie den Utilitarismus verbunden, aber auch gegen deontologische Ethiken wie den Präskriptivismus, die dazu tendieren, die Individualität der Handelnden zu vernachlässigen oder systematisch auszuklammern. Einige Theorien begründen die Geltung von Wertmaßstäben oder Normen in methodischer Indifferenz gegenüber der Individualität und Integrität von Individuen, die sich unter Bedingungen der Lebenswelt aber immer selbst zu diesen Normen in ein begründetes Verhältnis zu setzen haben. „Jede rigide unpersönliche ethische Theorie ist mit der Integrität der Person unvereinbar", so Nida-Rümelin, denn sie lässt „der Ausprägung einer persönlichen Handlungsorientierung zu wenig Raum" (Nida-Rümelin 1993, S. 90, 92). Vgl. Williams 1984b, S. 14; Gerhardt 1999, S. 362 ff.
[265] Gerhardt 1999, S. 375.
[266] Vgl. Henrich 1999a, S. 45.

deutung der antiken Tragödie für zeitgenössische philosophische Fragen erschließen lässt.

Im letzten Kapitel wurden insbesondere zwei Eigenschaften von praktischer Identität bzw. praktischem Selbstverständnis gegenüber rein deskriptiver Identität erörtert: ihr Charakter als kontinuierliche Form, die eine Person sich in praktischer Perspektive selbst gibt, und ihre prinzipielle Veränderbarkeit durch Gründe. Als weiteres Merkmal der erst im Laufe der psychosozialen Entwicklung entstehenden praktischen Identität wurde die Möglichkeit ihres Verlustes angeführt. Eine praktische Identität ist als Bedingung verwirklichter Autonomie und positiver Freiheit also nicht selbstverständlich *gegeben*, sondern vielmehr normativ *aufgegeben:* Sie wird in der Praxis bezeugt und bestätigt. Als Form, die sich im Handeln immer wieder zum Ausdruck bringt und bewährt, ist sie aber auch fragil: Sie kann stagnieren oder zerbrechen. Die Tragödie führt das vor, und zwar nicht als eine allmähliche psychische Fixierung, sondern als plötzliche *metabolē*, mit dem die tragische Erkenntnis ins praktisch-normative Selbstverständnis reißt.

Viele Philosophen, die sich der Bedeutung, die ein normatives Selbstverständnis für Akteure hat, widmen, scheinen sich darin einig zu sein, dass sein Verlust nicht ein bloß punktuelles Scheitern und somit eine begrenzte Frustrationserfahrung darstellt, sondern die Bedingungen von Handeln als freiheitliche Selbstverwirklichung selbst unterminiert. Da sich die praktische Identität der Person für Taylor durch starke Wertungen definiert, „die untrennbar mit mir verbunden sind"[267], ergibt sich für ihn folglich auch eine fatale Läsion der Identität, wenn diese Wertungen nicht mehr verfügbar sind:

> „Würden wir dieser Wertungen beraubt, so wären wir nicht länger wir selbst. Damit meinen wir nicht, daß wir andere Eigenschaften hätten als die, die wir jetzt haben – dies wäre tatsächlich nach jeder noch so kleinen Veränderung der Fall –, sondern daß wir in diesem Fall insgesamt die Möglichkeit verlieren würden, ein Handelnder zu sein, der wertet."[268]

Getroffen wird also nicht bloß die je spezifische Verfassung des Selbstbegriffs, sondern über seine Verletzung werden auch die Voraussetzungen der Handlungs- und Wertungsfähigkeit überhaupt getroffen. Diesen existentiellen Verlust der individuellen Form und der Fähigkeiten, die diese Form entstehen ließen, beschreibt Taylor so: Wäre ich gezwungen,

> „diejenigen Überzeugungen aufzugeben, die meine Identität definieren, dann wäre ich zerstört, dann wäre ich nicht länger ein Subjekt, das imstande ist, zu wissen, wo es steht und welche Bedeutung die Dinge für es besitzen, ich würde einen schrecklichen Zusammenbruch genau der Fähigkeiten erleiden, die mich als Handelnden definieren."[269]

---

267 Taylor 1988c, S. 36.
268 Ebd., S. 37.
269 Ebd.

8.8 Existentielle Werte und praktische Individualität

Würde man, so Taylor, seine starken Wertungen verleugnen, wäre man „inauthentisch", unfähig zu starken Wertungen überhaupt und „als Person verkrüppelt"[270].

Nicht weniger eindringlich warnt Christine Korsgaard vor einem solchen Identitätsverlust: Würden wir, so Korsgaard, nicht unseren Maximen, die für die praktische Identität konstitutiv sind, folgen, würden wir unsere Einheit als Akteure aufgeben.[271] Wer aber keine eigene praktische Identität mehr verfolgt, verliert den Bezug zu sich selbst „as one who has any reason to live and act at all."[272] Wer sie verletzt, erleidet einen schlechterdings existentiellen Selbstverlust: Die für die Person konstitutiven Normen zu verletzen, bedeutet nämlich

> „to lose your integrity and so your identity, and to no longer be who you are. That is, it is to no longer be able to think of yourself under the description under which you value yourself and find your life to be worth living and your actions to be worth undertaking. It is to be for all practical purposes dead or worse than dead."[273]

Es handelt sich also um Erfahrungen, die mit der eigenen praktischen Identität die Handlungsfähigkeit treffen, weil sie die Bedingungen rauben, unter denen Handeln für Personen überhaupt erstrebenswert ist, insofern sie sich auf das beziehen, was ihnen von Bedeutung ist.[274] Denn der eigene Wert als stark wertendes Selbst wird durch die Läsion der Identität angegriffen und infrage gestellt.[275] Mit der praktischen Identität und den sie fundierenden starken Wertungen, die sich auf etwas in der Welt beziehen, steht und fällt der Wert, der sich auf den Akteur selbst bezieht. Die Erfahrung, die Taylor und Korsgaard beschreiben, ist die eines radikalen Sinnverlusts des handelnden Menschen.

Scheinen diese Beschreibungen aber nicht eher eine Dramatisierung darzustellen? Verliert man tatsächlich jeden Selbstwert, allen Sinn und jede Perspektive, in der man handeln kann, wenn man seinen herausgehobenen sozialen Rollen einmal nicht treu ist, ein Grundvorhaben verfehlt oder starke Wertungen aufgibt, selbst wenn die Rollen, Vorhaben und Wertungen Teil des praktisch-normativen Selbstverständnisses sind? Für viele Personen dürfte ein Sich-nicht-treu-Bleiben keine radikale Ausnahme darstellen. Wie oft bleibt man unter den Möglichkeiten intakter Kohärenz mit seiner eigenen Anspruchsform. Ansonsten wäre der Imperativ, seinen Werten gemäß zu leben (engl.: *live up to one's values* oder *to one's ideals* bzw. *live your life according to your values*), im öffentlichen Diskurs wohl nicht so verbreitet. Außerdem ist irratio-

---

270 Ebd.
271 Korsgaard 1996a, S. 231f. Kritik an Korsgaards Modell vom Identitätsverlust aufgrund einer nicht erfüllten Regel, mit der man sich identifiziert, äußert Bratman 1999, S. 274ff.
272 Korsgaard 1996a, S. 121.
273 Ebd., S. 102.
274 Cheshire Calhoun 2008, 193ff., spricht von „agency impairing internal states of individuals", die das Interesse des Individuums an seinen Zwecken rauben. Zu ihnen zählt sie auch Depression, Demoralisierung, posttraumatische Belastungsstörungen und die Konfrontation mit dem eigenen Tod.
275 Vgl. Lotter 2012, S. 56f.

nales Verhalten selbst hinsichtlich der starken Wertungen einer Person nicht notwendigerweise ein *point of no return:* Zuweilen erlauben sich auch normalerweise rationale Personen – gerade in Fällen konkurrierender Gründe, aber auch aus nichtsouveräner Affektregulation – gegenüber ihrem normativen Selbstbegriff Lizenzen, verdrängen Inkohärenzen oder rationalisieren sie in Selbsttäuschung. Nicht selten bedauern Personen voller Reue, etwas getan zu haben, was ihrem Selbstverständnis nicht entspricht, ohne jedoch daran zu zerbrechen.[276] Die Tatsache, dass man nicht immer Kontrolle über die eigenen Impulse hat und zuweilen einigen folgt, die dem normativen Selbstbegriff fremd sind, bedeutet nicht *tout court*, dass Fälle dieses akratischen oder auch bewusst lizenzierten Kontrollverlusts auch einen schlechthin dramatischen Selbstverlust im Sinne einer existentiell ernsthaften Erschütterung des Handlungsvermögens evozieren.[277]

Zudem verändern Personen selbst fundamentale Wertungen über die Zeit ihres Lebens bewusst und manche, die von konstitutiver Bedeutung waren, verlieren allmählich ohne dezidierten Entschluss ihre Geltung für die praktische Identität und verlieren ihre Kraft, sodass ein Handeln, das ihnen widerspricht, sogar ein Fall von Befreiung darstellen kann. Die These eines Selbstverlustes scheint zumal die Möglichkeit eines positiven, weil korrigierenden Feedbacks von Einzelhandlungen, die dem normativen Selbstverständnis widersprechen, zu ignorieren.

Trotz dieser Einwände möchte ich die These eines Selbstverlustes, der die Handlungsfähigkeit ernsthaft angreift, an dem rekonstruierten Faktum der tragischen Erfahrung verteidigen. Es ist ein *extremer* Fall, der nicht bei jeder praktischen Inkohärenz gegenüber dem eigenen Selbstverständnis auftritt, sondern nur bei einer *besonders tiefgreifenden und irreversiblen Läsion der praktischen Individualität*.

Was bedeutet hier die Metapher ‚tiefgreifend'? Wenn die Möglichkeit einer ernsthaften Beschädigung des eigenen normativen Selbstverständnisses existiert, kann man deren erschütternde Macht nicht allein mit einer punktuellen Störung der Kohärenz der persönlichen Wünsche (Frankfurt), Gründe (Nida-Rümelin), Maximen (Korsgaard) oder Wertungen (Taylor) als den „*Elementen meines Selbstbegriffs*"[278] erklären. Offenkundig wird mit der tragischen Verletzung einer starken Wertung die individuelle „Balance guter normativer Gründe"[279] oder die widerspruchsfreie Konfiguration starker Wertungen aus dem Gleichgewicht gebracht. Hier handelt es sich aber offenbar nicht um eine situative Irritation, die man reflexiv und kommunikativ durch neue Begründungen in sein Selbstverständnis integrieren oder als folgenlose Ausnahme akzeptieren und in ihren Folgen korrigieren könnte.[280] Die punktuell

---

[276] Vgl. die Kritik von Geuss 1996, S. 189 ff., insbesondere S. 194.
[277] Das aber unterstellt die von Frankfurts zweistufigem Willensmodell ausgehende Standardsicht, bei der es in der Regel eine Form von Willensschwäche (meist eines Drogensüchtigen) ist, die das Selbst als personalen Akteur ruiniert. Vgl. dazu Calhoun 2008, S. 194 ff.
[278] Gerhardt 1999, S. 373.
[279] Nida-Rümelin 2001, S. 154.
[280] Zur Konfliktlösung vgl. ebd., S. 164 ff., sowie Joas 1999, S. 258 ff.

auftretende Inkohärenz einer Handlung gegenüber den starken Wertungen und Normen ist zwar eine notwendige, aber keine hinreichende Bedingung für die Möglichkeit eines ernsthaften Selbstverlustes.[281] Nicht jede auffällige Inkohärenz, nicht jeder ernste Konflikt resultiert in einer existentiellen Krise. Eine punktuell gestörte Kohärenz kann nur zu einem Fall des Individuums aus seiner Selbstbestimmung, d. h. zu seinem Selbstverlust führen, wenn sie sich auf den selbst mitbewirkten Verlust bzw. die irreversible Läsion ausgezeichneter, nicht aufgebbar wichtiger Wertungen *innerhalb* des Netzes starker Wertungen, wichtiger Normen und ausgezeichneter Elemente des Selbstbegriffs bezieht. Nur dann führt sie zu einer tiefgreifenden Verletzung des normativen Selbstverständnisses und wir werden – tragischerweise durch uns selbst – „dieser Wertungen beraubt"[282].

Ich nenne solche tiefen Wertungen, die in der Tragödie lädiert werden, *existentiell*.[283] Unter dem Prädikat ‚existentiell' versteht man in der Regel das, was zum Existieren als natürliches Wesen notwendig ist. Daher bezieht sich der Begriff zunächst auf das biologisch Notwendige für die Selbsterhaltung des Organismus, u. a. die Versorgung des Metabolismus mit Stoffen aus der Umwelt, die Erhaltung einer gewissen Körpertemperatur oder den Schutz vor schädlichen Umwelteinflüssen. Diese Notwendigkeiten, die freilich nur *in Bezug* auf die Selbsterhaltung des Organismus notwendig sind, finden für das Lebewesen als Bedürfnisse Ausdruck. Durch die kulturelle Sicherung der Befriedigung dieser Bedürfnisse ist bereits früh in der Geschichte der Hochkulturen ein Freiraum für die kulturelle Gestaltung und Erschaffung von Bedürfnissen und Interessen geschaffen worden, die eine Individualisierung des Existentiellen ermöglichten, die nicht allein auf biologisch begründete Bedürfnisse zurückgeführt werden kann. Der von der permanenten Sorge um seine unmittelbare Selbsterhaltung als Organismus strukturell durch die Institutionen, Praktiken und Medien der Kultur entlastete Mensch wird frei, nicht *allein* seinen physiologisch erzeugten Bedürfnissen zu folgen, sondern das Existentielle *auch* in seinem bewussten Bezug zu sich und zur Welt zu manifestieren. Existentielle Werte sind daher Ausdruck von Kultur überhaupt, insofern die kulturelle Existenz des Menschen die Genese von Bedeutsamkeiten jenseits des Bereichs natürlicher Notwendigkeit erlaubt, und als Ausdruck von bestimmten Kulturen, die starke Wertungen (statt vor allem schwacher Präferenzen wie in der Konsumkultur) befördern. Existentielle Wertungen zu haben, heißt dabei nicht, bloß vorgegebenen kulturellen Mustern zu folgen, sondern sich in Bezug zu dem, was einem in ausgezeichneter Weise wichtig wird, *praktisch zu indi-*

---

[281] Freilich kann eine starre Konsistenz mit dem eigenen Selbstbegriff durch Ignorieren oder eine verfehlte Interpretation von Transformationsimpulsen auch in eine Krise führen (siehe Kap. 8.7), die aber weniger einen Selbstverlust darstellte als eine starre, pathologische Fixierung auf einen gleichsam immunen Selbstbegriff.
[282] Taylor 1988, S. 37.
[283] Siehe bereits Kap. 8.6.

vidualisieren.²⁸⁴ Mit praktischer Individualisierung ist nicht die romantische Individualisierung gemeint, wie sie typisch für die europäische Moderne ist, sondern überhaupt die Entwicklung eines konkreten normativen Selbstverständnisses, in dem ich mich als diese bestimmte Individualität bestimme und wiedererkenne.²⁸⁵ Was ich bin, zeigt sich in dem, was mir wirklich wichtig ist – es ist das persönlichste, unverkäufliche „Eigentum", der „Kernbestand meines Willens"²⁸⁶.

Wie das Existentielle für das biologische Selbst auf seinen Verhältnissen zur Umwelt basiert, so auch das Existentielle für das bewusste Leben des Individuums. Die im technisch-praktischen und theoretischen Überschreiten von Grenzen sich äußernde Tendenz zur Selbstüberschreitung ist in verstärkter Weise dem Menschen als wertendem und strebendem Individuum wesentlich. Das zeigt sich an den Bindekräften zwischen der Person und ihren existentiellen Werten, die als verkörperte der Bedeutung nahekommen oder entsprechen, die der eigene Leib für die Person hat. William James bemerkt zu „certain things that are ours", dass wir ihnen in Gefühl und Handlung wie uns selbst begegnen: „Our fame, our children, the work of our hands, may be as dear to us as our bodies are, and arouse the same feelings and the same acts of reprisal if attacked."²⁸⁷

Existentielle Werte sind also auf das Engste mit dem Individuum verbunden; sie tragen sein praktisch-normatives Selbstverständnis und transzendieren es damit zu anderem in der Welt, sodass es sich in Bezug darauf selbst zu steigern und zu überschreiten vermag. Es handelt sich um eine außergewöhnlich *starke* und in ihrer Funktion unverzichtbare Art von Wertung, einen Bezug des Willens auf einen Wert, der gleichsam zum erweiterten Teil des eigenen Selbst wird.²⁸⁸

Die starken und existentiellen Wertungen erschafft man sich nicht, sondern erschließt sie aus dem, was einem von anderen Menschen, der Gesellschaft, der Kultur in transformierenden Erfahrungen entgegenkommt und in die eigene Praxis Eingang findet. Das ist der hermeneutische Prozess, den bereits Taylor beschrieben hat.²⁸⁹ Die

---

284 Siehe Kap. 8.7. Vgl. Menkes Kritik (1996a, S. 150–156) an der Reduktion der Authentizität individueller Selbstverwirklichung auf Bedürfnisse oder Tugenden durch Arendt und Hegel. Diese Reduktion tilgt gerade das individuelle Moment der Selbstverwirklichung, die ich hier existentiell zuspitze.
285 Vgl. Trautsch 2017.
286 Kluge 2003, S. 30: „Ich betrachte nicht nur meinen Besitz, nicht nur meine Fähigkeiten, mit denen ich etwas produziere, als mein Eigentum, sondern auch meine Gefühle und wie ich sie mit den Gefühlen anderer Menschen lebenslänglich oder auf Zeit binde. *Das, was ich wirklich will, ist mein Eigentum*, mein lebenslängliches Eigentum, und das genau ist unverkäuflich. Über alles andere kann ich handeln, selbst über meine Bilanz, meinen Besitz, alles Mögliche. Aber einen Kern meines Willens kann ich nicht aufgeben."
287 James 1981, S. 279 (den Hinweis verdanke ich Jaeggi 2005, S. 170).
288 Existentielle wie starke Wertungen überhaupt sind eine Form des Willensbezugs zu anderem, den Ernst Tugendhat 2010b „immanente Transzendenz" (im Gegensatz zu einer Transzendenz ins Übernatürliche) nennt und als spezifisches Charakteristikum des Menschen beschreibt.
289 Siehe Kap. 8.6.

Identifikation mit dem, was sich einem zur Wertung gleichsam anbietet, ist kein Vorgang, der einem bloß widerfährt, sondern eine tiefgreifende Erfahrung, die charakteristischerweise passive und aktive Dimensionen produktiv auf die Person bezieht.

Reflexiv angeeignete Erfahrungen, die solche existentiellen Werte erschließen, sollen ebenfalls existentiell heißen. *Existentielle Erfahrungen* – wie die Geburt eines eigenen Kindes, die entscheidende Öffnung einer die individuellen Fähigkeiten bündelnden und herausfordernden Berufsperspektive oder ein ernsthaftes Verlieben – sind emotional intensive Erfahrungen, in denen Personen beginnen, etwas als herausragend wertvoll für sich zu verstehen. Die in solchen transformierenden Erfahrungen emotional erschlossenen Wertungen als wesentlichen Teil meiner selbst anzunehmen, heißt, sich eine existentielle Erfahrung reflexiv anzueignen. Dadurch wird man – ohne alle vergangene Orientierungen aufgeben zu müssen – jemand anderes, denn das Leben nach der Aneignung der existentiellen Erfahrung ist fortan wesentlich auch auf diese Wertungen bezogen. Vollzieht man Handlungen, die einen existentiellen Wert selbst direkt betreffen, weil man Handlungsgründen folgt, deren Quelle solch ein Wert ist, und die Handlung einen wesentlichen kausalen Beitrag zur Verwirklichung und zum Schutz oder aber zur Verletzung dieses Wertes darstellt, kann man auch von *existentiellen Handlungen* sprechen. Existentielle Werte, die aus existentiellen Erfahrungen erschlossen und in existentiellen Handlungen bestätigt werden, sind, so die These, konstitutive Größen in der Entwicklung des praktisch-normativen Selbstverständnisses eines Individuums und stellen innerhalb dieses Selbstverständnisses etwas dar, das aus der Perspektive der Person *unbedingt* zu ihr gehören soll.

Begrifflich folgt aus der Existenz eines existentiellen Werts, dass die Beziehung zu ihm ebenfalls von existentiellem Wert ist. Sie kann sich aber im Laufe des Lebens unterschiedlich ausprägen und von innigem Umgang oder kämpferischem Einsatz bis zu bewusster Distanzwahrung reichen. Ein gutes Beispiel dafür ist das von Harry Frankfurt als Paradigma für Liebe erachtete Verhältnis von Eltern zu ihren geliebten Kindern, denn Liebe ist auch eine paradigmatische Form des existentiellen Wertens.[290] Wenn Eltern ihre Kinder lieben und für einen existentiellen Wert halten, wird ihre Beziehung zu ihnen sehr unterschiedliche Gestalten haben und eine Fülle von Gründen für verschiedene Handlungsarten erzeugen, je nachdem, wie es lebensgeschichtlich mit den Kindern von hilflosen Neugeborenen bis älteren autonomen Erwachsenen steht und in welcher Situation sie sich gerade befinden. Aus existentieller Wertung können je situativ unter Berücksichtigung des Kontextes Gründe für Aktivitäten abgeleitet werden, die der Wertbeziehung auf unterschiedliche, aber idealerweise produktive Weise Ausdruck verleihen. Was zu einem Zeitpunkt der Bedeutung des Werts angemessen sein kann, kann ihr zu einem anderen Zeitpunkt unangemessen sein, sie belasten oder schädigen. Wertbeziehungen müssen generell situativ

---

290 Vgl. Frankfurt 2005.

interpretiert werden, um über Handlungsgründe der Praxis Orientierung bieten zu können. Deshalb gibt es kein fragloses *sequitur* von Handlungsgründen aus existentiellen, starken oder auch schwächeren Wertungen. Je nach Kontext kann es z. B. gute Gründe geben, für einen existentiellen Wert wie die Abschaffung der Sklaverei lautstark und tatkräftig vor Gegnern einzutreten, wie es situativ gute Gründe geben kann, gerade um dieses Wertes willen das nicht zu tun, etwa weil durch diplomatisch vorsichtiges Moderieren versklavte Menschen gerettet werden können.

Werte strahlen in unterschiedliche Sachverhalte aus, die diesen Wert betreffen. Daher können auch verschiedene Sachverhalte, die die Lage von etwas Bedeutendem betreffen, wertgeschätzt werden, was man in einer propositionalen Aussage wie „Mir ist außerordentlich wichtig, dass meine Geliebte ihren ersehnten Berufswunsch erfüllen konnte" ausdrücken kann. *Prima facie* scheint es zumindest einen Sachverhalt zu geben, der stets aus der existentiellen Wertschätzung folgt: dass der existentielle Wert erhalten bleibt. Aber selbst dieser Sachverhalt kann aufhören, erstrebenswert zu sein, wenn etwa ein geliebter Mensch schwer und unheilbar krank den baldigen Tod erhofft und man sich um seinetwillen diese Hoffnung zu eigen macht. Daher ist vermutlich nur dies ein formaler Sachverhalt, dessen Wertschätzung stets aus einer existentiellen Wertschätzung folgt: dass der Wert lebendig gedeiht.

Man mag nun einwenden, dass die These existentieller Wertungen, die sozusagen am Herzen eines individuellen Selbstverständnisses liegen, eine unnötige Verdopplung darstellt, da doch die Funktion der Orientierung der Lebenspraxis bereits der Begriff der praktischen Identität oder des praktisch-normativen Selbstverständnisses samt seiner starken Wertungen im Sinne Taylors einlöst. Doch die Gradualität der Wertungen lässt prinzipiell weitere Abstufungen als in einer binären Logik von schwachen und starken Wertungen zu.[291] Zugleich sprechen auch lebensweltliche Befunde dafür, dass man nicht nur zwischen wenig und mehr Wichtigem im Sinne einer Präferenzordnung, sondern auch zwischen starken Wertungen und existentiellen als Differenzierung des besonders Wichtigen unterscheiden sollte. Beide erfüllen die von Taylor beschriebene Funktion der Bewertung schwacher Präferenzen, aber die existentiellen Werte sind die, die die unersetzbaren Kriterien bieten, nach denen ein Individuum seiner praktischen Individualität in der Lebensführung teilhaftig bleibt. Sie sind, mit anderen Worten, unverzichtbar dafür, dass eine Person ihr Leben als ihr eigenes begreift, es als prinzipiell Sinnvolles bejaht und ihre Fähigkeiten auf es hin ausbildet und einsetzt. Existentielle Wertungen konstituieren die praktische Individualität als ihre tragenden Elemente.[292]

---

[291] Siehe Kap. 8.4.
[292] Seit den alten Hochkulturen werden Architekturmetaphern gebraucht, um konstitutive Elemente kultureller Formen wie Religionen oder Staatsordnungen auszuzeichnen, wie die des Grund- oder Ecksteins, des Fundaments, der Grundfesten, Säulen, Pfeiler oder tragenden Mauern. Solche Metaphern zeigen zum einen an, dass diese Elemente als fest und stabil verstanden werden, zum anderen, dass sie eine für das Gebilde konstitutive Funktion haben, was sie im Vergleich zu anderen architektonischen Elementen unverzichtbar macht.

8.8 Existentielle Werte und praktische Individualität — 563

Als ein Beispiel für die Ausdifferenzierung ausgezeichneter Bedeutsamkeiten bzw. Wertungen sei eine Aussage über das Selbstverständnis von Pierre Boulez angeführt, einem der zweifellos größten Komponisten und Dirigenten des 20. Jahrhunderts. In einem Dokumentarfilm gab er zu Protokoll, dass er sich vorstellen könne, wenn er etwa von einem Verbot genötigt wäre, mit dem Dirigieren aufzuhören – einer von ihm sehr gern ausgeübten Tätigkeit, der er sich mit größtem Erfolg sein Leben lang widmete und die mit seiner Identität ganz offenkundig auch für die Weltöffentlichkeit verbunden gewesen ist. Doch er könne sich nicht vorstellen, das Komponieren aufzugeben, er fühle sich „wirklich unter Druck", wenn er nicht komponieren könne.[293] Die Elemente in Pierre Boulez' praktisch-normativem Selbstverständnis hatten also wie vermutlich die eines jeden Selbstverständnisses unterschiedliche Gewichtungen: Nur unter den professionellen Rollen, die Boulez offensichtlich sehr wertschätzte, kann man als Beobachter mindestens die des Komponisten, des Dirigenten und Lehrers, zudem die des Theoretikers und Buchautors, Kritikers, Kurators und Managers anführen. Innerhalb des Gewichtsunterschieds der unterschiedlich starken Wertungen, die sich in seinen Tätigkeiten und Rollen zeigen, gibt es aber offenbar eine Abstufung spezifischer Art: Mindestens *eine* unter seinen ihn lebenslang strukturell leitenden Tätigkeiten – die des Komponierens – war aus seiner Sicht offenbar von unverzichtbarer Bedeutung. Sie konnte für ihn weder aufgegeben noch durch eine andere ersetzt werden. Sie war, mit anderen Worten, für ihn existentiell wichtig.

Existentiellen Wertungen sind, so meine These, durch folgende Qualitäten ausgezeichnet:

1. Existentielle Wertungen sind *nicht-exklusiv.* Auch wenn sie konstitutiv für die praktische Individualität sind, schließen sie andere sowohl schwache als auch starke und weitere existentielle Wertungen weder notwendigerweise aus noch marginalisieren sie diese. Vielmehr können sie sich zusammen zu einem Netz zusammenschließen (siehe dazu weiter unten in diesem Teilkapitel). Eine Person kann mehrere existentielle Werte in ihrem Leben verfolgen, die, um Konflikte zwischen ihnen in einer Praxis, die immer unter den Bedingungen endlicher Ressourcen und begrenzter Zeit steht, unwahrscheinlich zu machen, möglichst miteinander kohärent sein sollten. Die Wirksamkeit von existentiellen Wertungen reduziert dabei nicht die Bedeutung eines (ebenfalls möglichst kohärenten) Netzes aus starken Wertungen wie moralischen Normen, ebenso wenig tilgt es die je situative Relevanz von graduell unterschiedlich abgestuften Präferenzen. Man kann sich alltäglich vielem widmen, nicht nur dem, was von existentieller Bedeutung ist. So mag ein existentiell wertendes Individuum z. B. gerne immer mal wieder Eis essen und in den Zoo gehen; für es stellt zugleich die verlässliche Hilfe für seine Familie eine starke Wertung dar; und ein Leben ohne sein umfassendes Engagement für die Überwindung sozialer Ungleichheit

---

293 *Great Conductors: Pierre Boulez – Emotion and Analysis.* Ein Film von Paul Smaczny und Günter Atteln. EuroArts 2004.

in der in seinen Augen einzigen gerechten Partei in der Demokratie, in der es lebt, kann es sich nicht vorstellen.

2. Existentielle Werte sind *intrinsisch am stärksten motivierend*. In jeder intelligiblen und physischen Tätigkeit, in der man seine Kräfte in der Konfrontation mit Anforderungen messen kann, gibt es nach Iris Murdoch verschiedene „degrees of excellence", d. h. verschiedene Gütegrade in der Ausübung.[294] Existentielle Werte können in existentiellen Handlungen ein höchstes Maß an Motivationsenergie freisetzen, je nachdem, wie viel Kraft und Ausdauer zur Überwindung möglicher wertbedrohlicher Widerstände nötig sind. Das ist nur möglich, wenn mit einer tief sitzenden Leidenschaft diese Wertungen verfolgt werden. Ausgerechnet Max Weber, der prominenteste Verteidiger der Wertfreiheit in den Wissenschaften, ist sich beim Beruf des Wissenschaftlers sicher, dass dieser nur ergriffen werden sollte, wenn er einen hohen intrinsischen und stark motivierenden Wert für die Person darstellt. Wissenschaft müsse „mit der ganzen ›Seele‹" betrieben werden: „Denn nichts ist für den Menschen als Menschen etwas wert, was er nicht mit L e i d e n s c h a f t tun kann." Nur wer sich „r e i n d e r S a c h e" der Erkenntnis leidenschaftlich widme, habe in der Wissenschaft eine „Persönlichkeit"[295]. Diese Beschreibung gilt für alle Berufe und Tätigkeiten, die nicht allein ein Mittel darstellen, um Geld zu verdienen oder die Karriere voranzutreiben, sondern als existentieller Wert anerkannt werden, für den man seine besten Kräfte einsetzt. In existentiellen Werten liegt also ein Steigerungsmoment: Sie regen zu einer Investition der eigenen emotionalen und intelligiblen Kräfte an, in der diese sich weiter zu steigern vermögen, so wie jeder Ausdruck von Leidenschaft diese selbst weiter hervortreiben und wachsen lassen kann.[296]

Nicht nur über lange Zeit ausdauernde, immer wieder fortgesetzte Tätigkeiten wie Berufsausübungen, sondern auch einzelne Handlungen, die man gegen alle Widerstände und größte Gefahren vollzieht, können Ausdruck einer existentiellen Wertung sein. Anders könnte man nicht Handlungen erklären, die für ein Ziel – etwa den Schutz des Lebens anderer – alle anderen starken (und auch schwachen) Wertungen aufs Spiel setzen. Menschen riskieren ihr Leben für bestimmte Ziele oder opfern es sogar im Extremfall nicht nur, weil sie um Kohärenz besorgt sind oder ausschließlich die abfällige Bewertung durch andere fürchten. Personen, die sich, um ein revolutionäres Zeichen zu setzen oder gegen staatliche Unterdrückung zu protestieren, selbst anzünden und ihren Tod in Kauf nehmen, oder Personen, die alle Kräfte investieren, um ihr schwer krankes Kind ein Leben lang zu pflegen, lassen sich offen-

---

[294] Murdoch 1970, S. 61 (siehe den Hinweis bei Tugendhat 2003, S. 67, vgl. dazu ebd., S. 66 ff. und Tugendhat 2010b, S. 28 ff.). Mit dieser generellen Gradualität der performativen Güte korrespondieren auch die unterschiedlichen Motivationsgrade im Handeln (vgl. etwa Arpaly 2002, S. 233 ff.).
[295] Weber 1995, S. 12, 15.
[296] Zur systematischen Bedeutung der Leidenschaft für existentielle Wertungen und ihren tragischen Verlust siehe Kap. 8.14.

kundig von existentiellen Wertungen leiten.[297] Personen, die selbst unter grausamer Folter den Namen ihrer Verbündeten oder Freunde nicht verraten, die für ihre Überzeugung Jahrzehnte im Gefängnis bleiben oder für ihre religiöse Überzeugung die schlimmsten Demütigungen ertragen, ohne von der Überzeugung abzulassen, haben offenbar nicht nur einige starke Wertungen neben anderen, sondern exzeptionelle Werte, die ein ebenso exzeptionelles Maß an Energie bereitstellen, wenn es darum geht, trotz widrigster Bedingungen in Übereinstimmung mit ihnen zu leben.

3. Existentielle Werte sind *konstitutiv* für die *praktische Individualität*. Sie sind ein gesteigerter Ausdruck für die praktische Individualität eines Menschen. Denn nicht nur in dem, *was* jemand schätzt, sondern vor allem darin, *wie* sehr er es schätzt, zeigt sich, wer er ist. In der Diskussion der Selbstbindung an Normen und Wertungen zur Bildung eines Selbstverständnisses sind vor allem *inhaltliche* Differenzen zwischen dem *Rechten* und seinen universellen Normen, denen man moralisch folgen soll, sowie dem *Guten* und seinen partikularen Wertungen, denen man folgen will, unterschieden worden, wobei sich die Positionen vor allem darin unterscheiden, wie sie das Verhältnis bestimmen: Hat das Gute das Geltungsprimat oder das Rechte oder sind beide ohne gegenseitiges Fundierungsverhältnis zu balancieren?[298] Für die Bewährung der praktischen Individualität ist eine reflexive Balance in Handlungssituationen, in der konfligierende Orientierungen am Rechten und Guten vermittelt werden müssen, sicher unverzichtbar, was auch Revisionen in der Orientierung an beiden zur Folge hat.[299] Doch in der inhaltlichen Differenzierung geht die *formale* der *graduellen Bindungsstärke* nicht auf. Die existentiellen Werte einer Person beantworten die Frage, *wie* stark, belastbar, motivierend die Bindung zu ihnen ist, wie ernst es die Person mit ihnen meint. Sie zeichnen die größten Bindekräfte sowohl zum Rechten als auch Guten aus. Von existentiellen Werten zu sprechen, heißt, meine *stärksten, ernsthaftesten* und *klarsten* Bedeutsamkeiten und Bekenntnisses zu dem, was mir als irreduziblem Einzelnen von unersetzbarer Bedeutung ist, zum Ausdruck zu bringen – seien dies universelle Normen oder partikulare Güter.

---

297 Ein besonders plastisches literarisches Beispiel für eine von einem existentiellen Wert motivierte Person bietet Friedrich Schiller in seiner Ballade *Die Bürgschaft* von 1798. Der Grieche Möros will den Tyrannen Dionysos ermorden, wird gefasst und soll am Kreuz sterben, bekommt aber drei Tage Zeit, um noch seine Schwester zu vermählen. Sein Freund erklärt sich bereit, als Bürge dazubleiben und, sollte Möros nicht rechtzeitig zurück sein, an seiner statt auf das Schafott zu steigen. Der größte Teil der Ballade (Strophen 6–20 von 22) dient allein der Darstellung des exzeptionellen Maßes an Handlungsenergie, das Möros in Bezug auf die Freundschaftstreue an den Tag legt, der gerecht zu werden für ihn bedeutet, seinem eigenen Tod entgegenzueilen. Buchstäblich mit aller Kraft kämpft er unter sich vergrößernder Zeitnot gegen Naturgewalten und feindliche Angreifer an, um seinen Freund rechtzeitig beim Henker einzulösen. Sich als treuer Freund zu erhalten, ist für Möros ein höheres Gut, als am Leben zu bleiben (Schiller 2004, S. 19–22).
298 Siehe dazu den Überblick bei Joas 1999, S. 252–293, sowie seine eigene an Taylor und Dewey orientierte Position einer reflektiert balancierenden Integration.
299 Vgl. ebd., S. 267 f.

Existentielle Werte sind also dadurch definiert, dass man sich am stärksten mit ihnen durch bewusste Aneignung identifiziert. Die Identifikation ist, mit Harry Frankfurt gesprochen, eine „aus ganzem Herzen"[300]. Sie bezieht die tiefsten Gefühle und höchsten Werturteile der Person auf das ihr Wichtigste. Diese Identifikation schließt mögliche Ambivalenzen nicht aus, zumal wenn diese Wertungen reflexiv befragt werden oder – aufgrund von Konflikten oder ihren Verletzungen – Leid erzeugen. Sie sind also nicht notwendigerweise immer gut für die Person, wenn mit dieser Formulierung eine Erhöhung ihres Glücks gemeint ist. Existentielle Werte haben als tragende Funktionen der praktischen Individualität zwar einen intrinsischen Bezug zum guten Leben, denn ihre normative Kraft und ihre tätige Verwirklichung sind eine notwendige (wenngleich nicht hinreichende) Bedingung für ein gelingendes Dasein. Doch tragen sie nicht notwendigerweise nur zum Glück bei, sie können auch eine Belastung für das Individuum darstellen, von der es sich nicht einfach distanzieren kann, eben weil es existentielle Wertungen sind, die die Bereitschaft erfordern, ihretwegen auch negative Erfahrungen zu akzeptieren. An höchsten Bedeutsamkeiten kann man trefflich leiden und auch zugrunde gehen, was etwa an Erfahrungen unglücklicher Liebe, fruchtlosen politischen Engagements oder der Verfolgung aufgrund religiösen Glaubens vielfach beschrieben wurde.

Als konstitutive Elemente der praktischen Individualität sind existentielle Werte *unaufgebbar, unverhandelbar* und damit *für die Individualität wesentlich*. Diese These bedarf zweier wichtiger Erläuterungen: Die Rede vom Wesentlichen insinuiert die Vorstellung eines metaphysischen Essentialismus, der bestimmte Eigenschaften als unveränderlich und notwendig für die Bestimmung einer Sache ansieht. Gerade mit Blick auf den Begriff des Menschen, dessen Umfang sich historisch verschiebt und der vor allem durch die Geschichte philosophischer Selbstverständigung immer wieder neu bestimmt wird, ist der Essentialismus in die Kritik geraten. Freilich ist dann diese Qualität – die Offenheit des Begriffs ‚Mensch' für die Praxis der Selbstverständigung des Menschen – wieder wesentlich. Hier aber gilt das Prädikat ‚wesentlich' nur in Bezug auf existentielle Werte eines bestimmten Individuums, für das sie wesentlich – bestimmend und unverzichtbar – gelten, sofern und solange es sich in Bezug auf sie bestimmt und aus ihnen seine normative Orientierung darüber gewinnt, wer es sein will. Wenn eine Person zur Überzeugung kommt, dass ein existentieller Wert zwar lange Zeit prägend war, nun aber begründeterweise nicht mehr prägend sein soll, mag es dauern, bis der existentielle, tief verkörperte Wert seine bestimmende Kraft verliert und als Gewesenes zum bloßen Gehalt einer praktisch nicht mehr orientierenden

---

300 Hier übersetze ich Harry Frankfurts Kriterium für eine ernsthafte Identifikation mit etwas, um das wir uns sorgen, nämlich die *wholeheartedness*, also die ungeteilte Überzeugung, dass wir dem, womit wir uns identifiziert haben, „aus ganzem Herzen" folgen sollen (Frankfurt 2001d; orig.: „Identification and Wholeheartedness"). Ich übernehme diesen Begriff im Sinne einer *die ganze Person betreffenden ernsthaften Aneignung*. Allerdings möchte ich noch stärker die reflexive und daher durchaus aktiv bewertende Aneignung als eine begründete Akzeptanz der Werte betonen, mit denen man sich identifiziert. Vgl. Gerhardt 1999, S. 294; Jaeggi 2005, S. 167 ff.

Erinnerung wird. Doch dieser lebensweltlich bekannte Vorgang – man denke an das Ende einer „ewigen Liebe" oder eine radikale Wandlung der beruflichen Ausrichtung – braucht Zeit und verändert *eo ipso* eben das, was für die praktische Individualität wesentlich ist. Man hat es also mit einem dynamischen, nicht zeitlosen Begriff der individuellen Essenz zu tun. Er mag zunächst fragwürdig erscheinen, gewinnt aber an Plausibilität, wenn man sich klar macht, dass Personen durchaus etwas als konstitutiv wichtig für ihr individuelles Selbstsein und ihre Lebensführung ansehen können, sodass sie sogar bereit sind, dafür ihr Leben zu riskieren, es aber nach langer Zeit nicht mehr als wesentlich für sich erachten mögen. Sie können z. B. von der politischen Befreiungsbewegung, für die sie alle Kräfte lange Zeit einsetzten, enttäuscht worden und zur Überzeugung gelangt sein, dass diese keinen Weg darstellt, um die soziale Realität in einem Land maßgeblich zu verändern. Existentielle Wertungen verhalten sich also strukturell analog zu starken Wertungen, die in der Regel auch nur langfristig und begründet umgewandelt werden. Sie sind für die Individualität einer Person auf Zeit wesentlich – ob es die gesamte Lebenszeit nach ihrer Aneignung ist oder nur eine lange Periode, bis sich das normative Selbstverständnis wandelt.

Diese Erläuterung zur Geltung existentieller Werte ist ferner durch eine zweite wichtige Einschränkung zu ergänzen: Die existentiellen Werten zugrundeliegenden Urteile über das Gewertete und die Auffassung, dass diese Werte existentiell wichtig sind, sind nicht infallibel. Man kann sich selbst darüber täuschen, was einem existentiell wichtig ist, sofern der Wert nicht in Wirklichkeit um seiner selbst willen seine große Bedeutung erhält. Er kann z. B. eine vom Subjekt nicht erkannte psychische Funktion einnehmen, um bestimmte Probleme, denen es sich nicht bewusst stellen will, zu verdecken. Die Begründung mag dann eine Rationalisierung im psychoanalytischen Sinne darstellen. In diesem Fall müsste man sagen, dass sich die Person die existentielle Bedeutung bloß (neurotisch) suggeriert, um eine Befreiung davon abzuwehren. Diese Werte wirken dann eher als Obsession, denn als genuin leidenschaftlicher Ausdruck positiver Freiheit.[301]

Existentielle Werte können und sollen also wie starke Wertungen offen für Kritik sein, denn alles, was normative Kraft hat, ist auch durch normative Gründe kritisierbar, die nicht selbst dieser Quelle von Normativität entstammen müssen. Jede Identität, jede Lebensform steht im Raum der Erwartungen und Forderungen einer bestimmten Kultur und Sittlichkeit und kann aus moralischen, rechtlichen oder politischen Gründen von anderen und einem selbst kritisiert und abgelehnt werden. Widersprechen existentielle Wertungen anderen starken Wertungen mit normativer Kraft – etwa moralischen –, können sie mit der Zeit ihre konstitutive Funktion für die praktische Identität einbüßen. Dass sich dennoch gerade existentielle Werte auch gegenüber Kritik oft als widerständig erweisen, ist ein Zeichen ihrer Bedeutung für das Individuum. Was man liebt, lässt man auch bei guten Gründen nicht leicht los.

---

301 Siehe auch Kap. 8.7 und 8.14.

4. Der praktisch lebendige Bezug zu existentiellen Werten ermöglicht zugleich eine *Steigerung des Wertes*, den ein Selbst in seiner Existenz und der Welt überhaupt erkennt. Das Bekenntnis zu herausragenden Wertungen, das die praktische Identität auszeichnet, geht mit einer Schätzung des eigenen Lebens einher. Diese Relation scheint notwendig zu sein. Denn es wäre widersinnig, etwas existentiell wichtig zu finden, sich selbst aber keinen Wert zuzuerkennen. Der Akt des Wertens setzt nicht nur voraus, dass die wertende Instanz es sich überhaupt wert ist zu werten, sondern auch, dass der Form, die das eigene Selbst durch diachrone Schätzung von etwas existentiell Wichtigem gewinnt, ein intrinsischer Wert zukommt, den es zu erhalten und zu befördern gilt. Wäre es einer Person unwichtig, ob sie dieses oder jenes Verständnis ihrer praktischen Individualität hätte und welches Leben sie überhaupt führte, könnte sie auch nicht wahrhaftig von sich behaupten, dass ihr etwas existentiell wichtig sei. Nur insofern mir an dem praktisch-normativem Selbstbegriff, den ich erfüllen will, liegt, kann mir auch anderes in seiner dafür konstitutiven Kraft von Bedeutung sein.

Wertschätzung und Schätzung der Instanz des Wertens bedingen und steigern sich gegenseitig. Dabei müssen beide Seiten als intrinsisch wertvoll anerkannt sein. Existentielle Werte sind nicht (allein) funktional wertvoll. Jemanden zu lieben, *weil* es einem dadurch besser geht, ist etwas anderes als jemanden um seiner selbst willen zu lieben, *wodurch* es einem besser geht. Im letzten Fall ist das gute Leben oder glückliche Befinden eine Konsequenz aus der Beziehung zu einem intrinsischen Wert, während im ersten Fall ein Wert in Funktion genommen wird und somit nicht (mehr) intrinsisch wertvoll ist. Existentielle Werte sind notwendigerweise intrinsische Werte, wie die eigene Person sich als Selbstzweck anerkennen muss, nimmt sie ihre eigenen Gründe, Prinzipien und Werte ernst, denn sie als Person erkennt Gründe, Prinzipien und Werte als ihre und setzt sich ihnen gemäße Handlungszwecke.[302]

Nur so transzendiert das eigene Selbstverständnis auch seinen reinen Selbstbezug und erkennt an, dass es sich von ausgezeichneten Beziehungen zu etwas in der Welt tragen lässt. Wertung von etwas und dem welthaften Leben, von dem die Wertung ausgeht, verhalten sich transitorisch durch die Interdependenz von Werten und ihrer Einbettung in die Welt. Wer Konkretes existentiell wertschätzt, wird gar nicht umhinkommen, die Welt, in der es erscheint und verwirklicht wird, generell auch wert-

---

[302] In diesem Sinn verstehe ich Kants Selbstzweckformel des kategorischen Imperativs (*Grundlegung zur Metaphysik der Sitten*, AA, Bd. IV, S. 429 ff.). Personen müssen sich als Zweck an sich selbst, mithin als Wesen mit Würde, anerkennen, wollen sie ihre Gründe, Prinzipien und Werte für wichtig halten. „Die Gesetzgebung selbst aber, die allen Werth bestimmt, muß eben darum eine Würde, d. i. unbedingten, unvergleichbaren Werth, haben, für welchen das Wort Achtung allein den geziemenden Ausdruck der Schätzung abgiebt, die ein vernünftiges Wesen über sie anzustellen hat. Autonomie ist also der Grund der Würde der menschlichen und jeder vernünftigen Natur." (ebd., S. 436) Dies lässt sich auch formaler verstehen: Personen nehmen sich in ihrer irreduziblen, intrinsisch wertvollen Individualität ernst – sie achten sich als diese –, wenn sie etwas als für sie intrinsisch wertvoll und irreduzibel wertschätzen.

zuschätzen – in dem Sinne, dass jede bestimmte Ablehnung und Kritik auf einer grundlegenden Wertschätzung des In-der-Welt-Seins beruht und von ihr bekräftigt wird. Ich kann nicht Individuelles hochschätzen und alle Kontexte, in denen es erscheint und Sinn erhält, insgesamt geringschätzen. Das zeigt sich auch *ex negativo* in Erfahrungen des Wertverlustes, in denen jeder Anspruch an sich selbst und die Welt verloren geht. In Bezug auf den entfremdeten Zustand einer alles in ihren Bann ziehenden Indifferenz bemerkt Rahel Jaeggi entsprechend: „Wenn einem nichts mehr wichtig ist, ist man sich selbst auch nicht mehr wichtig. Genau dieses Phänomen kann man als einen über die Weltentfremdung vermittelten Prozess der Selbstentfremdung auffassen."[303] Die reziproke Bedingung von Sich-Schätzen und Welt-Schätzen ist der Grund dafür, jemanden, der nichts mehr ernst nimmt, als seelenlos zu bezeichnen.[304] Die Gleichgültigkeit sich und anderem gegenüber kann Zeichen von Zynismus wie auch ein Symptom psychopathologischer Störungen wie Depressionen sein.

Eine auf existentielle Werte lebendig bezogene Praxis stellt sich somit als Gegenteil einer Entleerung der Welt und der eigenen Person dar. Wer von Werten ergriffen ist, ergreift auch selbst die Initiative, um in Übereinstimmung mit ihnen zu leben. Mit der Selbstwertschätzung ist das auf die praktische Individualität bezogene Vermögen der Vernunft, wertzuschätzen und entsprechend Zwecke zu setzen, also die positive Freiheit als Voraussetzung eines selbstbestimmten Lebens gemeint, nicht notwendigerweise das gesamte Selbst in allen seinen Bestimmungen.[305] Sich selbst in der Welt – kurz: das eigenen Leben – wertzuschätzen, heißt, im Leben Sinn zu finden, aber nicht, es in allen seinen Ausdrucksformen und Leistungen kritiklos zu affirmieren, und erst recht nicht, es höher zu schätzen als das Leben anderer und ihrer Leistungen. Existentielles Werten ist kein Ausdruck von Narzissmus, im Gegenteil: Der Bedarf an obsessiver Selbstbestätigung und kompetitivem Übertrumpfen anderer demonstriert gerade die Abwesenheit genuin existentieller Wertschätzung von jemandem oder etwas um seiner selbst willen. Entsprechend sind auch existentielle Wertungen und Selbstkritik miteinander kohärent. Über die Selbstzweckhaftigkeit der Werte gerät das gesamte Dasein in den Glanz des Anzunehmenden, ohne dass die Kritik an illegitimen Zumutungen gesellschaftlicher und politischer Provenienz und eigener Verstrickung in sie ausbleiben müsste – im Gegenteil, die Sensibilität für das für einen selbst Wertvolle schärft auch den kritischen Sinn für die Bedrohung von Wertvollem überhaupt.

Aus der Optik des existentiellen Wertbegriffs als praxistragende Weltverbindung ist es daher unsinnig, mit Heidegger in Werten „die größte Blasphemie, die sich dem

---

[303] Jaeggi 2005, S. 171. Das Gegenteil dieser Entfremdung ist ein „Sich-Wichtig-Nehmen in dem, was man tut und worum man sich ›sorgt‹", das „untrennbar verbunden mit dem Wichtignehmen der Welt" ist (ebd., S. 176).
[304] „›Ich nehme nichts mehr ernst.‹ – ›Dann hast du deine Seele verloren.‹" (Handke 2005, S. 364).
[305] Vgl. Raz 1986, S. 409: „Positive freedom is intrinsically valuable because it is an essential ingredient and a necessary condition of the autonomous life. It is a capacity whose value derives from its exercise."

Sein gegenüber denken läßt"³⁰⁶, zu erkennen. Existentielle Werte sind vielmehr eine Funktion der größten Lobpreisung des Lebens als Einheit von Selbst und Welt. Heidegger irrt mit seiner Überzeugung, das Wertschätzen lasse „das Seiende lediglich als Objekt seines Tuns – gelten"³⁰⁷. Das trifft für ersetzbare ökonomische Tauschwerte, aber nicht für existentielle Werte zu, die normative Orientierung gerade deshalb bieten, weil ihnen eine intrinsische Bedeutung zukommt, die unabhängig vom eigenen Tun besteht. Das beste Beispiel ist dafür wieder die Liebe als freiwillige Anerkennung und Wertschätzung von Alterität: Jemanden um seiner selbst willen zu lieben und sie oder ihn existentiell wertzuschätzen, heißt gerade anzuerkennen, dass er oder sie nicht nur als Objekt meines Tuns Geltung hat, sondern dass diese Person vielmehr, *weil* sie intrinsische Geltung hat, Orientierung und auch Grenze für die eigene Praxis darzustellen vermag. Es mag vielleicht sein, dass sich das „Sein" nicht im Individuellen und seiner Wertschätzung manifestiert, das Leben aber allemal.³⁰⁸

5. Damit wird schließlich auch ersichtlich, warum existentielle Werte in besonderer Weise *zukunftserschließend* und *sinnstiftend* sind. Was ein Individuum für sich als existentiell bedeutsam erkennt, stellt, so Bernard Williams, eine Bedingung dar, dass es „überhaupt daran interessiert ist, sich in dieser Welt aufzuhalten."³⁰⁹ Es ist das, was dem individuellen Leben eine „Substanz" verleiht und ihm Sinn gibt.³¹⁰ Auch Charles Taylor geht es in seinen Untersuchungen zu starken identitätskonstitutiven Wertungen um die Fragen, „wodurch unser Leben Sinn erhält oder Erfüllung findet" und wodurch es „lebenswert wird."³¹¹

Williams hat gegen die Individualitätsindifferenz des Utilitarimus die existentielle Bedeutung von zentralen Vorhaben (*ground projects*) mehrfach hervorgehoben, die für ihn die Individualität eines Menschen ausmachen, insofern er sie auf tiefster Ebene ernst nimmt: Sie sind das, „what his life is about"³¹². Williams versteht diese Grundvorhaben als praktisch wirksame Bezüge zu dem, was von großer, wenn nicht existentieller Relevanz ist. Die Tatsache, dass Personen *ihre* Vorhaben verfolgen können, steht für Williams in einem Zusammenhang „mit dem Umstand, daß der Mensch überhaupt einen Grund hat zu leben."³¹³ Die Zukunftssorge eines Menschen hängt auf graduelle bzw. skalare Weise an seiner strukturell auf das Kommende ausgreifenden praktischen Identität, die wiederum auf „kategoriale[n] Wünschen"³¹⁴ und Vorhaben basiert. Diese zentralen Anliegen erschließen erst die Zukunft als Feld des Bedeutsamen, insofern „meine gegenwärtigen Vorhaben die Bedingung meiner Existenz"

---

306 Heidegger 1976b, S. 349.
307 Ebd.
308 Das betont anschaulich Gerhardt 2000, S. 96 ff.
309 Williams 1984b, S. 23.
310 Ebd., S. 27, 21.
311 Taylor 1996, S. 16 f.
312 Smart/ Williams 1973, S. 116.
313 Williams 1984b, S. 14.
314 Ebd., S. 20.

sind: Sie erzeugen ein „Kräftefeld", aus dem ich „Antrieb gewinne". Williams betont die existentielle Rolle von bedeutsamen Projekten, insofern sie die Zukunft als Feld des Handelns attraktiv machen; „wir bedürfen nur des Gedankens, daß die Grundvorhaben eines Menschen die bewegende Kraft darstellen, die ihn in die Zukunft antreibt und ihm einen Grund gibt zu leben"[315] – und im Entwurf auf eine prinzipiell sinnvolle Zukunft am Leben zu bleiben.

Existentielle Werte, so lässt sich zusammenfassen, stellen je nach metaphorischem Standpunkt besonders hohe oder tiefe Werte dar,[316] die mit anderen schwachen und starken Wertungen zu einer Person gehören können, sie intrinsisch motivieren und die besten Kräfte freisetzen, ihr praktische Individualität konstituieren und ihr daher (für eine gewisse Zeit oder den Großteil ihres Lebens) wesentlich sind, die ihre Selbst- und Weltschätzung steigern, ihr Leben in eine Sinnperspektive rücken und ihr die Zukunft als Möglichkeitsraum der Selbstverwirklichung erschließen. Wie starke Wertungen im Sinne Taylors, deren individuell gesteigerte Variante sie sind, stellen existentielle Werte damit eine Bedingung zwar nicht von Handeln und Freiheit überhaupt, aber von der verkörperten positiven Freiheit der konkreten Individualität einer Person dar, mit ihren ausgezeichneten Weltbezügen das eigene Leben als sie selbst zu führen.

Friedrich Nietzsche hat – freilich ohne diese Terminologie und Systematik – offenbar bereits eine Theorie der Gründung von Selbstsein auf starken und existentiellen Wertungen vertreten. In der dritten *Unzeitgemäßen Betrachtung* formuliert er einen ethischen Imperativ zur Selbsterkenntnis, der die Struktur des Selbstbezugs der praktischen Individualität trifft. Man schaue auf sein bisheriges Leben und frage:

> „was hast du bis jetzt wahrhaft geliebt, was hat deine Seele hintangezogen, was hat sie beherrscht und zugleich beglückt? Stelle dir die Reihe dieser verehrten Gegenstände vor dir auf, und vielleicht ergeben sie dir, durch ihr Wesen und ihre Folge, ein Gesetz, das Grundgesetz deines eigentlichen Selbst."[317]

Diese höchsten Wertungen machen das eigene Selbst aus, es zeigt sich, indem es sich zu ihnen praktisch verhält. Das „Grundgesetz deines eigentlichen Selbst" ist nichts anderes als das Prinzip der praktischen Individualität einer Person.

---

315 Ebd., S. 21.
316 Sie sind tief im Selbst verankert – man kann diese romantische Metapher als Ausdruck einer bis in die lebendige Antriebskraft des Individuums reichende Verkörperung der existentiellen Wertungen ansehen (vgl. oben den Bezug zu William James). Zugleich sind diese nach außen projiziert als „Höhe" einer Aufgabe zu begreifen, die vor einem liegt und einem viel an Praxis und Kraft abverlangt. Zur Vertikalmetaphorik des Übens als Selbstveränderung siehe Sloterdijk 2009. Zum kulturhistorischen und anthropologischen Hintergrund der evaluativen Metaphorik von Höhe und Tiefe als absoluten Metapher im Sinne Blumenbergs siehe Rolf 2007 sowie Böhme 2007.
317 Friedrich Nietzsche: *Unzeitgemäße Betrachtungen. Drittes Stück: Schopenhauer als Erzieher*. KSA 1, S. 340.

Die Rede von *existentiellen* Werten kann den Vergleich zu lebenswichtigen Elementen des Organismus nahelegen, die für ihn von unverzichtbarer Bedeutung sind. Vieles am menschlichen Organismus ist trotz dessen interner, reziprok funktionaler Organisation nicht notwendig für sein Überleben. Definitiv gehört dazu alles, was den Organismus nur vorübergehend „interessiert" und ihn nach einer relativ kurzen Zeit wieder verlässt, etwa Nährstoffe und Sauerstoff. Sie sind zwar in ihrer Funktion für den Metabolismus existentiell notwendig, aber nicht als Einzelnes, sondern nur als Elemente einer zyklischen Wiederholung von Einnahme, Umwandlung und Ausscheidung. Offenkundig gehören auch leicht disponible Elemente zu dem, was existentiell nicht wichtig ist, wie die Behaarung oder die Länge der Fuß- und Fingernägel. Einige im Inneren des Körpers gelegene Organe sind sicher bedeutsamer als etwa die Körperbehaarung, aber für das Überleben ebenfalls nicht notwendig. Das betrifft einerseits die evolutionären, mittlerweile funktionslos gewordenen Rudimente wie die Weisheitszähne oder den sogenannten Blinddarm (das Caecum, in dem sich allerdings viele Abwehrzellen des Immunsystems befinden). Andererseits erlaubt auch die Entfernung funktional aktiver Organe wie der Gallenblase oder der Milz ein Weiterleben. Menschen können sogar ohne Gliedmaßen, Zähne, funktionierende Sinnesorgane und nur mit einer Niere, einem Lungenflügel und einem verkleinerten Magen überleben, wenngleich sie dadurch ernsthaft eingeschränkt sind. Aber einige Organe des Menschen sind schlechterdings für ihr Leben unverzichtbar, u. a. die Haut, die Lunge, die Leber, das Herz und das Gehirn. Verletzungen an diesen Organen können rasch existentiell werden und *pars pro toto* den ganzen Menschen gefährden. Ebenso ist ein menschliches Leben ohne die Festigkeit des Skeletts nicht vorstellbar. Es gibt also eine Rangfolge an biologischen Bedeutsamkeiten für die Funktionalität des Organismus, die als Analogie für unterschiedliche Bedeutsamkeiten der individuellen Person und ihre ausgezeichneten Beziehungen schon seit den frühen Hochkulturen in Gebrauch ist.[318]

Doch der Vergleich, so suggestiv er wirken mag, hinkt an der entscheidenden Stelle: Existentielle Werte sind nicht einfach gegeben wie bereits vorgeburtlich die Organe. Auch wenn ihre Genese sich existentiellen werterschließenden Erfahrungen verdankt, die dem bewussten Leben zukommen und nicht einfach von ihm gemacht werden, ist die Geltung doch von der bewussten Aktivität der Zustimmung abhängig und nur so lange für ein Individuum wesentlich, so lange es diese Wertungen als konstitutiv für die Form, die es sich geben will, anerkennt. Das aber heißt, dass wir existentielle Werte anders als die lebenswichtigen Organe auch aufgeben oder umformen können, ohne notwendigerweise das Leben aufgeben zu müssen. Doch dazu

---

318 So sind zentrale Funktionen der individuellen Person mit den existentiellen Zentralorganen und -elementen des Körpers wie dem Herzen, der Lunge, der Leber und dem Kopf assoziiert worden. Vgl. z. B. Assmann 1993b; Janowski 2015; Aubenque 2007, S. 149 f.; Steinert 2017, S. 44 f.: Einzelne Körperteile stehen in Mesopotamien „*pars pro toto* zur Bezeichnung der Person", so etwa der Kopf (akkadisch *rēšu*, *qaqqadu*) für „Repräsentation des Individuums und des sozialen Selbst (Würde, Status, Ehre)" und das Leibinnere (akkadisch *libbu*) vor allem für „Gemüt, Sinn, Einstellung, Wünschen, Wollen".

ist Zeit und vor allem Freiheit in der Verwandlung nötig. Werden diese Werte mit einem Mal zerstört – gleichsam wie Organe aus einem gerissen –, verliert das Leben seinen Halt.

Als ein weniger organisches, aber vielleicht präziseres Bild für existentielle Werte neben den starken und schwachen Werten könnte man ein Netz imaginieren, das unterschiedlich starke Knotenpunkte aufweist. Dieses Netz bildet das normative Selbstverständnis, an dem sich die eigene Praxis orientiert. Je größer ein Knotenpunkt, desto vielseitiger ist er mit anderen verknüpft, die er somit in einer belastbaren Spannung hält. Sind schwache Präferenzen nur kleine Knotenpunkte, die keine netzstabilisierende Funktion haben und einfach gelöst und umgeknüpft werden können, wären demgegenüber existentielle Werte die stärksten Knotenpunkte, an denen die Stabilität vieler weiterer Vernetzungen hängt. Reißt man einen solchen aus der Netzstruktur, verliert das Netz dramatisch an Stabilität und Kohärenz, es verliert seine Form und seine inneren Zusammenhalt gewährende Funktion, kohärente Orientierung für das Handeln zu stiften.

Haben Personen notwendigerweise solch ein belastbares Netz mit existentiellen und starken Werten? Blickt man in die unüberschaubare Vielfalt von Lebensläufen und historisch unterschiedlichen Lebensformen, muss die Antwort klarerweise nein lauten, erst recht mit Blick auf die horizontal verbreiteten fluiden Lebensformen der Postmoderne. Als *kulturelle Form* ist ein an existentiellen Werten orientiertes praktisch-normatives Selbstverständnis eine Gestalt, die das personale Leben durch existentielle Erfahrungen und ihre reflexive Integration erwirbt und sich freiwillig im Austausch mit der Mitwelt bildet und erhält. Eine praktische Identität kommt einem Individuum also weder durch Natur noch naturanalog einfach durch Sozialisation kausal von selbst zu. Anders als Handeln überhaupt, ist ihre Ausbildung im Sinne einer individuellen zweiten Natur nicht zwingend für eine Person und insofern auch nicht für das organische und soziale Überleben notwendig. Notwendig ist für Personen nur, dass sie überhaupt etwas präferieren, um sich im Leben zu orientieren. Man kann unter Bedingungen hinreichender sozialer und rechtlicher Sicherheit in seinem Leben auch allein mit schwachen Wertungen navigieren und sich eher treiben lassen. Solch ein Leben ist möglich, vielleicht auch leichter und weniger riskant, wenngleich an Sinnerfüllung, Zukunftsentwürfen und normativer Motivation ärmer.[319]

Die Rekonstruktion von Charles Taylors Konzept der starken Wertungen und dem des gegenwärtig unter weiteren ähnlichen Begriffen diskutierten praktisch-normativen Selbstverständnisses hat eine eigene Konzeption existentieller Wertungen und ihrer konstitutiven Funktion für eine praktische Individualität vorbereitet. Meine These, die ich im Weiteren verfolge, lautet, dass es diese *existentiellen Werte sind, die in der Tragödie auf dem Spiel stehen und verletzt werden*. Tragische Figuren sind existentiell wertende Selbste: Ihnen sind bestimmte Dinge so wichtig, dass ein durch das eigene Handeln (mit)bewirkter Verlust eine dauerhafte Erschütterung der selbst-

---

[319] Vgl. Kap. 10.2.

bestimmten Lebensführung evoziert. Alle Qualitäten existentieller Werte gehen ihnen mit einem Mal verloren: Die tragischen Individuen verlieren ihre Orientierung, haben keine Motivation, keine Kräfte mehr, ihr individuelles Selbstverständnis bricht, ihr Leben verliert seinen Wert, seinen Sinn und seine Zukunftsaussicht.

8.9 Tragische Individualität

Tragisches Handeln betrifft die Zerstörung eines seiner endlichen Natur nach unersetzbaren Wertes, der für die Lebensführung des Individuums bestimmend gewesen ist.[320] Nun lässt sich abschließend die These mit Blick auf die phänomenologische Analyse der tragischen Erfahrung und der Analyse ihrer personalen Voraussetzungen, präzisieren: *Eine tragische Erfahrung ist die Erfahrung einer durch eigenes Handeln mit bewirkten irreversiblen Zerstörung existentieller Werte und des Bruchs der praktischen Individualität der Person.*

Existentielle Werte erzeugen ein tragisches Risiko für eine Person, weil sie konstitutiv sind für ihr praktisch-normatives Selbstverständnis und weil sie kontingenterweise irreversibel verloren gehen können. Durch die bloße Tatsache des Wertschätzens wird man zum verletzlichen Wesen. Leidensfähigkeit ist nicht nur Grund der Normativität; das Werten ist auch Grund für eine Verletzbarkeit, die nicht nur von außen zuschreibbar ist wie bei einer körperlichen Verletzung, die möglicherweise aufgrund von Betäubung vorübergehend nicht auch empfunden wird. In der Regel unterstellt aber jede Erkenntnis, dass ein Mensch verletzt wurde, die Annahme, dass diese Tatsache für ihn zugleich eine Verletzung eines Wertes darstellt, mindestens den der eigenen körperlichen oder psychischen Integrität.[321]

Der Grad der Verletzbarkeit ist nun offensichtlich korreliert mit dem Grad der Bedeutung, die etwas für das Individuum hat. Zwar können Kinder sich maßlos darüber aufregen, dass ihnen ein Keks verwehrt wird, selbst die gutmütigsten Eltern aber werden darin wohl kaum eine Verletzung des Kindes erkennen. Bei starken Wertungen aber gibt es eine Disposition zur Verletzung desjenigen, der sie wertschätzt. Durch die Wertungen wird die eigene Empfindungsfähigkeit gleichsam in die Welt verlängert. Indem man sich mit etwas wertend identifiziert, wird es, wie William

---

320 Siehe Kap. 8.1–8.5.
321 Diese Unterstellung macht man auch bei Wirbeltieren und einigen Wirbellosen mit sensorischen und affektiven Voraussetzungen wie einem Nervensystem mit Nozizeptoren, denen man aufgrund kommunikativer, motorischer bzw. verhaltensbiologischer und vegetativer Reaktionen auf Schmerzquellen eine entsprechende Schmerzempfindung unterstellt. Von dieser Empfindungsfähigkeit kann man auch auf ein evolutionär entstandenes Bewusstsein oder basales Gefühl für die eigene Verletzlichkeit sowie eine Art nicht-prädikative „Wertung" der körperlichen Integrität unter der Annahme eines Selbsterhaltungstriebes schließen. Alles Leben „will" leben und nicht verletzt werden. Das ist freilich eine Optik, die sich menschlicher Selbsterkenntnis verdankt, insofern handelt es sich um eine anthropomorphe Übertragung. Ohne diese Unterstellung eines Lebens- bzw. Selbsterhaltungstriebs kommt eine Theorie des Lebens aber offensichtlich nicht aus.

James es beschreibt, wie das eigene Selbst behandelt. Diese Extension der Sensibilität entsteht notwendigerweise mit der starken bzw. existentiellen Bindung an etwas, das man hoch schätzt. Man sieht das deutlich an den schmerzverzerrten Gesichtern und verkrümmten Körpern derjenigen, die soeben erfahren haben, dass ein Angehöriger umgekommen ist. Eine existentielle Wertung oder Identifikation macht das „Schicksal" einer Person, einer Sache oder eines Vorhabens zu meinem eigenen, insofern ihre Wertschätzung konstitutiv für mein eigenes normatives Selbstverständnis ist, dessen verkörperte Dimension, die das gesamte Selbst des Menschen betrifft, sich gerade in der tiefen Verletzlichkeit zeigt, die ich mir gleichsam selbst durch die Formung meines Selbstverständnisses erwerbe. In ihr liegt, könnte man sagen, der Preis für die Qualitäten existentieller Wertungen und die Funktionen eines praktisch-normativen Selbstverständnisses.[322]

Je wichtiger ein Wert für eine Person ist, desto mehr ist man auch selbst der Verletzbarkeit qua Fragilität des Wertbezuges ausgesetzt. In Bezug auf Taylors Metapher einer sich durch starke Wertungen vertiefenden bzw. vergrößernden Person kann man sagen, dass sich proportional ihre Disposition, getroffen zu werden, d. h. ihre Vulnerabilität erhöht, was insbesondere für alle Formen großer Liebe zutrifft.[323] Umgekehrt wird, wie Jaeggi bemerkt, mit einem „Rückzug aus der Welt, dem Abziehen von Identifikationen [...] sozusagen die ›Angriffsfläche‹ kleiner, auf der das Individuum verletzbar ist."[324] Menschen können als Personen also ihre bereits natürliche Disposition, riskant zu leben, durch ernsthafte Bindungen an die Welt steigern und ihre Sensibilität und Vulnerabilität in der Transzendenz auf Werte hin vergrößern.

Dabei erhöht sich die Verletzbarkeit – natürlichen Systemen vergleichbar – aufgrund der Faktoren Exposition (1), Sensitivität (2) und Anpassungsfähigkeit (3).[325] Existentielle Wertungen erhöhen durch die „Vergrößerung" der Person (Taylor) ihre Wahrscheinlichkeit, durch kontingente Widerfahrnisse getroffen zu werden; sie ist exponierter, weil die „Angriffsfläche", der Raum ihrer Vulnerabilität, gleichsam ausgedehnt wird (1). Solche Personen werden darüber hinaus, wie die Analyse des tragischen Leids als existentielles Gesamtphänomen gezeigt hat, anfälliger für tiefgreifende Läsionen, weil sich mögliche Verletzungen in Bezug auf existentielle Werte nicht gut lokal – durch kleine Korrekturen in der kohärenten Struktur der Person – begrenzen lassen (2). Schließlich sinkt *eo ipso* die Anpassungsfähigkeit, da ein Umbau des normativen Selbstverständnisses um so schwieriger und zeitaufwändiger ist, je stärker oder tiefer diejenigen Wertungen sind, die das Individuum bis zu ihrer Verletzung in diesem Selbstverständnis getragen haben. Es handelt sich also nicht um eine generelle Anpassungsschwierigkeit, sondern nur in Bezug auf die Beeinträchtigung der leitenden Bedeutsamkeiten (3). Dafür erhöhen starke und existentielle Wertungen, die eine strukturelle Lebensform verknüpfen, die Frustrationstoleranz bei

---

322 Siehe Kap. 8.7 und 8.8.
323 Vgl. Freud 1994, S. 49: „Niemals sind wir ungeschützter gegen das Leiden, als wenn wir lieben".
324 Jaeggi 2005, S. 173.
325 Vgl. Mastrandrea/Schneider 2011, S. 48.

Belastungen diverser Art (psychologisch gesprochen steigern sie die Ich-Stärke und Resilienz). Die erhöhte Vulnerabilität betrifft nur, dafür aber sehr tiefgreifend, die Läsionen im Bereich jener identitätskonstitutiven Wertungen.

Die durch existentielle Wertungen potenzierte Vulnerabilität ist nur unter Bedingungen der Kultur möglich. Denn sie schafft durch Technik und Recht insofern nicht nur Schutz gegenüber Verletzungen, sondern ist als Medium, in dem ausdrückliche und gesteigerte Bedeutsamkeit überhaupt nur erzeugt werden kann, zugleich der Grund dafür, dass die Angreifbarkeit des Menschen dramatisch erhöht wird. Zur prometheischen Kultur, die in der Tragödie gleichsam ins Extrem ihrer Selbstgefährdung geführt wird, gehört nicht nur die technisch-pragmatische und die symbolisch-kommunikative Lebensform, sondern auch die Sphäre der Bedeutsamkeit, in der Personen handeln und sich intersubjektiv verständigen. Daher zeigt die Tragödie als Medium öffentlicher Darstellung individueller Erfahrung, dass bereits die griechische Antike eine selbstreflexive Risikogesellschaft gewesen ist.[326]

Inwiefern individuelle Werte unersetzbar verloren gehen können, wurde bereits gezeigt. Es ist auffällig, dass es in der antiken – wie auch in der neuzeitlichen – Tragödie immer um Beispiele einer punktuellen Zerstörung eines lebendigen Bezuges zu einem existentiellen Wert geht, die eine Fortsetzung dieses Bezuges nicht mehr erlaubt. Oft werden Menschen qua körperlicher Verletzbarkeit irreversibel, d. h. irreparabel getroffen. Es können aber auch punktuelle Handlungen sein, die einen Selbstbegriff durch eine einmalige Inkohärenz dauerhaft unmöglich machen wie im Fall des aischyleischen Xerxes, dessen einmalige katastrophale militärische Niederlage endgültig das Selbstverständnis zerstört, anerkannter und erfolgreicher Herrscher eines mächtigen Imperiums zu sein. Eine einzige Schlacht an einem Tag (vermutlich am 29. September 480 v. Chr. bei Salamis) entscheidet über seine Zukunft und die Persiens. Ähnlich ergeht es dem sophokleischen Aias, der eine Restitution seiner ihn ausmachenden Kriegerehre nach der lächerlichen Schlachtung von Vieh nicht für möglich hält. Er hat sich mit einem Mal selbst verloren. Medeas Verlassen-worden-Sein in der Fremde und die punktuelle Tötung ihrer eigenen Kinder wird sie nie wieder loslassen. Immer wird mit dem tragischen Umschlag punktuell etwas für immer außer Kraft gesetzt, was strukturell für das Leben der Menschen eine identitätskonstitutive Bedeutung hatte. Tragisch ist ein Verlust also dann, wenn er den Menschen in dem, was er sein und als was er vor anderen Menschen gelten will, unheilbar verletzt. Die verlorene Ehre etwa ist für Xerxes oder Aias unersetzbar, weil sie an ihre eigenen Handlungen gebunden ist, die diese Ehre nicht nur ausdrücken, sondern sie als „ehrwürdige" Handlungen überhaupt erst erzeugen und als „ehrlose" zerstören. Auch wenn sich die Art der Ehre vom Kriegerischen in der Moderne ins Zivile verschoben hat, gilt weiterhin, dass eine einzige „entehrende" Handlung – etwa ein Missbrauch – in der Lage ist, diese Ehre – etwa die eines Arztes – auf immer zu ruinieren.

---

326 Vgl. Gerhardt 1999, S. 124. Hans Blumenberg 1979a hat in der Möglichkeit von Bedeutsamkeit das Spezifikum menschlicher Kultur gesehen, für die in der europäischen Tradition Prometheus steht.

Vor allem aber sind Individuen existentielle Werte in der Tragödie, die als endliche und vulnerable Menschen irreversibel zerstört werden können. Daher, so meine These, verwundert es nicht, dass es Nahbeziehungen sind, innerhalb derer sich nach Aristoteles tragisches Handeln abspielt. Nahbeziehungen sind insofern Voraussetzungen für tragisches Handeln und Leiden, *insofern* sich in ihnen eine Beziehung zu einem existentiellen Wert ausdrückt. In einer von der Forschung selten näher beachteten Passage im 14. Kapitel der *Poetik* erörtert Aristoteles die Arten von Handlungen, die tragische Affekte erzeugen und daher Kandidaten für tragische Handlungen sind.[327] Dabei steht für ihn außer Frage, dass die Handlungen der Individuen im Drama immer einen sozialen Kontext haben und in Bezug auf andere Personen ihre tragische Bedeutung gewinnen. Die für Tragödien geeigneten Handlungen sind notwendigerweise

> „entweder Handlungen miteinander befreundeter oder miteinander verfeindeter Menschen oder von Personen, die keines von beidem sind. Wenn nun ein Feind gegen einen Feind vorgeht, so empfindet man dabei kein Mitleid, weder wenn er die Tat ausführt noch wenn er sie plant – außer dass man das Leid als solches bedauert –, und sicher auch nicht bei Handelnden, die weder befreundet noch verfeindet sind.
>
> Dann aber ‹empfindet man Furcht und Mitleid›, wenn großes Leid unter einander liebenden Menschen geschieht, etwa wenn der Bruder den Bruder, der Sohn den Vater, die Mutter den Sohn oder der Sohn die Mutter tötet oder den Plan dazu fasst oder etwas anderes von dieser Art tut. Solche Handlungen muss man suchen."[328]

Übersetzt man befreundet/sich liebend (*philos*), verfeindet/feindselig (*echthros*) und nichts von beidem (*mēdeteros*) in entsprechende paradigmatische Wertungen,[329] ist offenkundig, dass es in der Tragödie weder um negative Wertungen (Feinde) noch um Indifferenz (keins von beiden), sondern gerade um individuelle Werte von großer Bedeutung geht. Die *philoi* sind seit Homer ganz allgemein die einem „Nahestehenden"[330]. Seit Homer können darunter, so Goldhill, alle Personen in Nahverhältnissen zählen, die in gegenseitigem Respekt und reziproker Verpflichtung verbunden sind. Zur sozialen Beziehung der *philoi* gehören gegenseitige Anerkennung, Akzeptanz und Wertschätzung, die sich in wohlwollenden Handlungen füreinander zeigen; im 5. und 4. Jahrhundert v.Chr. zählen auch immer mehr Gefühle zu den Beziehungen unter

---

[327] Diese Bedingung der Tragödie ist relativ selten zum Gegenstand der Erörterung geworden, vielleicht weil sie gegenüber der Katharsis, den Fragen der Handlung, der Zuschaueraffekte oder der Genreunterscheidungen vielen Interpreten als geradezu evident erscheint. Zu Sophokles siehe Goldhill 1986, S. 79–106; Blundell 1989; generell siehe Belfiore 1998 und 2000).
[328] Aristoteles: *Poetik*, 1453b15–23.
[329] Selbstverständlich ist damit nicht gemeint, dass die Wertungen immer diese Verhältnisse prägen. Man kann seine Geschwister gering achten, seine Feinde dagegen hochachten. Es kommt hier vielmehr darauf an, Aristoteles' richtige Beobachtung primär in Bezug auf die individuellen Wertungen – erst sekundär auf die faktischen Sozialverhältnisse hin – zu interpretieren.
[330] So die Übersetzung von Manfred Fuhrmann.

philoi, zu denen auch erotisch Liebende und Freunde gehören. Demgegenüber gehören negative Bewertungen und Gefühle zum Verhältnis gegenüber *ekhthroi*.[331]

Tragische Handlungen und tragisches Leid ereignen sich also nach Aristoteles „innerhalb von Nahverhältnissen" (*en tais philiais*)[332], in denen Individuen ein unersetzbarer und existentieller Wert zukommen kann. Dafür spricht die große Bedeutung der *philoi* für die Beziehungen, in denen eine Person sich innerhalb der Gesellschaft verortet, in denen sie in Leben führt, zumal die Zugehörigkeit zu Institutionen entweder nicht vorhanden oder in der Regel weniger stark ausgeprägt war. Für die hohe Wertschätzung, die sich im Begriff des *philos* ausdrückt, spricht die Bedeutung des Worts seit Homer, die nach Goldhill daher nicht erlaubt, *philein* einfach mit ‚lieben' zu übersetzen, da schwache Wertungen, die auch mit ‚lieben' – etwa in der Formulierung, jemand ‚liebe Eiscreme' – gemeint sein können, nicht den normativen und evaluativen Ansprüchen des altgriechischen Worts entsprechen.[333] Die *philoi* sind also die, die man anerkennt, respektiert, liebt, für die man Verantwortung trägt, die man verteidigen, schützen und zur Not auch rächen muss, aber auch die, in deren Augen man als derjenige bestehen will, der man sein will. Nirgends deutlicher zeigt sich das als in Aristoteles' Bestimmung intrinsisch wertvoller Freundschaft. Sie wendet nach Aristoteles gerade Streit und Unrecht ab, weil wahre Freunde einander nicht schaden.[334] Der intrinsische Wert, den Freunde als Individuen für einander haben, zeigt sich im Handeln: Sie tun einander Gutes um ihrer selbst willen.[335]

Diese Beobachtung von Aristoteles vermag zumindest zu indizieren, dass es in der Tragödie um individuelle Wertbeziehungen von hoher Bedeutung geht. Das gilt schon für die *Ilias*, die Aristoteles als tragisch versteht. Achills Rache an den Trojanern, die ihm am Ende selbst das Leben kosten wird, ist motiviert vom Tod seines über alles geliebten Freundes Patroklos, um den er und seine geliebte Sklavin Briseis eindrucksvoll klagen, wie auch Hektors Tod von seiner Gattin Andromache und seinen Eltern Priamos und Hekabe beklagt wird.[336] Tragisch ist also nicht der Kampf zwischen Feinden, die sich hassen oder bekämpfen, statt sich intrinsisch wertzuschätzen, sondern das Handeln, das die eigenen *philoi* trifft, etwa Hektors leichtsinniger Kampf, der viele Opfer auf Seiten seiner Trojaner fordert, oder Patroklos' Wunsch, seinem

---

331 Vgl. Goldhill 1986, S. 80 ff.
332 Aristoteles: *Poetik*, 1453b15–23.
333 Goldhill 1986, S. 79 f.
334 Aristoteles: *Eudemische Ethik* VII 1, 1234b29 f.
335 Aristoteles: *Nikomachische Ethik* IX 4, 1166a3–5: „Man bezeichnet als Freund den, der das Gute oder gut Erscheinende um des anderen selbst willen wünscht oder tut, oder den, der das Dasein und das Leben des Freundes wünscht um seinetwillen, so wie sich die Mütter zu den Kindern verhalten". Damit sind die wahre Freundschaft und das Selbstverhältnis des Tugendhaften reziprok Modelle füreinander (IX, 4): „der Freund ist ein anderer er selbst" (1166a32; IX 9, 1170b6 f.). Aristoteles' Freundschaftsbegriff ist gegenüber einer allgemeinen Menschenliebe, wie die christlich gedeutete *philia* als *agapē* fordert, individualistisch: *Bestimmte* Individuen erkennen einander als intrinsisch wertvoll an (vgl. Höffe 2005a).
336 Homer: *Ilias* XVIII, 22 ff.; XIX, 282 ff.; XXII, 405–515.

engsten Freund Achill im heroischen Agon die Ehre streitig zu machen, weshalb er im Kampf mit Hektor fällt.[337] Wenn Herakles, der göttlich-menschliche Kulturkämpfer *par excellence*, bei Euripides im Wahn ohne Willen seine eigene Frau und die gemeinsamen Kinder tötet, ist das grundverschieden von seinen Kämpfen mit Ungeheuern oder feindlichen Personen. Dass Medea sich an Iason durch die Tötung der eigenen Kinder rächt, ist eine tragische Handlung, mit der sie die ihr unersetzbaren und für ihre Identität existenziell wichtigen Werte – ihre eigenen Kinder – selbst zerstört. Wenn Antigone die (skurrile) Absicht hätte, bei Gelegenheit irgendjemanden begraben zu wollen, wäre es hochgradig irrational, nicht auf eine andere Gelegenheit zu warten und just den Mann zu bestatten, dessen Bestattung bei Todesstrafe untersagt ist. Eteokles will tatkräftig seine Stadt verteidigen, was ihm trotz der Bedrohung nicht den Mut raubt; als er aber erfährt, dass er seinem Bruder im Zweikampf gegenüberstehen wird, packt ihn die Verzweiflung. Orest hätte sicher aufgrund von Apollons legitimierender Weisung weniger Skrupel, den Mord an seinem Vater zu rächen, wenn es sich um einen rücksichtslosen Fremden handelte, den er nicht kennt. Daher ist für ihn die Tötung des Aighistos, mit dem ihn nichts verbindet, offenbar relativ unproblematisch. Doch er muss auch seine eigene Mutter töten, um ihren Mord an seinem Vater zu vergelten. Ödipus hat nicht irgendeinen Mann in Notwehr getötet, sondern seinen Vater, nicht eine ältere Frau geheiratet, sondern seine Mutter. Agaue zerfleischt nicht irgendeinen Menschen statt eines Berglöwen – was schrecklich genug wäre –, sondern ihren eigenen Sohn.

Dabei ist entscheidend, dass diese Nahverhältnisse zugleich Wertbeziehungen darstellen, was nicht einfach durch einen hohen Grad an genealogischer Verwandtschaft von selbst zustande kommt, sondern ein individuelles Verhältnis darstellt. Antigone etwa riskiert ihren Tod, um ihren Bruder Polyneikes zu bestatten, anstatt wie ihre Schwester Ismene sich an Kreons Gesetzgebung anzupassen und die Beziehung zu ihr (und ihrem künftigen Mann sowie möglichen Kindern) im Leben aufrechtzuerhalten.[338] Der alte Ödipus liebt seine Töchter als sein „Liebstes", sie sind seine „liebsten Kinder", die niemand „so sehr geliebt" hat wie er, sein „einziges Geleite" im schweren Leid, das noch dem Tod den Schrecken nimmt und deren von Theseus gerade noch verhinderte Entführung durch Kreon ihn zum „ganz verarmte[n] Mann"[339] gemacht hätte. Theseus, der neue Freund und Retter des Ödipus erkennt diese besondere Beziehung an und wundert sich nicht, dass Ödipus erst wieder mit seinen geretteten Töchtern spricht und sie an sich drückt, bevor er sich dankend dem Retter zuwendet.[340] Während Ödipus seine Töchter, die ihm helfen, als Unersetzbare liebt, reagiert er auf seinen Sohn Polyneikes, der ihn einst aus Theben verstieß und nun aus Machtkalkül zurückholen will, mit Hass und verflucht ihn und seinen Bruder Eteo-

---

[337] Vgl. zu diesem Beispiel Schmitt 2008b, S. 522.
[338] Siehe Kap. 8.12.
[339] Sophokles: *Ödipus auf Kolonos*, V. 1161, 1159, 1683, 935, 878.
[340] Ebd., V. 1190–1195.

kles.³⁴¹ Es reicht also nicht, zu den *philoi* im Sinne von Familienangehörigen zu gehören.³⁴² Jemand, der zu den *philoi* gehört, muss auch als unersetzbar und existentiell wichtige Person von anderen wertgeschätzt werden, um Kandidat für einen tragischen Verlust zu sein.

Dass es auf die besondere evaluative Qualität der Beziehung, die emotional gelebte Wichtigkeit ankommt, zeigen Auszeichnungen von Individuen nicht nur als zugehörig zur Gruppe der *philoi*, sondern als Wertvollste und Geliebteste *(philtatoi) für andere Individuen*. So rechtfertigt Klytämnestra den Mord an Agamemnon damit, dass er ihr einst ihr Kind Iphigenie, die ihr „liebste Frucht"³⁴³, genommen habe. Elektra wiederum sinnt auf Rache, weil „das geliebte Haupt"³⁴⁴ ihres Vaters in Schmach und Tod versunken ist; seinen „geliebten Vater"³⁴⁵ sühnt daraufhin Orest. Nicht familiär verwandt, aber wertend verbunden ist ihre Mutter mit Aigisthos, dessen liebste „Kraft"³⁴⁶ dahin ist, wie sie erschrocken ausruft, nachdem Orest ihn getötet hat. Teukros schreit vor Leid um seinen toten Bruder, dessen Tod ihn „ganz vernichtet", auf: „Geliebter Aias!"³⁴⁷ Wie Patroklos Achills „liebster Freund"³⁴⁸ war, um den dieser in der *Ilias* trauert, so ist Pylades Orests „liebster" Freund, der selbst wiederum der „Liebste" seiner Schwester Elektra ist, deren Leben ohne ihn und ihren Vater einsam „verdorren"³⁴⁹ muss. Ödipus spricht Iokaste als seine „liebste Frau" an, wie er auch seine Kinder als das „Liebste"³⁵⁰ bezeichnet – allen bringt er unwillentlich größtes Leid und damit auch sich selbst, während Agamemnon zwar wissentlich, doch ohne entsprechende Intention „wider meine Teuersten"³⁵¹, seine Frau und Tochter, und damit langfristig auch gegen sich selbst agiert. Klytämnestra wirft ihm ausdrücklich vor, „mit unserm Liebsten"³⁵², der gemeinsamen Tochter, zu erkaufen, dass Menelaos Helena zurückgewinne, also Unersetzbares irreversibel für ein taktisches Ziel einzusetzen, was keineswegs diese Bedeutung für sie hat.

---

341 Ebd., V. 1403–1445.
342 Vgl. Goldhill 1986, S. 91: „It is not simply – though to a good degree – a question of kin and family, so much as a question of the individual, the self, in society".
343 Aischylos: *Agamemnon*, V. 1417. Später argumentiert Apollon, dass sie mit dem Mord an ihrem Mann „den Bund" missachtet habe, mit dem Kypris „den Menschen doch das Liebste gönnt" (Aischylos: *Eumeniden*, V. 216).
344 Aischylos: *Choephoren*, V. 496. Vgl. Sophokles: *Elektra*, V. 462.
345 Aischylos: *Eumeniden*, V. 464.
346 Aischylos: *Choephoren*, V. 893.
347 Sophokles: *Aias*, V. 1001, 977; vgl. V. 996, 1015.
348 Sophokles: *Philoktet*, V. 434. Vgl. Homer: *Ilias* XVIII, 80 f., wo Achill Patroklos beklagt als denjenigen, „den ich wert vor allen Freunden geachtet".
349 Sophokles: *Elektra*, V. 15, 808, 819; vgl. V. 1126, 1158, 1163, 1208, 1224, 1233, 1286, 1354, 1357, 1449. Vgl. Euripides: *Orestes*, V. 217, 1045. Ihrer Schwester Chrysothemis sind unter den *philoi* Elektra und ihr gemeinsamer Bruder die „Liebsten", um die sie sich sorgt (Sophokles: *Elektra*, V. 871, 903).
350 Sophokles: *König Ödipus*, V. 950, 1474.
351 Euripides: *Iphigenie in Aulis*, V. 744.
352 Ebd., V. 1170. Vgl. Euripides: *Troerinnen*, V. 371.

Auch andere Akteure in der Tragödienhandlung wissen um die exzeptionellen Werte der einzelnen Figuren. So beklagt der Chor, dass Admets „nicht liebe, sondern allerliebste/ Gattin" (*ou philan alla philtatan/ gynaika*)[353] sterbe. Gegen Medea und ihre Kinder als „das Teuerste" hat sich Iason gewendet und provoziert damit schwerstes Leid, denn Medea wird ihre „liebsten" Kinder, die niemand aus Todesnot rette, selber töten, wozu sie vorübergehend zu verleugnen versuchen muss, „wie teuer" sie ihr selbst sind; dadurch jedoch trifft sie nicht nur sich, sondern als Vergeltung ebenfalls Iason, der um seine „Kinder, so teuer", klagt.[354] Auch Herakles verzweifelt, weil er in Umnachtung unfreiwillig seine ihm wertvollsten Kinder getötet hat,[355] wie Andromache innerlich zerstört ist, weil ihr „liebstes, o über alle Maßen geehrtes Kind"[356] Astyanax getötet werden soll.

Nicht nur Menschen – neben Individuen zuweilen auch Gruppen, d. h. der Chor –, sondern ebenfalls andere spezifische Güter wie die Heimat, das eigene Zuhause oder ein mußevolles Leben, können hohe Werte für die Figuren der Tragödie darstellen.[357] Zudem werden Ereignisse und Handlungen, insofern durch sie Werte realisiert werden, Gegenstand höchster Schätzung. So ist die Nachricht, dass sie als Flüchtlinge aufgenommen werden, den Danaiden „das Liebste", weil sie nur so das ihnen drohende schwere Leid vermeiden können, dem sie „aus eigenem Trieb"[358] entflohen sind, wie Ion die unverhoffte Wahrheit über seine zeitlebens vermisste Mutter als das „Liebste"[359] vernimmt. Philoktet ahnt nach langer darbender Einsamkeit auf Lemnos die Rettung und vernimmt daher die ihm unvertraute Stimme des Neoptolemos als liebsten „Laut", wie auch der Wind, der diesen zur Insel trug, ihm als „der Winde liebster" erscheint und der Tag der Befreiung, der ihm von allen der liebste ist.[360] Auch das eigene Leben wird mit dem Superlativ des Wertens bedacht. Für den euripideischen Orest etwa ist neben seinem „allerbesten Freund" Pylades, für den er wiederum der wertvollste „Freund und Anverwandter" ist, sein eigenes Leben „das Liebste [...] von allen meinen Schätzen"[361]. Das eigene Leben, „das Liebste"[362], ist es auch, das Alkestis für ihren Mann Admet hingibt.

Es geht in der Tragödie um irreversible Handlungen, weil es um unersetzbar Individuelles von existentiellem, emotional bekräftigtem Wert geht, dessen irreparabler

---

353 Euripides: *Alkestis*, V. 231; vgl. Admets Reaktion beim märchenhaften Wiedersehen: V. 1133.
354 Euripides: *Medea*, V. 16, 795, 1247, 1397; vgl. V. 1071.
355 Euripides: *Herakles*, V. 1147.
356 Euripides: *Troerinnen*, V. 740; vgl. 757, 1167.
357 Euripides: *Die Phoinikerinnen*, V. 406; *Alkestis*, V. 23; *Ion*, V. 634.
358 Aischylos: *Hiketiden*, V. 602, 9.
359 Euripides: *Ion*, V. 1488, vgl. 1485.
360 Sophokles: *Philoktet*, V. 234, 237, 530. Rhetorisch täuschen lässt sich mit den Wertaussagen auch, wie etwa Polymestor es versucht, indem er Hekabe als „beste Freundin" anspricht, obwohl er im Geheimen ihren Sohn getötet hat. Hekabe, die das weiß und sich an ihm rächen will, täuscht ihn wiederum und nennt ihn ebenfalls „liebster Freund" (Euripides: *Hekabe*, V. 953 f., 990).
361 Euripides: *Orestes*, V. 726, 732, 645; vgl. 1100.
362 Euripides: *Alkestis*, V. 340.

Verlust die Figuren in eine tragische Erfahrung des Verlusts ihrer praktischen Individualität kippen lässt. Tragisch ist demnach nur der „murder among friends" (Belfiore), insofern nur er existentiell auf das Selbst zurückzuwirken vermag. Daran nehmen die Zuschauer, die diese Wertbeziehung verstehen und anerkennen können, partizipierend Anteil.[363]

Nur aufgrund der existentiellen Bedeutung kann ein irreversibler Verlust von etwas Endlichem überhaupt die Erwartung der Dauerhaftigkeit von Unglück erzeugen, wie es die tragischen Figuren immer wieder zum Ausdruck bringen. Fortan ist das Leben für sie ohne den lebendigen Bezug zu existentiellen Werten zu fristen, die ihrem individuellen Selbstverständnis seine konkrete Bedeutung und die Bestärkung des Werts des eigenen Lebens verliehen. Sie kommen von der fatalen Verletzung nicht mehr los.

Die tragische Erfahrung ist vor diesem Hintergrund die Erfahrung eines existentiellen *Selbstverlusts*, den Korsgaard und Taylor vor Augen geführt haben. Ihn gibt es, wie am Beispiel der Tragödie gezeigt wurde, nur als Erfahrung, die man *macht*, wie man sich ihr zugleich *unterzieht*.[364] Unter Selbstverlust ist hier nicht allein eine Transformation des Selbst zu verstehen, das im Kurs des Lebens bestimmte Bindungen auch aufgeben und ändern muss.[365] Der tragische Selbstverlust ist vielmehr existentiell, weil mit der selbst mit bewirkten Läsion unersetzbarer existentieller Werte zugleich die Bedingungen der Selbstkonstitution und damit der positiven Freiheit als Selbstverwirklichung wesentlich in ihrer Funktionalität betroffen sind. Die tragische Erfahrung ist die Erfahrung, dass man selbst den Verlust seiner praktischen Individualität mit bewirkt hat: Ich bin es selbst gewesen, der dazu beigetragen hat, dass die Bedingungen meiner positiven Freiheit zerstört sind. Tragik heißt daher: „Ich selbst bin zu meinem schlimmsten Feind geworden."[366] Denn durch das eigene Handeln wurde die Ausrichtung des Lebens getilgt. Die Bedeutung des tragischen Geschicks liegt für tragische Figuren darin, „daß durch ihre Tat genau der Grund zerstört worden ist, der sie am Leben hält."[367] Dadurch verlieren sie vor sich und ihrer Mitwelt in einem existentiellen Sinn *sich selbst:* die praktische Individualität, in der sie sich als sie selbst erkennen und fühlen können. Ausdruck dafür bieten die Phänomene der Ent-

---

363 Vgl. die Erläuterungen von Schmitt 2008b, S. 524: Aristoteles „reduziert die Stoffe für tragische Handlungen nicht auf das Handeln naher Verwandter gegeneinander, diese nahen Verwandtschaftsverhältnisse verkörpern lediglich besonders deutlich die Art von Beziehung, auf die es in einer Tragödie ankommt: Es müssen Menschen sein, die durch natürliche oder andere Bindungen [d. h. Wertbindungen, A. I.] einander grundsätzlich Gutes wollen, bei denen es daher mit Furcht und Mitleid erfüllt, wenn man sieht, wie sie durch ein verständliches Fehlhandeln dieses Gute, das sie eigentlich einander wünschen, verfehlen."
364 Siehe Kap. 7.
365 In diesem viel schwächeren Sinn versteht Dirk Quadflieg 2008 den Begriff „Selbstverlust". Siehe Kap. 8.7 zur produktiven, nicht-tragischen Transformation der eigenen Identität.
366 Menke 2007b, S. 16.
367 Williams 2000, S. 86.

fremdung und Scham[368] sowie die Beschreibungen in sophokleischen Tragödien, die Figuren seien zu einem Nichts bzw. Niemand geworden: „schafft mich fort," bittet Kreon den Chor, „den, der nicht mehr ist als ein Niemand"[369] (*ton ouk onta mallon ē mēdena*). Elektra ruft in Verzweiflung dem für tot gehaltenen Bruder Orest zu, er möge sie, „dies Nichts"[370] (*tēn mēden*), mit in das Nichts des Hades aufnehmen. Hekabe sieht sich „in den Abgrund gänzlicher Vernichtung [...] stürzen"[371], und der Chor im *König Ödipus* schließt aus dem tragischen Schicksal des Königs auf die Situation des Menschen überhaupt: „Io! Geschlechter der Sterblichen!/ Wie muß ich euch gleich dem Nichts (*mēden*),/ Ihr Lebenden! zählen!"[372] Die tragische Erfahrung ist die des *Umschlags von allem in nichts*.

Aus der Diagnose eines plötzlichen Verlusts der existentiellen, identitätskonstitutiven Wertbezüge, die die zuvor willensstarken Figuren gleichsam ihrer individuellen praktischen Identität beraubt zurückläßt, wird auch die Bedeutung des bereits mehrfach erwähnten Orientierungsverlustes deutlich. Wenn Kreon, der sich seiner Sache sicher war, im Moment der tragischen Einsicht, dass er genau dadurch nicht nur die Schwiegertochter Antigone, sondern auch seine Frau Ismene und seinen Sohn Haimon in den Tod getrieben hat, hilflos bekundet, dass er „nichts" habe, „wohin ich blicken, wo ich mich anlehnen kann; denn alles/ ist bröcklig, was ich in den Händen halte"[373], markiert er exakt die Selbstzerstörung (über den Verweis auf seine Hände) dessen, was ihm in der Praxis Halt und Ausrichtung gab. Er hat, mit anderen Worten, den *Sinn* zerstört, der seine Praxis trug. Sinn muss man hier direkt als Richtungssinn verstehen, als (nicht notwendigerweise explizites, aber stets als integrative Kraft wirksames) Hintergrundbewusstsein dafür, wie die Wertbindungen die Lebensführung insgesamt auf mögliche Handlungsgründe hin ausrichten. Ein intakter Sinn ist dann gegeben, wenn dieses Hintergrundbewusstsein, das ebenso sehr ein Hintergrund*gefühl* ist, von einer in sich kohärenten und mit der Praxis zusammenstimmenden Struktur aus Wertungen konstituiert wird. Er läuft gleichsam mit der Praxis mit, richtet sie aus, bekräftigt den Wert des Selbst-Weltverhältnisses und indiziert, dass das verkörperte Selbstverständnis für den Fortgang der Praxis in Kraft ist.

Der Selbstverlust ist daher zugleich ein tiefgreifender Sinnverlust, insofern der Sinn, den man in seinem Leben erkennt, an die eigenen Wertschätzungen und das durch sie stabilisierte praktisch-normative Selbstverständnis und den Ausgriff auf die eigene praktische Wirksamkeit gebunden ist. In einer Notiz aus dem Herbst 1873 formulierte Nietzsche den Nukleus einer nachmetaphysischen Theorie des Sinns, der ganz auf das Individuum und seine ausgezeichneten Wertungen bezogen ist, wie es in diesem Buch für die Tragödie angenommen wird:

---

368 Siehe Kap. 7.4–7.6.
369 Sophokles: *Antigone*, V. 1324 f. (Übersetzung von Norbert Zink).
370 Sophokles: *Elektra*, V. 1164.
371 Euripides: *Troerinnen*, V. 798.
372 Sophokles: *König Ödipus*, V. 1186–1188.
373 Sophokles: *Antigone*, V. 1341–1344.

„Wozu die Menschen da sind, wozu ‚der Mensch' da ist, soll uns gar nicht kümmern: aber wozu Du da bist, das frage dich: und wenn Du es nicht erfahren kannst, nun so stecke Dir selber Ziele, h o h e und e d l e Z i e l e und gehe an ihnen zu Grunde! Ich weiss keinen besseren Lebenszweck als am Grossen und Unmöglichen zu Grunde zu gehen".[374]

Nach Nietzsche besteht in der Ausrichtung der Lebensführung auf ein „Dazu" die Möglichkeit, „den Sinn deines Daseins gleichsam a posteriori zu rechtfertigen"[375]. Genau darin – in der Sinnstiftung *über* eigene Wertungen, Projekte und Ziele – besteht aber zugleich auch die Gefahr, dass nicht nur punktuelle Handlungen scheitern, sondern das Leben als das sinnvolle Leben dieses Individuums insgesamt als verfehlt erfahren wird und der Sinn *a posteriori* durch die Erfahrung des Scheiterns nicht gerechtfertigt wird, sondern zerbricht. Der Sinn wird also, was Nietzsches Heroismus verschweigt, durch seine Bindung an die Erfolgsbedingungen der Praxis selbst riskant, sodass wiederum die als sinnvoll erachtete Praxis im Ganzen riskant wird. Wie nun an den tragischen Subjekten, die daran zugrunde gegangen *sind*, ersichtlich wird, geht mit den hohen Zielen auch ihr Selbstverständnis und *eo ipso* ihr Sinn verloren. Nietzsches autonome Ethik der eigenen hohen und edlen Ziele wirkt nur *vor* dem selbst mitbewirkten radikalen Zugrundegehen sinnstiftend.

Charles Taylor hat den praktischen Sinnbegriff Nietzsches expressiv-intersubjektiv erweitert: Für den Sinn brauchen Menschen kommunikative Verhältnisse, in denen sie ihn artikulieren können, genau dadurch werde er konstituiert: „Den Sinn des Lebens finden wir, indem wir ihn artikulieren."[376] Aber auch hier besagt die Tragödie, dass die Artikulation nicht ausreicht, um Sinn zu erhalten; was die tragischen Klagen intersubjektiv zum Ausdruck bringen, ist vielmehr der Verlust des Sinns, der sich nur praktisch in der handelnden Lebensführung ausbilden, bestätigen – und eben verlieren lässt. Die Artikulation des Leids in der Klage hält den Sinn der existentiellen Werte kommunikativ fest, der für die Praxis verloren ist und nicht mehr handlungsleitend zu sein vermag.[377]

8.10 Exkurs: Kann es überhaupt Individualität in der griechischen Tragödie geben?

Gegen die hier vorgelegte Rekonstruktion tragischer Handlung und Erfahrung als Selbst- und Sinnverlust kann ein grundlegender, methodologischer Einwand erhoben werden, auf den ich in einem Exkurs eingehen möchte, weil er angesichts gängiger historischer Annahmen, aber auch angesichts der historisch orientierten Paradigmen

---

[374] Friedrich Nietzsche: *Nachlass* Sommer-Herbst 1873, 29 [54]. KSA 7, S. 651. Vgl. die Parallelstelle in der zweiten *Unzeitgemäßen Betrachtung* (KSA 1, S. 319); dazu Gerhardt 1988a, S. 58.
[375] Friedrich Nietzsche: *Unzeitgemäßen Betrachtungen* II. KSA 1, S. 319.
[376] Taylor 1996, S. 41.
[377] Siehe Kap. 8.3.

der Kulturwissenschaften nur allzu wahrscheinlich ist. Wenn man bereits kulturelle Erzeugnisse der jüngeren Vergangenheit nur im Bewusstsein einer Pluralität von historischen und kontextuellen Differenzen betrachtet, muss dann nicht umso mehr eine Interpretation antiker Textzeugnisse, die mit gegenwärtig entwickelten Theoriewerkzeugen operiert, höchst fragwürdig erscheinen? Muss man nicht gegenüber dem Fremden, das einem synchron in anderen Kulturen, diachron aber auch in der eigenen Kulturgeschichte begegnet, radikal distanziert bleiben? Konkret formuliert: Ist die Bedeutung der Individualität nicht erst ein spezifisch modernes, gar nur westliches Konzept und taugt daher nicht zur Beschreibung der antiken Tragödie?

Akzeptiert man überhaupt die methodologischen Vorannahmen, eine supponierte Erfahrung anhand von dramatischen Texten aus der eigenen Perspektive sinnvoll zu rekonstruieren, dann ist auch die Differenz zur Antike kein grundsätzliches Problem. Eine historisch adäquate Interpretation der konkreten Bedingungen der Stücke und der jeweiligen Werte, Gründe und Einstellungen der in ihnen zu Wort kommenden Figuren ist für ein immer nur approximatives Verständnis der historischen Zeugnisse in Bezug auf die Frage, wie sie in *ihrer damaligen Gegenwart* verstanden wurden, unabdingbar. Kaum weniger wichtig aber dürfte sein, nicht im Gegensatz, sondern als Ergänzung dazu, die anthropologischen und kulturphilosophischen Dimensionen einer historisch entfernten künstlerischen Artikulation philosophisch mit eigenen Begriffen und Theorieansätzen zu beschreiben, sofern sie uns heute noch bewegt und zum Denken provoziert. Wenn man Orest, Iphigenie, Antigone oder Medea historisch in ein fiktives Reich der rigiden Differenz rückte, gäbe es keine Möglichkeit des epistemischen „Tigersprungs" durch die Zeit,[378] der eine Konstellation von Jetzt und Einst offenlegt, und keine Möglichkeit, sich das, was in ihren Überlieferungen Ausdruck findet, produktiv anzueignen. Nicht anders geht es der Kunst, die nur dann produktiv in einer Tradition steht, wenn sie etwas mit ihr macht. Ebenso verhält es sich mit dem interkulturellen Gespräch, das nur gelingen kann, wenn man weder Differenz ausklammert noch sie von vornherein so verabsolutiert, dass gemeinsame Fragen, Interessen, und Wertungen gar nicht begreifbar werden können. Kurz gesagt: Historische Sensibilität ist geboten, die epistemische Selbstversperrung durch die Annahme einer angeblich unüberwindlichen historischen oder kulturellen Differenz aber zu vermeiden.

Konkret kann man sich das an der Frage der Individualität der Figuren vor Augen führen, die hier nicht zufällig im Mittelpunkt steht. In der Tat hat sich im Mainstream bis heute das Vorurteil gehalten, Individualität beginne erst in der italienischen Renaissance, während die Antike in der Individualität keinen besonderen Wert erkannt habe und sie im Mittelalter durch den Bezug zu allgemein verbindlichen religiösen und sittlichen Werten keinen Ausdruck gefunden habe. Jacob Burckhardt hat diesen Topos nicht erfunden, aber zum Bildungsgut gemacht, als er schrieb, dass vor der

---

[378] Diese Metapher spielt an auf Benjamins Wort vom „Tigersprung ins Vergangene", den der Historismus verbaue (Benjamin 1990a, S. 701).

italienischen Renaissance der Mensch „sich nur als Rasse, Volk, Partei, Korporation, Familie oder sonst in irgendeiner Form des Allgemeinen"[379] erkannte. Später wurde dieser Topos durch die These historisch nach vorne gerückt, dass erst im 18. Jahrhundert aufgrund des Wechsels von primär stratifikatorisch in primär funktional differenzierte Gesellschaften in Europa und aufgrund zunehmender bürgerlicher Selbständigkeit und aufklärerischen Denkens der Wert des eigenständigen Individuums und dann, im 19. Jahrhundert, in der europäischen Romantik auch der Wert der Individualisierung als Verwirklichung des Unterschiedlichen und Besonderen erschlossen worden sei, was sich im Individualismus der kulturell pluralistischen liberalen Gesellschaften fortsetze.[380] Luhmann spricht mit Blick auf diesen Prozess von einer Umstellung von „Inklusionsindividualität auf Exklusionsindividualität", die bereits in der Renaissance eingesetzt habe und sich bis heute vollziehe.[381] Diese Epochenthesen haben sich bis heute gehalten und sind von so großartigen Werken wie Charles Taylors *Quellen des Selbst*, in dem es allein um die Konstitution der neuzeitlichen Identität geht, bis in die Gegenwart weiter oft unwidersprochen genährt worden. „Von Individualität in der Antike zu reden, scheint" daher, so konstatiert Arbogast Schmitt, „im Sinne einer immer noch verbreiteten Vorstellung über den Unterschied von Antike und Moderne in einem prägnanten Sinn des Worts nicht möglich."[382]

Der wichtigste Grund, warum sich diese Auffassung einer exklusiven Assoziation von Neuzeit und Individualität wie auch die von Neuzeit und leidenschaftlicher, persönlicher Liebe oder Neuzeit und rationalem Selbstbewusstsein hält, dürfte an ihrer Funktion für das Selbstverständnis der Moderne *als* Moderne liegen. Die Identitätskonstruktion einer eigenen Epoche in Abgrenzung von früheren generiert nicht nur Differenzbewusstsein, sondern auch Möglichkeiten zur evaluativen Selbstqualifizierung. Mit historischen Selbstbeschreibungen ist es kaum anders als im interindividuellen (oder internationalen) Wettbewerb um Auszeichnung durch Differenzproduktion und möglichst sichtbare Alleinstellungsmerkmale. In diesem Sinne sind „Individuum" und „Individualität" geradezu zu „Kampfbegriffen"[383] europäisch-moderner Selbstbehauptung gegenüber der Antike und dem Mittelalter sowie anderen Kulturen geworden, in denen angeblich kein oder weniger Individualitätsbewusstsein zu finden sei. Von dieser historischen Selbstauszeichnung konnt es auch zum kolonialen, rassistischen Überlegenheitsdenken kommen, das horizontal in historisch parallelen Kulturen der Kolonisierten meist nur gleiche, typisierte und damit als un-

---

[379] Burckhardt 1976, S. 123.
[380] Vgl. etwa Georg Simmel, der einen „quantitativen Individualismus" der Aufklärung, der in der Selbstbestimmung aller Individuen nach allgemeinen Prinzipien bestehe, von einem „qualitativen Individualismus" der Romantik unterscheidet, bei dem es um die Unterschiede zwischen den Individuen gehe (Simmel 1995).
[381] Luhmann 1989, S. 160.
[382] Schmitt 2002, S. 105.
[383] Rüpke 2012, S. 199.

terentwickelt begriffene Verhaltensweisen zu erkennen vermeinte. Implizit oder explizit evaluative Epochenunterteilungen und Kultur- oder Nationendifferenzen erfordern für ihre Verfechter aufgrund des hohen Grades an Konstruktivität offenbar die Behauptung exklusiver Merkmale. Es scheint fast so, als habe die selbstreflexive Moderne den von Luhmann diagnostizierten Trend zur Exklusionsindividualität seit der Renaissance gegenüber allen als traditionell eingeschätzten Kulturen immer wieder performen müssen, um sich aus ihrer krisenhaften Unsicherheit heraus selbst behaupten zu können. Das hat über tatsächlich historisch markante Differenzierungen zwischen ihr und anderen Epochen oder Kulturen – etwa hinsichtlich der Industrialisierung und gesellschaftlichen Transformationen – hinaus immer wieder zu ironischen Fehldiagnosen wie bspw. der eines immer schon traditionellen und irrationalen Islams gegenüber einem rational-aufgeklärten Europa geführt,[384] in denen mehr oder weniger deutlich ein Andere und Anderes abwertendes Suprematiebegehren zum Ausdruck kommt. In der Epochendogmatik großer historischer Erzählungen fällt es weniger auf als in der Abstandskonstruktion gegenüber historisch zeitgenössischen Kulturen, aber auch für sie werden vor allem die Differenzen gesucht und akzentuiert, während der Blick für aufschlussreiche Korrespondenzen über die gesamte Zeit und den gesamten Raum menschlicher Kultur leicht verdeckt wird. Es ist Zeit, diese Strategie zu dekonstruieren.

Beginnt nun Individualität wirklich erst in der Renaissance, eigentlich erst in der Moderne als Wert anerkannt zu werden? Sachlich ist zweifelsohne richtig, dass die Individualisierung und der Wert der Individualität mit der Renaissance in den Fokus des europäischen Selbstverständnisses gerieten und im Zuge der funktionalen Differenzierung der Modernisierungs- und Demokratisierungsprozesse und der sich bis heute fortsetzenden Emanzipation zuvor in ihrer Selbstbestimmung eingeschränkter Teile der Bevölkerung die Möglichkeiten einer individuellen Selbstexpression erst vor allem in den letzten 200 bis 250 Jahren für eine breitere Schichten deutlich gewachsen sind. Zuvor marginalisierte, ignorierte, tabuisierte oder offensiv bekämpfte soziale Gruppen haben einen neuen Raum an identitärer Selbstbestimmung und öffentlicher Selbstexpression gewonnen, sodass Demokratisierung, Emanzipation, Pluralisierung und Individualisierung von Lebensformen in unterschiedlichen sozialen Klassen und Milieus als aus Konflikten und gesellschaftlichen Kämpfen entstandene, sich aber auch gegenseitig stützende politisch-soziale Entwicklungen begreifbar geworden sind, die noch nicht abgeschlossen sind. Nicht nur vereinzelte privilegierte Indivi-

---

[384] Man übersah und -sieht bis heute geflissentlich, dass das europäische Denken nach der Antike erst im 12. und 13. Jahrhundert vor allem durch die Wirkung der kommentierenden und eigenständig weiterdenkenden Rezeption der Antike, vor allem des Aristoteles, durch arabisch-muslimische und jüdische Gelehrte, Mathematiker und Mediziner wieder lebendig und folgenreich für die europäische Kultur wurde, die bis dato an Zivilität und Intellektualität der islamischen Kultur deutlich unterlegen gewesen war. Das lateinische Denken der Scholastik ist ohne Übersetzungen aus dem Arabischen seit dem 12. Jahrhundert, vor allem in Toledo, nicht denkbar (vgl. Flasch 1986, S. 262 ff., mit weiterer Literatur auf S. 635 ff.).

duen, sondern die Mehrheit der Individuen moderner Gesellschaften individualisieren sich zunehmend.

Doch dieser normativ erfreuliche Sachverhalt bedeutet nicht, dass damit auch die Differenz zu allen vergangenen Epochen größer werden müsste. Das für die Moderne identitätsstiftende Klischee einer vorindividuellen Vormoderne kann jedenfalls mittlerweile als widerlegt gelten. Seit den 1970er Jahren ist von der mediävistischen und altphilologischen Forschung viel dazu beigetragen worden, das Bild einer individualitätsindifferenten Kulturgeschichte vor der Neuzeit deutlich zu relativieren.[385] Ein akademisches Bewusstsein für Individualität vor der Moderne hat sich aber erst seit den späten 1990ern und frühen 2000ern zu verbreiten begonnen. Für die griechische Antike, die eine Aufmerksamkeit für Individualität nicht erst einer gegenüber Abweichungen, Eigenständigkeit und Individualisierung kritischen Theologie abringen musste, ist die Bedeutung des Individuellen noch naheliegender als für das Mittelalter. Mittlerweile ist eine Reihe von Arbeiten erschienen, die das Klischee bloßer allgemeiner Typen und charakterarmer Figuren mit Blick auf die homerischen Epen, Hesiod, die frühgriechische Lyrik und die Tragödie überzeugend entkräftet haben.[386] Auch für die griechische Philosophie ist die Bedeutung von Individualitätsbewusstsein mittlerweile stärker herausgearbeitet worden.[387] Dabei gilt mit Blick auf die vorplatonische Literatur, dass Individualität nicht erst mit dem seiner Existenz bewussten Sokrates oder gar erst mit der jüdisch-christlichen Religion beginnt – zwei Motive, die am Kern von Hegels geschichtlichem Denken der Individualität liegen.[388] Das individuelle Selbst oder der individuelle Charakter sind ausdrücklich Thema seit Heraklit und werden von Platon dialogisch an Sokrates und seinen Gesprächspartnern als konkreten Individuen vorgeführt und diskutiert.[389] Während die Neuzeit laut Richard Sorabij entweder nur ein „dünnes Selbst" (*thin self*) im Sinne der modernen Subjek-

---

385 Spätestens im 12. Jahrhundert ereignet sich mit der seit der karolingischen Erneuerung (*renovatio*) im späten 8. Jahrhundert und durch den Einfluss der arabischen Gelehrten aufkommenden Schriftkultur im mittleren Europa eine Freisetzung des fiktionalen Erzählens, die zugleich zu einer (Wieder-) Entdeckung des Individuums und des Selbst beiträgt (vgl. Haskins 1972; Morris 1972; Bynum 1980; Wenzel 1983; Gurjewitsch 1994; Aertsen/Speer 1996; Schaefer 1996). Schaefer führt u. a. Abälards Selbstauskünfte als zeitgenössisches Zeugnis für eigenständige, nach individuellen Ansprüchen erfolgende Lebensentscheidungen im 12. Jahrhundert an. Weiß man um dessen schmerzhaft erzwungene Trennung von seiner Geliebten Heloïse, ist es nicht schwer, einen tragischen Stoff im Leben des Philosophen zu sehen, dessen Ethik die Selbsterkenntnis in den Mittelpunkt rückt. Diese literarisch sich artikulierende (wenn nicht literarisch erst hervorgerufene) Individualisierung zeigt sich ebenfalls in der hoch individualisierenden Skulptur der Romanik und ihren Künstlersignaturen (Bredekamp 2000).
386 Es scheint keine Einigkeit darüber zu geben, wie genau Individualität und Charakter in der altgriechischen Literatur zu verstehen sind; siehe etwa die Beiträge von Tsagarakis 1977; Eastlerling 1977; Gill 1986; Vernant 1989b; Stein 1990; Pelling 1990; Seidensticker 1994.
387 Siehe unter anderem Gerhardt 1999, S. 110 – 130; Gerhardt 2000, S. 24 – 34; Gerhardt 2003; Schmitt 2002; Schmitt 2004 und 2008c; Sorabij 2005. Daneben gibt es mehrere Arbeiten zur Individualität in antiken Texten, vor allem den Dialogen Platons. Siehe vor allem Karl 2010.
388 Vgl. Gerhardt 2003, S. 133 f. Siehe Kap. 8.11.
389 Vgl. ebd. und Williams 2000, S. 158 f.

tivitätskonzeption seit Descartes' Cogito oder aber gar kein Selbst angenommen habe, sei das Selbst in der Antike bereits ein verkörpertes, durch seine Biographie und eine bestimmte Identität geprägtes starkes Selbst (*thick self*), also eine konkrete Individualität gewesen. Für Cicero etwa sei entscheidend, dass man in ethischen Entscheidungen individuelle Aspekte berücksichtige und seinem eigenen Charakter entspreche: „This is especially true of exceptional or unique characters."[390]

Die Erweiterung der interdisziplinären Forschungsperspektive auf die der griechischen Antike vorausgehenden frühen Hochkulturen des Mittelmeerraums[391] hat auch die Einsicht ermöglicht, dass es sich bei den frühesten griechischen Textzeugnissen trotz aller Eigenständigkeit meist um Beispiele von Traditionen handelt, die weder auf Hellas beschränkt waren noch erst um 700 v. Chr. begannen. Die Individualität und ihr Geist wurden also mit Sicherheit viel früher entdeckt als in der griechischen Lyrik und der Tragödie, wie Bruno Snell meinte.[392] Über diesen „so-called ,rise of the individual'" in der frühgriechischen Literatur schreibt Mark Griffith:

> „If the earliest surviving Greek lyric presents to us – as it does – named individuals whose works contain forthright expressions of first-person opinions and feelings, and passionate demands to examine the innermost hearts of their friends and enemies, we cannot be sure that such expressions had not in fact been available to poets and their audiences for hundreds of years before they came to be written down and preserved"[393].

Eine ähnliche Ansicht verrritt Bernd Seidensticker in Bezug auf die Epen Homers, in denen „die zentralen Elemente unserer modernen Vorstellung von personaler Individualität" verwirklicht seien: „Das entscheidende Stück der Entstehungsgeschichte der europäischen Vorstellung von Individualität liegt also [...] in den Jahrhunderten vor und nicht nach Homer."[394] Mittlerweile liegen mehrere Forschungen zu Vorstellungen und Körperbildern des Menschen als Individuum sowie individueller Identität nicht nur in Bezug auf Griechenland und Rom, sondern auch auf Ägypten, Mesopotamien, Israel und das Frühchristentum vor.[395]

Die von Vernant identifizierten Dimensionen der Individualität in der Antike – der Wert eines Individuums und dessen Handlungsspielräume und Autonomie gegenüber der Gesellschaft, Selbstaussagen über individualisierende Eigenschaften und Ausdruck von Zeugnisse des Innenlebens –[396] lassen sich in der Tragödie, freilich im Modus theatraler Selbstpräsentation, wiederfinden. Wenn die in diesem Buch vertretene These der öffentlichen Individualitätsexpression im tragischen Theater durch Handeln und Reden und zum vielleicht größten Teil im Klagen als Ausdruck eines

---

390 Sorabij 2005, S. 17–53, hier: S. 49.
391 Morris 2003; Hordon/Purcell 2000.
392 Snell 1975, S. 56 ff., 95 ff.
393 Griffith 2009, S. 81.
394 Seidensticker 2000, S. 184. Vgl. Schmitt 1990.
395 Bspw. Janowski 2012; Bons/Finsterbusch 2016 und 2017.
396 Vernant 1989b, S. 215 ff.

Verlusts richtig ist, bietet sie auch eine Anschlussmöglichkeit an die Erforschung der Individualität in der Vormoderne[397] und anderen alten Kulturen. Denn es scheint so, als wenn nicht nur in Helden- oder Weisengeschichten, sondern auch oder vielleicht gerade in Klageformen Individualität zum Ausdruck kommt. Für das Mittlere Reich der Ägypter hat Jan Assmann gezeigt, welch ein individueller Selbstbezug in Texten und Bildwerken zum Ausdruck kommt, insbesondere wenn es um existentielle Probleme geht, die sich der Person stellen: „Das Gefühl der Vereinsamung, die Unmöglichkeit von Freundschaft und Vertrauen, die Wandelbarkeit des menschlichen Herzens und der menschlichen Welt, die Bedrohung durch Gewalt und Willkür, die Brüchigkeit der Kultur gegenüber der wölfischen Natur des Menschen – das sind ganz einfach die großen Themen der Zeit", die auch zum „äußerst vielfältig[en]" Ausdrucksspektrum der ägyptischen Portraitkunst gehören, einer „Gattung monumentaler Selbstthematisierung", deren zum Teil von Melancholie und Bitterkeit geprägte Bildwerke aus dem Mittleren Reich „allesamt klar in die Richtung realistischer Individualisierung weisen", insofern sie „auf Innerliches, Unsichtbares wie Persönlich-

---

397 Interessanterweise korrelieren (Wieder-)Entdeckungen von Individualität mittlerweile auch mit einer Erforschung der nicht-antiken vormodernen Tragik. Die Individualität im Mittelalter scheint auch Voraussetzung für eine mittelalterliche Tragik zu sein, die erst in jüngerer Zeit von der Forschung zu berücksichtigen begonnen wurde. Zu den theoretischen Formationen der Tragödie im Mittelalter vgl. bereits Kelly 1993, zum 12. Jahrhundert: S. 68 ff. Dass Stoffe – vor ihrer jeweils literarischen oder theatralen Formung – tragisch sein können, ist keine selbstverständliche Annahme (zur These, dass es nur theatrale Tragödien geben könne, siehe Lehmann (2013, S. 15 ff.). Es spricht jedoch viel dafür, in den Erzähltexten seit dem 12. Jahrhundert trotz der tragödientheoretischen Armut des Mittelalters ein Florieren tragischer Narrative ausmachen zu können. Mittlerweile liegt eine umfassende Studie von Toepfer 2013 vor, die das Bild eines untragischen Mittelalters beseitigen dürfte, ebenso wie die Sammelbände Gildenhard/Revermann 2010, S. 315 ff., und Toepfer 2017. Die Tradition, tragische Sujets zu bearbeiten, ist selbst bereits antik, denn die Tragiker fanden in der Regel den Stoff ihrer Tragödien im Mythos, der selbst reich an tragischen Konstellationen ist. So findet sich auch eine hohe Präsenz tragischer Motive in der epischen Literatur seit dem 12. Jahrhundert. Als herausragendes Beispiel mag der wohl schönste höfische Roman des Mittelalters, Gottfried von Straßburgs *Tristan* (um 1210), gelten, in dem die glückliche, wenngleich heimliche Liebe Isoldes und Tristans – zweier ausführlich beschriebener Figuren mit vorzüglichen, sie vor allen anderen Charakteren auszeichnenden Eigenschaften – in Trennung, Verbannung und Tod umschlägt. Es handelt sich bei dieser Geschichte eines radikalen Umschlags um einen im Mittelalter paneuropäisch verbreiteten Stoff (siehe bspw. Hermann 2006), den später Richard Wagner seinem Musikdrama *Tristan und Isolde* (1865) zugrunde legte, das wiederum im Hintergrund von Nietzsches *Geburt der Tragödie* steht – einem Versuch, die antike Tragödie für und gegen die Moderne ins Zentrum philosophischer Aufmerksamkeit zu rücken und ihre Wiederkehr in den Wagnerischen Musikdramen zu erkennen. Im späten Mittelalter und der frühen Neuzeit sammelte man gemäß Geoffrey Chaucers Bestimmung, „Tragedie is to seyn a certeyn storie,/ As olde bokes maken us memorie" (*Canterbury Tales*, 3163 f., in: Chaucer 1972 S. 243) als *tragique* oder *tragic* bezeichnete Geschichten, die sich durch Leidenschaften der Helden und ihr schreckliches Ende, vor allem durch die Formen des Falls von Herrschern (sogenannte De-Casibus-Geschichten) auszeichneten und Dramatikern der elisabethanischen Tragödie wie Shakespeare, Christopher Marlowe, Thomas Kyd, Thomas Middleton oder John Webster als Quellen für Stoffe dienten (so der *Mirror for Magistrates* von 1559). Vgl. dazu Müllenbrock 2003, S. 118 f.; Galle 2005, S. 135–138.

keitswerte und Charaktereigenschaften" Bezug nehmen. Die „zentrale Bedeutung"[398] der Individualität ist nach Assmann ebenfalls für die Literatur des Mittleren Reiches zu betonen, etwa die *Klage des Oasenmanns* oder das *Lied des Lebensmüden* (zwischen 2000 und 1800 v.Chr.).[399] Überhaupt „ist die ägyptische Kultur von enormen individualisierenden Kräften geprägt", in der angesichts des Todes keine „kollektivistische[n] Kennzeichnungen", sondern „nur die *persönliche* Leistung" zähle, wobei Individualität sich auch im „individuelle[n] Schicksal als Inbegriff der besonderen (widrigen und günstigen) Widerfahrnisse, die einen individuellen Lebenslauf bestimmen"[400], zeige. Für Texte aus Mesopotamien hat Ulrike Steinert argumentiert, dass die Individualität der Person „besonders dann thematisiert [wird], wenn diese gefährdet oder beeinträchtigt ist." Die Texte beschrieben „Unglück, das einer Person widerfährt, als einen Verlust personaler Aspekte und Potenzen, und sich häufig auf mehrere Ebenen erstreckt". Die individuelle Selbständigkeit gegenüber der verbindlichen religiösen Ordnung zeige sich z. B. in der Kritik, die „in der *Babylonischen Theodizee* von der Figur des ‚Leidenden' [...] über sein unverdientes Schicksal und die Ungerechtigkeit in der Gesellschaft" geübt werde.[401] Ebenfalls für Israel lässt sich in der hebräischen Bibel ein Bewusstsein für Individualität als reflexive Innerlichkeit in den Psalmen und Klagen kenntlich machen.[402]

Individualität tritt in griechischen Tragödien im Moment existentieller Gefährdung theatral ins Zentrum der öffentlichen Aufmerksamkeit. Das ist ein performativer Schritt, der in seiner das Individuum exponierenden Kraft vermutlich keinen Vorläufer hat. Zudem sind tragische Individuen im Vergleich zu anderen antiken Kulturen besonders selbständig an dem ihnen Wertvollen ausgerichtet, selbst wenn das bedeutet, existentielle Leiden im Widerstand gegen Mehrheiten und Übermacht auf sich zu nehmen.[403] Aber offenkundig ist die Geschichte der individuellen Selbstexpression angesichts des Leidens und der existentiellen Verluste viel älter. Wenn wir vom Wert der selbständigen Individualität und der Vielfalt ihrer Selbstreflexion und ihres Ausdrucks insbesondere in der Erfahrung ihrer Gefährdung sprechen, dann müssen wir den Blick von der Romantik, der Aufklärung oder der Renaissance mehrere tausend Jahre zurückwenden.

Das Begehren nach Selbstauszeichnung der Moderne führt direkt zum weiteren Grund, warum man Individualität in der Antike (und im Mittelalter) lange Zeit nicht zu

---

[398] Assmann 1990b, S. 29, 27, 17 ff., 30.
[399] Zur literarisch artikulierten Individualität und ihrer sozialen Verantwortung in den unterschiedlichen Epochen im Alten Ägypten siehe auch Assmann 1990a, S. 110 ff., 150 ff., 271 f.; Assmann 1993 und 1994.
[400] Assmann 1990b S. 33.
[401] Steinert 2017, S. 74, 75, 93. Der Leidende finde aber zur Einsicht in die göttliche Ordnung zurück. Siehe dort auch weitere Literatur.
[402] Vgl. Dietrich 2012. Siehe dort auch weitere Literatur. Zur selbständigen, sich reflektierenden Klage Hiobs siehe Kap. 6.7.
[403] Siehe Kap. 8.12.

entdecken meinte: Er liegt in der romantischen, von allen Alternativkulturen der Emanzipation im 20. und frühen 21. Jahrhundert verstärkten Auffassung, Individualität nur als Gegenpol zum Allgemeinen, nur als Differenz *im Vergleich* zu einem Kollektiv oder einem Standard zu verstehen. Nach Schmitt hat dieser Fokus auf der Exklusionsindividualität (Luhmann) dazu geführt, Individualität negativ als Abwesenheit jeder Form von Allgemeinheit zu bestimmen. Ein Individuum ist in dieser Sicht nur dann wirklich ein authentisches Individuum, wenn es „ausschließlich aus sich selbst" ohne verpflichtende Normen, ohne Ideale und Bräuche gedacht wird.[404] Die auf Besonderung von allgemeinen Normen zielende Individualität ist also ironisch abhängig von der Norm, von nichts anderem abzuhängen und mit nichts vergleichbar zu sein. Eine historische Ironie liegt darin, dass der Vorläufer dieser modernen Abgrenzungsindividualität, der zugleich radikaler als soziale Selbstabgrenzung gedacht ist, im alten Indien in der Figur des Asketen zu finden ist, der alle allgemeinen Forderungen des gemeinschaftlichen Lebens und die Institutionen der Gesellschaft hinter sich lässt und sich weltabgewandt einsam absondert.[405] Die moderne, zunächst europäische, mittlerweile aber global verbreitete Individualisierung aufgrund von Differenzbewusstsein mit Einzigartigkeitsvektor erfordert dagegen die Wahrnehmung durch die anderen und ist ein innerweltlich ausgerichtetes, gesellschaftliches Phänomen, nicht die Lebensform im buchstäblichen Sinn sonderbarer Einzelner. Nach Andreas Reckwitz hat die moderne Individualisierung aufgrund eines gesellschaftlichen Strukturwandels in den 1970er und 1980er Jahren (Entstehung postindustrieller Ökomomie, Digitalisierung und „Authentizitätsrevolution" der neuen Mittelklasse) zu einer „Explosion des Besonderen" und einer „Gesellschaft der Singularitäten" geführt, die nun nicht mehr Anpassung an die moderne Rationalisierung und ihre Allgemeinheit von den Einzelnen erwarte, sondern paradoxerweise die Produktion von einzigartigen Identitäten und ihre performative Zurschaustellung als Differenz zum Allgemeinen.[406]

Solch eine auf demonstrative Einzigartigkeit zielende Individualität als radikale, sozial kommunizierte und ästhetisch inszenierte Selbstunterscheidung von allem Allgemeinen findet sich offenbar in den alten Texten nicht. Die individuelle Person ist in der Antike eingebettet in ihren sozialen Kontext, muss spezifische Rollen, eine allgemeine Sittlichkeit und soziale Erwartungen an Fähigkeiten und Tätigkeiten innerhalb arbeitsteilig organisierter Gesellschaften erfüllen. Und doch gibt es, so Schmitt, in Fülle Beispiele für die „Unterscheidung des Einzelnen von der Gemeinschaft" und auch dafür, „dass Einzelne ihr Leben nach eigenem Willen und Gesetz ohne Rücksicht auf die Normen und Gebote der Gesellschaft oder der Religion führen wollen". Schon das Darstellungsinteresse der homerischen Epen sei „fast aus-

---

[404] Schmitt 2002, S. 109.
[405] So mit Bezug zu Louis Dumonts Forschungen Vernant 1989b, S. 211.
[406] Vgl. Reckwitz 2017. Nicht nur Personen, auch Dinge, Bilder, Kollektive oder Ereignisse werden nach Reckwitz in dieser spätmodernen Kultur singularisiert (S. 7 ff.).

schließlich auf individuelle Ziele gerichtet" und die „Gründe und Motive konzentriert"[407], die die Figuren für ihr Handeln in Anspruch nehmen.

Dieses Interesse wird in der Tragödie durch die ästhetische Konzentration auf das Individuum nochmals verschärft.[408] Erst in den letzten Dekaden ist das Bewusstsein für die Individualität der Charaktere in der Tragödie allmählich gewachsen, nachdem Jean-Pierre Vernant glaubhaft argumentiert hatte, dass in der Tragödie ein selbständig handelndes tragisches Subjekt zur Erscheinung komme, das sich markant von anderen unterscheide.[409] Tragödienforscherinnen und -forscher aus Theaterwissenschaften und Philosophie bestätigen diese Annahme.[410]

Erst aber der französische Altphilologe Pierre Judet de la Combe hat ausdrücklich die Tragödie als Medium der Darstellung von Individualität ausgewiesen. Ihm – ähnlich wie Vernant – zufolge steht die Tragödie in der Spannung zwischen den neuen demokratischen und juristischen Prozeduren, die gegenüber den Inhalten der Sittlichkeit unbestimmt sind, und der substantiellen Sittlichkeit der aristokratischen Werte der Persönlichkeit, die ihre Geltung neu formulieren muss.[411] Der Tragödie sei es in dieser ambivalenten Lage gelungen, eine sinnstiftende Sprache für die Darstellung „der singulären und oft abgründigen Geschichte eines Individuums" und damit „eine echte ›Lösung‹ für die Frage nach der Individualität"[412] zu entwickeln, die alle anderen Formen der Individualitätsverhandlung – etwa Theorien – überbietet,

> „nicht nur dadurch, daß sie aus dem Helden ein autonomes ethisches Subjekt macht, das den Göttern souverän gegenübersteht, sondern vielmehr dadurch, daß diese Lösung die Einzigartigkeit eben dieser Normen verletzenden tragischen Gestalt eines Individuums zu einer Substanz verwandelt, die mit einer rational konstituierten und rational darstellbaren Identität ausgestattet ist."[413]

Im Ausdruck des tragischen Helden würden erst „die wahren Beweggründe seiner Taten und Leiden entdeckt"[414]. Dadurch wird die im Mythos gegenüber der Macht

---

407 Schmitt 2002, S. 113.
408 Siehe Kap. 5.8.
409 Vgl. Vernant 1990b. Knox 1964 hat das Bild einer um einen Helden oder eine Heldin komponierten Tragödie als sophokleisch ausgewiesen. Tatsächlich fokussiert Sophokles die Tragödienhandlung mehr als Aischylos und Euripides in der Regel um eine oder zwei zentrale Figuren, weshalb auch der *Prometheus Desmotes* als zumindest sophokleisch beeinflusst gilt. Gleichwohl artikulieren auch die einzelnen Figuren bei Aischylos und in den Chorstücken des Euripides ihre je eigene Angst, ihr Leiden, ihren Willen und ihre Ansprüche. Der „tragische Held" gewinnt zwar bei Sophokles gegenüber Aischylos an zentraler Bedeutung, „tragische Figuren" als expressive Individuen können aber nicht als seine Erfindung gelten.
410 Siehe etwa Schmitt 2002; Lehmann 1991; Menke 1996a und 2005.
411 Judet de la Combe 1994. Zur Ambiguität von altem und neuem Denken, traditioneller Sittlichkeit inklusive Religion und der unparteilichen Rechtsprechung in der Demokratie vgl. Vernant 1990a.
412 Ebd., S. 43, 25.
413 Ebd., S. 25f.
414 Ebd., S. 27.

hilflose und in den allgemeinen Prozeduren des Rechts (noch) nicht berücksichtigte „Individualität des Helden" öffentlich erkennbar: „Was höchstgradig intim ist und gewöhnlich von der öffentlichen Sphäre ferngehalten wird, wird dadurch eine öffentliche Rechtstatsache in einem Begründungszusammenhang, den man vorweisen kann." Die individuellen Werte, etwa Klytämnestras Liebe zu Iphigenie, würden so zu einer „öffentliche[n] Rechtsangelegenheit." Die Funktion der Tragödie als einer prozeduralen Kunst bestehe folglich darin, „jene Prozesse darzustellen, die eine Individualität konstituieren"[415]. Christoph Menke hat aus dieser Darstellungsfunktion von Individualität einen allgemeinen Einspruch der Tragödie gegen eine normative Priorisierung des allgemeinen Rechts vor dem individuell Guten und eine Forderung nach einer individuell sensiblen Rechtstransformation abgeleitet, die an der Tragödie lernen kann, was Individuen jeweils als ihr Gutes behaupten.[416]

Wie aber bringt die Tragödie Individualität zur Erscheinung? Individualität zeigt sich in der Tragödie, so meine These, nicht im Sinne romantischer Produktion von sichtbarer Einzigartigkeit durch eine Fülle von detaillierten Eigenschaften, sondern *praktisch* über Wertungen, die sich im Verfolgen bestimmter Ziele und in der expressiven Klage angesichts des existentiellen Scheiterns artikulieren. Es kommt daher nicht auf die Darstellung aller möglichen individuierenden Charakterzüge, sondern auf diejenigen an, die wesentlich sind, um die *praktische Individualität* der Person erkennbar zu machen. Sie kommt im *Handeln* und *Sprechen* der Figuren performativ zu einem ästhetischen Ausdruck und damit zur Öffentlichkeit. Anders als die Komödie, deren Charaktere gerade dadurch komisch sind, dass sie inkohärent, unentschlossen und ohne Ausrichtung auf existentielle Werte handeln,[417] und auch anders als neuzeitliche dramatische Formen, die sich weder Tragödie noch Komödie zuordnen lassen, bringt die Tragödie Individualität dadurch zur Geltung, dass sie die Bedingungen der Selbstbestimmung als konkrete Individualität (der positiven Freiheit als Selbstverwirklichung) erkennbar macht. Zu diesen Bedingungen gehört neben der sozialen Kooperation und Kommunikation, neben einem gewissen Entgegenkommen der Welt immer auch die Funktionalität des eigenen Wollens, die mit den existenti-

---

[415] Ebd., S. 36. Judet de la Combes These, der Konflikt mit den Göttern und dem Schicksal als Natur sei eine mythifizierende Darstellung des Rechts, dem gegenüber die Individuen in der tragischen Krisis ihre eigenen Ansprüche geltend machen, ist eine dagegen problematische Konstruktion, denn die Ordnung der Welt wurde zuvor ja selbst als rechtsförmig gedeutet. Also könnte man ebenso gut von der Verrechtlichung der Natur sprechen. Zudem machen die Individuen ihre Beweggründe nicht nur gegenüber der Natur, sondern auch und primär anderen Individuen gegenüber kenntlich.

[416] Vgl. Menke 1996a: „Die singulare Gerechtigkeit [die gegenüber Einzelnen gerecht ist, A. T.] ist gerade deshalb rechtskonstitutiv, weil sie für das Recht *transformativ* ist: Sie ist die Quelle der Veränderungen der rechtlichen Gleichheit um willen der einzelnen" (S. 313).

[417] Vgl. Hegels knappe Charakterisierung: In der Komödie seien „die Zwecke und Charaktere an und für sich substanzlos und widersprechend und dadurch unfähig, sich durchzusetzen." Das Komische bestehe gerade darin, dass der Charakter sich „*ernsthaft*" um etwas bemüht. Doch im Gegensatz zur Tragödie handelt es sich dabei nicht um Bedeutsames, sondern gerade um „kleine und nichtige Zwecke" (*Ästhetik* III (Theorie-Werkausgabe Bd. XV), S. 528 f.).

ellen Wertungen des Individuums eng verbunden ist. Selbstbestimmte Individualität gibt es nur im Bezug zu etwas Bedeutsamem, das einen Ernst im Handeln erfordert. Das ist auch ein Grund dafür, dass Aristoteles sagt, die Tragödie sei Nachahmung ernsthafter bzw. guter, bedeutender Menschen (*spoudaiōn*), weshalb sie auch ihre ernsthaften bzw. guten, bedeutenden Handlungen (*praxeōs spoudaias*) nachahme und dadurch selbst ernsthaft und wichtig wird.⁴¹⁸ Die Bedeutung von *spoudaios*, das vom Substantiv *spoudē* (‚Eifer', ‚Eile', ‚Ernst', ‚Wichtigkeit', ‚Anstrengung') abstammt, verweist sowohl auf eine Qualität der Handlungsweise als auch auf den Charakter des Handelnden. Das Wort qualifiziert das Tätigsein als besonders engagiert (‚tätig', ‚eifrig') und auch ‚eilig', vermutlich, da das Wichtige priorisiert wird. Das Handeln ist deshalb besonders engagiert, so kann man den semantischen Kontext von *spoudaios* weiter verstehen, weil es um etwas Bedeutsames und Wichtiges geht, denn das Wort hat auch einen evaluativen Sinn, der wiederum auch die handelnde Person auszeichnet (‚rechtschaffen', ‚ehrenwert', ‚gut', ‚ernsthaft', kostbar', ‚teuer', ‚gut', ‚wichtig', ‚bedeutend'). Das Wort, so Rudolf Schottlaender, „schließt das Ernstzunehmende, dem der Eifer gelten soll, mit ein. Ein ‚spoudaios' ist einer, der Ernstzunehmendes ernsthaft betreibt. Das Begriffsmoment der persönlichen Energie und Leistung liegt von vornherein ebenso darin wie die mehr oder weniger hohe Bedeutung des Gegenstandes."⁴¹⁹ Daher steht der Begriff auch in Aristoteles' ethischen Schriften für einen tugendhaften, sittlich guten, erfahrenen, urteilsfähigen und praktisch tatkräftigen Menschen, der das, was er tut, mit Motivation bzw. Freude tut. Er hat „Charakterstärke" und kann sich selbständig auch gegen das Urteil der Mehrheit stellen. Ein *spoudaios* ist also als individuelle Person im Urteilen und Handeln selbständig und an Wertvollem ausgerichtet, was wiederum ihn wertvoll macht, so wie *spoudaion* auch „das ethisch Wertvolle" – wie laut Aristoteles die tragische Dichtung selbst – bezeichnet.⁴²⁰ Der evaluative Zusammenhang von existentiellen Werten, dem Selbstwert des Wertenden und der Bedeutung des Handelns im Licht der Werte ist also schon in Aristoteles' Begriffsverwendung enthalten.

Genau durch den Einsatz für etwas Wertvolles, nämlich unersetzbar Wichtiges, aber riskieren die tragischen Figuren die Verletzung der Bedingungen ihrer Selbstbestimmung nicht nur durch anderes und andere, sondern auch durch sich selbst als Akteure. Verursacht der Fehler des komischen Helden laut Hegel „keinen Schmerz und kein Verderben"⁴²¹, weil in seiner Handlung, die auf „Geringfügiges" ziele, „nichts zugrunde geht"⁴²², geht der tragische Held mit der Zerstörung seiner für seine praktische Individualität konstitutiven Wertungen selbst zugrunde. Die Erfahrung des

---

418 Aristoteles: *Poetik*, 1449b10, 24, 18. Die Tragödie ist auch ernsthafter bzw. ethisch wertvoller als die Geschichtsschreibung (1451b6f.).
419 Schottlaender 1980, S. 385.
420 Ebd., S. 388, 393.
421 Aristoteles: *Poetik*, 1449a35f.
422 Georg Wilhelm Friedrich Hegel: *Ästhetik* III (Theorie-Werkausgabe Bd. XV), S. 529. So auch Aristoteles, der schreibt, dass die Komödie das Lächerliches dramatisiere (*Poetik*, 1448a37).

selbstbewirkten Verlusts der Bedingungen individueller Selbstbestimmung ist die tragische Erfahrung, die in der Klage öffentlich wird.

Ist diese These plausibel, kann man den praktischen Individualitätsbegriff auch auf den antiken des Charakters beziehen. Wie für Platon und Aristoteles eine Sache nicht schon durch sinnliche Oberflächenwahrnehmung, sondern erst dann richtig erkannt wird, wenn man nach Art eines Werkzeugs ihr Vermögen, also ihre Funktion (*ergon*) begreift, so sind auch die Handelnden in der Tragödie laut Aristoteles nur durch das, was sie denken, entscheiden und daraufhin tun, erkennbar, nicht etwa schon durch ihr visuelles Äußeres, das durch Masken und Kostüme standardisiert festgelegt ist, oder die vom Schauspieler geliehene Stimme.[423] Einen Charakter, der sich über seine Gründe und Erfahrungen als ein *bestimmtes Individuum* zeigt, erkennt man laut Aristoteles an dem, was er denkt und will. Beides – Urteile und Intentionen – kommen in seinem Handeln und Reden zum Ausdruck, wozu das Klagen gehört, das in seinem expressiven Potential zu erörtern Aristoteles versäumt hat. Daher wird nur im Lichte ihrer Handlungen der Charakter einer Akteurin erkennbar, wie ihre sich im Prozess artikulierende Erscheinung wiederum ein interpretatorisches Licht auf die einzelnen Handlungen zurückwirft, deren Sinn sich auch dem Publikum erst dann in vertiefter Weise erschließt, wenn sich bereits die Interpretation einer bestimmten theatralen Individualität aufgrund der Handlungen gebildet hat:

> „Die Tragödie ist die Nachahmung einer Handlung. Gehandelt aber wird immer von b e -
> s t i m m t e n einzelnen Handelnden. Diese haben ihre bestimmte Beschaffenheit notwendiger-
> weise von ihrem Charakter (*ēthos*) und ihrer Denkweise (*dianoian*) her. (Diese nämlich sind der
> Grund, warum wir auch den Handlungen eine bestimmte Beschaffenheit zusprechen […], und es
> geschieht immer als Konsequenz aus deren ‹bestimmter Beschaffenheit›, dass jemand sein
> Handlungsziel erreicht oder verfehlt.) […] Unter Charakter ‹verstehe ich› das, was ausmacht, dass
> wir sagen können, ein Handelnder sei *so oder so beschaffen*; unter Denkweise das, was jemanden
> bei seinem Sprechen leitet, wenn er einen Beweis vorführt oder seine Meinung begründet."[424]

Beides, Charakter und Denkweise, hängt zusammen und macht den Charakter eines Menschen aus,[425] denn nur an dem, was jemand begründet und tut, wird er als intentionales, wertendes und urteilendes Wesen erkennbar. Es gibt also ein expressives Primat des Sprechens und Handelns in der Tragödie. Darin liegt eine Erklärung für die

---

423 Schmitt 2003, S. 294 ff., 2008a, S. 107 ff., und 2008b, S. 389 ff.
424 Aristoteles: *Poetik*, 1449b36–1450a3; 1450a6–8 (Hervorh., A.T.); vgl. Aristoteles' ästhetische Ordnung der Wichtigkeit der Elemente der Tragödie: 1. Handlung (*mythos*; *systasis tōn pragmatōn*), 2. Charakter (*ēthos*), 3. Denkweise (*dianoia*), 4. Sprachgestaltung (*lexis*), 5. Chorlyrik, 6. Inszenierung: 1450a37-b20. Zum Charakterbegriff siehe die genaue Darstellung bei Schmitt 2008b, S. 329 ff., 354 ff., 381 ff., sowie Dilcher 2009.
425 Die *dianoia*, die wie die ausgebildeten Haltungen zu einem Charakter gehört, hat in der Tragödie die Funktion, der Rede (*lexis*) als Sprachform die „handlungsleitenden, -begleitenden und -reflektierenden Gedanken" (Dilcher (2009), S. 166), also die Intentionen, Gründe und orientierenden Werte einer Handlung, beizusteuern. An ihnen erkennt man die Handlung als Ausdruck eines individuellen Charakters. Zum Charakterbegriff bei Aristoteles siehe Charpenel 2017, besonders S. 209 ff.

zunächst verwirrende Stelle aus der *Poetik*, an der Aristoteles sagt, die Nachahmung von Handelnden sei für die Tragödie wichtiger als die von Charakteren, sodass es sogar Tragödien ohne Charaktere, nicht aber ohne Handlungen geben könne.[426] Wie aber sollte es Handlungen ohne Charaktere geben? Begreifbar ist diese Stelle nur, wenn man die *dramatis personae* nicht als Synonym der Charaktere versteht. Auf die Gesamthandlung (*mythos*), in der die einzelnen Handlungen der Figuren und Choreuten verflochten sind, kommt für Aristoteles alles in der Tragödie an. Charaktere *folgen* insofern systematisch dem Primat der (Sprech-)Handlungen, als diese von den Zuschauern so interpretiert werden, dass sie auf „so oder so beschaffen[e]" Charaktere schließen können. Es kommt also bei der Bewertung von Handeln und Reden als ernsthaft oder weniger ernsthaft nicht allein auf die punktuellen Akte, sondern auch auf „die Person des Handelnden oder Sprechenden", ihre Adressaten, konkreten Umstände wie Zeitpunkte und vor allem die Zwecke ihres Handelns und Redens an, z. B. die, ein „höhere[s] Gut" zu erreichen oder aber ein „größere[s] Übel [...] abzuwenden"[427]. Man muss also den elementaren Zeichencharakter des lebensweltlich situierten Handelns und Sprechens in der Tragödie in Anschlag bringen, das als ernsthaftes, bedeutendes – das soll in der vorliegenden Interpretation heißen – existentielles Handeln das individuell Auszeichnende der Person in ihrer positiven Freiheit erst erschließt. Eine weitere Charakterisierung etwa hinsichtlich körperlich auffälliger Merkmale, Neigungen, weiterer Charakterdispositionen, Interessen oder lebensgeschichtlichen Details ist somit sogar verzichtbar.

Etwas ernsthaft zu werten heißt, es gegenüber anderem *vorzuziehen* (bzw. als negative Wertung abzulehnen) und diese Wahl im Handeln durch sich selbst zu *bezeugen*. An dem, was die tragischen Figuren von ihren sie leitenden Gründen im Handeln sichtbar machen, kann man sie daher auch nach Aristoteles erkennen: „Charakter hat jemand, wenn [...] sein Reden oder Handeln irgendeine Tendenz, *Bestimmtes* vorzuziehen, erkennen lässt, und einen guten, wenn diese Tendenz gut ist."[428] Nur wenn sich zeigt, was einer „vorzieht oder meidet"[429], wird auch das Individuum in seiner individuellen Charakteristik für die Zuschauerinnen und Zuschauer deutlich. Aristoteles geht auch auf die praktische Relevanz des Charakters im Sinne einer diachronen praktischen Identität ein, wenn er für die Tragödie eine Konsistenz von einzelne Handlungen mit strukturellen Charakterzügen fordert.[430] Diese Konzentration auf die sich in bestimmten Handlungen artikulierende Identität eines Charakters führt, so Schmitt, sogar zu dem erstaunlichen Befund, „dass Aristoteles dichterische Darstellung geradezu auf Individualität festlegt"[431].

---

[426] Aristoteles: *Poetik*, 1450a21–25.
[427] Ebd., 1461a4–9.
[428] Ebd., 1454a16–19 (Hervorh., A. T.).
[429] Ebd., 1450b8–11.
[430] Ebd., 1454a26–37.
[431] Schmitt 2002, S. 118, vgl. ebenfalls für Platon: S. 125f.

So fungiert das tragische Drama als Medium einer philosophischen Erkenntnis praktischer Individualität. Die Charaktere sollen nicht nur zur Geschichte (dem Mythos) und zu den durch Geburt oder Herkunft *gegebenen* Identitätsfaktoren wie Geschlecht, Alter oder sozialer Stellung passen, und sie sollen nicht nur tüchtig (*chrēsta*) und den Zuschauern hinreichend ähnlich sein;[432] ihre wesentliche Funktion ist *die Individualisierung der Handelnden nach ihren epistemischen und praktischen Gründen*, von denen die zuschauenden Interpreten annehmen können, dass sie ihre bedeutenden Wertungen ausdrücken. Was ihnen wichtig ist (aber nicht notwendigerweise anderen), wird in ihren Entscheidungen klar, und diese werden im Handeln und Reden sowie Klagen als Beispiele für existentielle Wertungen sichtbar, die allgemein nachvollziehbar sein müssen. Genau deshalb sollen Charaktere nach Aristoteles auch nicht wechselhaft sein, sondern mit sich selbst übereinstimmen, um ein in ihren Handlungen kohärentes Bild ihres Soseins abzugeben.[433]

Wie in Kapitel 8.5. zu begründen versucht wurde, sind Wertungen nicht dadurch Ausdruck von Individualität, dass sie allein akteurrelativ bzw. subjektiv-partikular sind, also nur von einem Individuum geschätzt werden und in romantischer Verschärfung womöglich nur von ihm allein zu begreifen sind. Wertungen, die als Quelle von mitteilungsfähigen Handlungsgründen fungieren, sind immer insofern *allgemein*, als sie in ihren Gründen und ihrer Funktion des Gutseins für das Individuum öffentlich nachvollzogen werden können. Die tragischen Figuren bieten in ihrer Rezeptionsgeschichte das beste Beispiel: Zwar teilen nicht alle Zuschauer seit der ersten Aufführung um 442 v.Chr. die gleiche Interpretation und Bewertung der Beweggründe für Antigones Gesetzesbruch, aber prinzipiell lassen sich sie aufgrund ihrer Aussagen und Handlungen nachvollziehen, bis heute lebhaft diskutieren und in ihrer Berechtigung anerkennen, selbst wenn wohl kaum jemand von den Interpretinnen und Interpreten ihr oder sein Leben für die Bestattung eines Bruders oder einer Schwester riskieren würde.

Noch einmütiger funktioniert die allgemeine Anerkennung existentiell-partikularer Wertungen in der Lebenswelt: Es scheint ein weitgehender kulturübergreifender Konsens zu sein, die außergewöhnliche Wertschätzung von Eltern gegenüber ihren (vor allem jungen) Kindern nicht nur nachvollziehen zu können, sondern sie selbst als Wert anzuerkennen, ja, sogar von ihnen zu fordern, obwohl vermutlich niemand außer den Eltern diese ausgezeichnete partikulare Bindung teilt. Personen können prinzipiell die existentielle Relevanz von Wertungen an ihrer Funktion für das Individuum mit Empathie und Urteilskraft durch Perspektivenübernahme nachvollziehen – und damit dieses Individuum aufgrund seiner ihm zugeschriebenen Wertung in seiner praktischen Individualität erkennen. Es genügt also für andere zu begreifen, *dass* und *wie* jemand etwas ernst nimmt, um diese Person in ihrer Praxis zu verstehen;

---

432 Aristoteles: *Poetik*, 1454a16–26. Aristoteles' Konservativismus, der sich in der poetologischen Forderung zeigt, dass Frauen zwar einen männlichen Charakter haben könnten, aber nicht sollten, wird dem Subversionspotential der Tragödie nicht gerecht.
433 Ebd., 1454a27f.

man muss nicht die Wertung selbst, sondern ihre Anerkennbarkeit teilen. Sie kann selbst Ausdruck einer moralischen Stellungnahme sein, etwa als Hochschätzung von Anti-Rassismus, sich gegenüber moralischen Gründen aber auch neutral verhalten oder in einer Spannung zu anderen Wertungen stehen.[434] Doch muss sie legitimerweise Anspruch auf moralische Berücksichtigung erheben können, um als allgemein nachvollziehbare partikulare Wertung anerkannt werden zu können. Worauf es beim Nachvollzug von praktischer Individualität im Theater ankommt, ist zunächst die Mitteilungsfähigkeit und Glaubwürdigkeit der starken, wenn nicht existentiellen Wertungen, zu deren Ausdrucksmedien Handlungen und Sprache gehören. Nicht also ist nur – wie bei Taylor – die expressive Funktion der Verbalsprache zu berücksichtigen, sondern jede Form expressiver Kommunikation (Körpersprache, Mimik, Musik etc.) trägt zur Wert- und Selbstartikulation bei.

Das interpersonale Verstehen aufgrund des individualitätsexpressiven Charakters praktisch in Anspruch genommener Wertungen ist eine der Voraussetzungen dafür, warum auch heute noch antike Tragödien eine große ästhetisch-partizipative Wirkung entfalten, obwohl die gegenwärtige Lebenswelt historisch in vielem weit von den Lebensumständen und sittlichen Forderungen der Antike entfernt ist. Müssten es Bürger zumindest in liberalen Rechtsstaaten nicht den öffentlichen Instanzen des Rechts überlassen, die eigene Mutter zur Rechenschaft zu ziehen, wenn sie den Vater umgebracht hat? Auch würde wohl kaum jemand in säkularen Kontexten den unbedingten Willen ausbilden, sein Leben für die Bestattung eines Nächsten zu riskieren (abgesehen davon, dass kaum ein Staat noch ein Verbot mit der Sanktion der Todesstrafe verhängen würde, wie es Kreon als exekutiver und legislativer Herrscher in Sophokles' *Antigone* tut). Dass dennoch die tragischen Figuren auf der Bühne und darüber hinaus fortleben,[435] hat damit zu tun, dass das Publikum auch über die Differenz von fast 2.500 Jahren versteht, welche Bedeutung sich *für* tragische Figuren mit ihrem Handlungszweck verbindet, auch wenn einem sein Gehalt fremd sein mag. Gerade aus diesem unmittelbaren Verständnis der Differenz von Wert und wertender Schätzung – von inhaltlicher Bestimmung des Wertes und der Form der wertenden Bezugnahme auf ihn – folgt das Bewusstsein der Zuschauerinnen und Zuschauer für die praktische Individualität der Charaktere. Dadurch – in ihrem Beurteilen und Bewerten der Wertung und des Werts – zeigen diese wiederum einander etwas von ihrem eigenen praktisch-normativen Selbstverständnis.

---

[434] Da sie als existentielle Wertung immer auch moralische Gründe *erzeugt*, insofern sie angibt, als welches Individuum und wie eine Person von anderen behandelt und anerkannt werden will, muss diese sie mit den universellen Ansprüchen der Moral vermitteln. Das gilt freilich nur in einer Abwägung der Perspektiven aller moralisch zu berücksichtigenden Personen, die ebensolche Ansprüche erheben können. Dafür, dass akteurrelative Gründe als „reasons of autonomy" nicht *per se* neutrale bzw. moralische Gründe ihrer Berücksichtigung erzeugen, argumentiert Nagel 1986, S. 164 ff.
[435] Gerade die Gestalt der Antigone ist zum Sinnbild einer widerständigen Person in der modernen Dramatik geworden. Vgl. Steiner 1988.

Schon das griechischen Publikum im Dionysos-Theater dürfte diese hermeneutische Differenz in Anspruch genommen haben.[436] Die aristokratischen Werte des Heroismus, wie sie etwa der sophokleische Aias oder Herakles verkörpern, waren in der auf kämpfende männliche Bürger angewiesenen Demokratie zwar nicht ungültig geworden, mussten aber in einer mit dem Ideal einer gemeinschaftlich verantwortlichen Bürgerschaft kohärenten Weise neu bestimmt werden. Auch die Blutrache, deren unselige intergenerationelle Verkettung die *Orestie* vorführt, war in der Sittlichkeit der demokratischen Rechtsprechung kein Wert mehr, weshalb der Gerichtsprozess in den *Eumeniden* zu Recht als Selbstreferenz der neu organisierten Polis verstanden worden ist.[437] Die Differenz zwischen einer inhaltlichen Zustimmung zu einer Wertung und dem tiefen Verständnis für ihre existentielle Bedeutung ermöglichte – so würde ich Aristoteles' Forderung nach hinreichendem Abstand und Nähe reformulieren –, einerseits eine gewisse kritische Distanz gegenüber den normativen Selbstverständnissen der tragischen Figuren zu unterhalten, andererseits über die ästhetischen Affekte eine emotional ergreifende Teilnahme freizusetzen.

Tragödien sind Medien der Erkenntnis existentieller Bedeutungen, die die praktische Individualität konstituieren.

8.11 Das antike Theater der Tragödie als exemplarische Anstalt nach Hegel

Die These einer tragischen Individualität vermag auch zu erklären, warum die Figuren der antiken Tragödie gegenüber den facettenreich beschriebenen individuellen Figuren des modernen Romans ihren modernen Interpreten oft *sowohl* allgemein *als auch* individuell vorgekommen sind. Dass es den Tragikern einerseits um das Allgemeine der existentiellen Dimension tragischen Handelns und Leidens ging, ist, wie in diesem Buch zu zeigen versucht wird, trotz aller Unterschiede zwischen den Tragikern und den einzelnen Stücken anzunehmen. Dass es ihnen nicht nur um das Allgemeine ging, belegt schon die (auf immer verlorene) Fülle von über 1.000 Tragödien allein aus dem 5. Jahrhundert v.Chr. mit nicht nur ähnlichen, sondern zum Teil den gleichen Stoffen, die immer wieder anders bearbeitet wurden. Im Wettbewerb zählte nicht primär der mythische Gehalt, der allen bekannt war, sondern vor allem seine individuelle Bearbeitung.

Aufschlussreich für die Allgemeinheit *in* der praktischen Individualität ist ein Rezeptionszeugnis des bedeutendsten Tragikers nach Shakespeare, der auf Hegels und noch Nietzsches Tragödienverständnis den größten Einfluss hatte. In einem Brief

---

[436] Wie oft betont wurde, ist bereits der antike Zuschauer von der Lebenswelt der performativ vergegenwärtigten Figuren entfernt. Das Personal der antiken Tragödie (anders als das der attischen Komödie) ist – sieht man von den frühen *Persern* des Aischylos und ähnlichen zeitgeschichtlichen Stücken ab – ausschließlich vergangen und mythisch. Vgl. Seidensticker (2006).
[437] Siehe etwa Meier 1980, S. 144–246.

an seinen Freund Goethe schildert Friedrich Schiller 1797 seine Lektüreerfahrung des *Philoktet* und der *Trachinierinnen*.[438] Er bemerkt, dass gegenüber Sophokles moderne Dramatiker „die tiefliegende Wahrheit" verlören, weil sie alles mit „Zufälligkeiten und Nebendingen" ausgestalteten, um „der Wirklichkeit recht nahe zu kommen". Dagegen vermittle die antike Tragödie eine große Allgemeinheit, gerade weil sie ihr Personal *nicht* mit vielen Details gestalte: „Es ist mir aufgefallen, daß die Charaktere des griechischen Trauerspiels, mehr oder weniger, idealische Masken und keine eigentliche Individuen sind, wie ich sie in Shakespeare und auch in Ihren Stücken finde." Doch handelt es sich für Schiller bei den Helden der attischen Tragödie gleichfalls nicht um generalisierte Typen, erst recht nicht um abstrakte Illustrationen intelligibler Instanzen. Die tragischen Individuen der Griechen seien „bloßen logischen Wesen ebenso entgegengesetzt [...] als bloßen Individuen." Diese seltsame Zwischenposition wird nun mit einer rätselhaften und inkonsistent wirkenden Bemerkung ergänzt, dass die Figuren individuell wirkten, *obwohl* sie so allgemein seien: „Wie trefflich ist der ganze Zustand, das Empfinden, die Existenz der Dejanira gefaßt! Wie ganz ist sie die Hausfrau des Herkules, wie *individuell*, wie *nur für diesen einzigen Fall passend* ist dies Gemälde *und doch* wie tief *menschlich*, wie ewig wahr und *allgemein*."[439]

Was man unter „bloßen Individuen" zu verstehen hat, bleibt ungesagt. Offenbar scheint Schiller zu meinen, dass Individuen individueller sind, wenn sie keine „bloßen Individuen" sind, sondern etwas Allgemeines verkörpern. Das Allgemeine scheint aber zugleich auch der Individualität zu widersprechen („und doch"). Diese sich für Schiller offenbar reziprok stärkende, aber auch widersprüchlich wirkende Verbindung aus Individualität und Allgemeinheit spiegelt sich in der Spannung zwischen der ästhetisch-theatralen Konzentration auf das Individuum und den distanzierenden Strukturen wie Masken sowie der Konzentration auf die Handlung, die an den Figuren das Allgemeine hervortreten lässt. Die Spannung lässt sich dann erklären, wenn man die Individualität der Tragödie wie vorgeschlagen primär als praktische Individualität versteht. Die dramatischen Figuren zeigen im *Handeln*, wer sie sind, und zwar wer sie wesentlich je als Individuum sind. In ihren einzelnen Handlungen liegt also einerseits ein Ausdruck des Allgemeinen ihrer strukturell wirksamen wertbasierten praktischen Identität. Andererseits ist, wie gezeigt wurde, mit der These der praktischen Individualität konsistent, dass die Figuren nicht aus sich selbst generierte, von allen allgemeinen Forderungen abweichende egozentrische Werte, Ziele und Zwecke verfolgen müssen, um als Individualität gelten zu können, sondern sich auch mit den allgemeinen Forderungen einer moralischen Gemeinschaft identifizieren können.

Diese Einsicht ermöglicht die Auflösung eines Missverständnisses, das seit Hegel das Nachdenken über die Tragödie maßgeblich geprägt hat. Es besagt, dass die antiken Figuren deshalb noch keine Individualität im modernen Sinne seien, weil ihr

---
[438] Friedrich Schiller: Brief an Johann Wolfgang von Goethe vom 4. April 1797, in: Staiger 2005, S. 363–365 (alle Zitate: S. 363f.).
[439] Ebd. (Hervorh., A. T.).

Streben und Handeln allgemeinen, in der Sittlichkeit ihrer Lebenswelt bereits anerkannten Werten gelte, sie also nicht ihr individuelles Interesse verfolgten. Das sei erst ein Signum der Moderne, in der sich die Figuren erst wirklich ihrer selbst als Individuen mit freier Subjektivität bewusst geworden seien, die sich um ihre *eigenen* individuell-subjektiven Belange sorgen können. Meine These ist, dass sich die geschichtsphilosophisch begründete Unterscheidung zwischen antiker und moderner Philosophie, auf der dieses Missverständnis zu beruhen scheint, durch die Theorie schwacher und starker bzw. existentieller Wertungen reformulieren lässt, ohne dabei in die Falle der eindeutigen historischen Disjunktion zu laufen, die aufgrund der Textlage und der jüngeren Forschung über Individualität in der Antike nicht mehr überzeugen kann.

Hegel begründet seine Unterscheidung zwischen moderner und antiker Tragödie in den *Vorlesungen über die Ästhetik* durch die Differenz der inhaltlichen Bestimmungen der Handlungszwecke, die im Drama von den Figuren verfolgt werden. Der Gegensatz zwischen der modernen und der antiken Tragödie ist für Hegel durch die normative Allgemeinheit (Antike) oder aber partikulare Subjektivität (Moderne) der Zwecke zu bestimmen. In der modernen Tragödie geht es nach Hegel nicht um das Allgemeine des Inhalts, sondern um partikulare Interessen der Subjekte, ihre „persönliche Leidenschaft"[440], ihren „subjektiven Willen und Charakter" (542), der nicht notwendigerweise einer allgemeinen sittlichen Forderung entspreche, sondern „nur von der formellen Notwendigkeit ihrer Individualität getragen" sei (564). Die Figuren verfolgten also ihr eigenes, persönliches Interesse und setzten sich dadurch mit anderen in Konflikt. Gegenstand der neuzeitlichen Tragödie sei daher „das Schicksal eines besonderen Individuums und Charakters in speziellen Verhältnissen" (536). Alles, was man in der modernen dramatischen Poesie erstrebe, habe seinen Grund allein „in der besonderen Neigung und Persönlichkeit" (544) der Figuren. Was der modernen Tragödie somit gegenüber der antiken gelinge, sei eine „individuelle und subjektive Vertiefung der handelnden Charaktere" (555). Gerade Shakespeare sei ein Meister in der „Darstellung menschlich voller Individuen", die „individuell, real, unmittelbar lebendig" wirkten (562).

Die moderne Tragödie ist für Hegel und die von ihm beeinflusste Tragödienliteratur also ein Medium der Individualisierung, die durch „das Recht der Subjektivität" (557), die eigenen persönlichen Ziele zu verfolgen, erst ermöglicht wird. Zu Hegels Diagnose einer Vertiefung der Individualität in der neuzeitlichen Tragödie passt die These des lange gültigen *common sense* von der Modernität der Individualität, dass sie erst mit dem Bewusstsein eigener Einzigartigkeit entsteht, das auf die Individualisierungsdynamik moderner Gesellschaften zurückzuführen ist.

Demgegenüber müsste die Antike sich gerade durch eine Form des Mangels an Individualität ausweisen lassen. *Prima facie* scheint dieser Topos auch durch Hegels

---

440 Georg Wilhelm Friedrich Hegel: *Ästhetik* III (Theorie-Werkausgabe, Bd. XV), S. 536. Im Folgenden finden sich die Seitenzahlen im Haupttext.

Deutung bestätigt zu werden. Die Figuren der antiken Tragödie orientieren sich nach Hegel in ihrem Handeln nämlich an Zwecken, die eine allgemeine Berechtigung hätten. Statt eines subjektiven Pathos wie in den modernen Tragödien, verfolgten sie „ein Pathos, in welchem sich zugleich ein objektiver Gehalt entwickelt" (494). Mit „objektivem Pathos" (493) meint Hegel das leidenschaftliche Verfolgen eines Zwecks, der allgemein innerhalb einer Sittlichkeit Anerkennung findet und insofern eine normative Orientierung innerhalb des Ethos einer Gesellschaft *repräsentiert*. Die antiken Individuen verfolgten Zwecke gemäß „der im menschlichen Wollen substantiellen, für sich selbst berechtigten Mächte" (521), also derjenigen Werte, die innerhalb einer historisch konkreten Sittlichkeit selbst bereits als normativ bindend anerkannt sind. Hegel bezieht das Private ebenso mit in das substantiell Berechtigte ein wie das Öffentliche: „die Familienliebe der Gatten, der Eltern, Kinder, Geschwister; ebenso das Staatsleben, der Patriotismus der Bürger, der Wille der Herrscher" (521). Nur diese sittlichen Mächte erzeugen für Hegel in ihrer Kollision das Tragische, insofern die Handlung für eine sittliche Macht sich als Negation einer anderen, nicht weniger berechtigten sittlichen Macht artikuliert.[441] Ohne diese Anerkennung des *allgemein* berechtigten Gehalts des Strebens der Figuren kann nach Hegel (und Aristoteles) die tragische Wirkung gar nicht entstehen; denn Verbrecher, die gerade dem allgemein Anerkannten zuwider handelten, „verdienen durch ihre Greuel nichts Besseres, als ihnen geschieht" (565). Mitleid könne man dagegen nur mit der „sittlichen Berechtigung des Leidenden" (525) haben.

Im Gegensatz zu den individuell gezeichneten Figuren eines Marlowe, Shakespeare, Corneille, Racine, Calderón, Lessing, Schiller oder Goethe sind für Hegel die Figuren der antiken Tragiker offenbar nur „Repräsentanten" der „wesentlichen Lebensmächte" (536); zwar handeln sie „nach ihrer Individualität, aber diese Individualität ist [...] selbst ein in sich sittliches Pathos" (560), also etwas Allgemeines, das sich nicht erst der subjektiven Wertung verdankt. Die konzessive Konjunktion „aber" in diesem Satz suggeriert eine Einschränkung der Individualisierung, die eben doch an das Allgemeine gebunden bleibt und insofern dem modernen Anspruch auf Individualität nicht genügt.

Die Distinktion von moderner subjektiver Individualität *versus* antiker objektiver Repräsentation eines Allgemeinen – Schillers „idealische Masken und keine eigentlichen Individuen" – kann so, wie ich meine, nicht überzeugen und sie wird auch in Hegels *Ästhetik* selbst nicht kohärent durchgehalten.

Zum einen weist die antike Tragödie in der Zwecksetzung der Individuen eine Vielzahl von Abweichungen und partikularen Interessen auf.[442] Hegels Deutung, die auf seine früheren Beschäftigungen mit der Tragödie im Naturrechtsaufsatz und der

---

441 Vgl. Georg Wilhelm Friedrich Hegel: *Ästhetik* I (Theorie-Werkausgabe, Bd. XIII), S. 309.
442 Vgl. Schmitt 2002, S. 114 ff.

Phänomenologie des Geistes zurückgeht,[443] ist nicht zufällig fast nur an der *Antigone* und der *Orestie* entwickelt, in der als sittlich anerkannte Mächte – hier das heilige Recht der Familie, dort das säkulare Recht des Staates, hier das Recht der Vergeltung, dort das Recht des Schutzes der eigenen Familie – miteinander in Konflikt stehen. Viele andere Tragödien ließen sich nur mit Mühe in dieses Schema pressen: Sind Deianeiras, Haimons oder Phaidras zum Teil verzweifelte Liebe, Herakles' oder Aias' heroische Selbstbegriffe, Medeas und Hekabes Rache für eine existentielle Demütigung, die Sorge der Danaiden um ihre Unberührtheit, der blutige Kampf um Theben zwischen den Brüdern Eteokles und Polyneikes, der waghalsige Angriff auf die Griechen durch Xerxes wirklich immer Ausdruck einer allgemeinen sittlichen Macht, die in sich Berechtigung hat? Dann müsste zumindest das Gleiche für die Liebenden, Rächenden oder Ehrsüchtigen eines Shakespeare, Racine oder Schiller gelten. Schon vor der Herausbildung der Tragödie behauptete die frühgriechische Lyrik die Bedeutung und Berechtigung des Individuellen *über* individuelle Wertschätzungen, die im Bereich des Privaten verbleiben können. So nimmt die große Dichterin Sappho über hundert Jahre vor den Tragikern ganz ausdrücklich für sich in Anspruch, *nicht* der allgemeinen (männlichen) Hochschätzung von militärischen Einheiten zu folgen, sondern das am meisten zu schätzen, *was sie liebt* : „Manche sagen: von Reitern ein Heer, und manche: von Fußsoldaten,/ manche: von Schiffen – das sei auf der schwarzen Erde/ das Schönste – ich aber: stets das, was/ einer liebt!" Dieses Urteil über die individuelle Autorität in den wichtigsten Wertungen verallgemeinert Sappho: Für jede und jeden gelte, dass das Schönste – und, man darf ergänzen, das Wichtigste – das ist, was eine Person liebt, also außerordentlich wertschätzt. Dies lasse sich „verständlich machen/ für jeden"[444], es ist also – im Medium der Dichtung – allgemein nachvollziehbar. Mehrfach tritt, gerade im liebenden Blick, das Individuelle, die Singularität der geliebten Adressatin oder des geliebten Adressaten in Sapphos Dichtung explizit hervor: „...... wisse,/ Bräutigam, ihr gleichet kein anderes Mädchen!"[445], mahnt die lyrische Sprecherin in einem Fragment.

Die Tragödie nimmt das expressive Potential und den Anspruch, eigenständig Individuelles innerhalb einer gültigen Sittlichkeit zu erkennen und ihm wertend individuelle Bedeutsamkeit zuzumessen, aus der Lyrik auf und verbindet beides mit der

---

443 Vgl. zu Hegels Tragödientheorie Pöggeler 1964; Szondi 1978, S. 165–174; Düsing 1988; Schulte 1992; Menke 1996a; Roche 1998; Menke 2000; Boer 2000; Oittinen 2000; Beistegui 2000; Schmidt 2001, S. 89–121; Wesche 2011.
444 Sappho: Fragment 16 Voigt (in: Latacz 1991, S. 417; Übersetzung leicht abgewandelt, A. T.). In diesem Text schreibe Sappho, so Elisabeth Stein, „der subjektivsten Empfindung, nämlich der Liebe, die größte Entscheidungsgewalt hinsichtlich des kalliston", des Schönsten, zu. „Ihre eigene Ansicht wird mit Nachdruck durch das pointierte egō (fr. 16 3 V) und durch das mythologische Beispiel der schönen Helena untermauert." Zum ersten Mal, so Stein, (man wird aber bezweifeln dürfen, dass es sich um das erste Mal handelt) werde in Sapphos Priamel-Ode „dem Allgemeinwohl gleichberechtigt der Bereich des Persönlichen-Privaten gegenübergestellt" (Stein 1990, S. 175) – und zwar als allgemein Berechtigtes.
445 Sappho: Frag. 125 D (*Epithalamia*) (1991, S. 90/91).

intersubjektiven Praxis der dialogischen Rechtfertigung durch Gründe, ohne dass dadurch die Eigenständigkeit individueller Wertungen aufgehoben würde. Selbst Antigone rekurriert nicht allein auf die allgemeinen Gebote der Dike. Sie bekräftigt mit ihrem Anspruch vielmehr ihren Willen, ihren geliebten Bruder zu bestatten, weil sie keinen Bruder mehr hat und unmöglich noch einen anderen Bruder haben könne, nachdem ihre Eltern schon gestorben sind.[446] Sie repräsentiert also nicht allein das göttliche Recht der Familie, *weil sie es* als seine personifizierte Instanz vertreten will, sondern sie repräsentiert es, *indem sie ihrem Bruder* aus eigener evaluativer Überzeugung gerecht zu werden versucht. Nur so kann sie zur kritischen Instanz für die homogene Sittlichkeit der Polis werden, gegenüber der sie etwas Eigenes – nämlich ihren bestimmten Willen als Individualität – behauptet.[447]

Zum anderen ist auch die moderne Tragödie nicht nur ein Feld partikularer Interessen, sondern nicht weniger ein Feld der Verhandlung allgemeiner normativer Inhalte, wie Hegel selbst attestiert. So lobt er Goethes *Faust* als „tragisch versuchte Vermittlung des subjektiven Wissens und Strebens mit dem Absoluten" (557) und nennt als weitere Beispiele für in sich substantielle Zwecke in der neuzeitlichen Dramatik Calderóns und Schillers Tragödien, in denen die „Individuen ihre Zwecke zugleich im Sinne allgemeiner absoluter Menschenrechte auffassen und verfechten" (558). Auch komme Schillers oder Shakespeares Figuren das aus der Antike bekannte „Pathos eines großen Gemüts" zu, das ihre Handlung substantiell begründe (494).

Zudem fällt in Hegels Tragödientheorie auf, dass seine ästhetische Wertung immer wieder die Antike favorisiert. Trotz seiner höchsten Wertschätzung von Shakespeare, Schiller und Goethe vertritt Hegel eine insgesamt eher pejorative Auffassung der neuzeitlichen Dramatik: Was in ihr zu tragischen Entzweiungen führe, sei meist nur auf „Herrschsucht, Verliebtheit, Ehre oder sonst auf Leidenschaften" (543 f.) zurückzuführen, die Figuren entschieden sich kontingent „nach subjektiven Wünschen und Bedürfnissen, äußeren Einflüssen usf." (560). Demgegenüber schätzt Hegel die antike Tragödie (und Komödie) innerhalb der Dramatik, die für ihn „die höchste Stufe der Poesie und der Kunst überhaupt" (474) darstellt, am meisten; die *Antigone* des So-

---

[446] Seit einer Bemerkung Goethes vom 28. März 1827 (Goethe 1921, S. 287) unter Konjekturverdacht stehenden Stelle aus der Rechtfertigungsrede Antigones (Enthymem) begründet sie (in der Tat radikal) die Individualität und Unersetzbarkeit des Werts ihres Bruders, auf dessen letzte Würdigung durch das Bestattungsritual ihre Handlung zielt: „Für keine Kinder, wär ich Mutter geworden,/ Für keinen Gatten, dessen Leib verweste,/ Hätt ich, der Stadt nicht achtend, das vermocht./ Um welcher Ordnung willen sag ich das?/ Starb mir der Gatte, gäb's auch einen andern,/ Ein Kind – das schenkte mir ein andrer wieder,/ Doch wo der Tod Vater und Mutter nahm,/ Da kann kein Bruder abermals erblühen." (Sophokles: *Antigone*, V. 905–912) Am Anfang erklärt Antigone Ismene, dass Kreon sie „von den *Meinen* doch nicht reißen" dürfe (V. 48, Hervorh. A. T.). Der Sinn der Rede ist, dass Antigone hier öffentlich Gründe anführt, die die *Unersetzbarkeit ihres Bruders für sie* evident machen sollen. Vgl. Bohrer (2009), S. 363: „Antigone betont die Singularität des toten Bruders". Zu einem ähnlichen Motiv, dass neue Kinder das Vergessen an verstorbene befördern und insofern ersetzen können, siehe Perikles' Leichenrede (*epitaphios*) bei Thukydides: *Der Peloponnesische Krieg* II, 44, 3).

[447] Vgl. Menke 1996a, S. 156–177.

phokles hält er gar für „das vortrefflichste, befriedigendste Kunstwerk" (550) überhaupt.

Diese Wertung Hegels beruht nicht zuletzt auf der Funktion von dramatischen Texten und ihren Aufführungen, Individualität darzustellen – auch deshalb wurde die Tragödie in der Philosophie seit Ende des 18. Jahrhunderts zur wichtigsten Kunstform.[448] Überzeugende dramatische Figuren haben laut Hegel stets eine „durchdringende Individualität, welche alles zu der Einheit, die sie selber ist, zusammenfaßt" und deren „Charakter mit ihrem Zweck und Handeln übereinstimmt" (500). Entgegen der ersten Annahme ist es nun nicht erst die neuzeitliche Tragödie, die in diesem Sinne Individualität zur Erscheinung bringt. Die Unterscheidung von moderner subjektiver Individualität und antiker objektiver Repräsentation eines Allgemeinen wird durch Hegel selbst konterkariert, indem er eine *formale* Unterscheidung seinem Geschichtsmodell unterstellt. Die Zuordnung ist, wie zu sehen war, nicht *in toto* überzeugend, das Modell bietet aber einen Anschluss für die in dieser Arbeit vertretene formale These einer tragischen Individualität.

Hegel versteht nämlich das „wahrhaft Allgemeine" der antiken Figuren nicht (wie das romantische Vorurteil) als „individualitätslos". Denn es erfülle sich nicht abstraktformell, sondern vielmehr erst „an der Bestimmtheit des Charakters" (492). Ohne Charakter, so heißt es an früherer Stelle über die Göttter des Ideals der klassischen Kunst, „tritt keine Individualität hervor."[449] Zwar beschränkt Hegel einerseits den Begriff des Charakters im Sinne des Partikular-Besonderen auf die Moderne; gesteht aber andererseits ein, dass man an den antiken Figuren die „plastischen, idealen Inividualitäten bewundern" müsse, obwohl sie „eigentlich keine Charaktere" seien. Mit Blick auf Achill und Tragödienfiguren des Aischylos und Sophokles räumt Hegel wiederum ein, dass „wir in der Antike, wenn man dies Charaktere nennen will, freilich auch Charaktere dargestellt finden." (100) Hegel schwankt zwischen einer emphatischen Bekundung antiker Charaktere und Individualitäten und der geschichtsphilosophischen Leugnung vollgültiger Charaktere und Individualitäten in der Antike – weil sie *noch* allgemein-substantiell und nicht zufällig-partikular bestimmt seien. Dieses Schwanken lässt sich erklären und mit Hegel gegen ihn aufheben, wenn man die Individualisierung qua Stärke der Wertbindung in den Blick nimmt.

Das Prinzip der klassischen Kunst überhaupt sei, wie Hegel schon an der Darstellung der antiken Götter zeigte, das „der freien Individualität" (535).[450] Die Dramenfiguren lassen sich nun als Verschärfung der Individualität der Skulpturen der klassischen Kunst erkennen, weil sie als lebendige Körper während der Aufführung wie beseelte „Skulpturbilder" in Interaktion treten und dabei „den ganzen Menschen in seinem auch leiblichen Dasein" und die „Beihilfe fast aller übrigen Künste" (505) erfordern. Das antike Drama treibt das Prinzip der freien Individualität geradezu auf

---

[448] Zur Ausarbeitung dieser These siehe Trautsch 2016.
[449] Georg Wilhelm Friedrich Hegel: *Ästhetik* II (Theorie-Werkausgabe, Bd. XIV), S. 82.
[450] Siehe ebd., S. 92 ff.

die Spitze. Entscheidend ist, dass die allgemeine normative Berechtigung der Zwecke diese Individualitätsdarstellung nicht bremst oder gar aushebelt. Im Gegenteil – Hegel betont, dass dem „objektiven Pathos" aufgrund seiner Allgemeinheit „die menschliche Individualität nicht abgeht" (494), vielmehr ist diese Allgemeinheit gerade „der lebendige Inhalt der freien menschlichen Individualität" (539), insofern muss ein objektives Pathos zugleich immer auch „das individuelle Pathos" (539) eines *bestimmten Menschen* sein. Die Individualität der antiken Figuren zeigt sich nicht in der für das Medium der Erzählung vorbehaltenen Fülle, zu der auch Zufälligkeiten gehören, sondern wesentlich in der *Identifikation* des Individuums mit seinem *Zweck*. Mit ihm hat es sich in der attischen Tragödie „untrennbar zusammengeschlossen" (522), mit der Substanz des Inhalts des Wollens scheint das Individuum „verschlungen"[451]. Was die Figuren emphatisch verfolgen, ist „ein bestimmtes Pathos einer menschlichen Individualität" (532). Nicht *was*, sondern *wie* dieses Pathos verfolgt wird, zeigt sich in dieser Re-Lektüre Hegels als entscheidend: Denn das tragische Individuum gewinnt seine „Substanz" nur „in *der* Weise", dass es sich „*mit seinem ganzen Interesse und Sein* in solch einen Inhalt hineinlegt und ihn zur *durchdringenden Leidenschaft* werden läßt" (540; Hervorh., A. T.).

Hegel entwirft bereits die Bausteine einer Theorie praktischer Individualität, wenn er für die tragischen Figuren der Antike eine „Festigkeit" des Charakters behauptet, die sich im Gegensatz zu moderneren Stücken nicht durch die „Schwäche der Unentschiedenheit" belaste, in der die Figuren nicht „zu fertiger und dadurch fester Individualität" (563) gelangten. Die „Stärke der großen Charaktere", die die antike Tragödie vorführt, liegt demgegenüber gerade in der Einheit von Individuum und seinen Zwecken bzw. Vorhaben: „da ist keine Unentschlossenheit und keine Wahl" (546). Diese Formulierung ist missverständlich, da Hegel nicht die zu seiner Zeit populäre Deutung der attischen Tragödie als Schicksalstragödie teilt, in der die Figuren so handeln müssen, wie sie es tun, sondern im Gegenteil Selbstbestimmung und eigene Verantwortung als konstitutiv für das alte Drama ansieht, in der sich Heroen „fest zu dem *einen* sittlichen Pathos entschließen" (559). Für tragisches Handeln ist „das Prinzip der *individuellen* Freiheit und Selbständigkeit oder wenigstens die Selbstbestimmung, für die eigene Tat und deren Folgen frei aus sich selbst einstehen zu wollen" (534), notwendige Voraussetzung. Die Abwesenheit einer Wahl in der existentiellen Handlungssituation der Stücke ist also kein Ausdruck fatalistischer Notwendigkeit, sondern davon, dass die Individuen in der antiken Tragödie *sich selbst im Handeln zu erkennen geben*. Sie „sind", so Hegel, „durch und durch [...], was sie wollen und vollbringen". Die tragischen Figuren „handeln aus diesem Charakter, diesem Pathos, weil sie gerade dieser Charakter, dieses Pathos sind" (546). In ihrem praktisch und expressiv explizierten Inneren „tritt [...] eine bestimmtere Besonderheit hervor, auf der diese Gestalten *als auf etwas zu ihrem Wesen Gehörigen bestehen* und sich darin erhalten" (100, Hervorh., A.T.).

---

[451] Georg Wilhelm Friedrich Hegel: Ästhetik I (Theorie-Werkausgabe, Bd. XIII), S. 207.

Der oben attestierte Zeichencharakter des Handelns, Redens und Klagens in der Tragödie beruht, so wurde argumentiert, auf der individualitätskonstitutiven Rolle der existentiellen Werte, an denen sich die tragischen Individuen orientieren und die sie behalten, schützen, wiedererobern, verteidigen, ehren und zur Not rächen wollen wie Klytämnestra, Hekabe oder der späte Ödipus ihre Töchter, Iphigenie oder Antigone ihre Brüder, Agaue und Kreusa ihre Söhne, Orest und Elektra ihren Vater, Deianeira oder Phädra ihre Geliebten, Admet seine Frau, Aias, Philoktet und Medea ihre Selbstachtung als anerkannte und geliebte Personen, Prometheus oder Kreon ihre Rolle als Vertreter des Rechts, Eteokles, Polyneikes oder Xerxes ihre politische Macht, die Hiketiden ihre jungfräuliche Ungebundenheit, Herakles oder Hekabe ihre Familie: Wegen dieser sie identitätskonstitutiven Rolle der Wertbindung, so die hier vorgeschlagene Deutung Hegels gegen Hegel, bleibt „das Band zwischen Subjektivität und Inhalt des Wollens [...] für sie unauflöslich" (546). Erst die motivational wirksame *Stärke* der Wertung, der „Ernst" (532), mit dem gehandelt wird, schafft überhaupt die Bedingungen für eine Tragik, weil die Individuen aufgrund ihres ihnen wesentlichen Pathos selbst bei Kollisionen wie der zwischen Antigone und Kreon „von sich selbst und ihrem Vorhaben nicht ablassen" (524), sondern auch im Scheitern dafür „mit ihrem ganzen Selbst einzustehen haben" (526). Deshalb kann ein Konfliktfall auch nicht dadurch gelöst werden, dass das Individuum sich einfach von seinen Zwecken distanziert wie in der griechischen Komödie, in der nach Hegel die Figuren ihre Zwecke aufgäben und heiter aus dieser Aufgabe hervorgingen. In der Komödie ist es den Figuren aufgrund der Substanzlosigkeit ihres Wollens möglich, sich von dem Nichtigen, das sie verfolgen, im Scheitern zu distanzieren und sich selbst zu erhalten. In der Komödie zerbricht das Individuum nicht im Misslingen, sondern bleibt auch im Verlust seiner Zwecke „in sich selber fest und gesichert" (553), „ungestört und aufrecht stehen" (552). In der Tragödie bedeutet das Aufgeben der Zwecke im Scheitern dagegen den Verlust der eigenen praktischen Individualität: „Denn das Individuum ist nur dies *eine* Leben; gilt dies nicht fest für sich als dieses *eine*, so ist das Individuum zerbrochen" (549).

Diese Re-Lektüre einer bis heute folgenreichen Unterscheidung Hegels, die die Selbstunterscheidung der Modernen im *Querelle des Modernes et de Anciens* aufgreift und fortführt, lässt die Auffassung fraglich erscheinen, erst in der modernen Tragödie eine Vertiefung der Individualität zu erkennen. An der historischen Unterscheidung ist sicherlich richtig, dass es eine die gesellschaftliche Pluralisierung flankierende Erweiterung der Zwecke und Kontexte in der neuzeitlichen Tragödie (sowie anderer Literaturgattungen wie dem Roman und der Lyrik) und der sich ausdifferenzierenden Gesellschaft überhaupt gegeben hat, die „in allen Sphären neue Momente" (557) entdeckt. Wenn es also um die soziologisch beschreibbare Diversifikation als Individualisierung, also um die Inklusion weiterer kontingenter Bestimmungen geht, die Charaktere für das Publikum inklusive ihrer Idiosynkrasien konkret plastisch machen, ist Hegels Beobachtung sicher zutreffend. Wenn es aber darum geht, ob Individualität praktisch im Handeln – und nach dem Umschlag im Klagen – zum Ausdruck kommt, muss die Antwort auf die Frage nach einer erst modernen Vertiefung der Individualität negativ ausfallen.

Was Hegel selbst sieht, aber durch seine historische Systematisierung, auf die die *Vorlesungen zur Ästhetik* angelegt sind, wieder verdeckt, ist ein unabhängig von der Epochenzuordnung handlungstheoretisch wichtiger gradueller Unterschied der Tiefe der Bindung von Handelnden an ihre Zwecke. Die Zwecke und Werte können in der Antike *und* in der Moderne sowohl Ausdruck eines allgemeinen normativen Rechtsanspruchs als auch Ausdruck partikularer Bedeutsamkeiten sein, die sich nicht allein als Repräsentation einer allgemeinen normativen Forderung fassen lassen. Eine belastbare Distinktion zwischen Tragödien hinsichtlich ihrer Funktion, Individualität darzustellen, ist nicht primär über die Qualifikation der Inhalte des Wollens, sondern vor allem über die Relevanz zu gewinnen, die die jeweiligen Zwecke für die Akteure haben. Sie spiegelt sich in der motivationalen Kraft, die die Zwecke im Handeln entfalten, und in der Schwere des Leids über den irreversiblen Verlust der sie leitenden und ihre praktische Identität konstituierenden Wertungen. Eine deutliche Schwäche von Hegels Tragödientheorie, deren Einfluss bis heute nur dem von Nietzsches Theorie zu vergleichen ist, besteht im fast vollständigen Übergehen der Tiefendimension des Leidens der Figuren, durch das *ex negativo* die Bedeutung des Verlorenen einsichtig wird.[452] Das entscheidende Kriterium, um Dramentypen voneinander zu unterscheiden, liegt schon für Hegel in dem *Verhältnis*, „in welchem die *Individuen* zu ihrem *Zwecke* und dessen Inhalt stehen" (520). Dieses Verhältnis ist bei den Tragödien, die er auszeichnet, das einer festen, leidenschaftlichen, im Scheitern das tragische Pathos begründenden Verbindung von Individuum und Zweck.

Das ist auch der Grund, warum entgegen der Epochenunterscheidung einige Interpreten in neueren Stücken zuweilen weniger Individualität zu erkennen meinten, wenn sie nur „bloße Individuen" (Schiller) vor sich hatten. Ausgerechnet modernen Stücken wirft Hegel vor, dass in ihnen das Recht der freien Subjektivität „alleiniger Inhalt" (557) sei. Es wurde in Kap. 8.10 bereits von der Ironie der gesellschaftlich betriebenen Steigerungsdynamik von Individualität gesprochen, insofern das explizite Zwecksetzen der Selbstunterscheidung von anderen just von der praktischen Individualisierung ablenken kann, die im leidenschaftlichen Eintreten für existentielle Ziele liegt, die durchaus allgemein sein können. Es gibt ein Paradox, dass jemand, der sich nur oder primär um sein Anderssein sorgt, in einer Kultur der romantischen Individualisierung bzw. spätmodernen Singularisierung gerade zum unauffälligen Beispiel eines Typus verblassen kann, während jemand, der auf Dauer für allgemein anerkannte Werte existenziell eintritt, zur Ikone der Individualität zu werden vermag. Dieses Paradox der Individualisierung betrifft jede von einer Gruppe favorisierte in-

---

[452] Die bloße Erwähnung des Leids, ohne sich ihm theoretisch zu widmen, betrifft alle philosophischen Tragödienreflexionen von Aristoteles bis zu Nietzsche. Nietzsche geht ihm als erster nach, versteht das tragische Leid aber, wie ich meine, falsch: siehe Kap. 9.5.

dividuelle Abgrenzung, die darin selbst wieder zum Kollektiv wird.[453] In einer Nebenbemerkung Hegels wird das Paradox offenkundig, dass die modernen Charaktere zuweilen weniger Individualität zum Ausdruck bringen, obwohl sie sich doch als Charaktere gleichsam breiter individualisieren. Den Figuren der neuzeitlichen Tragödie, so kritisiert Hegel, komme es nämlich nicht auf substantielle Zwecke, „sondern auf ihre eigene Individualität" (322) an. Die Individualisierung ist also selbst der Wert, an dem sich das Handeln orientiert. Dadurch wird paradoxerweise die praktische Individualität, die in existentiellen Bindungen an Werte und Zwecke expressiv wird, geschwächt.

Hegels Betonung auf dem Allgemeinen der sittlichen Berechtigung von individuellen Anliegen, das die antike Tragödie, ja, die klassische Kunst überhaupt auszeichne,[454] erinnert an eine wichtige Ergänzung in der Analyse der tragischen Erfahrung, die in der Kunstform der Tragödie zur Darstellung kommt. Bislang wurden tragisches Handeln und tragische Erfahrung vor allem aus der phänomenologisch rekonstruierten Perspektive der Handelnden und Leidenden betrachtet. Doch um der Tragödie gerecht zu werden, muss die Optik des Publikums einbezogen werden, ohne das der theatrale Begriff seinen Sinn als ästhetische Aufführung für andere verlöre. Die Pointe ist nun, dass gerade in ihren ästhetischen Charakter diese sittliche Dimension eingebaut ist. Denn die seit Platon und Aristoteles diskutierten tragischen Affekte sind Elemente und Medien einer ästhetischen Erfahrung, die auch evaluative Urteile über ein unverdientes und erschreckendes Leid impliziert. Beließe man es bei der Perspektive der Handelnden, könnten theoretisch auch Schwerverbrecher tragische Individuen sein, insofern sie pathologisch-kriminell Werte verfolgen, die ihre praktische Individualität ausmachen. Doch wenn unmoralische Charaktere oder Verbrecher scheitern, stellen sich, so betont schon Aristoteles, kein Mitleid und kein Erschrecken ein, da die Kriminellen nicht den normativen Ansprüchen des Publikums entsprechen. Zur Tragik als ästhetischem Begriff, der Akteurs- und Publikumsperspektive verbindet, gehört also die allgemeine Anerkennungswürdigkeit der Ansprüche der Individuen. Das schließt wie gesagt nicht aus, dass diese sich auf Partikulares richten, das in der Erfahrung und wertenden Perspektive *eines* Individuums seine Relevanz gewinnt. Es muss darin aber als eigene existentielle Wertung allge-

---

453 Man denke etwa an das subkulturelle, ursprünglich New Yorker Phänomen der Hipster seit den späten 1990er Jahren. Demgegenüber erscheint jemand, der wie Nelson Mandela sein Leben in existentieller Ausdauer dem mittlerweile von den meisten Weltbürgern anerkannten Wert einer Überwindung des Rassismus widmete, wie das Sinnbild des unverwechselbaren und einzigartigen Individuums; zu dieser Dialektik vgl. Trautsch 2017. Man kann auch an die politische Attraktivität einer Person wie Bernie Sanders, dem Senator von Vermont, für den progressiven und jungen Teil des Elektorats in den Vereinigten Staaten denken, der gerade nicht für die Orientierung an sichtbarer Individualisierung steht, sondern seit Jahrzehnten buchstäblich *semper idem* in selbem Stil und gleicher Diktion auf demokratisch-sozialistische Reformen gedrängt hat. Hier stehen Individualisierung bzw. Singularisierung als Wert und praktische Individualität, die nicht angestrebt wird, sondern sich aus Orientierung an Werten ergibt, gegenüber.
454 Vgl. Georg Wilhelm Friedrich Hegel: *Ästhetik* I (Theorie-Werkausgabe, Bd. XIII), S. 542f.

mein verständlich und moralisch akzeptabel sein, um Gegenstand einer öffentlichen Anerkennung werden zu können. Genau diese öffentliche Darstellung des Individuellen als *allgemein relevant und anerkennbar* ist eine der politischen Funktionen der Tragödie. Die Darstellung einer individuellen Erfahrung als für die allgemeine Gerechtigkeit der Polis transformative ist nach Christoph Menkes Analyse der *Antigone* eine Leistung der antiken Tragödie.[455]

Allgemeinheit und praktische Individualität sind also in der Tragödie keine Gegensätze. Die in der tragischen Gesamthandlung verflochtenen Einzelhandlungen haben daher einen *exemplarischen* Charakter: Sie sind individuell *und* allgemein. Ein konkretes, mit Namen und Eigenschaften, historisch bzw. mythisch situiertes Individuum, das für seine eigenen Taten einzutreten und an den Konsequenzen ihres Umschlags zu leiden hat und insofern als dieser erkennbare Charakter nicht zu verwechseln ist, zeigt an sich selbst in einer bestimmten Konstellation an, was ihm an allgemein nachvollziehbaren Evaluationen wesentlich ist. Darin macht es die Bedingungen positiver Freiheit und Autonomie allgemein erkennbar: Das Formal-Allgemeine des starken oder existentiellen Wertens wird als Voraussetzung des jeweiligen Wollens, Handelns und Leidens in der individuellen Verkörperung des Handelns und Scheiterns exemplarisch sichtbar.[456] Dadurch wird das Exemplarische dieses Individuums auf der Bühne akzentuiert: Es handelt sich nicht um ein „bloßes Individuum" (Schiller), dessen Schicksal niemanden etwas anginge, sondern als – u. a. durch die Maske – ästhetisch distanzierte Figur zugleich um ein Individuum, das in der *orchēstra* in seinem Wollen und Leiden *pars pro toto* für alle Individuen stehen kann. Dieses Exemplarität des Individuellen treibt noch heute Theatermacherinnen und -macher, die sich mit der Tragödie beschäftigen, um. So schreibt Milo Rau: „In dem Moment, wo er [der Mensch, A.T.] ins Öffentliche oder auf eine Bühne tritt, spricht er nicht mehr für sich allein, auch da, wo er scheinbar nur von sich erzählt."[457] Ermöglicht die Distanz der mythischen, stilisierten Figur eine Allgemeinheit, aufgrund der jeder Zuschauer *seine eigene Möglichkeit* in der Figur erkennen kann, ist die theatralische Fokussierung auf das Individuum, seine unverwechselbare Stimme und seinen konkreten in den Wertungen und Entscheidungen erkennbaren Charakter sowie sein ihn von allen isolierendes Leiden Ausweis unersetzbarer Individualität. Die Figuren *stellen* gleichsam zugleich einen Begriff ihrer selbst *dar* und ein hier und jetzt

---

455 Menke 1996a.
456 Das Exemplarische des Individuellen wird in der zeitgenössischen Philosophie von Sokrates und Kant ausgehend in ethischer Perspektive aufgegriffen (vgl. Gerhardt 2006 und 2009). Ihm verwandt ist der zeichentheoretische Begriff der Exemplifikation (Goodman 1997, vor allem Kap. 2). Auf ihn ist aber weder der *ethische* noch der *theatrale* Begriff des im Individuellen beispielhaft erkennbaren Allgemeinen reduzierbar. Denn im exemplarischen Handeln *vertritt* jemand durch eine Entscheidung *bewusst* und *aktiv* einen Wert, was genau deshalb als etwas Allgemeines erkennbar wird, während die Exemplifikation, die nicht nur Menschen, sondern ebenfalls Dinge oder Prozesse betrifft, auch auf die Eigenschaften eines Individuums zutreffen kann, die außerhalb seines Handelns und Wollens liegen.
457 Rau/Bossart 2017, S. 149. Rau macht die Exemplarität der Individualität zur Treibkraft seiner aktuellen Tragödienkonzeption. Siehe dazu Trautsch 2020.

ganz von seinem Pathos erfülltes, verletzliches, leibhaftiges Individuum *vor*. Darin liegt das Exemplarische der antiken Tragödie.

Das tragische Theater der Antike ist eine exemplarische Anstalt, weil sie Allgemeinheit *in* der Individualität und Individualität *in* der Allgemeinheit zur Erscheinung bringt. In der ästhetischen Konkretion der auf die praktische Individualität fokussierten Aufführung öffnet sich das philosophische Denken über den Menschen.

8.12 Reflexive Individualisierung im Widerstand

In der Tragödie kommt ein Verlust der Bedingungen von Freiheit als Selbstverwirklichung durch die klagende Selbstartikulation eines Individuums zur Darstellung. Entweder wird *ex post* mit der tragischen Erkenntnis bewusst, dass existentielle Werte ohne entsprechende Intention irreversibel zerstört *wurden* und man ihren Verlust nur noch beklagen kann (*Perser, Aias, Trachinierinnen, König Ödipus, Ödipus auf Kolonos, Philoktet, Hippolytos, Herakles, Bakchen*); oder das tragische Handeln geschieht offenen Auges, also bewusst, aber nicht *um* existentielle Werte zu vernichten, vielmehr lässt sich ihre Läsion aus normativen oder Machtkonflikten nicht vermeiden (in der *Orestie*, den *Sieben gegen Theben*, dem *Prometheus Desmotes*, in der *Antigone, Elektra, Medea, Iphigenie in Aulis, Hekabe* oder *Alkestis*). In diesen Fällen drückt das Handeln, das seinen Preis *ex ante* kennt, die mal stolze, in der Regel aber verzweifelte und selbstschädigende Selbstbehauptung einer praktischen Individualität trotz der Bedingungen der Nötigung oder des Zwangs aus, mit denen sie kollidiert; sei es mit dem unbeugsam ausgelegten Recht des Staates, der Willkür der politischen Gewaltherrschaft, der Notwendigkeit eines göttlich verhängten Schicksals oder der Rücksichtslosigkeit anderer. Mit den existentiellen Werten geht die handelnde Person selbst zugrunde, die sich ebenfalls in einer tragischen Erfahrung reflexiv der Bedingungen ihres Scheiterns vergewissert. Sie muss das Leiden in Kauf nehmen, weil sie es nicht dadurch abwehren kann und will, dass sie ihre existentiellen Werte aufgibt.

Dass in der tragischen Erfahrung ein individualisierendes Moment liegt, wird auch in der *dramatischen Form* der Tragödie evident. Sie lässt die Individuen immer in einem öffentlichen und geteilten Raum mit anderen handeln und sprechen: In ihm tritt das Selbst „als *einzelnes* aus der autoritativen Einheit des Epos nur hervor, wenn es als *eines unter vielen* auftritt."[458] Diese Tatsache ermöglicht nicht nur Kooperation, Kommunikation und geteiltes Leiden im entgrenzenden Mitleid, sondern auch eine Individualisierung gegenüber anderen Figuren, wenngleich es – wie gezeigt wurde – den Figuren nicht *um* diese Individualisierung geht. In der Behauptung dessen, was ihnen existentiell wichtig ist, unterscheiden sich die Figuren nicht nur von politischen Gegnern, sondern auch und gerade von denen, die ihnen am nächsten sind, aber eine

---

[458] Menke 1996a, S. 136. Das Theater ist also schon formal ein antisolipsistisches Medium, siehe Kap. 5.8.

andere evaluative Einstellung zu den Zwecken der Handlung haben. Somit ist jedes tragische Individuum bereits im geteilten Raum der Begründung und der Selbstexpression, in dem es sich reflexiv seiner selbst in einem noch tieferen Sinne vergewissert, wenn andere Lebens- und Handlungsoptionen durch Mitspieler *vor* dem tragischen Handeln verkörpert werden. Ihnen gegenüber konturiert es sich ausdrücklich in Bezug auf die existentiellen Werte, die als *eigene* Werte nicht einfach nur ein Beispiel der fraglos gültigen Sittlichkeit bieten. Von der Außenperspektive der Unterscheidung zu den Wertungen und Urteilen anderer Figuren führt sie ein weiterer „Schritt der Individualisierung [...] zu ihrer Binnenperspektive als ein selbstbezogenes tätiges *Selbst*, das sich als *besonderes* hervorbringt."[459]

Einige solche Beispiele – die *Hiketiden*, Sieben gegen Theben, Antigone, Elektra, Medea* und *Prometheus Desmotes* – sollen hier kurz zur Begründung betrachtet werden. Die aus Ägypten geflohenen Danaiden treffen am Ende von Aischylos' *Hiketiden* auf den Chor der Mägde des griechischen Argos, der kulturell fremden Polis, die ihnen Asyl gewährt. Die von den Danaiden gepriesenen Griechen sind solidarisch, allerdings können die Mägde die Sorge der Danaiden um ihre Unabhängigkeit von erzwungener Ehe und ihre Unberührtheit nicht in der existentiellen Bedeutung, die diese Werte für die Töchter des Danaos darstellen, teilen. Die argivischen Frauen fürchten vielmehr die Rache der Kypris, bemerken den Wert des Amourösen und geben zu bedenken, dass eine Ehe, sollte sie am Ende die Danaiden treffen, nicht nur sie, sondern bereits „viele Frauen vergangener Tage"[460] getroffen hat. Mehr noch: Was die Danaiden fürchten – „die Verbindung", „die wir hassen" (V. 1064) –, erscheint den Mägden sogar als „das Beste" (V. 1054). Zwei vermutlich altersmäßig und sozial vergleichbar situierte Gruppen – noch unverheiratete, von ihrem väterlichen Kyrios abhängige Frauen – stehen sich hier solidarisch gegenüber, und doch gehen ihre evaluativen Urteile auseinander. Die Danaiden hoffen auf männlichen wie göttlichen Beistand, sie sind als Frauen wie die griechischen Mägde von der Freiheit der Selbstbestimmung als Akteure weitgehend sozial ausgeschlossen (ihr Vater Danaos übernimmt folglich die Verhandlungen mit Pelagos). Doch ihre Eigenständigkeit zeigt sich in ihrer eigenen Wertung, die von einer ihnen ähnlichen sozialen Gruppe nicht geteilt wird, die ein (oktroyiertes) Heiraten offenbar durchaus akzeptabel finden. Im Chor der Flüchtigen versammeln sich gegenüber dem Chor der Mägde Individuen mit einem gemeinsamen existentiellen Interesse: *nicht* zur Heirat genötigt zu werden, nicht „untertan Aigyptos' Stamm" (V. 331) zu werden. Schon vor dem Zusammentreffen der beiden Frauengruppen erklärt die Chorführerin dem König der Argivier, der nach dem Grund ihrer Flucht fragt, dass „der Menschen Not" vielseitig sei: „Nicht gleich Gefieder trägt das Unheil überall." (V. 324 f.) Ihnen ist die Individualität ihres Leids aufgrund ihrer Gründe also bewusst. Diese Tragödie des Aischylos bildet eine Ausnahme, denn normalerweise befindet sich nicht der Chor im tragischen Risiko, sondern es sind

---

459 Ebd., S 160.
460 Aischylos: *Hiketiden*, V. 1051.

einzelne Figuren, die dem Chor gegenüberstehen. Sie zeigt aber, dass auch der Chor als Kollektiv eine geteilte praktische Identität ausbilden und diese handelnd und klagend zum Ausdruck bringen kann.

Das prominenteste Beispiel individueller Selbstbehauptung bietet sicher Antigone. Zusammen mit ihrer Schwester Ismene klagt sie in Aischylos' *Sieben gegen Theben* vor Schluss in einem eng aufeinander abgestimmten Wechselgesang.[461] Die Schwestern wirken in dieser intensiven lyrischen Stichomythie wie eine in sich geteilte Klageeinheit, denn sie teilen *ein* Leid – den Verlust der sich gegenseitig erschlagen habenden Brüder – und ihre Stimmen sind zum gesteigerte Ausdruck am Ende auf Halbverse verteilt: „Nah", ruft Ismene beide zusammenfassend, „sind die Schwestern den Brüdern!"[462] Doch am Ende ihres Wehklagens im Wechselgesang kündigt sich auf einmal eine Unterscheidung im Gewicht der je individuellen Erfahrung an, als Antigone bekennt, das Leid gelte „vor allem mir!", woraufhin Ismene entgegnet: „und überdies mir!" (V. 996 f.) Als kurz darauf der Herold auftritt und verkündet, dass nur Eteokles, nicht aber Polyneikes bestattet werden soll, der den Hunden zum Fraß überlassen werde, meldet sich nun Antigone ganz allein und setzt einen *praktischen Unterschied* nicht nur zu den anderen Kadmeern, sondern auch zu ihrer Schwester, mit der sie doch eine Leidensgemeinschaft verbindet. Ihr erstes Wort, das dem kollektiven Rat der Kadmeer antwortet, lautet „Ich" (*egō*). In einer deutlichen Rede verkündet Antigone ihren Willen, der, wie später Sophokles' Aufnahme des Stoffs vorführen wird, von niemandem, auch nicht von ihrer so nahen Schwester geteilt wird. Antigone bezieht sich in öffentlicher Weise, die eine allgemeine Anerkennung zumindest einzufordern scheint, auf ihre eigenen Gründe, die ihrem individuellen normativen Selbstverständnis entsprechen und daher ihren Mut, ihre Tatkraft und Entschlossenheit zu begründen vermögen:

> „Ich aber rede so zu der Kadmeer Rat.
> Wenn niemand diesen hier mit mir bestatten will,
> Ich will es tun und stürze mich in die Gefahr,
> Begrab ich nur den Bruder, und nicht schäm ich mich,
> Der Stadt zu trotzen, die mich nicht bereden soll.
> Der Schoß, aus dem wir wuchsen, ist ein mächtiges Band:
> Der armen Mutter, des unseligen Vaters. So
> Teilt mit dem Willenlosen willentlich die Not
> Mein Herz, lebendig mit dem Toten, schwesterlich.
> Nicht werden Wölfe mit den hohlen Bäuchen je
> Sein Fleisch verzehren. Niemand rede dies sich ein.
> Ich selber nämlich, ob ich gleich ein Weib nur bin,
> Will die Bestattung ihm bereiten und das Grab.
> Im Bausch des Byssoskleides trage ich's herbei
> Und decke selbst ihn zu. Da gilt kein Widerwort.
> Dem kühnen Mut wird Hilfe werden in der Tat." (V. 1026–1041)

---

461 Aischylos: *Sieben gegen Theben*, V. 966–1004.
462 Ebd., V. 974.

Nach Einwänden und Warnungen des Herolds bekräftigt Antigone unbeirrt ihre Ankündigung: „Ich werde ihn begraben" (*egō dethapsō tonde*, V. 1052). Aus der Kraft ihres Wollens erwächst ihr die Fähigkeit zur Prognose: Sie wird es sich nicht noch einmal überlegen, sondern gegen jedes „Widerwort" und, wie das Publikum schon weiß, gegen jeden Widerstand handeln.[463]

Ein Teil des Chores kündigt an, Antigone trotz Angst zu begleiten, „denn allen gemein ist dieses Leid" (V. 1070), der andere Teil des Chors will sich an das Dekret halten (V. 1073–1078). So erzeugt Antigone, in dem sie durch ihre Rede ein wahrnehmbares Beispiel gibt, eine Differenz – den Schritt zur praktisch individualisierenden Stellungnahme ihrer Zuhörerinnen. Doch auch die solidarischen Jungfrauen wollen nur Begleiterinnen sein. Die Tat, deren Folgen später Sophokles in seiner Tragödie zum Sujet macht, bleibt bei Antigone allein.[464]

In Sophokles' *Antigone* setzt sich die Protagonistin nicht nur weiterhin in ein gegensätzliches Verhältnis zum Gesetz ihres Opponenten Kreons, sondern unterscheidet sich auch von ihrer nächsten Verwandten, ihrer Schwester Ismene. Anfangs will sie sie noch überreden, ihr bei der Bestattungshandlung zu helfen. Sie beginnt im ersten Vers der Tragödie mit einem Verweis auf ihre Gleichheit als Schwestern (*koinon*), zugleich spricht sie das Haupt (*kara*) Ismenes an, also das Körperteil, in dem sich die Individualität am stärksten manifestiert. Damit verweist sie mit den ersten Worten auf die enge Bindung der Schwestern als *philoi* und zugleich auf die irreduzible Eigenständigkeit auch der Individuen, die die größte Nähe in sozialer, familiärer, generationeller und geschlechtlicher Hinsicht haben und in einer Schicksalsgemeinschaft stehen, wie Antigone in den folgenden Versen deutlich macht, in dem sie das Leid schildert, das beide zusammen, die als einzige aus der Familie noch leben, betrifft. Aber schon bald tut sich eine Differenz auf, die nicht mehr mit Abstammung oder Familienzugehörigkeit, sondern mit begründeter Handlungsbereitschaft zu tun hat. Antigone will ihren Bruder beerdigen, damit er nicht „nackend, unbeweint, den Vögeln"[465] zum Fraß vorgeworfen werde. So kann er noch im Tode ein Individuum bleiben, statt als Nahrung für wilde Tiere in der Natur verstreut zu werden. Antigone macht die von ihr und Ismene geteilte Klage performativ und handelt in Entsprechung zum Wert, den ihr geliebter Bruder trotz seines unvernünftig selbst provozierten Todes

---

[463] Im Englischen ist diese Bestimmung der Zukunft nach dem eigenen Willen sprachlich bewahrt: ‚I will' heißt sowohl ‚ich will' oder ‚beabsichtige' als auch ‚ich werde'.
[464] Die Echtheit der gesamten Schlusspassage nach dem Klagedialog (V. 1005–1078), wenn nicht sogar früherer Verse, ist mehrfach in Zweifel gezogen worden, denn groß ist ihre Nähe zur sophokleischen *Antigone* und zum Schluss der *Phönizierinnen* von Euripides, nach dem die Schlussszene der *Sieben gegen Theben* entworfen zu sein scheint (siehe mit Literatur den Kommentar von Gregory O. Hutchinson in Aeschylus 1985, S. 209–211. Zu dem Bezug zu Sophokles und Euripides siehe Zimmermann 1993, S. 109–205). Die Funktion der oben skizzierten Interpretation, den individuellen Handlungsanspruch in der antiken Tragödie zu belegen, bleibt auch dann erhalten, wenn es sich um eine spätere Interpolation aus dem 4. Jahrhundert v.Chr. handeln sollte. Sie würde demonstrieren, dass auch in der nach-klassischen Tragödie der Selbstbehauptungsanspruch ihrer Figuren geschätzt wurde.
[465] Sophokles: *Antigone*, V. 27.

weiterhin für sie hat. Als Ismene aber ihre Gründe darlegt, warum sie Antigone trotz geteilter Liebe nicht beistehen wird – aus Kraftmangel und aufgrund ihres Selbstverständnisses als den Männern stets unterlegene Frau –,[466] wendet sich diese von ihr ab und bleibt auf ihre Eigenständigkeit zurückgeworfen, die sie nicht etwa aufgibt, weil für sie in der männerdominierten Polis selbständiges Handeln als Frau nicht vorgesehen ist: Ihre eigene Entscheidung wird von niemandem mitgetragen, dennoch entspricht sie einer volitionalen Notwendigkeit aufgrund ihrer eigenen Wertungen, denn dafür, dass eine fremde Autorität sie zwingen würde, gibt es keinen Beleg im Text: Zwar spricht sie von einer „frommen Schuld" (V. 74) bzw. einem Frevel aus göttlichem Gesetz (*hosia panourgeas*), wie sie auch später paradox auf ihre durch „frommes Tun" erworbene „Gottlosigkeit"[467] (V. 924) und ihre Ehrung des Heiligen verweist (V. 943). Antigone sieht sich durch ein göttliches Recht gesichert, das älter und länger in Geltung sei als jedes staatliche Recht (V. 456 f.). Dementsprechend könnte man Antigones Tun als bloß regelkonformes Handeln auslegen, das einem älteren heiligen Gesetz wie einer auferlegten Notwendigkeit folgt: „Ich muß/ Sein Grab dem liebsten Bruder graben gehen" (V. 80 f.). Doch schon die Differenz zu Ismene, nicht erst der offene Konflikt mit Kreon macht deutlich, dass es keine allgemeine Notwendigkeit gibt, wie sie zu handeln hat. Sie erhebt einen normativen Anspruch gegen Kreon (V. 48) und für ihren Bruder, demgegenüber sie nicht als Verräterin dastehen will (V. 46). Sie folgt nicht blind einem Gesetz wie einer fremden Autorität, sondern macht sich reflexiv die Gründe für das fromme Handeln für ihren geliebten Bruder zu eigen und handelt in eigener Verantwortung. Dass es ihr ernst ist, zeigt, dass sie sich selbst im Tod als liebend imaginiert, dann würde sie „ihm zur Seite, lieb dem Lieben" (*philou meta*) (V. 73) liegen."[468] Die praktische Individualität Antigones zeigt sich als Bedingung ihrer Handlungsmacht, die sich als strukturelle Intention auch gegenüber existentiellen Risiken behauptet.[469]

---

466 Ebd., V. 78 f. Vgl. V. 61–64: „Nein, einsehn heißt es, erstens: Frauen sind wir,/ Geboren um mit Männern nicht zu kämpfen!/ Sodann, den Stärkeren sind wir untertan,/ Um zu gehorchen, tu' es noch so weh!" Daher will sie „tun, was die im Amt befehlen" und das Maß nicht übertreten (V. 67 f.).
467 Übersetzung von Norbert Zink.
468 Butler 2001b, S. 19, geht von einer „inzestuösen Liebe zu ihrem Bruder" aus, aber diese psychoanalytische Deutung verengt zu sehr – durch den Text nicht gestützt – die Individualität, die sich in existentiellen Wertungen ausdrückt, als müssten diese wieder auf etwas unbewusst Allgemeines wie erotisches Begehren zurückzuführen sein. Erotisches Begehren (auch inzestuöses) kann zu Erfahrungen führen, aus denen existentiellen Wertungen für die praktische Identität entstehen, aber das ist nur ein Fall und nicht generell das Paradigma. Der formale Begriff existentieller Wertungen erlaubt dagegen eine Vielfalt von Erfahrungen, in denen sich diese Wertungen bilden und bewähren.
469 Dieter Thomä hat darauf hingewiesen, dass die *panourgia*, auf die Antigone verweist, „die Fähigkeit, alles zu tun" meine (2018, S. 357). Nun will Antigone aber nicht alles Mögliche tun, sondern gerade das nach exekutiver Anweisung Unmögliche, nämlich Verbotene. Dazu braucht sie besonderen Mut, der ihr aus ihrer Liebe als Quelle ihrer Handlungsgründe zuwächst. Demnach wäre *panourgia* eine „Handlungsfähigkeit" (ebd.), deren motivationale Kraft erst mit existentieller Wertbindung erschlossen wird. Antigone sagt Ismene, sie würde zu handeln aufhören, reichte „meine Kraft nicht hin" (V. 91) – aber sie reicht hin.

Ihre Eigenständigkeit wird von der Macht kritisch wahrgenommen: „Und schämst dich gar nicht, so allein zu stehen?" (V. 510), fragt Kreon sie. Sie steht in der Tat der Gemeinschaft mit ihrer sozialen Rollenerwartung an sie als Frau und als der politischen Herrschaft Untergebene insofern entgegen, was einerseits für die zuschauenden Bürger Athens problematisch gewirkt haben durfte, galt bei ihnen doch das Politische als höchster Wert.[470] Aber zugleich begründet Antigone den Sinn des Politischen auf ihre Weise, indem sie auf Anerkennung ihrer Perspektive in der Polis verbal und tatkräftig besteht. Gegenüber der von Kreon manifestierten staatlichen Ordung gegenüber individualisiert sich Antigone reflexiv, so Menke, „als ein selbstbezogenes tätiges *Selbst*, das sich als *besonderes* hervorbringt"[471], und ihre eigene Wertbindung einer allgemeinen Norm *nicht* unterordnet. Tatsächlich wird sie von anderen als ein Individuum gekennzeichnet, das sich durch einen *Mangel* an Zugehörigkeit auszeichnet: Nach Kreon empört sich Antigone gegen die Ordnung (*akosmountas*) (V. 730), das heißt, sie handelt, indem sie sich „selber Gesetz" (*autonomos*) ist, wie der Chor singt (V. 821). Christoph Menke hat diese von anderen zugeschriebene Individualität auch im Selbstbezug Antigones ausgemacht: Indem sie „das *ihr eigne*" und sich im Verhältnis zu diesem selbst behaupte, „konstituiert Antigone sich als ein individuelles oder besonderes Selbst." Denn Individualität sie nicht schon „qualitative Besonderheit für andere, sondern gewinnt Wirklichkeit nur durch Selbstverwirklichung im praktisch-hervorbringenden Bezug des selbst *zu* sich."[472] Dieter Thomä hat gegen diese Deutung eingewandt, dass im Text dieser Bezug Antigones zu sich nicht zu finden sei.[473] Doch entgeht Thomä die Selbstartikulation Antigones als selbstbewusst nach einem Selbstverständnis Handelnde: Nicht nur bringt sie ihre Wertungen (Liebe), aus denen sie Gründe ableitet (den Bruder nicht unbeweint, also ohne rituell manifestierte Wertschätzung dem Aas zu überlassen), mehrfach zum Ausdruck und zeigt damit, was ihr praktisch-normatives Selbstverständnis ausmacht (z. B. in V. 46, V. 523), was auch ihr Umfeld anerkennt, so etwa Ismene (V. 99, V. 540–545) oder Haimon und laut ihm die Polisbevölkerung (V. 690–700). Vor allem aber macht sie bereits in der Eröffnung gegenüber Ismene verbal und durch den Akt der Bestattung nach Befragung durch Kreon selbstbewusst und öffentlich kenntlich, dass solch ein Selbstverständnis nur relevant ist, wenn es praktisch wirksam wird und sich nicht einer Übermacht gegenüber verformt. Wenn Antigone Ismenes Solidarität mit dem Hinweis ablehnt, dass es nicht reiche, bloß in *Worten* zu lieben, sie aber *gehandelt* habe (V. 542f.), dann liegt darin ein Bekunden ihrer praktischen Individualität. Sie wählt nicht die einzelne Handlung als eine von mehreren Optionen, sondern ihre Freiheit zeigt sich in ihrer selbstreflexiven Versicherung ihrer wichtigsten Wertungen und einem bewussten Einsatz für sie, der zugleich eine performativ eingelöste Treue zu ihrem

---

[470] Vgl. Goldhill 1986, S. 93 ff.
[471] Menke 1996a, S. 160.
[472] Ebd., S. 169.
[473] Vgl. Thomä 2018, S. 367 ff.

konkreten Selbst ist.⁴⁷⁴ Wenn sie an Polyneikes' Leichnam weint und laut klagt, ist das durchaus als Expression ihres evaluativen Bezugs zum Toten zu verstehen.⁴⁷⁵ Durch ihre individuelle Eigenständigkeit, die sie, obwohl sie Frau, Untergebene und im Tun ganz auf sich gestellt ist, praktisch bezeugt, konnte Antigone zum Beispiel für Rebellion und für feministische Emanzipation werden.

Buchstäblich *ganz* setzt Antigone sich als Individuum für den Bruder ein, weil dessen Würde selbst *post mortem* ein existentieller Wert für sie ist. Sie „asserts her dependence on her own, her own relationships, her own power, her own authority,"⁴⁷⁶ weil sie sich ihrer normativen Ausrichtung bewusst ist. Daher nimmt sie später auch *allein* bewusst alle rechtlich definierte Schuld auf sich und weist Ismenes nachträgliche Solidarität zurück: Nur sie sei schuldig, daher sei die Strafe nur ihre, denn Ismene habe eben nicht gehandelt, daher sei auch die Strafe nicht ihre: „Nein, das läßt dir das Recht nicht zu, da weder/ Du wolltest, noch ich dich hieß Anteil nehmen." (V. 538 f.) Ismenes späte Bereitschaft, mit Antigone zusammen zu handeln und „in deiner Leiden Boot mit dir zu steigen" (V. 541), kommt zu spät, denn nur Antigone hat aus ihrem Wert heraus auch *Kraft* geschöpft und *gehandelt*, weshalb auch die Konse-

---

474 Wenn Thomä vermutet, dass Antigone nicht aus Wahl handle, ja, gar „nicht wählen *will*" (ebd., S. 370), sondern aus einer Sicherheit, „die ihr gegeben und auferlegt ist" (S. 369), ihre Tat vollziehe, dann bleibt er eine Antwort darauf schuldig, von wem diese Sicherheit denn dann „gegeben und auferlegt" sei, wenn nicht von ihr selbst in Bezug zu sich als einer so-und-so existentiell wertenden Person. Dass ihr Verweis auf die edle Abstammung (V. 38) nicht der Grund sein kann, erhellt schon aus ihrer Diskussionsbereitschaft mit Ismene: Es gibt einen Spielraum, sich zu der Herkunft zu verhalten, sie determiniert nicht, es wäre auch nicht klar, dass aus ihr situativ diese Handlungsgründe folgen müssten. Nur durch einen reflexiven Selbstbezug lässt sich erklären dass Antigone die einzelne Handlung nicht wählt, wie man punktuell Handlungsoptionen abwägt und wählt – der Normalfall bei schwachen Wertungen –, sondern die Treue zu ihrem Selbstverständnis, weshalb sie sowohl *frei* ist (wie Ismene, die dieser Treue aufgrund der zu erwartenden Konsequenzen *nicht* folgt) als auch aus der Selbstbindung ihrer positiven Freiheit *nicht wählt*. Genau diese punktuelle Wahl steht nicht mehr auf dem Spiel, wenn sie ihre Treue zu den Ihren und damit ihrem Selbstverständnis gewählt hat. Dann muss sie so handeln, dass sie diese Treue nicht verrät. Nur so ist auch eine Begründung für ihren heroischen Mut möglich, mit dem sie allen Widerständen, die ihr von anderen „gegeben und auferlegt" werden, praktisch zu widersprechen und sich als Einzelne verantwortlich zu wissen vermag. Sie folgt gerade keiner Geschlechterrolle (ebd.) – das tut vielmehr Ismene –, sondern hat sich von normativen Vorgaben fester Geschlechts- und Verwandtschaftsidentitäten gelöst (vgl. Butler 2001b, S. 19). Thomä meint, dass es keine freie Übernahme eines Selbstbilds gebe, sondern sie „immer schon erfolgt" sei (S. 370) und Antigone, um Ismene zu schützen, allenfalls so tue, als ob sie wähle (S. 371). Warum und woher aber dieses unfreie Folgen eines immer schon (von wem?) auferlegten (determinierenden?) Selbstbilds kommen soll und wie es die größte Motivation, den Tod in Kauf zu nehmen, auslösen kann, erklärt Thomä nicht.
475 Bohrers These 2009, S. 360 ff., die Größe von Antigones Unglück entstehe nicht so sehr aufgrund der „individuellen Trauer um den Verlust", sondern vielmehr durch ihre mythische Klageweise in sprachlich-ästhetischer Erscheinung, stellt das Existentielle in den Dienst des Ästhetischen. Es erscheint viel plausibler, davon auszugehen, dass das Ästhetische der intensiven Klage gerade der existentiellen Dimension bedarf.
476 Goldhill 1986, S. 91.

quenzen aus dem Handeln nur ihr individuell gelten: „Halt dich aus meinem Tod, berühre nicht,/ Was dein nicht ist! An meinem ist genug" (V. 546f.), denn: „Du wähltest auch das Leben, ich den Tod." (V. 555) Antigone besteht auf ihrer selbstgewählten im Sinne von angenommen praktischen Individualität, auch wenn sie sich Ismene nach wie vor nahe weiß und von ihr Schaden abwehren will. Als Kreon abfällig und – wie sich zeigen wird – irrtümlicherweise annimmt, Antigone könne leicht durch eine andere Braut für seinen Sohn ersetzt werden (V. 569), gibt Ismene zu erkennen, dass sie immerhin die Individualität ihrer Schwester nun verstanden hat: „Doch nimmermehr wie sie und er einander!" (V. 570) Wie Antigones Beziehung zu ihrem Bruder individuell, unersetzbar und existentiell wichtig ist, ist dies auch die Beziehung zwischen Haimon und ihr, was Haimon durch seinen Suizid bekräftigen wird, der nur begründet erscheint, wenn Haimon in Antigone einen unersetzbar wichtigen individuellen Wert erkennt. Haimons Todesszene, in der er Antigones hängenden Leichnam klagend und noch sterbend umfasst (V. 1220–1225, 1234–1243), um, so der Bote, im Tod ihr Bräutigam zu werden (V. 1240f.),[477] spricht für diese Interpretation, die auch erklärt, dass der Zorn auf seinen Vater, von dem der Bote berichtet, entsprechendes Gewicht hat und letzte Motivationskraft generiert (V. 1177, 1231–1234). Wie Antigone widersetzt sich auch Haimon der Direktive Kreons. Seine Beziehung zu ihm ist ebenfalls eine hierarchische, aber familiär nahe, in der Kreon als Vater vom Sohn unbedingte Konkordanz mit seinem Willen und damit dessen Feindschaft zu Antigone fordert (V. 639–680). Haimon aber, der seinen Vater nicht umstimmen kann, bleibt seiner Wertschätzung Antigones und ihrer Tat treu, mit der er „im Bunde" ist (*symmachei*) (V. 740), und geht einen eigenen Weg, der aus der Liebe zum Vater in Feindschaft zu ihm und den eigenen Tod führt. Er definiert wie Antigone selbst, wem er seine *philia* zuerkennt, das ist für ihn existentiell wichtiger als alle anderen Bindungen inklusive der zu seinen Eltern.[478] Der Chor kann diese Bedeutung der bewusste und freiwilligen Evaluation als Grund für abweichendes Verhalten nicht erkennen und besingt den „unentrinnbaren" Eros und die „unbesiegbare" Aphrodite als Mächte, die zu irrationalem Hader unter Verwandten führten (V. 781–800). Doch Eros und Aphrodite sind nur unentrinnbar, wenn man ihnen folgt.

Antigone gibt wie Haimon auch diese sie individualisierende Beziehung entgegen der Auffassung vieler Interpreten nicht leichtfertig auf, ihr „liebster Haimon" (V. 572) ist ebenfalls von größtem Wert für sie: *philtatos* heißt ‚der nächste und liebste', wörtlich der ‚angehörigste';[479] in der *Antigone* kommt dieser Superlativ nur zweimal

---

[477] Er macht damit Kreons Prognose, Antigone möge „im Hades einen Mann" finden (V. 654) und „vor Augen ihres Bräutigams" (V. 761) sterben, zur bitteren Ironie für Kreon. Vgl. Goldhill 1986, S. 103.

[478] In Wahrheit folgt auch Kreon seinem freiwillig angenommenen Selbstverständnis als „Herr im Haus" (V. 736) des Staates, wie Antigone ändert er sein Verhalten nicht, doch dies, obwohl er damit zum tyrannischen Alleinherrscher wird, dessen rigide Gesetzgebung gegenüber Einwänden aus der Polis selbst nicht revisionsoffen ist. Seine *philoi* wenden sich wie Haimon und Eurydike von ihm ab, während Antigones *philoi* das nicht tun, sondern sich ihr gerade zuwenden.

[479] Siehe Kap. 8.9.

vor, einmal bezeichnet die Heldin Haimon so, einmal ihren Bruder (V. 81). Nicht nur Polyneikes, sondern auch Haimon ist ihr existentiell wichtig, dazu das Wohl ihrer Schwester und ihre eigene Existenz stellen existentielle Werte für sie dar. Zudem hofft sie auf *künftige* Werte: ihre Ehe, aus der Kinder hervorgehen sollten.[480] *Nur* durch Kreons Verdikt entsteht der punktuelle Konflikt, dass sie einem situativ Handlungsgründe generierenden existentiellen Wert zu Ungunsten der anderen folgt. Diese anderen aber zu verlieren, stellt ebenfalls tragisches Leid für sie dar: „unbräutlich, unhochzeitlich, ohne/ Mein Teil der Ehe noch der Kindes-Wartung,/ Verlassen so von allen Lieben, muß ich/ Lebende zu den Toten in die Gruft!" (V. 917–920), klagt Antigone, die als letzte ihres Stamms „nicht mehr bleiben" darf im Leben (V. 939). Wären diese Beziehungen zu den Ihren nicht unersetzbar bedeutsam für Antigone, wäre der von ihr herzzerreißend beklagte Tod kein existentieller Verlust – und die Tragödie nicht tragisch.[481]

Ähnlich wie Antigone grenzt sich Elektra in Sophokles' gleichnamiger Tragödie gegenüber ihrer Schwester Chrysothemis ab, die sich mit dem Mord an ihrem Vater und der Usurpation der Macht durch Klytämnestra und Aighistos abgefunden hat und nicht die Kraft und den Mut aufbringt, sich gegen die Unrechtsherrscher aufzulehnen. Elektra besteht dagegen in ihrem von niemandem geteilten Willen, durch Klage die Empörung über das Unrecht und den Verlust des Vaters wachzuhalten: „Doch niemals, nein!/ Laß ich ab von Totenklagen/ Und bittern Grabgesängen" (V. 101–103). Den Trostversuch des Chors erkennt sie zwar wohlwollend an, doch pocht sie darauf, dass die Klage keine Hilflosigkeit, sondern *ihr* Wille ist: „Jedoch, ich will nicht davon lassen,/ Daß ich um meinen Vater/ Klage, den unglückseligen!" (V. 130–132) Die ihr familiär gesehen nächste Person, die eigene Schwester, mit der sie eine Schicksalsgemeinschaft verbindet, wird ihr aufgrund des unterschiedlichen Grades der Wichtigkeit des Widerstands gegen die Lage fremd: „Deine Ehre zu erlangen,/ Begehr ich

---

480 Dadurch erfüllt sich Ödipus' bittere Sorge um die Zukunft seiner Töchter, die „dürr [...] und ehelos vergehen" würden (*König Ödipus*, V. 1503), auf andere Weise, als er vorauszusehen meinte. Er dachte nämlich, dass sich kein Bräutigam für sie wegen ihrer schändlichen Herkunft finden würde. Doch Haimon liebt sie dennoch und geht mit ihr gemeinsam zugrunde, nur im Tod haben er und Antigone ihr fruchtloses „Brautgemach [...] in der Erde" (*Antigone*, V. 891). Das Blut des sterbenden Haimon (sein Name kann auch ‚der Blutige' heißen), das sich über Antigones Wange ergießt (V. 1237 f.), auf der Eros nächtigte (V. 783 f.), ersetzt somit den befruchtenden Samen des Hochzeitsbetts. Zur großen Bedeutung der von Kreon vereitelten Liebe und Nachkommenschaft Antigones für Sophokles' Tragödie siehe Kittler 2006, S. 183 ff.

481 Antigone spricht schon anfangs von „den Meinen" (*tōn emōn*) im (Genitiv) Plural, von denen Kreon sie nicht wegreißen dürfe (V. 48), was nur Sinn ergibt, wenn sie mit ihrem späteren Tod, den sie als „das Schreckliche" für ihren Bruder gern in Kauf nimmt (V. 96 f.), auch existentiell wichtige Bindungen verliert und deshalb verzweifelt ist. Wenn sie nur mit Polyneikes vereint sein wollte, könnte sie den Tod und die Auflösung aller anderen Bindungen ja froh willkommen heißen, anstatt zu klagen. Alle Interpretationen, die nur Antigones Bindung zu Polyneikes sehen, können letztlich nicht erklären, warum Antigones von Kreon erzwungenes Sterben tragisch ist. Vgl. auch Strauss 2013, der das Thema der *Antigone* im Wert des einzelnen individuellen Lebens erkennt und ihre Verluste und Bindungen betont (S. 49 ff. und 85 ff.). Für Strauss stellt das Stück sogar „the Invention of Individuality" dar.

nicht" (V. 364f.), ruft Elektra ihr zu. Denn Chrysothemis rät Elektra zur Abweichung von ihrer praktischen Individualität, wenn sie sagt, dass Elektras Leben schön sein könne, „wenn du klug zu sein verstündest!" (V. 394) Mit der Klugheit ist hier die Einsicht in die Anpassung an den Willen der Mächtigen gemeint, der zugleich der Wille der Verbrecher ist, die Elektra verachtet. Sie solle aber gleichwohl lernen, sich „den Mächtigen zu fügen!" (V. 396) Diese antwortet ihrer Schwester mit dem Bezug zu dem, was *ihr* – nicht Chrysothemis – von solcher Wichtigkeit ist, dass sie es angesichts der größeren Macht ihrer Opponenten nicht aufgeben wird, nur um *irgendwie*, nicht aber als *dieses Selbst* weiter zu leben: „Lehr mich nicht, zu den *Meinen* schlecht zu sein!/ […] „Du krieche so! Doch dieses ist nicht *meine Art!*" (V. 395, 397; Hervorh., A. T.)

Auch die euripideische Medea lässt sich von ihrem Vorhaben der Rache an Iason nicht abbringen, obwohl der Chor der korinthischen Frauen sie eindringlich vor der *tragischen* Tötung ihrer eigenen Kinder aus Zorn warnt, denn mit ihr werde sie „selbst der Frauen unglückseligste." Medea ist sich dieser bitteren Lage im Sinne einer gleichsam ironischen Individualisierung durch existentiell vertieften Schmerz, der mit ihrem Plan verbunden ist, voll bewusst, lässt sich aber nicht umstimmen mit Verweis auf ihre eigene Verzweiflung, die sich von der des Chors unterscheidet, „denn du leidest nicht wie ich."[482]

Dieser Eigensinn, aufgrund eigener Wertungen zu handeln und zu leiden, auch wenn andere sie nicht teilen, wird ebenfalls in der Figur des Kulturstifters im *Prometheus Desmotes* besonders plastisch, worin eine Nähe zu Sophokles gesehen wurde.[483] Die grausame Strafe, die der Held des *Prometheus Desmotes* am Felsen gefesselt erleiden muss, ist auf seine eigenständige Tat zurückzuführen, mit der er sich gegen den Tyrann Zeus gestellt hat. Dieser wollte die menschliche Gattung vernichten, „und niemand stellte sich dem entgegen außer mir./ Ich aber wagt' es (*egō d' etolmēs'*), rettete die Sterblichen,/ Daß sie zerschmettert stürzten in den Abgrund nicht."[484] Mit seiner Kulturstiftung als Rettung der Menschheit stellt Prometheus sich gegen niemand geringeren als den Herrscher der Welt, dem ansonsten *alle anderen* ängstlich folgen. Nachdem er seine Geschichte dem Chor der Okeaniden berichtet hat, tritt dieser ab und ihr Vater Okeanos auf, der Prometheus gegenüber bekundet, einen langen Weg zurückgelegt zu haben, um ihm als treuester Freund zu helfen (V. 284– 297). Ausdrücklich hebt er den Kulturstifter als Individuum hervor, denn es gebe keinen, „dem Achtung ich mehr/ Erwiese als dir" (V. 291f.). Doch anstatt sich, wie Prometheus erfragt, mit zu empören „ob meines Leids" (V. 304), hat Okeanos einen Rat, der nicht das Unrecht, sondern Prometheus' Einstellung dazu betrifft. Dieser solle sich an die neue Lage anpassen und den Zorn auf Zeus fahren lassen, denn dieser sei so mächtig, dass er Prometheus bald noch ärger bestrafen könne. Okeanos vertritt das konsequentialistische Kalkül einer Adaption an ein System der Unterdrückung, um

---

[482] Euripides: *Medea*, V. 803, 800.
[483] Vgl. etwa Bees 1993, S. 244ff.; Lefèvre 2003, S. 140f.
[484] Aischylos: *Prometheus Desmotes*, V. 234–236.

Leid und Gewalt zu vermeiden: „such aus diesen Leiden eine Lösung dir" (V. 316). Sein Rat: „Erkenne, wer du bist (*gignōske sauton*), und nimm ein Wesen an,/ Ein neues (*metharmosai tropous/ neous*), denn ein neuer ist auch der Götter Herr" (V. 309f.). Aischylos (oder ein anderer Autor dieser Tragödie) hat hier in einem Vers die Pointe präzise formuliert, dass für den Repräsentanten der Anpassung die delphische Selbsterkenntnis nicht zur Treue zu sich, sondern zur Selbstveränderung durch Einsicht in einen Gewaltzusammenhang führt, dem man sich besser zu beugen hat, will man keinen Schaden nehmen. Adaption statt Selbstbehauptung ist das Prinzip von Okeanos' praktischer Klugheit: „Du bist noch nicht demütig, weichst dem Übel nicht" (V. 320), wirft er seinem Freund vor. Das sei aber vernünftig (*phrenoun*), was der „überweise" Prometheus nicht erkenne (V. 337, 338) – obwohl doch gerade er vorausdenken kann. *Tropos* des Charakters statt *metabolē* des Handelns – das ist die Formel des taktischem Opportunismus, der der Tragik ausweicht.

Prometheus dankt Okeanos für den Rat, beharrt aber auf seiner Position und rät ihm, sich selbst schadlos zu halten. Die Haltung des humanen Titanen wird von Okeanos, später auch vom Chor und von Zeus' Boten Hermes als Eigensinn (*authadia*) kritisiert (V. 964, 1012, 1034, 1037), der „weislicher Vernunft" (V. 1038) gegenüberstehe. Dem Eigensinn entspricht gleichsam die Strafe des Zeus, denn eigensinnig ist zugleich der Nagel, der Prometheus' Leib wie ein Zahn durchstößt (V. 64). Interpreten des Stücks haben diese kritische Sicht übernommen, ohne zu bemerken, dass Prometheus nicht einfach ein störrischer Eigenbrötler oder einsamer Trotzkopf gegen die legitime Ordnung ist, sondern einen *begründeten Rechtsanspruch* vertritt, dessen Geltung er durch sein Handeln und die Annahme seines ungerechten Leidens exemplarisch vertritt.[485] Sein Eigensinn ist kein willkürliches „self-assertive behaviour"[486] oder gar

---

[485] Das gilt insbesondere für Lefèvre 2003, dem Prometheus' normativer Rechtsanspruch gänzlich entgeht. Für Lefèvre ist die *authadia* nicht mehr als eine trotzige und selbstverliebte Charaktereigenschaft, reine Idiosynkrasie. Er vertritt die These, dass die Kulturschöpfungsszene keine andere Funktion habe, als „Prometheus' Stolz noch maßloser" erscheinen zu lassen; der Kulturstifter sei von extremem Zynismus und Trotz gezeichnet (ebd., S. 52). Lefèvre hat hier – vor allem in gleicher Argumentation auf die sophokleischen Tragödien bezogen (2001) – durchaus Recht, dass die *authadia* in der Tragödie Gegenstand von Kritik ist. Denn sie bringt die Figuren zur Selbstbehauptung, die zuweilen von *hybris* nicht mehr zu unterscheiden ist, und hemmt die Ausbildung einer selbstdezentrierenden Stellungnahme, in der die eigene Position relativiert wird. Aber die Interpretation der *authadia* als ethisch problematische Charaktereigenschaft, sich selbst im delphischen Sinne nicht erkennen und nicht Maß halten zu können, verdeckt, dass die Tragödie gerade auch bei berechtigten Ansprüchen aufdeckt, welches Risiko ein ernsthaftes *commitment* birgt. Treue zu sich selbst impliziert in der Tragödie nicht zwingend die Unterstellung eines gleichsam hitzköpfigen Eigensinns, dem jede *sophrosynē* abgeht. Es handelt sich dabei um eine Verengung einer Kritik an *bestimmten* Ansprüchen zu einer Charakterkritik *tout court*. Die Tatsache, dass ein tragisches Individuum „beeindruckend unnachgiebig" ist, ist nicht *per se* „die Ursache für das Versagen des rationalen Denkens", was Lefèvre allen sophokleischen Figuren attestiert (Lefèvre 2001, S. 2). Die *sophrosynē* liegt auch in der Erkenntnis, dass normative Selbstansprüche im Extremfall unverhandelbar sein können. Verfolgt man Lefèvres Argumentation konsequent, müsste jedes unnachgiebig moralische Verhalten kritisiert wer-

ein bloßer pubertärer Trotz, sondern Ausdruck eines Bewusstseins des Rechts, das nicht nur ihm selbst, sondern allen unrechtmäßig behandelten Wesen wie der Menschengattung zukommt. Prometheus leidet eine nach seiner Einsicht illegitime Strafe, gegen die er immer wieder explizit als Unrecht protestiert. Wie er zuvor die Menschen im Sinne politischer Repräsentation durch den Feuerraub vertreten hat, vertritt er auch jetzt exemplarisch die Perspektive des Rechtssubjekts. Was Okeanos, Hermes und bis kurz vor dem Ende auch der Chor nicht verstehen, ist, dass Prometheus diesen Anspruch nicht aufgrund der negativen Konsequenzen, die sich daraus für ihn ergeben, aufzugeben bereit ist. Sie verstehen Rationalität allein konsequentialistisch, daher erscheint ihnen Prometheus' normativer Anspruch irrational, nämlich unbegründet stur im Angesicht der tyrannischen Übermacht des Zeus. Dessen Strafe ist und bleibt aber in diesem Drama ausdrücklich ein Unrecht,[487] deshalb wird Prometheus ihm gegenüber nicht, wie Okeanos rät, demütig, sondern erträgt das willkürlich über ihn verhängte Schicksal, vor dem er die Menschen bewahrte, ohne sein normatives Selbstverständnis preiszugeben. Er erträgt es, indem er öffentlich seine Empörung verbal und leibhaftig zum Ausdruck bringt, eine Empörung, die nicht nur seinem Leid gelten soll, sondern ebenso anderen unrechtmäßig Leidenden wie Atlas und Typhon (V. 347–372) oder Io (V. 562–886). Demgegenüber wirkt Okeanos Aufforderung an Prometheus, er möge sich, auch wenn seine Leistungen größte Anerkennung verdienen, angesichts der Macht grundlegend als Person ändern, schlicht opportunistisch.[488] Prometheus behauptet nämlich exemplarisch die universale Geltung eines normativen Anspruchs auf Gerechtigkeit, indem er ihn auch unter Bedingungen der schlimmsten Zumutung eines Leidens, das noch den (für ihn als Gott unmöglichen) Tod überbietet (V. 754), *mit seiner gesamten Person* vertritt. *Alle* Menschen qua Kultur zu retten und *allen* rationalen Wesen ein Schutzrecht gegen willkürliche Gewalt zuzuerkennen, sind Prometheus' Normen. Ihnen gerecht zu werden, stellt offenbar einen existentiellen Wert für ihn dar, den er nicht aufzugeben bereit ist, auch wenn er dafür in den Abgrund gestürzt wird. Im Leiden bezeugt sich seine praktische Individualität. Auch Prometheus steht exemplarisch für die Verschränkung von Individualität und Allgemeinheit in der Tragödie, für die gilt: „the personal is the political"[489].

Es ist bezeichnend, dass sich gerade unter totalitären Bedingungen der Moderne, dem Zeitalter immer wieder Dissidenten und freie Geister auf die Tragödie und ihre Heldinnen und Helden berufen haben. Nur ein Beispiel sei erwähnt, um die Provokation zu begreifen, die der individuelle Selbstbehauptungsanspruch der tragischen

---

den und einen Sturkopf könnte man prinzipiell nicht von einem Widerstandskämpfer und legitimen Protestler unterscheiden.

486 Griffith: „Commentary", in: Aeschylus (1983), S. 96.
487 Siehe das Ende, an dem der gesamte Kosmos als Zeuge für das Erleiden eines Unrechts angerufen wird: V. 1089–1093. Die Unrechtmäßigkeiten (*ekdikia*) und Leiden (*paschō*) sind die letzten Worte des Stücks (V. 1093).
488 So schon Reinhardt 1949, S. 44 ff.; auch Kott 1975, S. 44.
489 Hall 2004, S. 10.

Figuren für die totalitären Herrschafts- und Gesellschaftsformen der Moderne darstellt, in denen Individualität nicht nur verdächtig war (und ist), sondern bis zur Vernichtung bekämpft wurde (und wird). Der ungarische Schriftsteller und Nobelpreisträger Imre Kertész entwirft in seinem *Galeerentagebuch* einen Kontrast zwischen dem tragischen und dem funktionalen Menschen, dessen Lebensform in den sozialistischen Staaten Kertész reflektiert und beschreibt. „Der Held der Tragödie", so beginnt er seine Aufzeichnungen 1963, „ist der sich selbst hervor- und zu Fall bringende Mensch." Ihm steht nach Kertész' Beobachtung der „funktionale Mensch" in totalitären Gesellschaften gegenüber, dessen Wirklichkeit eine „Pseudowirklichkeit, ein das Leben ersetzendes Leben, eine ihn selbst ersetzende Funktion" sei. Vom Leben des tragischen Menschen unterscheide sich seines, weil seine Folgen „nicht durch die Eigengesetzlichkeit von Charakter und Handlung auferlegt werden", sondern durch die gesellschaftliche Organisation:

> „Das Leben des Einzelnen ist nur Symbol eines vergleichbaren Lebens, ihm ist im voraus ein Platz bestimmt und zugewiesen, den er nur noch auszufüllen hat. So lebt niemand seine eigene Wirklichkeit, sondern jeder nur die eigene Funktion, ohne das existentielle Erlebnis seines Lebens, das heißt ohne ein eigenes Schicksal, das für ihn Gegenstand von Arbeit – einer Arbeit an sich selbst – bedeuten könnte."[490]

Kennzeichen einer Gesellschaft, in der die funktionale Lebensform von oben dekretiert wird, ist, so Kertész, das Verbot, das Leben als *Problem* zu behandeln, das Leben selbst sei vielmehr eine Art „Diktat", der Suizid werde daher als „Desertion"[491] aufgefasst. Was an dieser Beschreibung in liberalen Gesellschaften trotz Biopolitik existentialistisch übertrieben wirken mag, war nach Kertész' Beobachtung für die Lebensform in Mittelosteuropa in den Jahrzehnten nach dem Zweiten Weltkrieg zutreffend. Dabei hatte der Autor, der als Kind 1944 ins Konzentrationslager Auschwitz deportiert und 1945 in Buchenwald befreit worden war, selbst erlebt, wie man unter der gewalttätigsten, dehumanisierenden Herrschaft der nationalsozialistischen Vernichtungsindustrie zur „Schicksallosigkeit" gezwungen wurde, in der die Individualität der Opfer systematisch getilgt werden sollte. Dazu kommentiert Kertész:

> „Was bezeichne ich als Schicksal? Auf jeden Fall die Möglichkeit der Tragödie. Die äußere Determiniertheit aber, die Stigmatisierung, die unser Leben in eine durch den Totalitarismus gegebene Situation, in eine Widersinnigkeit preßt, vereitelt diese Möglichkeit: Wenn wir also als Wirklichkeit die uns auferlegte Determiniertheit erleben statt einer aus unserer eigenen – relativen – Freiheit folgenden Notwendigkeit, so bezeichne ich das als Schicksallosigkeit."[492]

Eine tragische Existenz, das ist die erschütternde Einsicht aus Kertész' Beobachtungen, wirkt gegenüber der funktionalen Lebensform unter totalitären Bedingungen

---

[490] Kertész 1997, S. 8f.
[491] Ebd., S. 9.
[492] Ebd., S. 16f.

geradezu wünschenswert. Ihre Humanität besteht, so könnte man sagen, darin, dass Menschen in ihr am *eigenen* Handeln und den *eigenen* Wertungen zugrunde gehen: Sie bezeugen ihr individuelles Selbst praktisch. Demgegenüber zielt der Totalitarismus auf die Liquidation von Individualität und beseitigt damit auch die Möglichkeit von Tragödien.[493] Tragische Personen scheitern mit dem, was sie als Individualität ausmacht. Ein tragisches Schicksal, unter dem die Individuen existentiell leiden, ist zumindest immer auch *ihr* Schicksal.

Griechische Tragödien bieten Beispiele für reflexive Individualisierung im Widerstand gegen systemische Übermacht und Unterdrückung. Deshalb können sie zu diesem auch ermutigen: Wie Nelson Mandela in seiner Autobiographie *Long Walk to Freedom* berichtet, las er während seiner Gefängnishaft auf Robben Island vor Kapstadt mehrere griechische Tragödien, die er „ungeheuer anregend"[494] fand und nach deren Lektüre er sich „sehr erhoben" (*very elevated*)[495] fühlte: „Charakter, so lautete für mich ihre Lehre, bemißt sich daran, wie man schwierigen Situationen entgegentritt, und ein Held ist jemand, der auch unter unangenehmsten Situationen nicht zusammenbricht." Als Sophokles' *Antigone* für eine Aufführung durch die Gefangenen ausgewählt wurde, meldete sich Mandela freiwillig – und spielte die Rolle des Kreon. Trotz Sympathien für den König am Anfang des Stücks erkennt Mandela in Kreon einen „schlechten Herrscher", denn er habe eine „verbohrte Einstellung" und höre nicht auf andere. Wie Hegel sieht Mandela Kreons Schuld in seiner Einseitigkeit begründet, die die Berechtigung der anderen Seite nicht sieht. Dafür schätzt Mandela die Rolle seiner Widersacherin deutlich mehr und versteht sie politischer als Hegel: „Antigone war das Symbol für unseren Kampf; sie war auf ihre Art eine Freiheitskämpferin, denn sie lehnte sich gegen das Gesetz auf, weil es ungerecht war." Nach 27 Jahren Haft wurde Mandela selbst vollends zum Symbol eines Freiheitskampfes, dem er als Repräsentant des African National Congress (ANC) sein Leben existentiell verschrieben hatte. Anders als Antigone scheiterte er nicht, sondern beendete mit einer alle einschließenden Politik der Versöhnung, einer weiseren, zuhörenden Version Kreons, das Regime der Apartheid in Südafrika und wurde 1994 der erste demokratisch gewählte Präsident des Landes. Seine praktische Individualität im Widerstand machte ihn weltweit zur politischen Ikone.

---

[493] Dafür steht der ursprünglich so ähnlich von Kurt Tucholsky über einen zynischen französischen Diplomaten geäußerte, später immer wieder Stalin in den Mund gelegte Satz, der, auch wenn er nicht vom sowjetischen Massenmörder geäußert wurde, doch zu dessen Programm und zumal zu dem des Nationalsozialismus passt: „Der Tod eines einzelnen Mannes ist eine Tragödie, aber der Tod von Millionen nur eine Statistik." (siehe dazu O'Toole 2010).
[494] Mandela 1994, S. 611; alle folgenden Zitate: S. 611 f.
[495] Mandela 2010, S. 113. „Its is one of the greatest experiences ... you can have, you know, to read a Greek tragedy" (ebd.).

8.13 Dionysos: Turning life upside down

In Athen entwickelte sich aus der Diskrepanz zwischen kultischem Ursprung der Tragödie, die an den Großen Dionysien aufgeführt wurde, und ihren mythischen Plots, in denen der Gott Dionysos selten vorkam, angeblich das geflügelte Wort über Tragödien: „Das hat nichts mit Dionysos zu tun" (*ouden pros ton Dionyson*). Es ist herangezogen worden, um entweder den dionysischen Charakter der Tragödien zu bekräftigen oder zu verneinen.[496] Was aber hat der Ausdruck von Individualität im tragischen Handeln (*prattein*) und Leiden (*pathein*) aufgrund eines selbstbewirkten Umschlags (*metabolē*), von denen diese Untersuchung ihren Ausgang genommen hat, mit dem Gott des Theaters zu tun? Mit Blick auf seine Gestalt lässt sich bestimmen, wie sich die Selbstartikulation der Individualität zur prozeduralen Form der Tragödie als dramatischer Aufführung verhält.

Diese war in Athen kultisch und historisch mit dem Gott Dionysos – als Stifter, Patron, Zuschauer und Akteur – verbunden, dem die Festspiele der Großen Dionysien gewidmet waren. In der philosophischen Perspektive der hier vorgeschlagenen Deutung des tragischen Selbstverlusts lässt sich der erst von Friedrich Creuzer und Schelling wieder als Gott der Tragödie in Erinnerung gebrachte und erst seit Nietzsche verstärkt erforschte Dionysos formal als die ins Bild gesetzte Instanz des kontingenten Umschlags interpretieren.

Eine der vielfältigen mythologischen Merkmale des bereits vor-archaischen, aus dem Osten stammenden Gottes ist seine Assoziation mit Gegensätzen: Er ist der Gott im Herzen der Polis, doch ebenso kommt er erst als Fremder von außen, vom Land oder von Thrakien am Rande Griechenlands. Er ist der Gott plötzlicher Erscheinung, mit einem Mal wie der Blitz, als der sein Vater Zeus seiner Mutter Semele auf ihre Bitte hin erschien und sie damit unmittelbar tötete, kann er auftreten und unmittelbar an einen anderen Ort wechseln; er ist ein maskuliner Gott, der ebenfalls weiblich erscheint; er ist im Kult der Gott des Weins und der Tanzfreude wie auch der des Mänadentums, des Sparagmos und der Omophagie (des Zerreißens eines lebendigen Tieres und Verspeisens seines rohen Fleischs). Er kann alle Rollen annehmen, jederzeit die Masken, die sein Symbol sind, wechseln, freundlich und sofort danach zerstörerisch sein: Er ist nach eigener Aussage „höchst furchtbar, doch den Menschen auch höchst mildgesinnt."[497] Dionysos ist sowohl Patron demokratischer Institutionen in Athen als auch Agent der chaotischen Störung jeder Ordnung mit destruktiver Kraft; er ist der Gott der Tragödie, aber auch für das Satyrspiel und die Komödie zuständig. Er ist „fremd, ungreifbar und verwirrend", weil er nicht dem Gesetz der kontinuierlichen Form gehorcht, sondern Instanz willkürlicher Wandlungen ist: Dionysos, so Vernant, „steht über allen Formen, entgeht allen Definitionen, nimmt

---

[496] Zur Forschung über den Gott und die Tragödie und das Motiv der umschlagenden Gegensätze siehe Bierl 1991, S. 2–25. Seit Ende des 20. Jahrhunderts werden eher die dionysischen Dimensionen erforscht. Vgl. ebd., S. 8; Winkler/Zeitlin 1990.
[497] Euripides: *Die Bakchen*, V. 861.

alle Aspekte an, ohne sich auf einen festlegen zu lassen." Er kann die Unterschiede, „die der Welt Zusammenhalt und Rationalität verleihen"[498], mit einem Mal aufheben, wie er das miteinander vermischen kann, das voneinander getrennt ist. Damit steht er auch für die Inkonsistenz des Tragischen, für die Offenheit der Tragödie als ein „*sparagmos* of signs"[499] und für ihre theatrale Form, in der Individuen als gespielte anwesend und, wenn man den Aspekt der Wahrnehmung vom ästhetischen Schein auf die technische Hervorbringung lenkt, zugleich abwesend sind. Dieser unheimliche Gott ist der Gott der Metempsychose, verzaubert die Menschen durch Trance und leitet sie von innen, er steht für die verwischten Grenzen zwischen Tier, Mensch und Gott. Er ist ein Gott der Ambivalenz und Verunsicherung. Er symbolisiert das Licht wie die Dunkelheit, mit Eros ist er ebenso verbunden wie mit Hades.[500] Dionysos ist, mit einem Wort, unberechenbarer und unheimlicher als alle ohnehin unberechenbaren Götter der Griechen, weil seine Identität genau in der ultimativen Gefahr für die auf Dauer ausgerichtete praktische Identität von Menschen *besteht*: dem plötzlichen Umschlag ins Gegenteil. Anders als die olympischen Götter, ist er nicht von der Welt der Menschen getrennt, sondern erscheint plötzlich in ihr und durchkreuzt sie als buchstäblich wie metaphorisch *unfassbare metabolē*. Er ist ein rasanter Identitätsartist ohne auch nur denkbare menschliche Entsprechung.

Als göttliches Individuum ist er daher grundsätzlich von der Individualität der tragischen Figuren verschieden, weil sie im Gegensatz zu ihm nicht nur einen auf konstante Selbsterhaltung angewiesenen Organismus haben, sondern auch einen kontinuierlichen Charakter, d. h. ein normatives Selbstverständnis, das sie nicht *ad hoc* wandeln können wie Dionysos seine Gestalt oder seine Eigenschaften und Absichten. Euripides' oft metatheatralisch gedeutete späte Tragödie *Die Bakchen*, in der Dionysos selbst als Figur auftritt, kann symptomatisch dafür stehen, wie fremd die mit den Masken assoziierte Wandlungsfähigkeit des Theatergottes für die auf Kontinuität der Werte und Formen bauende kulturelle Lebensform des Menschen ist, wie sie in Hellas seit Hesiod reflektiert wurde.[501]

Dionysos' legendäre Fähigkeit, abrupt aufzutauchen, abrupt zu verschwinden und sich in gegensätzliche Extreme unvermittelt zu verwandeln, bietet das mythische

---

[498] Vernant 1995, S. 88 ff., und 1990 f, besonders S. 389 f.
[499] Goldhill 1986, S. 286.
[500] Nach Heraklit *ist* Dionysos Hades (Frag. B 15). Vgl. dazu Kirk/Raven/Schofield 1994, S. 229 f. Zugleich ist er aber in den orphischen Mysterien auch der kosmogonische Eros (Merkelbach 1988, S. 134). Dionysos steht also auch für den Gegensatz von üppigem, wildem Leben und Tod. Nietzsche hat die berauschende wie zerstörerische Kraft des Wandlungsgotts für das Individuum herausgestellt. Siehe dazu Henrichs 1984. Zu dem historisch vermutlich alten, schon in Mykene verehrten Gott, der aus Thrakien, aus den frühen Hochkulturen des Ostens oder Äthiopien stammt und zum Gott des unvermittelten Wandels zwischen Wohlwollen und Zerstörung wurde, siehe Detienne 1995; Kerényi 1976; Otto 1933; zum Bezug seiner Eigenschaften zur Tragödie und den *Bakchen* siehe Foley 1980; Vernant 1990d und 1990f; Bierl 1991; Seaford 2006, vor allem S. 39 ff. und 87–119; zur bildlichen Dionysos-Darstellung siehe den Katalog von Schlesier/Schwarzmaier 2008.
[501] Vgl. Trautsch 2019.

Bildrepertoire für die in diesem Drama von Dionysos selbst aufgezwungene Erfahrung eines plötzlichen identitätszerstörenden Umschlags in der Tragödie. Aus ihm können die tragischen Individuen aber nicht wieder verwandelt und gleichsam repariert hervorgehen wie der Gott des Theaters, der sich nicht gefangen nehmen und festsetzen lässt, wie es Pentheus in den *Bakchen* versucht. Dionysos' Rache äußert sich in der irreparablen Zerreißung von Pentheus durch seine eigene, von Dionysos verblendete Mutter. Er dagegen konnte, wie ein orphischer Mythos vom Gott erzählt, den Nietzsche bekannt gemacht hat,[502] als Figur des Zagreus sogar aus der Zerstörung seiner körperlichen Integrität durch die Titanen heraus wieder neu zusammenwachsen. Als Ausgangselement genügte sein Herz, das Athene bewahrt hatte. Das Zerreißen des Sparagmos, das ihm widerfuhr, wird nun seine Fähigkeit, die er an anderen irreparablen Wesen exerziert. Sind alle Götter unsterblich, ist er, gleichsam am Rande des Pantheon, als ungreifbarer Meister der instantanen und radikalen Metamorphose noch in einer unheimlicheren Weise unzerstörbar, weil Zerstörungen für ihn stets reversibel sind. Er geht durch radikale plötzliche Wechsel hindurch, ohne sich zu verlieren. Zugleich hat er die Macht, nicht nur Tiere, sondern auch Menschen diesem Wechsel zu unterziehen, den sie selbst aber nicht überstehen. Für Pentheus als endlicher Körper, der zerfetzt ist, gilt das offenkundig, aber ebenso wenig kann sich seine Mutter Agaue trotz ihrer intakten körperlichen Integrität als die Person, die sie für sich zu sein beansprucht, erhalten. *Als* Mutter ist sie durch ihre dionysisch induzierte Tat ebenso innerlich zerrissen worden. In dieser Radikalität wird die Gewalt des Gottes bei Euripides offenkundig.

Diese Fähigkeit macht ihn *par excellence* zum Theatergott, der die Form der theatralen Kunst verkörpert. Denn die Schauspieler wechseln während der Tragödien ihre Rollen-Identität, sie gehen hinter der Maske mühelos in verschiedene Figuren ein und nach dem Fall der von ihnen verkörperten Figuren auch wieder heil in die alltägliche Lebenswelt zurück. Jene aber, die *als* vergegenwärtigte Individuen vom Publikum wahrgenommen werden, bleiben zerrissen im Leid zurück. Dionysos verwischt hier, wie Vernant bemerkt hat,[503] die Grenzen zwischen Fiktion (inszenierter Myhos, der etwas Vergangenes ist) und Realität (leibhaftig gegenwärtige Menschen im Theater). Die Schauspieler erheben sich gleichsam – wie der Theatergott – aus dem Scheitern der von ihnen spielerisch verkörperten Figuren, diese aber gehen – anders als der Theatergott – mit ihrer nicht verhandelbaren und nicht austauschbaren Individualität im praktischen Ernst zugrunde.[504]

---

[502] Vgl. Friedrich Nietzsche: *Die Geburt der Tragödie*. KSA 1, S. 72f. Siehe Seaford 2006, S. 72ff., der der von einigen Forschern vertretenen Annahme, es würde sich dabei erst um einen spätantiken Mythos handeln, widerspricht. Vgl. auch ebd. S. 111ff.
[503] Vernant 1990d, S. 187f.
[504] Zu Dionysos als Theatergott und seiner metatheatralen Funktion vgl. Bierl 1991, S. 111–226. Zu einer kritischen Rekonstruktion der metadramatischen und metatheatralen Interpretationen der *Bakchen* vgl. Radke 2003, S. 1–31 und 256–301.

Dionysos ist somit nicht nur eine Manifestation des theatralen Spiels, sondern auch eine Verkörperung des plötzlichen Wechsels der Gegensätze. Er symbolisiert die radikale Kontingenz des Umschlags, der ins Leben reißt, und setzt damit die tragische Kausalität an seiner Gestalt ins klare wie unfassbare Bild. Denn als Prinzip der umschlagenden Gegensätze zieht er gleichsam während des tragischen Spiels *unsichtbar* durch das Leben der Figuren, sodass sich in Athen das erwähnte Idiom verbreiten konnte, die Tragödie haben nichts mit Dionysos zu tun. Durch Dionysos als mythische Figur jedoch, die im Theater als zuschauende Skulptur *sichtbar* aufgestellt ist, wird diese Kontingenz in ihrer möglichen Gewalt nach Art eines anthropomorphen Akteurs erkennbar, genau dadurch wird sie allerdings auch vertrauter, nämlich wahrnehmbar und adressierbar.[505] Dionysos kann nun als symbolischer Zuschauer eines dionysischen Geschehens prinzipiell auch Adressat von Verehrung wie von Klage sein, die implizit (und oft explizit) auch zur Anklage gegen Götter überhaupt werden kann.[506] Und doch ist er immer schon entzogen, ungreifbar wie der plötzliche dialektische Umschlag selbst.

Da Dionysos bereits in der Antike vor allem mit der *Natur* und ihrer Wandlungsfähigkeit assoziiert wurde, die erworbene und sich angeeignete praktische Individualität aber als *kulturelle Form* ausgewiesen wurde, ließe sich annehmen, dass die Tragödie im Mikrokosmos des individuellen Lebens den Gegensatz von kontingenter Natur und kontingenzreduzierender Kultur inszeniert, der auch den modernen Diskurs von der „Tragödie der Kultur" durchzieht.[507] Doch diese Deutung wäre verkürzt, weil nicht nur zu den stabilisierenden Formen der Kultur, sondern auch zur Natur die Kontinuität und Festigkeit, nicht nur der spontane Wechsel gehören. Wie bereits an dem (bedingt passenden) Vergleich von unterschiedlich starken Wertungen der Person mit der Ordnung funktional unterschiedlicher Bedeutsamkeiten im menschlichen Organismus zu sehen war,[508] ist die Grundlage für die lebendige Dynamik eine dauerhafte Funktionalität der lebenswichtigen Organe. Nur weil die Selbsterhaltung des Organismus und die kontinuitätssichernden Institutionen der Lebenswelt das Kontinuierliche wie selbstverständlich erscheinen lassen, wird das Lebendige seit der Lebensphilosophie oft einseitig mit Dynamik, Disruption und Veränderung assoziiert. Diese ist im Rahmen der notwendigen Kontinuitätssicherung nicht weniger wichtig: Permanent reagiert der Organismus auf Veränderungen und bringt sie selbst hervor, metabolische Prozesse stehen nie still ebenso wenig wie der Austausch mit der Umwelt. *Dafür* – für die Sicherung der Möglichkeit fortgesetzter Dynamik und Erweiterung durch Neues und auch für die *Peaks* an Lebendigkeitser-

---

[505] Zu dieser Funktion des Mythischen siehe Blumenberg 1979a.
[506] Siehe Kap. 6.7. Dionysos könnte so auch in Tragödien, die nichts mit ihm zu tun hatten, *pars pro toto* als göttlicher Adressat hergehalten haben. Freilich konnte man ihn wie die übrigen Götter nur adressieren im Zugleich von kultischer An- und praktischer Abwesenheit, die jede Anklage immer schon auf das Symbolische beschränkte.
[507] Siehe Kap. 5.6.
[508] Siehe Kap. 8.8.

fahrung – müssen Gewebe, Organe und Skelett aber morphisch und funktional erhalten bleiben, nur so können sie die dauernde Dynamik von Herzschlag, Atmung oder Metabolismus gewährleisten. Die Natur des menschlichen Organismus ist also weniger dionysisch, als die Feier dieses Gottes der Natur seit der Romantik zumal in der Nietzsche-Rezeption mitunter insinuiert hat. Zugleich ist die Kultur dynamischer und radikaler disruptiver, als es der Vitalismus des 19. und frühem 20. Jahrhunderts sehen wollte. Wenn Dionysios für plötzliche Veränderung steht, dann kann er nicht nur für die Natur stehen.

Inwiefern aber steht er für die Veränderung, mit der die praktische Individualität der tragischen Figuren nicht fertig wird? Wie Hans Diller gezeigt hat, wird besonders in den sophokleischen Tragödien und dem aischyleischen *Prometheus* nicht etwa Dionysos, sondern der bestimmte individuelle Charakter mit dem Wort *physis* bezeichnet. Der Charakter als individuelles So-Sein, das ererbt, erworben, angeeignet und in der Praxis strukturell als praktische Identität bzw. Individualität wirksam ist, wird als etwas gleichsam *Gewachsenes* bezeichnet, das sich weder plötzlich von selbst radikal wandelt noch mit kultureller *technē* beliebig verändert werden kann, so wie eine Handwerkerin anderes – das Material – gezielt umformen kann.[509] Anders gesagt: Charaktere sind nicht mehr nur Potentialität, sondern auch Aktualität, gewordene, geformte Wirklichkeit, Sie kann sich nicht mehr dionysisch in alles verwandeln, so wie in unterschiedliche Zelltypen ausdifferenzierte Gewebezellen keine embryonalen oder adulten Stammzellen mehr sind, die das Potential zu dieser Ausdifferenzierung besitzen. Die Weise, in der die sophokleischen Figuren – aber nicht nur sie, wie gezeigt wurde – handeln, ist Ausdruck einer gewachsenen Natur, einer charakteristischen Individualität, deren Verwandlung nicht schadlos zur Disposition steht. Nach Diller ist das Bewusstsein dieser individuellen *physis* das Bewusstsein der Figuren für ihren „Wesenskern". Ihm nicht praktisch treu zu sein, bedeute für einen Helden, dass er „seiner Art zuwiderhandeln und sich selbst aufgeben würde"[510].

Bleibt man bei dieser organischen Metaphorik, wird im Bild sofort deutlich, dass die Lebenskunst als Selbsttechnik (*technē tou biou*) ihre Grenze an dieser *physis* findet, denn sie kann das lebensgeschichtlich Gewordene nicht instantan tiefgreifend umformen, wie man mit Händen einen Klumpen Ton in kurzer Zeit zu einer Skulptur formen kann, die zwar ein eigenes Werk, aber als solches kein Teil der eigenen *physis* ist. Der Terminus *physis* ist irreführend, wenn man mit ihm Charaktere als Naturprodukt, nicht auch als kulturelle Leistung versteht, er ist erhellend, weil er als Metapher die durch Erfahrungen und ihre reflexive Bewertung erworbene praktische Individualität bzw. das praktisch-normative Selbstverständnis als *über die Zeit entstandenes und langfristig wirksames Gebilde* auszuweisen vermag, das nach Art eines

---

[509] Vgl. Diller 1971; vgl. auch Knox 1964, S. 168, der Prometheus einen „Sophoclean' character" attestiert. Zum Begriff der *physis* als des von selbst Gewachsenen siehe Bremer 1989.
[510] Diller 1971, S. 273/275, 279. Ich ziehe statt des Bild des Kerns das des Gewebes vor. Diller spricht von „Art" des jeweiligen Charakters, es ist aber die praktische Individualität, die sich als *physis* ausdrückt.

zusammenhängenden Gewebes den menschlichen Akteur trägt und nicht einfach mit einem Mal aufgegeben oder kurzfristig gewechselt werden kann, wie es zuweilen die identitätsdekonstruktive Lebenskunst im Zeichen einer Ästhetik der Existenz zu leicht behauptet.[511] Die konkrete individuelle Identität ist etwas, das nicht immer schon da war, sondern durch reflexiv erschlossene Erfahrungen und Entscheidungen in sozialen Interaktionsverhältnissen lebensgeschichtlich allmählich *erworben* wurde. Das ist ihr kulturell-konstruktiver Charakter. Zugleich ist sie als in der Zeit des Lebens entstandene und gestaltete Form etwas gleichsam durch Erfahrungen Gewachsenes, das nur strukturell und langfristig orientierend für das Individuum wirken kann, *wenn* es für es zu einer festen Struktur geworden ist, die wiederum nur graduell und allmählich verändert werden kann. Das ist ihr naturwüchsiger Charakter.

Lehmann betont, dass für Hegel der tragische Held konkret sei, nämlich „verwachsen' mit und ‚eingewachsen' in sein Pathos, sein Ziel, seine Werte"[512], und verweist auf die Etymologie von ‚konkret'. Das Adjektiv geht auf das lateinische Verb *concrescere* (‚zusammenwachen', ‚sich bilden', ‚entstehen', sich verdichten') zurück; *concretus* heißt demnach das ‚Zusammengewachsene', aber auch das ‚Dichte' und ‚Feste'.[513] In Menkes Worten ist das tragische Subjekt „mit seinem Wert zusammengewachsen und deshalb dem Schicksal unterworfen"[514]; Werte und Identität des Selbst sind, so Taylor, „untrennbar mit mir verbunden"[515], weshalb sie mich auch einem Risiko gesteigerter Vulnerabilität aussetzen. Modell für solch eine enge und anhaltende Verbindung von Wert und Identität des konkreten Individuums ist das physische Gewebe, das mit der Zeit als Form und Stabilisierung des Ganzen des Organismus entsteht und sich in der Zeit weiter bildet und erhält, aber gleichzeitig erhaltungsbedürftig, verletzbar und nicht beliebig heilbar ist.

Die Rede vom Gewebe verweist auf die antike Idee einer zweiten Natur, die durch Erziehung entsteht.[516] Sie ist aber nur eine annähernde Metapher, denn Wert-Selbst-Verbindungen brauchen zum einen nicht immer – wie es der antike Ansatz vom Werden der Gewohnheiten zur zweiten Natur meinte – allmähliches Wachstum im Sinne von Bildung, sondern können sich auch sehr schnell konstituieren und darin das Selbst radikal transformieren. Man denke an die Frühphase einer Revolution, die Geburt des eigenen Kindes oder das Verlieben auf einem Veroneser Ball. Zum anderen wächst eine praktische Individualität nicht einfach von alleine wie eine Birke und

---

511 Von Hadot und dem späten Foucault ausgehend ist die antike Lebenskunst seit den 1980er Jahren wieder zum populären philosophischen Thema geworden, das auch außerhalb der akademischen Philosophie rezipiert wird. Zur begrenzten Reichweite und zur Kritik der Techniken der Selbstverfügung und -transformation siehe den Band Kersting/Langbehn 2007. Zur Antike siehe Horn 1998, S. 15 ff.
512 Lehmann 2013, S. 51.
513 F. Kluge 2001, S. 521.
514 Menke 1996a, S. 98.
515 Taylor 1988c, S. 36.
516 Demokrit spricht davon, dass Erziehung (*didaxē*) Natur gleichkomme, weil die den Menschen umwandle (*metarysmoi*) und dadurch „Natur schafft" (*physiopoiei*) (DK 68 B 33).

wird auch nicht als bloß passive Struktur durch gesellschaftliche Vorgaben konstruiert, wie es poststrukturalistische Beschreibungen von Subjektivierung als Effekt von Ideologie insinuiert haben. Beide Dimensionen, die kulturell-konstruktive und die naturwüchsige, erfordern ein bewusstes Sichzusichverhalten des Selbst, ohne das es nur eine Assemblage von Gewohnheiten und Prägungen sein könnte. Nicht jede Art von Prägung im Sinne einer zweiten Natur erfordert diesen reflexiven, freien Selbstbezug; aber ein konkretes *praktisch-normatives* Selbstverständnis ist ohne bewusste Selbstformung nicht denkbar. In ihr erkennt, reflektiert und bestätigt das Individuum evaluative Einstellungen, trennt sich von manchen, eignet sich neue an, verwächst mit ihnen und pflegt die wichtigsten durch die Art seiner Lebensführung besonders. Wachsen und Etwas-aus-sich-Machen verbindet sich in dieser Selbstformung. Nur so kann die Person sich in ihrer praktischen Individualität wiedererkennen und ihre positive Freiheit im praktisch wirksamen Bekenntnis zu dem, was für sie Bewandtnis hat, zum Ausdruck bringen. Vielleicht kann man sagen, dass sich das Selbst zu seinen wertstiftenden Erfahrungen und evaluativen Einstellungen wie ein kritischer Gärtner in Sorge um seine stets fragile zweite Natur verhält.

Die Tragödie ist keine bloß außergewöhnliche Belastung dieser gleichsam gewachsenen Selbst-Wert-Verbindung, die sie nur böge, sondern der plötzliche Bruch.[517] Anders als brechende Äste und brechendes Gewebe ist der die Figuren in die Not wendende Gott Dionysos beliebig reparierbar. Für den Menschen aber ist die *physis*-artige Assoziation von Selbst und Wertung so schädlich wie eine tiefgreifende Gewebeverletzung für das organische Leben.

Die tragische Erfahrung verweist somit auf die wesentliche Zeitlichkeit im Verhältnis von Subjektivität, praktischer Identität der Person und evaluativen Weltbezügen. Mit Blick auf die tragischen Figuren muss man davon ausgehen, dass sich im Laufe des Lebens das jeder konkreten Identitätsbildung vorgängige Selbstbewusstsein mit den tiefsten Bindungen, Beziehungen, Wertungen so durchdringend verbindet, dass eine konkrete Person, die in Bezug auf zutiefst prägende Erfahrungen ihr praktisch-normatives Selbstverständnis aufgebaut hat, nicht in eine Zukunft sehen wollen kann, in der sie nur auf ihr Selbstbewusstsein zurückgeworfen wäre, aber aufgrund des Selbstverlusts keine intime Vertrautheit mehr mit dieser gewachsenen, verkörperten und weltverbundenen Identität haben würde, zu deren Element das existentiell Gewertete geworden ist, so wie man sagt, dass ein Mensch zu einem gehört oder auf immer mit einem verbunden ist. Der Preis für die personale Identitätsbildung der zuallererst potentiell vielgestaltigen Subjektivität durch die Erfahrungen, die man existentiell nennen kann, stellt eine Reduktion des Spielraums des Potentiellen zugunsten einer Konkretion des Wirklichen dar, in dem das Selbst eine Orientierung für sein Leben im Ganzen oder doch zumindest auf lange Sicht gewinnt. Durch diesen Bildungsprozess ist aber die Trennung zwischen dem allen Akten vorgängigen

---

[517] „Die Tragödie besteht darin, dass sich der Baum nicht biegt, sondern bricht" (Wittgenstein 1990, S. 452).

Selbstbewusstsein als Wissen von sich und dem konkreten Sich-Erkennen in einer welt- und wertverbundenen Identität nur noch begrifflich, aber nicht mehr wirklich zu vollziehen, ohne existentiellen Schaden anzurichten.[518] Das Bewusstsein kann sich nicht selbst aufteilen in die Person mit Wissen von sich (die erhalten bleibt) und die konkrete Individualität (die gebrochen ist), wie es *vor* der lebensgeschichtlich prägenden Verwobenheit mit Werten und Zielen noch möglich gewesen sein mag. Der Sinn, in dem es sein Leben affirmiert, ist Produkt einer konkreten Synthese in der Zeit, die, über die Metapher der Gewebebildung hinaus, von einer „fortschreitenden Besinnung gewonnen und stabil gemacht werden"[519] muss. Sie ist eine Synthese, in der die Aktivität des bewussten Lebens und der Widerfahrnischarakter von prägenden Erfahrungen zusammenwirken. Die dionysische *metabolē* reißt diese Synthese mit einem Mal auf, sie unterbricht den kontinuierlichen Metabolismus des konkreten individuellen Lebens.

Menschen haben keine Operationstechniken für Wertamputationen im Notfall entwickelt. Anders als in der Komödie, in der nach Hegel im Fall, dass eine Figur ihr „Vorhaben verfehlt", sie die „Auflösung ihrer Zwecke und Realisationen" gut ertragen kann, da sie ihr nicht wesentlich geworden sind,[520] sind die Wertungen mit dem Scheitern, das ihre Wiederaufnahme im Handeln verhindert, nicht einfach vom tragischen Subjekt abzuspalten. Das Einzige, was einigen im Fall eines plötzlichen Wertverlusts und Identitätsrisses gelingen mag, ist eine reaktive Selbstbetäubung, aus der keine Heilung und kein Neuanfang spontan zu entspringen vermögen. Das ist der Riss der Zeit, von dem Hölderlin spricht, auf den die Aussicht auf dauerhaftes Unglück folgt.[521] Nach Erikson manifestiert sich der „Verlust dieser aufgespeicherten Ich-Integration" – hier: der gewachsenen *physis* der praktischen Individualität – „in Verzweiflung", in der „sich das Gefühl aus[drückt], daß die Zeit kurz, zu kurz für den Versuch ist, ein neues Leben zu beginnen, andere Wege zur Integrität einzuschlagen."[522] Die positive Freiheit der Lebensführung, die sich bewusst in einem wertorientierten praktisch-normativen Selbstverständnis ausrichtet und in ihm seine konkrete Gestalt und Kontinuität gewinnt, kann sich nicht mit einem Mal neu bilden und auf eine andere, praktisch unbestimmte Lebenskontinuität ausgreifen. Dass sie es nicht kann, wenn etwas Wichtiges tragisch verloren gegangen ist, heißt eben, *dass* und *wie sehr* dieses Wichtige intrinsisch wertvoll und unersetzbar geworden ist. Wer stark und existentiell wertet, erzeugt demnach die Möglichkeit eines tragischen Schicksals.

Im selbst mit verursachten Riss der praktischen Individualität wird das Bewusstsein auf sich zurückgeworfen. Es kann das Gewachsene von Wert und Selbst nicht wie der Theatergott spontan zu neuer Gestalt bilden, aber auch nicht zufrieden

---

[518] Zur begrifflichen Distinktion siehe Kap. 8.7.
[519] Henrich 2007a, S. 74.
[520] Georg Wilhelm Friedrich Hegel: *Ästhetik* III (Theorie-Werkausgabe, Bd. XV), S. 314f.
[521] Vgl. Kap. 7.8.
[522] Erikson 1973, S. 119.

sein mit Unbestimmtheit und Gestaltlosigkeit. In diesem reinen Bewusstsein des Verlusts schlägt daher Orientierung in Orientierungslosigkeit, Freiheit in Unfreiheit, Hoffnung in Verzweiflung und eine affirmierende Sinnperspektive in das Bewusstsein der Bewandtnislosigkeit um. Dionysos kann so über- wie unmenschlich sein.

Aus diesen Beobachtungen erhellt die existentielle Bedeutung der oben erörterten Zeitdimension des Umschlags.[523] Die rasche Macht der *metabolē* gefährdet das sich in einem gleichsam gewachsenen Selbstverständnis zu sich verhaltende Selbst. Deshalb sind auch der Exzess des Leidens und die Intensität der Klage in der Tragödie begründet. Denn diese führt eine kurze Frist vor – wenige Stunden der Aufführung, die nach Aristoteles in der Regel kaum mehr als einen Tag im Handlungsgeschehen vergegenwärtigen –[524], in der die gesamte Lebensbahn von erwachsenen Personen mit der dionysischen Plötzlichkeit des Umschlages unterlaufen werden und ins gefühlte Nichts kippen. Wie in der Apokalypse wird in der Tragödie auf einmal „alles neu"[525], allerdings nicht als Erlösung, sondern so, dass aus der fatal lädierten *physis* der Individualität kein neuer Horizont in der Lebenswelt aufscheint. Der Umschlag ist kein Vollzug *aus* Freiheit, aber ein Sturz *aus ihr heraus*.

Sprechen gutartige existentielle Erfahrungen wie das Verlieben das evaluative Selbst- und Weltverhältnis einer Person *an*, weil sie ihr erlauben, sich von ihnen freiwillig verwandeln zu lassen und mit entsprechender Zeit ihr Selbstverständnis auf sie hin zu transformieren, indem sie sich mit ihnen konkret verwebt, wirkt die tragische Erfahrung als Extrem einer selbsttransformierenden Erfahrungen deshalb so stark auf die Akteure, weil sie das bereits gewachsene evaluative Selbst- und Weltverhältnis unerwartet und plötzlich *angreift*. Daher steht der tragischen Plötzlichkeit nicht nur die Kontinuität der Lebensführung gegenüber, sondern sie unterscheidet sich zugleich auch von einer gutartigen existentiellen Plötzlichkeit, mit der eine neue, als positiv bewertete Lebensform gleichsam als innere Revolution zuweilen ihren Anfang findet, etwa in religiösen Erweckungs- oder Wiedergeburtserlebnissen[526] – oder im dionysischen Rausch der Musik.

---

523 Siehe Kap. 4.5.
524 Aristoteles: *Poetik*, 1449b12–14.
525 Offb 21,5.
526 Paradigmatisch für das Christentum ist hier die Bekehrung des Saul, der sich später Paulus nannte. Bezeichnenderweise wird Saul plötzlich geblendet und aus seinem früheren Leben (in dem er Christen verfolgte) gestoßen, aber erst nach drei Tagen wird er wieder sehend und macht sich nach dieser Übergangszeit auf in sein existentiell ins Gegenteil gewendete neue Leben (Apg 9,1–19, vgl. 22,6–21; 26,12–18). Der sich von solchen „Umgekehrten" retrospektiv als positiv darstellende Wechsel der Werte und des Lebens ist zumal außerhalb religiöser Kontexte offenbar selten und wird auch in ihnen meist rituell vorbereitet, initiiert und begleitet. Eine plötzliche Erleuchtung, die Epiphanie eines Auftrags kann ein religiöses Leben ganz umkehren, aber erst im weiteren Verlauf des Lebens erweist sich diese plötzliche Veränderung für das Erfahrungssubjekt als bejahenswert.

8.14 Pathosumkehr

Vom Augenblicksgott Dionysos kommt man zum tragischen Theater als dem Medium des plötzlichen Umschlags. Die dionysische Macht manifestiert sich, indem das tragische Spiel die *metabolē* aufführt. Diese markiert nicht nur den Wendepunkt der formalen Gesamtkomposition der Tragödie,[527] sondern auch den lebensgeschichtlichen Moment für die Figuren, an dem der Ausdruck ihrer Individualität eine neue Form annimmt. Am Drehpunkt des Umschlags wird die aktive Praxis- mit der passiven Pathosseite der Tragödie vermittelt.

Handeln zeigt sich als selbstbestimmter Ausdruck der praktischen Individualität *vor* seiner Verkehrung gegen die Interessen der Akteure. Mit dem Moment des Umschlags im Handeln und der *anagnōrisis* ändert sich das Ausdrucksverhalten: Die tragische Erkenntnis eröffnet die tragische Erfahrung, in der die Klage zum Ausdruck wird, die aus der Ohnmacht des Handelns heraus expressiv den Sprachlaut ergreift. In ihr wird die tragische Erfahrung als selbstgemachtes und doch nicht gewähltes Schicksal gefühlt und anerkannt; zugleich gibt sich in ihr die Individualität nach dem Verlust ihrer existentiellen Werte als Verletzte zu erkennen.

Die Klage erlaubt die expressive Mitteilung der existentiellen Relevanz der Wertungen in der Erfahrung, deshalb gibt es so viel Selbstbezügliches in den Klagen, das irritieren kann, als ginge es den Figuren narzisstisch nur um sich selbst. Doch auch wenn zuweilen der antike Exzess der Leidartikulation an Selbstmitleid gemahnt, muss man die Funktion der Klage als Ausdruck einer existentiell werthaltigen Selbst-Welt-Verbindung in Rechnung stellen. Die Figuren klagen, *indem* sie über die selbst mitbewirkten Verluste von Wertvollem klagen, immer *auch* über ihr Leben und *vice versa*. In der ästhetischen Leidexpression artikulieren sie ein Urteil über sich und die Welt, in der ihnen keine Übereinstimmung mit sich selbst und ihrem In-der-Welt-Sein mehr gelingt.[528] Es gibt in der Gegenwart der tragischen Erfahrung für sie keinen „Frieden mit sich", keinen „Einklang"[529] mit sich selbst als gelingendem Ausdruck positiver Freiheit. Die Klage ist also Selbstausdruck, weil sie die fehlende und unersetzbare Übereinstimmung mit dem Kernbestand von Ansprüchen ans Leben als Bedingung erfüllter Selbstbestimmung erkennbar macht.[530]

---

[527] Aristoteles: *Poetik*, 1455b24–29. Die Dramen unterscheiden sich kompositorisch darin, ob der Umschlag am Beginn bzw. vor dem Stück (*Xerxes*, *Prometheus*, *Aias*), in der Mitte (*Agamemnon*, *Trachinierinnen*, *Herakles*) oder am Ende des Dramas (*Choephoren*, *Antigone*, *Bakchen*) eintritt.
[528] Siehe Kap. 7.8.
[529] Theunissen 1981, S. 48.
[530] Mit dem Umschlag der Ausdrucksmedien von Handlung in Klage ist auch eine sinnliche Akzentverschiebung verbunden: Das Theater rückt schon architektonisch das Individuum ästhetisch ins Zentrum der sichtbaren Aufmerksamkeit. Als ohnmächtig Leidendes gewinnt die Stimme an Bedeutung. Das tragische Leid sieht man nicht, man hört es aber in der Klage, die sich in den griechischen Theatern wie in einer Ohrmuschel sammelt.

Das wird an jeder der in dieser Arbeit behandelten Dimensionen der tragischen Erfahrung erkennbar.[531] Die Scham etwa bezieht sich auf diejenigen Ansprüche und Erwartungen, die das Selbstverständnis wesentlich ausmachen und entsprechend wahrgenommen und bewertet werden können. Es ist daher treffend, wenn Stanley Cavell bemerkt, dass die Scham mit der Individualität entsteht.[532] In der tragischen Erfahrung verweist sie „mich auf das, was ich bin"[533], und verweist so auch alle anderen, die das Schamverhalten beobachten, auf das, was das Individuum ausmacht. Insofern fungiert die tragische Scham für den sich Schämenden als „vermittelnde Instanz zwischen ihm und der Welt"[534]. Sie demonstriert als Gefühlszeichen leibhaftig, welche Bedeutung das Verfehlen der eigenen Erwartungen für das Individuum hat.

Die *metabolē* zeigt sich also als ein Umschlag von *einer* das Individuum öffentlich zeigenden Handlungsweise – dem praktischen Tun und praxisbedingten Reden – in eine *andere* – die expressiv-emotionale, sprechend-musikalische Erfahrungskommunikation. Bislang wurde nur gezeigt, dass das zuvor aktive Handeln (*prattein*) mit einem Mal in ein passives Leiden (*paschein*) verwandelt wird. Demnach gäbe es *pathos* als Leid nur *nach* dem Umschlag, was zum philosophiehistorischen Befund passt, dass von Platon und Aristoteles ausgehend das philosophische Denken bis ins späte 18. Jahrhundert in den Varianten von *pathos* und seinen Übersetzungen nur den Gegenbegriff zur Freiheit und Aktivität der Vernunft erkannte. Doch es gibt auch einen Begriff des Pathos, der dieses in einer anderen Form *vor* dem Umschlag zu erkennen erlaubt. Der gefühlten Leiderfahrung steht eine leidenschaftliche Erfahrung *im* Handeln und Wollen gegenüber. Damit wird die Tragödie als *Pathosumkehr* beschreibbar.

In der Tragödientheorie Hegels fällt ein sehr ausgefallener Gebrauch des Wortes Pathos auf. Seit Aristoteles wurde *pathos* im Sinne von Erleiden und wurden die *pathē* (Gefühle) als etwas Passives verstanden. Der Gebrauch des griechischen Wortes und seiner lateinischen Übersetzung *passio* – neben *perturbatio* (,Aufregung', ,Leidenschaft') und *affectio* (,Stimmung') bzw. *affectus* (,Affekt', ,Leidenschaft') oder *patientia* (,Erleiden') – hatten wie auch die deutsche Entsprechung ,Leiden' und ,Leidenschaft' bis zu Hegel fast immer die Bedeutung des Widerfahrens, eines mehr oder weniger affektreichen Erleidens, das der rationalen Selbststeuerung entgegengesetzt ist.[535] Die Begriffe Leiden und Leidenschaft sind daher meist synonym gebraucht worden. Ihnen galt seit Platon eine rationalistische Kritik, die moralphilosophisch eine Seelenverwirrung und epistemologisch eine Verzerrung der Perzeption durch die Leidenschaft diagnostizierte und alles Pathische verdächtig machte.[536] Noch Kants Disqualifizierung von Leidenschaften erkennt in ihnen vor allem heteronome Kräfte, die den Menschen in affektive Abhängigkeit bringen. Einzig das vernunftgewirkte Gefühl der

---

531 Siehe Kap. 6.4.
532 Cavell 1976, S. 286.
533 Williams 2000, S. 109.
534 Ebd., S. 118.
535 Jakob und Wilhelm Grimm: *Deutsches Wörterbuch*, Bd. 6, Sp. 669–672.
536 Vgl. Matzat 2001.

Achtung taugt nach Kant für Autonomie im Sinne moralischer Handlungsfähigkeit. Zuvor hatte bereits Baruch de Spinoza, der auch *passio* als Leiden und *actio* als Handlung entgegensetzt,[537] im Teil III, IV und V seiner *Ethik* nicht nur negative Affekte als Gegensatz zur und Gefahr für die Vernunft analysiert, sondern auch positive lust- und begierdebezogene Affekte, die er als förderlich für das Tätigkeitsvermögen des Körpers und des Geistes versteht. Bei Hegel schließlich findet sich eine für die Differenzierung des Pathos in der Tragödie hilfreiche Unterscheidung von Leiden im traditionell passivischen Sinn und Leidenschaft in einer aktivischen Bedeutung.

In der Tragödientheorie der *Ästhetik* erscheinen die Begriffe Pathos und Leidenschaft nicht primär als Leiden, sondern als *Energie im Handeln*. In diesem Sinne gebraucht Hegel den Begriff des Pathos, in dem er den Ausdruck des substantiellen Wollens tragischer Figuren erkennt. Erst das Pathos, so Hegel, treibe sie überhaupt zum Handeln. Es ist ein neuer Gebrauch des Wortes, wenn Hegel schreibt, die tragischen Helden würden sich „*fest* zu dem einen sittlichen Pathos entschließen"[538]. In diesem „Pathos" liege „ein objektiver Gehalt" (494), ja, ein „wesentlicher Gehalt der Vernünftigkeit"[539]. Die Bestimmung von „Pathos" als rational, als etwas, zu dem man sich entschließen kann, widerspricht der gesamten rationalistischen Kritik an diesem Begriff. Entsprechend versteht ihn Hegel, wie zu sehen war, positiv als „gültiges, substantielles Pathos" (497). Zugleich bleibt der Begriff auch für Hegel der einer affektiven Erfahrung. Als Synonym verwendet Hegel daher auch das Wort ‚Leidenschaft'. Es geht um das individuelle Potential einer Energie, die zum Handeln „antreibt" (540). Hegel nennt die Leidenschaft an anderer Stelle auch die „Energie des Wollens und der Thätigkeit"[540]. Aufgrund dieser Energie, mit der die Figuren identifiziert sind, sind sie das „Gegenteil der heutigen Ironie" (540). Sie schwanken nicht aus einer Distanz, die die Ironie als rhetorischer Tropus von souveränen Sprechern erfordert, sondern sind ganz bei der Sache. Es sei Kennzeichen der Tragödie, so Hegel, dass die Figuren „zur durchdringenden Leidenschaft"[541] im Handeln gelangen, mit der sie die für sie substantielle Sache sprechend und handelnd durchzusetzen versuchen.

Leidenschaft versteht Hegel hier als die *Bindungskraft* zwischen Akteur und Zweck im Handeln angesichts von Widerständen. Sie bedeutet, „daß ein Subject das ganze lebendige Interesse seines Geistes, Talentes, Charakters, Genusses in einen Inhalt gelegt habe."[542] Pathos ist das, was jemanden „in seinem Innersten"[543] bewegt. Das tragische Individuum gewinnt seine „Substanz" erst, indem es sich „mit seinem

---

[537] Baruch (Benedictus) de Spinoza: *Die Ethik*, III, Def. 2–3.
[538] Georg Wilhelm Friedrich Hegel: *Ästhetik* III (Theorie-Werkausgabe, Bd. XV), S. 559 (Seitenzahlen folgen im Haupttext).
[539] Georg Wilhelm Friedrich Hegel: *Ästhetik* I (Theorie-Werkausgabe, Bd. XIII), S. 301.
[540] Georg Wilhelm Friedrich Hegel: *Philosophie der Weltgeschichte* (Hegel 1995), S. 160.
[541] Georg Wilhelm Friedrich Hegel: *Ästhetik* I (Theorie-Werkausgabe, Bd. XIII), S. 326.
[542] Georg Wilhelm Friedrich Hegel: *Enzyclopädie* III, §474 (Theorie-Werkausgabe, Bd. X), S. 296.
[543] Georg Wilhelm Friedrich Hegel: *Ästhetik* I (Theorie-Werkausgabe, Bd. XIII), S. 301.

ganzen Interesse und Sein in solch einen Inhalt hineinlegt und ihn zur durchdringenden Leidenschaft werden läßt" (540). Diese aktivische Deutung des Begriffs als Leidenschaft, die, wenn sie sich auf einen normativen Grund richtet, der Autonomie nicht entgegengesetzt ist, ist für alle bedeutenden Leistungen des Menschen nach Hegel sogar unerlässlich: „Es ist nichts Großes ohne Leidenschaft vollbracht worden, noch kann es ohne solche vollbracht werden. Es ist nur eine tote, ja zu oft heuchlerische Moralität, welche gegen die Form als Leidenschaft als solche loszieht."[544] Man kann sie als eine Verschränkung von Ergriffensein durch eine tiefgreifende Attraktionskraft der Zwecke und Werte und einer volitional auf sie bewusst hin gesteigerten Energie verstehen. Als *intentional auf Wertvolles gerichtete Handlungsenergie* ist es nach Hegel nun dieses individuelle Pathos, das sich in der Tragödie allgemein verstehen und anerkennen lässt: „Denn das Pathos berührt eine Saite, welche in jedes Menschen Brust widerklingt, jeder kennt das Wertvolle und Vernünftige, das in dem Gehalt eines wahren Pathos liegt, und erkennt es an."[545]

Durch seine originelle, sowohl aktivische als auch passivische Verwendung von Pathos und Leidenschaft als einer „unauflöslichen Passio-Aktivität"[546] vermeidet Hegel, den Begriff allein auf der Seite des bloßen Erleidens zu verorten, wie es die philosophische Tradition und selbst noch Schiller in seinem Begriff des Pathetisch-erhabenen tut, der die Behauptung der Freiheit des Willens *gegen* das Pathos auszeichnet.[547]

Hegels Wertschätzung der Leidenschaft im Sinne einer Freilassung von Energie, die im Handeln genutzt werden kann, ist Nietzsche (wohl eher unbewusst-hegelianisch) mit einem Lob der Leidenschaften und dem ebenfalls eher aktivischen Begriff des „Pathos der Distanz" gefolgt.[548] Aber erst Helmuth Plessner hat diesen Begriff in einigen Aufsätzen anthropologisch bestimmt. Plessner unterscheidet Leidenschaften von affektiven oder somatischen Erregungen, Trieben und Süchten, die den Menschen schwächen und abhängig machen. Leidenschaft richte sich dagegen intentional auf eine Sache und stelle als aktivische Größe die Möglichkeit dar, „durch sie sich zu steigern"[549]. Leidenschaft ist hier wie bei Hegel eine Art intensivierte Handlungsenergie. Sie erhöht die Motivation durch die *Ergriffenheit* von einer Sache, der man sich in *Selbststeigerung* widmet. In diesem Sinne spricht man etwa von einem lei-

---

544 Georg Wilhelm Friedrich Hegel: *Enzyklopädie* III, § 474 (Theorie-Werkausgabe, Bd. X), S. 296. Vgl. Georg Wilhelm Friedrich Hegel: *Vorlesungen über die Geschichte der Philosophie* (Theorie-Werkausgabe, Bd. XII), S. 38; Georg Wilhelm Friedrich Hegel: *Philosophie der Weltgeschichte* (Hegel 1995), S. 160f. Vgl. auch Max Webers Diktum: „Denn nichts ist für den Menschen als Menschen etwas wert, was er nicht mit L e i d e n s c h a f t tun kann." (Weber 1995, S. 12). Vgl. Kap. 8.8.
545 Georg Wilhelm Friedrich Hegel: *Ästhetik* I (Theorie-Werkausgabe, Bd. XIII), S. 302.
546 Port 2005, S. 195.
547 Friedrich Schiller: „Über das Pathetische" (Schiller 1999b). Siehe Kap. 9.5.
548 Siehe etwa Friedrich Nietzsche: *Also sprach Zarathustra* I (Von den Freuden- und Leidenschaften). KSA 4, S. 42–44; Ders: *Jenseits von Gut und Böse* 257. KSA 5, S. 205f. Vgl. dazu Port 2005, S. 193–200, und Gerhardt 1989b.
549 Plessner 1983a, S. 349; vgl. Plessner 1983b.

denschaftlichen Politiker, einem passionierten Bergsteiger oder der Leidenschaft für Musik. In der Leidenschaft kann ich, so Plessner, „Außerordentliches" tun, in ihr „wachse ich über mich hinaus"[550].

Was der Begriff der Leidenschaft in dieser Perspektive kenntlich macht, ist also der Ernst im Sinne einer fokussierten Kraftkonzentration, mit der etwas getan und riskiert wird, das hohe Maß an motivationaler Energie, mit der für etwas Ernsthaftes (*spoudaion*) gehandelt wird. Die so verstandene Leidenschaft steht für das je individuelle Optimum an Kraft, das starke und existentielle Werte als intrinsische Motivationsquellen freizusetzen vermögen.[551] Diese Leidenschaft kann zum Exzess, zur Hybris werden, insofern sie die Verwirklichung des Zwecks ohne Rücksicht auf die Freiheit anderer oder mit zu viel Selbstverausgabung verfolgt, die schädlich auf die Person zurückschlägt.

Die Leidenschaft mit ihrer graduellen Steigerbarkeit vermag daher als treibendes Moment auch das Tragödienmodell der Überschreitung zu erhellen, das Lehmann vom Konfliktmodell – für das Hegels Antigone-Deutung paradigmatisch steht – unterscheidet und an Nietzsche, Heidegger, Bataille und Lacan erläutert.[552] Er weist dabei auf das rhetorische Moment der Hyperbel, der Übertreibung hin, das für die Transgression der Tragödie als „hyperbolische[] Steigerung und Selbststeigerung"[553] des Helden kennzeichnend sei. Lehmann, dem es wie Bohrer um die Eigenständigkeit des Theatral-Ästhetischen gegen jede „Logifizierung des Ästhetischen"[554] und Tragischen seit Aristoteles geht, bindet den leidenschaftlichen Drang, der zur Überschreitung von Grenzen und zum selbstgefährdenden Exzess führt, aber nicht an Einstellungen, Ziele oder Werte der Figuren zurück. Im Gegenteil, nach Lehmann geht es beim „Kern des Tragischen" um eine „hyperbolische Übersteigerung, die einzig genügt", die „von sich selbst her inhaltlos und/oder mit beliebigen Zielsetzungen anzufüllen ist" und „sich jenseits von Erwägungen und Kategorien der Vernunft abspielt. Das Tragische steht damit systematisch außerhalb der Sphäre möglicher Kollisionen vernunftmäßig behaupteter Ziele oder Werte." Entsprechend sind tragische Figuren für Lehmann in ihrem Pathos „sozusagen besinnungslos"[555]. Wie Bohrer, der den Erscheinungsschrecken des Tragischen als ästhetisches Phänomen gegen jede Kontamination mit dem Psychologischen, Moralischen, Ethischen oder Politischen verteidigen will, kippt auch Lehmann das existentielle Kind mit dem Bade rationalistisch verengter Tragödienpoetiken aus. Nach seiner Beschreibung sind tragische Figuren alogisch und können vom rational-diskursiven Standpunkt in ihrer leidenschaftlich-exzessiven Transgression nur als irrational beschrieben werden. Doch

---

[550] Plessner 1983c, S. 76, 71.
[551] Siehe Kap. 8.4 und 8.8. Heute ist der aktivische Begriff, der bei Hegel noch neu war, in der Marketingindustrie banalisiert worden.
[552] Zur Gegenüberstellung von Konflikt- und Überschreitungsmodell siehe Lehmann 2013, S. 84–131.
[553] Ebd., S. 107.
[554] Ebd., S. 36.
[555] Ebd., S. 107, 102, 101, 52.

diese Qualifikation kann der begründenden, Wertungen artikulierenden Rede der Figuren in den griechischen Tragödientexten keinen Sinn abgewinnen außer dem des Ausdrucks von in Wahrheit inhaltlich unter- oder unbestimmten Trieben ins grundlos Exzessive. Wenn dem bei den Griechen so gewesen wäre, wenn es z. B. Antigone in Wahrheit nur um ihre passioniert-obsessive Überschreitung staatlicher Grenzen oder den Klagenden nur um die Maßlosigkeit ihrer Trauer ginge, dann könnte kaum ersichtlich werden, warum man die Figuren in ihrer Hybris nicht vor allem kritikwürdig oder gar komisch finden sollte und warum ihnen von anderen Figuren, dem Chor und, glaubt man Gorgias, Platon und Aristoteles, dem Publikum großes Mitleid im Sinne von *compassion* entgegengebracht wird. Ihr Leid wäre ein Leiden um des Exzesses dieses Leidens willen, nicht aufgrund einer existentiellen Bewandtnis.[556] Zudem würde es seltsam anmuten, dass solch ein purer Exzess theatralisch von den Griechen so selten effektiv in Szene gesetzt worden ist. Rauschhaftes Verhalten, wilde Sexualität, Akte im Zustand der *mania* oder exzessive Gewalt kommen auf der Bühne der attischen Tragödie nicht vor. Man könnte sich zudem fragen, ob sich Figuren tyrannischer Hybris wie Xerxes oder Kreon durch die diktatorischen Massenmörder des 20. Jahrhunderts leicht überbieten ließen, zumal Lehmann Verbrechen ausdrücklich für einen Fall der tragischen Überschreitung hält.[557] Schließlich müsste die Annahme plausibel sein, dass Fälle besinnungsloser Überschreitung und Selbstzerstörung in der Moderne wie exzessiver Drogenkonsum von Partygängern, Rennen risikoverliebter Motorradfahrer oder begeisterter Kriegstaumel unerfahrener Soldaten weitaus tragischer wirken müssten als jede antike Figur, die *für* Bestimmtes – wie die eigene Ehre oder eine konkrete Liebe – leidenschaftlich eintritt und *um* einen bestimmten irreversiblen und unersetzbaren Verlust voller Pathos klagt. Wenn etwa Agamemnon Hekabe gegenüber ergriffen einräumt, die Qualen der „Ärmste[n]" sprengten „jedes Maß"[558] (*ametrētōn*), dann sieht er darin offenbar nicht einen inhaltlosen Pathos-Exzess, der sich in seiner autodestruktiven Überschreitung selbst genügt, sondern die begründete Reaktion auf ein ebenso maßloses existentielles Unheil: den gewaltsamen Verlust der eigenen Kinder.

Ein Bezug des Tragischen zu Werten und Selbstbegriffen der Leidenden vermag gegenüber der These wesentlich leerer Überschreitung verständlich zu machen, warum Figuren sich in Bezug auf *bestimmte* Ziele oder Werte voller Pathos bis zur Hybris gegen die Standpunkte anderer steigern, warum sie ebenso exzessiv an be-

---

556 Vgl. ebd., S. 102: „Die Überschreitung an sich selbst ist das Objekt des Begehrens."
557 Vgl. ebd., S. 103: „Was wir die tragische ‚Überschreitung' (Transgression) nennen, kann höchst unterschiedliche Gestalten annehmen. Bei der Transgression kann es um den unwiderstehlichen Charme des Verbrechens gehen – das nicht nur trotz der Verletzung ethischer Normen, sondern geradezu wegen ihrer begangen wird." Wie diese Bemerkung, die sich nicht auf die griechische Tragödie beziehen kann (siehe Kap. 4.6.), zu der von Lehmann emphatisch bekräftigten „Feststellung" Bohrers passen soll, dass „das Tragische unabhängig [...] von der Idee einer Schuld ist" (S. 83), leuchtet nicht ein.
558 Euripides: *Hekabe*, V. 783.

stimmten Verletzungen leiden und warum ihr Schicksal das Publikum erschüttert und ins Pathos der tragischen Affekte und ästhetischen Faszination zieht. Das Transgressive des Pathos muss nicht von Gründen, Zielen und Werten der Figuren getrennt werden, um exzessiv wirken zu können. Im Gegenteil, als sich selbst genügender Exzess liefe es Gefahr, nur als „hohles Pathos" vom Publikum erfahren zu werden. Dann würde die Tragödie zur Farce. Auch muss man dem Pathos nicht kategorial „die ästhetische Priorität vor jeder inhaltlichen Konkretisierung"[559] zuweisen – es verliert durch existentielle Inhalte nicht an ästhetischer Kraft, im Gegenteil.

Mit der hier angebotenen Argumentation vermag zudem ersichtlich zu werden, warum normative Kollisionen, wie sie das Konfliktmodell der Tragödie beschreibt, in *bestimmten* Fällen überaus bedeutsam und damit potentiell tragisch für die Individuen sind. Zudem wird mit Blick auf existentielle Wertungen und ihre Verluste die Verkehrung des Pathos am Scharnier des Umschlags nachvollziehbar: Eine hohe Motivation im aktivischen Sinn von starker Leidenschaft *wird* mit dem tragischen Umschlag des Handelns plötzlich zu einem um so schwereren Leid. Zwischen diesen beiden konträren Bedeutungen changiert der Begriff *pathos* in der Tragödie.

Die *Pathosumkehr* konkretisiert die Figur des Umschlags als Rückwirkung der Handlung auf die Handelnde hinsichtlich der Macht *ihres* Wollens, die zur Macht *ihres* Leidens wird. Ein sthenisches Pathos wird zu asthenischem Leid, Pathosstärke zum pathetischen Leiden. Nicht etwas ganz anderes also – etwa der Affekt *statt* der handlungsleitenden Vernunft – trifft das Handlungsvermögen, sondern das die Person Antreibende verkehrt sich selbst in ihr. Somit ist nochmals zu verdeutlichen, dass nicht mit der *metabolē* eine Funktion des Bewusstseins in eine andere kippt wie Vernunft in Gefühl im Sinne einer klassisch-binären Logik, sondern dass *alle* für die Lebenspraxis unabdingbaren Vermögen und unbewussten Kräfte *zusammen* mit einem Mal den Zustand wechseln. Wie Denken und Handeln von Leidenschaft befeuert sind, so trifft auch das Leid die Vernunft selbst.

In Kap. 8.4 war von den Metaphern des Gewichts der Wertungen und Gründe sowie ihrer Tiefe die Rede. Sie machen den Grad der physischen Verkörperung einer individuellen praktischen Identität kenntlich, wie tief ihr Gewebecharakter ins Selbstbewusstsein reicht. Das Gewicht steht daher auch für die „Substantialität und Stärke"[560] einer Sache – für Pathos als aktiver Macht, der man sich freiwillig verschreibt. Am Gewicht der Wertungen steigert sich der Wille wie an einer begehrten Herausforderung; er wächst an seinen Aufgaben und den Widerständen und wirkt um so stärker, nämlich leidenschaftlicher, je stärker die Gründe, je gewichtiger die Wertungen für sein praktisch-normatives Selbstverständnis und damit seine Lebensbahn

---

[559] Bohrer 2009, S. 375.
[560] Nozick 1991, S. 196. Vgl. die Beschreibung solch einer *gravitas* (ebd.) einer in sich gefestigten Person bei Nida-Rümelin 2011, S. 77: Menschen mit einer gefestigten personalen Identität können sich im Wechsel behaupten, „ohne ihre persönlichkeitskonstitutiven Merkmale aufgeben zu müssen." Ihre strukturelle Lebensform beruht auf der „*Stabilität* akzeptierter Gründe" (Hervorh., A. T.). Schweres Gewicht und starke Stabilität gehen in Gründen zusammen.

im Ganzen sind. Aufgrund der identitätskonstitutiven Rolle dieser starken bzw. existentiellen Wertungen kann die Person selbst „gewichtig", d. h. ausdauernd, beständig und kraftvoll werden. Leidenschaft und Pathos sind demnach praktische, sprachliche und affektive Ausdrucksformen tiefer und gewichtiger Wertungen.

Die Pathosumkehr der Tragödie macht aus dem Energiereichtum des Schwerwiegenden die Energiearmut des Belastenden: Die tragische *metabolē* kehrt das Gewicht guter *Gründe im* Handeln um in eine Last *auf* den Handelnden, die sie beschwert und *zugrunde* drückt. Setzen schwerwiegende Gründe aus existentiellen Wertquellen den Willen frei und steigern ihn energetisch, lähmt das entsprechend schwerwiegende Leid ihn fatal. Daher klagen tragische Figuren vielfach, dass ihr Schicksal „schwer lastet"[561] und „nicht auszuhalten"[562] sei; der Schmerz, der sie „zu Boden" „drückt"[563], ist für sie „untragbares Leid"[564]; nur derjenige könne es durch Verweis auf subjektive Unschuld relativieren, der „nichts hat, was ihn beschwert."[565] Wirkt das Gewicht der Wertungen im Ausgriff auf das Gelingen im Handeln stärkend, wird es im Leiden zur Überlast, für deren Gewicht die eigene Kraft nicht ausreicht. Der Umschlag ist der *turning point*.

Es zeigt sich, dass stabilisierende, charakterbildende, starke und existentielle Wertungen nach Art fester Formen den entscheidenden Grund darstellen, warum sich Praxis überhaupt so plötzlich in so exzessives Leid verwandeln kann. Die Wertungen sind gleichsam das Scharnier, an dem das aktive Leben kontingenterweise ins Gegenteil, an dem starke Leidenschaft in schweres Leiden umschlagen kann. Wer dieses Scharnier eines evaluativen Selbstbegriffs nicht hat, erleidet auch, wenn ihm etwas misslingt und irreversibel verloren geht, keinen Umschlag, so wie derjenige, der die Instrumente der Kultur nicht verwendete, vor ihrer negativen Rückwirkung auf sich selbst gefeit wäre. Sofern Kultur das Medium von Bedeutsamkeit konstituiert, ist in diesem Kapitel ein Anschluss an die im 5. Kapitel entwickelte These der kulturellen Gründe der Tragik gewonnen: Nicht nur die Verwendung von Werkzeugen und Medien als Erzeugnisse der Kultur, die sich gegen ihre Verwender verkehren können, konstituiert ein tragisches Risiko, sondern auch die Bedeutsamkeit von Wertungen, die erst unter Bedingungen des sozialen und kommunikativen Raums der Kultur möglich ist. Menschen können tragisch zugrunde gehen, weil sie in der Freiheit ihrer kulturellen Existenz punktuell zum Einsatz selbstproduzierter Mittel und strukturell zum Leben gemäß gewichtiger Wertungen fähig sind. Beides kann sie zu souverän-kraftvollen wie zu fragil-vulnerablen Akteuren machen.

Die *Form*, diese Verletzung als Umschlag *darzustellen* und zugleich die symbolische Kommunikation über das existentiell Bedeutsame in der Erfahrung seines selbst bewirkten Verlusts aufrecht zu erhalten, ist die *Kunst* der Tragödie. In ihr wird der

---

561 Aischylos: *Die Perser*, V. 1044 (*bareia*). Vgl. *Sieben gegen Theben*, V. 975.
562 Sophokles: *Trachinierinnen*, V. 720 (*ouk anascheton*).
563 Euripides: *Alkestis*, V. 894.
564 Sophokles: *Ödipus auf Kolonos*, V. 1449 (*kaka barypotma*).
565 Sophokles: *Trachinierinnen*, V. 731 (*baru*).

Umschlag durch die *pathetische Sprache*, den seit der antiken Poetik der Tragödie zugeordneten hohen Stil vermittelt. Sie dient sowohl zur leidenschaftlichen Selbstbehauptung – dem Aussprechen der eigenen Zwecke – als auch zur exzessiven Klage. Die pathetische Sprache mit ihrer metrisch gesteigerten Energie, ihrer „Intensitätsrhetorik"[566] ist, zumal in den Gesangspartien, das formale, die dadurch evozierten tragischen Affekte (*pathē*) sind das rezeptive Medium der Pathosumkehr von kraftvoller Leidenschaft in die Schwäche des Leidens. Die „pathetische" Tragödie bringt daher die metabolistische Dynamik des Pathos der Figuren in eine ästhetische Form. Sie ist Darstellung *und* Medium von Pathosumkehr.

Das neunte Kapitel dieses Theorieentwurfs nimmt diese Dopplung der Tragödie von der Analyse der tragischen Erfahrung her in den Blick, die ihre Resonanz im Publikum findet. Dabei wird es zuerst darum gehen, was philosophisch aus der antiken Tragödie als Kunstform zu lernen ist und warum sie ein wichtiges philosophisches Problem des Weltbezugs von Akteuren zu erkennen erlaubt (Kap. 9.1–9.3). Ihrer ästhetischen Funktion, die auf dieses Problem reagiert, sind die abschließenden Teilkapitel 9.4 und 9.5 gewidmet, die das Tragische an die Form der Tragödie zurückbinden und ihre ästhetische Dimension als Kunst auf den hier entwickelte Theorieansatz beziehen.

---

[566] Bohrer 2009, S. 16.

9 Erkenntnis und Kunst der Tragödie

„Die Literatur geht immer da hin, wo die Beschädigung einer Person ist."[1]

„Die großen Künstler waren niemals jene, die Stil am bruchlosesten und vollkommensten verkörperten, sondern jene, die den Stil als Härte gegen den chaotischen Ausdruck von Leiden, als negative Wahrheit, in ihr Werk aufnahmen. Im Stil der Werke gewann der Ausdruck die Kraft, ohne die das Dasein ungehört zerfließt."[2]

9.1 Aufschluss über die tragische Disposition der Individualität

Die Tragödie, so lässt sich der Gang der Untersuchung bislang zusammenfassen, führt Handlungszusammenhänge vor, in denen Individuen mit anderen interagieren. Sie tragen kausal zu einem Selbstverlust bei, indem durch ihre Handlungen das irreversibel lädiert wird, was ihnen existentiell wichtig ist. Dadurch schlägt mit der Plötzlichkeit einer punktuellen Handlung und einer schlagartigen Erkenntnis die existentielle Gesamtverfassung des Individuums um. Die Voraussetzungen und Eigenschaften eines selbstbestimmten Lebens als Handelnder brechen zusammen und die Individuen entzweien sich in einen gebrochenen Akteur und ein Leidenssubjekt als einen entfremdeten Zuschauer ihres Lebens, wodurch eben dieses Leiden zirkulär vertieft wird. Phänomene des Schmerzes, der negativen Affekte wie Angst und Scham sind typische Dimensionen des tragischen Leidens. Die tragische Erfahrung vollzieht sich im Bewusstsein, dass das Leben in der kurzen Frist der dramatischen Zeit aus der Gelingensaussicht – dem Glück funktionstüchtiger Handlungsvoraussetzungen – in die Verdeckung des praktischen Horizonts – dem Unglück der Hoffnungslosigkeit – verkehrt worden ist.

Die Tragödie funktioniert dabei als eine anthropologische Schaubühne, deren epistemische „Methode" negativistisch ist: Am Verlust der Bedingungen von positiver Freiheit werden diese umso deutlicher erkennbar: Das Scheitern erhellt die vorgängigen Bedingungen selbstbestimmter Lebensführung. Als Inszenierung der fatalen *Ausnahme* macht die Tragödie ästhetisch plastisch, auf welchem nicht selbstverständlichen, fragilen Grund sich die kulturelle Lebensform des Menschen praktisch realisiert.

Der Selbstverlust in der tragischen Erfahrung verweist die Figuren und ihre Zuschauerinnen und Zuschauer also auch darauf, was es bedeutet, sich in einer kontinuierlichen Praxis in der Lebenswelt *nicht* zu verlieren. Ein selbstbestimmter Akteur ist man dann, wenn die Überbrückung der zum Denken, Entscheiden und Handeln nötigen Distanz zur Welt in lebendigen Bezugnahmen gelingt, wenn man sich sowohl

---

[1] Herta Müller: Mündliche Aussage am 8.10.2009 in Berlin anlässlich der Verleihung des Nobelpreises für Literatur.
[2] Adorno/Horkheimer 1969, S. 117.

durch schwache Präferenzen als auch durch starke und existentielle Wertungen in ein schätzendes Verhältnis zur Welt setzen und sich von seinen, diesen Werten entsprechenden Gründen leiten lassen kann. Diese Wertungen knüpfen ein Netz, das die Akteure trägt: ein normatives Selbstverständnis, das der eigenen Lebenspraxis eine strukturelle Orientierung bietet. Zugleich individualisieren solche Bedeutsamkeiten die Person, ohne dass die Individualisierung selbst Zweck der wertenden Bezugnahme sein muss. In dem, was ich wirklich will, was mir – ethisch, moralisch, politisch – unersetzbar wichtig ist, gebe ich mir eine Form als praktische Individualität. An der die Praxis ausrichtenden und intrinsisch motivierenden Kraft des Bedeutsamen werde ich erst zu dem, als der ich mich praktisch durch Sprechen und Handeln öffentlich erkennbar artikuliere. Genau darin zeigt sich auch das, was im und zum Leben über spontane Wünsche und Affekte hinaus motiviert: Es sind die ausgezeichneten Wertungen, die ein „Kräftefeld" erzeugen, aus dem ich „Antrieb gewinne"[3]. Die Handlungen, deren Gründe dieser Wertungen als Quelle haben, stellen eine intrinsisch und mit größtem Gewicht – zuweilen leidenschaftlich – bewegende Kraft des Menschen dar, die ihn gleichsam prometheisch in die Zukunft treibt „und ihm einen Grund gibt zu leben."[4] Die Tragödie zeigt, was es heißt, dass jemandem etwas wesentlich ist und er darin Sinn findet.

Die Rede vom ‚Wesentlichen' steht seit langem unter Essentialismusverdacht, der mit dem begründeten Zweifel nicht nur an der Erkennbarkeit, sondern auch an der Möglichkeit metaphysischer Wahrheiten einhergeht und universellen Thesen über den Menschen tendenziell Eurozentrismus unterstellt. Ein klassischer Essentialismus widerspricht der modernen Einsicht, dass der Mensch sich nicht hinreichend definieren lasse. Als schlechterdings offenes Wesen – das „noch nicht festgestellte Thier"[5], das „nicht fest verdrahtet"[6] ist – kann und muss der Mensch daher in historisch und kulturell unterschiedlichen Selbstauslegungen prinzipiell auch bestimmen, als wer er sich versteht. Eine Definition, die man dem Menschen als wesentlich zuspricht, würde seiner konstitutiven Unbestimmtheit und Offenheit als Voraussetzung der Selbstbestimmung, seiner Autoplastizität und kreativ-konstruktiven Transformationskraft widersprechen.[7]

Doch die Rede vom Wesentlichen ist mit der unhintergehbaren Offenheit der Selbstbestimmung des Menschen vereinbar, sofern man darunter versteht, dass jeder

---

3 Williams 1984b, S. 21.
4 Ebd.
5 Friedrich Nietzsche: *Nachgelassene Fragmente 1884–1885*, Frühjahr 1884 25 [428]. KSA 11, S. 125.
6 Vgl. Tugendhat 2001.
7 Diese Beschreibung ist selbst wieder eine Auszeichnung des Menschen, die ihm offenbar nicht nur zufällig und hin und wieder zukommen soll, sondern eine für ihn grundlegende Möglichkeit darstellt. Die konstitutive Offenheit widerspricht deshalb auch nicht dem Vorhaben einer Philosophischen Anthropologie. Gegenwärtige Bestimmungen des Menschen zeigen eine Vielfalt in der Bestimmung des Menschen auf (so etwa Gerhardt 2019) oder verorten sich im Rahmen der negativen Anthropologie (siehe etwa Bajohr 2020).

einzelne Mensch selbst das Vermögen hat, sich etwas anzueignen, das ihm dann als dieses konkrete Individuum erst wesentlich *wird*. Man muss demnach einen metaphysischen Sinn des Prädikats ‚wesentlich' von einem evaluativ-praktischen unterscheiden.[8] Seit der klassischen Metaphysik steht der Gebrauch des Wortes mit dem Unveränderbaren und Zeitlosen in Verbindung. Diese Assoziation sollte man für den evaluativ-praktischen Sinn des Worts aufgeben und das Wesentliche oder Substantielle als Dynamisches und historisch Gewordenes und somit auch als prinzipiell zu Verlierendes ansehen. Dieses Wesentliche ist nicht in die Wiege gelegt, sondern setzt ein Leben *vor* diesem Gewordensein voraus. Von ihm lässt sich nicht notwendigerweise sagen, es sei ein Leben ohne Selbstsein und Sinn gewesen, weil man noch nicht in Orientierung auf diese existentielle Wertung gelebt habe. Ebenso kann es ein Leben *nach* diesen existentiellen Wertungen geben: Die Wissenschaftlerin kann ihre Forschungsleidenschaft irgendwann verlieren, liebende Paare können sich trennen, das Grundvorhaben einer politischen Leistung kann irgendwann seine Bedeutung verlieren, selbst Eltern können Liebe zu ihren Kindern einbüßen.

Dass die Figuren *in der Zeit der Tragödie* als der theatralen Darstellung ihres Scheiterns nicht auf das ihnen Wesentliche verzichten können und entsprechend verzweifelt passiv, aggressiv oder suizidal reagieren, heißt nicht, dass sie es *nie* könnten. Doch der Umschlag kommt so plötzlich, dass ihnen eine Aneignung der selbstbewirkten Zerstörung nicht gelingt. Diese in der Tragödie exponierte *Grenze der Aneignungsfähigkeit* von Wertverlusten zeigt an, dass diese für die Individualität in einem gehaltvollen Sinne wesentlich geworden sind.[9] Dass die Person auch in der tragischen Erfahrung weiter als *Person* existiert und sich *vielleicht* die tragische Selbstverfehlung als Teil ihrer eigenen Lebensgeschichte aneignen können *wird* – wovon die Tragödie keine Kunde gibt –[10], spricht nicht gegen den Begriff des Wesentlichen, sofern es als dauerhaft orientierend angesehen wird. Existentielle Wertungen können als Paradigma der Intensität von Wertungen, aber auch als solche der

---

8 Vgl. Quante 2007, S. 111.
9 Rahel Jaeggi kritisiert die Ideen der *ground projects* (Raz, Williams) und der *notwendigen Volitionen* (Frankfurt) wegen des mit ihnen behaupteten Essentialismus der Person, der nach ihrer Ansicht irreführend sei. Tragische Erfahrungen, deren Schwere sie attestiert, zeigten nur an, dass das Selbst sich den Verlust nicht aneignen könne, nicht dass es sich um etwas für die Person Wesentliches gehandelt habe und daher der Verlust zugleich ein Selbstverlust bedeuten müsse (Jaeggi 2005, S. 206 ff.). Jaeggis Deutung setzt damit den metaphysischen Begriff des Wesentlichen im Sinne des Essentialismus voraus. Vielleicht ist der Begriff so sehr mit dieser Konnotation verbunden, dass man ihn besser aufgeben sollte. Ich halte aber zu ihm, weil er, wie ich glaube, genau so in der heutigen Lebenswelt außerhalb der Akademie verwendet wird.
10 Auch der alte Ödipus aus Sophokles' letzter Tragödie weiß, dass seine tragische Erfahrung nicht nur Teil seiner Lebensgeschichte geworden ist, sondern sein Leben seitdem durch und durch bestimmt hat. Es wäre aber unplausibel zu sagen, er habe sich diese Erfahrung angeeignet, wenn damit – wie landläufig – gemeint ist, dass er sie als Element seiner Biografie anerkannt hat *und* eine neue Kontinuität der Lebensform – ein Weitererzählen – wertend eingegangen ist. Ödipus bleibt vielmehr ein Gescheiterter, ein Mensch des Unglücks, der sein Leben vor sich und anderen am liebsten verbergen würde.

Dauer angesehen werden. Es ist plausibel, dass jemand, der sein Leben einer Sache – etwa der Kunst – gewidmet hat, zu zerbrechen droht, wenn ihm auf einmal diese Orientierung als Treue zu sich wie zur Sache durch eigenes Handeln verunmöglicht wird.

Mit diesem theoretischen Ansatz lassen sich Bedingungen für die Angemessenheit lebensweltlicher Rede von tragischen Ereignissen formulieren. Zwar trivialisiert der öffentliche Diskurs das Tragische täglich; Intuitionen für Tragödiendiagnosen können jedoch auch theoretisch eingeholt werden. Zwei Beispiele für die beiden Typen tragischen Handelns – das bewusste, aber meist verzweifelte Verletzen eines existentiellen Werts aus einer Konflikt- oder Notlage heraus (wie in den *Choephoren* oder der *Medea*) und das unbewusste Verletzen eines existentiellen Werts aus Unwissenheit bzw. Unvermögen (wie in den *Trachinierinnen* oder im *König Ödipus*) – seien genannt. In Bezug auf ersten Fall wird von einer Frau, Brigitte R., berichtet, die sich „aufopferungsvoll und mit aller Liebe"[11] um ihren durch einen Motorradunfall stark behinderten Sohn Ricardo R. gekümmert und nach neun Jahren dieser täglichen Sorge schließlich dem wachen, jedoch verzweifelt leidenden Sohn den wiederholten Wunsch nach Beendigung seines leidvollen Lebens durch eine Medikamentenmischung erfüllt habe. In derselben Nacht des Dezembers 2004 habe sie, nachdem sie ihn beim Sterben begleitet hatte, auch sich selbst mit der Einnahme der Medikamente zu töten versucht. Durch Zufall wurde sie drei Tage später, kaum noch lebendig, aufgefunden. In der Verhandlung vor einem Berliner Gericht plädierte der Staatsanwalt nicht für eine Bestrafung von Brigitte R., sondern erklärte, dass ihm angesichts dieser „Tragödie" nichts einfalle, „was gegen die Angeklagte spricht", die entsprechend von der Richterin auch nicht zu einer Strafe verurteilt wurde, wenngleich die Schuld der Tötung auf Verlangen festgestellt werden musste. In diesem Gerichtsprozess wurde eine tragische Erfahrung anerkannt, die nicht in eine rechtlich relevante Erfahrung von krimineller Schuld und Strafe zu überführen ist.[12] Die Angeklagte hatte nämlich „schon alles verloren", wie Todt schreibt. Die Intuition des Staatsanwalts und der Richterin sowie der journalistischen Zeugen vor Gericht kann mit der hier angebotenen Theorie als angemessen rekonstruiert werden: Tragisch war das Handeln von Brigitte R., da sie durch ihre eigene Handlung offenbar, wie aus ihrer Lebensgeschichte und Aussagen entnehmbar war, einen existentiellen Wert, dem sie ihr Dasein widmete und auf den hin es ausgerichtet war, bewusst irreversibel zerstörte und mit dieser Erfahrung auch jede Zukunfts- und Sinnperspektive ihres eigenen Lebens verschloss, sodass sie nur noch den eigenen Tod suchte.

---

11 Todt 2005. Die folgende Darstellung und die Zitate folgen diesem Bericht, der die Gerichtsverhandlung mit Publikum nach Art einer ergreifenden Tragödienaufführung beschreibt.
12 Diesen tragischen Fällen trägt der § 60 des *Strafgesetzbuches* Rechnung, der die „Absehung von Strafe" durch die Rückwirkungen der Tat auf den Täter begründet: „Das Gericht sieht von Strafe ab, wenn die Folgen der Tat, die den Täter getroffen haben, so schwer sind, daß die Verhängung einer Strafe offensichtlich verfehlt wäre." Wie Heribert Prantl 2017 mit weiteren Beispielen berichtet, haben deutsche Gerichte im Jahr 2014 von diesem Paragraphen in 302 Fällen Gebrauch gemacht.

In Bezug auf den zweiten Typ kann das Beispiel eines Manns, Andreas P., angeführt werden, der im Januar 2017 auf dem Geburtstagsfest seiner Tochter Rebecca bei Arnstein einen zum Heizen aufgestellten Stromgenerator falsch installiert hatte, sodass sie, sein Sohn Florian und vier weitere Jugendliche, Michael R., Felix K., Kevin D. und Rene S., nachts an Kohlenmonoxidvergiftung starben.[13] Auch in diesem Fall wurde vom Gericht in Würzburg nur eine geringe Strafe, eineinhalb Jahre auf Bewährung, verhängt, da man davon ausging, dass der Täter von seiner Tat schon genug getroffen worden sei. Die Bezeichnung dieses Vorfalls als „Tragödie"[14] scheint treffend zu sein: Die offenbar fahrlässige, aber nicht absichtliche, sondern von Andreas P. als zuverlässig eingeschätzte und bereits getestete Einrichtung des Generators und Abgasrohrs kann man mit Aristoteles als tragischen Fehler und seine Handlung deshalb als tragisch verstehen, da ihre fatalen Folgen in keinem rationalen Verhältnis zum technischen Fehler stehen, den er selbst nicht bemerkte. Durch die unfreiwillige Tötung von sechs jungen Menschen zerstörte der Mann unersetzbare Individuen irreversibel, darunter seine eigenen Kinder, die, wie man aus seinen Aussagen annehmen kann, existentielle Werte für ihn darstellten, sodass diese tragische Erfahrung sein Leben vermutlich in dauerhaftes Unglück hat kippen lassen. Vor Gericht ließ er, der sein Gesicht verdeckt hielt, über seinen Anwalt wissen, dass das von ihm mitverursachte Ereignis „die schlimmste Katastrophe meines Lebens"[15] sei. Wie die tragischen Figuren der Antike hielt sich Andreas P. für verantwortlich und versuchte nicht, sich von der Verantwortung für sein Tun zu distanzieren.

Das hier vorgelegte Theorieangebot erlaubt, die Angemessenheit der Beschreibungen solcher Vorfälle als Tragödien zu begründen und ihre existentielle Dimension besser zu verstehen. Es verweist indes auch auf eine Leerstelle im öffentlichen Diskurs: Denn die Interpretation von Ereignissen als Tragödien, die von Beobachtern aus Medien und Jurisprudenz kommt, ist eine des Publikums, das zwar die Selbstauskunft der Gescheiterten mitunter berücksichtigt, über den Prozess ihrer tragischen Erfahrung in der Regel jedoch wenig weiß. Dass die Tat fatal auf die Täter zurückschlägt, wird angenommen; doch eine Einsicht in eine tragische Erfahrung, erfordert, die Wertungen und das Selbstverständnis einer Person und die Auswirkungen der selbst mitbewirkten Läsion auf das Leben zu verstehen. In beiden hier angeführten Fällen darf man von erschütternden tragischen Erfahrungen ausgehen, aber sie werden mit Unterstellungen aus der Perspektive Dritter zugeschrieben, während dem Theaterpublikum der Antike diese Erfahrung in der Klage um den Verlust der Werte und des eigenen Sinns deutlicher vor Augen trat.

Die Tragödie zeigt nach der hier vorliegenden Theorie, dass es Menschen, denen es ernsthaft um etwas geht, damit *eo ipso* auch um sich selbst und ihre Beziehungen zur Welt gehen muss. Die herausgehobene Wertschätzung von etwas Besonderem ist

---

13 Die Darstellung folgt dem Bericht von Henzler 2017.
14 Vgl. Prantl 2017: „Die Tragödie von Arnstein schnürt einem den Hals zu, man schaudert." Die deutschsprachige Presse hat von diesem Fall fast ausnahmslos als „Tragödie" berichtet.
15 Henzler 2017.

von der Selbstschätzung und einer grundlegenden Wertschätzung des In-der-Welt-Seins nicht zu trennen, denn die wertende Beziehung zwischen Individuen und Individuellem verwirklicht sich allein als sozial und kulturell verwobenes *Leben in dieser Welt*. Deshalb verlieren die tragischen Akteure, die ihre Handlung aufgrund ihrer Konsequenzen bereuen müssen (*agent regret*) – anders als die traurigen Zuschauerinnen eines Verderbens, für das sie selbst nichts können (*spectator regret*) –[16], in der tragischen Erfahrung auch den Willen, *überhaupt* etwas zu erstreben und zu handeln. Im Umkippen aus heroischer Handlungsmacht in Ohnmacht zeigt die Tragödie, *wie fragil* Handlungsfähigkeit und Lebensführung unter kulturellen Bedingungen sind und wie existentiell relevant sich die Tatsache auszuwirken vermag, dass noch das Wissen der Klügsten auch in den entscheidenden Momenten unvollständig und fallibel ist. Alle in dieser Arbeit phänomenologisch rekonstruierten Dimensionen des *Umschlags von allem in nichts* sind zugleich ein Scheitern der kulturellen Existenz in einem Fall.

Diese Elemente der *conditio humana* zu *erkennen*, ist der einzige Umschlag, der einen Gewinn bringt: Es ist der Umschlag von Unwissen *in* der Praxis in ein tragischerweise *nach* ihr erreichtes Wissen *über* sie. Diese tragische Erkenntnis wird für Figuren wie Zuschauerinnen und Zuschauer durch die Tragödie als Verlaufsform möglich. Damit wird sie zum philosophischen Medium. In der mustergültig im *König Ödipus* gelungenen Darstellung des negativen Umschlags von Unwissen beim Handeln in die tragische Erkenntnis *post factum* liegt der Weg aus der für gegeben hingenommenen und fraglos vertrauten Lebenswelt in das philosophische Wissen eines durch die kulturell geformte Lebenswelt erst erzeugten und in der Praxis permanent reproduzierten existentiellen Risikos. Dieses Lernen aus dem Leiden (*pathei mathos*)[17] ist allerdings weder für das tragische Individuum noch sein Publikum ein praktisches Lernen, das die Praxis – womöglich über das Risiko tragischen Scheiterns hinaus – zu optimieren erlaubte, sondern ein theoretisches Lernen *über* die Praxis, genauer: ein philosophisches Lernen über die komplexen Bedingungen kontinuierlicher Identitätsbildung und Lebensführung. Die Einsicht in die tragische Disposition der kulturellen Existenz, in der Werkzeuge als Handlungsmittel wie Bedeutsamkeiten, in deren Licht Personen Handlungsziele erstreben, für das auf Praxis angewiesene menschliche Leben bestimmend werden, ist eine anthropologisch-kulturphilosophische Erkenntnis, die sich in der Tragödie performativ zeigt: Sie spielt die existentielle Selbstgefährdung des Kulturwesens Menschen in vielfältigen Varianten wie in theatral zu schauenden und zugleich ergreifenden Experiment durch.[18] Das macht die Tragödie zu einer Form, einem Labor philosophischen Denkens. An der Tragödie spitzt

---

16 Siehe zu dieser Unterscheidung Williams 1984a.
17 Aischylos: *Agamemnon*, V. 177.
18 Vgl. Nussbaum 1986: Die Tragödie demonstriert die „Fragilität des Guten", also des guten Lebens in der *Praxis*. Ebenso generiert sie die tragische Einsicht in die notwendige Begrenztheit des menschlichen Wissens in der *Theorie* – zu dieser philosophischen Rolle der Tragödien Shakespeares vgl. Cavell 1979, besonders S. 476–496.

sich Kierkegaards Einsicht, dass das Leben nur rückwärts verstanden werden könne, aber vorwärts gelebt werden müsse,[19] zu einem existentiellen Riss zu, an dem der normalerweise flexible Wechsel der Perspektive von der beobachtenden Analyse bereits gemachter Erfahrungen in die zukunftserschließende intentionale Praxis sich für das tragische Individuum verschließt. Man könnte auch sagen: Der philosophische Flug der Eule der Minerva, der „erst mit der einbrechenden Dämmerung" über den Dionysien – nach der *metabolē* – einsetzt, lässt keinen neuen Morgen im „Grau in Grau"[20] der tragischen Erkenntnis für die Gescheiterten erwarten. Ihnen bleibt nur die intellektuelle Einsicht, die *vor* dem Leben steht, die *in* der Verzweiflung hält.

In jedem tragischen Drama wird auf je individuelle Weise vorgeführt, was es heißt, dass die tief verändernden Kräfte des Lebens nicht nur von außen kommen, sondern auch aus der Mitte der kulturell ermöglichten Selbstbestimmung. Nicht nur andere Mächte wie die Natur oder die Götter scheinen mitunter das Leben von Personen gleichsam „in der Hand" zu haben, das Schicksal eines Menschen wird auch gegen seinen Willen im Guten wie im Schlechten durch sich selbst, durch seine eigenen kulturellen Hervorbringungen bestimmt: durch seine produzierten Artefakte und seinen geformten individuellen Charakter.[21] Die Tragödie ist insofern auch ein *ästhetisches Medium der Anthropologie*, das als Kunst ins Denken über den Menschen treibt und die Frage nach dem Menschen offen hält.

9.2 Die Kontingenz der Welt und das Risiko der Kultur: der philosophiehistorische Ort der Tragödie

Adressaten von Frage und Kritik in der Tragödie und aus ihr heraus sind einerseits die Götter, die den Kosmos durchwirken, andererseits die Leistungen der Kultur als Sphäre der menschlichen Eigenständigkeit. Die Unerkennbarkeit, Ambivalenz und Bedrohlichkeit der göttlichen Instanzen in der Tragödie korrespondiert mit dem Bewusstsein der Ausgesetztheit und Verletzlichkeit, das Christian Meier der griechischen Lebenswelt im 6. und 5. Jahrhundert v. Chr. attestiert hat.[22] Zugleich überbietet sie aber in der ästhetischen Verschärfung an Kraft noch die skeptischen Überlegungen von Philosophen, die explizit – wie Protagoras oder Prodikos – den Glauben an Götter kritisierten. Wie es kein Sich-Verlassen auf einen rechtsförmigen Vertrag mit den Göttern zur Sicherung eines stabilen Tun-Ergehen-Zusammenhangs oder auf ausgleichende Gnade gab, so konnte man das Entscheiden und Handeln ebenso wenig in überindividuellen Prozessen aufgehoben begreifen, wie man es in der Neuzeit getan

---

[19] Søren Kierkegaard: *Ausgewählte Journale* (JJ 167, 1843) (Kierkegaard 2013, S. 376).
[20] Georg Wilhelm Friedrich Hegel: *Grundlinien der Philosophie des Rechts*, Vorrede (Theorie-Werkausgabe, Bd. VII), S. 28.
[21] So lässt sich Heraklit tragisch lesen: „Der Charakter des Menschen ist sein Schicksal." (DK 22 B 119).
[22] Vgl. Meier 1980, S. 44, 78, 152.

hat.²³ Wenn Götter unerkennbar und unberechenbar sind und menschlichen Ansprüchen und Hoffnungen willkürlich widersprechen, bleibt dem Menschen nichts übrig, als immer mehr auf die Eigenständigkeit seiner technisch-pragmatischen Lebensform, also auf sich selbst als Akteur zu vertrauen. Der „Mensch der griechischen Tragödie" gerät im „Gefühl, auf sich selbst und auf seinesgleichen zurückgeworfen zu sein, [...] in einen Bereich erweiterter Handlungsspielräume."²⁴

Doch solch eine Diagnose neuer Handlungsspielräume verdeckt, dass das Tragische gerade keine neuen Möglichkeiten der Praxis, sondern vielmehr des theoretischen Verstehens eröffnet. Die Tragödie erlaubt den Zuschauern – und den Figuren, nachdem sie wie Ödipus retrospektiv zu erkennenden Zuschauern ihres tragischen Scheiterns geworden sind –, den Prozess des Misslingens in einer komplexen Konstellation von vielen kontingenten Faktoren, zu denen ihr Handeln gehört, kausal nachzuvollziehen und die Rolle von Entscheidungen, interpersonell verflochtenen Handlungen und Zufällen (bzw. Göttereinflüssen) dabei zu erkennen und insofern ihr Geschick zu *verstehen*. Zugleich *trennt* sie das kausale Begreifen von der *Sinnperspektive:* Das Erkennen der tragischen Kausalität ist zwar die Erkenntnis eines in sich verbundenen Zusammenhangs – des *mythos* –, nicht aber das Aufschließen eines Sinns, der diesen Zusammenhang als Affirmation zu tragen vermöchte. Die Tragödie gibt zu bedenken, dass es angesichts des tragischen Prozesses unbegründet erscheint, eine für die menschliche Praxis hinreichend *verlässliche* gerechte und im Ganzen sinnvolle Verfassung der Welt anzunehmen, in die man sich durch gerechtes bzw. kluges Handeln bloß einzufinden hätte, um aufgrund des göttlich (oder heute: staatlich und gesellschaftlich) gesicherten Tun-Ergehen-Zusammenhangs ein langfristig gutes Leben für sich zu erwirken. Ohne eine solche Ordnung bzw. in der Einsicht in ihre Gleichgültigkeit, wenn nicht „Gewaltsamkeit"²⁵ droht daher „die Existenz, auf sich selbst zurückgeworfen, sinnentleert"²⁶ zusammenzubrechen. Damit ist eine

---

23 Beispiele für solch ein Eingeliedertsein des individuellen Handelns in die transsubjektive Weltgeschichte und ihre Funktionen wären etwa der wissenschaftlich-technologische Fortschritt im Positivismus oder die allmähliche Selbstdekonstruktion des Kapitalismus im Marxismus. George Thomson 1957, S. 345, hat Aischylos' angeblichen Fortschrittsgedanken mit Lenins dialektischem Materialismus verglichen. Wie fast immer in marxistischen oder sozialistischen Lesarten wird die *Tragik* der Tragödie dabei als historisch bloß transitorische relativiert und als Ankündigung einer prinzipiell optimistisch gezeichneten Zukunft um ihren anhaltenden Schrecken gebracht. Vgl. bspw. mit Blick auf die frühe Prometheus-Rezeption in der DDR-Literatur: Ziolkowski 2000, S. 121–127.
24 Bittrich 2010, S. 123.
25 Der chinesische Schriftsteller Cao Yu, der sich in seinem dramatischen Schaffen auch an der griechischen Tragödie orientierte und selbst u. a. an Euripides alludierende Tragödien verfasste, erklärt tragisches Geschick zum Ausdruck einer „cosmic (*tian di quan di*) cruelty (*canren*) associated with an immense cold (*lengku*)" (zit. nach Fusini 2020, S. 206; vgl. Chen 2014, S. 1063).
26 Vernant 1995, S. 71.

„Sinnkrise' nicht erst bei Euripides, sondern in der tragischen Form selber angelegt."[27]

Der *kausale* Zusammenhang der Leidentstehung lässt sich in den von mehreren Personen vorgeführten Tragödien noch präziser und durch den theatralen Prozess direkter und öffentlicher als im von einem Erzähler erzählten Epos nachvollziehen.[28] Damit erlauben die Tragödien eine rationale Rekonstruktion der im Mythos erzählten tragischen Handlungen, die bereits die methodische und forensische Rekonstruktion von Handlungsprozessen in den Sozialwissenschaften und der Kriminalistik vorbereitet. Die Tragödie bestätigt allerdings *nicht* die *funktionale* Einordnung des Leids in einen auf Ausgleich bedachten Weltzusammenhang, sondern nimmt die mythische „Abmilderung des bitteren Ernstes"[29] zurück. Denn die tragischen Akteure leiden nicht nur vorübergehend und nach Art einer verdienten Strafe, sondern unverdient und auf Dauer. Das chaotische Verhältnis von kleinem Fehler und existentieller Wirkung unterläuft jede sinnhafte Deutung des Leidens als Vergeltung, die die Idee einer Gerechtigkeit als Weltordnung nur bestätigen würde.

Die Welt auch ohne vorgängige Sinnunterstellung zu erkennen, ist in der Folge das Projekt der wissenschaftlichen Theorie, die gleichsam das *theōrein* der Zuschauer im Theater beerbt, es aus dem Theater an einen eigenen öffentlichen Ort (wie die Akademie oder die Agora) hinausführt und dadurch aus der Erfahrung der Tragödie ein methodisch begründetes und dauerhaft distanziertes Verhältnis zur Welt zu gewinnen vermag. Diese Bewegung ist der Theorie bei den Griechen eingeschrieben, wie Menke argumentiert: „Die Theorie ist nicht ein anderes Zuschauen, sondern das woandershin gebrachte Zuschauen"[30]. Diese Bewegung zeigt sich auch theoriegeschichtlich: In der nach dem Tod von Euripides (406 v. Chr.) und Sophokles (405 v. Chr.) mit Platon und Xenophon stärker systematischen Theoretisierung des Kosmos wird ein Ganzes fokussiert, das anders als die praktisch erschlossene Lebenswelt mehr Immunität gegenüber anthropogenen Irritationen genießt. Der forschende Blick auf das Ganze (den es freilich auch schon in den mythischen Kosmogonien und der ionischen Naturphilosophie gab) gewinnt diese Unabhängigkeit *gegenüber* der Lebenswelt aber erst durch die denkende Theorie, wie später der hellenistische Mensch, der im Kosmos nicht mehr „die Allmacht" der Götter vermutet, eine Gelassenheit ihm

---

[27] Lehmann 1991, S. 18 ff., 100; zur Erinnerung an die vertrauensbildende Kraft des Mythos im Sinne einer Entlastung vom übermächtig Fremden und Unvertrauten durch das vernünftige Erzählen siehe Blumenberg 1979a, S. 9–23. Die Sinnkrise bei Euripides diagnostizierte zuerst Reinhardt 1962. Vgl. Snell 1975, S. 109: „Wirklichkeit ist nicht mehr etwas schlicht Gegebenes. Das Bedeutende stellt sich nicht mehr unmittelbar als Geschehnis dar, der Sinn der Erscheinungen spricht nicht mehr direkt zu dem Menschen, das heißt: Der Mythos stirbt."
[28] Die gesamte „tragische Analysis" (Schiller) besteht im *König Ödipus* aus einer genauen Rekonstruktion des zuerst im Dunkeln liegenden Vergehens inklusive Tathergang, aufgrund dessen die Stadt mit einem Fluch belegt ist. Siehe die minutiöse Analyse von Menke 2005, S. 11–101, und Menke 2007b.
[29] Blumenberg 1979a, S. 23.
[30] Menke 2013, S. 123.

gegenüber einzunehmen vermag.³¹ Denn ebenso wenden sich im philosophischen Denken der Antike die alten Götter, die schon bei Homer so distanziert wie unbeeindruckt auftreten, – ausdrücklich erst bei Epikur – von der Welt des Menschen ab, oder sie werden in entgegengesetzter Richtung durch den einen Gott bzw. das Göttliche, das man in der Seele finden kann, wie bei Platon ersetzt. Die existentielle Konsequenz dieser von der Tragödie beförderten (und von Xenophon und Platon wieder zurückgenommenen) „Neutralisierung" des Mensch-Kosmos-Verhältnisses besteht, so Hans Blumenberg, schließlich für Epikur wie für andere hellenistische Denkschulen darin, dass der Mensch „die Sorglosigkeit des Daseins der Götter teilt. Die Sorge ist nicht konstitutiv für den Menschen"; er kann „die Last der Selbsterhaltung und Selbstbehauptung als eine ihm nicht wesensnotwendige Zumutung abwerfen". Epikur will die Phänomene „distanzieren, nicht produzieren können"³². Diese Haltung der bloßen Erkenntnis aus dem Abstand ist gegenüber den existentiellen Fragen der Lebenspraxis nur möglich, solange es Techniken der Abstandswahrung gibt wie den Rückzug in einen sicheren Garten oder Affektregulationskompetenzen wie bei den Stoikern. Es mag sein, dass in dieser Rückzugsbewegung der Theorie – dem Abwandern der Schau (*theōria*) aus dem Theater in die Metaphysik – ein Symptom der unsicheren Orientierung in der Lebenswelt des Hellenismus zu erkennen ist, auf die das Christentum als Religion der Praxis wie der Weltüberwindung in der Spätantike mit großem Erfolg reagierte.

In der existentiellen Irritation der Tragödie und ihren philosophiehistorischen Folgen einer lebensweltlich distanzierten Theorie lässt sich eine Korrespondenz zwischen der Tragödie, die an den attischen Aufklärungsprozessen teilhat, und der Krise des Spätmittelalters erkennen, die nach Hans Blumenberg die Neuzeit und damit den Weg zur europäischen Aufklärung und Moderne eröffnet hat. Die Unerkennbarkeit und zugeschriebene Willkür sowie Ungerechtigkeit der griechischen Götter verhalten sich nämlich strukturell analog zu dem bereits bei Augustinus als in allem frei und ungebunden (doch gleichwohl notwendig gut) verstandenen monotheistischen Gott, gegen dessen absolutistische Herrschaft in der Spätscholastik sich nach Blumenberg die Selbstbehauptung der neuzeitlichen Rationalität legitimerweise entwickelte.³³ Stellt die antike Tragödie Beispiele einer „absurden Unverrechenbarkeit zwischen [...] Tun und der als Strafe oder kausale Nachfolge erfahrenen Konsequenzen"³⁴ vor, die wiederum keinen Blick auf eine Theo- als Kosmodizee eröffnen, so ist die Willkür des spätscholastischen Gottesbegriffs mit dem Rationalitätsanspruch des Menschen ebenfalls nicht kohärent zu verbinden. Blumenberg hält den weltbildkip-

---

31 Blumenberg 1975, S. 29. Dieser Prozess der wissenschaftlichen Distanzbildung wird nach Blumenberg im theologischen Weltbild des Mittelalters weitgehend zurückgenommen, bis mit Kopernikus und Galilei endgültig die ursprüngliche Kosmosidee von der einer wissenschaftlichen Erforschung des Universums abgelöst worden ist. Lebenswelt und Kosmologie sind fortan unabhängig voneinander.
32 Blumenberg 2009, S. 119, 121, 123.
33 Vgl. Blumenberg 1966.
34 Lehmann 1991, S. 112.

penden Ordnungsschwung, der die neuzeitliche „Autonomisierung der menschlichen Leistungssphäre"[35], d. h. seine Selbsterhaltung, -behauptung und -erkenntnis gegenüber der Welt beförderte, für ein historisch spezifisches Phänomen in der Umbruchzeit vom Spätmittelalter zur Neuzeit, die ihre Legitimität aus einer Selbstauflösung theologischer Ansprüche gewinnt. Die kulturelle Praxis menschlicher Selbstbestimmung ist nach Blumenberg Ausdruck der neuzeitlichen Rationalität im Widerstand gegen die pure Kontingenz des vom spätscholastischen Nominalismus gezeichneten Willkürgottes. Doch die Parallelen des Phänomens einer Infragestellung mythischer, kosmischer und gesellschaftlicher Ordnung und die für die Athener historisch beglaubigte Bereitschaft, sich auf sich selbst zu verlassen, sind bemerkenswert und vermögen ein Licht darauf zu werfen, wie der Autonomieanspruch des Menschen als kulturelles Wesen, das selbst für sein Leben Verantwortung übernimmt, sich *wiederholt* als Kritik der traditionellen Weltbilder aus den wachsenden Ansprüchen der Vernunft und der sich in ihren individuellen Identitäten normativ begreifenden Personen gewinnen zu lassen vermag.

Wichtige Differenzen zwischen den historischen Konstellationen sind zu konstatieren: Die Tragödie setzt – anders als das Weltbild einer ganz und gar von göttlicher Gnade und Entscheidung abhängigen Heilsgeschichte – menschliche Selbstbehauptung angesichts einer nicht versorgenden, nicht heilstiftenden Wirklichkeit bereits voraus. Sie zeigt zwar Menschen in verzweifelter Ohnmacht, nicht aber so, dass sie *bloß* ohnmächtig und erkenntnislos wären wie nach Blumenberg der Mensch zum Ende des Mittelalters angesichts einer uneinsehbaren *potentia absoluta* Gottes. Die Tragödie zeichnet keine historische Grundsituation, sondern vollzieht den Prozess einer Erfahrung: In ihm *kippt* die *Selbstbestimmung*, das praktische Sich-Verlassen auf die eigene Gelingensaussicht, in qualvolle *Bestimmtheit durch Leiden* um. Das Ausgesetztsein des Menschen gegenüber der Kontingenz wird nicht diskursiv als Eigenschaft eines Weltbildes erörtert, sondern als die *plötzlich einbrechende Erfahrung* eines Individuums *ästhetisch* dargestellt. Damit vollzieht die Tragödie einen gegenüber dem für die Neuzeit typischen Selbstbestimmungs*gewinn* inversen Gang: Sie zeigt, wie das Sich-Verlassen auf die Welt *und* sich selbst genau der Grund dafür zu sein vermag, eine tragische Erfahrung zu machen und mit ihr das Vertrauen in die Praxis zu verlieren. Der Weg zwischen Handelndem und seinem Ziel knickt ins Leiden ab, das eine praktische Skepsis – ein Zweifeln am Sinn des Handelns überhaupt – wie ein fortgesetzt schwelender Grund erzeugt.

Mit dem verstärkten Praktischwerden der Philosophie in der neuzeitlichen Aufklärung hat sich auch wieder das Problem gestellt, dass der Sinnzusammenhang der Welt, auf den man sich handelnd verlässt, instabil und durch unvorhersehbaren Schrecken (wie das Erdbeben von Lissabon), das Böse und nicht zuletzt das Tragische bedroht ist.[36] Tragödie und Aufklärung stehen demzufolge sowohl im 5. und 4. Jahr-

---

[35] Blumenberg 2009, S. 125.
[36] Siehe dazu Neiman 2004.

hundert v. Chr. als auch seit dem 18. Jahrhundert in einem rationalen Erkenntniszusammenhang.

Indem die Tragödie vorführt, dass Menschen unverdient wie unverhältnismäßig leiden, dabei nicht nur Opfer sind, sondern auch Handelnde, die für ihr Handeln verantwortlich sind, lenkt sie den Blick von den Göttern und der Welt auch auf die menschlichen Bedingungen leiderzeugender Praxis selbst. Wenn das tragische Leid durch eine eindeutige Zuordnung von Schuld, also eine normative Interpretation, aufgelöst werden könnte, wäre das Tragische kein Problem der Praxis *überhaupt*, sondern nur ein Symptom einer spezifischen fehlgeleiteten Praxis und könnte durch Korrektur und Optimierung – durch ein Mehr an politisch gesicherter Gerechtigkeit – in Zukunft abgewehrt werden: Solange niemand schuldig würde und unklug handelte, gäbe es auch kein tragisches Leid. Das aber bildet in seiner Unverhältnismäßigkeit und der existentiellen Dimension für die Figuren eine offene Frage gegenüber der Welt im Ganzen, deren für die Menschen bestimmender Teil die Kultur bildet. Die Problematisierung, die die Tragödie darstellt, betrifft daher nicht nur den Götterzirkel, sondern zugleich die religiöse und in der Naturphilosophie säkularisierte sowie im Laufe des 6. und 5. Jahrhunderts v. Chr. von Solon ausgehend politisch gedeutete Annahme, bei der Welt handele es sich um eine ausgleichende Ordnung insgesamt, auf die man sich in seinem Handeln verlassen könne. Mit der theologisch abgesicherten Ausgleichsordnung des Tun-Ergehen-Zusammenhangs wird in der Tragödie auch die Annahme fragwürdig, die kulturelle Ordnung des Menschen könne für Gerechtigkeit allein sorgen, denn das Scheitern in der Tragödie kommt aus der menschlichen Praxis selbst.[37]

Was Christoph Menke für die Irritation beschrieben hat, die Sophokles' *König Ödipus* erzeugt, kann für die Tragödie überhaupt gelten:

> „Sophokles' Tragödie zeigt uns etwas, aber sie macht auch etwas mit uns: Sie macht uns zu Erkennenden, die an dem Sinn des Erkennens zweifeln, weil sie den Glauben verloren haben, auf dem alles Erkennen beruht. Diesen Glauben nennt der Chor in Aischylos *Agamemnon* den Glauben an Gerechtigkeit: ‚Gerechtigkeit – dem, der Leid duldet, Lernen wägt sie zu.' Dass wir aus der Erfahrung des Leidens lernen können, lernen, wie wir unser Tun anders einrichten und ausführen müssen, macht die Gerechtigkeit der Welt aus. [...] Die Ödipus-Tragödie des Sophokles zeigt uns nicht nur, wie jemand an diesem Glauben irre wird, sie lässt uns selbst an diesem Glauben irre werden, sie lässt uns irre werden."[38]

Deshalb kann auch keine Rede davon sein, dass die Tragödie menschliche Selbstbehauptung als *die* Alternative zu den Göttern anbiete, als zerstöre sie die noch „dä-

---

37 Vor der Rückreise nach Hellas verkündet der in Troja siegreiche Agamemnon in Euripides' *Hekabe* seine Zuversicht in den Tun-Ergehen-Zusammenhang: „Uns alle eint der Wunsch,/ jeden privat wie auch die Stadt, dass Böses leide/ der Böse, dass hingegen glücklich sei der Gute" (V. 902–904). Was ihn – der sich offenkundig zu den Guten rechnet – zuhause an Unheil unerwartet erwartet, schildert Aischylos' *Agamemnon*.
38 Menke 2007b, S. 25.

monische Existenzstufe des Menschen", wie sie der Mythos exemplifiziert, in der menschliche Rechtsverhältnisse und Beziehung zum Göttlichen noch nicht getrennt waren.[39] Die Tragödie setzt – im Bild des Mythos, aber zugleich in Distanz zu ihm – die kulturelle Eigenständigkeit vielmehr voraus. Wie gezeigt wurde, können just die kulturellen Leistungen, die Menschen in Aussicht auf ein gutes Leben in Anspruch nehmen, durch Verselbständigung den Umschlag ins Unglück bewirken. Dieses Risiko fällt nicht einfach nach dem 5. Jahrhundert v. Chr. weg. Die prometheische Existenz ist nicht bloß eine Abkehr von den enttäuschenden Göttern, sie führt vielmehr selbst in den Abgrund tragischer Erfahrung.[40]

Kulturelle Praxis als variantenreiche Kompensation „des Mangels an vorgegebenen, präparierten Einpassungsstrukturen"[41] in die Welt wird im tragischen Scheitern für das betroffene Individuum ins Gegenteil verkehrt: in den Mangel an Einpassung in die Welt, die immer auch die menschengemachte kulturelle, d. h. soziale und politi-

---

39 Benjamin 1977, S. 174.
40 Die These des Endes der Tragödie bei Euripides, die Lehmann 1991 von Nietzsche und Hegel übernimmt, ist daher nicht überzeugend. Nach dieser These wird die Tragödie durch neue rationale Diskurse abgelöst, in denen die Menschen ihrer Eigenständigkeit gewiss würden. Ausgerechnet mit Bezug zu Blumenberg reformuliert Lehmann Nietzsche, dass in einer „frappierenden Übereinstimmung mit jenem Entwicklungsgang, den Blumenberg mit dem Begriffspaar ‚Theologischer Absolutismus' und ‚Selbstbehauptung' beschrieben hat" (ebd., S. 209), der Verlust des Weltvertrauens in der Tragödie einen pragmatischen Wandel ausgelöst habe, der die Tragödie auch auflöste: „Wenn Antwort auf die Frage nach einer dem Menschen zugeneigten Realität nicht mehr vom Göttlichen erwartet werden kann, entsteht als Folge die Reaktion, daß die Bewältigung der Natur und der politischen Sphäre aus sich selbst begründet wird" (S. 211). Der Philosoph Euripides lasse bereits die Tragödie hinter sich, wenn er „eine menschliche Antwort auf menschliche Konflikte sucht" (S. 185). Erst an der Grenze der Tragödie würden die Götter zu anonymen Kräften und Umständen, „gegen die der Mensch sich *wappnen* muß", denen er „in einem Prozeß der Selbstbehauptung ein politisches Verhalten entgegensetzt" (S. 190f.). Er wappne bzw. behaupte sich erst im Übergang der Tragödie zum Drama beim sokratischen Euripides und in der Folge durch die anderen Diskurse des Rechts, der Politik und der Philosophie. Damit erneuert Lehmann die moderne, Platons strategische Volte gegen die Dramatiker bestätigende Interpretation einer *Ablösung* des Tragischen durch die rationale Theorie. Doch ein historisch bedingtes Folgeverhältnis ist aus meiner Sicht nicht notwendigerweise äquivalent mit einer Ersetzung: Die „Konzeption einer politischen Bewältigung" (S. 211) ist nicht die entwicklungsgeschichtlich stringente Konsequenz, die erst *nach* der Tragödie mit den Diskursen der Philosophie einsetzt. Diese laufen vielmehr parallel zur Tragödie und sind in sie eingeflochten, weil sie in ihr selbst in Anspruch genommen werden. Recht, Philosophie, Ethik und Politik ergeben sich nicht erst nach der Tragödie, sondern werden als ihre Gegenstände von ihr in der theatralen Form der Tragödie befragt. Lehmann erkennt diesen Aspekt zuweilen, etwa wenn er für Euripides' „Immanentwerden der mythischen Macht" (S. 194) konstatiert: „Die Hinwendung zur immanenten Perspektive bedeutet allerdings noch nicht ihr Gelingen" (S. 198). Die Tragödie ist damit auch eine „Instanz der *Selbstbefragung der Polis*" (S. 176). Man muss nicht die Differenzen zwischen der Kritik des tragischen Diskurses und der des „neuen juristisch-politischen Diskurses" (ebd.) leugnen, wenn man sie gleichwohl nicht als Ablösefiguren, sondern eher als vernetzte Diskursformen denkt. Wie Christoph Menke in seiner Hegel-Deutung 1996a vorgeführt hat, kehrt der tragische Diskurs, verändert unter den Bedingungen des rechtlich-politischen Diskurses, auch in der Moderne wieder.
41 Blumenberg 1981, S. 108.

sche Welt ist. Die Einbettung der eigenen Praxis in den Zusammenhang erscheint nicht mehr vertrauenswürdig, wenn die praktischen „Regulationen für einen Zusammenhang, der ‚Kosmos' zu heißen verdiente"[42], *in actu* selbst das Passverhältnis zerstören. Das ist Gehalt der tragischen Erfahrung: Durch die Tragödie wird „im Bewußtsein [...] das Chaos offengehalten"[43]; die kulturellen Einpassungsstrukturen, die Welt und Selbst im Prozess der Praxis kohärent machen, lösen sich plötzlich mit der *metabolē* auf und lassen einen Abgrund zwischen tragischen Akteuren und Lebenswelt entstehen. Ihr in ernste Mitleidenschaft gezogenes Handlungsvermögen hat nicht mehr die Ressource des Vertrauens, die Welt durch kulturelle Selbstbehauptungen den eigenen Ansprüchen gegenüber passend machen zu können, denn das Scheitern hat bereits irreversible Konsequenzen gezeitigt. Nicht also ist die Tragödie nur eine Lehrstunde in Kontingenzbewusstsein, die mit der Aufgabe einer bestimmten Glücksaussicht zugleich eine teleologische Interpretation der Wirklichkeit *ad acta* legt; sie führt vielmehr vor, wie die Freiheit als Voraussetzung *jeder* Praxis im Umschlagen einer freiwilligen Handlung gegen den Akteur selbst eine destruktive Rückwirkung ihres Impulses auf sich erfahren kann, sodass die Erfahrung der Freiheit sich in die der Unfreiheit verkehrt.

Die Tragödie öffnet demnach die Möglichkeit der Kritik auf mehreren Ebenen.[44] Zum einen zeigt sie, dass die Welt, wie sie im Drama präsentiert wird, den Ansprüchen der Individuen nicht gerecht wird. ‚Welt' hat hier sowohl religiöse und metaphysische als auch soziale und kulturelle Dimensionen: Einerseits ermöglicht die tragische Darstellung eine Kritik an dem Mythos und seiner insinuierten Götterordnung. Zum anderen erweitert sich dadurch die kritische Perspektive auch auf die der politischen und moralisch-rechtlichen Verfassung des Gemeinwesens, insofern die Tragödie die Erfahrung der Individuen als konstitutiv *und* transformativ für das in Athen noch nicht systematisch kodifizierte und statt von einer Juristenklasse von allen Bürgern gemeinsam gesprochene Recht ausweist. Insofern *zeigt* die Tragödie die Individualisierung des 5. Jahrhunderts v.Chr. als Aufbrechen der Homogenität einer Sittlichkeit, wie Hegel sie der klassischen Polis allzu harmonisierend zuschrieb. Darin kritisiert sie zugleich eine gesellschaftliche Normierung und gesetzliche Rigorosität und plädiert für eine Rücksicht allgemeiner Normen auf die Erfahrung der Individuen.[45] Schließ-

---

42 Blumenberg 2007, S. 68.
43 Meier 1988, S. 52.
44 Zur Kritik, die die Tragödie in Antike und Neuzeit selbst eröffnet, siehe die umfassende Studie von Ette 2011.
45 Wenn eine Gesetzgebung wie die Kreons in der *Antigone* den als allgemein anerkennenswert artikulierten existentiellen Ansprüchen einer Frau wie Antigone nicht gerecht wird, bildet ihr Schicksal eine individuell verkörperte Kritik an der individuenvergessenen Rigorosität des gnadenlos exekutierten Rechts, das die für die individuelle Selbstverwirklichung relevante Erfahrung der Individuen – ihre je eigenen Wertungen – übergeht, und zugleich auch an der *Ungleichheit des Rechts*, das Frauen, die in der Tragödie als Personen ebenso individuelle Ansprüche vertreten können wie Männer, gegenüber den männlichen Bürgern systematisch benachteiligt. Siehe die subtile Analyse dieser rechtskritischen und -transformativen Funktion der antiken Tragödie von Menke 1996a, der den Ge-

lich kritisiert sie auch das sophistische Setzen auf die Macht der (rhetorischen) *technē* und Protagoras' Ausweis des Menschen als das Maß aller Dinge,[46] indem sie vorführt, wie selbständige Menschen, die sich auf ihre besten *technai* verlassen, nicht nur dennoch, sondern gerade deswegen zugrunde gehen können. Wie die Tragödie nicht nur in kritischer, sondern auch in positiv-produktiver Beziehung zur Religion, zur Gesellschaft, in der Individuen und das Kollektiv vermittelt werden müssen, zum Recht und zur politischen Herrschaft steht, so gibt es auch eine positive Beziehung zu Elementen der Sophistik, vor allem zur Ironie, zur mehrdeutigen und antithetischen Rede und zu anderen rhetorischen Mitteln, des Debattierens und zum Umgang mit Argumenten.[47]

Die Tragödie erlaubt so etwas wie generelle Technik-, Religions-, Gesellschafts-, Rechts- und Politikproblematisierung aus der theatralisch artikulierten Leidenserfahrung von Individuen heraus zu denken – freilich ohne sie diskursiv als Kritik zu artikulieren, wie es zeitgleich einige Sophisten, Redner, Historiographen oder Sokrates taten. Damit stellt sie das vermutlich früheste Modell für öffentliche Problematisierung, Kritik und Sensibilisierung ausgehend von individuellen Erfahrungen dar, das die gesellschaftlichen Emanzipationskämpfe des 20. und 21. Jahrhunderts aufgenommen haben, in denen das öffentliche Sich-Aussprechen der leidvollen Erfahrung von Marginalisierten und Unterdrückten, die zugleich für sich und ihre Gruppe sprechen, Problematisierung und Kritik an hegemonialen Strukturen und Sensibilisierung für ihre Auswirkungen auf die Erfahrungssubjekte an ein breites Publikum adressiert.

Wenn nun aber die Tragödie eine kritische Perspektive allein auf die griechischen Götter sowie auf die konkrete Sittlichkeit der Polis und ihre konfliktuösen normativen Ansprüche etablierte, wäre sie für die Gegenwart allein von historischem Interesse. Tatsächlich begründen die modernen Versuche seit Hegel, das Tragische als vergangen auszuweisen, ihre These vom Ende der Tragödie entweder mit der Ablösung des polytheistischen Weltbildes durch das Christentum und bzw. oder durch die konfliktvermittelnden Prozesse der modernen Verrechtlichung, der liberalen Politik und der Erweiterung der Anerkennungsverhältnisse. Die hier vorgelegte Theorie schlägt dagegen eine Antwort auf die Frage nach dem Grund der Gegenwart der Tragödie vor: Diese erzeugt eine existentielle Irritation, dass aus Handeln gegen den Willen der Akteure die Zerstörung der Bedingungen des Handelns selbst folgen kann; dieser Vorgang trifft die auf Linearität, Bestandssicherung und kontinuierliche Erweiterung ihrer Möglichkeiten angelegte kulturelle Existenz ins Herz. Dass die Lebenspraxis in

---

dankenweg von Hegels Tragödientheorie rekonstruiert und gegen dessen eigene These vom Ende der Tragödie durch das Recht wendet. Vgl. auch Judet de la Combe 1994.
46 Protagoras: „Der Mensch ist das Maß aller Dinge, der seienden, dass sie sind, der nichtseienden, dass sie nicht sind." (DK 80 B1) Siehe die Quellen zu Protagoras' Homo-Mensura-Satz in: *Die Sophisten. Ausgewählte Texte*, S. 36/37 und 42–45.
47 Zur produktiven Resonanz sophistischer Rede- und Debattierkunst bei den Tragikern, vor allem Euripides, siehe Goldhill 1997b und Critchley 2019, S. 89–133.

entscheidenden Situationen selbst unzuverlässig wird, bedeutet, dass das *Praxisvertrauen* als Bedingung für Handeln erschüttert wird. Unter Praxisvertrauen kann man mit Martin Hartmanns das in jeder Praxis vorgängige Vertrauen verstehen, dass eigene begründete Handlungen, in denen es den Akteuren um etwas geht, ihren Absichten gemäß gelingen.[48] Die Kategorie des Vertrauens wird vor allem intersubjektiv als soziale bzw. dialogische Kategorie behandelt. Menschen vertrauen *einander* und können das Vertrauen auch verletzen; wer vertraut, muss sich des Risikos bewusst sein, dass er auch Grund zum Misstrauen finden kann. Doch ist ebenfalls für Handlungen, die nicht im engeren Sinne auf die Kooperation anderer Personen vertrauen, ein grundlegendes, existentielles Weltvertrauen nötig.[49] Man vertraut dann nicht nur *jemandem*, sondern auch *auf* Sachverhalte. So sagt man etwa, man vertraue darauf, *dass* die Bahn pünktlich komme, das Schiff fahrttauglich sei oder es heute nicht regne. Solch ein auf Handlungskontexte gerichtetes Weltvertrauen, das keinen eindeutigen personalen Adressaten erfordert, wäre ohne Unsicherheit und Kontingenz nicht nötig. Ebenso wird es erst erforderlich, wenn man gegenüber der Welt ernsthafte Interessen hat und ihnen folgend handeln will. Das zu einem grundsätzlichen *Weltvertrauen* zusammengeschlossene Vertrauen in die Möglichkeit von Praxis in konkreten Situationen stellt eine Art zuversichtliche Annahme dar, dass Akteur und Welt in einem hinreichend kohärenten Verhältnis stehen, sodass Handlungen prinzipiell gelingen, sofern man sich klug, umsichtig und rücksichtsvoll um ihr Gelingen bemüht. Dieses Vertrauen ist bei jeder Praxis vorgängig wirksam, auch wenn wir es erst in prekären Fällen, in denen die Wahrscheinlichkeit der ernsthaften Verletzung hoch ist, thematisieren und uns vor die Entscheidung gestellt sehen, aktiv zu vertrauen oder aber zu misstrauen. Doch nur Bestimmtem *in* der Lebenswelt – Personen, Institutionen, Artefakten – kann man misstrauen und trotzdem handeln. Der Lebenswelt als Bedingung eigener Praxis kann man nicht insgesamt mit Misstrauen begegnen, wenn man handeln will. Jedes Misstrauen muss in eine grundlegende Zuversicht des Gelingens eigener Handlungen eingebettet bleiben, soll zukunftsorientierte Praxis möglich sein.

Daher ist das existentielle Weltvertrauen untrennbar mit dem Selbstvertrauen verbunden, dass man fähig ist, sich zu entscheiden, die Handlungsbedingungen zu erkennen und seine Handlungen mit hinreichender Selbstverfügung auszuführen. Es ließe sich ansonsten überhaupt nicht handeln, weil man vor jedem Schritt alle handlungsrelevanten Faktoren überprüfen müsste, dafür jedoch wiederum den Bedingungen des Prüfens vertrauen müsste. Man käme in einen infiniten handlungshemmenden Regress. Statt einer Komplexitätsreduktion durch stabiles Vertrauen er-

---

48 Hartmann 2011: „Jede vertrauensvolle Beziehung ermöglicht die Verwirklichung von evaluativ getränkten Plänen, Projekten oder Wünschen, an denen uns gelegen ist" (S. 52).
49 Vgl. ebd., S. 63 ff., Hartmann unterscheidet drei Formen von Grundvertrauen (Urvertrauen, primitives Vertrauen und Weltvertrauen). Letzteres ist das „existentielle Vertrauen", ohne das kein Handeln denkbar ist (S. 68).

hielte man eine Komplexitätsexplosion durch anhaltendes Misstrauen.[50] Daher handeln Menschen immer schon aus einem habitualisierten Weltvertrauen, dass die bekannten Bedingungen des Handelns hinreichend verlässlich bleiben. Die Habitualisierung dieses Vertrauens ist die Leistung der Kultur, die dadurch von zu großer Sorge entlastet und Handeln in einer sozialen und technomorphen Welt durch „ein Abschatten der Möglichkeit negativer Handlungsverläufe"[51] überhaupt ermöglicht.

Nach Hartmann erlauben intakte Vertrauensverhältnisse rationale Handlungen, Handlungen also, bei denen das investierte Vertrauen begründet ist. Wenn Vertrauen unbegründet, d. h. falsch investiert, ist, stellt sich das meist erst *post factum* durch die Verletzung des Vertrauens heraus. Dann ist eine Korrektur, ein Wechsel in größere Kontrolle und Überprüfung und eine Aufkündigung des Vertrauensverhältnisses rational. Tragisches Scheitern nun stellt deshalb eine *ernsthafte* Erschütterung des Praxisvertrauens dar, weil in dem unverdient folgenreichen Scheitern sich die Bereitschaft, auf das hinreichende Entgegenkommen der Welt überhaupt zu vertrauen, als fatale Selbstgefährdung entpuppt. Selbstwirksamkeit führt zum existentiellen Verlust. Dass ein Individuum gegen seinen Willen sein Leben punktuell handelnd ruiniert, macht mit dem Selbst- und Weltvertrauen auch das handlungsermöglichende Praxisvertrauen selbst fragwürdig, auf das man aber generell *um der Praxis willen* nicht verzichten kann, die, weil wir notwendigerweise handelnde Tiere sind, nicht aufgegeben werden kann. Darin wird die zirkuläre Erfahrungssensitivität des Vertrauens offenkundig. Wie wiederholte Erfahrungen des Gelingens Vertrauen stärken, indem sie es als gerechtfertigte Investition bekräftigen und fortgesetztes Vertrauen als sinnvoll erscheinen lassen, entzieht eine tragische Erfahrung diesen Kredit und macht das verzahnte Verhältnis von Selbst- und Weltvertrauen verdächtig. Je höher der Verlust, desto größer, d. h. anhaltender, die Irritation, in der sich das Risikobewusstsein auf einmal dominant und handlungshemmend auswirkt.[52]

Auch für das Praxisvertrauen, das wie Werkzeuge, Institutionen und Wertungen eine ermöglichende Bedingung für Handeln ist, gilt daher das prinzipielle Risiko tragischer Verkehrung kultureller Leistungen im Akt ihrer Inanspruchnahme. Die zirkuläre – oder: ironische – Struktur der tragischen Erfahrung liegt darin, dass für die Praxis ein neues Vertrauen eingegangen werden müsste, dass allerdings dieses aktive Vertrauen nicht gegen *anderes* – vertrauensunwürdige Instanzen wie Terroristen, Feinde oder Betrüger – bzw. daran vorbei wieder auf die vertrauenswürdigen Instanzen in der Welt zu richten ist, sondern aus derjenigen Erfahrung gewonnen werden müsste, dass das tragische Scheitern eben erst durch das grundlegende Selbst- und Weltvertrauen ermöglicht worden ist. Handlungstragendes Vertrauen wird also

---

50 Zur gesellschaftlichen Funktion des Vertrauens, die Komplexität von Möglichkeiten zu reduzieren, um die Handlungsfähigkeit des Einzelnen zu erhalten, siehe Luhmann 1968.
51 Hartmann 2011, S. 114.
52 Vgl. ebd., S. 115 f.: „Ist das Weltvertrauen verloren, erscheinen nicht nur überall Risiken, die die eigene Verletzbarkeit vor Auge führen, sondern diese Risiken gewinnen auch eine ungemein erhöhte Bedeutsamkeit."

wie alle handlungstragenden Weltbezüge – die Medien der Kultur – selbst problematisch. Man kann sich tragische Figuren daher kaum als *wieder* sich und der Welt vertrauende Handelnde vorstellen: Sie haben Grund, skeptisch zu sein – nicht nur gegenüber der Welt, sondern auch gegenüber sich selbst und damit aller Praxis.[53]

Die in dieser Arbeit entwickelte Theorie tragischer Erfahrung versucht also plausibel zu machen, dass man die Tragödie, will man ihr offenkundig unabgegoltenes Potential verstehen, nicht *allein* als Befragung der mythischen Ordnung in der Umbruchsituation des 5. Jahrhunderts v. Chr. deuten kann, denn das hieße, ihr kulturphilosophisches Erkenntnispotential durch Historisierung zu entkräften und ihre existentielle Irritation der Rationalität von Praxisvertrauen zu ignorieren. Die Tragödie war nicht nur eine Befragung der alten mythischen Ordnung, sondern auch der selbstgemachten – der Ordnung der Kultur als der Sphäre menschlicher Praxis. Die Eigenständigkeit des Menschen ist somit kein Ausweg aus der Tragik; sie ist vielmehr ihre Voraussetzung.

Folgerichtig mag es daher erscheinen, dass die moderne Kulturkritik *ab ovo* das Moment des Umschlags aus der Tragödie übernahm, sie im 19. Jahrhundert explizit als Modell beanspruchte und sich zu der vielfach variierten Idee einer „Tragödie der Kultur" steigerte.[54] Doch, so die abschließend in Kap. 9.4 und 9.5 *ästhetisch* zu begründende These, ist die antike Tragödie nicht die früheste Form der Kulturkritik, sondern gerade eine Feier der Kultur.

9.3 Platons Sorge

Dafür soll zuvor den frühesten philosophischen Einwänden gegen die Tragödie Rechnung getragen werden, deren Autor das eben skizzierte Irritationspotential der Tragödie für die ethische Praxis ernster genommen hat als jeder Denker bis zu Nietzsche. Die Rede ist von Platons Kritik an der Tragödie im II., III. und X. Buch der *Politeia* und der Konsequenz, die er daraus in den *Nomoi* zieht. Platons Sokrates in den Mund gelegte Kritik an der Dichtkunst, die eine Kritik an der Tragödie und den Werten ist, die sie vermittelt, ist geeignet, einen Übergang von der Erkenntnisfunktion der antiken Tragödie zu ihrer ästhetischen Funktion für die Praxis zu leisten, aus der heraus ihre existentiellen Dimension *als Kunst* überhaupt erst verständlich wird. Platons Ausführungen sind nicht nur der früheste Kommentar zur Tragödie, sondern auch einer der bis heute aufschlussreichsten, weil Platon schärfer als Aristoteles und seine Nachfolger das kritische Potential der Tragödie erkennt, dieses zugleich nicht unabhängig vom ästhetischen Charakter der Tragödie betrachtet, sondern es gerade

---

[53] Vgl. ähnlich Critchley 2019, S. 35: „the mood of ancient tragedy is *skeptical*, it is about the dissolution of all the markers of certitude that finds expression in the repeated question 'What shall I do?' Such questions are not the beginning of an experience of rational argumentation, but reason's terminus."
[54] Siehe Kap. 5.5.

aus ihm ableitet, und weil er schließlich genau daraus eine Schlussfolgerung zieht, die aus moderner Perspektive mit Blick auf die Kunstfreiheit nicht akzeptabel sein kann und nach einer anderen Antwort verlangt, die zugleich wiederum auch *nicht* die Antwort der modernen Kulturkritik sein kann, die die Kultur selbst als Tragödie inszeniert.⁵⁵ Platon, als junger Mann noch Zeitgenosse der großen Tragiker, verbindet dabei eine ästhetische Wirkungstheorie mit normativen Ansprüchen. Er konstatiert, dass die Tragödie eine *existentielle Dimension* hat, weil sie Aufschluss über Möglichkeiten der Lebensverfehlung bietet, will diesen Anspruch aber gerade aus praktischen Gründen abwehren. Dialektisch wendet Platon die kritische Infragestellung der mythischen Ordnung, die die Tragödie exerziert, gegen diese selbst.

Im Zentrum seiner kritischen Argumentation gegen die tragische Dichtung, deren Anspruch auf ethische Weisheit Platon, indem er sie kritisiert, anerkennt, steht ihre *inhaltliche* Darstellung ethisch unangemessener Reaktionen auf großes Leid, die man gerade deshalb ethisch-politisch zu bekämpfen habe, *weil* sie ästhetisch effektiv sei. Die *ethisch* und *politisch* problematische Botschaft der tragischen Kunst, zu der Platon sowohl die epische Dichtung Homers wie auch die Tragiker im engeren Sinne zählt, besteht, wie Sokrates kundgibt, zum einen darin, dass in ihr ausgezeichnete Helden heftig leiden, zum anderen darin, dass die Götter willkürlich agieren.⁵⁶

Insbesondere richtet sich Platon gegen die durch den tragischen Gehalt beglaubigte Annahme, die Götter könnten für Unglück verantwortlich sein und ausgezeichnete Menschen – wenn nicht Heroen oder Götter – stürzten ins Unglück, obwohl sie tugendhaft handelten. Denn Gott sei „in Wahrheit gut und also auch so darzustellen" – d. h. nicht anthropomorph-willkürlich wie der polytheistische Olymp. Da aus Gutem aber nur Gutes folge, sei der Gott an allem, was im Leben schlecht sei, unschuldig und „nur am Guten schuld".⁵⁷ Die Unschuld der Götter bzw. des Gottes und die volle Selbstverantwortung des Menschen für das eigene Geschick haben deshalb keine Ausnahme, weil sie sogar *vor* dem individuellen Leben gelten, in dem jedes Individuum sein späteres Glück oder Unglück selbst wähle. Im Mythos von Er, der die *Politeia* abschließt,⁵⁸ berichtet Sokrates, dass die Seele schon vor der Geburt mit einer Lebensform zugleich ihr Schicksal aussucht. Sie trägt selbst die Verantwortung dafür, welche Art Leben sie wählt, daher gilt für jedes Unheil *im* Leben: „Des Wählenden ist die Schuld, Gott ist schuldlos!"⁵⁹ Die tragischen Helden haben nach Platons Mythos demnach keinen Grund zur Klage gegenüber der Welt, weil sie selbst

---

55 Siehe die kritische Rekonstruktion Kap. 5.6.
56 Vgl. Platon: *Politeia* II, 379b-III, 388d; 391a-392c; X, 603e-604c. Auch wenn Homer – „der Lehrer und Führer all dieser, ach so schönen tragischen Dichter" (X, 595c) – vor Aischylos am häufigsten zitiert wird, ist Platons Dichterkritik vor allem eine Kritik an der Tragödie als der Kunstform des Tragischen, wie Stephen Halliwell 1996 gezeigt hat.
57 Ebd. II, 379b-380c.
58 Vgl. ebd. X, 614b-621d.
59 Ebd. X, 617e. Das individuelle Leidvolumen ist also durch die eigene Entscheidung vorbestimmt, ohne dass der Mensch, dessen Seele vor der Geburt aus der Lethe trinken musste, es im Leben wüsste.

bereits diesseits punktueller Intentionen sozusagen pränatal verantwortlich für das geworden sind, was ihnen widerfährt. Es ist stattdessen ihre ethische Aufgabe, zu erkennen, wie sie in den Vermischungen des Lebens immer dasjenige wählen, das ihnen ein gutes Leben ermöglicht. Dann ist ihr Wohlergehen auch im Zyklus der Wiedergeburten gesichert.[60]

Durch diesen von Sokrates referierten orientalischen Mythos immunisiert Platon Gott und die von ihm geschaffene Welt als Bezugsgröße gegenüber jeder Anklage, die die Tragödie performativ in der Klage gegen die Götter und die Scheinhaftigkeit des Tun-Ergehen-Zusammenhangs erhebt, ebenso wie er den Zufall metaphysisch entkräftet. Eine signifikante Willkür des Geschicks im Sinne einer zur Macht erhöhten Kontingenz gibt es in dieser Theorie nicht mehr.[61] Alle sind nicht nur für ihre Handlungen, sondern auch für ihr Glück und Unglück *und* also auch für den „Wechsel zwischen Glück und Unglück im Leben"[62] selbst verantwortlich. Im Original lautet diese Stelle: *metabolēn tōn kakōn kai tōn agathōn*. Hat Aristoteles gar aus der *Politeia* seine maßgebliche Definition der Tragödie gewonnen? Platons Mythos, der die politisch und ethisch beunruhigende Annahme, nicht man selbst sei für den Wechsel ins Unglück verantwortlich, entkräften soll, zielt genau auf das Moment, das Tragödien tragisch macht. Man muss die Stelle mit Blick auf die für ein Werk der Politischen Philosophie erstaunlich ausführliche Kunst- und Tragödienkritik im II., III. und X. Buch der *Politeia* lesen, um zu sehen, dass es Platon nicht um spekulative Geschichten, sondern vor allem darum geht, die Gefahr der Verzweiflung *an der Praxis*, die die Tragödie freisetzt, abzuwehren. Es scheint, als sei Aristoteles Platons Verständnis des Tragischen gefolgt, um indes die ethische Dimension der *eigenverantwortlichen Wahl* (*kakon* und *agathon*) durch das, was einer Person *unverdient widerfahren* kann (*eutychia* und *dystychia*), zu ersetzen. Darin liegt Aristoteles' folgenreiche Umdeutung von Platons Tragödienverständnis, das, wie sich zeigt, als erste Theorie nicht nur der Tragödie, sondern auch des Tragischen zu gelten hat.[63] Denn wenn die Tragödie als Kunst allein ein ästhetisches Vergnügen wäre, das außerhalb des Theaters keine Rolle spielte, wäre der gesamte Elan der normativen Dichterkritik Platons überhaupt nicht zu begründen. Und es wäre Unsinn, den Athener in den *Nomoi* behaupten zu lassen, die Bürger würden selbst die „einzig wahre Tragödie" (*tragōidian tēn alēthestatēn*), d. h. die „denkbar schönste und zugleich beste" Tragödie, als Dichter (*autoi poiētai*) und Darsteller (*antagōnistai*) in ihrem politischen Leben er-

---

[60] Vgl. ebd. X, 618b-621d.
[61] Allein durch die Methode, dass die Reihenfolge der Wahl der Lebensformen für die Seelen per Los bestimmt wird, bleibt noch eine gewisse Rolle für den Zufall erhalten (X, 617e, 619d).
[62] Ebd. X 619d.
[63] Halliwell 1996, S. 332f., geht davon aus, dass es einen Diskurs über die Tragödie und das Tragische im 5. und 4. Jahrhundert v. Chr. gegeben hat. Er schlägt vor, Platon als ersten Philosophen zu begreifen, der ein Verständnis des *Tragischen außerhalb der Tragödie* entwickelt hat. Zum Verhältnis von Platons Kritik und Aristoteles' Verteidigung siehe Menke 1995, S. 238 ff.

schaffen.⁶⁴ Die Bürger können sich den Begriff der Tragödie von den Dichtern nur aneignen, ihn umdeuten und ihr eigenes Drama selber handelnd – sozusagen für sich selbst darstellend – in der Lebenswelt aufführen, wenn diese „wahre Tragödie" gegenüber ihrer mimetischen Darstellung, als die Platon und Aristoteles das theatrale Spiel erkennen, den Status eines Vorbilds in der Wirklichkeit hat. Im *Philebos* spricht Sokrates den Vergleich direkt an: Unlust und Lust seien „auch in Klagegedichten und Tragödien (*en thrēnois te kai en tragōdiais*)" gemischt, „nicht denen auf der Bühne nur, sondern auch in der gesamten Tragödie und Komödie des Lebens (*tē tou biou sympasē tragōdia kai kōmōdia*)"⁶⁵.

Diese Stellen sind nicht nur deshalb erstaunlich, weil mit ihnen Platon vermutlich als Erfinder des bis heute stereotyp als neuzeitlich verstandenen Topos vom Welttheater gelten kann,⁶⁶ sondern weil durch die Formulierung einer Tragödie (und Komödie) des Lebens zugleich die seit Szondi erst Schelling zugeschriebene Philosophie des Tragischen und ihre Kritik begründet wird.⁶⁷ In Platons normativer Kritik an der Tragödie behandelt er sie als kontingente Kunstform für eine tragische Deutung des Lebens, die er mit verschiedenen Argumenten angreift. Die Tragödie ist für ihn, wie Halliwell betont, nur ein „vehicle of the tragic", sodass „it becomes equally possible to regard tragedy as an interpretation of life, and life itself as a quasi-aesthetic phenomenon"⁶⁸. Platons Dichterkritik erscheint in dieser Perspektive wie ein argumentatives Bollwerk gegen den in der Tragödie enthaltenen Pessimismus, gegen die praktische Skepsis und den Mangel an Weltvertrauen; sie ist eine *philosophische* Kritik an dem Verständnis des tragischen Lebens, das die Tragödie als ethische Weisheit ausstellt. Die Wahrheit, um die es hier geht, ist existentiell.⁶⁹

Im Einzelnen richtet Platon sich in Gestalt des Sokrates gegen falsche implizite *Behauptungen* der Tragödie und gegen ihre ethisch problematische Wirkung. Neben der aus seiner Sicht falschen Darstellung des Göttlichen in der Tragödie kritisiert er auch die Behauptung der Dichter, die „Heroen seien um nichts besser als die Menschen"⁷⁰. Diese Kritik spitzt sich zu in der Zurückweisung einer in der Tragödie zur Darstellung kommenden Auflösung des rationalen Zusammenhangs von Tun und Ergehen bzw. Tugend und Glück. Dass es nach Meinung der Dichter „viele Ungerechte,

---

64 Platon: *Nomoi* VII, 817b.
65 Platon: *Philebos* 50b (Übersetzung Schleiermachers leicht verändert, A. T.), vgl. auch *Kratylos* 408c.
66 Siehe etwa Langbehn 2007, González García/Konersmann 1999; die antiken Ursprünge des Topos zeigt Christian 1987, S. 1–11, auf. Vgl. Kap. 4.7.
67 Streng genommen begründet Platon ebenso eine Philosophie des Komischen, die er aber nicht verfolgt. Seine Kritik am Lachen in der Komödie fällt sehr schmal aus (*Politeia* III, 389e; X, 606c), die Komödie als Kunst und das Komische als Verhalten lehnt er außer einer gewissen Erkenntnishilfe für das Lächerliche ab (*Nomoi* VII, 816d-e). Offenbar besitzt die Komödie nach Platon nicht annähernd die für die Praxis herausfordernde Rolle, wie sie der Tragödie zukommt.
68 Halliwell 1996, S. 341, 337.
69 Vgl. Halliwell 1997, S. 320.
70 Platon: *Politeia* III, 391d.

die glücklich, und viele Gerechte, die unglücklich sind"[71], gebe, sei schlichtweg falsch. Nicht die Götter verhängten irrationalerweise ein unverdientes Leid, sondern der Charakter und das Handeln des Menschen zögen es auf sich. Leid ist folglich Konsequenz von Unrecht und kann einen daher nicht unverdient treffen. Das aber ist die performative These der Tragödie: Tun und Folgen stehen bei tragischen Handlungen in keinem rechtlich oder moralisch rationalen Verhältnis.

Platon richtet sich in einer zweiten Kritik gegen die *Darstellung* tragischer Erfahrung. Für die Verbesserung des ethischen Charakters und des Lebens hilft laut Sokrates allein die konstante Selbstbehauptung gegenüber Unglücksfällen, nicht das Leiden und die Angst, zu denen die Tragödie insbesondere die Jugend animiere. Gezielt attackieren Sokrates und Glaukon daher „das Klagen und Wimmern"[72] der tragischen Figuren, dessen Darstellung im guten Staat verboten wäre, denn sie drückt ein praxisgefährdendes Leid aus. Sokrates behauptet wie ein Stoiker *avant la lettre* dagegen, dass weder das eigene Sterben noch das eines Freundes, des eigenen Sohnes oder der Verlust von Geld etwas „Furchtbares für einen rechten Mann" sein könne, was sich an seinem Verhalten zeige: „Er klagt nicht darüber"[73]. Individuelle Verluste, so macht Sokrates deutlich, sind aus seiner Sicht gerade nicht das, wofür sie die Tragödie erklärt: schreckliche Erfahrungen, die einen Umschlag von Freiheit in Unfreiheit, Macht in Ohnmacht und Orientierung in Orientierungslosigkeit evozieren. Im Gegenteil müsse ein tugendhafter Mann sich durch Konstanz im Unglück erweisen, denn Wandlungsanfälligkeit sei ein Zeichen für den Mangel an Stärke, der einer Person ethisch anzulasten ist. Jedes tüchtige Lebewesen bleibe sich gleich, „je gesünder es ist und kräftiger, um so weniger Wandlungen erfährt es"; deshalb lasse sich auch eine vernünftige Seele „am wenigsten erschüttern und wandeln"[74]: „Am schönsten ist es, möglichste Ruhe in den Unglücksfällen zu bewahren"[75]. Nicht nur das Leid und die Klage, auch die Selbstentzweiung wirft Platon der Darstellung tragischer Figuren vor, die „mit sich" kämpften und, anstatt sich des Jammerns zu schämen, ihr Leid bekundeten.[76]

Platon trifft hier mit einer fast schon stoischen Kritik ins Herz der tragischen Erfahrung, die in der Tragödie zum Ausdruck kommt, und erklärt sie nicht wie Aristoteles zum Grund eines Mitgefühls, sondern zum Gegenstand einer ethischen Kritik. Wer einen Umschlag seines Handelns ins Leid überhaupt als solchen erfährt, zeigt Platon zufolge eben dadurch, dass er die falschen Werte vertritt – oder Werte auf die falsche Weise vertritt.[77] Er sei unvernünftig, wenn er einen Verlust oder Schicksals-

---

[71] Ebd. III, 392b.
[72] Ebd. III, 387d.
[73] Ebd. III, 387d-e; vgl. X, 603e.
[74] Ebd. II, 381a.
[75] Ebd. X, 604b.
[76] Ebd. X, 603c-604a.
[77] Es kommt Platon vor allem darauf an, *wie* man auf individuelle Werte und ihre Fragilität reagiert. Zugleich ist sein Verhältnis zur Bedeutsamkeit individuell-endlicher Werte komplex. Einerseits sind die

schlag „schwernimmt", denn, so referiert Sokrates zustimmend die allgemeine Weisheit, „überhaupt sei nichts Menschliches großen Aufhebens wert"[78]. Das muss nach Platon insbesondere für Philosophen gelten, große Seelen, denen „die Schau über alle Zeit und alles Sein", nicht aber das „Leben der Menschen bedeutsam" sei.[79] Diese Marginalisierung fragiler individueller Werte kann als apodiktische Gegenbehauptung nicht überzeugen, will man denn an der Idee von Werten *in* der Welt überhaupt festhalten. Platons Sokrates in den Mund gelegte Kritik gewinnt erst, wie im Folgenden argumentiert werden soll, durch das *Leben* des Sokrates eine neue Plausibilität.

Da zudem die Angleichung an den *konstanten* Gott als Vorbild geboten ist, stellt Platon sein neues Gottesverständnis nicht nur gegen das anthropomorphe Pantheon, sondern im Besonderen auch gegen das Bild des Dionysos als Wandlungsgott:

> „Hältst du Gott für einen Gaukler, der aus böser Absicht in verschiedenen Gestalten erscheint, bald tatsächlich seine Gestalt in andere verwandelt, bald uns nur täuscht und uns dies von ihm glauben läßt, oder ist er von einfach-einheitlichem Wesen, das am wenigsten von allen seine Gestalt verändert?"[80]

Platon verbindet Vernunft, Stärke, Heldenmut, das Göttliche und die Lebensform des Philosophen als stabile Größen und setzt sie dem tragischen Menschen und seinem Leid entgegen. Gerade weil die Tragödie, wie Sokrates sagt, „die Kraft hat, auch vortreffliche Menschen zu schädigen", ist die „größte Anklage gegen die Dichtung"[81] als Kunst des Tragischen zu richten. Platons Kritik richtet sich gegen den in ihr angelegten Pessimismus und die Hochschätzung jener individuellen Werte, deren Verlust Trauer, Schmerz und Leid evoziert, d. h. Erfahrungen erzeugt, die die Vernunft selbst in Mitleidenschaft ziehen. Damit ist Platon aus der scharfen Kritik heraus der erste Denker des Tragischen (*to tragikon*).

Zugleich ist Platons Kritik auf die *ästhetische Form* der Tragödie gerichtet, die der Vermittlung des Tragischen entgegenkommt: Als mimetische Darstellung legt sie den Menschen durch ihre eigene Form ein Medium nahe, um die Figuren nachzuahmen, so

---

Ideen in der ontologischen Hierarchie das Wichtigste und werden allein um ihrer selbst willen geliebt, gegenüber denen individuell Endliches weniger wichtig bis unwichtig erscheint. Andererseits zeigen die platonischen Dialoge, wie entscheidend die Einzelnen für den Wert des Philosophierens sind, den sie verfolgen und den es nur zwischen Individuen geben kann. Im *Symposion* wird die Liebe zu Einzelnen gewürdigt und nicht nur als defizitäre Vorstufe zur Ideenliebe behandelt (zu dieser Spannung siehe Nussbaum 1986, S. 165 ff.). Zudem hat Platon nicht nur Liebe zu und Wertschätzung von personalen Individuen, sondern auch Individuellem unterschiedlicher Art eingeräumt und als einer der ersten erkannt, „wie intensiv und leidenschaftlich unsere Bindung an so abstrakte Objekte wie soziale Reformen, Lyrik, Kunst, Wissenschaft und Philosophie sein kann" (Vlastos 2000, S. 37).

78 Platon: *Politeia* X, 604b-c.
79 Ebd. VI, 486a.
80 Ebd. II, 380d. Dionysos' Name wird aber nicht erwähnt.
81 Ebd. X, 605c.

wie die Schauspieler ihre Rollen nachahmen. Die dramatische Rede ist eine Form der unmittelbaren Wiedergabe (der Dichter spricht nicht als Dichter, stattdessen sprechen die Sprecher direkt und präsent auf der Bühne), nicht der mittelbaren, in der der Dichter entweder etwas in der 1. Person Singular zum Ausdruck bringt (Lyrik) oder über die Figuren neben ihnen als Erzähler berichtet (Epos).[82] Dadurch aber ist in den theatralischen Künsten, die verschleiern, dass aus den Figuren immer auch der Dichter spricht, das Risiko für das Publikum, ihre mimetische Praxis ohne Besonnenheit nachzuahmen, noch vergrößert. Sie passen sich an die Figuren wie an Vorbilder an, je weniger sie in sich selbst charakterlich gefestigt sind.[83]

Der Tragödie kommt demzufolge nicht nur wie jeder nachahmenden Kunst ein ontologisch defizitärer Status zu, weil sie als Nachahmung von sinnlicher Wirklichkeit, die selbst Ideen nachahmt, eine Mimesis zweiter Stufe bildet und somit bloße Scheinbilder darstellt.[84] Sie eröffnet auch als *theatrale* Mimesis von Praxis, die die Stimme des Dichters durch die Stimmen der Figuren verdeckt, ein direktes Einfallstor für die Mimesis der Zuschauer, die das, was sie sehen und hören, unmittelbar als nachahmensmöglich und -wert erfahren.

Platon erkennt das Potential der Tragödie, durch ihren Prozess die Annahme eines wohlgeordneten, von Göttern durchwirkten Kosmos, der sich in der Lebenswelt spiegelt, zu problematisieren, und kritisiert sie gerade deswegen aus ethisch-politischer Position. Nicht nur behauptet die Tragödie nach Platon in ungerechtfertigter Weise die Willkür der Götter und die Unangemessenheit des Leidens, das in Wirklichkeit als Sanktion gedeutet werden müsse; durch ihre theatrale Form und die ästhetische Kraft der Dichtung insinuiere sie auch die Nachahmungswürdigkeit des Leidens als Reaktion auf Unglück und übertrage somit das Negative auf selbst noch nicht leidende Zuschauer: Wenn diese, wie Gorgias schreibt, durch Dichtung ein „tränenreiches Mitleid" befällt und ihre Seele „[w]egen fremder Sachen und Körper" selbst „Glück und Unglück leidet"[85], üben sie sich durch Leiden in Leidbereitschaft. Wie Nietzsche kritisiert Platon hier das theatrale Mitleiden als eine Haltung, die Leid nicht teilt, sondern verdoppelt und somit Schwäche erzeugt.[86] Die theatrale Darstellung ist für Platon also problematisch, weil sie ansteckt und diese Wirkung selbst verschleiert: „Denn nur wenige sind sich klar darüber, daß das Genießen fremden Leids zwangsläufig auf das eigene Gemüt abfärbt; wer am fremden Leid den Hang zum

---

[82] Vgl. ebd. III, 392c-395d.
[83] Vgl. ebd. II, 381e, 383c; III 386a, 388d-389d; 395d-398b. Platon verbindet „the mimetic mode of poetry with the notion of character-formation through habituation" (Halliwell 1997, S. 323).
[84] Siehe zu dieser Dichtungs- und Kunstkritik im X. Buch Halliwell 1997, S. 324 ff.
[85] Gorgias: *Enkomion auf Helena* (9) (DK B11).
[86] Vgl. Friedrich Nietzsche: *Nachgelassene Fragmente 1880–1882*, Ende 1880 7[285]. KSA 9, S. 377: „Die Philosophen sehen im Mitleide wie in jedem S i c h - v e r l i e r e n a n e i n e n s c h ä d i g e n d e n A f f e k t eine Schwäche. Es v e r m e h r t d a s L e i d i n d e r W e l t [...]! Gesetzt, es *herrschte:* so gienge s o f o r t die Menschheit zu Grunde."

Mitleid wachsen läßt, kann ihn im eignen Leid nicht leicht bändigen."[87] Anstatt vor Negativem zu schützen wie das Wissen der *technē*, insbesondere das der *technē politikē*, vervielfältigt die Tragödie es. Die mimetische Form der Handlungen und Klagen überträgt ihren Gehalt und ihre phänomenale Qualität auf die Zuschauer, die gleichsam analog zum Schauspieler die Rolle *an*nehmen und somit auch die Erfahrung *über*nehmen, um sie in der Lebenswelt außerhalb des Theaters zu re-aktualisieren.[88] Antonin Artauds „Theater der Grausamkeit", das die Theatererfahrung als seelisch und körperlich ansteckendes rituelles Ereignis in die Nähe von Epidemien wie die Pest rückt, ist bereits, wenn auch unter umgekehrten Vorzeichen, bei Platon angelegt.[89]

Platon sieht im Übertragungsgeschehen vom theatralen Spiel auf das Publikum eine politische Gefahr, denn die Künste haben in seinem idealen Staat wie auch im Selbstverständnis der Athener des 5. und 4. Jahrhunderts v. Chr. der *paideia*, der Bildung zur Tugend, zum Mut, zur Schnelligkeit und zur Kraft zu dienen. Die musischen Künste sollten daher nicht primär angenehm, sondern ethisch-politisch nützlich (*chrēsmion*) sein.[90] Das gelinge den Dichtern jedoch nicht, die nur Scheinbilder produzierten, die man für nichts verwenden könne, obwohl sie eine beispiellose Wirkung und „Liebe zu dieser Dichtung" erzeugten.[91] In den *Nomoi* berichtet der Athener von einem Verfall des Staats durch unverständig Gattungen mischende Dichter zur *theatrokratia*, zur „Herrschaft des Publikums", das sich Freiheit im Urteilen gegenüber dem Gehörten und Gesehenen herausnahm und Furchtlosigkeit gegenüber der gesetzmäßigen Ordnung entwickelte.[92] Die Dichter stellen demzufolge prinzipiell eine politische Gefahr dar. Insbesondere die Tragödie vereitelt die pädagogisch-politische Funktion der Kunst nach Platon, weil die tragischen Affekte die Zuschauer, die sie rezipierend ernst nehmen, für die ethisch-politische Rolle im Staat *schwächen*.

Das Vertrauen in die von der Welt und den Göttern gestützte Möglichkeit einer – bei Platon immer auch politisch organisierten und ethisch vom Individuum durch Handeln erwirkten – Wendung des bloßen Überlebens in ein reflektiertes gutes Leben, darf nicht erschüttert werden. Dann nämlich würden diejenigen, auf die es für den Erhalt von Platons Idealstaat ankommt, d. h. die handlungsfähigen Männer, ihre Kraft verlieren und ihr Leben würde unheilvollen Widerfahrnissen ebenso ausgesetzt wie in

---

87 Platon: *Politeia* X, 606b. Vgl. Halliwell 1997, S. 328.
88 Vgl. ebd. III, 396c-d. Daher ist für Sokrates auch die Darstellung angeblich willkürlicher und gewalttätiger Götter abzulehnen, die junge Menschen sich zum Vorbild nehmen könnten (II, 377e-380b). Diese Gefahr sah offenbar schon Solon am Beginn der Tragödie bei Thespis: vgl. Plutarch: *Vitae: Solon*, XXIX 4–5.
89 Artauds Feier dieses rituellen Theaters und seine Ablehnung des textbasierten Theaters, sein bewusster Irrationalismus und Anti-Individualismus machen ihn freilich vielmehr zum Anti-Platoniker. Vgl. Artaud 1979, S. 29.
90 Vgl. Platon: *Politeia* III, 386a-b, 395c. Ihre Funktion hat in der Stärkung, d. h. der Erziehung zur Tapferkeit zu liegen.
91 Ebd. III, 398a-b; X, 605c-608b (Zitat: 607e); vgl. *Nomoi* II, 653a-664d.
92 Vgl. Platon: *Nomoi* III, 700a-701d, hier: 701a.

der Folge das gesamte Gemeinwesen. Entscheidend für das gute Leben im Staat ist nach Platon nämlich die *Konstanz* der Annahme, dass es durch eigene rationale Wahl des je Besseren ermöglicht wird. Gut handeln und gut leben sind nicht zu trennen. Wie sich gezeigt hat, ist diese Annahme eines Tun-Ergehen-Zusammenhangs dem im Handeln vorausgesetzten Praxisvertrauen im Gewissen Sinn funktional analog.[93] War diese Annahme der vergeltungstheoretischen Entsprechung von Handeln und Lebensqualität in Mesopotamien, Israel oder Ägypten eine Sache des Glaubens, reagiert Platon bereits auf die Erschütterung des Glaubens durch die Tragödie, indem er ihn *gegen* die Tragödie zu einer Art Postulat der praktischen Vernunft macht. Die Überzeugung müsse so unerschütterlich wie „Stahl", d. h. „eisenfest"[94] (*adamantinōs*), sein, um selbst im Hades die Glücksfähigkeit der Person zu erhalten. Es sei nämlich das Wichtigste für einen Menschen, dass er „überhaupt fähig ist, durch Lernen herauszufinden, welche Wissenschaft ihm die Kraft und die Erkenntnis gibt, gutes und schlechtes Leben zu unterscheiden, aus den möglichen Formen die bessere immer und überall zu wählen"[95]. Mehrere Varianten von Worten mit dem Stamm *math-* wie *mathein* (lernen) kommen in dem Zitat vor, allerdings kein *pathos*. Seit Platon sind *pathein* und *mathein* Gegensätze.[96] Der *Politeia* zufolge ermöglicht die Tragödie gerade kein ethisches Lernen im Sinne der aischyleischen Formel *pathei mathos*, und dieses Unvermögen diskreditiert sie philosophisch. An ihre Stelle soll die Philosophie als Schule der Vernunft treten, die zwar selbst auch aus Leiden lernen kann, ihm aber nicht unterliegt.[97] Praktische Skepsis, mit der die Tragöde die Zuschauerinnen und Zuschauer entlässt, ist daher für Platon durch entsprechende Zensur zu bekämpfen, damit die Menschen nicht die Voraussetzung der Praxis verlieren. Die *Politeia* schließt konsequenterweise mit dem Grundsatz, dass man an die „Kraft" der Seele, „alles zu ertragen, das Gute wie das Schlechte", glauben müsse, um gut zu leben (*eu prattōmen*).[98]

Platons Kritik an der nachahmungsoffenen Form der Tragödie und ihrem Inhalt ist nun selbst performativ: Wie der Athener Philosoph als erster erkannte, unterminiert die Tragödie die Voraussetzungen der individuellen Praxis. Und sie erodiert das Vertrauen in die lebensweltlich gegebenen Bedingungen einer sinnvollen Praxis nicht durch eine propositionale Aussage, sondern gerade durch ihre ästhetische Kraft, die nach Platon ihren philosophisch inakzeptablen Inhalt erfolgreich kaschiert.[99] Daher

---

[93] Siehe Kap. 9.2.
[94] Platon: *Politeia* X, 619a (zweite Übersetzung von Schleiermacher).
[95] Ebd. X, 618c.
[96] Vgl. Dörrie 1956, S. 28 ff. Platon schließt damit an eine vortragische griechische Einsicht an, dass es ein Zeichen von Klugheit sei, nicht erst aus Schaden klug zu werden (ebd., S. 14, 17).
[97] Vgl. Platon: *Politeia* X, 619d, 620c. Hierin liegt ein Widerspruch, denn ein vernünftiger Mensch müsste demnach streng genommen nicht leiden. Seine Vernunft zeigt sich aber darin, das zufällige Leiden gelassen zu ertragen und bei künftigen Entscheidungen für Lebensformen diese Erinnerung zu bewahren.
[98] Ebd. X, 621c.
[99] Vgl. ebd. III, 398a; X, 601b.

sind die Tragödien für Platon mehr als alle anderen Kunstformen der ethisch-pädagogischen Funktion, dem auf Tatkraft, Zuversicht und Ordnung angewiesenen Staat zu dienen, entgegengesetzt.[100] Aus ethisch-politischen und existentiellen Gründen folgt daraus für Sokrates das Gebot der Zensur: „Wir fühlen, wie wenig ernst man eine solche Dichtung nehmen *darf*, die sich für wahr und ernsthaft gibt."[101] Bei ihrem Verbot handelt sich um eine immunologische Maßnahme des Staates zum Schutz der Bürger vor dem „Gift für den Geist der Hörer"[102]. Die Dichter müssen, wenn sie sich nicht an normative Vorgaben wahrheitsgemäßer und pädagogisch förderlicher Darstellung halten, aus dem Staat verbannt werden.[103] Denn für die Bühne des Lebens, die Polis, benötigten alle Menschen ihre Kräfte, weshalb sie sie nicht in der Nachahmung dieses Originaltheaters verlieren dürften.[104] Mit dieser Theorie kann Platon den Künstlern, insbesondere den Tragikern, unterstellen, sie spielten bloß, stellten also gerade nicht ernsthafte Werte dar, sondern erzeugten „mit Wertlosem [...] Wertloses"[105] und seien in allem „ohne Ernst"[106]. Das ist gerade gegenüber den Tragikern ein ins Herz der Gattung treffender Vorwurf, die sich doch, wie Platon weiß, anders als die Komiker ihrem Selbstverständnis nach dem Ernsten (*spoudaion*) widmeten und, so Aristoteles, mit ihren Tragödien Nachahmungen einer ernsthaften oder bedeutenden Handlung (*praxeōs spoudaios*) und zugleich Mimesis ernsthafter (*spoudaiōn*) und tüchtiger (*chrēsta*) Charaktere schrieben.[107] Sie lassen Figuren auftreten, denen etwas, wenn die hier entwickelte Interpretation plausibel sein sollte, von höchstem Wert ist.

Platon wehrt die Künste in einer für das moderne Recht der Kunst auf Autonomie geradezu erschreckenden Weise ab, um im alten „Streit zwischen Dichtung und Phi-

---

100 Das gilt auch für die Komödien, die die Männer „lachlustig" machten (III, 389a-b).
101 Ebd. X, 608a (Hervorh., A.T.).
102 Ebd. X, 595b.
103 Vgl. ebd. II, 377b; X, 605b; *Nomoi* IV, 817c-e.
104 Denn die Tragödie stellt in ihrer theatralen Form als Schauspiel nur aus, dass alle Künste der Wirklichkeit ontologisch durch bloße Nachahmung des Gegebenen unterlegen sind. Wie die sinnliche *aisthēsis* der rationalen *noēsis* in Platons Seelenlehre unterlegen ist, so sind auch die auf Beifall des Publikums zielenden *technai* der Künstler sowohl den *technai* der nach Erfahrung und Sachkenntnis produzierenden Handwerker als auch den auf wirkliches Wissen (*epistēmē*) gegründeten praktischen *technai* unterlegen (X, 598d-602b). Daher können sie auch nicht, wie bis zu Platon selbstverständlich war, Erzieher und Lehrer des Volkes sein, weil sie gar keine Erkenntnisse zu vermitteln haben. Entsprechend kommt den von den Künstlern gefertigten Werken ein ontologisch minderwertiger Status zu, denn sie sind mimetische Abbilder (*eidōla*) materieller Objekte, die selbst Abbilder einer Idee sind, die wiederum göttlichen Ursprungs ist. Daher sind Kunstwerke prinzipiell ontologisch drittrangig und damit entfernter von der Wahrheit noch als jedes nützliche Gesellenstück eines Handwerkes (ebd., 596a-602c).
105 Ebd. X, 603b.
106 Ebd. X, 602b. Sokrates weist darauf hin, dass die Reaktionen im Theater den normativ erwarteten Reaktionen auf Unglück in der Lebenswelt entgegengesetzt sind, und sieht darin ein Argument für die falsche Suggestion der Tragödie (X, 605c-e).
107 Ebd. X, 608b; vgl. *Nomoi* VII, 816d-817a; Aristoteles: *Poetik*, 1449b24; 1449b10; 1454a16–22.

losophie"[108] die letztere als Rivalin der Dichtung zu stärken – mit Erfolg, wie Hegel, Nietzsche, Benjamin und andere gemeint haben, denn die Philosophie in Gestalt des Sokrates und in Form des platonischen Dialogs *löse* die Tragödie durch eine höhere Form des Geistes (Hegel) oder durch das Modell der theoretischen Erkenntnis (Nietzsche) *ab* – während im Athen des 5. und 4. Jahrhunderts v.Chr. Dichtung und Philosophie, die sich gegen die Poesie als Autorität erst durchsetzen musste, eher zeitgleich Einfluss hatten. Es ist naheliegend, Platons Kritik heute scharf zu kritisieren. Der Mythos einer pränatalen Lebensformentscheidung dürfte unter Philosophen sicher keinen einzigen Verteidiger mehr finden; zu undifferenziert unterstellt Platon einen realistischen Abbildbegriff und deutet ästhetische Erfahrung als distanzlose Ansteckung. Ihre Konsequenz der Zensur ist ohnehin mit der Freiheit der Künste, die in liberalen Rechtsstaaten als Grundrecht geschützt ist, unvereinbar und nicht zu akzeptieren. Platon hätte wissen können, dass eine Kultur, in der man aufgrund autoritärer Verbote Erfahrungen des Verlusts und der Verletzung nicht zum Ausdruck bringen und nicht diskutieren darf, wie mit ihnen umzugehen ist, notwendig inhuman ist.

Doch sollte man Platons Dichterkritik nicht gleich als totalitaristisch abstempeln, sondern seine Frage nach der *Funktion* der Tragödie ernst nehmen, weil sie anerkennt, dass diese Kunstform kein *l'art pour l'art*, sondern als Gehalt und Form „a source of ethical ideas"[109] ist und die Tragiker den Anspruch hatten, existentiell relevante Fragen an die Praxis zu stellen. Aus der Kritik Platons heraus wird deutlich, dass ein Großteil des modernen Selbstverständnisses der Kunst als politisch-kritische Befragung und als Darstellung des Negativen und Verdrängten auf die Tragödie zurückgeht.

Platon richtet sich nicht nur aus strategischen Gründen gegen die Tragiker, um seine neue Form dialogischen Philosophierens dadurch auszuzeichnen, dass er konkurrierende Instanzen der Weisheit für ungültig erklärt. Seine Kritik hat vielmehr einen existentiellen Untergrund, der auch mit dem Schicksal seines Lehrers Sokrates und der Rolle der Philosophie überhaupt zu tun hat. Platons Tragödienkritik ist praktisch: Ohne Handeln und seine Techniken gibt es für Platon kein gutes Leben, keine politische Einheit, keine Kultur, kein Überleben. Und zum Handeln ist die Stabilität von Selbst- und Weltvertrauen nötig, ohne die die Motivation als die *Kraft, überhaupt zu handeln*, erstirbt, die allerdings für das politische Kulturwesen Mensch unabdingbar ist.[110] Indem Platon eine politische Zensur – gegen seine eigene ästhetische Lust – fordert, erkennt er an, dass mit bloßen Argumenten dem Anspruch der Tragödie nicht beizukommen ist. Denn Platons Identifikation von Gott/Welt und dem Guten, die die Einheit von gutem Leben und richtigem Handeln garantieren soll, ist zwar philosophisch *begründbar*, aber *nicht* gegenüber negativen Erfahrungen *immun*.

---

108 Ebd. X, 607b. Zur Überbietung und Ablösung der Dichtung durch Platons dialogisches Philosophieren siehe Kuhn 1969; Nussbaum 1986; S. 122ff.; Halliwell 1996, S. 338ff.
109 Halliwell 1997, S. 315.
110 Zur Gefahr der *metabolē* für die Politik und die Kultur im Ganzen siehe Kap. 3.4 und 3.5.

In der Weise – weniger in den Argumenten –, in der sein Lehrer sich auf seine eigene Existenz bezieht, lässt sich erkennen, dass die Annahme nur *exemplarisch bekräftigt* werden kann. Der so friedliche wie souveräne Tod des Sokrates ist das existentielle *Gegenbeispiel* für das tragische Schicksal. Sokrates, der an den besten Absichten unfreiwillig in Athen scheitert und von denen, denen er zur Erkenntnis verhelfen wollte, vor allem der wichtigsten, der des guten Lebens,[111] zum Tode verurteilt wird, ist der neue tragische Held, der die entscheidende Qualität des Tragischen an sich selbst aufhebt: das Leiden. Mit dem, was ihm existentiell so wichtig ist, dass er seine Lebensform danach ausrichtet, scheitert er radikal. Die Athener sind durch sein Wirken nicht verständiger geworden, sondern – wie die Anklage und der Prozess belegen – so uneinsichtig und willkürlich, dass sie ihren weisesten Bürger vernichten. Für Sokrates ist das Philosophieren dabei offenkundig ein existentieller Wert, denn selbst angesichts des drohenden Todes würde er bis zum letzten Moment „nicht aufhören, nach Weisheit zu suchen und euch zu ermahnen"[112]. Sein kontinuierliches Leben als philosophisch Fragender schlägt in dem ungerechtfertigten Urteil, wie es Platons *Apologie des Sokrates* darstellt, wie bei der Antigone ins Unglück der Todesstrafe um. Gleichwohl geht Sokrates, wie Platons *Kriton* und *Phaidon* vorführen, *nicht* wie die klagenden Helden der Tragödie in Agonie und Verzweiflung kraft- und orientierungslos zugrunde, sondern erfüllt das antitragische Verhalten, das die *Politeia* von künstlerisch dargestellten Helden fordert: „Er klagt nicht darüber und trägt es am gelassensten, wenn ihn sein solches Unglück trifft"[113]. Inszeniert die *Apologie* noch das tragische Misslingen des Aufklärungsprojekts des Sokrates, das er selbst unmissverständlich als existentiellen Wert darstellt,[114] so wird spätestens im Übergang von der *Apologie* über den *Kriton* in den *Phaidon* erkennbar, dass Sokrates eben nicht eine tragische Wende ins Unglück *erfährt*, sondern diese Erfahrung umbiegt in eine Zuversicht in den Zusammenhang der menschlichen und göttlichen Welt.[115] Er trennt damit die Objektivität des tragischen *Schicksals*, am eigenen Handeln zu scheitern,

---

111 Vgl. Platon: *Gorgias* 472c.
112 Platon: *Apologie des Sokrates* 29d.
113 Platon: *Politeia* III, 387e.
114 Vgl. Platon: *Apologie* 28d: „Wohin jemand sich selbst stellt in der Meinung, es sei da am besten, [...] da muß er, wie mich dünkt, jede Gefahr aushalten und weder Tod noch sonst irgend etwas in Anschlag bringen gegen die Schande." Sokrates zitiert dabei Homers berühmtesten tragischen Helden Achill. Sokrates folgt seiner praktischen Individualität trotz der ihm bekannten Risiken (28a-b). Es wäre ein Verlust seiner praktischen Individualität und eine Schamlosigkeit, hörte er aus Furcht mit dem Denken und Mitteilen auf, daher wird er „auf keinen Fall anders handeln" (30b-c), als er es immer getan hat, und redet den Anklägern nicht selbstverleugnend nach dem Munde (30d-e). Diese praktische Individualität verdankt er – wie oben generell für starke und existentielle Wertungen behauptet – nicht einer willkürlichen Entscheidung, sondern der göttlichen Weisung seines Daimonions, die er sich als identitätskonstituierend zu eigen macht. Sokrates ist hier nicht nur Antigone, sondern auch Prometheus verwandt (siehe Kap. 8.12), mit dem er sich an anderer Stelle ausdrücklich identifiziert (*Protagoras* 361d).
115 Schon in der *Apologie* 30c-d, prognostiziert er, dass seine Ankläger ihm im mindesten kein Leid zufügen werden.

von der aus der Tragödie bekannten subjektiven Dimension der tragischen *Erfahrung*. Anstatt sich selbst im Leiden zu verlieren, nachdem er trotz seiner rechtfertigenden Gründe unverdient verurteilt wurde,[116] bleibt er trotz des unverdienten existentiellen Scheiterns und trotz einer Fluchtmöglichkeit in *seiner* Stadt Athen, deren Gesetze er zeitlebens anerkannt hat und die nur durch die jeweils individuelle Anerkennung in Geltung bleiben.[117] Zu fliehen und die Gesetze zu missachten, wäre erst recht eine tragische Selbstverfehlung und er würde sich selbst und seinen Freunden am meisten Übel zufügen.[118] Sokrates widersteht sogar der Re-Assimilation an die Erfahrung seiner Zuschauer, die sich wie ein Tragödienpublikum verhalten: Während seine Freunde ihn bemitleiden, Angst um ihn haben und das Unglück beklagen, bleibt er gelassen, freundlich und tröstet sie sogar noch durch seine „Unsterblichkeitsbeweise"[119]. Dass diese nichts von der Kontinuität der Seele beweisen können, ist nicht erst aus der Perspektive einer kantianischen Vernunftkritik offensichtlich. Platon *zeigt* mit ihnen vielmehr, dass nur Sokrates' *Handeln* – seine Abwehr des Selbstverlusts durch die Fortsetzung seiner so individuellen wie sozial-kommunikativen Tätigkeit des Miteinander-Denkens, mit der er auf seine Umwelt reagiert – exemplarisch bezeugen kann, dass hier eine kulturerhaltende Annahme trotz Scheiterns *in Kraft bleibt*. Mit ihr bleibt zugleich das Individuum selbstbestimmt, es bewahrt eine Haltung und lässt sein Leben trotz der Verkehrung seiner philosophisch-maieutischen Absicht *nicht* in Leid umschlagen.

Sokrates trennt die *metabolē* der Praxis also von der Wende ins Leid, die jener in der Tragödie folgt. Er bleibt immer er selbst und damit außerhalb einer tragischen Erfahrung, die die Person radikal verändert.[120] Bezeichnenderweise verwendet Sokrates kurz vor seinem Tod den Optativ als Potentialis, als er sagt, ihn rufe schon jetzt sein Geschick, „würde ein tragischer Mann sagen" (*phaiē an anēr tragikos*).[121] Seine steuernde Instanz ist von keinem massiven Feedback seines eigenen Scheiterns getroffen worden; er schämt sich nicht und ist offenkundig nicht von sich und der Welt

---

116 Ebd. 39b-d.
117 Platon: *Kriton* 50a-54d. Vgl. dazu Gerhardt 2007, S. 236 ff.
118 Ebd. 54c.
119 Platon: *Phaidon* 69e-115a. Siehe dazu Gadamer 1985b. Nach Gadamer sind die Argumente, wie Platon selbst bewusst gewesen sei, „unbefriedigend", umso mehr aber überzeuge „die menschliche Erscheinung des Sokrates" (S. 187), der moralisch ihre Zuversicht unter Beweis stelle (S. 199 f.). Seine Freunde verhalten sich dagegen wie die Figuren in einer Tragödie, sie klagen „wieder über das Unglück, welches uns getroffen hätte, ganz darüber einig, daß wir nun gleichsam des Vaters beraubt als Waisen das übrige Leben hinbringen würden" (*Phaidon* 116a). Selbst der Überbringer des Giftbechers weint und wendet sich ab (116d). Schließlich weinen alle und müssen sich „verhüllen" vor Schmerz über ihr „eigenes Schicksal", Sokrates als Freund zu verlieren (117c-d).
120 Er nimmt die Exekution hin, „ohne zu zittern oder Farbe oder Gesichtszüge zu verändern" (117b). Vgl. Ciceros berühmte Auszeichnung von Sokrates' Gesichtsausdruck als „semper idem" (*Tusculanae disputationes* III, 15, 31).
121 Ebd. 115a. Er tadelt seine Freunde dementsprechend für den aus der Tragödie bekannten Ausdruck des Leidens (117d-e).

entfremdet. Damit steht er für eine intakte Funktionalität der vernünftigen Seele, die nicht von affektiven Leiden (*pathēma*) getroffen sich selbst verliert.¹²² Sokrates *führt* sein Leben im Wissen, einen ungerechten Umschlag seiner Praxis erlitten zu haben, dennoch freiwillig als *er selbst* bis zum letzten Moment, sodass er zwar biologisch stirbt, jedoch, bis der sanfte Tod eintritt, nicht seine praktische Individualität und seine Selbstbestimmung verliert. Der Tod ist etwas Fremdes für ihn, das ihn nicht ängstigt. So gibt er als antitragischer Held seinen Freunden und Schülern ein Beispiel für *ihr* künftiges Leben.¹²³

Die Trennung von tragischem Handeln und tragischer Erfahrung in Sokrates' Gestalt ist ein Grund dafür, warum Sokrates in der Geschichte der Philosophie in eigentümlicher Ambivalenz sowohl als tragisch als auch als antitragisch zugleich erschienen ist: Einerseits wurde in seinem Schicksal das „Hochtragische" (Hegel) der griechischen Polis gesehen und andererseits sein Ende als untragisch verstanden und er selbst als Gegenteil, ja Feind und Vernichter der Tragödie (Nietzsche) tituliert.¹²⁴ Diese Ambivalenz geht auf das ungeklärte und widersprüchliche Verhältnis der Wertungen zurück. Wenn Sokrates wirklich ernst machte mit der gegen die Tragödie gerichteten Bemerkung aus der *Politeia*, dass menschliche Angelegenheiten nicht von Bedeutung seien, könnte nicht verständlich werden, warum seine Suche nach der Wahrheit, nach dem richtigen Leben und der guten Verfassung überhaupt *im* Leben relevant sein sollte. Es hätte aber einen Unterschied gemacht, wäre Sokrates früh, vor seinem Wirken zugrunde gegangen. Mit Blick auf Platons beispiellose Wirkung in Europa und darüber hinaus ist es keine vermessene Spekulation zu behaupten, dass im Fall eines frühen Todes des Sokrates die Weltgeschichte anders verlaufen wäre. Worum es, so meine These, somit nur gehen kann, ist die *Reaktion* auf den irreversiblen Verlust von ausgezeichneten Werten. Nicht die *Wertung* des Lebens, sondern der *Umgang* mit der tragischen Zerstörung solch einer Wertung interessiert Platon in seiner Tragödienkritik.

Den von Sokrates verkörperten Erhalt des Selbst trotz Unheils in der Annahme der (göttlich verbürgten) Möglichkeit eines praktisch zu realisierenden guten Lebens durch eigenes Handeln *fordert* Platon aus ethisch-politischen Gründen gegen den

---

122 Vgl. Dörrie 1956, S. 31f.
123 Er fordert sie auf, *sich* nicht zu vernachlässigen, sondern „gleichsam den Spuren des jetzt und sonst schon Gesagten nach[zu]gehen im Leben" und also Denkende und Fragende zu *bleiben* (*Phaidon* 115c). Nach Nietzsche wurde tatsächlich „d e r s t e r b e n d e S o k r a t e s [...] das neue, noch nie sonst geschaute Ideal der edlen griechischen Jugend" (*Die Geburt der Tragödie* 13. KSA 1, S. 91). Siehe zu Sokrates' antitragischer Haltung Benjamin 1974, S. 293.
124 Georg Wilhelm Friedrich Hegel: *Vorlesungen über die Philosophie der Geschichte* (Theorie-Werkausgabe, Bd. XII), S. 330; Friedrich Nietzsche: *Nachgelassene Fragmente 1869–1874*, Herbst 1869 1[7], 1[43]. KSA 7, S 12f., 21. Sokrates habe die Tragödien nicht begriffen und sie deshalb nicht geachtet (*Die Geburt der Tragödie*. KSA 1, S. 87). In seinen Grundsätzen der Schönheit und Rechtfertigung alles Begriffenen, mit denen schon der sokratische Euripides die Tragödie „bekämpfte und besiegte" (Friedrich Nietzsche: „Sokrates und die griechische Tragödie". KSA 1, S. 622), liege nicht weniger als „der Tod der Tragödie" (*Die Geburt der Tragödie*. KSA 1, S. 94).

ästhetischen Vorbildcharakter der leidenden Figuren in der Tragödie. Doch die Annahme, dass Praxis und die sie tragende Kultur funktional, also sinnvoll hinsichtlich eines guten Lebens sind, kann im existentiellen Extrem nur *performativ bezeugt* werden. Dass sie als Lebensmovens nicht nach Art eines Arguments begriffen werden kann, ist entgegen Nietzsches Vorwurf offenbar schon Sokrates und seinem Schüler klar gewesen.[125] Sie muss vom Handeln in der Lebenswelt immer wieder durch den Prozess des erfolgreichen Handelns als Verwirklichung selbst gewählter Zwecke bestätigt werden, weil sie keinen epistemischen Status wie überprüfbares Wissen *innerhalb* der Lebenswelt hat. Sie liegt vielmehr allen technischen, praktischen, epistemischen und symbolischen Aktivitäten in der Lebenswelt zugrunde. Als weder empirisch gewonnene noch apriorisch gegebene, gleichwohl an der Wirklichkeit gemessene Annahme erfordert sie für Platon eine individuelle Anstrengung, um sie aus praktischen Gründen verbindlich zu halten. Man muss ihre kontinuitätsstiftende Funktion selbst kontinuierlich als Aufgabe annehmen. Wenn Sokrates sich selbst und das gemeinsame Nachdenken, das ihn als Philosoph ausmacht, sogar in der Gewissheit des Endes aller Möglichkeiten, das Leben praktisch zum Guten zu wenden, noch *erhält* und dann ohne Leid das Leben gehen lässt, bezeugt er exemplarisch durch seine existentielle Performanz eine Alternative zur tragischen Erfahrung: Das Sich-Gleichbleiben des Sokrates *erhält* das Vertrauen in die Kultur, denn er praktiziert im *Phaidon* mit allen Mitteln der Kultur – der Philosophie, der sprachlichen Kommunikation, dem religiösen Kult und selbst den ihm sonst fremden Künsten wie der Musik – noch bis zuletzt *sein* gutes Leben.[126] Indem er die Essenz seiner individuellen Existenz erhält, verleiht er dieser bis zum letzten Moment Wert. Sokrates behauptet das Weltvertrauen durch sein individuelles Selbstvertrauen und *vice versa*.

Der Dialog *Phaidon* ist insofern eine platonische Tragödie[127] oder eine „Parodie der Tragödie"[128], die der tragischen Erfahrung das Selbstbewusstsein der Philosophie in der Figur des Sokrates gegenüberstellt. An ihrem Beginn heben die Politischen Philosophie und Ethik die Tragödie in der sokratischen Figur der bis zum Schluss frei denkenden Selbstbehauptung auf, die das Praxisvertrauen – und somit auch die Theorie – exemplarisch stärkt: Das philosophische Leben kann *immer* handelnd und erkennend auf das Gute ausgerichtet bleiben.

---

125 Vgl. Friedrich Nietzsche: *Die Geburt der Tragödie*. KSA 1, S. 99.
126 Der Wert seines Lebens liegt in der Selbsterforschung, die er weiterhin praktiziert (Platon: *Apologie* 38a). Vgl. zur exemplarischen Lebensweise des Sokrates, die sich bis zum Tod durchhält, Gerhardt 2003. „Der eigentliche ‚Beweis' liegt", so Gerhardt über den *Phaidon*, „nicht in den zuvor im Gespräch mit den Schülern entwickelten logoi, sondern in der Haltung, in der Sokrates stirbt" (S. 148). Es ist insofern ein „praktische[r] Beweis" (S. 149). Ob Platons Beschreibung des Todes des Sokrates den historischen Tatsachen entspricht, bleibt freilich offen. Er selbst lässt angeben, dass er aus Krankheitsgründen nicht dabei gewesen sei (*Phaidon* 59b), offenbar auch nicht beim Prozess gegen Sokrates (*Apologie* 34a). Gleichwohl war er sicher mit seinem Lehrer und dessen anderen Schülern eng vertraut.
127 Vgl. Erler 2012, S. 26 ff.
128 Benjamin 1974, S. 292.

Aber ist das Aufzeigen der Selbsterhaltung des Sokrates in seiner praktischen Individualität trotz des Umschlags seiner Praxis auch ein Argument gegen die theatrale Darstellung der tragischen Figuren, denen es nicht gelingt, die tragische Erfahrung abzuwenden? Anders gesagt: Ist die philosophisch folgenreiche Macht der (frühen) platonischen Dialoge als „anti-tragic theater"[129] ein überzeugender Grund, auch Platons Tragödienkritik zu teilen?

Die Antwort lautet nein. Um sie zu begründen, sollte man allerdings Platons ästhetischer Sensibilität Rechnung tragen. Denn seine Kritik nimmt die Relevanz der Tragödie für das Selbstverständnis des Menschen als *Kunst* ernster als jeder Kommentator der Tragödie von Aristoteles bis zu Nietzsche. Platon und Nietzsche erkennen in der Tragödie eine *existentielle Dimension*, deren Ernst sich gerade der ästhetischen Macht ihrer Darstellung verdankt. Doch während Platon, selbst ein Dichterphilosoph, der in seiner Jugend Tragödien geschrieben haben soll,[130] diesen wirkungsmächtigen Ernst als bloßen Schein philosophisch zu disqualifizieren versucht und die ästhetische Macht durch politische Eingriffe in die Kunstpraxis einzudämmen strebt, kehrt Nietzsche dessen Kritik von der Kunst gegen die philosophische Wissenschaft um, indem er der Tragödie attestiert, einen tieferen Aufschluss über das Leben zu vermitteln, als es die Philosophie, die bei Platon den Erkenntnisanspruch der Tragödie dementiert, je vermöchte. Beide argumentieren komplementär vom selben Ausgangspunkt aus: der ästhetischen Kraft der Tragödie.

Im letzten der beiden noch folgenden Teilkapitel werde ich Nietzsches Argument *für* die existentielle Funktion der Tragödie aufnehmen, um es allerdings anders als Nietzsche zu begründen. Im anschließenden Teilkapitel werde ich als Vorbereitung dazu Platons Kritik mit ästhetischen Gründen kritisieren.

9.4 Die Kunst der Tragödie: Distanzraum der Besonnenheit

Auf Platons Kritik des existentiell beunruhigenden Gehalts der Tragödie und ihrer mimetischen Form kann man mit mindestens zwei unterschiedlichen Arten von Einwänden reagieren. Zum einen kann man an Platons ethischer Kritik ebenso *ethische* Zweifel anmelden, die denen ähneln, die seit Hegel den Stoikern entgegengestellt wurden. Die Distanz zu menschlichen Angelegenheiten zur Bewahrung einer Freiheit *von* existentiellen Zumutungen erscheint nämlich weder als ein erfüllendes noch als ein verantwortungsbewusstes Weltverhältnis.[131] Außerdem kann das tragische Leid gerade als Zeichen einer ethisch begrüßenswerten Einstellung zu individuellen Wer-

---

[129] Nussbaum 1986, S. 122.
[130] Vgl. Diogenes Laertius: *Leben und Lehre der Philosophen* III, 4–5. Immerhin sind 32 Epigramme unter Platons Namen überliefert.
[131] Vgl. zu dieser Kritik an den Stoikern Jaeggi 2005, S. 177 ff.

tungen verstanden werden. Verletzbarkeit aufgrund dieser Wertungen erscheint dann selbst nicht als unvernünftige Schwäche, sondern als ein moralischer Wert.[132]

Zum anderen kann man Platons ästhetische Wirkungstheorie mit *ästhetischen* Argumenten kritisieren, die in diesem Teilkapitel angeführt werden sollen. Platons These einer unmittelbaren Ansteckung, die jede besonnene, reflexive Auseinandersetzung mit der Tragödie unterläuft, unterstellt eine fortlaufende Erzeugung *unmittelbarer Nähe*. Seine Unterstellung einer zwangsläufigen Mimesis der Betrachter an die tragischen Figuren wird aber, so die in diesem Teilkapitel zu begründende These, weder der Form noch der ästhetischen Funktion der antiken Tragödie gerecht. Zum einen ignoriert sie die *Distanz*, die die Tragödie als Form zwischen dem Gehalt ihrer Darstellung und den Zuschauern einzieht. Zum anderen schreibt Platon der Tragödie eine *Funktion* zu, die ihrer von ihm selbst attestierten Kraft als *Kunst* widerspricht.

Gerade weil die griechische Tragödie *nicht* die „gesamte Tragödie des Lebens" oder die „einzig wahre Tragödie" der Politik ist,[133] kann sie in mehreren Hinsichten Distanzräume eröffnen, die eine große ästhetische Intensität ermöglichen und *zugleich* einen Freiraum der Reflexion bieten.

Die Tragödie als *Form erschließt* gleichsam Distanzräume in alle Richtungen. Zum einen steht sie in *inhaltlicher Distanz* zur Gegenwart der Aufführung, weil sie ihre Stoffe aus dem narrativen Fundus des Mythos gewinnt. Die Figuren, die im Theater auftreten, hat es für die Griechen wirklich gegeben, jedoch in einer fernen Zeit, aus der sie jetzt vergegenwärtigt werden. Zugleich ist der konstitutiven Variabilität des griechischen Mythos bereits eingeschrieben, dass es bei der Darstellung des Stoffes gar nicht um Verismus und Rekonstruktion eines vergangenen empirischen Falls gehen kann, sondern der Gehalt der Tragödie – ihr nachvollziehbarer Plot (*mythos*) – ein fiktionales Artefakt der Dichter ist, das in keiner Abbildrelation zu einem Original steht. So wichtig den Griechen die erzählende und darstellende Erinnerung der Vergangenheit als einem narrativen Wechselspiel aus Kontinuität und Veränderung war, so sehr war es für sie vor allem eine *dichterisch* beglaubigte Vergangenheit.[134] Wie den Griechen schon früh bewusst war, hatte ihre Literatur mythopoetische Kraft:[135] Sie erzählt von Individuen, die es laut oraler Tradition gegeben hat, doch die Art, wie sie jeweils unterschiedlich von ihnen erzählt, *schafft* erst das Bild, das man von ihnen gewinnt und jederzeit variieren kann. Das zeigen gerade die wiederkehrenden Stoffe der drei Tragiker, die sie jeweils individuell bearbeiten, zuspitzen und umändern. Die Distanz zu den Narrativen des Mythos erlaubte eine erstaunliche Individualisierung der Dichter, die oft dieselben Mythen jeweils zu einem besonderen Plot machten, indem sie passende „story patterns" auswählten, intertextuell verknüpften und je

---

132 Vgl. Harris 1977; Nussbaum 1986; Harris 2006; siehe Kap. 10.3.
133 Platon: *Philebos* 50b; *Nomoi* VII, 817b.
134 Siehe Grethlein 2010 dazu und zum Verhältnis von literarischen Erinnerungsformen und den Historiographen Herodot und Thukydides.
135 Zur mythopoetischen Rolle von Dichtung bei den Griechen siehe Assmann 1992, S. 264–272, und Trautsch 2013.

nach Autorintention zum Teil stark veränderten.¹³⁶ Durch die Künstlichkeit der Darstellung war somit immer eine *Distanz* zum Schicksal der mythischen Heroen gegeben.¹³⁷

Die theatrale Vergegenwärtigung eines Vergangenen impliziert die *ontologische Distanz* zwischen Darstellung und Lebenswirklichkeit in der Mimesis,¹³⁸ die Platon den Künsten vorwirft, ohne aber ihren konstruktiven Charakter (die Erscheinung einer unmittelbaren Nachahmung von etwas, dessen Urbild erst mit der Nachahmung suggeriert wird) freizulegen: Was auf der Bühne zu sehen ist, ist ein selbständig gestalteter Reflex des Vergangenen, nicht sein Abbild.

Der inhaltlichen und ontologischen Distanz entspricht in mehrfacher Hinsicht die *formale Distanz*, die Drama und Aufführung aus sich selbst gegenüber dem erzählenden Mythos hervorbringen. Damit stellt die Tragödie sich zugleich in *funktionaler Distanz* zum Mythos als einer Erzählung, die in der auktorialen Erzählweise eine Ordnung präsentiert, zu der sich der Mensch *nicht* in Distanz setzt, sondern in die gefasst er erscheint. Die Welt verliert nach Blumenberg durch die mythopoetische Kraft des Menschen „an Ungeheurem"¹³⁹, weil sie Erzählformen entspricht, die von Menschen für Menschen morphologisch und funktional passend geschaffen wurden.¹⁴⁰ Im Erzählen des Mythos erhält alles seinen Ort, der durch die Ordnung des narrativen Zusammenhangs zwar nicht begründet, aber durch den Modus „des Gesagtbekommens" beglaubigt wird.¹⁴¹ Der Mythos ist daher „die grundlegende, allgemein akzeptierte, oder jedenfalls die erste und älteste Verbalisierung einer komplexen Wirklichkeitserfahrung"¹⁴².

Der Schein einer Implikation des Normativen und Evaluativen im Deskriptiven wird in der Tragödie durch eine Distanz zum Mythos in der mythischen Darstellung

---

136 Vgl. Burian 1997.
137 Abgesehen von Aischylos' frühstem Stück, *Die Perser*, sind alle aus der Blütezeit der Tragödie überlieferten Stücke thematisch von der Gegenwart der Athener in die Ferne der Heroensage gerückt. Die meisten Tragödien spielen daher auch an anderen Orten als Athen, das als „Refugium der Tragödie" erscheint (Zeitlin 1990). Die ästhetische Relevanz dieser Distanz zeigt sich nicht zuletzt in der Entscheidung, nach Phrynichos' Tragödie *Der Fall Milets* von 492 v. Chr., die die Zerstörung der befreundeten Polis zwei Jahre zuvor schilderte, den Autor mit einer Geldbuße zu belegen und das Stück nicht mehr zur Wiederaufführung zuzulassen (Herodot: *Historien* VI, 21, 2). Siehe Kap. 6.1.
138 Vgl. Seidensticker 2006, S. 92.
139 Blumenberg 1979a, S. 127.
140 Wie ein Werkzeug dem menschlichen Gebrauch aufgrund seiner Form – etwa eines Griffs – und durch seine Funktion – die erhöhte Effektivität und Erleichterung lebensförderlicher Praxis – entgegenkommt, kommt auch die mythische Erzählung in ihrem narrativen Zusammenhang der Kontext- und Sinnerwartung des Menschen entgegen.
141 Gadamer 1993c, S. 172; Gadamer 1993b, S. 165. Vgl. Lehmann 1991, S. 63 ff. Im Gesagtbekommen ist zwar keine Rechtfertigung *expressis verbis* enthalten, doch sie wird implizit durch die im mündlichen Vortrag immer wiederholte Erzählform ohne Metaebene zumindest insinuiert. Zudem hören die Zuschauerinnen und Zuschauer einer Stimme (verkörpert im Rhapsoden) zu, die mythische Erzählung wird nicht auf mehrere Sprecher verteilt.
142 Burkert 1979, S. 29.

gebrochen: Erzählt der Mythos von einer Welt, in der alles nebeneinander vorkommt und prinzipiell im Fluss des Berichts zueinander passt, so löst die Tragödie sich in dreifacher Hinsicht vom Mythos, während sie seinen Gehalt in die Gegenwart der Zuschauerinnen und Zuschauer transportiert. Formal ist die Distanz, weil die Tragödien nicht zusammenhängend *erzählen*, sondern den Plot in zum Teil gegeneinander stehenden Szenen *vorführen*.[143] Die attische Tragödie fließt nicht in Hexametern von Gesang zu Gesang wie das Epos, sondern sie ist sprachlich und charakterlich in deutlich voneinander unterscheidbare Formteile gegliedert:[144] in Chorlieder (*parodos* – Einzugslied, *stasimoi* – Standlieder, *exodos* – Auszugslied)[145], Teile mit längerer gesprochener Rede (*rhēsis*), in Gesangspartien als Solo oder Duo (*monodia*, *melē*). Auch singen Chor und Schauspieler in Klageliedern (*kommoi*) und Wechselreden (*amoibaia*) zusammen, teilweise im direkten Wechsel Vers für Vers (*stichomythia*).[146] Lyrische Partien, die – oft im Anapäst – gesungen und getanzt werden, unterbrechen den durch Dialoge und Einzelreden – meist in iambischen Trimetern – vorangetriebenen Handlungsgang.[147] Die Chorgesänge separieren die Szenen und verknüpfen mit Antizipationen und Retrospektionen als Gelenke die Handlungsmomente.[148] Durch diese Vervielfältigung in der szenischen Form, die in jeder Tragödie individuell komponiert ist, wird der narrative Schein fragloser Aufeinanderfolge unterbrochen. Tragödien sind aus heterogenen Elementen gebaute Formen, die vielfache Diskontinuitäten aufweisen, welche in der Inszenierung durch Ein- und Abzüge, Tanzformen und statische Positionen, Auf- und Abtritte und plötzliche Erscheinungen noch betont werden. Die Tragödie transformiert das Erzählmuster ins Dramatische dabei als Fokussierung auf eine verkürzte, gleichsam zugespitzte Handlung, die sich in kurzer Zeit möglichst eines Tages und oft in Zeitraffer vor dem Bühnenhaus bzw. zeitgleich an imaginären Räumen jenseits des Tanzplatzes und der Bühne vollzieht.[149]

Diese Fokussierung folgt der *bestimmte* Szenen in den Vordergrund setzenden Theatralität der Aufführung. Der eine Erzähler des Epos, der vom Rhapsoden in der

---

143 Aristoteles spricht ebenfalls von Szenen (*epeidosia*), meint damit aber immer die Abschnitte zwischen Standliedern (*Poetik*, 1455b13ff.).
144 Vgl. Burian 1997, S. 198ff.; Seeck 2000, S. 185, betont, dass jedes der überlieferten Chorlieder metrisch individuell ist; auch Reitze 2017, S. 45, betont einen „Formenreichtum". Vgl. Goldhill 2012, S. 109–133.
145 Als *Exodos* wird auch der gesamte Schluss nach dem letzten Standlied bezeichnet (Aristoteles: *Poetik*, 1452b21f.).
146 Zu den Formelementen der attischen Tragödie vgl. Aristoteles: *Poetik*, 1452b14–25; dazu Latacz 1993, S. 67–74.
147 Siehe Kap. 5.8 und 6.5.
148 Vgl. Goldhill 2007, S. 50.
149 Vgl. Seeck 2000, S. 204f. Nach Aristoteles unterscheidet die Konzentration auf eine Handlung (und einen Helden wie zumindest bei Sophokles) die Tragödie von der Handlungsvielfalt des Epos (*Poetik*, 1451a16–19; 1456a11–18), sodass sich auch die Zeitspanne der Handlung „nach Möglichkeit innerhalb eines einzigen Sonnenumlaufs" von der „unbeschränkte[n] Zeit" des Epos unterscheidet (1449b13–16). In der Renaissance wurde daraus das angeblich aristotelische, in der Regelpoetik des Klassizismus streng postulierte Gesetz der drei Einheiten (Ort, Zeit, Handlung).

oralen Vermittlung vertreten wird, spaltet sich nun in den Chor und zwei (Aischylos) bis drei (Sophokles) Schauspieler auf,[150] die ihre Stimme wiederum auf mehrere Rollen aufteilen; dazu kommen teilweise noch Statisten und die die Bühne in die Tiefe des Raums und vertikal bis auf das Dach des Bühnenhauses visuell gliedernde optische Techniken.[151] Die Erzählzeit wird so zur *diskontinuierlichen* dramatischen Zeit, die Zuschauer und Schauspieler in gemeinsamer leiblicher Präsenz im Theater teilen. Diese alles umfassende Aufführungssituation bildet mit dem Plot (*mythos*), der die Sinneinheit des Stücks konstituiert, eine gegenüber dem Epos deutlich analytischer und trennender operierende Form.[152] Dadurch wird der „Bocksgesang" oder „Gesang beim Bocksopfer" (wörtlich für *trag-ōdia*) erst zur attischen Tragödie, als welche sie sich uns in den überlieferten Stücken und anderen Quellen zeigt.[153]

Die inhaltliche Distanz zum Mythos teilt die Tragödie mit Lyrik, Geschichtsschreibung und Philosophie, die formale mit der Komödie (die hingegen selten mythische Stoffe, sondern eher das aktuelle Zeitgeschehen aufnimmt) und dem Satyrspiel. Sie zeigt sich auch im Bericht, der das Handeln, das zeitlich vor dem Bühnengeschehen, oder zeitgleich, aber räumlich jenseits der Bühne vollzogen wird, für die Figuren und das Publikum schildert. Darin liegt die Distanz des Blicks, auf den im Theater gleichwohl alles ankommt. Die Gewalt und der Schrecken, die zum irreversiblen Verlust führen, werden auf der Bühne fast nie gezeigt, vielmehr werden sie der bildlichen Imagination des Publikums durch den Umweg des Ohrs vermittelt.[154] Darin liegt eine weitere formale Distanzebene, denn die Zuschauerin erblickt nicht selbst, sondern „sieht" gleichsam „mit den Augen dessen, der das Furchtbare gesehen hat."[155] Oder sie sieht einen sich tatsächlich hier und jetzt vollziehenden Schrecken mit dem inneren Auge, indem sie ihn – wie der Chor auf der *orchēstra* – aus dem

---

150 Vgl. Aristoteles: *Poetik*, 1449a16–19.
151 Dazu gehörten die Hüttenbemalung (*skēnographia*), die später im 5. Jahrhundert v.Chr. entwickelte effektsteigernde Mechanik der Bühne – eine Rollplattform (*ekklyklema*), die aus dem Bühnenhaus (*skēnē*) geschoben werden konnte, sowie ein Kran (*geranos* oder *mechanē*), durch den oberhalb des Bühnenhauses Götter als buchstäblicher *deus ex machina* erscheinen konnten – und die aus dem Dionysos-Kult übernommenen Kostüme und Masken ebenso wie Requisiten und andere Weisen der visuellen Inszenierung (*opsis*). Sie setzen die Ekphrasen und Szenenschilderungen der epischen Literatur in einen visuell differenzierten Raum.
152 Diese diskontinuierliche, in Auftritten, formalen Wechseln, Tänzen, Abtritten etc. für die Zuschauerinnen und Zuschauer ästhetisch erfahrbare Struktur unterscheidet die Tragödie ebenfalls von der (Chor-)Lyrik, deren subjektiven Ausdrucksgehalt und Verskunst sie in den Chorliedern beerbt. Zum Verhältnis der Tragödie zur frühgriechischen Lyrik vgl. Bagordo 2003.
153 Vgl. Aristoteles: *Poetik*, 1449a9–31. Zum Ursprung des Worts und seiner Bedeutung aus dem Opferritus siehe Burkert 1966. Die Tragödie, die sich vom frühesten Tragödiendichter Thespis bis ins 4. Jahrhundert formal stark verändert, vollzieht also nicht nur eine formale Distanzierung zu ihrer materialen Quelle, dem Mythos, sondern auch zu ihrer eigenen Herkunft aus Lyrik und Ritus.
154 Zu den Techniken der Gewaltdarstellung siehe Seidensticker 2006, Goldhill 2006 und Bohrer 2006.
155 Seidensticker 2006, S. 111.

Hintergrund des Bühnenhauses akustisch vernimmt.[156] Diese künstlerische Sensibilität, eine umso lebendigere Bildphantasie des nicht wirklich Gesehenen durch die hörbare Sprache freizusetzen, geht bereits in der römischen Tragödie des Seneca verloren.[157]

Schließlich ist auch die räumliche und performative Distanz der Zuschauer zu den Figuren und ihrem Schicksal anzuführen. Die Zuschauerinnen sind einerseits durch den Theaterbau *räumlich* von dem Geschehen auf dem „Platz der Sprecher"[158] (*logeion*) vor dem Bühnenhaus (*skēnē*) entfernt. Zwischen ihren Rängen, dem *theatron* als dem Ort, von dem aus man schaut, und dem Ort der Schauspieler befindet sich zudem als weiterer Zwischenraum der Tanzplatz (*orchēstra*), auf den der Chor einzieht, sodass er wie ein Relais zwischen Zuschauerrängen und Bühnenhaus wirkt. Das architektonische, von der Ordnung der Beteiligten belebte Theaterdispositiv bietet den Rahmen für die *performative Distanz* zwischen dem zuhörend sitzenden Publikum und den Choreuten und Schauspielern, die sprechen und singen, Handlungen ausführen und tanzen. Ihre Masken akzentuieren diese Distanz gegenüber dem unmaskierten Publikum. Nimmt man noch die illusionsarme Skenographie, das Tageslicht als einzige Beleuchtung und die Abwesenheit technischer Verstärkung oder Verfremdung hinzu, kann man kaum daran zweifeln, dass das antike Publikum ein Distanzbewusstsein gegenüber dieser neuen Form der künstlerischen Darbietung hatte. Es war vermutlich in außerordentlichem Maß in der Lage, „seine Vorstellungskraft einzusetzen"[159], ohne dabei den fiktionalen Charakter des Spiels aufgrund der vielfachen Distanzen zu vergessen.

Zudem fungieren die Masken zusätzlich als ein Mittel der *schauspielerischen Distanz* zu den Figuren. Dieser Abstand ist bereits durch die bewusste Verkörperung einer Rolle gegeben, die als Kunst des Schauspielens nur gelingt, wenn ein Abstand zwischen Schauspielerindividualität und Figurenindividualität existiert. Diese vom Schauspieler (*hippokritēs*) genutzte „Abständigkeit des Menschen zu sich"[160] wird durch die Masken verstärkt, die darüber hinaus die für das attische Theater charakteristische Funktion ermöglichen, dass mehrere jeweils durch unterschiedliche Masken identifizierbare Rollen von zwei oder drei bis zuweilen vier Schauspielern über-

---

156 Siehe Aischylos: *Agamemnon*, V. 1342–1371.
157 Von Seneca, dessen Tragödien eventuell nur als Lesedramen konzipiert waren, setzt sich über seine Rezeption in der elisabethanischen Tragödie das theatrale Zeigen des Schreckens fort, bis es im 20. Jahrhundert im Medium des Films eine neue ungeahnte Plastizität und Drastik gewinnt. Die inszenierte Gewalt und die Vervielfältigung der Bilder durch den mit dem Schnitt ermöglichten Perspektivwechsel erzeugt aber auch die Dialektik einer Imaginationsarmut. Im extremen Fall des Effektkinos werden Bilder gleichsam „vorgekaut" dargeboten, während sie im griechischen Theater in der Imagination der Zuschauerinnen und Zuschauer als ihre eigene Tätigkeit erst über den Umweg des Hörens metrisch gebundener Sprache erwachsen.
158 Blume 1984, S. 47.
159 Ebd., S. 63.
160 Plessner 1982a, S. 150.

nommen werden.¹⁶¹ Bleibt der Schauspieler gleichsam diesseits der Maske und damit „hinter der Figur, die er verkörpert, stehen"¹⁶², schauen die Zuschauerinnen und Zuschauer ins imaginäre Jenseits der Maske wie durch ein Gesicht in die Seele und erkennen die individuelle Figur. Beide unterhalten also einen für die Funktionalität des Theaterdispositivs notwendigen Abstand zu den Figuren, die sie – schauspielend – verkörpern und an deren Schicksal sie – zuhörend, zuschauend und urteilend – partizipieren.

Schließlich bleibt der Autor des Dramas, der in der Regel auch sein Regisseur gewesen ist, in Distanz zum eigenen Stück. Theatralisch spricht der Autor gar nicht oder aber aus allen Rollen zugleich; eine alles bewertende Metastimme wie die eines auktorialen Erzählers, die das Geschehen gewissermaßen von oben herab narrativ ordnet, fehlt im Theater. Jede Zuschauerin und jeder Zuschauer muss daher für sich *selbst* nachdenken, was die Aufführung und die miteinander interagierenden Figuren ihr oder ihm zu sagen haben. Im griechischen Theater erfährt sich jedes zuschauende Individuum in seiner eigenen Urteilskraft herausgefordert und weiß, dass alle, die mit ihm im *theatron* als Gemeinschaft des Publikums sitzen, ebenfalls in ihrer Urteilskraft herausgefordert sind. Es ist schwer vorzustellen, dass nach den Aufführungen nicht lebhaft diskutiert worden ist, zumal das Zuschauen (*theōrein*) nach griechischem Verständnis die Bewegung ins Theater und die zurück zum Berichten und Über-das-Gesehene-Reden umfasst.¹⁶³

Die inhaltliche Distanz zur Gegenwart, die ontologische zur Wirklichkeit, die funktionale und formale Distanz zur mythischen Erzählung, die theatrale zu den Figuren und ihrem Schicksal lassen Platons Idee einer unmittelbaren Identifikation mit den Figuren und einem verzückten Aufgehen, das zu einer unreflektierten Nachahmung der Figuren durch die Zuschauer führte, wenig plausibel erscheinen. Freilich hat Platon die eigene Erfahrung auf seiner Seite, die kein späterer Interpret mehr gewinnen kann. Wenn man bedenkt, dass die Zuschauerinnen und Zuschauer im Theater geweint haben, kann man sich vorstellen, wie sehr sich die Griechen vom tragischen Spiel bewegen ließen. Vieles spricht indes dafür, dass das antike Theater immer auch ein Forum der *Distanz* und des Nachdenkens gewesen ist, das Bertold Brecht dem illusionistischen bürgerlichen Theater durch verfremdende Mittel erst wieder abgewinnen wollte. Die Tragödie stellt aus dieser Distanz nicht nur das tragische Handeln und Scheitern dar, sondern nimmt auch Abstand zu ihm, ermöglicht auch Kritik an den Figuren und ihren Konflikte: Sie ist Darstellung *und* Kritik des Tragischen, wie Wolfram Ette argumentiert hat.¹⁶⁴

---

161 Deshalb treten in den Tragödien nie mehr als drei Figuren gleichzeitig auf. Zur Rollenverteilung siehe Pickard-Cambridge 1968, S. 135–156; Blume 1984, S. 78f. und 82ff. und Seeck 2000, S. 39ff.
162 Plessner 1982a, S. 151.
163 Vgl. Menke 2013, S. 122ff.
164 Für die Frage, inwiefern im Einzelnen schon antike Stücke wie Aischylos' *Orestie*, Sophokles' *Elektra* und Euripides' *Elektra* kritische Distanz zum Tragischen, das sie darstellen, selbst einnehmen, sei auf Ettes große Monographie verwiesen (2012, S. 35ff., 217ff., 243ff.).

Doch Platon hat formal ebenfalls Recht: Die Tragödie ist aus der Distanz heraus zugleich die Kunst größter Ergriffenheit aus *Nähe*. Das Pathos der ästhetischen Rede, das die Umkehr vom aktiven Pathos des Handelns ins passive Pathos des Leidens trägt, gibt einer eigentümlichen Ergriffenheit Raum, die sich in den teilnehmenden Affekten der Zuschauer ausdrückt, die seit Aristoteles *das* Thema der Tragödienpoetologie gewesen sind. Die Distanz des Theaters *schafft* gegenüber dem Epos eine beispiellose Nähe, weil *hier* und *jetzt* von leibhaftigen Schauspielern gespielt gehandelt wird, die ihre Stimme den Figuren leihen, die *ihr* Leid *direkt* aussprechen (anstatt es berichten zu lassen). Die Zuschauerinnen erfahren sich mit den aus der Vergangenheit performativ vergegenwärtigten Figuren somit direkt sinnlich-emotional verbunden. Zudem sind sie nicht nur durch die Theaterarchitektur und die Zwischenposition des Chors vom Spiel der Figuren getrennt, sondern auch in einem gemeinsamen, die Stadt und das Land um Athen einbeziehenden Raum des Spiels eingefasst.[165] Die „vierte Wand" mit Vorhang und entsprechender Lichtunterscheidung zwischen Saal und Bühne wie im neuzeitlichen Theater gibt es in den griechischen Theatern nicht. Sie sind Stätten des Spiels, die ihre Distanzgrenzen bewahren und zugleich in den Raum der ethisch-politischen Praxis neben der Agora im Herzen der Polis und der sie umgebenden Landschaft eingebettet bleiben.

In den exemplarischen Figuren, die zugleich individuell *und* allgemein erscheinen, wird eine humane Nähe erzeugt. Die Zuschauer können sich gewissermaßen nicht durch den Gedanken entlasten, es handle sich um das Schicksal eines ihnen fremden „bloßen Individuums" (Schiller), das mit ihnen nichts zu tun habe. Vielmehr erkennen sie gerade durch die Distanztechniken ihre eigene Möglichkeit und erfahren so aufgrund von „Allgemeingültigkeit eine bedrängende Nähe"[166].

Die Tragödie *überbrückt* also die von ihr selbst kraft ihrer Form als Darstellung installierten Distanzen durch die von den Figuren in einer pathosgeladenen ästhetischen Rede artikulierte Erfahrung, die sich zu einer sinnlich-emotionalen Intensität in dem von Figuren und Publikum geteilten Raum steigert. Diese regulative Funktion zwischen Distanz und Nähe zeigt sich in den tragischen Affekten als der Antwort der Zuschauerinnen und Zuschauer auf die Erfahrung der Figuren: Rät die Furcht (*phobos*) „dem Betrachter, Abstand zu halten von dem Schrecklichen, das sich ihm darbietet", fordert ihn das Mitleid (*eleos*) „auf, heranzutreten und Anteil zu nehmen."[167]

Diese Nähe erzeugende Kraft der Tragödie war Platon bewusst, nur deshalb konnte sie seine radikale Kritik leiten. Doch sie wirkt durch die Form des dramatischen Textes und des theatralen Spiels nicht unmittelbar ansteckend wie ein Virus, sondern nur in simultaner Ansprache der Vernunft. Denn ohne den Distanzraum der Reflexion, der bereits durch das Sich-gegenseitig-Zuschauen der Figuren und des Chors in der Tragödienform realisiert ist, gäbe es keine Tragik, die sich *als* Tragik

---

165 Blume 1984, S. 46f. Die Landschaft und der Stadtraum um das Theater wurden in das Spiel mit einbezogen (ebd., S. 56).
166 Seidensticker 2006, S. 95. Siehe Kap. 8.11.
167 Ebd., S. 97.

erkennen ließe. Sie erfordert notwendigerweise ein Verstehen, *dass* und *wie* der Umschlag des Handelns sich vollzogen hat und *was* das für die betroffenen Individuen aus ihrer Perspektive bedeutet. In den unterschiedlichen Begriffen des Theaters ist bis heute die Distanz des Zuschauens zu einem Spiel von Personen als zentrales Kennzeichen enthalten geblieben.[168] Ohne den „Abstand des Zuschauerseins"[169] kann es daher die tragische Erfahrung als einer Erkenntnis, dass eine Person selbst die eigenen existentiellen Werte irreversibel zerstört hat, nicht geben, denn auch das tragische Individuum schaut rückblickend aus der tragischen Erfahrung seinem Scheitern entfremdet zu.[170] Die tragische Erfahrung eröffnet *für* die Leidenden keinen Abstand, in den sie sich aus ihr herausziehen könnte. An dem In-der-Erfahrung-Sein der Figuren nimmt der Zuschauer dagegen aus einer ihm eigentümlichen ästhetischen Distanz teil, aus der ihn eine reflexive Unterscheidung von den Figuren und ihrem Schicksal trennt. Die ästhetische Kraft der Tragödie entfaltet sich aber auch für ihn nur, wenn er, die Distanz beibehaltend, die Nähe zur tragischen Erfahrung der Figuren als einer existentiellen bewusst eingeht.[171] Die Tragödie ist insofern eine Schule der Perspektivenübernahme und der Empathie – eine Schule der Urteilskraft.

Diese Spannung von Distanz und Nähe im Theater stellt eine ästhetisch geformte „Veröffentlichung" bzw. Objektivation des menschlichen Selbstverhältnisses dar. Der Mensch ist als Kulturwesen, das sich aus einer exzentrischen Positionalität (Plessner) zu sich selbst in ein Verhältnis setzen muss, notwendig ein Distanzregulator in Bezug auf sich und die Welt. Dieses Sich-zu-sich-Verhalten wird in der tragischen Erfahrung der Figuren, die ihr Selbstverhältnis verletzen, für die ihnen Zuschauenden ersichtlich und öffnet ihnen einen Raum der reflexiven Selbsterkenntnis, der zugleich hoch energetisch geladen ist. Die allgemeine Möglichkeit des Menschlichen als in ästhetischer Intensität vermittelte anthropologische Einsicht ist der Grund dafür, dass tragisches Scheitern der Bühnenfiguren überhaupt als Frage und Problem an das Publikum weitergegeben werden kann. Erst der ästhetisch geformte Vollzug des tragischen Handelns und Erfahrens schafft bei den Zuschauenden Raum für ihre eigenen Affekte und die Frage, die sie über die individuell gezeichneten Figuren *an sich selbst* und damit *an alle* stellt. Die tragischen Affekte sind nur möglich, wenn sie prinzipiell ihre *eigene* Möglichkeit im Leiden erkennen können, die sie wiederum nur

---

168 Vgl. Kotte 2005.
169 Gadamer 1990, S. 126. Siehe dazu Menke 1996a, S. 299 ff.
170 Siehe Kap. 7.6.
171 Es ist aus ästhetischen Gründen daher problematisch, mit René Girard einen Tragödienprozess anzunehmen, der Nähe unmittelbar in Distanz verwandelt. Nach seiner Theorie ist die Tragödie aus ihrem Ursprung im Ritual zu verstehen. Sie zeige Unordnung und Chaos und projiziere den Grund der Konflikte innerhalb einer Gemeinschaft auf ein Individuum oder mehrere, um diese als Sündenbock auszuschließen und zu töten, sodass der soziale Friede wieder hergestellt wird. Damit entspricht der tragische Prozess dem Prozess ritueller Erfahrung, in dem sich Nähe in Distanz verwandelt: „Zuerst kommt es zur Identifikation mit dem ›Helden‹, dann erfolgt seine Verwerfung und Preisgabe" (Girard 1994b, S. 72). Dieser Prozess einer extremen ritualistischen *katharsis* wird der ästhetischen Teilnahme am Schicksal der Helden und der darin liegenden ästhetischen Intensität nicht hinreichend gerecht.

9.4 Die Kunst der Tragödie: Distanzraum der Besonnenheit

erkennen können, weil sie nicht selbst *im* Leid existentiell befangen sind. Die kanadische Dichterin, Übersetzerin und Gräzistin Anne Carson hat diese Spannung der eigenen Möglichkeit, die aus der Distanz von den Figuren zurückgespiegelt wird und dadurch die Selbsterkenntnis so vertieft, wie es in der Lebenspraxis kaum möglich ist, eindringlich für die antike Tragödie beschrieben:

> „Do you want to go down to the pits of yourself all alone? Not much. What if an actor could do it for you? Isn't that why they are called actors? They act for you. You sacrifice them to action. And the sacrifice is a mode of deepest intimacy of you with your own life. Within it you watch (yourself) act out the present or possible organization of your nature. You can be aware of your own awareness of this nature as you never are at the moment of experience."[172]

Zugleich aber bleibt die vom Schauspieler verkörperte Figur für das Publikum ein unterschiedenes Individuum. Beim Zuschauen einer Tragödie handelt es sich um eine Vertiefung der Selbsterkenntnis aus der entlastenden Distanz heraus: Nähe und Distanz verschränken sich in der Wahrnehmung einer anderen Individualität, die die riskanten Bedingungen funktionierender Lebensführung für einen selbst aufdeckt.

In dieser Entgegnung auf Platons Unterstellung einer unterreflektierten Distanzlosigkeit der Tragödie vermag, sollte sie überzeugen, ersichtlich zu werden, dass die Tragödie nicht nur etwas über den Menschen und die Bedingungen seiner Selbstbestimmung, sondern auch das Wesen der Kunst überhaupt aufzuschließen vermag. Denn diese muss zum einen von einer Betrachterin eine Unterscheidung zu sich einfordern, um überhaupt als ein von der empirischen Alltagsrealität abgesetztes künstlerisches Artefakt wahrgenommen werden zu können, das ihr gegenübersteht, sich entzieht und ihr entgegenkommt; zum anderen vermag die Kunst erst aufgrund dieses Abstands die höchste Lebendigkeit der Erfahrung als Kraft freizusetzen. Die Tragödie als dramatisch-theatrale Form konstituiert einen „Distanzraum der Besonnenheit", den Aby Warburg dem Begriff der „Pathosformeln" zuschreibt: Bildformen, die über historische Distanzen hinweg Energien zu bannen und freizusetzen vermögen. Diese „Ausdrucksformen des maximalen inneren Ergriffenseins" bzw. „Engramme leidenschaftlicher Erfahrung"[173] sind für Warburg wesentlich mit dem Problem der Tragödie verbunden, die er (bei Shakespeare) als „Duplizität von leidenschaftlicher Ergriffenheit und höchster Besonnenheit"[174] begreift. Pathosformeln sind wie Tragödien ein künstlerisches Produkt „einschwingender Phantasie und ausschwingender Vernunft"[175]. Sie erlauben zugleich einen Abstand – den die Besonnenheit (*sophrosynē*) als Reflexionsraum erfordert – und eine höchste Affektion – durch die in Formen gebannten, darin aber auch transportierten und wieder freige-

---
172 Carson 2006b, S. 7.
173 Warburg 2000, S. 3.
174 Aby Warburg: *Die italienische Antike im Zeitalter Rembrandts*, zit. nach Gombrich 1992, S. 319. Die vielfältigen Verbindungen von Warburgs Begriff und der neuzeitlichen Tragödientheorie, die beide im Zeichen des Begriffs des Pathos stehen, stellt Ulrich Port 1999 und 2005 minutiös dar.
175 Warburg 2000, S. 3.

setzten Kräfte und Leidenschaften. Pathosformeln setzen daher die kulturelle Aktivität des Distanzschaffens unter Bedingungen extremer Erregung fort, indem sie erlauben, diese „in eines artikulieren und bannen zu können."[176] Warburg hat damit präzise die Spannung zu treffen vermocht, in der die Tragödie noch heute zu wirken vermag. In dem vielseitig eröffneten Distanzraum der Tragödie treffen Fühlen *und* Denken – die intensive Partizipation am sprachlich-performativ freigesetzten Pathos der Figuren und die reflexive Erkenntnis seiner (individuellen, kulturellen, sozialen, rechtlichen, politischen) Bedingungen – auf eine höchst energiereiche Weise zusammen.

9.5 Die Tragödie als Umschlag des Umschlags

Energiereich – in diesem Wort liegt der Gegensatz von Platons und Nietzsches Verständnis der Wirkung der Tragödie. Sie ist auf das Engste mit der ethisch-existentiellen Aufklärungsfunktion des tragischen Wissens verbunden. Es hat sich gezeigt, dass die Tragödie kein praktisches Lernen im Sinne korrektiver bzw. optimierender Erkenntnisse, wohl aber einen philosophischen Aufschluss über die existentiellen Bedingungen der Lebensführung ermöglicht. Das praktisch-politische Problem bestand nun für Platon darin, dass die Tragödie durch die ästhetische Darstellung der tragischen Erfahrung eine allgemeine Verzweiflung an der Praxis und ihrer kulturellen Bedingungen begünstigt und damit die Handlungsfähigkeit gefährdet. Mit Verweis auf die formal distanzierenden Elemente der Tragödie als Drama und Spiel, die ein kollektiv ansteckendes Leiden und Misstrauen in die Praxisvoraussetzungen verhindern, könnte man es bewenden lassen. Doch würde einem die Antwort entgehen, die die Tragödie selbst auf das erst von ihr artikulierte praktische Problem darstellt.

Platons Zensurgebot ist zugleich Kampf gegen die größte Wirkkraft von Kunst und ihre Anerkennung. Die Kraft der Tragödie ist für Platon allerdings eine niederdrückende: In den tragischen Affekten ahmten die Zuschauer laut Platon die Erfahrung der tragischen Figuren nach und würden dadurch deprimiert und erst zu tragischem Leiden disponiert. Wäre die Tragödie tatsächlich solch eine performativ erschlossene Quelle von Ohnmacht, ein Herd der Depressivität, eine Ansteckung mit Unfreiheit, wäre ihre Funktion tatsächlich für die Praxis hoch problematisch: Sie würde die tragische Erfahrung der Kraft- und Machtlosigkeit, der Scham und Entfremdung, der Orientierungslosigkeit und des Freiheitsverlusts verbreiten, *indem* sie sie für ein Publikum darstellte. Sie trüge durch ihr Spiel die individuelle Tragik wie Prometheus das ansteckende Feuer in die gesellschaftliche Öffentlichkeit, vervielfältigte sie dadurch und wäre ein Medium politisch entkräftender Negativität. Im schlimmsten Fall wäre sie die Maschine, mit der sich der Nihilismus so verbreitete, dass er den Alltag bestimmte. So würde die Tragödie selbst eine „Tragödie der Kultur" befördern. Es ist

---

176 Ebd.; vgl. Port 2005, S. 16.

nicht von der Hand zu weisen, dass die Tragödie das Leiden nicht nur darstellt, sondern es auch dem Publikum so vermittelt, dass es an der negativen Erfahrung teilnehmen muss, um die ästhetische Erfahrung der Tragödie zu ermöglichen, die eine Erfahrung existentieller und kultureller Negativität ist. Das Problem, das Aristoteles aufnahm, der die Tragödie mit seiner *katharsis*-Lehre in der *Poetik* gegen seinen Lehrer verteidigte, ist das der Verbindung von ästhetischer Erfahrung und Leiddarstellung. Während jene ein ästhetisches Vergnügen bereitet, gibt der tragische Inhalt nur Anlass zum Leiden. Mit der Klärung dieser paradoxen Lage verbindet sich die grundsätzliche Frage nach der Funktion der Tragödie *für* die Praxis bzw. das Leben, die nach Platon Schopenhauer und Nietzsche in großer Ernsthaftigkeit aufgenommen haben. Ihre Pointe liegt in der Annahme, dass die Kunst das Leben tatsächlich insgesamt ändern kann – indem sie die Zuschauer zur Resignation *oder* zur Bejahung des Lebens motiviert.

Während Schopenhauer Platons Diagnose einer Einübung ins Leiden durch Tragödien teilt, daraus allerdings die umgekehrte Schlussfolgerung zieht, widerspricht Nietzsche Platons und Schopenhauers Diagnose diametral. Für Schopenhauer ist die Tragödie der „Gipfel aller Kunst"[177], weil sie „die Vereitelung des menschlichen Strebens und die Nichtigkeit dieses ganzen Daseyns an einem großen und frappanten Beispiel lebhaft veranschaulicht und hiedurch den tiefsten Sinn des Lebens aufschließt"[178]. Die Trauerspielerfahrung erzeuge über die mitleidende Teilnahme am Leiden der Figuren eine tiefe Erschütterung, die erst die Einsicht freisetze, dass nichts am Dasein „wahres Genügen gewähren könne". Angesichts des tragischen Scheiterns „fühlen wir uns aufgefordert, unsern Willen vom Leben abzuwenden, es nicht mehr zu wollen und zu lieben."[179] Wehrt Platon die Tragödie ab, weil sie – anders als Sokrates' Beispiel – zum Leiden animiert und dadurch die Motivation zur praktischen Lebensführung unterminiert, zeichnet Schopenhauer sie genau deswegen aus. Die ästhetische Erfahrung der Tragödie bietet für beide Denker keinen Weg zurück in die Praxis, sondern nur aus ihr, ja aus dem affirmativen Bezug zum Leben überhaupt heraus: Durch die den Willen suspendierende Erkenntnis, die sich, so Schopenhauer, mit dem Umschlag „plötzlich"[180], „mit Einem Schlage"[181] als Einheit von Subjekt und Objekt im ästhetischen Anschauen einer Tragödie einstellt, „erstirbt" der Egoismus, „wodurch nunmehr die vorhin so gewaltigen MOTIVE ihre Macht verlieren, und statt ihrer die vollkommene Erkenntniß des Wesens der Welt, als QUIETIV des Willens wirkend, die Resignation herbeiführt, das Aufgeben, nicht bloß des Lebens, sondern des ganzen Willens zum Leben selbst."[182]

---

177 Schopenhauer: *Der handschriftliche Nachlaß*, S. 437.
178 Schopenhauer: *Die Welt als Wille und Vorstellung* II, Kap. 49, S. 739.
179 Ebd., Kap. 37, S. 504.
180 Schopenhauer: *Die Welt als Wille und Vorstellung* I, § 34, S. 243.
181 Ebd., S. 245.
182 Ebd., § 51, S. 335.

Spricht Platon der Tragödie aufgrund ihres Leid verbreitenden Charakters eine ethisch-politische Funktion *ab*, während Schopenhauer ihr aus den gleichen Gründen eine epistemisch-existentielle Funktion *zu*schreibt, dreht Nietzsche Platons Diagnose und Schopenhauers Funktionsdeutung diametral um und erklärt die antike Tragödie zum ausgezeichneten *Medium der Kraftsteigerung* für das Leben. Seine ihn vom Früh- bis zum Spätwerk beschäftigende Frage nach der Tragödie ist wie bereits bei Platon und Schopenhauer primär eine nach ihrer *Funktion für das Leben*.[183]

Ich möchte im Anschuss an die in 9.4 analysierte Distanz *und* Nähe konstituierende Form der Tragödie Nietzsches ästhetische Rechtfertigung der Tragödie, die im Subtext gegen Platon und Schopenhauer gerichtet ist, rekonstruieren und abschließend eine eigene abgewandelte Deutung ihrer ethisch-existentiellen Funktion vorschlagen.

Nietzsche widerspricht der platonischen These der Tragödie als einer „lebensgefährliche[n] Kunst", die „desorganisirt, schwächt, entmuthigt"[184]. Sie schreibt er bereits Aristoteles' Katharsis-Lehre zu, nach der die tragischen Affekte abgeleitet bzw. im Sinne einer „C u r gegen das Mitleid"[185] gereinigt werden müssten. Demgegenüber behauptet Nietzsche, „daß die Tragödie ein t o n i c u m ist."[186] Mit dieser These bleibt er im medizinischen Kontext, in dem sich Aristoteles' Katharsis-Lehre nach Jacob Bernays bewegt,[187] denn ein Tonikum ist ein vitalisierendes Stärkungsmittel. Die Funktion des Stärkungsmittels der Tragödie ist eine Steigerung des „Lebens- und Kraftgefühls"[188]. Dieses wird für Nietzsche deshalb nicht von der Tragödie minimiert, sondern im Gegenteil erhöht, weil durch die Tragödie Schmerz und Leid in ihrer schwächenden Funktion für den Organismus nachgerade umgekehrt würden: Sie bremsten und reduzierten sein Kraftgefühl nicht, sondern steigerten es noch weiter, weil das Leid selbst „als Stimulans wirkt"[189]. Das Leid der Tragödie ist für die Zuschauer gleichsam ein Widerstand, an dem ihre ästhetische Intensitätserfahrung weiter zu wachsen vermag.

Doch mit dieser Beobachtung, die man nach Nietzsche empirisch mit einem Dynamometer im Publikum überprüfen könne,[190] nicht genug, attestiert er der Tragödie

---

183 In seiner der Neuausgabe der *Geburt der Tragödie* von 1886 vorangestellten Selbstkritik erläutert Nietzsche, wie die Kunst (der Tragödie) unter der „O p t i k [...] d e s L e b e n s " zu sehen ist (KSA 1, S. 14). Das heißt aber nichts anderes, als sie in ihrer *Funktion* für das Leben zu *bewerten*. Vgl. Silk/Stern 1981, S. 296: „When he [Nietzsche, A. T.] asks 'what is Greek tragedy?', he means 'what is Greek tragedy *for*?'" Siehe ebenfalls Wellbery 2007. Zu Nietzsches Umkehrung der Tragödienauszeichnung Schopenhauers siehe Trautsch 2011, S. 427 ff.
184 Friedrich Nietzsche: *Nachgelassene Fragmente 1887–1889*, Frühjahr 1888 15[19]. KSA 13, S. 410.
185 Ebd., S. 411.
186 Ebd., S. 410.
187 Vgl. Most 2009, S. 55 ff.
188 Friedrich Nietzsche: *Götzen-Dämmerung*. KSA 6, S. 160.
189 Ebd.
190 Siehe Friedrich Nietzsche: *Nachgelassene Fragmente 1885–1887*, Frühjahr 1888 15[19]. KSA 13, S. 410. Gegenwärtig werden im Max-Planck-Institut für empirische Ästhetik in Frankfurt a. M. ästhe-

eine nicht weniger als *existentielle Funktion* für das menschliche Leben. Durch die Tragödie nämlich rette die Kunst den vom Leiden zur pessimistischen Skepsis animierten Griechen „und durch die Kunst rettet ihn sich – das Leben."[191] Die Kunst ist die Retterin, „die Ermöglicherin des Lebens, die große Verführerin zum Leben, das große Stimulans des Lebens"[192]. Sie biete die „[e]inzige Möglichkeit des Lebens", denn ohne die Kunst erfolgte eine „Abwendung vom Leben"[193].

Nach Nietzsche bringt das Leben bei den pessimistischen Griechen gleichsam die Tragödie als ein Mittel hervor, um am Leiden nicht zugrunde zu gehen. Er hatte durch seine Rezeption Schopenhauers den beunruhigenden Gedanken vorausgesetzt, dass der Wille zum Leben selbst nicht argumentativ erschlossen werden kann und nach dem Ende der dogmatischen Geltung der Theologie und den gescheiterten Versuchen, den Glauben mit der Vernunft als Theodizee zu vereinen, zum *Problem* wird. Es kann, so gibt Schopenhauers Pessimismus zu verstehen, kein *Argument* geben, das das Leben *um jeden Preis rechtfertigt*. In dem Versuch, den Sinn und Zweck des Daseins argumentativ zu erschließen oder moralisch zu rechtfertigen, zeigt sich nach Nietzsche das Missverständnis, das Leben, das seine rationale Beschreibung und moralische Regulation erst ermöglicht, selbst auf einen zwingenden moralischen oder pragmatischen Grund zu stützen. Das Problem besteht dabei nicht darin, dass die aufgeklärte Vernunft in ihrer Suche nach rechtfertigenden Gründen, die in Form eines übergeordneten Sinns oder umfassenden Zwecks des Lebens nicht (mehr) zur Verfügung stehen, auf sich selbst verwiesen wird.[194] Das beunruhigende Problem liegt vielmehr darin, dass die Erfahrung des Leidens sich massiv gegen das Leben „aussprechen" kann, ohne dass ein zwanglos zwingendes Argument die Kraft des Leidens abzuwehren vermöchte. Denn Leiden ist eine negativ wertende Erfahrung des Lebens selbst, die nicht in einen Begriff aufgehoben werden kann, „auf den Begriff gebracht, bleibt" Leiden „konsequenzlos"[195]. Ein Gegenmittel gegen diese Erfahrung selbst

---

tische Wirkungen mit empirischen Methoden erforscht. Die Wirkung von Tragödien – zumal als Aufführungen, nicht als gelesene Texte – ist offenbar noch nicht gesondert untersucht worden, aber „a heightened aesthetic appreciation and intensity of processing as well as more positive emotional responses" sind bei dichterischen Texten mit regelmäßigen Metren (deren griechisch-antike Form auch attische Tragödie auszeichnet) und Reimen zu beobachten (Obermeier et al. 2013). Dichtungen erhalten zudem offenbar besondere ästhetische Wertschätzung, wenn sie als „traurig" (statt „freudig") eingestuft werden, was unter den Probanden offenbar auch eine Kennzeichnung für Tragödien ist (vgl. ebd. und Kraxenberger/Menninghaus 2017). Freilich ist mit solch allgemeinen Kategorien wenig über die Art der Verbindung von existentiell-ethischen und ästhetischen Dimensionen der Tragödie und die Kraft, die sie freisetzt, zu erfahren.

191 Friedrich Nietzsche: *Die Geburt der Tragödie*. KSA 1, S. 56.
192 Friedrich Nietzsche: *Nachgelassene Fragmente 1885–1887*, Mai-Juni 1888 17[2]. KSA 13, S. 521. Vgl. dazu Gerhardt 1988b und Gerhardt 1988a, S. 50 ff.
193 Friedrich Nietzsche: *Nachgelassene Fragmente 1869–1874*, Winter 1869–70-Frühjahr 1870 3[60]. KSA 7, S. 76.
194 Zur Rekonstruktion der Vernunft als Richtinstanz über das Leben siehe Marquard 1986b und Gerhardt 1988a.
195 Adorno 1970, S. 35.

könnte somit nur eine Erfahrung sein, die mehr vermittelt als eine begriffliche Erkenntnis, welche es vom Lebensgrund im Ganzen nicht geben kann.

Warum aber ist das Leiden solch ein Problem, dass es eine Bedrohung für das Leben darstellt? Wie kann sich ein Zustand des Lebens gegen das Leben *in toto* wenden? Offenkundig kann man auch als physisch und psychisch schwer Leidender irgendwie überleben. Es geht demnach um eine bestimmte Form oder Qualität des Lebens, nicht nur um die organische Selbsterhaltung. Nietzsche plädiert nicht für ein leidfreies Leben, er akzeptiert das Leiden vielmehr als Element des Lebens, bejaht es sogar als Grund für Produktivität. Die Bejahung des Leidens betrifft die Formen des Leidens, die zur Lebenssteigerung beitragen, nicht zur Entsinnlichung und Lebensverneinung wie, so Nietzsche, in den negativen asketischen Kulturen, die wie das Christentum das Leiden annehmen und pflegen, ohne es in eine neue Gesundheit und Freiheit zu überwinden.[196] Leiden ist nach Nietzsche daher so lange kein gefährliches Problem, solange man etwas aus ihm machen, solange man sich in ihm bestimmen und verwandeln kann: „Schaffen ist Erlösung vom Leiden. Aber Leiden ist nötig für den Schaffenden. Leiden ist sich-Verwandeln"[197]. Das tragische Leid, das die Tragödie ausstellt, ist demgegenüber bedrohlich, weil es in seiner Macht die tiefe Leidenssensitivität des Lebens aufschließt und das Leben gleichsam zu usurpieren droht. Es verwandelt, ohne ein schaffendes Sich-Verwandeln freizusetzen. Dadurch wird zwar nicht unbedingt das Überleben, jedoch die praktische Lebensführung und die damit verbundene Möglichkeit zur Selbststeigerung gehemmt. Nietzsche hat dieses existentielle Risiko der tragischen Erkenntnis als „Hamletlehre" bezeichnet: „Die Erkenntnis tödtet das Handeln, zum Handeln gehört das Umschleiertsein durch die Illusion [...] – die wahre Erkenntnis in die grauenhafte Wahrheit überwiegt jedes zum Handeln antreibende Motiv"[198]. Die Nähe der Hamletlehre zu Platons Sorge, die Tragödie könnte durch die Darstellung tragischen Leidens das für die Lebensführung erforderliche Praxisvertrauen schwächen, ist offenkundig.

Es stellt sich also die existentielle Frage, wie man mit extremem Leiden jenseits der unproduktiven und lebensfeindlichen Alternativen von Verdrängung und asketischer Kultivierung leidvoller Lebensarmut produktiv *umgehen* kann. Wie erhält sich in der Erkenntnis des Leidens das Vertrauen in die Möglichkeit von sinnvoller Praxis und in die Valenz hoher Wertungen einschließlich der Hochschätzung des Lebens selbst? Die Erfahrung, in der ein Leben trotz größten Leidens als lebenswert erfahren wird, ist nach Nietzsche die *Erfahrung der Kunst*. Als sinnliche Erfahrung, die sich – so Nietzsche mit Kant – nicht im Begriff abschließt, ermöglicht sie eine tiefgreifende Bejahung des Lebens auch dann, wenn das Leiden die Lebensmotivation angreift. Denn die Kunst versetzt das Leiden selbst in eine es transformierende Erfahrung, in

---

[196] Siehe dazu vor allem Friedrich Nietzsche: *Die Genealogie der Moral*, 2. und 3. Abh. KSA 5, S. 291–412.
[197] Friedrich Nietzsche: *Nachgelassene Fragmente 1882–1884*, November 1882-Februar 1883 5[1] 208. KSA 10, S. 213.
[198] Friedrich Nietzsche: *Die Geburt der Tragödie*. KSA 1, S. 57.

der man ihm nicht nur aus der Distanz des Publikums gewachsen ist, sondern an ihm auf tief bewegende Weise teilnehmen kann, ohne dadurch zugleich eine *lebensabwertende* Erfahrung zu machen. Im Gegenteil, so Nietzsche, steigert sich die Evidenz des Lebenswertes in der künstlerischen Formgebung des Leidens durch die ästhetischen Mittel der tragischen Kunst. Deshalb ersetzt der frühe Nietzsche die Rechtfertigung des Daseins mithilfe metaphysischer und moralischer Argumente, deren ursprünglichen Erfinder er in Sokrates erkennt,[199] durch eine *ästhetische* Rechtfertigung: „nur als a e s t h e t i s c h e s P h ä n o m e n ist das Dasein und die Welt ewig g e r e c h t f e r t i g t"[200]. Diese Rechtfertigung ist keine Argumentation, sondern eine Erfahrung, in deren ästhetisch erzeugter Evidenz von Werthaftigkeit für Nietzsche die Funktion der Tragödie, ihr „ethische[r] Untergrund"[201], liegt. Die Kunst der Tragödie ist für Nietzsche daher mitnichten bloß Gegenstand für eine Teildisziplin der Ästhetik, als der sie heute überwiegend behandelt wird, oder nur etwas für die historische Philologie; sie rückt vielmehr als buchstäbliches *Lebensmittel* ins Zentrum der Frage nach den Bedingungen der menschlichen Existenz selbst.

Wie gelingt der Tragödie dieses existentielle Kunststück? Nach Nietzsche vereinigt sie zwei ebenso in der Naturgeschichte wie in der Kultur gründende Mächte oder Prinzipien und hält sie gegenseitig in einer Balance – das individualisierende Apollinische und das entindividualisierende Dionysische. Sie muss sie in ein verzahntes Verhältnis zueinander setzen, da jedes Prinzip allein eine Gefahr für das Leben darstellt: Drängt das Dionysische zur ekstatischen, dunklen, unbewussten Auflösung fester Strukturen, Grenzen und Ordnungen und somit auch zur Aufhebung der Individualität, behauptet das Apollinische des Lichtgotts den schönen Schein der erkennbaren Grenzen, Strukturen, Ordnungen und des Individuums. Beide erfordern einander wechselseitig für die Kunst der Tragödie, denn ohne die apollinische Individualität wäre der Rausch des Dionysischen für das auf Maß und Grenze gründende Individuum grausam und zerstörerisch, und ohne das dionysische Entzücken wäre das Apollinische an tragischer Erkenntnis und transformierender Erfahrung arm. Denn das Dionysische ist nach Nietzsche der unbewusste Untergrund der Natur, den der apollinische Schein nur verdeckt; nur eine Teilnahme an ersterem ermöglicht die Rückkehr in eine kollektiv geteilte Erfahrung einer „höheren Gemeinsamkeit"[202], in der die Grenzen sowohl zwischen den Menschen als auch zwischen den Menschen und der übrigen Natur verschwinden. Sie beide bilden gleichsam in der Tragödie eine Organisationseinheit, in der sie reziprok die Transgression ins jeweils andere bremsen.[203] In dieser sich gegenseitig ermöglichenden und gegenseitig haltenden Span-

---

[199] Ebd., S. 99.
[200] Ebd., S. 47, vgl. S. 17, 69, 152. Vgl. dazu Gerhardt 1988a.
[201] Friedrich Nietzsche: „Sokrates und die griechische Tragödie". KSA 1, S. 617, sowie *Die Geburt der Tragödie*. KSA 1, S. 69.
[202] Friedrich Nietzsche: *Die Geburt der Tragödie*. KSA 1, S. 30.
[203] Nietzsche spricht vom „Bruderbunde der beiden Kunstgottheiten" (ebd., S. 141). Vgl. zur gebremsten Transgression: Wellbery 2007, S. 205 ff.

nung manifestiert sich die tragische Spannung von Distanz und Ergriffenheit, die Aby Warburg der Tragödie zuschrieb.

Gleichwohl gibt es am Ende der Tragödie nach Nietzsche ein Übermaß des Dionysischen:[204] Denn das tragische Individuum als Manifestation des Apollinischen geht in ihr zugrunde. Damit die Tragödie dennoch die zuschauenden Individuen zum Leben verführen kann, muss sie nach Nietzsche die dionysische Kunst sein, die „uns von der ewigen Lust des Daseins überzeugen"[205] *will*. Nietzsche deutet die Tragödie daher als eine Projektion des Chores, aus dem sie ursprünglich entstanden ist.[206] In dem in der *Geburt der Tragödie* entworfenen Szenario projizieren die Zuschauer sich in den Chor und dieser in die tragische Figur. Diese visionäre Verwandlung in einen anderen nennt Nietzsche „das d r a m a t i s c h e Urphänomen"[207]. Daraus folgt aber nun, dass die Individuen eben nur schöner Schein, Projektionen der Gruppe sind und keinerlei Eigenständigkeit gegen die Gruppe zu behaupten vermögen: Die gesamte Tragödienhandlung ist eine „Objectivation eines dionysischen Zustandes", der „nicht die apollinische Erlösung im Scheine, sondern im Gegentheil das Zerbrechen des Individuums und sein Einswerden mit dem Ursein darstellt."[208] Das Dionysische ist also die grundlegende Kraft, die sich im Chor manifestiert, der für Nietzsche „der höchste, nämlich dionysische Ausdruck der N a t u r "[209] ist. Im Satyrchor artikuliere sich der „Daseinskern [...]": „die Natur in ihrer höchsten Kraft"[210], „an der noch keine Erkenntnis gearbeitet, in der die Riegel der Cultur noch unerbrochen sind"[211]. Apollinische Kultur und dionysische Natur stehen sich demzufolge gegenüber. Gerade deshalb kommt dem Chor die herausragende Rolle zu, den Zuschauer über das Zerbrechen des Individuums zu trösten, denn er symbolisiert die Kontinuität der von Nietzsche mit dem Dionysischen assoziierten Natur:

> „Der metaphysische Trost, – mit welchem [...] uns jede wahre Tragödie entlässt – dass das Leben im Grunde der Dinge, trotz allem Wechsel der Erscheinungen unzerstörbar mächtig und lustvoll sei, dieser Trost erscheint in leibhaftiger Deutlichkeit als Satyrchor, als Chor von Naturwesen, die gleichsam hinter aller Civilisation unvertilgbar leben und trotz allem Wechsel der Generationen und der Völkergeschichte ewig dieselben bleiben."[212]

Diese grundlegende Lebensbejahungsfunktion des „Satyrchors des Dithyrambus" als „rettende That der griechischen Kunst"[213] macht die tragischen Individuen zu bloßen

---

204 Vgl. ebd., S. 138 f.
205 Ebd., S. 109.
206 Vgl. ebd., S. 52.
207 Ebd., S. 61. Vgl. dazu Langbehn 2005.
208 Ebd., S. 62.
209 Ebd., S. 63.
210 Ebd., S. 59.
211 Ebd., S. 58.
212 Ebd., S. 56.
213 Ebd., S. 57.

ästhetischen Projektionen eines vorübergehenden apollinischen Scheins. Nicht eigenständige, sich handelnd behauptende und klagend selbst artikulierende Individualitäten gehen zugrunde, sondern nur Dionysos selbst, der sich in ihnen theatralisch individuiert. Nietzsche konstatiert – zwar in indirekter Rede, dennoch apodiktisch –, dass „Individuen als Individuen komisch und damit untragisch seien: woraus zu entnehmen wäre, dass die Griechen überhaupt Individuen auf der tragischen Bühne nicht ertragen konnten." Alle Figuren der attischen Tragödie sind nach Nietzsche deshalb „nur Masken jenes ursprünglichen Helden Dionysos"[214], der allein an seiner apollinischen Individuation, nicht an seiner konkreten Individualität (also nicht am Verlust existentieller Werte) leidet. Dass in der Tragödie dieser als Ödipus, Elektra oder Hekabe maskierte Dionysos wieder zugrunde geht, ist deshalb nicht der Grund ärgsten Leidens, sondern vielmehr Ausdruck der „freudige[n] Hoffnung" der Kunst, „dass der Bann der Individuation zu zerbrechen sei, als die Ahnung einer wiederhergestellten Einheit."[215] Diese Einheit ist der Grund der Welt, und wenn Nietzsche von den nur dionysisch erreichbaren „Müttern des Sein's"[216] spricht, liegt auch eine psychoanalytische Deutung als Phantasma einer Rückkehr in die uterine Dyade nicht fern. Aus der Tragödie ruft, so Nietzsche, die Natur den Zuschauern „mit ihrer wahren, unverstellten Stimme" zu: „Seid wie ich bin!"[217] Das heißt: eine große Einheit ohne sich unterscheidende Individuen.

In dieser Erklärung der stimulierenden, tröstenden und mit der Natur versöhnenden Funktion der Tragödie unterläuft Nietzsche, so meine Kritik, seinen eigenen Anspruch, in der Tragödie eine existentielle Funktion für das Leben ausweisen zu können. Denn durch die Projektionsthese werden die Individuen auf der Bühne zu bloßen Zeichen und Masken eines Gottes, der sich wie der zerstückelte Zagreus immer wieder aus dem Untergang erheben kann.[218] Hätten die Griechen die leidenden und sich verlierenden Figuren auf der Bühne tatsächlich so gesehen und keine Individuen ertragen können, wie Nietzsche sich sicher ist, wäre es gar nicht zum Schrecken, zur Furcht und zum Mitleid, überhaupt zur Wahrnehmung großen Leidens gekommen, für das es eines Trostes metaphysischen Ausmaßes bedurft hätte. Dionysos vollzieht nach Nietzsche immer wieder die metaphysischen Leiden der Individuation, doch diese Leiden sind ein Missverständnis, das nach Schopenhauer fast die gesamte Philosophie des Tragischen bis ins 20. Jahrhundert geprägt hat. Denn die Individuation, die Herausbildung eines Individuums als Organismus und Person, sodass es als konkret einzelnes Wesen identifizier- und adressierbar wird und sich als Einzelnes versteht und fühlt, ist nicht schon tragisch, sondern der Ausdruck und die Reproduktion von Leben, das *noch* nicht tragisch zugrunde gegangen ist – und vielleicht auch nie tragisch scheitern wird, bis es im Alter sanft endet. Das heranwachsende Kind ist sich

---

214 Ebd., S. 71.
215 Ebd., S. 73. Das ist eine orphische Konzeption, vgl. Vernant (1995), S. 93 ff.
216 Ebd., S. 103.
217 Ebd., S. 108.
218 Vgl. ebd., S. 72 f. Siehe Kap. 8.13.

ausprägendes Individuum, dessen spielerischer, kommunizierender, lernender Freude die Lust, ein Individuum zu sein und sich als Individuum im Miteinander mit anderen Individuen auszuprägen, direkt anzusehen ist. Wenn Hannah Arendt die „Natalität, das Geborensein" des einzelnen Menschen, als „ontologische Voraussetzung dafür [...], daß es so etwas wie Handeln überhaupt geben kann", als „Wunder" auszeichnet, das „den Gang menschlicher Dinge immer wieder unterbricht und von dem Verderben rettet"[219], dann spricht sie sich damit gegen eine lange Tradition des tragischen Denkens gerade in Deutschland aus, die dem Individuum als solchem Negativität zuschreibt und wie Schopenhauer eine metaphysische Erbsünde im sich selbst bejahenden individuellen Lebens erkennt.[220] Die Individuation bildet aber nur die *Voraussetzung* für Erfahrungen unterschiedlicher Art, zu denen ebenso das Sicherfreuen am individuellen Leben wie das tragische Leiden am Verlust einer gewordenen praktischen Individualität gehört. Der Prozess des Werdens von Zeugung über Geburt bis zur Herausbildung der Individualität und der individuellen Fähigkeiten ist indes, so ist Nietzsche zu widersprechen, nicht selbst schon tragisch und auch nicht das im Gang seines Lebens sich in seiner ausgeprägten Individualität erhalten wollende Individuum. Dieser metaphysische Irrtum führt notwendigerweise dazu, konkretes lebensgeschichtliches Leiden im existentiellen Extrem als bloßes Zeichen für das eigentliche Leiden der Individuation zu relativieren.

Dionysos als sich wiederholt individuierender Gott kann demnach keine *tragische* Erfahrung machen, wenn er „einem irrenden strebenden leidenden Individuum" im Reden und Handeln nur „ähnelt"[221], es nur als Maske spielt, so wie ein Schauspieler der Agaue nahekommt, jedoch nicht selbst das eigene Kind zerfleischt. Nach der in diesem Buch entwickelten Hypothese erkennen Publikum und Chor nicht nur Individuen auf der Bühne, sie empfinden auch den *Schrecken* ihres Zugrundegehens und nicht die dionysische Lust am Zerreißen praktischer Individualität und am irreversiblen Verlust existentieller Werte. Würden sie stattdessen nur Masken des Dionysos sehen, wäre unterverständlich, wie die intentional auf konkrete Ziele und individuelle Verluste bezogenen Handlungen und Klagen tragische Affekte bei den Zuschauerinnen und Zuschauern auslösen sollen. Eine „tragische[] Kunstbedürftigkeit"[222] kann wohl nur entstehen, wenn es im tragischen Spiel auch um Praxis und ihren Ernst geht, wenn es auf die Erhaltung, die Freiheit, Handlungsmacht und die Verwirklichung des Selbstseins von Individuen *ankommt*, die im tragischen Handeln und der tragischen Erfahrung aus eben ihrer freien Selbstverfügung als Individuen kippen. Sie entsteht nicht, wenn ein tragischer Held ohnehin nur „zu unserer Lust verneint [wird], weil er doch *nur* Erscheinung ist"[223]. Nietzsches ingeniöse Theorie unterläuft ihre existentielle

---

[219] Arendt 2005, S. 316. Zu ihrer und Cassirers Argumentation gegen die „Tragödie der Kultur" siehe Kap. 5.7.
[220] Zur metaphysischen Tragik des individuellen Seins siehe Kap. 5.5.
[221] Friedrich Nietzsche: *Die Geburt der Tragödie*. KSA 1, S. 72.
[222] Ebd., S. 103.
[223] Ebd., S. 108 (Hervorh., A.T.).

Stärke, die sie selbst beansprucht, wenn sie das Tragische zum bloßen Spiel mit Illusionen erklärt.

Aus Nietzsches für die deutsche Kulturkritik des 19. Jahrhunderts typischen Entgegensetzung von Natur und Kultur ist nicht erklärbar, warum, wie Nietzsche im Spätwerk sagt, die Tragödie *als Kunst* ein Tonikum darstellt. Es ist auch nicht verständlich, warum der Satyrchor den Trost der Natur aussprechen soll. Die Tragödien enden zwar fast alle mit Chorversen, doch diese sind in der Regel Sentenzen (*gnomai*), die zusammenfassend das Leiden und die Unberechenbarkeit der Götter und des Schicksals thematisieren. Innerhalb der Stücke ist die Rolle des Chors zuschauend, kommentierend, fragend, reflektierend, klagend, mitleidend, zuweilen (fast) mithandelnd, aber weder spricht aus dem Chor eine besondere Autorität noch kann man sich vorstellen, wie seine ebenso pathostragenden Partien als tröstender Naturausdruck zu verstehen sein sollen. Falls Nietzsche allein den Chor des Satyrspiels gemeint haben sollte, das die Tetralogien bei den Festspielen in Athen abschloss, lässt sich das aus historischem Kenntnismangel nicht plausibilisieren; es könnte allerdings auch nichts über die angeblich lebensbejahende Kraft der Tragödien sagen, die ihm vorausgingen.[224]

Nietzsches Argumentation bietet selbst Gründe für die Annahme, dass bereits der frühe Nietzsche sich über ihre Adäquatheit für die Tragödie unsicher gewesen sein könnte. So erklärt er zwar das Individuum für eine ästhetische Fehlbesetzung in der antiken Tragödie, beschreibt aber das post-tragische, komische Zeitalter nach Sophokles abwertend ausgerechnet dadurch, dass in ihm leichtfertig die Mentalität des Sklaven geherrscht habe, „der nichts Schweres zu verantworten, nichts Grosses zu erstreben, nichts Vergangenes oder Zukünftiges höher zu schätzen weiss als das Gegenwärtige."[225] Ignoriert man die soziale Arroganz dieser abschätzigen Diagnose, stellt sich immer noch die Frage, was diese ethisch relevanten Eigenschaften denn mit verzückten Zuschauern bloßer Erscheinungen des maskierten kommenden Gottes zu tun haben sollen. Offenbar sah Nietzsche schon 1871 zur Zeit der Entstehung der

---

224 Nur ein vollständiges Satyrspiel, der *Kyklops* von Euripides, ist überliefert. Die Bedeutung des Satyrspiels als „Tragödientravestie" (Seeck 2000, S. 38) ist schon in der Antike nicht mit dem höchsten Rang Tragödie verglichen worden, die Tragödiendichter wurden als Tragiker, nicht als Satyrspieldichter bezeichnet. In jedem Fall dürfte das abschließende, emotional entlastende Spiel trotz der Suggestion von „erfolgreiche[r] Bewältigung aller Probleme" nichts vom tragischen Leid zuvor genommen haben, zumal es wohl nur selten auf die Tragödienhandlung Bezug nahm (Seidensticker 1999, S. 36). Vielleicht kann man die entlastende Funktion des Satyrspiels mit der des wunderschön heiteren Sextetts *Questo è il fin di chi fa mal! E de' perfidi la morte alla vita è sempre ugual!* nach dem Ende der tragischen Handlung von Wolfgang Amadeus Mozarts *Don Giovanni* vergleichen, das die Tragik des Untergangs des Liebeshelden nicht tilgt, sie aber in unnachahmlicher Grazie als fiktionale Kunst kennzeichnet. Es passte buchstäblich zu der „anderen Tonart" (Lissarrague), die dem Satyrspiel zugeschrieben wird (ebd., S. 37). Zudem hatte das Satyrspiel die Funktion, zum kultischen Charakter der Festspiele zurückzuführen (S. 38 f.).
225 Friedrich Nietzsche: *Die Geburt der Tragödie*. KSA 1, S. 78.

Tragödienschrift den tragischen Helden als „das große Individuum"[226] an, doch erst später gab er die Disjunktion von Individualität und Tragödie auf und attestierte gerade dem freien Geist als dem souveränen Individuum, dass für ihn „der grosse Ernst erst anhebt, das eigentliche Fragezeichen erst gesetzt wird, das Schicksal der Seele sich wendet, der Zeiger rückt, die Tragödie beginnt ..."[227]

Der entscheidende Grund dafür, dass Nietzsches frühe Erklärung für die These der Tragödie als soteriologischem Stimulans für das Leben nicht in letzter Konsequenz überzeugen kann, ist seine Genealogie der Tragödie aus der Musik, denn „erst aus dem Geist der Musik heraus verstehen wir eine Freude an der Vernichtung des Individuums."[228] In der Musik spricht sich nach Nietzsche das dionysische Leben selbst aus, daher ist „das tragische Kunstwerk der Griechen wirklich aus dem Geiste der Musik herausgeboren"[229]. Sicherlich ist die Tragödie als performatives Sprachkunstwerk ein Produkt der antiken *mousikē*, die Tanz, Lyrik und Gesang performativ verbindet. Doch die These der Genealogie soll darüber hinaus für Nietzsche die Lust verständlich machen, mit der die Zuschauer und -hörer auf die Auflösung der Individuen reagieren. Diese Reaktion ist aber keine, die man der tragischen Wende ins Unglück entgegenbringt, sondern der Musik selbst. Nietzsches Verhältnis von Musik (dionysisch) und Bildern bzw. Sprache (apollinisch) ist in Wirklichkeit eine interne Relation in der Musik, die nur als Prozesskunst *bestehen* kann, wenn sie erkennbare Einheiten (Motive, Melodien, Kadenzen, Rhythmen, Perioden, Patterns) entstehen und wieder vergehen lässt. Genau in diesem Prozess von Entstehen und Vergehen *realisiert* sich Musik. Das Vergehen ihrer in der Zeit einsetzenden individuierbaren Formen wie eines orchestralen Akkords oder eines gesungenen Refrains ist konstitutiv für ihre ästhetische Erfahrbarkeit. Eine Dissonanz, die sich in tonaler Klangsprache aus einem Vorhalt in eine Konsonanz auflöst, kann man in ihrer temporären Seinsweise genussvoll ohne bleibendes Leiden hören, daher entspricht sie gerade *nicht*, wie Nietzsche meint, dem tragischen Mythos.[230] Wenn er am Ende der *Geburt der Tragödie* einlädt, die „Menschenwerdung der Dissonanz" zu denken und fragt: „was ist sonst der Mensch?"[231], dann bietet diese „letzte Dramatisierung"[232] des Buchs einen Schlüssel, um die Unangemessenheit der Musik als Modell für das Tragische zu begreifen. In der Musik nämlich braucht die Dissonanz keine „herrliche Illusion" Apollons, um als Individuum existieren zu können, wie die human inkarnierte Dissonanz in Nietzsches

---

226 Friedrich Nietzsche: *Nachgelassene Fragmente 1869 – 1874*, Sommer 1871-Frühjahr 1872, 16[3]. KSA 7, S. 394.
227 Friedrich Nietzsche: *Die fröhliche Wissenschaft* V, 382. KSA 3, S. 637. Vgl. Menke 1993, S. 66 ff.
228 Friedrich Nietzsche: *Die Geburt der Tragödie*. KSA 1, S. 108.
229 Ebd., S. 109.
230 Ebd., S. 152 ff. Wie die Entwicklung der atonalen Musik nach Nietzsches Tod oder nicht-tonale Musik außereuropäischer Kulturen zeigt, kann man zudem auch Dissonanzen genießen, die sich nicht in Konsonanzen auflösen.
231 Ebd., S. 155.
232 Perrakis 2011, S. 54.

Gedanken, sie entsteht, besteht und vergeht vielmehr ohne Bedarf an Täuschung über dieses Entstehen, Bestehen und Vergehen, eben weil diese transitorische Seinsweise bedeutungsoffenes Spiel ohne irreversible existentielle Konsequenzen ist. In der Dissonanz kann man etwa bei Mahler oder, wie Nietzsche, in Wagners *Tristan und Isolde* tragischen Schmerz hören, doch das ist weder ein notwendiges Kennzeichen von Dissonanzen noch ist ihr Vergehen mit einem existentiellen Verlust verbunden, vielmehr ist die Einheit aus Bestehen und Vergehen konstitutiv für die ästhetische Affirmation ihres Seins. Die Dissonanz kann wie jeder musikalische Klang und wie der kommende und gehende Gott der Griechen stets wieder eintreten und sich ohne jeden freiheitsraubenden Selbstverlust in nichts auflösen. *Play it again, Dionysus!*, wäre ein Ausruf der musikalischen Lebensaffirmation, nicht jedoch der tragischen Klage, die der Auflösung des existentiellen Schreckens ins Musikalisch-Dionysische widersteht. Nietzsches spätere Konzeption der „ewigen Wiederkunft" unternimmt meines Erachtens den Versuch, das Dasein mit seinem Leiden insgesamt in diesem Sinn musikalisch zu denken und *existentiell* wie Musik zu affirmieren.[233]

Als Modell der Tragödie ist die Musik, die beide nach Nietzsche aus dem Dionysischen als ihrem „Geburtsschooss"[234] stammen, fragwürdig: Ein Mitleiden mit oder ein Schrecken vor Intervallen und Harmonien ist weder nötig noch *de facto* empirisch verbreitet, ebenso wenig bedarf es eines Schutzes vor der lebensbedrohlichen Musik durch Sprache, wie Nietzsche allen Ernstes annimmt.[235] *Die Geburt der Tragödie* ist in Wahrheit weniger eine Theorie der Tragödie als eine verkappte Philosophie der Musik.[236] Wer mit Nietzsche meint, wie in der Musik so auch im tragischen Mythos „Alles hoffen und das Schmerzlichste vergessen"[237] zu können, übergeht einerseits den vielfachen Distanzraum, den die Tragödie formal erzeugt, und andererseits ihre zu denken gebende Herausforderung für die Lebenspraxis durch die Darstellung ihres

---

[233] Der Gedanke, den Nietzsche im Aphorismus 341 aus *Die fröhliche Wissenschaft* so formuliert: „Dieses Leben, wie du es jetzt lebst und gelebt hast, [...] noch einmal und noch unzählige Male" zu leben, sodass „nichts Neues" passiert, sondern „jeder Schmerz und jede Lust und jeder Gedanke und Seufzer und alles unsäglich Kleine und Grosse deines Lebens [...] dir wiederkommen, und Alles in der selben Reihe und Folge" wiederholt werden muss (KSA 3, S. 570) – dieser Gedanke kann so gelesen werden, als müsse man sich das Leben wie ein Musikstück mit allen Dissonanzen und Konsonanzen denken, das immer wieder „in der selben Reihe und Folge" gespielt, gesungen oder abgespielt wird (statt Nietzsches „Sanduhr" ließe sich ein modernes Abspielgerät denken oder aber eine Band, ein Chor, ein Orchester) – und das dabei aus der Musik selbst heraus ästhetisch affirmiert wird. Aus der Musik selbst heraus diese zu affirmieren, funktioniert, insofern man selbst musiziert. Als Musikerin der eigenen Existenz bringt man sein Leben wie eine wieder und wieder spielbare Partitur als Kunstwerk klingend mit hervor, das sich ewig wiederholen (und dabei unterschiedlich interpretieren) lässt.
[234] Friedrich Nietzsche: *Die Geburt der Tragödie*. KSA 1, S. 154.
[235] Vgl. ebd., S. 135 und S. 150.
[236] Diese These kann hier nicht begründet werden; ich gehe ihr zu späterer Zeit nach. Bekannt ist jedoch, dass Nietzsches Richard Wagner gewidmete Schrift seine Musikdramen als neue Tragödien würdigen sollte (vgl. Bremer 1987). In vielen Passagen der *Geburt der Tragödie* wird die Musik in ihrer Funktion eingehender reflektiert als die Aufführung des Dramas (vgl. etwa ebd., S. 135ff.).
[237] Ebd., S. 154.

fatalen Scheiterns. Nach allem, was wir wissen, wurde die Tragödie schon im 5. Jahrhundert v. Chr. nicht als rein ästhetisches, sondern auch ethisch-politisches Phänomen wahrgenommen, sodass die Tragödienästhetik als Komplex aus praktisch-existentiellen *und* ästhetisch-formalen Gesichtspunkten zu denken ist und gerade *nicht* „vor Allem Reinheit in ihrem Bereiche" gegenüber „moralischen Quellen" „verlangen muss"[238], wie Nietzsche behauptet und neuerdings Denker der tragischen Faszination wie Bohrer wieder bekräftigen. Nietzsche hat die Spannung thematisiert, denn auf inhaltlicher Ebene der „Erscheinungswelt [...] des leidenden Helden", in der die tragische Erfahrung ihren Ort hat, gibt es für ihn keine ästhetische Verklärung, sondern vielmehr den Imperativ des Hinsehens auf das individuelle Leiden und seine Bedeutung für das Leben der Zuschauer: „Das ist euer Leben!"[239] Den Grund der Verklärung und Lust an der Tragödie sieht Nietzsche aber im rein ästhetischen Sehnen über diese apollinische Erscheinungswelt hinaus, wie man im Hören der Dissonanz zugleich hören will *und* sich „über das Hören" bzw. im Theater „über das Schauen" hinaussehnt.[240] Diese gegenstrebige, strukturell musikalische Spannung von Formaffirmation und Formauflösungsaffirmation, in der Nietzsche eine „wechselseitige[] Proportion"[241] des Apollinischen und Dionysischen erkennt, kann *auch* zur komplexen ästhetischen Erfahrung der Tragödie gehören, wenn das durch die Erfahrung der Aufführung provozierte Ablassen vom individuellen Willen in der praktischen Lebensführung nicht nur Resignation im Sinne Schopenhauers, sondern zu einem belebenden Gefühl des Einsseins mit allem und des Einverständnisses mit dem Zugrundegehen aller endlichen und fragilen Individuen führt, wie Nietzsche es im Blick hat. Doch eine Erklärung der ästhetische Erfahrung der Tragödie, die auch der existentiellen Erschütterung angesichts der tragischen Erfahrung der Figuren gerecht werden will, verlangt eine Optik, die erlaubt, sie als eine Erfahrung zu denken, die sich gerade *nicht* vom gescheiterten Individuum wegbewegt und es als letztlich nur transitorische Dissonanz verklärt.

Auch wenn Nietzsches Erklärung für die lebensbejahende Lust der Tragödie letztlich nicht zu überzeugen vermag, soll seine These von der Tragödie als „künstlerische Bändigung des Entsetzlichen"[242] nun mit einem andern Gedanken verteidigt werden. Die Tragödie, so meine These, vermag tatsächlich wie ein Tonikum zu wirken, aber nicht, weil sie die Individuen als bloßen Schein darstellt und als Natur zu uns spricht, die von Individualität nichts weiß. Man muss die Tragödie nicht als Sprachrohr primordialer Natur, sondern als das sehen, was sie zunächst unzweifelhaft ist: ein Werk der Kultur. Die Tragödie wirkt immer – im Chor, im Theaterbau, in den Kostümen, den Masken, dem performativen Spiel, der Stimmführung, dem Tanz und Gesang, dem Aufbau und vor allem in ihrer Sprache – *als Kunst*.

---

238 Ebd., S. 152.
239 Ebd., S. 151.
240 Ebd., S. 153, 150.
241 Ebd., S. 155.
242 Ebd., S. 57.

Daher ist es nicht nur das Ende der Dramen oder nur der Chor, die „trösten", sondern die ganze Tragödie als ästhetisch inszenierter Prozess erregt und bändigt die Erregung als theatrales Spiel zugleich durch ihre performativ sich zeigende *Form*. In den rhythmisch durch Metren organisierten Versen des hohen *pathetischen*, d. h. in dichterischer Sprachkonzentration energiegeladenen Stils fungiert die von leibhaftigen Stimmen deutlich vernehmbar vorgetragene, instrumental begleitete und teilweise gesungene Sprache der Tragödie als *intensitätssteigerndes Medium* der Pathosumkehr, die sie als verbales Brennglas ins Bewusstsein der Zuschauerinnen und Zuschauer vergrößert.[243] Die Tragödie ist seit ihrem Anfang in Athen keine Kunst der ästhetischen Zurückhaltung oder des expressiven Minimalismus gewesen, ihre hohe bilder- wie exklamationsreiche Sprache samt Musik und Tanz erhöht vielmehr den Grad an Sensibilität in der Rezeption der Leidenschaft und des Leidens. Weil sie als theatrale Kunst in vielfacher Hinsicht die Erfahrung der Figuren von der des Publikums inhaltlich, ontologisch und formal distanziert, kann sie umso machtvoller diese Erfahrung durch präsente Körper, ihre Masken, Kostüme, Gebärden und Bewegungen, ihre Stimmen, ihren Gesang, das Instrumentalspiel und in allem über die dichterisch mit Spannung aufgeladene Sprache nahe bringen, ohne dass, wie Nietzsche gleichsam in platonischer Sorge meint, eine weitere Sicherung vor ihrer ansteckenden Kraft nötig wäre. Gerade weil der Kunstcharakter der attischen Tragödie durch ihre vielseitige Ansprache der Imagination aus ihren dramatisch-theatralen Distanzebenen und durch ihre Einbettung in die Festspiele offenkundig ist, kann sie alles auf die formale Inszenierung der Pathosumkehr setzen. Daher stellt die Tragöde nicht nur etwas auf die Figuren höchst intensiv Wirkendes, sondern sie stellt dies auch höchst intensiv wirkend dar:[244] Inhalt und Form bedingen sich gegenseitig.

Die Tragödie hat eine besondere Rolle unter den Künsten der Antike durch die Art, wie die mit dem Thema des Leidens bzw. Pathos umgeht: Sie leugnet oder relativiert es nicht, sondern fokussiert es vielmehr in den Klagen ausdrücklich als ihren eigenen *Grund* und kann ihm genau deshalb *in* ihr selbst *mit* ihren Mitteln begegnen. Dabei stellt die Tragödie nicht irgendein Leiden, sondern das existentielle Leid des tragischen Selbstverlusts von Individuen dar. Sie stellt es allerdings nicht dar im Sinne einer Wiedergabe, die die Mittel der Wiedergabe unauffällig zu verbergen versuchte. Vielmehr intensiviert sie das Leiden zugleich im öffentlichen Raum durch die zweckmäßig zusammenwirkenden Techniken ihrer Komposition, ihrer Performanz und ihrer dichterischen Sprache samt Musik. Durch die artistisch provozierte Erhöhung der Aufmerksamkeit (als ästhetischer Konzentration auf das Individuum und seinem Verhältnis zu anderen Individuen und zur chorischen Gruppe) wird das individuelle Leid zu einem ästhetisch eindringlichen Pathos stilisiert, an dem im

---

243 Zur Pathosumkehr siehe Kap. 8.14.
244 In der ästhetischen Erfahrung der Griechen spielte, wie sich an erzählenden Texten von der *Odyssee* bis zu den *Aithiopika* zeigen lässt, Intensität eine große Rolle, die auch ihre Nähe zu intensiven Erfahrungen außerhalb der Kunst wie dem Tod eines Angehörigen erklärt, die von der ästhetischen Erfahrung an Intensität sogar noch übertroffen werden können. Siehe Grethlein 2015, S. 313 ff. und 320.

Theater *alle* teilhaben können. Das ästhetische Pathos der tragischen Form ist das Medium, in dem die Zuschauerinnen und Zuschauer am existentiellen Pathos der Figuren partizipieren, ohne es nach Art des distanzierten Blicks indifferenter Beobachter ethisch zu marginalisieren oder durch den beschämenden Blick schaulustiger Voyeure weiter zu verletzen. Die ästhetische Erfahrung hebt das Leiden des Individuums gewissermaßen in sich auf, ohne es als Leid aufzuheben. Das heißt, sie nimmt es auf, ohne es in dionysischer Verzückung aufzulösen. Man könnte sagen, dass das ästhetisch ermöglichte Pathos die Würde der jeweiligen individuellen Erfahrung anerkennt, indem es ihr zu einem für alle bewegenden Ausdruck verhilft. Das Leiden *bleibt* in der Tragödie die Erfahrung des anderen, die in jedem Zuschauerindividuum intensiv resoniert und seine eigene Erfahrungsfähigkeit bis in existentielle Tiefen adressiert – wodurch alle Individuen im Theater als öffentlichem Ort der Selbstverständigung sich kommunal verbunden wissen können. Das Medium des sprachlich-performativ erzeugten Pathos ist eine Sphäre der empathischen Teilnahme *am anderen mit anderen:* mithin der Raum, in dem durch *joint attention* Solidarität zu lernen ist.[245]

Durch die derart veröffentlichende Intensivierung individueller Erfahrungsartikulation transformiert die Tragödie das tragische Leid zugleich: Es wird als ästhetisch Gestaltetes zu einer Form, in und an der sich die Kraft zu steigern vermag, denn in der Wahrnehmung affektiver Intensität erfahren und fühlen die Subjekte ästhetischer Erfahrung ihre Lebendigkeit auch immer intensiv *selbst*.[246] Der ästhetischen Konzentration der Tragödie auf das Individuum, die die Zuschauerinnen und Zuschauer „anspricht", „antwortet" die lebendige Erregung der Einzelnen im Publikum, die in dieser Erregung mit den Figuren und allen verbunden sind.[247] Einerseits wird jede Person von der Tragödie mit existentiellen Fragen an die eigene Lebensführung konfrontiert und gleichsam im Herzen der eigenen normativen Orientierung berührt. Zugleich ist die Erkenntnis der fragilen Bedingungen erfüllter Selbstbestimmung und sinnvollen Lebens etwas Allgemeines, das alle angeht. So entspricht die Verschränkung von individuellem Selbstbezug und allgemeiner Einsicht im Denken der individuell erfahrenen ästhetischen Intensität im Gefühl, die – weil sie vom künstlerischen Medium der Pathosumkehr erzeugt wird – allgemein im Theater als

---

[245] Gadamer spricht treffenderweise von der „Kommunion des Dabeiseins" in der antiken Tragödie (Gadamer 1990, S. 126.
[246] Vgl. Immanuel Kant: *Kritik der Urteilskraft*, AA V, S. 204.
[247] Simon Crichtley 2019, S. 278 f., berichtet von einem Gespräch mit Isabelle Huppert über Phädra-Tragödien, bei dem sie sagte, dass Theater weniger mit Ideen, sondern mit Lebendigkeit zu tun habe: „what theatre is about is aliveness, a certain experience of aliveness." In dieser Lebendigkeit der Tragödienerfahrung schauen wir, so Critchley, in „the core of life" (S. 279).

kommunalem Raum geteilt wird. Es handelt sich um eine „korrelativ gesteigerte Individualisierung"[248].

Entscheidend ist, dass dabei das Publikum durch die Form der Fiktion von seiner praktischen Aufgabe der Leidensabwehr entlastet wird. Das ist der Grund, warum es das Leiden der Tragödie überhaupt so intensiv wahrnehmen kann, ohne sich entweder fluchtartig abzuwenden oder den Leidenden zu Hilfe zu eilen. Die fortwährend in jedem Vers, in jeder Geste und Bewegung ästhetisch erzeugte Form schafft einen kontinuierlichen Distanzraum, der zugleich eine Gravitation für teilnehmende Gefühle erzeugt – zu denen auch die Erfahrung der Hilflosigkeit des Zeugen gehört, der nicht eingreifen kann. Der Kunstcharakter ist also stets präsent, hebt das Leidvolle jedoch nicht auf, sondern rückt es erst ins Zentrum. Die Tragödie lenkt weder vom Leiden in etwas Angenehmes ab noch qualifiziert sie das Leid *per se* zum Gegenstand einer masochistischen Affirmation. Vielmehr *verwandelt* sie es in eine Form, in der es ergreifend mitgeteilt und zugleich auf Distanz gehalten werden kann. Sie dreht gleichsam den Umschlag des Handelns in ihrer Wirkung wieder um.

Bereits David Hume hat bemerkt, dass der negative Impuls der Tragödie, „arising from sorrow, compassion, indignation, *receives a new direction* from the sentiments of beauty." Doch überzeugt Humes Erklärung dieser Transformation mit Blick auf die tragische Erfahrung nicht. Denn nach Hume ist diese Umkehr mit einem Dominanzwechsel des Gefühls verbunden. Die fiktionale Mimesis sei in der Lage „to *convert the whole feeling* into one uniform and strong enjoyment." Das Negative der Tragödie „is *all transformed* into pleasure" durch die schöne Kunst.[249] Es widerspricht aber der ästhetischen Erfahrung, dass sich im Lauf der Tragödienrezeption eine dominante Lust einstellt, die das Leidhafte gleichsam überspült und ihm seine Negativität nimmt. Wie sollte das angesichts des tragischen Umschlags, mit dem sich die Leiddimension der Tragödie zum Ende hin extrem verschärft, zu verstehen sein, will man nicht darin allein dionysische Lust am Untergang sehen? Vielmehr *intensiviert* die Tragödie künstlerisch gerade den Schrecken. Ich möchte hier eine Differenzierung vorschlagen, die ermöglicht, den paradoxalen Sachverhalt zu erklären. Es gilt, eine forminduzierte ästhetische Erregung von der Lust oder dem Vergnügen zu unterscheiden, das seit Aristoteles den Tragödienzuschauern attestiert wird. Vergnügen oder Lust richten sich auf das Angenehme, Erfreuliche. Die Weise, in der das Angenehme erfahren wird, kann direkt sein und braucht nicht notwendigerweise eine künstlerische Vermittlung. Die ästhetisch ermöglichte Intensivierung des Selbstgefühls ist dagegen an die Form der Vermittlung gebunden und richtet sich *in* dieser Form auf Gegenstände aller Art, auch auf unangenehme wie das Leiden. Die künstlerische Form ist also kein alternativer Gegenstand, der den andern in der Aufmerksamkeit überwiegt, sondern die

---

[248] Diesen Vorgang hat Gerhardt 2000, S. 219 f., als Kennzeichen jeder ästhetischen Erfahrung ausgewiesen. Im theatralischen Dispositiv der Tragödie wird diese reziproke Dynamik besonders gesteigert.
[249] David Hume: „Of tragedy", S. 261 und 262 (Hervorh., A. T.).

Weise, in der jener erfahren werden kann, ohne seine ethisch sensible Bewandtnis *als* Schrecken zu verlieren.

Die wichtigsten Mittel dazu in der Tragödie sind die dichterisch-musikalische Sprache und das performative Spiel. In der Sprache wird das Leid mit allen rhetorischen Techniken, einer variablen und doch innerhalb von Liedern strengen Metrik und in einer buchstäblich kosmosumgreifenden Metaphorik erfasst und zum Ausdruck gebracht. Diese sprachlich dichte Formung verstärkt die empathische Wahrnehmung des Leidens, wie sie zugleich vor ihm schützt, indem sie die Wahrnehmenden vitalisiert. Nach Bohrer sind die tragischen „Gesänge der Angst" selbst ein *tonicum*, weil ihre Sprache nicht bloß etwas berichtet, sondern im Berichten ein „phänomenales Surplus"[250] aufweist. Dieses Surplus verstehe ich als das durch poetische Diktion und theatrales Spiel erzeugte Pathos. Es gilt daher ebenso für das Spiel der Schauspieler, die das Leiden näher an das Publikum rücken als jeder Erzähler, es als Schauspieler zugleich auf Abstand von ihm halten. Weil nur durch ihre Techniken das Leid zum dichterisch und performativ bewegenden wie existentiell erschütternden Pathos geformt wird, es also nur als Kunst in der Zuschauergemeinschaft erfahren werden kann, lenkt die Tragödie von selbst das rezeptive Bewusstsein immer auch auf ihre eigene dichterisch-theatrale Form. In der Wahrnehmung und Reflexion des Gehalts – des tragischen *mythos*, in dem Individuen einen Umschlag ihres Lebens erleiden – vollzieht sich *eo ipso* die Erfahrung der Form. Das Was der Tragödie lenkt alle Aufmerksamkeit auf das Wie und das Wie auf das Was.

Die *Abwendung* vom Schrecklichen und *Zuwendung* zu sich selbst und der eigenen Lust oder Lebendigkeit ist ein Kennzeichen der Ästhetiken des Tragischen und Schrecklichen im 18. Jahrhundert, etwa bei Hume, Burke oder Mendelssohn, das auch noch Nietzsches Theorie prägt, in der sich die Zuschauer letztlich über die apollinischen Figuren hinaus zur dionysischen Lust wenden. In der Belebung des Selbstgefühls angesichts negativer Inhalte richtet sich im ästhetischen Denken der Aufklärung die Seele „auf ihren eigenen Zustand *statt* auf den des erfahrenen Objekts"[251]. Doch wenn die belebende Wirkung der Tragödie von ihrer künstlerischen Form ausgeht, die vom schrecklichen Gehalt nicht zu separieren ist, dann ist sie nicht erst durch Abwendung oder Rückwendung zu begreifen, sondern vollzieht sich als Vorgang vor jeder Rückwendung auf sich *im* intentionalen Gerichtet-Sein auf den Schrecken des Tragischen, von dessen ästhetischer Formgebung Kraft auf die Wahrnehmenden beim Wahrnehmen zurückfließt.

In jedem mit Mitteln der Kunst lebendig wahrgenommenen Moment der Aufführung bekräftigt die Tragödie daher das *Gelingen kultureller Aktivität*, während ihr wesentlicher Gehalt das *Scheitern von kultureller Aktivität* ist. Die Tragödie ist, so die These, deshalb ein schlechterdings beispielloses Tonikum, weil sie den existentiellen Schrecken, dass die kulturelle Existenz des Menschen als Praxis selbst zum Grund

---

[250] Bohrer 2009, S. 253.
[251] Menke 2008, S. 76.

seiner Ohnmacht, seines existentiellen Nicht-mehr-Könnens im Leiden werden kann, *mit den Mitteln kultureller Praxis selbst ergreift und zum Gegenstand eines erfahrbaren menschlichen Könnens macht*. Die Bedingung des darstellerischen Erfolgs der künstlerischen Praxis der Tragödie ist ihre Darstellung des Misslingens der ethischen Praxis. Indem sie das existentielle Scheitern der ethisch-politischen Praxis in einer anderen, nämlich künstlerischen Praxis darstellt, *biegt* die Tragödie den Verlust der Handlungsfähigkeit der tragischen Erfahrung ästhetisch handelnd *um*. Die Formulierung des Umbiegens kommt von Nietzsche selbst: Die Kunst „allein vermag jene Ekelgedanken über das Entsetzliche oder Absurde des Daseins in Vorstellungen *umzubiegen*, mit denen sich leben lässt"[252]. In jedem Moment ihrer Freilassung von Pathos durch die Form kehrt die Tragödie den tragischen Umschlag, den sie vorführt, in der ästhetischen Erfahrung ins Gegenteil um.

In der ästhetischen Erfahrung als Verlebendigung und Kraftsteigerung, die die Tragödie durch ihr Pathos erzeugt, stärkt sie damit beim Publikum die Voraussetzungen der Selbstbestimmung im Selbstgefühl:[253] Es stärkt ihre für jede Fähigkeit zur Selbstbestimmung nötige unbewusst-bewusste *Kraft*.[254] Schlägt die Leidenschaft der Helden in Leiden, Kraft in Ohnmacht, Hoffnung in Verzweiflung um, kehrt die Tragödie diesen Umschlag im Sinne einer Performanz doppelter Negation wieder um: Sie erzeugt aus der sprachlich und theatral belebenden Darstellung des Umschlags eine affektive Erregung als Kraftzuwachs, die nicht, wie ein bis heute dominantes Katharsis-Verständnis meint, abgeführt, sondern vielmehr gesteigert wird und erst nach der Aufführung ein verzögertes *decrescendo* in den Alltag vollzieht. Dabei ist die Tragödie als Ausdruck einer „**Vorliebe für fragwürdige und furchtbare Dinge**" weniger „ein Symptom für **Stärke**"[255], als dass sie diese Stärke erst durch ihre Kunstmittel erzeugt. Die Erfahrung des existentiellen Scheiterns wird in der Tragödie so sprachlich und visuell dargestellt, dass das Darstellen als ästhetischer Vollzug jederzeit eine *Gegenerfahrung* zur tragischen Erfahrung des Misslingens bietet, an die sie als ihre Darstellung gebunden ist. Die ästhetische Lust folgt nicht

---

252 Friedrich Nietzsche: *Die Geburt der Tragödie*. KSA 1, S. 57 (Hervorh., A. T.).
253 Diese Beschreibung trifft die Deutung der „tragischen Lust" bei Aristoteles (und Lessing), wie Andreas Zierl sie versteht: Das „Kriterium für die mit einem Affekt verbundene Lust ist nicht primär sein jeweiliger Inhalt, sondern Größe und Intensität des Gefühls. Es läßt sich durch eine gesteigerte Selbsterfahrung, durch das Erlebnis eigener Kraft und Daseinsfülle im Affekt erklären" (Zierl 1994, S. 59). Der individuelle Zuhörer wird durch das sich in der Tat manifestierende Handeln der individuellen Helden affektiv angesprochen: „Analog kann der Wirkungszweck der Tragödie nicht eine abgeklärte Einsicht im Sinne einer philosophisch zureichenden Bestimmung der conditio humana sein, sondern eine gegenüber der eigenen Lebenswirklichkeit verdichtete Erfahrung menschlicher Existenz" (S. 60 f.).
254 Zum ästhetischen Begriff der dunklen oder unbewussten, spielerischen Kraft, der auf Platon zurückgeht, aber erst seit der Ästhetik des 18. Jahrhunderts bei Baumgarten, Herder, Sulzer und anderen in den philosophischen Diskurs eingegangen ist, siehe Menke 2008, zur Belebung und zum Selbstgefühl siehe S. 68 ff. ; vgl. auch Menke 2013, S. 11 ff.
255 Friedrich Nietzsche: *Nachgelassene Fragmente 1885–1887*, Herbst 1887 10[168]. KSA 12, S. 556.

nachträglich der Einsicht ins Schreckliche, sondern tariert die Erschütterung in einer extremen Spannung zwischen Erschütterung und Lebendigkeitszuwachs *in actu* aus. Die Öffnung der philosophischen Frage nach dem Sinn des derart fragilen Lebens, das in einem Moment aus der Praxis ins Nichts zu stürzen vermag, versieht sie immer schon mit der ästhetischen Antwort einer lebendigen Intensität *trotzdem*.[256] Die tragische Erfahrung, die in Wirklichkeit (wie auch in den antiken Stücken zuweilen) eher ins Schweigen und in sprachunfähige Verzweiflung treibt, wird in der Tragödie gleichsam durch das unrealistische Aussprechen im poetisch ausschwingenden Rhythmus der Verse zur Bestätigung eines außerordentlichen Sprechen-*Könnens*. Einen „Trost" – wenn dieser Ausdruck überhaupt in diesem Kontext noch sinnvoll erscheint – gibt es also nicht über die Deutung des tragischen Geschehens, sondern nur durch die Kraft, die aus seiner Formgebung strömt.[257]

Damit entsteht aus dem Umschlag von Handeln in Leid *in* der Form der künstlerischen Darstellung zugleich die Potentialität eines Umschlag aus dem Erleiden des Zuschauens in Aktivität. *Das* – und nicht die Selbstbehauptung des Helden gegen sein Leiden, wie Seneca, Schelling, Schiller oder Sartre meinen – ist die praktische Dimension der Tragödie als sprachlich-performativ sich aufladendes Kraftreservoir.[258]

---

[256] Vgl. Manos Perrakis 2009, S. 200, zur Musik: „Und bevor wir irgendwelche Fragen stellen, hat sie die Macht, unsere Fragezeichen zu Ausrufezeichen zu machen."

[257] Ein ähnliches Vermögen schreibt Oliver Taplin den Vasen zu, die tragische Szenen darstellen und offenbar nicht als Trostobjekte, sondern als Gestaltung des Mitleiderregenden bei Trauerfeiern eine Rolle spielten. Taplin unterstellt ihnen geradezu eine im nietzscheanischen Sinne metaphysisch tröstende Rolle durch die Vermittlung einer existentiellen Einsicht: Wir seien angesichts der schrecklichen Szenen froh, dass „human life is not all meaningless cacophony, that we have the ability to salvage pattern and harmony" (Taplin 2007, S. viii). Diese bemalten Vasen seien dazu da gewesen, die Lebenden angesichts eines Verlustes durch ihre Kunst zu *stärken* (S. 44 ff.).

[258] Schillers in mehreren Essays der frühen 1790er Jahre entwickelte Theorie des Pathetischerhabenen, dem die oben vorgestellte Deutung in einigen Punkten verwandt ist, kann hier nicht mehr dargestellt werden. Nur auf einen entscheidenden Unterschied soll hingewiesen sein: Die Tragödie ist auch für Schiller kein beliebiges Exempel kultureller Bildung, ihr Ausgang von der Erfahrung des Leids ist vielmehr aus praktischen Gründen entscheidend. Denn Schillers Ziel, der mit seinen theoretischen Schriften an der Debatte zum moralischen Nutzen des Theaters und im Besonderen der Tragödie seit Lessing teilnimmt, ist die Stärkung der moralischen Freiheit des Menschen *gegen* das Leid als ihre Bedrohung. Die Zuschauerinnen und Zuschauer einer von Schiller anvisierten zeitgenössischen Tragödie sollen in der von ihren praktischen Problemen entfernten Institution des Theaters durch die Darstellung tragischer Figuren gleichsam gegen die Macht des Leidens in der ethischen Wirklichkeit geimpft werden. Dafür aber muss nach Schiller die von Kant in der *Kritik der Urteilskraft* beschriebene Erfahrung des Erhabenen, die selbst einen Umschlag darstellt, in der dargestellten Figur selbst sichtbar werden. Kant beschreibt die Erfahrung des Erhabenen als die einer „Ohnmacht" gegenüber einer übermächtigen Naturerscheinung, die aber durch die Selbsterkenntnis des Menschen als Vernunftwesen umgebogen wird in ein stärkendes Gefühl. Anstatt sich als „klein" anzusehen, erkennt die rationale Person sich als von der übermächtigen Natur „unabhängig" und gewinnt durch diese Erkenntnis an Stärke. Angesichts des Furchterregenden erfahren wir im Erhabenen „Überlegenheit der Vernunftbestimmung unserer Erkenntnißvermögen". Die in dieser Erfahrung des Erhabenen sich artikulierende „Unbezwinglichkeit des Gemüths" erzeugt bei einem Publikum solch einer erhabenen

Selbstbehauptung „Bewunderung" (*Kritik der Urteilskraft*, AA V, S. 261, 256, 262). Diese Beobachtung Kants nimmt Schiller auf und transferiert das Selbst-Welt-Verhältnis im Erhabenen bei Kant in das Verhältnis des Menschen zu seiner eigenen Gefühlsnatur. Mithilfe der ästhetischen Erregung tragischer Affekte durch die Darstellung leidender Figuren und ihrer erhabenen Selbstbehauptung gegenüber ihrem Schicksal – Schiller nennt diese theatrale Affekterregung das „Pathetischerhabene" – soll das Publikum in einem selbst erhabenen Vergnügen gegen mögliche leidvolle Erschütterungen immunisiert werden. Dafür hat nach Schiller die tragische Kunst nicht die Unterwerfung der Helden unter das Schicksal wie in der antiken Tragödie vorzuführen, sondern vielmehr zu demonstrieren, dass der Mensch auch angesichts eines schrecklichen Schicksals noch frei über sich verfügen könne (Friedrich Schiller 1999a: „Über tragische Kunst"). Gegenstand der Tragödie müsse deshalb nicht nur Darstellung des Leidens, sondern auch „Darstellung des moralischen Widerstands gegen das Leiden", von dem die Helden „doch nicht [...] überwältigt werden", als ein ethisches Vorbild sein, das bei den Zuschauern Bewunderung erzeugt. Die tragischen Helden behaupten darin exemplarisch ihre Vernunft, indem sie der Pflicht folgen, nicht die sich im Leiden äußernde Natur „über sich herrschen zu lassen" (Friedrich Schiller 1999b: „Über das Pathetische", S. 201, 202). In der Erhabenheit des tragischen Helden über sein Leid zeigt sich nach Schiller die Macht seiner Freiheit und des moralischen Gesetzes, die sich auf die Zuschauerinnen durch die Aktivierung ihrer eigenen Freiheit und ihres Bewusstseins derselben überträgt. Die Zuschauer sollen eine „Umkehrung" (ebd., S. 223) des Helden erkennen (oder sie selbst imaginär vollziehen) können, damit „dem Interesse der Einbildungskraft, daß recht handeln *möglich* sei, d. h. daß keine Empfindung, wie mächtig sie auch sei, die Freiheit des Gemüts zu unterdrücken vermöge" (S. 222), Rechnung getragen wird. Auch für Schiller ist die Tragödie daher ein Tonikum: Statt zu rühren oder zu erbauen, soll sie den Menschen in seiner Autonomie *stärken* und *aufbauen* (vgl. S. 202 f.f.). Dass Schiller damit eine normative Poetologie entwirft, nicht aber den antiken Tragödien gerecht wird, sollte mit Blick auf die hier entfaltete Analyse (siehe Kap. 6 – 8) offensichtlich geworden sein. Kant hat bereits angemerkt, dass zur Erfahrung des Erhabenen „eine Stimmung zur ruhigen Contemplation" nötig ist, die nur möglich ist, wenn man sich selbst in sicherer Position weiß (*Kritik der Urteilskraft*, AA V, S. 263, 262, vgl. 257). Ob diese dem tragischen Publikum gelingt, erscheint höchst fraglich, ganz sicher aber ist diese betrachtende Ruhe kein Signum einer heroischen Überlegenheit über das Leid in der Tragödie, das ja kein Gegenüber der Vernunft und Freiheit, sondern auch ihr eigenes Werk darstellt. Der Unterschied zu der hier vorgestellten Konzeption liegt also darin, dass Schiller, der in Aristoteles' und Lessings Tradition der Mimesis des Helden steht, davon ausgeht, dass die Figur *selbst* ihr Leiden umkehren muss in Freiheit, damit dies auch dem Publikum gelingt. So hat es auch Schelling kurz nach Schiller gesehen (siehe Kap. 4.9). Zu Schillers Theorie des Tragischen siehe Ulrich Profitlich: „'Ähnlichkeit zwischen uns und dem leidenden Subjekt'. Zu einem Thema der frühen tragödientheoretischen Schriften Schillers", in: Falk/Fulda 2010, S. 21 – 40. Zum für die Klassik symptomatischen Versuch einer Immunisierung der Praxis durch Kunst vgl. Zumbusch 2012. Wie zuvor schon der Stoiker Seneca hat nach Schiller und Schelling der Existentialist Sartre die Funktion der Tragödie als Stärkung der Freiheit und Verantwortung gegen das (vermeintliche) Schicksal verstanden. Zur Tradition des Widerstands der tragischen Helden gegen ihre Unterwerfung von Seneca bis Sartre siehe Ette 2012, S. 103 – 110, der sie so zusammenfasst: „Frei bin ich dann, wenn die Wirklichkeit und mein Wille miteinander harmonieren; herstellen kann ich diese Harmonie, indem ich entweder die Wirklichkeit oder meinen Willen ändere. Der tragische Heros ist in dieser Sicht Vorbild, weil er zu dieser Willensänderung in Extremsituationen befähigt ist, die sie ›übermenschlich‹ erscheinen lassen" (S. 103). Doch die antiken Figuren schaffen es, wie gezeigt wurde, kaum, in der tragischen Erfahrung ihre Selbstbehauptung zu gewährleisten. Ihr Freiheit liegt darin, zu ihren Werten in der Klage über ihren Verlust zu stehen; dadurch aber entgehen sie nicht der Ohnmacht der tragischen Erfahrung. Ich behaupte daher gegen diese von Platon inspirierte stoische Tradition und Schillers Argumentation,

Die Tragödie ist kein Exempel des Erhabenen, weil sie nicht den Geist als das Andere gegenüber einer leiderzeugenden Übermacht der Wirklichkeit, an der er ja kausal teilhat, sondern weil sie ihn im Bewusstsein seiner Selbstgefährdung ästhetisch Kraft zuwachsen lässt. Sie überträgt ihre künstlerisch erzeugte Kraft auf die unbewusste Kraft des Zuschauenden und erneuert sie im Moment seiner teilnehmend theoretischen Schau in den Abgrund des Tragischen: Als „ein ästhetischer Zuschauer" der Tragödie ist er „Empfänger einer bewegenden Kraft"[259], insofern das Schauen selbst die Erfahrung des Pathos als passivisches Bewegtsein und aktivisches Erkennen, des „hingerissene[n] Eingenommensein[s]"[260] und der durch die Tragödie freigesetzten Reflexion aus Distanz ist. Die Tragödie kehrt durch diese dichterisch und theatral ermöglichte Kraftübertragung, in der sie zugleich zum Erkennen und Denken bringt, die Schwächung der praktischen Individualität im Tragischen in die ästhetische Erfahrung einer „äußersten Steigerung der Selbsterfahrung von Individualität"[261], von ihrer lebendigen Kraft, um. In dieser Erfahrung korrespondieren das selbständige, könnende Spiel der Schauspieler als performative Praxis und die geistige Aktivität der Zuschauer, die ihre ästhetische Erfahrung außerhalb des Theaters diskursiv berichtend fortsetzen.[262] Es ist eine ästhetische Erfahrung, in der sich gefühlte Lebendigkeit im Ergriffensein und Denken, das Passivische und Aktivische des Erfahrungsbegriffs vereinen.[263] Diese Steigerungserfahrung *an* der Form der Sprache und des Spiels ist nichts anderes als die Erfahrung der künstlerisch verstärkten eigenen Lebendigkeit, die eine affirmative Evidenz für das Leben auch *in* der Erkenntnis des Tragischen erzeugt, die mit der neu gewonnen Kraft auch aus dem Theater in die Welt der Praxis getragen werden kann. Dass die Tragödie als Kunst eine affirmative Evidenz erzeugt, heißt: Die Erfahrung des Lebendigseins stärkt das Erfahrungssubjekt, insofern sie es *be*lebt. Indem sie seine Selbsterfahrung intensiviert, lässt es sein Dasein als bejahenswert fühlen. Es handelt sich um eine selbstbestätigende Erfahrung, die zugleich ein Gefühl der Freiheit ist, da sinnliche Wahrnehmung, Gefühle, Vernunft und Urteilskraft frei interagieren, ohne direkt von einem Umschlag gefährdet zu sein, den sie vor sich im Theater als existentiellem Labor direkt gewahren.

---

dass die Klage als Selbstartikulation der Leidenden im sprachlichen und theatralen Ausdruck bereits selbst eine Stärkung – freilich keine Immunisierung – des Publikums qua ästhetischer Form erlaubt.
259 Menke 2013, S. 125.
260 Gadamer 1990, S. 118; vgl. Menke 2013, S. 120 f.
261 Gerhardt 2000, S. 225, vgl. S. 219, 224.
262 Vgl. Menke 2013, S. 122 f.
263 Vgl. Kap. 7.1. Siehe auch Nietzsches Kritik, dass „nie, seit Aristoteles, [...] auf eine aesthetische Thätigkeit der Zuhörer geschlossen" wurde (*Die Geburt der Tragödie*. KSA 1, S. 142). Nietzsche übergeht hier neben dem kantianischen Tragödientheoretiker Schiller Immanuel Kant selbst, dessen Theorie ästhetischer Erfahrung die Aktivität des „freien Spiels der Erkenntnißvermögen" als lebendiges Selbst- und Kraftgefühl begründet (*Kritik der Urteilskraft*, AA V, S. 217). Im Folgenden wird Kants Theorie des Lebensgefühls im Schönen aufgenommen. Es beruht auf der inneren „formalen Zweckmäßigkeit" der Aktivität der Erkenntniskräfte, die sich in einem „Lebensgefühl" für das Subjekt artikuliert (ebd., S. 222, 204).

Die Tragödie als Kunst stellt damit wie alle ihr nachfolgenden künstlerischen Erkenntnisse *und* Bändigungen des Schrecklichen durch ihre Form eine *Funktion der Vernunft* dar. Als ästhetisch-künstlerische Vernunft bietet sie eine Alternative zum Umgang mit dem Leiden, wenn die praktische und die theoretisch-interpretatorische Abwehr des Leids – d. h. die Techniken der Medizin, der Politik oder der Ethik einerseits und die theologisch-metaphysischen Sinndeutungen andererseits – nicht mehr funktionieren. Die Tragödie bietet demnach eine *ästhetische* Antwort auf die Unmöglichkeit, das aus der Praxis folgende Leid praktisch abzuwehren oder als moralisch-rechtlich sinnvoll zu interpretieren. Während die *religiöse* Antwort auf das Leiden – wie im Buch *Hiob* durch Gottes Rede mit dem Leidenden und abschließende Wiederbeglückung Hiobs oder im *Neuen Testament* durch die freiwillige Übernahme des Leidens und Sterbens durch Jesus – die Bekräftigung einer sakralen Sinngebung ist, *führt* die Tragödie ihre „Antwort" auf das Faktum extremen Leids als ästhetischen Vorgang *vor*. Ihre Antwort auf das Leid ist keine es stillstellende, diskursiv zu entfaltende Einsicht, sondern die Darstellung seines existentiellen Prozesses als ästhetischer Prozesses, der sich als verlebendigende Kraftübertragung manifestiert, die zugleich ins offene philosophische Denken zieht. Die tragische Kunst ist insofern eine genuine Form im Umgang mit Leid, der eine Herausforderung für alles menschliche Leben ist. In Abwandlung einer kulturphilosophischen Formel Jan Assmanns kann man mit Blick auf die Tragödie sagen, dass das Wissen um die menschliche Leidensfähigkeit ein Kultur-Generator ersten Ranges ist.[264]

Die Tragödie kann auch deshalb als eine Funktion der theoretisch praktisch und ästhetisch differenzierten Vernunft verstanden werden, weil sie die *Erkenntnis* und das *Weiterdenken* der Präsenz des existentiell Bedrohlichen *ästhetisch* erlaubt, ohne die Denkenden durch diese Erkenntnis die *praktische* Funktion der rationalen Selbstbestimmung verlieren zu lassen, wie Platon befürchtet und Schopenhauer begrüßt hat. Damit erfüllt die Tragödie als Kunst einen ursprünglich existentiellen Sinn der vernünftigen Erkenntnis (*epistēmē*) als Aushalten der Wahrheit im Positiven wie im Negativen.[265] Bewirkt das tragische Handeln einen Verlust des Bedeutsamen, erzeugt das

---

264 Vgl. Assmann 2001, S. 10: „Der Tod oder besser: das Wissen um unsere Sterblichkeit ist ein Kultur-Generator ersten Ranges."
265 In seiner Heraklitinterpretation erläutert Volkmann-Schluck: Das Verb *epistasthai*, von dem *epistēmē* kommt, „heißt ursprünglich: vor etwas hintreten, sich bei etwas aufhalten, stark genug sein, es auszuhalten und ihm zu entsprechen. [...] Der Mensch muß dieser Wesensverfassung der Welt gewachsen sein. Das σοφόν (sophon), das wesentliche Wissen, besteht in der Einsicht darin, daß das Seiende seiend ist in Gewährung und Versagung, in Heil und Unheil" (Volkmann-Schluck 1992, S. 129). Mit Bezug zu Platon ließe sich die Funktion der Tragödie als philosophisches Instrument so reformulieren: Die größte *metabolē* erleidet nach Platons Höhlengleichnis derjenige, der sich von den Fesseln der *doxa* lösen und dem Licht der Wahrheit aussetzen muss (vgl. Steiner 1994, 42): Diese Umkehr soll aber nicht zufälliges Schicksal sein, sondern zur „Erziehungskunst", einer schmerzhaften philosophischen „Umwendung" (*periōgagē*) vom Schein zum Sein werden (*Politeia* VII, 518d). Die Tragödie ermöglicht diese *metabolē* als *periōgagē* dem Publikum als Schau in die Disposition unausweichlichen Leidens, der man sich in der alltäglichen Praxis der Lebenswelt nicht so leicht und in

Spiel der Tragödie einen Gewinn an Bedeutung und macht die ethisch-epistemische Orientierungslosigkeit der Figuren im Denken der Zuschauenden produktiv. Damit gewinnt die Tragödie auch Eigenständigkeit gegenüber dem alten Anspruch an die Dichter, ethische Werte und philosophische Weisheit zu vermitteln. Die Tragödie vermittelt sie, aber so, dass sie ihre Funktion, Orientierung zu gewähren, problematisiert, indem sie das Publikum selbst über sie nachdenken und das Gesehene sowie seine Bedingungen kritisieren lässt.[266] Ihre unbeantwortete Frage nach dem Sinn solchen Leidens beantwortet sie dabei nicht mit einem Urteil, biegt jedoch den Zug ins Nihilistische um, indem sie eine sinnlich-sinnhafte Erfahrung in ihrem Vollzug erzeugt. Die szenisch gebrochene Form der Tragödie erlaubt, in ihren Teilen einen gespannten sinnlichen Zusammenhang als Kraftquelle zu erfahren: eine verlebendigende „Form der Zweckmäßigkeit"[267].

Die tragische Erfahrung, so hieß es, besagt als Erfahrung der Not: Ich passe nicht mehr in die Welt.[268] Die ästhetische Erfahrung der Tragödie vermittelt diese tragische Erfahrung existentieller Inkohärenz aber so, dass das Zerbrechen der lebensweltlichen Ordnung im Ästhetischen erscheint und zugleich – im „Kosmos" ihrer Form – organisiert erscheint. Die Tragödie ist „ihrem Wesen nach Tropus und Apotropus"[269], Wendung und Umwendung, die die Gewalt des Leids durch seine Darstellung erkennbar macht *und* abwendet. In der tragischen Inszenierung des Vertrauensverlustes liegt daher ein neuer, nämlich ästhetisch erzeugter Gewinn kulturellen Selbstvertrauens: Die Tragödie vollzieht den *Umschlag des Umschlags*.

Für diese Interpretation der griechischen Tragödie als ästhetisches Tonikum spricht nicht nur die bis heute anhaltende *Gegenwart der Tragödie* als ethischer Glutkern und ästhetische Faszination, die noch nach 2500 Jahren *zugleich* eine beispiellose Pathos-Intensität freizusetzen vermag und Gegenstand nicht abnehmenden Nachdenkens ist.[270] Dafür spricht auch der politisch-gesellschaftliche Rahmen der Festspiele, in denen die Tragödien in Athen aufgeführt wurden. Dieser ist leider in der Philosophie der Tragödie und der Tragödienästhetik fast nie in den Blick geraten und erst von der modernen historischen Forschung rekonstruiert worden. Er vermag, so

---

gleicher Sensibilität wie im Theater öffnen kann. Die Tragödie ist keine Höhle des Scheins, wie Platons Gleichnis insinuiert, sondern ein Blick ins Sein unter offenem Himmel.

266 Die Tragödie problematisiert die heroischen Selbstverständnisse, die sie aus der Tradition aufnimmt und auf die demokratische Polisgesellschaft bezieht, wie die Forschungen von Vernant gezeigt haben. Vgl. auch Goldhill 1986, S. 167: „The dialectic of text and tradition [...] constitutes an active questioning and discussion of the influence and background of the past on the contemporary world, an activity of rewriting."

267 Immanuel Kant: *Kritik der Urteilskraft*, AA V, S. 221. Vgl. Gerhardt 2000, S. 223 f., und mit Blick auf Nietzsches Tragödienschrift Gerhardt 1988a, S. 63: In der Kunst interessiere nicht „ein einzelner Sinn [...], sondern der originäre Vorgang der Sinngebung selbst, also jener Akt, in welchem alles von selbst als sinnvoll, zweckmäßig – oder eben: gerechtfertigt – erscheint."

268 Vgl. Kap. 6.7.

269 Wellbery 2007, S. 206.

270 Siehe zur Aktualität der Tragödie Kap. 1.1 und 1.2.

meine ich, die hier im Ausgang von Nietzsche entwickelte These zu plausibilisieren. Er sei hier geschildert, um das schlichtweg Erstaunliche eines beispiellosen Aufwands für die Kunst in Athen deutlich zu machen – eine Kunst, in der es geradezu exzessiv um Scheitern und Leiden geht.

Die größten Festspiele, die Städtischen Dionysien im Frühjahr, die vermutlich um 560 v. Chr. gegründet und seit 534 v. Chr. als Tragödienwettbewerb gefeiert wurden, fielen mit dem jährlichen Beginn des Handels und der Schifffahrt im Frühjahr zusammen und zogen auch Bündnisgenossen und Gäste an. Sie erforderten eine langwierige Vorbereitung mit weitreichender Arbeitsteilung, die die Polis Athen vor nicht unerhebliche praktische Herausforderungen gestellt haben dürfte. An ihr wirkten Choreuten, Choregen, die Schauspieler, Regisseure und Dichter und nicht zuletzt bis zu 17.000 Personen im Publikum aktiv mit.[271] Die Aufführung war für den größten Teil der freien Bürgerschaft der festliche „Höhepunkt des ganzen Jahres"[272]. Neben den individuellen Schauspielern und Regisseuren waren 150 Choreuten und 1000 Sänger für die bis zu 20 Dithyrambenchöre aus den 10 Phylen der Polis beteiligt – sämtlich Bürger, die Zeit und Aufwand neben ihren täglichen Geschäften und den sonstigen politischen Aktivitäten, zu denen vor allem die Teilnahme an der Volksversammlung (*ekklēsia*) gehörte, investieren mussten, um vermutlich monatelang die Chöre und Stücke in Text, Musik und Tanzbewegung einzustudieren. Im Sommer zuvor hatte der dafür gewählte Beamte (Archon Eponymos) aus den Bewerbungen aller Dichter drei Tetralogien auszuwählen, die im Frühjahr aufgeführt werden sollten. Zudem musste er 28 private Sponsoren der teuren Aufführungen (Choregen) bestimmen. Diese kostenaufwändige Leistung, bei der mancher sein Vermögen investierte, war nicht nur eine Ehre, sondern auch eine Bürgerpflicht. Ebenso konnte man sich der Teilnahme an den Chören nicht entziehen. Die künstlerische Planung war also ein politischer, rechtlich verpflichtender Akt. Für die Proben wurden von den Choregen Tagegelder und Verpflegung gezahlt; es mussten für 24 Chöre Probenräume gefunden, Masken und Kostüme hergestellt werden; die Dichter – bzw. zuweilen ein extra Regisseur (*didaskalos*) – hatten ihre Stücke vor allem mit den Chören über längere Zeit einzustudieren.

Zwei Tage vor den Festspielen, im sogenannten Proagon, wurden die immerhin 17 Stücke und ihr Inhalt von – unmaskierten, doch feierlich bekränzten – Dichtern, Choregen, Schauspielern und Choreuten im Odeion der Öffentlichkeit vorgestellt. Man wusste also bereits vorher, worum es gehen und wer wen spielen würde und konnte sich somit während der Aufführung ganz auf die künstlerisch besondere *Art* der

---

271 Platon spricht sogar von mehr als 30.000 Zuschauern, vor denen Agathons Sieg 416 v. Chr. gefeiert worden sei (*Symposion* 175e). Dieser Wert ist wohl unrealistisch. Csapo 2007, S. 97 ff., geht von bis zu 15.000 Zuschauern aus.
272 Blume 1984, S. 18. Die folgenden Ausführungen beruhen auf den Darstellungen von Pickard-Cambridge 1968, S. 57–101; Blume 1984, S. 17–45; Goldhill 1987; Meier 1988, S. 62–74; Fischer-Lichte 1990, S. 13–19; Latacz 1993, S. 41–45; Rehm 1992, S. 20–30; Seeck 2000, S. 58–73; und Henderson 2007.

Darstellung konzentrieren. Darin liegt bereits eine organisierte Steigerung der Wahrnehmung einer sich in der künstlerischen Produktion äußernden Individualität. Am Vortag der Dionysien wurde rituell in einer Prozession von jungen Männern eine hölzerne Statue des Dionysos Eleuthereus vom Süden der Akropolis in die Akademie und von dort zum Dionysostempel beim Theater gebracht und ein Stier geopfert, sodass die Festspiele am Folgetag mit einer von 28 Chören begleiteten Opferprozession für den Theatergott durch die Stadt (*pompē*) eröffnet werden konnten, an der sämtliche Mitwirkende, Männer und Frauen in prächtigen (Tier-)Kostümen, beschmückt und *phalloi* tragend teilnahmen; selbst die Gefangenen wurden dazu offenbar entlassen. Tierautomaten und lebende Tiere (bis zu 400 Schlachtochsen) wurden ebenfalls mitgeführt. In goldenen Körben wurde der Reichtum der Polis demonstrativ im Theater ausgebreitet, die Kriegswaisen zogen ein, es fanden Ehrungen, Auszeichnungen und „Akte nationaler Selbstdarstellung"[273] vor den Zugereisten statt, bis nachmittags vor der bekränzten und in Festkleidung versammelten Bürgerschaft die instrumental begleiteten Dithyrambenchöre mit ihren Kultliedern auftraten, die seit Anfang des 6. Jahrhunderts v. Chr. ebenfalls einen Wettbewerb (*agōn*) ausfochten. Jeder Athener sollte dafür ins Theater kommen können, weshalb für arme Bürger sogar ein vielleicht schon von Perikles eingeführtes Schaugeld (*theorikon*) von der Polis bezahlt wurde. Der Theaterbesuch zählte „als öffentlich bedeutsame Tätigkeit des Bürgers für seine Polis."[274]

Auf den Eröffnungstag folgten die drei Tage mit Tragödienaufführungen – bzw. ab 486 v. Chr. ein Tag mit Komödien- und dann die drei Tage mit Tragödienaufführungen –, an denen jeweils eine Tetralogie und ein Satyrspiel gespielt wurden. Man schaute sich demnach an einem Tag fünf Komödien mit zusammengenommen ca. zehn Stunden Aufführungszeit und an den darauffolgenden drei Tagen nacheinander neun Tragödien zu jeweils pro Tag insgesamt sieben Stunden Aufführungszeit (inklusive Satyrspielen) an. Daran schlossen sich die Siegerehrung der Dichter und ab 449 v. Chr. auch der Tragödienschauspieler sowie eine Volksversammlung an, bei der die Gesetzmäßigkeit des Festablaufes überprüft wurde. Die Bestellung der Jury des Wettbewerbs, die in ihrem Urteil die gesamte Bürgerschaft zu repräsentieren hatte, war peinlich genau geregelt, um eine Steuerung durch bestimmte Interessensgruppen auszuschließen. Der Rat der Fünfhundert wählte aus jeder Phyle mehrere Kandidaten, deren Namen in je einer Urne versiegelt wurden, die erst im Theater wieder geöffnet werden durfte. Eine gewaltsame Öffnung im Vorfeld konnte mit dem Tode bestraft werden. Jeder Urne entnahm man den Namen eines Kandidaten, die zehn Richter (*kritai*) setzten sich, die Aufführungen begannen und nach ihnen schrieben sie ihre Wahl der auszuzeichnenden Autoren (und Tragödienschauspieler) auf Täfelchen, die wieder in einer Urne gesammelt wurden, aus der schließlich blind fünf Täfelchen gezogen wurden, die allein für das Urteil gezählt wurden. An diesem aufwändigen

---

[273] Blume 1984, S. 20.
[274] Fischer-Lichte 1990, S. 15.

Verfahren lässt sich das große Gewicht erkennen, das der Wettbewerb der Dichter und Schauspieler für die Athener hatte. Nach dem Agon wurden sowohl die Choregen als auch die Dichter und Schauspieler mit erstem und zweitem Platz geehrt. Nur die Sieger erhielten einen Efeukranz und einen Dreifuß, den es Dionysos zu widmen galt. Insbesondere den ausgezeichneten Dichtern war in der Folge „eine außerordentliche Wertschätzung in der Öffentlichkeit der Polis"[275] sicher.

An diesem für eine vor dem Peloponnesischen Krieg nur um die 40.000 – 60.000 (und danach nur ca. 30.000) Bürger zählende Stadt (mit etwa 250.00 bis 300.000 Einwohnern in ganz Attika)[276] schlichtweg enormen Aufwand zeigt sich die beispiellose Bedeutung der gänzlich *öffentlichen* Festspiele für die Athener, in deren Zentrum die Tragödienaufführungen standen.[277] Offenbar nutzten sie die Feste zur Erholung wie zur öffentlichen Selbstreflexion und Selbstkorrektur.[278] Kritisches Zuhören, so Meier, „zählte zu ihren Leidenschaften."[279] Es bleibt aus heutiger Perspektive ein Grund kaum zu ermessenden Erstaunens, dass bei diesem wichtigen Fest der Selbstpräsentation gegenüber den eigenen Bürgern und den Bundesgenossen, für das die Athener so viele Kosten, Mühen, Zeit und ihre besten Kräfte jährlich, auch zu Kriegszeiten, investierten, *Tragödien* im Zentrum standen, die das Zugrundegehen ausgezeichneter Individuen darstellen und zum großen Teil aus erschütternden Klagen bestehen. In der damals „mächtigsten Stadt der Welt"[280] kamen also die Bürger, deren Schicksal es war, sich nur auf sich selbst verlassen zu können und selbst die Verantwortung für ihr Geschick zu übernehmen, zusammen, um an vier Tagen über dreißig Stunden Theater zu erleben, das ihnen in kunstvollen Variationen vorführte, wie Heldinnen und Helden mit ihrem Vertrauen auf das eigene Denken, Erkennen und Handeln das ihnen Wichtigste zerstören und daran ohne *happy end* zugrunde gehen. Man muss sich nur für einen Moment die Spektakel nationaler Selbstpräsentation der Gegenwart in ihrer heroischen Selbstfeier unter Vermeidung, ja Verleugnung allen Leidens, vor allem des selbstproduzierten, vor Augen führen, um unmittelbar einzusehen, dass die Tragödienfestspiele im Zentrum der Polis Athen vermutlich beispiellos in der Geschichte der öffentlichen Feier politischer Kunst gewesen sind. Die öffentliche Fokussierung des individuellen Leidens bildet vielleicht den markantesten Kontrast zwischen der politischen Öffentlichkeit der Moderne und der Athens.[281]

---

275 Ebd., S. 13.
276 Vgl. Thorley 1996, S. 1 und 74; Weerakkody 2006, S. 215.
277 Private Aufführungen von wohlhabenden und mächtigen Bürgern für ihresgleichen gab es erst zur Zeit Alexander des Großen (vgl. Caspo 2010, S. 168 ff.).
278 Vgl. Meier 1988, S. 56 ff.
279 Ebd., S. 72.
280 Ebd., S. 7.
281 Erst in jüngerer Zeit, vor allem seit den 1980er und 1990er Jahren erhält die Thematisierung von Leiden in öffentlicher Repräsentation durch Kunst, etwa an Erinnerungsorten, mehr Aufmerksamkeit. Dabei handelt es sich meist um Zeugnisse des Schreckens, den Nationalsozialismus, Faschismus, Kolonialismus und Sozialismus im 20. Jahrhundert verursachten. Gleichwohl ist die Darstellung des

Plausibel wird dieser Sachverhalt durch die beschriebene Umkehrung der Umkehrung mit den kräftesteigernden Mitteln der Kunst, in der die Darstellung des tragischen Leids zum Grund eines affirmativen kulturellen Ereignisses werden kann. Das Zerstörerische des Dionysos wurde künstlerisch gezeigt und umgewandelt in die Stärkung der Dionysos ehrenden Polisgemeinschaft der Theatergänger.[282] Das gemeinsame Erarbeiten, Aufführen und Erleben der Tragödien übte in die Empathie und Urteilskraft ein und erneuerte im kommunalen Theatererlebnis zugleich eine politische Solidarität. Die tragischen Figuren gehen zwar zugrunde, sie werden aber in der Tragödie, die sie aus der Heroenzeit vergegenwärtigt, zugleich Gegenstand eines kollektiven öffentlichen Eingedenkens. Nicht ihr Ruhm wird unsterblich wie im Epos,[283] doch ihr selbst mit verursachtes Schicksal, ihr Leid, das in ihr Ende führt, wird im kulturellen Raum vergegenwärtigt und gewürdigt – und damit vor dem alle Absurdität vollendenden Vergessen gerettet. Die Städtischen Dionysien wirkten somit selbst auf dialektische Weise apotropäisch und wiederholten rituell, was die einzelnen Tragödien innerhalb des Festivals an ästhetischer Ver- und Umwandlung der Angst vor dem tragischen Selbstverlust und seines Schreckens leisteten. In ihrer jährlichen Wiederkehr war durch die Festspiele daher, wie Christian Meier schreibt, „die Dauer des Bestehenden zu retten."[284]

Diese Doppeldialektik der Tragödie und ihrer Aufführungen, ihre „Gegenwendigkeit" zeigt sich auch rituell, wie Friedrich Kittler betont: „Als Chorlied und dionysisches Fest führt sie Attikas Jugend über die Schwelle zum Mitbürgersein." Sie schafft also ein neues, zukunftsoffenes soziales Verbundensein, das sich auch in der kommunalen Erfahrung der Aufführungen und ihres kultisch-politischen Rahmens manifestiert. Zugleich „reisst" ihre Handlung „ein Gefüge – sei's der Freundschaft, des Vertrauens, sei's viel öfter noch der Liebe zwischen Mann und Frau – so heillos auseinander, dass nur der Tod es wieder stiften kann."[285] Diese (dargestellte) Auflösung und (rituelle) Neukonstitution von Bindungen im Umschlag des Umschlags entspricht auch dem Wechsel vom Spiel zur Ehrung im Tragödienagon. Denn hinsichtlich der Tragödien kam dem Dichter und Regisseur die wichtigste Rolle zu. Er schrieb sie und schrieb damit zugleich *vor*, was Chor und Schauspieler, die er einstudierte, zu sprechen und zu singen hatten.[286] So stellte er die *künstlerische* Form des

---

Leidens gegenüber heroischer Selbstdarstellung bei staatlich in Auftrag gegebener Kunst auch in Demokratien noch eher die Ausnahme.
282 Seaford 1996, S. 290 f.
283 Zur Unsterblichkeit des Ruhms im homerischen Erzählen siehe Grethlein 2006, S. 139 ff. In den Tragödien geht es nicht um heroischen Ruhm wie in den Epen, aber auch sie vollziehen die Aufhebung der dargestellten Zerstörung der Werte durch ihre Darstellung: „Dadurch, daß die Helden im Epos besungen werden, überwinden sie ihre Vergänglichkeit; in der Tradition des Epos entfließen sie der Schicksalskontingenz." (S. 150).
284 Meier 1988, S. 60.
285 Kittler 2006, S. 175.
286 Zu diesem Hintergrund für die moderne Deutung der tragischen Ironie siehe Kap. 4.6.

tragischen Geschicks aus, die vom Publikum wahrgenommen und als künstlerische bewertet wurde.

Liegt die Tragik darin, dass das Leiden die Freiheit der Figuren gleichsam „in der Hand hat", ist es die souveräne Hand des Dichter-Regisseurs, der das Leiden erst zur Artikulation bringt und ihm *seine* sprachlich-theatrale Form gibt. Die Figuren erleiden einen Umschlag, doch der Dichter gestaltet diese freiheitsraubende Erfahrung in poetischer Sprache und theatraler Inszenierung aus seiner Freiheit als Dichter, einer ästhetischen Freiheit *gegenüber* dem Mythos, seinen Figuren und ihren Schicksalen. Konsequenterweise rückt er daher *nach* der Aufführung ins Zentrum der Öffentlichkeit wie während der Aufführung das tragische Individuum, hinter dem er als Autor, Regisseur und Schauspieler verschwindet: Geht dieses im Werk des Dichters zugrunde, geht dafür das Dichterindividuum als symbolischer Ersatz aus diesem Werk ausgezeichnet hervor. Das Gleiche gilt für die Schauspieler, die die Figuren verkörpern, sich aber, weil sie sie nur *spielen*, aus der Tragik erheben und nach der Aufführung als Individuen gefeiert werden können.[287] Die Geehrten tanzen nun selbst auf Siegesumzügen und -feiern im Dionysosheiligtum. In diesem Sinne bilden Dichter und Schauspieler *Gegenfiguren* zum Schicksal der tragischen Figuren, die sie im Theater verkörpern.[288]

Die größten Helden der Praxis und des Geistes wie Herakles oder Ödipus scheitern mit ihren *technai*, ihr prometheisches Feuer schlägt fatal auf sie zurück. Weil sie mit *pathos*, also leidenschaftlich, gleichsam *für etwas* brennen, können sie sich auch eben

---

[287] Ab 449 v. Chr. gab es zusätzlich zum Dichter- auch einen Schauspielerwettbewerb, vgl. Blume 1984, S. 79; Latacz 1993, S. 385.

[288] Entsprechend kann man in Hegels Beschreibung der *komischen* Individuen auch die gefeierten Dichter und Schauspieler der Tragödie wiedererkennen: Denn „in der Komödie kommt uns in dem Gelächter der alles durch sich und in sich auflösenden Individuen der Sieg ihrer dennoch sicher in sich dastehenden Subjektivität zur Anschauung." Wenn die tragischen Figuren an der „*Einseitigkeit* ihres gediegenen Wollens und Charakters" (Georg Wilhelm Friedrich Hegel: *Ästhetik* III (Theorie-Werkausgabe Bd. XV), S. 527; Hervorh., A.T.) zugrunde gehen, gehen die in *vielen* Stimmen sprechenden Dichter und in *mehreren* Rollen agierenden Schauspieler aus dem Gelingen der Aufführung siegreich ins Freie. Tatsächlich waren die Tragiker, vor allem Aischylos und Sophokles, sicher ernsthafte Bürger und auch politisch-praktisch in der Polis sehr erfolgreich und lange tätig. Aischylos kämpfte in der Schlacht bei Marathon (490 v. Chr.) und der bei Salamis (480 v. Chr.) und erhielt herausragende Ehrungen der Stadt Athen sowie der Kolonien auf Sizilien. Nicht weniger war Sophokles im geistigen und politischen Leben Athens verankert. Zu seinen Aufgaben in den wichtigsten Institutionen der Stadt gehörte zweimal das höchste Staatsamt eines Strategen (u. a. zusammen mit Thukydides und Perikles, dem Sophokles wie auch Aischylos eng verbunden war). Man nannte Sophokles auch *Philathenaios* – denjenigen, der „Athen sein Leben lang als große Aufgabe betrachtete" (Latacz 1993, S. 161 f.). Es ist mit Blick auf sein nicht gerade tragisch erscheinendes Leben zwar nur von anekdotischem Wert, aber durchaus bezeichnend, dass Phrynichos in seiner Komödie *Die Musen* im Jahr 405 v. Chr. dem gerade verstorbenen Sophokles eine Art Epitaph widmete, das den Dichter, dem wir die paradigmatische Darstellung ergreifenden Leidens verdanken, selbst als über die lange Zeit seines Lebens glücklich und leidlos beschreibt: „Seliger Sophokles! Er lebte lange Zeit/ und starb als ein beglückter und feiner Mann./ Er dichtete viele schöne Tragödien/ und endete schön; er duldete kein Leid" (zit. nach Flashar 2000, S. 40).

dadurch *ver*brennen. Die Dichter als Beherrscher ihrer poetischen *technē* treten allerdings wie ein Phönix aus der Asche des tragischen Mythos mit dem Werk *ihres* prometheischen Feuers hervor und lassen das Publikum teilhaben. Auch dies bezeugt die Verbindung von ästhetisch spielerischer Darstellung *und* Umkehrung des tragischen Umschlags im Festspiel der Tragödie. Im theatralen Spiel kommt ein kulturstiftendes Können öffentlich *im* Zeigen des Nicht-Könnens zum Ausdruck.

Mit dieser Deutung der Tragödie ist eine Erklärung der nach Blumenberg „vielleicht bis heute nicht ausgestandene[n] Antinomie in der Frühgeschichte des europäischen Bewußtseins" gewonnen, „daß die Griechen den Kosmos *und* die Tragödie erfanden."[289]

Der Mythos der schlangenhäuptigen Medusa, deren Anblick jeden Menschen vor Schrecken versteinert, endet, als Perseus, anstatt sie anzuschauen, ihr sein Schild als Spiegel in ihren Blick hält, in dessen Bild sie vor sich selbst erstarrt. Die Gorgo, die die Lebendigkeit, Freiheit und Handlungsfähigkeit des Menschen in der Erstarrung des Schreckens zu bannen vermochte, wird durch sich selbst gebannt. Das Medium dieser selbstrekursiven Aufhebung des Schreckens, der Spiegel als Schild, ist ein Werk der Kultur in der Hand eines Individuums.

Die Tragödie zeigt nicht nur das Spiegelbild, in dem der Schrecken der Gorgo in seiner Macht *ästhetisch* erscheint und in der Erscheinung zugleich seine *praktische* Macht verliert, sondern sie zeigt zugleich den Spiegel selbst als kulturelles Artefakt vor. Am Ende werden die Künstler, die das beste, nämlich das am überzeugendsten Leid darstellende und ästhetisch bannende Perseus-Schild (Tragödien) schufen (schrieben) und hielten (aufführten), mit höchsten Ehren bedacht. Nicht nur also erzeugt die Kultur erst die Gründe, voller Furcht und Schrecken am kontingenten Umschlag mit seiner Individualität zugrunde zu gehen – sie schafft auch die Form, um dieses Zugrundegehen künstlerisch wieder zum Gegenstand menschlicher Selbstbestimmung zu machen. Es ist eine nicht zu überschätzende Leistung der griechischen Tragödie, das existentielle Scheitern der Praxis durch eine andere, ästhetische Art von Praxis aufgefangen zu haben, ohne es als existentielles Scheitern dadurch verdecken zu müssen. Im Gegenteil: Erst die Kunst erlaubt die vollgültige Erkenntnis des tragisch Abgründigen, erst sie bringt das kaum Erträgliche des Umschlags von allem in nichts zur Erscheinung.

In der künstlerischen Inszenierung des Nicht-Könnens liegt das Können der Tragödie. Ihr Inhalt ist der Umschlag in ein Unheil, das den Grund zu leben tilgt, ihre Form kehrt diese Umkehrung wieder um und kreiert darin eine Affirmation des Lebendigseins. Dieses Lebendigsein zeigt sich auch in der Geschichte der Tragödie: Denn der textuelle und performative Prozess der Umkehr des Umschlags ist nicht mit einer Aufführung abgegolten. Jede der überlieferten griechischen Tragödien ist schon in der Antike selbst aus der Begrenzung auf eine Aufführung bei den Athener Festspielen in eine zukunftsoffene und mittlerweile globale Wirkungsgeschichte heraus-

---

289 Blumenberg 1975, S. 16.

getreten.[290] Ihre dionysische Ambivalenz, ihre dichterische Komplexität, ihre künstlerisch großartige, stets individuelle Verhandlung des Lebens und seines Umschlags in den leidvollsten Verlust sind nicht mit einer Aufführung oder in einer Deutung abzuschließen. Tiefe Erschütterung erzeugend und philosophisch zu denken gebend, produzieren sie sich immer wieder neu in ihrem lesenden, hörenden, schauenden, weiterschreibenden und weiterspielenden – und miteinander kommunizierenden Publikum.[291] Tragödien erschüttern uns *als* „unvergleichliche K r a f t q u e l l e "[292].

Die Tragödie lässt den tragischen Riss des Lebens erkennen, *indem* sie immer wieder erneuert fortlebt wie ihr Gott. Sie ist demnach nicht die erste Form einer Kulturkritik,[293] für die sie in der Moderne herhalten musste, sondern die einer reflektierten Selbstgefährdung und ästhetischen Selbstrettung des Menschen durch Kultur.

---

290 Ab dem Jahr 386 v. Chr. wurden Wiederaufführungen von Tragödien in Athen erlaubt; vgl. Latacz 1993, S. 385.
291 Wisława Szymborska hat die doppelte Erfahrung der tragischen Erschütterung und der Freude am Theater als Weiterleben und -spielen der Schauspielerinnen und Schauspieler auf der Bühne in ihrem Gedicht „Eindrücke aus dem Theater" (Szymborska 1996, S. 76 f.) exakt getroffen. Es widerspricht Aristoteles und der modernen Tragödienästhetik, die von einem Prozess der Tragödienerfahrung ausgehen, an dessen *Ende* die ästhetische Lust überwiege. Die Lust am Spiel gehört nach Szymborska zur „Auferstehung", die nur das tragische Theater als Theater erlaubt, die aber *nicht* den tragischen Schrecken *ablöst*, den es vorgeführt hat: „Für mich ist das wichtigste in einer Tragödie der sechste Aufzug:/ die Auferstehung vom Schlachtfeld der Bühne,/ das Zupfen an den Perücken, Gewändern,/ das Entfernen des Dolchs aus der Brust,/ das Lösen der Schlinge vom Hals,/ das Einreihen zwischen die Lebenden/ mit dem Gesicht zum Parkett.// Verbeugung, einzeln, gemeinsam:/ die weiße Hand auf der Wunde des Herzens,/ die Knickse der Selbstmörderin,/ das Nicken geköpfter Häupter.// Verbeugungen paarweise:/ die Wut Arm in Arm mit der Sanftmut,/ das Opfer blickt seinem Opfer selig ins Auge,/ Rebell und Tyrann schreiten friedlich nebeneinander.// Das Zertreten der Ewigkeit mit der Spitze des goldnen Pantoffels./ Das Fortfegen der Moral mit der Krempe des Hutes./ Die unverbesserliche Bereitschaft, alles zu wiederholen.// Der Einzug im Gänsemarsch der früher Verstorbenen,/ im zweiten, im vierten Akt, auch zwischen den Akten./ Die wunderbare Rückkehr der spurlos Verschollnen./ Zu denken, dass sie geduldig hinter Kulissen warteten,/ immer noch kostümiert,/ ohne sich abzuschminken,/ rührt mich stärker als alle Tiraden des Dramas.// Wahrhaft erhaben aber ist das Fallen des Vorhangs/ und was man noch durch den unteren Spalt sieht:/ da hebt eine Hand die Blume eilig vom Boden,/ dort eine andre das liegengelassene Schwert./ Erst dann erfüllt die unsichtbare dritte/ ihre Verpflichtung:/ sie schnürt mir die Kehle."
292 So Cassirer 2007, S. 471, zu den Formen der Kultur. Siehe Kap. 5.7.
293 Es ist von dieser Argumentation aus kein Zufall, dass die vielleicht erste kulturkritische Schule der Philosophie, die Kyniker, erst nach der Hochzeit der Tragödie auftritt und das natürliche, anspruchslose Leben, das sich an alle Lagen anzupassen weiß, gegen die Leistungen der Kultur und in Kritik und Ablehnung der tragischen Figuren wie Ödipus und Prometheus verteidigt. Siehe Blumenberg 1979a, S. 367 ff., und Bees 1999, S. 57 ff. Zur „*kulturstiftende[n] Leistung*" des Spiels, das öffentlich zeigt, was gekonnt wird und dadurch „menschlichen Handlungsraum" ausweitet, siehe Gerhardt 2019, S. 187 ff.

10 Rück- und Ausblick

„Ich bin getroffen von blutigem Biß,
Da du in Schmerzen dein bitteres Los beklagst,
Und was ich höre, verwundet mich."[1]

„Ancient tragedy is not ancient. It is quintessentially modern."[2]

10.1 Zusammenfassung

In dieser Studie wurde die Tragödie anhand ihrer Struktur eines *plötzlichen Umschlags ins Gegenteil* analysiert, der von den handelnden Figuren selbst in einem Geflecht von Ursachen mit bewirkt wird. In diesem Geflecht spielen neben den Handlungen der Figuren auch weitere Faktoren wie Mitspieler, Götter und kulturelle Artefakte eine Rolle, die sich gegen ihre Funktion verkehren und so zu Medien des Umschlags werden. In diesem Umschlag (*metabolē*), der aus potentiell gelingendem Handeln *tragisches Handeln* macht, schlägt für die Figuren nicht nur Glück als zukunftsoffene Lebenspraxis mit Gelingenserwartung in Unglück auf Dauer um, sondern in einer charakteristischen Erfahrung des *Leidens* verkehren sich für sie auch die Bedingungen von Freiheit als individueller Selbstbestimmung und -verwirklichung ins Gegenteil: Aus Können wird mit einem Mal Unfähigkeit, aus Macht Ohnmacht, aus Orientierung Orientierungslosigkeit, aus Praxisvertrauen Verzweiflung, aus Selbstgewissheit Selbstverlust. Denn nicht etwas Fremdes, Äußeres, *gegen* das man sich durch Handeln selbst zu behaupten hätte, verletzt Wertungen, die für das Individuum eine für ihre praktische Identität konstitutive Bedeutung haben, sondern das eigene freiwillige (in Ausnahmefällen auch unfreiwillige) Handeln selbst. Es richtet sich somit gegen seine eigenen normativen Quellen, d. h. gegen die Wertungen, aufgrund derer ein mit ihnen kohärentes Handeln überhaupt erst herausragende Bedeutung für die Akteure gewinnt. Solche *Wertungen* von identitätskonstitutiver Bedeutung wurden *existentiell* genannt, insofern sie tragende Elemente des eigenen normativen Selbstverständnisses von Personen darstellen, die sich als verantwortliche immer schon in Situationen befinden, in denen sie ihr Leben praktisch zu führen haben. Da diese Wertungen für die Person die Kriterien abgeben, in praktischer Hinsicht sie selbst zu sein – nämlich dieses bestimmte Individuum mit einer spezifischen Individualität im Unterschied sowohl zu anderen Personen und ihren Individualitäten als auch zu anderen möglichen individuellen Identitäten der eigenen Person –, wurden diese sich im Handeln artikulierenden, reflexiven Bindungen des Individuums an seine Wertungen *praktische Individualität* genannt. Die praktische Individualität ist Ausdruck einer Lebenspraxis in Kohärenz mit den existentiellen Wertungen, die fundierend sind, zugleich

---

1 Aischylos: *Agamemnon*, V. 1164–1167.
2 Critchley 2019, S. 118.

aber für allmähliche Transformationen offen sein können. Sie werden durch Handeln und Sprechen lebendig realisiert und im Sinne Hannah Arendts als Sich-Zeigen des Individuums öffentlich zum Ausdruck gebracht.

Die Verletzung der praktischen Individualität durch die selbstbewirkte Verletzung seiner existentiellen Wertungen ist, wie gezeigt wurde, in der Tragödie irreversibel. Die Läsion erscheint weder reparabel noch durch andere Wertungen ersetzbar. Für das tragische Individuum ist es daher nicht möglich, sich in Entsprechung zur Plötzlichkeit des tragischen Scheiterns die Wert- und Selbstverletzung anzueignen und ein neues Praxis-, Selbst- und Weltvertrauen zu gewinnen, das Voraussetzung für jede auf Handeln beruhende Lebensführung ist. Aus der tragischen Erfahrung heraus erscheint kein Weg offen, um die eigene Lebensgeschichte produktiv in Aussicht auf ein gutes Leben um- und weiterzuschreiben. Ein Leben aber, das die Perspektive auf die eigene Zukunft verschließt, verliert für handelnde Personen seine Sinnhaftigkeit.

Die komplexe Erfahrung des Leidens, in die das Handeln sich in der Tragödie verkehrt, wurde *tragische Erfahrung* genannt. Sie umfasst die tragische Erkenntnis der eigenen kausalen (Mit-)Verantwortlichkeit für das Resultat und die Folgen des Handelns sowie Empfindungen und Gefühle, die Ausdruck des nicht mehr intakten Selbst- und Weltverhältnisses sind, insbesondere Schmerz, Angst und Scham. Eine nicht weniger zentrale Dimension des tragischen Erfahrungsprozesses wurde im Phänomen der Entfremdung erkannt. Die tragische Erfahrung, so das Ergebnis der Analyse, ist eine Erfahrung, durch sein eigenes Tun (oder Unterlassen) das, was von größter Bedeutung für einen ist, und damit sich selbst als ein bestimmtes, sich in seinen wertenden Weltbezügen konkretisierendes individuelles Selbst irreversibel verloren zu haben. Das philosophisch herausfordernde Problem der tragischen Erfahrung liegt darin, so wurde zu zeigen versucht, dass der tragische Umschlag die Bedingungen der Funktionalität freier Selbstbestimmung selbst in Mitleidenschaft zieht, die für eine auf Handeln beruhende Lebensführung von Personen unverzichtbar ist. Die tragische Erfahrung ist eine der existentiellen Not, in der alles Leben seine es selbst bestätigende Entsprechung zur Wirklichkeit, seine Resonanz mit ihr verloren hat. Daher beenden einige tragische Figuren in den griechischen Tragödien verzweifelt ihr Leben; andere, die in der tragischen Erfahrung weiter existieren, wissen nicht mehr, wie sie leben sollen. Das Tragische ist daher als ein existentielles Problem zu verstehen, das aus der Perspektive der tragischen Erfahrung heraus nicht praktisch lösbar erscheint.

Da tragisches Handeln sich zum einen mit dem Einsatz kultureller Mittel – Artefakten wie Werkzeugen, Institutionen wie dem Recht, kulturell erworbenen und trainierten Fähigkeiten, mit der Sprache und mit dem Wissen – auch *durch* diese Mittel als *Medien des Umschlags* verkehren kann und da es zum anderen nur deshalb eine so tiefgreifende Erfahrung auszulösen vermag, weil mit ihm individuelle Bedeutsamkeiten zerstört werden, die überhaupt nur unter Bedingungen der Kultur aufgebaut werden können, ist die Einsicht formuliert worden, dass es Gründe zum tragischen Scheitern nur unter kulturellen Bedingungen geben kann. Eine tragische Metaphysik, die das Tragische im Sein oder in einem Schicksal verortet, ist demnach unbegründet. Vor dem Hintergrund dieser Einsicht wurden auch die Gründe verständlich, warum die kulturkritische Aufnahme des Motivs der Tragödie im 19. und 20. Jahrhundert zu einer Theorie der Kultur überhaupt führen konnte. Die Untersuchung der in der Tragödie ästhetisch exponierten Gebundenheit des Tragischen an die individuelle Erfahrung wies aber die Varianten der These einer „Tragödie der Kultur" als zugleich dramatisierend einseitig für die Kultur im Ganzen wie verharmlosend für den Einzelnen in seinem tragischen Scheitern aus. Dem individuellen Leiden, das die antike Tragödie zum Ausdruck bringt, werden die Theorien einer „Tragödie der Kultur" nicht wirklich gerecht.

Dennoch gibt es, so wurde argumentiert, eine kulturelle, nämlich künstlerische Reaktion auf das praktisch nicht lösbare Problem des Tragischen. Nicht das zweckorientierte Handeln in der Lebenswelt, sondern nur die künstlerische Praxis kann aus ästhetischer Distanz zu ihr auf den transformativen Einschlag des Tragischen in der Lebenswelt adäquat antworten. Von einer kritischen Analyse Platons und Nietzsches ausgehend habe ich für die These plädiert, dass die Griechen, die sich in der Tragödie – und dadurch den nachfolgenden Generationen bis heute – erst das Problem des Tragischen gestellt hatten, daraus keine Diagnose einer „Tragödie der Kultur" entwickelten, sondern eine *ästhetische Antwort auf das praktische Problem der Tragik durch die Tragödie* selbst gaben. Die dramatisch-theatrale Kunst fungiert dabei als doppelte Umwendung, indem sie den Selbst- und Sinnverlust durch ihre ästhetische Form im Medium lebendiger Sinnlichkeit darstellt. Sie zeigt die Verkehrung vom aktivischen Pathos als Leidenschaft in das passivische Pathos des Leidens mit den ästhetischen Mitteln der Pathossteigerung. Dabei steigert sie die Intensität der Selbsterfahrung der Zuschauerinnen und Zuschauer *an* und *in* der ästhetisch gespannten Darstellung. Auf diese Weise – durch die künstlerisch gelingende Darstellung des praktisch Misslingenden – kehrt das Theater der Tragödie die tragische Erfahrung einer existentiellen Umkehrung der Figuren in eine ästhetische für die Zuschauerinnen und Zuschauer um. Die Tragödie kann daher das philosophisch anspruchsvolle Bewusstsein des Tragischen und seines Schreckens überhaupt erst erzeugen, ohne ihr Publikum *eo ipso* am existentiellen Leiden verzweifeln zu lassen.

10.2 Auswege aus dem Tragischen?

Nach dieser Zusammenfassung stellt sich die Frage, was die Umkehrung des Umschlags der Praxis durch die Kunst der Tragödie existentiell leistet: Hebt die Kunst das tragische Problem, das sie erst als erkennbares Phänomen hervorbringt, selbst wieder auf? Oder richtet sie die Aufmerksamkeit so darauf, dass Gesellschaften lernen, es *ex ante* durch technische oder rechtlich-politische Praxis zu vermeiden? Eine Diskussion und Evaluation der Möglichkeiten von Tragikaufhebung und -vermeidung ist auch eine Aufgabe einer zeitgenössischen Philosophie des Tragischen, die sich nicht mehr der Tragik hingibt wie in der metaphysischen Pantragik des 19. Jahrhunderts, sondern ihren existentiellen Schrecken ernst nimmt. Mögliche Antworten sollen hier kurz skizziert werden. Man kann das tragische Problem dreifach angehen: als eines (i), dessen kontingente Realität im Praktischen man ästhetisch nicht nur darstellt, sondern durch die ästhetische Darstellung auch aufhebt; als eines (ii), dessen ästhetisch dargestelltes Risiko man aufgrund seines existentiellen Schreckens *ex ante* – praktisch, d. h. technisch, rechtlich, moralisch, politisch – zu vermeiden oder zumindest zu verringern versuchen muss; oder als eines (iii), dessen Gefahr man durch Änderung des individuellen Verhältnisses zum tragischen Umschlag entkräften kann.

Zu (i) – Gibt es eine ästhetische Lösung oder Aufhebung des praktischen Problems des Tragischen? Schon der aristotelische Begriff der Katharsis kann als Separation des Zuschauers von den tragischen Affekten oder ihrer Macht verstanden werden, sodass die Kunst der Tragödie als Milderung des tragischen Leidensdrucks oder sogar als temporäre Befreiung von ihm verstanden werden kann. Die Idee einer Aufhebung des Tragischen durch die Tragödie ist seit Hegel, für den die Zuschauer die Aufhebung des tragischen Konflikts durch synthetisierende Einsicht in die Einseitigkeit der Konfligierenden vollziehen, diskutiert worden. Auch Schopenhauer zielt auf ein Ende der Tragik durch die Tragödie, wenn er sie als philosophisches Erkenntnisinstrument versteht, das ästhetisch Einsicht in die Irrationalität und Vergeblichkeit jeder willensgetriebenen Praxis gewährt und dadurch das Ablassen vom Handeln befördert.

Doch jede ästhetische Milderung, Aufhebung oder Tilgung von Tragik und ihren Bedingungen ist mit zwei unlösbaren Problemen konfrontiert. Zum einen ist die Tragödie auf ihre Wahrnehmung *als* Kunst im Kontrast zur alltäglichen Lebenswelt angewiesen, um Tragik scharf zum Ausdruck zu bringen und zugleich durch ihre künstlerische Form verlebendigend wirken zu können. Die Tragödie erfordert als theatrales Spiel für ihre kritische und zugleich lebensbejahende Funktion eine konstitutive Distanz ihres ernsten Spiels zum Ernst des Lebens. Diese Distanz im Bewusstsein der Differenz ist nicht nur eine notwendige Leistung der Zuschauerinnen und Zuschauer, sondern die Tragödie erzeugt sie selbst als theatrales Spiel, das soziale Praxis, die unter Bedingungen praktischer Ernsthaftigkeit steht, nachahmt und darstellt, sich darin für das Publikum jedoch als *andere* Art von Praxis, nämlich ästhetische, d. h. theatral-spielerische, zu erkennen gibt. Die Distanz im Bewusstsein der Differenz gehört bei aller ästhetischen Erregung notwendig zum Dispositiv des Theaters.[3] Die Tragödie der Praxis ist also nicht in die Tragödie des ästhetischen Spiels aufzuheben, der sie ihre Darstellung, Erkennbarkeit und ihren Begriff verdankt.[4] Das ästhetische Spiel setzt gerade die Differenz zum Ernst der Praxis mit seinen Wertungen und Normen voraus, um ihn aus ästhetischer Distanz darstellen, verhandeln, kritisieren zu können. Tragik kann daher niemals ein „rein" ästhetisches Phänomen sein; ihre Darstellung in der Tragödie ist auf das In-Kraft-Sein von Differenz angewiesen. Der Ernst der Praxis kehrt zwischen den Ruhe- und Erregungspausen der Kunst wieder, ja er kann jederzeit auch in die Zeit des Spiels einbrechen und das Theater un-

---

[3] Diese Distanz kann ästhetisch akzentuiert werden wie in der Tragödie (vgl. Kap. 9.2.) oder überspielt werden wie in auf Partizipation abzielenden Performances. Jede theatrale Aktion setzt diese Distanz aber voraus und erzeugt sie, auch wenn es ihr darum geht, sie zu überbrücken.

[4] Vgl. Menke 2005.

mittelbar zu einem Ort ethischer Praxis machen, aus dem man etwa wegen eines Feuers flüchtet und dabei anderen Zuschauern zu helfen hat.

Die Distanz im Differenzbewusstsein ermöglicht auch erst die Geschichte der Wiederholung, Variantenbildung und Neudeutung der antiken Tragödien durch ihre Aufführungen, die ihnen nicht äußerlich sind, sondern die Geschichte der Tragödie selbst bilden. Die tragische Kunst wird, gerade weil sie Tragik nicht aufheben, nicht von ihr erlösen kann, immer wieder und je anders aufgeführt, neu geschrieben und neu gedeutet, sodass die Erfahrung ihrer lebensbejahenden und erschütternd-irritierenden Kraft in der Darstellung der Tragik wiederkehren kann.

Für Hegel gilt seit der *Phänomenologie des Geistes*, dass die Tragödie ein Vergangenes ist, das seinen historischen Ort in der dialektischen Transformation der antiken Polissittlichkeit hatte. Ihm sind unter wechselnden Vorzeichen eine Reihe von Denkerinnen und Denkern bis heute gefolgt. Doch allen Thesen des Endes der Tragödie zum Trotz kehrt sie als Text (in neuen Editionen, Übersetzungen), als Aufführung (seit den späten 1960er Jahren weltweit zunehmend) und im interpretierenden Diskurs (vor allem seit den 1990er Jahren verstärkt) wieder.[5] Die Lebendigkeit der tragischen Kunst in ihrer jüngsten Geschichte widerstreitet der These ihrer ästhetischen Aufhebung des praktischen Problems der Tragik, das allein auf vergangenen Konflikten beruhe.

Zudem, so der zweite Einwand, sind alle Versuche einer ästhetischen Aufhebung des Tragischen durch die Tragödie dadurch limitiert, dass diese Aufhebung immer nur aus der Sicht des Publikums gedacht wird. Für die tragischen Figuren indes gibt es keine Aufhebung des Tragischen.[6] Der entscheidende Unterschied zwischen den Figuren, die im Rückblick nach der tragischen Erkenntnis wie Ödipus die tragische Ironie ihres Handelns und Lebens als Zuschauer ihrer selbst betrachten, und dem Publikum im Theater besteht darin, dass jene – im Gegensatz zu diesem – nicht mehr aus der Zuschauerrolle in eine ganz andere Praxis wechseln können. Die Darstellung ihrer nicht endenden tragischen Erfahrung bricht im Moment des Aufführungsendes schlicht ab, in dem für die Zuschauerinnen und Zuschauer die Kontinuität ihrer alltäglichen Praxis wieder beginnt.

Nietzsche hat die Distanz von Theater und Praxis, Zuschauer und Figur als Problem adressiert. Ging er in der *Geburt der Tragödie* noch von einer ästhetischen Rechtfertigung der Tragik durch die theatrale, sprachlich-musikalische Kunst aus, in der sich die Masken des Individuellen auflösten, ist er dem Problem des Heraustretens aus dem Theater in die unkünstlerische Praxis, in der die Zuschauer die ästhetisch

---

5 Siehe Kap. 1.
6 Vgl. Kap. 9. Seneca, Schiller, Schelling, Sartre attestieren tragischen Helden Distanz zu ihrem Geschick durch Standhaftigkeit im Leiden und freiwilliger Anerkennung ihrer tragischen Schuld (Kap. 9.5). Diese – für die meisten Tragödien eher unplausiblen – Deutungen besagen aber nicht, dass die Tragik für die Figuren *aufgehoben* wird. Es geht vielmehr um einen Umgang mit der tragischen Erfahrung; siehe dazu die folgenden Ausführungen zu (iii).

verzückende Erfahrung des Dionysischen nicht fortsetzen können,[7] verstärkt im späteren Werk durch die These des eigenen Lebens als Kunstwerk begegnet, in dem die Trennung von Kunst und Leben aufgehoben wird. Doch auch die Selbstwahrnehmung und -formung *sub specie aestheticis* wie durch ein „Theater-Auge", durch das man allen Situationen, selbst den eigenen Leidenschaften in eine Zuschauerposition zu entkommen vermag,[8] befreit das Individuum nicht prinzipiell aus der Disposition zum tragischen Scheitern, denn es kann nicht *nur* sein eigener Zuschauer sein. Ein reflexiver Distanzgewinn zu der für Personen unverzichtbaren Praxis und den mit ihr verbundenen Interessen, Wünschen, Gefühlen und Leidenschaften, für den Nietzsches Begriff des „Theater-Auges" steht, ist als Fähigkeit von großem Vorteil, um sich gegenüber den Zumutungen der aus praktischer Verflochtenheit mit sozialer, kultureller und natürlicher Wirklichkeit entstehenden Erfahrung immer wieder zu behaupten. Wer sich selbst theatralisch durch „das grosse dritte Auge"[9] wie von einer imaginären Mentalbühne aus zu betrachten in der Lage ist, gewinnt Abstand zum Geschehen, in das er integriert ist, und kann aus diesem Abstand wie eine Zuschauerin im Theater besser beobachten, erkennen, bewerten und Handeln vorbereiten. Doch eine prinzipielle und dauerhafte Distanz im Bewusstsein der Differenz liefe wieder auf die resignativen oder entfremdeten Verhältnisse eines *bloßen* Zuschauens der eigenen Bewusstseinsprozesse hinaus, doch der Praxis können wir als Personen schlechterdings nicht entkommen. Die prinzipielle Unausweichlichkeit des Bedarfs an Inanspruchnahme von Handelnkönnen für die Praxis ist das Geschick von Personen. Sie erfordert, wie in Kap. 7.6 gezeigt wurde, einen teilnehmenden, involvierten Standpunkt, aus dem heraus Akteure entscheiden und ihr Handeln initiieren, steuern und beenden. Auch sich selbst zum Kunstwerk zu machen, setzt Handeln und Produzieren und damit das Risiko zu scheitern voraus. Dass es nicht nur nicht leicht, sondern unmöglich ist, „eben nur Zuschauer zu bleiben"[10], und dass die Möglichkeit der Tragödie im Ernst der Praxis wiederkehrt, hat Nietzsche kurz darauf mit der Annahme einer Tragödie des freien Geistes anerkannt, der nur frei *zum* eigenen Selbstsein sich zu verhalten vermag, wenn er erkennt, dass er nicht frei *vom* Tragischen ist.[11]

Zu (ii) – Nicht nur die *ästhetische Aufhebung* des Tragischen, sondern auch die Idee der *praktischen* – einerseits technischen, andererseits rechtlich-politischen – *Überwindung* des Tragischen hat Grenzen, die alle Thesen vom Ende der Tragödie fraglich erscheinen lassen. Wie die Einsicht in die kulturellen Gründe von Tragik deutlich macht, kann durch die Leistungen der Kultur allein keine praktische Aufhebung des Tragischen gelingen, da jede Problemlösung und Leidabwehr durch

---

[7] Siehe Kap. 9.5 zur „Hamletlehre" (Friedrich Nietzsche: *Die Geburt der Tragödie*. KSA 1, S. 57).
[8] Friedrich Nietzsche: *Morgenröthe* 509. KSA 3, S. 297. Zu diesem Zusammenhang siehe Trautsch 2011, S. 430 ff.
[9] Ebd.
[10] Ebd.
[11] Vgl. Friedrich Nietzsche: *Die fröhliche Wissenschaft* V, 382. KSA 3, S. 637.

Kultur, die die Lebensbedingungen verbessert, sie z. B. sicherer oder gerechter macht, auch zum Grund einer neuen tragischen Verstrickung werden kann.

Am *technischen* Fortschritt, der sich seit dem 19. Jahrhundert beispiellos beschleunigt hat, ist das offenkundig, weil für diese Einsicht spätestens unter Bedingungen des Klimawandels global kommunizierte Evidenzen sprechen. Die Modernisierung sorgt für ein sichereres, gesünderes, längeres Leben großer Teile der Weltbevölkerung, während sie zugleich ihre Chancen auf eine stabile, gesunde, gerechte und friedliche Zukunft erodiert. Eine sorgsam entwickelte und kontrollierte Technik kann das Risiko ihrer Verkehrung gegen den Menschen und seine Lebensbedingungen zwar in bestimmten System- und Lebensbereichen minimieren, nicht aber *in toto* ausschließen, denn Technik selbst ist eine Bedingung der Möglichkeit von Tragik. Das gilt nicht erst für die Wasserstoffbombe, sondern, wie sich an den antiken Stücken gezeigt hat, bereits für die kulturhistorisch frühesten Werkzeuge wie Kleidung, Nägel oder Blankwaffen.[12]

Die technisch-pragmatische Lebensform selbst generiert tragische Risiken. Es wäre allerdings keine probate Alternative, zugunsten einer atragischen Lebensform ganz auf Technik verzichten zu wollen, nachdem die technomorphe Zivilisation bereits die gesamte Lebenswelt geprägt hat. Die seit der Romantik populär gewordene Idee einer Alternative zur technischen Zivilisation durch Rückkehr zu einer kulturfernen Natur ist schon deshalb illusorisch, weil realistischerweise nicht denkbar ist, wie die technomorphe und mittlerweile global digital vernetzte Moderne ohne Techniken radikal zu transformieren wäre. Zudem gibt es keinen bloß natürlichen Rückzugsraum mehr. Es kann (und muss) also sowohl eine bessere Regulierung als auch eine Abkehr von *bestimmten* Techniken und Medien geben, die von einer Entwicklung einer anderen Technik im Sinne eines anderen Verhältnisses zur Natur flankiert werden sollte. Ein Ende von Techniken insgesamt, somit auch von technisch bedingten Risiken, die zu tragischem Scheitern führen können, ist aber für die Spezies *homo sapiens* in der Gegenwart ihrer kulturellen Entwicklung so wenig denkbar wie ein Zurück zu vorzivilisatorischen Lebensformen. Techniken von simplen Artefakten bis zur Nukleartechnologie können durch Innovationen und verlässliche Qualitätssicherung für Defekte und versehentliche ‚Tücken des Objekts' unanfälliger werden, vermutlich wird man das Risiko aber nie eliminieren können, dass Technologien sich in der Verwendung durch zufällige Ursachen gegen ihre Funktion verkehren und den Menschen, die sie einsetzen und ihre Wirkungen nutzen, existentiellen Schaden zufügen können.[13]

Technologische Praxis ist schlechterdings fragil, was aus der Einsicht in die Untilgbarkeit von Kontingenz und der begrenzten Kontrolle der Lebensbedingungen folgt. Sie kann nicht nur Kontingenz nicht ausschließen, sondern erschafft notwen-

---

[12] Siehe Kap. 5.2–5.4.
[13] Das gilt auch mit Blick auf Zukunftstechnologien wie die von Transhumanisten geradezu eschatologisch beschworene Künstliche Intelligenz. Zu den erwartbar steigenden Risiken vgl. Harari 2015, S. 307 ff.

digerweise selbst neue Bereiche des Unkontrollierten und Unerwarteten. Das gilt *ceteris paribus* für die kulturelle Evolution insgesamt: Als ungesteuerter Gesamtprozess bringt sie kulturelle Praxen und Produkte hervor, die, je nach Funktionalität im Leben der Menschen, intra- und transgenerationell weitergegeben, vervielfältigt, verbreitet und optimiert werden. Zugleich aber wird ihre Dialektik durch diesen Prozess mit reproduziert und gesteigert, da schädliche Effekte und Dispositionen für funktionale Verkehrungen ebenfalls weitergegeben werden, etwa weil sie nicht bekannt sind, falsch verstanden, ignoriert oder billigend in Kauf genommen werden. Kulturelle Evolution und technisch-pragmatische Lebensform generieren also immer auch Voraussetzungen tragischen Handelns und können daher nicht die Eliminierung dieser Voraussetzungen erwirken. Eine Zukunft, in der sich aufgrund umfassender Qualitätsprüfung und Funktionssicherung sämtlicher Technologien und kultureller Medien kein Artefakt mehr kontingenterweise im Gebrauch gegen Menschen verkehren kann, ist realistischerweise nicht denkbar.

Ebenso wenig tragfähig scheint der für den Kommunismus wie optimistische Formen des Liberalismus leitende Gedanke zu sein, dass die *Verrechtlichung* und eine auf (radikale) Egalisierung und Partizipation setzende *Politik* der Demokratisierung tragische Konflikte insgesamt aufheben könnten. Denn einerseits kann das Recht in seiner gleichen Geltung für alle Rechtssubjekte strukturell in Konflikt mit existentiellen Werten für die Selbstverwirklichung von Individuen treten, die das Recht als verletzende Beschränkung ihrer kulturell entwickelten Lebensform erfahren können.[14] Eine gegenüber Tragik immunisierende Gerechtigkeit ist unter säkularen Bedingungen utopisch. Andererseits kann das Tragische nicht nur *zwischen* Recht und Individuen, sondern auch *diesseits* des Rechts aufbrechen, sodass dieses aus seinem eigenen Anspruch heraus nicht einzugreifen und den tragischen Konflikt aufzulösen vermag. Denn zum Recht gehört zumindest im liberalen Rechtsstaat die Idee, nicht alles im Leben der Individuen zu regulieren, sondern ihrer Selbstverwirklichung auch einen privaten Freiraum *von* rechtlicher Regulierung zu gewähren. Das gilt insbesondere für das bis heute häufigste Sujet von Tragödien: die Liebe.[15]

Es ist bekanntlich schwer, eine Welt zu imaginieren, in der die sozialen Verwüstungen und harschen Ungleichheiten des globalen Kapitalismus, die sich reproduzierende Ungerechtigkeit postkolonialer Verhältnisse und die Machtungleichgewichte, die sich zwischen den Staaten, zwischen globalem Norden und Süden oder sexuellen, ethnischen, religiösen Identitäten aufspannen, aufgehoben wären und

---

14 Vgl. Menke 1996a.
15 Vgl. zur antiken Sicht Ovid: „Tragische Dichtung besiegt an Erhabenheit jegliche andre;/ dennoch liefert auch ihr immer die Liebe den Stoff." (*Tristia* II, V. 381f.) Kein allgemeines Recht und keine universalistische Moral können die Liebe regulieren, weil sie vom individuellen Begehren und Vertrauen abhängt und sich darin verwirklicht. So sind „Liebe und Gerechtigkeit [...] Wörter, die fremden Sprachen angehören" (Beck/Beck-Gernsheim 1990, S. 254). Daher bleibt der Orientierung an den Normen allgemeiner Gerechtigkeit nur die ohnmächtige Geste, wenn sie Liebe einzuklagen versucht: Adorno 1951, S. 216.

planetare Gerechtigkeit nachhaltig Frieden und eine solidarische Gemeinschaft der Freien und Gleichen ermöglichte, in der tragische Erfahrungen keinen Ort mehr hätten (außer ggf. auf der Bühne). In diesem utopischen Szenario wären sicher auch rechtliche, soziale, politische Konflikte beseitigt, die den Hintergrund antiker Tragödien abgeben, etwa Kriege. Dennoch wäre es fraglich, ob dadurch Tragik ausgeschlossen werden könnte. Gerade eine Pluralität und Diversität fördernde Gerechtigkeit erlaubt auch eine Vielfalt existentieller Wertungen, aufgrund derer die Praxis von Akteurinnen und Akteuren kontingenterweise von Lebensfülle in Verzweiflung umschlagen kann. Zudem dürfte auch dann das Risiko technologischer Ironien bestehen bleiben.

Aus diesen Überlegungen ist nun aber nicht wie in der tragischen Metaphysik zu folgern, dass die kulturelle Reproduktion der Bedingungen des Tragischen generell einen Grund böte, existierende Umschlagsphänomene mit tragischer Wirkung apologetisch als notwendig zu rechtfertigen. Die These von den kulturellen Gründen der Tragik besagt ja gerade, dass diese Bedingungen selbst Gegenstand menschlicher Arbeit und menschlichen Handelns und daher nicht einfach schicksalhaft gegeben sind. Viele Lebensbedingungen, die tragisches Scheitern begünstigen, sind durch gesellschaftliche Emanzipationskämpfe wie die der Frauen oder der *People of Colour* durch zunehmende Rechtssicherheit, zivilgesellschaftliche Gestaltung der Lebenswelt, durch technische Optimierungen und Standardisierungen hoher Sicherheitsniveaus so verändert worden, dass die Möglichkeit tragischer Erfahrungen zumindest in bestimmten Bereichen wohlhabender Staaten reduziert worden ist. Nicht nur in den liberalen Demokratien ist etwa die Freiheit zu individuellen Lebensformen, deren universalistische Geltung meist durch marginalisierte und unterdrückte Gruppen erst erkämpft werden musste und muss, insgesamt durch eine Transformation der Anerkennungsverhältnisse so erweitert worden, dass das Risiko, aufgrund bestimmter Wertungen im Konflikt mit der Gesellschaft tragisch zu scheitern, zumindest unwahrscheinlicher geworden ist. Freilich kann sich das jederzeit wieder ändern.

Die Tragödie ist, wie in der Analyse der tragischen Erfahrung ersichtlich geworden sein dürfte, mitnichten eine fatalistische Apologie des Bestehenden, sondern ihre Darstellung des Leidens aktiviert vielmehr die reflexive Prüfung und Kritik der Umstände, die Tragik begünstigen, etwa eine gnadenlos rigide Rechtsausübung oder eine kratische und kognitive Selbstüberschätzung mit technischer und politischer Macht ausgestatteter Akteure. Die Tragödie provoziert das Nachdenken über existentielle Risikofaktoren und präventives Handeln, um die Wahrscheinlichkeit tragischer Erfahrungen zu minimieren. Die These dieses Buches lautet daher nicht, dass tragische Handlungen und Erfahrungen unvermeidbar sind (sie sind ja gerade kontingent und nicht notwendig). Es behauptet allein die Unmöglichkeit einer historischen Tilgung oder „Liquidation des Tragischen"[16] innerhalb menschlicher Kultur als Praxis.

Zu iii) – Wenn es stimmt, dass die Möglichkeit des tragischen Handelns weder ästhetisch noch praktisch – technisch oder rechtlich bzw. politisch –, d. h. durch

---

[16] Adorno 1970, S. 357; vgl. Brecht 1963/1964a, S. 310.

Veränderung der Handlungskontexte aufzuheben ist, bleiben im Verhältnis zur tragischen Erfahrung zwei weitere Wege offen, die das Verhältnis der Akteure zu ihren Werten und zu ihrem Leiden selbst betreffen: die Abwehr von Tragik durch Änderung ihrer Bedingungen aufseiten des Individuums oder die Anerkennung von Tragik, aus der die Frage nach dem Umgang mit dem Leiden folgt.[17] Beide Optionen sollte eine zeitgenössische Philosophie des Tragischen durchdenken.

Tragikvermeidung als Leistung des Individuums bedeutet formal, die eingestandene Möglichkeit des plötzlichen Umschlags von Handlungen von der freiheitsraubenden Dimension der tragischen Erfahrung zu trennen. Sofern es möglich ist, die in der Tragödie vorgeführte Folge der dialektischen Verkehrung von Praxis – den Sturz ins existentielle Leid – zu vermeiden, wäre zwar nicht die Ironie umschlagenden Handelns, jedoch der Bann des tragischen Schreckens gebrochen. Solche eine Sicherung der individuellen Lebenserfahrung und -führung gegenüber dem tragischen Feedback der eigenen Praxis ist eine Frage von Lebensformen und ethischen Einstellungen.

Die Philosophie kann fragen, ob die individuellen Voraussetzungen, die zu einem tragischen Leiden führen, durch Änderung von Lebensformen als Einstellungen zu Werten zu vermeiden sind. Dazu kann sie Alternativen zu einem Verständnis der durch existentielle Wertschätzungen und positive Freiheit charakterisierten Individualität von Personen zu denken versuchen und prüfen, was es mit Lebensformen auf sich hat, in denen das Tragische vermeidbar zu sein scheint, oder wie Lebensformen aufgrund ihres negativen Potentials – das in einem erhöhten Risiko bestehen kann, durch Scheitern Leiden zu erzeugen, oder strukturelle Konflikte mit anderen Lebensformen zu reproduzieren – zu kritisieren sind.[18] Drei Beispiele mögen die Richtung indizieren, in der Lebensformen untersucht werden können, die das Risiko von Tragik minimieren oder aufheben.

a) *Apathie.* Sokrates' im Angesicht des Todes bezeugte Lebensform der Leidvermeidung ist das erste antitragische Exempel des griechischen Denkens. Seine Fähigkeit zur Trennung von Schaden und Leid, von Verlust und tragischer Erfahrung zeigte sich darin, dass er die existentielle Zumutung des Todesurteils gelassen, ohne Furcht und Leid auf sich nahm; schon während des Gerichtsprozesses machte er diese Gelassenheit explizit: „Denn Leid zufügen wird mir weder Meletos noch Anytos im mindesten. [...] Töten freilich kann mich einer oder vertreiben oder des Bürgerrechtes berauben."[19] Den Umschlag seiner philosophisch-pädagogischen Tätigkeit in den irreversiblen Verlust seines Lebens nahm er an, ohne in eine tragische Erfahrung zu stürzen.[20] Sokrates' Haltung hat die hellenistischen Denkschulen, deren Ideen bis heute fortwirken, stark inspiriert, insbesondere die Stoa. Die Stoiker erklärten in

---

17 Zum Umgang mit Leid siehe Kap. 10.3., Punkt 4.
18 Ein solches Projekt verfolgt etwa (wenngleich ohne Tragikbezug) Jaeggi 2013.
19 Platon: *Apologie* 30c-d. Epiktet zitiert diesen Satz abgewandelt am Ende seines *Handbuchs der Moral* 53: „Anytes und Melitos können mich töten, schaden können sie mir nicht."
20 Vgl. Kap. 9.3.

Anlehnung an den platonischen Sokrates alle kontingenterweise verletzbaren Werte in der Welt für gleichgültige Güter (*adiaphora*), um ihnen gegenüber die rationale Tugend als alleinigen guten und unverletzbaren Wert herauszuheben. Man könnte sagen, dass rationale Tugend für die Stoiker zum einzig denkbaren existentiellen Wert wird, der gegenüber jeder Kontingenz und jeder Veränderung sicher sein soll. Während einige wie Ariston von Chios die These vertraten, dass alle Güter jenseits der Tugend gleichgültig seien, meinten andere wie Cicero, dass man zwischen zuträglichen Gütern wie Gesundheit und Freundschaft und abträglichen wie Krankheit und Feindschaft unterscheiden müsse, um überhaupt im Alltag zielorientiert handeln zu können. Einig waren sich die Stoiker aber darüber, dass eine ethisch weise Person sich nicht emotional an diese Güter binden und von ihnen abhängig machen dürfe, sondern mit ihnen rational umgehen und in ihrem Verlust gelassen bleiben solle, um einzig die Tugend als Voraussetzung und Ausdruck des guten Lebens zu erhalten.[21]

Zu dieser kompletten Steuerung des eigenen Wohlergehens ist nach Ansicht der Stoiker eine Haltung der Apathie (*apatheia*), eine Unabhängigkeit vom Bewegtwerden durch prinzipiell leiderzeugende Affekte (*pathē*), erforderlich. Die Apathie, die vor allem negative Gefühle wie Trauer und Schmerz zu umgehen erlauben sollte, wurde als Dimension des tugendhaften und damit guten Lebens begriffen, das die späteren Stoiker wie auch Epikureer und Skeptiker als Gelassenheit und Seelenruhe (*ataraxia* bzw. *tranquillitas animi*) qualifizierten.[22] Das Ziel, eine ruhige, von den Zumutungen emotionaler Verflochtenheit mit weltlichen Gütern und ihren Gefährdungen freie Lebensführung zu erreichen, teilten die hellenistischen Schulen, die alle – wie bereits ihre Quellen: Platonismus und Kynismus – als antitragisch zu verstehen sind. Ihre auf „unerschütterliche Seelenruhe, Furchtlosigkeit und Freiheit"[23] ausgerichtete Ethik mit ihren apathischen Immunisierungsideen gegenüber jeder möglichen tragischen Erfahrung zielt auf Lebensformen, denen Umschläge nichts mehr anhaben können. Griechische Tragödien erscheinen aus der Perspektive der Stoa daher wie poetische Repräsentationen von Irrtümern, etwa von Leiderfahrungen (*pathē*) derjenigen Menschen, die, wie Ödipus, externe Dinge wertschätzen.[24] Stoiker wie Seneca bezeugten ihre antitragische Lehre durch klaglose und gelassene Annahme des Verlusts von *adiaphora* inklusive ihres eigenen Lebens. Die Sicherung von Tugend und gutem Leben durch eine Selbsttechnologie der Apathie im Sinne existentieller Leidabwehr ist ein Grundgedanke, den spätantike Denktraditionen weiterführten und mit dem Judentum und Christentum verbanden.[25]

---

21 Siehe dazu Schrießl 2019, S. 119 ff.
22 Vgl. Reiner 1971b.
23 Epiktet: *Lehrgespräche* (*Diatriben*) 2, 1 (Weinkauf 2001, S. 211).
24 Vgl. ebd., 1, 4. Seneca hat demgegenüber Tragödien stoischer Didaxe verfasst, die gerade die Freiheit des Helden angesichts des großen Schreckens darstellen sollten. Vgl. Ette 2012, S. 103–105.
25 Vgl. Reiner 1971a. Die Apathie war bei Philon von Alexandrien zunächst ein Mittel, um sich gegenüber affektgetriebenen Sünden zu schützen; bei Clemens von Alexandrien wurde sie zum göttlichen Ideal der negativen Freiheit von allen Zumutungen der Sinnlichkeit und Emotionalität (vgl. ebd.,

In den hellenistischen Ethiken ist bezeichnenderweise auch das Motiv einer theatralen Ethik zu finden, die nicht den tragischen Helden, sondern den gegenüber seinen Rollen distanzierten Schauspieler zum Modell nimmt. So wie Nietzsche den Blick eines inneren „Theater-Auges" empfiehlt, das er zwar nicht als Instrument stoischer Apathie, doch als Schutzorgan gegenüber den „eigenen Leidenschaften" versteht, deutet der Stoiker Ariston von Chios die praktische Souveränität des Weisen als die Freiheit des Schauspielers, der verschiedene – auch tragische – Rollen annehmen und sich ihnen gegenüber als selbstbestimmter Akteur erhalten kann: „Denn der Weise sei einem guten Schauspieler ähnlich, der die Rolle sowohl des Thersites als auch des Agamemnon angemessen spielen könnte."[26] Entsprechend ließe sich als Alternative zur erregenden Ästhetik der Tragödie auch eine stoische, auf Empfindungslosigkeit zielende Anästhetik denken.[27]

Die formale Bestimmung einer habituellen Sicherung von Selbstbestimmung durch Apathie, die sich heute auch ohne die Metaphysik der Stoa, die Epistemologie der Skeptiker oder die Theologie der Monotheismen weiter diskutieren lässt, kann über Schopenhauers Philosophie der Gelassenheit bis in die Gegenwart als Antwort auf das Tragische verstanden werden.[28]

Dabei stellt sich nicht nur die Frage, ob stoische Lebensformen gegen tragische Erfahrungen immunisieren können, sondern auch, ob sie zufällige Umschläge für sich produktiv zu nutzen vermögen. Eine solche antitragische, weil antifragile Struktur hat Nassim Nicholas Taleb als eine der Kontingenz des Lebens überhaupt einzig gewachsene Lebensform in Stellung gebracht.[29] Sie ist eine Reformulierung der Lebensform der Stoiker, die für Taleb „ausgewiesene Praktiker von Antifragilität"[30] sind. Die Antifragilität ist nach Taleb deshalb jeder Lebensform der Fragilität überlegen, weil es ihr nicht nur gelinge, auf seltene und unerwartete Ereignisse robust und stabil zu reagieren, sondern sogar von ihnen zu profitieren und sich von ihnen stärken und erweitern zu lassen. Antifragilität ist demnach die Fähigkeit zur Nutzbarmachung unabsehbarer, kontingenter Negativität für eine Verbesserung des Lebens (bei gleichzeitiger Vermeidung von statistisch belegten existentiellen Risiken wie dem Rauchen). Fragile Lebensformen müssen nach Taleb Sorge tragen, unerwartete und massive Stressoren – Ereignisse nach Art der plötzlichen *metabolai* in der Tragödie – durch zuverlässige Prognostik zu vermeiden. Die aber sei unter Bedingungen nicht-

---

Sp. 431 f.). Zudem konnte das religiöse Gottvertrauen der Monotheismen an das auf eine rationale Organisation des Ganzen, den *logos*, gegründete Weltvertrauen der Stoa anschließen.
26 Zitiert nach Diogenes Laertius: *Leben und Lehre der Philosophen* VII, 160. Vgl. auch Epiktet: *Handbuch der Moral*, 17.
27 Zum – weniger antiken als postmodernen – Verhältnis von Ästhetik und Anästhetik siehe Welsch 1990; mit Bezug zur Stoa S. 11 und 26: Der Stoiker ist nach Welsch „ein perfekter Anästhet." Die Relation der beiden Begriffe beschreibt er u. a. als einen „Umschlag" und als „Dialektik" (S. 13 und 15).
28 Vgl. Trautsch 2009.
29 Vgl. Taleb 2013.
30 Dobelli 2013.

linearer Komplexität in Bezug auf „schwarze Schwäne"[31] nicht möglich, also – in Talebs aus dem antiken Rom entlehnter Terminologie – Ereignisse, deren Wahrscheinlichkeitswert sich nicht aus der induktiven Generierung von Prognosen aus der Vergangenheit vorhersagen lässt. Daher sei allein Antifragilität der kontingenten wie komplexen Welt angemessen, aus der sich für fragile Lebensformen unerwartete katastrophale Störungen nicht extrapolieren lassen.

Bezeichnenderweise sind die Werte, die durch diese antifragile Lebensform erhalten und gestärkt werden sollen, bei Taleb die des autarken Selbst: eigene Selbsterhaltung, Gesundheit, Macht, Freiheit und Unabhängigkeit. Intrinsische, endliche und unersetzbare Werte, die dieses Selbst in existentieller Weise an anderes, das weder seiner Kontrolle noch seiner Nutzbarmachung untersteht, binden, sind daher in Talebs aktueller Spielform neostoizistischer Apathie nicht vorgesehen. Durch sie wird das Selbst erst einer tragischen Fragilität ausgesetzt.

Ebenfalls in den zwar nicht antifragilen, doch robusten Spielformen des landläufig postmodern genannten Neoepikureismus, in dem Bindungen zwar lustvoll, aber auch disponibel sein sollen, wird leidenschaftliche Selbstbindung an höchste, unersetzbare Werte strukturell eher vermieden. Für Skeptiker gegenüber allzu starken Identifikationen gilt das ohnehin.

Allerdings bietet Talebs an der Volatilität von Finanzmärkten entwickelte Theorie einen Anschluss für die Theorie der Wertungen und ihrer identitätskonstitutiven Funktionen. Die Schule für Antifragilität bietet nach Taleb das Leben selbst. Es schaffe sowohl auf der Ebene der Evolution als auch auf jener der individuellen Selbsterhaltung Redundanzen und Puffer, um mit unerwarteten Stressoren nicht nur umzugehen, sondern sie sogar für sich zu nutzen. Arten werden besser angepasst durch zufällige Mutationen, Knochen gewinnen durch temporäre starke Belastung an Stabilität. Tatsächlich scheinen diejenigen mit kontingenten Einschlägen ins Leben am besten umgehen zu können, die ihre existentiellen Karten nicht nur auf eine Sache gesetzt haben. Wer ein Netz aus starken Wertungen hat, stabilisiert sich selbst, indem Läsionen von bestimmten Wertungen noch das Vertrauen auf andere erlauben oder sogar stärken. Allerdings erhellt gerade die Organmetapher, dass existentielle Werte unersetzbar sind. Auch der individuelle Organismus des Menschen bietet kein System aus Ersatzherzen oder -hirnen. Demgegenüber ist die kulturelle Sphäre von Evaluationen plastischer, aber es zeigt sich, dass Werte begrifflich ihre positiven Kräfte – insbesondere ihre für den Selbstbegriff konstitutiven, stärkenden, motivierenden – verlieren, wenn das Risiko ihres Verlusts durch Vervielfältigung gezielt verringert wird. Das Vermögen von existentiellen Wertungen, ihre Intensität als Quelle von praktischen Gründen, ist offenbar an die der Endlichkeit des Menschen entsprechende Limitation ihrer Zahl gebunden. Dem Menschen können nicht beliebig viele Dinge existentiell wichtig sein. Wie viele es sind, ist vermutlich individuell zu einem gewissen Grad variabel. Notwendig ist die Eigenschaft der Unersetzbarkeit von Indivi-

---

31 Vgl. Taleb 2008.

duellem, wenn von existentiellen Werten die Rede ist, selbst wenn mehrere für eine Person leitend sind. Es ist nämlich ein Unterschied, ob zwei Kinder von Eltern in gleicher Weise als unersetzbare Individuen geliebt werden oder ob das zweite Kind als eine Art Sicherheitskopie gezeugt wurde, um das Risiko der Fragilität des Elternglücks mit nur einem Kind zu minimieren. In diesem Fall würde die pathologische Intention die existentielle Werthaltigkeit selbst unterminieren. Doch auch im ersten Fall kann es den Eltern, die beide Kinder gleichermaßen lieben, helfen, sich noch liebend auf *ein* Kind als existentielle Quelle praktischer Gründe beziehen zu können, wenn sie tragischerweise den irreversiblen Verlust des anderen herbeigeführt haben sollten. Eine gegenwärtige Philosophie des Tragischen sollte neostoische Formen der Apathie wie die Antifragilität mit der Funktion von starken und existentiellen Wertungen für die praktische Individualität zusammen diskutieren.

b) *Komik*. Die Komik ist eine andere Antwort auf das Problem des Tragischen. Sie erkennt, anders als die Stoa, individuell konkrete Wertungen als Quellen praktischer Gründe ebenso an wie die massive Macht der umschlagenden Veränderung. Sie spricht sich indes dafür aus, dass die Werte und Zwecke, die von tragischen Figuren sehr ernst genommen werden, nicht notwendigerweise so ernst genommen werden *müssen*. Die Freiheit der Komik ist die, die das Individuum *gegenüber* seinen Werten und Zielen ohne Schaden bewahrt, indem es ihnen ihr existentielles Gewicht nimmt, sodass es sich wieder von ihnen trennen kann. So vermag auch ein Scheitern dem komischen Helden nicht wirklich etwas anzuhaben, im Gegenteil, es begründet erst seine Komik, weil er im Scheitern eine Distanz zum eigenen Wollen gewinnen und beim Verfehlen eines Ziels oder Zwecks, zu denen er Abstand gewinnt, „sich in freier Heiterkeit aus diesem Untergange erheben kann"[32], wie Hegel schreibt. Das gilt auch, wenn der komische Held selbst nicht recht weiß, wie ihm geschieht – und zunächst andere über ihn lachen. Der komische Umschlag wirkt auch auf das Publikum befreiend, weil er zugleich die Macht des tragischen Umschlags auflöst. Wenn alles danebengeht, bildet das Lachen, das komische Figuren und ihre Zuschauerinnen und Zuschauer idealerweise in einer Levitationsgemeinschaft zusammen erfasst, die Zäsur, hinter der ein neuer Anfang mit neuen Zielen einsetzen kann, die die verfehlten Ziele ersetzen. Das Zwerchfell lockert die Selbst-Wert-Bindung zugunsten des Selbst und seiner neuen Chancen.

In der heiteren Reaktion auf das Komische formiert sich die Einsicht, dass Scheitern nicht notwendigerweise Unglück bedeutet. Hätte Aias nicht am besten Athene, die Archaier und vor allem sich selbst auslachen und Schafhirte werden sollen? Komik ist ein Schutz der Subjektivität, die nicht mit der Verletzung ihrer Zwecke leidend zugrunde geht, sondern, so Hegel, „in ihrer Freiheit über den Untergang dieser gesamten Endlichkeit hinaus und in sich selbst gesichert und selig ist. Die komische Subjektivität ist zum Herrscher über das geworden, was in der Wirk-

---

[32] Georg Wilhelm Friedrich Hegel: *Ästhetik* III (Theorie-Werkausgabe Bd. XV), S. 529.

lichkeit erscheint." Sie bleibt „unangefochten und wohlgemut."[33] Wie in der hellenistischen Lebenskunst geht es bei komischen Lebensformen darum, dass kontingente Mächte nicht mehr in der Lage sind, die Freiheit der Person durch eine tragische Erfahrung außer Kraft zu setzen. Während aber die Stoa das Individuum durch Apathie *a priori* schadlos erhalten will, lacht die komische Subjektivität im und nach dem Scheitern ihre Bindung an den Grund des Leidens weg. Entsprechend wird die Plötzlichkeit der Verwandlung zu etwas Befreiendem. Kant hat diese Wirkung des Komischen durch die antitragische Formel getroffen, dass das von ihm ausgelöste Lachen „ein Affect aus der plötzlichen Verwandlung einer gespannten Erwartung in nichts" sei. Die Spannung „verschwindet plötzlich" und ein „Gleichgewicht der Lebenskräfte" tritt an ihre Stelle.[34]

Die komische Freiheit dem Umschlag gegenüber entspricht der Souveränität des Dichters, die Macht des tragischen Gehalts für einen Gewinn an heiterer Distanz gegenüber den in ihrem *pathos* fragwürdig sich verhaltenden Figuren in tragikomischen Szenarien auszutauschen.[35] Der tragische Ernst, in dem es um alles geht, löst sich mitunter in nichts auf. Diese Freiheit des spielenden Dichters gegenüber dem Ernst seines Stoffes können auch handelnde Personen in Bezug zu ihren eigenen Wertungen einnehmen – und über das eigene Misslingen lachen.[36] Es mag sein, dass bereits Sokrates' Behauptung, der wahre Dichter müsse sowohl Tragödien als auch Komödien schreiben können, auf diese Souveränität abzielte.[37]

Fraglich bleibt dabei, inwiefern nicht nur komische Lebenssituationen, sondern auch strukturelle Lebensformen der Komik möglich sind. Ob es konsistenterweise rational – und psychologisch plausibel – sein kann, alles im Fall des Misslingens so leicht zu nehmen, dass man sich aus jedem Schmerz in die komische Distanz hinein befreit und „unangefochten und wohlgemut" bleibt, müsste erst begründet werden.

c) *Mystik.* Schließlich erlaubt die Tradition der Mystik in Europa und dem Nahen Osten und in der Weisheit des Fernen Ostens – speziell der indischen Philosophie, des Taoismus und des Buddhismus –, Lebensweisen zu denken, die grundsätzlich zum

---

33 Ebd., S. 531. Die komische Subjektivität wird sozusagen Narr am eigenen Hof der Werte. Sie kann im Extremfall, wie Hegel schreibt, „selig" – wenn auch nicht so virtuos wie Woody Allens Zelig – ihre Identitäten wechseln.
34 Immanuel Kant: *Kritik der Urteilskraft*, AA V, S. 332 f. (diesen Hinweis verdanke ich Volker Gerhardt).
35 Das ist ein Kennzeichen der Dramen Shakespeares, bei denen schon früh die Mischungen aus tragischen und komischen Elementen bemerkt wurde. Zu Shakespeares Spiel mit der Möglichkeit, dieselbe Geschichte tragisch und komisch zu erzählen, siehe Hay 2011, S. 247 f.
36 Die Neue Komödie des Menander setzt bereits das Schicksal der tragischen Figuren fort, ohne sie in tiefes Leid stürzen zu lassen: „Die menandrischen Gestalten durchleben komisch, was die sophokleischen tragisch erleiden" (Lefèvre 2001, S. 280).
37 Vgl. Platon: *Symposion* 223d. Sokrates dürfte damit auch auf die Souveränität vernünftiger Bürger als den Autoren ihres Gemeinwesens hinweisen, die Platon später als „wahre[] Tragödie" (*Nomoi* VII, 817c) bezeichnet. Siehe Kap. 3.5 und 9.3. Müssten die Bürger dann nicht auch Autoren einer „wahren Komödie" werden? Vermutlich müsste es in ihr viel eher komische Gesten als gewichtige Aktionen geben.

individuellen Selbst als urteilender, entscheidender, wertender und wollender Instanz in eine gelassene Distanz treten. In der Selbstüberschreitung auf etwas Nicht-Individuelles wie das Tao, das kein Gegenstand des Wollens sein kann, liegt eine strukturell von der eigenen Individualität entlastende Transzendenz des Selbst, ein „Zurücktreten von sich"[38]. Es ist nach Tugendhat der Wechsel in ein Bewusstsein von einer Allgemeinheit oder von etwas Größerem, gegenüber dem das eigene Ich relativiert wird, oder in das Bewusstsein einer unbestimmten Vielfalt, der gegenüber die Egozentrizität des wertenden und wollenden Selbst in einer Seelenruhe zurücktritt. In dieser Funktion besteht eine Nähe von Buddhismus und Taoismus zur epikureischen, skeptischen und stoischen Idee der Seelenruhe (*ataraxia*) und zur jüdischen, christlichen und islamischen Mystik.[39] In diesen Lebensformen ist die Möglichkeit von Tragik insofern aufgehoben, als sie es gar nicht erst zur Herausbildung praktischer Individualitäten in Bezug auf existentiell ausgezeichnete Werte, für die der Wille leidenschaftlich angespannt wird, kommen lassen. Sie überführen die volitionale Energiekonzentration von Individuen auf individuell Bedeutsames immer schon in eine Gelassenheit des Bezugs zu Größerem, dem sie sich ohne voluntative Anstrengung überlassen. Mystik befreit daher von den individuellen Voraussetzungen tragischer Erfahrungen.

Diese apathischen, komischen und sich vom Selbst lösenden Lebensformen erlauben dem Einzelnen, sich vom Gewicht existentieller Wertungen für die praktische Individualität zu befreien. In diesen so unterschiedlich begründeten Einstellungen geht es um eine habituelle Distanz des Menschen zu seinen praktischen Zwecken und den sie leitenden Werten, sodass eine Dialektik des Handelns und eine Verletzung dieser praktischen Verknüpfung nicht ins persönliche Unheil führen können.

Es ist eine offene Frage, ob in den Haltungen der stoischen Indifferenz oder robusten Antifragilität gegenüber der Kontingenz, denen der Komik als spielerischer Distanz gegenüber den eigenen Zwecken oder denen der Selbsttranszendenz, die asiatische mit europäischen Traditionen der Philosophie, Religion und Mystik verbindet, nicht nur episodische Techniken der Selbstdistanzierung, sondern auch dauerhaft erfüllende Lebensformen mit Immunisierung gegen Tragik bestehen können. Am ehesten scheint mir der Erfolg in Lebensformen der Mystik möglich zu sein, die in einer langen in Ost und West institutionell getragenen Tradition gelernt worden sind.

Ebenso infrage steht, ob es ethisch überhaupt sinnvoll ist, neostoische, komische oder mystische Lebensformen normativ auszuzeichnen und zu kultivieren. Sokrates' Beispiel leuchtet bis heute als Haltung der Würde im Umgang mit letalen Feedbackwirkungen des eigenen Lebens. Doch seinen Weg kann man nicht für jede Person als verbindliche Norm einfordern, da nicht jede auch im Scheitern ihrer identitätskon-

---

[38] Siehe den sehr anregenden Versuch von Tugendhat 2003, S. 111–162, und 2010c.
[39] Michael Theunissen spricht auch vom Glauben Jesu als einer praktisch entlastenden „Freiheit des Menschen von sich selbst" (Theunissen 1991a, S. 336).

stitutiven Aktivität treu bleiben und so den Abbruch der Zukunftsoffenheit des Lebens gelassen hinnehmen kann. Sokrates wird das Philosophieren nicht genommen, daher kann er philosophierend bis zum Tod leben. Er vermag ein Beispiel zu geben für den Umgang mit existentiellen Verlusten, der die Selbstbestimmung gegen das ohnmächtige Leiden bewahrt. Doch zu verschieden sind die tragischen Situationen, zu unterschiedlich sind die zuweilen empörenden Gründe des Umschlags, zu individuell die existentiellen Wertungen und ihre Verluste, um Sokrates' Reaktion auf sein Scheitern zum Modell für alle Menschen in allen Konstellationen machen zu können. Der Trost der Philosophie kann die Selbstbestimmung auch noch im Leiden an offenkundigem Unrecht erhalten, aber nicht jeder sieht im Philosophieren einen existentiellen Wert.[40] Zudem ist es von unschätzbarem Gewinn, wenn man – wie Sokrates – in der fatalen Rückwirkung des eigenen Handelns auf einen selbst auch auf die Nähe, Solidarität und Dialogbereitschaft von Freunden rechnen kann, die die kommunikative Freiheit aufrechtzuerhalten helfen. Das ist jedoch, wie bereits die isolierende Erfahrung in attischen Tragödien darstellt, nicht notwendigerweise der Fall.[41] In den letzten Jahren ist nicht zuletzt durch gesellschaftliche Kämpfe um Anerkennung die Vulnerabilität von Lebensformen von Menschen mit Behinderungen, in Unterdrückungsverhältnissen oder in Kriegs- und Fluchtsituationen stärker thematisiert worden. Es wäre ethisch verfehlt, Personen, die durch sozio-ökonomische, politische und andere kulturelle oder auch natürliche Ursachen besonders verletzlich sind, eine Haltung der Selbstbehauptung im Angesicht tragischen Scheiterns anzuraten.

In Bezug auf die Apathie- und Ataraxie-Ideale der Stoa und anderer hellenistischer Philosophieschulen müsste demzufolge geklärt werden, ob ein Leben, in dem die existentiell gespannten Leidenschaften therapiert und tragische Affekte wie Mitleid und Furcht immer schon unter rationaler Regentschaft wären, wünschenswert

---

[40] Die nach einem Klagegesang des gefangenen Philosophen als Allegorie auftretende Philosophie vertreibt in Boethius' *De consolatione philosophiae* die dichterischen Musen von seinem Bett, die sie in der Tradition platonischer Theaterkritik als „Dirnen der Bühne" (*scenicas meretriculas*) diffamiert, die Leiden, statt vernünftige Befreiung davon nährten (Erstes Buch, I.P, 27–34). Die tragischen Musen aber sind für die Pluralität evaluativer Vernetzungen des Selbst mit der Welt und die Erfahrung des Daran-Leidens offener als die stoisch inspirierte Philosophie. Diese hat aber nicht schon aufgrund ihrer Widerstandsfähigkeit – im Gewand „aus unzerstörbarem Stoff" – das Recht, jene Figuren der Verletzbarkeit, des Leidens und Mitleidens abzuwerten, die Boethius zunächst als alleinige solidarische „Gefährten" in seinem Leid beschreibt, in das er aus dem Glück „stürzte" (*cecedit*) (I.C, 6, 22). Existentielle Evaluationen sind individuell, der Wert des Philosophierens ist nicht intrinsisch höher oder wichtiger als andere Werte wie die Sorge um Kinder. In einer pluralen und diversen Gesellschaft haben prinzipiell alle Wertungen Anspruch auf Anerkennung, solange sie nicht moralische Ansprüche verletzen und Personen darin behindern, andere Wertungen auszubilden.

[41] Es ist daher auch nicht ausreichend, psychisches Gewappnet-Sein gegenüber Tragödien als Selbstdisziplin einzufordern, wie es der kanadische Psychologe Jordan Peterson wiederholt in YouTube-Videos macht. Peterson versteht die unvermeidbare Tatsache, dass Menschen überhaupt verletzlich sind, als das Tragische. Eine Theorie, was tragisches Scheitern genau bedeutet, was eine Verletzung zu tragischem Leiden macht und gegenüber anderen Leidensformen auszeichnet, scheint seinen Apellen, „tragedy" als einen „eternal enemy" zu akzeptieren, nicht zugrunde zu liegen (Peterson 2018).

ist.⁴² Ebenso wären Lebensformen zu diskutieren, die sich dem Komischen und damit der Distanz des Subjekts zu seinen Vorhaben und seinem Misslingen verschreiben. Ihnen hat sich die Philosophie bisher wenig gewidmet.⁴³ Die Überwindung der Egozentrizität durch mystische Praktiken als eine Art asketische Übung zur Psychohygiene der endemischen narzisstischen Dispositionen wäre im säkularen oder postsäkularen Zeitalter sicher fruchtbringend. Dass damit aber in modernen Gesellschaften (außerhalb von Klöstern und analogen Schutzräumen) *en gros* stabile Lebensformen entwickelt werden können, erscheint mit Blick auf die faktisch beschleunigten, kapitalistisch verwickelten Gesellschaften und ihre Produktion planetarer Probleme äußerst fraglich.

Eine stoische, komische oder mystisch inspirierte Haltung gegenüber dem tragischen Scheitern kann im individuellen Fall bewundernswert und befreiend sein; sie vermag dabei zu helfen, sich den pathogenen Faktoren einer Negativität erzeugenden Praxis nicht hinzugeben. Eine generelle ethische Kultur der Ataraxie oder Apathie, in der es letztlich um Hygiene, Schutz und Erhalt des autarken, sich mit dem Ganzen (der Natur, dem All-Einen, Göttlichen) in Übereinstimmung befindlichen Geistes geht, würde zwar auf den modernen Bedarf nach Grundhaltungen der Gelassenheit und des Seelenfriedens (etwa durch Techniken der Achtsamkeit) antworten, doch, so ist zu vermuten, nicht helfen, die sozial vernetzten Lebensformen relationaler Selbste auszubilden, die den existentiellen Problemen der Kultur, die auch bleiben, wenn wir kollektiv zu Stoikern, Komikern und Mystikern werden, gewachsen zu sein vermögen.

In der Diskussion der Abschattung des Tragischen durch antitragische bzw. antifragile Lebensformen müssen auch moralphilosophische und eudaimonistische Einwände diskutiert werden: So sind existentielle Wertungen zwar für Personen nicht notwendig, doch scheinen sie eine motivationale Bedingung für ethisch herausragende, supererogatorische Handlungen wie die riskante Rettung von Menschen in Lebensgefahr oder Rebellion gegen Unrechtsregime zu sein. Ohne existentielle Werte sind moralisch ausgezeichnete Formen von Heroismus wie Widerstandskampf gegen totalitäre Unrechtsherrschaft nicht denkbar. Sie tragen, solange sie nicht irreversibel verletzt werden, sogar entscheidend zu dem bei, was Taleb Antifragilität nennt, insofern sie Belastungen in der Praxis erzeugen, die aber das Selbst in seiner praktischen Identität bzw. Individualität bestärken.

Zudem spricht viel dafür, die Verletzlichkeit des eigenen Charakters und des individuellen Selbstverständnisses aufgrund der Fragilität und Vulnerabilität von Wertbindungen selbst als einen ausgezeichneten moralischen Wert zu verstehen, wenn sie Ausdruck aktiver und verantwortungsvoller Weltbezüge und engagierter Sorge um andere ist. Emotionale Ansprechbarkeit, Verletzbarkeit und (Mit-)Leidens-

---

42 Vgl. Nussbaum 1994, S. 484 ff.
43 Man könnte etwa an eine Lebensform der Ironie denken, die mit der Postmoderne und bspw. Rortys Plädoyer für Ironie (Rorty 1989) assoziiert wird. In den Diskursen der letzten Jahre wird diese Haltung zunehmend kritisiert, gerade weil sie politischen Kampf durch ein distanziertes Spiel ersetzt, in dem das Selbst sich nicht existentiell aussetzt.

fähigkeit sind nicht Zeichen ethisch unausgereifter heteronomer Charaktere, sondern gehören vielmehr zu Voraussetzungen einer ethischen Sensibilität, die sich ihrer Verantwortung für andere stellt und zu lernen hat, was es heißt, Solidarität mit all jenen auszubilden, die vulnerabel sind und ins freiheitsunterminierende Leiden kippen oder gestoßen werden.[44] Auch deontologische Ethiken wie die Kants setzen Personen als Adressaten voraus, die überhaupt ein Wissen darüber ausbilden können, warum Menschen – und auch nicht-menschliche Lebewesen – moralisch schützenswert sind: aufgrund ihrer Bedürftigkeit und Verletzlichkeit. Die eigene Vulnerabilität zu erkennen, ermöglicht daher, auch für die anderer Kreaturen und Personen sensibel zu sein. Im Bewusstsein der Fragilität unserer Vorstellungen von Macht und Autonomie liegt eine Quelle für Empathie, Solidarität und politisches Engagement.

Schließlich lässt sich auch eudaimonistisch-ästhetisch gegen Lebensformen, die von praktisch riskanter Leidenschaft abschirmen, argumentieren: Eine Welt, in der sich Lebensformen durchsetzten, die die Herausbildung existentieller Wertungen, starker Leidenschaften und hoher Ziele vermieden, wäre vermutlich ärmer an Erfüllung. Zwar ist es ratsam, heroischen Ideen von erfülltem Leben, das sich einem höchsten Wert verschreibt, der auch ein Sterben für ihn erfordern mag, immer mit einer gewissen Skepsis begegnen, da es auch falsche, maligne existentielle Wertungen gibt und man sich über sie täuschen kann. Millionen waren begeistert bereit, sich für den höchst zweifelhaften, doch öffentlich propagierten und kollektiv unterstützten Wert des Vaterlands zu opfern, anstatt z. B. transnationale Erotik zu kultivieren. Vor allem eine epikureische Einstellung kann auf eine in gerechten, angstfreien und diversitätsaffinen Gesellschaften sich öffnende Pluralität von Erfüllungsmomenten verweisen, die nicht Ausdruck einer Verwirklichung ausgezeichneter Wertungen darstellen: leibliche wie geistige Lüste, zweckloses Genießen, unerwartete Freuden, Erfahrungen von Schönheit, Augenblicke des zufallenden Glücks, Freude in gemeinschaftlicher Arbeit und viele andere Formen von mal mehr, mal weniger intensiver oder langfristiger Erfüllung, die zusammen auch ohne existentielle Auszeichnung ein gutes Leben in alltäglicher Daseinsaffirmation auszumachen vermögen. Doch ohne jedes von existentiellen Wertungen angetriebene Wagnis, dessen Scheitern eine tragische Erfahrung auslösen kann, wären Formen passionierter Hingabe und Sich-Verausgaben wohl kaum denkbar: besondere Leistungen der Kunst, die teilweise lebenslange Suche nach wissenschaftlichen Erklärungen, der hartnäckige, mühsame

---

44 Neben Harris 1977 und 2006; Nussbaum 1986 und 1994 und anderen ist hier vor allem die in mehreren Schriften entwickelte Ethik von Emmanuel Lévinas zu nennen, welche die Verletzlichkeit als Teil der Sinnlichkeit des Subjekts im Angesicht des Anderen herausstellt, für den man selbst immer schon verantwortlich ist. Erst als verwundbares Ich wird man nach Lévinas sensibel für die Verwundbarkeit des anderen. Subjekte, die ihre eigene Verletzlichkeit, ihre Passivität und Ausgesetztheit gegenüber dem anonymen Sein, der Einsamkeit, den Katastrophen, dem Altern, der Schlaflosigkeit, Krankheiten, dem Leiden und Sterben nicht erkennen, weil sie sich ihr nicht aussetzen, verfestigen sich in einer stolzen Identität des aktiven Beherrschens und laufen Gefahr, den anderen zum Objekt zu machen. Vgl. dazu Staudigl 2000, S. 59–76; Czapski 2017.

und langfristige Einsatz für die eigene Lebensgemeinschaft oder für eine bedeutende Idee mit einer Kräfte freisetzenden Sinnerfahrung oder eine riskante, alles Leben leidenschaftlich verzaubernde *amour fou*. Überhaupt ist wirkliche Liebe zu Individuellem, zu Menschen wie zu individuellen Vorhaben, für die man sich glücklich verausgabt, ohne existentielles und tragisches Risiko nicht denkbar. Der australische Sänger, Dichter und Musiker Nick Cave, dessen Sohn 2015 bei einem Unfall starb, hat den Zusammenhang klar zur Sprache gebracht: „Grief and love are forever intertwined. Grief is the terrible reminder of the depths of our love and, like love, grief is non-negotiable. There is a vastness of grief that overwhelms our minuscule selves."[45]

Es scheint also zumindest zweifelhaft, ob zum einen Lebensformen, die tragische Erfahrungen ausschließen, verlässlich funktionieren und ob es zum anderen ratsam ist, ganz auf sie zu setzen, um sich vor Tragik zu schützen und dafür auf das vertiefte Leben zu verzichten, das existentielle Wertungen und die mit ihnen einhergehende Verletzlichkeit erst eröffnen.

10.3 Ausblick: Aufgaben einer zeitgenössischen Philosophie des Tragischen

Auch wenn die Kunst die ausgezeichnete kulturelle Form des Eingedenkens und der Darstellung von Leiden, Scheitern und Verletzung bleibt, um sie zum Gegenstand empathischer Teilnahme und eines das Negative integrierenden Bewusstseins zu machen, sollte die Philosophie sich des Tragischen nicht enthalten. Vielmehr hat sie ihre Kräfte auch für die Erkenntnis der Bedingungen von Lebensführung und ihrem tragischen Scheitern zu investieren. Die philosophische Arbeit am Tragischen kann so zum kritischen Projekt einer ihre eigene Dialektik aufklärenden Aufklärung beitragen, das ein Bewusstsein für die Gegenwart des Tragischen neben der Kunst, doch in Bezug auf sie, durch begriffliche Analysen wach hält.

Die theoretische Analyse kann auch praktisch von Wert sein, sofern die Philosophie einerseits untersucht, wie die Bedingungen der Freiheit gegenüber tragischen Umschlägen besser – rechtlich, moralisch, politisch und technisch – zu schützen sind, und sich andererseits darum bemüht, die individuelle Erfahrung ernst zu nehmen und zu fragen, welche Lebensformen und Ethiken diesen Erfahrungen gegenüber angemessen sein können.

Das wären aktuelle Aufgaben einer kritischen Philosophie des Tragischen, welche die Voraussetzungen tragischen Umschlagens in den Bedingungen gesellschaftlicher, politischer, ökonomischer und technischer Risikoerzeugung und den humanen Selbst- und Weltverhältnissen analysiert und sich zugleich dem Problem des Tragischen für diejenigen stellt, die eine tragische Erfahrung machen. Dabei kann sie mit Glück selbst dazu beizutragen, dass ein tragisches Subjekt aus dem Wissen heraus,

---

45 Cave 2018.

dass seine eigene verkapselnde Erfahrung in ihren Gründen und Auswirkungen allgemein nachvollziehbar ist, eine entlastende Distanz zu ihr gewinnt. Die Arbeit am Begriff als dem verbindenden Medium öffentlicher Verständigung lässt sich auch als Arbeit an der Befreiung aus der isolierenden Tendenz des tragischen Leids verstehen, weil sich in der theoretischen Reflexion zu offenbaren vermag, was an ihm allgemein und daher mit allen Leidenden verbindend ist.

In kurzen Thesen sollen abschließend einige Bereiche zur Sprache kommen, in denen die Philosophie für eine Erforschung der Kontexte des Tragischen und des Umgangs mit der Möglichkeit tragischer Erfahrung relevant sein könnte:

1. *Erweiterte Erkenntnis der Bedingungen und Formen des Tragischen im Lebendigen.* Die Philosophie versucht das Tragische zu begreifen, indem sie allgemeine Strukturen und Bedingungen sowohl in den kulturell geformten, historisch je unterschiedlichen Handlungskontexten als auch in den kulturell ermöglichten individuellen Lebensformen und Identitäten erkennt. Das Tragische erscheint dann allgemein, insofern es der kulturellen Existenz selbst als Möglichkeit eingeschrieben ist und jedes ernsthaft wertende und handelnde Individuum bedroht, das erst aufgrund seiner kulturell ermöglichten Freiheit individuell sich an ausgezeichneten Wertungen orientieren und an ihrem Verlust leiden kann. Ein erweitertes Erkenntnisinteresse der Philosophie des Tragischen müsste nicht nur die historisch und in unterschiedlichen Kulturen je spezifischen Formen des Umschlags samt seiner Risiken differenziert mit Blick auf sozial, technisch, medial unterschiedliche Kontexte beschreiben, sondern auch ihre natürlichen Bedingungen mit einbeziehen. Es sprechen Beobachtungen aus den Naturwissenschaften dafür, dass eine der tragischen Dialektik analoge Dialektik von unfreiwilliger und irreversibler Selbstschädigung bereits in der Zeitlichkeit des Lebendigen selbst angelegt ist. Das betrifft (i) individuelle Organismen, (ii) Arten und (iii) die Biosphäre als Ganze.

Zu (i) – Nicht nur kann jeder Körper als individuelle Identität leicht durch sich und andere ernsthaft verletzt werden, auch seine Selbsterhaltung durch Austausch mit der Umwelt erzeugt fortwährend Prozesse der zum Teil irreversiblen Selbstschädigung. Denn es sind nicht nur Gefahren aus der Umwelt des Organismus wie Keime, Fressfeinde oder klimatische Veränderungen, sondern die Aktivitäten der Selbsterhaltung selbst, welche die Entstehung von Dysfunktionalitäten, die mit Alterungsprozessen einhergehen, befördern: etwa den zunehmenden Verschleiß von benutzten Gelenken, die Abnutzung der Zähne oder die nahrungsbedingte Verkürzung von Telomeren, die zum Alterungsprozess beitragen. Auch ließen sich einige Krankheiten als katastrophale Verkehrung lebenserhaltender Funktionen beschreiben, die die für die Selbsterhaltung des Organismus notwendigen Funktionen kontingenterweise in ihr Gegenteil umschlagen lassen. Autoimmunkrankheiten etwa führen dazu, dass das komplexe Immunsystem des Organismus von der Abwehr maligner Fremdkörper auf die Schädigung lebensnotwendiger Elemente dieses Organismus wie einzelnen Organen umschaltet; Krebs stört die für die Selbsterhaltung des Organismus erforderliche Zellteilung, die durch Mangel an negativen Feedbacks zur Produktion malignen

10.3 Ausblick: Aufgaben einer zeitgenössischen Philosophie des Tragischen — 737

Gewebes führt, das letztlich die Funktionalität lebenswichtiger Organe außer Kraft setzt.

Zu (ii) – Selbstgefährdung durch Selbsterhaltung des individuellen Organismus wird in der Theorie vom *evolutionary suicide* (oder der *Darwinian extinction*) auch auf Arten bezogen, die sich in ihrer Reproduktion und somit ihrem Überleben dadurch selbst bedrohen können, dass die Exemplare der Spezies sich besser an ihre (veränderten) Umweltbedingungen anzupassen lernen. Der erfolgreiche Vorgang der Adaption kann dann kontingenterweise ins Aussterben der Spezies umschlagen.[46] Die Gefährdung von endemischen Arten, die sich an geographisch abgegrenzte Lebensräume angepasst haben, ist zudem durch den Einfluss des Menschen sehr verstärkt geworden, der die natürlichen Barrieren der Lebensräume wie Gewässer durch kulturelle Distribution von Arten durchlässig machte. Transportmittel der Zivilisation, vor allem Schiffe, ermöglichten plötzliche Invasionen neuer Arten in Lebensräume, wodurch endemische Arten aussterben, die keine Zeit hatten, sich evolutionär an die veränderten Umweltbedingungen anzupassen. Ihre bisher erfolgreiche Adaption, z. B. die energiesparende Rückbildung der Flügel bei den Dodos auf Mauritius, die an die Bedingungen auf der Vulkaninsel über lange Zeit angepasst waren, wurde zur Voraussetzung ihres zügigen Aussterbens durch importierte Tiere wie Ratten, Schweine und Affen im 17. Jahrhundert, die die Eier der bodenbrütenden Vögel aßen und mit ihnen um Nahrung konkurrierten, und durch die sie jagenden Menschen.[47]

Zu (iii) – Der Physiker, Geochemiker und Mediziner James Lovelock und die Mikrobiologin Lynn Margulis entwickelten in den 1970er Jahren die Gaia-Hypothese,[48] nach der sich die Biosphäre durch negative Feedbackprozesse wie den Kohlenstoffkreislauf, in welche die evolvierten Lebewesen und alle Geosphären sich gegenseitig verändernd involviert sind, auf der Erde langfristig nach Art eines eigenen Organismus selbst so reguliere, dass sie die Kontinuität der Lebensbedingungen sichere, vor allem durch eine homöostatische Stabilisierung des globalen Klimas, des Salzgehalts der Meere und des Sauerstoffgehalts der Erdatmosphäre. Die Theorie, die für die Entwicklung der Erdsystemwissenschaften von großer Bedeutung war und ist, lässt sich als optimistische Geo-Komödie verstehen: Alle Prozesse und Disruptionen bringen auf dem Planeten die lebenserhaltenden Zyklen aller Organismen, die in einem symbiotischen Verhältnis zur Biosphäre insgesamt stehen, langfristig nicht aus dem kontinuierlichen Gleichgewicht. Sie sind hinreichend resilient, um auch unter Bedingungen plötzlicher Veränderungen wie am Ende der Kreidezeit die Kontinuität der des zukunftsoffenen Lebens auf der Erde zu sichern.

Gegen diese Theorie, die man mit Dante als *terrestria commedia* bezeichnen kann, haben der Paläobiologe Peter Ward und seine Kollegen die eher pessimistische Hypothese einer Geo-Tragödie entwickelt, der sie bezeichnenderweise den Namen der

---

[46] Vgl. etwa Parvinen 2005. Zu autodestruktiven Dynamiken der Natur siehe auch Wuketits 2002.
[47] Vgl. Hume 2012, S. 148.
[48] Vgl. Lovelock 1979; Lovelock/Margulis 1974; Margulis 1998.

Frau gegeben haben, die bei Euripides auf tragische Art ihre Kinder tötet.[49] Nach der Medea-Hypothese schädigt sich das Leben selbst, etwa durch Abfallstoffe, konkurrierende Arten und positive Feedbackprozesse. So sichern Ward zufolge die zyklischen Prozesse das Leben auf der Erde langfristig nicht, sondern wirken ihm sogar fatal entgegen. Der Carbonat-Silicat-Zyklus, der die Bindung und Freisetzung von Kohlenstoff im Erdsystem reguliert, werde irreversibel zu einer verstärkten Silicatbildung und somit Verringerung der Konzentration von Kohlendioxid in der Atmosphäre führen, sodass die Lebensbedingungen für vegetabile Organismen und damit auch für tierische mit der Zeit schwieriger würden, bis kein Leben außer dem von Bakterien mehr möglich sein werde. Die Erdgemeinschaft mehrzelligen Lebens ist nach Wards Theorie inhärent selbstzerstörerisch, wie sich etwa schon an den Massenaussterben durch Schwefelbakterien gezeigt habe, von denen das an der Perm-Trias-Grenze etwa 90 % aller Arten vernichtete.

Ob sich eher die These der komisch-optimistischen Gaia oder der tragisch-pessimistischen Medea durch weitere Forschungen bestätigen lassen wird, ist eine offene, von den Erdsystemwissenschaften diskutierte Frage. Den Vertretern beider Theorien ist freilich bewusst, dass die menschliche Zivilisation das Erdsystem mittlerweile so massiv beeinflusst, dass von einer stabilen Selbstregulation momentan ohnehin nicht auszugehen ist und die ferne Tragödie des sich selbst unterminierenden Lebens durch zu wenig Kohlendioxid in der Atmosphäre kurzfristig durch zu viel davon als anthropogene Katastrophe vorweggenommen wird. Die Konsequenz Wards ist ein aufklärender Kampf gegen den Klimawandel, während Lovelock angesichts der rapiden globalen Erwärmung auf technologische Lösungen im Rahmen von Geoengineering und auf die Partnerschaft mit überlegener Künstlicher Intelligenz setzt.[50]

Es wäre interdisziplinär zu klären, welche fatalen irreversiblen Verkehrungen lebenserhaltender und biodiversitätssteigernder Prozesse innerhalb von Individuen, Arten oder der terrestrischen Biosphäre als Ganzer durch positive Rückkopplung zu verzeichnen sind, wie sie zusammenhängen und in welcher Verbindung sie zu den Fällen stehen, in denen menschliche Populationen in abgegrenzten Kulturen ihre eigenen natürlichen Lebensgrundlagen unbeabsichtigt zerstört haben und daran zugrunde gegangen sind,[51] und ob es einen Bezug zur kulturellen Selbstgefährdung des Menschen gibt bzw. was aus dem neuen Bewusstsein tragischer Risiken für die Erde als ganzer zu lernen ist.[52] So könnten Elemente einer allgemeinen Theorie natürlicher und kultureller Selbstgefährdung verbunden werden, deren besonderer und für das wertende Wesen Mensch existentieller Fall unter den Bedingungen einer für leidenschaftliche Ernsthaftigkeit offenen Kultur menschliche Tragik wäre. Der Aktualität solcher Weisen natürlicher und kultureller Selbstgefährdung, die sich nicht mehr klar trennen lassen, entspricht heute eine Verantwortung der Menschheit für

---

49 Vgl. Ward 2009.
50 Vgl. Ward 2009, S. 128 ff.; Lovelock/Rapley 2007; Lovelock 2019.
51 Vgl. Diamond 2005.
52 Siehe dazu den folgenden Epilog.

10.3 Ausblick: Aufgaben einer zeitgenössischen Philosophie des Tragischen

ihre eigenen planetaren Lebensgrundlagen. Die Erforschung der Prozesse und Formen natürlicher und kultureller, individueller wie kollektiver Selbstgefährdung sollten in einer verbindenden Perspektive interdisziplinär verfolgt werden, wobei die Philosophie eine synthetisierende Perspektive einnehmen könnte.

2. *Erforschung plötzlicher Umschläge als notwendiges Element bewussten Lebens.* Zu einer zeitgenössischen Philosophie des Tragischen gehört zudem die Diskussion der These, dass das Moment des plötzlichen Umschlagens nicht nur den Schrecken der Peripetie bedingt, sondern auch eine für das Leben und Denken notwendige Dialektik ausmacht. Dass sich etwas auf einmal von selbst ins Gegenteil verkehrt, ist nicht nur eine Gefahr für den Organismus und die praktische Individualität, sondern auch eine Beschreibung der Spontaneität des Lebendigen und seiner plötzlichen Selbstbewegung in einen konträren Zustand. Man denke an die teilweise schon vom ersten *metabolē*-Theoretiker Heraklit bemerkten Wechsel von Ein- und Ausatmen, von Schlafen und Wachsein, von Krankheit und Gesundheit, sowie überhaupt an Umwandlungsprozesse, die treffenderweise als Metabolismen beschrieben werden.

Diese Spontaneität ist wiederum ebenso Kennzeichen des Denkens und Handels, das auf einmal von selbst eine Potentialität in Aktualität verwandelt. Jeder Gedanke kann nicht nur mit leichtfüßiger Dialektik in einen Gegengedanken wechseln, sondern muss auch in logisch entgegengesetzte Richtung umschlagen können, um überhaupt Denken zu ermöglichen. Denn nur wenn man zu einer Aussage auch ihre möglichen Abweichungen inklusive ihrer Verkehrung ins Gegenteil, also einen Widerspruch, denken kann, kann man überhaupt mit Aussagen logisch operieren und in die Bewegung des Denkens kommen, die Hegel in seiner Logik dargestellt hat. Daher ist auch das prometheische Feuer als Symbol einer Kultur, deren Leistungen sich gegen den Menschen verkehren können, schon bei Heraklit ebenfalls ein Zeichen für die lebendige Selbstbewegung der Seele, die den Prozess des Umschlagens nicht nur erleidet, sondern *in ihm besteht:* Man gewinnt per Begriff mit einem Mal ein Bewusstsein von einer Sache; wechselt im Denken zwischen entgegengesetzten Möglichkeiten; die Wahrnehmung schlägt mit einem Mal in einen anderen Aspekt, Nicht-Wissen in Wissen um; man prädiziert nacheinander sich ausschließende Prädikate und gebraucht bestimmte Negationen, um Erkenntnis zu formulieren und sie zu prüfen: Gedanken kommen in Bewegung – Lernen ist nicht nur in der tragischen *anagnōrisis* ein mal allmähliches, mal plötzliches Umschlagsphänomen.[53] Auch jeder Wechsel der Gedanken, jede Abwägung konträrer Gründe gegeneinander erfordert so etwas wie einen intelligiblen Umschlag. Zudem ist der Wechsel vom distanziert-reflexiven Standpunkt in das Erleben des eigenen Leibes im Handeln und zurück ein umschlagender Positionswechsel.[54]

---

[53] Vgl. Gadamer 1991, S. 75 und 80; sowie Kap. 3.2. Auch Platon begreift die Selbstbewegung der Seele als Ursache (*aitia*) ihres Umschlags (*metabolē*): Nomoi X, 896a. Vgl. dazu Steiner 1994, S. 47 f.
[54] Die heraklitischen Umschlagsbeschreibungen werden damit als notwendige Bewegung des menschlichen Bewusstseins selbst lesbar. Dem Ich ist nach Plessner 1975, S. 292, „der Umschlag vom

Die *metabolē* ist demnach als notwendiges Moment der intakten Funktionalität des Wahrnehmens, Denkens und Urteilens allgemein vertraut. Erst dann wird der Umschlag gefährlich, wenn sich durch ihn auch das Handeln gegen unseren Willen *irreversibel* verkehrt, sodass man am Weiterhandeln auf Dauer gehindert wird. Die Idee, dass der erlittene Umschlag im Handeln selbst eine Manifestation des auf Umschlagswechsel angewiesenen Lebens und Denkens ist, gibt Anlass zu der Annahme, dass auf ihn wieder eine sich von selbst freisetzende Spontaneität folgen kann, die jedem (neuen) Selbstbegriff aus der unvordenklichen Aktivität organischer Lebensprozesse vorangeht. Das notwendig umschlagende *Denken*, das tragische Erfahrungen nicht eliminieren kann, insofern sie ja gerade (leidendes) Bewusstsein und damit die Möglichkeit des Denkens voraussetzen, wäre damit auch als eine Befreiung aus der Finalität des praktischen Umschlags zu begreifen. Platons Form des dialektischen Dialogs, der nicht in den Abbruch des Denkens führt, selbst wenn er in Aporien endet, hat eine durchaus therapeutische Pointe gegenüber der Tragödie und dem sich in ihr für die Figuren verschließenden Lebenshorizont.

3. *Das gemeinschaftliche Projekt einer stets vorläufigen ‚delphischen Weisheit'*. In dieser Arbeit wurde gezeigt, dass tragische Figuren, indem sie etwas leidenschaftlich verfolgen, Mitverantwortung für ihr Scheitern tragen. Zugleich wurde die (in der Gräzistik kaum noch vertretene, aber in religiösen Weltanschauungen noch verbreitete) moralische Deutung der Tragik als gerechte Folge von Schuld zurückgewiesen. Das Tragische verhält sich eigentümlich ambivalent zwischen den binären Unterscheidungen von Unschuld und Schuld, Widerfahrnis und Tat. Daher kann die Tugend des Maßhaltens, die in der Antike mit der Weisheit von Delphi verbunden wurde, keinen zuverlässigen Schutz gegen das Tragische bilden. Denn sie rät nur, sich nicht *zu sehr* auf sich zu verlassen, um nicht fehlzugehen im Handeln. Sie muss dazu jedoch voraussetzen, dass man sich auf die eigene Urteils- und Handlungskompetenz überhaupt verlässt, um ihrer Forderung praktisch gerecht werden zu können. In einer Welt ohne die Annahme eines göttlich oder in der Struktur des Lebens vergeltungslogisch verbürgten Tun-Ergehen-Zusammenhangs gehört die Ungewissheit im Handeln notwendig zum praktischen Bewusstsein, selbst wenn die Kultur für Ausgleichsmechanismen und erhöhte Sicherheitsstandards im Handeln sorgt. Man hat allerdings kein ethisches Allheilmittel gegen das Tragische in der Hand, wenn man strikt jede Art von praktisch relevanter Selbstüberschätzung und Eigensinnigkeit zu vermeiden sucht, was aus systematischen Gründen auch für wenig narzisstisch disponierte Personen eine Herausforderung darstellt. Denn niemand vermag *in actu* zu garantieren, dass die Beurteilung von Legitimität, Stärke, Kontrollfähigkeit des eigenen Willens und der Richtigkeit, Begründung und Reichweite des Wissens mit Blick auf den Handlungskontext, eine dynamische Konstellation aus u. a. sozialen, natürlichen und technischen Sachverhalten angemessen ist. Wir kennen uns und die Welt schlechterdings zu

---

Sein innerhalb des eigenen Leibes zum Sein außerhalb des Leibes ein unaufgebbarer Doppelaspekt der Existenz".

wenig, erst recht inmitten praktischer Zusammenhänge samt ihrer kontingenten Unwägbarkeiten. Man müsste schon auf das Handeln ganz verzichten, um sicherstellen zu können, dass man von nicht erkannten Bedingungen und somit von der Möglichkeit tragischen Umschlagens des eigenen Handelns nicht überrascht wird. Jedes Handeln erzeugt ein graduell unterschiedlich großes Risiko zu scheitern.

Dennoch bleibt die delphische Mahnung gegenüber Hybris und Selbstüberschätzung im Wissen um tragische Risiken als Grenzbewusstsein gültig und muss heute auch auf die Formen kollektiver gesellschaftlicher und technologischer Selbstschädigung bezogen werden. Es sind bereits lange diskutierte, wenngleich in Politik und individueller Lebensführung in kapitalistischen Konsumgesellschaften noch kaum hinreichend berücksichtige Einsichten, dass ein Mehr an Möglichkeiten nicht notwendigerweise ein Mehr an Freiheit und Erfüllung erzeugt und eine Effektivitätssteigerung durch Beschleunigung eher für entfremdete Verhältnisse als für eine Steigerung des guten Lebens sorgt.[55] Vor allem jedoch gefährden technische Entwicklung und ökonomisches Wachstum, die Wohlstand, Gesundheit und höhere Lebenserwartung ermöglichen, zugleich die natürlichen Lebensgrundlagen und die Funktion sozialer Verbände auf der Erde. In diesen dialektischen Prozessen Formen der Selbstbegrenzung, aber auch der produktiven Entwicklung von Alternativen zu erkennen, um nicht potentiell tragische Risiken für das Leben in zukünftigen Generationen zu vervielfachen, ist eine Aufgabe, der die Menschheit sich nur gemeinschaftlich im Ausgriff auf eine stets vorläufige, fallible und revisionsbedürftige ‚delphischen Weisheit' stellen kann.

4. *Reflexion des Umgangs mit schwerem Leid*. Nicht-tragische Lebensformen im Vergleich zu denen, die tragische Risiken hervorbringen, zu beschreiben, zu analysieren und zu diskutieren, ist eine mögliche Aufgabe einer zeitgemäßen Philosophie des Tragischen.[56] Eine weitere wäre eine Untersuchung der Modi des Umgangs mit tragischen Erfahrungen, in denen es nicht darum geht, der tragischen Erfahrung durch Ausbildung einer bestimmten Lebensform von vornherein auszuweichen, sondern sie als Teil des Lebens auszuhalten und anzunehmen.

In einer ethischen Perspektive, die Lebensformen existentieller Wertbindungen und praktischer Individualität ernst nimmt, kommt es dagegen darauf an, wie ein Individuum sich zu seinem Leiden verhält. Statt der Separation vom Leiden durch Reduktion oder gar Aufhebung der Leidensfähigkeit lässt sich Leiden als Teil der eigenen Lebensform annehmen, in der es in Anerkennung seiner Negativität doch zum Gegenstand einer positiven Evaluation zu werden vermag. Nietzsche hat als Alternative zu Sokrates – und zur metaphysischen und religiösen Furcht vor dem Leiden – tragische Weisheit in der Bereitschaft verstanden, die tragische Erfahrung nicht zu fürchten und zu fliehen oder sie in Zermürbung und Entkräftung passiv durchzustehen, sondern sie zu wollen und zu bejahen. Das von Nietzsche geforderte „tragische

---

[55] Vgl. Sennett 1998; Ehrenberg 2008; Han 2010; Jaeggi 2005; Rosa 2005 und Rosa 2013.
[56] Siehe Kap. 10.2.

Pathos", aufgrund dessen er sich als den „ersten tragischen Philosophen"⁵⁷ stilisiert, ermöglicht eine Steigerung von Lebenskraft im Aushalten der tragischen Wahrheit, dass man gerade am Wichtigen und Großen zugrunde geht und das Leben sich als Leiden offenbart. Das Aushalten des Leidens ist nach Nietzsche nicht im Modus einer passiv-nihilistischen Resignation, eines bloßen Duldens und Ertragens des Unerträglichen zu denken, sondern vielmehr im Modus affektiver Bejahung. Er holt die Umkehrung der Umkehrung von der tragischen Bühne ins Selbstverhältnis des noch im zufälligen oder notwendigen Schicksal freien Menschen, der sich als ein Leidender, dessen Leiden nach Beendigung drängt, überwindet, sodass er aus seinem Leiden etwas Höheres wie Kunst schaffen kann. Nietzsches Formel dafür lautet *amor fati*: ein Ja-Sagen nicht nur zum Lustvollen, sondern auch zur Negativität, „zu allem Wehe"⁵⁸, das mit dem Leben kontingenterweise den Menschen trifft, als gewolltes aber in die selbstverstärkende Lust integriert zu werden vermag. Diese Einstellung zum Leiden wird schließlich noch im Gedanken einer Affirmation seiner ewigen Wiederkehr von Nietzsche gesteigert.

Doch auch diese Bewältigung der tragischen Erfahrung durch die Umkehr des Wollens und die Intention auf das Leid ist wie die sokratisch-stoische Trennung vom Leiden eine höchst individuelle Leistung, von der fraglich ist, ob sie auch nur Nietzsche selbst gelungen ist. Kann man sie wirklich als *den* Umgang mit einer wirklichen Erfahrung des Tragischen empfehlen? Ich bin skeptisch, dass die Umkehrung der Umkehrung als Programm einer Liebe zum eigenen Schicksal um jeden Preis gelingt, sofern es nicht in eine höhere Sinnordnung integriert wird. Denn das Leiden-Wollen setzt ja schon einen volitionalen Impuls, eine Lust voraus. In der tragischen Erfahrung indes wird der Wille von seinen eigenen Wirkungen außer Kraft gesetzt. Kein zugemutetes Leiden würde man sich in diesem Fall affirmativ zu eigen machen, sondern dasjenige, in das einen erst das eigene Tun manövriert hat.

In jedem Fall ist *amor fati* an die situative Selbstüberwindung des Einzelnen gebunden. Als allgemeine normative Erwartung liefe sie Gefahr, die Ohnmacht der Leidenden durch die Erfahrung des misslingenden Sich-Überwindens noch zu vergrößern. Die Affirmation des Tragischen durch Rückführung der künstlerischen Befreiungsleistung ins individuelle Leben tendiert daher zu Verharmlosungen, wenn der Blick von der eigenen Selbstformung und dem eigenen Sich-zum-Leiden-Verhalten auf das tragische Geschick anderer Personen fällt. Wer einer leidenschaftlichen Kämpferin für die Gerechtigkeit, deren widerständiger Einsatz in einem totalitären Staat unfreiwillig zur radikalen Verschärfung von Ungleichheit beigetragen hat, oder einem liebenden Vater, der, ohne es zu wollen, durch kontingente Verkehrung seiner Handlungen seine Kinder getötet hat, nietzscheanisch inspiriert erklärte, dass ihre tragische Weisheit darin bestehen müsse, „auch noch die Lust am Vernichten"⁵⁹

---

57 Friedrich Nietzsche: *Ecce Homo*. KSA 6, S. 312.
58 Friedrich Nietzsche: *Also sprach Zarathustra* IV. KSA 4, S. 402.
59 Friedrich Nietzsche: *Ecce Homo*. KSA 6, S. 312.

zu wollen und ihren „Schmerz noch als Stimulans"[60] zu verstehen, der beginge nicht nur eine philosophische Absurdität, sondern auch eine moralische Unverschämtheit. Es ist schlechterdings kein existenziell gangbarer Weg für die Praktische Philosophie, nietzscheanisch zu behaupten, dass „das Tragische reine und mannigfaltige Positivität, dynamische Heiterkeit" und fröhliches „Jasagen"[61] *sei*, dem eine „Ethik der Freude"[62] entspreche. Die Annahme des tragischen Leidens durch eine Leidaffirmation kann außerhalb der Kunst nur Ergebnis einer tiefen, höchst individuellen, selbst wieder dialektischen Selbstüberwindung sein, in der das Wollen noch auf das Leiden, das es schwächt, selbst übergreift, nicht aber Ausdruck einer Identität des existenziell Konträren. Um sich zu tragischem Leid in einer annehmenden, letztlich stärkenden Weise, die als Ergebnis *amor fati* genannt werden mag, verhalten zu können, muss sein Gewicht erst anerkannt werden, so wie langfristig erfolgreiche Trauerarbeit, die den Lebenshorizont wieder öffnet, Freiheit und neues Glück erlaubt, zunächst das Erleben von Schock, Ohnmacht, Angst, Zorn, Schuldgefühlen, Verzweiflung und Schmerz in der Trauer über den Verlust voraussetzt.[63] Die einzige philosophisch adäquate Haltung gegenüber tragischem Leid ist der Respekt vor seiner Individualität, die, wie Nietzsche selbst wusste, allzu leicht übergangen wird.[64] Zu Recht hat Bernard Williams daher gefordert, dass die Philosophie den Menschen im Fall tiefen Leids, das für sie, weil es ihrem Leben den praktischen Sinn nimmt, unerträglich ist, nicht zu sagen habe, wie sie sich fühlen sollen.[65]

Eine Aufgabe einer zeitgemäßen Philosophie des Tragischen wäre aber, die Formen zu analysieren und zu begründen, in denen tragische Akteure in ein nicht nur passives Verhältnis zum Leiden treten können. Nietzsches *amor fati* ist eine Möglichkeit. Eine andere wäre ein weniger heroisch formulierter, doch nicht weniger anspruchsvoller Ansatz, der nicht behauptet, das Leiden zu wollen, sondern es zu durchleben und an ihm zu wachsen. Diese Möglichkeit hat der Psychologe Viktor E. Frankl in der von ihm begründeten Logotherapie mit Kolleginnen und Kollegen erforscht und in den Konzentrationslagern Theresienstadt, Auschwitz und den Neben-

---

[60] Friedrich Nietzsche: *Götzen-Dämmerung*. KSA 6, S. 160.
[61] Deleuze 1991, S. 42.
[62] Ebd., S. 23. Deleuzes anti-dialektische Gleichung „tragisch = froh, fröhlich" (ebd., S. 42) ist ebenso unsinnig wie Nietzsches Prophezeiung, die Menschheit könne die „härtesten, aber nothwendigsten Kriege" führen, ohne am Bewusstsein dieser Kriege zu leiden (*Ecce Homo*. KSA 6, S. 313).
[63] Vgl. Kast 1982, S. 61–78. „Um wirklich trauern zu können, um den Verlust aufzuarbeiten, ist die Bereitschaft sowohl des Trauernden als auch seiner Umgebung nötig, Tod und Trauer zu akzeptieren. Es ist nötig, daß die ganze schreckliche Verzweiflung als solche akzeptiert und als der Lebenssituation angemessen betrachtet wird. Zudem müssen die chaotischen Emotionen, insbesondere der Zorn, ausgehalten werden." (ebd., S. 76).
[64] Vgl. Friedrich Nietzsche: *Die fröhliche Wissenschaft* IV, 338. KSA 3, S. 566: „Das, woran wir am tiefsten und persönlichsten leiden, ist fast allen Anderen unverständlich und unzugänglich", wenn das Leid bemerkt wird, wird es „zu flach ausgelegt" und im Mitleid „des eigentlich Persönlichen e n t k l e i d e t".
[65] Vgl. Williams 2006, S. 337. Vgl. auch Henrich 2007a, S. 361.

lagern des KZ Dachau Kaufering III und VI bei Türkheim während der nationalsozialistischen Diktatur selbst erfahren und bezeugt. Wie er in seinem bereits 1946 erschienenen Bericht über das Leben im Konzentrationslager schreibt, dem er in späteren Auflagen den nietzscheanischen Titel *Trotzdem ja zum Leben sagen* gab, war es ihm und anderen Häftlingen selbst unter den menschenunwürdigsten Bedingungen im Lager noch möglich, im Leiden einen Sinn zu finden. Dieser Sinn gründete nicht darin, das erlittene Unrecht des systematischen Genozids und die Drastik des Leids zu relativieren, auch nicht darin, auf einen Ausgleich für das Leiden durch späteres Glück zu hoffen (diesen würde es nicht geben können, waren sich die Insassen einig). Vielmehr ging es Frankl darum, den nationalsozialistischen Mördern zum Trotz in einer Lage ohne Aussicht das eigene Leiden als Aufgabe zu verstehen. Der Psychologe richtete sich im grausamen Lageralltag an dem Gedanken auf, das Leiden in Liebe zu seiner Frau durchzustehen, die in einem anderen Lager inhaftiert war. Er gewann Kraft durch ihr inneres Bild und der Sinn, der ihm blieb, bestand darin, „s e i n e e i n z i g e L e i s t u n g i n e i n e m r e c h t e n L e i d e n" zu erbringen. [66] Ohne diese Sinnorientierung hätten Frankl und andere das Lager womöglich nicht überlebt. Insofern ist Sinn im Leiden für Frankl ein „*survival value*"[67].

Leiden ist für Frankl nicht allein wie das der Shoa durch kontingentes historisches Unrecht bedingt, sondern wie bei Jaspers auch durch existentielle Grenzsituationen für jeden Menschen unausweichlich: Tod, Krankheit und Schuld bilden nach Frankl die „tragische Trias"[68] der Anthropologie. Er charakterisiert den Menschen durch den „Willen zum Sinn", der wichtiger sei als der „Wille zur Lust" und der „Wille zur Macht".[69] Nach Frankl äußert dieser sich in – u. a. von Nietzsche, Scheler und Jaspers inspirierten – drei für den Menschen konstitutiven Werteinstellungen: der des Schaffens (*homo faber*), der des Erlebens, z. B. in der Liebe, (*homo amans*) und der des Leidens (*homo patiens*). Schaffen, Erleben und Leiden sind, so Frankl, die anthropologisch möglichen Formen der Sinnerfüllung, wobei dem Leiden der höchste Rang zukomme. Denn wenn man es sich zur Aufgabe stelle, würde es unter Bedingung einer Grenzsituation zur höchsten Leistung, durch deren Erbringung eine Person sich selbst verändere und an sich wachse: „Im Erfüllen von Sinn verwirklicht der Mensch sich selbst. Erfüllen wir nun den Sinn von Leiden, so verwirklichen wir das Menschlichste

---

[66] Frankl 1946, S. 53. Frankl betont, dass es ihm und seinen Mithäftlingen darum gegangen sei, einen Sinn des Lebens zu finden, der auch den des Leidens und Sterbens umfasst, um überhaupt das Leiden im Lager durchzustehen (ebd., S. 110). In Briefen nach Kriegsende hat Frankl genauer ausgeführt, inwiefern er sein Leiden *für* seine Frau (und seine Mutter) angenommen hatte: Gott hatte er in Dachau den Pakt angeboten, sein Leben und Leiden für das Leben seiner Frau und seiner Mutter zu geben. Nach seiner Befreiung stürzte Frankl in Wien erneut ins existentielle Leid, denn sowohl seine Mutter Elsa als auch seine Frau Tilly waren in Auschwitz und Bergen-Belsen umgekommen. Was nun blieb, war „die Bodenlosigkeit des Leids", bis er in der Arbeit einen neuen Sinn fand (Frankl 2015, S. 48–64, hier: S. 52).
[67] Frankl 1996, S. 37.
[68] Frankl 2005, S. 159.
[69] Frankl 1996, S. 49.

im Menschen, wir reifen, wir wachsen, wir wachsen über uns selbst hinaus."[70] Was man mit Frankl eine „kopernikanische Wendung" im Verhältnis zum Leid bezeichnen könnte,[71] heißt also, die Einstellung einzunehmen, in der das Leiden nicht als reines Widerfahrnis erscheint, das in der tragischen Erfahrung jede praktische Sinnorientierung zerstört und existentielle Ohnmacht diktiert, sondern in der die Konfrontation mit dem Leiden selbst als Aufgabe des Lebens, auf die man antwortet, und als sinnerfüllende verantwortete Aktivität, als Verwirklichung einer Möglichkeit begriffen wird. Die Logotherapie versucht daher, Personen dabei zu unterstützen, mit unausweichlichem Leiden durch das Auffinden eines Sinns umzugehen, der ihrem individuellen Leben und ihrer Situation angemessen ist. Einerseits adressiert sie dabei das Leiden am sinnlosen Leben durch einen Aufweis von existentiell ausgezeichneten Sinnmöglichkeiten, die in der praktischen Individualität der leidenden Person bereits in Kraft sind. So kann der Logotherapie zufolge Leid dann zur sinnvollen Aufgabe werden, wenn die Person ihr Leiden situativ unter einen Zweck stellt, der ihre schon existierenden Wertorientierungen zum Inhalt hat, etwa den, dass sie ihr Leiden für oder anstelle einer geliebten Person auf sich nimmt. Dann aber wäre die Leistung des Leidens kein intrinsischer Zweck, sondern hätte sein Wofür außerhalb des Leidens, wäre mithin ein Akt der intentionalen Transzendenz des Leidens. Andererseits scheint jedoch schon allein die pure Aufgabe, sich der Tatsache des Leidens bewusst zu stellen, von Frankl als sinnvoll begriffen zu werden.

Wie kann aber eine Sinnerfüllung des Leidens in seinem bewussten Durchleben begründet werden? Dazu müsste die in therapeutischen Kontexten verbreitete Metapher des (inneren) Wachstums bzw. der Reifung expliziert werden, die Frankl mit der Erbringung der Leidensleistung verknüpft und auf die vielleicht auch Gadamer zielt, wenn er von der Aufgabe spricht, Schmerz, der nicht überwunden werden könne, zu „verwinden"[72]. Die Aufgabe der Erduldung und Verwindung des Leidens muss in jedem Fall anspruchsvoller verstanden werden als im Sinn einer bloßen Selbstveränderung, wie Frankl zuweilen nahelegt, denn logischerweise ist existentielles Leiden immer auch Verändertwerden, ohne dass dies für das ihm ausgesetzte Selbst sinnträchtig erscheint – in der Regel ist ja Sinn gerade dadurch bedroht. Für eine Philosophie des Tragischen gilt es demnach zu verstehen, was es heißt und wie es ist, im Leiden über sich hinauszuwachsen – nach Frankl „zu innerer Freiheit"[73] zu gelangen – und welche praktischen und theoretischen Früchte dieses Hinauswachsen für das Individuum tragen mag. Dazu kann nach Frankl vor allem gehören, ein Beispiel für

---

70 Frankl 1991, S. 34. Zum Finden von Sinn im Gegensatz zum Sinngeben oder -erzeugen siehe ebd., S. 28 ff. Frankl zitiert als Gewährsmann den Philosophen Hermann Cohen mit dem Satz, dass die höchste Würde des Menschen das Leiden sei (ebd., S. 81).
71 Frankl 2018, S. 241.
72 Gadamer 2003, S. 27 f.
73 Frankl 2018, S. 207.

andere abzugeben.[74] Denn auch im Wachsen durch Leiden ist ein von ihm selbst zu unterscheidender Zweck – das Wachstum – gedacht, um dessen willen das Leiden erduldet wird.

Ferner ist zu fragen, ob die These der stets möglichen Sinnfindung im Leiden auch für das tragische Leid gilt, das gerade aufgrund der selbst mitverursachten Zerstörung von Sinn eintritt: Wie ist die Annahme, dass „es im Grunde jedem Menschen frei" stehe, „eine persönliche Tragödie in einen menschlichen Triumph zu verwandeln"[75], mit der Analyse tragischer Erfahrung vereinbar? Ist das nicht wieder eine Spielart der stoischen „Freiheit ‚unter allen Umständen'", welche „keine Bedingungen mehr"[76] kennt und von Seneca über Schiller und Schelling bis ins 20. Jahrhundert die Philosophie des Tragischen geprägt hat, die so dem tieferen Verständnis des Leidens ausgewichen ist? Können Menschen, die selbst für irreversible Verluste existentieller Werte kausal verantwortlich sind, wirklich bezeugen, „daß Erfüllung mit Mißerfolg kompatibel ist"[77]? Nur wenn diese Frage sich positiv begründen ließe, könnte man aus dem „tragischen Optimismus"[78] Frankls eine Ethik entwickeln, die noch im Äußersten der selbstinduzierten Pein eine sinnvolle Aufgabe formulierte. Dann wäre eine „Pathodizee"[79] und somit eine Bewältigungsstrategie gegenüber dem Tragischen erreichbar. Auch Hoffnung wäre nicht notwendigerweise inkompatibel mit tragischer Erfahrung.[80]

Es spricht allerdings einiges dafür, dass bei diesem Ergreifen des Sinns im Abgrund und dem Gewinn innerer Freiheit eine besondere, je individuelle, seit früher Kindheit erworbene, gleichwohl lebenslang plastische Disposition zur Resilienz, zur inneren Widerstandskraft, im Spiel ist, die von einer Ethik nicht ohne Weiteres universell allen Adressatinnen und Adressaten unterstellt werden kann.[81] Es wäre lohnend, wenn die Philosophie mit der psychologischen Forschung zu posttraumatischem Wachstum, Coping, Resilienz und verwandten Themen zusammenarbeitete und erforschte, inwieweit Widerstandskraft in eine Ethik, zumal eine des Umgangs mit existentiellem Leid, integriert werden kann oder sogar muss.[82] Mit Blick auf Nietzsche und Frankl könnte sie als die Fähigkeit verstanden werden, in tragischen Erfahrungen auf alle inneren (Sinnfindung, Denken, Moral u. a.) und äußeren (soziale

---

74 Diese Haltung, die noch im Sterben Sinn verleiht, hat Frankl in der psychotherapeutischen Praxis seinen Patienten mehrfach nahegelegt. Vgl. ebenfalls Yalom 2016.
75 Frankl 1996, S. 67.
76 Frankl 2018, S. 207.
77 Frankl 1991, S. 82.
78 Frankl 1983.
79 Frankl 2018, S. 161–241.
80 Jedenfalls wenn man diese mit Vaclav Havel nicht versteht als „die Überzeugung, dass etwas gut ausgeht, sondern [als] die Gewissheit, dass etwas Sinn hat, egal wie es ausgeht." (zit. nach: Widmann 2011).
81 Das zu klären, ist auch eine empirische Frage der Resilienzforschung, die in den 1960er Jahren in den USA begann und seitdem zu einer Fülle wichtiger Forschungsergebnisse gekommen ist.
82 Zum Wachstum nach Leiden siehe etwa Tedeschi/Calhoun 1995.

Einbettung, Kunst, Therapie u. a.) Ressourcen zurückzugreifen, die das mutige Durchstehen dieser Erfahrung in Hoffnung auf den Wiedergewinn positiver Freiheit erleichtern. In jedem Fall müsste auch die belebende Funktion der Tragödie als Kunst in den Blick genommen werden. Denn es zeigt sich, dass gerade die griechische Tragödie bei der Bewältigung moderner Traumata helfen kann.[83]

Wichtige Fragen im affirmativen, duldenden und widerständigen Umgang mit existentiellem Leid sind jedenfalls noch offen. Unterschiedliche Beschreibungen des Leidens, die die philosophische Tradition, vor allem die Phänomenologie, sowie Forschungen aus der Psychologie aufnehmen, sind Desiderate einer aktuellen Philosophie des Tragischen, die in Kulturen der Fehlerintoleranz und des Erfolgsdrucks keine große Popularität genießt, aber verstärkte akademische Aufmerksamkeit verdient. In diesem Zuge sollte sie Formen von Leid einschließlich spezifisch humaner wie der tragischen Leidens differenzieren und den *homo tragicus* sowie den *homo patiens* in die offene Reihe der kulturellen Selbstkennzeichnungen des Menschen integrieren.[84] Sie muss die Analyse des Leidens und der Verhältnisse zu ihm stets als das Gegenstück ihrer Analyse der tragischen Dialektik begreifen, welche die kulturelle Existenz des Menschen je historisch auf besondere Weise (re-)produziert. Denn nur beide zusammen – die Dialektik der Kultur und die Erfahrungen Einzelner – lassen die anthropologische Dimension erkennen, die in der Tragik liegt.

5. Begründung einer Widerstandskraft durch Humanität. Kandidaten für einen Freiheitsgewinn gegenüber der Tatsache des Tragischen sind also menschliche Fähigkeiten und Kräfte, die über das praktische Vermögen, an Wertungen orientiert handelnd Zwecke zu verwirklichen, hinausgehen: die der Kunst, die den Umschlag in ästhetische Kraftfreisetzung umzuwenden vermag, die theoretischen des Denkens, das selbst die Bewegung des Umschlagens vollzieht, und die existentiellen der Sinnstiftungen, die noch den Verlust aller Handlungsmacht anzueignen helfen.

Alle diese Dimensionen sind ohne gesellschaftliche Kontexte und die Annahme einer menschlichen Gemeinschaft nicht denkbar: Die tragische Kunst des Theaters mit seinen sozialen, ökonomischen und politischen Voraussetzungen ist auf Öffentlichkeit und ein Publikum angewiesen, das insofern eine Gemeinschaft bildet, als es im je individuellen intentionalen Bezug auf die auf der Bühne dargestellte Erfahrung durch die Zeit des Spiels ästhetisch koordiniert ist und sich bei und nach den Aufführungen über seine leiblichen, emotionalen und intellektuellen Reaktionen austauscht. Die ästhetische Erfahrung setzt ihre Energie in interpersonale Mitteilung um, die bereits beim Applaus beginnt.

---

83 Ein Beispiel dafür ist das *Theater of War Project*, bei dem griechische Tragödien für Kriegsveteranen und ziviles, vor allem medizinisches Personal gelesen werden, gefolgt von Diskussionen, in denen sich soziale und therapeutische Effekte zeigen, siehe Doerries 2015; https://theaterofwar.com/.
84 Vgl. die anthropologischen Selbstbestimmungen – vom *homo quaerens* über das *animal sociale cum rationale*, den *homo sapiens* als *homo faber* und den *homo ludens, negans et creator* bis zum *homo publicus* –, die Gerhardt 2019 im Verhältnis zueinander diskutiert.

Auch das Denken, das der Ohnmacht des Ausgesetztseins die eigene logisch umschlagende Aktivität entgegensetzt, ist auf mediale Äußerungen in Stimme oder Schrift und daher notwendig auf eine Kommunikationsgemeinschaft angelegt. Seine kulturellen Formen – die der propositionalen Sprache sowie anderer Sprachen wie jener der Musik – haben Intersubjektivität und Öffentlichkeit zur Voraussetzung und zum Adressaten. Denken ist auf Verständigung und gemeinsame Wahrheitsfindung angewiesen, um sich zu erhalten und zu verbessern. Es gibt schlechterdings kein solipsistisches Denken.

Das Gleiche gilt für die Annahme von Sinn. Das bewusste Durchleben und die Annahme des tragischen Leidens sind nur möglich durch einen Grund des Leidens bzw. ein Wofür. Auch wenn dieser Zweck situativ und individuell ist, wird er doch nur dann Kraft zu entfalten vermögen, wenn sein Anspruch mit der menschlichen Gemeinschaft verbunden bleibt. In den Beispielen Frankls, die sich meist auf ein Leiden anstelle anderer oder für andere beziehen, ist das offensichtlich. Aber selbst Nietzsches *amor fati* entfaltet ohne starke Korrespondenz mit anderen und anderem nicht die Macht, die diese affirmative Haltung, die das Leiden einschließt, haben soll. Der Begriff der Liebe (*amor*) holt ja bereits unmissverständlich das stärkste Moment der sozialen Verbindung ins Selbst-Welt-Verhältnis hinein, zu dem, wie der *Zarathustra* zeigt, auch die Tiere gehören, mit denen selbst ein Eremit noch in terrestrischer Gemeinschaft steht.

Wenn nun das Handeln unter kulturellen und das heißt immer auch gesellschaftlichen Bedingungen das tragische Problem erst erzeugt, ohne es lösen zu können, sollte das Potential praktischer Rationalität, mit tragischen Erfahrungen gesellschaftlich umzugehen, zum Thema zeitgenössischer Ethik werden. Sie müsste moralisch wünschenswerte Weisen, sich zum Leid zu verhalten, mit normativen Forderungen an die Gesellschaft, die die Leidenden umgibt, verbinden. Eine Überlegung dazu sei abschließend angeführt.

Die Sinnerfüllung, die an der Existenzanalyse geschulte Psychologen ihren Patienten zu finden helfen, sodass sie ihr Leiden als vorbildliche Leistung zu verstehen lernen können, entspricht der Erfüllung der vollkommenen Pflicht gegen sich selbst nach Kant. Bemerkenswerterweise führt Kant in der *Grundlegung zur Metaphysik der Sitten* als erstes Beispiel für sittliches Verhalten, das nicht aus Neigung, sondern aus Pflicht folgt, ausgerechnet einen existentiell Leidenden an, dem als moralische Aufgabe das Verhältnis zu eben diesem Leiden gestellt ist. Dieser „Unglückliche", so Kant, dem „Widerwärtigkeiten und hoffnungsloser Gram den Geschmack am Leben gänzlich weggenommen haben" und der sich nur „den Tod wünscht", handelt genau dann moralisch und gewinnt moralischen Wert, wenn er „sein Leben *doch* erhält, ohne es zu lieben" und sich „aus dieser tödtlichen Unempfindlichkeit heraus[reißt]", um auch ohne Neigung noch „andern nothleidenden wohlzutun".[85] Dieses kantische Doch des Handelns aus Pflicht, dieses existentielle Trotzdem ist zugleich Ausdruck

---

[85] Immanuel Kant: *Grundlegung zur Metaphysik der Sitten*, AA, Bd. IV, S. 398 (Hervorh., A.T.).

einer moralischen Ermächtigung zum Widerstand gegen die tragische Agonie. Eine solcher Art gegen ihre eigene Erfahrung handelnde Person folgt nach Kant dem kategorischen Imperativ, indem sie ihren moralischen Selbstanspruch gerade *im* Leiden gegen dessen imperativischen Drang zur Selbstvernichtung verwirklicht und damit ein Beispiel für die Achtung als moralische „Selbstschätzung (der Menschheit in uns)" gibt.[86]

Die Orientierung an den kategorischen Forderungen der Moralität erzeugt nach Kant also selbst eine Resilienz gegenüber dem Umschlag von allem in nichts. Dieses exemplarische Erdulden existentiellen Unheils, an dessen Genese man tragischerweise beteiligt sein kann, bedarf, verstanden als moralischer Widerstand gegen den Zug des Leidens in Verzweiflung, Ohnmacht und Zukunftslosigkeit, innerer Kraftressourcen. Kant erkennt deren Quelle im Gefühl der Achtung vor dem Sittengesetz, dem ein normativ anspruchsvoller Begriff der Menschheit entspricht.[87] Damit diese motivationale Kraftquelle für moralisches Handeln, für das ein Akteur auch noch im existentiellen Leiden einen normativ exemplarischen Repräsentationsstatus haben können soll, gegenüber dem Gefühl, alles verloren zu haben, nachhaltig bestehen kann, ist die Unterstützung durch soziale Anerkennung von großer Bedeutung. Denn die anderen Menschen als moralische Akteure sind ja gerade die Adressaten des exemplarischen Verhaltens: auch für ihre Menschheit wird vom Leidenden, der sich gegen dessen Zug in ultimative Verzweiflung wehrt, ein Beispiel gegeben. Weil aber die moralische Pflicht auch für sie gilt, müssen sie, wie der sich im Leiden moralisch Erhaltende sie vertritt, auch ihn vertreten, indem sie sein Leiden und den Widerstand dagegen anerkennen und ihm solidarisch beistehen.[88] Soziale Anerkennung als moralisches Feedback auf tapfere Selbsterhaltung auch unter verzweifelten Bedingungen stärkt die Moralität der leidenden Person, weil sie ihren Selbstbegriff in der Läsion und ihre aus dem Wertverlust resultierende Leiderfahrung ernst nimmt.

---

[86] Immanuel Kant: *Kritik der Urteilskraft*, AA, Bd. V, S. 335; vgl. die Formulierung des kategorischen Imperativs in der *Grundlegung zur Metaphysik der Sitten*, AA, Bd. IV, S. 429: „Handle so, daß du die Menschheit, sowohl in deiner Person, als in der Person eines jeden andern jederzeit zugleich als Zweck, niemals bloß als Mittel brauchst."
[87] Vgl. dazu Schadow 2013, S. 229 ff.
[88] Kant selbst betont, dass ein Zustand der Unzufriedenheit „in einem Gedränge von vielen Sorgen [...] leicht eine große Versuchung zu Übertretung der Pflichten werden" könnte, weshalb es zumindest indirekt Pflicht sei, seine Glückseligkeit zu sichern (*Grundlegung zur Metaphysik der Sitten*, AA, Bd. IV, S. 399). Das aber ist gerade in der tragischen Erfahrung nicht möglich. Daher müssen die anderen, um ihrer Pflicht, die Glückseligkeit des anderen zu befördern (ebd., S. 401), nachzukommen, auch die Restitution seiner moralischen Selbstbestimmung unterstützen, indem sie seinen existentiell lädierten Zustand, in dem er „mit großen Mühseligkeiten zu kämpfen" hat, sowie sein Bedürfnis nach „Liebe und Theilnehmung" (ebd., S. 423) anerkennen und ihm, „der sich in Noth befindet" helfen, d. h. dem „Mitmenschen" als „Bedürftige[m]" mit „Wohlwollen" solidarisch beistehen (*Die Metaphysik der Sitten*, AA, Bd. VI, S. 452 f.). Dieser Gedanke einer tragischen Ethik ist direkt an Kants Moralphilosophie und die auf sie reagierende Anerkennungstheorie des Deutschen Idealismus anschlussfähig.

Das Modell dieser moralischen Stärkung des moralischen Widerstands gegen das Leid lässt sich wiederum mit Bezug zu theatralen Kontexten denken, wie eine Ethik des Tragischen ausführen könnte. Denn das Theater der Tragödie ist ein öffentlicher Ort, an dem Menschen tragisches Leiden wahrnehmen, verstehen und sich ihm emotional öffnen können. Diese Anerkennung vollzieht sich in einer ästhetisch in ihren perzeptiven, emotionalen und intellektuellen Vermögen angesprochenen und gestärkten Gemeinschaft, die durch diese Anerkennung die tragische Figur symbolisch in ihre Mitte aufnimmt. Die ethische Dimension dieser Anerkennung liegt im Akt des konzentrierten Mitvollzugs, der vor dem Leid eines anderen nicht den Blick verschließt, sondern dieses samt seiner Klage an sich heranlässt. Freilich bedarf es außerhalb des Theaters und seines fiktional-spielerischen Kontextes, der die Trennung von Bühne und Zuschauerraum intakt lässt, eines ethisch begründeten solidarischen Handelns, von dem die Kunst des Theaters gerade entlastet, in dem das Publikum nicht handeln muss, ja im klassischen Theater nicht intervenieren soll. Von den Zuschauerrängen führt kein direkter Weg zum Engagement für die tragisch Elenden. Doch das Theater der Tragödie kann eine Art Propädeutik für die moralischen – und entsprechend auch politischen – Handlungen liefern. Denn um zu wissen, wie man tragisch Gescheiterten helfen kann, muss man sie erst einmal verstehen. Dazu gehören geduldige, aufmerksame Wahrnehmung, tragische Erkenntnis und die Einsicht, dass das Problem des Tragischen nicht praktisch durch die Akteure selbst zu lösen ist. Vielmehr kommt es darauf an, wie ein involviertes Publikum einen offenen sozialen Kreis zu bilden, in dem die tragische Erfahrung zum Ausdruck gebracht werden kann und die existentiell verstummte Resonanz wieder sozial klangfähig zu werden vermag. Durch die empathische Partizipation vermag die Solidarität wie ein Remedium gegen die isolierende Dynamik der tragischen Erfahrung zu wirken und dem an sich selbst scheiternden Individuum jederzeit die Reintegration ins soziale Leben offen zu halten. Diese das Leid einbeziehende Humanität kann die Restitution von Vertrauen in sinnstiftende Wertungen und in die Praxis überhaupt zu befördern helfen. Dem ästhetischen Tonikum der Tragödie entspricht ein ethisches ihrer Zuschauer, das die tragischen Individuen in den geteilten sozialen Raum aktiv einzubeziehen hat.

Solch eine Ethik weiter auszubuchstabieren, wäre eine lohnende Aufgabe einer aktuellen Philosophie des Tragischen. Zu denken ist eine Ethik, die die unterschiedlichen Leidensformen beschreibt und die Umgangsweisen mit ihnen erörtert, wozu auch die Kritik der Leidartikulation gehören muss, die auch nur Ausdruck einer narzisstischen Fokussierung auf den eigenen Opferstatus sein kann als der eines Zerreißens des lebenstragend Wertvollen. Zugleich kann diese Ethik in eine Wahrnehmung von Leiden anderer einüben, die diese Erfahrungen überhaupt in ihrer Individualität, ihrer phänomenalen und existentiellen Qualität zu verstehen und zu bezeugen, ihre Artikulation zu befördern und ihre historischen, sozialen, politischen, kulturellen und technischen Bedingungen zu erkennen erlaubt und die sich dabei auch den Fällen des Leidens widmet, in denen man sich nicht einfach wiederzuerkennen vermag. Unter Bedingungen einer sich mehr und mehr global herausbildenden, ökonomisch wie ökologisch längst verflochtenen Weltgesellschaft darf ein empathischer Blick etwa einer Europäerin oder eines Europäers nicht nur den Leiden in Europa gelten, ebenso wenig wie es genügt, wenn Menschen einer ethnischen, nationalen oder geschlechtlichen Identität nur mit Menschen derselben Identität mitfühlen. Es gibt zu denken, dass bereits in der Anfangsphase der attischen Tragödie die Griechen sich das Leid der Perser vor Augen führten, die sie zuvor besiegt hatten. Die Sensibilisierung für das Individuelle als Einzigartiges *und* für alle Exemplarisches und solidarische Empathie zu internationalisieren, kann eine aus der Einsicht ins Tragische entwickelte Ethik als politische Aufgabe für die Zukunft ausweisen. Zugleich müsste sie in Kooperation mit Forschungen zu Traumata die Grenzen der Artikulierbarkeit und des empathischen Einsehens des Leidens anderer zu bestimmen versuchen. Eine hermeneutische Aufgeschlossenheit für lebensgeschichtliche Brüche in unterschiedlichen Kulturen zu erwerben, Fehldeutungen tragischer Geschicke, die sich in schamsteigernden Urteilen und Schuldzuweisungen artikulieren, zu vermeiden, solidarisches Eingedenken ebenso wie zurückhaltenden Respekt zu üben und die Praxis des (Sich-)Verzeihens zu stärken, sofern die Beurteilung einer tragischen Handlung dafür gute Gründe bietet, wären normativ ausgezeichnete Handlungsweisen und Einstellungen, die solch eine Ethik zu begründen hätte.[89]

In der Perspektive solch einer humanistischen Ethik der Sensibilität würde es darum gehen, eine *neue Kontinuität* für diejenigen zu ermöglichen, die im tragischen Umschlag ihre Lebenskontinuität zerfallen sehen. Eine leitende Einsicht muss mit Blick auf die gleichsam wachsende Identitätsbildung, die *physis* der Individualität sein: Das Leben braucht *Zeit*. Das Problem des Tragischen ist nicht die Endlichkeit des Lebens selbst, wie immer wieder bekräftigt wurde, sondern die dialektische Zerstörung des Wichtigsten *innerhalb* des endlichen Lebens. Da sich starke und existentielle Wertungen keiner grundlosen Wahl, sondern der reflexiven Aneignung einer Erfahrung verdanken, die nicht selbst Produkt einer Entscheidung ist, sondern Dauer in Anspruch nimmt, können sie metaphorisch als etwas unter kulturellen Bedingungen Gewachsenes verstanden werden. Was kontingenterweise entsteht, jedoch nicht beliebig disponibel ist, sondern Dauer erfordert, auch wenn es jederzeit plötzlich irreversibel verletzt werden kann, ist aber das Leben selbst, dessen mit dem Unbewussten verbundene Kraft jeder Handlung und jedem normativen Selbstverständnis vorausgeht. Die Restitution des Lebens braucht daher Zeit für Regeneration von Kraft im

---

[89] Der tragische Philosoph Nietzsche hält es trotz seiner heroischen Affirmation des Aushaltenkönnens von Leid für „d a s M e n s c h l i c h s t e", „Scham [zu] ersparen" (*Die fröhliche Wissenschaft* III, 274. KSA3, S. 519). Die Scham, zumal die tragische, verhindert gerade mit ihrer Schwächung der Selbstbestimmung und -steigerung auch das Aushaltenkönnen von Leid. Die Bedeutung des Verzeihens als Ermöglichung fortgesetzter Praxis unter Bedingungen der „Unwiderruflichkeit des Getanen" hat Hannah Arendt herausgestellt (Arendt 2005, S. 300 ff.). Das Verzeihen erlaubt, dass „der Handelnde von einer Vergangenheit, die ihn auf immer festlegen will, befreit wird" (S. 303). Es stellt „einen neuen Anfang dar" (S. 307). Das Verzeihen kann diese Funktion nur erfüllen, wenn es um ein tragisches Handeln geht, das unfreiwillig *andere* verletzt hat. Ob und wie tragisch Scheiternde sich selbst zu verzeihen lernen können, ist eine Frage, die ebenfalls weiter diskutiert werden muss.

offenen Möglichkeitsraum der Kultur. Nicht die Zeit heilt alle Wunden, wie man immer wieder sagt, sondern das sozial eingebettete, ästhetisch gestärkte Leben heilt *in* der Zeit *einige* seiner Wunden selber. Es bietet eine Reihe von „antitragischen Mechanismen"[90] wie das Vergessen und Verheilen auf, die für das Individuum hilfreich sein können (während sie für Gesellschaften auch problematisch sind).[91] Mechanismen sind freilich keine Form intentionaler Praxis, sondern lassen das Individuum – in seinen sozialen Beziehungen, therapeutischen Verhältnissen und ästhetischen Erfahrungen – Raum gewinnen, in dem es sich der Regeneration von Kraft bewusst überlassen kann, ohne dabei das Erfahrene zu verdrängen. Ist die tragische Erfahrung eine Erfahrung der Ohnmacht gegenüber einem Unverfügbaren, kann sich das allmähliche Hinauswachsen *aus* ihr durch die Anerkennung des Unverfügbaren und der eigenen Mitverantwortung öffnen, dem der Mensch (wieder) seine Macht des Verfügens zu verdanken hat: der Spontaneität seiner körperlichen Natur, sofern sie die tragische Erfahrung übersteht. Das ist ein Sinn, der hinter Nietzsches Empfehlung an die tragischen Helden steht, warten zu lernen,[92] und den Williams trifft, wenn er schreibt, dass angesichts unerträglichen Leidens eines Menschen zu fragen ist, „what new sense it is that his *life is now finding for itself.*"[93]

Mit Glück erreichen die tragischen Individuen im Laufe der Zeit zu ihrer Erfahrung eine Distanz, aus der heraus ein neuer Anfang, neue Aussichten, neue Wertungen und neue Leidenschaften möglich werden. Dann können sie die tragische Erfahrung in ihre Lebensgeschichte integrieren, ohne diese abbrechen zu müssen, und die selbst

---

[90] Menke 2005, S. 98. Nietzsche spricht von einer auf sich selbst bezogenen „Kraft des Vergessens" als derjenigen, „aus sich heraus eigenartig zu wachsen, Vergangenheit und Fremdes umzubilden und einzuverleiben, Wunden auszuheilen, Verlorenes zu ersetzen, zerbrochene Formen aus sich nachzuformen" (*Unzeitgemäße Betrachtungen* II. KSA 1, S. 250).

[91] Individuelle Wunden durch tragische Umschläge unterscheiden sich strukturell von historischen Wunden einer Gesellschaft oder Nation, in der sich Täter und Opfer meist gegenüberstehen. Daher sind kollektive Mechanismen der Verdrängung und des Beschweigens mit dem Ziel des Vergessens hoch problematisch, da dadurch Täter unbehelligt bleiben und Opfer ein weiteres Mal gedemütigt werden – wie in Westdeutschland nach der Shoa. Es bedarf vielmehr einer lebendigen und für die Abgründe des Schreckens offenen Erinnerungskultur, um das Vergangene sowohl hinter sich zu lassen als auch bewusst ins kulturelle Gedächtnis zu integrieren, sodass Opfern gedacht werden kann, Täter zur Rechenschaft gezogen werden können und aus der Geschichte die Vermeidung ihrer Wiederholung zu lernen ist. Aleida Assmann sieht in solch einer Reflexion, „die nicht nur an die Opfer denkt, die man selbst erbracht hat, sondern auch an die Leiden, die das eigenen Handeln verursacht hat," eine „transformative Kraft der Erinnerung" (Assmann 2012, S. 66).

[92] Nietzsche hat im Maß der existentiellen Leidenschaft den Grund dafür gesehen, dass die tragischen Figuren zu leichtfertig in die tragische Handlung laufen und danach instantan ihren Willen zu leben aufgeben: „Die Leidenschaft will nicht warten; das Tragische im Leben grosser Männer liegt häufig [...] in ihrer Unfähigkeit, ein Jahr, zwei Jahre ihr Werk zu verschieben; sie können nicht warten." Der Grund für die plötzliche Gewalt des tragischen Leids ist das Maß des Leidens, das dem existentiellen Verlust entspricht, „und dies kann eben mehr Leiden sein, als das Leben überhaupt werth ist." (Friedrich Nietzsche: *Menschliches, Allzumenschliches* I. KSA 2, S. 78; diesen Hinweis verdanke ich Nikolaos Loukidelis).

[93] Williams 2006, S. 337.

geschlagenen Wunden allmählich so verwinden, dass Praxis wieder möglich wird. Dazu sind gesellschaftliche Verhältnisse nötig, die solches Geschick nicht dem neoliberalen Credo der Selbstverantwortlichkeit isolierter Wettbewerber für ihr Schicksal überlassen, sondern soziale Bindungen stärken, in denen die Teilnehmerinnen sich wechselseitig als intrinsische Zwecke behandeln – und überhaupt erst einmal als solche wahrnehmen, so wie ein Zuschauer eine tragische Figur auf der Bühne nicht als bloßes Mittel für sein ästhetisches Vergnügen wahrnimmt. Auf diese Weise mag auch wahrscheinlicher werden, dass die Leidenden dem tragischen Ernst der Vergangenheit mit der Zeit so distanziert und besonnen gegenüberstehen, dass sie – nicht als Vermeidung des Tragischen *vor* jeder ernsthaften Bindung, sondern als seine allmähliche Verarbeitung nach dem Umschlag – die Freiheit des Komischen gewinnen, in der sie sich aus der verschließenden Erfahrung des Tragischen wieder zu öffnen vermögen – und über sich selbst lachen können. Woody Allen hat diesen Gedanken in einem unnachahmlich knappen Aperçu zugespitzt: „Komödie ist Tragödie plus Zeit."[94]

Das ist aber nur eine Möglichkeit; *den* allgemeinen, vernünftigen und sicheren Königsweg in die neue Kontinuität gibt es aus der jeweils individuellen tragischen Erfahrung nicht, da der Prozess der Verwindung von Leid keine Technik ist und nicht von sicherem methodischem Wissen angeleitet wird. Es wird für eine Person mit solch einer Erfahrung allerdings von Bedeutung sein, im Laufe der Zeit dem Gedanken Raum zu geben, dass ein Weg aus dem Leid über den moralischen Widerstand gegen seine lebensverneinende Macht zurück zur aktiven Lebensführung des bewussten Lebens nur durch das Wagnis ermöglicht wird, trotz des Scheiterns die Bedingungen der eigenen Selbstbestimmung und Selbstverwirklichung aus dem Wissen um ihre zumindest denkbare Kontinuität und ihr ebenso mögliches Wieder-Scheitern erneut in Anspruch zu nehmen. Dazu ist neben dem Tonikum der Kunst die solidarische Anteilnahme der Gesellschaft, insbesondere der *philoi*, sicher das beste Mittel. Dafür gibt Theseus in Euripides' *Herakles* ein Beispiel, der seinen Freund vor der suizidalen Verzweiflung und damit den Kulturhelden aus dem Scheitern der Kultur rettet. Denn bevor die Welt der eigenen Praxis wieder entgegenkommt, kommen immer erst Menschen einander entgegen.

---

94 Lester Barnes (Alan Alda) in *Crimes and Misdemeanors*. R.: Woody Allen. USA 1989.

11 Epilog: Befinden wir uns auf der Schwelle zu einer globalen Tragik?

„Mit sichtbaren Zeichen, wahrlich nicht ohne Zeugen, entfalten wir unsere Macht, in Gegenwart und Zukunft [...], zu jedem Meer und Land haben wir uns durch unseren Wagemut Zutritt verschafft, überall haben wir Denkmäler unseres Glückes und Unglückes hinterlassen."[1]

„Wie können wir als rationale Wesen existieren, denen es glücklicherweise gegeben ist, einer Rationalität zu folgen, die unglücklicherweise Gefahren birgt?"[2]

1 Die Gegenwart der Tragödie am Beginn eines neuen Erdzeitalters

Die Tragödie wird womöglich nicht zufällig in der Zeit wieder aktuell, in der die planetaren Ausmaße menschlicher Destruktivität vor Augen treten. Die außerordentliche Fülle an neuen Aufführungen, Übersetzungen, Interpretationen und Theorien der griechischen Tragödie fällt exakt in die Schwellenzeit um die Jahrtausende, in der sich belegen lässt, auf welch beispiellose Weise menschliche Kultur die Lebensgrundlagen auf der gesamten Erde beeinflusst und für Jahrtausende beeinflussen wird. Die anthropogene Transformation der Komponenten des Erdsystems hat solche Ausmaße angenommen, dass sie nach Ansicht vieler eine neue geologische Epoche begründet. Denn in Sedimenten auf der gesamten Oberfläche des Planeten lassen sich Spuren zivilisatorischer Aktivität, sognannte Technofossile wie Kohlenstoffisotope, Beton- und Plastikpartikel, elementares Aluminium oder radioaktive Isotope nachweisen. Der Chemiker und Atmosphärenforscher Paul J. Crutzen hat im Jahr 2000 für dieses planetare Phänomen den Ausdruck ‚Anthropozän' vorgeschlagen.[3] Der Begriff bezeichnet die erste „von Menschen geprägte geologische Epoche"[4], die innerhalb des Erdzeitalters Känozoikum im System Quartär die Epoche des Holozäns beendet.[5]

---

[1] Perikles' Grabrede (Thukydides: *Der Peloponnesische Krieg* II, 41, 4).
[2] Foucault 2005a, S. 334.
[3] Crutzen/Stoermer 2000. Der Ökologe und Biologe Eugene F. Stoermer benutzte den Begriff schon länger; Crutzen hat ihn zum ersten Mal auf der Jahrestagung des *International Geosphere-Biosphere Programme* in Cuernavaca (Mexiko) vorgeschlagen und umgehend Diskussionen ausgelöst.
[4] Vgl. Crutzen 2011, S. 7.
[5] So die Interpretation von Steffen/Grinevald/Crutzen/McNeill 2011, S. 843. Die interdisziplinär besetzte Anthropocene Working Group (AWG) der Subcommission on Quaternary Stratigraphy (SQS) der International Commission on Stratigraphy (ICS) erarbeitet derzeit einen Vorschlag für die Ratifizierung des Anthropozäns als neue Erdepoche nach dem Holozän. 2021 wird die ICS formal über den Vorschlag der AWG befinden und ihn ggf. der International Union of Geological Sciences (IUGS) vorlegen, deren Vorstand die Aufnahme des Anthropozäns als neue Epoche nach dem Holozän in die geologische Zeitskala ratifizieren kann. Vgl. Subramanian 2019.

Die massiven Veränderungen im Erdsystem, die auf *homo sapiens* als geologischer Macht, „overwhelming the great forces of nature"[6], zurückgehen, sind historisch ohne Beispiel. Das illustrieren quantitative Gegenüberstellungen: Die Konzentration von Kohlendioxid (CO_2) in der Atmosphäre liegt aufgrund anthropogener Emissionen mit 407,4 ppm im Jahr 2018 um 44 % höher als in der vorindustriellen Zeit und damit auf dem mit Abstand höchsten Stand seit mindestens 800.000 Jahren,[7] 2025 wird vermutlich der höchste Wert seit dem Pliozän vor 3,3 Millionen Jahren erreicht sein.[8] Aufgrund des Treibhauseffekts steigt dadurch die Erderwärmung rapide an: Die globale Land- und Meeresoberflächentemperatur liegt für das Jahr 2019 bei plus 1,15 °C gegenüber dem vorindustriellem Niveau von 1880–1900, Tendenz steigend.[9] Ein natürliches Gleichgewicht in der Fauna gibt es nicht mehr: Etwa 95 % der Biomasse aller terrestrischen Säugetiere und Vögel werden von Menschen (ca. 36 %) und den von ihnen gehaltenen Nutztieren (ca. 59 %) ausgemacht; nur noch etwa 5 % leben in Wildnis.[10] Das Gewicht der Technosphäre mit kulturellen Artefakten wie Gebäuden, Straßen, Maschinen oder Gebrauchsgegenständen sowie landwirtschaftlich und durch Fischerei genutzten Gebieten beläuft sich auf geschätzten 30 Billionen Tonnen, während das Gewicht sämtlicher Pflanzen auf der Erde 450 Gigatonnen ausmacht.[11] Die Erdbevölkerung wuchs von 2 Milliarden Menschen im Jahr 1928 fast um das Vierfache auf 7,7 Milliarden im Jahr 2019 an, während zwischen 1970 und 2014 Tierpopulationen um durchschnittlich 60 % verkleinert wurden und derzeit etwa eine Millionen Tier- und Pflanzenarten vom Aussterben durch menschlichen Einfluss bedroht sind.[12]

Dieses massive Übergewicht zivilisatorischer Effekte im gesamten Erdsystem prägt sich vor allem destruktiv aus. Kennzeichen des Anthropozäns sind nicht nur lokale oder temporäre, sondern globale und langfristig wirksame Umweltveränderungen, die in die zyklischen Prozesse des Erdsystems auf lange Sicht mit dramatischen Folgen eingreifen und die Lebensbedingungen für Pflanzen- und Tierarten und den Menschen selbst gefährden. Dazu gehören insbesondere der anthropo- bzw. soziogene durch Verbrennung fossiler Brennstoffe erzeugte Klimawandel; der Rückgang der Biodiversität im sechsten großen Massenaussterben durch landwirtschafts- und urbanisierungsbedingte Habitatverkleinerung und die Homogenisierung von Biogeographie und Ökosystemen sowie durch Jagd, Umweltgifte, Klimawandel und Verschleppung von Spezies. Zu den globalen Umweltveränderungen, die auf das Konto der globalen Zivilisation gehen, gehören darüber hinaus die Verschmutzung der At-

---

6 Steffen/Crutzen/McNeill 2007.
7 Vgl. Blunden/Arndt 2019.
8 Vgl. Vega et al. 2020.
9 Vgl. National Centers for Environmental Information 2020.
10 Vgl. Bar-On/Phillips/Milo 2018, S. 6508.
11 Vgl. Jan Zalasiewicz et al. 2017.
12 Vgl. Roser/Ritchie/Ortiz-Ospina 2013/2019; Grooten/Almond 2018. Untersucht wurden 16.700 Populationen aus über 4.000 Arten; Brondizio/Settele/Díaz/Ngo 2019.

mosphäre, der Hydrosphäre und der Böden durch toxische Substanzen, radioaktive Stoffe und Müll, insbesondere Plastik; die Versauerung der Meere; die extensive industrielle Landwirtschaft inklusive Massentierhaltung; die Überfischung von Gewässern; die empfindliche Störung der Stickstoff- und Phosphorkreisläufe; die Versiegelung der Böden; die Übernutzung von Ressourcen und die Entstehung und Ausbreitung neuer Krankheiten wie zuletzt COVID-19, deren Virus SARS-CoV-2 vermutlich durch eine Zoonose von gefangenen Wildtieren auf den Menschen übertragen und durch die globale Verkehrsinfrastruktur rasch weltweit verbreitet wurde.[13] Der Begriff Anthropozän steht für solche von menschlicher Zivilisation getriebenen, kausal komplex miteinander zusammenhängenden, destruktiven Prozesse. Zu ihnen kommen vermutlich weitere hinzu – die Erforschung der Anthropozändynamiken hat erst begonnen.[14]

Der Begriff Anthropozän ist sowohl in den Naturwissenschaften als auch in den Geistes- und Sozialwissenschaften und öffentlichen Diskursen als Bezeichnung einer neuen geologischen Epoche intensiv diskutiert worden. Dabei geht es zum einen um den exakten Beginn des Erdzeitalters, der vermutlich auf Mitte des 20. Jahrhunderts datiert werden wird,[15] wie um Vorläufer und die Geschichte des Konzepts.[16] Zum anderen geht es um die Kritik des Begriffs und seiner ahistorischen und universalistischen Implikationen.[17] Diese Kritiken sind in den letzten Jahren intensiv diskutiert

---

[13] Vgl. Ellis 2018, S. 52ff.; Horn/Bergthaller 2019, S. 9ff.; zur Homogenisierung der Ökosysteme vgl. Caphina et al. 2015; zur SARS-CoV-2-Epidemie als Phänomen des Anthropozäns vgl. Schellnhuber 2020 und Scherer 2020.

[14] Vgl. Horn/Bergthaller 2019, S. 11ff. und 43.

[15] Vorschläge reichen von der Frühphase des Ackerbaus vor etwa 8.000 Jahren oder der Ausbreitung von Zivilisationen in der Antike über die Errichtung von Plantagen und Verbreitung von Krankheiten im Zuge des europäischen Kolonialismus des 16. und 17. Jahrhunderts (*Columbian Exchange*) und den Beginn der Industriellen Revolution Mitte/Ende des 18. Jahrhunderts bis zu den weltweit in Sedimenten messbaren radioaktiven Isotopen in Folge der Atombombentests seit Juli 1945 und der darauf folgenden *Great Acceleration* mit ihrem exponentiellen Wachstum von sozio-ökonomischen Trends und ebenso ansteigenden ökologischen Folgewirkungen im Erdsystem. Vgl. Horn/Bergthaller 2019, S. 25–43. Von diesen Zäsuren ist laut der Anthropocene Working Group die letztere der plausibelste Kandidat für einen „Golden Spike", einen stratigraphischen Referenzpunkt für den geologischen Epochenwechsel (Global Stratotype Section and Point).

[16] Vgl. Horn/Berthaller 2019, S. 43ff.

[17] Einwände betreffen seine naturalistische Konnotation, die die ökologischen und sozialen Zerstörungen einer gesamten Spezies zuschreibt und die Geschichtlichkeit der Veränderungen innerhalb dieser hoch differenzierten Spezies damit verdeckt. Denn die planetaren Schäden der Biosphäre sind, so das Argument, zum größten Teil einer historisch und kulturell spezifischen Population, nämlich den – reichen, weißen, vor allem männlichen – Europäern seit dem Kolonialismus, der Industriellen Revolution bzw. dem Kapitalismus und damit insbesondere dem Westen zuzuschreiben (was durch die ökologischen Effekte der sozialistischen Staaten, insbesondere der Sowjetunion, allerdings zu ergänzen ist). So werde auch die politische Verantwortung verdeckt, die bei denjenigen liege, die die Anthropozänverwerfungen als Gewinner des Kapitalismus zu verantworten hätten. Zudem wird kritisiert, dass der Begriff das anthropozentrische Selbstverständnis des Menschen als exzeptionelle Spezies perpetuiere. Vgl. die Diskussionsbeiträge: Bonneuil/Fressoz 2016; Moore 2016; Haraway et al.

und ihre aus Sozial- und Kulturwissenschaften stammenden Argumente auch von Naturwissenschaftlerinnen und Naturwissenschaftlern anerkannt worden.[18] Dennoch hat sich der Terminus Anthropozän allgemein durchgesetzt. Für ihn spricht, dass die technisierte, global vernetzte, wenngleich politisch nicht vereinigte Menschheit *faktisch* zur geologischen *Macht* geworden ist, die *nolens volens* die Zukunft des Erdsystems und des Lebens als Spezies mitbestimmen wird, wobei sich der Grad der Verantwortlichkeit nicht nur geschichtlich und ökonomisch je nach Kontinent, Region, Land, Gruppe und Individuum extrem unterscheidet, sondern auch fortgesetzt verändert.[19] Zudem werden sich die Folgen der Anthropozändynamiken, wenngleich geographisch in unterschiedlichem Maß, auf alle Menschen und zahllose weitere Arten *auswirken*. Anthropozän heißt: Wir sitzen mit den nicht-menschlichen Lebewesen alle im selben terrestrischen Boot, wobei allerdings in unterschiedlich sicheren und lebensfreundlichen Klassen gereist wird.[20] Auch wenn sich die soziale und ökonomische Ungleichheit weiter verschärft und reiche Länder sich deutlich besser vor den Folgen der ökologischen Probleme schützen können,[21] wird es kurz- bis mittelfristig keine Insel der Seligen mehr geben, auf der die *happy few* landen und eine unbeschwerte Zukunft als Sieger der Geschichte vor sich haben könnten. Der Begriff Anthropozän eignet sich daher als *umbrella term*, der differenzierte Erklärungen zur Entstehung der planetaren ökologischen Dynamiken, Bestimmungen zur unterschiedlich gewichteten historischen, ökonomischen und politischen Verantwortung sowie zu den kulturellen und sozialen Dimensionen der Erdveränderung und somit auch Deutungen durch flankierende Begriffe wie „Capitalocene", „Plantationocene" oder „Chthulucene" zulässt.[22]

Der Begriff und seine weltweite Diskussion sind selbst ein Ausdruck des Anthropozäns, das eine geteilte Sicht auf die verhängnisvollen Wirkungen der agrarischen und industriellen Zivilisation hervortreibt. Die Menschen der Globalisierung schauen mithilfe von erst durch den technologischen Fortschritt ermöglichten Messinstrumenten und Modellierungen in die von ihnen zunehmend zerstörte Welt und

---

2016; Haraway 2015 und 2016, S. 30 ff. und 99 ff.; C. Hamilton 2017, S. 27 ff.; Horn/Bergthaller 2019, S. 79 ff.
18 Vgl. etwa Ellis 2018, S. 132 ff.
19 Während z. B. historisch die USA mit etwa 25 %, Europa (EU-28) mit ca. 22 %, China mit 12,7 % und Indien mit 3 % für die kumulativen CO_2-Emissionen verantwortlich sind, ist gegenwärtig Asien der größte Emittent mit einem Anteil von insgesamt 53 % der jährlichen weltweiten CO_2-Emissionen, angeführt von China mit 27 %, gefolgt von Indien mit 6,8 %, während die USA mit 15 % und Europa (EU-28) mit 9,8 % Anteil deutlich weniger beitragen als in der historischen Akkumulation seit 1751 (Ritchie/Roser 2017/2019).
20 Im Anthropozändiskurs wird nicht zufällig immer wieder das Bild der Titanic aufgerufen, auf der die Menschheit in ihre Katastrophe fahre (vgl. etwa Latour 2018, S. 28). Richard Buckminster Fuller hat 1969 die auf Kenneth E. Boulding zurückgehende Metapher vom Raumschiff Erde popularisiert, auf dem alle Menschen Astronauten seien.
21 Vgl. dazu Alvaredo/Chancel/Piketty/Saez/Zucman 2018.
22 Zur Debatte, in der diese Begriffe relevant sind, siehe Fn 17.

müssen sich eingestehen, was Amphitryon zu Herakles sagt: „Was rings du erblickst, ist ganz dein Werk."[23] Doch schlimmer noch als bei Euripides, wo auf die unfreiwillige existentielle Zerstörung allein *zurückgeblickt* wird, öffnet sich die Sicht auf die destruktiven Anthropozändynamiken in die *Zukunft*, in der sie sich noch verhängnisvoller ausprägen werden. Daher sprechen nicht nur die Medien zunehmend von „einer existenzbedrohlichen Selbstgefährdung"[24], auch auf Sachlichkeit verpflichtete Wissenschaftlerinnen und Wissenschaftler geraten in apokalyptische Diktionen und diskutieren zunehmend die „existentiellen Risiken der Menschheit"[25], sehen den Weg der Zivilisation ins ökologisch-soziale Unheil als „Rennen in die Katastrophe"[26], als „Selbstverbrennung"[27], drohende „Selbstauslöschung" oder selbstproduziertes „Aussterben"[28], das mit Formen „kreativer Selbstzerstörung"[29] menschlicher Einrichtungen und der „Apokalypse als neuem Normalfall"[30] einhergehe. James Lovelock prognostiziert, dass der Menschheit hyperintelligente Cyborgs zur Hilfe kommen müssen, um sie aus der ökologischen Krise zu retten,[31] während Stephen Hawking kurz vor seinem Tod der Überzeugung war, dass der Mensch alsbald die in Kürze unbewohnbare Erde in Richtung anderer Planeten verlassen sollte.[32]

---

23 Euripides: *Herakles*, V. 1139 (Übersetzung von Buschor). Die literarischen Beschreibungen des Anthropozäns nehmen diese Perspektive auf. So trägt die maßgebliche deutschsprachige Anthologie zur Lyrik im Anthropozän einen aus einem Gedicht Thorsten Krämers entlehnten Titel, der wie eine Paraphrase der Tragiker klingt: *all dies hier, Majestät, ist deins* (Seel/Bayer 2016).
24 Laux 2018, S. 20.
25 Vgl. etwa Rees 2003; Bostrom/Ćirković 2008; Bostrom 2013; Innerarity/Solana 2013; Rees 2018. Neben den selbstfabrizierten Risiken werden auch existentielle Risiken durch externe Faktoren wie der Ausbruch von Supervulkanen oder Meteoriteneinschläge in ihrem Ausmaß und ihrer Wahrscheinlichkeit zu bestimmen versucht. Mehr und mehr stehen aber die Anthropozändynamiken im Zentrum (vgl. etwa die Bücher von Sir Martin Rees von 2003 gegenüber 2018).
26 Polychroniou 2016. Chomsky spricht von „accelerating the race to disaster".
27 Schellnhuber 2015.
28 Chernilo 2017: „the prospects of human self-annihilation"; Lovelock 2006, S. 109: „danger of extinction".
29 Wright/Nyberg 2015; Middleton et al. 2019.
30 Krugman 2020.
31 Vgl. Lovelock 2019.
32 Vgl. Gosh 2017. Stephen Hawking befindet laut dem Bericht, dass die Zerstörung der Lebensgrundlagen des Menschen durch den Menschen schon irreversibel geworden sei: „Spreading out may be the only thing that saves us from ourselves. I am convinced that humans need to leave Earth". Den gleichen Gedanken treiben einige Erfinder, Ingenieure und Unternehmer in der Tech-Industrie an, allen voran Elon Musk, den CEO von *Space X*, dessen Ziel es ist, die Menschheit zu einer multi-planetarischen Spezies zu machen, um sie vor der Ausrottung zu bewahren: „Mars & Beyond: The Road to Making Humanity Multiplanetary".

2 Tragische Dynamik im Erdsystem

Die Dramatik solcher Diagnosen speist sich einerseits aus der narrativen Tradition der Apokalyptik, die „Zukunft als Katastrophe"[33] darstellt, die schicksalhaft auf die Gegenwart zukommt. Neben apokalyptischen Narrativen ist aber auch das Modell der Tragödie für die Interpretation des Anthropozäns maßgeblich.[34] Denn die destruktiven Phänomene von planetarem Ausmaß kommen nicht wie apokalyptische Reiter als etwas Fremdes auf uns zu, sondern verdanken sich rekursiv wirksamer Feedbacks, die zunehmend auch auf die Verursacher dieser Effekte zurückschlagen: Der Schrecken ist, wie die reflexiven Ausdrücke „Selbstgefährdung", „Selbstverbrennung" oder „Selbstauslöschung" zeigen, auf eine komplexe Weise Konsequenz menschlichen Handelns.

Die Diagnose der Anthropozändynamiken als Tragödie folgt zum einen dem vom Mikrobiologen und Ökologen Garret Hardin 1968 aufgestellten Theorem der „Tragik der Allmende" (*tragedy of the commons*), das die Überbeanspruchung und letztliche Zerstörung von Allgemeingütern durch individuell optimierende Nutzer beschreibt.[35] Die Allmendegüter würden sie so weit es geht ausnutzen, aber sich nicht kooperativ um ihre Regeneration und Kontinuität bemühen (darin liegt eine Nähe der Tragik der Allmende zum Gefangenendilemma der Spieltheorie, in dem Handlungen, die für Individuen vorteilhaft sind, zu kollektiv schlechteren Ergebnissen führen, als wenn sie kooperieren würden). Tragisch wird das Verhalten nach Hardin dann, wenn aus der fortgesetzten Übernutzung irgendwann die Zerstörung der endlichen Ressource folgt wie in den ökologischen Krisen der Moderne. Das passiert umso schneller, je stärker positive Rückkopplungssysteme auf das Verhalten der Einzelnen einwirken und diese zu immer intensiverer Nutzung bewegen, sodass ein Teufelskreis entsteht. Der Schaden trifft schließlich alle, da ab einem gewissen Punkt niemand das Allgemeingut mehr nutzen kann. Keine selbstregulierende Makrostruktur wie etwa der Markt oder eine andere Form von „unsichtbarere Hand" (Adam Smith) verhindert dies.

Der Terminus ‚Tragödie', den Hardin von Alfred North Whitehead entlehnt, um den durch moderne Verbesserung der Lebensbedingungen ermöglichten Bevölkerungsanstieg und den beschleunigten Verbrauch der endlichen Ressourcen der Erde im Geist von Thomas Malthus zu diskutieren, erscheint für die von Hardin beschriebene Dynamik insofern adäquat, als die *kontinuierliche* Wiederholung einer Handlungsart an einem *Punkt* aus der quantitativ zu bemessenden Wiederholung qualitativ *umschlägt* in einen neuen Zustand, der dieses Handelns *verunmöglicht* – ein zentrales Kennzeichen tragischer Erfahrung.[36] Allerdings geht es hier um Handlungs-, nicht

---

[33] Horn 2014, S. 7 ff. Vgl. zu diesem „Katastrophen- bzw. Apokalypsenarrativ" Dürbeck 2018, S. 7 ff.
[34] Vgl. Haraway et al. 2016, S. 535; Gardiner 2011; Buck 2019; Wallace 2020a, S. 153 ff., und 2020b. Jan Zalasiewicz, der Leiter der AWG, versteht den ökologischen Kollaps, der im Anthropozän droht, gar als Risiko einer „cosmic tragedy" (Zalasiewicz 2008, S. 240).
[35] Hardin 1968.
[36] Siehe Kap. 4 bis 9.

Willensfreiheit wie in der tragischen Erfahrung: Aus der Handlungsfreiheit, punktuell dem Eigeninteresse zu folgen, werden im Laufe der Zeit langfristige Schäden für die Allgemeinheit, die das Handlungsfeld verkleinern und es schließlich eliminieren: „Freedom in a commons brings ruins to all."[37]

Dagegen fehlen bei diesem Modell wie meist bei Übernahmen des Tragödienbegriffs und seiner Implikationen für Theoriebildungen genauere Überlegungen zu den graduell unterschiedlichen Werten und zur entsprechenden Schwere der Konsequenzen für die Akteure, die die Rückwirkung ihrer Handlungen auf sich selbst negativ erfahren. Eine nicht mehr nutzbare Gemeindewiese stürzt nicht notwendigerweise die Bauern ins dauerhafte existentielle Unglück; eine gesellschaftlich betriebene Abholzung einer Insel kann aber zum totalen ökologischen und sozialen Kollaps führen, wie Jared Diamond am Beispiel der Osterinsel gezeigt hat, die „das eindeutigste Beispiel für eine Gesellschaft [ist], die sich durch übermäßige Ausbeutung ihrer eigenen Ressourcen selbst zerstört hat."[38]

Erhellend ist es, bei der Tragik der Allmende die Zeitdimension in den Werteinstellungen der Akteure zu rekonstruieren: Das Theorem geht nämlich davon aus, dass die Nutzer die Ressource kaum wertschätzen, weil sie nicht ihr Eigentum ist, aber dennoch unter ihrem Ausfall zu leiden haben. Das heißt, sie erkennen erst – oder erst vollständig – aus der nachträglichen Perspektive der irreparablen Mangelsituation, dass das Allgemeingut für sie wie andere einen wichtigen Wert dargestellt *hat* und ihr Schluss vom Fehlen eines ökonomischen Tauschwerts auf das mangelnde Gewicht des Gebrauchswertes, der auch ein unersetzbarer intrinsischer Wert sein kann, verfehlt *war*. Dieses Phänomen der *retrospektiven* Einsicht in die *hamartia* und die komplexen Verflechtungen der tragischen Kausalität ist der griechischen Tragödie wesentlich.[39] Zudem verstehen die Figuren vor allem bei Sophokles meist erst zu spät, nämlich nach dem Umschlag, welcher Wert durch ihr Handeln zerbrochen wurde. Kreon etwa wird erst nach den Suiziden seines Sohns und seiner Frau bewusst, was er riskiert hat im Umgang mit Antigone. Wie in der Tragik der Allmende können die Figuren nach der irreparablen Ruinierung eines Werts als ihrer Lebenssinnressource – also nach dem Umschlagspunkt ihres Handelns – nicht mehr zurück in eine korrigierende Handlungssituation.

Die Anthropozändynamiken scheinen paradigmatische und kaum überbietbare Fälle solch einer drohenden Tragik der Allmende darzustellen, da sie sich in der Regel einer nutzenden Aktivität von Akteuren verdanken, die nicht oder nicht ausreichend für den Erhalt der „common-pool resources"[40], d. h. für deren Nachhaltigkeit, handeln. So lassen sich die Überfischung und Vermüllung der Weltmeere, die Schädigung der Atmosphäre von lokalen Smog-Phänomenen bis zum Ozonloch als egoistische

---

[37] Hardin 1968, S. 1244.
[38] Diamond 2005, S. 152.
[39] Vgl. Kap. 4.6–9.
[40] Vgl. Ostrom 2015 [1990], S. 30 ff. „Common-pool resources" sind nach Ostrom endliche Ressourcen, deren Zugang nicht begrenzt ist.

Ausbeutung von endlichen Allgemeingütern der Geosphären verstehen, deren zunehmende Zerstörung dabei unwissentlich, fahrlässig oder absichtlich in Kauf genommen wird.[41] Geosphären als Ganzes wie die Atmosphäre können auch als terrestrische Allgemeingüter betrachtet werden, in die bislang ohne Kosten die Abfallprodukte der Verbrennung fossiler Brennstoffe entsorgt wurden, sodass nun eine ultimative Tragödie begonnen zu haben scheint.[42] Denn anders als die lokal begrenzten Beispiele, die die Tragik der Allmende belegen, führen die Anthropozändynamiken zu einer Gefährdung der Kontinuität der Kreisläufe in und zwischen den Komponenten des Erdsystems insgesamt und erhöhen damit das Risiko von ökologisch-gesellschaftlichen Zusammenbrüchen planetarer Ausmaße, unter denen unzählige andere Arten, aber auch vermehrt menschliche Populationen existenziell zu leiden haben. Ohne Gegenmaßnahmen, so schreiben einhellig 76 Nobelpreisträgerinnen und -preisträger in der Mainau-Erklärung vom Juli 2015, „wird die Erde schließlich nicht mehr in der Lage sein, den Bedürfnissen der Menschheit gerecht zu werden und unsere ständig zunehmende Nachfrage nach Nahrung, Wasser und Energie zu decken. Und dies wird zu einer umfassenden menschlichen Tragödie führen."[43]

Im Anthropozän ist das Erdsystem als komplexe Dynamik erkannt worden, deren für das Holozän charakteristische Stabilität durch zivilisatorische Aktivität bedroht ist, die sich eben dieser Stabilität verdankt. Das ist in der Tat eine tragische Struktur. Gemäß der Warnung der Mainau-Erklärung und vieler weitere Kassandra-Rufe befinden wir uns angesichts der Anthropozändynamiken auf der *Schwelle* zu einer planetaren Tragödie, deren Ausmaß nicht mehr ästhetisch zu fassen ist wie im griechischen Theater. Die Erde erscheint nun als die wahre Osterinsel, deren Bevölkerung dabei ist, ihre Lebensgrundlagen zu ruinieren. Von ihren Küsten aus kann nach heutigem Wissen und Können kein Exodus des Menschen und anderer Spezies auf einem Arche-Noah-Raumschiff gelingen.[44]

Die Tragik der Allmende ist nicht das einzige Modell, nach dem Anthropozän und Tragödie verknüpft werden. Grundsätzlicher wird im Anthropozändiskurs die Frage nach dem Menschen gestellt, um zu verstehen, wie er als Kollektiv in der Moderne zu solch einer destruktiven Macht im Erdsystem werden konnte, deren Konsequenzen gegenüber er sich zugleich als Einzelner ohnmächtig weiß. Der Literaturwissen-

---

41 Vgl. Horn/Bergthaller 2019, S. 105 f. Diese planetaren Allmendegüter gelten als *global commons* – ein Konzept, das vom United Nations Development Programme (UNDP) entwickelt wurde. Vgl. Kaul/Grunberg/Stern 1999. Vgl. Edenhofer/Flachsland/Jakob/Lessmann 2015.
42 Vgl. Gardiner 2011, S. 49 ff., 108 ff.; Paavola 2012.
43 Schmidt et al. 2015.
44 Vgl. Diamond 2005, S. 153: „Die Parallelen zwischen der Osterinsel und der ganzen heutigen Welt liegen beängstigend klar auf der Hand. [...] Die Osterinsel war im Pazifik ebenso isoliert wie die Erde im Weltraum." Ein Generationenraumschiff für interstellare Kolonisierung ist bislang Science-Fiction (siehe beispielsweise Christopher Nolans Film *Interstellar* von 2014). Es gibt aber auch Versuche, das zu ändern, vgl. Fn 32.

schaftler und Philosoph Timothy Morton versteht das Anthropozän als Zeitalter eines ökologischen Bewusstseins, das auf einer Erkenntnis beruht, die strukturell der tragischen Einsicht des König Ödipus aus Sophokles Tragödie entspricht. Es ist die Erkenntnis, dass die Voraussetzungen für die massiven ökologischen Verwerfungen des Anthropozäns durch Industrie und Agrarwirtschaft in der Existenz des Menschen als *pflügendes Wesen* liegen, d. h. im Übergang von den nomadischen Gesellschaften des Pleistozäns in die sesshaften agrikulturellen Gesellschaften des Holozäns. Denn durch das Abgrenzen und Bestellen von Feldern transformiert der Mensch die Erde und macht sie sich untertan.[45] Nach Morton definiert er damit Einheiten und das Außen dieser Einheiten, kehrt ihre Struktur pflügend um und schafft sich damit seine Umwelt als einen „human-friendly, domination-ready state"[46]. Dieses Abgrenzen von Flächen auf der Erdoberfläche hat nach Mortons Spekulation die Metaphysik begründet, in der aus dieser menschengemachten Umwelt die hervorgehobene Realität wurde.[47] Einzelnes konnte gegenüber anderem für präsenter und wirklicher gehalten und die Welt als natürliches Korrelat des erkennenden und handelnden Menschen, mithin als sein Gegenüber, abstrahiert werden. Genau dadurch aber wurde, so Morton, die enge Verbundenheit von Menschen mit nicht-menschlichen Wesen und den ökologischen Kreisläufen verdeckt und die Erde in Verkennung der vielseitigen Abhängigkeit von ihr exzessiv manipulierbar.

Darin liegt die Tragik der Menschheit seit der neolithischen Revolution: „It is human insularity that precisely has resulted in our unconsciously becoming such a force on a planet-wide scale."[48] Demnach ist die Moderne für Morton nur als Verschärfung der „self-destructive tendency within agriculture itself"[49] zu verstehen, die vor etwa 10.000 Jahren begann und deren unheilvolle ökologischen Konsequenzen erst jetzt im Anthropozän vor Augen treten. Diese tragische Erkenntnis, die wir nach Morton erst jetzt gewinnen, entspricht der von Ödipus, der sich selbst erst lange, nachdem er bereits seinen Vater getötet, die Sphinx überlistet, seine Mutter geheiratet und eine Seuche in Theben evoziert hat, als diesen unheilvollen kausalen Faktor erkennt. Demnach ist das Anthropozän das Zeitalter einer beispiellosen tragischen Erkenntnis der sesshaften Menschheit und ihrer terrestrisch transformierenden Vernunft, deren selbstgewisser Gebrauch in Sophokles' Tragödie – dem laut Morton

---

45 Vgl. Gen 1,28.
46 Morton 2012, S. 10. Hardin 1968, S. 1245, meint, dass die Tragik der Allmende vermutlich bereits seit Einführung der Landwirtschaft bekannt gewesen sei; auch dieses Modell geht also in die Ursprünge der Agrarkultur des Menschen zurück, denn erst durch abgegrenztes Land kann überhaupt der Unterschied von territorialem Privateigentum und Allmendegut entstehen, wie er für das Mittelalter typisch war. Vgl. Rousseaus Kritik der bürgerlichen Gesellschaft, die mit der Urszene der Aneignung von Boden als Privateigentum entstanden sei (*Diskurs über die Ungleichheit*, S. 173).
47 Morton verweist auf die etymologische Verwandtschaft von „realm", „reality" und „royalty" (ebd., S. 10 und 15).
48 Ebd., S. 8.
49 Ebd., S. 16.

„most powerful artwork"⁵⁰ seit der neolithischen Revolution – die *hamartia* des Protagonisten darstellt.⁵¹ Nach Morton sind wir als Spezies immer noch in Ödipus' Position und versuchen zu verstehen, wie wir verantwortlich, aber blind für die Konsequenzen die Verwerfungen des Anthropozäns verursacht haben. Für Morton gilt es einzusehen, dass es keine gleichbleibende Natur gibt, die als Hintergrund und Gegenüber (agri-)kultureller Aktivität zu verstehen ist, wobei der Mensch auf dieser falschen epistemischen und praktischen Grundlage zum planetaren Zerstörungsfaktor geworden ist.

Ob sich die Metaphysik und die Moderne tatsächlich aus der parzellierenden Aktivität der Agrarkultur herleiten lassen, mag spekulativ bleiben. Zentral ist der Gedanke, dass die Insularität der kulturellen Existenz, die Abgrenzung und Höherbewertung des Menschen gegenüber seiner natürlichen Umwelt dem Anthropozändiskurs zufolge ein Kernproblem darstellt. Das Individuum erscheint in ihm nicht mehr distanziert zur „Natur", sondern vielfach mit anderen Lebensformen verwoben und in sie entgrenzt.⁵² Mortons Diagnose einer sich erst in der Moderne verschärfenden Tragik der agrarischen Existenz (und ihrer individualistischen Metaphysik) wirkt wie eine Variation von Simmels Theorem einer „Tragödie der Kultur", denn beide Denkfiguren verorten eine Dialektik in der kulturellen Existenz des Menschen selbst, die sich in der Moderne deutlich manifestiert.⁵³ Doch anders als das Denkmodell der „Tragödie der Kultur", demzufolge die kulturelle Produktivität immer wieder zu entfremdenden und zerstörerischen Erzeugnissen für die sie hervorbringenden Menschen führt, ist die von Morton und anderen diskutierte Tragik des Anthropozäns ein für die gesamte Gattung und das Ökosystem, in das sie eingebunden ist, *neues* Phänomen.⁵⁴ Auch wenn Umweltzerstörungen schon in der Antike zu bemerken sind, haben sie mit den exponentiellen sozio-ökonomischen Trends der *Great Acceleration* und ihrer ökologischen Folgen zum ersten Mal eine Erddimension erhalten und sind zu einer Art zivilisatorischen „Metakrise"⁵⁵ geworden. Die Anthropozändynamiken mögen aus einer tragischen Blindheit des sesshaften Menschen folgen, doch nicht nur die tragische Einsicht, sondern auch tragische, d. h. existentielle Zerstörungen in terrestrischen Maßstäben entstehen erst mit der industriellen Moderne. Sie ist dabei mehr als nur die Akkumulation der Krisen der Moderne, sondern stellt einen dialektischen Wechsel in etwas qualitativ Neues dar: Nicht nur die

---

50 Ebd., S. 8.
51 Vgl. Morton 2016, S. 62. Zur Idee der *hamartia* im Anthropozän siehe auch Wallace 2020a, S. 153 ff.
52 Der biologische Organismus wird als Holobiont mit einem komplexen Mikrobiom verstanden, mit dem es in einem symbiotischen Schicksal vereinigt ist. Vgl. Margulis 1991; Gilbert 2017. Diese symbiotische Dynamik des Organismus steht auch mit anderen Lebensformen und dem Erdsystem in einem unauflöslichen Zusammenhang, sodass ontologische Distinktionen zwischen individuellen Menschen und anderen Lebensformen und die Idee des Individuums selbst im Anthropozändiskurs problematisch werden. Vgl. Haraway 2016, S. 30 ff.
53 Vgl. Kap. 5.6.
54 Das betont auch C. Hamilton 2017, S. 6 f.
55 Horn/Berthaller 2019, S. 30. Zur *Great Acceleration* siehe Steffen et al. 2011.

Politik ist das Schicksal geworden, wie Napoleon für die Moderne diagnostizierte,[56] sondern die neuere Geschichte der industriellen Zivilisation des sesshaften Menschen in ihrer Verflochtenheit mit den Geosphären ist zum ökologisch-sozialen Schicksal des Menschen avanciert. Anders gesagt: Aus dem Schicksal der Staatspolitik ist das Schicksal einer umfassenden ökologischen Biopolitik geworden.[57]

Unklar ist, ob wir somit auf der *Schwelle* zu einer globalen Tragik stehen oder bereits in einer terrestrischen Tragödie *befangen* sind, die die von Peter Ward für die Zukunft beschriebene Medea-Tragödie des Erdsystems als anthropogene vorwegnimmt.[58] In zwei Schritten möchte ich vor dem Hintergrund der in diesem Buch entwickelten Theorie abschließend die gegenwärtigen Anthropozändynamiken mit den Dimensionen der Tragödie skizzenhaft vergleichen, um die Diagnose der Anthropozäntragik zu präzisieren und von dort aus den Umgang mit der planetaren Lage in den Blick zu nehmen.

3 Die Dimensionen des Tragischen im Anthropozän

Das Theorem der „Tragödie der Kultur" wurde mit Cassirer und Arendt als Dramatisierung der kulturellen Dialektik und zugleich Verharmlosung des tragischen Schicksals Einzelner kritisiert, das die griechische Tragödie theatral ins Zentrum rückt.[59] Die historisch beispiellosen Anthropozändynamiken tragisch zu nennen, scheint aufgrund der kaum zu ermessenden destruktiven Folgen für zahllose Individuen dagegen *prima facie* weder übertrieben noch gegenüber der Erfahrung Einzelner relativierend zu sein. Es ist ja gerade so, dass einzelne Lebewesen existentiell notwendige Güter oder das Leben selbst verlieren (werden). Doch wie lässt sich überhaupt eine theatral dargestellte individuelle Erfahrung mit einer komplexen anthropogen beeinflussten Dynamik des Erdsystems vergleichen?

Zunächst ist es bemerkenswert, dass der Anthropozändiskurs die Theatermetaphorik aufnimmt, mit der zuerst Platon Realprozesse als Tragödien deutete:[60] Die Erde erscheint nun nicht mehr nur als Bühne für „die Tragödien des Lebens"[61], sondern ist zum zentralen Element der Tragödie geworden: Die terrestrische Bühne ist „selbst in die Handlung des Stücks eingetreten und das Spektakel ihrer Verformung ist jetzt das Hauptgeschehen."[62] Es ergibt daher keinen Sinn mehr, sie als stabilen Hintergrund menschlicher Kultur zu verstehen wie während der relativ gleichbleibenden Bedingungen des Holozäns. Vielmehr sind Natur und Kultur in der Dynamik der Geosphären

---

56 Vgl. Kap. 5.5 und C. Hamilton 2017, S. 134f.
57 Vgl. Horn/Berthaller 2019, S. 139ff.
58 Vgl. Ward 2009, vgl. Kap. 10.3.
59 Vgl. Kap. 5.7.–8.
60 Vgl. Kap. 4.5. und 9.3.
61 Platon: *Philebos* 50b.
62 Falb 2019, S. 103; vgl. Ders. 2015, S. 9.

so unauflösbar und so dynamisch verwoben, dass eine Unterscheidung Wirklichkeit eher verkennt, als sie zu erhellen.[63] Das heißt aber auch, dass sie nicht mehr als Bühne gegenüber einem Zuschauerraum oder einer Welt außerhalb des Theaters identifizierbar wäre. Sie ist wie das Konzept der Gaia als Ganzheit der Erdsystemprozesse zwischen Weltall und Erdkruste kein Gegenstand, den man wahrnehmen oder auf den man zeigen könnte.[64] Dementsprechend gibt es, wenn man die Anthropozändynamiken als tragisch versteht, keinen Unterschied zwischen handelnden Figuren und dem ihnen zuschauenden Publikum mehr. Wie Ödipus sind wir im Anthropozän beides zugleich: tragisch Handelnde und Erkennende.

Was aber heißt hier Handeln? Die Frage, wie Handeln im Anthropozän zu verstehen ist, gehört zu denjenigen, die gegenwärtig am meisten diskutiert werden.[65] Unzweifelhaft ist dabei die enorme physische Macht, die menschliche Praxen in einem zeitlichen (intergenerationellen) und räumlichen (globalen verkoppelten) Skaleneffekt entwickelt haben. Während in der Tragödie Einzelne – im Kontrast zum eher handlungsarmen Chor – handeln, ist menschliches Handeln im Anthropozän nur statistisch bedeutsam: Über lange Zeit wiederholte Handlungsweisen von vielen Individuen – etwa das Nutzen von Flugzeugen – summieren sich kumulativ zu einer Konsequenz für die Komponenten des Erdsystems, während individuelle Handlungen für sich allein betrachtet im Anthropozän kausal irrelevant sind.[66] Kein einziger Mensch erzeugt mit seiner Handlung einen Umschlag in den Komponenten des Erdsystems, aber alle zusammen können ihn über die Zeit bewirken, wobei qualitative Brüche, d. h. Skaleneffekte, auftreten, sodass sich individuelle Handlungsfolgen nicht einfach ins Planetarische addieren lassen. Zum ersten Mal in der Menschheitsgeschichte wird die Verwobenheit von individuellen Handlungen und Makroprozessen der Erde real wirksam und messbar. Die skalaren Effekte individueller Handlungen gelten auch für die Tragik der Allmende, die nur durch wiederholte Handlungen vieler Akteure entsteht.

Bemerkenswert ist, dass auch in der Diskussion der Schuld für die ökologischen und sozialen Verwerfungen des Anthropozäns und der politischen Verantwortlichkeit für ihre Bearbeitung die Ambivalenzen der neuzeitlichen Tragödientheorie wiederkehren. Diese hat zu ambivalenten Urteilen über die tragischen Figuren geführt, die

---

[63] Der Zusammenbruch der Unterscheidung von Natur und Kultur ist einer der zentralen *topoi* des Anthropozändiskurses, auf den sich auch ansonsten gegensätzliche Positionen einigen können. Vgl. Horn/Berthaller 2019, S. 59 ff.
[64] Daher sollte man sie nach Bruno Latour auch nicht als den Planeten Erde verstehen, sondern als Gaia bzw. „kritische Zone(n)" auf der Erdoberfläche, die nicht einer Konzeption eines Ganzen (wie die des Globus) folgen (Latour 2017, S. 93 und 140). Timothy Morton hat für zeitlich und räumlich unfassbare Phänomene wie den Klimawandel, die uns vertraut, aber auch fremd sind, den Terminus „Hyperobjekt" vorgeschlagen (Morton 2013).
[65] Vgl. etwa Latour 2014; Otto et al. 2020.
[66] Vgl. Horn/Bergthaller 2019, S. 91. Entscheidungen zu institutionellen Handlungen, die von einzelnen, etwa Politikerinnen oder Unternehmern, getroffen werden, können eine große Wirksamkeit entfalten, aber nur, insofern sie zu kumulativen Effekten über die Institution führen.

von ‚moralisch schuldig' bis zu ‚gänzlich unschuldig' reichen und ambivalente Mischformeln wie ‚schuldlos schuldig' bei Schelling, Hegel und anderen enthalten.[67] Im Anthropozändiskurs verhält es sich ähnlich: Einerseits wird die klare Verantwortlichkeit des modernen westlichen (männlich-weißen) Menschen betont, der mit dem europäischen Kolonialismus, der Erfindung der Dampfmaschine und ihrer industriellen Nutzung sowie mit dem Kapitalismus die Anthropozändynamiken erst erzeugt habe, womöglich sogar im Wissen um die desaströsen Konsequenzen.[68] Die Verantwortung ist also, anders als der Spezies-Begriff Anthropozän insinuiert, ungleich verteilt und involviert zunehmend auch eine rechtliche Praxis.[69] Doch gravierende Folgen der Anthropozändynamiken wie ein massives Insektensterben sind erst in den letzten Jahren bekannt geworden und bislang nur in Ansätzen ermessbar. Es ist fraglich, ob dies absichtlich bzw. vorsätzlich seit der Einführung industrieller Landwirtschaft herbeigeführt worden ist. Als bewusst fahrlässig dagegen scheint man den Einsatz von Pestiziden einschätzen zu dürfen, der zu den Ursachen eines weltweiten Bienensterbens gehört.

Wie in der Tragödie muss man den Grad der Verantwortlichkeit also unterschiedlich stark von schuldig im moralischen oder rechtlichen Sinn bis unschuldig im Sinne ödipaler Blindheit gewichten. Entscheidend sind wie im tragischen Handeln zwei Dimensionen, die dazu führen, dass eine Klärung der Schuldfrage zwar notwendig, aber nicht hinreichend für das Verständnis von *agency* im Anthropozän ist. Notwendig ist sie im Anthropozän, da es – anders als in der Tragödie, in der tragisches Handeln immer vor allem auf die Akteure selbst zurückschlägt – um die Allokation von Mitteln für den Umgang mit den Anthropozändynamiken geht, die im Sinne einer wenigstens approximativen Äquivalenz von Verursachung und Kostenübernahme zu bestimmen sind.[70] Das Verursacherprinzip muss etwa in der Schadensbemessung für klimagerechte Reduktions- und Finanzierungsleistungen, die auch künftige Men-

---

67 Vgl. die Diskussion in Kap. 4.6 und 4.9.
68 Vgl. Latour 2018; vgl. auch Bonneuil/Fressoz 2016.
69 Spätestens seit die sozialen und ökologischen Krisen messbar sind, machen sich Akteure, die sie in Kauf nehmen und verstärken, moralisch schuldig – manche, wie das US-amerikanische Unternehmen ExxonMobil, werden zudem rechtlich schuldig an dem vorsätzlichen Versuch, die eigene Verantwortlichkeit und die Wahrheit gezielt wider besseres Wissen zu verschleiern. Vgl. Cook/Supran/Lewandowsky/Oreskes/Maibach 2019. Aktuell laufen in verschiedenen Bundesstaaten der USA Untersuchungen gegen die Firma, die schon in New York vor Gericht stand.
70 Während ein Hirte in Malawi so gut wie nichts zu den Anthropozändynamiken beiträgt, ist der ökologische Fußabdruck eines CEOs von BP enorm. Eine Transparenz über die Ungleichheit des kausalen Beitrags ist bislang nur in Ansätzen, etwa über CO2-Rechner, möglich. Hilfreich ist auf Ebene der Staaten die durchschnittliche Belastung der terrestrischen Ressourcen: Der ökologische Fußabdruck ist in Eritrea mit 0,5 *gobal hectars per person* um das fast 29-fache kleiner als der in Katar mit 14,4 *gobal hectars per person* (vgl. Global Footprint Network 2019). Der Erkenntnis historisch unterschiedlicher Verantwortung zwischen Industrie-, Schwellen- und Entwicklungsländern wird zumindest dem Programm nach auch in den Verhandlungen der UN Rechnung getragen: siehe Global Policy Forum/terre des hommes 2014. Vgl. Horn/Berthaller 2019, S. 103 f.

schen mit einbeziehst, berücksichtigt werden.[71] Hinreichend ist sie aber deshalb nicht, weil das entscheidend Neue im Anthropozän – wie in der Tragödie – die massive Rückwirkung der Praxis über Nebeneffekte auf die Akteure selbst ist, insofern diese Rückwirkung – wiederum anders als im tragischen Theater – ein skalares Phänomen ist. Zu ihr gehört die disproportional große Rolle der für die Akteure nicht transparenten Kontingenz, durch die aus kleinen Handlungen – wie dem Übersenden eines für heilsam erachteten Liebesmittels – große Effekte – wie der Tod von Sender und Empfänger – werden.[72] Genau diese Verstrickung von Handlungsmacht mit nicht-linearen Dynamiken in einem komplexen kybernetischen Erdsystem ist Kennzeichen des Anthropozäns. Handeln erweist sich durch seine skalaren Effekte als äußerst wirksam innerhalb des Erdsystems, während es dieses zugleich so wenig kontrollieren kann wie Herakles das in ihn dringende Gift. Daher hat Handeln im Anthropozän eine paradoxe Form, die kumulative Wirkmacht und praktische Ohnmacht, Intention und nicht-intendierte kausale Nebeneffekte wie in der Tragödie verknüpft. „It is a world of our making, but not of our choice." Dieser Satz des Journalisten und Aktivisten George Monbiot, den Bernd Scherer und Jürgen Renn ihrem Band zum Anthropozän als Motto vorangestellt haben,[73] könnte auch als Motto der antiken Tragödie gelten, die sich genau durch den Umschlag von intentionalem Handeln in unbeabsichtigte, aber massive Effekte auf das Leben der Akteure auszeichnet. Aufgrund dieser paradoxen Form ist Handeln – wie in der Tragödie – im Anthropozändiskurs selbst zum Problem geworden.

Ein weiterer Vergleich ist besonders erhellend: Die für die griechische Tragödie konstatierten kulturellen Gründe der Tragödie finden sich vergrößert in den Anthropozändynamiken wieder. Wie das tragische Handeln der Figuren mit kulturellen Artefakten von Werkzeugen bis zu Institutionen wie dem Recht untrennbar verknüpft ist,[74] so sind alle Handlungen, die zu den sozio-ökologischen Krisen der Gegenwart beigetragen haben, auf unterschiedliche Weise mit den kulturellen Erzeugnissen der Technosphäre als dem Bereich menschlicher Kultur verflochten. Alle destruktiven Anthropozändynamiken wie der Raubbau an maritimen Ressourcen oder die Düngung mit Phosphor, dessen Vorkommen zur Neige geht, sind nicht nur, aber immer auch dieser Sphäre zuzuordnen. Wie tragische Figuren, etwa Prometheus, Herakles oder Medea, ohne ihre auf *technai* beruhenden Fähigkeiten und Artefakte nicht denkbar sind, wird auch aktuell davon ausgegangen, dass der Mensch im Anthropozän an die von ihm in der kulturellen Entwicklung erzeugte Technosphäre notwendig gebunden ist.[75] Dabei sind die Artefakte der Technosphäre selbst wiederum mit Prozessen im Erdsystem notwendig und komplex verwoben. Symbolisch findet

---

71 Vgl. etwa Bund für Umwelt und Naturschutz Deutschland e. V. 2019, S. 11 ff.
72 So in Sophokles' *Trachinierinnen*. Vgl. Kap. 5.3.
73 Renn/Scherer 2017, S. 4.
74 Vgl. Kap. 5.1–4.
75 Vgl. Horn/Bergthaller 2019, S. 96 ff. Zu den sechs Weisen bzw. Regeln der Abhängigkeit des Menschen von der Technosphäre siehe Haff 2014.

man diese Hybridbildung bereits in der Tragödie: Wenn Hippolytos tragisch zugrunde geht, liegt das nicht nur an seinem, Phädras, der Amme, Theseus' oder Aphrodites, Artemis' und Poseidons Handeln, sondern in der konkreten Situation seines tödlichen Sturzes auch an der Verbindung aus technischem Artefakt, dem Wagen mit Felgen, Naben, Achsen, Stachel und Zügeln, und dem Know-How des Steuermanns (Technosphäre), an der Interaktion von Hippolytos als Körper, seinen Pferden und dem Stier (Biosphäre), dem Boden an der Küste des Saronischen Golfs, über den er fährt (Pedosphäre), dem gewaltigen Sturm (Atmosphäre) mit den enormen Wellen (Hydrosphäre) und dem Felsen, an dem der Wagen bricht (Lithosphäre).[76] Hippolytos bleibt über die Technosphäre der Zügel mit der Biosphäre der von ihm nicht mehr kontrollierten Pferde „unlösbar festgeknotet"[77]. Tragische Kausalität gibt im Theater einen Vorgeschmack auf die ungleich komplexeren Kausalitäten im Anthropozän, die nun nicht mehr Zuschauer mit ihren eigenen Augen, sondern nur Wissenschaftler durch weltweit koordinierte Messmethoden mit zahllosen Datenpunkten und erst aufgrund von Digitalisierung ermöglichten Modellierungen in ihren Skaleneffekten und Emergenzen zu erkennen vermögen.[78] Das Anthropozän ist nicht sinnlich sichtbar, sondern nur quantitativ bestimmbar und als solches kommunizierbar. Es ist allerdings schon ein Kennzeichen der griechischen Tragödie, die tragische Kausalität wie im *Hippolytos* sprachlich von den Figuren (hier: einem Boten als Zeugen) rekonstruieren zu lassen, anstatt sie direkt zu zeigen. So wird sie in ihrer kausalen Komplexität besser erkennbar, als wenn sie theatral effektiv in Szene gesetzt würde. Doch die Rückwirkungen der Anthropozändynamiken auf Lebewesen sind wie die des tragischen Handelns umso konkreter und leidvoller erfahrbar. Wie erst das Theater als kulturelles Artefakt die tragische Verstrickung über kulturelle Medien für die Zuschauer, die ihresgleichen vor sich spielen sehen, wahrnehmbar macht, wird erst durch die moderne Technisierung die Erkennbarkeit der Folgen der alles durchdringenden Technosphäre und ihrer Abhängigkeit von den Komponenten des Erdsystems für die in ihr verwobenen *anthrōpoi* geschaffen.

In diesem Buch wurde tragisches Handeln als wesentlich dialektisch ausgewiesen, da die Resultate oder Folgen von Handlungen, die einem Wert dienen, existentiell auf die Akteure zurückschlagen und Werte zerstören. Dieses Moment des dialektischen Umschlags zeigt sich auch in den Anthropozändynamiken, deren Kennzeichen es ist, dass die Konsequenzen des Handelns massiv auf die Akteure gegen deren eigene Interessen zurückwirken.[79] Kausal relevant dafür sind ihre Handlungsresultate – etwa das Umwandeln von Wildnis in landwirtschaftliche Nutzflächen –, deren Folgen – wie extreme Biodiversitätsverluste oder Zoonosen – durch positive Rückkopp-

---

76 Euripides. *Hippolytos*, V. 1194–1248; vgl. Kap. 5.3.
77 Ebd., V. 1237.
78 Vgl. Renn 2020, S. 397 ff.
79 So lässt sich etwa der exzessive Konsum von Nahrungsmitteln und Kleidung, der nicht nur, aber auch der Lebenssicherung dient, zusammen mit der für ihn nötigen Ausbeutung natürlicher Ressourcen als tellurische Form der Dialektik der Aufklärung beschreiben (vgl. Edinger 2020, S. 142 ff.).

lungsmechanismen noch verstärkt werden. Diese führen dazu, dass zunächst klein erscheinende Effekte – wie etwa die anthropogene Erhöhung der Treibhausgaskonzentration in der Atmosphäre um einige ppm – sich selbst verstärken und zu großen Effekten werden können, die das Gleichgewicht des Gesamtsystems disruptiv destabilisieren.[80] Solche positiven Rückkopplungsmechanismen führen wie in der Tragödie zu massiven, die Akteure wie ein fataler Bumerang selbst treffenden Handlungsfolgen, die in keinem traditionell äquivalenzähnlichen Verhältnis zu der sie mit verursachenden Praxis stehen.

Das Anthropozän ist daher gekennzeichnet von einer Reihe von Ironien der Selbstschädigung, die den *metabolai* der tragischen Ironie strukturell ähneln. Man denke etwa an die Nutzung von Plastik, das unter anderem zum Schutz und zur längeren Haltbarkeit von Lebensmitteln eingesetzt wird. Ein Großteil der Kunststoffe landet als Abfall in der Umwelt, vor allem in Flüssen und von dort aus in den Meeren. Dort werden sie, zerfallen zu Mikroplastik, von Lebewesen aufgenommen, die wiederum von Menschen am Ende der Nahrungskette verspeist werden. Über sie oder auch Meersalze wird das natürliche Lebensmittel umschließende, sicht- und greifbare Plastik zum unsichtbaren toxischen Binnenbestandteil von (vermeintlich nur) natürlichen Lebensmitteln.[81] Es verwandelt sich von einem Handlungsinstrument zu etwas, das in den Organismus eindringt, wie die Erzeugnisse aus den von Prometheus gelehrten metallurgischen Techniken in Form von Nägeln seinen Leib durchstoßen: Handeln mit kulturellen Medien schlägt um in unfreiwillige Selbstschädigung.[82]

Der Umschlag des Handelns und der Erkenntnis vollzieht sich in der Tragödie plötzlich.[83] Hier scheint eine klare Differenz zwischen tragischen Umschlägen und den anthropogen destabilisierten Umwandlungsprozessen in den Komponenten des Erdsystems zutage zu treten. Denn diese vollziehen sich allmählich, nicht in einem Moment wie die tragischen Verkehrungen der Peripetie und der Anagnorisis. Doch kommt es hier auf die Art der zeitlichen Dimension an. Tragödien spielen in der Regel, wie Aristoteles fordert, an einem Tag.[84] Die Verwandlung des gesamten Lebens in Unheil ist relativ zu solch einer Zeitspanne gesehen ein plötzlicher Umschlag. In geologischer Zeit (*deep time*) erscheinen allerdings auch die über Jahrzehnte sich ausdehnenden Transformationsprozesse als ein relativ plötzliches Ereignis, was geologische Graphen wie das sogenannte „Hockeyschläger-Diagramm" eindrucksvoll

---

80 Ein prominentes Beispiel dafür ist die Eis-Albedo-Rückkopplung: Je wärmer es wird, desto mehr Eis schmilzt, was die Albedo (die Disposition, Sonnenlicht von der Erdoberfläche zurückzustrahlen, die bei Eis und Schnee besonders hoch ist) insgesamt verringert, sodass sich die Erwärmung der Atmosphäre verstärkt, was wiederum zu erhöhtem Abschmelzen von Eis führt usw.
81 Vgl. etwa Fath 2019, S. 7ff. und 23ff.
82 Vgl. Kap. 5.2.
83 Vgl. Kap. 2 und 3.
84 Vgl. Aristoteles: *Poetik*, 1449b12–14. Zur unterschiedlichen Zeitdimension von Klimawandel und Tragödie vgl. auch Wallace 2020a, S. 153ff., und 2020b.

visualisieren.⁸⁵ Im Anthropozän überlagern sich historische Zeiten, Zyklen der Natur und Tiefenzeit. Das Zeitbewusstsein im Anthropozän muss sich daher über die Zeit des je individuellen Handelns, ja der eigenen Generation in tiefe Vergangenheit und Zukunft hinausdehnen.

Das betrifft zum einen die lange Reaktionszeit des kollektiven politischen Handelns, das ähnliche Zeitspannen für Veränderungen beansprucht wie etwa schmelzende Gletscher: Von der Messbarkeit des anthropogenen Klimawandels durch Charles David Keeling und Gilbert Plass über die allgemeine Anerkennung des Problems bis zum konzertierten Handeln bei der UN-Klimakonferenz in Paris 2015 (COP 21) vergingen etwa 60 Jahre.⁸⁶ Zum anderen öffnet die Einsicht in die langwierigen Konsequenzen der modernen Zivilisation, die gewissermaßen eine Perversion der Nachhaltigkeit darstellen, einen weiten Zeithorizont in die Zukunft. Denn die heute emittierten Treibhausgase bleiben für Jahrhunderte in der Atmosphäre und werden sie weiter anheizen, selbst wenn ab sofort alle Emissionen gestoppt würden, wie der Atommüll für Jahrtausende strahlen wird. Sich angesichts der Anthropozändynamiken zu sorgen, heißt also, sich um eine intergenerationelle Zukunft über die eigene Lebenszeit hinaus zu sorgen, was zu neuen metaphysischen und ethisch-politischen Herausforderungen führt.⁸⁷ Was wir heute tun oder unterlassen, wird die Lebensbedingungen von Menschen und anderen Lebewesen in den kommenden Jahrhunderten und Jahrtausenden betreffen. Diese intergenerationelle Fernwirkung von Taten über die Zeit ist bereits der griechischen Tragödie bekannt. „Die Toten, sag ich, töten die Lebendigen,"⁸⁸ sagt der Pförtner in Aischylos' *Choephoren* angesichts Orests Rache an Aighistos und Klytämnestra. Er könnte damit auch für zukünftigen Generationen nach dem Tod der jetzt Lebenden sprechen. Die intergenerationelle Wirksamkeit der Vergeltungslogik bei Aischylos wird im Anthropozän zur rein kausalen Fernwirkung von humaner Praxis im Erdsystem.⁸⁹

Wenn man also die plötzlichen Umschläge der Peripetie – des Umschlags von Handeln gegen seine Intention, hier: der Unterminierung der eigenen Existenzgrundlagen durch die industrielle Zivilisation – und der Anagnorisis – des plötzlichen Umschlags von Nicht-Wissen in Wissen, hier: die Einsicht in die anthropogen getriebenen Anthropozändynamiken – gemäß der Skalarität der individuellen Handlungen und Erkenntnisse hochrechnet, kommt man zu einem Plateau, einer Schwellenzeit,

---

85 Vgl. Mann/Bradley/Hughes 1999.
86 Vgl. Maslin 2014, S. 13 ff.
87 Vgl. zu den metaphysischen Dimensionen Falb 2019; zu den ethischen, vor allem dem der Motivation, siehe Birnbacher 2016, S. 150 ff.
88 Aischylos: *Choephoren*, V. 886.
89 James Lovelock 2006 hat selbst von Gaias Rache gesprochen. Dies kann nur eine anthropomorphistische Metapher sein, die im Diskurs aber ungünstig in die mythische Irre führt, die bereits der Name Gaia heraufbeschwört. Die Spätfolgen eines trägen Erdsystems sind keine Vergeltung, sondern ein naturwissenschaftlich erklärbarer Effekt. Vgl. zum Anthropomorphismus in der Interpretation sich verselbstständigender kultureller Artefakte Kap. 5.1.

die aus Perspektive der Tiefenzeit, die ganze Erdepochen bzw. Phasen der nomadischen Existenz (im Pleistozän) und der sesshaften Existenz (im Holozän) betrachtet, relativ plötzlich erscheinen.[90]

Auch die Dimensionen tragischer Erfahrung setzen sich im kollektiven Bewusstsein fest, selbst wenn man (noch) nicht existentielle Werte im eigenen Leben durch Anthropozändynamiken verloren hat. Während körperliches Leiden durch klimawandelbedingte Krankheiten, Verlust von Eigentum und Leben durch Extremwetterereignisse und Nahrungsknappheit zu den Erfahrungsdimensionen der Anthropozändynamiken gehören,[91] breiten sich die typisch tragische Affekte wie Angst, Scham und Trauer auch unter noch nicht physisch direkt Betroffenen aus.[92] Angst im Anthropozän und vor ihm ist der tragischen verwandt, weil sie nicht nur eine Furcht vor einem konkreten Ereignis, etwa einem Hurricane, sondern vor allem eine Angst vor dem Verlust des Vertrauens in die Erneuerungskräfte der Kultur überhaupt und somit vor dem Verlust von Praxen des guten Lebens durch „Selbstzerstörung"[93] ist. Angst im Anthropozän scheint eine existentielle Angst des Menschen vor sich selbst als Akteur zu sein,[94] weniger vor einer von anderen (göttlichen) Mächten ausgelösten Apokalypse.[95] Wie die tragische Angst ist auch sie an die Werte gebunden, die durch Praxis auf dem Spiel stehen: „this anxiety itself underlines what is at stake in the ways that we measure the impact of our species."[96]

Desgleichen ist eine für das Anthropozän typische Scham zu konstatieren, die nicht nur angesichts konkreter Handlungen wie dem Fliegen auftritt, sondern die auch die tragische Blindheit und Abhängigkeit gegenüber der selbstgeschaffenen Technosphäre betrifft, die man „Spezies-Scham" nennen kann.[97] Günther Anders hat mit seinem Begriff der prometheischen Scham dieses affektive Phänomen vorweggenommen: Sie beschreibt das Gefühl des Menschen bei seiner Einsicht, dass die von

---

[90] Zur komplexen Zeit im Anthropozän siehe Chakrabarty 2018.
[91] Zur Krankheitszunahme etwa durch Verbreitung von Vektoren, verstärktem Pollenflug, Luftverschmutzung, Hitzewellen, Knappheit und Belastung von Trinkwasser und Nahrung oder erhöhte UV-Strahlung vgl. Stark et al. 2009. Zum somatischen Schmerz in der Tragödie vgl. Kap. 6.4.
[92] Zu diesen Dimensionen der tragischen Erfahrung vgl. Kap. 6.5–6, 7.4–5 und 8.3.
[93] Vgl. Malkmus 2015, S. 183.
[94] Vgl. S. Hamilton 2017, S. 586.
[95] Während eine charakteristische Angstlust für Konjunkturphasen von Apokalyptik anlässlich auffälliger, aber mit dem imaginierten Weltenende bloß zufällig korrelierter Ereignisse wie der Sichtbarkeit von Kometen oder dem kalendarischen Wechsel von Jahrhunderten in der eigenen Lebenszeit sorgte, begründen nun fortwährend aktualisierte Ergebnisse von nüchternen, kollektiv durchgeführten wie überprüften wissenschaftlichen Messungen und Modellierungen der *scientific community* die Annahme einer allmählichen Verschärfung beispielloser Katastrophen, deren quasi-apokalyptischen Folgen erst nach der Lebenszeit der meisten gegenwärtigen Akteure eintreten werden.
[96] Bristow/Harkes 2018. Der Sinn von Greta Thunbergs Aufforderung an die Weltgemeinschaft, statt Hoffnung panische Angst zu haben, in ihrer Rede in Davos vom 25.01.2019 liegt in der Angst als affektivem Zustand des Bewusstseins begründet, das einen drohenden Wertverlust gewahrt und zum protektiven Handeln motiviert (Thunberg 2019).
[97] C. Hamilton 2017, S. 162 („species-shame").

ihm erschaffenen Technologien mehr vermögen als er selbst. Im Anthropozän steigert sich diese Scham zum Bewusstsein, dass die eigene Aktivität in der Technosphäre zur planetarischen Macht geworden ist, die sich allerdings gegenüber ihren Produzenten verselbständigt hat, da der Mensch sie nicht kontrollieren kann. Nach Anders entspringt „aus dem Widerspruch zwischen der Freiheitsprätention und dem Fatalen, zwischen dem Können und dem Nichtkönnen"[98] die Scham.

Die für die Tragödie ebenfalls zentrale Trauer kehrt als Trauer über die Verluste durch Anthropozändynamiken wieder. Es handelt sich um eine der Verfassung tragischer Erfahrung ähnelnde Trauer über den irreparablen Verlust von für unersetzbar gehaltenen Werten.[99] Dabei hat sich der Kreis der *philoi*, innerhalb derer tragische Verlust in der griechischen Tragödie zu verzeichnen sind, intergenerationell und interspeziesistisch erweitert.[100] Die Folgen der kumulierten Effekte zivilisatorischer Praxen treffen nicht nur die größten Verursacher, sondern auch und in erster Linie die Menschen im globalen Süden, die zu den Anthropozändynamiken am wenigsten beigetragen haben, und noch stärker nicht-humane Spezies.[101] Donna Haraway hat daraus den politischen Imperativ abgeleitet, neue Verwandtschaftsbeziehungen mit „companion species" einzugehen, anstatt nur die eigene Art zu reproduzieren.[102]

Grunderschütternd stellt sich schließlich auch die Erfahrung des Distanzverlusts im Anthropozän dar. Menschen sind in die Technosphäre und das Erdsystem so eingebunden, dass ihre sich in ihnen artikulierende Freiheit in eine Ohnmacht ihr gegenüber umschlägt. Die ultimative tragische Ironie liegt daher in der Erkenntnis, dass der Mensch, der im Lauf seiner kulturellen Entwicklung die Umwelt auf Distanz gebracht hat, um sich eine Freiheit *gegenüber* dem „Absolutismus der Wirklichkeit" (Blumenberg) zu erarbeiten, nun vom Akteur in die Rolle des Empfängers von nicht mehr distanzierbaren Widerfahrnissen durch eben die von ihm bearbeitete und in der Neuzeit unterworfene Natur genötigt wird. Hegel gibt im Naturrechtsaufsatz eine Begründung dafür, warum sich das Absolute dialektisch als Tragödie vollziehe: Die sittliche Natur trenne „ihre organische [...] als ein Schicksal von sich ab[...]" und stelle sie sich gegenüber, um mit ihr als ihrem Anderen einen Kampf zu führen, „*damit sie*

---

[98] Anders 1994, S. 69.
[99] Zum Phänomen der ökologischen Trauer siehe Haraway 2016, S. 38f.; Cunsolo/Ellis 2018; Crops 2020.
[100] Der erste Satz des im Februar 2000, als Paul Crutzen das Anthropozän ausrief, veröffentlichten Buchs *Murder among friends* von Elizabeth Belfiore kann *ceteris paribus* auch für das Anthropozän gelten: „Greek tragedy represents many terrible deeds among kin" (Belfiore 2000, S. xv). Zu den *philoi* in der Tragödie vgl. Kap. 8.9.
[101] Mit hoher Gewissheit lasse sich sagen, so das IPCC, „that many of the impacts of warming up to and beyond 1.5 °C, and some potential impacts of mitigation actions required to limit warming to 1.5 °C, fall disproportionately on the poor and vulnerable" (M. R. Allen et al. 2018).
[102] „So, make kin, not babies!" (Haraway 2016, S. 103).

sich nicht mit ihr verwickele"[103]. Das Anthropozän zeigt, dass dieser „Tragödie im Sittlichen" selbst einer (Meta-)Dialektik ausgesetzt ist, die ihre Funktion ins Gegenteil umschlagen lässt. Durch die industrielle Zivilisation hat sich die Kultur als Sphäre des sich historisch artikulierenden Geistes nämlich so unauflöslich mit ihrer organischen Natur *verwickelt*, dass sie nun einen Umschlag ihrer Autonomisierung erlebt und in das Schicksal, das die Feedbackmechanismen der Natur des Erdsystems über sie verhängen, mit hineingezogen wird.

Im Selbstverhältnis des Menschen im Anthropozän herrscht daher eine Art anthropologisches Entfremdungsgefühl vor, denn der Mensch kommt sich, ähnlich wie in der tragischen Erfahrung, als frei und unfrei, mächtig und ohnmächtig, orientiert und orientierungslos zugleich vor. Ökologischem Bewusstsein eignet nach Morton daher eine charakteristische „weirdness"[104]. Es gründet in einer beeinträchtigten Beziehung zur Welt, in der nicht mehr Natur Kultur gegenübersteht, in der Kontingenz extrem disruptiv wirkt und es noch ungewisser geworden ist, wie die Spezies überhaupt zu verstehen und angesichts ihrer Effekte zu bewerten sein soll.[105] Daher ist die Frage, was der Mensch zwischen kulturell-historischem Akteur und physischer Kraft als Teil der Biosphäre überhaupt ist, zentral für den Anthropozändiskurs.[106] Der Mensch ist sich, wie schon in der Tragödie und der modernen Anthropologie, radikal zum Problem geworden.

4 Unsichere Position in der Anthropozäntragik und die Notwendigkeit des Handelns

Die praktisch und darüber auch theoretisch entscheidende Frage lautet angesichts dieser Parallelen jedoch: Sind wir bereits in einer Tragödie – dieser antiken Gattung „kollektiver Selbstzerstörung"[107] – in dem Sinne befangen, dass ein Umschlag von

---

103 Georg Wilhelm Friedrich Hegel: *Über die wissenschaftlichen Behandlungsarten des Naturrechts, seine Stelle in der praktischen Philosophie und sein Verhältnis zu den positiven Rechtswissenschaften.* (Theorie-Werkausgabe, Bd. II), S. 434–530, hier: S. 496 (Hervorh., A.T.).
104 Morton 2016; vgl. auch Thomas Friedmans Diagnose eines „global weirding" angesichts des Klimawandels und seiner Wirkungen auf die vom Wetter bestimmte Lebenswelt (Friedman 2010).
105 Es ist also keine temporäre Entfremdungserfahrung, die wieder auszutarieren ist, sondern liegt in der Problematik der „Beziehung zur Welt" selbst begründet, vgl. Latour 2017, S. 14. Die Unsicherheit in der Bewertung zeigt sich in einer Spannung zwischen nihilistisch-posthumaner Bereitschaft, die Spezies bis zum Aussterben zugunsten anderer aufzugeben, und einem Plädoyer für eine neue verantwortliche Humanität, die sich ihrer gefährlichen Macht bewusst ist, so etwa bei Gerhardt 2019, S. 51f., und die selbst eine eschatologische Rolle einzunehmen bereit ist, so bei C. Hamilton 2017, S. 145 ff.
106 Vgl. Ellis 2018, S. 75 ff.; Horn/Berthaller 2019, S. 79 ff.; Bajohr 2020.
107 Vgl. Ette 2011, S. 3. Ettes Beschreibung des Tragischen könnte ebenso gut auf das Bewusstsein im Anthropozän gemünzt sein: „In eigentümlicher Verflochtenheit also gesellen sich Schuld und Schicksal zur Vorstellung des Unglücks, wenn vom Tragischen die Rede ist. Und zwar tun sie das so, daß die – nicht zurechenbare – Schuld darin liegt, in systemische Zusammenhänge einzutreten, deren

planetarem Ausmaß *irreversibel* eine kollektive tragische Erfahrung ausgelöst *hat*, oder ist diese Tragödie noch abzuwenden? Tatsächlich ist das für die Antwort entscheidende Moment des irreversiblen Verlusts von existentiell Wertvollem im Anthropozän schwierig zu fassen. In einer Hinsicht sind bereits zahllose irreparable Verluste an menschlicher Gesundheit und Existenz, an nicht-menschlichen Arten, Ökosystemen und Kulturgütern eingetreten. Allein der Klimawandel hat desaströse Effekte.[108] Zudem ist schon heute gewiss, dass weitere irreparable Verluste nicht zu vermeiden sein werden. Korallenriffe wie das Great Barrier Reef sterben rapide ab; zahllose weitere Arten werden aussterben.[109] Die Zahl der Menschenleben, die durch Anthropozändynamiken noch verloren gehen werden, ist nicht abzuschätzen; doch sehr wahrscheinlich ist, dass es zur massiven Verschlechterung der globalen Gesundheit, zu Verstärkung der Armut, zu Hungerkatastrophen, Massenmigration und Klimakriegen kommen wird. Wir leben bereits auf einem „damaged planet", wie ein einflussreicher Sammelband bekundet.[110] Es ist daher mitnichten eine Dramatisierung, wenn man die bereits eingetretenen und noch zu erwartenden größeren Konsequenzen für viele Menschen und zahllose nicht-menschliche Wesen als schlechthin existentiell bezeichnet. Demnach spricht viel dafür, dass die tragische *metabolē* der agrarischen, industriellen, globalisierten Zivilisation bereits eingetreten ist und es nur darum gehen kann, die existentiellen Verluste zu beklagen und ein Leben in Ruinen zu erkunden.

In einer anderen Perspektive allerdings stehen wir erst auf der Schwelle zu einer globalen Tragik viel massiveren Ausmaßes. Denn die sich verschärfenden Effekte der Anthropozändynamiken können im Sinne einer plötzlichen Peripetie in das noch viel größere Unheil eines planetaren ökologischen und sozialen Kollaps stürzen. Medeas Lage ist bereits zu Beginn von Euripides' Tragödie desolat, aber erst durch ihre Rache an Iason wird ihre Existenz irreversibel zum Exzess des Leidens, in den ihre Kinder, Iason, seine Verlobte, ihr Vater und ganz Korinth gezogen werden. Den Hauptgrund für eine Peripetie in die verschärfte Dramatik stellen sogenannte *tipping points* dar. Diese Kipppunkte im Klimasystem beschreiben Schwellenwerte, an denen lokale Prozesse, die zunächst träge auf die anthropogene Erderwärmung reagieren, abrupt in eine durch positive Rückkopplungseffekte beschleunigte und irreversible Dynamik mit gravierenden und dauerhaften Folgen für das Erdsystem und die von ihm abhängige Zivilisation geraten. Die Klimatologie hat mehrere solcher Kippunkte im Erdsystem identifiziert, etwa das Schmelzen des arktischen Meereises, der Grönländischen Eisschicht, des westantarktischen Eisschilds und der ostantarktischen Eismasse, das Auftauen der sibirischen Permafrostböden, die Störung der nordatlantischen Meerwasserzirkulation, den Rückgang des Regenwalds im Amazonas, den

---

Macht die des Einzelnen übersteigt; Zusammenhänge, die ihn potentiell bedrohen und die Schuld produzieren."
108 Vgl. Maslin 2014, S. 68 ff.
109 Vgl. Brondizio/Settele/Díaz/Ngo 2019.
110 Tsing/Swanson/Gan/Bubandt 2017.

Kollaps der borealen Wälder oder die Zunahme des El Niño-Phänomens. Diese Kippelemente hängen wiederum miteinander zusammen, sodass eine *tipping cascade* zur Überschreitung weiterer Kipppunkte führen könnte. Dann könnte das Klima insgesamt in eine sich selbst verstärkende, irreversible Spirale kippen und über eine längere Periode zu einer heißen Treibhauserde führen, auf der die heutige Zivilisation kaum mehr denkbar wäre.[111]

Es scheint, dass eine anthropogene Initiation irreversibler Prozesse mit dauerhaften Folgen, die die Resilienz und Anpassungsfähigkeit der menschlichen Gesellschaften insgesamt überfordern würden, erst das Kriterium einer wahrhaft terrestrischen Tragödie ausmacht, weil in Bezug auf folgenreiche Anthropozändynamiken und ihre unersetzbaren Verluste keine Korrektur und kaum Anpassung mehr möglich wären. Ob und wie *homo sapiens* in der Zukunft technisch, moralisch, ethisch, rechtlich und politisch auf solche massiven Veränderungen der Erde wird reagieren können, ist ungewiss, wie auch über die erst zum Teil verstandene Dynamik an den Kippelementen des Klimasystems keine Gewissheiten existieren. Zweifellos aber wären die Wertverluste weitaus existentieller als sie schon sind.[112]

Die Ungewissheit, wo die Anthropozändynamiken zwischen schon eingetretenen Folgen und dem Eintreten terrestrischer Peripetien mit unabsehbar katastrophaleren Folgen stehen, prägt sich in den Einschätzungen des Anthropozäns aus. Die Reaktionen darauf ähneln denen des Tragödienpublikums in der Deutung der Philosophie des Tragischen. Zum einen gibt es das Plädoyer für die Akzeptanz der Vergeblichkeit eines jeden Versuchs, das Anthropozän als „good anthropocene"[113] zu gestalten und die destruktiven Dynamiken erfolgreich durch eine „stewardship"[114] des Erdsystems zu managen. Es drückt eine praktische Resignation aus, die Platon als gesellschaftliche Wirkung der Tragödie gefürchtet und Schopenhauer ausdrücklich begrüßt hat.[115] Für Jonathan Franzen etwa gilt es, die Erkenntnis zu akzeptieren, dass wir den Kli-

---

111 Steffen et al. 2018.
112 Allein das vollständige Abschmelzen des Grönländischen Eispanzers, dessen Kipppunkt als sensitiv gegenüber der Erderwärmung eingeschätzt wird und vielleicht schon in diesem Jahrhundert überschritten sein könnte (vgl. Irvalı et al. 2020), würde zwar vermutlich über 1.000 Jahre dauern, aber letztlich zu einer Erhöhung des Meeresspiegels um etwa sieben Meter führen: Zahllose Lebensräume an Küsten wären nicht zu halten, Venedig würde ebenso untergehen wie Amsterdam, Lagos ebenso wie Kalkutta. Inselstaaten und ganze Länder wie Bangladesch würden ganz oder teilweise im Meer versinken; flache Anbaugebiete in Küstennähe wären nicht mehr zu bewirtschaften; massenhafte Migration, Nahrungskrisen und soziale Konflikte wären die Folge. Man sieht an solchen Szenarien unmittelbar, wie Kippelemente im Erdsystem kausal mit sozialen *tipping points* verflochten sind.
113 Vgl. das Projekt „Seeds of a good Anthropocenes" der McGill University (Montreal), des Stockholm Resilience Center und des Centre for Complex Systems in Transition (Stellenbosch): https://good-anthropocenes.net/; vgl. dazu Bennett et al. 2016. Das Projekt versucht, gegen „the dominance of dystopian visions of irreversible environmental degradation and societal collapse", aber auch gegen „overly optimistic utopias and business-as-usual scenarios that lack insight and innovation" Initiativen zu sammeln, die für einen produktiveren Weg in die Zukunft sprechen.
114 Steffen et al. 2018, S. 8258.
115 Vgl. Kap 9.3 und 9.5. Nietzsche hat gezeigt, dass beide irrten.

mawandel nicht mehr aufhalten können. Anstatt Hoffnung zu haben, das 2-Grad-Ziel unrealistischerweise noch zu erreichen, sollten wir akzeptieren „that disaster is coming" und stattdessen lokal handeln und kleinere Verbesserungen erstreben wie ein paar extra Jahre Stabilität vor der Verselbständigung der globalen Erwärmung.[116] Roy Scranton erkennt angesichts des fortschreitenden Klimawandels ebenfalls keine wirklichen Auswege mehr und plädiert dafür, der kommenden Auslöschung dadurch ins Auge zu sehen, dass man im Anthropozän sterben lernt. Anstatt uns auf die vergebliche Praxis zu konzentrieren, sollten wir uns in einer „daily cultivation of detachment" üben und die Weisheit gewinnen, „the truth of our end" zu akzeptieren.[117]

Wäre das Anthropozän in der Tat bereits die Verwirklichung der „umfassenden menschlichen Tragödie", die die Mainau-Erklärung befürchtet und die pessimistische Tragiker bereits erreicht sehen, könnte es jenseits aller vergeblichen Versuche, sie noch praktisch abzuwehren, ernsthaft nur noch darum gehen, Formen des Umgangs mit ihrem Schrecken zu finden.[118] Doch alle Thesen, die – angesichts des weiteren Anstiegs der CO_2-Emissionen allzu verständlich – davon ausgehen, dass es zu spät ist, begeben sich in die Position eines Tragödienzuschauers, der noch vor den im Handeln verstrickten Figuren ihre tragische Ironie begreift, weil er den Umschlag erkannt hat und den *mythos* zu Ende erzählen könnte. Diese souveräne Zuschauerposition ist uns aber im hoch komplexen Anthropozän, in dem wir unweigerlich Akteure und zugleich Zuschauerinnen unter Bedingungen mangelnden Wissens sind, nicht vergönnt. Wir haben mit empirischen Daten aus der Gegenwart und der geologischen Vergangenheit getriebene Modelle und historische, soziologische, psychologische und kulturwissenschaftliche Forschungen, um künftige Verschärfungen der ökologischen Verwerfungen und ihre sozialen Auswirkungen anzunehmen, aber diese Daten, Modellierungen und Antizipationen sind fallibel und enthalten bei aller gesteigerten Präzision auch (von den Wissenschaften so konstatierte) Unsicherheiten.[119] Zudem wissen wir nicht, ob es für die Vermeidung von weiteren Umschlägen wie den Kippunkten im Klimasystem der Erde wirklich zu spät ist. Es wäre eine epistemische Überschätzung unseres prognostischen Wissens, davon auszugehen, dass das Schicksal der Menschheit und Millionen anderer Spezies bereits besiegelt ist. Eine Formulierung Bruno Latours trifft diese Unsicherheit, wenn er von einem tragischen *plot* spricht, in dem wir uns angesichts des Klimawandels befänden: In „a tragedy that is so much more tragic than all the earlier plays, since it seems now very plausible that human

---

[116] Franzen 2019.
[117] Scranton 2015, S. 92 und 90.
[118] Vgl. Kap. 10.3 zu den individuellen Formen des Umgangs mit nicht mehr abwendbarem tragischen Leid.
[119] Diese Unsicherheiten haben aber kaum dazu geführt, dass der anthropogene Klimawandel oder andere Anthropozändynamiken in der Forschung übertrieben wurden, wie die Leugner des Klimawandels meinen. Die meisten Prognosen haben, konservativ und vorsichtig argumentierend, die Effekte eher unterschätzt. Vgl. Oreskes/Oppenheimer/Jamieson 2019.

4 Unsichere Position in der Anthropozäntragik und die Notwendigkeit des Handelns

actors may arrive *too late* on the stage to have any remedial role..."[120] Es *scheint* plausibel, dass wir zu spät kommen *könnten* und die tragischste aller Tragödie aufführen *würden* – wir sind nicht der Titan Prometheus, den Aischylos uns als den wahren Kenner der Zukunft zeigt, sondern nur seine fehlbaren und fragilen Schüler. Umso mehr müssen wir achtgeben, nicht wie er am Ende an den Fels der Erde gekettet unterzugehen, denn es ist kein Herakles in Aussicht, der uns nach langem Leiden befreien wird.

Die *conditio humana* im Anthropozän und die politische Zaghaftigkeit, Untätigkeit oder Inkonsequenz geben allen Anlass zur Verzweiflung; aber sie ist keine Rechtfertigung für praktische Resignation.[121] Denn was wir zumindest sicher wissen können, ist, dass es an uns liegt, auf die Prognosen zu setzen, dass die Umkehrung in einen stabilen Erdzustand unter dem 2-Grad-Ziel noch möglich ist.[122] Man muss sich sozusagen kühn die künftige Legitimationen für jetziges Praxisvertrauen erarbeiten. Da uns verborgen ist, wie weit genau wir in der Tragödie des Anthropozäns schon mitgespielt haben und ob uns eine Intervention noch vor dem *point of no return* gelingt, ist jede resignative Einsicht spekulativ und in Bezug auf das Wohlergehen künftiger Generationen sehr fahrlässig. Wir mögen als Ärzte für eine Rehabilitation der Disruptionen in den Geosphären zu spät kommen – aber wir wissen es nicht. Das ist, paradox gesagt, unsere Chance.

Es ist daher ratsam, das Anthropozän und seine kardinalen Probleme, den Klimawandel und das Massenaussterben, nicht als *eine* Tragödie des finalen sozioökologischen Kollapses der gesamten Zivilisation zu erzählen, sondern von einer erhöhten Wahrscheinlichkeit von Peripetie-ähnlichen Umschlagsereignissen und verschiedenen Phasen sich verschärfender und verlängernder Belastungszeiten für das Erdsystem und humane wie nicht-humane Populationen auszugehen. Das Anthropozän führt mit der tragischen Erkenntnis in die kausale Verantwortung des Menschen für planetare Zerstörungsdynamiken zum Bewusstsein eines „irreversible[n] Bruch[s]"[123], nach dem es mit der Zivilisation nicht in gleicher Weise weitergehen kann wie zuvor, da die Bedingung ihres Gelingens auf der Erdsystemstabilität des Holozäns beruht, die sie zunehmend untergräbt. Zugleich handelt es sich *nicht* um ein praktisch nicht mehr zu beeinflussendes Unglück auf Dauer wie nach der tragischen Zäsur des individuellen Handelns.[124] Die Turbulenz des Erdsystems ist „now to a greater or lesser degree irreversible"[125], nicht *in toto* irreversibel. Unsere Ungewissheit darüber, ob und wie weit das Abwenden von Umschlags- bzw. Kippereignissen noch gelingen kann, entbindet uns nicht von der Verantwortung für die Stabilisierung und Protektion der Lebensbedingungen innerhalb der von Johan Rockström und anderen be-

---

120 Latour 2014, S. 127 f.
121 So plädiert auch der Pessimist Franzen 2019 für ein Handeln ohne die Illusion großer Hoffnungen.
122 Vgl. Steffen et al. 2018.
123 Horn/Berthaller 2019, S. 202.
124 Vgl. dazu Kap. 7.8.
125 C. Hamilton 2017, S. 160.

stimmten „planetary boundaries" als einem „safe operating space for humanity"[126]. Insbesondere gilt das für die ehrgeizige Umsetzung des Pariser Klimaabkommens ohne Zeitverzug. Denn das Zeitfenster für die Annahme der „supertanker-U-turn challenge"[127] schließt sich im Klimanotstand Jahr für Jahr weiter.[128] Es ist zudem dringend an der Zeit, ökologische und soziale Verantwortung systemisch in einem anspruchsvollen *Green New Deal* zu verknüpfen und die Wachstumswirtschaft auf Nachhaltigkeit im Sinne eines neuen Naturvertrages umzustellen.[129] Die wahre Katastrophe wäre demnach, dass es ohne ehrgeizigen Versuch, die Umschläge abzuwenden und umzubiegen, so weitergeht.[130]

Entsprechend hat Bruno Latour die apokalyptischen Szenarien kritisiert, die entweder – wie die Mehrheit – die Gegenwart optimistisch *vor* der Apokalypse oder aber *nach* ihr verorten wie die oben erwähnten pessimistischen Tragiker. Denn beide Szenarien beruhigen, indem sie von der eigenen Gegenwart als Zeit des Handelns entfernen: Entweder man verschiebt (wie erschreckend viele Politikerinnen und Politiker) das Handeln hoffnungsvoll auf die Zukunft und vertraut auf künftige technologische Möglichkeiten, deren Entwicklung aber im Dunkeln liegt, oder aber man kultiviert einen Quietismus im Sinne der Schopenhauerschen Gelassenheit *nach* der Tragödie, obwohl die schlimmsten Peripetien noch ausstehen. Nach Bruno Latour brauchen wir stattdessen ein Bewusstsein ohne trügerische Hoffnung oder Resignation, d. h. ein Bewusstsein, *in* der Apokalypse zu sein, denn nur so lässt sich, wie er mit Günther Anders betont, die Apokalypse tätig verhindern.[131]

---

126 Rockström et al. 2009.
127 „The past, present and future of climate change", in: *Economist* vom 21.09.2019 (ohne Autor-Angabe). Der Artikel beschreibt diese Herausforderung in Bezug auf den Klimawandel so: „reversing the 20-fold increase in emissions the 20th century set in train, and doing so at twice the speed. Replacing everything that burns gas or coal or oil to heat a home or drive a generator or turn a wheel. Rebuilding all the steelworks; refashioning the cement works; recycling or replacing the plastics; transforming farms on all continents. And doing it all while expanding the economy enough to meet the needs and desires of a population which may well be half again as large by 2100 as it is today."
128 Vgl. Lamontagne et al. 2019: „Even under optimistic assumptions about the climate sensitivity, pathways to a tolerable climate/economic future are rapidly narrowing."
129 Dafür liegen aus ökonomischer Sicht wichtige Vorschläge vor. Neben konkreten makroökonomischen Instrumenten wie der Besteuerung von CO_2-Emissionen, die von William Nordhaus und anderen entwickelt wurden, wird auch an neuen, nicht-wachstumsbasierten Wirtschaftsmodellen gearbeitet. Vgl. etwa das Konzept der „Doughnut economics" von Kate Raworth, das die planetaren Grenzen nach Rockström et al. mit sozialen Grenzen verbindet (Raworth 2017). Vgl. auch die grundsätzlichen Überlegungen zu neuem Leben und Wirtschaften, die von der Ökonomin Maja Göpel 2020 vorlegt wurden. Dazu, dass die Idee des Wachstums in einem nicht nur ökonomischen Sinne, sondern auch in Bezug auf die Evolution und die kulturelle Entwicklung insgesamt problematisch geworden ist, siehe Falb 2019, der daraus Konsequenzen für eine *global governance* zieht. Zum Bedarf eines neuen Naturvertrags siehe bereits Serres 1994.
130 „Daß es ‚so weiter' geht, *ist* die Katastrophe." (Benjamin 1990b, S. 683).
131 Latour 2017, 217.

4 Unsichere Position in der Anthropozäntragik und die Notwendigkeit des Handelns   — 779

Doch kann sich eine Apokalypse aus ihr selbst heraus verhindern lassen? Da dieser Begriff in der monotheistischen Tradition mit dem ultimativen Ende konnotiert ist, erscheint mir das Modell der Tragödie geeigneter. Denn die griechischen Tragiker haben selbst Beispiele für Tragik geliefert, die im letzten Moment noch umgebogen werden kann: So vermag Athene in den *Eumeniden* die desaströse intergenerationelle Rachekette durch ein Gleichgewicht der Stimmen im Gericht zu unterbrechen und daraufhin die schädigenden Erinyen, deren „Gift" den Erdboden verseuchen und der Stadt „ein Grauen" verursachen soll, zu überzeugen, zu wohltuenden Eumeniden für die ganze Bevölkerung und ihre Umwelt zu werden. Diese sprechen schließlich als transformierter Chor mit einer Stimme über die Zukunft der Lebensbedingungen der Polis, die sie zu schützen bereit sind: „Verderben [...], das Bäume schädigt", und „Tod zur Unzeit wende ich ab."[132] Im *Ödipus auf Kolonos* kann Theseus dafür sorgen, dass Ödipus' Töchter, die diesem den Grund zu leben gaben, nachdem er aus Theben vertrieben wurde, gerade noch den Entführern entwendet werden und zu ihm zurückkehren, sodass er sich nach dem Abschied in der kulturellen Natur des Hains zum Sterben begeben kann, nicht ohne für die Zukunft seiner Freunde zu sorgen.[133] Euripides hat gleich mehrere *tragoediae interruptae* verfasst, in denen sich der tragische Umschlag, der schon gewiss erscheint, im letzten Moment durch einen Zufall oder einen Helfer wie Herakles noch abwenden lässt.[134] Diese Umwendungen an sozusagen gutartigen Kipppunkten *innerhalb* der Theatergattung, die den radikal negativen Umschlag des Lebens zeigt, sind nur deshalb als Rettungsmöglichkeiten erkennbar, weil das herannahende Unheil den Figuren und ihrem Publikum bereits erschreckend nah vor Augen getreten ist. Wer nicht, so Athene, die Drohung der Erinyen „erfuhr, weiß nicht,/ Von wannen die Schläge des Lebens ihn/ Erreichen."[135] In diesem Sinne der griechischen Weisheitsgöttin bedarf es eines tragischen Bewusstseins, um, wie Latour es sagt, fähig zu sein „to turn ourselves around"[136]: Nur im Anblick tragisch wirkender Zukunftsszenarien kann die Gegenwart transformiert und eine fatale Richtung noch umgebogen werden.

Antik gesprochen bedarf es also praktischer Initiativen, um den *kairos* der nächsten Jahre zu ergreifen und ein stabileres *aiōn* für die Zukunft einzuleiten, in dem die planetaren Grenzen gewahrt bleiben – die Zukunft des Lebens unter einigermaßen gleichbleibenden Bedingungen in einer Art kuratierter Erdsystemverfassung, die Daniel Falb treffend „Holozän-Museum" nennt.[137]

---

132 Aischylos: *Eumeniden*, V. 812, 820, 938, 958.
133 Vgl. dazu Kap. 8.2., aber auch mit Blick auf die Gesamttragödie einschränkend hoffnungsvoll: Kap. 7.8.
134 Vgl. dazu Kap. 8.2.
135 Aischylos: *Eumeniden*, V. 932–934.
136 Latour 2017, S. 218.
137 Falb 2019, S. 211. Zur Idee einer kuratierten Erdaufsicht vgl. Horn/Bergthaller 2019, S. 115. Unter gewissen Umständen könnten damit auch weitere Vorteile verbunden sein, z. B. die Fluktuationen im Klima zu vermeiden und weitere Eiszeiten hinauszuschieben.

Nun ist aber angesichts des bereits sich seit Jahrzehnten verbreitenden Wissens um die drohende Klimakatastrophe und die Anthropozänverwerfungen fraglich, ob das Problem mangelnden Handelns überhaupt gelöst werden kann. Wissen haben wir genug, um zu handeln. Aber dieses Wissen ist noch nicht *öffentlich* und nicht *bewegend* genug, noch ein Wissen der Experten, nicht ein Wissen des gesamten Demos, der in Athen als Publikum die Tragödie mit Faszination, Angst, Schrecken, Zorn und Mitleid *erlebte*. Es scheint sich aber in den letzten Jahren angesichts der zunehmenden Schreckensmeldungen zu Anthropozänverwerfungen in den Medien, angesichts der politischen Regressionsprozesse und des offenkundigen Unvermögens der globalisierten Wirtschaft zur wesentlichen Selbstkorrektur etwas zu ändern: Einzelne koordinieren sich vermehrt zu Kollektiven politischer Praxis.

Mit Blick auf die skalaren Effekte menschlicher Handlungen im Anthropozän lässt sich in dieser Situation eine Inspiration zum politischen Handeln aus der theatralen Form der griechischen Tragödie gewinnen: Da der Mensch nur in kumulativer Summierung, also als produzierendes, nutzendes, konsumierendes Kollektiv der Technosphäre, derart wirksam in die komplexen Erdsystemprozesse interveniert, besteht die einzige Chance für eine bewusste, zielgerichtete Intervention in die unfreiwilligen destruktiven Dynamiken darin, dass auch kollektiv koordiniert gehandelt wird. Theatralisch gesprochen heißt das: als konzertierter Chor. Dem scheint der zunächst westliche, doch längst global wirksame Individualismus entgegenzustehen, der sich in ökologisch destruktivem Konsumverhalten ausdrückt und eine Korrektur erschwert.[138] Allerdings steht nicht die Idee des Individuums als Akteur und seiner praktischen Individualität als einer normativen Idee dem Desiderat kollektiver Wirksamkeit entgegen. Die derzeitigen ontologischen und empirischen Zweifel am Konzept des Individuums bieten keinen schlagenden Einwand gegen die Bedeutung des individuellen normativ-praktischen Selbstverständnisses.[139] Im Gegenteil, seine Formation ist praktisch und politisch unverzichtbar. Um als ethisch und politisch verantwortliche Person für sich, die Gattung und auch für nicht-humane Lebensformen und die Stabilität des Erdsystems im Ganzen handeln und sich mit anderen koordiniert einsetzen zu können, muss sie als Individuum agieren, das seine innere organische und psychische Vielfalt und die eigenen Kräfte wie einen Chor auf ein wertvolles Ziel hin koordiniert und bündelt.[140] Auch wenn im Anthropozän die destruktive physische Macht des Menschen allein als skalarer Effekt zu messen ist, sind nicht Menschenmassen als statistische Größen Adressaten ethischer und politischer Sorge, ebenso wenig wie normative Forderungen nach politischer Intervention angesichts der ökologischen Verwerfungen die Hautflora des Menschen ansprechen. Adressaten können nur selbstbewusste Individuen mit einem praktisch-normativem Selbstverständnis bzw. einer praktischen Individualität sein, die, organisch plural verfasst und

---

138 Vgl. Komatsu et al. 2019.
139 Vgl. dazu Kap. 8.7.
140 Vgl. Gerhardt 1999, S. 269 ff.

verwoben, mit *einem* Bewusstsein denken und sich *entscheiden*, um als ent-schiedene, d. h. sich zur Einheit zentrierte Akteure ihre Vorhaben *fokussiert* umsetzen zu können.

Wichtig ist im Anthropozän, dass dieses individuelle Handeln sich mit dem anderer Personen koordiniert, um kumulativ intendierte Korrektureffekte erzeugen zu können, die die nicht-intendierten Anthropozändynamiken wenigstens teilweise wieder umbiegen und die Verselbständigung der Erderwärmung verhindern können. Im *Agamemnon* überlegt der Chor der älteren argivischen Bürger, den live mitgehörten Mord am König zu unterbinden, kann sich aber letztlich aus der Diskussion heraus nicht zu „rasche[r] Tat"[141] durchringen, bis es zu spät ist und die Choreuten nur noch wissen wollen, „was dem Atriden widerfuhr"[142]. Hegel hat den Chor der Tragödie aufgrund solcher Situationen mit dem Volk als dem kollektiven Zuschauer des tragischen Handelns Einzelner identifiziert, in dem zwar „Weisheit" zur Sprache komme, dessen Kennzeichen aber Passivität, „Kraftlosigkeit", „der untätige Schrecken" und das „ebenso hilflose Bedauern" seien. Angesichts des Ernsts der Katstrophe verstehe der Chor sich „nicht selbst [als] die negative Macht, die handelnd eingreift, sondern hält sich im selbstlosen Gedanken derselben, im Bewußtsein des fremden Schicksals, und bringt den leeren Wunsch der Beruhigung und die schwache Rede der Besänftigung herbei."[143] Man kann diese Zeilen als Porträt zivilgesellschaftlicher Passivität und Verleugnung angesichts der schon in den 1990ern beschriebenen ökologischen und sozialen Katastrophen lesen. Doch die modernen demokratischen Zivilgesellschaften haben auch gelernt, verschiedene Formate koordinierter, konzertierter Aktion zu erproben und genau dadurch politische Entscheidungen herbeizuführen. Zur Formierung chorischer Bewegungen können wiederum einzelne in erstaunlich wirksamer Weise motivieren, indem sie wie Greta Thunberg ein sichtbares Beispiel geben. Dies geschieht vor allem durch jüngere Akteure mit weiter Zukunftsperspektive seit 2018, dem Jahr der Gründung internationaler Massenbewegungen wie *Fridays For Future* oder *Extinction Rebellion*, denen Gründungen unterstützender Bewegungen 2019 folgten. Sie zeichnen sich trotz unterschiedlicher Profile durch Kollaboration und gegenseitige Solidarität im Zeichen eines gemeinsamen Ziels aus.

Offen ist die Frage, wie die chorischen Bewegungen aus Individuen derzeit am besten und effektivsten wirksam werden können. Einen gemeinsam, gleichsam unisono singenden globalen Chor, d. h. die Menschheit als politisches Subjekt, gibt es bislang nicht. Es wäre angesichts des dringenden existentiellen Handlungsbedarfs auf gefährliche Weise utopisch, alleine auf eine institutionalisierte *global governance* der Menschheit im Sinne einer planetaren Demokratie hinzuarbeiten. Stattdessen scheint es ratsam, auf vielfältiges kollektives Handeln auf mehreren Ebenen zu setzen, das im Lokalen begrenzte Effekte erzeugt, die sich global positiv akkumulieren können. Elinor Ostrom hat gezeigt, wie die Tragik der Allmende ohne problematische Über-

---

[141] Aischylos: *Agamemnon*, V. 1353.
[142] Ebd., V. 1371.
[143] Georg Wilhelm Friedrich Hegel: *Die Phänomenologie des Geistes* (Theorie-Werkausgabe, Bd. III), S. 535 f.

antwortung in Privateigentum oder staatliche Kontrolle durch Gesellschaften, die Allgemeingüter institutionell eigenständig sichern, zu vermeiden ist.[144] Durch die Idee mehrschichtiger, polyzentrischer Verantwortlichkeiten im Lokalen, die auf mehr Vertrauenswürdigkeit bauen und Trittbrettfahrerprobleme eher vermeiden können als globale politische Strategien, kann nach Ostrom individuelles und kollektives Handeln auf verschiedenen Ebenen zu „multiple benefits"[145] führen. Darin liegt ein großes Plädoyer für Lokalität und Pluralität im Handeln, das mit emergenter Effektivität zur Erhaltung terrestrischer Allgemeingüter innerhalb der planetaren Grenzen beiträgt.

Darüber hinaus muss sich kollektives Handeln in der internationalen digitalen Öffentlichkeit chorisch und mit vernehmbarer Stimme koordinieren, um effektiv auf Entscheidungen mächtiger institutioneller Akteure wie Regierungen, Unternehmen und internationale Organisationen Einfluss nehmen zu können, von denen vielen anscheinend nicht an einem ambitionierten Kurswechsel gelegen ist. Wie in der Tragödie aufgrund von existentiellem Leid Klage zur Anklage der göttlichen Repräsentanten terrestrischer Macht wird,[146] so nährt auch die tragische Sensibilität und Aufmerksamkeit für die planetaren Verwerfungen des Anthropozäns den Geist des Widerstands. Chorisches Handeln setzt auf die performative Stärke der Vielen, die immer auch Einzelne sind, d. h. auf die Pluralität im Sinne Hannah Arendts, die von unterschiedlichen Individualitäten in politischen Koordinierungsformaten konstituiert wird. Daher hat auch das Sich-Zeigen der praktischen Individualität im öffentlichen Raum an Dringlichkeit nicht ab-, sondern zugenommen: Man muss lernen, sich gegenseitig zu erkennen an dem, was und wie man wertet, wofür man sich einzusetzen und für was man etwas von sich zu opfern bereit ist.[147] Dann mag auf einmal eine soziale Bewegung entstehen, die man zuvor noch weniger vorhersehen konnte als manch negative „Überraschung"[148] im Klimasystem.

5 Für eine Praxis in tragischer Sensibilität

Zusammenfassend gesagt lässt sich die aktuelle Situation als Komplex aus tragischem Bewusstsein *gegenüber* der Praxis und ethisch-politischem Handlungsdruck *in* der Praxis verstehen. Wie die griechische Tragödie angesichts des existentiellen Leidens ins philosophische Denken über den Menschen, sein Handeln, seine Werte, sein Leiden und den Sinn der Welt als Ort der Praxis zieht, stellt auch die tragische Einsicht in die eigene terrestrische Zerstörungsmacht bei gleichzeitigem Kontrollverlust „einen

---

144 Siehe Ostrom 1990.
145 Ostrom 2014, S. 121. Vgl. dazu und zum Forschungsfeld der Earth System Governance Horn/Berthaller 2019, S. 113 ff.
146 Vgl. Kap. 6.7 und 9.2.
147 Vgl. Latour 2017, 246.
148 Vgl. Maslin 2014, S. 98 ff.

Neuanfang im Denken dar"[149] – das vor allem ein Denken über den Menschen und seine Stellung auf der Erde ist.[150]

Der Mensch erscheint im Anthropozän sich selbst als das Unheimliche, weil Ungeheuerlichste, als welches bereits der Chor der *Antigone* ihn angesichts seiner mächtigen Selbstbehauptung gegenüber Naturmächten beschreibt:

> Viel des Unheimlichen ist, doch nichts
> Ist unheimlicher als der Mensch.
> Dies Wesen jagt über das graue Meer
> Vor den winterlichen Föhn
> Dahin unter stürzenden Wogen
> Gewölbe sicher ans Ziel.
> Der Göttingen heiligte, die Erde,
> Die ewig quellende, die nie müde,
> Quält er mit kreisendem Pfluge, jahrein jahraus
> Wenden auf ihr die Gespanne.[151]

Das Stasimon ist ein Lied über die Leistungen und Abgründe der kulturellen Existenz, deren Sinn heute auf neue Weise aufgeht: Die technische Macht des Menschen, die der Chor besingt, ist in der Naturgeschichte ohne jeden Vergleich. Das ist das überaus ‚Gewaltige', aber auch ‚Geschickte' – so lässt sich *to deinos* übersetzen – des segelnden, pflügenden, jagenden, fischenden, domestizierenden, sprechenden, denkenden, regierenden und heilenden Anthropos.[152] Er ist aufgrund der prometheischen *technai* der kulturellen Existenz der „Nimmer-Verlegene"[153]; allein der Tod ist Grenze seiner Fähigkeiten. Doch dieser Exzeptionalismus des Könnens ist seit Sophokles in einer neuen, nämlich planetaren Dimension fragwürdig geworden, weil das Können und seine Wirksamkeit von Massen von Menschen über die Rückwirkungen der Kräfte im Erdsystem sich zugleich mit der Ohnmacht der Einzelnen verbinden.

Das zeigt sich an der Diskussion um das Erhabene im Anthropozän. Die Natur ist nicht mehr das Andere der kulturell verwirklichten Vernunft, sondern von ihren Wirkungen im Kleinen wie Großen durchzogen, sodass ein Erhabenheitsgefühl im Sinne Kants sich in ein Unheimlichkeitsgefühl wandelt: Die Vernunft kann sich nicht mehr von der großen Natur distanzieren, sondern muss ihren Beitrag zu den alle Einzelnen übersteigenden Naturgrößen erkennen: Sie findet sich gleichsam „im *Inneren der Dinge* wieder."[154] Strukturell liegt in diesem Mangel an Distanzierungsmöglichkeit auch der Grund, warum dass Erhabene nicht als Modell für die Tragödienwirkung funktioniert.[155] Wenn der Mensch als Kollektiv die großen Naturkräfte

---

149 Horn/Bergthaller 2019, S. 25.
150 Vgl. Ellis 2018, S. 141.
151 Sophokles: *Antigone*, V. 332–341 (Übersetzung von Karl Reinhardt leicht abgewandelt, A.T.).
152 Ebd., V. 332–375.
153 Ebd., V. 359.
154 Horn/Berthaller 2019, S. 126.
155 Vgl. Kap. 9.5.

physisch überwältigt, nur um von ihnen in der Konsequenz überwältigt zu werden, ist die negative Bedeutung des ambivalenten Worts *to deinos* vermutlich noch deutlicher vernehmbar als vor 2.500 Jahren in Athen: Der Mensch ist nicht nur kulturell-technisch mächtiger und gewaltiger, sondern auch furchtbarer und monströser (*deinoteron*) als alle monströsen, destruktiven Kräfte. Mit diesen wie dem „wilden Biest"[156] des Klimasystems ist er so verwoben ist, dass die planetare Katastrophe droht. Mit Blick auf die historische Summe der Zivilisationsgeschichte, die sich in den Anthropozändynamiken aufgetürmt zeigt, erscheint er als das schlechthin Ungeheuerliche. Es muss einem unheimlich werden.[157]

Um diese anthropologische Ambivalenz ernst zu nehmen und eine neue Perspektive für den Menschen als verwobenes Element der Biosphäre zu gewinnen, die zugleich die Praxis für die Änderung der düsteren Zukunftsaussichten nicht vereitelt, sind die besten Kräfte, die wir aus Evolution und Kulturgeschichte erworben haben, nötig. „Think we must! We must think!"[158] Es ist verwunderlich, dass die akademische Philosophie das Anthropozän bislang so wenig als Herausforderung begreift wie Platon die Tragödie.

Wie die Zuschauerinnen und Zuschauer der griechischen Tragödie sich das Scheitern der Praxis vor Augen führten, ohne auf politische und ethische Praxis außerhalb des Theaters verzichten zu können, für die ihnen die Kunst der Tragödie Kraft zuspielte, müssen wir im Angesicht der selbstproduzierten Anthropozäntragik öffentlich über den Menschen und die bittern Ironien des Wollens, Erkennens und Handelns nachdenken, wie wir zugleich auf das Handeln, die Erkenntnis und den Willen des Menschen setzen müssen, weil für die Zukunft darauf alles ankommt. Das heißt, es gilt, zugleich vor unserer Macht zurückzuschrecken und sie weiter, koordinierter, besser zu gebrauchen. Clive Hamilton hat diese verzwickte Lage pointiert formuliert: „The future of the entire planet, including many forms of life, is now contingent on the decisions of a conscious force, even if the signs of it acting in concert are only embryonic (and may be still-born). In the face of this brute fact, the defining truth of the age, denying the uniqueness and power of humans becomes perverse."[159] Die Menschen müssen lernen, sich als Akteure und Beobachter der „einzig wahre[n] Tragödie"[160] ihrer Politik zu begreifen, die Verantwortung für die Kontinuität des Lebens und Wohlergehens im Erdsystem trägt. Dabei scheint gewiss, dass der Mensch niemals zum souverän dirigierenden Steward des belebten Raumschiffs Erde wie der Steuermann in Platons *Politikos* oder zum Zoopersonal und Chefgärtner sämtlicher

---

156 Die Formulierung stammt von Wallace Broecker; vgl. Rahmstorf/Schellnhuber 2012, S. 28.
157 Vgl. auch Morton 2012, S. 9ff., und 2016, S. 63f., zum Chorlied aus der *Antigone* und dem Charakter des Unheimlichen (*uncanny*). Zur Natur und der Realität überhaupt als etwas Unheimlichen (*uncanny*) vgl. Gosh 2016.
158 Das betont Haraway 2016 mehrfach.
159 C. Hamilton 2017, S. 41.
160 Platon: *Nomoi* VII, 817b. Zur terrestrisch erweiterten Biopolitik siehe Horn/Berthaller 2019, S. 139ff.

Arten werden kann. Zu sehr ist er verstrickt mit und abhängig von den ökologischen Mächten, denen gemäß er zu handeln hat. Aber ein neues Verhältnis zu sich selbst wie zu nicht-menschlichem Leben und dem Erdsystem im Ganzen ist erforderlich, um dieses Verhältnis praktisch stabil halten zu können.

Mit Blick auf das bisher Gesagte ergibt sich der Befund: Für die Entwicklung einer „planetare[n] Vernunft"[161] bzw. „Biossphären-Rationalität"[162], die ein Handeln anleitet, das die zunehmende Tragik des Anthropozäns zu einer *tragoedia interrupta* umzubiegen versuchen muss, bedarf es einer *Praxis in tragischer Sensibilität*. Denn das Handeln muss die tragischen Verstrickungen, in denen es sich befindet ernst nehmen. Wegen des mangelnden Erlebnisses, das einem das Bedeutsame der Situation vor Augen führt, kann man mit Clive Hamilton sagen: „So today the greatest tragedy is the absence of a *sense* of the tragedy."[163] Nur mit einer neuen tragischen Sensibilität können wir aus den kaum zu ermessenden und erst noch kommenden Schäden im Sinne eines *pathei mathos* einiges zu lernen probieren.[164] Es muss eine tragische Sensibilität des bewussten Lebens sein, das die ödipale Logik des ökologischen Anthropozänbewusstseins anerkennt und die drohenden menschlichen, sozialen, biologischen und kulturellen Wertverluste besorgt kommen sieht, wie die Zuschauer der griechischen Tragödien, in denen im letzten Moment ein Umschlag des Umschlags erfolgt.[165] Das aber, anders als bloße Zuschauer, viel dafür zu tun bereit ist, diese Korrektur nicht allein dem Zufall zu überlassen. Es muss eine tragische Sensibilität für das Ineinander von gestiegenem Bedarf an individueller Wirksamkeit in kollektiv abgestimmter Praxis und gleichzeitiger Erkenntnis des Ausgeliefertseins an die möglichen *metabolai* sein, die das Handeln – individuell wie kollektiv – mit existentiellen Konsequenzen erleiden kann.

Zu diesem tragischen Bewusstsein wird eine reflektierte und stets vorläufige „delphische Weisheit" gehören, die im terrestrischen Selbstgefährdungswissen gegenüber transgressiver Praxis Vorsicht walten lässt.[166] Das bewusste Leben in tragischer Sensibilität muss den Gedanken wach halten, dass nicht nur Wissen fallibel und die Werte, um derentwillen wir leben, wie die Praxen, die sie sichern sollen, fragil sind. Es weiß auch, dass andere Lebewesen und die Komponenten des Erdsystems selbst fragil sind[167] und dass wir vieles über sie nicht wissen und vermutlich vieles

---

161 Renn 2019.
162 Falb 2015, S. 40.
163 C. Hamilton 2017, S. x (Hervorh., A.T.).
164 Vgl. Wallace 2020b. Es ist gut, reicht aber nicht, diese Sensibilität nur für als Tragik-vergessen eingeschätzte US-Amerikaner in Bezug auf die internationale politische Ordnung einzufordern, wie das Hal Brands und Charles Edel 2020 tun. Es ist auch irreführend verkürzt zu behaupten, dass tragische Sensibilität darin bestünde, Tragödien für normal zu halten (S. 147).
165 Vgl. Kap. 8.2.
166 Vgl. Kap. 10.3.
167 Nach Morton 2012, S. 18, kommt ihnen daher selbst eine *hamartia* im Sinne einer notwendigen Inkonsistenz zu, die alle physischen Systeme fragil macht.

auch nicht wissen werden, zumal wir vergesslich und für vieles blind sind.[168] Reflektiert muss diese delphische Zurückhaltung sein, weil es nicht reicht, neben der Selbsterkenntnis dem zweiten delphischen Imperativ der Selbstbeschränkung angesichts des Schadens (*mēden agan*) zu folgen. Denn in der Einsicht in die Vulnerabilität von Selbst und Welt muss auch der Gedanke wirksam werden, dass eine Scheu vor dem Überschreiten der planetaren Grenzen im Sinne einer ökologischen Hybris nicht zu einer prinzipiellen Scheu vor intervenierender Praxis führen darf, sondern ebenso die kluge Überlegung, technische Kreativität und Leidenschaft im Handeln von Gewicht sind.[169] Es gibt daher auch für die Praxis in tragischer Sensibilität keine einfachen Lösungen, sondern nur anspruchsvolle, die jedoch gesucht und erprobt werden müssen.

Die Lage erfordert die Vermittlung von gegensätzlichen Perspektiven: Einerseits muss geradezu angespannt gedacht und schnell gehandelt werden; andererseits gilt es zu bremsen und auf Entschleunigung und Zögern zu setzen, um nicht weiter in Fallen tragischer Ironien wie die ansteigender Treibhausgasemissionen der Konsumwirtschaft zu laufen. Einerseits ist aus der Einsicht in die unheimliche Macht der anthropogenen Technosphäre und der Rücksichtslosigkeit von technischer Nutzung durch mächtige Akteure verstärkte Skepsis gegenüber rein technologischen Lösungen der Anthropozänprobleme wie Geoengineering geboten, zumal sie allzu leicht als Rechtfertigung dienen können, noch nicht zu handeln.[170] Andererseits ist die Lage zu dramatisch, um technologische Möglichkeiten nicht wenigstens zu erforschen und zu prüfen, inwieweit der tragische Prometheus der turbulenten Gaia und damit uns von ihm Beschämten zur Hilfe eilen kann.[171] Einerseits gilt es zu lernen, in Ruinen zu leben und Resilienz gegenüber den sich in Zukunft akkumulierenden ökologisch-sozialen Verwerfungen aufzubauen;[172] andererseits müssen wir weitere Ruinen und Verwerfungen abwenden und dafür verschiedene Werkzeuge und die Macht derjenigen kontrollieren, die sie einsetzen können,[173] wie wir Szenarien eines besseren Lebens entwickeln sollten.[174] Einerseits ist unsere Pflicht, neue sorgende und solidarische Verhältnisse zu nicht-menschlichen Lebewesen aufzubauen,[175] andererseits sollten wir Tiere in wilden Habitaten in Ruhe lassen.[176] Zum einen müssen wir unsere indi-

---

168 Vgl. in Bezug auf das ökologische Bewusstsein Parker 2017.
169 Vgl. Kap. 8.13.
170 Vgl. Hamilton 2014.
171 Vgl. Schellnhuber 1999, C23.
172 Vgl. Lowenhaupt Tsing 2018; Tsing/Swanson/Gan/Bubandt 2017.
173 Vgl. z. D. die weitreichenden Vorschläge zu ökopragmatistischen Instrumentarien von Brand 2009. Zur verantwortungsvollen Rolle der Wissenschaften siehe Rees 2018, S. 201 ff.; und Renn 2020, S. 323 ff.
174 Zu aus aktuellen „Geschichten des Gelingens" genährten erstrebenswerten Zukunftsszenarien siehe die Arbeit der Stiftung FUTURZWEI 2020; vgl. auch Welzer 2019; Jugendrat der Generationen Stiftung und Langer 2019. Siehe zudem Bennett et al. 2016.
175 Vgl. Haraway 2016; Morton 2019.
176 Vgl. Wilson 2016, S. 169 ff.

viduellen Kräfte auf lokale Veränderungen konzentrieren, zum anderen kommt es dabei auf die planetaren Effekte an, die wir auf mehreren Ebenen und Skalen im überwachenden Blick zu behalten haben. Einerseits müssen wir mehr als jemals zuvor die Pluralität der Perspektiven und Stimmen vernehmen, zu denen auch bislang marginalisierte wie das indigene Wissen um nachhaltige Verhältnisse zur Umwelt gehören. Andererseits sind uns die Weltbevölkerung wie auch nicht-menschliche Populationen allein quantitativ und statistisch, d. h. abstrakt geben. Niemals können Einzelne auch nur annähernd alle anderen hören, berücksichtigen, fühlen und verstehen; sie müssen aber unter Bedingungen kolossalen Nicht-Wissens und notwendigerweise enger Begrenzung von Kommunikation eigenständig Orientierung im Denken und Handeln finden, um sich und anderen vertrauen und in Chören kooperieren zu können.

Tragische Sensibilität heißt, diese Komplexitätstreiber anzuerkennen und sich von ihnen ins Denken ziehen zu lassen, um die Paradoxien zu verstehen und sich als Akteur sowohl neu zu denken als auch zu beanspruchen. Wie wir uns als Menschen und als konkrete Individuen verstehen, ist über unser Handeln kausal für die Zukunft der Biosphäre und damit der gesamten Erde relevant.

Für die Entwicklung und öffentliche Verbreitung solch einer tragischen Sensibilität sind die Künste unverzichtbar. Nichts vermag ontologische, epistemische, ethische und politische Irritationen zu erzeugen, gewohnte Sichtweisen zu durchbrechen und neue zu stiften wie die Kunst. Deshalb richten sich anspruchsvolle Hoffnungen auf die Künste, die ermöglichen können, die umfassende Veränderung der Verhältnisse im Anthropozän neu zu denken sowie eine neue – und tragische – Sensibilität für die komplexe Lage zu entwickeln.[177] Ohne ästhetische Erfahrung, die Bedeutung stiftet, drohen der quantitative Bereich der Anthropozändynamiken und ihre qualitativen emergenten Effekte zu entfernt und abstrakt zu bleiben, um tiefgreifend die Einzelnen zu bewegen. Daher stehen die Künste vor der Herausforderung, das in sich komplex verwobene Ganze, in dem wir uns intergenerationell befinden, das sich aber räumlich und zeitlich der perzeptiven und emotionalen Erfassbarkeit entzieht, durch neue Formen dem Bereich der Erfahrung näherzubringen, es zu denken und zu erforschen.[178]

---

[177] Der Anthropozändiskurs verdankt den Beiträgen der Künste, etwa Literatur, bildender Kunst oder dem Film, bereits viel. Als nur ein Beispiel sei das Anthropozän-Projekt am Haus der Kulturen der Welt (HKW) in Berlin 2013–2014 genannt. Gerade das Theater mit seinen Möglichkeiten sozialer Verhandlung und Koordination ist zu einem Medium der Selbstverständigung im Anthropozän geworden, vgl. etwa Latour 2017, S. 255 ff., oder das „Theater des Anthropozäns", das 2020 an der Humboldt-Universität zu Berlin vom Dramaturgen Frank Raddatz und der Mikrobiologin Antje Boetius gegründet wurde, siehe: https://xn–theater-des-anthropozn-l5b.de/. Zur Poetik des Anthropozäns vgl. Falb 2015, zu den Herausforderungen der Ästhetik vgl. Horn/Berthaller 2019, S. 117 ff.
[178] Eva Horn spricht von einer Aufgabe der „Explikation [...] von Prozessen, Gegenständen und Praktiken des Anthropozäns" (Horn/Berthaller 2019, S. 134).

Da einerseits Verleugnung und Verdrängung der Anthropozänverwerfungen und andererseits Resignation, Verzweiflung und Betäubung um sich greifen, wäre eine zeitgemäße Kunst der Tragödie von existentieller Bedeutung, die in der Lage ist, die ungeheuren sozio-ökologischen Schäden darzustellen und zugleich ästhetisch Energien auf ihr Publikum zu übertragen, die erforderlich sind, um durch politische Praxis die Schwelle zu einer umfassenden Tragödie in eine segensreichere Richtung zu verlassen, wenn nicht gar in eine ferne Komödie der ausbalancierten Gaia. Solche Tragödien würden uns über die Verluste, die unserem Tun und Unterlassen folgen, erschrecken lassen und uns daran erinnern, welchen Ernst und welche Wertschätzung die von uns mitgeformte Welt uns aufgibt. Aus der künstlerischen Darstellung des Umschlags ins Unheil ließe sich das Pathos stärken, mit dem der Mensch aus seiner Verunsicherung und Ohnmacht heraus gegenüber den kolossalen Herausforderungen des Anthropozäns doch auf seine Vernunft und Freiheit setzen *kann*.

12 Literaturverzeichnis

Verwendete Ausgaben der antiken Quellen

(Die Tragödien von Aischylos, Sophokles und Euripides werden nach den angegebenen Ausgaben zitiert. Die Angaben der Verszahlen folgen den jeweiligen Ausgaben).

Aeschylus: *Prometheus Bound*, hrsg. von Mark Griffith. Cambridge University Press: Cambridge/New York 1993.
Aeschylus: *Seven against Thebes*, hrsg., eingef. und komment. von Gregory O. Hutchinson. Clarendon: Oxford 1985.
Aischylos: *Die Tragödien*. Übersetzungen mit Anmerkungen von Emil Staiger und Walther Kraus, Nachwort von Bernhard Zimmermann (darin: *Die Perser/Persai* (Staiger); *Sieben gegen Theben/Hepta epi Thēbas* (Staiger); Die *Orestie:* I. *Agamemnon/Agamemnōn* (Staiger); II. *Die Totenspende/Choēphoroi* (Staiger); III. *Die Eumeniden/Eumenides* (Staiger); *Die Schutzsuchenden/Hiketides* (Kraus); *Der gefesselte Prometheus/Promētheus Desmōtēs* (Kraus). Reclam: Stuttgart 2002 (aus dieser Ausgabe werden, wenn nicht anders angegeben, die Tragödien des Aischylos zitiert).
Aischylos: *Tragödien und Fragmente*, übers. und erläut. von Oskar Werner. Rowohlt: Hamburg 1966.
Archilochos: *Gedichte*, hrsg. und übers. von Rainer Nickel. Artemis & Winkler: Düsseldorf/Zürich 2003.
Aristophanes: *Sämtliche Komödien*, hrsg. von Hans-Joachim Newiger. DTV: München 1976.
Aristoteles: *De Anima* (griechisch/deutsch), übers. und hrsg. von Gernot Krapinger. Reclam: Stuttgart 2011.
Aristoteles: *Der Staat der Athener*, übers. und erläut. von Mortimer Chambers (*Werke in deutscher Übersetzung*, Bd. 10/I). Akademie: Berlin 1990.
Aristoteles: *Die historischen Fragmente*, hrsg. von Martin Hose (*Werke in deutscher Übersetzung*, Bd. 20/III). Akademie: Berlin 2002.
Aristoteles: *Eudemische Ethik*, übers. von Franz Dirlmeier (*Werke in deutscher Übersetzung*. Bd. 7). Berlin: Akademie 1962.
Aristoteles: *Kategorien*, übers. u. erläut. von Klaus Oehler (*Werke in deutscher Übersetzung*, Bd. 1, I).: Akademie: Berlin 1986.
Aristoteles: *Metaphysik*, übers. und hrsg. von Franz F. Schwarz. Reclam: Stuttgart 1984.
Aristoteles: *Nikomachische Ethik*, übers. und mit einer Einführung und Erläuterungen versehen von Olof Gigon. DTV/Artemis: Zürich und München 1991.
Aristoteles: *Physikvorlesung*, übers. von Hans Wagner (*Werke in deutscher Übersetzung*, Bd. 11). Akademie: Berlin 1979.
Aristoteles: *Poetik* (griechisch/deutsch), übers. und hrsg. von Manfred Fuhrmann. Reclam: Stuttgart 1982.
Aristoteles: *Poetik*, übers. und erläut. von Arbogast Schmitt (*Werke in deutscher Übersetzung*, Bd. 5). Akademie: Berlin 2008.
Aristoteles: *Politik*, übers. und hrsg. von Olof Gigon. DTV: München ³1978.
Aristoteles: *Rhetorik*, übers. und erläut. von Christoph Rapp (*Werke in deutscher Übersetzung*, Bd. 4/I und 4/II). Akademie: Berlin 2002.
Aristotle: *Poetics with the Tractatus Coislinianus, reconstruction of Poetics II, and the Fragments of the On Poets*, übers. von Richard Janko. Hackett: Indianapolis 1987.
Aristotle: *Poetics*, übers., eingel. und komment. von Stephen Halliwell. University of North Carolina Press: Chapel Hill 1995.

Boethius, Anicius Manlius Severinus: *Trost der Philosophie*, hrsg. und übers. von Ernst Gegenschatz und Olof Gigon. Artemis: Zürich/München 1990.

Bynum, Caroline Walker (1980): „Did the Twelfth Century Discover the Individual?", in: *Journal of Ecclesiastical History* 31, S. 1–17.

Ecclesiastical History 31, S. 1–17.Cicero, Marcus Tullius: *Tusculanae disputationes/Gespräche in Tusculum* (lateinisch/deutsch), übers. und hrsg. von Ernst Alfred Kirfel. Reclam: Stuttgart 1997.

Die Bibel. Nach der Übersetzung Martin Luthers. Deutsche Bibelgesellschaft: Stuttgart 1985.

Die Fragmente der Vorsokratiker, hrsg. von Hermann Diels und Walther Kranz, Bd. 1. Weidmann: Zürich ^{18}1992 (=DK).

Die griechische Literatur in Text und Darstellung: Archaische Periode, hrsg. von Joachim Latacz. Reclam: Stuttgart 1991 (daraus die Zitate von Mimnermos, Solon, Semonides, Sappho und Simonides).

Diogenes Laertius: *Leben und Lehre der Philosophen*. Reclam: Stuttgart 1998.

Epiktet, Teles, Musonius: *Ausgewählte Schriften*, hrsg. und übers. von Rainer Nickel. Artemis & Winkler: Zürich 1994.

Euripides: *Die Bakchen*. Übersetzung, Nachwort und Kommentierung von Oskar Werner. Reclam: Stuttgart 1968.

Euripides: *Bacchae*, übers. und komment. von Richard Seaford. Aris & Philipps: Warminster 1996.

Euripides: *Werke in drei Bänden*, übers. und hrsg. von Dietrich Ebener. Aufbau: Berlin/Weimar 1979 (aus dieser Ausgabe werden, wenn nicht anders angegeben, die Tragödien *Andromache*; *Herakles*; *Hiketiden*; *Elektra*; *Orestes*; *Helena* und die Fragmente zitiert).

Euripides: *Alkestis* (griechisch/deutsch), übers. und hrsg. von Kurt Steinmann. Reclam: Stuttgart 1981.

Euripides: *Die Troerinnen/Trōiades* (griechisch/deutsch), übers. und hrsg. von Kurt Steinmann. Reclam: Stuttgart 1987.

Euripides: *Grief Lessons. Four plays by Euripides*, übers. von Anne Carson. Nyrb: New York 2006.

Euripides: *Hekabe* (griechisch/deutsch), übers. und hrsg. von Kurt Steinmann. Reclam: Stuttgart 2009.

Euripides: *Hippolytos*, übers. von Ernst Buschor. Reclam: Stuttgart 1961.

Euripides: *Ion* (griechisch/deutsch), übers. von Ursula Graw, Christoph Klock, Dietram Müller und Gerhard Tiecke, hrsg. von Christoph Klock und Dietram Müller. Reclam: Stuttgart 1982.

Euripides: *Iphigenia in Tauris*, hrsg. mit einer Einführung, Übersetzung und einem Kommentar von M. J. Cropp. Aris & Philipps: Warminster 2000.

Euripides: *Iphigenie in Aulis*. Nach der Übers. von Johann Jakob Christian Donner. Stuttgart: Reclam 1978.

Euripides: *Medea*, übers. von Johann Jakob Christian Donner. Reclam: Stuttgart 1972.

Euripides: *Medea, Hippolytos, Herakles*, übertr. und erläut. von Ernst Buschor. C. H. Beck: München 1968.

Gorgias: *Enkomion auf Helena* (Diels/Kranz B11), in: *Die Sophisten. Ausgewählte Texte*, hrsg. u. übers. von Thomas Schirren und Thomas Zinsmaier. Reclam: Stuttgart 2003, S. 78–89.

Herodot: *Historien*. (griechisch/deutsch), hrsg. von Josef Feix (2 Bde). Artemis: München/Zürich 1988.

Hesiod: *Theogonie* (griechisch/deutsch), übers. und hrsg. von Otto Schönberger. Reclam: Stuttgart 1999.

Hesiod: *Werke und Tage* (griechisch/deutsch), übers. und hrsg. von Otto Schönberger. Reclam: Stuttgart 1996.

Homer: *Ilias/Odyssee*, übertr. von Johann Heinrich Voß. DTV: München 1979.

Horaz: *Ars poetica/Die Dichtkunst* (lateinisch/deutsch), übers. und mit einem Nachwort hrsg. von Eckart Schäfer. Reclam: Stuttgart 1972.

Isokrates: *Sämtliche Werke*, 2 Bände, übers. von Christine Ley-Hutton, eingel. und erläut. von Kai Brodersen. Hiersemann: Stuttgart 1993–1997.
Lukrez: *Über die Natur der Dinge*, übers. von Klaus Binder. Galiani: Berlin 2014.
Ovid: *Liebeskunst*, übers. von Wilhelm Hertzberg/Franz Burger, überarbeitet und reich komment. von Tobias Roth, Asmus Trautsch und Melanie Möller. Galiani: Berlin 2017.
Ovid: *Metamorphosen* (lateinisch/deutsch), übers. und hrsg. von Michael von Albrecht. Reclam: Stuttgart 1994.
Ovid: *Tristia/Epistulae ex Ponto* (lateinisch/deutsch), übertr. von Wilhelm Willige, eingel. und erläut. von Niklas Holzberg. Artemis: München/Zürich 1990.
Pindar: *Oden* (griechisch/deutsch), übers. und hrsg. von Eugen Dönt. Reclam: Stuttgart 1986.
Platon: *Werke in acht Bänden*, hrsg. von Gunther Eigler (Griechischer Text nach der Ausgabe „Les Belles Lettres", in der Übersetzung von Daniel F. E. Schleiermacher (*Nomoi* übers. von Klaus Schöpsdau und Hieronymos Müller). WBG: Darmstadt [6]2011.
Platon: *Der Staat (Politeia)*, übers. und hrsg. von Karl Vretska. Reclam: Stuttgart 1982.
Platon: *Politikos*. Übersetzung und Kommentar von Friedo Ricken. Vandenhoeck & Ruprecht: Göttingen 2008.
Plutarch: *Vitae parallelae* (*Lives I*. LCL 46). Harvard University Press: Cambridge/London [7]1993.
Protagoras: Fragmente, in: *Die Sophisten. Ausgewählte Texte*, hrsg. u. übers. von Thomas Schirren und Thomas Zinsmaier. Reclam: Stuttgart 2003, S. 32–49.
Sappho: *Lieder* (griechisch/deutsch), hrsg. von Max Treu. Artemis & Winkler: München/Zürich 1991.
Sophokles: *Antigone* (griechisch/deutsch), übers. und hrsg. von Norbert Zink. Reclam: Stuttgart 1981.
Sophokles: *Die Frauen von Trachis (Trachinierinnen)*, übertr. von Wolfgang Schadewaldt, hrsg. von Hellmut Flashar. Insel: Frankfurt a. M. 2000.
Sophokles: *Die Tragödien*, Übersetzungen von Emil Staiger, Karl Reinhardt, Wolfgang Schadewaldt und Ernst Buschor; darin: *Aias/Aias* (Staiger); *Die Trachinierinnen/Trachiniai* (Staiger); *Antigone/Antigonē* (Reinhardt); *König Ödipus/Oidipous tyrannos* (Schadewaldt); *Elektra/Élektra* (Schadewaldt); *Philoktetes/Philoktētēs* (Buschor); *Oidipus auf Kolonos/Oidipous epi Kolōnō* (Buschor). Fischer: Frankfurt a. M. 1963 (aus dieser Ausgabe werden, wenn nicht anders angegeben, die Tragödien *Aias*, *Antigone*, *Elektra*, *König Ödipus* und *Ödipus auf Kolonos* zitiert).
Sophokles: *Philoktet*, übertr. von Wolfgang Schadewaldt, hrsg. von Hellmut Flashar. Insel: Frankfurt a. M. 1999.
Die Philosophie der Stoa. Ausgewählte Texte, übers. und hrsg. von Wolfgang Weinkauf. Reclam: Stuttgart 2001.
Tragicorum Graecorum Fragmenta, herausgegeben von Bruno Snell, Stefan Radt und Richard Kannicht. 5 Bde. Vandenhoeck & Ruprecht: Göttingen 1971–2004.
Thukydides: *Der Peloponnesische Krieg*, übers. und hrsg. von Helmuth Vretska. Reclam: Stuttgart 1966.

Digitale Bibliotheken, mehrbändige Lexika und Wörterbücher

Archive of Performances of Greek & Roman Drama, auf:
  http://www.apgrd.ox.ac.uk/research-collections/performance-database/productions
Der Neue Pauly. Enzyklopädie der Antike, hrsg. von Hubert Cancik, Helmuth Schneider und Manfred Landfester. 16 Bde. Metzler: Stuttgart/Weimar 1996 (=*DNP* mit Band- und Jahresangabe).
Deutsches Wörterbuch (Jakob und Wilhelm Grimm). Hirzel: Leipzig 1854–1954.

Enzyklopädie Philosophie, hrsg, von Hans Jörg Sandkühler, Hans Jörg (3 Bde). Meiner: Hamburg 2010.
Fachlexikon Recht. Alpmann/Brockhaus: Münster/Mannheim ²2005.
Historisches Wörterbuch der Philosophie, hrsg. von Joachim Ritter, Karlfried Gründer und Gottfried Gabriel. 12 Bde. Schwabe: Basel 1971–2007 (=*HWPh* mit Band- und Jahresangabe).
Langenscheidts Taschenwörterbuch der griechischen und deutschen Sprache, Teil 1: Altgriechisch-Deutsch von Hermann Menge. Langenscheidt: Berlin/München/Zürich ³⁴1976.
Langenscheidts Taschenwörterbuch der griechischen und deutschen Sprache, Teil 2: Deutsch-Altgriechisch von Otto Güthling. Langenscheidt: Berlin/München/Zürich ²⁷1977.
New Testament Greek Lexicon – New American Standard, auf: http://www.biblestudytools.com/lexicons/greek/nas/hamartia.html.
Perseus Digital Library der Tufts University, auf: http://www.perseus.tufts.edu/hopper/ (Den in der Perseus Digital Library verfügbaren altgriechischen Ausgaben der Tragiker sind, wenn nicht anders angegeben, die Originalzitate entnommen).
Stephanus, Henricus: *Thesaurus Graecae Linguae*, Bd. 6. Akademische Druck- und Verlagsanstalt: Graz 1954.
The European Network of Research and Documentation of Performances of Ancient Greek Drama, auf: http://ancient-drama.net/

Literatur

(Klassiker bis Nietzsche werden mit Kurztitel angegeben, alle späteren Autorinnen und Autoren nach Harvard-Zitierweise.)

Adkins, Arthur W. H. (1960): *Merit and Responsibility. A Study in Greek Values*. Clarendon: Oxford.
Adler, Hans (2005): „Wert (linguistisch)", in: *HWPh*, Bd. 12. Schwabe: Basel, Sp. 583–586.
Adorno, Theodor W. (1951): *Minima Moralia. Reflexionen aus dem beschädigten Leben*. Suhrkamp: Frankfurt a. M.
Adorno, Theodor W. (1970): *Ästhetische Theorie*. Suhrkamp: Frankfurt a. M.
Adorno, Theodor W. (1981): „Ist die Kunst heiter?", in: *Noten zur Literatur*. Suhrkamp: Frankfurt a. M., S. 599–606.
Adorno, Theodor W. (2003): *Negative Dialektik*. Suhrkamp: Frankfurt a. M.
Adorno, Theodor W. / Horkheimer, Max (1969): *Dialektik der Aufklärung. Philosophische Fragmente*. Fischer: Frankfurt a. M.
Aertsen, Jan A. / Speer, Andreas (Hrsg.) (1996): *Individuum und Individualität im Mittelalter*. De Gruyter: Berlin/New York.
Ajouri, Philip (2007): *Erzählen nach Darwin*. De Gruyter: Berlin.
Allen, Danielle S. (2000): *The world of Prometheus. The politics of punishing in democratic Athens*. Princeton University Press: Princeton.
Allen, Myles R. / Dube, Opha Pauline / Solecki, William (2018): „Framing and Context", in: *Global Warming of 1.5 °C. An IPCC Special Report on the impacts of global warming of 1.5 °C above pre-industrial levels and related global greenhouse gas emission pathways, in the context of strengthening the global response to the threat of climate change, sustainable development, and efforts to eradicate poverty*, hrsg. von Valerie Masson-Delmotte et al. IPCC, https://www.ipcc.ch/site/assets/uploads/sites/2/2019/05/SR15_Chapter1_Low_Res.pdf (zuletzt abgerufen am 23. 07. 2020).
Allen-Hornblower, Emily (2016): *From Agent to Spectator: Witnessing the Aftermath in Ancient Greek Epic and Tragedy*. De Gruyter: Berlin/Boston.
Almohanna, Mohammad (2016): „Greek Drama in the Arab World", in: Zyl Smit (2016), S. 364–381.
Alt, Peter André (1994): *Tragödie der Aufklärung. Eine Einführung*. Francke: Tübingen.

Alvaredo, Facundo / Chancel, Lucas / Piketty, Thomas / Saez, Emmanuel / Zucman, Gabriel (Hrsg.) (2018): *Die weltweite Ungleichheit. Der World Inequality Report.* C. H. Beck: München.
Ambühl, Annemarie / Walde, Christine (2002): „Thanatos", in: *DNP*, Bd. 12. Metzler: Stuttgart/Weimar, Sp. 241.
Ammicht-Quinn, Regina (2006): „Emotion / Gefühl", in: Hübenthal, Christoph / Wils, Jean-Pierre (Hrsg.): *Lexikon der Ethik.* Schöningh: Paderborn, S. 63–67.
Anders, Günther (1994): *Die Antiquiertheit des Menschen*, Bd. 1: *Über die Seele im Zeitalter der zweiten industriellen Revolution.* C. H. Beck: München.
Andújar, Rosa / Coward, Thomas R. P. / Hadjimichael, Theodora A. (Hrsg.) (2018): *Paths of Song: The Lyric Dimension of Greek Tragedy.* De Gruyter: Berlin/Boston.
Angehrn, Emil (2003): „Leiden und Erkenntnis", in: *Das Maß des Leidens. Klinische und theoretische Aspekte seelischen Krankseins*, hrsg. von Martin Heinze, Christian Kupke und Christoph Kurt. Königshausen & Neumann: Würzburg, S. 25–43.
Angehrn, Emil (2006): „Das Leiden und die Philosophie", in: *Die Ethik Arthur Schopenhauers im Ausgang vom Deutschen Idealismus (Fichte/Schelling)*, hrsg. von Lore Hühn und Philipp Schwab. Ergon: Würzburg, S. 119–132.
Anonymus (1946): „Untragic, America", in: *Life* vom 02.12.1946, S. 32.
Anonymus (2019): „The past, present and future of climate change", in: *Economist* vom 21.09.2019.
Anscombe, Elizabeth (1963): *Intention.* Blackwell: Oxford (2. Auflage).
Arendt, Hannah (1986): *Elemente und Ursprünge totaler Herrschaft. Antisemitismus, Imperialismus, totale Herrschaft.* Piper: München 1986.
Arendt, Hannah (2005): *Vita activa oder Vom tätigen Leben.* Piper: München/Zürich.
Arendt, Hannah (2011): *Eichmann in Jerusalem. Ein Bericht von der Banalität des Bösen.* Piper: München.
Arndt, Andreas / Bal, Karol / Ottmann, Henning (Hrsg.) (2000): *Hegels Ästhetik. Die Kunst der Politik – die Politik der Kunst*, hrsg. von. Akademie: Berlin.
Arpaly, Nomy (2002): „Moral Worth", in: *The Journal of Philosophy* 99, S. 223–445.
Artaud, Antonin (1979): *Das Theater und sein Double.* Fischer: Frankfurt a. M.
Arweiler, Alexander / Möller, Melanie (Hrsg.) (2008): *Vom Selbst-Verständnis in Antike und Neuzeit.* De Gruyter: Berlin/New York.
Asgill, Edmondson (1980): „African Adaptations of Greek Tragedies" in: *African Literature Today*, 11, S. 175–189.
Assmann, Aleida (2012): *Auf dem Weg zu einer europäischen Gedächtniskultur?* Picus: Wien.
Assmann, Jan (1990a): *Ma'at. Gerechtigkeit und Unsterblichkeit im Alten Ägypten.* C. H. Beck: München.
Assmann, Jan (1990b): „Ikonologie der Identität. Vier Stilkategorien der altägyptischen Bildniskunst", in: *Das Bildnis in der Kunst des Orients*, hrsg. von Martin Kraatz, Jürg Meyer zur Capellen, Dietrich Seckel. Steiner: Stuttgart, S. 17–43.
Assmann, Jan (1992): *Das kulturelle Gedächtnis. Schrift, Erinnerung und politische Identität in frühen Hochkulturen.* München: C. H. Beck.
Assmann, Jan (1993b): „Zur Geschichte des Herzens im Alten Ägypten", in: Assmann (1993), S. 81–112.
Assmann, Jan (1994): „Individuum und Person. Zur Geschichte des Herzens im Alten Ägypten," in: *Individuum. Probleme der Individualität in Kunst, Philosophie und Wissenschaft*, hrsg. von Gottfried Boehm and Enno Rudolph. Klett: Stuttgart, S. 185–219.
Assmann, Jan (2001): *Tod und Jenseits im Alten Ägypten.* C. H. Beck: München.
Assmann, Jan (Hrsg.) (1993): *Die Erfindung des inneren Menschen.* Gütersloher Verlagshaus: Gütersloh.
Assmann, Jan / Janowski, Bernd / Welker, Michael (Hrsg.) (1998): *Gerechtigkeit.* Fink: München.

Atkins, Kim / Mackenzie, Catriona (Hrsg.) (2008): *Practical Identity and Narrative Agency*. Routledge: London/New York.
Aubenque, Pierre (2007): *Der Begriff der Klugheit bei Aristoteles*. Meiner: Hamburg.
Ayer, Alfred J. (1990): *Language, Truth and Logic*. Penguin: London.
Badger, Jonathan (2013): *Sophocles and the Politics of Tragedy: Cities and Transcendence*. Routledge: New York/London.
Bagordo, Andreas (2003): *Reminiszenzen früher Lyrik bei den attischen Tragikern*. C. H. Beck: München.
Bahnsen, Julius (1931): *Das Tragische als Weltgesetz und der Humor als ästhetische Gestalt des Metaphysischen* (1877). Barth: Leipzig.
Bahr, Hermann (1904): *Dialog vom Tragischen*. S. Fischer: Berlin.
Bajohr, Hannes (2020): *Der Anthropos im Anthropozän: Die Wiederkehr des Menschen im Moment seiner vermeintlich endgültigen Verabschiedung*. De Gruyter: Berlin/Boston.
Bakogianni, Anastasia (2014): „Greek Tragedy in Film and TV", in: Roisman (2014), Vol. 2, S. 620–627.
Balhar, Susanne (2004): *Das Schicksalsdrama im 19. Jahrhundert: Variationen eines romantischen Modells*. Meidenbauer: München.
Balogun, Shola (2016): „Tragedy in African Theatre", in: *International Journal for Social Studies*, Vol. 2, 11, S. 1–12.
Banu, Georges (Hrsg.) (2001): *Tragédie grecque, défi de la scène contemporaine* (Études Théâtrales, 21). Louvain-La-Neuve.
Bar-On, Yinon M. / Phillips, Rob / Milo, Ron (2018): „The biomass distribution on Earth", in: *Proceedings of the National Academy of Sciences* 115 (25), S. 6506–6511.
Baudrillard, Jean (1991): *Die fatalen Strategien*. Matthes & Seitz: Berlin.
Baudrillard, Jean (2001): *Das System der Dinge. Über unser Verhältnis zu den alltäglichen Gegenständen*. Campus: Frankfurt a. M.
Bauks, Michaela / Meyer, Martin F. (Hrsg.) (2011): *Zur Kulturgeschichte der Scham* (Archiv für Begriffsgeschichte, Sonderheft 9). Meiner: Hamburg.
Baumann, Zygmunt (1991): *Modernity and Ambivalence*. Cornell University Press: Ithaca: Oxford
Baumann, Peter / Betzler, Monika (Hrsg.) (2004): *Practical Conflicts: New Philosophical Essays*. Cambridge University Press: Cambridge.
Beck, Ulrich (1986): *Risikogesellschaft. Auf dem Weg in eine andere Moderne*. Suhrkamp: Frankfurt a. M.
Beck, Ulrich (2007): *Weltrisikogesellschaft. Auf der Suche nach der verlorenen Sicherheit*. Suhrkamp: Frankfurt a. M.
Beck, Ulrich / Beck-Gernsheim, Elisabeth (1990): *Das ganz normale Chaos der Liebe*. Suhrkamp: Frankfurt a. M.
Beck, Wolfgang (2008): *Chronik des europäischen Theaters. Von der Antike bis zur Gegenwart*. Metzler: Stuttgart/Weimar.
Bees, Robert (1993): *Zur Datierung des Prometheus Desmotes*. Teubner: Stuttgart.
Bees, Robert (1999): „Das Feuer des Prometheus. Mythos des Fortschritts und des Verfalls", in: Pankow/Peters (1999), S. 43–61.
Behler, Ernst (1972): *Klassische Ironie, romantische Ironie, tragische Ironie. Zum Ursprung dieser Begriffe*. WBG: Darmstadt.
Beistegui, Miguel de (2000): „Hegel: or the tragedy of thinking", in: Beistegui/Sparks (2000), S. 11–37.
Beistegui, Miguel de / Sparks, Simon (Hrsg.) (2000): *Philosophy and Tragedy*. Routledge: London.
Belfiore, Elisabeth (1988): „ΠΕΡΙΠΕΤΕΙΑ as Discontinuous Action: Aristotle „Poetics" 11. 1452a22–29", in: *Classical Philology*, Vol. 83, Nr. 3, S. 183–194.

Belfiore, Elisabeth (1998): „Harming friends. Problematic Reciprocity in Greek Tragedy", in: *Reciprocity in Ancient Greece*, hrsg. von Christopher Gill, Norman Postlethwaite und Richard Seaford. Oxford University Press: Oxford, S. 139–158.

Belfiore, Elizabeth S. (2000): *Murder Among Friends. Violation of Philia in Greek Tragedy*. Oxford University Press.

Benedict, Ruth (1946): *The Chrysanthemum and the Sword. Patterns of Japanese Culture*. Houghton Mifflin: New York.

Benjamin, Walter (1974 ff.): *Gesammelte Schriften*, hrsg. unter Mitwirkung von Theodor W. Adorno und Gershom Scholem von Rolf Tiedemann und Hermann Schweppenhäuser. Suhrkamp: Frankfurt a. M.

Benjamin, Walter (1974): Ursprung des deutschen Trauerspiels, in: *Gesammelte Schriften*, Bd. I, 1. Suhrkamp: Frankfurt a. M., S. 203–430.

Benjamin, Walter (1977): „Schicksal und Charakter", in: *Gesammelte Schriften*, Bd. II, 1. Suhrkamp: Frankfurt a. M., S. 171–179.

Benjamin, Walter (1990a): „Über den Begriff der Geschichte", in: *Gesammelte Schriften*, Bd. I, 2. Suhrkamp: Frankfurt a. M., S. 691–704.

Walter Benjamin (1990b): *Charles Baudelaire. Ein Lyriker in Zeiten des Hochkapitalismus* (Zentralpark), in: *Gesammelte Schriften*, Bd. I, 2. Suhrkamp: Frankfurt a. M., S. 509–690

Bennett, Elena M. et al. (2016): „Bright spots: seeds of a good Anthropocene", in: *Frontiers in Ecology and the Environment* Vol. 14/8, S. 441–448, https://doi.org/10.1002/fee.1309 (zuletzt abgerufen am 23.07.2020).

Benthien, Claudia (2006): „Die Macht archaischer Gefühle. Kulturwissenschaftliche Gedanken zum Verhältnis von Scham und Schuld", in: *Wiener Zeitung* vom 15.04.2006 (Feuilleton-Beilage).

Benthien, Claudia (2011): *Tribunal der Blicke. Kulturtheorien von Scham und Schuld und die Tragödie um 1800*. Böhlau: Köln/Weimar/Wien.

Berg, Christa / Ellger-Rüttgardt, Sieglind (Hrsg.) (1991): *„Du bist nichts, dein Volk ist alles". Forschungen zum Verhältnis von Pädagogik und Nationalsozialismus*. Westdeutscher Verlag: Weinheim.

Berlin, Isaiah (1995): *Freiheit. Vier Versuche*. Fischer: Frankfurt a. M.

Bernard, Wolfgang (2001): *Das Ende des Ödipus bei Sophokles: Untersuchungen zur Interpretation des „Ödipus auf Kolonos"*. C. H. Beck: München.

Bernhard, Peter (2010): „Zufall als Unglück", in: Liebau, Eckart / Zirfas, Jörg (Hrsg.): *Dramen der Moderne. Kontingenz und Tragik im Zeitalter der Freiheit*. Transcript: Bielefeld, S. 33–47.

Bers, Victor (2014): „Audiences at the Greek Tragic Plays", in: Roisman (2014), Bd. 2, S. 173–178.

Berthold, Jürg (2005): „Wertewandel; Werteforschung", in: *HWPh*, Bd. 12. Schwabe: Basel, Sp. 609–611.

Bertram, Georg (2013): „Die Einheit des Selbst nach Heidegger", in: *Deutsche Zeitschrift für Philosophie*, 61, Heft 2, S. 197–213.

Betzler, Monika (2004): „Sources of Practical Conflicts and Resaons for Regret", in: Baumann, Peter / Betzler, Monika (Hrsg.): *Practical Conflicts: New Philosophical Essays*. Cambridge University Press: Cambridge, S. 197–222.

Bexley, Erica (2014): „Greek Tragedy in/and Latin Literature", in: Roisman (2014), Vol. 2, S. 644–648.

Bielfeldt, Ruth (2014a): „Gegenwart und Vergegenwärtigung: dynamische Dinge im Ausgang von Homer", in: Bielfeldt (2014), S. 15–48.

Bielfeldt, Ruth (Hrsg.) (2014): *Ding und Mensch in der Antike. Gegenwart und Vergegenwärtigung*, hrsg. von Ruth Bielfeldt. Winter: Heidelberg.

Bierl, Anton F. H. (1991): *Dionysos und die griechische Tragödie*. Narr: Tübingen.

Biglieri, Aníbal A. (2016): „Antigone, Medea, and Civilization and Barbarism", in: Zyl Smit (2016), S. 348–363.

Billings, Joshua (2014): *Genealogy of the Tragic. Greek Tragedy and German Philosophy*. Princeton University Press: Princeton.
Birnbacher, Dieter (1995): *Tun und Unterlassen*. Reclam: Stuttgart.
Birnbacher, Dieter (2016): *Klimaethik. Nach uns die Sintflut?* Reclam: Stuttgart 2016.
Bishop, Claire (Hrsg.) (2006): *Participation. Documents of Contemporary Art*. The MIT Press: London/Whitechapel/Cambridge.
Bittrich, Ursula (2005): *Aphrodite und Eros in der antiken Tragödie*. De Gruyter: Berlin/New York.
Bittrich, Ursula (2010): „Der Mensch der griechischen Tragödie", in: Jansen, Ludger / Jedan, Christoph (Hrsg.): *Philosophische Anthropologie in der Antike*, Ontos: Frankfurt a. M., S. 99–127.
Blackmore, Susan (2000): *Die Macht der Meme oder: Die Evolution von Kultur und Geist*. Spektrum: Heidelberg/Berlin.
Blankenburg, Wolfgang (1980): „Leidensdruck", in: *HWPh*, B. 5. Schwabe & Co AG: Basel / Stuttgart, Sp. 212–215.
Bleicken, Jochen (1995): *Die athenische Demokratie*. Schöningh: Paderborn.
Bloom, Harold (1973): *Anxiety of Influence*. Oxford University Press: New York.
Blume, Horst-Dieter (1984): *Einführung in das antike Theaterwesen*. WBG: Darmstadt.
Blumenberg, Hans (1966): *Die Legitimität der Neuzeit*. Suhrkamp: Frankfurt a. M.
Blumenberg, Hans (1975): *Die Genesis der kopernikanischen Welt*, Bd. 1. Suhrkamp: Frankfurt a. M.
Blumenberg, Hans (1979a): *Arbeit am Mythos*. Suhrkamp: Frankfurt a. M.
Blumenberg, Hans (1979b): *Schiffbruch mit Zuschauer. Paradigma einer Daseinsmetapher*. Suhrkamp: Frankfurt a. M.
Blumenberg, Hans (1981): „Anthropologische Annäherung an die Rhetorik", in: Ders: *Wirklichkeiten in denen wir leben*. Reclam: Stuttgart, S. 104–136.
Blumenberg, Hans (1986): *Lebenszeit und Weltzeit*. Suhrkamp: Frankfurt a. M.
Blumenberg, Hans (1987): *Die Sorge geht über den Fluß*. Suhrkamp: Frankfurt a. M.
Blumenberg, Hans (1989): *Höhlenausgänge*. Suhrkamp: Frankfurt a. M.
Blumenberg, Hans (1997): „Einleitung: Das Unselbstverständliche", in: Ders: *Ein mögliches Selbstverständnis*. Reclam: Stuttgart, S. 9–18.
Blumenberg, Hans (2006): *Beschreibung des Menschen*. Aus dem Nachlaß hrsg. von Manfred Sommer. Suhrkamp: Frankfurt a. M.
Blumenberg, Hans (2007): *Theorie der Unbegrifflichkeit*. Suhrkamp: Frankfurt a. M.
Blumenberg, Hans (2009): *Geistesgeschichte der Technik*. Suhrkamp: Frankfurt a. M.
Blumenberg, Hans (2010): *Theorie der Lebenswelt*, hrsg. von Manfred Sommer. Suhrkamp: Berlin.
Blundell, Mary Whitlock (1989): *Helping Friends and Harming Enemies. A Study in Sophocles and Greek Ethics*. Cambridge University Press: Cambridge.
Blunden, Jessica / Arndt, Derek S. (2019): „Abstract", in: *State of the Climate in 2018*, hrsg. von Jessica Blunden und Derek S. Arndt, *Bulletin of the American Meteorological Society* Vol. 100 (9), S. xvi. DOI:10.1175/2019BAMSStateoftheClimate.1 (zuletzt abgerufen am 23.07.2020).
Boer, Karin de (2000): „How not to turn a blind eye to the tragic. Some remarks o Hegel's interpretation of tragedy", in: Arndt/Bal/Ottmann (2000), S. 157–161.
Boetius, Susanne (2005): *Die Wiedergeburt der griechischen Tragödie auf der Bühne des 19. Jahrhunderts. Bühnenfassungen und Schauspielmusik*. Max Niemeyer: Tübingen.
Bogner, Ralf / Leber, Manfred (Hrsg.) (2011): *Tragödie: Die bleibende Herausforderung*. Universaar: Saarbrücken.
Böhme, Hartmut (2007): „Berg", in: Konersmann (2007), S. 46–61.
Bohrer, Karl-Heinz (1991): „Erscheinungsschrecken und Erwartungsangst. Die griechische Tragödie als Antizipation der modernen Epiphanie", in: *Merkur* 506, S. 371–386.
Bohrer, Karl Heinz (2006): „Zur ästhetischen Funktion von Gewalt-Darstellung in der Griechischen Tragödie", in: Seidensticker/Vöhler (2006), S. 169–184.

Bohrer, Karl Heinz (2009): *Das Tragische. Erscheinung, Pathos, Klage.* C. H. Beck: München.
Bollenbeck, Georg (2007): *Eine Geschichte der Kulturkritik. Von Rousseau bis Günther Anders* C. H. Beck: München.
Bonneuil, Christophe / Fressoz, Jean-Baptiste (2016): *The Shock of the Anthropocene. The Earth, History and Us.* Verso: London.
Bons, Eberhards / Finsterbusch, Karin (Hrsg.) (2016): *Konstruktionen individueller und kollektiver Identität (I). Altes Israel / Frühjudentum, griechische Antike / Neues Testament / Alte Kirche.* Neukirchener Verlagsgesellschaft: Neukirchen-Vlyn.
Bons, Eberhards / Finsterbusch, Karin (Hrsg.) (2017): *Konstruktionen individueller und kollektiver Identität (II). Alter Orient, hellenistisches Judentum, römische Antike, Alte Kirche.* Vandenhoeck & Ruprecht: Göttingen.
Bossart, Rolf / Rau, Milo (2013): „Das ist der Grund, warum es die Kunst gibt", in: *Die Enthüllung des Realen. Milo Rau und das International Institute of Political Murder*, hrsg. von Rolf Bossart. Theater der Zeit: Berlin, S. 14–35.
Bostrom, Nick (2013): „Existential Risk Prevention as a Global Priority", in: *Global Policy* 4:1, S. 15–31.
Bostrom, Nick / Ćirković, Milan (2008): *Global Catastrophic Risks.* Oxford University Press: Oxford.
Bowra, Cecil Maurice (1967): „Sophokles über seine eigene Entwicklung", in: Hans Diller (Hrsg.): *Sophokles.* WBG: Darmstadt, S. 128/145.
Boyle, Anthony J. (2006): *Roman Tragedy.* Routledge: Abingdon/New York.
Brand, Stewart (2009): *Whole Earth Discipline. Why Dense Cities, Nuclear Power, Transgenic Crops, Restored Wildlands, Radical Science, and Geoengineering Are Necessary.* Atlantic Books: London.
Brands, Hal / Edel, Charles (2020): *Lessons of Tragedy: Statecraft and World Order.* Yale University Press: New Haven/London.
Brasser, Martin (Hrsg.) (1999): *Person. Philosophische Texte von der Antike bis zur Gegenwart.* Reclam: Stuttgart.
Bratman, Michael E. (1999): *Faces of Intention.* Cambridge University Press: Cambridge.
Brecht, Bertold (1963/1964a): „Dreigespräch über das Tragische", in: *Gesammelte Werke*, Bd. 15. Suhrkamp: Frankfurt a. M. 1963/1964, S. 309–313.
Brecht, Bertold (1963/1964b): „Der Messingkauf", in: *Gesammelte Werke*, Bd. 16. Suhrkamp: Frankfurt a. M. 1963/1964, S. 499–657.
Brecht, Bertold (1963/1964c): „Über experimentelles Theater", in: *Gesammelte Werke*, Bd. 15. Suhrkamp: Frankfurt a. M. 1963/1964, S. 285–305.
Brecht, Bertold (1963/1964d): „Kritik der ‚Poetik' des Aristoteles", in: *Gesammelte Werke*, Bd. 15. Suhrkamp: Frankfurt a. M. 1963/1964, S. 240–242.
Brecht, Bertold (1967): *Die Antigone des Sophokles. Materialine zur ‚Antigone'.* Suhrkamp: Frankfurt a. M.
Brecht, Bertold (2008): *Kriegsfibel.* Hrsg von Barbara Brecht-Schall. Eulenspiegel: Berlin.
Bredekamp, Horst (2000): „Das Mittelalter als Epoche der Individualität", in: *Individualität* (Akademievorlesungen. Berlin-Brandenburgische Akademie der Wissenschaften. Berichte und Abhandlungen, Bd. 8) Akademie: Berlin, S. 191–240.
Bredekamp, Horst (2010): *Theorie des Bildakts.* Suhrkamp: Berlin.
Bredekamp, Horst (2013): „Der Muschelmensch. Vom endlosen Anfang der Bilder", in: Hogrebe, Wolfram (Hrsg.): *Transzendenz des Realen.* Vandenhoeck & Ruprecht: Göttingen, S. 13–74.
Bredekamp, Horst (2018): „Bildakt", in: *23 Manifeste zu Bildakt und Verkörperung*, hrsg. von Marion Lauschke und Pablo Schneider. De Gruyter: Berlin/Boston, S. 25–33.
Bremer, Dieter (1987): „Vom Mythos zum Musikdrama. Wagner, Nietzsche und die griechische Tragödie", in: *Wege des Mythos in der Moderne. Richard Wagner, ‚Der Ring des Nibelungen'*, hrsg. von Dieter Borchmeyer. DTV: München, S. 41–63.

Bremer, Dieter (1989): „Von der Physis zur Natur. Eine griechische Konzeption und ihr Schicksal", in: *Zeitschrift für philosophische Forschung*, Bd. 43, Heft 2, S. 241–264.
Bremer, Jan M. (1969): *Hamartia. Tragic Erros in the Poetics of Aristotle and in Greek Tragedy*. Adolf M. Hakkert: Amsterdam.
Bremer, Thomas (2000): „Charakter", in: *Ästhetische Grundbegriffe*, Bd. 1. Metzler: Stuttgart/Weimar, S. 772–794.
Brereton, Geoffrey (1968): *Principles of Tragedy*. Routledge: London, S. 336.
Breuer, Rolf (1988): *Tragische Handlungsstrukturen. Eine Theorie der Tragödie*. Fink: München.
Breuer, Stefan (2006): *Max Webers tragische Soziologie*. Mohr Siebeck: Tübingen.
Bristow, Thomas / Harkes, Rachael C. (2018): „The New World Order: Anthropocene Anxiety, Climate Grief, Solastalgia", in: *Global Journal of Archaeology & Anthropology* Vol. 5(1), 555655. DOI: 10.19080/GJAA.2018.05.555655 (zuletzt abgerufen am 23.07.2020).
Bromand, Joachim und Kreis, Guido (Hrsg.) (2010): *Was sich nicht sagen lässt. Das Nicht-Begriffliche in Wissenschaft, Kunst und Religion*. Akademie Verlag: Berlin.
Brondizio, Eduardo S. / Settele, Josef / Díaz, Sandra / Ngo, Hien T. (2019): *Global assessment report on biodiversity and ecosystem services of the Intergovernmental Science-Policy Platform on Biodiversity and Ecosystem Services*. IPBES Sekretariat: Bonn, https://ipbes.net/global-assessment (zuletzt abgerufen am 23.07.2020).
Brown, Peter (2004): „Greek Tragedy in the Opera House and Concert Hall of the Late Twentieth Century", in: Hall/Macintosh/Wrigley (2004), S. 285–309.
Brüllmann, Philipp (2011): „Glück", in: Rapp / Corcilius (2011), S. 232–238.
Buchheim, Thomas (1994): *Die Vorsokratiker. Ein philosophisches Porträt*. C. H. Beck: München.
Buck, Holly Jean (2019): *After Geoengineering. Climate Tragedy, Repair, and Restoration*. Verso: London/New York.
Buckminster Fuller, Richard (1969): *Operating Manual For Spaceship Earth*. Southern Illinois University Press: Carbondale.
Budelmann, Felix (2004): „Greek Tragedies in West African Adaptations", in: *Proceedings of the Cambridge Philological Society*, 50, S 1–28.
Budelmann, Felix (2006): „Körper und Geist in tragischen Schmerz-Szenen", in: Seidensticker/Vöhler (2006), S. 123–148.
Budelmann, Felix (Hrsg.) (2009): *Greek Lyric*. Cambridge University Press: Cambridge.
Bund für Umwelt und Naturschutz Deutschland e. V. (2019): *Klimagerechtigkeit*. Köln.
Bündnis Entwicklung Hilft (Hrsg.) (2019): *WeltRisikoBericht*. Berlin.
Burckhardt, Jacob (1976): *Die Kultur der Renaissance in Italien*. Kröner: Stuttgart (10. Auflage).
Bürger, Peter (1998): *Das Verschwinden des Subjekts* (zusammen mit Christa Bürger: *Das Denken des Lebens*). Suhrkamp: Frankfurt a. M.
Burian, Peter (1997): „Myth into *muthos*: the shaping of tragic plot", in: Easterling (1997a), S. 178–208.
Burian, Peter (2011): „Athenian tragedy as a democratic discourse", in: Carter (2011), S. 95–117.
Burkert, Walter (1966): „Greek Tragedy and Sacrificial Ritual", in: *Greek, Roman and Byzantine Studies* 7, S. 87–121.
Burkert, Walter (1994): ›Vergeltung‹ zwischen Ethologie und Ethik. Reflexe und Reflexionen in Texten und Mythologien des Altertums. Carl Friedrich von Siemens Stiftung: München.
Burkert, Walter (1995): „Krieg und Tod in der griechischen Polis", in: *Töten im Krieg*, hrsg. von Heinrich Stietencron und Jörg Rüpke. Karl Alber: Freiburg, S. 179–196.
Burmeister, Enno (2006): *Antike griechische und römische Theater*. WBG: Darmstadt.
Bushnell, Rebecca (2005): *A Companion to Tragedy*. Blackwell: Malden.
Bushnell, Rebecca (2008): *Tragedy. A Short Introduction*. Blackwell: Malden/Oxford/Carlton.
Butler, Judith (2001a): „Eine Welt, in der Antigone am Leben geblieben wäre. Interview mit Carolin Emcke und Martin Saar", in: *Deutsche Zeitschrift für Philosophie* 4/49, S. 587–599.

Butler, Judith (2001b): *Antigones Verlangen: Verwandtschaft zwischen Leben und Tod.* Suhrkamp: Frankfurt a. M.

Buxton, Richard (2013): *Myths and Tragedies in their Ancient Greek Contexts.* Oxford University Press: Oxford 2013.

Cairns, Douglas (2005): „Values", in: Gregory (2005), S. 305–320.

Cairns, Douglas L. (1993): *AIDŌS. The Psychology and Ethics of Honour and Shame in Ancient Greek Literature.* Clarendon Press: Oxford.

Calame, Claude (2017): *Tragédie chorale : poésie grecque et rituel musical.* Les Belles Lettres: Paris.

Calderón de la Barca, Pedro (1988): *Das große Welttheater*, übers. von Gerhard Poppenberg. Reclam: Stuttgart.

Campe, Rüdiger (2018): „Entfremdung affirmieren. Eine Modernefigur", in: Khurana/Quadflieg/Raimondi/Rebentisch/Setton (2018), S. 53–64.

Camus, Albert (1959): *Der Mythos von Sisyphos. Ein Versuch über das Absurde.* Hamburg: Rowohlt.

Canaris, Johanna (2012): *Mythos Tragödie. Zur Aktualität und Geschichte einer theatralen Wirkungsweise.* Transcript: Bielefeld.

Cancik-Lindemaier, Hildegard (2010): „‚Aus so großer Finsternis ein helles Licht'. Die Religionskritik des Lukrez im Rahmen der antiken Aufklärung", in: Faber, Richard / Wehinger, Brunhilde (Hrsg.): *Aufklärung in Geschichte und Gegenwart*, Königshausen & Neumann: Würzburg, S. 61–83.

Canetti, Elias (1986): *Die Blendung.* Fischer: Frankfurt a. M.

Canevaro, Lilah Grace (2018): *Women of Substance in Homeric Epic: Objects, Gender, Agency.* Oxford University Press: Oxford.

Canevaro, Lilah Grace (2019): „Materiality and Classics: (Re-)Turning to the material", in: *Journal of Hellenic Studies*, Vol. 139, S. 222–232.

Caphina, César et al. (2015): „The dispersal of alien species redefines biogeography in the Anthropocene", in: *Science* Vol. 348, Issue 6240, S. 1248–1251. DOI: 10.1126/science.aaa8913 2053019616677743 (zuletzt abgerufen am 23. 07. 2020).

Carson, Anne (2006a): „Why I wrote two plays about Phaidra", in: Euripides (2006), S. 309–312.

Carson, Anne (2006b): „Tragedy: A Curious Art Form", in: Euripides (2006), S. 7–9.

Carter, David M. (2007): *The Politics of Greek Tragedy.* Bristol Phoenix Press: Exeter.

Carter, David M. (Hrsg.) (2011): *Why Athens? A Reappraisal of Tragic Politics*, Oxford University Press: Oxford/New York.

Cartledge, Paul (1997): „'Deep plays': theatre as process in Greek civic life", in: Easterling (1997a), S. 3–35.

Caspo, Eric (2010): *Actors and Icons of the Ancient Theatre.* Blackwell: Oxford.

Cassirer, Ernst (1994): *Philosophie der symbolischen Formen.* Erster Teil: *Die Sprache.* WBG: Darmstadt (10. Auflage).

Cassirer, Ernst (2002): *Der Mythos des Staates.* Meiner: Hamburg.

Cassirer, Ernst (2007): „Die ›Tragödie der Kultur‹", in: Ders: *Zur Logik der Kulturwissenschaften* (Gesammelte Werke, Bd. 24, hrsg. von Birgit Recki). Meiner: Hamburg, S. 462–490.

Cave, Nick (2018): „Brief an Cynthia", in: *The Red Hand Files*, Issue #6, Oktober 2018, https://www.theredhandfiles.com/communication-dream-feeling/ (zuletzt abgerufen am 20. 05. 2020).

Cavell, Stanley (1976): „The Avoidance of Love: A Reading of *King Lear*", in: Ders: *Must We Mean What We Say?* Cambridge University Press: New York, S. 267–353.

Cavell, Stanley (1979): *Claim of Reason: Wittgenstein, Skepticism, Morality, and Tragedy.* Oxford University Press.

Cawthorn, Katrina (2008): *Becoming Female. The Male Body in Greek Tragedy.* Duckworth: London.

Cessi, Viviana (1987): *Erkennen und Handeln in der Theorie des Tragischen bei Aristoteles.* Athenäum: Frankfurt a. M.

Chakrabarty, Dipesh (2018): „Anthropocene Time", in: *History and Theory* 57/1, S. 5–32, https://doi.org/10.1111/hith.12044 (zuletzt abgerufen am 23.07.2020).

Chandler, David Porter (1991): *The Tragedy of Cambodian History. Politics, War, and Revolution since 1945.* Yale University Press: New Haven.

Charles, David (1984): *Aristotle's Philosophy of Action.* Cornell University Press: Ithaca.

Charpenel, Eduardo (2017): *Ethos und Praxis. Der Charakterbegriff bei Aristoteles.* Alber: Freiburg/München.

Chaucer, Geoffrey (1972): *Canterbury Tales*, in: *The Complete Works of Geoffrey Chaucer*, hrsg. Walter W. Skeat, Bd. 4. Clarendon Press: Oxford.

Chen, Rongun (2014): „Reception of Greek Tragedy in Chinese Literature and Performance", in: Roisman (2014), Vol. 2, S. 1062–1065.

Chernilo, Daniel (2017): „The question of the human in the Anthropocene debate", in: *European Journal of Social Theory* 20(1). DOI: 10.1177/1368431016651874 (zuletzt abgerufen am 23.07.2020).

Chou, Mark (2012): *Greek Tragedy and Contemporary Democracy.* Bloomsbury: New York/London.

Christian, Lynda G. (1987): *Theatrum Mundi. The History of an Idea.* Garland: London/New York.

Christman, John (1989): *The Inner Citadel: Essays on Individual Autonomy.* Oxford University Press: New York.

Cook, John / Supran, Geoffrey / Lewandowsky, Stephan / Oreskes, Naomi / Maibach, Ed (2019): *Misled America. How the fossil fuel industry deliberately misled Americans about climate change.* George Mason University Center for Climate Change Communication: Fairfax, VA, https://www.climatechangecommunication.org/america-misled/ (zuletzt abgerufen am 23.07.2020).

Corcilius, Klaus (2008): *Streben und Bewegen. Aristoteles' Theorie der animalischen Ortsbewegung.* De Gruyter: Berlin/New York.

Craemer-Ruegenberg, Ingrid (Hrsg.) (1981): *Pathos, Affekt, Gefühl.* Alber: Freiburg/München.

Critchley, Simon (2019): *Tragedy, the Greeks, and Us.* Pantheon Books: New York.

Cropp, Martin J. (2019): *Minor Greek Tragedians, Volume 1: The Fifth Century: Fragments from the Tragedies with Selected Testimonia.* Liverpool University Press: Liverpool.

Crops, Stef (2020): *Ecological Grief.* Special issue der *American Imago*, Vol. 77/1.

Crutzen, Paul J. (2011): „Die Geologie der Menschheit", in: Crutzen/Davis/Mastrandrea/Schneider/Sloterdijk (2011), S. 7–10 [orig. „Geology of mankind" in Nature 415 (2002), S. 23].

Crutzen, Paul J. / Davis, Mike / Mastrandrea, Michael D. / Schneider, Stephen H. / Sloterdijk, Peter (Hrsg.) (2011): *Das Raumschiff Erde hat keinen Notausgang.* Suhrkamp: Berlin.

Crutzen, Paul J. / Stoermer, Eugene F. (2000): „The 'Anthropocene'", in: *IGBP Global Change Newsletter*, Nr. 41, S. 17–18.

Csapo, Eric (2007): „The Men Who Built the Theaters: *Theatropolai, Theatronai*, and *Arkhitektones*", in: *The Greek Theatre and Festivals*, hrsg. von Peter Wilson. Oxford University Press: Oxford, S. 87–115.

Csapo, Eric / Miller, Margaret C. (Hrsg.) (2007): *The Origins of Theatre in Ancient Greece and Beyond.* Cambridge University Press: New York.

Cunsolo, Ashlee / Ellis, Neville R. (2018): „Ecological grief as a mental health response to climate change-related loss", in: *Nature Climate Change* vol. 8, S. 275–281.

Cuomo, Serafina (2007): *Technology and Culture in Greek and Roman Antiquity.* Cambridge University Press: Cambridge.

Dachselt, Rainer (2003): *Pathos. Tradition und Aktualität einer vergessenen Kategorie der Poetik.* Winter: Heidelberg.

Damasio, Antonio (1997): *Descartes' Irrtum. Fühlen Denken und das menschliche Gehirn.* DTV: München.

Darwin, Charles (1989): *The Expression of the Emotions in Man and Animals*, hrsg. von Francis Darwin (*The Works of Charles Darwin*, Bd. 23). New York University Press: New York.
Davidson, Donald (1990): „Handeln", in: Ders: *Handlung und Ereignis*. Suhrkamp: Frankfurt a. M., S. 73–98.
Dawe, Roger D. (1968): „Some Reflections on Ate and Hamartia", in: *Harvard Studies in Classical Philology* 72, S. 89–123.
De Wilde, Arie (1981): *Das Buch Hiob*, eingeleitet, übersetzt und erläutert (Oudtestamentische Studiën 22). Brill: Leiden.
Deacy, Susan (2008): *Athena*. Routledge: London/ New York.
Deleuze, Gilles (1991): *Nietzsche und die Philosophie*. EVA: Hamburg.
Demmerling, Christoph / Landweer, Hilge (2007): *Philosophie der Gefühle. Von Achtung bis Zorn*. Metzler: Stuttgart.
Detienne, Marcel (1995): *Dionysos. Göttliche Wildheit*. DTV: München.
Deubel, Werner (1935): *Der deutsche Weg zur Tragödie*. Wolfgang Jess: Dresden.
Di Marco, Massimo (2009): *La tragedica greca. Forma, gioco scenico, tecniche drammatiche*. Carocci: Rom.
Diamond, Jared (2005): *Kollaps. Warum Gesellschaften überleben oder untergehen*. Fischer: Frankfurt a. M.
Diels, Hermann (2010): *Griechische Philosophie*. Vorlesungsmitschrift aus dem Wintersemester 1897/98, hrsg. von Johannes Saltzwedel. Steiner: Stuttgart.
Dierkens, Jörg / Korsch, Dietrich (Hrsg.) (2004): *Subjektivität im Kontext, Erkundungen im Gespräch mit Dieter Henrich*. Mohr: Tübingen.
Dietrich, Jan (2012): „Individualität im Alten Testament, Alten Ägypten und Alten Orient", in: *Menschenbilder und Körperkonzepte im Alten Israel, in Ägypten und im Alten Orient*, hrsg. von Angelika Berlejung, Jan Dietrich und Joachim F. Quack. Mohr Siebeck: Tübingen, S. 77–96.
Diggins, John Patrick (1996): *Max Weber and the Spirit of Tragedy*. Basic Books: New York.
Dihle, Albrecht (1985): *Die Vorstellung vom Willen in der Antike*. Vandenhoeck & Ruprecht: Göttingen.
Dikötter, Frank (2013): *The Tragedy of Liberation: A History of the Communist Revolution 1945–1957*. Bloomsbury: London.
Dobelli, Rolf (2013): „Wir brauchen mehr Chaos!", ein Gespräch mit Nassim Taleb, in: *DIE ZEIT* vom 18.04.2013.
Dodds, Eric Robertson (1991): *Die Griechen und das Irrationale*. WBG: Darmstadt.
Doerries, Brian (2015): *The Theater of War: What Ancient Greek Tragedies Can Teach Us Today*. Knopf: New York.
Döhring, Sabine (2009a): „Einleitung", in: Dies. (2009), S. 12–65.
Döhring, Sabine A. (Hrsg.) (2009): *Philosophie der Gefühle*. Suhrkamp: Frankfurt a. M.
Domenach, Jean-Marie (1967): *Le retour du tragique*. Seuil: Paris.
Dominik, William J. (2014): „Reception of Greek Tragedy in (Sub-Saharan) African Literature", in: Roisman (2014), Vol. 2, S. 1116–1121.
Dönike, Martin (2005): *Pathos, Ausdruck und Bewegung: zur Ästhetik des Weimarer Klassizismus 1796–1806*. De Gruyter: Berlin/New York.
Dörrie, Heinrich (1956): *Leid und Erfahrung. Die Wort- und Sinn-Verbindung παθεῖν – μαθεῖν im griechischen Denken*. Steiner: Wiesbaden.
Dorsch, Fabian (2012): *The Unity of Imagining*. Ontos: Frankfurt/Paris/Lancaster/New Brunswick.
Dougherty, Carol (2006): *Prometheus*. London/New York: Routledge.
Dreyer, Matthias (2014): *Theater der Zäsur. Antike Tragödie im Theater seit den 1960er Jahren*. Fink: Paderborn.
Dreyer, Matthias / Fischer-Lichte, Erika (Hrsg.) (2007): *Antike Tragödie heute*. (Blätter des Deutschen Theaters, Bd. 6). Henschel: Berlin.

Drumm, Ursula (1963): *Die religiöse Typologie im amerikanischen Denken*. Brill: Leiden.
Duchemin, Jacqueline (2000): *Prométhée. Histoire du mythe, de ses origines orientales à ses incarnations modernes*, Les Belles Lettres: Paris.
Dué, Casey (2006): *The captive woman's lament in Greek tragedy*. University of Texas Press: Austin.
Duerr, Hans Peter (1988): *Nacktheit und Scham. Der Mythos vom Zivilisationsprozeß*, Bd. 1. Suhrkamp: Frankfurt a. M.
Duggan, Patrick (2012): *Trauma-tragedy: Symptoms of contemporary performance*. Manchester University Press: Manchester.
Dunbar, Zachary / Harrop, Stephe (2018): *Greek Tragedy and the Contemporary Actor*. Palgrave Macmillan: Basingstoke.
Dürbeck, Gabriele (2018): „Narrative des Anthropozän – Systematisierung eines interdisziplinären Diskurses", in: *Kulturwissenschaftliche Zeitschrift* 1, S. 2–20.
Dürrenmatt, Friedrich (1966): „Theaterprobleme", in: *Theater-Schriften und Reden*. Arche: Zürich, S. 92–131.
Düsing, Klaus (1988): „Die Theorie der Tragödie bei Hölderlin und Hegel", in: *Jenseits des Idealismus*, hrsg. von Christoph Jamme und Otto Pöggeler. Bouvier: Bonn, S. 55–82.
Eagleton, Terry (2003): *Sweet Violence. The Idea of the Tragic*. Blackwell: Oxford.
Easterling, Patricia E. (1997b): „A show for Dionysus", in: Easterling (1997a), S. 36–53.
Eastlering, Patricia E. (Hrsg.) (1997a): *The Cambridge Companion to Greek Tragey*, Cambridge University Press: Cambridge.
Eastlerling, Patricia E. (1977): „Character in Sophocles", in: *Greece & Rome* Vol. 24/2, S. 121–129.
Ebeling, Hans (2004): *Was es heißt, ein Mensch zu sein*. Königshausen & Neumann: Würzburg.
Eberlein, Undine (2000): *Einzigartigkeit. Das romantische Individualitätskonzept der Moderne*. Campus: Frankfurt a. M.
Ebert, Theodor (1976): „Praxis und Poiesis. Zu einer handlungstheoretischen Unterscheidung des Aristoteles", in: *Zeitschrift für philosophische Forschung* 30, S. 12–30.
Edenhofer, Ottmar / Flachsland, Christian / Jakob, Michael / Lessmann, Kai (2015): „The Atmosphere as a Global Commons", in: *The Oxford Handbook of the Macroeconomics of Global Warming*, hrsg. von Lucas Bernard und Willi Semmler. Oxford University Press: Oxford/New York, S. 260–296.
Edinger, Sebastian (2020): „Dialektik der Aufklärung im tellurischen Maßstab? Zur Bedeutung des Verhältnisses von tellurischer und planetarischer Politik für den Anthropozän-Diskurs", in: Bajohr (2020), S. 131–151.
Effe, Bernd (1980): „Held und Literatur. Der Funktionswandel des Herakles-Mythos in der griechischen Literatur", in: *Poetica* 12, S. 145–166.
Ehrenberg, Alain (2008): *Das erschöpfte Selbst. Depression und Gesellschaft in der Gegenwart*. Campus: Frankfurt a. M.
Eibl-Eibesfeld, Irenäus (1991): *Fallgruben der Evolution – der Mensch zwischen Natur und Kultur*. Picus: Wien.
Eigler, Ulrich (2002): *Bewegte Antike. Antike Themen im modernen Film*. Metzler: Stuttgart/Weimar.
Elias, Norbert (1992): *Über den Prozeß der Zivilisation. Soziogenetische und psychogenetische Untersuchungen*, 2 Bde. Suhrkamp: Frankfurt a. M. (17. Auflage).
Ellis, Erle C. (2018): *Anthropocene. A very short Introduction*. Oxford University Press: Oxford.
Ellrich, Lutz (2018): „Die Realität des Tragischen", in: Khurana/Quadflieg/Raimondi/Rebentisch/Setton (2018), S. 374–387.
Else, Gerald Frank (1957): *Aristotle's Poetics: The Argument*. Harvard University Press: Cambridge, Mass.
Else, Gerald Frank (1965): *The Origin and Early Form of Greek Tragedy*. Harvard University Press: Cambridge, Mass.

Elsner, Jás / Foley, Helene P. / Goldhill, Simon / Kraus, Chris (Hrsg.) (2007): *Visualizing the Tragic. Drama, Myth, and Ritual in Greek Art and Literature*, Oxford University Press: Oxford.
Emcke, Carolin (2000): *Kollektive Identitäten. Sozialphilosophische Grundlagen.* Campus: Frankfurt a. M./New York.
Erffa, Carl Eduard Freiherr von (1937): *ΑΙΔΩΣ und verwandte Begriffe in ihrer Entwicklung von Homer bis Demokrit* (Philologus, Supplementband XXX, Heft 2). Dietrich'sche Verlagsbuchhandlung: Leipzig.
Erikson, Erik H. (1973): *Identität und Lebenszyklus.* Suhrkamp: Frankfurt a. M.
Erler, Michael (2009a): „Kontexte der Philosophie Platons. 5. Heraklit", in: Horn/Müller/Söder (2009), S. 73–75.
Erler, Michael (2009b): „Psychagogie und Erkenntnis", in: Höffe (2009).
Erler, Michael (2012): „Affekte und Wege zur Eudaimonie", in: *Klassische Emotionstheorien*, hrsg. von Hilge Landweer und Ursula Renz. De Gruyter: Berlin/New York, S. 19–48.
Etman Ahmed (2014): „Reception of Greek Tragedy in Arab Literature", in: Roisman (2014), Vol. 2, S. 1050–1055.
Ette, Wolfram (2011): *Kritik der Tragödie. Über dramatische Entschleunigung.* Velbrück: Weilerswist.
Ette, Wolfram (2012): „Die Tragödie als Medium philosophischer Erkenntnis", in: Feger (2012), S. 87–122.
Euben, Peter J. (1990): *The Tragedy of Political Theory: The Road Not Taken.* Princeton University Press: Princeton.
Ewans, Michael (2016): „Greek Drama in Opera", in: Zyl Smit (2016), S. 464–485.
Falb, Daniel (2015): *Anthropozän. Dichtung in der Gegenwartsgeologie.* Verlagshaus Berlin: Berlin.
Falb, Daniel (2019): *Geospekulationen: Metaphysik für die Erde im Anthropozän.* Merve: Berlin.
Farmer, Matthew C. (2017): *Tragedy on the Comic Stage.* Oxford University Press: New York.
Fath, Andreas (2019): *Mikroplastik. Verbreitung, Vermeidung, Verwendung.* Springer: Berlin.
Feger, Hans (Hrsg.) (2012): *Handbuch Literatur und Philosophie.* Metzler: Stuttgart/Weimar.
Feichtinger, Barbara (1999): „Aischylos", in: *Große Gestalten der griechischen Antike*, hrsg. von Kai Brodersen. C. H. Beck: München, S. 122–134.
Felber, Silke / Hippesroither, Wera (Hrsg.) (2020): *Spuren des Tragischen im Theater der Gegenwart*, hrsg. von (Forum Modernes Theater). Narr: Tübingen.
Felski, Rita (2008): *Rethinking Tragedy.* Johns Hopkins University Press: Baltimore.
Ferrarin, Alfredo (2000): „Homo Faber, Homo Sapiens, or Homo Politicus? Protagoras and the Myth of Prometheus", in: *The Review of Metaphysics*, Vol. 54, Nr. 2, S. 289–319
Figal, Günter (2011): „Ist das Leben tragisch? Überlegungen zu Platon und Nietzsche", in: Hühn/Schwab (2011), S. 441–451.
Figes, Orlando (1996): *A People's Tragedy: The Russian Revolution, 1891–1924.* Pimlico: London.
Fingerhut, Joerg (2018): „Verkörperung", in: *23 Manifeste zu Bildakt und Verkörperung*, hrsg. von Marion Lauschke und Pablo Schneider. De Gruyter: Berlin/Boston, S. 183–190.
Fingerhut, Joerg / Hufendiek, Rebekka / Wild, Markus (Hrsg.) (2013): *Philosophie der Verkörperung. Grundlagentexte zu einer aktuellen Debatte.* Suhrkamp: Berlin.
Finley, Moses I. (1977): *Die antike Wirtschaft.* DTV: München.
Finney, Gail (2005): „Modern theatre and the tragic in Europe", in: Bushnell (2005), S. 471–486.
Fischer, Joachim (2008): „Der Identitätskern der Philosophischen Anthropologie" in: Krüger, Hans-Peter (Hrsg.): *Philosophische Anthropologie im 21. Jahrhundert.* Akademie: Berlin, S. 63–82.
Fischer, Katharina (2011): „Veränderung, Bewegung", in: Rapp/Corcilius (2011), S. 372–377.
Fischer-Lichte, Erika (1990): *Geschichte des Dramas. Epochen der Identität auf dem Theater von der Antike bis zur Gegenwart*, Bd. 1. A. Francke: Tübingen und Basel.
Fischer-Lichte, Erika (2004): *Ästhetik des Performativen.* Suhrkamp: Frankfurt a. M.

Fischer-Lichte, Erika (2017): *Tragedy's Endurance. Performances of Greek Tragedies and Cultural Identity in Germany since 1880.* Oxford University Press: Oxford.

Fischer-Lichte, Erika (Hrsg.) (2001): *Theatralität und die Krisen der Repräsentation.* Metzler: Stuttgart.

Fisher, Nick R. E. (1992): *HYBRIS: A Study in the values of honour and shame in Ancient Greece.* Aris & Phillips: Warminster.

Flaig, Egon (1997): *Ödipus. Vatermord im antiken Athen.* C. H. Beck: München.

Flaig, Egon (1998): „Ehre gegen Gerechtigkeit. Adelsethos und Gemeinschaftsdenken in Hellas", in: Assmann/Janowski/Welker (1998), S. 97–140.

Flasch, Kurt (1986): *Das philosophische Denken im Mittelalter.* Reclam: Stuttgart.

Flasch, Kurt (1992): „Nikolaus von Kues: Die Idee der Koinzidenz", in: *Grundprobleme der großen Philosophen. Philosophie des Altertums und des Mittelalters*, hrsg. von Josef Speck. Vandenhoeck & Ruprecht: Göttingen, S. 221–261.

Flashar, Hellmut (1984): „Die Poetik des Aristoteles und die griechische Tragödie", in: *Poetica* 16, S. 1–23.

Flashar, Hellmut (1989): „Die medizinischen Grundlagen der Lehre von der Wirkung der Dichtung in der griechischen Poetik", in: *Eidola. Ausgewählte Kleine Schriften*, hrsg. von Manfred Kraus. Grüner: Amsterdam, S. 109–145.

Flashar, Hellmut (1990): „Vorstufen, Drama und Wirkungsgeschichte", in: Sophokles (1999), S. 96–101.

Flashar, Hellmut (1991): *Inszenierung der Antike. Das griechische Drama auf der Bühne der Neuzeit 1585–1990.* C. H. Beck: München.

Flashar, Hellmut (2000): *Sophokles. Dichter im demokratischen Athen.* C. H. Beck: München.

Flashar, Hellmut (Hrsg.) (1997): *Tragödie – Idee und Transformation, Colloquium Rauricum 5.* Saur: Stuttgart/Leipzig.

Foley, Helene P. (1980): „The Masque of Dionysus", in: *Transactions of the American Philological Association* Vol. 110 (1980), S. 107–133.

Foley, Helene P. (2001): *Female Acts in Greek Tragedy.* Princeton University Press: Princeton/Oxford.

Föllinger, Sabine (2005): „metabolê / Veränderung", in: Höffe, S. 348–350.

Föllinger, Sabine (2009): *Aischylos. Meister der griechischen Tragödie.* C. H. Beck: München.

Foot, Philippa (1995): „Moral Dilemmas revisited", in: Asher, Nicholas / Raffman, Diana / Sinnott-Armstrong, Walter (Hrsg.): *Modality, Morality, and Belief: Essays in Honour of Ruth Barcan Marcus.* Cambridge University Press: Cambridge, S. 117–128.

Ford, Katherine (2017): *The Theater of Revisions in the Hispanic Carribbean.* Palgrave Macmillan: Basingstoke.

Foucault, Michel (1996): *Der Mensch ist ein Erfahrungstier – Gespräch mit Ducio Trombadori.* Suhrkamp: Frankfurt a. M.

Foucault, Michel (2005): *Dits et Ecrits. Schriften in vier Bänden*, hrsg. von Daniel Defert und François Ewald, Bd. IV. Suhrkamp: Frankfurt a. M.

Foucault, Michel (2005a): „Raum – Wissen – Macht", in: Foucault (2005a), S. 324–341.

Fountoulakis, Andreas / Markantonatos, Andreas / Vasilaros, Georgios (2017): *Theatre World: Critical Perspectives on Greek Tragedy and Comedy.* De Gruyter: Berlin/Boston.

Fränkel, Hermann (1968): „ΕΦΗΜΕΡΟΣ als Kennwort für die menschliche Natur", in: Ders. *Wege und Formen frühgriechischen Denkens.* C. H. Beck: München, S. 22–39.

Frankfurt, Harry (1988): *The Importance of What We Care About.* Cambridge University Press: Cambridge/New York.

Frankfurt, Harry (2001): *Freiheit und Selbstbestimmung*, hrsg. von Monika Betzler und Barbara Guckes. Akademie: Berlin.

Frankfurt, Harry (2001a): „Willensfreiheit und der Begriff der Person", in: Frankfurt (2001), S. 65–83.

Frankfurt, Harry (2001b): „Über die Bedeutsamkeit des Sich-Sorgens", in: Frankfurt (2001), S. 98–115.
Frankfurt, Harry (2001c): „Über die Nützlichkeit letzter Zwecke", in: Frankfurt (2001), S. 138–155.
Frankfurt, Harry (2001d): „Identifikation und ungeteilter Wille", in: Frankfurt (2001), S. 116–137.
Frankfurt, Harry (2005): *Gründe der Liebe.* Suhrkamp: Frankfurt a. M. 2005.
Frankfurt, Harry (2007): *Sich selbst ernst nehmen,* hrsg. von Debra Satz. Suhrkamp: Frankfurt a. M.
Frankl, Viktor E. (1946): *Ein Psycholog erlebt das Konzentrationslager.* Verlag für Jugend und Volk: Wien.
Frankl, Viktor E. (1983): „... trotzdem hat das Leben einen Sinn (Argumente für einen tragischen Optimismus)", (Vortrag im Tiroler Landestheater am 10. Juni 1983), veröffentlicht auf CD: Auditorium Netzwerk Müllheim.
Frankl, Viktor E. (1991): *Das Leiden am sinnlosen Leben. Psychotherapie für heute.* Herder: Freiburg/Basel/Wien.
Frankl, Viktor E. (1996): *Sinn als anthropologische Kategorie.* Winter: Heidelberg.
Frankl, Viktor E. (2005): „Der Mensch vor der Frage nach dem Sinn", in: Ders: *Der Mensch vor der Frage nach dem Sinn.* Eine Auswahl aus dem Gesamtwerk. Piper: München/Zürich, S. 141–161.
Frankl, Viktor E. (2015): *Es kommt der Tag, da bist du frei. Unveröffentlichte Briefe, Texte und Reden,* hrsg. von Alexander Batthyány. Kösel: München.
Frankl, Viktor E. (2018): *Der leidende Mensch. Anthropologische Grundlagen der Psychotherapie.* Hogrefe: Bern (4. Auflage).
Franzen, Jonathan (2019): „What If We Stopped Pretending? The climate apocalypse is coming. To prepare for it, we need to admit that we can't prevent it", in: *The New Yorker* vom 08.09.2019.
Frege, Gottlob (1962): „Über Sinn und Bedeutung", in: *Funktion, Begriff, Bedeutung. Fünf logische Studien,* hrsg. und eingeleitet von Günther Patzig. Vandenhoeck & Ruprecht: Göttingen, S. 38–63.
Freud, Sigmund (1983): *Zur Psychopathologie des Alltagslebens.,* in: *Gesammelte Werke,* Bd. IV. Fischer: Frankfurt a. M.
Freud, Sigmund (1994): *Das Unbehagen in der Kultur. Und andere kulturtheoretische Schriften.* Fischer: Frankfurt a. M.
Freud, Sigmund (1998): „Eine Schwierigkeit der Psychoanalyse", in: Ders: *Gesammelte Werke,* hrsg. von Anna Freud, Bd. XII. Fischer: Frankfurt a. M., S. 3–12.
Freud, Sigmund (1999): „Zur Gewinnung des Feuers", in: *Gesammelte Werke,* Bd. XVI. Fischer: Frankfurt a. M., S. 3–9.
Frey, Marc (2006): *Geschichte des Vietnamkriegs. Die Tragödie in Asien und das Ende des amerikanischen Traums.* C. H. Beck: München.
Frick, Werner / Essen, Gesa von / Lampart, Fabian (Hrsg.) (2003): *Die Tragödie. Eine Leitgattung der europäischen Literatur.* Wallstein: Göttingen.
Friedman, Thomas (2010): „Global Weirding is Here", in: *The New York Times* vom 17.02.2010.
Fritz, Kurt von (1962): *Antike und moderne Tragödie.* De Gruyter: Berlin.
Fritz, Kurt von (1962a): „Tragische Schuld und poetische Gerechtigkeit in der griechischen Tragödie", in: Ders. (1962), S. 1–112.
Fritz, Kurt von (1962b): „Haimons Liebe zu Antigone", in: Ders. (1962), S. 227–240.
Fritz, Kurt von (1962c): „Euripides' Alkestis und ihre modernen Nachahmer und Kritiker", in: Ders. (1962), S. 256–321.
Fromm, Erich (1980): „Das Gefühl der Ohnmacht", in: *Gesamtausgabe,* Bd. 1. DVA: Stuttgart, S. 189–206.
Froning, Heide (2002): „Masken und Kostüme", in: *Die Geburt des Theaters in der griechischen Antike,* hrsg. von Susanne Moraw und Eckehart Nölle von Zabern: Mainz, S. 70–95.

Fuchs, Thomas (2004): „Das Andere in mir. Selbst und psychische Krankheit", in: Dierkens/Korsch (2004), S. 175–186.
Fuhrmann, Manfred (1973): *Einführung in die antike Dichtungstheorie*. WBG: Darmstadt.
Fuhrmann, Manfred (1982): „Anmerkungen" und „Nachwort" in: Aristoteles (1982), S. 102–180
Fuhrmann, Manfred (1989): „Person I.", in: *HWPh.*, Bd. 7. Schwabe: Basel, Sp. 269–283.
Fukuyama, Francis (1992): *The End of History and the Last Man*. Free Press: New York.
Fulda, Daniel / Valk, Thorsten (Hrsg.) (2010): *Die Tragödie der Moderne: Gattungsgeschichte – Kulturtheorie – Epochendiagnose*. De Gruyter: Berlin/New York.
Fulda, Daniel / Valk, Thorsten (2010a): „Einleitung", in: Fulda/Valk (2010), S. 1–10.
Funke, Peter (2007): *Athen in klassischer Zeit*. C. H. Beck: München.
Fusini, Letizia (2020): *Dionysos on the Other Shore. Gao Xingjian's Theatre of the Tragic*. Brill: Leiden/Boston.
Gabriel, Gottfried (2005): „Orientierung – Unterscheidung – Vergegenwärtigung. Zur Unverzichtbarkeit nicht-propositionaler Erkenntnis für die Philosophie", in: Carrier, Martin / Wolters, Gereon (Hrsg.): *Homo Sapiens und Homo Faber: Epistemische und technische Rationalität in Antike und Gegenwart. Festschrift für Jürgen Mittelstraß*. De Gruyter: Berlin/New York, S. 323–333.
Gabriel, Markus (2015): *Ich ist nicht Gehirn: Philosophie des Geistes für das 21. Jahrhundert*. Ullstein: Berlin.
Gadamer, Hans-Georg (1985a): „Vom Anfang bei Heraklit", in: *Gesammelte Werke*, Bd. 6. J. C. B. Mohr: Tübingen 1985, S. 232–241.
Gadamer, Hans-Georg (1985b): „Die Unsterblichkeitsbeweise in Platons ›Phaidon‹", in: *Gesammelte Werke*, Bd. 6. Mohr: Tübingen 1985, S. 187–200.
Gadamer, Hans-Georg (1987): „Hegel und die antike Dialektik", in: *Gesammelte Werke*, Bd. 3. Mohr: Tübingen, S. 3–28.
Gadamer, Hans-Georg (1990): *Wahrheit und Methode. Grundzüge einer philosophischen Hermeneutik*. Mohr: Tübingen.
Gadamer, Hans-Georg (1991): „Heraklit-Studien", in: *Gesammelte Werke*, Bd. 7. J. C. B. Mohr: Tübingen, S. 43–82.
Gadamer, Hans-Georg (1993a): „Über die Festlichkeit des Theaters", in: *Gesammelte Werke*, Bd. 8. J. C. P. Mohr: Tübingen 1993, S. 296–304.
Gadamer, Hans-Georg (1993b): „Prometheus und die Tragödie der Kultur", in: Ders: *Gesammelte Werke*, Bd. 9. J. C. B. Mohr: Tübingen, S. 150–161.
Gadamer, Hans-Georg (1993c): „Mythos und Logos", in: *Gesammelte Werke*, Bd. 8. J. C. P. Mohr: Tübingen, S. 170–174.
Gadamer, Hans-Georg (2003): *Schmerz. Einschätzungen aus medizinischer, philosophischer und therapeutischer Sicht*, hrsg. von Andreas Barth. Winter: Heidelberg.
Gagné, Renaud / Hopman, Marianne Govers (Hrsg.) (2013): *Choral Mediations in Greek Tragedy*. Cambridge University Press: Cambridge/New York.
Galewicz, Wlodzimierz (1990): „Wert und Gut. Zum phänomenologischen Wertpluralismus", in: *Archiv für Begriffsgeschichte* 33, S. 270–278.
Galinsky, Karl (1972): *The Herakles Theme*. Blackwell Publishers: London.
Galle, Roland (1976): *Tragödie und Aufklärung. Zum Funktionswandel des Tragischen zwischen Racine und Büchner*. Klett: Stuttgart.
Galle, Roland (2005): „Tragisch/Tragik", in: *Ästhetische Grundbegriffe*, Bd. 6. Metzler: Stuttgart/Weimar, S. 117–171.
Galle, Roland (2007): „Erschütterte und restituierte Ordnung. Zum Eindringen der Aufklärung in die Theorie der Tragödie und des Tragischen", in: Ders/ Helmut Pfeiffer (Hrsg.): *Aufklärung*. Fink: München, S. 443–487.

Ganten, Detlev / Gerhardt, Volker / Heilinger, Jan-Christoph / Nida-Rümelin, Julian (Hrsg.) (2008): *Was ist der Mensch?* (Humanprojekt 3). De Gruyter: Berlin/New York.
Gardiner, Stephen M. (2011): *A Perfect Moral Storm: The Ethical Tragedy of Climate Change.* Oxford University Press: Oxford/New York.
Garland, Robert (2004): *Surviving Greek Tragedy.* Duckworth: London.
Garrison, Elise P. (1995): *Groaning Tears. Ethical and dramatic aspects of suicide in Greek tragedy.* Brill: Leiden/New York/Köln.
Gaskin, Richard (1990): „Do Homeric Heroes Make Real Decisions?", in: *The Classical Quarterly* 40/1, S. 1–16.
Gatz, Bodo (1967): *Weltalter, goldene Zeit und sinnverwandte Vorstellungen.* Olms: Hildesheim.
Gehlen, Arnold (1980): „Die Struktur der Tragödie", in: *Philosophische Schriften*, Bd. II (1933–1938). *Gesamtausgabe*, Bd. 2. Klostermann: Frankfurt a. M., S. 201–212.
Gehrke, Hans-Joachim (1985): *Stasis. Untersuchungen zu den inneren Kriegen in den griechischen Staaten des 5. und 4. Jahrhunderts v. Chr.* C. H. Beck: München.
Gehrke, Hans-Joachim (2001): „Verfassungswandel (V 1–12)", in: Höffe (2001), S. 137–150.
Geiger, Rolf: „metabolê politeiôn / Verfassungswandel", in: Höffe (2005a), S. 348–350.
Gellrich, Michelle (1988): *Tragedy and Theory. The Problem of Conflict since Aristotle.* Princeton University Press: Princeton.
Gerhardt, Volker (1988): *Pathos und Distanz: Studien zur Philosophie Friedrich Nietzsches.* Reclam: Stuttgart.
Gerhardt, Volker (1988a): „Artisten-Metaphysik", in: „Artisten-Metaphysik", in: Gerhardt (1988), S. 46–71.
Gerhardt, Volker (1988b): „Nietzsches ästhetische Revolution", in: Gerhardt (1988), S. 12–45.
Gerhardt, Volker (1989a): „Pessimismus", in: *HWPh*, Bd. 7. Schwabe: Basel, Sp. 386–395.
Gerhardt, Volker (1989b): „Pathos der Distanz", in: *HWPh*, Bd. 7. Schwabe: Basel, Sp. 199–201.
Gerhardt, Volker (1995): „Sinn des Lebens", in: *HWPh*, Bd. 9. Schwabe: Basel, Sp. 815–824.
Gerhardt, Volker (1999): *Selbstbestimmung: Das Prinzip der Individualität.* Reclam: Stuttgart.
Gerhardt, Volker (2000): *Individualität: Das Element der Welt.* C. H. Beck: München.
Gerhardt, Volker (2003): „Sokrates als Denker seiner eigenen Existenz", in: *Ferne und Nähe der Antike. Beiträge zu den Künsten und Wissenschaften der Moderne*, hrsg. von Walter Jens und Bernd Seidensticker. De Gruyter: Berlin /New York, S. 129–149.
Gerhardt, Volker (2006): „Menschheit in meiner Person. Exposé zu einer Theorie des exemplarischen Handelns", in: *Jahrbuch für Recht und Ethik*, Bd. 14, S. 215–224.
Gerhardt, Volker (2007): *Partizipation: Das Prinzip der Politik*, C. H. Beck.
Gerhardt, Volker (2008a): „Selbstbestimmung. Zur Bedingung einer Frage, die zugleich deren erste Antwort ist", in Ganten/Gerhardt/Heilinger/Nida-Rümelin (2008), S. 1–10.
Gerhardt, Volker (2008b): „Homo publicus", in: Ganten/Gerhardt/Heilinger/Nida-Rümeln (2008), S. 97–102.
Gerhardt, Volker (2009): „Menschheit in der Person des Menschen", in: Klemme, Heiner F. (Hrsg.): *Kant und die Zukunft der europäischen Aufklärung*, De Gruyter: Berlin/New York, S. 269–291.
Gerhardt, Volker (2011): „›Die Politik ist die wahre Tragödie‹. Versuch, eine Bemerkung Platons zu verstehen", in: Hühn/Schwab (2011), S. 83–130.
Gerhardt, Volker (2012): *Öffentlichkeit: Die politische Form des Bewusstseins.* C. H. Beck: München.
Gerhardt, Volker (2019): *Humanität. Über den Geist der Menschheit.* C. H. Beck: München.
Gerhartz, Ingo Werner (2016): *Tragische Schuld. Philosophische Perspektiven zur Schuldfrage in der griechischen Tragödie.* Alber: Freiburg/München.
Geßner, Willfried (2012): „Georg Simmel", in: Konersmann (2012), S. 101–109.
Geuss, Raymond (1996): „Morality and Identity", in: Korsgaard (1996), S. 189–199.
Geyer, Christian (Hrsg.) (2004): *Hirnforschung und Willensfreiheit. Zur Deutung der neuesten Experimente.* Suhrkamp: Frankfurt a. M.

Gilbert, John (1995): *Change of Mind in Greek Tragedy*. Vandenhoeck & Ruprecht: Göttingen.
Gilbert, Martin (1986): *The Holocaust: The Jewish Tragedy*. Collins: London.
Gilbert, Scott F. (2017): „Holobiont by Birth: Multilineage Individuals as the Concretion of Cooperative Processes", in: Tsing/Swanson/Gan/Bubandt (2017), S. M73-M89.
Gildenhard, Ingo / Revermann, Martin (Hrsg.) (2010): *Beyond the Fifth Century: Interactions with Greek Tragedy from the Fourth Century BCE to the Middle Ages*. De Gruyter: Berlin/Boston 2010.
Gill, Christopher (1986): „The Question of Character and Personalit in Greek Tragedy", in: *Poetics Today*, Vol7/2, S. 251–273.
Girard, René (1994a): *Das Heilige und die Gewalt*. Fischer: Frankfurt a. M.
Girard, René (1994b): „Die Einheit von Ethik und Ästhetik", in: *Ethik der Ästhetik*, hrsg. von Hans Ulrich Gumbrecht, Dietmar Kamper, Christoph Wulf. Akademie: Berlin, S. 69–74.
Girshausen, Theo (1999): *Ursprungszeiten des Theaters. Das Theater der Antike*. Vorwerk 8: Berlin.
Glatzel, Johann / Probst, Peter / Seidler, Eduard et al. (1989): „Pathologie", in: *HWPh*, Bd. 7. Schwabe: Basel, Sp. 182–191.
Global Footprint Network (2019): *National Footprint and Biocapacity Accounts*, 2019 Edition, https://www.footprintnetwork.org/ (Datenset zuletzt abgerufen am 23.07.2020).
Global Policy Forum / terre des hommes (Hrsg.) (2014): *Gemeinsame Ziele – unterschiedliche Verantwortung. Das Gerechtigkeitsprinzip in den Klima- und Post-2015-Verhandlungen*. Bonn/Osnabrück.
Gloy, Karen (2014): *Zwischen Glück und Tragik: Philosophische Daseinsdeutungen*. Fink: München.
Goethe, Johann Wolfgang (1921): *Goethes Gespräche mit Eckermann*. Insel: Leipzig.
Goethe, Johann Wolfgang (1987): „Aus meinem Leben" (Fragmentarisches), in: *Münchner Ausgabe*, Bd. 9 (*Epoche der Wahlverwandtschaften 1807 bis 1814*). Hanser: München/Wien, S. 935.
Goff, Barbara (2016): „The Reception of Greek Drama in Africa: 'A Tradition That Intends to Be Established'", in: Zyl Smit (2016), S. 446–463.
Goffman, Erving (1959): *The presentation of self in everyday life*. Doubleday: New York.
Golden, Leon (2017): *Aristotle and the Arc of Tragedy: Oedipus Rex, Othello, Death of a Salesman*. Radius Book Group: New York.
Goldhill, Simon (1986): *Reading Greek Tragedy*. Cambridge University Press: Cambridge.
Goldhill, Simon (1987): „The Great Dionysia and Civic Ideology", in: *Journal of Hellenistic Studies* 107, S. 58–76.
Goldhill, Simon (1997a): „The audience of Athenian tragedy", in: Easterling (1997a), S. 54–68.
Goldhill, Simon (1997b): „The Language of Tragedy: Rhetoric and Communication", in: Easterling (1997a), S. 127–150.
Goldhill, Simon (2006): „Der Ort der Gewalt: Was sehen wir auf der Bühne?", in: Seidensticker/Vöhler (2006), S. 149–168.
Goldhill, Simon (2007): *How to Stage Greek Tragedy Today*. Chicago/London: University of Chicago Press.
Goldhill, Simon (2012): *Sophocles and the Language of Tragedy*. Oxford University Press: Oxford.
Goldhill, Simon / Osborne, Robin (Hrsg.) (2006): *Rethinking Revolutions through Ancient Greece*. Cambridge University Press: Cambridge.
Goldie, Peter (2004): *On Personality*. Routledge: London/New York.
Goldie, Peter (Hrsg.) (2010): *Philosophy of Emotion*. Oxford University Press: Oxford.
Goldmann, Lucien (1955): *Le dieu caché – Etude sur la vision tragique dans les Pensées de Pascal et dans le théâtre de Racine*. Gallimard: Paris.
Gombrich, Ernst (1992): *Aby Warburg. Eine intellektuelle Biographie*. Europäische Verlagsanstalt: Hamburg.
González Garciá, José M. / Konersmann, Ralf (1998): „Theatrum mundi", in: *HWPh*, Bd. 10. Schwabe: Basel, Sp. 1051–1054.

Goodman, Nelson (1997): *Sprachen der Kunst. Entwurf einer Symboltheorie.* Suhrkamp: Frankfurt a. M.
Göpel, Maja (2020): *Unsere Welt neu denken. Eine Einladung.* Ullstein: Berlin.
Gosh, Amitav (2016): *The Great Derangement: Climate Change and the Unthinkable.* University of Chicago Press: Chicago/London.
Gosh, Pallab (2017): „Hawking urges Moon landing to 'elevate humanity'", in: *BBC News* vom 20.06.2017, http://www.bbc.com/news/science-environment-40345048 (zuletzt abgerufen am 23.07.2020).
Graf, Fritz (2008): *Apollo.* Routledge: London.
Greenwold, Emily (2010): *Afro-Greeks: Dialogues between Anglophone Caribbean Literature and Classics in the Twentieth Century.* Oxford University Press: Oxford.
Gregory, Justina (2005): *A Companion to Greek Tragedy.* Blackwell: Oxford.
Greiner, Bernhard (2012): *Die Tragödie: Eine Literaturgeschichte des aufrechten Ganges. Grundlagen und Interpretationen.* Kröner: Stuttgart.
Grethlein, Jonas (2003a): *Asyl und Athen. Die Konstruktion kollektiver Identität in der griechischen Tragödie.* Metzler: Stuttgart/Weimar.
Grethlein, Jonas (2003b): „Die poetologische Bedeutung des aristotelischen Mitleidbegriffs. Überlegungen zu Nähe und Distanz in der griechischen Tragödie", in: *Poetica* 35, S. 41–67.
Grethlein, Jonas (2006): *Das Geschichtsbild der Ilias. Eine Untersuchung aus phänomenologischer und narratologischer Perspektive.* Vandenhock & Ruprecht: Göttingen.
Grethlein, Jonas (2010): *The Greeks and Their Past. Poetry, Oratory and Histor in the Fifth Century BCE.* Cambridge University Press: New York.
Grethlein, Jonas (2015): „Aesthetic experiences, ancient and modern", in: *New Literary History*, Vol. 46/2, S. 309–333.
Griffith, Mark (1977): *The Authenticity of 'Prometheus Bound'.* Cambridge University Press: Cambridge.
Griffith, Mark (1983): „Appendix", in: Aeschylus: *Prometheus Bound*, hrsg. von Mark Griffith. Cambridge, S. 281–283.
Griffith, Mark (2009): „Greek lyric and the place of humans in the world", in: Budelmann (2009), S. 72–94.
Griffiths, Emma M. (2020): *Children in Greek Tragedy: Pathos and Potential.* Oxford University Press: Oxford.
Grooten, Monique / Almond, Rosamunde (2018): *WWF: Living Planet Report – 2018: Aiming Higher.* WWF: Gland.
Gruber, Markus (2009): *Der Chor in den Tragödien des Aischylos: Affekt und Reaktion.* Narr: Tübingen.
Gurjewitsch, Aaron J. (1994): *Das Individuum im europäischen Mittelalter.* C. H. Beck: München.
Gust, Wolfgang (1993): *Der Völkermord an den Armeniern. Die Tragödie des ältesten Christenvolkes der Welt.* Hanser: München.
Guthke, Karl S. (1994): *Das deutsche bürgerliche Trauerspiel* (5., überarbeitete und erweiterte Auflage). Metzler: Stuttgart/Weimar.
Guthrie, William Keith Chambers (1975): *A History of Greek Philosophy*, Bd. IV. *Plato: the man and his dialogues; earlier period.* Cambridge University Press: Cambridge.
Habermas, Jürgen (1981): *Theorie des kommunikativen Handelns*, 2 Bände. Suhrkamp: Frankfurt a. M.
Habermas, Jürgen (1991): *Erläuterungen zur Diskursethik.* Suhrkamp: Frankfurt a. M.
Habermas, Jürgen (1997): *Vom sinnlichen Eindruck zum symbolischen Ausdruck.* Suhrkamp: Frankfurt a. M.
Hadot, Pierre (1991): *Philosophie als Lebensform. Geistige Übungen in der Antike.* Gatza: Berlin.

Haff, Peter (2014): „Humans and technology in the Anthropocene: Six rules", in: *The Anthropocene Review* Vol. 1 (2), S. 126–136, https://doi.org/10.1177%2F2053019614530575 (zuletzt abgerufen am 23.07.2020).
Hahn, Henning (2008): *Moralische Selbstachtung*. De Gruyter: Berlin/New York.
Hall, Edith (1989): *Inventing the Barbarian. Greek Self-Definition through Tragedy*. Clarendon: Oxford.
Hall, Edith (1999): „Actor's song in tragedy", in: *Performance Culture and Athenian Democracy*, hrsg. von Simon Goldhill und Robin Osborne. Cambridge: Cambridge University Press, S. 96–122.
Hall, Edith (2004): „Introduction: Why Greek Tragedy in the Late Twentieth Century", in: Hall/Macintosh/Wrigley (2004), S. 1–46.
Hall, Edith (2010): *Greek Tragedy. Suffering under the Sun*. Oxford University Press: Oxford/New York.
Hall, Edith / Macintosh, Fiona / Wrigley, Amanda (Hrsg.) (2004): *Dionysus Since 69. Greek Tragedy at the Dawn of the Third Millenium*. Oxford University Press: Oxford.
Halliwell, Stephen (1986): *Aristotle's Poetics*. Duckworth: London.
Halliwell, Stephen (1996): „Plato's Repudiation of the Tragic", in: Silk (1996), S. 332–349.
Halliwell, Stephen (2011): „The Republic's Two Critiques of Poetry (Book II 376c-398b, Book X 595a-608b)", in: Höffe (2011), S. 313–332.
Hamilton, Clive (2014): „Geoengineering and the politics of science", in: *Bulletin of the Atomic Scientists* vol. 70(3), S. 17–26.
Hamilton, Clive (2017): *Defiant Earth. The Fate of Humans in the Anthropocene*. Polity: Cambridge/Malden.
Hamilton, Scott (2017): „ Securing ourselves *from* ourselves? The paradox of 'Entanglement' in the Anthropocene", in: *Crime, Law, and Social Change* 68 (2017), S. 579–595, https://doi.org/10.1007/s10611-017-9704-4 (zuletzt abgerufen am 23.07.2020).
Hampe, Michael (2006): *Die Macht des Zufalls. Vom Umgang mit dem Risiko*. WJS: Berlin.
Han, Byung-Chul (2010): *Müdigkeitsgesellschaft*. Matthes & Seitz: Berlin.
Handke, Peter (2005): *Gestern unterwegs. Aufzeichnungen November 1987 – Juli 1990*. Jung und Jung: Wien.
Hanner, Oren (2018): „Buddhism as Reductionism: Personal Identity and Ethics in Parfitian Readings of Buddhist Philosophy; from Steven Collins to the Present", in: *Sophia* 57, S. 211–231.
Hans Diller (1971): „Über das Selbstbewußtsein der sophokleischen Personen", in: Ders: *Kleine Schriften zur antiken Literatur*, hrg. von Hans-Joachim Newiger und Hans Seyffert. C. H. Beck: München, S. 272–285.
Hans-Dieter Gelfert (1995): *Die Tragödie. Theorie und Geschichte*. Vandenhoeck & Ruprecht: Göttingen.
Harari, Yuval Noah (2015): *Homo Deus: A Brief History of Tomorrow*. Harvill Secker: London.
Haraway, Donna (2015): „Anthropocene, Capitalocene, Plantationocene, Chthulucene: Making Kin", in: *Environmental Humanities* vol. 6, S. 159–165.
Haraway, Donna (2016): *Staying with the Trouble. Makin Kin in the Chthulucene*. Duke University Press: Durham/London.
Haraway, Donna et al. (2016): „Anthropologists Are Talking – About the Anthropocene", in: *Ethnos* 81:3, S. 535–564. DOI: 10.1080/00141844.2015.1105838 (zuletzt abgerufen am 23.07.2020).
Harbsmeier, Martin / Möckel, Sebastian (2009a): „Antike Gefühle im Wandel", in: Harbsmeier/Möckel (2009), S. 9–24.
Harbsmeier, Martin / Möckel, Sebastian (Hrsg.) (2009): *Pathos, Affekt, Emotion. Transformationen der Antike*. Suhrkamp: Frankfurt a. M.

Hård, Mikael / Jamison, Andre (2005): *Hubris and Hybrids: A Cultural History of Technology and Science*. Routledge: New York.
Hardin, Garrett (1968): „The Tragedy of the Commons", in: *Science* 162, Nr. 3859, S. 1243–1248.
Hardwick, Lorna (2004): „Greek Drama and Anti-Colonialism: Decolonizing Classics", in: Hall/Macintosh/Wrigley (2004), S. 219–242.
Hardwick, Lorna (2014): „Receptions of Greek Tragedy in Caribbean Literature", in: Rosiman (2014), Vol. 2, S. 1056–1058.
Harms, Rudolf (2009): *Philosophie des Films. Seine ästhetischen und metaphysischen Grundlagen*, hrsg. von Birgit Recki. Meiner: Hamburg.
Harris, Edward M. (2010): „Is Oedipus Guilty? Sophocles and Athenian Homicide Law", in: Harris, Edward M. / Leão, Delfim F. / Rhodes, P. J. (Hrsg.): *Law and Drama in Ancient Greece*. Duckworth: London, S. 122–146.
Harris, George W. (1977): *Dignity and Vulnerability*. University of California Press: Berkeley/Los Angeles/London.
Harris, George W. (2006): *Reason's Grief. An Essay on Tragedy and Value*. Cambridge University Press: Cambridge.
Harrison, George W. M. (Hrsg.) (2015): *Brill's Companion to Roman Tragedy*. Brill: Leiden/Boston.
Harsh, Philip Whaley (1960): „The Role of the Bow in the Philoctetes of Sophocles", in: *The American Journal of Philology*, Vol. 81, Nr. 4, S. 408–414.
Hartmann, Martin (2002): „Widersprüche, Ambivalenzen, Paradoxien – Begriffliche Wandlungen in der neueren Gesellschaftstheorie", in: Honneth, Axel (Hrsg.): *Befreiung aus der Mündigkeit. Paradoxien des gegenwärtigen Kapitalismus*. Campus: Frankfurt a.M., S. 221–251.
Hartmann, Martin (2011): *Die Praxis des Vertrauens*. Suhrkamp: Berlin.
Haskins, Charles H. (1972): *The Renaissance oft he Twelfth Century*. Harvard University Press: Cambridge, Mass./New York.
Hastings, Max (2018): *Vietnam: An Epic Tragedy, 1945–1975*. HarperCollins: New York.
Haß, Ulrike (2005): „Rolle", in: *Metzler Lexikon Theatertheorie*, hrsg. von Erika Fischer-Lichte, Doris Kolesch und Matthias Warstat. Metzer: Stuttgart/Weimar, S. 278–283
Hay, Katia (2011): „Die Notwendigkeit des Scheiterns oder das Tragische als Struktur der Philosophie Schellings", in: Hühn/Schwab (2011), S. 247–262.
Hay, Katia (2012): *Die Notwendigkeit des Scheiterns. Das Tragische als Bestimmung der Philosophie bei Schelling*. Alber: Freiburg.
Hebbel, Friedrich (o.J.): *Sämtliche Werke*, Bd. 2. Vollmer: Wiesbaden o.J.
Hegel, Georg Wilhelm Friedrich (1970): *Werke in 20 Bänden* (Theorie-Werkausgabe). Suhrkamp: Frankfurt a. M.
Hegel, Georg Wilhelm Friedrich (1995): *Philosophie der Weltgeschichte*, in: Ders: *Vorlesungsmanuskripte* (1816–1831), hrsg. von Walter Jaeschke (*Gesammelte Werke*, Bd. 18). Meiner: Hamburg.
Heidbrink, Ludger (1999): „Ende des tragischen Zeitalters? Zur Ambivalenz eines kulturkritischen Deutungsmusters", in: *Der Aufstand gegen den Bürger. Antibürgerliches Denken im 20. Jahrhundert*, hrsg. von Günter Meuter und Henrique Ricardo Otten: Königshausen & Neumann: Würzburg, S. 209–231.
Heidegger, Martin (1959): „Das Wesen der Sprache", in: *Unterwegs zur Sprache* (Gesamtausgabe, I. Abt., Bd. 12). Klostermann: Frankfurt a. M., S. 147–204.
Heidegger, Martin (1976a): „Nur noch ein Gott kann uns retten" (Interview vom 23.9.1966), in: *Der Spiegel*, 23/1976, S. 193–219.
Heidegger, Martin (1976b): „Brief über den Humanismus", in: *Wegmarken* (Gesamtausgabe, I. Abt., Bd. 9). Klostermann: Frankfurt a. M., S. 313–364.
Heidegger, Martin (1980): *Hegels Phänomenologie des Geistes* (Gesamtausgabe, II. Abt., Bd. 32). Klostermann: Frankfurt a. M.

Heidegger, Martin (1983): *Einführung in die Metaphysik* (Gesamtausgabe, II. Abt., Bd. 40). Klostermann: Frankfurt a. M.
Heidegger, Martin (1993): *Sein und Zeit.* Niemeyer: Tübingen (17. Auflage).
Heidegger, Martin (1994): *Beiträge zur Philosophie (Vom Ereignis)* (Gesamtausgabe, III. Abt., Bd. 65). Klostermann: Frankfurt a. M. (2. Auflage).
Heidegger, Martin (2002): *Grundbegriffe der aristotelischen Philosophie* (Gesamtausgabe, II. Abt., Bd. 18). Klostermann: Frankfurt a. M.
Heilinger, Jan-Christoph / King, Colin G. / Wittwer, Héctor (Hrsg.) (2009): *Individualität und Selbstbestimmung*, Akademie: Berlin.
Heinimann, Felix (1945): *Nomos und Physis. Herkunft und Bedeutung einer Antithese im griechischen Denken des 5. Jahrhunderts.* Diss. Basel.
Heinrich, Klaus (2011): „Der Staub und das Denken. Zur Faszination der sophokleischen *Antigone* nach dem Krieg", in: Hühn / Schwab (2011), S. 155–184.
Held, Klaus (1980): *Heraklit, Parmenides und der Anfang von Philosophie und Wissenschaft. Eine phänomenologische Besinnung.* De Gruter: Berlin/New York.
Heller, Ágnes (2020): *Vom Ende der Geschichte. Die parallele Geschichte von Tragödie und Philosophie.* Edition Konturen: Wien.
Henderson, Jeffrey (2007): „Drama and Democracy", in: Samsons II (2007), S. 179–195.
Henrich, Dieter (1982): „Glück und Not", in: Ders: *Selbstverhältnisse.* Reclam: Stuttgart, S. 131–141.
Henrich, Dieter (1999): *Bewußtes Leben.* Reclam: Stuttgart.
Henrich, Dieter (1999a): „Bewußtes Leben", in: Henrich (1999), S. 11–49.
Henrich, Dieter (1999b): „Subjektivität als Prinzip", in: Henrich (1999), S. 49–73.
Henrich, Dieter (2007a): *Denken und Selbstsein. Vorlesungen über Subjektivität.* Suhrkamp: Frankfurt a. M.
Henrich, Dieter (2007b): „Selbstsein und Bewusstsein" (1971), in: *e-Journal Philosophie der Psychologie* 8, auf: www.jp.philo.at/texte/HenrichD1.pdf (zuletzt abgerufen am 22.02.2020).
Henrichs, Albert (1984): „Loss of Self, Suffering, Violence: the Modern View of Dionysus from Nietzsche to Girard", in: *Harvard Studies in Classical Philology* 88, S. 205–240.
Henzler, Claudia (2017): „‚Es sollte ein schöner Geburtstag werden'", in: *Süddeutsche Zeitung* vom 18.10.2017, https://www.sueddeutsche.de/bayern/prozess-um-getoetete-teenager-es-sollte-ein-schoener-geburtstag-werden-1.3713545 (zuletzt abgerufen am 15.06.2020).
Hermann, Henning (2006): *Identität und Personalität in Gottfried von Straßburgs Tristan. Studien zur sozial- und kulturgeschichtlichen Entwicklung des Helden.* Dr. Kovač: Hamburg.
Herrnstein Smith, Barbara (1988): *Contingencies of Value. Alternative Perspectives for Critical Theory.* Harvard University Press: Cambridge, Mass./London.
Heuner, Ulf (2001): *Tragisches Handeln in Raum und Zeit. Raum-zeitliche Tragik und Ästhetik in der ophokleischen Tragödie und im griechischen Theater.* Metzler: Stuttgart/Weimar.
Heuner, Ulf (2006): *Klassische Texte zur Tragik.* Parodos: Berlin.
Hirvonen, Ari (2020): *Ethics of Tragedy: Dwelling, Thinking, Measuring.* Counterpress: Oxford.
Hobbes, Thomas (1970): *Leviathan.* Reclam: Stuttgart.
Hobsbawm, Eric (1995): *Das Zeitalter der Extreme. Weltgeschichte des 20. Jahrhunderts.* Hanser: München.
Hödl, Ludwig (1992): „Reue", in: *HWPh*, Bd. 8. WBG: Darmstadt, Sp. 944–951.
Höffe, Otfried (2001): „Durch Leiden Lernen. Ein philosophischer Blick auf die griechische Tragödie", in: *Deutsche Zeitschrift für Philosophie* 49, S. 331–351.
Höffe, Otfried (2005a): „philia/ Freundschaft/ Liebe", in: Höffe (2005), S. 445–448.
Höffe, Otfried (2009a): „Tragische Fehler, Menschlichkeit, tragische Lust (Kap. 13–14)", in: Höffe (2009), S. 141–158.
Höffe, Otfried (Hrsg.) (2001): *Aristoteles: Politik* (*Klassiker Auslegen*, Bd. 23). Akademie: Berlin.

Höffe, Otfried (Hrsg.) (2005): *Aristoteles-Lexikon*. Alfred Kröner: Stuttgart.
Höffe, Otfried (Hrsg.) (2006): *Aristoteles. Die Nikomachische Ethik* (*Klassiker Auslegen*, Bd. 2). Akademie: Berlin.
Höffe, Otfried (Hrsg.) (2009): *Aristoteles: Poetik* (*Klassiker Auslegen*, Bd. 38). Akademie: Berlin.
Höffe, Otfried (Hrsg.) (2011): *Platon: Politeia* (*Klassiker Auslegen*, Bd. 7). Akademie: Berlin.
Hogrebe, Wolfram (1997): *Ahnung und Erkenntis*. Suhrkamp: Frankfurt a. M.
Hogrebe, Wolfram (2009): *Riskante Lebensnähe. Die szenische Existenz des Menschen*. Akademie: Berlin.
Hogrebe, Wolfram (2013): *Der implizite Mensch*. Akademie: Berlin.
Hölderlin, Friedrich (1998): „Anmerkungen zum Ödipus", in: Ders: *Theoretische Schriften*, hrsg. von Johann Kreuzer. Meiner: Hamburg, S. 94–101.
Hölscher, Uvo (1968): *Anfängliches Fragen. Studien zur frühen griechischen Philosophie*. Vandenhoeck & Ruprecht: Göttingen.
Honneth, Axel (1988): „Nachwort", in: Taylor (1988), S. 295–317.
Honneth, Axel (2000): „Pathologien des Sozialen", in: Ders: *Das Andere der Gerechtigkeit. Aufsätze zur praktischen Philosophie*. Suhrkamp: Frankfurt a. M., S. 11–69.
Honneth, Axel (2005): *Verdinglichung. Eine anerkennungstheoretische Studie*. Suhrkamp: Frankfurt a. M.
Honneth, Axel (Hrsg.) (2002): *Befreiung aus der Mündigkeit. Paradoxien des gegenwärtigen Kapitalismus*. Frankfurt a. M.
Hordon, Peregrine / Purcell, Nicholas (2000): *The Corrupting Sea: A Study of Mediterranean History*. Wiley-Blackwell: Oxford.
Horkheimer, Max (1988): „Traditionelle und kritische Theorie", in: *Gesammelte Schriften*, Bd. 4. Fischer: Frankfurt a. M., S. 162–216.
Horn, Christian (2008): *Remythisierung und Entmythisierung. Deutschsprachige Antikendramen der klassischen Moderne*. Universitätsverlag: Karlsruhe.
Horn, Christoph (1998): *Antike Lebenskunst. Glück und Moral von Sokrates bis zu den Neuplatonikern*. C. H. Beck: München.
Horn, Christoph (Hrsg.) (2013): Platon: *Gesetze/Nomoi*, hrsg. von Christoph Horn (*Klassiker Auslegen*, Bd. 55). Akademie: Berlin.
Horn, Christoph / Müller, Jörn / Söder, Joachim (Hrsg.) (2009): *Platon-Handbuch. Leben – Werk – Wirkung*. Metzler: Stuttgart.
Horn, Eva (2014): *Zukunft als Katastrophe*. Fischer: Frankfurt a. M.
Horn, Eva / Bergthaller, Hannes (2019): *Anthropozän zur Einführung*. Junius: Hamburg.
Horstmann, Ulrich (1983): *Das Untier. Konturen einer Philosophie der Menschenflucht*. Medusa Verlag: Berlin.
Hose, Martin (1995): *Drama und Gesellschaft. Studien zur dramatischen Produktion in Athen am Ende des 5. Jahrhunderts*. M und P, Verlag für Wissenschaft und Forschung: Stuttgart.
Hose, Martin (2008): *Euripides. Der Dichter der Leidenschaften*. C. H. Beck: München.
Hösle, Vittorio (1984): *Die Vollendung der Tragödie im Spätwerk des Sophokles. Ästhetisch-historische Bemerkungen zur Struktur der attischen Tragödie*. Frommann-Holzboog: Stuttgart-Bad Cannstatt.
Hübner, Johannes (2002): „metabolē/metaballein", in: *Wörterbuch der antiken Philosophie*, hrsg. von Christoph Horn und Christof Rapp. C. H. Beck: München, S. 276.
Hügli, Anton (2005): „Wert I., III. und IV.", in: *HWPh*, Bd. 12. Schwabe: Basel, Sp. 556–576.
Hühn, Lore (2011): „Tragik und Dialektik. Zur Genese einer Grundkonstellation nihilistischer Daseinsdeutung" in: Hühn / Schwab (2011), S. 19–38.
Hühn, Lore / Schwab, Philipp (2011a): „Einleitung", in: Hühn/Schwab (2011), S. 1–16.
Hühn, Lore / Schwab, Philipp (Hrsg.) (2011): *Die Philosophie des Tragischen: Schopenhauer – Schelling – Nietzsche*. De Gruyter: Berlin/New York.

Huller, Eva C. (2007): *Griechisches Theater in Deutschland: Mythos und Tragödie bei Heiner Müller und Botho Strauß*. Böhlau: Köln.
Hülsenwiesche, Reinhold (2001): „Umschlag", in: *HWPh*, Bd. 11. WBG: Darmstadt, Sp. 91–94.
Hume, David (1978): *A Treatise of Human Nature*. Second Edition with text revised and notes by Peter H. Nidditch. Clarendon: Oxford.
Hume, David (1992): „Of Tragedy", in: *The Philosophical Works of David Hume*, hrsg. von Thomas Hill Green und Thomas Hodge Grose, Bd. 3 (1882). Scientia: Aaalen, S. 258–265.
Hume, Julian (2012): „The Dodo: from extinction to the fossil record", in: *Geology Today* 28(4), S. 147–151.
Huttner, Ulrich (1997): *Die politische Rolle der Heraklesgestalt im griechischen Herrschertum*. Franz Steiner: Stuttgart.
Iber, Christian (2011): „Tragödie, Komödie und Farce. Zur geschichtsphilosophischen Ortsbestimmun der Tragödie bei Hegel und Marx", in: Hühn/Schwab (2011), S. 281–295.
Ihde, Don (1990): *Technology and the Lifeworld. From Garden to Earth*. Bloomington: Indiana University Press.
Illouz, Eva (2003): *Der Konsum der Romantik Liebe und die kulturellen Widersprüche des Kapitalismus*. Campus: Frankfurt a. M.
Illouz, Eva (2006): *Gefühle in Zeiten des Kapitalismus*. Suhrkamp: Frankfurt a. M.
Innerarity, Daniel / Solana, Javier (Hrsg.) (2013): *Humanity at Risk. The Need for Global Governance*. Bloomsbury: London.
Irvalı, Nil et al. (2020): „A low climate threshold for south Greenland Ice Sheet demise during the Late Pleistocene", in: *Proceedings of the National Academy of Sciences* 117 (1), S. 190–195, https://doi.org/10.1073/pnas.1911902116 (zuletzt abgerufen am 23.07.2020).
Isaacs, Harold Robert (1938): *The Tragedy of the Chinese Revolution*, Einführung von Leo Trotski Secker & Warburg: London.
Jaeggi, Rahel (2005): *Entfremdung. Zur Aktualität eines sozialphilosophischen Problems*. Campus: Frankfurt a. M.
Jaeggi, Rahel (2013): *Kritik von Lebensformen*. Suhrkamp: Berlin.
James, William (1981): *The Principles of Psychology*. Harvard University Press: Cambridge, Mass.
Janke, Wolfgang (1965): „ΑΛΗΘΕΣΤΑΤΗ ΤΡΑΓΩΙΔΙΑ. Eine Deutung der Metabole-Reihe im 8. Buch des Staates", in: *Archiv für Geschichte der Philosophie*, Vol. 47 (1), S. 251–260.
Janko, Richard (1987): „Notes", in: Aristotle (1987), S. 66–195.
Janowski, Bernd (Hrsg.) (2012): *Der ganze Mensch. Zur Anthropologie der Antike und ihrer europäischen Nachgeschichte*. Akademie: Berlin.
Janowski, Bernd (2015): „Das Herz – ein Beziehungsorgan. Zum Personenverständnis des Alten Testaments", in: *Dimensionen der Leiblichkeit. Theologische Zugänge*, hrsg. von Bernd Janowski und Christian Schwöbel. Neukirchener Verlagsgesellschaft: Neukirchen-Vluyn, S. 1–45.
Jansen, Ludger (2005a): „dianoia / Verstand", in: Höffe (2005), S. 120–122.
Jansen, Ludger (2005b): „poiein – paschein / Tun – Erleiden", in: Höffe (2005), S. 468–469.
Jaspers, Karl (1922): *Psychologie der Weltanschauungen*. Springer: Berlin/Heidelberg (2. Auflage).
Jaspers, Karl (1932a): *Die geistige Situation der Zeit*. De Gruyter: Berlin/New York (5. Auflage).
Jaspers, Karl (1932b): *Philosophie*, Bd. II: Existenzerhellung. Berlin. Julius Springer: Berlin.
Jaspers, Karl (1949): *Vom Ursprung und Ziel der Geschichte*. Piper: München.
Jaspers, Karl (1952): *Über das Tragische*. Piper: München.
Jastrow, Morris (1907): „The liver in antiquity and the beginnings of anatomy", in: *Transactions of the College of Physicians of Philadelphia*, Nr. 27, S. 117–138.
Jay, Martin (2005): Songs of Experience. *Modern American and European: Modern American and European Variations on a Universal Theme*. University of Calfornia Press: Berkeley/Los Angeles/London.

Jaynes, Julian (1976): *The Origin of Consciousness in the Breakdown of the Bicameral Mind.* Houghton Mifflin: Boston/New York.
Joas, Hans (1999): *Die Entstehung der Werte.* Suhrkamp: Frankfurt a. M.
Johannsen, Nina (2002): „Tyche", in: *DNP*, Bd. 12. Metzler: Stuttgart/Weimar, Sp. 935–936.
Johnson, James Franklin (2016): *Acts of Compassion in Greek Tragic Drama.* University of Oklahoma Press: Norman.
Judet de la Combe, Pierre (1994): „Zur Darstellung des Individuums in der griechischen Tragödie durch ein pragmatisches Verfahren", in: *Individuum. Probleme der Individualität in Kunst, Philosophie und Wissenschaft*, hrsg. von Gottfried Boehm und Enno Rudolph. Klett: Stuttgart, S. 25–47.
Judet de la Combe, Pierre (2010): *Les tragédies grecques sont-elles tragiques? : théâtre et théorie.* Montrouge: Bayard Éditions.
Jugendrat der Generationen Stiftung / Langer, Claudia (2019): *Ihr habt keinen Plan, darum machen wir einen! 10 Bedingungen für die Rettung unserer Zukunft.* Blessing: München.
Jullien, François (2017): *Es gibt keine kulturelle Identität – Wir verteidigen die Ressourcen einer Kultur.* Suhrkamp: Berlin.
Jung, Werner (1990): *Georg Simmel zur Einführung.* Junius: Hamburg.
Kablitz, Andreas (2009): „Mimesis versus Repräsentation. Die Aristotelische Poetik in ihrer neuzeitlichen Rezeption", in: Höffe (2009a), S. 215–232.
Kahn, Charles H. (1986): „Plato and Heraclitus", in: *Proceedings of the Boston Area Colloquium in Ancient Philosophy* 1, S. 241–258.
Kambartel, Friedrich (1972): „Erfahrung", in: *HWPh*, Bd. 2. Schwabe: Basel/Stuttgart, Sp. 609–617.
Kamlah, Wilhelm (1973): *Philosophische Anthropologie. Sprachkritische Grundlegung und Ethik.* B.I.-Wissenschaftsverlag: Mannheim/Wien/Zürich.
Kampourelli, Vassiliki (2016): *Space in Greek Tragedy.* Institute of Classical Studies: London.
Kane, Robert (Hrsg.) (2002): *Oxford Handbook Free Will.* Oxford University Press: Oxford/New York.
Kant, Immanuel (1900 ff.): *Kant's gesammelte Schriften*, hrsg. von der Königlich Preußische Akademie der Wissenschaften. Berlin (Akademie-Ausgabe, abgekürzt als AA mit Bandnummer und Seitenzahl).
Kaplanian, Patrick (2011): *Mythes grecs d'origine*, Vol. I : *Prométhée et Pandore.* L'Entreligne: Paris.
Kappl, Brigitte (2006): *Die Poetik des Aristoteles in der Dichtungstheorie des Cinquecento.* De Gruyter: Berlin/New York.
Karl, Jacqueline (2010): *Selbstbestimmung und Individualität bei Platon. Eine Interpretation zu frühen und mittleren Dialogen.* Alber: Freiburg.
Kast ,Verena (1982): *Trauern. Phase und Chancen des psychischen Prozesses.* Kreuz Verlag: Stuttgart.
Kaufmann, Walter (1980): *Tragödie und Philosophie.* Mohr: Tübingen.
Kaul, Inge / Grunberg, Isabelle / Stern, Marc A. (Hrsg.) (1999): *Global Public Goods. Published for the United Nations Development Program.* Oxford University Press: New York/Oxford.
Keil, Geert (2007): *Willensfreiheit.* De Gruyter: Berlin/New York.
Keil, Geert (2009): *Willensfreiheit und Determinismus.* Reclam: Stuttgart.
Kelly, Henry Ansgar (1993): *Ideas and forms of tragedy from Aristotle to the Middle Ages.* Cambridge University Press: Cambridge.
Kennedy, Rebecca Futo (2009): *Athena's Justice. Athena, Athens and the Concept of Justice in Greek Tragedy.* Peter Lang: New York.
Kenny, Anthony (1979): *Aristotle's Theory of the Will.* Duckworth: London.
Kerényi, Karl (1959): *Prometheus. Die menschliche Existenz in griechischer Deutung.* Rowohlt: Hamburg.
Kerényi, Karl (1976): *Dionysos: Urbild des unzerstörbaren Lebens.* Langen Müller: München/Wien.

Kermani, Navid (2005): *Der Schrecken Gottes. Attar, Hiob und die metaphysische Revolte*. C.H. Beck: München.
Kersting, Wolfgang / Langbehn, Claus (Hrsg.) (2007): *Kritik der Lebenskunst*. Suhrkamp: Frankfurt a. M.
Kertész, Imre (1997): *Galeerentagebuch*. Rowohlt: Reinbek.
Ketelsen, Uwe-Karsten (1968): *Heroisches Theater. Untersuchungen zur Dramentheorie des Dritten Reichs*. Bouvier: Bonn.
Khurana, Thomas / Quadflieg, Dirk / Raimondi, Francesca / Rebentisch, Juliane / Setton, Dirk (Hrsg.) (2018): *Negativität. Kunst – Recht – Politik*. Suhrkamp: Berlin.
Kierkegaard, Søren (1975): *Entweder – Oder* I. DTV: München.
Kierkegaard, Søren (2013): *Ausgewählte Journale*, Bd. 1, hrsg. von Markus Kleinert und Gerhard Schreiber. De Gruyter: Berlin/Boston.
Kimura, Kenji (2014): „Reception of Greek Tragedy in Japanese Literature and Performance", in: Roisman (2014), Vol. 2, S. 1081–1084.
Kirk, Geoffrey S. / Raven, John E. / Schofield, Malcom (1994): *Die vorsokratischen Philosophen: Einführung, Texte und Kommentare*. Metzler: Stuttgart/Weimar.
Kirsch, Rainer (1988): *Kunst in Mark Brandenburg. Gedichte*. Hinstorff: Rostock.
Kittler, Friedrich (2006): *Musik und Mathematik*, Bd. 1: *Hellas*. Teil 1: *Aphrodite*. Fink: München.
Kitto, Humphrey D. F. (1966): *Greek Tragedy. A Literary Study*. Routledge: London/New York.
Kitzinger, Margaret Rachel (2008): *The Choruses of Sophokles' Antigone and Philoktetes. A Dance of Words*. Brill: Leiden/Boston.
Klotz, Christian (2002): *Selbstbewußtsein und praktische Identität. Eine Untersuchung über Fichtes Wissenschaftslehre nova methodo*. Klostermann: Frankfurt a. M.
Kluge, Alexander (2003): *Die Kunst, Unterschiede zu machen*. Suhrkamp: Frankfurt a. M.
Kluge, Alexander (2010): „Der August ist ein gefährlicher Monat", Gespräch mit Ursula März, in: *DIE ZEIT* vom 05.08.2010.
Kluge, Alexander (2014): „Am gefährlichsten sind Waffen für den Waffenbesitzer selbst" (Interview von Arno Widmann), in: *Frankfurter Rundschau* vom 22.07.2014.
Kluge, Alexander (2017): „Der Mensch ist ein Fluchttier", Gespräch mit Philipp Feisch, in: *Philosophie Magazin* 4.
Kluge, Friedrich (2001): *Etymologisches Wörterbuch der deutschen Sprache*, bearbeitet von Elmar Seebold. De Gruyter: Berlin/New York (24. Auflage).
Knape, Joachim (2017): *1521. Martin Luthers rhetorischer Moment oder Die Einführung des Protests*. De Gruyter: Berlin/Boston.
Knox, Bernard M.W. (1964): *Heroic Temper. Studies in Sophoclean Tragedy*. University of California Press: Berkeley/Los Angeles.
Knox, Bernard M.W. (1989): „Ancient Slavery and Modern Ideology" in: *Essays. Ancient and Modern*. The Johns Hopkins University Press: Baltimore, S. 63–70.
Koch, Klaus (1991): „Gibt es ein Vergeltungsdogma im Alten Testament?", in: Ders: *Gesammelte Aufsätze*, hrsg. von Bernd Janowski und Martin Krause. Bd. 1. Neukirchener Verlag: Neukirchen-Vluyn, S. 65–103
Köhler, Kai (2006): „Tragik/Tragisch", in: *Metzler Lexikon Ästhetik*, hrsg. von Achim Trebeß. Metzler: Stuttgart/Weimar, S. 387–389.
Kolb, Peter (1997): *Platons Sophistes. Theorie des Logos und Dialektik*. Königshausen & Neumann: Würzburg.
Komatsu, Hikaru et al. (2019): „Culture and the Independent Self: Obstacles to environmental sustainability?", in: *Anthropocene* 26, https://doi.org/10.1016/j.ancene.2019.100198 (zuletzt abgerufen am 23.07.2020).
Konersmann, Ralf (1996): „Aspekte der Kulturphilosophie", in: Konersmann, Ralf (Hrsg.): *Kulturphilosophie*. Reclam: Leipzig, S. 9–19.

Konersmann, Ralf (2001): „Das kulturkritische Paradox", in: Konersmann, Ralf (Hrsg.): *Kulturkritik. Reflexionen in der veränderten Welt*. Reclam: Leipzig 2001, S. 9–37.
Konersmann, Ralf (2003): *Kulturphilosophie zur Einführung*. Junius: Hamburg 2003.
Konersmann, Ralf (2008): *Kulturkritik*. Suhrkamp: Frankfurt a. M. 2008.
Konersmann, Ralf (2012a): „Einleitung", in: Konersmann (2012), S. 1–12.
Konersmann, Ralf (Hrsg.) (2007): *Wörterbuch der philosophischen Metaphern*. WBG: Darmstadt.
Konersmann, Ralf (Hrsg.) (2012): *Handbuch Kulturphilosophie*. Metzler: Weimar/Stuttgart.
Konstan, David (2005): „Aristotle on the Tragic", in: Oberhelman/Pedrick (2005), S. 13–25.
Konstan, David (2009): „Haben Gefühle eine Geschichte?", in: Harbsmeier/Möckel (2009), S. 27–46.
Korsgaard, Christine (1996a): *The Sources of Normativity*. Cambridge University Press: Cambridge/New York.
Korsgaard, Christine (1996b): *Creating the Kingdom of Ends*. Cambridge University Press: New York.
Korsgaard, Christine (1999a): „Personale Identität und die Einheit des Handelns: eine kantianische Antwort auf Parfit", in: Quante (1999), S. 195–237.
Korsgaard, Christine (1999b): „Self-Constitution in the Ethics of Plato and Kant", in: *The Journal of Ethics* 3 (1), S. 1–29.
Korsgaard, Christine (2009): *Self-Constitution: Agency, Identity and Integrity*. Oxford University Press: Oxford.
Kosak, Jennifer (2004): *Heroic Measures: Hippocratic Medicine in the Making of Euripidean Tragedy*. Brill: Leiden/Boston.
Koselleck, Reinhart (1973): *Kritik und Krise. Eine Studie zur Pathogenese der bürgerlichen Welt*. Suhrkamp: Frankfurt a. M.
Koselleck, Reinhart (1982): „Krise", in: *Geschichtliche Grundbegriffe*, Bd. 3. Klett-Cotta: Stuttgart, S. 617–650.
Kott, Jan (1975): *Gott-Essen*. Piper: München/Zürich.
Kotte, Andreas (2005): „Theaterbegriffe", in: *Metzler Lexikon Theatertheorie*, hrsg. von Erika Fischer-Lichte, Doris Kohlesch und Matthias Warstat. Metzler: Stuttgart, S. 337–344.
Krajczynski, Jakub / Rapp, Christof (2009): „Emotionen in der antiken Philosophie. Definitionen und Kataloge", in: Harbsmeier/Möckel (2009), S. 47–78.
Kraus, Chris / Goldhill, Simon / Foley, Helene P. / Elsner, Jás (Hrsg.) (2007): *Visualizing the Tragic. Drama, Myth, and Ritual in Greek Art and Literature*. Oxford University Press: Oxford.
Kraxenberger. Maria / Menninghaus, Winfried (2017): „Affinity for Poetry and Aesthetic Appreciation of Joyful and Sad Poems", in: *Frontiers in Psychology* 4. DOI:10.1037/e556862006–015 (zuletzt abgerufen am 20.02.2020).
Kremer, Gerd (1971): „Die Struktur des Tragödienschlusses", in: Bauformen der griechischen Tragödie, hrsg. von Walter Jens. Fink: München, S. 117–140.
Krewet, Michael (2011): *Die Theorie der Gefühle bei Aristoteles*. Winter: Heidelberg 2011.
Krois, John Michael (2009): „Beginnings of Depiction. Iconic Form and the Body Schema", in: Heilinger/King/Wittwer (2009), S. 361–378.
Krois, John Michael (2011): *Bildkörper und Körperschema. Schriften zur Verkörperungstheorie ikonischer Formen*, hrsg. von Horst Bredekamp und Marion Lauschke. Akademie: Berlin.
Kron, Thomas / Horáček, Martin (2009): *Individualisierung*. Transcript: Bielefeld.
Krugman, Paul (2020): „Apocalypse Becomes the New Normal", in: *The New York Times* vom 02.01.2020.
Kuhn, Helmut (1969): „Die wahre Tragödie – Platon als Nachfolger der Tragiker", in: *Das Platonbild. Zehn Beiträge zum Platonverständnis*, hrsg. v. Konrad Gaiser Olms: Hildesheim, 231–323.
Kühn, Rolf / Raub, Michael / Titze, Michael (Hrsg.) (1997): *Scham – ein menschliches Gefühl*. Westdeutscher Verlag: Opladen.
Kurzweil, Ray (2005): *The Singularity is Near: When Humans Transcend Biology*. Viking: New York.

Kyriakos, Konstantinos (2018): „Between Two Centuries: Contemporary Greek Cinema and the Readings of Ancient Greek Tragedy", in: *Logeion. A Journal of Ancient Theatre*, 8, S. 211–248.
Kyriakos, Konstantinos (2018): „Between Two Centuries: Contemporary Greek Cinema and the Readings of Ancient Greek Tragedy", in: *Logeion. A Journal of Ancient Theatre*, 8, S. 211–248.
Lacan, Jacques (1995): *Die Ethik der Psychoanalyse. Das Seminar*, Buch VII. Textherstellung durch Jacques Alain Miller. Beltz Quadriga: Weinheim.
LaCourse Munteanu, Dana (2012): *Tragic Pathos. Pity and Fear in Greek Philosophy and Tragedy*. Cambridge University Press: Cambridge.
Laitinen, Arto (2008): *Strong Evaluation without Moral Sources. On Charles Taylor's Philosophical Anthropology and Ethics*. De Gruyter: Berlin/New York.
Lamari, Anna A. (2017): *Reperforming Greek Tragedy: Theater, Politics, and Cultural Mobility in the Fifth and Fourth Centuries BC*. De Gruyter: Berlin/Boston.
Lamontagne, Jonathan R. et al. (2019): „Robust abatement pathways to tolerable climate futures require immediate global action", in: *Nature Climate Change* 9, S. 290–294, https://doi.org/10.1038/s41558-019-0426-8 (zuletzt abgerufen am 23.07.2020).
Landman, Janet (1993): *Regret. The Persistence of the Possible*. Oxford University Press: New York/Oxford.
Landweer, Hilge (1999): *Scham und Macht. Phänomenologische Untersuchungen zur Sozialität eines Gefühls*. Mohr Siebeck: Tübingen.
Lang, Kirsty (2015): „The tragedy giving hope to Syria's women", in der *BBC* vom 05.01.2015, https://www.bbc.com/news/magazine-33362642 (zuletzt abgerufen am 22.02.2020).
Langbehn, Claus (2005): *Metaphysik der Erfahrung. Zur Grundlegung einer Philosophie der Rechtfertigung beim frühen Nietzsche*. Königshausen & Neumann: Würzburg.
Langbehn, Claus (2007): „Theater", in: Konersmann (2007), S. 443–458.
Langbehn, Claus (2013): „Selbstverständnis: Geschichte und Systematik eines philosophischen Ausdrucks", in: *Archiv für Begriffsgeschichte* 55, S. 181–222.
Lanier, Jaron (2014): *Wem gehört die Zukunft?* Hoffmann & Campe: Hamburg.
Lanni, Adriaan (2006): *Law and Justice in the Courts of Classical Athens*. Cambridge University Press: Cambridge/New York.
Latacz, Joachim (1993): *Einführung in die griechische Tragödie*. Vandenhoeck & Ruprecht: Göttingen.
Latour, Bruno (1996): „On actor-network theory. A few clarifications", in: *Soziale Welt* 47, S. 369–381.
Latour, Bruno (2005): *Reassembling the Social. An Introduction to Actor-Network-Theory*. Oxford University Press: New York.
Latour, Bruno (2014): „Agency at the time of the Anthropocene", in: *New Literary History* Vol. 45, S. 1–18.
Latour, Bruno (2017): *Facing Gaia. Eight Lectures on the New Climate Regime*. Polity: Cambridge/Medford.
Latour, Bruno (2018): *Das terrestrische Manifest*. Suhrkamp: Berlin.
Lautemann, Wolfgang / Schlenk, Manfred (1979): *Geschichte in Quellen. Weltkrieg und Revolutionen 1914–1945*, bearb. von Günter Schönbrunn. Bayrischer Schulbuch-Verlag: München (3. Auflage).
Laux, Hennnig (2018): „Das Anthropozän. Zur Konstruktion eines neuen Erdzeitalters", in: *Die Erde, der Mensch und das Soziale. Zur Transformation gesellschaftlicher Naturverhältnisse im Anthropozän*, hrsg. von Henning Laux und Anna Henke. Transcript: Bielefeld, S. 15–26.
Lear, Jonathan (2004): „Avowal and Unfreedom", in: *Philosophy and Phenomenological Research*, Vol. LXIX, Nr. 2, S. 448–454.
Lebow Richard N. / Erskine, Toni (Hrsg.) (2012): *Tragedy and International Relations*. Palgrave Macmillan: New York/Basingstoke.

Lebow, Richard N. (2003): *The Tragic Vision of Politics*. Cambridge University Press: Cambridge.
Lechevalier, Claire (2019): *Actualité des tragédies grecques entre France et Allemagne : La tentation mélancolique*. Classiques Garnier: Paris.
Lefèvre, Eckart (1987): „Unfähigkeit, sich zu erkennen. Unzeitgemäße Betrachtungen zu Sophokles' Oidipus Tyrannos", in: *Würzburger Jahrbücher für die Altertumswissenschaft*, [N. F.] Bd. 13, S. 37–58.
Lefèvre, Eckart (2001): *Die Unfähigkeit, sich zu erkennen: Sophokles' Tragödien*. Brill: Leiden/Boston/Köln.
Lefèvre, Eckart (2003): *Studien zu den Quellen und zum Verständnis des Prometheus Desmotes*. Vandenhoeck & Ruprecht: Göttingen.
Lefèvre, Eckart (2007): „Interpretation of Oedipus Rex", in: *The Classical Review*, Vol. 57 (1), S. 18–20.
Le Guen, Brigitte (Hrsg.) (2007): *À chacun sa tragédie? Retour sur la tragédie grecque*. Presses Universitaires Rennes: Rennes.
Lehmann, Hans-Thies (1991): *Theater und Mythos. Die Konstitution des Subjekts im Diskurs der antiken Tragödie*. Metzler: Stuttgart.
Lehmann, Hans-Thies (1999): *Postdramatisches Theater*. Verlag der Autoren: Frankfurt a. M.
Lehmann, Hans-Thies (2013): *Tragödie und dramatisches Theater*. Alexander Verlag: Berlin.
Leibniz, Gottfried Wilhelm (1996): *Neue Abhandlungen über den menschlichen Verstand*, übers., mit Einleitung und Anmerkungen versehen von Ernst Cassirer. Meiner: Hamburg.
Lemos, Noah M. (1994): *Intrinsivc Value. Concept and Warrant*. Cambridge University Press: New York.
Lenk, Kurt (1964): „Das tragische Bewußtsein in der deutschen Soziologie", in: *Kölner Zeitschrift für Soziologie und Sozialpsychologie*, Jg. 16, Heft 2, S. 257–287.
Leonard, Miriam (2015): *Tragic Modernities*. Harvard University Press: Cambridge, Mass.
Leopold, Silke (2004): *Die Oper im 17. Jahrhundert*. Laaber: Lilienthal.
Lepenies, Wolf (1998): *Melancholie und Gesellschaft*. Suhrkamp: Frankfurt a. M.
Lesky, Albin (1961): *Göttliche und menschliche Motivation im homerischen Epos*. Winter: Heidelberg.
Lesky, Albin (1964): „Der angeklagte Admet", in: *Maske und Kothurn* 10, Heft 3/4, S. 203–216.
Lesky, Albin (1972): *Die Tragische Dichtung der Hellenen*. Vandenhoeck & Ruprecht: Göttingen, S. 162–168 (3. Auflage).
Lesky, Albin (1984): *Die griechische Tragödie*. Kröner: Stuttgart (5. Auflage).
Lesky, Albin (1999): *Geschichte der griechischen Literatur*. K. G. Saur Verlag: München (3. Auflage).
Lessing, Gotthold Ephraim (1960): *Hamburgische Dramaturgie*, in: *Werke in drei Bänden*, Bd. 2 (Die mittlere Epoche). VEB Bibliographisches Institut: Leipzig.
Lessing, Gotthold Ephraim (1970): *Emilia Galotti*. Reclam: Stuttgart.
Lessing, Theodor (1912): „Der süße Schmerz. Eine Ästhetik der Tragödie", in: Ders: *Der fröhliche Eselsquell. Gedanken über Theater, Schauspieler, Drama*. Oesterheld & Co: Berlin, S. 207–342.
Lethen, Helmut (1994): *Verhaltenslehren der Kälte. Lebensversuche zwischen den Kriegen*. Suhrkamp: Frankfurt a. M.
Levinas, Emmanuel (2003): *On Escape (De l'évasion)*. Stanford University Press: Stanford.
Ley, Graham (2007): *The Theatricality of Greek Tragedy*. University of Chicago Press: Chicago/London.
Ley, Graham (2015): *Acting Greek Tragedy*. University of Exeter Press: Exeter.
Liapis, Vayos / Petrides, Antonis K. (Hrsg.) (2018): *Greek Tragedy After the Fifth Century: A Survey from ca. 400 BC to ca. AD 400*. Cambridge University Press: Cambridge/New York.
Liebsch, Burkhard (Hrsg.) (1999): *Hermeneutik des Selbst – Im Zeichen des Anderen*. Alber: Freiburg/München.

Lietzmann, Anja (2007): *Theorie der Scham. Eine anthropologische Perspektive auf ein menschliches Charakteristikum.* Dr. Kovač: Hamburg.

Lin, Kuan-wu (2010): *Westlicher Geist im östlichen Körper? „Medea" im interkulturellen Theater Chinas und Taiwans. Zur Universalisierung der griechischen Antike.* Transcript: Bielefeld.

Lipps, Theodor (1891): *Der Streit über die Tragödie.* (Beiträge zur Ästhetik, hrsg. von Theodor Lipps und Richard Maria Werner, Bd. II). Leopold Voss: Hamburg/Leipzig.

Lloyd-Jones, Hugh (1971): *The Justice of Zeus.* University of California Press: Berkely/Los Angeles/London.

Löbl, Rudolf (2002): *TEXNH – Techne. Untersuchungen zur Bedeutung dieses Worts in der Zeit von Homer bis Aristoteles Bd. II: Von den Sophisten bis zu Aristoteles.* Königshausen & Neumann: Würzburg.

Lohmann, Malte (2006): „Entschieden unentschieden. Erfahrungsseelenkunde und Kontingenzerfahrung in Karl Philipp Moritz' Drama *Blunt oder der Gast*", in: *Germanisch-Romanische Monatsschrift* 56, S. 429–446.

Longo, Oddone (1990): „The Theater of the *Polis*", in: Winkler/Zeitlin (1990), S. 12–19.

Loraux, Nicole (1986): *The Invention of Athens: The Funeral Oration and the Classical City.* Harvard University Press: Cambridge, Mass.

Loraux, Nicole (1993): *Tragische Weisen, eine Frau zu töten.* Campus: Frankfurt a. M.

Loraux, Nicole (2002): *The Mourning Voice. An Essay on Greek Tragedy.* Cornell University Press: Ithaca/London.

Lotter, Maria-Sibylla (2012): *Scham, Schuld, Verantwortung. Über die kulturellen Grundlagen der Moral.* Suhrkamp: Berlin.

Lovelock, James E. (1979): *Gaia: A New Look at Life on Earth.* Oxford University Press: Oxford.

Lovelock, James E. (2006): *The Revenge of Gaia. Why the Earth is Fighting Back and How we Can Still Save Humanity.* Allen Lane: London.

Lovelock, James E. (2019): *Novacene. The Coming Age of Hyperintelligence.* MIT Press: Cambridge, Mass./London.

Lovelock, James E. / Margulis, Lynn (1974): „Atmospheric homeostasis by and for the biosphere: the Gaia hypothesis" in: *Tellus* 26, 1–2, S. 2–10.

Lovelock, James E. / Rapley, Chris G. (2007): „Ocean pipes could help the Earth to cure itself", in: *Nature* 449, S. 403.

Lucács, Georg (1971): „Metaphysik der Tragödie: Paul Ernst", in: Ders: *Die Seele und die Formen.* Luchterhand: Neuwied/Berlin, S. 218–250.

Lucas, Frank Laurence (1923): „The Reverse of Aristotle", in: *The Classical Review*, Vol. 37, Nr. 5/6, S. 98–104.

Luckner, Andreas (2005): „Drei Arten, nicht weiterzuwissen. Orientierungsphasen, Orientierungskrisen, Neuorientierungen", in: *Orientierung. Philosophische Perspektiven*, hrsg. von Werner Stegmaier. Suhrkamp: Frankfurt a. M., S. 225–241.

Luhmann, Niklas (1968): *Vertrauen: Ein Mechanismus der Reduktion sozialer Komplexität.* Enke: Stuttgart.

Luhmann, Niklas (1989): „Individuum, Individualität, Individualismus", in: Ders: *Gesellschaftsstruktur und Semantik*, Bd. 3. Suhrkamp: Frankfurt a. M., S. 149–225.

Lurje, Michael (2004): *Die Suche nach der Schuld: Sophokles' Oedipus Rex, Aristoteles' Poetik und das Tragödienverständnis der Neuzeit.* Saur: München/Leipzig.

Luserke, Matthias (Hrsg.) (1991): *Die aristotelische Katharsis: Dokumente ihrer Deutung im 19. und 20. Jahrhundert.* Olm: Hildesheim/Zürich/New York.

MacDowell, Douglas (1976): „'Hybris' in Athens", in: *Greece and Rome*, Vol. 23, Nr. 1, S. 14–31.

MacFarlane, John (2000): „Aristotle's Definition of Anagnorisis", in: *American Journal of Philology* 121, S. 367–383.

MacIntyre, Alasdair (1995): *Der Verlust der Tugend. Zur moralischen Krise der Gegenwart.* Suhrkamp: Frankfurt a. M.
MacKinnon, Kenneth (2016): „Filmed Tragedy", in: Zyl Smit (2016), S. 486–505.
Mainländer, Philipp (1876): *Die Philosophie der Erlösung.* Grieben: Berlin.
Malkmus, Bernhard (2015): „Naturgeschichten vom Fisch, oder: Die Angst vor dem Anthropozän", in: *Scheideweg. Jahresschrift für skeptisches Denken,* S. 183–200.
Mandel, Oscar (1961): *A Definition of Tragedy.* New York University Press: New York.
Mandela, Nelson (1994): *Der lange Weg zur Freiheit.* Fischer: Frankfurt a.M.
Mandela, Nelson (2010): *Conversations with Myself.* Pan Macmillan: London/Basingstoke/Oxford.
Mann, Michael E. / Bradley, Raymond S. / Hughes, Malcolm K. (1999): „Northern Hemisphere Temperatures During the Past Millennium: Inferences, Uncertainties, and Limitations", in: *Geophysical Research Letters,* Vol. 26, No. 6, S. 759–762.
Mannack, Thomas (2012): *Griechische Vasenmalerei. Eine Einführung.* WBG: Darmstadt (2. Auflage).
Männlein-Robert, Irmgard (2013): „Poetik: Komödie und Tragödie", in: Horn, S. 123–141.
Manuwald, Bernd (1992): „Oidipus und Adrastos. Bemerkungen zur neueren Diskussion um die Schuldfrage in Sophokles' ‚König Ödipus'", in: *Rheinisches Museum* 135, S. 1–43.
Marcuse, Ludwig (1985): *Die Welt der Tragödie.* Fischer: Frankfurt a. M.
Margalit, Avishai (1999): *Politik der Würde. Über Achtung und Verachtung.* Fischer: Frankfurt a. M.
Margulis, Lynn (1991): „Symbiogenesis and Symbionticism", in: *Symbiosis as a source of evolutionary innovation: Speciation and morphogenesis,* hrsg. von Lynn Margulis und René Fester. MIT Press: Cambridge (Mass.), S. 1–14.
Margulis, Lynn (1998): *Symbiotic Planet: A New Look at Evolution.* Basic Books: New York.
Mariauzouls, Charles (1996): *Psychophysiologie von Scham und Erröten.* Adag Copy: Zürich.
Markantonatos, Andreas / Zimmermann, Bernhard (Hrsg.) (2012): *Crisis on Stage. Tragedy and Comedy in Late Fifth-Century Athens.* De Gruyter: Berlin/Boston.
Markovits, Elizabeth K. (2018): *Future Freedoms: Intergenerational Justice, Democratic Theory, and Ancient Greek Tragedy and Comedy.* Routledge: New York/Abingdon.
Marks, Stephan (2007): „›Das Ziel der Scham ist das Verschwinden, am radikalsten durch den Suizid‹ (Leon Wurmser). Traumatische Scham – gesunde Scham", in: *Suizidprophylaxe – Theorie und Praxis,* Jahrgang 24, H. 2, S. 85–89.
Marquard, Odo (1986): *Apologie des Zufälligen.* Reclam: Stuttgart.
Marquard, Odo (1986a): „Apologie des Zufälligen", in: Marquardt (1986), S. 117–139.
Marquard, Odo (1986b): „Entlastungen. Theodizeemotive in der neuzeitlichen Philosophie", in: Marquardt (1986), S. 11–32.
Marshall, C. W. (2012): „Sophokles Didaskalos", in: *A Companion to Sophokles,* hrsg. von Kirk Ormand. Blackwell: Malden/Oxford, S. 187–203.
Martin, Bridget (2020): *Harmful Interaction Between the Living and the Dead in Greek Tragedy.* Liverpool University Press. Liverpool.
Martínez, Matías (1996): *Doppelte Welten. Struktur und Sinn zweideutigen Erzählens.* Vandenhoeck & Ruprecht: Göttingen.
Marx, Kar (2007): *Der achtzehnte Brumaire des Louis Bonaparte.* Suhrkamp: Frankfurt a.M.
Marx, Karl (1987): *Das Kapital. Kritik der politischen Ökonomie.* Erster Band. Hamburg 1872, in: *Karl Marx-Engels-Gesamtausgabe* II, Bd. 6. Dietz: Berlin.
Marx, William (2012): *Le Tombeau d'Oedipe: pour une tragédie sans tragique.* Éditions de Minuit: Paris.
Maslin, Mark (2014): *Climate Change. A Very Short Introduction.* Oxford University Press: Oxford (3. Aktualisierte Auflage).
Mastrandrea, Michael D. / Schneider, Stephen H. (2011): „Vorbereitungen für den Klimawandel", in: Crutzen/Davis/Mastrandrea/Schneider/Sloterdijk (2011), S. 11–59.
Mattern, Jens (1996): *Paul Ricœur zur Einführung.* Junius: Hamburg.

Matthiessen, Kjeld (2004): *Euripides und sein Jahrhundert*. C. H. Beck: München.
Matzat, Wolfgang: „Leidenschaft", in: *Historisches Wörterbuch der Rhetorik*, hrsg. von Gert Ueding, Bd. 5. Niemeyer: Tübingen 2001, Sp. 151–164.
McCoskey, Denise Eileen / Zakin, Emily (Hrsg.) (2009): *Bound by the City. Greek Tragedy, Sexual Difference and the Formation of the Polis*. Suny Press: New York.
McDonald, Marianne (1992): *Ancient Sun, Modern Light: Greek Drama on the Modern Stage*. Columbia University Press: New York.
McDonald, Marianne (2002): „Black Dionysus: Greek Tragedy from Africa", in: *Theatre Ancient and Modern*, hrsg. von Lorna Hardwick, Patricia E. Easterling, S. Ireland, Nick Lowe und Fiona Macintosh. Open University: Milton Keynes, S. 95–100.
Mead, George Herbert (1968): *Geist, Identität und Gesellschaft*. Suhrkamp: Frankfurt a. M.
Meier, Christian (1973): „Historie, Antike und politische Bildung", in: *Historischer Unterricht im Lernfeld Politik*. Bundeszentrale für politische Bildung: Bonn, S. 40–76.
Meier, Christian (1980): *Die Entstehung des Politischen bei den Griechen*. Suhrkamp: Frankfurt a. M.
Meier, Christian (1988): *Die politische Kunst der Tragödie*. C. H. Beck: München.
Meier, Christian (1993): *Athen. Ein Neubeginn der Weltgeschichte*. Siedler: Berlin.
Meier, Christian (2009): *Kultur um der Freiheit willen. Griechische Anfänge*. Siedler: München.
Meinel, Fabian (2015): *Pollution and Crisis in Greek Tragedy*. Cambridge University Press: Cambridge.
Melchinger, Siegfried (1974): *Das Theater der Tragödie. Aischylos, Sophokles, Euripides auf der Bühne ihrer Zeit*. C. H. Beck: München.
Menke, Bettine / Menke, Christoph (Hrsg.) (2007): *Tragödie – Trauerspiel – Spektakel*. Theater der Zeit: Berlin.
Menke, Christoph (1993): Distanz und Experiment. Zu zwei Aspekten ästhetischer Freiheit bei Nietzsche"; in: *Deutsche Zeitschrift für Philosophie*, Bd. 41, S. 61–77.
Menke, Christoph (1995): „Der ästhetische Blick: Affekt und Gewalt, Lust und Katharsis", in: *Auge und Affekt. Wahrnehmung und Interaktion*, hrsg. von Gertrud Koch. Fischer: Frankfurt a. M., S. 230–246.
Menke, Christoph (1996a): *Tragödie im Sittlichen. Gerechtigkeit und Freiheit nach Hegel*. Suhrkamp: Frankfurt a. M.
Menke, Christoph (1996b): „Tragödie und Spiel"; in: *Akzente*, Heft 3 (Juni 1996), S. 210–225.
Menke, Christoph (1997): „Kritische Theorie und tragische Erkenntnis", in: *Zeitschrift für kritische Theorie*, Heft 5, S. 43–63.
Menke, Christoph (2000a): „Die Gegenwart der Tragödie. Eine ästhetische Aufklärung", in: *Neue Rundschau*, III. Jahrgang, Heft I, S. 85–95.
Menke, Christoph (2000b): „Ethischer Konflikt und ästhetisches Spiel. Zum Geschichtsphilosophischen Ort der Tragödie bei Hegel und Nietzsche", in: Arndt/Bal/Ottmann, S. 16–28.
Menke, Christoph (2004): *Spiegelungen der Gleichheit*. Suhrkamp: Frankfurt a. M.
Menke, Christoph (2005): *Die Gegenwart der Tragödie. Versuch über Urteil und Spiel*. Suhrkamp: Frankfurt a. M.
Menke, Christoph (2007a): „Ästhetik der Tragödie. Romantische Perspektiven", in: Menke/Menke (2007), S. 179–198.
Menke, Christoph (2007b): „Tragische Analysis: Sophokles' König Ödipus", in: *Philosophie im Spiegel der Literatur*, hrsg. von Gerhard Gamm, Alfred Nordmann, Eva Schürmann. Meiner: Hamburg, S. 11–26.
Menke, Christoph (2008): *Kraft. Ein Grundbegriff ästhetischer Anthropologie*. Suhrkamp: Frankfurt a. M.
Menke, Christoph (2013): *Die Kraft der Kunst*. Suhrkamp: Berlin.

Menke, Christoph (2015): *Kritik der Rechte*. Suhrkamp: Berlin.
Merkelbach, Reinhold (1988): *Die Hirten des Dionysos. Die Dionysos-Mysterien der römischen Kaiserzeit und der bukolische Roman des Longus*. Teubner: Stuttgart.
Merthen, Claudia (2005): *Beobachtungen zur Ikonographie von Klage und Trauer. Griechische Sepulkralkeramik vom 8. bis 5. Jh. v. Chr*. Diss. Würzburg.
Mesch, Walter (2009): „Theorie der Geschichte", in: Horn/Müller/Söder (2009), S. 246–251.
Metzinger, Thomas (2017): „Selbst", in: *Handbuch Metaphysik*, hrsg. von Markus Schrenk. Metzler: Stuttgart, S. 177–182.
Meuter, Norbert (1995): *Narrative Identität. Das Problem der personalen Identität im Anschluss an Ernst Tugendhat, Niklas Luhmann und Paul Ricœur*. M&P Verlag: Stuttgart.
Meyer, Martin F. (2011): „Scham im klassischen griechischen Denken", in: Bauks/Meyer (2011), S. 35–54.
Meyer-Kalkus, Reinhart (1989): „Pathos", in: *HWPh*, Bd. 7. Schwabe: Basel, Sp. 193–199.
Michel, Diethelm (1990): „Zur Krise der Weisheit in Israel", in: *Religionsunterricht an höheren Schulen* 33, S. 289–294.
Michelakis, Pantelis (2004): „Greek Tragedy in Cinema: Theatre, Politics, History", in: Hall/Macintosh/Wrigley (2004), S. 199–217.
Michelakis, Pantelis (2013): *Greek Tragedy on Screen*. Oxford University Press: Oxford.
Middleton, Richard et al. (2019): „Can we humans save ourselves from self-destruction?", in: *The Guardian* vom 7.05.2019.
Minnema, Lourens (2013): *Tragic Views of the Human Condition: Cross-cultural Comparisons between Views of Human Nature in Greek and Shakespearean Tragedy and the Mahābhārata and Bhagavadgītā*. Bloomsbury: London.
Mitscherlich-Schönherr, Olivia (2011): „Glück im Deutschen Idealismus. Das Glück der Versöhnung", in: Thomä/Henning/Mitscherlich-Schönherr (2011), S. 188–199.
Monsacré, Hélène (1984): „Weeping Heroes in the Iliad", in: *Gestures: History and Anthropology* 1, S. 57–75.
Montaigne, Michel de (1998): „Über die Freundschaft", in: *Essais*, übers. von Hans Stilett. Eichborn: Frankfurt a. M., S. 98–104.
Moore, Jason (2016): *Anthropocene or Capitalocene? Nature, History, and the Crisis of Capitalism*. PM Press: Oakland.
Moran, Richard (1994): „The Expression of Feeling in Imagination", in: *Philosophical Review*, Vol. 103, S. 75–106.
Moran, Richard (2001): *Authority and Estrangement*. Princeton University Press: Princeton/Oxford.
Morenilla, Carmen / Zimmermann, Bernhard (Hrsg.) (2000): *Das Tragische*. Metzler: Stuttgart.
Morris, Colin (1972): *The Discovery of the Individual: 1050–1200*. University of Toronto Press: Toronto.
Morris, David B. (1994): *Geschichte des Schmerzes*. Insel: Frankfurt a. M.
Morris, Ian (2003): „Mediterraneanization", in: *Mediterranean History Review* 18, S. 30–55.
Morton, Timothy (2012): „The Oedipal Logic of Ecological Awareness", in: *Environmental Humanities* 1, S. 7–21.
Morton, Timothy (2013): *Hyperobjects: Philosophy and Ecology after the End of the World*. University Of Minnesota Press: Minneapolis.
Morton, Timothy (2016): *Dark Ecology. For a Logic of Future Coexistence*. Columbia University Press: New York.
Morton, Timothy (2019): *Humankind. Solidarity with Nonhuman People*. Verso: London.
Moss, Richard (2017): „The tragedy of FireWire: Collaborative tech torpedoed by corporations", in: *ars technica* vom 22.06.2017, https://arstechnica.com/gadgets/2017/06/the-rise-and-fall-of-firewire-the-standard-every-one-couldnt-quite-agree-on/ (zuletzt abgerufen am 22.02.2020).

Most, Glenn W. (2009): „Nietzsche gegen Aristoteles mit Aristoteles", in: *Grenzen der Katharsis in den modernen Künsten. Transformationen des aristotelischen Modells seit Bernays, Nietzsche und Freud*, hrsg. von Martin Vöhler und Dirck Linck. De Gruyter: Berlin/New York, S. 51–62.

Mueller, Melissa (2016): *Objects as Actors. Props and the Poetics of Performance in Greek Tragedy*. University of Chicago Press: Chicago/London.

Mülke, Markus (2000): „Phrynichos und Athen. Der Beschluß über die *Miletu Halosis* (Hdt. 6,21,2)", in: *Skenika. Beiträge zum antiken Theater und seiner Rezeption*, hrsg. von Susanne Gödde und Theodor Heinze. WBG: Darmstadt, S. 233–246.

Müllenbrock, Heinz-Joachim (2003): „Shakespeare und die elisabethanische Tragödie", in: Frick/Essen/Lampart (2003), S. 117–138.

Müller, Heiner (1992): *Krieg ohne Schlacht*. Kiepenheuer & Witsch: Köln.

Müller, Heiner (2008): „Aischylos übersetzen", in: Ders: *Werke*, Bd. 12: *Gespräche 3: 1991–1995*, hrsg. v. Frank Hörnigk. Suhrkamp: Frankfurt a. M., S. 19–34.

Müller, Oliver (2010): *Zwischen Mensch und Maschine. Vom Glück und Unglück des Homo faber*. Suhrkamp: Berlin.

Müller, Oliver (2011): „‚Die res cogitans ist eine res extensa'. Sichtbarkeit, Selbsterhaltung und Fremderfahrung in Hans Blumenbergs phänomenologischer Anthropologie", in: *Erinnerung an das Humane. Beiträge zur phänomenologischen Anthropologie Hans Blumenbergs*, hrsg. von Michael Moxter. Mohr Siebeck: Tübingen, S. 15–38.

Müller, Reimar (2003): *Die Entdeckung der Kultur. Antike Theorien über Ursprung und Entwicklung der Kultur von Homer bis Seneca*. Artemis & Winker: Düsseldorf/Zürich.

Murdoch, Iris (1970): *The Sovereignty of Good*. Routledge: London.

Müri, Walter (1947): „Beitrag zum Verständnis des Thukydides", in: *Museum Helveticum* IV, S. 251–275.

Musk, Elon (o. J.): „Mars & Beyond: The Road to Making Humanity Multiplanetary", https://www.spacex.com/human-spaceflight/mars/ (zuletzt abgerufen am 23.07.2020).

Nagel, Ivan (2009): *Gemälde und Drama. Giotto, Masaccio, Leonardo*. Suhrkamp: Frankfurt a. M.

Nagel, Thomas (1979): *Mortal Questions*. Cambridge University Press: Cambridge/New York 1979.

Nagel, Thomas (1979a): „Moral Luck", in: Nagel (1979), S. 24–38.

Nagel, Thomas (1979b): „Subjective and Objective", in: Nagel (1979), S. 196–213.

Nagel, Thomas (1979c): „What is it like to be a bat?", in: Nagel (1979), S. 165–180.

Nagel, Thomas (1986): *The View from Nowhere*. Oxford University Press: Oxford/New York.

Nagel, Thomas (1996): „Universality and the reflective self" in: Korsgaard (1996), S. 200–209.

Nagel, Thomas (2012): *Mind and Cosmos: Why the Materialist Neo-Darwinian Conception of Nature is Almost Certainly False*. Oxford University Press: New York.

Nancy, Jean-Luc (1995): *Das Gewicht eines Denkens*. Parerga: Bonn/ Düsseldorf.

Nancy, Jean-Luc (2008): *Nach der Tragödie*. Legueil: Stuttgart.

National Centers for Environmental Information (2020): *Assessing the Global Climate in 2019* vom 15.01.2020, https://www.ncei.noaa.gov/news/global-climate-201912 (zuletzt abgerufen am 23.07.2020).

Nebel, Gerhard (1951): *Weltangst und Götterzorn. Eine Deutung der griechischen Tragödie*. Klett: Stuttgart.

Neer, Richard (2002): *Style and Politics in Athenian Vase-Painting. The Craft of Democracy, ca. 530–460 B.C.E.* Cambridge University Press: Cambridge.

Neer, Richard (2010): *The Emergence of the Classical Style in Greek Sculpture*. University of Chicago Press: Chicago.

Neill, Alex (1992): „Yanal and Others on Hume and Tragedy", in: *Journal of Aesthetics and Art Criticism* 50, S. 151–154.

Neiman, Susan (2004): *Das Böse denken. Eine andere Geschichte der Philosophie*. Suhrkamp: Frankfurt a. M.

Nesselrath, Heinz-Günther (1997): „Herakles als tragischer Held in und seit der Antike", in: Flashar (1997), S. 307–331.
Newmark, Catherine (2008): *Passion – Affekt – Gefühl. Philosophische Theorien der Emotionen zwischen Aristoteles und Kant.* Meiner: Hamburg.
Neymeyr, Barbara (1996): *Ästhetische Autonomie als Abnormität. Kritische Analysen zu Schopenhauers Ästhetik im Horizont seiner Willensmetaphysik.* De Gruyter: Berlin/New York.
Nida-Rümein, Julian (2002): „Normatives Orientierungswissen", in: Ders: *Ethische Essays.* Suhrkamp: Frankfurt a. M., S. 96–112.
Nida-Rümelin, Julian (1993): *Kritik des Konsequentialismus.* Oldenbourg: München.
Nida-Rümelin, Julian (2001): *Strukturelle Rationalität. Ein philosophischer Essay über praktische Vernunft.* Reclam: Stuttgart.
Nida-Rümelin, Julian (2005): *Über menschliche Freiheit.* Reclam: Stuttgart.
Nida-Rümelin, Julian (2009): *Philosophie und Lebensform.* Suhrkamp: Frankfurt a. M.
Nida-Rümelin, Julian (2011): *Verantwortung.* Reclam: Stuttgart.
Nietzsche, Friedrich (1988): *Sämtliche Werke. Kritische Studienausgabe*, hrsg. von Giorgio Colli und Mazzino Montinari (2., durchgesehene Auflage). De Gruyter/DTV: Berlin/New York/München.
Nooter, Sarah (2012): *When Heroes Sing: Sophocles and the Shifting Soundscape of Tragedy.* Cambridge University Press: Cambridge/New York.
Nozick, Robert (1991): *Vom richtigen, guten und glücklichen Leben.* Hanser: München.
Nussbaum, Martha C. (1986): *The fragility of goodness. Luck and ethics in Greek tragedy and philosophy.* Cambridge University Press: Cambridge/New York.
Nussbaum, Martha C. (1994): *The Therapy of Desire. Theory and Practice in Hellenistic Ethics.* Princeton University Press: Princeton.
Nussbaum, Martha C. (1996): „Tragische Konflikte und wohlgeordnete Gesellschaft", in: *DZPh* 44, S. 135–148.
Nussbaum, Martha C. (2001): „Tragedy", in: *Encyclopedia of Ethics*, hrsg. von Lawrence C. Becker und Charlotte B. Becker, 2nd Edition, Vol. III. Garland: New York/London, S. 1721–1724.
O'Toole, Garson (2010): „'A Single Death is a Tragedy; a Million Deaths is a Statistic'. Joseph Stalin? Leonard Lyons? Beilby Porteus? Kurt Tucholsky? Erich Maria Remarque?, https://quoteinvestigator.com/2010/05/21/death-statistic/ (zuletzt abgerufen am 18.02.2020).
Oberhelman, Steven M. / Pedrick, Victoria (Hrsg.) (2005): *The Soul of Tragedy. Essays on Athenian Drama.* University of Chicago Press: Chicago/London.
Obermeier, Christian et al. (2013): „Aesthetic and emotional effects of meter and rhyme in poetry", in: *Frontiers in Psychology*, 4(10). DOI:10.3758/s13415–015–0396-x (zuletzt abgerufen am 15.05.2020).
Oele, Marjolein (2007): *Aristotle on Pathos.* (Diss.) Loyola University Chicago.
Oele, Marjolein (2012a): „Attraction and Repulsion: Understanding. Aristotle's Poiein and Paschein", in: *Graduate Faculty Philosophy Journal*, 33(1), S. 85–102.
Oele, Marjolein (2012b): „Heidegger's Reading of Aristotle's Concept of Pathos", in: *Epoché: A Journal for the History of Philosophy*, 16 (2), S. 389–406.
Oittinen, Vesa (2000): „Antike Tragödie und dialektische Moderne in Hegels Ästhetik", in: Arndt/Bal/Ottmann (2000), S. 126–135.
Olshausen, Eckart / Sonnabend, Holger (Hrsg.) (1998): *Naturkatastrophen in der antiken Welt.* (Stuttgarter Kolloquium zur historischen Geographie des Altertums 6). Steiner: Stuttgart.
Oreskes, Naomi / Oppenheimer, Michael / Jamieson, Dale (2019): „Scientists Have Been Underestimating the Pace of Climate Change", in: *Scientific American* vom 19.08.2019, https://blogs.scientificamerican.com/observations/scientists-have-been-underestimating-the-pace-of-climate-change/ (zuletzt abgerufen am 23.07.2020).
Ostheimer, Michael (2002): *Mythologische Genauigkeit. Heiner Müllers Poetik und Geschichtsphilosophie der Tragödie.* Königshausen & Neumann: Würzburg.

Ostrom, Elinor (2014): „A Polycentric Approach for Coping with Climate Change", in: *Annals of Economics and Finance* vol. 15 (1), S. 97–134.

Ostrom, Elinor (2015): *Governing the Commons. The Evolution of Institutions for Collective Action.* Cambridge University Press: Cambridge [zuerst 1990].

Oswald, Alice (2011): *Memorial: An Excavation of the Iliad.* Faber & Faber: London.

Ottmann, Henning (2001): *Geschichte des politischen Denkens. Die Griechen.* Bd. 1,1. Metzler: Stuttgart/Weimar.

Otto, Ilona M. et al. (2020): „Human agency in the Anthropocene", in: *Ecological Economics* Vol. 167, 106463, https://doi.org/10.1016/j.ecolecon.2019.106463 (zuletzt abgerufen am 23.07.2020).

Otto, Walter F. (1933): *Dionysos – Mythos und Kultus.* Klostermann: Frankfurt a. M.

Paavola, Jouni (2012): „Climate Change – The Ultimate Tragedy of the Commons?", in: *Property in Land and Other Resources*, hrsg. von Daniel H. Cole und Elinor Ostrom. Lincoln Institute of Land Policy: Cambridge, Mass., S. 417–433.

Padel, Ruth (1995): *Whom Gods Destroy. Elements of Greek and Tragic Madness.* Princeton University Press: Princeton.

Pankow, Edgar / Peters, Günter (Hrsg.) (1999): *Prometheus. Mythos der Kultur.* München: Fink.

Parfit, Derek (1984): *Reasons and Persons.* Oxford University Press: Oxford.

Parker, Ingrid M. (2017): „Remembering in our Amnesia, Seeing in Our Blindness", in: Tsing/Swanson/Gan/Bubandt (2017), M155-M167.

Parker, Robert (1983): *Miasma. Pollution and Purification in early Greek Religion.* Clarendon: Oxford.

Parker, Robert (1996): *Athenian Religion. A History.* Clarendon: Oxford.

Parvinen, Kalle (2005): „Evolutionary suicide", in: *Acta Biotheoretica* 53, S. 241–264.

Pascual, Pilar Hualde (2014): „Reception of Greek Tragedy in Latin American Literature", in: Roisman (2014), Vol. 2, S. 1091–1096.

Patsalidis, Savas und Sakellaridou, Elizabeth (Hrsg.) (1999): *(Dis)Placing Classical Greek Theatre.* University Studio Press: Thessaloniki.

Pauen, Michael (1997): *Pessimismus. Geschichtsphilosophie, Metaphysik und Moderne von Nietzsche bis Spengler.* Akademie: Berlin.

Pauen, Michael (2004): *Illusion Freiheit? Mögliche und unmögliche Konsequenzen der Hirnforschung.* Fischer: Frankfurt a. M.

Pauen, Michael (2005): „Freiheit. Eine ganz normale Fähigkeit", in: *Psychologische Rundschau* 56/3, S. 229–232.

Pelling, Christopher (Hrsg.) (1990): *Characterization and Individuality in Greek Literature.* Clarendon: Oxford.

Perrakis, Manos (2009): „Leben: Der Versuch, die Zeit musikalisch zu gestalten", in: *Was ist Leben?*, hrsg. von Simon Springmann und Asmus Trautsch: Dunkler & Humblot: Berlin, S. 199–201, hier: S. 200.

Perrakis, Manos (2011): *Nietzsches Musikästhetik der Affekte.* Alber: Freiburg/München.

Peters, Günter (1999): „System Prometheus. Aktuelle Inanspruchnahmen eines Mythos", in: Pankow/Peters (1999), S. 13–34.

Peters, Günter (2002): „Prometheus und die ‚Tragödie der Kultur'. Goethe – Simmel – Cassirer", in: *Cassirer und Goethe. Neue Aspekte einer philosophisch-literarischen Wahlverwandtschaft*, hrsg. von Barbara Naumann und Birgit Recki. Akademie: Berlin, S. 115–136.

Peterson, Jordan (2018): „Jordan Peterson's Philosophy of 'How to be in the World' distilled down to its 5 strongest points", Interview von Timon Dias, https://www.youtube.com/watch?v=E6qBxn_hFDQ, vom 22.01.2018 (zuletzt abgerufen am 22.02.2020).

Pfeiffer, Karl L. (1989): „Tragik und Tragisches: Zur Tragikomödie eines Begriffsschicksals", in: *Zur Terminologie der Literaturwissenschaft. Akten des IX. Germanistischen Symposions der Deutschen Forschungsgemeinschaft*, hrsg. von Christian Wagenknecht. Würzburg, S. 363–372.
Pickard-Cambridge, Arthur (1968): *The Dramatic Festivals of Athens*. Clarendon: Oxford (2. Auflage).
Pietsch, Christian (2008): „‚Im Blick auf den Gott erkennen wir uns selbst'. Zu Platons Verständnis von Personalität im *Alcibiades maior*", in: Arweiler/Möller (2008), S. 343–357.
Piketty, Thomas (2014): *Das Kapital im 21. Jahrhundert*. C.H. Beck: München.
Pine, Joseph / Gilmore, James (1999): *The Experience Economy. Work is Theatre & Every Business a Stage*. Harvard Business School Press: Boston.
Pinker, Steven (2011): *Gewalt: Eine neue Geschichte der Menschheit*. Fischer: Frankfurt a. M.
Pippin, Robert B. (2005): „Negative Ethik. Adorno über falsches, beschädigtes, totes, bürgerliches Leben", in: *Dialektik der Freiheit. Frankfurter Adorno-Konferenz 2003*, hrsg. von Axel Honneth. Suhrkamp: Frankfurt a. M., S. 85–114.
Plessner, Helmuth (1960): *Das Problem der Öffentlichkeit und die Idee der Entfremdung*. Vandenhoeck & Ruprecht: Göttingen.
Plessner, Helmuth (1982): *Mit anderen Augen. Aspekte einer philosophischen Anthropologie*. Reclam: Stuttgart.
Plessner, Helmuth (1982a): „Zur Anthropologie des Schauspielers", in: Plessner (1982), S. 146–163.
Plessner, Helmuth (1982b): „Der Mensch als Lebewesen", in: Plessner (1982), S. 9–62.
Plessner, Helmuth (1983a): „Der kategorische Konjunktiv. Ein Versuch über die Leidenschaft", in: *Gesammelte Schriften*, Bd. VIII. Frankfurt a. M.
Plessner, Helmuth (1983b): „Trieb und Leidenschaft", in: *Gesammelte Schriften*, Bd. VIII. Frankfurt a. M., S. 367–379.
Plessner, Helmuth (1983c): „Über den Begriff der Leidenschaft", in: *Gesammelte Schriften*, Bd. VIII. Frankfurt a. M., S. 66–76.
Pöggeler, Otto (1964): „Hegel und die griechische Tragödie, in: *Hegel-Studien*, Beiheft 1, Bonn, S. 285–305.
Pohlenz, Max (1923): *Staatsgedanke und Staatslehre der Griechen*. Quelle & Meyer: Leipzig.
Politzer, Heinz (2004): *Freud und das Tragische*. Edition Gutenberg: Graz.
Pollmann, Arnd (2005): *Integrität. Aufnahme einer sozialphilosophischen Personalie*. Transcript: Bielefeld.
Polychroniou, C. J. (2016): „Trump in the White House: An Interview With Noam Chomsky", in: *Truthout* vom 14.11.2016, http://www.truth-out.org/opinion/item/38360-trump-in-the-white-house-an-interview-with-noam-chomsky (zuletzt abgerufen am 23.07.2020).
Popper, Karl R. (1957): *Die offene Gesellschaft und ihre Feinde*, Bd. I: *Der Zauber Platons*. Francke: Bern.
Port, Ulrich (1999): „‚Katharsis des Leidens'. Aby Warburgs ‚Pathosformeln' und ihre konzeptionellen Hintergründe in Rhetorik, Poetik und Tragödientheorie", in: *Deutsche Vierteljahrsschrift für Literaturwissenschaft und Geistesgeschichte* (Sonderheft 1999: Wege deutsch-jüdischen Denkens im 20. Jahrhundert) 73, S. 5–42.
Port, Ulrich (2001): „Pathosformeln 1906–1933. Zur Theatralität starker Affekte nach Aby Warburg", in: *Theatralität und die Krisen der Repräsentation*, hrsg. von Erika Fischer-Lichte. Metzler: Stuttgart, S. 226–251.
Port, Ulrich (2005): *Pathosformeln. Die Tragödie und die Geschichte exaltierter Affekte (1755–1888)*. Wilhelm Fink: München.
Porter, James (2003): „The Materiality of Classical Studies", in: *Parallax* 9.4, S. 64–74.
Power, Carl / Rasko, John E. J. (2008): „Whither Prometheus' Liver? Greek Myth and the Science of Regeneration", in: *Annals of Internal Medicine*, Nr. 148, S. 421–426.

Powers, Melinda (2014): *Athenian Tragedy in Performance*. University of Iowa Press: Iowa City.
Powers, Melinda (2018): *Diversifying Greek Tragedy on the Contemporary US Stage*. Oxford University Press: Oxford.
Prantl, Heribert (2017): „Die Tragödie von Arnstein", in: *Süddeutsche Zeitung* vom 18.10.2017, https://www.sueddeutsche.de/panorama/prozessbeginn-die-tragoedie-von-arnstein-1.3712968 (zuletzt abgerufen am 15.06.2020).
Primavesi, Oliver (2009): „Zur Genealogie der Poesie (Kap. 4)", in: Höffe (2009a), S. 47–67.
Profitlich, Ulrich (1999): *Tragödientheorie. Texte und Kommentare. Vom Barock bis zur Gegenwart*. Rowohlt: Reinbek.
Profitlich, Ulrich (2010): „Ähnlichkeit zwischen uns und dem leidenden Subjekt'. Zu einem Thema der frühen tragödientheoretischen Schriften Schillers", in: Fulda/Valk (2010), S. 21–40.
Putnam, Hilary (1982): *Vernunft, Wahrheit und Geschichte*. Suhrkamp: Frankfurt a. M.
Putnam, Hilary (1989): „An Interview with Hilary Putnam", in: *Cogito* 3, Sommer, S. 85–91.
Quadflieg, Dirk (2008): „Einführung: Zur Dialektik von Selbst und Selbstverlust", in: *Selbst und Selbstverlust. Psychopathologische, neurowissenschaftliche und kulturphilosophische Perspektiven*. Parodos: Berlin.
Quante, Michael (2007): *Person*. De Gruyter: Berlin/New York.
Quante, Michael (Hrsg.) (1999): *Personale Identität*. Schöningh: Paderborn.
Quiring, Manfred (2013): *Der vergessene Völkermord: Sotschi und die Tragödie der Tscherkessen*. Ch. Links: Berlin.
Raaflaub, Kurt (1985): *Die Entdeckung der Freiheit. Zur historischen Semantik und Gesellschaftsgeschichte eines politischen Grundbegriffes der Griechen*. C. H. Beck: München.
Rabinowitz, Nancy Sorkin (2008): *Greek Tragedy*. Blackwell: Malden/Oxford/Carlton.
Racine, Jean (1957): *Phädra*, übers. von Friedrich Schiller. Reclam: Stuttgart.
Radke (jetzt: Uhlmann), Gyburg (2003): *Tragik und Metatragik. Euripides' Bakchen und die moderne Literaturwissenschaft*. De Gruyter: Berlin/New York.
Radke (jetzt: Uhlmann), Gyburg (2007): *Die Kindheit des Mythos. Die Erfindung der Literaturgeschichte in der Antike*. München: C. H. Beck.
Radt, Stephan Lorenz (1976): „Zum 13. Kapitel von Aristoteles' Poetik", in: *Miscellanea Tragica in honorem J. C. Kamerbeek*, hrsg. von Jan Maarten Bremer, Stefan L. Radt und Cornelis J. Ruijgh. Hakkert: Amsterdam, S. 271–284.
Raeburn, David (2017): *Greek Tragedies as Plays for Performance*. Wiley: Chichester.
Rahmstorf, Stefan / Schellnhuber, Hans Joachim (2012): *Der Klimawandel: Diagnose, Prognose, Therapie*. C. H. Beck: München (7. Auflage).
Rapp, Christof (1997): *Vorsokratiker:* C. H. Beck: München.
Rapp, Christof (2006): „Freiwilligkeit, Entscheidung und Verantwortung (EN III 1–7)", in: Höffe, (2006), S. 109–133.
Rapp, Christof / Corcilius, Klaus (Hrsg.) (2011): *Aristoteles-Handbuch. Leben – Werk – Wirkung*. Stuttgart: Metzler.
Rapp, Christoph (2002): *Kommentar* zu Aristoteles' Rhetorik (*Werke in deutscher Übersetzung*, Bd. 4, II. Halbband). Akademie: Berlin.
Rapp, Christoph (2009): „Aristoteles über das Wesen und die Wirkung der Tragödie", in: Höffe (2009), S. 87–104.
Rapp, Christoph (Höffe): „pathos / Widerfahrnis, Affekt", in: Höffe (2005), S. 427–436.
Ratzinger, Joseph (2005): *Werte in Zeiten des Umbruchs*. Herder: Freiburg.
Rau, Milo / Bossart, Ralf (2017): *Wiederholung und Ekstase. Ästhetisch-politische Grundbegriffe des International Institute of Political Murder*. Diaphanes: Zürich/Berlin.
Rawls, John (1992): *Die Idee des politischen Liberalismus*. Suhrkamp: Frankfurt a. M.
Rawls, John (1999): *A Theory of Justice*. Revised Edition. Oxford University Press: Oxford.

Raworth, Kate (2017): *Doughnut Economics: Seven Ways to Think Like a 21st-Century Economist.* Penguin: London.
Raz, Joseph (2006): *Praktische Gründe und Normen.* Suhrkamp: Frankfurt a. M.
Raz, Jospeh (1986): *The Morality of Freedom.* Clarendon Press: Oxford.
Rechenauer, Georg (1991): *Thukydides und die hippokratische Medizin.* Olms: Hildesheim.
Recki, Birgit (2004): *Kultur als Praxis. Eine Einführung in Cassirers Philosophie der symbolischen Formen.* Akademie: Berlin.
Recki, Birgit (2008): „Kulturbejahung und Kulturverneinung", in: *Kolleg Praktische Philosophie*, hrsg. von Franz Josef Wetz, Bd. 1. Stuttgart, S. 259–295.
Reckwitz, Andreas (2017): *Die Gesellschaft der Singularitäten. Zum Strukturwandel der Moderne.* Suhrkamp: Berlin.
Rees, Brinley Roderick (1972): „*Pathos* in the *Poetics* of Aristotle", in: *Greece & Rome*, Second Series, Vol. 19, Nr. 1, S. 1–11.
Rees, Martin (2003): *Our Final Hour.* Basic Books: New York.
Rees, Martin (2018): *On the Future: Prospects for Humanity.* Princeton University Press: Princeton.
Reginster, Bernard (2004): „Self-Knowledge, Responsibility, and the Third Person" in: *Philosophy and Phenomenological Research*, Vol. LXIX, Nr. 2, S. 433–439.
Reiner, Hans (1971a): „Apathie I.", in: *HWPh*, Bd. 1. Schwabe: Basel/Stuttgart, Sp. 429–433.
Reiner, Hans (1971b): „Ataraxie", in: *HWPh*, Bd. 1. Schwabe: Basel/Stuttgart, Sp. 593.
Reinhardt, Hartmut (2005): „Die Rezeption Schopenhauers im Theater des 19. und 20. Jahrhunderts. Hebbel – Dürrenmatt – Bernhard", in: Baum, Günther / Birnbacher, Dieter (Hrsg.): *Schopenhauer und die Künste.* Wallstein: Göttingen, S. 220–248.
Reinhardt, Karl (1949): *Aischylos als Regisseur und Theologe.* Francke: Bern.
Reinhardt, Karl (1962): „Die Sinneskrise bei Euripides", in: Ders: *Die Krise des Helden. Beiträge zur Literatur- und Geistegeschichte.* DTV: München, S. 19–51.
Reitze, Bastian (2017): *Der Chor in den Tragödien des Sophokles. Person, Reflexion, Dramaturgie.* Narr Francke Attempo: Tübingen.
Renn, Jürgen (2019): „Den Menschen helfen, zur Vernunft zu kommen", in: *Der Tagesspiegel* vom 16.10.2019.
Renn, Jürgen (2020): *The Evolution of Knowledge. Rethinking Science for the Anthropocene.* Princeton University Press: Princeton/Oxford.
Renn, Jürgen und Scherer, Bernd (Hrsg.) (2017): *Das Anthropozän. Zum Stand der Dinge.* Matthes & Seitz: Berlin 2017.
Rentsch, Thomas (2003): *Heidegger und Wittgenstein. Existential- und Sprachanalysen zu den Grundlagen philosophischer Anthropologie.* Klett-Cotta: Stuttgart.
Revenstorf, Dirk (2011): „Schaden durch Hypnose", in: *Zeitschrift für Hypnose und Hypnotherapie*, Bd. 6, S. 141–160.
Revenstorf, Dirk / Burkhard, Peter (2009): „Kontraindikationen, Bühnenhypnose und Willenlosigkeit", in: *Hypnose in Psychotherapie, Psychosomatik und Medizin*, hrsg. von Dirk Revenstorf und Peter Burkhard. Springer: Heidelberg, S. 125–152.
Rheinberger, Hans-Jörg (1992): *Experiment, Differenz, Schrift. Zur Geschichte epistemischer Dinge.* Basilisken-Presse: Marburg/Lahn.
Richter, Konstantin (2019): „Aufstieg und Fall eines deutschen Hauses", in: *DIE WELT* vom 12.07.2019.
Richter, Lukas (1983): „Antike ästhetische Theorien zur gesellschaftlichen Funktion der griechischen Tragödie", in: *Die griechische Tragödie in ihrer gesellschaftlichen Funktion*, hrsg. von Heinrich Kuch. Akademie: Berlin, S. 173–192.
Ricœur, Paul (1986): *Zeit und Erzählung*, Bd. III: *Die erzählte Zeit.* Fink: München.
Ricœur, Paul (1996): *Das Selbst als ein Anderer.* Fink München.

Ricœur, Paul (2006): „Phänomenologie des fähigen Menschen" in: *Wege der Anerkennung. Erkennen, Wiedererkennen, Anerkanntsein*. Suhrkamp: Frankfurt a. M., S. 120–144. S. 120–144.
Ricœur, Paul (2007): *Vom Text zur Person. Hermeneutische Aufsätze (1970–1999)*, hrsg. von Peter Welsen. Meiner: Hamburg.
Ricœur, Paul (2007a): „Narrative Identität", in: Ricœur (2007), S. 209–225.
Ringer, Mark (2016): *Euripides and the Boundaries of the Human*. Lexington Books: Lanham.
Ritchie, Hannah / Roser, Max (2017/2019): „CO_2 and Greenhouse Gas Emissions", https://ourworldindata.org/co2-and-other-greenhouse-gas-emissions#cumulative-co2-emissions (zuletzt abgerufen am 23.07.2020).
Ritter, Henning (1988): „Anmerkungen", in: Rousseau (1988).
Ritz, Eberhard (1972): „Entfremdung", in: *HWPh*, Bd. 2. Schwabe: Stuttgart/Basel, Sp. 509–525.
Rivero, Carmen (2020): *Humanismus, Utopie und Tragödie*. De Gruyter: Berlin/Boston.
Rivier, André (1968): „Remarques sur le 'nécessaire' et la 'nécessité' chez Eschyle", in: *Revue des Études Grecques* 81, S. 5–39.
Roche, Mark William (1998): *Tragedy and Comedy. A Systematic Study and a Critique of Hegel*. State University of New York Press: Albany.
Rockström, Johan et al. (2009): „Planetary Boundaries: Exploring the Safe Operating Space for Humanity", in: *Ecology and Society* 14(2): 32, http://www.ecologyandsociety.org/vol14/iss2/art32/ (zuletzt abgerufen am 23.07.2020).
Roisman, Hanna M. (Hrsg.) (2014): *The Encyclopedia of Greek Tragedy*. 3 Bände. Wiley-Blackwell: Chichester.
Rolf, Thomas (2007): „Tiefe", in: Konersmann (2007), S. 458–470.
Romilly, Jacqueline de (1971): *La crainte et l'angoisse dans le théâtre d'Eschyle*. Les Belles Lettres: Paris.
Romilly, Jacqueline de (2018): *Réflexions sur la tragédie grcque*. Editions de Fallois: Paris.
Romilly, Jacqueline de (2018): *Réflexions sur la tragédie grecque*. Editions de Fallois: Paris.
Rorty, Richard (1989): *Kontingenz, Ironie und Solidarität*. Suhrkamp: Frankfurt a. M.
Ros, Johann G. A. (1938): *Die Metabole (Variatio) als Stilprinzip des Thukydides*. Centrale Drukkeri: Nijmegen.
Rosa, Hartmut (1998): *Identität und kulturelle Praxis. Politische Philosophie nach Charles Taylor*. Campus: Frankfurt a. M.
Rosa, Hartmut (2005): *Beschleunigung. Die Veränderung der Zeitstrukturen in der Moderne*. Suhrkamp: Frankfurt a. M.
Rosa, Hartmut (2013): *Beschleunigung und Entfremdung. Entwurf einer kritischen Theorie spätmoderner Zeitlichkeit*. Suhrkamp: Frankfurt a. M.
Rosa, Hartmut (2016): *Resonanz. Eine Studie der Weltbeziehung*. Berlin: Suhrkamp.
Rosenbloom, David / Davidson, John (Hrsg.) (2012): *Greek Drama IV. Texts, Contexts, Performance*. Oxbow: Oxford.
Roser, Max / Ritchie, Hannah / Ortiz-Ospina, Esteban (2013/2019): „World Population Growth", auf: OurWorldInData.org, https://ourworldindata.org/world-population-growth (zuletzt abgerufen am 23.07.2020).
Rösler, Wolfgang (1980): *Polis und Tragödie. Funktionsgeschichtliche Betrachtung zu einer antiken Literaturgattung*. Universitätsverlag Konstanz: Konstanz.
Rosling, Hans / Rosling, Ola / Rosling Rönnlund, Anna (2018): *Factfulness: Ten Reasons We're Wrong About the World – and Why Things Are Better Than You Think*. Sceptre: London.
Roth, Gerhard (2003): *Denken, Fühlen, Handeln. Wie das Gehirn unser Verhalten steuert*. Suhrkamp: Frankfurt a. M.
Rötzer, Florian (2001): „Die Rache der Dinge", in: Baudrillard (2001), 250–261.

Rousseau, Jean-Jacques (1988): *Abhandlung über die Wissenschaften und Künste*, in: *Schriften*, Bd. 1. Hrsg. von Henning Ritter. Fischer: Frankfurt a. M.
Rousseau, Jean-Jacques (1988a): „Brief von Jean-Jacques Rousseau, aus Genf über eine neue Widerlegung seiner Abhandlung, von einem Mitgliede der Akademie zu Dijon", in: Rousseau (1988), S. 139–144.
Rousseau, Jean-Jacques (2008): *Diskurs über die Ungleichheit/ Discours sur l'inégalité*, hrsg., übers. und kommentiert von Heinrich Meier. UTB: Paderborn.
Ruch, Philipp (2017): *Ehre und Rache. Eine Gefühlsgeschichte des antiken Rechts*. Campus: Frankfurt a. M./New York.
Rudolph, Enno (2003): *Ernst Cassirer im Kontext*. Mohr: Tübingen.
Ruhnau, Jürgen (1992): „Scham", in: *HWPh*, Bd. 8. Schwabe: Basel, Sp. 1208–1215.
Rüpke, Jörg (2012): „Religiöse Individualität in der Antike", in: Janowski (2012), S. 199–220.
Rüsen, Jörn (1994): „Historische Methode und religiöser Sinn – Vorüberlegungen zu einer Dialektik der Rationalisierung des historischen Denkens in der Moderne", in: *Geschichtsdiskurs*, Bd. 2: *Anfänge modernen historischen Denkens*, hrsg. von Wolfgang Küttler, Jörn Rüsen und Ernst Schulin. Fischer: Frankfurt a. M., S. 344–377.
Rust, Alois (2005): „Wert IV.", in: *HWPh*, Bd. 12. Schwabe: Basel, Sp. 571–576.
Rutherford, Richard B. (1982): „Tragic Form and Feeling in the Iliad", in: *Journal of Hellenic Studies* 102, S. 145–160.
Ryffel, Heinrich (1949): ΜΕΤΑΒΟΛΗ ΠΟΛΙΤΕΙΩΝ. *Der Wandel der Staatsverfassungen*. Verlag Paul Haupt: Bern.
Saïd, Suzanne (1978): *La Faute Tragique*. Maspero: Paris.
Saleh, Yassin al-Haj (2017): *The Impossible Revolution. Making Sense of the Syrian Tragedy*. Haymarket: Chicago.
Samons II, Loren J. (Hrsg.) (2007): *The Cambridge Companion to The Age of Pericles*. Cambridge University Press: Cambridge.
Saro-Wiwa, Ken (1992): *Genocide in Nigeria: the Ogoni tragedy*. Saros International Publishers: London/Lagos/Port Harcourt.
Sartre, Jean-Paul (1971): „Ist der Existentialismus ein Humanismus?", in: *Drei Essays*. Ullstein: Frankfurt a. M./Berlin/Wien, S. 7–51.
Schadewaldt, Wolfgang (1960): „Furcht und Mitleid. Zur Deutung des Aristotelischen Tragödiensatzes", in: *Hellas und Hesperiden. Gesammelte Schriften zur Antike und zur neueren Literatur*, Bd. 1. Artemis: Zürich/Stuttgart, S. 194–236.
Schadewaldt, Wolfgang (1969): *Antikes Drama auf dem Theater heute: Übersetzung, Inszenierung*. Neske: Pfullingen.
Schadewaldt, Wolfgang (1970): „Antike Tragödie auf der modernen Bühne. Zur Geschichte der Rezeption der griechischen Tragödie auf der heutigen Bühne" (1955), in: Ders: *Hellas und Hesperiden. Gesammelte Schriften zur Antike und zur neueren Literatur*, Bd. 2. Artemis: Zürich/Stuttgart, S. 622–649.
Schadewaldt, Wolfgang (1978): *Die Anfänge der Philosophie bei den Griechen*. Suhrkamp: Frankfurt a. M.
Schadewaldt, Wolfgang (1991): *Die griechische Tragödie*. Suhrkamp: Frankfurt a. M.
Schadow, Steffi (2013): *Achtung für das Gesetz. Moral und Motivation bei Kant*. De Gruyter: Berlin/Boston.
Schaefer, Ursula (1996): „Individualität und Fiktionalität. Zu einem mediengeschichtlichen und mentalitätsgeschichtlichen Wandel im 12. Jahrhundert", in: *Mündlichkeit – Schriftlichkeit – Weltbildwandel*, hrsg. von Werner Röcke und Ursula Schaefer. Narr: Tübingen, S. 50–70.
Scharfe, Martin (2005): „Signatur der Dinge. Anmerkungen zu Körperwelt und objektiver Kultur", in: *Alltagsdinge. Erkundungen der materiellen Kultur*, hrsg. von Gudrun M. König. Tübinger Vereinigung für Volkskunde e. V.: Tübingen, S. 93–116.

Schauer, Markus (2002): *Tragisches Klagen. Form und Funktion der Klagedarstellung bei Aischylos, Sophokles und Euripides*. Narr: Tübingen.

Scheler, Max (1972): „Zum Phänomen des Tragischen", in: *Vom Umsturz der Werte. Abhandlungen und Aufsätze* (*Gesammelte Werke*, Bd. 3, hrsg. von Maria Scheler). Francke: Bern/München, S. 149–169 (5. Auflage).

Scheler, Max (1986): „Über Scham und Schamgefühl", in: *Schriften aus dem Nachlass*, Bd. 1 (*Gesammelte Werke*, Bd. 10, hrsg. von Maria Scheler). Bouvier: Bonn, S. 65–154 (3. Auflage).

Scheler, Max (1995): „Mensch und Geschichte", in: *Philosophische Weltanschauung* (*Gesammelte Werke*, Bd. 9, hrsg. von Manfred S. Frings). Bouvier: Bonn, S. 120–144.

Scheler, Max (2000): *Der Formalismus in der Ethik und die materiale Wertethik*. (*Gesammelte Werke*, Bd. 2, hrsg. von Manfred S. Frings). Bouvier: Bonn (7. Auflage).

Schelling, Friedrich Wilhelm Joseph (1859): *Philosophie der Kunst* (*Sämtliche Werke*, hrsg. v. Karl Friedrich August Schelling, Bd. V). Cotta: Stuttgart/Augsburg.

Schellnhuber, Hans Joachim (1999): „'Earth system' analysis and the second Copernican revolution", in: *Nature* Vol. 402, C19-C23.

Schellnhuber, Hans Joachim (2015): *Selbstverbrennung. Die fatale Dreiecksbeziehung zwischen Klima, Mensch und Kohlenstoff*. Bertelsmann: München.

Schellnhuber, Hans Joachim (2020): „Was uns die Krisen lehrten", in: *Frankfurter Allgemeine Zeitung* vom 16.04.2020.

Scherer, Bernd (2020): „Die Pandemie ist kein Überfall von Außerirdischen", in: *Frankfurter Allgemeine Zeitung* vom 03.05.2020.

Schiemann, Gottfried (2001): „Recht", in: *DNP*, Bd. 10. Metzler: Stuttgart/Weimar, Sp. 804–813.

Schiller, Friedrich (1963): *Demetrius*. Reclam: Stuttgart.

Schiller, Friedrich (1999a): „Über tragische Kunst", in: *Theoretische Schriften*. Könemann: Köln, S. 123–144.

Schiller, Friedrich (1999b): „Über das Pathetische", in: *Theoretische Schriften*. Könemann: Köln, S. 199–223.

Schiller, Friedrich (1999c): *Über die ästhetische Erziehung des Menschen in einer Reihe von Briefen*, in: *Theoretische Schriften*. Könemann: Köln, S. 250–348.

Schiller, Friedrich (2004): *Sämtliche Gedichte und Balladen*. Insel: Frankfurt a. M.

Schlaffer, Hannelore (1999): „Odds and Ends. Zur Theorie der Metapher", in: Pankow/Peters (1999), S. 75–84.

Schlatter, Emrys (2018): *Der Tod auf der Bühne. Jenseitsmächte in der antiken Tragödie*. De Gruyter: Berlin/Boston.

Schleef, Einar (1997): *Droge Faust Parsifal*. Suhrkamp: Frankfurt a. M.

Schlegel, Friedrich (1958): *Geschichte der europäischen Literatur*, in: *Kritische Friedrich-Schlegel-Ausgabe*, Bd. 11, hrsg. von Ernst Behler. Schöningh: Paderborn/München/Wien.

Schlegel, Friedrich (1988): „Gespräch über die Poesie", in: *Kritische Schriften und Fragmente*, hrsg. von Ernst Behler und Hans Eichner, Bd. 1. Schöningh: Paderborn, S. 186–222.

Schlesier, Renate / Schwarzmaier, Agnes (2008): *Dionysos. Verwandlung und Ekstase*. Schnell + Steiner: Regensburg.

Schlotter, Sven (2005): „Wert II.", in: *HWPh*, Bd. 12. Schwabe: Basel, Sp. 558–564.

Schmid, Wilhelm (1929): *Untersuchungen zum Gefesselten Prometheus*. Tübinger Beiträge zur Altertumswissenschaft, 9. Heft. Kohlhammer: Stuttgart.

Schmidt, Brian P. et al. (2015): „Mainau Declaration 2015 on Climate Change", http://www.mainaudeclaration.org/ (zuletzt abgerufen am 23.07.2020).

Schmidt, Christina (2010): *Tragödie als Bühnenform. Einar Schleefs Chor-Theater*. Transcript: Bielefeld.

Schmidt, Dennis J. (2001): *On Germans and Other Greeks: Tragedy and Ethical Life*. Indiana University Press: Bloomington/Indianapolis.
Schmitt, Arbogast (1988): „Menschliches Fehlen und tragisches Scheitern. Zur Handlungsmotivation im Sophokleischen ‚König Ödipus'", in: *Rheinisches Museum für Philologie* 131, S. 8–30.
Schmitt, Arbogast (1990): *Selbständigkeit und Abhängigkeit menschlichen Handelns bei Homer. Hermeneutische Untersuchungen zur Psychologie Homers*. Steiner: Stuttgart.
Schmitt, Arbogast (1991): „Tragische Schuld in der Antike", in: *Die Frage nach der Schuld*, hrsg. von Günther Eifler und Otto Saame. Mainz, S. 157–192.
Schmitt, Arbogast (1997): „Wesenszüge der griechischen Tragödie. Schicksal, Schuld, Tragik", in: Flashar (1997), S. 5–49.
Schmitt, Arbogast (1998): „Freiheit und Subjektivität in der griechischen Tragödie?", in: *Geschichte und Vorgeschichte der modernen Subjektivität*, hrsg. von Reto Luzius Fetz, Roland Hagenbüchle und Peter Schulz, Bd. 1. De Gruter: Berlin/New York, S. 91–118.
Schmitt, Arbogast (2002): „Individualität als Faktum menschlicher Existenz oder als sittliche Aufgabe? Über eine Grunddifferenz im Individualitätsverständnis von Antike und Moderne", in: *Die Aktualität der Antike. Das ethische Gedächtnis des Abendlandes*. Christof Gestrich. Wichern: Berlin, S. 105–133.
Schmitt, Arbogast (2003): *Die Moderne und Platon. Zwei Grundformen europäischer Rationalität*. Metzler: Stuttgart.
Schmitt, Arbogast (2004): „Individualität in der Antike – von Homer bis Aristoteles", in: Dierkens/Korsch (2004), S. 1–27.
Schmitt, Arbogast (2008a): „Einleitung", in: Aristoteles (2008), S. 45–138.
Schmitt, Arbogast (2008b): „Kommentar", in: Aristoteles (2008), S. 193–742.
Schmitt, Arbogast (2008c): „Subjectivity as Presupposition of Individuality – On the Conception of Subjectivity in Classical Greece", in: Arweiler/Möller (2008), S. 313–341.
Schmitt, Arbogast (2011): „Figuren des Glücks in der griechischen Literatur. Glück als ein Ausdruck vollendeter Selbstverwirklichung im Handeln", in: Thomä/Henning/Mitscherlich-Schönherr (2011), S. 135–140.
Schmitt, Carl (1985): *Hamlet und Hekuba. Der Einbruch der Zeit in das Spiel*. Klett-Cotta: Stuttgart.
Schnädelbach, Herbert (2012): *Was Philosophen wissen und was man von ihnen lernen kann*. C. H. Beck: München.
Schnyder, Bernadette (1995): *Angst in Szene gesetzt. Zur Darstellung der Emotionen auf der Bühne des Aischylos*. Narr: Tübingen.
Schönherr-Mann, Hans-Martin (1997): *Postmoderne Perspektiven des Ethischen*. Fink: München.
Schopenhauer, Arthur (1985): *Der handschriftliche Nachlaß*, hrsg. von Arthur Hübscher, 5 Bde. DTV: München.
Schopenhauer, Arthur (1988): *Werke*, nach den Ausgaben letzter Hand, hrsg. von Ludger Lütkehaus. Haffmanns: Zürich.
Schöpsdau, Klaus (2013): „Ursprung und Verfall von Staaten", in: Horn (2013), S. 67–86.
Schottlaender, Rudolf (1980): „Der aristotelische ‚spoudaios'", in: *Zeitschrift für philosophische Forschung*, Bd. 34, H. 3, S. 385–395.Schriefl, Anna (2019): *Stoische Philosophie. Eine Einführung*. Reclam: Stuttgart.
Schrier, Omert J. (1980): „A simple view of *Peripeteia*: Aristotle, *Poet*. 1452s22–29", in: *Mnemosyne* 33, S. 96–118
Schulte, Michael (1992): *Die Tragödie im Sittlichen. Zur Dramentheorie Hegels*. Fink: München.
Schütrumpf, Eckhart (1996): „Einleitung", in: Aristoteles: *Politik, Buch IV-VI*, übers. und eingeleitet von Eckhart Schütrumpf, erläutert von Eckhart Schütrumpf und Hans-Joachim Gehrke (*Werke in deutscher Übersetzung*, Bd. 9/III). Akademie Verlag: Berlin.

Schwienhorst-Schönberger, Ludger (2016): „Das Buch Ijob", in: *Einleitung in das Alte Testament*, hrsg. von Erich Zenger, neunte, aktualisierte Auflage hrsg. von Christian Frevel. Kohlhammer: Stuttgart.

Scodel, Ruth (2010): *An Introduction to Greek Tragedy*. Cambridge University Press: Cambridge/New York.

Scranton, Roy (2015): *Learning to Die in the Anthropocene. Reflections on the End of a Civilization*. City Lights Books: San Francisco.

Scullion, Scott (2002): „Nothing to Do with Dionysos': Tragedy Misconceived as Ritual", in: *Classical Quaterley* 52, S. 102–137.

Seaford, Richard (1994): *Reciprocity and Ritual: Homer and Tragedy in the Developing City-State*. Oxford University Press: Oxford.

Seaford, Richard (1996): „Something to Do with Dionysos? – Tragedy and the Dionysiac: Response to Friedrich", in: Silk (1996), S. 284–294.

Seaford, Richard (2000): „The Social Function of Attic Tragedy: A Response to Jasper Griffin", in: *Classical Quaterly* 50, S. 30–44.

Seaford, Richard (2005): „Tragedy and Dionysos", in: Bushnell (2005), S. 25–38.

Seaford, Richard (2006): *Dionysos*. Routledge: London/New York.

Séchan, Louis (1951): *Le mythe de Prométhée*. Presses universitaires de France: Paris.

Seeck, Gustav Adolf (2000): *Die griechische Tragödie*. Reclam: Stuttgart.

Seel, Daniela / Bayer, Anja (Hrsg.) (2016): *all dies hier, Majestät, ist deins. Lyrik im Anthropozän*. Kookbooks: Berlin.

Seel, Martin (2002): „Sich bestimmen lassen. Ein revidierter Begriff der Selbstbestimmung", in: *Sich bestimmen lassen. Studien zur theoretischen und praktischen Philosophie*. Suhrkamp: Frankfurt a. M., S. 279–298.

Seel, Martin (2006): „Paradoxien der Erfüllung", in: Ders *Paradoxien der Erfüllung. Philosophische Essays*. Fischer: Frankfurt a. M., S. 27–43.

Segal, Charles (1986): *Interpreting Greek Tragedy. Myth, Poetry, Text*. Cornell University Press: Ithaca/London.

Segal, Charles (1991): *Tragedy and Civilisation. An Interpretation of Sophocles*. Harvard University Press: Cambridge, Mass.

Segal, Charles (1996): „Catharsis, Audience, and Closure", in: Silk (1996), S. 149–172

Segal, Charles (1997): *Dionysiac Poetics and Euripides' Bacchae*. Princeton University Press: Princeton.

Segal, Charles (2004): „Zuhörer und Zuschauer", in: Vernant (2004), S. 219–254.

Seidensticker, Bernd (1982): *Palintonos Harmonia: Studien zu komischen Elementen in der griechischen Tragödie*. Vandenhoeck & Ruprecht: Göttingen.

Seidensticker, Bernd (1992): „Peripetie und tragische Dialektik. Aristoteles, Szondi und die griechische Tragödie", in: *Antike Dramentheorien und ihre Rezeption*, hrsg. von Bernhard Zimmermann. M & P: Stuttgart, S. 240–263.

Seidensticker, Bernd (1994): „Beobachtung zur sophokleischen Kunst der Charakterzeichnung", in: *Orchēstra. Drama, Mythos, Bühne*, hrsg. von Anton Bierl, Peter von Möllendorff unter Mitwirkung von Sabine Vogt. Teubner: Stuttgart/Leipzig, S. 276–288.

Seidensticker, Bernd (1999): „Philologisch-literarische Einleitung", in: *Das griechische Satyrspiel*, hrsg. von Ralf Krumeich, Nikolaus Pechstein und Bernd Seidensticker. WBG: Darmstadt, S. 1–40.

Seidensticker, Bernd (2000): „,Ich bin Odysseus'. Zur Entstehung der Individualität bei den Griechen", in: *Individualität* (Akademievorlesungen. Berlin-Brandenburgische Akademie der Wissenschaften. Berichte und Abhandlungen, Bd. 8). Akademie: Berlin, S. 167–184.

Seidensticker, Bernd (2006): „Distanz und Nähe: Zur Darstellung von Gewalt in der griechischen Tragödie", in: Seidensticker/Vöhler (2006), S. 91–122.

Seidensticker, Bernd / Vöhler, Martin (Hrsg.) (2006): *Gewalt und Ästhetik. Zur Gewalt und ihrer Darstellung in der griechischen Klassik.* De Gruyter: Berlin/New York.
Seidensticker, Bernd / Vöhler, Martin (Hrsg.) (2007) : *Katharsiskonzeptionen vor Aristoteles. Zum kulturellen Hintergrund des Tragödiensatzes.* De Gruyter: Berlin/New York.
Seifert, Edith (1996): „Das höchste Gut ist in der Schöpfung nicht vorgesehen", in: *Frankfurter Allgemeine Zeitung* vom 08.02.1996.
Sennett, Richard (1998): *Der flexible Mensch. Die Kultur des neuen Kapitalismus.* Berlin-Verlag: Berlin.
Serres, Michel (1994): *Der Naturvertrag.* Suhrkamp: Frankfurt a. M.
Settimi, Linn (2018): *Plädoyer für das Tragische: Chor- und Weiblichkeitsfiguren bei Einar Schleef.* Transcript: Bielefeld.
Shakespeare, William (1975): *The Complete Works.* Gramcery Books: New York/Avenel.
Shear, Julia L. (2011): *Polis and Revolution. Responding to Oligarchy in Classical Athens.* Cambridge University Press: Cambridge/New York.
Sherwin, Martin / Bird, Kai (2005): *American Prometheus: The Triumph and Tragedy of J. Robert Oppenheimer.* Knopf: New York.
Shipton, Matthew (2018): *The Politics of Youth in Greek Tragedy. Gangs of Athens.* Bloomsbury: London/New York.
Shoemaker, Sidney (1963): *Self-Knowledge and Self-Identity.* Cornell University Press: Ithaca.
Siep, Ludwig (2002): „Praktische Naturphilosophie als Grundlegung der Ethik", in: *Philosophie der natürlichen Mitwelt. Grundlagen – Probleme – Perspektiven*, hrsg. von Hans Werner Ingensiep und Anne Eusterschulte. Königshausen & Neumann: Würzburg, S. 25–34.
Silk, Michael (2015): „Art and Value", in: *A Companion to Ancient Aesthetics*, hrsg. von Pierre Destrée und Penelope Murray. Wiley-Blackwell: Chichester, S. 505–517.
Silk, Michael S. (1985): „Heracles and Greek Tragedy", in: *Greece and Rome* 32, S. 1–22.
Silk, Michael S. (Hrsg.) (1996): *Tragedy and the Tragic: Greek theatre and beyond.* Oxford University Press: Oxford.
Silk, Michael S. / Stern, Joseph P. (1981): *Nietzsche on tragedy.* Cambridge University Press: Cambridge.
Simmel, Georg (1989): *Philosophie des Geldes*, in: *Gesamtausgabe*, Bd. 6, hrsg. von David P. Frisby und Klaus Christian Köhnke. Suhrkamp: Frankfurt a. M.
Simmel, Georg (1993): „Vom Wesen der Kultur", in: *Gesamtausgabe*, Bd. 8, hrsg. von Alessandro Cavalli und Volkhard Krech. Suhrkamp: Frankfurt a. M., S. 363–373.
Simmel, Georg (1995): „Die beiden Formen des Individualismus", in: *Gesamtausgabe*, Bd. 7, hrsg. von Rüdiger Kramme, Angela Rammstedt und Otthein Rammstedt. Suhrkamp: Frankfurt a. M., S. 49–56.
Simmel, Georg (1999a): „Der Krieg und die geistigen Entscheidungen", in: *Gesamtausgabe*, Bd. 16, hrsg. von Gregor Fitzi und Otthein Rammstedt. Suhrkamp: Frankfurt a. M., S. 7–58.
Simmel, Georg (1999b): „Die Krisis der Kultur", in: *Gesamtausgabe*, Bd. 16, hrsg. von Gregor Fitzi und Otthein Rammstedt. Suhrkamp: Frankfurt a. M., S. 37–53.
Simmel, Georg (1999c): „Zur Psychologie der Scham" (1901), in: *Gesamtausgabe*, Bd. 1, hrsg. von Klaus Christian Köhnke. Suhrkamp: Frankfurt a. M., S. 431–442.
Simmel, Georg (2001a): „Der Begriff und die Tragödie der Kultur" (1911), in: *Gesamtausgabe*, Bd. 12, hrsg. von Rüdiger Kramme und Angela Rammstedt. Suhrkamp: Frankfurt a. M., S. 194–223.
Simmel, Georg (2001b): „Über den Schauspieler. Aus einer ›Philosophie der Kunst‹", in: *Gesamtausgabe*, Bd. 12, hrsg. von Rüdiger Kramme und Angela Rammstedt. Suhrkamp: Frankfurt a. M., S. 22–27.
Simmel, Georg (2004): „Aus dem nachgelassenen Tagebuche", in: *Gesamtausgabe*, Bd. 20, hrsg. von Torge Karlsruhen und Otthein Rammstedt. Suhrkamp: Frankfurt a. M., S. 261–296.

Singer, Tanja et al. (2004): „Empathy for pain involves the affective but not sensory components of pain", in: *Science* 303, S. 1157–1162.

Šípová, Pavlína N. / Sarkissian, Alena (2007): *Staging of Classical Drama around 2000*. Cambridge Scholars Publishing: Newcastle.

Sistakou, Evina (2016): *Tragic Failures. Alexandrian Responses to Tragedy and the Tragic*. De Gruyter: Berlin/Boston.

Sloterdijk, Peter (2009): *Du mußt dein Leben ändern.Über Anthropotechnik*. Suhrkamp: Frankfurt a. M.

Smart, John Jamieson C. / Williams, Bernard (1973): *Utilitarianism: For and Against*. Cambridge University Press: Cambridge.

Smethurst, Mae J. (2013): *Dramatic Action in Greek Tragedy and Noh: Reading with and beyond Aristotle*. Lexington Books: Plymouth.

Smith, Wesley D. (1960): „The Ironic Structure in Alcestis", in: *The Phoenix*, Vol. 14, S. 129–145.

Smithson, Isaiah (1983): „The Moral View of Aristotle's Poetics", in: *Journal of the History of Ideas*, Vol. 44, No. 1, S. 3–17.

Snell, Bruno (1928): *Aischylos und das Handeln im Drama*. Dietrich: Leipzig.

Snell, Bruno (1937): „Aristophanes und die Ästhetik", in: *Antike* 13, S. 249–271.

Snell, Bruno (1966): *Gesammelte Schriften*. Vandenhoeck & Ruprecht: Göttingen.

Snell, Bruno (1966a): „Das Bewußtsein von eigenen Entscheidungen im frühen Griechentum", in: Snell (1966), S. 18–31.

Snell, Bruno (1966b): „Göttliche und menschliche Motivation im homerischen Epos", in: Snell (1966), S. 55–61.

Snell, Bruno (1975): *Die Entdeckung des Geistes. Studien zur Entstehung des Denkens bei den Griechen*. Vandenhoeck & Ruprecht: Göttingen.

Snell, Bruno (1975a): „Die Auffassung des Menschen bei Homer", in: Snell (1975), S. 13–29.

Söderbäck, Fanny (Hrsg.) (2010): *Feminist Readings of Antigone*. SUNY Press: Albany.

Söffing, Werner (1981): *Deskriptive und normative Bestimmungen in der Poetik des Aristoteles*. Grüner: Amsterdam.

Solies, Dirk (1998): *Natur in der Distanz. Zur Bedeutung von Georg Simmels Kulturphilosophie für die Landschaftsästhetik*. Gardez!: St. Augustin.

Solomon, John (2014): „Opera and Greek Tragedy", in: Roisman (2014), Vol. 2, S. 918–924

Sommerstein, Alan H. (2010): „The Tangled Ways of Zeus", in: *The Tangled Ways of Zeus and other studies in and around Greek Tragedy*. Oxford University Press: Oxford/ New York, S. 164–170.

Sonntag, Michael (1999): *›Das Verborgene des Herzens‹. Zur Geschichte der Individualität*. Rowohlt: Reinbek.

Sorabij, Richard (2005): *Self. Ancient and Modern Insights about Individuality, Life, and Death*. Clarendon Press: Oxford.

Söring, Jürgen (1988): *Tragödie. Notwendigkeit und Zufall im Spannungsfeld tragischer Prozesse*. Klett-Cotta: Stuttgart.

Sourvinou-Inwood, Christiane (2003): *Tragedy and Athenian Religion*. Lexington: Boston/Oxford.

Spahn, Peter (1993): „Individualisierung und politisches Bewußtsein im archaischen Griechenland", in: *Anfänge politischen Denkens in der Antike. Die nahöstlichen Kulturen und die Griechen*, hrsg. von Kurt Raaflaub. Schriften des Historischen Kollegs (Kolloquien 24). München: R. Oldenbourg, S. 343–363.

Spengler, Oswald (1990): *Der Untergang des Abendlandes. Umrisse einer Morphologie der Weltgeschichte* (1918/1922). C. H. Beck: München.

Spineto, Natale (2005): *Dionysos a teatro. Il contest festivo del dramma greco*. „L'Erma" di Bretschneider: Rom.

Spinoza, Baruch de (1977): *Die Ethik*, lateinisch und deutsch. Revidierte Übersetzung von Jakob Stern. Reclam: Stuttgart.

Stahl, Michael (2003): *Gesellschaft und Staat bei den Griechen: Klassische Zeit*. Schöningh: Paderborn.
Staiger, Emil (Hrsg.) (2005): *Der Briefwechsel zwischen Schiller und Goethe*. Revidierte Neuausgabe von Hans-Georg Dewitz. Insel: Frankfurt a. M., S. 363–365.
Stark, Klaus et al. (2009): „Die Auswirkungen des Klimawandels. Welche neuen Infektionskrankheiten und gesundheitlichen Probleme sind zu erwarten?", in: *Bundesgesundheitsblatt* 52/7, S. 699–714. DOI 10.1007/s00103–009–0874–9 (zuletzt abgerufen am 23.07.2020).
Steffen, Will / Crutzen, Paul J. / McNeill, John R. (2007): „The Anthropocene: Are Humans Now Overwhelming the Great Forces of Nature" in: *AMBIO: A Journal of the Human Environment*, 36(8), S. 614–621.
Steffen, Will et al. (2018): „Trajectories of the Earth System in the Anthropocene", in: *Proceedings of the National Academy of Sciences* 115 (33), S. 8252–8259, https://doi.org/10.1073/pnas.1810141115 (zuletzt abgerufen am 23.07.2020).
Steffen, Will / Grinevald, Jacques / Crutzen, Paul / McNeill, John (2011): „The Anthropocene: Conceptual and Historical Perspectives", in: *Philosophical Transactions if the Royal Society A* 369, S. 842–867.
Steger, Philipp (1997): „Die Scham in der griechisch-römischen Antike. Eine philosophie-historische Bestandsaufnahme von Homer bis zum Neuen Testament", in: Kühn/Raub/Titze (1997), S. 57–73.
Stegmaier, Werner (2008): *Philosophie der Orientierung*. De Gruyter: Berlin/New York.
Stein, Elisabeth (1990): *Autorbewußtsein in der frühen griechischen Literatur*. Tübingen: Gunter Narr.
Steiner, George (1981): *Der Tod der Tragödie*. Suhrkamp: Frankfurt a.M.
Steiner, George (1988): *Die Antigonen. Geschichte und Gegenwart eines Mythos*. Hanser: München/Wien.
Steiner, George (1996): „Absolute Tragedy", in: *No Passion Spent. Essays 1978–1996*. Faber: London, S. 129–141.
Steiner, Peter M. (1994): „Metabole und Revolution. Zu einem platonischen Terminus im *Politikos*-Mythos und seiner Beziehung zum neuzeitlichen Revolutionsbegriff", in: *Internationale Zeitschrift für Philosophie*, Heft 1, S. 41–56.
Steinert, Ulrike: „Person, Identität und Individualität im antiken Mesopotamien", in: *Konstruktionen individueller und kollektiver Identität (II). Alter Orient, hellenistisches Judentum, römische Antike, Alte Kirche*. Vandenhoeck & Ruprecht: Göttingen 2017, S. 39–100.
Steinfath, Holmer (2001): *Orientierung am Guten*. Suhrkamp: Frankfurt a.M.
Steinmann, Kurt (1981): „Nachwort", in: Euripides (1981), S. 129–175.
Steinweg, Marcus (2015): *Inkonsistenzen*. Matthes & Seitz: Berlin.
Stenger, Jan (2008): „Ich schäme mich, also bin ich. Scham und Selbstbewußtsein in der griechischen Literatur", in: Arweiler/Möller (2008), S. 217–238.
Stephan, Inge (2006): *Medea. Multimediale Karriere einer mythologischen Figur*. Böhlau: Köln/Weimar/Wien.
Stiftung FUTURZWEI, https://futurzwei.org/ (zuletzt abgerufen am 23.07.2020).
Stinton, T. C. W. (1975): „Hamartia in Aristotle and Greek Tragedy", in: *The Classical Quarterly*, New Series, Vol. 25, Nr. 2, S. 221–254.
Stobbe, Johannes (2016): *Die Politisierung des Archaischen: Studien zu Transformationen der griechischen Tragödie im deutsch- und englischsprachigen Drama und Theater seit den 1960er Jahren*. Aisthesis: Bielefeld.
Stoellger, Philipp (2010): *Passivität aus Passion*. Mohr: Tübingen.
Stoessl, Franz (1987): *Die Vorgeschichte des griechischen Theaters*. WBG: Darmstadt.

Stoessl, Franz (1988): *Der Prometheus des Aischylos als geistesgeschichtliches und theatergeschichtliches Phänomen*. Steiner: Stuttgart.

Storch, Wolfgang / Damerau, Burghard (Hrsg.) (2001): *Mythos Prometheus: Texte von Hesiod bis René Char: Texte von Hesiod bis Rene Char*. Reclam: Leipzig.

Strafgesetzbuch (StGB), https://dejure.org/gesetze/StGB

Straub, Eberhard (2010): *Zur Tyrannei der Werte*. Klett Cotta: Berlin.

Strauß, Botho (1995): „Anschwellender Bocksgesang", in: Schacht, Ulrich/ Schwilk, Heimo (Hrsg.) *Die selbstbewusste Nation. „Anschwellender Bocksgesang" und weitere Beiträge zu einer deutschen Debatte*. Ullstein: Berlin/Frankfurt a. M., S. 19–42 (zuerst kürzer in: *Der Spiegel* 6/1993, S. 202–207).

Strauss, Jonathan (2013): *Private Lives, Public Deaths: Antigone and the Invention of Individuality*. Fordham University Press: New York.

Strobach, Niko (1998): *The Moment of Change. A Systematic History in the Philosophy of Space and Time*. Kluwer Academic Publishers: Dordrecht/Boston/London.

Styron, William (1980): *Sophie's Choice*. Random House: New York.

Subramanian, Meera (2019): „Anthropocene now: influential panel votes to recognize Earth's new epoch", in: *Nature* vom 21.05.2019. DOI:10.1038/d41586-019-01641-5 (zuletzt abgerufen am am 23.07.2020).

Sussman, David (2005): „What's Wrong with Torture?", in: *Philosophy and Public Affairs*, 33, S. 1–33.

Swift, Laura (2010): *The Hidden Chorus: Echoes of Genre in Tragic Lyric*. Oxford University Press: Oxford/New York.

Swift, Laura (2016): *Greek Tragedy: Themes and Contexts*. Bloomsbury: London/New York.

Szondi, Peter (1978): *Versuch über das Tragische*, in: Ders: *Schriften*, Bd. 1. Suhrkamp: Frankfurt a. M., S. 149–260.

Szymborska, Wisława (1996): *Hundert Freuden*, hrsg. und aus dem Polnischen übersetzt von Karl Dedecius. Suhrkamp: Frankfurt a.M.

Taleb, Nassim Nicholas (2008): *Der Schwarze Schwan: Die Macht höchst unwahrscheinlicher Ereignisse*. Hanser: München.

Taleb, Nassim Nicholas (2013): *Antifragilität: Anleitung für eine Welt, die wir nicht verstehen*. Albrecht Knaus: München.

Taplin, Oliver (1972): „Aeschylean Silences and Silences in Aeschylus", in: *Harvard Studies in Classicl Philology* 76, S. 57–97.

Taplin, Oliver (1977): *The Stagecraft of Aeschylus. The Dramativ Use of Exits and Entrances in Greek Tragedy*. Clarendon Press: Oxford.

Taplin, Oliver (1978): *Greek Tragedy in Action*. Routledge: London.

Taplin, Oliver (2007): *Pots & Plays. Interactions between Tragedy and Greek Vase-painting of the Fourth Century B. C.* The J. Paul Getty Museum: Los Angeles.

Taylor, Charles (1982): „Responsibility for Self", in: *Free Will*, hrsg. von Gary Watson. Oxford University Press: Oxford, S. 111–126.

Taylor, Charles (1985): *Human Agency and Language. Philosophical Papers*, Bd. 1. Cambridge University Press: Cambridge.

Taylor, Charles (1985a): „Introduction", in: Ch. Taylor (1985), S. 1–12.

Taylor, Charles (1985b): „Self-Interpreting Animals", in: Ch. Taylor (1985), S. 45–76.

Taylor, Charles (1985c): „The Concept of a Person", in: Ch. Taylor (1985), S. 97–114.

Taylor, Charles (1988): *Negative Freiheit? Zur Kritik des neuzeitlichen Individualismus*. Suhrkamp: Frankfurt a. M.

Taylor, Charles (1988a): „Bedeutungstheorien", in: Taylor (1988), S. 52–117.

Taylor, Charles (1988b): „Der Irrtum der negativen Freiheit", in: Taylor (1988), S. 118–144.

Taylor, Charles (1988c): „Was ist menschliches Handeln?", in: Taylor (1988), S. 9–51.

Taylor, Charles (1991): *The Ethics of Authenticity*. Harvard University Press: Cambridge, Mass./London.
Taylor, Charles (1995): *Das Unbehagen an der Moderne*. Suhrkamp: Frankfurt a. M.
Taylor, Charles (1996): *Quellen des Selbst. Die Entstehung der neuzeitlichen Identität*. Suhrkamp: Frankfurt a. M.
Taylor, Gabriele (1985): *Pride, Shame and Guilt*. Oxford University Press: Oxford.
Tedeschi, Richard G. / Calhoun, Lawrence G. (1995): *Trauma and transformation: Growing in the aftermath of suffering*. Sage Publications: Newbury Park.
Telò, Mario / Mueller, Melissa (Hrsg.) (2018): *The Materialities of Greek Tragedies. Objects and Affect in Aeschylus, Sophocles, and Euripides*. Bloomsbury: London.
Tepl, Johannes (1984): *Der Ackermann und der Tod*, übert. von Felix Genzmer. Reclam: Stuttgart.
Thaler, Jürgen (2003): *Dramatische Seelen. Tragödientheorien im frühen 20. Jahrhundert*. Aisthesis: Bielefeld.
Theison, Philipp (2008): „Prometheus", in: *Mythenrezeption* (*DNP*, Supplemente, Bd. 5), hrsg. von Maria Moog-Grünewald. Metzler: Stuttgart/Weimar, S. 605–621.
Theunissen, Michael (1958): *Der Begriff Ernst bei Søren Kierkegaard*. Alber: Freiburg/München.
Theunissen, Michael (1981): *Selbstverwirklichung und Allgemeinheit: zur Kritik des gegenwärtigen Bewußtseins*. De Gruyter: Berlin/New York.
Theunissen, Michael (1991a): „Ὁ αἰτῶν λαμβάνει. Der Gebetsglaube Jesu und die Zeitlichkeit des Christseins", in: Ders: *Negative Theologie der Zeit*. Suhrkamp: Frankfurt a. M., S. 321–337.
Theunissen, Michael (1991b): *Das Selbst auf dem Grunde der Verzweiflung. Kierkegaards negativistische Methode*. Hain: Frankfurt a. M.
Theunissen, Michael (2000): *Pindar. Menschenlos und Wende der Zeit*. C. H. Beck: München.
Thomä, Dieter (1998): *Erzähle dich selbst. Lebensgeschichte als philosophisches Problem*. C. H. Beck: München.
Thomä, Dieter (2018): „Eine andere Antigone. Kritische Anmerkungen zu Christoph Menkes Theorie der Individualität", in: Khurana/Quadflieg/Raimondi/Rebentisch/Setton (2018), S. 357–373.
Thomä, Dieter / Henning, Christoph / Mitscherlich-Schönherr, Olivia (Hrsg.) (2011): *Glück. Ein interdisziplinäres Handbuch*. Metzler: Stuttgart/Weimar.
Thomson, George (1957): *Aischylos und Athen. Eine Untersuchung der gesellschaftlichen Ursprünge des Dramas*. Henschel: Berlin.
Thorley, John (1996): *Athenian Democracy*. Routledge: London/New York.
Thumiger, Chiara (2013): „Mad *Erôs* and Eroticized Madness in Tragedy", in: Sanders, Ed / Thumiger, Chiara / Carey, Chris / Lowe, Nick J.: *Erôs in Ancient Greece*. Oxford University Press: Oxford, S. 27–40.
Thunberg, Greta (2019): „Our house is on fire", in: *The Guardian* vom 25.01.2019.
Todt, Jens (2005): „Irgendwann schloss er seinen Mund und lächelte", in: *DER SPIEGEL* vom 13.09.2005, https://www.spiegel.de/panorama/justiz/sterbehilfe-prozess-irgendwann-schloss-er-seinen-mund-und-laechelte-a-374505.html (zuletzt abgerufen am 20.05.2020).
Toepfer, Regina (2013): *Höfische Tragik. Motivierungsformen des Unglücks in mittelalterlichen Erzählungen*. De Gruyter: Berlin/Boston.
Toepfer, Regina (Hrsg.) (2017): *Tragik und Minne*. Winter: Heidelberg.
Tomasello, Michael (2009): *Die Ursprünge der menschlichen Kommunikation*. Suhrkamp: Frankfurt a. M.
Trampedach, Kai (2006): „Die Tyrannis als Wunsch- und Schreckbild", in: Seidensticker/Vöhler (2006), S. 3–27.
Tran, Mark (2013): „Syrian women share their stories in new version of ancient anti-war play", in: *The Guardian* vom 28.11.2013.

Trautsch, Asmus (2004): „Dialektik der Selbstbetäubung", in: *Expedition Lunardi. Eine Anthologie*, hrsg. von Bettina Hartz und Asmus Trautsch. Lunardi: Berlin, S. 147–169.

Trautsch, Asmus (2008): „Die Rolle der Tragödie in der zeitgenössischen Philosophie. Über die ethisch-politische Dimension tragischer Erfahrung", in: *XXI. Deutscher Kongress für Philosophie*, auf: http://www.dgphil2008.de/dokumentation/sektionsvortraege.html (zuletzt abgerufen am 22.02.2020).

Trautsch, Asmus (2009): „Schopenhauer und das Trauerspiel der Gelassenheit", in: *Schopenhauer-Jahrbuch* 90, hrsg. von Matthias Kossler und Dieter Birnbacher. Königshausen & Neumann: Würzburg, S. 163–177.

Trautsch, Asmus (2011): „Leidenschaftliche Individualität. Zur tragischen Verfassung gesteigerten Lebens bei Schopenhauer, Nietzsche und Camus", in: Hühn/Schwab (2011), S. 417–437.

Trautsch, Asmus (2013): „Musenschrift", in: *karawa.net* (#005 / Babylonische Leiter), http://www.karawa.net/content/musenschrift-asmus-trautsch (zuletzt abgerufen am 22.02.2020).

Trautsch, Asmus (2016): „Die Tragödie als Antwort auf das Problem der Individualität im Ausgang der Aufklärung", in: *Literatur als philosophisches Erkenntnismodell*, hrsg. von Sebastian Hüsch and Sikander Singh. Tübingen, S. 9–26.

Trautsch, Asmus (2017): „Die Praxis der Individualität als Korrektiv des romantischen Individualitätsverständnisses", in: *Mensch sein – Fundament, Imperativ oder Floskel?*, hrsg. von Andreas Oberprantacher und Anne Siegetsleitner. Innsbruck University Press: Innsbruck, S. 241–252.

Trautsch, Asmus (2019): *Die Sorge um die Kontinuität. Über die Anfänge der Kulturphilosophie* (unveröffentlichtes Buch-Manuskipt). Berlin.

Trautsch, Asmus (2020): „Transzendenz der Tragik. Milo Raus globaler Realismus", in: Felber/Hippesroither (2020), S. 229–262.

Trousson, Raymond (1964): *Le thème de Prométhée dans la littérature européenne* (2 Bände). Droz: Genf.

Tsagarakis, Odysseus (1977): *Self-Expression in Early Greek Lyric: Elegiac and Iambic Poetry*. Steiner: Wiesbaden.

Tsing, Anna / Swanson, Heather / Gan, Elaine / Bubandt, Nils (Hrsg.) (2017): *Arts of Living on a Damaged Planet*. University of Minnesota Press: Minneapolis/London.

Tsing, Anna Lowenhaupt (2018): *Der Pilz am Ende der Welt. Über das Leben in den Ruinen des Kapitalismus*. Matthes & Seitz: Berlin.

Tugendhat, Ernst (1979): *Selbstbewußtsein und Selbstbestimmung. Sprachanalytische Interpretationen*. Suhrkamp: Frankfurt a. M.

Tugendhat, Ernst (1984): *Probleme der Ethik*. Reclam: Stuttgart.

Tugendhat, Ernst (1984a): „Antike und moderne Ethik", in: Tugendhat (1984), S. 33–56.

Tugendhat, Ernst (1984b): „Erneute Retraktation; Ausblick auf eine Moral der Ernsthaftigkeit", in: Tugendhat (1984), S. 169–176.

Tugendhat, Ernst (1993): *Vorlesungen über Ethik*. Suhrkamp: Frankfurt a. M.

Tugendhat, Ernst (2001): „‚Wir sind nicht fest verdrahtet': Heideggers ‚Man' und die Tiefendimension der Gründe", in: Ders: *Aufsätze 1992–2000*. Suhrkamp: Frankfurt a. M., S. 138–162.

Tugendhat, Ernst (2003): *Egozentrizität und Mystik. Eine anthropologische Studie*. C. H. Beck: München.

Tugendhat, Ernst (2010): *Anthropologie statt Metaphysik*. C. H. Beck: München.

Tugendhat, Ernst (2010a): „Anthropologie als erste Philosophie", in: Tugendhat (2010), S. 34–54.

Tugendhat, Ernst (2010b): „Nietzsche und die philosophische Anthropologie: Das Problem der immanenten Transzendenz", in: Tugendhat (2010), S. 13–33.

Tugendhat, Ernst (2010c): „Über Mystik. Vortrag anläßlich der Verleihung des Meister-Eckhart-Preises", in: Tugendhat (2010), S. 176–190.
Türcke, Christoph (2017): *Umsonst leiden. Der Schlüssel zu Hiob.* zu Klampen: Springe.
Unamuno, Miguel de (1925): *Das tragische Lebensgefühl.* Meyer & Jessen: München [orig.: *Del sentimiento trágico de la vida en los hombres y en los pueblos,* in: Ders: *Obras Completas,* Bd. VII. Escelicer: Madrid 1967].
Vahlen, Johannes (1914): *Beiträge zu Aristoteles' Poetik II.* Sitzungsberichte der Kaiserlichen Akademie der Wissenschaften in Wien 1866 [1867]. Leipzig.
Vasseur-Legangneux, Patricia (2004): *Les tragédies grecques sur la scène moderne: Une utopie théâtrale.* Presses Universitaires du Septentrion: Villeneuve d'Ascq.
Vega, Elwyn de la et al. (2020): „Atmospheric CO2 during the MidPiacenzian Warm Period and the M2 glaciation", in: *Scientific Reports* Vol. 10, Nr. 11002, https://www.nature.com/articles/s41598–020–67154–8 (zuletzt abgerufen am 23.07.2020).
Vegetti, Mario (2004): „Der Mensch und die Götter", in: Vernant (2004), S. 295–333.
Velleman, J. David (2006): „The Centered Self", in: *Self to Self.* Cambridge University Press: Cambridge/New York, S. 253–283.
Vernant, Jean-Pierre (1982): *Die Entstehung des griechischen Denkens.* Suhrkamp: Frankfurt a. M.
Vernant, Jean-Pierre (1989a): „At Man's Table: Hesiod's Foundation Myth of Sacrifice", in: Marcel Detienne und Jean-Pierre Vernant: *The Cuisine of Sacrifice among the Greeks.* The University of Chicago Press: Chicago, S. 21–86.
Vernant, Jean-Pierre (1989b): *L'individu, la mort, l'amour.* Gallimard: Paris 1989.
Vernant, Jean-Pierre (1990a): „Tensions and Ambiguities in Greek Tragedy", in: Vernant/Vidal-Naquet (1990), S. 29–48.
Vernant, Jean-Pierre (1990b): „The Tragic Subject: Historicity and Transhistoricity", in: Vernant/Vidal-Naquet (1990), S. 237–247.
Vernant, Jean-Pierre (1990c): „Ambiguity and Reversal: On the Enigmatic Structure of Oedipus Rex", in: Vernant/Vidal-Naquet (1988), S. 113–140.
Vernant, Jean-Pierre (1990d): „The God of Tragic Fiction", in: Vernant/Vidal-Naquet (1990), S. 181–189.
Vernant, Jean-Pierre (1990e): „Intimations of the Will in Greek Tragedy", in: Vernant/Vidal-Naquet (1990), S. 49–84.
Vernant, Jean-Pierre (1990f): „The Masked Dionysus of Euripides' Bacchae", in: Vernant/Vidal-Naquet (1990), S. 381–412.
Vernant, Jean-Pierre (1990g): „The Historical Moment of Tragedy in Greece: Some of the Social and Psychological Conditions", in: Vernant/Vidal-Naquet (1990), S. 23–28.
Vernant, Jean-Pierre (1995): *Mythos und Religion im alten Griechenland.* Campus: Frankfurt a. M.
Vernant, Jean-Pierre (Hrsg.) (2004): *Der Mensch der griechischen Antike.* Magnus: Essen.
Vernant, Jean-Pierre / Frontisi-Ducroux, Françoise (1990): „Features of the Mask in Ancient Greece", in: Vernant/Vidal-Naquet (1990), S. 189–206.
Vernant, Jean-Pierre / Vidal-Naquet, Pierre (1990): *Myth and Tragedy in Ancient Greece.* Zone Books: New York.
Vial, Hélène / Cremoux, Anne de (Hrsg.) (2015): *Figures tragiques du savoir : Les dangers de la connaissance dans les tragédies grecques et leur postérité.* Presses Universitaires du Septentrion: Villeneuve d'Ascq.
Vischer, Friedrich Theodor (1987): *Auch Einer. Eine Reisebekanntschaft.* Insel: Frankfurt a. M.
Vlastos, Gregory (2000): „Das Individuum als Gegenstand der Liebe bei Platon", in: *Analytische Philosophie der Liebe,* hrsg. von Dieter Thomä. Mentis: Paderborn, S. 17–44.
Volkmann-Schluck, Karl-Heinz (1992): *Die Philosophie der Vorsokratiker. Der Anfang der abendländischen Metaphysik.* Königshausen & Neumann: Würzburg.

Bynum, Caroline (1980): „Did the Twelfth Century Discover the Individual?", in: *Journal of Ecclesiastical History* 31, S. 1–17.
Wallace, Jennifer (2020a): *Tragedy Since 9/11. Reading a World Out of Joint*. Bloomsbury: London/Oxford.
Wallace, Jennifer (2020b): „The tragedy of climate change", in: *New Statesman* vom 20.03.2020.
Wallace, Robert W. (2007): „Plato's Sophists, Intellectual History after 450, and Sokrates", in: Samons II (2007), S. 215–237.
Walpole, Horace (1906): *The Letters of Horace Walpole*, hrsg. von Peter Cunningham, Vol. VI. John Grant: Edinburgh.
Walton, Kendall (1990): *Mimesis as Make-Believe*. Harvard University Press: Cambridge, Mass.
Warburg, Aby (2000): *Der Bilderatlas Mnemosyne*, hrsg. von Martin Warnke und Claudia Brink. Akademie: Berlin.
Ward, Peter (2009): *The Medea Hypothesis: Is Life on Earth Ultimately Self-Destructive?* Princeton University Press: Princeton.
Weber, Alfred (1992): *Das Tragische und die Geschichte*, in: Ders: *Gesamtausgabe*, Bd. 2, hrsg. von Richard Bräu. Metropolis: Marburg.
Weber, Max (1988a): „Parlament und Regierung im neugeordneten Deutschland", in: *Gesammelte politische Schriften*, hrsg. von Johannes Winckelmann. Mohr: Tübingen ⁵1988, S. 306–443.
Weber, Max (1988b): *Politik als Beruf*, in: *Gesammelte politische Schriften*, hrsg. von Johannes Winckelmann. Mohr: Tübingen ⁵1988, S. 505–560.
Weber, Max (1989): *Die Wirtschaftsethik der Weltreligionen*, in: *Gesamtausgabe*, Abt. I, Bd. 19, hrsg. von Helwig Schmidt-Glintzer. Mohr: Tübingen.
Weber, Max (1995): *Wissenschaft als Beruf*. Reclam: Stuttgart.
Weerakkody, D. P. M. (2006): „Demography", in: *Encyclopedia of Ancient Greece*, hrsg. von Nigel Wislon. Routledge: New York/London, S. 213–215.
Weihe, Richard (2004): *Die Paradoxie der Maske: Geschichte einer Form*. Fink: München.
Weinberg, Erika L. (2018): „Weapons as Friends and Foes in Sophocles' *Ajax* and Euripides' *Heracles*", in: Telò/Mueller (2018), S. 63–77.
Weiss, Naomi (2017): „Noise, Music, Speech: The Representation of Lament in Greek Tragedy", in: *American Journal of Philology*, Vol. 138, Nr. 2, 550, S. 243–266.
Weiss, Naomi (2018): *The Music of Tragedy. Performance and Imagination in Euripidean Theater*. University of California Press: Oakland.
Wellbery, David W. (1998): *Schopenhauers Bedeutung für die moderne Literatur*. Carl Friedrich von Siemens Stiftung: München.
Wellbery, David W. (2007): „Form und Funktion der Tragödie nach Nietzsche", in: Menke/Menke (2007), S. 199–212.
Welsch, Wolfgang (1990): „Ästhetik und Anästhetik", in: Ders: *Ästhetisches Denken*. Reclam: Stuttgart, S. 9–40.
Welwei, Karl-Wilhelm (1999): *Das klassische Athen. Demokratie und Machtpolitik im 5. und 4. Jahrhundert*. Primus-Verlag: Darmstadt.
Welzer, Harald (2014): *Selbst denken. Eine Anleitung zum Widerstand*. Fischer: Frankfurt a. M.
Welzer, Harald (2019): *Alles könnte anders sein: Eine Gesellschaftsutopie für freie Menschen*. Fischer: Frankfurt a. M.
Wenzel, Horst (Hrsg.) (1983): *Typus und Individualität im Mittelalter*. Fink: München.
Wesche, Tilo (2011): „Wissen und Wahrheit im Widerstreit. Zu Hegels Theorie der Tragödie", in: Hühn/Schwab (2011), S. 297–315.
Wetmore Jr., Kevin J. (2016): „The Reception of Greek Tragedy in Japan", in: Zyl Smit (2016), S. 382–396.
Wetmore, Kevin J. (2002): *Athenian Sun in an African Sky. Modern African Adaptations of Classical Greek Tragedy*. McFarland: Jefferson, NC/London.

Wetz, Franz Josef (1998): „Die Begriffe ‚Zufall' und ‚Kontingenz'", in: *Kontingenz*, hrsg. von Gerhardt von Graevenitz und Odo Marquard (*Poetik und Hermeneutik*, Bd. 17). Fink: München, S. 27–34.

Weyenberg, Astrid Van (2013): *The Politics of Adaptation: Contemporary African Drama and Greek Tragedy.* Cross/Cultures 165. Editions Rodopi B.V.: Amsterdam/New York.

White, David A. (2007): *Myth, Metaphysics and Dialectic in Plato's Statesman.* Aldershot: Ashgate.

Widmann, Arno (2011): „Ein Held, der das Leben liebte. Zum Tode Vaclav Havels", in: *Frankfurter Rundschau* vom 18.12.2011.

Wienbracke, Mike (2013): „Der Verhältnismäßigkeitsgrundsatz", in: *Zeitschrift für das Juristische Studium* Nr. 2, S. 148–155.

Wiese, Benno von (1948): *Die deutsche Tragödie*, 2 Bde. Hoffmann u. Campe: Hamburg.

Wilamowitz-Moellendorff, Ulrich von (1931/1932): *Der Glaube der Hellenen*, 2 Bde. Weidmann: Berlin.

Wilamowitz-Moellendorff, Ulrich von (1959): *Euripides: Herakles,* Bd. I: *Einleitung in die Griechische Tragödie.* (Nachdruck): WBG: Darmstadt.

Wildt, Andreas (1993): „Die Moralspezifizität von Affekten und der Moralbegriff", in: *Zur Philosophie der Gefühle*, hrsg. von Hinrich Fink-Eitel und Georg Lohmann. Suhrkamp: Frankfurt a. M., S. 188–217.

Wiles, David (1997): *Tragedy in Athens. Performance space and theatrical meaning.* Cambridge University Press: Cambridge/New York.

Wiles, David (2000): *Greek Theatre performance. An Introduction.* Cambridge University Press: Cambridge.

Willaschek, Marcus (2009): „Der eigene Wille. Zum Zusammenhang zwischen Freiheit, Selbstbestimmung und praktischer Identität", in: Heilinger/King/Witter (2009), S. 91–111.

Willaschek, Marcus (1992): *Praktische Vernunft. Handlungstheorie und Moralbegründung bei Kant.* Metzler: Stuttgart.

Williams, Bernard (1978): „Widerspruchsfreiheit in der Ethik", in: *Probleme des Selbst.* Reclam: Stuttgart, S. 263–296.

Williams, Bernard (1984): *Moralischer Zufall. Philosophische Aufsätze 1973–1980.* Hain: Königstein.

Williams, Bernard (1984a): „Moralischer Zufall", in: Williams (1984), S. 30–49.

Williams, Bernard (1984b): „Personen, Charakter und Moralität", in: Williams (1984), S. 11–27.

Williams, Bernard (1999): *Ethik und die Grenzen der Philosophie.* Rotbuch: Hamburg.

Williams, Bernard (2000): *Scham, Schuld und Notwendigkeit.* Akademie: Berlin.

Williams, Bernard (2006): „Unbearable Suffering", in: *The Sense of the Past.* Princeton University Press: Princeton/Oxford, S. 331–337.

Williams, Raymond (1966): *Modern Tragedy.* Chatto and Windus: London.

Wilson, Edward O. (2016): *Half-Earth: Our Planet's Fight for Life.* Liveright: New York/London.

Wilson, Peter (2009): „Tragic Honours and Democracy: Neglected Evidence for the Politics of the Athenian Dionysia", in: *Classical Quaterly* 59, S. 8–29.

Wilson, Peter Hamish (2009): *Europe's Tragedy: A History of the Thirty Years War.* Allen Lane: London.

Winkler, John J. / Zeitlin, Froma I. (Hrsg.) (1990): *Nothing to do with Dionysos? Athenian Drama in Its Social Context.* Princeton University Press.

Wise, Jennifer (1998): *Dionysus Writes. The Invention of Theatre in Ancient Greece.* Cornell University Press: Ithaca/London.

Wittgenstein, Ludwig (1990): *Vermischte Bemerkungen (Werkausgabe,* Bd. 8). Suhrkamp: Frankfurt a.M.

Wittgenstein, Ludwig (2001): *Philosophische Untersuchungen.* Historisch-genetische Edition. Suhrkamp: Frankfurt a. M.

Wohl, Victoria (1998): *Intimate Commerce. Exchange, Gender, and Subjectivity in Greek Tragedy.* University of Texas Press: Austin.

Wohl, Victoria (2015): *Euripides and the Politics of Form*. Princeton University Press: Princeton.
Wolf, Jean-Claude (2006): *Eduard von Hartmann. Ein Philosoph der Gründerzeit*. Königshausen & Neumann: Würzburg.
Wollheim, Richard (1999): *On the Emotions*. Yale University Press: New Haven/London.
Woodward, Susan L. (1995): *Balkan Tragedy: Chaos and Dissolution after the Cold War*. The Brookings Institution: Washington.
World Economic Forum (2020): *The Global Risks Report 2020, 15th Edition*. Genf.
Wörner, Markus H. (1981): „Pathos' als Überzeugungsmittel in der Rhetorik des Aristoteles", in: *Pathos, Affekt, Gefühl*, hrsg. von Ingrid Craemer-Ruegenberg. Alber: Freiburg/München, S. 53–78.
Worth, Katharine (2004): „Geek Notes in Samuel Beckett's Theatre Art", in: Hall/Macintosh/Wrigley (2004), S. 265–283.
Wright, Christopher / Nyberg, Daniel (2015): *Climate Change, Capitalism, and Corporations. Processes of Creative Self-Destruction*. Cambridge University Press: Cambridge.
Wright, Georg Hendrik von (1974): *Erklären und Verstehen*. Suhrkamp: Frankfurt a. M.
Wright, Martin (2016/2018): *The Lost Plays of Greek Tragedy*, 2 Bde. Bloomsbury: London/New York.
Wuketits, Franz M. (2002): *Die Selbstzerstörung der Natur. Evolution und die Abgründe des Lebens*. DTV: München.
Wyles, Rosie (2011): *Costume in Greek Tragedy*. Bristol Classical Press: London.
Yalom Irvin D. (2016): *Denn alles ist vergänglich: Geschichten aus der Psychotherapie*. btb: München.
Yatromanolakis, Dimitrios / Panagiotis, Roilos (Hrsg.) (2004): *Greek Ritual Poetics* (Hellenic Studies 3). Harvard University Press: Cambridge, Mass./London.
Young, Julian (2013): *The Philosophy of Tragedy. From Plato to Žižek*. Cambridge University Press: New York.
Zalasiewicz, Jan (2008): *The Earth After Us: What Legacy Will Humans Leave in the Rocks?* Oxford University Press: Oxford 2008.
Zalasiewicz, Jan et al. (2017): „Scale and diversity of the physical technosphere: A geological perspective", in: *The Anthropocene Review* 4 (1), S. 9–22, https://doi.org/10.1177/2053019616677743 (zuletzt abgerufen am 23.07.2020).
Ze'ev, Aaron Ben (2000): *The Subtely of Emotions*. Cambridge University Press: Cambridge.
Zeitlin, From I. (1990): „Thebes: Theatre of Self and Society in Athenian Drama", in: Zeitlin/Winkler (1990), S. 130–168.
Zeitlin, Froma I. (2004): „Dionysus in 69", in: Hall/Macintosh/Wridley (2004), S. 49–75.
Zierl, Andreas (1994): *Affekte in der Tragödie. Orestie, Oidious Tyrannos und die Poetik des Aristoteles*. Akademie: Berlin.
Ziermann, Christoph (2004): *Platons negative Dialektik. Eine Untersuchung der Dialoge „Sophistes" und „Parmenides"*. Königshausen & Neumann: Würzburg.
Zimmer, Carl (2008): „Expressing Our Individuality, the Way E. Coli Do", in: *The New York Times* vom 22.04.2008.
Zimmer, Jörg / Regenbogen, Arnim (2010): „Entfremdung", in: Sandkühler (2010), S. 532–535.
Zimmermann, Bernhard (1992): *Die griechische Tragödie*. München.
Zimmermann, Bernhard (2000): *Europa und die griechische Tragödie. Vom kultischen Spiel zum Theater der Gegenwart*. Fischer: Frankfurt a. M.
Zimmermann, Bernhard (2006): „Pathei Mathos. Tragische Strukturen in den Wolken des Aristophanes", in: *Studia Philologica Valentina* 9, S. 245–253.
Zimmermann, Bernhard (2011): „Über das Tragische bei den Griechen", in: Hühn/Schwab (2011), S. 133–141.
Zimmermann, Christiane (1993): *Der Antigone-Mythos in der antiken Literatur und Kunst*. Narr: Tübingen.

Ziolkowski, Theodore (2000): *The Sin of Knowledge. Ancient Themes and Modern Variations*. Princeton University Press: Princeton.
Žižek, Slavoj (2009): *First as Tragedy, Then as Farce*. Verso: London/New York.
Žižek, Slavoj (2015): *Die drei Leben der Antigone. Ein Theaterstück*. Fischer: Frankfurt a. M.
Žižek, Slavoj (2018): „Gott ist weder gerecht noch ungerecht: Er ist ohnmächtig.", in: *Neue Zürcher Zeitung* vom 03. 01. 2018.
Zumbusch, Cornelia (2010): *Pathos. Zur Geschichte einer problematischen Kategorie*. Akademie: Berlin.
Zumbusch, Cornelia (2012): *Die Immunität der Klassik*. Suhrkamp: Berlin.
Zyl Smit, Betine van (Hrsg.) (2016): *A Handbook to the Reception of Greek Drama*. Wiley-Blackwell: Chichester.

Erwähnte Filme und Sketche

Babel. R.: Alejandro González Iñárritu. Frankreich/USA/Mexiko 2006.
Being John Malkovich. R.: Spike Jonze. USA 1999.
Biutiful. R.: Alejandro González Iñárritu. Mexio/Spanien 2010.
Cassandra's Dream. R.: Woody Allen. USA/Großbritannien/Frankreich 2007.
Crimes and Misdemeanors. R: Woody Allen. USA 1989.
Die armenische Frage existiert nicht mehr – Tragödie eines Volkes (Dokumentarfilm). R.: Ralph Giordano. Deutschland 1986.
Dittsche – Das wirklich wahre Leben (Improvisationskomiksendung). Idee: Olli Dittrich. Deutschland 2004 ff.
Edipo Re. R.: Pier Paolo Pasolini. Italien 1967.
Electra. R.: Michael Cacoyannis. Griechenland 1962.
Great Conductors: Pierre Boulez – Emotion and Analysis. Ein Film von Paul Smaczny und Günter Atteln. EuroArts 2004.
Herren im Bad. R.: Loriot (Vicco von Bühlow). Deutschland 1978.
Ιφιγένεια. R.: Michael Cacoyannis. Griechenland 1977.
Interstellar. R.: Christopher Nolan. USA/Großbritannien 2014.
Matrix-Trilogie (*Matrix, Matrix reloaded* und *Matrix Revolutions*). R.: Lana und Andrew Wachowski. USA 1999/2003/2005.
Medea. R.: Pier Paolo Pasolini. Italien/Deutschland/Frankreich 1969.
Ministry of Silly Walks. Sketch aus *Monty Python's Flying Circus*. R: The Pythons (Graham Chapman, John Cleese, Eric Idle, Terry Jones, Michael Palin and Terry Gilliam). Großbritannien 1970.
Oedipus the King. R: Philip Saville. Großbritannien 1968.
The Trojan Women. R.: Michael Cacoyannis. USA/Großbritannien/Griechenland 1971.
Zimmerverwüstung. R.: Loriot (Vicco von Bühlow). Deutschland 1976.

Personenregister

Abälard, Petrus 588
Abramović, Marina 11
Abusaada, Omar 24, 33, 236
Adkins, Arthur 399
Adler, Hans 502
Adorno, Theodor W. 3, 7, 16, 35 f., 39 f., 43, 45, 65, 107, 203, 218, 222, 245, 250, 298, 364, 429, 644, 689, 723 f.
Aertsen, Jan A. 588
Agamben, Giorgio 364
Agathon von Athen 114, 127, 154, 407, 487
Aischylos 5, 10, 12, 25 f., 32 f., 37, 56 f., 60, 74, 94, 105–108, 111, 125, 132, 136, 149–151, 158, 166, 169, 171, 178–180, 191 f., 198, 201, 210–214, 216, 218–223, 227, 232, 234–237, 265, 274, 277, 280 f., 293, 296 f., 302, 311, 313, 315–318, 323, 327, 332, 334, 340, 343, 348 f., 351, 354, 369, 386 f., 390 f., 398, 406–408, 412–415, 437, 451, 454, 460, 465 f., 474 f., 484, 487, 510, 546, 576, 580 f., 593, 600, 606, 613–615, 621–623, 630, 642, 649, 651, 655, 662, 669, 678, 680–682, 713, 716, 770, 777, 779, 781
– Orestie 11, 33, 106, 108, 130, 136 151, 158, 180, 227, 233, 272, 290, 293, 327, 341, 343, 349, 390, 399, 460, 600, 604, 612, 682
– Agamemnon (Orestie) 10, 136, 151, 166, 178, 180, 191, 227, 33, 236, 293, 315 f., 327, 332, 340, 348 f., 352, 369, 406, 460, 580, 635, 649, 655, 681, 716, 781
– Choephoren (Orestie) 151, 178–180, 227, 233, 391, 580, 635, 647, 770
– Eumeniden (Orestie) 94, 178–180, 198, 233, 341–343, 349, 386 f., 391, 411 f., 455, 465, 487, 580, 600, 779
– Hiketiden (Die Schutzsuchenden) 169, 191, 234 f., 274, 281, 311, 318, 348, 386, 391, 399, 406, 413 f., 437, 451, 475, 510, 581, 608, 613
– Perser 5, 33, 60 f., 108, 125, 149–151, 197, 236 f., 302, 311, 346, 386, 390, 407, 412, 475, 485, 600, 612, 642, 678, 751
– Prometheus Desmotes 33, 150, 159 f., 169, 171 f., 181, 192, 199, 211–223, 232 f., 237 f., 265, 281, 346, 348 f., 354, 391, 433, 451, 454, 466, 474, 485 f., 545, 593, 612, 621–623, 630, 635, 642, 651, 769, 775
– Sieben gegen Theben 108, 166, 237, 311, 348 f., 351, 390, 406, 415, 460, 612–615, 642
– Fragmente 201, 219, 211, 219, 221–223, 386
Ajouri, Philip 207
Al Attar, Mohammad 24, 33
Alexander der Große 114, 711
Alkibiades 56 f., 92, 95
Allen, Danielle S. 328
Allen, Myles R. 772
Allen, Woody 321, 730, 753
Allen-Hornblower, Emily 32
Almohanna, Mohammad 24
Almond, Rosamunde 755
Alt, Peter André 32, 68, 241 f., 246, 249, 477
Alvaredo, Facundo 757
Ambühl, Annemarie 483
Ammicht-Quinn, Regina 335
Anaxagoras 56, 79, 388
Anaximander 79
Anders, Günther 203 f., 771 f., 778
Andújar, Rosa 32, 291
Angehrn, Emil 298
Anouilh, Jean 36
Anscombe, Elizabeth 441 f.
Archilochos von Paros 142
Arendt, Hannah 38, 50, 176, 201–204, 245, 268 f., 273, 286 f., 536, 550, 560, 694, 717, 751, 764, 782
Ariston von Chios 726 f.
Aristophanes 56 f., 74, 114, 131, 237, 277, 467
Aristoteles 5, 8 f., 16 f., 21 f., 26, 34, 40–42, 54, 56, 65, 68, 72, 77 f., 84–88, 90, 91, 93–96, 99 f., 102–107, 110–123, 125–134, 138, 143–148, 150, 152–156, 158, 160–163, 165, 183 f., 187 f., 190, 197, 240, 247, 252, 270, 280 f., 296 f., 299–302, 304–307, 310, 313, 318–321, 327, 329–334, 337, 374, 379–381, 385, 387–389, 398, 400, 402 f., 407, 411, 426, 434, 456, 459–461, 467–469, 478 f., 484, 487, 499 f., 526, 547, 577 f., 582, 587, 595–598, 600, 603, 609 f., 634–636, 639 f., 648, 661, 663–665, 670, 676,

679 f., 683, 687, 701, 703, 706, 715, 719, 769
Arndt, Derek   755
Arpaly, Nomy   564
Artaud, Antonin   668
Asgill, Edmondson   24
Assmann, Aleida   752
Assmann, Jan   70–72, 194, 231, 356, 428, 572, 591, 677, 707
Atkins, Kim   534
Attar, Fariduddin   357
Atteln, Günter   563
Aubenque, Pierre   322, 572
Augustinus von Hippo, Aurelius   653, 428
Ayer, Alfred J.   525

Bacon, Francis   363
Badger, Jonathan   32
Badora, Anna   33
Bagordo, Andreas   680
Bahnsen, Julius   243, 246
Bahr, Hermann   261
Bajohr, Hannes   645, 773
Bakogianni, Anastasia   27
Balhar, Susanne   171
Balogun, Shola   24
Banu, Georges   34
Bar-On, Yinon M.   755
Barker, Howard   37
Baudrillard, Jean   263 f.
Baumann, Zygmunt   46
Baumgarten, Alexander Gottlieb   703
Bayer, Anja   758
Beck, Ulrich   48 f., 204, 723
Beck, Wolfgang   60, 479
Beck-Gernsheim, Elisabeth   723
Beckett, Samuel   37, 220
Bees, Robert   211, 213, 217, 621, 715
Beethoven, Ludwig van   27
Behler, Ernst   41, 175
Beistegui, Miguel de   31 f., 249, 604
Belfiore, Elisabeth   120 f., 123, 133, 328, 410, 577, 582, 772
Benedict, Ruth   399
Benjamin, Walter   15 f., 35, 65, 67, 249 f., 261, 269, 298, 310, 334 f., 364, 429, 457, 585, 656, 671, 674 f., 778
Bennett, Elena   775, 786
Benthien, Claudia   411, 413
Berg, Christa   38

Bergthaller, Hannes   756 f., 761, 765, 767, 779, 783
Berkeley, George   363
Berlin, Isaiah   449–451
Bernard, Wolfgang   456
Bernhard, Peter   162
Berninger, Anja   518
Bers, Victor   53, 57, 303
Berthold, Jürg   498
Bertram, Georg   538
Betzler, Monika   34, 493
Beuys, Joseph   101
Bexley, Erica   26
Bielfeldt, Ruth   207, 210
Bierl, Anton F. H.   32, 626–628
Biglieri, Aníbal A.   24
Billings, Joshua   31, 68
Bird, Kai   29
Birnbacher, Dieter   168, 770
Bishop, Claire   303
Bittrich, Ursula   165, 651
Bizet, Georges   27
Blackmore, Susan   526
Blankenburg, Wolfgang   339
Bleicken, Jochen   92
Bloch, Ernst   261
Bloom, Harold   552
Blume, Horst-Dieter   54, 127, 278, 289, 299, 303, 392, 681–683, 709 f., 713
Blumenberg, Hans   7, 61, 107, 172 f., 175, 211, 228 f., 241, 251, 284 f., 346 f., 355, 370 f., 375, 393, 439, 541, 571, 576, 629, 652–654, 656 f., 678, 714 f., 772
Blundell, Mary Whitlock   328, 577
Blunden, Jessica   755
Boer, Karin de   604
Boethius, Anicius Manlius Severinus   732
Boetius, Antje   787
Boetius, Susanne   25, 34, 144
Bogner, Ralf   32
Böhme, Hartmut   571
Bohrer, Karl Heinz   3, 9 f., 20, 27, 32, 41, 106, 126, 136, 140, 142, 219, 310, 313–316, 321, 323, 330–333, 335, 343, 430, 446, 477, 605, 618, 639–641, 643, 680, 698, 702
Bollenbeck, Georg   240, 248, 261
Bonaparte, Napoleon   196, 764
Bonneuil, Christophe   756, 766
Bons, Eberhards   589

Bossart, Rolf   199, 611
Bostrom, Nick   758
Boulez, Pierre   563
Bowra, Cecil Maurice   111
Boyle, Anthony J.   26
Bradley, Raymond S.   770
Brahms, Johannes   27
Brand, Stewart   786
Brands, Hal   32, 262, 785
Bratman, Michael E.   557
Brecht, Bertold   31, 33, 35–37, 65, 115, 170, 249, 273, 299, 336, 347, 376, 682, 724
Bredekamp, Horst   329, 354, 552, 588
Bremer, Dieter   27, 630, 697
Bremer, Jan   144f., 152, 305
Bremer, Thomas   540
Brentano, Franz   501
Brereton, Geoffrey   30
Breuer, Rolf   32, 467f.
Breuer, Stefan   257.
Bristow, Thomas   771
Broecker, Wallace   784
Bromand, Joachim   67
Brondizio, Eduardo S.   755, 774
Brown, Peter   27
Brüllmann, Philipp   117
Bubandt, Nils   774, 786
Buchheim, Thomas   79
Büchner, Georg   129f., 243, 476
Buck, Holly Jean   759
Buckminster Fuller, Richard   757
Budelmann, Felix   24, 322, 327, 329, 338
Burckhardt, Jacob   585f.
Bürger, Peter   372
Burian, Peter   180, 353, 678f.
Burke, Edmund   702
Burkert, Walter   107, 237, 345, 678, 680
Burkhard, Peter   186
Burmeister, Enno   278
Bushnell, Rebecca   32
Butler, Judith   20, 31, 63, 272, 376, 616, 618
Buxton, Richard   32
Bynum, Caroline Walker   587

Cacoyannis, Michael   236, 321, 392
Cairns, Douglas   54f., 399, 407
Calame, Claude   32
Calderón de la Barca, Pedro   177, 605
Calhoun, Lawrence G.   557f., 746
Callon, Michel   230

Campe, Rüdiger   437
Camus, Albert   16, 35, 430
Canaris, Johanna   32, 34, 37
Cancik-Lindemaier, Hildegard   55
Canetti, Elias   70
Canevaro, Lilah Grace   207, 210, 225
Caphina, César   756
Carson, Anne   415, 685
Carter, David M.   32, 55, 58
Cartledge, Paul   53, 58
Casanova, Giacomo   542
Caspo, Eric   711
Cassirer, Ernst   61, 107, 265–269, 273, 380, 429, 518, 550, 694, 715, 764
Cave, Nick   735
Cavell, Stanley   31, 57, 66, 408, 413, 636, 649
Cawthorn, Katrina   327
Cessi, Viviana   121, 144f., 156
Chakrabarty, Dipesh   771
Chancel, Lucas   757
Chandler, David Porter   29
Charles, David   121
Charpenel, Eduardo   596
Chaucer, Geoffrey   590
Chen, Rongun   24, 651
Chernilo, Daniel   758
Chomsky, Noam   758
Chou, Mark   32, 58
Christian, Lynda   177, 664
Cicero, Marcus Tullius   70, 94, 210, 219, 221, 362, 589, 673, 726
Cioran, Emil   246
Ćirković, Milan   758
Clemens von Alexandrien   726
Cohen, Hermann   745
Cook, John   766
Corcilius, Klaus   380
Corneille, Pierre   603
Coward, Thomas R. P.   32, 291
Cremoux, Anne de   32
Creuzer, Friedrich   626
Critchley, Simon   8, 19, 31, 61, 66, 130f., 180, 397, 658, 661, 700, 716
Cropp, Martin J.   12
Crops, Stef   772
Crutzen, Paul J.   754f., 772
Csapo, Eric   32, 280, 709
Cunsolo, Ashlee   772
Cuomo, Serafina   155

Dachselt, Rainer   298 f.
Damasio, Antonio   192, 393, 395, 438, 452
Damerau, Burghard   212
Darwin, Charles   339, 383, 386, 403, 416, 418, 424
Davidson, Donald   44
Davidson, John   55
Dawe, Roger D.   146
De Wilde, Arie   357
Deacy, Susan   349
Deleuze, Gilles   743
Demmerling, Christoph   126, 401
Demokrit   415, 631
Descartes, René   66, 192
Detienne, Marcel   627
Derrida, Jacques   503
Deubel, Werner   37 f.
Dewey, John   504, 550, 565
Di Marco, Massimo   56
Diamond, Jared   738, 760 f.
Díaz, Sandra   755, 774
Diderot, Denis   5, 299
Diels, Hermann   78, 81
Dietrich, Jan   591
Diggins, John Patrick   257
Dihle, Albrecht   144, 191
Dikötter, Frank   28
Diller, Hans   144, 630
Diogenes Laertius   85, 114, 676, 727
Dittrich, Olli   468
Dobelli, Rolf   727
Dodds, Eric Robertson   144, 170, 181–183, 185, 399
Doerries, Brian   10, 32, 747
Döhring, Sabine   126, 518
Domenach, Jean-Marie   29, 38
Dominik, William J.   24
Donner, Johann Christian   27, 479
Dönike, Martin   298
Donizetti, Gaetano   27
Dörrie, Heinrich   306 f., 669, 674
Dorsch, Fabian   10
Dougherty, Carol   210, 212
Dreyer, Matthias   1, 18, 32–34, 144, 457
Drumm, Ursula   262
Duchemin, Jacqueline   212
Dué, Casey   310
Duerr, Hans Peter   403
Düffel, John von   33
Duggan, Patrick   28

Dunbar, Zachary   34
Dürbeck, Gabriele   759
Dürrenmatt, Friedrich   39, 170, 203, 273
Düsing, Klaus   604

Eagleton, Terry   12, 31 f., 243, 249, 329, 477
Easterling, Patricia E.   32, 106, 354
Ebeling, Hans   328
Eberlein, Undine   552
Ebert, Theodor   320
Edel, Charles   32, 785
Edenhofer, Ottmar   761
Edinger, Sebastian   768
Effe, Bernd   223, 327
Ehrenberg, Alain   47, 741
Eibl-Eibesfeld, Irenäus   48
Eichmann, Adolf   38
Eigler, Ulrich   321
Elias, Norbert   403
Eliot, T.S.   243
Ellger-Rüttgardt, Sieglind   38
Ellis, Erle C.   756 f., 772 f., 783
Ellrich, Lutz   28 f.
Else, Gerald Frank   120, 123, 284, 296, 315, 319
Elsner, Jás   298
Emcke, Carolin   533, 544
Empedokles   79, 85
Engels, Friedrich   44, 48
Ephialtes von Athen   91
Epiktet   725–727
Epikur   653
Erffa, Carl Eduard Freiherr von   399
Erikson, Erik H.   530, 540, 544, 548, 633
Erikson, Joane   530
Erler, Michael   85, 127, 675
Ernst, Paul   35, 243, 252, 256
Erskine, Toni   32
Essen, Gesa von   32, 68, 249
Etman Ahmed   24
Ette, Wolfram   32, 35 f., 42, 55, 84, 113, 197, 377, 657, 682, 705, 726, 773
Euben, Peter J.   32
Euripides   10, 12, 25 f., 32 f., 36, 56 f., 59, 64, 87 f., 102, 105 f., 108, 111, 115, 119, 123, 127, 129, 132, 138, 141, 143, 150, 158, 162, 166, 169, 171, 181–183, 185, 188, 198, 223–226, 228 f., 232 f., 235–237, 270, 280 f., 296 f., 302, 305, 311–313, 317–320, 323, 341, 343, 346–351, 354 f., 359, 386 f.,

391f., 399, 405–408, 411–415, 431, 433–435, 438, 445, 451, 454f., 460f., 465f., 475, 478–484, 488, 492, 579–581, 583, 593, 615, 621, 626–628, 640, 642, 651f., 655f., 658, 674, 682, 695, 738, 753, 758, 768, 774, 779
- *Alkestis* 102, 127, 392, 411, 477, 481–484, 487, 581, 612, 642
- *Andromache* 123, 127, 151, 188, 236, 386, 392, 438, 454
- *Bakchen* 33, 108, 127, 150f., 181–185, 229, 351, 407, 434–436, 454, 475, 488, 579, 612, 626–628, 635
- *Elektra* 233, 682
- *Hekabe* 158, 169, 228, 236, 318f., 346, 387, 391f., 438, 445, 454, 466, 485, 487, 581, 612, 640, 655
- *Helena* 127, 129, 320, 351, 461, 477, 480, 483
- *Herakleiden* 188, 235
- *Herakles* 108, 123, 143, 181–183, 185, 223–229, 233, 272, 318, 341, 343, 350, 387, 392, 406–408, 411f., 416, 421, 431, 433, 455, 475, 579, 581, 608, 612, 635, 753
- *Hiketiden* 235, 311, 454, 466
- *Hippolytos* 64, 108, 166, 171, 226f., 232f., 312, 346, 349f., 386f., 391, 407, 413f., 475, 477, 612, 768
- *Ion* 129, 171, 198, 229, 270, 297, 312, 350, 477, 480f., 483, 581
- *Iphigenie bei den Taurern* 88, 129, 198, 229, 270, 297, 305, 320, 350, 461, 477, 479f., 483
- *Iphigenie in Aulis* 33, 87, 122f., 129, 143, 346, 350, 477–479, 485, 489, 580, 612
- *Kyklops* 695
- *Medea* 10, 33, 108, 119, 127, 138–142, 151, 156–158, 228, 233, 290, 320, 330, 346, 377, 383, 392, 475, 485f., 576, 579, 581, 604, 608, 612f., 621, 647, 738, 774
- *Orestes* 33, 87f., 407, 465, 580f.
- *Phoinikerinnen* 581
- *Troerinnen* 33, 108, 151, 169, 236f., 296f., 305, 312, 317f., 337, 341, 346–348, 350f., 359, 387, 392, 438, 461, 492, 580f., 583
- Fragmente 129, 350f.
Ewans, Michael 27

Fabre, Jan 33
Falb, Daniel 209, 764, 770, 778f., 785, 787
Farmer, Matthew C. 32
Fath, Andreas 769
Feger, Hans 66
Feichtinger, Barbara 476
Felber, Silke 32, 34
Felski, Rita 24, 32, 131, 249
Ferrarin, Alfredo 210
Fichte, Johann Gottlieb 130, 195, 360, 532, 534
Figal, Günter 31
Figes, Orlando 28
Fingerhut, Joerg 380f.
Finley, Moses I. 459
Finney, Gail 33
Finsterbusch, Karin 589
Fischer, Joachim 61
Fischer, Katharina 86
Fischer-Lichte, Erika 33f., 106, 144, 303, 709f.
Fisher, Nick R. E. 147, 149f.
Flachsland, Christian 761
Flaig, Egon 148, 163, 190f., 345, 412
Flasch, Kurt 81, 184, 587
Flashar, Hellmut 25, 32f., 113–115, 144, 323, 333, 713
Foley, Helene P. 63, 298, 627
Föllinger, Sabine 86, 150, 219, 475
Foot, Philippa 34
Ford, Katherine 24
Foucault, Michel 22, 363, 367f., 372, 631, 754
Fountoulakis, Andreas 32
Fränkel, Hermann 74
Frankfurt, Harry 182f., 394f., 431, 442, 500, 513, 524, 534, 548f., 558, 561, 566, 646, 688
Frankl, Viktor E. 743–748
Franzen, Jonathan 775–777
Frege, Gottlob 511
Freitas, Marlene Monteiro 33
Fressoz, Jean-Baptiste 756, 766
Freud, Sigmund 48, 67, 165, 221, 258f., 268, 328, 339, 526, 528, 535, 575
Frey, Marc 29
Frick, Werner 32, 68, 249
Friedman, Thomas 773
Friedrich Wilhelm IV. 27
Frisch, Max 203
Fritz, Kurt von 143, 145, 153, 157, 163, 169, 188, 483
Fromm, Erich 259

Froning, Heide 289
Frontisi-Ducroux, Françoise 289
Fuchs, Thomas 438
Fuhrmann, Manfred 6, 8, 107, 114, 116, 118, 127, 149, 296, 305, 319, 577
Fukuyama, Francis 48
Fulda, Daniel 9, 31f., 131f., 249, 297, 705
Funke, Peter 92
Fusini, Letizia 24, 651

Gabriel, Gottfried 390
Gabriel, Markus 167
Gadamer, Hans-Georg 17, 22, 53, 79–83, 85, 100, 131, 213, 265, 366, 369, 375, 462, 521, 542, 673, 678, 684, 700, 706, 739, 745
Gagné, Renaud 32
Gaitán, David 33
Galewicz, Wlodzimierz 494
Galinsky, Karl 223, 327
Galle, Roland 31, 68, 156, 244, 249, 258, 265, 295, 590
Gan, Elaine 774, 786
Gardiner, Stephen M. 759, 761
Garland, Robert 12, 60
Garrison, Elise P. 414
Gaskin, Richard 194
Gatz, Bodo 98
Gehlen, Arnold 35, 61, 261f., 429
Gehrke, Hans-Joachim 90f., 93, 95f.
Geiger, Rolf 93
Gelfert, Hans-Dieter 32, 145, 262
Gellrich, Michelle 68
Gerhardt, Volker 5, 48, 62, 66, 100, 102–104, 245, 284, 287, 380, 389, 394, 440, 448, 450f., 494, 496, 500, 517, 522, 532, 535, 537f., 543f., 548f., 551, 555, 558, 566, 570, 576, 584, 588, 611, 638, 645, 673, 675, 689, 691, 701, 706, 708, 715, 730, 747, 773, 780
Gerhartz, Ingo Werner 31, 144, 153, 188f., 344
Geßner, Willfried 250, 252, 254, 269
Geuss, Raymond 558
Geyer, Christian 167, 169
Gilbert, John 123
Gilbert, Scott F. 763
Gilbert, Martin 29
Gildenhard, Ingo 26, 32, 590
Gill, Christopher 588
Gilmore, James 364

Giordano, Ralph 29
Girard, René 298, 343, 684
Girshausen, Theo 32
Glatzel, Johann 310
Gloy, Karen 242, 249
Goebbels, Joseph 38
Goethe, Johann Wolfgang 196, 206, 241, 262, 299, 465, 474, 601, 603, 605
Goff, Barbara 24
Goffman, Erving 177
Golden, Leon 32, 756
Goldhill, Simon 1, 26, 32, 53, 55, 58, 62, 109, 180, 241, 278, 281, 284, 291–293, 298, 303, 323, 328, 577f., 580, 617–619, 627, 658, 679f., 708f.
Goldie, Peter 126, 538
Goldmann, Lucien 35, 38, 131, 249
Gombrich, Ernst 685
González Garciá, José M. 177, 664
Goodman, Nelson 611
Göpel, Maja 778
Gorgias 113, 301f., 334, 640, 667
Gosh, Amitav 784
Gosh, Pallab 758
Gottfried von Straßburg 590
Gottsched, Johann Christoph 163
Graf, Fritz 349
Greenwold, Emily 24
Gregory, Justina 32, 615
Greiner, Bernhard 32
Grethlein, Jonas 73–75, 137, 234, 334, 370, 453, 677, 699, 712
Griffith, Mark 211, 589, 623
Griffiths, Emma M. 32, 392
Grillparzer, Franz 170, 243
Grinevald, Jacques 754
Grooten, Monique 755
Grube, Babett 33
Gruber, Charlotte 34
Grüber, Klaus-Michael 33
Gruber, Markus 292
Grunberg, Isabelle 761
Guidi, Lucilla 309
Gurjewitsch, Aaron J. 588
Gust, Wolfgang 29
Guthke, Karl S. 35, 241, 249, 477
Guthrie, William Keith Chambers 85

Habermas, Jürgen 34, 273, 509, 526f., 530f., 533, 544f., 549f.

Hadjimichael, Theodora A. 32, 291
Hadot, Pierre 458, 631
Haff, Peter 767
Hahn, Henning 401
Hall, Edith 1, 17, 24f., 32–34, 39, 61, 64, 291, 297, 303, 392, 478f., 623
Halliwell, Stephen 34, 68, 110, 112f., 116–119, 121, 145–147, 149, 156f., 161, 304f., 478, 662–664, 667f., 671
Hamann, Johann Georg 521
Hametner, Hannes 33
Hamilton, Clive 757, 763f., 771, 773, 777, 784–786
Hamilton, Scott 771
Hampe, Michael 66, 162
Han, Byung-Chul 47, 741
Handke, Peter 569
Hanner, Oren 532
Harari, Yuval Noah 255, 722
Haraway, Donna 756f., 759, 763, 772, 784, 786
Harbsmeier, Martin 298, 331
Hård, Mikael 213
Hardin, Garrett 759f., 762
Hardwick, Lorna 24
Harkes, Rachael C. 771
Harms, Rudolf 321
Harris, Edward M. 148
Harris, George W. 19, 31, 397, 677, 734
Harrison, George W. M. 26
Harrop, Stephe 34
Harsh, Philip Whaley 226
Hartmann, Eduard von 243, 246
Hartmann, Martin 45, 659f.
Haß, Ulrike 6
Hasenclever, Walter 261
Haskins, Charles H. 588
Hastings, Max 29
Hauptmann, Gerhart 35, 170, 243, 246
Havel, Vaclav 746
Hawking, Stephen 758
Hay, Katia 188, 730
Hebbel, Friedrich 3, 129, 170, 243, 247, 250
Hegel, Georg Wilhelm Friedrich 3, 7, 11, 16, 22, 31, 34f., 39, 41, 43f., 55, 65, 67f., 79, 109f., 114, 120, 129–131, 187, 189, 196, 234, 241–243, 250f., 253, 255, 257f., 261, 264f., 269f., 272f., 349, 360, 375–378, 423, 427, 429, 457, 521, 523, 560, 588, 594f., 600–610, 625, 631, 633, 636–639, 650, 656–658, 671, 674, 676, 713, 719f., 729f., 739, 766, 772f., 781
Heidbrink, Ludger 68, 262
Heidegger, Martin 13, 20, 39, 61, 245, 306, 310, 367, 371, 375, 395f., 426, 429, 431, 521, 526, 528, 531, 538, 544, 553, 569f., 639
Heinimann, Felix 71
Heinrich, Klaus 438
Helbling, Niklaus 33
Held, Klaus 80
Heller, Ágnes 31
Heloïse 588
Henderson, Jeffrey 53, 709
Henkel, Karin 33
Henrich, Dieter 359–361, 383, 448, 457f., 463, 516, 526f., 530, 537, 541, 544f., 555, 633, 743
Henrichs, Albert 627
Henzler, Claudia 648
Heraklit 21, 41, 77–88, 90, 100, 130, 137, 229, 269, 348, 467, 588, 627, 650, 707, 739
Herder, Johann Gottfried 107, 211, 241, 521, 703
Hermann, Henning 590
Herodot 55, 60, 91, 94, 120, 302, 333, 677f.
Herrnstein Smith, Barbara 516
Hesiod 45, 56, 70, 74, 89, 98, 103, 110, 112, 114, 162, 170, 172, 193, 210, 212f., 220, 228f., 345, 350, 354, 356, 370, 403, 405f., 458f., 588, 627
Heuner, Ulf 32, 68
Heyme, Hansgünther 32
Hippesroither, Wera 32, 34
Hippias (Tyrann) 91
Hirvonen, Ari 32
Hitler, Adolf 37, 269
Hobbes, Thomas 450, 522
Hobsbawm, Eric 49
Hödl, Ludwig 486
Höffe, Otfried 31, 125, 161, 178, 578
Hofmannsthal, Hugo von 35, 243, 246
Hogrebe, Wolfram 67
Hölderlin, Friedrich 34, 36, 353, 457, 633
Hölscher, Uvo 17, 79
Homer 10, 21, 26, 41, 56, 64, 70, 73–75, 77, 89, 107, 114, 124, 149, 152, 154, 160, 167, 170, 181, 190f., 193f., 207, 225–227, 245, 273, 276, 282, 302, 324, 327, 331, 333,

337, 340, 345, 349, 354, 356, 399 f., 405, 409, 414, 417, 453, 458, 476, 577 f., 580, 588 f., 592, 653, 662, 672, 712
Honneth, Axel   45, 66, 421, 513
Hopman, Marianne Govers   32
Horáček, Martin   529, 552
Horaz   280
Hordon, Peregrine   589
Horkheimer, Max   39 f., 43, 45, 203, 222, 245, 248, 644
Horn, Christian   35
Horn, Christoph   99, 458, 631
Horn, Eva   756 f., 759, 761, 763–767, 773, 777, 779, 782–784, 787
Horstmann, Ulrich   246
Hose, Martin   114, 479, 481
Hösle, Vittorio   296 f., 313
Hübner, Johannes   87
Hufendiek, Rebekka   380
Hug, Arnold   175
Hughes, Malcolm K.   770
Hügli, Anton   494, 501
Hühn, Lore   27, 31 f., 41, 68, 120, 131, 240, 245, 249
Huller, Eva C.   36 f.
Hülsenwiesche, Reinhold   76, 120
Humboldt, Wilhelm von   521
Hume, David   16, 301, 363, 394, 444, 524 f., 532, 701
Hume, Julian   737
Huppert, Isabelle   700
Huttner, Ulrich   223

Iber, Christian   243
Ibsen, Henrik   243
Ihde, Don   371
Illouz, Eva   47
Iñárritu, Alejandro González   321
Innerarity, Daniel   758
Irvalı, Nil   775
Isaacs, Harold Robert   28
Isagoras   91
Isokrates   55, 88

Jaeggi, Rahel   66, 254, 396, 427–433, 436 f., 445–449, 451, 453, 462, 532, 541, 554, 560, 566, 569, 575, 646, 676, 725, 741
Jakob, Michael   761
James, William   504, 560, 571, 575
Jamieson, Dale   776

Jamison, Andre   213
Janke, Wolfgang   93
Janko, Richard   123
Janowski, Bernd   70, 231, 572, 589
Jansen, Angela   220
Jansen, Ludger   307, 387
Jaspers, Karl   14–16, 35, 38, 50, 52, 67, 203, 245, 248 f., 271, 273, 275, 357, 463, 474, 744
Jastrow, Morris   221
Jay, Martin   363, 366–368, 372, 374
Jaynes, Julian   194
Jelinek, Elfriede   37, 235
Jesaja   149
Jesus von Nazareth   433, 707, 731
Joas, Hans   497, 505, 513, 520, 530, 535, 548–550, 558, 565
Johannsen, Nina   172
Johnson, James Franklin   343
Jonze, Spike   184
Judet de la Combe, Pierre   32, 593 f., 658
Jullien, François   19
Jung, Werner   80, 124, 241, 256

Kablitz, Andreas   113
Kahn, Charles H.   85
Kambartel, Friedrich   362
Kamlah, Wilhelm   308 f.
Kampourelli, Vassiliki   32
Kane, Robert   167
Kane, Sarah   37
Kant, Immanuel   13, 39, 43, 67, 112, 187, 192, 205, 211, 245, 250, 271, 307 f., 355, 360, 363, 388, 394, 405, 420, 441, 494, 497, 499, 509, 512, 523, 527, 529, 532–534, 536–538, 547, 568, 611, 636 f., 673, 690, 700, 704–706, 708, 730, 734, 748 f., 783
Kantor, Tadeuz   37
Kaplanian, Patrick   212
Kappl, Brigitte   144
Karl, Jacqueline   588
Kast, Verena   743
Kaufmann, Walter   26, 29, 31, 38, 150, 341, 478
Kaul, Inge   761
Keeling, Charles David   770
Keil, Geert   167 f., 451
Kelly, Henry Ansgar   68, 590
Kennedy, Rebecca Futo   349
Kenny, Anthony   121

Kerényi, Karl 107, 211, 627
Kermani, Navid 357
Kersting, Wolfgang 631
Kertész, Imre 624
Ketelsen, Uwe-Karsten 262
Kierkegaard, Søren 14, 35, 243, 343, 500, 650
Kimura, Kenji 24
Kirk, Geoffrey S. 79, 627
Kirsch, Rainer 201
Kittler, Friedrich 347, 398, 620, 712
Kitto, Humphrey D. F. 171
Kitzinger, Margaret Rachel 288
Kleist, Heinrich von 243, 476
Kleisthenes von Athen 54, 91
Kleon 277
Klotz, Christian 534
Kluge, Alexander 40, 46, 230, 478, 560
Kluge, Friedrich 341, 631
Knape, Joachim 547
Knox, Bernard M. W. 64, 284, 593, 630
Koch, Klaus 70
Köhler, Kai 318
Kolb, Peter 85
Komatsu, Hikaru 780
Konersmann, Ralf 177, 240f., 245, 256, 664
Konstan, David 331, 339
Korsgaard, Christine 440, 453, 532, 534f.,
    543f., 555, 557f., 582
Kosak, Jennifer 89
Koselleck, Reinhart 43, 247
Kotte, Andreas 684
Krajczynski, Jakub 331
Krakauer, Siegfried 261
Krämer, Thorsten 758
Kraus, Chris 298
Kraus, Walter 160, 212
Kraxenberger. Maria 689
Kreis, Guido 67
Kremer, Gerd 326
Krewet, Michael 126
Krois, John Michael 273, 380
Kron, Thomas 529, 552
Krugman, Paul 758
Kuhn, Helmut 671
Kurzeck, Peter 535
Kurzweil, Ray 228, 255
Kyd, Thomas 590
Kyriakos, Konstantinos 27

La Boétie, Étienne de 508

Lacan, Jacques 259, 283, 639
LaCourse Munteanu, Dana 301, 331
Ladwig, Thomas 33
Laitinen, Arto 513, 541, 543
Lamari, Anna A. 32
Lamontagne, Jonathan R. 778
Lampart, Fabian 32, 68, 249
Landman, Janet 488
Landweer, Hilge 126, 401f., 404–406,
    408–410, 422
Lang, Kirsty 24
Langbehn, Claus 177, 522, 531f., 541, 544,
    631, 664, 692
Langer, Claudia 786
Lanier, Jaron 47
Lanni, Adriaan 344
Latacz, Joachim 12, 32, 53f., 105, 114, 216,
    280, 299, 604, 679, 709, 713, 715
Latour, Bruno 173, 230–232, 757, 765f., 773,
    776–779, 782, 787
Lautemann, Wolfgang 37
Laux, Hennnig 758
Law, John 230
Le Guen, Brigitte 32
Lear, Jonathan 443
Leber, Manfred 32
Lebow Richard N. 32
Lechevalier, Claire 32
Lefèvre, Eckart 144, 157, 159f., 211, 215, 217,
    324, 474, 621f., 730
Lehmann, Hans-Thies 3, 8f., 11, 29, 32–34,
    36f., 39, 106, 108f., 113, 165, 188, 191,
    276, 283, 289f., 298, 303, 310, 314–316,
    322, 333, 343, 354, 362, 397, 439, 457,
    590, 593, 631, 639f., 652f., 656, 678
Leibniz, Gottfried Wilhelm 66f., 245
Lemos, Noah M. 504
Lenk, Kurt 250, 257
Leonard, Miriam 32
Leopold, Silke 27
Lepenies, Wolf 264
Lesky, Albin 3, 114, 117, 129, 144, 180, 191,
    197, 482
Lessing, Gotthold Ephraim 241, 296, 298,
    362, 476, 603, 703–705
Lessing, Theodor 261
Lessmann, Kai 761
Lethen, Helmut 430
Lévi-Strauss, Claude 71
Levinas, Emmanuel 413f.

Lewandowsky, Stephan 766
Ley, Graham 34, 298
Liapis, Vayos 12, 32
Libet, Benjamin 169, 192
Liebsch, Burkhard 543
Lietzmann, Anja 403, 406 f., 417, 422
Lin, Kuan-wu 24
Lipps, Theodor 1, 261, 338
Lloyd-Jones, Hugh 345
Löbl, Rudolf 71
Locke, John 363, 525
Loher, Dea 37
Lohmann, Malte 481
Loriot (Vicco von Bühlow) 467 f.
Longo, Oddone 53
Loraux, Nicole 188, 310, 327, 337
Lösch, Volker 33
Lotter, Maria-Sibylla 400, 411 f., 417, 419 f., 423, 425, 535, 557
Lovelock, James E. 737 f., 758, 770
Lucas, Frank Laurence 124
Luckner, Andreas 445
Luhmann, Niklas 529, 552, 586 f., 592, 660
Lukács, Georg 65, 252, 256, 261, 421, 436
Lukrez 14
Lurje, Michael 26, 144 f., 153, 156, 177, 186, 188, 354
Luserke, Matthias 144
Lykurg 114

MacDowell, Douglas 149
MacFarlane, John 127 f.
Macintosh, Fiona 25, 32, 34, 39
MacIntyre, Alasdair 197
Mackenzie, Catriona 534
MacKinnon, Kenneth 27
Mahler, Gustav 27, 697
Maibach, Ed 766
Mainländer, Philipp 243, 246, 248
Malkmus, Bernhard 771
Malthus, Thomas 759
Malkovich, John 184
Mandel, Oscar 12
Mandela, Nelson 610, 625
Mann, Michael E. 770
Mannack, Thomas 282
Männlein-Robert, Irmgard 101
Manuwald, Bernd 188
Mao Zedong 269
Marcuse, Ludwig 68, 243, 245, 249, 261, 477

Margalit, Avishai 418 f., 422
Margulis, Lynn 737, 763
Mariauzouls, Charles 406
Markantonatos, Andreas 32, 114
Markovits, Elizabeth K. 32
Marks, Stephan 423
Marlowe, Christopher 590, 603
Marquard, Odo 162, 355, 689
Marshall, C. W. 54
Martin, Bridget 32
Martínez, Matías 207
Marx, Karl 44, 48, 243, 254 f., 259, 427, 429, 497
Marx, William 32, 485
Maslin, Mark 770, 774, 782
Massini, Stefano 33
Mastrandrea, Michael D. 575
Mattern, Jens 543
Matthiessen, Kjeld 354
Matzat, Wolfgang 636
McCoskey, Denise Eileen 55
McDonald, Marianne 24, 33
McNeill, John R. 754
Mead, George Herbert 425, 526, 535, 540, 544, 550
Meier, Christian 17, 21, 32, 42, 52 f., 55, 71, 74–76, 92, 190, 193, 222, 343, 459, 462, 600, 650, 657, 709, 711 f.
Meinel, Fabian 32
Melchinger, Siegfried 33, 127, 216, 277, 289, 298
Mendelssohn, Moses 702
Mendelssohn-Bartholdy, Felix 27
Menke, Bettine 298
Menke, Christoph 2, 8, 19, 31 f., 37, 47, 66, 68, 106, 148, 156–158, 175, 196, 234, 242, 248 f., 258, 270, 272, 274, 276, 298, 362, 377 f., 397, 422, 467, 560, 582, 593 f., 604 f., 611 f., 616 f., 631, 652, 655–657, 663, 682, 684, 696, 702 f., 706, 719, 723, 752
Menninghaus, Winfried 689
Merkelbach, Reinhold 627
Merthen, Claudia 64, 323, 382
Mesch, Walter 99
Metzinger, Thomas 527, 529
Meuter, Norbert 536, 543
Meyer, Martin F. 399–401, 404
Meyer-Kalkus, Reinhart 298
Meyerhold, Vsevolod E. 299

Michel, Diethelm 357
Michelakis, Pantelis 27
Middleton, Richard 758
Middleton, Thomas 590
Miller, Arthur 243
Miller, Margaret C. 32, 280
Milo, Ron 755
Mimnermos von Kolophon 73, 356
Minnema, Lourens 24, 32
Mitscherlich-Schönherr, Olivia 360
Möckel, Sebastian 298, 331
Monbiot, Georges 767
Mondtag, Ersan 33
Monsacré, Hélène 64
Montaigne, Michel de 508
Monty Python 468
Moore, Jason 756
Moran, Richard 10, 439–445, 517, 532
Morenilla, Carmen 32
Morris, Colin 588
Morris, David B. 338
Morris, Ian 589
Morton, Timothy 762f., 765, 773, 784–786
Moss, Richard 29
Most, Glenn W. 688
Mozart, Wolfgang Amadeus 504, 696
Mueller, Melissa 210
Mülke, Markus 302
Müllenbrock, Heinz-Joachim 590
Müller, Adam 175
Müller, Heiner 36f., 106
Müller, Herta 644
Müller, Oliver 203, 285
Müller, Reimar 60, 71, 215, 232, 397
Mulligan, Kevin 518
Murdoch, Iris 564
Müri, Walter 162
Musk, Elon 758

Nagel, Ivan 321
Nagel, Thomas 440, 444, 489f., 599
Nancy, Jean-Luc 65, 503
Nebel, Gerhard 314, 316
Neer, Richard 282f.
Neher, Caspar 36
Neill, Alex 301
Neiman, Susan 245, 654
Nesselrath, Heinz-Günther 223
Newmark, Catherine 306
Neymeyr, Barbara 242

Ngo, Hien T. 755, 774
Nida-Rümelin, Julian 137, 148, 152, 154, 173f., 186, 194, 390, 394, 419, 442f., 450, 490, 495, 499, 511, 538, 540, 542, 546, 555, 558, 641
Nietzsche, Friedrich 3, 13, 16, 19, 22, 27, 31, 35, 40, 54, 59–61, 65–67, 92, 105, 107, 114, 169, 193, 220, 238f., 243, 248–250, 259, 269, 298, 314–316, 341, 346, 355, 368, 371, 400, 487, 494, 498, 517, 526, 528, 547f., 571, 583f., 590, 600, 609, 626–628, 630, 638f., 645, 656, 661, 667, 671, 674–676, 686–699, 702f., 704, 706, 708, 718, 720f., 727, 741–744, 746, 748, 751f., 775
Nikolaus von Kues 81
Nolan, Christopher 761
Nooter, Sarah 291, 337
Novalis 532
Nozick, Robert 500, 641
Nunes, Antú Romero 33
Nussbaum, Martha C. 31, 57, 59, 66, 71, 510, 649, 666, 671, 677, 733f.
Nyberg, Daniel 758

Oberhelman, Steven M. 32
Obermeier, Christian 689
Oele, Marjolein 305–307, 310
Oittinen, Vesa 604
Olsen, Jon Flemming 468
Olshausen, Eckart 103
O'Neill, Eugene 243
Oppenheimer, Michael 776
Oreskes, Naomi 766, 776
Ortiz-Ospina, Esteban 755
Ostermaier, Albert 37
Ostheimer, Michael 36
Ostrom, Elinor 760, 781f.
Oswald, Alice 10, 64
O'Toole, Garson 625
Ottmann, Henning 212
Otto, Ilona 765
Otto, Walter F. 627
Ovid (Publius Ovidius Naso) 26, 124, 149, 152, 209f., 339, 476, 484, 723

Paavola, Jouni 761
Padel, Ruth 181, 183, 322, 399, 401, 407f.
Panagiotis, Roilos 298
Pankow, Edgar 212

Parfit, Derek 525f.
Parker, Ingrid 786
Parker, Robert 153
Parmenides 79, 81, 85
Parvinen, Kalle 737
Pascal, Blaise 131, 249
Pascual, Pilar Hualde 24
Pasolini, Pier Paolo 321
Pasovsky, Yoav 30
Pasternak, Boris 243
Patsalidis, Savas 34
Pauen, Michael 167, 244–247, 249, 451
Paulus von Tarsus 145, 433, 634
Pedrick, Victoria 32
Peisistratos 91, 106
Pelling, Christopher 277, 588
Perikles 56, 92, 278, 459–461, 605, 710, 713, 754
Perrakis, Manos 696, 704
Peters, Günter 212, 222, 241, 266, 268
Peterson, Jordan 732
Petrides, Antonis K. 12, 32
Pfeiffer, Karl L. 12
Phillips, Rob 755
Philon von Alexandrien 728
Phrynichos 236, 302, 481, 678, 713
Pickard-Cambridge, Arthur 299, 303, 682, 709
Pietsch, Christian 402
Piketty, Thomas 47, 757
Pindar 73f., 76, 124, 222, 302, 356, 487, 548
Pine, Joseph 364
Pinker, Steven
Pippin, Robert B. 39
Plass, Gilbert 770
Platon 2, 4, 16, 20, 22, 24, 30, 34, 52, 54–56, 59, 65–68, 74, 81f., 85–88, 90, 93–103, 107, 110, 112–114, 116, 119, 122, 128, 132, 137, 141, 145, 148, 167f., 177, 184, 206, 210, 240, 245, 267, 285, 296, 299–301, 305–307, 321, 333, 345, 353, 355, 361, 370, 376, 380f., 388f., 398, 402f., 406f., 414f., 458, 467, 494, 498, 504, 527, 540, 588, 596f., 610, 636, 640, 652f., 656, 661–678, 682f., 685–688, 690, 699, 703, 705, 707–709, 718, 725f., 730, 732, 739f., 764, 775, 784
Plessner, Helmuth 61, 262, 403, 428f., 432, 532f., 638f., 681f., 684, 739f.
Plutarch 111, 240, 280, 668
Pöggeler, Otto 604

Pohlenz, Max 91
Politzer, Heinz 258
Pollmann, Arnd 535, 544
Polybios 94
Polychroniou, C. J. 758
Popper, Karl R. 95
Port, Ulrich 9, 32, 249, 298f., 314, 638, 686
Porter, James 210
Pound, Ezra 33
Power, Carl 221
Powers, Melinda 34, 298
Prantl, Heribert 647f.
Primavesi, Oliver 26
Probst, Peter 310
Prodikos 650
Profitlich, Ulrich 35, 68, 256, 261f., 705
Protagoras 210, 650, 658
Puccini, Giacomo 27
Purcell, Nicholas 589
Putnam, Hilary 57, 66, 499

Quadflieg, Dirk 582
Quante, Michael 526, 538, 544, 646
Quiring, Manfred 29

Raaflaub, Kurt 459
Rabinowitz, Nancy Sorkin 32
Racine, Jean 35, 249, 387, 476, 603
Raddatz, Frank 787
Radt, Stephan Lorenz 144
Raeburn, David 32, 34
Rahmstorf, Stefan 784
Rapley, Chris G. 738
Rapp, Christof 79, 119, 121, 305f., 320, 331, 333
Rasko, John E. J. 221
Ratziger, Joseph (Benedikt XVI.) 497
Rau, Milo 199, 611
Raub, Michael 215
Raven, John E. 79, 627
Rawls, John 34, 401, 418, 490, 544
Raworth, Kate 778
Raz, Joseph 503, 569, 646
Rechenauer, Georg 60
Recki, Birgit 240, 266–268
Reckwitz, Andreas 47, 552, 592
Redgrave, Vanessa 392
Rees, Brinley Roderick 296, 304, 306
Rees, Martin 758, 786
Regenbogen, Arnim 429, 447

Reginster, Bernard 442
Reiner, Hans 726
Reinhardt, Hartmut 243
Reinhardt, Karl 144, 623, 652, 783
Reitze, Bastian 291f., 679
Renn, Jürgen 768, 785f.
Rentsch, Thomas 309
Revenstorf, Dirk 183, 185f.
Revermann, Martin 26, 32, 590
Rheinberger, Hans-Jörg 364
Riccoboni, Antonio Francesco 299
Richter, Konstantin 29
Richter, Lukas 58
Ricœur, Paul 31, 450, 528, 541, 543
Ringer, Mark 32
Ritchie, Hannah 755, 757
Ritter, Henning 241
Ritz, Eberhard 427
Rivero, Carmen 32
Rivier, André 191
Roche, Mark William 604
Rockström, Johan 777f.
Rolf, Thomas 515, 571
Romilly, Jacqueline de 32, 406, 460
Rorty, Richard 552, 733
Ros, Johann 88
Rosa, Hartmut 47, 254, 361, 444, 513, 741
Rosenbloom, David 55
Rosenzweig, Franz 310, 334f.
Roser, Max 755, 757
Rösler, Wolfgang 150
Rosling, Hans 45
Rosling, Ola 45
Rosling Rönnlund, Anna 45
Roth, Gerhard 167
Rötzer, Florian 263
Rousseau, Jean-Jacques 40, 66, 239–241, 266, 269, 427f., 446, 722, 762
Ruch, Philipp 476
Rudolph, Enno 267
Ruhnau, Jürgen 399, 409
Rüpke, Jörg 586
Rüsen, Jörn 73
Rust, Alois 504
Rutherford, Richard B. 118, 333
Ryffel, Heinrich 90, 93–96

Saez, Emmanuel 757
Saïd, Suzanne 145
Sainte-Albine, Pierre Rémond de 300

Sakellaridou, Elizabeth 33
Saleh, Yassin al-Haj 28f.
Sanders, Bernie 610
Sappho 604
Sarkissian, Alena 33f.
Saro-Wiwa, Ken 29
Sartre, Jean-Paul 16, 35f., 195, 236, 429, 453, 516, 704f., 720
Saville, Philip 321
Schadewaldt, Wolfgang 17f., 105, 140, 144, 171, 280, 313, 410
Schadow, Steffi 749
Schaefer, Ursula 588
Scharfe, Martin 209
Schauer, Markus 310f., 313, 412
Schechner, Richard 33
Scheler, Max 4, 35, 59, 61, 129, 259–261, 268, 400, 404, 417f., 427, 496, 505, 744
Schelling, Friedrich Wilhelm Joseph 3, 11, 16, 31, 34f., 67f., 120, 129f., 187f., 240–243, 250, 253, 256, 259, 269, 298, 360, 626, 664, 704f., 720, 746, 766
Schellnhuber, Hans Joachim 756, 758, 784, 786
Scherer, Bernd 756, 767
Schiemann, Gottfried 344
Schiller, Friedrich 56, 244, 250, 291, 296, 476, 532, 565, 601, 603–605, 609, 611, 638, 652, 683, 704–706, 720, 746
Schimmelpfennig, Roland 37
Schlaffer, Hannelore 219
Schlatter, Emrys 32
Schleef, Einar 26, 33, 282
Schlegel, August Wilhelm 175, 241, 291
Schlegel, Friedrich 242, 314
Schlenk, Manfred 37
Schlesier, Renate 627
Schlingensief, Christoph 220
Schlotter, Sven 494
Schmid, Wilhelm 211, 215
Schmidt, Brian P. 761
Schmidt, Christina 33f., 282
Schmidt, Dennis J. 32, 68, 604
Schmitt, Arbogast 8, 74, 111, 113, 115, 119–121, 127, 144f., 147, 151, 153, 157f., 169, 174, 178, 181, 187, 190f., 194f., 197, 296, 299, 303f., 313, 319, 381, 398, 458, 579, 582, 586, 588f., 592f., 596f., 603
Schmitt, Carl 53, 249, 303, 398
Schnädelbach, Herbert 498

Schneider, Lea   30
Schneider, Stephen H.   575
Schnyder, Bernadette   406, 460
Schofield, Malcom   79, 627
Schönherr-Mann, Hans-Martin   372
Schopenhauer, Arthur   3, 16, 35, 40, 59, 67, 158, 241–243, 247 f., 259, 263, 266, 372, 377 f., 571, 687–689, 693 f., 698, 707, 719, 727, 775, 778
Schöpsdau, Klaus   96
Schottlaender, Rudolf   595
Schriefl, Anna   726
Schrier, Omert J.   120, 123, 126
Schubert, Franz   27
Schulte, Michael   604
Schumpeter, Joseph   268
Schütrumpf, Eckhart   93, 96
Schwab, Philipp   27, 31 f., 68, 240, 245, 249
Schwarzmaier, Agnes   627
Schwienhorst-Schönberger, Ludger   355
Scodel, Ruth   32
Scranton, Roy   776
Scullion, Scott   105
Seaford, Richard   55, 105 f., 298, 435, 627 f., 712
Sebald, W. G.   535
Séchan, Louis   211
Sedelmeyer, Hans   245
Seeck, Gustav Adolf   32, 219, 301, 310, 392, 679, 682, 695, 709
Seel, Daniela   758
Seel, Martin   66, 395, 397, 523
Segal, Charles   58, 175, 183, 226, 301, 397, 415
Seidensticker, Bernd   119–121, 131 f., 144, 323, 484, 588 f., 600, 678, 680, 683, 695
Seidler, Eduard   310
Seifert, Edith   259
Sellars, Wilfrid   442
Semonides von Amorgos   73, 356
Seneca, Lucius Annaeus   26, 143, 169, 180, 323, 681, 704 f., 720, 726, 746
Sennett, Richard   47, 540, 741
Serres, Michel   778
Settele, Josef   755, 774
Settimi, Linn   33
Shakespeare, William   26, 36, 177, 245, 411, 413, 476, 590, 600–603, 605, 649, 685, 730
Shear, Julia L.   92

Sherwin, Martin   29
Shipton, Matthew   32
Shoemaker, Sidney   532
Siep, Ludwig   544
Silk, Michael   32, 56, 223, 688
Simmel, Georg   6, 21, 35, 40, 240, 249–262, 265–269, 274, 378, 400, 416, 424, 427, 586, 763
Simonides von Keos   74, 137, 302, 356
Singer, Tanja   329
Šípová, Pavlína N.   33 f.
Sistakou, Evina   32
Sloterdijk, Peter   66, 571
Smaczny, Paul   563
Smart, John Jamieson C.   570
Smethurst, Mae J.   32
Smith, Adam   759
Smith, Wesley D.   482 f.
Smithson, Isaiah   146
Snell, Bruno   55, 107, 114, 191, 194, 589, 652
Socìetas Raffaello Sanzio   37
Söderbäck, Fanny   63
Söffing, Werner   123, 313
Sokrates   13, 54–57, 59, 65, 85 f., 94 f., 97, 99, 101, 114, 292, 321, 347, 406, 414 f., 515, 588, 611, 656, 658, 661–666, 668, 670–676, 687, 691, 725 f., 730–732, 741
Solana, Javier   758
Solberg, Simon   33
Solies, Dirk   254
Solomon, John   27
Solon   71, 74, 88, 91, 96, 110, 112, 319, 356, 405, 655, 668
Sommerstein, Alan H.   352
Sonnabend, Holger   103
Sonntag, Michael   552
Sophokles   10, 12, 16, 25, 27, 32 f., 36, 52, 59, 101, 105, 108, 111, 119 f., 125, 129 f., 132, 134 f., 137 f., 143, 150, 152 f., 159, 164–166, 169, 171, 174 f., 181, 184 f., 188, 197, 223, 225 f., 227 f., 233–236, 238, 270, 272, 277, 280 f., 283, 285, 288, 291, 297, 302, 305, 311–313, 319 f., 322 f., 325 f., 328, 334, 337, 343 347–349, 351, 353 f., 372, 387, 391, 398 f., 405–407, 409 f., 412, 425, 432, 437, 439, 445, 451, 454 f., 457, 460 f., 465 f., 469, 475, 477, 483, 510, 576 f., 579–581, 583, 593, 599–601, 605 f., 614 f., 620–622, 625, 630, 642, 646, 652,

655, 679f., 682, 695, 713, 730, 760, 762, 767, 783
- *Aias* 108, 134f., 181, 184, 225, 229, 233, 235f., 276, 285, 311, 320, 326, 330, 343, 348f., 358, 391, 404, 412–414, 425, 432f., 461, 476, 576, 580, 600, 612, 635
- *Antigone* 6, 12, 16, 24f., 27, 33f., 36, 52, 108, 130, 150, 159f., 169, 171, 176, 188, 192, 196, 198, 234, 238, 270, 272, 274, 319, 334–336, 343, 346, 391, 438, 445, 451, 454, 460, 466, 475, 485f., 509, 511, 579, 583, 598f., 604f., 611–613, 615–620, 625, 635, 657, 760, 783f.
- *Elektra* 233, 312, 454, 580, 583, 612f., 620f., 682
- *König Ödipus* 10, 12, 32, 120, 122, 125, 128, 133, 137f., 143f., 148, 152f., 157, 163–166, 174, 176f., 188, 191, 229, 234, 238, 305, 311, 320f., 332, 334, 340, 346, 349, 362, 372, 392, 406f., 412f., 433, 437–439, 455f., 460, 469, 476, 579f., 583, 612, 620, 647, 649, 652, 655, 762
- *Ödipus auf Kolonos* 105, 148, 152, 166, 343, 346, 349, 391, 445, 455f., 460f., 465f., 477, 579, 612, 642, 646, 779
- *Philoktet* 108, 151, 226–228, 236, 288, 322–328, 349, 351, 387, 409–411, 437, 454, 455, 466, 580f., 601, 612
- *Trachinierinnen* 33, 108, 119, 138, 150, 165f., 171, 197f., 223–225, 227f., 233, 290, 305, 325–327, 334, 349, 351, 383, 386f., 391, 455, 460, 601, 612, 635, 642, 647, 767

Sorabij, Richard 588f.
Söring, Jürgen 88
Sourvinou-Inwood, Christiane 298, 353
Spahn, Peter 282
Sparks, Simon 31f., 249
Speer, Albert 37
Speer, Andreas 588
Spengler, Oswald 248, 261
Spineto, Natale 303
Spinoza, Baruch de 81, 187, 637
Stahl, Michael 343
Staiger, Emil 601
Stalin, Josef 269, 625
Stanislavskij, Konstantin S. 300
Stark, Klaus 771
Steffen, Will 754, 763, 774f., 777
Steger, Philipp 399, 405, 409

Stegmaier, Werner 418
Stein, Elisabeth 588, 604
Steiner, George 16, 31, 35, 38, 245, 264, 334f., 355, 387, 461, 599
Steiner, Peter M. 90, 96, 272, 707, 739
Steinert, Ulrike 572, 591
Steinfath, Holmer 390, 518
Steinmann, Kurt 481f.
Steinweg, Marcus 463
Stenger, Jan 399, 405–408, 411f., 420f., 434
Stephan, Inge 63
Stern, Joseph P. 688
Stern, Marc A. 761
Stifter, Adalbert 535
Stinton, T. C. W. 145, 197
Stirner, Max 550
Stobbe, Johannes 33
Stoellger, Philipp 306
Stoermer, Eugene F. 754
Stoessl, Franz 105, 218, 280
Storch, Wolfgang 212
Straub, Eberhard 497
Strauß, Botho 31, 36, 262
Strauss, Jonathan 32, 620
Strauss, Richard 27
Strindberg, August 243
Strobach, Niko 85
Styron, William 34
Subramanian, Meera 754
Suleiman, Wihad 33
Sulzer, Johann Georg 703
Supran, Geoffrey 766
Sussman, David 422
Swanson, Heather 774, 786
Swift, Laura 32, 291
Szondi, Peter 34f., 38, 68, 120, 129–132, 240, 243, 249, 252, 256, 265, 378, 469, 474, 477, 485, 604, 664
Szymborska, Wisława 715

Taleb, Nassim Nicholas 727f., 733
Taplin, Oliver 33, 109, 210, 216, 218f., 276, 283, 298, 704
Tappolet, Christine 518
Tawada, Yoko 30
Taylor, Charles 22, 48, 62, 264, 432, 441, 451f., 513–525, 534f., 541, 543, 547, 550, 552, 554–560, 562, 565, 570f., 573, 575, 582, 584, 586, 599, 631
Taylor, Gabriele 401, 404, 406, 412f.

Tedeschi, Richard G.   746
Telò, Mario   210
Tepl, Johannes   340
Thaler, Jürgen   32, 35, 68, 249, 252, 256, 274
Thales von Milet   346
Thalheimer, Michael   33
Theison, Philipp   222
Theognis von Megara   356
Thespis   280, 668, 680
Theunissen, Michael   14, 74, 90, 500, 554, 635, 731
Thirlwall, Connop   175, 422
Thomä, Dieter   536, 616–618
Thomson, George   651
Thorley, John   711
Thukydides   55, 60, 88, 91f., 94, 172, 197, 459–461, 605, 677, 713, 754
Thumiger, Chiara   165
Thunberg, Greta   771, 781
Todt, Jens   647
Toepfer, Regina   26, 590
Tolstoi, Lew Nikolajewitsch   243
Tomasello, Michael   286
Trampedach, Kai   92
Tran, Mark   236
Trousson, Raymond   212
Tsagarakis, Odysseus   588
Tschechow, Anton Pawlowitsch   243
Tsing, Anna Lowenhaupt   774, 786
Tucholsky, Kurt   625
Tugendhat, Ernst   62, 102, 384, 402, 404, 409, 416, 448, 500, 526, 530f., 537, 544, 553, 560, 564, 645, 731
Türcke, Christoph   357f.

Uhlmann (geb. Radke), Gyburg   150, 185, 223, 431, 628
Unamuno, Miguel de   37, 246

Vahlen, Johannes   120, 128, 132
Valk, Thorsten   9, 31f., 131f., 249, 297
Vasilaros, Georgios   32
Vasseur-Legangneux, Patricia   33
Vega, Elwyn de la   755
Vegetti, Mario   348
Velleman, J. David   546, 549
Verdi, Guiseppe   27
Vernant, Jean-Pierre   32, 53, 55, 61f., 106f., 109, 111, 153, 156, 158, 160, 175, 178, 180, 182, 186, 188–193, 195, 198, 221, 234, 289f., 292, 298, 302, 353, 588f., 592f., 626–628, 651, 693, 708
Vial, Hélène   32
Vidal-Naquet, Pierre   32, 180, 298, 353
Vischer, Friedrich Theodor   206f., 255, 263
Vlastos, Gregory   666
Vöhler, Martin   119, 144
Voima, Soeren   33
Volkelt, Johannes   243
Volkmann-Schluck, Karl-Heinz   80, 707
Vontobel, Roger   33

Wachowski, Andrew   177
Wachowski, Lana   177
Wagner, Richard   27, 241, 590, 697
Walde, Christine   408, 483
Wallace, Jennifer   759, 763, 769, 785
Wallace, Robert W.   60
Walpole, Horace   388
Walton, Kendall   10
Warburg, Aby   299, 685f., 692
Ward, Peter   737f., 764
Weber, Alfred   258, 261
Weber, Max   35, 40, 201, 256–259, 268, 340, 427, 432, 436f., 564, 638
Webster, John   590
Weerakkody, D. P. M.   711
Wehner, Johanna   33
Weigel, Helene   35, 334
Weihe, Richard   177
Weinberg, Erika L.   225
Weiss, Naomi   32, 336f.
Weiss, Peter   37
Wellbery, David W.   243, 688, 691, 708
Welsch, Wolfgang   727
Welwei, Karl-Wilhelm   92
Welzer, Harald   47, 786
Wenzel, Horst   588
Wesche, Tilo   604
Wetmore, Kevin J.   24
Wetz, Franz Josef   162
Weyenberg, Astrid Van   24
White, David A.   98f.
White, Hayden   213
Whitehead, Alfred North   759
Widmann, Arno   746
Wienbracke, Mike   344
Wiese, Benno von   39
Wiggens, David   518
Wilamowitz-Moellendorff, Ulrich von   113, 256

Wild, Markus 380
Wildt, Andreas 409–411, 418
Wiles, David 32f., 216, 218, 276, 279f., 291, 294f., 298, 389
Willaschek, Marcus 532f., 536, 541
Williams, Bernard 18f., 31, 66, 152–154, 160, 172, 181, 193f., 198, 383, 399f., 404, 409, 415, 420, 425, 458, 461, 488–491, 514, 539, 555, 570f., 582, 588, 636, 645f., 649, 743, 752
Williams, Raymond 28f., 38, 243, 477
Wilson, Edward 786
Wilson, Peter 55
Wilson, Peter Hamish 28
Winkler, John J. 32, 55, 626
Wischnewski, Wsewolod 39
Wise, Jennifer 175
Wittgenstein, Ludwig 13, 67, 83f., 126, 207, 263, 329, 332, 388, 632
Wohl, Victoria 32, 63
Wolf, Jean-Claude 246
Wollheim, Richard 404f., 417
Woodward, Susan L. 29
Wörner, Markus H. 306
Worringer, Wilhelm 252
Worth, Katharine 37
Wright, Christopher 758
Wright, Georg Hendrik von 176
Wright, Martin 12

Wrigley, Amanda 25, 32f., 39
Wuketits, Franz M. 737
Wyles, Rosie 290

Xenophanes 215, 345
Xenophon 307, 652f.

Yalom Irvin D. 746
Yatromanolakis, Dimitrios 298
Young, Julian 31, 68, 249, 259
Yu, Cao 651

Zakin, Emily 55
Zalasiewicz, Jan 755, 759
Ze'ev, Aaron Ben 401
Zeitlin, Froma I. 32f., 55, 626, 678
Zierl, Andreas 303, 305, 331, 335, 412, 703
Ziermann, Christoph 85
Zimmer, Carl 551
Zimmer, Jörg 429, 447
Zimmermann, Bernhard 32, 106, 114, 131f., 303, 467
Zimmermann, Christiane 615
Ziolkowski, Theodore 211, 651
Žižek, Slavoj 31, 48, 259, 336, 357
Zucman, Gabriel 757
Zumbusch, Cornelia 298, 705
Zurmühle, Mark 33

Sachregister

Absicht/Intention/beabsichtigen 41–44, 74, 105, 119–125, 132–135, 142 f., 146–149, 151–156, 158–164, 172–176, 184, 189, 191–193, 199, 201 f., 205–209, 230 f., 272, 305, 308, 313, 319 f., 344, 352, 376, 382, 395, 419, 423 f., 441 f., 448 f., 452, 469–471, 485 f., 488, 490 f., 499, 596, 627, 638, 659, 672 f., 738, 745, 752, 761, 766 f., 770, 781

Agora 278 f., 292, 345 f., 652, 683

Affekte (siehe Gefühle)

Affirmation/affirmativ 44, 95, 213, 353 f., 513, 651, 687, 697 f., 701, 706, 714, 734, 742–744, 747 f., 751

Ägypten/ägyptisch 24, 70, 72 f., 129, 194, 231, 240, 258, 337, 340, 428, 589–591, 669

Ambivalenz/Ambivalenzbewusstsein/ambivalent 45 f., 65 f., 172, 187 f., 210, 213, 225, 228 f., 272, 353, 355, 399, 406, 410, 438, 466, 482 f., 523, 565, 593, 626, 650, 674, 740, 765 f., 784

Amor fati (siehe Affirmation)

Angst/ängstlich 9 f., 14, 101 f., 126, 142, 179, 227, 300 f., 313 f., 321, 330–332, 334, 351, 386, 404–406, 421, 460, 463, 466, 478, 483, 512, 552, 593, 644, 665, 673 f., 702, 712, 717, 743, 771, 780

Anklage (siehe Kritik)

Antifragilität 727–729, 731, 733

Anthropologie/anthropologisch 13 f., 17, 59–65, 67, 69, 71 f., 105, 111, 126, 157, 174, 195, 204 f., 209, 211, 221, 232, 258, 267, 285, 301, 307–309, 370, 372, 380, 397, 402, 426, 428 f., 432, 453, 463, 513, 522, 532, 538, 638, 644 f., 649 f., 684, 744 f., 747, 773, 784

Anthropozän 23, 264, 754–788

Anthropozentrismus/anthropozentrisch 206, 756

Apathie/Ataraxie 411, 524, 725–731, 733

Apokalypse/apokalyptisch 97, 245, 357, 634, 758 f., 771, 778 f.

Ästhetik 4, 6, 13, 16, 35, 142, 271, 301, 332, 374, 631, 688, 691, 698, 702 f., 708, 715, 727, 787

Asyl/Schutzsuchende 24, 33, 37, 62, 139, 191, 234–236, 280, 408, 475, 512, 613, 623

Aufklärung/aufklärerisch 15, 19, 43, 55 57, 59, 68, 96, 131, 161, 187, 195, 222, 241, 244, 246, 257, 262, 264, 298, 321, 376, 428, 586, 591, 653 f., 672, 686, 702, 735, 738

Aufmerksamkeit 5, 18, 22, 31, 47, 59 f., 68, 81 f., 154 f., 183, 206, 216, 248, 285, 307, 373, 416, 441, 588, 590 f., 635, 699, 701 f., 711, 718, 782

Ausdruck/Expressivität 1–6, 8–11, 40–42, 67 f., 108 f., 252–254, 277–279, 282 f., 285–289, 299 f., 303–314, 323–325, 328–339, 342, 372–374, 382, 398 f., 413, 431 f., 435 f., 440 f., 443, 446, 469, 486, 490–493, 499, 506 f., 511–514, 517–521, 530, 537–540, 545–553, 564 f., 587–599, 610, 623, 635–637, 642, 685, 699 f., 702, 748, 750

Ausgesetztsein 73–75, 83, 177, 218, 270, 279, 283 f., 290, 316, 346 f., 355–359, 365, 405, 415–427, 458, 541, 575, 650, 654, 734, 748

Autonomie
– der Kunst 52, 56, 670
– der Person 103, 189–191, 195, 211, 394, 401, 415, 422, 444, 451 f., 513, 523, 544 f., 547 f., 555 f., 568 f., 589, 611, 637 f., 654, 705

Babylon/babylonisch 337, 355, 591

Bedauern 397, 412, 485–493, 558, 781

Bedeutung
– sprachliche 83, 87, 229, 501–503, 505 f., 511
– evaluative 54 f., 176, 206, 253, 270, 335–337, 402, 423 f., 468, 471, 473, 491–511, 523–525, 535 f., 556–582, 595, 599 f., 619 f., 636, 698, 716 f., 787 f.

Besonnenheit/besonnen 69, 185, 417, 667, 676 f., 685, 753

Bewandtnis 4, 453, 500, 550, 632, 634, 640, 702

Bewusstsein 100, 102, 126, 167, 181–184, 193 f., 209, 219, 224, 252, 255, 259, 284 f., 300–308, 314–316, 322 f., 326–330, 333 f., 338 f., 342, 360, 362, 367, 370–375, 381, 383, 402 f., 421, 433, 440 f., 462, 483, 501, 525 f., 633 f., 641, 702, 705 f., 718–721, 731, 739 f., 771–773, 778 f., 781 f.

Bild 136, 218, 233, 329, 354, 626–630, 714
Biosphäre 506, 736–738, 756, 768, 773, 784, 787
Bruch (siehe Zäsur)
Bürger/Bürgerschaft 30, 52–54, 56–59, 62–64, 74f., 91, 101f., 241, 289f., 302f., 344, 663f., 709–711

Chaos 98, 397, 652, 657, 743
Charakter 186f., 190, 250, 274, 402, 417, 527, 539–541, 555f., 588–596, 611, 622, 625, 630f., 650, 665, 667
– bei Aristoteles 109–111, 120–123, 145–147, 499f., 596–598
– bei Hegel 109f., 602, 606f.
– bei Kant 532, 536–538
Chor/Choreut 26, 52, 105f., 232, 275–282, 288–295, 613f., 679–681, 683, 692, 695, 699, 709–712, 780–782

Deliberation/deliberativ 158, 176, 442–445, 489, 534, 550
Delphi/delphische Weisheit 377, 622, 740f., 785f.
Demokratie/demokratisch/Demokratisierung
– antike 53–55, 58, 62–64, 90–95, 180, 236, 279f., 292–294, 459–461, 600
– moderne 47f., 90, 203, 262, 499, 587, 723f., 781
Demos (siehe Bürger)
Dialektik/dialektisch 39–47, 204, 240f., 247, 250f., 375, 431f., 547, 555, 712, 736, 739f.
– der Aufklärung (Adorno/Horkheimer) 39f., 43, 131, 203, 222, 735, 768
– der Kultur 251–260, 265, 267–269, 274, 295, 747, 763f.
– bei Hegel 41, 44, 130, 772
– bei Heraklit 84, 88
– bei Marx 48
– bei Szondi 129–132
– tragische 112, 129–132, 213, 229, 371, 467–469, 712
Dialog/dialogisch 55, 59, 109, 180, 274, 281, 291f., 467f., 551, 605, 659, 671, 732, 740
Dichter/Dichtung/Dichterkritik 20, 30, 41, 52, 54–57, 60, 65–68, 90, 100f., 127, 137, 198, 291, 299, 302f., 321, 356f., 458, 478, 589, 604, 661–664, 667f., 670f., 677, 699, 702, 706–715, 730
Digitalisierung 47, 50, 467, 592, 722, 768, 782

Dionysisch/apollinisch 65, 106f., 185, 256, 290, 434, 528, 626–635, 691–702
Distanz
– Distanzraum 239, 407, 677, 683–686, 697, 701
– Distanzregulation/Distanzvergrößerung/Distanzverlust 182, 193, 214, 221, 233, 239, 326–328, 339f., 370, 389–399, 403, 442f., 445, 454, 465, 534f., 644, 730f., 772, 783
– historische Distanz zur Antike 17–20
– im Weltverhältnis 652f., 657
– komische 608, 729f.
– (theatrale) Techniken der Distanz 6–9, 111, 128, 212–214, 217, 221–223, 226f., 239, 285, 288–290, 293f., 299f., 302, 601, 677–686, 699
– und Entfremdung 429, 437f., 444–446
– und Nähe im Theater 6–9, 111, 333f., 374, 611, 681, 683–686, 706, 718–720

Ehre 330, 399f., 414, 476, 576, 640, 709, 714
Eingedenken 712, 735, 751
Empfindung/empfinden/Empfindungslosigkeit 12, 66, 278, 308, 323f., 328f., 333, 339–342, 380, 396, 415f., 430, 574, 717, 727
Entfremdung 253f., 262, 266–270, 426–434, 436–439, 442–451, 462–466, 517, 532, 569, 773
Entgrenzung des Tragödienbegriffs 24–30, 247, 258, 260
Entscheidung/entscheiden 43, 60, 74, 107f., 112, 121f., 136, 145–148, 151, 154f., 167, 180f., 187f., 191–197, 201, 320, 389, 393–395, 405, 440–453, 485–493, 501–503, 514, 516f., 534, 545, 650f.
Entstehung der Tragödie 280f.
Epikureismus 458, 653, 726, 728, 731, 734
Episteme/epistemisch (siehe Erkenntnis)
Epos 104, 118, 137, 304, 322, 353, 667, 679f.
Erdsystem 204, 737f., 754–770, 772–775, 777–780, 783–785
Erfahrung
– ästhetische 4–6, 18, 333–337, 610, 690f., 698–703, 706–708, 786f.
– des Handelns 155, 175f., 317–320, 636
– Erfahrungsbegriffe 362–378
– existentielle 293, 362, 561
– nicht-begriffliche 67

– tragische   9–13, 274–276, 293, 296–310, 314–320, 334–336, 359–361, 378–400, 404, 412–414, 417–424, 426–428, 431f., 433–436, 447–454, 458–463, 465f., 483–485, 557, 574, 582f., 635f., 654–661, 673–676, 684, 702–705, 717, 724–726, 734–736, 771–774
– werterschließende   519f.,
ergon   116, 208, 326, 546, 596
Ergriffensein/Ergriffenheit   65, 125f., 132, 303, 312, 333, 364f., 427, 519f., 569, 638, 683–685
Erhabenes/Erhabenheit   638, 704–706, 783
Erkenntnis   7f., 16f., 82, 85f., 137f., 157, 188, 237f., 242, 372, 405, 517, 687, 690, 735f., 775
– der Tragödie   67, 126, 598, 600, 644, 649–653, 661, 707, 714
– tragische   238, 386f., 419f., 434f., 438f., 446, 612, 635, 649f., 762, 777
Ernst/Ernsthaftigkeit (*spoudaios, spoudaion*)   101, 110, 112, 116, 235f., 263f., 303, 373, 474, 493, 500, 558f., 565–570, 594f., 597f., 639, 659, 670f., 676, 696f., 718f., 729f., 753, 785, 788
Ethik   34, 190, 268, 273, 372, 458, 548, 550, 555, 584, 588, 656, 675, 707, 726f., 734f., 743, 746, 748–751
Evolution/evolutionär   572f., 723, 737
Exemplarität/exemplarisch   7, 111f., 196f., 210f., 222, 600, 611f., 622f., 672f., 675, 683, 749

Fähigkeit   49, 71, 82, 94f., 110–112, 124, 181, 186f., 212f., 222, 264, 268, 302, 320, 434, 436, 513, 522, 575
– Anpassungsfähigkeit   575, 775
– Empathiefähigkeit   61,
– Erkenntnisfähigkeit/Erkenntniskräfte   65, 112, 115, 126, 148, 182, 236f., 360, 388, 435, 704–706
– Handlungsfähigkeit/Verlust der Handlungsfähigkeit   13, 97, 158, 192–194, 202, 207, 213, 220, 225, 239, 294, 318–320, 382, 385, 408, 418, 438, 451, 461–463, 486, 556–558, 616, 649, 703, 714
– Leidensfähigkeit   30, 574, 707, 734, 741
– Schuldfähigkeit   184
– Widerstandsfähigkeit (siehe Resilienz/Widerstandskraft)

– zur Distanzregulation   393f., 396, 398, 445
– zur Selbstbestimmung   447–451, 462
– zum Sich-bestimmen-Lassen   395–397
– Zurechnungsfähigkeit   181, 183, 199
Fahrlässigkeit/fahrlässig   148, 152, 157f., 184, 344, 766, 777
Fall/Sturz ins Leid   15, 113, 119, 128, 135, 146, 148, 227f., 294, 317–320, 348f., 397, 445, 461, 486, 624, 634, 725, 774
Fallhöhe   318
Fallibilität/fallibel   154, 157, 169, 199, 567, 649, 741, 785
Feedback (siehe Rückkopplung)
Fehler/*hamartia*   112, 127f., 143–161, 163, 165–167, 174, 187–189, 195, 197f., 231, 321, 344, 346, 358, 388, 471, 491, 648, 652
Festspiele   24f., 30, 58, 169, 695, 699, 714
– Dionysien   52–55, 105f., 114, 236, 272f., 279, 353, 626, 708–711
– Lenaien   52f., 272
Figur/Figuration   5–11, 61, 106–112, 142–144, 150f., 172f., 175, 188, 193, 195, 198f., 225f., 231, 242, 275–283, 288–294, 299f., 303–305, 317–321, 330–337, 346, 359, 392, 398, 593f., 597–604, 606–615, 627–633, 639f., 665–667, 682–685, 693, 713, 720
Film   26f., 32, 109, 164, 177, 236, 321, 398, 468, 681, 761
Fragilität/fragil   13f., 58, 60, 70–74, 137, 154, 157, 199, 201f., 323, 355, 505, 507, 530, 575, 632, 644, 649, 700, 704, 727–729, 733f., 785
Freiheit/Unfreiheit   15f., 47, 75, 101, 112, 154, 166, 168, 187, 194, 196, 216, 219f., 266, 268, 429f., 453f., 461, 524, 547f., 616f., 625, 704f., 724–732, 745f., 788
– Determinismus/Libertarismus (Kompatibilismus/Inkompatibilismus)   167–170, 177, 191, 196, 198, 624
– *eleutheria*   459f.
– Freiheitsgewinn/-verlust   219f., 227, 238f., 257, 268, 295, 392, 422, 436f., 443f., 447–452, 463, 474, 547, 634, 644, 657, 686, 713, 747, 772
– gebundene   186–200, 228
– Handlungsfreiheit   160, 179f., 189, 192, 214–216, 318, 385, 447, 450, 453, 522f., 760
– negative   449–452, 459, 522f., 545, 726

- positive 449–452, 459f., 462f., 522f., 545, 547f., 555f., 562, 567, 571, 581f., 597, 611, 632f., 635, 644, 747
- Willensfreiheit 160, 165, 167–169, 180f., 189–195, 394, 443, 447, 451f., 760

Freiwillig/unfreiwillig 77, 119–125, 134, 147, 151–141, 159f., 182, 184–190, 206f., 224, 319f., 385, 406–409, 420f., 486, 547f., 641, 674, 769

Freundschaft/Feindschaft 87, 127, 252, 510, 578, 590, 619, 712, 726

Furcht/*phobos* 54, 105, 111, 116, 119f., 126, 132, 148, 301, 330–335, 400f., 405f., 478–480, 577, 683, 693, 714, 725f.

Gaia-Hypothese 737f., 765, 770, 786, 788

Gefühle/Affekte 66f., 119, 126, 278, 283, 299, 302f., 306f., 323, 329–339, 342, 381f., 388f., 398–406, 409, 430, 435f., 443f., 486, 492, 495, 503–505, 508, 517–520, 560, 566, 577f., 635–637, 641, 688, 700–706, 726, 743, 749

Geist/*nous* 121, 193, 208–214, 232, 250–252, 254–257, 262–267, 270, 287, 307f., 322f., 327–329, 338, 363–365, 376, 379–381, 383–385, 387–393, 440, 518, 706, 721

Gelassenheit/Resignation/gelassen 242, 669, 673, 687, 698, 725f., 727, 731, 733, 775, 777f., 788

Gelingensaussicht/Gelingenserwartung 41, 274, 316, 341, 360, 397, 450, 462f., 644, 654

Gerechtigkeit
- der Weltordnung/göttliche 70–72, 169, 231, 245, 344f., 350, 356, 359, 652
- politische/sittliche 94, 196, 524f., 611, 655, 723f.

Geschichte/Geschichtlichkeit 17, 28f., 42–44, 48, 50f., 73, 75, 212, 241, 243, 249, 271, 302, 352, 371, 559, 756f., 764f.

Geschichtsschreibung 55, 111, 213, 595, 680, 734f.

Geschlecht/geschlechtlich/*gender* 2, 25, 53, 62–65, 188, 224, 279f., 281, 290, 293, 303, 327, 337, 382, 418, 530, 533, 598, 618, 626, 657

Gesellschaft 95, 277, 347, 401f., 418f., 432, 446, 497–499, 508, 512, 529f., 533, 535, 540–542, 550–554, 660, 747f., 752
- antike 52–64, 75, 281, 294, 576, 592, 708

- heiße/kalte 71
- moderne 17f., 25, 35f., 38f., 45–51, 257, 372, 435f., 498f., 586–588, 592, 602, 624, 658, 724, 732f., 741, 753, 760–762

Gesetz/*nomos* 71, 90, 94, 96, 101, 234f., 344, 460, 486, 494, 534, 537, 541, 598, 615–617, 673, 679

Gewalt 15, 18, 26, 45, 88, 134, 150, 164, 172, 180, 185, 216, 236, 294, 323, 328, 343, 418f., 482–484, 546, 590, 612, 622–624, 628f., 640, 680f., 710, 783f.

Gewebe 202, 389, 515, 630–633, 641, 737

Gewicht von Gründen/Werten (siehe auch Bedeutung) 144, 148, 154, 197, 312, 490, 500–505, 511, 513, 515, 563, 641f., 645, 729–731, 743, 755, 760

Gift (*pharmakon*) 139f., 223, 227, 233, 325–328, 670, 673, 755, 767, 779

Gleichheit/Ungleichheit 47, 50, 91, 93, 270, 272, 525, 657, 723, 742, 757, 766

Glück/Unglück 41, 78, 88, 103f., 112, 116–119, 127–129, 137f., 140–142, 147f., 294–296, 310, 355f., 358, 435, 454–461, 478, 482–484, 644, 662f., 743f.

Götter/Titanen 62, 73, 100–102, 160–173, 178–191, 193, 195, 198f., 226, 231f., 238, 257, 272, 276, 278f., 285, 340, 343–356, 358f., 361, 593f., 627–629, 650–653, 655–658, 662f., 667f.

Grenzsituation 14f., 463, 744

Gründe 156–158, 168, 170, 173f., 180, 182, 186, 192–194, 197, 238, 275, 286, 338f., 342, 381, 394, 401, 404, 442, 473f., 477, 485f., 490–493, 495–507, 512–514, 516, 519–522, 524–526, 530, 534–544, 546f., 551f., 555f., 558f., 561f., 566–568, 584f., 593f., 596–599, 605, 613–620, 622f., 641f., 645, 670–676, 689, 728f., 739, 767

hamartia (siehe Fehler)
Hamletlehre 690, 720f.
Handlungsbedingungen 144, 154, 164, 207, 209, 232, 472, 487, 659
Handlungsfähigkeit/*agency* 13, 97, 173, 202, 207, 215, 220, 225, 227, 230, 232, 239, 294, 319, 323, 382f., 385, 408, 418, 451, 461, 471, 474, 486, 512, 544, 557f., 616, 637, 649, 686, 703, 714, 766

Handlungsfolge/Konsequenz des Handelns 44, 176, 201 f., 258, 265, 358, 385, 432, 488, 492, 717, 765, 768 f.
Handlungskontext 122, 152, 154, 161–163, 165, 175, 196, 202, 359, 659, 725, 736, 740
Handlungsmittel 148, 205 f., 209, 219, 322, 225 f., 228, 230, 254, 295, 326, 649, 769
Handlungsresultat/Handlungsergebnis 124, 133–135, 202, 768
Handlungssituation 7, 150, 152, 165, 472, 485 f., 488, 496, 550, 565, 607, 760
Hoffnung 113, 142, 159, 165, 196, 228, 293, 318, 376 f., 414, 454 f., 463, 465, 634, 644, 703, 746–748, 776–778, 787
Humanität 352, 625, 747, 750, 773
Hybris 149 f., 184, 190, 283, 344, 377, 485, 488, 622, 639 f., 741, 786
Hypnose 183, 185 f., 199

Identifikation
– der Person 532, 534, 538 f., 551, 553
– mit theatraler Rolle/Figur 128, 299, 682, 684
– mit Werten/Zwecken 394, 445, 560 f., 566, 575, 607
Identität
– des Individuums/Ich-Identität 128, 227, 232, 281, 373, 431, 516, 525–558, 567, 586, 589, 593, 631–633, 751
– des Körpers 530–532, 540, 736
– der Person 60, 525–558, 641
– numerische/quantitative 528, 530–532
– praktische 533–558, 562 f., 567 f., 570, 573, 583, 597, 601, 609, 614, 616, 627, 630, 632, 641, 716, 733
– qualitative 87 f., 528, 531, 551, 553
– von Kollektiven 25, 72, 75, 342, 349, 530, 533
– Wechsel/Verlust der 61, 64, 88, 91, 103 f., 290, 351, 582 f., 627
Illusionistisch 681 f.
Imagination/Einbildungskraft/imaginiert 10, 58, 66 f., 135, 140, 172 f., 176, 233, 323, 328, 335, 339, 370 f., 398, 438, 455, 474, 478, 483, 491, 680 f., 699, 705, 723, 771
Individualismus 552, 586, 780
Individualisierung 47, 68, 246, 281–284, 286–289, 511, 529, 546, 551–554, 559 f., 586–588, 590, 592, 598, 602 f., 606, 608–610, 612 f., 621, 625, 645, 657, 677, 701
Individualität 47, 247, 254, 272, 277 f., 284, 286 f., 304, 364, 398, 424, 492, 507, 509–511, 513, 523, 527–529, 551–554, 681, 685, 691, 693 f., 696, 698, 706, 710, 731, 743, 750 f., 782
– im Altertum 582, 585–597, 602
– im Mittelalter 588
– praktische 511, 553–555, 558, 560, 562 f., 565–573, 582, 595 f., 598–601, 608, 610–612, 616 f., 619, 621, 623, 625, 629–633, 635, 645, 672, 674, 676, 694, 706, 716 f., 729, 731, 733, 739, 741, 745, 780
– romantische 293, 428, 551 f., 554, 560, 586, 592, 594, 609
– tragische 22, 574, 582, 595–636, 644–650
Individuum 72, 110 f., 247, 253, 255, 268, 270, 275, 373, 402, 408 f., 423–425, 450, 463, 473, 479, 495, 507–509, 511, 519, 529, 536, 539, 547, 551–553, 555, 560, 562 f., 567, 570, 572–575, 586, 589, 591–593, 596–599, 607–613, 622, 631 f., 635–637, 646, 649 f., 662, 668, 673, 684, 721, 729 f., 736, 752, 763, 780
– ästhetische Konzentration auf das 10–12, 22, 36, 275, 277, 270 f., 283 f., 287, 289 f., 293 f., 309, 323, 329, 345, 392, 413, 416, 685, 694–696, 699 f., 713
Institution 29, 42 f., 46, 64, 91–93, 95, 173, 190, 231 f., 235, 279, 342 f., 419, 559, 578, 629, 659 f., 765, 767, 781 f.
Integrität 149, 414, 416, 419, 480, 496, 510–512, 535, 543, 555, 557, 574, 628, 633
Intensität/intensiv 11, 119, 136, 285–287, 290, 302, 311, 314, 328–333, 385, 505, 513, 561, 634, 638, 646, 666, 677, 683 f., 686, 699 f., 703 f., 706, 708, 718, 728, 734, 759
Intentionalität des Geistes 126, 285, 331, 335, 393, 501, 702
Ironie
– der Technik/Dinge/Kultur/Praxis/Lebensform 16, 46 f., 214, 222, 233 f., 236, 467–469, 552, 592, 637, 724 f., 733, 769
– rhetorische 41, 637, 658
– tragische 126, 128, 175–177, 185, 215, 229 f., 259, 270, 272–274, 332, 385, 389 f., 406, 421 f., 427, 432, 435, 438, 449, 460,

485f., 489, 637, 712, 720, 772, 776, 784, 786
Irreparabel (siehe unheilbar)
Irreversibilität/irreversibel 50, 86, 89, 113, 123, 143, 198f., 274, 413, 452f., 465, 468–485, 487, 490–494, 558f., 574, 576f., 580–582, 640, 642, 644, 647f., 684, 697, 725, 729, 733, 736, 738, 740, 751, 758, 774f., 777
Irritation 20, 61, 301, 343, 390, 403, 463, 471, 481, 558, 652f., 655, 658, 660f., 787
Israel 72, 190, 231, 589, 591, 669

Kapitalismus/kapitalistisch 29, 39, 44f., 47–50, 199, 241, 244f., 254, 257, 262, 427, 429, 651, 723, 733, 741, 756, 766
Katastrophe 49, 100, 103, 204, 261, 269, 478, 491, 738, 757–759, 778, 784
katharsis 35f., 115, 119, 144, 332, 577, 684, 687f., 703, 719
Kinder 53, 64, 139–141, 185, 297, 317, 392, 553, 561, 576, 579–581, 598, 640, 729
Kippunkte/-elemente (*tipping points*) 774f., 779
Klage 9f., 64, 73, 109, 177, 218, 236f., 278–280, 282, 286–288, 297, 299, 302, 310–313, 324, 326, 331f., 334–339, 342–347, 351, 354–359, 382, 396, 398, 411f., 488, 491f., 584, 590f., 594, 596, 612, 614f., 618–620, 634f., 640, 643, 664f., 668, 672f., 679, 694, 697, 699, 750, 782
Kleidung/Kostüm 25, 64, 223, 233, 276f., 279f., 288–290, 325f., 328, 382, 596, 680, 698f., 709f., 722, 768
Klimawandel 45, 264, 722, 738, 755, 765, 769f., 773–778
Kohärenz/Inkohärenz
Kolonialismus 24, 29, 50, 61, 241, 711, 755, 765, 769–771, 773f., 776–778
Komik/komisch 11, 56, 132, 467f., 541, 594f., 664, 670, 693, 695, 713, 729–731, 733, 753
Komödie 36, 39, 56, 101, 104, 110, 114, 116f., 119, 184, 237, 273, 277, 297, 305, 321, 323, 411, 467f., 482, 541, 594f., 600, 608, 626, 633, 664, 670, 680, 710, 713, 730, 737, 753, 788
Kommunikation 2, 5, 53, 63, 159, 211, 254, 266–269, 273, 286, 380, 384, 440, 550, 594, 599, 612, 642, 675, 787
Kommunismus/kommunistisch 48, 241, 723

Können (siehe Fähigkeit)
Könnensbewusstsein 21, 71, 74, 193, 244, 272, 450f., 462f.
Kontingenz/kontingent 44, 49, 73–75, 81, 88, 122, 143f., 146f., 154f., 157, 160–165, 170–175, 178, 186f., 196f., 199, 206–208, 218, 231, 270f., 273f., 338, 340, 346–348, 353, 355–359, 370–372, 375, 453f., 458, 470f., 486, 489–491, 514f., 537, 574f., 626, 629, 650f., 654, 657, 659, 663, 722, 726f., 731, 767, 773
Kontinuität
– der Kultur/der Politik 48, 70f., 90, 92, 94f., 100, 102, 209, 229, 267f., 273, 627, 629
– der Lebensführung 20, 70, 73, 82, 86, 88, 90, 94, 98, 132, 137, 139–141, 156, 361, 383, 454, 458, 462f., 487, 501, 521, 533, 538, 633f., 646, 751, 753
Konzentration (siehe Aufmerksamkeit)
Kooperation 50, 53, 93, 159, 207f., 344, 538, 594, 612, 659, 751
Körper/körperlich 2–6, 10f., 41, 89, 124, 193, 215, 217f., 220f., 225f., 232f., 275–279, 282–284, 289f., 294f., 307f., 314, 322–329, 338f., 379–385, 387–389, 398f., 402f., 405–407, 409, 416–418, 424, 426, 437f., 469, 510–512, 515, 520, 525–527, 531f., 559, 572, 574–576, 606, 628, 736, 771
Kosmos 78f., 94, 97–99, 102f., 132, 141, 276, 279, 294, 312, 345, 353f., 359, 623, 650, 652f., 657, 667, 708, 714
Kostüm (siehe Kleidung)
Kraft/Wirkkraft der Kunst 1, 22, 59, 68, 115, 301f., 666f., 676f., 683–686, 688f., 695, 699f., 702–704, 706–708, 712, 720, 784
Kraftverlust/Kraftlosigkeit 220f., 325, 383, 385–390, 392, 396, 427, 437f., 450, 463, 465, 781
Krankheit 86f., 89, 182, 189, 220, 239, 448f., 458, 736, 739, 756, 771
Krieg 25, 28f., 73f., 89, 94, 96, 135f., 235–237, 241, 264, 328, 347f., 451, 460, 475f., 486, 576, 724, 774
– Bürgerkrieg (*stasis*) 90f., 93, 236,
– Erster Weltkrieg 46, 203, 248, 256, 266, 430, 734
– Kalter Krieg 49, 203f.
– Peloponnesischer Krieg 60, 88, 92, 95, 114, 197, 236f., 359, 711

- Perserkriege   74, 576, 713
- Zweiter Weltkrieg   35–38, 43, 50, 95, 203, 245f., 248, 261f., 624

Krise   37, 43, 45, 49, 57, 91f., 95, 235, 243f., 246–248, 250, 264, 268, 417, 463, 473, 498, 527f., 559, 652f., 758f., 763, 766f., 775

Kritik
- an Göttern   343, 345–347, 349, 351, 353–355, 357, 663–667, 669, 671, 674, 676, 682f.
- an Politik und Gesellschaft   43, 53, 218, 236
- der Tragödie/des Tragischen   31, 33f., 36, 39, 41, 68, 146, 247–249, 271, 377, 650, 654, 657f., 715, 724, 750

Kulturkritik   21, 40f., 45, 48, 51, 209, 228, 230, 239–241, 245, 261f., 264, 266, 269, 427, 661f., 695, 715

Kulturelle Existenz   69, 72, 90, 99, 102, 136, 209f., 228, 252, 258, 403, 453, 465, 559, 658, 702, 747

Lachen   467, 664, 729f., 753

Leben/Lebendiges   61, 89, 99f., 152, 516, 522, 531, 541, 551, 629f., 736–739

Lebensform   39, 60f, 71f., 116, 139, 158, 194, 222, 239, 397, 470, 473, 475, 499, 509, 515, 521, 535, 538, 554, 573, 576, 624, 634, 722–728, 730–736, 741, 763

Lebenswelt/lebensweltlich   7–9, 13, 18–20, 28–30, 75, 101–103, 139, 152, 154f., 167f., 174–176, 194, 197f., 206f., 286, 296f., 300f., 311, 343, 345f., 352, 355f., 359, 370f., 384, 415, 427f., 470–472, 509, 536, 551, 598f., 628f., 649f., 652f., 659, 664, 667f., 675, 707f., 718f., 722

Leidenschaft/leidenschaftlich   186, 221, 298, 314, 523, 564, 602f., 605, 607, 609, 636–643, 685f., 699, 703, 713, 721, 727f., 731f., 734f., 752, 786

Leid   1, 8–13, 15, 18, 28, 35, 41, 51, 61–64, 67, 69, 78, 90, 101, 104, 108f., 111–115, 117f., 130–132, 135f., 138–141, 143–146, 148, 156, 158, 160, 166, 177–179, 182, 193f., 197, 211, 214, 216, 219–221, 224, 228, 230f., 233, 236f., 239, 244f., 247, 259, 265, 272, 274, 279, 283–285, 287f., 293–307, 309–322, 324–347, 349–362, 369, 371–378, 381–383, 386f., 389–392, 396–399, 406, 410–412, 415, 420, 422, 424, 426f., 429f., 432–439, 443, 445, 447, 450f., 453–457, 459, 461, 463, 465f., 468f., 474f., 477–482, 484–486, 488, 492, 500, 527, 555, 566, 575, 577–581, 584, 591, 593, 609–615, 618, 620–623, 625f., 628, 635–637, 640–642, 644, 649, 652, 654f., 662, 665–669, 672–676, 683–690, 693–705, 707–709, 711–714, 718, 720, 725, 730, 732, 734–736, 760f., 771, 776f., 782
- Umgang mit   741–753

Liberalismus/liberal   34, 48–50, 95, 262, 273, 377, 459, 540, 554, 586, 599, 624, 658, 671, 723f., 753

Liebe/lieben   47, 119, 130, 138f., 198, 319, 325, 413f., 460, 476, 486, 500, 503, 506f., 520, 561, 566–568, 570, 575, 577f., 581, 586, 590, 594, 604, 616f., 619f., 640, 646f., 666, 687, 712, 723, 729, 735, 742, 744, 748f.

Literatur und Philosophie   66

Logos   107, 170, 301, 305, 336f., 727

Lust   8, 16, 31, 65, 67, 101, 117, 126, 151, 301, 306, 331f., 388f., 458, 528, 664, 671, 692, 694, 696–698, 701–703, 715, 742, 744

Lyrik (siehe Dichtung)

Macht
- göttliche/mythische   165, 170, 175, 182, 190, 214, 218, 314f., 340, 345, 353–355, 358, 361, 487, 628, 635, 656, 663
- Machtverlust/Machtlosigkeit/Verkehrung in Ohnmacht   112, 125, 141f., 191, 194, 215, 217f., 220f., 233, 239, 257, 259, 266f., 283, 314–319, 334, 342, 355, 370, 383, 386, 390, 396f., 404, 418–421, 423, 429–431, 436, 447, 450, 461, 463, 491, 635, 649, 654f., 686, 703–705, 723, 742f., 745, 748f., 752, 761, 767, 772f., 783, 788
- politische   60, 63, 92, 138, 180, 234–236, 294, 386, 406, 608, 621, 623, 724

Maske   6, 11, 25, 30, 62, 64, 105, 173, 177, 276f., 279f., 283, 288–290, 297, 299f., 329, 406, 596, 601, 603, 611, 626–628, 680–682, 693f., 698f., 709, 720

Massenaussterben   737f., 755, 774, 777

Menschheit   23, 61, 90, 97, 99, 102, 194, 208, 212, 223, 259, 262, 269, 357, 621, 667, 738, 741, 743, 749, 757f., 761f., 765, 776, 778, 781

Mesopotamien 70, 72, 194, 572, 589, 591, 669
metabolē/Umschlag 21, 40 f., 75–77, 79 f., 85–91, 93–95, 97–101, 103, 105, 115–119, 121, 123, 125, 127–129, 132, 136 f., 140, 142, 144, 155, 213, 220, 231, 239, 295, 305, 316, 374, 378, 405, 425, 434, 448, 455 f., 482, 556, 622, 626 f., 633–636, 641 f., 650, 657, 663, 671, 673, 707, 716, 739 f., 774
Miasma/Befleckung 144, 153, 182, 185, 188, 238, 344 f., 401
Mimesis/Nachahmung/mimetisch 8, 10 f., 42, 65, 78, 100 f., 104, 106, 116, 118, 160, 271, 301, 382, 595–597, 664, 666–670, 676–678, 682, 701, 705
Mitgefühl/Empathie/Mitgefühl/*eleos* 10 f., 38, 54, 61, 105, 111, 116, 119, 126, 132, 147 f., 163, 248, 279, 286, 288, 290, 301 f., 311, 329–335, 339, 343, 345, 350, 352, 381, 400, 412, 465, 478, 495, 577, 582, 598, 603, 610, 612, 635, 640, 665, 667 f., 673, 683 f., 687 f., 693, 695, 697, 704, 712, 732, 734, 743, 751, 780
Mittelalter 26, 29, 68, 207, 340, 542, 585, 586, 588, 590 f., 653 f., 762
Moralität/Moral 246, 423, 490 f., 499 f., 509 f., 534, 537 f., 548, 550, 599, 638, 723, 746, 749
Moralphilosophie/Moralpsychologie 110, 143, 399 f., 409, 636, 733, 749
Musik 11, 27, 82, 94, 115, 242, 255, 288, 296, 298, 303, 314, 336 f., 365 f., 398, 504, 550, 590, 599, 634, 636, 639, 675, 696–699, 702, 704, 709, 720, 735, 748
Mystik/mystisch 67, 428, 730 f., 733
Mythos 40, 62, 75, 94, 97, 99 f., 102–104, 107, 110, 123, 141, 149 f., 161, 171–173, 177, 201, 210 f., 220–222, 226, 240, 258, 302, 314–316, 322 f., 327, 338, 359, 392, 397, 403, 419, 421, 439, 590, 593, 628, 652, 656 f., 662 f., 671, 677–680, 696 f., 713 f.
mythos/plot/Fabel 26, 36, 42, 54, 78, 110, 118, 120, 130, 146, 271, 296, 304 f., 314, 319, 596–598, 626, 651, 677, 679 f., 702, 776

Natur 17, 42, 49, 71, 86, 97, 99 f., 124, 142, 161, 210 f., 218 f., 222, 227 f., 238, 247, 254, 259 f., 269, 278 f., 324, 326 f., 346, 352, 360, 397, 428 f., 446, 449, 457, 505, 529, 573, 594, 615, 629 f., 650, 656, 691–693, 695, 698, 704 f., 722, 733, 737, 763–765, 770, 772 f., 779, 783
– des Menschen 40, 60 f., 64, 253, 259, 428, 536, 568, 590, 752
– zweite 254, 573, 631 f.
Negativität 13 f., 35, 46, 48, 147, 244 f.
Normativität/Norm/normativ 3, 13, 17, 32, 34, 43–46, 54, 57 f., 62, 65, 71, 72, 88, 93–95, 101, 113, 115, 136, 146, 148–150, 152, 158–160, 163, 173 f., 180, 186, 188, 190, 192, 196 f., 205, 207 f., 232, 234, 238, 242, 260 f., 270–272, 274, 292, 310, 320, 341 f., 344 f., 352, 354, 373, 376, 390, 396, 400–405, 408–414, 416, 420 f., 424, 428, 440, 458, 463, 474, 485 f., 488 f., 493, 499, 503 f., 509, 512–514, 520, 524 f., 529, 533–539, 542–563, 565–568, 570, 573–575, 578, 588, 592–594, 602 f., 605, 607, 609 f., 612, 614, 616–618, 622 f., 638, 640 f., 654 f., 657 f., 662–664, 670, 678, 700, 705, 716, 719, 723, 731, 742, 748 f., 751, 780
Not 51, 57, 117, 129, 212–214, 304, 306, 347, 360 f., 390, 435, 457 f., 461, 463, 578, 608, 613 f., 632, 708, 717
Notwendigkeit 3, 37 f., 45, 97, 111, 122, 127, 161, 169, 171 f., 179, 187 f., 191, 196–198, 218, 224, 247, 258, 270, 340, 395, 450, 453, 483, 487, 491, 541, 559, 602, 607, 612, 616, 624, 773

Öffentlichkeit/öffentlich 6, 9, 24, 27, 29, 52–57, 59, 62 f., 65, 92, 95, 158, 180, 183, 192, 203, 229, 252, 271, 275–279, 283 f., 286 f., 292–294, 310–312, 323, 329, 334, 344–346, 353, 358, 366, 373, 398 f., 407, 413 f., 417, 423, 428, 440, 495, 508, 516, 518, 524, 536, 550, 551, 554, 557, 563, 576, 587, 589, 591, 594, 596, 598 f., 603, 605, 611 f., 614, 617, 623, 636, 645, 647 f., 652, 658, 686, 699 f., 709–715, 717, 734, 736, 747 f., 750, 756, 780, 782, 784, 787
Ökologie/ökologisch 50, 264, 506, 750, 756–767, 772–774, 776–778, 780–781, 785 f., 788
Ökonomie/ökonomisch 25, 39 f., 42, 44, 46 f., 50, 72, 74, 76, 153, 203, 249, 254, 257, 364, 421, 428, 446, 451, 461, 494, 497–

499, 554, 570, 732, 735, 741, 747, 750, 756f., 760, 763, 778
Oligarchie/oligarchisch 91f., 95f., 236
Oper 26f., 32f., 291, 321, 484, 504
Opfer 28, 53, 101, 123, 129, 135, 149, 185, 188, 202, 219, 221, 225, 234, 315, 326, 334, 343, 356, 392, 418, 422, 431, 479f., 482, 624, 655, 752
Organismus/Organe 89, 164, 246, 295, 307f., 327, 365, 380, 384f., 393, 402, 448, 450, 452, 477, 507, 515, 531f., 559, 572f., 627, 629–631, 688, 693, 728, 736f., 739, 763, 769
Orientierung/Orientierungslosigkeit/Orientierungsverlust 15, 20, 62, 96, 112, 121, 142, 190, 212, 220, 271, 287, 345, 354, 384, 390–392, 396, 417f., 427, 432, 435, 445, 448, 450, 463, 465, 495–499, 501–503, 506, 516, 535, 538f., 541f., 547, 549f., 553–555, 561f., 565f., 570, 573f., 583, 603, 610, 632, 634, 645–647, 653, 665, 672, 686, 700, 708, 716, 723, 744f., 749, 773, 787

Paideia/Bildung/Erziehung 38, 56–58, 94, 96, 114, 147, 168, 250f., 292, 368, 485, 499, 542, 631, 668, 704, 707
Pantragismus/Pessimismus 239, 243, 245–249, 355, 664, 666, 689
Paradoxie/paradox 10, 16, 24, 38, 45f., 64, 78, 131–133, 135, 187, 248, 253, 256, 258, 301, 395, 413, 416, 418, 523, 609f., 687, 701, 767f., 787
Passivität/passiv 2, 22, 63, 76, 108, 149, 158, 186, 187f., 205f., 216, 224, 283f., 306–309, 314–317, 320, 327f., 364f., 367, 369, 374, 378–382, 385f., 388f., 393, 395f., 400, 404–406, 408, 418, 420–422, 427, 431–433, 435–437, 444f., 465, 518–521, 528, 536, 561, 632, 635–638, 646, 683, 706, 718, 734, 741–743, 781
Pathos (siehe auch Leidenschaft) 9, 22, 65, 107, 109, 257, 304, 313f., 316, 325, 330–333, 335f., 362, 374, 396, 421, 426f., 437, 445, 453f., 548, 612, 635–643, 669, 683, 685f., 695, 699f., 702f., 706, 708, 713, 718, 730, 742, 788
– bei Aristoteles 78, 103, 113, 118, 296–299, 305–308, 310, 313f., 319f., 327
– bei Hegel 109, 603, 605, 607–609, 631, 637f.
– antikes/modernes 298f.
– Pathosformel 298f., 685f.
– Pathosumkehr 635f., 641–643, 699f.
Pathetischerhabenes (siehe Erhabenes/Erhabenheit)
Peripetie (*peripeteia*) 21, 41, 115, 118–129, 131–135, 137, 141–143, 155, 219, 283, 296, 304, 313, 319, 456, 739, 769f., 774f., 777f.
Persönlichkeit 1, 109, 147, 253, 404, 527, 538f., 544, 564, 593, 602, 641
Pessimismus (siehe Pantragismus)
Phänomenologie/phänomenologisch 8f., 13f., 22, 61, 67, 86, 196, 207, 287, 297, 300, 303f., 307, 309, 322f., 327f., 334, 338, 366–368, 370, 378–381, 384, 387, 389, 404, 406, 410, 419, 426, 429f., 450, 460, 490, 501, 503f., 513, 548, 574, 610, 649, 747
philoi (Nächste) 288, 292, 328, 456, 577–580, 615, 619, 753, 772
Plötzlichkeit/plötzlich 15, 21f., 43, 46, 48, 65, 70, 73, 76–90, 99f., 102–105, 117, 121, 123, 125–128, 131f., 135–142, 163, 170, 182–184, 186, 232, 269, 274, 287, 316, 320, 324, 328, 330f., 337, 356, 358–360, 369, 371, 385, 392, 397, 400, 405, 425, 427, 434f., 445f., 448, 453, 455, 465, 467, 469, 540, 556, 583, 626–630, 632–635, 641f., 644, 646, 654, 657, 679, 687, 716f., 725, 727, 730, 737, 739, 751f., 769–771, 774
Polis, Poliskultur 6, 42, 53–55, 57–59, 63f., 68, 74, 90f., 93–95, 100f., 103, 106, 128, 153, 189, 234, 276, 278, 289, 294, 318, 328, 343, 345, 349, 358, 377f., 446, 456, 599, 605, 610, 612, 615f., 619, 626, 656–658, 670, 674, 678, 683, 709–711, 713, 779
Politik 3, 13, 21, 48, 58, 71, 90, 100–103, 114, 128, 189, 196, 232f., 237f., 246, 270, 368, 372, 395, 459, 625, 656, 658, 671, 677, 707, 723, 741, 764, 784
Präsenz/Kopräsenz 18, 178, 277, 284f., 316, 353, 373, 450, 478, 680, 707
Praktisches Problem 19, 446, 686, 704, 718–720
praxis vs. *poiēsis* 320
Problembewusstsein 266, 347, 525

Prognose 140, 235, 262, 546, 615, 619, 728, 776f.
Propriozeption 307, 384, 444
Publikum 2, 5f., 10f., 51–53, 56, 61, 65, 106f., 125–128, 141, 150, 156, 184, 198, 216, 276–278, 280, 285, 288–290, 293f., 297, 300–303, 305, 312, 330, 333–337, 340, 345, 353f., 398f., 405, 438f., 457, 468f., 478–480, 495, 596, 599f., 606, 610, 628, 640f., 647–649, 658, 667f., 673, 680–688, 691, 699–709, 713–715, 718–720, 729, 747, 750, 765, 775, 779f., 788

Querelle des Anciens et des Modernes 26, 145, 171

Rache (siehe Vergeltung)
Rationalität (siehe Vernunft)
Rausch/rauschhaft 65, 142, 182–186, 199, 281, 299, 302, 368, 528, 547, 627, 634, 640, 691
Rechtfertigung
– des Handelns 149f., 153, 168, 179f., 233, 339, 410, 488, 491, 580, 605, 777, 786
– des Lebens/Daseins (siehe auch Theodizee) 245, 584, 689, 691
– des Leidens 143, 184, 340, 344, 667, 673, 678, 724
Recht/Unrecht 25, 92, 94, 96, 109, 130, 150f., 159, 180, 184, 232–235, 238, 242, 272, 344, 347, 354, 377, 403, 412, 423, 451f., 459, 475, 485, 495, 499, 512, 576, 594, 604f., 609, 612, 616, 618, 656–658, 665, 670f., 717, 719–725, 733, 744, 766f.
Religion 65, 144, 153, 171, 183, 190, 289, 298, 340f., 347f., 352f., 376, 414, 562, 578, 588, 592f., 653, 658, 731
– Buddhismus/buddhistisch 70, 532, 730f.
– Christentum/christlich 35, 38, 143, 145, 147, 149, 170, 191, 246, 355, 376f., 404, 428, 486, 498, 589, 634, 653, 658, 690, 726
– Hinduismus/hinduistisch 70
  Islam/islamisch 357, 428, 587, 731
– Judentum/jüdisch 29, 38, 70, 149, 267f., 355, 357, 404, 428, 587f., 726, 731
– Taoismus/taoistisch 730f.
Renaissance 27, 68, 115, 119, 144f., 244, 267, 321, 585–587, 591, 679
Requisite 210, 228, 330, 680

Resignation (siehe Gelassenheit)
Resilienz/Widerstandskraft 546, 576, 732, 737, 746f., 749f., 775, 786
Resonanz (siehe Übereinstimmung)
Reue (siehe Bedauern)
Revolution 25, 28f., 43, 48, 50, 90f., 99, 167, 177, 204, 206, 221, 241, 244f., 254, 263f., 428, 457, 477, 494, 564, 592, 631, 634, 756, 762f.
Rhetorik/rhetorisch 28, 41, 56f., 59, 62, 72, 88, 120, 143, 175, 178, 215, 227f., 231, 297–299, 330, 332, 353, 357, 439, 456, 528, 581, 637, 639, 643, 658, 702
Risiko 62f., 75, 88, 95, 129, 143, 157f., 183, 203, 205, 207, 209, 211, 214, 222f., 229f., 275, 293f., 377, 474f., 524, 574, 613, 622, 631, 640, 642, 649f., 656, 659f., 667, 690, 719, 721f., 724f., 728f., 735, 741, 759, 761
Risikogesellschaft 49, 576
Riss (siehe Zäsur)
Rolle 2, 4–7, 22, 42, 44, 63f., 107, 109, 177, 206, 275, 277f., 281, 289–292, 299, 317f., 427, 429f., 433, 443, 446f., 468, 476, 533–535, 537, 541, 545, 550f., 557, 563, 617f., 625f., 628, 667f., 680–682, 695, 713, 720, 727, 772
Roman 32, 37, 203, 206f., 263, 277, 321, 430, 477, 590, 600, 608
Rückkopplung/Rückwirkung/Feedback 70, 206, 210–234, 251, 266, 270, 382–385, 393, 396, 419, 445, 641f., 657, 673, 738, 749, 767, 769
Ruine 361, 774, 786

Scham 9, 22, 183f., 186, 204, 288, 324, 386, 398–426, 432, 434f., 437, 443, 445f., 463, 465f., 471, 548, 583, 617, 636, 644, 665, 672f., 686, 700, 717, 743, 751, 771f., 786
Schauspieler/Schauspielen 2, 5–7, 10f., 52, 56, 63f., 101, 104, 106f., 109, 114, 122, 177, 180, 182, 184, 231f., 261, 275f., 278–280, 283–285, 287–291, 299f., 303, 318, 329, 359, 398, 478, 596, 628, 667f., 679–682, 685, 694, 702, 706, 709–713, 715, 727
Schmerz 9, 22, 78, 104, 108, 111, 214, 217, 296–299, 304, 306f., 310–313, 319f., 322–329, 331f., 335, 337–339, 341–343,

361f., 384f., 387f., 390f., 422, 437, 463, 466, 482, 484, 528, 551, 574f., 595, 621, 642, 644, 666, 688, 697, 707, 717, 726, 730, 743, 745, 771
Schönheit/schön 78, 100, 155, 326, 360, 604, 674, 692, 706, 734
Schrecken/schrecklich 7, 10, 15, 18, 28f., 30, 35, 41, 58, 62, 65, 105, 136, 140, 142, 210, 216, 219, 224, 233, 241, 245, 248, 293, 301, 311, 313f., 330–334, 343, 378, 406f., 434, 438f., 460, 579, 610, 639, 651, 654, 680f., 693, 694, 697, 701, 702, 711f., 714f., 718, 719, 725f., 739, 752, 759, 776, 778–781
Schuld/Unschuld 28, 110, 124, 133, 143–146, 149, 151–154, 156–158, 166f., 178f., 184f., 187–191, 194, 198, 231, 233f., 243, 246–248, 260, 263, 269, 314f., 335, 342, 344, 347, 350, 356, 358f., 399f., 402, 409–412, 416, 423, 455f., 483, 485f., 488, 618, 625, 640, 642, 647, 655, 662, 720, 740, 743f., 751, 765f., 773f.
Schuldfähigkeit 184, 194
Schutz (siehe Asyl)
Schweigen 159, 219, 334f., 390, 407, 483, 704
Selbstachtung 401, 406, 415f., 418f., 425, 510, 608
Selbstbefragung 21, 52, 59, 656
Selbstbegriff (siehe Selbstverständnis)
Selbstbestimmung 13, 25, 64, 74f., 113, 166f., 175f., 183, 188, 195, 244, 263, 271, 294, 304, 328, 342, 360, 362, 372, 387–389, 393–397, 415, 418, 420f., 426f., 430, 438, 441, 444f., 447f., 451, 458–462, 465, 491, 517, 520, 522–524, 544, 559, 586f., 594–596, 607, 613, 635, 645, 650, 654, 674, 685, 700, 703, 707, 714, 716f., 727, 732, 747, 749, 751, 753
Selbstbewusstsein 48, 189, 194, 204, 210, 214, 252, 365, 369, 381, 383, 393, 423, 435, 441, 517, 526–532, 586, 632f., 641, 675
Selbstentzweiung 130, 156, 250, 378f., 382, 384, 393, 421, 425f., 448, 465, 469, 665
Selbsterhaltung 95, 101, 192, 208, 228, 380, 392, 417, 482, 501, 559, 574, 627, 629, 653, 654, 676, 690, 728, 736f., 749
Selbsterkenntnis 111, 252, 285f., 331, 372, 402f., 416, 429, 440f., 443, 571, 574, 588, 622, 684f., 704, 786

Selbstgefährdung 48, 50f., 92, 203f., 211, 235f., 248, 576, 649, 660, 706, 715, 737–739, 758f.
Selbstgefühl 329, 385, 406, 416, 517, 528, 701–703
Selbstinterpretation 513, 516–518, 522–525, 543, 550
Selbstsein 14, 432, 523, 537, 545, 548, 567, 571, 646, 694, 721
Selbstverlust 16, 22, 113, 368, 396, 415, 475, 557–559, 582f., 626, 632, 644, 646, 673, 697, 699, 712, 716
Selbstverständnis 17, 22, 39, 53, 62, 72, 75, 123, 157, 179, 185f., 194, 240, 261, 272f., 308, 368, 410, 419, 425, 429, 441, 463f., 477, 513, 517, 520, 522–525, 531, 535, 538, 541f., 544–556, 558, 560, 563, 567f., 573–576, 582–584, 586, 599, 614, 617–619, 623, 627, 630, 632–634, 636, 641, 645, 648, 668, 670, 676, 751, 756, 780
Selbstverwirklichung 32, 196, 253, 272, 372, 429f., 452f., 459, 524, 541, 545, 554, 556, 560, 571, 582, 594, 612, 617, 657, 723, 753
Sensibilität 18, 37, 66, 152, 245, 248, 308, 314, 365, 416, 449, 569, 575, 585. 676, 681, 699, 708, 734, 751, 782, 785–787
Shoa/Holocaust 29, 35, 38, 50, 245, 248, 744, 752
Sinn des Erkennens/Handelns/Lebens 243, 584, 654f., 687, 689, 704, 744, 782
Sinnverlust 557, 583f., 718
Skalen/Skaleneffekte 754, 765, 767f., 770, 780, 787
Skepsis 38, 45, 372, 428f., 654, 664, 669, 689, 734, 786
Skulptur 173, 283, 354, 501f., 588, 606, 629f.
Sophistik/Sophisten 55f., 59f., 90f., 94f, 161, 301, 345, 347, 350, 353, 398, 658
Solidarität 274, 341, 617f., 700, 712, 732, 734, 750, 781
Sorge 21, 70, 92, 95, 100–102, 139, 152, 168, 284, 304, 387, 395, 459f., 482, 500, 507, 512, 525f., 538f., 552f., 559, 570, 604, 613, 620, 632, 647, 653, 660f., 690, 699, 727, 732f., 749, 780
Sozialismus/sozialistisch 39, 49, 241, 610, 624, 651, 711, 756
Stichomythie 109, 281, 345, 614
Stoa/Stoiker 112, 169, 349, 653, 665, 676. 705, 725–728, 733

Strafe   27, 112, 143, 145–147, 160, 184, 215, 220f., 231f., 304, 328, 340, 342–344, 354, 357f., 618, 621–623, 647f., 652f.
Subjekttausch   255, 261, 263, 438
Suizid   138, 243, 246, 276, 293, 325, 334, 392, 412, 414, 423, 425, 480, 486, 619, 624, 646, 753, 760
Szene/szenisch   67, 108f., 134, 136, 141, 191, 216, 220, 229f., 233, 276, 282, 285, 288, 313f., 326f., 330, 332f., 358, 387, 406, 434, 615, 619, 622, 640, 679, 680, 704, 708, 762, 768

Technik/Kulturtechnik   49, 64, 89, 96, 98, 124, 127, 152, 168, 204, 209, 212–215, 218–223, 225–230, 232, 237–239, 246, 252, 254f., 270f., 282, 321, 327, 339, 341, 370f., 389, 432, 486, 546, 572, 576, 630f., 633, 653, 658, 671, 680, 683, 699, 702, 707, 722, 731, 733, 753, 769
Technosphäre   467, 755, 767f., 771f., 780, 786
Theaterarchitektur
– Zuschauerraum (*theatron*)   8, 277, 342, 345, 354, 439, 681f., 750, 765
– Tanzplatz (*orchēstra*)   109, 216, 218, 276, 278–280, 291, 294, 311, 345, 359, 611, 679–681
– Bühnenhaus (*skēnē*)   108f., 216, 219, 276, 280, 291, 315, 345, 679–681
– *Deus ex machina/mechanē/geranos*   127, 455, 478, 483, 680
Theodizee   177, 244f., 337, 340, 355, 359f., 591, 689
theōria   2, 8, 279, 653
Tiere   99, 135, 157, 160, 185, 201, 205, 226f., 231, 308, 327, 341, 397, 403, 496, 503, 507, 519, 523, 534f., 615, 626, 628, 660, 710, 737, 748, 786
Tod   14, 35, 56, 59, 73, 78, 82f., 86–88, 99, 102, 130, 136–138, 140f., 152f., 159, 166, 177, 207, 220, 224f., 227, 233f., 247, 256, 261–264, 296, 325–327, 334, 340f., 349, 351, 356, 367, 385, 387, 407, 412, 414, 454, 456–458, 465f., 475–477, 479–484, 486, 509, 532, 557, 562, 564f., 578–580, 583, 590f., 605, 615f., 618–620, 623, 625, 647, 652, 672–675, 696, 699, 707, 710, 712, 725, 732, 743f., 748, 758, 767, 770, 779, 783
Totalitarismus   38, 95, 245, 624f.

Tragik der Allmende (*tragedy of the commons*)   759–762, 765, 781,
Tragische Kausalität   200, 224, 271, 629, 768
Tragödie der Kultur   21, 239f., 249f., 253–255, 259f., 263–268, 270, 272, 274, 295, 427, 429, 629, 661, 686, 694, 718, 763f.
Tragödientheorie   9, 22, 69, 131, 149, 161, 187, 241, 257, 262, 281, 314, 399, 469, 604f., 609, 636f., 658, 685, 765
tragoediae interruptae   484, 779
Transgression   26, 131, 149f., 292, 639f., 691
Trauer   301, 304, 312, 323, 337, 343, 357, 382, 397, 456, 475, 482, 508, 618, 640, 666, 726, 743, 771f.
Trauerspiel   15, 26, 29, 35f., 241–243, 261, 296, 298, 310, 476, 601, 687
Tugend   94, 96, 111, 122, 359, 486, 664, 668, 726, 740
Tun-Ergehen-Zusammenhang   70–73, 75, 112, 143, 245, 351, 357, 364, 650f., 655, 663, 669, 740
Tyrann/tyrannisch   36, 62, 91f., 95f., 106, 149f., 178, 184, 193, 198, 212–214, 218, 305, 349, 351, 387, 459, 565, 619, 621, 623, 640, 715

Übereinstimmung/Resonanz   192, 360f., 444, 521, 537, 542, 548, 553, 565, 569, 635, 717, 733, 750
Umschlag (siehe *metabolē*)
Umwelt   89, 212, 219, 233, 246, 308, 324, 328, 364f., 370, 380f., 384, 453, 515, 531f., 559f., 629, 673, 736f., 755, 762f., 767, 769, 772, 779, 787
Unbehagen   48, 50, 256, 258, 264, 497, 525
Unbewusstes   39, 65, 67, 134, 152, 164f., 183, 187, 195, 199, 207, 221, 258f., 363f., 397, 405, 435, 450, 486, 526, 616, 641, 647, 691, 703, 706, 751
Ungeheuer/Monster/Biest   182, 222, 238, 241, 397, 579, 625, 783f., 784
Unglück (siehe Glück)
Unheilbar/irreparabel   140, 143, 233, 317, 387, 468–472, 474, 477, 481, 483f., 487f., 491, 494, 510, 576, 581, 628, 760, 772, 774
Unheimliches   783f., 786
Unsicherheit   178, 324, 347, 355, 369, 445, 460, 483, 587, 659, 773, 776
Unwissenheit   127f., 184, 433, 438, 647

Vasenmalerei 222, 282
Verantwortung 23, 38, 44, 47, 50, 98, 102, 143–145, 147, 151–154, 160f., 166–169, 173f., 178, 181f., 184–192, 194, 198, 282, 286, 316, 344f., 349, 355, 358, 392, 441, 443, 450, 452f., 475, 512, 524, 526, 528, 545, 578, 591, 607, 616, 648, 654, 662, 676, 705, 711, 733, 734, 738, 740, 752, 756f., 766, 777f., 784
Verblendung/Wahn/Umnachtung/*mania* 67, 181f., 224, 272, 640
Vergebung (siehe Verzeihen)
Vergeltung/Rache 71–73, 93, 108, 135, 139, 141f., 146, 151, 153, 156, 158f., 163f., 179f., 182, 184, 187, 193, 214, 217, 225, 230, 233, 263, 343, 346, 349f., 354, 356f., 377, 383, 460, 474f., 480, 485f., 487, 578f., 580f., 600, 604, 608, 613, 621, 628, 652, 669, 740, 770, 774, 779, 798
Verhältnismäßigkeit 344, 357, 359, 655
Verkörperung 5, 94, 212, 251f., 268, 277, 329, 380, 571, 611, 629, 641, 681
Verletzlichkeit/Vulnerabilität 9, 73, 294, 574–576, 631, 650, 732–735, 786
Verletzung/Läsion 34, 93, 123, 149, 156, 226, 233, 296, 299, 305, 323f., 327f., 335, 382f., 385, 390, 396, 401, 405, 411f., 418, 424, 449, 451f., 466, 469, 471, 477, 480, 504, 510, 524, 556–559, 561, 566, 572, 574–576, 582, 595, 612, 632, 640–642, 648, 659f., 671, 717, 728f., 731f., 735, 749
Vernunft/vernünftig 3, 16, 40, 43f., 57, 66, 72, 81, 96f., 101, 121f., 124, 16, 145, 148, 152, 167f., 180, 182, 193, 212, 214, 217, 214, 331, 352, 354f., 369–371, 377, 380, 383, 388f., 397f., 420f., 441, 443f., 448, 450, 486, 493, 495, 503, 512, 522, 527, 529, 536–538, 547, 549, 568f., 622, 636–639, 641, 654, 665f., 669, 673f., 683, 685, 689, 704–707, 732, 753, 762, 783, 785, 788
Vers/Versmaß 87, 231, 277, 281, 288, 291
Verselbständigung der Handlungsmittel/Dinge 201, 205–207, 209f., 214, 219, 222, 224–226, 228–232, 251, 255, 295, 431f., 436, 776, 781
Versöhnung 96, 131, 242f., 256, 376, 471, 625
Verstehen
Vertrauen/Vertrauensverlust/Praxisvertrauen/Selbstvertrauen/Weltvertrauen 15, 20, 71f., 74, 82, 95, 113, 174f., 186, 196, 226, 239, 259, 296, 324f., 340, 353, 358f., 377, 406, 409, 410, 417, 444, 460, 465, 497, 546f., 590, 654, 656f., 659–661, 664, 668f., 671, 675, 690, 708, 711f., 716f., 723, 727f., 750, 771, 777
Verzeihen 751
Verzweiflung/verzweifelt 9, 14f., 113, 156, 179, 234, 236, 249, 263, 294, 313, 324, 391, 396, 417, 437, 469, 479, 485, 487, 579, 583, 621, 650, 663, 672, 686, 703f., 715, 724, 743, 749, 753, 777, 788

Waffen 135, 223–228, 233, 270, 272, 290, 431
Wahn (siehe Verblendung)
Wahrnehmung/Perzeption/Wahrnehmungsfähigkeit 6, 13, 61f., 66, 83f., 162, 174, 185, 277, 284, 286, 294, 306–309, 333, 336, 363, 365, 368, 374, 376, 380, 384, 388, 398, 409, 412, 434, 436, 438, 442, 444, 525f., 529, 541, 551, 592, 627, 685, 693, 700, 702, 706, 710, 719, 739, 750
Werkzeug 7, 21, 44, 72, 83, 122, 182, 200, 204, 205, 207–209, 212–217, 222–227, 229f., 232f., 235, 237f., 246, 252, 255, 270, 289, 324f., 379–381, 385, 388, 431, 435, 437, 449, 496, 502, 596, 642, 649, 660, 678, 717, 722, 767, 786
Werte, existentielle 22, 491, 494, 499f., 513, 555, 559–577, 582, 584, 594, 599, 602, 608, 611–613, 616, 618, 620, 623, 635, 639, 642, 646–648, 672, 693f., 716, 723f., 728f., 731–734, 741, 746, 771
Widerfahrnis 95, 162, 302, 304, 306–310, 364, 367f., 404, 408, 520, 740, 745
Wiedererkennung (*anagnōrisis*) 21, 41, 78, 115, 118f., 126–129, 132, 134f., 137f., 141–143, 155, 175f., 182, 224, 229, 283, 296, 305, 313, 319, 332, 405, 434f., 439, 453, 480f., 483, 485, 635, 739, 769f.
Wille 121, 123, 125, 130, 151, 153, 159, 160, 178, 183, 190–193, 206, 225, 242f., 278, 288, 295, 370, 396, 432, 442f., 450, 453, 487, 498, 547, 592f., 599, 602, 605, 614, 620f., 641, 649f., 658, 660, 687, 689, 698, 705, 731, 740, 742, 744, 752, 784
Willensschwäche (*akrasia*) 156, 442, 444, 524, 539f., 547, 558

Wissenschaft 5, 33, 44, 54 f., 66, 72, 152, 162 f., 193, 228, 240, 269, 522, 548, 564, 666, 669, 676, 696 f., 721, 743, 751, 776, 786
Wunde 322 f., 325, 413, 469, 694, 715, 752 f.

Zäsur/Bruch/Riss 15, 18, 25, 41, 46, 48, 50, 85, 87 f., 100, 132 f., 137, 163, 181, 333, 338, 353, 362, 371, 393, 436, 448, 457, 487, 492, 530, 556, 574, 729, 632 f., 650, 715, 756, 765, 777
Ziel/Zweck 42–44, 48, 56, 72, 102, 109, 112, 120–125, 134, 136, 148, 154 f., 163, 192 f., 205 f., 209, 227, 258, 273, 320, 344, 380–382, 383, 393, 404 f., 423, 449, 452–454, 463, 462, 467 f., 470–473, 501, 512, 537, 548, 551, 553, 564, 568 f., 580, 584, 597, 599, 601–603, 605–610, 613, 631, 633, 637–639, 645, 654, 675, 718, 726, 729, 731, 745–749, 752 f., 776 f., 780
Zorn 143, 156, 185, 195, 226, 234, 295, 299, 330 f., 333 f., 351, 401, 409, 413, 619, 621, 743, 780
Zufall 21, 73, 147, 149, 154 f., 161–164, 171 f., 174, 186 f., 224, 238, 272, 358, 360, 450, 478, 481, 485, 489–492, 647, 663, 715, 779, 785

www.ingramcontent.com/pod-product-compliance
Lightning Source LLC
Chambersburg PA
CBHW081140290426
44108CB00018B/2393